Numerierte Erstauflage · Exemplar № 030161

Chronik des 20.Jahrhunderts

Chronik
des 20. Jahrhunderts

westermann
Hermes

1900–1909
Das neue Jahrhundert

Von Bernd Januschke und
Dr. Karl Friedrich Warner
Seite 8 bis 111

Adolph von Menzel:
»Das Ballsouper«
In seinem Bild von einer Ballgesellschaft fängt Adolph von Menzel den verblassenden Glanz und die Dekadenz des »Fin de Siècle«, des ausklingenden Jahrhunderts, ein. Die Kaiserzeit wirkt noch in das neue Jahrhundert hinein und bestimmt das Lebensgefühl des ersten Jahrzehnts. In den scheinbar festgefügten Strukturen sind jedoch die ersten Risse erkennbar. Vor allem in der Kunst von 1900 bis zum Ausbruch des Ersten Weltkriegs kündigt sich das neue Jahrhundert an.

1910–1919
Vorkriegszeit und Erster Weltkrieg

Von Elmar Stuckmann
Seite 112 bis 255

Otto Dix: **»Flandern«**
Vorahnungen, grauenvolle Wirklichkeit und die einschneidenden politischen Folgen des Ersten Weltkriegs beherrschen das zweite Jahrzehnt des Jahrhunderts. Otto Dix hat in seinem Bild »Flandern« nach eigenen Erlebnissen die Leiden der Soldaten in krassem Realismus geschildert. Durch die Einbeziehung vieler Staaten und die Perfektionierung der Militärtechnik bringt der Krieg auch über die Zivilbevölkerung Elend und Not in bisher unbekanntem Ausmaß. Der Krieg verändert die Welt im 20. Jahrhundert.

1920–1929
Die goldenen Zwanziger

Von Dr. Irmtraut Rippel-Manß
Seite 256 bis 411

Otto Dix: **Mittelteil des Triptychons »Großstadt«**
Wie kaum ein anderer Künstler hat Otto Dix die hektische Vergnügungssucht der Nachkriegszeit, die Lebensgier der sogenannten goldenen zwanziger Jahre dargestellt, aber auch deren Schattenseiten – Laster, Elend und Kriminalität – gezeichnet. Es ist eine Zeit, in der alles möglich scheint. Ingenieure, Maler, Literaten, Theater- und Filmleute entfalten in wenig mehr als einem Jahrzehnt eine Kreativität und Produktivität, die in der Geschichte ihresgleichen suchen.

1930–1939
Schatten über Europa

Von Dr. Peter Gödeke
Seite 412 bis 547

Richard Oelze: **»Die Erwartung«**
Zwei Jahre nach der Machtübernahme durch die Nationalsozialisten in Deutschland hat Richard Oelze diese Landschaft gemalt, eine Traumszenerie, die als dumpfe Ahnung der bevorstehenden Katastrophe des Zweiten Weltkriegs gedeutet werden kann. Im Bild liegt eine unbestimmte Bedrohung, ein lähmendes Entsetzen. Deutschland ist »gleichgeschaltet«, Menschen werden verfolgt und gequält, ein neuer Krieg bricht über Europa herein, der das Gefüge der Welt erschüttert und schließlich zerstört.

1940–1949

Der Zweite Weltkrieg und die Nachkriegszeit

Von Dr. Martin Vogt
Seite 548 bis 731

Henry Moore:
**»Rosa und grüne Schlafende«
(Bunker-Skizzenbuch Nr. 2)**
Als offizieller Kriegskünstler Großbritanniens hat der Bildhauer Henry Moore von 1940 bis 1942 während der deutschen Luftangriffe auf London die Leiden der Zivilbevölkerung in Zeichnungsserien in den Luftschutzbunkern dokumentiert. Moore zeigt nicht die Grauen des Krieges, sondern die Angst. Der Zweite Weltkrieg erlebt in dieser Zeit einen apokalyptischen Höhepunkt in der kriegsentscheidenden Schlacht um Stalingrad 1942/43.

1950–1959

Aufbruch in den Konsum

Von Joseph Hoppe
Seite 732 bis 871

Fernand Léger: **»Die Landpartie«**
Nach Jahren der Entbehrung treten Konsum und Freizeit im Leben der Menschen in den Vordergrund. Der französische Maler Fernand Léger hat diesen Bedürfnissen des berufstätigen Durchschnittsmenschen in seinem Werke breiten Raum gegeben. Sein Bild »Landpartie« zeigt eine Durchschnittsfamilie, die mit dem Kleinwagen, Symbol des wachsenden Wohlstands breiter Schichten, ins Grüne gefahren ist. Der Wiederaufbau ist nahezu abgeschlossen, Konsumgüter- und Freizeitindustrie beginnen zu blühen.

1960–1969

Das Wachstumsjahrzehnt

Von Dr. Peter Gödeke
Seite 872 bis 1013

**Landung von »Apollo 16«
auf dem Mond mit John Young**
Als kraftvoller, optimistischer Aufbruch ins Zeitalter der Raumfahrt gelten die sechziger Jahre. Mit dem Start des sowjetischen Satelliten »Sputnik 1« im Oktober 1957 hatte der Wettlauf der Großmächte USA und UdSSR in den Weltraum begonnen, der schließlich 1969 in der Erfüllung eines jahrhundertealten Traums der Menschheit, der Landung auf dem Mond, gipfelt. Als erster Mensch setzt der amerikanische Astronaut Neil A. Armstrong einen Fuß auf den Erdtrabanten.

1970–1981

Wohlstand und erste Skepsis

Von Prof. Dr. Karl Rohe
Seite 1014 bis 1183

Renato Guttuso:
Wandzeitung Mai 1968
Die westliche Welt lebt in großem Wohlstand, und doch werden die ersten Krisenzeichen erkennbar, wird Skepsis laut. Vor allem die Jugend lehnt sich immer heftiger gegen die von der Elterngeneration im Aufbaufieber geschaffene materialistische Welt auf. Signal für die Revolte waren die Pariser Studentenunruhen vom Mai 1968, die der sozialistische italienische Maler Renato Guttuso als Augenzeuge erlebt hat. Sein Bild faßt die Symbole dieses Aufbegehrens zusammen.

Vorbemerkung

Historiker haben die erste Hälfte unseres Jahrhunderts als Krise der abendländischen Kultur und des abendländischen Menschen interpretiert. Im Mittelpunkt dieser Entwicklung hat der Niedergang Europas und der Aufstieg neuer Kontinente gestanden – mit epochalen Umwälzungen auf politischem, sozialem, kulturellem und technischem Gebiet.

Lebenstempo und technischer Fortschritt im 20. Jahrhundert werden vom Inhalt des Bildes auf der gegenüberliegenden Seite symbolhaft unterstrichen: das chilenische Segelschulschiff »Esmeralda« vor der Skyline von Manhattan (mit dem World Trade Center als Mittelpunkt) – aufgenommen 1976 anläßlich der Feiern zum 200jährigen Bestehen der Vereinigten Staaten von Amerika. Windjammer und Stahlbetonkolosse – beides sind Schöpfungen dieses Jahrhunderts und doch eine Begegnung verschiedener Welten. Sie demonstrieren das Tempo einer Entwicklung, an deren einzelne Stationen sich kaum jemand genau erinnern kann.

Die »Chronik des 20. Jahrhunderts« will das Geschehen dieser Epoche lebendig machen. Ihre Autoren haben vom 1. Januar 1900 bis heute Jahr für Jahr, Monat für Monat, Tag für Tag nachgezeichnet. Ihre Quellen waren zeitgenössische Berichte und die Ergebnisse historischer Forschung, aber auch Randberichte eines Geschehens, das die Welt in wenigen Jahrzehnten mehr verändert hat als viele Jahrhunderte zuvor.

Das Ergebnis ist ein Buch, wie es nie zuvor erschienen ist. An den Höhen und Tiefen dieses Jahrhunderts lassen sich die persönlichen Erinnerungen eines jeden Lesers festmachen. Immer wieder wird man sich fragen: Wie war das doch damals . . .

Politische und sportliche Höhepunkte stehen in der »Chronik des 20. Jahrhunderts« zeitsynchron neben geistigen und sozialen Strömungen, das künstlerische Schaffen einer Epoche neben den Schöpfungen des technischen Fortschritts, Ergebnisse wissenschaftlicher Forschung neben Neuerungen zur besseren Bewältigung des Alltags.

Die Chronik bietet die Begegnung mit allen Personen, die unser Jahrhundert beeinflußt haben, sie stellt daneben aber auch Menschen vor, deren man sich wegen ihres außergewöhnlichen, ja häufig auch kuriosen Erscheinungsbildes gern erinnert.

Für jeden einzelnen Monat gibt es in der »Chronik des 20. Jahrhunderts« eine eigene Spalte, innerhalb dieser Spalten wiederum für fast jeden Tag einen eigenen Eintrag. Besonders wichtige Ereignisse sind innerhalb der Monatsspalten mit Pfeilen gekennzeichnet – als Hinweis darauf, daß sich ergänzende Bilder, Dokumente und Berichte im direkt anschließenden Textteil finden. Wer also wissen will, was an einem bestimmten Tag in unserem Jahrhundert geschehen ist, kann sich an den Monatsspalten, die das Werk wie Wegweiser durchziehen, orientieren. Wer hingegen über ein bestimmtes Ereignis oder eine bestimmte Person Auskunft haben möchte, das genaue Datum jedoch nicht parat hat, bedient sich des Registers am Ende des Buches.

Die »Chronik des 20. Jahrhunderts« versteht sich als Erinnerungsbuch auf der einen Seite, zugleich aber auch als zuverlässiges Nachschlagewerk für die ganze Familie. Die Zusammenführung dieser so unterschiedlichen Ansprüche macht den besonderen Reiz des vorliegenden Werkes aus.

Der Umfang von mehr als 1200 Seiten und das große Format waren Voraussetzung dafür, daß alle bedeutenden Ereignisse vom 1. Januar 1900 an bis heute aufgenommen werden konnten – in der Weise, in der sie die Autoren als Menschen dieser Zeit sehen. Die »Chronik des 20. Jahrhunderts« will jedoch keinen Anspruch auf Vollständigkeit erheben, und sie will auch nicht darüber entscheiden, was wichtig oder unwichtig gewesen ist. Ziel dieses Buches ist es, ein Spiegelbild des Lebens im 20. Jahrhundert zu vermitteln, mit allen Höhen und Tiefen, die es in diesen acht Jahrzehnten gegeben hat. Es will aber auch zeigen, daß die Lebenskraft und schöpferische Initiative der Menschen in allen Zeiten stärker gewesen sind als Kriege und Krisen, als Erniedrigung und Ernüchterung.

»Die Chronik des 20. Jahrhunderts« will Mut machen für die Zukunft, die auch weiterhin vom Lebenswillen ihrer Menschen gekennzeichnet sein wird.

JANUAR

Mo	Di	Mi	Do	Fr	Sa	So
1	2	3	4	5	6	7
8	9	10	11	12	13	14
15	16	17	18	19	20	21
22	23	24	25	26	27	28
29	30	31				

1. Das Bürgerliche Gesetzbuch (BGB) und das Handelsgesetzbuch (HGB) treten in Kraft. →

4. Aufstände und Streiks in den Kohlerevieren (Lüttich, Mährisch-Ostrau).

5. John Edward Redmont, Führer der Vereinigten Irischen Nationalpartei, fordert die Iren zum offenen Aufstand gegen die Union mit Großbritannien auf.

6. In Boston wird Gerhart Hauptmanns »Versunkene Glocke« vor überfülltem Haus aufgeführt.

6. Indische Pressemeldung: Mehr als 3 Millionen Menschen hungern.

11. Reichstag berät Rentenfrage; anwesend sind zehn Mitglieder.

14. Uraufführung der Oper »Tosca« von Giacomo Puccini in Rom.

16. Im Burenkrieg zeichnet sich die militärische Überlegenheit der Briten ab. →

17. Die Oper »Kain« von Eugen d'Albert in Berlin uraufgeführt.

20. Flottenvorlage beim Bundesrat; Reichstag debattiert Kostenfrage. →

24. London und Pretoria leiten Friedensvermittlungsaktion im Burenkrieg ein.

25. In China wird der neunjährige Prinz Put-Sing Nachfolger des Kaisers Kwangsu.

26. Uraufführung von Ibsens »Wenn wir Toten erwachen« in Stuttgart.

27. Anläßlich des Kaisergeburtstages – Wilhelm II. wird 41 Jahre alt – gibt es im Deutschen Reich traditionsgemäß schulfrei.

28. In Leipzig wird der Deutsche Fußball-Bund (DFB) gegründet. →

GEBOREN:

26. Gerhart Ellert (Pseudonym für Gertrud Schmirger) († 7. 5. 1975), österreichische Schriftstellerin.

28. Hermann Kesten, deutscher Schriftsteller (»Der Gerechte«).

GESTORBEN:

20. John Ruskin (* 8. 2. 1819), englischer Schriftsteller und Sozialreformer.

22. David Edward Hughes (* 16. 5. 1831), englischer Ingenieur.

29. Christian IX. (* 8. 4. 1818), König von Dänemark.

Wilhelm II. (links außen) mit seinen sechs Söhnen. Die kaiserliche Familie steht im Mittelpunkt des Interesses.

Deutsche Wirtschaft im Aufwind

Deutschland hat 56,4 Millionen Einwohner mit einer durchschnittlichen Lebenserwartung von 40–50 Jahren. Die deutsche Volkswirtschaft überholt die westeuropäischen Staaten, die einige Jahrzehnte früher mit der Industrialisierung begonnen hatten, durch ein auffallend schnelles Wachstum. In der Industrieproduktion und im Außenhandel steht Deutschland an dritter Stelle hinter den USA und England, das in der Stahlproduktion und Elektroindustrie schon überholt ist.

Das Volkseinkommen beträgt in Preußen, das 60 Prozent der Reichsbevölkerung stellt, 504 Mark pro Kopf. Die Industrialisierung verändert das gesellschaftliche und wirtschaftliche Gefüge. In Sachsen arbeiten schon 60 Prozent der Bevölkerung in der Industrie (im Reich 40 Prozent) und nur noch 14 Prozent in der Landwirtschaft (im Reich 35 Prozent). Das Reichsland Elsaß-Lothringen ist wegen der Minette-Erze und des Kaliabbaus von großer Bedeutung für die deutsche Wirtschaft. Die Schwerindustriegebiete sind Schlesien, Sachsen, das Ruhrgebiet und das Saarland. Thüringen (Jena, Suhl, Zella-Mehlis, Ruhla, Sömmerda) nimmt im optisch-meßtechnischen, feinmechanischen, Holzverarbeitungs- und Spielzeugbereich eine Spitzenstellung ein. Das bestehende Eisenbahnnetz wird auf 50 000 Kilometer ausgebaut.

Über die Hälfte aller deutschen Presseinformationen befassen sich mit der Familie des Kaisers, mit Nachrichten vom Hofe, mit Ordensverleihungen und Berichten über den Adel. Dabei leben nur 300 000 »aristokratische und vermögende Familien« (Adel, Großgrundbesitzer, Unternehmer, höhere Beamte und Ärzte) im deutschen Kaiserreich.

Wende im Burenkrieg

Der Januar wird als Wendepunkt des Burenkrieges angesehen, der seit 1899 in Südafrika stattfindet. Die beiden südafrikanischen Republiken (Transvaal und der Oranje-Freistaat) haben 47 000 Transvaalboeren, 4500 Fremde, 10 000 Uitlander, 27 500 Oranjisten und 7000 Rebellen unter Waffen. Von den englischen Truppen sind 100 000 Mann gelandet, 30 000 sind unterwegs, und weitere 30 000 sollen noch eingeschifft werden. Durch die starke militärische Überlegenheit Großbritanniens am Kap werden die zunächst erfolgreichen Buren in die Defensive gedrängt.

Am 14. Januar berichten Korrespondenten, daß die Firma Krupp ersucht worden ist, die Absendung von Kriegsmaterial an die kämpfenden Parteien einzustellen. Wenige Tage später wird bekannt, daß sich Krupp entschlossen hat, die Briten nicht länger mit Zündern für ihre Geschosse zu beliefern.

BGB und HGB treten in Kraft

1. Januar. Das 1896 verabschiedete »Bürgerliche Gesetzbuch (BGB)« und das 1897 verkündete »Handelsgesetzbuch (HGB)« treten in Kraft. Mit der Reichsgesetzgebung werden weitere materielle Grundlagen der nationalen Einheit geschaffen. Nachdem in den deutschen Ländern lange Zeit unterschiedliche Gesetze galten, ist nun auf dem Gebiet des Privatrechts die deutsche Rechtseinheit hergestellt.

Flotte wird ausgebaut

25. Januar. Der Entwurf zum zweiten Tirpitzschen Flottengesetz wird veröffentlicht. Es sieht bis 1917 praktisch eine Verdoppelung der deutschen Hochseeflotte vor (38 Linien-, das heißt Schlachtschiffe, 20 große und 45 kleine Kreuzer, dazu noch zahlreiche Torpedoboote). Damit ist der sogenannte »Two-Power-Standard« – zwei englische gegenüber einem deutschen Kriegsschiff – zugunsten eines Flottenverhältnisses von 2 : 3 verschoben.

Der seit 1897 einsetzende Flottenbau bedeutet eine Spritze für die deutsche Wirtschaft, denn der regelmäßig zu erwartende Auftrag für die Marinerüstung schafft bei breiten Unternehmerkreisen Vertrauen in die deutsche Wirtschaft. Der Staatssekretär des Reichsmarineamts, Alfred von Tirpitz, betont immer

wieder den rein defensiven Charakter des Flottenbaus; zugleich erklären die Fachleute die Verteidigungsmaßnahmen für unumgänglich. Tirpitz erreicht eine große Breitenwirkung. Über die Hintergründe seiner Flottenpolitik hat der Admiral in seinen »Erinnerungen« notiert: »Meiner Ansicht nach sinkt Deutschland im kommenden Jahrhundert schnell von seiner Großmachtstellung, wenn jetzt nicht energisch, ohne Zeitverlust und systematisch die allgemeinen Seeinteressen vorwärtsgetrieben werden, nicht zu einem geringen Grade auch deshalb, weil in der neuen großen nationalen Aufgabe und dem damit verbundenen Wirtschaftsgewinn ein starkes Palliativ gegen gebildete und ungebildete Sozialdemokraten liegt.«

Preußisch-deutscher Imperialismus ist undenkbar ohne Flotte (Karikatur).

Fußballbund in Leipzig gegründet

28. Januar. In Leipzig gründen die deutschen Anhänger des aus England übernommenen beliebten Sports einen Fußballbund (DFB). Dem gingen die Gründungen von

regionalen Verbänden voraus: 1893 entstand die Süddeutsche Fußballunion, 1894 die Norddeutsche Fußballunion und ein Süddeutscher Fußballverband.

1900

FEBRUAR

Mo	Di	Mi	Do	Fr	Sa	So
			1	2	3	4
5	6	7	8	9	10	11
12	13	14	15	16	17	18
19	20	21	22	23	24	25
26	27	28				

3. Streiks in Aachen, Wien, Brüssel. →

3. Uraufführung von Gerhart Hauptmanns Drama »Schluck und Jau« in Berlin.

6. Amerikanischer Senat ratifiziert Haager Friedenskonferenz (1899): Beschränkung der Rüstung; Einrichtung eines Internationalen Schiedshofs.

6. Europameisterschaften im Eisschnellauf auf dem Csobaer See (Hohe Tatra).

9. Der Amerikaner Dwight F. Davis stiftet einen Wanderpokal für Tennismeisterschaften. →

13. Reichstag stimmt Tonga- (14. 11. 1899) und Samoa-Vertrag (2. 12. 1899) zu. England tritt zugunsten Deutschlands Upolu, Sawaii, Monono und Apolima und zugunsten der USA Tutuila und die restlichen Inseln der polynesischen Inselgruppe ab. Deutschland verzichtet auf die Tonga-Inseln und auf die südlichen Salomon- und die Shortland-Inseln.

15. Unwetter, Schneestürme und Orkane über ganz Deutschland.

19. Marinesekretär Tirpitz im Reichstag: »Die Flotte muß so stark sein, daß sie die Nordsee frei hält.«

22. Uraufführung der Oper »Cenerentola« von Wolf-Ferrari in Venedig.

23. Der Privatdozent (Physiker) Martin Leo Arons wird wegen Mitgliedschaft in der SPD aus seinem Arbeitsverhältnis entlassen.

27. Gründung des »Labour Representation Committee« in London; Vorform der Labour Party (ab 1906).

28. Das Großherzogtum Baden läßt Frauen für das uneingeschränkte Hochschulstudium zu.

GEBOREN:

2. Li Stadelmann, deutsche Cembalistin.

4. Jacques Prévert († 11. 4. 1977), französischer Schriftsteller.

5. Adlai Stevenson († 14. 7. 1965), amerikanischer Politiker.

5. Karl Blessing († 25. 4. 1971), deutscher Bankfachmann.

22. Luis Buñuel, spanischer Filmregisseur.

28. Kurt Erhard Wolfram Hirth († 25. 7. 1959), deutscher Sportflieger.

Streikmeldungen aus europäischen Industriegebieten

3. Februar. In Aachen, Wien, Dux, Brüssel und Budapest kommt es unter der Arbeiterschaft zu Streiks und Aufständen. Bisher sind vorwiegend Bergleute aus böhmischen und belgischen Kohlerevieren in den Ausstand getreten. Allein in Westböhmen streiken 5000 Bergarbeiter. In Sachsen herrscht Kohlennot. Mehrere Fabriken, zum Beispiel die böhmischen Zuckerraffinerien, können den Kohlenbedarf nicht mehr aufbringen und müssen ihre Arbeit einstellen.

Die neuen Aufstände, die in diesem Monat aus einigen europäischen Großstädten gemeldet werden, zeigen, daß sich der Kreis der betroffenen Branchen ausweitet. In Brüssel treten die Glasschneider in den Ausstand, Wien meldet Streiks bei den Eisen-, Walz- und Röhrenwerken. Zwar besteht keine gemeinsame Streikfront, aber die Forderungen sind vergleichbar: Die Arbeiter in den europäischen Industriegebieten verlangen einen Achtstundentag und deutliche Lohnerhöhungen, zum Teil bis zu 20 Prozent. Die Unternehmer lehnen diese Forderungen kategorisch ab.

General stiftet Davis-Pokal

9. Februar. Der amerikanische General und Tennisspieler Dwight F. Davis stiftet anläßlich eines Tenniskampfes zwischen Großbritannien und den USA einen 18 Kilogramm schweren Silberpokal, der von da ab als Davis-Pokal zum begehrtesten Wanderpreis im Tennis wird. Erster Gewinner sind die USA nach einem 3 : 0 gegen Großbritannien.

Die »Jugendstil-Trophäe«.

Mo	Di	Mi	Do	Fr	Sa	So
				1	2	3	4
5	6	7	8	9	10	11
12	13	14	15	16	17	18
19	20	21	22	23	24	25
26	27	28	29	30	31	

3. »Afrikanderbund« beschließt, die Buren um jeden Preis vor der Unterjochung durch die Engländer zu bewahren.

3. Ende des Bergarbeiterstreiks in den reichsdeutschen Kohlenrevieren.

8. Brand des Théâtre Français auf der Weltausstellung in Paris.

9. Petitionen an den deutschen Reichstag fordern die Zulassung der Frauen zur Immatrikulation an den Universitäten und zu den Staatsprüfungen. →

13. Paulus (Ohm) Krüger, Präsident von Transvaal, erklärt den Oranjefreistaat als zur südafrikanischen Republik gehörig.

14. Dem niederländischen Botaniker Hugo de Vries (1848–1935) gelingt bei Arbeiten über die Mutationstheorie die Wiederentdeckung der Mendelschen Vererbungsgesetze.

19. Große Feier in Berlin anläßlich des 200jährigen Jubiläums der preußischen Akademie der Wissenschaften.

23. Sir Arthur John Evans, englischer Archäologe, beginnt mit den Ausgrabungen des Palastes von Knossos des sagenhaften Königs Minos auf Kreta. →

24. Es kommt zu Konsultationen zwischen den USA und dem Deutschen Reich wegen großer Unruhen in China. →

30. Sir Arthur Evans meldet sensationelle Funde von Tontäfelchen mit altkretischen Schriftzeichen (2000 v. Chr.).

GEBOREN:

2. Kurt Weill († 3. 4. 1950), deutscher Komponist.

19. Frédéric Joliot-Curie († 14. 8. 1958), französischer Kernphysiker, Nobelpreis 1935.

28. Ernst Brüche, deutscher Physiker.

31. Lörinc Szabó, ungarischer Schriftsteller.

GESTORBEN:

6. Carl Bechstein (* 1. 6. 1826), deutscher Klavierbauer.

6. Gottlieb Daimler (* 17.3.1834), deutscher Ingenieur und Automobilkonstrukteur. →

10. Joh. Peter Emilius Hartmann (* 14. 5. 1805), dänischer Komponist.

Knossos-Ausgrabungen auf Kreta

23. März. Der englische Archäologe Arthur John Evans beginnt mit der Spatenarbeit zur Erforschung des Palastes von Knossos (16. Jahrhundert v. Chr.). Das ist der Anfang einer aufopfernden und auch sehr teuren Forschung. (Das Gelände hat der begüterte Evans kaufen müssen.) Nach 40jähriger Arbeit wird Evans sein gewaltiges Vorhaben abgeschlossen haben, an dessen Ende die Ausgrabung des Palastes, die auf eigene Kosten durchgeführte Rekonstruktion der entdeckten Anlagen und insgesamt die Erforschung der minoischen Kultur in Griechenland stehen.

Die Reste des Palastes von Knossos. Oben: Der Grundriß der Anlagen.

Königin bittet Deutsche um Intervention

20. März. Die niederländische Königin Wilhelmine bittet Kaiser Wilhelm II., im Interesse der Buren zu intervenieren. Kaiser Wilhelm erwidert, er könne nicht eingreifen, solange er nicht mehr Schiffe besitze; die Schiffe seien für alle weiteren Unternehmen lebenswichtig.
Da auch der Herr gesprochen habe, »die Rache ist mein«, möchte er, Wilhelm, gern eines Tages als »Sein auserwähltes Werkzeug« angesehen werden.

Kaiserlicher Alltag in der Presse

2. März. Zeitungsmeldung: »Der Kaiser arbeitete gestern nachmittag allein. Abends um 9 Uhr hielt Major Dickhut vom Großen Generalstab vor dem Kaiserpaar und den drei ältesten Prinzen einen Vortrag über die Schlacht bei Roßbach.« (5. 11. 1757: Sieg Friedrichs des Großen über die Franzosen.)

Bebel über Frauen

7. März. August Bebel vertritt im Reichstag die Auffassung, »daß eine besonders intelligente, energische, geistreiche und gesunde Frau auch fähig sei, Staatsrat oder sogar Minister zu sein.«

Aufstände in China lösen Besorgnis aus

24. März. Die Nachrichten über die in China an vielen Orten ausgebrochenen oder ausbrechenden Unruhen klingen recht bedrohlich. Die aufständische Bewegung in Schantung hat die deutsche Regierung bereits zu energischen militärischen Maßregeln veranlaßt, und die Regierung der Vereinigten Staaten hat sich genötigt gesehen, die deutsche Regierung um den Schutz für die bedrohten amerikanischen Missionen zu bitten.

Telegrafie für britische Marine

Das Delagoa-Bay-Geschwader der Königlichen Marine Englands ist mit drahtloser Telegrafie ausgerüstet worden, um einen regulären militärischen Nachrichtendienst einzurichten.
Die Engländer erhoffen sich dadurch im Burenkrieg gegenüber ihren Kontrahenten einen erheblichen Vorteil.
Der erste Einsatz drahtloser Telegrafie wird jedoch mit erheblichen Schwierigkeiten zu kämpfen haben. Wird die Höhe der von Guglielmo Marconi zur Verfügung gestellten Antennen ausreichen? Wird der lockere Sand- und Steppenboden für die Anlagen ausreichend Erdung liefern?

Autopionier Gottlieb Daimler gestorben

6. März. Der Erfinder, Ingenieur und Unternehmer Gottlieb Wilhelm Daimler stirbt im Alter von 66 Jahren in Stuttgart-Bad Cannstadt. Seit den frühen 70er Jahren arbeitete Daimler mit Benzinmotoren – den Ottomotor hat er zur Serienreife entwickelt. Gemeinsam mit Wilhelm Maybach produzierte er einen schnellaufenden Benzinmotor mit Glührohrzündung, der ab 1885 – zunächst in einem primitiven Holzgestell – in Fahrzeuge eingebaut wird. Weitere bedeutende Leistungen sind der Zweizylinder-Reihenmotor (1892) und der Vierzylindermotor (1899). Im gleichen Jahr siegte ein Daimler-Rennwagen in Nizza. Seitdem bürgert sich für die Wagen die Bezeichnung Mercedes ein (nach dem Vornamen der Tochter des Ingenieurs Jellinek, der den Bau des Sportwagens angeregt hat).

Gottlieb Wilhelm Daimler †.

Kultusminister plädiert für Frauenuniversität

15. März. Für die Errichtung einer ausschließlichen Frauenuniversität spricht sich der sächsische Kultusminister von Seydewitz in der zweiten sächsischen Kammer aus. Es sei keine Frage, daß den Frauen Gelegenheit gegeben werden müsse, sich wissenschaftlich zu bilden und in einen wissenschaftlichen Beruf einzutreten; die Immatrikulation könne er aber nicht befürworten, denn die Universitäten seien für die männliche Jugend da. Frauen können nur als Hörer zugelassen werden, wobei den Dozenten das Recht gewahrt bleiben müsse, weibliche Hörer jeweils dann auszuschließen, wenn ihre Anwesenheit hemmend oder störend wirke.

Protest gegen Sittengesetz

9. März. Die der Lex Heinze (→ Juni 1900) vorausgehenden Beratungen, die im Namen der Sittlichkeit auf eine Einschränkung künstlerischer Freiheiten zielen, führen zu einer großen Protestversammlung in der Philharmonie in Berlin. Anschließend wird der Goethebund gegründet als ein Schutz- und Trutzbündnis gegen die der Kunst und Wissenschaft aus der Lex Heinze drohenden Gefahr. Die Gesetze stellen die öffentliche Ausstellung von Schriften, Abbildungen und ähnlichem, die das Schamgefühl verletzen, unter Strafe, wenn solche Ausstellungen, die geschäftlichen Zwecken dienen, Ärgernis erregen.
Der Goethebund will verhindern, »Deutschland, das Land des Fortschritts, vor den anderen Völkern lächerlich zu machen«.

Ärztezulassungen

Statistik über den Stand der Approbationen

	Deutsches Reich	Preußen	Bayern
Ärzte	1 364	631	377
Zahnärzte	115		
Tierärzte	222	134	
Apotheker	644	284	156

Weltausstellung Paris

Die Gartenbaupaläste auf der Pariser Weltausstellung.

15. April. Hieß es noch vor wenigen Tagen: »Frankreich hat die ganze Welt eingeladen zu einem Fest, aber bieten wird es nur eine lehmige Baustelle«, so ist es nun doch gelungen, die Vorbereitungen termingerecht abzuschließen. Mit großem Pomp wird die Ausstellung eröffnet: Der Präsident der Französischen Republik Pierre Waldeck-Rousseau, begleitet von einer Kavallerieeskorte und abgeordneten Beamten, schreitet über die neue Seinebrücke – den Grundstein zu dem Pont Alexandre hat er gemeinsam mit Zar Alexander im Jahre 1896 gelegt. Beim Salle des Fêtes wird er von einem Chor empfangen, der Camille Saint-Saëns' »Hymne an Victor Hugo« aufführt. Kanonensalven setzen Akzente. Der Präsident eröffnet die Pariser Weltausstellung mit den Worten: »Bald werden wir einen wichtigen Schritt in der langsamen Entwicklung der Arbeit auf Glück und Menschlichkeit hin getan haben.«

Wer kann sich die Weltausstellung in Paris leisten?

Bericht eines Lübeckers über die Reisekosten zur Ausstellung:

Reisekosten:	69 Mark
Unterkunft (bescheiden)	16 Mark
Extras	32 Mark
Essen und Trinken	21 Mark
Für 8 Tage	138 Mark

Ein Facharbeiter erhält 46 Pfennig Stundenlohn.

Mendels Gesetze wiederentdeckt

Drei Naturwissenschaftler, der Österreicher Erich Tschermak von Seysseneg, der Holländer Hugo de Vries und der Deutsche Karl Erich Corens, veröffentlichen unabhängig voneinander in diesen Tagen Entdeckungen und Beobachtungen über die Vererbung einfacher Merkmale, quasi eine Wiederentdeckung der Mendelschen Gesetze.
Der österreichische Vererbungsforscher Gregor Mendel (1822–1884), ein Augustinermönch des Stiftes Brünn, hat aus Kreuzungsversuchen mit Bohnen und Erbsen Gesetze über die Vererbung einfacher Merkmale abgeleitet, die seinerzeit wenig beachtet wurden.

»Gespenster« in Berlin aufgeführt

21. April. Unter der Regie von Otto Brahm findet in Berlin sechs Jahre nach der Erstaufführung am Deutschen Theater eine rein naturalistische Inszenierung des Ibsen-Dramas »Gespenster« statt. Max Reinhardt ist in der Rolle des Tischlers Engstrand zu sehen. Die »Vossische Zeitung« berichtet: »Die Rolle des Tischlers Engstrand liegt jetzt in den Händen von Max Reinhardt, der den frechen Lügner und Frömmler sehr kräftig charakterisiert. Sehr gelungen war die vorsichtig tastende Art, mit der er seine Lügen anbringt, und die schmunzelnde Befriedigung, mit der er ihren Wirkungen folgt.«

1900

MAI

Mo	Di	Mi	Do	Fr	Sa	So
	1	2	3	4	5	6
7	8	9	10	11	12	13
14	15	16	17	18	19	20
21	22	23	24	25	26	27
28	29	30	31			

1. Große Feier im Rahmen der Weltausstellung in Paris.

4. Beginn eines mehrtägigen Besuchs von Kaiser Franz Joseph von Österreich in Berlin als Ausdruck des deutsch-österreichischen Bündnisses.

7. Deutschland beteiligt sich an den Zahlungen für den Fonds zur Bekämpfung der schlimmen Hungersnot in Indien.

9. Eröffnung der zweiten Kunstausstellung der Berliner Sezession mit einer Festrede von Max Liebermann.

10. »Atahualpa« von Cattelani, Oper in vier Akten, in Buenos Aires uraufgeführt.

15. Feierliche Eröffnung des »Deutschen Hauses« auf der Pariser Weltausstellung.

17. »Norwegische Hochzeit« von Schjelderup, Oper in zwei Akten, in Prag uraufgeführt.

24. England annektiert den Oranjefreistaat.

28. In Portugal (Oporto) ist eine totale Sonnenfinsternis zu beobachten.

30. »Hänsel und Gretel«, Oper von Engelbert Humperdinck, in Paris mit Erfolg aufgeführt.

31. Aus China wird von bedrohlichen Erfolgen der aufständischen Boxer berichtet.

31. Die Engländer nehmen Johannesburg ein, die Buren ziehen sich nach Pretoria zurück.

31. Kaiserliches Edikt in China, das den »Bund der Boxer« bei Todesstrafe verbietet.

GEBOREN:

1. Ignazio Silone († 22. 8. 1978), italienischer Schriftsteller.

5. Hans Schmidt-Isserstedt († 28. 5. 1973), deutscher Orchesterleiter.

10. Fred Astaire, amerikanischer Filmschauspieler und Tänzer.

12. Helene Weigel († 6. 5. 1971), deutsche Schauspielerin.

26. Vitezslav Nezval († 6. 4. 1958), tschechischer Schriftsteller.

GESTORBEN:

1. Mihály von Munkácsy (eigtl. Michael Lieb) (* 20. 2. 1844), ungarischer Maler. →

9. Carl Brosböll (* 7. 8. 1816), dänischer Schriftsteller.

Ungarischer Maler von Munkácsy stirbt bei Bonn

Mihály von Munkácsy †.

1. Mai. Im Alter von 56 Jahren ist der ungarische Maler Mihály von Munkácsy (eigtl. Michael Lieb) in Endenich/Bonn gestorben. Mit seinem bekannten Bild »Letzter Tag eines Verurteilten«, das auf einer Ausstellung in Paris 1870 gezeigt wurde, hat sich Munkácsy seinen Ruf als Historien- und Genremaler gesichert.

Außerdem . . .

Eine Expedition ins Gebiet der Tuat-Oasen (Marokko) wird Anfang des Monats von Frankreich ausgerüstet, was zu einem Konflikt mit England führt, das seine Situation in Afrika bedroht sieht, falls Frankreich in den Besitz Marokkos gelangen sollte.

Den 18. Geburtstag und damit die Großjährigkeitserklärung von Kronprinz Wilhelm, Thronfolger Kaiser Wilhelms II., begeht Deutschland mit dreitägigen Feiern. Die Festlichkeiten erreichen am Geburtstag (6. Mai) ihren Höhepunkt.

Nach Zustimmung des Reichsrats können die Vorbereitungen zur Eröffnung einer Postdampfschiffverbindung von Deutschland nach Afrika weitergehen.

Der Belagerungszustand wird über die spanischen Städte Sevilla, Barcelona und Valencia verhängt, nachdem es in Andalusien und Katalonien zu Unruhen wegen hoher Steuern gekommen ist.

1900

JUNI

Mo	Di	Mi	Do	Fr	Sa	So
				1	2	3
4	5	6	7	8	9	10
11	12	13	14	15	16	17
18	19	20	21	22	23	24
25	26	27	28	29	30	

1. Tientsin wird von den aufständischen Boxern bedroht.

3. Alphons Baugé erzielt einen neuen Geschwindigkeits-Weltrekord für Fahrräder hinter einem Schrittmacher mit 63,79 km/h.

14. Die Lage der Gesandtschaften in China ist gefährdet. Die vor Peking verschanzte Armee der Boxer zählt ca. 20 000 Mann.

14. Beim internationalen Mannschafts-Automobilrennen Paris–Lyon siegt der Franzose F. Charron. →

16. Große Feier zur Eröffnung des Elbe-Trave-Kanals im Beisein des Kaisers.

17. Flottenmanöver in Brest mit Beteiligung von deutschen, russischen und spanischen Kriegsschiffen.

19. Die chinesische Regierung fordert die europäischen Gesandten auf, Peking innerhalb 24 Stunden zu verlassen.

20. Der deutsche Gesandte Klemens Freiherr von Ketteler wird in Peking auf offener Straße ermordet.

21. Beginn der Kieler Woche (bis 5. Juli) mit vergrößertem Programm.

21. Wladimir N. Graf Lamsdorff wird russischer Außenminister und damit Nachfolger von Graf M. N. Murajow.

24. Rußland drängt auf Einführung des Russischen als Amtssprache in Finnland.

30. Der deutsche Kreuzer »Fürst Bismarck« wird nach Ostasien geschickt.

GEBOREN:

17. Hermann Reutter, deutscher Komponist.

17. Martin Bormann († 1. 5. 1945?), deutscher Politiker.

25. Louis Mountbatten († 27. 8. 1979), englischer Großadmiral.

29. Antoine de Saint-Exupéry († 31. 7. 1944), französischer Dichter und Flieger.

GESTORBEN:

5. Stephen Crane (* 1. 11. 1871), amerikanischer Schriftsteller. →

20. Klemens Freiherr von Ketteler (* 22. 11. 1853), deutscher Offizier und Diplomat. →

»Lex Heinze« regelt Fragen der Sittlichkeit

25. Juni. Der Reichstag erläßt ein Zusatzgesetz zu den §§ 180–184 des Strafgesetzbuches, Lex Heinze genannt. Das Gesetz steht im Zusammenhang mit dem Prozeß gegen den Berliner Zuhälter Heinze. Es befaßt sich mit schärferen Strafvorschriften bei Kuppelei, aber auch mit allgemeinen Fragen der Sittlichkeit.

Auch unter Berücksichtigung der Zeitumstände ist das Gesetz übertrieben prüde und spießig. Alles Nackte wird grundsätzlich verdächtigt, bespitzelt, untersagt. Nicht einmal vor der Kunst wird haltgemacht; Reproduktionen von Feuerbachs schlafender Nymphe werden verboten. Eine Prozeßflut schwillt an, und die Karikaturisten bemächtigen sich des Themas.

Triumph für Panhard-Auto

14. Juni. Beim ersten internationalen Mannschafts-Automobilrennen siegt F. Charron aus Frankreich auf Panhard. Unter fünf Teilnehmern sichert er sich den Sieg vor den übrigen vier Fahrern aus Belgien, den USA und Deutschland und damit den Cup, den der amerikanische Zeitungsverleger James Gordon-Bennet gestiftet hat.

F. Charron hat den Gordon-Bennet-Cup mit einer Durchschnittsgeschwindigkeit von 62 Stundenkilometern auf der Strecke von Paris nach Lyon gewonnen.

Von den fünf Fahrern erreichen nur zwei das Endziel.

US-Schriftsteller Stephen Crane †

5. Juni. Der 1871 geborene amerikanische Schriftsteller Stephen Crane stirbt in Badenweiler. Crane hat sich einen Namen gemacht durch epische Werke von großem naturalistischem Ausdruck und lebensnaher Sprache. Am bekanntesten sind die Romane: »Das Blutmal« (1895) und »Maggie, das Straßenkind« (1892).

Gesandter ermordet

Der Mörder des deutschen Gesandten von Ketteler wird hingerichtet.

20. Juni. Der deutsche Gesandte in China, Klemens Freiherr von Ketteler (geb. 1853), wird in Peking auf offener Straße ermordet. Er ist ein Opfer der fremdenfeindlichen Bewegung der Boxer, die sich gegen den Einfluß ausländischer Mächte erhoben haben und die europäischen Gesandtschaften in Peking belagern. Die europäischen Landungstruppen reichen nicht aus, um das Gesandtschaftsviertel Pekings zu entsetzen. Sie fordern Verstärkung aus Europa an.

Kaiser Wilhelm II. hat in einem Telegramm an den Staatssekretär des Auswärtigen, Bernhard Fürst von Bülow, bereits einen Tag vor dem Mord gefordert: »Nach letzten Meldungen aus China kein Zweifel mehr über die Schwere der Katastrophe und durch den Rückzug des Entsatzheeres unter englischem Admiral nach Tientsin schwere Blamage der Europäer. Dazu Meldungen von Aufständen im Jangtsekiangtale und am Westflusse zeigen, daß China im Ganzen entschlossen ist, Europäer hinauszuwerfen. Daher muß sofort auf große Militäraktion gemeinsamer Natur vorbereitet werden. Berufen Sie sofort Botschafter zusammen, die ihre Regierungen um Instruktionen bitten behufs Einleitung der Aktion. Es müssen starke Kontingente zu gemeinsamem Heer hinausgehen. Peking muß regelrecht angegriffen und dem Erdboden gleichgemacht werden.«

Neues Flottengesetz

12. Juni. Gegen die Stimmen der Sozialdemokraten verabschiedet der Reichstag das zweite Flottengesetz. Mit der Annahme dieser Vorlage ist das Flottengesetz vom 10. April 1898 außer Kraft gesetzt. Insgesamt bedeutet die zweite Vorlage eine erhebliche Verstärkung der Seestreitkräfte des Deutschen Reiches.

Das zweite Flottengesetz sieht folgenden Endbestand an Kriegsschiffen vor:
– 2 Flottenflaggschiffe
– 4 Geschwader; jedes besteht aus 8 Linienschiffen, 8 großen Kreuzern, 24 kleinen Kreuzern
– 3 große Kreuzer
– 10 kleine Kreuzer
– 4 Linienschiffe
– Reserve (3 große Kreuzer; 4 kleine Kreuzer).

Der Staatssekretär des Auswärtigen Amtes, Bernhard Fürst von Bülow, und der Staatssekretär des Reichsmarineamtes, Alfred von Tirpitz, begründen den Ausbau mit dem Argument, die deutsche Flotte müsse so stark sein, daß eine Auseinandersetzung mit ihr für jede Macht der Welt ein großes Risiko sei. Gleichzeitig glaubt man, mit dem Bau der »Risikoflotte« die »Politik der freien Hand« zu fördern und Deutschlands Position in Europa zu stärken.

1900

JULI

Mo	Di	Mi	Do	Fr	Sa	So
						1
2	3	4	5	6	7	8
9	10	11	12	13	14	15
16	17	18	19	20	21	22
23	24	25	26	27	28	29
30	31					

1. Aufstände der Boxer in Tientsin, Kiautschou, Taku und Peking.

2. Erste Zeppelinfahrt von Ferdinand Graf Zeppelin mit dem Starrluftschiff LZ 1 »Zeppelin«. →

3. Wilhelm II. ergreift Initiative zur Einleitung einer gemeinsamen Aktion in China.

5. Die »Deutschland III« erringt auf ihrer ersten Fahrt das »Blaue Band« für die schnellste Überquerung des Nordatlantik; Spitzengeschwindigkeit 23,61 Knoten.

6. In Paris trifft eine Abordnung der Burenrepublik ein.

9. Australien wird Bundesstaat; Commonwealth of Australia Act.

14. Beginn der Olympischen Sommerspiele in Paris (bis 22. Juli). →

14. Der Kunststoffchemiker Emil Fischer eröffnet das neue I. Chemische Institut der Universität Berlin.

15. Rußland hebt durch zaristische Verordnung die Deportation nach Sibirien auf (Beginn: 1. Januar 1901).

19. Einweihung der Pariser Metro.

27. Wilhelm II. verabschiedet das Expeditionskorps zur Niederschlagung des Boxeraufstandes in Bremerhaven. →

29. Anläßlich der Nürnberger Automobilausstellung wird der »Allgemeine Schnauferl-Club« ins Leben gerufen.

GEBOREN:

4. Louis Daniel Armstrong († 6. 7. 1971), amerikanischer Trompeter und Jazzsänger.

4. Robert Desnos († 8. 6. 1945), französischer Lyriker.

6. Emil Barth († 14. 7. 1958), deutscher Schriftsteller.

23. Hans Thimig, österreichischer Charakterdarsteller.

29. Eyvind Johnson († 25. 8. 1976), schwedischer Schriftsteller und Nobelpreisträger 1974.

GESTORBEN:

5. Henry Barnard (* 24. 1. 1811), amerikanischer Pädagoge und Schulpolitiker.

7. Adalbert Falk (* 10. 8. 1827), preußischer Staatsmann.

29. Umberto I. (*· 14. 3. 1844), italienischer König (Opfer eines Attentats). →

Damenhüte sind wichtigstes Moderequisit

Bei Gartenfesten, Routs und Bällen gibt es keinen weiblicheren Anblick als ihn die blondrothen Engländerinnen bieten, mit dem lose hinaufgesteckten Haar, in cremefarbenen Spitzenkleidern, welche neustens den Hals und den Unterarm frei lassen; um die Mitte wird eine duftige, zartfarbige Escarpe getragen, welche voran seitlich schließt und deren lange Enden eingeknüpfte Seidenfransen zeigen. Die Röcke werden in Falten eingereiht und fallen auf ein farbiges oder weißes Seidenunterkleid, über welches erst ein Mousselineüberwurf und dann erst der Spitzenstoff arrangiert wird. Lange Halbhandschuhe aus Spitzen lassen die mit Ringen geschmückten Finger zur Geltung kommen. Am Halse hängt eine lange Goldkette, welche voran in Brusthöhe von einem Goldornament im New style zusammengehalten wird, welches zugleich die Rolle eines Schiebers spielt. Am Ende der langen Kette hängt das mit Gold inkrustierte Lorgnon aus hellem Schildpatt. Eigenartig, aber hübsch ist es, daß die Engländerin stets bei Sommerfesten, Reunions und dergleichen den Hut am Kopf behält.

Man sieht häufig sehr große schneeweiße Hüte, in phantastischen Formen gebogen und mit weißen oder schwarzen Straußfedern geputzt.

Die Mode um die Jahrhundertwende. ▷

15

Erster Zeppelin-Flug

2. Juli. Ferdinand Graf von Zeppelin gelingt der erste Aufstieg seines starren Luftschiffs LZ 1 vom Bodensee. Das bei Friedrichshafen gebaute schlanke Luftschiff ist 128 Meter lang, bei einem Durchmesser von 11 Metern. Es besteht aus einem starren Aluminiumgerippe aus Ringen und Längsträgern, einzelnen Gaszellen für Wasserstoff im Innern und einer Außenhaut. LZ 1 legt in 400 Meter Höhe 6 Kilometer in 17½ Minuten zurück. Der Gegenwind beträgt 8 Meter pro Sekunde. Nach einer Zugseilverschlingung wird die Fahrt eingestellt.

Seit 1874 hat sich Graf Zeppelin, ein General a. D., mit dem Bau eines Luftschiffs beschäftigt.

Der Kaiser spricht zum nach China abgehenden Expeditionskorps.

Die »Hunnenrede«

27. Juli. In Absprache mit den USA, Japan und den anderen europäischen Großmächten wird ein internationales Hilfskorps unter dem Kommando von Alfred Graf Waldersee (»Weltmarschall«) aufgestellt, um den Boxeraufstand niederzuwerfen. Bei der Verabschiedung der deutschen Truppen — man sieht Schilder mit Aufschriften wie: »Auf nach China«, »Eilgut nach China, Peking, Taku«, »Billige Chinesenzöpfe hier zu haben« — hält Wilhelm II. am 27. Juli eine unbesonnene Rede, in der er die Soldaten auffordert, keine Gefangenen zu machen und rücksichtslos vorzugehen: »Wie vor tausend Jahren die Hunnen unter ihrem König Etzel sich einen Namen gemacht haben, der sie noch jetzt in Überlieferung und Märchen gewaltig erscheinen läßt, so möge der Name Deutscher in China auf tausend Jahre durch Euch in einer Weise bestätigt werden, daß niemals wieder ein Chinese es wagt, einen Deutschen auch nur scheel anzusehen.« Diese »Hunnen-Rede« erregt in der Weltöffentlichkeit größtes Aufsehen.

Zeppelins historische Fahrt mit dem Luftschiff. Oben: Graf Zeppelin.

König von Italien in Monza Opfer eines Attentats

19. Juli. Gegen 23.30 Uhr fällt König Umberto I. von Italien in Monza einem Attentat zum Opfer. Italienische Anarchisten begründen ihre Tat als Rache für das »Blutbad« von Mailand. Dort hat Umberto 1898 Massendemonstrationen und Gewaltstreiks durch reguläre Truppen und Einsatz von Artillerie rücksichtslos niederwerfen lassen. Es hat Tote und Verletzte gegeben. König Umberto hat sich während seiner Regierungszeit darum bemüht, die Monarchie zu stabilisieren, aber er respektierte die Verfassung. Er verfolgte die Dreibundpolitik der Staaten Österreich-Ungarn, Deutschland und Italien.

Das Attentat auf König Umberto in einer zeitgenössischen Darstellung.

Die Einflußbereiche der Kolonialmächte in China zur Zeit der Boxeraufstände und das Vordringen imperialistischer Mächte von 1900 bis 1912.

14. Juli. Vom 14.–22. Juli finden in Paris die II. Olympischen Spiele im Rahmen der Weltausstellung statt. Die Organisation ist schlecht. Die Leichtathleten müssen z. B. ihre Sprunggruben selbst ausgraben. Die amerikanische Mannschaft ist in der Leichtathletik den anderen Nationen weit überlegen. Die deutsche Olympiamannschaft erringt zwei Goldmedaillen: Hoppenberg über 200-m-Rücken (2:47,0) und der Vierer mit Steuermann. Der Vierer gewinnt in den beiden Finalkämpfen auch noch zwei Bronzemedaillen. Vielseitigster Athlet ist der US-Amerikaner Kraenzlein, ein früher König der Leichtathletik. Er gewinnt die 110- und 200-m-Hürden, den Weitsprung und den Sprint über 60 m. Überdies beteiligt er sich am Kugelstoßen.

Dreifachsieger Alvin Kraenzlein.

Ray Ewry, Sieger im Hochsprung aus dem Stand. Erreichte Höhe – 1,65 Meter.

Leichtathletik Männer

100 m
1. Francis Jarvis — USA — 11,0
2. Walter B. Tewksbury — USA — 11,1
3. Stanley Rowley — AUS — 11,2

200 m
1. Walter Tewksbury — USA — 22,2
2. Norman Pritchard — IND — 22,8
3. Stanley Rowley — AUS — 22,9

400 m
1. Maxey Long — USA — 49,4
2. William Holland — USA — 49,6
3. Ernst Schultz — DAN

800 m
1. Alfred Tysoe — GBR — 2:01,2
2. John Cregan — USA — 2:03,0
3. David Hall — USA

1500 m
1. Charles Bennett — GBR — 4:06,2
2. Henri Deloge — FRA — 4:06,6
3. John Bray — USA — 4:07,2

Marathon (40,260 km)
1. Michel Theato — FRA — 2:59:45
2. Emile Champion — FRA — 3:04:17
3. Ernst Fast — SWE — 3:37:14

110-m-Hürden
1. Alvin Kraenzlein — USA — 15,4
2. John McLean — USA — 15,5
3. Fred Moloney — USA

400-m-Hürden
1. Walter Tewksbury — USA — 57,6
2. Henri Tauzin — FRA — 58,3
3. George Orton — CAN

3000-m-Hindernislauf (2500 m)
1. George Orton — CAN — 7:34,4
2. Sidney Robinson — GBR — 7:38,0
3. Jacques Chastanié — FRA

Hochsprung
1. Irving Baxter — USA — 1,90
2. Patrick Leahy — GBR/IRL — 1,78
3. Lajos Gönczy — UNG — 1,75

Stabhochsprung
1. Irving Baxter — USA — 3,30
2. M. B. Colkett — USA — 3,25
3. Carl-Albert Andersen — NOR — 3,20

Weitsprung
1. Alvin Kraenzlein — USA — 7,185
2. Myer Prinstein — USA — 7,175
3. Patrick Leahy — GBR/IRL — 6,95

Dreisprung
1. Myer Prinstein — USA — 14,47
2. James Brendan Connolly — USA — 13,97
3. Lewis P. Sheldon — USA — 13,64

Kugelstoßen
1. Richard Sheldon — USA — 14,10
2. Josiah McCracken — USA — 12,85
3. Robert Garrett — USA — 12,37

Diskuswerfen
1. Rudolf Bauer — UNG — 36,04
2. František Janda-Suk — BOH — 35,25
3. Richard Sheldon — USA — 34,60

Hammerwerfen
1. John Flanagan — USA — 49,73
2. Truxton Hare — USA — 49,13
3. Josiah McCracken — USA — 42,46

60 m (nur 1900 und 1904 durchgeführt)
1. Alvin Kraenzlein — USA — 7,0
2. Walter B. Tewksbury — USA — 7,1
3. Stanley Rowley — AUS — 7,2

200-m-Hürden (nur 1900 und 1904 durchgeführt)
1. Alvin Kraenzlein — USA — 25,4
2. Norman Pritchard — IND — 26,6
3. Walter B. Tewksbury — USA

4000-m-Hindernislauf (nur 1900 durchgeführt)
1. John Rimmer — GBR — 12:58,4
2. Charles Bennett — GBR — 12:58,6
3. Sidney Robinson — GBR — 12:58,8

5000-m-Mannschaftslauf
1. Großbritannien
2. Frankreich

Hochsprung aus dem Stand (nur 1900, 1904, 1906, 1908, 1912 durchgeführt)
1. Ray Ewry — USA — 3,21
2. Irving Baxter — USA — 3,135
3. Emile Torcheboeuf — FRA — 3,03

Weitsprung aus dem Stand (nur 1900, 1904, 1906, 1908, 1912 durchgeführt)
1. Ray Ewry — USA — 3,21
2. Irving Baxter — USA — 3,135
3. Emile Torcheboeuf — FRA — 3,03

Dreisprung aus dem Stand (nur 1900 und 1904 durchgeführt)
1. Ray Ewry — USA — 10,58
2. Irving Baxter — USA — 9,95
3. Robert Garrett — USA — 9,50

Tauziehen (nur 1900, 1904, 1906, 1908, 1912, 1920 durchgeführt)
1. Schweden/Dänemark
2. USA
3. Frankreich

Fechten Männer

Florett Einzel
1. E. Coste — FRA
2. Henri Masson — FRA
3. Jacques Boulenger — FRA

Degen Einzel
1. Ramón Fonst — CUB
2. Louis Perrée — FRA
3. Léon Sée — FRA

Säbel Einzel
1. Georges de la Falaise — FRA
2. Léon Thiébaut — FRA
3. Siegfried Flesch — AUT

Florett für Fechtmeister (nur 1896 und 1900 durchgeführt)
1. Lucien Mérignac — FRA
2. Alphonse Kirchhoffer — FRA
3. Jean-Baptiste Mimiague — FRA

Degen für Fechtmeister (nur 1900 und 1906 durchgeführt)
1. Albert Ayat — FRA
2. Emile Bougnol — FRA
3. Henri Laurent — FRA

Degen für Amateure und Fechtmeister (nur 1900 durchgeführt)
1. Albert Ayat — FRA
2. Ramón Fonst — CUB
3. Léon Sée — FRA

Säbel für Fechtmeister (nur 1900 und 1906 durchgeführt)
1. Antonio Conte — ITA
2. Italo Santelli — ITA
3. Milan Neralic — AUT

Schwimmen Männer

200-m-Kraul
1. Frederick C. V. Lane — AUS — 2:25,2
2. Zoltán von Halmay — UNG — 2:31,4
3. Karl Ruberl — AUT — 2:32,0

1500-m-Kraul
1. John Jarvis — GBR — 13:40,2
2. Otto Wahle — AUT — 14:53,6
3. Zoltán von Halmay — UNG — 15:16,4

200-m-Rücken
1. Ernst Hoppenberg — D — 2:47,0
2. Karl Ruberl — AUT — 2:56,0
3. Johannes Drost — HOL — 3:01,0

200-m-Hindernisschwimmen (nur 1900 durchgeführt)
1. Frederick Lane — AUS — 2:38,4
2. Otto Wahle — AUT — 2:40,0
3. Peter Kemp — GBR — 2:47,4

4000-m-Freistil (nur 1900 durchgeführt)
1. John Jarvis — GBR — 58:24,0
2. Zoltán von Halmay — UNG — 1:08:55,4
3. L. Martin — FRA — 1:13:08,4

Unterwasserschwimmen (nur 1900 durchgeführt)

		Distanz, m	Zeit	Punkte
1. Charles de Vendeville	FRA	60	1:08,4	188,4
2. A. Six	FRA	60	1:05,4	185,4
3. Peder Lykkeberg	DAN	28,50	1:30,0	147,0

200-m-Mannschaftsschwimmen (nur 1900 durchgeführt)
1. Deutschland
2. Frankreich
3. Frankreich

Wasserball
1. Großbritannien
2. Belgien
3. Frankreich I

Schießen

Schnellfeuerpistole oder Revolver
1. Maurice Larrouy — FRA — 58
2. Léon Moreaux — FRA — 57
3. Eugène Balme — FRA — 57

Beliebige Scheibenpistole 50 m
1. Karl Röderer — SUI — 503
2. Achille Paroche — FRA — 466
3. Konrad Stäheli — SUI — 453

Schießen auf lebende Tauben (nur 1900 durchgeführt)
1. Léon de Lunden — BEL — 21
2. Maurice Faure — FRA — 20
3. D. MacIntosh — AUS — 18

Tontaubenschießen
1. Roger de Barbarin — FRA — 17
2. René Guyot — FRA — 17
3. Justinien de Clary — FRA — 17

Schießen auf laufenden Keiler
1. Louis Debray — FRA — 20
2. P. Nivet — FRA — 20
3. de Lambert — FRA — 19

Armeegewehr Einzel 300 m (nur 1900, 1906, 1912, 1920 durchgeführt) 3 Stellungen
1. Emil Kellenberger — SUI — 930
2. Anders Peter Nielsen — DAN — 921
3. Ole Östmo — NOR — 917

stehend
1. Lars Jörgen Madsen — DAN — 305
2. Ole Östmo — NOR — 299
3. Charles Paumier du Verger — BEL — 298

kniend
1. Konrad Stäheli — SUI — 324
2. Emil Kellenberger — SUI — 314
3. Anders Peter Nielsen — DAN — 314

liegend
1. Achille Paroche — FRA — 332
2. Anders Peter Nielsen — DAN — 330
3. Ole Östmo — NOR — 329

Armeegewehr Mannschaft 300 m (nur 1900, 1908 durchgeführt)
1. Schweiz — 4399
2. Norwegen — 4290
3. Frankreich — 4278

Doppelschuß Mannschaft (nur 1900, 1908, 1912, 1920 durchgeführt)
1. Schweiz — 2271
2. Frankreich — 2203
3. Holland — 1876

Bogenschießen

Au cordon doré – 50 m
1. Henri Herouin — FRA — 31
2. Hubert van Innis — BEL — 29
3. Emile Fisseux — FRA — 28

Au chapelet – 50 m
1. Eugène Mougin — FRA
2. Henri Helle — FRA
3. Emile Mercier — FRA

Au cordon doré – 33 m
1. Hubert van Innis — BEL
2. Victor Thibaud — FRA
3. Charles Frédéric Petit — FRA

Au chapelet – 33 m
1. Hubert van Innis — BEL
2. Victor Thibaud — FRA
3. Charles Frédéric Petit — FRA

Sur la perche à la herse
1. Emmanuel Foulon — FRA
2. Serrurier — FRA
3. Druart jun. — BEL

Sur la perche à la pyramide
1. Emile Grumiaux — FRA
2. Louis Glineux — BEL

Turnen Männer

Mehrkampf Einzel
1. Gustave Sandras — FRA — 302
2. Noël Bas — FRA — 295
3. Lucien Démanet — FRA — 293

Fußball
1. Großbritannien
2. Frankreich
3. Belgien

Rudern

Einer
1. Henri Barrelet — FRA — 7:35,6
2. André Gaudin — FRA — 7:41,6
3. Saint-George Ashe — GBR — 8:15,6

Zweier mit Steuermann
1. Holland — 7:34,2
2. Frankreich — 7:34,4
3. Frankreich — 7:57,2

Vierer mit Steuermann Erstes Finale
1. Frankreich — 7:11,0
2. Frankreich — 7:18,0
3. Deutschland — 7:18,2

Zweites Finale
1. Deutschland — 5:59,0
2. Holland — 6:33,0
3. Deutschland — 6:35,0

Achter
1. USA — 6:09,8
2. Belgien — 6:13,8
3. Holland — 6:23,0

Segeln

Offene Klasse (nur 1900 durchgeführt)
1. Großbritannien — »Scotia«
2. Deutschland — »Aschenbrödel«
3. Frankreich — »Turquoise«

0,5-Tonnen-Klasse (nur 1900 durchgeführt)
1. Frankreich — »Quand-même«
2. Frankreich — »Baby«
3. Frankreich — »Sarcelle«

0,5–1,0-Tonnen-Klasse (nur 1900 durchgeführt)
1. Großbritannien — »Scotia«
2. Frankreich — »Crabe II«
3. Frankreich — »Scamasaxe«

1–2-Tonnen-Klasse (nur 1900 durchgeführt)
1. Deutschland — »Aschenbrödel«
2. Schweiz — »Lérina«
3. Frankreich — »Marthe«

2–3-Tonnen-Klasse (nur 1900 durchgeführt)
1. Großbritannien — »Ollé«
2. Frankreich — »Favorite«
3. Frankreich — »Mignon«

3–10-Tonnen-Klasse (nur 1900 durchgeführt)
1. USA — »Bona Fide«
2. Frankreich — »Gitana«
3. USA — »Frimousse«

10–20-Tonnen-Klasse (nur 1900 durchgeführt)
1. Frankreich — »Estérel«
2. Frankreich — »Quand-même«
3. Großbritannien — »Lauréa«

Radsport

1000-m-Sprint
1. Georges Taillandier — FRA — 2:52,0
2. Sanz — FRA
3. Lake — USA

Reitsport

Jagdspringen Einzel
1. Aimé Haegeman — BEL — 2:16,0
2. Georges van de Poele — BEL — 2:17,6
3. de Champsavin — FRA — 2:26,0

Hochsprung (nur 1900 durchgeführt)
1. Dominique Maximien Gardères — FRA — 1,85
1. Gian Giorgio Trissino — ITA — 1,85
3. A. Moreau — FRA — 1,70

Weitsprung (nur 1900 durchgeführt)
1. Constant van Langhendonck — BEL — 6,10
2. Gian Giorgio Trissino — ITA — 5,70
3. de Prunelle — FRA — 5,30

Abkürzungsschlüssel siehe Register

Mo	Di	Mi	Do	Fr	Sa	So
		1	2	3	4	5
6	7	8	9	10	11	12
13	14	15	16	17	18	19
20	21	22	23	24	25	26
27	28	29	30	31		

2. Neue Organisation der Sozialdemokratie geplant (für den Parteitag im Oktober).

3. Interparlamentarischer Friedenskongreß in Paris beendet.

3. Der preußische Kriegsminister von Goßler verbietet Soldaten und Unteroffizieren das Halten und Verbreiten sozialdemokratischer Schriften. →

6. Unter Admiral Seymour beginnt in China ein gezielter Vormarsch gegen die Boxer.

17. Admiral Seymour besetzt Peking; Europäer werden befreit.

19. In Paris wird eine »Weltmeisterschaft im Zweisitzerfahren« für Berufsradfahrer ausgetragen. Die holländisch-italienische Mannschaft holt den noch inoffiziellen Titel.

27. Uraufführung von Gabriel Faurés Oper »Prometheus« in Béziers.

27. Einrichtung des ersten Langstreckenverkehrs mit Autobussen zwischen London und Leeds. Für die Strecke von 320 km benötigt der Bus zwei Tage; er verkehrt einmal in der Woche.

30. Zeitungen berechnen die Kosten der China-Expedition bis Anfang Oktober auf 100 Millionen Mark (→ Juli 1900).

GEBOREN:

6. Jiří Weil († 13. 12. 1959), tschechischer Schriftsteller.

14. Margret Boveri († 6. 7. 1975), deutsche Schriftstellerin.

23. Ernst Křenek, österreichisch-amerikanischer Komponist.

25. Georges Neveux, französischer Dramatiker.

27. Guillermo de Torre († 14. 1. 1971), spanisch-argentinischer Lyriker und Essayist.

GESTORBEN:

7. Jean Joseph Etienne Lenoir (* 12. 1. 1822), französischer Ingenieur.

7. Wilhelm Liebknecht (* 29. 3. 1826), deutscher Politiker. →

16. José Maria de Eca de Queiróz (* 25. 11. 1846), portugiesischer Erzähler und Diplomat.

25. Friedrich Nietzsche (* 15. 10. 1844), deutscher Dichter und Philosoph. →

Friedrich Nietzsche †

25. August. Im Alter von 65 Jahren stirbt in Weimar der Philosoph und Professor für klassische Philologie Friedrich Nietzsche. Seine Erkenntnisse werden das philosophische Denken des 20. Jahrhunderts entscheidend beeinflussen. Schon in seinem Jugendwerk »Die Geburt der Tragödie aus dem Geist der Musik« (1872) sieht er, beeinflußt durch Schopenhauer und Wagner, im »Dionysischen« und »Apollinischen« die kulturprägenden Mächte. Aus der Verherrlichung des Griechentums entwirft er die Kritik an seiner Zeit. In der zweiten Phase seines Schaffens, nach dem Bruch mit Richard Wagner, fundiert für ihn nicht Metaphysik, sondern nur positive Wissenschaft die Kultur. In der dritten Entwicklungsstufe seines Denkens bedeutet der Wille zur Macht die höchste Erfüllung des Menschentums. Der »Wille zur

Friedrich Nietzsche †.

Macht« führt zur »Umwertung aller Werte« und zur Postulierung des »Übermenschen«. Der wahre Mensch ist danach der Künstler und Freigeist. Er muß alle bisherige Geschichte verneinen und den Übermenschen hervorbringen.

Liebknecht stirbt

7. August. Wilhelm Liebknecht (geb. 29. März 1826 in Gießen) stirbt in Berlin. Liebknecht war neben August Bebel der erste Abgeordnete der Sozialdemokratischen Partei im Reichstag (1867–1870 und wieder seit 1874). Bis 1878 (und wieder seit 1890, nach der Aufhebung des Sozialistengesetzes) leitete er die Parteizeitung »Vorwärts«.

Bei Liebknechts Begräbnis am Sonntag, dem 12. August, zählt man weit über 100 000 Trauernde. Die riesige Menschenmenge legt den mehr als vierstündigen Marsch von dem Sterbehaus Kantstraße 160 in Charlottenburg bis zum Friedhof in Friedrichsfelde zurück, um sich von ihrem »Wilhelm« zu verabschieden. In der Friedhofshalle gibt Bebel in bewegten Worten den Gefühlen der Leidtragenden Aus-

Wilhelm Liebknecht †.

druck. Wilhelm Liebknechts Sohn Karl, später mit Rosa Luxemburg Gründungsmitglied der KPD, ist zu dieser Zeit 29 Jahre alt und gerade dem linken Flügel der SPD beigetreten (→ Januar 1919).

Keine SPD-Schriften für Soldaten

3. August. Der preußische Kriegsminister von Goßler erläßt einen Befehl, nach dem es Unteroffizieren und Mannschaften verboten ist, sozialdemokratische Schriften zu halten oder zu verbreiten und sozialdemokratische Gesinnung gegenüber Dritten erkennen zu geben. Jede Beteiligung an Vereinigungen und Versammlungen bedarf besonderer dienstlicher Erlaubnis. Diese Bestimmungen gelten, wie es in dem Befehl heißt, auch für die zu Übungen eingezogenen Soldaten.

Mo	Di	Mi	Do	Fr	Sa	So
					1	2
3	4	5	6	7	8	9
10	11	12	13	14	15	16
17	18	19	20	21	22	23
24	25	26	27	28	29	30

1. Der 25. Jahrestag der Regierung des türkischen Sultans Abdul Hamid, Imam aller Gläubigen und Kalif des Propheten, wird in Konstantinopel mit großer Festlichkeit unter Anwesenheit europäischer Würdenträger begangen.

1. Großbritannien annektiert Transvaal.

2. Eröffnung des Telegrafenkabels Borkum–Horta–New York (via Emden–Azoren).

2. Offizielle Bestätigung des Pestausbruchs in Glasgow verursacht eine Panik. Mediziner reisen nach Glasgow, um die Pest zu studieren.

4. In Tunis stirbt Scheich Islam Si Mohamed.

4. In der belgischen Stadt Charleroi streiken 8229 Glasarbeiter.

10. Ein Gesetz definiert deutsche Kolonien als Schutzgebiete des Reiches.

11. Streik von 150 000 Kohlenarbeitern in Amerika.

13. Uraufführung des ersten Films mit Filmmusik durch eine begleitende Kapelle in Melbourne: »Soldiers of the Cross«.

15. Rosa Luxemburg fordert stärkere »Volksbewegung gegen die deutsche Chinapolitik«.

17.–21. Parteitag der SPD in Mainz. →

20. 30. Jahrestag der »Befreiung« Roms: Aufhebung des Kirchenstaates.

22. Am Jahrestag der Ersten Republik empfängt der französische Staatspräsident Émile Loubet alle 20 777 Bürgermeister Frankreichs und seiner Kolonien.

23. Graf Waldersee übernimmt den Oberbefehl über die europäischen Streitkräfte im Boxerkrieg (»Weltmarschall«), Gesamtstärke der Truppen: 63 000, darunter 24 000 Deutsche. →

23.–27. 5. Internationaler Sozialistenkongreß in Paris. →

GEBOREN:

6. Julien Green, französisch-amerikanischer Schriftsteller.

14. Erich Ebermayer, deutscher Schriftsteller.

GESTORBEN:

23. Arsenio Martinez de Campos (* 14. 12. 1831), spanischer General und Politiker.

Generalfeldmarschall Waldersee inspiziert die internationalen Truppen.

Waldersee in China

23. September. Der preußische Generalfeldmarschall Alfred Graf von Waldersee übernimmt in dem in China tobenden Boxeraufstand (→ Juni, Juli 1900) den Oberbefehl über das internationale Expeditionskorps. Acht Staaten – England, Deutschland, Frankreich, Rußland, USA, Italien, Österreich und Japan – haben Truppen entsandt, um den von der chinesischen Kaisermutter unterstützten Aufstand des Geheimbundes der Boxer, der sich gegen die Fremdherrschaft richtet, niederzuschlagen.

Im August gelingt es dem ausländischen Expeditionsheer unter englischer Führung bereits, die in Peking eingeschlossenen Europäer zu befreien. Peking wird erobert. Graf Waldersee bleibt außer einem glänzenden Einzug in Peking nicht mehr viel zu tun. Gleichwohl unternehmen die Truppen – Gesamtstärke 63 000 Mann, darunter 24 000 Deutsche – noch Straffeldzüge.

Ein bayrisches Bataillon beim Einsatz an der Chinesischen Mauer.

Gebet für die kämpfende Truppe

1. September. Im Großherzogtum Mecklenburg wird in das Kirchengebet in Zukunft folgender Zusatz übernommen: »Halte deine schirmende Hand über diejenigen unserer Landeskinder, welche im Kampfe für des Vaterlandes Ehre in weite Ferne gezogen sind.«

Englische Interessen

10. September. In einem Memorandum definiert der englische Kolonialminister Joseph Chamberlain die Interessen seines Landes: »Es liegt sowohl in China als auch anderswo in unserem Interesse, daß Deutschland sich den Russen in den Weg stellt. Ein Bündnis zwischen Rußland und Deutschland, das die Beteiligung Frankreichs nach sich ziehen würde, ist das einzige, was wir zu fürchten haben. Der Zusammenprall der deutschen und russischen Interessen, entweder in China oder in Kleinasien, wäre die beste Garantie für unsere Sicherheit. Ich hoffe, daß unsere Politik dann klar genug ist, um gute Beziehungen zwischen uns und Deutschland zu fördern, ebenso zwischen uns und Japan und den Vereinigten Staaten. Wir sollten uns darum bemühen, den Bruch zwischen Deutschland und Rußland sowie den zwischen Rußland und Japan zu vertiefen.«

Gegen Kolonialpolitik

17. September. In Mainz beginnt ein Parteitag der SPD. Auf der Tagesordnung stehen folgende Punkte:
– Organisation der Partei,
– Kulturpolitik,
– Verkehrs- und Handelspolitik,
– Taktik bei den Landtagswahlen.
Schwerpunkt in der Diskussion ist das Dreiklassenwahlrecht. Die Parteigenossen werden aufgefordert, sich mit eigenen Wahlmännern an der Wahl zu beteiligen. Für die anstehenden Landtagswahlen in Preußen wird ein zentrales Wahlkomitee gebildet, das geeignete Strategien entwickeln soll. Das zentrale außenpolitische Thema ist die Kolonialpolitik: Der Parteitag verurteilt die Kolonialpolitik der imperialen Mächte und bekräftigt das Recht der Völker auf Unabhängigkeit. Auch die deutsch-chinesische Kriegspolitik wird verurteilt, weil sie ihre Wurzeln in Profitgier und Nationalismus hat. Der Parteitag endet mit der Bestätigung des Vorstandes: August Bebel, Paul Singer, Ignaz Auer, Wilhelm Pfannkuch und Karl Alwin Gerisch.

Neues Schulfach: Aufklärungsunterricht

2. September. Ein Erlaß des preußischen Schulministeriums plant die Einführung von Aufklärungsunterricht an staatlichen Schulen. Die Schulbehörde in Breslau (Schlesien) hat einen Biologen beauftragt, Vorlesungen für Lehrer zusammenzustellen, die das gesamte Gebiet der Sexualhygiene abdecken sollen. Als Einzelthemen plant die Schulbehörde die Unterrichtung folgender Komplexe:
– Welche Geschlechtskrankheiten gibt es?
– Sexuelle Abweichungen vom Normalverhalten.
– Aufbau des männlichen und weiblichen Körpers.
– Verpflichtung zur Selbstkontrolle.

Engagierte Frauen

15. September. In Mainz beginnt die erste Konferenz sozialdemokratischer Frauen Deutschlands. Unter dem Vorsitz von Clara Zetkin (KPD) und Ottilie Baader befassen sich die teilnehmenden 20 Frauen mit dem Problem der Agitation unter Frauen und dem gesetzlichen Schutz der Arbeiterinnen. Die Konferenz endet mit der Wahl von Ottilie Baader zur »Zentralvertrauensperson«.

Bericht der preußischen Fabrikinspektoren zur Arbeitszeit im Jahre 1900

Prozent der Betriebe	Arbeitsstunden
1	unter 9
14,5	9–10
47,1	10–11
28,8	11–12
8,4	12 und mehr

Sozialisten aus 21 Ländern beim Pariser Kongreß

23. September. 701 Delegierte aus 21 Ländern treffen sich auf dem 5. Internationalen Sozialistenkongreß in Paris. Die Delegierten beschließen die Bildung eines Interparlamentarischen Komitees, das einheitliche Aktionen gegen den Militarismus und den Krieg vorbereiten und organisieren soll. Auch der Schutz der Rechte der Arbeiter wird im Mittelpunkt der Arbeit stehen. Eine heftige Kontroverse entsteht über die Frage eines sozialistischen Bündnisses mit den bürgerlichen Parteien, mit dem Ziel, die staatliche Macht zu erobern. (Erinnert wird in diesem Zusammenhang an den Fall Millerand, den ersten sozialdemokratischen Minister in einem französischen Kabinett.) Der ehemalige Privatsekretär Friedrich Engels', Karl Kautsky, setzt sich mit seiner Auffassung durch, daß die Teilnahme der Sozialisten an der Macht nicht als eine prinzipielle, sondern als eine taktische Frage anzusehen sei, über die von Fall zu Fall die Partei zu entscheiden habe. Weitere Diskussionspunkte sind der Kolonialismus.
Der Kongreß weist auf die wachsende Gefahr eines Weltkrieges hin und auf die Truste als neue Form der Produktion.

Engländer richten in Afrika Lager ein

Die Engländer versuchen mit härtesten Maßnahmen, die den Regeln des Völkerrechts widersprechen, gegen die Buren vorzugehen: Obwohl die Buren reguläre, im Kampf stehende Soldaten sind, deren Privateigentum nicht angetastet werden dürfte, werden ihre Farmen und Besitzungen (ca. 30 000) niedergebrannt, Frauen und Kinder kommen in Konzentrationslager – unter dem Vorwand, daß sie sonst verhungern würden. Wegen der katastrophalen Versorgungslage sterben von 100 000 Inhaftierten mehr als ein Viertel.
Bei den kämpfenden Buren verstärken diese Maßnahmen die Verbitterung: Ihr Widerstand wächst, der Krieg dauert an.

1900

OKTOBER

Mo	Di	Mi	Do	Fr	Sa	So
1	2	3	4	5	6	7
8	9	10	11	12	13	14
15	16	17	18	19	20	21
22	23	24	25	26	27	28
29	30	31				

1. Unfallversicherungsgesetz regelt staatliche Fürsorge bei Dienstunfähigkeit durch Betriebsunfälle.

4. Hermann Sudermanns »Johannisfeuer« wird im Berliner Lessing-Theater uraufgeführt.

4. In Lemberg findet die Uraufführung der Oper »Janek« von Jelenski statt.

8. Der Publizist Maximilian Harden wird für seinen Artikel: »Der Kampf mit dem Drachen« in der Zeitschrift »Zukunft« wegen Majestätsbeleidigung zu sechs Monaten Festungshaft verurteilt.

11. Großes Einweihungsfest auf dem Kastell Saalburg. Wilhelm II. entwirft Festprogramm.

14. Sigmund Freud beginnt mit der Analyse von Dora.

16. Zwischen Berlin und London wird ein Abkommen über den Fluß Jangtse geschlossen: Chinas Gebietszustand bleibt erhalten; Küsten und Flüsse bleiben für alle Nationen frei: »Politik der offenen Tür«.

24. Uraufführung der Oper »Enda d'Uriach« von Vives in Barcelona.

24. Die USA sind bereit, den Dänen die Antillen für 7 Millionen Dollar abzukaufen.

26. Große Feier zur 100. Wiederkehr des Geburtstags des Generalfeldmarschalls Graf von Moltke (26. 10. 1800–24. 4. 1891) in Parchim.

30. Im amerikanischen Staatsschatz befindet sich Gold im Wert von 451 477 404 Dollar. Größter Staatsschatz und Goldvorrat der Welt.

GEBOREN:

3. Thomas Wolfe († 15. 9. 1938), amerikanischer Schriftsteller.

7. Heinrich Himmler († 23. 5. 1945), deutscher Politiker.

17. Yvor Winters, amerikanischer Schriftsteller.

19. Erna Berger, deutsche Sopranistin.

26. Karin Boye († 24. 4. 1941), schwedische Dichterin.

GESTORBEN:

20. Charles Dudley Warner (* 12. 9. 1829), amerikanischer Schriftsteller.

28. Friedrich Max Müller (* 6. 12. 1823), deutsch-englischer Sprachforscher.

Jangtse-Abkommen

16. Oktober. Nach der Niederschlagung des Boxeraufstandes stellt sich die Frage für die Großmächte, wie die Interessen abzustecken seien. Da Rußland zu keiner Abmachung bereit ist, einigen sich Deutschland und England im »Jangtse-Abkommen« auf den Grundsatz der »offenen Tür«, das heißt des unbehinderten Handels, für alle Nationen auf den Flüssen und an der Küste Chinas. Die beiden Mächte verpflichten sich, in dem Teil Chinas, in dem sie »einen Einfluß ausüben können«, dieses Prinzip zu garantieren. Außerdem erklären sie den Verzicht auf weitere territoriale Vorteile in China. Sollten andere Mächte territoriale Erwerbungen anstreben, so will man sich über Gegenmaßnahmen verständigen.

Enthauptung von Boxern auf einer Straße in der Pekinger Innenstadt.

Soldaten des europäischen Expeditionskorps mit eroberten Boxerfahnen.

Reichskanzler Hohenlohe tritt zurück

17. Oktober. Reichskanzler Chlodwig Fürst zu Hohenlohe-Schillingsfürst (geboren 1819) reicht mit Rücksicht auf sein hohes Alter den Abschied ein, den der Kaiser ihm auch gewährt. Der aristokratisch-liberale Politiker ist 1848 Reichsgesandter in Athen und London, 1874 deutscher Botschafter in Paris und seit 1885 Statthalter in Elsaß-Lothringen gewesen. Nach dem Sturz von Leo Graf von Caprivi ernennt Wilhelm II. ihn zum Reichskanzler und preußischen Ministerpräsidenten (1894). Einen großen Einfluß auf die Außenpolitik hat Hohenlohe nicht, im Innern war sein Bemühen auf Ausgleich und auf Widerstand gegen das persönliche Regiment des Kaisers gerichtet. Doch kann er sich nicht durchsetzen. Sein Nachfolger wird der bisherige Staatssekretär des Äußeren Bernhard Fürst von Bülow.

Die politischen Entwicklungen auf dem asiatischen Kontinent bis zum Ausbruch der christen- und fremdenfeindlichen Boxeraufstände.

Erste Filme mit synchronem Ton

Für Kinobesucher bietet die Pariser Weltausstellung im Oktober eine echte Sensation: Erstmals gelingt es, Filme und Ton synchron ablaufen zu lassen. In drei Kinos auf dem Ausstellungsgelände ist von der Komödie bis zum Drama – die große Sarah Bernhardt bringt mit einer Szene aus »Hamlet« erstmals William Shakespeare auf die Leinwand – ein umfassendes Angebot zu bestaunen.

Die Pariser Filmtüftler haben ihre aufsehenerregende Synchrondarbietung auf eine durchaus naheliegende Weise erreicht: Sie lassen den Sprech- bzw. Gesangston auf einer Schallplatte synchron zum Bild ablaufen. Mit der Möglichkeit der Tonwiedergabe im Film haben bereits viele Pioniere der bewegten Bilder experimentiert – der Oktober des Jahres 1900 aber bringt erst den Erfolg.

Die Schauspielerin Sarah Bernhardt.

Außerdem . . .

»Das Jahrhundert des Kindes«, ein Buch von Ellen Key, kommt auf den Markt. Der Titel des in vielen Auflagen erscheinenden Buches wird zum Schlagwort für die ganze Epoche, getragen von der pädagogischen Bestrebung, Kinder sich natürlich entwickeln zu lassen, wie es der französische Philosoph Jean-Jacques Rousseau in seiner Lehre (»Zurück zur Natur«) schon im 18. Jahrhundert vorgeschlagen hat.

1900

NOVEMBER

Mo	Di	Mi	Do	Fr	Sa	So
			1	2	3	4
5	6	7	8	9	10	11
12	13	14	15	16	17	18
19	20	21	22	23	24	25
26	27	28	29	30		

1. Enzyklika »De Redemptore« von Papst Pius X. veröffentlicht. →

3. Uraufführung von Nikolai Rimski-Korsakows Oper »Das Märchen vom Zaren Saltan« in Moskau.

4. Das Schweizer Volk verwirft mit mehr als 70 000 Stimmen das von den Minderheitsgruppen (Sozialdemokratie) gestellte Begehren auf Veränderung des Wahlsystems.

7. Nach härtestem Wahlkampf wird in den USA William McKinley zum US-Präsidenten wiedergewählt.

9. Uraufführung der Oper »Der Fall von Arcona« von Zdenek in Prag.

10. August Bebel verurteilt im Reichstag das deutsche Vorgehen gegen die Chinesen.

10. Uraufführung von Ruggiero Leoncavallos Oper »Zaza« in Mailand.

12. Ende der Weltausstellung in Paris: 50 Millionen Besucher (Gesamtbevölkerung Frankreichs: 39 Millionen). →

13. Bei einem Aufstand der Somalis wird der britische Unterkommissar Jenner ermordet.

15. Nach der Chinavorlage erhält Graf Waldersee 12 000 Mark Mobilmachungsgelder und eine monatliche »Feldbesoldung« von 14 500 Mark.

19. Uraufführung von Johan August Strindbergs »Nach Damaskus« in Stockholm.

30. Erteilung des Pionierpatents auf Vorderradantrieb: Pat 3183. Der »Carl-Gräf-Wagen« steht im Technischen Museum in Wien.

GEBOREN:

8. Margaret Mitchell († 16. 8. 1949), amerikanische Schriftstellerin (»Vom Winde verweht«).

16. Nikolai Fjodorowitsch Pogodin († 19. 9. 1962), russischer Schriftsteller.

19. Adolf Wohlbrück († 9. 8. 1967), österreichischer Schauspieler.

19. Anna Seghers, deutsche Schriftstellerin.

GESTORBEN:

30. Oscar Fingall O'Flahertie Wills Wilde (* 16. 10. 1854), englischer Schriftsteller.

Weltausstellung in Paris schließt

12. November. 50 860 801 Besucher haben die Weltausstellung in Paris besucht, die Errungenschaften des beginnenden 20. Jahrhunderts bestaunt und die technischen und wirtschaftlichen, aber auch die künstlerischen Leistungen bewundert. Zu den auffälligsten Darbietungen gehören die Filmvorführungen Auguste Lumières und die im wahrsten Sinne des Wortes strahlende Kraft der Elektrizität. Die ganze Ausstellung wird mit Strom betrieben, der von einem eigens errichteten Kraftwerk geliefert wird (→ April 1900).
Eindrucksvoll auch die Vorstellung des neuen Stils, der seinen Siegeszug in den nächsten Jahren antreten wird: Die Art nouveau, der Jugendstil, wird zum Stil der Stunde.

Nachtragsetat zum China-Krieg

13. November. Dem Reichsrat ist der Etat für die Expedition deutscher Truppen nach Ostasien zugegangen. Es ist der dritte Nachtrag zum Reichshaushaltsetat für das Jahr 1900. Es werden bis zum 31. März 1901 152 770 000 Mark gefordert. Für 1901 sind weitere Forderungen zu erwarten.

Papst erfreut über Pilgerfahrten

Papst Pius X.

1. November. In der Enzyklika: »De Redemptore« spricht Papst Pius X. seine Freude darüber aus, daß die Katholiken aus der ganzen Welt anläßlich des Heiligen Jahres nach Rom pilgern. Die Bereitschaft zur Pilgerfahrt beweise, daß sich die Völker Christus zuwenden.

1900

DEZEMBER

Mo	Di	Mi	Do	Fr	Sa	So
					1	2
3	4	5	6	7	8	9
10	11	12	13	14	15	16
17	18	19	20	21	22	23
24	25	26	27	28	29	30
31						

1. Allgemeine Volkszählung im Deutschen Reich. →

2. Präsident Ohm Krüger in Köln: Die deutsche Regierung rät ihm davon ab, nach Berlin zu kommen. Die Öffentlichkeit reagiert auf die kaiserliche Zurückhaltung (»willfährig gegenüber England«) unmutig; Zehntausende begrüßen den Präsidenten: »Heil, Krüger, Dir«!

11. Ohne Genehmigung des Reichskanzlers dürfen die Offiziere des kaiserlichen Heeres keine literarischen Arbeiten veröffentlichen.

13. 64 chinesische Kulis treffen in Stettin ein, wo sie als Heizer und Trimmer an Bord des Reichspostdampfers »Kiautschou« beschäftigt werden.

14. Max Planck hält einen Vortrag auf der Sitzung der Deutschen Physikalischen Gesellschaft Berlin: Geburt der Quantentheorie.

14./16. Geheimer Notenaustausch über die italienischen Ansprüche in Tripolis und die französischen in Marokko.

15. In Anwesenheit des österreichischen Kaisers Franz Joseph wird in Wien ein Goethedenkmal enthüllt.

16. Großer Empfang für China-Heimkehrer in Berlin.

20. Der italienische Außenminister Visconti-Venostas garantiert die Erhaltung der Türkenherrschaft.

21. Uraufführung von Gerhart Hauptmanns »Michael Kramer« im Deutschen Theater Berlin.

24. Ende des Heiligen Jahres: In Rom werden die Heiligen Pforten zugemauert.

GEBOREN:

3. Richard Kuhn († 31. 7. 1967), deutscher Chemiker.

14. Erich Schneider († 7. 12. 1970), deutscher Volkswirtschaftler.

15. Betty Smith, amerikanische Schauspielerin.

16. Victor Sawdon Pritchett, englischer Schriftsteller.

21. Wsewolod Witaljewitsch Wischnewski, russischer Schriftsteller.

22. Erich Schäfer, deutscher Betriebswirt.

56 Millionen Menschen im Reich

Nach dem Ergebnis der Allgemeinen Volkszählung hat das Deutsche Reich 56 345 014 Einwohner.

davon Preußen	34 500 000
Bayern	6 200 000
Sachsen	4 200 000
Württemberg	2 300 000
Großstädte, z. B. Berlin	1 888 415
Stand 1890:	49 428 470
Stand 1895:	52 279 901
Vergleichszahlen (Jahrhundertwende):	
Österreich	25 429 102
Ungarn	18 840 470
europäisches Rußland	106 199 159
Italien	31 573 582
Schweiz	3 327 336
Frankreich	38 745 000
Belgien	6 744 532
Niederlande	5 103 353
Dänemark	2 256 000
Schweden	5 062 918
Großbritannien/ Irland	40 909 925
Norwegen	2 231 395
USA	76 304 799
Japan	43 760 754

Austromarxismus wird begründet

In monatelangen Gesprächen und Auseinandersetzungen formiert sich allmählich eine Gruppe österreichischer Sozialdemokraten in eine österreichische Variante des Marxismus. Die führenden Köpfe sind der Soziologe Max Adler, der Publizist Otto Bauer, Karl Renner und der Arzt und Nationalökonom Rudolf Hilferding. Die Gruppe orientiert sich am Werk von Immanuel Kant und Karl Marx.
Die Überwindung des Kapitalismus mit seinen Folgen wird nicht durch Reformen erwartet, sondern durch die notwendige Revolution. Als staatliche Ordnung streben die österreichischen Sozialdemokraten allerdings die parlamentarische Demokratie an.

Außerdem . . .

127 Bordelle werden im Pariser Bezirk Montmartre gezählt.
Wegen Majestätsbeleidigung wird ein zehnjähriger Berliner Junge vom Gymnasium verwiesen. Der Kultusminister verhindert die Aufnahme in andere Gymnasien.

1901

JANUAR

Mo	Di	Mi	Do	Fr	Sa	So
	1	2	3	4	5	6
7	8	9	10	11	12	13
14	15	16	17	18	19	20
21	22	23	24	25	26	27
28	29	30	31			

1. Urheberrechtsgesetz tritt in Kraft. Es sichert Autoren, Verfassern, Erfindern usw. das absolute Recht an ihren geistigen Schöpfungen.

1. Gründung des Commonwealth of Australia. Neue Hauptstadt wird Canberra.

1. Auf Madagaskar wird die erste Autobahn der Welt eröffnet (Länge 200 km).

5. 25jähriges Jubiläum der Deutschen Reichsbank. Sie hat ihren Umsatz seit 1876 von 36,7 auf 176,6 Milliarden Mark pro Jahr gesteigert.

18. Ernst von Wolzogen gründet in Berlin das erste deutsche Kabarett »Überbrettl«.

22. Englische Regierung ordnet nach dem Tod von Königin Victoria Landestrauer bis zum 6. März, Halbtrauer bis zum 17. April an.

23. Thronrede des neuen Königs von England, Edward VII.

26. Papst Pius X. legt Enzyklika über christliche Demokratie vor.

31. Uraufführung von Anton Tschechows »Drei Schwestern« am Moskauer Künstlertheater.

GEBOREN:

12. Kurt Joos († 22. 5. 1979), deutscher Choreograph.

15. Guido Schmidt († 5. 12. 1957), österreichischer Politiker.

16. Fulgencio Batista y Zaldivar († 6. 8. 1973), kubanischer Diktator.

27. Willy Fritsch († 13. 7. 1973), deutscher Filmschauspieler.

30. Rudolf Caracciola († 28. 9. 1959), deutscher Automobil-Rennfahrer.

30. Hans Erich Nossack († 2. 11. 1977), deutscher Schriftsteller.

31. Marie Luise Kaschnitz († 10. 10. 1974), deutsche Schriftstellerin.

GESTORBEN:

16. Arnold Böcklin (* 16. 10. 1827), Schweizer Maler. →

22. Königin Victoria von Großbritannien und Irland (* 24. 5. 1819). →

27. Giuseppe Verdi (* 10. 10. 1813), italienischer Opernkomponist. →

Ende einer Epoche: Victoria †

22. Januar. Im Alter von 81 Jahren stirbt auf Schloß Osborne auf der Insel Wight Königin Victoria von England. Sie hat 63 Jahre an der Spitze des Königreichs gestanden. Während ihrer Regierungszeit ist Großbritannien zu einer Weltmacht aufgestiegen mit Herrschaftsanspruch auf ein Viertel der Erde. 1877 nahm sie auf Bestreben Disraelis den Titel einer Kaiserin von Indien an. Königin Victoria hat großen Einfluß ausgeübt, aber stets die parlamentarische Regierungsweise respektiert. Nach ihr wird die Blütezeit englischen Bürgertums als Viktorianisches Zeitalter bezeichnet. Nicht nur politisch, sondern auch wirtschaftlich hat das britische Empire seine Macht unter Königin Victoria weiter ausdehnen können. Der Wert des britischen Exports steigt während ihrer Regierungszeit auf das Viereinhalbfache. Die Länge des Eisenbahnnetzes verzehnfacht sich. Nachfolger auf ihrem Thron wird ihr ältester Sohn, der Prince of Wales, der sich König Edward VII. nennt.

Königin Victoria mit ihrem früheren Premierminister Benjamin Disraeli.

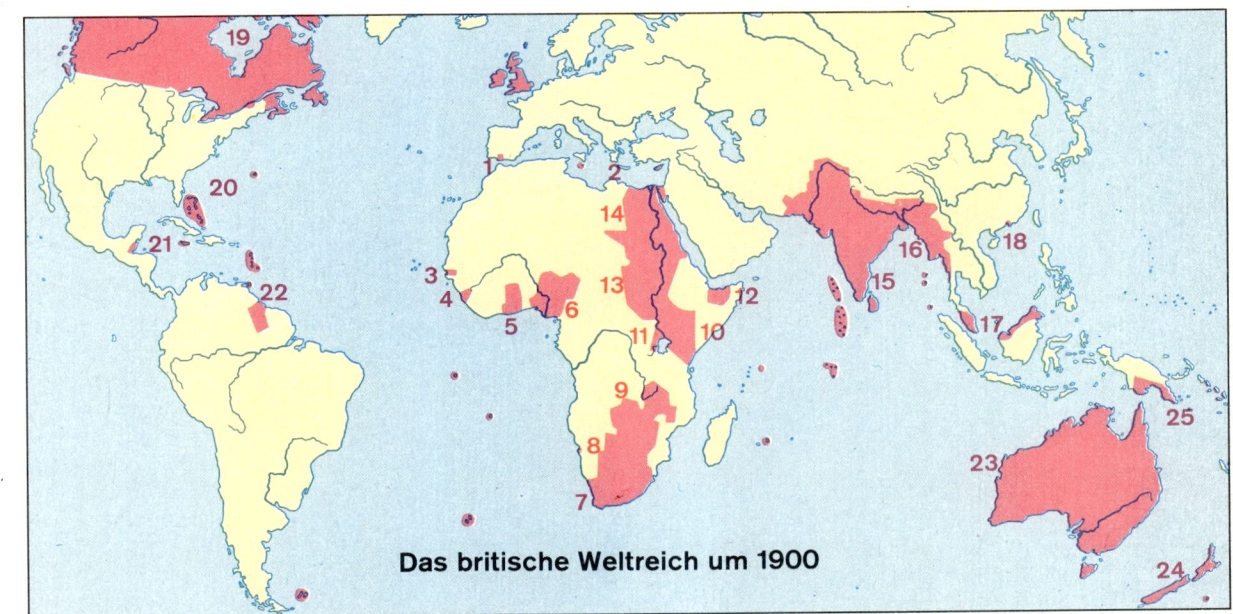

Das britische Weltreich um 1900

Europa	Afrika		Asien	Amerika	Australien
1 Gibraltar	3 Gambia	10 Britisch-Ostafrika	15 Indien (mit Ceylon)	19 Kanada	23 Australischer Staatenbund
2 Malta und Zypern	4 Sierra Leone	11 Uganda	16 Burma	20 Bahama- und Bermuda-Inseln	24 Neuseeland
	5 Goldküste	12 Britisch-Somaliland	17 Malaien-Staaten	21 Jamaika und Brit.-Honduras	25 Britisch-Neu-Guinea
Weltmeere	6 Nigerien	13 Anglo-ägyptischer Sudan	18 Hongkong	22 Britisch-Guayana	
	7 Kap-Kolonie	14 Ägypten			
Zahlreiche Inseln in allen Weltmeeren	8 Betschuana-Land				
	9 Rhodesien				

1901 Nr. 1

JUGEND

Die Jahrhundertwende ist eine Gründerzeit für Kulturzeitschriften. Besonders die 1896 begründete Münchner illustrierte Wochenschrift »Jugend« (Bild: Titelseite der ersten Nummer) setzt sich für einen neuen Stil in der Buchornamentik ein und gibt der alle Künste ergreifenden neuen Richtung den Namen »Jugendstil«.

Anti-Kuß-Feldzug erregt Heiterkeit

6. Januar. Ein Kreuzzug gegen das Küssen durch die »Womans Christians Temperance Union« in New York erregt große Heiterkeit. Die Vorsitzende dieser Vereinigung, Dr. Anna Hatfield, vertritt die Auffassung, Küssen sei barbarisch, ungesund und müsse abgeschafft werden. Wenn gar nicht zu umgehen, solle der Mund vorher antiseptisch gewaschen werden.

Schweizer Maler Arnold Böcklin †

16. Januar. Der Schweizer Maler Arnold Böcklin, ein führender Vertreter des Symbolismus, stirbt 73jährig in San Domenico bei Florenz. Beeinflußt von den neuromantischen Deutschrömern, einem Kreis deutscher Künstler, die in der ersten Hälfte des 19. Jahrhunderts in Rom tätig waren, malte Böcklin, im Detail höchst realistisch, melancholische Landschaftsbilder mit Darstellungen aus der antiken Mythologie (»Triton und Nereide«, 1873, »Toteninsel«, 1880).

Philippinen lehnen US-Herrschaft ab

6. Januar. Die Amerikaner stehen auf den Philippinen vor großen Schwierigkeiten: Die Eingeborenen wehren sich gegen die US-Herrschaft. Die Enttäuschung über die Wiederwahl des amerikanischen Präsidenten William McKinley – die Philippinen haben sich von dem Gegenkandidaten William Bryan die Unabhängigkeit versprochen – äußert sich in Unruhen und Widerstandsaktionen.

Deutsches Urteil über Burenkrieg

23. Januar. Der ehemalige deutsche Reichskanzler, Chlodwig Fürst zu Hohenlohe-Schillingsfürst, urteilt über den Burenkrieg: »Ich glaube, daß der südafrikanische Krieg sie (gemeint ist die tags zuvor verstorbene Königin Victoria von England) mehr bekümmerte, als die edle Frau vertragen konnte, daß die barbarisch egoistische Politik der englischen Staatsmänner, der sie sich unterwerfen mußte, ihr Leben verkürzt hat.«

Giuseppe Verdi stirbt in Mailand

27. Januar. Im Alter von 88 Jahren stirbt in Mailand der italienische Opernkomponist Giuseppe Verdi. Er erhielt seine musikalische Ausbildung in Mailand, wo 1839 auch seine erste Oper »Oberto« uraufgeführt wurde. Nach schweren Schicksalsschlägen – Frau und Kinder starben an einer Seuche – brachte »Nabucco« (1842) internationalen Erfolg. Der patriotische Ton machte Verdi zum Symbol des Risorgimento (der italienischen Einigungsbewegung). In den 50er Jahren entstanden u. a. die noch heute populären Meisterwerke »Rigoletto«, »Der Troubadour«, »La Traviata«, »Ein Maskenball«. Nach langen Pausen, in denen Verdi auch als Dirigent wirkte, folgten »Aida«, »Othello« und »Falstaff«. Mit ausgeprägtem Sinn für Dramatik und ausdrucksstarkem Orchesterdrang führte Verdi die italienische Oper zu einem neuen Höhepunkt.

1901
FEBRUAR

Mo	Di	Mi	Do	Fr	Sa	So
				1	2	3
4	5	6	7	8	9	10
11	12	13	14	15	16	17
18	19	20	21	22	23	24
25	26	27	28			

2. Die von Wilhelm II. festgesetzte Armeetrauer von 14 Tagen anläßlich des Todes der englischen Königin ruft auch bei konservativen Kreisen Kritik hervor.

5. Erster Hay-Pauncefote-Vertrag zwischen Großbritannien und den USA. →

7. Hochzeit zwischen Königin Wilhelmine von Holland und Herzog Heinrich von Mecklenburg in Haag.

9. Der österreichische Außenminister Goluchowski beantwortet die Note des italienischen Außenministers vom 20. Dezember 1900: Garantie der Türkenherrschaft.

14. Der Plan einer elektrischen Schnellbahn Berlin–Hamburg wird der Öffentlichkeit vorgestellt: Höchstgeschwindigkeit: 200 km/h.

14. Unruhen in Katalanien (Spanien) wegen der Steuerpolitik halten an.

15. »Astarte«, Oper in vier Akten von Leroux, in Paris uraufgeführt.

15. Graf Waldersee dementiert, daß deutsche Truppen China verlassen.

21. Der in Ulm geborene deutsche Physiker Albert Einstein wird Bürger von Zürich.

21. Kuba wird Republik unter Oberhoheit der Besatzungsmacht USA.

27. Erste Friedenskonferenz zur Beendigung des Burenkrieges verläuft ergebnislos, Buren beharren auf Autonomie.

GEBOREN:

1. Clark Gable († 17. 11. 1960), amerikanischer Filmschauspieler.

2. Jascha Heifetz, russischer Geiger.

20. Ali Muhammad Nagib, ägyptischer General. Stürzt 1952 König Faruk.

27. Marino Marini († 6. 8. 1980), italienischer Bildhauer und Grafiker.

28. Linus Carl Pauling, amerikanischer Chemiker, Nobelpreis für Chemie (1954) und Friedensnobelpreis (1963).

GESTORBEN:

10. Max von Pettenkofer (* 3. 12. 1818), deutscher Mediziner und Hygieniker.

11. Milan I. (* 22. 8. 1854), Exkönig von Serbien.

Vertrag über den Panamakanal

5. Februar. Großbritannien und die USA schließen den nach den amtierenden Botschaftern benannten Hay-Pauncefote-Vertrag: Amerika soll den Panamakanal allein bauen und überwachen unter der Voraussetzung, daß das Kanalgebiet neutral und die Durchfahrt für alle Nationen offen bleibt.
Außerdem dürfen die USA keine Maßnahmen zum Schutz des Kanals treffen, das heißt zum Beispiel keine militärischen Befestigungen anlegen. Der amerikanische Senat verwirft die einschränkenden Klauseln und verlangt weitergehende Rechte (→ Januar, November 1903, Juni 1914).

Unterstütztenzahl geht zurück

1. Februar. Die Armenverwaltung Hamburg hebt in ihrem jüngsten Jahresbericht mit Genugtuung hervor, daß trotz der Zunahme der Bevölkerung die Zahl der dauernd Unterstützten um sechs Prozent zurückgegangen ist. 1 890 135 Menschen werden bar unterstützt (gegenüber 1894: 2 009 363). Dieser Rückgang hängt wesentlich mit der seit Anfang des vorigen Jahrhunderts eingeführten Reorganisation des Armenwesens zusammen: Jedem Armenpfleger werden nur höchstens 15 Arme zugewiesen. Dadurch läßt sich eine schärfere Kontrolle durchführen, und es können die »Gewohnheitsschnorrer« ausgeschieden und an deren Stelle die echten Armen aufgesucht werden, die oft aus Scham ihre Lage verschweigen.

Die Kosten des Burenkriegs

23. Februar. Die französische Zeitschrift »Revue des deux Mondes« beziffert die Kosten Englands im Burenkrieg wie folgt: Pro Woche 75 Millionen Franc, davon 25 Millionen für Ernährung, 25 Millionen für Instandhaltung und 25 Millionen für Waffen, Transport. Ein getöteter Bure kostet England demnach noch 900 000 Franc.

1901
MÄRZ

Mo	Di	Mi	Do	Fr	Sa	So
				1	2	3
4	5	6	7	8	9	10
11	12	13	14	15	16	17
18	19	20	21	22	23	24
25	26	27	28	29	30	31

1. Elberfelder Schwebebahn eröffnet. →

5. Wiederaufnahme der Bündnisgespräche zwischen dem Deutschen Reich und England.

6. Attentat auf Kaiser Wilhelm in Bremen.

8. Der englische Kriegsminister Brodrick legt Entwurf zur Heeresreform vor. →

9. Strindbergs Passionsdrama »Ostern« wird in Frankfurt/M. uraufgeführt.

10. Berliner Radfahrer-Verein »Sport-Berolina« führt zum erstenmal Radballspiel vor.

11. Wegen des Attentats auf Wilhelm II. wird der kaiserliche Sicherheitsdienst verstärkt.

18. Neue deutsch-englische Bündnisgespräche. →

18. Wilhelm II. wird in seinem Schloß als Zeuge in der Attentatssache vernommen.

21. Reichsregierung stimmt Bau der Ostafrika-Bahn Daressalam—Mosgora unter finanzieller Federführung der Dresdner Bank zu. Gesamtkosten: 20 Millionen Mark.

23. Die Öffentlichkeit erfährt von Burenfrauen und Kindern, die in Lagern der Engländer verhungert sind.

25. Vorführung des ersten 2-Takt-Dieselmotors in Guide Bridge, Manchester.

31. »Rusalka«, Oper in 3 Akten von Antonín Dvořák, in Prag uraufgeführt.

GEBOREN:

9. Günther Birkenfeld, deutscher Schriftsteller.

11. Josef Martin Bauer († 15. 3. 1970), deutscher Schriftsteller.

16. Walter E. Schäfer († 24. 1. 1982), deutscher Dramaturg und Schriftsteller.

18. Tatjana Gsovsky, deutsch-russische Tänzerin.

21. Karl Arnold († 29. 6. 1958), deutscher Politiker.

27. Erich Ollenhauer († 14. 12. 1963), deutscher Politiker.

GESTORBEN:

8. Karl Freiherr von Stumm-Halberg (* 30. 3. 1836), deutscher Unternehmer und Politiker.

Bündnisgespräche

18. März. Das Einvernehmen zwischen Deutschland und England im Jangtse-Abkommen (→ Oktober 1900) nimmt der stellvertretende deutsche Missionschef in London, Eckardstein, zum Anlaß, ohne Weisungen der deutschen Regierung die Bündnisgespräche mit der englischen Regierung wieder aufzunehmen. An den Gesprächen beteiligen sich Paul Graf von Hatzfeldt bzw. sein Nachfolger Paul Graf von Wolff-Metternich sowie Joseph Chamberlain und der Marquis von Lansdowne. Eckardstein ist ein eifriger Befürworter eines deutsch-englischen Bündnisses. Er schlägt entgegen seiner Instruktion aus Berlin in einem Gespräch mit Chamberlain ein »Defensiv-Arrangement« vor. Da er nach Berlin berichtet, Chamberlain habe seinerseits einen Bündnisvorschlag gemacht, kommt es bei den Gesprächen zu Verwirrungen, weil nun jede Regierung annimmt, daß die andere Seite ein Bündnis anstrebe. Dabei ist die Position der für die deutsche Außenpolitik Hauptverantwortlichen, Reichskanzler Bernhard Fürst von Bülow und Friedrich von Holstein, nach wie vor eine Politik der »freien Hand«, da man auch bei einem Bündnis mit England mit kriegerischen Verwicklungen mit Rußland rechnet.

1. März. In Elberfeld im Bergischen Land wird nach dreijähriger Bauzeit die Schwebebahn in Betrieb genommen. Die erste Bahn dieser Art in der Welt überspannt in einer Länge von 13,3 Kilometern das enge Tal der Wupper.

15. März. Die Galerie Bernheim-Jeune eröffnet in Paris eine Ausstellung mit dem Werk des niederländischen Malers Vincent van Gogh († 1890). 1888 hat van Gogh den »Sämann« in der charakteristischen expressiven Farbigkeit gemalt.

England plant Heeresreform

8. März. Der englische Kriegsminister Lord Brodrick legt dem Unterhaus folgenden Entwurf vor: Stärkung der regulären Truppen um 18 Bataillone, Verstärkung der Miliz von 100 000 auf 150 000 Mann, Sollstärke der Yeomanry (Leibwache): 35 000, Volunteers (Freiwillige): 25 000. Insgesamt: 25 Bataillone, 15 Batterien Feldartillerie und 40 Batterien schwere Feldartillerie. Gesamtzahl der neuen Truppen: 126 500; zusätzliche Kosten: 2 Millionen Pfund. Gesamtstärke der englischen Armee danach 680 000 Mann.

Anti-englische Stimmung in USA

11. März. Großbritannien lehnt die sich auf den Panamakanal beziehenden US-Forderungen (→ Februar 1901) ab. Mit Bezug auf den Clayton-Bulwer-Vertrag von 1850 beharrt Großbritannien auf der Sicherheit und Neutralität der Landenge von Panama. Die amerikanische Öffentlichkeit reagiert gereizt, die englandfeindliche Stimmung wird zusätzlich geschürt durch die Art des Burenkriegs.

Sozialdemokraten in den Landtagen

In 16 von insgesamt 24 Landtagen des Deutschen Reiches sind 79 Sozialdemokraten vertreten:

Bayern	11
Sachsen	4
Württemberg	5
Baden	7
Hessen	6
Weimar	2
Oldenburg	1
Meiningen	6
Altenburg	5
Coburg-Gotha	10
Schwarzburg-Rudolstadt	2
Reuß-Gera	3
Reuß-Greiz	1
Lippe-Detmold	4
Bremen	11
Hamburg	1

1901

APRIL

Mo	Di	Mi	Do	Fr	Sa	So
1	2	3	4	5	6	7
8	9	10	11	12	13	14
15	16	17	18	19	20	21
22	23	24	25	26	27	28
29	30					

1. Eine Volkszählung in England ergibt 30 803 436 Einwohner.

1. Der Etat des Deutschen Reiches beträgt 4 354 121 046 Mark; davon entfallen auf die Schutzgebiete: 36 603 600 Mark.

1. Gesetz über Fürsorgeerziehung Minderjähriger tritt in Kraft: Eingriff des Staates bei drohender Verwahrlosung Minderjähriger oder bei Straffälligkeit von noch nicht 12jährigen.

7. Heftiger Streit um Asylrecht in der Schweiz.

7./8. Jahresversammlung belgischer Sozialdemokraten in Lüttich fordert allgemeines Stimmrecht.

8. Erstes Radrennen des schwarzen »Wunderfahrers« Marshall W. »Major« Taylor in Berlin. In der Schlußfahrt siegt der Deutsche Willi Arend.

14. Kaiser Franz Joseph verfügt die Errichtung einer Galerie für moderne Kunst, Plastik und Architektur in Prag.

15. Deutsch-Ostafrika-Linie richtet direkte Linie nach Kapstadt ein.

15. Emilio Aguinaldo fordert in einem Manifest seine philippinischen Landsleute zur Unterwerfung unter die USA auf.

20.–24. Der französische Außenminister Théophile Delcassé besucht Petersburg.

25. In Katalonien demonstrieren Tausende gegen die Regierung und die Jesuiten; Forderung nach Trennung von Kirche und Staat.

25. Briefwechsel Delcassés mit seinem russischen Amtskollegen Graf Lamsdorff über französisch-russische Generalstabspläne für einen gemeinsamen Krieg gegen England.

29. Heftige Zusammenstöße zwischen jüdischen und antisemitischen Verbänden an der Universität Budapest.

29. »L'Ouragan«, Oper in vier Akten von Bruneau, in Paris uraufgeführt. Den Text schrieb Zola.

GEBOREN:

13. René Pleven, französischer Politiker.

14. Martin Kessel, deutscher Schriftsteller.

18. László Németh († 3. 3. 1975), ungarischer Schriftsteller.

26. Harald Braun († 24. 9. 1960), deutscher Filmregisseur.

Schweiz liefert Anarchisten aus

7. April. Die Schweizer Regierung liefert den Anarchisten Jaffai an Italien aus, weil er unter dem Verdacht steht, an der Ermordung König Umbertos (→ Juli 1900) beteiligt zu sein. Die Schweiz hält die Auslieferung für gerechtfertigt, weil sie Königsmord als gemeines und nicht als politisches Attentat ansieht. Anarchisten und Sozialdemokraten halten die Auslieferung für eine Verletzung des Asylrechts. Gegen Demonstrationen und Tumulte muß Polizei und Militär eingesetzt werden.

Tischtennis beginnt Siegeszug

Dem Ingenieur James Gibb ist es gelungen, einen neuen Sport zu kreieren: Alle Welt spielt Tischtennis. Die erste Idee kam Gibb bereits im Jahre 1889, als er mit Zigarrenschachteldeckeln kleine Bälle aus Kork über den Eßtisch trieb.

In Zusammenarbeit mit der amerikanischen Firma Celluloid ist es schließlich gelungen, Bälle mit ausgezeichneten Springqualitäten herzustellen und das Spiel unter der Bezeichnung »Pingpong« auf den Markt zu bringen: Bei den Bällen handelt es sich um hohle Zelluloidkugeln, und die Schläger – Raketts genannt – bestehen aus Holz, das zum Teil mit Pergament überzogen ist.

Das Spiel wird zu einem Verkaufsschlager, der von England aus die Welt erobert. Nur aus Frankreich hört man skeptische Stimmen.

Außerdem . . .

Grausamkeiten deutscher Soldaten in China sind das Thema sogenannter Hunnenbriefe, die im Deutschen Reich kursieren und die Öffentlichkeit verunsichern. Die Briefe sind fingiert.

Seltsame Naturerscheinung: Feinster gelb-roter Sandstaub aus Nordafrika wird in Niederschlägen bis nach Norddeutschland abgelagert. In Lübeck spricht man von »Blutregen«. In Lübeck hinterläßt abtauender Schnee rötlich-gelbe Färbungen.

1901

MAI

Mo	Di	Mi	Do	Fr	Sa	So
		1	2	3	4	5
6	7	8	9	10	11	12
13	14	15	16	17	18	19
20	21	22	23	24	25	26
27	28	29	30	31		

1. In China beginnen Verhandlungen über die Entschädigung für Verluste während des Boxeraufstands; Forderung: 65 000 000 Pfund Sterling.

4. Reichstag nimmt in 3. Lesung ein Kriegsinvaliden- und Kriegshinterbliebenenversorgungsgesetz an.

6. In Montceau-Les Mines endet ein dreimonatiger Bergarbeiterstreik ohne Ergebnis.

8. Reichstag nimmt Antrag über Diätenzahlung an.

13. Englisches Unterhaus stimmt mit 327 zu 211 Stimmen für die Heeresreform.

21. Albert Einstein beginnt seine Arbeit als Hilfslehrer am Technikum in Winterthur.

23. Einstellung der Kampfhandlungen im Boxerkrieg.

25. Norwegen führt das kommunale Wahlrecht für Männer und für solche Frauen ein, die für mindestens 300 Kronen (Land) oder 400 Kronen (Stadt) Steuern zahlen.

26. Fertigstellung eines deutschenglischen Kabels: Borkum–Bacton. Wilhelm II. feiert das neue »Verkehrsmittel« als Ergebnis »ausschließlich deutscher Intelligenz und Arbeitsamkeit«.

26. Beginn der II. Internationalen Automobilausstellung in Wien.

29. »Manru«, Oper in drei Akten von I. J. Paderewski, in Dresden uraufgeführt.

30. »Much Ado About Nothin«, Oper in vier Akten von Charles V. Stanford, in London uraufgeführt.

GEBOREN:

2. Willi Bredel († 27. 10. 1964), deutscher Schriftsteller.

7. Gary Cooper († 13. 5. 1961), amerikanischer Filmschauspieler.

14. Ernst Holstein, deutscher Arbeitsmediziner.

17. Werner Egk, deutscher Opernkomponist.

18. Vincent du Vigneaud († 11. 12. 1978), amerikanischer Biochemiker, Nobelpreis 1955.

20. Dr. Max Euwe († 27. 11. 1981), holländischer Schachweltmeister.

26. Kurth Ihlenfeld († 25. 8. 1972), deutscher Erzähler.

27. Georg August Zinn († 27. 3. 1976), deutscher Politiker.

Ostasien-Korps wird verringert

17. Mai. Der »Reichsanzeiger« veröffentlicht eine allerhöchste Ordre, datiert Urville den 17. Mai, nach der 1. das Armee-Oberkommando in Ostasien nach der Heimat zurückgeführt und aufgelöst wird, 2. das ostasiatische Expeditionskorps auf die Stärke einer gemischten Brigade vermindert wird. Die übrigen Teile sind nach der Heimat zurückzuführen und aufzulösen, 3. die vorstehend genannte gemischte Brigade, die ostasiatische Besatzungs-Brigade, verbleibt bis auf weiteres zu Besatzungszwecken in China.

Die Gesamtzahl der Verwundeten beträgt 132 Mann. Die chinesischen Ereignisse haben nach den auf amtlichem Material beruhenden Angaben im ganzen 287 Opfer von der Flotte gefordert.

Reichstag billigt Diätenzahlungen

8. Mai. Die Kommission über Diätenzahlungen an Mitglieder des Reichstages legt einen Gesetzesentwurf vor. Danach erhalten die Mitglieder des Reichstages während der Legislaturperiode Freifahrten auf den Eisenbahnen und für die Dauer ihrer Anwesenheit in Berlin 20 Mark Anwesenheitsgelder.

Der Antrag wird mit 185 zu 46 (Konservative und Freikonservative) Stimmen angenommen. Die Konservativen befürchten, daß dieses Gesetz zu einer Verschlechterung des Niveaus des Reichstages führen könnte.

Sozialist als Handelsminister

25. Mai. Der allgemeine französische Sozialistenkongreß in Lyon lehnt einen Antrag ab, das Mitglied Alexandre Millerand auszuschließen, weil er einen Ministerposten in einem bürgerlichen Kabinett angenommen hat. Millerand ist seit 1885 sozialistischer Abgeordneter und übt seit 1899 das Amt des Handelsministers (bis 1902) aus. 1905 wird er aus der Partei ausgeschlossen und wendet sich daraufhin der Rechten zu.

1901

JUNI

Mo	Di	Mi	Do	Fr	Sa	So
					1	2
3	4	5	6	7	8	9
10	11	12	13	14	15	16
17	18	19	20	21	22	23
24	25	26	27	28	29	30

1. Deutsche Sozialgesetzgebung wird weitergeführt. →

3. Graf Waldersee reist aus China ab.

12. König Edward von England verteilt 3000 Medaillen an Südafrika-Kämpfer.

13. Eröffnung einer Ausstellung für baltische Industrie in Riga.

13. Japanisches Kaiserpaar empfängt Graf Waldersee.

15. Der Gouverneur von Samoa läßt als europäische Sprache nur Deutsch für den Lehrplan zu.

16. Umfangreiche Demonstrationen für eine mazedonische Revolution in Sofia; sie richten sich gegen die Bedrohung durch Rußland.

16. Wilhelm II. weiht Bismarck-Denkmal in Berlin ein.

17./18. Zweiter Orthographiekongreß über Reform der Rechtschreibung. →

19. Gesetz regelt das »Urheberrecht an Werken der Literatur und der Tonkunst«.

21. Verhandlungen Amerikas und Kanadas über Grenzregulierungen scheitern.

24. Erste Ausstellung des spanischen Malers Picasso in Paris. →

27. Debatte im englischen Oberhaus über die Erweiterung Gibraltars zu Lasten Spaniens. Die Admiralität weist die Pläne zurück.

27.–29. Automobilfernfahrt Paris–Berlin. →

30. Der Münchner Radrennfahrer Taddy Robl fährt in Leipzig mit 65,512 km in einer Stunde neuen Weltrekord hinter Schrittmachern.

GEBOREN:

6. Achmed Sukarno († 21. 6. 1970), indonesischer Politiker.

9. Erich Rademacher, deutscher Schwimmer.

10. Wilhelm E. Süskind († 17. 4. 1970), deutscher Schriftsteller.

16. Conrad Beck, Schweizer Komponist.

18. Anastasia († 16. 7. 1918), jüngste Zarentochter (Nikolaus' II.).

GESTORBEN:

16. Herman Grimm (* 6. 1. 1828), deutscher Kunst- und Literaturhistoriker.

Ausschnitt aus einem Selbstbildnis Picassos aus dem Jahr 1901: »Yo Picasso«.

1. Picasso-Ausstellung

24. Juni. Die Galerie Vollard in Paris eröffnet die erste Ausstellung des 18jährigen spanischen Malers Picasso. Sie verläuft erfolglos, die Kritik urteilt allerdings lobend: »Picasso ist Maler, ganz und gar und sehr schön. Wie alle reinen Maler ist auch ihm die Farbe alles, und für ihn hat jeder Gegenstand eine zugehörige eigene Farbe. Außerdem ist er in das Darzustellende verliebt, aber alles ist ihm auch darstellungswert. Freilich liegt in diesem Ungestüm auch eine Gefahr, denn es kann ihn leicht zur leichten Virtuosität führen« (→ April 1973).

Mit ihrer III. Kunstausstellung versucht die »Berliner Secession«, der Jugendstilmalerei weiter Resonanz in der Öffentlichkeit zu verschaffen. Parallel dazu breitet sich bereits ein neuer Kunststil, der Expressionismus, aus.

Erlaß weiterer Sozialgesetze

1. Juni. Die seit 1896 stockende Sozialgesetzgebung wird durch den Staatssekretär des Reichsamtes des Innern, Graf Posadowsky-Wehner, weitergeführt. Am 1. Juni wird ein Gesetz zur Gewerbeordnung erlassen. Es enthält unter anderm folgende Bestimmungen: Sonn- und Feiertagsruhe für Industrie und Bauwesen; Schutzregelungen für Lohn und Arbeitszeit (Verbot der Kinderarbeit unter 13 Jahren, Schutz für Wöchnerinnen, Nachtarbeitsverbot usw.); Gewerbegerichte für Gemeinden über 20 000 Einwohner für Arbeitsstreitigkeiten. In einem weiteren Gesetz übernimmt das Reich einen Anteil beim Bau von Arbeiterwohnungen.

Reform der Rechtschreibung

17./18. Juni. Beim 2. Orthographiekongreß beschließen die Teilnehmer eine Reform der Rechtschreibung, die zu einer Vereinheitlichung führt. Dabei setzen sich die Vertreter der modernen phonetischen Richtung gegenüber den Befürwortern der »historischen« durch. Die neue Regelung hat Gültigkeit für Deutschland, Österreich und die Schweiz. Zu den wichtigsten Neuerungen gehören der Wegfall des »th« in den deutschen Wörtern und die Schreibung eines »k« statt »c«. Es heißt also »Tor« statt »Thor« und »Kurs« statt »Curs«. Die Regelungen treten für den amtlichen Gebrauch am 1. Januar 1903 in Kraft, für die Schulen mit dem Schuljahr 1903/04.

Auto-Fernfahrt Paris—Berlin

29. Juni. Bei der Automobilfernfahrt Paris–Berlin um den Kaiserpreis Wilhelms II. siegt am 29. Juni 1901 der Franzose Fournier vor seinen Landsleuten Girardot und Brasier. Der Sieger benötigte für die über drei Etappen führende Strecke (455,8; 445,2 und 297,6 Kilometer, zusammen 1198,6 Kilometer) 11 Stunden, 46 Minuten und 10 Sekunden.

1901

JULI

Mo	Di	Mi	Do	Fr	Sa	So
1	2	3	4	5	6	7
8	9	10	11	12	13	14
15	16	17	18	19	20	21
22	23	24	25	26	27	28
29	30	31				

1. Beginn eines großen Stahlarbeiterausstandes in Amerika wegen Lohnstreitigkeiten zwischen den Trusts und organisierten Arbeitern.

5. Außenminister Delcassé betont gute Beziehungen zu Marokko.

6. »Le Légataire universel«, Oper in drei Akten von Pfeiffer, in Paris uraufgeführt.

13. Kaiserlicher Befehl regelt die Eingliederung der Truppen und die Demobilisierung der heimkehrenden Marineeinheiten des ostasiatischen Expeditionskorps.

17. Belgien regelt Verhältnis zum Kongostaat: Belgien verzichtet auf Annexion, behält sich aber ein grundsätzliches Erwerbsrecht vor. Dafür setzt Belgien die Rückzahlung der dem Kongo gezahlten Beträge aus (25 Millionen Franc).

18. Wilhelm II. bestellt einen Wissenschaftler zum Südpolexpeditionsleiter. →

19. Im Rahmen einer belgischen Heeresreform wird die Dienstzeit verkürzt: Infanterie auf 22 Monate, Kavallerie und Artillerie auf 30 Monate.

22. Serbien knüpft die diplomatischen Beziehungen mit Montenegro wieder an.

29. Kolumbianische Truppen marschieren in Venezuela ein, werden bei San Christobal/Taschira geschlagen.

29. Deutsche Truppen übergeben den Kaiserpalast in Peking an den chinesischen Palastminister.

GEBOREN:

7. Gustav Knuth, deutscher Schauspieler.

19. Claude Aveline, französischer Schriftsteller.

22. Walter Wülfing, deutscher Jurist, Sportfunktionär.

31. Jean Dubuffet, französischer Maler und Plastiker.

GESTORBEN:

4. Johannes Schmidt (* 29. 7. 1843), deutscher Indogermanist.

6. Chlodwig Fürst zu Hohenlohe-Schillingsfürst (* 31. 3. 1819), deutscher Staatsmann.

7. Johanna Spyri (* 12. 6. 1827), Schweizer Schriftstellerin (»Heidi«).

19. Jan ten Brink (* 15. 6. 1834), niederländischer Schriftsteller.

Jungtürkische Bewegung wird verfolgt

15. Juli. Die türkische Regierung erläßt eine Verfügung, um die jungtürkische Bewegung einzudämmen. Danach wird es allen Untertanen des Reiches verboten, das Wort »Jungtürke« auszusprechen. Zugleich werden alle ausgewanderten und geflohenen Jungtürken aufgefordert, in ihre Heimat zurückzukehren. Wer den Aufruf nicht befolgt, muß mit der Verurteilung zum Tode rechnen.
Bei den sogenannten Jungtürken handelt es sich um eine Reformbewegung, deren Anfänge bis 1860 zurückreichen. Sie verfolgt das Ziel, liberale Reformen durchzusetzen, den Islam zu einen (panislamische Bewegung) und eine Konstitution für die Türkei zu schaffen.

Kaiser entsendet Südpolexpedition

18. Juli. Kaiser Wilhelm II. bestellt den außerplanmäßigen Professor Dr. Erich von Drygalski zum Leiter der Südpolarexpedition und bestimmt folgende Aufgaben:
Abfahrt im August,
Errichtung einer magnetisch-meteorologischen Station auf den Kerguelen,
Fortsetzung der Fahrt nach Süden,
Erreichung des Südpolgebietes und Gründung einer wissenschaftlichen Station,
Rückkehr 1903, spätestens Frühjahr 1904.

Kipling schreibt zum Burenkrieg

29. Juli. Rudyard Kipling, Verfasser des »Dschungelbuches«, eines der erfolgreichsten Abenteuerbücher aller Zeiten, schreibt in der »Times« über den Burenkrieg: »Wir haben 40 Millionen Gründe für unseren Mißerfolg, aber nicht eine einzige Entschuldigung. Je mehr wir daher arbeiten und je weniger wir reden, desto besser der Erfolg. Wir haben eine Lektion in Imperialismus erhalten, sie wird uns ein Imperium einbringen.«

1901

AUGUST

Mo	Di	Mi	Do	Fr	Sa	So
			1	2	3	4
5	6	7	8	9	10	11
12	13	14	15	16	17	18
19	20	21	22	23	24	25
26	27	28	29	30	31	

1. Englisches Unterhaus bewilligt zusätzlich 12,5 Millionen Pfund Sterling für Marinebauten und Verteidigung.

5. Die heimkehrenden deutschen Truppen werden in China in Cadiz (Spanien) jubelnd empfangen. Prinz Heinrich ist aus Deutschland angereist.

9. Das Indianergebiet zwischen dem 98. und 99. Grad w. L. und zwischen dem 34. und 35. Grad n. B. wird den Weißen zur Besiedlung freigegeben.

11. Besuch des englischen Königs Edward VII. in Homburg v. d. H. – Empfang durch das deutsche Kaiserpaar.

11. Das Expeditionsschiff »Gauß« startet zur deutschen Südpolarexpedition.

14. Erster nachgewiesener Flug mit einem Motorflugzeug durch Gustav Weißkopf in Bridgeport. Die Konstruktion stammt von den Brüdern Wright. Bei diesem Flugversuch werden 12 Meter Höhe und eine Entfernung von 900 Metern erreicht.

15. Die von Wassily Kandinsky durchgeführte Ausstellung der Malschule und Künstlergruppe »Phalanx« wird eröffnet. →

26. Österreichische und ungarische Blätter sprechen sich besorgt über russische Umtriebe auf der Balkanhalbinsel aus.

GEBOREN:

3. Stefan Kardinal Wyszynski († 28. 4. 1981), Primas von Polen.

8. Ernst O. Lawrence († 27. 8. 1958), amerikanischer Physiker.

20. Salvatore Quasimodo († 14. 6. 1968), italienischer Schriftsteller.

25. Kjeld Abell († 5. 3. 1961), dänischer Dramatiker.

27. Heinrich Hauser († 25. 3. 1955), deutscher Erzähler.

GESTORBEN:

5. Viktoria (* 21. 11. 1840), Gemahlin Kaiser Friedrichs III. und Prinzessin von Großbritannien.

12. A. Erik Nordenskiöld (* 18. 11. 1832), schwedischer Entdecker.

27. Rudolf Haym (* 5. 10. 1821), deutscher Philosoph und Literarhistoriker.

Kaiser Wilhelm II. trifft englischen König Edward VII.

23. August. Wilhelm II. trifft auf Schloß Wilhelmshöhe bei Kassel anläßlich des Todes der Witwe des 1888 verstorbenen Kaisers Friedrich mit König Edward VII. zusammen. Der Gesprächsgegenstand ist ein mögliches Bündnis zwischen Deutschland und England. Der deutsche Kaiser fordert mit Schärfe anstatt allgemeiner Zusagen einen vom englischen Parlament ratifizierten Vertrag, der Englands Zusammengehen mit dem Dreibund (geheimes Verteidigungsbündnis von 1882 zwischen Deutschem Reich, Österreich-Ungarn und Italien) formulieren soll.

Waldersee kehrt aus China zurück

12. August. Der »Weltmarschall« Alfred Graf von Waldersee kehrt aus China, wo er im Boxeraufstand als Oberbefehlshaber der europäischen Interventionstruppen fungierte, nach Deutschland zurück. Bei einem festlichen Empfang in Hannover erklärt Graf Waldersee: »Ich bin frisch an die Arbeit gegangen und gesund wiedergekehrt . . . Wir danken es dem Kaiser allein, daß wir Deutschland große Bahnen eröffnet haben für unseren Handel und unsere Industrie . . . Der deutsche Name ist hochgegangen« (→ Juni, September 1900).

Souveränität für Vatikan gefordert

26.–29. August. Die 48. Generalversammlung der Katholiken in Deutschland erhebt nach wie vor Einspruch gegen die umstrittene Position des Heiligen Stuhls in Rom und fordert die volle Unabhängigkeit und Freiheit für das Oberhaupt der Kirche. Mit der Besetzung Roms durch Truppen der italienischen Republik im Jahre 1870 ist die römische Frage entstanden, der Gegensatz zwischen der weltlichen Herrschaft des Papstes über den Restkirchenstaat und der italienischen Einigungsbewegung.

Aufwendige Mode

Die verschwenderische Mode ist ein Spiegel der Zeit. Das häufig getragene Gesundheitskorsett formt eine schmale und schlanke Linie, die Büste wird betont, die Hüfte zurückgedrängt, die Figur erhält die für dieses Jahrzehnt charakteristische S-Modellierung. Der Rock liegt glatt über der Hüfte, leicht glockenartig angelegt, reicht er bis auf den Boden, über und über mit Spitzen besetzt. Die Taille ist eng geschnürt, und tagsüber geht die Dame hochgeschlossen. Allerdings führt sie auch am Tag eine Schleppe. Abends ist das – übertrieben – dekolletierte Kleid beliebt. Es wird verziert durch kleine Spitzenkragen, durch Beinstäbchen auch zum Stehkragen geformt.

Vom angepriesenen Objekt, dem Fahrrad, ist auf dem Werbeplakat kaum etwas zu sehen. Dafür dominiert die Mode des Jahres 1901 auf dem Werk der US-Werber.

Kandinsky zeigt »Phalanx«-Gruppe

15. August. In München eröffnet Wassily Kandinsky eine Ausstellung. Der russische Maler und Grafiker stellt Werke der von ihm gegründeten Malschule und Künstlergruppe »Phalanx« der Öffentlichkeit vor. Die Ausstellung wird zu einem großen Erfolg.

Bericht über Sklavenhandel

Der amerikanische Konsul in Kairo legt einen Bericht über lebhaften Sklavenhandel in der italienischen Kolonie Massaua vor, die das Zentrum des Handels zwischen Arabien und Abessinien ist. Weitere Schwerpunkte sind Hodeida, Jemen und Dschedda.

1901
SEPTEMBER

Mo	Di	Mi	Do	Fr	Sa	So
						1
2	3	4	5	6	7	8
9	10	11	12	13	14	15
16	17	18	19	20	21	22
23	24	25	26	27	28	29
30						

4. Wilhelm II. empfängt chinesischen »Sühneprinzen« Tschun. →

6. Attentat auf den amerikanischen Präsidenten McKinley durch Anarchist L. Czolgosz in Detroit. →

9. Österreich-Ungarn nimmt diplomatische Beziehungen zu Mexiko wieder auf, die seit der Erschießung Kaiser Maximilians, Bruder Franz Josephs I., im Jahre 1867 abgebrochen sind.

16. Bund der Industriellen bejaht den Zolltarifentwurf. →

16. Chinesische Truppen rücken wieder in Peking ein.

16.–19. Internationaler kunsthistorischer Kongreß in Lübeck.

19. Ein spanisches Dekret bestimmt die Eintragung aller religiösen und politischen Vereine bei den Präfekturen.

22. Sozialdemokratischer Parteitag in Lübeck: scharfe Resolution gegen den Zolltarifentwurf.

25. Gründung der »Deutschen Gesellschaft für Geschichte der Medizin und Naturwissenschaft«.

27. Kongreß der internationalen Vereinigung für gesetzlichen Arbeiterschutz in Basel beschließt Sammlung der Arbeiterschutzgesetze aller Länder und Herausgabe in drei Sprachen. →

30. Erlaß in Frankreich regelt das Führen von Nummerntafeln für Fahrzeuge, die mehr als 30 km/h erreichen. →

GEBOREN:

3. A. E. Johann, deutscher Schriftsteller.

11. Joachim Maaß († 15. 10. 1972), deutscher Schriftsteller.

12. Ernst Pepping († 1. 2. 1981), deutscher Orgelkomponist.

29. Enrico Fermi († 28. 11. 1954), italienisch-amerikanischer Kernphysiker, Nobelpreis 1938.

GESTORBEN:

8. Johannes von Miquel (* 19. 2. 1828), deutscher Politiker. →

9. Henri de Toulouse-Lautrec (* 24. 11. 1864), französischer Maler. →

14. William McKinley (* 29. 1. 1843), amerikanischer Präsident (Opfer eines Attentats). →

US-Präsident McKinley stirbt nach Attentat

Eine Zeichnung des Attentats.

14. September. In Buffalo stirbt William McKinley, der 25. Präsident der Vereinigten Staaten. Er erliegt den Verletzungen, die er am 6. September bei einem Attentat des Anarchisten Czolgosz in Detroit erlitt. McKinley hat im Repräsentantenhaus die Hochschutzzölle durchgesetzt, außenpolitisch vertrat er den Imperialismus.

Zu seinem Nachfolger wird Vizepräsident Theodore Roosevelt bestimmt (1899/1900 Gouverneur von New York). Die Zeitschrift »Der Bauer« (klerikal) schreibt über den Attentäter: »Solche Burschen, welche lehren, daß es keinen Gott gibt, daß der Mensch vom Affen abstammt, sollte man einen Kopf kürzer machen...«

Exfinanzminister Preußens ist tot

8. September. Eine der bedeutendsten politischen Persönlichkeiten der Epoche des »Neuen Kurses«, der ehemalige preußische Finanzminister Johannes von Miquel, stirbt im Alter von 72 Jahren. Als Student und junger Rechtsanwalt war Miquel Anhänger von Karl Marx und Friedrich Engels und wendete sich dann ab 1856 den bürgerlichen Liberalen zu. Bei der inneren Reichsgründung wirkte er als der bedeutendste Mitarbeiter Otto von Bismarcks. Ab 1890 reformierte Miquel als preußischer Finanzminister die Steuerpolitik.

Mit einem Gefolge reist Prinz Tschun (Mitte sitzend) nach Berlin.

Friede zu Peking

7. September. Auf Druck der Großmächte schließt China den Frieden zu Peking, der den Boxeraufstand nun offiziell beendet (→ Juni, Juli, September 1900). Besonders Deutschland dringt auf eine Sühne, und so muß China folgende Bedingungen annehmen:
1. China soll bis 1940 eine Kriegsentschädigung in Höhe von 1,4 Milliarden Goldmark bezahlen, die die Großmächte unter sich aufteilen wollen;
2. China muß den Großmächten Küstenstützpunkte zwischen Peking und dem Meer zugestehen;
3. China muß auf das Betreten des Gesandtschaftsviertels verzichten;
4. Für den ermordeten Gesandten Klemens Freiherr von Ketteler ist ein Gedenkstein zu errichten;
5. China muß als äußeres Zeichen der Sühne den kaiserlichen Prinzen Tschun als »Sühneprinzen« nach Deutschland schicken.
Abgesehen vom Prestige hat die kostspielige deutsche Expedition (152 Millionen Mark) mehr militärischen als politischen Zielen gedient. Der deutsche Generalstab hat die Gelegenheit genutzt, die Truppen zu erproben, Ausrüstung zu testen und die Zusammenarbeit von Heer und Marine zu prüfen.

Diskussion um Zolltarifentwurf

16.–22. September. Die Zolltarife geraten in die öffentliche Diskussion. Die Agrarier verlangen eine drastische Erhöhung der Tarife, die Linken (Freihändler) lehnen jegliche Erhöhung ab, und die Industrie fordert lediglich für einige Fabrikate erhöhten Zollschutz; anderen Interessengruppen ist der Abschluß von internationalen Handelsverträgen wichtiger als Zollfragen. Die Regierung strebt einen Kompromiß an, der jedoch die Rechten und die Linken verstimmt. Die Sozialdemokratie sieht in Zollerhöhungen den Grund für die zunehmende Verarmung und Aushungerung der arbeitenden Klassen und »ihre Unterjochung unter die Agrar- und Industrie-Feudalismus«.

Kraftfahrzeuge werden registriert

Fahrzeuge, die eine Geschwindigkeit von mehr als 30 Stundenkilometer erreichen, müssen in Frankreich in Zukunft Kraftfahrzeugkennzeichen führen. Zwar sind schon in verschiedenen Ländern Kennzeichen in Gebrauch (Bayern 1899, Belgien 1900, Spanien 1900), dennoch hat die gesetzliche Regelung Unruhe hervorgerufen, und besonders in England sind erhebliche Befürchtungen laut geworden: Die Nummern entstellen nach Meinung der Autobesitzer die Wagen, sie erhalten den Charakter von Mietwagen oder Droschken. Die Einführung wird verheerende Folgen für die industrielle Produktion haben. Motoristen werden vermutlich ihre Fahrzeuge stillegen.

Toulouse-Lautrec †

9. September. Auf Schloß Malromé (Gironde) stirbt im Alter von nur 36 Jahren der französische Maler Henri de Toulouse-Lautrec. Der infolge von Beinbrüchen in der Jugend verkrüppelte Künstler arbeitete vorwiegend im Milieu der Vergnügungsstätten am Pariser Montmartre. Dort fand er die Motive, die ihn, einen Meister des Plakats und der Farblithographien, bekannt machten. Am 10. September veröffentlicht das »Journal de Paris« folgenden Nachruf: »Ein Name, ein verfrüht gestorbener Meister: Einer der seltenen, die ergreifen und einen erschauern lassen. Als Wohlhabendem war es ihm möglich, sich von allen Härten des Lebens zu befreien und sich der Betrachtung des Lebens zu widmen. Was er sah, ist wenig vorteilhaft für die letzte Jahrhundertwende, deren wahrer Maler er war. Er suchte die Wirklichkeit, Fiktionen oder Schimären verachtend, die die Idee verfälschen, indem sie die Geister aus dem Gleichgewicht bringen ... Es ist nicht schmeichelhaft, jeder Geschmack wurde berücksichtigt: große Konzerte oder öffentliche Bälle, Theater, Zirkusse, Cafés, Rennbahnen; schließlich sind hier alle Orte, wo sich Männer und Frauen, vom Existenzfieber getrieben, in Erwartung jeglicher Unterhaltung aufhalten, festgehalten für immer durch den erbarmungslosen Zeichenstift des Künstlers ... Toulouse-Lautrec hat uns dies alles gezeigt. Er wollte nicht nur ein Malerwerk schaffen, er hat sich als tiefer und kraftvoller Psychologe offenbart. Seine Lehr' ist traurig, aber sie ist wahr.«

Der Maler Henri de Toulouse-Lautrec im Atelier. Eine Fotomontage.

Toulouse-Lautrec: La Clownesse.

Toulouse-Lautrec: La Goulue.

1901

OKTOBER

Mo	Di	Mi	Do	Fr	Sa	So
	1	2	3	4	5	6
7	8	9	10	11	12	13
14	15	16	17	18	19	20
21	22	23	24	25	26	27
28	29	30	31			

1. Gründung der Wochenzeitschrift »Die Zeit«; Herausgeber ist Friedrich Naumann.

9. Italienischer Kultusminister verbietet, Kirchen für nichtreligiöse Zwecke zu verwenden.

10. Kaiserliches Edikt in China schafft Ämterverkauf ab.

11. Im Berliner Residenztheater wird Frank Wedekinds »Der Marquis von Keith« aufgeführt.

13. Mit großer Anteilnahme der Öffentlichkeit feiert der Mediziner und Politiker Rudolf Virchow seinen 80. Geburtstag in Berlin.

13. An vielen Orten finden in Rußland blutige Zusammenstöße zwischen hungernden Volksmassen und Militär statt.

18.–22. Autoausstellung im Kristall-Palast in Leipzig. →

19. Der Brasilianer Alberto Santos-Dumont umkreist mit einem kleinen steuerbaren Luftschiff den Eiffelturm und gewinnt damit eine Wette über 125 000 Francs.

23. »Les Barbares«, Oper in drei Akten von Saint-Saëns, in Paris uraufgeführt.

25. Kolonialminister Chamberlain verteidigt in einer Rede die harten Maßnahmen gegen die Buren. →

31. »Reichsanzeiger« dementiert die kaiserliche Drohung, Majestät werde alles kurz und klein schlagen, wenn der Zolltarif am Widerstand der Parteien scheitere.

31. Radsportler Piet Dickentman fährt in Berlin-Friedenau Stundenweltrekord (65,621 km/h) hinter einem Motortandem.

GEBOREN:

12. Hanns Seidel († 5. 8. 1961), deutscher Politiker.

15. Hermann Abs, deutscher Bankier.

15. Bernhard von Brentano († 29. 12. 1964), deutscher Schriftsteller.

21. Margarete Buber-Neumann (eigtl. Thüring), deutsche Schriftstellerin.

22. Charles Huggins, amerikanischer Arzt kanadischer Herkunft, Nobelpreis 1966.

GESTORBEN:

23. Georg von Siemens (* 21. 10. 1839), deutscher Bankier, Gründer der Deutschen Bank.

Minister verteidigt Burenkrieg

Die Beschießung eines Burenlagers. Eine zeitgenössische Zeichnung.

25. Oktober. In einer Rede in Edinburgh vertritt der englische Kolonialminister Joseph Chamberlain die Auffassung, seine Regierung habe alles getan, den Krieg mit den Buren zu vermeiden (→ Januar, September 1900). Er nennt die den Buren angebotenen Bedingungen günstiger als irgendwelche, die je einem Feind angeboten worden sind. Da die Buren auf Weiterführung des Kampfes beharren, wird die Zeit kommen, zu härteren Maßnahmen zu greifen, und dafür wird die englische Regierung Präzedenzfälle bei den Nationen finden, welche die englische Haltung heute als Barbarei und Grausamkeit verurteilen. Aber sie wird nie so weit gehen, wie jene Nationen 1870.

Wie die Autos laufen lernen

22. Oktober. Die »Leipziger Illustrirte Zeitung« berichtet von einer allgemeinen Motorwagen-Ausstellung: »Der Zug nach Vereinfachung des Untergestells sowie des Motors und der dazugehörigen Antriebsmechanismen darf geradezu als das Charakteristikum der ausgestellten Objekte betrachtet werden. Was nun die einzelnen Wagentypen anlangt, so waren fast alle Systeme vom hochelegant ausgestatteten Brautwagen bis zum Bier- und Rollwagen schwerster Ausführung zu sehen ... Als ganz besonders hervorragend muß der Omnibus für sechs und mehr Personen der Firma de Dietrich & Co in Niederbronn im Elsaß bezeichnet werden. Derselbe lehnt sich bezüglich der Ausführung des Übergestells an die bekannten, durch Pferde betriebenen Omnibusse an ... Als Treibkraft (für den Patent-Motorwagen ›Ideal‹) wird Benzin vom spezifischen Gewicht 0,7 benutzt, das in einem Gefäß untergebracht ist, dessen einmalige Füllung zur Zurücklegung einer Strecke von 100 bis 120 Kilometern bei einer Fahrgeschwindigkeit, die bis zu 35 Kilometer die Stunde betragen kann. Die durch ein einfaches Umlegen eines Hebels zur Wirkung zu bringende Bremseinrichtung ist so kräftig, daß sie ein fast sofortiges Anhalten selbst bei schneller Fahrt gestattet«, schreibt das Blatt abschließend.

24. Oktober. Die 43jährige Lehrerin Annie Edson Taylor stürzt sich in einem Faß über die Klippen der Niagarafälle — und überlebt. Mit einer Wachsfigur (Bild) wird die Erinnerung an die Begebenheit in Niagara Falls wachgehalten.

In Frankreich droht ein Streik

17. Oktober. Im Gespräch mit dem Generalsekretär des Bergarbeiterverbandes rät der französische Ministerpräsident Pierre Waldeck-Rousseau von einem allgemeinen Ausstand ab. Die Lohnforderungen sowie die Frage des Mindestgehalts und des Ruhegehalts müßten Arbeiter und Arbeitgeber allein regeln, über das Problem des Achtstundentages berate die Regierung noch. Die Bergarbeiter erörtern unterdessen die Möglichkeit eines allgemeinen Ausstandes. Um in diesem Fall eine Volksbewaffnung zu verhindern, wird den Besitzern von Waffen empfohlen, ihre Gewehre den Behörden auszuliefern.

In Berlin erscheint die Erstausgabe von Thomas Manns Roman »Buddenbrooks« (→ Dezember 1929).

1901
NOVEMBER

Mo	Di	Mi	Do	Fr	Sa	So
				1	2	3
4	5	6	7	8	9	10
11	12	13	14	15	16	17
18	19	20	21	22	23	24
25	26	27	28	29	30	

3. Oberschlesische Polen werden zu nationalpolitischer Agitation aufgefordert. →

4. Die Jugendbewegung »Wandervogel« formiert sich. →

5. Vertrag zwischen der Reichspostverwaltung und Württemberg über einheitliche Postwertzeichen (Inkrafttreten am 1. 2. 1902).

18. England zieht sich aus Panama zurück.

18. England legt Blaubuch über die Lager im Burenkrieg vor. →

18. Im zweiten Hay-Pauncefote-Vertrag sichern sich die USA das Alleinrecht auf Erbauung des Panamakanals.

19. Ein Schulprozeß in Posen verschärft die Polenfrage. →

20. »Grisélidis«, Oper in drei Akten von Jules Massenet, in Paris uraufgeführt.

21. »Feuersnot«, Oper in einem Akt – Text von E. von Wolzogen – von Richard Strauss, in Dresden uraufgeführt.

27. Uraufführung von Gerhart Hauptmanns »Der rote Hahn« im Deutschen Theater Berlin.

GEBOREN:

1. Eugen Jochum, deutscher Dirigent.

3. Leopold III., König von Belgien.

3. André Malraux († 23. 11. 1976), französischer Schriftsteller und Politiker.

11. Richard Lindner († 16. 4. 1978), amerikanisch-deutscher Maler.

15. Gerhard Leibholz († 19. 2. 1982), deutscher Jurist.

17. Walter Hallstein († 30. 3. 1982), deutscher Jurist, Diplomat und Politiker.

18. Georg Horace Gallup, amerikanischer Meinungsforscher.

19. Bertha Drews, deutsche Schauspielerin.

23. Marieluise Fleißner († 2. 2. 1974), deutsche Schriftstellerin.

GESTORBEN:

23. Leontinos Alischan (* 18. 7. 1820), armenischer Dichter und Geograph.

25. Joseph Rheinberger (* 17. 3. 1839), deutscher Komponist.

Wandervögel kommen

4. November. Der Student Karl Fischer (1881–1941) gründet in Berlin-Steglitz eine Jugendbewegung, die sich »Wandervogel« nennt. Sie geht zurück auf Anfänge in Berlin während der letzten Jahre des vorigen Jahrhunderts, die von Hermann Hoffmann-Fölkersamb gefördert wurden. Die neue Jugendbewegung findet besonders in den Großstädten immer mehr Anhänger, da sie sich zum Ziel gesetzt hat, ein gemeinschaftliches, einfaches Leben in der Natur zu suchen.

Die Jugendbewegung hat ihre Wurzeln in den politischen und geistigen Traditionen des Bürgertums und richtet sich gegen die Auswüchse der Industrialisierung und des Massenzeitalters. Sie geht auf vorindustrielle Lebensformen zurück und will das Wandern, Volkslied, Volkstanz und Laienspiel pflegen. Die auf eine Schülergruppe am Steglitzer Gymnasium zurückgehende Bewegung setzt sich auch für eine von der älteren Generation unabhängige Selbsterziehung ein.

Wandervogel-Gruppe bei einer Rast am Brunnen.

Blaubuch über Burenlager vorgelegt

18. November. England legt ein Blaubuch über die während des Burenkriegs eingerichteten Internierungslager vor. Über Verpflegung und Sterbeziffern werden folgende Angaben gemacht:

Blaubuch über Burenlager

	Mehl Pfd.	Salz Unzen	Kaffee Unzen	Zucker Unzen	Fleisch
1. Insassen ohne Angehörige bei den Kommandos:					
Männer	7	4	6	12	1 Pfund zweimal die Woche
Frauen	7	4	6	12	1 Pfund zweimal die Woche
Kinder unter 12 Jahren	3½	2	3	12	½ Pfund zweimal die Woche
2. Insassen mit Angehörigen bei den Kommandos:					
Männer	7	4	4	8	
Frauen	7	4	4	8	Kein Fleisch.
Kinder unter 12 Jahren	3½	2	2	8	

In einem Schreiben an den Bischof von Rochester werden folgende Angaben über die Sterbeziffern in den Konzentrationslagern gemacht:

	Zahl der Personen in den Lagern	Sterbefälle	Verhältnis zu 1000 im Jahr
Juni	85410	777	109
Juli	93940	1412	180
August	106347	1878	214
September	109418	2411	264

Der Satz von 264 auf 1000 bezieht sich auf Personen jeden Alters und beider Geschlechter. Zieht man aber die Kinder allein in Betracht, so ergibt sich, daß vom Juni bis September die Sterblichkeit unter den Kindern von 159 auf 440 auf 1000 im Jahr stieg.

Polnische Kinder sollen in Schulen deutsch sprechen

3. November. Im Posener Blatt »Praca« werden die oberschlesischen Polen aufgefordert, nationalpolitische Agitation zu treiben. Anlaß ist das Sprachenproblem. Die preußische Regierung hat die polnische Sprache aus dem Unterricht verbannt, um die Kenntnis der Staatssprache zu fördern. Aber die Polen halten mit großer Zähigkeit an ihrer Sprache fest und wenden Deutsch nur an, wo es ihnen wirtschaftliche Vorteile bringt oder wo der Staat es erzwingt. Reichskanzler Bernhard Fürst von Bülow hat es abgelehnt, die Polenfrage im Reichstag zu diskutieren, und die Frage an den preußischen Landtag verwiesen.

Eine Verschärfung der Situation erfolgt im Posener Schulprozeß: Polnische Kinder, die sich im Religionsunterricht geweigert haben, deutsch zu antworten, werden körperlich gezüchtigt. Ihre Eltern belagern daraufhin die Schule und werden deshalb wegen Landfriedensbruchs zu Freiheitsstrafen von 2½ Jahren verurteilt.

Der Streit beschäftigt die Öffentlichkeit noch jahrelang. Es gibt häufig Schulstreiks.

Außerdem . . .

Eine Untersuchung in Belgien ergibt, daß dort in 20 Jahren mehr Geld (2,5 Milliarden) für Genever ausgegeben worden ist, als in 60 Jahren für Eisenbahn, Post, Kanäle, Waisenhäuser, Hospitäler, Wasserstraßen, Wege, Brücken, Unterrichtsanstalten aller Art, Bürgerwehr und Postdampfer.

Werbeanzeige aus der »Berliner Zeitung« vom 31. 12. 1901.

1901
DEZEMBER

Mo	Di	Mi	Do	Fr	Sa	So
						1
2	3	4	5	6	7	8
9	10	11	12	13	14	15
16	17	18	19	20	21	22
23	24	25	26	27	28	29
30	31					

2. King Camp Gillette meldet Rasierapparat mit auswechselbaren Klingen zum Patent an. →

4. Der bayrische Landtag genehmigt Anstellung jüdischer Richter (Maßstab: Verhältnis der Juden zur Gesamtbevölkerung).

5. Sozialdemokratische Petition gegen die Zollerhöhung: 3 431 784 Unterschriften.

6. Konflikt zwischen Chile und Argentinien verschärft sich; strittig ist ein Grenzgebiet in den Anden.

6. Polnischen Vereinen in Westfalen wird vorgeschrieben, bei Versammlungen deutsch zu sprechen.

9. Französische Heereskommission genehmigt Antrag auf Einführung der zweijährigen Dienstzeit.

10. Erstmalige Verleihung der Nobelpreise. →

10. Auf Anfrage erklärt die belgische Regierung sich außerstande, im südafrikanischen Krieg zu intervenieren.

12. Erste drahtlose Überbrückung des Atlantiks gelungen. →

19. Abbruch der deutsch-englischen Bündnisgespräche.

21. Demonstrationen und Gewaltausschreitungen Tausender Arbeitsloser in Budapest.

21. Erste Kommunalwahlen unter Beteiligung der Frauen in Norwegen.

GEBOREN:

2. Ida Friedrich Görres, österreichisch-deutsche Schriftstellerin.

5. Walt Disney († 15. 12. 1966), amerikanischer Filmproduzent und -zeichner.

5. Werner Heisenberg († 1. 2. 1976), deutscher Physiker, Nobelpreis 1932.

9. Ödön von Horváth († 1. 6. 1939), ungarischer Schriftsteller.

11. Maria Koppenhöfer († 29. 11. 1948), deutsche Schauspielerin.

12. Paul Sethe († 21. 6. 1967), deutscher Publizist.

27. Marlene Dietrich (eigtl. Maria Magdalena von Losch), deutsch-amerikanische Filmschauspielerin.

GESTORBEN:

28. Franz Xaver Kraus (* 18. 9. 1840), deutscher Kunst- und Kirchenhistoriker.

Erste Nobelpreise verliehen

Alfred Nobel.

10. Dezember. Erstmals werden durch den schwedischen König und das Nobel-Komitee des norwegischen Parlamentes in Stockholm und Oslo (Friedensnobelpreis) die mit 150 800 schwedischen Kronen dotierten Nobelpreise verliehen. Die Preisträger sind: René François Armand Sully-Prudhomme (Frankreich) für Literatur, Emil von Behring (Deutschland) für Medizin, Wilhelm Röntgen (Deutschland) für Physik, Jacobus Henricus van't Hoff (Niederlande) für Chemie. Den Friedenspreis erhalten Henri Dunant (Schweiz) und Frédéric Passy (Frankreich).

Deutschland ist stolz darauf, mit zwei Preisträgern vertreten zu sein. Emil von Behring erhält den Medizinnobelpreis für seine Arbeiten über Serumtherapie und besonders für deren Anwendung gegen Diphtherie. Dadurch hat er einen neuen Weg auf dem Gebiet der medizinischen Wissenschaft gebahnt und dem Arzt eine Waffe im Kampf gegen Krankheit und Tod in die Hand gegeben.

Der Nobelpreis für Physik fällt an Wilhelm Conrad Röntgen für die Entdeckung der nach ihm benannten Strahlen.

Stifter der Nobelpreise ist der schwedische Chemiker und Industrielle Alfred Nobel (1833–1896). Nobel hat 1867 das Dynamit und später andere Initialsprengstoffe erfunden. Auch mehrere Verbesserungen der Destillation von Petroleum gehen auf ihn zurück. Das Vermögen, das ihm seine Erfindungen und Fabriken, der Nobelkonzern, einbrachten, hat er testamentarisch als Nobelstiftung hinterlassen. Aus den jährlichen Zinsen der Hinterlassenschaft werden von 1901 an fünf Nobelpreise für bedeutende Leistungen in Physik, Chemie, Medizin und Literatur sowie der Friedensnobelpreis verliehen. Seit 1969 gibt es auch einen Preis für Wirtschaftswissenschaften.

Deutscher Nobelpreisträger Wilhelm Conrad Röntgen.

Deutscher Nobelpreisträger Emil Adolph von Behring.

Drahtlose Signale

12. Dezember. Dem Italiener Guglielmo Marconi gelingt es, eine »Nachricht« drahtlos über 3600 Kilometer von Poldhu (Cornwall) nach Neufundland zu senden. Über den Sender in Poldhu wird von einer 50 Meter hohen Fächerantenne das Morsezeichen für den Buchstaben s (. . . / drei Punkte) telegrafisch ausgestrahlt und jenseits des Ozeans empfangen.

Im Alter von 24 Jahren hat Marconi 1896 die drahtlose Telegrafie erfunden: Die Öffentlichkeit hat begeistert reagiert. Professor Adolf Slaby, der an Marconis Versuchen teilgenommen hat, führte Kaiser Wilhelm II. die drahtlose Telegrafie vor und sendete Morsezeichen über eine Entfernung von 1,6 Kilometer. 1895 hat der Ingenieur Marconi außerdem die geerdete Sendeantenne entwickelt.

Marconis Erfindung wird in seiner italienischen Heimat nicht erkannt. Der italienische Postminister hält entsprechende Vorführungen für unwichtig, 1897 demonstriert Marconi daher seine wichtigsten Ergebnisse vor einem englischen Minister, der den Wert der neuen Technik sogleich erkennt. 1899 telegrafiert Marconi bereits über den Ärmelkanal.

Guglielmo Marconi mit seinem ersten funkentelegrafischen Apparat.

Gillette beantragt Patent für neuen Rasierapparat

2. Dezember. King Camp Gillette beantragt das erste Patent für einen Rasierapparat mit auswechselbaren Klingen. Damit hat Gillette eine Anregung aufgegriffen, etwas zu erfinden, das nur einmal benutzt werden kann und daher ständig erneuert, das heißt gekauft werden muß. Das Problem – Herstellung einer dünnen, flachen, sehr scharfen und dann auch noch billigen Stahlklinge – löste William Nickerson, der einzige Angestellte in Gillettes Firma. Allerdings wird der Unternehmer noch einige Zeit auf den Erfolg warten müssen: Bis 1903 werden erst ca. 50 Apparate mit 168 Klingen verkauft sein. Erst im darauffolgenden Jahr setzt sich das praktische Prinzip durch.

JANUAR

Mo	Di	Mi	Do	Fr	Sa	So
			1	2	3	4	5
6	7	8	9	10	11	12
13	14	15	16	17	18	19
20	21	22	23	24	25	26
27	28	29	30	31		

1. Depeschenwechsel zwischen Petersburg und Paris betont die gegenseitige Freundschaft.

4. Die Oper »I Pirenei« von Felipe Pedrell wird in Barcelona uraufgeführt.

8. In Italien kommt es zu heftiger Opposition der Klerikalen gegen den geplanten Gesetzentwurf über die staatliche Ehescheidung.

8. Der kaiserliche Hof zieht in die Verbotene Stadt in Peking ein. Die Kaiserin übernimmt wieder die Regierung.

9. Der Präsident von Paraguay, Emilio Aceval, wird durch eine Revolution gestürzt. Nachfolger wird Hector Carvallo.

15. Uraufführung von Emil Rezničeks Oper »Till Eulenspiegel« in Karlsruhe.

15. Der italienische Senat genehmigt mit 117 gegen 35 Stimmen die von der Kammer angenommene Vorlage über Schaffung eines Arbeitsamtes.

16. Die Türkei erteilt Deutschland die Konzession für den Bau der Bagdadbahn. Sie soll von Konia nach Bagdad führen.

21. Anläßlich des Jahrestags der Erhebung der Polen im Jahre 1863 (»Januaraufstand«) gegen Rußland kommt es in Lemberg zu Demonstrationen, die durch Husaren gesprengt werden.

22. Die neu ernannten Gesandten Deutschlands, Englands, Frankreichs, Rußlands, Portugals und Japans überreichen ihre Beglaubigungsschreiben in Peking.

24. Die amerikanische Regierung unterzeichnet einen Vertrag mit Dänemark über die Abtretung der dänisch-westindischen Inseln an die USA.

GEBOREN:

8. Georgij M. Malenkow, sowjetischer Politiker.

12. Victor Gsowsky, russischer Choreograph.

15. Saud, Ibn Abd al Asis († 23. 2. 1969), König von Saudi-Arabien.

26. Menno ter Braak († 14. 5. 1940), niederländischer Schriftsteller.

GESTORBEN:

22. Otto Scholderer (* 25. 1. 1834), deutscher Maler.

El Greco wird wiederentdeckt

Jahrhundertelang ist das Werk des spanisch-griechischen Malers El Greco verkannt worden. Um 1583 entstand sein Bild »Die Entkleidung Christi«.

Das neue Jahr beginnt für die kunstinteressierte Öffentlichkeit in Spanien mit einer spektakulären Ausstellung im Madrider Prado. Sein neuer Leiter, José Viniegra, präsentiert Werke des in Kreta geborenen spanisch-griechischen Malers El Greco (span. »der Grieche«), eigentlich Domenikos Theotokópoulos (1541 bis 1614).

Für die meisten Prado-Besucher bedeutet diese Ausstellung die erste Begegnung mit den Werken des Meisters, der bei seinen Zeitgenossen großes Ansehen genossen hat, später aber weitgehend ignoriert worden ist. Noch 1881 hat sich der damalige Leiter des Prado, Federico de Madrazo, beklagt, die »absurden Karikaturen« des Meisters nicht aus den Sälen des Museums entfernen zu dürfen.

El Grecos Malerei hat der Kunstwelt manches Rätsel aufgegeben. In seinem Stil vereinigen sich die Elemente der byzantinischen Kunst, wie z. B. die Neigung zum Flächigen, mit den Errungenschaften seines Italienaufenthaltes, vor allem der venezianischen Malerei, von der er die leuchtenden Farben übernommen und mit dunklen Tönen verbunden hat. Der spanische Einfluß zeigt sich im Mystischen und zugleich Realistischen seiner Figuren. Doch trotz aller Einflüsse bewahrte das Werk El Grecos seinen eigenwilligen Charakter, der eine stilgeschichtliche Einordnung des Meisters bis heute noch problematisch gestaltet. Fest steht, daß El Greco seinen vielfach kirchlichen Auftraggebern Bilder voller religiöser Intensität abgeliefert hat. Auch seine Porträtkunst ist außergewöhnlich vergeistigt. Zu seinen bekanntesten Werken gehört das Gemälde Laokoon.

Bülow brüskiert Chamberlain

8. Januar. Während einer Reichstagsdebatte brüskiert der deutsche Reichskanzler Bernhard Fürst von Bülow den englischen Kolonialminister Joseph Chamberlain. Bülow gibt eine Stellungnahme zu einer Äußerung Chamberlains ab, in der dieser England gegen den Vorwurf verteidigt hatte, während des Burenkriegs Grausamkeiten in Südafrika begangen zu haben. Bülow beschuldigt Chamberlain, der auf den Krieg zwischen Deutschland und Frankreich 1870/71 angespielt hatte, ein »schiefes Urteil« zu haben. Er fügt unter lebhaftem Beifall ein Zitat Friedrichs des Großen hinzu: »Laßt den Mann gewähren, und regt euch nicht auf; er beißt auf Granit« (→ Oktober 1901).

Friedrich von Holstein, ehemaliger Mitarbeiter Otto von Bismarcks, nennt die Rede »das Krüger-Telegramm im Taschenformat«. In der sogenannten »Krüger-Depesche« hatte Kaiser Wilhelm 1896 dem Burenführer Paulus Krüger zu einem Sieg über die Engländer gratuliert, was die deutsch-englischen Beziehungen erheblich verschlechterte.

FEBRUAR

Mo	Di	Mi	Do	Fr	Sa	So
					1	2
3	4	5	6	7	8	9
10	11	12	13	14	15	16
17	18	19	20	21	22	23
24	25	26	27	28		

1. Die Kaiserin von China erläßt ein Edikt, das das Verbot der Mischehen zwischen Mandschus und Chinesen aufhebt und die Abschaffung des Bindens der Füße empfiehlt.

4. Das Polytechnikum in Kiew wird wegen Unruhen der Studenten während des laufenden Lehrjahrs geschlossen.

5. In Frankreich wird die Arbeitszeit für Bergleute auf neun Stunden begrenzt.

8. Vulkanausbruch auf der Insel Martinique. →

14. Bei Generalstreik und Unruhen in Triest werden mehrere Arbeiter bei Auseinandersetzungen mit der Polizei getötet. Ziel des Streiks ist die Herabsetzung der Arbeitszeit. Es wird das Standrecht verkündet.

15. Eröffnung der Berliner Hoch- und Untergrundbahn.

15. Uraufführung der Oper »Orestes« von Felix von Weingartner in Leipzig.

18. Uraufführung von Jules Massenets Oper »Der Jongleur von Notre Dame« in Monte Carlo.

22. Bei Erdbeben wird die Stadt Schemacha im Kaukasus zerstört. Mehrere tausend Menschen kommen um.

25. Stapellauf der kaiserlichen Yacht »Meteor« in New York, vollzogen von der Tochter des US-Präsidenten Roosevelt. Prinz Heinrich von Preußen als Abgesandter von Kaiser Wilhelm zugegen.

25. Hubert Cecil Booth gründet die Vacuum Cleaner Co. Ltd. zum Bau von Staubsaugern.

GEBOREN:

1. James Langston Hughes († 22. 5. 1967), amerikanischer Schriftsteller.

4. Charles A. Lindbergh († 26. 8. 1974), amerikanischer Flieger (→ Mai 1927).

22. Fritz Strassmann († 22. 4. 1980), deutscher Chemiker.

24. Herbert Warncke († 26. 3. 1975), deutscher Politiker.

25. Max Kommerell († 25. 7. 1944), deutscher Literaturhistoriker.

27. John Ernst Steinbeck († 23. 12. 1968), amerikanischer Schriftsteller, Nobelpreis 1962.

Kaiser Wilhelm II. auf einem Gemälde von V. Corcos (1902).

Kaiser und Marine

3. Januar. Der deutsche Kaiser Wilhelm II. schreibt an seinen Vetter, Zar Nikolaus II. von Rußland: »Meine Flotte, Heinrich (der Bruder Wilhelms II., Großadmiral der Flotte) und ich freuen sich bereits auf den Tag, an dem wir in diesem Jahr Deinen Besuch erwidern können . . . Da Du solches Interesse an unserer Flotte nimmst, wird es Dich interessieren zu hören, daß der neue Panzerkreuzer ›Prinz Heinrich‹ sehr bald fertig sein wird und bereits seine Maschinen in Leerlauf mit durchaus befriedigendem Resultat probiert hat. Er wird voraussichtlich nach dem Manöver des Winters zur Flotte stoßen. Das neue Linienschlachtschiff ›Karl der Große‹, das fünfte der Kaiserklasse, wird hoffentlich zu seinen Versuchsfahrten auf See Ende der nächsten Woche bereit sein, und Heinrich hofft, in einem Monat dazustoßen zu können. Die ›Wittelsbacherklasse‹ wird mit großer Eile fertiggestellt, und es ist zu hoffen, daß sie Heinrichs Flagge nach den Manövern führen wird. Das bedeutet einen Zuwachs von fünf Linienschlachtschiffen, was ihn in den Stand setzen wird, über eine völlig gleichartige Flotte von ›Friedenswächtern‹ zu verfügen; die werden sich zweifellos sehr angenehm fühlbar machen und nützlich erweisen, sofern sie helfen, die Welt in Ruhe zu erhalten . . . Der Überbringer meiner Geschenke ist mein Adjutant von Usedom. Er führte das Kommando der ›Hertha‹ während der China-Affäre . . . Er war tatsächlich der Chef des Admiralstabes, und ihm wurde jetzt der ›historische‹ Befehl erteilt, auf welchen meine blauen Jungens so stolz sind: ›Germans to the Front!‹ . . . Nun liebster Nicky, leb wohl, beste Grüße an Alix, Micha und Deine Mama von Deinem Dich stets liebenden und ergebenen Vetter und Freund Willy«

Vulkanausbruch auf Martinique: 26 000 Tote

8. Februar. Auf der kleinen französischen Antilleninsel Martinique erfolgt ein schwerer Ausbruch des Montagne Pelée. Von den Hängen des Vulkans rast eine gewaltige Glutwolke mit einer Geschwindigkeit von mehr als 150 Metern in der Sekunde ins Tal. Die auf 800 °C erhitzten Gase in Verbindung mit Lavamassen und glühendem Vulkanstaub vernichten in Sekundenschnelle den Ort Saint Pierre (26 000 Tote).

Annäherung an Frankreich

8. Februar. Die deutsche Botschaft in England meldet ein langes Gespräch zwischen dem englischen Kolonialminister Joseph Chamberlain und dem französischen Botschafter Paul Cambon über Marokko und Ägypten. Anschließend erklärt Chamberlain mit Bezug auf die unfreundlichen Äußerungen von Bülows im Reichstag (→ Januar 1902): »Schon früher einmal hat mich Graf Bülow im Reichstag blamiert. Jetzt habe ich genug von solcher Behandlung, und von einem Zusammengehen Deutschlands und Englands kann keine Rede mehr sein.«

Theaterfreunde gründen Fanclub

5. Februar. In London haben sich Theaterfreunde zum ersten Fan-Club zusammengeschlossen. »The Keen Order of Wallerites« verehren den beliebten Theaterdirektor Lewis Waller. Die Mitglieder des Clubs demonstrieren ihre Zusammengehörigkeit nach außen durch ein Abzeichen: Auf einer runden Plakette zeigen sie auf der einen Seite eine Abbildung Wallers, auf der anderen Seite dessen Lieblingsblume – ein Stiefmütterchen.

Jedes Clubmitglied nimmt an jeder Theaterpremiere teil, und das Gespräch mit Lewis Waller persönlich darf nur vom Clubsekretär geführt werden.

1902

MÄRZ

Mo	Di	Mi	Do	Fr	Sa	So
					1	2
3	4	5	6	7	8	9
10	11	12	13	14	15	16
17	18	19	20	21	22	23
24	25	26	27	28	29	30
31						

5. Der nationale Kongreß der Grubenarbeiter in Frankreich beschließt mit 124 gegen 105 Stimmen, den Achtstundentag zu verlangen und durch Generalstreik zu erzwingen.

7. Letzter Erfolg der Buren bei Tweebosch.

10. Der Reichstag lehnt eine nationalliberale Resolution zur Errichtung von Handelskammern im Ausland ab.

10. Die Stadt Tochangri (Türkei) wird durch Erdbeben fast vollständig zerstört.

11. Die deutsche Burenhilfe in die Flüchtlingslager läuft mit der Kennzeichnung »Concentration camp reliefs stores« an.

11. Uraufführung von Raymond Franchettis Oper »Germania« in Mailand.

13. Mehrere Gymnasien werden in Polen geschlossen, weil Schüler sich weigern, an staatlichen Festtagen das Lied »Gott schütze den Zaren« in russischer Sprache zu singen.

20. Reichskanzler von Bülow empfängt eine Deputation des Vereins für Frauenstimmrecht. Er verweist sie an die Parlamente und erwähnt, daß die Unterrichtsverwaltung nicht an besondere Mädchengymnasien denke.

22. England schließt mit Persien einen Vertrag über die Errichtung einer Telegrafenlinie, die den Durchgangsverkehr von Europa nach Indien sicherstellen soll.

23. Die italienische Kammer genehmigt ein Gesetz über Kinderarbeit, das u. a. die Mindestaltersgrenze für Jungen von 9 auf 12 und für Mädchen von 11 auf 15 Jahre verschiebt.

GEBOREN:

7. Heinz Rühmann, deutscher Schauspieler.

21. Gustav Fröhlich, deutscher Schauspieler.

29. Marcel Aymé († 14. 10. 1967), französischer Schriftsteller.

GESTORBEN:

23. Kálmán Tisza (* 10. 12. 1830), ungarischer Politiker (Ministerpräsident 1875–1890).

26. Cecil Rhodes (* 5. 7. 1853), britisch-südafrikanischer Unternehmer und Politiker. →

Cecil Rhodes stirbt mit 49 Jahren

Der britisch-südafrikanische Kolonialpolitiker und Geschäftsmann Cecil Rhodes stirbt in Kapstadt.

26. März. Im Alter von 49 Jahren stirbt der bedeutendste Vertreter des englischen Imperialismus, Cecil Rhodes. Rhodes wurde in Stortford bei London geboren und hat sich in Südafrika ein bedeutendes Vermögen im Diamantengeschäft erworben. In den 80er Jahren wendete er sich der Politik zu, wurde Abgeordneter (1881) und Premierminister der Kap-Kolonie (seit 1890).
Im Jahre 1889 gründete Rhodes die »British South Africa Company«, die Gesellschaft, die den Auftrag wahrnimmt, Land (das Gebiet des späteren Rhodesiens) zusammenzukaufen. Vergeblich bemühte sich Rhodes dagegen, das Gebiet von Transvaal durch Wirtschaftspressionen zur Union mit dem Kapland zu veranlassen. Ein Versuch, es durch Waffengewalt zu erzwingen, scheiterte. Rhodes hat sich als Unternehmer und Politiker entschlossen dafür eingesetzt, die Bedeutung Großbritanniens in seiner Kolonie zu steigern, aber er ist auch den rücksichtslosen Methoden bei der Behandlung der Eingeborenen entgegengetreten.
Bis heute wird das Cecil-Rhodes-Stipendium für zwei- bis dreijährige Studien an der Universität Oxford vergeben.

1902

APRIL

Mo	Di	Mi	Do	Fr	Sa	So
	1	2	3	4	5	6
7	8	9	10	11	12	13
14	15	16	17	18	19	20
21	22	23	24	25	26	27
28	29	30				

1. Große Bauernunruhen in Rußland. Bauern aus Poltawa und Charkow plündern nach anhaltender Hungersnot die Scheunen der Gutsherrschaften. Viele Bauern werden körperlich gezüchtigt.

2. Uraufführung der Operette »Merrie England« von German in London.

6. In der deutschen Presse werden Bedenken gegen die Annahme der durch Cecil Rhodes ins Leben gerufenen Stiftung für deutsche Studierende geltend gemacht; sie sei nur dazu bestimmt, Rhodes' Vorstellungen über die Vorherrschaft Englands zu verbreiten.

8. »Mandschurei-Vertrag« zwischen Rußland und China: Rußland will die Mandschurei binnen anderthalb Jahren in drei Phasen räumen.

9. Beratung in Berlin über den Zusammenschluß aller Kartelle und Syndikate zu einer wirtschaftlichen Vereinigung. Der Zentralverband der Industriellen wird mit der Einleitung solcher Verhandlungen beauftragt.

15. Die britische Regierung erklärt für neun irische Grafschaften den Ausnahmezustand.

19. Der Maler und Zeichner Wilhelm Busch feiert seinen 70. Geburtstag.

20. Das deutsche Radsport-As Robl wird Steherweltmeister in Paris. →

20. Beginn der Internationalen Kunstausstellung in Dresden.

23. Erste Lesung des Gesetzentwurfs über Kinderarbeit in gewerblichen Betrieben. Die Arbeitszeit soll begrenzt werden.

28. Revolution in der Dominikanischen Republik.

30. Premiere von »Pelléas et Mélisande« von Claude Debussy in Paris. Die Kritik urteilt über die Oper: »Kränklich und ohne Rückgrat.«

GEBOREN:

4. Louise Levêque de Vilmorin († 26. 12. 1969), französische Schriftstellerin.

19. Wenjamin Alexandrowitsch Kawerin, russischer Erzähler.

23. Rudolf Stadelmann († 17. 8. 1949), deutscher Historiker.

23. Halldór Kiljan Laxness, isländischer Schriftsteller.

Engländer startet im Wohnwagen zur Weltreise

1. April. Der Abenteurer E. E. Lehwess hat den Plan, als erster mit einem motorisierten Wohnwagen die Erde zu umrunden. Die französische Firma Panhard und Levassor hat den Wohnwagen mit einem 25-PS-Motor ausgerüstet und für die Reise ausgestattet. Die Gesamtkosten belaufen sich auf annähernd 3000 Pfund.
Lehwess startet in London, reist dann von Paris aus weiter nach Berlin und über Polen bis nach Petersburg. Nahe beim heutigen Gorki ist das wagemutige Vorhaben beendet – ein Fünftel der Gesamtstrecke ist geschafft –, weil ein Motorschaden nicht zu reparieren ist. Lehwess bricht die Reise ab und läßt den Wagen in Rußland zurück.

Radrennsieg mit der neuen Technik

20. April. Der Münchner Radsportler Thaddäus Robl verteidigt bei den Steher-Weltmeisterschaften in Paris seine Titel als Europa- und Weltmeister und stellt dabei einen neuen Weltrekord über eine Stunde mit 67,353 Kilometern auf. Robls Team überrascht mit einer neuen Technik: Auf der Schrittmachermaschine unterstützt nur noch Steuermann Bretschneider durch Mittreten die Fahrt, der Hintermann sitzt still (→ Mai 1902).

Der Radsportler Thaddäus Robl.

1902

MAI

Mo	Di	Mi	Do	Fr	Sa	So
			1	2	3	4
5	6	7	8	9	10	11
12	13	14	15	16	17	18
19	20	21	22	23	24	25
26	27	28	29	30	31	

1. Eröffnung der rheinisch-westfälischen Gewerbeausstellung in Düsseldorf. →

1. Debatte im preußischen Abgeordnetenhaus über die Bekämpfung der Trunksucht.

2. 200 000 Arbeiter in den Anthrazitbezirken in Pennsylvania treten in den Streik. Sie verlangen Lohnerhöhung, Herabsetzung der Arbeitszeit und Anerkennung der Gewerkschaft als ihre Vertretung.

3. Nach einer dem Unterhaus vorgelegten Rechnung betragen die Kriegskosten des Burenkrieges vom Oktober 1899 bis März 1902 228 984 000 Pfund.

5. Bei einer Beratung über die Teilnahme der Frauen am öffentlichen Leben bestreitet die preußische Regierung den Frauen das Recht, sich auf politischem Gebiet zu betätigen.

14. Der französische Präsident Loubet besucht St. Petersburg.

20. Tomás Estrada Palma wird nach Abzug der US-Besatzungstruppen erster Präsident der freien Republik Kuba.

21. Dem preußischen Landtag wird ein Gesetz zur Stärkung des Deutschtums in Posen und Westpreußen zugeleitet.

22. Beim internationalen Bergarbeiterkongreß wird einstimmig die Verstaatlichung aller Bergwerke gefordert. Der internationale Generalstreik wird gegen die Stimmen der Belgier und Franzosen abgelehnt.

23. El Salvador kündigt den Handelsvertrag mit Deutschland.

27. Der Rheinhafen in Karlsruhe wird eingeweiht.

31. Ende des Burenkrieges durch den Frieden von Vereeniging. Die burischen Republiken werden britische Kronkolonie. →

GEBOREN:

2. Werner Finck († 31. 7. 1978), deutscher Kabarettist.

6. Max Ophüls, eigentlicher Name Maximilian Oppenheimer († 26. 3. 1957), französisch-deutscher Filmautor und Regisseur.

13. Erik Wolf († 13. 10. 1977), deutscher Rechtshistoriker.

GESTORBEN:

28. Adolf Kußmaul (* 22. 2. 1822), deutscher Mediziner.

Ende des Burenkriegs

31. Mai. Mit der Unterzeichnung des Vertrages von Vereeniging endet der mit großer Härte geführte Krieg zwischen dem britischen Empire und den südafrikanischen Burenstaaten Transvaal und Oranjefreistaat (→ Januar 1900).

Anlaß für den Krieg war der Anspruch in Transvaal eingewanderter britischer Staatsbürger auf volles Bürgerrecht. England unterstützt diese Forderung, weil es großes Interesse an der Ausbeutung der südafrikanischen Goldminen hat. Transvaal ist das größte goldproduzierende Land der Erde. Gegen die britische Übermacht (insgesamt 448 000 Soldaten) haben die Milizen und Rebellen der Buren (insgesamt 86 800) keine Aussicht auf Erfolg. Hinzu kommt, daß England zum erstenmal neue Waffen und Taktiken einsetzt (Schnellfeuerwaffen, Stacheldraht, Schützengraben). Allerdings handeln die Sieger großzügig: Die Buren werden finanziell entschädigt und mit allen politischen Freiheiten und Rechten ausgestattet. Englands Engagement im Burenkrieg schwächt seine Position als Weltmacht: Es muß in der Panamafrage (→ Februar 1901) Konzessionen machen, Rußland kann sich ungehindert in der Mandschurei, in Persien und der Türkei ausbreiten, Japan macht gewaltige Anstrengungen zur Vergrößerung seiner Flotte, und auch Frankreich und die USA entwickeln sich zu Seemächten.

Die größte Bedrohung für Englands Vormachtstellung auf den Weltmeeren bedeutet aber die von Kaiser Wilhelm II. und dem Staatssekretär des Marineamtes, Alfred von Tirpitz, betriebene Flottenpolitik des Deutschen Reiches (→ Januar 1900). Der zeitgenössische Historiker Heinrich Friedjung urteilt: »So büßte England, was es an den Buren gefehlt hatte.«

Alfons XIII. von Spanien, nominell seit seiner Geburt im Jahr 1886 König, übernimmt von seiner Mutter die Regierungsgeschäfte.

Superlative von Krupp

1. Mai. Auf der rheinisch-westfälischen Gewerbeausstellung in Düsseldorf zeigt das Unternehmen Friedrich Alfred Krupp einige Entwicklungen, die die Leistungsfähigkeit der Firma überzeugend demonstrieren: Krupp stellt die größte Eisenplatte aus, die jemals ausgewalzt wurde – ein Kesselblech von 26,8 Meter Länge, 3,5 Meter Breite und 38,5 Millimeter Durchmesser mit dem Gewicht von 29,5 Tonnen; hinzu kommt die größte bisher erzeugte Panzerplatte, die je aus einem Guß hergestellt wurde. Sie ist 13,16 Meter lang, 340 Millimeter breit und 30 Zentimeter dick; das Gewicht beträgt 106 Tonnen.

Das Walzen einer Panzerplatte im Kruppschen Walzwerk in Essen.

Rekordjagd hinter Schrittmachern

Der Monat Mai beschert der Radsportwelt eine bis dahin noch nicht gekannte Jagd auf den Weltrekord im Dauerfahren hinter Schrittmachern. Mit dem französischen Konstrukteur Marius Thé als Schrittmacher, der eine einsitzige Führungsmaschine mit luftgekühltem Motor gebaut hat, erreicht der Engländer Tom Linton am 4. Mai 1902 in Paris 68,410 Kilometer über die Stundendistanz. Schon eine Woche später schraubt er – wiederum in Paris – die neue Weltrekordmarke im Stundendauerfahren auf 71,660 Kilometer. Welt- und Europameister Robl gelingt nur zwei Tage später am 13. Mai eine Verbesserung dieses Rekords auf 72,560 Kilometer. Er bedient sich dabei hinter dem Tandem Franz Bretschneider (Steuermann) und Fritz Steger (Hintermann) wieder der neuen Technik wie beim WM-Sieg in Paris (→ April 1902). Trotz des Tandemschrittmachers des Robl-Teams wird Thé mit seiner Erfindung der Wegbereiter für die zukünftigen Führungsmaschinen im Stehersport.

1902

JUNI

Mo	Di	Mi	Do	Fr	Sa	So
						1
2	3	4	5	6	7	8
9	10	11	12	13	14	15
16	17	18	19	20	21	22
23	24	25	26	27	28	29
30						

2. Das Abkommen über die Unterwerfung der Buren wird in London veröffentlicht.

3. Der internationale Textilarbeiterkongreß in Zürich faßt eine Resolution zur Abschaffung der Akkordarbeit.

5. Das preußische Abgeordnetenhaus billigt das Gesetz zum Polenfonds. →

5. Einweihung der Marienkirche in der Marienburg im Beisein Kaiser Wilhelms II., der die Marienburg »als einstiges Bollwerk im Osten und heutiges Wahrzeichen für deutsche Aufgaben« bezeichnet.

7. Belgischer Massenstreik zur Erkämpfung eines besseren Wahlrechts.

13. Sprachenverordnungen in Finnland: weitere Russifizierung.

14.–21. Vierter Kongreß der Gewerkschaften in Stuttgart, an dem sich zum erstenmal Regierungsvertreter beteiligen.

16. Das 50jährige Jubiläum des Germanischen Nationalmuseums wird im Beisein des Kaiserpaares gefeiert.

23. Albert Einstein wird Beamter am Eidgenössischen Patentamt für geistiges Eigentum in Bern.

28. Der Dreibund (Deutschland, Österreich, Ungarn und Italien) wird in unveränderter Form erneuert auf 12 Jahre. Er ist kündbar nach sechs Jahren.

28. Durch das sogenannte Spooner Gesetz ermächtigt der amerikanische Kongreß den Präsidenten, die Panama-Konzession für 40 Millionen Dollar zu kaufen.

GEBOREN:

1. Siegfried Balke, deutscher Politiker.

23. Mathias Wieman († 3. 12. 1969), deutscher Schauspieler.

GESTORBEN:

10. Auguste Schmidt (* 3. 8. 1833), Gründerin des Allgemeinen Deutschen Frauenvereins. →

17. Johan Siegwald Dahl (* 16. 8. 1827), norwegisch-deutscher Maler.

19. John Dalberg Acton, Baron von Aldenham (* 10. 1. 1834), britischer Historiker.

Frauenrechtlerin Auguste Schmidt stirbt in Leipzig

Die Frauenrechtlerin Auguste Schmidt.

10. Juni. In Leipzig stirbt im Alter von 68 Jahren die Frauenrechtlerin Auguste Schmidt, Mitbegründerin des Allgemeinen Deutschen Frauenvereins (1865). Lange Jahre widmete sie sich allgemeinen Fragen der Ausbildung und Betreuung von Mädchen und Frauen. Die von ihr mitgegründete Zeitschrift mit dem programmatischen Titel »Neue Bahnen« wurde zu einem Forum für die Öffentlichkeit, auf dem sie sich nachdrücklich für die Verstärkung der Ausbildungschancen von Mädchen und Frauen einsetzte. Der Gedanke der Gleichberechtigung von Mann und Frau in gesellschaftlicher, aber besonders beruflicher Beziehung stand im Zentrum ihrer Überlegungen. Auch in ihrer Eigenschaft als Vorsitzende des Bundes Deutscher Frauenvereine hat sie sich dafür eingesetzt. Im Jahre 1890 gründete sie gemeinsam mit Helene Lange und Marie Löper-Honsell den Allgemeinen Deutschen Lehrerinnenverein.

Polenfonds wird aufgestockt

5. Juni. Das preußische Abgeordnetenhaus billigt eine Gesetzesvorlage, die den sogenannten Polenfonds beträchtlich aufstockt. Statt der bisherigen 200 Millionen Mark stehen jetzt 350 Millionen Mark zur Verfügung. Die Gesetzesvorlage billigt der Regierung zugleich weitere 100 Millionen für den Ankauf polnischer Ländereien zu.

1902

JULI

Mo	Di	Mi	Do	Fr	Sa	So
	1	2	3	4	5	6
7	8	9	10	11	12	13
14	15	16	17	18	19	20
21	22	23	24	25	26	27
28	29	30	31			

2. Neben dem »Vorwärts« und der »Neuen Zeit« bestehen 80 sozialdemokratische Periodika und Tageszeitungen.

2. In Rostow brechen Unruhen unter Fabrikarbeitern aus. Zu Bauernunruhen kommt es in Südrußland von Charkow bis zum Kaukasus.

9. Erteilung des Reichspatents (DRP 146 496) über »Verfahren zur Darstellung der CC-Dialkylbarbitursäuren« – Grundlage für Schlafmittel.

12. Der englische Premierminister Lord Salisbury tritt aus Altersgründen zurück.

14. Uraufführung von Bunnings Oper »Prinzessin Osra« in London.

15. In Portugiesisch-Westafrika wird ein Angriff von mehreren tausend Negern auf die Festung Bailundo abgeschlagen.

20. Der deutsche Dampfer »Primus« sinkt infolge einer Kollision: 109 Passagiere ertrinken.

21. Der Internationale Gewerkschaftskongreß in Manchester diskutiert Lohn- und Wohnungsfragen.

30. Die Beziehungen zwischen der Schweiz und Italien werden mit deutscher Vermittlung wiederhergestellt.

GEBOREN:

1. William Wyler († 27. 7. 1981), deutschamerikanischer Filmregisseur.

7. Vittorio de Sica († 13. 11. 1974), italienischer Filmschauspieler und Regisseur.

10. Kurt Alder († 20. 6. 1958), deutscher Chemiker, Nobelpreis 1950.

10. Günther Weisenborn († 26. 3. 1969), deutscher Schriftsteller.

12. Günther Anders, deutschösterreichischer Schriftsteller.

18. Nathalie Sarraute, französische Schriftstellerin.

29. Ernst Glaeser († 8. 2. 1963), deutscher Schriftsteller.

GESTORBEN:

6. Maria Goretti (* 16. 10. 1890), katholische Heilige. →

21. Karl Christian Gerhardt (* 5. 5. 1833), deutscher Mediziner.

14. Juli. In Venedig stürzt der 1540 erbaute Glockenturm auf dem Markusplatz ein. Bild von Canaletto.

Tod der später heiliggesprochenen Maria Goretti

6. Juli. Die noch nicht zwölfjährige Maria Goretti aus Corinaldi/Ascona stirbt an den Verletzungen, die dem Mädchen bei einem brutalen Überfall eines Sittlichkeitsverbrechers zugefügt werden. Im Todeskampf vergibt Maria Goretti dem Angreifer.

1947 wird Maria seliggesprochen und im Jahre 1950 erfolgt die Heiligsprechung. Der 6. Juli wird zum Tag der Heiligen.

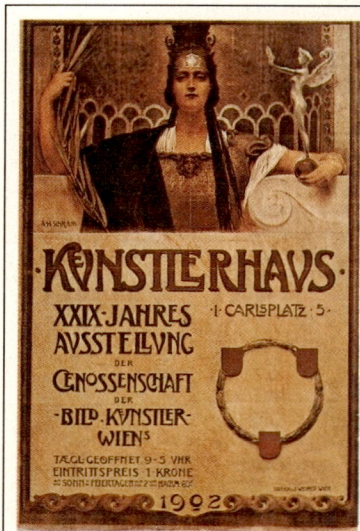

Die Jahresausstellungen im Künstlerhaus sind ein wichtiger Termin im Wiener Kunstleben. Bis zu 50 000 Besucher kommen pro Woche in die Ausstellungen.

1902

AUGUST

Mo	Di	Mi	Do	Fr	Sa	So
				1	2	3
4	5	6	7	8	9	10
11	12	13	14	15	16	17
18	19	20	21	22	23	24
25	26	27	28	29	30	31

1. In einer Kohlengrube bei Wollongong (Australien) werden bei einer Explosion ca. 100 Menschen getötet.

2. Der Kongreß der schweizerischen sozialdemokratischen Partei in Winterthur, der 25 000 Mitglieder vertritt, beschließt lebhafte Beteiligung an den Nationalratswahlen.

5. Der sozialdemokratische »Vorwärts« veröffentlicht einen Plan, um die preußischen Landtagswahlen unmöglich zu machen.

9. Krönung König Edwards VII. (aus dem Haus Sachsen-Coburg-Gotha) in London.

14. Tientsin (China) wird in chinesische Verwaltung zurückgegeben.

15. Sogenannte Revancherede des französischen Kriegsministers Louis J. André in Villefranche. Er spricht im Zusammenhang mit Frankreichs Niederlage im Deutsch-Französischen Krieg 1870/71 von Rache.

16. Die Burengenerale Botha, Dewet und Delarey werden bei ihrer Ankunft in Southampton freundlich begrüßt.

19. Der »Reichsanzeiger« stellt für das Rechnungsjahr 1901 einen Fehlbetrag im Haushalt von 48 422 783,83 Mark fest.

20.–25. In Belgien wird ein Kongreß über das Sprachenproblem abgehalten. →

24.–28. Generalversammlung der Katholiken Deutschlands in Mannheim. Themen: Das Verhältnis von Arbeiter, Staat und Kirche, wissenschaftliche Forschung und religiöser und politischer Katholizismus.

GEBOREN:

6. Margarete Klose († 14. 12. 1968), deutsche Opernsängerin.

8. Paul A. M. Dirac, englischer Physiker, Nobelpreis 1933.

22. Leni Riefenstahl, deutsche Filmschauspielerin und Filmregisseurin.

GESTORBEN:

7. Rudolf von Bennigsen (* 10. 7. 1824), deutscher Politiker. →

31. Mathilde Wesendonck (* 23. 12. 1828), deutsche Schriftstellerin. →

Liberalenführer R. von Bennigsen †

7. August. Der Jurist und Politiker Rudolf von Bennigsen stirbt in Bennigsen im Landkreis Springe. Er hat zunächst das Richteramt ausgeübt. 1859 übernahm er dann den Vorsitz des Deutschen Nationalvereins und setzte sich an der Spitze der Liberalen für die deutsche Einigung unter preußischer Führung ein.

Der Politiker wirkte in einer Zeit großer politischer Aktivität; es waren die Jahre des preußischen Kulturkampfes (Kampf Preußens gegen die katholische Kirche ab 1872). Als Führer der Nationalliberalen unterstützte Bennigsen den Kanzler Otto von Bismarck, mit dem es aber nach den Sozialistengesetzen (1878/79) zum Bruch kam. Für einige Jahre zog Bennigsen sich aus der Politik zurück; erst ab 1878 arbeitete er wieder für Partei und Reichstag.

Kongreß über Sprachenprobleme

20.–25. August. In Courtrai finden mehrere Kongresse über die Sprachenprobleme in Belgien statt. Betont wird die ungünstige Lage, in der sich die Flamen befinden, besonders was die nicht vorhandene Gleichberechtigung und Gleichbehandlung im Schulwesen betrifft: Auf den weiterführenden Schulen und auf den vier Hochschulen des Landes seien die Flamen benachteiligt, da hier Französisch als Grundsprache benutzt wird, obwohl die Flamen die Mehrheit des belgischen Volkes ausmachen.

Tod einer engen Wagner-Freundin

31. August. Im Alter von 74 Jahren stirbt in Traunblick am Traunsee die deutsche Schriftstellerin Mathilde Wesendonck. Sie war in Richard Wagners Züricher Zeit eng mit ihm befreundet und hatte großen Einfluß auf sein Schaffen. Er vertonte z. B. die von ihr verfaßten »Fünf Gedichte« (1857/58), die als »Wagner-Lieder« bekannt sind. Sie hinterläßt Dramen und dramatische Gedichte.

1902

SEPTEMBER

Mo	Di	Mi	Do	Fr	Sa	So
1	2	3	4	5	6	7
8	9	10	11	12	13	14
15	16	17	18	19	20	21
22	23	24	25	26	27	28
29	30					

1. Kroaten demonstrieren gegen die Serben und plündern serbische Geschäfte. Militär muß die Ruhe in Agram wiederherstellen.

5. China schließt einen Handelsvertrag mit England.

13./14. Zweite Konferenz der sozialdemokratischen Frauen in München.

13. Eine große Versammlung des Deutschen Ostmarkenvereins in Danzig stellt Forderungen für die Polenpolitik auf: Zurückdrängen der polnischen Sprache.

15. Unter den belgischen Bergleuten macht sich eine starke Bewegung bemerkbar, die aus der Arbeiterpartei austreten und eine neue radikale Sozialistenpartei gründen möchte.

16. Die niederländische Königin eröffnet die Generalstaaten (niederländisches Parlament). In der Thronrede spricht sie sich befriedigt über die politische und wirtschaftliche Lage aus.

19. Anläßlich der Feier der 100. Wiederkehr des Geburtstags des ungarischen Freiheitskämpfers Kossuth kommt es in Ungarn zu Demonstrationen gegen die Deutschen.

25. In der Provinz Catania (Sizilien) richtet ein Zyklon große Verwüstungen an und tötet viele Menschen.

26. Der russische Finanzminister von Witte unternimmt eine Inspektionsreise in die Mandschurei.

28. Gerhart Hauptmanns Schauspiel »Der Biberpelz« wird in Berlin zum 100. Mal aufgeführt.

GEBOREN:

12. Juscelino Kubitschek de Oliveira († 22. 8. 1976), brasilianischer Politiker.

16. Halvard Lange († 19. 5. 1970), norwegischer Politiker.

17. Hugo Hartung († 2. 5. 1972), deutscher Schriftsteller.

23. Jon Gheorghe Maurer, rumänischer Politiker.

25. Ernst von Salomon († 9. 8. 1972), deutscher Schriftsteller.

GESTORBEN:

5. Rudolf Virchow (* 13. 10. 1821), deutscher Mediziner, Politiker. →

29. Emile Zola (* 2. 4. 1840), französischer Schriftsteller. →

Rudolf Virchow hinterläßt reiches Erbe

5. September. Im Alter von 80 Jahren stirbt in Schivelbein bei Belgard der deutsche Mediziner und Politiker Rudolf Virchow. Er lehrte in Würzburg (ab 1849) und in Berlin (ab 1856) und trat mit der Begründung der Zellularpathologie (1858), der Lehre, daß Krankheiten auf Störung der Körperzellen basieren, den Weg zum Weltruhm an. Über diese medizinische Pionierat hinaus wirkte Virchow als Medizinhistoriker, praktischer Hygieniker und Politiker. Der Liberale war Mitglied des preußischen Abgeordnetenhauses und des Reichstags. Er gehörte zu den Gründern der Fortschrittspartei (1861) und war auch deren Vorsitzender. Daneben ist er als Förderer der neuzeitlichen Anthropologie hervorgetreten: als Mitbegründer der »Deutschen Gesellschaft für Anthropologie, Ethnologie und Urgeschichte« (1868).

Die Welt trauert um den Romancier Emile Zola

29. September. Im Alter von 62 Jahren stirbt Emile Zola in Paris. Zola gilt nicht nur als wichtigster Vertreter des französischen Naturalismus, er ist darüber hinaus von großer Bedeutung als Kunstkritiker. Seit seiner Jugend mit Cézanne befreundet, fördert er die Impressionisten, besonders Manet.

Von großem Einfluß sind Zolas Beobachtungen zur sozialen Entwicklung seiner Zeit. In seinen naturalistischen Romanen und sozialreformerischen Schriften übernahm er die zeitgenössischen Theorien über den Einfluß von Vererbung und sozialer Umwelt auf den Menschen. Sein Hauptwerk ist der 20bändige Romanzyklus »Die Rougon-Macquart. Geschichte einer Familie unter dem zweiten Kaiserreich«. Wegen seines Eintretens für den zu Unrecht verurteilten Offizier Alfred Dreyfus – 1898 mit seiner Schrift »J'accuse« – mußte Zola für ein Jahr Frankreich verlassen. Weitere Romane Zolas sind »Nana« (1880) und »Germinal« (1885).

1902
OKTOBER

Mo	Di	Mi	Do	Fr	Sa	So
		1	2	3	4	5
6	7	8	9	10	11	12
13	14	15	16	17	18	19
20	21	22	23	24	25	26
27	28	29	30	31		

2. Ein großer Streik in Genf führt zu Unruhen, so daß Truppen aufgeboten und ausländische Arbeiter ausgewiesen werden.

5. Eine Generalversammlung des Bundes deutscher Frauenvereine findet in Wiesbaden statt.

6. Uraufführung von Leo Blechs Oper »Das war ich« in Dresden.

8. Kongreß in Frankfurt/M. zur internationalen Bekämpfung des Mädchenhandels.

9. Ein Ausschuß der französischen Grubenarbeiter proklamiert den Generalstreik. In den nächsten Wochen treten etwa zwei Drittel aller Bergleute Frankreichs in den Streik.

14. Uraufführung der Oper »Servilia« von Nikolai A. Rimski-Korsakow in Petersburg.

16. Ende des großen Kohlenstreiks in den USA.

19. In Düsseldorf schließt die rheinisch-westfälische Gewerbeausstellung. Es wurden 4 882 459 Besucher gezählt.

24. Der französische Radfahrer Henri Contenet verbessert hinter Schrittmacher Marius Thé in Paris den Weltrekord im Dauerfahren über eine Stunde auf 75,492 km (→ Mai 1902).

25. Max Reinhardts erste offizielle Theaterregie in Berlin mit »Serenissimus« von Leo Feld.

26. Bei den Schweizer Wahlen zum Nationalrat wird die demokratisch-radikale Mehrheit bestätigt. Die Sozialdemokraten erhalten 7 von 167 Sitzen.

30. Das Alte Schauspielhaus in Frankfurt am Main schließt seine Pforten mit einer Aufführung von Johann Wolfgang von Goethes »Iphigenie«.

GEBOREN:

2. Roy Campbell († 22. 4. 1957), englischer Schriftsteller.

2. Leopold Figl († 9. 5. 1965), österreichischer Politiker.

7. Zaharia Stancu († 5. 12. 1974), rumänischer Schriftsteller.

18. Pascual Jordan († 31. 7. 1980), deutscher Physiker.

23. Kristman Gudmundsson, isländischer Schriftsteller.

GESTORBEN:

25. Frank Norris (* 5. 3. 1870), amerikanischer Romancier.

Traktor mit Zweizylindermotor

10. Oktober. Der für den Gebrauch in der Landwirtschaft konzipierte Ivel-Traktor wird als »mechanisches Pferd« vorgestellt. Der Ivel-Traktor aus England ist dreirädrig. Sein Zweizylindermotor arbeitet mit Rohöl. Der Kühlwasserkreislauf schließt einen großen Tank ein, eine eigentliche Kühlvorrichtung gibt es jedoch nicht. Für den Vorwärts- und Rückwärtsgang gibt es nur eine Geschwindigkeit. Auf geeignetem Boden kann dieser Traktor beim Pflügen sogar mit drei Pflugscharen bestückt werden. Das vorgestellte Modell läßt sich anders als die Dampfpflüge auch auf kleineren Feldern einsetzen.

In Leipzig wird das Beethoven-Denkmal von Max Klinger enthüllt.

1902 wird der Opel-Tonneau in Wien vorgestellt (Werbeplakat).

1902
NOVEMBER

Mo	Di	Mi	Do	Fr	Sa	So
					1	2
3	4	5	6	7	8	9
10	11	12	13	14	15	16
17	18	19	20	21	22	23
24	25	26	27	28	29	30

1. Eröffnung des neuen Schauspielhauses Frankfurt mit Schillers »Wallenstein«.

1. Italienisch-französisches Geheimabkommen: Neben der Versicherung der Neutralität wird auch die Einigung über Marokko und Tripolis bestätigt.

2. Feierliche Einweihung der neuen Hochschulen für bildende Künste und Musik in Berlin.

6. Uraufführung von Francesco Cileas Oper »Adriana Lecouvreur« in Mailand.

12. Schallplattenaufnahmen der von Enrico Caruso gesungenen Arie »Vesti la Giubba« aus »Bajazzo« von Leoncavallo werden in über einer Million Exemplaren verkauft.

15. Der Anarchist Rubino unternimmt ein erfolgloses Attentat auf den belgischen König.

15. Der »Vorwärts« bringt in dem Beitrag »Krupp auf Capri« Enthüllungen über Krupps angebliche Verfehlungen gegen den § 175 (Homosexualität). Es wird Verleumdungsklage erhoben.

26. Kaiser Wilhelm II. nimmt teil an der Begräbnisfeier für den verstorbenen Friedrich Alfred Krupp und hält vor den Mitgliedern des Direktoriums und die Vertreter der Arbeiterschaft eine Rede, in der er den am 15. November veröffentlichten Artikel im »Vorwärts« als »Mord« bezeichnet.

28. Uraufführung von Carl August Nielsens Oper »Saul und David« in Kopenhagen.

29. Schiedsgerichtshof in Haag entscheidet mehrere Differenzen zwischen England und den USA im Beringmeer zugunsten der USA.

29. »Der arme Heinrich«, Drama von Gerhart Hauptmann, im Hofburgtheater Wien uraufgeführt.

GEBOREN:

1. Eugen Jochum, deutscher Dirigent.

9. Anthony Asquith († 21. 2. 1968), englischer Spielfilmregisseur.

29. Carlo Levi († 4. 1. 1975), italienischer Schriftsteller.

GESTORBEN:

22. Friedrich Alfred Krupp (* 17. 2. 1854), deutscher Industrieller. →

Die Straßenbeleuchtung in den Großstädten setzt sich durch. Gas und Elektrizität machen in den Straßen die Nacht zum Tage.

Buren-General schreibt ein Buch

Der Buren-General Jan Christiaan Smuts, Führer der Aufständischen in der Kapprovinz, schreibt das Buch »Ein Jahrhundert des Unrechts«. Darin heißt es: »Die Geschichte wird zur Genüge zeigen, daß die Behauptung von der Humanität der Zivilisation und den gleichen Rechten, auf die die englische Regierung ihre Handlungsweise gründet, nichts anderes ist als ein schöner Aufputz des heuchlerischen Annexionismus . . ., der die englische Regierung zu allen Zeiten und in allen Beziehungen mit unserem Volke gekennzeichnet hat.«

Friedrich Alfred Krupp stirbt

22. November. Im Alter von 48 Jahren stirbt in Essen Friedrich Alfred Krupp, Sohn des Firmengründers Alfred. Er hat das Unternehmen seines Vaters beträchtlich erweitert. Unter seiner Leitung wurde die Herstellung von Panzerplatten aufgenommen (1890), womit der Ruf der Firma als Waffenschmiede Deutschlands begründet wird. Durch den Erwerb neuer Unternehmen wie des Gruson-werks in Magdeburg (1893) und der Kieler Germaniawerft (1902) vergrößert er den Konzern.

Der Jugendstil ist auf dem Höhepunkt

Eine Tischlampe aus Bronze und Glas von Peter Behrens, 1902.

Das Gemälde »Judith und Holofernes« des Österreichers Gustav Klimt.

Th. Th. Heine entwirft das Plakat für das Kabarett »Die 11 Scharfrichter«.

Eine Jugendstilfassade in Wien des Architekten Otto Wagner.

Der Münchner Künstler Franz Stuck malt »Die Sünde«.

Eine Glasvase mit Granatäpfeln von Emile Gallé.

Mit dem Jugendstil entwickelt sich um 1900 eine internationale Kunstströmung, deren Ziel die Erneuerung der angewandten und bildenden Künste ist. Anstöße gingen von England aus, wo William Morris einen von historisierendem Schwulst befreiten, linearflächigen Ornamentstil propagierte. Im Bereich der Malerei versuchte der Jugendstil, künstlerische Phantasie und sinnliche Ausstrahlung in den Vordergrund zu stellen, wobei das dekorative, fließend bewegte, vegetabilische Ornament und ein z. T. vom japanischen Holzschnitt beeinflußter Flächenstil charakteristisch sind. Wichtige Künstler des Jugendstils, der auch zur Erneuerung der Buchillustration, der Architektur und Möbelgestaltung, der Glasmalerei und Plakatkunst beitrug, waren Henri de Toulouse-Lautrec, Ferdinand Hodler, Gustav Klimt, Franz von Stuck, Alfons Mucha, Jan Thorn-Prikker, Puvis de Chavannes und Jan Toorop. In einer Reihe von Zeitschriften wurden die Ideale des Jugendstils verbreitet, in Wien durch den »Ver sacrum«, in München durch die »Jugend« und den »Simplicissimus«, in Berlin durch den »Pan« und in Paris durch »Revue Blanche«.

1902

DEZEMBER

Mo	Di	Mi	Do	Fr	Sa	So
1	2	3	4	5	6	7
8	9	10	11	12	13	14
15	16	17	18	19	20	21
22	23	24	25	26	27	28
29	30	31				

1. Der Rottenburger Bischof Paul Wilhelm Keppler hält seine »Reformrede« gegen den sogenannten »Reformkatholizismus«. →

2. Räumung Schanghais durch die deutschen Truppen (nach den Japanern und Engländern) wird bekanntgegeben.

9. Der Schweizer Nationalrat genehmigt fast einstimmig die Konzessionsvorlage für den Jura-Durchschnitt Frasne–Valloche als internationale Zufahrtslinie zum Simplon.

10. Nil-Staudamm bei Assuan wird eingeweiht. Er ist 2 km breit und staut einen See von 300 km Länge. Das Kraftwerk liefert jährlich 10 Mrd. Kilowattstunden. →

14. Der Reichstag beschließt die Erhöhung der Zolltarife. →

16. Uraufführung von Karl Goldmarks Oper »Berlichingen Götz« in Budapest.

18. »Nachtasyl«, Drama von Maxim Gorki, am Moskauer Künstlertheater uraufgeführt.

25. Der neue deutsche Zolltarif wird verkündet. Er umfaßt 946 Positionen, insbesondere Schutzzölle für die deutsche Landwirtschaft.

25. N. A. Rimski-Korsakows Oper »Der unsterbliche Kaschtschei« in Moskau uraufgeführt.

29. Die Regierung von Österreich-Ungarn kündigt den Handelsvertrag mit Italien, so daß der Vertrag mit dem 31. Dezember 1903 außer Kraft tritt.

30. Die spanische Regierung entsendet einige Kriegsschiffe nach Tanger und hält Truppen zum Eingreifen in Marokko bereit.

GEBOREN:

11. Paul Laven, deutscher Rundfunkjournalist.

11. Harald Kreutzberg († 25. 4. 1968), deutscher Tänzer und Choreograph.

16. Rafael Alberti, spanischer Lyriker.

17. Albert Drach, österreichischer Schriftsteller.

19. Dusolina Giannini, amerikanische Opernsängerin.

GESTORBEN:

11. Matthias Hohner (* 1833), deutscher Musikinstrumentenhersteller.

Neues Zollgesetz verabschiedet

14. Dezember. Der Reichstag verabschiedet mit 202 gegen 100 Stimmen das neue Zollgesetz. Dieses neue Gesetz ist ein Kompromiß zwischen den Forderungen des »Bundes der Landwirte« nach drastischer Erhöhung der Getreidezölle von 3,50 Mark auf 7,50 Mark je Doppelzentner und den Warnungen vor Erhöhung der Zölle, da man Vergeltungszölle für deutsche Erzeugnisse befürchten müsse. Der Staatssekretär des Innern, Arthur Graf von Posadowsky-Wehner, schlägt vor, der deutschen Landwirtschaft einen höheren Zollschutz zu geben. Sein Vorschlag (Rückkehr zu den Zolltarifen von 1892) sieht eine Erhöhung von 3,50 Mark auf 5,00 Mark für Roggen und auf 5,50 Mark für Weizen je Doppelzentner vor. Die Mehrheit des Reichstages unter Führung des Zentrums, der Nationalliberalen und der gemäßigten Konservativen stimmt diesem Vorschlag zu. Die neue Regelung ist notwendig geworden, da die Caprivischen Handelsverträge 1903/04 ablaufen. Diese am Ende des vorigen Jahrhunderts durch Leo Graf von Caprivi geschlossenen Verträge schufen mit der Herabsetzung der Getreidezölle die Voraussetzung für den Übergang Deutschlands vom Agrar- zum Industriestaat.

Nobelpreise für zwei Deutsche

10. Dezember. In Stockholm und Oslo erfolgt die Verleihung der Nobelpreise. Unter den Preisträgern sind zwei Deutsche. Den Literaturpreis erhält Theodor Mommsen, der Meister der historischen Darstellung (→ November 1903). Den Chemiepreis erhält Emil Fischer. Die übrigen Preise gehen an Ronald Ross (Großbritannien) für Medizin sowie an Hendrik Antoon Lorentz und Pieter Zeeman (Niederlande) für Physik. Den Friedenspreis erhalten die Schweizer Elie Ducommun und Charles Albert Gobat.

10. Dezember. Der Nil-Staudamm sechs Kilometer südlich von Assuan in Oberägypten wird eingeweiht. Der Stausee faßt 5,3 Milliarden Kubikmeter Wasser.

Theodor Mommsen.

Emil Hermann Fischer.

Gegen Kirchenreform

1. Dezember. Der Rottenburger Bischof Paul Wilhelm Keppler hält seine »Reformrede«, die gegen die sogenannten »Reformkatholiken« gerichtet ist.
Die »Reformkatholiken« erteilen der reinen Sündenmoral eine Absage, wünschen Reformen für den Gottesdienst, moderne Ausbildung der künftigen Geistlichen, überdenken die Stellung der Kirche zum Staat, wünschen größere Offenheit in der »römischen Frage« (Kirchenstaat) und eine stärker am Neuen Testament orientierte Ethik. Sie streben den Ausgleich mit Philosophie und Naturwissenschaften an. Der Bischof verurteilt diese Tendenzen.

Außerdem . . .

Eine Reichweite von 35 Kilometern erreicht ein Scheinwerfersystem, das auf dem Helgoländer Leuchtturm neu in Dienst gestellt wird. Es besteht aus einer Kombination von drei Lampen mit je 1,5 Meter Spiegeldurchmesser. Der Turm in Travemünde hat eine Reichweite von 18 Kilometern.
Erste Wintersportpauschalreisen organisiert der Engländer Sir Henry Lunn in den schweizerischen Wintersportort Adelboden.

Garage inklusiv: Die englische Zeitschrift »Autocar« berichtet: »In Hamstead wurden kürzlich eine Anzahl neuer Häuser errichtet, zu deren Ausstattung auch eine Garage gehört.«
Die ersten elektrischen Christbaumkerzen kommen in Harrison/New Jersey auf den Markt. Hersteller ist die Edison General Electric Co., die mit dieser neuen Erfindung das Weihnachtsfest bereichern möchte.

1903

JANUAR

Mo	Di	Mi	Do	Fr	Sa	So
			1	2	3	4
5	6	7	8	9	10	11
12	13	14	15	16	17	18
19	20	21	22	23	24	25
26	27	28	29	30	31	

1. Neue Orthographieregelung tritt in Österreich, der Schweiz und in Deutschland in Kraft.

2. Bulgarische Regierung kündigt Handelsvertrag mit Österreich-Ungarn.

3. Beginn der deutsch-tschechischen Ausgleichskonferenz in Wien: Regelung der Sprachenfrage in Böhmen und Mähren.

7. »L'Étranger«, Oper in zwei Akten von d'Indy, in Brüssel uraufgeführt.

10. Abrüstungsvertrag zwischen Chile und Argentinien.

16. Besuch des deutschen Kronprinzen in Petersburg.

17. Enthüllung des Freiherr-v.-Ketteler-Denkmals in Peking.

19. »Het Erekruis«, Oper von Dopper, in Amsterdam uraufgeführt.

19. Chinesische Regierung erklärt sich außerstande, die vereinbarten Entschädigungszahlungen zu leisten.

20. Abbruch der deutsch-tschechischen Verständigungskonferenz wegen der tschechischen Forderung nach Gleichberechtigung beider Sprachen.

22. Präsident Roosevelt legt Panamavertrag mit Kolumbien dem Senat vor. →

24. Der US-Staatssekretär Hay und der englische Gesandte Herbert beschließen Juristenkommission zur Regelung der Alaskagrenzfrage.

31. Der Reichsrat genehmigt in zweiter Lesung das Gesetz über die gewerbliche Kinderarbeit (Beschränkung der Arbeitszeit) und fordert in einer Resolution die Untersuchung über landwirtschaftliche Kinderarbeit.

GEBOREN:

6. Boris Blacher (†30. 1. 1975), deutscher Komponist.

6. Walter Nigg, Schweizer Kirchenhistoriker.

7. Albrecht Haushofer (†23. 4. 1945), deutscher Geopolitiker und Lyriker.

11. Alan Paton, südafrikanischer Schriftsteller.

18. Werner Hinz, deutscher Schauspieler.

25. George Orwell, eigentlich Eric Blair (†21. 2. 1950), englischer Schriftsteller.

Kolumbien tritt an USA Land für Panamakanal ab

22. Januar. Der dem US-Senat vorgelegte Hay-Herrán-Vertrag über den Panamakanal sieht folgende Regelung vor: Gegen die einmalige Zahlung von zehn Millionen Golddollar und eine jährliche Pacht von 250 000 Dollar tritt Kolumbien einen sechs Meilen breiten Streifen an die USA ab.
Die USA übernehmen die Gerichtsbarkeit über Kanal und verbundene Gewässer und erhalten ein hundertjähriges Konzessionsrecht. Der Kanal selbst und die Eingänge sollen neutralisiert sein. Die Kanalgesellschaft wird ermächtigt, ihre Konzessionen an die USA zu verkaufen. Außerdem sichern die USA Hilfe bei einer möglichen Bedrohung Kolumbiens zu.

Reichskanzler verteidigt Kaiser

20. Januar. Reichskanzler Bernhard von Bülow verteidigt laut Protokoll im Reichstag die sogenannte Swinemünder Depesche (1902) von Kaiser Wilhelm II. gegen den Vorwurf des selbstherrlichen Eingriffs in innerbayrische Verhältnisse: »Nennen Sie mir doch einen einzigen Fall, wo die verfassungsmäßigen Rechte des deutschen Volkes durch Se. Majestät, die deutschen Fürsten oder die Minister irgendwie mißachtet worden wären. Ich kenne auch vielleicht bei uns . . . mehr oder weniger absolutistisch angelegte Parteiführer.
Aber absolutistisch angelegte Fürsten und Minister sind mir in Deutschland nicht bekannt (großes Gelächter bei den Sozialdemokraten). Absolutismus ist überhaupt kein deutsches Wort und keine deutsche Bezeichnung . . . Wenn unsere Zustände jemals eine absolutistische, eine cäsarische Form annehmen sollten, so würde das die Folge sein von revolutionären Umwälzungen. Auf die Revolution folgt der Absolutismus, wie was W auf das U. Das ist das Abc der Weltgeschichte . . . Das deutsche Volk will gar keinen Schattenkaiser; das deutsche Volk will einen Kaiser von Fleisch und Blut.«

1903

FEBRUAR

Mo	Di	Mi	Do	Fr	Sa	So
						1
2	3	4	5	6	7	8
9	10	11	12	13	14	15
16	17	18	19	20	21	22
23	24	25	26	27	28	

7. Kritik im preußischen Abgeordnetenhaus an der Theaterzensur. →

7. Reichstag berät sozialpolitische Fragen. Themen: Arbeiterschutz, Arbeitszeitverkürzung, Koalitionsrecht. Sozialdemokraten fordern allgemeinen Maximalarbeitstag, der überall abgelehnt wird.

9. Die Oper »Marie-Magdeleine« von Jules Massenet wird in Nizza uraufgeführt.

9. Handelsvertrag zwischen Persien und England.

9. Generalversammlung des Bundes der Landwirte: Von 25 000 Großgrundbesitzern des Reiches gehören 1455 dem Bund an.

13. Blutige Massaker in Mazedonien verschärfen die Probleme auf dem Balkan.

16. Abkommen zwischen Kuba und den USA, wonach diese Flotten- und Kohlenstationen auf Kuba unterhalten dürfen.

17. Drastische Erhöhung der Branntweinsteuer in Belgien.

19. Verabschiedung einer neuen Wehrvorlage in Österreich-Ungarn: Mehrbedarf an Truppen, zweijährige Dienstzeit, Materialerneuerung, Waffenverbesserungen.

21. »Moharózsa«, Oper von Jenö Hubay, in Budapest uraufgeführt.

23. Preußischer Arbeitsminister sagt den Sozialdemokraten den Kampf an. →

25. Gründung eines Bundes der Kaufleute in Berlin. Sofortiger Beitritt von 200 000 Mitgliedern.

26. Englisches Unterhaus berät Einwanderungsproblem. →

GEBOREN:

10. Hermann Gressieker, deutscher Dramatiker.

13. Georges Simenon, französisch-belgischer Schriftsteller.

26. Giulio Natta (†2. 5. 1979), italienischer Chemiker, Nobelpreis 1963.

27. Grethe Weiser (†2. 10. 1970), deutsche Schauspielerin.

GESTORBEN:

1. Georg Gabriel Stokes (*13. 8. 1819), englischer Mathematiker.

22. Hugo Wolf (*13. 3. 1860), österreichischer Komponist. →

Engländer sehen nationale Gefahr in Einwanderern

26. Februar. Abgeordnete führen aus, daß die verstärkte Zuwanderung von mittellosen Fremden besonders nach London eine bedenkliche nationale Gefahr darstellt und die Lebensumstände – Arbeits- und Wohnverhältnisse – der englischen Arbeiterklasse schädigt. Ein Gesetz zur Begrenzung der Einwanderung wird gefordert. Stand: 81 402 des Jahres 1902 gegenüber 70 610 im Jahre 1901.

Minister verbietet SPD-Propaganda

23. Februar. Erklärung des preußischen Arbeitsministers: »Mein Herr Amtsvorgänger hat den Erlaß herausgegeben: Wer sich agitatorisch an sozialdemokratischen Bestrebungen beteiligt innerhalb des Eisenbahnpersonals, der wird als Arbeiter sofort entlassen. Wer als nichtständiger Beamter dasselbe tut, dem wird ebenfalls gekündigt, und er wird entlassen; wer aber als Beamter, der den Treueid geschworen hat, sich an Umsturzbestrebungen macht, der wird einfach im Disziplinarverfahren beseitigt.«

Hugo Wolf stirbt

Hugo Wolf †.

22. Februar. Im Alter von 62 Jahren stirbt in Wien der Komponist Hugo Wolf. Der Österreicher schuf etwa 300 Lieder nach Texten von Mörike, Eichendorff und Goethe, in denen er Wagners Ausdrucksformen in Singstimme und Orchester auf das Klavierlied übertragen hat.

Abgeordnetenhaus kritisiert Zensur

7. Februar. Im preußischen Abgeordnetenhaus wird die Theaterzensur kritisiert. Innenminister von Hammerstein legt einen Bericht vor: »Vom 1. Mai 1901 bis zum 26. Januar 1903 sind in Berlin 723 Theaterstücke eingegangen. Davon wurden 630 genehmigt, 51 zurückgezogen und 10 nicht genehmigt. Unter diesen 10 befinden sich 5 deutsche und 5 französische; 29 Stücke sind noch nicht erledigt.« Er liefert auch eine Erklärung, warum das Stück »Das Tal des Lebens« von Dreyer verboten worden ist: »In dem Dreyerschen Stück wird dargestellt, wie vor längeren Jahren in einem Zweig des brandenburgischen Herrscherhauses versucht worden ist, in ungesetzlicher und unsittlicher Weise einen Nachfolger zu erzielen. Ich kann nicht zugeben, daß die Behandlung eines solchen Gegenstandes für eine Theateraufführung geeignet ist, denn die große Masse der Besucher gehört nicht zur Elite der gebildeten Menschen, die nur die künstlerischen Schönheiten des Werkes und nicht den Stoff ins Auge fassen.«

James Joyce bittet Mutter um Geld

2. Februar. Der irische Dichter James Joyce verläßt seine Heimatstadt Dublin als Zwanzigjähriger, um in Paris zu leben. Sein Hauptproblem ist das Geld. In einem Brief an seine Mutter schildert er seine Lage: »Liebe Mutter, Deine Postanweisung über drei Schilling vier Pence (ca. fünf Mark) vom letzten Dienstag war mir sehr willkommen, da ich seit 42 Stunden nichts gegessen hatte. Heute habe ich zwanzig Stunden gehungert. Aber diese Fastenzeiten bin ich nun schon gewöhnt, und wenn ich zu Geld komme, bin ich so schändlich hungrig, daß ich ein Vermögen aufesse, bevor Du Messer sagen kannst . . . Wenn ich Geld hätte, könnte ich mir einen kleinen Ölofen kaufen (eine Lampe habe ich) und mir Makkaroni selbst kochen mit Brot . . . Wenn Du Deine letzte Anweisung aufs äußerste strecke, wird sie mich bis Montag mittag durchbringen« (→ September 1922).

1903
MÄRZ

Mo	Di	Mi	Do	Fr	Sa	So
						1
2	3	4	5	6	7	8
9	10	11	12	13	14	15
16	17	18	19	20	21	22
23	24	25	26	27	28	29
30	31					

3. Einwanderungsgesetz der USA: Ausschluß von Anarchisten, Erhebung einer Kopfsteuer (2 $), kein bestimmter Bildungsnachweis.

4. »Jean Michel«, Oper von Dupuis, in Brüssel uraufgeführt.

14. Englische Regierung beantragt Neubau von drei Schlachtschiffen, vier schweren Kreuzern, drei geschützten Kreuzern, vier Aufklärungsschiffen, 15 Torpedozerstörern und zehn U-Booten.

14. Der amerikanische Senat ratifiziert den Hay-Herrán-Vertrag über den Panamakanal. →

18. »Muguette«, Oper von Missa, in Paris uraufgeführt.

19. »Hadlaub«, Oper nach einer Erzählung von Keller, von Haeser in Zürich uraufgeführt.

20. Ausstellung der Unabhängigen Maler in Paris: Matisse, Derain, Vlaminck und andere. Später schließen sich diese Maler zur Fauves-Bewegung zusammen.

21. Diskussion über die Hausklaverei in den deutschen Kolonien im Reichstag.

22. Vulkanausbruch bei Galera de Zamba/Kolumbien.

22. Kuba räumt den USA die Häfen von Guantanamo und Bahia Honda als Flottenstationen ein.

23. Gesetz über Kinderarbeit im Reichstag verabschiedet.

24. Der Etat des Deutschen Reiches beträgt 2 417 028 912 Mark.

GEBOREN:

14. Otto F. Bollnow, deutscher Philosoph und Pädagoge.

18. Galeazzo Ciano, Conte di Cortellazzo († 11. 1. 1944), italienischer Faschist.

19. Klaus Clusius († 23. 5. 1963), deutscher Chemiker.

21. Raymond Queneau († 25. 10. 1976), französischer Schriftsteller.

22. Jochen Klepper († 11. 12. 1942), deutscher Erzähler.

24. Adolf Butenandt, deutscher Biochemiker, Nobelpreis 1939.

26. Otto Abetz († 5. 5. 1958), deutscher Diplomat.

GESTORBEN:

14. Moritz Lazarus (* 15. 9. 1824), deutscher Philosoph und Völkerpsychologe.

Vertrag über Bau der Bagdad-Bahn

5. März. Unter internationaler Beteiligung kommt es zum endgültigen Abschluß eines Vertrages über den Bau der Bagdadbahn. Ein vorläufiges Abkommen stammt bereits aus dem Jahre 1899. Die Gesamtlänge der Streckenführung wird 2200 Kilometer betragen und von Konstantinopel bis Bagdad führen. Ein Anschluß zum Persischen Golf ist vorgesehen. Die Gesellschaft erhält eine Konzession zum Betrieb der Bahn, die auf 99 Jahre befristet ist. Nach Ablauf fällt sie entschädigungslos an die Türkei. Das große Interesse des Sultans am Zustandekommen des Vertrages zeigt sich an den weitgehenden Rechten, die der Gesellschaft eingeräumt werden: Steuerfreiheit, Bergbaurechte usw. (→ Oktober 1904, Juli 1913).

USA kaufen Rechte an Kanalzone

14. März. Mit der Ratifizierung des Hay-Herrán-Vertrages im US-Senat findet eine Phase größter Rechtsunsicherheit in der Panamakanalzone ein Ende. Nachdem Ferdinand de Lesseps mit seinem ehrgeizigen Projekt – Bau eines Kanals zwischen Pazifischem Ozean und Karibischer See – gescheitert war, haben die Direktoren der Kanalgesellschaft den USA das gesamte Aktienpaket angeboten. Bereits im Jahr 1902 hat der amerikanische Kongreß Präsident Theodore Roosevelt beauftragt, die Rechte für einen Gesamtpreis von 40 Millionen Dollar zu erwerben. Dieses Angebot ist von der französischen Kanalgesellschaft akzeptiert worden. Allerdings ist es noch nicht zu einer Übereinkunft mit Kolumbien gekommen (→ Februar 1901).

Böhmens Ämter: zuwenig Deutsche

Insgesamt gibt es in Böhmen 24 721 Beamte und Angestellte. Davon sind 18 054 tschechischer Nationalität und 5305 Deutsche, der Rest ist nicht bestimmbar. Bezogen auf die Bevölkerung müßten 10 117 Deutsche in den Ämtern sitzen.

1903
APRIL

Mo	Di	Mi	Do	Fr	Sa	So
		1	2	3	4	5
6	7	8	9	10	11	12
13	14	15	16	17	18	19
20	21	22	23	24	25	26
27	28	29	30			

1. Beginn des internationalen Historikerkongresses in Rom. Ehrenpräsident ist Theodor Mommsen.

2. 30 Bergleute sterben bei einem Grubenunglück in der Kohlengrube »Königin Luise« in Oberschlesien.

2. Blutige Zusammenstöße zwischen Studenten und Polizisten in Saragossa, Madrid und Salamanca.

6. Allgemeiner Streik der Eisenbahnangestellten in den Niederlanden.

6. Neue Enthüllungen im Dreyfus-Prozeß: Beteiligung von Nationalisten an Fälschungen.

11. Niederländische Kammer verabschiedet einstimmig das Streikgesetz für die Eisenbahnen und öffentlichen Verkehrsanstalten. Streik soll mit Gefängnis bestraft werden.

15. Internationaler Kongreß gegen den Alkoholismus in Bremen.

19. Massenpogrom in Kischinjow/Rußland. →

23. Der englische Finanzminister Ritchie veröffentlicht zusammen mit dem Budget 1903/04 (143 954 000 Pfund Sterling) die Kosten für den südafrikanischen Krieg und die Chinaexpedition: insgesamt 217 000 000 Pfund Sterling.

29. Die Mönche der Grande Chartreuse nördlich von Grenoble werden vom Staat zum Verlassen ihres Klosters, dem Stammkloster der Kartäuser, gezwungen.

GEBOREN:

3. Peter Huchel († 30. 4. 1981), deutscher Lyriker.

7. Willi Forst († 12. 8. 1980), österreichischer Filmschauspieler.

10. Claire Boothe Luce, amerikanische Botschafterin.

15. Erich Ahrendt, deutscher Schriftsteller.

26. Alex Möller, deutscher Politiker.

27. Karl Maron, deutscher Politiker (DDR).

GESTORBEN:

26. Malvida v. Meysenburg (* 28. 10. 1816), deutsche Schriftstellerin.

28. Josiah W. Gibbs (* 11. 2. 1839), amerikanischer Naturwissenschaftler.

Pogrom in Kischinjow

Jüdische Flüchtlinge aus Rußland in Wien (zeitgenössische Karikatur).

19. April. Zu einem großen Massenpogrom kommt es am Ostersonntag in der russischen Stadt Kischinjow. Der russische Innenminister Plehwe beurteilt den Pogrom als einen spontanen Protest des zarentreuen Volkes gegen den hohen Anteil der Juden an der revolutionären Bewegung gegen Zar und Monarchie. Als Folge der Mißhandlungen wandern viele Juden in die USA aus.

»Wegweiser zur Führung einer Schuldisziplin«

»Damit jede Störung des Unterrichts unmöglich gemacht werde, hat der Lehrer darauf zu halten: a) daß alle Schüler gerade und in Reihen hintereinander sitzen ... b) daß jedes Kind seine Hände geschlossen auf die Schultafel legt ... c) daß die Füße parallel nebeneinander auf den Boden gestellt werden ... Die Kinder haben die betreffenden Lernmittel in drei Zeiten heraufzunehmen und hinwegzutun.
Gibt der Lehrer zum Heraufnehmen des Lesebuchs das Zeichen ›1‹, dann erfassen die Kinder das unter der Schultafel liegende Buch; beim Zeichen ›2‹ erheben sie das Buch über die Schultafel; beim Zeichen ›3‹ legen sie es geräuschlos auf die Schultafel nieder, schließen die Hände und blicken den Lehrer an ...
Alle breiten Auseinandersetzungen und Reden müssen wegfallen; hier muß ein Wink des Auges oder der einzige Ausruf: ›Klasse – Achtung!‹ genügen, um die gesamte Schulordnung herzustellen.« (C. Kehr, Seminardirektor, Wegweiser zur Führung einer geregelten Schuldisziplin. Gotha 1903.)

Bericht über Versuche der Brüder Wright

Octave Chanute, Lehrer der Brüder Wright und Nestor der amerikanischen Luftraumforschung, hält in Frankreich Vorträge über die erfolgreichen Gleit- und Flugversuche der Brüder Wright. Anhand von Illustrationen, Beschreibungen und sehr genauen Fotografien demonstriert Chanute die Leistungsfähigkeit der Wrightschen Erfindungen und Modelle und regt damit entscheidend den Nachbau und die Fortführung der Versuche in Europa/Frankreich an: Die Zeit der europäischen Erfolge beginnt.

Außerdem . . .

Extreme Wetterverhältnisse fordern in Deutschland zahlreiche Todesopfer. Bei Stürmen an den Küsten sinken 83 Schiffe und reißen 223 Seeleute mit in den Tod. Eine Kältewelle im Südosten des Reiches fordert 194 Menschenleben. Sie erfrieren oder werden von umfallenden Bäumen erschlagen. Die ungewöhnliche Wetterkonstellation hat nach den seit 1870 festgehaltenen meteorologischen Beobachtungen keine Parallele.

1903

MAI

Mo	Di	Mi	Do	Fr	Sa	So
				1	2	3
4	5	6	7	8	9	10
11	12	13	14	15	16	17
18	19	20	21	22	23	24
25	26	27	28	29	30	31

1. Besuch des englischen Königs Edward VII. in Paris. →

2. Wilhelm II. besucht mit großem Gefolge Papst Leo XIII.

5. »Nadeya«, Oper von C. Rossi, in Prag uraufgeführt.

5. Der englische Außenminister Lord Lansdowne erklärt den Persischen Golf »als Teil der indischen Grenze«.

7. Vertrag Deutschlands, Englands und Italiens beendet den »Zollkrieg«.

10. Österreichischer Erlaß bestimmt, daß die Innsbrucker Universität deutsch bleibt. Die Italiener fordern daraufhin eine italienische Universität in Triest.

15. Der englische Kolonialminister Joseph Chamberlain startet in Birmingham eine Kampagne für einen imperialen Zollverband.

17. Fortgesetzte Kundgebungen für und gegen die Kongregationen in Frankreich. Schlägereien zwischen Sozialisten und Katholiken.

17. Rußland verstärkt seine Truppen in Port Arthur und Niutschwang.

17. Gründung des Zentralverbandes Deutscher Konsumvereine.

20. »Ran«, Oper von Peterson-Berger, in Stockholm uraufgeführt.

27. Die britische Regierung informiert das Unterhaus über ein Abkommen zwischen England, Rußland und Persien zur Aufrechterhaltung des Gebiets und der Unabhängigkeit Persiens.

27. AEG und Siemens gründen die »Gesellschaft für drahtlose Telegraphie«. →

29. Die Türkei informiert Österreich und Rußland über die Reformen in Mazedonien.

31. VfB Leipzig durch 7 : 2 gegen DFC Prag erster Deutscher Fußballmeister. →

GEBOREN:

8. Fernandel († 26. 2. 1971), französischer Schauspieler.

13. Reinhold Schneider († 6. 4. 1958), deutscher Schriftsteller.

14. Mulla Mustafa Al Barsani († 2. 3. 1979), irakischer Politiker.

GESTORBEN:

8. Paul Gauguin (* 7. 6. 1848), französischer Maler. →

Siemens, Braun und AEG gründen Telefunken

27. Mai. Die Allgemeine Elektricitäts-Gesellschaft (AEG) und die Gesellschaft für drahtlose Telegraphie mbH System Prof. Braun und Siemens & Halske gründen eine Gesellschaft für drahtlose Telegraphie mbH in Berlin. Als Warenzeichen für ihr Funksystem wählen sie die Telegrammadresse der Braun-Siemens-Gesellschaft: Telefunken. Da diese Gründung auf einen ausdrücklichen Wunsch Kaiser Wilhelms II. zurückgeht, spotten die Berliner: »Und als man von oben deutlich gewunken, schuf man die Gesellschaft Telefunken.«

VfB Leipzig wird erster Deutscher Fußballmeister

31. Mai. In Hamburg-Altona wird das erste Endspiel um die deutsche Fußballmeisterschaft ausgetragen, das mit einem 7 : 2-Sieg des VfB Leipzig gegen den DFC Prag endet.
Der erste Deutsche Fußballmeister hat in der Vorrunde Britannia Berlin mit 3 : 1 und in der Zwischenrunde den FC Altona 93 mit 6 : 3 ausgeschaltet. Prag kommt kampflos ins Finale, da der Gegner Karlsruher FV nicht antritt. Die favorisierten Karlsruher sind aufgrund eines Telegramms, in dem ihnen die Absage des Spiels mitgeteilt wird, nicht nach Prag gefahren. Die Nachricht erwies sich jedoch als Fälschung.
Die Prager verbringen den Abend vor dem Endspiel auf der Reeperbahn. Ihr ausgiebiger Nachtbummel läßt das Finale zu einer Farce werden, da der Gegner aus Leipzig kaum Widerstand zu brechen hat. Die Prager, die durch einige Gastspiele in England über mehr Erfahrung verfügen und die technisch versiertere Mannschaft aufbieten können, bringen sich durch ihren Leichtsinn um jede Siegeschance. Wegen der Begleiterscheinungen des Spiels gerät die Fußballmeisterschaft derart in Mißkredit, daß der DFB im nächsten Jahr auf eine Austragung verzichtet.

Paul Gauguin stirbt

Paul Gauguin: »Selbstbildnis«.

Paul Gauguin: »Contes Barbares«.

8. Mai. Auf La Dominica (Marquesas-Inseln) im Pazifischen Ozean stirbt der 55jährige französische Maler, Grafiker und Holzschnitzer Paul Gauguin. Der Sohn einer peruanischen Mutter arbeitete seit 1871 als Bankangestellter und fand erst spät nach Anregungen durch Ausstellungen im Louvre zur Malerei. Ab 1882 widmete er sich ganz der Kunst. Er hielt sich 1888 bei Vincent van Gogh in Arles auf und fuhr dann nach Panama und Tahiti. Seit 1901 lebte er in La Dominica. Seine Bilder aus der Südsee beeinflußten den Expressionismus sehr stark. In Deutschland wurde er durch Ausstellungen der Galerie Arnold in Dresden 1906, der Berliner Secession 1903 und der Ausstellung im Münchener Künstlerverein 1904 bekannt.

Paul Gauguin: »Eh quoi! Serais-tu jalouse? (Bist du eifersüchtig?)«.

Staatsbesuch Edwards VII. in Paris

1. Mai. Der englische König Edward VII. kommt zu einem Staatsbesuch nach Paris. Die Reise wird als Ausdruck einer beginnenden engeren Verbindung begrüßt. Aber die öffentliche Stimmung ist wegen der beiderseitigen Interessen noch zurückhaltend.

1903

JUNI

Mo	Di	Mi	Do	Fr	Sa	So
1	2	3	4	5	6	7
8	9	10	11	12	13	14
15	16	17	18	19	20	21
22	23	24	25	26	27	28
29	30					

4. Rechtslage der Juden in Rußland wird festgesetzt: Verbot des Erwerbs von Land und Immobilien außerhalb ihrer Ansässigkeitszone.

9. Lord Rosebery verteidigt die englische Zollpolitik.

11. Attentat auf das serbische Königspaar Alexander I. und Draga Maschin. →

15. Maschinenfabrik Krag/Oslo produziert die erste Frankiermaschine (Erfinder: Karl Uckermann).

16. Reichstagswahlen zum elften Reichstag in Deutschland. →

19. Benito Mussolini taucht in Polizeiakten der Stadt Bern als Revolutionär auf. →

21. Polen sprengen Wahlversammlung des Zentrums in Laurahütte/Oberschlesien. Heftige Tumulte.

22. Demonstration von 100 000 Arbeitern in Castleford gegen die geplanten Zollerhöhungen.

23. Schweiz beschließt Neubewaffnung der Armee mit Krupp-Geschützen.

24. König Peter I. von Serbien hält Einzug in Belgrad: »Ich will ein wahrer konstitutioneller König von Serbien sein.«

28. Schweizer »Jungfraubahn« eingeweiht.

29. In einer amtlichen Note an Belgien protestiert England scharf gegen Grausamkeiten im Kongo.

30. Amerikanische Kommission in den Südstaaten berichtet über Mißhandlungen an Schwarzen.

GEBOREN:

6. Aram Chatschaturjan († 1. 5. 1978), russischer Komponist.

10. Theo Lingen († 10. 11. 1978), deutscher Schauspieler.

12. Alois J. Lippl († 8. 10. 1957), deutscher Schriftsteller und Theaterleiter.

21. Alf Sjöberg, schwedischer Filmregisseur.

23. Hans Christian Branner († 24. 4. 1966), dänischer Schriftsteller.

GESTORBEN:

11. Alexander I. Obrenović (* 14. 8. 1876), König von Serbien. →

Königspaar in Belgrad ermordet

11. Juni. Das serbische Königspaar wird ermordet. In der Nacht dringen liberale Offiziere unter Dragutin Dimitrijewic Apis in den Konak, den Königspalast in Belgrad, ein und erschießen das Königspaar Alexander I. und Draga Maschin. Auch die Brüder der Königin, der Ministerpräsident, der Kriegsminister und Offiziere werden getötet. Die Belgrader Bevölkerung begrüßt die Ereignisse mit Befriedigung. Die Nationalversammlung reagiert mit Begeisterung und wählt den in Genf lebenden Prinzen Karageorg einstimmig zum König, der als Peter I. den Thron besteigt. Außenpolitische Verwicklungen werden vermieden, weil der Wiener Hof besonnen und ruhig reagiert. Auf Dauer bedeutet der Thronwechsel, daß Serbien zum russischen – bisher habsburgischen – Einflußgebiet wird.

Mussolini erstmals in den Akten

19. Juni. Die Polizei in Bern legt eine Akte über einen italienischen Revolutionär an, der in Polizeikreisen der Schweiz geradezu als notorischer Revolutionär gilt: Benito Mussolini. Der junge Volksschullehrer hält sich seit Juli 1902 in der Schweiz auf, sucht Arbeit, findet aber keine befriedigende und arbeitet von Zeit zu Zeit als Maurer. Seit dem Herbst 1902 arbeitet er am Nachmittag als Laufbursche bei einem Weinhändler, vormittags besucht er die Universität Lausanne. Dort liest er Marx und Engels und ist beeindruckt von »der direkten Aktion« eines Georges Sorel.

Freilauf erfunden

Der schwäbische Mechaniker Ernst Sachs aus Schweinfurt erfindet die erste Freilaufnabe. Der technische Gewinn liegt darin, daß mehrere Funktionen in einem Aggregat geleistet werden. Die Nabe ermöglicht den Antrieb, das Bremsen und den Freilauf. Für die Radrennfahrer wird das Fahren jetzt wesentlich sicherer und auch schneller.

81 Mandate für SPD

17. Juni. Der »Vorwärts« urteilt über den Ausgang der Reichstagswahlen: »Berlin – Deutschland hat das Tischtuch mit der Reaktion aller Farben endgültig zerschnitten; es ist die Hauptstadt der Sozialdemokratie geworden (218 000 Stimmen). Eine Siegesnachricht drängt die andere ... Das deutsche Volk hat in den Wahlen den gewaltigsten Protest gegen die herrschende Reaktion abgegeben ... Wenn die Nacht vollendet, was die Mitternacht begonnen, dann bereitet sich eine Weltwende der deutschen Politik vor. Deutschland wird zum Lande des Sozialismus, dem unüberwindlich vorwärts drängenden, dem Befreier und Erlöser. Der Sieg des deutschen Proletariats ist der Sieg der deutschen Kultur.«

Der große Erfolg der Sozialdemokraten hat aber das Machtverhältnis im Reichstag nicht wesentlich verändert. Die Parteien, die das Flottengesetz und den Zolltarif beschlossen haben, besitzen nach wie vor die Mehrheit. Nach dem Erfolg der Sozialdemokraten erheben sich wieder Stimmen nach einem Ausnahmegesetz zur Bekämpfung der Sozialdemokraten.

Die Ergebnisse der Wahlen zum elften Reichstag, 16. Juni 1903. Wahlbeteiligung 75,3 %

	Stimmenanteil v. H.	Mandate	Mandatsanteil v. H.
Konservative	10,0	54	13,6
Reichspartei	3,5	21	5,3
Nationalliberale	13,9	51	12,9
Liberale	–	–	–
Freisinnige Vereinigung	2,6	9	2,3
Freisinnige Volkspartei	5,7	21	5,3
Deutsche Volkspartei	1,0	6	1,5
Zentrum	19,8	100	25,2
Welfen	1,0	6	1,5
Sozialdemokraten	31,7	81	20,4
Polen	3,7	16	4,0
Dänen	0,2	1	0,3
Elsaß-Lothringer	1,1	9	2,3
Antisemiten, Wirtschaftl. Vereinigung	2,6	11	2,8
Sonstige	3,5	11	2,8
insgesamt	–	397	–

»The Great Train Robbery (Der große Eisenbahnraub)« wird uraufgeführt. Der Streifen von Edwin S. Porter ist sehr erfolgreich und beeinflußt die Entwicklung des frühen Kinos. Links und oben: George Barnes als Bandit.

1903

JULI

Mo	Di	Mi	Do	Fr	Sa	So
		1	2	3	4	5
6	7	8	9	10	11	12
13	14	15	16	17	18	19
20	21	22	23	24	25	26
27	28	29	30	31		

1. Das Krupp-Unternehmen wird »Friedrich Krupp AG«.

6. Gegenbesuch des französischen Präsidenten Loubet mit Außenminister Delcassé in London. Beginn der Verhandlungen, die am 8. 4. 1904 zur Entente cordiale führen.

7. Veröffentlichung stellt bedenklichen Geburtenrückgang in England fest: Stillstand des natürlichen Volkszuwachses in 18 Jahren. Politiker befürchten dadurch militärische und industrielle Folgen.

11. Erstes Motorbootrennen der Welt auf dem 13,6 km langen Kurs des Royal Cork Yacht Club vom Klubsitz nach Glamire/Irland.

16. Internationale Währungskonferenz in Berlin: Beschluß eines festen Währungsverhältnisses zwischen den Silberwährungsländern und den Goldwährungsländern.

17. Spanien und Frankreich erklären ihre Bereitschaft zur Erhaltung des Status quo in Marokko.

17. Zaristischer Befehl hebt die schweren Körperstrafen bei Sträflingen auf.

20. Internationale Telegrafenkonferenz in London beendet. Thema: Vereinfachung des Betriebsdienstes.

20. »Maguelone«, Oper von Missa, in London uraufgeführt.

20. Englische Regierung plant Verstärkung der Truppen in Indien.

20. Am Tag des heiligen Elias bricht der Aufstand der Mazedonen gegen die Türken los. →

29. Scharfe Kritik in der deutschen Presse an dem offiziellen Empfang der amerikanischen Millionäre Morgan und Vanderbilt.

29. Streiks und heftige Unruhen in Kiew, Odessa, Tiflis und Baku. Hartes Eingreifen des Militärs.

GEBOREN:

2. Olaf V., König von Norwegen.

6. Hugo Theorell, schwedischer Biochemiker, Nobelpreis 1955.

11. O. E. Hasse († 12. 12. 1978), deutscher Schauspieler.

GESTORBEN:

17. James Abbott MacNeill Whistler (* 10. 7. 1843), anglo-amerikanischer Maler und Grafiker. →

20. Papst Leo XIII. (* 2. 3. 1810). →

Papst Leo XIII. stirbt im Alter von 93 Jahren

Papst Leo XIII. †.

20. Juli. In Rom stirbt Papst Leo XIII. im Alter von 93 Jahren. Der Papst, vor seiner Wahl 1878 Vincenzo Gioacchino Pecci, stammte aus verarmtem Landadel. Nach der Priesterweihe 1837 war er zunächst in der Verwaltung des Kirchenstaates tätig, 1846 wurde er Bischof von Perugia und 1853 Kardinal. Sein politisches Hauptziel als Papst, die Wiederherstellung des Kirchenstaates, erreichte er nicht. Diesem Ziel opferte er den politischen Einfluß des Katholizismus in Italien, da für ihn das Prinzip galt: »Keine katholischen Wähler und Abgeordneten«. Er schaltete sich auch in die große europäische Politik ein und festigte das französisch-russische Bündnis gegen die Mittelmächte. Ihm ist vor allem ein Eintreten der katholischen Kirche für eine demokratische Lösung der »sozialen Frage« zu verdanken, womit er die Grundlagen zur katholischen Soziallehre legte.

Balfour: Flotte für Verteidigung

8. Juli. Die offiziöse »Norddeutsche Allgemeine Zeitung« zitiert eine Rede des englischen Premierministers Arthur Balfour: »Es muß daran erinnert werden, daß die Aufwendungen für die britische Flotte als einziger unter den Flotten der Welt hauptsächlich Verteidigungszwecken dient und daß die anderen Flotten der Welt das nicht für sich beanspruchen können.«

Erste Tour de France

1. Juli. Als sich in den frühen Morgenstunden um 3.16 Uhr in Paris 60 Radprofis zu einer Rundfahrt durch Frankreich in Bewegung setzen, ist das später populärste Straßenrennen der Welt, die Tour de France, geboren.

Henry Desgrange, einer der ersten Radsportler Frankreichs, hat ein Jahr an der Idee dieser Rundfahrt gearbeitet, die seiner Zeitung »L'Auto« zu mehr Popularität verhelfen soll. Gegenüber der täglich erscheinenden Sportzeitung »Le Vélo« mit 100 000 Auflage fristet Desgranges Blatt ein Schattendasein, das durch die Berichterstattung über die Rundfahrt aufgebessert werden soll. Nachdem Victor Goddet, der Schatzmeister des kleinen Blattes, die Kasse zur Verfügung stellt, schreibt Desgrange im Mai die Tour de France in »L'Auto« aus. Er lockt die Radprofis mit Preisgeldern von 20 000 Franc, davon 3000 für den Sieger. Für die ersten 50 der Gesamtwertung gibt es jeden Tag fünf Franc.

Das ausgeklügelte Budget des Veranstalters läßt 60 Fahrer für diese erste Rundfahrt zu, die sich vom 1. bis 19. Juli auf sechs lange Etappen durch Frankreich machen: Paris–Lyon: 467 Kilometer, Lyon–Marseille: 374 Kilometer, Marseille–Toulouse: 434 Kilometer, Toulouse–Bordeaux: 268 Kilometer, Bordeaux–Nantes: 425 Kilometer und Nantes–Paris: 460 Kilometer.

21 Teilnehmer, darunter der Deutsche Josef Fischer (München), erreichen nach 2428 Kilometern das Ziel und kommen auf ein Stundenmittel von 25,288 Kilometer. Sieger wird der Franzose Maurice Garin nach 93:29:00 Stunden reiner Fahrzeit. Er gewann 1897 und 1898 das Rennen Paris–Roubaix und wurde bei dieser Fernfahrt 1896, 1899 und 1900 jeweils dritter. 1902 siegte er bei Bordeaux–Paris. Die Tour wird für den Veranstalter Desgrange noch nicht der erhoffte Erfolg, er will aber im nächsten Jahr einen zweiten Versuch starten.

Parteitag in Brüssel

30. Juli. Auf dem illegalen zweiten Parteitag der Sozialdemokratischen Arbeiterpartei Rußlands in Brüssel (der erste hat im Jahr 1898 stattgefunden) entbrennt ein heftiger ideologischer Streit zwischen den Leninisten und den sogenannten Opportunisten (Anhänger L. Martows). Themen des Parteitages:
– Errichtung einer demokratischen Republik in Rußland (Minimalprogramm).
– Sturz der kapitalistischen Ordnung und Errichtung der Diktatur des Proletariats (Endziel).
Entscheidendes Ergebnis des Parteitages ist die Gründung einer marxistischen Partei. Bei den Wahlen zu den Parteiorganen bilden sich zwei Gruppen: die Anhänger Lenins, die von nun an Bolschewisten (vom russischen bolschinstwo = Mehrheit) und die Anhänger Martows, die Menschewiken (vom russischen menschinstwo = Minderheit) genannt werden.

Revolte in Mazedonien

20. Juli. Am Tag des heiligen Elias bricht der Aufstand der Mazedonen gegen die Türken aus. Angeführt durch die in der IMRO (Innere Mazedonische Revolutionäre Organisation) organisierten Intellektuellen kämpfen Mazedonen aller Nationalitäten (Bulgaren, Serben, Griechen) gegen die türkische Herrschaft. Seit Frühjahr 1903 kommt es immer wieder zu Sprengstoffanschlägen, mit denen die europäische Öffentlichkeit auf das mazedonische Problem aufmerksam gemacht werden soll. Die 26 000 mazedonischen Freiheitskämpfer stehen aber auf verlorenem Posten gegen die 350 000 regulären türkischen Soldaten. Die Bilanz des Kampfes einige Zeit später: 1000 Revolutionäre gefallen, 5000 Zivilisten umgebracht, 200 Dörfer verwüstet, 12 000 Häuser verbrannt, 70 000 Menschen obdachlos.

James Whistler: »Mädchen in Weiß.«

Maler Whistler stirbt in London

17. Juli. In Chelsea stirbt der angloamerikanische Maler und Grafiker James MacNeill Whistler eine Woche nach seinem 60. Geburtstag. Der Maler, der sich zumeist in London und Paris aufgehalten hat, verbindet die Auflösung der Form mit von japanischen Holzschnitten angeregten Kompositionen. Er versucht, Stimmungen durch Farbharmonie wiederzugeben (»Nocturno in Blau und Silber«, »Arrangement in Grau und Schwarz«). In seinen impressionistisch gestalteten Radierungen kommen häufig Motive aus London und Venedig vor. Whistler gehört auch zu den Wegbereitern des Jugendstils. Seine Bilder sind seit 1900 bei Ausstellungen der »Berliner Secession« zu sehen.

Außerdem . . .

In Transvaal wird die Frage diskutiert, ob chinesische Kulis zur Beseitigung des Arbeitermangels »eingeführt werden sollen«.

An Hitzschlag sterben 15 Soldaten bei einem Übungsmarsch in Bielek (Ungarn).

Staatshilfen für irische Pächter zum Erwerb des bestellten Landes sieht die Landbill vor, die vom irischen Parlament verabschiedet wird.

Gegen die britische Zollpolitik richtet sich eine Resolution, die Arbeitgeber und Arbeitnehmer der Baumwollindustrie gemeinsam in Manchester verabschieden.

Kaiser gegen Papst

3. August. Giuseppe Sarto, Patriarch von Venedig, wird von den Kardinälen im Konklave zum neuen Papst und Nachfolger des verstorbenen Leo XIII. gewählt. Er führt den Namen Pius X. Gegen den ursprünglich nominierten Kardinal Rampallo hat der österreichische Kaiser Franz Joseph sein Veto eingelegt. Rampallo vertritt in der Balkanfrage nicht die österreichischen Interessen. Die Wahlversammlung der Kardinäle ließ daraufhin Rampallo fallen.

Streik der Weber

22. August. In Crimmitschau im Tal der Pleiße ist ein heftiger Streik ausgebrochen. Im Mittelpunkt des westsächsischen Textilgebietes – in Crimmitschau arbeiten zahlreiche Tuchfabriken, Spinnereien und Trikotagenwerke – haben die Weber einen Streik ausgerufen und fordern einen zehnstündigen Arbeitstag und eine Lohnerhöhung von 14 Prozent. Staat und Verwaltung reagieren hart: 7600 Arbeiter werden wegen ihrer Teilnahme am Streik eingesperrt.

Der Belgier Camille Jenatzky gewinnt auf seinem Mercedes das Rennen um den Gordon-Bennet-Pokal in Irland. Die Durchschnittsgeschwindigkeit des Siegers in diesem Rennen beträgt 80 Stundenkilometer. Der Pokal ist 1900 von dem amerikanischen Zeitungsverleger James Gordon Bennett gestiftet worden.

Zionistenkongreß fordert praktische Arbeit in Palästina

23. August. Auf dem 6. Zionistenkongreß in Basel wird der Beschluß gefaßt, mit der praktischen Arbeit in Palästina, dem zukünftigen jüdischen Staat, zu beginnen. »Wir haben hier ein Judenstaat gegründet«, ruft Theodor Herzl, der Führer der zionistischen Bewegung, aus. Der Plan, ein autonomes Siedlungsgebiet in Britisch-Ostafrika zu besiedeln, wird abgelehnt.

Kommission: Keine Bestechlichkeit bei Abgeordneten

13. August. In Budapest gelangt eine Untersuchungskommission, die dem Vorwurf der Bestechlichkeit, der gegen Parlamentsabgeordnete erhoben worden ist, nachgeht, zu dem Ergebnis, daß es sich um einen Einzelfall handelt. Ministerpräsident und andere Regierungsmitglieder sind nicht betroffen. Die Affäre löst dennoch eine Parlamentskrise aus.

Engadin-Bahn wird eingeweiht

Im Tunnel wird die Achse vermessen.

9. September. Eine Zugfahrt von Chur nach Samaden durch den 5865 Meter langen Tunnel von Preda nach Spinas weiht die Eisenbahnlinie im Engadin ein. Sie ersetzt die romantischen Fünfspänner, die die Touristen bisher durch die Talenge befördert haben. Die sogenannte Albulastrecke ist sehr teuer geworden, da Tunnel, Lawinenverbauungen, riesige Viadukte mit gemauerten Gewölben für die Strecke notwendig sind.

Schwedisches Serien-Auto

Die schwedische Maschinenfabrik AB Scania in Malmö beginnt mit der Serienfertigung von Kraftfahrzeugen und stellt die ersten Fahrzeuge der Öffentlichkeit vor. Der Personenwagen ist 2,85 Meter lang, 1,35 Meter breit und wiegt etwa 710 Kilogramm. Er ist viersitzig mit Platz für zwei Fahrgäste hinter dem Fahrer. Das Fahrzeug besitzt einen Zweizylindermotor, der bei 800 U/min. 8 PS (5,9 kW) entwickelt. Hubraum: 1850 Kubikzentimeter. Das Fahrzeug hat ein Dreiganggetriebe mit Rückwärtsgang: 1. Gang 9 Stundenkilometer; 2. Gang 21 Stundenkilometer; 3. Gang 35 Stundenkilometer. Eines der ersten Fahrzeuge der Baureihe 1903 erreicht beim ersten schwedischen Autorennen über 180 Kilometer von Stockholm nach Uppsala den Gesamtsieg. Der siegreiche Scania durchfährt die Strecke in der Rekordzeit von sechs Stunden und acht Minuten.

1903

OKTOBER

Mo	Di	Mi	Do	Fr	Sa	So
			1	2	3	4
5	6	7	8	9	10	11
12	13	14	15	16	17	18
19	20	21	22	23	24	25
26	27	28	29	30	31	

1. Oper »Alpenkönig und Menschenfeind« von Leo Blech in Dresden uraufgeführt.

3. Im Mürzsteger Abkommen einigen sich Rußland und Österreich über die gegenseitigen Interessen in der Balkanfrage. →

3. Weberstreik in Nordfrankreich: 40 000 streiken für Lohnverbesserung und Arbeitszeitverkürzung. →

8. China schließt Handelsverträge mit den USA und Japan: Öffnung der mandschurischen Häfen.

10. »Prinzessin Sonnenschein«, Oper von Gilson, in Antwerpen uraufgeführt.

17. Belgischer König Leopold II. besucht Kaiser Franz Joseph.

17. Alaskavertrag zwischen Kanada und den USA, die ihre Forderungen durchsetzen.

17. »Der Vagabund und die Prinzessin«, Oper von Poldini, wird in Budapest uraufgeführt.

25. Erster unabhängiger Kongreß der christlichen und nichtsozialdemokratischen Arbeiter in Frankfurt/M.

30. Erste Inszenierung Max Reinhardts im Kleinen Theater Berlin: Hugo von Hofmannsthals »Elektra«.

30. Revolution in Santo Domingo; USA und europäische Kriegsschiffe landen Mannschaften zum Schutz der Konsulate.

30. In Bilbao streiken 40 000 Grubenarbeiter für wöchentliche und nicht vierzehntägliche Lohnzahlung.

31. Uraufführung von Gerhart Hauptmanns »Rose Bernd« im Deutschen Theater Berlin.

GEBOREN:

11. Hans Söhnker († 20. 4. 1981), deutscher Schauspieler.

17. Nathanael West († 21. 12. 1940), amerikanischer Schriftsteller.

22. George Beadle, amerikanischer Biologe, Nobelpreis für Medizin 1958.

28. Evelyn Arthur St. John Waugh († 10. 4. 1966), englischer Schriftsteller.

GESTORBEN:

23. Gustav von Moser (* 11. 5. 1825), österreichischer Schriftsteller.

AEG-Chef Emil Rathenau.

Wilhelm von Siemens.

6. Oktober. Auf dem Versuchsgelände Marienfelde-Zossen am Stadtrand von Berlin erreicht ein Triebwagen der Firma Siemens erstmals eine Geschwindigkeit von über 200 Stundenkilometern. Bei weiteren Versuchen fahren zwei mit Drehstrom — 10 000 Volt, 55 Hertz — betriebene Wagen sogar knapp 210 Stundenkilometer. Dieser als »Triumph deutscher Ingenieurkunst« gepriesene Rekord ist ein Verdienst der Bemühungen von Emil Rathenau, AEG-Direktor, und Wilhelm von Siemens, Firmenchef der Siemens & Halske AG, die sich für den Bau elektrischer Schnellbahnen einsetzen und ihm mit der Gründung einer »Deutschen Studiengesellschaft für elektrische Schnellbahnen«, an der sich zahlreiche Großunternehmen beteiligen, eine zunächst erfolgträchtige Grundlage verschaffen.

Einigung zwischen Kaiser und Zar über die Türkei

3. Oktober. Im Jagdschloß Mürzsteg in der Steiermark vereinbaren Zar Nikolaus II. und Kaiser Franz Joseph, den Besitzstand der Türkei möglichst lange zu erhalten und den Sultan Abdul Hamid zu Reformen in Mazedonien zu veranlassen, die von ihnen überwacht werden sollen. Das Abkommen geht auf Betreiben des österreichischen Innenministers Agenor-Maria Graf Goluchowski zurück und ist möglich geworden, da Rußland eine Verwicklung mit Japan befürchtet.

Schwere soziale Unruhen in Frankreich

13. Oktober. Frankreich wird wie in den Vorjahren von schweren sozialen Unruhen erschüttert. Die Arbeiter des Departement Nord in Armentières und Houplines versuchen, die kapitalistische Bourgeoisie mit Streiks, Boykott und Sabotage in die Knie zu zwingen. Die Bewegung erreicht am 13. ihren Höhepunkt. Der Vizepräsident der Kammer, der Sozialist Jean Jaurès, soll als Beauftragter der Regierung den Arbeitskampf der über 40 000 schlichten.

1903

NOVEMBER

Mo	Di	Mi	Do	Fr	Sa	So
						1
2	3	4	5	6	7	8
9	10	11	12	13	14	15
16	17	18	19	20	21	22
23	24	25	26	27	28	29
30						

2. Kompromiß im spanischen Grubenarbeiterstreik: wöchentliche Lohnzahlung ab Januar.

3. Der Liberale Giovanni Giolitti wird italienischer Ministerpräsident.

3. Türkei erklärt sich im Prinzip mit den Reformvorschlägen (22. 10.) einverstanden, will aber noch über die Frage der nichttürkischen Zivilagenten verhandeln.

3. Amerikanische Kriegsschiffe erscheinen in Panama. Beginn der von sieben Beteiligten in Szene gesetzten »Operettenrevolution«.

4. Verhandlungen zwischen China und Rußland über die Räumung der Mandschurei.

6. USA erkennen die Republik Panama an. Hay begründet den Schritt mit dem Interesse des Welthandels am Kanal.

12. Rekordflug des 58 m langen, lenkbaren französischen Luftschiffs »Lebaudy« über 55 km.

15. Uraufführung der Oper »Tiefland« von Eugen d'Albert in Prag.

18. USA und Panama schließen den Hay-Varilla-Vertrag, den die USA alle Rechte zum Bau, Betrieb und Schutz des Kanals garantiert (Baubeginn 1907).

19. Ein französischer Kammerausschuß schlägt Gesetz zur Trennung von Staat und Kirche vor.

24. Eröffnung des Handelshafens Port Arthur/Mandschurei.

25. Rückkehr der antarktischen Expedition von Prof. Drygalski in Holtenau.

27. Uraufführung von Ermanno Wolf-Ferraris Oper »Die neugierigen Frauen« in München.

28. Kanada beschließt weiterhin Zollerhöhung auf deutsche Waren.

GEBOREN:

1. Jean Tardieu, französischer Schriftsteller.

7. Konrad Lorenz, deutscher Verhaltensforscher, Nobelpreis 1973.

GESTORBEN:

1. Theodor Mommsen (* 30. 11. 1817), deutscher Althistoriker, Nobelpreis für Literatur 1902. →

12. Camille Pissarro (* 10. 7. 1830), französischer Maler. →

England vor Zollfrage

14. November. England steht vor der wichtigen Entscheidung: Soll es die traditionelle Freihandelspolitik zugunsten einer imperialistischen Kolonialpolitik aufgeben, wie es der ehemalige Kolonialminister Joseph Chamberlain immer wieder fordert. Chamberlain glaubt, England könne seine Weltmachtstellung nur behaupten, wenn es weitere Kolonien erwerbe und weiter zur See aufrüste. Abgeschirmt durch Zollmauern soll eine Föderation Englands und seiner Kolonien geschaffen werden, die einen gemeinsamen Wirtschaftsraum bilden.

Roosevelt stellt Grenzen in Frage

10. November. Präsident Theodore Roosevelt übermittelt dem amerikanischen Kongreß eine Botschaft, in der er feststellt, die USA könnten sich nicht länger den kleinlichen Machenschaften jener unterwerfen, »denen die Zufälligkeit der örtlichen Lage die Herrschaft über den Boden gegeben, durch welchen der Kanal gehen müsse«.

Damit ist ein neuer Grundsatz des Völkerrechts ausgesprochen. Gebietsgrenzen und Territorialfragen werden für Zufälligkeiten erklärt, über die ein mächtiger Nachbar hinweggehen kann.

Camille Pissarro stirbt in Paris

12. November. In Paris stirbt im Alter von 73 Jahren der französische Maler und Grafiker Camille Pissarro. Der Maler kam 1855 nach Paris und schloß sich den Impressionisten an. Seit 1885 gab es von ihm pointillistische Arbeiten auf Anregung Georges Seurats. In seinen Motiven herrschen bäuerliche Themen vor, in den 90er Jahren beschäftigt ihn das Leben der Großstadt. In Deutschland ist er seit der zweiten Sommerausstellung der Berliner Secession 1900 bekannt.

Camille Pissarro: »Kinder auf einem Bauernhof« (1887).

Geschichtsforscher Mommsen †

1. November. Im Alter von 83 Jahren stirbt in Berlin der Historiker und Jurist Theodor Mommsen. Der Pfarrerssohn hat Philologie und Jura studiert und sich an der 48er Revolution beteiligt. Für seine »Römische Geschichte« erhielt er 1902 den Literaturnobelpreis. Herausragend auch seine Arbeiten über das Römische Recht.

1903

DEZEMBER

Mo	Di	Mi	Do	Fr	Sa	So
	1	2	3	4	5	6
7	8	9	10	11	12	13
14	15	16	17	18	19	20
21	22	23	24	25	26	27
28	29	30	31			

3. Schlußsitzung der internationalen Sanitätskonferenz in Paris.

3. Über Crimmitschau wird wegen des Weberstreiks der Belagerungszustand verhängt.

3. »Acté«, Oper von Manén, in Barcelona uraufgeführt.

9. Das norwegische Parlament (Storting) verwirft einstimmig eine Vorlage zur Einführung des Frauenwahlrechts.

10. Verleihung der Nobelpreise. →

14. Erster erfolgloser Flugversuch von Wilbur Wright.

14. Bayern richtet Verkehrsministerium ein.

15. Norwegen verbietet für zehn Jahre den Walfang im Küstengebiet.

17. Erster Motorflug der Brüder Wilbur und Orville Wright bei Kitty Hawk. →

18. Der Schweizer Nationalrat beschließt Rückkauf der Jura-Simplon-Bahn.

19. Uraufführung der Oper »Siberia« von Umberto Giordano in Mailand.

21. Niederländischer Senat genehmigt Arbeiterunfallgesetz.

31. Italienisch-österreichischer Handelsvertrag.

31. Japanisches Parlament fordert Bruch mit Rußland. Regierung löst das Parlament auf, weil die Debatte nicht öffentlich geführt werden soll. Japan rüstet zu Wasser und zu Lande.

31. In den USA existieren nicht weniger als 319 industrielle Vereinigungen mit einem Gesamtkapital von sieben Milliarden Dollar. Jede der zwanzig mächtigsten besitzt ein Kapital von mehr als 100 Millionen Dollar.

GEBOREN:

5. Johannes Heesters, niederländischer Schauspieler.

12. Yasujiro Ozu († 12. 12. 1963), japanischer Filmregisseur.

17. Erskine Preston Caldwell, amerikanischer Schriftsteller.

GESTORBEN:

7. Thomas Nast (* 27. 9. 1840), deutschamerikanischer Maler und Karikaturist.

8. Herbert Spencer (* 27. 4. 1820), englischer Philosoph.

Doppeldecker der Brüder Wright fliegt 70 Meter

17. Dezember. Nach jahrelangen systematischen Versuchen gelingt es Orville Wright, einen Flug mit einem Motorflugzeug von zwölf Sekunden Dauer durchzuführen (→ September 1904).

Die 1899 gebaute Maschine, die die Brüder Orville und Wilbur Wright ständig verbessert haben, ist ein Doppeldecker, der mit einem Höhenruder und zwei vorn und hinten angebrachten doppelten Seitenrudern gesteuert wird. Der Antrieb erfolgt über einen Benzinmotor mit zwölf PS Leistung.

Der Start um 10.30 Uhr in den Sanddünen bei Kitty Hawk im US-Staat North Carolina läuft wie geplant: Der Doppeldecker »Flyer« wird auf die Startbahn geschoben, der Pilot Orville liegt auf dem Bauch in der Mitte der unteren Tragfläche, startet und bringt den Motor auf Touren. Sobald der Motor die erforderliche Leistung bringt, löst Orville den Haltedraht, und »Flyer« löst sich und fliegt mehr als 70 Meter.

Das Flugzeug der Brüder Wright hat folgende technische Daten:
- Gesamtgewicht: 274 kg
- wassergekühlter 4-Zylinder-12-PS-Motor
- 2 Luftschrauben, Antrieb über Fahrradketten
- Flügelspannweite: 12,29 m
- Tragflächen: 47,39 m²
- Konstruktion: Musselinstoff über Fichten- und Eschenholzstreben

Nobelpreis für Physik an Pierre und Marie Curie

10. Dezember. In Stockholm und Oslo (Friedenspreis) werden durch den schwedischen König und das Nobelkomitee des norwegischen Parlaments die diesjährigen Nobelpreise verliehen:

Björnstjerne Björnson (Norwegen) für Literatur, Niels Ryberg Finsen (Dänemark) für Medizin, Henri Becquerel und Pierre und Marie Curie (Frankreich) für Physik, Svante Arrhenius (Schweden) für Chemie. Den Friedenspreis erhält W. R. Cremer (Großbritannien).

1904
JANUAR

Mo	Di	Mi	Do	Fr	Sa	So
				1	2	3
4	5	6	7	8	9	10
11	12	13	14	15	16	17
18	19	20	21	22	23	24
25	26	27	28	29	30	31

2. Die Hereros erheben sich in Deutsch-Südwestafrika; sie schließen Okahandja und Windhuk ein und zerstören die Eisenbahnbrücke bei Osona. →

3. Ein Transport von 200 Mann zur Verstärkung der deutschen Schutztruppe in Südwestafrika geht in See.

3. Der Führer der irischen Nationalisten, John Edward Redmond, agitiert für die Wiederbelebung der »Homerule«-Bewegung. Keine Konzession könne das Verlangen nach der irischen Autonomie beseitigen.

4. Der amerikanische Präsident Theodore Roosevelt richtet an den Kongreß eine Botschaft über die Panamaangelegenheit. →

6. Das Bayer-Kreuz wird als deutsches Warenzeichen Nr. 65777 registriert.

13. Handelsvertrag der USA mit China, der die mandschurischen Häfen und die Stadt Mukden dem fremden Handel öffnet.

13. Japan macht Rußland letzte Vorschläge über die Mandschurei. Der russische Außenminister Wladimir Lamsdorff erklärt: »Über die Mandschurei verhandelt Rußland nicht mehr mit Japan, dieses Land geht nur Rußland und China an.«

18. Die Führer der streikenden Textilarbeiter in Crimmitschau fordern die Arbeiter auf, ihre Arbeit bedingungslos wieder aufzunehmen.

18. Debatte im Reichstag über den Hereroaufstand. →

19. Reichstagsdebatte über die Ausweisung russischer Anarchisten aus Deutschland.

21. Weitere 500 Mann Verstärkung gehen nach Südwestafrika in See.

22. Die Stadt Ålesund in Norwegen brennt nieder. 12 000 Menschen werden obdachlos.

29. »Der Kirschgarten«, ein Drama von Anton Tschechow, wird in Moskau uraufgeführt.

GEBOREN:

15. Oscar Fritz Schuh, deutscher Regisseur und Theaterleiter.

GESTORBEN:

7. Friedrich von Hefner-Alteneck (* 27. 4. 1845), deutscher Ingenieur.

Aufstand der Hereros

2./18. Januar. Reichskanzler Bülow bringt im Reichstag eine Vorlage über Deutsch-Südwestafrika ein: »Der Aufstand der Hereros ... ist ohne sichtbaren Anlaß und auch für genaue Kenner des Schutzgebietes unerwartet zum Ausbruch gekommen ... Die Früchte des Fleißes und der Ausdauer eines Jahrzehnts sind im Aufstandsgebiet vernichtet. Ein großer Teil der Ansiedler hat sein Eigentum an Haus, Hof, Land und Vieh verloren ... Windhuk selbst, die Hauptstadt des Schutzgebietes, ist ernstlich bedroht. Gleich die ersten Nachrichten zeigten die Notwendigkeit einer ernstlichen Verstärkung der Schutztruppe. Infolgedessen wurde die Entsendung von 500 Mann mit sechs Maschinengewehren und sechs Maschinenkanonen vorbereitet« (→ August 1904).

Hottentottenhäuptling Hendrik Witboi, Gegenspieler der Hereros und der deutschen Kolonialmacht, Anführer eines Aufstands (→ Oktober 1904).

Eine deutsche Kamelpatrouille in Deutsch-Südwest zur Zeit der Aufstände.

USA: Keine Schuld

4. Januar. Der amerikanische Präsident Theodore Roosevelt erklärt dem Kongreß, daß die USA an der Revolution in Panama keinen Anteil haben. Beleidigende Unterstellungen von einer Mitschuld der USA seien ohne Begründung. Der Präsident legt dem Kongreß die schnelle Ratifizierung des Panamavertrages nahe und erklärt, die entscheidende Frage sei jetzt allein die Erbauung des Kanals.

Außerdem . . .

Das Gesetz über die Registrierung der Fahrzeuge tritt in England in Kraft. Die Nr. A 1 bekommt der Wagen von Earl Russell.

Rosa Luxemburg wird wegen Majestätsbeleidigung zu drei Monaten Gefängnis verurteilt.

Eine »herrlich bewährte Konstellation« nennt der österreichische Außenminister in einer Rede den Dreibund Österreich-Ungarn, Deutschland, Italien.

1904
FEBRUAR

Mo	Di	Mi	Do	Fr	Sa	So
1	2	3	4	5	6	7
8	9	10	11	12	13	14
15	16	17	18	19	20	21
22	23	24	25	26	27	28
29						

5. Japan bricht die diplomatischen Beziehungen zu Rußland ab.

6. Beginn des Krieges zwischen Japan und Rußland.

7. Die Stadt Baltimore (USA) brennt zum größten Teil nieder. Viele Menschen kommen dabei ums Leben. Der Sachschaden wird auf 50 Millionen Dollar geschätzt.

8./9. In der Nacht greifen japanische Torpedoboote das russische Geschwader in Port Arthur an und beschädigen drei Schiffe. Am 9. Februar findet ein Feuergefecht zwischen der japanischen Flotte und der russischen Verteidigung von Port Arthur statt. →

9. Die Japaner übernehmen die Verwaltung Koreas.

10. In Großbritannien wird ein Blaubuch über Grausamkeiten im belgischen Kongostaat veröffentlicht (→ 15. September 1904).

21. Der russische Kriegsminister Kuropatkin wird zum Oberbefehlshaber der Landarmee in der Mandschurei ernannt.

23. Korea und Japan schließen ein Bündnis.

24. England erklärt seine Neutralität im ostasiatischen Krieg.

25. Die Hereros werden zwischen Omaruru und Waterberg, bei Othjshinanapa, geschlagen.

27. Die Verlegung der Eisenbahnschienen über das Eis des Baikalsees wird beendet.

28. Zusammenstöße zwischen russischen und japanischen Vortruppen bei Pjöngjang.

GEBOREN:

16. George F. Kennan, amerikanischer Diplomat.

21. Alexej N. Kossygin († 18. 12. 1980), sowjetischer Politiker.

27. James (Thomas) Farrell († 22. 8. 1979), amerikanischer Schriftsteller.

GESTORBEN:

8. Emil Rosenow (* 6. 3. 1871), deutscher Schriftsteller.

20. Adolf Buchenberger (* 18. 5. 1848), deutscher Politiker.

23. Friederike Kempner (* 25. 6. 1836), deutsche Schriftstellerin (gen. »schlesischer Schwan«, schrieb Gedichte von unfreiwilliger Komik).

Kampf um Port Arthur

10. Februar. Einen Tag nach der russischen hat Japan seinerseits die offizielle Kriegserklärung an Petersburg übermittelt. Der bisherige Verlauf des Konflikts läßt erwarten, daß der »gelbe Zwerg« den »russischen Bären« entscheidend treffen wird. Nach dem überraschenden Überfall auf Port Arthur melden Tokioter Zeitungen schon einen japanischen Sieg. Held des Tages ist Admiral Heihachiro Togo. Unter seiner Planung hat Japan die sofortige Mobilmachung mit bislang nicht für möglich gehaltener Präzision durchgeführt.

Während Admiral Togo Port Arthur von See her belagert und sich für die Landung vorbereitet, stützt sich die Hoffnung des Zaren auf die baltische Flotte unter dem Kommando von Admiral Roschdestwenski, die im Ostseehafen Libau liegt und ausgerüstet wird.

Der Angriff auf Port Arthur nach einer japanischen Darstellung.

Der Nachtangriff japanischer Torpedoboote auf ein russisches Geschwader.

Russische Offiziere vor den Kämpfen bei Pjöngjang.

1904

MÄRZ

Mo	Di	Mi	Do	Fr	Sa	So
		1	2	3	4	5	6
7	8	9	10	11	12	13
14	15	16	17	18	19	20
21	22	23	24	25	26	27
28	29	30	31			

2. Die Verluste im Burenkrieg (→ Januar 1900) werden von der englischen Regierung bekanntgegeben.

3. Kaiser Wilhelm II. spricht auf eine Edison-Walze. Es ist das erste erhaltene »politische« Tondokument. →

3. In Springfield (USA) finden große Ausschreitungen gegen Farbige statt. Die Miliz greift ein.

4./16. Beratungen über militärische Fragen im Reichstag.

5. Der Kassationshof in Paris beschließt die Revision des Urteils gegen Dreyfus und ordnet eine ergänzende Untersuchung an (→ Juli 1906).

8. Der Bundesrat stimmt dem Beschluß des Reichstages, den § 2 des Jesuitengesetzes aufzuheben, zu. (Der § 2 betrifft die Ausweisung von Mitgliedern des Ordens.)

14. Der Reichstag beschließt die Entsendung von 800 Reitern und zwei Batterien nach Südwestafrika auf Ersuchen des Gouverneurs Oberst Leutwein.

21. Anträge auf Einführung chinesischer Arbeiter in Transvaal werden vom englischen Parlament abgelehnt.

22. Erste farbige Fotografie auf der Titelseite einer Zeitung (»Daily Illustrated Mirror«) erscheint.

25. Das dänische Folketing nimmt in zweiter Lesung einen Gesetzentwurf zur Einführung der Prügelstrafe für gewalttätige Verbrecher an.

GEBOREN:

1. Glenn Miller († 15. 12. 1944), amerikanischer Jazzmusiker.

6. Joseph Schmidt († 1942 im Internierungslager), deutscher Tenor.

7. Reinhard Heydrich († 4. 6. 1942), nationalsozialistischer Politiker, einer der Hauptverantwortlichen für die systematische Judenermordung.

13. Erhart Kästner († 3. 2. 1974), deutscher Schriftsteller.

23. German Busch Becerra († 23. 8. 1939), bolivianischer Politiker.

GESTORBEN:

5. Alfred Graf von Waldersee (* 8. 4. 1832), preußischer Generalfeldmarschall. →

Kaiser Wilhelm II. spricht auf eine Edison-Walze

Wilhelm II. in Jagduniform.

3. März. Wilhelm II. bespricht eine sogenannte Edison-Walze und charakterisiert das Vorbild des deutschen Bürgers. Er sagt: »Hart sein im Schmerz, nicht wünschen, was unerreichbar oder wertlos, zufrieden mit dem Tag, wie er kommt; in allem das Gute suchen und Freude an der Natur und an den Menschen haben, wie sie nun einmal sind; für tausend bittere Stunden sich mit einer einzigen trösten, welche schön ist, und an Herz und Können immer sein Bestes geben, wenn es auch keinen Dank erfährt. Wer das lernt und kann, der ist ein Glücklicher, Freier und Stolzer; immer schön wird sein Leben sein.«

Waldersee stirbt in Hannover

5. März. In Hannover stirbt der 72jährige preußische Generalfeldmarschall von Waldersee. Seit 1882 war er Stellvertreter Helmuth von Moltkes und 1888 dessen Nachfolger als Chef des Generalstabs. Waldersee hatte auch eine starke Neigung zu politischer Betätigung. Als Verfechter einer antirussischen Linie war er beim Sturz Bismarcks mitbeteiligt. Doch sein Einfluß auf Wilhelm II. schwand, und 1891 wurde von Waldersee versetzt. 1900/01 machte er Schlagzeilen, als er als »Weltmarschall« den Oberbefehl über die europäischen Truppen zur Niederschlagung des Boxeraufstandes innehatte (→ Juli 1900).

1904

APRIL

Mo	Di	Mi	Do	Fr	Sa	So
				1	2	3
4	5	6	7	8	9	10
11	12	13	14	15	16	17
18	19	20	21	22	23	24
25	26	27	28	29	30	

1. Streit zwischen Ärzten und Krankenkassen in Leipzig; sämtliche 233 Kassenärzte stellen die Arbeit ein.

1. In Frankreich werden die Kruzifixe und religiösen Bilder aus den Gerichtssälen entfernt.

1. Ein schweres Erdbeben im Kossowo richtet große Verwüstungen an.

2. Major v. Glasenapp schlägt die Hereros bei Okaharui.

6. Die studierenden Frauen in Preußen werden zum »examen pro facultate docendi«, dem Examen der Gymnasiallehrer, zugelassen.

8. Entente zwischen Großbritannien und Frankreich über die Schlichtung kolonialer Streitigkeiten; die »Entente cordiale« ist damit begründet.

12. Mobilisierungsbefehl für die russische Marine.

13. Das russische Panzerschiff »Petropawlowsk« stößt auf eine Mine und geht unter. Admiral Makarow und über 500 Mann ertrinken. Die Truppe ist demoralisiert.

19. Vermehrung der Staaten der USA: Die Territorien Arizona, New Mexico, Oklahoma sowie das Indianerterritorium werden zu je einem Staat erklärt. Es gibt jetzt in der Union 49 Staaten.

22. Der deutsche Reichstag verweigert Entschädigung der durch den Hereroaufstand Betroffenen.

30. US-Präsident Theodore Roosevelt eröffnet die Weltausstellung in St. Louis.

30. Christian Hülsmeyer erhält das Patent DRP Nr. 165 546 für ein Gerät, mit dem von einem Schiff reflektierte Funkwellen aufgenommen werden können. Es ist die Basis für das spätere Radar.

GEBOREN:

4. Alexander N. Afinogenow († 29. 10. 1941), sowjetischer Dramatiker.

6. Kurt Georg Kiesinger, deutscher Politiker.

22. Robert J. Oppenheimer († 18. 2. 1967), amerikanischer Physiker.

GESTORBEN:

24. Friedrich Siemens, deutscher Industrieller (* 8. 12. 1826).

Die Mode 1904: Matrosenkleid und kürzere Röcke

Die Vorliebe Wilhelms II. für die Marine beeinflußt auch die Modeschöpfer. Sich wie die »blauen Jungs« zu kleiden, wird vor dem Ersten Weltkrieg für kleine Kinder, junge Mädchen und reife Damen zur großen Mode.

Etwa ab 1904 zeigt sich eine Tendenz, die Röcke der Damen zu verkürzen. Die »Illustrierte Frauenzeitschrift« vom 15. 3. 1904 kommentiert: »Die Kürze der Röcke läßt allerdings nichts zu wünschen übrig, aber es wäre überflüssige Höflichkeit, verschweigen zu wollen, daß, so kurz wie es hier getragen wird, für starke Damen, aber auch für solche mit nicht tadellosen Figuren, mit skeptischen Augen betrachtet sein will.«

Die Röcke lassen die Knöchel frei.

Harden fordert Imperialismus

23. April. Maximilian Harden, deutscher Schriftsteller, fordert in einem Artikel: »Wir sind nicht saturiert. Wir brauchen fruchtbares Land, brauchen, seit die Großindustrie sich in Treibhaushitze entwickelt, der ›standard of life‹ der Nation weit über alle Gewohnheiten erhöht worden ist, offene Riesengebiete, die unsere Waren zu anständigen Preisen kaufen. Sonst verzwergen wir uns nach und nach zu einem zweiten Belgien.«

1904

MAI

Mo	Di	Mi	Do	Fr	Sa	So
						1
2	3	4	5	6	7	8
9	10	11	12	13	14	15
16	17	18	19	20	21	22
23	24	25	26	27	28	29
30	31					

1. Die Japaner erzwingen den Übergang über den Jalu (Korea).

1. Der Kaiser weiht in Mainz die neue Rheinbrücke ein.

5. Konflikt zwischen der Kurie und Frankreich nach dem Besuch des französischen Präsidenten Emile Loubet in Rom bei König Viktor Emanuel.

5. Die Kanalkommission der USA ergreift formell Besitz von dem Gelände des projektierten Panamakanals.

9. Gründung des »Reichsverbandes gegen die Sozialdemokratie« durch Mitglieder der Deutsch Konservativen Partei, Freikonservativen Partei und der Nationalliberalen. →

13. China und Großbritannien schließen einen Vertrag über die Einfuhr von Kulis in alle englischen Kolonien.

17. Die »Humanité« veröffentlicht die Protestnote des Papstes gegen die Reise des französischen Präsidenten nach Rom.

25. Der deutsche Lehrertag in Königsberg fordert die Universitätsausbildung für alle Lehrer.

26. Die Japaner erstürmen Kintschau und besetzen am 30. Mai Dalny. Es beginnt die Einschließung von Port Arthur.

GEBOREN:

2. Harry L. (Bing) Crosby († 14. 10. 1977), amerikanischer Filmschauspieler und Sänger.

6. Harry Edmund Martinson († 11. 2. 1978), schwedischer Schriftsteller.

10. Karl August Fink, deutscher katholischer Kirchenhistoriker.

11. Salvador Dalí, spanischer Maler.

GESTORBEN:

1. Antonín Dvořák (* 8. 9. 1841), tschechischer Komponist. →

5. Moritz Jókai (* 18. 2. 1825), ungarischer Schriftsteller.

6. Franz von Lenbach (* 13. 12. 1836), deutscher Maler.

10. Sir Henry Morton Stanley (eigtl. John Rowlands) (* 28. 1. 1841), englischer Journalist und Forschungsreisender. →

30. Friedrich Wilhelm (* 17. 10. 1819), Großherzog von Mecklenburg.

Verband gegen Sozialdemokratie sammelt Anhänger

9. Mai. Der in Berlin gegründete »Reichsverband gegen die Sozialdemokratie« formuliert als Ziel der Verbandsarbeit, daß alle Deutschen, die sich in ihrer Treue zum Reich und zum Kaiser verbunden wissen, gegen die antimonarchistischen und revolutionären Bestrebungen der Sozialisten kämpfen. Das Gründungskomitee einigt sich auf den General Eduard von Liebert als Vorsitzenden.

Die Sozialdemokraten nennen die Vereinigung bald nur noch den »Reichslügenverband«.

Komponist Dvořák stirbt in Prag

Antonín Dvořák †.

1. Mai. In Prag stirbt der tschechische Komponist Antonín Dvořák im Alter von 63 Jahren. Dvořák begann als Bratschist, war Organist und erhielt 1874 ein österreichisches Staatsstipendium. Er fand schnell Anerkennung und gelangte zu Weltruhm. 1884 wurde er Ehrenmitglied der »Philharmonic Society« in London, war zwischen 1892 und 1895 Direktor des New Yorker Konservatoriums und leitete seit 1901 das Konservatorium in Prag. Neben der Kammermusik hinterläßt Dvořák u.a. 9 Opern, Kirchenmusik (Stabat Mater, Te Deum, Messe, Requiem), 9 Symphonien, darunter die 9. in e-Moll mit dem Namen »Aus der Neuen Welt« (1893) und viele Klavierwerke.

Forscher Stanley tot

10. Mai. Im Alter von 63 Jahren stirbt Sir Henry Morton Stanley in London. Vor seiner Forschungstätigkeit hat Stanley als Korrespondent für den »New York Herald« gearbeitet. In dessen Auftrag, Direktor ist James Gordon Bennet, unternahm Stanley eine Afrikareise, um den verschollenen David Livingstone zu suchen. Nach gründlichen Forschungen und mit viel Glück geschah am 28. Oktober 1871 das Unwahrscheinliche: Stanley fand den Arzt Livingstone am Nordende des Tanganjikasees.

Mit dieser Reise begann Stanleys eigene Forscherkarriere. Von 1874 bis 1877 bereiste er die Seen Zentralafrikas und folgte zu Fuß dem Lauf des Kongos von den Livingstonefällen bis zur Küste des Atlantiks. Im Auftrag des belgischen Königs Leopold II. erforschte Stanley von 1879–1884 das Kongobecken und schrieb darüber das Buch »Der Kongo und die Gründung des Kongostaates«.

Henry Morton Stanley in Afrika.

Russen unvorbereitet

Rußland ist auf den Krieg mit Japan (→ Februar 1904) nicht genug vorbereitet; der Truppenaufmarsch Richtung Osten vollzieht sich sehr langsam. Große Teile des Militärs sind in den europäischen Provinzen, ihre Verlagerung nach Osten kann nur über die Transsibirische Eisenbahn erfolgen, die aber noch Lücken aufweist. So ist zum Beispiel der Bereich des Baikalsees noch nicht erschlossen. Die Kosaken in den Truppentransporten wissen nicht genau, für welche Ziele sie kämpfen sollen. Das von der Führung vorgestellte patriotische Ziel »Kampf für Vaterland und Ehre« ist nicht sehr überzeugend. Dafür ist die persönliche Lage des einzelnen und seiner Familie in der Heimat zu elend. Die Armut führt zu Unruhen im Lande selbst.

Franz von Lenbach zu Grabe getragen

6. Mai. Im Alter von 68 Jahren stirbt in München der 1836 in Schrobenhausen geborene Maler Franz von Lenbach. Nach seiner Tätigkeit an der Weimarer Kunstschule 1860/61 kopierte er in Italien und Spanien im Auftrag alte Meister. Berühmtheit erlangte der Vertreter des sogenannten Münchener Realismus als Porträtist; er malte die Persönlichkeiten seiner Zeit: Ludwig I. (1868), Franz Liszt (1884), Leo XIII. (1885), Wilhelm I. und Bismarck, den er über 80mal porträtierte.

Der Maler Franz von Lenbach.

1904

JUNI

Mo	Di	Mi	Do	Fr	Sa	So
			1	2	3	4	5
6	7	8	9	10	11	12
13	14	15	16	17	18	19
20	21	22	23	24	25	26
27	28	29	30			

1. Die »Norddeutsche Allgemeine Zeitung« verteidigt die neutrale Haltung Deutschlands im ostasiatischen Krieg gegen ausländische Presseberichte.

3. Der Vortragende Rat im Auswärtigen Amt, Friedrich von Holstein, urteilt über die Lage in Marokko: »Frankreich zielt auf Aneignung Marokkos.«

9. Debatte im englischen Unterhaus über die Grausamkeiten im Kongostaat.

10. Der russische Gesandte wird in Bern durch einen russischen Anarchisten verwundet.

12./18. Internationaler Frauenkongreß in Berlin.

14. Der Versuch der Russen, Port Arthur zu befreien, mißlingt.

15. Durch den Brand eines Vergnügungsdampfers kommen in New York fast 1000 Menschen, zumeist Kinder, um.

15. Mit einem Schiedsspruch zwischen Brasilien und Britisch-Guayana werden die Grenzstreitigkeiten geklärt.

17. Der russische Gesandte Nikolaj Iwanowitsch Bobrikow, der seit 1898 russischer Generalgouverneur in Finnland ist, wird von dem finnischen Senatsbeamten E. Schaumann ermordet.

23. Der »Verein deutscher Arbeitgeberverbände« wird aus acht Verbänden gegründet. →

24. Die russische Flotte macht einen Ausfall aus Port Arthur, wird aber zurückgetrieben und verliert ein Schiff.

25. Der Kaiser empfängt an Bord der »Hohenzollern« den Besuch des Königs von England, der am 30. Juni in Kiel wieder nach Großbritannien abreist.

29. Das preußische Abgeordnetenhaus genehmigt das Ansiedlungsgesetz für die Ostprovinzen.

GEBOREN:

2. Johnny Weissmuller, amerikanischer Olympiasieger (1924, 1928) in den Schwimmwettbewerben und Tarzandarsteller.

14. Woldemar Gerschler, deutscher Leichtathletiktrainer.

20. Heinrich von Brentano († 14. 11. 1964), deutscher Politiker.

26. Peter Lorre († 23. 3. 1964), deutscher Schauspieler.

Neuer Verband der Arbeitgeber wird gegründet

23. Juni. Der »Verein deutscher Arbeitgeberverbände« wird gegründet. Die Neugründung steht in engem Zusammenhang mit dem Streik der Crimmitschauer Textilarbeiter. Acht Verbände schließen sich zusammen. Sie beschäftigen rund 700 000 Arbeiter. Im Gegensatz zum »Centralverband deutscher Industrieller« bemüht sich der neugegründete Verein um eine flexiblere Politik den Gewerkschaften gegenüber. Allerdings lehnt auch der neue Verein sozialpolitische Reformen strikt ab und spricht sich dafür aus, bei Streiks Arbeitswillige und Arbeitgeber, die unter Streiks zu leiden haben, mit Geld zu unterstützen.

Auf dem Höhepunkt ihres Weltruhms und ihrer künstlerischen Ausdruckskraft steht die italienische Schauspielerin Eleonora Duse. 1904 ist die Duse 45 Jahre alt und wird auf internationalen Tourneen gefeiert. Sie spielt vorzugsweise Rollen in Dramen ihres Landsmannes Gabriele D'Annunzio wie die »Francesca da Rimini« (Bild). D'Annunzio war sie auch persönlich nahe verbunden.

Außerdem . . .

Ein Gesangbuch erhalten die Soldaten als Eigentum bei Diensttritt. Das preußische Abgeordnetenhaus hat einen entsprechenden Antrag genehmigt.

JULI

Mo	Di	Mi	Do	Fr	Sa	So
				1	2	3
4	5	6	7	8	9	10
11	12	13	14	15	16	17
18	19	20	21	22	23	24
25	26	27	28	29	30	31

1. Die III. Olympischen Spiele werden im Rahmen der Weltausstellung in St. Louis (USA) eröffnet.

5. Der Generalleutnant Fürst Obolenski wird zum Gouverneur von Finnland ernannt. Der Zar bezeichnet es als erste Aufgabe des Gouverneurs, den »engsten Anschluß Finnlands an das Reich unbeugsam voranzutreiben«.

10. Besuch eines deutschen Geschwaders mit 33 Kriegsschiffen in England.

12. Deutschland und England schließen einen Schiedsgerichtsvertrag auf fünf Jahre, der das beiderseitige Verhalten bei Streitfällen regelt.

14. Der deutsche Kaiser besucht Ålesund (Norwegen), wo er wegen der schnellen Hilfe nach dem großen Brand mit großen Ehren empfangen wird.

28. Deutsch-russischer Handelsvertrag unterzeichnet. Rußland muß wegen des Krieges mit Japan Zugeständnisse machen. →

28. Der russische Minister des Innern, von Plewe, wird auf der Fahrt zum Warschauer Bahnhof von einem Anarchisten mit einer Sprengbombe getötet.

29. Endgültiger diplomatischer Bruch zwischen Frankreich und der römischen Kurie: Der französische Geschäftsträger verläßt Rom, und der französische Außenminister Théophile Delcassé teilt dem römischen Nuntius mit, seine Aufgabe in Paris sei gegenstandslos.

GEBOREN:

12. Pablo Neruda, eigtl. Neftalí Ricardo Reyes Basualto († 23. 9. 1973), chilenischer Dichter, Nobelpreis 1971.

27. Oskar Lange († 2. 10. 1965), deutscher Nationalökonom.

28. Selwyn Lloyd († 17. 5. 1978), britischer Politiker.

GESTORBEN:

3. Theodor Herzl (* 2. 5. 1860), jüdischer Schriftsteller, Begründer des politischen Zionismus. →

14. Johannes Paulus Krüger, genannt Ohm Krüger (* 10. 10. 1825), südafrikanischer Staatsmann. →

15. Anton Pawlowitsch Tschechow (* 29. 1. 1860), russischer Schriftsteller. →

Theodor Herzl tot

3. Juli. Im Alter von 44 Jahren stirbt Theodor Herzl in Edlach (Österreich). Sein früher Tod bedeutet einen schweren Verlust für die zionistische Bewegung.

Erschüttert von der antijüdischen Hetze im Zusammenhang mit dem Dreyfus-Prozeß (19. 12. 1894) trat Herzl in Schriften (»Der Judenstaat«), Gesprächen und Versammlungen für die Gründung eines jüdischen Staates ein. Mit einem ersten großen Kongreß in Basel am 29. August 1897 – die erste Versammlung jüdischer Vertreter seit 2000 Jahren – begann die Geschichte des Zionismus: »Der Zionismus erstrebt für das jüdische Volk die Schaffung einer öffentlich-rechtlich gesicherten Heimstätte in Palästina.« Herzl stieß auf viele Wider-

Theodor Herzl †.

stände, dennoch gelang es ihm, den Zionismus zu einer Massenbewegung zu machen.

Zweite Tour de France

Die zweite Tour de France hat eine Reihe skandalöser Begleiterscheinungen. Es gibt Sabotageakte rivalisierender Fahrer, Manager und Betreuer. Mit Juckpulver, Schmirgelpapier, Gift und Abführmitteln werden einzelne Fahrer traktiert, anderen werden die Räder oder Reifen zerstört. Viele der Pedalritter verfälschen das Rennen, indem sie Abkürzungen fahren, sich von Autos ziehen lassen oder sogar die Eisenbahn benutzen. Der Sieg von Henri Cornet ist so nur eine Farce.

Noch haben die Fahrer der Tour de France gut lachen.

Außerdem . . .

Die demokratische Parteikonvention ernennt Richter Parker zum amerikanischen Präsidentschaftskandidaten.

Eine deutsch-niederländische Kabelgesellschaft wird gegründet, die eine Verbindung mit den Karolinen und Marianen (Inselgruppen Mikronesiens) herstellen soll.

Konzessionen an Ausländer zu vergeben, ist persischen Untertanen verboten. Die Regierung des Landes hat eine entsprechende Verfügung erlassen.

Anton Tschechow stirbt 44jährig in Badenweiler

15. Juli. Im Alter von 44 Jahren stirbt in Badenweiler der russische Schriftsteller Anton Pawlowitsch Tschechow. Tschechow, eigentlich Mediziner, arbeitete kaum in seinem Beruf. Seit 1884 an Tuberkulose erkrankt, lebte er in Südrußland und westeuropäischen Kurorten. Er begann als Feuilletonist und Erzähler, wobei die epische Kleinform überwiegt. Weltruhm erlangten seine Dramen (»Die Möwe«, 1896; »Onkel Wanja«, 1897; »Drei Schwestern«, 1901; »Der Kirschgarten«, 1904), die besonders Seelenzustände und Stimmungen sichtbar machen. Seine impressionistischen Stimmungsdramen finden in dem Moskauer Künstlertheater die entsprechende Bühne und in K. Stanislawskij einen Regisseur, der einen ausgefeilten impressionistischen Stil bevorzugt.

Der lungenkranke Anton Tschechow stirbt im Alter von 44 Jahren.

Bülow schließt Handelsvertrag mit Rußland

28. Juli. Reichskanzler Bernhard Fürst von Bülow schließt einen neuen Handelsvertrag mit der Regierung Rußlands ab. Durch den Krieg mit Japan seit Beginn des Jahres ist die russische Verhandlungsposition ungünstig. Von Bülow nutzt die Situation und diktiert dem Präsidenten des russischen Ministerrats hohe Zolltarife.

Leben in Extravaganz

Prunkentfaltung und Extravaganz kennzeichnen die Mode des ersten Jahrzehnts: Die Farben sind hell, freundlich, Ausdruck des strahlenden Optimismus der Epoche. Wer reich genug ist, sich die Mode leisten zu können, hüllt sich in Kleider aus Tüll, Seidenmusselin, Chiffon, Crêpe de Chine: Das sind die beliebtesten Stoffe und Gewebe der Zeit, sie strahlen in Lila, Hellblau, auch Rosa.

Zusätzlichen Schmuck erhalten viele Kleider durch handgemalte Aufsätze, besetzte Bändchen und aufgestickte Blumenmuster. Kunstvoll wie die Kleider fallen auch die Blusen der Damen aus. Sie sind mit Biesen und Einsätzen verziert, aber Modezeitschriften verurteilen auch die übertriebene, oft gekünstelte Wirkung. Besonders populär wird das Bolerojäckchen, ebenso das Etonmieder, ein Kleidungsstück, das der Etonjacke für Knaben nachempfunden ist.

Ein Hang zum Luxus kennzeichnet die Lebensgewohnheiten der wohlsituierten Schichten. Ein Festdiner nach zeitgenössischer Darstellung.

Ohm Krüger †

14. Juli. In Clarens (Schweiz) stirbt 78jährig Johannes Paulus Krüger (genannt Ohm Krüger). Der südafrikanische Politiker hat die Buren erfolgreich im Freiheitskrieg 1880/81 gegen die britische Herrschaft geführt. Seit 1883 war er Präsident der Südafrikanischen Republik Transvaal. Die Politik des Deutschen Reiches wurde mit der sog. Krügerdepesche Wilhelms II. (3. 1. 1896) berührt, die den Buren zur siegreichen Abwehr eines britischen Angriffs gratulierte.

Paulus (Ohm) Krüger †.

1904
AUGUST

Mo	Di	Mi	Do	Fr	Sa	So
1	2	3	4	5	6	7
8	9	10	11	12	13	14
15	16	17	18	19	20	21
22	23	24	25	26	27	28
29	30	31				

3. Die englische Tibetexpedition erreicht Lhasa, das der Dalai Lama geräumt hat.

7. Durch den Einsturz einer Eisenbahnbrücke bei Eden (Colorado, USA) werden 125 Menschen getötet.

8. Ende des großen Aufstandes der Petroleumarbeiter in Boryslaw (Österreich-Ungarn). Die Arbeiter setzen erfolgreich eine Verkürzung ihrer Arbeitszeit und die Verbesserung der hygienischen Verhältnisse durch.

9. Internationaler Bergarbeiterkongreß in Paris fordert einen Mindestlohn, der das Auskommen sichert, eine weitere Forderung ist der Achtstundentag.

10. Niederlagen der russischen Flotte gegen die Japaner bei Port Arthur.

11. Ankunft des Generals von Trotha in Deutsch-Südwestafrika. Die Hereros werden bei Waterberg geschlagen. →

13. Ein amerikanisches Geschwader erscheint vor Smyrna, um Entschädigung für zerstörtes Eigentum der amerikanischen Mission in Armenien zu erzwingen. Am 13. August werden diese Forderungen bewilligt. Daraufhin verläßt das Geschwader Smyrna.

24. Das Großherzogtum Baden führt das allgemeine und direkte Wahlrecht ein.

24. Schlacht bei Liao-Yang. Japaner und Russen verlieren je 20 000 Mann. Die Russen werden zum Rückzug gezwungen.

27. Nach einem Erlaß des österreichisch-ungarischen Kriegsministers dürfen Schriftwechsel nur in deutscher oder ungarischer Sprache geführt werden.

GEBOREN:

7. Ralph Johnson Bunche († 9. 12. 1971), amerikanischer Politiker.

26. Christopher W. B. Isherwood, englisch-amerikanischer Erzähler.

29. Werner Forssmann († 1. 6. 1979) deutscher Mediziner, Nobelpreis 1956.

GESTORBEN:

6. Eduard Hanslick (* 11. 9. 1825), österreichischer Musikkritiker.

9. Friedrich Ratzel (* 30. 8. 1844), deutscher Geograph.

Aufständische Hereros werden geschlagen

Ein Gefangenenkral in Windhuk.

11. August. Bei Waterberg werden die aufständischen Hereros entscheidend geschlagen. Die Überlebenden, gleich ob es sich um Männer, Frauen oder Kinder handelt, werden unter militärischer Begleitung in trockenes Steppenland umgesiedelt. Die brutale Behandlung der unterlegenen Eingeborenen ist eine Reaktion auf den Aufstand der Hereros im Januar. Erschüttert und erniedrigt durch unmenschliche Behandlung, haben sich die Hereros zu Jahresanfang erhoben und Siedler und auch Soldaten getötet. Die koloniale Schutztruppe des Deutschen Reiches mußte eingreifen.

Das Gebiet der Hereros gehört seit 1884 zu den Kolonien (»Schutzgebieten«) des Deutschen Reiches. Die Kolonie nennt sich Deutsch-Südwestafrika.

England droht Kaiser Wilhelm II.

24. August. Der russisch-japanische Krieg wirft Schatten auf Europa. Großbritannien droht mit Krieg für den Fall, daß Deutschland nicht seine Waffenlieferungen und besonders die Kohlentransporte für das russische Ostseegeschwader einstellt. Kaiser Wilhelm II. hat seinem Vetter, dem russischen Zaren Nikolaus II., diese Unterstützung zugesichert und sich bereit erklärt, damit bis an die äußerste Grenze der Neutralität zu gehen.

29. August. Bei den dritten Olympischen Spielen moderner Zeitrechnung (bis zum 3. September) dominieren die amerikanischen Athleten.

Die Beteiligung ist wesentlich geringer als in Paris 1900: Haben dort noch 1066 Teilnehmer, darunter auch sechs Frauen, aus 20 Staaten den Wettkampf aufgenommen, so sind es jetzt in St. Louis nur noch 496 männliche Teilnehmer aus elf Staaten. In der Leichtathletik gewinnen die Amerikaner in 24 Wettbewerben 23 Goldmedaillen (den Zehnkampf gewinnt der Engländer Thomas Kiely). Besonders gefeiert werden die dreifachen Sieger Archie Hahn (60 m in 7,0, 100 m in

11,0 und 200 m in 21,6 Sek.), Harry Hillman über 400 m in 49,2 Sek. und über beide Hürdenstrecken sowie Ray Ewry im Weit-, Drei- und Hochsprung aus dem Stand. Drei Goldmedaillen sichert sich auch James Lightbody, der über 800 m (1:56,0 Min.), 1500 m (4:05,4 Min.) und über 3000-m-Hindernis nicht zu schlagen ist. Die deutschen Teilnehmer gewinnen drei Goldmedaillen. Sie schneiden besonders erfolgreich im Schwimmen ab. Nach dem Sieg von Emil Rausch über 880-Yards-Freistil gewinnt Walter Brack über 100-m-Rücken vor seinen Landsleuten Hoffmann und Zacharias. Zararias holt Gold in 400-m-Brust.

Einmalige olympische Disziplin im Jahre 1904 war das Tonnenspringen. (Es ist in der Tabelle deshalb nicht aufgenommen worden.)

Leichtathletik Männer

100 m
1. Archie Hahn — USA — 11,0
2. Nathaniel Cartmell — USA — 11,2
3. William Hogenson — USA — 11,2

200 m
1. Archie Hahn — USA — 21,6
2. Nathaniel Cartmell — USA — 21,9
3. William Hogenson — USA

400 m
1. Harry Hillman — USA — 49,2
2. Frank Waller — USA — 49,9
3. Herman Groman — USA — 50,0

800 m
1. James Lightbody — USA — 1:56,0
2. Howard Valentine — USA — 1:56,3
3. Emil Breitkreuz — USA — 1:56,4

1500 m
1. James Lightbody — USA — 4:05,4
2. W. Frank Verner — USA — 4:06,8
3. Lacey Hearn — USA

Marathon
1. Thomas Hicks — USA — 3:28:53
2. Albert Corey — USA — 3:34:52
3. Arthur Newton — USA — 3:47:33

110-m-Hürden
1. Frederick Schule — USA — 16,0
2. Thaddeus Shideler — USA — 16,3
3. L. Ashburner — USA — 16,4

400-m-Hürden
1. Harry Hillman — USA — 53,0
2. Frank Waller — USA — 53,2
3. George Poage — USA

3000-m-Hindernislauf
1. James Lightbody — USA — 7:39,6
2. John Daly — GBR/IRL — 7:40,6
3. Arthur Newton — USA — 25 m zurück

Hochsprung
1. Samuel Jones — USA — 1,803
2. Garret Serviss — USA — 1,778
3. Paul Weinstein — D — 1,778

Stabhochsprung
1. Charles Dvorak — USA — 3,505
2. LeRoy Samse — USA — 3,43
3. L. Wilkins — USA — 3,43

Weitsprung
1. Myer Prinstein — USA — 7,34
2. Daniel Frank — USA — 6,89
3. Robert Stangland — USA — 6,88

Dreisprung
1. Myer Prinstein — USA — 14,325
2. Frederick Englehardt — USA — 13,90
3. Robert Stangland — USA — 13,365

Kugelstoßen
1. Ralph Rose — USA — 14,81
2. William Coe — USA — 14,40
3. Leon Feuerbach — USA — 13,37

Diskuswerfen
1. Martin Sheridan — USA — 39,28
2. Ralph Rose — USA — 39,28
3. Nicolaos Georgantas — GRE — 37,68

Hammerwerfen
1. John Flanagan — USA — 51,23
2. John DeWitt — USA — 50,265
3. Ralph Rose — USA — 45,73

Zehnkampf — Punkte
1. Thomas Kiely — GBR/IRL — 6036
2. Adam Gunn — USA — 5907
3. Truxton Hare — USA — 5813

60 m (nur 1900 und 1904 durchgeführt)
1. Archie Hahn — USA — 7,0
2. William Hogenson — USA — 7,2
3. Fay Moulton — USA — 7,2

200-m-Hürden (nur 1900 und 1904 durchgeführt)
1. Harry Hillman — USA — 24,6
2. Frank Castleman — USA — 24,9
3. George Poage — USA

Querfeldeinlauf Mannschaft (nur 1904, 1912, 1920, 1924 durchgeführt)
1. New York A.C. — 21:17,8
2. Chicago A.A.

Hochsprung aus dem Stand (nur 1900, 1904, 1906, 1908, 1912 durchgeführt)
1. Ray Ewry — USA — 1,50
2. James Stadler — USA — 1,45
3. Lawson Robertson — USA — 1,45

Weitsprung aus dem Stand (nur 1900, 1904, 1906, 1908, 1912 durchgeführt)
1. Ray Ewry — USA — 3,476
2. Charles King — USA — 3,28
3. John Biller — USA — 3,26

Dreisprung aus dem Stand (nur 1900 und 1904 durchgeführt)
1. Ray Ewry — USA — 10,55
2. James King — USA — 10,16
3. James Stadler — USA — 9,53

Gewichtwerfen (56 Pfund = 25,4 kg) (nur 1904 und 1920 durchgeführt)
1. Etienne Desmarteau — CAN — 10,465
2. John Flanagan — USA — 10,16
3. James Mitchel — USA — 10,135

Tauziehen (nur 1900, 1904, 1906, 1908, 1912, 1920 durchgeführt)
1. USA – Milwaukee A.C.
2. USA – South West T.V. »A«, St. Louis
3. USA – South West T.V. »B«, St. Louis

Schwimmen Männer

100-m-Kraul
1. Zoltán von Halmay — UNG — 1:02,8
2. Charles Daniels — USA
3. J. Scott Leary — USA

200-m-Kraul
1. Charles Daniels — USA — 2:44,2
2. Francis Gailey — USA — 2:46,0
3. Emil Rausch — D — 2:56,0

400-m-Kraul
1. Charles Daniels — USA — 6:16,2
2. Francis Gailey — USA — 6:22,0
3. Otto Wahle — AUT — 6:39,0

1500-m-Kraul
1. Emil Rausch — D — 27:18,2
2. Géza Kiss — UNG — 28:28,2
3. Francis Gailey — USA — 28:54,0

100-m-Rücken
1. Walter Brack — D — 1:16,8
2. Georg Hoffmann — D
3. Georg Zacharias — D

Turmspringen
1. Dr. George Sheldon — USA — 12,66
2. Georg Hoffmann — D — 11,66
3. Frank Kehoe — USA — 11,33

50-Yards-Kraul (nur 1904 durchgeführt)
1. Zoltán von Halmay — UNG — 28,0
2. J. Scott Leary — USA — 28,6
3. Charles Daniels — USA

400-m-Brust (nur 1904, 1912, 1920 durchgeführt)
1. George Zacharias — D — 7:23,6
2. Walter Brack — D — 20 m zurück
3. H. Jamison Handy — USA — dichtauf

880-Yards-Freistil (nur 1904 durchgeführt)
1. Emil Rausch — D — 13:11,4
2. Francis Gailey — USA — 13:23,4
3. Géza Kiss — UNG

Kopfweitsprung (nur 1904 durchgeführt)
1. W. E. Dickey — USA — 19,05
2. Edgar Adams — USA — 17,53
3. Leo »Budd« Goodwin — USA — 17,37

4 × 50-Yards-Staffel (nur 1904 durchgeführt)
1. New York A.C. — 2:04,6
2. Chicago A.C.
3. Missouri A.C.

Wasserball
1. New York A.C.
2. Chicago A.C.
3. Missouri A.C.

Boxen

Fliegengewicht
1. George Finnegan — USA
2. Miles Burke — USA

Bantamgewicht
1. Oliver Kirk — USA
2. George Finnegan — USA

Federgewicht
1. Oliver Kirk — USA
2. Frank Haller — USA

Leichtgewicht
1. Harry Spanger — USA
2. James Eagan — USA
3. Russell Van Horn — USA

Weltergewicht
1. Albert Young — USA
2. Harry Spanger — USA
3. Joseph Lydon — USA

Mittelgewicht
1. Charles Mayer — USA
2. Benjamin Spradley — USA

Schwergewicht
1. Samuel Berger — USA
2. Charles Mayer — USA

Gewichtheben

Schwergewicht Einarmig (10 Hantelübungen)
1. Oscar Paul Osthoff — USA — 48 Punkte
2. Frederik Winters — USA — 45 Punkte
3. Frank Kungler — USA — 10 Punkte

Beidarmig
1. Perikles Kakousis — GRE — 111,58 kg
2. Oscar Paul Osthoff — USA — 84,36 kg
3. Frank Kungler — USA — 79,83 kg

Freistilringen

Papiergewicht
1. Robert Curry — USA
2. John Heim — USA
3. Gustav Thiefenthaler — USA

Fliegengewicht
1. George Mehnert — USA
2. Gustave Bauers — USA
3. William Nelson — USA

Bantamgewicht
1. Isaac Niflot — USA
2. August Wester — USA
3. Z. B. Strebler — USA

Federgewicht
1. Benjamin Bradshaw — USA
2. Theodore McLear — USA
3. Charles Clapper — USA

Leichtgewicht
1. Otto Roehm — USA
2. R. Tesing — USA
3. Albert Zirkel — USA

Weltergewicht
1. Charles Erickson — USA
2. William Beckmann — USA
3. Jerry Winholtz — USA

Schwergewicht
1. B. Hansen — USA
2. Frank Kungler — USA
3. F. C. Warmbold — USA

Fechten Männer

Florett Einzel
1. Ramón Fonst — CUB
2. Albertson Van Zo Post — CUB
3. Charles Tatham — CUB

Florett Mannschaft
1. Kuba
2. Internationales Team

Degen Einzel
1. Ramón Fonst — CUB
2. Charles Tatham — CUB
3. Albertson Van Zo Post — CUB

Säbel Einzel
1. Manuel Diaz — CUB
2. William Grebe — USA
3. Albertson Van Zo Post — CUB

Stockfechten (nur 1904 durchgeführt)
1. Albertson Van Zo Post — CUB
2. William Grebe — USA
3. William Scott O'Connor — USA

Rudern Männer

Einer
1. Frank Greer — USA — 10:08,5
2. James Juvenal — USA — 2 Längen zurück
3. Constance Titus — USA — 1 Länge zurück

Doppelzweier
1. USA (Atlanta Boat Club, New York) — 10:03,2
2. USA (Ravenswood Boat Club, Long Island)
3. USA (Independent Rowing Club, New Orleans)

Vierer ohne Steuermann
1. USA (Century Boat Club, St. Louis) — 9:53,8
2. USA (Mound City Rowing Club, St. Louis)

Achter
1. USA (Vesper Boat Club) — 7:50,0
2. Kanada (Argonaut R.C., Toronto)

Bogenschießen Männer

Double York Round (100 Yards – 80 Yards – 60 Yards) — Punkte
1. Phillip Bryant — USA — 820
2. Robert Williams — USA — 819
3. William H. Thompson — USA — 816

Double American Round (60 Yards – 50 Yards – 40 Yards)
1. Phillipp Bryant — USA — 1048
2. Robert Williams — USA — 991
3. William H. Thompson — USA — 949

Team Round (60 Yards)
1. Potomac Archers, Washington D.C. — 1344
2. Cincinatti Archery Club — 1341
3. Boston A.A. — 1268

Bogenschießen Frauen

Double National Round (60 Yards – 50 Yards)
1. M. C. Howell — USA — 620
2. H. C. Pollock — USA — 419
3. E. C. Cooke — USA — 419

Double Columbia Round (50 Yards – 40 Yards – 30 Yards)
1. M. C. Howell — USA — 867
2. E. C. Cooke — USA — 630
3. H. C. Pollock — USA — 630

Team Round
1. Cincinatti A.C. — 506
2. Potomac Archers, Washington

Turnen Männer

Mehrkampf Einzel — Punkte
1. Julius Lenhart — AUT — 69,80
2. Wilhelm Weber — D — 69,10
3. Adolf Spinnler — SUI — 67,99

Mehrkampf Mannschaft
1. Turngemeinde Philadelphia — 374,43
2. New Yorker Turnverein — 356,37
3. Central Turnverein Chicago — 349,69

Barren Einzel
1. George Eyser — USA — 44
2. Anton Heida — USA — 43
3. John Duha — USA — 40

Pferdsprung Einzel
1. Anton Heida — USA — 36
1. George Eyser — USA — 36
3. William Merz — USA — 31

Seitpferd Einzel
1. Anton Heida — USA — 42
2. George Eyser — USA — 33
3. William Merz — USA — 29

Reck Einzel
1. Anton Heida — USA — 40
1. Edward Hennig — USA — 40
3. George Eyser — USA — 39

Ringe Einzel
1. Hermann Glass — USA — 45
2. William Merz — USA — 35
3. Emil Voigt — USA — 32

Tauhangeln (nur 1896, 1904, 1906, 1924, 1932 durchgeführt)
1. George Eyser — USA — 7,0
2. Charles Krause — USA — 7,8
3. Emil Voigt — USA — 9,8

Keulenschwingen (nur 1904 und 1932 durchgeführt)
1. Edward Hennig — USA — 13,0
2. Emil Voigt — USA — 9,0
3. Ralph Wilson — USA — 5,0

Turnerischer Neunkampf im gemischten Zwölfkampf (Sonderwertung, nur 1904 durchgeführt)
1. Adolf Spinnler — SUI — 43,49
2. Julius Lenhart — AUT — 43,00
3. Wilhelm Weber — D — 41,60

Leichtathletik-Dreikampf (100 Yards, Weitsprung, Kugelstoßen) im gemischten Zwölfkampf (Sonderwertung, nur 1904 durchgeführt)
1. Max Emmerich — USA — 35,70
2. John Grieb — USA — 34,00
3. William Merz — USA — 33,90

Geräte-Siebenkampf (nur 1904 durchgeführt)
1. Anton Heida — USA — 161
2. George Eyser — USA — 152
3. William Merz — USA — 135

Basketball (Demonstration)
1. USA 4 (Buffalo German YMCA)
2. USA 3 (Chicago Central YMCA)
3. USA 0 (Xavier A.C., New York)

Fußball
1. Kanada (Galt F.C., Ontario)
2. USA (Christian Brothers College)
3. USA (St. Rose, St. Louis)

Abkürzungsschlüssel siehe Register

1904
SEPTEMBER

Mo	Di	Mi	Do	Fr	Sa	So
			1	2	3	4
5	6	7	8	9	10	11
12	13	14	15	16	17	18
19	20	21	22	23	24	25
26	27	28	29	30		

4. Ein Erlaß des Zaren bestimmt über die Aufenthaltsrechte der Juden in Rußland.

7. Tibet und England schließen einen Vertrag, der Tibet zum englischen Vasallen macht. Die chinesische Regierung protestiert.

7. Der deutsche Handels- und Gewerbekammertag empfiehlt die Förderung des Handwerks durch Genossenschaften und fordert ein Verbot für Reichs- und Staatsbeamte, sich an Erwerbs- und Wirtschaftsgenossenschaften zu beteiligen.

15. Der deutsche Pfarrertag in Posen spricht sich für die Aufhebung der geistlichen Schulaufsicht aus.

15. Eine vom belgischen König eingesetzte internationale Kommission reist in den Kongo, um die gegen die Regierung erhobenen Vorwürfe zu untersuchen (→ 10. Februar 1904).

18.–24. Sozialdemokratischer Parteitag in Bremen.

20. Mit »Flyer 2« glückt den Gebrüdern Wright der erste Rundflug.

21. Peter I., König von Serbien, wird vom Metropoliten gekrönt und am 9. Oktober feierlich gesalbt.

23. Die englische Militärexpedition in Tibet tritt, nachdem sie Lhasa erreicht hat, den Rückzug an.

25. Zwischen den Städten Kabul, Ghangri und Kandahar wird eine regelmäßige heliographische Verbindung (mit Blinkzeichen) eröffnet.

GEBOREN:

4. Christian Jacque (eigentlich Christian Maudet), französischer Filmregisseur.

14. Anton Zischka, österreichischer Schriftsteller.

16. Arvo A. Turtiainen, finnischer Schriftsteller.

21. Hans Hartung, deutsch-französischer Maler.

GESTORBEN:

18. Herbert Fürst von Bismarck (* 28. 12. 1849), deutscher Politiker, Sohn Otto von Bismarcks.

29. Niels Ryberg Finsen (* 15. 12. 1860 Thorshavn/Färöer), dänischer Mediziner, Nobelpreis 1903.

Erster Rundflug der Wrights

Mit »Flyer 2« gelingt den Brüdern Wright der erste exakt gesteuerte Kurvenflug am Strand von Kitty Hawk (Nord-Carolina).

20. September. Mit »Flyer 2« – einem Modell, das stabiler und mit einem stärkeren Motor ausgerüstet ist (16 PS) als das erste Flugmodell – gelingt es Wilbur Wright, in einem Kreisflug das Startfeld zu umrunden. Damit ist es den Brüdern Orville und Wilbur geglückt, eine wesentliche Schwäche der Flugzeuge der ersten Stunde zu beseitigen: Sie verbessern die Startanlage mit Hilfe eines Startgewichtes, das den »Flyer 2« vom Gegenwind unabhängig macht. Mit größerer Flugerfahrung und verbesserter Flugtechnik gelingt es ihnen noch in diesem Jahr, enge Schleifen und Achten zu fliegen (→ Dezember 1903).

Helen Keller beendet Studium

Im Alter von 24 Jahren wird am bedeutenden Radcliffe College in den USA die seit ihrem zweiten Lebensjahr blinde und taubstumme Helen Keller zum Doktor promoviert.

Nur durch große Selbstdisziplin und durch ständige Betreuung ihrer Lehrerin Anne Sullivan Macy gelingt Helen Keller diese Leistung. Geholfen haben ihr die Blindenschrift und ihre Fähigkeit, über Handauflegen das gesprochene Wort von den Lippen ablesen zu können.

Nach ihrem Studium wirkt Helen Keller als Sozialreformerin und besonders als Schriftstellerin, die sich in Vortragsreisen und Büchern für die Vereinheitlichung der Blindenschrift einsetzt. In ihrem autobiographischen Buch: »Die Geschichte meines Lebens« (1902, ins Deutsche übersetzt 1904) macht sie ihr Schicksal der Öffentlichkeit bekannt.

Die Taubblinde Helen Keller schließt ihr Studium mit der Promotion ab.

1904

OKTOBER

Mo	Di	Mi	Do	Fr	Sa	So
					1	2
3	4	5	6	7	8	9
10	11	12	13	14	15	16
17	18	19	20	21	22	23
24	25	26	27	28	29	30
31						

3. Hendrik Witboi, Führer der Hottentotten, erklärt den Deutschen den Krieg, weil er die Entwaffnung seines Stammes fürchtet.

4. Niederländisch-portugiesischer Vertrag über die Grenzen von Timor.

6. Spanien verständigt sich in einem Geheimvertrag mit Frankreich, in dem das nördliche Marokko (Rifgebiet) als spanisches Interessengebiet anerkannt wird.

6. Am »deutschen Tag« in St. Louis beteiligen sich 20 000 Deutsche aus allen Teilen Amerikas.

8. Handelsvertrag zwischen Rumänien und Deutschland unterzeichnet.

10. Deutschland und die Türkei schließen eine Kabelkonvention.

14. Die russische Ostseeflotte bricht von Libau auf.

15.–18. Schlacht am Sha-ho. Einziger nennenswerter Erfolg für die Russen. Dennoch Einbuße von ca. 40 000 Mann.

21./22. In der Nacht zum 22. Oktober beschießt die russische Flotte in der Nordsee bei der Doggerbank 20 Minuten lang englische Fischerboote, die sie für japanische Torpedoboote hält.

22. In den russischen Militärbezirken Warschau, Wilna, Kiew, Moskau und Odessa kommt es zu Tumulten gegen die Einberufung der Reservisten. Die Menge ruft: »Es lebe Japan« und »Nieder mit dem Zaren«.

25. Die erste Strecke der Bagdadbahn Konia–Eregli–Burgurlu wird eröffnet. →

GEBOREN:

1. Hermann Ehlers († 29. 10. 1954), deutscher Politiker.

2. Lal Bahadur Shastri († 11. 1. 1966), indischer Politiker.

2. Graham Greene, englischer Schriftsteller.

14. Christian Pineau, französischer Politiker.

GESTORBEN:

4. Frédéric-Auguste Bartholdi (* 2. 4. 1834), französischer Bildhauer (Schöpfer der Freiheitsstatue in New York).

11. Ludwig Adalbert von Hanstein (* 29. 11. 1861), deutscher Schriftsteller und Redakteur.

Kaiser bereitet Bündnis mit Rußland vor

30. Oktober. Kaiser Wilhelm II. übersendet einen Vertragsentwurf an Zar Nikolaus II. In einem Begleitbrief heißt es, das Bündnis sei als eine »Feuerversicherungsgesellschaft gegen Brandstiftung« anzusehen.

Der russische Außenminister Graf Lamsdorff verhindert die Unterzeichnung, um Frankreich nicht zu brüskieren. Rußland ist nur bereit, Deutschland zu unterstützen für Verwicklungen, die sich aus den Kohlelieferungen für die russische Flotte im japanischen Krieg ergeben. Im übrigen müsse Frankreich zu den Verhandlungen herangezogen werden.

Erster Abschnitt der Bagdadbahn wird eröffnet

25. Oktober. Der erste Streckenabschnitt der Bagdadbahn von Konia bis nach Burgurlu (200 km) ist fertiggestellt. Bei diesem Bauabschnitt haben sich keine besonderen Schwierigkeiten ergeben, da die Trasse weitgehend durch die Ebene geführt werden konnte. Der weitere Bau verzögert sich: Gebirgszüge (Taurusgebirge) verlangen hohen technischen Aufwand (Tunnelbau), und die zugesagte türkische Unterstützung erfolgt nicht im erhofften Maße. Allein die Bestechungsgelder für den ersten Bauabschnitt werden auf zwei Millionen Mark geschätzt. Das Bahnprojekt wird nach Abschluß der Arbeiten mehr als 2000 Kilometer umfassen. Für die Türkei erfüllt sich dann der alte Traum einer Eisenbahn durch Anatolien. Als die Konzession zum Bau der Bagdadbahn an deutsche Firmen erteilt wurde, haben die Großmächte zunächst keine Schwierigkeiten gemacht. Die Öffentlichkeit in einigen europäischen Staaten beurteilt aber das Projekt als imperialistische Aktion des Reiches; das schließt nicht aus, daß sich unter der Führung der Deutschen Bank eine internationale Finanzierungsgruppe zusammenfindet (→ März 1903, Juli 1913).

1904

NOVEMBER

Mo	Di	Mi	Do	Fr	Sa	So
	1	2	3	4	5	6
7	8	9	10	11	12	13
14	15	16	17	18	19	20
21	22	23	24	25	26	27
28	29	30				

3.–18. Unruhen wegen Eröffnung der italienischen Rechtsfakultät an der Universität in Innsbruck. Am 9. November werden die Vorlesungen eingestellt.

8. Theodore Roosevelt als 26. Präsident der USA wiedergewählt.

12. Der Gouverneur von Südwestafrika, Oberst Leutwein, gibt die Verwaltungsgeschäfte an den General von Trotha ab.

12. Die Schweiz und Deutschland schließen einen Handelsvertrag ab. Er soll am 1. 1. 1906 in Kraft treten.

15. Der französische Kriegsminister Louis André tritt zurück, sein Nachfolger ist der Börsenmakler Maurice Berteaux.

16. Die USA kaufen der Panama-Kompanie für 40 Millionen Dollar alle Rechte am Kanal ab.

19. Das vom deutschen Kaiser geschenkte Denkmal Friedrichs des Großen wird in Washington enthüllt.

24. Test des ersten Raupenschleppers: Holt-Dampfzugmaschine Nr. 77, Stockton, Kalifornien. Das erste Modell wird 1906 verkauft.

28. Die Hottentotten werden bei Warmbad von der deutschen Kolonialarmee geschlagen.

29. Der deutsche Staatssekretär des Innern, Graf Posadowsky-Wehner, kehrt nach erfolglosen Gesprächen über einen Handelsvertrag aus Wien zurück.

29. Mehrere Gewerkschaften beschließen, am 1. Mai keinen Umzug mehr zu gestalten.

29. In russischen Universitätsstädten, wie Petersburg und Moskau, demonstrieren Studenten und Studentinnen unter Beteiligung von Arbeitern gegen den Krieg in Ostasien. Dabei werden rote Fahnen entfaltet. Polizei und auch Kosaken gehen gegen die Demonstranten vor.

30. Die Cholera breitet sich in Transkaukasien aus.

30. Die Japaner erstürmen den 203 m hohen Hügel westlich von Port Arthur, der den Hafen beherrscht.

GEBOREN:

4. Walter Bauer († 22. 12. 1976), deutscher Schriftsteller.

21. Coleman Hawkins († 19. 5. 1969), amerikanischer Jazzmusiker.

Berliner Kaufhaus Wertheim wird Vorbild in Europa

Das Warenhaus Wertheim in Berlin.

Der gestiegene Bedarf an Konsumartikeln führt in den ersten Jahren nach der Jahrhundertwende zur Eröffnung großer Warenhäuser im Deutschen Reich, von denen das 1904 in Betrieb genommene Wertheim-Warenhaus in der Leipziger Straße in Berlin sogar Vorbild für ähnliche Projekte in ganz Europa wird. Das für damalige Verhältnisse außergewöhnlich große Verkaufsangebot läßt Fedor von Zobelitz, einen Chronisten der Kaiserzeit, sogar einen Vergleich mit dem Pariser Louvre ziehen, so verwirrend erscheint ihm das Gedränge im weitläufigen Warenhaus. Kaufstätten wie das »Wertheim« mit ihrem vollständigen und luxuriösen Warenangebot üben magische Anziehungskraft auf das Publikum aus.

In einem Warenhaus.

1904
DEZEMBER

Mo	Di	Mi	Do	Fr	Sa	So
			1	2	3	4
5	6	7	8	9	10	11
12	13	14	15	16	17	18
19	20	21	22	23	24	25
26	27	28	29	30	31	

2. Der Handelsvertrag zwischen Deutschland und Italien wird unterzeichnet.

3. Reichskanzler von Bülow legt dem Reichstag eine Denkschrift über die Unruhen in Südwestafrika vor.

6. Der amerikanische Präsident Theodore Roosevelt bringt in der sogenannten »Corollary« zur Monroe-Doktrin vom Jahre 1823 der Weltöffentlichkeit zur Kenntnis, daß die USA sich als internationale Polizeimacht für Südamerika betrachten.

8. Beendigung der Feiern anläßlich des 50jährigen Jubiläums des Dogmas von der unbefleckten Empfängnis.

11. Der Papst schafft das Vetorecht ab und bedroht Kardinäle, die in einem künftigen Konklave als Vertreter einer Regierung die »Esclusiva« (das Recht, unerwünschte Kandidaten bei der Papstwahl abzulehnen) gegen einen Kardinal aussprechen, mit kanonischen (kirchenrechtlichen) Strafen.

16. Japanische Kriegsschiffe verlassen Port Arthur, um der russischen Ostseeflotte entgegenzufahren.

16. Auf Samar (Philippinen) erleiden die amerikanischen Truppen durch Überfälle Verluste.

22. Internationale Kommission zur Untersuchung des Zwischenfalls vor der Doggerbank (→ Oktober 1904) beginnt ihre Tätigkeit.

3. Das »Neue Theater« in Berlin bringt Richard Beer-Hofmanns »Der Graf von Charolais«.

28.–31. Erster Parteitag der preußischen Sozialdemokraten in Berlin.

GEBOREN:

1. Arnold Krieger († 9. 8. 1965), deutscher Schriftsteller.

8. George Stevens († 8. 3. 1975), amerikanischer Regisseur.

10. Antonín Novotny († 28. 1. 1975), tschechoslowakischer Politiker.

17. Eduard Wegener († 30. 12. 1981), deutscher Seekriegstheoretiker.

21. Johannes Edfeldt, schwedischer Lyriker.

26. Alejo Carpentier († 24. 4. 1980), französisch-kubanischer Schriftsteller.

Pawlow erhält Medizinnobelpreis

10. Dezember. In Stockholm und Oslo (Friedenspreis) werden traditionell am Todestag Alfred Nobels (10. Dezember) die Nobelpreise durch den schwedischen König und durch das Nobelkomitee des norwegischen Parlaments verliehen. Die diesjährigen Preisträger sind: Frédéric Mistral (Frankreich) und José Echegaray (Spanien) für Literatur, Iwan Petrowitsch Pawlow (Rußland) für Medizin, John William Strutt Rayleigh (Großbritannien) für Physik und William Ramsay (Großbritannien) für Chemie. Der Friedenspreis wird an das Institut für internationales Recht (Belgien) vergeben. Der Russe Iwan Petrowitsch Pawlow erhält für seine Arbeiten über die Physiologie der Verdauung den Nobelpreis für Medizin. Der Professor an der Militärärztlichen Akademie in Petersburg hat sich besonders mit der nervlichen Steuerung und der dabei beteiligten Steuerung der inneren Sekrete an der Verdauung beschäftigt. Darüber hinaus gilt seine besondere Aufmerksamkeit den Reflexen bei der Speichel- und Magensekretion.

Im Zusammenhang damit gelingt dem russischen Wissenschaftler die Unterscheidung zwischen den unbedingten und bedingten Reflexen (Pawlow-Effekt). Er legt damit den Grundstein für die Lehre von den bedingten Reflexen in der Psychologie.

Der russische Forscher Iwan Pawlow (links) erhält den Nobelpreis für seinen Nachweis, daß Tiere unter bestimmten Bedingungen ein bestimmtes Verhalten erlernen. So fütterte Pawlow mehrere Tage lang einen Hund regelmäßig nach Ertönen einer Glocke. Nach dieser Zeit sonderte der Hund schon bei Ertönen der Glocke Speichel ab, was er sonst nur direkt beim Füttern tat. Diese Reaktion zeigte der Hund auch noch ein halbes Jahr später.

England organisiert Flotte neu: Schwerpunkt künftig in der Nordsee

Die englische Regierung kündigt dem Parlament die bevorstehende Umgruppierung der Kriegsflotte an: Der Schwerpunkt der Einheiten wird in die einheimischen Gewässer und in die Nordsee gelegt. Die bisherigen Schwerpunkte sind Malta und Gibraltar gewesen.

Als Flottenstärke sind zunächst zwölf Einheiten vorgesehen, später wird der Kern aus 15 Schlachtschiffen und sechs Panzerkreuzern bestehen. Abgesehen von den übrigen Flotteneinheiten sind allein diese Geschwader der gesamten deutschen Flotte überlegen.

Erste deutsche Fahrschule

Die aus privater Initiative mit ministerieller Billigung entstandene »Chauffeurschule« am Technikum in Aschaffenburg ist die erste deutsche Fahrschule. Die Kurse, die zehn Wochen dauern, sind vornehmlich für Schlosser und Mechaniker gedacht. Im theoretischen Unterricht fehlt auch der Deutschunterricht nicht. Die Lehrkräfte sind staatlich geprüfte Ingenieure.

New York erhält Wolkenkratzer

In der Stadt New York ist das höchste Gebäude der Welt fertiggestellt worden. Die »New York Times« hat diesen »Wolkenkratzer« in Auftrag gegeben. (Neben heutigen Bauwerken, das höchste Gebäude ist der Sears Tower in Chicago mit 443 Metern, wirkt das Hochhaus bescheiden, ist aber im Vergleich zu den damals üblichen Bauwerken ein gigantischer Bau.)

Neue technische Errungenschaften

Die Autofahrt wird bequemer, nachdem die Firma Renault einen hydraulisch wirkenden Stoßdämpfer eingeführt hat.

Der Kreiselkompaß von Hermann Anschütz-Kaempfe macht die Schiffahrt sicherer.

Die schwedischen Sicherheitshölzer, die ohne Schwefel funktionieren, erleichtern das Anzünden.

Christian Hülsmeyer läßt sich ein Verfahren patentieren, das die Grundlage der nachfolgenden Radar- und Funkmeßtechnik bildet.

In der Eifel wird die größte Talsperre des Deutschen Reiches fertiggestellt: Der Stausee im Urfttal speichert 45 Millionen Kubikmeter Wasser, die zur Erzeugung von Strom eingesetzt werden. Konstrukteur ist der Ingenieur Otto Intze.

William Rubel erfindet den Offsetdruck, das wichtigste Verfahren des Flachdrucks mit einer Platte.

JANUAR

Mo	Di	Mi	Do	Fr	Sa	So
						1
2	3	4	5	6	7	8
9	10	11	12	13	14	15
16	17	18	19	20	21	22
23	24	25	26	27	28	29
30	31					

1. Gründung der »Vegetabilischen Gesellschaft des Monte Verità«. →

2. General Anatolij Stössel übergibt Port Arthur. →

9. Streikbewegung in Rußland verstärkt sich zur revolutionären Bewegung.

19. Im rheinisch-westfälischen Bergbaugebiet streiken 215 000 Bergarbeiter (= 75 %) wegen der Zechenschließungen und Arbeitszeiten. →

19. In Rußland treten Arbeiter der Putiloff-Waffenwerke in den Streik.

21. Uraufführung von Hugo von Hofmannsthals »Das gerettete Venedig« am Lessing-Theater in Berlin.

22. Der Priester Georgi Gapon führt die Volksmenge vor den Winterpalast in Petersburg: Beginn der Revolution in Rußland. »Blutsonntag«. →

23. Manifest der russischen Regierung. →

24. Zaristischer Erlaß: Errichtung einer Militärdiktatur in Petersburg.

25. In Berlin wird der Handelsvertrag mit Österreich-Ungarn unterzeichnet.

27. Schriftsteller und Gelehrte demonstrieren für die Freilassung Maxim Gorkis.

27. Massenstreiks in fast allen großen Städten des russischen Reiches; Zeitungen erscheinen nicht, Zusammenstöße mit Polizei und Militär.

27. Uraufführung von Martys Oper »Daria« in Paris.

28. Uraufführung von Montemezzis Oper »Giovanni Gallurese« in Turin.

31. Sensationeller Erfolg der ersten Max-Reinhardt-Inszenierung am Deutschen Theater Berlin: Shakespeares »Sommernachtstraum«.

GEBOREN:

26. Bernhard Minetti, deutscher Charakterdarsteller.

31. John O'Hara († 11. 4. 1970), amerikanischer Schriftsteller.

GESTORBEN:

3. Anton Braith (* 2. 9. 1836), deutscher Maler.

14. Ernst Abbe (* 23. 1. 1840), deutscher Physiker und Sozialreformer. →

Vor dem Winterpalast in Petersburg schießen Soldaten auf Demonstranten.

Der »Blutsonntag«

22. Januar. Unter Führung des Popen Georgi Gapon bewegt sich eine Massendeputation von annähernd 30 000 Arbeitern auf den Petersburger Winterpalast zu, in der Absicht, dem Zaren eine Bittschrift mit den sozialen und politischen Forderungen zu überreichen. An erster Stelle der Forderungen steht die verlangte Volksvertretung, dann folgen agrarische Reformen, um das harte Los der bäuerlichen Bevölkerung zu erleichtern, Abschaffung der Zensur und Toleranz in Religionsfragen.

Die Regierung reagiert zunächst abwartend, tut aber nichts, um die Stimmung zu beruhigen. Als zufällig ein Schuß fällt, wird die Demonstration brutal niedergeschlagen, und das Militär jagt die Arbeiter mit Waffengewalt auseinander. Über 1000 Demonstranten verlieren ihr Leben. Der Tag geht als »Petersburger Blutsonntag« in die Geschichte ein. Das Vertrauen der Arbeiter in den Zaren ist endgültig zerstört, eine Welle von Kundgebungen, Streiks und Attentaten erschüttert das Land.

In einem Manifest der russischen Regierung zu den Vorfällen vom Vortag heißt es: »Fanatische Reden des Popen Gapon, die geistliche Würde nicht achtend . . . erregten die Arbeiter dermaßen, daß sie am 22. Januar in großen Massen in die Residenz zogen. An einigen Punkten kam es zwischen ihnen und den Truppen infolge der Weigerung, den polizeilichen Anordnungen Folge zu leisten oder infolge direkter Angriffe auf das Militär zu blutigen Zusammenstößen.«

Physiker und Sozialreformer Ernst Abbe stirbt in Jena

14. Januar. In Jena stirbt der deutsche Physiker und Sozialreformer Ernst Abbe (64). Der Professor für Physik hat seit 1867 die optischen Werkstätten der Firma Carl Zeiss geleitet, wurde dann Teilhaber (1875) und seit 1889 Alleininhaber der Firma. Zwei Jahre später brachte Abbe die Firma in die Carl-Zeiss-Stiftung ein. In seiner Eigenschaft als Bevollmächtigter der Stiftung setzte er Reformen durch, die vorbildlich wirkten: Verbesserung der Arbeitsplatzbedingungen, Einführung von Sicherheitsvorschriften, Arbeitszeitbegrenzung, Mitbestimmung und Gewinnbeteiligung. Als Physiker entwickelte Abbe eine Theorie der optischen Abbildungen und konstruierte viele optische Geräte, so zum Beispiel einen Prismenfeldstecher. Darüber hinaus gelangen ihm erhebliche Verbesserungen an Mikroskopen.

Gründung einer »Vegetabilischen Gesellschaft«

1. Januar. 1905 bildet sich in Ascona auf Betreiben des Belgiers Henri Oedenkoven die »Vegetabilische Gesellschaft des Monte Verità«. In 45 Paragraphen sind die Statuten aufgezeichnet. Als Zweck und Mittel gibt die Gesellschaft an: »Davon überzeugt, daß die heute übliche Weise der Ernährung, der Wohnung und Kleidung mit deren Folgen, im schreiendsten Widerspruch zu den durch den Gang der Evolution berechtigten Ansprüchen der Menschen stehen und die Hauptursache zur körperlichen und moralischen Entartung sowie zu den gesellschaftlichen Übelständen liefern, trachten die Vegetabilier, innerhalb ihrer Ansiedlungen soziale Einrichtungen auf vegetabilischer Grundlage zu schaffen, welche ihnen ermöglichen, mit den Naturgesetzen in besserem Einklang zu bleiben.«

Der Initiator, ein belgischer Fabrikantensohn, glaubt den »Schwindel der Zivilisation« durchschaut zu haben. Seit 1901 betreibt er eine »Naturheilanstalt Monte Verità«, die von wallfahrenden Vegetaristen, Nudisten, Naturaposteln und Weltverbesserern besucht wird. Der Anarchist und Schriftsteller Erich Mühsam spottet in einem »alkoholfreien Trinklied«:

»Wir sonnen den Leib, ja wir sonnen den Leib,

Das ist unser einziger Zeitvertreib.

Doch manchmal paddeln wir auch im Teich,

Das kräftigt den Körper und wäscht ihn zugleich.«

Ernst Abbe †.

Übergabe Port Arthurs

2. Januar. Der russische General Anatolij Stössel übergibt Port Arthur. Am 4. Januar ist die Übergabe beendet. Von 45 000 Mann Besatzung haben bei den Kämpfen 7700 den Tod gefunden, 15 000 sind verwundet. Die Japaner gelangen in den Besitz bedeutenden Kriegsmaterials: 546 Geschütze, 82 670 Granaten, 35 282 Gewehre, 1920 Pferde, 4 Schlachtschiffe, 2 Kreuzer, 14 Kanonenboote und Torpedobootzerstörer. Stössel wird in Rußland wegen der Kapitulation zum Tode verurteilt, dann aber zu zehnjähriger Festungshaft begnadigt.

Nach letzten schweren Kämpfen mit den japanischen Truppen räumen die Russen die Festung Port Arthur. Eine zeitgenössische Lithographie.

Bergarbeiter streiken

19. Januar. Im rheinisch-westfälischen Bergbaugebiet streiken über 215 000 Bergarbeiter, das sind etwa Dreiviertel der im Bergbau des Kohlenpotts Beschäftigten. Ursache der Arbeitsniederlegungen sind zahlreiche Zechenschließungen sowie die langen Arbeitszeiten.

Vom 20. Januar an befaßt sich der Reichstag mit dem großen Bergarbeiterstreik. Auf eine Rede des sozialdemokratischen Reichstagsabgeordneten Otto Hue antwortet Reichskanzler Bernhard Fürst von Bülow: »Wenn Sie den Streik ... wirklich nicht provoziert haben ..., wenn der Streik sogar gegen Ihren Willen und Wunsch ausgebrochen ist: wo bleibt da die Hoffnung des Abgeordneten Bebel, daß in seiner Zukunftsgesellschaft die Frage der Produktion sich spielend lösen werde, daß es ihm möglich sein würde, die Masse in ihrer Bewegung aufzuhalten ...«

Einen Tag später erläutert der christsoziale Abgeordnete Adolf Stoecker aus seiner Sicht die Ursachen der Streiks und erwidert auf die Rede des Kanzlers Bernhard Fürst von Bülow: »Dieser Streik ist nicht entstanden aus der sozialdemokratischen Agitation heraus, sondern aus den Verhältnissen. Vor allen Dingen herrscht eine große Erbitterung und Erregung über das Zechenstillegen ... Wenn der Geist des Knappschaftswesens nicht mehr ein so kameradschaftlicher ist wie in früheren Zeiten, so trägt daran allein die Schuld die Ausbreitung des Kapitalismus, welcher Tausende von Bergarbeitern aus anderen Gegenden herbeigeholt hat. In dieser zusammengewürfelten Masse kann ein Solidaritätsgefühl nicht wirksam sein.«

Die Regierung kündigt nach der Debatte die Vorlage eines Bergbaugesetzes an, das den Anliegen der Kumpels wirksam Rechnung tragen soll.

1905

FEBRUAR

Mo	Di	Mi	Do	Fr	Sa	So
		1	2	3	4	5
6	7	8	9	10	11	12
13	14	15	16	17	18	19
20	21	22	23	24	25	26
27	28					

1. Der Zar empfängt eine Abordnung Petersburger Arbeiter. →

7. Bergarbeiterstreik im Ruhrgebiet muß aus finanziellen Gründen abgebrochen werden.

7. Reichstag debattiert über den Maximalarbeitstag. →

12. Russische Adelsversammlung bittet den Zaren, die kaiserliche Herrschaft zu erhalten und den Adel an den erforderlichen Reformen zu beteiligen.

12. Zar Nikolaus II. ordnet die Untersuchung der Verhältnisse der Arbeiter an.

14. Uraufführung von Jules Massenets Oper »Chérubin« in Monte Carlo.

17. Großfürst Sergej, Schwager des Zaren und Gouverneur von Petersburg, stirbt an den Folgen eines Attentats.

17. Reichstag nimmt die Handelsverträge gegen die Stimmen der Sozialdemokraten an.

21. Beginn der Schlacht von Mukden (russisch-japanischer Krieg).

21. Streik von 80 000 belgischen Bergleuten im Anschluß an den Streik im Ruhrgebiet.

24. Der russische Landwirtschaftsminister Yermolow empfiehlt dem Zaren in einer Denkschrift die Einführung einer Verfassung.

25. Die Hull-Kommission fällt ihr Urteil. →

27. Maxim Gorki wird gegen Auflagen freigelassen: Er muß eine Kaution stellen; Riga wird zum Aufenthaltsort bestimmt.

GEBOREN:

6. Wladislaw Gomulka, polnischer Politiker.

7. Paul Nizan, französischer Schriftsteller.

GESTORBEN:

1. Heinrich Lanz (* 9. 3. 1838), deutscher Unternehmer.

2. Adolf Bastian (* 26. 6. 1826), deutscher Ethnologe.

9. Adolph von Menzel (* 8. 12. 1815), deutscher Maler. →

11. Otto Erich Hartleben (* 3. 6. 1864), deutscher Schriftsteller.

15. Lewis Wallace (* 10. 4. 1827), amerikanischer Schriftsteller.

Urteil über Doggerbank-Fall

25. Februar. In Paris wird das Urteil über den Doggerbank-Zwischenfall vom 21. Oktober 1904 von der eingesetzten Hull-Kommission veröffentlicht: Die Kommission erkennt einstimmig an, daß für das russische Geschwader erhebliche Ungewißheit über die drohende oder tatsächliche Gefahr bestanden hat, daß aber dennoch der russische Admiral Gennadi N. Roschdestwenski für die Folgen der Kanonade verantwortlich ist. Die Mehrheit der Kommission bedauert, daß Roschdestwenski bei der Durchfahrt des Ärmelkanals nicht die Seebehörden auf die hilfsbedürftigen Fischerboote aufmerksam gemacht hat. Rußland wird zu finanzieller Entschädigung verurteilt.

Paris und Berlin in Streit um Marokko

In Berlin will die Regierung der französischen Außenpolitik unter Théophile Delcassé nicht tatenlos zusehen. Besonders die Marokkopolitik stößt auf Ablehnung. Delcassé glaubt, gestärkt durch den russisch-französischen »Zweiverband« (1892/1894) und die Entente cordiale (→ April 1904), Marokko auf dem Wege »friedlicher Durchdringung« zu einem französischen Protektorat machen zu können. Deutschland will diese Pläne durchkreuzen und meldet ein wirtschaftspolitisches Interesse an Marokko an, unter Berufung auf ein Abkommen von 1880, das Deutschland eine »offene Tür« garantierte.

Regierung zum Maximalarbeitstag

7. Februar. Im Zusammenhang mit einer Begrenzung der Arbeitszeit für Arbeiter über 16 Jahre vertritt die deutsche Regierung die Auffassung: »Die gesetzliche Einführung eines Maximalarbeitstages beeinträchtigt die Freiheit des Individuums und schädigt das Erwerbsleben. Die Festsetzung des Zehnstundentages würde massenhaft Landarbeiter in die Stadt locken und die Arbeitslosen vermehren.«

Adolph von Menzel †

9. Februar. Im Alter von 89 Jahren stirbt in Berlin der 1815 in Breslau geborene deutsche Maler und Grafiker Adolph Friedrich Erdmann von Menzel. Am Anfang seines Werkes stehen 400 Federzeichnungen für eine »Geschichte Friedrichs des Großen« (Text von Franz Th. Kugler). Bis 1860 schildert Menzel in Zeichnungen und Gemälden die friderizianische Zeit (»Tafelrunde Friedrichs des Großen in Sanssouci«). Danach wendet er sich Themen seiner Zeit zu (»Aufbahrung der Märzgefallenen«) und wählt schlichte Motive aus dem Alltag. Besonders Fragen und Eindrücke der Industrialisierung, Leben in der Großstadt und Arbeiter an ihrem Arbeitsplatz faszinieren ihn. »Das Eisenwalzwerk« (1875) gilt als das erste moderne Industriebild.

Der Maler Adolph von Menzel stirbt hoch geachtet und geehrt in Berlin.

»Das Flötenkonzert in Sanssouci« hat Adolph von Menzel 1852 im Rahmen seiner Folge von Darstellungen aus der friderizianischen Zeit gemalt.

Zar Nikolaus II. empfängt eine Delegation Petersburger Arbeiter

1. Februar. Der Zar Nikolaus II. empfängt eine Abordnung von Petersburger Arbeitern. In seiner Ansprache sagt er: »Die beklagenswerten Ereignisse sind traurig, aber die unvermeidlichen Folgen sind eingetreten, weil ihr euch von Verrätern und Feinden unseres Vaterlandes habt verführen lassen. Als sie euch aufforderten, eine Bittschrift über eure Bedürfnisse an Mich zu richten, habt ihr euch zu einer Revolte gegen Mich und meine Regierung aufgewiegelt, indem ihr euch hinreißen ließet, die Arbeit in einem Zeitraum zu verlassen, an dem alle wahren Russen unaufhörlich arbeiten müssen, um unseren hartnäckigen Feind zu besiegen . . . In Meiner Sorge für die Arbeiter werde Ich Maßregeln ergreifen, um alles Mögliche zu tun, um ihre Lage zu verbessern. – Ich verzeihe ihnen ihre Freveltat.«

1905

MÄRZ

Mo	Di	Mi	Do	Fr	Sa	So
			1	2	3	4	5
6	7	8	9	10	11	12
13	14	15	16	17	18	19
20	21	22	23	24	25	26
27	28	29	30	31		

4. Uraufführung von Gerhart Hauptmanns »Elga« im Lessing-Theater in Berlin.

4. Bauernrevolten in mehreren russischen Gouvernements, Plünderungen.

10. Ende der Schlacht bei Mukden: Sieg für die Japaner. →

11. Erster deutscher Studententag in Eisenach, Betonung der angestammten Rechte.

12. Uraufführung von Ottorino Respighis Oper »Re Enzo« in Bologna.

13. US-Präsident Theodore Roosevelt appelliert an Mutterpflichten. →

14. Englisches Unterhaus debattiert deutsch-englisches Flottenverhältnis: Bedrohung aus der Nordsee.

16. Uraufführung von Pietro Mascagnis Oper »Amica« in Monte Carlo.

17. England führt Achtstundentag für Kohlenarbeiter unter 18 Jahren ein.

25. Uraufführung von Le Bornes Oper »Les Girondins« in Lyon.

27. Papst Pius X. beklagt die geplante Trennung von Kirche und Staat in Frankreich.

27. Wilhelm II. besucht die portugiesische Hauptstadt Lissabon.

GEBOREN:

5. Günther Lüders († 1. 3. 1975), deutscher Schauspieler.

9. Rex Warner, englischer Schriftsteller und Philologe.

15. Berthold Graf Schenk von Stauffenberg († 10. 8. 1944), deutscher Jurist und Widerstandskämpfer.

16. Elisabeth Flickenschildt († 26. 10. 1977), deutsche Schauspielerin.

19. Albert Speer († 1. 9. 1981), deutscher Architekt und Politiker.

20. Wera Fjodorowna Panowa († 3. 3. 1973), russische Schriftstellerin.

22. Grigori Michailowitsch Kosinzew († 11. 5. 1973), sowjetischer Filmregisseur.

GESTORBEN:

15. Amalie Skram (* 22. 8. 1847), norwegische Schriftstellerin.

24. Jules Verne (* 8. 2. 1828), französischer Schriftsteller. →

Russen erleiden Niederlage gegen Japaner

10. März. Die größte Schlacht des russisch-japanischen Krieges endet mit einer Niederlage der Russen. Sie geben die hart umkämpfte Stadt Mukden (heute Schenjang) auf und ziehen sich zurück. Die Verluste auf beiden Seiten sind sehr groß: Die Japaner verlieren annähernd 50 000 Soldaten, die Russen nahezu 92 000 Mannschaften und Offiziere.

Karikatur der »Fliegenden Blätter« zur Niederlage der Russen.

Jules Verne stirbt

24. März. Im Alter von 77 Jahren stirbt in Amiens der »Vater des Zukunftsromans« Jules Verne. Seine Bücher werden zu Bestsellern, weil es ihm gelingt, durch Einbeziehung wissenschaftlicher oder halbwissenschaftlicher Vorstellungen abenteuerliche Fantasievorstellungen überzeugend zu gestalten. Zu seinen erfolgreichsten Romanen gehören »Reise zum Mittelpunkt der Erde« (1864), »Reise um den Mond« (1869), »20 000 Meilen unterm Meer« (1870) und »Reise um die Erde in 80 Tagen« (1873).

Jules Verne †.

Wilhelm II. in Marokko

31. März. Kaiser Wilhelm II. geht bei seiner Mittelmeerreise am 31. 3. auf Drängen von Reichskanzler Bernhard Fürst von Bülow in Tanger an Land, um die vom französischen Imperialismus bedrohte Souveränität Marokkos zu bekräftigen. Die deutsche Politik zielt dahin, Frankreich an der Nützlichkeit der »Entente« zweifeln zu lassen. Frankreich, dessen Bundesgenosse Rußland durch die Niederlage in Ostasien gegen Japan und durch die innenpolitischen Wirren als Machtfaktor momentan ausfällt, empfindet das deutsche Vorgehen als starke Herausforderung und sucht Unterstützung bei England. Diese Unterstützung erhält Frankreich auch aus London. Deutschland fordert eine internationale Konferenz zur Klärung der marokkanischen Frage. Der französische Außenminister Théophile Delcassé tritt für einen harten Kurs gegen Deutschland ein, ist aber innerhalb seines Kabinettes isoliert. Deutschland kann sich in seiner Forderung nach einer internationalen Konferenz über Marokko durchsetzen und hofft, dort Frankreich eine diplomatische Niederlage erteilen zu können. Die Konferenz zur Beilegung der ersten Marokkokrise soll im Januar 1906 in Algeciras (Spanien) zusammentreten.

Kaiser Wilhelm II. besucht während einer Mittelmeerreise die Stadt Tanger.

Schelte für Ehepaare ohne Kinder

13. März. In einer Rede vor dem Nationalkongreß äußert sich der amerikanische Präsident Theodore Roosevelt zu den Problemen, die aus dem Widerstreit von Mutterpflichten und den Bequemlichkeiten eines modernen Lebensstils entstehen können: »Welche wahre Mutter würde ihre Erfahrungen in Freud und Leid austauschen gegen ein Leben in kalter Selbstsucht, in stetem Vergnügen, und nur um der Vermeidung jeder Sorge willen, gegen ein Leben, das die höchste Bequemlichkeit und Luxus bietet, aber keinen Raum für Kinder hat? Die Männer und Frauen verdienen nur tiefe Verachtung.«

1905

APRIL

Mo	Di	Mi	Do	Fr	Sa	So
					1	2
3	4	5	6	7	8	9
10	11	12	13	14	15	16
17	18	19	20	21	22	23
24	25	26	27	28	29	30

2. In Iselle/Schweiz wird der Simplontunnel feierlich eröffnet.

7. Allrussische Kongresse in Petersburg fordern eine Verfassung auf demokratischer Basis.

11. Die amtliche russische Pressekonferenz beschließt die Aufhebung der Zensur bei Privattelegrammen.

12. Russische Flotte unter Admiral Gennadi N. Roschdestwenski hält sich in französischen Territorialgewässern auf (Kamray-Hongkohebucht).

14. Uraufführung von Engelbert Humperdincks Oper »Die Heirat wider Willen« in Berlin.

14. Der Zoologe und Philosoph Ernst Haeckel ruft in der Berliner Sing-Akademie zum »Kampf um den Entwicklungsgedanken« auf.

16. Uraufführung von J. B. Foersters Oper »Jessika« in Prag.

19. Frankreichs Außenminister Théophile Delcassé wird wegen mangelnder Öffentlichkeitsaufklärung in der Marokkofrage angegriffen.

25. Neue Verfassung für Transvaal (Südafrika): Wahlrecht nur für Weiße.

27. Eröffnung der Weltausstellung in Lüttich (Belgien).

27. Deutschfeindliche Artikel in französischen Blättern rufen Panik an der Börse hervor.

29. Toleranzedikt in Rußland erklärt Erleichterung für religiöse Minderheiten (z. B. für die Griechisch-Orthodoxen).

30. König Edward VII. besucht Paris: Treffen mit Präsident Émile Loubet und Außenminister Théophile Delcassé.

GEBOREN:

2. Serge Lifar, sowjetischer Choreograph.

11. Attila József († 3. 12. 1937), ungarischer Schriftsteller.

19. Theodor Müller, Direktor des bayrischen Nationalmuseums.

24. Robert Penn Warren, amerikanischer Schriftsteller.

26. Jean Vigo († 5. 10. 1934), französischer Regisseur.

GESTORBEN:

4. Constantin Meunier (* 12. 4. 1831), belgischer Maler und Bildhauer. →

Abschied von einem Maler der Arbeitswelt

4. April. Der belgische Bildhauer und Maler Constantin Meunier stirbt im Alter von 74 Jahren. Zu seinen wesentlichen Leistungen gehört die bildhauerische Darstellung des arbeitenden Menschen, den Meunier heroisiert.

Bronzeskulptur von Constantin Meunier: »Bergmädchen«, 1888.

Was Beamte verdienen

In Berlin werden Zahlen über das Jahreseinkommen von Beamten veröffentlicht. Danach verdient ein Oberpräsident 21 000 Mark, ein Regierungsrat 7200 Mark, ein Kanzleisekretär erhält 3800 Mark, ein Stationsvorsteher 4200 Mark, ein Lokomotivführer schließlich muß mit 2200 Mark auskommen.

1905

2. Deutsches Kaiserpaar besucht Venedig.

6. Sigmund Freud feiert seinen 50. Geburtstag.

7. Großes Judenpogrom in Schitomir/Wolynien.

8. Tagung der internationalen Arbeiterschutzkonferenz in Bern (Thema: Gewerbliche Nachtarbeit von Frauen).

9. Ganz Deutschland feiert den 100. Todestag Friedrich Schillers.

9. Vereinigung der russischen Geschwader bei Saigon.

12. Reichstag debattiert Unsittlichkeit in Kunst und Literatur.

13. Riesenerfolg bei dem ersten Auftritt der Tänzerin Mata Hari in Paris.

14. Hamburg ändert Wahlrecht, um weiteres Vordringen der Sozialdemokraten zu verhindern.

16. Das norwegische Storting beschließt mit 81 zu 36 Stimmen die Einführung der direkten Wahl.

21. Union 05 Berlin wird durch einen 2 : 0-Sieg gegen den Karlsruher FV in Köln Deutscher Fußballmeister.

21. Parteitag der Nationalliberalen in Dresden: Ablehnung des Zusammengehens mit den Sozialdemokraten.

22. Fünfter Kongreß der freien Gewerkschaften in Köln: Vertreten sind 1,25 Millionen organisierte Arbeiter.

25. Emile Jaques-Dalcrozes Oper »Onkel Dazumal« in Köln uraufgeführt.

26. Annahme des Berggesetzes im preußischen Abgeordnetenhaus. →

30. Der marokkanische Sultan lädt zu einer Marokkokonferenz ein.

GEBOREN:

1. Theodor Oberländer, deutscher Politiker.

13. Pierre Schneiter, französischer Politiker.

16. Henry Fonda, amerikanischer Schauspieler.

24. Michail Scholochow, sowjetischer Schriftsteller, Nobelpreisträger 1965.

25. Gustav Rudolf Sellner, deutscher Regisseur.

29. Bob Hope, amerikanischer Schauspieler.

Seeschlacht von Tsushima

Bei der Seeschlacht wird das russische Linienschiff »Borodino« zerstört.

Admiral Roschdestwenski (rechts).

Japanisches Bravourstück.

Eine Karikatur zum japanischen Sieg.

27. Mai. Japanische Schiffsgeschütze vernichten die russische Baltikumflotte bei Tsushima. Admiral Heihachiro Togo verlegt der russischen Flotte in der Straße von Korea den Weg. Die bessere Ausrüstung der Japaner nach Material und Ausbildung, besonders die Bindung der Japaner an ihre Nation, entscheidet die Schlacht. Die Japaner haben nur wenige Tote zu beklagen (116), die Russen hingegen 5000 Gefallene und 6000 Gefangene. Von den 38 russischen Schiffen werden 20 versenkt, sechs ergeben sich, einige retten sich nach Wladiwostok oder in neutrale Häfen. Der russische Admiral Roschdestwenski gerät schwer verwundet in Gefangenschaft.

Mit diesem Sieg sichern sich die Japaner ihre Überlegenheit zur See und den endgültigen Sieg in diesem Krieg gegen Rußland. Unter den russischen Matrosen macht sich meuterische Stimmung breit. In mehreren Häfen (Kronstadt, Libau, Sewastopol, Odessa) werden Magazine zerstört und Offiziere fortgejagt (→ Februar 1904, Januar 1905).

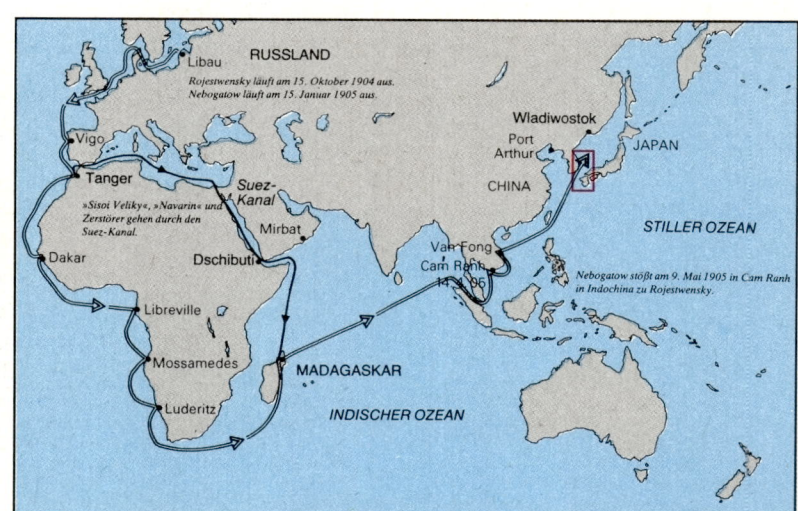

Die Karte zeigt den Weg der russischen Baltikumflotte um das Kap der Guten Hoffnung bis in die Straße von Korea bei Japan.

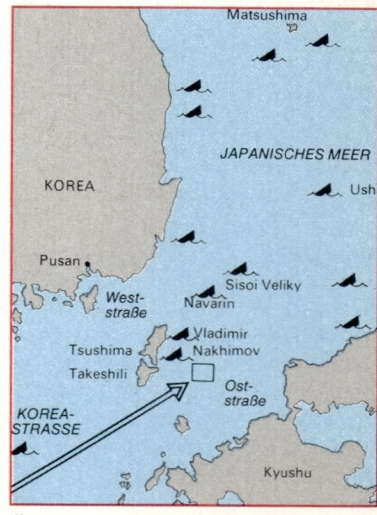

Übersicht über Ort und Zahl der versenkten russischen Schiffseinheiten.

Christlich-soziale Arbeiterbewegung gewinnt Mitglieder

Die christlich-soziale Arbeiterbewegung in Deutschland wächst stark an. Nach einer im Mai 1905 veröffentlichten Statistik beträgt ihre Mitgliederzahl jetzt 195 401. Die Entwicklung seit 1901:
1. Januar 1901: 83 571
1. Januar 1902: 84 497
1. Januar 1903: 84 652
1. Januar 1904: 100 053
1. Januar 1905: 195 401.

Flottenrüstung in Europa

11. Mai. Nach dem italienischen Flottenprogramm soll die Flotte bis 1908/1909 nach Anzahl der Schiffe und Stärke verdoppelt werden. Das bedeutet: 4 Linienschiffe, 4 gepanzerte Kreuzer, 14 Torpedobootzerstörer, 12 Unterseeboote sowie 42 Torpedoboote.
Der englische Zivillord Arthur Lee erklärt vor dem Unterhaus über die Bedeutung der englischen Flotte: »Wir müssen mit Unruhe auf die Nordsee blicken. Deshalb wurde die englische Flotte in der Art organisiert, daß sie einer Gefahr von dieser Seite eher die Stirn biete, als daß sie die Aufmerksamkeit auf das Mittelländische Meer richte.«

Neues Berggesetz regelt Arbeitszeit

26. Mai. Eine Novelle zum Berggesetz gibt der deutschen Regierung die Möglichkeit, zu hohe Arbeitszeiten herabzusetzen, die sanitären Bedingungen zu verbessern und auch das Bestrafungssystem zu verändern. Damit besteht die Hoffnung, eine Katastrophe wie den Bergarbeiterstreik im Ruhrgebiet in Zukunft zu verhindern: 200 000 Arbeiter haben ihre Arbeit verloren. Insgesamt müssen die Arbeiter 20 Millionen Mark an entgangenem Lohn einbüßen.
Die Industrie erleidet durch den Streik einen Verlust von 70 Millionen Mark. Für viele bedeutet der Streik eine Herabsetzung des Lebensstandards um die Hälfte.

1905
JUNI

Mo	Di	Mi	Do	Fr	Sa	So
			1	2	3	4
5	6	7	8	9	10	11
12	13	14	15	16	17	18
19	20	21	22	23	24	25
26	27	28	29	30		

3. Kaiser Wilhelm II. empfiehlt Zar Nikolaus II., Frieden zu schließen.

6. Der französische Außenminister Théophile Delcassé muß auf Forderung des Deutschen Reiches zurücktreten. →

6. Reichskanzler Graf Bülow wird in den Fürstenstand erhoben.

7. Künstlerbund »Brücke« wird gegründet. →

7. Norwegisches Storting faßt den Beschluß, daß »die Union mit Schweden unter einem König aufgehört hat zu existieren«.

7. Uraufführung von Webers Oper »Fiorella« in London.

9. Otto Nöldeke erhält von Wilhelm Busch das versiegelte Manuskript »Hernach«.

14. Matrosenmeuterei in Wladiwostok.

19. Papst Pius X. gestattet in einer Enzyklika den italienischen Katholiken die Beteiligung am öffentlichen Leben (Teilnahme an Wahlen und Volksvertretung).

25. Straßenkämpfe in Lodz: 60 000 Arbeiter auf Barrikaden, 561 Tote, Streiks in Warschau und Tschenstochau.

28. Leonis Oper »L'Oracolo« in London uraufgeführt.

28. Russische Schwarzmeerflotte meutert.

28./29. Kämpfe zwischen Bevölkerung und Truppen in russischen Hafenstädten, besonders in Odessa: Zerstörung von Hafenanlagen, Magazinen, Schiffen. Tod Hunderter.

GEBOREN:

21. Jean Paul Sartre († 15. 4. 1980), französischer Philosoph und Schriftsteller, Nobelpreis 1964.

GESTORBEN:

8. Fürst Leopold von Hohenzollern (* 22. 9. 1835).

10. Heinrich Denifle (* 16. 1. 1844), österreichischer Theologie- und Kulturhistoriker.

15. Hermann von Wissmann (* 4. 9. 1853), deutscher Afrikaforscher. →

18. Per Teodor Cleve (* 10. 2. 1840), schwedischer Chemiker.

26. Max Hirsch (* 30. 12. 1832), deutscher Politiker.

»Potemkin«-Meuterei

27. Juni. Die Besatzung des Panzerkreuzers »Fürst Potemkin« meutert, weil ein Offizier einen beschwerdeführenden Soldaten erschossen hat. Die Offiziere werden getötet, die Mannschaft besetzt das Schiff und hißt in Sewastopol die rote Fahne. Danach erzwingt sie Nachschub von Kohlen und Lebensmitteln und läßt sich auch von anrückenden Linienschiffen nicht zur Aufgabe zwingen, sondern fährt in den Hafen der Streikstadt Odessa. Wenig später muß das Schiff wegen Materialmangels im neutralen Konstanza (Rumänien) übergeben werden. Die Besatzung erhält politisches Asyl.

»Die Potemkin vor Odessa«. Ein Gemälde von Manfred Bluth (1905).

Afrikaforscher stirbt

15. Juni. Der deutsche Afrikaforscher Hermann von Wissmann stirbt im Alter von 51 Jahren. Zu seinen bedeutendsten Leistungen gehörte die erste Durchquerung Äquatorialafrikas von Westen nach Osten (1880 bis 1882). Zwei Jahre später erkundete er das Kongogebiet und wurde 1888 als Reichskommissar für Deutsch-Ostafrika eingesetzt. Dort organisierte er die erste sogenannte Schutztruppe der weißen Siedler in den Kolonien, mit ihrer Hilfe gelang es ihm, einen gefährlichen Aufstand arabischer Sklavenhändler niederzuwerfen.

Eine Sektion der Schutztruppe in Deutsch-Ostafrika. Vorn links sitzend der deutsche Afrikaforscher und Reichskommissar Hermann von Wissmann.

»Brücke« gegründet

7. Juni. In Dresden schließen sich vier junge Studenten zum Künstlerbund »Brücke« zusammen mit dem Ziel, freie Künstler zu werden. Es sind die Architekturstudenten Fritz Bleyel, Erich Heckel, Ernst Ludwig Kirchner und Karl Schmidt-Rottluff.

In dem von Kirchner ein Jahr später verfaßten Manifest der »Brücke« wird eine neue geistige Haltung propagiert: »Jeder gehört zu uns, der unmittelbar und unverfälscht das wiedergibt, was ihn zum Schaffen drängt.« Die »Brücke«-Künstler suchen Anregungen bei altdeutschen Holzschnitten, bei der Schnitzkunst der Südseeinsulaner und Afrikaner, bei Edvard Munch und beim Kubismus.

Nach spätimpressionistischen Anfängen wenden sie sich 1906 einer archaisierenden Formgebung, ausgeprägter Starkfarbigkeit, Monumentalität und Flächenhaftigkeit zu.

Zu den Leistungen der Gruppe, der auch Max Pechstein, Otto Mueller und kurzfristig Emil Nolde angehören, zählen die Wiederbelebung des Holzschnittes als künstlerisches Ausdrucksmittel und neue Impulse für das Aquarell.

Im Gegensatz zu den Vertretern des »Blauen Reiters« dominiert bei ihnen die Vorliebe für Dämonie und elementare Sinnlichkeit. Die Mitglieder der Gruppe entwickeln sich zu den wichtigsten Repräsentanten des Expressionismus. Dabei hat keines der Gründungsmitglieder eine Ausbildung als Maler oder Grafiker gehabt. In gemeinsamen Studien und Arbeiten in einem Raum haben sie dies nachgeholt und meisterlich vollendet.

Ein Ausstellungsplakat der neugegründeten Künstlergemeinschaft »Die Brücke«. Der Entwurf stammt von dem Gründungsmitglied Ernst Ludwig Kirchner.

Französischer Außenminister tritt zurück

Théophile Delcassé.

6. Juni. Der französische Außenminister Théophile Delcassé – Schöpfer der Entente cordiale (→ April 1904) – kündigt seinen Austritt aus der Regierung an. Vorausgegangen ist sein Bericht über Deutschlands Forderung nach einer Konferenz aller Vertragspartner des Madrider Vertrages von 1880, der den Einfluß der beteiligten Staaten in Marokko festlegte, und sein Antrag, dieser Einladung nicht Folge zu leisten. Ministerpräsident Maurice Rouvier hält ihm entgegen, daß Frankreich in diesem Fall mit einem Krieg rechnen müsse, wie der deutsche Reichskanzler Bernhard Fürst von Bülow in einem Gespräch mit dem französischen Botschafter Bihourd unzweideutig zum Ausdruck gebracht hat.

Damit ist es dem Berliner Kabinett zunächst gelungen, das alleinige Recht Englands und Frankreichs zur Lösung der marokkanischen Frage zu bestreiten.

Außerdem . . .

In St. Louis/Missouri wird die erste für die Verkehrsregelung zuständige Polizeitruppe aufgestellt.

Die wachsende Macht der Japaner im Pazifik beunruhigt die USA. Der amerikanische Präsident Theodore Roosevelt versucht deshalb, im russisch-japanischen Krieg zu vermitteln.

1905
JULI

Mo	Di	Mi	Do	Fr	Sa	So
					1	2
3	4	5	6	7	8	9
10	11	12	13	14	15	16
17	18	19	20	21	22	23
24	25	26	27	28	29	30
31						

2. In Frankreich tritt ein Berggesetz in Kraft, das die Arbeitszeit auf 9 Stunden begrenzt.

3. Die Französische Kammer genehmigt das Gesetz über die Trennung von Kirche und Staat. →

4. Buren demonstrieren in Pretoria gegen das Wahlrecht wegen der Benachteiligung der holländischen Sprache und des Wahlrechts für Engländer.

8. Frankreich stimmt Marokkokonferenz zu.

8. Mannschaft des Panzerkreuzers »Fürst Potemkin« ergibt sich den rumänischen Behörden. Weil ihre politischen Motive anerkannt werden, erfolgt keine Auslieferung.

9. Englische Flotte besucht Frankreich (Brest).

9. Friedenskongreß in Konstanz platzt. →

12. Théophile Delcassé über die geplante Marokkokonferenz: »Sich zur Konferenz zu begeben, ist für Frankreich ein Fehler und welch ein Fehler!«

18. Eröffnung einer Küsteneisenbahn in Togo.

20. Russische Adelsversammlung (Semstwo) protestiert gegen den Entwurf der Reichsduma.

21. Bombenattentat auf den türkischen Sultan nach Moscheebesuch.

23. Massenplünderungen in Rußland (Nischni Nowgorod).

23. Beginn einer Zusammenkunft von Wilhelm II. und Zar Nikolaus II. bei Björkö.

25. Vertrag von Björkö. →

31. Wilhelm II. besucht Dänemark (Kopenhagen).

GEBOREN:

4. Louis Daniel (Satchmo) Armstrong († 6. 7. 1971), amerikanischer Jazzmusiker.

6. Juan O'Gorman, mexikanischer Architekt.

7. Hans-Joachim von Merkatz († 25. 2. 1982), deutscher Politiker.

29. Dag Hammarskjöld († 17. 9. 1961), schwedischer Politiker (UN-Generalsekretär).

GESTORBEN:

4. Elisée Reclus (* 15. 3. 1830), französischer Geograph.

11. Muhammad Abduh (* 1849), islamischer Reformer.

Vertrag von Björkö

Gespräche über ein deutsch-russisches Bündnis: Kaiser Wilhelm II. (rechts mit weißer Hose) und Zar Nikolaus II. (zweiter von rechts).

25. Juli. Kaiser Wilhelm II. knüpft bei seinem Besuch in Björkö, nordwestlich von Petersburg, an seine Kontinentalbundpläne an. Er schlägt Zar Nikolaus II. einen Vertrag vor, der vorsieht, daß im Falle eines Angriffs einer europäischen Macht auf Rußland oder Deutschland jeweils der andere Partner des Angegriffenen in Europa mit allen seinen Land- und Seestreitkräften helfen solle. Nach Abschluß des Vertrages soll Frankreich durch Rußland zu einem Beitritt veranlaßt werden, womit ein starker Kontinentalbund zustande komme. Die beiden Monarchen unterzeichnen am 25. Juli das Dokument. Eine Ratifizierung erscheint indessen höchst zweifelhaft, da der Vertrag sofort von den zu den Beratungen nicht hinzugezogenen Ministern kritisiert wird.

Kaiser Wilhelm II. äußert sich wenig später folgendermaßen über den Björkö-Vertrag: »So ist der Morgen des 24. Juli 1905 zu Björkö ein Wendepunkt in der Geschichte Europas geworden, dank der Gnade Gottes, und eine große Erleichterung der Lage für mein teures Vaterland, das endlich aus der scheußlichen Greifzange Gallien–Rußland befreit werden wird.«

Trennung von Staat und Kirche

3. Juli. Mit 509 gegen 44 Stimmen genehmigt die französische Kammer die Trennung von Kirche und Staat: »Innerhalb eines Jahres von der Veröffentlichung des gegenwärtigen Gesetzes an werden die beweglichen und unbeweglichen Güter der bischöflichen Mensen, der Kirchenfabriken, Presbyterialräte, Konsistorien und anderen öffentlichen Kultusanstalten mit allen auf ihnen haftenden Lasten und Verpflichtungen ... den Gemeinschaften übertragen, die sich unter Anpassung an die Regeln ... gebildet haben werden.«

Bebel spricht bei Kundgebung

9. Juli. Die geplante Teilnahme europäischer Sozialdemokraten an einer wichtigen Friedensdemonstration und Völkerverbrüderung in Konstanz scheitert am Einspruch der Regierung: Die ausländischen Gäste erhalten Redeverbot. Lediglich der Reichstagsabgeordnete August Bebel hält seine Rede vor der Versammlung.

Außerdem . . .

Der Franzose Louis Trousselier gewinnt die Tour de France 1905.

1905
AUGUST

Mo	Di	Mi	Do	Fr	Sa	So
	1	2	3	4	5	6
7	8	9	10	11	12	13
14	15	16	17	18	19	20
21	22	23	24	25	26	27
28	29	30	31			

1. Russischer Arbeiterstreik legt Eisenbahn lahm; Truppen schreiten ein.

8. Erste Friedenssitzung in Portsmouth/New Hampshire (USA). Als Vertreter Japans erscheinen Komura und Takahira, Rußland wird durch Finanzminister Sergej Witte vertreten.

12. Vertrag zwischen England und Japan. →

13. Bei 80 % Wahlbeteiligung stimmen 368 200 Norweger für die Trennung von Schweden.

13. Revolutionäre Demonstrationen in Rußland fordern viele Tote.

15. Belgischer Senat genehmigt Gesetz über Sonntagsruhe.

16. Treffen Kaiser Wilhelms II. mit Edward VII., König von England, in Bad Ischl.

19. Zar Nikolaus II. veröffentlicht einen Erlaß über die Einführung einer Verfassung. →

21. 52. Generalversammlung der Katholiken Deutschlands in Straßburg.

22. Infolge eines Generalstreiks wird über Polen der Kriegszustand verhängt.

23. Cholerafälle im Weichsel- und Warthegebiet.

25. Russisches Kriegsgericht verurteilt acht Matrosen wegen Meuterei zum Tode.

29. Unter Vermittlung des amerikanischen Präsidenten Theodore Roosevelt einigen sich Rußland und Japan über die Friedensbedingungen.

30. Türkei lehnt internationale Finanzkontrolle (Vorschlag der Großmächte zur Lösung der mazedonischen Frage) ab.

GEBOREN:

2. Rudolf Prack († 2. 12. 1981), deutscher Schauspieler.

2. Karl Amadeus Hartmann († 5. 12. 1963), deutscher Komponist.

9. Pierre Klossowski, französischer Schriftsteller.

18. Peter Kreuder († 26. 6. 1981), deutscher Komponist.

27. Jorgos Theotokas, griechischer Schriftsteller.

GESTORBEN:

4. Walter Flemming (* 21. 4. 1843), deutscher Anatom, Zellforscher.

England und Japan einig über Asien

12. August. England und Japan schließen einen Vertrag über die Erhaltung der gemeinsamen Interessen in Ostasien und Indien. Dieser Vertrag ersetzt das Übereinkommen vom 30. Januar 1902. Die wesentlichen Entscheidungen sind Artikel 3: Großbritannien erkennt Japans Recht in Korea an, und Artikel 4: Japan erkennt die Rechte Großbritanniens in Indien an. Außerdem vereinbaren die Mächte eine Garantie über die gegenseitigen Interessen und gegenseitige Waffenhilfe bei einem Angriff in Ostasien.

Für China wird weiterhin die Sicherung der Unabhängigkeit und Integrität verabredet (die sogenannte Politik der offenen Tür).

Rußland führt Verfassung ein

19. August. In Rußland wird die Einführung einer Verfassung beschlossen. Zar Nikolaus II. erklärt in einem Manifest über die Einrichtung einer Duma: »Die Zeit ist nun gekommen ... die Abgeordneten des ganzen russischen Reiches einzuberufen, welche an der beständigen und tätigen Ausarbeitung der Gesetze teilnehmen sollen. Zu diesem Zwecke wird den höheren staatlichen Behörden eine besondere beratende Körperschaft zur Seite gestellt werden, welche die Aufgabe hat, die Gesetzesvorschläge vorläufig auszuarbeiten und zu beraten und das Staatsbudget zu prüfen. Aus diesem Grund haben wir für gut befunden, eine Reichsduma einzusetzen.«

General: Geben keinen Pardon

26. August. Die Zeitschrift »Die Zukunft«, herausgegeben von Maximilian Harden, veröffentlicht den Aufruf des deutschen Generals von Trotha an die Hereros: »Innerhalb der deutschen Grenze wird jeder Herero erschossen. Ich nehme keine Weiber und Kinder mehr auf, treibe sie zu ihrem Volk zurück und lasse auf sie schießen.«

Mo	Di	Mi	Do	Fr	Sa	So
				1	2	3
4	5	6	7	8	9	10
11	12	13	14	15	16	17
18	19	20	21	22	23	24
25	26	27	28	29	30	

1. Sprachenerlaß in Posen verfügt den Gebrauch der deutschen Sprache im Beicht- und Kommunionsunterricht.

2. Blutige Unruhen auf den Erdölfeldern von Baku (Kaukasus). →

4.–8. Kongreß der Trade Unions in Hanley/Großbritannien. 1,56 Millionen Mitglieder werden von 458 Delegierten vertreten. Forderungen: Freihandel und Achtstundentag.

5. Unterzeichnung des Friedens von Portsmouth zwischen Japan und Rußland. →

5. Der dänische Kriegs- und Marineminister erhält die offizielle Bezeichnung »Verteidigungsminister«.

8. Prügelstrafe in Dänemark.

8. Unruhen in Mazedonien: Kämpfe zwischen bulgarischen Banden und türkischen Truppen.

17.–23. Sozialdemokratischer Parteitag in Jena. →

20. In Anwesenheit des österreichischen Kaisers Franz Joseph wird in Gastein die Tauernbahn eröffnet.

24. In Frankreich stirbt Godefroy Cavaignac. Der ehemalige Kriegsminister war einer der schärfsten Gegner der Revision des Dreyfusprozesses (→ Juli 1906).

26. Die russische Adelsversammlung (Semstwo) und Städteverwaltung erklären die geplante Duma (Parlament) für ungenügend.

28. Vereinbarung zwischen Deutschland und Frankreich über das Programm der geplanten Marokkokonferenz. →

28. Nach Pressemeldungen hat der Gouverneur von Französisch-Kongo unglaubliche Grausamkeiten gegenüber Eingeborenen geduldet: Tausende von Negern sollen umgebracht worden sein.

GEBOREN:

3. Carl David Anderson, amerikanischer Physiker.

5. Arthur Koestler, österreichisch-ungarischer Schriftsteller.

18. Greta Garbo, schwedische Schauspielerin.

19. Theodor Blank († 14. 5. 1972), deutscher Politiker.

27. Ernst Baier, deutscher Eiskunstläufer.

28. Max Schmeling, deutscher Boxer.

Roosevelt vermittelt

5. September. Unter Vermittlung des amerikanischen Präsidenten Theodore Roosevelt unterzeichnen die Vertreter Japans und Rußlands in Portsmouth den vereinbarten Friedensvertrag.

Artikel 1 bestimmt die Wiederherstellung des Friedens und der Freundschaft zwischen den Herrschern und Untertanen der bisher kriegführenden Staaten. Rußland zieht sich aus der Mandschurei zurück und ermöglicht so die Herstellung der chinesischen Souveränität. Japan sichert sich Port Arthur und das Protektorat über Korea und den südlichen Teil von Sachalin. Damit ist Japan in den Kreis der Großmächte eingetreten und baut seine Position weiter aus.

SPD-Parteitag in Jena

17.–23. September. Der sozialdemokratische Parteitag in Jena nimmt kritisch Stellung zur auswärtigen Politik des Reiches. In seiner Rede vor den Delegierten sagt der Abgeordnete August Bebel: »Rußland war 30 Jahre hindurch der Schiedsrichter Europas. Seine Armee, seine Flotte sind jetzt auf längere Zeit gebrochen. Aber, Parteigenossen, man sollte es nicht meinen, daß dieser für Deutschland durch den ostasiatischen Krieg geschaffene günstige Zustand durch das unglaubliche Geschick der deutschen Staatsmänner nicht ausgenutzt, sondern in das Gegenteil verkehrt worden ist. Der Zweibund war in seiner Aktionsfähigkeit gebrochen, aber unsere famosen Staatsmänner haben es zuwege gebracht, daß sich zur selben Zeit ein neuer Zweibund, Frankreich – England, gebildet hat. Das ist die Folge unserer Marokkopolitik, der Reise nach Tanger, der Drohungen und der Anfrage an den Generalstab, ob wir gerüstet seien.«

Erdölfelder bei Baku zerstört

2. September. Die Straßenkämpfe zwischen Armeniern und Tataren in Baku weiten sich aus: Erdölanlagen, Bohr- und Fördertürme werden in Brand gesetzt und zerstört. Die Unruhen greifen auch auf andere Städte und Industrieanlagen im Kaukasus über und fordern insgesamt über 1000 Opfer. Der entstandene Schaden wird auf mehrere 100 Millionen Mark geschätzt. Kommentare in Europa vermuten, der Grund für das zurückhaltende Eingreifen der Polizei liege darin, daß die Polizei die Tataren gegen die Armenier aufgehetzt habe.

Konferenz geplant

28. September. Deutschland und Frankreich vereinbaren, dem marokkanischen Sultan ein Programm für eine Marokkokonferenz der beteiligten Mächte vorzuschlagen. Zu den Themen gehören eine Finanzreform, Regelung der Einkünfte und Steuern.

Hohe Quoten bei Einwanderung

Im Jahre 1904 sind in Amerika 1 026 499 Menschen (Vorjahr: 812 870) eingewandert. Sie kamen aus folgenden Ländern:

Land	Anzahl
Deutschland	40 574
Österreich	111 990
Italien	221 479
England	64 709
Irland	52 945

Außerdem . . .

In China hebt ein kaiserliches Edikt die Prügelstrafe auf.

Schwere Hungersnot in Andalusien – Landarbeiter schlachten Viehherden ab. Die Gendarmerie ist machtlos.

Das Piratenunwesen im Roten Meer nimmt zu. Die italienische Regierung legt beim türkischen Sultan Beschwerde ein.

Mo	Di	Mi	Do	Fr	Sa	So
						1
2	3	4	5	6	7	8
9	10	11	12	13	14	15
16	17	18	19	20	21	22
23	24	25	26	27	28	29
30	31					

2. Württemberger Eisenbahnverwaltung führt Neunstundentag ein.

2. Eröffnung von Max Reinhardts Schauspielschule des Deutschen Theaters in Berlin.

6. Streiks und Straßenkämpfe in Moskau: Polizei und Militär greifen ein.

8. Kongreß in Moskau proklamiert Eisenbahnstreik, der in der Folgezeit das gesamte Bahnnetz stillegt.

13. Auf Initiative der Buchdrucker bildet sich in Petersburg der erste Arbeitersowjet. Vizevorsitzender ist Leo Trotzki.

14. Telegramme aus Petersburg und Tokio melden nach Washington, daß die Herrscher von Rußland und Japan den Friedensvertrag unterzeichnet haben. Damit ist der russisch-japanische Krieg offiziell beendet.

16. Manifest des japanischen Kaisers.

21. Uraufführung von Friedrich Lienhards »Die heilige Elisabeth«, Teil 2 der Trilogie »Wartburg«.

24. Auf Betreiben August Bebels müssen sechs Redakteure, die sich gegen den Radikalismus des Vorstandes ausgesprochen haben, den »Vorwärts« verlassen. Bürgerliche Parteien spotten über die sozialdemokratische Auffassung von Pressefreiheit.

28. Als Reaktion auf den Generalstreik in Warschau verhängt die Regierung den Kriegszustand: Ausgangssperre nach 20 Uhr.

30. Zaristisches Manifest kündigt Einführung der konstitutionellen Monarchie an. →

GEBOREN:

2. Alberto Martin Artajo († 31. 8. 1979), spanischer Politiker.

6. Wolfgang Liebeneiner, deutscher Regisseur.

11. Hans Söhnker († 20. 4. 1981), deutscher Schauspieler.

15. Charles Percy Snow († 1. 7. 1980), englischer Schriftsteller.

23. Felix Bloch, deutscher Physiker.

GESTORBEN:

6. Ferdinand Freiherr von Richthofen (* 5. 5. 1833), deutscher Geograph und Forschungsreisender.

Zar gibt Freiheiten

30. Oktober. Zar Nikolaus verkündet in einem Manifest bürgerliche Freiheiten für seine Untertanen. »Das Glück des russischen Herrschers ist unlöslich verknüpft mit dem Glück des Volkes ... Aus den gegenwärtigen Unruhen kann eine tiefe nationale Zerrüttung und Bedrohung für die Unverletzlichkeit und Einheit unseres Reiches entstehen.«

Dem russischen Volk werden in Aussicht gestellt: bürgerliche Freiheiten, allgemeines Wahlrecht, kein Gesetz ohne die Reichsduma, Versammlungsfreiheit.

In Petersburg wird der als Streikkomitee entstandene Sowjet das erste allgemeine politische Vertretungsorgan.

Der russische Ministerpräsident Sergej Graf Witte hat dem Zaren dringend zum Erlaß des Manifestes geraten. Unter anderem schreibt er: »Die Staatsgewalt muß sich an die Spitze der Freiheitsbewegung stellen. Es bleibt keine andere Wahl.« Die Stimmung bleibt explosiv. Häufig kommt es zu Judenpogromen, an deren Auslösung die Regierung nicht unbeteiligt sein soll. Ihr Ziel ist, die Volkswut zu kanalisieren.

Henri Matisse: »Luxus, Stille und Wollust« (1904/05).

Immer wieder kommt es in dem unruhigen Revolutionsjahr 1905 zu gelenkten Pogromen. Die Opfer eines Judenpogroms in Jekaterinoslaw am 11. Oktober.

Kein Björkö-Vertrag

Der am → 25. Juli in dem schwedischen Küstenort Björkö zwischen Kaiser Wilhelm II. und Zar Nikolaus II. ausgehandelte Vertrag über einen Kontinentalbund zwischen Deutschland, Rußland und Frankreich wird von den betroffenen Regierungen nicht ratifiziert.

Auf deutscher Seite bemängelt Reichskanzler Bernhard Fürst von Bülow die Beschränkung des Vertrages auf Europa, womit seiner Meinung nach kein ausreichender

Schutz gegenüber England gewährleistet sei.

Von russischer Seite, die nach dem Friedensschluß mit Japan (→ September 1905) außenpolitisch entlastet ist, wird der Wunsch geäußert, den Fall einer kriegerischen Verwicklung zwischen Deutschland und Frankreich aus den Beistandsverpflichtungen herauszunehmen. Damit ist der Vertrag nach deutscher Ansicht wertlos, und er wird fallengelassen.

»Wilde« stellen aus

Im Pariser Herbstsalon stellen die Maler Henri Matisse (10 Gemälde), André Derain (9), Maurice de Vlaminck (5) ihre neuesten Arbeiten vor. Dazu sind Bilder von Charles Camoin, Emile-Othon Friesz, Louis Valtat, Jean Puy, Kees van Dongen zu betrachten. Gemeinsam ist allen ein neuer kraftvoller Stil, die Ausdruckssteigerung durch starke und reine Farben und auch die Betonung der Umrisse. Der Pariser Kunstkritiker Louis Vauxcelles verwendet für diese Künstler erstmals den Ausdruck »fauves« (die Wilden). Die Bewegung ist mit ihrer Kraft dem deutschen Expressionismus vergleichbar.

Zu den Fauvisten gehören weiterhin Albert Marquet aus Bordeaux, Raoul Dufy, Henri Manguin und Georges Rouault.

André Derain: »Collioure, das Dorf und das Meer« (1905). »Die Farben wurden für uns zu Dynamitpatronen«, schreibt Derain über den Fauvismus.

1905
NOVEMBER

Mo	Di	Mi	Do	Fr	Sa	So
		1	2	3	4	5
6	7	8	9	10	11	12
13	14	15	16	17	18	19
20	21	22	23	24	25	26
27	28	29	30			

1905
DEZEMBER

Mo	Di	Mi	Do	Fr	Sa	So
				1	2	3
4	5	6	7	8	9	10
11	12	13	14	15	16	17
18	19	20	21	22	23	24
25	26	27	28	29	30	31

3. Zar Nikolaus unterzeichnet eine Amnestie für die politischen Gefangenen.

8.–10. Russische Truppen unterdrücken eine große Matrosenrevolte in Kronstadt.

9. 17 000 Metallarbeiter in Schweden beenden ihren Streik (seit 10. Juni), weil ihnen ein Minimallohn zugesichert wird.

9. Französischer Senat berät Gesetz über Trennung von Kirche und Staat.

10. Samaras Oper »Mademoiselle de Belle-Isle« in Genua uraufgeführt.

12. Uraufführung von Eugen d'Alberts Oper »Flauto Solo« in Prag.

15. Uraufführung von Goetzls Oper »Zierpuppen« in Prag.

15.–20. Generalstreik in Petersburg.

17. Vertrag zwischen Japan und Korea: Korea kommt unter japanische Vorherrschaft (vollständige Annexion am 22. August 1910).

18. Haakon VII. wird norwegischer König (bis 1957). →

18./19. Sozialdemokratische Massenversammlung gegen das bestehende Dreiklassenwahlrecht in Sachsen.

23. Internationale Flotte (Österreich-Ungarn, Rußland, England, Italien, Frankreich) demonstriert vor Piräus gegen die Türkei (mazedonische Frage).

23./24. Bayerische Abgeordnetenkammer behandelt Anträge über Arbeitszeitverkürzung (Neunstundentag) und Lohnerhöhungen.

27. Mährischer Ausgleich soll Nationalitätenproblem lösen. →

30. Ferdinand Graf von Zeppelin glückt der Aufstieg mit dem zweiten Luftschiff vom Bodensee.

GEBOREN:

1. Werner Küppers, deutscher Theologe.

17. Adam Ważyk, polnischer Schriftsteller.

17. Sophia Louisa Tyra Astrid, Prinzessin von Schweden und Königin der Belgier.

GESTORBEN:

17. Herzog Adolf von Luxemburg (* 24. 7. 1817).

30. Ernst Ziegler (* 17. 3. 1849), deutscher Pathologe.

Dufaux fährt Rekord

Einer der Rennwagen des Schweizers Frédéric Dufaux.

15. November. Der Genfer Frédéric Dufaux fährt mit seinem Rennwagen einen neuen Geschwindigkeitsrekord von 156,52 Stundenkilometern. Der Wagen besitzt einen Achtzylindermotor mit einem Hubraum von 13 250 cm³. Chassis und Achsen sind sehr leicht, so daß das Fahrzeug nur ein Gesamtgewicht von etwa 1000 Kilogramm hat.

Mährischer Ausgleich

27. November. Ein Paket von vier Gesetzesvorlagen hilft in Österreich-Ungarn bei der Lösung des gärenden Nationalitätenproblems im Vielvölkerstaat. Die neue Lösung sieht vor, daß der mährische Landtag in eine tschechische und eine deutsche Kurie geteilt wird, deren Vertreter in getrennten tschechischen und deutschen Wahlkreisen gewählt werden. Der sogenannte Mährische Ausgleich hat Vorbildcharakter für entsprechende Regelungen in Galizien und in der Bukowina, kann jedoch nicht auf Böhmen übertragen werden.

18. November. Nach der Auflösung der Union Schweden — Norwegen wird der dänische Prinz Haakon König von Norwegen. Foto: der König mit Familie.

3. Kriegszustand in Kiew wegen einer Meuterei.

3. Auflösung des Petersburger Sowjets: Die Führer werden verhaftet.

3. Aufhebung des Kriegszustandes in Polen.

4. Finnischer Senat beschließt Aufhebung der Russifizierungsgesetze der letzten Jahre, besonders: Abschaffung der Amtssprache Russisch.

8. Sozialdemokratischer Parteivorstand lehnt den Massenstreik als undurchführbares Mittel ab.

9. Französische Linke setzt die Trennung von Kirche und Staat durch. Endgültige Verabschiedung des Gesetzes führt zum Abbruch der diplomatischen Beziehungen zur Kurie.

9. Gründung einer Interessengemeinschaft zwischen dem »Centralverband Deutscher Industrieller« und der »Centralstelle für Vorbereitung von Handelsverträgen«.

9. Uraufführung von Richard Strauss' Oper »Salome« in Dresden.

10. Verleihung der Nobelpreise: drei deutsche Nobelpreisträger. Bertha von Suttner erhält den Friedensnobelpreis. →

11. Veröffentlichung des Gesetzes in Frankreich über die Trennung von Kirche und Staat.

17. Uraufführung von Wilhelm von Scholzens »Der Jude von Konstanz« in Dresden.

26. Uraufführung von Charles-Marie Widors Oper »Les Pêcheurs de Saint-Jean« in Paris.

30. Franz Lehárs Operette »Die lustige Witwe« uraufgeführt. →

GEBOREN:

12. Manès Sperber, deutsch-französischer Schriftsteller.

22. Pierre Brasseur († 14. 8. 1972), französischer Schauspieler.

24. Howard Robert Hughes († 5. 4. 1976), amerikanischer Industrieller.

25. Anton Ackermann († 4. 6. 1973) (eigtl. Eugen Hanisch), deutscher Politiker.

31. Guy Mollet († 3. 10. 1975), französischer Politiker.

31. Hermann Blumenthal († 17. 8. 1942), deutscher Bildhauer.

Drei Deutsche geehrt

10. Dezember. Bei der Nobelpreisverleihung in Stockholm stehen drei deutsche Wissenschaftler im Mittelpunkt, die für ihre Arbeiten ausgezeichnet werden. Es sind Robert Koch (Medizin), Philipp Lenard (Physik) und Adolf Ritter von Baeyer (Chemie). Der Preis für Literatur fällt an den Polen Henryk Sienkiewicz. Der Friedenspreis wird in Oslo Bertha von Suttner (Österreich) verliehen.

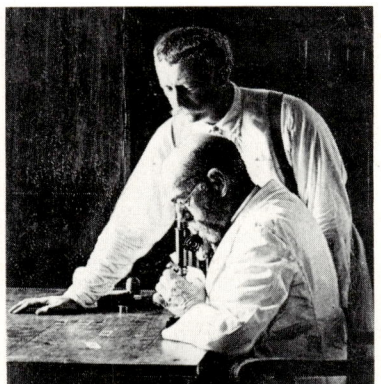

Robert Koch (vorn).

Adolf von Baeyer.

Philipp Lenard.

Bertha von Suttner.

Immer noch aufflackernde Unruhen und Streiks in den russischen Städten werden vom zaristischen Regime durch den Einsatz von Armee und Polizei mit brutaler Gewalt unterdrückt. Eine Karikatur aus der satirischen Zeitschrift »Strelyi« (Pfeile): Die Badewanne des Admirals Dubassow wird mit dem Blut der Arbeiter gefüllt. Ein Polizist, ein Kosak und ein Gendarm bedienen den Admiral.

»Lustige Witwe« uraufgeführt

30. Dezember. Die Operette »Die lustige Witwe« von Franz Lehár wird in Wien uraufgeführt. Dem 35jährigen österreichischen Militärkapellmeister gelingt damit ein unglaublicher Erfolg. Allein bis zum Jahr 1910 wird die Operette 18 000mal auf Bühnen gespielt.
Mit seinen Werken verhilft der junge aus Ungarn stammende Österreicher der Wiener Operettenbühne zur Weltgeltung.

Autoproduktion in Frankreich steigt

In Frankreich nähert sich die jährliche Gesamtproduktion an Kraftfahrzeugen mit Benzinmotor der 1500-Stück-Grenze.
An der Spitze liegt die Firma De Dion mit 400 Kraftfahrzeugen; mit 350 Autos folgt Peugeot, ähnlich stark ist Panhard mit 300 Wagen vertreten.
Die übrigen werden von Georges Richard (150), De Dietrich (150) und Mors (100) produziert.

Testament Schlieffens

26. Dezember. Der Chef des Generalstabs Alfred Graf von Schlieffen verfaßt seine letzte amtliche Denkschrift (den sogenannten »Schlieffen-Plan«), die als sein Testament angesehen wird. Darin trägt er seine Vorstellungen im Falle eines möglichen Zweifrontenkriegs Deutschlands mit Frankreich und Rußland vor.
Sein Plan sieht für eine solche Situation die schnelle und vollständige Niederwerfung Frankreichs vor. An der Ostfront soll in dieser Zeit dagegen defensiv taktiert werden. Schlieffen will ein aus 35 Armeekorps bestehendes Westheer unter Verletzung der belgischen und luxemburgischen Neutralität durch Belgien, Holland und Luxemburg nach Nordfrankreich vorstoßen lassen. Von dort sollen die Truppen nach Süden und Osten schwenken und dabei den französischen Gegner auf die Vogesen und die Schweiz zurückwerfen, einkesseln und vernichten, wobei sie lediglich von fünf Armeekorps südlich von Metz unterstützt werden. Schlieffen will seine Vorstellungen nicht als Präventivkriegsplan aufgefaßt wissen, er enthält aber wegen der vorgesehenen Verletzung der durch England garantierten Neutralität Belgiens eine gefährliche Konsequenz: den möglichen Eintritt Englands in einen Krieg und eine neue Westfront.

Seit über 50 Jahren gibt es in Deutschland Konsum-Genossenschaften. Das Bild zeigt das Innere eines Konsum-Ladens des Schuckertschen Werks in Nürnberg, in dem Arbeiter zu günstigen Bedingungen einkaufen können.

Mo	Di	Mi	Do	Fr	Sa	So
1	2	3	4	5	6	7
8	9	10	11	12	13	14
15	16	17	18	19	20	21
22	23	24	25	26	27	28
29	30	31				

1. Der preußische Generalstabschef Generaloberst Alfred Graf von Schlieffen tritt wegen hohen Alters (73 Jahre) zurück. Sein Nachfolger wird Generalleutnant Helmuth von Moltke. →

7. Der russische Statthalter des Kaukasus meldet, daß die revolutionäre Bewegung sich wieder verstärkt habe, die Agrarbewegung wieder gefährlich werde und die Kämpfe zwischen Armeniern und Tataren fortdauerten.

16. Tagung der Marokkokonferenz in Algeciras. →

17. Armand Fallières wird zum neuen französischen Präsidenten gewählt.

17. Der deutsche Staatssekretär des Auswärtigen Oswald Freiherr von Richthofen stirbt. Sein Nachfolger wird von Tschirschky und Bögendorff.

19. Gerhart Hauptmanns Märchenstück »Und Pippa tanzt« im Lessing-Theater Berlin uraufgeführt. →

20. »Emporium«, Oper in drei Akten von Morera, in Barcelona uraufgeführt.

21. Wahlrechtsdemonstrationen in Berlin gegen das Dreiklassenwahlrecht in Preußen.

24. »Skupoy Ritsar« und »Francesca da Rimini«, Kurzopern von Sergei W. Rachmaninow, in Moskau uraufgeführt.

25. Das amerikanische Repräsentantenhaus beschließt, die Gebiete Arizona und New Mexico unter dem Namen Arizona und die Indianergebiete und Oklahoma unter dem Namen Oklahoma als Bundesstaaten anzuerkennen.

27. Ein königlicher Erlaß bestimmt in Preußen, daß die Hälfte der Oberlehrer an den höheren Schulen zu Professoren ernannt werden und nach zwölfjähriger Schulzeit den persönlichen Rang als Räte vierter Klasse erhalten können.

GEBOREN:

3. Roman Brandstaetter, polnischer Schriftsteller.

15. Aristoteles Sokrates Onassis († 15. 3. 1975), griechischer Großreeder.

GESTORBEN:

29. Christian IX. (* 8. 4. 1818), König von Dänemark.

Konferenz in Algeciras

16. Januar. Mit der Konferenz von Algeciras in Südspanien wird der Versuch unternommen, die europäische Bündnispolitik zu entspannen. Vorausgegangen sind deutliche Proteste des Deutschen Reiches gegen die französische Marokkopolitik, die nach dem Kolonialabkommen mit England (8. April 1904) mit der »friedlichen Durchdringung« des Sultanats Marokko begonnen hat. Das Deutsche Reich hat Einfluß und Interessen als bedroht angesehen (1. Marokkokrise) und eine internationale Konferenz gewünscht.

Entgegen den hochgespannten Hoffnungen Friedrich von Holsteins und des Reichskanzlers Bernhard Fürst von Bülow erweist die Konferenz Deutschlands diplomatische Isolierung: Formell wird Deutschland in Marokko eine Politik der »offenen Tür« zugestanden, aber nur Österreich und Marokko

»Sitzen Sie fest?«, fragt der Franzose in einer Karikatur des englischen Satireblattes »Punch« die Deutschen, die die französische Marokkopolitik zu behindern versuchen.

haben das Deutsche Reich bei der Verwirklichung unterstützt.

19. Januar. Im Berliner Lessing-Theater wird Gerhart Hauptmanns traumhaftes Phantasie- und Märchenstück »Und Pippa tanzt« uraufgeführt. In den Hauptrollen spielen Ida Orloff und Willi Grunwald.

Moltke ist Stabschef

1. Januar. Alfred Graf von Schlieffen ist aus der Leitung des Generalstabs der Armee entlassen. Sein Nachfolger im Amt wird Helmuth von Moltke. Schlieffen war seit 1863 im Generalstab und ab 1891 Chef des Stabes.

Schlieffens Stabsführung hat die deutsche Armee maßgeblich geprägt. Als Reaktion auf die moderne Kriegführung sah Schlieffen den Aufbau technischer Truppen.

Unter seiner Stabsführung ist der sogenannte Schlieffenplan entwickelt worden, der die deutsche Strategie im Ersten Weltkrieg beeinflussen wird. Für den Fall eines Zweifrontenkrieges soll die Masse des deutschen Heeres im Westen Frankreich schlagen und sich dann gegen Rußland wenden. Gefährlich ist die zwangsläufige Verletzung der belgischen und luxemburgischen Neutralität.

Mo	Di	Mi	Do	Fr	Sa	So
			1	2	3	4
5	6	7	8	9	10	11
12	13	14	15	16	17	18
19	20	21	22	23	24	25
26	27	28				

3. Die japanische Regierung erklärt, im Finanzjahr 1907/08 solle der Tonnengehalt der Marine von 240 000 Tonnen auf 400 000 Tonnen erhöht werden.

6. Debatte im deutschen Reichstag über Sozialpolitik und ihre Wirkung auf die Arbeiter.

7. Debatte über das Dreiklassenwahlrecht in Preußen im deutschen Reichstag. Die Sozialdemokraten beantragen allgemeines, gleiches, direktes und geheimes Wahlrecht in jedem Bundesstaat und in Elsaß-Lothringen. Der Antrag wird abgelehnt. →

10. In Gegenwart des englischen Königs läuft in Portsmouth das größte Panzerschiff der Welt, die »Dreadnought«, vom Stapel.

10. Parteitag der Schweizer Sozialdemokratie in Olten. Abgrenzung von den Anarchisten und Bekenntnis, daß ein Volksheer notwendig sei.

15. Arbeiter- und Seeleute-Aufstand in Fiume (Österreich-Ungarn).

18. Feierliche Beisetzung des dänischen Königs Christian IX. in Kopenhagen. Kaiser Wilhelm II. nimmt daran teil.

21. Der Papst verurteilt in einer Ansprache an die französischen Bischöfe in einem Konsistorium scharf die Trennung von Kirche und Staat in Frankreich. Er werde die Gesetzgebung nie anerkennen.

21. »Sanga«, De Laras Oper in drei Akten, in Nizza uraufgeführt.

22. Der Kongreß des »Verbandes vom 30. Oktober« in Moskau erklärt die sofortige Einberufung der Duma als das beste Mittel zur Beruhigung des Landes.

23. Der französische sozialistische Abgeordnete Jean Jaurès greift die französische Regierung scharf an, daß sie durch ihre Unversöhnlichkeit den Ausgang der Marokkokonferenz gefährde, obgleich sie den internationalen Charakter der Marokkofrage anerkannt habe.

24. »L'Ancêtre«, Oper von Saint-Saëns, in Monte Carlo uraufgeführt.

27. Kaiser Wilhelm II. und seine Gemahlin Auguste Viktoria feiern die Silberhochzeit.

GEBOREN:

4. Dietrich Bonhoeffer († 9. 4. 1945), deutscher evangelischer Theologe.

Sozialdemokraten beantragen neues Wahlrecht

7. Februar. Der SPD-Abgeordnete Eduard Bernstein führt aus: »Sie wollen nicht, daß wir auf der Straße demonstrieren. Zeigen Sie uns aber doch einen Weg, wie endlich an diesem Wahlunrecht gerüttelt werden kann, welches die Herren von der Rechten, die es nicht ändern wollen, immer wieder ins Parlament bringt und der großen Masse des Volkes nicht einen einzigen Vertreter gestattet. Sie können sich ja selber sagen, welche Gefühle sich diesem Gesetz gegenüber im Volk einnisten müssen.«

Kriegsminister reformiert britisches Heer

Der britische Kriegsminister Haldane (seit 1905 im Amt) führt Reformen durch, die zum Ziel haben, die Transportbedingungen des Heeres zu verbessern und die Infanterie beweglicher zu machen. Das Verhältnis zwischen Pferd (Transportmittel) und Soldat wird auf 1 : 3 festgesetzt. Eine britische Infanteriedivision von 18 000 Mann Stärke benötigt 6000 Pferde. (Zum Vergleich: Eine deutsche Kavalleriedivision weist noch das Verhältnis 1 : 1 auf. Für 5200 Mann werden noch 5600 Pferde benötigt.)

Die Berliner Droschkenführer wollen streiken

Nach einer Rede des Vorsitzenden Knütter vom Berliner Verein für Droschkenführer hat sich die ganze Zunft zum Streik entschlossen. Ursache des Streiks ist die ungleiche Behandlung der Droschken durch den Polizeipräsidenten und das hohe Ministerium: Die Droschkenführer sehen sich durch Besteuerung und Verkehrsregelungen ungerecht behandelt. Der »Aristokratie der Automobile« werde alles ermöglicht, das »Proletariat der Droschken« werde benachteiligt.

1906
MÄRZ

Mo	Di	Mi	Do	Fr	Sa	So
			1	2	3	4
5	6	7	8	9	10	11
12	13	14	15	16	17	18
19	20	21	22	23	24	25
26	27	28	29	30	31	

3. Erster Test eines Flugzeugs mit Luftreifen bei Montesson in Frankreich.

7. Der finnische Senat beschließt, daß das allgemeine Wahlrecht für Männer und Frauen, die das 24. Lebensjahr vollendet haben, eingeführt werden soll. Ausgeschlossen von der Teilnahme an den Wahlen ist, wer eine Armenunterstützung genießt, wer nicht in den Steuerlisten steht und wer insolvent ist.

10. Großes Grubenunglück in Courrières (Frankreich). →

19. »Die vier Grobiane«, Oper in vier Akten von Ermano Wolf-Ferrari, in München uraufgeführt.

20. Ein Erdbeben und Vulkanausbrüche richten auf der Insel Ustica (nördlich von Palermo) große Verheerungen an.

21. Viele Erlasse des russischen Zaren schränken die politische Freiheit und die künftigen Rechte der Duma ein.

22. Bei Blohm & Voss läuft der Große Kreuzer »SMS Scharnhorst« vom Stapel als Flaggschiff des Kreuzergeschwaders unter Vizeadmiral Graf von Spee.

27. »Aphrodite«, Oper in fünf Akten von C. Erlanger, in Paris uraufgeführt.

29. Beginn einer Streikwelle in Deutschland.

31. Einakter »Totentag« von Georg Trakl im Salzburger Stadttheater uraufgeführt.

GEBOREN:

19. Karl Adolf Eichmann († 1. 6. 1962, hingerichtet), Mitverantwortlicher für die Massenvernichtung von Juden (→ April 1961).

28. Boleslaw Barlog, deutscher Regisseur.

30. Erika Mitterer, österreichische Erzählerin.

GESTORBEN:

10. Eugen Richter (* 30. 7. 1838), deutscher Politiker.

13. Joseph Monier (* 8. 11. 1823), französischer Gärtnereibesitzer, Erfinder des Stahlbetons.

13. Susan Brownell Anthony (* 15. 11. 1820), amerikanische Frauenrechtlerin.

27. Eugène Carrière (* 17. 1. 1849), französischer Maler.

Drama unter Tage

10. März. In Courrières bricht ein Brand aus, während 1800 Bergleute unter Tage arbeiten. Dabei kommen 1100 Bergleute um. Die Größe des Unglücks wird auf schlechte Sicherheitseinrichtungen und ungenügende Rettungsapparate zurückgeführt. Am 12. März kommt eine Abordnung westfälischer Bergleute mit besseren Apparaten zu Hilfe. Während der folgenden Tage werden Verschüttete noch lebend geborgen, so 14 Bergleute durch die deutsche Abteilung am 30. März, der letzte der Verunglückten am 4. April. Gegen die Grubengesellschaft und ihre Ingenieure werden scharfe Angriffe erhoben.

Die neue Architektur

Wiener Postsparkasse (1906).

Das erste Jahrzehnt des neuen Jahrhunderts ist im Bereich der Architektur von einer stürmischen Entwicklung des funktionellen Bauens, hin zum »Nutzstil«, geprägt. Das Pariser Kaufhaus La Samaritaine von Frantz Jourdain – eine Konstruktion aus Stahlskelett und Glas –, das Postsparkassenamt in Wien des österreichischen Architekten Otto Wagner (erbaut 1904–1906) und die 1909 fertiggestellte Turbinen-Montagehalle der AEG in Berlin des Deutschen Peter Behrens wirken bahnbrechend für die Entwicklung der europäischen Architektur.

AEG-Turbinenfabrik in Berlin von Peter Behrens.

Nordpol fast erreicht

6. März. Der amerikanische Nordpolarforscher Robert E. Peary arbeitet seit 1886 an der Erforschung Grönlands. 1901 stellt er durch Umfahren im Norden dessen Inselnatur fest. 1905 erforscht er Grinnell- und Grantland, von wo aus er nach Norden bis 87° 6' nördlicher Breite vordringt. Peary trifft Vorbereitungen, den Pol zu erreichen.

APRIL

Mo	Di	Mi	Do	Fr	Sa	So
						1
2	3	4	5	6	7	8
9	10	11	12	13	14	15
16	17	18	19	20	21	22
23	24	25	26	27	28	29
30						

2. Der preußische Landtag ändert das Wahlreglement von 1849. Die Zahl der Abgeordneten erhöht sich um zehn.

3. »Deidamia«, Oper in vier Akten von Rasse, in Brüssel uraufgeführt.

5. Ausbruch des Vesuv in Italien.

7. Verabschiedung der Algeciras-Akte. →

10. »Tess«, Oper von F. d'Erlanger, in Neapel uraufgeführt.

11. Georgi Gapon, russischer Priester, Organisator der Demonstration vor dem Winterpalais in Petersburg, wird von Sozialrevolutionären ermordet.

13. Meuterei auf den beiden portugiesischen Schlachtschiffen »Dom Carlos« und »Vasco da Gama«.

14. »La Presó de Lleida« (Das Gefängnis von Leyden), Oper von Pahissa, in Barcelona uraufgeführt.

14. »Hans, le Joueur de Flûte«, Oper von Ganne, in Monte Carlo uraufgeführt.

17. Der norwegische Komponist Edvard Grieg überspielt eigenhändig seine Komposition »Brudefølget drar forbi« auf eine Welte-Mignon-Aufnahme.

18. Der größte Teil von San Francisco wird durch Erdbeben und Feuer zerstört. Mehrere tausend Menschen kommen um. →

21. Preußen, Bayern, Baden und Hessen unterzeichnen einen Vertrag über die Kanalisierung des Mains.

22. »Zwischenolympiade« in Athen.

27. China und Großbritannien schließen einen Vertrag über Tibet.

28. In Gegenwart des italienischen Königspaares wird die internationale Ausstellung für Verkehrswesen in Mailand eröffnet.

30. Die Verluste Japans im russisch-japanischen Krieg betragen zusammen 457 035 Mann.

GEBOREN:

13. Samuel Beckett, irischer Dramatiker.

25. Sally Alina Ingeborg Salminen († 18. 7. 1976), schwedische Schriftstellerin.

26. Renate Müller († 7. 10. 1937), deutsche Schauspielerin.

Erdbeben zerstört San Francisco

Die zerstörte kalifornische Hauptstadt San Francisco nach der großen Erdbeben- und Brandkatastrophe.

18. April. Ein furchtbares Erdbeben trifft San Francisco, die Hauptstadt Kaliforniens. Der erste Erdstoß wird um 5.13 Uhr pazifischer Zeit registriert. Ein Augenzeuge berichtet: »Erst dachte ich, es sei eine gewöhnliche Erschütterung, irgend etwas. Dann begannen die Dachkanten der Gebäude abzubrechen, sie stürzten auf die Straße, dann folgte das prasselnde Krachen der Steine, das die Angstrufe der Verwundeten verschlang. Erst darauf kam das furchtbare Senken und Heben, Senken und Heben. Die Stadt wurde wie eine Feder im Sturm umhergeschleudert.« Was das Erdbeben überstanden hatte, das verschlang das Feuer: Eine verheerende Feuersbrunst vernichtet das Geschäftszentrum, insgesamt 28 000 Häuser im Wert von 105 Millionen Dollar. Die Katastrophe fordert etwa tausend Todesopfer, mehr als eine Viertelmillion Menschen werden obdachlos. Hunderttausende verbringen die Nächte im Golden-Gate-Park. Zur Aufrechterhaltung der Ordnung wird das Kriegsrecht verhängt.

Der Vesuv bricht wieder aus

9. April. Von einer schweren Naturkatastrophe wird Italien heimgesucht. Der Vulkan Vesuv zeigt seit dem 5. April bedrohliche Aktivitäten, die schließlich zum Ausbruch führen. Über die kleinen Städte Somma Vesuviana, Ottaviana und Boscotrecase ergießen sich Aschen, Schlacken und glühende Lava, die sich in den Straßen meterhoch türmt.

Marokko-Vertrag unterzeichnet

7. April. Die Vereinbarungen der europäischen Großmächte bei der Konferenz von Algeciras über Marokko werden verabschiedet. Sie sehen unter anderem die Bildung einer marokkanischen Polizei vor, die von spanischen und französischen Offizieren geführt werden soll. Ferner soll die Bank von Marokko von ausländischen Zensoren überwacht werden (→ Januar 1906).

17. April. »Zweifelhafte Wertobjekte« ist der Titel einer Karikatur in der satirischen Zeitschrift »Der wahre Jakob«. Sie bezieht sich auf die Sorge der gekrönten Häupter vor Umsturzversuchen.

1906

MAI

Mo	Di	Mi	Do	Fr	Sa	So
	1	2	3	4	5	6
7	8	9	10	11	12	13
14	15	16	17	18	19	20
21	22	23	24	25	26	27
28	29	30	31			

1. Wegen der Feier des 1. Mai werden in Hamburg 6000 Hafenarbeiter auf zehn Tage ausgesperrt. Es kommt zu einer größeren Streikbewegung.

2. Debatte im deutschen Reichstag über einen Toleranzantrag des Zentrums.

4. In Paris treffen der französische Präsident Fallières und der englische König Edward VII. zusammen.

10. Der russische Zar eröffnet die Duma in Petersburg.

12. Das preußische Abgeordnetenhaus bewilligt 15 Millionen Mark zur Verbesserung der Wohnungsverhältnisse von Arbeitern, die in den staatlichen Betrieben beschäftigt sind, und von gering besoldeten Beamten.

19. Unter Teilnahme des schweizerischen Bundespräsidenten und des Königs von Italien wird der Simplontunnel in Brig feierlich eingeweiht. →

19. Der deutsche Reichstag genehmigt in dritter Beratung die Novelle zum Flottengesetz.

26. Erster Aufstieg des »unstarren« lenkbaren Luftschiffes in Berlin-Tegel. Das sog. »Parseval-Luftschiff« ist 48 m lang, enthält 2500 m³ Gas und ist mit einem 90-PS-Benzinmotor ausgestattet.

27. VfB Leipzig wird durch einen 2 : 1-Sieg über den 1. FC Pforzheim in Nürnberg Deutscher Fußballmeister.

31. Gründung der deutschen »AG für Stickstoffdünger«, die als erste Fabrik der Welt die Landwirtschaft mit Kalkstickstoff beliefert.

31. Alfons XIII., König von Spanien, heiratet Prinzessin Viktoria Eugenie von Battenberg, eine Enkelin der englischen Königin Victoria. Das Brautpaar entgeht nur knapp einem Attentat. →

GEBOREN:

6. André Weil, französischer Mathematiker.

8. Roberto Rossellini († 3. 6. 1977), italienischer Filmregisseur.

GESTORBEN:

14. Carl Schurz (* 2. 3. 1829), deutschamerikanischer Politiker und Journalist.

23. Henrik Ibsen (* 20. 3. 1828), norwegischer Dramatiker. →

Urteil gegen Öl-Trust

John D. Rockefeller (4. v. l.) verläßt mit seinen Anwälten das Gericht.

15. Mai. Die US-Regierung wendet das Anti-Kartell-Gesetz (Sherman Act aus dem Jahre 1890) auf John D. Rockefellers Öl-Trust an, mit der Begründung, den amerikanischen Ölmarkt zu beherrschen und das Öl-Monopol auszuüben, da Rockefellers Firmentrust über seinen weit verstreuten Aktienbesitz auch andere Firmen steuert. Ein Gerichtsurteil verbietet der Standard Oil, Dividenden an die Tochterfirmen auszuschütten, oder die Muttergesellschaft darf keinen wirtschaftlichen Einfluß auf die Tochtergesellschaften ausüben. Der ehemalige Gemischtwarenhändler und nun einer der mächtigsten Männer der Welt wehrt sich vergeblich gegen den Gerichtsbeschluß. Am 15. Mai bestätigt der Oberste Gerichtshof der USA jedoch das Urteil.

Simplontunnel fertig

19. Mai. Genau 100 Jahre nach der Eröffnung der Straße über den Simplon kann die Simplonbahn durch den 19,7 Kilometer langen Tunnel ihren Betrieb aufnehmen. Zur feierlichen Eröffnung besucht der italienische König Viktor Emanuel III. die schweizerische Stadt Brig. Im Gegenbesuch wird am 1. und 2. Juni der schweizerische Bundespräsident Ludwig Forrer in Genua festlich empfangen.

Die Erbauer des 19,7 Kilometer langen Simplontunnels: Hermann Häusler (links) und Hugo von Kager (rechts).

Die feierliche Eröffnung des Simplontunnels am 19. Mai auf italienischer Seite bei Iselle.

Attentat auf Königspaar am Hochzeitstag

31. Mai. Der spanische König Alfons XIII., der seit 1902 regiert, vermählt sich mit Prinzessin Viktoria Eugenie von Battenberg. Nach der Trauung rollt ein langer Hochzeitszug zurück zum königlichen Palast. Ein Zeitgenosse berichtet: »Knapp vor der Biegung der Calle Mayor in die Calle Baylen steht das Gebäude der italienischen Botschaft. Als nahe diesem Palaste der Hochzeitszug das Haus 88 der Calle Mayor passierte, kam er ins Stocken... Während der frenetischen Zurufe der Menge erfolgte – es war fünf Minuten nach zwei Uhr – ein kurzer, scharfer Knall, man sah die hinteren Pferde des Hochzeitswagens zusammenbrechen... Als die entsetzten Zuschauer sich etwas fassen konnten, sahen sie, daß... eine ganze Anzahl von Personen tot oder sterbend übereinanderlagen... Ehe man in dem hinteren Hochzeitszug wußte, was vorgegangen war, saß das Königspaar schon in einem Ersatzwagen... Der Urheber, ein spanischer Anarchist, hatte in ein Bukett eine Bombe gesteckt und beides vom Balkon seines Zimmers aus in dem Augenblick, da der Königswagen vorbeifuhr, hinabgeworfen.«

Bühnendichter Henrik Ibsen †

23. Mai. Im Alter von 78 Jahren stirbt in Christiania (heute Oslo) der norwegische Dramatiker Henrik Ibsen. Nach den weltweit erfolgreichen Ideedramen »Brand« (1866) und »Peer Gynt« (1867) bilden seine folgenden Werke den Beginn der neuen Gattung der Gesellschaftsstücke, in denen er die Brüchigkeit der zwischenmenschlichen Beziehungen, die von der bürgerlichen Gesellschaft seiner Zeit kaschiert wird, bloßlegt. Es sind »Stützen der Gesellschaft« (1877), »Nora oder Ein Puppenheim« (1879), »Gespenster« (1881), »Ein Volkes Feind« (1882), »Die Wildente« (1884), »Rosmersholm« (1886), »Die Frau der Meere« (1888) und »Hedda Gabler« (1890).

1906

Mo	Di	Mi	Do	Fr	Sa	So
				1	2	3
4	5	6	7	8	9	10
11	12	13	14	15	16	17
18	19	20	21	22	23	24
25	26	27	28	29	30	

2. In Berlin wird der Teltowkanal, der Havel und Spree südlich von Berlin verbindet, in Gegenwart des Kaisers eingeweiht.

5. Der Verbandstag des deutschen katholischen Lehrerverbandes in Berlin spricht sich gegen die Simultanschule aus.

6. Der deutsche Kaiser besucht den österreichischen Kaiser Franz Joseph I. Sie richten an den italienischen König eine Depesche: »Zu zweien vereinigt, senden Wir Unserem dritten treuen Verbündeten den Ausdruck Unserer unveränderlichen Freundschaft. Wilhelm. Franz Joseph.«

12. Das norwegische Königspaar wird im Nidaros-Dom in Drontheim gekrönt.

14. Judenpogrom in Bialystok (Rußland).

17. In Petersburg werden mehrere politische Veranstaltungen abgehalten, die sämtlich beschließen, die Duma im Kampf gegen die Regierung zu unterstützen. In Teilen Rußlands kommt es zu Meutereien von Soldaten.

21. Der amerikanische Senat beschließt die Erbauung des Panamakanals als Schleusenkanal. →

22. Der amerikanische Senat drückt in seinem Beschluß eine scharfe Verurteilung und tiefen Abscheu gegen die russischen Judenpogrome aus.

22. Der »Vorwärts« bringt aufsehenerregende Berichte über grobe Ausschreitungen und harte Kriegsgerichtsurteile der deutschen Kolonialarmee in Südwestafrika.

26. Erstes Grand-Prix-Rennen: 104 km langer Dreieckskurs bei Le Mans (Frankreich). →

GEBOREN:

3. Josephine Baker († 12. 4. 1975), amerikanische Tänzerin und Sängerin.

14. Jenny Jugo, österreichische Schauspielerin.

22. Billy Wilder, österreichisch-amerikanischer Regisseur.

23. Albert Lieven, deutscher Schauspieler.

23. Wolfgang Koeppen, deutscher Erzähler.

26. Stefan Andres († 29. 6. 1970), deutscher Dichter.

28. Maria Göppert-Mayer († 20. 2. 1972), deutsch-amerikanische Kernphysikerin.

Erstmals Grand-Prix-Rennen in Frankreich

26. Juni. Der französische Automobilklub richtet das erste Grand-Prix-Rennen aus. Die Organisation sieht einen Kurs von 1250 Kilometer Gesamtlänge vor, die einzelne Runde beträgt 104 Kilometer. Die Rennleitung hat für jeden Tag sechs Runden auf dem Dreieckskurs bei Le Mans angesetzt.

Am 27. Juni siegt der ungarische Rennfahrer Ferenc Szisz auf einem Renault (1,3 l). Der 90 PS starke Wagen entwickelt eine Durchschnittsgeschwindigkeit von 101 Stundenkilometern.

Szisz beim Reifenwechseln.

Panamakanal mit Schleuse

21. Juni. Laut einem Beschluß des amerikanischen Repräsentantenhauses wird der im Bau befindliche Panamakanal als Schleusenkanal konzipiert, was eine raschere Fertigstellung bewirken soll. Die Lebensbedingungen der Arbeiter sind hart, das »Medical Corps« versucht, mit wenig Erfolg, die Seuchengefahr zu lindern. Für Amerika hat der Kanal den großen Vorteil, daß die internationalen Handelsverbindungen auf dem Wasserweg entscheidend verbessert werden und daß vor allem die militärischen Flottenaktionen zwischen beiden Ozeanen gut verzahnt werden können.

Außerdem . . .

In der russischen Presse wird vielfach gegen die deutschen Siedler im Süden und an der Wolga agitiert, weil sie gutes Land besäßen, sich aber in Religion und Sitte von den Russen fernhielten.

1906

Mo	Di	Mi	Do	Fr	Sa	So
						1
2	3	4	5	6	7	8
9	10	11	12	13	14	15
16	17	18	19	20	21	22
23	24	25	26	27	28	29
30	31					

2. Die russische Duma verweist einen Antrag auf Abschaffung der Todesstrafe einstimmig an eine Kommission. In der Beratung wird der Vertreter des Kriegsministers niedergeschrien.

8. Zwischen Österreich-Ungarn und Serbien kommt es zu einem Zollkrieg.

11.–12. Der Kassationshof in Paris hebt das Urteil des Kriegsgerichts in Rennes im Prozeß Dreyfus auf und rehabilitiert damit in allen Punkten Dreyfus. Dreyfus wird anschließend zum Major befördert. →

15. Das englische Unterhaus genehmigt mit großer Mehrheit einen Regierungsantrag, für Wales einen besonderen Minister zu schaffen.

17. In Rußland wird ein Gesetz veröffentlicht, wonach 15 Millionen Rubel zur Befriedigung der Bedürfnisse der von einer Hungersnot betroffenen Bevölkerung bereitgestellt werden sollen. Es ist das erste seit dem Bestehen der neuen Verfassung zustande gekommene Gesetz. Die Regierung hatte 45 Millionen Rubel verlangt, die Duma bewilligte nur 15 Millionen.

18. Nach der Hinrichtung und Auspeitschung von Ägyptern wegen Ermordung eines englischen Offiziers kommt es zu Unruhen in Ägypten. Die englischen Truppen werden verstärkt.

22. Ein kaiserlicher Ukas verfügt die Auflösung der Duma und die Einberufung einer neuen für den 5. 3. 1907.

23. Judenpogrom in Odessa (Rußland).

GEBOREN:

3. Hilde Körber († 31. 5. 1969), deutsche Schauspielerin.

11. Herbert Wehner, deutscher Politiker.

18. Clifford Odets († 15. 8. 1963), amerikanischer Schriftsteller.

21. Annelies Kupper, österreichische Gesangspädagogin.

23. Wolfgang Gentner († 4. 9. 1980), deutscher Kernforscher.

GESTORBEN:

24. Ferdinand von Saar (* 30. 9. 1833), österreichischer Schriftsteller.

Der russische Ministerpräsident löst die Duma auf

8. Juli. Der russische Ministerpräsident Peter Stolypin löst die Versammlung der Duma auf.

Da in der Duma mehr als zwei Drittel der Mitglieder Gegner des bestehenden Systems sind, kommt es immer wieder zu scharfen Angriffen gegen die Monarchie und zu Forderungen, die der Zar nicht erfüllen will. Als die Duma es wagte, einem Manifest der Regierung mit einem eigenen öffentlich entgegenzutreten, löst Stolypin die Versammlung auf.

Dreyfus wird rehabilitiert

12. Juli. Mit der vollen Rehabilitierung des Hauptmanns Alfred Dreyfus endet eine der schwersten Justizaffären der französischen Dritten Republik.

Der aus jüdischem Bürgertum stammende Generalstabsoffizier ist 1894 wegen angeblichen Verrats militärischer Geheimnisse an Deutschland in einem von antisemitischer Einstellung geprägten Prozeß zu lebenslanger Verbannung verurteilt worden.

Obwohl der wahre Schuldige schon zwei Jahre später entdeckt wird, halten Generalstab und Kriegsministerium an der Schuldversion Dreyfus' fest, was zu einer innenpolitischen Krise führt.

Alfred Dreyfus im Gefängnis.

Außerdem . . .

René Pottier gewinnt die Tour de France, die mit dem Etappenziel Metz (Lothringen) erstmals deutschen Boden berührt.

1906
AUGUST

Mo	Di	Mi	Do	Fr	Sa	So
	1	2	3	4	5	
6	7	8	9	10	11	12
13	14	15	16	17	18	19
20	21	22	23	24	25	26
27	28	29	30	31		

4. Der italienische Dampfer »Sirio« versinkt bei der Insel Hormigas in der Nähe von Kap Palos. Über 200 Passagiere, meist italienische und spanische Auswanderer, ertrinken.

9. Der Vorstand des preußischen Lehrervereins richtet in einer Petition an den Kultusminister die Neuordnung der Schulaufsicht. Sie soll durch Fachleute, die Pädagogik studiert haben und eine lange Unterrichtserfahrung nachweisen können, wahrgenommen werden und nicht mehr durch Geistliche, die die Aufsicht nebenamtlich durchführen.

10. Papst Pius X. veröffentlicht die Enzyklika »Gravissima officii munere« an den französischen Episkopat als Protest gegen die Trennung von Staat und Kirche.

11. Das Patent für das erste Tonfilmverfahren wird an den Franzosen Eugène Lauste vergeben.

12. Auf den russischen Ministerpräsidenten Peter Stolypin wird ein Attentat verübt, das aber fehlschlägt. →

15. In Kronberg am Taunus kommen Kaiser Wilhelm II. und der englische König Edward VII. zusammen.

17. Valparaiso (Chile) wird durch ein Erdbeben und Feuer zerstört. Mehrere tausend Menschen kommen um.

20. Generalversammlung der Katholiken Deutschlands in Essen mit 12 000 Teilnehmern.

24. In Nürnberg kommt es infolge eines Streiks zu blutigen Zusammenstößen zwischen Streikenden und Arbeitswilligen. Militär schreitet ein.

26. In Hamburg wird eine Bombenfabrik und Waffensammlung russischer Revolutionäre entdeckt.

GEBOREN:

4. Eugen Schuhmacher († 8. 1. 1973), deutscher Zoologe.

5. John Huston, amerikanischer Regisseur.

25. Eugen Gerstenmaier, deutscher Politiker.

GESTORBEN:

24. Alfred Stevens (* 11. 5. 1823), belgischer Maler.

25. Max von Eyth (* 6. 5. 1836), deutscher Ingenieur und Schriftsteller.

27 Todesopfer bei Attentat auf Peter Stolypin

12. August. Ein Bombenattentat auf den russischen Ministerpräsidenten Peter Stolypin, der durch rücksichtslose Polizeiherrschaft die Wirren der Revolution von 1905 überwinden will, fordert 27 Todesopfer. Zu den Verletzten zählen auch eine Tochter und ein Sohn von Stolypin. Dieser sitzt während der Detonation am Schreibtisch, bewahrt eiserne Ruhe und wird nur von aufspritzender Tinte getroffen. Ein Zeitgenosse berichtet: »In seiner ganzen großen Gestalt, in seiner kalten metallischen Stimme, in seiner ganzen Erscheinung war etwas Drückendes, Herrisch-Stumpfsinniges und Grausames.«

Großfunkstelle Nauen eingeweiht

19. August. In der kleinen Stadt Nauen (Bezirk Potsdam) wird die Großfunkstelle der Firma Telefunken eingeweiht. Der Probebetrieb verläuft glatt. Schon bei den ersten Sendeversuchen werden die Morsezeichen Nauens von den Telefunken-Stationen Norddeich (400 Kilometer entfernt), Rigi-Scheidegg (800 Kilometer) und Petersburg (1300 Kilometer) einwandfrei empfangen. Mit dieser Anlage soll der Gefahr eines Weltfunkmonopols der organisatorisch und wirtschaftlich überlegenen britischen Firma Marconi begegnet werden. Die 400 Meter weit gespannte Schirmantenne wird von einem 100 Meter hohen Stahlgittermast getragen. Den Betriebsstrom liefert eine 35-PS-Dampfmaschine, die den eigens für die Station entwickelten »Knallfunken-Sender« nach Ferdinand Braun speist.

Außerdem . . .

In vielen Städten Rußlands gibt es Zusammenstöße und Plünderungen durch revolutionäre Gruppen. **Der englische Kriegsminister Richard Haldane** besucht Ende August auf Einladung des deutschen Kaisers mehrere militärische Institute.

1906
SEPTEMBER

Mo	Di	Mi	Do	Fr	Sa	So
					1	2
3	4	5	6	7	8	9
10	11	12	13	14	15	16
17	18	19	20	21	22	23
24	25	26	27	28	29	30

1. Der Reichshaushalt für das Rechnungsjahr 1905 schließt mit Überschuß von 6 248 000 Mark.

5. Besuch von russischen Kriegsschiffen in Kiel.

5. Der deutsche Handels- und Gewerbekammertag fordert in Nürnberg den Befähigungsnachweis für alle Gewerbe; ein Vertreter der Reichsregierung stellt eine solche Vorlage an den Reichstag in Aussicht.

5. Großherzog Friedrich von Baden feiert sein fünfzigjähriges Regierungsjubiläum.

9. Kaiser Franz Joseph sagt aus Gesundheitsgründen seine Beteiligung an den dalmatinischen Manövern ab. Der Thronfolger findet als sein Vertreter begeisterte Aufnahme.

11. Die spanischen Bischöfe erlassen Hirtenbriefe gegen die Zivilehe.

12. Erster Motorflug eines Europäers durch den Dänen Jakob H. C. Ellehammer auf der Insel Lindholm. →

15. Ein Erdbeben zerstört in Nordsizilien viele Ortschaften.

17. Tagung der internationalen Arbeiterschutzkonferenz in Bern.

19. In Stuttgart findet die 78. Versammlung deutscher Ärzte und Naturforscher statt. Max Planck referiert über die Experimente von W. Kaufmann, der die »Spezielle Relativitätstheorie« widerlegt zu haben glaubt.

22.–28. Sozialdemokratischer Parteitag in Mannheim befaßt sich mit Fragen wie: Organisation, Massenstreik, Gewerkschaften, Intervention in Rußland.

GEBOREN:

4. Max Delbrück († 9. 3. 1981), deutschamerikanischer Biologe, Nobelpreis 1969.

15. Jacques Beecher († 20. 2. 1960), französischer Filmregisseur.

25. Dimitrij Schostakowitsch († 9. 8. 1975), russischer Komponist.

GESTORBEN:

5. Ludwig Boltzmann (* 20. 2. 1844), österreichischer Physiker.

23. August Bondeson (* 2. 2. 1854), schwedischer Schriftsteller.

Dänischer Erfinder fliegt 42 Meter

12. September. Dem dänischen Erfinder Jakob Ellehammer gelingt auf der Ostseeinsel Lindholm mit einem von ihm konstruierten Motorflugzeug mit Vierblattpropeller ein Erstflug über 42 Meter in einer Höhe von 3 bis 4 Metern. Die später als »Flugsprung« bezeichnete Leistung ist der erste Motorflug eines Europäers in der Geschichte der Luftfahrt.

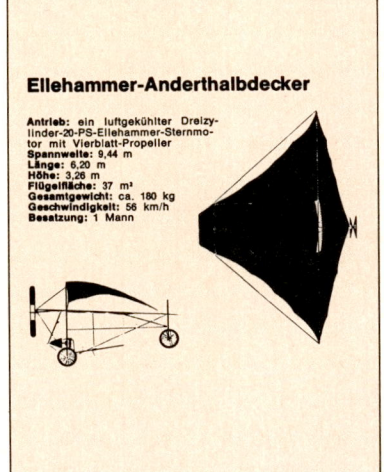

Ellehammer-Anderthalbdecker

Antrieb: ein luftgekühlter Dreizylinder-20-PS-Ellehammer-Sternmotor mit Vierblatt-Propeller
Spannweite: 9,44 m
Länge: 6,20 m
Höhe: 3,26 m
Flügelfläche: 37 m²
Gesamtgewicht: ca. 180 kg
Geschwindigkeit: 56 km/h
Besatzung: 1 Mann

Das Fluggerät des dänischen Erfinders Ellehammer wird in der Fluggeschichte nur selten erwähnt, obwohl es durchaus entwicklungsfähig war.

Ausstellung der Gruppe »Brücke«

24. September. Die »Brücke« veranstaltet in Dresden-Löbtau im Ausstellungsraum der Lampenfabrik K. M. Seifert (Passivmitglied der Brücke) ihre erste Ausstellung in Dresden. Es werden Gemälde, Aquarelle und Druckgrafik von Cuno Amiet, Fritz Bleyl, Erich Heckel, Ernst Ludwig Kirchner, Max Pechstein und Karl Schmidt-Rottluff ausgestellt.

Außerdem . . .

Zur Bekämpfung des Alkoholismus richtet das Reichsversicherungsamt Anfragen an die deutschen Berufsgenossenschaften. **Eine ganze russische Kompanie** wird wegen Meuterei zu lebenslanger Zwangsarbeit verurteilt.

Mo	Di	Mi	Do	Fr	Sa	So
1	2	3	4	5	6	7
8	9	10	11	12	13	14
15	16	17	18	19	20	21
22	23	24	25	26	27	28
29	30	31				

1. Automobilverordnung vereinheitlicht die Kfz-Kennzeichnung in Deutschland.

2. Durch einen Orkan wird Fort Maccran bei Pensacola (Florida) zerstört, wobei fast 100 Menschen getötet werden.

3. Erste Internationale Konferenz für drahtlose Telegrafie tritt in Berlin zusammen. SOS wird als internationales Notsignal vereinbart.

5. Der deutsch-evangelische Lehrerbund spricht sich in Hamburg gegen die Entchristlichung der Schule aus.

8. Der Deutsche Karl Ludwig Nessler stellt seinen Berufskollegen den ersten Dauerwellenapparat vor. Eine Dauerwelle dauert sechs Stunden.

12. Die aufständischen Hottentotten werden von der deutschen Kolonialtruppe geschlagen.

15. Im Beisein des Kaisers heiraten in Essen Bertha von Krupp und Freiherr von Bohlen.

15. Die SPD eröffnet in Berlin eine Arbeiterbildungsschule zur Heranbildung von Parteirednern.

16. Handstreich des Schusters Wilhelm Voigt in Hauptmannsuniform des 1. Garderegiments in Köpenick. →

20. In Rußland wird die Sonderstellung der Bauern aufgehoben. Es wird ihnen die freie Wahl des Wohnsitzes ermöglicht.

27. Der Publizist Maximilian Harden deckt homosexuellen Skandal um den Berliner Stadtkommandanten Kuno Graf Moltke auf. →

31. »Ariane«, Oper in 5 Akten von Jules Massenet, in Paris uraufgeführt.

GEBOREN:

9. Wolfgang Staudte, deutscher Filmregisseur.

9. Léopold Sédar Senghor, Politiker und Schriftsteller aus dem Senegal.

12. Klaus Mehnert, deutscher Wissenschaftler und Schriftsteller.

14. Hanna Arendt († 4. 12. 1975), deutschamerikanische Politologin.

14. Hubertus Prinz zu Löwenstein, deutscher Historiker.

GESTORBEN:

22. Paul Cézanne (* 19. 1. 1839), französischer Maler. →

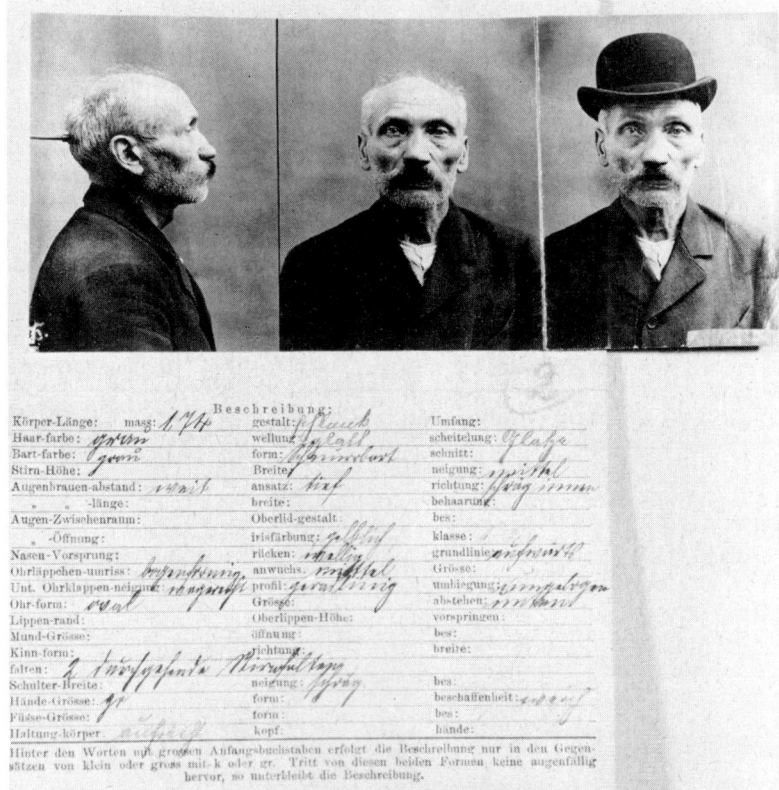

Ein Porträt mit der Personenbeschreibung des Schusters Wilhelm Friedrich Voigt aus der Strafvollzugsakte.

Komödie in Köpenick

16. Oktober. Im Rathaus von Köpenick spielt sich an diesem 16. Oktober ein Geschehen ab, über das die ganze Welt nach Bekanntwerden lacht, und das den Dichter Carl Zuckmayer zu seiner unsterblichen Komödie »Der Hauptmann von Köpenick« anregt.

Der 1849 in Tilsit geborene Schuster Wilhelm Voigt, der wegen verschiedener Delikte langjährige Zuchthausstrafen verbüßen muß, will Deutschland verlassen. Doch für das Ausland benötigt er einen Paß, den er auf legale Weise im preußischen Gesetzesdschungel nicht erhalten kann. Also entschließt er sich, durch einen Bluff die ihm feindlich gesonnene Obrigkeit zu überlisten.

In einer bei einem Trödler erstandenen Hauptmannsuniform hält er am Mittag zehn Mann des 1. Preußischen Garderegiments an. Er befiehlt: »Im Namen Seiner Majestät des Kaisers übernehme ich das Kommando! Wir fahren nach Köpenick, um eine dienstliche Angelegenheit zu erledigen.« Die Gruppe besteigt im Bahnhof Beusslstraße einen Zug, nimmt dort auf Kosten des Hauptmanns eine kräftige Mahlzeit zu sich und marschiert dann zum Rathaus Köpenick. Der »Hauptmann« verhaftet dort den Stadtobersekretär und Bürgermeister Dr. Langerhans. Dann sucht er nach dem Paßamt, das es dort aber nicht gibt. Der »Hauptmann« beschlagnahmt daraufhin die Stadtkasse mit 4000,70 Reichsmark und quittiert den Betrag mit der Unterschrift von Malzahn. Dann schickt er die Köpenicker Stadtverwaltung unter Bewachung in zwei Droschken zur Neuen Wache in Berlin und verschwindet.

Wilhelm Voigt wird am 26. Oktober verhaftet und legt ein volles Geständnis ab. Er wird am 1. Dezember zu vier Jahren Gefängnis verurteilt. Kaiser Wilhelm begnadigt ihn zwei Jahre später und hat auch nichts dagegen einzuwenden, daß Schuster Voigt danach durch die deutschen Städte reist und signierte Postkarten mit seinem Bild in Uniform verkauft. Voigt siedelt 1916 nach Luxemburg über, wo er 1922 stirbt.

Harden provoziert einen Skandal im Kaiserreich

27. Oktober. In der Zeitschrift »Die Zukunft« deutet Maximilian Harden an, daß der Berliner Stadtkommandant Kuno Graf Moltke homosexuell veranlagt sei. Weil der Hof nicht reagiert, veröffentlicht Harden weitere Artikel, in denen er Mitglieder des preußischen Uradels sexueller Verfehlungen bezichtigt, unter ihnen Philipp Fürst zu Eulenburg und Hertefeld. Die »Eulenburg-Affäre« weitet sich zu einem Skandal aus, der das Kaiserreich erschüttert: Der Fürst ist immerhin persönlicher Vertrauter des Kaisers. Harden geht es nicht darum, die sexuelle Veranlagung der Betroffenen anzuprangern, sondern er will den politischen Einfluß Eulenburgs beseitigen. In der nach dem Fürstensitz Schloß Liebenberg bei Templin benannten »Liebenberger Tafelrunde« – dem einflußreichen Freundeskreis Eulenburgs – sieht Hardenberg eine gefährliche Nebenregierung. So lanciert er intime Informationen über das Sexualverhalten dieser Männer, die ihm von Gräfin Moltke, der geschiedenen Frau des Grafen Moltke, zugehen und provoziert das Einschreiten der Justiz. Mehrere Skandalprozesse ziehen sich bis 1908 hin. Die Vorwürfe der Beleidigung, Homosexualität und des Meineids werden nicht restlos geklärt – das letzte Verfahren schließt aus Krankheitsgründen des Angeklagten Eulenburg ohne Urteil –, aber dem Ansehen der Monarchie, des Kaiserhofs, ist schwerer Schaden zugefügt worden. Eulenburg wird vom Hof verbannt.

Maximilian Harden (eigentlich Felix Ernst Witkowski) wurde am 20. Oktober 1861 geboren. 1889 gehörte er zu den Mitbegründern der Freien Bühne, die es sich zur Aufgabe macht, in geschlossenen Vorstellungen von der Zensur verbotene, meist naturalistische Dramen aufzuführen. Mit Hermann Sudermann und Gerhart Hauptmann führte Harden literarische Fehden. Mit der Gründung einer eigenen politischen Zeitschrift »Die Zukunft« wandte er sich verstärkt und in aggressiver Form den politischen Fragen seiner Zeit zu (→ Oktober 1907).

Paul Cézanne stirbt

22. Oktober. Im Alter von 67 Jahren stirbt Paul Cézanne in Aix-en-Provence, wo der Maler schon seit langer Zeit in großer Zurückgezogenheit gearbeitet hat. Cézanne mußte lange Zeit um die Anerkennung seiner Kunst und seines Stils kämpfen. Erst eine Ausstellung in Paris 1895 und eine Retrospektive machten sein praktisch unbekanntes Werk der Öffentlichkeit zugänglich.

Unter dem Einfluß von Camille Pissarro gehörte Cézanne zu den großen Malern des Impressionismus. Um 1880 fand er einen neuen Weg der Malerei, der ihn zu einem der »Väter der Moderne« werden ließ. Ziel seines Suchens ist das Wiederfinden des Gegenstands in seiner Festigkeit und Materialität. In seiner malerischen Gestaltungsweise lassen sich Aufbauelemente des Kubismus und der abstrakten Malerei erkennen, die er stark beeinflußt hat.

Paul Cézanne: »Das Gefängnis von Jourdain« (1906). Das Bild entstand kurz vor Cézannes Tod.

Erste Bildtelegrafie

17. Oktober. Dem Münchner Professor Dr. Arthur Korn glückt die telegrafische Übermittlung eines Porträts des deutschen Kronprinzen über eine Strecke von 1800 Kilometern.

Korn ist ein Schüler der französischen Mathematiker Henri Poincaré und Emile Picard. Er arbeitete seit mehreren Jahren erfolgreich an der Verbesserung und Verfeinerung der Apparate, die der italienische Prälat und Physiker Luigi Cerebotani konstruiert hat.

Schon 1904 war es Korn gelungen, Bilder von München nach Berlin zu senden. Mit seinem neuen Versuch legt Korn den Grundstein zur heutigen Form der Bildübertragung im Pressewesen.

Der Münchner Professor Arthur Korn mit seinem Bildtelegrafen.

1906
NOVEMBER

Mo	Di	Mi	Do	Fr	Sa	So
			1	2	3	4
5	6	7	8	9	10	11
12	13	14	15	16	17	18
19	20	21	22	23	24	25
26	27	28	29	30		

1. In Deutsch-Südwestafrika überfallen Hottentotten den Posten bei Uchanaris. Fünf Reiter werden getötet.

2. Der russische Revolutionär Leo Dawidowitsch Trotzki wird lebenslang nach Sibirien verbannt.

3. Schluß der internationalen Konferenz für Funktelegrafie in Berlin. In einem Abkommen wird u. a. der Austausch von Nachrichten zwischen Küstenstationen und Schiffen obligatorisch gemacht.

8. Eröffnung der Berliner Kammerspiele. →

9. »Les Armaillis«, Oper in zwei Akten von Doret, in Paris uraufgeführt.

11. »Strandrecht«, Oper von Smyth, in Leipzig uraufgeführt.

11. »Maskerade«, Oper in drei Akten von Carl August Nielsen, in Kopenhagen uraufgeführt.

13. Grundstein zum Deutschen Museum in München, das die modernen technischen Leistungen veranschaulichen soll, wird von Kaiser Wilhelm II. gelegt.

13. »Il Battista«, Oper von Fino, in Turin uraufgeführt.

14. In einer Rede vor dem Reichstag spricht Reichskanzler von Bülow von einer planmäßigen Einkreisung Deutschlands. →

15. Eröffnung des ersten Kurses der SPD-Parteischule in Berlin. →

17. Kaiser Wilhelm II. erinnert an den Beginn der modernen Sozialpolitik in Deutschland unter Wilhelm I. vor 25 Jahren.

23. Kaiser Franz Joseph ernennt Feldmarschalleutnant Conrad von Hötzendorf zum Chef des österreichisch-ungarischen Generalstabs.

GEBOREN:

2. Luchino Visconti († 17. 3. 1976), italienischer Filmregisseur (»Der Leopard«, »Der Tod in Venedig«).

8. Hans Christian Hansen († 19. 2. 1960), dänischer Politiker.

17. Mario Soldati, italienischer Filmregisseur.

18. Klaus Mann († 21. 5. 1949), deutscher Schriftsteller.

21. Alfred Nau, deutscher Politiker.

GESTORBEN:

7. Heinrich Seidel (* 25. 6. 1842), deutscher Erzähler.

Max Reinhardt inszeniert Ibsen und Wedekind

8. November. Zur Eröffnung der Berliner Kammerspiele inszeniert Max Reinhardt »Gespenster« von Henrik Ibsen. Die Bühnendekoration wird vom norwegischen Impressionisten Edvard Munch entworfen.

Knapp zwei Wochen später, am 20. November, verhilft Max Reinhardt mit einer bahnbrechenden Inszenierung der Tragödie »Frühlingserwachen« dem Dramatiker Frank Wedekind zum entscheidenden Durchbruch. Der Dichter übernimmt selbst die Rolle des »vermummten Herren«.

Neben Alexander Moissi, der als »Gymnasiast Moritz Stiefel« die Begeisterung des Publikums erweckt, tritt besonders Camilla Eibenschütz in der Rolle der Endla Bergmann hervor. Berlin kann zwei große Theaterereignisse feiern.

Max Reinhardt.

Kanzler spricht von Einkreisung

14. November. Reichskanzler Fürst von Bülow spricht im Reichstag mit Blick auf die Entente cordiale, das russisch-französische Einvernehmen, und die Ergebnisse der Marokkokonferenz von Algeciras (→ Januar 1906) von einer »planmäßigen Einkreisung« Deutschlands. Damit sind England, Frankreich und Rußland gemeint, wobei vor allem England als Schuldiger bezeichnet wird. Für die deutsche Politik der »freien Hand« bedeutet diese Aussage ein Eingeständnis verfehlter Diplomatie.

Brasilianer fliegt 70 Meter mit Doppeldecker

12. November. Dem Brasilianer Alberto Santos-Dumont, bekannt als Pionier des Luftschiffbaus, gelingen mit seinem Doppeldecker einige sehr gute Flüge. Beim besten schwebt er mehr als 70 Meter weit über dem Boden und hält sich 21 Sekunden lang in der Luft. Bei der Landung bricht zwar einer der Flügel der 11 Meter langen Maschine, doch ist es ein großer Erfolg für den kühnen Pionier.

Sozialdemokraten eröffnen in Berlin Parteischule

15. November. In Berlin wird der erste Kurs der sozialdemokratischen Parteischule eröffnet. Die Gründung hat sich zum Ziel gesetzt, eine Intensivierung der Ausbildung der Parteiagitatoren anzustreben. Die Ortsgruppen schlagen für die Kurse befähigte Agitatoren vor, deren Ausbildung dann in halbjährlichen Kursen Kenntnisse auf folgenden Gebieten vertiefen soll:

- Wirtschaftsgeschichte und Nationalökonomie
- Historischer Materialismus und soziale Theorien
- Geschichte der politischen Parteien
- Arbeiterrecht, Gesetzgebung
- Gewerkschaftswesen, Genossenschaftswesen, Kommunalpolitik

Außerdem . . .

Die erste Fabrik für Motorflugzeuge wird von Gabriel und Charles Voisin in Frankreich gegründet.

Gegen die Gleichstellung der Juden in Rußland agitieren reaktionäre Kreise.

Zum Wiederaufbau von Valparaiso (→ August 1906) werden in Chile 20 Millionen Mark genehmigt.

150 Strafverfahren wegen eines Schulstreiks sind bei den Landgerichten in Posen, Lissa, Ostrowo, Bromberg und Gnesen anhängig. Eltern hatten ihren Kindern verboten, am deutschen Religionsunterricht teilzunehmen.

1906

DEZEMBER

Mo	Di	Mi	Do	Fr	Sa	So
					1	2
3	4	5	6	7	8	9
10	11	12	13	14	15	16
17	18	19	20	21	22	23
24	25	26	27	28	29	30
31						

5. Der Nachtragsetat über Südwestafrika wird vom deutschen Reichstag abgelehnt.

5. In Hamburg wird der Hauptbahnhof eingeweiht. →

8. »Moloch«, Oper von Max von Schillings, in Dresden uraufgeführt.

11. Gesetz über Beschränkung der Auswanderung nach Amerika und gegen Ansiedlung russischer Juden in Bulgarien erlassen.

13. Der deutsche Reichskanzler von Bülow löst den Reichstag auf, da der aufgrund des Hottentottenaufstandes beantragte Nachtragshaushalt in Höhe von 29 Millionen Mark verweigert wird.

13. England, Frankreich und Italien schließen einen Vertrag über Abessinien, wodurch die Unabhängigkeit Abessiniens aufgrund des Status quo und des Prinzips der offenen Tür garantiert werden. Die Mächte vereinbaren, bei allen sich ergebenden Zwischenfällen in jenem Lande gemeinsam vorzugehen.

14. Im kaiserlichen Reichskriegshafen Kiel wird das erste deutsche U-Boot, mit der Bezeichnung U 1, in Dienst gestellt. →

24. Erste Rundfunksendung von dem Erfinder Fessenden ausgestrahlt. →

26. Uraufführung des ersten Spielfilms mit einer Dauer von mehr als einer Stunde in Melbourne: »The story of the Kelly Gang«.

31. Die Ratifikationsurkunden der Algeciras-Akte werden in Madrid hinterlegt.

GEBOREN:

5. Otto Preminger, amerikanischer Regisseur.

13. Laurens van der Post, südafrikanischer Schriftsteller.

19. Leonid J. Breschnew, sowjetischer Politiker.

24. Joseph Höffner, deutscher Kardinal.

30. Carol Reed († 26. 4. 1970), englischer Schauspieler und Regisseur.

GESTORBEN:

7. Elie Ducommun (* 19. 2. 1833), schweizerischer Schriftsteller.

30. Josephine Butler (* 13. 4. 1828), englische Sozialreformerin.

Vier Jahre Haft für »Hauptmann von Köpenick«

1. Dezember. Der am 26. Oktober verhaftete Schuster Wilhelm Voigt, dessen Bluff in Uniform großes Aufsehen und Gelächter auch bei Kaiser Wilhelm II. erregt hat, erhält vier Jahre Gefängnis (→ Oktober).

Eine Karikatur zur Köpenickiade in der Zeitschrift »Jugend«: »Ick bin der verstorbene Wrangel und habe eene Kabinettsordre vom ollen Fritzen: Folgen Sie mir, wir sollen den Juliusturm stürmen!« »Zu Befehl, Herr Generalfeldmarschall!«

Friedenspreis für Roosevelt

10. Dezember. Die Nobelpreise werden durch den schwedischen König und das Nobelkomitee des norwegischen Parlaments in Stockholm und Oslo verliehen.
Die Preise erhalten: Giosuè Carducci (Italien) für Literatur, Camillo Golgi (Italien) und Ramón y Cajal (Spanien) für Medizin, Joseph John Thomson (Großbritannien) für Physik und Henri Moissan (Frankreich) für Chemie. Der Friedenspreis geht an US-Präsident Theodore Roosevelt.

Außerdem . . .

Die Künstlervereinigung »Brücke« stellt Holzschnitte ihrer Mitglieder Amiet, Bleyl, Heckel, Kirchner, Pechstein und Schmidt-Rottluff aus.

Erste drahtlose Übertragung einer Menschenstimme

24. Dezember. An diesem Abend hören ein paar Funker auf Schiffen vor der Küste Neufundlands und einige Bastler statt Morsezeichen die fast geisterhafte Stimme eines Mannes aus ihren Kopfhörern. Der Unbekannte meldet sich mit dem Funkruf »CQ«, kündigt eine Schallplatte an und verliest nach dem Erklingen von Georg Friedrich Händels »Largo« die Weihnachtsgeschichte. Es folgen ein Geigensolo, Grüße zum Fest und die Bitte, brieflich über den Empfang zu berichten. Danach lüftet der Unbekannte auch sein Inkognito: Er gibt sich als Professor Reginald Aubrey Fessenden, aus Kanada stammender 40jähriger Erfinder, zu erkennen. Eines seiner 500 Patente betrifft die drahtlose Übertragung der menschlichen Stimme, die erstmals gelungen ist. Die Energie für seinen Sender liefert eine Dampfmaschine.

Erstes deutsches U-Boot im Dienst

14. Dezember. Im kaiserlichen Kriegshafen Kiel wird mit einer Feier das erste deutsche U-Boot in Dienst gestellt. Damit beginnt die Geschichte der deutschen U-Boot-Waffe, der »grauen Wölfe«, wie die Schiffe wegen ihrer Tarnanstriche genannt werden. U 1 verdrängt über Wasser 238 Tonnen. Ein Petroleummotor für Überwasser und ein Elektromotor für Tauchfahrt erbringen eine Leistung von 800 PS.

Hauptbahnhof in Hamburg eröffnet

5. Dezember. Der für fünf Millionen Reichsmark errichtete Hamburger Hauptbahnhof wird feierlich eingeweiht. Der Bau bereitet dem Verkehrschaos ein Ende, denn seit der Verstaatlichung der privaten Eisenbahnen durch Preußen gegen Ende des vergangenen Jahrhunderts fehlte noch immer ein Verkehrsknotenpunkt im Zentrum Hamburgs.

1907

JANUAR

Mo	Di	Mi	Do	Fr	Sa	So
	1	2	3	4	5	6
7	8	9	10	11	12	13
14	15	16	17	18	19	20
21	22	23	24	25	26	27
28	29	30	31			

1. Memorandum des englischen Deutschlandreferenten Sir Eyre Crowes: Deutsche Politik ziele auf Hegemonie in Europa, in der ganzen Welt.

2. Gesetz über die Ausführung des Kirchengesetzes tritt in Frankreich in Kraft. Verurteilung vieler Geistlicher wegen unbefugten Messelesens; Absetzung von Bürgermeistern, weil sie Kruzifixe in Schulen angebracht haben.

8. Kolonialpolitisches Aktionskomitee in Berlin unter Vorsitz von Professor Gustav von Schmoller fordert verstärkte Kolonial- und Weltpolitik.

11. Deutschland und Dänemark sichern den Staatenlosen im Grenzgebiet die jeweilige Staatsbürgerschaft zu.

17. Gesetz gegen den unlauteren Wettbewerb in Österreich.

20. Schweizer Volksabstimmung lehnt die Trennung von Staat und Kirche ab.

21. Beginn der Wahlen für die russische Duma.

25. Reichstagswahlen in Deutschland. →

25. Uraufführung von Lamote de Grignons Oper »Hesperia« in Barcelona.

26. Wahlrechtsreform in Österreich.

28. Zar Nikolaus II. teilt dem Kaiser von China den Beschluß der russischen Regierung mit, die Mandschurei vorzeitig räumen zu wollen. (Am 22. März verlassen die letzten Truppen Charbin.)

GEBOREN:

10. Paula Wessely, österreichische Bühnen- und Filmschauspielerin.

11. Pierre Mendès-France, französischer Politiker.

19. Lilian Harvey († 27. 7. 1968), englische Schauspielerin.

20. Manfred von Ardenne, deutscher Physiker.

23. Hideki Yukawa († 8. 9. 1981), japanischer Physiker, Nobelpreis 1949.

24. Maurice Couve de Murville, französischer Diplomat.

GESTORBEN:

21. Graziadio Isaia Ascoli (* 16. 7. 1829), italienischer Philologe.

Niederlage der Sozialdemokraten bei der Wahl

25. Januar. Bei den sogenannten Hottentotten-Wahlen, der Name entsteht im Zusammenhang mit dem von der Regierung eingebrachten Kolonialetat, erleiden die Sozialdemokraten eine schwere Wahlniederlage. Sie verlieren, benachteiligt durch das Wahlsystem, die Hälfte ihrer Abgeordneten und erreichen nur noch 43 Mandate. Das Zentrum bringt es bei dieser Wahl auf 100 Sitze, die beiden konservativen Parteien kommen zusammen auf 111, die Liberalen auf 107 Sitze, so daß eine konservativ-liberale Mehrheitsbildung möglich wird. Nur die Wahlkreiseinteilung und das Stichwahlsystem ermöglichen den Sieg der Regierungsparteien, die in Zukunft den sogenannten Bülow-Block von den Konservativen bis zu den linksliberalen Parteien bilden, mit denen Bernhard von Bülow als Reichskanzler regiert. Das konservative englische Blatt »Evening Standard« meint dazu: »Wir freuen uns, daß den sozialistischen Feind, an dessen Bekämpfung jede Nation in Europa interessiert ist, ein so scharfer Schlag traf. Wie wir auch immer die deutsche Politik England gegenüber beurteilen mögen – es fehlt unter dem britischen Volke nicht an Bewunderung für die Aufrichtigkeit und den Mut, mit welchem Wilhelm II. seine Pläne für seines Landes Größe ... durchführt.«

Ein Flugblatt der Sozialdemokraten zur Reichstagswahl am 25. Januar.

1907

FEBRUAR

Mo	Di	Mi	Do	Fr	Sa	So
				1	2	3
4	5	6	7	8	9	10
11	12	13	14	15	16	17
18	19	20	21	22	23	24
25	26	27	28			

2. Uraufführung von Gerhart Hauptmanns »Die Jungfern vom Bischofsberg« im Berliner Lessing-Theater.

2. Uraufführung von Bruneaus Oper »Nais Micoulin« in Monte Carlo.

2. Revolution in Argentinien.

7. Uraufführung von Jules Massenets Oper »Thérèse« in Monte Carlo.

9. Amerikanische Marineakademie führt deutschen Sprachunterricht ein.

12. Englisches Unterhaus behandelt die irische Frage. →

17. Antiklerikale Kundgebungen in Italien anläßlich des Todestages von Giordano Bruno.

19. Akademische Freischar in Göttingen gegründet.

20. Uraufführung von Nikolai A. Rimski-Korsakows Oper »Kitezh« in Petersburg.

21. Theodore Roosevelt unterzeichnet Einwanderungsgesetz: Erhöhung der Kopfsteuer von zwei auf vier Dollar.

21. Uraufführung von Frederick Delius' Oper »Romeo und Julia auf dem Dorfe« in Berlin.

21. Bei der Strandung des Dampfers »Berlin« (Hoek van Holland) sterben 129 Menschen.

GEBOREN:

1. Günther Eich († 20. 12. 1972), deutscher Schriftsteller.

3. James Albert Michener, amerikanischer Schriftsteller.

11. Käthe Gold, österreichische Schauspielerin.

21. Wystan Hugh Auden († 28. 9. 1973), englischer Schriftsteller.

22. Rex Stewart († 7. 9. 1967), amerikanischer Jazzmusiker.

GESTORBEN:

2. Dimitrij Iwanowitsch Mendelejew (* 7. 2. 1834), russischer Chemiker. →

5. Ludwig (Louis) Thuille (* 30. 11. 1861), deutscher Komponist.

8. Alfred Kirchhoff (* 23. 5. 1838), deutscher Geograph.

16. Giosuè Carducci (* 27. 7. 1835), italienischer Dichter, Nobelpreis 1906.

Entdecker des Periodensystems gestorben

Dimitrij Mendelejew †.

2. Februar. Wenige Tage vor Vollendung seines 73. Geburtstages stirbt in Petersburg der russische Chemieprofessor Dimitrij Iwanowitsch Mendelejew. Er hat im Jahre 1869 eine Ordnung der chemischen Elemente – ein Periodensystem – aufgestellt, das mit wenigen Verbesserungen bis heute gilt. Grundprinzip ist, daß die Ordnung der Elemente durch ihre steigende Atommasse festgelegt ist. Aufgrund dieses Prinzips konnte Mendelejew noch zu entdeckende Elemente nebst Atomgewicht und Eigenschaften voraussagen, so daß er in seinem System Plätze frei ließ. Unabhängig von Mendelejew hat der deutsche Chemiker Julius Lothar Meyer im gleichen Jahr ein vergleichbares Periodensystem aufgestellt.

Irische Frage im Unterhaus

12. Februar. Premierminister Henry Campbell-Bannermann äußert sich zum Konflikt um die irische Frage im englischen Unterhaus folgendermaßen: »Sollen wir leugnen, daß das irische Volk ein Recht darauf hat, seine eigenen heimischen Angelegenheiten zu verwalten, solange diese nicht mit den Angelegenheiten Englands in Widerstreit geraten und solange nichts geschieht, was die Oberhoheit des Parlaments ... verletzt? Es bedeutet gar keinen Unterschied für die Festigkeit des Reiches, wenn die Iren haben, was jede Kolonie mit Selbstverwaltung besitzt«.

1907

MÄRZ

Mo	Di	Mi	Do	Fr	Sa	So
				1	2	3
4	5	6	7	8	9	10
11	12	13	14	15	16	17
18	19	20	21	22	23	24
25	26	27	28	29	30	31

1. Preußischer Kultusminister von Studt erläutert polnischen Schulstreik. →

1. Königlicher Erlaß in Spanien hebt Ziviltrauung auf.

2. Uraufführung von Oscar Straus' Operette »Ein Walzertraum« in Wien.

2. Uraufführung von Abrányis Oper »Monna Vanna« in Budapest.

2. Streik der Hamburger Schauerleute wegen Nachtarbeit. Reeder holen 2000 englische Arbeiter in den Hafen.

5. Zweite Duma wird in Rußland eröffnet (Dauer bis 17. Juni).

8. Die österreichischen Landtage beschließen die allgemeine Wahlpflicht.

11. Der bulgarische Ministerpräsident Petkow wird von einem Anarchisten ermordet. Nachfolger wird Ministerpräsident Gudew.

12. Durch Selbstentzündung von Pulver explodiert in Toulon das 12 000 Tonnen große Panzerschiff »Jena«.

15. Preußen kündigt Reform des Mädchenschulwesens an. →

15. Wahl in Finnland mit den ersten gewählten weiblichen Parlamentsmitgliedern. →

16. In Glasgow findet der Stapellauf der »Indomitable«, des größten Kreuzers der Welt, statt.

19. Uraufführung von Leroux' Oper »Théodora« in Monte Carlo.

19. Uraufführung von Wetz' Oper »Das ewige Feuer« in Düsseldorf.

30. Testflug durch Charles Voisin. Anfänge der Flugzeugindustrie. →

GEBOREN:

11. Helmuth James Graf von Moltke († 23. 1. 1945), deutscher Widerstandskämpfer.

15. Zarah Leander († 23. 6. 1981), schwedische Schauspielerin.

24. Lauris Norstad, amerikanischer General.

GESTORBEN:

6. Karl Heinrich von Bötticher (* 6. 1. 1833), preußischer Staatsmann.

18. Marcelin Pierre Eugène Bertholet (* 25. 10. 1827), französischer Chemiker.

25. Ernst von Bergmann (* 16. 12. 1836), deutscher Chirurg.

Neue Mädchenschulen

»Förderung des Verstandes« nun auch in Mädchenklassen.

15. März. Der preußische Kultusminister von Studt erläutert eine bevorstehende Reform des Mädchenschulwesens. Neben der bisher meist einseitigen Ausrichtung der Mädchenausbildung auf Gefühl und Ästhetik soll in Zukunft mehr Gewicht auf die Förderung des Verstandes gelegt werden. Daher verlangt er die verstärkte Behandlung von Grammatik und die Einführung von Mathematik anstatt einfachen Rechenunterrichts. Im Mittelpunkt der Mädchen- und Frauenausbildung werden weiterhin Deutsch und Religion stehen. »Die intellektuelle Bildung soll in keiner Weise dazu führen, daß der große Schatz, den unser deutsches Volk in der Herzensreinheit und Gemütstiefe deutscher Frauen und Mädchen allezeit hochgehalten hat, irgendwie noch eine Beeinträchtigung erfahre.«

England lehnt Bau eines Kanaltunnels ab

21. März. Die englische Regierung lehnt erneut den Bau eines Kanaltunnels nach Frankreich ab. Besonders aus militärischen Gründen bedeutet das Projekt – Untertunnelung des Ärmelkanals (die Engländer nennen den Channel Tunnel »Chunnel«) – Unsicherheit und Gefahr für das englische Volk. Bereits 1881 hat die angesehene »Times« geurteilt, der Tunnel sei eine »Einladung zur Invasion Englands«. Außerdem werde das Projekt für Industrie und Handel keinen bedeutenden Gewinn erwirtschaften. Aus diesen Gründen unterstützt die englische Regierung die Einrichtung von Fähren als Verbindung zwischen England und dem Kontinent. Dabei hat der Plan, über einen Tunnel die Verbindung zwischen England und Frankreich zu verkürzen, eine lange Tradition: 1798 ist die Idee erstmals aufgeworfen worden, und in den folgenden Jahrzehnten tauchen in regelmäßigen Abständen Tunnelpläne auf.

In Frankreich fängt Produktion von Flugzeugen an

30. März. Nachdem die Brüder Gabriel und Charles Voisin bereits im November 1906 in Billancourt (Frankreich) eine Fabrik für die Herstellung von Motorflugzeugen gegründet haben, ist es in diesem Monat gelungen, einen erfolgreichen Testflug einer eigenen Flugzeugkonstruktion durchzuführen. Bei dem Testflugapparat handelt es sich um einen Doppeldecker, für dessen Antrieb ein Achtzylindermotor dient, der eine Kraft von 50 PS erzeugt.

Erstaunlich ist, mit welchen bescheidenen Mitteln der Erfolg herbeigeführt werden kann: Als Angestellte unterstützen lediglich ein Bootsbauer und ein Kunsttischler die Brüder Voisin bei ihrer Produktion. Die von den Brüdern Voisin entwickelten Modelle werden später von anderen Firmen gekauft und entscheidend verbessert.

Frankreich steht damit am Anfang der industriellen Produktion von Flugzeugen.

48 000 Kinder im Schulstreik

1. März. Der Posener Schulstreit (→ November 1901) erreicht in diesem Monat einen neuen Höhepunkt. 48 000 Schulkinder streiken gegen den Beschluß der preußischen Regierung, die polnische Sprache aus den Schulen zu verbannen. Sie weigern sich weiterhin, im Unterricht nur auf deutsch zu antworten. Eine friedliche Regelung mit dem Erzbischof von Posen ist gescheitert. Die Schulverwaltung droht den Streikenden mit harten Maßnahmen: Nachsitzen bzw. Entfernung von der Schule.

Finnische Frauen im Parlament

15. März. Finnland hat die ersten weiblichen Mitglieder des Parlaments.

Über die Reichstagswahlen vom März haben Frauen aus allen sozialen Schichten ein Mandat für die Volksvertretung erhalten: Die meisten Frauen sind Mitglied der sozialdemokratischen Partei. Sechs der künftigen Parlamentarierinnen gehören zur Zentrumspartei. Am 23. Mai werden diese Frauen ihre Arbeit im Parlament aufnehmen.

Auguste Viktoria (links im Bild), deutsche Kaiserin, besucht Kinderheilstätten des Roten Kreuzes.

Außerdem . . .

Der Mindestbetrag für Witwenpensionen wird von 160 auf 216 Mark erhöht, der Höchstbetrag von 1600 auf 3000 Mark.

1907

APRIL

Mo	Di	Mi	Do	Fr	Sa	So
1	2	3	4	5	6	7
8	9	10	11	12	13	14
15	16	17	18	19	20	21
22	23	24	25	26	27	28
29	30					

1. Die russische Duma behandelt die Agrarfrage. Eine Mehrheit spricht sich für die Erhaltung des Privatbesitzes aus.

1. Die europäischen Mächte beschließen die Herstellung und den Einsatz drahtloser Telegrafie in Marokko (Afrika).

8. Die letzten japanischen Truppen räumen die Mandschurei. Lediglich eine Wache für die Eisenbahnlinien bleibt im Lande.

9. Der Schweizer Bundesrat beantragt die Nutzbarmachung der naturräumlichen Wasserkräfte zur Energiegewinnung.

10. In Dänemark scheitert ein Regierungsentwurf zur Einführung des allgemeinen kommunalen Wahlrechts für Männer und Frauen.

12. Im Krieg zwischen Nicaragua und Honduras nehmen die Truppen Nicaraguas den Hafen Amapala ein. Der Präsident flieht auf einem amerikanischen Kreuzer.

14. Schweres Erdbeben in Mexiko zerstört die Stadt Acapulco fast vollständig.

15. Uraufführung von Francesco Cileas Oper »Gloria« in Mailand.

15. Papst urteilt über die Trennung von Kirche und Staat in Frankreich. →

17. Uraufführung von Fourdrains Oper »La Légende du Pont d'Argentan« in Paris.

18. Friede zwischen Nicaragua und Honduras unter Vermittlung der USA.

22. Vergleich im Hamburger Schauerleutestreik vom März: Die 2000 Engländer werden abgeschoben, die Schichtarbeit wird verbessert.

25. Britische Admiralität erklärt, es gebe 26 Docks, die ein Schiff vom Typ der »Dreadnought« aufnehmen könnten.

GEBOREN:

26. Theun de Vries, niederländischer Schriftsteller.

29. Fred Zinnemann, amerikanischer Filmregisseur.

29. Constantin Rossi, französischer Sänger.

GESTORBEN:

26. Joseph Hellmesberger (* 9. 4. 1855), österreichischer Komponist.

Wende in der Malerei

Picassos »Les Demoiselles d'Avignon« (1907), das erste kubistische Bild.

Mit der Vorstellung des programmatischen Werkes »Les Demoiselles d'Avignon« von Pablo Picasso beginnt ein revolutionärer Wandel in der Malerei des 20. Jahrhunderts: die Stilrichtung des Kubismus ist geboren. Neben Picasso sind Gris, Braque, Léger und Derain typisch für den neuen Stil. Bei Zurücknahme der Farbskala wird der Gegenstand auf seine stereometrischen Grundlagen reduziert. Wichtigstes Medium des Kubismus, der rasch zu einer der einflußreichsten Strömungen der modernen Kunst wird, ist die Collage. Das Bild wird von einander zugeordneten Flächen getragen.

Ein Büro der Zeit um 1907 mit Personal. Auf dem Tisch vorn rechts eine Schreibmaschine, wie sie schon seit etwa 35 Jahren in Büros benutzt wird.

Carnegie-Institut in Pittsburgh wird eröffnet

11. April. In Anwesenheit vieler ausländischer Ehrengäste wird in Pittsburgh das Carnegie-Institut eröffnet. Ausgestattet mit bedeutenden finanziellen Mitteln dient die Stiftung der wissenschaftlichen Forschung und Weiterbildung. Weitere Institute werden in Washington und New York errichtet.

Andrew Carnegie (* 25. 11. 1835; † 11. 8. 1919), ein aus Schottland eingewanderter Stahlindustrieller, hat sich in seinen Stiftungen um Grundlagenforschung und Ausbildung bemüht. Von großer Bedeutung wird seine Stiftung für den internationalen Frieden von 1910 für die Erforschung von Kriegsursachen und Kriegsverhütung.

Papst kritisiert Frankreich

15. April. Papst Pius X. erklärt, daß Frankreich das Konkordat einseitig gebrochen, die Kirche gewaltsam beraubt habe und grundsätzlich bemüht sei, aus den Herzen seiner Mitbürger jeden Rest von Religion auszureißen. »Dem Haß werden wir die Liebe, dem Irrtum die Wahrheit, den Beleidigungen und Schmähungen die Vergebung entgegenstellen und Gott bitten, daß die Feinde der Religion aufhören mögen, diese zu verfolgen.«

Neue Enthüllung

27. April. In der »Zukunft« erscheint im Zusammenhang mit der Homosexuellen-Affäre um Philipp Fürst zu Eulenburg und Hertefeld ein scharfer Artikel mit der Enthüllung, daß drei ältere Flügeladjutanten des Kaisers homosexuell veranlagt seien (→ Oktober 1906).

Außerdem . . .

Die Hungersnot in China nimmt katastrophale Ausmaße an. Nach offiziellen Schätzungen leiden allein in Südchina ca. 10 Millionen Menschen an Hunger, täglich sterben 5000.

1907

MAI

Mo	Di	Mi	Do	Fr	Sa	So
		1	2	3	4	5
6	7	8	9	10	11	12
13	14	15	16	17	18	19
20	21	22	23	24	25	26
27	28	29	30	31		

2. Forderung im Reichstag nach Erweiterung des Kaiser-Wilhelm-Kanals. →

7. Sozialvertrag mit Hamburger Arbeitern. →

10. Uraufführung von Paul Dukas' Oper »Ariane et Barbe-Bleue« in Paris.

11. Ende des viermonatigen Streiks (seit 14. Januar) in der Holzindustrie. Da eine Einigung zwischen Unternehmern und Arbeitern nicht erreicht wird, schlichtet das Berliner Gewerbegericht: Den Forderungen nach allmählicher Arbeitszeitverkürzung und Lohnerhöhung wird stattgegeben.

11. Übereinkunft zwischen Frankreich und Deutschland über den Schutz geistigen Eigentums.

14. Soldatenverschwörung gegen den russischen Zaren Nikolaus II. wird entdeckt. Es werden 28 Personen verhaftet.

17. Vor der Duma wird der unzulängliche Schulunterricht behandelt. →

21. In Hamburg gründet sich ein Bund vaterländischer Arbeitervereine.

25. Das 24-Stunden-Rennen bei Point Breeze (Philadelphia), eine Dauerprüfung für Automobile, beenden die Sieger nach 1265 gefahrenen Kilometern und einer dabei erzielten Durchschnittsgeschwindigkeit von 53 km/h.

31. Französische Seeleute beschließen in Marseille die Ausrufung des Generalstreiks zur Verbesserung ihrer Lohn- und Arbeitsverhältnisse.

GEBOREN:

4. Maxence van de Meersch († 14. 1. 1951), französischer Schriftsteller.

8. Wolf Stefan Traugott Graf von Baudissin, deutscher General.

13. Daphne du Maurier, englische Erzählerin.

22. Sir Lawrence Olivier, englischer Schauspieler.

30. Elly Beinhorn, deutsche Fliegerin und Schriftstellerin.

GESTORBEN:

12. Joris-Karl Huysmans (* 5. 2. 1848), französischer Schriftsteller.

30. Ottomar Anschütz (* 16. 5. 1846), deutscher Fotograf.

Reichsregierung fordert für Kanal Ergänzungsetat

2. Mai. Die Regierung fordert einen Ergänzungsetat für die Erweiterung des Kaiser-Wilhelm-Kanals (Gesamtkosten für die Erweiterung: 221 Millionen Mark). Der Reichstag stimmt zu, tadelt aber die mangelnde Voraussicht der Regierung. Die Erweiterung des Kanals ist notwendig geworden, um den geplanten Großkriegsschiffen die Durchfahrt zu ermöglichen.

In der Auseinandersetzung wird auch darauf hingewiesen, daß der Bau ein großes nationales Werk sei, bei dem vorzugsweise heimische Industrie und deutsche Arbeitskraft beteiligt seien.

Werftindustrie: Vielversprechende Tarifverhandlung

7. Mai. Der Verband der deutschen Schiffswerften setzt sich mit einer Kommission der Werftarbeiter und anderer Arbeiterverbände in Hamburg zusammen, um gemeinsam einen Vertrag über Lohnhöhe, Zahlung und Arbeitszeit zu erarbeiten. Die Presse begrüßt dieses Vorgehen. Die Sozialdemokraten feiern das paritätische Vorgehen und Verhandeln als wichtigen Fortschritt in der sozialen Frage.

Rußland fehlen mindestens noch 160 000 Schulen

17. Mai. Der russische Minister des öffentlichen Unterrichts, von Kaufmann, erläutert vor der Duma, daß nach den letzten statistischen Erhebungen 29 Prozent der Männer und 13 Prozent der Frauen lesen und schreiben können. Um das Ziel von Peter dem Großen zu erreichen – Unterricht sei kein Privileg einzelner, sondern ein Bedürfnis des ganzen Volkes – müsse das Budget des Unterrichtsministeriums versiebenfacht werden. Rußland verfügt zur Zeit über 90 000 Schulen. 160 000 müßten noch eingerichtet werden.

1907

JUNI

Mo	Di	Mi	Do	Fr	Sa	So
					1	2
3	4	5	6	7	8	9
10	11	12	13	14	15	16
17	18	19	20	21	22	23
24	25	26	27	28	29	30

2. Der Freiburger FC wird durch 3 : 1-Sieg gegen Viktoria 89 Berlin in Mannheim Deutscher Fußballmeister 1907.

5. Uraufführung von Messagers Oper »Fortunio« in Paris.

6. Der Staatssekretär für Indien, John Morley, erklärt, daß sich England zu diesem Zeitpunkt auf keinen Fall aus Indien zurückziehen könne.

6. Griechische, bulgarische und serbische Banden sorgen wieder in stärkerem Maße für Unruhen in Mazedonien.

8. 40jähriges Krönungsjubiläum in Budapest in Anwesenheit Kaiser Franz Josephs.

10. Abkommen zwischen Frankreich und Japan: Sicherung der Unabhängigkeit Chinas und Offenheit des Handels.

12. Allgemeine Berufs- und Gewerbezählung im Deutschen Reich.

14. Norwegisches Storting verwirft mit 73 zu 48 Stimmen allgemeines Wahlrecht für Frauen. →

15. Zweite große Haager Friedenskonferenz. →

16. Zar Nikolaus II. löst die Duma auf.

17. Französische Kammer senkt Zuckersteuer. Mehr als 250 000 Weinbauern demonstrieren, weil sie im billigen Zuckerzusatz den Niedergang ihres Gewerbes und eine Existenzbedrohung sehen.

26. Russischer Adelskongreß fordert energische Maßnahmen gegen die Anarchie und die Revolution.

27. Italienische Kammer beschließt, den 100. Geburtstag Garibaldis zum Nationalfeiertag zu erklären. Giuseppe Garibaldi (4. 7. 1807 bis 2. 6. 1882) ist einer der bedeutendsten Politiker der italienischen Einigungsbewegung gewesen.

30. Volksabstimmung in Genf beschließt mit 7656 zu 6822 Stimmen die Trennung von Kirche und Staat.

GEBOREN:

14. Paul Klinger, deutscher Schauspieler.

14. Bernt von Heiseler († 24. 8. 1969), deutscher Schriftsteller.

25. Hans Jensen († 11. 2. 1973), deutscher Naturwissenschaftler.

Fernfahrt vo

10. Juni. Eine Automobilfernfahrt fasziniert die Weltöffentlichkeit. Start ist in Peking, Ziel ist Paris. Nach zwei Monaten Fahrt über schlechteste Straßen, ausgefahrene Pisten und gefährliche Pässe erreicht F. Scipione Borghese als erster das Ziel. Diese technische Leistung vollbrachte er mit einem Vierzylinder-Itala-Wagen.

Ein Aufruf der Pariser Zeitung »Le Matin« hat das Unternehmen in Gang gesetzt. Kurz nach dem Aufruf meldeten sich 25 Bewerber, von denen aber wegen der hohen Anmeldungsgebühr von 2000 Franc nur fünf an den Start gingen. Zu den Teilnehmern gehören außer Borghese vier Franzosen.

Der in einem Reisfeld steckengebliebene It...

Frauenwahlrecht mit Einschränkung

14. Juni. Im norwegischen Storting wird mit 73 zu 48 Stimmen der Gesetzentwurf abgelehnt, der für die Frauen das allgemeine Wahlrecht vorsieht. Allerdings wird mit 96 zu 25 Stimmen ein Entwurf angenommen, der Frauen das staatsbürgerliche Wahlrecht zuerkennt, wenn sie oder deren Mann Steuern bezahlt haben. Wahrscheinlich erhöht sich dadurch die Anzahl der Wähler um 300 000.

Peking nach Paris

Der 45-PS-Itala, Sieger der Fernfahrt Paris—Peking, kann heute im Automobilmuseum Turin bewundert werden. Ihm fehlen allerdings die Kotflügel.

...d von Bauern wieder flottgemacht.

Die Gleise der transsibirischen Bahn.

Internationale Friedenskonferenz verbessert Landkriegsordnung

15. Juni. Der niederländische Außenminister Tets van Goudriaan eröffnet die zweite große Friedenskonferenz in Haag. Bereits 1904 hat Präsident Theodore Roosevelt vorgeschlagen, das Werk der ersten Konferenz von 1899 fortzuführen. Das aber war in diesem Jahr wegen des russisch-japanischen Krieges nicht möglich. Das entscheidende Problem, die Frage der Rüstungsbeschränkung, wird nicht behandelt –

England, die USA und Spanien haben die Behandlung dieser Frage vorgeschlagen, können sich aber gegen Deutschland und Frankreich nicht durchsetzen.
Jedoch werden die Völkerrechtsregeln für den Seekrieg neu gefaßt, und die Landkriegsordnung von 1899 wird verbessert. In insgesamt zwölf Konventionen legen die beteiligten 44 Staaten die Kriegsregeln fest.

1907

JULI

Mo	Di	Mi	Do	Fr	Sa	So
1	2	3	4	5	6	7
8	9	10	11	12	13	14
15	16	17	18	19	20	21
22	23	24	25	26	27	28
29	30	31				

1. Oranjefreistaat erhält Selbstregierung.

1. Indienststellung der ersten Luftwaffeneinheit in den USA. →

3. Deutsches Kaiserpaar besucht Kopenhagen.

4. Dekret des Papstes Pius X. verurteilt alle modernistischen Tendenzen der Theologie.

4. Festliche Feiern zu Garibaldis 100. Geburtstag in ganz Italien (→ Juni 1907).

5. Italienische Kammer genehmigt Gesetz über die Sonntagsruhe: 24stündiger Ruhetag für Beamte und Angestellte in Fabriken und Geschäften.

5. Massenverhaftungen in Guatemala wegen eines Mordversuchs an dem Präsidenten.

12. Kolonialamt für Deutsch-Ostafrika regelt Prügelstrafe für Eingeborene: Bei Urteilsvollstreckung muß ein Beamter oder Arzt anwesend sein.

14. Der Franzose Lucien Petit-Breton gewinnt die diesjährige Tour de France, die eine Gesamtlänge von über 3000 km hat.

28. Fischereivertrag zwischen Japan und Rußland: Japaner dürfen im Japanischen, Ochotskischen und Beringmeer das Recht der Fischerei, ausgenommen Seeotter und Robben, ausüben.

29. Beginn der Pfadfinderbewegung. →

30. Chinavertrag zwischen Rußland und Japan: Zusicherung der gegenseitigen territorialen Integrität und Offenheit des Handels in China.

GEBOREN:

4. Jacques Roumain, haitianischer Schriftsteller.

6. Arvid Brenner (eigtl. Helge Heerberger), schwedischer Erzähler.

19. Maurice Blanchot, französischer Schriftsteller.

24. Vitaliano Brancati († 25. 9. 1954), italienischer Schriftsteller.

GESTORBEN:

5. Kuno Fischer (* 23. 7. 1824), deutscher Philosoph.

14. William Henry Perkin (* 12. 3. 1838), englischer Chemiker.

USA bilden erste Luftwaffeneinheit

1. Juli. Als erstes Land haben die USA die herkömmlichen Waffengattungen Armee und Marine erweitert: Die Luftfahrtabteilung des Nachrichtenkommandos der USA hatte die erste Luftwaffeneinheit in den Dienst übernommen. Den Auftrag dafür haben die Gebrüder Wright erhalten, die ein Flugzeug konstruieren sollen, das zuverlässig steuerbar ist und eine Mindestgeschwindigkeit von 58 Stundenkilometern entwickeln und halten kann. Nach ersten Mißerfolgen – das erste Flugzeug stürzte beim Testflug ab – ist nun doch die Konstruktion eines solchen Flugzeugs gelungen.

Erste Pfadfinder in England

Der Brite Sir Robert Baden-Powell begründet die Pfadfinderorganisation.

29. Juli. Ein Jugendlagertreffen auf Brownsea Island, Dorset (England), ist der Anfang der Pfadfinderbewegung. Unter der Leitung des Generalleutnants Robert Baden-Powell üben sich 20 Jungen in einem Kundschafterspiel (Game of scouting): Sie lernen, sich im Wald zu orientieren, Holz zu fällen, Seile zu knoten, Feuer anzulegen und auch wieder zu löschen, nachts einen Weg zu finden und anderes mehr. Die Motive des Leiters sind weniger in der Absicht zu finden, den Jungen zu helfen, ihre Freizeit zu gestalten, sondern sie sollen in Fertigkeiten unterwiesen werden, in »Überlebenstechniken«.

1907

AUGUST

Mo	Di	Mi	Do	Fr	Sa	So
			1	2	3	4
5	6	7	8	9	10	11
12	13	14	15	16	17	18
19	20	21	22	23	24	25
26	27	28	29	30	31	

2. China öffnet in der Mandschurei sieben Städte dem internationalen Handel (insgesamt nun 16).

3. Königliches Dekret in Portugal führt Sonntagsruhe ein.

3. Treffen Kaiser Wilhelms II. mit Zar Nikolaus II. in Swinemünde.

3. Im Staate Indiana (USA) wird der Standard Oiltrust wegen Frachthinterziehung zu 30 Millionen Dollar Strafe verurteilt.

8. 125 Mitglieder der Semstwo, ein dem Gouvernement und dem Kreis untergeordneter Selbstverwaltungsverband in Rußland, fordern die allgemeine Schulpflicht.

13. Einfall von Hottentotten in Deutsch-Südwestafrika.

14. Treffen Wilhelms II. mit König Edward VII. in Wilhelmshöhe bei Kassel.

17. Internationaler Sozialistenkongreß in Stuttgart. Themen: Militarismus und Kolonialpolitik.

18. Erste internationale sozialistische Frauenkonferenz findet in Stuttgart statt.

20. Sozialpolitische Gesetze in Ungarn. →

21. Todesurteile gegen Zarenverschwörer.

25. Generalversammlung der Katholiken Deutschlands in Würzburg. Zentralthema: Religion und Konfession.

25. Amerikanische Presse erörtert die Möglichkeit eines Verkaufs der Philippinen an Japan. Die ständigen Auseinandersetzungen werden als Last für die USA empfunden.

31. Englisch-russisches Abkommen über die gegenseitigen Interessen in Asien wird in Petersburg unterzeichnet. →

GEBOREN:

8. Bennet Lester Carter, amerikanischer Jazzmusiker.

12. Étienne Hajdu, französischer Bildhauer ungarischer Herkunft.

13. Alfried Krupp von Bohlen und Halbach († 30. 7. 1967), deutscher Unternehmer.

17. Roger Peyrefitte, französischer Schriftsteller.

GESTORBEN:

15. Joseph Joachim (* 28. 6. 1831), deutscher Violinvirtuose und Komponist.

Sozialgesetze in Ungarn schützen Bedienstete

20. August. Sozialpolitische Gesetze in Ungarn bringen entscheidende Verbesserungen für Bedienstete. Übergriffe werden unter Strafe gestellt. Das Züchtigungsrecht wird aufgehoben, und Dienstboten haben Anspruch auf eine gesunde Wohnung und erstklassige Entlohnung in Naturalgaben, wenn nicht bar ausgezahlt wird. Ehefrauen und Kinder unter zwölf Jahren haben Anspruch auf ärztliche Pflege während der ersten 45 Tage einer Krankheit. Die Kosten hat der Arbeitgeber zu tragen.

Konvention über Asien erreicht

31. August. In Petersburg unterzeichnen die Vertreter Rußlands und Englands eine Konvention über die gegenseitigen Interessen in Persien, Afghanistan und Indien. Persien wird in Einflußgebiete aufgeteilt, der Norden wird Rußland zugesprochen, die Engländer üben Einfluß im Südosten aus. Rußland verzichtet auf seine Interessen in Afghanistan, und England zieht seine Militärmission aus Tibet zurück. Das Übereinkommen schafft den Ausgleich des lange bestehenden Gegensatzes zwischen beiden Staaten und wird auch von beiden Ländern als Erfolg ihrer Politik angesehen. Rußland erhofft sich britische Unterstützung in der Meerengenfrage, und England ist es gelungen, Rußland vom Persischen Golf und von der indischen Grenze fernzuhalten.

Außerdem . . .

Das Jugendherbergssystem wird von dem Lehrer Richard Schirrmann begründet. In den Sommerferien richtet er die Klassenräume seiner Schule in Altena im Sauerland mit Strohsäcken her, um wandernden Jugendlichen preiswerte, wenn auch bescheidene Übernachtungsmöglichkeiten zu bieten. Das Ziel Schirrmanns ist es, ein Netz solcher Jugendherbergen in Deutschland einzurichten.

1907

SEPTEMBER

Mo	Di	Mi	Do	Fr	Sa	So
						1
2	3	4	5	6	7	8
9	10	11	12	13	14	15
16	17	18	19	20	21	22
23	24	25	26	27	28	29
30						

7. Der Alldeutsche Verbandstag fordert ein Enteignungsgesetz, um die Polenfrage zu lösen, auch die Behandlung der sogenannten Optanten in Nordschleswig wird als Schwäche angeprangert.

7. Judenpogrom in Odessa.

7. Viele Cholerafälle beunruhigen die russische Öffentlichkeit.

8. Enzyklika des Papstes Pius X.: Pascendi dominic gregis. →

8. In China breitet sich eine neue Geheimgesellschaft, die Kuomintang, aus. →

14. Beginn der Neuwahlen für die Duma in Rußland.

14. Abkommen mit dem Papst über die Prüfung in den Seminaren Polens: Die Kirche ist verantwortlich für den Lehrplan und die Prüfungsaufgaben. Die Regierungsbeamten haben nur Kontrollfunktion in den nichtkonfessionellen Fächern.

15. 21. Sozialdemokratischer Parteitag in Essen. →

17. Auflösung des Kapparlamentes in Britisch-Südafrika.

17. Beim Internationalen Bergarbeiterkongreß in Salzburg wird der Gegensatz zwischen christlich und sozialdemokratisch Organisierten behandelt.

25. Skandalhochzeit in Deutschland. →

26. Neuseeland wird unabhängige Monarchie; Staatsoberhaupt bleibt der britische Monarch. Australien und Neuseeland erhalten Dominionstatus.

GEBOREN:

2. Fritz Szepan, deutscher Fußballspieler.

12. Gerhard Oberländer, deutscher Grafiker.

18. Edwin Mattison McMillan, amerikanischer Chemiker, Nobelpreis 1951.

25. Robert Bresson, französischer Filmregisseur.

GESTORBEN:

4. Edvard Grieg (* 15. 6. 1843), norwegischer Komponist. →

7. René-François-Armand Sully-Prudhomme (* 16. 3. 1839), französischer Dichter, Nobelpreis 1901. →

28. Friedrich I. (* 9. 9. 1826), Großherzog von Baden.

Edvard Grieg stirbt im Alter von 64 Jahren

4. September. Der norwegische Komponist Edvard Grieg stirbt in seinem Landhaus Troldhaugen bei Bergen im Alter von 64 Jahren. Sein musikalisches Werk ist umfassend: Neben zahlreichen Liedern und Chorwerken hat Grieg besonders auch größere Orchesterwerke komponiert, z. B. das »Klavierkonzert a-Moll« im Jahr 1868 oder die »Symphonischen Tänze« aus dem Jahr 1898. Griegs besondere Leistung bestand darin, daß er die volkstümlichen musikalischen Eigenarten seines Landes mit dem allgemeinen musikalischen Stand seines Jahrhunderts verbinden konnte. Nicht zuletzt mit seinen Bühnenkompositionen zu Ibsens »Peer Gynt« und auch zu Bjørnsons »Sigurd Jorsalfar« verschaffte Grieg der skandinavischen Musik Weltgeltung.

Edvard Grieg †.

Nobelpreisträger für Literatur †

7. September. René-François-Armand Sully-Prudhomme, 1901 als erster von der Nobelstiftung mit dem Preis für Literatur ausgezeichnet, stirbt im Alter von 68 Jahren. Sully-Prudhomme hatte die Auszeichnung für sein lyrisches Werk erhalten, in dem er Stellung zu moralischen, sozialen und auch wissenschaftlichen Fragen und Problemen bezog. Seit 1881 war Sully-Prudhomme auch Mitglied der Académie française.

Skandalehe des Jahres

25. September. Kronprinzessin Luise von Sachsen (* 1870), die 1903 wegen Ehebruchs geschieden wurde, heiratet ihren Liebhaber, den italienischen Pianisten und Komponisten Enrico Toselli (* 13. 3. 1883).

Die Verbindung der beiden ist nicht nur Gesprächsthema der »feinen« Gesellschaft, sondern auch Gegenstand zahlloser »Würdigungen« von Literaten.

Die Affäre der Kronprinzessin Luise mit Toselli (r.) bewegt die Gemüter.

Enzyklika gegen Modernismus in der Theologie

8. September. In der päpstlichen Enzyklika »Pascendi dominic gregis« wendet sich Papst Pius X. in größter Schärfe gegen den sogenannten Modernismus in der Theologie, den er als »hinterlistige Kunstgriffe«, »Pest«, »Gift«, »blasphemische Frechheit« und als »Wahnsinn« bezeichnet. Ursache seien »Vorwitz und Stolz«. Insgesamt bezeichnet der Papst den Modernismus als »Zusammenfassung aller Häresien«.

Geheimbund der Kuomintang gewinnt Anhänger

8. September. Die Geheimgesellschaft Kuomintang gewinnt an Zulauf und fördert den Aufstand gegen die kaiserliche Herrschaft und gegen die Fremdreligionen, besonders gegen Christen.

Am Beginn der Verschwörung steht die von Sun Yat-sen gegründete Geheimgesellschaft T'ung-meng-hui (»Verschworene Liga«). Der 1888 geborene Sun Yat-sen, Sohn eines Bauern, hat einen abenteuerlichen Bildungsweg hinter sich: Ab 1879 Besuch einer Missionsschule (in Honolulu), Rückkehr nach China, Bekehrung zum Christen und Studium der Medizin. 1894 gründete er die »Vereinigung zur Erneuerung Chinas«, die 1905 in dem von ihm im Exil in Tokio geschaffenen »Chinesischen Revolutionsbund« aufging.

Bebel erklärt sich zum Krieg gegen Rußland bereit

15. September. Auf dem 21. Sozialdemokratischen Parteitag in Essen betonen die Sozialdemokraten: »Die selbständige Gewährleistung des vaterländischen Bodens ist für die Sozialdemokratie selbstverständlich«. Der Abgeordnete Karl Liebknecht fordert Aufklärung der Rekruten über den Militarismus, um die Jungen »unbrauchbar für Instrumente des Kapitalismus zu machen«. Der Abgeordnete August Bebel erklärt, die Sozialdemokraten müßten von Fall zu Fall entscheiden, wie sie sich in einem Kriegsfall entscheiden wollten, »wenn es zu einem Kriege mit Rußland käme – dann bin ich alter Knabe noch bereit, die Flinte auf den Buckel zu nehmen«.

Unfallstatistik

30. September. Veröffentlichung einer Unfallstatistik über den Zeitraum seit dem 1. Oktober 1906. Danach sind auf dem Gebiet des Deutschen Reiches 13 Kraftfahrer tödlich verunglückt. Insgesamt fordert der Straßenverkehr 143 Todesopfer (1981 sterben auf Deutschlands Straßen 11 900 Menschen).

Außerdem . . .

Die amerikanischen Schiffe »Virginia« und »Connecticut« werden mit Funksprechgeräten der Firma De Forest Radio Telephone Companie ausgerüstet, mit denen Verständigung über 34 Kilometer gelingt.

1907
OKTOBER

Mo	Di	Mi	Do	Fr	Sa	So
	1	2	3	4	5	6
7	8	9	10	11	12	13
14	15	16	17	18	19	20
21	22	23	24	25	26	27
28	29	30	31			

1. Graf Eulenburg übernimmt Ministeramt in Preußen. →

1. Start- und Flugversuche mit dem Luftschiff Zeppelin glücken. Das deutsche Kriegsministerium kauft das Luftschiff.

1. Im Deutschen Reich werden die Kennzeichnungen für Kraftfahrzeuge vereinheitlicht. →

5. Preußischer Kultusminister erlaubt Einführung des Biologieunterrichts in den Oberklassen der höheren Lehranstalten.

12. Der sozialdemokratische Abgeordnete und Rechtsanwalt Karl Liebknecht erhält als Verfasser der Schrift: »Militarismus und Antimilitarismus« eineinhalb Jahre Festungshaft wegen Hochverrats.

12. Niederländische Regierung legt Vorlage über das allgemeine Wahlrecht vor.

15. Die Stadt Fontanet (USA) wird durch die Explosion einer Pulverfabrik nahezu vollständig zerstört.

18. Ende der zweiten großen Haager Friedenskonferenz (→ Juni 1907).

20. Zweiter Kongreß der christlich-nationalen Arbeiter.

24. In Kalabrien (Italien) werden mehrere Orte durch schwere Erdbeben zerstört.

26. Uraufführung von Julius Bittners Oper »Die rote Gret« in Frankfurt.

27. Wahlen zur russischen Duma.

29. Maximilian Harden freigesprochen. →

29. Ostseeabkommen zwischen Deutschland und Rußland: Erhaltung des Status quo des Interesses beider Länder.

29. Die Türkei wendet sich an die europäischen Mächte, weil bulgarische und griechische Banden die mazedonische Frage verschärfen.

GEBOREN:

9. Quintin McGarel Hogg, Viscount of Haulsham, englischer Politiker.

12. Wolfgang Fortner, deutscher Komponist.

16. Roger Vailland († 12. 5. 1965), französischer Schriftsteller.

GESTORBEN:

11. Adolf Furtwängler (*30.6.1854), deutscher Archäologe.

Autokennzeichen einheitlich

1. Oktober. In den 26 Bundesstaaten des Deutschen Reiches werden von diesem Tage an die Kennzeichnungen der Kraftfahrzeuge vereinheitlicht. Alle Kraftfahrzeuge in allen Ländern erhalten ein amtliches Kennzeichen und eine Numerierung. Der Verwaltungsaufwand für die Behörden ist noch gering. Das Motorzeitalter liegt im Deutschen Reich erst in den Anfängen: In Lübeck z. B. werden am 1. Januar 1907 nur 37 Krafträder und 17 Kraftwagen zugelassen.

Skandalprozeß gegen Harden

Eine Karikatur zeigt Maximilian Harden als Triumphator in dem von Graf Kuno Moltke gegen ihn angestrengten Prozeß. Die Unterschrift: »Der Flügeladjutant der Zukunft«, unter Anspielung auf die Stellung Moltkes bei Hof.

29. Oktober. Maximilian Harden, verklagt von Graf Kuno Moltke, wird in Berlin freigesprochen. Harden hat Kuno Moltke homosexuelle Veranlagung vorgeworfen, was von einem ärztlichen Gutachten bestätigt wird. Abgesehen von dem sexuellen Hintergrund erregt der Prozeß die Öffentlichkeit wegen der politischen Bedeutung: Harden hat die Verfehlungen an die Öffentlichkeit bringen wollen, um den Kaiser vor dem Einfluß Moltkes und Philipp Eulenburgs und seiner »Tafelrunde« zu warnen. Die Öffentlichkeit reagiert ablehnend auf das Urteil (→ Oktober 1906).

1907

NOVEMBER

Mo	Di	Mi	Do	Fr	Sa	So
				1	2	3
4	5	6	7	8	9	10
11	12	13	14	15	16	17
18	19	20	21	22	23	24
25	26	27	28	29	30	

2. Uraufführung von Leo Falls Operette »Die Dollarprinzessin« in Wien.

6. Der Schriftsteller Adolf Brand wird zu eineinhalb Jahren Gefängnis verurteilt, weil er Reichskanzler Bülow Vergehen gegen den § 175 (Homosexualität) vorgeworfen hat.

8. Erste Übermittlung einer Fotografie über einen Faksimiletelegrafen. →

9. Uraufführung von Umberto Giordanos Oper »Marcella« in Mailand.

10. Ankunft des deutschen Kaiserpaares in London. Am 15. November erhält Wilhelm II. die Ehrendoktorwürde der Universität Oxford.

11. Uraufführung von Luigi Mancinelis Oper »Paolo Francesca« in Bologna.

13. Erfolgter Testflug des ersten Hubschraubers, entworfen von dem französischen Fahrradhändler Paul Cornu.

26. Johan August Strindberg eröffnet das eigene »Intima Theater« in Stockholm mit der Uraufführung des »Pelikan«.

28. Bülow nimmt Stellung zu den Angriffen Hardens. →

GEBOREN:

8. Otto Brenner († 15. 4. 1972), deutscher Gewerkschaftsführer.

9. Louis Ferdinand, Prinz von Preußen.

13. Savang Vatthana († 8. 12. 1981), König von Laos.

14. Astrid Lindgren, schwedische Schriftstellerin.

14. Pedro Arrupe, spanischer Theologe, Generaloberer des Jesuitenordens.

15. Claus Graf Schenk von Stauffenberg († 20. 7. 1944), deutscher Offizier und Widerstandskämpfer.

20. Henri-Georges Clouzot († 12. 1. 1977), französischer Filmregisseur.

28. Alberto Moravia (eigentlich A. Pincherle), italienischer Schriftsteller.

GESTORBEN:

1. Alfred Jarry (* 8. 9. 1873), französischer Dichter.

20. Paula Modersohn-Becker (* 8. 2. 1876), deutsche Malerin. →

Bülow zum Prozeß

28. November. Reichskanzler Bernhard Fürst von Bülow nimmt zum Hardenprozeß Stellung: »Gewiß, soweit im Prozeß Moltke – Harden sittliche Verfehlungen einzelner glaubhaft gemacht sind, haben sie auch mich mit Ekel und Scham erfüllt, und ich zweifle keinen Augenblick daran, daß von unserer Militärverwaltung alles geschehen wird, um solche Greuel auszurotten. Aber ich wende mich gegen die Auffassung, als ob das deutsche Volk und das deutsche Heer nicht vollkommen gesund wären . . . Bin ich nicht selbst der Gegenstand unwürdiger Verdächtigungen gewesen?« (→ Oktober 1907).

Das Titelblatt des »Simplicissimus« zur Moltke-Affäre und das um das Hohenzollernschloß wuchernde Unkraut. Titel: »Das Dornröschenschloß.«

Norwegen-Garantie

2. November. Im Vertrag zu Christiania garantieren Deutschland, England, Frankreich und Rußland die Integrität Norwegens. Die Garantieerklärung geht zurück auf einen russischen Vorschlag, durch ein Abkommen den Status quo in der Ostsee zu erhalten, da die politische Situation Norwegens nach der Auflösung der Personalunion mit Schweden (→ Juni 1905) unklar gewesen ist.

Bildübertragung durch Kabel und Faksimiletelegraf

8. November. Eine neue Erfindung ist an die Öffentlichkeit gelangt. Ein Faksimiletelegraf, entwickelt von Professor Arthur Korn, kann Fotos reproduzieren. Die Rechte dazu haben die Zeitungen »L'Illustration« (Paris) und »Daily Mirror« (London) erworben und sofort umgesetzt. Am 8. November findet die erste Übertragung einer Fotografie von Paris nach London statt. Das 5,5 × 7,5 cm große Bild benötigt über ein Unterwasserkabel ca. 12 Minuten und wurde am folgenden Tag in Vergrößerung veröffentlicht. Es handelt sich um eine Aufnahme König Edwards. Der Austausch zwischen beiden Zeitungen soll in Zukunft noch intensiviert werden.

Beschluß über Landenteignung in Polen gefaßt

26. November. Um die deutschen Ansiedlungen in Westpreußen und Posen zu fördern, beschließt der preußische Landtag die sogenannte Enteignungsvorlage in den gemischtsprachigen Provinzen zugunsten des Deutschtums: Um einen Anreiz für die Ansiedlung zu schaffen, wird dem Staat durch königliche Verordnung das Recht der Enteignung zugesprochen.

Außerdem . . .

In Amerika erscheint der erste erfolgreiche Comicstreifen. Am 15. November veröffentlicht der »San Francisco Chronicle« den Comicstreifen von Bud Fisher: »Mr. A. Mutt«. Der Comic erscheint bis heute.

Der Doppeldecker von Henri Farman erreicht bei einem Testflug in Issy-les-Moulineaux eine Geschwindigkeit von 88 Stundenkilometern.

Das allgemeine, gleiche, direkte und geheime Wahlrecht für alle über 20 Jahre alten Staatsbürger fordert die sozialdemokratische Versammlung in Berlin.

Paula Modersohn stirbt im Alter von 31 Jahren

Paula Modersohn-Becker: Ein frühes Selbstbildnis.

20. November. In Worpswede stirbt die Malerin Paula Modersohn-Becker im Alter von 31 Jahren. Paula Modersohn-Becker war seit 1901 mit dem Maler Otto Modersohn verheiratet. Zu Studienaufenthalten ist die Malerin nach Paris gefahren. In ihrem Werk sind Einflüsse von Vincent van Gogh, Paul Cézanne und Paul Gauguin erkennbar. Bekannt sind u. a. das Melonenstilleben aus dem Jahr 1905, ein Selbstbildnis und ein Bildnis von Rainer Maria Rilke.

Angeregt vom Symbolismus, malt die Künstlerin Worpsweder Landschaften und Menschen. In der Bewertung steht sie lange hinter ihrem Mann zurück.

Paula Modersohn-Becker: »Bildnis Rainer Maria Rilke« (1906).

1907
DEZEMBER

Mo	Di	Mi	Do	Fr	Sa	So
						1
2	3	4	5	6	7	8
9	10	11	12	13	14	15
16	17	18	19	20	21	22
23	24	25	26	27	28	29
30	31					

2. Vertrag zwischen Belgien und dem Kongostaat. →

2. Marokko schließt mit Frankreich und Spanien ein Abkommen zur Erfüllung der Algecirasakte.

3. Wegen Teilnahme an verbotenen Versammlungen werden 800 Studenten und fast alle Studentinnen von der Kiewer Universität verbannt.

5. Uraufführung von August Strindbergs »Brandstätte« in Stockholm.

6. Eine Serie von Grubenexplosionen in den USA fordert viele Todesopfer.

7. Uraufführung von Ernst Hardts »Tantris der Narr« im Kölner Stadttheater.

8. Wahlrechtskundgebungen in Sachsen für allgemeine, freie, direkte und geheime Wahlen. Die meisten Protestversammlungen verlaufen friedlich, mit Ausnahme der Kundgebung in Chemnitz, wo es zu Krawallen kommt.

8. Gustav V. wird Nachfolger seines Vaters, des verstorbenen Königs Oskar II. von Schweden.

14. Im Hochverratsprozeß in Petersburg werden 38 Soldaten zu Zwangsarbeit verurteilt wegen Beteiligung an einem gewaltsamen Umsturzversuch.

19. Uraufführung von De Laras Oper »Solea« in Köln.

21. Französische Kammer ergänzt das Gesetz über die Trennung von Kirche und Staat von 1905: Heimfall der Kirchengüter.

28. Der Erzieher Kaiser Wilhelms II., Dr. Hinzpeter, Wirklicher Geheimrat, stirbt im Alter von 81 Jahren.

30. Uraufführung von Johan August Strindbergs »Wetterleuchten« in Stockholm.

GEBOREN:

16. Angelos Tersakis, griechischer Schriftsteller.

18. Christopher Fry, englischer Dramatiker.

31. Hellmut von Cube († 29. 9. 1979), deutscher Schriftsteller.

GESTORBEN:

8. Oskar II. (* 21. 1. 1829), König von Schweden.

17. William Thomson (später Lord Kelvin) (* 26. 6. 1824), englischer Physiker.

Nobelpreis an Kipling

10. Dezember. Die Nobelpreise werden durch den schwedischen König und das norwegische Nobelkomitee (Friedenspreis) am 10. Dezember in Stockholm und Oslo verliehen. Die Preisträger sind: Joseph Rudyard Kipling (Großbritannien) für Literatur, Charles Louis Alphonse Laveran (Frankreich) für Medizin, Albert Abraham Michelson (USA) für Physik, Eduard Buchner (Deutschland) für Chemie. Den Friedenspreis erhalten der Pazifist Ernesto Teodoro Moneta (Italien) und der Völkerrechtler Louis Renault (Frankreich).

Kohlen werden in Deutschland knapp und teuer

10. Dezember. Kohlennot beunruhigt die Öffentlichkeit. Die Preise steigen, die Kohlen sind knapp. Der Landeseisenbahnrat beschließt Sondertarife für die Ausfuhr von Kohle, um einer Verknappung im Innern entgegenzuwirken. Weiterhin wird befürwortet, daß für Steinkohlen ein fester Rohstoffpreis eingeführt werden soll, der für ein Jahr bindend ist.

Belgien nimmt Kongostaat als Krondomäne

2. Dezember. Belgien und der Kongostaat schließen einen Vertrag ab, der die Übernahme des afrikanischen Staates durch Belgien regelt. Der Kongostaat wird in Zukunft als Krondomäne behandelt und unterliegt damit der Souveränität und den Gesetzen Belgiens. Der Vertrag ist in Belgien nicht unumstritten. Die Liberalen und Sozialdemokraten lehnen ihn ab.

Ausladende Hüte sind in der Mode der auffallendste Blickfang

Trägt die Dame um die Jahrhundertwende noch kleine Kopfbedeckungen, einfach geschmückt mit Bändchen, Blumen, leichten Stickereien, so wird der Kopfschmuck ab 1907 auffälligster Blickfang. Modisches Accessoir ist die Feder, ohne die kein Hut auskommt, Boas aus Federn schmücken den Hals. Gewaltige Huträder aus Stoff oder auch aus Stroh krönen den weiblichen Kopf. Der französische Dichter Marcel Proust schreibt über die Damen und ihre Hüte: »Fürchterliche Geschöpfe unter ihren von einem Vogelhaus oder einem Gemüsegarten bedeckten Hüten.«

Aus Paris kommt ein neuer Hit: Die Modemetropole stellt Rockhosen für die Damen vor.

Die Pariser Mode zeigt 1907 zum erstenmal Rockhosen.

91

Mo	Di	Mi	Do	Fr	Sa	So
			1	2	3	4	5
6	7	8	9	10	11	12
13	14	15	16	17	18	19
20	21	22	23	24	25	26
27	28	29	30	31		

2. »Ein Wintermärchen«, Oper in vier Akten von Karl Goldmark, in Wien uraufgeführt.

3. Der Schriftsteller Maximilian Harden wird wegen Beleidigung von General Kuno Graf von Moltke zu vier Monaten Gefängnis verurteilt (→ Oktober 1907).

9. In ganz Preußen kommt es zu Protestversammlungen gegen das Wahlrecht. Dabei gibt es wiederholt Zusammenstöße mit der Polizei.

11. Im Berliner Lessing-Theater wird Gerhart Hauptmanns Drama »Kaiser Karls Geisel« uraufgeführt.

13. Karl Schönherrs »Erde« im Düsseldorfer Schauspielhaus uraufgeführt.

16. Die erste Ausgabe der Zeitschrift der Pfadfinderbewegung »Scouting for Boys« erscheint.

16. In Chicago kommt es zu großen Tumulten von Arbeitslosen.

21. Der Reichstag genehmigt in zweiter Lesung gegen die Sozialdemokraten die Vorlage über die Bestrafung bei Majestätsbeleidigung.

22. »Gespenstersonate«, ein Kammerspiel in drei Akten von J. A. Strindberg, in Stockholm uraufgeführt.

22. Deutscher Reichstag in Berlin behandelt aufgrund einer sozialdemokratischen Interpellation das preußische Dreiklassenwahlrecht. Reichskanzler von Bülow lehnt es ab, auf die Verhandlungen über die Gestaltung des Landtagswahlrechts in Preußen einzugehen und richtet eine Warnung an die SPD wegen der Demonstrationen vom 12. 1. 1908.

25. »Baldie«, Oper in drei Akten von Blockx, in Antwerpen uraufgeführt.

GEBOREN:

9. Simone de Beauvoir, französische Schriftstellerin.

12. Jean Dellanoy, französischer Regisseur.

15. Edward Teller, amerikanischer Kernphysiker.

GESTORBEN:

9. Wilhelm Busch (* 15. 4. 1832), deutscher Maler und Zeichner. →

14. Holger Drachmann (* 9. 10. 1846), dänischer Dichter.

Wilhelm Busch stirbt

9. Januar. Im Alter von 76 Jahren stirbt in Mechtshausen bei Seesen der Maler, Zeichner und Dichter Wilhelm Busch. Nach dem Besuch der Akademien in Düsseldorf, Antwerpen und München zog sich Wilhelm Busch 1898 nach Mechtshausen zurück. Seine ersten Zeichnungen brachten 1859 die »Fliegenden Blätter«, an denen er dann, wie an den »Münchener Bilderbogen«, bis 1871 mitarbeitete. Mit seinen Bilderbogen und Bildgeschichten ist Busch der bedeutendste und auch volkstümlichste Humorist Deutschlands.

Seine Stärke ist die Satire, die sich in der Entlarvung von Scheinmoral, Selbstgerechtigkeit und Frömmelei zeigt (Heiliger Antonius, Fromme Helene, Pater Filucius sogar mit antiklerikalen Tendenzen). Hinter der Maske des Spaßmachers verbirgt sich ein Pessimismus, seine Reime sind in der deutschen Sprache fest verankert. Bekannt sind vor allem Max und Moritz (1865), Hans Huckebein (1867), Julchen (1877), Fipps der Affe (1879) und Maler Klecksel (1884). Daneben gibt es von ihm auch noch einige Gedichtsammlungen.

Der Maler und Dichter Wilhelm Busch zwei Jahre vor seinem Tode.

Die Lieblingskinder eines breiten Publikums auch über hundert Jahre nach ihrem Entstehen: »Max und Moritz« kamen 1865 als »Bubengeschichte in sieben Streichen« auf den Markt. Wilhelm Busch war 33 Jahre alt, als er die Geschichte zeichnete und schrieb.

In der »Frommen Helene« geißelt Busch 1871 heuchlerische Frömmigkeit und erregt Anstoß.

Die Tücke des Objekts und die Dummheit sind – wie in Hans Huckebein (1867) – Themen Buschs.

Europäer fliegt Kreis

Dem ehemaligen französischen Rennfahrer Henri Farman ist es als erstem Europäer gelungen, eine kreisförmige Flugbahn zu steuern. Der von Voisin konstruierte und gebaute Doppeldecker weist die erforderliche Manövrierfähigkeit für die Steuerung im dreidimensionalen Raum auf. Den Brüdern Wright in Amerika ist ein ähnliches Flugmanöver bereits am → 20. September 1904 geglückt.

Mo	Di	Mi	Do	Fr	Sa	So
					1	2
3	4	5	6	7	8	9
10	11	12	13	14	15	16
17	18	19	20	21	22	23
24	25	26	27	28	29	

1. Der Erzbischof von Bamberg verbietet dem liberalen Abgeordneten Pfarrer Grandinger in der Schulfrage für die liberale Partei zu arbeiten.

1. Der portugiesische König Carlos I. und der Thronfolger Ludwig Philipp fallen einem Attentat zum Opfer. →

3. Im Düsseldorfer Schauspielhaus wird Wilhelm Schmidtbonns Drama »Der Graf von Gleichen« aufgeführt.

7. Die internationale Schiffahrtskonferenz in London schließt mit einer Übereinkunft über die Passagepreise.

12. Start zum ersten Automobilrennen »Rund um die Erde« von New York nach Paris. Der Sieger trifft am 26. 7. in Paris ein. →

16. »Eliána«, Oper von Mihalovich, in Budapest uraufgeführt.

21. Das preußische Abgeordnetenhaus genehmigt mit großer Mehrheit die Schaffung einer Eisenbahn-Dampffähr-Verbindung zwischen Saßnitz und Trelleborg. Annahme im Herrenhaus am 27. Februar.

26. »La Habanera«, Oper in drei Akten von Laparra, in Paris uraufgeführt.

27. »Eidelberga Mia!«, Oper in drei Akten von Paccierotti, in Genua uraufgeführt.

28. Auf den Schah von Persien wird bei einer Ausfahrt in Teheran ein Attentat verübt; er bleibt unverletzt.

GEBOREN:

6. Amintore Fanfani, italienischer Politiker.

8. Emil O. Staiger, schweizerischer Germanist.

11. Sir Vivian Ernest Fuchs, britischer Geologe.

21. Raymond Queneau († 25. 10. 1976), französischer Schriftsteller.

25. Karlheinz Stroux, deutscher Regisseur und Theaterintendant.

GESTORBEN:

1. Carlos I. (* 28. 9. 1863), König von Portugal. →

27. Adolf Kirchhoff (* 26. 1. 1826), deutscher Philologe.

28. Pauline Lucca (* 25. 4. 1841), österreichische Sopranistin.

Rund um die Erde

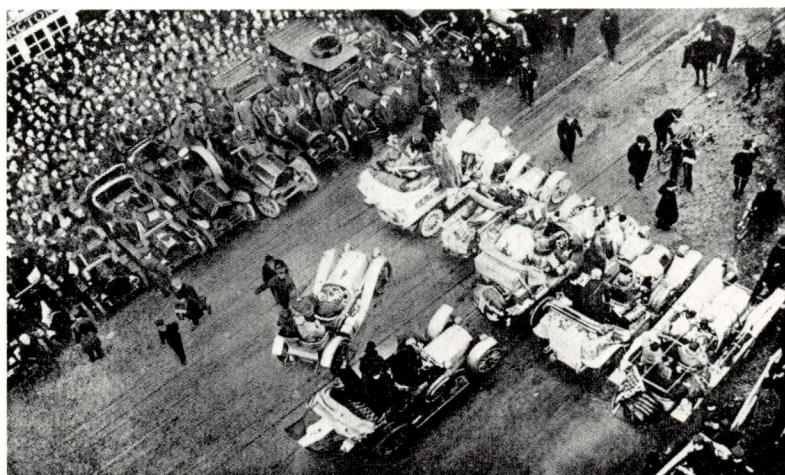

Der Start der Teilnehmer zum Rennen »Rund um die Erde« in New York.

12. Februar. In New York starten sechs Automobilisten zum ersten Autorennen rund um die Erde. Pünktlich um 11.15 Uhr gibt der New Yorker Bürgermeister Clellan das Abfahrtssignal. Tausende von New Yorkern verfolgen den Start der Fahrer am Time Square. Fünf Monate später (→ Juli) trifft der Sieger des Rennens, der deutsche Oberleutnant Köppen, mit seinem Protos-Wagen in Paris ein.

Attentat in Lissabon

Die Beisetzung König Carlos' I. und des Kronprinzen von Portugal in Lissabon.

1. Februar. Bei einer Fahrt in Lissabon werden der portugiesische König Carlos I. und Kronprinz Ludwig Philipp durch Karabinerschüsse getötet. Hintergrund dieser Tat ist der Zwiespalt zwischen konstitutionellem Verfassungsrecht und politischer Wirklichkeit. Die großen sozialen Probleme, die Übermacht des katholischen Klerus und der aristokratischen Regierung bringen eine radikal-demokratische Opposition hervor. 1891 mißlang der erste Umsturzversuch. Carlos I., der seit 1889 regierte, hat die Zahl der Ständeabgeordneten verringert und den Ministerpräsidenten Franco mit einer »Verwaltungsdiktatur« beauftragt. Das führt die radikaldemokratische Opposition zu diesem Anschlag. Sein Nachfolger wird König Manuel.

1908

MÄRZ

Mo	Di	Mi	Do	Fr	Sa	So
						1
2	3	4	5	6	7	8
9	10	11	12	13	14	15
16	17	18	19	20	21	22
23	24	25	26	27	28	29
30	31					

18. Der Reichstag berät den Kolonialetat und debattiert über die Stellung des Negers.

18. Die russische Landesverteidigungskommission lehnt mit 19 gegen 14 Stimmen den Bau neuer Linienschiffe im Jahre 1908 ab.

21. Erster Flug mit einem Passagier durch den Franzosen Henri Farman. Der erste Passagier ist Léon Delagrange.

25. Das deutsche Kaiserpaar trifft in Venedig mit dem italienischen Königspaar zusammen.

25. Die belgische Kolonialkommission nimmt die Kongovorlage an (→ Dezember 1907).

26. In Berlin stellt eine Sitzung von Unternehmern und den Zentralverbänden im Baugewerbe Muster für den Abschluß von Tarifverträgen auf. Dadurch wird ein großer Streik mit Aussperrung vermieden.

27. Der deutsche Reichstag genehmigt in dritter Beratung das Flottengesetz.

30. »Les Jumeaux de Bergame«, Oper von Emile Jaques-Dalcroze, in Brüssel uraufgeführt.

GEBOREN:

2. Walter Bruch, deutscher Ingenieur und Erfinder (PAL-Fernsehsystem).

5. Fritz Fischer, deutscher Historiker.

7. Anna Magnani († 26. 9. 1973), italienische Schauspielerin.

17. Brigitte Helm, deutsche Filmschauspielerin.

22. Albrecht Goes, deutscher Schriftsteller.

23. Joan Crawford, amerikanische Filmschauspielerin.

23. Lale Andersen († 29. 8. 1972), deutsche Schauspielerin und Sängerin.

25. Helmut Käutner († 20. 4. 1980), deutscher Schauspieler und Regisseur.

GESTORBEN:

11. Edmondo De Amicis (* 31. 10. 1846), italienischer Schriftsteller (→ November 1908).

19. Eduard Zeller (* 22. 1. 1814), deutscher Philosoph und Theologe.

23. Friedrich von Esmarch (* 9. 1. 1823), deutscher Mediziner.

Österreich in Sorge über russische Politik

29. März. Zu den Besprechungen des deutschen Reichskanzlers Bernhard Fürst von Bülow mit Kaiser Franz Joseph und dem Minister des Auswärtigen Alois Lexa Graf von Ährenthal in Wien schreibt »Die Neue Freie Presse«: »Der deutsche Reichskanzler kommt gerade in dem Augenblick, in welchem sich manche wichtige Änderung in der österreichisch-ungarischen Politik vollzogen hat. Seit zehn Jahren ist Österreich-Ungarn an die Entente mit Rußland gebunden, die zu den Grundlagen unserer auswärtigen Politik gehört. Auch heute ist nach dem Sturm, den die Bewerbung um die Sanschakbahn hervorgerufen hat, das Verhältnis zu Rußland wieder in das Gleis der gegenseitigen Freundlichkeit zurückgebracht worden, aber kein österreichisch-ungarischer Staatsmann könnte die Tatsache unbeachtet lassen, daß sich in der Duma und bei den russischen Politikern bei diesem Anlasse Stimmungen und Störungen gezeigt haben, die seit dem Abschluß der Entente nicht an die Oberfläche gekommen sind. Wenngleich die russischen Unterströmungen jetzt, fast dreißig Jahre nach dem deutsch-österreichischen Bündnisse, gewiß nicht mehr so bedenklich sind als damals, weil auch Rußland gelernt hat, realistische Politik zu treiben und sich nicht einfach von nationalen Versuchungen treiben zu lassen, bleiben sie jedoch immer noch ein sehr wichtiges Moment zur Befestigung eines Bündnisses, welches in dieser langen Periode von mehreren Dezennien den Frieden von Europa erhalten, und was noch mehr gilt, schließlich den Glauben in Europa durchgesetzt hat, daß es dem Frieden dient.«

Antarktisberg wird bezwungen

10. März. Der seit dem 28. 1. 1841 bekannte Mount Erebus bei Ross Island in der Antarktis wird von T. William Edgeworth David bestiegen. Der Berg hat eine Höhe von 3795 Metern.

1908

APRIL

Mo	Di	Mi	Do	Fr	Sa	So
		1	2	3	4	5
6	7	8	9	10	11	12
13	14	15	16	17	18	19
20	21	22	23	24	25	26
27	28	29	30			

1. Die bayrischen Bischöfe verbieten den Pfarrern jede aktive Teilnahme an liberalen Versammlungen und liberalen Vorträgen.

4. In Finnland wird der Landtag wegen staatsfeindlicher Gesinnung nach einer Resolution an den russischen Zaren aufgelöst.

5. Erstes Fußballländerspiel einer Nationalelf. Sie unterliegt in Basel gegen die Schweiz mit 3 : 5. →

6. Im deutschen Reichstag wird der Gesetzentwurf zum Vereins- und Versammlungsrecht angenommen. Frauen dürfen sich in politischen Vereinen organisieren.

11. »Rhea«, Oper von Samara, in Florenz uraufgeführt.

14. Der deutsche Reichskanzler Fürst von Bülow hat mit dem italienischen König und dem Minister des Auswärtigen, Tittoni, in Rom Besprechungen über die beiderseitigen Beziehungen. Es wird völlige Übereinstimmung festgestellt. Ziel ist nach wie vor die Aufrechterhaltung des Friedens und des Status quo.

14. Die belgische Regierung verteidigt den Kongostaat gegen englische Angriffe in einem Blaubuch.

14. Das dänische Folketing genehmigt den Gesetzentwurf, der die Einführung des allgemeinen Wahlrechts für alle steuerzahlenden Männer und Frauen über 25 Jahre betrifft.

15. Die russische Duma genehmigt den Bau der Amur-Eisenbahn.

20. Deutschland unterliegt England im Fußballländerspiel in Berlin mit 1 : 5.

23. In Berlin wird ein Vertrag über die Beziehungen der Nordseestaaten abgeschlossen. Der Status quo wird garantiert. →

GEBOREN:

5. Herbert von Karajan, österreichischer Dirigent.

5. Bette Davis, amerikanische Filmschauspielerin.

7. Günther Groenhoff, deutscher Segelflieger.

12. André Martinet, französischer Linguist.

GESTORBEN:

22. Sir Henry Campbell-Bannerman (* 7. 9. 1836), englischer Politiker. →

Im ersten Spiel Niederlage für die Nationalelf

5. April. Das erste Länderspiel einer deutschen Fußballnationalelf endet in Basel mit einer 3 : 5-Niederlage gegen eine schweizerische Nationalmannschaft.

Die folgenden Spieler bilden diese erste Nationalmannschaft: Fritz Baumgarten (Tennis Borussia Berlin), Walter Hempel (Sportfreunde Leipzig), Ernst Jordan (Victoria Magdeburg), Karl Ludwig (SC 99 Köln), Arthur Hiller (1. FC Pforzheim), Hans Weymar (Victoria Hamburg), Gustav Hensel (FV Kassel), Fritz Förderer (Karlsruher FV), Eugen Kipp (Sportfreunde Stuttgart), Fritz Becker (Kickers Frankfurt), Willy Baumgärtner (SV 04 Düsseldorf). Becker (2) und Förderer schießen die deutschen Tore.

Abkommen über Nord- und Ostsee

23. April. In Berlin wird das Nordsee-Abkommen zwischen Deutschland, England, Frankreich, den Niederlanden und Schweden abgeschlossen. Gleichzeitig wird in Petersburg das Ostsee-Abkommen unterzeichnet zwischen Deutschland, Dänemark, Rußland und Schweden. Diese wohlwollenden Abmachungen zwischen den Staaten sehen eine Garantie des Status quo in beiden Gebieten vor.

Englischer Ex-Premier stirbt

22. April. Der englische Politiker Sir Henry Campbell-Bannerman stirbt. Campbell-Bannerman wurde in Glasgow als Sohn eines angesehenen Kaufmanns geboren. Er hieß ursprünglich Campbell, nahm aber auf Wunsch eines reichen Onkels mütterlicherseits noch den Namen Bannerman an. Seit 1869 saß er im Unterhaus. In William Gladstones Ministerien war er Finanzsekretär im Kriegsministerium, Sekretär der Admiralität, Obersekretär für Irland und Kriegsminister. Im Dezember 1905 wurde Campbell-Bannerman englischer Premierminister.

1908

MAI

Mo	Di	Mi	Do	Fr	Sa	So
				1	2	3
4	5	6	7	8	9	10
11	12	13	14	15	16	17
18	19	20	21	22	23	24
25	26	27	28	29	30	31

4. Dem Reichstag wird ein Weißbuch über Marokko vorgelegt. Es behandelt vornehmlich die Intervention der Franzosen in Casablanca und die Versuche Frankreichs und Spaniens, eine Polizeitruppe einzurichten.

5. Der deutsche Reichstag genehmigt die Vorlage über die Kolonialbahnen, wonach für 150 Millionen Mark Bahnen in Ostafrika, in Südwestafrika und in Kamerun gebaut werden sollen.

7. Kaiser Wilhelm II. besucht mit den meisten deutschen Fürsten den österreichischen Kaiser Franz Joseph anläßlich des 60jährigen Regierungsjubiläums.

11. Kaiser Wilhelm II. richtet an den deutschen Reichskanzler ein Telegramm über die Tätigkeit des Reichstags.

13. In Tanger beginnt die internationale Polizei ihren Dienst.

15. Das Reichsvereinsgesetz tritt in Kraft.

22. Gebrüder Wright erhalten das US-Patent Nr. 82 1393 für eine »Flying Machine«.

25. Der französische Präsident Fallières besucht England. König Edward VII. macht am 25. Mai Ausführungen über die Entente cordiale. →

30. Das erste Auto mit Kompressormotor – Great Chadwick Six – fährt beim »Giant's Despair Hillclimb« (Bergrennen).

GEBOREN:

1. Giovanni Guareschi († 22. 7. 1968), italienischer Erzähler.

5. Jacques Massu, französischer General.

7. Max Grundig, deutscher Unternehmer.

20. James Stewart, amerikanischer Filmschauspieler.

23. John Bardeen, amerikanischer Physiker.

25. Theodore Roethke, amerikanischer Schriftsteller.

28. Ian Lancaster Fleming, englischer Schriftsteller.

28. Wolf Albach-Retty († 21. 2. 1967), österreichischer Filmschauspieler.

GESTORBEN:

23. François Coppée (* 12. 1. 1842), französischer Dichter (→ November 1908).

Englischer König bekräftigt die Entente cordiale

25. Mai. Anläßlich des Besuchs des französischen Präsidenten Clément Armand Fallières sagt der englische König Edward VII. beim Festmahl: »Seien Sie willkommen, Herr Präsident. Die Königin und Ich, Wir sind entzückt, daß Wir das Vergnügen haben, Sie bei Uns zu empfangen, und da es das erstemal ist, daß Sie nach England kommen, hoffen Wir lebhaft, daß Sie von Ihrem, wenn auch nur kurzen Aufenthalte eine angenehme Erinnerung mitnehmen werden.

Morgen werden Wir, hoffe Ich, gemeinsam die französisch-englische Ausstellung besuchen. Die Existenz der Ausstellung wird mehr als jemals die Entente cordiale dartun, die zwischen unseren beiden Ländern besteht. Von ganzem Herzen wünsche Ich, daß die Entente cordiale auch eine Entente permanente sein möge, zum Glück und Wohlergehen der beiden Nationen und zur Aufrechterhaltung des Friedens, der das Glück der ganzen Welt ausmacht. Ich erhebe Mein Glas auf die Gesundheit des Herrn Präsidenten der Republik sowie auf das Wohlergehen und das Glück Frankreichs, des Landes, das Ich seit so langer Zeit kenne und bewundere« (→ April 1904).

Kaiser spricht von Einkreisung

29. Mai. Beim üblichen Exerzieren der 2. Garde-Infanterie-Brigade vor dem Kaiser in Döberitz hält Wilhelm II. eine Ansprache mit Bezug auf die englisch-russisch-französischen Übereinkommen: Er wisse wohl, daß man Deutschland einkreisen wolle, aber der Germane habe nie besser gefochten, als wenn er von allen Seiten angegriffen würde. Die Gegner sollten nur kommen.

Außerdem . . .

König Edward VII. inspiziert das neueste Erzeugnis der englischen Rüstungsindustrie, ein Raupenfahrzeug, das sich mühelos auf jedem Boden bewegen kann.

Telegramm Wilhelms

11. Mai. Kaiser Wilhelm II. richtet folgendes Telegramm an den Reichskanzler Fürst von Bülow über die Tätigkeit des Reichstags: »Offenburg, 11. Mai 1908. Ich habe aus Eurer Durchlaucht Bericht vom 7. d. M. mit großer Befriedigung entnommen, eine wie ausgiebige Tätigkeit der Reichstag in seiner soeben geschlossenen Session entfaltet und welch eine bedeutende Anzahl wichtiger Gesetzesvorlagen und Verträge derselbe erledigt hat. Zu diesem sehr erfreulichen Ergebnis, welches neben der patriotischen Haltung des Reichstags in erster Linie das Verdienst Ihrer und Ihrer Mitarbeiter geschickten und unermüdlichen Bemühungen ist, spreche Ich Eurer Durchlaucht hierdurch wiederholt von Herzen Meine Kaiserliche Anerkennung und Meinen aufrichtigen Dank aus. Möge dem Vaterlande diese nutzbringende Arbeit des Reichstags zum immerwährenden Segen ge-

Karikatur zu den Intrigen am Hof gegen den Kanzler von Bülow.

reichen und für denselben ein Ansporn sein, die großen ihm noch bevorstehenden Aufgaben in gleicher Weise auch fernerhin einem erfolgreichen Ende zuzuführen. gez. Wilhelm I. R.«

Neue Linie der Mode

Eine Sensation bei den Rennen von Longchamps sind die sogenannten »Merveilleuse-Kleider« (der Begriff stammt aus dem Französischen und bezeichnet eine Frau, die durch ihre Mode auffällt). Auffallend ist die Veränderung der weiblichen Linie. Zwar wird die Büste immer noch betont, aber Busen und Hüfte sind nicht mehr so nachdrücklich S-modelliert.

Hingen Blusen bisher locker, so verzichten die Damen jetzt auf über die Taille fallende Blusen. Die weibliche Linie wirkt schmal, aber keineswegs zierlich. Daher erscheint die Bezeichnung Empirekleid aus heutigem Verständnis unpassend.

Die schmale Silhouette, die entsprechende Miederwaren voraussetzt, bestimmt die Mode des Jahres 1908. Das Bild zeigt eine zeitgenössische Anzeige für Korsetts.

1908
JUNI

Mo	Di	Mi	Do	Fr	Sa	So
1	2	3	4	5	6	7
8	9	10	11	12	13	14
15	16	17	18	19	20	21
22	23	24	25	26	27	28
29	30					

2. Die Verträge der Bagdadbahngesellschaft mit der türkischen Regierung werden in Konstantinopel unterzeichnet. Es geht dabei um den Bau von weiteren 840 Kilometern bis nach Halif.

3. Preußische Landtagswahlen.

4. In Paris wird die Leiche des Dichters Emile Zola ins Pantheon überführt.

7. Viktoria 89 Berlin wird durch 3 : 0-Sieg gegen die Stuttgarter Kickers in Berlin Deutscher Fußballmeister.

7. Deutschland verliert ein Fußballänderspiel gegen Österreich in Wien mit 2 : 3.

9. Russischer Zar Nikolaus II. und englischer König Edward VII. treffen sich in Reval.

12. In Böhmen fordern Versammlungen in 35 deutsch-böhmischen Städten von allen deutschen Abgeordneten ein entschlossenes Eintreten für die Rechte der Deutschen.

14. Die Hauptversammlung des Deutschen Flottenvereins wählt den Großadmiral von Köster zum Präsidenten in Danzig. Der Flottenverein ist mit seinen über eine Million Mitgliedern die größte bestehende Organisation im Deutschen Reich. Die SPD, die größte politische Partei, hat dagegen nur 385 000 Mitglieder.

17. Das Ergebnis der preußischen Landtagswahlen wird bekanntgegeben. Die Konservativen verzeichnen 7 Prozent Stimmenzuwachs. →

18. »Pohjan Neito«, Oper in drei Akten von Merikanto, in Viipuri uraufgeführt.

22. Deutscher Gewerkschaftskongreß in Hamburg.

30. In 53 sozialdemokratischen Druckereien erscheinen 71 sozialdemokratische Tageszeitungen.

GEBOREN:

24. Hugo Distler († 1. 11. 1942), deutscher Komponist.

27. J. Guimarães Rosa, brasilianischer Schriftsteller.

GESTORBEN:

21. Nikolai Rimski-Korsakow (* 18. 3. 1844), russischer Komponist.

24. Stephen Grover Cleveland (* 18. 3. 1837) amerikanischer Politiker.

Lord Milner plädiert für eine Neuordnung

16. Juni. Lord Alfred Milner, der 1905 als Oberkommissar für Südafrika und Gouverneur der Kapkolonie von seinem Amt zurückgetreten ist, plädiert für eine grundlegende Rekonstruktion des britischen Empires. In seiner Rede am Royal Colonial Institute sagt er zu diesem Thema:

»Es besteht die dringende Notwendigkeit, das Empire besser zu organisieren, so daß die Bevölkerung dieses Landes und die der jüngeren Staaten in die Lage versetzt werden, sich darauf vorzubereiten, rechtzeitig mit einem unabhängigen Empire ... auf einer partnerschaftlichen Basis umgehen zu können.«

Konservative gewinnen bei Landtagswahlen

17. Juni. Ergebnis der preußischen Landtagswahlen:

151 Konservative (bisher 144, +7),
60 Freikonservative (bisher 64, −4),
64 Nationalliberale (bisher 76, −12),
28 Freisinnige Volkspartei (bisher 29, −1),
105 Zentrum (bisher 96, +9),
15 Polen (bisher 13, +2),
7 Sozialdemokraten (bisher 0, +7),
2 Dänen (bisher 2),
3 Fraktionslose (bisher 5, −2).
Von den Sozialdemokraten sind sechs in Berlin und einer in Hannover-Linden gewählt.

Trauer um Rimski-Korsakow

21. Juni. Auf dem Gut Ljubensk bei Leningrad stirbt der russische Komponist Nikolai Rimski-Korsakow im Alter von 64 Jahren. Sein musikalischer Stil wurde von Friedrich Liszt und Hector Berlioz beeinflußt. Rimski-Korsakows Orchesterwerke (»Capriccio espagnol«, 1887) und Opern (u. a. »Sadko«, 1898, »Der goldene Hahn«, 1909) trugen zur Formung der nationalen russischen Musik bei.

Frauen demonstrieren

Emmeline Pankhurst (links) mit ihrer Tochter Christabel in Gefängniskleidung beim Verbüßen einer gegen sie verhängten Freiheitsstrafe.

21. Juni. Im Londoner Hyde Park versammelt sich mehr als eine Viertelmillion Menschen. Die Versammlung ist von der WSPU (Women's Social and Political Union) unter der Leitung von Emmeline Pankhurst und ihrer Tochter Christabel organisiert und gehört zur Strategie der Frauenbewegung, mit großen öffentlichen Versammlungen Druck auf die Regierung auszuüben. Die Versammlung endet friedlich, verändert aber auch nicht die Haltung der Regierung in der Frage des Frauenstimmrechts. Erst nach dieser erfolglosen Demonstration ändern die Suffragetten ihre Taktik. Jetzt wollen sie mit Gewalt die Öffentlichkeit aufmerksam machen. Besonders Christabel ist hier maßgebend. Bereits im Oktober 1905 hat sie einen Polizisten angespuckt, um ins Gefängnis gebracht zu werden und so die öffentliche Sympathie für ihre Sache herauszufordern. Spätere Gewalttätigkeiten führen zum »Schwarzen Freitag«, dem 18. 11. 1910, an dem Frauen bei einer Demonstration von Polizisten schwer verletzt werden.

Frauenrechtlerinnen werben für ihre Zeitung »Votes for Women«.

Alpenflug im Ballon

29. Juni. Am Morgen wird bei der Station Eigergletscher der Jungfraubahn, auf 2323 Meter über dem Meer, der Ballon »Cognac«, eine Konstruktion des Augsburgers A. Riedinger, mit 1500 Kubikmeter Wasserstoff gefüllt. An Bord sind Victor de Beauclair, Gebhard Adolf Guyer mit Braut Marie Löbenberg und Schriftsteller Konrad Falke.

Die Strömung der oberen Luftschichten geht nach Süden, so sagt die Meteorologische Zentralanstalt in Zürich. Aeronautisch einzigartig ist die Überwindung von Eiger (3970 Meter), Mönch (4099 Meter) und Jungfrau (4158 Meter). Als größte Höhe werden fast 6000 Meter erreicht. Nach 21 Stunden landet der Ballon bei Stresa.

1908
JULI

Mo	Di	Mi	Do	Fr	Sa	So
		1	2	3	4	5
6	7	8	9	10	11	12
13	14	15	16	17	18	19
20	21	22	23	24	25	26
27	28	29	30	31		

1. Offizielle Verwendung des Notsignals SOS (rhythmische Buchstabenfolge nach dem Morsecode, …–––…).

2. Der belgische Ministerpräsident Schollaert erklärt, daß der Kongostaat ein souveräner Staat und allen anderen Staaten gleichgestellt sei.

3. Im Wilajet Monastir beginnt die jungtürkische Revolution.

8. Flug des ersten weiblichen Passagiers: Madame Thérèse Peltier.

18. Beim Automobil-Grand-Prix des Automobil-Clubs von Frankreich gewinnt Lautenschläger auf Mercedes. Auf Platz 2 und 3 Benz-Wagen. →

20. Der Franzose Lucien Petit-Breton gewinnt als erster Fahrer zum zweitenmal (nach 1907) die Tour de France.

24. Der türkische Sultan stellt die außer Kraft gesetzte Verfassung von 1876 wieder her.

26. Der Sieger des Automobilrennens »Rund um die Erde« (Start 12. 2. 1908) trifft in Paris ein: Es ist der deutsche Oberleutnant Köppen auf einem deutschen Protos-Wagen.

27. In Rußland häufen sich die Meldungen über das epidemieartige Auftreten der Cholera.

27. Neuer persischer Schah Muhammad Ali löst Parlament auf und suspendiert die Verfassung.

30. Die Universität Jena feiert ihr 350jähriges Jubiläum.

30. In Villeneuve bei Paris große Arbeiterdemonstration, etwa 15 000 Soldaten werden aufgeboten, viele Arbeiter und Soldaten verletzt.

GEBOREN:

1. Peter Anders († 10. 9. 1954), deutscher Sänger.

23. Vittorini Elio, italienischer Schriftsteller.

30. Arno Assmann († 30. 11. 1979), deutscher Intendant, Regisseur und Schauspieler.

GESTORBEN:

5. Jonas Lie (* 6. 11. 1833), norwegischer Dichter (→ November 1908).

22. Sir William Randall Cremer (* 18. 3. 1838), englischer Politiker.

24. Walter Leistikow (* 25. 10. 1865), deutscher Maler.

Olympische Spiele in London: Duell USA — England

13. Juli. Die Olympischen Spiele 1908 stellen den Ausrichter England vor kaum lösbare Probleme. Auf Wunsch des IOC müssen alle Nationen und alle Arten von Wettkämpfen zugelassen werden. Nach einem Vorspiel unbedeutender Sportarten im Mai folgt vom 13. bis 25. Juli das eigentliche Olympia, dem die Ballsportarten im Oktober noch angehängt werden.

Bei den Leichtathletikwettbewerben, die in London hervorragend organisiert werden, kommt es zu einem Duell zwischen den amerikanischen und den englischen Athleten. Im Mittelpunkt des Interesses steht der Marathonlauf am 24. Juli, der als Drama um Dorando Pietri in die Geschichte eingehen wird. Der Italiener Dorando Pietri bricht nach mehr als 42 Kilometern – in Führung liegend – kurz vor dem Ziel zusammen. Zuschauer, darunter auch der Schriftsteller Sir Arthur Conan Doyle, helfen ihm ins Ziel, worauf Pietri disqualifiziert wird. Der Ruhm des Pastetenbäckers von der Insel Capri breitet sich in der ganzen Welt aus. Er gilt für die 90 000 Zuschauer als der eigentliche Sieger. Offiziell siegt John Hayes (USA) in 2:55:18,4 Stunden. Für Deutschland ist der Schwimmer Arno Bieberstein im 100-Meter-Rückenschwimmen erfolgreich. Einen dreifachen Erfolg gibt es für die Deutschen Zürner, Behrens und Walz im Kunstspringen. Über 800 Meter belegt der Münchner Hanns Braun im Spurt in 1:55,2 Minuten den dritten Platz. Braun rettet auch mit einem großartigen Finish die Silbermedaille für die deutsche 4 × 400-m-Staffel hinter der Staffel der USA.

Drei Athleten gelingt es im Londoner »White-City«-Stadion, das speziell für diesen Anlaß gebaut wurde, zum drittenmal hintereinander eine Goldmedaille zu gewinnen. Ray C. Ewry (USA) gewinnt wieder seine beiden Spezialdisziplinen, den Hoch- und Weitsprung aus dem Stand und sein Landsmann Sheridan gewinnt den Diskuswerfen (40,89 m). Der New Yorker Polizist John Flanagan gewinnt im Hammerwerfen seine dritte Goldmedaille mit 51,92 m.

Der Italiener Pietri kam beim Marathonlauf als Erster ins Ziel, er wurde disqualifiziert, weil er beim Einlauf geschoben wurde und mit Strychnin gedopt war.

Das Bogenschießen der Frauen, weibliche Teilnehmer waren 1908 noch selten.

Leichtathletik Männer

100 m
1. Reginald Edgar Walker SAF 10,8
2. James Rector USA 10,9
3. Robert Kerr CAN 11,0

200 m
1. Robert Kerr CAN 22,6
2. Robert Cloughen USA 22,6
3. Nathaniel Cartmell USA 22,7

400 m
1. Wyndham Halswell GBR 50,0
(nur 3 Läufer im Finale)

800 m
1. Melvin Winfield Sheppard USA 1:52,8
2. Emilio Lunghi ITA 1:54,2
3. Hanns Braun D 1:55,2

1500 m
1. Melvin Sheppard USA 4:03,4
2. Harold Wilson GBR 4:03,6
3. Norman Hallows GBR 4:04,0

Marathon (42,195 km)
1. John Joseph Hayes USA 2:55:18,4
2. Charles Hefferon SAF 2:56:06,0
3. Joseph Forshaw USA 2:57:10,4

110-m-Hürden
1. Forrest Smithson USA 15,0
2. John Garrels USA 15,7
3. Arthur Shaw USA

400-m-Hürden
1. Charles Bacon USA 55,0
2. Harry Hillman USA 55,3
3. Leonard Tremeer GBR 57,0

3000-m-Hindernislauf
1. Arthur Russell GBR 10:47,8
2. Archie Robertson GBR 10:48,4
3. John Lincoln Eisele USA 20 m zurück

4 × 400-m-Staffel
1. USA 3:29,4 (William Hamilton, Nathaniel Cartmell, John Taylor, Melvin Sheppard)
2. D 25 m zurück (Arthur Hoffmann, Hans Eicke, Otto Trieloff, Hanns Braun)
3. UNG Brustbreite zurück (Pál Simon, Frigyes Mezey-Wiesner, József Nagy, Ödön Bodor)

Hochsprung
1. Harry Porter USA 1,905
2. Con Leahy GBR/IRL 1,88
2. István Somodi UNG 1,88
2. Geo André FRA 1,88

Stabhochsprung
1. Edward Cooke USA 3,71
1. Alfred Gilbert USA 3,71
3. Ed Archibald CAN 3,58
3. Charles Jacobs USA 3,58
3. Bruno Söderström SWE 3,58

Weitsprung
1. Francis Irons USA 7,48
2. Daniel Kelly USA 7,09
3. Calvin Bricker CAN 7,085

Dreisprung
1. Timothy Ahearne GBR/IRL 14,915
2. J. Garfield MacDonald CAN 14,76
3. Edvard Larsen NOR 13,395

Kugelstoßen
1. Ralph Rose USA 14,21
2. Dennis Horgan GBR 13,62
3. John Garrels USA 13,18

Diskuswerfen
1. Martin Sheridan USA 40,89
2. Merritt Giffin USA 40,70
3. Marquis Horr USA 39,445

Hammerwerfen
1. John Flanagan USA 51,92
2. Matthew McGrath USA 51,18
3. Cornelius Walsh USA 48,50

Speerwerfen
1. Erik Lemming SWE 54,825
2. Arne Halse NOR 50,57
3. Otto Nilsson SWE 47,105

Speerwerfen, freier Stil (nur 1908 durchgeführt)
1. Erik Lemming SWE 54,445
2. Michel Dorizas GRE 51,36
3. Arne Halse NOR 49,73

5 Meilen (nur 1906 und 1908 durchgeführt)
1. Emil Voigt GBR 25:11,2
2. Edward Owen GBR 25:24,0
3. John Svanberg SWE 25:37,2

3 Meilen Mannschaft (nur 1908 durchgeführt)
1. Großbritannien 6
2. USA 19
3. Frankreich 32

Hochsprung aus dem Stand (nur 1900, 1904, 1906, 1908, 1912 durchgeführt)
1. Ray Ewry USA 1,575
2. Konstantin Tsiklitiras GRE 1,55
2. John Biller USA 1,55

Weitsprung aus dem Stand (nur 1900, 1904, 1906, 1908, 1912 durchgeführt)
1. Ray Ewry USA 3,335
2. Konstantin Tsiklitiras GRE 3,23
3. Martin Sheridan USA 3,225

Diskuswerfen, antiker Stil (nur 1906 und 1908 durchgeführt)
1. Martin Sheridan USA 38,00
2. Marquis Horr USA 37,325
3. Werner Järvinen FIN 36,48

Tauziehen (nur 1900, 1904, 1906, 1908, 1912, 1920 durchgeführt)
1. Großbritannien
2. Großbritannien
3. Großbritannien

3500-m-Gehen (nur 1908 durchgeführt)
1. George Larner GBR 14:55,0
2. Ernest Webb GBR 15:07,4
3. Harry Kerr NSE 15:43,4

10-Meilen-Gehen (nur 1908 durchgeführt)
1. George Larner GBR 1:15:57,4
2. Ernest Webb GBR 1:17:31,0
3. Edward Spencer GBR 1:21:20,2

Schwimmen

100-m-Kraul
1. Charles Daniels USA 1:05,6
2. Zoltán von Halmay UNG 1:06,2
3. Harald Julin SWE 1:08,0

400-m-Kraul
1. Henry Taylor GBR 5:36,8
2. Frank Beaurepaire AUS 5:44,2
3. Otto Scheff AUT 5:46,0

1500-m-Kraul
1. Henry Taylor GBR 22:48,4
2. Thomas Battersby GBR 22:51,2
3. Frank Beaurepaire AUS 22:56,2

100-m-Rücken
1. Arno Bieberstein D 1:24,6
2. Ludvig Dam DAN 1:26,6
3. Herbert Haresnape GBR 1:27,0

200-m-Brust
1. Frederick Holman GBR 3:09,2
2. William Robinson GBR 3:12,8
3. Pontus Hansson SWE 3:14,6

4 × 200-m-Kraulstaffel
1. GBR 10:55,6 (John Henry Derbyshire, Paul Radmilovic, William Foster, Henry Taylor)
2. UNG 10:59,0 (József Munk, Imre Zachár, Béla von Las Torres, Zoltán von Halmay)
3. USA 11:02,8 (Harry Hebner, Leo »Budd« Goodwin, Charles Daniels, Leslie G. Rich)

Kunstspringen
1. Albert Zürner D 85,5
2. Kurt Behrens D 85,3
3. George Gaidzik USA 80,8

Turmspringen
1. Hjalmar Johansson SWE 83,75
2. Karl Malmström SWE 78,73
3. Arvid Spångberg SWE 74,00

Boxen

Bantamgewicht
1. A. H. Thomas GBR
2. John Condon GBR
3. W. Webb GBR

Federgewicht
1. Richard Gunn GBR
2. C. W. Morris GBR
3. Hugh Roddin GBR

Leichtgewicht
1. Frederick Grace GBR
2. Frederick Spiller GBR
3. H. H. Johnson GBR

Mittelgewicht
1. John Douglas GBR
2. Reginald Baker AUS
3. W. Philo GBR

Schwergewicht
1. A. L. Oldham GBR
2. S. C. H. Evans GBR
3. Frederick Parks GBR

Ringen, griechisch-römischer Stil

Leichtgewicht
1. Enrico Porro ITA
2. Nikolay Orlov RUS
3. Arvid Lindén FIN

Mittelgewicht
1. Frithiof Mårtensson SWE
2. Mauritz Andersson SWE
3. Anders Andersen DAN

Halbschwergewicht
1. Verner Weckman FIN
2. Yrjö Saarela FIN
3. Carl Jensen DAN

Schwergewicht
1. Richárd Weisz UNG
2. Aleksandr Petrov RUS
3. Sören Marius Jensen DAN

Freistilringen

Bantamgewicht
1. George Mehnert USA
2. William Press GBR
3. Aubert Côté CAN

Federgewicht
1. George Dole USA
2. James Slim GBR
3. William McKie GBR

Leichtgewicht
1. George de Relwyskow GBR
2. William Wood GBR
3. Albert Gingell GBR

Mittelgewicht
1. Stanley Bacon GBR
2. George de Relwyskow GBR
3. Frederick Beck GBR

Schwergewicht
1. George Con O'Kelly GBR/IRL
2. Jacob Gundersen NOR
3. Edmond Barrett GBR/IRL

Fechten Männer

Florett Einzel
Nur Vorführungsbewerb

Degen Einzel
1. Gaston Alibert FRA
2. Alexandre Lippmann FRA
3. Eugène Olivier FRA

Degen Mannschaft
1. Frankreich
2. Großbritannien
3. Belgien

Wasserball
1. Großbritannien
2. Belgien
3. Schweden

Rudern

Einer
1. Harry Blackstaffe GBR 9:26,0
2. Alexander McCulloch GBR 1 Länge zurück
3. Bernhard von Gaza D
3. Károly Levitzky UNG

Zweier ohne Steuermann
1. Großbritannien 9:41,0
2. Großbritannien 2½ Längen zurück

Vierer ohne Steuermann
1. Großbritannien 8:34,0
2. Großbritannien 1½ Längen zurück

Achter
1. Großbritannien 7:52,0
2. Belgien
3. Kanada
3. Großbritannien

Segeln

6 m (nur 1908, 1912, 1920, 1924, 1928, 1932, 1936, 1948, 1952 durchgeführt)
1. Großbritannien
2. Belgien
3. Frankreich

7 m (nur 1908 und 1920 durchgeführt)
1. Großbritannien

8 m (nur 1908, 1912, 1920, 1924, 1928, 1932, 1936 durchgeführt)
1. Großbritannien
2. Schweden
3. Großbritannien

12 m (nur 1908, 1912 durchgeführt)
1. Großbritannien
2. Großbritannien

Radsport

1000-m-Sprint
Wegen Zeitüberschreitung kein Sieger festgestellt

2000-m-Tandem
1. Frankreich 3:07,6
2. Großbritannien
3. Großbritannien

4000-m-Mannschafts-Verfolgungsrennen
1. Großbritannien 2:18,6
2. Deutschland 2:28,6
3. Kanada 2:29,6

660-Yards-Rennen (nur 1908 durchgeführt)
1. Victor L. Johnson GBR 51,2
2. Emile Demangel FRA dichtauf
3. Karl Neumer D 1 Radlänge

5000-m-Bahnrennen (nur 1906 und 1908 durchgeführt)
1. Benjamin Jones GBR 8:36,2
2. Maurice Schilles FRA dichtauf
3. André Auffray FRA

20-km-Bahnrennen (nur 1906 und 1908 durchgeführt)
1. Charles B. Kingsbury GBR 34:13,6
2. Benjamin Jones GBR dichtauf
3. Joseph Werbrouck BEL

100-km-Bahnrennen
1. Charles H. Bartlett GBR 2:41:48,6
2. Charles A. Denny GBR 1 Radlänge
3. Octave Lapize FRA

Schießen

Freies Gewehr
1. Albert Helgerud NOR 909
2. Harry Simon USA 887
3. Ole Saether NOR 883

Freies Gewehr Einzel (1000 Yards) (nur 1896, 1906, 1908 durchgeführt)
1. Jerry Millner GBR 98
2. Kellogg Kennon Casey USA 93
3. Maurice Blood GBR 92

Freies Gewehr Mannschaft (300 m) (nur 1906, 1908, 1912, 1920, 1924 durchgeführt)
1. Norwegen 5055
2. Schweden 4711
3. Frankreich 4652

Kleinkaliber (KK) Beliebige Stellung
1. A. A. Carnell GBR 387
2. Harry Robinson Humby GBR 386
3. G. Barnes GBR 385

Kleinkaliber (KK) Einzel (25 Yards) (nur 1908 und 1912 durchgeführt) Bewegliches Ziel
1. A. F. Fleming GBR 24
2. M. K. Matthews GBR 24
3. W. B. Marsden GBR 24

Verschwindendes Ziel
1. William Kensett Styles GBR 45
2. H. I. Hawkins GBR 45
3. E. J. Amoore GBR 45

Kleinkaliber (KK) Mannschaft (50, 100 Yards) (nur 1908, 1912, 1920 durchgeführt)
1. Großbritannien 771
2. Schweden 737
3. Frankreich 710

Schnellfeuerpistole oder Revolver
1. Paul van Asbroeck BEL 490
2. Réginald Storms BEL 487
3. James Edward Gorman USA 485

Tontaubenschießen Einzel
1. Walter Henry Ewing CAN 72
2. George Beattie CAN 60
3. Alexander Maunder GBR 57

Tontaubenschießen Mannschaft (nur 1908, 1912, 1920, 1924 durchgeführt)
1. Großbritannien I 407
2. Kanada 405
3. Großbritannien II 372

Armeegewehr Mannschaft (200, 500, 600, 800, 900, 1000 Yards) (nur 1900, 1908, 1912, 1920 durchgeführt)
1. USA 2531
2. Großbritannien 2497
3. Kanada 2439

Schießen auf laufenden Hirsch (Einzelschuß) Einzel (nur 1908, 1912, 1920, 1924 durchgeführt)
1. Oscar Swahn SWE 25
2. Ted Ranken GBR 24
3. A. E. Rogers GBR 24

Schießen auf laufenden Hirsch (Einzelschuß) Mannschaft (nur 1908, 1912, 1920, 1924 durchgeführt)
1. Schweden 86
2. Großbritannien 85

Schießen auf laufenden Hirsch (Doppelschuß) Einzel (nur 1908, 1912, 1920, 1924 durchgeführt)
1. Walter Winans USA 46
2. Ted Ranken GBR 46
3. Oscar Swahn SWE 38

Revolver- und Pistolenwettbewerbe Mannschaft (nur 1900, 1908, 1912, 1920 durchgeführt)
1. USA 1914
2. Belgien 1863
3. Großbritannien 1817

Bogenschießen Männer

York Round (100 Yards – 80 Yards – 60 Yards)
1. W. Dod GBR 815
2. R. B. Brooks-King GBR 768
3. Henry B. Richardson USA 760

Continental Style (50 m)
1. E. G. Grisot FRA 263
2. Louis Vernet FRA 256
3. Gustave Cabaret FRA 255

Bogenschießen Frauen

National Round (60 Yards – 50 Yards)
1. Q. F. Newall GBR 688
2. Lotti Dod GBR 642
3. Hill-Lowe GBR 618

Turnen Männer

Mehrkampf Einzel
1. Alberto Braglia ITA 317,0
2. S. W. Tysal GBR 312,0
3. Louis Ségura FRA 297,0

Mehrkampf Mannschaft
1. Schweden 438
2. Norwegen 425
3. Finnland 405

Säbel Einzel
1. Dr. Jenö Fuchs UNG
2. Béla Zulavsky UNG
3. Vilém Goppold von Lobsdorf BOH

Säbel Mannschaft
1. Ungarn
2. Italien
3. Böhmen

Fußball

1. Großbritannien
2. Dänemark
3. Holland

Landhockey

1. GBR (England)
2. GBR (Irland)
3. GBR (Schottland)
3. GBR (Wales)

Abkürzungsschlüssel siehe Register

Mo	Di	Mi	Do	Fr	Sa	So
					1	2
3	4	5	6	7	8	9
10	11	12	13	14	15	16
17	18	19	20	21	22	23
24	25	26	27	28	29	30
31						

5. Beim ersten Zeppelinunglück der Luftfahrtgeschichte wird in Echterdingen ein Luftschiff zerstört, Sachschaden.

6. In Berlin findet der internationale Kongreß für historische Wissenschaften statt.

9. Türkische Regierung erklärt, daß sie die Bedeutung der Freundschaft Deutschlands sehr hoch schätze. Die Arbeit der deutschen Offiziere für das türkische Heer verpflichte zu ewiger Dankbarkeit, die deutsche Industrie sei zuverlässig.

11. In Homburg treffen sich der deutsche Kaiser Wilhelm II. und der englische König Edward VII. →

13. In Ischl treffen der österreichische Kaiser Franz Joseph und der englische König Edward VII. zusammen.

14. In Springfield (Illinois/USA) gibt es blutige Straßenschlachten zwischen Weißen und Schwarzen, die nur durch das Militär beendet werden können.

15. In Preußen werden Bestimmungen über die Neuordnung des höheren Mädchenschulwesens veröffentlicht. Vom Wintersemester 1908/09 an werden auch die Frauen als Studierende der Landesuniversitäten aufgenommen.

17. Aufführung des ersten Zeichentrickfilms mit Handlung in Paris.

23. In Tanger wird Mulay Hafid zum Sultan proklamiert.

GEBOREN:

18. Heinrich Hellwege, deutscher Politiker.

23. Arthur Adamov († 15. 3. 1970), französischer Dramatiker.

27. Lyndon B. Johnson († 22. 1. 1973), amerikanischer Politiker.

31. William Saroyan († 18. 5. 1981), amerikanischer Schriftsteller.

GESTORBEN:

5. Christian Schneller (* 5. 11. 1831), Tiroler Schriftsteller und Mundartforscher.

8. Josef Maria Olbrich (* 22. 12. 1867), österreichischer Architekt.

14. Friedrich Paulsen (* 16. 7. 1846), deutscher Philosoph und Pädagoge.

Kontroverse um Flotte

11. August. Kaiser Wilhelm II. ist gegen eine Reduzierung der Flottenrüstung. Der Bankier Sir Ernest Cassel, ein Freund König Edwards VII., erklärt dem HAPAG-Direktor und Vertrauten Wilhelms II., Albert Ballin, eine Verbesserung des deutsch-englischen Verhältnisses sei nur auf dem Wege der Verlangsamung der deutschen Flottenrüstung zu erreichen.

Dies wiederholt am 11. August der Unterstaatssekretär im Foreign Office, Sir Charles Hardinge, anläßlich eines Besuches König Edwards bei Kaiser Wilhelm. Außerdem verhandeln Außenminister Edward Grey und Schatzkanzler David Lloyd George in London mit Botschafter Wolff-Metternich. An der starren Haltung Wilhelms II. scheitern alle Versuche. Botschafter Paul Graf Wolff-Metternich handelt sich von Wilhelm II. eine scharfe Rüge ein für seine mahnenden Berichte aus London. Der Kaiser bemerkt, daß ihm »ein gutes Verhältnis zu England um den Preis des Ausbaus der Flotte Deutschlands nicht erwünscht ist«.

Sensationeller Fund

Ein Arbeiter findet in der Nähe des niederösterreichischen Willendorf (Wachau) eine alte Steinfigur, ein Fruchtbarkeitsidol. Das Alter dieses bedeutenden Fundes aus der Jungsteinzeit wird auf etwa 30 000 Jahre geschätzt. Man gibt ihr den Namen Venus von Willendorf.

Ähnliche Statuetten, die für Votivfiguren gehalten werden, werden im europäischen Raum von Sibirien bis zur Atlantikküste gefunden. Ihre Entstehungszeit liegt zwischen 28 000 und 12 000 v. Chr.

Die Venus von Willendorf.

Wright führt neues Flugzeug vor

Auf einer Europareise führt Wilbur Wright – sein Bruder Orville arbeitet an einem ersten Flugzeug für das amerikanische Heer – der französischen Öffentlichkeit ein verbessertes Flugmodell vor, das über eine zuverlässige Steuerung verfügt, mit der das Flugzeug im dreidimensionalen Raum beherrscht werden kann. Fachleute sind überrascht von der Leichtigkeit, mit der der Steuermechanismus arbeitet, und der Wendigkeit, mit der Kurven geflogen, Luftlöcher überwunden, Schräglagen angesteuert und wieder ausgeglichen werden können. Das Urteil der Fachwelt: Unzweifelhaft waren es allein die Brüder Wright, die das Problem, wie der Mensch künstlich fliegen könne, in seinem ganzen Umfang gelöst haben . . . Sie veränderten das Gesicht des Erdballs (→ September 1904).

Lasker bleibt Schachweltmeister

17. August. In Düsseldorf beginnt der Kampf um die Schachweltmeisterschaft zwischen dem deutschen Schachweltmeister Emanuel Lasker und dem deutschen Herausforderer Siegbert Tarrasch. Lasker gewinnt den Wettkampf dank seiner größeren Erfahrung und seines psychologischen Geschicks klar mit 8 : 3 Punkten.

Schachweltmeister Emanuel Lasker.

Mo	Di	Mi	Do	Fr	Sa	So
	1	2	3	4	5	6
7	8	9	10	11	12	13
14	15	16	17	18	19	20
21	22	23	24	25	26	27
28	29	30				

1. »Brücke«-Ausstellung in Dresden. →

1. In Berlin wird der Entwurf zur Strafprozeßreform veröffentlicht.

4. Anläßlich der Feier des 80. Geburtstages Leo Tolstois wendet sich der »Heiligste Synod« in Rußland an alle Rechtgläubigen, sich einer Feier für Tolstoi zu enthalten. Tolstoi habe sich als Feind der orthodoxen Kirche gezeigt.

9. Der russische Ministerrat beschließt, daß in sämtlichen Mittelschulen des Weichselgebietes der Unterricht in Geographie und Geschichte ausschließlich in russischer Sprache und von russischen Lehrern erteilt werden darf. Lehrer, die diesen Anforderungen nicht entsprechen, sollen entlassen werden.

11. Sozialdemokratische Frauenkonferenz in Nürnberg.

13. Sozialdemokratischer Parteitag in Nürnberg.

17. In Berlin tagt die interparlamentarische Konferenz.

21. Der Mathematiker Hermann Minkowski hält in Köln seinen berühmten Vortrag »Raum und Zeit«, wo er die Zeit als die 4. Dimension erklärt.

29. Internationale Arbeiterschutzkonferenz erklärt in Luzern ein Verbot der gewerblichen Nachtarbeit von Jugendlichen. Absolut soll das Gesetz bis zum 14. Lebensjahr, allgemein bis zum 18. Lebensjahr gelten.

GEBOREN:

4. Richard Wright, afro-amerikanischer Schriftsteller.

9. Cesare Pavese († 27. 8. 1950), italienischer Schriftsteller.

15. Gerd Gaiser († 9. 6. 1976), deutscher Schriftsteller.

17. Franz Grothe, deutscher Komponist.

20. Albert Ehrismann, schweizerischer Schriftsteller.

20. Alexander Mitscherlich († 26. 6. 1982), deutscher Neurologe und Psychotherapeut.

30. David Oistrach († 24. 10. 1974), russischer Geiger.

30. Edzard Schaper, deutscher Schriftsteller.

GESTORBEN:

21. Pablo Sarasate (* 10. 3. 1844), spanischer Geiger und Komponist.

»Brücke«-Künstler zeigen in Dresden neue Arbeiten

1.–23. September. Im Kunstsalon Emil Richter in Dresden werden Gemälde der Künstler der Künstlervereinigung »Brücke« ausgestellt. Es sind Bilder von Cuno Amiet, Erich Heckel, Ernst Ludwig Kirchner, Max Pechstein und Karl Schmidt-Rottluff zu sehen.
Neue Themen der Malerei und Grafik der »Brücke«-Mitglieder tauchen auf: die Welt des Tingeltangels und des Zirkus. Auch ein erstes Straßenbild wird gezeigt.

Bülow-Politik im Urteil der englischen Presse

14. September. Im »Standard« berichtet Sidney Whitman, ein guter Kenner und Freund Deutschlands, über Unterredungen mit dem deutschen Reichskanzler Bernhard Fürst von Bülow. Gesprächsthemen sind die deutsche Auslandspolitik und der Flottenbau. »Ich habe den Fürsten Bülow selten wohler aussehend und lebhafteren Geistes gesehen. Er meinte, Zwietracht zwischen England und Deutschland könne nur zu Unheil für beide Länder führen zum Vorteil Tertii gaudentis. Bezüglich der englischen Besorgnisse vor einem deutschen Angriff zur See meint Fürst Bülow, es würde viel natürlicher sein, wenn die Deutschen einen Angriff befürchten. Ich gebe Ihnen nicht zum erstenmal die Versicherung, und zwar nicht als Kanzler, sondern als ein Gentleman dem anderen, daß niemand von einigem Verstande oder Einfluß in Deutschland daran denkt, Händel mit England anzufangen.«

Außerdem ...

Die wichtigsten Buchneuerscheinungen im Herbst 1908 sind: Georges Sorel »Réflexions sur la violence«, Jakob Wassermann »Caspar Hauser«, Hans Driesch »Philosophie des Organischen« und Friedrich Meinecke »Weltbürgertum und Nationalstaat«.

1908

OKTOBER

Mo	Di	Mi	Do	Fr	Sa	So
			1	2	3	4
5	6	7	8	9	10	11
12	13	14	15	16	17	18
19	20	21	22	23	24	25
26	27	28	29	30	31	

4. Der Parteitag der Deutschen Volkspartei in Tübingen faßt eine Resolution über die Reichsfinanzreform: Der Reformplan des Reichsschatzamtes zeigt im Aufbau unverständliche Mängel und behebt nicht die durch langjährige Mißwirtschaft verwirrten Reichsfinanzen.

4. Demonstrationen in Budapest für das allgemeine Wahlrecht führen zu Zusammenstößen mit der Polizei.

5. Fürst Ferdinand von Bulgarien proklamiert Bulgarien zum unabhängigen Königreich.

5. Österreich-Ungarn erklärt die Annexion von Bosnien und der Herzegowina. Rußland hat seine Zustimmung praktisch schon am 16. September in Buchlau gegeben. Serbien verlangt einen Ausgleich, muß aber auf internationalen Druck hin nachgeben.
Schwere Verstimmung zeigt sich in Deutschland, Italien und Rußland. Europa bewegt sich am Rande eines Krieges.

7. Note der österreichisch-ungarischen Regierung an die Türkei über Annexion Bosniens.

12. Patentanmeldung zur Grundlage für die technische Entwicklung des Verfahrens der Ammoniak-Synthese durch Haber/Bosch. Die deutsche chemische Industrie wird führend in der Welt.

20. In der Thronrede zur Eröffnung des preußischen Landtags wird die »organische Fortentwicklung des Wahlrechts« angekündigt. Kaiser Wilhelm II. hält dies für eine der wichtigsten Aufgaben der Gegenwart.

23. Das unstarre Luftschiff des Majors von Parseval unternimmt in Berlin einen erfolgreichen Aufstieg bis zur Höhe von 1600 Metern.

24. England schlägt im Endspiel des erst in diesem Monat ausgetragenen Olympischen Fußballturniers Dänemark mit 2 : 0.

28. Ein »Daily-Telegraph«-Interview Wilhelms II. weckt in Presse und Reichstag stärkste Kritik an dessen persönlicher Politik. →

30. In Belgien übernimmt der bisherige Finanzminister Renkin das neugeschaffene Kolonialministerium.

GEBOREN:

16. Enver Hodscha (Hoxha), albanischer Politiker.

Wirbel um Interview

Vor dem Reichstag erklärt Kanzler Bernhard Fürst von Bülow (1. Reihe, ganz rechts), er habe das umstrittene Interview des Kaisers vorher nicht gesehen.

28. Oktober. Ein Interview Kaiser Wilhelms II. mit Oberst Stewart Wortley erscheint im »Daily Telegraph«. Der deutsche Reichstag und die internationale Presse beurteilen folgendes Interview sehr kritisch. »Wie gesagt, S. M. beehrte mich mit einer langen Unterhaltung und sprach mit impulsivem und ungewöhnlichem Freimut. ›Ihr Engländer‹, sagte er, ›seid toll, toll, toll wie Märzhasen. Was ist eigentlich über euch gekommen, daß ihr euch einem Argwohn überlassen habt, der einer großen Nation nicht würdig ist? . . . Hab' ich je mein Wort gebrochen? Falschheit und Ränke sind meinem Wesen fremd. Meine Taten sollen für mich sprechen, aber ihr hört nicht auf sie . . . Das ist eine persönliche Kränkung, die ich als solche empfinde . . . Immer falsch beurteilt zu sein, zu sehen, wie meine wiederholten Freundschaftsangebote mit mißtrauensvollen Augen nachgeprüft werden, stellt meine Geduld auf eine harte Probe. Ich habe immer wieder gesagt, daß ich ein Freund Englands bin, und eure Presse . . . fordert das englische Volk auf, meine dargebotene Hand zurückzustoßen, und redet ihm ein, daß die andere einen Dolch halte. Wie kann ich ein Volk gegen seinen Willen überzeugen?‹«
Die überhebliche und anmaßende Haltung des deutschen Kaisers löst geradezu einen Sturm an Deutschfeindlichkeit in England aus. Auch im Deutschen Reich schlagen im Reichstag und in der gesamten Öffentlichkeit die Wellen der Erregung hoch. Im Vordergrund steht die Kritik am »persönlichen Regiment« des Kaisers. Reichskanzler

Eine Karikatur im »Kladderadatsch« zum Interview des Kaisers.

Die Interview-Veröffentlichung am 28. Oktober im »Daily Telegraph«.

Bernhard Fürst von Bülow, der die Veröffentlichung des Interviews nicht verhindert hat, korrigiert im Reichstag den Kaiser-Bericht und garantiert für die Zukunft größere Zurückhaltung des Kaisers.
Die Haltung des Auslands ist von nun an von Mißtrauen geprägt. ▷

»Lizzi« vom Fließband

Das erste Modell »T« – ein zweisitziger Roadster – verläßt die 1903 gegründete Ford Motor Company in Detroit (USA). Bis zum Jahre 1927 werden fünfzehn Millionen Autos die Montagehallen verlassen, und das letzte Modell wird bis auf geringfügige Änderungen noch genauso aussehen wie die »Tin Lizzi« (Blech-Liese) der ersten Stunde. Damit hat Henry Ford seinen Plan umgesetzt, »ein Automobil für die große Menge zu bauen«.

Der Roadster kostet 850 Dollar und ist in der Konstruktion einfach und schlicht. Die Maschine ist leicht zu bedienen, und mit geringem Geschick kann auch der normale Fahrer den Wagen selbst warten. Damit wird in Zukunft das Auto nicht mehr nur den Wohlhabenden zur Verfügung stehen.

Ein Fließbandarbeiter in den Fordwerken mit einem Modell »T«.

Jahr	Preis (Dollar)	Produktion (Wagen)
1909/10	950,–	18 664
1910/11	780,–	34 528
1911/12	690,–	78 440
1912/13	600,–	168 220
1913/14	550,–	248 317
1914/15	490,–	308 213
1915/16	440,–	533 921
1916/17	360,–	785 432
1917/18	450,–	706 584
1918/19	525,–	533 706

Ein Vormodell der »Tin Lizzi«.

Kreta wird griechisch

6. Oktober. Die Behörden auf Kreta beschließen die Loslösung der seit 1898 autonomen osmanischen Provinz von der Türkei und die Vereinigung mit Griechenland. Die griechische Regierung, die bisher zurückhaltend in der kretischen Frage gewesen ist, läßt nach Bekanntwerden dieser Nachricht der nationalen Begeisterung im Lande freien Lauf. Ende Oktober legen die vier Schutzmächte dem Exekutivkomitee der Insel eine Note vor: »Die Vertreter Frankreichs, Großbritanniens, Italiens und Rußlands haben die Ehre, im Auftrage ihrer Regierungen der kretischen Regierung folgende Mitteilung zu machen: Die Schutzmächte stehen auf dem Standpunkt, daß die Vereinigung Kretas mit Griechenland von der Zustimmung der Mächte abhängig ist ... Sie würden aber nichtsdestoweniger geneigt sein, an die Erörterung dieser Frage mit Wohlwollen heranzutreten, wenn die Ordnung auf der Insel aufrechterhalten bleibt und andererseits die Sicherheit der muselmanischen Bevölkerung gewährleistet ist.«

1908
NOVEMBER

Mo	Di	Mi	Do	Fr	Sa	So
						1
2	3	4	5	6	7	8
9	10	11	12	13	14	15
16	17	18	19	20	21	22
23	24	25	26	27	28	29
30						

3. Bei der Wahl zum Präsidenten der USA siegt der Kandidat der Republikaner, William Howard Taft, mit 302 gegen 181 Wahlmänner. Die Mehrheit ist geringer als bei der Wahl Roosevelts 1904.

4. »Versiegelt«, Oper in einem Akt von Blech, wird in Hamburg uraufgeführt.

10. Vor der Wiener Universität kommt es zu Schlägereien zwischen Deutsch-Nationalen und Zionisten. Nach Kämpfen zwischen Deutschen und Italienern am 23. des Monats wird die Universität geschlossen.

10. Debatte im Reichstag über das Kaiserinterview, die Ministerverantwortlichkeit und über Reformen im Auswärtigen Amt.

11. Thronwechsel in China. Der Kaiser Kuang-hsü stirbt. Zum Regenten wird ein Bruder des Kaisers, Prinz Chun, der im Jahre 1901 als »Sühneprinz« nach Deutschland reisen mußte, proklamiert. Nachfolger wird der minderjährige Prinz Hsuan-tung.

11. Bei einer Schlagwetterexplosion in der Zeche Radbod/Hamm in Westfalen werden 360 Bergleute getötet.

14. Albert Einstein hält seine erste Vorlesung über die Strahlentheorie vor drei Hörern.

14. »Der Tapfere Soldat«, Operette in drei Akten von Oscar Straus, in Wien uraufgeführt.

17. In Paris wird der Film »L'Assassinat du duc de Guise« mit großem Erfolg bei der Premiere des »Film d'Art« aufgeführt.

20. Das Deutsche Reich unterzeichnet einen umfassenden Handelsvertrag mit Portugal.

21. Im Münchener Schauspielhaus wird »Moral« von Ludwig Thoma aufgeführt.

GEBOREN:

11. Martin Held, deutscher Schauspieler.

12. Hans Werner Richter, deutscher Schriftsteller.

28. Claude Lévi-Strauss, französischer Philosoph und Ethnologe.

GESTORBEN:

8. Victorien Sardou (* 7. 9. 1831), französischer Dramatiker. →

9. Eduard Wölfflin (* 1. 1. 1831), deutscher klassischer Philologe.

Thronfolger äußert sich zur Interview-Affäre

Anfang November nimmt Kronprinz Wilhelm Stellung zu den heftigen Reaktionen, die auf das veröffentlichte »Daily-Telegraph«-Interview des Kaisers vom 28. Oktober folgen. In seinem Bericht heißt es: »Zwei Tage lang tobte der Reichstagsaufruhr gegen den von Berlin abwesenden Kaiser ... Die Aufgabe, vor der Fürst von Bülow stand, war angesichts der allgemeinen und ungeheuren Entrüstung, die sich da enthüllte, zweifellos überaus schwer ... Gesundet (gemeint ist der Kaiser) ist er niemals wieder von diesem Schlag. Unter dem äußeren Mantel seines alten Selbstbewußtseins hat er sich von da ab mehr und mehr eine Zurückhaltung auferlegt.«

Maximilian Harden greift Kaiser an

10. November. Der Herausgeber der Zeitschrift »Zukunft«, Maximilian Harden, urteilt über Wilhelm II.: »Der Kaiser ist nicht Monarch. Das Reich ist souverän; nicht der Kaiser. Der darf das Reich nicht ohne die Zustimmung Sachverständiger binden. Und diese Sachverständigen dürfen nicht gezwungen sein, drei Viertel ihrer Kraft immer erst an die Beantwortung der Frage zu verwenden, wie ihr vernünftiges Planen dem Kaiser plausibel zu machen ist. Wir wollen nicht Tag für Tag in unserem Kulturgefühl gebildeter Europäer durch Rede und Schrift beleidigt sein. Wir wollen Staatsgeheimnisse wahren.«

Kronprinz: Nur Krieg kann helfen

29. November. Der deutsche Kronprinz Wilhelm äußert in einem Gespräch mit dem Chef des Generalstabes, General Helmut von Moltke, daß nur ein Krieg dem Deutschen Reich aus der verworrenen politischen Lage heraushelfen könne. Der General antwortet, die Zeit der Kabinettskriege sei vorbei und ein Krieg eine gefährliche Sache.

Abschied von vier großen Schriftstellern

8. November. Im Alter von 77 Jahren stirbt der französische Literat Victorien Sardou, dessen Lustspiele und historische Dramen zu den meistgespielten Stücken auf allen Bühnen Europas gehören. Die internationale Literaturszene verliert mit ihm in diesem Jahr damit den vierten großen Repräsentanten. Am 5. Juli starb der bedeutende norwegische Erzähler Jonas Lie, am 23. Mai nahm Europa Abschied von dem Franzosen François Coppée (* 12. 1. 1842).

Coppée war Mitglied der Académie française und wurde berühmt, als die unvergessene Sarah Bernhardt in seinem Verslustspiel »Le Passant« als Troubadour Zanetto auftrat.

Am 11. März starb in Bordighera der italienische Schriftsteller und Journalist Edmondo De Amicis (* 21. 10. 1846), der besonders beliebt geworden ist durch den Roman »Cuore«, in welchem in Tagebuchform die Geschichte einer Schulklasse erzählt wird.

Der Dramatiker Victorien Sardou †.

Der Schriftsteller Jonas Lie †.

1908

DEZEMBER

Mo	Di	Mi	Do	Fr	Sa	So
	1	2	3	4	5	6
7	8	9	10	11	12	13
14	15	16	17	18	19	20
21	22	23	24	25	26	27
28	29	30	31			

1. In der italienischen Kammer kommt es zu einer Debatte über den Dreibund und über Kompensationen für die Annexion Bosniens.

2. Der Präsident von Haiti, Nord Alexis, wird durch eine Revolution zur Flucht auf ein französisches Schiff gezwungen.

2. Der deutsche Reichstag wird über die Verfassungsänderungen debattieren. Es geht dabei im besonderen um die Verantwortlichkeit des Kanzlers, die Berufung des Reichstags und den Ablauf der Kriegserklärung.

5. Der deutsche Reichstag berät über Flottenrüstungen.

8. Der amerikanische Präsident Roosevelt läßt dem Kongreß eine Botschaft über die Finanzen. Trusts, Sozialpolitik und Marinefragen zugehen.

10. Ein Erdbeben in Monte Albano di Elicano (Sizilien) zerstört viele Häuser, viele Menschen werden obdachlos.

10. In Stockholm und Oslo werden die Nobelpreise verliehen. →

15. Den Prager Polizisten wird verboten, tschechisch-nationalen Verbänden anzugehören.

17. Im englischen Oberhaus gibt der Staatssekretär für Indien, Viscount Morley, einen Bericht über die Lage in Indien. Er führt dabei aus, daß »es ein Zeichen der Schwäche wäre«, wollte man die Politik der Reformen der Bomben und Mörderklubs wegen aufgeben.

20. Unter Vorsitz von Friedrich Ebert (Sekretär des SPD-Parteivorstandes) konstituiert sich eine »Zentrale für die arbeitende Jugend Deutschlands«.

28. Durch ein Erdbeben werden Messina und Reggio di Calabria und Umgebung zerstört. →

30. Es erscheint eine Übersicht über die 1908 geschaffenen Reichsgesetze.

GEBOREN:

3. Nigel Balchin, englischer Schriftsteller.

4. Helmut Thielicke, deutscher evangelischer Theologe.

10. Oliver Messiaen, französischer Komponist.

22. Giacomo Manzù, italienischer Bildhauer.

24. Joseph Höffner, deutscher katholischer Theologe.

Zwei Deutsche geehrt

Rudolf Eucken.

Paul Ehrlich.

10. Dezember. Bei der Nobelpreisverleihung in Stockholm können auch zwei Deutsche die begehrte Auszeichnung aus den Händen des schwedischen Königs entgegennehmen. Die Preisträger sind in diesem Jahr:

Rudolf Eucken (Deutschland) für Literatur, Ilja Metschnikow (Rußland) und Paul Ehrlich (Deutschland) für Medizin, Gabriel Lippmann (Frankreich) für Physik und Ernest Rutherford (Großbritannien) für Chemie. Den Friedenspreis erhalten Klas Pontus Arnoldson (Schweden) und Fredrik Bajer (Dänemark). In Anerkennung seines ernsthaften Suchens nach der Wahrheit, der durchdringenden Kraft der Gedanken, der Weite seines Blickfeldes, der Wärme und Eindringlichkeit der Darstellung, womit er in seinen zahlreichen Arbeiten eine idealistische Lebensphilosophie gerechtfertigt und entwickelt hat, erhält Rudolf Eucken den Nobelpreis für Literatur.

Für seine Arbeiten über die Immunität erhält Paul Ehrlich zusammen mit Ilja Metschnikow den Nobelpreis für Medizin. Ehrlich ist Mitarbeiter von Robert Koch und Direktor des Instituts für experimentelle Therapie in Frankfurt am Main. Er ist der Schöpfer der modernen Chemotherapie.

Erdbebenkatastrophe

28. Dezember. Die sizilianischen Städte Messina und Reggio di Calabria werden von einer Erdbebenkatastrophe heimgesucht, für deren Ausmaß es in Europa bislang keine Vergleiche gibt.

Allein in den Trümmern der völlig zerstörten Hafenstadt Messina im Nordosten Siziliens werden 84 000 Todesopfer geborgen. Die Gesamtzahl der Bebenopfer wird in dieser Region auf über 100 000 geschätzt. Aus allen Ländern Europas wird den Sizilianern Hilfe geleistet. Ärzte und Pflegepersonal eilen in das betroffene Notstandsgebiet und umfangreiche Sammlungen werden nun organisiert.

28. Dezember. Über 100 000 Todesopfer fordert ein Erdbeben in Süditalien. Die Städte Messina (Bild) und Reggio di Calabria werden zerstört.

1909

JANUAR

Mo	Di	Mi	Do	Fr	Sa	So
				1	2	3
4	5	6	7	8	9	10
11	12	13	14	15	16	17
18	19	20	21	22	23	24
25	26	27	28	29	30	31

4. Gründung des deutschen Richterbundes.

5. Abkommen zwischen Kolumbien und Panama: Anerkennung der Unabhängigkeit Panamas.

8. Französische Kammer lehnt den Antrag auf Abschaffung der Todesstrafe ab.

9. Österreich schlägt der Türkei einen Verzicht auf ihre Souveränitätsrechte in Bosnien und der Herzegowina vor; dafür soll die Türkei finanziell entschädigt werden.

12. Türkisches Kabinett nimmt österreichische Vorschläge an.

17. Blutige Zusammenstöße mit der Polizei anläßlich von Wahlrechtsdemonstrationen in Dresden.

19. Südpolarforscher Sir Ernest Shackleton erreicht den südlichsten Punkt 88° 23' südlicher Breite. Entdeckung mächtiger Kohlenlager.

22. Rußland lehnt finnische Petition zur Erlangung des Selbstbestimmungsrechts ab.

22. Gründung der »Neuen Künstlervereinigung« in München. →

24. Demonstrationen in Sachsen und Preußen gegen das Dreiklassenwahlrecht.

25. Uraufführung der Oper »Elektra« von Richard Strauss, Text von Hugo von Hofmannsthal, in Dresden. →

30. Amerikanisch-kanadischer Vertrag über den Schutz der Niagara-Fälle. →

GEBOREN:

1. Barry Goldwater, amerikanischer Politiker.

14. Joseph W. Losey, amerikanischer Schauspieler und Regisseur.

22. Sithu U Thant († 25. 11. 1974), burmesischer Politiker.

30. Hans-Joachim Schoeps (†8. 7. 1980), deutscher Historiker.

GESTORBEN:

12. Hermann Minkowski (* 22. 6. 1865), deutscher Mathematiker. →

14. Sinowij Petrowitsch Roschdestwenski (* 30. 10. 1848), russischer Admiral.

15. Ernst von Wildenbruch (* 3. 2. 1845), deutscher Dramatiker. →

Darstellung der Niagara-Fälle im Diercke-Schulatlas von 1909.

Vertrag über Niagara

30. Januar. Nach mehr als vierjähriger Verhandlung vereinbaren Kanada und die USA Abmachungen über den Schutz der Grenzgewässer. In erster Linie geht es um die Niagara-Fälle. Beide Staaten verpflichten sich in dem Vertrag, aus dem Gewässersystem nur eine begrenzte Menge Wasser für landwirtschaftliche Zwecke (Berieselung) und für Energiegewinnung (Kraftwerke) abzuleiten.

Wildenbruch stirbt in Berlin

15. Januar. Der Enkel des Prinzen Louis Ferdinand von Preußen, Ernst von Wildenbruch, ist kurz vor Vollendung seines 64. Lebensjahres in Berlin gestorben. Wildenbruchs literarisches Werk ist breit gefächert und umfaßt lyrische, epische und dramatische Werke. Er gehört zu den viel gelesenen und häufig aufgeführten Dramatikern der Wilhelminischen Zeit.

Ernst von Wildenbruch †.

Schwarze Listen über Arbeitnehmer

29. Januar. Im Reichstag wird über die Existenz von schwarzen Listen gesprochen, die das Ziel verfolgen, Arbeitern und Angestellten, die aufsässig sind, unbequeme Meinungen vertreten oder sich für soziale Forderungen einsetzen, keine Arbeitsplätze zu verschaffen.

Lohnentwicklung in Deutschland

Im Jahr 1893 betrug der Durchschnittslohn des deutschen Arbeitnehmers 671 Mark, 1906 bereits 894 Mark. Noch 1895 verfügten keine 68 Prozent der Bevölkerung über ein steuerpflichtiges Einkommen, 1907 sind es nur noch 50 Prozent. Ein Einkommen von 900 bis 3000 Mark haben 1895 rund 27 Prozent, 1907 bereits 34 Prozent.

Kandinsky gründet Vereinigung der Kunstavantgarde

22. Januar. In München wird die »Neue Künstlervereinigung« gegründet. Zu den Gründungsmitgliedern gehören Wassily Kandinsky, Alexej von Jawlensky, Marianne von Werefkin, Gabriele Münter. Die Künstlergruppe versteht sich als Avantgarde von Musikern, Dichtern, Tänzern, Malern und Kunsttheoretikern. Die Vereinigung ist die Vorstufe des 1911 von Kandinsky und Franz Marc gegründeten »Blauen Reiters«.

Uraufführung der »Elektra«

25. Januar. Die jahrelangen Kontakte zwischen dem Komponisten Richard Strauss und dem österreichischen Dichter Hugo Edler von Hofmannsthal finden ihren sichtbaren Ausdruck. In Dresden wird die Oper »Elektra«, für die Hofmannsthal das Libretto geschrieben hat, uraufgeführt. Weitere Zusammenarbeit ist geplant.

Hugo von Hofmannsthal.

Eine Szene aus der Dresdner Uraufführung von »Elektra« 1909.

1909

FEBRUAR

Mo	Di	Mi	Do	Fr	Sa	So
1	2	3	4	5	6	7
8	9	10	11	12	13	14
15	16	17	18	19	20	21
22	23	24	25	26	27	28

1. André Gides »La Porte étroite« erscheint als Vorabdruck in der Zeitschrift »La nouvelle Revue Française«.

3. Deutsches Kriegsministerium übernimmt das Reichsluftschiff »Zeppelin I« in Friedrichshafen.

4. Internationale Seerechtskonferenz in London über Fragen der Blockade und Konterbande (Schmuggelware).

9. Marokko-Abkommen zwischen Frankreich und Deutschland: Deutschland erkennt Vormachtstellung Frankreichs in Marokko an.

9. Uraufführung von Nouguès Oper »Quo Vadis« in Nizza.

15. In Preußen werden Angaben über das Einkommen der Großverdiener veröffentlicht. →

16. Serbien beschleunigt Kriegsrüstung.

16. Uraufführung von Ferraris Oper »Le Cobzar« in Monte Carlo.

20. Filippo Tommaso Marinettis »Manifesto Futurista« erscheint im »Figaro«. Mit dieser Schrift wird Marinetti Begründer des Futurismus. →

24. Österreichisch-serbische Krise verschärft sich: Österreich rechnet mit Krieg wegen der Gebietsansprüche Serbiens. →

24. Uraufführung von Chapis Oper »Margarita la Tornera« in Madrid.

24. Erste öffentliche Vorführung von farbigen Filmbildern in Brighton.

26. Österreich-Ungarn und die Türkei einigen sich in einem Abkommen über Bosnien und die Herzegowina: Aufhebung aller der Neuordnung der Dinge zuwiderlaufenden früheren Vereinbarungen. →

GEBOREN:

3. Simone Weil († 24. 8. 1943), französische Philosophin.

3. André Cayatte, französischer Filmregisseur.

18. Pandelis Prevelacis, griechischer Schriftsteller.

28. Stephen Spender, englischer Schriftsteller.

GESTORBEN:

7. Adolf Stoecker (* 11. 12. 1835), deutscher Hofprediger und Politiker. →

Krise auf dem Balkan

24. Februar. Die Erfolge Bulgariens, seine Unabhängigkeit gütlich über finanzielle Entschädigungen zu erlangen, ermutigen Serbien und Montenegro, ihre eigenen Ansprüche auf Bosnien und die Herzegowina anzumelden. Serbien rüstet auf. Am 26. schalten sich die Großmächte Deutschland, England und Frankreich ein und versuchen, einen Ausgleich herbeizuführen: Wenn Serbien auf seine Gebietsforderungen verzichtet, wird Österreich sich wirtschaftlich entgegenkommend zeigen. Ohne darauf einzugehen, verkündet der serbische Ministerpräsident Nowakowitsch das »großserbische Programm«: »Es sind nicht die drei Millionen Serben Serbiens und Montenegros, welche die serbische Nation bilden, nein, sie bilden nur den dritten Teil der Nation, die anderen zwei Drittel, sieben Millionen, sind in Dalmatien, Kroatien, Slavonien, Bosnien und der Herzegowina, die man annektieren will. Diese zwei Drittel wurden gegen ihren Willen vollständig dem habsburgischen Regiment unterworfen. Sie sind österreichische Untertanen . . . Wir wollen frei sein . . . Wir wollen dies Ziel aber durch friedliche gesetzmäßige Mittel erreichen.«
Serbien vertritt diese entschlossene Haltung, weil es für den Ernstfall auf die Unterstützung Rußlands vertraut.

20. Februar. In der Pariser Zeitung »Le Figaro« erscheint ein elf Punkte umfassendes »Manifest des Futurismus« von dem italienischen Dichter Filippo Tommaso Marinetti: »Wir wollen die Liebe zur Gefahr besingen, die Vertrautheit mit Energie und Verwegenheit . . . Wir erklären, daß sich die Herrlichkeit der Welt um eine neue Schönheit bereichert hat: die Schönheit der Geschwindigkeit . . . Ein Rennwagen ist schöner als die Nike von Samothrake . . . Schönheit gibt es nur noch im Kampf . . . Wir wollen den Krieg verherrlichen – diese einzige Hygiene der Welt . . .«, heißt es darin. Diesem Aufruf des Dichters, der oft mißverstanden worden ist, schließen sich Maler an: Umberto Boccioni, Carlo Carrà, Luigi Russolo, Giacomo Balla und Gino Severini, die auch ein eigenes Manifest der futuristischen Malerei verfassen. Sie versuchen die Geschwindigkeit in ihren Bildern darzustellen, die Großstadthektik, Bahnhöfe, Maschinen, Autos, Motorräder, Licht und Lärm. Bewegung und Lärm versucht Umberto Boccioni in seiner »Schlägerei in der Galleria« (1909) auszudrücken (Bild oben).

Sozialpolitiker Adolf Stoecker tot

Adolf Stoecker †.

7. Februar. Der Hof- und Domprediger und Sozialpolitiker Adolf Stoecker stirbt in Bozen. Stoecker wurde am 11. Dezember 1835 in Halberstadt geboren. Nach jahrelanger Tätigkeit als evangelischer Pfarrer übernahm Stoecker 1877 die Missionsleitung der Stadt Berlin mit der Absicht, die Armen, das Proletariat, für die Kirche zu gewinnen. Im Jahre 1878 gründete Stoecker die Christlich-Soziale Arbeiterpartei. Sie fand nur wenig Zustimmung bei der Arbeiterschaft wegen Stoeckers nationaler Haltung.

77 Millionäre in Preußen

15. Februar. In Preußen werden Angaben zu Einkommen- und Steuerfragen veröffentlicht. Registriert sind:

	Einkommen von
17 957 Steuerzahler mit einem	
	30 500–100 000 Mark
3 796	über 100 000 Mark
190	500 000–1 Million Mark
77	mehr als 1 Million Mark

davon:

49	1– 2 Millionen Mark
18	2– 3 Millionen Mark
5	3– 4 Millionen Mark
1	4– 5 Millionen Mark
1	5– 6 Millionen Mark
1	6– 7 Millionen Mark
1	11–12 Millionen Mark
1	16–17 Millionen Mark

Von den Steuerzahlern mit mehr als einer Million Mark Einkommen wohnen 54 in den Städten und 23 auf dem Lande.
Ein offizieller Kommentar der preußischen Finanzbehörde dazu lautet: Von Verelendung der Massen kann angesichts dieser Zahlen keine Rede sein.

1909
MÄRZ

Mo	Di	Mi	Do	Fr	Sa	So
1	2	3	4	5	6	7
8	9	10	11	12	13	14
15	16	17	18	19	20	21
22	23	24	25	26	27	28
29	30	31				

2. Der russische Gesandte und die Vertreter Englands, Frankreichs, Italiens und Deutschlands raten Serbien, seine territorialen Forderungen aufzugeben.

4. Antrittsrede des neuen amerikanischen Präsidenten William Howard Taft vor dem Kongreß. →

6. Uraufführung von Gerhart Hauptmanns »Griselda« im Hofburgtheater Wien.

8. Pius X. hebt Verbot für Mischehen in Ungarn auf.

10. Zirkulardepesche Serbiens nach Petersburg, Berlin, London, Wien, Rom und Konstantinopel. →

12. Schwedischer Forscher Sven Hedin hält in Berlin vor dem Kaiserpaar einen Vortrag über seine letzte Tibetreise.

15. Die italienische Regierung schlägt eine internationale Konferenz zur Klärung der Balkanfrage vor.

16. Deutschland verliert ein Fußballländerspiel gegen England in Oxford mit 0 : 9.

17. Post- und Telegrafenstreik in Frankreich.

20. Der Schlachtkreuzer »Von der Tann« läuft in Hamburg als erstes Schiff dieser Klasse (17 000 Tonnen) vom Stapel.

29. Rede des Reichskanzlers Bernhard Fürst von Bülow über die auswärtige Lage. →

30. Serbien entläßt Reservisten: Abrüstung.

GEBOREN:

5. Ossip Kurt Flechtheim, deutscher Politikwissenschaftler.

6. Stanislaw Jerzy Lec († 7. 5. 1966), polnischer Schriftsteller.

14. André Pieyre de Mandiargues, französischer Schriftsteller.

19. Elder James Olson, amerikanischer Lyriker und Essayist.

28. Nelson Algren, amerikanischer Schriftsteller.

GESTORBEN:

6. Gustaf Geijerstam (* 5. 1. 1858), schwedischer Erzähler.

24. Alfred Messel (* 22. 7. 1853), deutscher Architekt.

24. John Millington Synge (* 16. 4. 1871), realistischer irischer Dramatiker (»Kesselflickers Hochzeit«).

Serbien lenkt ein

10. März. Die seit Monaten schwelende Krise auf dem Balkan wird entschärft. Serbien gibt in der Frage seiner Gebietsforderungen nach und teilt den europäischen Mächten und der Türkei in einer Zirkulardepesche mit, daß die serbische Regierung der Auffassung sei, die bosnisch-herzegowinische Frage sei eine europäische Frage und die Signatarmächte des Berliner Vertrages (1878) hätten über die Behandlung Bosniens und der Herzegowina zu entscheiden. »Auf die Weisheit und die Gerechtigkeit der Mächte vertrauend« übergibt Serbien sein Anliegen diesen Staaten und verlangt von Österreich keine territorialen, politischen oder wirtschaftlichen Entschädigungen.

29. März. Reichskanzler Bernhard Fürst von Bülow legt den Standpunkt Deutschlands in der Balkanfrage dar. »Es unterliegt für mich nicht dem mindesten Zweifel, daß Österreich-Ungarn in seinem Konflikt mit Serbien das Recht durchaus auf seiner Seite hat. Die Annexion der beiden Provinzen war kein zynischer Landraub, sondern der letzte Schritt auf der Bahn einer seit dreißig Jahren betätigten kulturellen und wirtschaftlichen Politik. Der Zustand von heute datiert bereits seit 1877 oder 1878. Ich habe als junger Mensch an dem Kongreß teilgenommen . . . und so erfuhr ich, daß Deutschland, das den Frieden anderer erhalten hatte, selbst bald nach dem Kongreß in Kriegsgefahr schwebte. Mit dieser Erfahrung vor Augen haben wir uns die Linie für unsere Orientpolitik vorgezeichnet. Wir wahren unsere eigenen Interessen und stehen treu zu Österreich-Ungarn.«

Sechstagerennen

15.–21. März. Nach Veranstaltungen in den USA findet nun auch auf der 150 Meter langen Holzbahn der Berliner Ausstellungshalle am Zoo das erste Sechstagerennen in Europa statt. Fünfzehn Mannschaften nehmen den Kampf über die 144-Stunden-Distanz auf. Nach 45 Stunden können sich zwei Paare vom Feld absetzen und machen den Sieg unter sich aus. Die US-Amerikaner Jimmy Moran / Floyd MacFarland nehmen in der 98. Stunde der Paarung John Stol / Marcel Berthet (Holland/Frankreich) die entscheidende Runde ab und gewinnen das Rennen. Die Sieger haben insgesamt 3865,7 Kilometer zurückgelegt. 9 der 15 gestarteten Paare beenden das Rennen.

Der Zeichner A. Dressel hat diese Szene des Berliner Sechstagerennens festgehalten. Die Firma Brennabor nutzt die Veranstaltung zur Bandenwerbung.

27. US-Präsident William H. Taft hält Antrittsrede

William Howard Taft.

4. März. Der als Nachfolger Theodore Roosevelts zum 27. Präsidenten der USA gewählte William Howard Taft hält vor dem Kongreß seine Antrittsrede. Taft hat schon verschiedene wichtige Ämter bekleidet. 1901 war er zunächst Zivilgouverneur für die Philippinen, dann von 1904–1908 Kriegsminister. Taft gilt als Vertreter der sogenannten Dollardiplomatie und verzichtet weitgehend auf innenpolitische Reformen.

Architekt Alfred Messel †

Alfred Messel †.

24. März. Der deutsche Architekt Alfred Messel stirbt im Alter von 55 Jahren in Berlin, der Stadt, in der er vorwiegend tätig war. Messels besondere Leistung besteht darin, historische, gewachsene Stilelemente der Architektur mit modernen Konstruktionen, welche die Funktionen des Bauwerks betonen, verbunden zu haben. Zu seinen Leistungen gehören das große Warenhaus Wertheim (→ November 1904) in Berlin und das Landesmuseum in Darmstadt.

1909

APRIL

Mo	Di	Mi	Do	Fr	Sa	So
			1	2	3	4
5	6	7	8	9	10	11
12	13	14	15	16	17	18
19	20	21	22	23	24	25
26	27	28	29	30		

1. Oper von Modest Mussorgski »Zhenitba« (»Die Hochzeit«) in Petersburg uraufgeführt.

4. Deutsche Fußballauswahl siegt in Karlsruhe gegen die Schweiz mit 1 : 0, eine andere spielt in Budapest gegen Ungarn 3 : 3.

4. Volksabstimmung in Luzern beschließt Einführung des Verhältniswahlrechts.

6. Robert E. Peary erreicht die unmittelbare Nähe des Nordpols. →

9. Nach Beilegung des serbischen Konflikts rüstet auch Österreich ab.

9. Die Widness Corporation in England führt die ersten Autobusse mit geschlossenem Oberdeck ein.

16. Graf Zeppelin legt Ergebnis der Sammlung nach dem Unglück von Echterdingen vor: 6 096 555 Mark, die in die Zeppelin-Stiftung eingebracht werden (Förderung der Luftschiffahrt).

18. In der Peterskirche in Rom findet die Zeremonie zur Seligsprechung der Jungfrau von Orléans statt.

19. Unterzeichnung eines russisch-bulgarischen Abkommens: Anerkennung der Unabhängigkeit Bulgariens.

20. Im neuen Moltke-Harden-Prozeß wird Maximilian Harden zu 600 Mark Geldstrafe verurteilt, weil er den Grafen in aller Öffentlichkeit der Homosexualität beschuldigt hat.

21. Enzyklika »Communium rerum« zu Ehren des Heiligen Anselm von Canterbury als Beispiel für Kampf gegen den Modernismus.

24. Uraufführung von Masceronis Oper »La Perugina« in Neapel.

27. Militärputsch in der Türkei beendet. →

27. Vertreter des Dreibundes erkennen die Unabhängigkeit Bulgariens an.

GEBOREN:

24. Bernhard Grzimek, deutscher Zoologe.

30. Louisa Emma Marie Wilhelmina Juliana, Königin der Niederlande.

GESTORBEN:

10. Algernon Charles Swinburne (* 5. 4. 1837), englischer Dichter. →

Peary am Nordpol

6. April. Der amerikanische Polarforscher Robert Edwin Peary erreicht auf einer Forschungsreise die unmittelbare Nähe des Nordpols. Peary hat bereits seit 1886 verschiedene Fahrten in die Arktis unternommen und bedeutende Entdeckungen gemacht: 1895 entdeckte er das nach ihm benannte Pearyland, die nördlichste Halbinsel von Grönland, und 1901 ist es ihm gelungen, den Inselcharakter Grönlands nachzuweisen (→ März 1906). Bis heute ist nicht eindeutig geklärt, ob Peary oder der amerikanische Forscher Frederick Cook (→ September 1909) den Pol zuerst erreichte.

Der amerikanische Polarforscher Robert Peary in Polarausrüstung. Sein Erfolg wird später allerdings von einem Landsmann bestritten (→ September 1909).

Militärputsch in der Türkei niedergeschlagen

27. April. Nach dem Sieg der jungtürkischen Armee (27 000 Mann) über den Militärputsch wird der Sultan Abdul Hamid abgesetzt. Der neue Sultan wird Mohammed V., der in einem Manifest erklärt, sein heißer Wunsch sei, »daß Unsere Untertanen aller Klassen sich der Freiheit, Gleichheit und Gerechtigkeit erfreuen«. Verfassungsänderungen, die die Rechte des Sultans beschränken (z. B. bei der Ernennung des Großwesirs), sein Recht, Verbannungen auszusprechen, zeigen Mohammeds ernsten Willen, eine echte konstitutionelle Herrschaft einzurichten.

Großbritannien und USA führen Flottentabelle an

Die intensive Flottenpolitik der Großmächte spiegelt sich in den Zahlen der Marinebudgets, die im April veröffentlicht werden. Angaben in Millionen Mark.

	1908	1909
Großbritannien	659,3	716,9
USA	515,2	575,1
Deutsches Reich	339,1	399,2
Frankreich	255,9	290,4
Rußland	205,4	185,3
Japan	170,0	151,3
Italien	126,7	127,7
Österreich-Ungarn	48,6	53,9

Gesetz zum Schutz der Kinder in Großbritannien

1. April. In England tritt ein Gesetz zum Schutz der Kinder in Kraft. Es enthält folgende Regelungen: Rauchverbot für Kinder unter 16 Jahren.

Verbot des Verkaufs von Tabak an Kinder.

Verbot des Wirtshausaufenthalts für Kinder unter 14 Jahren. (Bereits der Versuch, Kinder dazu anzustiften, ist strafbar.)

Schriftsteller Charles Swinburne stirbt in London

10. April. Algernon Charles Swinburne stirbt in London im Alter von 72 Jahren. Mit 23 Jahren hat sich Swinburne den Präraffeliten angeschlossen, einer Künstlervereinigung, die eine Kunstreform im Sinne der Maler vor Raffael (1483 bis 1520) anstrebte.

Mit seinen Gesängen und Balladen hat Swinburne die viktorianische Öffentlichkeit schockiert: Sie sind geprägt von Sinnlichkeit, Derbheit und Erotik. Swinburne wurde stark beeinflußt von dem französischen Dichter François Villon (1431 bis 1463).

Mit politischer Lyrik wie den »Liedern vor Sonnenaufgang«, nahm er Partei für demokratische Forderungen und Parolen seiner Zeit.

Der englische Dichter Algernon Charles Swinburne †.

Mo	Di	Mi	Do	Fr	Sa	So
					1	2
3	4	5	6	7	8	9
10	11	12	13	14	15	16
17	18	19	20	21	22	23
24	25	26	27	28	29	30
31						

1. Verhaftungswelle in der Türkei.

1. Die bulgarische Regierung teilt den Mächten den offiziellen Titel des Herrschers mit: König der Bulgaren.

2. Deutsche Arbeiter halten sich in London auf und beantworten damit den Besuch englischer Gewerkschaftsvereine vom September 1908.

3. Gründung des Reichsverbandes deutscher Ärzte in Berlin. Das Programm: Freie Vereinbarungen zwischen Kassen und Ärzten.

5. Der Schah von Persien bewilligt eine Verfassung.

5. Uraufführung von Eduard Künneckes Oper »Robins Ende« in Mannheim.

6. Im Palast des vertriebenen Sultans Abdul Hamid werden gewaltige Schätze und Kostbarkeiten gefunden.

11. Abkommen zwischen Rußland und China über die Verwaltung der Eisenbahn in der Mandschurei.

13. Deutscher Reichstag stimmt der 1886 geschlossenen sogenannten Berner Übereinkunft zum Schutz von Werken der Literatur und Kunst zu.

20. In der Peterskirche in Rom erfolgt die Heiligsprechung Klemens Hofbauers und Oriols.

30. Phönix Karlsruhe wird durch 4:2-Sieg gegen Viktoria Berlin in Breslau Deutscher Fußballmeister.

31. Graf Zeppelin beendet einen Dauerflug, bei dem sein Luftschiff 1000 Kilometer zurücklegte und etwa 38 Stunden in der Luft war.

GEBOREN:

1. Jannis Ritsos, griechischer Schriftsteller.

15. James Mason, amerikanischer Filmschauspieler.

30. Benjamin David (Benny) Goodman, amerikanischer Orchesterleiter.

GESTORBEN:

5. Pauline Staegemann, Gründerin der ersten sozialdemokratischen Frauenorganisation (1873).

8. Friedrich von Holstein (* 24. 4. 1837), deutscher Diplomat. →

18. George Meredith (* 12. 2. 1828), englischer Dichter. →

Tod von Holsteins

8. Mai. Die graue Eminenz des Auswärtigen Amtes, Friedrich von Holstein, erliegt in Berlin im Alter von 72 Jahren seinem dritten Schlaganfall. Der Diplomat war 28 Jahre im Auswärtigen Amt tätig. Lange Jahre galt er als Anhänger Otto von Bismarcks, beteiligte sich aber am Ende der Bismarck-Ära auch an dessen Sturz, was ihm den Ruf eines Opportunisten eingetragen hat. Besorgt um seine Stellung und auch aus Abneigung gegen den Führungsstil Wilhelms II., wich Holstein jeder offiziell verantwortlichen Position aus, übte seinen Einfluß aber aus dem Hintergrund aus. Der Vertraute Wilhelms II., Philipp von Eulenburg, hat über die Bedeutung Holsteins geurteilt: »Kein Reichskanzler hätte ihn entbehren können und wollen, ein jeder war sich klar, daß angesichts der Schwierigkeiten durch die Eingriffe und die Privatpolitik des Kaisers, welche unaufhörlich das Amt in größte Verlegenheit setzten, nur Holstein die Eigenschaften besaß, um das Staatsschiff aus dem kaiserlichen Strudel hinauszuführen.«

Kanzler von Bülow und Frau (rechts) am Grabe von Holsteins (Bild oben).

Ehrlich entwickelt Medikament gegen Syphilis

Der Medizinprofessor Paul Ehrlich beendet seine Versuchsreihen zur Herstellung des ersten chemotherapeutischen Medikaments »Salvarsan 606«. Das Mittel, das Ehrlich gemeinsam mit dem japanischen Bakteriologen Sahatschiro Hata entwickelt, dient der erfolgreichen Bekämpfung der gefährlichen Geschlechtskrankheit Syphilis.
Der Leiter des Instituts für experimentelle Therapie in Frankfurt kann aufgrund dieses Erfolges als der Begründer der Chemotherapie bezeichnet werden.

George Meredith stirbt im Alter von 81 Jahren

18. Mai. Der englische Schriftsteller George Meredith stirbt im Alter von 81 Jahren. Merediths erste Werke sind Gedichte, er wendete sich dann aber bald der Epik zu. Beeinflußt von dem englischen Philosophen Herbert Spencer, dem französischen Mathematiker und Philosophen Auguste Comte und dem englischen Naturforscher Charles Darwin, verfaßte Meredith realistische, auch psychologische Romane. Zu seinen wichtigsten Werken gehören »Richard Feverels Prüfung« (1859) und »Der Egoist« (1879).

Mo	Di	Mi	Do	Fr	Sa	So
1	2	3	4	5	6	
7	8	9	10	11	12	13
14	15	16	17	18	19	20
21	22	23	24	25	26	27
28	29	30				

2. Uraufführung des Balletts »Les Sylphides« (nach Frédéric Chopin) von Alexander Glasunow, Nikolai Rimski-Korsakow und Igor Strawinsky.

2./3. Tagung des 20. evangelisch-sozialen Kongresses; Klage über die Kirchenaustritte der Arbeiter (in Berlin allein 10 000 im Jahr 1908).

2./3. Internationaler Kongreß für angewandte Chemie in London; Hauptthema ist der Patentschutz.

4. Der marokkanische Sultan verbietet den Juden in Fes, die Terrassen ihrer Häuser zu betreten, weil sie den von ihm erbauten Pavillon nicht sehen sollen. Auf Zuwiderhandelnde wird geschossen.

5. Stapellauf des Turbinendampfers »Cölln« in Kiel.

10. Zum erstenmal wird das SOS-Zeichen ausgesendet. →

11. Preußische Kommission lehnt die Einführung einer Radfahrsteuer ab.

12. Gründung des Hansabundes in Berlin. →

12. Flottenparade von 144 Kriegsschiffen in England.

13. Türkischer Botschafter protestiert gegen den Truppenabzug der Schutzmächte (Rußland, England) von Kreta. Die Türken befürchten, daß durch den Abzug die Angliederung Kretas an Griechenland gefördert wird.

16. Jahrhundertfeier in Tirol zur Erinnerung an Andreas Hofer, der 1809 den Tiroler Freiheitskampf einleitete.

17. Zusammenkunft zwischen dem Zaren und Wilhelm II. in den finnischen Schären.

17. In Petersburg werden vier Linienschiffe (Typ »Dreadnought«, je 23 000 Tonnen) auf Kiel gelegt.

23. Eröffnung des Darwin-Museums in Cambridge anläßlich des hundertjährigen Geburtstages von Charles Darwin.

26. Persischer Schah zieht das bereits gedruckte Wahlgesetz zurück; damit ist auch die versprochene Verfassung aufgeschoben.

GEBOREN:

8. Emilio Schuberth, deutscher Modeschöpfer.

19. Osamu Dazai, japanischer Dichter.

27. Alfred Heuß, deutscher Althistoriker.

Großschiffe geplant

Das 1906 vom Stapel gelaufene englische Kriegsschiff »Dreadnought«. Das bislang größte Kriegsschiff der britischen Marine und Prototyp einer Serie.

Im Jahrbuch 1909 des »Nauticus«, einer Zeitschrift für Deutschlands Seeinteressen, werden genaue Angaben über die Linienschiffe »Nassau« und »Westfalen« gemacht, die im Herbst in Dienst gestellt werden sollen. Es handelt sich um die ersten Schiffe, die als Reaktion auf die englischen »Dreadnoughts« anzusehen sind. Sie sind auf der Kaiserlichen Werft Wilhelmshaven und der Werft A. G. Weser in Bremen gebaut worden, haben eine Länge von 137,7 Metern, größte Breite 27,1 und einen Tiefgang von 8,1 Metern bei einer Wasserverdrängung von 18 500 Tonnen. Damit sind sie um 300 Tonnen größer als die »Dreadnoughts«. Drei Maschinen mit ca. 20 000 PS verleihen den Schiffen eine Höchstgeschwindigkeit von über 19 Knoten. Die Bestückung sieht 12 28-cm-Schnellladekanonen vor. Zusätzlich sind sie mit 12 15-cm-Schnelladekanonen ausgerüstet.

Bauernbund gegründet

30. Juni. In Berlin wird der Deutsche Bauernbund gegründet. Hintergrund dieser Gründung ist die antipolnische, das Deutschtum fördernde »Ostmarkenpolitik« des Reichskanzlers Bernhard von Bülow. Die Gründung versteht sich als Interessenvertreterin der Kleinbauern, die sich gegen den mächtigen »Bund der Landwirte« wenden.

Neuer Hansabund

12. Juni. Vertreter der Interessenverbände des Handels, der Banken, des Handwerks und der Industrie gründen eine nationalliberale und bürgerliche Interessenvertretung, den Hansabund. Die Gründungsversammlung findet im Zirkus Schumann in Berlin statt. Die Vereinigung versteht sich als Sammelbecken des gewerblichen Bürgertums und steht im Gegensatz zum agrarischen Konservatismus.

Erstes SOS-Signal eines Dampfers

10. Juni. Der Dampfer »Slavonia« der englischen Cunard-Linie sendet erstmals das neue SOS-Notsignal aus, weil er vor den Azoren Schiffbruch erlitten hat. Die Einführung des SOS-Rufes als internationales Notsignal war schon 1906 im Gespräch und wurde später von den seefahrenden Nationen offiziell bestätigt (→ Juli 1908).

Frauen im Studium

Im laufenden Sommersemester sind im Deutschen Reich laut Statistik 1432 Frauen in den Universitäten eingeschrieben. Die Aufteilung:
699: Philosophie, Philologie, Geschichte
371: Medizin
245: Mathematik, Naturwissenschaften
44: Zahnheilkunde
42: Rechts- und Staatswissenschaften

1909

JULI

Mo	Di	Mi	Do	Fr	Sa	So
			1	2	3	4
5	6	7	8	9	10	11
12	13	14	15	16	17	18
19	20	21	22	23	24	25
26	27	28	29	30	31	

5. Kaiser Franz Joseph eröffnet in Spittal die Tauernbahn nach Bad Gastein.

6. Dampffährschiffverbindung Saßnitz–Trelleborg in Saßnitz feierlich eröffnet.

13. Der französische Senat genehmigt ein Telegrafenabkommen mit Deutschland.

13. Schutzmächte Kretas (Großbritannien, Rußland, Frankreich, Italien) informieren die Türkei über ihren Truppenabzug, behalten sich aber ihr grundsätzliches Entscheidungsrecht vor (→ Oktober 1908).

14. Entlassung des Reichskanzlers Fürst von Bülow. Nachfolger wird der bisherige Staatssekretär Bethmann Hollweg. →

14. Deutsch-amerikanischer Patentvertrag.

17. Revolutionäre Nationalisten (Bachtiaren) siegen in Teheran. Schah dankt ab.

18. Der Sturz des Schweizer Radsportrennfahrers Fritz Ryser in Berlin löst die »Rennbahnkatastrophe« von Berlin aus. →

19. Der Luxemburger François Faber gewinnt als erster Ausländer eine Tour de France.

20. Sturz des Ministeriums Georges Clémenceau wegen Vernachlässigung des Flottenprogramms.

24. Aristide Briand wird Regierungschef in Frankreich (Briand wird insgesamt zehnmal wiedergewählt werden).

26. Flug von Zeppelin LZ 3 von Friedrichshafen nach Frankfurt (Ziel der Etappenfahrt ist Berlin).

GEBOREN:

3. Stavros Spiros Niarchos, griechischer Reeder.

7. Gottfried Freiherr von Cramm († 9. 11. 1976), deutscher Tennisspieler.

18. Andrej Gromyko, sowjetischer Politiker.

28. Malcolm Lowry, englischer Schriftsteller.

GESTORBEN:

11. Simon Newcomb (* 12. 3. 1835), amerikanischer Astronom.

22. Detlev (eigtl. Friedrich Adolf Axel) von Liliencron (* 3. 6. 1844), deutscher Lyriker. →

Bethmann Hollweg löst Kanzler von Bülow ab

Fürst von Bülow (links) im Gespräch mit Theobald von Bethmann Hollweg.

Theobald von Bethmann Hollweg (r.).

14. Juli. Reichskanzler Bernhard Fürst von Bülow, der am 26. Juni seinen Rücktritt angeboten hat, erhält am 14. Juli seinen Abschied. Der Kanzler war mit seiner Steuervorlage im Reichstag an der Ablehnung der Konservativen und des Zentrums gescheitert. Das Zentrum ist gegen Bülow, weil er die Partei 1906 in die Opposition drängte, die Konservativen, weil er eine Reform des preußischen Wahlrechts angekündigt hat. Nachfolger wird in dieser kritischen innenpolitischen Situation Theobald von Bethmann Hollweg.

Der scheidende Kanzler hat dem Kaiser seinen Nachfolger praktisch diktiert. Wilhelm II. bevorzugte den General Colmar von der Goltz, den Berater der türkischen Armee, der jedoch in seiner Stellung unabkömmlich ist.

Der 1849 in Hamburg geborene Bülow machte eine glänzende diplomatische Karriere. Er wurde 1888 Gesandter in Bukarest, 1894 Botschafter in Rom, 1897 Staatssekretär des Auswärtigen Amtes und 1900 Reichskanzler und preußischer Ministerpräsident.

▷

Flug über Ärmelkanal

25. Juli. Dem französischen Flugpionier Louis Blériot ist es gelungen, den Ärmelkanal (33 km) zu überfliegen. Blériot startet in Calais mit einem Eindecker, der von einem 25-PS-Motor angetrieben wird, und erreicht nach einer Flugzeit von 27 Minuten und 20 Sekunden das englische Dover auf der gegenüberliegenden Seite des Kanals. Damit hat Blériot den Preis der »Daily Mail« gewonnen, die für die erste Überfliegung 1000 Pfund Sterling ausgesetzt hat.

Louis Blériot bei seinem ersten Flug über den Ärmelkanal von Calais nach Dover, der ihm die 1000 Pfund Sterling Prämie der »Daily Mail« einbringt.

Der Blériot-Eindecker »IX« mit Vierflügelschraube aus dem Jahr 1909.

Das Londoner Warenhaus Selfridge stellt nach dem Flug Blériots Eindecker aus und verteilt unter den Besuchern die abgebildete Souvenir-Postkarte.

Schwerer Sturz auf Radrennbahn fordert neun Tote

18. Juli. Auf der Berliner Radrennbahn kommt es zu einem folgenschweren Unfall. Der Schweizer Berufsfahrer Fritz Ryser stürzt auf der Holzbahn als Folge überhöhter Geschwindigkeit. Mit seinen Schrittmachern wird Ryser über die Barriere geschleudert. Dabei werden mehr als fünfzig Zuschauer verletzt, neun finden den Tod. Die preußische Regierung verbietet vorübergehend die Steherrennen.

Schriftsteller Liliencron tot

Detlev von Liliencron †.

22. Juli. Im Alter von 65 Jahren ist der preußische Freiherr Detlev von Liliencron in Alt-Rahlstedt bei Hamburg gestorben.
Nach einem wechselvollen Leben – Offizier in der preußischen Armee (unter anderem Teilnahme am französischen Feldzug 1870), Aufenthalt in Amerika, wo er die unterschiedlichsten Berufe ausübte als Sprachlehrer, Pianist, aber auch als Stallmeister, Rückkehr nach Deutschland und Verwaltungstätigkeit – so zum Beispiel als Landesvogt auf Pellworm – lebte Liliencron seit 1887 in München als freier Schriftsteller.
Er hinterläßt ein umfangreiches Werk, das Dramen, Romane und Novellen umfaßt; seine größte Bedeutung hat Liliencron aber als impressionistischer Dichter von Natur- und Liebeslyrik erlangt.

Truppenabzug verschärft Krise um Kreta

4. August. Mit dem Abzug der englischen, französischen und italienischen Truppen aus Kreta verschärft sich der Konflikt um die Insel, weil sowohl die Türkei als auch Griechenland Anspruch auf Kreta erheben. Beide Länder rüsten geheim auf, um auf alle Eventualitäten vorbereitet zu sein.

Bereits im Juli haben griechische Nationalisten auf der Festung Kanea die griechische Flagge gehißt, um so ihren Anspruch zu demonstrieren. Die Schutzmächte haben diese Aktion verurteilt.

Die Türkei sieht die einzige Möglichkeit zur Lösung der Probleme in der Selbstverwaltung der Inselbewohner, während die Griechen das Recht für sich beanspruchen, zum Schutz ihrer Volksangehörigen Truppen zur Insel zu senden.

Kronprinz Albert: Zukunft im Kongo

15. August. Nach seiner Rückkehr aus der belgischen Kolonie Kongo erklärt der Thronfolger Prinz Albert, daß das Land »für Männer mit Unternehmungssinn und Tatkraft unerschöpfliche Hilfsquellen« bietet. »Durch die Hebung der Gesittung und die fortlaufende Förderung des materiellen Wohles der Eingeborenen namentlich durch die Bekämpfung der furchtbaren Schlafkrankheit, sodann durch die rasche Ausgestaltung der Verkehrsmittel werden wir die Zukunft des Kongolandes sichern.«

Mehr Autonomie

Mit der Durchführung von Reformen kommt die britische Regierung den Wünschen der Inder nach Selbstverwaltung im Ansatz entgegen: In Zukunft können Inder in gesetzgebenden Körperschaften mitarbeiten. England versucht zudem, erzieherisch auf die Bevölkerung einzuwirken; sie soll »in Blut und Hautfarbe indisch, aber im Fühlen und Denken englisch« sein. Dieses Ziel wird von der indischen Führungsschicht abgelehnt.

1909 SEPTEMBER

Mo	Di	Mi	Do	Fr	Sa	So
		1	2	3	4	5
6	7	8	9	10	11	12
13	14	15	16	17	18	19
20	21	22	23	24	25	26
27	28	29	30			

1. Frederick A. Cook, Arzt aus New York, behauptet, Entdecker des Nordpols zu sein. →

2. Rückkehr des Zeppelins »LZ 3« nach Friedrichshafen. →

4. Orville Wright führt auf dem Tempelhofer Feld in Berlin seine Flugmaschine vor.

12. Bildung eines Ausschusses zur Erforschung der Polarregion. →

13. Jungägypter-Kongreß in Genf fordert von England die Räumung Ägyptens.

13.–18. Sozialdemokratischer Parteitag in Leipzig.

15.–18. Hauptversammlung des Vereins deutscher Chemiker in Frankfurt am Main. Themen: Künstliche Edelsteine und indigoide Farbstoffe.

16. Spanische Chefredakteure fordern vom König in San Sebastian die Aufhebung der Zensur und die Wiederherstellung der Verfassungsgarantien.

17. Der Hamburger Senat lehnt ohne Angabe von Gründen den Antrag des Verlegers Campe ab, für ein Heinrich-Heine-Denkmal einen öffentlichen Platz auszuweisen.

18. Gefängnisstrafen für zwei englische Suffragetten wegen Steinwürfe auf Eisenbahnzug des Premierministers Asquith.

21.–23. Versammlung deutscher Naturforscher und Ärzte in Salzburg.

25. Der französische Lenkballon »La République« stürzt bei Villeneuve aus 100 Meter Höhe ab.

26. Internationale Berliner Flugwoche.

GEBOREN:

7. Elia Kazan, amerikanischer Regisseur und Schriftsteller.

9. Kwame Nkrumah († 27. 4. 1972), Staatspräsident der Republik Ghana.

11. Joachim Fernau, deutscher Schriftsteller.

17. Max Wehrli, Schweizer Germanist.

GESTORBEN:

9. Edward Henry Harriman (* 20. 2. 1848), amerikanischer Eisenbahnmagnat.

26. Anton Dohrn (* 29. 12. 1840), deutscher Zoologe.

Berlinflug im Zeppelin

Das Luftschiff »LZ 3« nach einem Flug bei der Landung in Konstanz.

2. September. »LZ 3« kehrt nach einer vielumjubelten Fahrt von Berlin nach Friedrichshafen am Bodensee zurück. Es ist die siebente große Fernfahrt der Luftschiffe des Grafen Ferdinand Zeppelin. Die Fahrtdauer auf dem Hinweg beträgt etwa 33 Stunden, auf dem Rückweg 28 Stunden.

Die erste Dauerfahrt gelang Graf Zeppelin am 1. Juli 1908, sie führte von Friedrichshafen in die Schweiz nach Luzern und zurück. Die zweite Luftreise am 4. und 5. Juli 1908 endete mit Unfällen. Am 1. April 1909 wurde mit »LZ 1« die Reise nach München angetreten und glücklich zu Ende geführt. Die große Pfingstfahrt nach Bitterfeld begann am 30. Mai. Auf der Rückfahrt am 1. Juni ging das Luftschiff bei Göppingen nieder und wurde beschädigt. Die Fahrt des »LZ 1« vom Bodensee nach Metz am 29. Juni mußte wegen schlechten Wetters in Mittelbiberach unterbrochen werden. Am 4. Mai langte das Luftschiff in Metz an. Es folgte dann Anfang August die Reise nach Frankfurt und Köln.

Entdeckung des Nordpols strittig

1. September. Der New Yorker Arzt Frederick Albert Cook schreibt im »New York Herald«, daß er bereits am 21. April 1908 den Nordpol entdeckt habe. Die Öffentlichkeit reagiert mit Zweifeln. Die US-Behörden zeigen sich jedoch zu schnellem Handeln entschlossen. »Die Verfassung folgt der Flagge«, erklärt der Generalstaatsanwalt Wickersham, und er meint damit, daß die USA Anspruch auf das Land am Nordpol erheben werden, sofern es Bodenschätze enthalte.

Am 6. des Monats wird in Indian Harbor (Labrador) eine Flaschenpost von Robert E. Peary angeschwemmt. Die Depesche in der Flasche enthält die Nachricht: »Stars and stripes were nailed to Northpole.« (»Am Nordpol wurde die Flagge der USA gehißt.«) Als Datum gibt Peary später den 6. April 1909 an.

Polarforschung mit Luftschiff

12. September. Unter Vorsitz des Prinzen Heinrich bildet sich in Hemmelmark ein Ausschuß der Deutschen Arktischen Luftschiffexpedition. Zu dem Ausschuß gehört auch Ferdinand Graf Zeppelin.

Als Aufgabe der Luftschiffexpedition wird die gezielte, wissenschaftliche Erforschung des Polarraumes benannt. Bei der Lösung der anstehenden Probleme wird das Luftschiff eine hervorragende Rolle spielen.

Radrennrekord

15. September. Die Münchner Radrennbahn Milbertshofen wird zur schnellsten Rennbahn der Welt: Der Franzose Paul Guignard fährt mit 101,623 Kilometern neuen Stundenweltrekord hinter Schrittmachern.

1909
OKTOBER

Mo	Di	Mi	Do	Fr	Sa	So
				1	2	3
4	5	6	7	8	9	10
11	12	13	14	15	16	17
18	19	20	21	22	23	24
25	26	27	28	29	30	31

2. In China wird die erste nur von Chinesen erbaute Eisenbahnlinie eröffnet (220 Kilometer, Peking–Kalgan).

5. Die am 18. September verhafteten Suffragetten werden zwangsernährt, weil sie drei Tage lang in einen Hungerstreik getreten sind.

7. Nikolai Rimski-Korsakows Oper »Der goldene Hahn« in Moskau uraufgeführt.

10. Die Häuptlinge der Kabylenstämme in Nordafrika bieten den Spaniern ihre Unterwerfung an.

13. Francisco Ferrer wird im Festungsgraben von Montjuich/Barcelona erschossen. →

15. Durch zaristischen Erlaß werden die Finnen bis zu einer endgültigen gesetzlichen Regelung von der Wehrpflicht befreit.

17. Das »Neue Wiener Journal« veröffentlicht drei Jugendgedichte Georg Trakls.

21. Erste Landtagswahl in Sachsen nach dem neuen Pluralwahlrecht.

22. Erster Alleinflug eines weiblichen Piloten. →

22. In Mansfeld streiken 8000 Arbeiter. Einsatz von Militär.

23. Das Haager Schiedsgericht definiert Seegrenzen zwischen Schweden und Norwegen. Die fischreichen Griseboder erhält Schweden, der südliche Sköttegrund geht an Norwegen.

24. Öffentliche Stellungnahme August Bebels gegen Todesstrafe.

29. Hans Grade gewinnt den Lanz-Preis der Lüfte für den ersten Streckenflug über die Distanz von einem Kilometer.

GEBOREN:

14. Bernd Rosemeyer († 28. 1. 1938), deutscher Autorennfahrer.

19. Mohammed Ali († 23. 1. 1963), pakistanischer Politiker.

26. Artur Müller (Pseudonym Arnold Brecht), deutscher Schriftsteller und Dramaturg.

GESTORBEN:

19. Cesare Lombroso (* 18. 11. 1836), italienischer Arzt und Anthropologe.

26. Hirobumi Ito (* 16. 10. 1841), japanischer Staatsmann.

Ferrer hingerichtet

Eine Darstellung der Erschießung des Reformers Ferrer. Ein Bild des Malers Constantini Flavio.

Karikatur im »Simplicissimus«: Der Erbe des spanischen Königs spielt mit dem Kopf Ferrers.

13. Oktober. Unmittelbar nach der Hinrichtung des Erziehungsreformers Francisco Ferrer finden in Europa Protestdemonstrationen gegen Spanien statt. Vor der spanischen Botschaft in Paris kommt es zu einer Massendemonstration. Anarchisten schießen auf den französischen Polizeipräfekten. Militär treibt die Versammlung auseinander. Ferrer ist nach einem Arbeiteraufstand als angeblich Hauptschuldiger festgenommen und zum Tode verurteilt worden, obwohl er während des Aufstands in Lon-

don gewesen ist. In Österreich wird eine von deutschen und tschechischen Freidenkerverbänden für den 17. Oktober geplante Trauerversammlung verboten, und im Triester Landtag erzwingen die Liberalen aus Protest gegen die Hinrichtung Ferrers mit ihrem Auszug aus dem Landtag den Schluß der Sitzung. In Deutschland finden an vielen Orten (z. B. Berlin, Breslau, Barmen) sozialdemokratische Protestversammlungen statt. Auch die Mitglieder des Berliner Goethebundes äußern ihre Empörung.

Erster Alleinflug einer Frau

22. Oktober. Die Französin Elise de Laroche unternimmt als erste Frau einen Alleinflug. Mit einem Voisin-Doppeldecker gelingt es ihr, ungefähr 300 Meter Flugstrecke zurückzulegen. Der Cheffluglehrer der Voisin-Werke in Châlon hat sie im Führen eines Flugzeugs ausgebildet.
Elise de Laroche ist auch die erste Frau, die eine Lizenz, einen Flugzeugführerschein, ausgestellt bekommt. Der Aéro Club de France stellt eine Liste der Piloten zusammen, die bis Ende 1909 ein Flugzeug gesteuert haben. Die Veröffentlichung erfolgt am 1. Januar 1910. Später werden nur noch Lizenzen an solche Piloten vergeben, die eine Prüfung des Clubs erfolgreich absolviert haben.

Zar trifft König von Italien

24. Oktober. Der russische Zar Nikolaus II. trifft sich mit dem italienischen König Viktor Emanuel im Schloß von Raccognigi in der Nähe von Turin.
Das Ziel der Verabredung ist die Erhaltung des Status quo auf dem Balkan. Rußland sichert seine Zustimmung für ein Mitspracherecht Italiens in den Balkanfragen zu, geht dabei jedoch von der Absicht aus, die russische Vorherrschaft auf dem Balkan um jeden Preis durchzusetzen.
Im Fall der Veränderung des augenblicklichen Status quo sichern sich beide Länder gegenseitige Kompensationen zu. Dieses antiösterreichische Geheimabkommen macht die Abkehr Italiens vom Dreibund deutlich.

1909
NOVEMBER

Mo	Di	Mi	Do	Fr	Sa	So
1	2	3	4	5	6	7
8	9	10	11	12	13	14
15	16	17	18	19	20	21
22	23	24	25	26	27	28
29	30					

1. Französische Abgeordnete fordern Aufbau einer Kolonialarmee von 100 000 Schwarzen als Unterstützung in einem europäischen Krieg.

3. Veröffentlichung einer Statistik über Geburten. →

4. Ermordung des deutschen Forschungsreisenden Dammköhler in Neuguinea durch Angehörige des Stammes der Laewomba.

6. Uraufführung von Eugen d'Alberts Oper »Izeyl« in Hamburg.

8. Wiederherstellung der Verfassungsrechte in Barcelona. Ende des Ausnahmezustands.

11. USA richten auf Hawaii den Flottenstützpunkt Pearl Harbor ein.

11. Uraufführung von Holbrookes Oper »Pierrot and Pierette« in London.

14. Internationale Konferenz in Brüssel zur Regelung der Waffeneinfuhr nach Afrika.

14. In Berlin wird das Modell eines Einschienenwagens (System Scherl) vorgeführt.

16. Gründung der deutschen Luftschiffahrt-Aktiengesellschaft in Frankfurt a. M. Kapital: drei Millionen Mark.

18. Französischer Sozialist Jean Jaurès fordert eine Eingliederung Elsaß-Lothringens mit friedlichen Mitteln.

26. Die beiden Luftschiffer Brinkmann (Berlin) und Frank (Kolmar) verunglücken tödlich. Ihr Luftschiff prallt auf einen Berg bei Fiume.

29. Gebirgsbahn zwischen Oslo (Christiania) und Bergen (»Bergensbahnen«) wird dem Verkehr übergeben.

GEBOREN:

8. Katherine Hepburn, amerikanische Filmschauspielerin.

14. Joseph Raymond McCarthy († 2. 5. 1957), amerikanischer Politiker.

26. Eugène Ionesco, französischer Schriftsteller rumänischer Herkunft (»Die Nashörner«).

GESTORBEN:

20. Peter Severin Krøyer (* 23. 7. 1851), dänischer Maler.

24. Octave Chanute (* 18. 2. 1832), Fluglehrer der Brüder Wright.

Examen an Schulen in Deutsch-Togo

20. November. An den Schulen in der deutschen Kolonie Togo finden in diesen Tagen Prüfungen statt. Nach Schönschreiben und Rechtschreiben – je eine halbe Stunde – steht eine Stunde Geographie auf dem Plan. Gefragt wird
a) nach den großen Staaten Europas und ihren Hauptstädten,
b) nach den Namen der bedeutendsten deutschen Flüsse und nach der Richtung, in die sie fließen,
c) nach den Namen der bedeutendsten deutschen Gebirge.
Am Nachmittag folgt ein Aufsatz: Welche guten Dinge haben uns die Europäer gebracht? Danach wird aus dem sogenannten Dreikaiserbüchlein gelesen.

Geburtenstand

3. November. In Berlin wird eine vergleichende Statistik über die Zahl der Geburten in Europa veröffentlicht. Sie ergibt (ab 1876) folgendes Bild:

	1876 bis 1885	1886 bis 1895	1896 bis 1905
Deutschland	268	258	243
England	250	229	203
Schottland	271	255	235
Irland	250	245	264
Italien	248	249	232
Belgien	264	236	213
Niederlande	293	286	272
Dänemark	244	235	217

Die Mitgliederentwicklung der gewerkschaftlichen Spitzenverbände in Deutschland

Freie, Christliche und Hirsch-Dunckersche Gewerkschaften

Jahr	Freie	Christliche	Hirsch-Duncker
1898	493 742	34 270	82 755
1899	580 473	56 391	86 777
1900	680 427	76 744	91 661
1901	677 510	84 497	95 057
1902	733 206	84 667	102 561
1903	887 698	91 440	110 215
1904	1 052 108	118 917	111 889
1905	1 344 803	191 690	116 143
1906	1 689 709	260 040	118 508
1907	1 865 506	284 649	108 889
1908	1 831 731	260 767	105 633
1909	1 832 667	280 061	108 028

1909 DEZEMBER

Mo	Di	Mi	Do	Fr	Sa	So
		1	2	3	4	5
6	7	8	9	10	11	12
13	14	15	16	17	18	19
20	21	22	23	24	25	26
27	28	29	30	31		

1. Galerie Thannhauser eröffnet die erste Ausstellung der »Neuen Künstlervereinigung« in München.

2. Die Führer der aufständischen Kabylen unterwerfen sich den Spaniern.

4. Uraufführung von Ermano Wolf-Ferraris Oper »Susannens Geheimnis« in München.

10. Wahlreform in Hessen. →

10. Antrag an den Reichstag, eine Akademie und Versuchsanstalt für Luftschiffahrt zu gründen.

10. Verleihung der Nobelpreise (darunter zwei Deutsche). →

11. Der Deutsche Flottenverein fordert den verstärkten Bau von Unterseebooten.

11. Audienz des Fürstenehepaares Bülow bei Pius X.

14. Einführung der Wehrpflicht in Belgien. →

16. Gattys Oper »Duke or Devil« in Manchester uraufgeführt.

17. Die vom amerikanischen Bundeskreisgericht zur Auflösung ihres Trusts verurteilte Standard-Oil-Company (Rockefeller) legt beim Obersten Bundesgerichtshof Berufung ein.

20. Gelehrtenkommission in Kopenhagen erklärt Cooks Anspruch auf Erstentdeckung des Nordpols für nicht überzeugend.

26.–31. 9. Zionistenkongreß in Hamburg. →

27. In Athen wird ein Verein der Kreter gegründet mit dem Ziel zu einer nationalen Lösung der Kretafrage zu kommen.

30. Ende der internationalen Konferenz zur Regelung der Waffenexporte nach Afrika. Es gibt keine Einigung.

GEBOREN:

2. Sibylle Schmitz, deutsche Schauspielerin.

10. Georg Ludwig Jochum († 24. 10. 1969), deutscher Komponist.

24. Adam Rapacki († 10. 10. 1970), polnischer Politiker, Außenminister 1956–1968.

GESTORBEN:

16. Lina Morgenstern (* 25. 11. 1830), deutsche Schriftstellerin und Philanthropin. →

17. König Leopold II. von Belgien (* 9. 4. 1835). →

Selma Lagerlöf geehrt

Karl Ferdinand Braun.

Selma Lagerlöf.

10. Dezember. Bei der Übergabe der Nobelpreise werden erneut zwei deutsche Wissenschaftler für ihre Forschungsarbeiten geehrt: Karl Ferdinand Braun und Wilhelm Ostwald.
Die Liste der Preisträger: Selma Lagerlöf (Schweden) für Literatur, Emil Theodor Kocher (Schweiz) für Medizin, Guglielmo Marconi (Italien) und Karl Ferdinand Braun (Deutschland) für Physik, Wilhelm Ostwald (Deutschland) für Chemie. Den Friedensnobelpreis erhalten in Oslo Auguste Marie François Beernaert (Belgien) und Paul Balluat d'Estournelles de Constant (Frankreich).

Leopold II. †

17. Dezember. Im Alter von 74 Jahren stirbt König Leopold II. von Belgien an den Folgen einer Operation. Das Ergebnis der vierundvierzigjährigen Regierungszeit des Monarchen ist nicht unumstritten. Seiner persönlichen Initiative verdankt Belgien die Gewinnung des Kongostaates. Allerdings ist es ihm nicht gelungen, in allen Fällen die internationale Anerkennung für diese Erwerbung durchzusetzen: Großbritannien und die USA machen ihre Anerkennung davon abhängig, daß die an die Öffentlichkeit gedrungenen Beschwerden über Mißhandlungen und allgemeine Benachteiligungen der Eingeborenen gegenstandslos werden. Innenpolitisch ist es Leopold II. gelungen, die allgemeine Wehrpflicht einzuführen.

Lina Morgenstern †

16. Dezember. Im Alter von 79 Jahren stirbt in Berlin die deutsche Schriftstellerin Lina Morgenstern. Ihre Arbeit hat sie gleichermaßen der tätigen Hilfe für die Armen wie der theoretischen Überlegung zur Lösung der sozialen und besonders der Frauenfrage gewidmet.
1866 gründete Lina Morgenstern den Verein Berliner Volksküchen und drei Jahre später den ersten Kinderschutzverein.
Im gleichen Jahr setzte Lina Morgenstern die Gründung einer Akademie durch, die ausschließlich der wissenschaftlichen Weiterbildung von Frauen dienen sollte. Sie selber stand vier Jahre an der Spitze dieser Institution. Von 1874 an leitete sie 30 Jahre lang auch die Redaktion der populären »Deutschen Hausfrauenzeitung«.

Zionistenkongreß in Hamburg

26.–31. Dezember. In Hamburg findet der 9. Zionistenkongreß statt. Die von 600 Teilnehmern besuchte Veranstaltung betont, daß grundsätzlich am Baseler Programm, das heißt an der Forderung nach einer öffentlich-rechtlichen, gesicherten Heimstätte für die Juden, festgehalten werde. Als besonders problematisch bezeichnen die Kongreßteilnehmer das Einwanderungsverbot für Palästina.

1910

JANUAR

Mo	Di	Mi	Do	Fr	Sa	So
					1	2
3	4	5	6	7	8	9
10	11	12	13	14	15	16
17	18	19	20	21	22	23
24	25	26	27	28	29	30
31						

3. Der Parteitag der preußischen SPD fordert das allgemeine, gleiche, direkte und geheime Wahlrecht für den Staat Preußen.

3. Streik der englischen Bergarbeiter für die Einführung des Achtstundentags.

6. Die deutsche Gesellschaft für Erdkunde ehrt in Berlin den englischen Südpolarforscher Sir Ernest Shackleton, weil er sich dem Südpol auf 24 Meilen genähert und am 16. 1. 1909 den magnetischen Südpol entdeckt hat.

12. Der amerikanische Kongreß beschließt das Gesetz zum Verbot des Mädchenhandels.

14. Im Staatsarchiv in Münster werden Text und Noten zu drei Liedern von Walther von der Vogelweide gefunden. Es handelt sich um Handschriften aus dem 14. Jahrhundert.

19. Das Deutsche Reich ratifiziert einen Freundschafts- und Handelsvertrag mit Bolivien.

20. Beamte, die bei den Kommunalwahlen in Kattowitz (Oberschlesien) die polnische Partei gewählt haben, werden strafversetzt. →

22. Bei Northbay (Ontario, Kanada) stürzt ein Eisenbahnzug der kanadischen Pazifikbahn von einer Brücke in die Tiefe. 70 Menschen kommen bei dem Unfall ums Leben.

23. Gegen die hohen Fleischpreise führt die Bevölkerung in den USA einen Kaufboykott für Fleisch durch. Mehr als eine Million Menschen verzichten 40 Tage auf Fleisch.

26. Schwere Unwetter führen zu einer Überschwemmungskatastrophe in Paris und ganz Nordfrankreich. →

31. Unruhen in Persien führen zum Eingreifen Rußlands und Englands.

GEBOREN:

19. Willi Schmidt, deutscher Bühnenbildner und Regisseur.

20. Lauritz Lauritzen († 5. 6. 1980), deutscher Politiker.

GESTORBEN:

12. Georg Jellinek (* 16. 6. 1851), deutscher Staatsrechtslehrer.

29. Edouard Rod (* 29. 4. 1857), französisch-schweizerischer Schriftsteller.

Die Kolonien bringen Verluste

10. Januar. Südwestafrika wird wegen der Diamantenfunde zur wichtigsten deutschen Kolonie. Die Reichsregierung legt dem Reichstag am 12. Januar einen Bericht über die Entwicklung der »Schutzgebiete« in Afrika vor.

Im Mittelpunkt der Aussprache über die Entwicklung in den Kolonien steht Südwestafrika. Nach Beendigung des Herero-Aufstandes (1904) erlebt das Gebiet eine spürbare wirtschaftliche Aufwärtsentwicklung.

Aber Gewinne bringen alle Kolonien dem Reich nicht: Kamerun und Deutsch-Südwestafrika, die bedeutenden Kolonien, haben eine negative Handelsbilanz. Die deutsche Regierung erwartet von den Kolonien auch erst in weiterer Zukunft Gewinne. Zunächst soll investiert werden: Ausweitung der Diamantenschürfung und Ausbau der Viehzucht. Die Ovambos zeigen sich bereit, auf weißen Farmen und in den Diamantschürfereien zu arbeiten, so daß an einheimischen Arbeitskräften keinerlei Mangel herrscht. Die Diebstähle und der Diamantenschmuggel nehmen aber auf der anderen Seite so drastisch zu, daß die deutsche Kolonialverwaltung zum Jahresbeginn eine Kriminalpolizei einrichtet (→ Karte auf der folgenden Doppelseite).

Die Lage in den deutschen Kolonien in Afrika
(Reichstagsbericht vom 12. Januar 1910)

Land	weiße Bewohner	farbige Bewohner	wirtschaftliche Nutzung
Deutsch-Südwestafrika	9410	63 117	Nutzung der Diamantenfelder von der Lüderitzbucht an der Küste bis zum Oranjefluß: tägliche Förderung: 300 Karat. Kupfererzbau erbringt 1909: fünf Millionen Mark. Bleiausfuhr erbringt 1909: eine Million Mark. Handelsbilanz: 35 Millionen Mark, davon 27 Millionen Mark für Importe. Ausbau der Eisenbahnstrecke Karabib–Windhuk und der Nord-Süd-Bahn, um das Land für die Viehzucht zu erschließen.
Deutsch-Ostafrika	3387	nicht feststellbar wegen Wanderungen zwischen den deutschen, englischen und portugiesischen Kolonien	Unerhebliche wirtschaftliche Nutzung. Die Bekämpfung der Schlafkrankheit bei den Eingeborenen erfordert finanzielle Sondermittel.
Kamerun	1127	1 300 000	Ausfuhr der Kolonie 1909: Palmkerne für zwei Millionen Mark, Palmöl für eine Million Mark, Kautschuk für vier Millionen Mark. Handelsbilanz: 30 Millionen Mark, davon 18 Millionen Mark Einfuhr.
Togo	keine Angaben	–	Ausbau der Eisenbahnlinien von Lomé nach Atakoame, 175 km.

Der belebte Alexanderplatz in Berlin im Jahr 1910 mit der Dircksenstraße. Im Hintergrund ist die Kirchturmspitze der St.-Georgen-Kirche zu erkennen. Noch bestimmen Pferdedroschken neben den Straßenbahnen das Bild.

Seine tritt über die Ufer: Paris überschwemmt

26. Januar. Sintflutartige Regenfälle gehen über Nordfrankreich nieder und sorgen für eine Überschwemmungskatastrophe. Besonders betroffen ist Paris. Die Stadtviertel links und rechts der Seine und die beiden Seine-Inseln sind überschwemmt, die Brücken über den Fluß sind nur noch unter Lebensgefahr zu passieren. Am Pont Sully reichen die Wassermassen bis zum Geländer. Die »Seinestraße« im Quartier Latin macht ihrem Namen alle Ehre. Die Häuser sind nur noch per Boot zu erreichen. Viele Einwohner müssen aus den Häusern geborgen werden. Nach der Flut werden die Schäden geschätzt: über eine Million Franc.

Deutsche Beamte dürfen nicht polnisch wählen

12. Januar. Bei den Stichwahlen zur Stadtversammlung in Kattowitz stimmen 14 Postbeamte und ein Reichsbankbeamter für polnische Kandidaten. Dieses wird sofort bekannt, weil im preußischen Staat öffentlich abgestimmt werden muß. In der folgenden Disziplinarverhandlung erklärt der Dienstvorgesetzte, daß die Beamten vor der Wahl darüber belehrt worden seien, daß es mit den Pflichten eines Reichsbeamten unvereinbar sei, die Bestrebungen der polnischen Partei zu unterstützen. Die polnische Partei will einen selbständigen polnischen Staat und strebt die Einverleibung Oberschlesiens in den polnischen Staat an.

Gegen das Disziplinarverfahren erheben polnische Reichstagsabgeordnete im deutschen Reichstag Einspruch (im deutschen Reichstag haben die Polen 20 Mandate). Der Reichsvizekanzler Clemens Gottlieb von Delbrück verteidigt das Verfahren der Reichsregierung gegen die Beamten: »Die Freiheit der politischen Betätigung erfährt bei Beamten gewisse Einschränkungen, die sich aus der Stellung der Beamten zum Staat ergeben. Es kann keinem Zweifel unterliegen, daß es mit der Stellung des Beamten unvereinbar ist, wenn er Bestrebungen unterstützt, die gegen den Bestand des Staates gerichtet sind.«

Gegen diese Interpretation von Beamtenpflichten protestiert das Zentrum scharf. Der Abgeordnete Adolf Gröber begehrt auf: »Das Vorgehen erinnert an die schlimmsten Zeiten preußischer Wahlbeeinflussung. Aber selbst Fürst Bismarck hat 1882 ausdrücklich im Reichstag erklärt, daß das Wahlrecht der Beamten vollständig frei sei. Niemals werde ein Beamter wegen der Ausübung des Wahlrechtes gemaßregelt werden.«

Doch den Vizekanzler kümmert Bismarcks Versprechen nicht. Die Beamten, die polnisch gewählt haben, werden versetzt. Die Begründung: »Das Recht des Reiches, sich gegen solche Bestrebungen (Unterstützung der im Reichstag vertretenen Partei der Polen) zu wehren, ist unbestreitbar.«

1910
FEBRUAR

Mo	Di	Mi	Do	Fr	Sa	So
	1	2	3	4	5	6
7	8	9	10	11	12	13
14	15	16	17	18	19	20
21	22	23	24	25	26	27
28						

1. Die Abgeordneten des badischen Landtags erhalten monatliche Diäten von 2000 Mark.

3. Die französische Nationalversammlung begrüßt die Beteiligung der deutschen Firma Krupp in einem Konsortium mit französischen Firmen zum Abbau von nordafrikanischen Eisenerzen.

7. Belgien, England und Deutschland legen die Grenzen zwischen der belgischen Kongokolonie, Deutsch-Ostafrika und Britisch-Uganda fest.

11. Der französische Dampfer »Général Chancy« havariert vor Madeira. 154 Menschen ertrinken, nur ein Passagier wird gerettet.

12. Bei Wahlen zum englischen Unterhaus verlieren die Liberalen 109 Mandate, die Konservativen gewinnen 107 Stimmbezirke und Labour gewinnt neun Bezirke. Premierminister Asquith hat mit 274 liberalen Abgeordneten gegen 273 konservative, 41 Labour- und 82 irische Abgeordnete keine Mehrheit mehr im Unterhaus.

13. Gründung der sozialdemokratischen Partei Rumäniens.

13. In Kanton (China) verweigern 6000 von ausländischen Instrukteuren ausgebildete Soldaten den Gehorsam und plündern die Stadt. Chinesische Regierungstruppen werfen den Aufstand nieder.

14. 50 000 Berliner nehmen an einer Wahldemonstration für die Einführung des freien, gleichen, direkten und geheimen Wahlrechts in Preußen teil.

19. Deutschland, Italien und die Schweiz schließen den Gotthardbahn-Vertrag ab. Die Schweiz baut die Linie über den St.-Gotthard-Paß aus.

21. In Zürich wird das Manuskript der ersten sechs Bücher des von Goethe zwischen 1777 und 1785 verfaßten Romans »Wilhelm Meister« wiederentdeckt.

25. Wegen des Vorrückens der chinesischen Armee nach Tibet flüchtet der Dalai Lama, das geistliche Oberhaupt der tibetanischen Buddhisten, nach Indien.

GEBOREN:

1. Kurt Hornfischer († 8. 1. 1958), deutscher Sportler.

6. Irmgard Keun († 5. 5. 1982), deutsche Schriftstellerin.

13. William Shockley, amerikanischer Physiker, Nobelpreis 1956.

Kein neues Wahlrecht

Nach der Vorlage des Gesetzentwurfs über ein neues Wahlrecht beginnen in Preußen zahlreiche Protestdemonstrationen. Eine Versammlung in Treptow.

10. Februar. In seiner Thronrede von 1908 hat Kaiser Wilhelm II. eine Änderung des Dreiklassenwahlrechts in Preußen in Aussicht gestellt. Die Parteien haben das kaiserliche Versprechen begrüßt. Zentrum und Nationalliberale hoffen auf einen Wegfall des indirekten Wahlmännersystems und auf eine Neueinteilung der Wahlkreise entsprechend der Bevölkerungszahl. Die Linksliberalen und die Sozialdemokraten fordern die Übernahme des Reichstagswahlrechts mit freien, gleichen, direkten und geheimen Wahlen, vor allem aber die Abschaffung der Wahlklassen und die Einführung der geheimen Stimmabgabe.

Die Erwartungen der Parteien erhalten einen deutlichen Dämpfer. Am 4. Februar legt der Reichskanzler und preußische Ministerpräsident Theobald von Bethmann Hollweg einen Gesetzesentwurf zur Änderung des Wahlrechts vor. Im Regierungspapier wird das Dreiklassenwahlrecht beibehalten, die Bedeutung der Wählerstimmen in der ersten Wahlklasse jedoch reduziert. Bei höherer Bildung (Abitur) soll der Aufstieg in die nächsthöhere Wahlklasse möglich sein. Die direkte Wahl ist vorgesehen. So sollen in Zukunft die Wähler nicht erst Wahlmänner, sondern unmittelbar die Abgeordneten wählen. Nicht abgeschafft aber wird die öffentliche Stimmabgabe. Die Regierung begründet ihre Entscheidung damit, daß die öffentliche Verantwortung der Wähler für ihre Stimmabgabe gegen sogenannte »demagogische Agitation« sichergestellt werden muß. Im Klartext heißt das, die Regierung will weiterhin überprüfen können, wer sozialdemokratisch oder polnisch wählt.

Die Reaktion der Parteien auf die Regierungsvorlage ist negativ. Die Konservativen beklagen den Bedeutungsverlust der ersten Wahlklasse. Die Liberalen und Sozialdemokraten sprechen von einer Scheinreform. Die sozialdemokratische Parteizeitung »Vorwärts« bezeichnet die Vorlage in der Ausgabe vom 5. Februar als »brutale und höhnische Kriegserklärung« an die SPD. Für das gleiche und geheime Wahlrecht demonstrieren am folgenden Tag nicht nur in Preußen, sondern auch in Braunschweig zahlreiche Arbeiter. Am 13. Februar protestieren in Berlin über 50 000 Menschen gegen das geplante neue Wahlrecht. In München versammeln sich 1000 Personen vor der preußischen Gesandtschaft und fordern ein gleiches und geheimes Wahlrecht, wie es in Bayern längst besteht.

Der Wahlrechtsentwurf wird schließlich vom preußischen Herrenhaus, der Adelskammer, abgelehnt, weil er den Junkern zu fortschrittlich ist.

Verwirrende Vielfalt von Wahlverfahren

Die Diskussion über das preußische Wahlrecht stellte die Unterschiede zum Reichstagswahlrecht kraß heraus. Das Reichstagswahlrecht von 1871 sieht das Mehrheitswahlrecht vor. Ein Abgeordneter ist dann in einem Wahlkreis gewählt, wenn er mehr als die Hälfte der Stimmen auf sich vereint. Nach Artikel 20 der Reichsverfassung geht der Reichstag aus allgemeinen, direkten und geheimen Wahlen hervor. Wahlberechtigt sind nach diesen Bestimmungen alle männlichen Staatsangehörigen, die das 25. Lebensjahr überschritten haben.

Hinter diesen Regelungen des Reichstagswahlrechts bleiben die Länder zurück. Das Wahlrecht ist überall gebunden an einen festen Wohnsitz und an die Staatsangehörigkeit für den entsprechenden Staat im Reiche. Im einzelnen ergibt sich für die jeweiligen Staaten eine verwirrende Vielfalt. In vielen Ländern werden die Abgeordneten über Wahlmänner gewählt. Die Stimmabgabe ist, wie in Preußen auch in Braunschweig, Sachsen-Altenburg, Sachsen-Coburg-Gotha und in Sachsen-Weimar nicht geheim. Die Stimme wird gewichtet nach dem Steueraufkommen. Nur in wenigen Ländern gibt es das gleiche Stimmrecht.

Für alle Reformbestrebungen in den deutschen Staaten ist das Reichstagswahlrecht Vorbild. Aber auch gegen das Reichstagswahlrecht erhebt sich Kritik. Die Wahlkreise sind ohne Rücksicht auf die Bevölkerungsentwicklung seit 1869 nicht mehr neu eingeteilt worden. So wächst in Preußisch-Eylau die Zahl der Wahlberechtigten von 18 208 im Jahre 1874 nur auf 18 823 im Jahre 1907 an, während in Bochum die Zahl der Wahlberechtigten im gleichen Zeitraum um mehr als 100 000 ansteigt. Damit genügen in Preußisch-Eylau 7706 Stimmen zur absoluten Mehrheit, während in Bochum dem SPD-Kandidaten 1912 nicht einmal 53 333 Stimmen reichen. Die ungleiche Wahlkreiseinteilung verzerrt die Wahlergebnisse zuungunsten der Wähler in den Großstädten mit starkem Bevölkerungswachstum und zugunsten der Landbezirke.

Das Landtagswahlrecht in den deutschen Staaten im Jahre 1910

Staat	Wahlperiode	allgemein	direkt	gleich	geheim	Frauenstimmrecht	Besonderheiten
Anhalt	6 Jahre	×	×	nein	×	nein	Zehn Sondersitze für die Höchstbesteuerten in der »Kammer«. Kein Wahlrecht für Empfänger von Armenunterstützung.
Baden	4 Jahre	×	indirekt	nein	×	nein	Adel hat eine eigene erste Kammer, für die zweite Kammer hat der Adel kein Stimmrecht.
Bayern	6 Jahre	bedingt	indirekt	nein	×	nein	Wahlrecht ist an direkte Steuerleistungen gebunden.
Braunschweig	6 Jahre	bedingt	indirekt	nein	nein	nein	Zensusbedingungen und Selbständigkeit sind Voraussetzungen.
Bremen	6 Jahre	×	×	nein	×	nein	Vierklassenwahlrecht.
Hamburg	6 Jahre	bedingt	×	nein	×	nein	Steuerzahlung ist Voraussetzung. Die Hälfte der Abgeordneten wird von Grundstückseigentümern und den Berufskammern gestellt.
Hessen	6 Jahre	×	indirekt	×	×	nein	–
Lippe	4 Jahre	×	×	nein	×	nein	Dreiklassenwahlrecht.
Lübeck	6 Jahre	×	×	nein	×	nein	Seit 1907: Vierklassenwahlrecht.
Oldenburg	3 Jahre	bedingt	indirekt	×	×	nein	Wahlrecht wird mit Gründung eines Hausstandes verliehen.
Preußen	3 Jahre	×	indirekt	nein	nein	nein	Dreiklassenwahlrecht. Ausgeschlossen vom Wahlrecht sind Empfänger öffentlicher Armenunterstützung.
Kgr. Sachsen	6 Jahre	bedingt	×	×	×	nein	Zahlung einer direkten Steuer ist Voraussetzung für das Wahlrecht.
Sachsen-Altenburg	3 Jahre	×	×	nein	nein	nein	Dreiklassenwahlrecht.
Sachsen-Coburg-Gotha	4 Jahre	bedingt	indirekt	×	nein	nein	Wahlrecht ist gebunden an den Besitz eines Hausstandes und der Zahlung direkter Steuern.
Sachsen-Weimar	3 Jahre	×	indirekt	×	nein	nein	–
Württemberg	6 Jahre	×	×	×	×	nein	In der 2. Kammer sind Sitze für Klerus und Adel reserviert.

1910
MÄRZ

Mo	Di	Mi	Do	Fr	Sa	So
	1	2	3	4	5	6
7	8	9	10	11	12	13
14	15	16	17	18	19	20
21	22	23	24	25	26	27
28	29	30	31			

1. Der deutsch-konservative Graf Schwerin-Löwitz wird zum Präsidenten des deutschen Reichstags gewählt.

3. Der amerikanische Millionär Rockefeller stiftet 1,2 Milliarden Mark zur Förderung der Wissenschaften.

3. Durch Einführung der Tabaksteuer und durch den stark rückläufigen Zigarrenkonsum werden 54 000 Zigarrenarbeiter in Deutschland arbeitslos. Der Staat zahlt den Arbeitern eine Unterstützung, die zwei Drittel ihres letzten Lohnes umfaßt.

7. König Edward VII. von England hält sich zu einem Staatsbesuch in Paris auf.

8. Der spanische König erlaubt Frauen das Hochschulstudium.

9. Das norwegische Parlament beschließt die Einführung von Diäten für Abgeordnete.

10. China hebt die Sklaverei auf und verbietet den Kauf und Verkauf von Menschen.

16. Die preußischen Eisenbahnen erwirtschaften 1909 einen Gewinn von 65 Millionen Mark.

21. Der ehemalige amerikanische Präsident Theodore Roosevelt erhält laut Senatsbeschluß eine Rente von 10 000 Dollar jährlich.

22. Ein deutsches Kabel nach Teneriffa und Monrovia (Liberia) wird für den Telegrafenverkehr in Betrieb genommen.

30. Vor dem Bahnhof Köln-Mülheim fährt ein Expreßzug des Norddeutschen Lloyds auf einen Sonderzug mit heimkehrenden Militärurlaubern: 21 Soldaten werden getötet und über 100 verletzt.

GEBOREN:

11. Robert Havemann (†9.4.1982), deutscher Physikochemiker.

13. Karl Mommer, deutscher Politiker.

25. Hans-Joachim Haecker, deutscher Lyriker und Schriftsteller.

GESTORBEN:

10. Karl Lueger (* 24. 10. 1844), österreichischer Politiker, Wiener Bürgermeister.

21. Johannes Schilling (* 23. 6. 1828), deutscher Bildhauer.

22. Ernst Gerland (* 16. 3. 1838), deutscher Physiker.

Für die Flotte wird in der Öffentlichkeit Propaganda gemacht wie nie zuvor. Ein Ausstellungsplakat von G. Schön aus dem Jahr 1910.

Sorgen um die Flotte

14. März. Presseartikel, die berichten, daß deutsche Werften schwere Schlachtkreuzer der »Dreadnoughtklasse« in knapp zwei Jahren bauen, haben das englische Unterhaus zunehmend beunruhigt. Der Erste Lord der Admiralität, McKenna, will die Unruhe der Abgeordneten nutzen, um die Zustimmung des Unterhauses für eine stärkere Flottenrüstung zu gewinnen. 1910 sollen 5 Linienschiffe, 5 Kreuzer und 20 Torpedoboote neu gebaut werden. McKenna plädiert, daß dieses Bauprogramm unzureichend ist.
Der konservative Abgeordnete Winston Churchill widersetzt sich dem Rüstungsprogramm und verweist im Unterhaus auf einen Artikel in der »Norddeutschen Allgemeinen Zeitung«, der nachweist, daß die Bauzeit der deutschen

Groß-Schlachtschiffe mehr als drei Jahre beträgt. Die Schlachtkreuzer »Nassau« und »Westfalen«, die 1909 in den Dienst gestellt worden sind, haben eine Bauzeit von 40 Monaten gehabt. Der Stapellauf der »Rheinland« und der »Posen«, der für April in Aussicht gestellt ist, erfolgt ebenfalls nach einer 36monatigen Bauzeit.
Churchill strebt eine Senkung des Flottenetats an, weil er den Ausbau der Sozialgesetzgebung in England angesichts der zunehmenden Streiks vorantreiben will. Die Admiralität fürchtet, daß die deutsche Rüstung den englischen Grundsatz, immer genau so stark zu sein, wie die beiden folgenden Flottenweltmächte, stören kann. Das Parlament ist jedoch nicht bereit, die Rüstungskosten zu erhöhen.

Marine wird populär

16. März. Die Budgetkommission des deutschen Reichstags rügt, daß die Marine zuviel Geld ausgibt. Doch Kaiser Wilhelm II. wünscht ausdrücklich eine Bevorzugung der Marine nach der Devise: »Unsere Zukunft liegt auf dem Wasser.« Dank der kaiserlichen Förderung ist die Marine sehr angesehen und in der deutschen Öffentlichkeit sehr populär. Die Kinder werden in Matrosenanzüge gekleidet. Zur Marinebegeisterung der Jugend tragen auch Attrappen von Schiffen bei, die auf Kinderspielplätzen aufgestellt werden. So wird im Berliner Grunewald zum »Kinderexerzieren« eine Nachbildung des Holzschulschiffs »Iltis« aufgestellt, die großen Anklang findet. Für Erwachsene gibt es Wanderausstellungen, die Propaganda für die Flotte machen. Für die Flotte wirbt in der Öffentlichkeit der vom Großadmiral Alfred von Tirpitz gegründete Deutsche Flottenverein, der mit einer Million Mitglieder einer der stärksten Vereine im Reich ist.

Neue Partei entsteht

6. März. Der evangelische Theologe und Politiker Friedrich Naumann bereitet seit seinem Einzug als Abgeordneter in den Deutschen Reichstag im Jahre 1907 einen Zusammenschluß der linksliberalen und bürgerlich-demokratischen Kräfte vor. Am 6. März schließen sich die drei Gruppierungen und Parteien, die »Deutsche Volkspartei«, die »Freisinnige Vereinigung« und die »Freisinnige Volkspartei« zur »Fortschrittlichen Volkspartei« zusammen. In der neuen Partei vereinigen sich die Interessen von Banken, Handel, Exportindustrie und Bildungsbürgertum. Die Fortschrittliche Volkspartei tritt für eine liberale demokratische Reformpolitik ein. In Preußen fordert sie die Abschaffung des Dreiklassenwahlrechts, und für das Reich wünscht sie die parlamentarische Verantwortung der

Parteigründer Friedrich Naumann.

Reichsregierung. Bisher ist der Reichskanzler immer noch allein dem Kaiser verantwortlich für seine Politik, nicht aber dem Reichstag. Gleichzeitig tritt die neue Partei für eine Verbesserung der Sozialpolitik ein. Sie will auch die Arbeiterschaft gewinnen, zu der sie die Verbindung vertiefen will.

Flottenrüstung der Großmächte 1910/11

Land	Marinebudget in Mark	Marinesoldaten	schwere Panzerkreuzer fertig		Linienschiffe		Panzerkreuzer		U-Boote	
				im Bau	fertig	im Bau	fertig	im Bau	fertig	im Bau
Großbritan.	828 315 480	131 600	9	7	56	11	38	6	66	21
USA	549 237 924	60 500	4	4	25	6	15	–	19	21
Deutschland	433 883 567	57 353	2	11	26	11	9	4	12	–
Frankreich	300 460 381	57 000	–	6	17	8	20	2	59	22
Rußland	197 674 540	47 500	1	6	8	6	5	1	30	4
Japan	159 769 717	45 165	1	3	12	3	12	2	7	6
Italien	139 019 766	31 000	–	–	9	4	9	1	9	2

Der Sportpalast in der Potsdamer Straße ist eine Attraktion in Berlin und Treffpunkt der Berliner. Der 1910 eröffnete Bau dient Sportveranstaltungen, politischen Versammlungen und Vergnügungen aller Art wie hier dem Eislauf.

1910

APRIL

Mo	Di	Mi	Do	Fr	Sa	So
				1	2	3
4	5	6	7	8	9	10
11	12	13	14	15	16	17
18	19	20	21	22	23	24
25	26	27	28	29	30	

2. Zur wirtschaftlichen Entwicklung Sibiriens sind 1909 450 000 Siedler nach Westsibirien geschickt worden. Das Land wird durch den zweigleisigen Ausbau der Eisenbahnlinie von Moskau nach Irkutsk weitererschlossen.

8. Der preußische Kriegsminister befiehlt die vormilitärische Ausbildung der Jugend.

9. Die Liberalen gewinnen die Parlamentswahlen in Spanien.

13. Nach den Wahlen zum australischen Bundesparlament vermehrt die Labour Party ihre Sitze von 31 auf 47. Die liberal-konservative Regierung unter Premierminister Deakin kann sich statt auf 44 nur noch auf 28 Abgeordnete stützen. Deakin tritt daraufhin zurück.

13. Die Hamburger Bürgerschaft bewilligt 1,4 Millionen Mark zum Bau des Instituts für Schiffs- und Tropenkrankheiten.

15. Volkszählung in den Vereinigten Staaten. Es werden 91 972 266 Einwohner gezählt, das sind zwölf pro Quadratkilometer. Die Bevölkerungszahl der USA ist seit 1900 um 21 Prozent gestiegen.

16. Wegen Scheiterns der Tarifverhandlungen sperrt der Arbeitgeberverband für das Baugewerbe in Deutschland 200 000 Bauarbeiter aus.

23. Eröffnung der Weltausstellung in Brüssel.

27. Das belgische Parlament lehnt den Antrag der Sozialisten auf Einführung des allgemeinen gleichen Wahlrechts mit 72 gegen 58 Stimmen ab.

28. In Schweden werden die Erbschaftssteuern um 200 Prozent erhöht. Bei Erbschaften von 450 000 Mark und darüber steigen die Erbschaftssteuern nur um 4 Prozent.

29. Bildung einer Labourregierung unter Premierminister Andrew Fisher in Australien.

GEBOREN:

4. Juri German, russischer Schriftsteller.

GESTORBEN:

2. Friedrich von Bodelschwingh (* 6. 3. 1831), deutscher Theologe. →

21. Mark Twain (* 30. 11. 1835), amerikanischer Schriftsteller. →

Militärische Erziehung

4. April. Aus Sorge vor der Verweichlichung der Jugend befiehlt der preußische Kriegsminister Josias von Heeringen die Stärkung des Sinnes für das Militärische. Die Schüler sollen bei Paraden, Manövern und Übungen zugelassen werden. Die Exerzierhäuser, Turnhallen und Schwimmhallen sollen ihnen unentgeltlich zur Verfügung stehen. An der Organisation von Spielen und turnerischen Wettkämpfen der Jugend sollen in Zukunft Offiziere teilnehmen.

Jugend 1910: Eine Knabenkundschaftergruppe der von General Baden-Powell ins Leben gerufenen »Boy scouts« in England.

Jugend 1910: Eine Gruppe der deutschen Jugendbewegung »Der Wandervogel«, die sich »Heidelberger Pachanten« nennen.

65 Kinder in einer Landschulklasse

19. April. 99,9 Prozent der preußischen Kinder besuchen im schulpflichtigen Alter auch die Schule. Das zehntel Prozent, das sich der Schulpflicht entzieht, gehört zu den Kindern der nicht seßhaften Bevölkerung. Rund 84 Prozent der Kinder besuchen staatliche Schulen; 16 Prozent besuchen private Ersatzschulen meist kirchlicher Träger. Die Klassenstärken liegen bei 51 Kindern. Auf dem Lande jedoch gehen durchschnittlich 65 Kinder in eine Klasse, während die Klassenstärke in den Städten unter 50 Kindern liegt.

Bodelschwingh stirbt in der Anstalt Bethel

2. April. In Bethel bei Bielefeld stirbt der Theologe Friedrich von Bodelschwingh. Die Sorge um das Leben des Mitmenschen bestimmte die Arbeit Friedrich von Bodelschwinghs. Ursprünglich Landwirt, studierte er Theologie und konzentrierte sich ab 1872 auf die Krankenpflege und die Arbeiterfürsorge. Unter seiner Leitung wurde die Heil- und Pflegeanstalt für Epileptiker in Bethel bei Bielefeld ausgebaut. Den Kranken gab er neuen Lebensmut, indem er sie zu Aufbau- und Pflegearbeiten heranzog. Er gründete Arbeiter- und Obdachlosenkolonien, wo entwurzelte Menschen wieder Fuß fassen konnten, weil sie Fürsorge und Arbeit fanden. Er war einer der tatkräftigsten Mitarbeiter für die Innere Mission.

Trauer um den Abenteurer und Dichter Mark Twain

21. April. Der Tod von Mark Twain löst in Deutschland große Anteilnahme aus. Der Schöpfer der Geschichten von Tom Sawyer und Huckleberry Finn ist im Reich so bekannt wie kein anderer amerikanischer Schriftsteller. So unstet wie die Jugend seiner Romanfigur Huckleberry verläuft, so lebte auch Mark Twain selbst, der eigentlich Samuel Langhorne Clemens hieß. Mit 17 Jahren begann er als Lotse auf einem Mississippi-Dampfer. Auf seinen weiteren Lebensstationen wurde er Goldgräber in Kalifornien, Zeitungsreporter auf Hawaii, in Europa und Palästina, gründete ein Verlagsunternehmen und machte damit Konkurs. Mit Vortragsreisen bemühte er sich, das Geld zur Bezahlung seiner Schulden zu verdienen. Zwischendurch erscheinen seine Geschichten »Life on the Mississippi« (1888), »Abenteuer des Tom Sawyer« (1876) und die »Abenteuer des Huckleberry Finn« (1890). Nach dem Tod seiner drei Töchter zeigte er sich als verbitterter Pessimist, wovon sein Spätwerk »Der geheimnisvolle Fremde« (1916) zeugt.

MAI

Mo	Di	Mi	Do	Fr	Sa	So
						1
2	3	4	5	6	7	8
9	10	11	12	13	14	15
16	17	18	19	20	21	22
23	24	25	26	27	28	29
30	31					

3. Japan befiehlt die Mobilmachung zur Vorbereitung der Annexion Koreas.

6. Ein Erdbeben in Costa Rica (Mittelamerika) zerstört die Stadt Cartago. 500 Bewohner kommen dabei ums Leben.

8. Bei den Wahlen zur französischen Nationalversammlung gewinnt die Regierungskoalition mit Linksrepublikanern und unabhängigen Sozialisten 370 von 591 Sitzen.

9. Eröffnung der Nationalversammlung auf Kreta. Die Abgeordneten der zum türkischen Reich gehörenden Insel verlangen den Anschluß Kretas an Griechenland.

10. In Württemberg werden die Volksschullehrer Staatsbeamte.

13. In Norwegen erhalten die über 24 Jahre alten Frauen das Kommunalwahlrecht.

15. Ausnahmezustand bei der Hundertjahrfeier Argentiniens.

17. Rußland übernimmt 50 Prozent der Kosten zum Ausbau des serbischen Donauhafens am Eisernen Tor.

20. Bei den Wahlen zum dänischen Parlament erringen die Sozialisten die Mehrheit.

20. Die Vereinigten Staaten greifen militärisch in Nicaragua ein. →

25. Französische Truppen besetzen den Süden Marokkos.

26. Borromäus-Enzyklika des Papstes nennt Reformation Rebellion und Perversion des Glaubens. →

27. Der italienische Staat erneuert das Verbot kirchlicher Prozessionen auf öffentlichen Straßen.

27. Französisches Unterseeboot »Pluviose« kollidiert in Calais beim Auftauchen mit dem französischen Postdampfer »Pas de Calais« und geht mit 28 Mann Besatzung unter.

GEBOREN:

29. Richard Schwarz, deutscher Erziehungswissenschaftler.

GESTORBEN:

6. Edward VII. (* 9. 9. 1841), König von Großbritannien. →

27. Robert Koch (* 11. 12. 1843), deutscher Mediziner, Nobelpreis 1905. →

Monarchen Europas in London

Im Alter von 68 Jahren stirbt in London der englische König Edward VII., Sohn Königin Victorias.

Anläßlich der Beisetzung Edwards VII. versammeln sich europäische Monarchen im Buckingham-Palast. Stehend (v. l. n. r.): König Haakon VII. von Norwegen, König Ferdinand I. von Bulgarien, König Manuel II. von Portugal, Kaiser Wilhelm II. von Deutschland, König Gustav V. von Schweden, König Albert I. von Belgien. Sitzend: König Alfons XIII. von Spanien, König George V. von England, König Friedrich VIII. von Dänemark.

6. Mai. Nach fünftägiger Krankheit stirbt Englands König Edward VII. an Herzversagen. Da europäische und außereuropäische Regierungsdelegationen an der Beisetzung teilnehmen und lange Anreisewege haben, können die Feierlichkeiten der Überführung des Königs nach Windsor erst am 20. Mai durchgeführt werden.

Der Trauerzug bewegt sich bei großer Hitze vom Buckingham-Palast nach Westminster und von dort zum Paddington-Bahnhof. An der Spitze des Trauerzuges, an der Seite des neuen Königs George V., reitet der deutsche Kaiser Wilhelm II., ein Enkel des englischen Königs. Dann folgen im Leichenzug die Könige von Norwegen, Griechenland, Spa-

nien, Bulgarien, Dänemark, Portugal und Belgien. 100 000 Engländer erweisen ihrem verstorbenen König am Straßenrand die letzte Ehre. Angesichts der ungewöhnlichen Hitze erleiden in der Menschenmenge rund 6000 Personen Anfälle von Ohnmacht und Hitzschlag. Die Monarchen versammeln sich nachher im Buckingham-Palast.

Ärger um Enzyklika

26. Mai. Anläßlich des dreihundertjährigen Gedenktages der Heiligsprechung von Karl Borromäus, eines Verwandten des Renaissancepapstes Pius IV., des Hauptförderers der Gegenreformation, erläßt Papst Pius X. die Enzyklika »Editae saepe«. Die neue Enzyklika befaßt sich mit der Reformation und urteilt: »Inmitten dieser Übel entstanden hochmütige und rebellische Männer, Feinde des Kreuzes Christi... Diesen Tumult der Rebellion und diese Perversion des Glaubens und der Sitten nannten sie Reformation und sich die Reformatoren; aber in Wahrheit waren sie Verderber, entnervt durch Uneinigkeit und Krieg... Sie bereiteten die Rebellion und Apostasie moderner Zeit vor...«

Der Text der päpstlichen Enzyklika ruft in Deutschland Bestürzung hervor. Reichskanzler Theobald von Bethmann Hollweg legt bei der Kurie im Namen der evangelischen Bürger des Reiches Verwahrung ein. Die heftige Reaktion der Deutschen erschreckt in Rom. Der »Osservatore Romano«, die Zeitung der römischen Kurie, erklärt am 8. Juni, man habe mit der Enzyklika nicht die Absicht gehabt, die Nichtkatholiken und ihre Fürsten zu kränken. Die Beschwichtigung reicht aber nicht aus. Daraufhin weist die römische Kurie alle deutschen Bischöfe an, die Enzyklika in Deutschland nicht offiziell bekanntzugeben. Diese Anordnung Roms kommt einer Zurücknahme der Enzyklika gleich.

Proklamation der Union von Südafrika

31. Mai. Durch Zusammenschluß der britischen Kapkolonie, Natals, des Oranje-Freistaats und Transvaals proklamiert Großbritannien die selbständige Südafrikanische Union. Die Regierungsgeschäfte werden bis zur Wahl eines eigenen Premierministers noch vom britischen Generalgouverneur geleitet. Mit der Gründung der Union will Großbritannien die Versöhnung von Engländern und Buren in Südafrika vorantreiben. Dabei wird ein Staatsrecht erarbeitet, das Buren und Engländern allein politische Rechte und die wirtschaftliche wie auch gesellschaftliche Vorherrschaft gewährleistet.

Tod des Arztes Robert Koch

27. Mai. Im 67. Lebensjahr stirbt in Baden-Baden der berühmte Arzt und Bakteriologe Robert Koch. Aufgrund seiner bahnbrechenden Entdeckungen hat er verbreiteten Krankheiten den Schrecken genommen. 1876 entdeckte er den Milzbrandbazillus, 1882 den Tuberkelbazillus und 1885 den Choleraerreger. Er erforschte die Schlafkrankheit und ihre Ursachen. Von 1880 bis 1904 wirkte er in Berlin als Direktor des Hygienischen Instituts der Universität. Hier untersuchte er Heilungsmethoden gegen Infektionskrankheiten. Er beeinflußte die moderne Medizin entscheidend und wurde Hauptbegründer der modernen Bakteriologie. 1905 erhielt er den Nobelpreis für Medizin.

Robert Koch, nach einem Gemälde von Hedwig Koch, der zweiten Frau des Arztes und Bakteriologen, dem bahnbrechende Entdeckungen zu verdanken sind.

Komet beunruhigt Europa

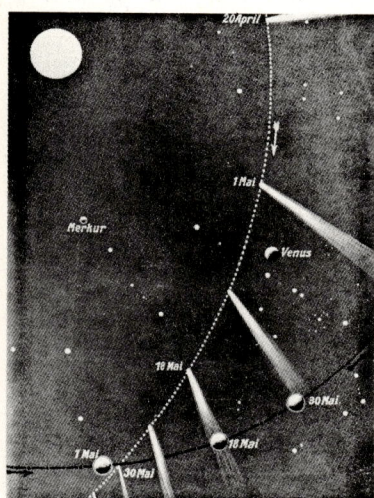

Die Bewegung des Kometen.

Eine Karikatur, die das öffentliche Interesse am Kometen widerspiegelt.

11. Mai. Der Halleysche Komet nähert sich seit 1835 zum erstenmal wieder der Erde. In Wien haben Wahrsager den Weltuntergang vorhergesagt. Und wirklich erlebt Wien am 11. Mai ein kleines Erdbeben, bei dem Furchtsame fluchtartig die Stadt verlassen. Andere sind zum Kahlenberg gezogen, um Kometenluft zu schnuppern. Der Komet zieht an der Stadt vorbei, und die Wiener können beruhigt wieder nach Hause gehen. Die Reaktion der Wiener hält der Karikaturist der »Kronenzeitung« fest.

Eingriff in Nicaragua

20. Mai. Der amerikanische Präsident William H. Taft führt die »Big-Stick-Policy« seines Vorgängers Theodore Roosevelt in Mittel- und Südamerika weiter: Überall wo politische Unruhe herrscht, greifen die USA mit dem Argument ein, die Rechte amerikanischer Staatsbürger sichern zu müssen. Nach Ausbruch der Revolution in Nicaragua intervenieren die USA mit Marineinfanterie. Präsident Taft erklärt in Pittsburgh öffentlich, die amerikanische Regierung fordere lediglich Genugtuung für die Verletzung amerikanischer Rechte.

Wilhelm II. an der Hand operiert

27. Mai. Kaiser Wilhelm II. unterzieht sich wegen eines Furunkels an der rechten Hand einer Operation. Da der Kaiser für längere Zeit keine Dokumente unterschreiben kann, beauftragt er den Kronprinzen, die Unterschriften zu leisten.

Giftmord per Postsendung

26. Juni. Das Garnisonsgericht in Wien verurteilt den Oberleutnant Adolf Hofrichter zu einer zwanzigjährigen Kerkerstrafe wegen Giftmordes. Der Oberleutnant wird überführt, am 17. November 1909 dem Generalstabshauptmann Richard Mader mit einem Täuschungstrick Zyankali zugeführt zu haben, an dessen Genuß Mader verstirbt. Die Motive des Mörders liegen in einem übertriebenen beruflichen Ehrgeiz Hofrichters. Im November 1909 sendet er an mehrere Offiziere unter dem Absender-Pseudonym Charles Francis Werbebriefe, in denen ein beiliegendes Präparat als unfehlbares Mittel zur Stärkung der Manneskraft empfohlen wird. Hauptmann Mader glaubt dem Werbespruch und schluckt zwei Pillen vor einem Stelldichein. Kurz darauf ist er tot. Nach Bekanntwerden des Falles melden sich zehn Offiziere des Generalstabs, die die gleichen Werbebriefe mit jeweils zwei Pillen erhalten haben.

Nach langen Recherchen nimmt die Polizei Hofrichter fest. Erst im Frühsommer legt er ein Geständnis ab: »Um in den Generalstab zu kommen, habe ich mich entschlossen, eine Anzahl von Generalstabsoffizieren durch Zusendung von Zyankali-Pillen zu vergiften.«

Kongreß fordert freies Polen

27. Juni. Die Vereinigung der Polen in den Vereinigten Staaten führt in Washington einen großen Polenkongreß durch. Der Kongreß nimmt eine Proklamation an, deren zentrale Punkte lauten: Die polnische Unabhängigkeit ist unabdingbare Forderung der amerikanischen Polen. Rußland verfügt über vier Fünftel des polnischen Territoriums. Ein Aufstand der Polen gegen das übermächtige Rußland ist angesichts der bestehenden Machtverhältnisse zum Scheitern verurteilt. Ein Aufstand der Polen im Falle eines europäischen Krieges oder gegen ein durch innere Unruhen geschwächtes Rußland kann nach Meinung des Kongresses den Polen die Unabhängigkeit bringen.

1910
JULI

Mo	Di	Mi	Do	Fr	Sa	So
				1	2	3
4	5	6	7	8	9	10
11	12	13	14	15	16	17
18	19	20	21	22	23	24
25	26	27	28	29	30	31

2. Unruhen nach der öffentlichen Vollstreckung eines Todesurteils in Paris. Die aufgebrachte Menge fordert die Abschaffung der Todesstrafe.

4. Russisch-japanisches Abkommen: Rußland akzeptiert Japans Eindringen in Korea. Die Japaner erteilen den Russen freie Hand in der Mandschurei.

4. Der Farbige Jack Johnson wird wieder Weltmeister im Boxschwergewicht. →

5. Englischer Doppelsieg in den Tennismeisterschaften von Wimbledon. Bei den Herren wird A. F. Wilding Meister und bei den Damen Frau Lambert-Chambers.

13. Papst Pius X. zieht die Borromäus-Enzyklika auch für die Niederlande zurück (→ Mai 1910).

16. Der Franzose O. Lipize gewinnt die Tour de France. Der Italiener C. Galetti den Giro d'Italia.

22. Durch Brand auf seinem Gut Poljana an der Pola verliert der russische Dichter Tolstoi wertvolle Manuskripte seiner neuesten Arbeiten.

27. Die Türkei warnt Griechenland, daß sie, bei Aufnahme von kretischen Abgeordneten in die griechische Nationalversammlung, Griechenland den Krieg erklären werde.

28. Präsident Madriz von Nicaragua beschwert sich bei den Regierungen der europäischen Mächte über die militärische Intervention der USA in dem mittelamerikanischen Staat.

29. Die französische Regierung errichtet eine eigene Einheit in der Fremdenlegion, die nur für Elsässer reserviert ist. Die Einheit soll in Afrika und Indochina eingesetzt werden.

GEBOREN:

1. Glenn Hardin († 6. 3. 1975), amerikanischer Leichtathlet.

5. Fritz Karl Mathys, Gründer des Schweizer Turn- und Sport-Museums.

25. Gerhard Fietz, deutscher Maler.

28. Gerhard Stöck, deutscher Leichtathlet.

GESTORBEN:

4. Giovanni Schiaparelli (* 14. 3. 1835), italienischer Astronom.

Werbung für Wilhelm

Die deutsche Regierung wirbt in den Vereinigten Staaten um Vertrauen für den Kaiser. Sie gewinnt den bekannten englischen Publizisten Sidney Brooks, der in »St. Clures Magazine« eine Charakteristik des deutschen Kaisers verfaßt. Brooks erinnert in seiner Darstellung zunächst an die Vorbehalte, die die Welt 1888 beim Regierungsantritt dem jungen deutschen Kaiser gegenüber empfand: er ist temperamentvoll und unberechenbar. Aber die Erfahrung von 22 Regierungsjahren hat den Kaiser in den Augen des Engländers zu einem »Friedenskaiser« werden lassen.

In seiner weiteren Laudatio auf Wilhelm II. führt er Beispiele an, die aber nicht unbedingt in das Bild eines Friedenskaisers passen: »Der Kaiser nimmt in der Weltgeschichte heute eine Stellung ein, die etwas Napoleonhaftes hat. Ihm verdankt Deutschland die Ausgestaltung seiner Armee und Flotte. Man kann den Kaiser sogar als den Schöpfer der deutschen Flotte betrachten, desgleichen als den von Großdeutschland.«

Die autonome Persönlichkeit des Kaisers wird besonders herausgestellt, was in Amerika imponiert. So wird Wilhelm II. als Soldat dargestellt, der für die Beibehaltung des Duells eintrete und für einen Ausschluß der Juden aus dem aktiven Offizierskorps sei. Mit diesem Hinweis soll die Sympathie der Amerikaner gewonnen werden, die die wirtschaftliche Macht der Juden in den Staaten kritisch beobachten.

Farbiger Weltmeister

4. Juli. Der 32jährige Jack Johnson, seit 1908 der erste farbige Weltmeister im Boxschwergewicht, verteidigt in Reno (Nevada) den Titel erfolgreich gegen den drei Jahre jüngeren Jim Jeffries. Jeffries ist Titelträger von 1899 bis 1905 gewesen und hat sich dann aus dem Boxgeschäft zurückgezogen.

Die weißen Boxpromoter in den Vereinigten Staaten können es noch 1908 nicht überwinden, daß ein Farbiger die Krone des Boxsports trägt. So überredet John Sullivan, der 1882 den ersten offiziellen Weltmeisterschaftskampf bestritten hat, Jeffries, noch einmal in den Boxring zu steigen. Jeffries hat den Titel 1905 ungeschlagen abgetreten und hat seitdem nicht mehr geboxt. Um so intensiver wird jetzt unter der persönlichen Leitung von Sullivan trainiert.

Im Kampf am 4. Juli sieht man Jeffries die lange Pause zunächst nicht an. Doch auf die lange Distanz hat »Li'l Artha«, wie Johnson von seinen Anhängern genannt wird, die bessere Kondition. In der 15. Runde geht Jeffries unter dem Schlaghagel Johnsons auf die Bretter. Der Ringrichter zählt ihn aus.

Aus Verärgerung über den erneuten Sieg des farbigen Boxers und über die unverhohlene Freude der farbigen Bevölkerung nach dem Weltmeisterschaftskampf kommt es in

Jack Johnson.

Jim Jeffries.

New York, Pittsburgh, Philadelphia und St. Louis zu gewalttätigen Ausschreitungen zwischen Weißen und Farbigen, bei denen zahlreiche Tote zu beklagen sind.

In Polen wächst Wunsch nach Selbständigkeit

15. Juli. Zur Erinnerung an den Sieg des polnischen Heeres über das Ritterheer des Deutschen Ordens bei Tannenberg im Jahre 1410 führen die Polenvereine für ganz Polen in Krakau eine Erinnerungsfeier durch, an der 30 000 Menschen teilnehmen. Der polnische Komponist Ignacy Jan Paderewski, der auf seinen weltweiten Konzertreisen für die nationale Wiedergeburt der Polen wirbt, hat ein Jagiello-Denkmal gestiftet, das feierlich enthüllt wird. Jagiello war als Wladislaw II.

Jan Paderewski.

zur Zeit der Kriege gegen den Deutschen Orden polnischer König. Unumwundene Selbständigkeit für die Polen fordert der aus Oberschlesien stammende Wojciech Korfanty, der Abgeordneter des deutschen Reichstages ist. Er charakterisiert als Ziel der deutschen und der russischen Politik: »Nach 500 Jahren ist dieser Feind abermals bestrebt, unserem Volk den Boden und die Seele zu nehmen. Angesichts der erhebenden Tage, die von der polnischen Nation jetzt in Krakau gefeiert werden, sind wir gewiß, daß dies nicht gelingen wird.«

Die Vertreter der polnischen Sozialdemokratie erklären, Polen könne nicht eher aufatmen, als bis es ganz von Rußland losgerissen sein werde.

Auch in Berlin wird der Tannenbergschlacht gedacht. Im Reichstag fordert Kanzler Theobald von Bethmann Hollweg, die deutsche Regierung müsse an einer nationalen Konsolidierung des deutschen Ostens festhalten.

1910
AUGUST

Mo	Di	Mi	Do	Fr	Sa	So
1	2	3	4	5	6	7
8	9	10	11	12	13	14
15	16	17	18	19	20	21
22	23	24	25	26	27	28
29	30	31				

5. In Hamburg streiken 10 000 Werftarbeiter, Arbeitgeber sperren daraufhin 2400 Arbeiter aus.

6. Das Deutsche Reich verkauft zwei ältere schwere Panzerschiffe an die Türkei.

8. Unruhen in Persien. Bei Straßenkämpfen töten die Regierungstruppen 300 Anhänger der Revolutionäre. Die Führer der Revolutionäre (Sattar Khan und Begir Khan) werden gefangengenommen.

14. Vom Panamakanal werden auf der atlantischen Seite 8 Kilometer eröffnet.

15. Schwere Überschwemmungskatastrophe durch einen Taifun in Japan. 398 000 Häuser werden zerstört, 800 Menschen kommen ums Leben.

17. Beim Staatsbesuch in Deutschland stirbt der chilenische Präsident kurz nach seiner Ankunft mit dem Dampfer »Kaiser Wilhelm der Große« in Bremen im Alter von 61 Jahren an Herzschwäche.

20. Kaiser Wilhelm II. erhebt Posen anläßlich der Schloßeinweihung zur deutschen Residenzstadt. →

22. Korea wird dem japanischen Reich eingegliedert.

26. Auf der 57. Generalversammlung der Katholiken Deutschlands wird die Zahl der katholischen Arbeitervereine mit 2900 (390 000 Mitglieder) angegeben. Die Zahl der Lohnarbeiter im Reich wird auf 40 Millionen geschätzt.

28. Achter Sozialistenkongreß in Kopenhagen. →

GEBOREN:

4. William H. Schuman, amerikanischer Komponist.

20. Eero Saarinen († 1. 7. 1961), finnischer Architekt.

23. Giuseppe Meazza, italienischer Fußballnationalspieler.

GESTORBEN:

13. Florence Nightingale (* 16. 5. 1820), englische Krankenschwester. →

15. Konstantin Fahlberg (* 22. 12. 1850), amerikanischer Chemiker.

26. William James (* 11. 1. 1842), amerikanischer Philosoph und Psychologe.

Ein Plakat der belgischen Staatsbahnen lädt in aller Welt zum Besuch der Weltausstellung in Brüssel mit ihren Attraktionen ein.

Feuer auf Ausstellung

14. August. Die Brüsseler Weltausstellung steht unter einem schlechten Stern. Zum zweitenmal bricht ein Brand aus und vernichtet die englische und französische Ausstellungsfläche vollständig. Der deutsche Ausstellungspavillon bleibt unversehrt. Bereits am 26. Juni ist das Restaurant Metropol auf dem Ausstellungsgelände durch ein Feuer zerstört worden. Die Kette der Pannen hat mit der Eröffnung begonnen. Am 23. April ist nur die deutsche Abteilung fertig, alle anderen Ausstellungspavillons können erst im Mai öffnen.

Sozialisten beschließen Kriegsboykott

28. August. Auf dem achten internationalen Sozialistenkongreß in Kopenhagen beschließen die Teilnehmer einstimmig, den Generalstreik einzusetzen, um einen Krieg zu verhindern. Der französische Sozialist Edouard Vaillant und der englische Labourführer Keir Hardie begründen den Antrag damit, daß ein Generalstreik der Arbeiter die Waffenproduktion unmöglich mache. Bei wachsender Kriegsgefahr sei der Streik das einzige Mittel, den Krieg zu verhindern, weil damit den Kriegstreibern die Hände gebunden werden.

Wilhelm II. in Posen

20. August. Kaiser Wilhelm II. weiht das neue Schloß in Posen ein und erhebt die Stadt zur Residenzstadt des Deutschen Reiches. Mit dem Bau des neuen Schlosses hat die deutsche Regierung bewußt das Ziel verfolgt, Posen und die umliegende Provinz enger mit der Hohenzollern-Dynastie und mit dem Deutschen Reich zu verbinden. In seinem Trinkspruch hebt der Kaiser an der Festtafel hervor: »Mögen Sie bei dem Anblick dieser Pfalz sich vor Augen halten, daß sie ein Wahrzeichen sein soll für mein landesväterliches Interesse für diese schöne deutsche Provinz, die unter dem Zepter meines Hauses zu hoher Blüte emporgewachsen ist.« Die Stadt Posen hat dem Kaiser einen freundlichen Empfang bereitet. Viele Polen haben mit der Reichsfahne geflaggt. Die polnischen Zeitungen hingegen kommentieren den Kaiserbesuch einhellig feindselig. Der »Kurier Lwowski« schreibt am 22. August: »Posen wird wirklich eine Hauptstadt bleiben, aber nicht einer deutschen Provinz. Posen war und bleibt eine polnische Residenz des durch List, Heuchelei und die preußische Faust geschlagenen Polens.« Die Zeitung »Dziennik Lydgoski« kommentiert tags darauf: »Bei der Rede des Kaisers fällt auf, daß er einen so großen Nachdruck darauf legt, die Provinz Posen sei eine deutsche Provinz. Sie ist aber nur eine preußische Provinz, deren Bewohner zum überwiegenden Teil polnisch sind.«

»Engel der Verwundeten« tot

13. August. Im hohen Alter von 90 Jahren stirbt in London Florence Nightingale, der Engel der Verwundeten im Krimkrieg (1853–1856). Schon als junges Mädchen entschied sich Florence Nightingale für die Krankenpflege. Sie trat in die Diakonissenanstalt in Kaiserswerth bei Düsseldorf ein. 1854 lernte sie in Scutari (Türkei) die trostlosen Verhältnisse der Kriegslazarette kennen. Sie sorgte selbstlos für eine bessere Versorgung der Verwundeten und für bessere Hygiene. Nach ihrer Heimkehr nach England entwarf sie einen Organisationsplan für die militärische und zivile Krankenpflege.

Florence Nightingale (rechts) †.

Marc Chagall kommt nach Paris

Marc Chagall.

Der dreiundzwanzigjährige russische Maler Marc Chagall unternimmt seine erste Auslandsreise, gelangt nach Paris und läßt sich dort in der Künstlerkolonie »La Ruche« in der »Rue de Dantzig« nieder. Hier arbeitet er und diskutiert zusammen mit den Dichtern Blaise Cendrars und Guillaume Apollinaire. Er läßt sich von den Malern Amedeo Modigliani und Fernand Léger, die ebenfalls in »La Ruche« wohnen, inspirieren. In seinen Impressionen schreibt Chagall später: »Meine Ankunft in Paris war wie eine zweite Geburt, ich lernte ganz neu zu sehen.«

1910

SEPTEMBER

Mo	Di	Mi	Do	Fr	Sa	So
			1	2	3	4
5	6	7	8	9	10	11
12	13	14	15	16	17	18
19	20	21	22	23	24	25
26	27	28	29	30		

1. Neubau des Berliner Opernhauses beginnt.

3. Lohnkampf der englischen Werftarbeiter. Die Werftleitungen beantworten den Streik mit der Aussperrung von 40 000 Arbeitern. Darauf beginnen 10 000 Bergleute in Wales einen Sympathiestreik.

10. Das Haager Schiedsgericht entscheidet den zehn Jahre andauernden Streit zwischen den Vereinigten Staaten und Venezuela über die Entschädigung amerikanischer Bürger für Verluste während der Revolution von 1899. Die Amerikaner erhalten 54 000 Dollar.

11. Der zwölfte Delegiertentag der deutschen Zionisten fordert in Frankfurt/Main Palästina als jüdisches Siedlungsgebiet. →

13. Die Technischen Hochschulen in Deutschland erhalten das Promotionsrecht.

14. Deutscher Juristentag lehnt Abschaffung der Todesstrafe ab.

14. Das Luftschiff »Zeppelin IV« wird bei Baden-Baden durch Feuer vollständig vernichtet.

15. Erste Wahlen zum südafrikanischen Parlament. Die Nationalisten (Buren) erringen mit 67 Sitzen die Mehrheit.

18. Sozialdemokratischer Parteitag in Magdeburg.

19. Streik der deutschen Seeleute. Die betroffenen Reedereien lassen englische Matrosen und Heizer zum Arbeitseinsatz nach Hamburg, Bremen und Stettin bringen.

20. Kaiser Wilhelm II. zum Staatsbesuch bei Kaiser Franz Joseph in Österreich.

GEBOREN:

11. Gerhard Schröder, deutscher Politiker.

14. Rolf Liebermann, Schweizer Komponist.

14. Gaston Defferre, französischer Politiker.

GESTORBEN:

4. Henri Rousseau (* 20. 5. 1844), französischer Maler. →

10. Zdenko Hanns Skraup (* 3. 3. 1850), österreichischer Chemiker.

20. Josef Kainz (* 2. 1. 1858), österreichisch-ungarischer Schauspieler.

Schwere Unruhen nach Streiks

28. September. Bei einer Auseinandersetzung von 140 streikenden Kohlearbeitern der Firma Ernst Kupfer mit Arbeitswilligen kommt es in Berlin-Moabit zu schweren Zusammenstößen mit der Polizei. Am zweiten Tag werden rund 1000 Polizisten eingesetzt, die in dem in Aufruhr geratenen Ort die Ruhe wiederherstellen sollen. Bei ihrem Einsatz mißhandelt die Polizei zahlreiche Demonstranten und ruft damit eine Verhärtung der Auseinandersetzung hervor. Am 30. September beteiligen sich etwa 20 000 Menschen an Protestdemonstrationen gegen den Polizeieinsatz. An diesem Tag verletzt die Polizei mit ihren Schlagstöcken auch zahlreiche ausländische Journalisten, die von den Vorfällen in Moabit berichten wollen. Die englische und die amerikanische Botschaft protestieren gegen das Vorgehen der Berliner Polizei bei der Regierung. Der Berliner Polizeipräsident Jagow weist den Protest zurück und erteilt seiner Polizei ein Lob, die Polizei habe sich mustergültig verhalten. Die Journalisten hätten sich so benommen, als gehörten sie zum »Janhagel«, zu den Streikenden. In den nachfolgenden Strafverfahren werden 64 Streikende wegen der Ausschreitungen zu Freiheitsstrafen verurteilt. Reichskanzler Theobald von Bethmann Hollweg erklärt am 13. Dezember zu den Vorfällen von Moabit vor dem deutschen Reichstag: »Die moralische Mitschuld der Sozialdemokratie an den Moabiter Vorfällen steht fest.«
Zur gleichen Zeit streiken die Werftarbeiter in den deutschen Küstenstädten. Die Unternehmer sperren daraufhin in anderen Betrieben die Arbeiter aus. Der Lohnausfall aller soll die Streikenden zur Aufgabe zwingen. Doch die Werftarbeiter halten durch. Sie erreichen eine Arbeitszeitverkürzung von 60 auf 55 Stunden in der Woche und eine Lohnerhöhung von 2 Pfennig pro Stunde (rund 8 Prozent). Sie erhalten darüber hinaus das Recht, in den Betrieben Arbeiterausschüsse zu wählen. Mit diesem Streik erreichen sie das gleiche Ergebnis wie die Bauarbeiter mit ihrem Junistreik: ein Neuneinhalb-Stunden-Tag und eine 5- bis 8prozentige Lohnerhöhung.

Der malende Zöllner Rousseau stirbt in Paris

Henri Rousseau. Ausschnitt aus einem Selbstbildnis des Malers.

4. September. In Paris stirbt der weltberühmte einstige »Sonntagsmaler« Henri Rousseau, genannt »Le Douanier« (der Zöllner). Er hatte das Malen auf keiner Kunstschule gelernt, sondern verdiente sein Geld zunächst als Beamter beim Pariser Stadtzoll. Er begann aus Freude an der Sache 1880 in der naiv-realistischen Art der Sonntagsmaler zu malen. Seine farbenprächtigen romantischen Bilder, in der Traumwelt und Realität ineinander übergehen, stießen auf die Begeisterung der Kunstfreunde in Paris. Die erste Ausstellung 1885 wurde ein großer Erfolg. Seine Landschaftsbilder, Dschungel- und Urwaldbilder fanden so guten Absatz, daß er sich 1886 pensionieren ließ, um sich ganz der Malerei zu widmen.

32 Siedlungen in Palästina

11. September. Die Besiedlung Palästinas ist Hauptthema des zwölften Delegiertentages der deutschen Zionisten. Der Kongreß informiert darüber, daß in Palästina mittlerweile 32 jüdische Siedlungen bestehen. In Jerusalem leben 56 000 Juden und in Tiberias 8600 Juden. Die deutschen Zionisten stiften 100 000 Mark für eine neue zionistische Siedlungsgenossenschaft in Palästina.

1910
OKTOBER

Mo	Di	Mi	Do	Fr	Sa	So
					1	2
3	4	5	6	7	8	9
10	11	12	13	14	15	16
17	18	19	20	21	22	23
24	25	26	27	28	29	30
31						

1. Das neue Dresdner Rathaus, dessen Bau 16 Millionen Mark gekostet hat, wird eröffnet.

2. In Lancaster (Großbritannien) werden durch Aussperrung 700 Spinnereien geschlossen und 150 000 Arbeiter arbeitslos.

4. Ausbruch der Revolution in Portugal. Der König flieht. →

6. Ende des Streiks bei den deutschen Schiffswerften. Die Arbeitgeber zahlen höhere Löhne.

9. Proklamation der Republik Portugal.

10. Hundertjahrfeier der Berliner Universität.

12. Bei Ausgrabungen im Aachener Münster wird der Sarkophag mit den Gebeinen Kaiser Ottos III. (983–1002) gefunden.

17. Die provisorische Regierung Portugals schafft den Adel ab. Die Dynastie des Königs wird verbannt.

18. Streik aller französischen Eisenbahnangestellten. Die Regierung ruft die Eisenbahner zum Militärdienst ein. →

25. Nach Sturm und wolkenbruchartigen Regenfällen führt ein Erdrutsch am Golf von Neapel zur Katastrophe, bei der fast 1000 Menschen den Tod finden.

25. Das deutsche Kaiserpaar besucht Belgien.

27. Englische Truppen landen im Persischen Golf. Durch die englische Intervention in Südpersien sollen Englands Handelsinteressen geschützt werden.

31. Die Reichspostdampfer des Norddeutschen Lloyd laufen alle vier Wochen den Hafen von Tsingtau (deutsches Pachtgebiet Kiautschou in China) an und eröffnen damit einen regelmäßigen Postdienst zwischen der Kolonie und dem Mutterland.

GEBOREN:

13. Arthur Tatum († 4. 11. 1956), amerikanischer Jazzpianist.

GESTORBEN:

15. Stanley Ketchel (* 14. 9. 1886), amerikanischer Boxer.

18. Thaddäus Robl (* 22. 10. 1877) mehrfacher deutscher Radweltrekordler (→ April 1902).

30. Henri Dunant (* 8. 5. 1828), Begründer des Roten Kreuzes. →

Nach einem kurzen Aufstand wird in Portugal die Republik ausgerufen. Das Bild zeigt königstreue Soldaten in Lissabon.

Portugal ist Republik

4. Oktober. 20 Kanonenschüsse erschrecken um zwei Uhr nachts die Bevölkerung der portugiesischen Hauptstadt Lissabon. Die Schüsse sind Signal für den Aufstand von Heer und Marine. Königstreue Regimenter werden in wenigen Stunden kampfunfähig gemacht. Telegrafen- und Telefonverbindungen wie auch die Eisenbahnverbindungen werden von den Revolutionären gekappt. Am späten Vormittag ist Lissabon in der Gewalt der Aufständischen. Mit einiger Not kann König Manuel II. mit seiner Familie entkommen, bevor die Revolutionäre den königlichen Palast unter Feuer nehmen. Der König entweicht nach Gibraltar.

Die siegreichen Rebellen rufen die Republik aus. Teófilo Braga (1843–1924), Schriftsteller und Professor für moderne Literatur an der Universität Lissabon, wird erster Präsident der Republik.

Die neue Regierung drängt den weltlichen Einfluß der katholischen Kirche zurück. Die Klöster werden aufgelöst. Die Institutionen der Kirche, Schulen oder Krankenhäuser, werden vom Staat übernommen. Ende Oktober erkennen die europäischen Mächte die neue portugiesische Regierung an.

Konflikt der Parteien

2. Oktober. Auf dem Parteitag der Nationalliberalen steckt der Parteivorsitzende Ernst Bassermann entschlossen den Kurs für seine Partei ab: »Niemals hat die nationalliberale Partei davon abgelassen, die Sozialdemokratie als ihren Feind (Zuruf aus dem Plenum: ›Todfeind‹) zu betrachten. Wir sind eine monarchistische Partei und stehen fest auf nationalem Boden. Wir sind eine Partei der ruhigen Weiterentwicklung, die die Harmonie der Erwerbsstände anstrebt und keine Harmonie haben will mit einer Partei (gemeint ist die SPD), die den Umsturz haben will.«

Nicht minder kraß hat der Vorsitzende der Sozialdemokraten einige Tage zuvor auf dem SPD-Parteitag die Genossen aus Baden abgekanzelt, die zusammen mit den Nationalliberalen den Haushalt des Landes abgelehnt haben. August Bebel kritisiert die badischen Sozialdemokraten: »Wer sind denn die Nationalliberalen? Die nationalliberale Partei ist die Partei der Scharfmacher par excellence, sie ist erste Kapitalistenpartei.« Und warnend fügt er hinzu: »Wenn die bürgerlichen Parteien und die Sozialdemokraten zusammengehen, dann ist tausend zu eins zu wetten, daß nicht die bürgerlichen Parteien, sondern wir verlieren. Es ist ein altes Gesetz: wenn rechts und links zusammenmarschiert, gewinnt rechts und links verliert.« Der Parteitag billigt die Verurteilung der badischen Genossen.

Streiks unterdrückt

18. Oktober. Die Angestellten der französischen Nordbahn rufen am 12. Oktober den Streik aus. Innerhalb einer Woche legen alle französischen Eisenbahner die Arbeit nieder und fordern bessere Arbeitsbedingungen. Der sozialistische Ministerpräsident, Aristide Briand, reagiert und läßt alle Eisenbahner, soweit sie im wehrpflichtigen Alter sind, zur Armee einberufen.

Die harte Antwort der Regierung auf den Streik führt zu weiteren Unruhen. In Paris liefern sich Demonstranten und Polizei wiederholte Straßenschlachten, während der Eisenbahnerstreik durch den Zwangseinsatz der zum Militär einberufenen Eisenbahner endet.

Nach dem Streik hat die militärische Dienstverpflichtung der Eisenbahner in der französischen Nationalversammlung ein politisches Nachspiel. Die Radikalsozialisten stellen der Regierung Aristide Briand die Vertrauensfrage. Die Regierung antwortet und beschwört die große politische Gefahr, in die der Eisenbahnerstreik Frankreich gebracht habe. Der deutsche Kaiser wird zitiert, der sich belustigt über jeden französischen Mobilmachungsversuch geäußert haben soll, da es ihm, dem deutschen Kaiser nur ein Wort kosten würde, um die französischen Eisenbahner in einen allgemeinen Streik zu treiben, der jede französische Mobilmachung verhindern würde.

In seiner Regierungserklärung sagt Briand wörtlich: »Das Land kann seine Grenzen nicht offenstehen lassen. Und wenn die Regierung kein gesetzliches Mittel gefunden hätte, um Herr des Eisenbahnverkehrs bis zur Grenze zu bleiben, dann hätte sie auch zu ungesetzlichen Mitteln greifen müssen.« Die Abgeordneten der Linken rufen: »Zurücktreten!« Aber Briand wiederholt noch einmal: »Es kann Fälle geben, wo man im höheren Interesse selbst zu Ungesetzlichkeiten greifen muß.«

Die französische Nationalversammlung spricht Briand mit 388 : 94 Stimmen das Vertrauen aus.

Begründer des internationalen Roten Kreuzes stirbt 82jährig

30. Oktober. Der erste Friedensnobelpreisträger, Henri Dunant (1901), stirbt. Seine Idee mit dem Symbol des »Roten Kreuzes« lebt weiter. Und sie bedeutet in allen Katastrophen, Kriegen und Schrecken ein Zeichen der Hoffnung.

Henri Dunant erlebte auf dem Schlachtfeld von Solférino (1859), im Krieg zwischen Napoleon III. und dem österreichischen Kaiser Franz Joseph, die Schrecken des Krieges: Verwundete starben ohne jede Hilfe, langsam und elend. 1862 veröffentlichte er seine erschütternden Erlebnisse in dem Buch »Un souvenir de Solférino«. Doch es blieb nicht nur beim Andenken an Solférino, sondern Dunant organisierte mit Hilfe der Schweiz eine internationale Konferenz, auf der 1863 das »Internationale Komitee vom Roten Kreuz« gegründet wurde. Es sollte zunächst vor allem Kriegsopfern von neutraler Seite Hilfe leisten. Im gleichen Jahr unterzeichneten die europäischen Staaten die Genfer Konventionen, in

Henri Dunant war der erste Träger eines Friedensnobelpreises.

denen sie sich zur Einhaltung bestimmter Regeln im Kriege verpflichten, zum Beispiel zur menschenwürdigen Behandlung von Kriegsgefangenen.

1910
NOVEMBER

Mo	Di	Mi	Do	Fr	Sa	So
	1	2	3	4	5	6
7	8	9	10	11	12	13
14	15	16	17	18	19	20
21	22	23	24	25	26	27
28	29	30				

1. Umbildung der französischen Regierung. Der sozialistische Arbeitsminister Millerand tritt wegen der Regierungsmaßnahmen gegen den Eisenbahnerstreik zurück.

5. Zar Nikolaus II. von Rußland und Kaiser Wilhelm II. treffen sich in Oranienburg.

7. Im Streikgebiet der Waliser Kohlengruben (Großbritannien) kommt es zu tätlichen Auseinandersetzungen der Streikenden mit der Polizei, die in die Flucht geschlagen wird.

9. Die Regierungen Deutschlands, Englands, Frankreichs, Rußlands, Belgiens, Spaniens und Norwegens nehmen diplomatische Beziehungen zur portugiesischen Republik auf.

10. 26 Japaner werden zum Tode verurteilt, weil sie eine Verschwörung zur Ermordung des Kaisers gebildet haben.

14. Die Waliser Bergwerksbesitzer erhöhen die Bergarbeiterlöhne. Darauf endet der Streik.

18. Aufstand in Mexiko gegen Präsident Diaz. →

27. Der aus Kreta stammende liberale Politiker Eleftherios Venizelos wird griechischer Ministerpräsident. Er plädiert für den Anschluß Kretas an Griechenland und für gute Beziehungen zur Türkei.

30. Das Finanzministerium gibt bekannt, daß das Deutsche Reich über 4,9 Milliarden Mark Schulden hat.

GEBOREN:

2. Georges Schéhadé, französisch schreibender libanesischer Schriftsteller.

12. Kurt Hoffmann, deutscher Filmregisseur.

14. Eric Malpass, englischer Schriftsteller.

15. Stanislaus (Tau) Kobierski († 18. 11. 1972), deutscher Fußballnationalspieler.

GESTORBEN:

7. Florencio Sanchez (* 17. 1. 1875), uruguayischer Dichter.

15. Wilhelm Raabe (* 8. 9. 1831), deutscher Erzähler. →

20. Lew Nikolajewitsch Graf Tolstoi (* 9. 9. 1828), russischer Dichter und Schriftsteller. →

Fleisch wird knapp im Reich

22. November. Das Fleischangebot im Reich wird knapp; die Fleischpreise steigen. Die Sozialdemokratische Partei tadelt die Regierung im Reichstag und wirft ihr vor, sich nicht um die ausreichende Versorgung der arbeitenden Bevölkerung gekümmert zu haben. Die Reichsregierung steht der Entwicklung ratlos gegenüber; denn kein europäisches Land hat seit 1900 den Viehbestand so vergrößert wie Deutschland. Die Zahl der Rinder nimmt in zehn Jahren um 1,2 Millionen zu, die der Schweine um 5 Millionen. Dagegen bleibt der Viehbestand in den Nachbarländern – mit Ausnahme von Dänemark und den Niederlanden – gleich oder geht sogar wegen verbreiteter Tierseuchenerkrankungen zurück.

Aber die deutschen Haushaltungen sind mit dem Fleischverbrauch verwöhnt. Seit 1904 – Höhepunkt des Viehbestandes im Reich – wird wegen schlechter Getreideernten und des damit verbundenen Futtermangels bis 1908 viel Vieh an die Schlachthäuser abgestoßen. Die Folge sind fallende Fleischpreise und ein erhöhter Fleischkonsum in der Bevölkerung.

Bei Abflauen des Auftriebs seit Jahresbeginn 1910 übersteigt die Nachfrage das Angebot, und schnelle Preissteigerungen folgen. So geht der jährliche Pro-Kopf-Verbrauch im Reich von 40,41 kg (1908) über 40,20 kg (1909) auf 39,78 kg im Jahre 1910 zurück.

Für die Preissteigerungen sind nicht nur die knappen Fleischlieferungen verantwortlich, sondern Steuererhöhungen, Lohnerhöhungen in der Landwirtschaft und im Fleischerhandwerk. Und schließlich schlagen sich die staatlichen Auflagen für die tierärztliche Behandlung des Schlachtviehs ebenfalls auf die Preise nieder.

Die gesamte Preisentwicklung im Reich erreicht im Übergang von 1909 nach 1910 mit vier Prozent einen Rekord. Die Verteuerung der Lebenshaltung führt zu zahlreichen Streiks um höhere Löhne. Gegenüber 1909 steigt die Zahl der Streiks von 2045 auf 3196, die Zahl der beteiligten Arbeiter erhöht sich von 131 244 auf 369 011 und die Zahl der Kampftage von 2 247 512 auf 9 037 575 an.

Aufstand in Mexiko

18. November. Seit 1877 ist General Porfirio Diaz (1830–1915) Präsident Mexikos. Er regiert das Land diktatorisch. Während seiner Amtszeit kommt Mexiko bis zum Beginn des 20. Jahrhunderts erstmals politisch zur Ruhe. Von der wirtschaftlichen Aufwärtsentwicklung profitieren die Großgrundbesitzer und ausländische Spekulanten. 1910 verfügt lediglich ein Prozent der Gesamtbevölkerung über 96 Prozent des Grund und Bodens; rund 97 Prozent der Landbevölkerung besitzen kein Land. Vor der geplanten Wiederwahl von Diaz, am 1. Dezember, fordert der Oppositionspolitiker, Francisco Madera (1873–1913), der aus einer reichen Großgrundbesitzerfamilie stammt, in seinen Reden mehr Demokratie für Mexiko. Seine Devise lautet: »Echte Wahlen, keine Wiederwahl von Diaz.«

Als Diaz erneut Präsident wird, ruft Madera zur Revolution auf; er verbindet sich mit dem Bauernführer Emiliano Zapata (1883–1919) und dem Banditenführer Francisco Villa und beginnt einen Guerillakrieg gegen Diaz. Die Vereinigten Staaten unterstützen aber Diaz und greifen mehrfach mit Truppen gegen die Rebellen ein.

Einsamer Tod des Dichters Tolstoi

Der russische Dichter Leo Tolstoi auf seinem Gut Poljana.

20. November. Der russische Dichter Leo Tolstoi verläßt am 10. November sein Gut Poljana, um sein Leben in der Einsamkeit zu beschließen. Zehn Tage später wird er tot aufgefunden. Tolstois Werk, das slawische und auch westliche Literaturen stark beeinflußt, sucht nach dem Sinn des Daseins und der absoluten Wahrheit. Seine innere Auseinandersetzung mit der Religion führte ihn zu den Ideen eines gewalt- und besitzlosen Christentums. In poetisch vollendeten Romanen (»Krieg und Frieden«, 1869; »Anna Karenina«, 1878), Dramen (»Die Macht der Finsternis«, 1886) und Erzählungen (»Die Kreutzersonate«, 1889) übt Tolstoi Kritik an Moral und gesellschaftlichen Verhältnissen.

Wilhelm Raabe stirbt 80jährig

15. November. Knapp 80jährig stirbt in Braunschweig der deutsche Dichter und Erzähler Wilhelm Raabe. Als Buchhändlerlehrling in Magdeburg entdeckte er sein Talent zum Schreiben. Unter dem Pseudonym Jakob Corvinus veröffentlicht er Romane und Erzählungen, die dank der realistischen Erzählweise, des hintergründigen Humors und der ausstrahlenden Menschlichkeit schnell ein breites Lesepublikum finden: »Die Chronik der Sperlingsgasse«, »Der Hungerpastor« und die »Schüdderump« gehören zu seinen bekanntesten Werken. Die oft skurril angelegten Helden meistern ihr Leben durch Selbstbehauptung, Verinnerlichung und Weltentsagung.

In Braunschweig stirbt der deutsche Dichter Wilhelm Raabe.

1910
DEZEMBER

Mo	Di	Mi	Do	Fr	Sa	So
			1	2	3	4
5	6	7	8	9	10	11
12	13	14	15	16	17	18
19	20	21	22	23	24	25
26	27	28	29	30	31	

1. Volkszählung im Deutschen Reich: Deutschland hat jetzt 64 896 881 Einwohner. Damit hat sich die Einwohnerzahl seit der letzten Volkszählung im Jahre 1905 um 4 255 392 erhöht. Die Überzahl der Frauen beträgt 837 101.

3. Die Franzosen besetzen den marokkanischen Hafen Agadir.

5. Spanien beschließt die Einführung der europäischen Normalspurweite für die spanischen Eisenbahnen.

7. In der Mandschurei und in der Mongolei verbreitet sich die Pest in ihrer gefährlichen Form der Lungenaffektion. →

9. Arabischer Aufstand in Palästina wird mit türkischem Militär niedergeschlagen.

10. Drei Deutsche, Paul Heyse, Otto Wallach, Albrecht Kossel, erhalten den Nobelpreis. →

12. Die Wahlen zur griechischen Nationalversammlung ergeben einen hohen Sieg für Ministerpräsident Venizelos: den 277 Abgeordneten der Regierungspartei stehen jetzt 111 Oppositionelle gegenüber.

13. Studentenkrawalle in Petersburg und Odessa wegen Durchführung von Prügelstrafen an politischen Gefangenen.

20. Die Neuwahlen zum englischen Unterhaus bringen folgendes Ergebnis: Konservative: 272 Abgeordnete, Liberale: 271, Irische Nationalisten: 74, Unabhängige Nationalisten: 15 Abgeordnete. →

21. Das Reichsgericht in Leipzig verurteilt die britischen Offiziere Trench und Brandon wegen Spionage für England zu einer vierjährigen Festungshaft.

22. Russische Regierung schlägt China den Bau einer direkten Eisenbahnlinie vom Baikalsee durch die Wüste Gobi nach Peking vor. Dadurch kann die Strecke Berlin–Peking um 1000 km auf 9085 km verkürzt werden. Die Fahrzeit würde dann nur noch acht Tage betragen.

GEBOREN:

19. Jean Genet, französischer Schriftsteller.

20. Helene Mayer, deutsche Fechterin.

31. Werner Conze, deutscher Historiker.

Vetorecht des Oberhauses wird abgeschafft

20. Dezember. Die Engländer müssen 1910 zweimal an die Wahlurnen. Die Wahl im Februar bringt den Konservativen einen mächtigen Stimmengewinn und den Liberalen deutliche Verluste. Die Wahl im Dezember bestätigt das Februarergebnis. In einem sind die großen Parteien sich jedoch einig: die Macht des Oberhauses soll eingeschränkt werden. Mitgliedschaft im Oberhaus ist zum Teil erblich (hoher Adel), zum Teil ans Amt gebunden (Bischöfe, Richter), zum Teil werden Mitglieder auf Lebenszeit berufen.

Bisher kann das Oberhaus Veto gegen jedes Gesetz erheben, das finanzielle Auswirkungen hat. Die Liberalen wollen das Vetorecht der Lords ganz abschaffen. Dabei werden sie von der Labour Party und von den irischen Abgeordneten unterstützt. Die Konservativen wollen ein durch königlichen »Peerschub«, durch Neuberufung von Mitgliedern, erweitertes Oberhaus hinnehmen, wenn es den Beschlüssen des Unterhauses Folge leistet. Im April wird eine »Parliament Bill« vom Unterhaus angenommen, die das Vetorecht des Oberhauses abschafft. Die Einsprüche des Oberhauses haben in Zukunft nur noch aufschiebende Wirkung – für ein Jahr.

Als König Edward VII. am 6. Mai plötzlich stirbt, müssen Neuwahlen für das Unterhaus ausgeschrieben werden. Das Oberhaus will vor den Neuwahlen nicht über die »Parliament Bill« abstimmen. Die Wahlen vom 20. Dezember ändern die Zusammensetzung des englischen Unterhauses kaum. Erneut lehnt das Oberhaus das Parlamentsgesetz, das die Lords entmachten würde, ab. Das Oberhaus gibt erst nach, als der neue König Georg V. mit einem »Peerschub« droht. Jetzt stimmen 131 Lords für die Entmachtung des Oberhauses, 114 dagegen. Als erste »Money Bill«, die nicht mehr vom Oberhaus bestätigt werden muß, bereitet das Unterhaus ein Gesetz über Diäten von Abgeordneten vor: die Unterhausparlamentarier sollen erstmals Diäten in Höhe von 400 Pfund jährlich erhalten.

Wohnungselend in Mietskasernen

Eine Berliner Arbeiterwohnung.

Das Wohnungselend nimmt in Deutschland zu. Immer mehr Menschen ziehen in die Großstädte, um dort einen Arbeitsplatz in der Industrie zu finden. Aber der Wohnungsbau hält mit der Bevölkerungsexplosion nicht mit. Es werden mehr Bürgerhäuser gebaut, als Wohnraum für die Arbeiterbevölkerung geschaffen wird. In der Statistik sieht daher die Wohnungsversorgung gar nicht übel aus. Auf ein bewohntes Haus kommen 1910 erst 9,3 Personen und 1,9 Haushaltungen; aber in den Arbeitervierteln der Großstädte wohnen drei Viertel der Menschen in drei- bis sechsstöckigen Etagenhäusern oder in Hinterhofmietskasernen, kasernenartigen Massenunterkünften ohne Licht und Luft. Hier sind kinderreiche Familien in engen Ein- bis Zwei-Zimmer-Wohnungen zusammengepfercht.

Die Mietskasernen und die Fabriken sind nah beieinander gebaut, das spart Wege zum Arbeitsplatz, beschert den Menschen aber ungesunde Industrieluft. Bei der zunehmenden Nachfrage nach Wohnungsraum schnellen die Mietpreise in die Höhe.

Eine Arbeiterfamilie kann oftmals bei einem Verdiener den Mietzins nicht aufbringen. Aus Geldnot werden Schlafburschen, Schlafmädchen und Kostgänger aufgenommen. Die Überbelegung der Wohnungen fördert das Auftreten von ansteckenden Krankheiten. Die Schwindsucht (Tuberkulose) grassiert vor allem in den Elendsquartieren, und die Todesrate ist in diesen Vierteln hier besonders hoch. Die Arztversorgung liegt im Schnitt bei einem Arzt auf 2000 Einwohner. Doch die Arztpraxen konzentrieren sich auf die Viertel von Oberschicht und Bürgertum. In den Arbeiterbezirken gibt es nur wenig Ärzte. Ende 1910 werden erst 30 Prozent der männlichen und zwölf Prozent der weiblichen Bevölkerung von der Pflicht-Krankenversicherung erfaßt. Mittel- und Oberschicht verfügen auch in den Großstädten über weiträumige Wohnungen mit vier bis acht Zimmern. Für ihr Dienstpersonal sind neben Vorratskammern Verschläge oder Böden zum Schlafen abgeteilt.

Geburt der abstrakten Malerei

»Improvisation 10«, ein Bild Wassily Kandinskys aus dem Jahr 1910. Es zeigt deutlich, wie Kandinsky sich immer stärker vom Gegenständlichen löst und zur, für die moderne Kunst wegweisenden, abstrakten Komposition findet.

Die Kunst entfernt sich vom Gegenständlichen. Der russische Maler Wassily Kandinsky beginnt mit der Arbeit an seinem Essay: »Über das Geistige in der Kunst«, der 1912 veröffentlicht wird. In der Verbindung von Idee, Philosophie mit dem künstlerischen Schaffen durchbricht er bewußt die Formen des Gegenständlichen. Er entwickelt die Konzeption von der reinen nichtdinglichen Malerei. In seinen Bildern konkretisiert er sein Vorhaben: zum erstenmal entstehen gegenstandslose oder abstrakte Bilder. Seine Kompositionen sind geometrische Farbflächen und perspektiveerzeugende Linien.

Der abstrakten Malerei nähert sich Kandinsky in seinen Bildern schrittweise, Figuren werden zu Farbflächen und Mustern.

Die Arbeiten sind von größter Tragweite für die Geschichte der modernen Malerei. »Die Harmonie von Farbe und Form«, schreibt Kandinsky, »muß allein auf dem Prinzip des eigenen Kontakts mit der menschlichen Seele beruhen.«

Drei Deutsche erhalten Nobelpreise

Paul Heyse.

Otto Wallach.

Albrecht Kossel.

10. Dezember. Drei Deutsche zeichnet das Nobelkomitee mit Nobelpreisen für das Jahr 1910 aus. Der Literaturnobelpreis geht an den Schriftsteller Paul Heyse. Den Chemienobelpreis erhält Otto Wallach für die Erforschung der ätherischen Öle. Den Nobelpreis für Medizin erhält Albrecht Kossel für seine Arbeiten über Eiweißstoffe. Der Physikpreis geht an den Holländer Johannes Diderik van der Waals (Amsterdam) für seine Arbeiten über die Zustandsgleichung der Gase und Flüssigkeiten. Das »Ständige Internationale Friedensbüro« in Bern erhält den Friedensnobelpreis.

1911

JANUAR

Mo	Di	Mi	Do	Fr	Sa	So
						1
2	3	4	5	6	7	8
9	10	11	12	13	14	15
16	17	18	19	20	21	22
23	24	25	26	27	28	29
30	31					

2. Nach Anerkennung der Regierung Nicaraguas unter Präsident Estrada zieht der amerikanische Präsident Taft die US-Marinetruppen wieder aus Nicaragua ab.

3. Die Londoner Polizei belagert mit Einsatz von 700 Beamten in der Sidneystreet ein Haus, in dem sich russische Anarchisten verbarrikadiert haben. Das Haus wird in Brand gesteckt. Aus den Trümmern werden die Leichen der Anarchisten geborgen.

4. Streiks im belgischen Kohlerevier. →

6. Rußland und Deutschland einigen sich über den Bau einer Anschlußeisenbahn an die Bagdadbahn nach Persien.

5. Uraufführung von Karl Schönherrs Volksstück »Glaube und Heimat« in mehreren deutschen Theatern, das den Gewissenskonflikt protestantischer Salzburger Bauern während der Gegenreformation darstellt.

11. Von der Mandschurei her breitet sich die Pest in China aus. Die deutsche Kolonie Tsingtau schließt sich hermetisch vom chinesischen Hinterland ab, um sich vor der Epidemie zu schützen.

14. Uraufführung von Gerhart Hauptmanns Schauspiel »Die Ratten« im Berliner Lessing-Theater.

18. Feiern zum vierzigjährigen Bestehen des deutschen Kaiserreichs. →

24. Der Fürst von Monaco stiftet in Paris das »Ozeanographische Institut«. Das neue Institut soll der wissenschaftlichen Erforschung der Meere dienen.

26. Uraufführung der Komödie für Musik von Hugo von Hofmannsthal »Der Rosenkavalier« im Dresdener Opernhaus. Richard Strauss hat die Musik komponiert. →

31. Der deutsche Reichstag beschließt mit 166 gegen 138 Stimmen die Wiedereinführung der Steuerfreiheit für Landesfürsten.

GEBOREN:

3. Fritz-Huschke von Hanstein, deutscher Autorennfahrer.

22. Bruno Kreisky, österreichischer Bundeskanzler.

GESTORBEN:

12. Georg Jellinek (* 16. 6. 1851), deutscher Staatsrechtslehrer.

Berlin platzt aus allen Nähten

Die Hochbahnstation am Berliner Nollendorfplatz nach einem Gemälde.

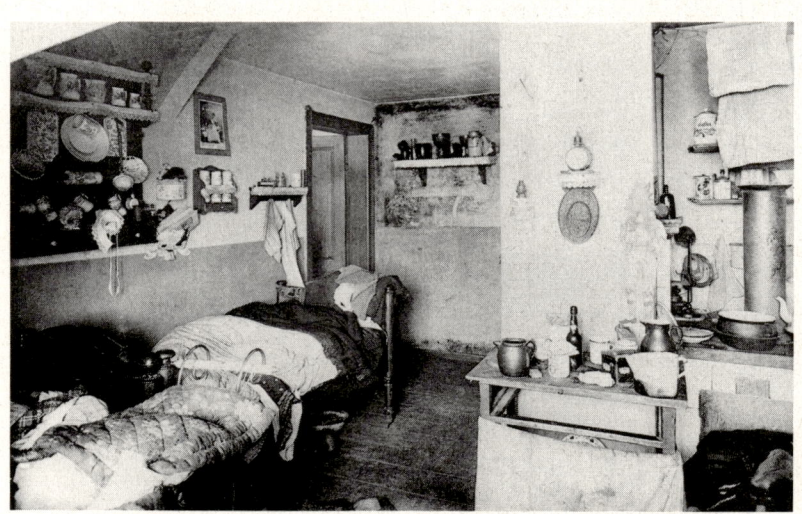

Neben der Prachtentfaltung des kaiserlichen Berlin Armut und beengte Verhältnisse in den Arbeitervierteln: Eine Wohnung in der Charlottenburger Straße.

Die Prachtentfaltung im Reich zeigt sich am augenscheinlichsten in der Hauptstadt. 1905 hat die Einwohnerschaft Berlins die Zwei-Millionen-Grenze überschritten. Bis Anfang 1911 sind erneut 60 000 Einwohner hinzugekommen. Die Stadt platzt aus allen Nähten, und überall wird gebaut.

Täglich wiederholt sich das Verkehrschaos auf dem Alexanderplatz, der umgebaut wird. Schlangen von Straßenbahnen, Automobilen und Droschken schaffen einen dauernden Verkehrsstau.

Zur Freude der Automobilisten ist die Berliner Heerstraße mittlerweile für den Kraftfahrzeugverkehr ausgerüstet worden. Hier ergibt sich für Wettfahrten das tägliche Stelldichein der in Berlin zugelassenen Autos. Im Januar wird mit dem Bau des neuen Berliner Opernhauses begonnen, wenige Monate zuvor ist für Großveranstaltungen der »Eispalast« oder »Sportpalast«, wie er abwechselnd, je nach Jahreszeit genannt wird, vollendet worden.

Aber nur wenige Kilometer von dem Großstadtzauber entfernt lebt die traditionelle bäuerliche Welt fort, mit ihren Familienfesten zum Beispiel im Oderbruch, wo eine Hochzeit zugleich zum großen Familienwiedersehen wird.

Neben Reichtum und Beschaulichkeit ist in der Zweimillionenstadt jedoch auch bittere Armut zu finden. Um die Jahrhundertwende sind ganze Viertel mit Mietskasernen entstanden, in denen Arbeiter auf engstem Raum leben.

40 Jahre Kaiserreich

18. Januar. Vor 40 Jahren ist mit der Kaiserproklamation in Versailles das Deutsche Reich gegründet worden. Als einziger noch lebender Fürst, der die Zeremonie in Versailles miterlebt hat, gratuliert der neunzigjährige bayrische Prinzregent Luitpold dem jetzigen Kaiser Wilhelm II. zum Jubeltag.

Der Tag gibt allerdings weniger zum Jubel als zum Nachdenken Anlaß. Die »Berliner Neuesten Nachrichten« schreiben zum Beispiel: »Wir verfallen einer ästhetisierenden Kultur. Der Jagd nach Besitz und Genuß erliegt schon der ursprüngli-

che natürliche Lebensdrang. Das sind Krankheitssymptome.« Das Parteiorgan der Zentrumspartei kommentiert: »Der große internationale Bund der Feinde des Glaubens und der Monarchie ist mächtiger denn jemals in Deutschland geworden.« Und im »Bayrischen Vaterland« heißt es unter anderem: »Das Vertrauen im Volke auf eine gute Politik ist geschwunden … Man glaubt im Volk, daß es sich überhaupt nicht mehr darum handelt, eine Katastrophe abzuwenden, sondern nur mehr darum, eine solche möglichst hinauszuschieben.«

Bergleute streiken um Arbeitszeit

4. Januar. In den Kohlebergwerken am linken Maasufer in Belgien erklären die Bergleute den Generalstreik, weil die zum Jahresbeginn vereinbarte Arbeitszeitverkürzung von den Grubenbesitzern unterlaufen wird. Die Arbeitszeit ist seit dem 1. Januar auf neuneinhalb Stunden festgelegt. Die Grubenverwaltungen kürzen die Essenspausen so sehr, daß de facto wieder eine zehnstündige Arbeitszeit herauskommt. Am 16. Januar greift die Regierung ein und setzt die Essenspausen wieder auf den alten Stand fest.

HUGO · VON · HOFMANNSTHAL — RICHARD · STRAUSS : OPERA · BUFFA ·

BÜHNENBILD · FÜR · DEN · 3 · AUFZUG · SEPARIERTES · ZIMMER · IN · EINEM · KLEINEN · GASTHOF

26. Januar. Im Dresdener Königlichen Opernhaus wird die Komödie für Musik »Der Rosenkavalier« von Richard Strauss und Hugo von Hofmannsthal uraufgeführt. Die zeitgenössische Lithographie zeigt das von A. Roller für die Uraufführung entworfene Bühnenbild zum dritten Aufzug der Oper.

Richard Strauss (Mitte auf dem Sofa) und Hugo von Hofmannsthal (stehend 4. v. l.) mit Theaterleuten nach der erfolgreichen Premiere in Dresden.

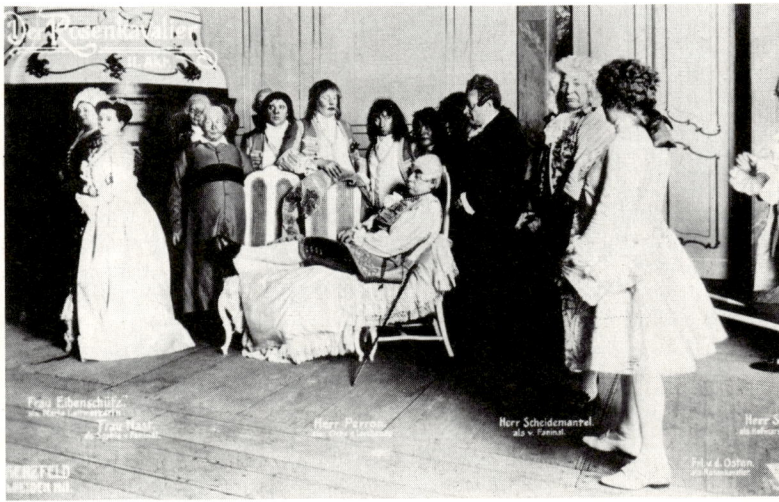

Eine Szene aus dem zweiten Akt der Oper, die in der Mitte des 18. Jahrhunderts spielt. Rechts Eva von der Osten in der Rolle des Rosenkavaliers.

Der Theaterzettel von der Uraufführung des »Rosenkavaliers« im Dresdener Königlichen Opernhaus.

1911

FEBRUAR

Mo	Di	Mi	Do	Fr	Sa	So
		1	2	3	4	5
6	7	8	9	10	11	12
13	14	15	16	17	18	19
20	21	22	23	24	25	26
27	28					

1. Im Dock von Jersey City (New York) explodiert ein mit Dynamit beladenes Boot. 25 Personen werden getötet, mehr als tausend verletzt.

3. Essener Meineidsprozeß. →

7. Der Schweizer Bundesrat beschließt zur Linderung des Mangels an Fleisch im Land, Gefrierfleisch aus Amerika einzuführen.

12. 5000 Flamen demonstrieren in Brüssel für die Errichtung einer flämischen Universität in Gent, da die 4,5 Millionen Flamen bisher keine Hochschulbildung in ihrer Sprache erhalten können.

19. In der Druckindustrie wird zum erstenmal das Tiefdruckverfahren praktiziert (Druck der Anzeigenseiten der »Frankfurter Zeitung«).

20. In Seattle (USA) wird der Bürgermeister durch ein Volksbegehren auf Antrag der Frauen abgesetzt, weil er angeblich der Prostitution zuviel Freiheit gewährt hat.

21. Das englische Unterhaus stimmt allein über die Haushaltsgesetze ab. Das Oberhaus verliert sein Vetorecht.

22. Der amerikanische Kongreß bewilligt 30 000 Dollar zum Bau eines Denkmals, das an die erste deutsche Ansiedlung in German Town (Philadelphia, 1863) erinnern soll.

24. Der deutsche Reichstag stimmt der schrittweisen Erhöhung der Friedenspräsenzstärke des Heeres auf 515 000 Soldaten bis 1915 zu.

24. Rücktritt des französischen Ministerpräsidenten Briand (seit 1909 im Amt). Monis wird Nachfolger. Ihn unterstützen die radikalen und radikalsozialistischen Parteien.

GEBOREN:

6. Ronald W. Reagan, 40. Präsident der Vereinigten Staaten.

12. Hans Habe (eigentlich Hans Bekessy) († 30. 9. 1977), amerikanischer Publizist österreichischer Herkunft.

GESTORBEN:

25. Friedrich Spielhagen (* 24. 2. 1829), deutscher Schriftsteller.

25. Fritz von Uhde (* 22. 5. 1848), deutscher Maler.

Fehlurteil nach 15 Jahren revidiert

3. Februar. Nach 15 Jahren erreichen fünf Essener Bergleute die Wiederaufnahme eines Verfahrens. 1895 sind sie wegen Meineides zu Zuchthaus und Gefängnis verurteilt worden. Bei einer Versammlung von christlichen und sozialdemokratischen Bergarbeitern kam es damals zu einer tätlichen Auseinandersetzung. Das Gericht glaubte nur dem Bericht des Gendarmen Münter, nicht aber den eidlichen Aussagen der Bergleute. Aufgrund der Darstellung des Gendarmen sah der Richter die fünf Bergleute als meineidig an und verurteilte sie. Im Wiederaufnahmeverfahren werden die Angeklagten am 3. Februar freigesprochen. Im neuen Verfahren stellt das Gericht fest, daß die Aussage des Gendarmen keinen Meineid der Bergleute nachweist.

Lebenshaltung in Holland billiger

16. Februar. Der holländische Industrielle Terkuile legt seiner Regierung einen Vergleich der Haushaltskosten (in Mark) für Arbeiter im holländischen Enschede und im deutschen Gronau vor. Er versucht nachzuweisen, daß die Lebenshaltung in Deutschland teurer ist, weil dort die Schutzzollgesetze eine freie Preisbildung nach Angebot und Nachfrage verhindern.

Für das Pfund	in Enschede	in Gronau
Schweinefleisch	0,36	0,48
Rindfleisch	0,42	0,45
Butter	0,70	0,72
Kaffee	0,60	0,72
Tabak	0,90	1,30
für Krankenkassen	1,00	2,40
für Lohnsteuer	3,75	14,85

Champagner-Erlaß

6. Februar. In Frankreich bemühen sich die Wirtschaft und die Gesetzgebung um den Schutz des Begriffs Champagner. Es wird beschlossen, daß nur solche Schaumweine als Champagner bezeichnet werden dürfen, die aus dem Traubensaft von Weinstöcken hergestellt werden, die ausschließlich in der Champagne gewachsen sind.

1911

MÄRZ

Mo	Di	Mi	Do	Fr	Sa	So
		1	2	3	4	5
6	7	8	9	10	11	12
13	14	15	16	17	18	19
20	21	22	23	24	25	26
27	28	29	30	31		

7. Wegen der Unruhen in Nordmexiko verlegt der amerikanische Präsident Taft 30 000 Soldaten an die mexikanische Grenze und kündigt eine Intervention an, wenn durch Sturz oder Tod von Präsident Diaz in Mexiko die Revolution ausbrechen sollte.

8. Der englische Außenminister Edward Grey teilt dem Unterhaus mit, daß England keine Verpflichtungen übernommen habe, die in Krisenfällen zur militärischen Unterstützung Frankreichs führen müßten. →

9. Der britische Flottenetat sieht für 1911 den Bau von fünf großen Panzerschiffen vor.

14. Belgien dehnt die allgemeine Schulpflicht bis zum 14. Lebensjahr aus.

17. In Norwegen wird zum ersten Male eine Frau, die Lehrerin Anna Rogstadt (Wahlkreis Christiania), Mitglied des Parlaments.

17. In China tritt das Gesetz zum Verbot des Opiumrauchens in Kraft. Auch die Folterung von Strafgefangenen wird verboten.

18. In den Vereinigten Staaten werden 14,5 Millionen Katholiken gezählt, das sind 14,5 Prozent der Gesamtbevölkerung.

22. Das erste mit Turbinenantrieb ausgestattete Linienschiff der Welt, die »Kaiser«, läuft in Kiel vom Stapel.

23. Wien wird Zwei-Millionen-Stadt. Die Volkszählung ergibt eine Bevölkerungszahl von 2 030 803. Paris hat 2 876 986 Einwohner.

24. In Dänemark wird durch Reform des Strafgesetzes die Prügelstrafe abgeschafft.

30. Beim Bau des Lötschbergtunnels in der Schweiz gelingt der Durchstoß.

GEBOREN:

26. Tennessee Williams, amerikanischer Dramatiker.

29. Brigitte Horney, deutsche Schauspielerin.

GESTORBEN:

1. Jacobus van't Hoff (* 30. 8. 1852), niederländischer Chemiker, erhielt 1901 den ersten Nobelpreis für Chemie.

17. Friedrich Haase (* 1. 11. 1825), deutscher Schauspieler.

Europas Politiker betonen ihren Friedenswillen

Der englische Außenminister Edward Grey greift die Anfrage der Labour Party nach der Bündnispolitik Großbritanniens auf, um vor dem Unterhaus eine außenpolitische Grundsatzerklärung abzugeben. Er gibt bekannt, daß kein direktes Abkommen existiert, das England verpflichtet, in bestimmten Fällen Frankreich militärische Hilfe zu leisten.

Der englische Außenminister betont, daß die internationalen Spannungen, die im ersten Jahrzehnt aufgekommen sind, spürbar zurückgegangen sind. England steht mit Frankreich und Rußland bei allen internationalen Fragen in herzlichem Einvernehmen. Auch die Beziehungen zu Deutschland haben sich entkrampft. Grey erkennt bereits Anzeichen, daß der Rüstungswettlauf zwischen beiden Ländern beim Ausbau der Kriegsflotte gebremst werden kann.

Zur Sicherung eines dauerhaften Friedens greift Grey den Gedanken des amerikanischen Präsidenten William Howard Taft auf, ein internationales Schiedsgericht einzurichten, vor dem die Mächte in Zukunft ihre Konflikte vortragen sollen. Dem Richterspruch des Gremiums sollen sich dann auch die Großmächte beugen.

In der Reaktion der französischen Regierung auf die Unterhauserklärung des englischen Außenministers wird zwar bestätigt, daß zwischen England und Frankreich kein direktes Militärbündnis besteht, aber die französische Regierung erinnert daran, daß beide Länder Absprachen getroffen haben über eine gemeinsame Verteidigung Frankreichs im Falle eines deutschen Angriffs.

Die deutsche Regierung hegt keine Angriffspläne. Bereits im Dezember hat der deutsche Reichskanzler Theobald von Bethmann Hollweg vor dem Reichstag erklärt: »Auch wir begegnen uns mit England in dem Wunsch, Rivalitäten in bezug auf die Rüstungen zu vermeiden.« Die europäischen Regierungen signalisieren öffentlich und demonstrativ ihre Verständigungsbereitschaft und wünschen den Abbau aller Spannungen.

APRIL

Mo	Di	Mi	Do	Fr	Sa	So
					1	2
3	4	5	6	7	8	9
10	11	12	13	14	15	16
17	18	19	20	21	22	23
24	25	26	27	28	29	30

3. Volkszählung in Großbritannien: Die Vereinigten Königreiche England, Schottland, Irland und Wales zählen 45 216 665 Einwohner. Das sind 9,1 Prozent mehr als 1901.

4. Das Großherzogtum Hessen führt das direkte und geheime Wahlrecht ein. Das Wahlrecht ist nicht gleich. Die wahlberechtigten Bürger (Steuerzahler) erhalten mit Vollendung des 50. Lebensjahres eine Zusatzstimme.

6. In Portugal erhält das Militär aktives Wahlrecht.

6. Die italienische Regierung führt die staatliche Lebensversicherung ein.

12. Winzeraufstände in der Champagne. →

15. Amerikanische Truppen überschreiten die Grenze nach Mexiko (bei Antonio) und kämpfen gegen die Aufständischen.

20. Der französische General Moinier greift in den Kampf des marokkanischen Sultans gegen aufständische Stämme ein und beginnt dann den Marsch nach Fez, der marokkanischen Hauptstadt.

22. Frankreich entsendet weitere Truppen nach Casablanca, die die Einheiten General Moiniers verstärken sollen.

30. Ein Verfassungsgerichtsurteil in Portugal stellt fest, daß auch die Frauen im Lande bei den Wahlen Stimmrecht haben.

GEBOREN:

8. Melville Calvin, amerikanischer Chemiker, Nobelpreis 1961.

10. Maurice Schumann, französischer Politiker.

10. Heini Dittmar († 28. 4. 1960), deutscher Segelflieger, Weltrekordler 1934 und 1937 im Streckenflug (375 km) und im Höhenflug (4350 m).

26. Marianne Hoppe, deutsche Schauspielerin.

30. Luise Rinser, deutsche Schriftstellerin.

GESTORBEN:

15. Georg Knorr (* 19. 10. 1859), deutscher Ingenieur, schuf die Knorr-Einkammer-Schnellbremse für die Eisenbahn.

17. Konrad Koch (* 13. 2. 1846), deutscher Fußballpionier. →

Neue Marokko-Krise

Die nordafrikanischen Staaten nach einer zeitgenössischen Diercke-Karte.

20. April. Angesichts innerer Unruhen in Marokko entsendet die französische Regierung auf Bitten des Sultans Truppen nach Fez, der Hauptstadt des Königreichs. Die französischen Truppen sollen den Sultan und das Leben der französischen Staatsbürger schützen.

Damit entsteht – nach fünf Jahren Ruhe – eine neue Marokko-Krise. Von Januar bis April 1906 haben sich die europäischen Großmächte in langwierigen Verhandlungen geeinigt, daß Marokko weder deutsche noch französische Kolonie werden soll. Frankreich und Spanien übernahmen jedoch die Aufgabe, die marokkanische Polizei und Armee zu reorganisieren.

Der Vorstoß der französischen Einheit unter General Moinier ist allerdings mit den Bestimmungen der Algeciras-Akte von 1906 nicht vereinbar. Dennoch äußert Deutschland, dessen Interesse an dem rohstoffreichen Land wachgeblieben ist, keinen offiziellen Protest. Die regierungsnahe »Norddeutsche Allgemeine Zeitung« stellt in ihrer Ausgabe vom 30. April fest, Frankreich habe ein Recht darauf, Leben und Besitz seiner Bürger in Marokko zu schützen. Dann aber warnt der Kommentator des Blattes: Eine dauernde militärische Besetzung der marokkanischen Hauptstadt Fez sei ein Bruch des Algeciras-Abkommens und könne zu »Konsequenzen führen, die sich zur Zeit nicht übersehen lassen«.

Die Redaktion der »Norddeutschen« hat einen Wink aus dem Auswärtigen Amt bekommen. Der deutsche Außenminister Alfred von Kiderlen-Wächter sieht jetzt die Chance, die Entscheidung von 1906 zu revidieren. Ein Bruch der Algeciras-Akte durch Frankreich entbindet auch Deutschland von dem Vertrag und gibt ihm Gelegenheit, seine eigenen Interessen in Marokko wahrzunehmen und möglicherweise Teile des Landes militärisch zu besetzen (→ Januar 1906).

Fußballpionier stirbt

17. April. Im Alter von 65 Jahren stirbt Konrad Koch, der den Fußballsport für die deutsche Jugend entdeckt hat. Nachdem seit 1832 an den bekannten englischen Schulen Eton, Harrow und Westminster bereits Fußball gespielt wird, »importierte« Koch das Spiel zu Beginn der siebziger Jahre nach Deutschland und erreichte, daß es 1872 im Schulsport der Braunschweiger Gymnasien eingeführt wurde. 1876 verfaßte Koch nach dem Vorbild der englischen »Cambridge-Regeln« die ersten deutschen Fußballregeln und erließ 1886 einen Aufruf zur Gründung des Deutschen Fußball-Bundes. Die Idee wurde erst 14 Jahre später verwirklicht (→ Januar 1900).

Geburtenrate im Deutschen Reich geht zurück

In der Geburtenentwicklung sinkt die Zahl der Neugeburten im Reich zum ersten Male unter drei Prozent. 1910/11 kommen auf 10 000 Einwohner 263 Geburten. In den Jahren 1906 bis 1910 lag die durchschnittliche Geburtsrate noch bei 3,16 Prozent. Gleichzeitig geht aber auch die Sterblichkeitsrate zurück. Auf 10 000 Einwohner sterben im Jahr 177 Menschen, 1906 waren es noch 213.

Die deutsche Geburtenrate ist jedoch hoch im Vergleich zu Frankreich (1,74 Prozent) und zu England (2,36 Prozent). In beiden Ländern ist seit 1905 ein Rückgang um 0,3 Prozent festzustellen. In Österreich fällt die Geburtenrate um 1,2 Prozent im Vergleich zu 1905. In der Schweiz zeigt sich ein Rückgang von 2,6 auf 2,2 Prozent. Die höchste Steigerung der Geburtenrate in Europa hat Rumänien mit 4,2 Prozent. Generell läßt sich sagen, daß die Bevölkerungsexplosion, die in Mitteleuropa während des letzten Jahrzehnts des 19. Jahrhunderts stattgefunden hat, nun eingedämmt ist. In Frankreich nimmt die Bevölkerungszahl sogar ab.

Winzeraufstand in der Champagne

12. April. Die Winzer in der Champagne kämpfen gegen die Konkurrenz der Sektfabriken in Épernay und Ay. Dort werden Weine aus anderen Gegenden verarbeitet, und die Fabriken bringen ihre Erzeugnisse so preiswert auf den Markt, daß die Winzer nicht konkurrieren können. Zwar hat die Nationalversammlung im Februar beschlossen, daß mit »Champagner« nur bezeichnet werden darf, was in der Champagne selbst gewachsen ist. Viele Fabriken verzichten jedoch lieber auf das Etikett, kaufen weiterhin billige Weine aus anderen Gegenden auf und verarbeiten sie zu Schaumweinen. Die Weinbauern der Champagne sehen ihre Existenz gefährdet und greifen zu Mitteln der Gewalt. Polizei und Militär schlagen den Aufstand nieder. 40 Winzer werden verhaftet.

MAI

Mo	Di	Mi	Do	Fr	Sa	So
1	2	3	4	5	6	7
8	9	10	11	12	13	14
15	16	17	18	19	20	21
22	23	24	25	26	27	28
29	30	31				

1. Aufstand in China: Räuberbanden beherrschen die Provinzen Kwantung und Schansi. Das deutsche Kanonenboot »Iltis« wird zum Schutz deutscher Staatsbürger nach Kanton entsandt.

8. Das neue Wahlrecht in der dänischen Kolonie Island gewährt den Frauen das gleiche aktive und passive Wahlrecht wie den Männern.

15. Beim Besuch Kaiser Wilhelms II. in London tauschen König George V. und der deutsche Kaiser Freundschaftserklärungen aus.

16. Das neuerbaute Zeppelin-Luftschiff »Deutschland« verunglückt auf seinem Jungfernflug.

18. Der französische General Moinier rückt mit seinen Truppen kampflos in Fez (Marokko) ein und wird vom marokkanischen Sultan empfangen.

21. Bei einem Flugwettbewerb auf dem französischen Flugplatz Issy-les-Moulineaux stürzt ein Flugzeug ab und tötet den französischen Kriegsminister Berteaux.

25. Mexikos Präsident Porfirio Diaz (81) tritt nach dreißigjähriger Präsidentschaft wegen des Bürgerkriegs im Land zurück und geht ins Exil.

26. Der Reichstag nimmt die elsaß-lothringische Verfassungsvorlage mit 211 gegen 93 Stimmen an. →

30. Mit einem 3 : 1-Sieg schlägt Viktoria 89 Berlin im Endspiel um die deutsche Fußball-Meisterschaft den VfB Leipzig und wird damit nach 1908 zum zweiten Male Deutscher Fußballmeister.

GEBOREN:

3. Albrecht Fleckenstein, deutscher Physiologe.

15. Max Frisch, Schweizer Schriftsteller.

23. Leopold Stastny, tschechoslowakischer Fußballspieler und -trainer. Trainer der österreichischen Nationalmannschaft von 1968 bis 1975.

GESTORBEN:

18. Gustav Mahler (* 7. 7. 1860), österreichischer Komponist und Dirigent.

25. Wassili Kljutschewski (* 4. 2. 1842), russischer Historiker.

Verfassung für Elsaß

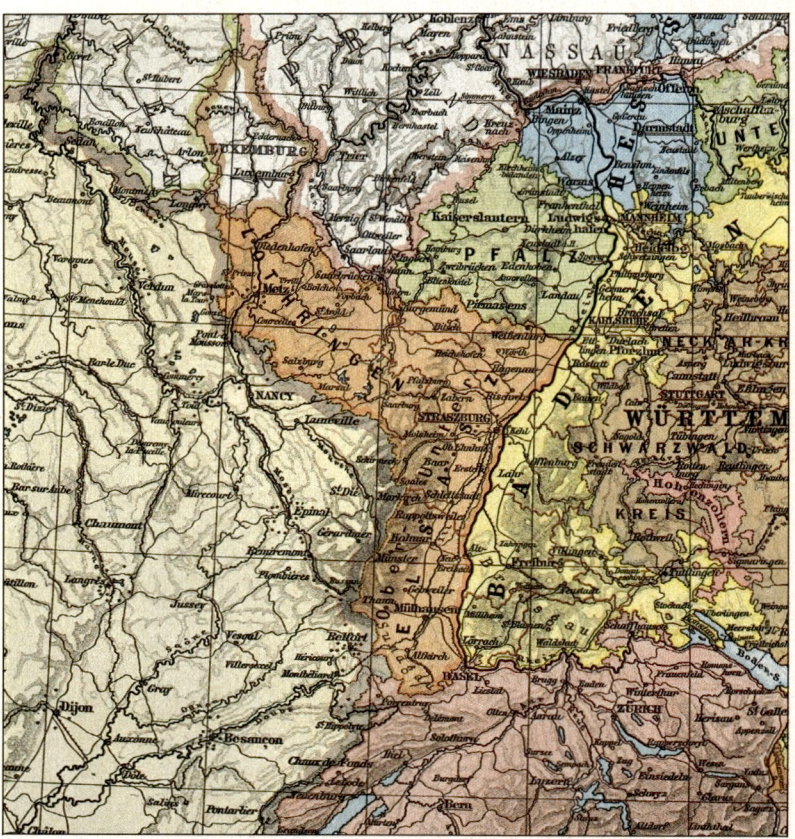

Das bisherige »Reichsland« Elsaß-Lothringen – hier nach einer zeitgenössischen Karte – erhält eine eigene Verfassung und einen Landtag aus zwei Kammern.

31. Mai. Vierzig Jahre nach der deutschen Annexion von Elsaß-Lothringen erhält das Land eine Landesverfassung. Bislang ist das Gebiet »Reichsland« und untersteht direkt dem Kaiser und der Reichsregierung. Es fehlt ein eigener Landtag. Die Gesetze für das Reichsland hat der deutsche Reichstag beschlossen. Die Bevölkerung hat sich seit langem über die Fremdbestimmung beklagt.

Die neue Verfassung sieht nun einen eigenen elsässisch-lothringischen Landtag vor, der aus zwei Kammern besteht. Die Mitglieder der ersten Kammer sind die Vertreter der Kirchen, Städte und der Universitäten. Sie werden zur Hälfte vom Kaiser ernannt. Die zweite Kammer geht aus allgemeinen, gleichen, direkten und geheimen Wahlen hervor und ist damit eine Volksvertretung. Elsaß-Lothringen erhält mit dem gleichen, geheimen und direkten Wahlrecht ein fortschrittlicheres Wahlverfahren, als es der Kaiser der Bevölkerung in Preußen gewährt. Für jedes Gesetz ist die Übereinstimmung zwischen Kaiser und beiden Kammern notwendig. Der Kaiser kann also ein Gesetz durch sein Veto verhindern.

Die neue Verfassung soll die Wogen der Unzufriedenheit im »Reichsland« glätten. Unzufrieden sind vor allem die jungen Leute, die ihr Land wie eine preußische Kolonie regiert sehen. Die neue Verfassung ist allerdings nur ein halbfertiges Werk. Sie gibt dem Land keine eigene Landesregierung, sondern nur einen Statthalter an der Spitze der Regierung; er wird vom deutschen Kaiser eingesetzt. Über eine Verfassungsänderung selbst können die Elsaß-Lothringer nicht entscheiden. Dieses Vorrecht behält der Reichstag. Deshalb wird die neue Verfassung mit einer gewissen Zurückhaltung aufgenommen. Die elsässischen und die lothringischen Abgeordneten im Reichstag stimmen dort sogar dagegen. Aber insgesamt findet sich im Reichstag eine große Mehrheit für das Verfassungswerk. Nach der Zustimmung des Reichstages ratifiziert Kaiser Wilhelm die Verfassungsurkunde und setzt sie damit in Kraft.

Preußen stoppt Bodenankauf durch die Polen

17. Mai. Die Polen kaufen immer mehr Grundbesitz in den Provinzen Posen und Westpreußen auf. Die deutschen Güter sind vielfach verschuldet. Da die polnischen Interessenten gute Preise bieten, sind die deutschen Besitzer meist verkaufsbereit. Die preußische Regierung reagiert voller Unruhe auf diese Entwicklung, denn sie will durch Förderung der deutschen Ansiedlung das deutsche Element in Westpreußen verstärken.

Vor dem preußischen Abgeordnetenhaus erklärt daher Landwirtschaftsminister Freiherr von Scherlemeyer, daß die preußische Staatsregierung den weiteren Ankauf von Ländereien durch Polen in den Ostprovinzen unterbinden wird. Auch deutschen Grundstücksbesitzern, die das Land verlassen und sich in anderen Gebieten des Reiches niederlassen wollen, soll in Zukunft der Verkauf von Grund und Boden erschwert werden.

Darüber hinaus plant die preußische Regierung, durch Enteignung und Aufkauf den polnischen Besitz an Boden in den beiden Ostprovinzen zu verringern, um das Deutschtum in Westpreußen zu stärken. Der Minister kündigt ein Ansiedlungsgesetz für die Ostprovinzen an, das deutsche Siedler zu einer Niederlassung in den Provinzen Westpreußen und Posen ermutigen und Erleichterungen bieten soll.

In Dresden wird eine Internationale Hygiene-Ausstellung eröffnet. Sie präsentiert die neuesten Entwicklungen im Gesundheitswesen.

1911
JUNI

Mo	Di	Mi	Do	Fr	Sa	So
			1	2	3	4
5	6	7	8	9	10	11
12	13	14	15	16	17	18
19	20	21	22	23	24	25
26	27	28	29	30		

7. Erdbeben in Mexiko durch Ausbruch des Vulkans Coliman fordert 1450 Tote.

9. Der italienische Außenminister Marquis di San Giuliano erklärt, daß sich Italiens Interessen in Afrika auf Tripolis und die Cyrenaika konzentrieren.

10. Die chinesische Regierung gibt die Bevölkerungszahl des Landes mit 461 Millionen an.

11. Japan baut auf der Bonininsel einen neuen Hafen für die Kriegsflotte.

16. Die Gesellschaft der französischen Paris-Lyon-Mittelmeer-Eisenbahn bestellt in Deutschland 20 Güterzug- und 4 Schnellzuglokomotiven.

17. Friedliche Demonstrationen von 50 000 Suffragetten in London.

18. Jubiläumsfeiern zur Erinnerung an die Einweihung des ersten deutschen Turnplatzes durch den Turnvater Jahn vor hundert Jahren. →

21. Mexikos Expräsident Porfirio Diaz wählt Paris zum Exilort.

22. Krönung des englischen Königspaares in der Abtei von Westminster.

23. Rücktritt der französischen Regierung Monis nach einem Mißtrauensvotum. Neuer Ministerpräsident wird der Vorsitzende der radikalen Partei, Joseph Caillaux.

28. Wegen unerträglicher Hitze wird die Sitzung des preußischen Abgeordnetenhauses vertagt.

29. Vorjahrssieger Claudio Galetti gewinnt auch den dritten Giro d'Italia.

30. Die englische Regierung erteilt dem König den Rat, neue Mitglieder für das Oberhaus zu ernennen, damit die Lords ihren Widerstand gegen die Politik des Unterhauses aufgeben.

GEBOREN:

12. Milovan Djilas, jugoslawischer Schriftsteller und Politiker, Kritiker des Tito-Regimes.

14. Adolf Vogel, österreichischer Fußballnationalspieler.

24. Juan Manuel Fangio, argentinischer Autorennfahrer.

25. William Howard Stein, amerikanischer Biochemiker, Nobelpreis 1972.

Franzosen in Fez

16. Juni. Der französische General Moinier ist bereits am 18. Mai in die marokkanische Stadt Fez eingerückt und vom Sultan empfangen worden. Er hat die Ruhe wiederhergestellt. Die Franzosen übernehmen nun die Polizeigewalt in der Gegend um Fez und brechen damit das Abkommen von Algeciras, das die Selbständigkeit Marokkos garantiert (→ Januar 1906).

In einer im französischen Senat und in der Nationalversammlung abgegebenen Erklärung unterstreicht der französische Außenminister Cruppi, Frankreich habe in Marokko nur deshalb eingegriffen, weil es der Sultan gewünscht habe. »Wir wollen keine neuen Gebiete erwerben«, sagt er wörtlich, aber Frankreich denkt auch nicht daran, seine Truppen aus Fez wieder abzuziehen: »Es genügt nicht, daß unsere Truppen zurückkehren; denn nach neuen Unruhen müßten sie wieder in Marokko eingreifen. Wir werden daher die Polizei organisieren, die Ordnung sichern und die Autorität des Sultans wiederherstellen.« Die Nationalversammlung spricht der Regierung mit 434 gegen 77 Stimmen in der Marokko-Politik das Vertrauen aus.

Im deutschen Auswärtigen Amt wird die Entscheidung der französischen Nationalversammlung insgeheim mit Genugtuung verzeichnet. Der Bruch der Algeciras-Akte durch Frankreich gibt den Deutschen die Möglichkeit, ebenfalls in Marokko einzugreifen. In einer Dienstbesprechung am 16. Juni erklärt Außenminister (Staatssekretär) Alfred von Kiderlen-Wächter: »Ich will jedenfalls unter keinen Umständen mittun, wenn wir jetzt unsere Trümpfe nicht bedienen und das marokkanische Problem sich endgültig zu unseren Ungunsten entscheiden lassen. Wir sind dann für lange Zeit aus der Welt politisch ausgeschaltet.«

Hundert Jahre Turnen

Berliner Turner bei den Gedenkfeiern zum 100. Jahrestag der Turnbewegung.

18. Juni. Zur Erinnerung an den Turnvater Jahn (Friedrich Ludwig Jahn 1778–1852) führt die preußische Regierung zahlreiche Gedenkfeiern durch. Genau vor hundert Jahren hat der »Turnvater« in der Berliner Hasenheide den ersten Turnplatz eingerichtet. In der Zeit der napoleonischen Herrschaft hat Jahn mit dem Turnen politische Gedanken verknüpft: Turnen soll die physische und moralische Kraft des Volkes stärken und dem Freiheitsgedanken Raum schaffen. Jahns Ideen sind nach 1815 bis zum Ende des Jahrhunderts in Mißkredit geraten, weil die preußischen Regierungen danach trachteten, den Freiheitsdrang des Volkes in Grenzen zu halten. Im wilhelminischen Deutschland fällt dem Sport in der Jugenderziehung eine neue Aufgabe zu: Turnen wird Unterrichtsfach in den Schulen, um die vormilitärische Ertüchtigung der Jugend zu sichern. Der lateinische Vers »Mens sana in corpore sano« aus den Satiren des römischen Dichters Juvenal wird bei den Jubiläumsfeiern unzählige Male zitiert.

England feiert eine Woche lang Krönung Georges V.

George V., König von England.

24. Juni. Die Krönungsfeierlichkeiten für den englischen König George V. dauern eine Woche. Sämtliche deutschen Reichsfürsten nehmen an den Zeremonien teil. Den deutschen Kaiser, der im Mai den König besucht hat, vertritt nun das Kronprinzenpaar. Kronprinz Friedrich Wilhelm überreicht dem englischen König, der bereits am 26. Mai von Wilhelm II. zum Generalfeldmarschall ernannt worden ist, als Zeichen besonderer Auszeichnung den preußischen Feldmarschallsstab.

Die Feierlichkeiten finden ihren Abschluß in einer gigantischen Flottenparade, an der 167 britische und 18 Schiffe fremder Nationen teilnehmen. Das größte Schiff ist der amerikanische Schlachtkreuzer »Delaware« mit 20 000 Bruttoregistertonnen. Die stärksten Maschinen hat der deutsche Panzerkreuzer »Von der Tann«, der mit seinen 50 000 PS bei der Parade großes Aufsehen erregt.

Der Panzerkreuzer »Von der Tann«.

JULI

Mo	Di	Mi	Do	Fr	Sa	So
					1	2
3	4	5	6	7	8	9
10	11	12	13	14	15	16
17	18	19	20	21	22	23
24	25	26	27	28	29	30
31						

1. Die deutsche Regierung entsendet das Kanonenboot »Panther« nach Agadir in Marokko. →

3. In Frankreich tritt ein Gesetz zur Altersversorgung in Kraft.

5. Spanien begrüßt das Eingreifen Deutschlands in Marokko.

8. Zur Ablösung des Kanonenbootes »Panther« erscheint der kleine Kreuzer »Berlin« vor Agadir.

8. Sieger im Tennisturnier von Wimbledon werden wie 1910 bei den Herren A. F. Wilding (Großbritannien) und bei den Damen M. Lambert Chambers (Großbritannien).

14. Sieger der achten Tour de France wird der Franzose Gustave Garrigou.

17. Der Eilzug Basel–Berlin entgleist bei Müllheim in Baden. Acht Reisende werden bei dem Unfall getötet.

18. Der österreichische Kaiser Franz Joseph I. wünscht bei der Eröffnung des Reichsrates, daß sich das Verhältnis von Deutschen und Tschechen in Böhmen entspannen möge.

23. Die seit Wochen anhaltende Hitzewelle erreicht in Berlin mit 35 Grad im Schatten einen Höhepunkt.

23. Großbrand in zehn Stadtteilen Konstantinopels. 7000 Häuser brennen ab, 60 000 Menschen werden obdachlos.

24. Durch Brandstiftung werden im Wald von Fontainebleau bei Paris rund 1000 ha des Holzbestandes vernichtet.

28. Joseph Joffre wird zum Chef des französischen Generalstabs ernannt.

29. England verstärkt seine Atlantikflotte wegen der Spannungen in Marokko. Die gesamte Flotte ist in Alarmbereitschaft.

31. Der Unterricht in den ungarischen Schulen soll vom neuen Schuljahr an ausschließlich in deutscher Sprache stattfinden.

GEBOREN:

5. Georges Pompidou († 2. 4. 1974), französischer Staatsmann.

7. Willy Huber, Schweizer Fußballnationalspieler.

21. Walter Lohmann, deutscher Radrennfahrer, Steherweltmeister 1937.

»Panther«-Sprung nach Agadir

Das deutsche Kanonenboot »Panther« vor den Befestigungsanlagen der marokkanischen Hafenstadt Agadir.

Eine Karikatur im »Simplicissimus« zum französisch-spanischen Widerstand gegen die deutsche Marokko-Politik.

1. Juli. Das deutsche Kanonenboot »Panther« läuft den Hafen von Agadir in Marokko an. Die Marineeinheiten bleiben an Bord und warten Befehle aus Berlin ab. Mit dem »Panther«-Sprung, wie die deutsche Presse das Manöver bezeichnet, hat das Reich in den Marokko-Konflikt eingegriffen.

Offiziell begründet das deutsche Außenministerium die Entsendung des Kriegsschiffes mit der Version: »Angesichts der Unruhen in Marokko haben deutsche Firmen sich mit der Bitte um Schutz an die kaiserliche Regierung gewandt.« Das Außenministerium kündigt an, daß Deutschland sich wieder aus dem Krisengebiet zurückziehen wird, wenn dort Ruhe und Ordnung wiederhergestellt sind.

Doch im Gespräch mit Vertrauten äußert sich der deutsche Außenminister anders. Kurz vor dem Einlaufen der »Panther« im Hafen von Agadir hat Alfred von Kiderlen-Wächter ein Gespräch mit dem Vorsitzenden des Alldeutschen Verbandes, Heinrich Claß. Der Außenminister kündigt an: »Jetzt, heute in einer Viertelstunde, platzt die Bombe!« Und zur Erklärung fügt er hinzu: »Agadir ist der Zugang zum Sus, dem an Erzen reichsten und landwirtschaftlich wertvollsten Teil Südmarokkos.«

Pressekommentare: In den Kommentaren der Zeitungen vom 2. Juli spiegelt sich das deutsche Vorgehen in Marokko. Die regierungsfreundliche und auch die liberale Presse in Deutschland begrüßen die Entsendung des Kanonenbootes »Panther« nach Agadir. »In Deutschland ging ein gewaltiges Aufatmen durch das gesamte Volk«, schreibt die konservative »Kreuzzeitung«. Die liberale »Frankfurter Zeitung« faßt ihre Stellungnahme in einem Wort zusammen: »Endlich!« Kritisch jedoch untersucht das linksliberale »Berliner Tageblatt« die Aktion: »Das deutsche Volk hat ein Recht darauf zu erfahren, was vorgeht. Es ist klar, daß der Hinweis auf die gefährdeten Interessen deutscher Firmen im Süden allein nicht ausreicht.« Der sozialdemokratische »Vorwärts« bewertet das deutsche Eingreifen als eine nicht angenehme Überraschung.

In England reagiert das konservative Sonntagsblatt »Observer« erschreckt: »Wie ein Blitz aus heiterem Himmel kommt das Eingreifen Deutschlands.« Die Londoner »Times« spielt die Affäre herunter: »Der Schritt Deutschlands braucht keine ernsthafte Lage zu schaffen.« In Frankreich kündigt der rechtsstehende »Eclair« an, daß die französische Regierung nach dem deutschen Vorgehen nicht zum Nachgeben bereit ist: »Deutschland will sich am Atlantischen Ozean festsetzen, um die Mittel an der Hand zu haben, uns unaufhörlich Schwierigkeiten zu schaffen und unseren Einfluß zu behindern.«

Bei einem Empfang, den die Bank von England im Londoner Mansion-House gibt, warnt der britische Schatzkanzler David Lloyd George die Regierung des Deutschen Reiches in diplomatisch verklausulierten Worten vor einer Gefährdung des Friedens. Der Schatzkanzler sagt vor den versammelten Londoner Bankiers: »Wir Engländer sind die Bankiers der Welt, wir sind die Versicherungsgesellschaft der Welt. Es gibt nur einen Umstand, der möglicherweise in diesem Moment das konstante Anwachsen von Wohlstand beeinträchtigen könnte. Das wäre irgend etwas, was eine Störung des internationalen Friedens herbeiführen könnte . . . Ein Friede um jeden Preis würde eine Erniedrigung sein, die ein großes Land wie das unsrige nicht ertragen könnte.«

1911

AUGUST

Mo	Di	Mi	Do	Fr	Sa	So
	1	2	3	4	5	6
7	8	9	10	11	12	13
14	15	16	17	18	19	20
21	22	23	24	25	26	27
28	29	30	31			

1. Für den Ausbau der Befestigungen auf der Insel Helgoland stellt die preußische Regierung 7,8 Millionen Mark zur Verfügung.

3. Wegen der großen Hitze verfügt der preußische Kultusminister, daß der Unterricht in den Schulen ausfallen darf, solange die Hitze anhält. →

4. Der Vorstand der SPD fordert die Parteimitglieder auf, in Massenveranstaltungen gegen die Marokkopolitik der Reichsregierung zu protestieren und die Einberufung des Reichstags zu verlangen.

5. Wegen der Aufstände in Haiti entsendet die deutsche Reichsregierung den Kreuzer »Bremen« nach Haiti. Er soll – falls notwendig – Leben und Besitz deutscher Staatsangehöriger schützen.

10. Das englische Unterhaus führt Diäten ein. Jedes Mitglied des Unterhauses erhält 400 Pfund im Jahr.

15. Ausbruch eines allgemeinen Eisenbahnerstreiks in England: 200 000 Eisenbahner legen die Arbeit nieder.

20. In Leipzig demonstrieren 10 000 Arbeiter gegen die Marokkopolitik der Reichsregierung.

22. Leonardo da Vincis berühmtes Gemälde »Mona Lisa« wird aus dem Pariser Museum Louvre gestohlen. →

24. Die portugiesische Regierung wählt den 75 Jahre alten Generalstaatsanwalt Manuel d'Arriaga zum ersten Staatspräsidenten des Landes.

28. Die Eisenbahnstrecke in Deutsch-Südwestafrika von Windhuk nach Karibib wird eröffnet.

GEBOREN:

17. Michail Botwinnik, russischer Schachweltmeister der fünfziger und sechziger Jahre.

24. Viktor Barna († 28. 2. 1972), ungarischer Tischtennisspieler.

28. Joseph Luns, niederländischer Politiker.

GESTORBEN:

1. Konrad Duden (* 3. 1. 1829), deutscher Philologe, Schöpfer des »Vollständigen orthographischen Wörterbuches der deutschen Sprache«. →

15. Albert Ladenburg (* 2. 7. 1842), deutscher Chemiker.

Ferien im Reich

Der Sommer 1911 beschert den Deutschen die heißesten Tage seit Beginn des Jahrhunderts. Ende Juli steigt das Thermometer in Berlin mehrmals auf 35 Grad im Schatten. Der preußische Kultusminister gibt unterrichtsfrei.

Wer es sich leisten kann, verläßt die Großstadt und macht Ferien. Die Reisen gehen zumeist zu Verwandten aufs Land. Dort hilft man, ob Kinder oder Erwachsene, bei den Erntearbeiten. Für die Fabrikarbeiter schrumpfen die Sommertage auf ein Wochenende zusammen, denn ein tarifmäßiger Urlaub hat sich noch nicht durchgesetzt. Wohlhabendere Leute mieten sich auf einem Bauernhof ein, Reiche suchen Kurorte an Ost- und Nordsee auf oder Thermalbäder im Reich wie Wiesbaden und Bad Ems. Auslandsreisen sind große Ausnahmen. Als Höhepunkt des Lebens gilt eine Nordlandreise, wie sie der Kaiser traditionell jedes Jahr unternimmt. Mit Ferienbeginn sind die Bahnhöfe der Großstädte umlagert. Mit äußerst umfangreichem Gepäck – denn auf gute Garderobe kommt es im Urlaub an – brechen jene Bevölkerungsschichten, die es sich leisten können, zu einem drei- bis sechswöchigen Urlaub auf.

Die Seebäder an Nord- und Ostsee werden immer beliebter. Der Maler Martin Frost hat das Badeleben an einem heißen Sommertag festgehalten.

Den Aufenthalt in Seebädern können sich allerdings nur Begüterte leisten. Matrosenanzüge oder -kleider sind die beliebtesten Kleidungsstücke am Strand.

Konrad Duden stirbt 82jährig

Konrad Duden †.

1. August. Im Alter von 82 Jahren stirbt in Wiesbaden Konrad Duden. In vielen Nachrufen wird ein Vergleich zu Bismarck laut: So wie der Kanzler das Reich einte, vereinheitlichte der Gymnasiallehrer Konrad Duden die vielfältigen länderspezifischen Rechtschreibformen. 1880 veröffentlichte er das »Vollständige orthographische Wörterbuch der deutschen Sprache«, in dem er die preußische Rechtschreibung als verbindlich vorschlägt. Das Wörterbuch wird schnell zum allgemein anerkannten Nachschlagewerk in Schulen, Druckereien und Büros.

Falschmeldung über Kriegsausbruch

21. August. Bei der Nachrichtenagentur Reuter in London geht eine Meldung ein, die vom Kriegsausbruch zwischen Frankreich und Deutschland spricht. Angesichts der wachsenden Spannungen ist sie glaubwürdig: Deutschland fordert von Frankreich Äquatorialafrika als Ersatz für seinen Rückzug aus Marokko. Frankreich hat diese Forderung abgelehnt. Doch am Nachmittag kommt aus Berlin und Paris eine Richtigstellung: Es ist keine Rede von Krieg; die Verhandlungen gehen weiter. Der deutsche Außenminister Alfred von Kiderlen-Wächter reist nach Chamonix und trifft sich dort mit seinem französischen Amtskollegen. Gleichzeitig sagt Frankreich Armeemanöver ab.

22. August. Aus der Gemäldegalerie im Louvre wird das Gemälde »Mona Lisa« (um 1503) von Leonardo da Vinci von einem Unbekannten gestohlen.

Das zeitgenössische Foto zeigt die leere Stelle in der Gemäldegalerie.

1911

SEPTEMBER

Mo	Di	Mi	Do	Fr	Sa	So
				1	2	3
4	5	6	7	8	9	10
11	12	13	14	15	16	17
18	19	20	21	22	23	24
25	26	27	28	29	30	

2. Spanien besetzt nach Verständigung mit Frankreich Ifni in Marokko.

3. Die deutschen Sozialdemokraten kündigen in zahlreichen öffentlichen Veranstaltungen den Generalstreik im Fall eines Kriegsausbruchs an.

6. Der englische Schwimmer Burgess aus Yorkshire durchschwimmt den Ärmelkanal zwischen Calais und Dover (35 Kilometer) in der Rekordzeit von 22 Stunden und 35 Minuten.

9. Erster Luftpostdienst von London nach Windsor.

14. Attentat in Kiew auf den russischen Ministerpräsidenten Pjotr Stolypin. →

15. Die Verhandlungen über die Zukunft Marokkos zwischen dem französischen Botschafter Cambon in Berlin und dem Auswärtigen Amt führen zu einem Abflauen der Kriegsgefahr.

18. Der russische Ministerpräsident Stolypin stirbt an den Folgen des Attentats.

20. Der englische Kreuzer »Hawke« rammt bei Southampton die »Olympic«, das größte Passagierschiff der Welt. Die 2500 Passagiere werden gerettet.

22. Das russische Militärgericht verurteilt den Mörder Stolypins, den Rechtsanwalt Dmitri Bogrow, zum Tode durch den Strang.

25. Durch eine Munitionsexplosion sinkt im französischen Kriegshafen von Toulon das französische Panzerschiff »Liberté«. 150 Soldaten finden den Tod, 45 werden schwer verwundet.

26. Der preußische Kultusminister führt an allen höheren Schulen Preußens die 45-Minuten-Stunde ein.

29. Ausbruch des Krieges zwischen Italien und der Türkei um den Besitz von Tripolis.

30. Der niederösterreichische Landtag beschließt die Aufhebung des Zölibats für Lehrerinnen. Bei Heirat brauchen Lehrerinnen in Niederösterreich nicht mehr aus dem Dienst auszuscheiden.

GESTORBEN:

18. Pjotr Arkadjewitsch Stolypin (* 14. 4. 1862), russischer Ministerpräsident. →

29. Hans Brühlmann (* 25. 2. 1878), Schweizer Maler.

Hochfinanz warnt vor Kriegstreiberei

9. September. »Krieg oder Frieden?« Die der Regierung nahestehende »Kölner Zeitung« stellt in ihrer Schlagzeile am 5. September die Frage: Lohnt es sich, wegen Marokko einen Krieg mit Frankreich zu beginnen? England hat inzwischen zu erkennen gegeben, daß es einer deutschen Festsetzung in Marokko nicht zustimmen wird. Frankreich ist seinerseits nicht bereit, als Entschädigung für einen deutschen Rückzug in Marokko ganz Äquatorialafrika abzutreten. Deutschland, das mit der Entsendung der »Panther« nach Agadir machtvoll seine Kolonialinteressen unterstrichen hat, ist unschlüssig (→ Juli 1911).

Tatsächlich spielt das Geld eine hervorragende Rolle bei der Dämpfung der Kriegsbereitschaft. Verängstigte Bürger lösen ihre Sparkonten auf, und das Ausland zieht sein Geld zurück. Am 9. September erlebt die Berliner Börse einen »schwarzen Sonnabend«. Angesichts des fehlenden Angebots fallen deutsche Aktien.

Die Hochfinanz bedrängt den Kaiser nun, den Marokko-Konflikt auf dem Verhandlungswege zu lösen, um eine »verschärfte Wiederkehr des schwarzen Sonnabends vom 9. September zu verhindern«.

Italiens Vorstoß nach Tripolis

28. September. Im Windschatten der Auseinandersetzung um Marokko sieht die italienische Regierung eine Chance, ihren Einfluß im türkischen Tripolis und der Cyrenaika zu verstärken. Mit der Klage über die Beeinträchtigung der wirtschaftlichen Tätigkeit italienischer Kaufleute fordert die italienische Regierung vom türkischen Reich Handlungsfreiheit in Tripolis. Als die Türken sich dem widersetzen, erklärt Italien den Krieg und marschiert mit Marinetruppen in libysches Gebiet ein. Die Italiener nehmen die Stadt Tripolis ein und besetzen die Küste der Cyrenaika, aber es gelingt ihnen nicht, ins Landesinnere einzudringen.

Ministerpräsident Pjotr Stolypin – auf dem Bild mit x gekennzeichnet – im Kreis seiner Familie und einiger Offiziere auf einem Kriegsschiff.

Stolypin ermordet

14. September. Mit einer Eintrittskarte, die ihm der Chef der Kiewer Geheimpolizei besorgt hat, verschafft sich der Anarchist Dmitri Bogrow Zutritt zu einer Theateraufführung, bei der auch der russische Ministerpräsident Pjotr Stolypin anwesend ist. Vor der Vorstellung geht Bogrow im Parterre des Theaters auf den Minister zu und gibt einen Schuß auf ihn ab. Stolypin wird schwerverletzt in ein Krankenhaus gebracht, wo er vier Tage später stirbt.

Am 26. August hat Bogrow dem ihm bekannten Chef der Kiewer Geheimpolizei, Kuljabko, mitgeteilt, bei dem bevorstehenden Besuch Stolypins in Kiew werde der Revolutionär Nikolai Jakowlewitsch Stolypin ermorden. Kuljabko bezweifelte die Mitteilung Bogrows nicht und beauftragte ihn, den Terroristen selbst nach Kiew zu bringen. Vor dem Theaterbesuch am 14. September erkundigt sich Kuljabko, wo sich Jakowlewitsch aufhalte. Bogrow antwortet: »Zu Hause.« Dann betritt er das Theater und schießt Stolypin nieder. Bogrow wird in einem Schnellverfahren vom Militärgericht zum Tode verurteilt und am 26. September durch Erhängen hingerichtet.

7. September. In Hamburg wird der Elbtunnel eröffnet. Die 400 Meter lange Unterquerung mit Kfz- und Personenaufzügen liegt 20 Meter unter dem Spiegel der Elbe und verbindet St. Pauli mit dem südlichen Ufer der Norderelbe.

1911
OKTOBER

Mo	Di	Mi	Do	Fr	Sa	So
						1
2	3	4	5	6	7	8
9	10	11	12	13	14	15
16	17	18	19	20	21	22
23	24	25	26	27	28	29
30	31					

2. Francisco Madero wird zum Präsidenten Mexikos gewählt.

5. Die Italiener besetzen nach fünftägiger Belagerung Tripolis. →

9. Ausbruch der Revolution in den Großstädten Chinas. Zum Schutz der deutschen Staatsbürger entsendet die deutsche Regierung die Kanonenboote »Tiger« und »Vaterland« nach Hankau.

11. Deutschland und Frankreich einigen sich in der Marokko-Frage.

11. Durch Erdbeben und eine nachfolgende Flutwelle werden im mexikanischen Kalifornien 700 Personen getötet.

12. Proklamation der Republik in Südchina.

16. Attentatsversuch auf den amerikanischen Präsidenten Taft. Unter einer Stahlbrücke der Southern-Pacific-Eisenbahn bei Gariata werden 36 Dynamitpatronen entdeckt, kurz bevor der Zug, in dem sich der Präsident befindet, die Brücke passiert.

22. Wahlen in Elsaß-Lothringen zur zweiten Kammer des Landtages.

23. Das Parlament in Kreta beantragt die Union mit Griechenland.

29. Einweihung des Stadthauses in Berlin nach zehnjähriger Bauzeit (Architekt: Ludwig Hoffmann).

29. Nach den Stichwahlen setzt sich die zweite Kammer des Landtags in Elsaß-Lothringen zusammen: Zentrum 25 Mandate, Lothringischer Block 10, SPD 11, Liberale 12, Unabhängige 2.

30. Die kaiserliche chinesische Regierung kündigt eine demokratische Verfassung an. Der Adel soll in Zukunft von der Politik ausgeschaltet werden.

GEBOREN:

14. Wilhelm Wolfgang Schütz, deutscher Publizist, ehemaliger Vorsitzender des Kuratoriums Unteilbares Deutschland.

16. Wilhelm Grewe, deutscher Staats- und Völkerrechtler.

GESTORBEN:

1. Wilhelm Dilthey (* 19. 11. 1833), deutscher Philosoph.

29. Joseph Pulitzer (* 10. 4. 1847), amerikanischer Verleger.

Nach Trockenheit Mißernte und Teuerungen

23. Oktober. Der heiße trockene Sommer hat in einigen Bereichen zu einer Mißernte in Deutschland geführt. Während die Weizen-, Roggen-, Gerste- und Haferernte sogar etwas besser ausfällt als 1910, geht die Kartoffelernte um ein Viertel zurück und die Zuckerrübenernte um 40 Prozent. Die Heu- und Futtermittelernte ist katastrophal. Der Markt reagiert mit einer Verteuerung der Grundnahrungsmittel.

Um einer Teuerung vorzubeugen, fordern Sozialdemokraten, Abgeordnete des Zentrums und der Freisinnigen Volkspartei von der Reichsregierung die Aufhebung der Einfuhrzölle für Getreide und Vieh. Reichskanzler Theobald von Bethmann Hollweg lehnt ab: »Die Herabminderung der Lebensmittelpreise allein kann niemals das leitende Prinzip einer gut orientierten Wirtschaftspolitik sein.«

	1911	1910
	in 1000 Tonnen	
Weizen (Winter)	2 326	2 182
(Sommer)	280	301
Roggen (Winter)	8 366	7 975
(Sommer)	61	67
Gerste (Sommer)	1 716	1 689
Hafer	5 210	5 291
Kartoffeln	25 630	32 730
Zuckerrüben	5 996	10 594
Klee	4 367	7 517
Luzerne	365	591
Rieselwiesen	393	543
andere Wiesen	9 707	14 019

5. Oktober. Italienische Truppen besetzen Tripolis, um das ein Kampf mit der Türkei entbrannt ist. Italiener greifen zu Racheakten gegenüber Arabern (→ September 1911).

1911

NOVEMBER

Mo	Di	Mi	Do	Fr	Sa	So
		1	2	3	4	5
6	7	8	9	10	11	12
13	14	15	16	17	18	19
20	21	22	23	24	25	26
27	28	29	30			

1. Die russische Duma beschließt bei nur zwei Gegenstimmen, daß die Zeitungszensur ungesetzlich ist.

4. Marokko-Abkommen zwischen Deutschland und Frankreich. →

5. Italien erklärt offiziell die Annexion von Tripolis.

9. Arthur James Balfour tritt vom Vorsitz der englischen konservativen Partei (seit 1891) zurück. Nachfolger wird Andrew B. Law. Winston Churchill wird Erster Lord der Admiralität.

10. Nach der Wiedereroberung von Nanking nimmt die kaiserliche chinesische Regierung durch Massentötungen an den Revolutionären Rache. →

10. Die französische Regierung gibt den Rückgang der Bevölkerungszahl bekannt. Im ersten Halbjahr 1911 liegt die Sterberate um 21 189 über der Geburtenrate.

17. Bekanntgabe des amtlichen Ergebnisses der Bevölkerungszählung in Italien. Die Zahl der Einwohner beträgt 34 686 653. Das bedeutet eine Zunahme um mehr als 2 Millionen oder 6,81 Prozent seit 1901.

19. Der Präsident von San Domingo, General Ramon Caceres, wird ermordet.

21. Suffragetten schlagen bei Demonstrationen in London Fensterscheiben in Ministerien, Klubs und Zeitungsredaktionen ein.

22. Der Landtag von Mecklenburg nimmt eine Junggesellensteuer an. Unverheiratete Männer über 30 Jahre sollen 25 Prozent höhere Steuern zahlen.

23. Die Werksleitung der Badischen Anilin und Sodafabrik beschließt den Ankauf eines Geländes in Oppau am Rhein zum Bau eines Ammoniakwerkes.

24. Uraufführung von Carl Sternheims Komödie »Die Kassette« im Deutschen Theater in Berlin. Das Stück kritisiert die bürgerlich-kapitalistische Gesellschaft.

25. Die britische Regierung veröffentlicht das Geheimabkommen von 1904 mit Frankreich, nach dem Ägypten zur englischen und Marokko zur französischen Einflußsphäre erklärt werden.

GEBOREN:

29. Klaus Fuchs, deutscher Atomphysiker.

Sturz der Monarchie in China

Die neue Fahne Chinas (links) und die Kriegsflagge der Revolutionäre.

In China breiten sich Aufruhr und Revolution aus. Bereits am 10. Oktober haben Militäreinheiten in Wuhan mit einer Meuterei das Startsignal gegeben. Sie erobern den Gouverneurspalast und proklamieren die Republik. Die Sprecher der Revolutionäre fordern alle Provinzen des Landes auf, sich dem Aufstand anzuschließen und der chinesischen Mandschu-Dynastie den Kampf anzusagen. Wuhan wird zum Zentrum des Umsturzes. Chinesen, die im Ausland studiert haben, finden sich in den mittelalterlich anmutenden Verhältnissen des Kaiserreiches nicht mehr zurecht und wollen eine Demokratisierung nach amerikanischem oder englischem Vorbild. Die größte oppositionelle Gruppe ist der »Einheitsbund«, 1904 in Tokio gegründet. Sein Vorsitzender Sun Yat-sen fordert die parlamentarische Demokratie mit sozialistischer Prägung. Der bestehende Besitz soll erhalten bleiben, aber alle Gewinne sollen in Zukunft dem Staat zufließen.

Sun Yat-sen befindet sich bei Ausbruch der Revolution noch in den Vereinigten Staaten, er kehrt aber, wie viele Chinesen, aus dem Exil zurück. Einem Flächenbrand gleich breitet sich die Revolution aus. Ende November kontrollieren die Aufständischen zwei Drittel des Landes. Die kaiserliche Regierung verspricht zwar Reformen, geht aber in den wiedereroberten Gebieten mit rücksichtsloser Härte gegen die Revolutionäre vor. Es kommt dort zu Massenhinrichtungen. Der Machtverlust der Mandschu-Dynastie ist nicht mehr aufzuhalten.

Am 25. Dezember wählen die Abgesandten der Provinzen Sun Yat-sen in Schanghai zum vorläufigen Präsidenten der chinesischen Republik. Die neue Regierung, Gegenregierung zur kaiserlichen in Peking, führt den europäischen Kalender ein und erklärt den 1. Januar 1912 zum Geburtstag der Republik.

Eine Karte des chinesischen Reiches mit den Besitzverhältnissen und Einflußbereichen um 1911.

Auch in Berlin entwickelt sich eine Szene abseits vom offiziellen Kunstbetrieb. Junge Maler und Bildhauer ziehen aus den erstarrten Künstlerverbänden aus, bilden »Sezessionen« mit eigenen Ausstellungen. Einer der Maler der Berliner Sezession ist Lesser Ury. 1911 entstand sein »Mädchen im Romanischen Café«.

Konservative Kritik

4. November. Deutschland und Frankreich schließen ein Abkommen über Marokko, das seit Jahren einen Krisenherd europäischer Politik darstellt (→ Januar 1906, Juni 1911, Juli 1911). Deutschland erkennt das französische Protektorat über das nordafrikanische Sultanat an. Zur Entschädigung tritt Frankreich Gebiete des französischen Kongos von 275 000 Quadratkilometern Größe mit rund einer Million Einwohnern an Deutschland ab. Das Kongogebiet wird mit der deutschen Kolonie Kamerun verbunden, die sich damit um die Hälfte vergrößert. Bei den neuerworbenen Gebieten handelt es sich im wesentlichen um Sumpfland, in dem die Schlafkrankheit ist.

Die Alldeutschen, die Konservativen und die Nationalliberalen reagieren mit Protest auf dieses Abkommen, durch das dem Deutschen Reich nur wertlose und rohstoffarme Gebiete zufallen. Die Sozialdemokraten schließen sich dem Protest an.

Mit harter Kritik wird die Regierungserklärung des Kanzlers Theobald von Bethmann Hollweg am 9. November vor dem Reichstag aufgenommen. Die konservative »Kreuzzeitung« fragt: »Wozu die

Der deutsche Außenminister Kiderlen-Wächter und der französische Botschafter Cambon in der Karikatur: »Ja, Monsieur Cambon, Sie müssen Ihre Suppe erst daheim kosten lassen, mein Michl frißt sie unbesehen.«

ungeheuren Steuerlasten für Heer und Marine, wenn wir an solche internationalen Verträge von vornherein mit dem Entschluß herangehen ›Friede um jeden Preis‹? Die Hochfinanz hat vergessen, daß sie im September, auf dem Höhepunkt der Krise, den Kaiser gebeten hat, nur einen Krieg zu vermeiden.«

1911
DEZEMBER

Mo	Di	Mi	Do	Fr	Sa	So
				1	2	3
4	5	6	7	8	9	10
11	12	13	14	15	16	17
18	19	20	21	22	23	24
25	26	27	28	29	30	31

1. Uraufführung von Hofmannsthals »Jedermann« im Berliner »Zirkus Schumann«. →

6. Die Mongolei tritt unter die Schutzherrschaft Rußlands.

7. Ein kaiserliches Edikt erlaubt allen Chinesen, den Zopf abzuschneiden.

11. England, Rußland und Frankreich beschließen für 1912 ein Verbot des Seerobbenfangs, weil die Tiere vom Aussterben bedroht sind.

12. König George V. von Großbritannien wird in Delhi zum Kaiser von Indien gekrönt. Der Monarch legt den Grundstein zum Bau der neuen Hauptstadt Neu-Delhi.

13. Der Papst läßt in den Gärten des Vatikans ein eigenes Gebäude für das Konklave bauen.

14. Die französische Regierung kauft den Palazzo Farnese in Rom für 3,3 Millionen Franc als neues Domizil des französischen Botschafters.

14. Der Norweger Roald Amundsen erreicht den Südpol. →

21. Die französische Nationalversammlung verabschiedet das Arbeiter-Pensionsgesetz, nach dem Pensionierungen bereits mit 60 Jahren möglich werden.

23. Die russische Duma verbietet bis 1916 in Sibirien die Zobeljagd, um das Tier vor dem Aussterben zu retten.

24. Im Berliner Obdachlosenasyl sterben 89 Menschen an einer Methylalkoholvergiftung.

28. Nach der Mißernte von 1911 herrscht in Teilen Rußlands eine Hungersnot. Die Regierung stellt 12 Millionen Rubel zum Kauf von Getreide zur Verfügung.

29. Der Ministerpräsident der kaiserlichen chinesischen Regierung, Yüan Schi-kai, und die provisorische republikanische Regierung vereinbaren die Wahl einer Nationalversammlung, die die Entscheidung über die künftige Staatsform treffen soll.

31. Die Bevölkerungszahl Luxemburgs hat sich nach den Daten der Volkszählung von 240 452 im Jahre 1905 auf 260 400 im Jahre 1911 erhöht.

GEBOREN:

1. Franz (genannt Bimbo) Binder, österreichischer Fußballnationalspieler und späterer Trainer.

Zweiter Nobelpreis für Marie Curie

Marie Curie.

10. Dezember. Für das Jahr 1911 spricht das Nobelkomitee dem Holländer Tobias Michael Asser und dem Österreicher Alfred Hermann Fried, der 1892 die Deutsche Friedensgesellschaft gegründet hat, den Friedensnobelpreis zu. Beide haben sich nach Meinung des Preiskomitees um die Verbreitung der Idee einer Weltfriedensordnung verdient gemacht. Die weltbekannte Naturwissenschaftlerin Marie Curie erhält zum zweitenmal einen Nobelpreis. Nachdem sie 1903 für den Nachweis der Radioaktivität des Thoriums bereits mit dem Preis für Physik ausgezeichnet worden ist, erkennt ihr nun das Nobelkomitee für die Entdeckung des Radiums und des Poloniums auch den Preis für Chemie zu.

Physikpreisträger 1911 wird der deutsche Wissenschaftler Wilhelm Wien für seine Arbeiten zur Erforschung der Wärmestrahlung. Der Schwede Allvar Gullstrand empfängt den Preis für Medizin. Der Literaturnobelpreis geht nach Belgien an den Schriftsteller Maurice Maeterlinck.

Wilhelm Wien.

Wettlauf zum Südpol entschieden

Berlin erlebt zwei Premieren von Reinhardt

Der norwegische Forscher Roald Amundsen mit Hundeschlitten am Südpol.

Der Engländer Robert Scott.

14. Dezember. Der 39jährige Norweger Roald Amundsen erreicht mit vier Begleitern als erster Mensch den Südpol. Knapp vier Wochen später folgt der Engländer Robert Falcon Scott. Beide Expeditionen haben im Herbst einen Wettkampf um die Entdeckung des Pols angetreten. Amundsen bricht am 28. Oktober traditionell mit Hundeschlitten vom Stützpunkt »Little America« auf.

Bereits vier Tage zuvor hat der englische See-Offizier Robert Fal-

con Scott, mit Pferde- und Motorschlitten ausgerüstet, von Kap Evans den Marsch zum Pol angetreten. Über ein Jahr lang hat Scott, der zum Zeitpunkt dieser Expedition 43 Jahre alt ist, das Ross-Meer erforscht und einen guten Ausgangspunkt für seinen Vorstoß gesucht. Der Weg, den er wählt, ist 60 Meilen länger als der Amundsens. Aber die Expedition Scotts wird vom Pech verfolgt. Die Motorschlitten fallen bei Kälte und Sturm schnell aus, auch die Pferde ertra-

gen das Klima nicht und müssen getötet werden. Nach Rücksendung eines Teils der Expedition am 31. Dezember am Beardmore-Gletscher bleiben nur noch vier Männer übrig, die den Vorstoß zum Pol wagen. Doch zu diesem Zeitpunkt hat Amundsen den Südpol bereits erreicht und die norwegische Flagge gehißt. Scotts Expedition erreicht ihr Ziel erst am 17. Januar 1912 und stellt mit großer Enttäuschung fest, daß sie nur zweiter Sieger geworden ist (→ März 1912).

1. Dezember. Unter der Regie von Max Reinhardt, Direktor des Deutschen Theaters in Berlin, wird Hugo von Hofmannsthals Stück »Jedermann« im Berliner »Zirkus Schumann« uraufgeführt. Hofmannsthal hat die Vorlage von Hans Sachs von 1549 umgearbeitet. Im »Spiel vom Sterben des reichen Mannes« geht es um das Schicksal des modernen Menschen, der keine höhere Ordnung als den eigenen Willen anerkennt und damit Härte und Unbarmherzigkeit schafft. Somit wird »Jedermann« ein Spiegelbild der Zeit.

Max Reinhardt übt als herausragender Regisseur und Theaterleiter großen Einfluß auf das Bühnenleben aus.

Zeitkritik auf der Bühne: Noch direkter als im »Jedermann« ist die Beziehung zur Gegenwart in dem Schauspiel »Offiziere« von Fritz von Unruh, das Reinhardt am 15. Dezember im Deutschen Theater in Berlin zur Aufführung bringt. In »Offiziere« wird der Konflikt des zum Gehorsam gedrillten Offiziers mit seiner persönlichen Empfindung während des Herero-Aufstandes in Deutsch-Südwestafrika 1904 gezeichnet. Der Mann zerbricht an der Spannung zwischen Gewissen und Befehl. Die Zeitkritik in beiden Inszenierungen ist nicht zu übersehen. Hinter einer glanzvollen Fassade zeigt sich die Gefahr des Scheiterns unter großen Opfern.

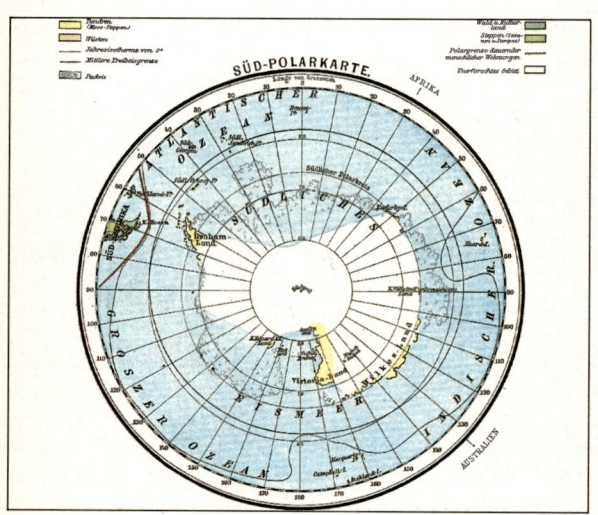

Diese Karte des Südpolargebietes stammt aus dem Jahr 1907. Der Bereich ist noch so gut wie unerforscht.

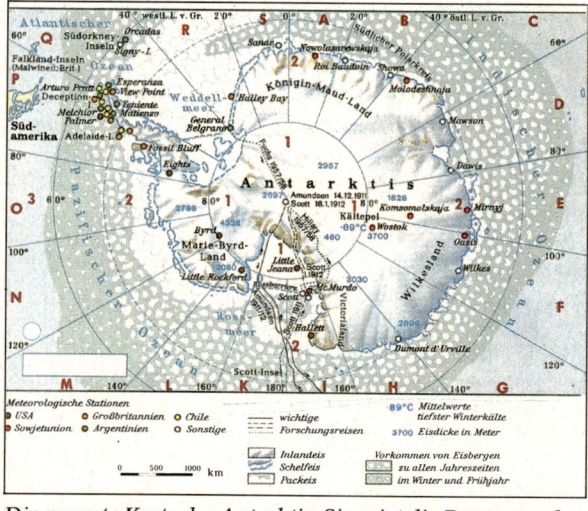

Die neueste Karte der Antarktis. Sie zeigt die Routen und Standorte der Südpolforscher.

1912

JANUAR

Mo	Di	Mi	Do	Fr	Sa	So
				1	2	3	4	5
6	7	8	9	10	11	12
13	14	15	16	17	18	19
20	21	22	23	24	25	26
27	28	29	30	31		

1. Proklamation der chinesischen Republik. Sun Yat-sen tritt die Präsidentschaft in Nanking an.

2. Der Berliner Drogist Julius Scharmach wird wegen unerlaubten Verkaufs von giftigem Methylalkohol verhaftet. Weihnachten 1911 waren nach Genuß des Alkohols 163 Personen, davon 89 im Obdachlosenheim, vergiftet worden.

6. New Mexiko wird 47. Staat der USA.

9. In New York brennt das Gebäude der Equitable-Lebensversicherung ab. Dabei werden Aktien im Werte von vier Milliarden Dollar vernichtet.

12. Reichstagswahlen in Deutschland: Wahlberechtigt sind alle Bürger, die das 25. Lebensjahr vollendet haben. Vom Wahlrecht ausgeschlossen sind Frauen, Soldaten sowie Personen, die unter Vormundschaft stehen. →

13. Raymond Poincaré löst in Frankreich als Ministerpräsident Joseph Caillaux ab.

16. Bombenattentat auf den Ministerpräsidenten der kaiserlichen chinesischen Regierung Yüan Schi-kai. Der Politiker bleibt unverletzt.

17. Robert Scott erreicht einen Monat nach Amundsen den Südpol (→ März 1912).

25. Endgültiges Reichstagswahlergebnis liegt nach zwei Stichwahlgängen vor: Hoher Sieg der Sozialdemokraten. →

GEBOREN:

3. Tibor Berczelly, ungarischer Fechtweltmeister und dreimaliger Olympiasieger.

14. Rudolf Hagelstange, deutscher Schriftsteller.

15. Michel Debré, französischer Politiker.

16. Willi Kaiser, deutscher Boxer, Olympiasieger 1936 im Fliegengewicht.

21. Konrad Bloch, deutsch-amerikanischer Chemiker. Nobelpreis für Medizin 1964.

GESTORBEN:

3. Felix Dahn (* 9. 2. 1834), deutscher historischer Romanschriftsteller.

16. Georg Heym (* 30. 10. 1887), deutscher Lyriker.

Überwältigender SPD-Wahlsieg

Den Kampf um »billiges Brot und billiges Fleisch« versprechen die Sozialdemokraten den Wählern.

25. Januar. Ein politischer Erdrutsch findet bei den Reichstagswahlen statt. Die Sozialdemokraten erhöhen die Zahl ihrer Mandate von 43 (im Jahre 1907) auf 110 und werden stärkste Partei des Reichstags. Konservative und Zentrum, die Parteien, die die Politik von Reichskanzler Theobald von Bethmann Hollweg stützen, verlieren fast fünfzig Sitze, und damit die Mehrheit im Reichstag.

Die Wähler haben dem Kanzler eine Abfuhr erteilt. In seinem Wahlaufruf hat Bethmann Hollweg am 2. Januar gefordert: »Wir brauchen einen Reichstag, der bereit ist, unsere bisherige Wirtschaftspolitik, die Politik der Handelsverträge, weiterzuführen. Wir brauchen einen Reichstag, der bereit ist, Heer und Flotte dauernd in dem Zustand höchster Leistungsfähigkeit zu erhalten.« Diesen Reichstag bescherte der Wähler dem Kanzler nicht. Die Lebensmittelknappheit und die damit verbundene Preissteigerung (Folge der Mißernte von 1911) bringt den Sozialdemokraten scharenweise neue Wähler.

Der »Schwarz-Blaue-Block«, die Konservativen und das Zentrum, die im alten Reichstag mit einigen Splittergruppen rund 200 Stimmen und damit die Mehrheit gehabt haben, rutschen auf 148 Mandate ab. Die Regierung muß sich jetzt um die Liberalen bemühen. Nach dem Wahlsieg der Sozialdemokraten rücken die bürgerlichen Parteien zusammen.

Reichstagswahlen 1912

Wahltag: 12. Januar 1912
(Stichwahlen: 20. und 25. Januar)
Wahlkreise: 397
Wahlberechtigte: 14 441 400 (22,2 Prozent der Gesamtbevölkerung)
Wahlbeteiligung: 12 260 600 (84,2 Prozent der Wahlberechtigten)

Partei	Stimmenzahl	Mandate
Konservative:		
Deutsch-Konservative	1 126 300	43
Deutsche Reichspartei	367 200	14
Deutsche Reformpartei	51 900	3
Wirtschaftliche Vereinigung	304 600	10
Klerikale:		
Zentrum	1 996 800	91
Liberale:		
Nationalliberale	1 662 700	45
Fortschrittliche Volkspartei	1 497 000	42
Sozialisten:		
Sozialdemokraten	4 250 400	110
Agrarier:		
Bayer. Bauernbund	48 200	2
Bund der Landwirte	29 800	2
Landsmannschaften:		
Elsässer	162 000	9
Welfen	84 600	5
Polen	441 600	18
Dänen	17 300	1
Sonstige	167 100	2
	12 053 100	397

Das Mißverhältnis zwischen Stimmenzahl und Mandatszahl erklärt sich durch das Mehrheitswahlrecht. Gewählt ist nur der Kandidat, der in seinem Wahlkreis die Mehrheit der Stimmen erhält. Die Zahl der Wahlberechtigten in den Wahlkreisen ist unterschiedlich groß.

Die Parteien

Deutsch-Konservative Partei

Programm: Erhaltung und Stärkung eines selbständigen preußischen Staates, Schutz der Landwirtschaft (Schutzzoll und Steuerprivilegien für die Landwirtschaft), Bekämpfung des Judentums und der Sozialdemokratie.
Anhang: Adel und hohes Beamtentum Preußens. 88 Prozent der Mandate werden allein in Ostelbien gewonnen.

Deutsche Reichspartei (Frei-Konservative)

Programm: Ausgleich von Agrar- und Industriepolitik; Ablehnung sozialistischer Ideen; Forderung nach stärkerer Unternehmerinitiative im Ausbau der Sozialleistungen.

Anhang: Hoher Adel, Führungsschicht in der Industrie.

Zentrum

Programm: Vertretung der politischen Interessen der deutschen Katholiken. Die Partei stützt die Politik der Reichsregierung, setzt sich aber ein für das allgemeine und gleiche Wahlrecht in den deutschen Einzelstaaten.
Anhang: Die Anhänger stammen aus allen Schichten der Reichsbevölkerung. Über den »Volksverein für das katholische Deutschland« werden fast 800 000 Arbeiter organisiert.

Nationalliberale Partei

Programm: Machterweiterung des Reiches: Kolonialerwerb, Flottenbau, Heeresverstärkung; für die Unterstützung des Mittelstandes.
Anhang: Unterstützung durch rund 2000 Parteivereine mit einer Gesamtmitgliederschaft von fast 300 000, darunter: Hansabund, Bund der Landwirte und zum Teil die »Alldeutschen«.

Fortschrittliche Volkspartei

Programm: Allgemeine, direkte, gleiche und geheime Wahlen im Reich und in den Einzelstaaten; Ausbau der Reichsverfassung im konstitutionellen (demokratischen) Sinne; Herabsetzung der Zölle, progressive Besteuerung, Ausbau des Völkerrechts, Einsatz von internationalen Schiedsgerichten zur friedlichen Beilegung von Konflikten.
Anhang: Rund 1500 Vereine mit ungefähr 120 000 Mitgliedern unterstützen die Partei. Dazu gehören die Hirsch-Dunckerschen Gewerkvereine. Die Wähler stammen überwiegend aus der Mittelschicht, Gewerbetreibende, Beamte und Akademiker.

Sozialdemokratische Partei

Programm: Aufbau einer sozialistischen Gesellschaftsordnung. Gegenwartsforderungen: allgemeines, direktes und gleiches Wahlrecht in den Einzelstaaten und im Reich; Proportionalwahlsystem, Ausbau der Arbeiterschutzgesetzgebung, Acht-Stunden-Arbeitstag, Ausbau des sozialen Versicherungswesens.
Anhang: Fast eine Million Mitglieder aus der Arbeiterschaft, die in 4500 Ortsvereinen organisiert ist.

1912

FEBRUAR

Mo	Di	Mi	Do	Fr	Sa	So
					1	2
3	4	5	6	7	8	9
10	11	12	13	14	15	16
17	18	19	20	21	22	23
24	25	26	27	28	29	

4. Der Fallschirmkonstrukteur und Damenschneider Franz Reichelt stürzt mit einer Fallschirmkonstruktion vom 60 m hohen ersten Stockwerk des Eiffelturms in Paris tödlich ab.

5. Trotz des Verlustes von 11 Mandaten bleibt bei den Landtagswahlen in Bayern das Zentrum die stärkste Partei. Auf die Parteien fallen folgende Mandate (in Klammern das Ergebnis von 1906): Zentrum 87 (98), Liberale 31 (24), Sozialdemokraten 30 (24), Konservative 7 (18), Bayerischer Bauernbund 8 (2).

8. Der englische Kriegsminister Haldane trifft zu einem Besuch in Berlin ein. →

9. Landtag in Oldenburg spricht verheirateten oder selbständigen Frauen ab 24 Jahren, soweit sie Steuern zahlen, das Kommunalwahlrecht zu.

13. Die kaiserliche chinesische Regierung bekennt sich zur Republik. →

14. Sachsen-Coburg-Gotha führt das geheime und direkte Wahlrecht und eine Neueinteilung der Wahlkreise nach Größe der Bevölkerungszahl ein.

14. Arizona wird der 48. Staat der Vereinigten Staaten von Amerika.

20. Der Kantonsrat in Zürich beschließt, daß Lehrerinnen, die sich verheiraten wollen, vom Amt zurücktreten müssen.

21. Durchstich des Jungfraujochtunnels (Schweiz). Er liegt in einer Höhe von 3457 m. →

27. Der englische Generalgouverneur des Sudans, Herbert Kitchener, eröffnet die 375 km lange Bahnstrecke von Khartum nach El-Obeid.

GEBOREN:

1. Albin Kitzinger († 4. 8. 1970), deutscher Fußballnationalspieler.

1. Erich Campe, deutscher Boxer.

19. Stanley Kenton, amerikanischer Jazzpianist.

24. Jiří Trnka († 30. 12. 1969), tschechischer Puppenspielfilmregisseur.

24. Ulrich de Maizière, deutscher General, ehemaliger Generalinspekteur der Bundeswehr.

27. Lawrence Durrell, englischer Schriftsteller.

28. Helmut Soing, deutscher Rechtslehrer.

Lord Haldanes Friedensmission

Lord Richard Burdon Haldane (links im Wagen) in Berlin bei einer Parade.

8. Februar. Seit Jahren sprechen die englische und die deutsche Regierung über die Notwendigkeit der Verbesserung ihrer Beziehungen. 1912 lädt der deutsche Reichskanzler den englischen Kriegsminister Richard Burdon Haldane nach Berlin ein. Haldane ist Deutschland-Kenner, er hat in Göttingen Jura und Philosophie studiert und spricht fließend deutsch. Bethmann Hollweg gilt in London als englandfreundlich. Das sind außerordentlich gute Vorzeichen für eine gegenseitige Verständigung.

Bethmann Hollweg wünscht, ein Neutralitätsabkommen mit England abzuschließen, um den Rücken im Falle eines Krieges mit Frankreich frei zu haben. Die Engländer dagegen drängen auf eine Reduzierung der deutschen Flottenrüstung, denn die Regierung in London kann nur unter großen finanziellen Opfern im Flottenwettlauf mithalten.
Einen Tag vor der Ankunft des englischen Gastes veröffentlicht die Marine die neue deutsche Flottenvorlage. Drei schwere Linienschiffe

mehr als ursprünglich beabsichtigt sollen nach der vorliegenden Planung bis 1916 gebaut werden.
In den Gesprächen mit Haldane gibt Kanzler Bethmann Hollweg allerdings zu verstehen, Deutschland lasse in der Flottenfrage mit sich reden, wenn England seine unumschränkte Neutralität für den Fall zusage, daß Deutschland in einen Krieg verwickelt werde. Haldane schwächt ab: England bleibt neutral, wenn Deutschland angegriffen wird. Aber die deutsche Regierung besteht auf der Formulierung »in einen Krieg verwickelt.« Denn das kann auch heißen: Deutschland greift an.
Diese Zusage gibt der englische Kriegsminister nicht. Die Verhandlungen scheitern, und Haldane reist ohne Ergebnis wieder ab.
Die britische Regierung spielt die Bedeutung der Berliner Gespräche herunter. Der »Daily Telegraph« berichtet am 9. Februar, Lord Haldane sei in seiner Eigenschaft als Präsident der königlichen Kommission für Universitätsstudien nach Berlin gereist, um sich über Fragen der wissenschaftlichen Erziehung an deutschen Universitäten zu unterrichten.

21. Februar. Als »Triumph moderner Ingenieurkunst« wird der Durchstich des Jungfraujochtunnels gewürdigt. Mit einer letzten Dynamitladung wird um 5.35 Uhr morgens in 3457 Metern Höhe das letzte Gestein aus der Durchstichstelle am Jungfraujoch gesprengt. Der Tunnel ist die letzte Etappe beim Bau der Jungfraubahn, an der seit 1896 gebaut wird. Die Gesamtlänge der Bahnstrecke beträgt 10 Kilometer. Arbeit im Tunnel (Bild links). Der erste Durchblick (unten links).

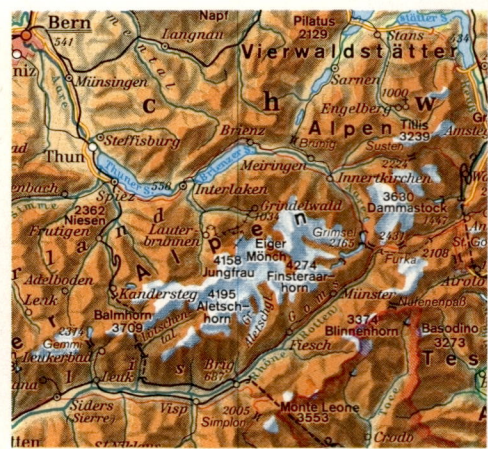

Symbolisch läßt sich General Yüan Schi-kai den Zopf abschneiden.

China wird Republik

13. Februar. Die kaiserliche chinesische Regierung ruft die Republik aus. Sechs Wochen zuvor haben bereits die Revolutionäre in Nanking den Kaiser für abgesetzt erklärt, die Republik proklamiert und den Volksführer Sun Yat-sen als vorläufigen Präsidenten eingesetzt. Seitdem hat China zwei Regierungen, eine republikanische im mittelchinesischen Nanking und eine kaiserliche in Peking.

Der Ministerpräsident der kaiserlichen Regierung, Yüan Schi-kai, erkennt, daß die Sache des Kaisers verloren ist. Er bewegt die Kaiserinwitwe im Namen ihres Sohnes, des Kaisers Pu-Yi, dem Thron zu entsagen. Darauf ernennt sich Yüan zum »Bevollmächtigten Organisator der Republik«. Heer und Polizei folgen seinem Oberbefehl. Präsident Sun Yat-sen erkennt, daß Yüan nur über einen Bürgerkrieg aus dem Amt zu drängen ist.

Er erklärt daraufhin, daß er nach der Wahl einer chinesischen Nationalversammlung zurücktreten werde. Zu seinem Nachfolger schlägt er Yüan Schi-kai vor.

Yüan Schi-kai, der erste Präsident der chinesischen Republik.

1912

MÄRZ

Mo	Di	Mi	Do	Fr	Sa	So
						1
2	3	4	5	6	7	8
9	10	11	12	13	14	15
16	17	18	19	20	21	22
23	24	25	26	27	28	29
30	31					

3. In Deutsch-Südwestafrika wird die Nord-Süd-Eisenbahnlinie von Keetmannshoop nach Windhuk eröffnet.

4. Suffragetten zerschlagen in London Fensterscheiben bei Politikern. Der Schaden beläuft sich auf 100 000 DM. Studenten führen Gegendemonstrationen gegen die Frauenrechtlerinnen durch.

6. Eröffnung der Eisenbahnlinie von Arica am Stillen Ozean (Chile) nach La Paz (Bolivien). Die Strecke überquert die Anden in 4264 m Höhe.

11. Ausbruch eines Bergarbeiterstreiks im Ruhrgebiet. 61 Prozent der Bergleute legen die Arbeit nieder. →

13. Bei Auseinandersetzungen zwischen Militär und Streikenden wird in Herne ein 17jähriger Bergmann erschossen. →

14. Attentat auf den italienischen König Viktor Emanuel III. in Rom im Pantheon. →

15. Yüan Schi-kai wird nach dem Rücktritt von Sun Yat-sen neuer Präsident Chinas.

19. Die Gewerkschaften brechen den Ruhrgebietsstreik ergebnislos ab. →

27. Das englische Unterhaus beschließt ein Mindestlohngesetz für englische Bergarbeiter und erfüllt damit die Forderungen, die im englischen Bergarbeiterstreik erhoben worden sind.

29. Robert Scott kommt mit vier Mitgliedern seiner Südpolarexpedition ums Leben. →

30. Das Wettrudern der englischen Universitätsmannschaften von Cambridge und Oxford wird für ungültig erklärt, weil das Boot von Cambridge während des Rennens sinkt.

GEBOREN:

23. Wernher von Braun († 16. 6. 1977), deutschamerikanischer Raketenkonstrukteur.

27. James Callaghan, britischer Gewerkschaftler und Politiker.

31. Hermann Höcherl, deutscher Politiker.

GESTORBEN:

29. Robert Scott (* 6. 6. 1868), Polarforscher. →

30. Karl May (* 25. 2. 1842), deutscher Schriftsteller. →

Italienischer König bei Attentat verletzt

14. März. Der italienische König Viktor Emanuel III. wird bei einem Attentat schwer verletzt. Als er morgens das Pantheon in Rom betritt, um an einem Seelenamt für seinen Vater teilzunehmen, fallen zwei Schüsse. Der Attentäter, ein 21jähriger anarchistischer Maurer, wird sofort von der Menge überwältigt. Mit Mühe kann die Polizei ihn festnehmen und vor den Angriffen der Umstehenden schützen.

Leser trauern um »Winnetou«-Autor Karl May

Karl May †.

30. März. Der Autor von »Winnetou« und »Old Surehand« stirbt am 30. März im Alter von 70 Jahren in Radebeul. Seine Abenteuergeschichten erfüllen mit exotischen Schauplätzen (vorwiegend der Wilde Westen und der Vordere Orient) die Erwartungen der Leser und machen Karl May schnell bekannt.

Karl May entstammte sehr einfachen Verhältnissen. Er war Sohn armer Weber. Wegen Diebstahls und Betrugs verbrachte er sieben Jahre in Haft. Der finanzielle Erfolg seiner Bücher veränderte sein Leben. »Durch die Wüste« (1892), »Der Schut« (1892), »Winnetou« (1893) und »Old Surehand« (1894) sorgten für gute Erlöse, die Karl May für Weltreisen nutzte, um selbst einmal die Orte zu sehen, an denen er die Handlung seiner Romane angesiedelt hatte.

145

Tragisches Ende von Robert Scotts Südpolexpedition

29. März. Die Südpolexpedition von Robert Scott nimmt ein trauriges Ende. Auf dem Rückmarsch vom Pol, den Scott mit vier Begleitern am 17. Januar erreicht hat, geraten die Forscher in immer neue Schneestürme. Schlitten und Proviant gehen verloren. Der Forscher Evans kommt am 17. Februar um. Als die Mannschaft nur noch elf Meilen vom rettenden Stützpunkt entfernt ist, wütet tagelang ein Blizzard. Ohne Nahrung und Schlitten bleiben Scott und seine Gefährten in ihrem Zelt. Am 29. März schreibt Scott die letzten Zeilen in das Tagebuch: »Die Kraft hat uns verlassen. Das Ende kann lange nicht mehr dauern. Ich kann nicht mehr schreiben.« Erst am 12. November findet ein Suchtrupp das Lager mit den erfrorenen Körpern von Scott, Wilson, Bowers und Oates.

Ruhrarbeiter brechen Streik wieder ab

11. März. Nach 1889 und 1905 bricht der dritte große Ruhrarbeiterstreik aus. Die Arbeitgeber lehnen die Forderungen der Gewerkschaften nach einer 15prozentigen Lohnerhöhung und der Einführung des Acht-Stunden-Arbeitstages ab.
Daraufhin rufen die Gewerkschaften mit Ausnahme des christlichen Bergarbeiterverbandes den Streik aus. Am ersten Tag des Arbeitskampfes legen 230 000 der insgesamt 330 000 Bergleute die Arbeit nieder. Arbeitswillige werden von Streikposten mit Gewalt gehindert, den Arbeitsplatz aufzusuchen.
Daraufhin fordert der christliche Bergarbeiterverband den Einsatz von Militär zum Schutze der Arbeitswilligen. In Herne wird am 13. März ein Bergmann bei Auseinandersetzungen mit dem Militär getötet. Die Streikbegeisterung bei den Bergleuten geht nach einer Woche Arbeitskampf schlagartig zurück. Am 17. März nehmen 60 000 die Arbeit wieder auf und die Gewerkschaften brechen den Ausstand am 19. März erfolglos ab.

Mo	Di	Mi	Do	Fr	Sa	So
			1	2	3	4	5
6	7	8	9	10	11	12
13	14	15	16	17	18	19
20	21	22	23	24	25	26
27	28	29	30			

1. Der englische Premierminister Asquith bringt ein Irlandgesetz ein, das die Einrichtung eines irischen Parlaments in Dublin und eine regionale Selbstverwaltung Irlands vorsieht.

3. Der deutsche Kronprinz eröffnet die Luftfahrzeugausstellung in Berlin und gründet die »Wissenschaftliche Gesellschaft für Flugtechnik«.

13. Der chinesische Präsident Yüan Schi-kai hebt das Heiratsverbot zwischen Chinesen und Nichtchinesen auf.

15. Untergang des Passagierschiffs »Titanic« nahe von Cap Race (Neufundland). →

16. In Deutschland gibt es 90 Privateisenbahnen, die ein Streckennetz von 4000 km bedienen.

17. Totale Sonnenfinsternis in Deutschland.

18. Das russische Militär greift in den Streik der Goldbergarbeiter an der Lena (Sibirien) ein. Bei den Kämpfen kommen 107 Arbeiter ums Leben.

18. Nach Bombardement der Dardanellen durch italienische Kriegsschiffe schließt die Türkei die Schiffahrtsstraße für den gesamten Schiffsverkehr.

22. Die Stadtverordnetenversammlung von Frankfurt am Main beschließt mit 43 Stimmen gegen die 26 Stimmen der SPD die Gründung einer Universität.

24. Nach der Titanic-Katastrophe schlägt der deutsche Kaiser Wilhelm II. allen Ländern Verhandlungen über ein Abkommen zur Sicherheit der Dampfschiffahrt vor.

27. Einweihung der neuen Galata-Brücke in Istanbul, die von einer Augsburger Maschinenfabrik gebaut worden ist.

GEBOREN:

17. Maria Eggerth, deutsche Schauspielerin.

19. Glenn Seaborg, amerikanischer Chemiker, Nobelpreis 1951.

21. Marcel Camus, französischer Filmregisseur.

28. Werner Haftmann, deutscher Kunsthistoriker.

GESTORBEN:

6. Giovanni Pascoli (* 31. 12. 1856), italienischer Dichter.

Luxusdampfer »Titanic

Der Untergang des Passagierdampfers »Titanic« nach dem Rammen eines Eisbergs. Eine kolorierte Zeichnung von Willy Stöwer.

15. April. Eine Viertelstunde vor Mitternacht erschüttert ein dumpfer Stoß die »Titanic«, den größten Passagierdampfer der Welt. Die »Titanic« ist auf der Jungfernfahrt von Southampton (England) nach New York. Am 10. April gestartet, hat sie die besten Chancen, das Blaue Band, den Preis für die schnellste Nordatlantikpassage, zu gewinnen. Kapitän Smith hat daher die kürzere Sommerroute gewählt, die die Schiffe um diese Zeit normalerweise wegen der Eisberggefahr meiden. Aber die »Titanic« gilt als unsinkbar, sie hat doppelte Schiffsböden. So fährt sie mit Volldampf (22 Knoten = 41 Stundenkilometer) durch das Eisbergfeld des Nordatlantiks. 150 Kilometer ist sie nur noch von der Küste Neufundlands entfernt. Am Morgen des 16. April soll das superschnelle Schiff »Titanic« in New York eintreffen.

Reederei: White Star Line, Southampton

Motor: 46 000 PS, drei Antriebsschrauben.

Länge: 269 Meter
Tonnage: 45 000 BRT

Passagierkapazität: 5000
Mannschaft: 900

Der Luxusdampfer »Titanic« beim Auslaufen in Southampton.

...ammt einen Eisberg

Der dumpfe Schlag: Ein dumpfer Schlag zerstört alle Planung. Mit dem Bug ist der 269 Meter lange Luxusdampfer gegen einen Eisberg geprallt. Die vordere Steuerbordseite des Rumpfes wird unterhalb der Wasserlinie aufgeschlitzt. Als es wieder zurückgleitet, geht ein dichter Eisregen auf das Schiff nieder. Der Eisberg hat ein 90 Meter langes Loch vom Vorschiff bis zur Mitte gerissen. Auch der zweite Schiffsboden ist aufgeschlagen. Alle Pumpen können die einbrechenden Wassermassen nicht bewältigen. Kapitän Smith befiehlt den Notruf CQD (come quick danger) und dann SOS zu funken. Die Rettungsboote werden bereitgestellt; aber sie reichen nicht aus, denn sie bieten nur 1100 Passagieren Platz. An Bord befinden sich jedoch 2224 Menschen. Deshalb dürfen nur Frauen und Kinder in die Boote. Es spielen sich chaotische Szenen ab, während das Schiff sinkt.

Nur 32 Kilometer von der »Titanic« entfernt fährt der Passagierdampfer »California«. Wegen der Eisberggefahr hat der Kapitän der »California« alle Maschinen gestoppt. Vorsichtig bahnt sich das Schiff einen Weg an den Eisbergen vorbei. Das Funkgerät der »California« ist besetzt. Aber der Funker empfängt die Notsignale der »Titanic« nicht. Weiter entfernt nimmt der Funker der »Caparthia« den SOS-Ruf der »Titanic« auf. Sie nimmt sofort Kurs auf den Havaristen, doch es ist zu spät: Um 2 Uhr 20 sinkt die »Titanic«. 1513 Menschen kommen ums Leben. Gegen vier Uhr erst ist die »Caparthia« an der Unglücksstelle und rettet nur noch 711 Menschen.

»Rücksichtslose Raserei«. Vier amerikanische Multimillionäre, die auf der »Titanic« den Rausch des technischen Fortschritts erleben wollen, gehören zu den prominentesten Toten: die Bankiers Guggenheim, Bruce, Widener und Astor. Die englische Lloydversicherung muß 58 Millionen Mark zahlen, denn eine Hebung des Schiffes ist nicht möglich. Die »Titanic« liegt in 3000 Meter Tiefe auf dem Meeresgrund. Das englische Seeamt untersucht den Fall und kommt nach 36 Sitzungen zu dem Ergebnis: Kapitän Smith, der 38 Jahre lang ohne Unfall die Dampfer der englischen »White Star Line« fuhr, hat alle Sicherheitsmaßnahmen unterlaufen. Der vorsitzende Richter, Lord Mersey, rügt scharf die »rücksichtslose Raserei auf dem Ozean«, obgleich Warnungen wegen treibender Eisberge vorgelegen haben.

Die großen Schiffsunglücke seit 1900

Datum	Art des Schiffes	Name des Schiffes	Heimatland	Tote
16. 12. 1900	Kriegsschiff	Gneisenau	Deutschland	41
21. 2. 1901	Dampfer	City of Rio de Janeiro	Großbritannien	160
16. 8. 1901	Dampfer	Islander	USA/Alaska	65
6. 5. 1902	Dampfer	Cammorta	Großbritannien	733
7. 6. 1903	Dampfer	Liban	Frankreich	122
15. 6. 1904	Vergnügungsdampfer	Slocum	USA/New York	1000
1. 7. 1904	Dampfer	Norge	Norwegen	600
10. 9. 1905	Dampfer	Mikasa	Japan	599
18. 11. 1905	Dampfer	Hilda	Großbritannien	93
23. 1. 1906	Dampfer	Aquidaban	Brasilien	196
4. 8. 1906	Dampfer	Sirio	Spanien	385
21. 2. 1907	Dampfer	Berlin	Großbritannien	170
12. 3. 1907	Kriegsschiff	Jena	Frankreich	118
10. 7. 1907	Dampfer	Columbia	USA/Kalifornien	150
23. 3. 1908	Dampfer	Matsu Maru	Japan	300
29. 4. 1908	Dampfer	Matuschima	Japan	200
24. 6. 1908	Dampfer	Larache	Spanien	84
7. 11. 1908	Dampfer	Taish	Japan	150
25. 11. 1908	Dampfer	Sardinia	Großbritannien	156
19. 2. 1909	Dampfer	Presidente Roca	Deutschland	100
14. 11. 1909	Dampfer	La Seyne	Großbritannien/Indien	105
10. 2. 1910	Dampfer	Général Chancy	Frankreich	156
20. 4. 1911	Dampfer	Aurora	Großbritannien	487
24. 11. 1911	Dampfer	Romagna	Italien	60

1912
MAI

Mo	Di	Mi	Do	Fr	Sa	So
				1	2	3
4	5	6	7	8	9	10
11	12	13	14	15	16	17
18	19	20	21	22	23	24
25	26	27	28	29	30	31

1. Der Handel mit den deutschen Kolonien verschlingt immer höhere Reichszuschüsse: 1910 waren es 25,7 Millionen Mark, 1911 sind es 28,6 Millionen Mark.

5. Die Parteizeitung der Bolschewisten, die »Prawda«, erscheint zum ersten Male.

8. König George V. nimmt an einer U-Boot-Fahrt teil.

14. Rußland und Norwegen erklären Spitzbergen für eine neutrale Insel, die von Norwegen verwaltet wird.

18. Die Türken öffnen die Dardanellen wieder.

18. Royalisten und Klerikale feiern in Frankreich den 500. Geburtstag der Jungfrau von Orléans.

23. Stapellauf des größten Passagierschiffs der Welt, der 50 000 BRT großen »Imperator« (Norddeutscher Lloyd).

25. An den österreichischen Hochschulen wird der Numerus clausus für das Medizinstudium eingeführt.

27. Holstein Kiel wird Deutscher Fußballmeister.

29. 100 000 englische Hafenarbeiter streiken für einheitliche Mindestlöhne.

GEBOREN:

2. Karl Adam († 18. 6. 1976), deutscher Rudertrainer.

6. Ellen Müller-Preiss, österreichische Fechterin.

6. Johannes (Micky) Starosta, deutscher Jockey.

8. Gertrud Fussenegger, österreichische Schriftstellerin.

18. Georg von Opel († 15. 8. 1971), deutscher Industrieller.

26. János Kádár, ungarischer Politiker.

28. Patrick White, australischer Schriftsteller, Nobelpreis 1973.

31. Martin Schwarzschild, deutschamerikanischer Astronom.

GESTORBEN:

14. Friedrich VIII. (* 3. 6. 1843), König von Dänemark. →

28. François Lecoq de Boisbaudran (* 18. 4. 1828), französischer Chemiker.

30. Wilbur Wright (* 16. 4. 1867), amerikanischer Flugpionier, Bruder von Orville Wright.

Dänischer König Friedrich VIII. stirbt in Hamburg

14. Mai. Im Alter von 68 Jahren stirbt der dänische König Friedrich VIII. in Hamburg. Auf der Rückreise von seinem Urlaub in Nizza macht der dänische König in Hamburg Station. Er steigt inkognito im Hotel »Hamburger Hof« ab. Abends unternimmt der König unerkannt einen Spaziergang auf dem Jungfernstieg, wo ihn ein Schwächeanfall überfällt. Er sinkt auf einer Parkbank nieder. Ein Schutzmann läßt den »Unbekannten« in das Hafenkrankenhaus bringen, wo der Tod durch Schlaganfall festgestellt wird.

König Friedrich VIII. †.

Sanitätsarzt verweigert Duell

1. Mai. Nach Weigerung, an einem Duell teilzunehmen, scheidet der Oberarzt Dr. Sambeth aus dem preußischen Militärdienst aus. Zuvor hat das Ehrengericht der Sanitätsoffiziere den Arzt wegen Verletzung der Standesehre verurteilt und dem Kaiser vorgeschlagen, ihn aus dem Heer zu entlassen.

Der Sanitätsarzt hat einen Zweikampf mit einem Beleidiger abgelehnt und für seine Entscheidung religiöse Motive vorgebracht.

Der preußische Kriegsminister Josuas von Heeringen erklärt auf Anfrage des Zentrums vor dem Reichstag zu dem Duellfall: »Die Duellverweigerung steht in einem scharfen Widerspruch zu den herrschenden Anschauungen in der Armee«

Mo	Di	Mi	Do	Fr	Sa	So
1	2	3	4	5	6	7
8	9	10	11	12	13	14
15	16	17	18	19	20	21
22	23	24	25	26	27	28
29	30					

4. Großfeuer in Konstantinopel. 1120 Häuser werden zerstört.

7. In den Möllersdorfer Munitionsfabriken bei Wien explodieren 200 000 kg Pulver. Bei dem Unglück kommen 15 Menschen ums Leben und 100 werden verletzt.

8. Der Widerstand der Türken in Tripolis ist endgültig gebrochen. Die Italiener beherrschen das gesamte Land.

11. Die französische Nationalversammlung bewilligt 30 000 Franc für die Feier zum 200. Geburtstag des Philosophen und Schriftstellers Jean Jacques Rousseau.

17. Das Luftschiff »SZ III« brennt in der Halle in Friedrichshafen ab.

18. Japan nimmt den neuen Kriegshafen Chinhai an der südkoreanischen Küste in Betrieb. Die Kosten für den Hafenneubau haben 35 Millionen Mark betragen.

18. Präsident Taft wird von den amerikanischen Republikanern erneut für das Präsidentenamt vorgeschlagen.

19. Die Bürger von Dresden fordern die Errichtung einer zweiten sächsischen Universität und schlagen Dresden als Standort vor.

20. Die Bremer Bürgerschaft lehnt den Antrag auf Einführung des allgemeinen gleichen Wahlrechts an Stelle des Klassenwahlrechts ab.

23. Durch Einsturz einer Brücke an den Niagarafällen stürzen 180 Personen in die Fluten. 47 Menschen ertrinken.

25. Den Zigeunern wird in Preußen verboten, »in Horden auf öffentlichen Straßen und Wegen« zu reisen.

27. Das Luftschiff »Viktoria Luise« unternimmt eine zehnstündige Probefahrt mit 12 Passagieren über der Nordsee.

28. Explosion zerstört in Düsseldorf das Luftschiff Schwaben.

29. Die V. Olympischen Spiele der Neuzeit werden in Stockholm eröffnet. →

GEBOREN:

6. Josef Neckermann, deutscher Kaufmann, Olympiasieger und Vorsitzender der Stiftung der deutschen Sporthilfe.

28. Carl Friedrich Freiherr von Weizsäcker, deutscher Physiker und Philosoph.

Olympia in Stockholm

Einzug der Teilnehmer bei den Olympischen Spielen in Stockholm.

Rekordbeteiligung verzeichnen die V. Olympischen Spiele (29. Juni bis 22. Juli) in Stockholm. 2541 Sportler aus 28 Ländern nehmen an Wettkämpfen in 16 Sportarten und fünf Kunstwettbewerben teil. Um den sportlichen Gedanken in den Mittelpunkt zu rücken, haben sich das Internationale Olympische Komitee und sein Generalsekretär, Pierre de Coubertin, entschlossen, bei den Spielen auf alle großen Zeremonien zu verzichten.

Nicht nur die Sieger in den sportlichen Wettbewerben empfangen Medaillen, auch Coubertin wird Goldmedaillenträger. Unter dem Pseudonym Georges Hohrod hat er für den Literaturwettbewerb eine »Ode an den Sport« verfaßt. Sie wird von der Jury als bester Beitrag gewertet und mit der Goldmedaille ausgezeichnet.

Das olympische Komitee wählt als Austragungsort für die Spiele 1916 die Reichshauptstadt Berlin.

Neue Partei in USA

18. Juni. Auf dem Wahlkonvent der Republikanischen Partei in Chicago führt der Streit um den Präsidentschaftskandidaten zur Spaltung. Die konservativen Gruppen haben die Mehrheit und lenken die Wahlplattform. Als sie einigen Roosevelt-Anhängern das Stimmrecht entziehen, verläßt der progressive Block um den ehemaligen Präsidenten den Parteitag und versammelt sich zu einem eigenen Parteikongreß.

Die Republikaner wählen den amtierenden Präsidenten William H. Taft zu ihrem Präsidentschaftskandidaten.

Roosevelts Anhänger gründen die Progressive Partei und nominieren Theodore Roosevelt zu ihrem Präsidentschaftskandidaten. Die neue Partei spricht vor allem die Großstadtbevölkerung an. Es heißt im Wahlprogramm: »Das Volk muß seine Rechte gebrauchen lernen, damit endlich Chancengleichheit und Gerechtigkeit in Industrie und Wirtschaft herrschen. Es ist höchste Zeit, daß das Wohl des Volkes zur Hauptsorge der Politik wird.«

Mo	Di	Mi	Do	Fr	Sa	So
				1	2	3	4	5
6	7	8	9	10	11	12
13	14	15	16	17	18	19
20	21	22	23	24	25	26
27	28	29	30	31		

1. Die französische Nationalversammlung erklärt Marokko zum französischen Protektorat.

2. Militärkonvention zwischen Bulgarien, Serbien und Griechenland gegen die Türkei. →

2. Die Wahlplattform der Demokratischen Partei bestimmt Woodrow Wilson zu ihrem Präsidentschaftskandidaten.

3. Ergebnis der See-Untersuchungskommission zum Untergang der »Titanic«: Der Kapitän hat das Unglück durch seine Fahrlässigkeit mitverschuldet.

4. Kaiser Wilhelm II. und der russische Zar Nikolaus treffen sich in Baltischport. Sie erklären, daß zwischen Rußland und Deutschland eine dauerhafte Freundschaft besteht. →

7. Zum drittenmal gewinnt der Engländer A. F. Wilding nacheinander das Tennisturnier in Wimbledon. Sieger bei den Damen ist Mrs. Larcombe (Großbritannien).

10. Ein Grubenunglück in Denabe (Wales/Großbritannien) fordert 74 Menschenleben.

21. Ausbruch eines Aufstandes in Albanien gegen die türkische Herrschaft. →

22. Der englische Lord der Admiralität, Winston Churchill, fordert wegen der deutschen Flottenrüstungen einen Ergänzungsetat für die englische Flotte.

24. Die neunte Tour de France gewinnt der Belgier O. Defraye.

24. Die Mongolei wird russisches Protektorat.

31. Frankreich überprüft die Schulbildung seiner Rekruten. Von 300 000 können 8400 weder lesen noch schreiben. 179 714 besitzen nur die Elementarbildung, 6540 haben ein Reifezeugnis erworben, das zu einem Universitätsstudium berechtigt.

GEBOREN:

6. Heinrich Harrer, österreichischer Alpinist; Bezwinger der Eiger-Nordwand.

9. Willi Stadel, deutscher Kunstturner, Olympiasieger 1936.

27. Igor Markewitsch, russisch-italienischer Komponist.

GESTORBEN:

30. Mutsuhito (* 3. 11. 1852) 122. Kaiser von Japan.

Leichtathletik Männer

100 m
1. Ralph Cook Craig USA 10,8
2. Alvah Meyer USA 10,9
3. Donald Lippincott USA 10,9

200 m
1. Ralph Cook Craig USA 21,7
2. Donald Lippincott USA 21,8
3. William Applegarth GBR 22,0

400 m
1. Charles Reidpath USA 48,2
2. Hanns Braun D 48,3
3. Edward Lindberg USA 48,4

800 m
1. James Edwin Meredith USA 1:51,9
2. Melvin Winfield Sheppard USA 1:52,0
3. Ira Davenport USA 1:52,0

1500 m
1. Arnold Jackson GBR 3:56,8
2. Abel Kiviat USA 3:56,9
3. Norman Taber USA 3:56,9

5000 m
1. Hannes Kolehmainen FIN 14:36,6
2. Jean Bouin FRA 14:36,7
3. George Hutson GBR 15:07,6

10 000 m
1. Hannes Kolehmainen FIN 31:20,8
2. Louis Tewanima USA 32:06,6
3. Albin Stenroos FIN 32:21,8

Marathon (40,200 km)
1. Kenneth MacArthur SAF 2:36:54,8
2. Christian Gitsham SAF 2:37:52,0
3. Gaston Strobino USA 2:38:42,4

110-m-Hürden
1. Frederick Kelly USA 15,1
2. James Wendell USA 15,2
3. Martin Hawkins USA 15,3

4 × 100-m-Staffel
1. GBR 42,4 (David Jacobs, Harold Macintosh, Victor d'Arcy, William Applegarth)
2. SWE 42,6 (Ivan Möller, Charles Luther, Ture Persson, Knut Lindberg)

4 × 400-m-Staffel
1. USA 3:16,6 (Melvin Sheppard, Edward Lindberg, James Meredith, Charles Reidpath)
2. FRA 3:20,7 (Charles Lelong, Robert Schurrer, Pierre Failliot, Charles Poulenard)
3. GBR 3:23,2 (George Nicol, Ernest Henley, James Tindal Soutter, Cyril Seedhouse)

Hochsprung
1. Alma Richards USA 1,93
2. Hans Liesche D 1,91
3. George Horine USA 1,89

Stabhochsprung
1. Harry Babcock USA 3,95
2. Frank Nelson USA 3,85
3. Marcus Wright USA 3,85
3. Bertil Uggla SWE 3,80
3. William Happenny CAN 3,80
3. Frank Murphy USA 3,80

Weitsprung
1. Albert Gutterson USA 7,60
2. Calvin Bricker CAN 7,21
3. Georg Åberg SWE 7,18

Dreisprung
1. Gustaf Lindblom SWE 14,76
2. Georg Åberg SWE 14,51
3. Erik Almlöf SWE 14,17

Kugelstoßen
1. Patrick McDonald USA 15,34
2. Ralph Rose USA 15,25
3. Lawrence Whitney USA 13,93

Diskuswerfen
1. Armas Taipale FIN 45,21
2. Richard Byrd USA 42,32
3. James Duncan USA 42,28

Hammerwerfen
1. Matthew McGrath USA 54,74
2. Duncan Gillis CAN 48,39
3. Clarence Childs USA 48,17

Speerwerfen
1. Erik Lemming SWE 60,64
2. Juho Saaristo FIN 58,66
3. Mór Kóczán UNG 55,50

Zehnkampf
1. Hugo Wieslander SWE 7724,495
2. Charles Lomberg SWE 7413,510
3. Gösta Holmér SWE 7347,855

3000-m-Mannschaftslauf (ca. 12 000 m) (nur 1912, 1920, 1924 durchgeführt)
1. USA
2. Schweden
3. Großbritannien

Querfeldeinlauf Einzel (nur 1912, 1920, 1924 durchgeführt)
1. Hannes Kolehmainen FIN 45:11,6
2. Hjalmar Andersson SWE 45:44,8
3. John Eke SWE 46:37,6

Querfeldeinlauf Mannschaft (ca. 12 000 m) (nur 1904, 1912, 1924 durchgeführt)
1. Schweden
2. Finnland
3. Großbritannien

Fünfkampf (nur 1906, 1912, 1920, 1924 durchgeführt)
1. Ferdinand Bie NOR
2. James Donahue USA
3. Frank Lukeman CAN

Weitsprung aus dem Stand (nur 1900, 1904, 1906, 1908, 1912 durchgeführt)
1. Konstantin Tsiklitiras GRE 3,37
2. Platt Adams USA 3,36
3. Benjamin Adams USA 3,28

Hochsprung aus dem Stand (nur 1904, 1906, 1908, 1912 durchgeführt)
1. Platt Adams USA 1,63
2. Benjamin Adams USA 1,60
3. Konstantin Tsiklitiras GRE 1,55

Kugelstoßen beidhändig (rechts und links) (nur 1912 durchgeführt)
1. Ralph Rose USA 27,70 (15,23+12,47)
2. Patrick McDonald USA 27,53 (15,08+12,45)
3. Elmer Niklander FIN 27,14 (14,71+12,43)

Diskuswerfen beidhändig (rechts und links) (nur 1912 durchgeführt)
1. Armas Taipale FIN 82,86 (44,68+38,18)
2. Elmer Niklander FIN 77,96 (40,28+37,68)
3. Emil Magnusson SWE 77,37 (40,58+36,79)

Speerwerfen beidhändig (rechts und links) (nur 1912 durchgeführt)
1. Julius Saaristo FIN 109,42 (61,00+48,42)
2. Väinö Siikaniemi FIN 101,13 (54,09+47,04)
3. Urho Peltonen FIN 100,24 (53,58+46,66)

Tauziehen (nur 1900, 1904, 1906, 1908, 1912, 1920 durchgeführt)
1. Schweden
2. Großbritannien

10 000-m-Gehen (nur 1912 und 1920 durchgeführt)
1. George Goulding CAN 46:28,4
2. Ernest Webb GBR 46:50,4
3. Fernando Altimani ITA 47:37,6

Schwimmen Frauen

100-m-Kraul
1. Fanny Durack AUS 1:22,2
2. Wilhelmina Wylie AUS 1:25,4
3. Jennie Fletcher GBR 1:27,0

4 × 100-m-Kraulstaffel
1. GBR 5:52,8 (Bella Moore, Jennie Fletcher, Annie Spiers, Irene Steer)
2. D 6:04,6 (Wally Dressel, Louise Otto, Hermine Stindt, Grete Rosenberg)
3. AUT 6:17,0 (Margarete Adler, Klara Milch, Josephine Sticker, Berta Zahourek)

König Gustav von Schweden kränzt die Sieger mit Lorbeer.

Schwimmen Männer

100-m-Kraul
1. Duke Paoa Kahanamoku USA 1:03,4
2. Cecil Healy AUS 1:04,6
3. Kenneth Huszagh USA 1:05,6

400-m-Kraul
1. George Ritchie Hodgson CAN 5:24,4
2. John Gatenby Hatfield GBR 5:25,8
3. Harold Hardwick AUS 5:31,2

1500-m-Kraul
1. George Ritchie Hodgson CAN 22:00,0
2. John Gatenby Hatfield GBR 22:39,0
3. Harold Hardwick AUS 23:15,4

100-m-Rücken
1. Harry Hebner USA 1:21,2
2. Otto Fahr D 1:22,4
3. Paul Kellner D 1:24,0

200-m-Brust
1. Walter Bathe D 3:01,8
2. Wilhelm Lützow D 3:05,0
3. Kurt Malisch D 3:08,0

4 × 200-m-Kraulstaffel
1. AUS 10:11,6 (Cecil Healy, Malcolm Champion, Leslie Boardman, Harold Hardwick)
2. USA 10:20,2 (Kenneth Huszagh, Harry Hebner, Perry McGillivray, Duke Paoa Kahanamoku)
3. GBR 10:28,2 (William Foster, Thomas Battersby, John Hatfield, Henry Taylor)

400-m-Brust (nur 1904, 1912, 1920 durchgeführt)
1. Walter Bathe D 6:29,6
2. Thor Henning SWE 6:35,6
3. Percy Courtman GBR 6:36,4

Kunstspringen
1. Paul Günther D 79,23
2. Hans Luber D 76,78
3. Kurt Behrens D 73,73

Turmspringen
1. Erik Adlerz SWE 73,94
2. Albert Zürner D 72,60
3. Gustaf Blomgren SWE 69,56

Einfaches Turmspringen (nur 1912, 1920, 1924 durchgeführt)
1. Erik Adlerz SWE 40,0
2. Hjalmar Johansson SWE 39,3
3. John Jansson SWE 39,1

Wasserball
1. Großbritannien
2. Schweden
3. Belgien

Ringen, griechisch-römischer Stil

Federgewicht
1. Kaarlo Koskelo FIN
2. Georg Gerstacker D
3. Otto Lasanen FIN

Leichtgewicht
1. Eemil Väre FIN
2. Gustaf Malmström SWE
3. Edvin Matiasson SWE

Mittelgewicht
1. Claes Johansson SWE
2. Martin Klein RUS
3. Alfred Asikainen FIN

Halbschwergewicht
1. (keine Goldmedaille vergeben)
1. Anders Ahlgren SWE
1. Ivar Böhling FIN
3. Béla Varga UNG

Schwergewicht
1. Yrjö Saarela FIN
2. Johan Olin FIN
3. Sören Marius Jensen DAN

Fechten Männer

Florett Einzel
1. Nedo Nadi ITA 7
2. Pietro Speciale ITA 5
3. Richard Verderber AUT 4/10

Abkürzungsschlüssel siehe Register

Kunstspringen
1. Paul Günther D 79,23

Turmspringen
1. Greta Johansson SWE 39,9
2. Lisa Regnell SWE 36,0
3. Isabelle White GBR 34,0

Degen Einzel
1. Paul Anspach BEL 6
2. Ivan Osiier DAN 5
3. Philippe Le Hardy de Beaulieu BEL 4

Degen Mannschaft
1. Belgien
2. Großbritannien
3. Holland

Säbel Einzel
1. Dr. Jenö Fuchs UNG 6
2. Béla Békéssy UNG 5/5
3. Ervin Mészáros UNG 5/6

Säbel Mannschaft
1. Ungarn
2. Österreich
3. Holland

Moderner Fünfkampf

1. Gustaf Lilliehöök SWE
2. Gösta Åsbrink SWE
3. Georg de Laval SWE

Rudern

Einer
1. William Kinnear GBR 7:47,6
2. Polydore Veirman BEL 1 Länge zurück
3. Everard B. Butler CAN
3. Mikhail Kusik RUS

Vierer mit Steuermann
1. Deutschland 6:59,4
2. Großbritannien 2 Längen zurück
3. Dänemark

Achter
1. Großbritannien 6:15,0
2. Großbritannien
3. Deutschland

Innendollenvierer mit Steuermann (nur 1912 durchgeführt)
1. Dänemark 7:47,0
2. Schweden 1 Länge zurück
3. Norwegen

Segeln

6 m (nur 1908, 1912, 1920, 1928, 1932, 1936, 1948, 1952 durchgeführt)
1. Frankreich
2. Dänemark
3. Schweden

8 m (nur 1908, 1912, 1920, 1924, 1928, 1932, 1936 durchgeführt)
1. Norwegen
2. Schweden
3. Finnland

10 m (nur 1912 durchgeführt)
1. Schweden
2. Finnland
3. Rußland

12 m (nur 1908 und 1912 durchgeführt)
1. Norwegen
2. Schweden
3. Finnland

Radsport

Straßenrennen Einzel
1. Rudolph Lewis SAF 10:42:39,0
2. Frederick Grubb GBR 10:51:24,2
3. Carl Schutte USA 10:52:38,8

Straßenrennen Mannschaft (nur 1912, 1920, 1924, 1928, 1932, 1936, 1948, 1952, 1956 durchgeführt)
1. Schweden 44:35:33,6
2. Großbritannien 44:44:39,2
3. USA 44:47:55,5

Reitsport

Military Einzel
1. Axel Nordlander SWE
2. Friedrich von Rochow D
3. Jean Cariou FRA

Military Mannschaft
1. Schweden 139,06
2. Deutschland 138,48
3. USA 137,33

Dressur Einzel
1. Carl Bonde SWE 15
2. Gustaf-Adolf Boltenstern sen. SWE 21
3. Hans von Blixen-Finecke SWE 32

Jagdspringen Einzel
1. Jean Cariou FRA 186
2. Rabod Wilhelm von Kröcher D 186
3. Emanuel de Blommaert de Soye BEL 185

Jagdspringen Mannschaft
1. Schweden 545
2. Frankreich 538
3. Deutschland 530

Schießen

Freies Gewehr Einzel
1. Paul Colas FRA 987
2. Lars Jörgen Madsen DAN 981
3. Niels Hansen Ditlev Larsen DAN 962

Freies Gewehr Mannschaft (nur 1906, 1908, 1912, 1920, 1924 durchgeführt)
1. Schweden 5655
2. Norwegen 5605
3. Dänemark 5529

Kleinkaliber (KK), beliebige Stellung
1. Frederick Hird USA 194
2. William Milne GBR 193
3. Harry Burt GBR 192

Kleinkaliber (KK) Einzel (nur 1908 und 1912 durchgeführt) Verschwindendes Ziel
1. Wilhelm Carlberg SWE 242
2. Johan Hübner von Holst SWE 233
3. Gustaf Ericsson SWE 231

Kleinkaliber (KK) Mannschaft (nur 1908, 1912, 1920 durchgeführt) 25 m
1. Schweden 925
2. Großbritannien 917
3. USA 881

50 m
1. Großbritannien 762
2. Schweden 748
3. USA 744

Schnellfeuerpistole oder Revolver
1. Alfred Lane USA 287
2. Paul Palén SWE 286
3. Johan Hübner von Holst SWE 283

Beliebige Scheibenpistole, 50 m
1. Alfred Lane USA 499
2. Peter Dolfen USA 474
3. Charles Edward Stewart GBR 470

Tontaubenschießen
1. James Graham USA 96
2. Alfred Göldel D 94
3. Harry Blau RUS 91

Tontaubenschießen Mannschaft (nur 1912, 1920, 1924 durchgeführt)
1. USA 532
2. Großbritannien 511
3. Deutschland 510

Armeegewehr Einzel (nur 1900, 1906, 1912, 1920 durchgeführt) 3 Stellungen
1. Sándor Prokopp UNG 97
2. Carl Osburn USA 95
3. Embret Skogen NOR 95

Beliebige Stellung
1. Paul Colas FRA 94
2. Carl Osburn USA 94
3. Joseph Jackson USA 93

Armeegewehr Mannschaft (nur 1900, 1908, 1912, 1920 durchgeführt)
1. USA 1687
2. Großbritannien 1602
3. Schweden 1570

Schießen auf laufenden Hirsch, Einzelschuß, Einzel (nur 1908, 1912, 1920, 1924 durchgeführt)
1. Alfred Swahn SWE 41
2. Åke Lundeberg SWE 41
3. Nestori Toivonen FIN 41

Schießen auf laufenden Hirsch, Einzelschuß, Mannschaft (nur 1908, 1912, 1920, 1924 durchgeführt)
1. Schweden 151
2. USA 132
3. Finnland 123

Schießen auf laufenden Hirsch, Doppelschuß, Einzel (nur 1908, 1912, 1920, 1924 durchgeführt)
1. Åke Lundeberg SWE 79
2. Edvard Benedicks SWE 74
3. Oscar Swahn SWE 72

Armeerevolver Mannschaft (nur 1900, 1912, 1920 durchgeführt) 50 m
1. USA 1916
2. Schweden 1849
3. Großbritannien 1804

30 m
1. Schweden 1145
2. Rußland 1091/118
3. Großbritannien 1107/117

Turnen Männer

Mehrkampf Einzel
1. Alberto Braglia ITA 135,0
2. Louis Ségura FRA 132,5
3. Adolfo Tunesi ITA 131,5

Mehrkampf Mannschaft
1. Italien 265,75
2. Ungarn 227,25
3. Großbritannien 184,50

Schwedisches Turnen für Mannschaften (nur 1912 und 1920 durchgeführt)
1. Schweden 937,46
2. Dänemark 898,84
3. Norwegen 857,21

Freies System Mannschaft (nur 1912 und 1920 durchgeführt)
1. Norwegen 114,25
2. Finnland 109,25
3. Dänemark 106,25

Fußball

1. Großbritannien
2. Dänemark
3. Holland

Treffen Zar–Kaiser

Zar Nikolaus II. (Mitte) und der deutsche Kaiser Wilhelm II. (links) treffen sich zu außenpolitischen Gesprächen in Baltischport am Finnischen Meerbusen.

4. Juli. Kaiser Wilhelm II. und der russische Zar Nikolaus treffen sich mit ihren Jachten in Baltischport und beraten über die außenpolitische Lage. Beide Monarchen sichern sich Freundschaft und enge gegenseitige Zusammenarbeit zu. Doch die Regierungen beider Länder gehen ihre eigenen Wege. Zwei Tage vor dem Treffen in Baltischport haben unter der Vermittlung von Rußland Bulgarien, Serbien und Griechenland eine Militärkonvention geschlossen, die gegen die Türkei gerichtet ist. Die Türkei soll vom europäischen Festland vertrieben und ihr Besitz unter den drei Mächten aufgeteilt werden. Alle drei Länder sind an dem türkischen Mazedonien interessiert.

Die Militärkonvention richtet sich auch gegen Österreich-Ungarn. Unter Punkt drei heißt es: »Falls Österreich-Ungarn Serbien angreifen sollte, verpflichtet sich Bulgarien, Österreich-Ungarn den Krieg zu erklären.« Die Beistandsverpflichtung für die Bulgaren gilt ausdrücklich auch für den Fall, daß Serbien von Österreich provoziert wird und selbst den Krieg erklärt.

Während sich Zar und Kaiser in Baltischport noch umarmen, beginnt in Albanien ein Bürgerkrieg zwischen Christen und Mohammedanern. In Mazedonien sucht die Bevölkerung den Konflikt mit dem türkischen Oberherrn. Im August verspricht der französische Ministerpräsident Raymond Poincaré den Russen volle Unterstützung ihrer Balkanpolitik. So riskiert Deutschland bei einem Engagement zugunsten Österreichs in der Balkanfrage den Krieg mit Rußland und Frankreich.

In Deutschland wird mit der Beförderung von Post auf dem Luftweg begonnen. Das Bild zeigt den Euler-Doppeldecker »Gelber Hund«, der für die ersten Postflüge zwischen Darmstadt und Frankfurt/Main eingesetzt wird.

1912

AUGUST

Mo	Di	Mi	Do	Fr	Sa	So
					1	2
3	4	5	6	7	8	9
10	11	12	13	14	15	16
17	18	19	20	21	22	23
24	25	26	27	28	29	30
31						

3. Die türkische Regierung gewährt Albanien beschränkte Autonomierechte. Die albanische Sprache wird Amts- und Unterrichtssprache.

7. Der Katholikentag in Aachen fordert die Aufhebung des Jesuitengesetzes. →

8. Hundertjähriges Jubiläum der Firma Krupp. →

8. Schlagwetterexplosion auf der Bochumer Zeche »Lothringen«: 115 Opfer. →

9. Der französische Ministerpräsident Poincaré verspricht der russischen Regierung anläßlich seines Staatsbesuchs in Petersburg Unterstützung der im Juli bekanntgewordenen russischen Balkanpolitik.

14. Amerikanische Marinetruppen besetzen Nicaragua, um einer europäischen Intervention wegen der Schulden des Landes zuvorzukommen. Amerikanische Banken übernehmen die Bürgschaft für die Zahlungsverpflichtungen Nicaraguas.

15. Der österreichisch-ungarische Ministerpräsident Graf Berchtold schlägt eine Konferenz der Großmächte vor, um einen Balkankrieg zu verhindern.

19. Ausbruch des Bürgerkriegs zwischen Christen und Mohammedanern in Albanien.

23. Einleitung von Friedensgesprächen zwischen türkischen und italienischen Unterhändlern in Caux (Schweiz).

25. Unruhen im türkischen Mazedonien. Die türkische Regierung siedelt Moslems aus Albanien an. Die Bulgaren in Mazedonien erbitten Hilfe von der bulgarischen Regierung.

27. Probefahrt des ersten mit Turbinen getriebenen deutschen Panzerkreuzers »Kaiser« in der Ostsee.

GEBOREN:

3. Otto Siffling († 20. 10. 1939), deutscher Fußballnationalspieler.

13. Salvador Edward Luria, amerikanischer Bakteriologe, Nobelpreis für Medizin 1969.

30. Edward Purcell, amerikanischer Physiker, Nobelpreis 1952.

GESTORBEN:

20. William Booth (* 10. 4. 1829), Begründer der Heilsarmee.

100jähriges Jubiläum der Firma Krupp

8. August. Zum hundertsten Geburtstag der Firma Krupp hält Kaiser Wilhelm II. in der Villa Hügel bei Essen persönlich den Festvortrag. In der Würdigung der Leistung Krupps hebt der Monarch weniger die »Waffenschmiede« hervor, sondern stellt in den Mittelpunkt seiner Ausführungen den Beitrag, den die Kruppschen Werke zur Entwicklung der Technik in Frieden und Fortschritt geleistet haben. Wörtlich sagt der Kaiser: »Die gesamte Technik des modernen Verkehrs, die Eisenbahnräder, -achsen, die Wellen der Schiffe wie die der Kraftwagen beruhen heute noch auf dem Gußstahl und den genialen Konstruktionen der Firma Krupp.« Dann stellt er das Kruppsche Sozialwerk als beispielhaft für die staatliche Sozialpolitik hin: »Die Kranken-, Invaliden- und Hinterbliebenenversorgung der Firma, ihre Konsumanstalten und Fortbildungsschulen haben in der deutschen Großindustrie bahnbrechend gewirkt und die sozialpolitische Gesetzgebung des Deutschen Reiches vorbereiten helfen.«

Die Jubiläumsfeiern werden von einem schweren Grubenunglück überschattet. Auf der Zeche »Lothringen« in Bochum-Gerthe kommen bei einer Schlagwetterexplosion 115 Bergarbeiter ums Leben. Am nächsten Tag besucht der Kaiser die Unglücksstelle und spricht den Angehörigen der Opfer seine Anteilnahme aus.

Kirchentag fordert Recht für Jesuiten

7. August. Der 59. Deutsche Katholikentag in Aachen fordert die Aufhebung des Jesuitengesetzes. Das Gesetz vom 4. Juli 1872 verbietet die Betätigung der Jesuiten im Reich. Der Kirchentag beschließt einstimmig eine Resolution, die den Jesuitenerlaß als schwere Rechtsverletzung und als gehässiges Ausnahmegesetz bezeichnet. Die Katholiken weisen den Vorwurf, die Jesuiten würden dem konfessionellen Frieden schaden, mit Entschiedenheit zurück.

1912
SEPTEMBER

Mo	Di	Mi	Do	Fr	Sa	So
	1	2	3	4	5	6
7	8	9	10	11	12	13
14	15	16	17	18	19	20
21	22	23	24	25	26	27
28	29	30				

2. Französische Truppen schlagen einen Aufstand in Marokko nieder.

4. Serbien unterstützt die Untergrundtätigkeit der Organisationen zur Befreiung Mazedoniens von der Türkei.

8. Auf der Hauptversammlung des Alldeutschen Verbandes in Erfurt kritisiert der Verbandsvorsitzende Dr. Claas den Verzicht Deutschlands auf Marokko.

9. Protestdemonstrationen in Athen gegen die Unterdrückung der Griechen im türkischen Machtbereich (Epirus, Mazedonien und Thrazien). Die Demonstranten fordern das Selbstbestimmungsrecht für alle Griechen.

12. Die bulgarische Regierung fordert von der Türkei Autonomie für Mazedonien. Die Bulgaren drohen im Falle einer türkischen Weigerung mit der Mobilmachung.

14. Erster Spatenstich in Port Augusta zu der 1700 km langen australischen Eisenbahnlinie nach Kalgoorlie.

15. Guerillakämpfe zwischen türkischen und montenegrinischen Armeeeinheiten an der albanischen Grenze.

16. Kaiser Wilhelm nimmt vor Helgoland die Parade der Hochseeflotte ab.

21. Nach dem Brand im Berliner »Theater des Westens« verfügt der preußische Innenminister strenge Feuerschutzbestimmungen für alle Theater des Landes.

22. 350 kretische Freischärler landen auf der Insel Samos und rufen zum Aufstand gegen die Türkei auf.

25. Der Börsenverein des Deutschen Buchhandels gründet in Leipzig die »Deutsche Bücherei«, die ab 1. Januar 1913 alle in- und ausländische Literatur sammelt und zur Verfügung hält.

30. Serbien, Montenegro, Bulgarien und Griechenland befehlen die Mobilmachung ihrer Armee.

GEBOREN:

7. Fritz Schäfer († 15. 10. 1973), deutscher Ringer.

12. Jacques Fath († 13. 11. 1954), französischer Modeschöpfer.

15. John Cage, amerikanischer Komponist.

29. Michelangelo Antonioni, italienischer Filmregisseur.

SPD verzeichnet Anstieg der Mitgliederzahlen

Friedrich Ebert (links) mit Scheidemann (Mitte) und Haase (rechts).

15. September. Innerhalb eines Jahres treten 133 500 Männer der Sozialdemokratischen Partei bei. Der Parteisekretär Friedrich Ebert gibt die aufsehenerregende Zahl auf dem Parteitag in Chemnitz bekannt und begründet den Mitgliederzuwachs mit dem unerschütterlichen Kampf der Partei zur Verbesserung der Lebensbedingungen in der Arbeiterschaft. Die SPD zählt 970 112 Mitglieder. Sie ist in 330 Wahlkreisen fest organisiert.

Hauptthema des Parteitages ist die Teuerung und die Verarmung der Arbeiterschaft. Der Vorsitzende der SPD-Reichstagsfraktion, Hugo Haase, glaubt in der wirtschaftlichen Entwicklung die Gesetzmäßigkeit des Kapitalismus wiederzuerkennen: Die Besitzenden werden immer reicher, während das Proletariat weiter verarmt. Die wachsende gesellschaftliche Spannung erzwingt nach Haases Meinung den Übergang zum Sozialismus. Einstimmig verabschiedet der Parteitag eine Resolution, in der es heißt: »Der Parteitag sieht in dem Gegensatz der Bereicherung der wenigen Kapitalmagnaten und der zunehmenden Massenverarmung der arbeitenden Klasse den stärksten Beweis für die Unvereinbarkeit der kapitalistischen Produktionsweise mit den Interessen der arbeitenden Klasse und für die Notwendigkeit des Sozialismus.«

1912
OKTOBER

Mo	Di	Mi	Do	Fr	Sa	So
	1	2	3		4	
5	6	7	8	9	10	11
12	13	14	15	16	17	18
19	20	21	22	23	24	25
26	27	28	29	30	31	

1. Der deutsche Außenminister von Kiderlen-Wächter kündigt an, daß sich die Großmächte aus einem Balkankrieg heraushalten werden.

3. Ultimatum der Regierungen Serbiens, Bulgariens, Montenegros und Griechenlands an die Türkei, Mazedonien, Altserbien und Albanien innerhalb von drei Tagen Autonomie zu gewähren.

4. Die türkische Regierung lehnt das Ultimatum der Balkanstaaten ab.

8. Montenegro erklärt der Türkei den Krieg.

13. Vollendung des Pyrenäentunnels bei Canfranc, der die Strecke Paris–Madrid um 100 km verkürzt.

14. Erster Nonstopflug eines Luftschiffes von Friedrichshafen am Bodensee nach Joachimsthal bei Berlin. Die Flugzeit des Luftschiffes »LZ 1« beträgt dabei 30 Stunden.

15. Die 62 Abgeordneten der Nationalversammlung Kretas ziehen unter dem Jubel der athenischen Bevölkerung in das griechische Parlament ein.

17. Kriegserklärung Serbiens und Bulgariens an die Türkei. →

18. Friedensvertrag zwischen der Türkei und Italien. Die Türkei verzichtet auf Tripolis und die Cyrenaika. →

18. Bulgarische Truppen besetzen Kurkale und beginnen den Vormarsch nach Adrianopel.

19. Nach fluchtartigem Rückzug der Türken beginnen die Serben den Vormarsch nach Üsküb (Skopje).

20. In einem Kriegsmanifest begründet der bulgarische König das Kriegsziel: Hilfe für die Christen in Mazedonien.

22. Deutschland erkennt die Oberhoheit Italiens über Tripolis und die Cyrenaika an.

26. Serbische Truppen erobern Üsküb (Skopje).

31. Die Stadtverwaltung von Paris kauft für 100 Millionen Mark vom Staat den Befestigungsgürtel um die Stadt, um ihn in Spielplätze umzuwandeln oder zur privaten Bebauung freizugeben.

GEBOREN:

14. Helmut Schelsky, deutscher Soziologe.

Italien und Türkei schließen Friedensvertrag

18. Oktober. Die Türkei und Italien schließen in Ouchy bei Lausanne Frieden. Nach der militärischen Niederlage erfüllt die türkische Regierung die Bedingungen der Italiener und tritt Tripolis und die Cyrenaika an Italien ab. Dafür versprechen die Italiener, ihre Truppen aus der Ägäis zurückzuziehen. Die türkische Regierung hat lange gezögert, ihre nordafrikanischen Besitzungen aufzugeben. Erst die Drohung der italienischen Regierung, die gesamte italienische Flotte in der Ägäis zusammenzuziehen, hat die Türken nachgeben lassen. In der letzten Phase der Gespräche drängen sie sogar auf schnellen Abschluß des Friedensvertrages, weil auf dem Balkan ein neuer Krieg droht. Die Türkei will den Rücken frei haben, wenn es zum Angriff Serbiens, Bulgariens, Montenegros und Griechenlands auf die europäische Türkei kommt.

Krisenherd Balkan um 1912.

Zuchthaus für Attentäter Dalba

9. Oktober. Das römische Schwurgericht verurteilt den Anarchisten Dalba, der am 14. März den italienischen König Viktor Emanuel III. bei einem Attentat schwer verletzt hat, zu dreißig Jahren Zuchthaus. Nach Verbüßung seiner Strafe soll der Attentäter in Sicherheitsverwahrung genommen werden (→ März 1912).

Der Balkan wird zum Kriegsschauplatz

17. Oktober. Bulgarien, Serbien, Griechenland und Montenegro erklären der Türkei den Krieg. Ermutigt durch die militärische Niederlage der Türkei gegen Italien hoffen die Balkanstaaten, die Türken vom europäischen Boden vertreiben zu können. Kein Staatsmann weiß jedoch, wie zwischen den Balkanvölkern vernünftige Grenzen gezogen werden können. Auf Mazedonien erheben Bulgarien, Serbien und Griechenland gleichermaßen Anspruch. Klare Siedlungsgrenzen zwischen den einzelnen Völkern existieren nicht. Auf dem Territorium der europäischen Türkei leben etwa 20 verschiedene Völkerschaften, von denen die größten die Türken, Griechen, Bulgaren, Albaner und Zinzaren sind. Aber auch die größeren Völker lassen sich wieder in oft untereinander verfeindete Völkerschaften unterteilen. So bestehen die Serben aus den eigentlichen Serben, Bosniaken, Montenegrinern und Uskoken. Zusätzlich leben auf diesem Gebiet in geschlossenen Siedlungen Russen, Polen, Deutsche, Magyaren, Juden, Araber, Armenen, Tscherkessen und Zigeuner.

Griechische Soldaten beschießen das Fort Bisani bei Janina, der Hauptstadt des südalbanischen Epirus. Die Türken sollen vom Balkan vertrieben werden.

Zeitgenössische Karikatur: »Der vereinigten europäischen Feuerwehr gelang es nicht, den Brand zu löschen«.

Mazedonien zählt 1 531 000 Einwohner. Darunter befinden sich 410 000 christliche und 46 000 mohammedanische Bulgaren, 350 000 Albaner, 28 000 Türken, 145 000 Griechen, 120 000 Serben, 95 000 Zinzaren und 48 000 Juden, die vor allem in Saloniki leben. Eine Aufteilung Mazedoniens ist deshalb so schwierig, weil die Völkergrenzen nicht eindeutig zu ziehen sind. Serbien ist am stärksten an einer Ausdehnung nach Süden interessiert. Im Königreich selbst leben 2 930 000 Einwohner. In Altserbien, dem Gebiet unmittelbar jenseits seiner südlichen Grenze, wohnen noch einmal 1 340 000 Serben. Die meisten bulgarischen Siedlungen außerhalb Bulgariens sind in Thrakien bis zur Küste des Ägäischen Meeres zwischen der Hafenstadt Kawalla und den Dardanellen. Deshalb erhebt die bulgarische Regierung vor allem Anspruch auf dieses Gebiet.

Auf dem gesamten Balkan bestehen mehr griechische Siedlungen als in Griechenland selbst. Nach der Bevölkerungszählung von 1907 hat Griechenland 2 637 000 Einwohner. Auf dem gesamten Balkan beträgt die Zahl der Griechen rund acht Millionen. Griechische Siedlungen gibt es in Epirus (Albanien), in Mazedonien, an den Küsten der Ägäis, des Schwarzen Meeres bis hin zur Donaumündung und an den Küsten Kleinasiens.

Die Karte zeigt die um die Vorherrschaft ringenden Balkanstaaten vor dem Ersten Weltkrieg. Zur Vielzahl der Staaten kommt ein verschiedenartiges Völkergemisch.

Die 1912 beginnenden Kriege des Balkanbundes gegen die Türkei.

1912
NOVEMBER

Mo	Di	Mi	Do	Fr	Sa	So
						1
2	3	4	5	6	7	8
9	10	11	12	13	14	15
16	17	18	19	20	21	22
23	24	25	26	27	28	29
30						

3. Nach der schnellen Niederlage ihrer Armee bittet die türkische Regierung die Großmächte Frankreich und Österreich-Ungarn um Friedensvermittlung.

4. Der kaiserliche Hof in Petersburg gibt die Bluterkrankheit des russischen Thronfolgers öffentlich bekannt. →

5. Bulgarische Truppen erobern die Befestigungen vor Konstantinopel und schneiden der Stadt die Wasserversorgung ab.

7. Woodrow Wilson neuer Präsident der Vereinigten Staaten. →

8. Die türkische Besatzung in Saloniki kapituliert.

9. Rechtsruck in der russischen Duma (Reichsparlament). Von den 440 Abgeordneten gehören 150 (97 mehr als in der 3. Duma) zu den Konservativen. Die Sozialdemokratische Partei erringt drei Mandate.

15. Gerhart Hauptmann erhält an seinem 50. Geburtstag den Nobelpreis für Literatur zugesprochen. →

16. Landtagswahlen in Württemberg. Zentrum 21 Mandate, Bund der Landwirte 17, Sozialdemokraten 13, Volkspartei 15 und Nationalliberale 9.

18. Choleraausbruch in Konstantinopel.

19. In ihren Waffenstillstandsbedingungen fordern die Balkanstaaten den vollständigen Rückzug der Türken aus Europa, mit Ausnahme eines kleinen Landstreifens am Bosporus.

28. Im Krematorium der Stadt Berlin findet die erste Einäscherung in Deutschland statt.

29. Die Nationalversammlung Albaniens verkündet die Unabhängigkeit des Landes.

30. Die Bewohner der Insel Samos proklamieren die Vereinigung der Insel mit Griechenland.

GEBOREN:

3. Alfredo Stroessner, Staatspräsident Paraguays seit 1954.

5. Gustav Berauer, deutscher Skiläufer, 1939 Weltmeister in der nordischen Kombination.

26. Eugène Ionesco, französischer Dramatiker und Schriftsteller.

GESTORBEN:

28. Otto Brahm (* 5. 2. 1856), deutscher Literarhistoriker.

Nobelpreis für Hauptmann

15. November. An seinem 50. Geburtstag erhält der deutsche Dichter Gerhart Hauptmann ein Telegramm vom Nobelkomitee mit der Mitteilung, daß ihm der Literaturpreis für das Jahr 1912 zuerkannt worden ist. Eine Flut von Glückwünschen aus aller Welt folgt nach Agnetendorf im Riesengebirge, wo Hauptmann lebt.

Unter den Gratulationen fehlt das sonst übliche Telegramm des Kaisers. Wilhelm II. mag Hauptmanns sozialkritische Schriften und Theaterstücke nicht, weil sie Mißstände im kaiserlichen Deutschland bloßstellen. Am 25. September 1894 hat Kaiser Wilhelm II. nach der Premiere des Hauptmann-Stückes »Die Weber« seinen Hoflogenplatz gekündigt, zwei Jahre später hat der Monarch verhindert, daß Hauptmann der Schillerpreis überreicht wurde. Mit der Verleihung des Nobelpreises wird Hauptmanns Ruhm weltweit.

Von dem Maler Lovis Corinth stammt das »Bildnis Gerhart Hauptmann«.

Wilson wird Präsident

Woodrow Wilson.

7. November. Der Demokrat Thomas Woodrow Wilson wird zum 28. Präsidenten der Vereinigten Staaten gewählt. Seine Wahl verdankt er vor allem der Spaltung der republikanischen Partei, deren Anhänger zwei Kandidaten ins Rennen geschickt haben, die sich gegenseitig die Stimmen wegnehmen: den bisherigen Präsidenten Robert A. Taft und Expräsident Theodore Roosevelt von der abgespaltenen Progressiven Partei.

Für Wilson stimmen 6,3 Millionen Amerikaner, das sind nur 42 Prozent der Wahlberechtigten. Auf Roosevelt fallen 4,1 Millionen Stimmen (27 Prozent) und auf Taft 3,5 Millionen (23 Prozent). Aber in den Wahlkreisen und Staaten setzen sich mit einfacher Mehrheit überall die Wahlmänner Wilsons durch, so daß der Kandidat der Demokraten 435 Wahlmänner aus 40 Staaten erhält, Roosevelt dagegen nur 88 aus sechs Staaten und Taft ganze acht Wahlmänner in den Staaten Utah und Vermont.

Präsident Thomas Woodrow Wilson (* 28. 12. 1856), Sohn eines Geistlichen, ist seit 1890 Professor für Geschichte in Princeton (New York) und seit 1911 Gouverneur von New Jersey. Er hat den Wählern versprochen, mit dem Programm des »New Freedom« den Unter- und Mittelschichten mit der Regulierung des Wettbewerbs, mit der Senkung von Zöllen und durch progressive Einkommensteuern bessere wirtschaftliche Chancen zu gewähren.

Der russische Kronprinz leidet an Blutkrankheit

4. November. Der russische Hof gibt bekannt, daß Kronprinz Alexis an einer schweren Krankheit leidet. Im September tritt nach einem Bootsunfall des Zarewitsch eine schmerzhafte Geschwulst in der Weichengegend auf. Nach drei Wochen ist die Geschwulst soweit zurückgegangen, daß der Patient wieder stehen kann. Bei einem neuen Sturz am 11. Oktober erfolgt ein wesentlich größerer Bluterguß, der sich auf die gesamte linke Weichengegend ausdehnt.

Die Ärzte diagnostizieren eine tükkische Bluterkrankheit, die nur nach langwieriger und geduldiger Behandlung Heilungschancen eröffnet. Hofkreise in Petersburg befürchten, daß das Leiden des Zarewitsch unheilbar ist.

Die Erkrankung äußert sich als Unvermögen des Blutes, beim Austritt an die Luft zu gerinnen, so daß die Blutung nicht gestoppt wird. Selbst bei kleineren Verletzungen kann es zum Verbluten kommen. Die Krankheit ist erblich und nur bei Männern anzutreffen.

Mo	Di	Mi	Do	Fr	Sa	So
	1	2	3	4	5	6
7	8	9	10	11	12	13
14	15	16	17	18	19	20
21	22	23	24	25	26	27
28	29	30	31			

1. Durch Vereinbarung zwischen deutschen und amerikanischen Telegrafengesellschaften wird der Preis für ein Wort bei Telegrammen in die Vereinigten Staaten auf 35 Pfennig verbilligt.

6. Die Chinesen erhalten das Wahlrecht. Voraussetzung sind die Vollendung des 21. Lebensjahres, Grundbesitz im Wert von 500 Dollar und höhere Schulbildung.

8. Der Dreibund zwischen Österreich-Ungarn, Deutschland und Italien wird für weitere sechs Jahre verlängert.

10. Verleihung der Nobelpreise. →

11. Zum erstenmal seit 1910 übersteigt im ersten Halbjahr 1912 die Zahl der Geburten mit 14 172 die Zahl der Todesfälle in Frankreich.

15. Eröffnung der Teilstücke der Bagdadbahn von Aleppo nach Radjou und von Aleppo nach Dscherablus am Euphrat.

17. Der sächsische Landtag bewilligt 1,75 Millionen Mark zum Aufbau der Deutschen Bücherei in Leipzig.

17. In London beginnen die Friedensverhandlungen zum Balkankrieg.

18. Der amerikanische Kongreß verbietet die Einwanderung von Analphabeten.

21. Dänemark, Norwegen und Schweden erklären ihre gemeinsame Neutralität im Kriegsfall.

23. Eröffnung des Stauwerks von Assuan in Ägypten.

24. 245 japanische Bergleute kommen bei einer Explosion auf der Zeche Ynbari (Hokkaido) ums Leben.

27. Der französische Ministerpräsident Raymond Poincaré kandidiert für die französischen Präsidentschaftswahlen.

GEBOREN:

12. Henry Armstrong, amerikanischer Boxer.

GESTORBEN:

21. Paul Gordan (* 29. 4. 1837), deutscher Mathematiker.

30. Alfred von Kiderlen-Wächter (* 10. 7. 1852), deutscher Politiker.

31. Josef Leonhard Schmid (* 29. 1. 1822), Münchner Marionettenspieler.

Nofretete entdeckt

Die Büste der ägyptischen Königin Nofretete wird gefunden.

7. Dezember. Bei Ausgrabungen in der altägyptischen Stadt El-Amarna (Echet-Aton) findet der deutsche Archäologe Ludwig Borchardt in den Ruinen des Hauses vom Bildhauer Thutmose die Büste der Königin Nofretete.

Nofretete ist Hauptgattin des ägyptischen Königs Echnaton, der das Land vor über 3000 Jahren, von 1364 bis 1347 vor Christi, regiert hat, seinen Hof nach El-Amarna verlegte und hier in kurzer Zeit ein blühendes Kulturzentrum hat entstehen lassen. Nach dem Tode Echnatons wird El-Amarna schnell wieder verlassen. Die Stadt wird erst 1911 von der Deutschen Orientgesellschaft neu entdeckt, die hier mit Ausgrabungen beginnt.

Am 7. Dezember 1912 stößt Ludwig Borchardt auf die Büste der Königin. Die Büste ist ein Meisterwerk der ägyptischen Kunst des mittleren Reichs. Der Fund ist nur ganz geringfügig beschädigt. Von beiden Ohren sind Stückchen abgebrochen und im linken Auge fehlt die Einlage. Bei der Untersuchung von Chemikern lassen sich auch die ursprünglichen Farben und die Art ihrer Herstellung feststellen, so daß eine originalgetreue farbliche Rekonstruktion stattfinden kann. Mit Zustimmung der staatlichen ägyptischen Altertümerverwaltung und der Deutschen Orientgesellschaft wird die Büste der altägyptischen Königin dem Berliner Museum übereignet (→ Januar 1976).

US-Kriegsminister erhält den Friedensnobelpreis

10. Dezember. Der Friedensnobelpreis wird 1912 dem ehemaligen amerikanischen Kriegsminister Elihu Root verliehen. Damit finden die Arbeiten des Amerikaners zur Entwicklung einer Weltschiedsgerichtsordnung, mit der Konflikte zwischen den Völkern in Zukunft am Verhandlungstisch gelöst werden sollen, Anerkennung.

Als Würdigung seiner Arbeiten über die Gefäß- und Organtransplantationen wird der amerikanische Professor am Rockefeller-Institut, Alexis Carell, mit dem Nobelpreis für Medizin geehrt. Für seine Erfindung automatischer Regulatoren, die in Kombination mit Gasakkumulatoren zur Beleuchtung von Leuchttürmen und Leuchtbojen zu verwenden sind, erhält der schwedische Ingenieur Nils Gustaf Dalén den Nobelpreis für Physik.

Für ihre Verdienste zur Weiterentwicklung der organischen Chemie werden die französischen Forscher Victor Grignard von der Universität Nancy und Paul Sabatier von der Universität Toulouse mit dem Nobelpreis für Chemie geehrt.

Gerhart Hauptmann erhält den Nobelpreis für Literatur (→ November 1912).

Fotoapparate Schlager auf dem Gabentisch

In den Großstädten präsentieren die Kaufhäuser den Kunden die Produkte des technischen Fortschritts. Für die Bevölkerung auf dem Lande hat der Einbecker Kaufmann August Stukenbrok mit den Angeboten seines Versandkaufhauses gleichmäßigen Ersatz geschaffen. Schlager im Weihnachtsgeschäft 1912 sind »photographische Apparate« zum Preise zwischen 14 und 200 Mark, aber auch Sprechmaschinen und Schallplatten. Neueste Schallplatten kosten zwei Mark. Sportartikel nehmen einen breiten Raum im Angebot ein. Tennisschläger, Bälle und ein Tennisnetz kosten zusammen knapp dreißig Mark.

1913

JANUAR

Mo	Di	Mi	Do	Fr	Sa	So
		1	2	3	4	5
6	7	8	9	10	11	12
13	14	15	16	17	18	19
20	21	22	23	24	25	26
27	28	29	30	31		

1. Waffenstillstand im Balkankrieg zwischen der Türkei und den Balkanstaaten. Friedensverhandlungen in London.

2. Die Türkei verzichtet auf ihre europäischen Gebiete mit Ausnahme des Hinterlandes von Bosporus und Dardanellen. Albanien soll nach den türkischen Plänen ein selbständiger Staat werden.

8. Die Balkanstaaten fordern den Abzug der Türken aus allen europäischen Gebieten sowie die Abtretung Kretas und der Ägäischen Inseln. Die Londoner Friedenskonferenz scheitert, weil die Türken nicht zustimmen.

12. Kiel und Wilhelmshaven werden Stützpunkte für die deutsche U-Boot-Flotte.

13. Papst verbietet Kinovorführungen in Kirchen. Es dürfen auch keine Filme religiösen Inhalts gezeigt werden.

14. Nach Scheitern der Londoner Friedenskonferenz nehmen die Balkanstaaten die Feindseligkeiten gegen die Türkei wieder auf.

15. Die erste drahtlose Verbindung zwischen New York und Berlin kommt zustande. Durch Errichtung eines neuen Funkturms ist der Sender Nauen bei Berlin leistungsfähiger geworden.

17. Der französische Ministerpräsident Raymond Poincaré wird zum Präsidenten der französischen Republik gewählt. Nachfolger als Ministerpräsident ist Aristide Briand.

23. Die thüringischen Kleinstaaten Großherzogtum Sachsen-Weimar, das Herzogtum Altenburg, Coburg-Gotha und die Fürstentümer Schwarzberg-Sondershausen, Schwarzberg-Rudolstadt, Reuß ältere und Reuß jüngere Linie beabsichtigen die Bildung einer gemeinsamen Vertretung im deutschen Bundesrat.

GEBOREN:

6. Edward Gierek, polnischer Politiker.

9. Richard Nixon, 37. Präsident der Vereinigten Staaten (1969 bis 1974).

10. Gustav Husák, tschechoslowakischer Politiker.

GESTORBEN:

4. Alfred Graf von Schlieffen (* 28. 2. 1833), preußischer Generalfeldmarschall. →

Von Schlieffen stirbt im Alter von 79 Jahren

4. Januar. Im Alter von fast 80 Jahren stirbt Generalfeldmarschall Alfred Graf von Schlieffen in Berlin. Auf Befehl von Kaiser Wilhelm II. wird der General in der Berliner Invalidenkirche aufgebahrt. Der Monarch nimmt an den Trauerfeierlichkeiten selbst teil und legt einen Kranz am Sarge des Generalfeldmarschalls nieder.

Schlieffen hat dem Reich 1905 einen Aufmarschplan erarbeitet, der der deutschen Armee helfen soll, erfolgreich einen Zwei-Fronten-Krieg gegen Rußland und Frankreich zu bestehen. Schlieffens Plan geht von einer schnellen Niederlage Frankreichs aus. Frankreich soll mit einer riesigen Zangenbewegung von Norden und Süden angegriffen werden. Die Zange soll westlich von Paris zugreifen und die Franzosen zur Kapitulation zwingen. Der Plan gelingt jedoch nur, wenn deutsche Truppen durch Belgien marschieren können. Belgien ist aber neutral und England Garantiemacht der belgischen Neutralität. Nach den Plänen von Schlieffen kann der Westfeldzug in der Zeit siegreich beendet werden, die Rußland zur Mobilmachung benötigt. Nach dem Sieg über Frankreich soll die ganze deutsche Heeresmacht nach Osten geworfen werden.

Politischer Streit führt zum Duell

2. Januar. Graf István Tisza, der Präsident des ungarischen Abgeordnetenhauses, fordert den Führer der Opposition, Graf Mihály Károlyi, zum Duell heraus. Károlyi wünscht soziale und politische Reformen in Ungarn, während Tisza die bestehende Gesellschaftsordnung verteidigt. Die Gegensätze und persönlichen Anfeindungen werden so groß, daß Tisza glaubt, seine Ehre in einem Zweikampf verteidigen zu müssen. Am Morgen des 2. Januar kommt es zu einem Säbelduell der beiden adligen Politiker. Dabei fügt Tisza seinem Gegner Stirnwunden zu und erhält selbst einen Hieb auf die Hand.

1913

FEBRUAR

Mo	Di	Mi	Do	Fr	Sa	So
					1	2
3	4	5	6	7	8	9
10	11	12	13	14	15	16
17	18	19	20	21	22	23
24	25	26	27	28		

2. Eröffnung des New Yorker Zentralbahnhofs, des jetzt größten Bahnhofs der Welt. →

6. Die russische Regierung lehnt den Antrag der Volksvertretung, der Duma, ab, Frauen für das Juristenamt zuzulassen.

8. Englische Frauenrechtlerinnen zerstören die Telefonleitung London–Glasgow.

9. Ausbruch der Revolution in Mexiko. Felix Diaz, ein Neffe des ehemaligen Präsidenten, nimmt die Hauptstadt ein. Präsident Madero muß fliehen.

17. Eröffnung der »Armory Show« in New York, der ersten Ausstellung moderner Malerei in den Vereinigten Staaten. →

18. Mexikos Präsident Madero wird durch den Revolutionsgeneral Victoriano Huerta gefangengenommen. Huerta erklärt sich zum neuen Präsidenten Mexikos.

19. Suffragetten sprengen in Walton on Hill (England) das neuerbaute Landhaus des englischen Schatzkanzlers Lloyd George in die Luft.

24. Die Führerin der englischen Suffragetten, Emmeline Pankhurst, wird verhaftet, nachdem sie die Verantwortung für den Anschlag auf das Landhaus von Schatzkanzler Lloyd George übernommen hat.

26. Der amerikanische Kongreß verabschiedet den Flottenetat. Der Plan sieht den Bau von einem Schlachtschiff, sechs Zerstörern und vier U-Booten für 1913 vor.

27. Wegen des ungewöhnlich starken Frostes in Südosteuropa werden im Balkankrieg an allen Fronten die Kämpfe zeitweilig eingestellt.

GEBOREN:

16. Richard Jäger, deutscher Politiker.

20. Rolf Italiaander, deutscher Forschungsreisender und Schriftsteller.

25. Gert Fröbe, deutscher Filmschauspieler.

GESTORBEN:

2. Carl-Gustaf de Laval (* 9. 5. 1845), schwedischer Ingenieur.

22. Francisco Madero (* 30. 10. 1873), mexikanischer Präsident.

Denkwürdiger Straßburger »Kaiserempfang«

Prinz Joachim von Preußen.

5. Februar. Innerhalb weniger Stunden versinkt Straßburg im Flaggenschmuck, und 18 000 Mann aller Truppengattungen, allen voran Kaisersohn Prinz Joachim von Preußen, marschieren zur Parade auf. Um 10 Uhr morgens hat ein Postbeamter ein Telegramm im »Gouvernement«, der Residenz, abgegeben, mit dem Inhalt: »Kaiser Wilhelm trifft heute gegen 12 Uhr im Automobil in Straßburg ein.« Um 12 Uhr wartet Straßburg gespannt auf Kaiser Wilhelm. Der Kaiser erscheint jedoch nicht. Um 14 Uhr forscht der Gouverneur nach, wo der Kaiser bleibe. In Kehl und Karlsruhe ist nicht bekannt, daß der Kaiser im Land sei. Aus Berlin kommt die Meldung, der Kaiser halte sich an diesem Aschermittwoch zu einem Festempfang in Königsberg auf, am anderen Ende des Reiches. Die Parade wird beendet. Kopfschüttelnd gehen auch die Bürger wieder nach Hause.

Die Polizei fahndet nach dem Postbeamten, der das Telegramm überbracht hat. Sie findet ihn in der Redaktion einer Straßburger Zeitung. Dort erzählt er seine Geschichte. Die Metzer Garnison hat ihn, den ehemaligen Soldaten August Wolter, wenige Monate zuvor wegen Unzurechnungsfähigkeit entlassen. Um seine Zurechnungsfähigkeit zu beweisen, verschafft sich Wolter am Rosenmontag eine Postuniform und überbringt am Aschermittwoch das gefälschte Telegramm ins Gouvernement. In ganz Deutschland lacht man über diesen Ulk.

Der größte Bahnhof

In New York wird der Zentralbahnhof, der größte Bahnhof der Welt, eingeweiht. Das Bild zeigt die riesige, lichtdurchflutete Halle der »Central Station«.

2. Februar. New York weiht den Zentralbahnhof, den größten Bahnhof der Welt, ein. Die Baukosten haben 600 Millionen Mark verschlungen. Das Bahnhofs- und Gleisgelände dehnt sich über eine Fläche von 32 Hektar aus. Das Bahnhofsgebäude selbst besitzt zwei Etagen. In der oberen Etage enden auf 42 Gleispaaren die Fernzuglinien, unten die Vorortlinien. Die Bahnhofshalle bietet Raum für 1043 Eisenbahnwagen. Die Reisenden halten sich in riesigen Wartesälen auf und betreten die Bahnsteige erst bei Einlaufen der Züge.

»Armory Show« in New York zeigt moderne Kunst

17. Februar. 1600 Bilder und Skulpturen moderner europäischer und amerikanischer Maler werden zum ersten Male in New York ausgestellt. Da es keinen Raum gibt, in dem so viele Kunstwerke in würdiger Form ausgestellt werden können, haben die Veranstalter das Zeughaus des 69. Regiments gemietet. Die »Armory Show« wird von mehr als 300 000 Menschen besucht, die erstaunt, erschreckt, schockiert und auch begeistert registrieren, wie sich die europäische Malerei entwickelt hat.
Im Vergleich zur amerikanischen Kunst wird der Vorsprung Europas deutlich: Ingres, Delacroix, die Impressionisten, Symbolisten, Fauvisten und Kubisten inspirieren die amerikanischen Künstler. Nach New York wird die Ausstellung in Chicago und Boston gezeigt.

US-Präsident legt Grundstein für Indianerdenkmal

20. Februar. An der höchsten Stelle von Staten Island in New York legt der amerikanische Präsident William H. Taft den Grundstein für ein Denkmal, das den Indianern Nordamerikas gewidmet ist. 33 Häuptlinge von Indianerstämmen sind bei der Feier anwesend. »Roter Falke«, der Erbhäuptling der Oglalla-Sioux, erklärt: »Als Zeichen dafür, daß ich die neue Ordnung der Dinge ohne Groll anerkenne, reiche ich dem großen weißen Vater meine Hand.« Dann ergreift er die Hand von Präsident Taft.
Die Zahl der Indianer nimmt nach Auskunft des Indianeramts zu: 1912 werden 305 000 gezählt, bei der Volkszählung im Jahr 1900 waren es nur 270 000. Im Jahr 1870 hatte die Indianerbevölkerung einen Tiefstand erreicht. Sie lag bei etwa 50 000.

1913
MÄRZ

Mo	Di	Mi	Do	Fr	Sa	So
					1	2
3	4	5	6	7	8	9
10	11	12	13	14	15	16
17	18	19	20	21	22	23
24	25	26	27	28	29	30
31						

1. Die französische Regierung will die Wehrpflichtzeit von zwei auf drei Jahre erhöhen.

4. Woodrow Wilson wird 28. Präsident der Vereinigten Staaten.

4. Der russische Zar Nikolaus feiert das 300jährige Regierungsjubiläum der Dynastie Romanow.

5. Vor Helgoland stößt der deutsche Zerstörer »S 178« mit dem Kreuzer »York« zusammen und sinkt. 55 Soldaten werden getötet.

6. Bei einer Dynamitexplosion im Hafen von Baltimore (USA) kommen 100 Menschen um.

8. Um größeren Schiffen die Fahrt nach Bremen zu ermöglichen, beschließt der Bremer Senat, die Fahrrinne der Unterweser von fünf auf sieben Meter zu vertiefen.

10. Feiern zur hundertjährigen Wiederkehr der Befreiung Preußens von Napoleon.

18. Auf den griechischen König Georg I. wird in Saloniki ein Attentat verübt. →

19. Der Zeppelin »LZ 15« wird bei einer Notlandung auf dem Exerzierplatz in Karlsruhe zerstört.

20. Am Galgenberg bei Halle a. d. Saale wird ein großes Gräberfeld mit Urnen aus der Bronzezeit entdeckt.

24. Überschwemmungskatastrophe im Industriegebiet am Ohio (USA). →

27. Japanische Erstaufführung von Goethes Faust im Residenztheater in Tokio.

29. Nach der neuen deutschen Heeresvorlage wird die Friedenspräsenzstärke des Heeres von 544 211 auf 661 176 erhöht. Finanziert werden soll die Heereserweiterung durch eine neue Vermögenssteuer.

GEBOREN:

3. August Tiedtke († 11. 7. 1972), berühmter deutscher Billardspieler. Weltmeister 1936 und 1937.

5. Josef Stroh, österreichischer Fußballnationalspieler.

18. René Clément, französischer Filmregisseur.

GESTORBEN:

18. Georg I. (* 24. 12. 1845), König von Griechenland. →

29. Wilhelm Schippe (* 5. 5. 1836), deutscher Philosoph.

Griechischer König in Saloniki erschossen

18. März. Wenige Monate vor seinem 50. Regierungsjubiläum wird der griechische König Georg I. von einem geisteskranken Griechen in Saloniki erschossen. Der König pflegt jeden Nachmittag einen Spaziergang zu machen. Auf seinen ausdrücklichen Befehl hin darf ihn die Leibwache nicht begleiten. Um 6.30 Uhr nachmittags schießt ein Fremder ohne Warnung auf den Monarchen. Der König wird an der Schläfe getroffen und ist sofort tot. Der Attentäter, der geistesgestörte Alexander Schinas, weigert sich, ein Motiv für seine Tat zu nennen. Am 6. Mai begeht er Selbstmord. Nachfolger Georgs wird der älteste Sohn Konstantin (* 2. 8. 1868), Herzog von Sparta. Er ist mit Sophie von Preußen, einer Schwester des deutschen Kaisers, verheiratet.

Georg I. von Griechenland mit seiner Frau Olga.

Überschwemmung im Ohio-Gebiet

24. März. Die Überschwemmung des Ohio führt im Industriegebiet von Dayton und Cincinnati zur Katastrophe. Die Fluten des Ohio schneiden über hundert Ortschaften von der Außenwelt ab und zerstören die Industrieanlagen teilweise. 75 000 Menschen werden obdachlos, über 100 000 arbeitslos. Angesichts der Überschwemmung grenzt es an ein Wunder, daß die Zahl der Toten 1000 nicht überschreitet.

1913

APRIL

Mo	Di	Mi	Do	Fr	Sa	So
	1	2	3	4	5	6
7	8	9	10	11	12	13
14	15	16	17	18	19	20
21	22	23	24	25	26	27
28	29	30				

2. In Solingen erkranken 300 Menschen nach dem Verzehr von Pferdefleisch an Vergiftungen. Eine Großschlachterei hat ohne tierärztliche Untersuchung ein Pferd notgeschlachtet und das Fleisch verarbeitet.

3. Stapellauf des Turbinendampfers »Vaterland« der Hamburg-Amerika-Linie bei der Werft Blohm & Voss in Hamburg. →

4. Notlandung eines deutschen Zeppelins auf dem französischen Truppenübungsplatz in Lunéville. →

8. Die Handelskammer in Hamburg lehnt die Gründung einer Universität ab, weil die Hochschule zu hohe Kosten verursache, die besser für Handel, Schiffahrt und Industrie verwendet werden sollten.

10. Wintereinbruch in Mitteleuropa. Der Frost zerstört in Österreich-Ungarn 20 000 Telefonanschlüsse, in Deutschland die gesamte Obsternte.

15. In New York wird ein Leuchtturm, der an die Toten der Schiffskatastrophe der »Titanic« erinnern soll, eingeweiht (→ April 1912).

21. Bei seiner ersten Fahrt gerät der 52 000 BRT große deutsche Dampfer »Imperator« auf Grund. →

22. Im französischen Kriegshafen Toulon werden 163 Opiumkneipen registriert. Das Opium stammt aus staatlichen Fabriken in Indochina, die an der Herstellung des Betäubungsmittels jährlich 10 Millionen Franc verdienen.

24. Durch »schlagende Wetter« kommen in einer Grube in Cincinnati (USA) 115 Bergleute ums Leben.

GEBOREN:

7. Sven-Viktor Rosendahl, schwedischer Erzähler.

15. Hans Egon Holthusen, deutscher Schriftsteller.

21. Kai-Uwe von Hassel, deutscher Politiker.

27. Walter Meier, schweizerischer Hockey-Nationalspieler.

GESTORBEN:

14. Karl Hagenbeck (* 10. 6. 1844), deutscher Tierhändler. →

27. Gabriel von Seidl (* 9. 12. 1848), deutscher Baumeister.

Taufe der Ozeanriesen

Die »Imperator« überschreitet als erstes Passagierschiff die 50 000-BRT-Grenze.

21. April. Nach dem Untergang des englischen Dampfers »Titanic« besitzt die deutsche Hamburg-Amerika-Linie (HAPAG) die modernsten Schnelldampfer der Welt. Am 3. April läuft bei der Werft Blohm & Voss der größte Dampfer der Welt vom Stapel: die »Vaterland«. Der Ozeanschnelldampfer ist 277 Meter lang, 30 Meter breit und hat einen Raumgehalt von 56 000 Bruttoregistertonnen, 6000 Bruttoregistertonnen mehr als die »Titanic«. Das Schiff wird von 65 000 PS starken Turbinen angetrieben und erreicht eine Höchstgeschwindigkeit von 23 Knoten, zwei Knoten mehr als die »Titanic«.

Zwei Wochen später wird der 1912 fertiggestellte Nordatlantik-Schnelldampfer »Imperator« zur Jungfernfahrt vorbereitet. Bei der ersten Fahrt auf der Elbe läuft das 62 000 PS starke Schiff auf Grund und kann erst zwei Tage später freigeschleppt werden. Nach einer Probefahrt in der Nordsee soll der Dampfer »Imperator« im Frühjahr den Passagierverkehr von Hamburg nach New York aufnehmen.

Ärger mit Zeppelinen

4. April. Die Zeppelin-Luftschiffe sind Stolz der Deutschen. Ihr Erfinder, Graf Zeppelin, hat 1898 eine »Aktiengesellschaft zur Förderung der Luftschiffahrt« gegründet. Die Anteilscheine der Zeppelin AG finden guten Absatz. So wird auf der Werft in Friedrichshafen ein Luftschiff nach dem anderen gebaut. Doch ebenso schnell wie sie gebaut werden, verunglücken sie. Beim Vertauen am Boden reißen sich die riesigen »Zigarren« oft los und zerschellen. Bei widrigen Witterungsverhältnissen müssen Notlandungen durchgeführt werden, wobei die Luftschiffe nicht ordnungsgemäß vertäut werden können und verunglücken. Anfang April droht sogar ein Konflikt zwischen Frankreich und Deutschland wegen eines Zeppelins. Bei starkem Ostwind hat der Pilot im Nebel die Orientierung verloren, gerät auf französisches Territorium und muß ausgerechnet auf dem französischen Truppenübungsplatz Lunéville notlanden. Die Franzosen vermuten sofort Spionage, zumal der deutsche Kapitän die französischen Behörden nicht an Bord lassen will und erklärt das Luftschiff sei exterritorial. Doch auf eine Telegramm-Order aus Deutschland hin gibt er nach. Die Franzosen finden keinen Anhaltspunkt für Spionage und geben das Luftschiff drei Tage später wieder frei. Für die korrekte Behandlung bedankt sich der deutsche Reichskanzler Theobald von Bethmann Hollweg ausdrücklich bei der französischen Regierung.

Ein Bild von Marcel Duchamp erregt Aufsehen

3. April. Marcel Duchamps Bild »Nude Descending a Staircase Number 2« erregt auf der »Armory Show« in New York am meisten Anstoß, weil das Publikum nicht versteht, was auf der Leinwand dargestellt wird. Da geht nicht einmal ein nackter Mensch die Treppe hinunter, wie im Katalog angekündigt, sondern eher ein Roboter, dessen Bewegungsfolge auf dem Bild Phase für Phase festgehalten wird. Der Maler versucht, mit dieser Technik in seinem Werk die Effekte des Films einzufangen.

Duchamps Werk bietet dem Karikaturisten John McCutcheon die Vorlage, um die neue Zollpolitik von Präsident Woodrow Wilson zu karikieren. Wilson mit einem Farbtopf als futuristischer Maler zeigt sein »Gemälde« vom stürzenden Industriellen.

Karl Hagenbeck stirbt in Hamburg

Karl Hagenbeck †.

14. April. Deutschlands berühmtester Tierhändler, Karl Hagenbeck, stirbt im Alter von 68 Jahren in Hamburg. Aus der Tierhandlung seines Vaters baute er das größte Unternehmen seiner Branche auf, er führte viele Reisen zum Tierfang nach Afrika durch und stellte seltene exotische Tierarten auf Ausstellungen zur Schau. Viermal war Hagenbecks Tierpark auf Weltausstellungen vertreten. Zu Hause sind Hagenbecks Tiere im »Tierpark Stellingen« bei Hamburg.

Mo	Di	Mi	Do	Fr	Sa	So
			1	2	3	4
5	6	7	8	9	10	11
12	13	14	15	16	17	18
19	20	21	22	23	24	25
26	27	28	29	30	31	

2. Der türkische General Essad Pascha, der albanischer Herkunft ist, proklamiert die Autonomie Albaniens unter türkischem Protektorat.

4. Stapellauf des Marine-Linienschiffs »Großer Kurfürst« auf der Vulkanwerft in Hamburg.

6. Deutsches Sängerfest in Frankfurt.

6. Das englische Unterhaus lehnt einen Gesetzentwurf zur Einführung des Frauenstimmrechts mit 266 zu 219 Stimmen ab.

7. Der selbsternannte Präsident Huerta führt in Mexiko die allgemeine Wehrpflicht ein.

10. Der Kongreß des deutschen Weltsprachenbundes bedauert, daß das Esperanto sich bisher nicht als Welthilfssprache durchsetzen konnte.

11. Der VfB Leipzig wird nach einem 3 : 1-Sieg über den Duisburger SV Deutscher Fußballmeister. →

15. Claude Debussys Ballett »Jeux« wird in Paris uraufgeführt.

20. Die wegen Spionage zu Festungshaft verurteilten englischen Offiziere Brandon und Trench werden von Kaiser Wilhelm begnadigt.

21. Staatsbesuch des englischen Königs George V. in Berlin.

22. Feiern zum 100. Geburtstag von Richard Wagner: Des Komponisten Büste wird in den Ruhmestempel Walhalla, den der bayrische König Ludwig I. bei Donaustauf errichtet hat, aufgenommen.

29. Igor Strawinskys Ballett »Le sacre du printemps« in Paris uraufgeführt.

30. Unterzeichnung des Friedensvertrages zwischen der Türkei und den Balkanstaaten in London.

GEBOREN:

6. Stewart Granger, englischer Filmschauspieler.

15. Heinz Haber, deutscher Physiker und Astronom.

17. Hellmut Becker, deutscher Bildungsforscher.

24. Willi Daume, deutscher Sportfunktionär.

26. Josef Manger, deutscher Gewichtheber, Olympiasieger 1936.

31. Peter Frankenfeld († 4. 1. 1979), deutscher Unterhaltungskünstler und Kabarettist.

Selbstmord Redls

25. Mai. Der Selbstmord des Obersten im Generalstab, Alfred Redl, setzt den Schlußpunkt unter die größte Spionageaffäre in der Geschichte der österreichisch-ungarischen Monarchie. Oberst Redl ist wegen homosexuellen Verkehrs in finanzielle Schwierigkeiten geraten und hat sich darauf über 14 Jahre lang ein »Zubrot« durch Verrat militärischer Geheimnisse an Rußland verdient.

Die russische Regierung hat ihm seit 1898 für seine Arbeit jährlich zwischen 50 000 und 100 000 Kronen gezahlt. Dafür hat Redl den Russen die gesamten Aufmarschpläne Österreichs und, soweit ihm bekannt waren, militärische Geheimnisse des Bundesgenossen Deutschland verkauft.

Seit 1912 fällt dem österreichischen Geheimdienst auf, daß die Russen über alle militärischen Pläne der Donaumonarchie informiert sind. Bei einer Personenüberwachung fällt Redl auf.

Nach dem Verhör und dem Geständnis Redls lassen die verhörenden Offiziere eine Pistole zurück, mit der sich der Spion dann, wie erwartet, erschießt.

Viktoria Luise und ihr Gemahl, der Herzog von Braunschweig.

Wilhelm II. (l.) und George V. von England nehmen eine Parade ab.

24. Mai. In Berlin wird die einzige Kaisertochter, Viktoria Luise, mit Herzog Ernst August von Braunschweig vermählt. Zahlreiche gekrönte Häupter nehmen an den Feierlichkeiten teil. Das Bild zeigt den Einzug von Zar Nikolaus II. und seiner Begleitung durch das Spalier der Truppen in Berlin.

Leipzig Meister

11. Mai. Mit 3 : 1 (2 : 0) schlägt der VfB Leipzig in München im Endspiel um die deutsche Fußballmeisterschaft die Mannschaft des Duisburger SV. Bei regnerischem Wetter sind die Sachsen auf dem schweren Boden kämpferisch stärker als Duisburg. Doch die Duisburger Abwehr zeigt eine gute Partie.

Heiratsrekord

17. Mai. Die »Statistische Korrespondenz« meldet 1912 als das Jahr mit der höchsten Zahl an Eheschließungen seit Reichsgründung: 328 415 Paare haben sich das Jawort gegeben. Die Zahl der Geburten geht zurück. 1912 sind es 1 219 867, noch 1906 wurden 1 309 094 Geburten gezählt.

Mo	Di	Mi	Do	Fr	Sa	So
						1
2	3	4	5	6	7	8
9	10	11	12	13	14	15
16	17	18	19	20	21	22
23	24	25	26	27	28	29
30						

3. Die Landtagswahlen in Preußen (Dreiklassenwahlrecht) haben folgendes Ergebnis: Konservative 142 Mandate, Freikonservative 46, Nationalliberale 81, Fortschrittliche Volkspartei 38, Zentrum 103, Polen 12, Dänen 2 und Sozialdemokraten 10.

5. István Graf Tisza von Kaiser Franz Joseph zum ungarischen Ministerpräsidenten ernannt.

5. Nach der neuesten Zählung des preußischen Innenministeriums leben in Preußen 4 014 221 Polen. Die meisten Polen wohnen danach in den Regierungsbezirken Oppeln, Posen, Bromberg, Marienwerder und im westfälischen Arnsberg.

8. Kaiser Wilhelm II. weiht das Deutsche Stadion im Grunewald (Berlin) ein. →

17. 25. Regierungsjubiläum des deutschen Kaisers Wilhelm II. Der Kaiser begnadigt 24 000 Straftäter. →

18. Deutschland erkennt die mexikanische Regierung des Präsidenten Huerta an.

21. Italiener C. Orliani gewinnt die Italien-Radrundfahrt, Giro d'Italia.

24. Wegen Streitigkeiten um die Grenzziehung in Mazedonien und in Thrakien kündigen Serbien und Griechenland das Bündnis mit Bulgarien. →

25. Anläßlich des Besuchs des französischen Staatspräsidenten Poincaré in London schreibt die »Daily News«: »Das herzliche Einvernehmen mit Frankreich darf von keiner Seite aufgefaßt werden, als ob es eine Tür für Feindseligkeiten gegen Deutschland eröffne.«

29. Das norwegische Parlament beschließt einstimmig, den Frauen das volle Wahlrecht zu gewähren. Bisher war das Frauenstimmrecht an die Zahlung direkter Steuern gebunden.

GEBOREN:

6. Jiri Hajek, tschechischer Politiker.

17. Felix Hartlaub (vermißt im April 1945), deutscher Schriftsteller.

25. Aimé Césaire, französischer Schriftsteller.

28. Julius Döpfner († 24. 7. 1976), deutscher katholischer Theologe, Kardinal und Erzbischof von München und Freising.

Kampf um den Balkan

24. Juni. In zwei Kriegszügen (vom 17.10. bis 17.12.1912 und vom 3.2. bis 30.5.1913) besiegen Serbien, Bulgarien und Griechenland die Türkei. Montenegro führt weniger erfolgreich an der albanischen Front gegen die Türken Krieg. Aber am 30. Mai ist das Osmanische Reich bereit, auf alle europäischen Besitzungen bis zur Linie Enos–Midia (am Bosporus und den Dardanellen) zu verzichten. Über die Zukunft Albaniens sollen die europäischen Großmächte entscheiden. Nach Ende des Krieges haben die Verbündeten auf dem Balkan noch gemeinsam rund 100 000 Türken aus ihren Siedlungen nach Konstantinopel vertrieben. Bei der Verteilung der Beute

aber gibt es um Mazedonien Streit. Serbien, Bulgarien und Griechenland einigen sich schließlich, daß Rußland bei der Verteilung vermitteln soll. Doch ehe die Russen angerufen werden, dringen bulgarische Truppen in das von Serbien beanspruchte Mazedonien ein. König Peter von Serbien erklärt Bulgarien darauf am 1. Juli den Krieg. Griechenland schließt sich dem serbischen Schritt an. Rumänien, das nun den Nachbarn durch zwei Gegner gebunden sieht, marschiert am 10. Juli in die südliche Dobrudscha ein, um den Bulgaren dieses Gebiet zu entreißen. Auch die Türken greifen wieder in den Krieg ein und erobern die am 25. März verlorene Festung Adrianopel zurück.

Stadion eröffnet

8. Juni. Die Eröffnung des Deutschen Stadions in Berlin-Grunewald wird in Anwesenheit des Kaisers und der Kaiserin zu einem imposanten Sportfest, an dem 30 000 Turner, Leichtathleten, Radfahrer und Ruderer teilnehmen. Die Ruderregatta von Mannschaften aus allen Teilen Deutschlands wird in der Grünau ausgetragen.
Kaiser Wilhelm dankt den Sportlern und bezeichnet die Wettkämpfe als den schönsten Auftakt zu seinem 25. Regierungsjubiläum.
Der Sport hat für den Kaiser u. a.

auch die Aufgabe, zur Wehrertüchtigung beizutragen. In seinem Danktelegramm an die Veranstalter hebt Wilhelm II. hervor: »Wessen Herz schlüge nicht höher angesichts der schmucken Turner, Schwimmer, Läufer, Ringer, Ruderer und Radfahrer, wie der frischen Knaben und Mädchen des Jungdeutschlandbundes und der Pfadfindertrupps? Eine solche kräftige und wohldisziplinierte Jugend berechtigt zu den schönsten Hoffnungen für die Zukunft des deutschen Vaterlandes.«

Kaiser Wilhelm II. feiert 25jähriges Regierungsjubiläum. Aus diesem Anlaß wird die Reichshauptstadt – hier das Brandenburger Tor – festlich dekoriert.

1913
JULI

Mo	Di	Mi	Do	Fr	Sa	So
	1	2	3	4	5	6
7	8	9	10	11	12	13
14	15	16	17	18	19	20
21	22	23	24	25	26	27
28	29	30	31			

1. Die Mitgliederzahl der SPD erhöht sich vom 1. Juli 1912 bis zum 30. Juni 1913 um 12 748 auf 988 820. Sozialdemokratische Zeitungen haben eine Gesamtauflage von 1 465 212.

5. Das Herreneinzel im Tennisfinale von Wimbledon gewinnt wieder der Engländer A. F. Wildings, bei den Damen bleibt die Engländerin M. Lambert-Chambers siegreich. Im Davis-Pokal-Finale schlagen die Vereinigten Staaten die Mannschaft von Großbritannien mit 3 : 2.

8. Serbien und Griechenland erklären Bulgarien den Krieg.

10. Rumänische Truppen marschieren in die Süddobrudscha ein.

12. Eröffnung des zwölften Deutschen Turnfestes in Leipzig. →

12. Einweihung der Möhnetalsperre. →

14. Die elfte Tour de France gewinnt der Belgier Philippe Thys.

15. Das britische Unterhaus billigt das Gesetz zur Selbstverwaltung Irlands mit 345 gegen 243 Stimmen. Das Oberhaus lehnt das Gesetz mit 302 gegen 64 Stimmen ab (aufschiebendes Veto).

20. Die französische Nationalversammlung stimmt dem Gesetz zur Verlängerung des Wehrdienstes von zwei auf drei Jahre mit 358 gegen 205 Stimmen zu.

22. Die Türken beginnen wieder den Krieg gegen Bulgarien und erobern Adrianopel (Edirne) zurück.

26. Der Expreßzug von Kopenhagen (Dänemark) nach Esbjerg an der Nordseeküste entgleist bei Brammenge; 16 Tote.

28. In einem Vertrag mit Großbritannien erklären Deutschland und die Türkei, daß die Bagdadbahn nur bis Basra gebaut werden soll. →

30. In Bukarest beginnt die Friedenskonferenz der Balkanstaaten.

GEBOREN:

14. Fritz Erler († 22. 2. 1967), deutscher Politiker.

17. Roger Garaudy, französischer Philosoph.

GESTORBEN:

29. Tobias Asser (* 28. 4. 1838), niederländischer Jurist und Politiker, Friedensnobelpreis 1911.

Mehr als 17 000 Sportler beim Leipziger Turnfest

12. Juli. Zur Erinnerung an die hundertste Wiederkehr der Völkerschlacht bei Leipzig, in der Napoleon entscheidend geschlagen wurde, findet das zwölfte Deutsche Turnfest in Leipzig statt. 72 000 Gäste kommen nach Sachsen. Der Festzug zählt mehr als 100 000 Teilnehmer. Bei Eröffnung des Turnfestes durch den Schirmherren der Veranstaltung, Herzog Ernst August von Sachsen-Coburg, finden sich 17 000 Sportler in einheitlichem Trikot im Rund des Stadions ein: lange weiße Hose, schwarzer Gürtel, weißes Hemd mit kurzem Ärmel. Nach Ende der Spiele kehren 1500 von ihnen mit dem Eichenlaub des Siegers nach Hause zurück.
Höhepunkt der sportlichen Wettkämpfe ist der Zwölfkampf. Hier müssen die Athleten je drei Übungen an Barren, Pferd, Reck und in der Leichtathletik absolvieren. Zur Freude der Leipziger gewinnt Ewald Keßler von der Leipziger Turnerschaft Südost mit 134,25 Punkten. In den Einzelwettkämpfen werden folgende Spitzenresultate erreicht: Arthur Hirschmann vom TV Harburg gewinnt mit 1,75 Metern im Hochsprung, Gerhard Gedde vom TV Geestemünde mit 8,15 Metern im Stabweitsprung und Wilhelm Leipziger vom Turnerbund Hohenstein Ernstthal mit 11,10 Metern im Kugelstoßen.

Möhnetalsperre nach langem Bau eingeweiht

12. Juli. Mit einer Feier weiht der Oberpräsident von Westfalen die Möhnetalsperre ein. Seit 1908 ist an der 35 Meter hohen Staumauer gebaut worden.
Die aufgestaute Möhne, Nebenfluß der Ruhr, bildet einen 1027 Hektar großen See, den größten künstlichen See im Sauerland, den zweitgrößten der Region überhaupt. Der Stauinhalt beträgt 135 Millionen Kubikmeter. Die Talsperre dient der Energiegewinnung und dem Hochwasserschutz.

Fliegen — der Traum der Menschheit — wird allmählich als Sport und zunehmend als Beruf betrieben, wenn vorerst auch nur von wenigen Menschen.

Die Piloten werden als Helden enthusiastisch gefeiert. Einen Eindruck von der Stimmung gibt das Plakat der ersten österreichischen Flugwoche 1913.

133 Schiffe im Bau

9. Juli. Der »Nauticus«, das deutsche Jahrbuch zur Marinekunde, veröffentlicht die Zahlen der Flottenrüstung der Großmächte. Insgesamt werden auf den Werften der Großmächte 133 Kriegsschiffe und 93 U-Boote gebaut. In dieser Zahl sind die deutschen U-Boote, die sich im Bau befinden, nicht enthalten, weil die Marine jede Angabe über den Bau von U-Booten verweigert. Die Rüstungen verschlingen hohe Summen. Von allen Großmächten gibt Frankreich pro Kopf seiner Bevölkerung am meisten Geld für die Rüstung aus: 19,29 Mark. Es folgt das Deutsche Reich mit 14,94 Mark und England mit 12,51 Mark. Die Vereinigten Staaten benötigen 4,36 Mark.

Nachdem der deutsche Reichsrat (das Oberhaus und die Länderkammer) am 1. Juli die Erhöhung des stehenden Heeres um 120 000 Mann auf 660 000 beschlossen hat, rechnet man für 1914 mit einer weiteren Erhöhung der Rüstungsausgaben.

Überblick über die Flottenrüstung der Großmächte (Stand Juli 1913)

Land	Linienschiffe		Panzerkreuzer		Großkampfschiffe		U-Boote	
	fertig	im Bau	fertig	im Bau	fertig	im Bau	fertig	im Bau
Groß-britannien	63	15	42	2	27	11	70	25
Vereinigte Staaten	33	6	15	–	8	6	30	20
Deutsches Reich	33	8	13	3	15	11	23	?
Frankreich	27	10	22	–	8	10	60	15
Japan	16	4	14	3	5	7	13	2
Rußland	12	7	6	4	–	11	30	25
Italien	14	8	10	–	1	8	20	4
Österreich-Ungarn	14	2	3	–	2	2	6	2

Thema Bagdadbahn

28. Juli. Die im Zusammenhang mit dem Bau der Bagdadbahn aufgetretenen Probleme können zwischen Deutschland, Großbritannien und der Türkei geregelt werden. Seit 1899 hat England mißtrauisch das Projekt der Deutschen beobachtet, eine Bahnlinie von Konstantinopel über Bagdad und Basra bis an den Persischen Golf zu bauen. Die Engländer fürchten, daß Deutschland nach dem Bau der Eisenbahnverbindung als Konkurrent bei der Erschließung Persiens auftreten könnte (→ Oktober 1904).

Auch Rußland hat Interesse an Persien. Am 19. August 1911 haben Deutschland und Rußland einen Vertrag über den Bau von Anschlußbahnen nach Persien geschlossen. Das Deutsche Reich hat in diesem Vertrag zugesagt, nur Handelsziele in Persien verfolgen zu wollen.

Nach langwierigen Verhandlungen kommt es nun auch zur Einigung

Viadukt der Bagdadbahn bei Konya.

mit England. Deutschland verzichtet im Einvernehmen mit der Türkei auf den Bau der Bahn über Basra hinaus bis zum Golf. England registriert zufrieden, daß eine wirtschaftliche und politische Konkurrenz Deutschlands in der Golfregion zunächst zurückgedrängt wird. Die Bahnlinie selbst ist von Konstantinopel bis Aleppo in Betrieb. An der Strecke bis Nisibin (fertig 1918) wird gebaut.

1913

AUGUST

Mo	Di	Mi	Do	Fr	Sa	So
				1	2	3
4	5	6	7	8	9	10
11	12	13	14	15	16	17
18	19	20	21	22	23	24
25	26	27	28	29	30	31

5. Urteile im Krupp-Prozeß. →

5. Internationaler Mediziner-Kongreß in London.

6. Die englische und französische Regierung planen den Bau eines Tunnels unter dem Ärmelkanal. →

10. Frieden von Bukarest beendet den Balkankrieg. →

13. Der Orientexpreß feiert sein 25. Jubiläum.

14. In Los Angeles wird die längste Wasserleitung der Welt eingeweiht, die das Wasser zur Versorgung der Großstadt über 410 km durch die Sierra Nevada leitet.

15. Die deutsche Oberland-Automobilfabrik bietet einen Kraftwagen für 5600 Mark an.

16. Die amerikanische »Ford Motor Company« macht erste Versuche mit einer Montagebahn (Fließband). Durch sie kann die Produktion pro Kopf um das Vierfache gesteigert werden.

17. Der katholische Kirchentag in Metz ruft zur Spende für die China-Mission auf.

20. Säbelduell zwischen dem ungarischen Ministerpräsidenten Graf István Tisza und dem Markgrafen Georg Pallaviani. Beide Duellanten werden am Kopf verletzt.

20. Mit 950 Teilnehmern wird der 20. Friedenskongreß in Rotterdam eröffnet. Die Delegierten fordern: Rüstungsbeschränkungen und einen internationalen Vertrag über Abrüstung.

25. Der amerikanische Präsident Wilson erklärt den Wirtschaftsboykott gegen Mexiko.

28. Einweihung des Friedenspalastes in Den Haag zum hundertsten Gedenktag der Unabhängigkeit der Niederlande von Napoleon.

31. Die BASF nimmt die Ammoniakfabrik in Oppau in Betrieb.

GEBOREN:

13. Makarios III., früher Michail Muskos († 3. 8. 1977), griechisch-orthodoxer Theologe und zypriotischer Politiker.

GESTORBEN:

13. August Bebel (* 22. 2. 1840), deutscher Politiker.

20. Karl Ludwig von Bar (* 24. 7. 1836), deutscher Straf- und Völkerrechtslehrer.

Frieden im Südosten

10. August. Unter den Angriffen von fünf Mächten – Rumänien, Serbien, Montenegro, Griechenland und der Türkei – bricht die bulgarische Armee zusammen, und die Regierung bittet um Frieden. Am 10. August wird in Bukarest der Friedensvertrag unterzeichnet. Bulgarien verliert das fruchtbare Ackerland in der Süddobrudscha, und behält von Mazedonien nur einen schmalen Gebietsstreifen. Südmazedonien mit Saloniki und der Insel Thasos werden an Griechenland abgetreten. Im Friedensschluß mit der Türkei (Konstantinopel, 21. September 1913) muß Bulgarien außerdem auch noch auf Teile des im Frühjahr von der Türkei bei Adrianopel eroberten Gebiets verzichten.

Der Sieger des Balkankrieges, Serbien, verdoppelt sein Territorium und erhebt zum Anspruch, auf Kosten österreichischer Gebiete ein großserbisches Reich zu gründen. Griechenland erhält den größten Teil Südmazedoniens und erhebt Ansprüche auf Epirus, das bisher zum türkischen Albanien gehörte. Für mehr als 500 000 Menschen bringen die Balkankriege Flucht und Vertreibung. 234 000 Türken verlassen Bulgarien und Serbien. 15 000 Bulgaren flüchten aus dem griechisch gewordenen Mazedonien, über 70 000 Griechen aus dem bulgarisch gewordenen Thrakien. Von den griechischen Truppen, die nach Epirus einmarschieren, werden 70 000 Albaner vertrieben. 265 000 Griechen müssen die Türkei verlassen, und mehr als 100 000 Türken ziehen in umgekehrter Richtung aus Griechenland nach Kleinasien.

August Bebel stirbt

13. August. In dem Schweizer Kurort Passugg stirbt im Alter von 72 Jahren der Führer der deutschen Sozialdemokraten, August Bebel. Bebel, der am 22. Februar 1840 in Köln geboren wurde, gehörte zu den Mitbegründern der sozialdemokratischen Partei (1869/1875). Seit 1871 war er Mitglied des Reichstages. Er hält grundsätzlich an Karl Marx' Gedanken von der Revolution des Proletariats fest, aber in der praktischen Politik unterschied er zwischen Fern- und Nahziel. Im letzten Jahrzehnt des vergangenen Jahrhunderts bemühte er sich überwiegend um den Ausbau der SPD zu einer Massenpartei. Nach der Jahrhundertwende trat er mit seinen politischen Forderungen im Reichstag vorrangig für soziale

August Bebel †.

und politische Reformen ein. Die Rheinisch-Westfälische Zeitung meldet, daß Bebel ein Vermögen von 100 000 Mark hinterläßt.

Plan für Kanaltunnel

6. August. Bei seinem Besuch in London schlägt der französische Ministerpräsident Louis Barthou seinem englischen Kollegen Herbert Henry Asquith den Bau eines Tunnels unter dem Ärmelkanal vor. Die Franzosen haben bereits konkrete Pläne erarbeitet. In hundert Metern Tiefe unter dem Meer sollen zwei Paralleltunnel mit einem Durchmesser von sechs Metern gebaut werden. Die Untertunnelung soll in Cran d'Escalles in Nordfrankreich beginnen und nach Dover führen. Der englische Premierminister zeigt Interesse, hält aber die Zeit zum Beginn konkreter Verhandlungen noch für verfrüht.

Firma Krupp »informiert« sich bei der Armee

G. Krupp von Bohlen und Halbach.

5. August. Die Firma Krupp unterhält in Berlin ein Büro, das auch von hohen Offizieren und Beamten der Militärbehörden aufgesucht wird. Sie berichteten, wie es im Frühjahr bekanntgeworden ist, gegen hohe Entlohnung über geplante Einführung von neuen Waffen, über Konstruktions- und Investitionspläne im Heer. Sie geben auch die Angebote der Konkurrenz bekannt, so daß Krupp für seine Planung genau weiß, was Heer und Marine gerade benötigen.

Der sozialdemokratische Abgeordnete Karl Liebknecht hat am 18. April vor dem Reichstag die »Spionagetätigkeit« des Kruppkonzerns bei den Militärbehörden aufgedeckt. Das Kriegsgericht schaltet sich ein und verurteilt am 5. August eine Reihe von Offizieren wegen Weitergabe militärischer Geheimnisse zu Freiheitsstrafen zwischen drei Wochen und vier Monaten. Die Krupp-Direktoren des Berliner Büros, Emil Brandt und Otto Eccius, erhalten eine viermonatige Freiheitsstrafe bzw. eine Geldstrafe in Höhe von 1200 Mark.

Der Krupp-Konzern erlebt angesichts der hohen Rüstungsaufträge eine Hochkonjunktur. Die Krupp-Aktiengesellschaft zahlt 1913 rund 14 Prozent Dividende, die aber im Haus bleibt, weil Frau Bertha Krupp Alleinaktionärin ist.

1913

SEPTEMBER

Mo	Di	Mi	Do	Fr	Sa	So
1	2	3	4	5	6	7
8	9	10	11	12	13	14
15	16	17	18	19	20	21
22	23	24	25	26	27	28
29	30					

5. Hauptlehrer Wagner aus Degerloch bei Stuttgart tötet 15 Menschen. →

7. Kaisermanöver in Schlesien, die Dreibundmächte Deutschland, Österreich-Ungarn und Italien beschließen militärische Zusammenarbeit. →

8. Erster Aufstieg des größten Zeppelins, des Marineluftschiffes »L 2«: Es ist 160 m lang, 16 m breit und wird von vier Motoren mit je 205 PS angetrieben.

9. Das deutsche Marineluftschiff »L 1« verunglückt 18 sm vor Helgoland im Orkan. 13 Personen kommen ums Leben, 7 werden gerettet.

11. Cholera-Epidemie auf dem Balkan. In Rumänien sterben 661 Menschen und in Serbien 277 an der Epidemie.

12. Die Zahl der Rechtsanwälte steigt in Deutschland von 1911 bis Mitte 1913 von 10 884 auf 12 324 (13,6 Prozent). Seit Anfang des Jahrhunderts gibt es 5000 Rechtsanwälte mehr.

16. Schwere Unwetter in Deutschland vernichten die noch auf den Feldern befindliche Getreideernte und die Obsternte.

17. Straßenbahnunglück in Marseille. Die drei Wagen eines Straßenbahnzuges stürzen in eine Bergschlucht. Zwölf Menschen sterben bei dem Unfall.

17. Die Loisachwerke, die größte deutsche Wasserkraftanlage, werden fertiggestellt. Die Anlage soll 18 000 Kilowatt Strom für München liefern.

20. Hugo Haase und Friedrich Ebert werden auf dem Parteitag der Sozialdemokraten in Jena zu Parteivorsitzenden gewählt.

21. Türkisch-bulgarischer Friedensvertrag. Bulgarien verzichtet auf das Gebiet Adrianopel.

GEBOREN:

12. Jesse Owens († 31. 3. 1980), amerikanischer Leichtathlet, viermaliger Olympiasieger in Berlin (1936).

15. Hans Filbinger, deutscher Politiker.

26. Berthold Beitz, deutscher Industriemanager.

GESTORBEN:

29. Rudolf Diesel (* 18. 3. 1858), deutscher Maschineningenieur. →

Dreibund gefestigt

Wilhelm II. (vorn rechts in heller Uniform) beim Kaisermanöver, bei dem der Dreibund Italien/Österreich/Deutschland bekräftigt wird.

7. September. Am Rande des Kaisermanövers führen in Salzbrunn (Schlesien) Kaiser Wilhelm II., sein Generalquartiermeister Graf Waldersee, der österreichische Chef des Generalstabs, Franz Graf Conrad von Hötzendorf, und der italienische General Pollio Verhandlungen zur Festigung des Dreibundes. Sorgen macht den Militärs die territoriale Ausdehnung Serbiens auf dem Balkan und der damit verbundene politische Druck auf Österreich, die Einführung der dreijährigen Militärdienstzeit in Frankreich und die Vorbereitung einer Marinekonvention zwischen England und Rußland, um im Kriegsfall die deutsche Flotte in der Ostsee zu binden. Deutschland und Österreich-Ungarn hegen Zweifel an Italiens Bündnistreue im Konfliktfall. General Pollio stimmt jedoch zu, daß »der Dreibund im Kriegsfall wie ein einziger Staat handeln müsse«. Die Dreibundstaaten bereiten eine gemeinsame Aktion vor, um Serbien zum Rückzug aus Albanien zu zwingen. In diesem Zusammenhang erfolgt der Abschluß des österreichisch-italienischen Mittelmeerabkommens, in dem sich beide Mächte Zusammenarbeit bei der Regelung des albanischen Problems versprechen. Trotz der Gebietsforderungen Italiens an Österreich (Südtirol und Trient) sind beide Staaten zur Zusammenarbeit bereit. Das stärkt nach Ansicht der deutschen Regierung den Dreibund.

Rätsel um Diesels Tod

29. September. Auf rätselhafte Weise kommt der Konstrukteur und Unternehmer Rudolf Diesel im Alter von 55 Jahren ums Leben. Die letzte Septemberwoche hat er im belgischen Gent verbracht. Am Abend des 29. September besteigt er in Antwerpen den Dampfer »Dresden«, der ihn zu einer Vortragsreise nach England bringen soll. Gegen zehn Uhr abends sucht er seine Kabine auf. Am nächsten Morgen findet der Steward die Kabine leer, von Diesel fehlt jede Spur. Am 18. Oktober wird in Roompat an der Scheldemündung ein Körper angespült, der als Leiche Diesels identifiziert wird. Ungeklärt bleibt, ob es sich um Selbstmord oder um einen Unglücksfall handelt. Diesel wurde am 18. März 1858 als Sohn deutscher Eltern in Paris geboren und besuchte die Ingenieurschule und die Technische Hochschule in Augsburg und München. Er arbeitete nach seinem Studium an der Weiterentwicklung des Verbrennungsmotors und konstruierte einen Schmierölmotor. In den Jahren 1893 bis 1897 entwickelte er den nach ihm benannten Dieselmotor.

Lehrer bringt in Degerloch 15 Menschen um

5. September. Die schrecklichste Mordtat seit Jahren ereignet sich in Degerloch bei Stuttgart. Der 35jährige Hauptlehrer Wagner tötet seine Familie: Seiner Frau schneidet er die Kehle durch, seine vier Kinder erstickt er. Dann legt er an vier Stellen des Ortes Feuer. Drei Scheunen brennen nieder. Als einige Männer ihn entdecken, schießt er gezielt und tötet mit seiner Browningpistole in einem Amoklauf weitere acht Menschen. Schließlich streckt ihn ein Polizist mit einem Säbelhieb nieder. Bei ihm findet man eine Tasche, die Munition für 250 Schuß enthält. In ihrer Wut mißhandelt die Bevölkerung den Festgenommenen. Ihm wird eine Hand abgeschlagen. Nach seiner Einlieferung in das Gefängniskrankenhaus von Stuttgart zeigt er in den Verhören kein Anzeichen von Reue und redet nicht über die Beweggründe seiner Tat. Auf ihn wartet die Todesstrafe.

Mit dem Siegeszug der Technik wächst auch die Sorge um die Natur. Neue Siedlungen, Stauwerke, Eisenbahnlinien und Straßen greifen ein in bislang unberührte Landschaften. Naturschutzparks und Reservate entstehen. Sie werden meist von privaten Initiativen und Vereinen ins Leben gerufen.

1913

OKTOBER

Mo	Di	Mi	Do	Fr	Sa	So
		1	2	3	4	5
6	7	8	9	10	11	12
13	14	15	16	17	18	19
20	21	22	23	24	25	26
27	28	29	30	31		

1. Unwetterkatastrophe in den Pyrenäen. Der einschlagende Blitz in eine Zündstoff-Fabrik fordert 14 Tote.

2. Im Dorf Landreau bei Nantes in Frankreich tötet der 15jährige Lehrling Marcel Redureau die siebenköpfige Familie seines Lehrherrn.

6. Das chinesische Parlament wählt Yüan Schi-kai für fünf Jahre zum Präsidenten Chinas. Japan erkennt darauf die Regierung Yüan an.

9. Eröffnung der Berliner Untergrundbahnlinie von Wilmersdorf nach Dahlem.

10. Die Sprengung des Gamboadammes beseitigt beim Bau des Panamakanals die letzte Schranke auf dem Wasserweg zwischen Atlantik und Pazifik.

10. Beim Untergang des englischen Passagierdampfers »Volturno« (Cunardlinie) kommen hundert Menschen ums Leben, 521 werden gerettet. →

14. Bei einer Grubenexplosion in dem Kohlebergwerk »Universal« in Cardiff (Großbritannien) finden 418 Bergleute den Tod. →

15. Zugunglück im Bahnhof von Liverpool. →

17. Die Explosion des deutschen Marineluftschiffs »L 2« in 300 m Höhe über Johannisthal bei Berlin tötet 24 Menschen. →

18. Einweihung des Völkerschlachtdenkmals in Leipzig. →

19. Grundsteinlegung für das Gebäude der »Deutschen Bücherei« in Leipzig.

21. Landtagswahlen in Baden: Konservative 5 Abgeordnete, Nationalliberale 10, Fortschrittliche Volkspartei 5, Zentrum 30, Sozialdemokraten 13.

25. Serbien räumt Albanien auf Druck Österreichs.

27. Die »Teutonic«, Schwesterschiff der »Titanic«, entgeht, 170 sm von Belle Isle an der Ostküste Kanadas entfernt, knapp einem Zusammenstoß mit einem Eisberg.

GEBOREN:

19. Vasco Pratolini, italienischer Schriftsteller.

20. Peter Robert Hofstätter, österreichischer Psychologe.

22. Bao-Dai, ehemaliger Kaiser von Annam.

Jugendtag auf Hohem Meißner

10.–13. Oktober. Die deutschen Jugendverbände nehmen nicht an der Einweihung des Völkerschlachtdenkmals in Leipzig teil. Sie laden bewußt zu einem eigenen Fest ein, bei dem es keine Uniformen und kein Säbelgerassel, wohl aber Gesang, Diskussion und ein naturnahes Leben gibt. Auf Initiative des Wandervogelbundes, dem 25 000 Jugendliche – zumeist Gymnasiasten und Studenten – angehören, laden 14 Jugendverbände die deutsche Jugend zum Freideutschen Jugendtag auf den Hohen Meißner bei Kassel ein.

Der Aufruf zum Jugendtreffen gipfelt in den Worten: »Die Jugend, bisher nur Anhängsel der älteren Generation, aus dem öffentlichen Leben ausgeschaltet, beginnt sich auf sich selbst zu besinnen.« Das Leitwort heißt: »Uns allen schwebt als gemeinsames Ziel vor die Erarbeitung neuer Lebensformen.« Alternativ leben, heißt für diese junge Generation, die dem Bürgertum entstammt: Verzicht auf erstarrte Konventionen.

Sie demonstriert in Kleidung und Verhalten eine naturnahe Lebensweise. Die Jungen tragen kurze Hosen, Sandalen und lange Haare, die Mädchen lange Kleider ohne Taille, möglichst aus handwerklich gewebten Stoffen. Das Wandern und Singen sind besondere Merkmale der Jugendbewegung, mit denen sie ihren Freiheitsdrang demonstrieren. Zum Wandern gehört das Liederbuch »Zupfgeigen-

Die Freideutsche Jugend trifft sich auf dem Hohen Meißner im Hessischen Bergland bei Kassel zu einer historischen Begegnung der Wandervogel-Bewegung.

hansl«, aber auch das Zubereiten einfacher Mahlzeiten, das Schlafen im Freien, nächtelanges Diskutieren und die Ächtung von Alkohol und Nikotin.

Zwangloses Miteinander von Jungen und Mädchen, das Duzen untereinander, die Bildung von »Bünden« mit gewählten Führern, denen sich alle unterordnen, bestimmen die Lebensformen dieser Jugend. Gegen die Kritik der Erwachsenen proklamiert die auf dem Hohen Meißner versammelte Jugend ihren eigenen Weg: »Die Freideutsche Jugend will ihr Leben aus eigener Verantwortung in innerer Wahrhaftigkeit selber gestalten. Für diese innere Freiheit tritt sie unter allen Umständen geschlossen ein.«

Zum Wandervogel gehören Zupfgeige, Rucksack und Wanderstock.

In den Städten wird – dank der sich durchsetzenden elektrischen Beleuchtung – die Nacht zum Tage. Auch Geschäfte und Unternehmen lernen die faszinierenden Auswirkungen des elektrischen Lichts, das seit etwa 1880 die Straßen der Großstädte erhellt, schätzen. Die »elektrische Effekt- und Reklamebeleuchtung« ist erfunden. Immer grellere Farben und größere Leuchtbuchstaben sollen die Augen der Passanten auf sich lenken. Die Leuchtreklame produziert eine eigene Großstadtästhetik, die auch Maler und Dichter inspiriert. Das zeitgenössische Gemälde von Franz Martin Limstroth zeigt den Potsdamer Platz in Berlin im Jahr 1913.

Denkmal für den Sieg

Die Einweihungsfeier des Völkerschlachtdenkmals in Leipzig.

18. Oktober. Auf dem Blachfeld, dem Ort der Völkerschlacht von Leipzig (16. bis 19. Oktober 1813), in der Napoleon vernichtend geschlagen wurde, weihen Kaiser Wilhelm II. und alle deutschen Fürsten zur Jahrhundertfeier des Sieges das Völkerschlachtdenkmal ein. Das 91 Meter hohe Erinnerungsmal ist in 15jähriger Bauzeit errichtet worden. Die Finanzierung des Bauwerks erfolgte durch Spenden, zu denen der Deutsche Patriotenbund aufgerufen hat. Der erste Vorsitzende des Patriotenbundes, Kammerrat Klemens Thieme, hält die Festrede: »Dies Denkmal soll des Deutschen Volkes Jubelmal sein, berufen, deutschem Sinn und Geist zu dienen.« Unter dem Eindruck der Jubelfeier ruft Kaiser Wilhelm in einem Gespräch mit dem Chef des österreichischen Generalstabs, Franz Graf Conrad von Hötzendorf, die Österreicher auf, dem Expansionsstreben Serbiens nach Albanien hin ein Ende zu setzen. Nach den Aufzeichnungen Hötzendorfs sagt Wilhelm: »Ich gehe mit Euch. Die anderen (Mächte) sind nicht bereit, sie werden nichts dagegen unternehmen, in ein paar Tagen müßt Ihr in Belgrad stehen.«
Gestützt auf das Wort des deutschen Kaisers, verlangt Österreich ultimativ den Rückzug der Serben aus Albanien. Serbien unterwirft sich sofort dem Ultimatum. Über diesen serbischen Schritt ist der österreichische Generalstab nicht glücklich, entfällt damit doch der Grund für einen Präventivkrieg.

Unter den Gerüsten wächst die monumentale Gedenkstätte.

Das Völkerschlachtdenkmal nach der Fertigstellung.

Schwarze Woche mit vielen Toten in England

17. Oktober. »Schwarze Woche« nennen englische Zeitungen die Tage vom 10. bis 17. Oktober. So viele schwere Unglücksfälle in kurzer Zeit hat es in England bisher nicht gegeben. Es beginnt mit dem Brand auf dem Ozeanliner »Volturno« der Cunardlinie. Das Schiff ist auf der Fahrt von Rotterdam nach New York. Als der Kapitän einsieht, daß das Schiff nicht mehr zu retten ist, befiehlt er den 621 Passagieren und Besatzungsmitgliedern, in die Rettungsboote zu gehen. 521 Menschen werden gerettet, hundert Tote sind zu beklagen.
Vier Tage später zerstört auf der Kohlengrube »Universal« in Cardiff eine Schlagwetterexplosion den Schacht. Den Rettungsmannschaften gelingt es, knapp 300 Kumpel zu retten, aber für 418 kommt jede Hilfe zu spät. Bereits am folgenden Tag ereignet sich im St.-James-Bahnhof von Liverpool ein schweres Zugunglück. Ein Vorortzug rast auf den Manchester-Expreß. Bei diesem Unglück werden zehn Menschen getötet.
Über dem Flughafen Joachimsthal bei Berlin explodiert am 17. Oktober das Marineluftschiff »L 2«. Beim Flug in 300 Meter Höhe entzündet sich Knallgas, das aus dem Flugkörper entweicht, an einem der Motoren. Das Luftschiff verwandelt sich in einen Feuerball, in dem die 24 Menschen, die sich an Bord befinden, sterben.

Löwen brechen in Leipzig aus

20. Oktober. Ein Motorwagen der Leipziger Straßenbahn fährt in der Blücherstraße auf einen Tierwagen des Zirkus Barnum auf. Der Tierwagen wird zertrümmert, und fünf Löwen entweichen. Ein Tier dringt in das Hotel Blücher ein und verursacht unter den Gästen eine Panik, ein anderer Löwe fällt das Pferd eines Kutschers an. Die Tiere sind durch die plötzlich gewonnene Freiheit verstört und lassen sich nicht wieder einfangen. So muß die Polizei die fünf Löwen nach einer Verfolgungsjagd erschießen.

1913
NOVEMBER

Mo	Di	Mi	Do	Fr	Sa	So
					1	2
3	4	5	6	7	8	9
10	11	12	13	14	15	16
17	18	19	20	21	22	23
24	25	26	27	28	29	30

5. Zunahme der Arbeitslosigkeit in Deutschland. Die Zahl der Arbeitsuchenden steigt von Juli bis Ende Oktober um 30 000 an. Mit Beginn des Novembers werden 443 000 Arbeitslose gezählt. Die Zahl der offenen Stellen: 276 000.

8. Beendigung der Regentschaft in Bayern. Ludwig III., Sohn des 1912 gestorbenen Regenten Luitpold, wird anstelle des unheilbar geisteskranken Königs Otto neuer König von Bayern.

9. Griechenland erhebt Anspruch auf den südlichen Teil Albaniens.

12. Erdbeben in Peru. Die Stadt Abancay in der Provinz Apurimac wird völlig zerstört: 200 Tote.

13. Mißernte in Rußland führt zu einer Hungersnot in Tomsk, Wolhynien und im Dongebiet.

18. In Lübeck Bürgerschaftswahlen: Die Sitze fallen an 33 bürgerliche Abgeordnete und vier Sozialdemokraten.

20. Kaiser Wilhelm II. verbietet den Offizieren, in Uniform Tango zu tanzen.

22. Die deutsche Fußballnationalmannschaft verliert in Antwerpen 6 : 2 gegen Belgien. Für die Belgier ist es der dritte Sieg über Deutschland.

25. Der Patriotenbund für das Völkerschlachtdenkmal gibt die Höhe der Baukosten bekannt: 25 Millionen Mark. 500 000 Mark fehlen noch zur Bezahlung und müssen durch Losverkauf eingenommen werden.

26. Der russische Reichsrat verbietet den Gebrauch der polnischen Sprache in den Sitzungen der Stadtverwaltungen Polens.

30. Charles (Charlie) Spencer Chaplin beginnt seine Stummfilmkarriere beim Produzenten Mack Sennet mit dem Film »Making a Living«.

GEBOREN:

2. Burt Lancaster, amerikanischer Filmschauspieler.

3. Marika Rökk, deutsche Sängerin, Schauspielerin und Tänzerin.

7. Albert Camus († 4. 1. 1960), französischer Schriftsteller, Nobelpreis 1957.

8. Rudolf Harbig († 5. 3. 1944), deutscher Leichtathlet.

22. Benjamin Britten († 4. 12. 1976), englischer Komponist.

Zabernkonflikt führt zum Mißtrauensvotum

6. November. Das Schimpfwort »Wackes«, eine verächtliche Bezeichnung für den Elsässer, erregt nicht nur die Gemüter der Bewohner Zaberns, einer Garnisonstadt nordöstlich von Straßburg, sondern führt zu einem Mißtrauensvotum gegen den deutschen Reichskanzler Theobald von Bethmann Hollweg. Die Affäre beginnt mit einem Zeitungsbericht, nach dem der Leutnant Forstner in Zabern beim Exerzieren seinen Soldaten gesagt hat: »Wenn Sie (in Zabern) angegriffen werden, dann machen Sie von Ihrer Waffe Gebrauch; wenn Sie dabei so einen ›Wackes‹ niederstechen, dann bekommen sie von mir noch zehn Mark.« Die Bevölkerung ist über diesen Ausspruch entrüstet, es kommt zu Straßenaufläufen und Demonstrationen.

Als die Zivilpolizei nach einer Demonstration gegen das Militär nicht einschreitet, befiehlt der Oberst des Regiments, Adolf von Reuter, die Festnahme der Demonstranten auf dem Zaberner Schloßplatz. Der Vorfall in Zabern löst in der Presse Protest gegen die Ausschreitung des Militärs aus. Es kommt zu einer Anfrage im Reichstag, der schließlich ein Mißtrauensvotum gegen den Kanzler billigt. Zurücktreten braucht er aber nicht, denn allein der Kaiser entscheidet über Ernennung und Entlassung des Kanzlers. Er spricht Bethmann Hollweg das Vertrauen aus.

Churchill kündigt neue Rüstung an

9. November. Beim Bankett des Lordmayor in der Londoner Guildhall zu Ehren des Amtsantritts des Oberbürgermeisters hält Marineminister Winston Churchill eine Rede über die militärische Stärke Englands. Der Minister unterstreicht, daß der Vorsprung der starken englischen Seemacht nur gehalten werden kann, wenn 1914 ein höherer Marineetat verabschiedet wird. Hinsichtlich der Luftschiffahrtsentwicklung gibt Churchill den Rückstand Englands zu und kündigt Rüstung an.

1913

DEZEMBER

Mo	Di	Mi	Do	Fr	Sa	So
1	2	3	4	5	6	7
8	9	10	11	12	13	14
15	16	17	18	19	20	21
22	23	24	25	26	27	28
29	30	31				

2. Die französische Nationalversammlung verweigert dem Ministerpräsidenten Barthou das Vertrauen. Barthou tritt zurück, sein Nachfolger wird Gaston Doumergue.

2. Türkische Regierung ernennt den deutschen General Liman von Sanders zum Korpskommandanten und zum Mitglied des türkischen Kriegsrates.

6. Die Großmächte akzeptieren den deutschen Prinzen Wilhelm zu Wied als König von Albanien.

8. Der Franzose Carpentier gewinnt in London nach einer Minute Kampf die Europameisterschaft im Schwergewicht durch K.-o.-Sieg gegen den Engländer Wells.

10. In Stockholm und Oslo werden die Nobelpreise verliehen. →

11. Zum Vorsitzenden der sozialdemokratischen Fraktion im deutschen Reichstag wird der Abgeordnete Philipp Scheidemann als Nachfolger des verstorbenen August Bebel gewählt.

17. In Danzig läuft das deutsche Passagier- und Postschiff »Columbus« des Norddeutschen Lloyds vom Stapel.

19. Der westliche Teil der russischen Amurbahn wird eingeweiht. Der direkte Bahnverkehr Blagowetschensk–Petersburg ist damit eröffnet.

19. Vulkanausbruch auf den Neuen Hebriden: 500 Tote.

20. Zum Abschluß einer erfolgreichen Saison gewinnt der deutsche Automobilhersteller Benz das 1000-Kilometer-Zuverlässigkeitsrennen in Melbourne. →

25. Die Gerichtskammer in Kiew verurteilt den Journalisten Bruschkowski, weil er während des Spielens der Kaiserhymne sitzen bleibt, zu einem Jahr Gefängnis.

31. In Deutschland gibt es jetzt 34 136 Ärzte. 1901 waren es nur 27 978. Auf 10 000 Einwohner entfallen 5,11 Ärzte. 1901 kamen auf die gleiche Einwohnerzahl 4,92 Ärzte.

GEBOREN:

11. Jean Marais, französischer Schauspieler.

13. Archie Moore, amerikanischer Boxer, Weltmeister im Halbschwergewicht 1952–1962.

18. Willy Brandt, deutscher Politiker.

Mona Lisa wieder da

Unter schwerer Bewachung wird die »Mona Lisa« zunächst eine Woche in den Uffizien in Florenz ausgestellt, bevor sie in den Louvre zurückkehrt.

13. Dezember. Leonardo da Vincis berühmtes Gemälde »Mona Lisa«, das am 22. August 1911 aus dem Louvre in Paris gestohlen worden ist, taucht in Florenz wieder auf. Der Maler Vincenzo Perugia bietet das Gemälde dem Antiquar Geri an. Geri alarmiert die Polizei, Perugia wird verhaftet. Nach einer Untersuchung stellt sich heraus, daß es sich bei dem Bild mit letzter Sicherheit tatsächlich um das Original der »Mona Lisa« handelt. Das Gemälde ist völlig unbeschädigt. Perugia hat sich im Sommer 1911 in Paris aufgehalten und – wie er am 15. Dezember gesteht – eine günstige Gelegenheit genutzt, um das Gemälde aus dem Louvre zu entwenden (→ August 1911).

Bevor die »Mona Lisa« wieder

Der Bilderdieb Vincenzo Perugia.

nach Paris zurückkehrt, wird sie eine Woche lang in der Stadt Florenz, wo sie Leonardo im 16. Jahrhundert gemalt hat, ausgestellt.

Nobelpreis für Literatur an Inder

10. Dezember. Zum erstenmal erhält ein Inder für seinen Beitrag zur bengalischen Literatursprache den Nobelpreis für Literatur. Die Naturlyrik und die mythischen Gedichte von Rabindranath Tagore begeistern auch die Europäer.

Der Holländer Heike Kamerlingh Onnes, Professor an der Universität Leiden, wird mit dem Preis für Physik ausgezeichnet, Alfred Werner, Professor an der Universität Zürich, mit dem Chemiepreis geehrt. Der französische Mediziner Charles Richet empfängt den Nobelpreis für Medizin. Der belgische Professor für Völkerrecht an der Universität Brüssel, Henri La Fontaine, erhält den Friedenspreis.

Benz-Automobile auf Rekordjagd

Der deutsche Automobilhersteller Carl Benz feiert 1913 das Jahr seiner größten Triumphe. Auf allen Rennstrecken der Welt dominieren deutsche Benz-Automobile. Anfang Dezember gewinnen drei Wagen der Firma die 1000-Kilometer-Zuverlässigkeitsfahrt von Sydney nach Melbourne in Australien. Fast zur gleichen Zeit spricht die Jury auf der internationalen Automobilausstellung in St. Petersburg den Benz-Lastwagen die »goldene Medaille« des Kriegsministers zu.

Auf den europäischen Rennstrecken stellten Benz-Wagen während des vergangenen Jahres mehrere Geschwindigkeitsrekorde bis zu 143 Stundenkilometern auf.

Mo	Di	Mi	Do	Fr	Sa	So
			1	2	3	4
5	6	7	8	9	10	11
12	13	14	15	16	17	18
19	20	21	22	23	24	25
26	27	28	29	30	31	

2. Die Schweden dürfen nur noch zwölf Liter Spirituosen (inklusive Wein) pro Vierteljahr kaufen.

3. Eddie Coortie wird vor 16 000 Zuschauern in Sydney Boxweltmeister im Mittelschwergewicht.

7. Der Zentralverband der deutschen Gewerkvereine fordert Gesetz zur Einführung des freien Samstagnachmittags für Arbeiterinnen.

8. Das Londoner Middlesex-Krankenhaus setzt Radium bei der Krebsbehandlung ein.

14. Der Stratovulkan auf Japans Kirschblüteninsel bricht aus: 7000 Tote, 13 000 zerstörte Häuser.

15. Amerikas Automobilkönig Henry Ford führt die Fließbandarbeit ein und beteiligt die Arbeiter am Gewinn. Der Mindestlohn wird von 2,50 Dollar auf fünf Dollar pro Tag erhöht.

16. Der russische Dichter Maxim Gorki (1868–1936) darf nach achtjähriger Verbannung in die Heimat zurückkehren. 1905 war er wegen Beteiligung an der russischen Revolution zum Tode verurteilt, dann zu lebenslänglicher Verbannung begnadigt worden.

17. Budgetkommission des Reichstags lehnt einen Zuschuß von 200 000 Goldmark zur Finanzierung der für 1916 in Berlin geplanten Olympischen Spiele ab.

18. Premiere von Gerhart Hauptmanns »Bogen des Odysseus« im Deutschen Kunsttheater in Berlin.

21. Bayern gibt wieder eigene Briefmarken heraus: Porträt des bayrischen Königs.

22. Zeppelin-Luftschiff »Sachsen« nimmt den Postdienst nach Helgoland auf.

25. In Paris ist der Pferdebestand von 98 000 im Jahre 1900 auf 63 000 zurückgegangen.

30. Schlagwetter-Explosion auf der Zeche Minister Achenbach in Dortmund: 24 Tote.

GEBOREN:

18. Arno Schmidt († 3. 6. 1979), deutscher Schriftsteller.

GESTORBEN:

20. Harry Rosenbusch (* 24. 6. 1836), deutscher Mineraloge.

26. Friedrich Jodl (* 23. 8. 1849), österreichischer Philosoph.

Preise steigen weiter

16. Januar. In ihrem Jahresbericht veröffentlicht die Essener Handelskammer die Entwicklung der Lebensmittelpreise bei der Kruppschen Konsumanstalt. Sie stellt diesen Zahlen die Löhne gegenüber, die Krupparbeiter im Schnitt im Gußstahlwerk verdienen.

Die Kosten für Nahrungsmittel erhöhen sich von 1899 bis 1913 um 29,86 Prozent, die Durchschnittslöhne nur um 24,79 Prozent. Das Lohnniveau hält mit der Verteuerung des Lebensbedarfs nicht Schritt.

	Kosten für Nahrung pro Monat für eine Durchschnittsfamilie	Wöchentlicher Durchschnittslohn eines Arbeiters
1899	17,58 Mark	28,32 Mark
1905	18,84 Mark	30,72 Mark
1910	21,18 Mark	33,06 Mark
1913	22,83 Mark	35,14 Mark

Fleischpreise steigen. Vor den Freibanken bilden sich Käuferschlangen.

Europa erlebt Wagner-Fieber

1. Januar. Europas Theater haben eine Neujahrspremiere: den »Parsifal« von Richard Wagner. Die Zuschauer sind im Wagner-Fieber. In Londons Covent Garden Opera werden 16mal soviel Karten verlangt, wie das Theater Plätze hat. Nach Ablauf der dreißigjährigen Urheberschutzzeit hat Bayreuth nicht mehr das Monopol auf den »Parsifal«. In Paris, London, Madrid, Berlin, Budapest, Barcelona, Bologna und Frankfurt finden am Neujahrstag gleichzeitig europäische Uraufführungen des Bühnenfestspiels statt. Wilhelm II. und die Kaiserin sehen am 5. Januar die Berliner Aufführung. Der französische Sozialistenführer Jean Jaurès ist bei der Neujahrspremiere in Paris dabei. Das als undiszipliniert bekannte Pariser Opernpublikum hört dem »Parsifal« mit »ergriffenem religiösem Schweigen« zu (»Frankfurter Zeitung«). In Frankfurt kostet ein Logenplatz für die Parsifal-Aufführung 125,20 Mark. Das ist der Monatslohn eines Arbeiters im Reich.

Freispruch im Zabernprozeß

5. Januar. Unter lebhafter Anteilnahme der Bevölkerung beginnt an diesem Tag der Zabernprozeß vor dem deutschen Kriegsgericht in Straßburg. Oberst von Reuter und Leutnant Schadt sind angeklagt. Ihnen wird zur Last gelegt, 1913 im elsässischen Zabern unbefugt Polizeigewalt an sich gerissen zu haben. Unter Androhung von Waffengewalt hatten sie Passanten befohlen, den Schloßplatz zu verlassen. Alle, die sich widersetzten, wurden in den Keller der Schloßkaserne eingesperrt. Zum Jahreswechsel hatte der deutsche Kronprinz beiden Offizieren zu ihrem beherzten Vorgehen gratuliert (→ November 1913).

Das Gericht spricht die Angeklagten am 10. Januar frei und entschuldigt den Übergriff des Militärs auf die elsässische Bevölkerung: Den Zivilbehörden wird vorgeworfen, nicht für Ordnung gesorgt zu haben. Nach dem Urteil gratulieren alle anwesenden Offiziere unter Einschluß des Gerichts den Angeklagten zu ihrem Freispruch.

Mo	Di	Mi	Do	Fr	Sa	So
						1
2	3	4	5	6	7	8
9	10	11	12	13	14	15
16	17	18	19	20	21	22
23	24	25	26	27	28	

2. Die Tanganjika-Bahn wird in Deutsch-Ostafrika eröffnet: Sie verbindet über 1250 km die Hauptstadt Daressalam mit dem Tanganjika-See.

3. Uraufführung von Carl Sternbergs »Der Snob« in Berlin. Regie hat Max Reinhardt.

8. Der Münchener Karl Ingold bleibt mit einem Doppeldecker 16 Stunden und 20 Minuten in der Luft: Weltrekord im Dauerfliegen.

10. Scharfes Dementi der russischen Regierung auf deutsche Pressemeldungen, die behaupten, daß Krupp Anteile an der russischen Rüstungsfabrik Putilov in Petersburg erwerben möchte.

18. Englische Eisenbahngesellschaften kaufen zehn deutsche Lokomotiven von Borsig. Bis dahin gibt es in England keine ausländischen Lokomotiven. Der Kaufgrund: Die Deutschen sind billiger.

19. August Strindbergs »Frau Margret« wird im Deutschen Volkstheater Wien aufgeführt.

21. Chinesische Räuberbanden unter der Führung des Häuptlings »Weißer Wolf« plündern Linautschau und töten 1300 Menschen. Regierungstruppen meutern beim Einsatz gegen die Räuber.

23. Weltrekord im Skisprung durch den deutschen Leutnant Edler von der Planitz mit 51,40 m beim Schanzenturnier auf dem Semmering. Bisheriger Rekord: 44,50 m.

23. Der Rat der Stadt Königsberg beschließt, die Gebeine des am 12. 2. 1804 verstorbenen Philosophen Kant in den Dom zu überführen und ihm dort für den Betrag von 50 000 Reichsmark eine würdige Grabstätte zu errichten.

25. Eröffnung der russischen Amurbahn bis nach Blagowjeschtschensk.

27. Der liberale britische Premier Herbert Henry Asquith lehnt die Einführung der allgemeinen Wehrpflicht ab.

GEBOREN:

3. Michael Reusch, Schweizer Kunstturner.

4. Alfred Andersch († 21. 2. 1980), deutscher Schriftsteller.

5. Alan Hodgkin, britischer Physiologe, Nobelpreis 1963.

Radikale Suffragetten

15. Februar. Im Kampf um die Gleichberechtigung von Mann und Frau und um das Frauenstimmrecht haben Englands streitbare Damen (Suffragetten) die Gewaltlosigkeit längst aufgegeben. Am 15. Februar schlagen sie dem Innenminister die Fensterscheiben ein, der Pavillon im feudalen Lawn-Tennis-Club wird niedergebrannt. Die Vorsitzende der »Women's Social and Political Union« (1903 gegründet), Emmeline Pankhurst, wird aus dem Londoner Holloway-Gefängnis entlassen, nachdem sie in einen Hunger- und Durststreik getreten ist.

Ihre Gefährtin, Mary Richardson, die wegen Zerstörung von Gemälden zu sechs Monaten Kerker verurteilt wurde, kommt nicht so glimpflich davon. Um ihre Befreiung zu erzwingen, beginnt sie einen Hungerstreik. Der Gefängnisarzt entscheidet sich jedoch für die Durchführung der Zwangsernährung. Mary Richardson schreibt in ihrem Tagebuch vom 17. Februar: »Die Zwangsfütterung beginnt mit einem Kampf gegen acht bis zehn Wärterinnen ... man wird auf ein Bett geworfen ... Die Wärterinnen ergreifen Arme und Beine. Drei Frauen legen sich einem auf die Beine, zwei weitere packen einen bei der Schulter, vier halten die Arme. Dann wird man in ein Tuch gewickelt, das Kopf und Stirn umschließt. Eine Wärterin bohrt einem dabei die Daumen in die Schläfen. In diesem Augenblick kommt der Arzt. Er führt vorsichtig einen Gummischlauch in die Nasenlöcher ein. Dann stößt er ihn kräftig bis zum Schlund vor, was zu Zerreißungen und Entzündungen führt. Und darauf wird das fast ein Meter lange Rohr durch den Schlund in den Magen geführt. Langsam fließt die Arznei, oder was sonst verabfolgt wird, in den Magen. Man kann nicht erkennen, was es ist, denn das Gefäß ist undurchsichtig.«

Zusammenstöße zwischen Polizei und Frauenrechtlerinnen nehmen zu.

Kaiser verbietet Theateraufführung

Wilhelm II. verbietet die Aufführung von Fritz von Unruhs Drama »Louis Ferdinand, Prinz von Preußen«. Die Bühnendarstellung über den hochbegabten, aber zum Exzeß neigenden preußischen Prinzen (1772–1806) kompromittiere nach Meinung des Kaisers das Ansehen des Hauses Hohenzollern.

Nach einem preußischen Gesetz dürfen Bühnendarstellungen lebender und toter Hohenzollern nur mit Genehmigung des preußischen Königs, das ist in diesem Fall Kaiser Wilhelm II., aufgeführt werden. Für Wien gilt das Verbot nicht. So wird »Louis Ferdinand, Prinz von Preußen« am Burgtheater uraufgeführt.

1914
MÄRZ

Mo	Di	Mi	Do	Fr	Sa	So
						1
2	3	4	5	6	7	8
9	10	11	12	13	14	15
16	17	18	19	20	21	22
23	24	25	26	27	28	29
30	31					

1. Mercedes gewinnt den Vanderbiltpokal auf der Rennstrecke von Santa Monica in Kalifornien. Für die 473 km lange Strecke benötigte der Mercedes 5:53:41 Std. Das bedeutet eine Durchschnittsgeschwindigkeit von 123 km/h. →

5. Erhöhung des britischen Militärhaushaltes um 625 000 auf 29 Mill. Pfund. →

6. Der Industrielle Hugo Stinnes erwirbt in Harworth (England) ein Kohlenfeld, das er mit deutschen Maschinen erschließen will.

13. Albanien wird selbständig. Prinz Wilhelm zu Wied albanischer König.

15. Zahlreiche Feiern in Schleswig-Holstein zum 50. Jahrestag der Loslösung von Dänemark.

17. Rußland beschließt die Erhöhung der Friedensstärke des Heeres von 460 000 auf 1,7 Millionen Mann.

17. Richard Strauss' Ballett »Josephlegende« in Paris uraufgeführt.

18. Chinesische Räuberbande »Weißer Wolf« schlägt Regierungstruppen in Kingtzekwan und plündert die Stadt Laohokou: 1500 Tote.

20. Erdbeben in Akita (Japan): 83 Menschen getötet.

22. Kaiser Wilhelm II. zum Staatsbesuch in Wien.

26. Frankreichs Kriegsminister Noulins fordert zusätzlich 754 Mill. Francs zur Aufrüstung.

27. August Bebels »Lebenserinnerungen« erscheinen.

31. Der Zeppelin stellt mit 3065 m einen neuen Höhenrekord auf. Graf Zeppelin führt das Ruder selbst.

GEBOREN:

18. Thaddäus Troll († 5. 7. 1980), deutscher Schriftsteller.

GESTORBEN:

12. George Westinghouse (* 6. 10. 1846), amerikanischer Erfinder und Industrieller.

25. Frédéric Mistral (* 8. 9. 1830), französischer Dichter.

31. Hubert von Herkomer (* 26. 5. 1849), deutsch-englischer Maler.

31. Christian Morgenstern (* 6. 5. 1871), deutscher Schriftsteller.

Ministerfrau tötet Chefredakteur der Zeitung »Figaro«

So sieht ein Zeichner das Attentat.

16. März. Der italienische Botschafter in Paris gibt einen Empfang zu Ehren des französischen Staatspräsidenten. Madame Caillaux, Gattin des Finanzministers, gehört zu den Eingeladenen. Doch ihr Wagen fährt an diesem Abend zur Rue Druot, der Redaktion des »Figaro«. Sie verlangt, Chefredakteur Gaston Calmette zu sprechen. Im Verlauf des Gesprächs erschießt sie ihn und erklärt bei der Festnahme: »Da es keine Gerechtigkeit in Frankreich mehr gibt, kann nur der Revolver noch helfen.« Vom Polizeirevier läßt sie der italienischen Botschaft die Nachricht zukommen, sie sei unabkömmlich.

Die Vorgeschichte des Attentats ist leicht zu rekonstruieren. Finanzminister Joseph Caillaux (Radikalsozialist) ist in der französischen Oberschicht umstritten: Er will die progressive Einkommensteuer einführen. Der rechtsradikale Pariser »Figaro« startet eine Verleumdungskampagne gegen den Minister, kann aber die Anschuldigungen nicht beweisen und muß widerrufen. Am Mordtag kündigt der Chefredakteur die Veröffentlichung von kompromittierenden Briefen an, die der Minister vor Jahren seiner Frau geschrieben hat. Da spricht Mme. Caillaux in der Redaktion vor. Der zufällig anwesende Schriftsteller Bourget warnt Calmette, die Frau des Ministers zu empfangen. Aber Calmette antwortet: »Sie ist eine Frau, ich kann ihr die Unterredung nicht verwehren.« Mme. Caillaux fordert die Herausgabe der Briefe, als Calmette sich weigert, fallen die Schüsse.

Europa rüstet auf

Winston Churchill als Erster Lord der Admiralität.

5. März. Die an diesem Tag erfolgte Erhöhung des britischen Militärhaushalts ist in der Öffentlichkeit stark umstritten. Am 17. März verteidigt der Erste Lord der Admiralität, Winston Churchill, die Notwendigkeit der weiteren Flottenrüstung vor dem Unterhaus: »Noch nie hat dem Parlament ein so hoher Flottenetat vorgelegen wie diesmal. Unsere Absicht war, acht Geschwader in der Zeit in Dienst zu stellen, in der die nächststarke Seemacht (Deutschland) fünf baut. Deutschland ist mit seinem Flottenbauprogramm nicht ganz so schnell vorangekommen wie geplant.«

Zur Begründung der Flottenrüstung führt Churchill aus: »Die Wirksamkeit der britischen Armee hängt von der Macht Englands zur See ab. Obwohl die Grundlagen für den Frieden unter den Großmächten gefestigt wurden, sind die Ursachen, die zu einem allgemeinen Krieg führen können, nicht beseitigt. Denn die Welt rüstet wie nie zuvor.«

Der Labourabgeordnete Snowdon greift in der Erwiderung Churchill scharf an: »Die Haltung Churchills ist eine Gefahr für die Sicherheit des Landes und eine Gefahr für den Weltfrieden.«

Der deutsche Großadmiral Alfred von Tirpitz dementiert: »Der deutsche Flottenbau ist nicht zurückgeblieben. Im Laufe des Etatjahres werden 14 neue Kriegsschiffe einsatzfertig.« In dem am 28. März vorgelegten Etat Österreich-Ungarns nimmt die Rüstung den größten Posten ein. Rußland will das Landheer vervierfachen. Die Panslawisten jubeln über die Aufrüstung. Einer ihrer Sprecher, Graf Babrinskij, erklärt am 17. März: »Rußland bereitet sich zur letzten Abrechnung mit dem Germanentum vor. Rußland braucht die Dardanellen, um nicht zu ersticken.«

Im Charlottenburger Rathaus in Berlin redet am 31. des Monats auf Einladung der deutschen Friedensgesellschaft der französische Dichter Charlie Richet über die Möglichkeit einer deutsch-französischen Annäherung. »Es gibt keine Erbfeindschaft. Die Franzosen und die Deutschen wollen in ihrer überwiegenden Mehrheit den Frieden.«

1. März. Ein Mercedes gewinnt den Vanderbiltpokal auf der Rennstrecke von Santa Monica in Kalifornien. Das Bild zeigt den Mercedes von 1914, mit dem Christian Lautenschlager später den Großen Preis von Frankreich gewinnt.

1914

APRIL

Mo	Di	Mi	Do	Fr	Sa	So
		1	2	3	4	5
6	7	8	9	10	11	12
13	14	15	16	17	18	19
20	21	22	23	24	25	26
27	28	29	30			

4. Albanien befiehlt Mobilmachung, Krieg mit Griechenland droht.

7. Das russische Marineministerium weist alle Schiffswerften des Landes an, keine Auslandsaufträge mehr an Deutschland zu vergeben.

9. Die Mannschaft eines amerikanischen Kriegsschiffes wird beim Landgang in Tampico von mexikanischem Militär festgenommen. Mexiko ist nach der Freilassung der Amerikaner nicht zu einer Entschuldigung bereit.

14. US-Präsident Wilson plant militärisches Vorgehen gegen Mexiko, nachdem Mexikos Präsident Huerta das amerikanische Ultimatum, sich wegen des Tampico-Zwischenfalls zu entschuldigen, nicht beantwortet.

15. Hermann Hesses Roman »Roßhalde« erscheint.

15. Walther Rathenau (AEG-Vorstand) schreibt in der »Neuen Freien Presse«: Der Parlamentarismus ist die notwendige Regierungsform eines modernen Staates. In Deutschland ist dieser Gedanke aber noch nicht praktikabel.

21. Zum zehnjährigen Jubiläum der Entente cordiale zwischen Frankreich und England besucht das englische Königspaar die Stadt Paris.

22. Wilson befiehlt US-Truppen, das mexikanische Veracruz zu besetzen.

24. Der bayrische Staat erwirbt die Alte Pinakothek in München für 1,3 Mill. Mark.

25. Argentinien, Brasilien und Chile wollen im Streit zwischen den USA und Mexiko vermitteln. Beide Regierungen nehmen den Vorschlag an.

27. 100 000 Zuschauer – unter ihnen König Georg V. – beim englischen Fußball-Pokalfinale Burnley gegen Liverpool. Burnley gewinnt 1 : 0.

GEBOREN:

2. Alec Guinness, englischer Schauspieler.

22. Jan de Hartog, niederländischer Schriftsteller.

GESTORBEN:

2. Paul Heyse (* 15. 3. 1830), deutscher Schriftsteller.

Arbeiter in Riga, Petersburg und Moskau streiken

22. April. An diesem Tag werden sozialistische Abgeordnete aus dem russischen Parlament (Duma) ausgeschlossen, weil sie die Rede des Vorsitzenden des Ministerrats unterbrochen und gestört haben. Die russische Arbeiterschaft reagiert sofort, einen Tag darauf streiken in Petersburg, Moskau und Riga 100 000 Arbeiter. Der Streik wird von bolschewistischen Gruppen organisiert, die in der Arbeiterschaft innerhalb eines Jahres entscheidenden Einfluß gewonnen haben. Informations- und Kampfblatt der Bolschewisten ist die Zeitung »Prawda«, die am 22. April genau zwei Jahre alt wird. Sie hat an diesem Tag eine Auflage von 40 000 und wird außerhalb Petersburgs in 944 Ortschaften Rußlands ausgeliefert. Tag für Tag fordert die »Prawda« ihre Leser auf, sich der Gewerkschaftsbewegung anzuschließen. Von ihrem zweiten Jahrestag an führt die »Prawda« regelmäßig eine Beilage über die Gewerkschaftsbewegung. Zu diesem Zeitpunkt kontrollieren die Bolschewisten die Gewerkschaften in Moskau, Petersburg und Riga. Bei jedem Ereignis, das die Arbeiterschaft betrifft, fordern sie den Streik.

Präsident in China an der Macht

China hofft auf ein Ende der Revolution. Vom 14. März bis 30. April tagt auf Befehl von Präsident Yüan Schi-kai eine Nationalversammlung mit 60 Abgeordneten aus allen Provinzen Chinas. Unter dem Druck des Präsidenten wird ein Verfassungstext erarbeitet und verabschiedet, der dem Präsidenten eine Herrschaft ohne parlamentarische Kontrolle sichert. Seine Amtszeit dauert zehn Jahre, er kann aber beliebig oft wiedergewählt werden und hat das Recht, seinen Nachfolger zu bestimmen. Yüan, einst kaiserlicher General, hofft, mit dieser Machtfülle im Lande die Ordnung wiederherstellen zu können. Seit dem Sturz der Mandschu-Dynastie 1912 ist das Land von Unruhen erschüttert.

MAI

Mo	Di	Mi	Do	Fr	Sa	So
				1	2	3
4	5	6	7	8	9	10
11	12	13	14	15	16	17
18	19	20	21	22	23	24
25	26	27	28	29	30	31

1. Erste Ausstellung französischer Kunst in Dresden. Französische Impressionisten Monet, Sisley und Pissaro werden am stärksten beachtet. →

2. Roman »Jean Christoph« des französischen Schriftstellers Romain Rolland erscheint in deutscher Übersetzung.

3. In Petersburg werden alle sozialistischen Abgeordneten nach Krawallszenen aus der Duma (Parlament) ausgeschlossen. Dann erfolgt der Beschluß über die Erhöhung des Militärbudgets um 5 Prozent.

6. Das englische Oberhaus lehnt die Einführung des Frauenstimmrechts bei Parlamentswahlen mit 140 : 60 Stimmen ab.

10. Zweiter Wahlgang bei den Wahlen zur französischen Nationalversammlung. Die Sozialisten erringen 236 von 497 Stimmen.

23. Der deutsche Mathematiker Emanuel Lasker gewinnt das Petersburger Schachturnier gegen den Kubaner José Casablanca.

25. Irland erhält eingeschränkte Selbständigkeit. Das englische Unterhaus verabschiedet die »Home Rule«, nach der Irland, ohne Ulster, ein eigenes Parlament wählen darf.

28. Argentinien, Brasilien und Chile vermitteln im Streit USA gegen Mexiko. Der mexikanische Präsident Huerta soll zurücktreten, freie Wahlen ausschreiben, und die USA sollen die Besetzung von Veracruz beenden.

29. Schwere Schiffskatastrophe in Kanada. →

29. Bauarbeiter streiken in England bereits in der 20. Woche für höhere Löhne. Die Baumeister beschließen dagegen die Aussperrung von 500 000 Arbeitern.

31. Das Endspiel um die deutsche Fußballmeisterschaft gewinnt in Magdeburg die SpVgg Fürth gegen den VfB Leipzig in der Verlängerung 4 : 3.

GEBOREN:

13. Joe Louis († 12. 4. 1981), amerikanischer Weltmeister im Schwergewichtsboxen.

GESTORBEN:

1. Hermann Frasch (* 25. 12. 1851), deutscher Chemiker.

Schiffsunglück vor Kanada fordert 700 Tote

29. Mai. Um 2 Uhr früh stößt im dichten Nebel im St.-Lorenz-Strom, 200 Meilen von Quebec entfernt, der norwegische Tanker »Storeland« mit dem englischen Passagierdampfer »Empress of Ireland« zusammen. Die »Empress of Ireland« ist mit 1032 Passagieren auf dem Weg von Quebec nach London. Der Zusammenprall ist so stark, daß die »Empress« sofort sinkt. Die Passagiere haben nur 19 Minuten Zeit zur Rettung. Das reicht nicht einmal, um alle Passagiere zu wecken. Mehr als 700 Menschen gehen mit dem Schiff unter. Nur wenige können aus den eiskalten Fluten des St.-Lorenz-Stroms von dem eilends zu Hilfe kommenden Motorschiff »Lady Evelyne« und von dem norwegischen Tanker, der kaum beschädigt ist, gerettet werden.

65 Millionen leben im Reich

Die Einwohnerzahl Deutschlands ist, wie aus einer Statistik hervorgeht, auf 65 Millionen gestiegen gegenüber 24 Millionen im Jahr 1816. Eine besondere Zunahme hat es im Jahr 1865 gegeben.
Jahresdurchschnitt der Bevölkerungszunahme:

Deutschland	8,9 pro Tsd.
Frankreich	3,4 pro Tsd.
Rußland	11,3 pro Tsd.

Madrid: Ohrfeigen im Parlament

Im Verlauf einer erregten Auseinandersetzung in den Cortes bezeichnet der republikanische Abgeordnete Soriano den Führer der Konservativen, Mauro, als Feigling. Der Sohn Mauros, ebenfalls Mitglied der Cortes, verlangt eine Entschuldigung, die Soriano verweigert. Daraufhin gibt ihm der junge Mauro eine schallende Ohrfeige. Er wird bald darauf wegen Gewalttätigkeit zu einer Gefängnisstrafe verurteilt.

Großer Erfolg für Kunstausstellungen

1. Mai. In Dresden wird eine große Ausstellung mit französischer Kunst – Impressionisten vor allem – eröffnet. Stark beachtet werden Bilder von Claude Monet, Alfred Sisley und Camille Pissarro. Das Bild rechts zeigt Pissarros »Straße in Rouen«. Aufsehen erregt auch die Ausstellung des Deutschen Werkbundes in Köln (Bild oben), die im selben Monat eröffnet wird. Sie zeigt Kunsthandwerk, Design-Beispiele und Architekturentwürfe unter anderem von Walter Gropius. Das Kunstleben im Jahr des Kriegsausbruchs ist außergewöhnlich reich. Oskar Kokoschka malt seine »Windsbraut«, Henri Matisse das »Rote Atelier Nr. 2«, in New York stellt Marcel Duchamp seine für die moderne Kunst richtungsweisenden ersten »Ready-mades« vor, industriell vorgefertigte Gebrauchsgegenstände, die von Duchamp zu Kunstwerken erklärt werden.

1914

JUNI

Mo	Di	Mi	Do	Fr	Sa	So
1	2	3	4	5	6	7
8	9	10	11	12	13	14
15	16	17	18	19	20	21
22	23	24	25	26	27	28
29	30					

4. Englische Transportarbeiter-, Kohlenarbeiter- und Eisenbahnergewerkschaften schließen sich zu einer gemeinsamen Lohnkampfaktion zusammen. Diese vertritt zwei Millionen Arbeiter.

5. Die Äußere Mongolei wird selbständig.

7. Die 4000 BRT große amerikanische »Alliance« fährt als erster Ozeandampfer durch den Panamakanal. →

8. Die Polizei verbietet in Ancona eine Protestversammlung gegen Strafkompanien im italienischen Heer. Es kommt zu blutigen Auseinandersetzungen mit der Polizei und zur Ausrufung des Generalstreiks.

11. Bombenexplosion in Westminster. Zwei Suffragetten legen Sprengstoff unter den Krönungssessel der englischen Könige, der beschädigt wird.

13. Neue französische Regierung; der Sozialist Viviani wird Ministerpräsident.

14. Der Deutsche Fußballmeister SpVgg Fürth unterliegt Rapid Wien mit 1 : 2.

15. Deutsch-englisches Abkommen über die Bagdad-Bahn. England erhebt keinen Widerspruch gegen das überwiegend von deutschen Banken finanzierte Projekt.

17. Kaiser Wilhelm II. eröffnet den Großschiffahrtsweg Berlin–Stettin (Hohenzollernkanal). →

19. Die Französische Nationalversammlung bewilligt Rüstungsanleihe in Höhe von 800 Mill. Francs.

20. In Wien stößt in 400 m Höhe ein Flugzeug mit dem Militärluftschiff »Körting« zusammen. Das Luftschiff explodiert sofort: neun Tote.

23. Freundschaftsbesuch eines britischen Marinegeschwaders in Kiel.

24. Erweiterung des Kaiser-Wilhelm-Kanals (Nord-Ostsee-Kanal) abgeschlossen. →

28. Ermordung des österreichischen Thronfolgers Franz Ferdinand in Sarajevo. →

GESTORBEN:

21. Bertha von Suttner (* 9. 6. 1843), österreichische pazifistische Schriftstellerin.

28. Erzherzog Franz Ferdinand von Habsburg (* 18. 12. 1863), österreichischer Thronfolger. →

Sarajevo: Franz Ferdinand

(Photo Requet)
Das dramatische Geschehen beim Attentat von Sarajevo in der Darstellung eines Zeitgenossen: Das Thronfolgerpaar sinkt getroffen in den Wagen zurück.

Erzherzog Franz Ferdinand und seine Frau vor dem Attentat.

28. Juni. Der österreichisch-ungarische Kronprinz und »Generalinspekteur der gesamten bewaffneten Macht«, Erzherzog Franz Ferdinand, besucht mit seiner Frau, der Herzogin von Hohenberg, die bosnische Hauptstadt Sarajevo.

Bei der Ankunft des Erzherzogs wird in der Nähe des Bahnhofs eine Bombe gezündet, doch der Wagen des Kronprinzen hat die Stelle bereits passiert. Elf Personen werden verletzt. Nach dem Empfang im Rathaus will Franz Ferdinand den Verletzten im Krankenhaus einen Besuch abstatten. Kurz nachdem sich der Wagen mit dem Kronprinzen und seiner Frau in Bewegung gesetzt hat, springt am Hauptplatz ein junger Mann aus der Menge hervor und gibt zwei Schüsse aus nächster Entfernung ab. Ein Schuß durchschlägt die Schläfe des Erzherzogs, der andere trifft die Herzogin im Unterleib. Franz Ferdinand ist sofort tot, Sophie von Hohenberg stirbt auf dem Weg ins Krankenhaus. Der Täter, der neunzehnjährige Gymnasiast Gavrilo Princip, wird festgenommen. Vor dem Untersuchungsrichter erklärt Princip, die Schüsse seien ein Racheakt für die Unterdrückung der Serben. Bei den Untersuchungen beider Attentate stellt sich heraus, daß sie in Serbien vorbereitet wurden. Ein Augenzeuge berichtet über den Anschlag am Vormittag: »Die Bombe ... erreichte ihr Ziel nicht, dank der Kaltblütigkeit, mit der Franz Ferdinand sie vor meinen Augen mit der Hand von der Rückenlehne des Wagens auf die Straße warf.«

Der Attentäter Gavrilo Princip wird unmittelbar nach der Tat festgenommen.

...tötet

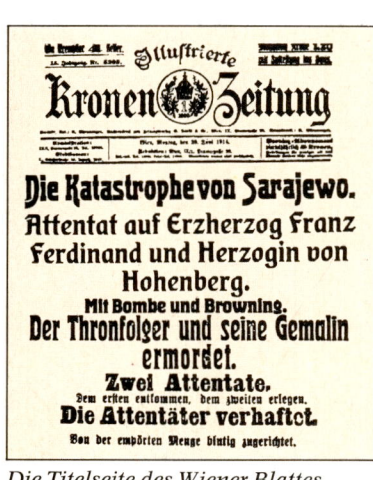

Die Titelseite des Wiener Blattes »Kronen-Zeitung« am 29. Juni.

Hintergründe des Attentats: Bosnien wurde 1908 in die österreichisch-ungarische Doppelmonarchie eingegliedert und steht unter ungarischer Verwaltung, die im Land auf Widerstand stößt. Im Gegensatz zu seinem Vater, Kaiser Franz II., plant der Kronprinz eine Autonomie der slawischen Völker in der Habsburgermonarchie und hofft auf Unterstützung in Bosnien. Im selbständigen Nachbarstaat Serbien werden seit 1913 Forderungen nach einem großen slawischen Reich unter Einschluß von Bosnien und Kroatien laut. Das bedeutet Verdrängung Österreichs vom Balkan. Der serbische Ministerpräsident Nikola Pašić, Führer der großserbischen radikalen Partei, unterhält enge Kontakte zu den bosnischen Nationalisten.

Reaktionen. Die Welt ist erschüttert über das Attentat von Sarajewo. In Rom betet der todkranke Papst Pius X. am Apostelaltar des Petersdoms für die Seelenruhe der Verstorbenen und erleidet dabei einen Ohnmachtsanfall. Die Londoner »Times« schreibt: »Wir können nur sagen, daß wir alle in England uns vereinigen in dem gemeinsamen Gefühl des Kummers für die hinterbliebenen Leidtragenden und in dem Abscheu für den feigen Mord, der das Gewissen der Welt erschüttert hat.« Der »Daily Chronicle« urteilt: »Die Ermordung des österreichisch-ungarischen Thronfolgers fällt wie ein Donnerschlag auf Europa.« Kaiser Wilhelm II. läßt die Kieler Woche abbrechen und kehrt nach Berlin zurück.

Apparat zur Übertragung von Lichtbildern

2. Juni. Der britische Naturwissenschaftler Dr. Archibald Low stellt bei einem Vortrag vor dem Londoner Club der Automobilingenieure einen Apparat vor, der die Übertragung von Lichtbildern auf weite Entfernungen ermöglicht. Low erklärt die Funktionsweise dieses ersten Fernsehgeräts: »Die Entwicklung des Apparats beruht nicht auf einem neuen Prinzip, vielmehr auf der Analogie, die zwischen Fernübertragung des Tones und des Lichtes besteht. Er ist also am nächsten mit dem Fernsprecher verwandt.«

Auf dem Gerät können 1500 Bilder in der Minute erscheinen, die wie beim »Kinematographen« etwas Blitzendes und Sprunghaftes haben. Da der Apparat wegen seines Bedarfs an Platin und Marienglas sehr teuer ist, kann vorerst nicht an eine wirtschaftlich sinnvolle Verwendung gedacht werden.

Low selbst möchte ihn für Kinovorführungen einsetzen.

Bertha von Suttner stirbt in Wien

Bertha von Suttner †.

21. Juni. In Wien stirbt im Alter von 71 Jahren die pazifistische Schriftstellerin Bertha von Suttner. Mit ihrem 1889 erschienenen Roman »Die Waffen nieder« gab sie den Anstoß für die moderne Friedensbewegung. Sie war Vizepräsidentin der Internationalen Friedensbewegung in Bern. 1905 erhielt sie den Friedensnobelpreis.

Wilhelm II. bei der Einweihung des Hohenzollernkanals.

Nach über 30 Jahren Bauzeit fertig: Erstes Schiff passiert Panamakanal

7. Juni. An diesem Tag fährt der erste Ozeanriese, der 4000 Bruttoregistertonnen große US-Dampfer »Alliance«, durch den Panamakanal vom Atlantischen Ozean in den Pazifischen Ozean. Über 30 Jahre lang ist an dieser Wasserstraße gebaut worden. 1880 nehmen die Franzosen die Arbeiten auf, unter Leitung von Ferdinand de Lesseps, der bereits den Suezkanal erbaut hat. Nach dem Bankrott der Franzosen erwirbt die US-Regierung 1903 die Kanalbaurechte und läßt sich von der Regierung Panamas die Hoheitsrechte für einen Gebietsstreifen zu beiden Seiten des Kanals überschreiben. In etwas mehr als zehn Jahren wird der Kanal mit einer Länge von 82 Kilometern und einer Breite, die zwischen 90 und 300 Metern liegt, fertiggestellt. Mit drei Schleusenanlagen wird ein Höhenunterschied von 26 Metern überwunden. Der Panamakanal verkürzt den Weg von New York nach Japan um 7000 Seemeilen.

Zehn Tage später (17. Juni) weiht in Deutschland Kaiser Wilhelm II. an Bord der Kaiserjacht »Alexandria« den Großschiffahrtsweg Berlin–Stettin (Hohenzollernkanal) ein.

Die 56 Kilometer lange Wasserstraße verbindet Havel und Oder. Schiffe bis zu 750 Tonnen Traglast können den neuen Kanal benutzen. Der Höhenunterschied von 36 Metern wird durch vier Schleusentreppen überwunden.

Eine Woche später können die Erweiterungsarbeiten am Kaiser-Wilhelm-Kanal (Nord-Ostsee-Kanal) abgeschlossen werden. Der 99 Kilometer lange Kanal hat jetzt eine Sohlbreite von 44 Metern und ist elf Meter tief, so daß er von allen Ozeanriesen befahren werden kann. Er ist der am meisten benutzte Kanal der Welt.

Am 9. Juli wird probeweise der Rhein-Herne-Kanal eröffnet. Er verbindet Duisburg und den Rhein mit dem Dortmund-Ems-Kanal (1899) und der Nordsee. Auf 38 Kilometer Länge durchzieht er das Ruhrgebiet und soll den Transport von Kohle auf dem Wasserweg ermöglichen. Duisburg, bisher schon größter Binnenhafen der Welt, erhält durch die neue Wasserstraße noch mehr Bedeutung. 1913 wurden in Duisburg laut Binnenhafenstatistik 29 Millionen Tonnen umgeschlagen.

Agentur Cook wirbt für Englandreisen

Die englische Touristenagentur Cook wirbt in Bremen, Dresden, Frankfurt, Hamburg und Köln für Urlaubsreisen nach England. Cook hat direkte Kurswagenverbindungen von den Hauptstädten der deutschen Länder zu den Schiffen in Holland organisiert. Von London gibt es mehrfach täglich Verbindungen zu den Seebädern. Eine Woche Vollpension kostet zwischen 25 und 60 Mark.

Eine besondere Attraktion ist eine Fahrt mit dem Superschnellzug »Der fliegende Schottländer« von der Hauptstadt London nach Edinburgh. Der komfortable Zug bewältigt die 400 Meilen (etwa 640 Kilometer) lange Strecke in sieben Stunden und 45 Minuten.

1914

JULI

Mo	Di	Mi	Do	Fr	Sa	So
		1	2	3	4	5
6	7	8	9	10	11	12
13	14	15	16	17	18	19
20	21	22	23	24	25	26
27	28	29	30	31		

1. Tennisfinale in Wimbledon: Der Australier Brooks gewinnt gegen den Deutschen Froitzheim nach fünf Sätzen mit 8 : 6 im letzten Satz.

2. Abschluß der Ausgrabungsarbeiten am assyrischen Ischtartempel, der Bildwerke aus dem 4. Jahrtausend v. Chr. enthält.

3. Der Fernsprechverkehr zwischen New York und San Francisco (Entfernung 4500 km) wird aufgenommen.

3. Friedensvertrag zwischen Mexiko und den USA wird unterzeichnet. Huerta tritt als mexikanischer Präsident zurück.

5. Ludwig Thomas »Der Postsekretär im Himmel« (Ullstein) veröffentlicht.

6. Mexikanisches Parlament wählt Huerta wieder zum Präsidenten.

9. André Gides Roman »Les Caves du Vatican« (»Die Verliese des Vatikans«) veröffentlicht.

12. Gescheitertes Giftattentat auf den russischen Abenteurer und »Wundertäter« Rasputin, der großen Einfluß auf die Zarenfamilie ausübt.

17. Auf Druck der amerikanischen Regierung tritt Mexikos Präsident Huerta endgültig zurück.

20. Frankreichs Staatspräsident Poincaré zum Staatsbesuch in Petersburg.

23. Ultimatum Österreich-Ungarns an Serbien. Wien drängt auf österreichische Mitwirkung an der Untersuchung des Sarajevo-Attentats. →

24. Rußland erklärt, keinen Angriff auf Serbiens Souveränität zulassen zu wollen.

28. Frau Caillaux, die im → März 1914 den Chefredakteur des »Figaro« erschossen hat, wird freigesprochen. Das Gericht stellt fest, daß die Tat ohne Vorsatz erfolgte.

28. Österreichische Kriegserklärung an Serbien. →

29. Rußland befiehlt Mobilmachung seiner Armee. →

31. Deutsches Ultimatum an Rußland und Frankreich. →

31. Attentat auf den französischen Sozialistenführer Jean Jaurès in Paris. →

GESTORBEN:

31. Jean Jaurès (* 3. 9. 1859), französischer Politiker. →

Europa am Vorabend des Krieges

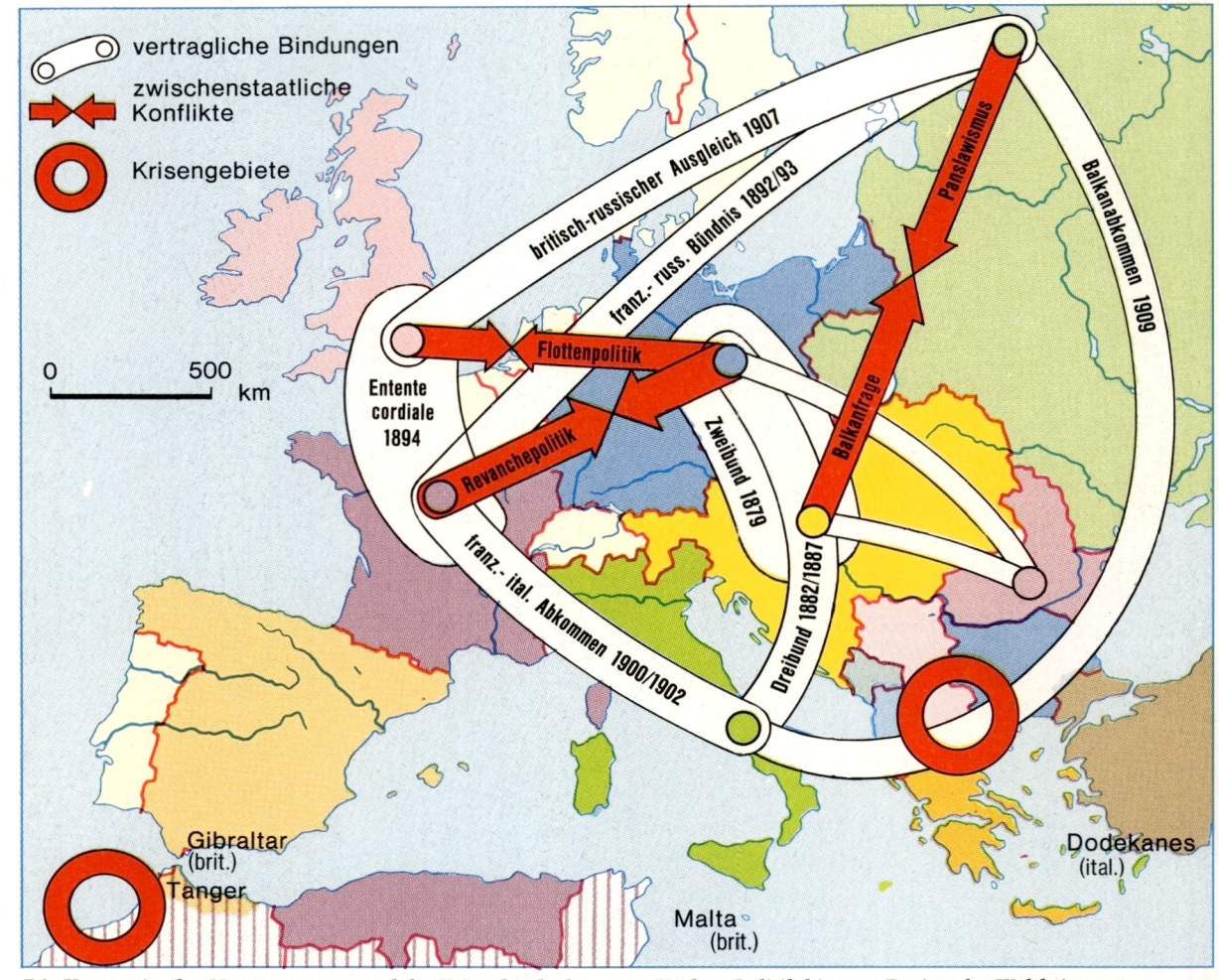

Die Karte zeigt das Vertragssystem und die Krisenherde der europäischen Politik bis zum Beginn des Weltkrieges.

Die Mordtat von Sarajevo (→ Juni 1914) zerstört das mühsam gehaltene Gleichgewicht in Europa. Europa ist ein Pulverfaß, alle Länder beteiligen sich an dem die Staatsfinanzen ruinierenden Rüstungswettlauf. Deutschland steht dabei an der Spitze: Nach der Verstärkung des Heeres schnellen die Rüstungsausgaben von 1,4 Milliarden Mark (1913) auf 2,24 Milliarden Mark hoch. Rußland folgt mit 1,8 Milliarden Mark, dann England mit 1,6 Milliarden und Frankreich mit 1,2 Milliarden Mark.

Das Deutsche Reich befürchtet einen Angriff Rußlands im Jahre 1916, weil Rußland dann seine Aufrüstung abgeschlossen haben wird. Der deutsche Kaiser und der Reichskanzler Theobald von Bethmann Hollweg denken daher an einen frühzeitigen Präventivschlag. Aber Rußland ist mit Frankreich und England verbündet, und zu den politischen Zielen der Franzosen

Kaiser Wilhelm II., schon in Feldgrau, eine Schlüsselfigur dieser Tage.

gehört die Rückgewinnung von Elsaß-Lothringen.

Rußland ist wie Österreich an einer Expansion auf dem Balkan interes-

siert. Wenn sich die Donaumonarchie jetzt, nach der Ermordung Franz Ferdinands, zu einer Strafmaßnahme entschließt und Serbien angreift, so könnte sie eine dominierende Stellung in Südosteuropa gewinnen. Für die Russen ist dies eine höchst unangenehme Vorstellung. Also sichert, obgleich viele Spuren der Mörder des Erzherzogs nach Serbien führen, Rußland den Serben am 25. Juli – wenige Stunden nach Ende des Staatsbesuchs von Frankreichs Präsident Raymond Poincaré – Unterstützung zu.

Langes Zögern: Deutschland ermutigt die Wiener Regierung, scharf gegen Serbien vorzugehen. Bereits am 3. Juli hat Wilhelm II. folgende Randbemerkung an den Bericht des deutschen Botschafters in Wien geschrieben: »Jetzt oder nie ... mit den Serben muß aufgeräumt werden.« Die deutsche Regierung rechnet im Ernstfall mit einem Zwei-

In den Straßen Berlins verliest ein Leutnant am 31. Juli nach der Erklärung des »Kriegszustandes« die Mobilmachung im Reich.

Neue Unruhen und Streiks

In Cottbus (Lausitz) und Solingen werden mit großer Erbitterung Arbeitskämpfe ausgetragen. Bereits Mitte Mai haben die Walker und Forstarbeiter in Cottbus die Erhöhung des Mindestwochenlohns von 21,20 Mark auf 25 Mark und die Bezahlung der Überstunden mit 0,60 Mark pro Stunde gefordert. Nach Ablehnung der Forderung durch die Arbeitgeber reichen die Arbeiter eine reduzierte Forderung auf Zahlung eines Mindestwochenlohns von 23 Mark ein. Nach erneuter Ablehnung legen sie Ende Mai die Arbeit nieder. Die Arbeitgeber kündigen am 10. Juli allen, die am 1. Juli streikten. Durch diese Maßnahme weitet sich der Ausstand aus. Am 18. Juli sperrt die Lausitzer Tuchindustrie 18 000 Arbeiter aus. Am gleichen Tag bricht in Solingen ein 18wöchiger Streik in der eisenverarbeitenden Industrie zusammen, nachdem die Arbeitgeber eine Woche zuvor 11 000 Arbeiter ausgesperrt hatten. Die bisherigen Löhne bleiben in Kraft.

Jean Jaurès wird ermordet

31. Juli. Jean Jaurès, der Führer der französischen Sozialisten, wird nach einer Unterredung mit Ministerpräsident René Viviani von dem Rechtsradikalen Raoul Villain im Café Croissant in Paris ermordet. Jaurès hat im Auftrag der sozialistischen Partei an Viviani appelliert, mäßigend auf Rußland einzuwirken, um einen Krieg zu verhindern. Vierzehn Tage zuvor ließ er auf dem Sozialistenkongreß eine Resolution gegen den Krieg verabschieden, in der es hieß: »Der Kongreß sieht unter allen Mitteln, die einen Krieg verhindern und die Regierungen zur Anrufung eines Schiedsgerichts zwingen, einen gleichzeitigen internationalen Generalstreik in den beteiligten Ländern als besonders wirksam an.« Doch der Motor, der ein solches Unternehmen hätte zum Laufen bringen können, Jean Jaurès, wird mit dem Attentat ausgeschaltet. Jaurès wurde am 3. September 1859 geboren und war jahrzehntelang Abgeordneter in der Nationalversammlung.

frontenkrieg gegen Rußland und Frankreich. Sorge bereitet nur die Haltung Englands.

Österreich ist zwar prinzipiell bereit zum Krieg gegen Serbien, fürchtet sich aber vor den russischen Reaktionen. Der Wiener Hof zögert bis zum 23. Juli; dann – fast vier Wochen nach der Ermordung von Franz Ferdinand – erfolgt das Ultimatum an Serbien. Der Nachbarstaat soll alle Propaganda gegen Österreich verbieten, und die polizeilichen Untersuchungen im Zusammenhang mit dem Attentat von Sarajevo sollen unter Mitwirkung österreichischer Beamter durchgeführt werden. Serbien gibt nach, verwahrt sich jedoch gegen Eingriffe in seine Souveränität. Diese Antwort kann Österreich nicht befriedigen.

Deutsche Schlüsselrolle: England wünscht den Krieg zu vermeiden und ersucht Deutschland, mäßigend auf Österreich einzuwirken.

Der deutsche Botschafter in London, von Lichnowsky, kabelt nach Berlin: Alle Welt sei in London »davon überzeugt, daß der Schlüssel der Lage in Berlin liegt und, falls man dort den Frieden ernstlich will, Österreich davon abzuhalten sein wird, eine tollkühne Politik zu betreiben«. Der deutsche Reichskanzler läßt in London mitteilen, er habe die Vermittlertätigkeit in Wien eingeleitet. In Wirklichkeit läßt er nur den Bericht des deutschen Botschafters nach Wien weitertelegrafieren. Österreich entschließt sich zum Handeln und erklärt Serbien am 28. Juli den Krieg.

Der russische Zar befiehlt einen Tag später die Mobilmachung, zieht den Befehl aber nach Erhalt eines Telegrammes Wilhelms II. noch einmal zurück. Doch Außenminister Sasonow bewegt den Zaren, den Befehl zur Mobilmachung endgültig zu erteilen. In Berlin billigt darauf am 31. Juli, um 15 Uhr, Wilhelm II. den

Text für ein Ultimatum an Rußland und eines an Frankreich. Der bayrische Gesandte Lerchenfeld informiert wenig später die Regierung in München: »Es laufen zur Zeit zwei Ultimata: Petersburg 12 Stunden; Paris 18 Stunden. Petersburg: Anfrage nach Grund der Mobilmachung; Paris: Anfrage, ob neutral bleibt. Beide werden selbstverständlich ablehnend beantwortet werden. Also Mobilmachung spätestens Sonntag, den 1. August, um Mitternacht. Preußischer Generalstab sieht Krieg mit Frankreich mit großer Zuversicht entgegen, rechnet damit, Frankreich in vier Wochen niederzuwerfen.«

Am 31. Juli, um sechs Uhr nachmittags, verkünden Extrablätter im Reich den »allgemeinen Kriegszustand«.

Ein Rausch der Kriegsbegeisterung erfaßt fast alle beteiligten Staaten in Europa, in dem kritische Stimmen nahezu untergehen.

1914
AUGUST

Mo	Di	Mi	Do	Fr	Sa	So
					1	2
3	4	5	6	7	8	9
10	11	12	13	14	15	16
17	18	19	20	21	22	23
24	25	26	27	28	29	30
31						

1. Frankreich macht mobil. Deutschland erklärt Rußland den Krieg.

2. Vertrag Deutschlands mit der Türkei. Die Türkei erklärt ihren Kriegseintritt gegen Rußland, sobald sich Deutschland und Rußland im Kriegszustand befinden.

2. Deutsche Truppen besetzen Luxemburg.

3. Deutsche Kriegserklärung an Frankreich. Einmarsch deutscher Truppen in Belgien.

4. Englisches Ultimatum an Deutschland, die belgische Neutralität zu respektieren. →

4. Der deutsche Reichstag billigt einstimmig die Kriegskredite in Höhe von fünf Milliarden Mark. →

5. Die USA erklären sich neutral.

6. Kriegserklärung Österreich-Ungarns an Rußland. Kriegserklärung Serbiens an Deutschland.

7. Die Vorbereitungen zu den Olympischen Spielen 1916 werden eingestellt. Die Schweiz erklärt sich neutral.

12. Kriegserklärung Englands an Österreich-Ungarn.

13. Kriegserklärung Frankreichs an Österreich-Ungarn.

15. Offizielle Eröffnung des Panamakanals durch Präsident Wilson.

20. Deutsche Truppen erobern Lüttich.

22. Hindenburg wird in die Oberste Heeresleitung berufen.

23. Kriegserklärung Japans an Deutschland.

26. Schlacht bei Tannenberg in Ostpreußen. Die russische Narew-Armee wird eingeschlossen.

29. Samoa von den Engländern kampflos besetzt.

30. Die russische Narew-Armee wird von den Deutschen vernichtet. 90 000 Russen in deutscher Gefangenschaft.

GEBOREN:

14. Stieg Trenter, schwedischer Kriminalromanautor.

GESTORBEN:

12. John P. Holland (* 29. 2. 1840), irischer Konstrukteur, baute funktionsfähiges U-Boot.

20. Pius X. (* 2. 6. 1835), eigtl. Giuseppe Sarto, Papst.

Der Erste Weltkrieg bricht

Nr. 356. Abendausgabe. **Erstes Blatt.** **Sonnabend, 1. August 1914.**

Königsberger Hartungsche Zeitung.

Der Weltkrieg.

Zwölf Stunden Frist für Rußland zum Rückzug.

Eine Schicksalsfrage an Frankreich. — Mobilmachung und „Vermittlung" gleichzeitig. — Enthüllungen der deutschen Regierung über russische „Kriegslist". — Die kaiserliche Familie; Bethmann Hollweg; König Ludwig. — Die öffentliche Meinung. — Sozialdemokratisches. — Jaurès erschossen!

Der Ausbruch des Krieges spiegelt sich in den Berichten und Kommentaren der Presse wider.

In Berlin treten die ausrückenden Soldaten an.

Jubelnde Reservisten in der Pariser Innenstadt.

3. August. Extrablätter geben der deutschen Bevölkerung bekannt: »Französische Kompanien halten seit gestern deutsche Ortschaften besetzt. Bombenwerfende Flugzeuge kommen seit gestern nach Baden, Bayern und unter Verletzung der belgischen Neutralität über belgisches Gebiet in die Rheinprovinz und versuchen, unsere Bahnen zu zerstören. Frankreich hat damit den Angriff gegen uns eröffnet und den Kriegszustand hergestellt.«

Die deutsche Regierung tut alles, um den Krieg als einen Verteidigungskrieg darzustellen, sie erfindet sogar französische Angriffe.

Aber nicht die Franzosen verletzen die belgische Neutralität, sondern die Deutschen. Die Oberste Heeresleitung hat sich über ein Jahrzehnt lang auf einen Zweifrontenkrieg vorbereitet. Schon 1905 hat Generalstabschef Alfred von Schlieffen einen Geheimplan entwickelt, nach dem das deutsche Westheer an der ungenügend gesicherten französisch-belgischen Grenze vorstoßen und von Nordfrankreich her die französische Armee in die Vogesen zurückdrängen soll, um sie dort aufzureiben. Dann kann nach dem von Schlieffen entwickelten Plan die Hauptmacht des deutschen Heeres noch rechtzeitig an die Ostfront geworfen werden, da Rußland nach deutschen Berechnungen dort einen Monat für den Aufmarsch benötigt.

Die Achillesferse dieses Planes: die Neutralität Belgiens und die englische Garantie der belgischen Neutralität. Belgien lehnt ein Ultimatum Deutschlands zum Durchmarsch durch belgisches Gebiet ab. Die britische Regierung fordert ihrerseits in einem Ultimatum, die Neutralität Belgiens zu respektieren. Die deutschen Truppen überschreiten am 3. August die Grenze nach Belgien, um Mitternacht folgt dann die englische Kriegserklärung.

Zwölf Stunden später wird der deutsche Reichstag eröffnet. Der Kaiser hält eine Thronrede: »Uns treibt nicht Eroberungslust, uns beseelt der unbeugsame Wille, den Platz zu bewahren, auf den Gott uns gestellt hat, für uns und alle kommenden Geschlechter.« Wilhelm II. wiederholt dann unter brausendem Beifall der Abgeordneten die Worte, die er am 1. August vom Balkon des Schlosses den Berlinern zugerufen hatte: »Ich kenne keine Parteien mehr, ich kenne nur Deutsche.« Einstimmig billigt der Reichstag die Kriegskredite in Höhe von fünf Milliarden Mark.

Der Berliner Maler Emil Döpler hat das Gedenkblatt gestaltet, das den Angehörigen gefallener Soldaten des Weltkriegs bei der Todesnachricht überreicht wird.

Deutsche Soldaten in einer Stellung an der Marne.

Französische Gefallene auf einem verwüsteten Schlachtfeld bei Verdun.

Deutsche Offensive wird gestoppt

Die deutsche Armee ist den Franzosen überlegen. In einer rollenden Offensive dringt sie in Belgien und Nordfrankreich vor. Anfang September steht die deutsche Angriffsspitze vor Paris. Deutsche Flugzeuge werfen Bomben auf die Bahnhöfe ab, die französische Regierung flieht nach Bordeaux. Die Deutschen haben allerdings Paris nicht westlich umfassen und einschließen können. Für den Sturm auf die Festungen Maubeuge und Antwerpen müssen Armeekorps abgezogen werden, die vor Paris fehlen.

Im Osten sind die Russen schneller als vorausberechnet kampfbereit und fallen mit über 200 000 Soldaten in Ostpreußen ein. Um die Russen aufzuhalten, werden im Westen weitere zwei Armeekorps abgezogen. Ende August gelingt es dem Generaloberst Paul von Hindenburg mit unterlegenen Kräften, die riesige russische Narew-Armee bei Tannenberg einzuzingeln und drei Tage später vernichtend zu schlagen. Eine Woche später greift Hindenburg die Njemen-Armee bei den Masurischen Seen an. Auch hier siegen die Deutschen.

Inzwischen verändert sich jedoch das Kräfteverhältnis zwischen der deutschen Armee und den alliierten englisch-französischen Truppen in Nordfrankreich. 20 deutschen stehen 30 alliierte Armeen gegenüber. Am 4. September befiehlt der französische Oberbefehlshaber Joseph Joffre den Angriff. Die deutschen Truppen weichen zurück, aber die französische Offensive kann abgefangen werden.

In dieser Situation erteilt der deutsche Generalstabschef – fern in Luxemburg – ohne genaue Kenntnis vom Verlauf der Front den Rückzugsbefehl auf eine Linie hinter der Aisne. Die alliierten Armeen folgen den sich zurückziehenden Deutschen nur zögernd.

Der 10. September markiert bereits die Kriegswende. Die deutsche Offensive kommt endgültig zum Stehen. Die Armeen beißen sich fest. Aus dem Bewegungskrieg wird der Stellungskrieg. Generalstabschef Helmuth von Moltke wird von seinem Posten abgelöst. Der Nachfolger Erich von Falkenhayn nennt das Heer in dieser Situation in einem geheimen Gespräch ein »zerbrochenes Instrument«.

Die Propagandamaschinerie läuft an. Diese Karikatur wird auf einer Postkarte verbreitet. Das Zitat »Nun aber wollen wir sie dreschen« bezieht sich auf eine Ansprache von Kaiser Wilhelm II.

An der Spitze seiner Truppen läßt Zar Nikolaus II. (vorne rechts) sich bei Kriegsbeginn als draufgängerischer Heerführer abbilden.

1914

OKTOBER

Mo	Di	Mi	Do	Fr	Sa	So
			1	2	3	4
5	6	7	8	9	10	11
12	13	14	15	16	17	18
19	20	21	22	23	24	25
26	27	28	29	30	31	

4. Deutsche und österreichische Truppen stoßen an der Ostfront bis zur Weichsel vor.

5. Die serbische Regierung verläßt Belgrad und weicht nach Ueskub (Skopje) aus.

9. Deutsche Truppen erobern nach 12tägiger Belagerung Antwerpen. Die belgische Regierung flieht nach Le Havre.

10. Ferdinand I. wird rumänischer König.

11. Deutsches U-Boot versenkt den russischen Panzerkreuzer »Pallada« vor der russischen Küste.

12. Deutsche Truppen erobern Gent und Lille.

15. »U 9« versenkt den britischen Kreuzer »Hawke«.

22. Die SPD fordert die Abschaffung des Dreiklassenwahlrechts in Preußen.

24. Die Kathedrale von Westminster (London) wird mit 150 000 Pfund gegen deutsche Luftangriffe versichert.

25. Einweihung und Eröffnung der Universität Frankfurt am Main.

27. Die Türken sperren die Dardanellen für die Handelsschiffahrt. →

27. Russische Offensive in Polen. Deutsche und österreichische Truppen müssen sich zurückziehen.

28. Urteile im Sarajevo-Prozeß gefällt. →

28. Türkischer Angriff auf russische Häfen. →

GEBOREN:

6. Thor Heyerdahl, norwegischer Zoologe und Forscher.

18. Raymond Lambert, Schweizer Alpinist.

23. Emil Scheibe, deutscher Maler und Graphiker.

25. John Berryman, amerikanischer Lyriker.

27. Dylan Marlais Thomas, englischer Dichter.

GESTORBEN:

10. Carol I. (* 20. 4. 1839), König von Rumänien.

30. Ernst Stadler (* 11. 8. 1883), deutscher Dichter, gefallen bei Zandvoorde. →

Kerker für Attentäter

28. Oktober. Der österreichische Gerichtshof fällt in Sarajevo die Urteile gegen die Attentäter und deren Helfer beim Anschlag auf den Erzherzog Franz Ferdinand und dessen Frau (→ Juni 1914): Fünf Todesurteile, eine lebenslängliche Haftstrafe und neun Kerkerstrafen zwischen sieben und 20 Jahren. Gavrilo Princip, der die tödlichen Schüsse abgab, wird nicht zum Tode verurteilt, weil er zur Tatzeit das zwanzigste Lebensjahr noch nicht vollendet hatte. Princips Schüssen ist das Thronfolgerpaar am 28. Juni erlegen. Der Attentäter selbst ist sofort nach der Tat festgenommen worden. Lebenslängliche Haft erhält der Bombenleger Tschabrinowitsch, dessen Bombe am 28. Juni erst zündete, nachdem der Erzherzog die für den Anschlag vorgesehene Stelle bereits passiert hatte.

Die Beweisaufnahme erbringt, daß das Attentat von Sarajevo von der serbischen Geheimorganisation Crna Ruka (Schwarze Hand) vorbereitet wurde. Führer dieser Orga-

Die serbischen Sarajevo-Attentäter Tschiganowitsch, Tschabrinowitsch und Haupttäter Princip (von links).

nisation ist der serbische Oberst und Leiter des Geheimdienstes Dragutin Dimitrijewitsch. Die Schwarze Hand kämpft für ein großserbisches Reich unter Einschluß des österreichischen Bosniens. Serbien lehnt die von der Wiener Regierung geforderte Auslieferung Dimitrijewitschs ab.

Türkei greift ohne Kriegserklärung russische Schiffe und Häfen an

28. Oktober. Ohne Kriegserklärung bombardieren die Türken russische Häfen am Schwarzen Meer und greifen die russische Schwarzmeerflotte an. Die türkische Marine besteht aus angekauften deutschen Schiffen unter Führung des Panzerkreuzers »Goeben« und des Kreuzers »Breslau«.

Beide Schiffe haben Mitte August die französischen und englischen Sperren im Mittelmeer unbemerkt durchfahren und blockieren seitdem die Einfahrt in die Dardanellen. Nachdem am 21. August der deutschfreundliche Enver Pascha zum türkischen Kriegsminister ernannt wurde, bereitet die Marine den Angriff auf Rußland vor. Der Überfall hat zur Folge, daß Rußland, England und Frankreich der Türkei den Krieg erklären.

Lyriker Stadler fällt in Belgien

30. Oktober. Der Philologe und Lyriker Ernst Stadler, dessen Gedichtsammlung »Der Aufbruch« 1914 erschien, fällt bei Kämpfen in der Nähe der belgischen Stadt Zandvoorde.

Stadler lebte im Schnittpunkt französischer und deutscher Kultur. Er wurde am 11. August 1883 in Colmar geboren. Nach dem Studium und der Habilitation in Straßburg arbeitete er seit 1910 als Professor für deutsche Philologie an der Uni-

versité libre in Brüssel. Bei Kriegsausbruch wurde er deutscher Soldat.

Seine Gedichte drücken die Sehnsucht nach der Tat aus: Das Schicksal ist Herausforderung; Krieg, Emphase und der Tod sind das große Erlebnis.

Thomas Mann schreibt zur gleichen Zeit im Münchner »Zeit-Echo«: »Es gibt nur einen wirklich ehrenhaften Platz heute, und es ist der vor dem Feind.«

Schweiz vermittelt beim Austausch von Zivilisten

24. Oktober. Zahlreiche deutsche Familien hat der Krieg in Frankreich überrascht, und französische Familien waren in der Ferienzeit bei Kriegsausbruch in Deutschland. Die Familien werden in Internierungslager untergebracht. Durch Vermittlung der neutralen Schweiz kommt es am 24. zum ersten Austausch von Zivilisten. Bis Jahresende werden aus Deutschland 7603 Franzosen und aus Frankreich 9229 Deutsche auf dem Wege über die Schweiz in ihre Heimat zurückgeführt.

Olympische Spiele noch ungewiß

15. Oktober. Das schwedische Olympische Komitee, Ausrichter der Spiele von 1912, fragt beim Internationalen Olympischen Komitee an, ob die Olympischen Spiele 1916 in Berlin noch zu retten seien. Baron Pierre de Coubertin, Begründer der modernen Spiele und Präsident des Internationalen Olympischen Komitees, teilt den Schweden auf ihre Anfrage mit: »Der an Deutschland erteilte Auftrag zur Abhaltung der VI. Olympiade ist bisher nicht zurückgenommen worden.«

Rohstofforschung zu Kriegszwecken

26. Oktober. Die zwanzig größten Chemieunternehmen des Reiches gründen die »Kriegschemikalien AG«, welche die Bewirtschaftung der Rohstoffe übernimmt. Sie untersteht dem Weisungsrecht des Kriegsministers. Angeschlossen sind die »Kaiser-Wilhelm-Kohlenforschungs-Institute« in Breslau und Berlin. Die dort beschäftigten Wissenschaftler suchen nach neuen Verfahren zur besseren Ausnutzung der Kohle, vor allem für die Gewinnung von Motortreibstoffen. In Mülheim gelingt die Ölsynthese, und in Breslau wird die Grundlage zur Herstellung des künstlichen Kautschuks geschaffen.

1914
NOVEMBER

Mo	Di	Mi	Do	Fr	Sa	So
						1
2	3	4	5	6	7	8
9	10	11	12	13	14	15
16	17	18	19	20	21	22
23	24	25	26	27	28	29
30						

1. Hindenburg wird zum Oberbefehlshaber an der Ostfront ernannt.

1. Deutsches Kreuzergeschwader unter Graf Spee versenkt zwei englische Panzerkreuzer vor der chilenischen Küste.

3. England erklärt die gesamte Nordsee zum Kriegsgebiet.

5. Kriegserklärungen Rußlands, Englands und Frankreichs an die Türkei.

5. England annektiert Zypern.

7. Deutsche Kolonie Tsingtau (China) kapituliert nach 43tägiger Belagerung durch die Japaner.

9. Der deutsche Hilfskreuzer »Emden« wird versenkt. →

12. Als Ersatz für den eingestellten Orientexpreß (er befuhr seit 1883 die Strecke Paris–Konstantinopel) wird täglich ein Expreßzug Wien–Budapest–Bukarest–Konstantinopel eingesetzt.

13. Die Reichsregierung fordert die Bevölkerung auf, Goldmünzen bei den Banken gegen Papiergeld einzutauschen.

15. Russen beginnen Offensive gegen Posen und Schlesien.

16. Friedensenzyklika Papst Benedikts XV. →

17. US-Präsident Wilson erklärt die Panama-Kanalzone für neutral.

23. Rückzug der US-Besatzungstruppen aus Veracruz (Mexiko).

25. Die deutsche »Kriegsgetreidegesellschaft« zur Beschaffung von Brotgetreide erhält das Recht, Vorräte zu beschlagnahmen.

27. Der preußische und der bayrische Kriegsminister verbieten die Veröffentlichung von Verlustlisten in den Zeitungen.

GEBOREN:

10. Edmund Conen, deutscher Fußballnationalspieler (28 Einsätze).

13. Paul Lücke († 10. 8. 1976), deutscher Politiker.

13. Alberto Lattuada, italienischer Filmregisseur (»Madragola«, 1968).

GESTORBEN:

4. Georg Trakl (* 3. 2. 1887), österreichischer Lyriker. →

5. August Weismann (* 17. 1. 1834), deutscher Zoologe.

Hilfskreuzer »Emden« versenkt

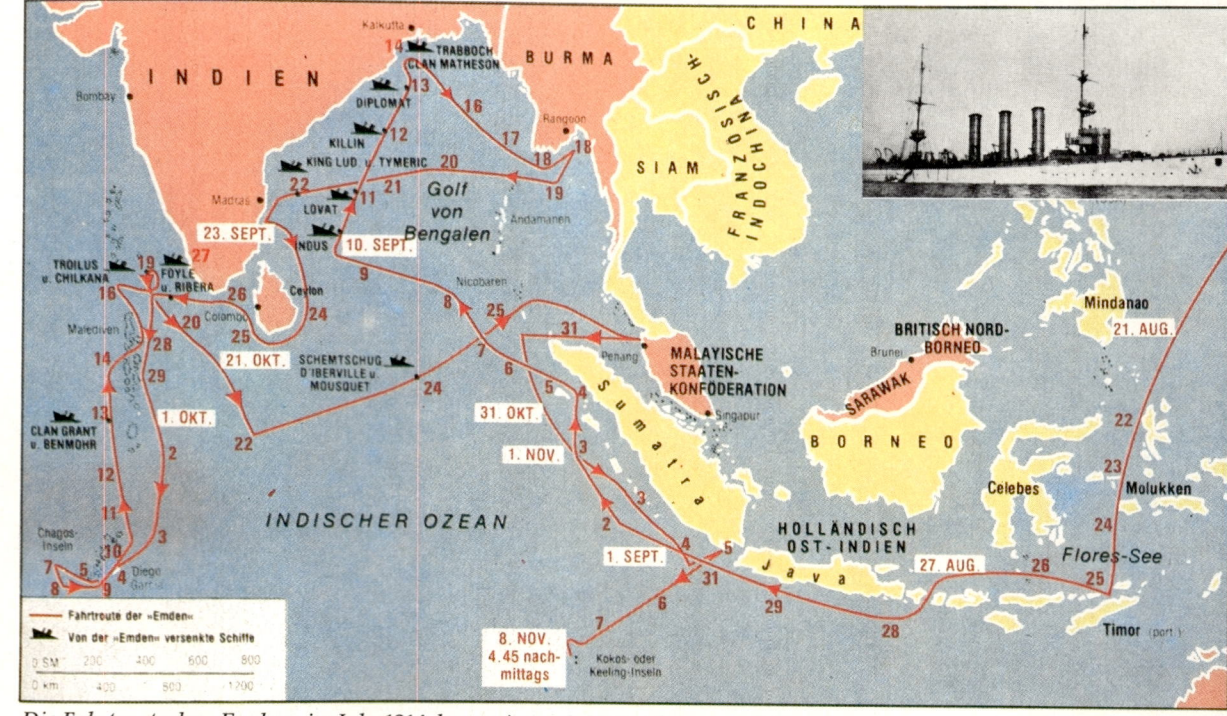

Die Fahrtroute der »Emden« im Jahr 1914, bevor sie am 9. November versenkt wurde.

9. November. Vor den Kokos-Inseln im Indischen Ozean wird der deutsche Hilfskreuzer »Emden« von dem australischen Kreuzer »Sydney« versenkt. Die gesamte britische Indienflotte hat wochenlang vergeblich Jagd auf den deutschen Hilfskreuzer gemacht, der bisher 22 britische Handelsschiffe im Indischen Ozean aufbrachte und versenkte. Auch der russische Kreuzer »Schemtschug« und der französische Torpedozerstörer »Mousquet« wurden Opfer der »Emden«. Im Oktober schießt die »Emden« die Petroleumtanks im Hafen von Madras (Indien) in Brand. Am 28. Oktober widmet die Londoner »Times« dem deutschen Hilfskreuzer unter der Schlagzeile »The Emden's Victims« sogar einen Kommentar. Voller Erstaunen nehmen die Engländer zur Kenntnis, daß die mit 20,2 Seemeilen pro Stunde langsam fahrende »Emden« 22 britische Handelsschiffe mit einer Tonnage von 70 825 Bruttoregistertonnen versenkt hat, ohne daß die englische Flotte das Schiff aufbringen konnte.

Am 9. November schlägt der »Emden« die Stunde. Der größte Teil der überlebenden Besatzung gerät in Kriegsgefangenschaft. Einer Gruppe von 49 Männern gelingt es dann jedoch, den Australiern zu entkommen.

Sie beschlagnahmen einen im Hafen von Keeling-Island liegenden Dreimastschoner, die »Ayesha«. Am 15. Januar des folgenden Jahres werden sie an der arabischen Küste des Roten Meeres landen und von dort aus über Konstantinopel nach Deutschland zurückkehren.

Georg Trakl verübt Selbstmord

4. November. Der österreichische Dichter Georg Trakl stirbt im Lazarett von Krakau, nachdem er versucht hat, sich mit Kokain zu vergiften. Georg Trakl (* 3. 2. 1887) studierte in Wien Pharmazie und wurde Militärapotheker. 1912 gab er seinen Beruf auf und lebte von den Veröffentlichungen seiner Gedichte und Erzählungen. Die Grundstimmung, die aus seinen Gedichten spricht, ist düster. Bei Kriegsbeginn wurde Trakl an der österreichischen Rußlandfront als Sanitätsoffizier eingesetzt. Während der Kämpfe sah er täglich die fürchterlichen Verletzungen der Verwundeten.

Georg Trakl †.

Friedensappell des Papstes

16. November. In einer Enzyklika an die Bischöfe der katholischen Kirche bittet Papst Benedikt XV. um »Frieden für die Nationen und Frieden für die Kirche«. Er beschwört die Fürsten und die Völker, dem »brudermordenden Streit« ein Ende zu bereiten. Nach Ansicht der Kirche ist es zum Krieg gekommen, weil es an gegenseitiger aufrichtiger Liebe unter den Menschen fehlt und weil das Zusammenleben der verschiedenen Bevölkerungsschichten von Ungerechtigkeiten belastet wird.

1914
DEZEMBER

Mo	Di	Mi	Do	Fr	Sa	So
	1	2	3	4	5	6
7	8	9	10	11	12	13
14	15	16	17	18	19	20
21	22	23	24	25	26	27
28	29	30	31			

2. Der deutsche Reichstag bewilligt einen weiteren Kriegskredit in einer Höhe von fünf Milliarden Mark. →

3. Belgien wird unter deutsche Militärverwaltung gestellt.

5. Das italienische Parlament billigt die Entscheidung der Regierung, Neutralität zu bewahren.

6. Die französische Regierung kehrt von Bordeaux nach Paris zurück.

8. Untergang eines deutschen Kreuzergeschwaders unter Führung des Grafen Spee im Atlantischen Ozean.

9. Die Türken stoppen den Vormarsch der Engländer in Mesopotamien und besetzen Akaba am Roten Meer.

9. Italien fordert von Österreich als Gegenleistung für seine Neutralität die Abtretung Südtirols.

10. Verleihung des Nobelpreises für Physik an Max von Laue (Deutschland), für Medizin an Robert Bárány (Ungarn) und für Chemie an Theodore William Richards (USA). →

17. Verkündung des britischen Protektorats über Ägypten.

24. 577 875 alliierte Soldaten verbringen Weihnachten in deutscher Kriegsgefangenschaft. 134 700 deutsche Soldaten sind in russischer Kriegsgefangenschaft.

29. Belgische Zeitungen stellen aus Protest gegen die deutsche Zensur ihr Erscheinen ein. Der Bischof von Brüssel, Kardinal Mercier, fordert die belgische Bevölkerung zum passiven Widerstand auf.

30. Eröffnung des Deutschen Volkstheaters am Berliner Bülowplatz mit Björn Björnsons Lustspiel »Wenn der junge Wein blüht«.

GEBOREN:

5. Hans Hellmut Kirst, deutscher Schriftsteller (»08/15«).

13. Alan Louis Bullock, englischer Historiker (Hitler-Biographie).

GESTORBEN:

8. Maximilian Reichsgraf von Spee (* 2. 6. 1861), deutscher Vizeadmiral, Schlacht bei den Falklandinseln.

15. Giovanni Sgambati (* 25. 5. 1841), italienischer Musiker.

Reichstag billigt Kriegskredit

2. Dezember. Der deutsche Reichstag tritt zusammen, um über einen neuen Fünf-Milliarden-Kriegskredit zu beschließen. Die Sozialdemokraten verbinden die Kreditfrage mit der Frage nach den Kriegszielen. Im September haben die Vertreter der Industrie und der Verband der Alldeutschen dem Reichskanzler einen Annexionsplan vorgelegt, in dem sie die Angliederung Belgiens und der französischen Erzgebiete um Briey-Longwy, die Schutzherrschaft des Reiches über alle nichtrussischen Völker im Osten und die Errichtung eines zentralafrikanischen Kolonialreichs fordern. Der Reichskanzler hat am 9. September ähnliche Pläne unter dem Siegel der höchsten Geheimhaltung aufstellen und überprüfen lassen.

Die deutschen Sozialdemokraten haben von diesen Plänen erfahren. Sie lehnen einen Eroberungskrieg ab und sind nur bereit, Kredite für einen Verteidigungskrieg zu bewilligen. Die SPD verlangt vom Reichskanzler, die Kriegsziele Deutschlands zu formulieren. Kanzler von Bethmann Hollweg sagt vor dem Reichstag: »Wir halten durch, bis wir die Sicherheit haben, daß keiner mehr wagen wird, unseren Frieden zu stören; ein Frieden, in dem wir deutsches Wesen und deutsche Kraft entfalten und entwickeln wollen als freies Volk.«

Der Abgeordnete des Zentrums, Dr. Spahn, verliest dann eine Erklärung, auf die sich alle bürgerlichen Parteien des Reichstags geeinigt haben: »Wir wollen durchhalten, bis der Friede errungen ist.«

Aus diesen Erklärungen ist kein Verzicht auf Annexionen herauszulesen. Die Sozialdemokraten bewilligen dennoch den Kredit, damit der Krieg zur Verteidigung des Landes geführt werden kann. Alle SPD-Abgeordneten werden vom Fraktionsvorstand zur Zustimmung verpflichtet. Der SPD-Abgeordnete Karl Liebknecht bricht die Fraktionsdisziplin und stimmt als einziger Abgeordneter mit Nein. Er schreibt am 20. Dezember: »Die Bewilligung der Kredite ist eine Unterstützung des Krieges, eines imperialistischen Krieges.«

Annexions-Forderung

8. Dezember. »Der Kriegsausschuß der deutschen Industrie« (Zusammenschluß der deutschen Industriellenverbände) und der »Centralverband deutscher Industrieller« fordern, das Reich durch Annexionen zu vergrößern. Am 8. Dezember findet ein Gespräch zwischen den Vorsitzenden der Industrieverbände, Gustav Stresemann, Max Rötger und Reichskanzler Theobald von Bethmann Hollweg statt. Gustav Stresemann, Mitglied der Nationalliberalen Partei, ist als Abgeordneter in den Reichstag nachgerückt. Seit 1910 ist er Vorsitzender des »Bundes der Industriellen«. Max Rötger ist Mitglied des Direktoriums der Firma Krupp. Die Industriellenvertreter sind der Meinung, daß es unmöglich sei, England zur See zu schlagen. Dies bedeute jedoch, daß Deutschland keinen Zugang zu den überseeischen Rohstoffgebieten gewinnen könne. Deshalb ist es nach Meinung der Industriellenverbände notwendig, die Rohstoffbasis auf dem Kontinent zu erweitern.

Die Forderung der Industriellen deckt sich mit dem Plan, den der Zentrumsabgeordnete Matthias Erzberger (zugleich Aufsichtsratsmitglied bei Thyssen) bereits am 2. September erarbeitet hat. In diesem Papier fordert Erzberger die Annexion des französischen Briey-Longwy, die deutsche Oberhoheit über Belgien und über den französischen Küstenstreifen von Calais bis Boulogne. Im Osten sollen alle nichtrussischen Völker aus dem russischen Staatsverband gelöst und unter deutsche Schutzherrschaft gestellt werden. In Afrika erstrebt er die Gründung eines zentralafrikanischen Kolonialreichs.

Bethmann Hollweg macht keine Zusagen. Er will den Burgfrieden mit den Sozialdemokraten nicht gefährden. Er gibt auch keine Verzichtserklärung ab, weil dies, wie es politische Kreise im Reich sehen, vom Ausland als das Eingeständnis einer deutschen Niederlage aufgefaßt werden könnte.

Die Machtverteilung in Afrika 1914.

Max von Laue.

Nur ein deutscher Nobelpreisträger

10. Dezember. Max von Laue ist der einzige Deutsche unter den Nobelpreisträgern des Jahres 1914. Er ist Schüler von Max Planck und Professor für Physik an der Universität Frankfurt. 1912 hat er die Röntgenstrahleninterferenzen entdeckt und die entsprechende Theorie entwickelt.

Für seine Arbeiten über Physiologie und Pathologie des Vestibularapparates (Bogengangapparat des Ohres) wird Robert Bárány, Dozent für Ohrenheilkunde an der Universität Wien, mit dem Nobelpreis für Medizin geehrt, Theodore William Richards (USA) erhält den Nobelpreis für Chemie. Nach Ausbruch des Krieges wird kein Friedensnobelpreis verliehen.

Mo	Di	Mi	Do	Fr	Sa	So
				1	2	3
4	5	6	7	8	9	10
11	12	13	14	15	16	17
18	19	20	21	22	23	24
25	26	27	28	29	30	31

1. Deutsches U-Boot (»U 24«) versenkt das englische Linienschiff »Formidable« vor Plymouth.

13. Schweres Erdbeben in Rom und in den Abruzzen: 29 500 Tote. →

13. Der österreichische Außenminister Graf Berchtold tritt zurück. Nachfolger wird Baron Burián.

14. Südafrikanische Truppen unter Führung von General Botha erobern Swakopmund in Deutsch-Südwestafrika.

15. Alliierte Kriegsgefangene werden im Reich zur Kultivierung von Moor- und Ödland eingesetzt.

18. Die »Kriegsrohstoffabteilung« im Kriegsministerium meldet Rückgang von 25 Prozent bei der Roheisenerzeugung im Jahr 1914. Am höchsten ist der Rückgang in Lothringen mit 33,5 Prozent.

24. Seeschlacht bei Helgoland und an der Doggerbank. Untergang des deutschen Panzerkreuzers »Blücher« und der britischen Kreuzer »Tiger« und »Lion«. →

25. Gründung der »Reichsverteilungsstelle« zur Organisation der Lebensmittelversorgung im Reiche. Die Verteilungsstelle hat das Recht zur Beschlagnahme von Getreidevorräten.

26. Karl Helfferich (vorher Vorstandsmitglied der Deutschen Bank) übernimmt das Reichsschatzamt. Er betreibt Kriegsfinanzierung durch Kreditaufnahme.

31. Im Reich werden Brot- und Mehlmarken eingeführt.

GEBOREN:

7. Erwin Wickert, deutscher Schriftsteller.

8. Ann-Magret Dahlquist-Ljungberg, schwedische Schriftstellerin.

27. Ernst Schröder, deutscher Schauspieler.

27. Maria Wimmer, deutsche Schauspielerin.

30. John Dennis Profumo, englischer Politiker (1960–1963 Verteidigungsminister, Keeler-Skandal).

GESTORBEN:

2. Karl Goldmark (* 18. 5. 1830), österreichischer Komponist.

28. Arthur von Auwers (* 12. 9. 1838), deutscher Astronom.

Kriegsbrot kommt auf den Markt

Brot und Salzhering, einst das sogenannte Armeleutegericht, werden immer knapper und damit zur Luxusware. Nachdem die Engländer im November 1914 die Nordsee zum Kriegsgebiet erklärt haben, fahren die Fischkutter nicht mehr aus. Auf dem deutschen Markt gibt es keinen Hochseefisch mehr. Als Ersatz für die verlorenen Fanggebiete in der Nordsee kommt die Ostsee nicht in Frage, weil deren Fischbestand zu gering ist. Auch die Käuferschlangen vor den Bäckereien und Fleischereien werden immer länger, und das Angebot nimmt ab. Bereits im November hat der preu-ßische Innenminister einen Erlaß zum Brotsparen herausgegeben. Die staatliche Kriegsgetreidegesellschaft beschlagnahmt gehortetes Getreide. Die deutschen Getreidevorräte reichen zur Selbstversorgung des Landes nicht aus. Im Januar kommt ein »Kriegsbrot« auf den Markt. Es ist ein Roggenbrot mit Kartoffelmehlzusatz.

Fleisch und Wurst werden seltener und teurer. Die Schlachthöfe müssen nicht nur die Heimat, sondern auch die Frontsoldaten versorgen. Deshalb wird ein großer Teil des geschlachteten Viehs an die Konservenfabriken abgegeben.

Zentrum der Konservenindustrie zur Versorgung des Heeres wird Braunschweig. In den Hallen, in denen vor Kriegsbeginn Spargel, Bohnen und Erbsen in Konservendosen abgepackt wurden, verarbeiten Frauen nun das Fleisch von 250 bis 300 Rindern pro Tag. Das gewaschene Fleisch der zerlegten Rinder wird sofort in Salzwasser abgekocht. So laugt es nicht aus, sondern bleibt saftig. Fleisch und Knochenbouillon werden in Blechdosen abgefüllt und fest verschlossen. Der Inhalt einer Blechdose gilt in der Regel als Tagesration für zwei Soldaten.

Verluste im Seekrieg

24. Januar. Panzerkreuzer »Blücher« sinkt in der Seeschlacht an der Doggerbank.

24. Januar. Vor Helgoland findet eine Seeschlacht zwischen deutschen und britischen Flotteneinheiten statt. Nach der Schlacht verfügt die Marinekriegsleitung, daß die Inselbewohner den roten Felsen verlassen müssen. Die 2300 Helgoländer werden auf Staatskosten in Hamburg und Altona einquartiert und erhalten eine Staatsunterstützung. Der Bürgermeister von Helgoland residiert in Altona. Zweimal pro Jahr erlaubt die Marine den Helgoländern einen kurzen Urlaub auf der Insel, um in ihren Häusern nach dem Rechten zu sehen. Die Insel selbst wird zu einer Marinefestung ausgebaut.

Durchhalteappell von Scheidemann

1. Januar. In der Solinger Zeitung »Arbeiterstimme« richtet der Führer der SPD-Reichstagsfraktion, Philipp Scheidemann, einen Appell an die Soldaten und fordert sie zum Durchhalten auf. Scheidemann erinnert an die Sorgen und das Leid, das der Krieg den Familien bringt. Doch er weist auch darauf hin, daß dieser Krieg für die Sicherheit Deutschlands notwendig sei. Der Neujahrsappell des Politikers endet mit dem Aufruf an das Heer: »Haltet aus! Von Euch hängt es ab, was aus unserem Land und was aus der Arbeiterschaft wird!«

Erdbeben in Italien

13. Januar. Um 7.54 Uhr erschüttern heftige Erdstöße die Stadt Rom und die Abruzzen. Das Ausmaß der Katastrophe wird zunächst nicht voll erkannt. In Rom selbst hat es nur Sachschäden gegeben. So stürzt in der Kathedrale von San Giovanni die Paulusstatue von ihrem Sockel; Straßenbahnen entgleisen, und auf dem Campo dei Giori entsteht ein Chaos, weil die mit Früchten beladenen Karren und zahlreiche Verkaufsstände umgeworfen werden. Viele Abruzzendörfer jedoch sind von der Außenwelt abgeschnitten. 17 Dörfer werden vollständig zerstört. Noch Tage später werden unter den Trümmern Verletzte und Tote geborgen. Das Beben fordert schließlich 29 500 Opfer.

1915

FEBRUAR

Mo	Di	Mi	Do	Fr	Sa	So
1	2	3	4	5	6	7
8	9	10	11	12	13	14
15	16	17	18	19	20	21
22	23	24	25	26	27	28

4. Die im Prozeß gegen die Attentäter von Sarajevo gefällten Todesurteile werden vollstreckt.

4. Beginn der Winterschlacht von Masuren. →

4. Deutschland erklärt die Gewässer um Großbritannien zum Kriegsgebiet. Die deutsche Kriegsflotte versenkt dort alle feindlichen Schiffe ohne vorherige Warnung. Neutrale Schiffe befahren dieses Gebiet auf eigenes Risiko. →

9. Der Suezkanal wird für neutrale Schiffe gesperrt.

10. In Deutschland wird eine Mehltagesration pro Person festgesetzt: 225 Gramm.

10. Die USA protestieren gegen die Kriegsgebiets-Erklärung Deutschlands vom 4. Februar. Sie betrachten jeden Angriff auf ein amerikanisches Schiff als Angriff auf ihre Neutralität.

16. Beginn der Winterschlacht in der Champagne.

17. Beginn des U-Boot-Krieges mit der Einschränkung, kein neutrales Schiff zu versenken.

18. Die 1916 bevorstehenden Olympischen Spiele in Berlin fallen aus. Die deutsche Turnerschaft sagt die Spiele ab.

19. Zum 50. Geburtstag des schwedischen Asienforschers Sven Hedin erscheint sein Buch »Ein Volk in Waffen«. →

21. Eröffnung der Weltausstellung in San Francisco. 45 Nationen nehmen teil, darunter auch die kriegführenden Mächte England, Frankreich, Deutschland, Österreich-Ungarn und die Türkei.

22. Deutscher Sieg in der Winterschlacht von Masuren: 150 000 russische Gefangene, 300 eroberte Geschütze. →

23. Deutsch-Südwestafrika von Engländern erobert.

GEBOREN:

5. Robert Hofstadter, amerikanischer Physiker (Nobelpreis 1961).

12. Wassilij Aschajew, russischer Schriftsteller (»Fern von Moskau« 1948).

23. Heinrich Schirmbeck, deutscher Schriftsteller.

GESTORBEN:

16. Wilhelm Bleyle (* 7. 4. 1850), deutscher Textilfabrikant. →

Hedin lobt Deutsche

19. Februar. In Deutschland erscheint das neue Buch des schwedischen Asienforschers Sven Hedin »Ein Volk in Waffen«. Das Thema des Autors sind die Deutschen. Das Buch, das der offiziellen politischen Selbstdarstellung entgegenkommt, erfreut sich bald großer Beliebtheit. Der Schwede Hedin vertritt die These, daß Deutschland sich in einem gerechten Kampf gegen die wirtschaftliche und kulturelle Bedrohung durch die europäischen Großmächte befindet. Das Buch ist voller Lob über die Arbeitskraft und die Heldentaten der Deutschen, die sich gegen die Einkreisung durch fremde Mächte wehren.

Freund der Deutschen: Sven Hedin.

Fabrikant Bleyle stirbt in Stuttgart

16. Februar. In Stuttgart stirbt im Alter von 64 Jahren der Fabrikant Wilhelm Bleyle. Der im österreichischen Vorarlberg geborene Unternehmer gründete 1889 in Stuttgart eine Strickfabrik, in der Strickbekleidung für die Jugend nach Schneiderart hergestellt wird. Die meisten deutschen Jungen zwischen 8 und 12 Jahren besitzen einen Matrosenanzug von Bleyle.

Mehr Geschichte in der Oberstufe

9. Februar. Der sächsische Kultusminister gibt eine Verordnung heraus, derzufolge in den Schulen des Landes während der beiden letzten Schuljahre bevorzugt deutsche Geschichte unterrichtet werden muß. Diese neue Verfügung wirkt sich zu Lasten anderer Lerninhalte aus. So wird zum Beispiel die Behandlung der antiken Themen gestrichen.

Erlaß regelt Siegesfeiern an den Schulen

18. Februar. Ein Erlaß des preußischen Kultusministers regelt das Verhalten der Schulbehörde bei militärischen Erfolgen der deutschen Truppen und sorgt für einheitlich gestaltete Siegesfeiern in den Schulen. Nach Eingang der amtlichen Siegesmeldung findet am folgenden Tag kein Unterricht, sondern eine Feier statt. Danach ist schulfrei. Trifft eine amtliche Siegesmeldung während der Unterrichtszeit ein, so müssen die Lehrer die Schulstunde sofort beenden und eine Siegesfeier veranstalten.

Teure Schweine

15. Februar. Im Vergleich zum 1. Januar 1914 sind die Schweinepreise am Großmarkt je Zentner Schlachtgewicht um 70 Prozent angestiegen.

		je Zentner Schweinefleisch	
1914	Januar	64— 66	Mark
1915	25. Januar	82— 86	Mark
	1. Februar	90— 94	Mark
	8. Februar	95—100	Mark
	15. Februar	110	Mark

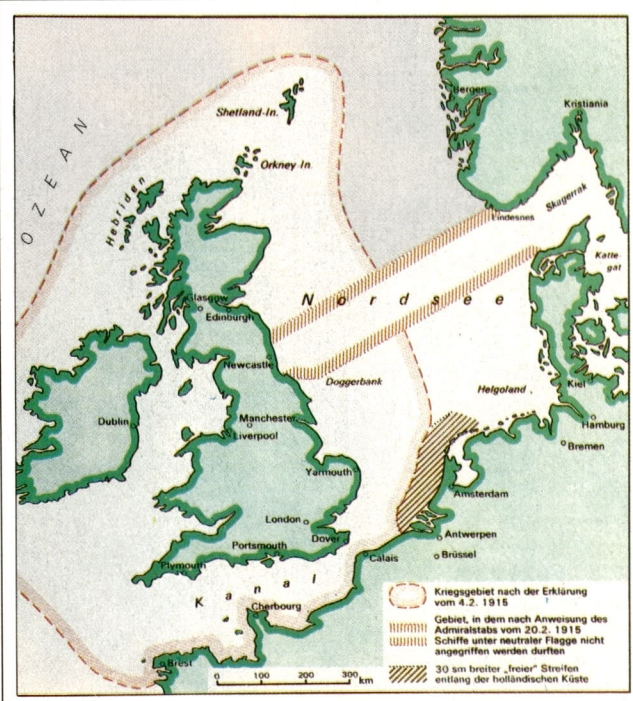

4. Februar. Der Seekrieg um Großbritannien weitet sich aus.

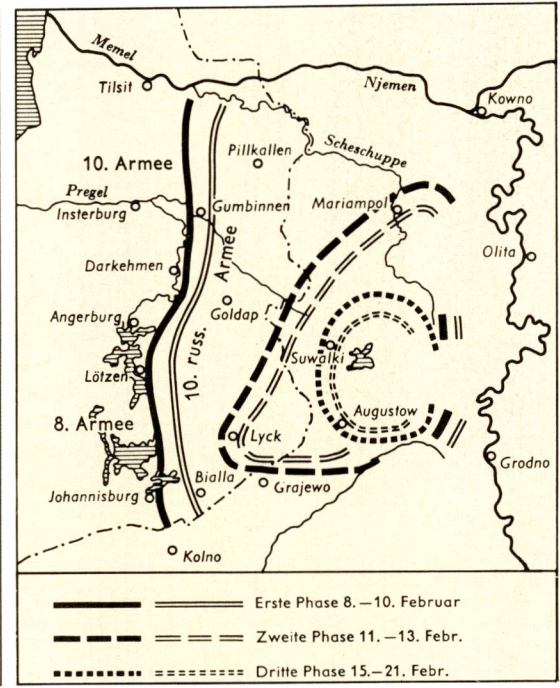

8.–22. Februar. Frontenverlauf der Masurenschlacht.

1915

MÄRZ

Mo	Di	Mi	Do	Fr	Sa	So
1	2	3	4	5	6	7
8	9	10	11	12	13	14
15	16	17	18	19	20	21
22	23	24	25	26	27	28
29	30	31				

3. Uraufführung des ersten amerikanischen Monumentalfilms des Regisseurs Griffith: »Birth of a Nation.« →

9. Sieg der deutschen Ostarmeen über die Russen bei Grodno.

10. Zwei deutsche U-Boote durch britische Zerstörer versenkt.

11. In Deutschland beginnt die Herstellung von künstlichem Salpeter, da wegen der englischen Blockade kein Chile-Salpeter mehr eingeführt werden kann.

14. Der deutsche Kreuzer »Dresden« wird von einem englischen Geschwader versenkt.

16. Kriegsgefangene werden im Ruhrgebiet als Bergleute eingesetzt: Zehnstundentag.

17. Der Reichstag nimmt den Haushalt 1915 und das Kriegsfinanzierungsprogramm bei einer Gegenstimme (Karl Liebknecht) an.

20. Abschluß der Winterschlacht in der Champagne: Die französische Offensive, bei der die Artillerie erstmals Trommelfeuer einsetzt, bleibt erfolglos.

20. Deutsche Erstaufführung des Schauspiels von Paul Lewin »Die Flucht nach Amerika« in den Münchner Kammerspielen.

21. Die zweite deutsche Kriegsanleihe erbringt 9 Milliarden Mark.

22. Ein deutscher Zeppelin bombardiert Paris. →

28. Die Internationale Sozialistische Frauenkonferenz erarbeitet in Bern eine Friedensresolution. →

31. Die Zahl der Krebserkrankungen nimmt zu: 1903 wurden 21 258 Erkrankungen gemeldet, 1913 steigt die Zahl auf 34 350, 1914 sind es 30 882 Fälle.

GEBOREN:

7. Jacques Chaban-Delmas, französischer Politiker.

11. Karl Krolow, deutscher Lyriker.

12. Alberto Burri, italienischer Materialbildner.

GESTORBEN:

13. Sergej Juljewitsch Witte (* 29. 6. 1849), russischer Politiker.

17. Walter Crane (* 15. 8. 1845), englischer Maler.

Filmskandal in USA

3. März. Der erste große Spielfilm erlebt in New York seine Premiere. Der amerikanische Regisseur David W. Griffith (1875–1948) stellt seinen dreistündigen Monumentalfilm »Birth of a Nation« (»Geburt einer Nation«) vor. Der Film wird zu einem großen Erfolg und zugleich zum Skandal. Viele Kritiker rühmen die technische Vollkommenheit, die Großaufnahmen des Kameramannes Billy Bitzer, die spannende Handlung und die schauspielerische Leistung der Darsteller. Der Rassismus jedoch, der in diesem Film zum Ausdruck kommt, ruft in der amerikanischen Öffentlichkeit heftige Proteste hervor.

»Birth of a Nation« berichtet von den freundlichen und guten Menschen, die in den amerikanischen Südstaaten leben, von den Grausamkeiten eines vom Norden angezettelten Bürgerkrieges und von der schrecklichen Zeit nach dem Krieg. Die Farbigen treten im Film als die Bösen auf, die nach weißen Frauen und nach Macht streben. Der Norden wird in der Person des liberalen Kongreßabgeordneten Stoneman verkörpert und als engstirnig dargestellt. Mit humanitären Vorurteilen und ihren Vorstellungen von sozialer Gerechtigkeit spielen die Weißen des Nordens den Farbigen nur die Macht in die Hand. Die Folgen erfährt die Tochter des Politikers, Elsie Stoneman. Sie erduldet die Gemeinheiten von farbigen Ehrgeizlingen am eigenen Leib. Im spannenden Verlauf der Handlung rettet sie schließlich Ben Cameron, ein strahlender Held und Mitglied des Ku-Klux-Klans. Er heiratet das Mädchen aus dem Norden und führt es in eine bessere Zukunft: Eine neue Nation wird mit dieser Heirat symbolisch geboren.

Die Aufnahmetechnik, die Verarbeitung des Stoffes, die Steigerung der Spannung und die musikalische Begleitung lassen die Kritiker in New York vom Höhepunkt der Filmkunst sprechen. Für andere Beobachter bedeutet der Film einen neuen Höhepunkt des Rassenkampfes in den USA. In den Großstädten des Nordens wird gegen die Aufführung protestiert, Kinos werden boykottiert, Aufführungsverbote durchgesetzt, und es kommt zu handgreiflichen Ausschreitungen.

Der Film bringt dem Regisseur einen Gewinn von 48 Millionen Dollar ein, so daß er noch im März mit den Dreharbeiten zu seinem zweiten Monumentalfilm »Intolerance« beginnt (Uraufführung 1916).

Deutscher Zeppelin bombardiert Paris im Nachtangriff

22. März. Ein Zeppelin bombardiert in einem Nachtangriff Bahnhöfe und Werksanlagen in Paris. Nach der Erfahrung mit ersten deutschen Luftangriffen im September 1914 wird die französische Hauptstadt abends und nachts verdunkelt. Der Besatzung des angreifenden Zeppelins gelingt es dennoch, ihre Ziele auszumachen. Aus 150 Metern Höhe lassen die Männer lange brennende Leuchtkörper an kleinen Ballons über der Stadt niedergleiten.

Die Leuchtkörper tauchen die Stadt in ein gespenstisches, rot getöntes Licht, in dessen Schein die Angriffsziele zu erkennen sind. Die Zeppelin-Bomben richten Zerstörungen an der »Gare St-Lazaire« und an der »Gare du Nord« an.

Neue Sportart für deutsche Jugend: Gepäckmarsch

Mit wenigen Ausnahmen sind alle Aktiven des Deutschen Turnerbundes und des Deutschen Fußballbundes als Soldaten eingezogen worden. Die Meisterschaftsrunden in den verschiedenen Sportarten können nicht fortgeführt werden. Es gibt nur noch einzelne Wettkämpfe, die von Jugendmannschaften bestritten werden.

Allwöchentlich rufen die Sportvereine die Jugend zur Teilnahme an einer neuen »Sportart« auf: dem Armeegepäckmarsch. Es handelt sich um einen Wettmarsch in feldmarschmäßiger Ausrüstung über zehn bis vierzig Kilometer. Der Aufruf zum Marschieren soll dem Wandern und den militärischen Jugendkompanien Nachwuchs zuführen. Um den Armeegepäckmarsch durchzustehen, muß der Teilnehmer gut passende Schuhe und Strümpfe tragen; wichtig ist der bequeme Sitz des Rucksacks. Der Armeegepäckmarsch soll den Jugendlichen lehren, seine Kraft und Ausdauer richtig einzuschätzen. Dahinter verbirgt sich eine vormilitärische Ausbildung: Hebung der Marschfähigkeit.

Zeppeline im Kriegseinsatz. Das Bild zeigt die Führergondel eines Luftschiffes.

Tod des Grafen Witte

13. März. In Petrograd stirbt Graf Witte, der als Finanzminister und Ministerpräsident die Industrialisierung und Modernisierung Rußlands vorangetrieben hat.

Am 29. Juni 1849 wurde Witte in Tiflis geboren. Er entstammte einer deutschen Försterfamilie aus Kurland, die Vorfahren der Mutter gehörten dem Dienstadel an. Der Vater stieg zum Leiter der Landwirtschaftsbehörde im Kaukasus auf. Nach dem Studium der Mathematik in Odessa trat Sergej Juljewitsch Witte in den Staatsdienst ein. Der Zar ernannte ihn 1892 zum Finanzminister. Witte reformierte das Steuersystem, richtete eine Staatsbank ein und ermutigte zur Gründung von Privatbanken. Er gewann Gläubiger in Frankreich und Deutschland, die zum Aufbau der russischen Industrie investierten. 1891 setzte er den Baubeginn der Transsibirischen Eisenbahn durch.

Durch das Industrialisierungsprogramm schuf sich Witte zahlreiche Feinde innerhalb des feudalen Hochadels. Zar Nikolaus entließ den Grafen 1903, mußte ihn aber 1905 nach der Niederlage gegen Japan zurückrufen. Bei den Friedensverhandlungen erzielte Witte für Rußland günstige Bedingungen. Er gewann das Vertrauen europäischer Finanziers, die bereit waren, trotz der politisch unsicheren Verhältnisse, die nach der Revolution von 1905 in Rußland herrschten, in

Graf Witte stirbt in Petrograd.

den Aufbau der Industrie neu zu investieren.

Witte entwarf die erste russische Verfassung und bildete als Ministerpräsident 1905 und 1906 auf der Grundlage der neuen Verfassung eine Regierung. Die Duma, eine gesetzgebende Versammlung, wurde eingerichtet. Der Zar entzog ihm jedoch 1906 wieder das Vertrauen und entließ ihn.

Von August 1914 bis zu seinem Tod am 13. März 1915 bemühte sich Witte um eine Beendigung des Krieges mit Deutschland. Über einen Mittelsmann in Stockholm, seinen früheren Staatssekretär Kolyschko, stand er in Kontakt mit dem deutschen Reichskanzler und bereitete Friedensgespräche auf Regierungsebene vor.

Berner Konferenz der Sozialistinnen

26. März. In Bern treffen sich weibliche Abgeordnete der sozialistischen Parteien aus sieben Ländern, um in einer Resolution den Krieg zu verdammen.

An der Konferenz in Bern nehmen Vertreterinnen aus Deutschland, England, Frankreich, Rußland, Italien, den Niederlanden und der Schweiz teil. Die Wortführerin der deutschen Gruppe ist Clara Zetkin. Im Abschlußmanifest wird der Krieg als ein imperialistisches Abenteuer verurteilt, und die Aufrufe der Regierenden zur Vaterlandsverteidigung werden als Propaganda und Lüge bezeichnet.

Künstler im Krieg. Max Beckmann als Sanitäter (Selbstbildnis).

1915
APRIL

Mo	Di	Mi	Do	Fr	Sa	So
			1	2	3	4
5	6	7	8	9	10	11
12	13	14	15	16	17	18
19	20	21	22	23	24	25
26	27	28	29	30		

5. Die französische Armee beginnt an Maas und Mosel eine großangelegte Offensive.

6. Italien fordert für seine Neutralität von Österreich die Gebietsabtrennung von Südtirol und Triest mit Istrien. Österreich ist nicht bereit, Triest abzutreten.

7. Internationale Sozialistische Jugendkonferenz in Bern. Frankreich und Deutschland entsenden keine Teilnehmer.

15. Österreich dehnt die Militärpflicht bis zum 50. Lebensjahr aus.

20. Der englische Schatzkanzler Lloyd George (Liberaler) fordert den Übergang zur Kriegswirtschaft.

22. Deutscher Gasangriff bei Ypern (Westfront). →

25. Engländer und Franzosen landen an den Dardanellen.

25. Londoner Vertrag nach Geheimkonferenz zwischen England, Frankreich und Italien. Die Alliierten sind einverstanden, daß Italien Dalmatien (ohne Fiume), Istrien, Triest und Südtirol erhält, wenn es Österreich den Krieg erklärt.

27. Die USA internieren in Newport die deutschen Kreuzer »Prinz Eitel Friedrich« und »Kronprinz Wilhelm«.

27. Deutscher Einmarsch in Kurland (Ostfront).

30. Deutscher Luftangriff auf Harwich, Ipswich und Wilton an der englischen Ostküste.

30. Fünfhundert-Jahr-Feier der Hohenzollern. →

31. Deutsche Firmen unter Führung der Union-Werke in Dortmund stellen im Zusammenhang mit dem Bau der Bagdadbahn die 800 Meter lange Euphrat-Brücke bei Dscherablus fertig.

GEBOREN:

1. Otto Wilhelm Fischer, deutscher Filmschauspieler.

2. Jean Sauvagnargues, französischer Diplomat.

16. Johannes Leppich, deutscher Jesuitenpater.

GESTORBEN:

3. Jizchak Lejb Perez (* 18. 6. 1851), Klassiker der jiddischen Literatur.

27. Alexander Skrjabin (* 6. 1. 1872), russischer Komponist.

Ein weißer Boxer wird Weltmeister im Schwergewicht

5. April. Jess Willard (* 29. 12. 1881) entthront nach 26 Runden in Havanna auf Kuba mit einem K.-o.-Schlag den farbigen Weltmeister im Schwergewicht, Jack Johnson (* 31. 3. 1878). Die Krone im Box-Schwergewicht fällt nach fünf Jahren wieder an einen weißen Boxer, den zwei Meter großen Weizenfarmer Willard aus Kansas. Die weißen Zuschauer des Kampfes in Havanna feiern den neuen Champion mit Jubel. Während des Kampfes haben weiße Rassenfanatiker versucht, den bisherigen Champion mit Revolvern zu bedrohen.

Johnson weiß vorher, welcher Hexenkessel ihn erwartet. Er ist aber mit dem Kampf in Havanna einverstanden, denn in den Vereinigten Staaten kann er nicht boxen. Er hat dort eine rechtskräftige Gefängnisstrafe von einem Jahr abzusitzen, der er sich bisher durch Flucht entzogen hat. Sein Vergehen besteht darin, daß er 1912 mit einer weißen Frau durch die Staaten gereist ist. Das verstößt gegen ein Gesetz, das zur Eindämmung der Prostitution verbietet, daß ein Mann vor der Heirat gemeinsam mit einer Frau die Grenzen von Staaten überschreitet. Er wird verurteilt und flieht nach Kanada. Nach der Niederlage in Havanna hofft er, bald in die Vereinigten Staaten zurückkehren zu können. Nach dem Kampf muß er erfahren, daß seine Strafe nicht zur Bewährung ausgesetzt wird. Der Ex-Meister muß weiterhin im Ausland bleiben.

Kleinhandelspreis steigt sprunghaft

Die Statistik der Kleinhandelspreise ergibt, daß Lebensmittel im Vergleich zu 1913 um 30 Prozent teurer geworden sind. Ein Liter Vollmilch kostet im April 1915 23 Pfennig (1913: 21 Pfennig), ein Kilo Butter 3,33 Mark (1913: 2,85 Mark), ein Pfund Weizenmehl 55 Pfennig (1913: 37 Pfennig), ein Pfund Kaffee 3,35 Mark (1913: 3,23 Mark) ein Kilo Erbsen 1,14 Mark (1913: 40 Pfennig).

Gasangriff an der Westfront

22. April. An der Westfront unternehmen deutsche Truppen ihren ersten Gasangriff. Das Giftgas ist in starken Fässern komprimiert. Bei günstigem Wind öffnen die Deutschen um fünf Uhr früh die Gashähne. In den vordersten Laufgräben der Frontlinie zwischen Langemarck und Ypern sehen die französischen Soldaten wenig später dichten gelben Rauch aus den deutschen Schützengräben aufsteigen, der sich langsam den französischen Stellungen nähert. Der Nord-Ost-Wind trägt dazu bei, daß der Rauch sich wie ein Teppich über dem Boden verbreitet. Die Rauchsäule ist nur wenige Meter hoch.

Die Wirkung in den französischen Stellungen ist vernichtend. Bei vielen Soldaten tritt der Tod sofort ein. Einige können flüchten; aber auch sie haben die Dämpfe eingeatmet, werden nach wenigen Minuten schwarz im Gesicht, husten Blut und sterben.

Dieser erste Giftgaseinsatz wird an einer Frontbreite von sechs Kilometern durchgeführt. Eine Viertelstunde nach dem Angriff rücken die Deutschen aus den Schützengräben, voran Soldaten mit Sicherheitsmasken, die sich vergewissern sollen, ob die Luft noch Schadstoffe enthält. Als sich das Gas verflüchtigt hat, greifen die Truppen in der ganzen Breite der Frontlinie an und rücken vor, ohne auf Widerstand zu treffen. Es fehlt jedoch an Menschen und Material, um den Einbruch in die französische Front zu einer Offensive zu nutzen.

Das giftige Chlorgas ist vom Kaiser-Wilhelm-Institut entwickelt worden. Ein erster Versuch, der im Januar an der Ostfront stattfand, endete wenig überzeugend, weil das Gas sich in der Kälte nicht verteilte. Beim Einsatz im April ist die Kriegsleitung nicht auf die durchschlagende Wirkung vorbereitet. Sie stößt nicht nach, und die Alliierten haben ausreichend Zeit, die Lücke in der Front wieder zu schließen.

Unter Einsatz von Giftgas greifen deutsche Truppen bei Ypern an.

Warnung der Truppe vor Gas.

Elektrifizierung der Narvik-Bahn

15. April. Die Elektrifizierung der Eisenbahnlinie, die von den schwedischen Erzgruben bei Kiruna nach Riksgränsen bei Narvik (Norwegen) führt, ist abgeschlossen. Zum erstenmal verkehren auf der 130 Kilometer langen Strecke elektrisch angetriebene Züge mit über 2000 Tonnen Gewicht.

Die Elektrifizierung der nördlichsten Eisenbahnlinie der Welt trägt dazu bei, daß sich der Erzumschlag im Hafen von Narvik gewaltig erhöht.

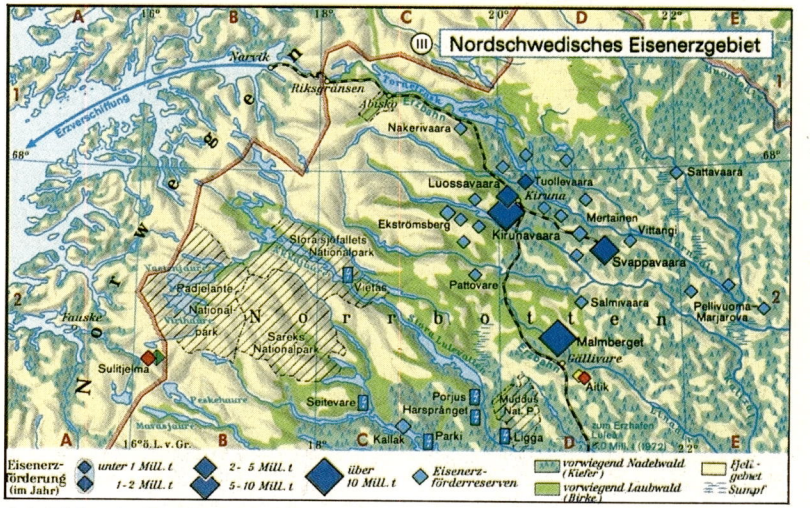

Die Elektrifizierung der Erzbahn zwischen Narvik und Kiruna wird abgeschlossen.

Die Hohenzollern feiern Geburtstag

Otto Hintze: »Die Hohenzollern«.

30. April. Die Hohenzollern regieren seit 500 Jahren in der Mark Brandenburg. Am 30. April 1415 hat Kaiser Sigismund dem Burggrafen Friedrich von Nürnberg die Markgrafschaft Brandenburg samt Kurwürde übertragen. Aus der Kurwürde der Hohenzollern entwickelt sich 1701 das preußische Königtum, und 1871 wird ein Hohenzoller Kaiser des Deutschen Reiches.

Angesichts des Krieges entscheidet Kaiser Wilhelm II., daß an dem Jubiläumstag keine großen offiziellen Festlichkeiten stattfinden sollen. In einer kleinen Feierstunde wird statt dessen das Buch des Historikers Otto Hintze »Die Hohenzollern und ihr Werk« vorgestellt.

Otto Hintze betrachtet seine Hohenzollern-Geschichte als eine Mission. So schreibt er im Vorwort: »In ernster schwerer Zeit geht das Buch in die Welt hinaus. Der Staat und das Fürstengeschlecht, von dem es redet, kämpfen um das Dasein in einem Krieg, wie ihn schwerer, gewaltiger, großartiger die Weltgeschichte bisher nicht gesehen hat. Die politische Eigenart unseres Volkes, die straffe militärisch-monarchische Zucht, die Preußen und Deutschland allein befähigt hat, in der Mitte des europäischen Festlandes, umdrängt von starken und oft mißgünstigen Nachbarn, sich ein selbständiges Dasein zu erringen und dem deutschen Namen Achtung in der Welt zu verschaffen – dieser politische Charakter stellt die Frucht eines langen Erziehungsprozesses dar.«

1915

MAI

Mo	Di	Mi	Do	Fr	Sa	So
					1	2
3	4	5	6	7	8	9
10	11	12	13	14	15	16
17	18	19	20	21	22	23
24	25	26	27	28	29	30
31						

2. Beginn der deutsch-österreichischen Offensive gegen Rußland in Galizien.

2. Deutscher Luftangriff auf Dünkirchen.

3. Italien tritt aus dem Dreibund aus. →

7. Das deutsche U-Boot »U 20« torpediert das englische Passagierschiff »Lusitania« auf dem Weg von New York nach Liverpool. →

8. An der Ostfront erobern die Deutschen Libau.

9. China wird japanischer Satellitenstaat. →

10. Erster Zeppelin-Luftangriff auf London.

13. Scharfer Protest der US-Regierung wegen der Versenkung der »Lusitania«.

16. Der portugiesische Ministerpräsident Chagas wird ermordet.

17. Die englischen Truppen in Frankreich erreichen eine Stärke von 600 000 Mann (August 1914: 90 000).

20. Das italienische Parlament gibt der Regierung freie Hand für den Kriegseintritt gegen Österreich (Kammer 407 : 74 Stimmen; Senat 622 : 2).

23. Italienische Kriegserklärung an Österreich.

25. Englisches Panzerschiff »Triumph« versenkt.

26. Lloyd George wird englischer Munitionsminister, Balfour löst Churchill als Erster Seelord ab.

26. Der portugiesische Präsident Manuel d'Arriaga tritt zurück, Nachfolger wird Theophile Braga.

28. 1500 Frauen demonstrieren vor dem Reichstagsgebäude für den Frieden und gegen die Teuerung.

GEBOREN:

4. Moshe Dajan († 16. 10. 1981), israelischer General und Politiker.

6. Orson Welles, amerikanischer Filmschauspieler und Filmregisseur.

15. Paul Anthony Samuelson, amerikanischer Volkswirtschaftler, Nobelpreis 1970.

GESTORBEN:

10. Albert Weisgerber (* 21. 4. 1878), deutscher expressionistischer Maler, bei Ypern gefallen.

»U 20« versenkt die »Lusitania«

7. Mai. Um 2.33 Uhr nachmittags feuert »U 20« wenige Seemeilen vor dem Kap Old Head of Kinsale an der irischen Südostküste einen Torpedo auf das englische Passagierschiff »Lusitania« ab. Der Torpedo trifft das 32 000 Tonnen große Luxusschiff am Bug. Kurz danach wird das Schiff von einer zweiten schweren Explosion erschüttert. Die »Lusitania« sinkt dann so schnell, daß sich nur ein knappes Drittel der 1959 Passagiere retten kann. Unter den 1198 Toten befinden sich 128 Amerikaner. Der amerikanische Millionärssohn Alfred G. Vanderbilt ist das bekannteste Opfer unter den Passagieren.

Vor Ausfahrt des Schiffes nach Liverpool hat der deutsche Botschafter in New York, Graf Bernstorff, die Passagiere warnen lassen und darauf hingewiesen, daß deutsche U-Boote den Befehl haben, alle englischen Schiffe in den Gewässern um England anzugreifen. Der Kapitän der »Lusitania« unterschätzt diese Warnungen, denn er weiß, daß sein Schiff mit einer Geschwindigkeit von 25 Knoten jedem U-Boot überlegen ist. Die »Lusitania« transportiert jedoch nicht nur Passagiere, sondern auch Munition nach England.

Die Nachricht von der Versenkung der »Lusitania« führt zu antideutschen Demonstrationen in den USA. Der ehemalige Präsident Theodore Roosevelt, der einst als Deutschenfreund galt, fordert nun den Krieg gegen Deutschland. Der amtierende Präsident Woodrow Wilson protestiert in schärfster Form. Er beruft sich auf ein Recht der Bürger neutraler Staaten, die Passagierschiffe auch kriegführender Mächte zu benutzen. Er besteht darauf, daß die Deutschen die Torpedierung als Bruch des internationalen Rechts anerkennen und Schadenersatz leisten.

Die deutsche Regierung weist den Protest zurück. Da die »Lusitania« Munition und anderes Kriegsmaterial an Bord hatte, gilt sie für die deutsche Marine als Kriegsschiff. Nach deutscher Ansicht besteht kein Zweifel an der Rechtmäßigkeit der Versenkung.

Die Versenkung der »Lusitania« führt zu einer politischen Krise.

Als US-Präsident Wilson in einer weiteren Note noch einmal von Deutschland verlangt, die Versenkung der »Lusitania« als Verbrechen zu verurteilen, tritt der amerikanische Außenminister William Jannings Bryan zurück, weil die Note Wilsons den Charakter eines Ultimatums hat und die Vereinigten Staaten in einen Krieg mit Deutschland verwickeln könnte. Nach Bryans Meinung hat Deutschland ein Recht zu verhindern, daß seinen Feinden Kriegsmaterial geliefert wird. Wenn solche Schiffe Passagiere in der Hoffnung an Bord nehmen, daß sie dann nicht angegriffen werden, so sei das mit einer Armee zu vergleichen, die zu ihrem Schutz Frauen vor sich herführe.

Rom verläßt Dreibund

D'Annunzio hält am 5. Mai in Quarto eine Rede gegen die Mittelmächte.

3. Mai. Italien tritt aus dem seit 1882 bestehenden Dreibund mit Deutschland und Österreich-Ungarn aus. Damit entfällt die mit dem Vertrag verbundene Auflage zur Neutralität. Am 23. Mai erklärt die italienische Regierung Österreich den Krieg und kommt so einer Verpflichtung nach, die Ministerpräsident Antonio Salandra im April auf der geheimen Londoner Konferenz mit England und Frankreich eingegangen ist: Krieg mit Österreich. Dafür versprechen ihm die Alliierten nach dem Sieg ihre Zustimmung zu einigen seit langer Zeit angestrebten Gebietserweiterungen. Südtirol, Istrien mit Triest und Teile Dalmatiens sollen dann italienisch werden. Bereits der Dreibundvertrag in seiner Fassung vom 20. Februar 1887 sah zwischen Österreich und Italien einen Ge-

bietsaustausch vor, falls sich Österreich auf dem Balkan vergrößere. In diesem Fall ist Österreich bereit, Südtirol, Görz und Gradisca abzutreten, nicht aber Istrien.

Die Verhandlungen des italienischen Ministerpräsidenten Salandra mit den Alliierten haben ergeben, das letztere bereit sind, auf die italienischen Forderungen einzugehen, allerdings verlangen sie, daß Italien seine Neutralität aufgibt und Österreich den Krieg erklärt.

300 Abgeordnete der Kammer fordern den ehemaligen deutschfreundlichen Ministerpräsidenten Giovanni Giolitti auf, sich für den Frieden einzusetzen.

Ministerpräsident Salandra tritt daraufhin zurück, und König Victor Emanuel versucht, Giolitti mit der Regierungsbildung zu beauftragen. Unterdessen fordert der bekannte Dichter Gabriele D'Annunzio in Rom die Bevölkerung zum Eintritt in den Krieg auf. Der Sozialist Benito Mussolini droht in Mailand dem König mit der Revolution: »Wir wollen den Krieg.« Giolitti lehnt es ab, die Regierung zu übernehmen und reist am 17. Mai aus Rom ab. König Victor Emanuel nimmt den Rücktritt von Ministerpräsident Salandra nicht an.

Japans Einfluß in China wächst

9. Mai. Die chinesische Regierung unter dem Präsidenten Yüan Schikai räumt den Japanern nach einem Ultimatum der Regierung in Tokio fast unumschränkte Souveränitätsrechte in China ein. Die Japaner sollen dafür der Proklamation Yüans zum Kaiser zustimmen. Die Japaner erhalten politischen und wirtschaftlichen Einfluß in der Mandschurei und der Mongolei. Auf 99 Jahre werden den Japanern die Hafenstädte Port Arthur und Dairen (chinesisch Talien) überlassen. Die Schwerindustrie Chinas wird einer japanischen Verwaltung unterstellt. Die Forderungen Japans nach direkter Beeinflussung der chinesischen Regierung nimmt die Regierung in Tokio erst unter dem Druck Englands wieder zurück. Darüber hinaus übertragen die Chinesen den Japanern das Recht, mit Deutschland über dessen Pachtgebiete in Schantung und Tsingtau zu verhandeln, die zunächst von Japan verwaltet werden.

1915
JUNI

Mo	Di	Mi	Do	Fr	Sa	So
	1	2	3	4	5	6
7	8	9	10	11	12	13
14	15	16	17	18	19	20
21	22	23	24	25	26	27
28	29	30				

1. Die Heeresleitung erlaubt wieder den Badeverkehr in den deutschen Nordseebädern St. Peter-Ording, Föhr und Südstrand.

2. England verhängt die Blockade über die kleinasiatische Küste.

6. Kaiser Wilhelm II. verbietet den unbeschränkten U-Boot-Krieg auf alle Passagierschiffe. →

6. Deutsche Soldaten überschreiten an der Ostfront den Dnjestr.

7. Ein deutscher Zeppelin wird über Gent von dem englischen Fliegerleutnant Warneford abgeschossen.

9. Der SPD-Abgeordnete Liebknecht verteilt ein Flugblatt mit 600 Unterschriften von SPD-Mitgliedern, die sich gegen die Unterstützung der Regierung durch die SPD-Reichstagsfraktion ausgesprochen haben.

10. Die deutsche Kolonie Kamerun wird von England erobert.

11. Serbien greift Albanien an und besetzt Tirana.

22. Österreich kann Lemberg an der Ostfront zurückerobern.

23. Generaloberst von Mackensen wird wegen seiner Erfolge an der Ostfront zum Generalfeldmarschall ernannt.

23. Die Industrie legt dem Reichskanzler neue Kriegszielpläne vor: Das Baltikum, Polen und die Ukraine sollen dem deutschen Herrschafts- und Wirtschaftsraum angegliedert werden.

26. Die Regierung verbietet den sozialdemokratischen »Vorwärts«, weil er eine Friedensresolution der linken Sozialdemokraten abgedruckt hat.

29. Beginn des italienischen Angriffs am Isonzo.

30. Vormarsch der Mittelmächte (Deutschland und Österreich) an Weichsel und Bug.

30. Seekrieg stoppt Chiles Salpeterhandel. Schwere Verluste.

GEBOREN:

16. Mariano Rumor, italienischer Politiker.

22. Cornelius Warmerdam, amerikanischer Leichtathlet, Weltrekord im Stabhochsprung 1942 mit 4,77 m.

GESTORBEN:

15. Hans Dülfer (* 23. 5. 1892), deutscher Alpinist.

Streit um U-Bootwaffe

6. Juni. Kaiser Wilhelm II. verbietet die Torpedierung von neutralen und feindlichen Passagierschiffen. Er greift damit zum erstenmal seit Kriegsbeginn direkt in die Politik ein. Nach den scharfen Protesten der US-Regierung gegen die Versenkung der »Lusitania« fürchtet er, die USA könnten ihre Neutralität aufgeben. Reichskanzler Theobald von Bethmann Hollweg und der Chef der Obersten Heeresleitung stimmen dem kaiserlichen Befehl zu, »daß bis auf weiteres keine großen Passagierdampfer, auch nicht feindliche, versenkt werden dürfen«.

Großadmiral Alfred von Tirpitz ist entschlossen, dem Befehl des Kaisers nicht zu folgen und bittet daher um seine Entlassung. Seiner Meinung nach kann England nur durch die uneingeschränkte Nutzung aller Möglichkeiten der U-Boot-Waffe ausgehungert und in die Knie gezwungen werden. Auf das Entlassungsgesuch von Tirpitz antwortet der Kaiser mit einem scharfen Tadel, er spricht von einer »Militär-

verschwörung« und befiehlt dem Großadmiral, im Amt zu bleiben. Der Befehl des Kaisers zur Schonung der Passagierschiffe darf im Reich nicht veröffentlicht werden. Die Zensurbehörden befürchten Unverständnis und Entrüstung in der Bevölkerung, denn die Kriegspropaganda verherrlicht die U-Boot-Waffe als Wundermittel zum Sieg über England.

Die Führer der konservativen Parteien, des Zentrums und der Nationalliberalen setzen sich mit Leidenschaft für die rücksichtslose Anwendung der U-Boot-Waffe ein, die sie als Reaktion auf die Blockade der deutschen Häfen durch England verstehen.

Auch im Ausland darf der kaiserliche Befehl nicht bekanntgegeben werden. In England und Amerika würde eine solche Entscheidung als Schuldanerkennung im Fall der »Lusitania«-Versenkung aufgefaßt werden. Die deutsche Regierung läßt aber dem amerikanischen Präsidenten Wilson ihre Entscheidung vertraulich zur Kenntnis geben.

Der Einsatz der U-Boot-Waffe ist umstritten. Zentrale eines deutschen U-Boots während der Tauchfahrt (oben) und Torpedoboot beim Angriff (unten).

Zeppeline werden auch im Luftkampf eingesetzt. Das Bild zeigt einen deutschen Luftkreuzer beim Abschuß englischer Flugzeuge über der Nordsee.

»Sparbrot« in Köln

Der 1. Beigeordnete der Stadt Köln, Dr. Konrad Adenauer, organisiert in der Domstadt die Lebensmittelversorgung. Obgleich die Stadt 1914 große Vorratslager angelegt hat, werden die Nahrungsmittel knapper. Sparappelle an die Bevölkerung und die Beschlagnahme von Getreide sind an der Tagesordnung.

Mit Erfindungsgeist und Entschlossenheit demonstriert Adenauer in Köln, wie bisher ungenutzte Quellen zu einer ausreichenden Versorgung der Stadt erschlossen werden können. Er entwickelt mit den Inhabern der Rheinischen Brotfabrik das Rezept für ein »Sparbrot« aus Mais-, Gerste- und Roggenmehl und läßt sich die Erfindung als Kölner Brot patentieren. Das »Kölner Sparbrot« darf im Mai und Juni ohne Brotmarken bezogen werden. Es schmeckt wie Schwarzbrot.

Um die Fleisch- und Milchversorgung zu gewährleisten, kauft die Stadt regelmäßig Jungvieh auf und bringt es in der »Festhalle« unter, die zu großen Stallungen umgebaut worden ist. Das Viehfutter bezieht die Stadtverwaltung aus einer eigens eingerichteten Dörranstalt.

Die Kölner müssen Müll und Küchenabfälle in getrennte Behälter abfüllen. Die Küchenabfälle läßt die Stadt gesondert einsammeln und liefert sie an die Dörranstalt. Dort werden sie getrocknet und so verarbeitet, daß sie als Schweine- und Rinderfutter verwendet werden können.

Fleisch wird in großen Mengen gefroren gelagert, nachdem im März ein Probeessen in einem Krankenhaus den Nachweis brachte, daß Gefrierfleisch genießbar ist. Als im Juni die bestellten Frischfleischlieferungen ausfallen, verkauft die Stadt Köln vom 16. ab Gefrierfleisch an die einkommensschwachen Bevölkerungsschichten.

Immer wieder ruft Adenauer die Bevölkerung zur Selbstversorgung auf. Aber auch hier hilft die Stadt. Von dem städtischen Landbesitz wird Grund und Boden parzelliert und an die Bevölkerung zum Anbau von Kartoffeln und Gemüse verpachtet. Wer sich zur Viehhaltung entschließt, um den Milchmangel zu lindern, erhält im Gegenzug zur Abgabe von Milch städtisches Viehfutter aus der Kölner Dörranstalt.

1915
JULI

Mo	Di	Mi	Do	Fr	Sa	So
			1	2	3	4
5	6	7	8	9	10	11
12	13	14	15	16	17	18
19	20	21	22	23	24	25
26	27	28	29	30	31	

3. England beziffert tägliche Kriegskosten mit 3 Millionen Pfund.

5. Italienische Niederlage gegen Österreich bei Gradisca und Görz.

6. Die zweite österreichisch-ungarische Kriegsanleihe bringt einen Erlös von 2,9 Milliarden Kronen.

8. 1347 parteipolitisch unabhängige Deutsche aus Wissenschaft, Wirtschaft und aus dem öffentlichen Leben fordern in einer Unterschriftenaktion (»Intellektuellen-Eingabe«) weitgehende Gebietsannexionen im west- und osteuropäischen Raum.

9. Deutsche Diplomaten, Gelehrte und Ministerialbeamte unter Führung des Historikers Hans Delbrück lehnen die Annexionsforderung der Industrie und der bürgerlichen Parteien ab.

13. In Polen beginnt die Offensive der Armeen Deutschlands und Österreich-Ungarns.

15. »Handgranatenwerfen« gehört zu den Disziplinen beim Sportfest des Hamburger Leichtathletik-Verbandes.

15. Eine englische Kriegsanleihe bringt den Erlös von 600 Millionen Pfund.

18. Zweite Offensive der Italiener, die versuchen, von Venetien nach Istrien vorzudringen (2. Isonzo-Schlacht).

20. Die 9. deutsche Armee besetzt Radom in Polen.

25. Deutsche U-Boote versenken vor der irischen Küste zwei amerikanische Handelsschiffe.

27. Die Italiener brechen die 2. Isonzo-Schlacht erfolglos ab.

29. US-Marinetruppen besetzen die Insel Haiti.

30. Die Russen beginnen auf breiter Front den Rückmarsch in Polen.

GEBOREN:

1. Jean Strafford, amerikanische Schriftstellerin.

10. Saul Bellow, amerikanischer Schriftsteller.

31. Thomas Haus, deutscher Psychologe.

GESTORBEN:

2. Porfirio Diaz (* 15. 9. 1830), mexikanischer Politiker.

20. Renato Serra (* 5. 12. 1884), italienischer Schriftsteller.

Frischer Wind für deutsche Rüstung

Die deutschen Rüstungsfabriken erhalten wieder ausreichend Ammoniak zur Sprengstoffproduktion. Nach Fertigstellung der Industrieanlagen in Oppau bei Ludwigshafen liefert die Badische Anilin- und Sodafabrik synthetischen Ammoniak auf der Basis des Luftstickstoffs. Bis zum Kriegsbeginn gewann man den Ammoniak aus dem Chilesalpeter. Durch die Nordseeblockade ist der Handel mit Chile unterbrochen.

Die technische Entwicklung von Stickstoff ist von den Chemikern Fritz Haber (1868–1934) und Carl Bosch (1874–1940) begründet worden. 1913 beginnt in bescheidenem Maße bei der BASF die industrielle Herstellung von synthetischem Ammoniak. Zunächst sind es nur 7000 Tonnen, ein Prozent des Weltstickstoffaufkommens. Mitte 1915 erreicht das Oppauer Werk bereits eine Kapazität von 100 000 Tonnen pro Jahr. Der Leiter der Kriegsrohstoff-Abteilung, Walther Rathenau, veranlaßt die Reichsregierung, den Bau der Leuna-Werke in Mitteldeutschland zu beschließen.

Rathenau beruft den Erfinder des Haber-Bosch-Verfahrens, Fritz Haber, zum Leiter der Chemie-Sektion in die Rohstoffabteilung. Haber gelingt es, alle großen Chemiekonzerne des Reiches für die Kriegsproduktion zusammenzufassen. Seine Bemühungen führen bereits im Kriegsjahr 1915 zu einer deutlichen Steigerung, die sich von der Farbenerzeugung bis zur Stickstoff-, Munitions- und Kunstdüngerherstellung auswirkt.

Das Plakat wirbt für die Beschaffung kriegswichtiger Altmetalle.

Mo	Di	Mi	Do	Fr	Sa	So
						1
2	3	4	5	6	7	8
9	10	11	12	13	14	15
16	17	18	19	20	21	22
23	24	25	26	27	28	29
30	31					

1. Bei der Eröffnung der Duma gibt der russische Außenminister Sasonow einen Bericht über den Vormarsch der Deutschen in Polen.

3. Ein deutsches U-Boot bringt das US-Handelsschiff »Pass of Bahama« auf und leitet es nach Cuxhaven.

4. Österreichisch-ungarische Truppen erobern Ivangorod an der Weichsel.

5. Die deutsche Armee erobert Warschau. →

6. Die polnischen Abgeordneten im österreichischen Reichsrat (Parlament) fordern ein ungeteiltes Königreich Polen mit Galizien im Verband der habsburgischen Monarchie.

16. Das deutsche U-Boot »U 27« wird von dem englischen Kreuzer »Baralong« versenkt.

17. Die deutsche Armee erobert Kowno in Litauen.

18. Die deutschen Truppen erreichen Dünaburg in Kurland (Lettland).

19. Ein deutsches U-Boot versenkt den englischen Passagierdampfer »Arabic« vor der irischen Küste. Dabei kommen zwei US-Staatsbürger um.

21. Italien erklärt der Türkei den Krieg.

25. Englische und französische Offensive im Artois und in der Champagne. Die Alliierten kämpfen zum erstenmal mit Trommelfeuer. Es werden aber nur unbedeutende Geländegewinne gemacht.

26. Heeresgruppe Mackensen der deutschen Ostarmee erobert Brest-Litowsk. Das polnische Territorium ist nun von den Mittelmächten besetzt.

31. Deutschland und Österreich-Ungarn teilen Polen in zwei Militärverwaltungsbezirke auf: in das kaiserlich deutsche Generalgouvernement Warschau und das k. u. k. Militärgouvernement Kielce.

GEBOREN:

29. Ingrid Bergman, schwedische Filmschauspielerin.

GESTORBEN:

20. Paul Ehrlich (* 14. 3. 1854), deutscher Mediziner, Nobelpreis 1908.

Deutsche Truppen in Warschau

5. August. Die 9. deutsche Armee erobert Warschau, zwei Wochen später nimmt sie das Zentrum der russischen Weichselverteidigung bei Modlin ein, und am 26. wird Brest-Litowsk erobert.

Innerhalb von fünf Monaten haben sich die Verhältnisse an der Ostfront völlig verändert. Als die Russen am 22. März Przemysl erobern und damit das Tor nach Schlesien und in die ungarische Tiefebene öffnen, zieht die deutsche Oberste Heeresleitung starke Truppenverbände von der Westfront ab und bildet an der Ostfront eine neue, die 11. Armee. Die neuformierte Truppe greift am 1. Mai die Russen bei Tarnow und Gorlice an, und ihr gelingt der Durchbruch. Nach dem Einbruch bei Gorlice gerät die gesamte russische Westarmee ins

Der Marsch der 9. deutschen Armee auf Warschau, das schnell erobert wird.

Wanken. Im Juli beginnt eine großangelegte Offensive auf über 2000 Kilometern Breite, vom Dnjestr bis Kurland. In weniger als sechs Wochen werden Polen und Litauen erobert. Die Russen verlieren im ersten Kriegsjahr bereits drei Millionen Soldaten durch Gefangenschaft und Tod.

Trotz der Niederlage lehnt der russische Zar Friedensangebote der deutschen Regierung ab.

Großmächte erläutern Kriegsziele

1. August. Zum Jahrestag des Kriegsausbruchs bittet die amerikanische Presseagentur »United Press«, der 700 amerikanische Zeitungen angeschlossen sind, die kriegführenden Mächte um die Erläuterung ihrer Kriegsziele.

Kaiser Wilhelm II. beauftragt seinen Reichskanzler, das Ersuchen von »United Press« zu beantworten. Theobald von Bethmann Hollweg läßt an die Amerikaner unverbindlich telegrafieren: »Der von uns erstrebte Frieden wird allen Völkern die Freiheit der Meere verschaffen und allen Nationen die Möglichkeit eröffnen, den Werken des Fortschritts und der Gesittung durch einen freien Verkehr in der ganzen Welt zu dienen.«

Raymond Poincaré, der Präsident der Französischen Republik, weist jeden Gedanken an eine territoriale Ausdehnung Frankreichs von sich. Die Franzosen wollen allerdings Elsaß-Lothringen zurückgewinnen, und sie bestehen auf der Unabhängigkeit Belgiens. Zar Nikolaus von Rußland beansprucht die Meerengen am Bosporus, und die englische Regierung spricht sich sowohl für die Wiederabtretung von Elsaß-Lothringen an Frankreich als auch für die Unabhängigkeit eines neutralen Belgiens aus.

Hinter den Kulissen diskutieren alle Regierungen Annexionsziele. Während die deutsche Industrie und die bürgerlichen Parteien die Ausdehnung des Reiches nach Westen und Osten wünschen (→ Dezember 1914), hofft der französische Staatspräsident, die Einheit des Deutschen Reiches zerbrechen zu können. Der französische Schriftsteller Maurice Barrès plädiert in der Zeitung »L'Echo de Paris« bereits für die Rheingrenze.

Das naturalistische Gemälde des Amerikaners John Singer Sargent zeigt die verheerenden Folgen des Gaskriegs.

1915
SEPTEMBER

Mo	Di	Mi	Do	Fr	Sa	So
			1	2	3	4	5
6	7	8	9	10	11	12
13	14	15	16	17	18	19
20	21	22	23	24	25	26
27	28	29	30			

1. Graf Bernstorff, der deutsche Botschafter in den Vereinigten Staaten, erklärt nach der Versenkung der »Arabic«, daß in Zukunft Passagierschiffe nur noch nach den internationalen Regeln des Kaperkrieges versenkt werden, das heißt nach Warnung, Durchsuchung und Sicherung der Besatzung.

4. Die russische Festung Grodno am Njemen (Memel) fällt in deutsche Hand.

5. Europas Linkssozialisten treffen sich auf der Konferenz von Zimmerwald (Schweiz). Sie verurteilen die Burgfriedenspolitik ihrer Länder.

5. Fünf deutsche Flieger stellen mit einem Kondor-Flugzeug einen neuen Höhenweltrekord auf: 3280 Meter. Der alte Rekord lag bei 3050 Metern.

9. Deutscher Luftangriff auf die Londoner City.

14. Deutschland, Österreich-Ungarn, die Türkei und Bulgarien schließen den Viererverband. In einer Geheimkonvention wird den Bulgaren bei Kriegseintritt der serbische und griechische Teil Mazedoniens versprochen.

21. Zur Deckung des Haushaltes 1916 ordnet England drastische Steuererhöhungen (bis zu 40 Prozent) an.

22. Die dritte deutsche Kriegsanleihe bringt 12 Mrd. Mark.

22. Die deutsche Front hält der englisch-französischen Offensive im Artois stand.

26. Uraufführung der Oper »Mona Lisa« von Max von Schilling im Stuttgarter Hoftheater.

29. Amerikanische Banken gewähren England und Frankreich einen 500-Millionen-Dollar-Kredit.

GEBOREN:

4. Rudolf Schock, deutscher Sänger.

6. Franz Josef Strauß, deutscher Politiker.

8. Jehoshua Bar-Hillel, israelischer Philosoph.

15. Helmut Schön, deutscher Fußball-Nationalspieler, späterer DFB-Bundestrainer.

GESTORBEN:

29. Rudi Stephan (* 29. 7. 1887), deutscher Komponist.

Aufbau der Rüstungsindustrie

Innerhalb von drei Monaten stellt der britische Rüstungsminister David Lloyd George die gesamte Produktion an Kriegsmaterial um. 70 neue staatliche Munitionsfabriken werden gebaut und nehmen den Betrieb auf. Die staatlichen Rüstungsfabriken spezialisieren sich auf die Massenproduktion von einfachem Kriegsmaterial wie Gewehre, Pulver, Sprengstoff, Granaten und Infanteriemunition. Private Betriebe leisten Zuliefereraufgaben. Die »Munition-Bill« gibt der Regierung seit Juli die Möglichkeit, jedes – auch private – Unternehmen, das Kriegsmaterial herstellt, zum kontrollierten Betrieb zu erklären. Die Arbeiter solcher Betriebe haben kein Streikrecht, sie sind an den Arbeitsplatz gebunden, und ihre Löhne dürfen nur mit Zustimmung der Regierung erhöht werden.

Gegen diese Maßnahmen protestieren die Arbeiter; im Industriezentrum am Clyde kommt es mehrfach zu offenem Widerstand. Die Gewerkschaften stimmen jedoch den Plänen der Regierung zu.

Die von Lloyd George durchgeführte Umstrukturierung führt zu einem gewaltigen Anstieg der Rüstungsproduktion. 1915 werden produziert: 3390 Geschütze (1914: 91), 6100 Maschinengewehre (1914: 300), 600 000 Gewehre (1914: 100 000), 6 Millionen Granaten (1914: 500 000), 24 000 Tonnen Pulver und Sprengstoff (1914: 5000 Tonnen).

Französische Kriegsanleihe. Europa braucht Geld für die Rüstung.

Die französische Rüstungsindustrie ist hingegen auch 1915 noch in einem chaotischen Zustand.

Die wichtigsten Industriegebiete sind von den Deutschen besetzt: Das lothringische Industriegebiet um Briey seit August 1914; in Nordfrankreich verläuft die Front mitten durch die Industrieregion. Mehr als drei Viertel der Vorkriegskapazität im Bergbau sowie in der Eisen- und Stahlindustrie liegen im besetzten Gebiet oder in der Kampfzone. Die Produktion in der Schwerindustrie beträgt im ersten Halbjahr 1915 nur 40 Prozent, an Roheisen 12 und an Stahl 23 Prozent des vergleichbaren Zeitraums vor dem Krieg. Die Franzosen sind auf die englische Rüstungsproduktion angewiesen.

In Rußland wird im Sommer ein Verteidigungsrat gebildet, der für den Aufbau der Rüstung verantwortlich ist. Eine funktionierende Rüstungsindustrie – mit Ausnahme der Puntilov-Werke in Petrograd – besteht noch nicht. Die Produktion geht 1915 deutlich zurück. In den westlichen Provinzen und im Baltikum werden Industrieanlagen demontiert, damit sie den heranrückenden deutschen Truppen nicht in die Hände fallen. An der Front herrscht chronischer Munitionsmangel. An den Eisenbahnknotenpunkten häufen sich nicht beförderte Materialien, weil die Eisenbahnen aufgrund des Brennstoffmangels nur noch in unregelmäßigen Abständen verkehren.

Josef Pilsudski für freies Polen

Nachdem sie Polen erobert haben, zeigen die Mittelmächte keine Bereitschaft, den Wunsch der polnischen Parteien nach Gründung eines eigenen polnischen Staates zu erfüllen. Josef Pilsudski, der »Kommandant« einer polnischen Einheit, der auf seiten Österreichs gegen Rußland gekämpft hat, baut deshalb eine Untergrundbewegung auf, die für ein selbständiges Polen kämpft. Die »Polnische Militär-Organisation« nimmt Freiwillige auf und bildet sie für den Partisanenkrieg aus. Die Polnische Sozialdemokratische Partei, die Volkspartei und der Nationale Arbeiterbund Polens sowie die großen Unabhängigkeitsparteien unterstützen Pilsudski.

Pilsudski stammt aus einer alten polnisch-litauischen Adelsfamilie. Das Ansehen, das er bei den Polen genießt, beruht auf einer von ihm geleiteten, gegen Rußland gerichteten Aktion, die als Heldentat gefeiert wird. Am 6. August 1914, vor dem Beginn der Kriegshandlungen zwischen Österreich und Rußland, marschierte Pilsudski bei Krakau mit einer Freiwilligen-Kompanie über die russische Grenze, besetzte einen kleinen Landstrich, rief das unabhängige Polen aus und erklärte dem Nachbarn Rußland eigenmächtig den Krieg.

Pilsudski (3. v. r.) mit Kameraden.

1915
OKTOBER

Mo	Di	Mi	Do	Fr	Sa	So
				1	2	3
4	5	6	7	8	9	10
11	12	13	14	15	16	17
18	19	20	21	22	23	24
25	26	27	28	29	30	31

2. SPD distanziert sich von den Ergebnissen der September-Konferenz von Zimmerwald.

5. Englische und französische Truppen landen in Saloniki. Der griechische Ministerpräsident Venizelos muß zurücktreten. →

7. König Konstantin bildet eine neue griechische Regierung.

9. Deutsche und österreichische Truppen erobern die serbische Hauptstadt Belgrad.

11. Englische U-Boote versenken zwei deutsche Erzdampfer in der Ostsee.

12. Der französische Außenminister Delcassé tritt zurück. Briand wird Nachfolger.

13. Rumänien und Griechenland erklären ihre Neutralität im bulgarisch-serbischen Krieg.

14. Bulgarien erklärt Serbien den Krieg. →

18. Dritte vergebliche Offensive Italiens am Isonzo.

21. Deutschland zieht die Fünf-Pfennig-Stücke aus Nickel ein.

23. Englisches U-Boot versenkt den deutschen Panzerkreuzer »Prinz Adalbert«.

28. Der deutsche Bundesrat schränkt den Verkauf von Fleisch und Wurstwaren ein; sie dürfen nur noch an vier Wochentagen angeboten werden.

28. Uraufführung der »Alpensinfonie« von Richard Strauss. →

29. Italiener erobern österreichische Stellung in den Dolomiten.

29. Während eines Truppenbesuchs bei englischen Soldaten verletzt sich der englische König George V. bei einem Sturz vom Pferd.

30. Aristide Briand löst in Frankreich Viviani als Ministerpräsident ab.

GEBOREN:

9. Henner Henkel, deutscher Tennisspieler.

17. Arthur Miller, amerikanischer Dramatiker.

GESTORBEN:

15. Paul Scheerbart (* 8. 1. 1863), deutscher Schriftsteller.

22. Wilhelm Windelband (* 11. 5. 1848), deutscher Philosoph.

Alliierte landen in Saloniki

5. Oktober. Unter Verletzung der griechischen Neutralität landen englische und französische Truppen in der Hafenstadt Saloniki. Die Besetzung der Stadt geschieht mit Billigung des griechischen Ministerpräsidenten Elephterios Venizelos, jedoch gegen den Willen von König Konstantin, der Wert darauf legt, die Neutralität des Landes zu erhalten. Zwar hat er im ersten Kriegsjahr zweimal den Alliierten angeboten, auf ihrer Seite in den Krieg einzutreten. England und Frankreich haben auf dieses Angebot nicht geantwortet. Schließlich läßt der König sich von den Generälen der Armee überzeugen, daß Griechenland in einem Krieg nur verlieren kann: Bulgarien und die Türkei haben Gebietsansprüche im Norden des Landes; die Hoffnung, im Kriegsfall Konstantinopel zu gewinnen, ist unrealistisch, weil sich Griechenland selbst bei einer Niederlage der Türken nicht über russische Ansprüche hinwegsetzen könnte. Als König Konstantin nach der Besetzung Salonikis gegen das Vorgehen der Alliierten protestiert, tritt Ministerpräsident Elephterios Venizelos zurück. Die Regierung wird umgebildet.

Alliierte Truppen beim Ausladen eines Geschützes im Hafen Saloniki.

Konstantin kann sich jedoch nicht zu Maßnahmen gegen die englisch-französischen Truppen entschließen, denn er fürchtet, daß die Alliierten mit einer Handelsblockade Griechenlands antworten könnten.

Nach dem Angriff Bulgariens auf Serbien (14. Oktober) erklärt Griechenland seine strikte Neutralität, obgleich es dem verbündeten Serbien im Kriegsfall zu Hilfe kommen müßte.

Die Serben auf dem Rückzug

14. Oktober. Bulgarien erklärt den Serben offiziell den Krieg, nachdem bulgarische Soldaten bereits zwei Wochen zuvor in Mazedonien eingefallen sind. Für den Kriegseintritt erhält Bulgarien eine Kriegsanleihe der Mittelmächte (Deutschland und Österreich) in Höhe von 200 Millionen Franken und darüber hinaus die Zusage, der Annexion ganz Mazedoniens keinen Widerstand entgegenzusetzen.

Die serbische Armee ist dem vereinten Angriff der deutsch-österreichischen Armee unter dem Oberbefehl des Generalfeldmarschalls August von Mackensen und der vier bulgarischen Divisionen nicht gewachsen. Sie flieht nach Albanien. Vergeblich versucht das Königreich Montenegro, die Serben zu unterstützen. Die Österreicher umzingeln die montenegrinische Armee, so daß ihr nur noch die Kapitulation bleibt.

Opfer des Balkankrieges: Serbische Flüchtlinge (oben) und verwundete serbische, bulgarische und deutsche Soldaten auf dem Weg zum Lazarett (unten).

Keine Rückführung der toten Soldaten in ihre Heimat

Der preußische Kriegsminister lehnt die zahlreichen Anträge von Kriegshinterbliebenen ab, die toten Angehörigen in die Heimat zu überführen. Neben der pathetischen Begründung, daß das Soldatengrab die ehrenvollste Ruhestätte sei, erklärt sich das Kriegsministerium zur Überführung in vielen Fällen außerstande, weil die Grabstätte der gefallenen Soldaten in den meisten Fällen nicht bekannt ist.

Die Soldaten wurden häufig nicht in Einzelgräbern, sondern in Massengräbern beigesetzt, so daß eine Umbettung nicht mehr möglich ist. Für Soldatenfriedhöfe in der Heimat wird jedoch Grund und Boden bereitgestellt. Der Bund der deutschen Baumschulen und die deutsche Gesellschaft für Gartenbaukunst erhalten den Auftrag, Vorschläge zur Anlage und Gestaltung der deutschen Soldatenfriedhöfe zu erarbeiten.

»Verräterin« Carell wird hingerichtet

12. Oktober. Ein deutsches Militärgericht verurteilt in Brüssel die englische Krankenschwester Edith Carell zum Tode.

Am Morgen des 15. Oktober wird sie erschossen. Frau Carell hat zahlreichen alliierten Kriegsgefangenen die Flucht über Holland in die Heimat ermöglicht. Das deutsche Militärgericht beurteilt die Taten der Engländerin als »Kriegsverrat«. Ihre Hinrichtung führt zu Protesten und Demonstrationen der belgischen Bevölkerung gegen die deutsche Militärverwaltung.

Strauss-Premiere

28. Oktober. Mit großer Begeisterung nehmen die Berliner die Premiere der sinfonischen Dichtung von Richard Strauss, die »Alpensinfonie« auf. Um das Werk in Kriegszeiten in bester musikalischer Besetzung aufführen zu können, war die königliche Hofkapelle aus Dresden zur Premiere nach Berlin beordert worden.

1915
NOVEMBER

Mo	Di	Mi	Do	Fr	Sa	So
1	2	3	4	5	6	7
8	9	10	11	12	13	14
15	16	17	18	19	20	21
22	23	24	25	26	27	28
29	30					

5. Die Bulgaren erobern den Bahnknotenpunkt Nisch in Serbien. Die direkte Eisenbahnverbindung von Wien nach Konstantinopel befindet sich nun unter der Kontrolle der Mittelmächte.

6. Die dritte österreichisch-ungarische Kriegsanleihe erbringt 3,3 Milliarden Kronen.

8. Ein österreichisch-ungarisches U-Boot versenkt das italienische Passagierschiff »Ancona« auf der Fahrt nach New York.

10. Vierter vergeblicher Versuch Italiens, den Isonzo zu überschreiten. →

11. Reichskanzler Bethmann Hollweg und der österreichisch-ungarische Außenminister Burián von Rajicz beraten über den Status von Polen.

11. Churchill tritt aus der englischen Koalitionsregierung aus.

13. Haiti wird US-Protektorat.

14. Tomáš Masaryk bildet ein Aktionskomitee zur Gründung eines unabhängigen tschechoslowakischen Staates. →

20. Das chinesische Parlament stimmt der Einführung der Monarchie und der Kaiserkrönung Yüans zu.

22. Die türkische Armee schlägt das englische Expeditionsheer unter General Townshend.

23. Ein Wirbelsturm fordert 100 Menschenleben auf Sizilien.

25. Die Armee Mackensens erobert das Amselfeld. Die Reste der serbischen Armee fliehen nach Albanien.

27. Deutscher Luftangriff auf Ostengland.

29. Erste französische Kriegsanleihe erbringt 24,1 Milliarden Francs.

30. 75 000 neue Kleingärten wurden seit Kriegsbeginn geschaffen.

GEBOREN:

8. Gustav Fischer, Schweizer Dressurreiter.

9. Robert S. Shriver, amerikanischer Politiker.

11. Bernhard Heiliger, deutscher Bildhauer.

28. Konstantin Simonow, russischer Schriftsteller.

GESTORBEN:

10. Giosuè Borsi (* 10. 6. 1888), italienischer Schriftsteller.

Das Masaryk-Manifest

14. November. Der Philosophieprofessor und langjährige Abgeordnete im österreichisch-ungarischen Reichsrat, Tomáš Masaryk (* 7. 3. 1850) verkündet in Paris ein Manifest zur Gründung des selbständigen tschechoslowakischen Staates. Böhmen, Mähren und die Slowakei sind Teile des Habsburgerreiches. Die Wiener Regierung ist nur zu einer Teilautonomie für Tschechen und Slowaken bereit. Deshalb wenden sich tschechische Patrioten mit der Bitte um Unterstützung ihrer Ziele an die Entente-Mächte. Der englische Außenminister Grey hat sich bereits im März die Vorstellungen Masaryks vortragen lassen. Der neue französische Ministerpräsident Aristide Briand bestärkt die tschechische Gruppe in Paris in der Forderung nach einem unabhängigen Staat. Briand wünscht die Auflösung der Donaumonarchie und möchte damit Österreichs Territorien auf den deutschen Gebietsteil reduzieren.

Gestützt auf die französische Hilfe bildet Masaryk in Paris einen »Nationalrat«, der sich selbst als provisorische tschechische Regierung betrachtet. Der »Nationalrat« gibt für die Exiltschechen zwei Zeitschriften heraus; »L'Indépendance tchèque« und »La Nation tchèque« werben für die Ziele Masaryks.

Die ersten Taxis fahren in den Städten der USA

In den großen amerikanischen Städten werden im Straßenverkehr immer häufiger Taxis eingesetzt. Eine kurze Fahrt in der Stadt kostet einen »Jitney«, wie in der Umgangssprache der »Nickel«, das Fünf-Cent-Stück, genannt wird. Nach dem Fahrpreis bezeichnet man die Taxis als »Jitneys«.

Taxis in Detroit.

10. November. Vierte Isonzo-Schlacht zwischen Italien und Österreich. Ein österreichisches Gebirgsgeschütz wird in Feuerstellung gebracht.

1915
DEZEMBER

Mo	Di	Mi	Do	Fr	Sa	So
		1	2	3	4	5
6	7	8	9	10	11	12
13	14	15	16	17	18	19
20	21	22	23	24	25	26
27	28	29	30	31		

1. Rumänien schließt mit den Mittelmächten einen Vertrag über umfangreiche Getreidelieferungen ab.

1. Erste Aluminiumhütte wird in Rummelsburg bei Berlin in Betrieb genommen. →

4. Der seit 1871 von der US-Bundesregierung bekämpfte Ku-Klux-Klan wird in Atlanta (Georgia) neu gegründet und durch ein Statut des Staates anerkannt. Neben der traditionellen Feindschaft gegen Farbige wendet sich der Geheimbund nun auch gegen Katholiken, Juden und Gewerkschaften.

5. Friedensmission des amerikanischen Millionärs Henry Ford. Er sendet das Schiff »Oscar II« nach Europa und will in Verhandlungen ein Ende des Krieges erreichen.

6. Konferenz der Alliierten in Chantilly bei Paris: Beschluß zur Räumung der Dardanellen.

9. Ende der vierten Isonzo-Schlacht zwischen Italien und Österreich.

10. Verleihung der Nobelpreise: Richard Martin Willstätter (Deutschland) für Chemie, William Henry und William Lawrence Bragg (England) für Physik und Romain Rolland (Frankreich) für Literatur. →

16. Camille Decoppet wird zum Bundespräsidenten der Schweiz gewählt.

20. Der deutsche Reichstag gewährt die von der Regierung geforderten Kriegskredite. 20 Abgeordnete der SPD stimmen gegen die Vorlage. →

21. König Nikola von Montenegro sendet ein Friedensgesuch an Kaiser Franz Joseph von Österreich-Ungarn.

21. Verlegung der englisch-französischen Truppen von den Dardanellen nach Saloniki.

GEBOREN:

9. Elisabeth Schwarzkopf, deutsche Sopransängerin.

12. Edith Piaf († 11. 10. 1963), französische Chansonsängerin.

12. Frank Sinatra, amerikanischer Schauspieler und Schlagersänger.

13. Balthasar Vorster, südafrikanischer Politiker.

27. Gyula Zsengeller, ungarischer Fußballnationalspieler, 38 Einsätze.

Scheidemann spricht vom Frieden

20. Dezember. Im Deutschen Reichstag bittet der Fraktionsführer der SPD, Philipp Scheidemann, den Reichskanzler um Auskunft, »unter welchen Bedingungen er bereit sei, in Friedensverhandlungen einzutreten«. In der Begründung zu seiner Anfrage führt Scheidemann aus, daß es Deutschland angesichts seiner wirtschaftlichen und militärischen Stärke anstehe, als erstes der kriegführenden Länder vom Frieden zu reden. Scheidemann will einen Frieden ohne Annexionen, und er erläutert seine Einstellung vor dem Reichstag mit dem Zusatz: »Annexionen volksfremden Gebietes verstoßen gegen das Selbstbestimmungsrecht der Völker.«

Die Antwort von Reichskanzler Theobald von Bethmann Hollweg bleibt diplomatisch unverbindlich: »Nicht um fremde Völker zu unterjochen kämpfen wir diesen uns aufgedrängten Kampf, sondern zum Schutz unseres Lebens und unserer Freiheit. Weder im Osten noch im Westen dürfen unsere Feinde von heute über Einfallstore verfügen.« Der Abgeordnete Karl Liebknecht, der zum linken Flügel der SPD gehört, verlangt die Vorlage der Dokumente über den Kriegsaus-

Kanzler Bethmann Hollweg beim »Nageln«. Jeder Nagel, der am »Eisernen Hindenburg« eingeschlagen wird, bedeutet eine Spende für die Kriegskasse.

bruch. Die Reichsregierung lehnt ab. Liebknecht sieht in der Ablehnung der Regierung den Beweis, »daß die Zentralmächte den Krieg wollten, daß die Phrasen vom Verteidigungskrieg eine Lüge sind, daß … die deutsche Regierung alle Satzungen des Völkerrechts über den Haufen warf«. Die SPD-Fraktion distanziert sich von Liebknecht.

Doch 20 Abgeordnete der Sozialdemokraten stimmen mit Liebknecht gegen den neuen Kriegskredit, der von der Reichsregierung gefordert wird. In einer parteiinternen Vorwegabstimmung sprechen sich sogar 44 der 110 sozialdemokratischen Reichstagsabgeordneten gegen die Unterstützung der Regierung aus.

Rolland hoch geehrt

10. Dezember. Der französische Schriftsteller Romain Rolland erhält für seinen Roman »Jean Christophe« den Nobelpreis für Literatur. Der Held des Romans Jean Christophe, ein junger Deutscher, ist ein genialer Musiker, in dessen Charakteristik sich aber ein Selbstporträt von Romain Rolland spiegelt. In der Romanfigur manifestiert sich die Grundhaltung des Dichters: Deutsche und Franzosen sind

Europäer, die nichts trennen darf. Die Wahl Rollands zum Nobelpreisträger stößt in Frankreich auf Unverständnis. Man sieht in ihm einen Deutschenfreund, der die politische Situation mißachtet und keine Konsequenzen daraus ziehen will, daß die Deutschen in Frankreich Krieg führen.

Wegen der Kriegsereignisse kann sich das Nobel-Komitee auch 1915 nicht zur Verleihung des Friedenspreises entschließen.

Der Nobelpreis für Chemie fällt an Richard Martin Willstätter, Professor an der Universität München. William Henry Bragg, Professor an der Universität London, und sein Sohn William Lawrence, Dozent an der Victoria Universität von Manchester, erhalten den Physiknobelpreis. Sie haben mit Hilfe der Röntgenstrahlen die Kristallstrukturen erforscht. Der Nobelpreis für Medizin wird nicht vergeben.

Rolland erhält Literaturnobelpreis.

Deutschland baut Aluminiumhütten

1. Dezember. In Rummelsburg bei Berlin nimmt das erste neu errichtete Aluminiumwerk die Produktion auf. Auf der elektrischen Energiegrundlage der Berliner Straßenbahn-Kraftwerke erreicht die Hütte eine Monatsproduktion von 300 bis 400 Tonnen Aluminium. Die Konstruktion der Anlage geht zurück auf die Planung des Chemikers Gustav Pistor.

Zwei weitere Aluminiumhütten sind in Horrem bei Köln und in Bitterfeld im Bau. Die drei Werke sollen 1916 zusammen 12 000 Tonnen Aluminium liefern. Der Rohstoff zur Aluminiumherstellung, Bauxit, wird sowohl in Hessen abgebaut als auch aus Ungarn eingeführt. Die deutsche Industrie hofft, daß die einheimischen Rohstoffvorkommen und die neuen Hüttenwerke das Land von Einfuhren unabhängig machen.

1916

JANUAR

Mo	Di	Mi	Do	Fr	Sa	So
					1	2
3	4	5	6	7	8	9
10	11	12	13	14	15	16
17	18	19	20	21	22	23
24	25	26	27	28	29	30
31						

1. 1915 fallen an der Westfront 848 228 deutsche, 313 027 englische und 1 300 000 französische Soldaten.

2. Von den 200 000 Mitgliedern des Deutschen Fußball-Bundes sind 170 000 als Soldaten eingezogen.

4. Der Nachrichtendienst für Ernährungsfragen (Kriegsernährungsamt) beziffert die Zahl der Luxushunde in Deutschland auf zwei Millionen und fordert ihre Tötung, weil sie als »wertlose Mitesser« die Lebensmittelversorgung belasten.

8. Mit der Räumung von Gallipoli ist der Rückzug der Alliierten an den Dardanellen abgeschlossen.

12. Die Sozialdemokraten schließen Liebknecht aus der SPD-Fraktion aus.

13. Der Reichskanzler und preußische Ministerpräsident, Bethmann Hollweg, berichtet über Pläne einer Wahlrechtsreform in Preußen (Abschaffung des Dreiklassenwahlrechts).

13. Montenegro erklärt nach der Niederlage gegen Österreich-Ungarn seine Kapitulation.

14. Abfahrt des ersten Balkanzuges von Berlin nach Konstantinopel. →

15. Vizeadmiral Reinhard Scheer wird Chef der deutschen Hochseeflotte.

15. Der deutsche Reichstag beschließt die Herabsetzung der Altersgrenze für Berufstätige von 70 auf 65 Jahre.

17. Erfolgreiche russische Offensive gegen die Türkei im Kaukasus.

18. Großfeuer in Bergen (Norwegen). 600 Häuser werden vernichtet.

21. Der Zuiderseedamm vor der Insel Marken bricht bei der schwersten Sturmflut Hollands seit 1825. Der Gesamtschaden beträgt 100 Millionen Mark.

24. Die englische Regierung bringt das Gesetz zur Einführung der Wehrpflicht im Unterhaus ein.

26. Richard Wagners »Lohengrin« wird als Stummfilm aufgeführt.

30. Deutscher Luftangriff auf Paris.

GESTORBEN:

21. Victor Podbielski (* 26. 2. 1844), Direktor des Reichsausschusses für olympische Spiele.

Bevölkerung hortet Lebensmittel

13. Januar. Die Reichsregierung setzt für Fleisch, Fett und Brot Höchstpreise fest. Die Preisfestlegung soll verhindern, daß bei dem knappen Angebot die Preise klettern. Ärmere Bevölkerungsschichten könnten sonst die ihnen zustehenden Lebensmittelrationen nicht mehr kaufen. Doch nimmt die Hamsterwirtschaft in so hohem Maße zu, daß sich sogar das preußische Abgeordnetenhaus mit dem Problem der gerechten Lebensmittelverteilung beschäftigt. Der Zentrumsabgeordnete Wilhelm Marx berichtet aus dem Rheinland: »In einzelnen Familien sollen 80 bis 100 Pfund Butter gehortet werden.«

Wie trotz des knappen Angebots gehamstert wird, illustriert ein Prozeß vor dem Kölner Schöffengericht vom 12. Januar. Angeklagt ist die Frau eines Metzgers, weil sie sich geweigert hat, an Kunden Fett zu verkaufen. Vor Gericht erklärt die Metzgersfrau nach dem Bericht der »Rheinisch-Westfälischen Zeitung«: »Bei der Knappheit geben wir das Fett nur in kleinen Mengen ab, damit jeder etwas bekommt. Wir haben nun öfters feststellen können, daß Herrschaften zunächst das Fett selbst kaufen, dann einzeln ihre Kinder, die Dienstboten und die Aufwartefrau schicken. Die Bessergestellten bekommen so das Fett in Mengen, die Armen erhalten schließlich nichts mehr.«

Die Metzgersfrau unterbindet solche Sammelkäufe und verweigert den Fettverkauf an die Dienstboten

In Berlin stehen die Menschen vor den Lebensmittelläden Schlange.

mit den Worten: »Lassen Sie Ihre Auftraggeber selbst kommen, die kriegen dann ihr Fett.« Das Kölner Schwurgericht spricht die Frau frei und billigt ihr Verhalten.

Was im Kleinen praktiziert wird, geschieht auch im Großen. Wegen der Getreideknappheit sollen die Brotrationen der Bevölkerung gekürzt werden. In diesem Zusammenhang fragt der Abgeordnete Marx die preußische Regierung: »Wieso hat das Kriegsernährungsamt eigentlich 45 000 Tonnen Getreide an die Schnapsbrennereien geliefert?« Die Gerstenvorräte sollen laut Verfügung des Kriegsernährungsamtes nur zur Viehfütterung verwandt werden. Die Bierproduktion geht in Preußen jedoch trotz

aller Bemühungen nicht zurück. Die »Nachrichten für Ernährungsfragen« stellen fest, daß die Gerste statt in Viehmägen in Brauereifässern landet.

Im Reich fehlt die Koordinierung für die Ernährung der Bevölkerung. So entstehen auf dem Markt höchst unterschiedliche Preise. Die Höchstpreise werden häufig nicht ernst genommen. Am 31. Januar kostet ein Weißbrot in Danzig 25, in Berlin 30 und in Paderborn 50 Pfennig. Ein Roggenbrot kostet in Görlitz und in Altona 15, in Emden jedoch 30 Pfennig. Für ein Pfund Butter muß der Käufer in Wiesbaden 5,35 Mark, in Sigmaringen 4 Mark, in Nürnberg jedoch nur 2 Mark zahlen.

Kartoffeln trotz Rekordernte knapp

25. Januar. Der Deutsche Städtetag fordert eine reichseinheitliche Koordinierung der Kartoffelversorgung. Trotz der ausgezeichneten Ernte von 1915 in Höhe von 54 Millionen Tonnen gibt es im Winter in den Geschäften kaum noch Kartoffeln zu kaufen. Da der Kartoffelbestand nicht beschlagnahmt worden ist, haben die Bauern Kartoffeln in großen Mengen zur Viehfütterung benutzt sowie an Stärkefabriken und Schnapsbrennereien verkauft. In Duisburg muß das Kartoffelangebot rationiert werden.

Zum erstenmal ein Balkanexpreß

14. Januar. Die deutsche Reichsbahn richtet eine regelmäßige Zugverbindung zwischen Berlin und Konstantinopel ein, den Balkanexpreß. Der erste Zug fährt am 14. morgens um 7.20 Uhr vom Anhalter Bahnhof in Berlin ab. Die Route geht über Dresden und Prag nach Wien, wo der Zug am nächsten Morgen ankommt. Mittags erreicht der Expreß Budapest, und weiter geht es nach Belgrad. Pünktlich um 9.37 Uhr erreicht der Zug am 16. Sofia, und zehn Stunden später kommt er in Konstantinopel an.

Die Lokomotive des Balkanexpresses.

1916
FEBRUAR

Mo	Di	Mi	Do	Fr	Sa	So
	1	2	3	4	5	6
7	8	9	10	11	12	13
14	15	16	17	18	19	20
21	22	23	24	25	26	27
28	29					

3. Im »Cabaret Voltaire« in Zürich wird die Kunstbewegung des Dada gegründet.

4. Der deutsche Bundesrat (Versammlung der Einzelstaaten des Reiches) beschließt, die Höchstpreise für Rohzucker von 12 auf 15 Mark anzuheben. Der Anbau von Zuckerrüben soll 1916 um 25 Prozent zugunsten eines höheren Getreideanbaus reduziert werden.

7. Der deutsche Reichskanzler verfügt ein Ausfuhrverbot für Eisen und Stahl.

8. Deutsches U-Boot (U 51) versenkt den französischen Panzerkreuzer »Admiral Charner« vor der Küste Palästinas.

11. Kaiser Wilhelm II. befiehlt den verschärften U-Boot-Krieg. Bewaffnete feindliche Handelsschiffe sind wie Kriegsschiffe zu behandeln und ohne Warnung zu torpedieren.

13. Die Ententemächte garantieren die Wiederherstellung der belgischen Unabhängigkeit.

21. Ergebnis der Gespräche zwischen dem englischen Außenminister Grey und dem amerikanischen Sonderbotschafter House: Die USA bemühen sich um eine Friedensvermittlung. Bei Scheitern der Friedensbemühungen wollen die USA auf seiten der Entente in den Krieg eintreten.

21. Beginn des deutschen Angriffs auf Verdun. →

23. Portugal beschlagnahmt ein deutsches Handelsschiff.

23. Die bayrische Kammer genehmigt den Bau des Walchenseekraftwerks.

24. Das preußische Abgeordnetenhaus beschließt Maßnahmen gegen die Verwahrlosung der Jugend. →

27. Deutscher Protest wegen der Beschlagnahme von Handelsschiffen durch Portugal.

GEBOREN:

15. George-Hugh Seton Watson, britischer Historiker.

19. Eddi Arcaro, erfolgreichster US-Jockey.

GESTORBEN:

6. Rubén Dario (* 18. 1. 1867), spanisch-amerikanischer Dichter.

12. Richard Dedekind (* 6. 10. 1831), deutscher Mathematiker.

Schlacht um Verdun beginnt

21. Februar. Der Chef der Obersten Heeresleitung, Erich von Falkenhayn, drängt auf eine endgültige Kriegsentscheidung für das Jahr 1916. Die Hilfsmittel, die seit dem Herbst 1915 aus den USA an die alliierten Mächte fließen, lassen auf Dauer eine Materialüberlegenheit Englands und Frankreichs erwarten, mit der das Reich nicht konkurrieren kann. Die Oberste Heeresleitung plant einen massiven Angriff auf das französische Festungszentrum um Verdun. Verdun ist für die Franzosen der Schlüssel für Paris. Das Fort Douaumont wird zum Brennpunkt der Schlacht um Verdun. Es gehört zum Festungsgürtel, den Frankreich nach dem verlorenen Krieg von 1870/71 durch Verstärkung alter Festungen angelegt hat. Daher rechnet von Falkenhayn damit, daß die Franzosen alle Kräfte mobilisieren werden, um Verdun zu halten. Frankreich soll bei Verdun verbluten, damit es dann widerstandslos erobert werden kann. Falkenhayn konzentriert das bisher größte deutsche Heeresaufgebot und Kriegsmaterial in bisher nicht gekanntem Ausmaß vor Verdun.
Am 21. Februar beginnt der Angriff auf die Forts um Verdun nach einer neuen Vernichtungstaktik: Die Stellungen der Gegner werden unter Trommelfeuer genommen. Dann beginnt ein Vorstoß. Gelingt der Vorstoß nicht, dann wiederholen sich Trommelfeuer und Gaseinsatz, bis die Kräfte des Gegners aufgerieben sind.

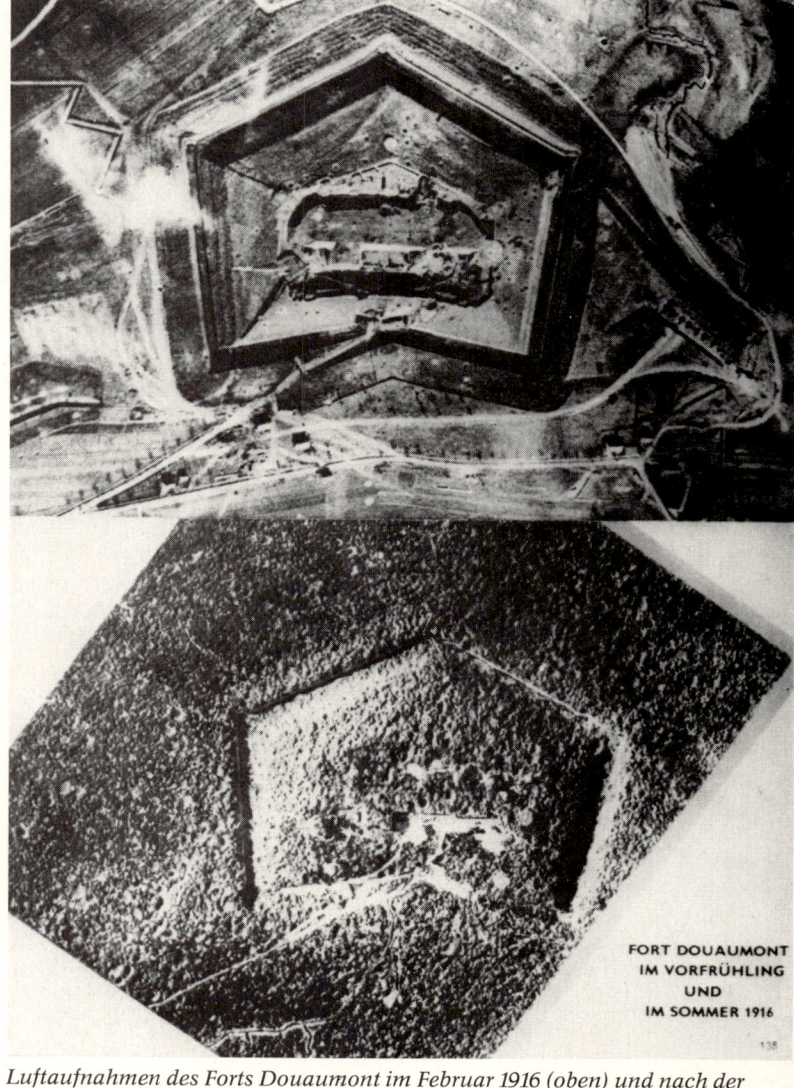

FORT DOUAUMONT IM VORFRÜHLING UND IM SOMMER 1916

Luftaufnahmen des Forts Douaumont im Februar 1916 (oben) und nach der Beschießung und weitgehenden Zerstörung im Juni.

Fleisch wird knapp

5. Februar. Es gibt kein Frischfleisch mehr zu kaufen, ebenfalls fehlen Milch und Butter. Ein wildes Abschlachten von Rindern und Schweinen im Herbst 1914 hat die Viehbestände dezimiert; Fleisch wird knapp. Die Regierung verbietet daraufhin die Herstellung von Fleischkonserven und drosselt die Wurstherstellung, um dem Markt wenigstens wieder ein kleines Angebot an Frischfleisch zuzuführen. Die Konservenindustrie hat bislang alles verfügbare Fleisch aufgekauft. Angesichts der hohen Preise, die für Schlachtvieh erzielt wurden, und auch wegen des rapiden Preisanstiegs für Futtermittel haben die Bauern Ende 1915 über 50 Prozent mehr Vieh geschlachtet als zur gleichen Zeit vor dem Krieg. Das Berliner Schlachthaus meldet für November und Dezember 1915 53 000 geschlachtete Rinder und Färsen. Im gleichen Zeitraum 1914 sind es 36 000 gewesen und 1913 nur 32 000. Die Verbote der Regierung kommen zu spät. Angesichts der Knappheit klettern die Preise sprunghaft nach oben. Im Januar kostet am Schlachthof Berlin ein Zentner Ochsenfleisch 132,50 Mark, im November lag der Preis noch bei 107,70 Mark.

Staat greift in Erziehung ein

24. Februar. Der preußische Innenminister Friedrich-Wilhelm von Loebell berichtet vor dem Abgeordnetenhaus von einer zunehmenden Verwahrlosung der Jugend. Da durch den Krieg in vielen Familien die Väter fehlen, will der Staat stärker erzieherisch eingreifen: Für die Jugend werden alle Tanzlustbarkeiten verboten. Die Polizeistunde wird in den Großstädten vorverlegt. Die Theaterzensur wird verschärft: Alle zu Friedenszeiten zugelassenen Theaterstücke werden überprüft. Die Zensurbehörde verbietet 81 bereits zugelassene Stücke.

1916
MÄRZ

Mo	Di	Mi	Do	Fr	Sa	So
			1	2	3	4	5
6	7	8	9	10	11	12
13	14	15	16	17	18	19
20	21	22	23	24	25	26
27	28	29	30	31		

2. In Deutschland wird die Tabaksteuer erhöht.

3. Die Armee des Kronprinzen erobert vor Verdun das Dorf Douaumont.

4. Der deutsche Hilfskreuzer »Möwe« kehrt nach der Versenkung von 16 alliierten Schiffen im Atlantik nach Deutschland zurück.

5. In Deutschland werden Butterkarten eingeführt. Pro Person stehen in der Woche 125 Gramm zur Verfügung.

9. Deutschland erklärt Portugal den Krieg.

13. Fünfte Offensive der Italiener am Isonzo bleibt ohne Erfolg.

13. Der Benzinpreis wird in Deutschland auf zwei Mark pro Liter erhöht.

14. Der französische Kriegsminister Galliéni tritt zurück.

14. Die Deutschen stürmen die Höhe »Toter Mann« vor Verdun.

15. Der deutsche Großadmiral Alfred von Tirpitz nimmt seinen Abschied. Neuer Marineminister wird der Admiral Eduard von Capelle. →

19. Die Russen besetzen Isfahan in Persien.

24. 18 linksstehende SPD-Abgeordnete verlassen die Fraktion und gründen eine Fraktion der sozialdemokratischen Arbeitsgemeinschaft.

24. Deutsches U-Boot versenkt den französischen Postdampfer »Sussex« im Kanal. Dabei kommt ein amerikanischer Staatsbürger ums Leben.

26. Eröffnung des Deutschen Stadions in Berlin. →

27. Deutsche U-Boote versenken die englischen Dampfer »Minneapolis«, »Englishman«, »Manchester Engineer« und »Eagle Point«.

GEBOREN:

4. Hans-Jürgen Eysenck, deutscher Psychologe (Intelligenzforschung).

11. James Harold Wilson, britischer Politiker und Premierminister.

GESTORBEN:

12. Marie von Ebner-Eschenbach (* 13. 9. 1830), österreichische Schriftstellerin.

Tirpitz tritt zurück

15. März. Der Leiter des Reichsmarineamtes, Großadmiral Alfred von Tirpitz, reicht dem Kaiser das Rücktrittsgesuch ein. Tirpitz plädiert seit Monaten für den unbeschränkten U-Boot-Krieg vor den englischen Küsten. Auf den Rat von Kanzler Theobald von Bethmann Hollweg ist der Kaiser aber nicht bereit, den U-Boot-Kommandanten den totalen Einsatzbefehl zu erteilen. Bethmann Hollweg und Kaiser Wilhelm II. fürchten, daß der totale U-Boot-Krieg Deutschland in einen Konflikt mit den Vereinigten Staaten führt. Ein Krieg mit den USA würde Deutschland in eine hoffnungslose Lage versetzen.

In der Frage des U-Boot-Einsatzes lädt der Kaiser den Generalstabschef des Heeres, Erich von Falkenhayn, und den Tirpitz unterstellten Chef des Admiralstabs, Großadmiral Henning von Holtzendorff, zu einem Vortrag ein. Alfred von Tirpitz ist tief gekränkt, daß der Kaiser Holtzendorff beim Vortrag den Vorzug gibt. Am 8. März meldet er sich krank, drei Tage später übersendet er dem

Kaiser das Abschiedsgesuch. Am 15. März verfügt der Kaiser die Entlassung des Großadmirals. Unter Alfred von Tirpitz hat 1898 die deutsche Flottenrüstung begonnen. Nach den Plänen des Großadmirals wird die deutsche Flotte zur zweitstärksten in der Welt ausgebaut. Doch in den zwei Kriegsjahren bleibt sie als Reserve in den Häfen. Die U-Boot-Flotte will Tirpitz jedoch uneingeschränkt einsetzen, sie soll den Nachschub nach England unterbinden und England aushungern. Damit werden die Interessen neutraler Länder, wie der Vereinigten Staaten, berührt. Der Reichskanzler unternimmt alles, um den USA keinen Grund zum Kriegseintritt zu geben. Deshalb lehnt er den U-Boot-Krieg strikt ab. Der deutsche Botschafter in Washington, Johann Heinrich Graf von Bernstorff, berichtet, daß die Beziehungen der amerikanischen Regierung zu den Alliierten immer herzlicher werden und daß die amerikanischen Warensendungen an England und Frankreich hundertmal so hoch sind wie an Deutschland.

Großadmiral von Tirpitz kurz vor seinem Rücktritt vor dem Reichsmarineamt.

Deutsches Stadion in Berlin wird feierlich eröffnet

26. März. 10 000 Zuschauer kommen zur Eröffnungsfeier des Deutschen Stadions in Berlin. Im neuen Stadion sollten die olympischen Spiele 1916 stattfinden. Die Spiele fallen wegen des Krieges aus. Dafür übernimmt das preußische Kriegsministerium die Gestaltung der Eröffnungsfeier. Am Vormittag finden Vorführungen über die militärische Vorbereitung der Jugend statt. Nachmittags beginnen die »sportlichen« Veranstaltungen, die der Kriegsminister als Demonstration für die vormilitärische Ausbildung der Jugend verstanden wissen will. Um drei Uhr marschieren die Jugendkompanien mit Musik und Fahnen in das Stadion ein.

Als erster Wettkampf steht Handgranatenwerfen auf dem Programm. Aus einem von Jungmannschaften ausgehobenen, rund 1,70 Meter tiefen Schützengraben werden Handgranatenattrappen nach lebensgroßen Soldatenpuppen in rund 35 Meter Entfernung geworfen. Im folgenden Handgranaten-Weitwurf, wobei aus dem Stand geworfen wird und der Werfer nach dem Wurf sofort zu Boden fallen muß, wird die Rekordweite von 48 Metern erzielt.

Großen Beifall der 10 000 Zuschauer erhält das 800-Meter-Hindernislaufen. Hier müssen eine zwei Meter hohe Holzwand, ein Schützengraben und ein Wassergraben genommen werden.

Schulen sollen Wehrkraft fördern

2. März. Der preußische Kriegsminister schreibt den Schulen vor, im Unterricht gegen die Friedenssehnsucht in der Bevölkerung Stellung zu nehmen. »Der Groll über die Nöte und Lasten des Krieges muß von den Verhältnissen im Inneren ab- und gegen England und seine Verbündeten gelenkt werden« (Geheimschreiben des preußischen Kriegsministers Nr. 762/16 g. A. 1.). Die Schulen bekommen die Aufgabe, intensiv mit der Erziehung zu einer Erhöhung der Wehrkraft beizutragen.

1916

1. Bulgarien schafft den julianischen (russischen) Kalender ab und führt den gregorianischen Kalender ein.

1. Englands Premier Asquith besucht den Papst.

6. Der deutsche Reichstag beschließt eine Resolution für den uneingeschränkten U-Boot-Krieg.

8. In Norwegen erhalten die Frauen das aktive und passive Wahlrecht.

17. Engländer und Portugiesen beginnen den Angriff auf Deutsch-Ostafrika.

18. US-Präsident Wilson droht Deutschland mit dem Abbruch der diplomatischen Beziehungen bei Fortführung des verschärften U-Boot-Krieges.

19. Die Italiener erobern den Col di Lana bei Meran.

20. Deutsch-englisches Seegefecht vor der flandrischen Küste.

22. Franz Werfels »Die Troerinnen« im Lessing-Theater Berlin uraufgeführt.

23. Osteraufstand der Irischen Nationalen Einheitsfront gegen Großbritannien. →

24. Der Chef des Admiralstabs, Großadmiral Henning von Holtzendorff, gibt den Befehl, den U-Boot-Krieg nur nach der Prisenordnung (Warnung, Durchsuchung und Rettung der Passagiere) zu führen.

27. Deutsches U-Boot (U. C. 5) wird vor der englischen Ostküste versenkt.

29. Die Sozialistische Amerikanische Arbeiterpartei nimmt an den Präsidentschaftswahlen teil.

29. Im Irak kapituliert das englische Expeditionskorps unter General Townshend. 10 000 Engländer geraten in türkische Kriegsgefangenschaft.

30. 20 000 englische Soldaten schlagen den irischen Osteraufstand nieder. →

GEBOREN:

17. Helenio Herrera, argentinisch-spanischer Fußballtrainer.

GESTORBEN:

19. Colmar Freiherr von der Goltz (* 12. 8. 1843), aus Preußen stammender Führer der türkischen Armee.

Aufstand in Dublin

Auseinandersetzungen zwischen Demonstranten und Polizei in Dublin.

23. April. 1200 Angehörige der Irish Volunteers, einer irischen Untergrundarmee, erheben sich am Ostersonntag und besetzen die wichtigsten Gebäude und Plätze in der irischen Hauptstadt Dublin. An der Spitze des Aufstandes steht der irische Arbeiterführer James Connolly. Der Aufstand ist mit Hilfe amerikanischer Iren langfristig vorbereitet worden. Seit Sommer 1914 wirbt Sir Roger Casement, einst Diplomat in englischen Diensten, bei den irischen Landsleuten in Nordamerika um Unterstützung bei der Vorbereitung der irischen Unabhängigkeit.

Nach Kriegsausbruch entwirft Casement folgenden Plan: Die Deutschen sollen in Irland landen und mit irischer Hilfe eine weitere Front gegen England errichten. So reist Casement im November 1914 von New York nach Berlin. Die Deutschen sind zunächst sehr aufgeschlossen. Sie werben unter den englischen Kriegsgefangenen irischer Herkunft für die Aufstellung einer irischen Brigade, doch ohne Erfolg. Anfang 1916 geben die Deutschen den Irland-Plan auf, weil alle Kräfte auf Verdun konzentriert werden.

In Irland selbst laufen die Vorbereitungen für den Aufstand. Casement weiß, daß ohne deutsche Unterstützung der irische Aufstand scheitern muß. Er will seine Landsleute warnen. Am 12. April bringt ihn ein deutsches U-Boot an die irische Küste. Doch er kommt nicht mehr nach Dublin. Kurz nach seiner Landung nimmt ihn eine englische Einheit fest.

Eine deutsche Munitionssendung erreicht die aufständischen Iren auch nicht. Das Schiff wird von den Engländern aufgebracht, und es versenkt sich selbst.

Dennoch beschließt Arbeiterführer Connolly für den 23. den Aufstand. Nur knapp 2000 Mitglieder der Irish Volunteers machen mit. Die Bevölkerung unterstützt den Aufstand nicht. Die Engländer beordern 20 000 Soldaten nach Dublin und belegen die Stadt mit Artilleriefeuer. 60 aufständische Soldaten, 150 Soldaten der englischen Einheit fallen. Die schwersten Verluste erleidet die Zivilbevölkerung mit 300 Toten und 2000 Verletzten. James Connolly und 15 Führer des Aufstandes werden standrechtlich erschossen. In London bereitet das Militärgericht den Hochverratsprozeß gegen Casement vor.

Das harte Vorgehen der Engländer bei der Niederschlagung des irischen Osteraufstandes macht die Irish Volunteers, die sich in der Irish Republican Brotherhood gruppieren, zu Märtyrern. Sie erhalten immer mehr Zulauf. Der Einfluß der National Volunteers, die für Selbständigkeit Irlands innerhalb des britischen Reiches plädieren, nimmt ab. Nicht zuletzt weil 150 000 Anhänger dieser Partei als Freiwillige in der englischen Armee dienen und an der Front kämpfen. Die schärfsten Widersacher der katholischen Irish Republican Brotherhood sind die Protestanten in Nordirland, in Ulster. Sie ziehen die englische Herrschaft einer »Home Rule«, einer Selbstverwaltung Irlands, vor.

Prof. Sauerbruch entwickelt künstliche Hand

Der deutsche Chirurg Professor Ferdinand Sauerbruch entwickelt für armamputierte Soldaten eine künstliche Hand mit beweglichen Fingern. Als Leiter von Lazaretten in den Vogesen und bei Ypern hat Sauerbruch zahlreiche Amputationen bei verwundeten Soldaten durchgeführt. Er fragt sich, welche Berufe ein Armamputierter noch ausüben kann. Nach der Freistellung vom Militärdienst und Übernahme eines Lehrstuhls an der Universität Zürich forscht er nach Möglichkeiten, wie eine Armprothese mit beweglichen Fingern zu entwickeln sei. Bei seinen Nachforschungen erfährt er, daß die eiserne Hand von Götz von Berlichingen, des Ritters aus dem Bauernkrieg von 1525, noch existiert. Er untersucht den Mechanismus dieser Hand, die ein Waffenschmied 1504 hergestellt hat. Dabei erkennt er, daß die Muskeln im Armstumpf des Amputierten als Kraftquelle für die Bewegungen der Hand nutzbar gemacht werden können. Zwei Muskeln steuern die Bewegungen der Hand. Sauerbruch nennt sie »Arbeitsmuskel« und »Gegenmuskel«. Mit Hilfe eines Hebels wird die Bewegung der Muskeln auf die künstlichen Finger übertragen. Von April an finden die ersten Operationen statt. Von 539 Amputierten mit Prothese können schließlich 92,4 Prozent wieder einem Beruf nachgehen, davon 42,5 Prozent als Handwerker (→ Februar 1928).

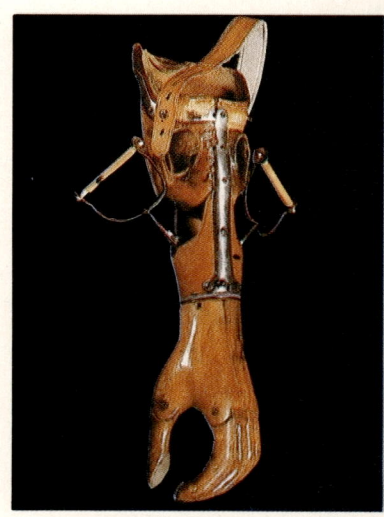

Der »Sauerbruch-Arm«.

MAI

Mo	Di	Mi	Do	Fr	Sa	So
1	2	3	4	5	6	7
8	9	10	11	12	13	14
15	16	17	18	19	20	21
22	23	24	25	26	27	28
29	30	31				

1. Karl Liebknecht wird nach einer Demonstration auf dem Potsdamer Platz in Berlin festgenommen.

4. Die deutsche Regierung gibt dem amerikanischen Ultimatum nach und verpflichtet sich, Handelsschiffe nicht ohne Warnung und Rettung der Menschenleben zu versenken. →

15. Gründung der Deutschen Hydrierwerke AG Rodleben zur Verflüssigung fester Kohlenwertstoffe und Naphtalin. Damit werden flüssige Treibstoffe hergestellt.

15. Österreichische Offensive in Südtirol gegen Italien.

22. Karl Helfferich wird preußischer Innenminister und erhält den Auftrag, einen Plan für ein neues Wahlrecht in Preußen zu erarbeiten.

24. Unter- und Oberhaus in England beschließen die Einführung der allgemeinen Wehrpflicht.

27. Zur Behandlung gemeinsamer Aufgaben in den verschiedenen wissenschaftlich-technischen Bereichen wird der Deutsche Verband Technisch-Wissenschaftlicher Vereine gegründet.

30. Die großtechnische Produktion von Acetaldehyd zur Gewinnung von Essigsäure und Essigester beginnt bei den Farbwerken Hoechst.

31. Beginn der Skagerrakschlacht zwischen der britischen und deutschen Flotte. →

GEBOREN:

10. Milton Babbit († 2. 8. 1965), amerikanischer Komponist der Zwölftonmusik.

11. José Camilo Cela, spanischer Schriftsteller.

14. Hermann Böhm, Motorradrennfahrer, mehrfacher Weltrekordler.

28. Wolfgang Schneiderhan, österreichischer Violinvirtuose.

GESTORBEN:

11. Max Reger (* 19. 3. 1873), deutscher Komponist. →

11. Karl Schwarzschild (* 9. 10. 1873), deutscher Physiker und Astronom (Bewegung der Fixsterne).

27. Josephe Simon Galliéni (* 24. 4. 1849), französischer Marschall und Kriegsminister (1914–1916).

Deutscher Sieg im Skagerrak

31. Mai. Um sechs Uhr nachmittags treffen vor der nordjütländischen Küste im Skagerrak unerwartet 37 britische Großkampfschiffe der »Grand Fleet« mit der deutschen Hochseeflotte (21 Schiffe) zusammen. Die Briten versuchen sofort aufgrund ihrer zahlenmäßigen Überlegenheit, die deutsche Flotte einzukreisen. Vizeadmiral Reinhard Scheer, Chef der deutschen Hochseeflotte, durchkreuzt durch geschickte Kehrtwendung den englischen Plan. Er greift seinerseits mit Torpedobooten an und versenkt die großen britischen Schlachtkreuzer »Warspite« und »Invincible«. Waren die Briten in der Schiffszahl überlegen, so galten die Deutschen in der Panzerung, den Minen und Torpedos als besser ausgerüstet. Insgesamt versenken die Deutschen englische Schlachtschiffe in der Größenordnung von 115 000 Tonnen. 6900 englische Marinesoldaten finden den Tod.

Der englische Admiral John Jellicoe bricht den Kampf ab und weicht in die Nordsee nach Westen und Süden aus. Die Deutschen nehmen die Verfolgung der Briten auf die offene Nordsee nicht auf.

Die deutsche Presse feiert die Schlacht als großen Seesieg: Die Engländer haben den Kampf abgebrochen und sie haben die größeren Verluste, während die Deutschen 62 000 Tonnen an Schiffstonnage verlieren und 2900 Tote beklagen. Aber die englische Seeblockade hat die deutsche Hochseeflotte nicht durchbrechen können. Damit bringt die Skagerrakschlacht für die deutsche Kriegsführung keinen Fortschritt.

Zur »Seeschlacht am Skagerrak« erscheint eine Propaganda-Postkarte.

Von einem britischen Zerstörer aus wird die Vernichtung des Schlachtschiffes »Queen Mary« aufgenommen.

USA gegen totalen U-Boot-Krieg

4. Mai. Kaiser Wilhelm II. verbietet nachdrücklich den uneingeschränkten U-Boot-Krieg. Bei der ohne Vorwarnung erfolgten Versenkung des französischen Postdampfers »Sussex« im Kanal am 24. März ist ein amerikanischer Staatsbürger ums Leben gekommen. Einen Monat später droht der amerikanische Präsident Woodrow Wilson in einer Protestnote mit dem Abbruch der diplomatischen Beziehungen, wenn Deutschland den uneingeschränkten U-Boot-Krieg nicht aufgebe. Der Kaiser will keinen Bruch mit den Vereinigten Staaten und teilt der US-Regierung offiziell mit, daß die Reichsleitung der Flotte die Weisung erteilt habe, »Kauffahrteischiffe nicht ohne Warnung und Rettung der Menschenleben zu versenken, es sei denn, daß sie fliehen oder Widerstand leisten«.

Max Reger stirbt an Nervenleiden

11. Mai. Der deutsche Komponist Max Reger stirbt im Alter von 43 Jahren in einem Leipziger Hotel an den Folgen eines Nervenleidens. Er hat als Musiklehrer, Dirigent und Orgelvirtuose in München, Meiningen und Leipzig gewirkt. Seine Choralphantasien, Präludien und Fugen haben der Orgelmusik in Deutschland zu neuem Ansehen verholfen.

Max Reger †.

1916
JUNI

Mo	Di	Mi	Do	Fr	Sa	So
			1	2	3	4
5	6	7	8	9	10	11
12	13	14	15	16	17	18
19	20	21	22	23	24	25
26	27	28	29	30		

1. Der National Defense Act gibt der US-Regierung die Möglichkeit, das stehende Heer auf die Zahl von 220 000 Soldaten zu bringen. Die Nationalgarde soll auf 450 000 Mann vergrößert werden.

4. Der russische General Aleksej Brussilow beginnt zwischen Pruth und Styrknij in Südwest-Rußland auf 250 Kilometer eine russische Offensive gegen Österreich. →

5. Die Lonza-Werke in Waldshut beginnen mit der Herstellung von Kalkstickstoff zur Schädlingsbekämpfung und Düngung.

12. 200 000 Österreicher geraten in Wolhynien in russische Gefangenschaft. →

14. Die Demokratische Partei der USA benennt in St. Louis Präsident Wilson wieder zu ihrem Präsidentschaftskandidaten.

18. Oberstleutnant Max Immelmann, der mit Max Boelcke die deutsche Luftkampftechnik entwickelte, stürzt nach 16 siegreichen Luftgefechten bei Sallaumines in Nordfrankreich ab.

22. Erste Ausfahrt des Handels-U-Bootes »Deutschland« von Bremen nach Baltimore (USA).

22. Französischer Luftangriff auf Trier und Karlsruhe.

28. Liebknecht wird vom Berliner Militärgericht zu 30 Monaten Zuchthaus wegen der Mai-Demonstration verurteilt. Als Reaktion auf das Urteil kommt es in Berlin, Braunschweig und Bremen zum ersten Massenstreik während des Krieges.

30. Die Türken dringen in Persien gegen die Russen vor.

GEBOREN:

6. Robert McNamara, US-Verteidigungsminister und Weltbankpräsident.

8. Francis Harry Crick, britischer Vererbungsforscher, Nobelpreis 1962.

13. Karl Herrligkoffer, deutscher Arzt und Alpinist, Nanga-Parbat-Bezwinger 1953.

13. Donald Budge, Tennisspieler (1939 Sieger in Wimbledon).

GESTORBEN:

5. Horatio Herbert Kitchener (* 24. 6. 1850), britischer Feldmarschall. →

25. Thomas Eakins (* 25. 7. 1844), nordamerikanischer Maler.

Angriff an der Somme

Im Nahkampf wird vor Verdun um jeden Meter Boden gerungen.

Eine durch Granatfeuer verwüstete Straße südlich des Forts Douaumont.

2. Juni. Vor Verdun erobern die Deutschen mit hohem Menschen- und Materialeinsatz Fort um Fort. Die französische Regierung hat bereits am 8. April den glücklosen General Henri Philippe Pétain abgelöst, der die deutschen Angriffe nicht zu bremsen vermag, und ihn durch General Georges Nivelle ersetzt. Nivelle erscheint selbst häufig an der Front, um die Moral der Armee zu heben, und verspricht seinen Soldaten immer wieder: »Ils ne passeront pas! (Sie werden nicht durchkommen!)« Dennoch stürmen die deutschen Truppen unter dem Befehl des Kronprinzen am 2. Juni Fort Vaux und besetzen damit die Ausgangsposition für den Durchbruch nach Verdun.

Um eine Katastrophe bei Verdun zu verhindern, starten die Alliierten Entlastungsangriffe. Die Russen haben sich inzwischen von den Verlusten des Jahres 1915 erholt und greifen die Österreicher am 4. überraschend in Galizien und Wolhynien an. Auf einem dreihundert Kilometer breiten Fronteinschnitt gelingt die russische Offensive. 200 000 Österreicher geraten in russische Kriegsgefangenschaft. Am 24. Juni starten die Engländer an der Somme auf einer 40 Kilometer langen Front einen Großangriff. Die deutsche Heeresleitung bricht darauf den Generalangriff auf Verdun ab und entsendet Verstärkungen an die Somme, um hier einen Zusammenbruch zu vermeiden.

»Hampshire« gesunken: Lord Kitchener †

5. Juni. Der britische Panzerkreuzer »Hampshire« läuft am 5. während der Fahrt nach Archangelsk bei den Orkney-Inseln auf eine Mine. Die »Hampshire« sinkt sofort. 685 Mann kommen um, unter ihnen der britische Heeresminister Lord Horatio Herbert Kitchener. Kitchener hat in England die Kriegswirtschaft organisiert und die Wehrpflicht durchgesetzt. In Deutschland ehrt man in Nachrufen den Gegner. Seinen militärischen Ruhm hat er 1896 bis 1898 bei der Eroberung des Sudans erworben, wobei er die Franzosen 1898 bei Faschoda zurückdrängte. 1899 wurde er Generalstabschef im Burenkrieg. Von 1902–1909 war er Oberbefehlshaber in Indien.

Kampf um Verdun wird zur Materialschlacht

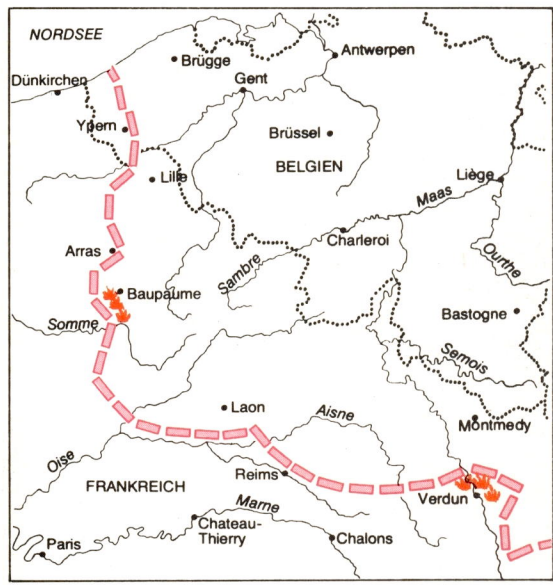

Der Verlauf der Front im Westen.

Marschall Pétain wird im Verlauf der Verdun-Schlacht abgelöst.

Pétains Nachfolger Georges Nivelle.

Französische Soldaten gehen in Gefangenschaft.

Engländer helfen verwundeten deutschen Soldaten.

Rechts: Ein französischer 370-mm-Mörser. Seine Schußweite beträgt über acht Kilometer bei Verwendung von 113 kg schweren Granaten.

Unten: Eines der beiden 38-cm-Küstenferngeschütze der Deutschen mit einer Reichweite von 46,6 Kilometern.

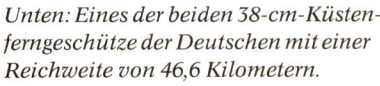

Eine französische Feldambulanz. Die Fahrer setzen bei den Einsätzen auf den Schlachtfeldern ihr Leben aufs Spiel.

1. Alliierte Offensive an der Somme: Mit 57 400 Gefallenen haben die Engländer die höchsten Verluste an einem Tag in der bisherigen Kriegsgeschichte.

1. Die amerikanischen Staaten Michigan, Montana, Nebraska, Süd-Dakota und Utah führen das Alkoholverbot (Prohibition) ein. Damit gilt das Alkoholverbot in 24 US-Staaten für 33 Millionen Menschen.

1. Ein englisches Kriegsgericht verurteilt Roger Casement, Führer der irischen Unabhängigkeitsbewegung, zum Tode (→ April und August 1916).

2. Der alliierte Ansturm an der Somme führt nicht zu einem Durchbruch an der deutschen Front. Die deutschen Truppen ziehen sich aber einige Kilometer zurück.

7. Lloyd George wird Nachfolger des britischen Heeresministers Kitchener.

8. Vormarsch der Engländer in Deutsch-Ostafrika.

9. Handels-U-Boot »Deutschland« landet in Baltimore.

11. Deutscher Luftangriff auf Harwich, Dover und Calais.

19. In den Vorwahlen zur Präsidentschaft erringt der Kandidat der Demokraten, Präsident Woodrow Wilson, hohe Stimmengewinne, vor allem in Staaten, die das Frauenstimmrecht bereits eingeführt haben.

20. Hindenburg wird Oberbefehlshaber an der Ostfront. →

GEBOREN:

2. Hans-Ulrich Rudel, deutscher Fliegeroffizier des Zweiten Weltkriegs.

9. Edward Heath, englischer Politiker und Premierminister.

22. Marcel Cerdan († 27. 10. 1949), französischer Boxer, Weltmeister im Mittelgewicht 1948.

22. Herbert Cohn, Hindernisreiter, neunmaliger Sieger im Deutschen Championat.

GESTORBEN:

13. Cesare Battisti (* 4. 2. 1875), italienischer Journalist, hingerichtet. →

20. Reinhard Johannes Sorge (* 28. 1. 1892), deutscher Schriftsteller, gefallen.

Hindenburg übernimmt Ostfront

20. Juli. Der österreichische Generalstabschef, Graf Conrad von Hötzendorf, fordert deutsche Truppen für den Kampf gegen die Russen in Wolhynien und Galizien. Die Österreicher haben keine Reserven mehr, um den Vormarsch des russischen Generals Alexej Brussilow aufzuhalten. Der Chef der deutschen Obersten Heeresleitung, Erich von Falkenhayn, sieht bei einem Truppenabzug im Westen seinen Verdun-Plan gefährdet. Die deutschen Generale an der Ostfront, Paul von Hindenburg und Erich Ludendorff, erblicken in dem österreichischen Hilferuf die Möglichkeit, den Angriff bei Verdun, den sie von Anfang an mißbilligt haben, abzubrechen. Angesichts der Differenzen in der Obersten Heeresleitung über die Prioritäten in der Kriegsführung greift die Reichsregierung ein. Der Kanzler schlägt dem Kaiser vor, Hindenburg allein mit außerordentlichen Vollmachten zum Oberbefehlshaber an der Ostfront zu ernennen. Der Kaiser stimmt zu. Der größte Teil der österreichischen Truppen an der Galizien-Front wird ebenfalls Hindenburg und Ludendorff unterstellt.

General Ludendorff nimmt Kontakte zum deutschen Außenministerium auf. Er verlangt von Staatssekretär Gottlieb von Jagow eine Änderung der Polen-Politik. Hindenburg und Ludendorff wollen ein unabhängiges Polen unter deutscher Kontrolle, weil sie für den Kampf gegen Rußland polnische Soldaten benötigen.

Am 17. schreibt General Ludendorff an den Unterstaatssekretär (stellvertretender Außenminister) Arthur Zimmermann »in vaterländischer Sorge«: »Die Schweinerei mit den Österreichern hört nicht auf. Die Truppe hält nicht mehr, wie auch die traurigen Ereignisse der letzten Tage bewiesen haben. Da richtet sich mein Auge wiederum auf Polen. Der Pole ist ein guter Soldat. Versagt Österreich, so müssen wir uns andere Kräfte zufügen. Schaffen wir ein Großfürstentum Polen aus Warschau und Lublin und dann eine polnische Armee unter deutscher Führung!«

Vier Wochen nach dem Ludendorff-Schreiben verhandeln Reichskanzler Theobald von Bethmann Hollweg und der österreichische Außenminister Stephan Burián mit dem Ergebnis: »Es wird Einigkeit darüber erzielt, daß ein selbständiges Königreich Polen mit erblicher Monarchie und konstitutioneller Verfassung errichtet werden soll.«

Die Generale Paul von Hindenburg (links) und Erich Ludendorff.

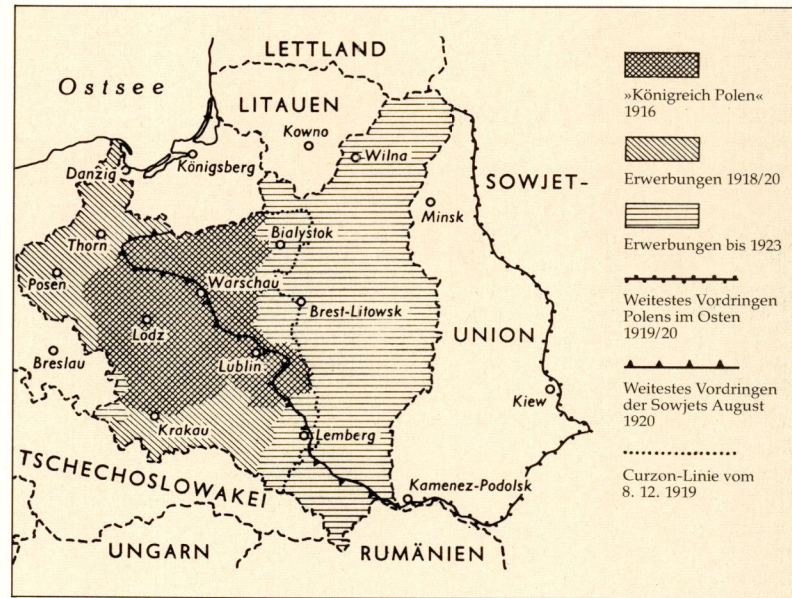

Ein unabhängiges Polen unter Kontrolle des Reichs ist das deutsche Ziel.

Italiener hingerichtet: Schicksal zwischen den Fronten

13. Juli. Der Journalist Cesare Battisti wird von einem österreichischen Exekutionskommando hingerichtet. Das Militärgericht hat ihn zum Tode wegen Hochverrats verurteilt. In der Gerichtsverhandlung hat Battisti seine Unschuld beteuert und verlangt, wie ein Kriegsgefangener behandelt zu werden.

Die Richter erkennen die italienische Staatsangehörigkeit Battistis nicht an, als Battisti beim Kampf um den Monte Corno in österreichische Kriegsgefangenschaft geraten ist. Für das Gericht ist allein maßgebend, daß Battisti 1914 österreichischer Staatsbürger war, der nach Italien geflohen, in die italienische Armee eingetreten ist und dann gegen Österreich gekämpft hat.

Battisti weist umsonst darauf hin, daß er sich immer als Italiener gefühlt habe: Etwa im Jahr 1900, als er im österreichischen Trient die sozialistische Zeitung »Il Popolo« herausgab, in der er den Anschluß Südtirols an Italien forderte.

Streiks nach Liebknecht-Urteil

28. Juni. Nach der Verurteilung Karl Liebknechts wegen der Mai-Demonstration auf dem Potsdamer Platz brechen in Berlin, Braunschweig und Bremen Streiks aus. Das preußische Kriegsministerium gibt sogleich Weisungen, wie auf Streiks in der Rüstungsindustrie geantwortet werden soll: »Bei jedem Streik, durch den die rechtzeitige Versorgung des Heeres gefährdet wird, ist mit allen verfügbaren Mitteln und aller Schärfe einzugreifen. Rädelsführer sind sofort in Sicherheitshaft zu nehmen.« Weiter sieht der Erlaß zur Vorbeugung vor: »Möglichst frühzeitig sind Personen festzustellen, die zum Streik hetzen. Vorbeugende Maßnahmen: Einberufung (möglichst unauffällig), Sicherheitshaft, Bestrafung.«

Wilson erfolgreich im US-Wahlkampf

19. Juli. Der amerikanische Präsidentschaftswahlkampf beginnt. Die Demokratische Partei hat Präsident Woodrow Wilson zu ihrem Kandidaten benannt und sie führt unter der Devise den Werbefeldzug: »He kept us out of War (Er hielt uns aus dem Krieg heraus).« Wilson erringt in Vorwahlen hohe Stimmengewinne. Wilsons Herausforderer ist der Republikaner Charles Evans Hughes. Er spricht vor allem die Deutsch-Amerikaner und die Irisch-Amerikaner an.

Schlachtenlärm stört Tiere nicht

Der Schlachtenlärm beeindruckt Tiere nicht. Die »Umschau«, die Zeitschrift des Vereins für deutsche Schäferhunde, berichtet nach Befragung von Soldaten an der Somme, daß das Trommelfeuer die Tiere nicht verjagt. Sperlinge fliegen zwischen den Drahtverhauen hin und her. In den Gräben finden Katzen reiche Beute an Ratten und Mäusen. Direkt vor den Geschützen nisten Rebhühner, und Feldhasen hoppeln zwischen den Granattrichtern wie sonst auf Rübenfeldern.

Rumänien im Krieg

General August von Mackensen.

General Erich von Falkenhayn.

27. August. Rumänien erklärt Österreich plötzlich den Krieg. Die Habsburgermonarchie ist auf einen neuen Gegner nicht vorbereitet, da sie aus eigener Kraft nicht einmal den Angriff des russischen Generals Alexej Brussilow aufhalten kann. Jetzt tritt im Südosten der Donaumonarchie mit 600 000 Soldaten ein neuer Gegner gegen das erschöpfte Österreich in den Krieg ein. Auch in Berlin hat die Oberste Heeresleitung im Sommer 1916 nicht mit einem Kriegseintritt der Rumänen gerechnet.

Die Rumänen haben sowohl mit den Mittelmächten als auch mit den Alliierten verhandelt. Am 17. August schließen sie mit Rußland einen geheimen Vertrag. Rußland verspricht ihnen die Bukowina, Siebenbürgen und das gesamte Banat, wenn sie Österreich den Krieg erklären. Zehn Tage später liegt die rumänische Kriegserklärung in der Wiener Hofburg vor, und einen Tag später erklärt Deutschland den Rumänen den Krieg.

Der Chef der Obersten Heeresleitung, General Erich von Falkenhayn, verliert das Vertrauen des Kaisers, weil er die Kriegsvorbereitungen Rumäniens nicht rechtzeitig erkannt hat. Er wird als Chef der Heeresleitung entlassen, Paul von Hindenburg wird Nachfolger. Da die Österreicher keine Reserven zum Kampf gegen Rumänien besitzen, errichtet die deutsche Heeresleitung eine neue 9. Armee, und Erich von Falkenhayn wird zum Führer der neuen Armee ernannt. Von Bulgarien her greift General August von Mackensen Rumänien mit deutschen und bulgarischen Verbänden an.

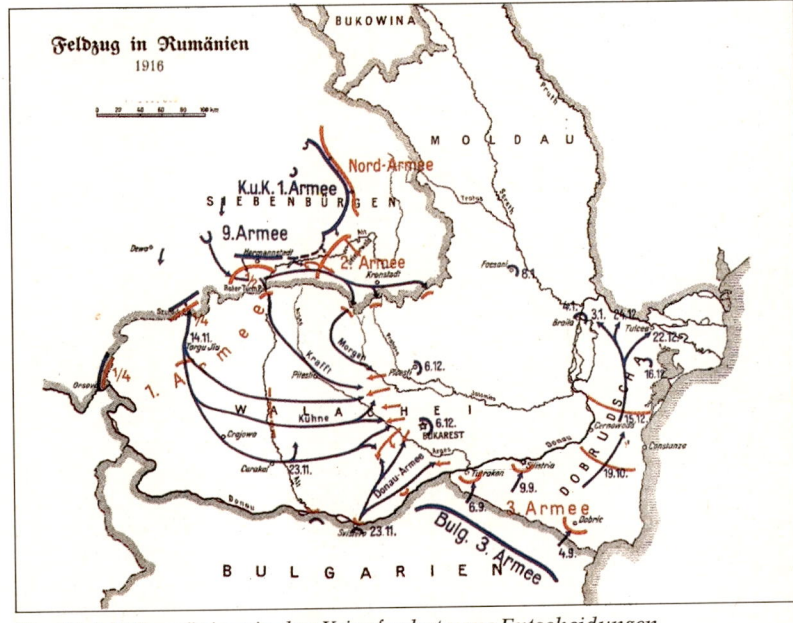

Der Eintritt Rumäniens in den Krieg fordert neue Entscheidungen.

Enthüllungen über Kriegsschuld

1. August. In einer persönlichen Denkschrift »Meine Londoner Mission«, die der letzte deutsche Botschafter vor dem Krieg in London, Karl Max Fürst von Lichnowsky (→ Februar 1928) am 1. August abschließt, macht er die Reichsregierung für den Krieg mit England verantwortlich.

Lichnowsky berichtet, daß er im Juli 1914 die Reichsregierung wiederholt aufgefordert habe, Österreich zur Mäßigung anzuhalten. Er hat gewarnt, wenn Österreich serbisches Gebiet berühre, sei ein Kriegseintritt Englands unabwendbar. Die Reichsregierung hat die Warnungen aus London nicht beachtet. Lichnowsky macht die Schrift nur Freunden unter Zusicherung unbedingter Verschwiegenheit zugänglich. Ohne Wissen Lichnowskys wird die Denkschrift verbreitet und ohne seine Zustimmung in Zürich gedruckt. Wegen dieser Enthüllungen schließt der Kaiser Lichnowsky aus dem preußischen Herrenhaus aus.

Handels-U-Boot zurück aus USA

23. August. Das erste deutsche Handels-U-Boot »Deutschland« kehrt nach einer Amerikafahrt zurück. In einer Feierstunde im Bremer Rathaus erklärt der greise Ferdinand Graf von Zeppelin (79) den Beginn einer neuen Epoche in der Handelsschiffahrt: Mit Handels-U-Booten soll die Blockade der deutschen Küste unterlaufen werden. Graf Zeppelin, der Erfinder des Luftschiffs, unterstreicht in seiner Rede: Wenn England den Handel auf dem Wasser blockiert, dann transportieren die Deutschen ihre Waren eben unter Wasser. Der Plan zum Bau von Handels-U-Booten war erst ein Jahr zuvor gefaßt worden. 1915 wird die Deutsche Ocean Reederei zum Bau von Handels-U-Booten gegründet. Ende 1915 werden die Boote »Deutschland« und »Bremen« in Auftrag gegeben. Die Kruppsche Germania-Werft baut beide Schiffe innerhalb von sechs Monaten. Beide Schiffe können eine Nutzlast von 750 Tonnen transportieren.

1916
SEPTEMBER

Mo	Di	Mi	Do	Fr	Sa	So
				1	2	3
4	5	6	7	8	9	10
11	12	13	14	15	16	17
18	19	20	21	22	23	24
25	26	27	28	29	30	

1. Bulgarien erklärt Rumänien den Krieg.

2. Der deutsche Generalquartiermeister Ludendorff plant die Einstellung der Verdun-Offensive.

2. Die deutsche Regierung regt einen Friedensvorstoß der USA an. Wilson lehnt eine Friedensinitiative vor den Präsidentschaftswahlen in den USA ab.

4. England besetzt Daressalam in Deutsch-Ostafrika.

14. Beginn der siebten Isonzo-Schlacht: Die Italiener erobern bei Lokvice und Merna ein Gebiet von 3 km Breite und 0,5 km Tiefe.

15. England setzt an der Somme-Front zum ersten Male Panzer (»tanks«) ein. →

16. Frankreichs Staatspräsident Poincaré und Englands Premier Asquith erkennen Masaryks tschechisches Aktionskomitee in Paris als provisorische tschechische Regierung an.

20. Erste Ausgabe der kommunistischen Untergrundzeitung »Spartakus« im Reich.

21. Beginn der Reichskonferenz der SPD. →

26. Deutsches Handels-U-Boot »Bremen« erreicht Baltimore.

28. »Knock-out-Interview« von Lloyd George. →

28. Der deutsche Reichskanzler Bethmann Hollweg spricht sich bei Eröffnung des Reichstags für den uneingeschränkten U-Boot-Krieg aus. →

29. Deutsche Truppen besetzen Hermannstadt in Rumänien.

30. Das Drama »Der Sohn« von Walter Hasenclever wird im Deutschen Landestheater Prag uraufgeführt.

GEBOREN:

5. Frank Yerby, amerikanischer Schriftsteller.

8. Fritz Habeck, österreichischer Schriftsteller.

27. Pic Cattini († 17. 8. 1969), Schweizer Rekord-Eishockey-Nationalspieler mit 109 Einsätzen.

GESTORBEN:

14. Josiah Royce (* 10. 11. 1855), amerikanischer Philosoph.

16. José Echegaray y Eizaguirré (* 19. 4. 1832), spanischer Dramatiker.

Ein englischer Mark-V-Tank mit ungewöhnlichem Tarnanstrich.

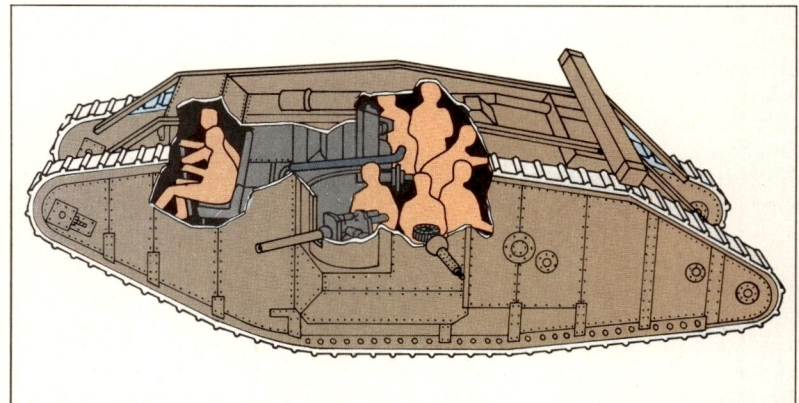

Die britischen Panzerwagen werden von acht Männern bedient.

Tanks greifen ein

15. September. Bei Cambrai in Nordfrankreich setzen die Engländer zum ersten Male Panzerwagen, »tanks«, ein. Die von starken Motoren angetriebenen gepanzerten Kettenfahrzeuge sind so konstruiert, daß sie Granattrichter und Schützengräben überwinden. Die englische Heeresführung erwartet, daß mit dem Panzer die deutschen Frontstellungen an der Somme durchbrochen werden können. Die englischen Fabriken liefern Anfang September 49 »tanks«, 17 fallen jedoch schon auf dem Weg zur Front aus. Am 15. können nur neun Fahrzeuge wirklich eingesetzt werden. Diese neun Panzer durchstoßen die deutschen Stellungen beim Dorf Flers und dringen weit vor. Die Engländer können den Vorstoß nicht in eine breite Offensive umsetzen, weil der nötige Nachschub fehlt. Schließlich erbeuten die Deutschen sogar einen Panzer. Ein Kriegsberichterstatter an der Westfront beschreibt den »Schützengrabenkampfwagen« in der deutschen Presse: »Die gepanzerten Werke haben den Zweck zur Niederkämpfung von Maschinengewehrunterständen. Sie können auch große Geländeunebenheiten, Granattrichter, Schützengräben überwinden und Drahthindernisse durchfahren« (Rheinisch-Westfälische Zeitung vom 22. September). Der Panzer wird nicht kampfentscheidend an der Somme, weil er nicht ausreichend zur Verfügung steht.

Mitgliederschwund bei der SPD

21. September. Seit 1914 hat die SPD 64 Prozent ihrer Mitglieder (1914: 1 085 905; 1916: 395 216) verloren, das Beitragsaufkommen ist um 60 Prozent zurückgegangen. Diese alarmierenden Zahlen zur Entwicklung der Partei gibt der Vorsitzende Friedrich Ebert auf der sozialdemokratischen Reichskonferenz in Berlin. Trotz dieser Entwicklung ist die Mehrheit der 451 Delegierten mit der Politik der SPD-Reichstagsfraktion der Reichsregierung einverstanden.

Frauen in der Industrie

28. September. Der Reichskanzler Theobald von Bethmann Hollweg berichtet der Obersten Heeresleitung über den Einsatz der deutschen Bevölkerung im Kriegsdienst und in der Kriegswirtschaft. Alle Männer zwischen 17 und 45 Jahren stehen der Heeresverwaltung zur Verfügung und sind eingezogen, soweit sie kriegstauglich sind. Die überwiegende Mehrheit der arbeitsfähigen Männer über 45 Jahren ist in den Bergwerksbetrieben, in der Eisenindustrie, in den Munitionsfabriken, in der Schwerindustrie und in der Landwirtschaft beschäftigt. Es gibt nach der Untersuchung der Reichsregierung keine Reserve an Kräften mehr für Heer und Industrie. Selbst die Rentner sind, soweit möglich, wieder in den Produktionsprozeß eingegliedert worden. Den Vorschlag der Obersten Heeresleitung, bereits 16jährige zum Militärdienst einzuberufen, lehnt die Reichsregierung ab, weil ein Ausfall dieser Altersgruppe Wirtschaft und Kriegsindustrie in starkem Maße treffen würde. »Alle irgendwie körperlich brauchbaren Studenten sind zum Heeresdienst eingezogen«, fährt Bethmann Hollweg in seinem Bericht fort. Bei Post, Eisenbahn und im Kanaldienst sind die Männer durch weibliche Arbeitskräfte ersetzt worden.

Aufgrund der Schließung vieler Privatbetriebe stehen arbeitssuchende Frauen zur Verfügung: Auf 160 stellensuchende Frauen kommen 100 offene Stellen. Die Reichsregierung plant daher verstärkt, Frauen in Männerberufen einzusetzen, soweit das verantwortlich erscheint. Die Oberste Heeresleitung ist mit dem Urteil der Reichsregierung, daß kaum noch Reserven für den Militärdienst und für die Kriegswirtschaft bereitstehen, nicht einverstanden. Generalfeldmarschall Paul von Hindenburg fordert: Die Wehr- und Arbeitspflicht müsse vom 15. bis zum 60. Lebensjahr ausgedehnt werden. Die Schüler der Höheren Schulen und die Studenten sowie Kriegsbeschädigte seien zum Arbeitsdienst in der Kriegswirtschaft heranzuziehen.

Frauen füllen in England Granaten.

Die Fertigung von Patronenhülsen.

George erläutert englische Kriegsziele

28. September. Der englische Kriegsminister Lloyd George gibt in der Presse die englischen Kriegsziele bekannt. Dem Deutschen Reich soll der »Knockout« versetzt werden. England will, daß Preußen seine dominierende Stellung im Reich verliert, die Militärkraft Deutschlands soll geschmälert werden. Nach den englischen Vorstellungen soll Belgien wiederhergestellt, Elsaß-Lothringen vom Reich abgetrennt werden, und im Osten soll ein polnischer Pufferstaat zwischen Deutschland und Rußland entstehen. Ferner ist in den englischen Plänen die Auflösung des Habsburgerreiches vorgesehen. Deutsch-Österreich soll dem Deutschen Reich angegliedert werden.

1916
OKTOBER

Mo	Di	Mi	Do	Fr	Sa	So
						1
2	3	4	5	6	7	8
9	10	11	12	13	14	15
16	17	18	19	20	21	22
23	24	25	26	27	28	29
30	31					

7. Die fünfte deutsche Kriegsanleihe erbringt 10,5 Milliarden Mark.

7. Deutsche und österreichische Truppen erobern Kronstadt in Rumänien.

9. Französischer Fliegerangriff auf Stuttgart.

9. Der frühere griechische Ministerpräsident Venizelos proklamiert in Saloniki eine revolutionäre Regierung gegen König Konstantin.

9. Beginn der achten Isonzo-Schlacht.

10. Deutsche U-Boote dehnen den Krieg gegen alliierte Handelsschiffe über den gesamten Nordatlantik bis zur amerikanischen Küste aus.

15. Alliierte Truppen besetzen die Festungsanlagen um Athen.

16. Deportation belgischer Arbeiter zur Zwangsarbeit in das Reich beginnt.

23. Deutsch-österreichischer Luftangriff auf Bukarest.

24. Die Franzosen erobern bei Verdun das Fort Douaumont zurück.

27. Der deutsche Reichstag bewilligt für 1917 einen neuen Kredit in Höhe von zwölf Milliarden Mark.

31. Ernest von Körber wird neuer österreichischer Außenminister.

GEBOREN:

17. Knut Freiherr von Kühlmann-Stumm, deutscher Politiker.

19. Karl-Birger Blomdahl († 14. 6. 1968), schwedischer Komponist.

23. Maria Rosseels, flämische Schriftstellerin.

27. Kazimierz Brandys, polnischer marxistischer Schriftsteller.

28. Erich Mende, deutscher Politiker.

GESTORBEN:

21. Karl Graf von Stürgkh (* 30. 10. 1859), österreichischer Ministerpräsident (Opfer eines Attentats). →

28. Oswald Boelcke (* 19. 5. 1891), deutscher Kampfflieger.

31. Charles Taze Russell (* 25. 10. 1877), amerikanischer Kaufmann, Begründer der Zeugen Jehovas. →

Friedrich Adler erschießt Graf von Stürgkh

Der Sozialist Friedrich Adler.

Ministerpräsident Graf von Stürgkh †.

21. Oktober. Der Chefredakteur der sozialistischen Wiener Monatsschrift »Der Kampf«, Friedrich Adler, erschießt im Speisesaal des Hotels »Meißl & Schadn« in der Wiener Kärntnerstraße den österreichischen Ministerpräsidenten, Karl Graf von Stürgkh. Der Attentäter ist der Sohn Victor Adlers, des Führers der Sozialdemokratischen Partei Österreichs.

Friedrich Adler läßt sich nach der Tat widerstandslos festnehmen und gibt zu Protokoll: »Ich weiß, was ich getan habe, ich habe nicht antipatriotisch gehandelt.« Mit dem Attentat will Adler gegen die Politik Stürgkhs protestieren, der das Parlament völlig ausgeschaltet hat. Er will, daß das Parlament wieder einberufen wird und eine Friedensresolution verabschiedet.

Friedrich Adler, Vater von drei Kindern, wird zum Tode durch den Strang verurteilt. Eine Amnestie für alle politischen Verbrechen zum Regierungsantritt von Kaiser Karl rettet ihm das Leben. Er wird nunmehr zu 18 Jahren Kerker verurteilt, aber im November 1918 begnadigt. Adler stirbt am 2. Januar 1960 in Zürich.

Begründer der Zeugen Jehovas stirbt in Texas

31. Oktober. Auf einer Predigtreise in Pampa (Texas) stirbt Charles Taze Russell, der Begründer der Wachtturmgesellschaft der Zeugen Jehovas. Er hat die religiöse Gesellschaft 1872 gegründet und legt in seinen Schriften seine Glaubenssätze dar, die er nach ausgiebigem Bibelstudium gesichert glaubt. Er verkündete für 1874 oder 1878 die unsichtbare Rückkehr von Jesus Christus und sagte für 1914 das Ende der heidnischen Zeiten und einen großen Krieg voraus, in dem der Kapitalismus und Sozialismus gegeneinander kämpfen. Nach chaotischen Zeiten sieht Russell das tausendjährige Gottesreich kommen. Russell hat den größten Teil seines Vermögens geopfert, um seine Glaubensthesen in Büchern und Zeitschriften (»Der Wachtturm«) publik zu machen. Sein sechsbändiges Werk »Studies in the Scriptures« erreicht eine Auflage von 16 Millionen und wird in 35 Sprachen übersetzt.

Reichsregierung verbietet Parteizeitung

Der »Vorwärts« wird verboten.

9. Oktober. Die Reichsregierung verbietet die sozialdemokratische Parteizeitung »Vorwärts«. Die Zeitung erhebt in dem Artikel »Aus der Hexenküche der Kanzlerfronde« in der Ausgabe vom 8. Oktober gegen die Rüstungsindustrie den Vorwurf, sie arbeite gegen den Frieden, weil der Friede ihren Profiten ein Ende bereiten würde. Der SPD-Parteivorstand bildet daraufhin die »Vorwärts«-Redaktion um. Das SPD-Vorstandsmitglied Hermann Müller wird neuer Redakteur und erhält die Aufgabe, die Einhaltung der Zensurbestimmungen zu überwachen. Daraufhin hebt die Reichsregierung das Verbot wieder auf.

1916
NOVEMBER

Mo	Di	Mi	Do	Fr	Sa	So
		1	2	3	4	5
6	7	8	9	10	11	12
13	14	15	16	17	18	19
20	21	22	23	24	25	26
27	28	29	30			

1. Beginn der neunten Isonzo-Schlacht.

2. Die Oberste Heeresleitung regt eine allgemeine zivile Dienstverpflichtung für alle Deutschen an.

5. Deutschland und Österreich-Ungarn proklamieren die Gründung eines selbständigen Königreichs Polen. →

6. Die neunte italienische Isonzo-Offensive kommt nach Einnahme von Lokvica zum Stehen und wird abgebrochen.

7. Wiederwahl Woodrow Wilsons zum US-Präsidenten.

10. Französischer Luftangriff auf Saarbrücken.

15. Der englische Kreuzer »Newcastle« läuft in der Nordsee auf eine deutsche Mine und sinkt.

21. Karl I., Enkel von Erzherzog Karl Ludwig, des jüngeren Bruders Kaiser Franz Josephs, wird neuer österreichischer Kaiser und ungarischer König. →

23. Die deutsche Heeresgruppe Mackensen beginnt den Vormarsch auf Bukarest.

23. Alexander Trepow löst Boris Stürmer als russischer Ministerpräsident ab.

26. Kriegserklärung der revolutionären griechischen Regierung Venizelos an Deutschland.

28. Ende der Somme-Schlacht: Die Alliierten können die deutsche Front nicht durchbrechen. Vom 1. Juli bis 28. November fallen 500 000 deutsche, 500 000 englische und 200 000 französische Soldaten.

29. Die Deutsche Reichsbahn gründet die eigene Speisewagengesellschaft »Mitropa«.

GEBOREN:

8. Peter Weiss, deutscher Schriftsteller.

GESTORBEN:

15. Henryk Sienkiewicz (* 5. 5. 1846), polnischer Schriftsteller, Nobelpreis 1905.

21. Franz Joseph I. (* 18. 8. 1830), Kaiser von Österreich. →

22. Jack London (* 12. 1. 1876), amerikanischer Schriftsteller (Selbstmord).

27. Emile Verhaeren (* 21. 5. 1855), französisch-belgischer Schriftsteller.

Ein neuer Staat Polen

5. November. Wilhelm II., der deutsche Kaiser, und Franz Joseph I., Kaiser von Österreich, proklamieren das selbständige Königreich Polen. Der neue Staat soll enge Bindung an Österreich und Deutschland haben. Die Grenzziehung bleibt noch offen. Sie soll mit der Übertragung der Souveränität nach Kriegsende geschehen. Bis dahin soll eine polnische Armee auf seiten der Mittelmächte gegen Rußland kämpfen.

Die Proklamation ruft einen ungeheuren Jubel in Polen hervor. Nur wenige Polen erkennen, daß die Staatsgründung vor allem den Zweck verfolgt, eine polnische Armee für den Kampf gegen Rußland aufzubauen. Der spätere polnische Staatsführer, Josef Pilsudski, berichtet über die Resonanz auf die Unabhängigkeitserklärung in der polnischen Bevölkerung: »Die alberne Begeisterung über den Staatsakt vom 5. November und über die Möglichkeit, daß ein sogenanntes polnisches Heer und eine polnische Regierung gebildet werden könnten, war so groß, daß ein großer Teil der polnischen Jugend davon angesteckt wurde.« Die deutsche Öffentlichkeit ist von der polnischen Staatsgründung völlig überrascht. Trotz der bestehenden Zensur kritisiert die Presse die Methode scharf. Die »Berliner Zeitung« kommentiert am 6. November: »Das Königreich Polen ist gegründet worden. Am Tage vor der Gründung war der Reichstag durch kaiserliche Kabinettsordre vertagt worden, und er hatte vorher keine Gelegenheit gehabt, sich zu diesem Problem zu äußern. Reichstag und Presse sind aber Organe, durch die das Volk seine Stimme erheben kann. Man muß daher feststellen, daß eines der wichtigsten Kriegsziele von der Regierung aufgestellt und verwirklicht wurde, ohne Heranziehung der deutschen Nation, ja ohne Kenntnis ihrer Meinung. Dieser Krieg ist ein Volkskrieg wie niemals zuvor. Auch seine Ziele müssen Volksziele sein.«

Der Schloßplatz in Warschau nach der Proklamation des Königreiches.

Ein polnisches Heer wird geschaffen: Offiziere des Stabes.

Kaiser Franz Joseph I.

Trauer um den Kaiser

21. November. Franz Joseph I., Kaiser von Österreich und König von Ungarn, stirbt 86jährig in Schloß Schönbrunn. Er ist seit dem Revolutionsjahr 1848 Herrscher der Donaumonarchie. Er nennt sich noch Herrscher von Gottes Gnaden, steht dem Gedanken an Demokratisierung ablehnend gegenüber, ebenso den Bestrebungen nach Selbständigkeit der Völker in der Donaumonarchie. Er bezeichnet sich selbst als »den letzten Monarchen der alten Schule«.

Karl I. wird Nachfolger Franz Josephs. Er ist der Neffe des alten Kaisers. Einen Tag nach seiner Regierungsübernahme für nur vier Jahre erklärt er: »Ich will alles tun, um die Schrecknisse und Opfer des Krieges in ehester Frist zu bannen, die schwer vermißten Segnungen des Friedens meinen Völkern zurückgewinnen, soweit es die Ehre unserer Waffen, die Lebensbedingungen unserer Staaten und ihrer treuen Verbündeten und der Trotz unserer Feinde gestatten.«

Die Aufbahrung der Leiche Franz Josephs in der Hofburg in Wien.

1916
DEZEMBER

Mo	Di	Mi	Do	Fr	Sa	So
				1	2	3
4	5	6	7	8	9	10
11	12	13	14	15	16	17
18	19	20	21	22	23	24
25	26	27	28	29	30	31

3. Der französische General Joffre wird nach Scheitern der Somme-Offensive der Alliierten von General Nivelle als Oberbefehlshaber der französischen Armee abgelöst.

7. Lloyd George löst Asquith als englischer Premierminister ab.

7. Die deutsche Heeresgruppe Mackensen erobert Bukarest. →

7. Abschluß der Brussilow-Offensive in Südwest-Rußland: Die deutsch-österreichischen Armeen können nicht vernichtet werden. →

10. Der schwedische Dichter Verner von Heidenstamm (* 6. 7. 1859) erhält den Nobelpreis für Literatur. Weitere Preise werden 1916 nicht vergeben.

12. Friedensangebot der Mittelmächte an die Alliierten.

13. Zum hundertsten Geburtstag von Werner von Siemens, dem Begründer der Elektrotechnik, wird eine Stiftung zur Ehrung von Personen gegründet, die sich besondere Verdienste um Technik und Naturwissenschaft erworben haben.

15. Die deutsche Oberste Heeresleitung beendet den Angriff auf Verdun. Die Deutschen erreichen ihr Ziel nicht, die französischen Armeen um Verdun aufzureiben. Die deutschen Verluste betragen 338 000 und die französischen 364 000 Soldaten.

21. Friedensaufruf von US-Präsident Wilson.

22. Graf Czernin löst Burián als österreichischer Außenminister ab.

30. Korvettenkapitän Felix Graf von Luckner, genannt der »Seeteufel«, versenkt mit seinem Hilfskreuzer »Seeadler« 23 feindliche Schiffe im Atlantik und Pazifik.

30. Alliierte lehnen deutsches Friedensangebot ab. →

31. Die Gefallenen des Jahres 1916 an der Westfront: Deutsche 1 192 451, Engländer 651 662, Franzosen 876 000.

GEBOREN:

5. Paul Aste, österreichischer Rennschlittensportler, mehrfacher Europameister.

GESTORBEN:

30. Grigorij Jefimowitsch Rasputin (* 18. 12. 1871), Abenteurer und Wundertäter (Opfer eines Attentats). →

Gewaltsamer Tod für Rasputin

30. Dezember. In Petrograd wird Rasputin ermordet. Der sibirische Bauernsohn hatte sich als Mönch und Wundertäter Zugang zum Hofe verschafft und das Vertrauen der Zarin Alexandra erworben. Der »Mönch« nutzt die Stellung bei Hofe skrupellos aus. Er verursacht zahlreiche Skandale in der Hofgesellschaft.

Rasputins Einfluß auf die Zarin ist so groß, daß seine Kritiker verbannt oder vom Hofe entfernt werden. Als Zar Nikolaus II. im September 1915 selbst das oberste militärische Kommando übernimmt, wird der Einfluß der Zarin auf die Staatsgeschäfte größer. Bei der Besetzung von Regierungsämtern fällt Rasputin schließlich die Personalentscheidungen.

Mitglieder aus der engsten Zarenverwandtschaft planen daher ein Komplott gegen Rasputin. Großfürst Dimitri Pawlowitsch, ein Neffe des Zaren, sowie Fürst Jussopow, ein hoher Würdenträger und naher Verwandter des Zaren, laden Rasputin am 29. Dezember zu sich ein und versprechen ihm ein Rendezvous mit einer Dame, der er schon lange den Hof macht.

Die Gastgeber stellen vergiftetes Teegebäck und Wein bereit. Rasputin kommt und greift zum Angebotenen. Doch das Gift hat keine Wirkung. Als die Verschwörer den Raum betreten, versucht Rasputin zu fliehen. Jussopow schießt auf ihn. Doch Rasputin ist nur verletzt und stürzt in den Hof. Dort tötet ihn der Duma-Abgeordnete Purischkewitsch mit gezielten Schüssen.

Grigorij Rasputin †.

Mackensens Verbände rücken in Bukarest ein

7. Dezember. Generalfeldmarschall August von Mackensen erobert mit seinen deutsch-bulgarischen Verbänden die rumänische Hauptstadt Bukarest. Angesichts der schnellen Niederwerfung Rumäniens, des Abbruchs der russischen Brussilow-Offensive in Südwest-Rußland und der Beendigung der alliierten Somme-Offensive rechnet die deutsche Kriegsführung mit zunehmender Kriegsmüdigkeit der Alliierten.

Nach der Einnahme der rumänischen Hauptstadt läßt Kaiser Wilhelm II. in Preußen und Elsaß-Lothringen Salutschießen, Flaggen und Kirchengeläut anordnen. In einem Telegramm an seine Gemahlin teilt der Kaiser freudig mit: »Bukarest ist genommen. Welch herrlicher, durch Gottes Gnade erreichter Erfolg auf der Bahn zum vollen Siege.«

Reichskanzler Theobald von Bethmann Hollweg unterbreitet den Alliierten am 12. Dezember ein Friedensangebot. Dieser Friedensvorstoß ist abgesprochen mit den Verbündeten Österreich, Bulgarien und der Türkei. Das deutsche Friedensangebot enthält keine konkreten Vorschläge über die Kriegsziele. Insgeheim einigen sich Österreich-Ungarn und Deutschland am 23. Dezember auf folgende Kriegsziele: Anerkennung des selbständigen Königreichs Polen, keine Rückgabe von Elsaß-Lothringen, Wiederherstellung Belgiens als souveräner Staat, Eintritt Luxemburgs als selbständiger Bundesstaat in das Deutsche Reich, Übergabe des Kongostaates als Kolonie an Deutschland.

Österreich verlangt die Angliederung Montenegros sowie Grenzkorrekturen an der rumänischen und serbischen Grenze.

Die Alliierten weisen das deutsche Friedensangebot am 30. Dezember zurück. In dem Antwortpapier heißt es, man lehne es ab, sich mit einem Vorschlag ohne Aufrichtigkeit und ohne Bedeutung zu befassen. Die Reichsregierung nutzt die alliierte Antwort, um den Friedenskräften im Reich entgegenzuhalten, daß nur die Alliierten die Fortsetzung des Krieges erzwängen.

Kriegspropaganda im I. Weltkrieg

»Pappi, was hast du im großen Krieg gemacht«, fragen Kinder ihren Vater auf diesem englischen Rekrutierungsplakat.

Mit Plakaten, Flugblättern und Zeitungsanzeigen versuchen die kriegführenden Regierungen, die Bevölkerung für ihre Ziele zu gewinnen und von bestimmten Notwendigkeiten zu überzeugen. Die Propaganda ruft zu persönlichen Opfern auf, zum Einsatz von Geld und Leben.

Um Hilfe für Verbündete wirbt ein österreichisches Plakat.

Ein französisches Kriegsanleihe-Plakat.

Ein Anschlag fordert moralische Unterstützung für die Flotte.

1917

JANUAR

Mo	Di	Mi	Do	Fr	Sa	So
1	2	3	4	5	6	7
8	9	10	11	12	13	14
15	16	17	18	19	20	21
22	23	24	25	26	27	28
29	30	31				

5. Island erhält von Dänemark eine beschränkte Selbstverwaltung.

9. Zar Nikolaus II. ernennt den Fürsten Golizyn als Nachfolger von Trepow zum neuen Ministerpräsidenten. →

14. Polnischer Staatsrat (provisorisches Parlament) wird eröffnet.

18. Der Duma-Präsident Rodzjanko fordert den Zaren auf, eine neue Regierung zu bilden. →

22. Deutsches U-Boot versenkt schwedischen Kohletransporter auf der Fahrt von England nach Schweden.

22. Friedensbotschaft des amerikanischen Präsidenten Wilson vor dem Senat.

25. Deutsches U-Boot versenkt den englischen Hilfskreuzer »Laurentic«. Für einen irrtümlich versenkten dänischen Dampfer zahlt die deutsche Regierung Schadenersatz.

29. Trotz des Vetos von Präsident Wilson tritt das Einwanderungsgesetz in Kraft. Es verlangt, daß alle Einwanderer über 16 Jahre mindestens zwischen 30 und 80 Wörter der englischen Sprache lesen können.

29. Uraufführung des expressionistischen Bühnenstücks von Georg Kaiser »Die Bürger von Calais« im Frankfurter Neuen Theater.

31. Otto Hahn und Lise Meitner entdecken das Protactinium, ein seltenes Element aus der Gruppe der Aktiniden.

GEBOREN:

5. Wieland Wagner († 17. 10. 1966), deutscher Opernregisseur.

5. Adolfo Consolini († 20. 12. 1969), italienischer Weltrekordler im Diskuswurf 1941, 1946 und 1948.

20. Bruno Heck, deutscher Politiker, Minister für Familie, Jugend und Wohnungsbau von 1962 bis 1968.

26. Edgar Barth († 20. 5. 1965), deutscher Autorennfahrer, dreimaliger Gewinner der Berg-Europameisterschaft.

GESTORBEN:

29. Evelyn Baring Earl of Cromer (* 26. 2. 1841), englischer Kolonialpolitiker, Regent Ägyptens 1883 bis 1907.

Unruhen in Rußland

3. Januar. Die wirtschaftliche Versorgung Rußlands ist trostlos. Die Truppen befinden sich an den Fronten auf dem Rückzug. Da der Zar an der Front den Oberbefehl ausübt, leitet die Zarin in Petrograd mit einer Hofkamarilla die Politik. Der französische Botschafter, Maurice Paléologue, charakterisiert in seinen Aufzeichnungen die russische Politik: »Die Zarin ist geistig zu wenig normal, um ein politisches System zu entwerfen . . . Der Minister des Inneren, Protopopow, wird von Zwangsvorstellungen verfolgt, und man wird ihn wohl sehr bald in ein Irrenhaus sperren müssen.« Der liberale Parteiführer Miljukow hat bereits in der November-Sitzung des Parlaments, der Duma, erklärt: »Die Unfähigkeit der Regierung grenzt an Landesverrat.«

Besorgt über die Verhältnisse in Rußland besucht im Januar eine alliierte Delegation Petrograd, um sich ein Bild über die Kriegsstärke Rußlands und Lage der Regierung zu machen. Nach dem Besuch schlagen die englische und französische Regierung dem Zaren vor, eine verantwortliche Regierung zu bilden, die das Vertrauen der Duma besitzt. Der Zar lehnt ab und ernennt statt dessen seinen Vertrauten, den Fürsten Golizyn, zum Ministerpräsidenten, der in der Duma keinen Rückhalt hat.

Duma-Präsident M. Rodzjanko.

Die katastrophale Versorgungslage in der Hauptstadt führt zu den ersten Streiks und Demonstrationen. Der Duma-Präsident Rodzjanko, ein Vertreter des russischen Großbürgertums, fordert den Zaren am 18. Januar ebenfalls auf, eine Regierung zu bilden, die das Vertrauen des Parlaments und des Volkes hat: »Bringen Sie es nicht dazu, daß das Volk zwischen ihnen und dem Vaterland wählen muß.« Der Monarch reagiert nicht, er verkennt die Gefahr. Die Westmächte lassen den Zaren fallen und hoffen auf eine politische Umwälzung, getragen von dem liberalen Gedankengut der Duma. Mit Wissen der westalliierten Botschafter Buchanan (England) und Paléologue (Frankreich) bereitet Rodzjanko den Sturz des Zaren vor.

Bekanntmachung

Gemäß § 9 der Verordnung über die Anmeldung des Speisefettbezuges vom 20. Dezember 1916 wird für den Bezirk der Fettstelle Groß Berlin bestimmt:

Die Wochenmenge an Butter und Margarine beträgt vom 29. Jan. 1917 ab

**für Butter 50 Gramm und
für Margarine 30 Gramm**

Berlin, den 24. Januar 1917.

Fettstelle Groß Berlin
Wermuth

24. Januar. Im vorletzten Kriegsjahr müssen die Lebensmittelmengen, speziell die knappen Fette, scharf rationiert werden. Nur noch 50 Gramm Butter und 30 Gramm Margarine stehen von Ende Januar an jedem Berliner pro Woche zu.

Deutschland bereit zu Bündnis mit Mexiko

16. Januar. Der deutsche Staatssekretär im Auswärtigen Amt, Arthur Zimmermann (Außenminister), sendet über die deutsche Botschaft in Mexiko ein verschlüsseltes Telegramm an die mexikanische Regierung. Für den Fall eines Krieges mit den USA ist Deutschland zu einem Bündnis mit Mexiko bereit. Deutschland verspricht seine Unterstützung, wenn Mexiko die ehemals mexikanischen Gebiete der USA, Arizona, Texas und Neu-Mexiko, zurückgewinnen will. Der Funkspruch wird von der britischen Marine abgefangen und entschlüsselt. Die Engländer geben den Text an die amerikanische Regierung weiter. Präsident Woodrow Wilson läßt den Zimmermann-Funkspruch am 1. April, einen Tag vor der Entscheidung über den Kriegseintritt der USA gegen Deutschland im Kongreß, in der Presse veröffentlichen. Der Mexiko-Handel der deutschen Regierung kommt nicht zustande, aber die antideutsche Stimmung in den Vereinigten Staaten wird angeheizt.

Friedensvorstöße mehren sich

22. Januar. Die Friedensvorschläge aller Regierungen weisen auf eine zunehmende Kriegsmüdigkeit in Europa hin. Aber der Weg zum Frieden ist aufgrund der Expansionsforderungen der kriegführenden Mächte versperrt. In seiner Jahresbotschaft an den amerikanischen Senat versucht der amerikanische Präsident Woodrow Wilson mit einem neuen Vorschlag die Friedensbestrebungen zu beleben. Er verlangt: »Zuerst muß der Krieg beendet werden.« Und zugleich als Warnung an die Adresse aller kriegführenden Mächte spricht er die Mahnung aus: »Ein Sieg würde einen Frieden bedeuten, der dem Verlierer aufgezwungen ist, würde die Bedingungen des Siegers bedeuten, die dem Unterlegenen aufgezwungen werden. Er würde nur mit einem Gefühl der Demütigung hingenommen werden, unter Härten, unter unerträglichen Opfern.«

FEBRUAR

Mo	Di	Mi	Do	Fr	Sa	So
			1	2	3	4
5	6	7	8	9	10	11
12	13	14	15	16	17	18
19	20	21	22	23	24	25
26	27	28				

1. Deutschland erklärt den unbeschränkten und warnungslosen U-Boot-Krieg auf alle feindlichen und neutralen Schiffe, die einen englischen Hafen anlaufen. →

3. Deutsches U-Boot versenkt das amerikanische Schiff »Housatonic« nach Warnung. Präsident Wilson bricht die diplomatischen Beziehungen zu Deutschland ab.

7. In London beginnen Verhandlungen zwischen den Zionisten (Chaim Weizmann) und der englischen Regierung über die Bereitstellung von Siedlungsgebiet für Juden in Palästina.

8. Die Erteilung eines Patents wird in Deutschland nicht mehr bekanntgegeben, wenn das Patent im Interesse der Kriegswirtschaft geheimgehalten werden soll.

17. Angesichts der Hungersnot wird zur Lebensmittelversorgung in Preußen ein Ministerium gebildet. Staatssekretär für Volksernährung wird der Geheimrat Georg Michaelis. →

20. Das Reich führt ein Fünf-Pfennig-Stück aus Aluminium ein. Die Kupfermünzen werden für Kriegszwecke eingezogen.

21. In den ersten drei Wochen des unbeschränkten U-Boot-Kriegs werden 134 alliierte und neutrale Schiffe versenkt. Im gleichen Zeitraum laufen aber 6075 Schiffe in englischen Häfen ein und aus.

22. Ein deutsches U-Boot versenkt sechs holländische Schiffe auf der Fahrt von England nach Holland.

22. Sozialdemokraten, Linksliberale und Nationalliberale fordern im Reichstag den Übergang zum parlamentarischen Regierungssystem.

23. Die USA entwickeln in Zusammenarbeit zwischen Bund und Einzelstaaten den Aufbau eines beruflichen Bildungswesens.

24. Deutsches U-Boot versenkt im Mittelmeer den britischen Truppentransporter »Dorothee«.

25. Im Berliner »Hotel Adlon« versammeln sich Industrielle und konservative Politiker. Sie fordern den Sturz des Kanzlers Bethmann Hollweg. →

GEBOREN:

16. Willi Weyer, deutscher Politiker und Präsident des Deutschen Sportbundes.

Uneingeschränkter U-Boot-Krieg

25. Februar Die Alliierten haben den Friedensvorschlag der deutschen Regierung abgelehnt. Die deutsche Presse kommentiert die Ablehnung mit der Bemerkung, daß der Weg zum Frieden jetzt nur noch über einen Sieg möglich sei. Die Oberste Heeresleitung fordert neue Anstrengungen, damit der Gegner 1917 endgültig geschlagen werden kann. Unter dem Motto »U-Boot-Krieg gegen Hunger-Krieg« wird der unbeschränkte U-Boot-Krieg legitimiert. Die deutschen U-Boote sollen alle feindlichen und neutralen Schiffe vor England versenken und um die Insel einen ebenso eisernen Ring legen, wie es die britischen Schlachtschiffe vor der deutschen Küste tun. Das Abschneiden von Lebensmittellieferungen und von Kriegsnachschub soll England zur Aufgabe zwingen. Dabei nimmt die Oberste Heeresleitung einen Konflikt mit den Vereinigten Staaten in Kauf. Die Reichsregierung ruft die Deutschen auf, eine 15-Milliarden-Anleihe zu zeichnen, um den U-Boot-Krieg zu finanzieren.

Die Politik des Reichskanzlers Theobald von Bethmann Hollweg ist gescheitert. Die bisherige Rücksichtnahme auf die USA hat sich für Friedensgespräche nicht ausgezahlt. Vielmehr haben die Amerikaner den Alliierten in immer größerem Ausmaß Kriegsmaterial geliefert und damit die deutsche Kriegsführung erschwert.

Industrielle, wie der Generaldirektor der Bayer-Werke, Carl Duisberg, Emil Kirdorf, Mitbegründer des Rheinisch-Westfälischen Kohlensyndikats, Berthold Körting, Inhaber der gleichnamigen Maschinenfabrik, und Politiker aus der Deutsch-Konservativen Partei und vom rechten Flügel der Nationalliberalen verhandeln am 25. Februar im Berliner »Hotel Adlon«. Sie verfassen eine Petition an den Reichstag, in der sie um die Entlassung des Reichskanzlers Bethmann Hollweg bitten. Als Nachfolger schlagen sie Paul von Hindenburg vor. Nach der Reichsverfassung hat der Reichstag aber kein Recht, sich mit der Besetzung des Postens des Reichskanzlers zu befassen. Der Vorstoß trägt dazu bei, daß die Opposition gegen Bethmann Hollweg im Reichstag wächst.

Den »Schiffsfriedhof der Entente« nennt ein zeitgenössischer Titel diese Karte. Jeder rote Punkt zeigt an, wo ein deutsches U-Boot ein Schiff der Alliierten versenkt hat. Der uneingeschränkte U-Boot-Krieg wirkt sich aus.

Kohlrübenwinter bringt Kälte und Hungersnot

17. Februar. Die Mißernte von 1916 führt zum Hungerwinter 1917. Mit Mühe wird im sogenannten »Kohlrübenwinter« eine Ernährungskatastrophe verhindert. Alle Lebensmittel sind scharf rationiert. Zu allem Überfluß herrscht im Februar sibirische Kälte im gesamten Reich. Die Temperaturen sinken auf 14 bis 16 Grad minus im Rheinland, in Berlin ist es noch kälter. Trotzdem steht pro Familie in der Woche nur ein Zentner Kohlen zur Verfügung. Warme Kleidung gibt es nicht zu kaufen. Neue Schuhe erhält der Bürger nur, wenn er alte zum Tausch einlöst.

Die öffentlichen Gebäude und die Schulen werden wegen der Kälte bis Ende März geschlossen. Geschäfte dürfen ihre Schaufenster nur bis abends sieben Uhr beleuchten; denn auch der elektrische Strom wird knapp, und die Stromsperrzeiten werden immer länger. Die Preise steigen sprunghaft: Ein Pfund Butter kostet in Bonn neun Mark (ein Jahr zuvor drei Mark). Die Versorgungsrationen werden gekürzt: Jede Woche erhält der Bürger drei Pfund Kartoffeln, ein Brot, 30 Gramm Butter, 75 Gramm Fleisch, und pro Monat gibt es ein Ei. Der Nachschub an Kohle bleibt aus, da die Flüsse zugefroren sind.

Demonstrationen in Petrograd

27. Februar. Die Hungersnot in der russischen Hauptstadt Petrograd treibt die Bevölkerung zu Demonstrationen, Plünderungen und Gewalttaten. Am 27. sollen Soldaten in Petrograd eingezogen werden. Dabei kommt es zu Zusammenstößen mit der Polizei. Demonstranten ziehen durch die Stadt, singen die Marseillaise und rufen in Sprechchören: »Nieder mit dem Krieg, nieder mit der Polizei!« Scheiben von Geschäften werden eingeschlagen, Polizisten werden von ihren Posten verjagt. Aus Sorge vor weiteren Unruhen werden die Geschäfte leergekauft. Am Abend des 27. gibt es in ganz Petrograd kein Brot mehr zu kaufen.

1917
MÄRZ

Mo	Di	Mi	Do	Fr	Sa	So
			1	2	3	4
5	6	7	8	9	10	11
12	13	14	15	16	17	18
19	20	21	22	23	24	25
26	27	28	29	30	31	

1. Die Türkei führt den Gregorianischen Kalender ein.

2. Der amerikanische Kongreß verabschiedet die »Organic Act« für Puerto Rico. Damit wird Puerto Rico amerikanisches Territorium und seine Bewohner amerikanische Staatsbürger.

10. Aufstand in Petrograd (Februarrevolution nach dem russischen Kalender). →

12. Amerikanische Handelsschiffe werden bewaffnet.

14. Ende des Einsatzes belgischer Zwangsarbeiter im Reich.

14. Abbruch der diplomatischen Beziehungen zwischen China und dem Deutschen Reich.

14. Bildung der provisorischen Regierung in Rußland unter dem Fürsten Gregorij Lwow. →

15. Zar Nikolaus II. dankt in Petrograd ab. →

16. Alliierter Luftangriff auf Frankfurt.

17. Ministerpräsident Briand tritt in Frankreich zurück. Nachfolger wird Alexandre Ribot.

20. Die provisorische russische Regierung verfügt die Gefangennahme des Zaren und seiner Familie.

23. Die deutsche Regierung ist bereit, Lenin und 32 russischen Revolutionären zur Rückkehr nach Rußland bei der Fahrt durch Deutschland freies Geleit zu gewähren.

28. Das preußische Herrenhaus lehnt ein demokratisches Wahlrecht für Preußen ab.

31. Die provisorische russische Regierung erklärt die Todesstrafe für abgeschafft.

GEBOREN:

17. Carlo Cassola, italienischer Schriftsteller.

GESTORBEN:

8. Ferdinand Graf von Zeppelin (* 8. 7. 1838), deutscher Erfinder des Luftschiffs.

17. Franz Brentano (* 16. 1. 1838), deutscher Philosoph.

28. Albert P. Ryder (* 19. 3. 1847), nordamerikanischer Maler.

31. Emil von Behring (* 15. 3. 1854), deutscher Bakteriologe, Nobelpreis 1901. →

Graf Zeppelin stirbt

8. März. Ferdinand Graf von Zeppelin stirbt im Alter von 78 Jahren in Berlin. Mit seinem Namen verbindet sich die Geschichte des Luftschiffes. Seit mehr als 40 Jahren – seit 1874 – hat er sich seinem Lebenswerk, lenkbare Starr-Luftschiffe zu bauen, gewidmet. In Friedrichshafen baut er mit eigenem Kapital das erste Luftschiff. Am 2. Juli 1900 ist der erste Zeppelin startklar. Der Prototyp besitzt bereits die typische Form aller späteren Zeppeline: schlanke Form, im Inneren ein Aluminium-Gerippe und Aufteilung des Innenraums in mehrere Gaszellen.

Im Ersten Weltkrieg lernen die Bewohner von Paris, Dünkirchen und London den Zeppelin fürchten. Vom 19. Januar 1915 bis zum 5. August 1918 unternehmen die Zeppeline 51 Luftangriffe auf englische Städte. Dabei werden 557 Menschen getötet.

Im März befindet sich das Riesenluftschiff »LZ 70« im Bau. Es wird 225 Meter lang, kann eine Höhe

Ferdinand Graf von Zeppelin †.

von 5000 Metern erreichen. Der Spritvorrat für die Motoren reicht für 12 000 Kilometer. Mit diesem Luftschiff plant der Luftschiff-Fregattenkapitän Peter Strasser nach der amerikanischen Kriegserklärung sogar einen Angriff auf New York. Doch vorher wird »LZ 70« bei einem Angriff über England völlig zerstört.

Karls Friedensplan

23. März. Kaiser Karl I. von Österreich wendet sich an den französischen Staatspräsidenten Raymond Poincaré und macht ihm einen Friedensvorschlag. Er bedient sich dazu der Vermittlung seines Schwagers, des Prinzen Sixtus von Bourbon, der in belgischem Militärdienst steht. Unter strenger Geheimhaltung sucht Sixtus den Kaiser auf. Am Ende der Besprechung überreicht Karl dem Verwandten ein Schreiben an den französischen Staatspräsidenten. Kaiser Karl läßt in seinem Schreiben erkennen, daß er den deutschen Bundesgenossen zur Wiederherstellung der Unabhängigkeit Belgiens und der Rückgabe Elsaß-Lothringens an Frankreich bewegen könne.

Poincaré sieht in dem Brief ein Anzeichen dafür, daß die Allianz der Mittelmächte zerbricht. Er bietet Österreich einen Sonderfrieden an unter der Bedingung, daß Österreich mit Gebietsabtretungen an Rumänien und Italien einverstanden ist. Jetzt lehnt Österreich ab.

Entdecker des Tetanus-Serums †

31. März. In Marburg stirbt der Bakteriologe Emil von Behring. Er hat das Serum gegen Tetanus und Diphtherie gefunden. Für die Entdeckung des Diphtherieserums (1899) erhielt er 1901 den Nobelpreis für Medizin. Der Wirkstoff gegen Tetanus zeigt sich gerade bei der Behandlung von Kriegsverletzungen als ungeheuer wichtig.

Ledermuseum wird gegründet

13. März. Der Architekt und Lehrer an den Technischen Lehranstalten in Offenbach, Hugo Eberhardt, gründet das erste und einzige Ledermuseum. 1917 ist der Werkstoff Leder wegen seiner Knappheit besonders begehrt. Wer zum Beispiel ein Paar neue Schuhe kauft, muß die alten zur Wiederverwendung in Zahlung geben.

Februarrevolution – Zar dankt ab

10. März. Regierung und Polizei sichern in Petrograd weder die Lebensmittelversorgung noch die öffentliche Ordnung. Streiks, Demonstrationen und bewaffnete Auseinandersetzungen greifen auf andere Großstädte des Reiches über. Zar Nikolaus II. vertagt die Sitzung der Reichsduma. Darauf streiken in Petrograd 200 000 Arbeiter. Am 11. befiehlt der Zar den Einsatz von Militär zur Niederschlagung des Streiks. Die Soldaten weigern sich und verbrüdern sich mit den Aufständischen. Arbeiter und Soldaten ziehen in Demonstrationszügen durch die Hauptstadt. Der Duma-Präsident Rodzjanko fordert am 12. März vom Zaren: »Geben Sie den Befehl und berufen Sie die gesetzgebende Kammer wieder. Die Stunde, die Ihr Schicksal und das des Vaterlandes entscheiden wird, hat geschlagen. Morgen kann es bereits zu spät sein.« Der Zar gibt nicht nach. Daraufhin versammelt sich die Duma selbständig und erklärt: »Die Reichsduma wird nicht auseinandergehen.« Die Duma übernimmt ohne Zustimmung des Zaren die Regierungsgewalt. Bürgerliche, liberale und sozialistische Abgeordnete der Duma bilden das Vollzugskomitee.

Die Betriebe und Garnisonen in Petrograd und Moskau wählen Sowjets (Räte). Die Petrograder

Aufständische Armee-Einheiten marschieren durch die Straßen Petrograds.

Sowjets schließen sich auf Stadtebene zusammen und bilden ihrerseits eine revolutionäre Stadtverwaltung.

Dem Zaren im Hauptquartier in Pleskau sind die Hände gebunden. In der Hauptstadt meutern die Truppen. An der gesamten Front droht der Zusammenbruch. Die Nachricht vom Aufstand in Petrograd ist in der Armee freudig begrüßt worden. Der Zar ernennt am 14. März den liberalen Fürsten Gregorij Lwow zum Ministerpräsidenten und dankt einen Tag später

zugunsten seines Bruders Michail ab. Großfürst Michail sieht keine Möglichkeit mehr, die Ordnung wiederherzustellen und verzichtet auf den Thron.

Die Herrschaft liegt beim Vollzugskomitee der Duma. Duma-Präsident Rodzjanko und Ministerpräsident Lwow geben noch am 16. März eine Ministerliste bekannt und verfügen eine Amnestie aller politischen Vergehen, Presse- und Versammlungsfreiheit, die Abschaffung der Standesunterschiede.

Die Reaktion in Deutschland: Am

4. April schreibt der Generaldirektor der HAPAG, Albert Ballin, an den Chef des Zivilkabinetts des Kaisers, Rudolf von Valentini: »Man sagt mir zwar, im Zeitalter des Maschinengewehrs gebe es keine Revolution. Ich glaube nicht daran, ich glaube es noch weniger, seit wir die Ereignisse in Petrograd kennen. Daß das regierende Haus, und noch dazu in Rußland, so sangund klanglos, ohne daß ein Großfürst oder ein Soldat die Hand aufhebt, verschwindet, gibt doch viel zu denken.«

Eine offizielle Aufnahme der Zarenfamilie.

Die Abdankungsurkunde Nikolaus' I.

Massenstreiks im Reich

16. April. Die Nachricht von den Ereignissen in Rußland, die katastrophale Versorgungslage, die Verkürzung der Brotrationen führen zu Massenstreiks in Berlin, Leipzig, Magdeburg, Kiel, Hamburg, Bremen und Nürnberg.

In Berlin erfaßt der Ausstand 319 Betriebe. 217 420 der rund 270 000 Arbeiter folgen in der Reichshauptstadt dem Streikaufruf. In Leipzig werden – dem russischen Beispiel folgend – in den Betrieben Arbeiterräte gebildet. Die Leipziger Arbeiterräte fordern in einer gemeinsamen Resolution von der Regierung bessere Lebensmittelversorgung, das sofortige Eintreten für einen Frieden ohne Annexionen, die Aufhebung aller Freiheitsbeschränkungen, das freie, geheime, gleiche und direkte Wahlrecht im Reich und in den Ländern. Die Gewerkschaften widersetzen sich dem Streik. Ohne gewerkschaftliche Organisation bricht der Ausstand nach Androhung des Kriegsrechtes durch die Regierung zusammen. Der Chef des Kriegsamtes, Generalleutnant Wilhelm Groener, verkündet am 27. April in einem Aufruf an die Rüstungsarbeiter, den alle Zeitungen veröffentlichen: »Eine unsühn-

bare Schuld nimmt derjenige auf sich, der in der Heimat feiert, statt zu arbeiten. Für Eure Schuld müssen unsere Feldgrauen bluten. Ein Hundsfott, wer streikt, solange unsere Heere vor dem Feind stehen.«

In einem Flugblatt, das seit dem 7. April in den Fabriken Berlins verteilt wird, ruft der Spartakusbund, eine am 1. Januar 1916 gegründete revolutionäre Vereinigung, mit Hinweis auf die russischen Ereignisse zum Streik auf.

Bekanntmachung.

3000 Mark
Belohnung!

Von unbekannter Seite wird ein Flugblatt mit der Ueberschrift

Die Lehren des großen Massenstreiks

das zur Arbeitsniederlegung am 1. Mai 1917 auffordert, ohne Angabe des Druckers und Verlegers verbreitet.

Selbstverständliche Pflicht jedes Deutschen ist es, zur Entlarvung der Landesverräter, die hinter diesem Erzeugnisse stehen, beizutragen.

Wer den Verfasser oder Hersteller des Flugblattes zur Strafverfolgung bringt, erhält obige Belohnung. Einen angemessenen Teil der Belohnung erhält ferner jeder, der den oder die Verbreiter des Flugblattes zur Strafverfolgung bringt.

Berlin, den 30. April 1917.

Oberkommando in den Marken.

3000 Mark werden auf die Ergreifung der Flugblattautoren ausgesetzt.

US-Kongreß für Krieg

2. April. Präsident Woodrow Wilson ruft beide Häuser des Kongresses zur Entscheidung über den Krieg gegen Deutschland zusammen. In seiner Botschaft hebt der Präsident hervor: »Unser Ziel ist es, jetzt wie damals die Grundsätze des Friedens und der Gerechtigkeit im Leben der Welt gegen Selbstsüchtige und autokratische Macht zu verteidigen . . . Die Welt muß für die Demokratie sichergemacht werden.« In der Entwicklung zur Demokratie hebt er die Ereignisse in Rußland hervor: »Fühlte da nicht jeder Amerikaner die Hoffnung auf einen dauerhaften Frieden bestätigt, als er die wunderbaren und ermutigenden Nachrichten aus Rußland vernahm. Das russische Volk ist in seiner vollen Souveränität und Macht zu den Völkern hinzugetreten, die für Freiheit, für Gerechtigkeit und für Frieden kämpfen. Es wird ein guter Partner im Bund der Ehre sein.«

Bei der Abstimmung sprechen sich 82 Senatoren für und 8 gegen den Krieg aus.

Präsident Wilson vor dem Kongreß.

Industrie sucht Ersatzstoffe

Die gesamte Wirtschaft produziert für den Krieg. Für den privaten Verbrauch werden nur noch in geringem Maße Konzessionen erteilt. Die Geschäfte führen keine Lederwaren, Kleider oder andere Gebrauchsgüter des Alltags mehr. Selbst Schuhe und Strümpfe fehlen. Mit Frühjahrsbeginn laufen die Kinder vielfach barfuß umher. Industriearbeiter erhalten eine Zuteilung Holzschuhe, und mit Holzsohlen versuchen Schuster, defekte Schuhe zu flicken. Bindfäden werden aus Zellulose hergestellt. Statt Glasbecher kann der Bürger, wenn er Glück hat, Pappdosen kaufen. Und eine Waschpasta wird in den Anzeigen der »Frankfurter Zeitung« als idealer Seifenersatz angepriesen. Ein Erfurter Betrieb, »Die Strumpfmühle«, erwirbt ein Patent zur Herstellung von Strümpfen aus abgelegten Wollsachen und Lumpen.

Lenin in Petrograd

Ankunft Lenins in Petrograd, wie Leningrad von 1914 bis 1924 heißt (nach dem zeitgenössischen Gemälde eines unbekannten russischen Künstlers).

10. April. Die deutschen Botschafter Gisbert Freiherr von Romberg in Bern und Ulrich Graf von Brockdorff-Rantzau in Kopenhagen haben seit Kriegsbeginn Kontakte zu sozialistischen russischen Emigranten in den neutralen Ländern Europas. Romberg meldet am 23. März aus Bern an den deutschen Außenminister Arthur Zimmermann, daß Lenin und andere russische Revolutionäre in der Schweiz nach Ausbruch der Revolution zur Rückkehr drängen und den Weg über Deutschland zu nehmen wünschen. Aus Kopenhagen meldet Brockdorff-Rantzau, daß Lenin, der Führer der radikalen Maximalisten oder Bolschewisten, mit Unterstützung seiner Anhänger sofort Druck auf die russische Regierung zum Abschluß eines Friedens mit Deutschland ausüben werde.

Außenminister Zimmermann informiert den Kanzler. Theobald von Bethmann Hollweg stimmt zu, den russischen Revolutionären freies Geleit für die Durchreise durch Deutschland zu gewähren. Die Reichsregierung sieht darüber hinaus finanzielle Unterstützung für die Maximalisten vor, wenn sie im Sinne Deutschlands den Abschluß eines Friedensvertrages vorbereiten.

Lenin reist am 10. April in einem plombierten Eisenbahnwagen durch Deutschland und kehrt über Stockholm am 16. nach Petrograd zurück. Über seine Ankunft am Finnischen Bahnhof in Petrograd schreibt die »Prawda« vom 16. April: »Auf der Straße, auf einem Panzerauto stehend, begrüßte Genosse Lenin das revolutionäre russische Proletariat und die revolutionäre russische Armee, die nicht nur Rußland vom zaristischen Despotismus zu befreien vermocht hätten, sondern zugleich den Anfang für eine sozialistische Revolution im internationalen Maßstab gemacht hätten.«

Chefredakteur der »Prawda«, der Zeitung der Bolschewisten, ist Josef Dschugaschwili (Stalin), der selbst erst am 25. März aus der sibirischen Verbannung in die Hauptstadt zurückgekehrt ist.

Aus New York ruft der Sozialist Leo Trotzki Anfang April zum Sturz der Provisorischen Regierung und zur Übernahme der Macht durch die Sowjets auf. Mit seiner Familie verläßt er New York in den ersten Apriltagen, um mit dem Schiff nach Rußland zurückzukehren. Bei einem Zwischenaufenthalt in Halifax (Kanada) verhaften ihn die britischen Behörden. Aber auf Geheiß der provisorischen russischen Regierung lassen die Engländer Trotzki wieder frei. Er erreicht Mitte Mai Petrograd.

1917
MAI

Mo	Di	Mi	Do	Fr	Sa	So
	1	2	3	4	5	6
7	8	9	10	11	12	13
14	15	16	17	18	19	20
21	22	23	24	25	26	27
28	29	30	31			

1. Polnischer Staatsrat fordert von Deutschland und Österreich die Zustimmung zur Bildung einer polnischen Regierung.

6. Französische Somme-Offensive endet mit einem Geländegewinn von sechs Kilometern auf einer 20 Kilometer langen Linie.

7. Deutscher Fliegerangriff auf London.

8. Meutereien in der französischen Armee. →

12. Uraufführung des Balletts von Béla Bartók »Der holzgeschnitzte Prinz« in Budapest.

14. Beginn der zehnten Offensive der Italiener am Isonzo. Die italienische Armee kann den Isonzo überschreiten.

15. Deutschland erlaubt 250 russischen Emigranten die Durchreise zur Rückkehr nach Rußland.

15. Der SPD-Abgeordnete Philipp Scheidemann warnt die Reichsregierung davor, daß sie »die Revolution im Lande haben werde«, wenn sie im Kriege weiterhin Eroberungsziele verfolge.

18. Wehrerfassung in den USA: Von den 24 Millionen Männern im Alter von 18 bis 45 Jahren werden drei Millionen zum Wehrdienst einberufen.

18. Umbildung der provisorischen russischen Regierung. Der Sozialist Kerenski wird Kriegsminister.

28. Der russische Bauernkongreß bekennt sich zur Errichtung einer föderativen demokratischen Republik in Rußland.

31. Franz Fischer (Kaiser-Wilhelm-Institut) stellt mit dem Verfahren der Tieftemperaturverkokung Steinkohlenparaffin und Steinkohlenbenzin her.

GEBOREN:

3. Albrecht Fleckenstein, deutscher Physiologe.

26. Paul Alfons Fürst Metternich, Präsident des Automobilclubs von Deutschland (seit 1960), seit 1975 Präsident der internationalen Föderation des Automobilsports.

29. John F. Kennedy († 22. 11. 1963), amerikanischer Präsident von 1961–1963 (Opfer eines Attentats).

GESTORBEN:

29. Carl Yngve Sahlin (* 4. 3. 1824), schwedischer Philosoph.

Offensive der Franzosen gescheitert

8. Mai. Mit einem Überraschungsschlag hofft die französische Kriegsführung die Deutschen an der Somme überrumpeln zu können. Doch die Deutschen erfahren von den französischen Offensivplänen und ziehen ihre Truppen heimlich zurück. Französisches Trommelfeuer schlägt somit in verlassene deutsche Stellungen ein. Bei der folgenden Offensive stoßen die Franzosen ins Leere vor. Als sie schließlich auf die stark befestigte deutsche Verteidigungslinie treffen, ist ihr Pulver verschossen, und die Deutschen unternehmen einen für die Franzosen verlustreichen Gegenschlag. Anfang Mai verschanzen sich beide Armeen wieder.

Auf französischer Seite ist die Verpflegung schlecht, die ärztliche Versorgung spottet jeder Beschreibung. Am 7. Mai weigern sich französische Einheiten, in ihre Stellungen zu gehen. An einigen Stellen verbrüdern sich französische Soldaten mit den Deutschen, andere Bataillone wollen gegen die eigene Hauptstadt marschieren. Insgesamt bricht in 16 Armeekorps, das sind 45 Divisionen, der Aufruhr aus. Zwischen Soissons und Paris stehen ganze zwei verläßliche Divisionen. Der französische Staatspräsident Raymond Poincaré löst Georges Nivelle im Oberkommando ab und ersetzt ihn durch Henri Philippe Pétain. Ein Jahr zuvor hatte Nivelle den damals glücklosen Pétain vor Verdun abgelöst. Pétain greift mit drakonischen Maßnahmen durch. Die Meuterer kommen vor ein Kriegsgericht. Das Kriegsgericht verhängt 412 Todesurteile.

Britische Soldaten mit Gasmasken.

1917

JUNI

Mo	Di	Mi	Do	Fr	Sa	So
				1	2	3
4	5	6	7	8	9	10
11	12	13	14	15	16	17
18	19	20	21	22	23	24
25	26	27	28	29	30	

1. Die Vereinigten Staaten gewinnen Helium aus dem Erdgas und verwenden es als Ersatz von Wasserstoff in Luftschiffen.

4. Französischer Fliegerangriff auf Trier.

5. Die Italiener schließen die zehnte Isonzo-Schlacht nach 19 Tagen erfolglos ab.

5. Französische Nationalversammlung fordert die Rückgabe von Elsaß-Lothringen.

7. Beginn der Schlacht in Flandern: englische Panzer-Offensive.

12. König Konstantin von Griechenland dankt unter dem Druck der Alliierten ab. Venizelos kehrt als Ministerpräsident nach Athen zurück und erklärt Deutschland, Österreich, Bulgarien und der Türkei den Krieg.

15. Der Espionage Act sieht in den Vereinigten Staaten strenge Strafen für diejenigen vor, die die Kriegsanstrengungen der USA hemmen oder dem Feind helfen. →

16. In Norddeutschland treten Pockenerkrankungen auf. Die Ärzte registrieren rund 2000 Fälle. Mehr als 200 Patienten sterben. Massenimpfungen werden durchgeführt.

19. Das englische Unterhaus stimmt dem Frauenstimmrecht zu. In Zukunft dürfen Frauen vom 30. Lebensjahr an wählen.

25. Eröffnung des ersten allrussischen Sowjetkongresses: Lenin fordert die Diktatur des Proletariats. →

26. Die ersten amerikanischen Truppen landen in St-Nazaire (Frankreich).

28. Die SPD fordert vom Reichskanzler das Bekenntnis zu einem Frieden ohne Annexionen.

GEBOREN:

19. Käthe Grasegger, deutsche Silbermedaillengewinnerin in der alpinen Kombination 1936.

25. Nils Karlsson, schwedischer Olympiasieger im 50-Kilometer-Skilanglauf im Jahre 1948.

GESTORBEN:

26. Dragutin Dimitrijević (* 17. 8. 1876), serbischer Geheimdienstchef (hingerichtet). →

27. Gustav Schmoller (* 24. 6. 1838), deutscher Volkswirtschaftslehrer.

Amerika erhöht Kriegsausgaben

15. Juni. In rascher Folge beschließt der amerikanische Kongreß ein Gesetz nach dem anderen zur Finanzierung des Krieges. 50 Millionen Dollar stehen zum Kauf und Bau von Schiffsraum zur Verfügung, um Soldaten und Kriegsmaterial nach Europa zu transportieren. Die Kriegsausgaben erhalten unbedingten Vorrang vor jeder anderen Ausgabe. Bis zum Kriegsende geben die USA 33,5 Milliarden Dollar für Kriegszwecke aus. 10,3 Milliarden fließen allein als Anleihe an die Verbündeten, die mit diesem Geld in den USA Lebensmittel und Rohstoffe einkaufen. Der amerikanische Finanzminister bringt ein Drittel des Geldes durch eine kräftige Steuererhöhung auf, der Rest wird durch Anleihen finanziert.

Millionen Dollar werden für die Kriegspropaganda ausgegeben. Präsident Woodrow Wilson bildet ein Committee on Public Information, das 15 000 Schriftsteller, Redner, Schauspieler und Künstler engagiert, die im Auftrag der Regierung für den Krieg werben. Ein Propagandafeldzug erfaßt das Land. »Vier-Minuten-Reden« in jeder Versammlung, Schriften in Millionenauflage und Filme feiern die USA, die der Welt die Segnungen der Demokratie bringen, und verdammen die Deutschen als Barbaren und Hunnen.

Am 15. Juni verabschiedet der Kongreß den Espionage Act. Jeder ist jetzt verdächtig, der Gutes über Deutsche sagt. Spionage und Sabotage werden mit Gefängnisstrafen bis zu 20 Jahren geahndet.

Auch die Sprache entgeht dem Feldzug gegen Deutschland nicht. »Hamburger« und »Sauerkraut« werden zu »liberty sausage« und »liberty cabbage«. In Minnesota lyncht ein Bürgerkomitee einen Geistlichen, der am Sterbebett einer nur deutsch verstehenden Frau ein deutsches Gebet spricht.

General John J. Pershing bereitet die Armee zum Kampf gegen die Deutschen vor. Bevor überhaupt die Hauptmacht der amerikanischen Armee in Europa ist, feiert der Film ihn bereits als »Kreuzritter«.

ONLY THE NAVY CAN STOP THIS

Amerikanisches Propagandaplakat.

Die ersten US-Truppen paradieren in England vor General Pershing.

Attentäter verurteilt

26. Juni. Das Todesurteil gegen den Generalstabsobersten Dragutin Dimitrijević wird vollstreckt. Die serbische Exilregierung hat ihn und fünf weitere Offiziere in Saloniki wegen Geheimbündelei, Vorbereitung eines Umsturzes und eines Attentats auf den Prinzregenten Alexander angeklagt. Der Prozeß dauert drei Monate und endet am 18. Juni mit dem Todesurteil für Dimitrijević. Die Hinrichtung des Obersten beendet eine Jahrzehnte dauernde Fehde zwischen Dimitrijević, der zugleich Anführer der Geheimorganisation »Schwarze Hand« ist, und dem serbischen Ministerpräsidenten Nicola Pašić. Pašić will die Ausdehnung Serbiens möglichst gewaltlos erreichen. Vor Mord hat Dimitrijević nie

zurückgeschreckt. Am 10. Juni 1903 gehört er zur Verschwörergruppe, die den serbischen König Alexander Obrenović und seine Familie im Belgrader Königspalast ermordet. Im Juni 1914 bereitet Dimitrijević den Mord an dem österreichischen Thronfolger Franz Ferdinand maßgeblich vor. Drei Jahre, fast auf den Tag genau, nach dem Attentat von Sarajevo stirbt Dimitrijević unter den Schüssen des Exekutionskommandos. Das Attentat, dessen er im Prozeß 1917 bezichtigt wird, hat allerdings niemals stattgefunden. 1953 wird Dimitrijević posthum in einem Wiederaufnahmeverfahren in Belgrad freigesprochen. Für die Attentate von 1903 und 1914 ist der Geheimdienstchef jedoch verantwortlich.

Sowjetkongreß tritt zusammen

25. Juni. Die Popularität der Provisorischen Regierung in Rußland schwindet. Sie kann die Hungersnot in der Hauptstadt nicht lindern und kommt dem Wunsch der Massen nach einem baldigen Friedensschluß nicht nach. Die Bolschewisten haben der Provisorischen Regierung den Kampf angesagt. Sie erhalten immer mehr Zulauf.

Am 25. Juni wird der erste Sowjetkongreß eröffnet. Vertreter der Sowjets aus den Städten des Landes versammeln sich, um über die politische Zukunft zu beraten. Sozialrevolutionäre und gemäßigte Sozialisten (Menschewiki) haben mit 533 gegenüber den 105 radikalen bolschewistischen Delegierten die klare Mehrheit.

JULI

Mo	Di	Mi	Do	Fr	Sa	So
						1
2	3	4	5	6	7	8
9	10	11	12	13	14	15
16	17	18	19	20	21	22
23	24	25	26	27	28	29
30	31					

1. Kurzzeitige Wiederherstellung der Monarchie in China. →

2. Josef Pilsudski tritt aus dem polnischen Staatsrat aus. Er protestiert gegen die Gängelung des Organs durch die deutsche und österreichische Militärregierung. Die Deutschen nehmen Pilsudski daraufhin gefangen.

7. Alliierter Fliegerangriff auf das rheinisch-westfälische Industriegebiet.

11. Kaiser Wilhelm befiehlt die Einführung des gleichen und direkten Wahlrechts in Preußen.

12. Der Kronprinz verhandelt mit den Reichstagsparteien über einen Kanzlerwechsel. →

12. Hindenburg und Ludendorff fordern vom Kaiser die Entlassung Bethmann Hollwegs. →

14. Reichskanzler Bethmann Hollweg tritt zurück. Nachfolger wird Georg Michaelis. →

14. Finnland erklärt seine Selbständigkeit.

16. Putsch der Bolschewisten in Rußland.

17. Der deutsche Bundesrat beschließt die Konzessionsvergabe zur Einrichtung von Kinos.

19. Deutscher Reichstag nimmt mit 212 gegen 126 Stimmen eine Resolution für einen Verständigungsfrieden an.

20. Ein bolschewistischer Putsch wird von der Provisorischen Regierung niedergeschlagen. Lenin flieht nach Finnland.

20. Der deutsche Reichstag bewilligt gegen die Stimmen der USPD einen neuen Kriegskredit in Höhe von 15 Milliarden Mark.

21. Neubildung der provisorischen russischen Regierung: Kerenski wird Ministerpräsident.

21. Der serbische Ministerpräsident Pašić veröffentlicht einen Plan für eine Vereinigung der Serben, Kroaten und Slowenen in einer serbischen Monarchie.

23. Lloyd George erklärt: Mit dem deutschen Volk ist ein Friede möglich, nicht aber mit seiner autoritären Führung.

31. Englische Großoffensive bei Ypern und Langemarck (Flandern-Schlacht). →

GESTORBEN:

27. Emil Theodor Kocher (* 25. 8. 1841), Schweizer Chirurg, Nobelpreis 1909.

Bethmann Hollweg tritt zurück

14. Juli. Reichskanzler Theobald von Bethmann Hollweg unterbreitet dem Kaiser sein Abschiedsgesuch. Der Monarch, von dem in den vergangenen Tagen und Wochen von den verschiedensten Seiten wiederholt die Ablösung des Kanzlers gefordert worden ist, akzeptiert. Vor allem im Juli hat sich der Druck auf den Kaiser verstärkt.

Am 5. Juli gibt der Zentrumsabgeordnete Matthias Erzberger, seit 1914 Leiter der deutschen Auslandspropaganda, im Hauptausschuß des Reichstages einen ungeschminkten Bericht über die wahre Kriegslage. Erzbergers Erklärung löst Panik aus. Die Führer der Nationalliberalen, des Zentrums, der Fortschrittlichen Volkspartei und der Mehrheitssozialisten schließen sich zu Beratungen zusammen und kommen zu dem Entschluß, dem Reichstag eine Friedensresolution vorzulegen. Wenn der Kanzler sich dagegen wehrt, wollen die vier Parteien seinen Rücktritt fordern.

Die Oberste Heeresleitung wird vom Vorhaben der Parteien informiert. Die Militärs sehen eine günstige Gelegenheit, sich des Kanzlers zu entledigen, der ihnen in der Frage des unbeschränkten U-Boot-Krieges Widerstand geleistet hat. Der Kanzler versucht zu vermitteln. Auf seinen Rat unterschreibt der Kaiser einen Erlaß zur Abschaffung des Dreiklassenwahlrechts in Preußen. Damit ruft Bethmann Hollweg

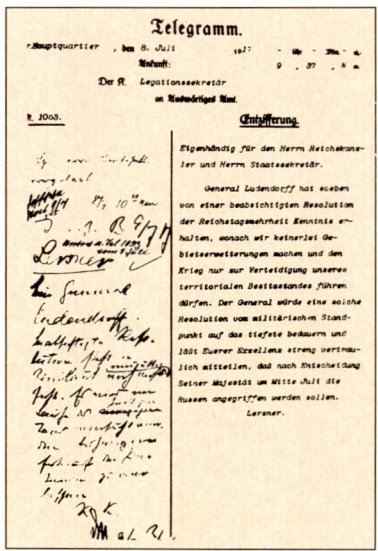

Mit diesem Telegramm reagiert Ludendorff auf die Reichstagsresolution.

bei den Nationalliberalen Unmut hervor, während die Sozialdemokraten sich zufrieden zeigen. Die Nationalliberalen distanzieren sich mittlerweile von den Friedensplänen Erzbergers, wollen aber auf jeden Fall den Sturz des Kanzlers. Sozialdemokraten, Zentrum und die Fortschrittliche Volkspartei bestehen auf der Behandlung einer Friedensresolution im Reichstag, die einen Frieden ohne Annexionen vorsieht.

Der Chef der Obersten Heeresleitung, Paul von Hindenburg, und General Erich Ludendorff, lassen am 11. Juli die Parteien wissen, daß sie ihren Rücktritt einreichen wollen, wenn Bethmann Hollweg Kanzler bleibt. Solange der Krieg dauert, kann der Kaiser auf Hindenburg und Ludendorff nicht verzichten. In einem Gespräch mit dem Kronprinzen plädieren am 12. Juli alle vier Parteien für die Ablösung des Kanzlers. Gleichzeitig bringen sie im Reichstag die Friedensresolution ein, in der es heißt: »Der Reichstag erstrebt einen Frieden der Verständigung und der dauernden Versöhnung mit den Völkern. Mit einem solchen Frieden sind erzwungene Gebietserweiterungen und politische, wirtschaftliche oder finanzielle Vergewaltigungen unvereinbar.« Bethmann Hollweg erklärt in einem Vortrag beim Kaiser, daß die Reichsregierung sich auf diese Resolution nicht festlegen kann, weil sie dann jeden Verhandlungsspielraum in kommenden Friedensverhandlungen verliert.

Auch die Oberste Heeresleitung lehnt die Friedensresolution ab. In einem Telegramm, das am 12. um 18.30 Uhr bei Hof eingeht, bittet sie den Kaiser, er möge der Reichsregierung nachdrücklich auftragen, diese Resolution zu verhindern. Kurz darauf geht das zweite Telegramm von Hindenburg und Ludendorff aus dem Hauptquartier der Obersten Heeresleitung ein: Sie ersuchen um ihren Abschied, wenn der Kanzler nicht abgelöst wird. Am 14. Juli tritt Bethmann Hollweg von seinem Amt zurück.

16. Juli. Die Unzufriedenheit der Radikalen mit der Regierung in Rußland führt in Petrograd zu einer Revolte, die von Regierungstruppen niedergeschlagen wird. Das Bild zeigt fliehende Demonstranten auf dem Newskij-Prospekt.

Flandernschlacht steckt im Schlamm

31. Juli. Der englische General Douglas Haig beginnt mit Unterstützung von Panzern, Flugzeugbomben und riesigem Materialaufwand die zweite Flandernschlacht. Der Dauerregen und die Zerstörung der Entwässerungsgräben verwandeln die Schlachtfelder nach wenigen Tagen in eine riesige graue Schlammwüste. Der Bau von Schützengräben ist nicht mehr möglich. Dort, wo mit Schalholz die Konstruktion noch gelingt, laufen die Gräben voll Wasser. In dem Inferno des Trommelfeuers gibt es kaum Deckung. Die Deutschen versuchen es mit Betonblöcken. Im weiteren Fortgang der Schlacht wird der Schlamm aber für die Deutschen zum Bundesgenossen. Sie weichen einige Kilometer zurück, die nachrückenden Engländer bleiben ohne Nachschub, weil der im Schlamm stecken bleibt. Die Schlacht muß abgebrochen werden. In drei Monaten Kampf im Schlamm fallen 245 000 englische Soldaten und rund 200 000 deutsche. Der Geländegewinn der Engländer beträgt zehn Kilometer.

Elfjähriger wird Kaiser von China

1. Juli. Der elfjährige Pu-Yi wird zum zweiten Male Kaiser von China. 1909 haben ihn nach der Ermordung Kaiser Kuang-hsüs die Generale auf den Thron gehoben. Im Alter von drei Jahren ist er Kaiser. 1911 stürzt ihn der Revolutionsgeneral Sun Yat-sen. Am 1. Juli 1917 verjagt der Militärgouverneur der Provinz Anwhei, Chang Hsün, den Präsidenten Li in Peking. Er läßt den Knaben Pu-Yi erneut krönen. Doch das Kaiserreich überlebt keine zwei Wochen. Mit Hilfe von fünf Provinzgouverneuren verjagt der ehemalige Ministerpräsident Tuan den selbsternannten Regierungschef Chang sowie den Kaiser und ruft die Republik erneut aus. Sun Yat-sen, der 1911 die Mandschu-Dynastie gestürzt hat und kurze Zeit Präsident Chinas war, kehrt zurück und gründet in Kanton eine Gegenregierung. Aber Tuan setzt sich endgültig durch und zwingt Sun Yat-sen zum Aufgeben.

1917
AUGUST

Mo	Di	Mi	Do	Fr	Sa	So
			1	2	3	4	5
6	7	8	9	10	11	12
13	14	15	16	17	18	19
20	21	22	23	24	25	26
27	28	29	30	31		

1. Friedensnote des Papstes an alle kriegführenden Mächte.

2. Feng Kuo-Chang neuer Präsident Chinas.

2. Aufruhr der Matrosen des deutschen Linienschiffes »Prinzregent Luitpold« in Wilhelmshaven. →

5. Leichtathletik-Kriegsmeisterschaften im Berliner Stadion.

10. Preisstopp für Lebensmittel in den USA. Die Verwendung von Getreide und Zucker zur Alkoholherstellung wird in den USA verboten.

14. Das chinesische Parlament erklärt Deutschland den Krieg.

15. Erster drahtloser Funksprechverkehr zwischen einem Flugzeug und der Bodenstation sowie zwischen zwei Flugzeugen gelingt in Virginia (USA).

17. Die Deutschen räumen Langemarck in Flandern.

19. Beginn der elften Isonzo-Schlacht.

20. Offensive der Franzosen bei Verdun. Sie gewinnen die Höhe »Toter Mann« und den Rabenwald zurück.

21. England und Frankreich verlangen als Vorbedingung für Friedensverhandlungen eine deutsche Erklärung zur Wiederherstellung Belgiens.

25. Der polnische Staatsrat legt sein Mandat nieder.

25. Das Militärgericht verhängt fünf Todesurteile im Kriegsgerichtsverfahren zum Wilhelmshavener Flottenaufruhr. →

29. Eröffnung der Leipziger Kriegsmesse. →

GEBOREN:

3. Rudolf Gnägi, Schweizer Politiker.

11. Vasil Bilák, tschechoslowakischer Politiker.

25. Melchior (Mel) Ferrer, amerikanischer Schauspieler.

GESTORBEN:

3. Ferdinand Georg Frobenius (* 26. 10. 1849), deutscher Mathematiker.

13. Eduard Buchner (* 20. 5. 1860), deutscher Chemiker, Nobelpreis 1907.

20. Adolf Ritter von Baeyer (* 31. 10. 1835), deutscher Chemiker, Nobelpreis 1905.

Matrosen meutern

Zum Tode verurteilt: Albin Köbis (l.) und Max Reichpietsch.

25. August. Ein Kriegsgericht fällt nach einer Meuterei von Matrosen in Wilhelmshaven fünf Todesurteile und mehrere langjährige Zuchthausstrafen. Der Oberbefehlshaber der Flotte, Admiral Reinhard Scheer, wandelt drei Todesurteile in Zuchthausstrafen um. Doch der 23jährige Oberheizer Max Reichpietsch und der 25 Jahre alte Heizer Albin Köbis werden durch Erschießen hingerichtet.

In der deutschen Flotte gärt es bereits seit Monaten. Nach der Skagerrakschlacht 1916 findet kein großer Einsatz mehr statt. Die Mängel in der Verpflegung, die Eintönigkeit und der harte Borddienst führen zu Unmut bei den Matrosen. Bei der Flottenführung geht eine Flut von Beschwerden und Klagen ein. Im Juli werden auf den Schiffen sogenannte Menagekommissionen gebildet, in die die Mannschaften ihre Vertrauensmänner entsenden. Die Kommissionen sollen bei Unstimmigkeiten vermitteln. Zum großen Teil werden revolutionär gesinnte Matrosen in die Kommissionen entsandt. Sie stehen in Verbindung mit der Unabhängigen Sozialdemokratischen Partei und bereiten auch Aktionen vor, die über die Ziele dieser Partei hinausgehen: Gehorsamsverweigerung, Sabotagen und schließlich Generalstreik der Flotte, um die Regierung zu Friedensverhandlungen zu zwingen.

Am 2. August gehen 49 Heizer des Linienschiffs »Prinzregent Luitpold« in Wilhelmshaven unerlaubt von Bord. Einen Tag später verlassen 400 Mann unter der Führung von Albin Köbis das Schiff. Sie drängen die Wache, die sich ihnen in den Weg stellt, gewaltsam zur Seite und versammeln sich in einem Gasthof bei Rüstersiel zu einer Protestversammlung. Schließlich kehren sie an Bord zurück.

Das Kriegsgericht klagt die Anführer der Aktion wegen Kriegsverrats an. In der Verhandlung sieht das Gericht die Anklage bestätigt. Die Angeklagten haben nach Meinung der Richter einen Versuch unternommen, einen Flottenstreik zu entfesseln. Am 25. August werden die Urteile gefällt und am 5. September vollstreckt.

Ersatzstoff Papier

29. August. Auf der Leipziger Kriegsmesse schlägt die große Stunde der Ersatzstoffe. Da Aluminium- und Kupferwaren, Gummi, Leder und Webstoffe nur noch für Kriegszwecke zur Verfügung stehen, bleiben zum privaten Gebrauch Holz und Papier als Ersatzstoffe. Porzellan und Steingut sind auch noch vorhanden.

Ansonsten staunen die 40 000 Messebesucher, was aus Papier und Holz alles hergestellt werden kann.

Die Aussteller präsentieren nicht nur Schuhsohlen aus Papier, auch den Textilmarkt erobert das Papier. Die Sensation ist der Unterrock aus Papier. Das Angebot von Papiertischtüchern wird mit Erleichterung zur Kenntnis genommen. Papiertücher brauchen nicht gewaschen zu werden; denn Waschpulver und Seife gibt es auch nicht mehr. Skeptisch bewertet das Messepublikum Säcke aus Papier. Ihre Haltbarkeit bezweifelt man.

Mo	Di	Mi	Do	Fr	Sa	So
					1	2
3	4	5	6	7	8	9
10	11	12	13	14	15	16
17	18	19	20	21	22	23
24	25	26	27	28	29	30

1. Deutscher Vormarsch an der Düna im Baltikum.

3. Die achte deutsche Armee erobert Riga.

5. Vollstreckung der Todesurteile wegen des Wilhelmshavener Aufruhrs in der Flotte.

9. General Kornilow putscht gegen die provisorische russische Regierung und gegen die Sozialisten. Der Putsch scheitert. Kornilow wird gefangen.

9. Uraufführung von Carl Sternheims Drama »Perleberg« im Frankfurter Schauspielhaus.

10. Ende der elften Isonzo-Offensive. Die Italiener gewinnen das Dorf Selo.

14. Kerenski proklamiert die Republik in Rußland. Er wird Oberbefehlshaber der Armee.

15. Die Mittelmächte übertragen Gesetzgebung, Rechtsprechung und Verwaltung in die Hände einer noch zu gründenden »nationalen polnischen Regierung«.

18. Die neue französische Regierung unter Paul Painlevé, der Ribot ablöst, fordert die Rückgabe Elsaß-Lothringens und Ersatz für die Kriegsschäden.

21. Im Sommersemester 1917 sind 34,8 Prozent aller Studenten Frauen. Im Jahre 1913 waren es nur 6,7 Prozent.

21. Die Flandern-Schlacht entbrennt neu bei Langemarck.

24. Deutsche Antwortnote auf die päpstliche Friedensnote.

24. Die deutsche Regierung macht keine Aussage über die Zukunft Belgiens.

24. Kundgebung der neugegründeten Deutschen Vaterlandspartei. →

30. Alliierter Luftangriff auf Stuttgart.

GEBOREN:

4. Pal Maléter († 15. 6. 1958), ungarischer General und Führer im Volksaufstand 1956 (hingerichtet).

GESTORBEN:

3. Boris Stürmer (* 27. 7. 1848), russischer Politiker und Ministerpräsident 1916.

17. Anton Stadler (* 9. 7. 1850), bayrischer Landschaftsmaler.

26. Edgar Degas (* 19. 6. 1834), französischer Maler. →

26. September. In Paris stirbt der französische Maler und Graphiker Edgar Degas im Alter von 83 Jahren. Degas wird zu den Hauptmeistern des französischen Impressionismus gerechnet. Seine Modelle fand er vor allem in den Theatern, Balletts und auf den Rennplätzen. In seinen letzten Jahren schuf er – fast völlig erblindet – vor allem Kleinplastiken aus Wachs. Das Bild »Orchestermusiker« (oben) gehört zu seinen charakteristischen Werken.

Neue Vaterlandspartei

24. September. Mit einer Großkundgebung in Berlin stellt sich die neugegründete Deutsche Vaterlandspartei (Gründungsdatum 3. September) der deutschen Öffentlichkeit vor. Die Mitglieder haben den ehemaligen Großadmiral Alfred von Tirpitz zu ihrem Vorsitzenden gewählt. Die neue politische Kraft will sich nicht an Wahlen beteiligen, sie will aber verhindern, daß ein Frieden ohne Annexionen, den sie Verzichtsfrieden nennt, geschlossen wird. Ihr Ziel ist ein »rechter Friede« – gemeint sind Annexionen – als Lohn für die Opfer der Deutschen.

Die neue Vaterlandspartei breitet sich schnell im gesamten Reichsgebiet aus, bildet mehr als 2500 Ortsgruppen und zählt 1 250 000 Mitglieder. Der Kern der Partei, der die Propagandaarbeit betreibt, nennt sich Unabhängiger Ausschuß für einen deutschen Frieden. Er stellt für die zahlreichen Kundgebungen und Versammlungen die Redner. Er entwirft Plakate und Flugblätter und fordert lautstark den Anschluß Belgiens, Grenzberichtigungen mit Frankreich und die Eroberung des Baltikums. Die bekanntesten Mitglieder der Vaterlandspartei sind der Münchner Schriftsteller Ludwig Thoma, die Industriellen Wilhelm von Siemens und der Vorsitzende des Zentralverbandes deutscher Industrieller, Max Rötger.

Mo	Di	Mi	Do	Fr	Sa	So
1	2	3	4	5	6	7
8	9	10	11	12	13	14
15	16	17	18	19	20	21
22	23	24	25	26	27	28
29	30	31				

5. Das russische Vorparlament löst die Duma ab. Es bereitet allgemeine Wahlen vor.

15. Die achte deutsche Armee erobert im Baltikum die Inseln Ösel und Dagö.

15. Ein französisches Exekutionskommando richtet die Tänzerin Mata Hari hin. →

17. Gerhart Hauptmanns Trauerspiel »Winterballade« im Deutschen Theater Berlin uraufgeführt. →

20. Das russische Vorparlament verlangt von der Regierung die Verfolgung der Bolschewisten.

24. Zwölfte und letzte Isonzo-Schlacht: Schwere Niederlage der Italiener nach anfänglicher Offensive. Österreich gewinnt Friaul.

26. Die Bolschewisten bilden in Petrograd das Militär-Revolutionäre Komitee, das die gesamten Truppen in Petrograd und Umgebung kontrolliert.

26. Reichskanzler Michaelis reicht das Rücktrittsgesuch ein. Der Kaiser stimmt nach anfänglichem Zögern zu.

27. Uraufführung von Georg Kaisers Fünfakter »Die Koralle« im Frankfurter Neuen Theater. →

28. Die amerikanische Regierung zieht das deutsche Eigentum in den USA ein.

31. Knut Hamsuns Roman »Segen der Erde« erscheint in Norwegen.

GEBOREN:

15. Arthur M. Schlesinger, amerikanischer Politiker, Sonderberater des amerikanischen Präsidenten Kennedy.

21. Heinz Oskar Vetter, deutscher Gewerkschaftsführer.

21. Dizzie Gillespie (eigentlich John Birks), amerikanischer Jazztrompeter.

27. Arne Andersson, schwedischer Mittelstreckenläufer, 1943 Weltrekord über 1500 m (3:45 min).

GESTORBEN:

6. Guglielmo Ciardo (* 13. 9. 1842), italienischer Maler.

15. Mata Hari (* 7. 8. 1876), niederländische Tänzerin. →

16. Walter Flex (* 6. 7. 1887), deutscher Schriftsteller.

Der »Simplicissimus« zur Hinrichtung der Mata Hari. Sie erinnert an das Schicksal der englischen Krankenschwester Edith Carell (→ Oktober 1915).

Mata Hari erschossen

15. Oktober. Ein französisches Exekutionskommando erschießt im Wald von Vincennes die weltberühmte Tänzerin Margaretha McLeod, geb. Zelle, genannt Mata Hari. Das französische Kriegsgericht hat sie wegen Spionage für Deutschland verurteilt.

1876 wurde Mata Hari im holländischen Leeuwarden geboren. 1897 geht sie mit ihrem Mann nach Java, lernt dort balinesische Tänze kennen. Nach ihrer Scheidung kehrt sie 1903 nach Paris zurück und wird Tänzerin in Montmartre.

Ihre Nackttänze sind die Sensation in Paris. Ihre Verehrer zahlen Tausende von Francs für eine Nacht mit Mata Hari. Bei Reisen begeistert sie das Publikum in ganz Europa.

1914 überrascht sie der Kriegsausbruch in Berlin. Sie flieht nach Holland. Ihre Tänze sind nicht mehr gefragt, und sie steckt in arger Geldnot. Der deutsche Konsul bietet ihr 20 000 Mark für eine Spionagetätigkeit in Frankreich.

1916 kehrt sie nach Paris zurück. Dort nimmt sie gleichfalls ein Spio-

Die Tänzerin Mata Hari.

nageangebot des französischen Geheimdienstes an. Doch die französischen Geheimdienstleute beobachten sie in Madrid, als sie den deutschen Militärattaché von Kalle aufsucht. Sofort nach ihrer Rückkehr in Paris wird sie verhaftet. Vergeblich beteuert sie, den deutschen Oberst nur aufgesucht zu haben, um ihn auszuhorchen. Das Kriegsgericht fällt das Todesurteil.

Bolschewisten gewinnen an Boden

16. Oktober. Die russische Regierung unter Alexander Kerenski versagt bei der Versorgung der Städte Petrograd und Moskau. Sie erfüllt die Friedenserwartungen der Menschen nicht. Die radikalen Forderungen der roten Bolschewisten »Brot, Frieden und Land« finden in der Bevölkerung immer stärkere Resonanz. Ende September haben die Bolschewisten in den Arbeiter- und Soldatenräten der Hauptstadt Petrograd und in Moskau die Mehrheit. In anderen Städten und auf dem Lande haben sie noch keinen durchschlagenden Erfolg.

Herbst der Premieren

Nach drei Jahren Pause durch den Krieg beginnt die neue Theatersaison mit zahlreichen Premieren. Um die Moral in der stark belasteten Zivilbevölkerung zu heben, kommt die Regierung dem Theaterleben entgegen. Die Regisseure trauen sich mit verstärkten Ensembles wieder an Uraufführungen.

Die Kriegstage spiegeln sich in der Auswahl der Stücke wider: Trauerspiele, in denen die Ohnmacht des Menschen herausgestellt wird. Das andere Extrem: Lustspiele mit plattem Humor, um dem Publikum für wenige Stunden die Sorgen des Alltags zu verjagen.

Am 15. Oktober führt das Berliner Komödienhaus Carl Rößlers Lustspiel »Die beiden Seehunde« auf. Das Deutsche Theater in Köln bringt Kurt Kraatz' Schwank »Die Dame aus der Droschke«, und in Leipzig steht Hermann Essigs »Glückskuh« auf dem Premierenplan. Das Frankfurter Schauspielhaus zeigt das groteske Lustspiel von Georg Kaiser »Der Zentaur«, und am gleichen Tag hat Felix Salten im Deutschen Theater in Berlin Premiere mit »Kinder der Freude«.

Lenin kehrt heimlich aus Finnland zurück

10. Oktober. Verkleidet – ohne Bart, mit Perücke – kehrt der bolschewistische Revolutionär Wladimir Iljitsch Lenin heimlich aus seinem finnischen Versteck nach Petrograd zurück. Im Exil hat er die Ausführung der Revolution meßtischhaft entworfen und seine Gedanken in der Schrift »Staat und Revolution« festgehalten. »Das Proletariat braucht die Staatsmacht«, lautet seine immer wieder betonte Grundthese.

Entschlossene Kommunisten und Organisatoren müssen dem Volk den Weg in die sozialistische Ordnung weisen. Nichts darf ihre Arbeit hemmen. Die kommunistischen Funktionäre müssen deshalb alle Macht in der Hand haben, um den Sozialismus zu errichten. »Diktatur des Proletariats« nennt Lenin seine neue Staatsform.

Georg Kaiser ist nicht nur der Verfasser von Komödien. Am 27. erlebt Frankfurt die Erstaufführung des Dramas »Die Koralle«. Hier versucht ein Millionär, den Gedanken an seine elende Kindheit zu unterdrücken, und mordet einen Doppelgänger, um sich in den Besitz von dessen glücklicher Kindheit zu bringen. In Gerhart Hauptmanns »Winterballade« (17. Oktober im Deutschen Theater Berlin) tötet ein Offizier ein Mädchen. Die Tat treibt ihn in den Wahnsinn und Tod. Die Münchener Kammerspiele führen Georg Kaisers Prosastück »Von morgens bis mitternachts« auf. Hier unterschlägt ein kleiner Beamter 60 000 Mark. Das Geld macht ihn nicht glücklich, es ruiniert ihn und treibt ihn in den Selbstmord.

Von den Zensurbehörden nicht freigegeben wird Reinhard Goerings »Seeschlacht«. In diesem Stück fahren sieben Matrosen im Panzerturm eines Kriegsschiffes in die Skagerrakschlacht. Ihr Gespräch kreist um den Glauben und um den Sinn des Lebens. In der Auseinandersetzung steigern sie sich, bis sie bei der Explosion des Panzerturms den Tod finden.

4. Oktober. Der Staat ruft zur Zeichnung der 7. Kriegsanleihe auf. Bei einem Ausgabepreis von 98 RM bringt das Papier 5,1 Prozent. Die »Frankfurter Zeitung« urteilt in einem Kommentar: »Das ist schon eine Verzinsung, wie sie vor dem Krieg kein anderes auch nur annähernd so sicheres Wertpapier aufzuweisen hatte.«

Entente und ihre Verbündeten

- Großbritannien, Frankreich, Italien und sonstige Alliierte

Kolonien und abhängige Staaten von
- Großbritannien
- sonstigen Verbündeten
- Frankreich

- Rußland und seine Einflußgebiete
- USA und ihre Einflußgebiete

Mittelmächte
- Deutsches Reich
- seine Verbündeten
- seine Kolonien

neutrale Staaten

Norwegen

Stockholm

Schweden

Petrograd

Moska

Großbritannien

Dänemark

Brest Litowsk

Russisches

London

Nieder lande

Deutsches

Re

Berlin

Paris

Verdun

Reich

Österreich-

Frankreich

Schweiz

Wien

Ungarn

Rumänien

Sarajevo

Belgrad

Bulgarien

Italien

Montenegro

Serbien

Konstanti

Tü

Spanien

Rom

Albanien

Griechen-

Portugal

Madrid

land

Athen

Gibraltar
1704 Brit.

Dödekanes
1911/12 Ital.

Zy

1848
Teil d. franz. Mutterlandes

Malta
1800 Brit.

Tunesien

Algerien

Tripolis

Libyen
1912 Ital.

Ka

Ägy
1914 brit. F

Seattle

Minneapolis

Chicago

Kanada

Portugal

San Francisco

Detroit

Boston

USA

New York

Washinton

Los Angeles

Memphis

1917 1,98
1918 3,94

New Orleans

Bahama In.
brit.

Mexiko

Dominikan.
Republik
(1861-1865 span.),
1905 US-Sonderrechte

Rio de Oro

A

Angl

Kuba

1917 7,67
1918 4,75

1917 63
1918 69

Franz. West-Afrika

Brit.-Honduras

Pto. Rico
1898 zu USA

Gambia

äqy

Guatemala

Honduras

Port.-Guinea

Su

San Salvador

Nicaragua

Sierra Leone

Goldküste
1821/73 brit. Kol.
1896 brit. Prot.

Nigeria

Franz.-

Costa Rica

Trinidad
brit.

Liberia

Togo
1884
deutsch. Prot.

Venezuela

Kamerun

Panama
1903 Rep. unt. US-Schutz

Brit. Ndl. Fr.
Guayana

Kolumbien

Äquatorialafrika

Belgisch-

Ecuador

Kongo

Brasilien

Peru

Angola
port.

Deutsch-

Südwest

Südafri

Union

Kapstadt

Legend

- britische Blockade
- uneingeschränkter U-Boot-Krieg
- **60** deutsche Verluste
- Frontverlauf Ende 1917
- alliierte Verluste an Handelstonnage in Mill. t **2,5**
- Handelsschiffneubauten der USA und Großbritanniens in Mill. t **2,5**
- Wirtschaftspotential der USA: Rohstofferzeugung, Schwerindustrie, Finanzkapital
- Revolution und Bürgerkrieg
- Friedensinitiativen
- Friedensverhandlung

Map labels

Jakutsk

Russisches Reich

Omsk · Nowosibirsk · Irkutsk · Tschita · Chabarowsk

Sachalin 1905 süd. Teil jap.

Orenburg

Mongolei

Wladiwostok

Astrachan · Taschkent · Peking

Korea Pt. Arthur 1905 jap. Prot. 1910 jap. Kronkol.

Japan

Baku · Buchara · **Chinesisches** · Tsingtau

Aschchabad · Tokio

...ches · **Afghanistan** · **Tibet** · **Reich** · Schanghai

Persien · **Nepal**

Kuwait 1880/99 (1914) brit. Prot. · **Bhutan**

Bahrein 1867/1925 brit. · Delhi · Macao port. · Formosa

Karachi · **Brit.-Indien** · Hongkong 1841 brit.

Arabien · Oman unabh. (1891 unt. brit. Schutz) · Kalkutta

...trea · Bombay · **Burma**

Rangun

...Abeba · Brit.-Somalil.

...ssinien · Ital.-Somaliland · **Ceylon**

Colombo

...rit.-...stafrika

...a...

...ort.-

Madagaskar

1917 - Jahr der Wende

Der Kriegseintritt der USA: Als das Deutsche Reich den uneingeschränkten U-Boot-Krieg eröffnete, d. h. auch die neutrale Handelsschiffahrt angriff, erklärten die USA am 6. April 1917 Deutschland den Krieg.

Die amerikanischen Soldaten, die im Sommer 1917 nach Europa geschickt wurden, bedeuteten für die Entente zunächst nur eine moralische Unterstützung. Viel wichtiger war, daß nun die ganze Wirtschafts- und Finanzkraft des großen Industriestaats das Gleichgewicht zugunsten der Entente verschob.

Die Krise der Entente: In Erwartung einer Großoffensive der Engländer und Franzosen im Westen nahm die deutsche Oberste Heeresleitung ihre Truppen auf die gutausgebaute »Siegfried-Stellung« zurück.

Überraschend eingesetzte englische Panzerfahrzeuge durchbrachen zwar Ende November die Siegfried-Stellung bei Cambrai. Die Engländer hatten die Tankschlacht jedoch zu früh als Entscheidung gefeiert, fast das ganze gewonnene Gebiet wurde durch einen Gegenangriff wieder zurückerobert. Ende 1917 lagen sich die Truppen der Entente und der Mittelmächte, durch Materialschlachten und Stellungskrieg völlig erschöpft, gegenüber.

Österreich-Ungarn: Auch Österreich war 1917 völlig erschöpft. Einbrüche an der italienischen Front konnten nur mit Hilfe deutscher Truppen geschlossen werden.

Die Revolution in Rußland: Auch für Rußland spitzte sich 1917 die Lage krisenhaft zu. Ein Aufstand in Petrograd führte im Februar sehr schnell zur Abdankung des Zaren und zur Bildung einer Provisorischen Regierung. Die Provisorische Regierung wollte den Krieg fortsetzen, während sich die Bolschewistische Partei in den Arbeiterräten für eine schnelle Beendigung einsetzte. Ihr Putschversuch im Juli mißlang, aber im November fiel den Bolschewisten der Sieg fast kampflos zu.

Dem »Dekret über den Frieden« vom 8. November folgten am 15. Dezember der Waffenstillstand und die Friedensverhandlungen in Brest-Litowsk. Für den Augenblick bedeutete die russische Revolution eine Entlastung der deutschen Ostfront.

Mo	Di	Mi	Do	Fr	Sa	So
			1	2	3	4
5	6	7	8	9	10	11
12	13	14	15	16	17	18
19	20	21	22	23	24	25
26	27	28	29	30		

1. Kaiser Wilhelm II. ernennt den 74jährigen bayrischen Grafen Georg Friedrich von Hertlich zum Reichskanzler und preußischen Ministerpräsidenten.

2. Der englische Außenminister Arthur James Earl of Balfour befürwortet jüdische Siedlungen in Palästina.

2. Die ersten amerikanischen Soldaten geraten am Marne-Kanal in deutsche Kriegsgefangenschaft.

3. In Deutschland wird der Propagandafilm der Obersten Heeresleitung »U 35« aufgeführt. Die U-Boot-Waffe wird verherrlicht.

7. (26. Oktober nach dem russischen Kalender.) Staatsstreich der Bolschewisten in Rußland: Oktoberrevolution. →

9. Die neue russische Regierung (Sowjetregierung) verkündet Friedenswillen und hebt den Privatbesitz an Grund und Boden auf.

13. Rücktritt des französischen Ministerpräsidenten Painlevé. Nachfolger wird Georges Clémenceau.

15. Charlie Chaplins Filme »The Immigrant« und »Easy Street« greifen soziale Probleme in den USA auf: Elend der Einwanderer und Leben in den Slums mit Hunger, Armut, Rauschgift und Brutalität. Mit seinen acht Filmen verdient Chaplin 1917 eine Million Dollar.

26. Beginn der Waffenstillstandsverhandlungen zwischen Rußland und Deutschland.

30. Deutsche Gegenoffensive bei Cambrai. Verlorenes Terrain wird zurückerobert.

30. In Berlin findet die erste Ernst-Barlach-Ausstellung statt.

GEBOREN:

4. Karl Fred Dahmen, deutscher Maler.

19. Indira Shrimata Gandhi, indische Politikerin und Ministerpräsidentin.

GESTORBEN:

3. Léon Bloy (* 11. 7. 1846), französischer Schriftsteller.

15. Emile Durkheim (* 15. 4. 1858), französischer Soziologe.

17. Auguste Rodin (* 12. 11. 1848), französischer Bildhauer. →

Oktoberrevolution in Rußland

In der Nacht dringen die »Roten Garden« in Petrograd ein und stürmen den Winterpalast.

7. November. (26. Oktober nach dem russischen Kalender.) Über Nacht wird Rußland kommunistisch. Die Oktoberrevolution fordert bis zur Proklamation des Sowjetstaates ganze sechs Tote.

Am 7. November, um zwei Uhr morgens, dringen unter dem Befehl des Bolschewisten und Führers des Militär-Revolutionären Komitees, Leo Trotzki, Matrosen und Soldaten, die »Roten Garden«, in Petrograd ein, besetzen die wichtigsten Zentren: Telefon- und Telegrafenzentralen, Ministerien, Staatsbanken und die Bahnhöfe. Den Sitz der Regierung im Winterpalais, der von Frauenbataillonen verteidigt wird, greifen die »Roten Garden« nicht an. So kann Regierungschef Alexander Kerenski im Wagen des amerikanischen Botschafters fliehen, um an der Front regierungstreue Truppen gegen die Bolschewisten zu sammeln.

Erst am Abend bereiten die »Roten« den Angriff auf das Winterpalais vor. Trotzki stellt ein Ultimatum zur Kapitulation. Als die Verteidiger nicht reagieren, läßt er das Palais stürmen und die Minister der bisherigen Regierung gefangennehmen. Beim Sturm auf das Winterpalais fallen sechs Soldaten.

Um 22 Uhr abends veröffentlicht Trotzki folgende Erklärung: »Die Provisorische Regierung ist gestürzt. Die staatliche Macht ist in die Hände des Militär-Revolutionären Komitees übergegangen. Unverzüglicher Abschluß eines demokratischen Friedens, Abschaffen des Eigentums der Grundbesitzer, Arbeiterkontrolle über alle Produktion, Schaffung einer Sowjetregierung – dies alles ist gesichert.«

Kerenski gelingt es nicht mehr, eine Truppe gegen die Bolschewisten aufzustellen. Als Matrose verkleidet versteckt er sich im Lande.

Lenin eröffnet am 8. Oktober den allrussischen Sowjetkongreß. Hier besitzen die Bolschewisten keine Mehrheit. Der Sturz der Regierung Kerenski wird aber stürmisch gefeiert. Lenin fordert von den Delegierten die Zustimmung zur Errichtung eines sozialistischen Staatswesens, zur sofortigen Beendigung des Krieges und zur Enteignung des Großgrundbesitzes. Die nichtbolschewistischen Delegierten weigern sich, plötzlich und unvorbereitet Beschlüsse über die Zukunft des Staates zu fassen. Sie verlassen unter Protest den Sitzungssaal.

Leo Trotzki ruft ihnen nach: »Eure Rolle ist ausgespielt, schert Euch hin, wo ihr von nun an hingehört – auf den Kehrrichthaufen der Geschichte.« Die verbliebenen bolschewistischen Delegierten proklamieren die Gründung des Sowjetstaates unter der Führung Lenins, Trotzkis und Grigori Sinowjews, Lenins engstem Mitarbeiter.

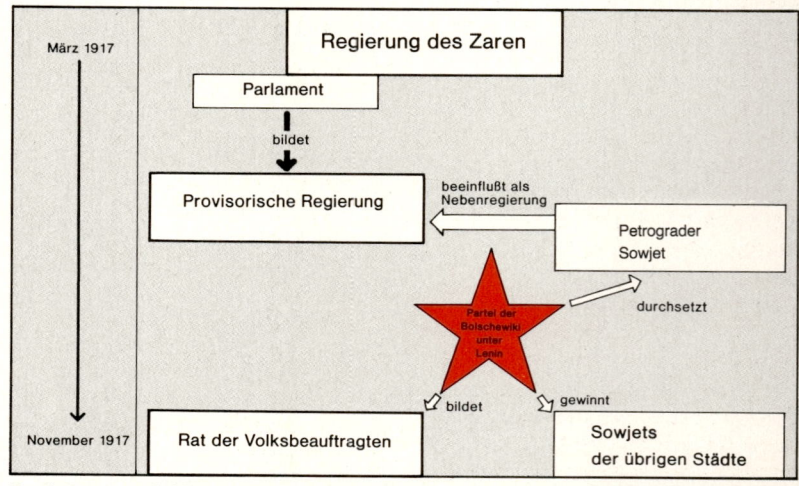

Regierungsumbildungen in Rußland vom Zarenreich bis zur Oktoberrevolution.

Auguste Rodin: »Der Kuß«.

Auguste Rodin stirbt kurz nach 69. Geburtstag

17. November. Knapp eine Woche nach seinem 69. Geburtstag stirbt in Meudon der französische Bildhauer Auguste Rodin. Der französische Staatspräsident Raymond Poincaré würdigt ihn als den »modernen Michelangelo«. Rodin hinterläßt ein kolossales Werk.

Rodin hat sich selbst als einen späten »Gotiker« empfunden und die Künstler der Kathedralen als seine Vorbilder genannt. Monumental und schwebend zugleich wirken seine Plastiken (Balzac, Hugo). An Michelangelo erinnert vor allem die Plastik »Der Kuß«.

In Deutschland wird die Gruppe »Die Bürger von Calais« am bekanntesten. Die Darstellung geht zurück auf einen Vorfall im Hundertjährigen Krieg zwischen England und Frankreich (14./15. Jahrhundert). Der englische König fordert das Opfer von fünf Bürgern. Dafür verspricht er, die Stadt zu schonen. Rodin setzt mit seinem Monument der Opferbereitschaft ein Denkmal, dessen Realismus jedem Pathos abschwört.

Rodins »Bürger von Calais« inspirieren den deutschen Dramatiker Georg Kaiser so sehr, daß er ein Drama »Die Bürger von Calais« verfaßt, das im Todesjahr Rodins in Frankfurt Premiere hat. Die Engländer ehren den französischen Bildhauer mit einem Gedächtnisgottesdienst in Westminster am Tage seiner Beisetzung.

1917
DEZEMBER

Mo	Di	Mi	Do	Fr	Sa	So
					1	2
3	4	5	6	7	8	9
10	11	12	13	14	15	16
17	18	19	20	21	22	23
24	25	26	27	28	29	30
31						

7. Der finnische Landtag erklärt die Unabhängigkeit Finnlands von Rußland.

7. Die USA erklären Österreich-Ungarn den Krieg.

7. Beginn einer zehntägigen Waffenruhe zwischen Rußland, Deutschland und Österreich. →

9. Britische Soldaten besetzen das von den Türken verlassene Jerusalem.

10. Das Internationale Komitee des Roten Kreuzes erhält den Friedensnobelpreis. Der Literaturnobelpreis geht an die Dänen Karl Gjellerup und Hendrik Pontoppidan. Der Engländer Charles G. Barkla wird Nobelpreisträger für Physik.

11. Der Landtag von Litauen erklärt die Unabhängigkeit des Landes von Rußland.

12. Der Normenausschuß der deutschen Industrie wird auf Veranlassung des Vereins deutscher Ingenieure gegründet. Er setzt die DIN-Normen (Industrienormen) fest.

14. Gründung der Universum Film AG. →

15. Waffenstillstand zwischen den Mittelmächten und Sowjetrußland bis zum 14. Januar verlängert.

16. Kriegsbeginn zwischen Kuba und Österreich-Ungarn.

30. Deutsche U-Boote versenken 1917 9 356 000 Bruttoregistertonnen gegnerischen Schiffsraums.

31. An der Westfront fallen 1917 1 058 467 deutsche, 569 080 französische und 750 249 englische Soldaten.

31. Das Verbot des Jesuitenordens in Deutschland wird aufgehoben.

GEBOREN:

15. Karl-Günther von Hase, Leiter des Presse- und Informationsamtes der deutschen Bundesregierung von 1962 bis 1967, Diplomat und Intendant.

21. Heinrich Böll, deutscher Schriftsteller, Nobelpreis 1972.

31. José Maria Gironella, spanischer Romanschriftsteller.

GESTORBEN:

6. Giovanni Cena (* 21. 1. 1870), italienischer Schriftsteller.

21. Wilhelm Trübner (* 3. 2. 1851), deutscher Landschaftsmaler.

Waffenruhe im Osten

22. Dezember. Seit Beginn des Monats verhandeln die Mittelmächte (Deutschland und seine Verbündeten) in Brest-Litowsk mit Vertretern der Sowjetregierung über einen Sonderfrieden. Für die Zeit der Verhandlungen herrscht an der Ostfront Waffenruhe.

Die neue Sowjetregierung ist an einem schnellen Abschluß der Verhandlungen interessiert. Der Krieg verbraucht Kräfte, die die Regierung zur Durchsetzung ihrer Macht im Inneren des Landes dringend benötigt. Die deutschen Unterhändler wollen eine Abtrennung des Baltikums, Polens und der Ukraine von Rußland. Diese Gebiete sollen sich an die Mittelmächte anlehnen. Die Sowjetregierung geht von der Selbstbestimmung der Völker aus, erkennt aber die Unabhängigkeitserklärungen Litauens und Polens nicht an, weil sie nicht durch Volksabstimmung zustande gekommen sind. Angesichts der strittigen Grenzfragen einigen sich die Delegationen 1917 nicht mehr.

Verbrüderung deutscher und russischer Soldaten nach dem Waffenstillstand.

In Berlin wird die Ufa gegründet

14. Dezember. Auf Betreiben von General Erich Ludendorff wird im Haus des Generalstabs in Berlin die Universum Film AG (Ufa) gegründet. Die Oberste Heeresleitung will den Film zur politischen und militärischen Beeinflussung des Volkes einsetzen.

Das Firmenvermögen beträgt 25 Millionen Mark. Der Staat stellt davon acht Millionen zur Verfügung. Der Rest wird von den Großbanken finanziert. Der Öffentlichkeit darf nicht bekannt werden, daß der Staat die Ufa lenkt. Deshalb fordert Ludendorff die Finanzierung durch Banken, die dafür Staatssicherheiten erhalten.

Wahlniederlage der Bolschewisten

8. Dezember. Die Bolschewisten erleiden bei den Wahlen zur verfassunggebenden Versammlung eine empfindliche Niederlage. Bei einer Wahlbeteiligung von 36 Millionen wählen nur 9 Millionen die Bolschewisten. 22 Millionen sprechen sich für die anderen sozialistischen Parteien aus. Nur die Bevölkerung von Petrograd und Moskau votiert in der überwiegenden Mehrheit für die Bolschewisten. Aber Lenins Regierung denkt nicht an Rücktritt.

Das Ergebnis der Wahlen vom 8. Dezember 1917:	
Parteien	Sitze in der verfassunggebenden Versammlung
Bolschewisten	175
andere Sozialisten	
Sozialrevolutionäre	370
Linke Sozialrevolutionäre	40
Menschewiken	16
bürgerliche Parteien	
Narodniki (Volksfreunde)	2
Kadetten (Liberale)	17
Vertreter nationaler Minderheiten	87

Flugzeuge und Flieger im Ersten Weltkrieg

Eine Nieuport 17 mit französischen Hoheitszeichen von Ende 1916.

Eine deutsche Albatros D III mit dem typischen Tarnanstrich der Jagdflugzeuge 1917.

Die Sopwith »Dolphin« mit Tarnanstrich und britischen Hoheitszeichen von 1918.

Eine neue Waffe erscheint im Ersten Weltkrieg auf beziehungsweise über den Schlachtfeldern. Zum erstenmal werden in den Kämpfen Flugzeuge eingesetzt. Bei Ausbruch des Krieges sehen die Heeresleitungen allerdings die Rolle des Flugzeugs vor allem als Gefechtsaufklärer und weniger als eigenständige Waffe. Im Verlauf des Krieges werden die Maschinen jedoch zu Kriegswaffen entwickelt, die in die Gefechte eingreifen. Die Flugzeugbesatzungen bestehen zunächst oft aus Kavallerieoffizieren, deren Pferde abgeschafft worden sind. Sie sind die ersten Jagd- und Kampfflieger der sich neu entwickelnden Gattung der Luftwaffe.

Ein französischer Pilot.

Ein deutscher Flieger.

Britischer Luftwaffenoffizier.

1918

JANUAR

Mo	Di	Mi	Do	Fr	Sa	So
	1	2	3	4	5	6
7	8	9	10	11	12	13
14	15	16	17	18	19	20
21	22	23	24	25	26	27
28	29	30	31			

1. Die Frauenarbeit erreicht im Deutschen Reich 230 Prozent des Vorkriegsstandes.

4. Die Sowjetregierung erkennt die Unabhängigkeit Finnlands an.

6. Das Deutsche Reich erkennt die finnische Republik an.

10. Die deutsche Flugzeugbaufirma Junkers meldet das Tiefdecker-Flugzeug zum Patent an.

14. Französische Flugzeuge greifen die Stadt Karlsruhe an.

15. In Österreich bricht der Arbeiterstreik aus. →

15. An 1,7 Millionen amerikanischen Rekruten wird ein Intelligenztest vorgenommen. Bei 50 Prozent liegt der Intelligenzquotient unter der Normalbegabung; 13 Prozent sind höher begabt; 4,5 Prozent hochbegabt.

18. Eröffnung der verfassunggebenden Versammlung Rußlands.

19. Die Sowjetregierung löst die verfassunggebende Versammlung mit Gewalt auf. →

22. In Kiew wird die Ukrainische Volksrepublik ausgerufen. Die ukrainische Regierung erklärt ihre Unabhängigkeit.

27. Putschversuch der Bolschewisten in Finnland. Der Bürgerkrieg beginnt.

28. Rüstungsarbeiter streiken im Deutschen Reich (180 000 in Berlin, 500 000 in den anderen Städten des Reichs). →

28. Die »Ritterschaft« von Estland und Livland erklärt die Loslösung der beiden Länder von Rußland und proklamiert die Unabhängigkeit.

31. Deutscher Luftangriff auf Paris. 14 000 Bomben werden über der Stadt abgeworfen.

GEBOREN:

8. Josef Bradl, österreichischer Skispringer.

15. Gamal Abd el Nasser († 28. 9. 1970), ägyptischer Staatspräsident.

24. Gottfried von Einem, deutscher Komponist.

26. Nikolai Ceaușescu, rumänischer Politiker.

GESTORBEN:

26. Ludwig Edinger (* 13. 4. 1855), deutscher Neurologe.

Wilsons Friedensplan

8. Januar. Der amerikanische Präsident Woodrow Wilson ergreift in seiner Jahresbotschaft an den Kongreß der Vereinigten Staaten eine neue Friedensinitiative. Er nennt 14 Punkte, auf die sich die kriegführenden Mächte zur Beendigung des Krieges einigen sollen.

Der Friedensplan des amerikanischen Präsidenten geht von dem obersten Grundsatz der Gewährung des Selbstbestimmungsrechts an alle Völker aus. Sodann sollen alle Mächte abrüsten. Die Regierungen sollen einen Völkerbund gründen, dessen Aufgabe darin besteht, in Zukunft alle Streitigkeiten zwischen den Regierungen der Welt auf friedlichem Wege beizulegen.

Von der deutschen Regierung fordert Wilson als Vorbedingung für die Aufnahme von Friedensverhandlungen die Räumung des besetzten russischen Gebietes und Belgiens. Elsaß-Lothringen soll an Frankreich zurückgegeben werden. Im Habsburgerreich und in der Türkei sollen die Völker selbst entscheiden, ob sie unabhängige und selbständige Staaten gründen wollen. Polen soll die Unabhängigkeit erhalten.

Wilsons Forderungen in den »14 Punkten« (Kongreßbotschaft vom 8. 1. 1918):

1. Öffentlichkeit von Friedensverhandlungen und -verträgen.
2. Freiheit der Schiffahrt in internationalen Gewässern.
3. Freiheit des Handels zwischen allen friedliebenden Nationen.
4. Garantierte Rüstungsbeschränkungen.
5. Unparteiische Ordnung aller kolonialen Ansprüche.
6. Räumung des gesamten russischen Gebietes und Erledigung aller Rußland betreffenden Fragen.
7. Räumung und Wiederherstellung Belgiens.
8. Befreiung Frankreichs, Wiederherstellung der verwüsteten Gebiete und Rückgabe Elsaß-Lothringens.
9. Berichtigung der italienischen Grenzen entlang der Nationalitätenlinien.
10. Autonome Entwicklung der Völker Österreich-Ungarns.
11. Räumung Rumäniens, Serbiens und Montenegros, freier Zugang Serbiens zum Meer.
12. Beschränkung des Osmanischen Reiches auf das türkische Gebiet, Autonomie für die nichttürkischen Nationen, Öffnung der Meerengen für die internationale Schiffahrt.
13. Errichtung eines polnischen Staates mit freiem Zugang zum Meer.
14. Errichtung einer allgemeinen Gesellschaft der Nationen zur Gewährung der politischen Unabhängigkeit und territorialen Integrität der Staaten.

Parlament aufgelöst

19. Januar. Einen Tag nach der ersten Sitzung löst die bolschewistische Regierung Rußlands das Parlament auf. Mit Waffengewalt versperren die Roten Garden den Abgeordneten den Zugang zum Sitzungssaal. Eine Demonstration von Bürgern, die gegen die Entmachtung des Parlaments protestiert, wird mit Truppeneinsatz auseinandergetrieben. Bei der gewaltsamen Auflösung der Demonstration werden mehr als hundert Menschen getötet.

Die Bolschewisten haben bei den Dezemberwahlen zur verfassunggebenden Versammlung keine Mehrheit erringen können (175 von 707 Sitzen). Am ersten Sitzungstag lehnen die Abgeordneten den Antrag Lenins ab, der Sowjetregierung die unumschränkte Macht zuzugestehen. Die Mehrheit der Abgeordneten verweist darauf, daß die Versammlung sich als erste Aufgabe die Ausarbeitung einer demokratischen Verfassung vornehmen wolle. Die bolschewistischen Abgeordneten verlassen daraufhin den Sitzungssaal, und die Sowjetregierung verfügt die Auflösung der verfassunggebenden Versammlung. Am 19. Januar verhaften die Roten Garden die Abgeordneten, die sich dem Verbot widersetzen wollen.

Lenin erläutert sein Vorgehen mit den Worten: »Nur Schufte und Idioten können sich einbilden, daß das Proletariat erst die Mehrheit in Wahlen erringen muß, die unter bürgerlichem Joch stattfinden, und dann erst versuchen kann, die Macht an sich zu reißen ... Wir dagegen behaupten, daß das Proletariat erst die Bourgeoisie stürzen und die Macht an sich reißen muß, das heißt die Diktatur des Proletariats.« In der Nacht zum 20. Januar werden zwei Abgeordnete der liberalen Kadettenpartei in einem Petrograder Krankenhaus von Roten Garden ermordet.

Spartakusbund mobilisiert Massenstreik

28. Januar. »Nieder mit dem Krieg! Nieder mit der Regierung! Es lebe der Massenstreik!« Mit diesen Parolen ruft der kommunistische Spartakusbund die Rüstungsarbeiter in Berlin zum Streik auf. In der deutschen Hauptstadt folgen rund 200 000 Arbeiter dem Aufruf. Sie verlangen von der Regierung die sofortige Beendigung des Krieges. Am 29. und 30. Januar weitet sich der Arbeitskampf auf die Industriegebiete im gesamten Reich aus. Der Ausstand erfaßt eine halbe Million Arbeiter im Ruhrgebiet, in Oberschlesien, Sachsen sowie in den Hafenstädten Bremen, Hamburg, Lübeck und Wilhelmshaven. Am 31. Januar greift das Militär ein. Die Oberkommandierenden der einzelnen Militärbezirke im Reich, in denen gestreikt wird, verhängen den verschärften Belagerungszustand. In einem Ultimatum drohen die Militärbehörden allen Arbeitern, die bis zum 4. Februar die Arbeit nicht wieder aufnehmen, mit dem Kriegsgericht. Daraufhin bricht der Streik zusammen, obwohl Spartakus die Fortsetzung des Arbeiterkampfes ausruft. Aber die Gewerkschaften und die SPD unterstützen die Arbeitsniederlegung nicht. Nach dem Ende des Streiks werden die Anführer, soweit einsatzfähig, zum Heer einberufen.

Streiks auch in Österreich

15. Januar. In der Wiener Neustadt bricht ein Streik aus, der sich schnell nach Brünn, Budapest, Graz und Prag ausdehnt. Die streikenden Arbeiter fordern einen Frieden ohne Annexionen, ein demokratisches Wahlrecht und eine bessere Lebensmittelversorgung. Nach russischem Vorbild bilden die Streikenden Arbeiterräte, die den Ausstand organisieren und die Forderungen veröffentlichen.

Die österreichische Regierung sagt die Demokratisierung des Gemeindewahlrechts zu. Daraufhin raten die Sozialdemokraten der Streikführung zum schnellen Abbruch des Kampfes.

Mo	Di	Mi	Do	Fr	Sa	So
				1	2	3
4	5	6	7	8	9	10
11	12	13	14	15	16	17
18	19	20	21	22	23	24
25	26	27	28			

1. Leo Trotzki beginnt in Rußland mit dem Aufbau der Roten Armee als Streitmacht der Sowjetregierung.

4. Die Streikleitung in Berlin bricht den Ausstand der Munitionsarbeiter ab. Die Streikbewegung im Reich bricht zusammen.

5. Die Sowjetregierung beschließt die Trennung von Kirche und Staat und erklärt die Religion zur Privatsache.

9. Die Ukrainische Volksrepublik unterzeichnet in Brest-Litowsk einen Friedensvertrag mit Deutschland. Das Cholmer Gebiet wird von Polen abgetrennt und der Ukraine zugestanden. →

10. Die Sowjetregierung annulliert alle Staatsanleihen. Die neue Regierung erkennt die Millionenschulden Rußlands an Frankreich nicht mehr an.

14. Massendemonstration in Warschau gegen die Abtrennung des Cholmer Landes an die Ukraine.

15. Einführung des Gregorianischen (das heißt des westlichen) Kalenders in Rußland.

16. Wegen der schleppenden Friedensverhandlungen durch die Vertreter der Sowjetregierung nimmt die deutsche Oberste Heeresleitung den Krieg gegen Rußland wieder auf. Schneller Vormarsch der deutschen Truppen im Norden Rußlands. →

19. Die Sowjetregierung akzeptiert die deutschen Friedensbedingungen in Brest-Litowsk. →

19. Französischer Luftangriff auf Mannheim und Pirmasens.

20. Die Roten Garden erobern Kiew. Deutsche und österreichische Verbände stützen die Ukrainische Volksrepublik und vertreiben die Roten Garden aus der Ukraine. →

21. Die englische Palästina-Armee erobert Jericho.

23. Der deutsche Hilfskreuzer »Wolf« kehrt nach mehrmonatiger Kreuzfahrt im Atlantischen und Pazifischen Ozean nach Deutschland zurück. Er hat 35 alliierte Handelsschiffe versenkt.

23. Gründung des Reichsausschusses für wirtschaftliche Fertigung.

GEBOREN:

12. Julian S. Schwinger, amerikanischer Physiker, Nobelpreis 1965.

Neue Lage in Rußland

Die Ukraine, Estland, Livland, Kurland, Litauen, Finnland und der Kaukasus lösen sich zwischen den Monaten Dezember 1917 und Februar 1918 von Rußland und bilden selbständige Staaten. Damit verliert Rußland, bei Berücksichtigung der Abtrennung Polens, 34 Prozent seiner Bevölkerung, 32 Prozent seines Ackerlandes, 54 Prozent seiner Industriebetriebe und 89 Prozent seiner Kohleförderung.
Das Deutsche Reich unterstützt die Selbständigkeitsbestrebungen der Randvölker. Da die neugebildeten Staaten die Rückeroberung durch Rußland fürchten müssen, werden sie nach Ansicht der deutschen Regierung zu natürlichen Verbündeten Deutschlands. Somit kann das Reich seinen Einfluß in das östliche Mitteleuropa ausdehnen. Als die Roten Garden in Finnland eingreifen, entsendet Deutschland ein Expeditionsheer, mit dessen Hilfe die finnische Republik sich durchsetzen kann. Mit deutscher Hilfe werden die Bolschewisten auch aus der Ukraine vertrieben.
Aus Protest gegen die deutsche Unterstützung Finnlands und der Ukraine führt Rußland die Friedensverhandlungen in Brest-Litowsk nicht weiter. Die deutsche Oberste Heeresleitung befiehlt die Wiederaufnahme der Kriegshandlungen. Die deutschen Truppen erobern in kurzer Zeit Livland und Estland und gelangen in Südwestrußland bis zur Krim und zur Donaumündung.
Unter dem Schutz der deutschen Verbände gewinnen in Estland deutschstämmige Balten politischen Einfluß. Sie verlangen die Angliederung der baltischen Länder an das Deutsche Reich.
Angesichts des Zusammenbruchs

Die Situation in Rußland zur Zeit der Verhandlungen von Brest-Litowsk.

der russischen Streitkräfte akzeptiert die Sowjetregierung, daß Deutschland in Brest-Litowsk die Friedensbedingungen diktiert. Die sowjetischen Unterhändler kehren an den Verhandlungstisch zurück.

Schulkinder sammeln Altmaterial

50 000 Schulkinder sammeln in Frankfurt Altwaren, Lumpen, Glas, Metall, Gummi, Leder und Papier. Angesichts der Knappheit an Gebrauchsstoffen sollen Altwaren aufbereitet und wiederverwendet werden. Das Problem des Zusammentragens löst der Frankfurter Oberbürgermeister durch den Einsatz von Schülern. Die Stadtverwaltung setzt Jungen und Mädchen im Alter

von mindestens zehn Jahren zur Sammelaktion ein. Das Sammeln soll Spaß machen. Deshalb erhält jedes Kind ein Sammelheft für 1000 Marken. Bei Ablieferung von einem Kilo Altpapier, einer Weinflasche, einem Pfund Lumpen, 100 Gramm Metall, zehn Gramm Frauenhaar, 250 Gramm Gummi oder drei abgebrannten Glühbirnen, erhält das Kind eine Sammelmarke.

Mo	Di	Mi	Do	Fr	Sa	So
				1	2	3
4	5	6	7	8	9	10
11	12	13	14	15	16	17
18	19	20	21	22	23	24
25	26	27	28	29	30	31

1. Deutsche Truppen besetzen Kiew.

3. Die Mittelmächte schließen in Brest-Litowsk mit der Sowjetregierung einen Friedensvertrag. →

7. Friedens- und Freundschaftsvertrag zwischen dem Deutschen Reich und der finnischen Republik unterzeichnet.

8. Das Große Hauptquartier der Obersten Heeresleitung wird nach Spa in Belgien verlegt.

9. Der Sitz der Sowjetregierung wird von Petrograd nach Moskau verlegt.

11. Deutscher Luftangriff auf Paris.

15. Die deutsche Reichsregierung erkennt die Selbständigkeit des Herzogtums Kurland an. →

20. Harlow Shapley (2. 11. 1885 bis 20. 10. 1972) berechnet bei Anwendung der fotometrischen Entfernungsmessung, daß die Sonne rund 50 000 Lichtjahre vom Zentrum unseres Milchstraßensystems entfernt ist. (Spätere Messungen korrigieren das Ergebnis auf 30 000 Lichtjahre.)

21. Beginn der deutschen Frühjahrsoffensive an der Westfront. →

23. Das Deutsche Reich erkennt die Unabhängigkeit Litauens an.

26. Friedensvertrag der Mittelmächte mit Rumänien.

26. Der französische Marschall Ferdinand Foch wird Oberbefehlshaber der alliierten Streitkräfte in Frankreich. →

GEBOREN:

3. Fritz Thiedemann, deutscher Reiter, Olympiasieger im Springreiten 1956 und 1960.

3. Arthur Kornberg, amerikanischer Biochemiker, Nobelpreis 1959.

GESTORBEN:

9. Frank Wedekind (* 24. 7. 1864), deutscher Dramatiker.

21. Jakob Koch (* 12. 4. 1870), deutscher Ringer, Weltmeister 1902 und 1904.

23. Paul Laband (* 24. 5. 1838), deutscher Staatsrechtslehrer.

24. Cäsar Antonowitsch Cui (* 6. 1. 1835), russischer Komponist.

26. Claude Debussy (* 22. 8. 1862), französischer Komponist. →

Von den Friedensverhandlungen in Brest-Litowsk. Blick in den Sitzungssaal, in dem die Friedensverhandlungen stattfinden. Am Kopfende in der Mitte Exz. von Kühlmann. 1784.

Zensiert Paul Hoffmann & Co. Berlin-Schöneberg.

phot. Bild- und Film-Amt.

Amtliches Bild vom Verhandlungssaal in Brest-Litowsk. Am Kopfende (Mitte) des Tisches der Staatssekretär des Auswärtigen Amtes, Richard von Kühlmann.

Frieden mit Sowjets

3. März. Die Mittelmächte schließen in Brest-Litowsk mit der Sowjetregierung Frieden. Sowjetrußland erkennt die deutschen Forderungen an: Unabhängigkeit Finnlands, Polens und der Ukraine. Die Sowjetregierung löst das Heer auf. Beide Mächte entlassen die Kriegsgefangenen, sie verzichten auf Ersatz der Kriegskosten und sehen die Aufnahme diplomatischer Beziehungen vor. Die Sowjetregierung stimmt weiterhin zu, daß Deutschland in Estland, Livland, Kurland, Litauen und der Ukraine Schutztruppen stationiert.

Im Reich wird der Friedensschluß von Brest-Litowsk als glänzender Sieg gefeiert. Der Erfolg erweist sich jedoch schnell als Pyrrhussieg, denn angesichts der unklaren politischen Verhältnisse müssen starke deutsche Einheiten im Osten zurückbleiben.

Die Oberste Heeresleitung kann also auch nach dem Friedensschluß an der Ostfront den Zweifrontenkrieg nicht vollständig beenden und alle Reserven zur Frühjahrsoffensive an die Westfront werfen.

Im Reichstag werden unterdessen die widersprüchlichen Ansichten der Parteien deutlich. In der am 19. März stattfindenden Reichstagsdebatte zum Friedensvertrag von Brest-Litowsk feiert der Vorsitzende der Deutsch-Konservativen Reichstagsfraktion, Kuno Graf von Westarp, das Ereignis mit überschwenglichen Worten: »Der Frie-

Ankunft der russischen Delegation.

densschluß gehört zu den größten Erfolgen der Weltgeschichte, dessen Bedeutung erst die Enkel richtig würdigen werden ...«

Die SPD-Fraktion kritisiert das Vertragswerk: »Diese im Osten betriebene Machtpolitik wird den Interessen des Deutschen Reiches, die eine dauernde Beruhigung der Verhältnisse und eine enge Freundschaft zwischen dem deutschen und dem russischen Volke erfordern, nicht gerecht.«

Hugo Haase, der Sprecher der Unabhängigen Sozialdemokraten, macht die Reichsregierung auf die Folgen aufmerksam, die dieser Friedensvertrag bei den Westmächten haben muß: »Die Wirkung unserer Ostpolitik ist dagegen die Steigerung des Hasses und der Furcht. Denn bei den Gegnern, gegen die wir noch kämpfen, wird die Entschlossenheit weiterzukämpfen gestärkt werden, um nicht die deutsche Gewaltpolitik in der gesamten Welt triumphieren zu lassen.«

Österreich sondiert

20. März. Die österreichische Regierung knüpft in der Schweiz Verhandlungen mit den Vereinigten Staaten an und ventiliert die Möglichkeit eines Sonderfriedens. Die Bedingungen der Amerikaner sind eindeutig: Wiederherstellung von Serbien und Montenegro und Anerkennung des Nationalstaatenprinzips. Alle nicht-österreichischen Völker in der Habsburgermonarchie sollen selbständig werden. Unter diesen Bedingungen, die der amerikanische Botschafter dem österreichischen Hofrat Heinrich Lammasch in Zürich vorträgt, ist Kaiser Karl I. nicht bereit, einen Sonderfrieden abzuschließen.

In der österreichischen Bevölkerung verstärkt sich eine antideutsche Stimmung. Mit Erschrecken nimmt Victor Naumann, der Leiter der Nachrichtenabteilung im deutschen Auswärtigen Amt, bei einer Reise nach Wien den Stimmungsumschwung zur Kenntnis. Die Führer der österreichischen Sozialdemokratie, Victor Adler, Karl Renner und Karl Seitz, bekennen im Gespräch mit dem deutschen Politiker, daß sie Streiks, Unruhen und sogar eine Revolution befürchten, wenn die katastrophale Versorgungslage sich in Wien nicht ändert. Wien hat nur noch Vorräte für wenige Wochen. Wenn die erwarteten ukrainischen Getreidelieferungen nicht eintreffen, ist eine Hungerkatastrophe nicht mehr aufzuhalten. Naumann telegrafiert nach Berlin: »In der Doppelmonarchie geht alles drunter und drüber.«

Kurländische Herzogswürde für Wilhelm II.

15. März. Der kurländische Landesrat trägt dem deutschen Kaiser, Wilhelm II., die kurländische Herzogswürde an. Der Landesrat ist eine Versammlung der deutschstämmigen Großgrundbesitzer. Er hat sich nach der Besetzung durch deutsche Truppen zum Sprecher des Landes gemacht.

Kaiser Wilhelm dankt dem Landesrat durch den Reichskanzler für das Angebot. Die Reichsregierung erkennt die Selbständigkeit Kurlands an und sichert dem jungen Staat den Beistand des Reichs zu. Über die Annahme des Herzogtitels kann Wilhelm zu diesem Zeitpunkt noch nicht entscheiden, denn der Vertrag von Brest-Litowsk sieht keine Angliederung der baltischen Länder an das Deutsche Reich vor.

Aber der Kaiser lehnt auch nicht ab und gibt den Kurländern eine ermutigende Antwort: »Mit besonderer Freude haben Seine Majestät von der an ihn gerichteten Bitte Kenntnis genommen, die Herzogskrone Kurlands anzunehmen. Seine Majestät erblickt hierin ein besonderes Zeichen des unerschütterlichen Vertrauens Kurlands zu seiner Person und dem Haus Hohenzollern sowie zum Deutschen Reich und Preußen.«

Claude Debussy erliegt einem Krebsleiden

26. März. Ein Krebsleiden beendet das Schaffen des Komponisten Claude Debussy (geboren am 22. 8. 1862). Die Berührung mit der russischen und südostasiatischen Musik haben dem Werk Debussys einen eigenartigen Charakter verliehen. Seine Musik basiert vielfach auf Kirchentonarten und der Ganztonskala. Sie verwischt den Gegensatz von Konsonanz und Dissonanz und entwickelt dabei eine sensible Tonsprache, die Verwandtschaft zur impressionistischen Malerei und zur symbolischen Dichtung besitzt.

Claude Debussy †.

Offensive im Westen

Deutsche Infanterie auf dem Vormarsch zur großen Frühjahrsoffensive.

21. März. Auf 70 Kilometer Breite beginnen die Deutschen nördlich von St-Quentin ihre große Frühjahrsoffensive. Der Angriff entbrennt genau an der Nahtstelle, wo sich englische und französische Armeen berühren.

Angesichts des deutschen Erfolges reorganisieren die Alliierten die Kampfführung und unterstellen alle in Frankreich kämpfenden Truppenteile dem Oberbefehl des französischen Marschalls Ferdinand Foch. Anfang April wird der deutsche Vormarsch gebremst, und die Front erstarrt wieder im Stellungskrieg. Am 9. April befiehlt der deutsche General Erich Ludendorff bei Lille eine zweite Offensive. Die Deutschen durchstoßen zwar die englischen Linien, aber der Sieg wird mit hohen Verlusten erkauft. An der Aisne das gleiche Bild: Die deutsche Frontlinie steht bis auf fünf Tagesmärsche von Paris entfernt. Paris wird beschossen. Doch zum Durchbruch fehlen die deutschen Soldaten. Während im März die alliierten und die deutschen Truppen zunächst etwa gleich stark sind, verändert sich am Ende des Monats und im April das Zahlenverhältnis täglich zugunsten der Alliierten. Jeden Tag erreichen Tausende amerikanischer Soldaten die Front.

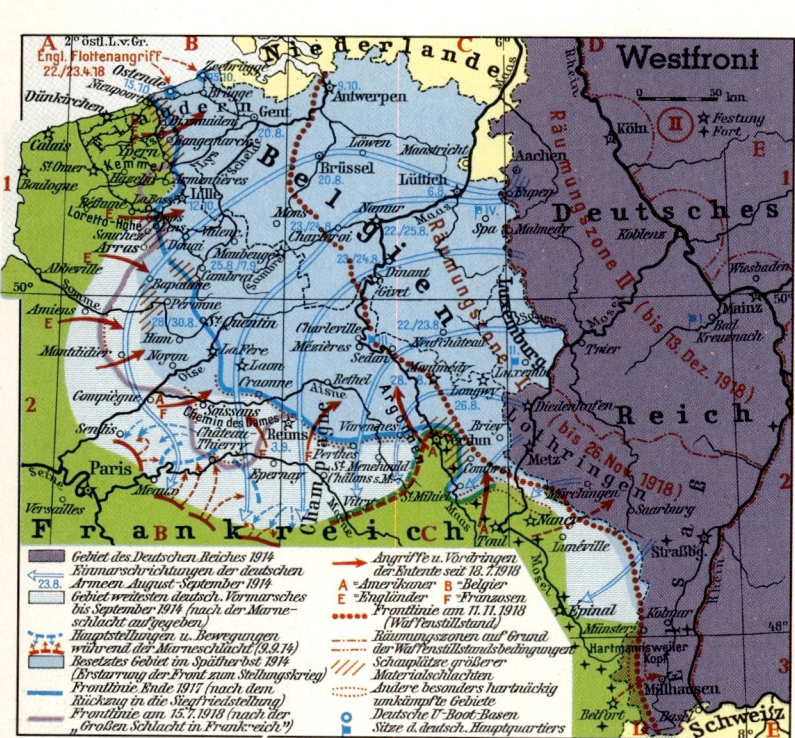

Der Verlauf der Westfront im Frühjahr 1918.

Regierung legt Entwurf vor für Wahlrechtsreform

12. März. Reichskanzler Georg Freiherr von Hertling legt dem Reichstag einen Gesetzentwurf zur Änderung des Reichstagswahlrechts vor. Im Deutschen Reich wird nach dem Mehrheitswahlrecht gewählt. Das Reich ist in 397 Reichstagswahlkreise eingeteilt, die im wesentlichen 1869 festgelegt worden sind. Auf rund 100 000 Einwohner ist damals ein Reichstagsabgeordneter gewählt worden. In den 45 Jahren der Geltung des Wahlgesetzes haben sich enorme Bevölkerungsverschiebungen erge-

Reichskanzler von Hertling.

ben. In 87 Wahlkreisen Ostdeutschlands sinkt die Zahl der Wahlberechtigten unter die Reichsdurchschnittszahl, in den großen Städten dagegen steigt sie sprunghaft; in Bochum um 100 000 oder in Teltow-Charlottenburg (Berlin) sogar um 200 000. Bei den Wahlen 1912 reichen zum Beispiel die 53 333 Stimmen der SPD in Bochum nicht aus, um das Mandat zu erringen, während in Preußisch-Eylau 7706 Stimmen für die absolute Mehrheit genügen.

Die Reichsregierung legt daher die Wahlkreise neu fest: Auf 163 500 Einwohner soll nun ein Abgeordneter entfallen. In den großen Städten, deren Einwohnerzahl deutlich steigt, soll nach dem Verhältniswahlrecht gewählt werden. Hierfür werden 80 Mandate zur Verfügung gestellt. Diese Verschiebung bedeutet eine stärkere Berücksichtigung der industriellen Bevölkerung; deshalb kann die SPD mehr Mandate erwarten. Das geht auf Kosten der konservativen Parteien, die ihre Hochburgen auf dem Lande haben.

1918

APRIL

Mo	Di	Mi	Do	Fr	Sa	So
1	2	3	4	5	6	7
8	9	10	11	12	13	14
15	16	17	18	19	20	21
22	23	24	25	26	27	28
29	30					

3. Die englische Palästina-Armee überschreitet von Osten den Jordan und dringt in Palästina ein.

5. Die amerikanische Regierung übernimmt die Bürgschaft für 3,5-Milliarden-Dollar-Anleihen zum Aufbau der Kriegswirtschaft.

8. Deutsches Ferngeschütz mit einer Reichweite von 128 Kilometern beschießt Paris.

9. Deutschland und Österreich schließen mit der Ukraine ein Getreidelieferungsabkommen. Die Ukraine liefert beiden Ländern 1 Million Tonnen Brot- und Futtergetreide.

12. Der »Gemeinsame Landesrat« (Vertretung von Großgrundbesitz und Bürgertum) von Livland und Estland erklärt den Anschluß der Länder an das Deutsche Reich.

14. Der Sender der Funkstation Nauen im Bezirk Potsdam umspannt die gesamte Erde.

18. Das deutsche Hilfskorps in Finnland erobert im Kampf mit den Roten Garden die Stadt Tampere.

26. Das Deutsche Reich und die Sowjetregierung nehmen diplomatische Beziehungen auf. Wilhelm Graf von Mirbach wird erster deutscher Botschafter bei der Sowjetregierung in Moskau. Adolf Joffe vertritt die Sowjetregierung in Berlin.

30. Guatemala erklärt Deutschland den Krieg.

30. Die Sowjetregierung führt die allgemeine Wehrpflicht wieder ein.

GEBOREN:

23. Maurice Druon, französischer Schriftsteller.

25. Ella Fitzgerald, amerikanische Jazzsängerin.

GESTORBEN:

11. Otto Wagner (* 13. 7. 1841), österreichischer Architekt.

20. Hans Breuer (* 30. 4. 1883), Herausgeber des Liederbuches »Zupfgeigenhansl«, gefallen bei Verdun.

20. Karl-Ferdinand Braun (* 6. 6. 1850), deutscher Physiker, Nobelpreis 1909.

21. Manfred Freiherr von Richthofen (* 2. 5. 1892), deutscher Kampfflieger. →

28. Gavrilo Princip (* 25. 7. 1894), serbischer Nationalist. →

Der »Rote Baron« fällt

21. April. Manfred Freiherr von Richthofen, der erfolgreichste deutsche Kampfflieger, fällt nach 80 erfolgreichen Einsätzen mit seiner Jagdstaffel an der Somme (Vaux-sur-Somme). Seine Maschine wird im Kampf getroffen. Beim Landeversuch hinter den feindlichen Linien trifft ihn der Schuß eines kanadischen Jagdfliegers. Sein 1917 erschienenes Buch »Der rote Kampfflieger«, das zahlreiche Neuauflagen erlebt, begeistert die Jugend für das Fliegen.

Nachbau eines Fokker Dreideckers Dr. 1, wie ihn der »Rote Baron« Manfred von Richthofen (Bild oben) geflogen hat.

Truppenmoral sinkt

26. April. Einen Monat nach Beginn der deutschen Frühjahrsoffensive sinkt die Moral der deutschen Soldaten auf den Nullpunkt. Die Truppen haben im März den Angriff in der Erwartung begonnen, es handele sich um die allerletzte große Offensive, welcher der Frieden folgen werde. Der Vormarsch kommt vielerorts zum Stehen, und die Truppe gräbt sich wieder in Schützengräben ein.

Die Kommandanten melden verstärkt Drückebergerei, mangelhafte Leistungen der Artillerie und Panik in der Infanterie bei Eintreten größerer Verluste. Angesichts solcher Meldungen verliert General Erich Ludendorff die Selbstbeherrschung: »Wenn die Truppe schlechter wird, wenn die Disziplin nachläßt, so ist das die Schuld aller Kommandostellen vorn, die nicht zufassen. Wie wäre es sonst möglich, daß ganze Divisionen sich festgefressen und festgesoffen haben bei erbeuteten feindlichen Magazinen und nicht den so nötigen Angriff vorwärts trieben.«

Die Divisionskommandanten halten Ludendorff vor, daß die Truppe trotz der Verluste keinen einsatzfähigen Nachschub mehr erhält. Mittlerweile werden nach einer Kurzausbildung Munitionsarbeiter an der Front eingesetzt.

Franz-Ferdinand-Mörder stirbt

28. April. Im Krankenhaus des Gefängnisses Theresienstadt (Nordböhmen) stirbt der Mörder des österreichischen Erzherzogs Franz Ferdinand, der Serbe Gavrilo Princip (→ Juni 1914). Sein Attentat am 28. Juni 1914 hat den Ersten Weltkrieg ausgelöst. Während seiner Haft in der Festung Theresienstadt ist er an Tuberkulose erkrankt. Von einer Armamputation erholt er sich nicht mehr.

1918

MAI

Mo	Di	Mi	Do	Fr	Sa	So
		1	2	3	4	5
6	7	8	9	10	11	12
13	14	15	16	17	18	19
20	21	22	23	24	25	26
27	28	29	30	31		

2. Deutsche Truppen marschieren in das Donez-Gebiet (südöstlich der Ukraine) ein.

2. Mit Hilfe deutscher Truppen vertreibt die finnische Regierung die Roten Garden aus Südfinnland.

7. Friedensvertrag der Mittelmächte mit Rumänien. Rumänien muß die Dobrudscha an Bulgarien und Gebiete am Eisernen Tor an Österreich-Ungarn abtreten. Rumänien erhält von Rußland Bessarabien.

8. Nikaragua erklärt Deutschland den Krieg.

14. Das preußische Abgeordnetenhaus lehnt das allgemeine, gleiche und direkte Wahlrecht für Preußen ab.

15. Zwischen New York und der amerikanischen Hauptstadt Washington wird ein regelmäßiger Luftpostdienst aufgenommen. Ein Luftpostbrief kostet 24 Cent Portogebühren.

16. Erlaß zur Kürzung der Brotration im Deutschen Reich beschlossen (150 Gramm pro Tag).

17. Wirtschaftsabkommen zwischen Rumänien und den Mittelmächten. Rumänien verkauft an Deutschland und Österreich überschüssiges Getreide und überträgt beiden Ländern Monopole zur Förderung und Nutzung des rumänischen Erdöls.

19. Deutscher Luftangriff auf London.

23. Costa Rica erklärt Deutschland und den Mittelmächten den Krieg.

26. Georgien und Armenien erklären ihre Unabhängigkeit von Rußland.

27. Beginn einer deutschen Offensive zwischen Soissons und Reims.

29. Deutsche Truppen erobern Soissons.

GEBOREN:

4. Kakuei Tanaka, japanischer Politiker.

12. Alfred Bickel, Schweizer Rekord-Fußballnationalspieler mit 71 Länderspielen.

GESTORBEN:

19. Ferdinand Hodler (* 14. 3. 1853), Schweizer Maler. →

30. Georgi Plechanow (* 29. 11. 1856), russischer Sozialist.

Oberkommando unterstützt Putsch in Kiew

22. Mai. Das deutsche Oberkommando unter General Wilhelm Groener unterstützt einen Militärputsch in Kiew, der die Volksregierung durch ein Militärregime ablöst. Oberst Skoropadski, der neue Führer (Hetman) des Landes, arbeitet eng mit den Deutschen zusammen, deren Truppen das Land sichern und bolschewistische Umsturzversuche vereiteln. Dafür soll die Ukraine in großem Maße Getreide, Schlachtvieh und Kohle nach Deutschland und Österreich-Ungarn liefern.

Die neue ukrainische Militärregierung findet Rückhalt bei den besitzenden Schichten des Landes und bei den Kleinbauern. Die Arbeiterschaft widersetzt sich der Militärregierung. Die eigentlichen Herren im Lande sind jedoch die deutschen Besatzungstruppen.

Schweizer Maler Ferdinand Hodler stirbt in Genf

19. Mai. In Genf stirbt im Alter von 64 Jahren der Schweizer Maler Ferdinand Hodler. Nach realistischen Landschaftsbildern fand er 1890 mit dem Gemälde »Die Nacht« zu einem persönlichen Stil, der mit vereinfachter Bildregie, Symbolik und konturierter Darstellung schon Elemente des späteren Jugendstils und des Expressionismus vorwegnahm. Später wandte sich Hodler der monumentalen Historienmalerei zu (»Auszug der Jenenser Studenten in den Freiheitskrieg«).

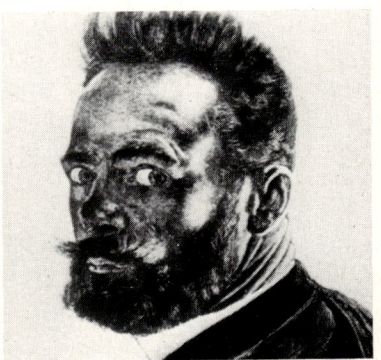

Ferdinand Hodler †.

Bürgerkrieg tobt in Rußland

Soldaten der von Trotzki (oben) gegründeten Armee.

Kosaken der Weißen Garde vor ihren Opfern.

Die Sowjetregierung verliert im Mai die Kontrolle in Rußland. Trotz des Friedensvertrages von Brest-Litowsk (→ März 1918) dringen deutsche Truppen weiter in Südwestrußland vor. Die Türken erreichen die Schwarzmeerküste und marschieren auf Baku am Kaspischen Meer. Tatarische Banden und die Türken wüten unter der Zivilbevölkerung. Nach seiner Wahl zum Führer der Donkosaken am 11. Mai organisiert Peter Krasnow den Widerstand der Kosaken gegen die Bolschewisten. Im Mai kontrolliert Krasnow mit dem General Anton Denikin das Gebiet von der deutschen Frontlinie bis zur Wolga und schneidet die Nahrungsmittelzufuhr für Moskau ab. Erst Anfang Juli erobern die Bolschewi-

sten Carycin zurück und können die Eisenbahnlinie nach Moskau wieder in Betrieb nehmen.

Noch zur Zarenzeit ist aus österreichischen Überläufern und Kriegsgefangenen eine tschechische Freiwilligenlegion zum Kampf gegen Deutschland gebildet worden. Nach dem deutsch-russischen Friedensvertrag verfügt der bolschewistische Kriegskommissar Leo Trotzki die Auflösung der Legion. Die Tschechen widersetzen sich der Entwaffnung und erheben sich gegen die Sowjetregierung. Sie kontrollieren die transsibirische Eisenbahnlinie im Ural und beherrschen das gesamte Süduralgebiet. In Samara (Kubyschew) bildet sich eine russische Gegenregierung aus Sozialdemokraten und Sozialrevolu-

tionären. Die tschechische Legion verbindet sich mit der »weißen« Samara-Regierung. Bei der Eroberung von Kasan fällt den »Weißen« im Kampf gegen die Roten Garden der Sowjetregierung der gesamte Goldschatz der russischen Reichsbank in die Hände. Im Sommer kontrollieren die »Weißen« ein Gebiet vom Ural bis zur Linie Wolga–Kama.

In Omsk (Sibirien) bildet sich eine weitere Regierung, die von national-konservativen Kräften getragen wird. An ihrer Spitze steht der ehemalige Befehlshaber der russischen Schwarzmeerflotte, Admiral Alexander Koltschak.

In den russischen Häfen Murmansk, Archangelsk und Wladiwostok lagern Munitionsvorräte, die die Alliierten noch der kaiserlichen Regierung geliefert haben. Um zu verhindern, daß diese den Bolschewisten oder gar den Deutschen in die Hände fallen, landen die Engländer. Erste englische Einheiten besetzen im März Murmansk. Im Mai wird eine englische Einheit von fast 15 000 Mann gebildet, die die Halbinsel Kola und den Hafen Archangelsk kontrolliert. Eine »weiße« Einheit unter dem General Jewgeni Miller mit 7000 Russen unterstützt die Engländer. In Wladiwostok landen japanische und englische Einheiten, und von Persien her dringen die Engländer in das transkaspische Gebiet östlich des Kaspischen Meeres vor.

Der Bürgerkrieg in Rußland von 1918 bis 1920.

Grenze des Zarenreiches 1914
Gebiet unter sowjet. Herrschaft
von den Mittelmächten 1918 und den Japanern 1918-20 besetzte Gebiete
kommunistische Stoßrichtungen

0 1000 km

1918
JUNI

Mo	Di	Mi	Do	Fr	Sa	So
					1	2
3	4	5	6	7	8	9
10	11	12	13	14	15	16
17	18	19	20	21	22	23
24	25	26	27	28	29	30

3. Finnischer Landtag stimmt deutsch-finnischem Friedensvertrag zu.

5. Der deutsche Botschafter in Moskau zahlt 3 Millionen Mark an russische Politiker, um zu verhindern, daß die Sowjetregierung in das Lager der Alliierten übergeht. Das Reichsschatzamt stellt am 17. 6. noch einmal einen Betrag von 40 Millionen Mark zur Verfügung.

13. Sowjetrußland und die Ukraine schließen einen Waffenstillstand.

15. Die österreichische Offensive gegen Venetien wird von den Italienern zurückgeschlagen; Italien beginnt eine erfolgreiche Gegenoffensive.

15. Französische und amerikanische Truppen bringen die deutsche Offensive bei Noyon zum Stehen.

17. Wegen Erschöpfung der Vorräte muß in Wien die Brotration auf die Hälfte reduziert werden (90 Gramm pro Tag).

24. Der deutsche Außenminister Kühlmann erklärt vor dem Reichstag, daß die deutsche Westoffensive die Alliierten nicht friedensbereit gemacht habe. →

26. Deutscher Luftangriff auf Paris.

28. Sowjetregierung verstaatlicht die Industriebetriebe in Rußland.

30. Herzog Wilhelm von Urach (Württemberg) wird litauischer König und nimmt den Namen Mindaugas II. an.

30. Die Sowjetkommissare Stalin und Woroschilow schlagen die aufständischen Kosaken in Südwestrußland; die Eisenbahnverbindung Carycin–Moskau ist wieder in der Hand der Bolschewisten.

GEBOREN:

27. Adolf Kiefer, amerikanischer Schwimmer (17 Weltrekorde).

28. Lambertus Schierbeck, niederländischer Schriftsteller.

GESTORBEN:

3. Curt Bretting (* 8. 5. 1894), deutscher Schwimmer, Olympiasieger von 1912 im Kraulschwimmen.

10. Arrigo Boito (* 24. 2. 1848), italienischer Komponist.

26. Peter Rosegger (* 31. 7. 1843), österreichischer Schriftsteller. →

Militär hat die Macht

30. Juni. Die deutsche Oberste Heeresleitung wird zur eigentlichen Reichsregierung. Reichskanzler Georg Freiherr von Hertling kann nichts durchsetzen, was den Wünschen der Militärs widerspricht. Der Chef des Generalstabs des Heeres, Paul von Beneckendorff und von Hindenburg, sowie General Erich Ludendorff setzen die Kürzung der Lebensmittelrationen im Mai auf 150 Gramm Brot pro Tag durch; sie erteilen auch die Richtlinien für die Regierungsarbeit. Am 12. Mai rufen sie den Oberbefehlshaber der österreichisch-ungarischen Armee, Arthur Freiherr Arz von Straußenburg, nach Spa und setzen eine einheitliche Organisation des österreichischen und des deutschen Heeres

durch, um Alleingänge der Österreicher in Hinblick auf einen Sonderfrieden mit den Alliierten abzufangen. Kaiser Wilhelm II. bestellt die Militärs nicht mehr zum Rapport nach Berlin, sondern der Kaiser erscheint selbst in Spa. Der 75jährige Reichskanzler von Hertling muß Ende des Monats nach Spa reisen und gegenüber den Militärs verantworten, daß sein Außenminister im Reichstag erklärt hat, die deutsche Frühjahrsoffensive habe die Friedensbereitschaft der Alliierten nicht erhöht. In den Verhandlungen von Spa setzen die Militärs die Ablösung des Außenministers Richard von Kühlmann durch und schlagen den Konteradmiral Paul von Hintze zum Nachfolger vor. Der Reichskanzler gehorcht.

Von März bis August 1918 wird Paris von deutschen Ferngeschützen beschossen. Die Karte zeigt die Treffer in den Pariser Arrondissements.

In Österreich stirbt der Volksschriftsteller Peter Rosegger

26. Juni. In Krieglach (Steiermark) stirbt der Volksschriftsteller Peter Rosegger im Alter von knapp 75 Jahren. Hier wurde er 1843 als Sohn eines armen Bergbauern geboren. Er erlernte das Schneiderhandwerk. In den 80er Jahren des 19. Jahrhunderts veröffentlichte er seine ersten Romane und Erzählungen. Rosegger blieb Zeit seines Lebens innig verwachsen mit der steirischen Heimat, deren bedeutendster Schriftsteller er wurde. Die Erzählung »Als ich noch der Waldbauernbub war« (1902) wird eines der bekanntesten Jugendbücher. Die Probleme der neuen Zeit und der Industrialisierung stellte er in der Erzählung »Jakob der Letzte« dar. Hier geht es um das Eindringen des Kapitalismus in ein Bauerndorf.

Peter Rosegger †.

Rosegger blieb in Sprache und Darstellung seiner Herkunft treu. Er schilderte das einfache Leben in einer schlichten, aber präzisen und treffenden Sprache.

Härtere Strafen bei Kriegsgerichten

Gehorsamsverweigerung und unerlaubtes Entfernen von der Truppe nehmen beim deutschen Heer in hohem Maße zu. General Erich Ludendorff verordnet daher eine schärfere Bestrafung durch die Kriegsgerichte. Nur in Ausnahmefällen darf bei Freiheitsstrafen eine Überweisung der Verurteilten in ein heimisches Festungsgefängnis angeordnet werden (ein solches Urteil

wird von den Soldaten als angenehme Verlegung von der Front aufgefaßt). Die Verurteilten sollen nunmehr Strafkompanien zugeführt werden. Bei unerlaubter Entfernung von der Truppe und bei Feigheit können die Vorgesetzten den Gehorsam mit Waffengewalt erzwingen. Bei entsprechenden Kriegsgerichtsverfahren muß die Todesstrafe verhängt werden.

Propagandafeldzug der Obersten Heeresleitung soll Siegeswillen heben

Die Oberste Heeresleitung versucht, mit einem Propagandafeldzug den Siegeswillen in der deutschen Bevölkerung neu zu beleben. Trotz der Pressezensur werden mittlerweile per Mundpropaganda Nachrichten weitergegeben, die den Widerstandswillen der Bevölkerung schwächen. So wird vielfach erzählt, daß Hindenburg gesagt haben soll: »Mit hungrigen Soldaten kann ich keine Offensive machen!« Auch von Ungehorsam und mangelnder Disziplin des Feldheeres wird berichtet. General Erich Ludendorff fordert daher die Reichsregierung auf, eine Propagandaoffensive in der Bevölkerung zu starten, die die Bürger im Lande von den folgenden Leitsätzen überzeugen soll:

1. Die deutsche Reichsregierung will Frieden. Die Alliierten verhindern einen Verständigungsfrieden.
2. Die deutsche Ostpolitik hat nicht das Ziel, Völker zu unterdrücken, sondern Völker vor dem Bolschewismus zu schützen.
Der deutsche Arbeiter hat den besten sozialen Schutz in der Welt.
3. Deutschland will Belgien nicht annektieren.

Ludendorff rechnet mit einer durchschlagenden Wirkung des Propagandafeldzuges im Ausland.

Denn auch die englische und französische Bevölkerung soll mit Flugblättern, die von Flugzeugen abgeworfen werden, über die deutschen Kriegsziele informiert werden. Der Bevölkerung des Auslandes soll zugleich der feste Wille der Deutschen demonstriert werden, damit sie ihren eigenen Regierungen in den Rücken fallen und Frieden fordern. Ein Streit über den Sinn des Kriegs kann nach Ludendorffs Plänen die Schlagkraft der Gegner lähmen. Für diesen Fall bereitet Ludendorff eine letzte deutsche Offensive vor.

Sein Ziel teilt Ludendorff der Reichsregierung am 8. Juni offen mit: »Dem feindlichen Ausland muß in jeder Weise die Täuschung vermittelt werden, als ob die deutschen Kundgebungen die Einleitung zu einem deutschen Friedensangebot darstellen... Für uns ergibt sich die Aufgabe, nichts unversucht zu lassen, um die Friedensbewegung bei unseren Feinden so zu stärken, daß sie bei ihnen zuerst in panikartige Formen ausartet und den Zusammenbruch der inneren Front herbeiführt.«

Aber auch im Deutschen Reich haben sich die Bemühungen der Kriegsgegner in den vergangenen Monaten verstärkt, vor allem angesichts der Vorgänge in Rußland.

1918

JULI

Mo	Di	Mi	Do	Fr	Sa	So
1	2	3	4	5	6	7
8	9	10	11	12	13	14
15	16	17	18	19	20	21
22	23	24	25	26	27	28
29	30	31				

2. Die Vereinigten Staaten erkennen den tschechoslowakischen Nationalrat als provisorische Regierung der Tschechoslowakei an.

4. Der amerikanische Präsident Wilson fordert die Demokratisierung aller Regierungen. →

4. Der allrussische Sowjetkongreß beschließt in Moskau eine sozialistische Verfassung.

6. Aufstand der Sozialrevolutionäre in Rußland gegen die Bolschewisten. →

6. Großbritannien legt Programm zur Autonomie Indiens vor.

8. Italiener und Franzosen greifen Österreich in Albanien an.

9. Der deutsche Außenminister Kühlmann tritt zurück. Sein Nachfolger wird der Konteradmiral von Hintze.

13. Der deutsche Reichstag beschließt einen weiteren Kriegskredit in Höhe von 12 Milliarden Mark.

13. Gründung des tschechoslowakischen Nationalrats in Prag.

16. Haiti erklärt Deutschland den Krieg.

18. Französische und amerikanische Truppen beginnen an Aisne und Marne (Nordfrankreich) die Gegenoffensive und drängen die deutschen Truppen zurück. →

19. Honduras erklärt Deutschland den Krieg.

31. Am Ende des vierten Kriegsjahres befinden sich 3,5 Millionen englische, französische und amerikanische Soldaten in deutscher Kriegsgefangenschaft.

GEBOREN:

13. Alberto Ascari († 26. 5. 1955), italienischer Rennfahrer, Automobilweltmeister 1952 und 1953.

23. Janheinz Jahn († 29. 11. 1959), deutscher Schriftsteller.

29. Wladimir Dudinzew, russischer Schriftsteller.

30. Henri Chammartin, Schweizer Dressurreiter, Olympiasieger von 1964 in der Einzeldressur.

GESTORBEN:

6. Wilhelm Graf von Mirbach-Harff (* 2. 7. 1871), deutscher Politiker. →

16. Zar Nikolaus II. von Rußland (* 18. 5. 1868), ermordet mit seiner Familie. →

Mord an Zarenfamilie

16. Juli. Die tschechische Legion nähert sich Jekaterinburg (Swerdlowsk). Hier halten die Bolschewisten Zar Nikolaus und seine Familie gefangen. In der Nacht zum 17. Juli ermorden die bolschewistischen Bewacher die Zarenfamilie. Wenige Tage später erobern die Truppen des Generals Alexander Koltschak Jekaterinburg.

Nikolaus II., von 1894 bis 1917 Kaiser von Rußland, führte zunächst das autokratische Regiment seiner Vorgänger weiter. Nach dem verlorenen Krieg gegen Japan und der ersten Revolution in Petersburg 1905 versprach er die Gewährung von Grundrechten und die Einrichtung einer gesetzgebenden Volksvertretung, deren Befugnisse aber 1907 drastisch eingeschränkt wurden. Nach seiner Abdankung im Jahr 1917 – England hatte ihm das Asyl verweigert – wurde er nach

Zar Nikolaus II. †.

Sibirien verbannt und von den Bolschewisten gefangengenommen. Mit ihm sterben seine Gattin Alexandra (die ehemalige Prinzessin Alice von Hessen), seine vier Töchter und der 14jährige Thronfolger.

Wende im Westen

13./18. Juli. Der französische Heeresbericht feiert die Wende des Krieges. Zum erstenmal seit 1916 gelingt in der Champagne der große Durchbruch. Die deutsche Front bricht auf einer Breite von 45 Kilometern zusammen und muß eiligst zurückgenommen werden. Franzosen und Amerikaner setzen nach und erobern zwanzig Dörfer von den Deutschen zurück.

Die Führung im deutschen Hauptquartier ist ratlos. Zum Aufhalten der alliierten Offensiven fehlen Soldaten und Kriegsmaterial. Deshalb befiehlt Generalfeldmarschall Erich Ludendorff, in Zukunft nur noch

kleine Überraschungsangriffe an schnell wechselnden Plätzen auszuführen. Mit dieser Taktik will die Oberste Heeresleitung die Alliierten über die tatsächliche Schwäche der deutschen Armee täuschen. Das Täuschungsmanöver soll verhindern, daß die Alliierten Großangriffe auf bestimmte Punkte konzentrieren.

Um die Disziplin der eigenen Truppe nicht unnötig zu belasten, ordnet Ludendorff an, daß in den Befehlen an die Truppe nicht mehr von Angriffen, sondern nur noch von Verteidigungsmaßnahmen gesprochen werden darf.

Luftkampf an der Westfront. Gemälde von W. G. Wyllie (1917).

Revolutionäre erschießen Botschafter

6. Juli. Zwei russische Sozialrevolutionäre, Blumkin und Adreew, ermorden in der deutschen Botschaft Wilhelm Graf von Mirbach-Harff, den Botschafter Deutschlands in Moskau. Sie dringen in das Gebäude mit ordnungsgemäß ausgestellten Passierscheinen ein, die vom Chef der russischen Geheimpolizei Tscheka, Dserschinski, unterzeichnet sind. Hinter der Aktion steht Boris Sawinkow, ein Sozialrevolutionär, der einstige Mitarbeiter Kerenskis im Kriegsministerium. Der Mord an dem deutschen Diplomaten soll einen Bruch der Sowjetregierung mit Deutschland provozieren und gleichzeitig das Signal für den Aufstand der Sozialrevolutionäre setzen. Sawinkow erklärt vor Gericht, für die Aktion 2,5 Millionen Franc vom französischen Botschafter erhalten zu haben. Gleichzeitig mit der Erhebung in Moskau flammen Aufstände in 23 russischen Städten auf. In Jaroslawl ergreifen die Sozialrevolutionäre die Macht. Am 9. Juli sind die Bolschewisten in der Hauptstadt wieder im Besitz der Macht. In Jaroslawl bricht der Aufstand am 23. Juli zusammen.

Wilson nennt Ziele der USA

4. Juli. In seiner Rede zum amerikanischen Nationalfeiertag nennt Präsident Woodrow Wilson die Ziele der amerikanischen Kriegspolitik:
1. Die Vernichtung der autokratischen, nicht auf dem Willen eines Volkes beruhenden Herrschaft.
2. Die Vereinbarung aller Staaten, ihre Konflikte in Zukunft am Verhandlungstisch unter Beachtung des Völkerrechts zu lösen.
3. Die Anerkennung des Völkerrechts durch alle Völker.
4. Die Einrichtung einer internationalen Friedensorganisation.
Wilson faßt die vier Ziele in seinem Schlußsatz zusammen: »Was wir suchen, ist die Herrschaft des Rechts, gegründet auf die Zustimmung der Regierten und gestützt durch die organisierte Meinung der Menschheit.«

1918

AUGUST

Mo	Di	Mi	Do	Fr	Sa	So
			1	2	3	4
5	6	7	8	9	10	11
12	13	14	15	16	17	18
19	20	21	22	23	24	25
26	27	28	29	30	31	

1. In den Vereinigten Staaten arbeiten eine Million Frauen in den Fabriken.

5. Deutsches U-Boot versenkt den amerikanischen 10 000-Tonnen-Tanker »O. B. Jennings« 100 Meilen vor der Küste Virginias.

8. Entscheidende deutsche Niederlage an der Westfront. Die deutschen Stellungen bei Amiens und St-Quentin brechen unter den alliierten Angriffen zusammen. 54 000 Amerikaner kämpfen auf alliierter Seite. →

8. Trotzki, Volkskommissar für Verteidigung, erobert mit der von ihm geschaffenen Roten Armee Kasan von den »Weißen« zurück.

17. Die Türkei besetzt Armenien und beginnt ihren Vormarsch in den Kaukasus.

21. Englischer Großangriff auf Arras, die deutsche Front weicht zurück.

22. Französischer Luftangriff auf Karlsruhe.

25. In Schlesien flüchten junge Männer in großer Zahl in die Wälder, um der militärischen Einberufung zu entgehen.

27. In einem Zusatzabkommen zum Friedensvertrag von Brest-Litowsk macht die Sowjetregierung Deutschland weitere Zugeständnisse. →

28. Rückzug der Deutschen an der Somme und bei Ypern.

30. Sozialrevolutionäre ermorden in Petrograd den Chef der russischen Geheimpolizei; in Moskau wird Lenin bei einem Attentatsversuch der Sozialrevolutionärin Dora Kaplan schwer verletzt.

31. Der englische Generalkonsul in Moskau, Bruce Lockhart, wird verhaftet und wegen Konspiration gegen die Sowjetregierung angeklagt. Später wird er ausgetauscht.

GEBOREN:

6. Otto Wolff von Amerongen, deutscher Industrieller.

13. Frederick Sanger, englischer Biochemiker, Nobelpreis 1958.

18. Alexander Scheljepin, sowjetischer Politiker.

25. Leonard Bernstein, amerikanischer Komponist und Dirigent.

GESTORBEN:

29. Max Dauthenday (* 25. 7. 1867), deutscher Dichter.

Alliierte überrennen Deutsche

8. August. An diesem »schwarzen Tag« des deutschen Heeres überrennen zwischen Ancre und Aisne die alliierten Truppen die deutschen Linien und lassen nicht einmal mehr einen Rückzug der Deutschen in hintere Verteidigungsstellungen zu. Sogar der deutsche Heeresbericht gibt verklausuliert die Niederlage zu: »Zwischen Ancre und Aisne griff der Feind mit starken Kräften an. Durch dichten Nebel begünstigt, drang er mit seinen Panzerwagen in unsere Infanterie- und Artillerielinien ein.« Inzwischen kämpfen auf alliierter Seite 54 000 amerikanische Soldaten.

Der englische Heeresbericht präzisiert das Ausmaß des Zusammenbruchs an der deutschen Front: »Der Feind wurde überrascht. Die Verbündeten drangen überall schnell vorwärts, und die ersten Ziele wurden auf der ganzen Angriffsfront zu früher Stunde erreicht ... Nördlich der Somme wurde der größte Teil der Ziele vor Mittag genommen ... Südlich der Somme wurden auf der ganzen Schlachtfront die Endziele genommen.«

Eine britische Brigade an einer zerstörten Brücke in Frankreich.

Rußland soll zahlen

27. August. Trotz des Friedensvertrags von Brest-Litowsk (→ März 1918) marschieren deutsche Truppen von der Ukraine ausgehend tiefer nach Südwestrußland ein. Die Deutschen wollen Getreide- und Rohstoffquellen für ihre Versorgung sichern. Die Sowjetregierung, die wegen des Bürgerkriegs im Lande keinen Widerstand leisten kann, schließt auf Druck der Deutschen am 27. August einen weiteren Vertrag mit dem Reich ab. Die Sowjetregierung verzichtet formell auf Estland und Livland. Die deutschen Truppen ziehen sich aus dem Donez-Becken und von der Schwarzmeerküste zurück, wenn die Sowjetregierung den Waffenstillstandsvertrag mit der Ukraine durch einen formellen Friedensvertrag ablöst. Die Sowjetregierung zahlt dem Deutschen Reich eine Entschädigung in Höhe von 6 Milliarden Mark.

Die bolschewistische Parteizeitung »Prawda« kommentiert den neuen Vertrag mit Deutschland: »Das sozialistische Rußland wird von zwei Seiten vom Imperialismus bedroht, auf der einen Seite vom Imperialismus Englands und Frankreichs und auf der anderen Seite von dem Deutschlands. Es ist unmöglich, nach beiden Seiten hin Widerstand zu leisten. Rußland muß vielmehr, solange es mit englischen und französischen Truppen regelrecht Krieg zu führen gezwungen ist, mit Deutschland paktieren.«

Die kommunistischen Theoretiker messen den internationalen Verträgen keine langfristige Bedeutung bei. Sie vertrauen den Aussagen ihrer Ideologie, wie sie Lenin 1917 in seinem Werk »Staat und Revolution« zusammengefaßt hat: Die kapitalistischen Regierungen werden durch den Weltkrieg so geschwächt, daß die Arbeiterschaft den Klassenkampf mit dem Aufruf zur proletarischen Revolution zu einem Höhepunkt bringen wird.

Vorbereitung der ersten Friedensschritte

14. August. Die Oberste Heeresleitung beauftragt das deutsche Auswärtige Amt, Friedensschritte vorzubereiten. Der Beginn für eine Friedensinitiative soll aber erst dann erfolgen, wenn das Militär »grünes Licht« gibt.

Bei einer Besprechung der Reichsregierung mit der militärischen Führung in Spa weist Reichskanzler Georg Freiherr von Hertling auf die Not der Bevölkerung hin. Er betont in seinem Vortrag, daß sich die Kriegsmüdigkeit weiter ausbreitet, die Ernährung völlig unzureichend ist und der Bekleidungsmangel schlimme Auswirkungen zeigt.

Erich Ludendorff wechselt das Thema mit den Worten: »In Berlin laufen noch eine Menge junger Leute frei herum. In bezug auf Ersatz muß besser ausgekämmt werden. Strenge innere Zucht ist notwendig.«

Soldaten glauben nicht mehr an deutschen Sieg

31. August. »Ich drücke mich an der Front, so gut ich kann«, heißt es in einem Feldpostbrief von der Front. Die Postüberwachungsstelle der 6. Armee prüft vom 21. bis 31. August sämtliche zu der Truppe und von der Truppe gehenden Feldpostbriefe. 53 781 Briefe werden kontrolliert und 886 Schreiben wegen Beanstandung nicht weitergeleitet. Auch in den nicht beanstandeten Briefen fällt den Kontrolleuren allgemeine Kriegsmüdigkeit und Pessimismus auf. In der Mehrzahl glauben die Schreiber nicht mehr an den Sieg, sondern haben sich mit der Niederlage abgefunden: »Wir können nicht siegen.«

Diese Überzeugung führt dazu, daß viele Männer versuchen, ihren soldatischen Pflichten auszuweichen. »Durch etwaige weitere Erfolge Deutschlands könnte der Krieg nur verlängert werden, durch eine Niederlage hätten wir den ersehnten Frieden.«

Die Prüfstelle zitiert noch einen weiteren Brief, in dem es heißt: »Wir haben den gleichen Verdienst, ob unter französischer, englischer oder deutscher Herrschaft nach dem Krieg.« Manche Schreiber wünschen sich, um dem weiteren Kampf zu entgehen, einen Arm zu verlieren oder eine andere Verletzung zu erleiden.

Die Soldaten vertrauen der englischen und französischen Flugblattpropaganda, legen solche Flugblätter vielen ihrer verzweifelten Briefe in die Heimat bei oder zitieren: »Wir kämpfen nicht fürs Vaterland, auch nicht für unsere Ehre. Wir kämpfen aus Unverstand für die großen Millionäre.«

In Feldpostbriefen, die von Soldaten aus dem Heimaturlaub geschrieben werden, entdeckt die Prüfstelle Formulierungen wie diese: »Wir machen nicht mehr mit. Wir kommen nicht vom Urlaub zurück.«

Auch die Offiziere scheinen von der Hoffnungslosigkeit der Mannschaften angesteckt. In einem beanstandeten Brief heißt es: »Unsere Offiziere haben auch keine Lust, sie dürfen's ja nicht offen aussprechen, aber hier und da lassen sie schon ein Wort fallen.«

1918
SEPTEMBER

Mo	Di	Mi	Do	Fr	Sa	So
						1
2	3	4	5	6	7	8
9	10	11	12	13	14	15
16	17	18	19	20	21	22
23	24	25	26	27	28	29
30						

2. Die deutschen Armeen befinden sich an allen Fronten im Westen auf dem Rückzug.

11. Letzte öffentliche Rede Kaiser Wilhelms II. Er fordert in Essen die Krupparbeiter zum Durchhalten auf.

14. Österreich-Ungarn schlägt den Alliierten Friedensverhandlungen vor. →

15. Deutscher Luftangriff auf die Stadt Paris.

16. Der englische Außenminister Balfour lehnt die österreichische Friedensnote ab.

16. Französische Luftangriffe erfolgen auf die Städte Mainz sowie Stuttgart.

18. Die englische Palästina-Truppe erobert Haifa, Akka und Nazareth.

25. Bulgarien richtet ein Waffenstillstands- und Friedensangebot an die Alliierten.

25. Sowjetrußland führt das Dezimalsystem ein.

26. Unter dem Präsidenten Masaryk wird in Paris eine provisorische tschechoslowakische Regierung gebildet.

28. Igor Strawinskis Ballett »Die Geschichte vom Soldaten« in Lausanne uraufgeführt.

29. England und Frankreich unterzeichnen in Saloniki einen Waffenstillstandsvertrag mit Bulgarien.

29. Die deutsche Front weicht im Westen hinter den Oise-Aisne-Kanal und Cambrai zurück.

30. Per Erlaß verfügt Kaiser Wilhelm II. die Einführung des parlamentarischen Regierungssystems in Deutschland. →

30. Reichskanzler Hertling reicht dem deutschen Kaiser sein Rücktrittsgesuch ein. →

GEBOREN:

22. Hans Scholl († 22. 2. 1943), deutscher Student, Mitglied der Widerstandsgruppe Weiße Rose.

GESTORBEN:

10. Carl Peters (* 27. 9. 1856), deutscher Kolonialpionier.

26. Georg Simmel (* 1. 3. 1858), deutscher Philosoph und Soziologe.

30. Erwin Szabo (* 22. 8. 1877), ungarischer Sozialist.

Demokratie-Erlaß

30. September. Bulgarien bittet am 25. des Monats England und Frankreich um Frieden. Die deutsche Oberste Heeresleitung kann die Tage zählen, bis die eigene Front in Frankreich endgültig zusammenbricht.

Paul von Hindenburg und Erich Ludendorff sind überzeugt, daß mit der englischen und französischen Regierung keine Waffenstillstandsverhandlungen möglich sind, ehe es nicht zu einer Kapitulation Deutschlands kommt. Die deutschen Militärs rechnen aber mit der Unterstützung des amerikanischen Präsidenten Woodrow Wilson, wenn eine parlamentarisch gebildete deutsche Regierung um die Aufnahme von Friedensverhandlungen nachsucht. Im Reichstag bereiten SPD, Zentrum und die liberalen Parteien einen Vorstoß zur Demokratisierung des Reiches vor.

Auf Druck der Militärs befiehlt Kaiser Wilhelm II. am 30. September per Erlaß die Einführung der Demokratie in Deutschland und den Übergang zum parlamentarischen Regierungssystem. Der kaiserliche Demokratisierungserlaß beginnt mit den Sätzen: »Ich wünsche, daß das deutsche Volk wirksamer als bisher an der Bestimmung der Geschicke des Vaterlandes mitarbeitet. Es ist daher mein Wille, daß Männer, die vom Vertrauen des Volks getragen sind, in weitem Umfang teilnehmen an den Rechten und Pflichten der Regierung.« Reichskanzler Hertling bittet den Kaiser nach Veröffentlichung des Erlasses um den Rücktritt. Der Kaiser stimmt zu.

Wilson will nur mit demokratischen Regierungen Europas verhandeln

27. September. Die österreichisch-ungarische Regierung schlägt am 14. September allen kriegführenden Mächten vor, Verhandlungen zu einem Verständigungsfrieden aufzunehmen. Die alliierten Regierungen weisen den österreichischen Vorstoß scharf zurück. Am 27. September läßt der amerikanische Präsident Woodrow Wilson in einer Rede in New York durchblicken, daß die Vereinigten Staaten und ihre Verbündeten nicht mit autoritären Staaten verhandeln werden. Er unterstreicht, daß die Alliierten gegenüber Regierungen, die ihre »Politik auf Gewalt stützen«, keine Verhandlungsbereitschaft zeigen, sondern bis zum absoluten Sieg weiterkämpfen werden. Wilson fordert den Sturz der Monarchien in Deutschland und Österreich und will nur mit parlamentarischen Regierungen verhandeln.

U-Boot versenkt größten Dampfer

4. September. Am 1500. Tag des Krieges versenkt ein deutsches U-Boot in der Irischen See den Dampfer »Leviathan«, mit 58 000 Tonnen das größte Schiff der Welt. Der amerikanische Frachter war mit Kriegsmaterial auf dem Weg von New York nach England.

Die »Leviathan« ist ursprünglich ein deutsches Schiff gewesen. Vor dem Krieg hieß der Dampfer »Vaterland« und fuhr unter deutscher Flagge die Nordatlantikroute. Nach Kriegsausbruch wurde das Schiff von den Amerikanern beschlagnahmt und diente als Truppentransporter.

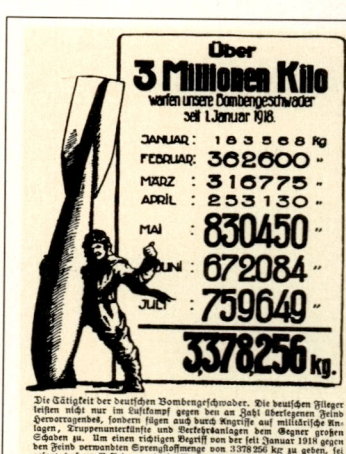

Die Propaganda geht weiter. Ein deutsches Plakat versucht, mit der Darstellung der Leistungsfähigkeit der Luftwaffe Mut zu machen.

1918

OKTOBER

Mo	Di	Mi	Do	Fr	Sa	So
	1	2	3	4	5	6
7	8	9	10	11	12	13
14	15	16	17	18	19	20
21	22	23	24	25	26	27
28	29	30	31			

3. Prinz Max von Baden wird deutscher Reichskanzler und richtet ein Waffenstillstandsangebot auf der Grundlage der 14 Punkte an den amerikanischen Präsidenten Wilson. →

4. Bildung der ersten deutschen Regierung, die dem Parlament (Reichstag) verantwortlich ist.

10. Rosa Luxemburg wird aus der Schutzhaft entlassen. Sie nimmt sofort revolutionäre Aktivitäten auf.

12. Die deutsche Regierung erklärt sich bereit, zur Herbeiführung des Waffenstillstands die besetzten Gebiete im Westen zu räumen.

14. US-Präsident Wilson fordert als Vorbedingungen für Friedensverhandlungen die Bildung einer demokratischen Regierung in Deutschland. →

21. Deutschland stellt den uneingeschränkten U-Boot-Krieg ein. →

23. Karl Liebknecht wird begnadigt und aus der Haft entlassen.

24. Das preußische Herrenhaus stimmt dem allgemeinen, gleichen und direkten Wahlrecht für Preußen zu.

26. General Ludendorff tritt als Generalquartiermeister in der Obersten Heeresleitung zurück. Nachfolger wird General Groener. →

28. Ausrufung des tschechoslowakischen Staates in Prag. →

31. Die sozialdemokratische Zeitung »Vorwärts« fordert die Abdankung Kaiser Wilhelms II. →

GEBOREN:

11. Jerome Robbins, amerikanischer Choreograph.

20. Erwin Ballabio, Schweizer Fußballtorwart, 27 Länderspiele.

GESTORBEN:

7. Raymond Duchamps-Villon (* 5. 11. 1876), französischer Bildhauer.

13. Gerrit Engelke (* 21. 10. 1890), deutscher Arbeiterdichter.

19. Hanns Braun (* 26. 10. 1886), deutscher Leichtathlet.

20. Cäsar Ritz (* 23. 2. 1850), Schweizer Hotelier, Gründer der Hotelkette Ritz.

31. Egon Schiele (* 12. 6. 1890), österreichischer Maler.

Prinz wird Kanzler

3. Oktober. Nach dem Demokratisierungserlaß Kaiser Wilhelms und nach dem Rücktritt von Kanzler Georg Freiherr von Hertling hat der Reichstag zum ersten Male in der deutschen Geschichte die Möglichkeit, einen Reichskanzler vorzuschlagen und dem gewählten Kandidaten das Vertrauen auszusprechen. Doch die Parteien finden keinen Kandidaten.

Die SPD-Führung ist nicht geneigt, durch Benennung eines sozialdemokratischen Kanzlerkandidaten die Politik des kaiserlichen Deutschlands mitzuverantworten. Die Partei fürchtet ein Überlaufen ihrer Anhänger zu den Unabhängigen Sozialisten. Der Zentrumspolitiker und Reichstagspräsident, Konstantin Fehrenbach, lehnt die Kandidatur ab.

Da schaltet sich die Oberste Heeresleitung bei der Kanzlerkür ein und schlägt Prinz Max von Baden vor. Der Prinz spricht sich seit einem Jahr für einen Verständigungsfrieden aus. SPD, Zentrum und Liberale stimmen zu. Am 3. Oktober ernennt der Kaiser den Prinzen zum Kanzler. Prinz Max von Baden nimmt drei Zentrumspolitiker und zwei Sozialdemokraten in sein Kabinett auf.

Zusammenbruch droht

Der neue Reichskanzler (mit Kreuz bezeichnet) bei seiner Eröffnungsrede.

Nach der am 3. Oktober erfolgten Ernennung des Prinzen Max von Baden zum Reichskanzler gibt die Oberste Heeresleitung den Führern der Reichstagsparteien einen Bericht über die militärische Lage, das heißt im Klartext, sie informiert über den drohenden Zusammenbruch. Max von Baden berichtet über die Reaktionen der Parteiführer: »Die Abgeordneten waren ganz gebrochen. Ebert (Parteivorsitzender der SPD) wurde totenblaß und konnte kein Wort herausbringen. Der Abgeordnete Stresemann (Nationalliberale) sah aus, als ob ihm etwas zustoßen würde.«

Der neue Kanzler telegrafiert sofort nach seiner Ernennung an den Chef der Obersten Heeresleitung, Paul von Hindenburg: »Muß die Oberste Heeresleitung einen militärischen Zusammenbruch erwarten?« Hindenburg antwortet umgehend, aber ausweichend: »Die Frage kann nicht in derselben präzisen Weise, in der sie gestellt ist, beantwortet werden.« Aber wenige Stunden später ist der Chef der Heeresleitung bereit, Auskunft zu geben: »Die Lage verschärft sich aber täglich und kann die Oberste Heeresleitung zu schwerwiegenden Entschlüssen zwingen. Unter diesen Umständen ist es geboten, den Kampf abzubrechen, um dem deutschen Volk und seinen Verbündeten nutzlose Opfer zu ersparen. Jeder versäumte Tag kostet Tausenden von Soldaten das Leben.«

US-Präsident fordert deutsche Volksregierung

3. Oktober. Der deutsche Reichskanzler Max von Baden ersucht den Präsidenten der Vereinigten Staaten, Woodrow Wilson, um Vermittlung bei einem Waffenstillstand. Die deutsche Regierung erklärt sich bereit, auf der Grundlage der 14 Punkte, die der US-Präsident in seiner Jahresbotschaft am 8. Januar 1918 dargelegt hat, zu verhandeln. Doch die amerikanische Regierung ist nicht ohne Vorbedingungen bereit, ihre Vermittlerdienste anzubieten. Der amerikanische Präsident erklärt, daß er nur dann bei der englischen und französischen Regierung zur Vorbereitung eines Waffenstillstandes vorstellig werde, wenn Deutschland von vornherein alle Forderungen der Vereinigten Staaten und ihrer Verbündeten anerkennt, sofort den unbeschränkten U-Boot-Krieg einstellt und eine vom Volk gebildete Regierung die deutsche Monarchie ablöst.

Gerade der letzte Punkt ist für die deutsche Regierung unannehmbar. In allen anderen Punkten ist man zum Entgegenkommen bereit; am 21. Oktober wird der unbeschränkte U-Boot-Krieg eingestellt. Das Eingreifen der Amerikaner in die inneren deutschen Verhältnisse erscheint auch den Sozialdemokraten nicht akzeptabel.

Prinz Max von Baden erklärt der amerikanischen Regierung wiederholt, daß Deutschland mittlerweile eine parlamentarisch verantwortliche Regierung habe. Aber Wilson bleibt bei seiner Forderung. Wenn die Monarchie nicht abgeschafft wird, heißt es in Wilsons Note vom 23. Oktober, »kann Deutschland über keine Friedensbedingungen verhandeln, sondern muß sich ergeben«. General Erich Ludendorff tritt daraufhin zurück, General Wilhelm Groener ersetzt ihn.

Am 26. Oktober gibt die österreichische Regierung bekannt, daß Österreich militärisch vor dem Zusammenbruch stehe und um Waffenstillstand nachsuchen müsse. Diese Entwicklung veranlaßt die deutsche Regierung, der Wilson-Forderung endgültig nachzugeben; sie telegrafiert nach Washington: »Die Friedensverhandlungen werden von einer Volksregierung geführt.« ▷

Ende des Habsburger-Reiches

In den wenigen Wochen an der Wende vom Oktober zum November 1918 vollzieht sich der Zusammenbruch des Habsburger-Reiches. Die alliierten Mächte sind nur bereit, mit Österreich-Ungarn über einen Waffenstillstand zu verhandeln, wenn die Habsburger-Monarchie den Völkern der Donau-Monarchie das Selbstbestimmungsrecht gewährt. Kaiser Karl I. erläßt daher am 21. Oktober das Völkermanifest und fordert alle Länder des Reiches auf, Nationalausschüsse zu bilden. Am gleichen Tag noch bildet sich aus den Reichsratsfraktionen der deutsch-österreichische National-

rat. Der tschechische Nationalrat ruft am 28. die Republik aus und nimmt Verbindung zur provisorischen tschechoslowakischen Regierung Tomáš Masaryks in Paris auf. Zwei Wochen später kehrt Masaryk aus dem Exil nach Prag zurück und wird vom Nationalrat zum ersten Präsidenten einer tschechoslowakischen Republik bestimmt.

In Budapest (Ungarn) erschießen meuternde Soldaten den Grafen Istvan Tisza (bis 1917 Ministerpräsident des ungarischen Teils der Donaumonarchie). Kaiser Karl wird gezwungen, den radikalen

Reformpolitiker Michael Karolyn zum Ministerpräsidenten zu bestimmen. Karolyn verkündet am 16. November die Republik Ungarn und löst alle staatsrechtlichen Verbindungen zu Österreich.

Auf dem Balkan geht eine Sammlungsbewegung vom wiedererstandenen Serbien aus. Zugleich aber erklärt in Agram (Zagreb) der Nationalrat der Slowenen, Kroaten und der Serben im Habsburger-Reich die Unabhängigkeit dieser Länder von Österreich. Am 1. Dezember kommt es zur Vereinigung aller jugoslawischen Gebiete, mit Ausnahme Albaniens.

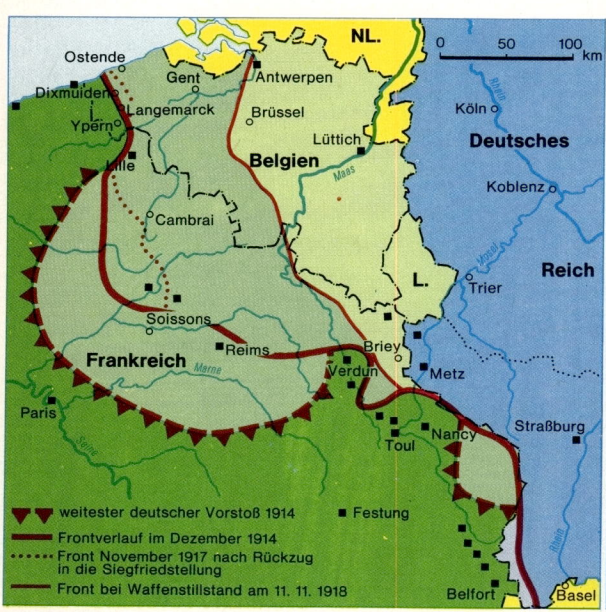

Die Westfront von 1914 bis 1918.

Die Ostfront von 1914 bis 1918.

Diskussion über Kaiser-Rücktritt

30. Oktober. Die Forderung Woodrow Wilsons nach Abschaffung der Monarchie führt in den deutschen Zeitungen zu einer lebhaften Auseinandersetzung. Schon sehr früh sprechen die sozialdemokratischen Blätter sich für einen Sturz des Monarchen aus, wenn dadurch ein günstigerer Friedensschluß erlangt werden kann. Die »Frankfurter Tagespost« votiert bereits am 10. Oktober für einen Thronverzicht Kaiser Wilhelms. Die »Volkswacht für Schlesien«, die »Magdeburger Volksstimme« und die »Münchner Post« geben dem Kaiser am 23. Oktober den Rat abzu-

danken. Auch liberale Blätter wie die »Frankfurter Zeitung« (23. Oktober) und das »Berliner Tageblatt« (26. Oktober) halten die Abdankung des Kaisers für angebracht. Die großen Zentrumsblätter, »Germania« und die »Kölner Volkszeitung«, stellen sich aber in ihren Leitartikeln auf die Seite der Krone. In Berlin verfassen die Unabhängigen Sozialdemokraten am 27. einen Aufruf zum Sturz der Monarchie und zur Errichtung der sozialistischen Republik. Der Kaiser selbst entzieht sich der Diskussion, verläßt am 29. Berlin und reist in das Große Hauptquar-

tier nach Spa. Das Reichskabinett ist am 31. Oktober überzeugt, daß die Position des Kaisers nicht mehr zu halten ist. Der preußische Kriegsminister Heinrich Scheuch, der an der Reichskabinettssitzung am 31. teilnimmt, faßt das Ergebnis zusammen: »Die Abdankung ist Zwang und bleibt Zwang.« In der Umgebung des Kaisers wird der Gedanke erwogen, »durch einen kleinen Spezialangriff an geeigneter Stelle für den Kaiser an der Front den Soldatentod zu finden«. Dies geht aus der Tagebuchnotiz des Oberstleutnants von Thaer hervor.

Meuterei der Hochseeflotte

Meuternde Matrosen vor ihren Schiffen in Wilhelmshaven.

1.–7. November. Nach zweijähriger Wartezeit auf einen Kriegseinsatz soll die Flotte in den letzten Kriegstagen zum Kampf ausfahren. Doch die Matrosen in Wilhelmshaven und in Kiel meutern. Nach Verhaftung der Rädelsführer des Widerstandes kommt es in Kiel zum Aufstand gesamter Flottenbesatzungen, die sich mit Landtruppen und Werftarbeitern verbinden.

Die aufgebrachten Mannschaften befreien die Inhaftierten gewaltsam. Dabei gibt es sechs Tote. Dann nehmen die Besatzungen die Offiziere fest und hissen auf den Schiffen rote Revolutionsfahnen. In der Nacht vom 6. auf den 7. November wird der Stadtkommandant von Kiel, Wilhelm Heine, in seiner Wohnung getötet.

Aus Wilhelmshaven berichtet die Seekriegsleitung am 2. November, es handele sich bei der Meuterei um eine »bolschewistische Bewegung«, die den Sturz der Regierung fordere. Der preußische Kriegsminister, General Heinrich Scheuch, verzichtet darauf, über beide Städte den Kriegszustand zu verhängen, denn ihm fehlt das Militär, das seiner Maßnahme Nachdruck verleihen könnte. Er fordert vielmehr Reichskanzler Prinz Max von Baden auf, mit den Aufständischen zu verhandeln. Als Vertreter der Reichsregierung fährt der sozialdemokratische Reichstagsabgeordnete Gustav Noske nach Kiel und nimmt Verhandlungen mit dem Arbeiter- und Soldatenrat, dem Organ der Aufständischen, auf.

Der Kieler Arbeiter- und Soldatenrat legt Noske ein 14-Punkte-Programm vor, in dem Straffreiheit für die Anführer der Meuterei und Anerkennung der militärischen Befehlsgewalt der Arbeiter- und Soldatenräte verlangt wird. Ohnmächtig nimmt die Reichsregierung die Forderungen der Aufständischen an. Noske läßt sich zum Vorsitzenden der Kieler Arbeiter- und Soldatenräte machen. Die Reichsregierung stimmt seiner Ernennung zu und legalisiert den Aufstand der Matrosen.

Ausbreitung der Arbeiter- und Soldatenräte im Deutschen Reich.

○ 6. November ● 8. November ○ 10. November

Dresden Existenz eines Arbeiter und / oder Soldatenrates, der noch nicht die politische Gewalt übernommen hat
Lübeck Bildung eines Arbeiter- und / oder Soldatenrates an dem betreffenden Tage mit gleichzeitiger Übernahme der politischen Gewalt

0 ___ 300 km

Demonstration mit Soldaten in Berlin.

Polen sagt sich von den Mittelmächten los

14. November. Schon vor dem Zusammenbruch der Mittelmächte stellt der polnische Regentschaftsrat die Zusammenarbeit mit Deutschland und Österreich-Ungarn ein. Ohne die deutsche Besatzungsmacht zu fragen, läßt der Regentschaftsrat das polnische Heer auf das Vaterland, den polnischen Staat und den Regentschaftsrat vereidigen.

In Lublin bildet sich neben dem Regentschaftsrat eine »Vorläufige Volksregierung« unter dem Sozialistenführer Ignacy Daszynski. In Paris amtiert eine Exilregierung. Und in Warschau versucht der Regentschaftsrat, die Kontrolle im Lande zu bewahren. Die deutsche Regierung läßt Anfang November Josef Pilsudski aus deutscher Festungshaft frei. Am 10. kehrt Pilsudski nach Warschau zurück. Der Regentschaftsrat überträgt ihm sofort die militärische Gewalt und am 14. November auch die politische Gewalt. Pilsudski erklärt sich zum Staatspräsidenten bis zum Zusammentritt eines noch zu wählenden Parlaments.

Flugblätter im Diplomatengepäck

4. November. Der Kurier der sowjetrussischen Botschaft kommt von Moskau am Bahnhof Berlin-Friedrichstraße an. Beim Ausladen seines Gepäcks wird eine Kiste beschädigt. Papiere flattern auf den Bahnsteig. Es sind Flugblätter. Sie fordern die deutschen Arbeiter zum blutigen Umsturz und zu Mord und Terror auf.

Die in deutscher Sprache abgefaßten Papiere sind in Rußland gedruckt worden. Die Bahnhofsbehörde informiert das Auswärtige Amt, das das gesamte Material sofort beschlagnahmt. Die Untersuchungen ergeben, daß von der russischen Botschaft in Berlin in Zusammenarbeit mit deutschen revolutionären Gruppen ein Umsturz vorbereitet wird. Einen Tag später weist die deutsche Regierung den russischen Botschafter Adolf Joffe aus Deutschland aus.

Waffenstillstand unterzeichnet

Die Delegation der Alliierten vor den Verhandlungen bei Compiègne.

11. November. In einem Eisenbahnwagen im Wald von Compiègne diktiert der französische Marschall Ferdinand Foch der deutschen Waffenstillstandsdelegation, die vom Zentrumsabgeordneten Matthias Erzberger geführt wird, die alliierten Bedingungen zur Beendigung der Kampfhandlungen:

1. Die Deutschen räumen die besetzten Gebiete in Frankreich, einschließlich Elsaß-Lothringen, Belgien und Luxemburg innerhalb von 14 Tagen.
2. Die deutschen Armeen räumen innerhalb eines Monats das linksrheinische Gebiet. Alliierte Truppen besetzen die Brückenköpfe in Mainz, Koblenz und Köln.
3. Das deutsche Heer überläßt den Alliierten 5000 Kanonen, 25 000 Maschinengewehre, 1700 Jagd- und Bombenflugzeuge.
4. Deutschland liefert den Alliierten innerhalb eines Monats 5000 Lokomotiven, 150 000 Eisenbahnwagen und 5000 Lastkraftwagen.
5. Deutschland läßt sämtliche alliierten Kriegsgefangenen unverzüglich frei. Die Rückführung der deutschen Kriegsgefangenen wird erst im Friedensvertrag geregelt.
6. Im Osten haben sich die deutschen Truppen hinter die Grenzen von 1914 zurückzuziehen. Den Zeitpunkt des deutschen Rückzugs im Osten geben die Alliierten später bekannt.

Die Welt im Herbst 1918

Mittelmächte
Deutsche Kolonien
Von den Mittelmächten besetzte Gebiete
Finnland
Wichtige deutsche Überseekabel
Deutsche Seesperrgebiete

Entente und Verbündete 1914–16
Verbündete der Entente 1917–18
Dominien und Kolonien der Entente
Diplomatische Beziehungen zu den Mittelmächten 1917 abgebrochen

Neutrale Staaten
Von den „Weißen" und Interventionstruppen beherrschtes Gebiet Rußlands
6.4.17 Daten der Kriegserklärungen
Fronten und Stoßrichtungen 1918
3.11.18 Daten der Kapitulationen

1 Dänemark
2 Niederlande
3 Belgien
4 Schweiz
5 Rumänien
6 Serbien
7 Montenegro
8 Albanien
9 Bulgarien
10 Griechenland

Der Erste Weltkrieg und Revolutionen haben die Erde verändert. Die Karte zeigt Verbündete und Gegner im Herbst 1918.

7. Die Alliierten erhalten freien Zugang zur Stadt Danzig und zur Weichsel zum Zweck der Aufrechterhaltung der Ordnung in Ost-Mitteleuropa.
8. Die gesamte Flotte muß unter Aufsicht der Alliierten abgerüstet werden.
9. Die Blockade der deutschen Häfen bleibt bestehen. Damit gilt die Lebensmittelblockade der Siegermächte auch nach Ende der Kampfhandlungen weiter.

Die Unterzeichnung des Waffenstillstandes kommt einer deutschen Kapitulation gleich. Von Bitterkeit ist der Kommentar des deutschen Verhandlungsführers Erzberger geprägt, als er die Forderungen der Siegermächte praktisch kommentarlos akzeptieren muß: »Das deutsche Volk, das fünfzig Monate lang standgehalten hat gegen eine Welt von Feinden, wird ungeachtet jeder Gewalt seine Freiheit und Einheit wahren. Ein Volk von 70 Millionen leidet, aber es stirbt nicht.«

Um 12 Uhr mittags wird der letzte deutsche Heeresbericht herausgegeben: »Infolge Unterzeichnung des Waffenstillstandes wurden heute mittag an allen Fronten die Feindseligkeiten eingestellt« (nach »Vossische Zeitung« vom 11. November 1918).

In Zusammenarbeit mit dem »Großberliner Arbeiter- und Soldatenrat« beschließt der Rat der Volksbeauftragten die Einberufung eines »Allgemeinen Deutschen Rätekongresses«. Die Arbeiter- und Soldatenräte im ganzen Reich werden aufgerufen, in ihren Betrieben und Kasernen Delegierte zu wählen, die wiederum Vertreter bestimmen für eine Reichsräteversammlung, die dann aus 500 Mitgliedern bestehen soll.

Für den 16. Dezember wird der Reichsrätekongreß nach Berlin zusammengerufen. Er soll entscheiden, ob ein Parlament in allgemeinen, freien, geheimen und gleichen Wahlen gewählt werden soll, das über Deutschlands künftige Staatsform entscheidet, oder ob der Rätekongreß diese Entscheidung gleich selbst trifft. Reichskanzler Ebert wartet das Votum des Reichsrätekongresses nicht erst ab, sondern erläßt am 30. November die Verordnung über Wahlen zur »Verfassunggebenden Deutschen Nationalversammlung«.

Wahlberechtigt ist jeder Deutsche, der das 20. Lebensjahr vollendet hat. In 37 Wahlkreisen sind 421 Abgeordnete nach dem Verhältniswahlrecht zu wählen.

Auswirkungen des Ersten Weltkriegs

Daten zum Ersten Weltkrieg

1879: Zweibund zwischen dem Deutschen Reich und Österreich-Ungarn

1898: Beginn des deutschen Flottenbauprogramms

1904: Entente cordiale zwischen Frankreich und England

1905/06: Erste Marokkokrise

1908: Erste Balkankrise

1911: Zweite Marokkokrise

1912/13: Zweite Balkankrise

1914

28. 6.: Attentat von Sarajevo

28. 7.: Kriegserklärung Österreich-Ungarns an Serbien

Kriegserklärungen des Deutschen Reiches an Rußland (1. 8.) und Frankreich (3. 8.)

3./4. 8.: Deutscher Einmarsch in Belgien

26.–30. 8.: Schlacht bei Tannenberg

6.–9. 9.: Schlacht an der Marne

2.–5. 11.: Kriegserklärungen der Entente an die Türkei

1915

25. 5.: Kriegseintritt Italiens gegen die Mittelmächte

1. 7.: Beginn der deutsch-österreichischen Offensive an der Ostfront

14. 10.: Kriegseintritt Bulgariens auf seiten der Mittelmächte

1916

21. 2.–21. 7.: Kampf um Verdun

31. 5.–1. 6.: Seeschlacht am Skagerrak

12. 12.: Friedensangebot der Mittelmächte

1917

22. 1.: Friedensproklamation des amerikanischen Präsidenten Wilson

1. 2.: Erklärung des uneingeschränkten U-Boot-Krieges durch Deutschland

8. 3.: Ausbruch der Revolution in Rußland

Februar/März: Rücknahme der deutschen Westfront in die »Siegfriedstellung«

6. 4.: Kriegserklärung der USA an das Deutsche Reich

19. 7.: Friedensresolution des deutschen Reichstags

6./7. 11.: Oktoberrevolution in Petrograd; »Dekret über den Frieden«

1918

8. 1.: »14 Punkte«-Erklärung des Präsidenten Wilson

3. 3.: Friede von Brest-Litowsk

21. 3.: Beginn der deutschen Offensive an der Westfront

7. 5.: Friede von Bukarest zwischen den Mittelmächten und Rumänien

18. 7.: Beginn der alliierten Offensive

30. 9.: Waffenstillstand Bulgariens

3. 10.: Prinz Max von Baden Reichskanzler; deutsches Waffenstillstandsangebot an Präsident Wilson

Waffenstillstandsabschlüsse der Alliierten mit der Türkei (**30. 10.**), Österreich-Ungarn (**3. 11.**) und dem Deutschen Reich (**11. 11.**)

1919: Friedensverträge der Alliierten mit dem Deutschen Reich (**28. 6.**), Österreich (**10. 9.**) und Bulgarien (**27. 11.**)

1920: Friedensverträge mit Ungarn (**4. 6.**) und der Türkei (**10. 8.**)

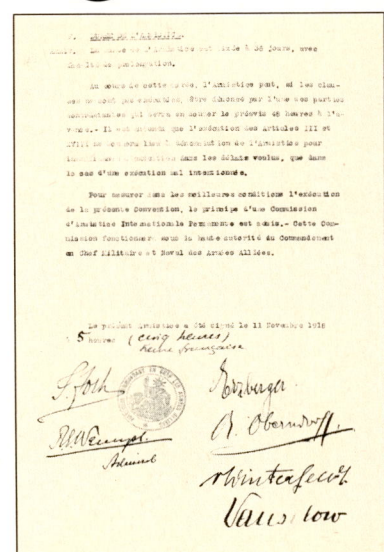

Die 13. Seite des Waffenstillstandsabkommens zwischen Deutschland und den Alliierten. Rechts oben der Namenszug des deutschen Delegationsleiters Matthias Erzberger.

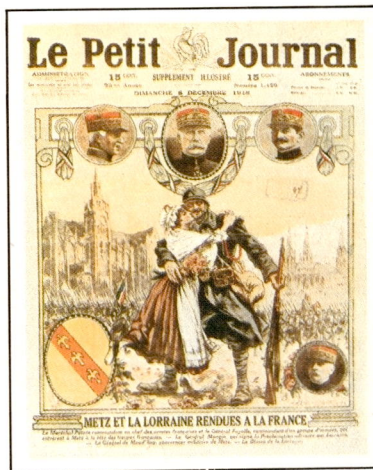

Die Titelseite des »Petit Journal«.

Menschenverluste (Gefallene) des Ersten Weltkriegs in Millionen	
Deutsches Reich (ohne die Verhungerten)	1,936897
Österreich-Ungarn	1,0
Rußland	2,0
Frankreich	1,14
Großbritannien	1,184
Italien	0,615
Polen (Zivilbevölkerung)	0,5
USA	0,125
Geschätzte Gesamtzahl:	10 Mill.

(Nach Gebhardt, Bd. 4, 8. Aufl., S. 357)

gestürzte Monarchien

- Deutsches Reich
- Österreich-Ungarn
- Russisches Reich
- Verbündete der Entente
- Verbündete der Mittelmächte
- neutrale Staaten

0 — 300 km

— Staatsgrenzen
--- beseitigte Grenzen
● alte Hauptstädte
✖ aufgegebene Hauptstädte
○ neue Hauptstädte

Die Auswirkungen des Ersten Weltkriegs auf Europa.

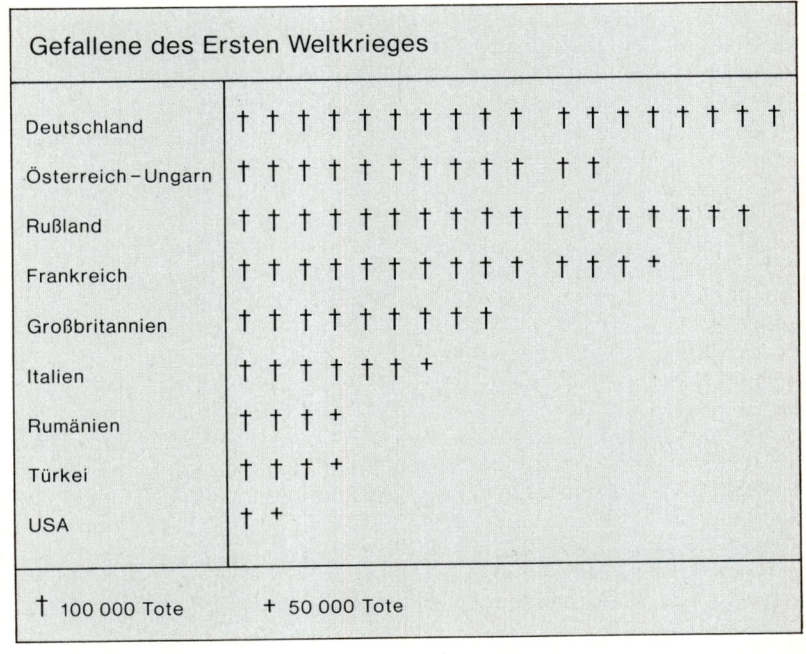

Gefallene des Ersten Weltkrieges

† 100 000 Tote   + 50 000 Tote

Revolution in Deutschland

Bewaffnete Mitglieder des Arbeiter- und Soldatenrates am Brandenburger Tor.

Einzug der revolutionären Soldaten und Matrosen am Brandenburger Tor.

9. November. In Deutschland bricht die Revolution aus. In den Hauptstädten der deutschen Länder und Staaten übernehmen die Arbeiter und Soldaten die Macht. Die Monarchen entsagen ihren Thronen und fliehen. Wie ein Kartenhaus brechen jahrhundertealte Monarchien zusammen und werden von der revolutionären Flut weggespült: Am 7. November flieht der bayrische König Ludwig III., am 8. dankt Herzog Ernst August von Braunschweig ab. Am 9. November stürzen der sächsische König Friedrich August III., der württembergische König Wilhelm II., der Großherzog von Baden Friedrich II., Großherzog Ernst Ludwig von Hessen, Großherzog Friedrich August von Oldenburg und Großherzog Friedrich Franz von Mecklenburg. In den kommenden Tagen werden ausnahmslos die noch regierenden Herzöge der deutschen Kleinstaaten abgesetzt.

Überall verbinden sich die Unabhängigen Sozialisten mit den Aufständischen und formieren Arbeiter- und Soldatenräte. Die SPD fürchtet, den Kontakt mit der Arbeiterschaft zu verlieren. Daher solidarisiert sie sich mit der Revolution. Am Morgen des 9. November treten die SPD-Staatssekretäre aus der Regierung des Prinzen Max von Baden zurück. Der Parteivorstand beschließt, sofort die Verhandlungen mit den Arbeiter- und Soldatenräten aufzunehmen und dann eine Volksregierung zu bilden.

Der noch amtierende Reichskanzler Prinz Max von Baden bemüht sich, den Kaiser im Hauptquartier zur Abdankung zu bewegen. Der Prinz fürchtet, daß die Revolution um sich greift und die radikalen Kräfte mit Gewalt die Macht an sich reißen, wenn Wilhelm II. nicht freiwillig zurücktritt.

Der Reichskanzler strebt eine ordnungsgemäße Übergabe der Macht an den Vorsitzenden der Sozialdemokratischen Partei an. Doch im Hauptquartier hält die militärische Führung noch am Vormittag an dem Gedanken fest, den Thron des Kaisers mit Einsatz von militärischen Mitteln zu verteidigen. 39 Frontgenerale tagen seit 9 Uhr in Spa. Doch sie sagen gegen 11 Uhr übereinstimmend aus: Die deutsche Armee ist nicht mehr bereit, für den Kaiser und gegen die Revolution zu kämpfen.

Um 11.30 Uhr entschließt sich nach Zustimmung des Kaisers die Oberste Heeresleitung, nach Berlin zu telegrafieren, daß mit einem Thronverzicht des Kaisers zu rechnen sei.

In den Betrieben der deutschen Großstädte legen die Arbeiter vom 6. November an die Arbeit nieder. In den Fabriken bilden sich Arbeiterräte, die die Betriebsleitung übernehmen. Die Truppen, die die Befehlsgewalt der Offiziere nicht mehr anerkennen, wählen Soldatenräte.

Die Unabhängigen Sozialisten verbinden sich mit den Arbeiter- und Soldatenräten und schließen sich auf kommunaler Ebene zusammen. In den meisten deutschen Großstädten übernehmen die Räte die politische Macht. Sie verstehen sich selbst als revolutionäre Bewegung. Die USPD verfolgt das Ziel, mit Hilfe der revolutionären Räte in Deutschland die sozialistische Republik auszurufen.

Den Anfang macht in München Kurt Eisner, der am 7. November an der Spitze eines großen Demonstrationszugs zum Landtag zieht. Auf die Nachricht hin, daß der König geflohen sei, proklamiert er im großen Sitzungssaal den »Freien Volksstaat Bayern«.

Zwei Tage später erläßt der Bremer Arbeiter- und Soldatenrat einen Aufruf an die Bevölkerung: »Was hat sich ereignet? Nichts Geringeres als eine Revolution. Ihr Produkt sind die Arbeiter- und Soldatenräte. Über die Aufgabe der Räte kann kein Zweifel sein: Ausbreitung, Sicherung und Vertiefung der Revolution. Die ganze Macht in die Hände der Arbeiter- und Soldatenräte! Sturz der kapitalistischen Gesellschaftsordnung ... Aufrichtung der sozialistischen Gesellschaft. Dies ist das Programm der Arbeiter- und Soldatenräte. Jedem, der es bekämpft, werden wir rücksichtslos begegnen.«

In Berlin wendet sich am Abend des gleichen Tages der neue Reichskanzler Friedrich Ebert an die Bevölkerung: »Der heutige Tag hat die Befreiung des Volkes vollendet.

Der Kaiser hat abgedankt. Die Sozialdemokratische Partei hat die Regierung übernommen und der Unabhängigen Sozialdemokratischen Partei den Eintritt in die Regierung auf dem Boden voller Gleichberechtigung angeboten. Die neue Regierung wird Wahlen zu einer konstituierenden Nationalversammlung organisieren, an denen alle über 20 Jahre alten Bürger teilnehmen werden. Sie wird sodann ihre Machtbefugnisse in die Hände der neuen Regierung zurücklegen. Bis dahin hat sie die Aufgabe, Waffenstillstand zu schließen und Friedensverhandlungen zu führen, die Volksernährung zu sichern, den Volksgenossen in Waffen den raschesten geordneten Weg zu ihren Familien und zu lohnendem Erwerb zu sichern ... Menschenleben sind heilig. Das Eigentum ist vor willkürlichen Eingriffen zu schützen.«

Der Reichskanzler will den geordneten Übergang von der Monarchie zu einer parlamentarischen Demokratie. Dabei bieten ihm Militär und Beamtenschaft die Hilfe an, die Ebert aufgreift.

Zugleich arbeitet Reichskanzler Friedrich Ebert aber mit den Unabhängigen Sozialisten zusammen, die eine sozialistische Republik anstreben. Sie wollen alles Eigentum an Rohstoffen und Industriewerken verstaatlichen. Sie arbeiten in der Regierung mit, um eine sozialistische Verfassung in Deutschland zu errichten.

Kaiser Wilhelm II. dankt ab

Der »Berliner Lokal-Anzeiger« meldet die Abdankung des Kaisers.

Wilhelm (×) auf der Fahrt ins Exil.

Scheidemann ruft die Republik aus.

9. November. 11.30 Uhr: Ein Telegramm der Obersten Heeresleitung an die Reichskanzlei in Berlin meldet, daß mit dem Thronverzicht des Kaisers zu rechnen sei.

12 Uhr: Reichskanzler Prinz Max von Baden gibt die Abdankung des Kaisers bekannt.

12.30 Uhr: Extrablätter melden in Berlin die Abdankung Wilhelms II.

12.30 Uhr: Prinz Max von Baden empfängt die Führung der SPD und überträgt dem Parteivorsitzenden Friedrich Ebert das Amt des Reichskanzlers. Max von Baden tritt zurück.

14 Uhr: Der SPD-Abgeordnete Philipp Scheidemann proklamiert von einem Fenster des Reichstags in Berlin vor der wartenden Menschenmenge die deutsche Republik.

15 Uhr: Telegramm der Obersten Heeresleitung an die Reichskanzlei: »Um Blutvergießen zu vermeiden, sind seine Majestät bereit, als Deutscher Kaiser abzudanken, aber nicht als König von Preußen.«

15.30 Uhr: Die Reichskanzlei meldet an die Oberste Heeresleitung, daß die Nachricht von der Abdankung Wilhelms bereits um 12 Uhr bekanntgegeben worden sei und daß mit dem Telegramm Wilhelms »nichts mehr anzufangen sei«.

16 Uhr: Der Unabhängige Sozialist Karl Liebknecht proklamiert vor dem Berliner Schloß »die freie sozialistische Republik Deutschland«.

Abends: Die Oberste Heeresleitung ist bereit, zur Rückführung des Heeres mit der Regierung Ebert zusammenzuarbeiten.

Die spontan gebildeten Arbeiter- und Soldatenräte nehmen im ganzen Reich für sich in Anspruch, die Volkssouveränität auszuüben. Die Unabhängigen Sozialisten sind damit ihrem Ziel, einen sozialistischen Rätestaat nach russischem Vorbild zu bilden, einen großen Schritt nähergekommen. Der »Rat der Volksbeauftragten« besitzt uneingeschränkt die gesetzgebende und ausführende Gewalt.

Die neue deutsche Regierung beschließt am 12. November die Wiederherstellung der vollen bürgerlichen Freiheitsrechte, zum Beispiel Vereins- und Versammlungsfreiheit, Meinungsfreiheit und Religionsfreiheit.

Der »Rat der Volksbeauftragten« verspricht ein Arbeitsbeschaffungsprogramm, Ausbau der Krankenversicherung, Bekämpfung der Wohnungsnot und Sicherung der Volksernährung.

Der »Rat der Volksbeauftragten« regiert

10. November. SPD und USPD vereinbaren eine Koalition und bilden mit dem sechsköpfigen »Rat der Volksbeauftragten« eine gemeinsame Regierung der deutschen Republik. Friedrich Ebert (SPD) und Hugo Haase (USPD) sind gleichberechtigte Vorsitzende des »Rats der Volksbeauftragten«. Ebert sichert sich in dem Gremium einen Vorrang und beansprucht für sich den Titel »Reichskanzler«. Der »Rat der Volksbeauftragten« läßt sich den Regierungsauftrag vom »Großberliner Arbeiter- und Soldatenrat« erteilen, der zur Zeit als Sprecher der werktätigen Bevölkerung wirkt. Der Reichstag ist, ohne aufgelöst zu sein, ausgeschaltet.

Der »Vorwärts« zur Einigung der sozialdemokratischen Parteien.

Der Rat der Volksbeauftragten: Dittmann (USPD), Landsberg (SPD), Haase (USPD), Ebert (SPD), Barth (USPD), Scheidemann (SPD) (von links).

1918

DEZEMBER

Mo	Di	Mi	Do	Fr	Sa	So
						1
2	3	4	5	6	7	8
9	10	11	12	13	14	15
16	17	18	19	20	21	22
23	24	25	26	27	28	29
30	31					

1. Island wird selbständige Republik.

2. Armenien erklärt seine Unabhängigkeit von der Türkei.

6. Militär demonstriert für eine Präsidentschaft Eberts in Berlin.

6. Englische Truppen besetzen Köln und Bonn.

9. Französische Truppen besetzen Mainz. Das linke Rheinufer wird von deutschen Truppen geräumt.

10. Nobelpreis für Physik an Max Planck. Nobelpreis für Chemie an Fritz Haber. →

14. Unterhauswahlen in England. Zum erstenmal haben alle Männer vom 21. Lebensjahr und alle Frauen vom 30. Lebensjahr an das Wahlrecht. Die Regierung Lloyd George wird bestätigt.

27. Die Stadt Posen kommt unter polnische Verwaltung.

28. Matrosen putschen in Berlin.

29. Die USPD verläßt den Rat der Volksbeauftragten. →

30. Reichskonferenz des Spartakusbundes in Berlin. Gründung der Kommunistischen Arbeiterpartei Deutschlands.

31. Die Grippewelle fordert in Deutschland seit September 196 000 Tote. In den Vereinigten Staaten fallen im gleichen Zeitraum über 500 000 der Krankheit zum Opfer.

GEBOREN:

7. Max Merkel, österreichischer Fußballtrainer.

11. Alexander Solschenizin, russischer Schriftsteller, Nobelpreis für Literatur 1970.

21. Kurt Waldheim, österreichischer Diplomat.

23. Helmut Schmidt, deutscher Staatsmann.

25. Anwar as-Sadat († 6. 10. 1981), ägyptischer Politiker und Staatspräsident.

GESTORBEN:

2. Edmond Rostand (* 1. 4. 1868), französischer Dramatiker.

4. Carl Busse (* 12. 11. 1872), deutscher Lyriker.

22. Randolph S. Bourne (* 30. 5. 1886), amerikanischer Essayist.

27. Carl Schlechter (* 2. 3. 1874), österreichischer Schachspieler.

Deutsche vor dem Bürgerkrieg

Die Soldatenräte tagen im Reichstag.

Erster Reichskongreß der Arbeiter- und Soldatenräte.

19. Dezember. Der »Allgemeine Deutsche Rätekongreß« in Berlin unterstützt den Rat der Volksbeauftragten und billigt dessen Entschluß, Wahlen für ein verfassunggebendes Parlament durchzuführen. Er lehnt es ab, sich selbst als Rätekongreß zum Nationalparlament zu erklären.

Damit haben sich die von Arbeitern und Soldaten gewählten Delegierten gegen ein System ausgesprochen, das nur dem »Proletariat« das politische Mitbestimmungsrecht gewährt. Sie befürworten die Wahl eines Parlaments, an dessen Zustandekommen alle deutschen Bürger mit Vollendung des 20. Lebensjahres beteiligt sein sollen. Das aus allgemeinen, freien, gleichen und geheimen Wahlen hervorgehende Parlament soll dann über Deutschlands Staatsform entscheiden.

Die Entscheidung des Reichsrätekongresses gegen das Rätesystem und für die parlamentarische Demokratie ruft den Widerstand des Spartakusbundes hervor. In leidenschaftlichen Reden ruft Rosa Luxemburg die Berliner Arbeiter- und Soldatenräte auf, sich in diesem Augenblick die Macht nicht entreißen zu lassen. Vier Tage später putscht die Volksmarinedivision, die im königlichen Schloß in Berlin einquartiert ist. Die Regierung will die Einheit von 1500 Mann auf 600 reduzieren. Auch der Sold für die Soldaten ist nicht pünktlich bezahlt worden.

Kurzerhand nimmt eine Einheit die beiden Mitglieder des Rates der Volksbeauftragten, Friedrich Ebert und Otto Landsberg, fest. Die Politiker werden später gegen Zahlung des rückständigen Soldes freigelassen. Dann aber nehmen die Matrosen den Berliner Stadtkommandanten Otto Wels (SPD) als Geisel, um die Regierung zu zwingen, die Truppenentlassung rückgängig zu machen. Jetzt fordert Ebert den noch amtierenden preußischen Kriegsminister aus der königlichen Regierung, Heinrich Scheuch, auf, Militär gegen die Meuterer einzusetzen. Berliner Arbeitermassen verbrüdern sich mit der Volksmarineeinheit. Die regulären Truppen können das Schloß nicht einnehmen, ihre Verluste sind vielmehr mit 56 Toten außerordentlich hoch, während auf der anderen Seite elf Matrosen fallen. Mit Zustimmung von Reichskanzler Ebert bricht Scheuch die Militäraktion ab. Die Regierung muß daraufhin mit den Aufständischen über die Freilassung des Berliner Stadtkommandanten verhandeln. Sie zieht den Auflösungsbeschluß zurück, zahlt den Matrosen weiteren Sold und weist ihnen ein neues Quartier zu.

Die Regierung hat vor den Meuterern kapituliert. Diese Tatsache ermutigt den Spartakusbund, seinerseits zur Gewalt aufzurufen. Am 25. besetzt er das Druckerhaus der sozialdemokratischen Parteizeitung »Vorwärts«.

Trotz der Agitation der Spartakisten kommt es nicht zu einem allgemeinen Aufstand gegen den von Sozialdemokraten gebildeten Rat der Volksbeauftragten. Im Gremium selbst protestieren die Vertreter der USPD gegen den Einsatz von Militär und verlassen den Rat der Volksbeauftragten. Friedrich Ebert ersetzt sie durch zwei Sozialdemokraten, Gustav Noske und Rudolf Wessel. Mit Mühe hat Ebert diese Kraftprobe bestanden.

Nobelpreise für Haber und Planck

10. Dezember. In Anerkennung des Verdienstes, das er sich durch seine Quantentheorie um die Entwicklung der Physik erworben hat, wird Max Hermann Planck, Professor für Physik an der Universität Berlin, der Nobelpreis für Physik verliehen. Fritz Haber, der Direktor des Kaiser-Wilhelm-Instituts in Berlin-Dahlem, erhält den Nobelpreis für Chemie. Die beiden Deutschen sind die einzigen Preisträger im Jahr 1918. Es gibt in diesem Jahr weder einen Friedenspreisträger noch einen Preis für Literatur und Medizin. Fritz Haber erfährt von der Ehrung einen Tag nach seinem 50. Geburtstag. Die Ammoniaksynthese ist sein bevorzugtes Forschungsthema. Max Planck ist genau zehn Jahre älter als Haber. Rund 18 Jahre vor dieser Ehrung stellte Planck am 14. Dezember 1900 der Deutschen Physikalischen Gesellschaft die »Strahlenformel« vor. Dieser Tag gilt als die Geburtsstunde der Quantentheorie.

1919
JANUAR

Mo	Di	Mi	Do	Fr	Sa	So
		1	2	3	4	5
6	7	8	9	10	11	12
13	14	15	16	17	18	19
20	21	22	23	24	25	26
27	28	29	30	31		

1. Rosa Luxemburg und Karl Liebknecht gründen mit Bremer Linkssozialisten die Kommunistische Partei Deutschlands. →

5. Beginn des Spartakusaufstandes in Berlin. →

13. Spartakusaufstand in Berlin wird von Regierungstruppen niedergeschlagen. Die Kämpfe in Berlin fordern 156 Tote.

14. Deutschland läßt alle alliierten Kriegsgefangenen frei. Die Alliierten entlassen nur kranke deutsche Gefangene.

15. Ermordung von Rosa Luxemburg und Karl Liebknecht. →

16. Die Alliierten verlängern den Waffenstillstand mit Deutschland bis zum 16. Februar.

18. Eröffnung der alliierten Konferenz im Spiegelsaal des Schlosses von Versailles zur Vorbereitung des Friedensvertrags.

19. SPD, Zentrum, DDP gewinnen die Wahlen zur verfassunggebenden deutschen Nationalversammlung. →

21. Wegen der Unruhen in Berlin beschließt die Reichsregierung, die Nationalversammlung in Weimar zu eröffnen.

25. Die Alliierten billigen den Plan des amerikanischen Präsidenten Wilson zur Errichtung des Völkerbundes.

GEBOREN:

1. Jerome David Salinger, amerikanischer Schriftsteller.

15. Maurice Herzog, französischer Alpinist.

17. Hans Scheuerl, deutscher Pädagoge.

23. Hans Hass, österreichischer Zoologe.

GESTORBEN:

4. Georg Graf v. Hertling (* 31. 8. 1843), deutscher Reichskanzler 1917/18.

6. Theodore Roosevelt (* 27. 10. 1858), 26. Präsident der Vereinigten Staaten. →

15. Rosa Luxemburg (* 5. 3. 1870), deutsche Politikerin. →

15. Karl Liebknecht (* 13. 8. 1871), deutscher Politiker. →

28. Franz Mehring (* 27. 2. 1846), deutscher Politiker und Schriftsteller.

Spartakusaufstand in Berlin

6. Januar. Zum Neujahrstag gründen Rosa Luxemburg und Karl Liebknecht auf der Reichskonferenz des Spartakusbundes die Kommunistische Partei Deutschlands. Die neue Partei soll die Massen organisieren und die Gründung einer sozialistischen Republik durchsetzen. Dazu wollen die Führer der neuen Partei mit einer revolutionären Aktion die Wahlen zur Nationalversammlung am 19. Januar verhindern. Zugleich sind alle linkssozialistischen Politiker zum Jahreswechsel aus den Regierungsämtern im Reich und in den Ländern ausgeschieden. Nur der Berliner Polizeipräsident Emil Eichhorn bleibt auf seinem Posten. Am 4. Januar verfügt der preußische Innenminister Paul Hirsch (SPD) die Absetzung Eichhorns.

Das ist für Kommunisten und Linkssozialisten der Anlaß zum Aufstand. Liebknecht und der Sprecher der Unabhängigen Sozialdemokratischen Partei Deutschlands (USPD), Georg Ledebour, rufen die Berliner Arbeiterschaft zum Widerstand auf.

Am Abend des 5. Januar besetzen bewaffnete Kräfte der Linken das Berliner Zeitungsviertel und haben damit die Informationsmittel in ihrer Hand. Sie rufen die Arbeiterschaft zum bewaffneten Kampf gegen die Reichsregierung Ebert/Scheidemann auf.

Aber nur ein Teil der Berliner Arbeiterschaft folgt dem Aufruf von Sozialisten und Kommunisten. Die Berliner Regimenter lehnen es ab, gegen die Regierung zu putschen. Selbst die Volksmarinedivision, die noch 14 Tage zuvor in bewaffnetem Kampf gegen die Regierung stand, verhält sich neutral.

Die Regierung antwortet mit der Verkündigung des Belagerungszustandes. Gustav Noske, Mitglied des Rates der Volksbeauftragten, wirft am 11. und 12. Januar den Aufstand mit Hilfe von Regierungstruppen nieder. Am 13. Januar beherrscht die Reichsregierung wieder die Lage in Berlin. In einem Appell an das deutsche Volk setzt Friedrich Ebert, der geschäftsführende Kanzler, Revolution mit Zerstörung und Bolschewismus gleich. Aufgabe einer deutschen Regierung und des deutschen Volkes ist es, den Wiederaufbau zu leisten: »Bol-

Aufstand in Berlin: Spartakisten kämpfen im Zeitungsviertel.

Regierungstruppen gehen gegen die Aufständischen vor.

schewismus ist Tod des Friedens, Tod der Freiheit, Tod des Sozialismus, der nur in aufbauender Arbeit sein Werk, die Befreiung des Volkes aus den Fesseln der wirtschaftli-

chen Ausbeutung vollenden kann.« Nach Niederwerfung des Aufstandes können die Führer der Revolution, Liebknecht, Luxemburg und Ledebour, untertauchen.

Wahl bringt keine Mehrheit für Sozialisten

Propaganda vor der Wahl zur Nationalversammlung.

Erstmals in der deutschen Geschichte nehmen Frauen an der Wahl teil.

19. Januar. Zum erstenmal in der deutschen Geschichte nehmen Frauen an den Reichstagswahlen teil. Zum erstenmal wird nach dem Verhältniswahlrecht gewählt. Danach erhält jede Partei nach der Prozentzahl der erreichten Stimmen Sitze in der Nationalversammlung. Trotz der Unruhen in den vergangenen Wochen ist es am Wahltag im Reich ruhig, und die Wahlen werden ohne Störungen durchgeführt. Die Ergebnisse sind nach den Ereignissen der vorangegangenen Wochen sensationell: Weder die SPD erhält die absolute Mehrheit, noch überspringen SPD und die Unabhängige Sozialdemokratische Partei (USPD) gemeinsam die 50-Prozent-Marke. Um eine Regierung zu bilden, muß die SPD mit den bürgerlichen Parteien, dem Zentrum und den Liberalen, zusammenarbeiten.

Die Ergebnisse der Landtagswahlen bestätigen den Trend der Reichstagswahlen. Nur in Sachsen erreichen SPD und USPD mit 57,9 Prozent zusammen eine absolute Mehrheit. Aber in Leipzig ist die USPD nicht zur Zusammenarbeit mit den Sozialdemokraten bereit, weil die SPD sich weigert, die Arbeiter- und Soldatenräte verfassungsrechtlich anzuerkennen. Sonst erreicht die SPD nirgendwo – weder in Preußen, noch in Baden, Bayern oder Württemberg – die 40-Prozent-Marke.

Und die USPD kommt in keinem dieser Länder an zehn Prozent heran. In den süddeutschen Ländern bleibt sie sogar deutlich unterhalb der Fünf-Prozent-Marke. Trotz der Wahlniederlage der USPD tritt in München der Sozialist Kurt Eisner nicht vom Amt des Ministerpräsidenten zurück.

Von einem Pferdefuhrwerk aus werden Wahlflugblätter in Berlin verteilt.

Nationale Parolen im Wahlkampf.

Bürger bei der Stimmabgabe.

Die großen Parteien der Weimarer Republik

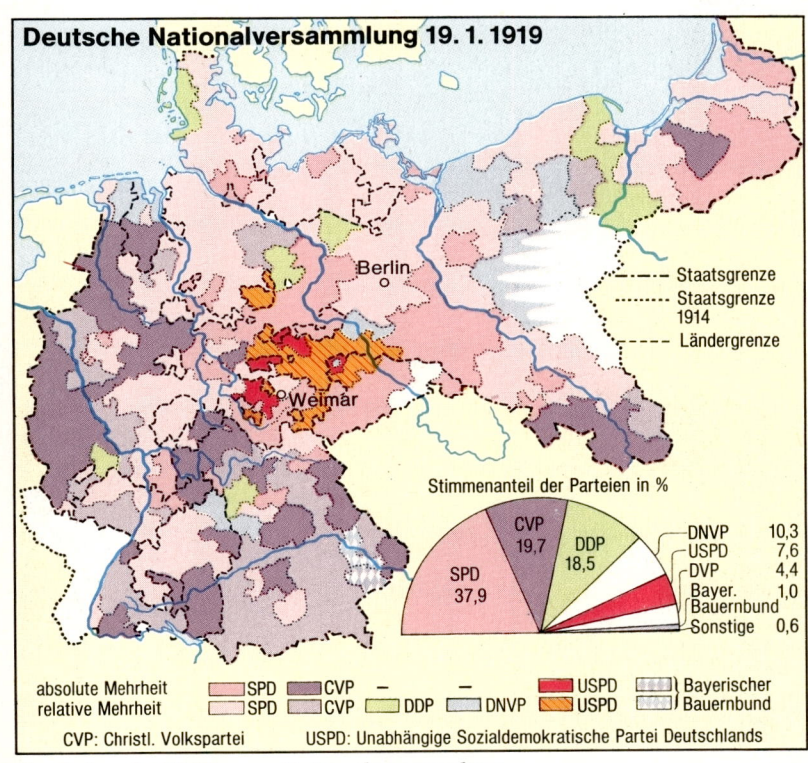

Deutsche Nationalversammlung 19. 1. 1919

Berlin

Weimar

Staatsgrenze
Staatsgrenze 1914
Ländergrenze

Stimmenanteil der Parteien in %

CVP 19,7
DDP 18,5
SPD 37,9
DNVP 10,3
USPD 7,6
DVP 4,4
Bayer. Bauernbund 1,0
Sonstige 0,6

absolute Mehrheit: SPD, CVP
relative Mehrheit: SPD, CVP, DDP, DNVP, USPD, USPD, Bayerischer Bauernbund

CVP: Christl. Volkspartei   USPD: Unabhängige Sozialdemokratische Partei Deutschlands

Ergebnisse der Wahlen zur Nationalversammlung.

An der Reichstagswahl vom 19. Januar beteiligen sich insgesamt 19 Parteien, von denen nur zehn Parteien, das heißt etwa die Hälfte, Mandate erhalten.

Es sind fast ausschließlich die »alten« Parteien, die bereits dem kaiserlichen Reichstag angehört haben. 54 Prozent der Wahlberechtigten (jeder deutsche Bürger vom 20. Lebensjahr an) sind Frauen, sie geben in erster Linie dem Zentrum beziehungsweise deren bayrischen Schwesterpartei, der Bayerischen Volkspartei, und den bürgerlichen Gruppierungen ihre Stimme. Als größere Parteien stellten sich dem Bürger zur Wahl:

Unabhängige Sozialdemokratische Partei (USPD)
Gründung: 6. 4. 1917 (Abspaltung aus SPD)
Vorsitzender: Hugo Haase
Ziele: Rätesystem, kein parlamentarisches Regierungssystem, Vergesellschaftung von Großgrundbesitz und Kapital, Bildung und Erziehungswesen.

Sozialdemokratische Partei Deutschlands (SPD)
Gründung: 1869
Vorsitzender: Friedrich Ebert
Ziele: Demokratischer Sozialismus in einem parlamentarischen System; grundlegende Reformen im Wirtschaftsleben.

Deutsche Demokratische Partei (DDP)
Gründung: 15. 11. 1918 (Nachfolgerin vor allem der Fortschrittlichen Volkspartei, gegründet 1910 bzw. 1868)
Vorsitzender: Friedrich Naumann
Ziele: Parlamentarisches Regierungssystem, Beibehaltung der Privatwirtschaft, soziale Bindung des Eigentums, Mitwirkung der Arbeitnehmer im Betrieb.

Deutsche Volkspartei (DVP)
Gründung: 15. 12. 1918 (Nachfolgerin der Nationalliberalen, gegründet 1866/67)
Vorsitzender: Gustav Stresemann

Ziele: Kräftigung des breiten handwerklichen und bäuerlichen Mittelstandes; Sicherung der leitenden Stellung der Unternehmer.

Zentrum (in Bayern: Bayerische Volkspartei)
Gründung: 1871 als katholisch-föderalistische Opposition gegen Bismarck. Trägt den Namen Zentrum seit 1911 offiziell nach ihren Sitzen im Reichstag und dem selbstverständnis ihres politischen Standorts.
Vorsitzender: Karl Trimborn
Ziele: Sicherung der bürgerlichen Freiheit im Rahmen christlicher Grundsätze; Föderalistische Ordnung des Reiches; Erhaltung der Privatwirtschaft.

Deutsch-Nationale Volkspartei (DNVP)
Gründung: 24. 11. 1918 (Nachfolgerin der konservativen Parteien des Kaiserreichs, gegründet 1866/ 1867, und des rechten Flügels der Nationalliberalen)
Vorsitzender: Oskar Hergt
Ziele: Erneuerung des Kaisertums, Kampf dem Marxismus, Zurückdrängung von jüdischem Einfluß in Wirtschaft und Politik, Schutz des Privateigentums.

Im Januar 1919 werden zwei extreme Parteien gegründet, die kein parlamentarisches System wollen:
Kommunistische Partei Deutschlands (KPD)
Gründung: 1. 1. 1919 (aus Unabhängigen Sozialisten und Spartakisten)
Vorsitzender: Karl Liebknecht, Rosa Luxemburg, nach deren Ermordung: Paul Levi
Ziele: Diktatur des Proletariats; sozialistisches Rätesystem. Ersetzung der kapitalistischen Wirtschaft durch sozialistische Planwirtschaft.

Deutsche Arbeiterpartei (DAP) als Vorläuferin der Nationalsozialistischen Deutschen Arbeiterpartei (NSDAP)
Gründung: 5. 1. 1919
Vorsitzender: Karl Harrer
Ziele: Kampf gegen die parlamentarische Demokratie; Antisemitismus; Zusammenschluß aller Deutschen zu einem großdeutschen Reich.

Wahlen im Reich und in den Ländern im Januar/Februar 1919

	Deutsche Nationalversammlung		Badische Nationalversammlung		Bayerischer Landtag		Württembergischer Landtag		Preußische Landesversammlung		Sächsische Volkskammer	
Wahlbeteiligung	19. 1. 1919 82,7 %		5. 1. 1919 88,1 %		12. 1. 1919 86,3 %		12. 1. 1919 90,9 %		26. 1. 1919 75 %		2. 2. 1919 75,1 %	
Ergebnis	%	Sitze	%	Sitze	%	Sitze	%	Sitze	%	Sitze	%	Sitze
DNVP	10,3	44	7,0	7	–	–	–	–	11,2	48	14,3	13
DVP	4,4	19	–	–	5,8	9	7,4*	11	5,7	23	3,9	4
DDP	18,5	75	22,8	25	14	25	25	38	16,2	65	22,9	22
Zentrum	19,7	91	36,6	39	35**	66	20	31	22,3	93	1	–
SPD	37,9	163	32,1	36	33	61	35,4	52	36,4	145	41,6	42
USPD	7,6	22	1,5	–	2,5	3	3,1	4	7,4	24	16,3	15
KPD	–	–	–	–	–	–	–	–	–	–	0,6	–
Bayerischer Bauernbund	0,2	1	–	–	9,1	16	–	–	–	–	–	–
Württembergischer Bauernbund	–	–	–	–	–	–	5,7	10	–	–	–	–
andere	1,6	7***	–	–	0,6	–	3,4	4	0,8	3	–	–

*   Württembergische Bürgerpartei
** Bayerische Volkspartei
*** Wirtschaftspartei (4), Deutsch Hannoversche Partei (1), ein Fraktionsloser

Rosa Luxemburg und Karl Liebknecht von Begleitmannschaft ermordet

Rosa Luxemburg (rechts) und Karl Liebknecht (Mitte) bei einem Kongreß.

Einheiten der »Bürgerwehr«, die auf seiten der Regierung kämpfen, entdecken in Berlin-Wilmersdorf das Versteck von Rosa Luxemburg und Karl Liebknecht. Sie nehmen die Führer des Januar-Aufstandes gefangen und übergeben sie dem Generalstabsoffizier der Garde-Kavallerie-Schützendivision, Waldemar Pabst. Nach einem ersten Verhör im Quartier der Division, dem Hotel Eden, verfügt Pabst die Verhaftung der beiden und befiehlt, sie in das Untersuchungsgefängnis Moabit zu überführen.

Beim Verlassen des Hotels Eden fügt der Husar Otto Runge, Mitglied der Division, den beiden Gefangenen durch Schläge mit dem Kolben seines Gewehrs schwere Verletzungen zu. Ein Soldat der Begleitmannschaft, wahrscheinlich der Oberleutnant Kurt Vogel, erschießt Karl Liebknecht wenig später bei der Fahrt durch den Tiergarten. In einem anderen Fahrzeug wird Rosa Luxemburg erschossen. Ihr Leichnam wird im Landwehrkanal ver-

senkt und bleibt lange Zeit unauffindbar. Nach der Tat veröffentlicht die Division eine Falschmeldung, in der es heißt: Liebknecht wurde bei einem Fluchtversuch erschossen. Auf Luxemburg sei im Tiergarten aus der Menge der Umherstehenden von einem Unbekannten ein Schuß abgegeben worden.

Die Reichsregierung ordnet ein Militärgerichtsverfahren an und erklärt in einer offiziellen Verlautbarung: »Die Regierung hat über die Umstände, die zum gewaltsamen Tod Dr. Rosa Luxemburgs und Dr. Karl Liebknechts geführt haben, die strengste Untersuchung angeordnet. Die beiden Getöteten hatten sich zweifellos schwer am deutschen Volk vergangen; sie hatten jedoch ebenso zweifellos Anspruch auf das Recht, das Schuldige bestraft, sie aber auch vor Unrecht schützt. Ein Akt der Lynchjustiz ... schändet das deutsche Volk, und jeder, auf welcher Seite er auch politisch stehen mag, wird ihn sittlich verdammen.«

Roosevelt †

6. Januar. Theodore Roosevelt stirbt im Alter von 60 Jahren. Der Republikaner wurde nach der Ermordung McKinleys (→ September 1901) Präsident der USA. Er vertrat eine imperialistische Expansionspolitik und engagierte sich für Polizeifunktionen der USA in Lateinamerika. Innenpolitisch beschränkte er die Macht der Konzerne. Als Vermittler im russisch-japanischen Krieg erhielt er den Friedensnobelpreis für 1906.

Theodore Roosevelt †.

1919
FEBRUAR

Mo	Di	Mi	Do	Fr	Sa	So
					1	2
3	4	5	6	7	8	9
10	11	12	13	14	15	16
17	18	19	20	21	22	23
24	25	26	27	28		

1. Kölns Oberbürgermeister Konrad Adenauer plant die Gründung der »Westdeutschen Republik«. →

3. Sowjettruppen besetzen die Ukraine. In Kiew wird eine ukrainische Sowjetregierung gebildet.

4. Der »Reichsverband der deutschen Industrie« wird durch Zusammenschluß des »Centralverbandes deutscher Industrieller« und des »Bundes der Industriellen« gegründet.

6. Die verfassunggebende deutsche Nationalversammlung wird in Weimar eröffnet. →

9. Die Alliierten kündigen an, daß sie die Blockade der deutschen Häfen einstellen.

11. Die Nationalversammlung wählt Friedrich Ebert zum ersten deutschen Reichspräsidenten. →

13. Nationalversammlung wählt Philipp Scheidemann (SPD) zum Reichskanzler der Republik. →

14. Die alliierte Friedenskonferenz beziffert die durch Deutschland verursachten Kriegsschäden auf 280 Milliarden Mark.

15. Die Umstellung von der Kriegs- auf die Friedenswirtschaft führt in den Vereinigten Staaten zu einer ersten Wirtschaftskrise: Zwei Millionen Bauarbeiter streiken gegen die Senkung ihrer Löhne.

16. Verlängerung des Waffenstillstandsvertrages zwischen den Alliierten und Deutschland. Die Alliierten setzen den vorläufigen Grenzverlauf zwischen Deutschland und Polen fest. Dabei wird Posen polnisch, aber Westpreußen wird noch beim Reich belassen.

21. Großbritannien verlangt die Zerstörung der deutschen Befestigungsanlagen auf Helgoland.

25. Japan wirbt deutsche Offiziere zum Aufbau seines Heeres an: Bei Vertragsabschluß werden 5000 Mark Handgeld gezahlt, der monatliche Sold beträgt 1200 Mark.

GEBOREN:

18. Heinz Kühn, deutscher Politiker.

GESTORBEN:

20. Habib Ullah (* 3. 7. 1872), Emir von Afghanistan, ermordet.

21. Kurt Eisner (eigentlich Kurt Kosamnowski) (* 14. 5. 1867), deutscher Publizist und Politiker. →

Adenauer strebt Loslösung des Rheinlands an

1. Februar. Der Kölner Oberbürgermeister Konrad Adenauer (Zentrum) lädt alle SPD-, Zentrums- und DDP-Abgeordneten der Nationalversammlung und der Preußischen Landesversammlung zu einer Besprechung nach Köln ein. Es geht um den Plan zur Errichtung einer Westdeutschen Republik. Die Franzosen bemühen sich auf der Pariser Friedenskonferenz um die Annexion des linksrheinischen Gebiets. Sie begründen ihre Forderung damit, auf diese Weise Preußen zu schwächen und den preußischen Militarismus zu zerstören.

In Verhandlungen mit der englischen Besatzungsmacht in Köln hat Adenauer wiederholt darauf hingewiesen, daß eine Schwächung Preußens auch erreicht werden könne, wenn das Rheinland mit angrenzenden Gebieten aus dem Staat Preußen herausgebrochen würde und als Freistaat im Reich Preußen gleichgestellt würde.

Rheinische Zentrumsabgeordnete, unter ihnen auch der Vorsitzende der deutschen Zentrumspartei, der aus Köln stammende Karl Trimborn, unterstützen den Plan zur Errichtung einer Westdeutschen Republik im Reichsverband. Das geschieht nicht zuletzt aus Furcht vor drohenden bolschewistischen Umsturzversuchen in Preußen, aus denen das Zentrum das Rheinland heraushalten will. In den südlichen Rheinlanden geht der ehemalige Staatsanwalt Hans Adam Dorten mit französischer Unterstützung weiter und denkt sogar an eine Loslösung der »Rheinischen Republik« aus dem Reichsverband.

In Köln wählt die von Adenauer einberufene Versammlung den Westdeutschen Politischen Ausschuß, an dessen Spitze Adenauer selbst steht. Er soll untersuchen, wie der Plan zur Gründung einer Westdeutschen Republik realisiert werden kann. Doch kurze Zeit später löst sich der Ausschuß bereits auf, nachdem die deutsche Nationalversammlung die verfassungsrechtliche Neuordnung Deutschlands selbst in Angriff nimmt. Konrad Adenauer und die Zentrumsführung distanzieren sich von den rheinischen Autonomieplänen.

Nationalversammlung in Weimar

Friedrich Ebert.

Mitglieder der neuen Regierung auf einer Postkarte des Jahres 1919.

6. Februar. Die Reichsregierung ruft die Nationalversammlung nach Weimar ein. Nicht nur die Unruhen in Berlin lassen ein Ausweichen in die thüringische Stadt ratsam erscheinen. Vielmehr will die amtierende Reichsregierung auch ein Symbol setzen: der Geist Potsdams, der Geist des Militarismus soll die neue Republik nicht erfüllen, wohl aber der Geist der deutschen Klassik. Deshalb wird die Goethe- und Schiller-Stadt ausgesucht. Der Umzug nach Weimar bereitet verkehrstechnische Komplikationen. Die Regierungsämter bleiben in Berlin. Im Weimarer Nationaltheater tagt die Nationalversammlung, die den Reichspräsidenten und die Reichsregierung wählt.

Zur Sicherung eines schnellen Nachrichtenaustauschs wird eine Luftpostlinie von Berlin nach Weimar eingerichtet. Die erste Maschine startet am 6. morgens früh um 7 Uhr in Berlin und erreicht nach drei Stunden mit 40 Briefen und 50 Kilogramm Zeitungen Weimar. Die zweite Maschine erreicht ihr Ziel nicht, sie muß in Bitterfeld notlanden. Abgesehen von dieser Panne funktioniert der Luftpostdienst während der gesamten Sitzungsperiode.

Zur Eröffnung in Weimar senden die Abgeordneten der deutschösterreichischen Nationalversammlung in Wien ein Grußtelegramm nach Weimar, in dem der Wunsch ausgedrückt wird, »Deutsch-Österreich mit dem deutschen Mutterland für alle Zeiten zu vereinigen«. Die Weimarer Nationalversammlung bekräftigt ihrerseits am 21. Februar den Wunsch nach einer Vereinigung des Deutschen Reiches mit Österreich. Doch die Entscheidung darüber fällen die alliierten Siegermächte auf ihrer Konferenz in Paris.

Am 11. Februar wählt das Parlament mit über 70 Prozent der Stimmen Friedrich Ebert zum vorläufigen Reichspräsidenten. Zwei Tage später kann auch der Reichskanzler gewählt werden. An der Spitze eines Koalitionskabinetts aus SPD, Zentrum und DDP steht der Sozialdemokrat Philipp Scheidemann. Der 48 Jahre alte Reichspräsident Friedrich Ebert wird vom Präsidenten der Nationalversammlung mit den Worten begrüßt: »Verschwunden ist der Vormund aus ererbtem Recht, an seiner Stelle steht der selbstgewählte Führer.« Ebert, zugleich SPD-Vorsitzender, antwortet, er wolle und werde als der Beauftragte des ganzen deutschen Volkes handeln, nicht als Vormann einer einzigen Partei. Er bekennt sich zugleich zu seiner Herkunft aus dem Arbeiterstand.

Der Reichspräsident erhält eine jährliche Zuwendung von 1 Million Mark. Die Aufwandsentschädigung für jeden Reichstagsabgeordneten beträgt 1000 Mark. Erste große Aufgabe der Abgeordneten ist die Erarbeitung der Reichsverfassung. Während im Reich die Aufstände der Spartakisten und Kommunisten toben, machen sich in Weimar die Abgeordneten an die Arbeit, dem Reich eine demokratische Verfassung zu geben.

Das Reichskabinett vom 13. 2. 1919

Reichskanzler: Philipp Scheidemann (SPD)

Vizekanzler: Eugen Schiffer (DDP)

Außenminister: Ulrich Graf von Brockdorff-Rantzau (parteilos)

Innenminister: Hugo Preuß (DDP)

Reichswehrminister: Gustav Noske (SPD)

Finanzminister: Eugen Schiffer (DDP)

Justizminister: Otto Landsberg (SPD)

Wirtschaftsminister: Rudolf Wissel (SPD)

Arbeitsminister: Gustav Adolf Bauer (SPD)

Kolonialminister: Johannes Bell (Zentrum)

Postminister: Johann Giesberts (Zentrum)

Verkehrsminister: Johannes Bell (Zentrum)

Ernährungsminister: Robert Schmidt (SPD)

Schatzminister: Georg Gotheim (DDP)

Minister ohne Geschäftsbereich: Eduard David (SPD), Matthias Erzberger (Zentrum)

Truppen stürzen Räteherrschaft in Bremen

18. Februar. In Bremen stürzt eine Freiwilligendivision unter Führung von Reichswehrminister Gustav Noske die Räteherrschaft. Bei den Wahlen zur verfassunggebenden Bremer Nationalversammlung erfahren die Sozialisten und Kommunisten eine derbe Niederlage. Die USPD erhält 19,3 Prozent und die KPD 7,9 Prozent der Stimmen. Die SPD (32,9 Prozent) und die bürgerlichen Parteien (knapp 40 Prozent) bilden im neuen Bremer Senat eine Koalition.

Im Ruhrgebiet widersetzen sich Kommunisten, Spartakisten und Unabhängige Sozialisten dem Befehl der Reichsregierung, die Arbeiter- und Soldatenräte zu entmachten. Am 18. Februar ruft die Konferenz der Arbeiter- und Soldatenräte des Industriegebiets in Essen den Generalstreik aus. 180 000 Arbeiter folgen dem Aufruf. Die Reichsregierung läßt das Ruhrgebiet unverzüglich militärisch besetzen. Darauf bricht die Streikbewegung zunächst zusammen.

Ministerpräsident Eisner ermordet

21. Februar. Der bayrische Offizier Anton Graf Arco-Valley erschießt den bayrischen Ministerpräsidenten Kurt Eisner (USPD) auf dessen Fahrt in den Landtag. Als wenig später der stellvertretende Ministerpräsident Erich Auer vor dem Landtagsplenum das Attentat bekanntgibt, schießt der Metzger Alois Linder von der Zuschauertribüne auf Auer und verletzt ihn schwer.

Kurt Eisner †.

1919

MÄRZ

Mo	Di	Mi	Do	Fr	Sa	So
					1	2
3	4	5	6	7	8	9
10	11	12	13	14	15	16
17	18	19	20	21	22	23
24	25	26	27	28	29	30
31						

1. Gründung der ersten Kampfverbände der Faschisten in Italien.

3. Die polnische Regierung fordert die Wiederherstellung der polnischen Grenzen von 1772 (vor der ersten polnischen Teilung).

3. Spartakisten und Kommunisten rufen zum Generalstreik in Berlin auf. →

6. Eröffnung der internationalen Völkerbundkonferenz in Genf.

8. Im Frankfurter Neuen Theater wird die Tragödie »Dies irae« von Anton Wildgans uraufgeführt.

13. Die Nationalversammlung in Weimar beschließt die Sozialisierung des Kohlebergbaus.

15. Karl Renner (Sozialdemokrat) wird von der deutsch-österreichischen Nationalversammlung zum Staatskanzler Deutsch-Österreichs gewählt.

17. Der bayrische Landtag tritt wieder zusammen und wählt den Sozialdemokraten Johannes Hoffmann zum Ministerpräsidenten des Landes Bayern.

21. Deutschland beginnt, die Handelsflotte an die Alliierten auszuliefern.

21. Rücktritt der ungarischen Regierung Károlyi nach dem Beschluß der Alliierten über die Grenzziehung zwischen Ungarn und Rumänien, weil Siebenbürgen abgetreten werden muß. Ausrufung einer ungarischen Räterepublik. →

26. Die deutsche Regierung fordert die Einsetzung einer internationalen Kommission zur Klärung der Kriegsschuldfrage. →

28. Ernst Barlachs Drama »Der arme Vetter« wird in Hamburg uraufgeführt.

31. Aufruhr im Ruhrgebiet. Verhängung des Belagerungszustandes.

GEBOREN:

19. Josef Stingl, deutscher Politiker, Präsident der Bundesanstalt für Arbeit.

20. Ernst Topitsch, österreichischer Sozialphilosoph.

GESTORBEN:

21. Karl Stamm (* 29. 3. 1890), Schweizer Schriftsteller.

25. Wilhelm Lehmbruck (* 4. 1. 1881), deutscher Bildhauer. →

Schießbefehl Noskes

3. März. Der am 25. Februar ausgerufene Generalstreik im Reich erreicht den Höhepunkt. Reichswehrminister Gustav Noske erteilt den Befehl, den Aufstand mit Regierungstruppen niederzuschlagen. Am 1. März kommt es beim Einmarsch der Truppen in Halle zu blutigen Auseinandersetzungen: Geschäfte werden geplündert und zerstört, Zivilpersonen angegriffen. General Ludwig von Maercker, der Oberbefehlshaber der Regierungstruppen, droht am 3. März mit der Todesstrafe wegen Brandstiftung und bewaffneten Widerstands. Der Generalstreik bricht zusammen. Am gleichen Tag ruft die Kommunistische Partei in Berlin zum Generalstreik auf. Ihre Parolen: »Nieder mit der Regierung Ebert/Scheidemann! Nieder mit der Nationalversammlung! Alle Macht den Arbeiterräten!« Noske verordnet noch am gleichen Tag den Belagerungszustand. Freiwilligenverbände und Gardetruppen unter General Walther von Lüttwitz rücken in Berlin ein und geraten in schwere Kämpfe mit der Arbeiterschaft. Die Regierungstruppen sind den gut bewaffneten Aufständischen zunächst unterlegen. Erst am 8. März gelingt den Truppen ein Vorstoß, und am 12. März ist der Aufstand niedergeschlagen. Die Kämpfe fordern rund 1200 Tote.

Unter Berufung auf die Grausamkeit und Brutalität, mit der die Aufständischen in Berlin kämpfen, befiehlt Gustav Noske am 9. März: »Jede Person, die mit Waffen in der Hand gegen Regierungstruppen kämpfend angetroffen wird, ist sofort zu erschießen.«

Aufgrund dieses Befehls läßt ein Oberleutnant am 11. März 29 Soldaten der aufständischen Volksmarinedivision, die während der Kämpfe bewaffnet von den Regierungstruppen gefangengenommen wurden, hinrichten.

Vier Tage später muß sich Gustav Noske vor dem Parlament verantworten. Noske beruft sich vor der Nationalversammlung darauf, daß während der Kämpfe in Berlin ein »Zustand außerhalb jeden Rechts« bestanden habe. Die Mehrheitsparteien und die Rechtsparteien unterstützen den Standpunkt Noskes und billigen das Verhalten des Ministers. Nach Kriegsrecht jedoch besteht kein Zweifel an der Rechtswidrigkeit des Befehls; denn dieser läßt eine Grundregel militärischen Einsatzes, das Verbot des Tötens auch des bewaffneten Gegners nach dem Ende des Kampfes, außer acht. Die Militärbehörden stellen daher die verantwortlichen Offiziere unter Anklage, sprechen sie jedoch am 9. Dezember 1919 wegen des höheren Befehls frei.

Eine Gruppe junger Künstler beteiligt sich mit Plakatentwürfen und engagierten Bildern an den politischen Auseinandersetzungen. Max Pechsteins Plakat (Bild) ist jedoch kein Aufruf zur Lynchjustiz, sondern macht Reklame für eine gleichnamige politisch-aggressive Zeitschrift.

In Sowjetrußland kämpfen Freiwillige weiter

Die Waffenstillstandsbedingungen der Alliierten schreiben den Deutschen vor, sich zwar aus Sowjetrußland zurückzuziehen, aber das Baltikum vor einer Invasion der sowjetischen Roten Armee zu schützen. General Hans von Seeckt organisiert die Rückführung des Ostheeres. Den abmarschierenden Deutschen folgt die Rote Armee bis nach Estland und Lettland. Hier zeigt sich, daß die Ostarmee keine Kraft mehr hat, den sowjetischen Vormarsch aufzuhalten.

So entschließt sich die Reichsregierung, Freiwillige anzuwerben. Gebildet werden die Eiserne Division und die Baltische Landwehr. Diese Einheiten, verstärkt durch exilrussische Verbände, finnische Freiwilligenkommandos und durch baltische Einheiten, drängen die Rote Armee aus Estland, Kurland und Lettland heraus und planen dann Invasionen nach Rußland.

Die Alliierten verlangen daher die Abberufung der Freikorps aus dem Baltikum, aber die Verbände widersetzen sich diesem Befehl und unterstellen sich baltischen Befehlshabern. Erst im Sommer 1919 ziehen sich auf Druck der Engländer diese Einheiten nach Deutschland zurück. In Schlesien und Westpreußen kämpfen deutsche Freiwillige weiter.

Deutschland will Schuldfrage klären

26. März. Über die Vermittlung der Schweiz fordert die deutsche Regierung von den Alliierten die Einsetzung einer neutralen internationalen Kommission, die die Kriegsschuldfrage klären soll. Die englische Regierung lehnt das deutsche Ersuchen scharf ab. Sie hält es sogar für unnötig, auf den deutschen Vorschlag eine Antwort zu geben, da nach übereinstimmender Meinung der alliierten Regierungen die Kriegsschuld Deutschlands unzweifelhaft festgestellt worden ist. Den Deutschen bleibt nur der bittere Protest, die Alliierten maßten sich an, Ankläger und Richter zugleich zu sein.

Bela Kun errichtet Räteregierung in Budapest

21. März. Mihály Graf Károlyi, der im Januar zum Präsidenten der ungarischen Republik gewählt wurde, tritt aus Protest gegen die Entscheidung der alliierten Friedenskonferenz zurück, nach der Siebenbürgen an Rumänien abzutreten ist. Die Macht fällt an die Sozialisten und Kommunisten. Bela Kun, der in Rußland ein Kommando der Roten Armee befehligt hat, tritt an die Spitze der revolutionären Bewegung und errichtet eine Räteregierung in Budapest. Am 28. März erklärt er der Tschechoslowakei den Krieg, um die Slowakei zu gewinnen. Die ungarischen Truppen dringen in der Slowakei erfolgreich vor. Gleichzeitig beginnen die Rumänen den Angriff auf Ungarn und erobern Budapest.

Selbstmord Lehmbrucks

Wilhelm Lehmbruck †.

25. März. In einer Zeit der Wirren verzweifelt er: der Bildhauer Wilhelm Lehmbruck stirbt in Berlin durch Selbstmord. Die Suche nach der Gestalt des Menschen prägte die Arbeit des Künstlers. Er zeigte sie meisterhaft in einem seiner letzten Werke, im »Sterbenden Krieger« (1916/17), das Verzweiflung an der Welt ausdrückt. Lehmbruck wurde in Duisburg-Meiderich als Sohn eines Bergmanns geboren. Nach dem Besuch der Kunstakademie in Düsseldorf lebte er, ein Vertreter der expressionistischen Plastik, jahrelang in Paris.

1919

APRIL

Mo	Di	Mi	Do	Fr	Sa	So
	1	2	3	4	5	6
7	8	9	10	11	12	13
14	15	16	17	18	19	20
21	22	23	24	25	26	27
28	29	30				

1. Generalstreik im Ruhrgebiet. →

3. Die deutsch-österreichische Nationalversammlung beschließt die Verstaatlichung des Vermögens der Habsburger, die Abschaffung des Adels und die Abschaffung der Todesstrafe.

8. Genf wird Sitz des Völkerbundes.

12. Der preußische Kultusminister Konrad Haenisch verfügt die Senkung der Klassenzahlen in den Schulen auf höchstens 40 Schüler. Nur in einklassigen Schulen dürfen bis zu 50 Schüler eine Klasse bilden.

12. Die deutsche Nationalversammlung erklärt den 1. Mai zum Feiertag für einen »gerechten Frieden«.

13. Ausrufung der kommunistischen Räteregierung in München.

14. Exkaiser Karl von Habsburg geht in die Schweiz ins Exil.

15. Das Internationale Olympische Komitee vergibt die Olympischen Spiele 1920 an Antwerpen.

17. Die französische Nationalversammlung führt den Achtstundentag gesetzlich ein.

22. Das statistische Reichsamt veröffentlicht die Entwicklung der deutschen Bevölkerung seit 1913. Während die Bevölkerung 1913 um 834 000 und 1914 um 546 000 zunahm, ging die Zahl 1915 um 58 000, 1916 um 309 000, 1917 um 611 000 und 1918 um 885 000 zurück.

25. Gründung des »Bauhauses«, einer Schule mit Werkstätten für Architektur, bildende Künste und gestaltendes Handwerk, in Weimar. →

27. 8500 Firmen aus Mittel- und Ostdeutschland und der Tschechoslowakei stellen auf der ersten Leipziger Nachkriegsmesse aus.

27. Der finnische Landtag beschließt die Abschaffung der Monarchie und ruft die Republik aus.

28. Die alliierte Friedenskonferenz verabschiedet den endgültigen Entwurf zu einer Völkerbundsatzung.

30. An den allgemeinbildenden Schulen Sachsens wird der regelmäßige Sportunterricht eingeführt: zwei Stunden pro Woche.

GEBOREN:

8. Ian Smith, rhodesischer Politiker.

Streik im Ruhrgebiet

1. April. Sozialistische und kommunistische Arbeiterführer gründen in Essen eine Allgemeine Bergarbeiterunion. Sie proklamiert für den 1. April den Generalstreik. Innerhalb von vier Tagen folgen 345 000 von 375 000 Bergarbeitern dem Streikaufruf. Die Reichsregierung verkündet den Ausnahmezustand, sieht aber anders als in Berlin keine günstigen Aussichten für ein militärisches Vorgehen. Das Reich kann darüber hinaus wirtschaftlich auf Dauer keinen weiteren Ausfall der Kohleförderung verkraften. Im Februar sind nur 5,4 Millionen Tonnen Kohle gefördert worden, während es im gleichen Monat des Vorjahres noch 8,45 Millionen Tonnen waren.

Doch die neue Bergarbeiterunion legt der Regierung ein kompromißloses Programm vor:

– Sechsstundentag für Schichtarbeiter
– Lohnerhöhungen um 25 Prozent
– Garantie für das Rätesystem
– Sofortige Freilassung aller politischen Gefangenen
– Entwaffnung der Polizei.

Am 7. April gibt die Reichsregierung bekannt, daß sie den Sozialdemokraten Carl Severing zum Reichskommissar für das Ruhrgebiet bestellt hat. In einem Aufruf an die Arbeiterschaft der Region verspricht Severing eine allmähliche Verbesserung der Lebensbedingungen und beschränkt die Anwendung militärischer Gewalt auf Fälle unabweisbarer Notwendigkeit. Er erklärt die Bereitschaft, mit den Arbeitern zu verhandeln. Diese Zusagen veranlassen die gemäßigten Arbeiterführer zum Einlenken. Die Konferenz der Vertrauensleute der Bergarbeiter beschließt am 11. April, die Arbeit aufgrund der Severingschen Zusagen wieder aufzunehmen.

Bis Ende des Monats bröckelt die Streikbewegung soweit ab, daß alle 250 Schachtanlagen der Region wieder arbeiten.

Lenin: Zeit für Weltrevolution noch nicht reif

14. April. In einem Interview mit dem Stockholmer Korrespondenten der »Frankfurter Zeitung« erklärt der Führer des kommunistischen Rußlands, Wladimir Illjitsch Lenin, daß seine Hoffnung auf die Weltrevolution nach dem kommunistischen Umsturz in Rußland falsch war.

»Die Zeit bis zur Weltrevolution haben wir in Rußland falsch bemessen. Frühestens in zehn Jahren wird es vielleicht so weit sein«, erklärt Lenin.

Deshalb wollen die Kommunisten nach den Worten ihres Führers verstärkt mit dem Aufbau des Sozialismus in einem Land, in Rußland, beginnen. Dazu sollen nach Lenins Plänen schnell Verkehrsmöglichkeiten ausgebaut und die Eisenbahnlinien wieder instandgesetzt werden.

»Kommunismus ist Sowjetmacht und Fortschritt«, definiert er. Um den Fortschritt zu sichern, wünscht er sich deutsche Ingenieure und Lokomotiven in Rußland.

Bekanntmachung!

Der
revol. Bankrat für Baiern
in München
bestimmt Vertrauensleute, die
vom 9. April ab
die Auszahlung von Geldern bei den Banken zu überwachen haben, um zu verhindern, daß landesverräterische Kapitalisten ihr Geld ins Ausland verbringen.

Der revolutionäre Zentralrat.

13. April. In München rufen Kommunisten, Anarchisten und der linke Flügel der Unabhängigen Sozialdemokraten die Räterepublik aus, nachdem der bayerische Ministerpräsident Kurt Eisner (USPD) am 21. Februar ermordet worden ist. Die rechtmäßige Regierung unter dem Sozialdemokraten Johannes Hoffmann, Nachfolger Eisners, flieht nach Bamberg. Dort beginnt sie mit der Aufstellung von Freiwilligenverbänden und bittet die Reichsregierung um Truppen. Heftige Kämpfe fordern zahlreiche Menschenleben. Das Bild zeigt einen Aufruf des »revolutionären Zentralrats«.

Völkerbund in Genf

28. April. Auf der Pariser Friedenskonferenz nehmen die Alliierten den Entwurf zur Völkerbundsatzung an. Der Plan des amerikanischen Präsidenten Woodrow Wilson, eine internationale Institution zu schaffen, die in Zukunft Konflikte unter den Staaten beilegt, ist damit verwirklicht. Der Völkerbund soll eine Organisation des Friedens und der Sicherheit für die neue politische Ordnung der Welt werden, die durch die Pariser Friedensverträge geformt werden soll. Die Mitglieder werden zu gegenseitiger Hilfe bei Konflikten verpflichtet. Sie verpflichten sich, bei Streitigkeiten den Schiedsspruch des Haager Internationalen Gerichts anzuerkennen. Bei Verstößen gegen die Völkerbundsatzung kann er Sanktionen verhängen.

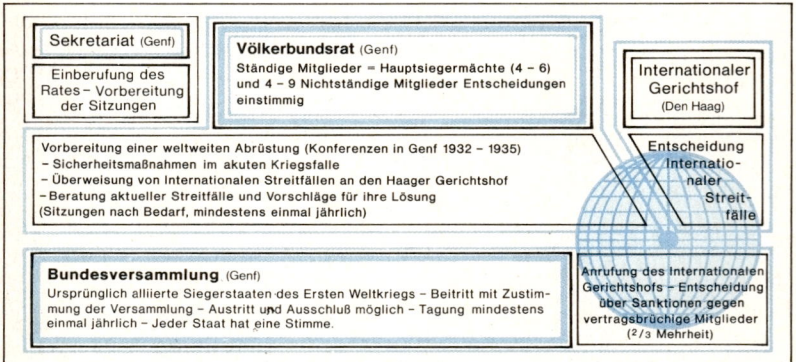

Die Organisation des Völkerbundes in Genf.

Bauhaus gegründet

25. April. Der Architekt Walter Gropius gründet in Weimar das Staatliche Bauhaus als Hochschule für künstlerisches Schaffen. Das Bauhaus entsteht durch den Zusammenschluß der Weimarer Hochschule für Bildende Kunst mit der Kunstgewerbeschule.

In dem mit der Gründung veröffentlichten Manifest fordert Gropius die Einheit aller bildenden Künste und erklärt das handwerklich-technische Können als eine unerläßliche Voraussetzung für künstlerisches Arbeiten. In der Konzeption des Bauhaus-Schaffens wird nicht nur der Zusammenklang von Handwerklichem und Künstlerischem neu gefunden, sondern beide werden durch die Technik erweitert. Damit wird der Weg zur industriellen Formgebung eröffnet.

Der Sitz des staatlichen Bauhauses in Weimar.

1919
MAI

Mo	Di	Mi	Do	Fr	Sa	So
			1	2	3	4
5	6	7	8	9	10	11
12	13	14	15	16	17	18
19	20	21	22	23	24	25
26	27	28	29	30	31	

2. Kapitulation der bayrischen Räteregierung. →

7. Überreichung der Friedensbedingungen an die deutsche Delegation in Versailles. →

8. Ablehnende Reaktion auf die alliierten Friedensbedingungen in Deutschland. →

8. Einführung des Frauenstimmrechts in den Niederlanden.

12. Die deutsche Nationalversammlung erklärt in einer Kundgebung im Festsaal der Berliner Universität die Friedensbedingungen für unannehmbar. →

14. Urteil im Liebknecht-Prozeß: Sechs Freisprüche. Der Husar Runge, der die Kolbenschläge ausführte, erhält wegen versuchten Mordes in Tateinheit mit gefährlicher Körperverletzung zwei Jahre Gefängnis. Oberleutnant Vogel, als Leiter der Wachmannschaft, erhält wegen Wachvergehens zwei Jahre Gefängnis (→ Januar 1919).

16. Das statistische Reichsamt gibt die Verluste, Verwundungen und Gefangenenzahlen für Deutschland im Weltkrieg bekannt: 1 676 696 Kriegstote, 373 770 Vermißte, 4 207 028 Verwundete und 615 922 Gefangene.

17. Der weißrussische Admiral Koltschak besetzt die Stadt Samara an der Wolga.

18. Ausrufung der Pfälzischen Republik. Die Franzosen unterstützen die Loslösung vom Reich.

19. Der im Liebknecht-Prozeß verurteilte Oberleutnant Vogel wird von Offizieren befreit und flieht nach Holland.

21. Das US-Repräsentantenhaus billigt die Einführung des Frauenstimmrechts.

25. Beim Ausbruch des Vulkans Kloet auf Java kommen über 16 000 Menschen um. Es ist der dritte große Ausbruch des Kloet nach 1875 und 1906.

27. Große Ausstellung mit Werken des Malers Lyonel Feininger in Berlin.

GEBOREN:

16. Albert Osswald, deutscher Politiker.

GESTORBEN:

2. Gustav Landauer (* 7. 4. 1870), deutscher Schriftsteller und Politiker.

Kanzler verurteilt Streikbewegung

1. Mai. Zum erstenmal ist der 1. Mai, der Tag der Arbeit, offizieller Feiertag im Deutschen Reich. Überall ruht die Arbeit. In Berlin haben sogar die öffentlichen Verkehrsmittel ihre Arbeit eingestellt. Über 100 000 Menschen versammeln sich auf dem Königsplatz vor dem Reichstag. Reichskanzler Philipp Scheidemann würdigt die Errungenschaften der Revolution: die Demokratie ist eingeführt worden, der Achtstundentag beschlossen.

Eine scharfe Absage erteilt der Kanzler der Streikbewegung. Wörtlich sagt er: »Wir müssen für unser Volk Lebensmittel schaffen. Das kann aber nicht geschehen, wenn unser Wirtschaftsleben durch Streiks ruiniert wird.« Und unter dem Beifall der Zuhörer erklärt er: »Es wird viel von Sozialismus gesprochen. Aber wie wollen wir sozialisieren, wenn die Betriebe bankrott gestreikt sind?«

Räteregierung in München gestürzt

2. Mai. Mit einem Blutbad stürzen Reichstruppen in München die kommunistische Räteregierung. Je näher die Reichstruppen in München vorrücken, um so grausamer wird die Auseinandersetzung. Am 30. April hat der kommunistische Münchner Stadtkommandant Rudolf Eglhofer, ein desertierter Matrose, acht Gefangene, Mitglieder der rechtsradikalen Thule-Gesellschaft, als Geiseln nach schweren Mißhandlungen im Keller des Münchner Luitpold-Gymnasiums erschießen lassen.

Die Reichstruppen setzen zur Eroberung Münchens Artillerie, Flammenwerfer und Panzerwagen ein. Wer den Regierungstruppen mit Waffen in die Hände fällt, wird standrechtlich erschossen. Die Eroberung Münchens kostet mehr als 1000 Todesopfer.

Der Mörder des sozialistischen bayrischen Ministerpräsidenten Kurt Eisner vom 21. Februar, Anton Graf Arco-Valley, wird zum Tode verurteilt, dann aber zu lebenslangem Zuchthaus begnadigt und schließlich nach fünf Jahren Haft freigelassen.

Friedensbedingungen

Die deutsche Delegation in Versailles: (von links) Schücking, die Minister Giesberts, Landsberg, Brockdorff-Rantzau, Leinert, Melchior.

7. Mai. Vier Monate nach Beginn der Friedensverhandlungen, welche die Alliierten in Paris unter sich führen, laden sie die deutsche Delegation zur Entgegennahme der Friedensbedingungen ein. Der Leiter der Konferenz, der französische Ministerpräsident Georges Clémenceau, übergibt der deutschen Delegation den von den Siegermächten fertig formulierten Vertragstext mit den Worten: »Wir sind einmütig entschlossen, sämtliche zu Gebote stehenden Mittel anzuwenden, um jede uns geschuldete berechtigte Genugtuung zu erhalten.«

Die deutsche Regierung hat 14 Tage Zeit zur Stellungnahme. Lehnt sie die Bedingungen ab, greifen die Alliierten wieder zu den Waffen. Der alliierte Vertragstext setzt in Artikel 231 die alleinige Kriegsschuld Deutschlands und der Mittelmächte fest und macht sie damit für alle Kriegsschäden verantwortlich.

Das bedeutet für Deutschland: Verlust aller Kolonien, Abtretung von Elsaß-Lothringen, des Memellandes, Westpreußens, des Hultschiner Ländchens sowie Eupen-Malmedy, Oberschlesien und Nordschleswig nach Volksabstimmung; insgesamt ein Landverlust von 70 000 Quadratkilometern und ein Bevölkerungsverlust von 7,3 Millionen Menschen. Weiterhin muß Deutschland ausliefern: 75 Prozent der jährlichen Zink- und Eisenförderung, 28 Prozent der Steinkohlenförderung, rund 20 Prozent der jährlichen Kartoffel- und Getreideernte. Den Deutschen wird die allgemeine Wehrpflicht verboten. Die Heeresstärke wird von den Alliierten auf 100 000 Mann und

die Flottenstärke auf 15 000 Mann festgesetzt. Schwere Waffen darf Deutschland nicht besitzen. Die Höhe der Reparationsforderung wird noch nicht festgesetzt. Der Kaiser und andere »Kriegsverbrecher« sollen ausgeliefert werden.

Graf Ulrich von Brockdorff-Rantzau, der deutsche Außenminister und Delegationsleiter, verwahrt sich bei Entgegennahme des Vertragstextes gegen die alleinige Kriegsschuld: »Wir bestreiten nachdrücklich, daß Deutschland, dessen Volk überzeugt war, einen Verteidigungskrieg zu führen, allein mit der Schuld belastet ist.«

Der Reichskanzler Philipp Scheidemann bezeichnet den alliierten Vertragstext als »ein befristetes Todesurteil für Deutschland«. Am 12. Mai erklärt die deutsche Nationalversammlung einmütig: Der Vertrag ist unannehmbar.

Die Regierungspresse in England und Frankreich jubelt über das Ergebnis der Friedenskonferenz: »Frankreich hat die Maximalforderungen durchgesetzt.« Kritische Blätter sehen die Gefahr, die von einem »Gewaltfrieden« (»Frankfurter Zeitung« vom 9. Mai) ausgeht. »Die Bedingungen der Entente sind schamlos und abgeschmackt, sie sind Vorspiel neuen Rassenhasses und eines neuen Kriegs«, kommentiert der Londoner »Daily Herold« am 8. Mai. Die Parteizeitung der Kommunisten in Frankreich, »L'Humanité«, erklärt: »Das französische Proletariat verweigert seine Unterschrift.« Und der sozialistische »Populaire« kommentiert: »Der Friedensvertrag ist Heuchelei im Sinne unserer Imperialisten.«

1919

JUNI

Mo	Di	Mi	Do	Fr	Sa	So
						1
2	3	4	5	6	7	8
9	10	11	12	13	14	15
16	17	18	19	20	21	22
23	24	25	26	27	28	29
30						

1. Die Leiche der am 15. Januar ermordeten Kommunistenführerin Rosa Luxemburg wird im Landwehrkanal in Berlin gefunden.

2. Die Alliierten geben die Friedensbedingungen an Österreich bekannt.

4. Deutschamerikaner organisieren in den Vereinigten Staaten eine Hilfssammlung für die notleidende deutsche Bevölkerung. Das erste Schiff mit Lebensmitteln für Deutschland verläßt New York.

4. Friedensvertrag der Alliierten mit Ungarn.

5. Todesurteil gegen Eugen Leviné, den Führer der Münchner Räteregierung.

7. Eröffnung der ersten großen Max-Beckmann-Ausstellung in der Frankfurter Vereinigung für neue Kunst.

8. Norddeutschland gewinnt mit einem 1 : 0-Sieg durch Elfmeter gegen Süddeutschland den Pokal des Deutschen Fußball-Bundes.

9. Die sowjetische Rote Armee erobert Ufa, den strategisch wichtigsten Punkt der Koltschakarmee.

16. Die Alliierten weisen die deutschen Gegenvorschläge zu den Friedensbedingungen zurück.

18. Die deutsche Friedensdelegation schlägt der deutschen Reichsregierung vor, die alliierten Friedensbedingungen zurückzuweisen.

20. Reichskanzler Scheidemann tritt zurück. Er ist nicht bereit, den Friedensvertrag zu unterzeichnen. Neuer Reichskanzler: Gustav Bauer (SPD). →

21. Die in der Bucht von Scapa Flow (britische Orkney-Inseln) internierte deutsche Kriegsflotte wird von der eigenen Besatzung versenkt. →

22. Die deutsche Nationalversammlung billigt die Unterzeichnung des Friedensvertrags unter Vorbehalten mit 237 gegen 138 Stimmen. →

23. Auf Druck Clémenceaus billigt die deutsche Nationalversammlung die bedingungslose Unterzeichnung des Versailler Vertrags. →

28. Die deutsche Delegation unterzeichnet den Versailler Vertrag. →

GEBOREN:

23. Valentino Mazzola, italienischer Fußballnationalspieler.

Mit dem Flugzeug erstmals über den Nordatlantik

15. Juni. Für 10 000 Pfund, die von der Londoner Zeitung »Daily Mail« gestiftet sind, wagen die englischen Flugpioniere John William Alcock und sein Navigator Arthur Brown den ersten Flug über den Nordatlantik mit einem zweimotorigen Vickers-Vimy-Doppeldecker.

Sie starten am 14. Juni von St. John's in Neufundland. Ihr Doppeldecker hat zwei 350-PS-Motoren. Die Benzinbehälter fassen 3200 Liter Sprit. Die Funkanlage fällt allerdings kurz nach dem Start aus. Bei dichtem Nebel fliegen sie über den Atlantik, meist in einer Höhe von 1100 Fuß, manchmal aber auch nur wenige Meter über dem Meeresspiegel.

Nach 16 Stunden landen sie auf einem Feld bei Clifden in Irland. Ganz England feiert den ersten erfolgreichen Atlantikflug. Der König erhebt beide Flieger in den Adelsstand.

Alcock verunglückt wenige Monate später am 18. Dezember tödlich bei einem Flugzeugabsturz in Nordfrankreich.

Mehr Kinder sterben an Mangelernährung

19. Juni. Der Leiter des Berliner Jugendamtes, F. S. Schultze, stellt in der Untersuchung »Die Wirkungen der englischen Hungerblockade auf die Kinder« die Folgen der schlechten Ernährung der Jugend dar. Die mangelhafte Ernährung läßt die Kindersterblichkeit stärker ansteigen als die Sterbeziffern der Siebzigjährigen.

Von zehntausend vier- und fünfjährigen Kindern sterben 20 im Jahr 1915 an Lungentuberkulose. 1916 gibt es 35 Opfer und 1917 bereits 47. Bei den sechs- bis zehnjährigen ergibt sich eine Zunahme der Todesfälle von 38 (1915) auf 55 (1916 und 1917), bei den elf- bis 15jährigen von 53 (1915) über 94 (1916) auf 133 (1917). Besonders hoch liegen die Zahlen bei den 16- bis 20jährigen: 296 (1915), 316 (1916) und 494 (1917).

Deutsche unterzeichnen Versailler Vertrag

Die Unterzeichnung des Versailler Vertrages im Spiegelsaal des Versailler Schlosses hat der englische Maler Sir William Orpen festgehalten. In der Mitte mit weißem Schnauzbart Clémenceau, links neben ihm US-Präsident Wilson.

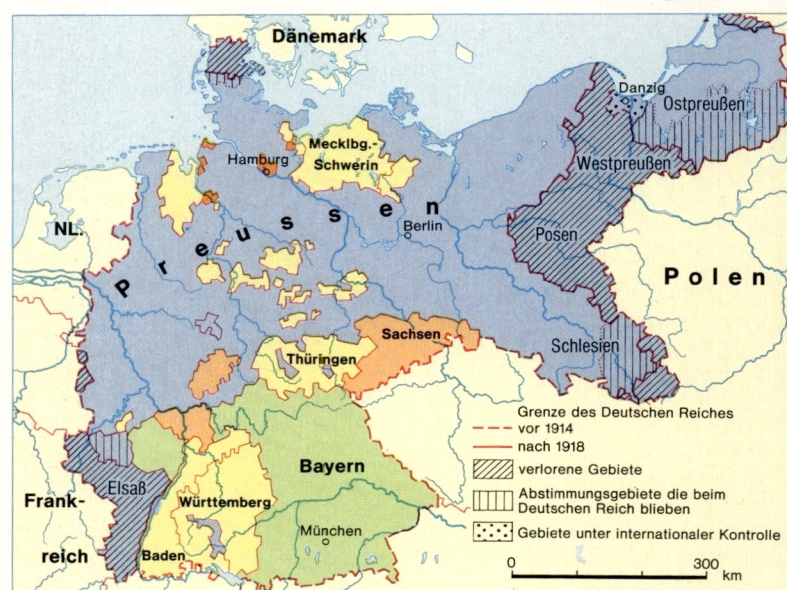

Deutschland nach den Gebietsabtretungen des Versailler Vertrages.

28. Juni. Auf den Tag genau fünf Jahre nach dem Attentat auf den österreichischen Erzherzog Franz Ferdinand, das den Weltkrieg auslöste, unterzeichnet die deutsche Delegation um 15.12 Uhr den von den Siegermächten diktierten Friedensvertrag. Die Siegermächte haben fast alle deutschen Vorschläge abgelehnt und ihre Forderungen vom 8. Mai bekräftigt. Sie halten auch an der Alleinschuld der Mittelmächte, das heißt vor allem Deutschlands, fest, erneuern die Forderung nach Auslieferung des Kaisers und führender Persönlichkeiten der früheren Reichsregierung, um sie abzuurteilen.

Die Entscheidung über Annahme oder Ablehnung fällt am 22. Juni in der deutschen Nationalversammlung. Kanzler Philipp Scheidemann und sein Außenminister Ulrich Graf von Brockdorff-Rantzau lehnen die Unterzeichnung ab, ebenso die DNVP, DVP.

Auf der Straße kommt es zu leidenschaftlichen Kundgebungen. Studenten verbrennen vor dem Zeughaus in Berlin alte französische Feldzeichen, die im Krieg 1870 erbeutet wurden und die jetzt wieder ausgeliefert werden sollen. Der Kommandant der vor den Orkney-Inseln in der Bucht von Scapa Flow internierten deutschen Kriegsflotte, Konteradmiral Ludwig von Reuter, befiehlt die Selbstvernichtung der deutschen Kriegsflotte.

Am 22. Juni beschließt die Nationalversammlung mit den Stimmen von Sozialdemokraten, Unabhängigen Sozialdemokraten und Zentrum die Annahme des Vertrages, lehnt aber ausdrücklich die Anerkennung des Kriegsschuldparagraphen und die Auslieferung der sogenannten Kriegsverbrecher ab.

Georges Clémenceau, der Leiter der alliierten Friedensdelegation, fordert die bedingungslose Annahme und droht mit Wiederaufnahme des Krieges. Jetzt stimmt die Nationalversammlung vorbehaltlos zu.

Philipp Scheidemann tritt zurück, da er nicht bereit ist, den Versailler Vertrag als Regierungschef zu unterzeichnen. SPD und Zentrum sind zur Unterzeichnung bereit. So bilden beide Parteien unter dem bisherigen Reichsarbeitsminister Gustav Bauer eine neue Regierung. Der neuen Regierung gehören an: Reichskanzler: Gustav Bauer (SPD), Außenminister: Hermann Müller (SPD), Innenminister: Eduard David (SPD), Finanzminister: Matthias Erzberger (Zentrum), Wehrminister: Gustav Noske (SPD), Justizminister: bis 3. 10. unbesetzt, Wirtschaftsminister: Rudolf Wissel (SPD), Arbeitsminister: Alexander Schlicke (SPD), Postminister: Johann Giesberts (Zentrum), Schatzminister: Wilhelm Mayer-Kaufbeuren (Zentrum), Verkehrsminister: Johannes Bell (Zentrum).

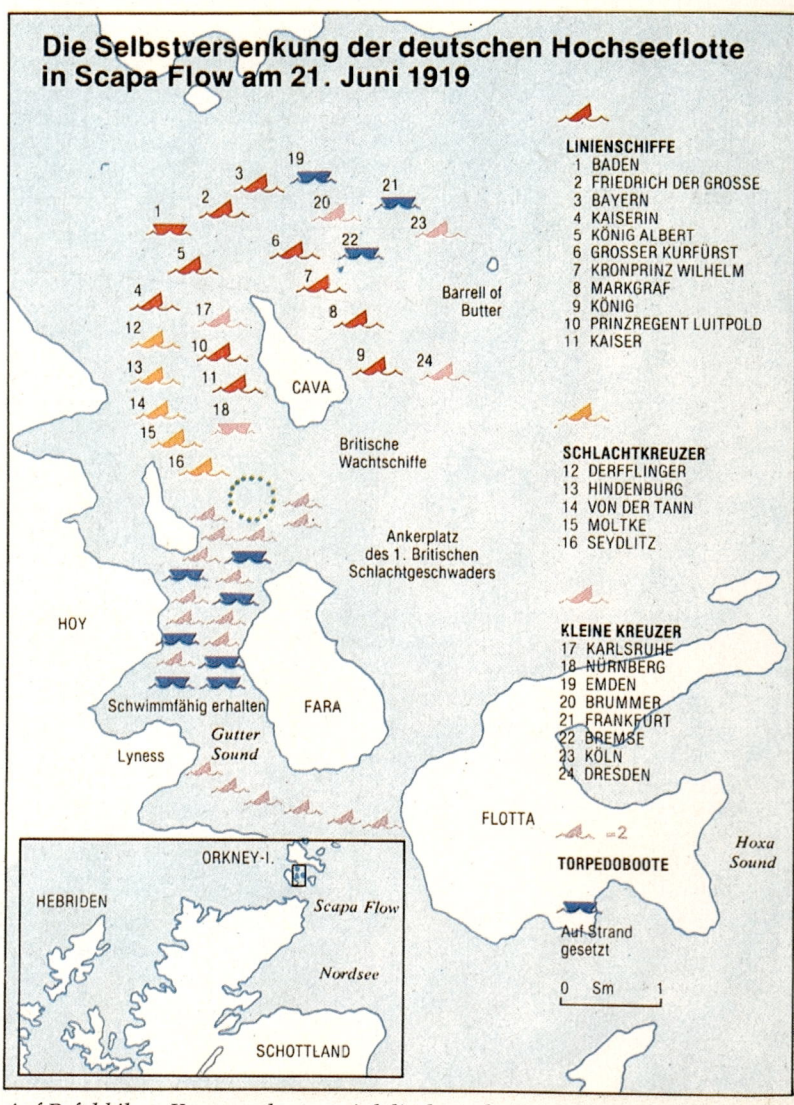

Die Selbstversenkung der deutschen Hochseeflotte in Scapa Flow am 21. Juni 1919

LINIENSCHIFFE
1 BADEN
2 FRIEDRICH DER GROSSE
3 BAYERN
4 KAISERIN
5 KÖNIG ALBERT
6 GROSSER KURFÜRST
7 KRONPRINZ WILHELM
8 MARKGRAF
9 KÖNIG
10 PRINZREGENT LUITPOLD
11 KAISER

SCHLACHTKREUZER
12 DERFFLINGER
13 HINDENBURG
14 VON DER TANN
15 MOLTKE
16 SEYDLITZ

KLEINE KREUZER
17 KARLSRUHE
18 NÜRNBERG
19 EMDEN
20 BRUMMER
21 FRANKFURT
22 BREMSE
23 KÖLN
24 DRESDEN

TORPEDOBOOTE

Auf Strand gesetzt

Auf Befehl ihres Kommandanten wird die deutsche Kriegsflotte versenkt.

JULI

Mo	Di	Mi	Do	Fr	Sa	So
	1	2	3	4	5	6
7	8	9	10	11	12	13
14	15	16	17	18	19	20
21	22	23	24	25	26	27
28	29	30	31			

3. Die deutsche Nationalversammlung wählt »Schwarz-Rot-Gold«, die Farben der Revolution von 1848, zur Flagge des Deutschen Reiches.

4. Die Oberste Heeresleitung des Reichs wird aufgelöst.

4. Jack Dempsey wird neuer Boxweltmeister im Schwergewicht. →

11. Das niederländische Parlament führt den Acht-Stunden-Arbeitstag ein.

12. Die Alliierten heben die Seeblockade gegen Deutschland auf.

14. In der ersten Tour de France seit 1914 siegt der Belgier François Lambot.

17. Der Australier G. L. Patterson gewinnt das Wimbledon-Finale gegen den bisherigen Weltmeister Norman Brooks (Australien) mit 6 : 3, 7 : 5 und 6 : 2. Neben dem Herreneinzel wird nur das Damendoppel zu Ende geführt. Hier siegen die Engländerinnen Cobb und Cane gegen Langlien und Ryan mit 6 : 2 und 6 : 1.

20. In St-Germain überreichen die Alliierten die Friedensbedingungen an die deutsch-österreichische Delegation. Staatskanzler Renner protestiert gegen die Abtretung Böhmens, Mährisch-Schlesiens und des Sudetengebiets.

21. Das britische Unterhaus billigt den Friedensvertrag von Versailles mit Deutschland.

22. Die Vereinigten Staaten nehmen die Handelsbeziehungen mit Deutschland wieder auf.

24. Das britische Oberhaus billigt den Versailler Vertrag.

29. Jimmy Wilds (Großbritannien) gewinnt nach 20 Runden die Leichtgewichtsweltmeisterschaft im Boxen gegen den Amerikaner Pal Moore.

31. Die deutsche Nationalversammlung billigt die neue Reichsverfassung mit 262 Stimmen gegen 75 Stimmen (DNVP, DVP, USPD). →

GEBOREN:

1. Hans Bender, deutscher Schriftsteller.

8. Walter Scheel, vierter Präsident der Bundesrepublik Deutschland.

20. Edmond Hillary, neuseeländischer Alpinist.

24. Ferdinand Kubler, Schweizer Radrennfahrer, Sieger der Tour de France 1951.

Verfassung gebilligt

31. Juli. Die deutsche Republik erhält ihre Verfassung. Mit 262 gegen 75 Stimmen nimmt die Nationalversammlung die neue Verfassung an. In knapp fünf Monaten hat ein Ausschuß unter Führung des Staatsrechtslehrers Professor Hugo Preuß und des Soziologen Max Weber das Grundgesetz für ein republikanisches und demokratisches Deutschland erarbeitet.

Die einzige Grundlage der Reichsgewalt ist die Souveränität des Volkes. Sie findet ihren Ausdruck im Reichstag als der gesetzgebenden Versammlung und in der Person des Reichspräsidenten als höchstem Repräsentanten der ausführenden Gewalt. Beide, Reichstag und Reichspräsident, werden unmittelbar vom Volk gewählt. Auch während einer Legislaturperiode kann das Volk direkt über Gesetze entscheiden. Die Verfassung sieht das Volksbegehren und den Volksentscheid vor.

Neben dem Reichstag besteht ein Reichsrat als Gremium der Länder zur Mitentscheidung in der Gesetzgebung und Regierung. Die Reichsregierung und der Reichstag haben aber den Ländern gegenüber den Vorteil, daß die Finanzhoheit beim Reich liegt und damit die Reichsregierung – anders als die frühere kaiserliche Regierung – finanziell nun nicht mehr von den Ländern abhängig ist.

Das zentrale politische Organ ist der Reichstag. An sein Vertrauen sind der Kanzler und jeder einzelne Minister gebunden. Sehr weitgehende Befugnisse erhält der Reichspräsident. Er hat den militärischen Oberbefehl und das Recht der Reichstagsauflösung. Der Artikel 48 der Verfassung räumt ihm eine Ausnahmegewalt ein, »wenn im Deutschen Reich die öffentliche Sicherheit und Ordnung erheblich gestört und gefährdet werden«. Er kann dann sogar vorübergehend die Grundrechte aufheben.

Das Verhältniswahlrecht fördert die Zersplitterung des politischen Willens durch eine zunehmende Zahl politischer Parteien, die verfassungsrechtlich nicht auf die demokratischen Grundsätze verpflichtet werden können. Reichspräsident Ebert sagt vor dem Reichstag: »Das Wesen der Verfassung soll vor allem Freiheit sein, Freiheit für alle Volksgenossen.«

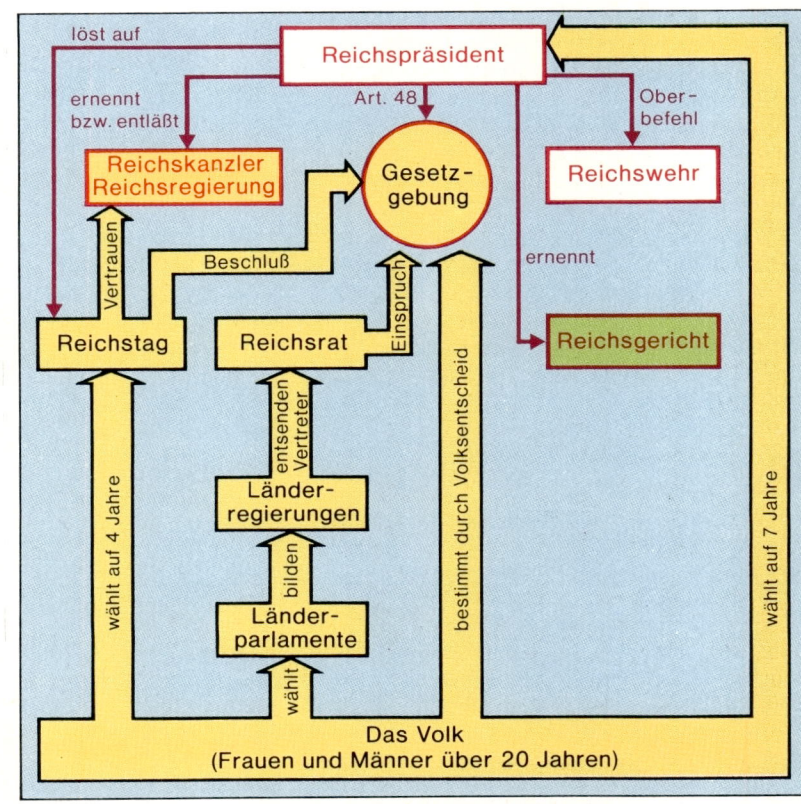

Die Organisation der Republik nach der Weimarer Verfassung.

Jack Dempsey neuer Weltmeister im Schwergewicht

Der Boxer Jack Dempsey.

4. Juli. Jack Dempsey wird neuer Boxweltmeister im Schwergewicht. In Toledo (Staat Ohio) gewinnt er gegen den fast zwei Meter großen Weizenfarmer Jess Willard aus Kansas, der den Titel seit 1914 hält. Der 24jährige Jack Dempsey hat erst 1914 mit dem Boxen begonnen, in dem Jahr, in dem Willard den farbigen Champion Jack Johnson stürzte. Amerika jubelt dem neuen weißen Boxweltmeister zu, der 1918 und 1919 nach einer beeindruckenden Serie von K.-o.-Siegen als Herausforderer von Weltmeister Willard anerkannt wird. Der junge Dempsey sagt für den Weltmeisterschaftsfight einen K.-o.-Sieg in der ersten Runde voraus. Und tatsächlich schlägt er den Weltmeister in den ersten 120 Sekunden gleich siebenmal zu Boden. Aber erst in der dritten Runde zählt der Ringrichter Willard aus. Dempsey ist K.-o.-Sieger und diesmal zugleich neuer Weltmeister.

Außerdem . . .

Diamanten im Wert von einer Million Mark erbeutet der Fräser Karl Neuhaus, als er bei Mülheim-Eppinghofen auf einen fahrenden Postzug springt und fünf Postsäcke herunterwirft, darunter ein Päckchen mit Diamanten. Doch bevor es Neuhaus gelingt, seine Beute am Bahndamm zu sortieren, wird er bereits von der alarmierten Polizei überrascht und verhaftet.

AUGUST

Mo	Di	Mi	Do	Fr	Sa	So
				1	2	3
4	5	6	7	8	9	10
11	12	13	14	15	16	17
18	19	20	21	22	23	24
25	26	27	28	29	30	31

4. Sturz der ungarischen Räteregierung. Rumänische Truppen marschieren in Budapest ein.

6. Die USA beenden die Wirtschaftsblockade gegen Sowjetrußland und nehmen den Warenverkehr mit Rußland wieder auf.

8. Das belgische Parlament ratifiziert den Versailler Vertrag.

10. Großbritannien entläßt die ersten deutschen Kriegsgefangenen. 800 Schwerverwundete treffen in Köln ein.

14. Die neue Verfassung des Deutschen Reichs tritt in Kraft. →

16. Der deutsche Ex-Kaiser Wilhelm II. kauft in Holland das Haus »Doorn« und bestimmt es zu seinem endgültigen Aufenthalt.

20. Reichspräsident Ebert wird auf die neue deutsche Verfassung vereidigt.

20. Rekordbeteiligung bei der Leipziger Herbstmesse. 9500 Firmen stellen aus.

21. Titelverteidiger Otto Flint verliert im Berliner Zirkus Busch die deutsche Schwergewichtsmeisterschaft durch Aufgabe an seinen Herausforderer Metz.

22. Judenmassaker in der Ukraine: Ukrainische Soldaten ermorden 5000 Juden in der Provinz Podolien.

25. Die Vereinigten Staaten verlangen als Schadenersatz für die Torpedierung des Passagierdampfers »Lusitania« durch ein deutsches U-Boot am 7. Mai 1915 von Deutschland die Abtretung der Insel Yap (Mikronesien).

28. Der von den Polen unterstützte Aufstand in Oberschlesien wird von deutschen Truppen niedergeschlagen.

GESTORBEN:

9. Ernst Haeckel (* 16. 2. 1834), deutscher Zoologe. →

11. Andrew Carnegie (* 25. 11. 1835), amerikanischer Großindustrieller und Milliardär.

24. Friedrich Naumann (* 25. 3. 1860), deutscher Politiker. →

28. Louis Botha (* 27. 9. 1862), südafrikanischer General, eroberte 1915 Deutsch-Südwestafrika.

31. Johann Sigurjonsson (* 19. 6. 1880), isländischer Dramatiker.

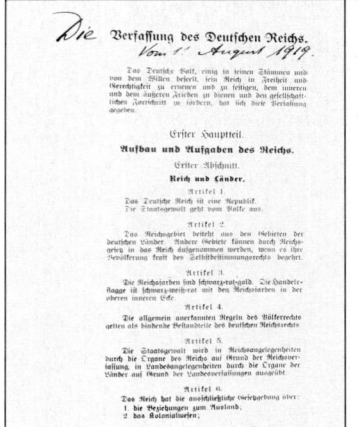

14. August: Die neue Verfassung des Deutschen Reiches tritt in Kraft. Ihre Besonderheit ist die starke Stellung des Staatsoberhauptes. Die Bilder zeigen (links) die Titelseite sowie ein Blatt.

USA schicken Hilfe

8. August. Herbert Hoover, vom amerikanischen Präsidenten zum Organisator für die Lebensmittelversorgung Europas bestellt, appelliert an die europäischen Bergleute, mehr zu arbeiten. Ohne Zusatzschichten ist die Kohlenversorgung Europas im kommenden Winter gefährdet. Durch die Einführung des Achtstundentages und durch die zahlreichen Streiks geht die Gesamtförderung erschreckend zurück. Nach Hoovers Berechnung fehlen für den Winter 20 Millionen Tonnen Kohlen.

Ganz besonders stark schlägt der Förderungsrückgang in Deutschland zu Buche. Im Juli werden im Ruhrgebiet nur 2 230 000 Tonnen Steinkohle gefördert, im gleichen Monat des Jahres 1918 waren es noch 3 447 580 Tonnen. Insgesamt ist die Steinkohlenförderung Deutschlands im ersten Halbjahr 1919 um 24 Millionen Tonnen zurückgegangen.

Aber auch bei einer deutlichen Steigerung der Produktivität benötigt Europa nach Hoovers Untersuchung kräftige Unterstützung durch die Vereinigten Staaten. Im August werden 15 Millionen Arbeitslose gezählt. Bei einem Vergleich der erwarteten Ernteerträge mit der Bevölkerungszahl können in Europa voraussichtlich 100 Millionen nicht ausreichend ernährt werden. Amerika müsse helfen, fordert Hoover in seiner Denkschrift vom 8. August.

Der konservative britische Unterhausabgeordnete Neville Chamberlain (bis 1917 Leiter des britischen Kriegsdienstamtes) erklärt am 10. August im britischen Unterhaus: »England geht dem wirtschaftlichen Bankrott entgegen, wenn die Staatsausgaben nicht drastisch gesenkt werden und die Produktion zunimmt.«

Der englische Kriegsminister schickt 36 000 entlassene britische Soldaten mit ihren Familien nach Westaustralien, damit sie sich dort ansiedeln und eine neue Existenz aufbauen können.

Luftschiff verkehrt regelmäßig zwischen Berlin und der Schweiz

9. August. Zwischen Berlin und der Schweiz wird ein regelmäßiger Luftschiffdienst eingerichtet. Alle zwei Tage startet morgens um 9 Uhr das Luftschiff »Bodensee« von Berlin-Staaken nach Friedrichshafen am Bodensee. Dort erreichen die Reisenden um 16 Uhr noch den Dampfer, der sie zum Schweizer Ufer bringt, zeitig genug, um den Zug nach Zürich zu erreichen. Der Flugpreis für die Strecke Berlin–Friedrichshafen beträgt 400 Mark.

Früher Tod des DDP-Vorsitzenden Friedrich Naumann

24. August. Im Alter von 59 Jahren stirbt in Travemünde Friedrich Naumann, der Vorsitzende der Deutschen Demokratischen Partei. Er hat seine Laufbahn 1890 als Pfarrer begonnen und sich um eine enge Verbindung der evangelischen Christen und der Sozialdemokratie bemüht. Seit 1907 war er Mitglied des Reichstags und widmete seine Arbeit einer Betonung des liberalen Gedankengutes. Er gab die Zeitschriften »Die Zeit« und »Die Nation« heraus, gründete 1910 die Fort-

Friedrich Naumann nach einer Lithographie von Max Liebermann.

schrittliche Volkspartei. 1918 war er Mitbegründer der Deutschen Demokratischen Partei. Seine Fähigkeit, christliches, soziales und liberales Gedankengut miteinander zu verbinden, trug dazu bei, daß 1919 SPD, Zentrum und DDP eine Regierungskoalition bildeten.

Zoologe Haeckel stirbt in Jena

9. August. In Jena stirbt der Zoologe und Naturphilosoph Ernst Haeckel im Alter von 85 Jahren. Haeckel hat die Abstammungslehre von Charles Darwin übernommen und auch auf den Menschen ausgedehnt. Seit 1863 vertrat er in Deutschland die These, daß das Prinzip des Fortschritts auch auf die historische Analyse und politische Neugestaltung von kulturellen und sozialen Leistungen anzuwenden ist. Er verkündete damit den Sozialdarwinismus.

1919

SEPTEMBER

Mo	Di	Mi	Do	Fr	Sa	So
1	2	3	4	5	6	7
8	9	10	11	12	13	14
15	16	17	18	19	20	21
22	23	24	25	26	27	28
29	30					

3. Italien führt das Frauenstimmrecht ein.

6. Die deutsch-österreichische Nationalversammlung in Wien stimmt dem Friedensvertrag mit den Alliierten zu. →

8. Die Polizei hebt in Berlin-Moabit eine Falschgelddruckerei aus. »Blüten« im Werte von 100 000 Mark sind vor allem auf Rennplätzen in Umlauf gesetzt worden.

10. Der Reichstag stimmt der Finanzreform Erzbergers zu: Reichseinheitliches Steuereinziehungsverfahren nach der Reichsabgabenordnung. Die Finanzhoheit liegt beim Reich.

10. Unterzeichnung des Friedensvertrags von St-Germain zwischen den Alliierten und Österreich. →

11. Ludendorffs Buch über den Weltkrieg erscheint in England und in den Vereinigten Staaten. Für die Veröffentlichungsrechte erhält er 10 000 Pfund Sterling.

12. Angriff Italiens auf Fiume (Rijeka), das entgegen dem Vertrag von St-Germain von Italien annektiert wird. →

15. China beendet den Kriegszustand mit Deutschland.

16. Aus Sicherheitsgründen läßt die Reichsbank neue Fünfzigmarkscheine bei der Österreichischen Staatsdruckerei in Wien drucken.

21. Der Orientexpreß nimmt wieder den regelmäßigen Linienverkehr zwischen Paris und Istanbul auf.

22. Die Alliierten verbieten den Zusammenschluß von Deutschland und Österreich.

23. Die englische und französische Militärverwaltung in Palästina erklärt die hebräische Sprache neben Türkisch und Arabisch zur offiziellen Landessprache.

28. Bei einer Volksabstimmung in Luxemburg sind 66 811 von 90 981 Stimmberechtigten für die Beibehaltung der Monarchie.

29. Schweden führt den Acht-Stunden-Arbeitstag ein.

GEBOREN:

11. Ota Sik, tschechischer kommunistischer Reformpolitiker.

15. Fausto Coppi († 2. 1. 1960), italienischer Radrennfahrer.

22. Friedrich Heinrich Tenbruck, deutscher Soziologe.

Österreichische Delegation unterzeichnet

10. September. Die Alliierten überreichen der österreichischen Friedensdelegation die Friedensbedingungen. Angesichts der ultimativen Forderungen der Entente stimmt die Nationalversammlung in Wien am 6. September für den Frieden, und am 10. erfolgt die Unterzeichnung des Vertrags in St-Germain-en-Laye bei Paris. Die Siegermächte erklären Österreich und Ungarn zu selbständigen Staaten. Auch wird Österreich für den Krieg verantwortlich gemacht. Die Tschechen, Südslawen und die siebenbürgischen Rumänen werden hingegen zu den Siegern gerechnet.

Die Bestimmungen des Vertrages sehen im einzelnen vor: Südtirol fällt bis zum Brenner mit rund 250 000 deutschsprachigen Einwohnern an Italien. Italien erhält außerdem Triest mit Istrien, Teile von Kärnten, Krain und Dalmatien. Darüber hinaus erobert ein italienisches Kommando am 12. September Fiume (Rijeka), das die Friedenskonferenz Italien ausdrücklich nicht zuspricht.

Österreich muß die selbständigen Staaten Tschechoslowakei, Polen, Ungarn, Jugoslawien und deren Territorien anerkennen.

Hitler Mitglied der Arbeiterpartei

12. September. »Wie und mit welchen Mitteln beseitigt man den Kapitalismus?« Die Deutsche Arbeiterpartei lädt am 12. September den Infanteristen eines Freikorpsregiments in München, Adolf Hitler, in das Sternecker Bräu ein. Rund 40 Zuhörer versammeln sich und hören dem Leiter des »Kampfbundes zur Brechung der Zinsknechtschaft«, Gottfried Feder, zu.

In der anschließenden Diskussion fällt dem Parteivorsitzenden Anton Drexler der leidenschaftlich argumentierende Hitler auf. Einige Tage später sendet Drexler eine Mitgliedskarte mit der Nummer 555 an Hitler. Hitler tritt der DAP bei und wird bald in den Vorstand gewählt, als Ausschußmitglied Nummer 7 (→ Februar 1920).

1919

OKTOBER

Mo	Di	Mi	Do	Fr	Sa	So
		1	2	3	4	5
6	7	8	9	10	11	12
13	14	15	16	17	18	19
20	21	22	23	24	25	26
27	28	29	30	31		

1. Die Wohnungsnot in Köln ist so groß, daß der Kölner Oberbürgermeister in der Frankfurter Zeitung vor einem Zuzug warnt.

1. Spanien führt den Acht-Stunden-Arbeitstag ein.

2. Die französische Nationalversammlung nimmt den Versailler Vertrag mit 372 gegen 53 Stimmen bei 73 Enthaltungen an.

3. Jugoslawien führt den Achtstundentag ein.

5. Das Alkohol-Verkaufsverbot wird in Norwegen durch Volksabstimmung beschlossen.

7. Erster Sieg mit Zielfoto bei einem Galopprennen in Berlin-Grunewald. Die Aufnahmen werden mit einem Gerät aufgenommen, das anderthalb Meter vor der Ziellinie aufgestellt ist und jede hundertstel Sekunde fotografiert.

8. Der USPD-Abgeordnete Hugo Haase wird bei einem Attentat vor dem Reichstag schwer verletzt.

10. Uraufführung der Oper von Richard Strauss »Die Frau ohne Schatten« im Wiener Operntheater.

10. Der englische König unterzeichnet die Ratifikationsurkunde zum Versailler Vertrag.

12. Englisches Interventionsheer verläßt Murmansk (Sowjetrußland).

18. Untergrundbahn in Madrid (Spanien), mit deren Bau 1914 begonnen wurde, wird eröffnet.

29. Der Kongreß der Vereinigten Staaten verabschiedet gegen das Veto des Präsidenten das Alkoholverbot in den USA.

30. Ernest Rutherford gelingt zum erstenmal der Nachweis einer künstlichen Kernumwandlung, bei der Stickstoffatome durch Beschuß mit Alpha-Strahlen in Sauerstoffatome umwandeln.

GEBOREN:

8. Pierre Elliot Trudeau, kanadischer Politiker.

26. Mohammad Resa Pahlawi († 27. 7. 1980), Kaiser von Iran 1941–1979 (→ Februar 1979).

28. Bernhard Wicki, österreichischer Filmschauspieler und Regisseur.

GESTORBEN:

11. Karl Gjellerup (* 2. 6. 1857), deutsch-dänischer Schriftsteller.

Rote Armee kämpft in Rußland erfolgreich

Leo Trotzki (Mitte, helle Uniformjacke) mit Kampfgenossen in Moskau auf dem Roten Platz.

21. Oktober. Die Rote Armee befreit Sowjetrußland aus einer tödlichen Umklammerung in einem Drei-Fronten-Kampf des Bürgerkriegs. Vor den Toren Petrograds steht eine russische Freiwilligenarmee der Generale Nikolai Judenitsch und Rodzanko, die unterstützt wird durch die im finnischen Meerbusen operierende englische Flotte. 300 Kilometer von Moskau entfernt steht in Orel die Armee General Anton Denikins mit dem Ziel, Moskau zu erobern. An der Wolga operieren noch die Truppen Alexander Koltschaks, obwohl die Sowjetarmee hier bereits erste Vorstöße in Richtung Ural vornimmt. Am 14. gelingt der Roten Armee unter der Führung von Leo Kamenew und Josef Stalin ein vernichtender Sieg über Denikin. Orel an der Oka wird erobert, und damit ist die Gefahr für Moskau gebannt. Eine Woche später, am 21. Oktober, schlägt Leo Trotzki Judenitsch und verfolgt dessen Einheiten nach Estland hinein. Unter dem Eindruck des Sieges der »Roten« verläßt die englische Flotte den finnischen Meerbusen und zieht sich nach Riga zurück. Admiral Koltschak ist nicht mehr Herr seiner Truppen.

In einem fluchtartigen Rückzug überlassen sie der Sowjetarmee den Ural. Im November erobert die Rote Armee Omsk, die Hauptstadt der weißen Gegenregierung.

Keine Einheit bei den Arbeitnehmern

Zehnmal wird im Jahr 1919 in Teilen des Reichs der Generalstreik ausgerufen. Doch sind es weniger die Gewerkschaften, die den Arbeitskampf proklamieren als die Linksparteien, USPD und KPD. Die Gewerkschaften halten lockere Verbindung zu den ihnen nahestehenden Parteien. Angesichts der weltanschaulichen und politischen Gegensätze innerhalb der Arbeiterschaft kann sich keine Einheitsgewerkschaft bilden. Es bleibt bei drei führenden Gewerkschaften wie schon vor dem Krieg. Die freien Gewerkschaften vereinigen sich am 2. Juli 1919 zum Allgemeinen Deutschen Gewerkschaftsbund (ADGB) mit 7,8 Millionen Mitgliedern. Auf seinem Nürnberger Gewerkschaftskongreß proklamiert er die parteipolitische Neutralität. Damit signalisiert die Gewerkschaftsführung, daß sie nicht in dem Konflikt der ihr nahestehenden Parteien SPD und USPD zerrieben werden will.

Die christlichen Gewerkschaften bilden den Deutschen Gewerkschaftsbund (DGB) mit rund einer Million Mitgliedern. Er ist Dachverband von Arbeitern, Angestellten und Beamten. Die dem Liberalismus und der Deutschen Demokratischen Partei nahestehenden »Hirsch-Dunkerschen Gewerkschaften« formieren sich 1919 zum Freiheitlich-Nationalen Gewerkschaftsring deutscher Arbeiter-, Angestellten- und Beamtenverbände mit rund 230 000 Mitgliedern.

Die Arbeitgeberverbände schließen sich im Februar 1919 zum Reichsverband der Deutschen Industrie zusammen. Die Zahl der angeschlossenen Mitgliedsverbände beträgt Ende 1919 rund 200.

Nach Artikel 165 der Reichsverfassung handeln Arbeitgeberverbände und die Gewerkschaften die Tarife aus. Die abgeschlossenen Tarifverträge sind zur Regelung der Lohn- und Arbeitsbedingungen verbindlich. Die Weimarer Reichsverfassung sanktioniert das Mittel des Arbeitskampfes in Artikel 159 nicht ausdrücklich, aber die Gewährleistung der Koalitionsfreiheit schließt auf der anderen Seite die Möglichkeit des Arbeitskampfes ein.

1919
NOVEMBER

Mo	Di	Mi	Do	Fr	Sa	So
					1	2
3	4	5	6	7	8	9
10	11	12	13	14	15	16
17	18	19	20	21	22	23
24	25	26	27	28	29	30

2. Eisenbahnunglück in Kopenhagen: 32 Tote.

4. Proklamation des Generalstreiks durch kommunistische Betriebsräte in Berlin. Aufruf hat nur einen Teilerfolg.

4. Eisenbahnunglück bei Paris: 30 Tote.

6. Schwedische Kinder sammeln 12 904 Mark für notleidende deutsche Kinder.

10. Baltisch-deutsche Grundherren werden in Estland aufgrund des Bodenreformgesetzes enteignet.

15. Physiknobelpreis für den Greifswalder Professor Johannes Stark. →

16. Aus Furcht vor einer bolschewistischen Revolution in Frankreich bildet sich vor den Wahlen zur Nationalversammlung eine Koalition der Parteien von den Konservativen bis zu den Radikaldemokraten.

18. Bei Ausgrabungen im Dom zu Fulda wird die Gruft des Germanen-Missionars Bonifatius freigelegt. Sie ist noch vollständig erhalten.

18. Der US-Senat lehnt den Versailler Vertrag mit 53 gegen 38 Stimmen ab. Damit unterzeichnen die Amerikaner den Frieden mit Deutschland nicht.

22. Uraufführung von Otto Zoffs Trauerspiel »Schneesturm« im Frankfurter Schauspielhaus.

25. Abkommen zwischen Deutschland und Polen über die deutsche Räumung Westpreußens.

28. Eröffnung des großen Schauspielhauses in Berlin. →

30. In einer Volksbefragung entscheiden sich die Bewohner Coburgs, das zum ehemaligen Herzogtum Sachsen-Coburg-Gotha gehörte, zum Anschluß an den Freistaat Bayern.

GEBOREN:

10. Kurt Schmücker, deutscher Politiker.

10. Moise Tschombé († 29. 6. 1969), Zaire-Politiker.

GESTORBEN:

7. Hugo Haase (* 29. 9. 1863), deutscher Politiker. →

15. Alfred Werner (* 12. 12. 1866), deutscher Chemiker, Nobelpreis 1913.

Nobelpreise vergeben

15. November. Mit einjähriger Verspätung ehrt die Akademie der Wissenschaften in Stockholm die deutschen Nobelpreisträger des Jahres 1918: Max Planck (Physik) und Fritz Haber (Chemie). Gleichzeitig vergibt die Akademie den Physikpreis 1919 an den deutschen Forscher Johannes Stark aus Greifswald für die Entdeckung der Zerlegung von Spektrallinien. 1919 werden die Preise für Literatur und Chemie nicht vergeben. Die Übergabe des Friedensnobelpreises soll erst 1920 vorgenommen werden. Hier ist der amerikanische Präsident Thomas Woodrow Wilson aussichtsreichster Kandidat.

Max Planck.

Fritz Haber.

Johannes Stark.

USPD-Vorsitzender erliegt Attentat

7. November. Nach einmonatigem qualvollen Leiden stirbt der Vorsitzende der Unabhängigen Sozialisten, Hugo Haase, an einer Blutvergiftung, der Folge des Attentats vom 8. Oktober. Beim Betreten des Reichstags hat der – später geisteskrank erklärte – Lederarbeiter Johann Voß aus Wien mehrmals auf Haase geschossen.

Hugo Haase ist von 1897 bis 1917 Sprecher der ostpreußischen Sozialdemokraten im Reichstag gewesen. 1916 geriet er mit seiner Weigerung, den Kriegskrediten zuzustimmen, in Gegensatz zur Mehrheit der SPD.

Er gehörte dann zu den Gründern der Unabhängigen Sozialisten, deren Vorsitzender er 1917 wurde.

Hindenburgs Dolchstoßlegende

18. November. »Die deutsche Armee ist von hinten erdolcht worden.« Generalfeldmarschall Paul von Hindenburg gibt diese Erklärung vor dem parlamentarischen Untersuchungsausschuß, der im Auftrag der Nationalversammlung die Schuldfrage des Weltkriegs klären soll. Die Arbeiter in Deutschland, die Politiker im Reichstag und die Friedenspropaganda haben nach Ansicht Hindenburgs den Zusammenbruch der deutschen Armee im Weltkrieg verursacht.

In dem Verfahren erklärt Hindenburg ferner, daß das Zitat – »Die deutsche Armee ist von hinten erdolcht worden« – ursprünglich nicht von ihm stamme, sondern von einem englischen General.

Schüler streiken für Kaiserbilder

20. November. Der preußische Kultusminister Konrad Haenisch (SPD) verbietet jede politische Werbung und Agitation an den höheren Schulen Preußens. Schüler, die das Verbot übertreten, sollen von der Schule gewiesen werden. Der Minister greift zu dieser radikalen Maßnahme, weil er die politische Agitation an den Schulen nicht mehr eindämmen kann.

Die Zeiten der Wandervogelbewegung der Jugend, in der die Jugendlichen in der Gemeinschaft, in der Begegnung mit der Natur und im gemeinsamen Abenteuer sich zu verwirklichen suchten, sind vorbei. Die neue Jugendbewegung politisiert und trägt radikale Züge. Die Freie Jugend, die Freie sozialistische Jugend und die Entschiedene Jugend wollen zum Beispiel die Politisierung der Schule. Der Lehrer soll zum Funktionär seiner Klasse werden. Auf der anderen Seite steht der Jungdeutsche Bund. Er kämpft für die Erhaltung der Kaiserbilder in den Schulen und fordert die Entlassung sozialistischer Lehrer. Mitglieder des Jungdeutschen Bundes rufen zu Schulstreiks auf, um ihren Forderungen Nachdruck zu verleihen. Haenisch setzt die Entfernung der Kaiserbilder durch. In einem Gymnasium demonstrieren Schüler mit den Farben Schwarz-Weiß-Rot gegen die Republik.

Lesen Sie die **Wiener Woche.**
Erscheint jeden Samstag. Zu haben in allen Buchhandlungen u. Trafiken.
Preis = Eine Krone.

...ch den Schrecken des Krieges kündigen sich die zwanziger Jahre an mit ...obinermütze und einem Hauch Frivolität. Ein Wiener Zeitschriftenplakat.

Max Reinhardts Theater für 5000

28. November. Der Traum des deutschen Regisseurs Max Reinhardt nach einem Theater der Massen geht in Erfüllung. In Berlin wird der Zirkus Schumann zu einem Großtheater umgebaut, das 5000 Menschen Platz bietet. Zur Eröffnung des Theaters der Massen inszeniert Max Reinhardt die »Orestie« des Aischylos. Die Eröffnung des neuen Hauses wird zum Theaterereignis in der Reichshauptstadt, in der wegen der politischen Unruhe noch der Belagerungszustand herrscht; dennoch ist die Vorstellung ausverkauft. Mehr Interesse als der Aufführung widmet die Theaterkritik dem neuen Bauwerk. Sie sieht den Umbau als gelungen an. Wo einst die Manege stand, ist jetzt die Bühnenanlage. Darüber wölbt sich eine riesige Kuppel.

Reinhardt hofft, hier ein Volkstheater geschaffen zu haben, in dem eine neue Dramatikergeneration zeitgemäße Werke zur Aufführung bringen soll. Doch die modernen Stücke bleiben zunächst aus. »Ödipus« und Hugo von Hofmannsthals »Jedermann« werden neu inszeniert. Auch das Publikum bleibt fern. Stullenessende kernige Arbeitergesichter sind Ausnahme in der Welt des roten und grünen Plüschs des Schauspielhauses. Der Musentempel bleibt dem Bürgertum vorbehalten.

1919
DEZEMBER

Mo	Di	Mi	Do	Fr	Sa	So
1	2	3	4	5	6	7
8	9	10	11	12	13	14
15	16	17	18	19	20	21
22	23	24	25	26	27	28
29	30	31				

1. Das erste deutsche Handelsschiff läuft nach dem Weltkrieg den Hafen von London an.

5. Georg Kaisers Drama »Hölle, Weg, Erde«, das den Kampf gegen eine kapitalistische Weltordnung zum Thema hat, wird im Frankfurter Neuen Theater uraufgeführt.

6. Die erste von der Firma Krupp gebaute Lokomotive tritt ihre Fahrt an. →

10. Erster Flug von England nach Australien durch die Brüder Keith und Ross Smith.

14. Nach einem Sieg über den englischen Schwergewichtsboxer Beckett wird der Franzose Carventier neuer Europameister.

17. Die österreichische Nationalversammlung beschließt die Einführung des achtstündigen Arbeitstages.

18. Die deutsche Nationalversammlung beschließt die Verstaatlichung der Elektrizitätswirtschaft.

19. Der ehemalige Reichskanzler Philipp Scheidemann (SPD) wird mit einem Gesamtjahresgehalt von 34 000 Mark Oberbürgermeister von Kassel.

21. Die niederländische Regierung erklärt, daß sie den ehemaligen deutschen Kaiser Wilhelm II. im Falle eines alliierten Auslieferungsantrags nicht ausliefern, sondern ihm volles Asylrecht gewähren werde.

22. Aus Furcht vor kommunistischen Unruhen veranlaßt der amerikanische Justizminister Palmer umfangreiche Verhaftungsaktionen gegen Mitglieder der im August 1919 gegründeten kommunistischen Arbeiterpartei in den USA. Rund 250 ausländische Anarchisten und Arbeiterführer werden in die Sowjetunion ausgewiesen.

23. Großbritannien erläßt für Indien eine neue Verfassung: »Government of India Act«. Der Chef der indischen Regierung, der englische Vizekönig, ist nur der englischen Regierung verantwortlich.

31. Nach der Steuertabelle gibt es in den USA 20 000 Dollarmillionäre. Im Laufe des Weltkriegs sind 12 000 neue Dollarmillionäre hinzugekommen.

GESTORBEN:

8. Maximilian Schmidt (* 25. 2. 1832), bayrischer Volksschriftsteller.

Erste Lokomotive von Krupp fährt

6. Dezember. Mit der Auslieferung der ersten bei Krupp gebauten Lokomotive sieht den Betrieb den Übergang von der Kriegswirtschaft zur Friedenswirtschaft bewältigt. Die »Waffenschmiede des Reiches« muß umrüsten. Da vor dem Krieg bereits Halberzeugnisse für den Lokomotiv- und Wagenbau gefertigt worden sind, beginnen die Kruppwerke jetzt auch den Lokomotivbau. Die erste Krupp-Lokomotive, eine schwere Güterlok, soll den neuen Absatzmarkt eröffnen.

Bücher beliebte Geschenke

Gern gelesen: Storms Erzählungen.

Das Buch ist 1919 begehrtes Weihnachtsgeschenk für die Jugend. Angesichts der wirtschaftlichen Not Deutschlands überrascht das reichhaltige Angebot an Jugendbüchern. An der Spitze der Nachfrage stehen die Novellen Theodor Storms, die in Schaffsteins »Blauer Reihe« angeboten werden: »Pole Poppenspäler«, »Böttger Basch«, »Schimmelreiter«. Abenteuergeschichten und Tiermärchen sind fast ebenso stark gefragt.

Großer Beliebtheit erfreuen sich bei älteren Jungen Sagen und Reiseberichte. Vier Bücher stehen auf den meisten Wunschzetteln: Rudolf Herzogs »Germaniens Götter«, Karl Wehrhans »Die Sagen des Mittelalters«, Sven Hedins »Reisen und Abenteuer in Tibet« und Paul Lindenberg mit dem »Buch vom Feldmarschall Hindenburg«.

JANUAR

Mo	Di	Mi	Do	Fr	Sa	So
			1	2	3	4
5	6	7	8	9	10	11
12	13	14	15	16	17	18
19	20	21	22	23	24	25
26	27	28	29	30	31	

6.–14. Eisenbahnerstreik im Ruhrgebiet.

10. Vertrag von Versailles tritt in Kraft.

11. In Berlin trifft Quäkerkommission aus den USA ein zur Hilfe für Kinder und junge Mütter.

13. Bei Demonstrationen vor dem Reichstag gegen das Betriebsrätegesetz gibt es 42 Tote. Verhängung des Ausnahmezustandes. →

15. Marschall Ferdinand Foch wird Chef der militärischen Kommission zur Überwachung Deutschlands.

16. Die erste Sitzung des Völkerbundsrates findet in Paris statt.

16. Verurteilung des Mörders von Kurt Eisner (→ Februar 1919).

16. Alliierte fordern Auslieferung von Wilhelm II. →

17. In den USA tritt Gesetz zur Prohibition in Kraft.

17. Für Beamte, Offiziere und Mannschaften 150prozentige Teuerungszulage beschlossen.

17. Paul Deschanel wird Staatspräsident von Frankreich.

17. Rheinhochwasser erreicht mit 9,58 Metern Höchststand. Hochwasser seit Jahreswechsel auch im Elbe-, Mosel- und Nahegebiet.

19. Beleidigungsprozeß Erzberger gegen Helfferich.

19. Alexandre Millerand wird französischer Ministerpräsident nach Clémenceaus Rücktritt.

23. Holland verweigert die Auslieferung Wilhelms II.

24. Die Reparationskommission nimmt ihre Tätigkeit auf.

26. Attentat auf Erzberger. →

26. In Paris konstituiert sich die Botschafterkonferenz, die noch offene Fragen der Friedenskonferenz regeln soll.

28. Türkei verzichtet auf osmanisches Reich und nichttürkische Provinzen.

GEBOREN:

20. Federico Fellini, italienischer Filmregisseur.

27. Helmut Zacharias, deutscher Jazz-Geiger und Dirigent.

GESTORBEN:

25. Amedeo Modigliani (* 12. 7. 1884), italienischer Bildhauer und Maler.

Friedensvertrag gilt

10. Januar. In Paris werden die Friedensurkunden ausgetauscht, der Versailler Friede tritt in Kraft. Unmittelbar spürbar wird er für einen beträchtlichen Teil der Bevölkerung durch die auferlegten Gebietsabtretungen. Das deutsche Reich ist um 70 000 Quadratkilometer kleiner und hat 5,5 Millionen Einwohner weniger als bisher.

Die Abtretung eines großen Teils der agrarischen Ostprovinzen bedeutet für Deutschland den Verlust wichtiger landwirtschaftlicher Produktionsgebiete. 20 Prozent der Kartoffel-, Roggen- und Gersteproduktion ist bisher von dort gekommen, 10 Prozent des für das Reich benötigten Weizens und Hafers. Die sowieso schon schlechte Versorgungslage des Reiches wird durch diese neue Situation auf eine dramatische Weise verschärft.

Noch im Januar nimmt die Reparationskommission ihre Tätigkeit auf.

Sie soll feststellen, in welcher Höhe Deutschland finanzielle Wiedergutmachung für zugefügte Kriegsschäden, vor allem in Frankreich und Belgien, leisten muß. Eine Gesamtsumme ist im Friedensvertrag nicht festgelegt, lediglich die Höhe einer ersten von Deutschland zu zahlenden Rate (20 Milliarden Goldmark in bar und Warenwerten bis Mai 1921). Die Zeitungen rechnen ihren Lesern detailliert die Folgen des »Schmachfriedens«, wie er bei der Rechten heißt, vor. Seit Unterzeichnung des Friedensvertrages im Juni des Vorjahres haben sich Proteste von rechts gegen die harten Bedingungen mit demagogischen Protesten gegen die Republik vermengt. Die Kriegsfolgen werden der jungen Republik zur Last gelegt. In nationalistischen Kreisen spricht man von der Hoffnung auf baldiges Ende des »republikanischen Zwischenspiels« (→ Mai, Juni 1919).

Tote bei Kundgebung

Massendemonstration gegen das Betriebsrätegesetz vor dem Reichstag.

13. Januar. 42 Tote und 105 Verletzte sind die Bilanz einer Massendemonstration vor dem Reichstagsgebäude, die die KPD und USPD organisiert haben. Die Veranstaltung richtet sich gegen das Betriebsrätegesetz, das von der Nationalversammlung in zweiter Lesung behandelt wird. Als sich nachmittags Schlägereien zwischen den versammelten Arbeitern und Sicherheitsposten entwickeln und die Demonstranten zu den Portalen drängen, wird auf sie geschossen. Der Platz ist in Minuten leergefegt. Reichspräsident Friedrich Ebert verhängt über Berlin den Ausnahmezustand. Um den Reichstag wird eine Bannmeile gezogen, innerhalb derer Demonstrationen verboten sind.

Das Betriebsrätegesetz, gegen das sich die Demonstration gerichtet hat, wird am 16. Januar angenommen. Es verpflichtet Betriebsräte auf »Erfüllung der Betriebszwecke«, räumt den Arbeitnehmern keinerlei Mitbestimmung ein und wird deshalb von den Arbeitern als »Totenschein des Rätesystems« bezeichnet.

Hetzkampagne gegen Minister Matthias Erzberger

Finanzminister Matthias Erzberger.

DNVP-Vorsitzender Karl Helfferich.

Ausdruck der unverblümten Gegnerschaft gegen das neue »System« sind unter anderem die Hetzkampagnen gegen Finanzminister Matthias Erzberger. Er hat schneller als viele andere Politiker die Wende zum Verständigungsfrieden gemacht und die Vertragsunterzeichnung befürwortet. Dafür ist er zum Sündenbock der Rechten geworden. Er wird verleumdet, privater und öffentlicher Verbrechen geziehen, von der Korruption bis zum Landesverrat. Neun Tage nachdem der Friede in Kraft ist, beginnt der Verleumdungsprozeß, in dem Erzberger sich gegen Attacken von Karl Helfferich zur Wehr setzen will. Dieser, ehemals Reichsschatzsekretär, hat in der »Kreuzzeitung« im Sommer 1919 und nochmals in Nachdrucken (»Fort mit Erzberger«) schwere Vorwürfe gegen den Zentrumspolitiker erhoben.

Als Erzberger am 26. Januar nach einer Gerichtsverhandlung das Gerichtsgebäude in Berlin verläßt, schießt der ehemalige Fähnrich Oltwig von Hirschfeld auf ihn. Der Minister wird an der Schulter getroffen. Der Attentäter gibt »vaterländisches Interesse« als Tatmotiv an (→ März 1920).

Alliierte fordern Auslieferung Kaiser Wilhelms

16. Januar. Die Alliierten fordern Holland auf, den nach Amerongen geflüchteten deutschen Exkaiser Wilhelm II. zur Aburteilung als Kriegsverbrecher auszuliefern. Georges Clémenceau, der das Schreiben unterzeichnet, mahnt die niederländische Regierung, sie dürfe nicht den »Haupturheber« von Völkerverbrechen schützen und habe sich den Erfordernissen der internationalen Politik zu beugen. Holland lehnt das Ersuchen eine Woche später ab. Es beruft sich auf die eigene Neutralität während des Krieges und seine Rechtstraditionen, »die dieses Land stets zu einem Zufluchtsort für diejenigen gemacht habe, die in internationalen Konflikten unterlegen sind«.

Erste Jazzplatte in Deutschland auf dem Markt

15. Januar. Die erste deutsche Jazz-Schallplatte kommt auf den Markt mit einer Version von Nick la Roccas »Tiger Rag«. Eingespielt hat sie der amerikanische Bandmaster Mr. F. Groundzell mit der »Original Excentric Band« in Berlin für die Firma Homokord. Es handelt sich zwar um reinen, nach Noten gespielten Ragtime in Marschkapellenmanier, aber erstmals prangt auf einem Schallplattenetikett das Wort »Jazz«. Deutsche Musiker sind bisher mit Jazz kaum in Berührung gekommen. Schallplatten aus England und Frankreich werden nur ganz vereinzelt in Deutschland angeboten. Als erste Deutsche haben Kriegsgefangene in britischem und amerikanischem Gewahrsam echten Jazz gehört – sie lauschten gelegentlich Schallplatten der »Original Dixieland Jazz Band«.
In Berlin tritt in diesem Jahr auch die erste deutsche Kapelle auf, die sich offiziell »Jazz-Band« nennt: die Picadilly Four Jazzband oder auch Picadilly Four. Auch sie spielt rhythmische Ragtimemusik und durchschnittliche zeitgenössische Tanzmusik inklusive Walzer.

1920
FEBRUAR

Mo	Di	Mi	Do	Fr	Sa	So
						1
2	3	4	5	6	7	8
9	10	11	12	13	14	15
16	17	18	19	20	21	22
23	24	25	26	27	28	29

2. Im Friedensvertrag von Dorpat erkennt Rußland die Selbständigkeit Estlands an.

4. Betriebsrätegesetz tritt im Deutschen Reich in Kraft.

7. Alliierte überreichen Auslieferungsliste mit 895 Namen, darunter vor allem Fürsten und hohe Militärs.

8. Schweizer Volksabstimmung entscheidet gegen das Frauenstimmrecht.

9. Norwegen wird vom Völkerbundsrat die Insel Spitzbergen samt ihren wichtigen Kohlevorkommen zugesprochen.

10. In der ersten Zone von Nordschleswig stimmen 75 Prozent der Bevölkerung für Dänemark.

10. Deutscher Kronprinz bietet sich zur Auslieferung an Siegerstaaten anstelle der 895 geforderten Personen an.

11. Alliierte Truppen beginnen mit Besetzung der Abstimmungsgebiete in Oberschlesien.

14. Uraufführung »Danton« von Romain Rolland in Berlin.

14. Coburg kommt durch Staatsvertrag zu Bayern.

21. In Preußen wird Entfernung aller Bilder der Kaiserfamilie aus öffentlichen Gebäuden verfügt.

24. Hitler trägt in München das 25-Punkte-Programm der NSDAP vor. →

26. In Italien wird wieder Brot, Fett, Öl, Fleisch rationiert. Einführung fleischloser Tage und Verbot von Zuckerbäckerei.

27. Premiere des expressionistischen Filmes »Das Cabinet des Dr. Caligari«. →

29. Reichswehrminister Noske ordnet Auflösung der Marinebrigaden Ehrhardt und Löwenfeld bis zum 10. März an (auf Drängen der Alliierten).

29. Die tschechische Nationalversammlung verabschiedet demokratische Verfassung. Tschechisch wird Amtssprache.

GESTORBEN:

7. Alexander W. Koltschak (* 16. 11. 1873), weißrussischer Admiral. →

8. Richard Dehmel (* 18. 11. 1863), deutscher Dichter. →

20. Robert E. Peary (* 6. 5. 1856), amerikanischer Nordpolforscher.

Hungersnot im Reich

Letzte Zuflucht für viele: Städtisches Asyl für Obdachlose in Berlin.

Die Mark besitzt nur noch zwanzig Pfennige ihres Vorkriegswertes. Nahrungsmittel werden knapp, Kohlen fehlen, die Menschen hungern und frieren. Die Wartezimmer der Ärzte werden nur noch geheizt, wenn die Patienten Kohlen mitbringen.
Die Not in Deutschland wird im Ausland durchaus registriert. Schon nach dem Jahreswechsel ist eine Kommission der Quäker in Berlin eingetroffen, um ein Hilfswerk für Kinder und junge Mütter aufzubauen. Unter anderem werden Schulspeisungen organisiert. Harry Graf Kessler notiert zur Not der kinderreichen Familien: »Ich glaube nicht zu übertreiben, wenn ich behaupte, daß mindestens Dreiviertel der Berliner Bevölkerung in besorgniserregender Weise noch heute unterernährt sind, ein großer Teil noch heute physisch an Unterernährung zugrunde geht ... Es gibt heute in der Charité fünfmal so viele Kinder mit Tuberkulose und Rachitis wie vor dem Kriege ...«
Um Lebensmittel für sich oder andere zu besorgen, die man in Deutschland nicht zu kaufen bekommt, wird durch das »American Relief Administration Warehouse« in Hamburg das System der Lebensmittelanweisung angeboten. Man kann zum Beispiel per Anweisung ein Zehn-Dollar-Paket ordern, das dann 24,5 englische Pfund Mehl, 10 Pfund Bohnen, 8 Pfund Speck, 8 Büchsen Milch enthält. Von den Quäkern werden Hilfspakete aus den USA organisiert.

Hitlers 25 Punkte

24. Februar. In München verkündet Adolf Hitler das 25-Punkte-Programm der »Nationalsozialistischen Arbeiterpartei«. Diesen Namen trägt ab sofort die von Anton Drexler 1919 gegründete »Deutsche Arbeiterpartei«, der Hitler im Herbst des Vorjahres beigetreten ist. Seit Januar ist er mit der Propaganda der Partei betraut, die zum Zeitpunkt seines Eintritts nur wenige Mitglieder gehabt hat. Für die Versammlung im Hofbräuhaus hat Hitler fast 2000 Menschen zusammengetrommelt. Das Programm haben er, Anton Drexler und Gottfried Feder formuliert. Es ist nationalistisch und stark antisemitisch und wendet sich scharf gegen Großgrundbesitzer und Großkapitalisten. Unter anderem enthält es die Forderung nach Verstaatlichung der Konzerne, Übernahme großer Warenhäuser durch die Gemeinschaft und Förderung der Kleinhändler. Mit dieser Tendenz kommt es den Interessen der Kleinbürger, Arbeiter und des Mittelstandes entgegen.

Unheimliche Deutsche

Dieses Plakat wirbt für den Film »Das Cabinet des Dr. Caligari«.

Eine bizarre Straßenszene aus dem Film mit Ludwig Rex (Mitte).

27. Februar. Der expressionistische Film »Das Cabinet des Dr. Caligari« hat in Berlin Premiere. Er handelt von einem Irrenarzt, der mit Hilfe eines Mediums Menschen ermordet und schließlich selbst als Irrer entlarvt wird. Das Drehbuch stammt von dem Tschechen Hans Janowitz und dem Österreicher Carl Meyer und will die Brutalität und den Wahnsinn jeglicher Autorität darstellen. Expressionistische Dekorationen mit bizarren Straßenzügen, Gipfeln, schiefen Häusern, Licht- und Schatteneffekten schaffen eine alptraumhafte Atmosphäre für die phantastische Ge-

schichte. Der Film, der den Höhepunkt expressionistischen Schaffens mit der Kamera darstellt, spiegelt auch einen Aspekt des Zeitgeistes wider – eine Welt voll Angst und Schrecken, der Zukunftslosigkeit und der Ohnmacht gegenüber den Mächtigen und der Barbarei. Für den Film wird mit neuen Methoden geworben: In Cafés und U-Bahnen hängen Plakate mit der Aufforderung »Du mußt Caligari sehen«. Die Hauptrollen spielen Werner Krauß, Conrad Veidt und Lil Dagover. In Paris wird »le Caligarisme« Synonym für das unheimliche Deutschland.

Richard Dehmel gestorben

8. Februar. In Blankenese stirbt Richard Dehmel. Er ist neben Detlev von Liliencron einer der bedeutendsten Lyriker seiner Zeit gewesen und als Vertreter eines sozial betonten Naturalismus hervorgetreten. Einen zentralen Platz in Dehmels späterem Werk nimmt das Thema Eros ein, der Widerstreit zwischen Trieb und Vernunft. Typisch dafür ist etwa der Roman »Zwei Menschen«. Dehmel hat mit seiner Frau Paula auch Kindergedichte und -geschichten geschrieben, etwa »Fitzebutze« (1900) und »Rumpumpel« (1903).

Weißrussischer Admiral getötet

7. Februar. Im sibirischen Irkutsk wird der russische Admiral Alexander W. Koltschak erschossen. Er hat zu den aus Offizieren und Soldaten der alten Armee aufgebauten »weißen Truppen« gehört, die den Kampf gegen die Bolschewiki aufgenommen haben. Nach dem Sturz einer weißrussischen Regierung in Omsk wird Koltschak 1918 zum sibirischen Staatsoberhaupt und »Reichsverweser« erklärt. Auf dem Rückzug der Weißen bei Irkutsk gerät der Admiral in Gefangenschaft. Ein Kriegskomitee spricht das Todesurteil gegen ihn aus.

1920
MÄRZ

Mo	Di	Mi	Do	Fr	Sa	So
1	2	3	4	5	6	7
8	9	10	11	12	13	14
15	16	17	18	19	20	21
22	23	24	25	26	27	28
29	30	31				

1. Nikolaus von Horthy wird Reichsverweser von Ungarn.

1. Eisenbahntarife in Deutschland um 100 Prozent erhöht.

4. Kleistgesellschaft gegründet. →

5. Holland weist ein weiteres Mal Auslieferungsbegehren der Alliierten gegen Wilhelm II. zurück.

7. Modemarkt meldet Schottenrock und Plissee als Trend.

7. Schlägerei zwischen Hohenzollernprinz und französischen Offizieren.

12. Urteil im Beleidigungsprozeß Erzberger – Helfferich. Rücktritt Erzbergers. →

12. Alliierte Heereskontrollkommission verlangt Auflösung der Einwohnerwehren.

13.–17. Kapp-Putsch. →

13./14. Gewerkschaften, KPD und Sozialdemokraten rufen Generalstreik aus.

14. In der Südzone von Schleswig stimmen 80 Prozent der Bevölkerung für Deutschland. →

15. Bildung der »Roten Ruhrarmee« mit ca. 60 000 Mann. →

18. In Sachsen läßt sich Max Hölzl im Verlauf eines kommunistischen Aufstands zum Präsidenten des Vogtlandes ausrufen.

19. US-Kongreß lehnt Ratifizierung des Versailler Vertrages und der zusätzlichen Friedensverträge ab.

20. In Syrien läßt sich Emir Feisal zum König seines Landes ausrufen.

23. Horthy erklärt Ungarn zur Monarchie mit vakantem Thron.

23. Lebensmittelversorgung im Ruhrgebiet durch Unruhen und politische Wirren gefährdet.

26. Reichsregierung ersucht Franzosen um Erlaubnis von Reichswehreinsatz gegen aufständische Rote Ruhrarmee im besetzten Gebiet.

26. Arthur Schnitzlers Lustspiel »Die Schwestern oder Casanova in Spa« uraufgeführt.

27. Hermann Müller wird Kanzler der Weimarer Republik.

28. Uraufführung Gerhart Hauptmanns »Der weiße Heiland« in Berlin.

31. In London wird Gesetzentwurf zur Selbstverwaltung Irlands (Government of Ireland Act) eingebracht.

Milde Geldstrafe für Helfferich

12. März. Im Beleidigungsprozeß des Finanzministers Erzberger gegen Karl Helfferich wird das Urteil gesprochen. Helfferich wird wegen formaler Beleidigung zu einer minimalen Geldstrafe (300 Mark) verurteilt. Das Gericht erkennt ausdrücklich an, daß Helfferich im Grunde Richtiges behauptet habe. Es nennt seinerseits Erzberger einen Mann »von einem bedauerlichen Mangel an Urteilskraft und einer geradezu erstaunlichen Ungenauigkeit in allen Dingen«. Der deutschnationale Abgeordnete hat im Verlauf der Verhandlungen ungestört Attacken gegen den Kläger richten dürfen und die Republik diffamiert. Er ist der eigentliche Prozeßgewinner. Erzberger tritt sofort als Minister zurück.

80 Prozent für Deutschland

14. März. Die Abstimmung in der südlichen Zone Schleswigs ergibt eine 80prozentige Mehrheit für Deutschland. Während in Berlin Putschisten die Bevölkerung in Atem halten, wird im Norden gejubelt. Die »Berliner Illustrierte Zeitung« berichtet aus Flensburg: »Der Nachthimmel dröhnte vom deutschen Lied ... Tausend Kerzen erflimmerten hinter den Fensterscheiben, und die Menge sang, schrie, schluchzte, küßte sich, vom Nordermarkt bis zum Südmarkt zusammengepfercht, von der aufflammenden Liebe ihres Volkstums verbunden.«

Kleist-Verehrung

4. März. Eine neuaufblühende Kleistverehrung führt zur Gründung einer Kleist-Gesellschaft zu Ehren des Dichters. Sie will Kleist als »Ideenträger reinen Menschentums« publik machen. Vorstandsmitglieder und Förderer sind berühmte Geister der Zeit, so etwa der Altphilologe Ulrich von Wilamowitz-Möllendorff, Gerhart Hauptmann, Ricarda Huch, Hugo von Hofmannsthal, Walter Hasenclever, Max Liebermann und der Philosoph Ernst Cassirer.

Kapp-Putsch in Berlin scheitert

Wolfgang Kapp wagt den Putsch.

Kein Monarchiſtenputſch!

Die alte Regierung einſchließlich des Reichs=
präſidenten iſt geflohen. Die Truppen rückten mit
klingendem Spiel ein und beſetzten alle Regierungs=
gebäude ohne Widerſtand. Der Tag iſt ohne jedes
Blutvergießen verlaufen. Kein Schuß iſt gefallen.

Es handelt ſich um keine Reaktion und keinen
Monarchiſtenputſch. Es gehen verleumderiſche Ge=
rüchte um über Wiedereinführung der Wehrpflicht
und neue Kriegsabſichten. Die Regierung will den
Frieden nach außen wie nach innen. Beſprechungen
mit der Arbeiterſchaft über die neue Lage ſind ein=
geleitet. Die Regierung will das Verſprechen: Friede,
Freiheit, Brot aus einem hohlen Wort zur Tat machen.

Der Reichskanzler
Kapp.

Aufruf des selbsternannten Kanzlers.

Aufruf der Reichskanzlei

Kapp und Lüttwitz sind zurückgetreten.
Das verbrecherische Abenteuer in Berlin ist beendet.

Vor der ganzen Welt ist im Kampfe der letzten Tage der unwiderlegliche Beweis geführt
worden, daß die Demokratie in der deutschen Republik keine Täuschung ist, sondern die
alleinige Macht, die auch mit dem Versuch der Militärdiktatur im Handumdrehen fertig
zu werden versteht.

Das Abenteuer ist beendet!
Der verbrecherisch unterbrochene Aufbau von Staat und Wirtschaft muß wieder auf=
genommen und zum Erfolg geführt werden. Dazu ist vor allem nötig, daß die Arbeiterschaft
ihre starke Waffe, den

Generalstreik niederlegt.
In zahlreichen Städten ist die Arbeit bereits wieder aufgenommen. Nun gilt es, alle Teile der
Wirtschaft wieder in Gang zu setzen.
Zu allererst die Kohlenförderung, ohne die es überhaupt kein Wirtschaftsleben gibt.
Arbeiter, seid jetzt ebenso tatkräftig und friedfertig zur Stelle wie bei der Abwehr des Volks=
verräters! Jeder Mann an die Arbeit!
Die Reichsregierung wird mit aller Kraft die Aufnahme des Wiederaufbaues fordern.

die Hochverräter
der strengsten Bestrafung zuführen
und dafür sorgen, daß nie wieder eine Soldateska in das Geschick des Volkes eingreifen kann.
Den Sieg haben wir gemeinsam errungen! – Ans Werk!

Der Reichspräsident.   Die Reichsregierung.
Ebert.   Bauer.

Aufruf der Reichskanzlei.

Rechtsradikale Truppen, mit Hakenkreuzen auf den Stahlhelmen, postieren sich in Erwartung des Putsches auf dem Potsdamer Platz in Berlin.

12. März. In Berlin rüsten Reichswehr und Freikorps zum Angriff auf die Republik. Am Abend marschieren Truppenteile unter General Walther Freiherr von Lüttwitz und Korvettenkapitän Hermann Ehrhardt von Döberitz auf Berlin, am 13. März morgens ziehen sie mit schwarzweißroten Fahnen in die Reichshauptstadt ein und besetzen das Regierungsviertel. An die Spitze des Putsches stellt sich Generallandschaftsdirektor Wolfgang Kapp, höherer Beamter der ostpreußischen Provinzialverwaltung. Er erklärt sich zum Reichskanzler. Die Regierung ist vor Ankunft der Putschisten nach Dresden geflohen, von da nach Stuttgart.

Hintergrund des mehr oder minder dilettantisch durchgeführten Putsches ist ganz allgemein die seit Monaten anhaltende rechtsradikale Sammlungsbewegung und die latente Gewaltstimmung in nationalen und militärischen Kreisen. Konkret spielt die unsichere Lage mit, in die die Reichswehr und vor allem die Freikorps durch den Versailler Vertrag geraten sind. Das Heer muß von 400 000 auf 100 000 Mann reduziert werden, die Entlassung von 20 000 höheren Offizieren und 40 000 Soldaten steht an. Befehle der Regierung zur Auflösung der Freikorps stoßen entsprechend auf Widerstand. Die Marinebrigade Ehrhardt, die in Döberitz bei Berlin zum Zweck der Auflösung zusammengezogen ist, erhält bei ihrer Befehlsverweigerung Schützenhilfe des Reichswehrgenerals Walther

von Lüttwitz, Oberbefehlshaber der Truppen in und um Berlin. Lüttwitz stellt am 10. März dem Reichspräsidenten ultimative und illusorische politische Forderungen. Reichswehrminister Gustav Noske entläßt Lüttwitz tags darauf und erläßt einen Haftbefehl gegen Kapp und andere Verschwörer.

Das gibt das Signal zum voreiligen Losschlagen der Militärs. Die eigentlichen Vorbereitungen für den lange geplanten Putsch durch Kapp und Lüttwitz sind jedoch noch nicht abgeschlossen. Als die Putschisten schon marschieren, sucht der Reichswehrminister bei Reichswehroffizieren um Schutz für die Republik nach. General Hans von Seeckt lehnt ein Engagement gegen die Aufrührer ab (»Truppen schießen nicht auf Truppen«). Die Regierung verläßt Berlin, um aktionsfähig bleiben zu können, und geht nach Stuttgart. Zuvor fordert sie die Bevölkerung zum Generalstreik auf.

Die Gegenregierung scheitert: Durch das abwartende Verhalten der Beamten während der Wochenendruhe am 13./14. März und durch den ausgerufenen Generalstreik ist die »Gegenregierung« Kapp lahmgelegt. Am 17. des Monats bricht der Putsch zusammen, der bisher unblutig verlaufen ist. Kapp flieht mit Lüttwitz aus Berlin und setzt sich nach Schweden ab. Die Brigade Ehrhardt stellt allmählich ihre Aktionen ein. Die Regierung kehrt am 20. März aus Stuttgart zurück.

Umsturzversuch in München gelingt

14.–16. März. Während in Berlin das dilettantische Unternehmen, die Regierung zu stürzen, scheitert, hat in München das Militär mit einem Umsturzversuch mehr Erfolg. Er geht allerdings lautloser vor sich. Am 14. März fordert General Arnold von Moehl von der bayrischen Regierung die Machtübergabe. Er erhält nach einem Ultimatum schließlich die Vollmacht über Stadt und Land München, die sozialdemokratische Regierung Hoffmann macht einer rechtsgerichteten Regierung unter Gustav von Kahr Platz.

Arbeiter bilden »Rote Ruhrarmee«

Die Rückkehr zur Normalität ist im Ruhrgebiet, anders als in Berlin, gestört. Gegen die Anhänger Kapps unter den örtlichen Reichswehrbefehlshabern hat sich hier am 15./16. März die »Rote Ruhrarmee« aus Arbeitern gebildet. An mehreren Orten entwickelt sich ein kommunistischer Aufstand. Essen, Elberfeld, Düsseldorf und andere Städte sind in der Hand der Aufständischen. Ein Abkommen zur friedlichen Beilegung des Konfliktes wird nicht eingehalten. Auch in Sachsen und Thüringen weigern sich die Arbeiter, die Waffen abzugeben. Es kommt zu bürgerkriegsähnlichen Zusammenstößen. Nach einem Ultimatum der Regierung marschieren Reichswehreinheiten in das Ruhrgebiet ein, die den Einsatz gegen Linke nicht ablehnen. Unter Einsatz schwerer Waffen wird die Ruhe wiederhergestellt.

Seeckt wird Chef der Heeresleitung

17. März. Der preußische Innenminister Wolfgang Heine (SPD) tritt zurück. Nach Kritik aus den Reihen der eigenen Partei reicht Gustav Noske am 23. März den Rücktritt ein. Der regierungstreue Reichswehrführer, Generalmajor Reinhardt, verläßt mit ihm seinen Posten. Hans von Seeckt wird Chef der Heeresleitung.

1920

APRIL

Mo	Di	Mi	Do	Fr	Sa	So
			1	2	3	4
5	6	7	8	9	10	11
12	13	14	15	16	17	18
19	20	21	22	23	24	25
26	27	28	29	30		

1. Deutsche Eisenbahnen gehen aus Länder- in Reichsbesitz über.

2. Die Reichswehr marschiert ins Ruhrgebiet ein; Ziel ist es, die Aktivitäten der »Roten Ruhrarmee« zu beenden. →

4. Zusammenstöße zwischen Juden und Arabern in Jerusalem. Darauf Belagerungszustand in der Stadt.

6. Französische Truppen besetzen Frankfurt/Main. →

7. General Wrangel übernimmt als Nachfolger General Denikins Oberbefehl über weißrussische Truppen auf der Krim.

10. Bei Königsberg explodiert ein großes Munitionslager. Über 300 Menschen sterben.

13./14. Erste Tagung des Reichsverbandes der deutschen Industrie in Berlin.

19. Deutsch-sowjetisches Abkommen über Rückführung der Kriegsgefangenen.

19. Beginn der Konferenz in San Remo (bis 26. März). →

20. Beginn der Olympischen Winterspiele in Antwerpen. →

21. In Rosenheim wird die erste nationalsozialistische Ortsgruppe außerhalb Münchens gegründet.

23. Deutscher Meister im Schwergewichtsboxen wird Hans Breitensträter.

23. Nationalversammlung in Ankara erklärt Sultan Mehmed VI. und seine Regierung für abgesetzt und verkündet provisorische Verfassung. Neue Regierung mit Mustafa Kemal als Präsidenten nimmt Kampf gegen alte Regierung auf. →

27. Durch Eingemeindung der Vororte entsteht Groß-Berlin.

30. Das Land Thüringen wird durch Reichsgesetz geschaffen. Ende der bisherigen thüringischen Freistaaten Sachsen-Weimar-Eisenach, Sachsen-Meiningen, Reuß, Sachsen-Altenburg, Sachsen-Gotha, Schwarzburg-Rudolstadt und Schwarzburg-Sondershausen.

GEBOREN:

15. Richard Freiherr von Weizsäcker, deutscher Politiker.

GESTORBEN:

7. Karl Ludwig Binding, (* 4. 6. 1841), deutscher Straf- und Staatsrechtslehrer. →

Bewaffnete Angehörige der Roten Ruhrarmee in Lohberg im Ruhrgebiet.

Unruhe im Ruhrgebiet

2. April. Um die bürgerkriegsähnlichen Zustände im Ruhrgebiet zu beenden, marschiert Reichswehr in das Unruhegebiet ein, das zu der entmilitarisierten 50-Kilometer-Zone östlich des Rheins gehört. Die Reichsregierung hat bei den Franzosen um Erlaubnis für die Militäraktion nachgesucht, sie jedoch nicht erhalten. Der Aufstand der »Roten Ruhrarmee« wird unter schweren Kämpfen niedergeworfen. Nach Schätzung des preußischen Innenministers hat er insgesamt 1000 Todesopfer gekostet. Als Strafmaßnahme gegen das vertragswidrige militärische Vorgehen im Ruhrgebiet besetzen französische Truppen am 6. April Frankfurt (Main) und einige weitere Städte im Maingebiet. England hat dieser Sanktion nicht zugestimmt. Frankreich will demonstrieren, daß es notfalls auch mit Gewalt Deutschland zur Erfüllung des Vertrages zwingen will. Zwischen England und Frankreich entstehen deswegen Spannungen.

Der Räterepublik, die in Sachsen der Anarchist Max Hölzl ausgerufen hat, wird ebenfalls durch Reichswehrtruppen ein Ende gesetzt. Hölzl flieht, nachdem am 14. April das Vogtland durch Reichswehr kampflos besetzt ist. Am 17. April wird er in Marienbad verhaftet. Die Tschechoslowakei lehnt seine Auslieferung ab.

Französische Kolonialtruppen – Senegalesen – marschieren in Frankfurt/M. ein.

Polnische Truppen greifen Rußlands Rote Armee an

24. April. Der latente Konflikt um die Ostgrenze Polens kulminiert mit dem Angriff polnischer Truppen auf Sowjetrußland. Der Oberste Rat der Alliierten hat Polen vor einer solchen Offensive gewarnt. Seit dem Sieg der Bolschewiki über die weißrussischen Armeen Ende des Vorjahres befürchtet Josef Pilsudski, daß die Bolschewiki sich gegen das von Polen besetzte Weißruthenien wenden werden. Deshalb beschließt er, angesichts wachsender sowjetischer Truppenkonzentrationen, loszuschlagen. Pilsudski schwebt die Wiederherstellung eines Großpolen durch die Abtrennung der Ukraine, Weißrußlands und Litauens von Rußland vor.

Ministerpräsident freigesprochen

23. April. Unrühmlich für Georges Clémenceau endet in Frankreich der Prozeß gegen den ehemaligen Ministerpräsidenten Joseph Caillaux. Wegen Verbrechens gegen die Sicherheit ist dieser auf Betreiben von Clémenceau vor zwei Jahren in Untersuchungshaft genommen worden. Man wirft ihm konspirative Kontakte mit Deutschland vor. Die Vorwürfe lassen sich in dem Verfahren (seit 17. April) nicht erhärten. Man spricht offen von einem politischen Prozeß.

Karl Binding †

7. April. In Freiburg stirbt der Straf- und Staatsrechtslehrer Karl Ludwig Binding. Er ist führender Vertreter des wissenschaftlichen Rechtspositivismus, der davon ausgeht, daß das vom Staat gesetzte Recht keiner Begründung mehr über den Nachweis verfassungsmäßigen Zustandekommens hinaus bedarf. Binding, der Professor in Basel und Leipzig gewesen ist, ist auch als Haupt der klassischen Strafrechtsschule bekannt geworden. Er hat mit der Schrift »Freigabe der Vernichtung lebensunwerten Lebens« die rechtsdogmatischen Grundlagen der Euthanasie geschaffen.

1920

MAI

23. April. In der Türkei wird Sultan Mehmed VI. abgesetzt. Mustafa Kemal Pascha (Bild) wird Präsident der Nationalversammlung.

Mo	Di	Mi	Do	Fr	Sa	So
					1	2
3	4	5	6	7	8	9
10	11	12	13	14	15	16
17	18	19	20	21	22	23
24	25	26	27	28	29	30
31						

8. Kapitän Ehrhardt legt Befehl über seine Marinebrigaden nieder und taucht unter.

9. Gründung der Organisation Escherich als Auffangorganisation für ehemalige Einwohnerwehren.

11. Alliierte nennen jetzt endgültig 45 Namen von Kriegsverbrechern, gegen die in Deutschland der Prozeß gemacht werden soll.

12. Neues Lichtspielgesetz tritt in Kraft. →

12./13. In Amsterdam: Gründung der sozialdemokratischen Arbeiterjugend-Internationale. Vorsitzender wird der Deutsche Erich Ollenhauer.

15. Igor Strawinskys Ballett »Pulcinella« uraufgeführt.

15. Sozialisierungskommission wiedereinberufen, da während des Kapp-Putsches entsprechende Zusagen an Gewerkschaften gemacht wurden.

15. Eröffnung der Deutschen Hochschule für Leibesübung in Berlin.

16. Schweizer entscheiden sich in Volksabstimmung für Beitritt zum Völkerbund.

17. Französisch-belgische Truppen räumen die im April besetzten Städte im Maingau.

21. Deutsche Nationalversammlung geschlossen.

25. Eduard Beneš wird tschechischer Außenminister im Kabinett Tusar.

27. Tomáš G. Masaryk wird Präsident der tschechischen Republik.

28. Polnische Regierung bittet Frankreich um Hilfstruppen.

30. Auflösung der Freikorps in Deutschland; sie schließen sich zum Frontbund zusammen.

30. Heiligsprechung der Jungfrau von Orléans.

31. Papst Benedikt XV. ruft in Enzyklika »Pax Dei« zur Völkerversöhnung auf.

GEBOREN:

18. Karol Woityla, Papst Johannes Paul II. (seit Oktober 1978).

28. Eugen Loderer, deutscher Gewerkschaftsführer.

GESTORBEN:

18. August Fournier (* 19. 6. 1850), österreichischer Historiker.

Mandatsgebiete im Nahen Osten werden verteilt

19.–26. April. Auf der Konferenz des Obersten Rates der Alliierten in San Remo werden die Mandatsgebiete im Nahen Osten verteilt. England erhält das Mandat über Palästina und Mesopotamien, Frankreich das über Syrien und den Libanon. Das Königreich Hedschas wird als unabhängiger Staat anerkannt. Die Konferenz ist zur Klärung der Ausführungen des Friedensvertrages von Versailles einberufen worden. Sie stellt fest, daß Deutschland seine Verpflichtung weder in puncto Entwaffnung, noch bei den Kohlelieferungen und Wiedergutmachungsleistungen erfüllt habe. Als Druckmittel stellt die Konferenz die Besetzung weiterer Teile Deutschlands in Aussicht. Ferner wird beschlossen, die deutsche Regierung zu einer Konferenz über Reparationsfragen einzuladen.

Erstes olympisches Eishockeyspiel

20. April. In Antwerpen werden die Eissportwettbewerbe der VII. Olympischen Spiele ausgetragen. Auf dem Programm steht erstmals auch ein olympisches Eishockeyturnier. Sieben Länder treten an, die Kanadier gewinnen vor den USA und der Tschechoslowakei.

Moral der Republik

12. Mai. Das neue Reichslichtspielgesetz, das im April verabschiedet worden ist, tritt in Kraft. Mit ihm wollen Politiker jene Filmemacher in die Schranken weisen, die den Fortfall der Filmzensur zur Produktion sogenannter Aufklärungsfilme genutzt haben.

Zahlreiche Filmgesellschaften wetteifern geradezu, Kinokitsch mit der Würze Sexualität anzurühren. Im Vorjahr etwa ist für Filmtitel wie »Moral und Sinnlichkeit«, »Hyänen der Lust«, »Anders als die anderen«, »Venus im Pelz« geworben worden. Das jetzt in Kraft getretene Gesetz verlangt die Prüfung jedes einzelnen Filmes auf Freigabe zur öffentlichen Aufführung. Zu große Freizügigkeit als Kulturtrend der Republik prangert im übrigen auf der ganzen Linie die Rechte unermüdlich an. In den Mittelpunkt der Beschimpfungen gerät in diesen Wochen unter anderem Celly de Rheydt, die als Nackttänzerin vor allem in Berlin von sich reden macht. Ihre Auftritte in Berliner Clubs gelten als skandalös, zugleich freilich als Geheimtip. Die »Deutsche Tageszeitung« ereifert sich in einem Artikel: »Uns kommt es darauf an, am noch lebenden Körper der deutschen Kultur nach-zuweisen, wie weit die Bordellisierung und Verschweinlichung des öffentlichen Lebens bereits gediehen ist.«

Neben den spektakulären Auftritten und drittklassigen Filmangeboten schafft sich in der Republik allerdings eine tiefergreifende und ernstzunehmende Emanzipation von alten Tabus Anhänger. Auf dem Büchermarkt tauchen zunehmend betont sachliche Sittengeschichten, Sachbücher zur Sexualforschung auf. Theodor Hendrik van der Veldes »Die vollkommene Ehe« wird 1926 ein Bestseller und die »Ehe zu dritt« von Georges Anquetil wird kontrovers diskutiert. Den »entgötterten Beischlaf« registriert Friedrich Sieburg bedauernd als Folge der Versachlichung der Sexualität. Die Welle der Biedermann-Nacktkultur à la Kraft und Schönheit, die auch in den ersten Jahren der Republik schon den Weg aus der jugendfrohen Subkultur an die Öffentlichkeit nimmt, hat damit allerdings schon weniger zu tun. Die nackten Frauen, die vor der Kamera in freier Natur posieren und Luftsprünge machen, bieten angestrengte Natürlichkeit, weniger Progressivität und Emanzipation. »Erfolge« verbuchen auch sie.

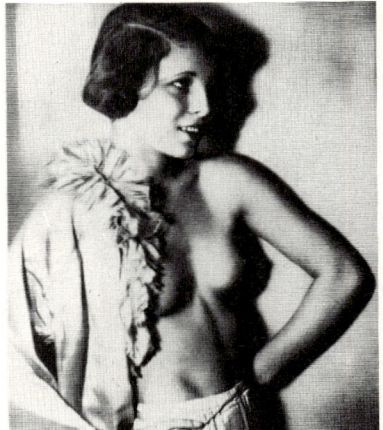

Abbildung aus der Zeitschrift »Uhu«.

»Lebende Bilder« in einem Varieté.

Rechtstrend bei Landtagswahlen

16. Mai. In Braunschweig erleidet die Deutsche Demokratische Partei schwere Verluste. Sie fällt von 13 auf 5 Sitze im Landtag zurück. In Mecklenburg-Strelitz ist der Trend ähnlich, die Regierungskoalition zwischen Mehrheitssozialisten und DDP verliert 15 der bisherigen 20 Sitze. In Sachsen-Coburg-Gotha ändern sich durch Gewinne der Rechtsparteien die Mehrheitsverhältnisse im Landtag hin zu einer knappen Mehrheit der bürgerlichen Parteien.

1920
JUNI

Mo	Di	Mi	Do	Fr	Sa	So
	1	2	3	4	5	6
7	8	9	10	11	12	13
14	15	16	17	18	19	20
21	22	23	24	25	26	27
28	29	30				

1. Gründung der Kommunistischen Partei Spaniens.

4. Vertrag von Trianon. →

6. Wahlen zum ersten Reichstag; Landtagswahlen. →

8. Rücktritt der Regierung Müller.

10. In Darmstadt eröffnet die Ausstellung »Deutscher Expressionismus« mit Werken von Picasso, Barlach, Nolde, Klee, Kandinsky und anderen.

11. Reichsschulkonferenz eröffnet.

12. Russen erobern Kiew von den Polen zurück.

13. Der 1. FC Nürnberg wird deutscher Fußballmeister. →

15. Festlegung der neuen deutschdänischen Grenze. Dänemark erhält Hoheitsrecht über Nordschleswig.

20. Gründung der »Deutschen Arbeitsgemeinschaft« in Wien; sie sammelt alle Bewegungen, die sich um Anschluß an das Reich bemühen.

21./22. Tagung des Obersten Alliierten Rates in Boulogne über Reparationsfragen. Stellt Verknüpfung der alliierten Schulden untereinander mit deutschen Reparationszahlungen her.

22. Griechen eröffnen erfolgreiche Offensive gegen türkische Nationalisten in Kleinasien.

24. Der erste Reichstag der Republik tritt zusammen. →

25. Paul Löbe (SPD) mit 397 von 420 Stimmen zum Reichstagspräsidenten gewählt. →

27. Minderheitskabinett Fehrenbach. →

27. Deutschland verliert im 31. Fußballänderspiel mit 1 : 4 gegen die Schweiz. →

30. Verlag August Scherl stellt wegen hoher Papierkosten Spätabendblatt »Der Abend« ein.

GEBOREN:

5. Cornelius Ryan, irischer Schriftsteller.

7. Georges Marchais, französischer Politiker.

GESTORBEN:

14. Max Weber (* 21. 4. 1864), deutscher Soziologe und Wirtschaftshistoriker. →

17. Gustaf Zander (* 29. 3. 1835), schwedischer Mediziner, Begründer der Heilgymnastik.

Koalition geschlagen

Reichstagspräsident Paul Löbe.

6. Juni. Noch unter dem Eindruck von Kapp-Putsch und Arbeiteraufständen wird der erste Reichstag der Republik gewählt. Das Ergebnis zeigt, wie extrem sich innerhalb von anderthalb Jahren seit der Wahl zur Nationalversammlung das politische Klima verändert hat. Die demokratische Mitte ist zertrümmert, die Gewichte verteilen sich auf die radikaleren Parteien links und rechts. Die »Weimarer Koalition« wird geschlagen: Vervierfachung des Stimmenanteils der USPD, Verdopplung des Anteils von DNVP und DVP.
Die Sozialdemokraten kommen mit 112 Sitzen (vorher: 163) in den Reichstag, das Zentrum mit 68 (89), die Demokraten mit 45 (74). Die DNVP zieht mit 66 (42) Abgeordneten ein, die DVP mit 62 (22), die KPD mit 2 (0).
Am 24. Juni tritt der Reichstag zum erstenmal zusammen. Am 25. des Monats wählt er den Sozialdemokraten Paul Löbe mit 397 von 420 Stimmen zum Reichstagspräsidenten. Die Regierung Hermann Müller tritt angesichts des vernichtenden Ergebnisses für die regierende Koalition am 24. Juni zurück. Am 27. des Monats bildet Konstantin Fehrenbach als Zentrums-Kanzler das neue Kabinett. In ihm sind die Sozialdemokraten nicht mehr vertreten, Zentrum, DVP und DDP bilden die Koalition, Außenminister wird der parteilose Walther Simons, Reichswehrminister bleibt Otto Geßler. Diese Regierung hat keine Mehrheit im Reichstag und ist deshalb auf die Tolerierung durch die SPD angewiesen.

Ein Wahlplakat, das die Verhärtung der politischen Fronten dokumentiert.

Stimmenverluste der Demokraten

6. Juni. Eine ähnliche Signalwirkung wie auf Reichsebene zeigen die Landtagswahlen im Juni. Die Demokraten verzeichnen spektakuläre Einbrüche, in Oldenburg etwa verlieren sie 50 Prozent der Sitze, in Württemberg sitzen statt 38 nur noch 15 DDP-Abgeordnete im Landtag, in Mecklenburg zwei.

Erste Sitzung des Wirtschaftsrates

30. Juni. Der vorläufige Reichswirtschaftsrat tritt zum erstenmal zusammen. Er ist am 4. Mai gemäß § 165 der Verfassung gegründet worden und setzt sich aus 326 Vertretern aus Industrie, Handel, Banken, Verkehr, Landwirtschaft, Gewerkschaften und der Verbraucher zusammen.

Friedensvertrag von Trianon unterzeichnet

4. Juni. Im Palais Grand Trianon in Versailles wird der Friedensvertrag zwischen Ungarn und den Siegerstaaten unterzeichnet. Ungarn besiegelt damit den Verlust von 71 Prozent seines Territoriums und 63 Prozent der Bevölkerung. Die Fläche Ungarns beträgt statt 320 000 jetzt nur noch 90 000 Quadratkilometer, statt 20 Millionen zählt es nur noch 8 Millionen Einwohner. Ungarn tritt im einzelnen Siebenbürgen an Rumänien ab, das Burgenland an Österreich, die Slowakei an die Tschechoslowakei, das Banat an Jugoslawien und Rumänien, Kroatien und Slowenien an Jugoslawien. Das ungarische Heer darf nur noch 35 000 Mann stark sein und keine schweren Geschütze führen. Die Friedensbedingungen für Ungarn sind so hart, weil die Siegermächte es ebenso wie Österreich als Rechtsnachfolger der Donaumonarchie ansehen und damit als Anstifter des Krieges.

1. FC Nürnberg Fußballmeister

13. Juni. In Deutschland wird wieder mehr Fußball gespielt. Zum erstenmal seit Kriegsausbruch wird eine Fußballmeisterschaft ausgetragen. Der 1. FC Nürnberg gewinnt dabei das Endspiel in Frankfurt mit 2 : 0 gegen die Spielvereinigung Fürth. 30 000 Zuschauer wohnen dem Sportereignis bei. Am 27. Juni trägt Deutschland auch wieder das erste Fußballländerspiel aus. Die DFB-Auswahl unterliegt in Zürich der Schweiz 1 : 4.

Max Weber stirbt in München

14. Juni. Im Alter von 56 Jahren stirbt in München der Wirtschaftshistoriker Max Weber. Er hat durch seine Arbeiten den Methodenstreit zwischen Geschichtswissenschaft und Nationalökonomie beeinflußt. Weber hat die Grundlagen für eine historisch orientierte Kultur- und Sozialwissenschaft geschaffen.

Dada-Messe in Berlin

Dada-Messe in Berlin: (v. l., stehend) Raoul Hausmann, Otto Burchardt, Baader, Wieland und Margarete Herzfelde, George Grosz, John Heartfield. Sitzend: Hannah Höch, Otto Schmalhausen.

In der Berliner Galerie Otto Burchardt eröffnet die Erste Internationale Dada-Messe. Sie ist in der Hauptsache von Raoul Hausmann, George Grosz und John Heartfield organisiert, Mitgliedern des 1918 gegründeten Berliner Dada-Clubs. Die Ausstellung versteht sich als totale Absage an die bisherige bürgerliche Malerei. Fotocollagen, Klebebilder, Witzbilder, ausgestopfte Puppen schockieren die Besucher, moderne Technologie wird durch Montiertes, Collagiertes, Kubistisches propagiert. Bei der Eröffnung der Ausstellung postieren sich Grosz und Heartfield mit einem Schild: »Die Kunst ist tot. Es lebe die neue Maschinenkunst Tatlins.« Diese beiden Künstler rufen in ihrer Zeitschrift »Der Gegner« auch dazu auf, die bürgerliche Kunst von Rubens bis Kokoschka zu verbrennen.

Die Provokationen der Dadaisten bleiben nicht ohne empörte Reaktion. In der deutschen Tageszeitung schreibt ein anonymer Besucher: »Als ich in die freie Luft trete, habe ich die Empfindung, daß ein gewisser Teil Menschen zuviel in Deutschland ist.«

Dada-Bild »Metaphysische Muse« von dem Italiener Carlo Carrà.

Dada-Bild »Ohne Titel« von dem Berliner Maler George Grosz.

1920

JULI

Mo	Di	Mi	Do	Fr	Sa	So
			1	2	3	4
5	6	7	8	9	10	11
12	13	14	15	16	17	18
19	20	21	22	23	24	25
26	27	28	29	30	31	

1. Deutschland erklärt seine Neutralität im Konflikt Polen – Rußland.

1. Britische Militärverwaltung in Palästina wird in Zivilverwaltung unter Hochkommissar umgewandelt.

2. Gegenangriff der Russen in Polen.

4. Schlußspiele in Wimbledon. Die Französin Suzanne Lenglen siegt im Dameneinzel, der Amerikaner William Tatem Tilden im Herreneinzel.

4. Verband der Krankenkassen und Großberliner Ärztebund vereinbaren freie Arztwahl.

6.–16. Konferenz in Spa. →

10. Volksabstimmung in Ost- und Westpreußen. 97,8 bzw. 93,4 Prozent stimmen für den Verbleib im Reich. Die Gebiete bleiben bei Deutschland.

11. Britischer Außenminister Curzon schlägt Polen und Rußland Demarkationslinie am Ostrand des geschlossenen polnischen Sprachgebietes vor (Curzon-Linie).

12. Sowjetregierung erkennt Litauens Selbständigkeit einschließlich der Stadt Wilna an.

14. Frankreich erklärt den syrischen König Feisal für abgesetzt und besetzt Damaskus und Aleppo. Feisal verläßt daraufhin Damaskus.

14. Der Belgier Philippe Thys siegt bei der Tour de France.

14. Beginn des ersten Segelflugwettbewerbs in der Rhön.

16. Friedensvertrag zwischen Österreich und Siegermächten tritt in Kraft.

16. Polizei entdeckt umfangreiche Waffenlager in Remscheid, Lennep und Wermelskirchen.

22. Waffenstillstandsgesuch der Polen an Rußland.

24. In Eupen und Malmedy votiert nur knapp ein Prozent der Bevölkerung gegen Anschluß an Belgien. →

29. Militärgerichtsbarkeit im Reich aufgehoben.

GESTORBEN:

4. Max Klinger (* 18. 2. 1857), deutscher Maler.

24. Ludwig Ganghofer (* 7. 7. 1855), deutscher Heimatdichter. →

Malmedy und Eupen stimmen über Anschluß ab

24. Juli. In Eupen und Malmedy votieren nur 270 von rund 35 000 Stimmberechtigten gegen einen Anschluß beider Kreise an Belgien, obwohl Eupen zu 100 Prozent, Malmedy zu 70 Prozent deutschsprachig ist. Die Belgier haben die durch den Friedensvertrag vorgesehene Volksabstimmung durch öffentliche Eintragung in Listen ersetzt. Abstimmungswillige, die für den Verbleib im Reich votieren wollen, sind mit Androhung von Ausweisung, Kürzung der Lebensmittelzuweisung und Ausschluß vom Geldumtausch unter Druck gesetzt worden. Die deutsche Regierung hat am 9. Juli, allerdings erfolglos, gegen die bekanntgewordenen Manipulationen protestiert. Auch Anfechtungen des Ergebnisses bleiben ohne Erfolg.

Ganghofer †

Ludwig Ganghofer †.

24. Juli. In Tegernsee stirbt 65jährig der bayrische Heimatdichter Ludwig Ganghofer. Er ist mit romantisierenden Romanen und Erzählungen (»Der Jäger von Fall«, »Edelweißkönig«, »Das Schweigen im Walde«) vielgelesener Erfolgsautor geworden. Volksstücke wie »Der Herrgottschnitzer von Ammergau«, »Der Geigenbauer von Mittenwald« oder »Der Prozeßhansl«, die ebenfalls von bayrischer Alpen- und Hochlandromantik leben, haben ihm die Bühnen erobert. Ganghofer hat ursprünglich Maschinenbau studiert und war dann als Dramaturg und Feuilletonredakteur in Wien tätig, ab 1895 in München. Er hat eine dreibändige Autobiographie geschrieben: »Lebenslauf eines Optimisten«.

Konferenz von Spa

Die deutsche Delegation im belgischen Kurort Spa: Kanzler Konstantin Fehrenbach (2. v. l.), und Reichswehrminister Otto Geßler (ganz links).

6.–16. Juli. Ein Jahr nach der Unterzeichnung des Friedensvertrages (→ Juni 1919) wird in Spa eine internationale Konferenz zur Frage der Ausführung der Vertragsbedingungen einberufen. Es geht um die deutschen Kohlelieferungen, die Erfüllung der militärischen Klauseln und die Verfahren gegen die sogenannten Kriegsverbrecher.

Zum erstenmal sitzen deutsche Staatsmänner wieder als gleichberechtigte Verhandlungspartner mit Vertretern Frankreichs und Englands an einem Tisch.

Die Alliierten werfen den Deutschen vor, sie hätten ihre Vertragspflichten nicht erfüllt. Dem deutschen Hinweis auf die Förderausfälle im Ruhrgebiet infolge der Unruhen und Streiks im Frühjahr wird kein Glauben geschenkt. Man droht mit einer Besetzung des Ruhrgebiets bei weiterer deutscher Nachlässigkeit.

Vor allem undiplomatische Ausfälle von Hugo Stinnes, der als Sachverständiger für den Kohlenbergbau an der Konferenz in Spa teilnimmt, bringen die Verhandlungen bis in die Nähe vorzeitigen Abbruchs. Nach hitzigen und mißtrauischen Auseinandersetzungen bringt das Ergebnis für Deutschland doch gewisse Erleichterungen. Die Kohlelieferungen werden auf zwei Millionen Tonnen monatlich herabgesetzt, die Lebensmittelversorgung der Bergleute soll vereinfacht und verbessert werden. Die Termine für die deutsche Abrüstung werden verlängert. Erst am 1. Januar 1921 müssen das Heer auf 100 000 Mann reduziert und die Einwohnerwehren aufgelöst sein. General Hans von Seeckt und Reichswehrminister Otto Geßler haben sich mit ihrer Forderung nach Beibehaltung eines 200 000-Mann-Heeres nicht durchgesetzt.

Die Frage der Gesamthöhe der Reparationsleistungen wird in Spa wieder nicht geklärt. Die Alliierten einigen sich lediglich auf einen Verteilerschlüssel untereinander, nach dem Frankreich 52 Prozent, Großbritannien 22 Prozent, Italien 10 Prozent und Belgien 8 Prozent der deutschen Zahlungen erhalten sollen.

Tod des Bildhauers Max Klinger

4. Juli. Der Maler, Bildhauer und Grafiker Max Klinger stirbt in Großjena, 63 Jahre alt. Er hat um die Jahrhundertwende zu den vielseitigsten und phantasiereichsten Künstlern gezählt. Obwohl er im Rufe stand, ein Eigenbrötler zu sein, repräsentiert er die Kunstströmungen seiner Zeit. Seine Ausdrucksmittel reichen von Klassizismus und Romantik bis zum Jugendstil. Beeinflußt ist das Werk des Künstlers vor allem durch Arnold Böcklin. Als Bildhauer hat Klinger unter anderem versucht, die farbige Wirkung der antiken Plastik mit modernen Mitteln zu erreichen. So hat er ein Beethoven-Denkmal aus Marmor, Bronze, Elfenbein und Alabaster geschaffen.

1920

AUGUST

Mo	Di	Mi	Do	Fr	Sa	So
						1
2	3	4	5	6	7	8
9	10	11	12	13	14	15
16	17	18	19	20	21	22
23	24	25	26	27	28	29
30	31					

1. Gründungskongreß der britischen Kommunistischen Partei.

2. Errichtung des Internationalen Gerichtshofes in Den Haag.

5. Reichstag nimmt Entwaffnungsgesetz an.

7. Adolf Hitler nimmt als Delegierter aus München an einem Treffen der österreichischen Nationalsozialisten in Salzburg teil.

11. Sowjetregierung erkennt Lettland an.

11. Erste Ökumenische Konferenz (Weltkirchenkonferenz) findet in Genf statt. Vertreter aller Kirchen Amerikas, Europas und des Orients; römisch-katholische Kirche bleibt fern.

14. Jugoslawien schließt Beistandspakt mit Tschechoslowakei gegen ungarische und österreichische Revisionsansprüche. Damit Einleitung der »kleinen Entente« (→ Juni 1921).

14. Eröffnung der VII. Olympischen Sommerspiele in Antwerpen. Deutsche nicht eingeladen. →

14./15. Im Rahmen der deutschen Leichtathletikmeisterschaften des DSB werden die ersten Meisterschaften für Frauen ausgetragen.

14.–21. Schlacht bei Warschau: Wende im polnisch-russischen Krieg. →

17.–19. Schwere Unruhen im oberschlesischen Kattowitz, geschürt durch polnische geheime Militärorganisation unter Korfanty. Rücksichtsloser Einsatz französischer Besatzungstruppen kostet 9 Tote und 26 Verletzte. Deutsche Arbeiter protestierten gegen französische Waffentransporte für Polen durch oberschlesisches Gebiet.

20. Die ersten Rundfunknachrichten werden ausgestrahlt – von der Detroiter Station 8 MK.

22. Eröffnung der ersten Salzburger Festspiele.

28. Einführung des allgemeinen Frauenwahlrechts in den USA.

GEBOREN:

16. Charles Bukowski, amerikanischer Schriftsteller.

22. Wolfdietrich Schnurre, deutscher Schriftsteller.

GESTORBEN:

31. Wilhelm Wundt (* 16. 8. 1832), deutscher Philosoph und Psychologe. →

Olympische Spiele in Antwerpen ohne Deutsche

14. August. Im schwer kriegsbeschädigten Antwerpen werden die VII. Olympischen Spiele, nach einer Olympiapause von acht Jahren, eröffnet. Die ursprünglich in Berlin 1916 geplanten Spiele sind ausgefallen, werden aber offiziell in der Zählung berücksichtigt. In Antwerpen wird erstmals der olympische Eid laut von einem Sportler gesprochen (dem belgischen Fechter Victor Boin) und die von Pierre de Coubertin selbst entworfene olympische Fahne mit den fünf Kreisen für die Vereinigung der fünf Kontinente aufgezogen. Wegen dieses Symbols vom olympischen Frieden sind Deutschland, Ungarn und Österreich nicht in Antwerpen vertreten. Sie sind zwar nicht vom IOC ausgeschlossen worden, aber das Gastgeberland hat ihnen keine Einladung geschickt.

An den Wettkämpfen, die bis zum 12. September dauern, nehmen 29 Länder mit 2606 Wettkämpfern teil. Es werden 154 Wettbewerbe in 22 Sportarten ausgetragen. Weil so hohe Eintrittsgelder verlangt werden, finden sich kaum mehr als jeweils 5000–6000 Zuschauer im Stadion ein.

Unter den wenigen Frauen in Antwerpen ist die Tennisspielerin Suzanne Lenglen Star. Die Wimbledonsiegerin gewinnt auch hier das Dameneinzel und, zusammen mit Max Décugis, das gemischte Doppel.

Aufsehen erregt vor allem der finnische Läufer Paavo Nurmi, der drei Goldmedaillen und eine Silbermedaille erringt. Er siegt über 10 000 Meter in 32:45,8 Minuten, beim 8000-Meter-Querfeldeinlaufen in 27:15,0 Minuten, außerdem in der Mannschaftswertung und bekommt Silber für 15:00,0 Minuten über 5000 Meter.

Bei diesen Olympischen Spielen gibt es zum letzten Mal die Disziplin des Tauziehens. Viele Schießwettbewerbe sind angesetzt, allein neun Wettbewerbe für Militärgewehr. »Nicht einmal in Verdun wurde mehr geschossen« spottet deshalb »L'Echo de Paris«. Die Reiter beginnen ihre Spiele, nachdem die offizielle Preisverleihung schon abgeschlossen ist.

1920 Antwerpen

Leichtathletik Männer

100 m
1. Charles William Paddock USA 10,8
2. Morris Marshall Kirksey USA 10,8
3. Harry Edward GBR 11,0

200 m
1. Allen Woodring USA 22,0
2. Charles Paddock USA 22,1
3. Harry Edward GBR 22,2

400 m
1. Bevil Rudd SAF 49,6
2. Guy Butler GBR 49,9
3. Nils Engdahl SWE 50,0

800 m
1. Albert George Hill GBR 1:53,4
2. Earl Eby USA 1:53,6
3. Bevill Rudd SAF 1:54,0

1500 m
1. Albert George Hill GBR 4:01,8
2. Philip Baker GBR 4:02,4
3. Lawrence Shields USA 4:03,1

5000 m
1. Joseph Guillemot FRA 14:55,6
2. Paavo Nurmi FIN 15:00,0
3. Erik Backman SWE 15:13,0

10 000 m
1. Paavo Nurmi FIN 31:45,8
2. Joseph Guillemot FRA 31:47,2
3. James Wilson GBR 31:50,8

Marathon
1. Hannes Kolehmainen FIN 2:32:35,8
2. Juri Lossman EST 2:32:48,6
3. Valerio Arri ITA 2:36:32,8

110-m-Hürden
1. Earl Thomson CAN 14,8
2. Harold Barron USA 15,1
3. Frederick Murray USA 15,2

400-m-Hürden
1. Frank Loomis USA 54,0
2. John Norton USA 54,3
3. August Desch USA 54,5

3000-m-Hindernislauf
1. Percy Hodge GBR 10:00,4
2. Patrick Flynn USA 100 m zurück
3. Ernesto Ambrosini ITA 130 m zurück

4 × 100-m-Staffel
1. USA 42,2 (Charles Paddock, Jackson Scholz, Loren Murchison, Morris Kirksey)
2. FRA 42,6 (René Tirard, René Lorain, René Mourlon, Emile Ali Khan)
3. SWE 42,9 (Agne Holmström, William Pettersson, Sven Malm, Nils Sandström)

4 × 400-m-Staffel
1. GBR 3:22,2 (Cecil Griffith, Robert Lindsay, John Ainsworth-Davis, Guy Butler)
2. SAF 3:24,2 (Harry Davel, Clarence Oldfield, Jack Oosterlaak, Bevil Rudd)
3. FRA 3:24,8 (Geo André, Gaston Féry, Maurice Delvart, Jean Devaux)

Hochsprung
1. Richmond Landon USA 1,935
2. Harold Muller USA 1,90
3. Bo Ekelund SWE 1,90

Stabhochsprung
1. Frank Foss USA 4,09
2. Henry Petersen DAN 3,70
3. Edwin Myers USA 3,60

Weitsprung
1. William Pettersson SWE 7,15
2. Carl Johnson USA 7,095
3. Erik Abrahamsson SWE 7,08

Dreisprung
1. Vilho Tuulos FIN 14,505
2. Folke Jansson SWE 14,48
3. Erik Almlöf SWE 14,27

Kugelstoßen
1. Ville Pörhölä FIN 14,81
2. Elmer Niklander FIN 14,155
3. Harry Liversedge USA 14,15

Diskuswerfen
1. Elmer Niklander FIN 44,685
2. Armas Taipale FIN 44,19
3. Augustus Pope USA 42,13

Hammerwerfen
1. Patrick Ryan USA 52,875
2. Carl Johan Lind SWE 48,43
3. Basil Bennet USA 48,25

Speerwerfen
1. Jonni Myyrä FIN 65,78
2. Urho Peltonen FIN 63,50
3. Pekka Johansson FIN 63,095

Zehnkampf
1. Helge Lövland NOR 6803,355
2. Brutus Hamilton USA 6771,085
3. Bertil Ohlson SWE 6580,030

300-m-Mannschaftslauf (nur 1912, 1920, 1924 durchgeführt)
1. USA
2. Großbritannien
3. Schweden

(Auswahltabelle: Nicht aufgeführt Tennis und Schießsport.)

Querfeldeinlauf Einzel (ca. 8000 m) (nur 1912, 1920, 1924 durchgeführt)
1. Paavo Nurmi FIN 27:15,0
2. Erik Backman SWE 27:17,6
3. Heikki Liimatainen FIN 27:37,4

Querfeldeinlauf Mannschaft (ca. 8000 m) (nur 1904, 1912, 1920, 1924 durchgeführt)
1. Finnland
2. Großbritannien
3. Schweden

Fünfkampf (nur 1906, 1912, 1920, 1924 durchgeführt)
1. Eero Lehtonen FIN
2. Everett Bradley USA
3. Hugo Lahtinen FIN

Gewichtwerfen (56 Pfund = 25,4 kg) (nur 1904 und 1920 durchgeführt)
1. Patrick McDonald USA 11,265
2. Patrick Ryan USA 10,965
3. Carl Johan Lind SWE 10,25

Tauziehen (nur 1900, 1904, 1906, 1912, 1920 durchgeführt)
1. Großbritannien
2. Holland
3. Belgien

3000-m-Gehen (nur 1906 und 1920 durchgeführt)
1. Ugo Frigerio ITA
2. George Parker AUS
3. Richard Frederick Remer USA

10 000-m-Gehen (nur 1912 und 1920 durchgeführt)
1. Ugo Frigerio ITA 48:06,2
2. Joseph Pearman USA
3. Charles Gunn GBR

Schwimmen Männer

100-m-Kraul
1. Duke Paoa Kahanamoku USA 1:01,4
2. Pua Kela Kealoha USA 1:02,2
3. William Harris USA 1:03,0

400-m-Kraul
1. Norman Ross USA 5:26,8
2. Ludy Langer USA 5:29,0
3. George Vernot CAN 5:29,6

1500-m-Kraul
1. Norman Ross USA 22:23,2
2. George Vernot CAN 22:36,4
3. Frank Beaurepaire AUS 23:04,0

100-m-Rücken
1. Warren Paoa Kealoha USA 1:15,2
2. Ray Kegeris USA 1:16,2
3. Gérard Blitz BEL 1:19,0

200-m-Brust
1. Håkan Malmroth SWE 3:04,4
2. Thor Henning SWE 3:09,2
3. Arvo Aaltonen FIN 3:12,2

4 × 200-m-Kraulstaffel
1. USA 10:04,4 (Perry McGillivray, Pua Kela Kealoha, Norman Ross, Duke Paoa Kahanamoku)
2. AUS 10:25,4 (Henry Hay, William Herald, Ivan Stedman, Frank Beaurepaire)
3. GBR 10:37,2 (Leslie Savage, E. Percy Peter, Henry Taylor, Harold E. Annison)

Kunstspringen
1. Louis Kuehn USA 675,4
2. Clarence Pinkston USA 655,3
3. Louis Balbach USA 649,5

Turmspringen
1. Clarence Pinkston USA 100,67
2. Erik Adlerz SWE 99,08
3. Harry Prieste USA 93,73

Einfaches Turmspringen (nur 1912, 1920, 1924 durchgeführt)
1. Arvid Wallman SWE 183,5
2. Nils Skoglund SWE 183,0
3. John Jansson SWE 175,0

400-m-Brust (nur 1904, 1912, 1920 durchgeführt)
1. Håkan Malmroth SWE 6:31,8
2. Thor Henning SWE 6:45,2
3. Arvo Aaltonen FIN 6:48,0

Wasserball
1. Großbritannien
2. Belgien
3. Schweden

Schwimmen Frauen

100-m-Kraul
1. Ethelda Bleibtrey USA 1:13,5
2. Irene Guest USA 1:17,0
3. Frances Schroth USA 1:17,2

400-m-Kraul
1. Ethelda Bleibtrey USA 4:34,0
2. Margaret Woodbridge USA 4:42,8
3. Frances Schroth USA 4:52,0

4 × 100-m-Kraulstaffel
1. USA 5:11,6 (Margaret Woodbridge, Frances Schroth, Irene Guest, Ethelda Bleibtrey)
2. GBR 5:40,8 (Hilda James, Constance Mabel Jeans, Charlotte Radcliffe, Grace McKenzie)
3. SWE 5:43,6 (Aina Berg, Emy Machnow, Karin Nilsson, Jane Gylling)

Kunstspringen
1. Aileen Riggin USA 539,9
2. Helen Wainwright USA 534,8
3. Thelma Payne USA 534,1

Turmspringen
1. Stefani Fryland-Clausen DAN 34,6
2. Eileen Armstrong GBR 33,3
3. Eva Ollivier SWE 33,3

Boxen

Fliegengewicht
1. Frank Genaro USA
2. Anders Petersen DAN
3. William Cuthbertson GBR

Bantamgewicht
1. Clarence Walker SAF
2. Chris J. Graham CAN
3. James McKenzie GBR

Federgewicht
1. Paul Fritsch FRA
2. Jean Gachet FRA
3. Edoardo Garzena ITA

Leichtgewicht
1. Samuel Mosberg USA
2. Gotfred Johansen DAN
3. Clarence »Chris« Newton CAN

Weltergewicht
1. Albert »Bert« Schneider CAN
2. Alexander Ireland GBR
3. Frederick Colberg USA

Mittelgewicht
1. Harry Mallin GBR
2. Georges Arthur Prud'Homme CAN
3. Moe H. Herscovitch CAN

Halbschwergewicht
1. Edward Eagan USA
2. Sverre Sörsdal NOR
3. H. Franks GBR

Schwergewicht
1. Ronald Rawson GBR
2. Sören Petersen DAN
3. Xavier Eluère FRA

Ringen, griechisch-römischer Stil

Federgewicht
1. Oskari Friman FIN
2. Heikki Köhkönen FIN
3. Frithiof Svensson SWE

Leichtgewicht
1. Eemil Väre FIN
2. Taavi Tamminen FIN
3. Frithjof Andersen NOR

Mittelgewicht
1. Carl Westergren SWE
2. Artur Lindfors FIN
3. Matti Perttilä FIN

Halbschwergewicht
1. Claes Johansson SWE
2. Edil Rosenqvist FIN
3. Johannes Eriksen DAN

Schwergewicht
1. Adolf Lindfors FIN
2. Poul Hansen DAN
3. Martti Nieminen FIN

Freistilringen

Federgewicht
1. Charles Edwin Ackerly USA
2. Samuel Gerson USA
3. P. W. Bernard GBR

Leichtgewicht
1. Kalle Anttila FIN
2. Gottfrid Svensson SWE
3. Peter Wright GBR

Mittelgewicht
1. Eino Leino FIN
2. Väinö Penttala FIN
3. Charles Johnson USA

Halbschwergewicht
1. Anders Larsson SWE
2. Charles Courant SUI
3. Walter Maurer USA

Schwergewicht
1. Robert Roth SUI
2. Nathan Pendleton USA
3. Ernst Nilsson SWE

Fechten Männer

Florett Einzel
1. Nedo Nadi ITA 10
2. Philippe Cattiau FRA 9/14
3. Roger Ducret FRA 9/19

Florett Mannschaft
1. Italien
2. Frankreich
3. USA

Degen Einzel
1. Armand Massard FRA 9
2. Alexandre Lippmann FRA 7
3. Gustave Buchard FRA 6

Degen Mannschaft
1. Italien
2. Belgien
3. Frankreich

Säbel Einzel
1. Nedo Nadi ITA 11
2. Aldo Nadi ITA 9
3. Adrianus E. W. de Jong HOL 7

Säbel Mannschaft
1. Italien
2. Frankreich
3. Holland

Gewichtheben

		Einarmiges Reißen	Einarmiges Stoßen	Beidarmiges Stoßen	Total
Federgewicht					
1. Frans de Haes	BEL	60,0	65,0	95,0	220,0
2. Alfred Schmidt	EST	55,0	65,0	92,5	212,5
3. Eugène Ryther	SUI	55,0	65,0	90,0	210,0
Leichtgewicht					
1. Alfred Neuland	EST	72,5	75,0	110,0	257,5
2. Louis Williquet	BEL	60,0	75,0	105,0	240,0
3. Florimond Rooms	BEL	55,0	70,0	105,0	230,0
Mittelgewicht					
1. Henri Gance	FRA	65,0	75,0	105,0	245,0
2. Pietro Bianchi	ITA	60,0	70,0	107,5	237,5
3. Albert Pettersson	SWE	55,0	75,0	107,5	237,5
Leichtschwergewicht					
1. Ernest Cadine	FRA	70,0	85,0	135,0	290,0
2. Fritz Hünenberger	SUI	75,0	85,0	115,0	275,0
3. Erik Pettersson	SWE	62,5	92,5	117,5	272,5
Schwergewicht					
1. Filippo Bottino	ITA	70,0	85,0	115,0	270,0
2. Joseph Alzin	LUX	65,0	80,0	110,0	255,0
3. Louis Bernot	FRA	65,0	75,0	110,0	250,0

Moderner Fünfkampf Einzel

1. Gustav Dyrssen SWE
2. Erik de Laval SWE
3. Gösta Runö SWE

Rudern

Einer
1. John Kelly sen. USA 7:35,0
2. Jack Beresford jun. GBR 7:36,0
3. D. Clarence Hadfield d'Arcy NSE 7:48,0

Doppelzweier
1. USA 7:09,0
2. Italien 7:19,0
3. Frankreich 7:21,0

Zweier mit Steuermann
1. Italien 7:56,0
2. Frankreich 7:57,0
3. Schweiz

Vierer mit Steuermann
1. Schweiz 6:54,0
2. USA 6:58,0
3. Norwegen 7:02,0

Achter
1. USA 6:02,6
2. Großbritannien 6:05,0
3. Norwegen 6:36,0

Segeln

Ein-Mann-Boot (12-Fuß-Dinghi)
1. Holland (Beatrijs III)
1. Holland (Boreas)

Ein-Mann-Boot (18-Fuß-Dinghi)
1. Großbritannien (Brat)

6 m (nur 1908, 1912, 1920, 1924, 1928, 1932, 1936, 1948, 1952 durchgeführt)
1. Norwegen »Jo«
2. Belgien »Tan-Fe-Pah«

6 m Typ 1907 (nur 1920 durchgeführt)
1. Belgien »Edelweiß«
2. Norwegen »Marmi«
3. Norwegen »Stella«

6,5 m Typ 1919 (nur 1920 durchgeführt)
1. Holland »Oranje«
2. Frankreich »Rose Pompon«

7 m (nur 1908 und 1920 durchgeführt)
1. Großbritannien »Ancora«

8 m (nur 1908, 1912, 1920, 1924, 1928, 1932, 1936 durchgeführt)
1. Norwegen »Sildra«
2. Norwegen »Lyn«
3. Belgien »Antwerpia«

8 m Typ 1907 (nur 1920 durchgeführt)
1. Norwegen »Ierne«
2. Norwegen »Fornebo«

10 m Typ 1919 (nur 1920 durchgeführt)
1. Norwegen »Mosk II«

10 m Typ 1907 (nur 1920 durchgeführt)
1. Norwegen »Eleda«

12 m Typ 1907 (nur 1920 durchgeführt)
1. Norwegen »Atlanta«

12 m Typ 1919 (nur 1920 durchgeführt)
1. Norwegen »Heira II«

30 m² (nur 1920 durchgeführt)
1. Schweden »Kullan«

40 m² (nur 1920 durchgeführt)
1. Schweden »Sif«
2. Schweden »Elsie«

Radsport

Straßenrennen Einzel
1. Harry Stenqvist SWE 4:40:01,8
2. Henry Justaves Kaltenbrun SAF 4:41:26,6
3. Fernand Canteloube FRA 4:42:54,4

Straßenrennen Mannschaft (nur 1912, 1920, 1924, 1928, 1932, 1936, 1948, 1952, 1956 durchgeführt)
1. Frankreich 19:16:43,2
2. Schweden 19:23:10,0
3. Belgien 19:28:44,4

1000-m-Sprint
1. Maurice Peeters HOL 1:38,3
2. Thomas Johnson GBR 1 Radlänge zurück
3. Harry Ryan GBR

2000-m-Tandemfahren
1. Großbritannien 2:49,4
2. Südafrika
3. Holland

4000-m-Mannschafts-Verfolgungsrennen
1. Italien 5:20,0
2. Großbritannien
3. Südafrika

50-km-Bahnrennen (nur 1920 und 1924 durchgeführt)
1. Henry George BEL 1:16:43,2
2. Cyril Albert Alden GBR dichtauf
3. Piet Ikelaar HOL dichtauf

Reitsport

Military Einzel
1. Helmer Mörner SWE 1775,00
2. Åge Lundström SWE 1738,75
3. Ettore Caffaratti ITA 1733,75

Military Mannschaft
1. Schweden 5057,50
2. Italien 4735,00
3. Belgien 4560,00

Dressur Einzel
1. Janne Lundblad SWE 27,937
2. Bertil Sandström SWE 26,312
3. Hans von Rosen SWE 25,125

Jagdspringen Einzel
1. Tommaso Lequio ITA −2
2. Alessandro Valerio ITA −3
3. C. Gustaf Lewenhaupt SWE −4

Jagdspringen Mannschaft
1. Schweden −14
2. Belgien −16,25
3. Italien −18,75

Kunstreiten Einzel
1. Bouckaert BEL 30,5
2. Fiel FRA 29,5
3. Finet BEL 29,0

Kunstreiten Mannschaft
1. Belgien
2. Frankreich
3. Schweden

Turnen

Mehrkampf Einzel
1. Giorgio Zampori ITA 88,35
2. Marco Torrès FRA 87,62
3. Jean Gounot FRA 87,45

Mehrkampf Mannschaft
1. Italien 359,855
2. Belgien 346,785
3. Frankreich 340,100

Schwedisches Turnen für Mannschaften (nur 1912 und 1920 durchgeführt)
1. Schweden 1364
2. Dänemark 1325
3. Belgien 1094

Freies System (keine Vorschriften für Geräte und Vorführungen) Mannschaft (nur 1920 durchgeführt)
1. Dänemark
2. Norwegen

Fußball

1. Belgien
2. Spanien
3. Holland

Landhockey

1. Großbritannien
2. Dänemark
3. Belgien

Abkürzungsschlüssel siehe Register

Polen besiegt Rußland

Marschall Josef Pilsudski.

14. August. Im russisch-polnischen Krieg erzwingt Marschall Pilsudski die kaum erwartete Wende. Bei Warschau schlägt er mit Unterstützung der Franzosen die Rote Armee, die den Rückzug aus Polen antritt. Am 16. August beginnen Waffenstillstandsverhandlungen.
Seit Beginn ihrer Gegenoffensive Anfang Juni sind die Sowjetarmeen mit unaufhaltsamer Schnelligkeit in Richtung Warschau vorgerückt. In Bialystok haben sie ein »polnisches revolutionäres Komitee« als Kern einer künftigen polnischen Räteregierung gegründet. In Europa sieht man bereits die Gefahr des Untergangs Polens und des Umsturzes der kapitalistischen Gesellschaftsordnung im Westen. Der russische Befehlshaber Michail Tuchatschewski hat im Juli in diesem Sinne unmißverständlich erklärt: »Im Westen entscheidet sich das Schicksal der Weltrevolution; über den Leichnam Polens führt der Weg zu einem allgemeinen Weltenbrand.« Die Wende im Krieg in den Tagen vom 14. bis 21. August wird von den Polen als »Wunder an der Weichsel« glorifiziert. Sie hat ihren Hintergrund auch darin, daß die sowjetischen Truppen mangelhaft ausgerüstet sind und strategisch ungünstig – in zu weit auseinanderliegenden Kampflinien – in Polen vorgehen. An der Entscheidungsschlacht bei Warschau nehmen von den 360 000 in Polen eingesetzten Mann nur 50 000 teil. Die Aufmerksamkeit der Sowjets ist außerdem durch die Offensive abgelenkt, die General Wrangel im Verlauf der Gegenrevolution von der Krim aus unternimmt. Für Sowjetrußland hat der kurze Feldzug eine Stärkung der patriotischen Gefühle der Bevölkerung und damit indirekt auch eine Stärkung des Bolschewismus zur Folge (→ September 1915).

Erste Festspiele in Salzburg

22. August. Mit Hugo von Hofmannsthals Bearbeitung des alten Spiels »Jedermann« eröffnen die ersten Salzburger Festspiele. Max Reinhardt inszeniert das Stück auf dem Domplatz und bezieht die Innenstadt mit ein: von den Kirchentürmen ringsum wird das »Jedermann« gerufen, Orgelspiel und Glockengeläut geben den Rahmen. Der österreichische Dichter Hofmannsthal hat sich seit längerer Zeit für die Realisierung der Festspielpläne eingesetzt, die seit 1887 existieren. Im ersten Kunstrat der Festspiele haben sich Hugo von Hofmannsthal, Max Reinhardt, der Bühnenbildner Alfred Roller und der Komponist Richard Strauss zusammengefunden. Max Reinhardt besitzt seit 1918 Schloß Leopoldskron.

Psychologe und Philosoph Wundt †

31. August. Der Psychologe und Philosoph Wilhelm Wundt stirbt in Großbothen bei Leipzig im Alter von 88 Jahren. Er hat die methodische Grundlegung der Psychologie geschaffen und die Grenzen der Psychologie als Forschungsdisziplin abgesteckt. Vor Wundt hat sich die Psychologie auf die pure Introspektion beschränkt. Wundt hat sie durch das psychologische Experiment ergänzt. In Leipzig hat der Wissenschaftler das erste Institut für experimentelle Psychologie geschaffen. Die Erforschung des individuellen Bewußtseins hat Wundt durch den Entwurf einer Völkerpsychologie als einer Art Lehre von der Volksseele ergänzt. Seine Hauptwerke sind »Grundriß der Psychologie« (1896) und »Völkerpsychologie« (1904).

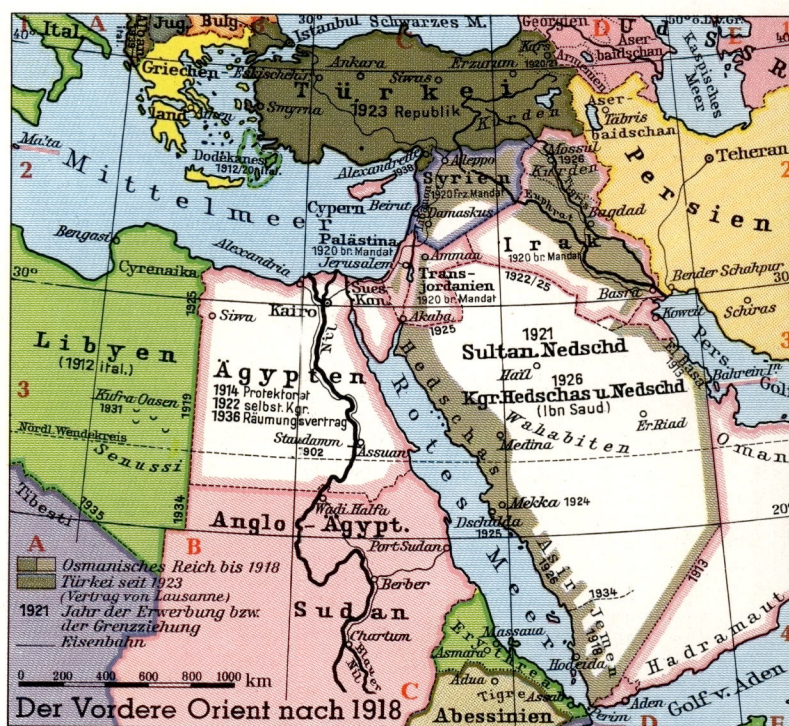

Die Türkei schrumpft nach dem Weltkrieg auf ein Zehntel ihrer Fläche.

Friede mit der Türkei

10. August. In Sèvres unterzeichnet die türkische Regierung den Friedensvertrag mit den Alliierten. Er legt fest, daß das Land auf etwa ein Zehntel seiner ursprünglichen Größe schrumpft, nämlich von rund 3 Millionen auf 300 000 Quadratkilometer. Die Türkei hat unter anderem Thrakien mit Gallipoli, den Ägäischen Inseln und Smyrna an Griechenland abzutreten. Frankreich erhält Syrien und Kilikien, Großbritannien Irak und Palästina sowie die Schutzherrschaft über das Königreich Hedschas, Italien den Dodekanes und Rhodos. Der Türkei bleibt das Gebiet um Konstantinopel samt Hinterland mit rund 10 Millionen Einwohnern. Die Meerengen werden international kontrolliert, das türkische Heer auf 50 000 Mann reduziert. Die Türkei verliert ihre Finanzhoheit an die Alliierten und muß die Kapitulationen zur Rechtssicherheit der Ausländer wieder einführen.
Die Nationalisten unter Mustafa Kemal erkennen den Vertrag nicht an. Unter Mustafa Kemals Führung leistet das anatolische Kernland Widerstand, um die von türkischer Mehrheit bewohnten Teile des Reiches zu retten. Der Konflikt mit Griechenland ist längst vorprogrammiert.
Ebenfalls am 10. August werden in Sèvres noch eine Reihe weiterer Verträge unterzeichnet, die die Verhältnisse am Mittelmeer regeln. Frankreich, Italien und England einigen sich über ihre Einflußzonen in Anatolien, Italien tritt die dodekanesischen Inseln, mit Ausnahme von Rhodos, an Griechenland ab, England und Frankreich verzichten auf Kontrollrechte in Griechenland und ihre Kontrollrechte über die ionischen Inseln.

Gegner Einsteins formieren sich

26. August. Die neugegründete »Arbeitsgemeinschaft deutscher Naturforscher«, in der sich die Gegner der Einsteinschen Relativitätstheorie formieren, hält in Berlin ihren ersten Vortragsabend ab. Albert Einstein hört den Debatten zur »scharfen sachlichen Nachprüfung« der wissenschaftlichen Grundlagen seiner Theorie von einer Loge aus zu. Die Arbeitsgemeinschaft ist auf Hauptinitiative von Paul Weylandt zustande gekommen.

1920
SEPTEMBER

Mo	Di	Mi	Do	Fr	Sa	So
		1	2	3	4	5
6	7	8	9	10	11	12
13	14	15	16	17	18	19
20	21	22	23	24	25	26
27	28	29	30			

1. Proklamation des Staates Großlibanon durch Frankreich; Regierungssitz Beirut; Einwohner hauptsächlich katholische Maroniten.

2. Uraufführung »Die Freundin« von Hermann Sudermann im Berliner Residenztheater.

3. Sozialisierungskommission fordert allmähliche Sozialisierung der Kohleindustrie unter vorläufiger Beibehaltung privaten Betriebskapitals.

8. D'Annunzio proklamiert Freistaat Fiume unter dem Titel »Italienische Regentschaft Quarnero«. Provisorische Regierung mit D'Annunzio als erstem Rektor.

9. Verein deutscher Chemiker berät auf Jahresversammlung Probleme der Brennstoffgewinnung.

13. Ernst Jüngers Tagebuchaufzeichnungen »In Stahlgewittern« erscheinen. →

20. Völkerbundsrat anerkennt trotz fragwürdiger Abstimmungsergebnisse den Übergang der Kreise Eupen und Malmedy in belgische Souveränität.

25. Max Reinhardt tritt von der Direktion seiner drei Berliner Theater zurück. Felix Hollaender wird sein Nachfolger.

26. In Wien verliert Deutschland im 32. Fußballländerspiel mit 2:3 gegen Österreich.

29. Erstmals Angebot von Rundfunkgeräten für Heimempfang: In der »Pittsburgh-Sun« werden Geräte von Westinghouse für zehn Dollar und mehr angeboten. Bisher gab es nur Geräte für Hobbyexperimente.

29. Großstation Nauen der Gesellschaft für drahtlose Telegrafie eingeweiht. Architekt des Gebäudes ist Hermann Muthesius.

29. Adolf Hitler hält erstmals eine Rede in Österreich.

GEBOREN:

5. Erika Köth, deutsche Sopranistin.

21. Vico Torriani, Schweizer Sänger und Entertainer.

29. Václav Neumann, tschechischer Dirigent.

GESTORBEN:

8. Rudolf Mosse (* 9. 5. 1843), deutscher Publizist und Verlagsgründer.

Fronterlebnisse Ernst Jüngers im Selbstverlag

Ernst Jünger.

13. September. Im Selbstverlag bringt Ernst Jünger in Hannover seine Tagebuchaufzeichnungen aus dem Weltkrieg, »In Stahlgewittern«, heraus. Es ist eine Darstellung des Grauens der Materialschlachten und einer dämonisierten Technik, aber auch trotz oder gerade wegen der nüchternen Gleichgültigkeit des Erzähltons eine Art Lob von Tat und Tod. Über die Soldaten etwa schreibt Jünger, ihre Gehirne seien oft in »rote Nebel«, in »Blutdurst, Wut und Trunkenheit« getaucht. Jünger, 25 Jahre alt, ist 1913 als Gymnasiast zur Fremdenlegion gegangen, 1914 dann freiwillig in den Krieg gezogen. 14mal verwundet, ist er 1918 mit dem Orden »Pour le Mérite« ausgezeichnet worden. Sein Buch wird von der rechtsstehenden Presse sofort als »wirkliches Siegfried-Buch« gepriesen.

Gandhis Pläne für Indien

8. September. Das Komitee des Indischen Nationalkongresses nimmt ein Programm des Nationalisten Mohandas Karamchand Gandhi (genannt Mahatma, d. i. »Der Hochherzige«) an, das den waffenlosen Kampf für die Unabhängigkeit Indiens zum Ziel hat. Gandhi ruft zum bürgerlichen Ungehorsam auf. Dazu gehört unter anderem Boykott ausländischer Waren, Beendigung der Zusammenarbeit mit britischen Regierungsschulen, Erziehung der Kinder.

1920
OKTOBER

Mo	Di	Mi	Do	Fr	Sa	So
				1	2	3
4	5	6	7	8	9	10
11	12	13	14	15	16	17
18	19	20	21	22	23	24
25	26	27	28	29	30	31

1. Gründung der Rhein-Elbe-Union aus Deutsch-Luxemburgischer Bergwerks und Hütten AG und der Gelsenkirchener Bergwerks AG unter Führung von Hugo Stinnes.

2. Ungarn weist die seit 1914 eingewanderten Juden aus.

5. In Berlin tagt erster deutscher Betriebsrätekongreß.

10. Bei Volksabstimmung in Kärnten entscheiden sich 59 Prozent für Österreich, Minderzahl für Jugoslawien. Kärnten bleibt ganz bei Österreich.

12.–17. Außerordentlicher Parteitag der USPD in Halle (Saale) – Spaltung der Partei. →

14. Rußland erkennt im Friedensvertrag von Dorpat Selbständigkeit Finnlands an.

15. Dada-Almanach erscheint, herausgegeben im Auftrag der deutschen Dada-Bewegung von Richard Huelsenbeck.

18. Kleistpreis an Hans Henny Jahnn für das Drama »Pastor Ephraim Magnus«.

23. Die Schauspielerin Käthe Dorsch wird in Berlin »entdeckt«.

23. Sprachengesetz in Belgien: Jede Provinz soll autonom die Sprachenfrage regeln.

24. Eröffnung der deutschen Hochschule für Politik. Studienleiter wird Theodor Heuss. →

24. Deutschland siegt in Berlin im 33. Fußballländerspiel mit 1:0 gegen Ungarn.

28. Walter Hasenclevers expressionistisches Drama »Jenseits« in Dresden uraufgeführt.

29. Paul Wegeners Film »Der Golem, wie er in die Welt kam« hat im Berliner Ufa-Palast am Zoo Premiere. Architektur im Film von Hans Poelzig entworfen. →

GEBOREN:

5. Gert Westphal, deutscher Schauspieler und Regisseur.

7. Georg Leber, deutscher Politiker.

14. Clark Terry, amerikanischer Jazzmusiker.

GESTORBEN:

2. Max Bruch, deutscher Komponist (* 6. 1. 1838). →

25. König Alexander von Griechenland (* 20. 7. 1893). →

Komponist Max Bruch stirbt in Berlin

Max Bruch †.

2. Oktober. Der Komponist Max Bruch stirbt im Alter von 82 Jahren in Berlin. Er ist mit seinen vielseitigen, beliebten Werken, die stilistisch an Brahms orientiert sind und das melodische Element betonen, dem Publikumsgeschmack seiner Zeit sehr entgegengekommen. Von seinen Kompositionen haben sich das g-Moll-Violinkonzert (op. 26) von 1863 und »Kol Nidrei« (op. 47) für Violoncello und Orchester von 1881 einen festen Platz in Konzertprogrammen erobert.

Griechischer König Alexander ist tot

25. Oktober. In Athen stirbt der 27jährige König Alexander. Er hat den Thron 1917 bestiegen, nachdem sein Vater Konstantin I. durch die Entente zur Abdankung und sein Bruder Kronprinz Georg zum Thronverzicht gezwungen worden waren. Sie haben sich dem Kriegseintritt Griechenlands auf der Seite der Alliierten widersetzt. Alexanders Bruder, Kronprinz Paul, lehnt jetzt die Thronfolge ab und erreicht, daß eine Volksabstimmung über die Rückkehr seines Vaters Konstantin nach Griechenland und auf den Thron durchgeführt wird. Die griechische Regierung hebt das Gesetz auf, nach dem auf die Namensnennung von Konstantin zwei Jahre Gefängnis stehen. Sofort danach erscheinen Bilder Konstantins in den Zeitungen und werden Umzüge zu seinen Ehren abgehalten.

Deutsche entwaffnet

Die im Sommer gesetzlich angeordnete Entwaffnung der Bevölkerung Deutschlands läuft auf vollen Touren. Bei den eingerichteten Sammelstellen häufen sich die Waffen aus deutschen Bürgerhaushalten. Berlin meldet am 7. Oktober, daß innerhalb von zehn Tagen unter anderem allein in der Stadt 120 000 Gewehre und Karabiner, 913 Maschinengewehre, 239 Maschinenpistolen, 17 Geschütze, 11 Minenwerfer, 13 Flammenwerfer und über 3,6 Millionen Schuß Handwaffenmunition abgeliefert worden sind. Im August hatte Reichspräsident Friedrich Ebert die Bevölkerung auf den Ernst der Vorschrift hingewiesen.

Die Demonstration der deutschen Friedenswilligkeit hat im größten Reichswerk, den Spandauer Militärwerkstätten, ihre sichtbarsten Zeichen. Wo im Krieg die Waffen produziert worden sind, werden sie jetzt waggonweise zurückgeliefert und als Material für die Herstellung von Alltagsgerätschaften genutzt. Wagen, Wagenräder, Stühle, landwirtschaftliche Maschinen, Milchzentrifugen etwa und Kupplungen, teilweise höchst unkonventionell und provisorisch konstruiert, verlassen jetzt die Fabrikationsstätte.

29. Oktober. Im Ufa-Palast in Berlin hat der Film »Der Golem« Premiere. Paul Wegeners zweite Verfilmung des mittelalterlichen jüdischen Sagenstoffs. Den ersten Film hat Wegener, der die Hauptrolle spielt, bereits 1917 gedreht. 1915 ist der Roman »Der Golem« von Gustav Meyrink erschienen.

Unabhängige Sozialdemokraten spalten sich

12.–17. Oktober. Die USPD, die bei den Reichstagswahlen im Juni so unerwarteten Zulauf verzeichnet hat, spaltet sich infolge innerer Krisen auf ihrem außerordentlichen Parteitag in Halle.

Die Unabhängigen Sozialdemokraten sind seit längerer Zeit schon durch Fraktionskämpfe zerrissen. Der linke Flügel plädiert für den Anschluß an die III. Internationale, der kleinere rechte will die Selbständigkeit der Partei verbürgt wissen und zwischen Revisionismus und bolschewistischer Revolution den dritten Weg zum Sozialismus finden. Eine Kommission der USPD, die in Moskau und Petrograd über den Anschluß an die III. Internationale verhandeln sollte, hat im August dort 21 Bedingungen genannt bekommen, die eine kommunistische Parteilinie der USPD garantieren sollen. Diese 21 Punkte werden in Halle (Saale) verhandelt. Der Vorsitzende des Exekutivkomitees der III. Internationale, Sinowjew, nimmt als Gast aus Moskau teil und bemüht sich, die Gesamtpartei für den Anschluß zu gewinnen. Die Abstimmung ergibt schließlich eine Mehrheit von 237 gegen 156 Stimmen dafür. Der rechte Flügel unter Crispien lehnt den Anschluß an die III. Internationale und die Vereinigung mit der KPD ab und zieht demonstrativ aus.

Hochschule für Politik eröffnet

24. Oktober. Im Beisein von Reichspräsident Friedrich Ebert wird in Berlin die deutsche Hochschule für Politik eröffnet. Sie ist Nachfolgerin einer 1918 gegründeten Staatsbürgerschule und entspringt der Auffassung liberaler Publizisten, Historiker und Beamter, die »unpolitischen Deutschen« müßten zu politischem Denken erzogen werden.

Die Hochschule – etwas völlig Neues für Deutschland – beginnt als Abendschule. Bei der Eröffnung mit 120 Studenten hat die Hochschule noch keinen festen Studiengang. Hochschulleiter ist Theodor Heuss.

1920

DEZEMBER

Mo	Di	Mi	Do	Fr	Sa	So
		1	2	3	4	5
6	7	8	9	10	11	12
13	14	15	16	17	18	19
20	21	22	23	24	25	26
27	28	29	30	31		

Erste Sitzung der Versammlung des Völkerbundes

15. November. Zum erstenmal tritt in Genf die Bundesversammlung des Völkerbundes zusammen. Delegierte aus 42 Staaten sind vertreten. Die in der Satzung als Zweck festgelegte Förderung der Zusammenarbeit unter den Nationen ist von vornherein eingeschränkt durch das Fehlen der USA, Rußlands sowie des Kriegsverlierers Deutschland. Woodrow Wilson hat die USA nicht zum Beitritt der von ihm ins Leben gerufenen Friedensorganisation veranlassen können. Die erste Vollversammlung ist von einer Reihe von Mißklängen und Differenzen begleitet. Einige Mitgliedsstaaten fordern Satzungsänderungen, die von Frankreich strikt abgelehnt werden. Argentinien erklärt daraufhin den Austritt. Es wird ausdrücklich bemängelt, daß der Völkerbund in der jetzigen Gestalt ein Werk der Sieger sei. In Genf wird über mehrere Aufnahmeanträge entschieden. Österreich, Bulgarien und Albanien etwa werden zugelassen. Der Völkerbund installiert eine Reihe von Kommissionen und verhandelt über die Einrichtung eines Internationalen Ständigen Gerichtshofes.

Riesentrust im Besitz von Hugo Stinnes

7. November. Der Siemens-Schuckert-Konzern schließt sich an die vor wenigen Wochen erst unter Führung von Hugo Stinnes begründete Rhein-Elbe-Union an. Damit entsteht eine in der Welt einzigartige Konstruktion. In dem Riesentrust sind die Kohlen- und Eisenwerke von Deutsch-Luxemburg, Gelsenkirchen und des Bochumer Vereins mit den Elektrointeressen von Siemens-Schuckert zusammengeschweißt. Hugo Stinnes hält allein hier 47 Firmen und Geschäftshäuser in Abhängigkeit. Stinnes nutzt die Nachkriegszeit zur Ausdehnung. Er besitzt einen gigantischen Privatkonzern, die Hugo Stinnes GmbH, die 60 Unternehmen kontrolliert.

---

1. In Königsberg wird Max Brods Drama »Die Fälscher« uraufgeführt.

4.–7. KPD und der linke Flügel der USPD schließen sich zusammen.

5. Griechische Volksabstimmung gibt Mehrheit für Rückberufung König Konstantins.

9. Deutsche Regierung erklärt in einer Note, daß ihr die fristgemäße Auflösung der Einwohnerwehren und Ablieferung der Waffen angesichts der innenpolitischen Lage unmöglich sei.

10. Nobelpreis für Literatur an Knut Hamsun. →

12. Maurice Ravels »La Valse« (»poème choréographique«) uraufgeführt.

13. Der Völkerbund beschließt die Errichtung eines Internationalen Gerichtshofs.

14. Uraufführung des Films »Anna Boleyn« mit Henny Porten und Emil Jannings.

17. Die NSDAP erwirbt mit Hilfe von Reichswehrgeldern den »Völkischen Beobachter« und den Eher-Verlag.

23. Ein englisch-französisches Abkommen legt Grenzen zwischen dem französischen Gebiet von Syrien und dem englischen von Palästina fest.

23. Skandal um die Uraufführung von Schnitzlers Dialogszenen »Reigen«. →

23. Rosa Valetti eröffnet in Berlin das Kabarett »Größenwahn«.

23. Gesetz zur Selbstverwaltung Irlands vom König unterzeichnet. →

31. Frankreich moniert in einer Note Deutschlands Nichterfüllung der Verpflichtungen, vor allem bei Entwaffnung und Auflösung der Einwohnerwehren.

GEBOREN:

14. Rosemary Sutcliff, englische Schriftstellerin.

18. Rita Streich, deutsche Koloratursopranistin.

GESTORBEN:

12. Olive Schreiner (* 24. 3. 1855), südafrikanische Schriftstellerin, Vorkämpferin für Gleichberechtigung der Rassen.

26. Karl Legien (* 1. 12. 1861), deutscher Gewerkschaftsführer.

Nobelpreis für Wilson

10. Dezember. Der norwegische Dichter Knut Hamsun wird mit dem Nobelpreis für Literatur geehrt. Er gilt als der größte Romancier seines Landes und stellt vor allem den einfachen Menschen seiner Heimat dar (»Hunger«, 1890, »Segen der Erde«, 1907). Der Preis für Physik geht an den Direktor des internationalen Büros für Maße und Gewichte in Sèvres, Charles E. Guillaume, »als Anerkennung des Verdienstes, das er sich durch die Entdeckung der Anomalien bei Nickelstahllegierungen und die Präzisionsmessungen in der Physik erworben hat«. Für Forschungen über den Gaswechsel bei der Atmung und über die Physiologie der Kapillaren wird August Krogh (Kopenhagen) der Nobelpreis für Physiologie/Medizin verliehen. (Preisträger des Chemienobelpreises 1920 ist der Deutsche Walter H. Nernst, ein Begründer der physikalischen Chemie. Der Preis wird erst 1921 verliehen. Nernst wird für seine thermochemischen Arbeiten ausgezeichnet.) Am gleichen Tag erhält der Präsident des französischen Senats und des Völkerbundsrates, Léon V. A. Bourgeois, den Friedensnobelpreis in Oslo. Friedensnobelpreisträger für 1919 wird der amerikanische Präsident Woodrow Wilson.

Skandal um Schnitzlers »Reigen«

23. Dezember. Im Kleinen Schauspielhaus Berlin wird »Der Reigen« von Arthur Schnitzler uraufgeführt. Das Stück ist schon 1900 geschrieben, aber noch nicht aufgeführt worden, weil es damals heftige Proteste gegen dessen »Unsittlichkeit« gegeben hat. Es besteht aus einer Szenenreihe, die das amouröse Leben mit ständigem Partnertausch darstellt als gleichzeitiger Querschnitt durch die verschiedenen sozialen Milieus. Das Berliner Landgericht III erläßt vor der Premiere ein Aufführungsverbot. Trotz Androhung einer sechswöchigen Haftstrafe läßt die Theaterdirektion das Stück dennoch über die Bühne gehen. Die dezente Regie macht voreilige Einwände zunichte. In den ersten Januartagen wird die Inszenierung dann offiziell freigegeben (→ November 1921).

Arthur Schnitzler.

Oberhaus billigt Irland-Gesetz: Teilung in zwei autonome Gebiete

14. Dezember. Das Oberhaus in London nimmt die »Government of Ireland Act« an, die von der Regierung schon im Frühjahr eingebracht worden ist. Darin wird Irland in zwei autonome Gebiete mit eigenem Parlament und eigener Verwaltung aufgeteilt. Das nordirische Parlament soll gesetzgeberisch für die sechs Grafschaften Entrim, Armagh, Down, Fermanagh, Londonderry und Tyrone sprechen, in denen die protestantische Bevölkerung überwiegt. Für Südirland soll ein Parlament in Dublin, für alle gemeinsamen Angelegenheiten ein Council of Ireland arbeiten. Die Iren sollen im übrigen weiterhin in Westminster repräsentiert werden. Die Regelung wird von vornherein von Südirland abgelehnt. König George V. unterzeichnet am 23. Dezember das Gesetz. Die schweren Unruhen in Südirland halten an.

1921

JANUAR

Mo	Di	Mi	Do	Fr	Sa	So
					1	2
3	4	5	6	7	8	9
10	11	12	13	14	15	16
17	18	19	20	21	22	23
24	25	26	27	28	29	30
31						

2. Der spanische Dampfer »Santa Isabel« sinkt vor Villa Garcia, 244 Menschen kommen ums Leben.

5. Streik der deutschen Eisenbahner um Lohnerhöhung.

6. Arbeitslosendemonstrationen in Sachsen um Verdopplung des Unterstützungssatzes.

6. In Berlin sind von 485000 Kindern 29000 tuberkulös, 77000 krank und stark unterernährt, 120000 allgemein unterernährt. Die Säuglingssterblichkeit ist doppelt so hoch wie vor dem Krieg.

8. Gründung der Akademie für Arbeit in Frankfurt. →

10. Erste Urteile gegen Kriegsverbrecher beim Reichsgericht.

14. England hat 927000 Arbeitslose (Dezember 1920: 748000).

15. Gründung einer »Preußischen Königspartei« zur Verbreitung des monarchischen Gedankens.

15. Italienische Sozialdemokraten trennen sich beim Kongreß in Livorno von Kommunisten.

16. Regierungswechsel in Frankreich: Kabinett Briand löst Regierung Legyes ab. Briand zum fünftenmal Ministerpräsident.

18. Straßenkämpfe in Dublin und Cork als Ausdruck der herrschenden bürgerkriegsähnlichen Zustände in Irland.

23. Sturmflut richtet auf Sylt Millionenschäden an.

23. Verluste der SPD bei Landtagswahlen in Lippe-Detmold.

24. Pariser Konferenz der Alliierten eröffnet. →

31. Arbeitslosenzahl in Deutschland auf 357000 gestiegen.

GEBOREN:

5. Friedrich Dürrenmatt, Schweizer Schriftsteller.

19. Patricia Highsmith, amerikanische Kriminalautorin.

20. Bernt Engelmann, deutscher Schriftsteller.

31. Mario Lanza († 7. 10. 1959), amerikanischer Operntenor.

GESTORBEN:

2. Theobald von Bethmann Hollweg (* 29. 11. 1856), deutscher Politiker, ehemaliger Reichskanzler. →

18. Adolf von Hildebrand (* 6. 10. 1847), deutscher Bildhauer.

Das Reich soll zahlen

24. Januar. Die Frage der endgültigen Höhe der Reparationszahlungen ist als unerledigtes außenpolitisches Problem in das Jahr 1921 übernommen worden. Auf einer Konferenz in Paris legen die Alliierten jetzt die Gesamtsumme, die Deutschland zahlen soll, auf 226 Milliarden in 42 Jahresraten fest. Deutsche Vertreter sind nicht anwesend, als diese astronomische Summe ausgehandelt wird. Als Strafbestimmung bei Nichtzahlung wird erneut die Besetzung des Ruhrgebietes festgelegt, die Beschlagnahmung der deutschen Zölle und Aufschub der Räumungsfristen für das Rheinland.

In Deutschland löst die Nachricht von diesem »Milliardenwahn«, wie es heißt, einen Sturm der Entrüstung aus. Beim Stand des derzeitigen Währungsverfalls erhöht sich die Summe auf die nahezu unvorstellbare Zahl von 3000 Milliarden Papiermark. In 100-Mark-Scheinen aufgelegt, so wird vorgerechnet, könnte man mit der Scheinmenge 200mal die Erde umspannen. In England und Frankreich wird bei den Debatten um Reparationen mit den ökonomisch-politisch widersinnigen Formeln »Le Boche payer tous« (Der Deutsche wird alles bezahlen) und »Make them pay« (Laß sie nur zahlen) hantiert. Das heißt, mit der politischen und wirtschaftlichen Illusion, daß die tiefe Verschuldung, in die beide Länder gegenüber den USA geraten sind und der finanzielle Ruin, der auch hier der Bevölkerung durch den Krieg zugemutet worden ist, auf einfachstem Wege ausgeglichen werden könnte. Die Einsicht, daß es um ein europäisches Problem geht, wird – auch aus innenpolitischen Gründen – nicht artikuliert.

Erster »Querschnitt«

Der Düsseldorfer Galerist Alfred Flechtheim gründet die Zeitschrift »Querschnitt« als Nachfolgerin der ursprünglich hausinternen Mitteilungen seiner Galerie. Das Kulturmagazin ist mit einer weltoffenen, anspruchsvollen bis snobistischen Haltung Ausdruck des Lebensgefühls einer neuen geistigen Elite. Die deutsche Presse blüht auf. 1918 hat es im Reich etwa 1850 Tageszeitungen gegeben, jetzt sind es 3500, die öfter als wöchentlich erscheinen. Allein in Groß-Berlin gibt es 100 Zeitungen, jeweils mit mehreren Ausgaben pro Tag.

Notgeld ist ein verbreitetes Zahlungsmittel der Nachkriegsjahre. Städte und Gemeinden, die Notgeld herausgeben, nutzen das Papier nicht selten für politische Parolen, wie hier die Gemeinde Westerland auf Sylt.

Kriegskanzler Bethmann Hollweg gestorben

Theobald von Bethmann Hollweg †.

2. Januar. In Hohenfinow stirbt der fünfte Kanzler des Kaiserreichs, Theobald von Bethmann Hollweg. Er hatte 1909 ohne Illusionen über die schwierige innen- und außenpolitische Lage des Reiches sein Amt angetreten. Seine Versuche, diese Lage zu bessern, sind auf Unverständnis und Widerstand der konservativen Kreise gestoßen. So sind etwa seine geplante Reform des Dreiklassenwahlrechts ebenso zum Scheitern gebracht worden wie die Versuche, durch Wiederversöhnung mit England die Fesseln zu sprengen, die sich das Reich selbst angelegt hatte.

Akademie der Arbeit entsteht in Frankfurt

8. Januar. In Frankfurt wird in enger Angliederung an die Universität die Akademie der Arbeit gegründet. Sie wird als erste deutsche Hochschule »für das Volk der Arbeit« von den Spitzenorganisationen der Arbeiter, Angestellten und Beamten getragen.

Ihr Ziel ist die Weiterbildung von Arbeitern, Angestellten und Beamten für die Aufgaben im Betriebsleben und in der Verwaltung der modernen Gesellschaft. Die einzelnen Lehrgänge dauern ein Jahr und sind neben der Berufstätigkeit abzuleisten. Das Ziel der Akademie ist auch die Erziehung zu demokratischem Verhalten.

FEBRUAR

Mo	Di	Mi	Do	Fr	Sa	So
	1	2	3	4	5	6
7	8	9	10	11	12	13
14	15	16	17	18	19	20
21	22	23	24	25	26	27
28						

2. Kundgebungen im ganzen Reich gegen Reparationsbeschluß der Pariser Konferenz vom Januar.

2. Oskar Kokoschkas Drama »Orpheus und Euridike« wird in Frankfurt uraufgeführt.

4. Bayern lehnt angeordnete Auflösung der Einwohnerwehren ab. Beginn des Konfliktes Bayern – Reich.

6. Premiere des Chaplin-Filmes »The Kid« in den USA. →

9. Premiere des »Hamlet«-Films mit Asta Nielsen. →

12. Über 100 russische Industriebetriebe stellen wegen Materialmangels Betrieb ein.

15. Verurteilung des Erfolgsschriftstellers Georg Kaiser. →

16. In Wien sprengen 500 junge Leute die Aufführung von Schnitzlers »Reigen« und verprügeln die Zuschauer.

18. Die Vereinigten Staaten ziehen Vertreter aus Reparationskommission zurück.

19. Polnisch-französische Abkommen als Teil einer kleinen Entente (→ Juni).

20. Landtagswahlen in Preußen bringen Verluste für die regierende Koalition aus SPD, DDP, Zentrum; Gewinne für DNVP und DVP. In Hamburg und Bremen ähnliche Wahlergebnisse.

20. Belgien und Luxemburg schließen sich für 50 Jahre zur Zollunion zusammen.

25. Georgien wird Sowjetrepublik nach gewaltsamer sowjetischer Intervention.

28. In Kronstadt beginnen schwere Aufstände der Matrosen gegen die bolschewistische Parteiführung. In Petrograd sind am 24. Februar schon Arbeiterunruhen ausgebrochen.

GEBOREN:

2. Lisa della Casa, Schweizer Sopranistin.

GESTORBEN:

3. Carl Hauptmann (* 11. 5. 1858), deutscher Dichter. →

8. Fürst Pjotr Alexejewitsch Kropotkin (* 9. 12. 1842), russischer Anarchist. →

8. Francesco d'Andrade (* 11. 1. 1859), portugiesischer Bariton. →

Bürgerkrieg in Irland

Ganze Stadtviertel fallen bei den Kämpfen in Dublin in Trümmer.

15. Februar. Der Führer der irischen Unabhängigkeitsbewegung, Eamon de Valera, beschwert sich beim englischen Parlament über das Verhalten der englischen Truppen in Irland. Er beschuldigt sie schwerer Verbrechen wie Gefangenenfolter, Mord an Kindern und Vergewaltigungen. Am 18. Februar ist Dublin von englischen Truppen besetzt. Daß in Irland Mord und Totschlag herrschen, wird von den Nachbarländern kaum zur Kenntnis genommen.

Eine Frau als Hamlet

9. Februar. Shakespeares »Hamlet« hat als Verfilmung Premiere. Die Regisseure Sven Gade und Hein Schell haben die Hauptrolle der berühmten Tragödin Asta Nielsen übertragen. Die Idee, aus Hamlet eine Frau zu machen, findet beim Publikum wenig Anklang. Wohl aber die Aufmachung, in der Asta Nielsen ihre Rolle spielt. Sie trägt ihr Haar pagenartig geschnitten: der erste »Bubikopf« in Deutschland.

Die selbstbewußten jungen Frauen beginnen sich für Sport zu interessieren. Auch Boxerin und Florettfechterin tragen die praktische Bubikopffrisur.

General Resa Khan stürzt Regierung Serdar i-Mansur

21. Februar. Der persische General Mohammed Resa Khan besetzt mit wenigen tausend Kosaken Teheran und stürzt die Regierung Serdar i-Mansur durch einen Staatsstreich. Der Schah erklärt sich mit der Einführung einer Militärdiktatur im Lande einverstanden. Zum Ministerpräsidenten wird Ende des Monats Sayes Zia ud Din ernannt. Zahlreiche führende Politiker werden verhaftet. Resa Khan ist Vorkämpfer der iranischen nationalen Bewegung, deren Ziel die außenpolitische Unabhängigkeit und Befreiung von fremden Einflüssen ist. Von der Bedrohung der Überwältigung seines Nordens durch Rußland ist Persien durch den Ausgang des Weltkriegs befreit. Am 26. Februar verpflichtet sich Sowjetrußland vertraglich, auf alle Rechte in Persien zu verzichten und erkennt außerdem ausdrücklich die persisch-russische Grenze von 1881 an.

Georg Kaiser zu Haft verurteilt

15. Februar. Der bekannte expressionistische Dramatiker Georg Kaiser wird wegen Eigentumsdelikten zu zwölf Monaten Haft verurteilt. Er hat zusammen mit seiner Frau aus fremden gemieteten Wohnungen Mobiliar, Teppiche, Gemälde und ihnen anvertraute Wertgegenstände verkauft. Der Fall hat in der Öffentlichkeit im November 1920, als das Ehepaar Kaiser verhaftet worden ist, Schlagzeilen gemacht. Kaiser, ein produktiver Künstler, ist meistgespielter Bühnenautor seiner Zeit. Seit 1917 sind allein in München fünf seiner Dramen uraufgeführt worden.

Kaisers typische expressionistische Werke verbinden Sozialkritik mit menschheitlichen Anliegen und schildern die Mechanisierung und Technisierung des Lebens, die Entpersönlichung des Menschen durch Kapital und Industrie und setzen sich für die Erneuerung des freien, natürlichen und friedsuchenden Menschen ein. Sein exaltiertes Verhalten im Privatleben tut seinem Bühnenruhm keinen Abbruch.

Neue Tänze aus USA

Der Jazz erobert Europa: Eine amerikanische Band mit der Sängerin Mae Murray.

Jazz und »Jimmy« halten die deutsche Unterhaltungswelt in Atem. Der neueste Modetanz, der eigentlich »Shimmey« heißt, kommt aus den USA. Er fasziniert als fremdartig und frech. Beim Jimmy werden nicht nur die Beine, sondern der ganze Körper nach Jazzmusik in wirbelnde und schüttelnde Bewegung gebracht. Die »Berliner Illustrirte« informiert am 27. Februar ihre Leser über den ungewohnten Freiübungsstil: eigentlich handele

es sich um einen pausenlos schnell getanzten One-step, die Füße »zukken über den Boden, schlagen hin und her schlenkernd zusammen. Als Tanz ist ›Jimmy‹ kaum zu bezeichnen, sein Rhythmus ist Fieberdelirium.« Auf breiterer Ebene werden die deutschen Musikfans jetzt auch über Jazz informiert. In diesem Jahr spielt die deutsche Jazzband »Original Piccadilly Four« in Berlin eine Schallplatte »Shimmy here« ein.

Haupttheoretiker des Anarchismus stirbt in Moskau

8. Februar. Der russische Revolutionär Pjotr Alexejewitsch Fürst Kropotkin stirbt in Moskau. Er ist der Haupttheoretiker des Anarchokommunismus und zielt mit Vorstellungen von einer völlig staatsfreien und durch totale Gütergemeinschaft bestimmten Gesellschaftsordnung auf die tätige wechselseitige Hilfe freier Individuen und Gruppen. Kropotkin war ursprünglich Kosakenoffizier und hat ausgedehnte geographische Forschungsreisen unternommen. Als Anarchist ist er 1874 in Rußland verhaftet worden und hat von seiner Flucht bis zur Rückkehr in die Heimat 1917 in Westeuropa gelebt. Hier sind auch seine wichtigsten Schriften entstanden.

6. Februar. Charlie Chaplins erster abendfüllender Film »The Kid« mit Chaplin und Jackie Coogan hat in den Vereinigten Staaten Premiere.

Schriftsteller Carl Hauptmann stirbt 63jährig

3. Februar. Der Schriftsteller Carl Hauptmann, älterer Bruder von Gerhart Hauptmann, stirbt 63jährig in Schreiberhau. Er stand mit seinen letzten Werken dem Expressionismus nahe und hat Erzählwerke von großer psychologischer Durchdringungskraft geschrieben. Der schlesischen Heimat verbunden, hat Hauptmann seine Laufbahn als freier Schriftsteller mit naturalistischen Dramen aus dem dortigen Bauernmilieu in schlesischer Mundart begonnen.

Als Dramatiker ist er weniger erfolgreich denn als Erzähler gewesen. Bekannt wurden Hauptmanns Erzählungen »Sonnenwanderer«, »Rübezahlbuch«, die Schauspiele »Ephraims Breite«, »Die Bergschmiede«, »Die armseligen Besenbinder« und die Romane »Einhart der Lächler« und »Ismael Friedmann«.

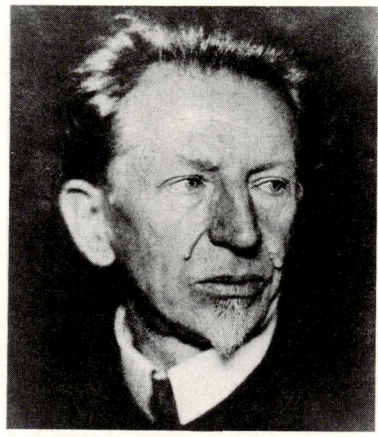

Carl Hauptmann †.

Portugiesischer Tenor d'Andrade †

8. Februar. Der portugiesische Sänger Francesco d'Andrade stirbt im Alter von 62 Jahren in Berlin. Er gehörte als Bariton zu den gefeiertsten Gesangskünstlern der Welt. Sein erster großer Auftritt ist in »Aida« gewesen. In Berlin hat er Triumphe als Don Giovanni gefeiert und ist in dieser Rolle mehrmals von Max Slevogt gemalt worden. Zu seinen Glanzrollen haben daneben Figaro und Rigoletto gehört.

1921
MÄRZ

Mo	Di	Mi	Do	Fr	Sa	So
	1	2	3	4	5	6
7	8	9	10	11	12	13
14	15	16	17	18	19	20
21	22	23	24	25	26	27
28	29	30	31			

1. Deutschland lehnt auf Londoner Konferenz alliierte Reparationsbeschlüsse ab. →

7. Erste landwirtschaftliche Woche in Dresden eröffnet: Derzeit müssen 52 Prozent der Deutschen durch Import ernährt werden, 1913 konnte die Landwirtschaft 83 Prozent ernähren.

8. Düsseldorf, Duisburg und Ruhrort durch Alliierte besetzt. →

8. Der X. Parteitag der russischen KP beschließt »Neue ökonomische Politik«. →

13. SPD stärkste Fraktion nach Landtagswahlen in Mecklenburg-Schwerin.

16. Englisch-sowjetischer Handelsvertrag unterzeichnet.

17. Matrosenaufstand in Kronstadt militärisch niedergeschlagen. →

18. Frieden von Riga zwischen Polen und Rußland.

20. In Oberschlesien stimmt Mehrheit für Zugehörigkeit zum Deutschen Reich. →

20. Schwere kommunistische Aufstände in Mitteldeutschland. →

22. Uraufführung »Louis Ferdinand, Prinz von Preußen« von Fritz von Unruh in Darmstadt.

24. Erste Frauenolympiade in Monte Carlo. →

26. Charles Paddock (USA) läuft in Berkeley Weltrekordzeit mit 20,8 s über 200 m.

28. Deutsche Erfolge bei Autorennen in Brooklands. Louis Graf Zborowski gewinnt auf Mercedes von 1914 und auf »Chitty Bang Bang« (Mercedes-Untergestell mit 305-PS-Flugzeugmotor von Maybach).

30. Universitäten Oxford und Cambridge tragen zum 100. Mal Achterrudernnen auf der Themse aus.

GEBOREN:

12. Giovanni Agnelli, italienischer Autoindustrieller.

20. Rudolf Noelte, deutscher Regisseur.

GESTORBEN:

8. Eduardo Dato (* 12. 8. 1856), spanischer Politiker.

16. Ercole Morselli (* 19. 2. 1882), italienischer Dramatiker und Erzähler.

Abstimmung in Oberschlesien ohne Klarheit

20. März. In Oberschlesien findet die im ganzen Reich mit Spannung erwartete Volksabstimmung statt, die darüber entscheiden soll, ob das wichtige Industriegebiet an Polen geht oder beim Reich bleiben wird. Seit Februar des Vorjahres ist das Gebiet einer alliierten Kommission unterstellt, deren Leiter, ein französischer General, offen mit den Polen sympathisiert. Blutige Auseinandersetzungen zwischen deutschen und polnisch gesinnten Einwohnern reißen nicht mehr ab. Ein Strom von Flüchtlingen hat deshalb schon Oberschlesien verlassen – in der Furcht, daß das Gebiet doch an Polen fallen wird. In Kundgebungen werden im Reich alle Abstimmungsberechtigten aufgefordert, in Oberschlesien ihre Stimme abzugeben. Zahlreiche Sonderzüge werden eingesetzt. Entgegen allen Einschüchterungsversuchen stimmen 59,6 Prozent der Einwohner für Deutschland, 40,4 Prozent für Polen bei einer Wahlbeteiligung von 98 Prozent. Das Abstimmungsergebnis wird in Deutschland euphorisch gefeiert, obgleich es nicht unproblematisch ist. Denn 597 Gemeinden haben eine polnische Mehrheit, 664 – darunter mit einer Ausnahme alle Städte – eine deutsche. Die meisten Städte im Industriegebiet liegen in Bezirken, deren Bewohner mehrheitlich für Polen optiert haben.

Vor der Abstimmung in Oberschlesien: Schüler der höheren Lehranstalten kleben in den Straßen von Berlin Plakate an die Hauswände, auf denen die hier ansässigen Oberschlesier zur Teilnahme an der Wahl aufgerufen werden.

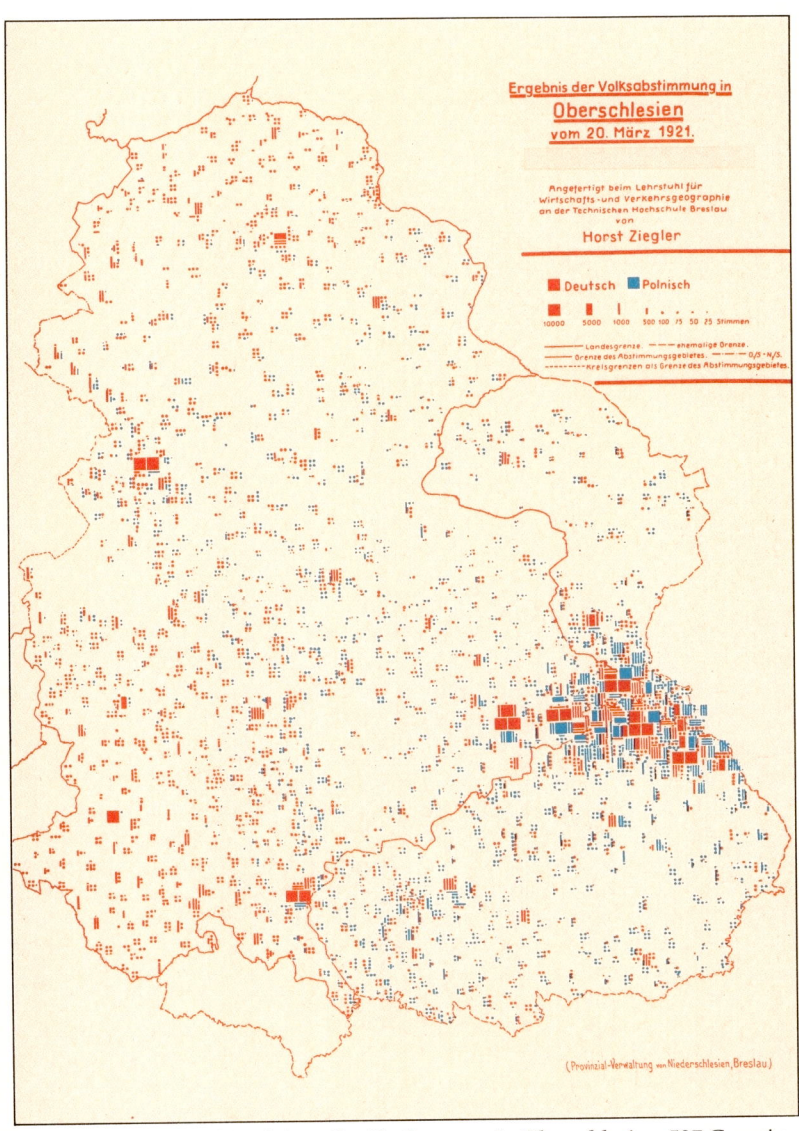

Kein deutliches Ergebnis bringt die Abstimmung in Oberschlesien. 597 Gemeinden haben eine polnische Mehrheit, während sich in 664 Gemeinden eine Mehrheit für die Zugehörigkeit zum Reich ergeben hat.

Stimmberechtigte werden mit geschmückten Autos von der Bahn abgeholt.

Am Wahltag patrouilliert die Abstimmungspolizei in den Straßen.

Nach der Niederwerfung des Aufstands werden Plünderer abgeführt.

Unruhen in Sachsen

20. März. Schwerbewaffnete Polizei besetzt am 19. März das Industriegebiet von Mansfeld und Merseburg. Die Regierung will damit einem angeblich dort vorbereiteten kommunistischen Putsch zuvorkommen, mit dem die deutsche Revolution ausgelöst werden soll. Diesen Polizeieinsatz werten die Kommunisten der betroffenen Gebiete jedoch als auslösendes Signal. Am 20. März wird der Generalstreik ausgerufen, der im übrigen Deutschland allerdings kaum Beachtung findet. Schwere Straßenkämpfe flammen auf, Plünderungszüge und Gewalttaten Aufständischer unter Leitung des wieder aktiven Max Hölz gleiten der kommunistischen Parteileitung aus der

Hand. Am 24. März besetzen 22 000 bewaffnete Männer der Belegschaft die Leunawerke. In Eisleben wird die Räterepublik ausgerufen. Über die Provinz Sachsen wird der Ausnahmezustand verhängt. In Hamburg greifen unter Führung von Ernst Thälmann kommunistische Werftarbeiter bei Blohm & Voss zu den Waffen. Am Ende des Monats gewinnt die Polizei, verstärkt durch die Reichswehr, die Oberhand. In Mitteldeutschland hat der Aufstand 145 Tote gekostet, mehrere tausend Arbeiter sind verhaftet. Der revolutionäre Elan hat nicht, wie erhofft, auf die Arbeiterschaft übergegriffen. Die Kalkulation mit der Schwäche der Republik ist nicht aufgegangen.

Matrosenaufstand niedergeschlagen

17. März. Bolschewistische Truppen stürmen Kronstadt und beenden mit brutalem Einsatz den dortigen Aufstand der Matrosen. Seit Februar finden Volksaufstände gegen den leninistischen Zentralismus und die Bevormundung des gesamten öffentlichen Lebens durch die bolschewistische Parteiführung statt. Es werden freie Wahlen gefordert. Der Protest wird von der Regierung als »Konterrevolution« deklariert und niedergeschlagen. Trotzki und Tuchatschewski leiten den Militäreinsatz gegen die Matrosen, die 1917 noch Revolutionshelden gewesen sind.

Lenins neue Wirtschaftspolitik

8. März. Die ökonomische Situation in der Sowjetrepublik hat sich katastrophal verschlechtert. Weil die gesamte Ernte der Bauern bisher beschlagnahmt wird, ausgenommen ein Minimum für Saat und Lebensunterhalt, haben die Landwirte die Bodenbestellung stark eingeschränkt. Die Industrieproduktion in den Fabriken ist auf 10 bis 15 Prozent der Friedenszeit herabgesunken. Auf dem X. Parteikongreß vom 8.–16. März verkündet Lenin die »Neue Ökonomische Politik« (NEP), die eine teilweise Rückkehr zu den kapitalistischen Wirtschaftsmethoden bedeutet.

Olympiade der Frauen

24. März. In Monte Carlo gehen kämpferische Sportlerinnen an den Start zur ersten Frauenolympiade der Geschichte. Sie ist ein Protest gegen die starre Haltung der IOC-Führer, die den unübersehbaren Aufschwung des Frauensports beharrlich nicht zur Kenntnis nehmen wollen und bei den klassischen Olympischen Spielen Frauenwettkämpfe in der Leichtathletik nicht zulassen. In Monte Carlo wollen Frauen aus Großbritannien, den USA, der Schweiz und Frankreich unter Beweis stellen, daß sie sich durchaus auch durchsetzen können. Die gezeigten Leistungen allerdings bleiben im Vergleich zu den bei den »Männer-Olympiaden« gezeigten Rekorden eher bescheiden.

Es gilt als Sensation der Frauenolympiade, daß hier ein Weg zur Lösung gesellschaftlicher Tabus begangen wird: Bisher war es nahezu unmöglich, daß sich Frauen öffentlich in Sportkleidung zeigten. Deutsche Frauen sind bei den Spielen in Monte Carlo ausgeschlossen. Doch sind sie längst bemerkenswert aktiv in Sachen Sport. In Deutschland werden in diesem Sommer erstmals deutsche Meisterschaften auch für Frauen in verschiedenen Sportarten ausgetragen, Berlin veranstaltet ein erstes Frauensportfest. Seit 1919 bilden immer mehr Sportvereine und -verbände Frauenabteilungen. Am beliebtesten sind bei den Damen der Republik die leichtathletischen Lauf- und Sprungdisziplinen, aber auch Schwimmen, Rudern, Handballspiel und im Winter Schlittschuh- und Skilauf. In vielen Sportarten gibt es besondere Wettkampfregeln für Frauen.

Die Amerikanerin Betty Weaver beim Start zum 100-Meter-Lauf.

Frieden zwischen Polen und Rußland

18. März. In Riga wird endgültig der Frieden zwischen Polen und Sowjetrußland geschlossen. Für Polen hat sich der Krieg im Vorjahr »gelohnt«: Es erhält jetzt eine Ostgrenze, die rund 300 Kilometer östlich der »Curzon«-Linie liegt, allerdings westlich der Grenzen von 1772, die für Marschall Pilsudski das eigentliche Ziel war. Polen gewinnt etwa vier Millionen Einwohner dazu.

Einstein-Theorie in Kurzfassung

Die amerikanische Zeitschrift »Scientific American« verleiht den Einstein-Preis in Höhe von 5000 Dollar an den Beamten des Londoner Patentamtes, L. Boton.

Er hat es geschafft, die Relativitätstheorie von Albert Einstein, wie verlangt, ohne Verwendung von Formeln und Zahlen in einem Aufsatz von weniger als 3000 Worten darzulegen.

Deutschland lehnt Forderungen der Alliierten ab

Der britische Außenminister Lord Curzon (links) in London.

1. März. Auf der Londoner Konferenz der Alliierten lehnt Deutschland die Reparationssumme von 226 Milliarden Goldmark ab, die im Januar in Paris festgelegt worden ist. Es bietet eine Gesamtsumme von 50 Milliarden abzüglich bereits gezahlter Summen an. Die Reparationsgelder will das Reich durch internationale Anleihen aufbringen.

Die Alliierten weisen die deutschen Gegenvorschläge als unzumutbar zurück. Am 7. März werden die Verhandlungen ergebnislos abgebrochen.

Am 8. März bekommt Deutschland die bei Zahlungsverweigerung angedrohten Sanktionen zu spüren: Düsseldorf, Duisburg, Ruhrort und kurz darauf noch Mülheim und Oberhausen werden von belgischen und französischen Truppen besetzt, die dortige Schutzpolizei wird entwaffnet.

Der Oberbefehlshaber der französischen Truppen, General Foch.

1921

APRIL

Mo	Di	Mi	Do	Fr	Sa	So
				1	2	3
4	5	6	7	8	9	10
11	12	13	14	15	16	17
18	19	20	21	22	23	24
25	26	27	28	29	30	

1. Streik der britischen Bergarbeiter um Arbeitszeitverkürzung, Löhne und Nationalisierung der Zechen.

2. Belgische Truppen besetzen Zechen der linken Rheinseite.

7. Sun Yat-sen wird wieder an die Spitze der Gegenregierung im südchinesischen Kanton gewählt. Er verkündet die Unabhängigkeit Südchinas.

11. Erste Rundfunk-Sportübertragung in Amerika: Boxkampf Johnny Ray gegen Johnny Dundee in Pittsburgh.

15. Operette »Der Vetter aus Dingsda« des Erfolgskomponisten Eduard Künneke in Berlin uraufgeführt.

19. Prunkvolle Beerdigung von Auguste Viktoria in Potsdam. →

21. Prozeß gegen George Grosz. →

21. Deutsche Hausfrauenvereine rufen zum Boykott »ausländischer Luxuswaren« auf.

23. Charles Paddock (USA) läuft mit 10,4 s auf 100 m in Redlands Weltrekord.

23. Defensivbündnis Tschechoslowakei – Rumänien als Teil der Kleinen Entente (→ Juni 1921).

23. »Die Umschau« empfiehlt nach amerikanischem Vorbild Einführung des weißen Mittelstrichs als Straßenmarkierung.

24. Bei Volksabstimmung in Tirol entscheiden sich 98,8 Prozent für Anschluß an Deutschland.

27. Reparationskommission modifiziert Forderung: Deutschland soll 132 Milliarden Goldmark bar zahlen, 122 Milliarden durch Anleihen.

28. Letzte Partie der Schachweltmeisterschaft in Havanna. Emanuel Lasker gibt Titel ab. →

30. Das »J-Rad« des Erfinders Jaray mit Hebel- statt Kurbelantrieb wird vorgestellt. Es soll in Stuttgart in Massenproduktion hergestellt werden.

GEBOREN:

16. Peter Ustinov, britischer Dramatiker und Schauspieler.

GESTORBEN:

11. Auguste Viktoria (* 22. 10. 1858), ehemalige deutsche Kaiserin. →

18. August Scherl (* 24. 7. 1849), deutscher Verleger.

Tod der Exkaiserin

11. April. Im Exil in Doorn stirbt Auguste Viktoria, die Frau Wilhelms II. Der Tod der sehr beliebten ehemaligen Landesmutter bewegt die Republik mehr als irgendein aktuelles politisches Problem. Die Berliner Zeitungen erscheinen mit Trauerrand. Zur Beerdigung am 19. April erlebt Potsdam den Ansturm einer großen Menschenmenge. Tausende nächtigen im Park, um dabei zu sein, wenn die letzte Kaiserin zu Grabe getragen wird. Sie beobachten ein monarchisches Zeremoniell: Die kaiserliche Familie, außer dem im Exil lebenden Kaiser Wilhelm II. und dem Kronprinzen, und Mitglieder deutscher Fürstenhäuser von Rang und Namen ziehen vorüber. Sämtliche hohe ehemals kaiserliche Militärs marschieren mit, Paul von Hindenburg wie Alfred von Tirpitz und von Mackensen. Die schmucklose Wirklichkeit der Republik kann eine Feierstunde lang vergessen werden.

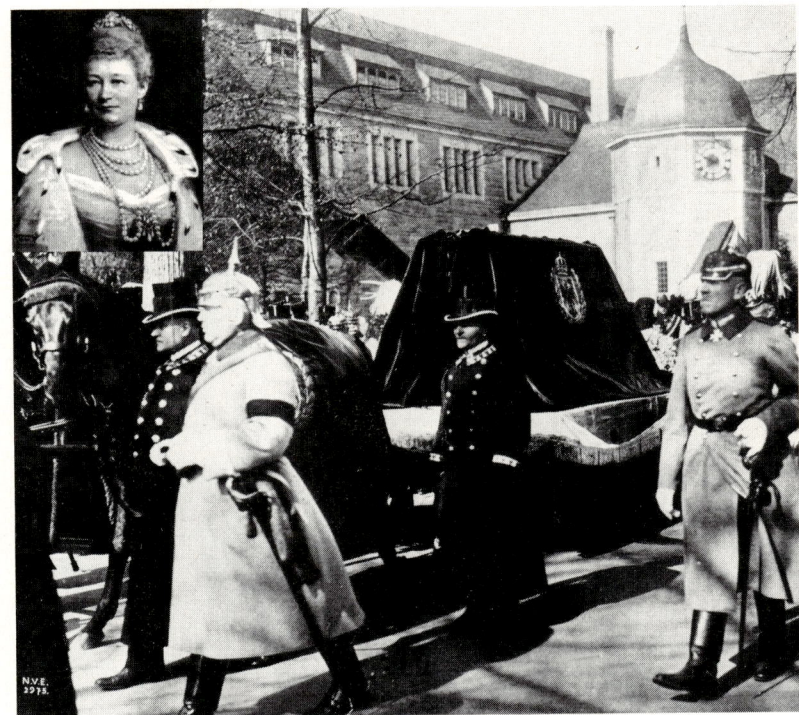

Auguste Viktoria (im Bild oben links) wird in Potsdam zu Grabe getragen.

Capablanca wird Schachweltmeister

28. April. In der internationalen Schachwelt geht eine Ära zu Ende. Der Deutsche Emanuel Lasker, seit 1894 ununterbrochen Schachweltmeister, unterliegt in Havanna dem 32jährigen Kubaner José Raoul Capablanca. Er muß schon nach wenigen Partien chancenlos aufgeben. Der Kubaner gewinnt ohne Niederlage. Der 52jährige Lasker hat in den langen Jahren als bester Schachspieler Ruhm als Meister der psychologischen Spielführung und des starken Endspiels gesammelt. Er ist von Beruf Mathematiker und betreibt philosophische Studien.

George Grosz verurteilt

21. April. Wegen Beleidigung der Reichswehr wird der Künstler George Grosz vom Berliner Landgericht zu einer Geldstrafe von 300 Mark verurteilt. Anlaß ist seine im Oktober 1920 durch Polizei beschlagnahmte Mappe »Gott mit uns«, über die Tucholsky schreibt: »Seine Fratzen der Majore und Sergeanten sind infernalischer Wirklichkeitsspuk.« Grosz hat sich mit schonungslos gesellschaftskritischen Bildern die politische Rechte zum Feind gemacht. Er wird öffentlich bedroht und stellt sich deshalb einen Leibwächter an.

MAI

Mo	Di	Mi	Do	Fr	Sa	So
						1
2	3	4	5	6	7	8
9	10	11	12	13	14	15
16	17	18	19	20	21	22
23	24	25	26	27	28	29
30	31					

2. Dritter polnischer Aufstand unter Wojciech Korfanty. →

2. Erste Pariser Ausstellung von Max Ernsts Collagen.

2. Oper »Der kleine Marat« von Pietro Mascagni in Rom uraufgeführt.

4. Rücktritt des Kabinetts Fehrenbach, nachdem die USA Vermittlung im Reparationskonflikt ablehnen. →

5. Londoner Konferenz stellt Ultimatum an das Reich. →

5. In Dresden endet das 34. Fußballländerspiel gegen Österreich 3 : 3.

5. Militärparade und Feiern zum 100. Todestag Napoleons in Paris.

6. Deutsch-sowjetischer Handelsvertrag unterzeichnet. →

7. Konrad Adenauer, Oberbürgermeister von Köln, wird Präsident des preußischen Staatsrates.

10. In Rom wird Luigi Pirandellos »Sechs Personen suchen einen Autor« uraufgeführt. Das Stück macht den Autor berühmt.

10. Neue Regierung unter Kanzler Wirth in Deutschland. →

18. Der britische Versuch einer Mount-Everest-Besteigung scheitert.

20. Chinesisch-deutscher Friedensvertrag.

22. Schlacht am Annaberg zwischen deutschen Freikorps und polnischen Truppen. →

28. Walther Rathenau, Direktor der AEG, wird Wiederaufbauminister.

29. Graf Giulio Masetti gewinnt sizilisches Autorennen Targa Florio auf Fiat.

29. 99,3 Prozent der Bevölkerung Salzburgs stimmen für Anschluß an Deutschland. →

GEBOREN:

9. Sophie Scholl († 22. 2. 1943), deutsche Widerstandskämpferin.

20. Wolfgang Borchert († 20. 11. 1947), deutscher Schriftsteller.

21. Andrej D. Sacharow, sowjetischer Physiker und Bürgerrechtler, Friedensnobelpreis 1975.

GESTORBEN:

13. Jean Aicard (* 4. 2. 1848), französischer Lyriker und Dramatiker.

Salzburg will Anschluß

Plakat zur Abstimmung in Salzburg.

29. Mai. Auch in Salzburg ergibt die Volksabstimmung, wie schon im Vormonat in Tirol, eine überwältigende Mehrheit für den Anschluß an Deutschland. 99,3 Prozent votieren dafür. Die österreichische Regierung kommt durch diese Anschlußvoten in eine prekäre Lage. Schon im Vormonat haben die Alliierten erklärt, einen Anschluß nie zu dulden. Jetzt drohen sie, die wirtschaftlichen und finanziellen Hilfsprogramme für das Land, das ohne solche Hilfe kaum leben könnte, zu streichen, wenn die Anschlußdebatten nicht beendet würden.

Am 31. Mai beschließt auch die Steiermark, eine Anschlußabstimmung durchzuführen. Bundeskanzler Mayr übernimmt dafür nicht die Verantwortung und tritt einen Tag nach der Ankündigung zurück.

Polnischer Aufstand

Wojciech Korfanty (Mitte vorn) ist Führer des polnischen Aufstands in Oberschlesien. Das Bild zeigt ihn mit Mitkämpfern in Kattowitz.

2. Mai. In Oberschlesien, wo die Volksabstimmung vom März kein wirklich eindeutiges Ergebnis zugunsten Deutschlands oder Polens ergeben hat, bricht ein polnischer Aufstand aus. Er ist initiiert durch den Rechtsanwalt und Publizisten Wojciech Korfanty, der damit zum drittenmal versucht, mit Waffengewalt vollendete Tatsachen zugunsten Polens zu schaffen.

Im August 1919 und August 1920 sind ähnliche Aktionen Korfantys schnell niedergeschlagen worden. Diesmal haben polnische Freischärler schnelle Erfolge. Nach wenigen Tagen haben sie das Gebiet westlich bis zur Oder in ihrer Gewalt. Da Deutschland in Oberschlesien nicht eingreifen darf, bilden sich Selbstschutzorganisationen und Bürgerwehren. Diese führen nach harten Kämpfen die Entscheidung am Annaberg südöstlich von Oppeln herbei. Nach zwei weiteren Niederlagen bittet Korfanty den französischen General Le Rond um Vermittlung.

Kabinett Wirth stimmt alliiertem Ultimatum zu

5. Mai. Die Alliierten, die erneut in London tagen, stellen Deutschland ein Ultimatum. Falls nicht innerhalb von vier Tagen die Reparationsbedingungen angenommen würden, werde das gesamte Ruhrgebiet besetzt (→ April 1921). Eine weitere Forderung des Ultimatums betrifft die schnelle Entwaffnung Deutschlands bis zum äußersten und die unverzügliche Aburteilung der »Kriegsverbrecher«.

Kanzler Konstantin Fehrenbach, der seine Politik durch die Ablehnung der USA, als Vermittler im Reparationskonflikt einzugreifen, gescheitert sieht, ist am 4. Mai mit dem gesamten Kabinett zurückgetreten. Die Furcht, daß eine Ablehnung des Londoner Ultimatums auch den Verlust Oberschlesiens zur Folge haben könnte, leitet die »Erfüllungspolitik« ein. Zentrumspolitiker Josef Wirth erklärt sich bereit, die politische Bürde zu tragen und bildet zusammen mit SPD und DDP am 10. Mai ein Kabinett der Weimarer Koalition. Am 11. Mai wird nach Abstimmung im Reichstag das Ultimatum angenommen.

Handelsvertrag zwischen Reich und Sowjetunion

6. Mai. Deutschland und die Sowjetrepublik schließen ein Handelsabkommen und vereinbaren den Austausch offizieller Vertreter zwischen beiden Ländern.

Damit wird die Sowjetunion vom Deutschen Reich offiziell anerkannt. Hintergrund der Kontaktaufnahme, die schon im November des Vorjahres begonnen hat, ist das Bestreben Deutschlands, den Stahlexport anzukurbeln.

Auch militärische Interessen spielen für die deutschen Politiker eine Rolle. Im Laufe der Gespräche ist eine Vereinbarung über die Herstellung von Waffen für Deutschland in Rußland erzielt worden. Dem Reich ist nach dem Friedensvertrag von Versailles die Herstellung eigener Waffen verboten.

1921

JUNI

Mo	Di	Mi	Do	Fr	Sa	So
		1	2	3	4	5
6	7	8	9	10	11	12
13	14	15	16	17	18	19
20	21	22	23	24	25	26
27	28	29	30			

1. Deutschland muß täglich 110 Millionen Mark an Reparationen zahlen.

2. Der indische Philosoph Rabindranath Tagore liest in Berlin. →

4. Uraufführung der Hindemith-Oper »Mörder, Hoffnung der Frauen« (Text: Oskar Kokoschka) in Stuttgart.

4. Deutschland leidet unter einer Hitzewelle. Berlin erlebt mit 34,4 °C höchste Temperatur seit Jahrzehnten.

5. Deutschland verliert in Budapest das 35. Fußballländerspiel gegen Ungarn 0 : 3.

5. Militärisch-politisches Abkommen zwischen Rumänien und Jugoslawien ergänzt Bündnissystem der Kleinen Entente (Tschechoslowakei – Jugoslawien – Rumänien; Polen – Frankreich; Polen – Rumänien).

8. Zum erstenmal und auf Anhieb gelingt bei der Funkübertragung aus der Staatsoper Berlin.

11. Uraufführung der Oper »König David« von Arthur Honegger in Mézières.

12. Der 1. FC Nürnberg verteidigt Fußballmeisterschaft mit 5 : 0 gegen Vorwärts Berlin in Düsseldorf vor 27 000 Zuschauern.

20. Bei Schlagwetterexplosion in der Zeche Mont Cenis bei Herne sterben 84 Bergleute.

21. Johann Schober, Polizeipräsident von Wien, bildet neue Regierung Österreichs.

22. Der Finne Paavo Nurmi läuft mit 30:40,2 Minuten neuen Weltrekord über 10 000 m in Stockholm.

25. Friedrich Bergius berichtet dem Chemikerkongreß Stuttgart über Erfolge bei der »Kohleverflüssigung«: Aus einer ca. 5 Prozent Asche enthaltenden Kohle kann bis zu 85 Prozent Öl gewonnen werden.

27. Einwohnerwehren im Reich aufgelöst. Beteiligung ab sofort strafbar.

28. Neue Verfassung Jugoslawiens schafft zentralistischen Einheitsstaat.

GEBOREN:

10. Philip (Mountbatten), Herzog von Edinburgh, Prinz von Großbritannien.

21. Helmut Heißenbüttel, deutscher Schriftsteller.

Vortrag des Dichters Tagore in Berlin

Rabindranath Tagore.

2. Juni. Der indische Dichter, Philosoph und Musiker Rabindranath Tagore hält an der Berliner Universität vor überfülltem Auditorium eine Lesung und erntet – wie seit Wochen in Deutschland – enthusiastischen Beifall. Der Inder, der auch mit seiner äußeren Erscheinung Bewunderung hervorruft, hat 1913 den Literaturnobelpreis erhalten und ist seit einem Jahr auf Weltreise, um seine Lehre der wahren Kultur und Humanität zu verkünden. Er predigt die universale Bruderliebe, die Erneuerung des Menschen aus dem Geist und warnt vor dem Streit der Nationalitäten. Im Nachkriegsdeutschland ist man für seine Botschaften besonders empfänglich. Man sieht in ihm den Propheten eines neuen Heils. Die Frage, ob die als ungeistig und durch Technik und materielle Werte korrumpiert empfundene abendländische Kultur durch den Geist Asiens neu belebt werden könnte, wird heiß diskutiert. Es breitet sich eine Art fernöstlichen Fiebers aus. Tagore lesen wird Mode. Sein Buch »Sadhana« ist innerhalb eines Jahres 70 000mal verkauft worden. Tagore besucht in diesem Monat in Darmstadt den Philosophen Hermann Graf Keyserling, der in seiner im November 1920 gegründeten »Schule der Weisheit« ähnliche Intentionen vertritt. Keyserling veranstaltet für den großen Inder vom 9. bis 14. 6. eine »Tagore-Woche«. Er selbst erlangt dadurch ein erhebliches Maß an Publicity.

1921

JULI

Mo	Di	Mi	Do	Fr	Sa	So
				1	2	3
4	5	6	7	8	9	10
11	12	13	14	15	16	17
18	19	20	21	22	23	24
25	26	27	28	29	30	31

1. Gründung der Kommunistischen Partei Chinas (KPCh). Parteivorsitzender Chen Tu-tsiu. Zu den 57 Gründungsmitgliedern gehört der Lehrer Mao Tse-tung.

1. 14-Punkte-Abkommen der englischen Bergarbeiter mit Zechenbesitzern beendet Kohlenstreik.

1. Auf der Werft AG Weser werden 1000 Arbeiter wegen Auftragmangels entlassen.

2. Weltmeisterschaft im Schwergewichtsboxen zwischen Dempsey und Carpentier in New Jersey. →

4. Zulassung von Frauen zum Richteramt vom Rechtsausschuß des Reichstags abgelehnt.

10. Äußere Mongolei erklärt ihre Unabhängigkeit unter provisorischer Volksregierung.

11. Waffenstillstand in Irland zur Vorbereitung englisch-irischer Friedensverhandlungen.

23. Weltrekord im Weitsprung mit 7,69 m durch Edwin Gourdin (USA) in Cambridge.

23. Spanische Niederlage in Spanisch-Marokko im Kampf gegen die aufständischen Rifkabylen. →

24. Der Belgier Léon Scieur fährt als Sieger der Tour de France in Paris ein.

26. Grand-Prix-Rennen in Le Mans (erstmals seit 1914): größtes Autorennen des Jahres – wird von Jim Murphey (USA) gewonnen.

27. Das Hormon Insulin wird erstmals isoliert. →

29. Hitler ist Vorsitzender der NSDAP. Er erhält durch Statutenänderung unbeschränkte Vollmachten. Anton Drexler, bisher im Vorsitz, wird Ehrenvorsitzender.

30. Der Schweizer Durafour landet mit Flugzeug ohne Kufen auf dem Montblanc.

31. Sprachengesetz in Belgien: Einteilung in französischsprachige und flämische Provinzen.

GEBOREN:

4. Tibor Varga, ungarischer Violinist.

11. Ilse Werner, deutsche Schauspielerin.

GESTORBEN:

11. Gabriel Lippmann (* 16. 8. 1845), französischer Physiker.

Wissenschaftler isolieren erstmals Insulin

27. Juli. Dem kanadischen Mediziner Frederick Grant Banting und seinem Assistenten, dem Physiologen Charles Herbert Best, gelingt es an der Universität Toronto erstmals, das Bauchspeicheldrüsenhormon Insulin zu isolieren. Sie verabreichen es einem Hund, dem die Bauchspeicheldrüse entfernt worden ist und dessen Zuckerhaushalt damit trotz des fehlenden Organs reguliert werden kann. Dieses Experiment ist der Ausgangspunkt zur Behandlung der Zuckerkrankheit (Diabetes), die durch einen Mangel an Insulin hervorgerufen wird. Die gewonnene Substanz erhält erst später den Namen »Insulin«.

Suzanne Lenglen und »Big Bill« Wimbledon-Stars

Juli. Die Wimbledon-Endspiele sehen im Damen- und Herreneinzel die gleichen Sieger wie im Vorjahr, die Tennisstars Suzanne Lenglen und William Tatem Tilden. Der 28jährige Amerikaner, genannt Big Bill, zieht die Sympathie der Zuschauer auf sich. Er hat im Vorjahr auf Anhieb in Wimbledon das Herreneinzel gewonnen, ferner alle europäischen Davis-Pokal-Spiele und ist in so gut wie jedem bedeutenden Match ungeschlagen geblieben. Die Französin Suzanne Lenglen, die der Dichter Claude Anet »die göttliche« nennt, ist bereits Primadonna auf den Tennisplätzen. 1914 hat sie mit knapp 15 Jahren schon die Weltmeisterschaft auf Hartplätzen gewonnen. Diesmal ist sie zum drittenmal Wimbledonsiegerin. Sie ist dafür bekannt, daß sie mit unerhörter Genauigkeit und Konzentration spielt – Erfolg eines jahrelang harten Kindertrainings durch den Vater.

Suzanne ist bereits Sportidol und füllt auch im konservativen Wimbledon die Zuschauerbänke, die bei Damenturnieren vor 1914 nur dünn besetzt waren. Ihr Spiel ist eleganter als das ihrer Konkurrentinnen – und ihre Röcke immer ein Stück kürzer als erlaubt.

Rifkabylen siegen über Spanien

23. Juli. In Spanisch-Marokko besiegen aufständische Rifkabylen unter ihrem Führer Abd el Krim die spanische Armee. Die Spanier haben im Juli insgesamt 14 712 Gefallene zu beklagen. Die Rifkabylen bemühen sich seit Kriegsende vergeblich um Mitbestimmung bei der Regierung ihres Landes. Durch den Aufstand, dem sich jetzt auch andere marokkanische Stämme anschließen, wollen sie das Recht auf Selbstbestimmung erzwingen.

Georges Carpentier unterliegt Jack Dempsey

2. Juli. Mit einem Knockout endet der Versuch des Franzosen Georges Carpentier, dem amerikanischen Boxidol Jack Dempsey den Weltmeistertitel im Schwergewicht abzunehmen. Der Boxkampf wird auf beiden Seiten des Ozeans als spektakuläres Ereignis gehandelt wie bisher kaum ein Sportwettkampf. Carpentier tritt für eine Summe von 300 000 Dollar an. An der Börse werden Wettgewinne von einer Million Dollar erzielt. Diese Summe hat es bisher nicht gegeben. Im Stadion in New Jersey finden sich 120 000 Zuschauer ein. Dempsey ist seit 1914 Berufsboxer und seit 1919 Schwergewichtsweltmeister.

Figur des neureichen Raffke wird geboren

Auf der Titelseite der »Berliner Illustrirten« erscheint erstmals die Figur des »Raffke«, die Verleger Hermann Ullstein für den Typ des Kriegsgewinnlers erfunden hat und die vom Zeichner Theo Matejko ihre Gestalt erhält. Raffke ist sofort populär: als treffende Karikatur des neureichen Protz, der sich krampfhaft bemüht, gebildet und vornehm zu sein. Eine Fülle bitter-komischer Raffke-Witze und -Sprüche folgt.

1921
AUGUST

Mo	Di	Mi	Do	Fr	Sa	So
1	2	3	4	5	6	7
8	9	10	11	12	13	14
15	16	17	18	19	20	21
22	23	24	25	26	27	28
29	30	31				

1. Weitere Aufstände der Rifkabylen in Marokko.

1. Erste Donaueschinger Kammermusiktage zur Förderung zeitgenössischer Tonkunst eröffnet. Aufführung von Werken Hindemiths, Křeneks und Horwitz'.

2. Lenin bittet Ausland um Hilfe für hungerndes Rußland. →

3. Gründung der »Turn- und Sportabteilung« der NSDAP.

11. Extreme Hitzewelle seit Wochen. Breslau 35 °C, Prag 36 °C.

12. Gründung der Internationalen Arbeiterhilfe (IAH). →

15. Marksturz an der Börse. Wert des Dollar: 88 Mark.

17. Thronbesteigung König Alexanders I. in Jugoslawien.

21. Verhaftung des Massenmörders Carl Graßmann in Berlin. Ihm werden 20 Morde an Frauen zur Last gelegt.

23. Feisal I. zum König von Irak ausgerufen. Er ist im Vorjahr als König von Syrien von Franzosen verdrängt worden.

24. Einweihung des Einstein-Turmes (Observatorium) in Potsdam. →

24. In England explodiert bei Hull das Luftschiff ZR 2 während einer Probefahrt. 6 von 47 Mann Besatzung überleben.

25. Unterzeichnung des Friedensvertrages zwischen USA und Deutschem Reich und zwischen USA und Österreich.

26. Teuerungsunruhen in München; schwere Zusammenstöße.

29. Ausnahmezustand im Reich nach Mord an Erzberger.

30. Internationaler Völkerrechtskongreß in Den Haag eröffnet.

30. Deutscher Weltrekord im Segelfliegen durch Klemperer (TH Aachen) mit 13 Minuten über 7 km (→ September).

GEBOREN:

14. Giorgio Strehler, italienischer Regisseur.

GESTORBEN:

2. Enrico Caruso (* 27. 2. 1873), italienischer Operntenor. →

26. Matthias Erzberger (* 20. 11. 1875), deutscher Politiker.

26. Ludwig Thoma (* 21. 1. 1867), deutscher Schriftsteller.

Erzberger ermordet

Matthias Erzberger †.

26. August. Angehörige der rechtsradikalen Organisation Consul (OC) bringen den Zentrumsabgeordneten Matthias Erzberger um. Der ehemalige Finanzminister, der durch ein skandalöses Gerichtsurteil im März 1920 moralisch zum Rücktritt gezwungen wurde, wird auf einem Spaziergang auf dem Kniebis im Schwarzwald von zwei ehemaligen Offizieren verfolgt und aus nächster Nähe brutal zusammengeschossen. Die Mörder sind Heinrich Schulz und Hinrich Tillessen, die sich mit Hilfe der OC ins Ausland absetzen. Erzberger hatte die erzwungene Pause von politischen Geschäften genutzt, um durch detaillierte Darlegungen seinen Ruf wiederherzustellen, der durch zahlreiche Verleumdungen angeschlagen war. Er war fast rehabilitiert und stand kurz vor der Rückkehr in die Politik.

Seine politischen Leistungen für das »Vaterland«, dem er immer zu dienen versuchte, sind das Zustandebringen der Friedensresolution 1917, die Unterzeichnung des Waffenstillstandes 1918, sein Eintreten für die Annahme des Friedensvertrages und die Einleitung der großen Steuerreform 1919. Die nationalistischen Kreise feiern den Mord lautstark. Nach dem Mord verhängt der Reichspräsident am 29. August den Ausnahmezustand und erläßt weitere Notverordnungen zum Schutz der Republik. Bayern akzeptiert diese Anordnungen nicht.

Tod von Enrico Caruso

Enrico Caruso in der Oper »Das Mädchen aus dem Goldenen Westen«.

2. August. Der berühmteste Tenor des Jahrhunderts, Enrico Caruso, stirbt nach zweijähriger Krankheit in Neapel. Er ist der erste Sänger von absoluter Weltgeltung und entsprechenden Einkünften gewesen. Bei Florenz hat der Künstler zuletzt in Schloß Bellosguardo wie ein Fürst mit Hofstaat residiert.

Caruso, der auch ein talentierter Zeichner war, besaß eine strahlende, technisch hervorragend geführte Stimme. 67 Opernpartien und mehr als 500 Lieder gehörten zu seinem Repertoire, das er ohne Vorbereitung singen konnte.

Der Sänger, geboren als Sohn eines Mechanikers in Neapel, kam 1902 nach London. 1903 ging er zur New Yorker Metropolitan Opera, an der er dann hauptsächlich gewirkt hat. In Berlin ist er 1904 zum erstenmal aufgetreten.

Seine Formel für seinen legendären Erfolg: »Eine große Brust, ein großer Mund, 90 Prozent Gedächtnis, 10 Prozent Intelligenz, eine Menge harter Arbeit und ein kleines Etwas im Herzen.«

Hunger in Rußland

Eine Karikatur aus dem Simplicissimus: Lenin und Trotzki: »Es wird Zeit, daß wir uns in Sicherheit bringen, bevor sie uns noch unsere Reisekoffer auffressen.«

2. August. Lenin richtet einen Appell an die Arbeiter der Industrienationen, seinem von einer Hungerkatastrophe heimgesuchten Land zu helfen. Weite Gebiete an der Wolga und im Süden Sowjetrußlands sind von einer Dürrekatastrophe und von Seuchen heimgesucht. Eine nie dagewesene Mißernte bringt 21 Millionen Menschen in einem Gebiet, eineinhalbmal so groß wie Deutschland, in Not. Die Wintersaat fehlt, um für das nächste Jahr

vorzusorgen. Dramatische Nachrichten überstürzen sich. Menschenmassen flüchten vor dem Hunger nach Moskau. Cholera, Typhus, Ruhr grassieren, Meutereien und Aufruhr fordern Opfer.

Die westlichen Medien spekulieren über ein baldiges Ende der Sowjetregierung und machen im übrigen schlechte sowjetische Wirtschaftspolitik für die Misere verantwortlich.

Der US-Staatssekretär Herbert Hoover bietet am 2. August Verpflegung für eine Million russischer Kinder und Invaliden an – verbindet die Hilfe allerdings mit politischen Auflagen, z. B. der Entlassung amerikanischer Staatsangehöriger aus russischen Gefängnissen. Der norwegische Diplomat Fridtjof Nansen fährt am 24. August nach Moskau zur Organisation eines internationalen Hilfskomitees. In Berlin bildet sich am 12. August die »Internationale Arbeiterhilfe« (IAH). Zu den Gründungsmitgliedern gehören bekannte Persönlichkeiten aus Wissenschaft und Kultur, z. B. Käthe Kollwitz, Albert Einstein, George Shaw, Clara Zetkin, Anatole France, Maximilian Harden, Heinrich Vogeler.

Hungernde Kinder, Opfer des russischen Bürgerkriegs, in Stawropol.

Einstein-Turm fertig

Der Einsteinturm in Potsdam würde 1919–21 von Erich Mendelsohn gebaut; er sollte einerseits Einsteins Relativitätstheorie mit architektonischen Ausdrucksmitteln symbolisieren und zum anderen Einstein und seinen Assistenten als Labor dienen. Das Observatorium ist mit komplizierten Mechanismen ausgestattet und dient noch immer dem ursprünglichen Zweck, mit astro-physikalischen Apparaturen spektro-analytische Phänomene zu untersuchen. Der Bau sollte nach dem ursprünglichen Plan in Stahlbeton ausgeführt werden, aber wegen der kritischen wirtschaftlichen Lage in der Nachkriegszeit konnte er nur aus Ziegel gebaut werden; durch den Putz wirkte er jedoch wie geplant. Einstein bezeichnete den Bau als „organisch".

Der Einstein-Turm von Erich Mendelsohn in Potsdam.

24. August. Auf dem Telegrafenberg bei Potsdam wird im Rahmen des deutschen Astronomentages der Einstein-Turm eingeweiht, der aus Spendenmitteln errichtet worden ist. Er birgt ein astrophysikalisches Observatorium, mit dessen Hilfe die Relativitätstheorie von Albert Einstein nachgeprüft werden soll (bezüglich der von Einstein vorausgesagten Rotverschiebung von Spektrallinien im Schwerefeld der Erde). Der unkonventionelle Bau, an dem abgerundete Formen dominieren, ist von dem Architekten Erich Mendelsohn entworfen. Er war für Stahlbeton gedacht; weil aber die gekrümmten Formen nicht gegossen werden konnten und außerdem finanzielle Schwierigkeiten auftraten, ist er aus Ziegelsteinen gebaut worden.

Ludwig Thoma stirbt

26. August. Der bayrische Satiriker und volkstümliche Erzähler Ludwig Thoma stirbt, 54jährig, in Rottach-Egern. Der Mitherausgeber des »Simplicissimus« hat als Vorkämpfer gegen Scheinmoral, Spießertum, Hinterwäldlertum, Untertanengeist und Klerikalismus die Schwächen der Zeit und seiner bayrischen Heimat aufs Korn genommen, freilich nie ganz bitterböse im Ton, sondern mit eher liebevollem Spott. Seine ersten satirischen Zeitgedichte sind unter dem Pseudonym Peter Schlemihl erschienen. Durch Werke wie die »Lausbubengeschichten« und »Jozef Filsers Briefwexel« hat der ehemalige Rechtsanwalt eher den Ruhm eines gemütlichen Bajuwaren denn als Gesellschaftskritiker erworben.

Ludwig Thoma, bayrischer Satiriker und Mitherausgeber der satirischen Zeitschrift »Simplicissimus«.

1921

SEPTEMBER

Mo	Di	Mi	Do	Fr	Sa	So
			1	2	3	4
5	6	7	8	9	10	11
12	13	14	15	16	17	18
19	20	21	22	23	24	25
26	27	28	29	30		

9. Fridtjof Nansen berichtet im Völkerbund über Rußland.

11. Wettbetrüger Max Klante macht Konkurs und wird verhaftet. →

11. Landtagswahlen in Thüringen stärken SPD und DVP.

11. Trude Hesterberg eröffnet Kabarett »Wilde Bühne«. →

17. SPD-Parteitag in Görlitz verabschiedet ein neues Parteiprogramm. →

18. In Helsingfors endet das 36. Fußballländerspiel gegen Finnland mit 3 : 3 unentschieden.

19. Einweihung der Autostraße »Avus« in Berlin. →

21. Bei Explosionsunglück im Stickstoffwerk Oppau der BASF bei Ludwigshafen sterben 535 Menschen, Hunderte verletzt: Es ist das schwerste Unglück, das die deutsche chemische Industrie seit Bestehen trifft.

23. Vorstellung des ersten Stromlinienautos auf der deutschen Automobilausstellung. →

24. Das größte Autorennen in Deutschland auf der Avus. Sieger Fritz von Opel erreicht Durchschnitt von 130,4 km/h, Franz Hörner auf Benz in seiner Klasse 121,1 km/h. →

25. Norbert Jacques' Roman »Dr. Mabuse, der Spieler«, beginnt als Fortsetzungsroman in der »Berliner Illustrirten«.

25. Premiere des Chaplin-Films »The Idle Class« (Die feinen Leute).

26. Eduard Beneš wird tschechischer Ministerpräsident.

29. Dollarstand bei 127 Mark. Die Mark ist noch 3 Goldpfennige wert.

GEBOREN:

12. Stanislaw Lem, polnischer Dichter.

29. Wolfgang Mischnick, deutscher Politiker.

GESTORBEN:

17. Philipp Fürst zu Eulenburg (* 12. 2. 1847), deutscher Diplomat.

27. Engelbert Humperdinck (* 1. 9. 1854), deutscher Komponist. →

30. Oskar Panizza (* 12. 11. 1853), deutscher Schriftsteller.

Ausstellung zeigt Tropfen-Auto

Tropfen-Auto des österreichischen Ingenieurs Edmund Rumpler. Das Foto zeigt den Wagen vor dem Windkanal des VW-Werks, wo 1979 der günstige Luftwiderstandsbeiwert von $C_w = 0,28$ (z. B. Golf: 0,42) gemessen wird.

23. September. Als Zugeständnis an die wirtschaftliche Lage der Durchschnittsbevölkerung bringt die deutsche Automobilausstellung in Berlin eine Vielzahl von schwachen Motorrädern mit Hilfsmotoren und »Liliputwagen«. Außerdem das »Rumpler-Tropfen-Auto«, wie es wegen seiner stromlinienförmigen Karosserie genannt wird. Der Dreisitzer ist der erste Wagen, der mit Schwingachsen und Heckmotor ausgerüstet ist und Vorderradantrieb hat. Konstruiert hat ihn der österreichische Ingenieur Edmund Rumpler, der in die ungewöhnliche Form seine Erfahrungen aus dem Flugzeugbau eingehen läßt.

Berliner Avus wird eröffnet

19. September. In Berlin wird die erste Autobahn Deutschlands eingeweiht: die zehn Kilometer lange »Avus« (Automobilverkehrs- und Übungsstraße), die zweispurig von Grunewald bis Wannsee führt. Ihre beiden Fahrbahnen sind je 7,80 Meter breit und haben geteerte Oberflächen, zwischen ihnen liegt ein Grünstreifen. Sie ist von zehn Überführungen aus Eisenbeton überspannt. Damit gilt die Avus als bestausgebaute Autostraße Europas. Sie ist zugleich als Rennstrecke konzipiert: An beiden Enden mündet die Gerade in riesige Schleifen, so daß sich ein Renn-Rundkurs ergibt. Die ersten Rennen werden am 24./25. 9. gefahren. Sieger in verschiedenen Klassen werden Fritz von Opel und Franz Hörner auf Benz. Die Avus war bei Kriegsausbruch fast fertiggestellt. Danach übernahm der Industrielle Hugo Stinnes die Pläne.

Schon im Eröffnungsjahr der »Avus« gab es die ersten Unfälle auf dieser Rennstrecke. Das Bild zeigt Bergungsarbeiten bei einem umgestürzten Rennwagen von Horch, der bei 120 Stundenkilometern in der Nordkurve verunglückt ist.

Tod des Komponisten Humperdinck

Engelbert Humperdinck †.

27. September. Der Komponist Engelbert Humperdinck stirbt 67jährig in Neustrelitz. Er ist bekannt als Schöpfer der Märchenoper »Hänsel und Gretel«, zu der seine Schwester den Text gedichtet hat. Die Oper ist am Weihnachtsabend 1893 in Weimar uraufgeführt worden. Humperdinck, der um die Jahreswende 1881/82 als Assistent von Richard Wagner arbeitete, sind danach keine überzeugenden Erfolge mehr gelungen, auch nicht mit weiteren Märchenspielen wie »Die Königskinder« (1898) oder »Dornröschen« (1902).

Dichter Panizza stirbt in Klinik

30. September. In einer psychiatrischen Klinik in Bayreuth stirbt der Dichter Oskar Panizza. Der 68jährige ist von 1882 bis 1884 Irrenarzt in München gewesen und hat dann Verbindung zur naturalistischen Bewegung gehabt. In rücksichtslosen und schneidenden Satiren hat er die kirchlichen und staatlichen Institutionen angegriffen; 1895 ist er wegen des Dramas »Liebeskonzil« zu Gefängnis verurteilt worden. Sechs Jahre später ist ihm der Prozeß wegen Majestätsbeleidigung gemacht worden. Panizza galt als Mann von ungewöhnlicher Begabung und vielseitigem Wissen. Er ist auch als Verfasser phantastischer Erzählungen und neuromantischer Lyriker in der Nachfolge Heines viel beachtet worden. Seit 1904 lebte er in einer Anstalt.

Rekord-Segelflüge

5. September. Bei den zweiten Segelflug-Wettbewerben in der Rhön wird der hannoversche Student Arthur Martens durch einen 15-Minuten-Rekordflug bekannt. Er überwindet dabei die Distanz von 7,5 Kilometern. Diese Weltbestleistung bei teilweise völliger Windstille gelingt ihm mit dem Flugzeug »Vampyr«, das von der Fliegergruppe der TH Hannover nach den Plänen des Göttingers Georg Madelung gebaut worden ist.

Am 30. August schon hat der Flieger Klemperer von der TH Aachen den amerikanischen Weltrekord im motorlosen Flug von 1911 eingestellt. Klemperer, nur sechs Tage Rekordinhaber, blieb 13 Minuten in der Luft.

Am 13. September werden diese zwei Rekordflüge schließlich noch durch einen 21-Minuten-Flug des »Profis« Friedrich Harth eingestellt. Der Regierungsbaumeister unternimmt zusammen mit Willy Messerschmitt seit 1910 Versuche im Segelfliegen und hat bislang verschiedene Modelle erprobt. Das Rekordmodell, mit dem er startet, ist ein Eindecker mit drehbaren Flügeln von elf Metern Spannweite.

Boom des Kabaretts

11. September. Die 29jährige Trude Hesterberg eröffnet im Keller des Berliner Theater des Westens das Kabarett »Wilde Bühne«. Es will das »Milieu« beschreiben und der Zeit den Spiegel vorhalten. Hesterberg ist die zweite Berlinerin, die versucht, das anspruchsvolle zeitkritische Kabarett der Chansons in der Weltstadt heimisch zu machen. Im Vorjahr hat Rosa Valetti das »Größenwahn« eröffnet.

Kabaretts schießen in den ersten Nachkriegsjahren im übrigen wie Pilze aus dem Boden. Allein für Berlin werden Ende 1921 insgesamt 38 Kabaretts verzeichnet, in den übrigen deutschen Städten noch einmal 140. Viele dieser Unternehmen repräsentieren allerdings nicht viel mehr als den hektischen und seichten Vergnügungsrummel, der das zahlende Publikum aus der unerfreulichen Gegenwart in die freundlicheren Gefilde der guten Laune entführen soll.

Ein anderes Ziel verfolgen Ensembles wie die »Wilde Bühne«, das »Größenwahn« oder die Leipziger »Retorte«, die Kabaretts der Linksintellektuellen, der angriffslustigen Literaten. Sie nehmen mit geschliffenen Worten die Zeit aufs Korn und traktieren mit Nadelstichen die Gesellschaft.

Die Reihe der Kabarett-Autoren sieht große Namen wie Kurt Tucholsky und Walter Mehring, Paul Graetz und Klabund, Bertolt Brecht und – später – Erich Kästner. »Hauptamtlich« dabei ist Joachim Ringelnatz, der in Selbstdarstellung

Trude Hesterberg ist die zweite Frau, die im Berliner Kabarett-Boom ein eigenes Theater eröffnet.

als Seemann Kuttel Daddeldu auftritt. Der schmächtige Mann, der eigentlich Hans Bötticher heißt, reist als Kabarett-Artist durch die Lande, tritt auch im Ausland auf und bietet eine aus Groteske und Ulk, Ironie und Melancholie, Sarkasmus und »schwarzem Humor« gemischte Poesie.

Zu den großen Diseusen des Kabaretts der zwanziger Jahre gehören Blandine Ebinger und Mady Christians, Margo Lion und Annemarie Hase, Käthe Erlholz und Gussy Holl. Als Komponisten sind u. a. Friedrich Hollaender, Rudolf Nelson (der die Kabarett-Revue kreiert), Hanns Eisler und Mischa Spolianski bekannt.

SPD verabschiedet in Görlitz neues Programm

17. September. Die SPD verabschiedet in Görlitz ein neues Parteiprogramm. Darin legt sie ein eindeutiges Bekenntnis zur demokratischen Republik ab und vermeidet marxistische Terminologie. Das Programm stellt sich mit der Festlegung konkreter Reformaufgaben in die Tradition des Revisionismus.

Wettbetrüger Max Klante meldet Konkurs an

11. September. Der Wettbetrüger Max Klante meldet den Konkurs seines Wettkonzerns an und wird verhaftet. Er hat innerhalb eines Jahres 260 000 Menschen um insgesamt 90 Millionen Goldmark betrogen. Der Klante-Konzern hat mit dem Angebot gearbeitet, Geldeinlagen auf Jahresfrist mit 600 Prozent zu verzinsen, wobei dieser sensationelle Zinssatz durch angeblich sichere Renngewinne finanziert werden könne.

Max Klante hat zu diesem Zweck auch einen eigenen Rennstall unterhalten. Vor allem Angehörige des Mittelstandes und kleine Leute sind in die Berliner Bankräume des Kreditbetrügers und in die Filialen außerhalb Berlins geströmt und haben Darlehen eingezahlt, teilweise ihr letztes Erspartes. Wie sich bei späteren Verhandlungen herausstellt, haben sie teilweise Sachwerte verkauft, um Geld vermeintlich so günstig arbeiten lassen zu können – Akte der Verzweiflung angesichts der unaufhörlich steigenden Inflation.

Das Geschäft mit der Armut der anderen haben auch andere sogenannte »Sportbanken« in Berlin gemacht. Max Klante hat sich von ihnen dadurch unterschieden, daß er mit Propagandaveranstaltungen und weltanschaulich-politischen Programmen Anhänger geworben hat. In Großveranstaltungen hat er sich von seinen von Hoffnungen erfüllten Anhängern teilweise als Wohltäter feiern lassen und zum Teil als Werbegag kofferweise Geldscheine auf Rennplätzen verteilt.

1921

OKTOBER

Mo	Di	Mi	Do	Fr	Sa	So
					1	2
3	4	5	6	7	8	9
10	11	12	13	14	15	16
17	18	19	20	21	22	23
24	25	26	27	28	29	30
31						

4. Völkerbund lehnt Hilfsaktion für Rußland ab, da die Hungersnot politisch selbstverschuldet sei.

5. In London wird der PEN-Club gegründet. →

6. Rathenau schließt mit dem französischen Wiederaufbauminister Loucheur ein Abkommen über Sachleistungen der deutschen Industrie im Zusammenhang mit Reparationen.

7. Film »Der müde Tod« wird in Berlin uraufgeführt. Steht neben »Caligari« für die Erneuerung des deutschen Films.

8. Theater am Kurfürstendamm eröffnet mit Uraufführung von Curt Goetz: »Ingeborg«.

9. Bei Brand im Pariser Warenhaus »Aux Printemps« werden Werte von 80 Millionen Franc vernichtet.

9. Erster Internationaler Soziologenkongreß in Turin.

15. Franz Werfels Drama »Der Spiegelmensch« uraufgeführt.

18. Die Operette »Der Tanz ins Glück« von Robert Stolz uraufgeführt.

21. In London wird die englisch-irische Friedenskonferenz eröffnet.

21. Alliierte entscheiden: Oberschlesien wird geteilt. →

21. Exkaiser Karl I. versucht zum zweitenmal Rückkehr auf ungarischen Thron. →

22. Rücktritt des ersten Kabinetts Wirth. Neubildung der Regierung unter Wirth am 26. Oktober. →

24. Aufstandsbewegung der Rifkabylen unter Abd el Krim von den Spaniern vorübergehend niedergeschlagen.

30. Landtagswahlen in Baden bringen Zentrum, SPD und DDP Verluste. DVP, USPD, KPD erstmals im Landtag.

GEBOREN:

13. Yves Montand, französischer Schauspieler und Chansonnier.

31. Nino Erné, deutscher Schriftsteller (eigtl. Giovanni Bruno Erné).

GESTORBEN:

18. Ludwig III. (* 7. 1. 1845), ehemaliger König von Bayern. →

18. August Gaul (* 22. 10. 1869), deutscher Bildhauer und Grafiker, vor allem Tierplastiken.

Ludwig III. beerdigt

Ludwig III., der letzte bayrische König, nach einem Gemälde.

18. Oktober. Der letzte bayrische König, Ludwig III., stirbt im Alter von 76 Jahren im ungarischen Exil in Sarvar. Er ist 1912 als Prinzregent seinem Vater Luitpold nachgefolgt und hat Bayern von 1913 bis 1918 als König regiert. Anfängliche Expansions- und Annexionspläne im Weltkrieg hat er, durch seinen Sohn Ruprecht beeinflußt, aufgegeben. Dem bayrischen Thron hat er 1918 nicht entsagt.

Exkönig Karl putscht

Österreichs Exkaiser Karl I. mit Ehefrau Zita und Sohn Otto bei der Krönung zum König von Ungarn.

21. Oktober. Der 34jährige Exkaiser von Österreich und König von Ungarn, Karl I., versucht auf seinen früheren ungarischen Thron zurückzukehren. Der Großneffe Kaiser Franz Josephs I. proklamiert die Übernahme der Königsgewalt und ernennt eine Regierung. Ungarn hält zwar theoretisch an der monarchischen Staatsform fest, doch Reichsverweser Admiral Niklós Horthy wehrt mit Rücksicht auf die Alliierten den Restaurationsversuch Karls entschieden ab. Es kommt zu Kämpfen. Am 24. Oktober werden die Anhänger Karls geschlagen, und die Behörden verhaften das Exkönigspaar. Am 1. November werden Karl und seine Frau aus Ungarn ausgewiesen und nach Madeira in die Verbannung geschickt.

Alliierte verfügen Teilung Oberschlesiens

21. Oktober. Die Bemühungen des Reiches, Oberschlesien ganz als deutsche Heimat zu »retten«, sind fehlgeschlagen. Die Alliierten verkünden ihre Entscheidung, das Industrierevier in Konsequenz des unklaren Ausgangs der Volksabstimmung vom März zu teilen. Sie richten sich damit nach dem Schiedsspruch, den der Völkerbundsrat am 12. Oktober gefällt hat. Danach kommt der wertvollste Teil des Industriegebietes mit den meisten Bergwerken und der größte Teil der Bodenschätze an Polen. Der Verlust der oberschlesischen Industrie kündigt unumgängliche Rückwirkungen auf die Zahlungsfähigkeit des Reiches an und bedeutet einen harten Aderlaß für die deutsche Wirtschaft. Das Kabinett Wirth tritt am 22. Oktober zurück, weil es die Verantwortung für die Annahme dieser Entscheidung nicht tragen will. Am 26. Oktober bildet Kanzler Joseph Wirth ein neues Kabinett. Am gleichen Tag nimmt der Reichstag die Entscheidung an.

Joseph Wirth.

PEN-Club wird gegründet

5. Oktober. In London finden sich auf Initiative der englischen Schriftstellerin Miß Dawson-Scott 41 Teilnehmer zur Gründungssitzung des internationalen Schriftsteller- und Dichterverbandes PEN zusammen. Der Name des PEN-Clubs steht für die Abkürzung der englischen Wörter »poets«, »essayists«, »novelists«.

Herbstmode zeigt Pomp und Glitzer

Abendmantel eines Münchner Ateliers.

Die Herbstmode kreiert wuchtige Kostüme mit wadenlangen, weiten Röcken, zipfelige Damenröcke, unregelmäßige Arrangements mit tiefgelegten Taillen und Raffungen und pompös-protzige Aufmachungen. Auf Damenhüten prangen Reiher- und Straußenfederfransen in pleureusenhaften Riesendimensionen, Pelzbesatz, Glanz und Glitter in Form von Pailletten, Stahlperlen, Metallkränzen, Perlschnüren und griechischen Stirnreifen werden als Accessoirs angepriesen. Die »Berliner Illustrirte« moniert den Geschmack der Zeit am 30. Oktober als »ungesund und nervös« und sieht darin ein Symptom für »die durcheinandergeschüttelten Gesellschaftsschichten«.

1921

NOVEMBER

Mo	Di	Mi	Do	Fr	Sa	So
	1	2	3	4	5	6
7	8	9	10	11	12	13
14	15	16	17	18	19	20
21	22	23	24	25	26	27
28	29	30				

1. Uraufführung des Dramas »Peter Brauer« von Gerhart Hauptmann wird ein Mißerfolg.

2. Berliner »Scala« eröffnet.

2. Der Zentner Kartoffeln kostet 120 Mark. Kartoffelknappheit treibt die Preise hoch.

4. Dollar steigt auf 225 Mark.

5. Äußere Mongolei schließt Freundschaftsvertrag mit Sowjetrußland.

6. Gesetz zur Entthronung der Habsburger in Ungarn angenommen: Reaktion auf Putschversuch Karls I.

7. Uraufführung »Der Schwierige« von Hugo von Hofmannsthal in München.

7. Auf Wunsch Mussolinis wandelt sich der faschistische »movimento« in eine Partei: »Partito Nazionale Fascista« (PNF). Mussolini als »Duce« anerkannt.

12. Eröffnung der Washingtoner Konferenz zur Abrüstung.

12. Nach einer blutigen Saalschlacht im Hofbräuhaus nennt Hitler die Schlägertrupps der NSDAP »Sturmabteilung« (SA).

17. In Berlin plündern 200 Arbeitslose ein Fleischkonsumgeschäft völlig aus.

18. »Reigen«-Prozeß bringt Freisprüche aller Angeklagten. →

19. Gerhart Hauptmann Ehrendoktor der Universität Prag.

19. Uraufführung des Films »Das indische Grabmal – Der Tiger von Eschnapur« in Berlin. Regie: Fritz Lang, Buch: Thea von Harbou.

25. Der Film »Die Abenteuerin von Monte Carlo« hat Premiere. Für ihn wurden 11 000 km Filmreisen investiert.

27. Landtagswahlen in Hessen machen Zentrum zur ausschlaggebenden Kraft für Mehrheiten links und rechts.

GEBOREN:

1. Ilse Aichinger, deutsche Schriftstellerin.

6. James Jones († 10. 5. 1977), amerikanischer Schriftsteller.

17. Alexander Dubček, tschechoslowakischer Politiker.

GESTORBEN:

12. Fernand Khnopff (* 12. 9. 1858), belgischer symbolistischer Maler. →

Maler Khnopff stirbt

12. November. Der Hauptvertreter des belgischen Symbolismus, der Maler und Grafiker Fernand Khnopff, stirbt 63jährig in Brüssel. Er stand, lange Jahre beliebter Porträtist der Brüsseler Gesellschaft und geschätzter Schöpfer erlesener Exlibris, in den letzten Jahren außerhalb seiner Zeit, im Abseits des großen Ruhms. Der gelernte Jurist hat seinen Zeitgenossen Rätsel aufgegeben mit Frauengestalten, die mehr leblos scheinende, sphinxartige Wesen sind, jünglingshafte und unergründliche Gestalten von vereinsamter Schönheit. Mit Ausstellungen in der Wiener Sezession ist Khnopff um die Jahrhundertwende erfolgreich gewesen und hat auch den Wiener Jugendstil entscheidend beeinflußt.

Fernand Khnopff: Ausschnitt aus »Acrasia« (1897) mit Sphinx-Figur.

Fernand Khnopff: Ausschnitt aus »Kunst oder die Zärtlichkeiten« (1896).

»Reigen« vor Gericht

18. November. Mit einem Freispruch aller Beteiligten endet in Berlin der »Reigen-Prozeß« gegen 18 Schauspieler, Regisseur und die Direktion des Kleinen Schauspielhauses Berlin wegen »Erregung öffentlichen Ärgernisses«. Gegen die beiden Theaterdirektoren, Karl Sladek und Gertrud Eysold, die trotz gerichtlichen Verbotes am 23. Dezember des Vorjahres die Aufführung des Dramas von Arthur Schnitzler verantwortet haben, sind je vier Monate Gefängnisstrafe beantragt worden. Schnitzlers »Reigen« hat nicht nur in der deutschen Presse hitzige Debatten über die Darstellung von Triebhaftigkeit und »grober Sinnlichkeit« hervorgerufen. In Berlin hat es im Februar noch einmal organisierte Krawalle gegeben, in Wien ist das Stück am 17. Februar nach Tumulten nationalistischen Pöbels verboten worden. Der Prozeß ist mehr ein Kuriosum, zeigt aber die Entschlossenheit der politischen Reaktion, ihre Positionen zu wahren. Schnitzler selbst verbietet nach dem Prozeß weitere Aufführungen des Stückes.

DEZEMBER

Mo	Di	Mi	Do	Fr	Sa	So
			1	2	3	4
5	6	7	8	9	10	11
12	13	14	15	16	17	18
19	20	21	22	23	24	25
26	27	28	29	30	31	

1. Teuerungsunruhen in Wien. Über 30 000 Demonstranten randalieren in der Innenstadt, verwüsten die Nobelhotels und rauben Gäste aus. Schäden im Werte von Millionen.

6. Südirland erhält Status eines britischen Dominions: »Irish Free State«. →

10. Der Deutsche Walther Hermann Nernst erhält den Chemienobelpreis für 1920. →

13. Viermächteabkommen im Rahmen der Washingtoner Konferenz: Großbritannien, Frankreich, USA und Japan erkennen Besitzverhältnisse im Stillen Ozean als Status quo an.

13. Yap-Abkommen nach schweren Spannungen zwischen USA und Japan. USA erkennen Mandat Japans über ehemals deutsche Insel an, erhalten aber dort Sonderrechte.

14. Reichskohlenrat: In Deutschland fehlen monatlich ca. zwei Millionen Tonnen Kohlen zur Versorgung der Bevölkerung.

14. Deutschland bittet Alliierte um Zahlungsaufschub, weil es keine Kredite für die Reparationsraten beschaffen kann.

14. Die terroristisch beeinflußte Volksabstimmung in Ödenburg ergibt Mehrheit für Ungarn. Österreich verliert das Gebiet entgegen den Friedensbestimmungen an Ungarn.

15. Konstantin Freiherr von Neurath wird deutscher Botschafter in Rom.

22. US-Kongreß bewilligt 20 Millionen Dollar zur Hilfe für die Bevölkerung Rußlands.

30. Uraufführung der russischen Märchenoper »Die Liebe zu den drei Orangen« von Sergei Prokofjew in Chicago.

30. Gründung der Rhein-Main-Donau-Aktiengesellschaft für den Ausbau des Kanals vom Main bei Aschaffenburg bis Passau.

GEBOREN:

10. Christine Brückner, deutsche Schriftstellerin.

GESTORBEN:

16. Charles Camille Saint-Saëns (* 9. 10. 1835), französischer Komponist. →

25. Wladimir Korolenko (* 27. 7. 1853), russischer Dichter.

Südirland Freistaat

6. Dezember. Geschickte Verhandlungsführung auf englischer Seite bringt der Londoner Friedenskonferenz nach wochenlangem Ringen eine Lösung der Irlandfrage. Südirland erhält den Status eines Dominions des britischen Commonwealth wie etwa Kanada, Neuseeland, Australien und Südafrika. Parlament und Regierung in Dublin bekommen Eigenverantwortlichkeit, legislative und exekutive Gewalt zugebilligt. Der Name des neuen Dominions ist »Irish Free State«. Dem Freistaat wird eine eigene bewaffnete Macht zugestanden, die Gesamtverteidigung bleibt allerdings bei der britischen Flotte.

Im irischen Parlament fordert Eamon de Valera die Verwerfung des Vertrages, Arthur Griffith plädiert dafür. Am 29. Dezember beschließt der »Dail« in geheimer Sitzung, den Friedensvertrag mit England zu ratifizieren und damit auch die Abtrennung Nordirlands anzuérkennen.

Irland nach einer zeitgenössischen Karte aus dem Diercke-Atlas.

Camille Saint-Saëns †

Camille Saint-Saëns †.

16. Dezember. In Algier stirbt im Alter von 86 Jahren der Komponist Camille Saint-Saëns. Er gilt neben Louis Hector Berlioz als bedeutendster französischer Musiker des 19. Jahrhunderts. Der Künstler, der auch als Klaviervirtuose, Organist und Dirigent international gefeiert wird, hat sich selbst als Eklektiker bezeichnet. Mit Instrumentalkompositionen, die zur »Programmusik« zu rechnen sind, ist Saint-Saëns populär geworden. Sein Werk umfaßt u. a. 13 Opern (darunter »Samson und Dalila«, 1877).

Nobelpreis an deutschen Chemiker Nernst

Walther Hermann Nernst.

10. Dezember. Dem Berliner Professor Walther Hermann Nernst wird »als Anerkennung seiner thermochemischen Arbeiten« der Chemienobelpreis für 1920 verliehen. Nernst ist einer der Begründer der physikalischen Chemie und hat den dritten Hauptsatz der Thermodynamik entdeckt, der besagt, daß der absolute Nullpunkt der Temperatur ein unerreichbarer Grenzwert ist. Der Nobelpreis für Literatur 1921 wird dem französischen Dichter Anatole France, u. a. »Die Götter dürsten«, 1912, verliehen, dem bedeutendsten französischen Erzähler, Essayisten und Literaturkritiker der Zeit. Mit dem Friedensnobelpreis werden der schwedische Ministerpräsident Karl Hjalmar Branting und der norwegische Politiker und Generalsekretär der Interparlamentarischen Union, Christian Louis Lange, ausgezeichnet. Der Nobelpreis für Medizin wird nicht verliehen. Die Preise für Physik und Chemie werden erst 1922 vergeben (an Albert Einstein und Frederick Soddy).

Anatole France.

1922

JANUAR

Mo	Di	Mi	Do	Fr	Sa	So
						1
2	3	4	5	6	7	8
9	10	11	12	13	14	15
16	17	18	19	20	21	22
23	24	25	26	27	28	29
30	31					

1. Reichspräsident Ebert empfängt erstmals seit dem Weltkrieg wieder diplomatisches Korps.

1. In Rußland noch 33 Millionen Menschen von anhaltender Hungersnot betroffen.

1. Privatwirtschaftliche »British Broadcasting Company« nimmt in London Tätigkeit auf.

2. Unabhängigkeitserklärung der Krim mit Einwilligung Moskaus.

4. Dollarkurs: 188,25 Mark.

6. Die Alliierten beraten in Cannes über deutsche Zahlungen. →

6. De Valera tritt als »vorläufiger Präsident der irischen Republik« zurück. Nachfolger wird Arthur Griffith.

10. John Maynard Keynes' Buch »Die Revision des Friedensvertrages« erregt sofort bei Erscheinen in Deutschland Aufsehen.

11. In Toronto wird erstmals ein Patient mit Insulin behandelt und gerettet.

12. Regierungswechsel in Frankreich. Kabinett Briand tritt zurück, neuer Ministerpräsident wird Raimond Poincaré (auch Außenminister). →

21. In Wien wird Nachlaß Grillparzers am 50. Todestag eröffnet.

22. Wintersportwettbewerbe der 1. Deutschen Kampfspiele. Rittberger bleibt Deutscher Meister im Eiskunstlauf.

22. Landtagswahlen in Braunschweig – sozialistische Mehrheit von zwei Sitzen.

29. Uraufführung des Preußen-Dramas »Vater und Sohn« von Joachim von der Goltz in Wiesbaden. →

31. Walther Rathenau wird Außenminister. Scharfe Kritik der Rechtsparteien dagegen.

31. Lebenshaltungskosten gegenüber Januar 1921 um 73,7 Prozent gestiegen.

GESTORBEN:

3. Wilhelm Voigt (* 13. 2. 1849), deutscher Schuhmacher, der »Hauptmann von Köpenick« (→ Oktober 1906).

5. Ernest Shackleton (* 15. 2. 1874), britischer Südpolarforscher.

22. Papst Benedikt XV. (* 21. 11. 1851). →

24. Arthur Niekisch (* 12. 10. 1855), deutscher Dirigent.

Reich hat kein Geld

6. Januar. Auf der Konferenz in Cannes, die Lloyd George und Aristide Briand einberufen haben, wird über die deutsche Bitte um einen Zahlungsaufschub für die fälligen Reparationsgelder verhandelt. Die deutsche Delegation, die die hoffnungslose Lage ihres Landes darzulegen hat, steht unter Leitung von Walther Rathenau.

Dieser hat im Vorjahr in Gesprächen mit dem französischen Wiederaufbauminister einen erfolgversprechenden Ansatz zur Überbrückung des deutsch-französischen Gegensatzes gemacht. In Cannes legt Rathenau den Zusammenhang von Reparationszahlungen und deutscher Exportsteigerung und damit Bedrohung der französischen Industrie dar. Ein sich schon abzeichnendes Nachgeben Briands und Lloyd Georges wird durch den Sturz Briands zunichte gemacht. Dessen Nachfolger, Raimond Poincaré, ist als Finanzfachmann bekannt für sein kompromißloses Beharren auf der Erfüllung der Versailler Vertragsbedingungen.

Einziges Entgegenkommen, das die deutsche Delegation in Cannes erreicht, ist ein Moratorium und die Aussicht auf Einberufung einer Weltwirtschaftskonferenz nach Genua. Das bedeutet indirekt die Anerkennung, daß die Reparationsfrage letztlich ein gesamteuropäisches Problem ist.

»Fridericus Rex« läuft

Otto Gebühr (vorn rechts) als Friedrich II. in »Fridericus Rex«.

31. Januar. Im Berliner Ufa-Palast wird Arzen von Cserépys Film »Fridericus Rex. Ein Königsschicksal« uraufgeführt (mit Otto Gebühr und Albert Steinrück). Er scheint einem allgemeinen Bedürfnis entgegenzukommen, denn sobald Paraden und Aufmärsche auf der Leinwand gezeigt werden oder Marschmusik erklingt, applaudieren die Zuschauer. Der Regisseur bekennt im Programmbuch: »Man mußte friderizianisch werden, um diesen Stoff bewältigen zu können.« Im Filmtheater werden »Fridericus«-Materialien als Beiwerk angeboten: Eine »Fridericus-Rex«-Mappe, die großformatige Kupferdrucke der Hauptdarsteller enthält, eine Mappe mit Bildpostkarten, ein Notenheft mit den »schönsten Motiven der Begleitmusik, leicht gesetzt für Klavier«. Künstlerisch ist der Film nicht erhebend. Seine Pro-Preußen-Haltung wirkt so plump, daß man im Ausland dem Streifen Beifall zollt in dem Glauben, es handele sich um einen antideutschen Propagandafilm. Im Reich bekommt »Fridericus Rex« das Prädikat »volksbildend«. Zwei Tage vorher hat das Thema »Friedrich der Große« in Wiesbaden auf der Bühne Erfolge gefeiert in dem Drama »Vater und Sohn« von Joachim von der Goltz.

Friedenspapst Benedikt XV. stirbt 70jährig

Papst Benedikt XV. †.

22. Januar. In Rom stirbt in den frühen Morgenstunden Papst Benedikt XV. (vorher Giacomo della Chiesa), der seit den ersten großen Schlachten des Weltkriegs, seit September 1914, das Pontifikat innegehabt hat. Im August 1917 bemühte er sich in einer Note um Friedensvermittlung. Nach dem Scheitern dieser Initiative konzentrierte er sich auf die Hilfe zur Linderung der Kriegs- und Nachkriegsnot und machte die innere Befriedung Europas mit zu seiner Aufgabe.

Der ehemalige Erzbischof von Bologna hat ein neues kirchliches Gesetzbuch eingeführt und 1919 die programmatische Abkehr von der Europäisierung in der Mission erklärt.

Papiergeldflut in Österreich

Österreich erlebt die Probleme einer galoppierenden Inflation. In dem Staat mit sechs Millionen Einwohnern sind 200 Milliarden Kronen in Noten in Umlauf. Die Lebenshaltungskosten sind in den ersten zwölf Tagen des neuen Jahres um 24 Prozent gestiegen. Von Januar bis Juli 1921 kletterten sie von 3800 auf 6200, in der zweiten Jahreshälfte dann auf 25 600 Kronen. Wien kämpft mit anhaltenden Teuerungsunruhen. In der Presse machen Fotos eines Bankhauses die Runde, das sich gegen Angriffe erregter Bürger verbarrikadiert.

Mo	Di	Mi	Do	Fr	Sa	So
		1	2	3	4	5
6	7	8	9	10	11	12
13	14	15	16	17	18	19
20	21	22	23	24	25	26
27	28					

1. Eisenbahner im Reich streiken gegen Abbau des sozialen Besitzstandes, Verlängerung der Arbeitszeit. Bis zu 700 000 Streikende. →

1. Blutige Zusammenstöße bei Gleiwitz zwischen Franzosen und Oberschlesiern.

4. Dollarstand: 204,25 Mark.

5. Gas- und Elektrizitätsarbeiter in Berlin streiken.

5. Uraufführung des Dramas »Die Krönung Richards II.« von Hans Henny Jahnn in Leipzig.

6. Die berüchtigte Tscheka in Sowjetrußland wird aufgelöst. Statt dessen GPU als politische Staatspolizei zur Bekämpfung der inneren Konterrevolution und ausländischer Agenten.

6. Kardinal Achille Ratti, Erzbischof von Mailand, wird zum Papst gewählt. →

6. Abschluß der Washingtoner Abrüstungskonferenz. →

11. Generalstreik in Granada.

14. Deutsch-polnische Verhandlungen in Genf über strittige Punkte zu Oberschlesien.

16. Eröffnung des ständigen Internationalen Gerichtshofes im Haag gemäß Artikel 14 des Völkerbundvertrages.

16. In Kowno eröffnet eine litauische Universität.

20. Landtag der polnisch besetzten litauischen Stadt Wilna stimmt für Anschluß an Polen.

21. Amerikanisches Militärluftschiff »Roma« explodiert bei Norfolk während der Fahrt. 40 Mann Besatzung kommen ums Leben.

23. Uraufführung von Gerhart Hauptmanns Drama »Indipohdi« in Dresden.

25. Hinrichtung des zehnfachen Frauenmörders Henri Landru in Paris.

28. Großbritannien gibt Protektorat über Ägypten auf.

GEBOREN:

1. Renata Tebaldi, italienische Sängerin.

GESTORBEN:

9. Theodor Liebisch (* 29. 4. 1852), deutscher Mineraloge.

20. Reinhard Mannesmann (* 13. 5. 1856), deutscher Techniker und Großindustrieller.

Papst Pius XI. gewählt

Papst Pius XI.

6. Februar. Rom hat einen neuen Papst. Der bisherige Erzbischof von Mailand, Kardinal Achille Ratti, wird nach mehreren Wahlgängen vom Konklave zum Oberhaupt der katholischen Kirche gewählt. Er nimmt den Namen Pius XI. an. Der neue Papst ist 1857 in Desio bei Mailand geboren, war eine Zeitlang Theologieprofessor, dann Präfekt der Ambrosiana in Mailand sowie der Vatikanischen Bibliothek und 1919/1920 Nuntius in Polen. Den Kardinalspurpur trägt er erst seit Juni 1921. Pius XI. wird der »politischen« Richtung zugerechnet, der auch Kardinalsstaatssekretär Gasparri zugehört.

Washington-Verträge

6. Februar. In Washington endet die Abrüstungskonferenz, die seit 13. November 1921 unter dem Vorsitz des amerikanischen Außenministers Charles Evans Hughes getagt hat. Sie hat vier Abkommen zwischen den Mächten erbracht:
1. Im Washingtoner Flottenabkommen legen die Vereinigten Staaten, Großbritannien, Japan, Frankreich und Italien ihre Flottenstärken auf das Verhältnis 5 : 5 : 3 : 1,75 : 1,75 fest. Der Neubau großer Kriegsschiffe wird den Unterzeichnerstaaten untersagt, weitere Beschränkungen der Rüstung und der Seebefestigungen werden vereinbart.
2. Im Viermächteabkommen erkennen die USA, Großbritannien, Japan und Frankreich die gegenwärtigen Besitzverhältnisse und Einflußsphären im Pazifischen Ozean an. Das Bündnis zwischen Großbritannien und Japan von 1902 wird aufgehoben. (Es war seinerzeit geschlossen worden gegen die Ausdehnungsbestrebungen Rußlands in Ostasien und für die Aufrechterhaltung des Status quo in China und Korea.)
3. Im Neunmächteabkommen wird die Unabhängigkeit Chinas anerkannt und der Grundsatz der »offenen Tür« in China.
Es gibt nach den neuen Vereinbarungen keine besonderen Einfluß- und Interessensphären einzelner Mächte mehr in China.
4. Der Schantungvertrag sieht die Rückgabe von Schantung und Kiautschou durch die Japaner an China vor. Japan hatte die Gebiete, ehemals deutsche Kolonialgebiete, nach dem ersten Weltkrieg in Besitz genommen.

Eisenbahner streiken

1. Februar. In Deutschland streiken die Eisenbahner. Nachdem die Regierung ein Ultimatum bei Lohnverhandlungen nach Teuerungszulagen und günstiger Arbeitszeitregelung abgelehnt hat, treten – zeitweise bis zu 700 000 – Arbeiter, Angestellte und Beamte in den Streik. Im Süden Deutschlands ist die Beteiligung gering. Es ist der erste größere Beamtenstreik im Reich. Reichspräsident Friedrich Ebert erläßt am 1. Februar ein striktes Streikverbot für Beamte bei Androhung drastischer Sanktionen. Schon die Aufforderung zum Beamtenstreik soll mit Gefängnis und Geldstrafe bis 50 000 Mark belegt werden. Kündbare Beamte, die sich am Streik beteiligen, werden entlassen. Durch Einsatz der Technischen Nothilfe wird ein notdürftiger Verkehrsbetrieb aufrechterhalten. Der Streik wird am 7. Februar beendet.

Mo	Di	Mi	Do	Fr	Sa	So
		1	2	3	4	5
6	7	8	9	10	11	12
13	14	15	16	17	18	19
20	21	22	23	24	25	26
27	28	29	30	31		

1. Oder-Damm bricht bei Breslau durch Eismassen. Mehrere Orte von der Außenwelt abgeschnitten.

1. Streik der süddeutschen Metallarbeiter gegen Verschlechterung des Lebensstandards.

3. Reichsmietengesetz verabschiedet – führt gesetzliche Mieten ein.

4. Dollarstand: 251,75 Mark. Der Zentner Kartoffeln kostet das Hundertfache des Friedenspreises, das Pfund Butter 58 Mark.

5. Uraufführung des Filmes »Nosferatu« von Friedrich Murnau.

14. Wilhelm Furtwängler wird als Nachfolger des gestorbenen Arthur Niekisch Leiter der Leipziger Gewandhauskonzerte; übernimmt auch Berliner Philharmonische Konzerte.

18. Mahatma Gandhi wird zu sechs Jahren Haft verurteilt. →

18. Fuad I. wird in Ägypten gekrönt: Ägypten wird unabhängiges Königreich.

21. Stadt Essen erwirbt privates Folkwangmuseum von den Erben des Hagener Kunstmäzens Karl Ernst Osthaus.

22. Direktor der Kruppwerke, Geheimrat Wiedfeld, wird Botschafter in Washington.

24. Dollarstand: 329 Mark.

26. 37. Fußballländerspiel endet mit 2 : 2 gegen die Schweiz.

26. Uraufführung der Oper »Sancta Susanna« des 26jährigen Paul Hindemith in Frankfurt.

29. Eine Bodenreform in Litauen schaltet alte polnische Herrscherschicht aus.

30. Ehemals größtes deutsches Schiff, »Bismarck«, geht an England. →

31. Die Kurzschriftschulen Gabelsberger und Stolze-Schrey einigen sich auf gemeinsame einheitliche deutsche Kurzschrift.

GEBOREN:

1. Izhak Rabin, israelischer General und Politiker.

8. Heinar Kipphardt, deutscher Schriftsteller.

18. Egon Bahr, deutscher Politiker und Journalist.

GESTORBEN:

7. Carl Ludwig Schleich (* 19. 7. 1859), deutscher Arzt und Schriftsteller. →

Gandhi in Haft

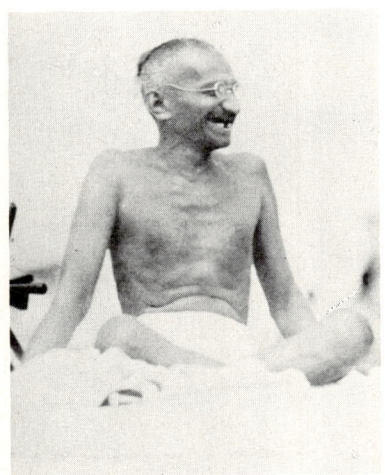

Mahatma Gandhi.

18. März. Der indische Freiheitskämpfer Mohandas Karamchand Gandhi, seit 1915 »Mahatma« (der Hochherzige) genannt, wird zu sechs Jahren Haft verurteilt. Er hat zum zivilen Ungehorsam gegenüber der britischen Herrschaft aufgerufen. Zu seinem Programm des gewaltlosen Widerstandes, mit dem er die Befreiung seines Landes von Kolonialherrschaft erreichen will, gehört die »Spinnradpropaganda« (Brechung des englischen Textilmonopols durch Eigenerzeugung) und die Salzgewinnung (um britisches Salzmonopol zu brechen). Seit seiner Verhaftung am 10. März wird in den Tempeln Indiens täglich für ihn gebetet.

Die Methode des gewaltlosen bürgerlichen Widerstandes hat Gandhi, der 1888 bis 1891 in London Jura studiert hat, in Südafrika entwickelt, wo er 1893 bis 1914 sich für die politischen Rechte der indischen Einwanderer eingesetzt hat. Seine Methode nennt er Satjagraha (d. i. Festhalten an der Wahrheit). Sie soll den Gegner zur Einsicht und damit zur Änderung seiner Handlungsweisen bringen.

Im Hamburger Sanierungsgebiet baut der bekannte norddeutsche Architekt Fritz Höger (geboren 1877) neben anderen das Chile-Haus, ein Kolossalgebäude mit dem für Högers Baustil charakteristischen Oldenburger Klinker.

Wehmut um ein Schiff

30. März. Mit wehmütigen Nachrufen der Presse nimmt die Bevölkerung im Reich Abschied von dem 1913 gebauten, bisher größten deutschen Schiff, dem Dampfer »Bismarck«. Er wird nach den Bestimmungen des Friedensvertrages an England ausgeliefert und heißt künftig »Majestic«. Das 56500-Bruttoregistertonnen-Schiff hat ca. 1000 Mann Besatzung, die Maschinenanlage ist 61000 PS stark. Bei Betrieb benötigt sie täglich für vier Millionen Mark Heizöl. Die »Majestic« fährt für die englische White-Star-Linie.

Der erste Vampir der Filmgeschichte erscheint in »Nosferatu« auf der Leinwand.

Nosferatu aufgeführt

5. März. Der künstlerisch bedeutendste und eindrucksvolle expressionistische Film »Nosferatu. Symphonie des Grauens« von Friedrich Wilhelm Murnau wird uraufgeführt. Das Drehbuch von Henrik Galeen ist nach dem Roman »Dracula« von Bram Stoker entstanden. Es thematisiert die melodramatische Geschichte des reinen Mädchens und eines unheimlichen Schloßherrn, der als Vampir die Pest aus den Karpaten über das Meer bis nach Lübeck bringt. Nosferatu gehört zu den Filmen des phantastischen Expressionismus, die ohne Beziehung zu Gegenwartsproblemen eine dunkle Welt mit furchteinflößenden Phantomen und Erscheinungen aufbauen – ein Alptraum, aus dem meist kein Entrinnen möglich scheint. Mit »Nosferatu« beginnt die Gattung der Vampirfilme.

Erfinder der örtlichen Betäubung stirbt in einem Sanatorium

7. März. In einem Sanatorium in Saarow-Pieskow stirbt der Arzt und Erfinder der Lokalanästhesie, Carl Ludwig Schleich. Seine Methode der »schmerzlosen Operation bei vollem Bewußtsein des Patienten«, die vom Chirurgenkongreß in Berlin abgelehnt worden ist, gilt als medizinische Großtat. Durch sie sind 70 Prozent aller Vollnarkosen bei chirurgischen Eingriffen überflüssig geworden. Schleich, der Leiter der chirurgischen Abteilung des Krankenhauses Groß-Lichterfelde gewesen ist, hat neben seinen medizinischen Publikationen literarische Arbeiten hinterlassen. 1921 erschienen seine Lebenserinnerungen »Besonnte Vergangenheit«.

Carl Ludwig Schleich †.

1922

APRIL

Mo	Di	Mi	Do	Fr	Sa	So
					1	2
3	4	5	6	7	8	9
10	11	12	13	14	15	16
17	18	19	20	21	22	23
24	25	26	27	28	29	30

1. Deutscher Luftpostverkehr wieder aufgenommen.

2. Der erste Flugzeug-Steward tritt seinen Dienst an. Er ist auf der Linie London–Paris der Daimler Airways tätig.

2. Graf Giulio Masetti gewinnt auf Mercedes das sizilianische Targa-Florio-Rennen über 432 km; erster Einsatz des Mercedes-Sportwagens mit Kompressor.

2. Premiere des Chaplin-Filmes »Zahltag« in New York.

3. Josef Stalin wird auf Vorschlag Lenins Generalsekretär des ZK der KPdSU.

6. Frauen im Reich zum Schöffen- und Geschworenenamt zugelassen.

7. Erster Flugzeugzusammenstoß: Über Poix kollidieren eine DH 18 der Daimler Airways und ein Typ Farman Goliath der Linie »Grands Express«.

10. In Genua eröffnet Weltwirtschaftskonferenz. →

12. In Köln wird als größtes deutsches Kino die »Schauburg« mit 2000 Plätzen eröffnet.

16. Vertrag von Rapallo: Erste völkerrechtliche Anerkennung Sowjetrußlands durch Deutschland. →

17. Wolfgang Kapp stellt sich deutschen Behörden und wird verhaftet. →

20. Fusion der Deutschen Bank mit der Deutschen Petroleum AG.

23. Landtagswahlen in Schaumburg-Lippe: SPD stärkste Fraktion.

23. Im 38. Fußballländerspiel siegt Deutschland gegen Österreich in Wien mit 2 : 0.

27. Premiere des Filmes »Dr. Mabuse, der Spieler«. →

GEBOREN:

9. Carl Amery (eigentlich Christian Anton Mayer), deutscher Schriftsteller.

GESTORBEN:

1. Karl I. (* 17. 8. 1887), ehemaliger Kaiser von Österreich und (als Karl IV.) König von Ungarn. →

2. Hermann Rorschach (* 8. 11. 1884), Schweizer Psychiater.

8. Erich von Falkenhayn (* 11. 9. 1861), deutscher General. →

Teilnehmer der Konferenz: Dritter von links der britische Premier Lloyd George, ganz rechts Jean Louis Bartou, Vorsitzender der Reparationskommission.

Kanzler Wirth (l.) mit den Russen Krassin (r.) und Tschitscherin (M.).

Rapallo-Vertrag unterzeichnet

10. April. In Genua eröffnet die Weltwirtschaftskonferenz mit Vertretern aus 28 Staaten. Die Vereinigten Staaten haben keine Delegation geschickt, erstmals jedoch ist das offiziell von den Großmächten noch nicht anerkannte Sowjetrußland vertreten (unter Leitung des Volkskommissars Georgij W. Tschitscherin). Die Hoffnung der deutschen Teilnehmer auf Lösung der Reparationsfrage ist vergeblich, das Thema ist in Genua offiziell von der Tagung ausgeklammert.

Die Debatten kreisen um die Wiedereingliederung Sowjetrußlands in die Weltwirtschaft. Die Westmächte machen ihr Verhältnis zu Rußland u. a. von der Anerkennung der zaristischen Vorkriegsschulden durch Rußland abhängig und schlagen vor, Rußland solle zur Finanzierung Reparationsforderungen gegenüber dem Deutschen Reich geltend machen (wie im Versailler Vertrag vorgesehen). Das bringt die deutschen Politiker auf den Plan. Sie schließen am 16. April in Rapallo bei Genua einen Sondervertrag mit Sowjetrußland.

Die Gefahr, daß Russen und Westmächte eine neue Einheitsfront gegen Deutschland bilden könnten, ist zwar gering, aber u. a. gegenüber Außenminister Walther Rathenau, der der Verständigung mit dem Westen den Vorrang gibt, hochgespielt worden. Vertragliche Vereinbarungen zwischen dem Reich und Sowjetrußland sind schon seit längerer Zeit in Vorbereitung. Die Regierungen vereinbaren die Aufnahme diplomatischer Beziehungen, verzichten beiderseitig auf Ersatz von Kriegsschäden und vereinbaren Meistbegünstigung für gegenseitige Handels- und Wirtschaftsbeziehungen. Der Sowjetstaat ist damit zum erstenmal völkerrechtlich anerkannt. Die übrigen Konferenzteilnehmer fühlen sich hintergangen und protestieren am 18. April mit Empörung. Die Westmächte spekulieren, zu Unrecht, daß Deutschland und Rußland noch geheime Abkommen über Waffenhilfe getroffen hätten.

Früherer Chef des Generalstabes Erich von Falkenhayn gestorben

8. April. Der ehemalige preußische Kriegsminister (1913–1915) und Chef des Generalstabs des Feldheeres im Weltkrieg, Erich von Falkenhayn, stirbt im Alter von 60 Jahren auf Schloß Linstedt bei Potsdam. Der von Kaiser Wilhelm II. hochgeschätzte General hat schon im September 1914 die Führung der deutschen Landstreitkräfte übernommen, ist aber als Nur-Militär mit der Koordination von politischer und militärischer Gesamtleitung überfordert gewesen. Seine Strategie, Frankreich 1916 bei Verdun »auszubluten«, ist fehlgeschlagen und hat 300 000 Tote, Gefangene und Verwundete bei den Franzosen, 280 000 bei den Deutschen gekostet. Erich von Falkenhayn ist danach durch Paul von Hindenburg abgelöst worden.

Konferenz über Esperanto

18. April. Auf der Internationalen Konferenz für den Esperanto-Unterricht in Genf wird die Hoffnung artikuliert, daß Esperanto ein Werkzeug zum Aufbau Europas werden könnte. Unter den Vertretern aus 28 Ländern ist auch eine deutsche Delegation. In Deutschland wird in 123 deutschen Städten an öffentlichen Schulen Esperanto unterrichtet.

»Dr. Mabuse« im Kino

27. April. Im Ufa-Palast in Berlin wird der Film »Dr. Mabuse, der Spieler«, der unter Regie von Fritz Lang nach dem Roman von Norbert Jacques entstanden ist, uraufgeführt. Er steht mit der Handlung eines raffinierten Verbrechers und Mörders, der aus dem Hinterhalt mit einer Bande von treuen Untergebenen seine Taten begeht, auf der Grenze zwischen Phantasie und Dokumentation. Die Handlung spielt in einer Großstadt der zwanziger Jahre und zeigt die sozialen Probleme der Nachkriegszeit, fängt eine Art Stimmungsbild ein, das von den Zuschauern als nahezu authentisch verstanden wird. Es tauchen alle Makel der Jahre auf, von der Spekulationswut bis zu Schmuggel und Falschmünzerei, Aberglauben und Spiritismus. Auch der zweite Teil des Films (26. Mai) findet wieder »nahezu beispiellose Wirkung auf die breiten Zuschauermassen«, wie es in Rezensionen heißt.

Eine Szene aus dem Fritz-Lang-Film »Dr. Mabuse, der Spieler«. Der Film ist ein Spiegelbild der wirren, von sozialen Problemen gezeichneten Nachkriegszeit.

Exkaiser Karl I. tot

1. April. In der Verbannung in Funchal auf Madeira stirbt der 34jährige ehemalige Kaiser Karl I. von Österreich-Ungarn an einer Lungenkrankheit. Er ist nach dem zweiten Restaurationsversuch in Ungarn 1921 von den Alliierten auf die Insel verbannt worden. Karl, Großneffe Kaiser Franz Josephs I., hat sich in den nur zwei Jahren seiner Regentschaft (seit 1916) bemüht, »Volkskaiser« zu sein. Während des Krieges hat er Friedensmöglichkeiten bei der Entente sondiert, was ihm, nach gezielter Bekanntgabe durch die französische Regierung, Demütigung durch die Oberste Deutsche Heeresleitung erbracht hat. Nach seinem Verzicht auf die Regierungsausübung in Österreich und Ungarn ist Karl zunächst in die Schweiz ins Exil gegangen.

Kapp stellt sich

17. April. Generallandschaftsdirektor Wolfgang Kapp, der sich nach seinem mißlungenen Putsch (→ März 1920) in Schweden aufgehalten hat, stellt sich bedingungslos selbst den deutschen Behörden. Er wird nach seiner Ankunft aus Schweden in Saßnitz sofort verhaftet und in das Untersuchungsgefängnis in Leipzig gebracht.

1922
MAI

Mo	Di	Mi	Do	Fr	Sa	So
1	2	3	4	5	6	7
8	9	10	11	12	13	14
15	16	17	18	19	20	21
22	23	24	25	26	27	28
29	30	31				

3. Preußischer Innenminister kündigt Beschlagnahmung von vermehrt verbreiteten antisemitischen Hetzflugblättern an.

5. Abzug der alliierten Luftfahrt-Überwachungskommission aus Deutschland. Sie hat Zerstörung von über 14 000 Flugzeugen und 28 000 Flugmotoren veranlaßt.

9. Verhaftung von 150 amerikanischen Arbeiterführern nach Bombenanschlag in Chicago, den die Polizei der Arbeiterpartei zur Last legt.

12. Operette »Frasquita« von Lehár in Wien uraufgeführt.

14. Arnolt Bronnens Drama »Vatermord« an der Jungen Bühne Berlin. →

15. Luftverkehrslinie Genf–Nürnberg eröffnet mit 4- bis 6sitzigen Flugzeugen. Flug Genf–Berlin dauert 9 Stunden.

15. Deutsch-polnisches Abkommen regelt für 15 Jahre Grenzverkehr durch geteiltes Oberschlesien und Minderheitenprobleme.

17. Geschwindigkeitsrekord von K. Kee Guiness auf Sunbeam in Brooklands mit 215,244 Stundenkilometern.

24. Eucharistischer Kongreß in Rom eröffnet.

24. In Paris konstituiert sich Morgan-Komitee zur Prüfung internationaler Anleihegewährung an Deutschland.

25. Gründung des Deutschen Evangelischen Kirchenbundes als Zusammenschluß aller Landeskirchen.

28. In Düsseldorf eröffnet 1. Internationale Kunstausstellung; die Hälfte der ca. 900 Exponate sind von deutschen Künstlern.

31. Neue Unruhen in Irland.

31. Der christlich-soziale Parteiführer Prälat Ignaz Seipel bildet Koalitionsregierung in Österreich nach dem Rücktritt des Kabinetts Schober.

GEBOREN:

16. Othmar Suitner, österreichischer Dirigent.

17. Karl Wittlinger, deutscher Dramatiker.

GESTORBEN:

12. Hugo Conwentz (* 20. 1. 1855), deutscher Botaniker. →

Theater-Eklat um Bronnen-Drama

14. Mai. Arnolt Bronnens Drama »Vatermord«, das am 22. April in Frankfurt uraufgeführt worden ist, wird unter der Regie von Berthold Viertel in Berlin ein Skandalerfolg. Polizei räumt nach der Sonntagsvorstellung mittags das Theater, weil erregte Anhänger und Gegner des Stücks ihre Auseinandersetzungen nicht abbrechen wollen. Das radikale Stück artikuliert ein klassisches Thema: den Generationenkonflikt. Bronnen schildert in expressionistisch gesteigerter Form einen haßerfüllten Kampf zwischen Vater und Sohn, der zwischen Prügel- und Demütigungsszenen und muffigen Versöhnungen kreist und schließlich in der Ermordung des Vaters und inzestuöser Verbindung des Sohnes mit der Mutter endet. Die Toleranzschwelle des Publikums ist überschritten.

Die Revolte der Söhne gegen die Väter ist unter anderem schon von Walter Hasenclever (in »Der Sohn«) und etwa von Franz Werfel in Gedichten und Novellen thematisiert. Sie wird auch politisch als Charakteristik der Zeit verstanden. Nicht umsonst ergreifen die Konservativen in Preußenstücken wie Joachim von der Goltz' »Vater und Sohn« Partei für den autoritären königlichen Vater.

Naturschützer Conwentz stirbt

12. Mai. In Berlin-Schöneberg stirbt der deutsche Botaniker Hugo Conwentz. Er kann als Schöpfer des modernen von staatlichen Stellen gelenkten und unterstützten Naturschutzes gesehen werden. 1910 ist auf seine Initiative hin die erste staatliche Stelle für »Naturdenkmalpflege« in Berlin gegründet worden.

Passionsspiele in Oberammergau

In Oberammergau finden nach zwölfjähriger Pause wieder die Passionsspiele statt. Für die angesetzten 60 Aufführungen haben sich im März 35 000 Besucher angemeldet.

JUNI

Mo	Di	Mi	Do	Fr	Sa	So
			1	2	3	4
5	6	7	8	9	10	11
12	13	14	15	16	17	18
19	20	21	22	23	24	25
26	27	28	29	30		

1. Seit Juni 1921 ist die zirkulierende Geldmenge von 84,9 auf 180,8 Milliarden Mark gestiegen.

2. Unter Mussolinis Führung erzwingen 50 000 Faschisten in Bologna Entlassung des linksorientierten Präfekten Mori.

2. Oper »Renard von Mavra« von Richard Strauss in Paris uraufgeführt.

4. Philipp Scheidemann durch Blausäureattentat verletzt. →

10. »Vereinigte Vaterländische Verbände« protestieren in München gegen Besuch von Präsident Ebert.

10. Internationale Hochfinanz lehnt Reparationsanleihe ab, die Deutschland zur Begleichung fälliger Zahlungen braucht.

11. Hindenburgfeier in Königsberg: Parade der gesamten Garnison vor dem Feldmarschall. Gegendemonstrationen der Linken.

11. Bergarbeiterverbände lehnen Überschichten auf Zechen ab.

18. Endspiel um Fußballmeisterschaft endet nach über dreistündigem Spiel zwischen 1. FC Nürnberg und HSV in Berlin mit 2 : 2. Wiederholungsspiel im August.

18. Flughafen Bremen eröffnet.

18. Deutsche Kampfspiele in Berlin; nationales Riesensportfest als Ausgleich für Ausschluß der Deutschen von Olympischen Spielen.

21. England erhebt auf zahlreiche deutsche Waren 33,3 Prozent Einfuhrzoll.

21. Reichsschulgesetz vertagt, keine Einigung über Frage der Bekenntnisschule.

25. Unruhen und Massendemonstrationen wegen Ermordung Rathenaus.

25. Dollarkurs: 348,50 Mark.

26. Notverordnung zum Schutz der Republik. →

30. Uraufführung von Ernst Tollers »Die Maschinenstürmer« in Berlin. →

30. In Berlin streiken Drucker.

GESTORBEN:

12. Wolfgang Kapp (* 24. 7. 1858), deutscher Politiker und Jurist. →

24. Walther Rathenau (* 29. 9. 1867), deutscher Politiker. →

30. Georg Heinrich von Vollmar (* 7. 3. 1850), deutscher Politiker.

Außenminister Walther Rathenau

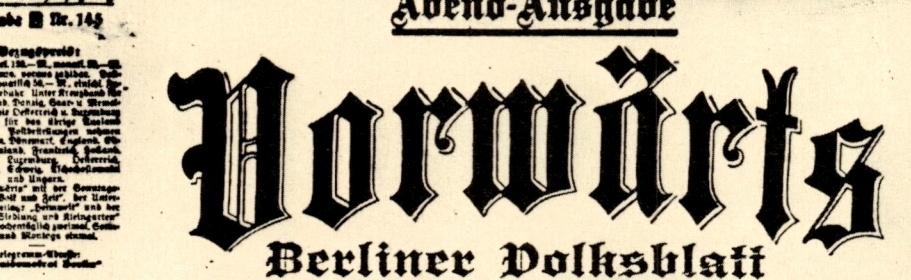

Wie ein Schock wirkt der Mord an dem deutschen Außenminister Walther Rathenau. Der »Vorwärts«, das Sprachrohr der Sozialdemokratischen Partei, berichtet noch in der Abendausgabe des Mordtages über die Geschehnisse.

24. Juni. Ein politischer Mord erschüttert die Republik. Reichsaußenminister Walther Rathenau wird auf der Fahrt von seiner Villa in Grunewald ins Auswärtige Amt von Angehörigen der Organisation Consul erschossen. Von einem Wagen aus, der dem offenen Auto des Ministers folgt, wird aus einer Maschinenpistole auf ihn gefeuert, ein zweiter Attentäter schleudert eine Handgranate in den Ministerwagen. Rathenau, der aufspringt, als die Mörder die Waffen erheben, ist sofort tot. Es ist der 376. politische Mord in Deutschland seit 1919. Die Täter sind Erwin Kern, Oberleutnant a. D., der 20jährige Student Techow (er hat den Wagen gesteuert) und der 25jährige Ingenieur Hermann Fischer. Techow wird am 29. Juni verhaftet, Kern und Fischer begehen später, von der Polizei gestellt, Selbstmord. Gegen Rathenau hat, seit er im Sommer 1921 Wiederaufbauminister geworden ist, eine wüste Hetze eingesetzt. Nach dem Vertragsabschluß von Rapallo ist sie eskaliert. Rechtsradikale unterstellen, er sympathisiere mit dem Bolschewismus. Eine der Tiraden, die sogar von der nationalistischen Presse nachgedruckt worden ist, gipfelt in dem Vers »knallt ab den Walther Rathenau / die gottverdammte Judensau«.

Zur Beisetzung versammelt sich vor dem Reichstag eine Menschenmenge.

Eine Protestdemonstration gegen den Mord zieht zum Berliner Schloß.

Berlin ermordet

Der DDP-Politiker und Reichsaußenminister Walther Rathenau †.

Der ermordete Außenminister, Sohn des AEG-Gründers Emil Rathenau, hat sich 1921 erst auf inständiges Drängen zur Übernahme eines Ministerpostens im Kabinett Wirth entschlossen.

Er ist sich der Gefahren bewußt gewesen, die angesichts des seit dem Krieg aufwallenden Antisemitismus für ihn als Juden die Übernahme eines der verantwortlichsten und schwierigsten Reichsämter bedeutete.

Der Großindustrielle, der seit 1915 Aufsichtsratsvorsitzender der AEG gewesen ist, hat im Krieg die Rohstoffbewirtschaftung organisiert. Im Herbst 1918 hat er auch mit dem Aufruf für eine »levée en masse« (Aufstand der Massen) zur Abwendung der deutschen Niederlage leidenschaftlichen Patriotismus bewiesen. Als Wirtschaftsfachmann ist der brillante liberale Intellektuelle und Humanist – er ist Mitglied der von Friedrich Naumann 1918 gegründeten liberalen Deutschen Demokratischen Partei (DDP) gewesen – von 1919 an immer wieder von der Regierung zu Rate gezogen worden. Als Verfasser ökonomischer und philosophischer Werke über die Gesellschaft der Zukunft war Walther Rathenau außerdem einer der meistgelesenen Autoren seiner Zeit.

»Der Feind steht rechts«
Als die Mordnachricht im Reichstag bekannt wird, kommt es zu tätlichen Angriffen auf Karl Helfferich und andere deutschnationale Abgeordnete. Den Deutschnationalen und ihrer Propaganda wird ihre Schuld am Rathenau-Mord vorgerechnet. Reichskanzler Joseph Wirth ruft in einer leidenschaftlichen anklagenden Rede am nächsten Tag der Rechten im Reichstag zu: »Da steht der Feind, der sein Gift in die Wunden seines Volkes träufelt. Da steht der Feind! und darüber ist kein Zweifel: dieser Feind steht rechts.«

Rathenau ist in weiten Kreisen des Bürgertums – im Unterschied etwa zu Matthias Erzberger – beliebt und anerkannt gewesen. Die Mörder haben ihn, wie Mitwisser später versichern, vor allem wegen seiner großen Fähigkeiten gefürchtet. Man hat ihm zugetraut, daß er die Republik aus der außenpolitischen Krise herausführen könnte – und wollte es verhindern. Arbeiter, Gewerkschaften und Linksparteien protestieren nach dem Mord gegen die Bedrohung der Republik von rechts.

Die Republik schützt sich
Reichspräsident Friedrich Ebert erläßt bereits zwei Tage nach dem Mord (gestützt auf Art. 48 der Reichsverfassung), eine Notverordnung zum Schutz der Republik, die er am 29. Juni noch erweitert. Sie enthält Bestimmungen zum Verbot republikfeindlicher Vereinigungen, Veranstaltungen und Druckschriften. Für die Zugehörigkeit zu Femeorganisationen wird Todesstrafe oder lebenslänglich Zuchthaus angedroht. Außerdem wird die Errichtung eines Staatsgerichtshofs zum Schutz der Republik als Sonderstrafgericht zur Aburteilung republikfeindlicher Straftaten verfügt. Am 27. Juni schließen SPD, USPD und KPD ein Abkommen »zur Verteidigung der Republik und der Grundrechte der Arbeitnehmerschaft«. Am 28. Juni kündigt die sächsische Regierung als Reaktion auf das Attentat den Aufbau einer Arbeiterwehr zum Schutz der republikanisch gesinnten Bevölkerung an. Ende des Monats werden die rechtsradikalen Verbände »Stahlhelm« und »Alldeutscher Verband« verboten.

Blausäureattentat auf SPD-Politiker Scheidemann

4. Juni. Auf Philipp Scheidemann, den ersten sozialdemokratischen Regierungschef der Republik, wird ein Blausäureattentat verübt. Ein Angehöriger der Organisation Consul bespritzt den jetzigen Oberbürgermeister von Kassel bei einem Spaziergang mit dem Gift. Der Politiker überlebt den Anschlag. Als Täter und Mittäter werden die OC-Mitglieder Hustert und Karl Oehlschläger verhaftet und später zu zehn Jahren Zuchthaus verurteilt. Sie nennen als Tatmotiv: Scheidemann habe den Kaiser und die Front verraten und die Revolution herbeigeführt.

Philipp Scheidemann.

Nur deutsche Autos zum Avus-Rennen

11. Juni. Unter ungewöhnlichen Ausschreibungsbedingungen findet das Avus-Autorennen in Berlin statt. Startberechtigt sind nur Autofirmen, die in Deutschland produzieren, auch sämtliche Teile der gemeldeten Fahrzeuge müssen aus deutschem Material und in deutschen Werkstätten hergestellt sein. Bei den 10-PS-Rennwagen liegen drei NAG-Wagen auf den ersten Plätzen (mit Christian Riecken, Hans Berthold und Willy Zerbst). Opel belegt in diesem Rennen den vierten Platz.

Wolfgang Kapp stirbt nach Augenoperation

12. Juni. Nach einer Augenoperation stirbt in der Leipziger Untersuchungshaft Wolfgang Kapp, der sich im April nach zweijährigem Exil in Schweden freiwillig gestellt hat. Kapp hat im März 1920 zusammen mit General von Lüttwitz versucht, die Reichsregierung zu stürzen. Der streitbare Monarchist ist von 1906–1916 als Jurist ostpreußischer Generallandschaftsdirektor gewesen und hat 1917 zusammen mit Großadmiral von Tirpitz die rechtsradikale Vaterlandspartei begründet (→ März 1920).

Premiere wird zur politischen Demonstration

30. Juni. Zu einem politischen Ereignis wird die Uraufführung des Dramas »Die Maschinenstürmer« von Ernst Toller. Der junge Dramatiker sitzt noch in Festungshaft im bayrischen Niederschönenfeld wegen Beteiligung an der Münchener Räteregierung. Ein Gesuch Gerhart Hauptmanns und anderer Intellektueller um Hafturlaub für ihn ist abgelehnt worden.

Rund 4000 Menschen sehen im Berliner Großen Schauspielhaus die Aufführung des in der Haft entstandenen sozialrevolutionären Stückes und funktionieren die Theaterszene zur politischen Tribüne um. In den Zwischenakten werden aufgewühlte Volksreden gehalten, Gegenreden ertönen, der Autor wird lautstark gefeiert.

Ernst Toller.

Mo	Di	Mi	Do	Fr	Sa	So
					1	2
3	4	5	6	7	8	9
10	11	12	13	14	15	16
17	18	19	20	21	22	23
24	25	26	27	28	29	30
31						

1. Gründung des »Republikanischen Studentenbundes« als Reaktion auf Mord an Rathenau.

2. In Bochum endet 39. Fußball-länderspiel mit 0 : 0 gegen Ungarn.

3. Maximilian Harden, journalistischer Kritiker des wilhelminischen Staates, wird in Berlin von Unbekannten überfallen und mißhandelt und trägt bleibende körperliche und geistige Schäden davon.

7. Dollar über 500 Mark.

12. Berlin hat nach anderthalb-wöchigem Druckerstreik wieder Zeitungen.

14. Reichstagsfraktion von SPD und USPD bilden Arbeitsgemeinschaft.

15. Bei Hanomag in Hannover verläßt die 10 000. Lokomotive seit Bestehen (1846) das Werk.

15. Felice Nazzaro gewinnt auf Fiat Grand-Prix-Rennen bei Straßburg.

15. Deutsche Regierung verlangt Herabsetzung der monatlichen Reparationszahlungen von 2 Millionen auf 500 000 Pfund.

17. Fusion der Nationalbank und der Bank für Handel und Industrie (Darmstädter Bank) zur Danatbank: eine der vier größten deutschen Banken.

17. Temperatursturz in Mitteleuropa. Auf dem Feldberg und im höheren Schwarzwald liegt Schnee.

17. Rathenau-Mörder Fischer und Kern begehen, von Polizei gestellt, auf Burg Saaleck Selbstmord.

18. Gesetz zum Schutz der Republik. →

22. Beamte erhalten rückwirkend Teuerungszuschlag von 55 Prozent, ab 1. August von 80 Prozent.

22. 1. Deutsches Arbeiter-Turn-und-Sportfest in Leipzig. →

24. Bayern erläßt Verordnung zum Schutz der Republik anstelle des Reichsgesetzes. →

31. Uraufführung von Hindemiths »Des Todes Tod« in Donaueschingen.

GEBOREN:

24. Hans-Jürgen Wischnewski, deutscher Politiker.

GESTORBEN:

17. Heinrich Rubens (* 30. 3. 1865), deutscher Physiker.

Turnfest der Arbeiter

22. Juli. Die deutsche Arbeitersport-Bewegung tritt, 30 Jahre nach ihren Anfängen, in Leipzig erstmals mit einer Großveranstaltung an die Öffentlichkeit. Zum 1. Deutschen Arbeiter-Turn-und-Sportfest reisen 100 000 Teilnehmer an, aus dem Ausland treffen 15 000 Sportler ein (u. a. aus den USA, Frankreich, Belgien, Finnland). Es werden Wettkämpfe in Leichtathletik (erstmals mit elektrischer Zeitmessung), Ringen, Schwimmen ausgetragen; unübersehbaren Raum nehmen die Inszenierungen disziplinierter Massenauftritte ein, so etwa wird Massengymnastik mit uniform gekleideten Turnern nach Musik vorgeführt oder Reigenspiele der Radfahrer gezeigt. Der Arbeiter-Turn-und-Sportbund hat über 500 000 Mitglieder und sieht seine Aufgabe darin, »möglichst viele Werktätige dem Einfluß der bürgerlichen Organisation und Ideologie zu entziehen«. Er propagiert als Ziel die »Stärkung für den Klassenkampf«.

Der Einzug der Sportler zum Arbeiter-Turn-und-Sportfest in Leipzig.

Gesetz zum Schutz der Republik

18. Juli. Nach heftigen Debatten wird im Reichstag das Gesetz zum Schutz der Republik verabschiedet und tritt am 23. Juli in Kraft. Es beinhaltet im wesentlichen die Bestimmungen der Notverordnungen vom Vormonat. Das Zustandekommen des Gesetzes zeigt, wie verhärtet die innenpolitischen Fronten geworden sind. Gegen das Gesetz stimmen die Deutschnationalen, die Bayerische Volkspartei, der Bayrische Bauernbund und einzelne Mitglieder der DVP und KPD. Bayern bezeichnet das Republikschutzgesetz als verfassungswidrig und erläßt am 24. Juli statt dessen eigene Verordnungen zum Schutz des Staates. Damit provoziert Ministerpräsident Graf Lerchenfeld einen weiteren offenen Zwist mit der Reichsregierung. Hintergrund ist Bayerns Beharren auf »Eigenstaatlichkeit« und auf Hoheitsrechten der Länder.

Wimbledon im Centre Court

Die Tennismeisterschaften des All England Club finden in dem neuen Centre Court statt. Sie beginnen bei schweren Regenfällen, das Turnier wird deshalb verlängert. Im Dameneinzel siegt zum viertenmal hintereinander Suzanne Lenglen, diesmal gegen die US-Meisterin Molla Mallory, der sie im Vorjahr in New York unterlegen ist. Sie gewinnt mit 6 : 2, 6 : 0.

Lungenoperation in München

Die Münchener Chirurgische Klinik richtet in ihrem Operationssaal eine Unterdruckkammer ein, mit deren Hilfe man nach dem von Professor Ernst Ferdinand Sauerbruch entwickelten Verfahren erstmals Operationen der Lunge durchführen kann.

Mo	Di	Mi	Do	Fr	Sa	So
	1	2	3	4	5	6
7	8	9	10	11	12	13
14	15	16	17	18	19	20
21	22	23	24	25	26	27
28	29	30	31			

2. Panikstimmung an der Börse. Dollarkurs steigt bis 860 Mark. Beginn stärker werdender Inflation. →

6. Wiederholungsspiel um DFB-Meisterschaft in Leipzig endet wieder unentschieden (1 : 1) zwischen HSV und 1. FC Nürnberg. →

7. Raymond Poincaré fordert in London »produktive Pfänder« zur Sicherung der deutschen Reparationsleistungen.

7. Belagerungszustand über Ober- und Mittelitalien wegen faschistischer Ausschreitungen.

8. Gerhart-Hauptmann-Festspiele in Breslau.

9. Neuer deutscher Weltrekord im Segeldauerfliegen in der Rhön.

12. Uraufführung von Hugo von Hofmannsthals »Das Salzburger Große Welttheater« (nach dem spanischen Dramatiker Pedro Calderón de la Barca) anläßlich Eröffnung der Salzburger Festspiele.

15. Deutsche Regierung erklärt Zahlungsunfähigkeit der fälligen Reparationsrate von 2 Millionen Pfund. Sie zahlt 500 000 Pfund.

20. Frauen-Weltspiele in Leichtathletik in Paris. →

22. Michael Collins, Chef der provisorischen Regierung des Freistaats Irland, wird erschossen. Nachfolger wird der radikalere William Th. Cosgrave.

25. Dollarkurs: 1990 Mark. →

27. Deutscher Katholikentag in München unter Vorsitz von Konrad Adenauer.

28. Erstmals Ausstrahlung von Rundfunkwerbung in New York (geworben wird an fünf Tagen hintereinander für ein Apartmenthaus).

GEBOREN:

18. Alain Robbe-Grillet, französischer Schriftsteller.

GESTORBEN:

1. Alexander Graham Bell (* 3. 3. 1847), Erfinder des Telefons. →

3. Minna Cauer (* 1. 11. 1841), deutsche Frauenrechtlerin. →

14. Alfred Charles W. H. Northcliffe (* 15. 7. 1865), britischer Verleger. →

19. Felipe Pedrell (* 19. 2. 1841), spanischer Komponist.

In Zeiten der Not wird jeder Holzstamm wieder zu einem wertvollen Besitz.

Weltspiele der Frauen

20. August. Vor rund 20 000 Zuschauern werden in Paris die ersten Frauen-Weltspiele in Leichtathletik ausgetragen. Die Gewinnerinnen erzielen folgende Ergebnisse:

60-m-Lauf: Marie Mejzliková (Tschechoslowakei), 7,6 s.

100 y.: Nora Callebout (Großbritannien) 12,0 s.

300 m: Mary Lines (Großbritannien) 44,8 s.

1000 m: Lucie Bréard (Frankreich) 3:12 min.

100-y.-Hürden: Camille Sabie (USA) 14,4 s.

Hochsprung: Hilda Hatt (Großbritannien) 1,46 m.

Weitsprung: Mary Lines (Großbritannien) 5,06 m.

Weitsprung aus dem Stand: Camille Sabie (USA) 2,45 m.

Kugelstoßen beidarmig: Lucielle Godbold (USA) 20,22 m.

Speerwerfen beidarmig: Francesca Pianzola (Schweiz) 43,24 m.

4 × 110-y.-Staffel: Großbr., 51,8 s.

HSV wird Meister

6. August. Das Wiederholungsendspiel um die DFB-Meisterschaft zwischen dem HSV und dem 1. FC Nürnberg endet in Leipzig mit 1 : 1. Das vorangegangene Spiel in Berlin am 18. Juni ist 2 : 2 ausgegangen. Der DFB spricht den Titel dem HSV zu. Bei dem Leipziger Spiel sind 58 000 Zuschauer ins Stadion geströmt – ein Zeichen, in welche Publikumsgunst der Fußballsport geraten ist. Vor dem Krieg waren Besucherzahlen um 7000 das übliche.

Der Aufschwung des Fußballsports läßt sich auch in anderen Zahlen messen. Im Deutschen Fußballbund, der vor dem Krieg knapp 200 000 Mitglieder gezählt hat, sind jetzt 800 000 organisiert, 1925 werden es nahezu 1 Million. Er wird zur größten deutschen Sportkorporation. An jedem Sonntag strömen Tausende zu Fußballstadien. In der Spielsaison 1922 werden z. B. von 24 206 deutschen Mannschaften 409 131 Fußballspiele ausgetragen. In der Weimarer Republik sind der 1. FC Nürnberg und der Hamburger SV neben Hertha BSC Berlin, Bayern München, der Spielvereinigung Fürth und dem VfB Leipzig mit die erfolgreichsten und bekanntesten Klubs. Fußballspieler wie Tormann Heiner Stuhlfaut (der in den zwanziger Jahren 21 Länderspiele als Torwart bestritten hat) sind Idole der Sportwelt.

Lawine der Inflation

2. August. Unter der Wirkung von Sachreparationen und inflatorischer Kreditpolitik der Reichsbank beschleunigt sich die anhaltende Inflation schlagartig zu lawinenartigem Ausmaß. Am 2. August schnellt der Dollarkurs auf 860 Mark, am Monatsende beträgt er bereits 1990 Mark. Die internationale Börse antwortet auf alle Ratenzahlungen (Deutschland muß die Reparationszahlungen in harter Währung – Devisen oder Gold begleichen) und auf drohende alliierte Noten mit sofortiger Verschlechterung des Wechselkurses. Für Fremde wird Deutschland und insbesondere Berlin zum billigen Paradies. Die »Berliner Illustrierte« registriert Schlangen ausländischer Autos vor den Kaufhäusern der Stadt und »Polonäsen vor Geschäften, in denen die Nahrungsmittel noch etwas billiger sind«.

Im Berliner Grunewald sind Frauen beim Holzsammeln unterwegs. Frauen des Mittelstandes postieren sich als Straßenhändlerinnen.

Festspiele für Hauptmann in Breslau

8. August. Im Jahr seines 60. Geburtstages werden in Breslau für Gerhart Hauptmann Festspiele abgehalten. Auch in anderen Städten wird der Dichter überschwenglich gefeiert. Hauptmann, der 1919 für das Amt des Reichspräsidenten vorgeschlagen worden ist, besitzt das größte Prestige als Schriftsteller der Republik, selbst vor Thomas Mann. Er ist eine Art Symbol und Gewissen der Nation geworden. Seine Bücher verkaufen sich gut, obwohl seine jüngsten Werke längst nicht mehr das Niveau seiner großen naturalistischen Dramen haben und das Publikum mehr der Person applaudiert hat (→ November 1912).

Frauenrechtlerin Minna Cauer stirbt 80jährig

3. August. Im Alter von 80 Jahren stirbt in Berlin eine der ersten Vorkämpferinnen der deutschen Frauenbewegung, Minna Cauer. Sie hat 1888 den Verein »Frauenwohl« gegründet und ein Jahr später den »Kaufmännischen Hilfsverein für weibliche Angestellte« mitbegründet. Seit 1908 hat die Tochter eines märkischen Pfarrers die Zeitschrift »Die Frauenbewegung« herausgegeben. Auf Anregung ihres Mannes, des Pädagogen Eduard Cauer, hat sie zwei umfassende wissenschaftliche Arbeiten geschrieben mit den Titeln »Die Frau in den Vereinigten Staaten« und »Die Frau im 19. Jahrhundert«.

Tod des englischen Zeitungsmagnaten Northcliffe

14. August. In London stirbt der britische Zeitungskönig Charles W. H. Northcliffe (eigentlicher Name Harmsworth). Er hat 1894 die »The Evening News« übernommen, 1896 als erstes Half-Penny-Blatt die konservative »Daily Mail« begründet und seit 1904 das erste illustrierte Massenblatt, den »Daily Mirror«, herausgebracht. Northcliffe hat 1905 bis 1911 den »Observer« finanziell saniert und zwischen 1908 und 1922 vorübergehend das renommierte englische Blatt »The Times«. 1918 ist er als »Director of propaganda in enemy countries« Mitarbeiter der britischen Regierung gewesen.

Erfinder des Telefons in Kanada gestorben

1. August. In Baddeck im kanadischen Neuschottland stirbt der Physiologe und Erfinder Alexander Graham Bell. Der gebürtige Schotte ist zunächst Taubstummenlehrer in England, seit 1873 Professor für Stimmphysiologie an der Universität Boston gewesen. Im Zusammenhang mit Forschungen zur Umwandlung von Schallschwingungen in elektrische Impulse und deren Übertragung und Rückverwandlung hat er einen Apparat entwickelt, der das erste brauchbare Telefon dargestellt hat. Am 9. März 1876 ist es patentiert worden, am 25. Juni 1876 in Philadelphia öffentlich vorgeführt..

1922

SEPTEMBER

Mo	Di	Mi	Do	Fr	Sa	So
				1	2	3
4	5	6	7	8	9	10
11	12	13	14	15	16	17
18	19	20	21	22	23	24
25	26	27	28	29	30	

1. Der Staatsgerichtshof zum Schutz der Republik nimmt seine Tätigkeit auf.

2. Ebert erklärt Deutschlandlied zur Nationalhymne.

4. Großindustrieller Stinnes und der Präsident der französischen Wiederaufbaugesellschaft, de Lubersac, schließen Abkommen über Beteiligung der deutschen Industriellen an Reparationslieferungen.

9. Türken besetzen Smyrna. Vertreibung der Griechen aus Kleinasien. →

10. Eröffnung der Autorennbahn Monza im königlichen Park bei Mailand mit dem Grand Prix von Italien. Pietro Bordino siegt auf Fiat vor Felice Nazzaro.

12. Paavo Nurmi läuft in Stockholm Weltrekord mit 14:35,4 min auf 5000 m.

15. Reichskanzler Wirth proklamiert vor Versammlung des Industrie- und Handelstages in Berlin als Maxime der Regierung »Erst Brot, dann Reparationen«.

18. Exkaiser Wilhelm II. verlobt sich in Doorn mit Prinzessin Hermine von Schönaich-Carolath (→ November 1922).

18. Ungarn wird in den Völkerbund aufgenommen.

23. Uraufführung von Bert Brechts Drama »Trommeln in der Nacht« in München. →

24. Vereinigungsparteitag von SPD und USPD in Nürnberg. →

27. Theodor Liebknecht und Georg Ledebour gründen neue USPD als Splitterpartei. →

27. König Konstantin I. von Griechenland zur endgültigen Abdankung gezwungen.

29. Ulrich Graf von Brockdorff-Rantzau wird zum ersten deutschen Botschafter in Sowjetrußland ernannt.

GEBOREN:

19. Emil Zatopek, tschechischer Langstreckenläufer.

19. Jochen Steffen, deutscher Journalist und Politiker.

GESTORBEN:

4. Georges Sorel (* 2. 11. 1847), französischer Sozialphilosoph.

30. Paul Barth (* 1. 8. 1858), deutscher Philosoph und Soziologe.

SPD wieder vereint

24. September. In Nürnberg geben USPD und SPD auf einem gemeinsamen Parteitag ihre Vereinigung bekannt. Sie nennen sich jetzt »Vereinigte Sozialdemokratische Partei Deutschlands« (VSPD) und besitzen zusammen als Fraktion im Reichstag 178 Abgeordnete. Die Wiederherstellung der sozialdemokratischen Einheit ist durch den Mord an Außenminister Rathenau ausgelöst und durch zwei Parteitage vorbereitet worden. Vorsitzende der neuen VSPD werden Otto Wels (bisher SPD) und Wilhelm Dittmann (bisher USPD). In einem Aktionspapier legt sich die VSPD auf ein uneingeschränktes Bekenntnis zum Marxismus, auf die Klassenkampfparole und das Bekenntnis zur »sozialistischen Gesellschaft« fest. Damit zeichnen sich Schwierigkeiten der Sozialdemokraten in puncto Bündnisfähigkeit mit der bürgerlichen Mitte ab. Am 27. September geben Theodor Liebknecht und Ledebour die Gründung einer USPD bekannt.

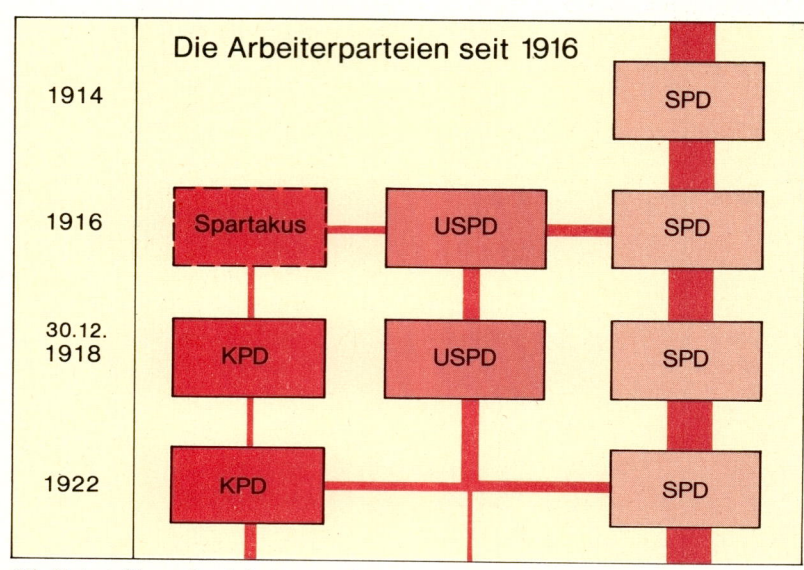

Die Entwicklung der Arbeiterparteien in Deutschland seit 1914.

Entscheidung im Krieg Türkei – Griechenland

9. September. Im griechisch-türkischen Krieg fällt die Entscheidung. Die Türken besetzen Smyrna. Bis zum 16. September werden die Griechen völlig aus Kleinasien vertrieben. Sie suchen um Waffenstillstand nach. Für die Griechen bedeutet die Niederlage eine Zäsur in ihrer Geschichte. Ihre bis in die Antike zurückreichende kleinasiatische Siedlungs- und Kulturtradition zerbricht. Aus Kleinasien heimkehrende Truppen fordern die Bestrafung der Schuldigen und zwingen am 27. September König Konstantin I., der erst im Dezember 1920 auf den Thron zurückgekehrt ist, zur Abdankung zugunsten seines Sohnes Georg II.

Georges Sorel stirbt in Frankreich

4. September. In Bologne-sur-Seine stirbt im Alter von 74 Jahren der französische Sozialphilosoph Georges Sorel. Er ist seit dem Krieg durch sein gleichzeitiges Eintreten für Lenin und Mussolini aufgefallen: Sowohl die russische Revolution als auch den italienischen Faschismus hat er für geeignete Wege gehalten, die europäische »Dekadenz« zu überwinden. Der Kulturpessimist Sorel, der ursprünglich Anhänger eines orthodoxen Marxismus, später Verfechter eines revolutionären Syndikalismus gewesen ist, wird mit seiner Theorie vom sozialen Mythos und von der Gewalt zum ideologischen Wegbereiter des Faschismus.

Naturalien gelten als Zahlungsmittel

Statt in der unsicheren Papiermark-Währung werden an einigen Orten Deutschlands bereits Naturalien als Zahlungsmittel entgegengenommen. In Weimar und Naumburg etwa können Arzthonorare, Schulgeld und Kosten für Gas- und Strom in Naturalien entrichtet werden. In Auma sind für eine Kilowattstunde zehn Eier oder drei Pfund Weizenmehl oder ¼ Zentner Kartoffeln zu zahlen.

Roman »Ulysses« von James Joyce wird berühmt

Der Roman »Ulysses« des irischen Schriftstellers James Joyce wird deutschen Lesern als Ereignis der Literaturszene zunächst nur in der Zeitschrift »Das literarische Echo« vorgestellt. Der Roman, der in Paris im Privatdruck erschienen ist, erzählt in bisher nicht gekannter minutiöser Genauigkeit und dabei Vielschichtigkeit, was drei Einwohner von Dublin vom 16. Juni 1904 bis zum nächsten Morgen drei Uhr tun, wem sie begegnen, was sie denken und fühlen. Mit Hilfe der Technik des inneren Monologs, der den bisher üblichen fiktiven Erzähler überflüssig macht, erfaßt Joyce auch die psychischen Vorgänge der Hauptpersonen. Durch die neue Erzähltechnik und Motiv- und Symbolfülle ist ein bahnbrechendes Werk der Literaturgeschichte entstanden. Es ist Epos, Chronik, Drama, Reportage, Essay und Entwicklungsroman zugleich. »Ulysses« erregt sofort nach Erscheinen Aufsehen. Joyce, der 1882 geboren wurde und seit 1904 in Paris, Triest und Zürich als Sprachlehrer und Journalist lebte, hat den Roman in der amerikanischen Zeitschrift »The little Review« auszugsweise von 1918 bis 1920 veröffentlicht, was den verantwortlichen Redakteuren Gefängnisstrafen eingebracht hat: »Ulysses« bleibt in den USA und in England wegen der »Behandlung sexueller Dinge in der Alltagssprache der unteren Klasse« zunächst verboten.

Eine Szene aus der Münchner Aufführung von »Trommeln in der Nacht«.

Erste Brecht-Premiere

23. September. Unter der Regie von Otto Falckenberg wird in München Bertolt Brechts 1919 entstandenes Drama »Trommeln in der Nacht« uraufgeführt. Es ist die erste Premiere des jungen Dichters überhaupt und die Begründung seines Ruhmes. Der Berliner Kritiker Herbert Ihering ist eigens dafür angereist und bringt überschwengliches Lob nach Berlin zurück, bei dem auch Zustimmung für die politische Orientierung Brechts mitschwingt: »Der vierundzwanzigjährige Dichter Bert Brecht hat über Nacht das dichterische Antlitz Deutschlands verändert.« Brecht versucht in dem Stück, das Schicksal des Spartakus-Aufstandes zu interpretieren.

Er entwickelt dabei die Dramaturgie des Zeigens, mit der die Abhängigkeiten des Menschen vorgeführt, die gesellschaftlichen Verhältnisse dargelegt und angeklagt werden. Das Stück ist damit realistischer und aktueller als die Dramen der Expressionisten, die fast alle vor und während des Weltkrieges entworfen oder geschrieben sind.

Der 1898 in Augsburg geborene Brecht hat 1917 das Studium der Naturwissenschaften und Medizin begonnen, ist im Herbst 1918 Sanitätssoldat im Militärlazarett gewesen und 1920 Dramaturg an den Münchener Kammerspielen. Bei Besuchen knüpfte er Kontakte mit der Berliner Theaterwelt.

Die bescheidenen, doch nicht minder erfreulichen Vergnügungen des Mittelstandes in den ersten, an Entbehrungen reichen Nachkriegsjahren: Ein Ausflug mit dem Stocherkahn auf einem der Spreearme in der Umgebung Berlins.

1922
OKTOBER

Mo	Di	Mi	Do	Fr	Sa	So
						1
2	3	4	5	6	7	8
9	10	11	12	13	14	15
16	17	18	19	20	21	22
23	24	25	26	27	28	29
30	31					

3. Beginn von Waffenstillstandsverhandlungen zwischen Griechenland und Türkei.

4. Genfer Protokolle: Die schwache Republik Österreich erhält internationale Kredite zum wirtschaftlichen Wiederaufbau. Sie untersteht dabei der Finanzkontrolle des Völkerbundes.

7. Anton Schwebla bildet in der Tschechoslowakei Koalitionsregierung der fünf Parteien einschließlich Nationalsozialisten.

9. Uraufführung von Carl Sternheims »Der Nebbich« in Darmstadt.

14. Bodenreform in Finnland richtet sich gegen schwedischen Großgrundbesitz.

14. August Thyssen schlägt dem Reichskanzler Verlängerung der Arbeitszeit vor: nur Aufhebung der 48-Stunden-Woche könne deutsche Wirtschaft durch höhere Produktion retten.

15. Thomas Mann hält die Rede »Von deutscher Republik«. →

15. In Berlin überfallen mehrere tausend bewaffnete Kommunisten die Versammlung des »Bundes für Freiheit und Ordnung«.

18. Eröffnung des Berliner Renaissance-Theaters mit Ludwig Bergers »Miß Sarah Sampson«.

19. »Bilder einer Ausstellung« (Mussorgski) in der Orchesterfassung von Maurice Ravel in Paris uraufgeführt.

19. Regierungswechsel in London. Lloyd George tritt zurück. Bonar Law bildet am 24. Oktober neues konservatives Kabinett. Curzon bleibt Außenminister.

23. Siegfried Wagner beendet seine »Erinnerungen«.

24. Reichstag verlängert durch verfassungsändernden Beschluß die Amtszeit von Reichspräsident Ebert bis Juli 1925.

28. Mussolinis »Marsch auf Rom«. →

30. Gründung einer deutschen Notgemeinschaft zur Unterstützung von Erwerbsunfähigen.

GEBOREN:

8. Katharina Focke, deutsche Politikerin.

GESTORBEN:

24. Wilhelm Bode (* 30. 3. 1862), deutscher Goetheforscher.

Thomas Manns Berliner Rede für die Republik

15. Oktober. Bei einer Feier zu Ehren Gerhart Hauptmanns hält Thomas Mann im Berliner Beethoven-Saal die Rede »Von deutscher Republik«. Darin legt er ein Bekenntnis zur neuen Staatsform ab. Er sieht in der Republik erstmals die Möglichkeit für eine Koexistenz von Kultur und Politik gegeben. Die Rede ist unter dem Eindruck der Ermordung Walther Rathenaus entstanden, den Thomas Mann persönlich gekannt hat und in dem er seine eigene vermittelnde Haltung vertreten gesehen hat. Der Wandel seiner politischen Anschauung macht den Dichter zu einer Person des öffentlichen Lebens. Von »Mann über Bord«, von »Verrat« ist die Rede, die Vossische Zeitung schätzt das Manifest, mit dem Mann die Jugend zur Demokratie bekehren will, als Propagandaakt für den sozialdemokratischen Präsidenten Ebert ein. Manns Äußerungen werden von jetzt an mit dem Odium des Politischen versehen.

»Weltruhm hoch zwei« überschreibt der »Uhu«, eines der amüsantesten Magazine der Zeit, dieses Bild, das Charlie Chaplin und die Primaballerina Anna Pawlowa zeigt.

Der Marsch auf Rom

Am Tag nach dem Marsch auf Rom stellt sich Mussolini (Mitte, mit Krawatte) auf der Piazza del Populo inmitten seiner Anhänger und Mitstreiter selbstbewußt den Fotografen. Die »Schwarzhemden« sind kampflos einmarschiert.

24. Oktober. In Italien schickt der Faschistenführer Benito Mussolini sich an, mit Gewalt die Regierung zu übernehmen. Nachdem er mit mehreren Politikern, darunter dem regierenden Luigi Facta und dem liberalen Giovanni Giolitti, über einen Eintritt der Faschisten in das Kabinett verhandelt hat, verkündet er jetzt den Angriff auf Rom, falls ihm nicht die Regierung übertragen werde.

Am 24. Oktober ordnet der »Duce« die Mobilisierung und Konzentration von 40 000 Mann seiner faschistischen Verbände in Neapel an. In Anwesenheit aller Behördenspitzen veranstaltet er am 27. Oktober eine riesige Heerschau. Am Abend erteilt er den »Schwarzhemden« den Befehl zum Marsch auf Rom. Militärisch ist dieses Manöver wenig aussichtsreich, weil Rom von mehr als 28 000 Soldaten unter General Pugliese geschützt ist. Die Regierung Facta bereitet am 27. Oktober den Belagerungszustand vor und verkündet ihn schon teilweise. Doch der König weigert sich am 28. Oktober morgens, das Dekret zu unterschreiben. Er macht damit Mussolini zum Herrn der Lage. Nach dem Rücktritt Factas erteilt Victor Emanuel III. am 29. Oktober Mussolini den Auftrag zur Regierungsbildung. Dieser reist per Zug in die Ewige Stadt, seine organisierten Banden stehen noch 30 Kilometer vor Rom und warten auf den Angriffsbefehl. Am 30. Oktober

marschieren sie schließlich ein, nicht zum Putsch, sondern zur Siegesparade. Man hat sie in Sonderzügen in die Stadt gefahren. Am 31. Oktober stellt der Duce sein Kabinett aus Nationalisten und Faschisten vor. Er selbst übernimmt neben dem Amt des Ministerpräsidenten auch das Innen- und Außenministerium.

Benito Mussolini ist zum Zeitpunkt seines Machtantrittes erst 39 Jahre alt. Der Sohn eines Schmiedes aus der Romagna und einer Volksschullehrerin hat vor 1914 dem radikalen syndikalistischen Flügel der italienischen Sozialdemokratie angehört. 1914 hat er sich als Befürworter eines italienischen Kriegseintrittes hervorgetan. Eigentlich als Lehrer ausgebildet, hat Mussolini in diesen Jahren vornehmlich journalistisch gearbeitet. 1912 ist er Chefredakteur des Parteiblattes »Avanti« geworden. Im Mailänder »Popolo d'Italia« hat er sich dann ein eigenes Organ für radikal-revolutionäre Forderungen und extremen Nationalismus geschaffen, was zum Ausschluß aus der PSI geführt hat.

Die »Fasci di combattimento« hat Mussolini 1919 mit sozialrevolutionärem und antikapitalistischem Programm gegründet. Nach der Niederlage bei den Wahlen des Jahres hat er einen deutlichen Kurswechsel vollzogen. Von 1920 stammt sein Ausspruch: »Ich bin reaktionär und revolutionär je nach Umständen«.

1. Dollarstand: 4450 Mark.

1. Junkers Ganzmetall-Eindecker überfliegt erstmals den 3797 m hohen Großglockner.

5. Entdeckung des Grabes von Tutanchamun im Tal der Könige in Ägypten. →

5. Wilhelm II. heiratet im Exil in Doorn. →

5. Landtagswahlen in Sachsen. Sozialisten und Kommunisten erringen klare Mehrheit vor den bürgerlichen Parteien.

14. Generalstreik in Düsseldorf, Unruhen in Köln.

14. Kanzler Wirth tritt nach dem Scheitern des »Erfüllungsprogramms« zurück. →

14. Die englische BBC beginnt mit Ausstrahlung eines täglichen Unterhaltungsprogramms.

15. Unterhauswahlen in England. Die Konservativen behaupten sich. Die Liberalen verlieren 70 Sitze an Labour.

21. Bertolt Brecht erhält Kleistpreis für Dramen »Trommeln in der Nacht«, »Baal« und »Im Dikkicht der Städte«.

22. Regierung der Wirtschaft unter Kanzler Wilhelm Cuno. →

25. Mussolini erhält auf ein Jahr befristete diktatorische Regierungsvollmacht: Beginn der Eroberung des Staates durch den Faschismus.

27. Frankreich kündigt Besetzung des Ruhrgebietes an.

27. In Berlin streiken die Schauspieler.

28. Bei BASF in Ludwigshafen streiken 30 000 Arbeiter gegen die Einführung der 50-Stunden-Woche.

30. Korvettenkapitän Ehrhardt als Teilnehmer am Kapp-Putsch in München verhaftet.

30. Insgesamt 50 000 Teilnehmer bei großen nationalsozialistischen Kundgebungen in München. Der Hauptredner ist Adolf Hitler.

GEBOREN:

8. Christiaan Barnard, südafrikanischer Herzchirurg.

GESTORBEN:

18. Marcel Proust (* 10. 7. 1871), französischer Schriftsteller. →

19. Iwan Bloch (* 8. 4. 1872), deutscher Mediziner.

Stinnes gegen Stabilisierung der Währung

9. November. Der Großindustrielle Hugo Stinnes wendet sich im wirtschafts- und finanzpolitischen Ausschuß des vorläufigen Reichswirtschaftsrates gegen eine Anleihe zur Markstabilisierung. Er erklärt, daß er einen Stabilisierungsversuch der Mark um jeden Preis immer weiter bekämpfen werde. Er fordert statt dessen u. a. unbezahlte zweistündige Mehrarbeit aller Arbeiter und die Reprivatisierung der Staatsbetriebe. Stinnes steht – wie die Industrie insgesamt – auf der Seite der Gewinner in der Inflation, in der sie wertbeständige Investitionen und den Erwerb von Sachwerten mit wertlosem Papiergeld begleichen können.

Stinnes selbst gehört zu den bekanntesten Spekulanten der Inflation. Er baut sein sowieso schon umfangreiches Imperium in gigantische Größenordnungen aus.

Marcel Proust stirbt im Alter von 51 Jahren

18. November. In Paris stirbt der französische Dichter Marcel Proust, 51 Jahre alt. Er ist Schöpfer eines epochemachenden Werkes, des bei seinem Tod noch nicht vollständig erschienenen Romanzyklus »Auf der Suche nach der verlorenen Zeit«. In sieben Teilen zeichnet er darin ein monumentales Gemälde der Pariser Gesellschaft von Aristokratie und Großbürgertum vor dem Weltkrieg. In Orientierung an die Philosophie Henri Bergsons versteht Proust die Zeit als sinnerfüllte Gegenwart, deren Verlust den Verlust der Erinnerung bedeutet.

Marcel Proust, der als kränklicher Sohn eines angesehenen Pariser Arztes übersensibel und verwöhnt aufgewachsen ist, hat sich seit dem Tod seiner Eltern (1903 und 1905) in ein schallisoliertes und halbverdunkeltes Kranken- und Arbeitszimmer zurückgezogen, in dem er sein Hauptwerk geschaffen hat. Er übt damit maßgeblichen Einfluß auf den modernen Roman im 20. Jahrhundert aus.

Wirth tritt zurück

14. November. Reichskanzler Josef Wirth tritt zurück, weil er seine »Erfüllungspolitik« gescheitert sieht. Verhandlungen mit der Reparationskommission haben kein Entgegenkommen für Deutschland gebracht. Auch innerhalb der Koalition sind die Meinungen über das Vorgehen zur Bewältigung der anwachsenden Krise nicht mehr auf einen Nenner zu bringen.

Neuer Kanzler wird der offiziell parteilose Wilhelm Cuno, der am 22. November das siebte Kabinett der Weimarer Republik bildet. Der 46jährige Cuno ist Generaldirektor der Hamburg-Amerika-Linie (HA-PAG) und steht politisch zwischen dem rechten Flügel des Zentrums und den Deutschnationalen. Er ist als Politiker unerfahren, aber als Wirtschaftsführer anerkannt. Sein Kabinett umfaßt Mitglieder der Deutschen Volkspartei, der Zentrumspartei, der Bayrischen Volkspartei, der Demokraten und Parteilose und kann sich auf keine Mehrheit im Reichstag stützen. Cuno übernimmt die von Wirth noch am 13. November in einer Note an die Alliierten eingeleitete außenpolitische Linie: Abgehen von der Erfüllungspolitik und Vorrang für die Stützung der Währung.

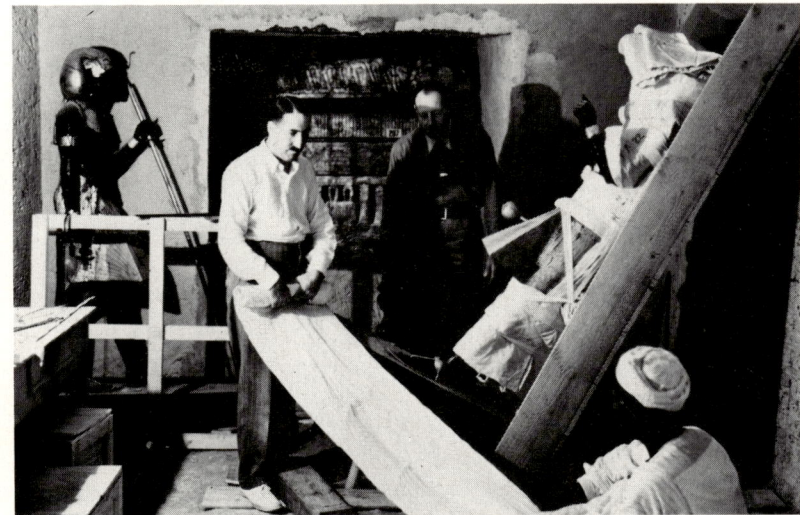

Howard Carter (links) trifft Vorbereitungen zum Abtransport der bei Luxor aufgefundenen Grabschätze des ägyptischen Königs Tutanchamun ins Labor.

Pharao-Grab entdeckt

5. November. Der britische Archäologe Howard Carter entdeckt im »Tal der Könige« bei der oberägyptischen Stadt Luxor den Eingang zum Grab Tutanchamuns, des um 1337 v. Chr. ermordeten Pharaos. Vier Meter neben dem Grab von Ramses VI. werden 16 Stufen freigelegt, die zu einer Grabtüre mit dem Siegel des jungen Königs der 18. Dynastie führen. Am 26. November öffnet Carter, nachdem sein Auftraggeber, Lord George E. Carnarvon eingetroffen ist, die Vorkammer. Er findet 3300 Jahre alte Schätze aufgetürmt, goldene Liegen, Stühle, Vasen, Truhen, Statuen, Geräte: Das erste vollständig erhaltene Grab eines ägyptischen Königs ist entdeckt.

Carter, der mehr Außenseiter der Archäologie ist und das Fach nicht studiert hat, hat schon fünfmal vergebliche Anläufe unternommen, in dem Tal mit den bisher 25 bekannten Pharaonengräbern das Grab Tutanchamuns zu finden. Über Nacht wird Tutanchamun, von dem selbst Wissenschaftler bisher kaum mehr als den Namen gekannt haben, zum berühmtesten Pharao Ägyptens. Schon am 29. November umlagern Menschentrauben den Eingang des Grabes.

Exkaiser Wilhelm mit seiner zweiten Frau Hermine von Schönaich-Carolath.

Kaiser heiratet wieder

5. November. Im holländischen Exil heiratet der ehemalige Kaiser Wilhelm II. die Prinzessin Hermine von Schönaich-Carolath. Die Nachricht findet weltweites Interesse. Ein offizielles Hochzeitsfoto, das nur für familiäre Zwecke aufgenommen worden ist, gelangt auf Umwegen an die Öffentlichkeit und erzielt Rekordpreise. Schon anläßlich der Verlobung des Exkaisers im September hat es ein Rennen um Fotos der Prinzessin und Sensationsberichte gegeben. Die zweite Frau Wilhelms II. ist die Witwe des Prinzen Johann Georg Carolath-Beuthen, der am 7. April 1920 gestorben ist. Sie bringt drei Söhne und zwei Töchter im Alter von vier bis 15 Jahren in die neue Ehe.

Sultan dankt ab

1. November. Die türkische Nationalversammlung in Ankara schafft das monarchische System ab. Sultan Mehmed VI. dankt am 17. November offiziell ab, flieht auf ein englisches Kriegsschiff und geht ins Exil nach Malta.

Damit endet nach über 500jährigem Bestehen die Geschichte des Osmanischen Reichs. Der Sultan hat seit 1920 nur noch eine Schattenregierung ausgeübt.

Am 18. November wählt die Nationalversammlung als »Kalifen ohne jegliche Herrschaftsrechte« den Thronfolger Abdülmecid. Die Umbildung der türkischen Staatsform wird am 23. November dem Ausland amtlich mitgeteilt.

Der türkische Sultan Mehmed VI. wird zum Abdanken gezwungen.

1922
DEZEMBER

Mo	Di	Mi	Do	Fr	Sa	So
				1	2	3
4	5	6	7	8	9	10
11	12	13	14	15	16	17
18	19	20	21	22	23	24
25	26	27	28	29	30	31

1. Essens Oberbürgermeister, Hans Luther, wird zum Ernährungsminister ernannt.

6. George V. von England proklamiert den Irischen Freistaat.

7. Berliner Magistrat beschließt wegen Kohlenmangels vier Wochen Unterrichtspause an den Schulen.

9.–11. Alliierte lehnen deutsches Ersuchen um Moratorium und Gewährung internationaler Kredite ab.

10. Albert Einstein erhält Nobelpreis für Physik von 1921. →

14. Schauspielerin Elisabeth Bergner feiert in Berlin erste Triumphe in der Rolle als »Königin Christine«.

16. Der polnische Staatspräsident Gabryel Narutowicz wird sieben Tage nach seiner Wahl ermordet. Er ist als Kandidat der Linken mit einer Stimme Mehrheit gewählt worden. Sein Nachfolger wird Piast Stanislaw Wjociechowski.

16. Reichstag beschließt eine Zwangsanleihe, die Einkommen ab 30 000 Mark pro Jahr und Besitzer von Vermögen über 250 000 Mark durchschnittlich mit 5 Prozent belastet.

16. Gründung der rechtsradikalen »Deutschvölkischen Freiheitspartei« aus Mitgliedern des rechtsradikalen Flügels der DNVP.

21.–24. Berliner Weihnachtsreiseverkehr weist eine große Steigerungsrate auf: 312 604 Fahrkarten werden verkauft, eine Zunahme von 70 Prozent gegenüber dem Vorjahr.

24. Pius XI. ruft in seiner ersten Enzyklika zur Befriedung Italiens und der Welt auf.

26. Eine Reparationskommission stellt »vorsätzliche Nichterfüllung« der deutschen Sachlieferungen fest.

30. Gründung der »UdSSR«. →

31. Dollarkurs: 7500 Mark.

GEBOREN:

19. Walter Höllerer, deutscher Lyriker und Erzähler.

GESTORBEN:

19. Friedrich Delitzsch (* 3. 9. 1850), deutscher Assyrologe.

21. Emil Döpler (* 29. 10. 1855), deutscher Maler.

Sanktionen drohen

9. Dezember. Kanzler Wilhelm Cuno macht in einem persönlichen Schreiben einen neuen Vorschlag zur Gesamtlösung der Reparationsfrage, die die deutsche Finanzpolitik im Bann der Hoffnungslosigkeit hält: Reparationsmoratorium von fünf Jahren, Anleihe an Deutschland zur Sanierung der Währung und Abschluß eines Paktes mit Frankreich und anderen am Rhein interessierten Großmächten, daß kein Krieg ohne vorherige Volksbefragung erklärt werden darf. Er stößt bei der Londoner Konferenz der Ministerpräsidenten damit auf keine Gegenliebe. Raymond Poincaré beharrt weiter auf deutschen Zahlungen. Auf die Feststellung, daß Deutschland im Rückstand mit (in der gesetzten Frist nicht zu leistenden) Holzlieferungen ist, antwortet er, daß dies Frankreich zu Sanktionen berechtige.

UdSSR gegründet

30. Dezember. In Moskau wird durch den I. Allunions-Sowjetkongreß die Union der Sozialistischen Sowjetrepubliken (UdSSR) gegründet. Damit knüpft Sowjetrußland ein engeres Band mit den übrigen Sowjetrepubliken – der Ukraine, Weißrußland und den drei kaukasischen Republiken Georgien, Armenien und Aserbaidschan –, mit denen es bisher nur durch Verträge verbunden gewesen ist. Mit der Bildung der Union ist das bolschewistische Nationalitätenprogramm realisiert und eine föderative Form geschaffen, die in Verbindung mit der »Weltrevolution« eine Ausweitung der bolschewistischen Herrschaft ohne Annexion möglich machen soll.

Russen stellen aus

In Berlin wird auf Initiative des Künstlers El Lissitzky erstmals eine umfassende Ausstellung russischer Künstler des Konstruktivismus in der Galerie van Diemen gezeigt. Unter den mehr als 600 Exponaten aus fast einem ganzen Jahrzehnt sind Werke' von Alexander Rodtschenko, Jurij Annenkow, Alexander Drevin, Ljubov Popowa vertreten. Die Konstruktivisten, deren Arbeit 1921 durch Lenin als unerwünscht erklärt worden ist, begründen durch die Ausstellung internationalen Ruhm. Ihre Arbeit löst bei den westlichen Künstlern, die in Scharen nach Berlin kommen, eine fast euphorische Resonanz aus.
Der Konstruktivismus, im vorrevolutionären Rußland entstanden, öffnet der Kunst die Arsenale der Naturwissenschaften und Technik.

Konstruktivistische Kunst: Links ein Modeentwurf der Künstlerin Ljubow Popowa, rechts das »Monument für die III. Internationale« von Wladimir Tatlin.

Nobelpreise für Albert Einstein und Nansen

Der Atomphysiker Niels Bohr.

10. Dezember. Albert Einstein, der mit der Relativitätstheorie die Grundlagen der Physik revolutioniert hat, erhält den Nobelpreis für Physik des Jahres 1921. Der 43jährige Wissenschaftler ist Professor an der Preußischen Akademie der Wissenschaften zu Berlin (ohne Lehrverpflichtung) und außerordentlich populär.
Mit dem diesjährigen Physikpreis wird der dänische Physiker Niels Bohr ausgezeichnet (»für seine Verdienste um die Erforschung der Struktur der Atome und der von ihnen ausgehenden Strahlungen«). Der Nobelpreis 1921 für Chemie geht an den Oxford-Professor Frederick Soddy, dessen Arbeiten zur Erforschung der Radioaktivität ausgezeichnet werden. Den Chemiepreis 1922 erhält ebenfalls ein Brite, Francis William Aston, für seine Isotopenforschung.
Der Nobelpreis für Literatur wird dem 1866 geborenen spanischen Dramatiker Jacinto Benavente verliehen, der als bedeutendster Komödiendichter der Zeit gilt. Wesentliches Thema Benaventes sind die Fehler und Schwächen aller Schichten der Gesellschaft. In Oslo erhält am gleichen Tag der norwegische Polarforscher und Diplomat Fridtjof Nansen den Friedensnobelpreis. Nansen hat sich 1920 im Auftrag des Völkerbundes um die Rückführung der Kriegsgefangenen aus Rußland gekümmert und den »Nansenpaß« für staatenlose russische Flüchtlinge eingeführt. Seit Sommer 1921 organisiert er auch Hilfsaktionen für die durch eine Hungersnot bedrängten Russen.

1923

JANUAR

Mo	Di	Mi	Do	Fr	Sa	So
1	2	3	4	5	6	7
8	9	10	11	12	13	14
15	16	17	18	19	20	21
22	23	24	25	26	27	28
29	30	31				

1. Deutschland verliert in Mailand beim 40. Fußballländerspiel mit 1 : 3 gegen Italien.

1. Schnelligkeitsweltrekord im Fliegen durch den Franzosen Sadi Lecointe mit 360 km/h.

2. Reparationskonferenz in Paris führt zu keiner Einigung zwischen England und Frankreich; am 4. ergebnislos abgebrochen.

2. Dollarstand: 7260 Mark.

4. Lenin schlägt Absetzung Stalins als Generalsekretär des ZK der KPdSU vor.

9. Reparationskommission stellt Rückstand Deutschlands bei Kohlelieferungen fest. →

10. US-Präsident befiehlt Abzug amerikanischer Truppen aus der Rheinprovinz.

11. Einmarsch französischer und belgischer Truppen in das Ruhrgebiet. →

13. Kanzler Cuno kündigt im Reichstag den »passiven Widerstand« an. →

14. Werner Rittberger zum siebtenmal Deutscher Meister im Eiskunstlauf.

15. Fritz von Unruh erhält für sein Drama »Ein Geschlecht« in Wien den Grillparzerpreis.

20. Fritz Thyssen und andere Großindustrielle werden verhaftet und am 24. vor ein Kriegsgericht gestellt.

24. Sechsstöckiger Erweiterungstrakt des Berliner Verlags Rudolph Mosse stürzt beim Bau bis zum Parterre ein. 10 Tote, 15 Verletzte.

27.–29. In München: erster Parteitag der NSDAP. →

30. Einweihung der Nord-Süd-U-Bahn in Berlin. →

GEBOREN:

10. Ingeborg Drewitz, deutsche Schriftstellerin.

31. Norman Mailer, amerikanischer Schriftsteller und Journalist.

GESTORBEN:

3. Jaroslav Hašek (* 24. 4. 1883), tschechischer Schriftsteller. →

9. Katherine Mansfield (* 14. 10. 1888), englische Schriftstellerin.

11. Konstantin I., König von Griechenland (* 2. 8. 1868), 1922 abgedankt.

Franzosen besetzen Ruhrgebiet

Besetzung des Ruhrgebiets: Eine französische Fahrradbrigade fährt in Essen ein.

Eingang eines Offizierskasinos.

Die besetzten Gebiete im Rheinland und im Ruhrgebiet. Innerhalb der roten Linie liegen die im Versailler Vertrag festgelegten Besatzungszonen; punktiert sind die zusätzlich, z. B. aufgrund von Sanktionen besetzten Gebiete.

9. Januar. Die Reparationskommission stellt mit drei Stimmen gegen eine (die englische) fest, daß Deutschland nun auch mit den Kohlelieferungen im Rückstand sei. Wie schon im Dezember 1922, als es um einen Fehlbetrag von zu liefernden hölzernen Telegrafenmasten gegangen ist, drängt Frankreich auf die Feststellung, daß es sich um einen absichtlichen Verstoß des Reiches gegen den Versailler Vertrag (→ Mai, Juni 1919) handelt. Damit fühlt es sich legitimiert zu der lange angedrohten Besetzung des Ruhrgebietes zur Sicherung »produktiver Pfänder«. Nach einer entsprechenden Ankündigung am 10. marschieren am 11. Januar unter Mißachtung warnender Stimmen 60 000 schwerbewaffnete französische und belgische Soldaten in Essen und Gelsenkirchen mit Infanterie, Artillerie und Panzern ein. In wenigen Tagen ist das Industriegebiet an der Ruhr zu zwei Dritteln besetzt, das heißt, eine Region von 2100 Quadratkilometern und drei Millionen Einwohnern. Das Reich protestiert gegen diese Aktion als Völkerrechtsverletzung und stellt sofort die Reparationslieferungen an Frankreich und Belgien ein. Kanzler Wilhelm Cuno verkündet den »passiven Widerstand«: Alle produktive Arbeit soll für die Dauer der Besetzung ruhen. Am 17. verschärft Frankreich die Maßnahmen. Industrieanlagen werden besetzt, Kohle, Holz, Transportmittel requiriert, Verkehrssperren errichtet, Zölle, Lohngelder, auch von privaten Firmen, und Steuern beschlagnahmt. Am 27. wird das besetzte Gebiet durch eine Zollgrenze abgeriegelt. Die Reaktion der Deutschen eskaliert entsprechend. Am 19. verbietet die Regierung allen Behörden, Weisungen der Besatzungsmächte zu befolgen. Am 15. provoziert in Bochum eine Gruppe von 500 Demonstranten die einrückenden Franzosen mit dem Haßlied »Siegreich wollen wir Frankreich schlagen«. Die Franzosen schießen in die Menge, ein 17jähriger Schüler kommt ums Leben. Das ist der Auftakt zu deutschen Gegenaktionen.

Parteitag der NSDAP

Der Marsch der Nationalsozialisten bei ihrem ersten Parteitag in München.

27.–29. Januar. Die NSDAP, die bisher nur Generalmitgliederversammlungen einberufen hat, veranstaltet ihren ersten Parteitag in München. Am 28. marschiert SA auf dem Marsfeld auf, Adolf Hitler »zelebriert« die erste Fahnen- und Standartenweihe. Während des Ausnahmezustandes wäre dieser Aufmarsch nicht möglich gewesen ohne die guten Beziehungen von Franz Ritter von Epp und Hauptmann Ernst Röhm zur Münchener Polizei und zu Reichswehrgeneral Otto von Lossow. Auf dem Parteitag fordert Hitler, den Friedensvertrag für ungültig zu erklären. Mit der Schlagzeile »Nieder mit den Novemberverbrechern« hat der »Völkische Beobachter« aufmerksame Kreise so verunsichert, daß die »Vossische Zeitung« am 27. die Frage diskutiert, ob ein Hitlerputsch in Aussicht stehe.

U-Bahn-Strecke in Berlin eröffnet

30. Januar. In Berlin wird der wichtigste Teilabschnitt der Nord-Süd-Untergrundbahn dem Verkehr übergeben, eine sieben Kilometer lange Strecke zwischen Seestraße und Halleschem Tor. Mit dem Bau der Bahn, die sämtliche Fernbahnhöfe verbindet, ist 1912 begonnen worden. Eröffnet wird auch der Stadtbahnhof Friedrichstraße.

Jaroslav Hašek †

3. Januar. Der tschechische Schriftsteller Jaroslav Hašek stirbt in Lipnice nad Sázavou in Ostböhmen im Alter von 39 Jahren. Nach Kriegsende hat er gegen die Monarchie und die Kirche geschrieben. Der Humorist hinterläßt unvollendet den satirischen Roman »Die Abenteuer des braven Soldaten Schwejk während des Weltkriegs«.

Dada-Zeitschrift »Merz« erscheint

Januar. Der hannoversche Künstler Kurt Schwitters gründet die Zeitschrift »Merz«, die sich als Vollendung der Dada-Zeitschriften erweist. Dadaistische Gedankengänge werden darin in eine klare, konstruktivistische Form gebracht. Jede Seite ist typografisch sorgsam gestaltet. Durch die unsystematische äußere Gestalt hebt sich »Merz« wie alle Avantgardezeitschriften bewußt von den etablierten Literatur- und Kunstblättern ab. Die erste Ausgabe ist dem Thema Dadaismus in Holland gewidmet. Schwitters, ursprünglich akademischer Maler, vertritt in Hannover eine Sonderrichtung der Dada-Bewegung unter dem Namen »Merz«. Er ist 1919 mit der Gedichtsammlung »Anna Blume« berühmt geworden. Schwitters arbeitet im dichterischen wie im bildnerischen Bereich nach dem »Prinzip Collage«.

1. Pius XI. ordnet öffentliche Gebete um Vermeidung eines neuen Krieges an.

1. Aufgrund der Verkehrssperre im besetzten Ruhrgebiet gehen keine Kohlelieferungen mehr ins Reich.

1. Dollarkurs: 41 500 Mark.

3. Großbritannien erkennt Schuldenhöhe von 4,6 Milliarden Dollar gegenüber USA an.

4. Franzosen besetzen Offenburg, Appenweier und Bühl (Schwarzwald).

5. Verhaftung von mehreren hundert Sozialisten in Italien.

5. Generalstreik im Saarland (100 Tage) wegen Lohnkürzungen.

5. Dammbruch an der Brinitza in Oberschlesien richtet große Schäden in mehreren Bergwerken an.

8. Tagesproduktion der Notenpresse ist von 35 auf 45 Milliarden Papiermark gestiegen. Im Lauf des Monats sollen 75 Milliarden täglich gedruckt werden. Für den Notendruck sind 33 Druckereien und 12 Papierfabriken beschäftigt.

8. In Washington schließen die mittelamerikanischen Staaten einen Freundschaftsvertrag und vereinbaren Rüstungsbegrenzung.

10. Das Nationaltheater in Sofia brennt völlig ab.

12. In Dortmund beschlagnahmen Franzosen alle Personen- und Lastkraftwagen.

23. Zehntes Berliner Sechstagerennen im Sportpalast.

23. Rilke beendet die »Sonette an Orpheus«, die vier Wochen später im Druck erscheinen. Ebenfalls im Februar Vollendung der »Duineser Elegien«.

23./24. Übertragung eines Liederabends mit der Sopranistin Edith Bennett von New York nach Lichterfelde.

23. Reichstag verabschiedet Notgesetz gegen Wucher.

GEBOREN:

12. Franco Zeffirelli, italienischer Regisseur.

GESTORBEN:

1. Ernst Troeltsch (* 17. 2. 1865), deutscher Religionsphilosoph. →

10. Wilhelm Conrad Röntgen (* 27. 3. 1845), deutscher Physiker, Nobelpreis 1901. →

Entdecker der Röntgen-Strahlen stirbt in München

10. Februar. In München stirbt im Alter von 78 Jahren der Träger des ersten Nobelpreises für Physik, Wilhelm Conrad Röntgen. Er hat mit der Entdeckung der nach ihm benannten Strahlen das 20. Jahrhundert in vielen Bereichen mitgeprägt, in Physik und Medizin eine neue Ära eingeleitet. Röntgen, als Physikprofessor seit 1888 in Würzburg tätig, ist am 8. November 1895 bei Laborversuchen mit Kathodenstrahlen durch Zufall auf Strahlen mit körperdurchdringender Eigenschaft gestoßen (beim Bewegen seiner Hand in der Nähe einer geladenen Röhre hat sich das Skelett seiner Finger auf einem beschichteten Pappschirm dahinter abgebildet). Er hat die Strahlen, von deren Existenz man vorher nichts gewußt hat und die beim Abbremsen sehr schnell bewegter Elektronen entstehen, »X-Strahlen« genannt.

Wilhelm Conrad Röntgen †.

Philosoph Troeltsch tot

1. Februar. Der evangelische Theologe, Philosoph und Historiker Ernst Troeltsch stirbt im Alter von 58 Jahren in Berlin. Er hat mit der Forderung nach strenger Anwendung historischen Denkens auch in der Theologie den Absolutheitsanspruch des Christentums zurückgewiesen. Der Gelehrte ist Mitbegründer der Deutschen Demokratischen Partei gewesen und hat im Preußischen Ministerium für Erziehung und Unterricht gewirkt.

MÄRZ

Mo	Di	Mi	Do	Fr	Sa	So
			1	2	3	4
5	6	7	8	9	10	11
12	13	14	15	16	17	18
19	20	21	22	23	24	25
26	27	28	29	30	31	

1. Eine neue Verordnung erlaubt 30 km/h für Autoverkehr in Ortschaften statt bisher 15 km/h.

1. Die Besatzungsmächte drohen Todesstrafe für »Transportgefährdung« durch Eisenbahner an. →

2. Uraufführung der Operette »Madame Pompadour« von Leo Fall in Wien. Für das Reich wird eine Operetten-Renaissance gemeldet.

2. »Berliner Illustrirte« stellt »Tutankhamen-Tänze« als Auswuchs der Begeisterung über die Entdeckung des Pharaonengrabes in Ägypten vor.

4.–11. Leipziger Frühjahrsmesse mit Rekordbesuch (155 000) und extrem schwachen Geschäftsabschlüssen.

8. Frankreich errichtet eine Zollgrenze in Deutschland von Emmerich bis zur Schweizer Grenze.

14. Staatsgerichtshof rechtfertigt Auflösungsverfügung der NSDAP in Berlin, Baden, Thüringen, Hamburg und Sachsen wegen Staatsgefährlichkeit.

16. Uraufführung von Hugo von Hofmannsthals »Der Unbestechliche« im Wiener Raimund-Theater mit dem Komiker Max Pallenberg in der Hauptrolle.

18. Wiesbadener Kuppelbau des Staatstheaters brennt ab.

20. Bayrischer Landtag lehnt SPD-Antrag auf Auflösung aller Sturmabteilungen und Sturmtrupps der NSDAP ab.

21. Der Sozialdemokrat Erich Zeigner wird sächsischer Ministerpräsident.

23. Uraufführung der Oper »Meister Pedros Puppenspiel« von Manuel de Falla in Sevilla.

25. Großbritannien erklärt das 1920 vom Mandatsgebiet Palästina abgetrennte Transjordanien zum selbständigen Emirat unter britischer Mandatsverwaltung.

GEBOREN:

6. Jürgen von Manger, deutscher Kabarettist.

8. Walter Jens, deutscher Literaturhistoriker und Rhetorikprofessor.

GESTORBEN:

26. Sarah Bernhardt (* 22. 10. 1844), französische Schauspielerin. →

Widerstand wächst

Ein französischer Infanterist bewacht einen beschlagnahmten Kohlenzug.

Französische Flagge bei Koblenz.

1. März. Die Besatzungsmächte drohen Todes- und Zuchthausstrafen gegen Eisenbahner an, die durch passiven Widerstand die Transporte gefährden. Seit Frankreich und Belgien die deutsche Eisenbahnverwaltung abgelöst und durch eigene Regie ersetzt haben, kommt es zu häufigen Fehlleistungen und Unfällen, die allerdings oft eine Folge von Sabotageakten sind, mit denen aktive Widerstandskämpfer den Verkehr stillegen wollen. Auf Anschläge und Störungen reagieren die Besatzungsmächte unter anderem mit Ausweisungen. Vor allem Eisenbahnbeamte werden gezwungen, oft innerhalb weniger Stunden das Gebiet samt ihren Familien zu verlassen. Auf den Straßen bewegen sich ganze Trupps gepäckbeladener Ausgewiesener auf dem Marsch ins unbesetzte Gebiet. Im Reich werden Beratungsstellen für Ausgewiesene eingerichtet. Bis zum Ende der Ruhrbesetzung werden nahezu 150 000 Menschen ausgewiesen.

In den Essener Kruppwerken kommt es zu einem schweren Zwischenfall. Als französische Truppen Fahrzeuge beschlagnahmen, verlassen Arbeiter ihre Arbeitsplätze; der Betriebsrat versucht, mit den Franzosen zu verhandeln. Ein französischer Offizier, der sich bedroht glaubt, läßt in die Menge feuern. 13 Tote und 30 Schwerverletzte bleiben zurück. Die Werksinhaber, Direktoren und Betriebsräte werden von einem französischen Kriegsgericht zu hohen Strafen verurteilt, obwohl sie mit dem Vorfall gar nichts zu tun haben.

Schauspielerin Sarah Bernhardt stirbt 78jährig

26. März. Während der Dreharbeiten zu ihrer ersten Filmrolle stirbt in Paris 78jährig die französische Schauspielerin Sarah Bernhardt (eigentlich Henriette Rosine Bernard). Die schon zu Lebzeiten legendäre Künstlerin hat eine triumphale Karriere hinter sich. Sie hat vor Napoleon III. gespielt und Victor Hugo, Victorien Sardou und anderen Dichtern zu Bühnenerfolgen verholfen und als »Kameliendame« und »Herzog von Reichstadt« Europa, Australien und Amerika bezaubert. Noch als Siebzigjährige hat Sarah Bernhardt die Mädchenrolle der »Heiligen Johanna« gespielt und sich auch nach einer Beinamputation nicht von der Bühne zurückgezogen.

Plakat des Theatre de la Renaissance für das Drama »Kameliendame« mit Sarah Bernhardt in der Titelrolle.

1923

APRIL

Mo	Di	Mi	Do	Fr	Sa	So
						1
2	3	4	5	6	7	8
9	10	11	12	13	14	15
16	17	18	19	20	21	22
23	24	25	26	27	28	29
30						

3. Die deutschen Gewerkschaften erlassen an die Arbeiter der Welt einen Aufruf gegen die Ruhrbesetzung.

10. Die Presse berichtet von Folterung Verhafteter im Ruhrgebiet.

11. Aufhebung des Rundfunkempfangsverbots für Privatpersonen in Deutschland.

15. Ugo Sivocci gewinnt auf Alfa Romeo sizilisches Autorennen Targa Florio.

16.–17. IOC vertagt in Rom eine Entscheidung, ob Deutschland wieder an Olympischen Spielen teilnehmen darf.

17. XII. Parteitag der KPdSU: Sowjetunion pflegt zu 18 Staaten schon Handelsbeziehungen, Verhandlungen mit acht weiteren Staaten sind in Gang.

18./19. Bei Demonstrationen und Plünderungen in Mülheim a. d. Ruhr werden acht Menschen durch deutsche Schutzpolizei erschossen.

19. König Fuad unterzeichnet neue Verfassung von Ägypten.

20. Letzte Schauspielinszenierung in Max Reinhardts Berliner Großem Schauspielhaus. →

21. Italien feiert erstmals den Gründungstag Roms als nationalen Festtag. Maifeiern sind abgeschafft.

23. Beginn der Abschlußkonferenz für Orientfrieden zwischen England, Griechenland, Rußland, Bulgarien, Italien und Türkei (bis 24. 7.).

24. Die zur Popolari-Partei gehörenden Minister in Italien treten aus der faschistischen Regierung Mussolinis aus nach antifaschistischer Erklärung ihres Parteitages.

26. Uraufführung der Oper »Belfagor« von Ottorino Resphighi in Mailand.

27. Fast alle Südtiroler Städte erhalten durch Regierungserlaß italienische Namen.

29. NSDAP in Hessen verboten.

GEBOREN:

5. Nguyen van Thieu, südvietnamesischer Politiker.

GESTORBEN:

4. L. Martow (Pseudonym Juli Ossipowitsch Zederbaum) (* 24. 11. 1873), russischer menschewistischer Politiker.

Reichswehr rüstet für bewaffneten Konflikt

Während die Reichsregierung weitgehend ohnmächtig der Besetzung des Ruhrgebietes und den Repressalien der Invasionsmächte gegenübersteht, richtet sich die Reichswehr insgeheim auf einen bewaffneten Zusammenstoß ein. Sie erhöht den Mannschaftsbestand durch ein heimliches Heer von »Zeitfreiwilligen« und öffnet Waffenverstecke, die sie illegal – im Widerspruch zum Versailler Vertrag – seit Kriegsende angelegt hat. Die Zeitfreiwilligen sind als Arbeitskommandos getarnt und erreichen teilweise beträchtliche Stärke. Allein im Wehrkreiskommando III., dessen Sitz in Berlin ist, werden 27 Formationen mit rund 18 000 Mann aufgebaut. Das Ganze nennt sich »Schwarze Reichswehr« und ist eine verdeckte Mobilmachung.

Hitler sucht Bundesgenossen

Adolf Hitler stattet dem Reichswehrgeneral Otto von Lossow in München fast täglich Besuche ab, um ihn für einen Bürgerkrieg und einen Marsch auf Berlin zu gewinnen, allerdings ohne Erfolg. Auch in öffentlichen Reden predigt er den Haß auf die Republik. Am 10. April sagt er in einer Rede: »Zur Befreiung gehört mehr als Wirtschaftspolitik, gehört mehr als Fleiß, zum Freiwerden gehört Stolz, Wille, Trotz, Haß und wieder Haß!«

Schauspielhaus wird Revuetheater

20. April. Im Riesenbau des Großen Schauspielhauses in Berlin läuft mit »König Lear« von William Shakespeare zum letztenmal eine Schauspielinszenierung an. Danach wird der ungewöhnlich ausgestattete Bau von Max Poelzig, in dem Max Reinhardt die Idee des Theaters der Fünftausend und den Beginn eines neuen Dramas der Gegenwart realisieren wollte, als Stätte für Operetten- und Revuevorstellungen genutzt.

1923

MAI

Mo	Di	Mi	Do	Fr	Sa	So
	1	2	3	4	5	6
7	8	9	10	11	12	13
14	15	16	17	18	19	20
21	22	23	24	25	26	27
28	29	30	31			

1. Putschversuch Hitlers mißlingt. →

2. Reich bietet erneut Gesamtsumme an Reparationen von 30 Milliarden Goldmark an und erklärt Bereitschaft zur Anerkennung der Entscheidung eines internationalen Sachverständigenausschusses.

4. Blutige Zusammenstöße zwischen Nationalsozialisten, Sozialdemokraten und Polizei in Wien.

4. Verfassung Palästinas in Kraft.

9. Uraufführung von Bert Brechts drittem Stück, »Im Dickicht der Städte«, im Residenztheater München.

10. In Hamburg endet 41. Fußballänderspiel Deutschland gegen Holland mit 0 : 0.

10. Einreise in besetztes Gebiet nur noch mit Paß erlaubt.

13. Muttertag wird erstmals in breiteren Kreisen auch in Deutschland gefeiert. →

13. Beginn regelmäßiger Rundfunk-Sonntagskonzerte über Sender Königs Wusterhausen.

19. In Trier versuchen Separatisten zu putschen; besetzen städtische Behörden, werden aber durch deutsche Polizei und Bevölkerung vertrieben.

19.–25. Kommunistenaufstand im Ruhrgebiet, Streiks der Bergleute. Straßenkämpfe in Bochum, Düsseldorf, Gelsenkirchen, Essen, Dortmund.

22. Nach Rücktritt des schwer erkrankten Bonar Law wird Stanley Baldwin britischer Premierminister.

22. Dollarstand: 57 000 Mark.

24.–26. Gründung der sozialistischen Jugendinternationale in Hamburg. Erster Sekretär wird Erich Ollenhauer.

26./27. Erstes 24-Stunden-Autorennen von Le Mans.

GEBOREN:

27. Henry Kissinger, amerikanischer Politiker.

GESTORBEN:

26. Albert Leo Schlageter (* 12. 8. 1894), deutscher Offizier und Freikorpskämpfer. →

29. Adolf Oberländer (* 1. 10. 1845), deutscher Karikaturist und Maler. →

Erster Muttertag in Deutschland

13. Mai. Zum erstenmal wird auch in Deutschland in breiteren Kreisen Muttertag gefeiert. Die Idee der Amerikanerin Ann Jarvis, am zweiten Sonntag im Mai ein Geschenkfest zu Ehren der Mütter zu feiern, ist bereits weltweit erfolgreich. In den USA ist dieser Tag seit 1914 Staatsfeiertag. In Deutschland hat der Verband Deutscher Blumengeschäftsinhaber 1922 beschlossen, den Muttertag einzuführen. Motor der Aktivitäten ist seit Jahresbeginn 1923 der Verbandsvorsitzende Rudolf Knauer, der in Vortragsreisen und Artikeln in der Verbandszeitschrift für die Idee wirbt, den geschäftsversprechenden Ehrentag einzuführen. Allerdings mahnt er, aus optischen Gründen die ideelle Seite des Tages die »stillen Heldinnen des Volkes« hervorzuheben. In verschiedenen Ortsgruppen des Verbandes haben Ausschüsse an der Vorbereitung von Muttertagsfeiern gearbeitet. Die Münchener Ortsgruppe des Verbandes der Blumengeschäftsinhaber verzeichnet beachtliche Erfolge.

Franzosen richten Schlageter hin

26. Mai. Auf der Golzheimer Heide bei Düsseldorf wird der 28jährige Kaufmann Albert Leo Schlageter standrechtlich erschossen. Er ist von einem französischen Kriegsgericht wegen Sabotage und Spionage zum Tode verurteilt worden. Ministerpräsident Raimond Poincaré bestätigt das Urteil.

Schlageter, im Weltkrieg mit dem E.K. I ausgezeichnet und von 1919 bis 1921 Freikorpsmitglied, hat sich Ende 1922 der NSDAP-nahen Großdeutschen Arbeiterpartei angeschlossen. Er ist als Teilnehmer an Sabotageaktionen auf Bahnlinien, Brücken und an Kanälen nach Verrat aus den eigenen Reihen im April verhaftet worden. Vielen Deutschen gilt er als Nationalheld. Seine feierliche Beerdigung in Baden und das Beileidstelegramm, das die Reichsregierung seiner Familie schickt, machen deutlich, daß sich die Grenzen zwischen passivem und aktivem Widerstand schon verwischt haben.

Putsch gescheitert

Adolf Hitler (vorn auf dem Beifahrersitz mit Freikorpsoffizieren) wird in einem geschmückten Wagen zum Aufmarsch auf dem Oberwiesenfeld abgeholt.

1. Mai. In München scheitert ein Putschversuch der Nationalsozialisten. Die »Arbeitsgemeinschaft der vaterländischen Kampfverbände« marschiert mit über 20 000 Mann auf dem Oberwiesenfeld auf. Aus entfernteren Städten wie Landshut und Nürnberg sind zum Teil bewaffnete SA-Trupps eingetroffen. Adolf Hitler und Ernst Röhm rechnen mit Unterstützung durch die Reichswehr. Doch General Otto von Lossow verschließt sich dem

Ansinnen, den Nationalsozialisten Waffen der Reichswehr zum Losschlagen zur Verfügung zu stellen. Röhm bringt im letzten Augenblick, als es schon Mittag geworden ist, diese Mißerfolgsmeldung zu Hitler, der mit Stahlhelm und Eisernem Kreuz zu dem Aufmarsch erschienen ist. Vor Tausenden von Anhängern bläst Hitler den Angriff auf die Republik wieder ab und zieht sich für einige Wochen aus der Öffentlichkeit zurück.

Tod des Karikaturisten Oberländer

29. Mai. Adolf Oberländer, der neben Wilhelm Busch bedeutendste deutsche Karikaturist, stirbt im Alter von 77 Jahren in München. Er ist ständiger Mitarbeiter der »Fliegenden Blätter« und seit 1869 auch des »Münchner Bilderbogen« gewesen. Die Grafiken des gebürtigen Regensburgers sind liebevoll nachsichtig. Entsprechend ist Oberländers Humor von den Zeitgenossen als »nachdenklich und ungiftig« bezeichnet worden. Typisch sind seine Tierzeichnungen. Die feinsatirischen Zeitbilder, in denen Oberländer die Lebensart des ausgehenden 19. Jahrhunderts kritisiert, ergeben allerdings ein kulturgeschichtlich aufschlußreiches Dokument.

Karikaturen von A. Oberländer mit dem Titel »Zweiklassenunterricht«.

1923
JUNI

Mo	Di	Mi	Do	Fr	Sa	So
				1	2	3
4	5	6	7	8	9	10
11	12	13	14	15	16	17
18	19	20	21	22	23	24
25	26	27	28	29	30	

1. Dollarkurs: 74 500 Mark.

3. Deutschland gewinnt in Basel 42. Fußballländerspiel mit 2 : 1 gegen die Schweiz.

9. Staatsstreich in Bulgarien. →

10. HSV wird Fußballmeister des DFB mit 3 : 0 gegen Union Oberschönweide. In dem Grunewalder Stadion in Berlin findet sich eine Rekordzahl von 64 000 Zuschauern ein.

13. Einfuhren in das Ruhrgebiet werden von Franzosen mit Zöllen belegt.

13. Im Théâtre de la Gaieté in Paris werden Strawinskis russische Tanzszenen »Die Hochzeit« mit dem Ballett Diaghilew uraufgeführt.

14. England ändert Ehescheidungsgesetz: Ehebruch gilt auch für die Frau als Scheidungsgrund (bisher mußte sie Mißhandlungen nachweisen).

16. Patriarch Tichon gibt in Moskau Loyalitätserklärung gegenüber Sowjetstaat ab und wird aus Haft entlassen.

18. Schwerer Ätna-Ausbruch. Lavastrom aus fünf Kratern legt in 12 Stunden 8 km zurück. Landschaft von Castiglione wird zerstört.

22. Dollarstand: 136 000 Mark.

27. Papst Pius XI. fordert Besatzungsmächte auf, Ruhrbesetzung durch andere Bürgschaften zu ersetzen und Reparationsfrage im Geist des Christentums und der Barmherzigkeit neu zu prüfen.

29. Deutschland verliert in Stockholm im 43. Fußballländerspiel mit 1 : 2 gegen Schweden.

30. Tapetenmuseum in Kassel wird eröffnet; einzig in der Welt.

30. Kriegsgericht in Mainz spricht sieben Todesurteile gegen Deutsche wegen Sabotageakten aus.

GEBOREN:

5. Georg Hendrik Breitner (* 12. 9. 1857), niederländischer Maler und Fotograf.

10. Pierre Loti, eigentlich Julien Viaud, (* 14. 1. 1850), französischer Schriftsteller.

15. Alexander Stambulijski (* 1. 3. 1879), bulgarischer Politiker. →

29. Fritz Mauthner (* 22. 1. 1849), österreichischer Schriftsteller und Sprachphilosoph.

Staatsstreich in Bulgarien

9. Juni. Der bulgarische Ministerpräsident Alexander Stambulijski wird durch einen von König Boris III. gebilligten und im wesentlichen von Offizieren getragenen Staatsstreich gestürzt. Eine Koalitionsregierung unter dem parteilosen Professor der Universität Sofia, Alexander Zankoff, folgt nach. Stambulijski wird am 15. Juni ermordet. Er hat seit 1919 mit Hilfe einer bäuerlichen Garde diktatorisch in Bulgarien geherrscht und mit seiner ab 1920 allein von seiner Bauernpartei getragenen Regierung eine agrarsozialistische, scharf gegen Bürger und Städte gerichtete Politik vertreten. Durch zahlreiche Reformen zugunsten der Bauern hat er auch unter Intellektuellen Unzufriedenheit hervorgerufen.

Mythos vom »Dritten Reich«

In Berlin erscheint das Buch »Das Dritte Reich« von Arthur Moeller van den Bruck. Es ist eine Abrechnung mit den Parteien, dem Parlamentarismus und Liberalismus und ein politisch vager Aufruf, das »neue Deutschland« zu schaffen. In der Nachfolge der Weltkriegsideologie von der »deutschen Sendung« laufen bei dem nationalistischen Ideologen Reichsmetaphysik, Gemeinschaftsidee und nationalbolschewistische Gedanken zusammen. Moeller van den Bruck ist Haupttheoretiker der Jungkonservativen.

Erste Frau in der Diplomatie

In der norwegischen Hauptstadt Christiania wird die Russin Alexandra Kollantaj Geschäftsträgerin der sowjetischen Gesandtschaft und damit erste Frau in einer diplomatischen Mission. Die Tochter eines russischen Aristokraten hat sich 1915 den Bolschewiken angeschlossen und ist im Herbst 1922 als Mitglied der sowjetischen Gesandtschaft nach Norwegen gekommen. 1924 wird sie in das diplomatische Korps aufgenommen.

Preise in der Berliner Markthalle

5. Juni. Reichsbankpräsident Rudolf Havenstein gesteht die Aussichtslosigkeit der Markstützung ein. Der Ruhrkampf, dessen Dauer von Kanzler Wilhelm Cuno auf drei Monate eingeschätzt worden ist, bringt Deutschland unerhörte Lasten: Millionen von Menschen im besetzten Gebiet müssen unterstützt und Kohlen für das nicht mehr von den Ruhrzechen belieferte übrige Reich gekauft werden. Die Notenpresse muß weiterhin durch unaufhörliches Drucken den steigenden Bedarf des Staates decken. Im April hat sich nur noch ein Siebtel der Staatsausgaben durch Einnahmen bestreiten lassen. Bis Mitte April hat die Reichsbank durch ihre Devisen- und Goldreserven noch Stützungskäufe an den ausländischen Devisenbörsen für die kranke Mark unternehmen können. Der Wechselkurs hat sich damit vorübergehend bei 20 000 Mark eingependelt. Die Fortsetzung des Ruhrkampfes macht es unmöglich, weitere Dämme zu bauen. Die Preise laufen den Löhnen und Gehältern davon. Die Leidensfähigkeit der Bevölkerung wird auf eine harte Probe gestellt. Hunger und nackte Not herrschen im Reich. In Sachsen brechen Teuerungsunruhen aus.

Inflationsbanknote aus dem Jahr 1923: Ein Zwanzigtausendmarkschein.

Preise in den Berliner Markthallen am 9. 6. 1923

1 Pfund Rindfleisch	8 500 – 12 000 Mark	1 Pfund Kakao	7 500 – 14 000	Mark
1 Pfund Kalbfleisch	6 800 – 10 000 Mark	1 Pfund Zucker	1 400 – 1 550	Mark
1 Pfund Hammelfleisch	7 000 – 9 000 Mark	1 Pfund Weizenmehl	1 900 – 2 600	Mark
1 Pfund Schweinefleisch		1 Pfund Steinbutten	4 000 – 5 000	Mark
	9 000 – 10 500 Mark	1 Pfund Plötzen	5 000	Mark
1 Pfund Molkereibutter		1 Pfund grüne Heringe	2 500	Mark
	13 000 – 15 000 Mark	1 Pfund Kuttelfleck	4 500	Mark
1 Pfund Margarine	7 600 – 9 600 Mark	1 Pfund Berliner		
1 Pfund Schmalz	12 000 – 12 400 Mark	Bratenschmalz	13 000	Mark
1 Pfund Rindertalg	9 200 – 10 000 Mark	1 Pfund Liesen	10 000 – 11 000	Mark
1 Pfund Pflanzenfett	9 000 – 9 500 Mark	1 Pfund neue Kartoffeln		
1 Pfund Speisekartoffeln			2 200 – 2 500	Mark
	112 – 130 Mark	1 Pfund Sauerampfer	500 – 600	Mark
1 Pfund Kaffee, geröstet		1 Pfund Blaubeeren	8 000	Mark
	26 000 – 36 000 Mark	1 Bund Kohlrabi	5 000 – 6 000	Mark
1 Pfund Tee	30 000 – 48 000 Mark	1 Ei	800 – 810	Mark

Vor der Reichsbank in Berlin sammeln sich in den Tagen der Inflation immer wieder große Menschenmengen.

1923

JULI

Mo	Di	Mi	Do	Fr	Sa	So
						1
2	3	4	5	6	7	8
9	10	11	12	13	14	15
16	17	18	19	20	21	22
23	24	25	26	27	28	29
30	31					

5. Rußland nimmt nach der Hungersnot im eigenen Land wieder Getreideexporte auf. Es vereinbart die Lieferung von 20 Millionen Pud an Deutschland.

6. Die UdSSR gibt sich eine Verfassung. →

8. Ein Liter Milch kostet in Deutschland 4000 Mark.

12. Der englische Premier Baldwin fordert Ende der Ruhrbesetzung. Sie bringe »die Wiederherstellung der Welt in Gefahr«.

12.–18. Deutsches Turnfest. →

13. Der ehemalige Freikorpsführer Ehrhardt flieht aus der Haft. →

14. Erste Großkundgebung Adolf Hitlers im Münchener Zirkus Krone. →

14. Im Haager Friedenspalast wird die Völkerrechtsakademie eingeweiht.

18. Italien gibt Entnationalisierung Südtirols bekannt. →

20. England schlägt die Überprüfung der deutschen Zahlungsfähigkeit vor. Belgien und Frankreich lehnen am 29. Juli ab.

21. Die Separatistenführer Smeets, Dorten und Balthes gründen durch Zusammenschluß ihrer Bewegungen die »Rheinische Vereinigung«.

24. Preußen verbietet Versammlungen unter freiem Himmel.

24. Friedensvertrag von Lausanne zwischen Griechenland und Türkei.

25. Bayern verbietet kommunistische Kundgebungen.

25. Marksturz an der Auslandsbörse. Der Dollar steigt bis auf 600 000 Mark.

25. Uraufführung des Filmes »The Three Ages« mit Buster Keaton.

26. Täglich werden zwei Millionen neue Banknoten gedruckt.

28. Kanzler Cuno bittet die Landwirtschaft, die Versorgungsnot der Städte durch rasche Kartoffellieferungen zu lindern.

29. Pazifistenkundgebung mit Albert Einstein in Berlin. →

GEBOREN:

6. Wojziech Jaruzelski, polnischer General und Politiker.

GESTORBEN:

12. Ernst Otto Beckmann (* 4. 7. 1853), deutscher Chemiker.

Angst vor Bürgerkrieg

Inflation, Ruhrbesetzung und Hungerunruhen schüren Gerüchte über einen bevorstehenden Bürgerkrieg. Die Regierung beschwört am 18. Juli in einem Aufruf die Stärke der jungen Republik. Bei Streiks, Demonstrationen und Plünderungen gibt es Tote und Schwerverletzte, so in Breslau und Gleiwitz am 20. oder in Neuruppin am 29. des Monats. Firmen gehen dazu über, die Beschäftigten täglich auszuzahlen. Die Ehefrauen warten vor den Werkstoren auf das Geld, um sofort einkaufen zu können, da die Preise stündlich steigen.

Der Berliner Polizeibericht meldet am Monatsende, daß 23 Lokale und 23 Privatwohnungen wegen Nachtbetriebs und ebenso viele Spielhöllen ausgehoben wurden. Nepp und Nuditäten, »Völlerei und Schlemmerei« als Kehrseite der Massennot werden energisch bekämpft. Eine der Folgen der Inflation, mit denen sich der Reichswirtschaftsrat auch beschäftigt, ist die Abwanderung von Ärzten.

Die »Vossische Zeitung« zitiert am 18. den Fall eines Chefarztes, der seine Privatklinik geschlossen und eine Stellung in einem Nachtlokal angenommen hat, »wo er ›Stimmungslieder‹ vorträgt, wobei ihn sein früherer Assistent am Klavier begleitet.«

Das Denkmal Walthers von der Vogelweide in Bozen wird im Verlauf der Entnationalisierung in Südtirol von seinem Standort entfernt und ins Museum gebracht.

Südtirol italienisiert

18. Juli. In Italien wird das Programm der Entnationalisierung Südtirols bekanntgegeben. Amtssprache ist nun das Italienische. Tirol und Südtirol sind als Namen verboten, es gilt nur noch »Trentino« und »Alto Adige«. In deutschen Schulen wird Italienisch Pflichtfach. Ein Ausnahmegesetz soll für eine bestimmte Zeit die Einwanderung weiterer Deutscher verhindern. Deutsche und Österreicher erhalten jeweils nur noch für drei Monate Aufenthaltserlaubnis. Die italienische Einwanderung wird unterstützt, der Erwerb von Grundbesitz durch Italiener außerordentlich erleichtert.

Ein Plakat zum Ruhrkampf. Der Arbeiter, der trotzig den französischen Besatzungssoldaten entgegentritt, zeigt sich bereit zum Widerstand. Das Plakat soll den Willen stärken, trotz Not und Knechtung durchzuhalten.

Freikorpsführer Ehrhardt flieht aus der Haft

13. Juli. Der ehemalige Freikorpsführer und Korvettenkapitän a. D., Hermann Ehrhardt, flieht aus der Leipziger Untersuchungshaft. Seine Flucht findet allgemein starke Beachtung; auch Adolf Hitler erwähnt sie in seiner Rede auf der Großkundgebung der NSDAP anläßlich des Deutschen Turnfestes in München. Ehrhardts Prozeß wegen Beteiligung am Kapp-Putsch ist auf den 23. Juli angesetzt. Der »Kopf« der rechtsradikalen geheimen »Organisation Consul« (OC) war von 1920 bis 1922 schon steckbrieflich gesucht. Weil sie ihm damals Unterschlupf gab, wird die Prinzessin von Hohenlohe-Oehringen, später seine zweite Ehefrau, am 24. zu einem halben Jahr Gefängnis verurteilt. Die Fluchthelfer Ehrhardts aus der Untersuchungshaft, die ihm am 13. Juli behilflich waren, werden am 18. gefaßt (→ März 1920).

Erste Verfassung der UdSSR tritt in Kraft

6. Juli. Die erste Verfassung der Union der sozialistischen Volksrepubliken tritt in Kraft. Das Gesetzeswerk ist der Form nach föderalistisch, inhaltlich aber zentralistisch ausgerichtet.

Die einzelnen Unionsrepubliken, die das Recht freien Austritts aus der Föderation haben, erhalten keine Kompetenzen im Bereich etwa der Außenpolitik, Wirtschaftsplanung, des Rechts oder der Landesverteidigung.

Oberstes Staatsorgan ist der Allunionskongreß aus Delegierten der verschiedenen Sowjets. Dieser wählt aus seiner Mitte als dauernde Regierungsinstanz das Exekutivkomitee unter einem Vorsitzenden. Die Regierungsgeschäfte erledigt der Rat der Volkskommissare. Die Kommunistische Partei der Sowjetunion als eigentliche Trägerin der Macht wird nicht erwähnt.

Turnfest in München

13. Deutsches Turnfest in München. Festzug der Turner vor dem Karlstor.

12.–18. Juli. Mehrere hunderttausend Teilnehmer kommen zum 13. Deutschen Turnfest nach München. Es wird als Fest »für deutsches Volkstum, deutsche Einheit, Ehre und Freiheit« von der Presse angekündigt. Die Politik ist dabei fast wichtiger als das Turnen. Der ehemalige General Erich Ludendorff verlangt von der Jugend »Haß und Rache gegen die Feinde«.
Die NSDAP hat seit langem geplant, die Massenveranstaltung für sich zu nutzen. Am 14. Juli gibt sie eine Großkundgebung im Zirkus Krone, an der 5000 Turner teilnehmen.
Redner des Abends ist Adolf Hitler. Ein nicht genehmigter Demonstrationszug, der sich mit entrollten Hakenkreuzfahnen durch die Stadt bewegt, wird von der Polizei gesprengt. Die in- und ausländische Presse registriert die Vorgänge im Umfeld des Turnfestes mit großer Aufmerksamkeit.

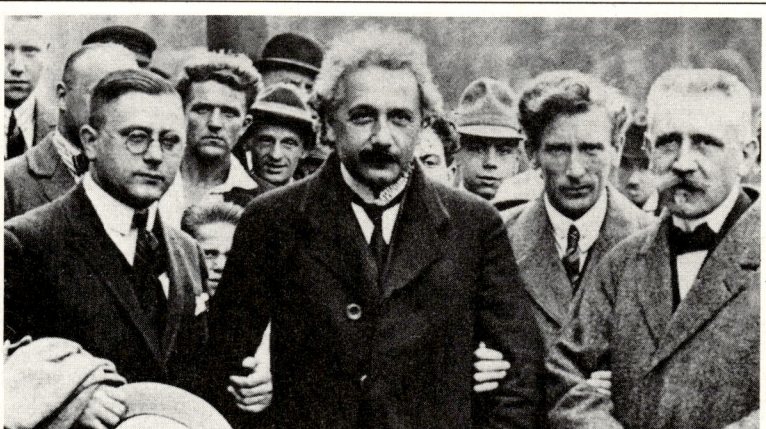

29. Juli. In Berlin findet eine vielbeachtete Pazifistenkundgebung statt, auf der auch der Physiker und Nobelpreisträger Albert Einstein (Bild Mitte) spricht.

1923
AUGUST

Mo	Di	Mi	Do	Fr	Sa	So
		1	2	3	4	5
6	7	8	9	10	11	12
13	14	15	16	17	18	19
20	21	22	23	24	25	26
27	28	29	30	31		

1. Dollarkurs überspringt die Millionengrenze.

2. Calvin Coolidge wird nach dem Tod von Harding der 30. Präsident der USA.

2. Reichsbank erhöht den Diskontsatz von 18 auf 30 Prozent.

6. In Berlin wird der Grundstein für eine Moschee gelegt.

7. Deutsche Hochseefischer beenden zehnwöchigen Streik.

7. Dollarkurs: 3,3 Millionen.

9. Notverordnung: Markverkauf ins Ausland nur noch bis zum Wert von 10 Pfund.

9. Streik in der Reichsdruckerei. Es fehlen deshalb Geldscheine.

11. Der Verfassungstag wird erstmals als nationaler Feiertag begangen.

11. Englands Außenminister äußert: Die Ruhrbesetzung ist vertragswidrig.

11. Die Sowjetunion erklärt den 6. Juli (Annahme der Verfassung) zum Feiertag.

11. Die sozialdemokratische Reichstagsfraktion entzieht Kanzler Cuno das Vertrauen. →

12. Rücktritt von Kanzler Wilhelm Cuno. →

13. Große Koalition unter Kanzler Gustav Stresemann. →

15. Eröffnung der Bauhaus-Ausstellung in Weimar. →

16. Der Wert der Goldmark steigt auf 1 000 000 Papiermark.

17. US-Präsident Coolidge bietet die Hilfe der USA zur Lösung der deutschen Reparationsfrage an.

18. Fußballänderspiel Deutschland gegen Finnland in Dresden (1 : 2).

26. Erich Kleiber wird Dirigent der Berliner Staatsoper.

31. Erste Verfilmung von Thomas Manns »Buddenbrooks« im Berliner Tauentzienpalast uraufgeführt.

GEBOREN:

15. Simon Peres, israelischer Politiker.

26. Wolfgang Sawallisch, deutscher Dirigent.

GESTORBEN:

2. Warren Gamaliel Harding (* 2. 11. 1865), 29. Präsident der USA.

Das staatliche Bauhaus in Weimar stellt aus

15. August. Das staatliche Bauhaus in Weimar zeigt auf Wunsch der Regierung von Thüringen, was es in den vier Jahren seines Bestehens geleistet hat. An einem wohnfertig eingerichteten Versuchshaus, das auch serienmäßig hergestellt werden könnte, wird die Formensprache des 20. Jahrhunderts verdeutlicht. Die Lehrenden stellen Kollektionen ihrer Arbeiten aus, so etwa Walter Gropius selbst, Lyonel Feininger, Paul Klee, Wassily Kandinsky, Oskar Schlemmer, László Moholy-Nagy. Im Rahmen der Bauhauswoche wird im Jenaer Theater das expressionistische »Triadische Ballett« von Schlemmer aufgeführt, bei dem die Akteure hinter abstrakten Formen verborgen sind.
Walter Gropius erläutert in einem Vortrag über »Kunst und Technik, die neue Einheit« die Idee des Bauhauses. Das Handwerk soll zur konstruktivistisch-industriellen Formgestaltung gelangen, Handwerk und Technik sollen sich versöhnen. Deshalb spielt in der Ausbildung am Bauhaus die Arbeit in den Werkstätten eine große Rolle. Das Bauhaus will zur Erziehung des vielseitigen kreativen Menschen beitragen (→ Dezember 1926).

Paul Klee.

Wassily Kandinsky.

Walter Gropius.

Gustav Stresemann bildet nach dem Rücktritt Cunos ein neues Kabinett.

Karikatur: Schutzengel Stresemann führt den deutschen Michel.

Stresemann Kanzler

13. August. Streiks, Hungerdemonstrationen und Arbeitslosenunruhen kennzeichnen auch den Monat August. Bürger plündern Läden. Lebensmitteltransporte werden ausgeraubt. Die Sabotageakte des aktiven Widerstands im Ruhrgebiet bringen die moralische Position Deutschlands in Mißkredit. Der passive Widerstand ist aus politischen und wirtschaftlichen Gründen nicht mehr durchzuhalten. Die Kosten – bis 40 Millionen Goldmark täglich – treiben die Inflation immer weiter. Kanzler Wilhelm Cuno muß am 11. August vor den Problemen, die er nicht mehr in den Griff bekommt, kapitulieren.

Sein Nachfolger ist Gustav Stresemann, seit Kriegsende Vorsitzender der DVP. Er bildet am 13. die erste große Koalition mit Sozialdemokraten, Zentrum, Demokraten und DVP. Mit ihr will er die Stabilisierung und Neuordnung der Währung in Gang bringen.
Erste Voraussetzung dafür ist für ihn die Einstellung des Ruhrkampfes und ein neues Verhältnis zum Ausland. In seiner eigenen Partei fehlt ihm für solche Politik der Rückhalt. Schließlich gehören ihr etwa Hjalmar Schacht und der Konzerninhaber Hugo Stinnes an, der aus der Inflation größten Nutzen zieht.

Not und Hunger werden angesichts der katastrophalen wirtschaftlichen Lage immer schlimmer. In den Schulen wird warmes Essen ausgeteilt.

1923

SEPTEMBER

Mo	Di	Mi	Do	Fr	Sa	So
					1	2
3	4	5	6	7	8	9
10	11	12	13	14	15	16
17	18	19	20	21	22	23
24	25	26	27	28	29	30

1. Ein Erdbeben in Japan zerstört die Zentren der Industriegebiete um Tokio und Jokohama. 120 000 Menschen sterben.

2. »Deutscher Tag« in Nürnberg. Hitler greift die Reichsregierung scharf an. Am gleichen Tag Verständigungsangebot Stresemanns an Frankreich zur Ruhrfrage. →

5. Dollarkurs: 50 Millionen.

6. Italienische Kriegsflotte besetzt Korfu als Sanktion für die Erschießung von fünf Offizieren. Der Völkerbund erreicht, vor allem durch die Initiative Englands, daß Korfu wieder geräumt wird (27. 9.).

9. Große Musterung der »Proletarischen Hundertschaften« in Sachsen, die zum Schutz gegen Rechtsradikalismus entstehen.

12. Südrhodesien wird britisches Dominion und erhält ab 1. Oktober verantwortliche Regierung.

13. Militärputsch in Spanien. →

18.–26. New York ist ohne Zeitungen, bedingt durch einen Druckerstreik.

19. Uraufführung des Dramas »Hinkemann« von Ernst Toller in Leipzig.

24. Uraufführung des ersten deutschen Tonfilms (»Das Leben auf dem Dorfe«). →

26. Ende des passiven Widerstandes im Ruhrgebiet. →

26. Ausnahmezustand in Bayern. Der Reichspräsident reagiert mit Verhängung des Ausnahmezustandes über das gesamte Reich. →

28. Eröffnung der Automobilausstellung in Berlin. Das »Stromlinienauto« wird vorgestellt.

29. Hugo Stinnes verlangt im Namen der Schwerindustrie die Aufhebung des Achtstundentages und Streikverbot in »lebenswichtigen Betrieben«.

29. Erwin Piscator eröffnet in Berlin die »Proletarische Bühne«.

30. Blutige Separatistenkundgebung in Düsseldorf (17 Tote bei Schießereien).

GEBOREN:

24. Ladislav Fuks, tschechischer Schriftsteller.

GESTORBEN:

21. Ferdinand Avenarius (* 20. 12. 1856), deutscher Schriftsteller.

Primo de Rivera errichtet Militärdiktatur

13. September. Der Generalkapitän von Barcelona, Miguel Primo de Rivera y Orbaneja, putscht und bildet im Einvernehmen mit König Alfons XIII. zwei Tage später ein Militärdirektorium. Die Cortes werden aufgelöst, die Garantien der Verfassung von 1876 sind außer Kraft. In der Öffentlichkeit wird der Militärputsch offen begrüßt als Weg, das Land aus der anhaltenden Misere herauszuführen, die durch rascheste Wechsel der parlamentarischen Regierungen und schwere soziale Unruhen gekennzeichnet ist. Beeinflußt ist die Stimmung auch durch die katastrophale Niederlage, die Spanien gegen die marokkanischen Berberstämme der Rifkabylen erlitten hat und die die Wogen nationaler Emotionen hochschlagen läßt. Der 1870 geborene Primo de Rivera entstammt einer angesehenen Familie von Militärs und Politikern.

Alfons XIII. (l.) und Primo de Rivera.

Fahrräder haben Hochkonjunktur

Das »Berliner Tageblatt« meldet zum Monatsanfang: Das Fahrrad hat Hochkonjunktur, seit die Straßenbahntarife überteuert sind. Eine »verkehrspolitische Umwälzung« ist zu erwarten. Die Fahrradfabrikation im Reich läuft auf Hochtouren. Populär sind auch Fahrräder mit Hilfsmotor. Sie kosten aber 150 bis 200 Dollar.

Ruhrkampf beendet

26. September. Obwohl Frankreich keinerlei Gegenleistungen in Aussicht stellt, verkündet Gustav Stresemann den Abbruch des passiven Widerstandes. Er sagt dazu: »Der Mut, die Aufgabe des passiven Widerstandes verantwortlich auf sich zu nehmen, ist vielleicht mehr national als die Phrasen, mit denen dagegen angekämpft wurde.« Der Aufruf Stresemanns, der vom Reichspräsidenten Friedrich Ebert und dem Kabinett unterzeichnet ist, wird in Plakaten im Reich veröffentlicht. Die Bilanz des Ruhrkampfes lautet: 132 Tote, elf Todesurteile (davon eines vollstreckt), zahlreiche Haft- und Geldstrafen, 150 000 Ausweisungen. Der Verlust für die deutsche Wirtschaft beträgt mindestens vier Milliarden Goldmark, Folgeschäden für die Volkswirtschaft sind noch nicht abzusehen.

Zweimal Ausnahmezustand: Auf den am 26. September verkündeten Abbruch des passiven Widerstandes im Ruhrgebiet reagiert das nationalistisch aufgeheizte Bayern mit der Verhängung des Ausnahmezustandes. Der rechtsgerichtete Politiker und oberbayrische Regierungskommissar Gustav Ritter von Kahr wird zum Generalstaatskommissar mit diktatorischen Vollmachten ernannt. Er erhält auch die Befugnis, gegebenenfalls die in Bayern stationierten Reichswehrtruppen in Anspruch zu nehmen.
Die Reichsregierung reagiert noch am gleichen Tag. Friedrich Ebert verhängt über das ganze Reich den Ausnahmezustand. Die vollziehende Gewalt fällt dadurch an Reichswehrminister Otto Geßler, faktisch an Hans von Seeckt, den Chef der Heeresleitung.

Adolf Hitler (Mitte, im Mantel) auf dem »Deutschen Tag« in Nürnberg.

Sedan-Gedenkfeiern

2. September. Die vaterländischen Verbände feiern mit dem »Deutschen Tag« die Erinnerung an den Sedan-Sieg von 1870. Als 100 000 Mann aufmarschieren, postiert sich Adolf Hitler, der an dieser Veranstaltung teilnimmt, nahe bei Erich Ludendorff. Er greift dann in einer Rede die Reichsregierung scharf an.

Die Bünde »Oberland« und »Reichskriegsflagge« vereinen sich mit Hitlers SA zum »Deutschen Kampfbund«. In München marschiert eine Traditionskompanie an dem bayrischen Kronprinzen Ruprecht vorüber, in Schliersee nimmt General Ludendorff eine Parade vaterländischer Verbände ab.

Der erste Tonfilm

24. September. In Berlin wird erstmals öffentlich ein Tonfilm aufgeführt: Der Streifen »Das Leben auf dem Dorfe« läuft wochenlang vor ausverkauftem Haus. Er ist nach einem Verfahren entstanden, das die deutschen Ingenieure Hans Vogt, Joseph Engl und Joseph Masolle entwickelt haben. Der Lichttonfilm stößt bei der deutschen Industrie auf kein Interesse. Die Erfinder verkaufen ihre Patente in die Schweiz, die sie 1926 an William Fox (USA) abtritt.

Hans Vogt.

Die Reichsregierung fordert die Bürger auf, den passiven Widerstand aufzugeben.

Joseph Masolle.

Joseph Engl.

1923

OKTOBER

Mo	Di	Mi	Do	Fr	Sa	So
1	2	3	4	5	6	7
8	9	10	11	12	13	14
15	16	17	18	19	20	21
22	23	24	25	26	27	28
29	30	31				

1. Verbot deutschen Unterrichts an den deutschen Schulen Südtirols.

1. Putsch der Schwarzen Reichswehr in Küstrin unter Major Buchrucker scheitert am Widerstand der Reichswehr.

2. Papst Pius XI. bittet amerikanische Bischöfe um Hilfe für Mitteleuropa wegen drohender Hungersnot.

2. Erste Kartellverordnung in Deutschland gegen Mißbrauch wirtschaftlicher Macht. Kartellgericht beim Reichswirtschaftsgericht.

2. Verbot der kommunistischen Presse in Sachsen.

6. Neubildung des Kabinetts Stresemann: Der parteilose Hans Luther wird Nachfolger R. Hilferdings (SPD) als Finanzminister.

8. Eröffnung des Berliner Flughafens »Tempelhofer Feld«.

9. Gründung der Preußischen Bergwerks- und Hütten AG (Preussag) als Zusammenschluß von Staatsbetrieben.

10./16. Eintritt von Kommunisten in die Landesregierungen von Sachsen und Thüringen. →

13. Der Reichstag nimmt das erste Ermächtigungsgesetz an. →

13. Konflikt Reich–Sachsen beginnt. →

16. Errichtung der deutschen Rentenbank bekanntgegeben. →

19. Dollarstand: 12 Milliarden.

19. Beginn des Konflikts Bayern–Reich. →

21. Separatisten rufen in Aachen die Rheinische Republik aus. →

22. Dollarstand: 40 Milliarden.

22./24. Kommunistischer Aufstand in Hamburg mit blutigen Straßenkämpfen.

23. Reichswehr rückt in Sachsen ein. →

24. Von Lossow fordert die vaterländischen Verbände Bayerns zum Marsch auf Berlin auf. →

29. Sächsische Regierung ist abgesetzt. →

29. Das erste Unterhaltungskonzert des Rundfunks wird in Berlin gesendet. →

GEBOREN:

4. Charlton Heston, amerikanischer Schauspieler.

Reich steht vor der Zerreißprobe

Im Rheinland rufen Separatisten unter anderem die autonome Pfalz aus.

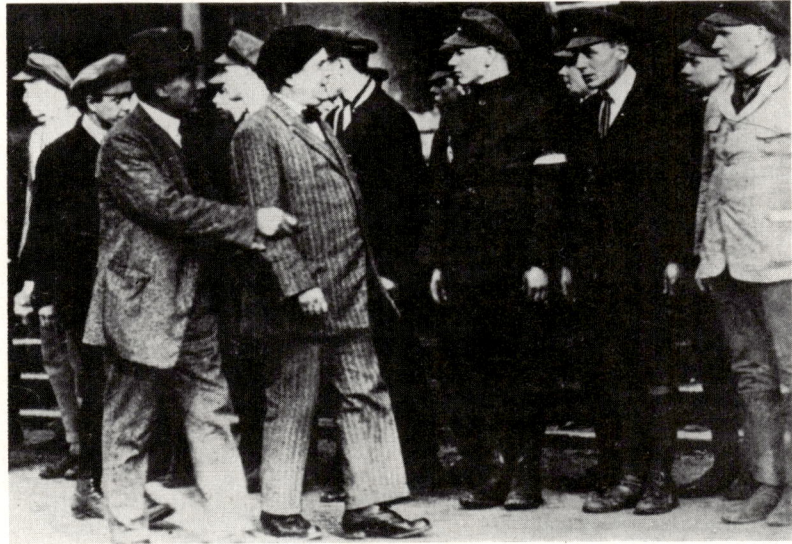

Im Rheinland flammt der Separatismus auf. Der Separatistenführer Matthes (vorn im gestreiften Anzug) zeigt sich vor seinen Anhängern in Koblenz.

Die Lage für das kriegsgeschüttelte Reich spitzt sich im Oktober dramatisch zu. Konflikte mit Sachsen, Thüringen und Bayern sowie Aktionen der Separatisten treiben die Regierung in die Enge. Die Kommunisten sehen, ganz im Sinne Moskaus, eine revolutionäre Chance für ihre Partei.

Reichswehr in Sachsen: Kommunisten treten am 10. und 16. des Monats in die Landesregierungen von Sachsen und Thüringen in Koalition mit der SPD ein. Als beide Länder die Anweisung des Wehrkreisbefehlshabers, General Müller, ignorieren, die »Proletarischen Hundertschaften« aufzulösen, marschiert am 23. Oktober Reichswehr in Sachsen ein. Ministerpräsident Zeigner lehnt am 28. einen Rücktritt ab. Am 29. besetzt Reichswehr die Dresdner Ministerien. Die verfassungsmäßige Regierung Zeigner ist ihres Amtes enthoben. Am 29. konstituiert sich eine rein sozialdemokratische neue Regierung unter Alfred Fellisch.

In diesen kritischen Tagen kommt es in Hamburg zu blutigen Straßenkämpfen zwischen Kommunisten (unter Führung Ernst Thälmanns) und schwerbewaffneter Polizei.

Konflikt in Bayern: In Bayern entzündet sich der Konflikt an einem Verbot des »Völkischen Beobachters« der NSDAP, das von Reichswehrminister Otto Geßler ausgeht. Dem Blatt wird Regierungsbeleidigung vorgeworfen. Der bayrische

Reichswehrkommandeur, Otto von Lossow, führt die Anweisung nicht durch und wird deswegen am 19. Oktober von Geßler abgesetzt. Generalstaatskommissar Gustav Ritter von Kahr setzt ihn wieder ein. Am 22. werden die Reichswehrtruppen in allen bayrischen Standorten auf Bayern verpflichtet, das heißt, der Reichsgewalt entzogen. Das ist wie eine offene Kampfansage an Berlin. Die Reichsregierung zögert ein Eingreifen hinaus.

Am 24. sagt General von Lossow zu Führern der vaterländischen Verbände: »Meine Herren! Es gibt drei Möglichkeiten: 1. Einmarsch nach Berlin und Ausrufung der Errichtung der nationalen Diktatur. 2. Weiterwursteln und ›Bayern bei der Stange bleiben‹. 3. Trennung Bayerns vom Reich. Für uns in Bayern kommt nur die erste Möglichkeit in Betracht.«

Rheinische Republik: Die Separatisten nutzen die unruhige Lage im Reich und rufen am 21. Oktober mit Unterstützung der Franzosen in Aachen die »Unabhängige Rheinische Republik« aus. Im ganzen Rheingebiet flammen Separatistenunruhen auf.

In Berlin kommt es angesichts der ständig steigenden Preise zu Unruhen.

311

Inflationsgeld vom Herbst: Astronomische Summen ohne Wert.

Hilfe für Reichsmark

16. Oktober. Aufgrund des am 1. Oktober angenommenen Ermächtigungsgesetzes wird die Errichtung der Rentenbank verordnet. Sie soll im November die Rentenmark als Zwischenwährung ausgeben, bis sich die Mark stabilisiert hat. Die Lösung ist in der Hauptsache ein Kompromiß aus Vorschlägen von Finanzminister Rudolf Hilferding und Karl Helfferich (DNVP). Weil die Rentenmark nicht durch Gold gedeckt ist, werden Hypotheken auf Grundbesitz, Industrie, Handel und Banken an das Reich in Höhe von 32 Milliarden Goldmark zur Sicherung herangezogen. Die Rentenbank darf nur 24 Milliarden Rentenmark in Noten ausgeben (die Hälfte als Darlehen an die Reichsregierung, die andere Hälfte als Kredit an die Wirtschaft). Damit soll der Rentenmark das Schicksal der Papiermark erspart bleiben. Die Papiermark bleibt vorläufig noch gesetzliches Zahlungsmittel. Weil der Drang nach wertbeständigen Zahlungsmitteln größer wird, teilt die Regierung am 23. mit, daß Industriebetriebe mit entsprechenden Sicherheiten auf Antrag die Genehmigung zur Herausgabe wertbeständiger Notgeldscheine bekommen.

Bankboten können das Geld nur noch in großen Körben transportieren.

Erstes Radiokonzert

29. Oktober. Abends um 8 Uhr sendet die Berliner Funkstunde AG zum erstenmal ein Unterhaltungskonzert, das in allen Bevölkerungsschichten eine lebhafte Resonanz findet. Die Stunde der Massenmedien hat damit geschlagen. Die technischen Möglichkeiten dafür bestanden seit langer Zeit, doch ein Rundfunkempfangsverbot für Privatpersonen verhinderte die breite Nutzung des Mediums.

Die erste Rundfunkgenehmigung wird zum Preis von 350 Milliarden Mark in Berlin ausgestellt. Die »Berliner Illustrierte« vermutet am 21., daß die neue Errungenschaft die meisten Abonnenten auf dem Lande und in den stillen Kleinstädten finden wird: »Gerade dort, in der besinnlichen Einsamkeit, wird das Belauschen der brausenden Welt draußen ein seltsames Erlebnis sein.«

Das neue Medium, der Rundfunk, fasziniert alle Bevölkerungsschichten in Deutschland. Gemälde von Kurt Guenther mit dem Titel »Der Radionist«.

Stresemann erhält neue Vollmachten

1. Oktober. Reichskanzler Gustav Stresemann schlägt ein Ermächtigungsgesetz vor, das ihm die Möglichkeit bieten soll, ohne langwierige parlamentarische Beratungen auf schnellstem Wege gesetzliche Regelungen zur Sanierung der Wirtschaft erlassen zu können. Am 13. wird mit 316 Ja-Stimmen, 24 Nein-Stimmen und sieben Enthaltungen das verfassungsändernde Gesetz im Reichstag angenommen.

Türkei wird zur Republik erklärt

29. Oktober. Die Türkei wird zur Republik erklärt. Nach der Friedenskonferenz mit Griechenland im Juli 1923 kann der souveräne Staat nun unter der Führung seines ersten Präsidenten Kemal Atatürk darangehen, ein Europäisierungsprogramm zu verwirklichen. Hauptstadt der Republik wird Ankara. Die alte anatolische Stadt erlebt einen schnellen wirtschaftlichen Aufschwung.

Polizei bewacht Kartoffeläcker rings um Berlin

Eine Suppenküche in Berlin.

Zu Beginn des Oktobers werden in der Umgebung Berlins nachts Posten der Schutzpolizei aufgestellt, die Kartoffeläcker vor Dieben schützen sollen. Wohlfahrtsanstalten geben Essen für Bedürftige aus. Die Stadtbevölkerung hungert. Ende des Monats ziehen viele Menschen, die keineswegs alle im Besitz von amtlichen Berechtigungsscheinen sind, aufs Land, um auf den schon abgeernteten Feldern Kartoffeln und Rüben nachzulesen. In den Läden gibt es immer weniger Nahrungsmittel zu kaufen. Die »Berliner Illustrierte« registriert: »Vor den Bäckerläden stehen lange Menschenschlangen – es gibt nicht genug Brot (für 10 Milliarden der Laib), und den Kindern fehlt die Milch...« Ein zeitgemäßer Kindervers dieser Tage ist: »Eins zwei drei vier fünf Millionen / meine Mutter, die kauft Bohnen / zehn Milliarden kost' das Pfund / und ohne Speck / du bist weg.«

Amtliche Vernichtung von wertlos gewordenem Inflationsgeld.

1923
NOVEMBER

Mo	Di	Mi	Do	Fr	Sa	So
			1	2	3	4
5	6	7	8	9	10	11
12	13	14	15	16	17	18
19	20	21	22	23	24	25
26	27	28	29	30		

2. SPD-Minister verlassen Reichsregierung. →

2. Separatisten aus Aachen vertrieben. →

3. Dollarstand: 420 Milliarden.

3. General von Seeckt verweigert Einmarsch der Reichswehr in Bayern.

4. Deutschland gewinnt 45. Fußballänderspiel mit 1 : 0 gegen Norwegen in Hamburg.

5. Proklamation der »Autonomen Pfalz« in Speyer.

8./9. Hitlerputsch in München. →

9. General von Seeckt erhält vollziehende Gewalt im Reich. →

13. Frankreich stimmt Überprüfung der deutschen Zahlungsfähigkeit durch Sachverständige zu.

14. Neues Wahlgesetz zugunsten der Faschisten in Italien: Stärkste Partei mit mindestens 25 Prozent der Stimmen erhält zwei Drittel der Sitze.

15. Ausgabe der Rentenmark. →

16. Poincaré: Ruhrbesetzung hat Frankreich 691 Millionen gekostet, 520 Millionen eingebracht.

17. Ende der Inflation. Reichsbank erklärt, daß ihre Zweigstellen ab 22. kein Notgeld mehr annehmen. →

23. Rücktritt des Kabinetts Stresemann nach Mißtrauensvotum der SPD. →

23. NSDAP und KPD im ganzen Reich durch von Seeckt verboten.

23. »Micum«-Abkommen der Ruhrindustrie. →

28. Tagebuch des letzten Zaren, Nikolaus II., erscheint.

29. Premiere des Filmes »Die Straße« (Regie: Karl Grune) im Ufa-Theater am Kurfürstendamm. Hinwendung des deutschen Stummfilms aus engem Kammerspielinterieur auf (Atelier-)Straße beginnt. Zahlreiche Nachfolger.

30. Zentrumsführer Wilhelm Marx bildet ein neues Kabinett mit Gustav Stresemann als Außenminister. →

GEBOREN:

5. Rudolf Augstein, deutscher Publizist, Herausgeber des »Spiegel«.

GESTORBEN:

20. Rudolf Havenstein (* 10. 3. 1857), deutscher Finanzfachmann, Reichsbankpräsident.

Ende der Inflation

15. November. Die letzten Tage vor Inkrafttreten der Währungsreform spiegeln noch einmal den Taumel der Geldentwertung.

Die Preise wechseln nahezu stündlich, Briefmarken werden ohne Aufdruck hergestellt, und die Beamten schreiben den gerade gültigen Stand per Hand ein. Am 1. November kostet ein Pfund Brot 260 Milliarden, das Pfund Zucker 250 Milliarden, das Pfund Fleisch 3,2 Billionen. Der Tageslohn eines gelernten Arbeiters in Berlin beträgt 3 Billionen.

Am 15. ist dem Spuk das amtliche Ende verordnet. Die Rentenmark wird ausgegeben. Am 20. wird der Dollarkurs bei 4,2 Billionen Papiermark zwangsweise fixiert. Auf dem Schwarzmarkt steigt er allerdings bis zur letzten Novemberwoche noch weiter bis auf 12 Billionen. Als Umtauschverhältnis für die Rentenmark gilt: Eine Billion Papiermark (1 000 000 000 000) entspricht einer Goldmark oder einer Rentenmark (»Bimark«). Ab jetzt gelten drei verschiedene Währungen: Papiermark, Rentenmark und, theoretisch, die alte Goldmark.

Spiele mit Geldscheinbündeln.

Dollarnotierungen 1914–1923

	Mark
Juli 1914	4,2
Januar 1919	8,9
Juli 1919	14,0
Januar 1920	64,8
Juli 1920	39,5
Januar 1921	64,9
Juli 1921	76,7
Januar 1922	191,8
Juli 1922	493,2
Januar 1923	17 972,0
Juli 1923	353 412,0
August 1923	4 620 455,0
September 1923	98 860 000,0
Oktober 1923	25 260 208 000,0
15. November 1923	4 200 000 000 000,0

Eine Karikatur, die sich gegen Spekulanten und Inflationsgewinnler der Nachkriegszeit richtet: »Mein Geld ist im Ausland, mein Geld ist nicht hier...«

Hitlerputsch in München gescheitert

Proklamation
an das deutsche Volk!

Die Regierung der November=
verbrecher in Berlin ist heute
für abgesetzt erklärt worden.

Eine provisorische deutsche
National=Regierung
ist gebildet worden.

Diese Befehl aus

General Ludendorff, Adolf Hitler
General von Lossow, Oberst von Seisser

*Eine Proklamation der Putschisten
gegen die Reichsregierung.*

*Nach dem Scheitern des Putsches berichtet der »Vorwärts«, Organ der Sozial-
demokraten, über die Rolle Kahrs und Lossows bei den Vorgängen in Bayern.*

5. November. Die von Generalstaatskommissar Gustav Ritter von
Kahr und General Otto von Lossow
in Bayern forcierten Putschpläne
gegen das Reich kommen ins Stok-
ken. In einem Brief an Kahr versichert nämlich Hans von Seeckt,
Chef der Reichswehr, daß er die
gleichen Ziele verfolge. Aber er
deutet an, daß beide den Kampf mit
den übrigen Teilen der Reichswehr
riskierten, wenn sie selbst in Bayern
das Signal geben.

Am 6. beschließt Adolf Hitler, mit
seinem Kampfbund, der SA, jede
günstige Gelegenheit zum Putsch
zu nutzen, und zwar auch ohne
Kahr und Lossow. Als Kahr am
8. November im Münchener Bürgerbräukeller vor einer Versammlung seiner Parteigänger (darunter
der Chef der Landespolizei, Seisser)
spricht, dringt Hitler mit seinen
Anhängern in den Saal ein. Um sich
Ruhe zu verschaffen, schießt er mit
einer Pistole in die Saaldecke. Er
erklärt die bayrische wie die Reichsregierung für abgesetzt. Die über-
rumpelten Kahr und Lossow versucht er dann im Nebenzimmer
zum Putsch gegen Berlin zu überreden. General Erich Ludendorff, von
Hitler geholt, zeigt sich überrascht,
stellt sich aber »kraft eigenen
Rechts der deutschen Nationalregierung zur Verfügung«. Kahr, Lossow und Seisser sagen ihre Beteiligung zu. Doch nach Verlassen
des Bürgerbräukellers ergreifen sie
Gegenmaßnahmen. Am nächsten
Morgen erscheint neben Hitlers
Proklamation ein Appell Kahrs mit
dem Widerruf der in der Nacht
»abgepreßten Erklärungen«. Die
Polizei ist in Alarmbereitschaft.
Damit ist der Putsch gescheitert.

Marsch zur Feldherrnhalle: Um
doch noch die Situation zu ihren
Gunsten zu wenden, organisieren
Ludendorff und Hitler am 9. November einen Demonstrationszug
zur Innenstadt. Auf der Höhe der
Feldherrnhalle treibt die Polizei die
Demonstranten auseinander. Ludendorff wird verhaftet, Hitler flieht
und wird zwei Tage später gefaßt.
Die »Nationale Revolution« endet
mit Verwundeten und 16 Toten.

In der Nacht vom 8. zum 9. November überträgt Friedrich Ebert die
vollziehende Gewalt im Reich an
den Chef der Heeresleitung, von
Seeckt.

Hitler mobilisiert die SA in Bayern. SA-Männer mit der kaiserlichen Reichskriegsflagge starten zum Putsch.

Gustav Ritter von Kahr.

Generaloberst Hans von Seeckt.

General Erich Ludendorff.

Stresemann gestürzt

23. November. Reichskanzler Gustav Stresemann wird durch ein Mißtrauensvotum der Sozialdemokraten im Reichstag gestürzt. Schon Anfang des Monats haben die SPD-Minister aus Protest gegen die ungleiche Behandlung von Bayern und Sachsen die Regierung verlassen. Reichspräsident Friedrich Ebert rügt seine Parteifreunde: »Was euch veranlaßt, den Kanzler zu stürzen, ist in sechs Wochen vergessen, aber die Folgen eurer Dummheit werdet ihr noch in zehn Jahren spüren.«

Stresemann hat nach 100 Tagen Regierungsarbeit als Erfolg zu verbuchen: Die Stabilisierung ist eingeleitet, die Reparationsfrage steht vor einer Wende (Frankreich läßt mit sich reden). Das Reich ist durch den Höhepunkt einer Existenzkrise hindurchmanövriert.

Nach schwierigen Verhandlungen bildet der Zentrumsführer Wilhelm Marx am 30. November eine bürgerliche Minderheitsregierung mit Zentrum, DDP, DVP, BVP. Gustav Stresemann wird in dem neuen Kabinett Außenminister.

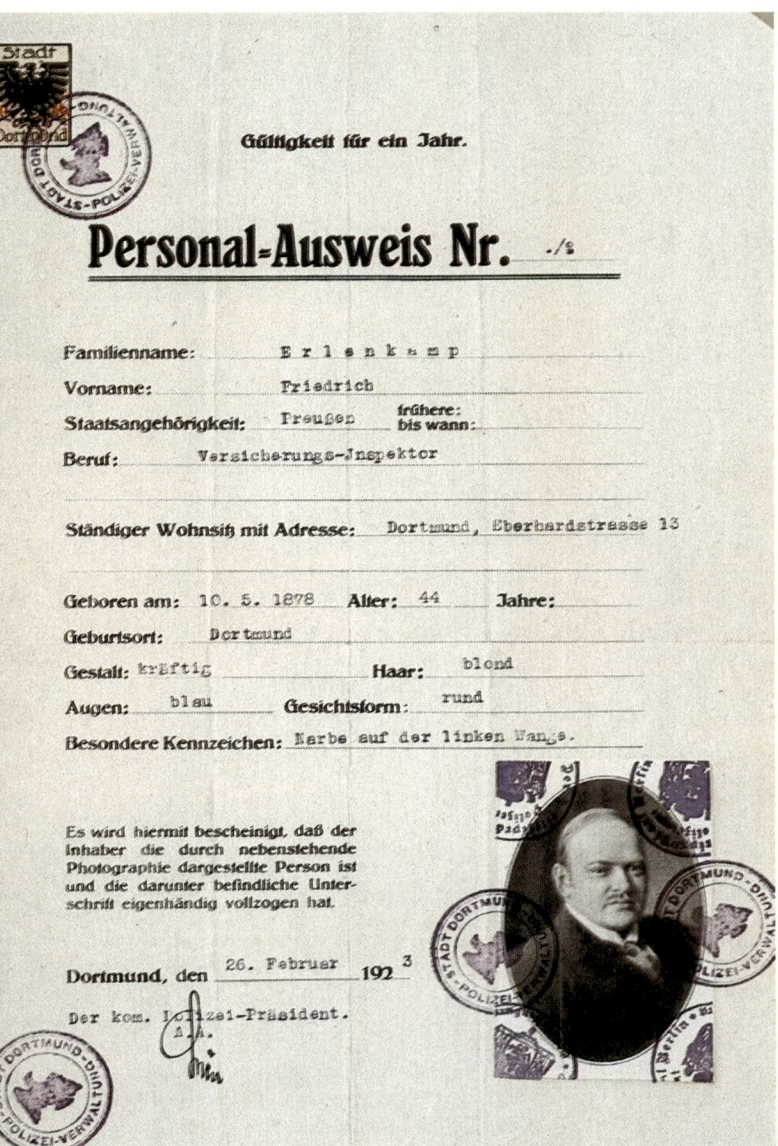

Ein gefälschter Personalausweis, den sich Gustav Stresemann in Dortmund auf den Namen Friedrich Erlenkamp hat ausstellen lassen. Der damalige Reichskanzler benutzte ihn im Februar 1923 nach einem Besuch in den von den Franzosen besetzten Ruhrgebieten zur Rückreise. Das besetzte Gebiet ist durch eine Demarkationslinie vom übrigen Reich getrennt und unterliegt Reisebeschränkungen.

Industrie schließt Micum-Abkommen

23. November. Die westdeutsche Industrie schließt mit Zustimmung des Reiches das »Micum-Abkommen« (Mission Interalliée de Contrôle des Usines et des Mines) mit den Besatzungsmächten. Es regelt, nach den Wirren des Ruhrkampfes, die Wiederaufnahme der Arbeit. Es handelt sich um einen Mantelvertrag, dem die einzelnen Firmen gesondert beitreten, und er verpflichtet sie zu bestimmten Zahlungen und Lieferungen. Die Zechen müssen etwa 18 Prozent ihrer Kohleförderung abliefern und die Kohlesteuer noch einmal entrichten.

Separatisten werden vertrieben

5. November. Die separatistischen Aktionen am Rhein (→ Oktober 1923) setzen sich fort. Der Gutsbesitzer Franz-Josef Heinz-Orbis ruft die »Regierung der Autonomen Pfalz« aus. Die deutsche Polizei darf nicht eingreifen – die Besatzungsmächte tolerieren die Separatisten nicht nur, sie unterstützen sie. Doch die Bevölkerung sammelt sich überall zum entschiedenen nationalen Widerstand. Bereits am 2. November werden die »Sonderbündler« endgültig wieder aus Aachen vertrieben. Die Presse meldet blutige Kämpfe und Lynchjustiz der Aachener an den abziehenden Truppen. Zwei Sonderbündler werden getötet.

Kronprinz Wilhelm kehrt zurück

10. November. Das Ausland betrachtet es als Politikum: Der Hohenzollernkronprinz Wilhelm kehrt nach Deutschland zurück, nachdem er auf die Thronrechte verzichtet hat. Er lebt seit 1918 auf der Insel Wieringen in der Zuidersee. Der »Daily Telegraph« hatte am 5. aus Amsterdam als Auflagen für die Rückkehr gemeldet: Der Kronprinz darf sich nicht in Potsdam aufhalten. Er muß sich auf seinem Gut bei Oels in Schlesien niederlassen. Er darf sich unterwegs nicht zu erkennen geben.

Chaplins Film »The Kid« in Deutschland

Charlie Chaplin.

16. November. Charlie Chaplins erster programmfüllender Film, »The Kid«, kommt nach Deutschland und wird in Berlin gezeigt (Premiere: 6. Februar 1921). Die Geschichte von der Freundschaft zwischen dem armen Vagabunden und dem Findelkind bewegt auch hier die Gemüter und füllt die Kassen. Sie zeigt, wie viele andere typische Filme des Weltstars Chaplin, den tragikomischen Kampf des kleinen Mannes, des Individualisten und Außenseiters, der sich gegen die Tücke des Objekts und gegen die Grausamkeiten der bürgerlichen Umwelt wehren muß.
Chaplins Markenzeichen sind die zu kleine Melone (»das Symbol für den Kampf um die Würde«), das Bärtchen und die riesigen Schuhe. Ihm als volkstümlichen philosophischen Narren ist es erlaubt, die Wahrheit zu sagen, auch wenn sie radikal ist. Seine Darstellungskunst geht mit auf die Tradition der Pantomime zurück. Charlie Chaplin, 1889 geboren, ist 1920 nach Amerika gekommen und 1914 zunächst Filmkomiker in Hollywood geworden. Seit 1918 besitzt er ein eigenes Studio, seit 1923 dreht er alle Filme für die von ihm mitbegründete »United Artists«. Seine Filme (darunter »Charlie als Auswanderer«, 1917; »Ein Hundeleben«, 1918; »Gewehr über«, 1918; »Feine Leute«, 1921; »Zahltag«, 1922) haben ihn zum Symbol gemacht und ihm im übrigen auch ein entsprechendes Vermögen eingebracht. Sein Partner in »The Kid«, Jackie Coogan, macht als Kinderstar Schlagzeilen mit einem Jahreseinkommen von 1 Million Dollar.

1923

DEZEMBER

Mo	Di	Mi	Do	Fr	Sa	So
					1	2
3	4	5	6	7	8	9
10	11	12	13	14	15	16
17	18	19	20	21	22	23
24	25	26	27	28	29	30
31						

1. Arbeitslosenstatistik für das Reich: 1,45 Millionen Vollerwerbslose und 1,83 Millionen Kurzarbeiter, die Unterstützung beziehen. Im gesamten Reichsgebiet 3,45 Millionen Arbeitslose und 2,339 Millionen Kurzarbeiter.

6. Neuwahlen in England. Konservative verlieren 90 Sitze, bleiben aber stärkste Partei. Hohe Stimmengewinne bei Labour und den Liberalen.

8. Mit namentlicher Abstimmung wird zweites Ermächtigungsgesetz angenommen, das Notverordnungen zur Lohn-, Preis-, Steuer- und Sozialpolitik erlaubt. Befristet bis 15. 2. 1924.

8. Uraufführung von Bert Brechts »Baal« in Leipzig.

14. Arbeitszeit für Beamte auf 54 Wochenstunden festgesetzt, für die Arbeiter im Montanbereich überwiegend auf 59 Wochenstunden. →

15. Frankreich bereit zu Verhandlungen mit Deutschland über Ruhrbesetzung und Reparationen.

17. Dezembergehalt für Beamte und Angestellte kann nur zur Hälfte ausbezahlt werden.

22. Hjalmar Schacht Reichsbankpräsident als Nachfolger des im November gestorbenen Rudolf Havenstein.

25. Lenin diktiert Testament.

26. Reparationskommission beruft zwei Sachverständigenausschüsse; einer steht unter Leitung von Charles Dawes und Owen Young.

27. Internationales Rotes Kreuz ruft zu Sammlungen für Deutschland auf.

27. Erfolgloses Attentat auf japanischen Kronprinzen in Tokio.

28. Uraufführung des Dramas »Die heilige Johanna« von Bernard Shaw in New York.

GEBOREN:

2. Maria Callas († 16. 9. 1977), italienische Opernsängerin.

17. Jürgen Ponto († 30. 7. 1977), deutscher Bankier.

GESTORBEN:

24. Carl Burckhardt (* 13. 1. 1878), Schweizer Maler und Bildhauer.

28. Alexandre Gustave Eiffel (* 15. 12. 1832), französischer Ingenieur. →

Streit um Nobelpreis

10. Dezember. Für die Isolierung des Bauchspeicheldrüsenhormons Insulin und den Nachweis seiner klinischen Wirkung erhalten Frederick G. Banting und John James Macleod aus Toronto in Stockholm den Nobelpreis für Physiologie/Medizin. Die Verleihung ruft Entrüstung hervor, weil bekannt wird, daß Macleod lediglich sein Laboratorium in Toronto zur Verfügung gestellt hat und an den entscheidenden Experimenten gar nicht teilnahm. Banting teilt demonstrativ seinen Preis mit seinem Mitarbeiter Charles Best. Macleod teilt seinerseits darauf den Preis mit J. B. Collip, der entscheidend im Labor mitwirkte.

Den Nobelpreis für Chemie erhält Fritz Pregl (Graz) für die Methode zur quantitativen Mikroanalyse organischer Verbindungen, den Preis für Physik Robert A. Millikan (Pasadena/Kalifornien) für die Messung der elektronischen Elementarladungen, mit der er die Gültigkeit der Einstein-Gleichung beim Foto-Effekt nachweisen kann. Der Nobelpreis für Literatur geht an den irischen Schriftsteller William Butler Yeats.

In den zwanziger Jahren gibt es in Deutschland und Österreich eine große Zahl kleiner Automobilhersteller, die zum Teil allerdings auch nur kurze Zeit bestehen. Bis zum Jahr 1923 ist der Kraftfahrzeugbestand im Deutschen Reich beträchtlich gestiegen. So werden in diesem Jahr über 100 000 Personenwagen, 51 729 Lastwagen und fast 60 000 Motorräder gezählt; das bedeutet umgerechnet einen Personenwagen auf 590 Einwohner oder ein Kraftfahrzeug auf 280 Einwohner. In dem Automobilboom, der nach dem Ersten Weltkrieg ausbrach, versuchen viele Konstrukteure und Werkstätten, die bislang noch nichts mit dem Kraftfahrzeugbau im Sinn hatten, in das Geschäft einzusteigen. Von den zahllosen Namen, die zum Teil nur noch Autospezialisten in Erinnerung sind, haben nur Audi, BMW, Mercedes-Daimler-Benz, Hanomag, NSU und Opel überlebt. In den zwanziger Jahren liegen noch eine Menge anderer Namen im Rennen: Horch, Ley, Dixi, Fafnir, Stoewer und andere.

1923 von Daimler-Benz gebauter Mercedes-Rennwagen. Der vor allem von Rudolf Caracciola gefahrene Wagen erreicht 220 Stundenkilometer.

Arbeitszeit im Reich wird heraufgesetzt

14. Dezember. Die Reichsregierung beschließt, die Arbeitszeit für Beamte auf 54 Stunden wöchentlich festzusetzen. Zur Behebung der Notlage der deutschen Wirtschaft wird ferner in der Eisen- und Stahlindustrie des Ruhrgebietes die Arbeitszeit für den größten Teil der Arbeiter auf 59 Stunden pro Woche heraufgesetzt. Schwerarbeiter haben 54 Stunden zu leisten.

Die Verordnung über die Neuregelung der Arbeitszeit vom 21. durchbricht endgültig den Achtstundentag und ermöglicht die Verlängerung der Arbeitszeit bis zu zehn Stunden täglich.

Konstrukteur des Eiffelturms stirbt

28. Dezember. Im Alter von 91 Jahren stirbt in Paris der Ingenieur Alexandre Gustave Eiffel. Er ist mit wegweisenden Eisenkonstruktionen bekanntgeworden. Zu seinen Werken gehören die Truyèrebrücke im französischen Zentralmassiv mit 165 Metern Spannweite, der Pavillon der Pariser Weltausstellung von 1878 oder die drehbare Kuppel der Sternwarte von Nizza.

Ein Denkmal für sich selbst setzte er auf dem Pariser Marsfeld zur Weltausstellung von 1889: Den 300,5 Meter hohen Eiffelturm. Er ist noch bei seinem Tode das höchste Bauwerk der Welt.

Mittel gegen Schlafkrankheit

Das bei der Firma Bayer entwickelte und beim Reichspatentamt als »Heilmittel zur Behandlung von Tropenkrankheiten« eingetragene »Bayer 205« macht im Ausland von sich reden. In England wird es nach Versuchen als wirksamstes Mittel gegen Trypanosomen-Infektionen bezeichnet.

Der Biologe Julian Huxley schreibt am 31. Dezember in »The Daily Herald«, die Entdeckung sei für alle Nationen mit Besitz in den Tropen von enormer Bedeutung.

1924

JANUAR

Mo	Di	Mi	Do	Fr	Sa	So
	1	2	3	4	5	6
7	8	9	10	11	12	13
14	15	16	17	18	19	20
21	22	23	24	25	26	27
28	29	30	31			

1. Der Separatistenführer Dorten verläßt Deutschland.

1. Berliner Kroll-Oper eröffnet mit einer von Erich Kleiber dirigierten Meistersinger-Aufführung.

7. Größter Hafenbrand seit 50 Jahren in den Londoner Docks.

8. US-Präsident Coolidge verbietet den Verkauf von Munition an Aufständische in Mexiko.

8. England von schweren Schneestürmen heimgesucht.

9. Präsident der sogenannten »Regierung der autonomen Pfalz«, Separatistenführer Heinz-Orbis, wird in Speyer von Nationalisten erschossen.

9. Karl Petersen (DDP) wird Bürgermeister von Hamburg.

13. Deutscher Sieg im 46. Fußballänderspiel mit 4 : 3 über die Österreicher in Nürnberg.

14. Sachverständigenausschuß zur Sanierung der deutschen Finanzen tritt in Paris zusammen. Leitung: Charles G. Dawes, amerikanischer Finanzier und Vizepräsident.

15. In Deutschland haben sich 1580 Rundfunkhörer gemeldet. Die Gebühr pro Jahr: 60 Mark.

22. Dreimännerkollegium Sinowjew, Kamenew, Stalin tritt Nachfolge Lenins an. →

22. England hat zum erstenmal eine Labour-Regierung: MacDonald löst Kabinett Baldwin ab. →

25. Beginn der I. Olympischen Winterspiele in Chamonix (bis 5. 2.). →

25. Bündnis zwischen Frankreich und Tschechoslowakei ergänzt das Bündnissystem der »kleinen Entente« im Osten Europas.

26. Petrograd wird in Leningrad umbenannt. →

28. Beerdigung Lenins.

GEBOREN:

29. Luigi Nono, italienischer Komponist (Schwiegersohn Arnold Schönbergs).

GESTORBEN:

4. Alfred Gründfeld (* 4. 7. 1852), deutscher Pianist und Komponist.

13. Ernst Schweninger (* 15. 6. 1850), Leibarzt Bismarcks.

21. Wladimir Iljitsch Lenin (eigentlich Uljanow) (* 22. 4. 1870), Begründer der Sowjetunion und des Bolschewismus. →

Lenin erliegt einem Schlaganfall

Wladimir Iljitsch Lenin (links) im Gespräch mit Josef Stalin in Gorki.

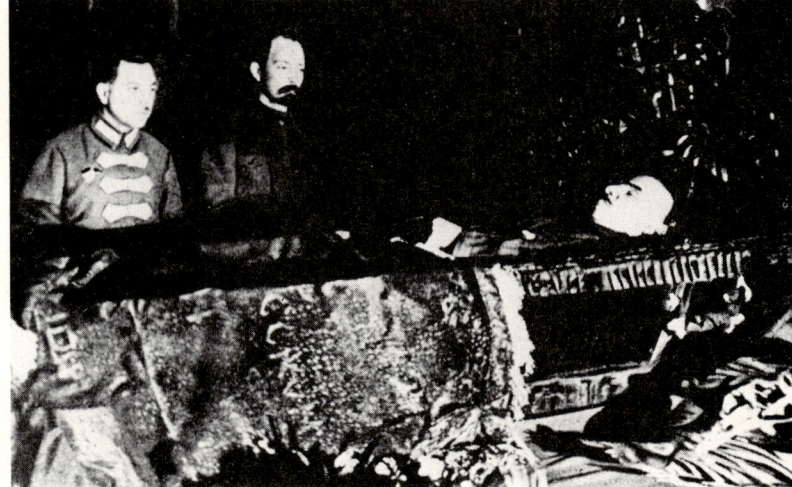

Felix Dserschinskij (links) und Kliment Woroschilow, Revolutionäre und Mitstreiter der ersten Stunde, an Lenins Sarg im »Haus der Unionen« in Moskau.

21. April. In Gorki bei Moskau stirbt in einem Sanatorium der Revolutionär und Gründer Sowjetrußlands, Wladimir Iljitsch Lenin. Er ist 53 Jahre alt und seit einem zweiten Schlaganfall im März 1923 politisch weitgehend handlungsunfähig, allerdings geistig ungelähmt gewesen. Ein ärztliches Gutachten nennt als Todesursache hochgradige Gehirnsklerose infolge übermäßiger geistiger Tätigkeit. Lenin hat die Geschicke Rußlands seit 1917 geleitet, als er im Verlauf der Oktoberrevolution (→ November 1917) zum Vorsitzenden des Rates der Volksbeauftragten gewählt worden ist. Er hat die ihm übertragene Macht als Diktatur der Partei im Namen des Proletariats gehandhabt. Lenin, geboren in Astrachan, ist vor allem durch die Hinrichtung seines Bruders (wegen geplanten Anschlages gegen Alexander III.) zur revolutionären Bewegung in Rußland hingeführt worden. Als Student der Rechte und als Advokat in Petersburg hat er den Aufstand gegen das zaristische Regime betrieben, was ihm Verbannung nach Sibirien eingebracht hat (1897–1900). In jahrelangem politischen Flüchtlings- und Emigrantendasein (mit den Hauptstationen London, München, Genf, Paris) entwickelte der Revolutionär das politisch-philosophische System, das er später realisierte. Unter anderem hat er in dieser Zeit das Konzept der Kaderpartei entworfen, das dann mit zur Spaltung der russischen Sozialdemokratie in Menschewiki und

Lenins sterbliche Überreste werden im Kolonnensaal des Moskauer »Hauses der Unionen« aufgebahrt. Am Sarg steht Lenins Ehefrau Nadeschda Krupskaja.

Bolschewiki beigetragen hat (endgültige Trennung 1912).

Die historische Leistung Lenins besteht darin, daß er eine Revolution nicht nur entfesselt, sondern auch überstanden und nach seinem Willen gemeistert hat. Seine Schwäche ist das Fehlen staatsmännischer Qualitäten zum Ausgleich von Gegensätzen und seine Kompromißlosigkeit gewesen, mit der er auch alle Macht für seine Partei zu monopolisieren versucht hat. Damit hat er sie auf eine kleine Führungselite zentralisiert und damit die Voraussetzungen für die Herrschaft Stalins geschaffen.

Reaktionen auf den Tod

In einer Trauersitzung erklärt der Allrussische Sowjetkongreß den Todestag Lenins zum nationalen Trauertag. Am 26. Januar wird Petrograd in Leningrad umbenannt,

seine Heimatstadt erhält den Namen Uljanowsk. In allen Hauptstädten sollen Lenin-Denkmäler errichtet werden.

Am 27. Januar wird Lenin in einem Mausoleum auf dem Roten Platz in Moskau beigesetzt. Stalin hält die Gedenkrede. Die Parteigeschäfte werden zunächst von der »Troika« Josef Stalin, Leo Kamenew und Grigori J. Sinowjew weitergeführt, wie schon während Lenins Krankheit. Den Vorsitz im Rat der Volkskommissare übernimmt Alexej I. Rykow. Im Januar schon entbrennt der Machtkampf zwischen Stalin und Trotzki. In einer Parteikonferenz setzt Stalin die öffentliche Verurteilung Trotzkis durch, der sich mit anderen prominenten Bolschewisten gegen die wachsende Bürokratisierung des Parteiapparates gewendet hat.

317

Olympia in Chamonix

25. Januar. Im französischen Winterkurort Chamonix eröffnen die I. Olympischen Winterspiele. Das IOC wollte eigentlich keine gesonderten Winterspiele einführen, deshalb nennt sich die Veranstaltung zunächst »Internationale Wintersportwoche«. Erst nach dem erfolgreichen Abschluß der Spiele auf Probe erhält sie rückwirkend die olympischen Weihen.

Fast 300 Teilnehmer aus 16 Ländern sind angereist, darunter 13 Frauen. Es werden 14 Wettbewerbe in 5 Sportarten ausgetragen. Star der Sportler wird der Norweger Thorleif Haug, der den 18-km- und 50-km-Lauf und die nordische Kombination gewinnt und im Spezialsprunglauf den dritten Platz belegt. Im Eiskunstlauf brilliert die Wiener Schule. Herma Planck-Szabo gewinnt bei den Damen, Helene Englmann mit Alfred Berger den Paarlauf. Bei den Herren belegt Wilhelm Böckl hinter dem Schweden Grafström den zweiten Platz. Aufsehen erregt in Chamonix ein 11jähriges Mädchen aus Norwegen, das im Eiskunstlauf den achten Platz belegt: Sonja Henie, deren Karriere hier beginnt.

James Ramsey MacDonald.

Erste Regierung der Labour Party

22. Januar. Nach dem guten Abschneiden der Labour Party bei den Unterhauswahlen im Dezember bildet James Ramsey MacDonald die erste Arbeiterregierung in der Geschichte Englands. Vertreten sind vor allem Politiker des rechten Flügels seiner Partei, daneben Intellektuelle und Gewerkschafter. Der aus ärmlichen Verhältnissen stammende MacDonald hat sich zu einem Mittelklassebürger von großem Format emporgearbeitet, was ihm teilweise innerhalb der eigenen Partei angekreidet wird. Er ist als Mitbegründer der Labour Party Pazifist und Liberal-Sozialer, als ein zu Kompromissen neigender, gemäßigter Praktiker den englischen Gewerkschaften suspekt. Er ist Gegner der Schutzzollpolitik und vertritt eine Politik des sozialen Verständnisses.

Kommunisten in der Kuomintang

Auf dem 1. Nationalen Parteitag der Kuomintang in Kanton werden die »Drei Volkslehren« von Sun Yatsen als politisches Programm der Partei angenommen. Sie propagieren Nationalismus, Demokratie und Sozialismus. Als drei große Anliegen werden zusätzlich formuliert: Unterstützung der Arbeiter- und Bauernbewegung, Zusammenarbeit mit der UdSSR, Bündnis mit der Kommunistischen Partei Chinas. Damit ist der Weg für die Aufnahme von Kommunisten in die Partei freigegeben. Die Organisation der Partei haben sowjetische Berater unter Michael M. Borodin übernommen (Oktober 1923).

Neu: Zeitschrift für Geopolitik

Die erste Ausgabe der »Zeitschrift für Geopolitik« erscheint. Herausgeber sind der Münchener Professor Karl Haushofer und Erich Obst, Professor für Geographie in Hannover. Haushofer, im Krieg Generalmajor, baut in München die Schule für Geopolitik auf, die sich politisch weit rechts der Mitte bewegt. In der Zeitschrift schafft sich das wissenschaftlich fragwürdige Grenzfach zwischen Geographie, Staatswissenschaft, Geschichte und Soziologie ein Sprachrohr, um die Theorie von der Bedingtheit aller Politik von geographischen Gegebenheiten zu verbreiten.

1924
FEBRUAR

Mo	Di	Mi	Do	Fr	Sa	So
				1	2	3
4	5	6	7	8	9	10
11	12	13	14	15	16	17
18	19	20	21	22	23	24
25	26	27	28	29		

1. England erkennt Sowjetunion de jure an. Im Laufe des Monats folgen Italien, Norwegen, Österreich.

2. Die wissenschaftliche Auseinandersetzung um die Theorie der Weltraumschiffahrt von Hermann Oberth wird in der Zeitschrift »Die Umschau« aufgenommen.

4. Mahatma Gandhi, Führer der indischen Nationalisten, vorzeitig aus der Haft entlassen.

10. Bei Bürgerschaftswahlen in Lübeck verliert die DDP/SPD-Koalition die Mehrheit.

12. Uraufführung der »Rhapsody in Blue« von und mit George Gershwin in New York.

14. Die Steuernotverordnung im Reich erlaubt Besteuerung von Inflationsgewinnen.

14. Uraufführung des Films »Die Nibelungen« (Regie: Fritz Lang) in Berlin. →

16. George Grosz wird wegen »Angriffs auf die öffentliche Moral« in dem Werk »Ecce homo« zu 6000 Mark Geldstrafe verurteilt.

18. Ministerpräsident von Kahr und Reichswehrgeneral von Lossow treten in München wegen des Hitler-Prozesses zurück, um die Beilegung des Konfliktes Bayern–Reich zu ermöglichen.

22. »Reichsbanner Schwarz-Rot-Gold« in Magdeburg gegründet. →

23. Deutsch-englisches Abkommen setzt deutsche Reparationsabgabe von 26 auf 5 Prozent bei Exporten nach England herab.

23. Allein in Berlin 4000 Rundfunkteilnehmer seit November 1923.

26. Beginn des Prozesses gegen Hitler, Ludendorff und andere Teilnehmer des Novemberputschs in München →.

28. Uraufführung der Operette »Gräfin Mariza« von Emmerich Kálmán in Wien.

29. Paul Samson-Körner wird Deutscher Meister im Schwergewicht durch K.-o.-Sieg über Hans Breitensträter in der dritten Runde.

GESTORBEN:

1. Ludwig Barnay (* 7. 2. 1842), deutscher Schauspieler.

3. Woodrow Wilson (* 28. 12. 1856), 28. Präsident der USA, Friedensnobelpreis 1919. →

Ex-US-Präsident Woodrow Wilson stirbt 67jährig

3. Februar. In Washington stirbt im Alter von 67 Jahren der 28. Präsident der USA und Friedensnobelpreisträger von 1919, Thomas Woodrow Wilson. Er ist umstritten, verehrt und verdammt gewesen wie kaum ein anderer Präsident seines Landes.

Ursprünglich Professor der Rechtswissenschaften, ist Wilson mit 54 Jahren erst politisch aktiv geworden. Von 1910 bis 1912 ist er demokratischer Gouverneur des Staates New Jersey. Mit dem Ruf eines liberalen Reformers ist er als demokratischer Präsidentschaftskandidat und Sieger im Wahlkampf gegen Theodore Roosevelt und William H. Taft angetreten.

Seine Amtszeit als Präsident von 1913 bis 1921 hat innenpolitisch eine Ära kaum für möglich gehaltener liberaler Reformen bedeutet. Außenpolitisch hat seine Politik weniger klare Konturen gezeigt. Die bei Ausbruch des Weltkrieges verkündete Neutralität der USA hat er nicht durchhalten können und 1917 Deutschland den Krieg erklärt. Mit der Proklamation der 14 Punkte (→ Januar 1918), mit denen Wilson einen maßvollen Frieden und eine Neuorganisation anstrebte, ist er letztlich gescheitert. Die Unterzeichnung des Friedensvertrages von Versailles und den Beitritt seines Landes zum Völkerbund, seinem Hauptanliegen, hat er nicht erreichen können. Gesundheitlich und seelisch schwer angeschlagen hat Wilson sich 1921 kein zweites Mal um das Präsidentenamt beworben.

Erste Hinrichtung in der Gaskammer von Carson City

8. Februar. Im Staatsgefängnis von Nevada in Carson City wird erstmals ein Todesurteil in einer Gaskammer vollstreckt. Initiator ist Major D. A. Turner vom Sanitätskorps der Armee. Er bezeichnet das Vorgehen als »schnellste und humanste Methode, einen Menschen zu töten«.

26. Februar. Unter starken Sicherheitsvorkehrungen beginnt in München der Hochverratsprozeß gegen die Teilnehmer des gescheiterten Münchner Putsches. Auf der Anklagebank sitzen neben anderen Adolf Hitler, General Erich Ludendorff, Ernst Röhm und Hermann Kriebel (→ November 1923, April 1924).

Linke Abwehrfront

Ein Plakat des Reichsbanners.

22. Februar. In Magdeburg wird das »Reichsbanner Schwarz-Rot-Gold« gegründet. Der Bund versteht sich als überparteiliche Abwehrfront der republikanischen ehemaligen Frontkämpfer gegen die vaterländischen Verbände.

Sein Programm lautet »Kampf für Demokratie und Republik«. Die Mitglieder rekrutieren sich weitgehend aus der SPD und Gewerkschaften. Der Führungsspitze gehören jedoch auch Mitglieder der Staatspartei und des Zentrums an. Bundesvorsitzender des Reichsbanners wird Friedrich Otto Hörsing. Mitbegründer ist Otto Wels, Mitglied im Parteivorstand der SPD. Auch die Reichsbannermitglieder kleideten sich wie die Mitglieder des Stahlhelms in einheitliche Uniformen.

14. Februar. Im Berliner Ufa-Palast wird der zweiteilige Film »Die Nibelungen« von Fritz Lang uraufgeführt. Teil I hat den Titel »Siegfried«, Teil II heißt »Kriemhilds Rache«. Das Bild zeigt Paul Richter in der Rolle des Siegfried.

1924

MÄRZ

Mo	Di	Mi	Do	Fr	Sa	So
					1	2
3	4	5	6	7	8	9
10	11	12	13	14	15	16
17	18	19	20	21	22	23
24	25	26	27	28	29	30
31						

2. Der zweite deutsche Rundfunksender nimmt in Leipzig seinen Betrieb auf.

2. Erste deutsche Radio-Sondermesse in Leipzig.

3. Abschaffung des Kalifats in der Türkei. →

3. Deutsch-türkischer Freundschaftsvertrag.

4. Preußisches Staatsministerium erkennt den 1842 gegründeten Orden »Pour le mérite« für Wissenschaft und Künste als eine freie Gemeinschaft hervorragender Gelehrter und Künstler an.

8. Reichspräsident erläßt Verordnung zum Schutz des Funkverkehrs.

13. Auflösung des Reichstages. →

16. Gabriele D'Annunzio erhält für Verdienst um Ausdehnung Italiens erblichen Titel eines »Fürsten von Nevoso« (hat 1919 Fiume besetzt).

19. Uraufführung von Bertolt Brechts Stück »Leben Eduards des Zweiten von England« in den Münchener Kammerspielen (Regie: Brecht).

24. Das Repräsentantenhaus der USA bewilligt 10 Millionen Dollar zum Ankauf von Lebensmitteln für deutsche Kinder und Frauen.

24. Die Nationalversammlung Griechenlands ruft die Republik aus. →

26. Strafjustizreform in der UdSSR: Prinzip der Klassenjustiz soll künftig streng angewendet werden.

27. Uraufführung der Oper »Irrelohe« des österreichischen Komponisten Franz Schreker in Köln. Schreker ist seit 1920 Direktor der Berliner Hochschule für Musik.

27. Der Novellenband »Ein Hungerkünstler« von Franz Kafka erscheint in Prag.

27. Uraufführung von Georg Kaisers Drama »Kolportage« im Berliner Lessing-Theater.

29. Konkordat zwischen Bayern und Vatikan.

GEBOREN:

9. Peter Scholl-Latour, deutscher Journalist und Schriftsteller.

GESTORBEN:

28. Charles Stanford (* 30. 9. 1852), irischer Komponist.

Reichstag wird vorzeitig aufgelöst

13. März. Der erste Reichstag der Republik wird auf Antrag von Reichskanzler Wilhelm Marx durch den Reichspräsidenten vorzeitig aufgelöst. Hintergrund ist die unüberwindliche Opposition einer Mehrheit von Sozialdemokraten und Deutschnationalen im Reichstag gegen die Steuernotverordnungen, die von der Regierung zur Überwindung der Inflation erlassen worden sind. Durch den Plan, mit einem neuen Reichstag die Verordnungen erneut zu erlassen, wird der Reichstag aus der politischen Verantwortung genommen.

Griechenland wird Republik

24. März. In Griechenland proklamiert die Nationalversammlung die Errichtung der Republik. Die Entscheidung ist vor allem durch den neuen Regierungschef Alexander Papanastasiou provoziert. Er ist Führer der sozialdemokratischen Republikanischen Union. Die Debatten um die Staatsform Griechenlands haben dazu geführt, daß Eleftherios Venizelos, der zur Rückkehr nach Griechenland gedrängt worden ist, am 10. März das Land wieder verlassen hat. Am 25. März wird P. Konduriotis Präsident der Republik.

Türkei schafft Kalifat ab

3. März. Die Türkei tut den letzten konsequenten Schritt vom islamischen Kulturverband zur europäischen Zivilisation. Sie schafft das Kalifat ganz ab und verweist alle Mitglieder der Dynastie Oman des Landes. Abdülmecid, als Kalif ohne Herrschaftsrechte seit 18. November 1922 im Amt, verläßt am 4. März mit seiner Familie die Türkei. Neben einem Präsidenten der Republik hat ein Kalif keinen Platz mehr. Die Nationalversammlung beschließt außerdem die Aufhebung der geistlichen Schulen und der geistlichen Gerichte.

1. Urteile im Hochverratsprozeß gegen Hitler und Ludendorff. →

1. Theater in der Josefstadt in Wien wieder eröffnet unter Direktion von Max Reinhardt.

1. Dritter deutscher Rundfunksender in Frankfurt errichtet.

6. Hoher Wahlsieg der italienischen Faschisten mit nahezu zwei Dritteln der Stimmen.

6. Wahlen in Bayern: Die Mitte-Rechts-Koalition kann sich behaupten. Nationalsozialisten erzielen sensationellen Erfolg mit 23 Mandaten (= 17,8 Prozent).

7. Reichsbank erläßt Kreditrestriktionen.

9. Gutachten der Sachverständigenausschüsse: »Dawesplan« mit Zahlungsplan für deutsche Reparationen bei starken Eingriffen in deutsche Souveränität (→ August 1924).

12. Eröffnung des Kieler Freihafens.

13. Volksabstimmung in Griechenland bestätigt Ausrufung der Republik. Bisheriges Königreich nennt sich jetzt »Hellenische Republik«.

14. Erster Horizontalflug über 350 m mit Hubschrauber durch Etienne Oehmichen.

20. Hitler erhält zum 35. Geburtstag Tausende von Glückwunschsendungen ins Gefängnis. Pakete und Blumen füllen mehrere Räume.

21. Deutschland siegt in Amsterdam mit 1 : 0 über Holland im 47. Fußballänderspiel.

27. Deutscher Sieg beim größten europäischen Autorennen, der Targa Florio in Sizilien, durch Christian Werner auf Mercedes vor Graf Mazetti auf Alfa Romeo.

30. Arbeitslosenstand in Deutschland seit Jahresanfang von 1,5 Millionen auf unter 700 000 gesunken.

GEBOREN:

7. Johannes Mario Simmel, österreichischer Schriftsteller.

GESTORBEN:

10. Hugo Stinnes (* 2. 2. 1870), deutscher Industrieller. →

21. Eleonora Duse (* 3. 10. 1859), italienische Schauspielerin. →

23. Karl Helfferich (* 22. 7. 1872), deutscher Politiker. →

Festungshaft für Adolf Hitler

Die Hauptangeklagten im Putschprozeß stellen sich am Tag der Urteilsverkündung vor dem bayrischen Volksgericht in München den Fotografen: (von links) Pernet, Weber, Frick, Kriebel, Ludendorff, Hitler, Brückner, Röhm und Wagner.

Eine Karikatur im »Simplicissimus«, die auf die zwielichtige Haltung des Generalstaatskommissars Gustav von Kahr hinweist, der den Brandstifter Hitler auf seinen Schultern trägt und zugleich den Schutzmann zu Hilfe ruft.

1. April. Im Hochverratsprozeß gegen Adolf Hitler, Erich von Ludendorff und andere am Putsch von 1923 (→ November 1923) beteiligte Angeklagte werden die Urteile gesprochen. Das Volksgericht in München läßt äußerste Milde walten. Ludendorff wird trotz schwerwiegenden Belastungsmaterials freigesprochen. Hitler und einige Mitangeklagte werden zu je fünf Jahren Festungshaft – der Mindeststrafe – und je 200 Goldmark Geldstrafe verurteilt. Hitler wird eine Bewährungsfrist nach Verbüßung eines Strafteils von sechs Monaten in Aussicht gestellt.

Der Prozeß, der am 26. Februar begonnen hat, interessiert in der deutschen und ausländischen Öffentlichkeit in hohem Maße. 70 Journalisten aus dem In- und Ausland nehmen an den Verhandlungen als Beobachter teil, rund 300 hatten sich angemeldet.

Alle großen deutschen Zeitungen haben in den 24 Prozeßtagen auf ihren Titelseiten groß aufgemachte Berichte über das Geschehen im Gerichtssaal gebracht. Vor allem auf Hitlers agitatorische und demagogische Reden und Angriffe auf die Republik, bei denen er von den bayrischen Richtern in keiner Weise unterbrochen oder gestört worden ist, gehen die Blätter ausführlich ein. Hitler erreicht dadurch erstmals eine über Bayern hinausreichende Bekanntheit, er kann den Hochverratsprozeß in einen politischen Triumph verwandeln.

Daß der Prozeß vor einem bayrischen Volksgericht und nicht vor dem zuständigen Reichsgericht stattfindet, ist ein Zugeständnis Friedrich Eberts, um zum Ausgleich mit Bayern zu kommen. Da Hauptbelastungszeugen wie der Generalstaatskommissar Gustav von Kahr, General Otto von Lossow und Polizeipräsident Hans Ritter von Seisser in die Verschwörung verstrickt gewesen sind, ist das Interesse der bayrischen Politiker an umfassender Aufklärung der Hintergründe und Zusammenhänge der Novemberereignisse von vornherein nicht sehr groß gewesen.

Seine Strafe verbüßt Hitler, jetzt einer der populärsten Männer Deutschlands, etwa 60 Kilometer von München in der Stadt Landsberg am Lech.

Hugo Stinnes ist tot

Die Beisetzung des Industriellen Hugo Stinnes (oben) in Berlin.

10. April. Hugo Stinnes, der Inhaber des größten deutschen Unternehmens der Nachkriegszeit, stirbt in Berlin mit 54 Jahren. Er ist der spektakulärste und rücksichtsloseste Nutznießer der Inflation gewesen. Kurz vor seinem Tod hat er insgesamt 1535 selbständige Unternehmen mit 2888 Betrieben und Niederlassungen kontrolliert und ist damit Herr über 600 000 Arbeiter gewesen. 1893 hat Hugo Stinnes, der einer Industriellenfamilie entstammte, seine eigene Firma (eine Kohlenhandlung) gegründet und schon in den letzten zehn Jahren vor Kriegsausbruch aufsehenerregende Erfolge gehabt.

Nach dem Krieg ist die Gründung der Rhein-Elbe-Union Ausgangspunkt für seinen weiteren beispiellosen Aufstieg gewesen.

Tod der Mimin Eleonora Duse

21. April. In Pittsburgh stirbt während einer Gastspielreise die berühmte italienische Tragödin Eleonora Duse. Sie ist neben Sarah Bernhardt die bedeutendste Schauspielerin um die Zeit der Jahrhundertwende gewesen. Erfolge hat die 1859 geborene Italienerin seit 1872 gefeiert. In den Hauptstädten Europas sind die Theater geradezu gestürmt worden, in denen sie aufgetreten ist. Sie hat den feinnervigen Frauentyp des Jugendstils verkörpert. Ihre leidenschaftliche Beziehung zu Gabriele D'Annunzio hat dieser dann in dem Werk »Feuer« (deutsch 1900) dichterisch verarbeitet und bloßgestellt.

Helfferich stirbt bei Zugunglück

23. April. Bei einem schweren Eisenbahnunglück in Bellinzona (Schweiz) kommt auch Karl Helfferich ums Leben. Der Volkswirt und Jurist, der als Währungsfachmann an der Schaffung der Rentenmark zur Beendigung der Inflation mitgewirkt hat, ist einer der militantesten Nationalisten der Republik gewesen. Bis zuletzt hat er, Mitglied der Deutschnationalen Volkspartei, bedenkenlos die »Erfüllungspolitik« der Regierung angeprangert. Mit persönlichen Verdächtigungen, die sich als falsch herausgestellt haben, hat Helfferich 1920 den Finanzminister Matthias Erzberger (Zentrum) zu Fall gebracht.

Valentins Ententraum

Karl Valentin bei einem Auftritt als Musikclown in München.

Die Stegreifkomödie »Die Raubritter von München« von Karl Valentin wird in den Münchener Kammerspielen uraufgeführt. Sie bringt unter anderem die Episode des »Ententraums« des Wachtpostens Bene, über den der Kritiker der Münchener Nachrichten schreibt: »In diesem Dialog vom Ententraum ist Schopenhauers Philosophie von der Welt als Wille und Vorstellung auf eine Nadelspitze gespießt.« Valentin und seine Bühnen- und Lebenspartnerin Liesl Karlstadt, die seit 1911 gemeinsam auftreten, sind das urwüchsigste Komikerpaar der Zeit. Sie rücken zunehmend in das Blickfeld bedeutender Kritiker und erhalten öfter auch Einladungen nach Berlin.

Die Clownerien Valentins präsentieren verzwickte Dialektik und doppelbödige Logik. Bert Brecht fühlt sich davon fasziniert. Er hat schon 1921 und 1922 mit Valentin zusammengearbeitet und ist teilweise mit ihm gemeinsam aufgetreten, etwa in dem Mitternachtsprogramm »Die rote Zibebe«.

Ein Plakat nach dem Entwurf des Schweizer Grafikers Danile Buzzi von 1924. Es wirbt, die wachsende Reiselust aufgreifend, für die von Andermatt nach Airolo führende St.-Gotthard-Bahn, Teilstück der Strecke Basel–Mailand.

MAI

Mo	Di	Mi	Do	Fr	Sa	So
				1	2	3	4
5	6	7	8	9	10	11
12	13	14	15	16	17	18
19	20	21	22	23	24	25
26	27	28	29	30	31	

1. In China eröffnet bei Kanton die Whampoa-Militärakademie, die mit sowjetischer Hilfe gebaut ist. Erster Rektor ist Tschiang Kai-schek. Die Akademie soll Offiziere im Geist der Kuomintang ausbilden.

1. Spanien schafft offiziell die Regierungspartei, die »Unión patriotica«.

4. In Paris beginnen mit den Rugby-Wettkämpfen vor der offiziellen Eröffnung die VII. Olympischen Spiele.

11. Wahlen in Frankreich bringen 366 Abgeordnete des Linkskartells unter Herriot, Painlevé und Léon Blum in die Nationalversammlung. Die Rechte gewinnt 218 Sitze.

11. Neuer deutscher Segelflugweltrekord durch Ferdinand Schulz in Rossitten durch Dauerflug von 8 Stunden, 42 Minuten, 9 Sekunden.

16. Aussperrungen im Ruhrbergbau im Konflikt um neuen Tarifvertrag. Schiedsspruch des Arbeitsministers macht eine Stunde Mehrarbeit bei 20 Prozent Lohnerhöhung verbindlich.

17. Simplon-Expreß verunglückt bei Adelsberg. Vier Menschen kommen ums Leben.

18. Vorabstimmung in Hannover über Lostrennung der Provinz von Preußen und Schaffung des »Freistaates Hannover« scheitert.

19. USA gewähren Deutschland Anleihe in Höhe von 100 Millionen Dollar.

22. Igor Strawinskys Konzert op. 42 für Klavier und Bläser wird uraufgeführt.

23.–31. Stalin rechnet auf dem XIII. Parteikongreß mit Trotzki und der von Trotzki und Karl Radek geführten Opposition ab.

26. Franz Werfels Drama »Juarez und Maximilian« im Wiener Theater in der Josefstadt uraufgeführt.

26. Kabinett Marx tritt zurück. →

27. Hochsprung-Weltrekord durch Harold Osborn (USA) mit 2,03 m in Urbana.

31. Die Sowjetunion verzichtet auf Vorrechte in China aus den »ungleichen Verträgen«: intensiviert damit Beziehungen zu China.

GEBOREN:

17. Hannes Messemer, deutscher Schauspieler.

Mehr Radikale im Reichstag

Plakat der bei der zweiten Reichstagswahl erfolgreichen Deutschnationalen.

4. Mai. Eine neue Schwächung der Mittelparteien und ein Anwachsen der Gegner der Republik von rechts und links sind das Ergebnis der Wahlen zum zweiten Reichstag der Republik. Bereits 23 Gruppen und Grüppchen haben sich in einem heftigen Wahlkampf um die Gunst der Wähler bemüht. Gesiegt haben die beiden Extreme: Die Deutschnationalen bekommen 96 statt bisher 65 Sitze im Parlament.

Die Nationalsozialisten, die mit den Völkischen zusammen als »Deutschvölkische Freiheitspartei« kandidieren, ziehen mit 32 statt bisher drei Abgeordneten ein. Fraktionsvorsitzender wird General Erich Ludendorff.

Die Kommunisten vervielfachen ihre Mandatszahl von 17 auf 62. Die extremen Parteien verfügen damit über 190 Sitze.

Größter Verlierer der Wahl sind die Sozialdemokraten, die 86 Mandate einbüßen und nur noch 100 Abgeordnete haben. Die Demokraten fallen von 44 auf 28 Sitze. Selbst wenn die Parteien der Mitte künftig geschlossen für die Republik eintreten wollen, könnten sie keine Zweidrittelmehrheit mehr für verfassungsändernde und -ergänzende Gesetze zusammenbringen.

Die rechte Presse verlangt auf dieses Wahlergebnis hin sofort eine »nationalbürgerliche Blockbildung«. Kanzler Wilhelm Marx tritt am 26. Mai mit seinem Kabinett zurück, bildet es am 3. Juni jedoch in gleicher Besetzung.

Manifest von Malewitsch veröffentlicht

2. Mai. Der russische Künstler Kasimir Malewitsch veröffentlicht ein »Suprematistisches Manifest« über die Vorherrschaft (Suprematie) der Empfindungen. Darin propagiert er die gegenstandslose Kunst, die nur mit elementaren geometrischen Grundformen arbeitet. Malewitsch selbst praktiziert die suprematistische Kunst seit 1913. Über seinen Freund El Lissitzky wird von ihm die konstruktivistische Malerei in Europa beeinflußt, auch die Lehre am deutschen Bauhaus.

Ein Bild von Kasimir Malewitsch: »Rote Kavallerie im Angriff«.

1924

JUNI

Mo	Di	Mi	Do	Fr	Sa	So
						1
2	3	4	5	6	7	8
9	10	11	12	13	14	15
16	17	18	19	20	21	22
23	24	25	26	27	28	29
30						

1. Der österreichische Bundeskanzler Seipel wird in Wien bei einem Attentat schwer verletzt.

2. USA verleihen allen im Land geborenen Indianern volle Bürgerrechte.

3. Wilhelm Marx bildet Kabinett in gleicher Besetzung wie vor der Wahl.

7. Finanzabkommen zwischen Deutschland und China.

9. Uraufführung der komischen Jazzoper »Der Sprung über den Schatten« von Ernst Křenek in Frankfurt.

9. Der 1. FC Nürnberg wird in Berlin mit einem 2 : 0-Sieg über den Hamburger SV Deutscher Fußballmeister.

9. Uruguay besiegt beim Schlußspiel im Olympia-Fußball in Paris die Mannschaft der Schweiz mit 3 : 0. 40 000 Zuschauer bringen den in Europa bisher kaum bekannten »Urus« lange Ovationen.

11. Gaston Doumergue neuer französischer Staatspräsident.

14. Radikalsozialist Edouard Herriot bildet französische Regierung.

14. Im 24-Stunden-Autorennen in Monza siegt Hans Berthold auf NAG-Sportwagen (mit Chr. Riekken); einziger deutscher Teilnehmer. Er schafft mit 2583 km in 24 Stunden längste bisher durchfahrene Strecke bei Weltrekorddurchschnitt von 107,5 km/h.

15. Deutscher 2 : 0-Sieg über Norwegen im 48. Fußballänderspiel in Christiania.

17. Schweres Straßenbahnunglück in Iserlohn. 21 Menschen sterben, 48 werden verletzt.

19. Der Finne Paavo Nurmi läuft Weltrekord über 1500 m mit 3:52,6 min in Helsinki.

22. Einweihung des marxistisch orientierten Frankfurter Instituts für Sozialforschung. Erster Direktor Carl Grünberg.

23. Massenmörder Haarmann in Hannover verhaftet. →

GESTORBEN:

3. Franz Kafka (* 3. 7. 1883), österreichischer Schriftsteller. →

4. Friedrich Kallmorgen (* 15. 11. 1856), deutscher Maler und Grafiker.

10. Giacomo Matteotti (* 22. 5. 1885), italienischer Politiker. →

Massenmörder Haarmann gefaßt

Fritz Haarmann.

23. Juni. In Hannover wird Fritz Haarmann verhaftet. Er gesteht, in den Nachkriegsjahren in Hannover 24 junge Männer umgebracht zu haben. Seit Anfang Mai hat in der Stadt durch immer neue Funde von Leichenteilen in der Leine Panik geherrscht. Der 1879 geborene Haarmann, der wegen homosexueller Neigungen auffällig geworden ist, hat seit 1918 als Polizeispitzel gearbeitet und 1923 ein Detektivbüro gegründet. Mit diesem Hintergrund hat er vor allem zu Obdachlosen Kontakte geknüpft, die er in seine Wohnung gelockt und dort ermordet hat. Er gibt Kannibalismus zu und daß er während der Hungermonate der vergangenen Jahre Ahnungslose daran hat teilnehmen lassen.

Die Polizei verteidigt sich gegen den Vorwurf, Haarmann habe vor ihren Augen morden können, damit, daß im Tatzeitraum zur Überwachung von rund 4000 weiblichen und mindestens 300 männlichen Prostituierten nur ein Kommissar und zwölf Beamte zur Verfügung gestanden haben. Mit Haarmann ist der zweite Fall von Massenmord in den zwanziger Jahren aufgedeckt. Im August 1921 ist in Berlin Carl Graßmann gefaßt worden, dem 20 Frauenmorde zur Last gelegt, drei nachgewiesen worden sind.

Schriftsteller Franz Kafka stirbt mit 40 Jahren im Sanatorium

Franz Kafka †.

3. Juni. Im Sanatorium Kierling bei Wien stirbt Franz Kafka, 40 Jahre alt. Er ist einer der bedeutendsten Erzähler des 20. Jahrhunderts. Das Werk des Österreichers ist zu seinen Lebzeiten wenig beachtet worden. Es läßt sich formal und inhaltlich keiner der gängigen literarischen Strömungen zuordnen. Doch sind darin allgemeine Daseinserfahrungen der Zeit, die menschliche Beziehungslosigkeit etwa, das gebrochene Weltverständnis, die Angst vor dem seelenlosen autoritären Staatsmechanismus in Parabeln gebracht.

Grundthema von Kafkas Werk ist der aussichtslose Kampf des Individuums gegen verborgene, aber allmächtige anonyme Kräfte.

Kafka, als Sohn eines wohlhabenden jüdischen Großkaufmanns in Prag geboren, hat Germanistik, dann Jura studiert und als Versicherungsangestellter gearbeitet. Mit der Erzählung »Das Urteil« hat er sich im Jahr 1912 als Schriftsteller vorgestellt. Als er stirbt, sind seine Hauptwerke noch nicht erschienen. Er hat testamentarisch verfügt, daß sein Nachlaß verbrannt werden soll. Sein Freund Max Brod setzt sich darüber hinweg und ediert das Werk später, unter anderem die drei großen Romane »Der Prozeß« (geschrieben 1914), »Amerika« (1912) und »Das Schloß« (entstanden 1922).

Giacomo Matteotti wird ermordet

10. Juni. Ein politischer Mord erschüttert Italien. Der sozialistische Abgeordnete und Generalsekretär der Sozialistischen Partei Italiens, Giacomo Matteotti, der noch am 30. Mai eine große Rede gegen den faschistischen Wahlterror gehalten und die Annullierung des Wahlergebnisses gefordert hat, wird auf dem Weg ins Parlament von faschistischen Squadristen überfallen, in ein Auto gezerrt und ermordet. Der Faschistenführer und italienische Regierungschef Benito Mussolini verurteilt – zunächst – am 13. Juni das Verbrechen, das eine schwere innenpolitische Krise heraufbeschwört. Die oppositionellen Abgeordneten mit Ausnahme einiger Liberaler und der Kommunisten, ziehen aus der Kammer auf den Aventin und laufen Sturm gegen das faschistische Regime. Sie wollen unter Führung von Giorgio Amendola den König zur Entlassung Mussolinis zwingen. Ihre Sitze im Parlament bleiben leer. Italien steckt in einer Krise.

Geldmangel

In Deutschland macht sich der verordnete Geldmangel bemerkbar. Die staatlichen Pfandleihen verzeichnen einen Andrang wie nie zuvor. Lange Schlangen vor den Leihhäusern gehören in den Städten zum alltäglichen Bild.

10millionster Ford

Bei Ford in Detroit rollt das zehnmillionste Auto vom Fließband. Fordmodelle sind im Preis auf weniger als ein Drittel der Vorkriegszeit gesunken. Ein Modell, das vor 15 Jahren 1000 Dollar gekostet hat, ist jetzt für 298 Dollar zu haben.

Mah-Jongg-Fieber

In Deutschland wird das chinesische Gesellschaftsspiel »Mah-Jongg« Mode. Es wird mit vier Spielern und 144 Spielsteinen oder Spielkarten gespielt. Hermann Harder und Karl Foerster veröffentlichen ein Buch über das Spiel.

1924

JULI

Mo	Di	Mi	Do	Fr	Sa	So
	1	2	3	4	5	6
7	8	9	10	11	12	13
14	15	16	17	18	19	20
21	22	23	24	25	26	27
28	29	30	31			

1. Im Reich sind 100 000 Rundfunkteilnehmer registriert. Zunahme vor allem seit Gebührensenkung auf 2 Mark monatlich.

1. Japan führt metrisches System ein.

1. Berlin hat 51 Theater, davon sind 12 Sommer- und Gartenbühnen; außerdem werden 156 registrierte Varieté- und Kabarettkonzessionen.

2. Heinrich Held (BVP) bayrischer Ministerpräsident. In Bayern amtiert damit wieder eine reguläre parlamentarische Regierung.

5. Die VIII. Olympischen Sommerspiele – noch ohne Teilnahme Deutschlands – beginnen in Paris. →

5. Jean Borotra besiegt im Wimbledon-Finale seinen französischen Landsmann René Lacoste. Wimbledon-Siegerin im Dameneinzel wird Kitty Godfree (England) vor US-Meisterin Helen Wills.

7. Ottavio Bottecchia (Italien) gewinnt die Tour de France.

10. Norwegen und Dänemark schließen Grönlandvertrag. Norwegen, das an Grönland interessiert ist, läßt sich Walfangrechte an der Ostküste zusichern.

12. Geschwindigkeitsweltrekord durch E. A. D. Eldridge in Arpajon auf Fiat mit 234,974 km/h.

15. Schriftsteller Ernst Toller aus Festungshaft im bayrischen Niederschönenfeld entlassen.

16. Beginn der großen Reparationskonferenz in London zur Beratung des Dawesplans.

18. »Deutsches Akademisches Olympia« der deutschen Hochschulen in Marburg mit 1500 Teilnehmern.

22. In Bayreuth nach langer Pause durch Krieg wieder Wagner-Festspiele. Eröffnung mit den »Meistersingern«. Gesamtleitung hat Siegfried Wagner.

GEBOREN:

12. Heinz Tilden von Cramer, deutscher Schriftsteller.

13. Carlo Bergonzi, italienischer Sänger.

GESTORBEN:

27. Ferruccio Busoni (* 1. 4. 1866), deutsch-italienischer Pianist und Komponist. →

Paavo Nurmi läuft allen davon

5. Juli. In Paris werden die VIII. Olympischen Spiele eröffnet, die bis 27. Juli dauern. 3075 Teilnehmer, darunter 134 Frauen, sind gemeldet. Der Austragungsort Paris ist dem Gründer der modernen Olympischen Spiele und langjährigen Präsidenten des Internationalen Komitees, Baron Pierre de Coubertin, zuliebe gewählt worden.

Es werden die Spiele des finnischen Läufers Paavo Nurmi, der die Zuschauermassen fasziniert. Er gewinnt am 10. Juli innerhalb von eineinhalb Stunden zwei Goldmedaillen: im 1500-m- und im 5000-m-Lauf. Am vorletzten Tag siegt er dazu in der »Sonnenschlacht von Colombo«, dem dramatischen 10-km-Querfeldeinlauf. Bei 45 Grad Hitze erreichen von 45 Läufern nur 15 das Ziel, viele Sportler werden in Krankenhäuser eingeliefert. Der ausdauernde Läufer, 1897 geboren, verunsichert durch sein Verhalten seit 1922 die Sportwelt. Der Mittel- und Langstreckenspezialist, der meist nur mit leichten Gummischuhen startet, erringt in scheinbar mühelosem und immer elegantem Laufstil seine Rekorde und Weltrekorde. Bei jedem Lauf trägt er in der Linken eine Uhr zum Überprüfen seiner Zeiten. Die Zuschauer jubeln dem Laufwunder auch in Paris zu. Medaillen für die Mannschaftsbewertung mitgerechnet, verläßt er Paris mit fünfmal Gold. Erstmals gewinnt in Paris ein Europäer den 100-m-Lauf: Harold Abrahams mit der Zeit von 10,6 Sekunden. Im 400-m-Lauf siegt in neuer Weltrekordzeit von 47,6 Sekunden ein presbyterianischer Pfarrer, der Schotte Eric Liddell. Weil der 100-m-Lauf auf einen Sonntag fällt, läßt er den Wettbewerb aus religiösen Gründen ausfallen. Bei den Schwimmwettkämpfen tritt neben den Favoriten Arne Borg und Andrew Charlton der Amerikaner Johnny Weissmuller an. Er ist als erster Kraulstilschwimmer schon 1922 weniger als 1 Minute über 100 m geschwommen (58,6 Sekunden). In Paris gewinnt er die Strecke mit 59,0 Sekunden, die 400 m in 5:04,2 Minuten.

Unangenehm berührt sind die Teilnehmer wie auch die Kritiker von den aggressiven Ressentiments unter den Zuschauern und Kampfrichtern.

Der finnische Wunderläufer Paavo Nurmi nach einem seiner Siege in Paris.

Der 200-Meter-Endlauf: Ganz links springt Charles Paddock (USA) über die Kreidelinie, 2. v. l. der Überraschungssieger Jackson Scholz, ebenfalls USA.

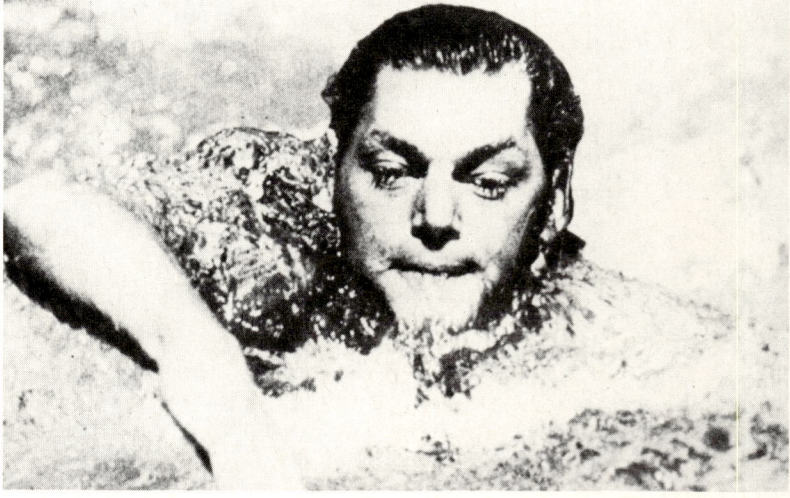

Zwei Goldmedaillen erschwimmt sich der Amerikaner Johnny Weissmuller: Er siegt im 400-Meter-Freistil und 100-Meter-Freistil.

1924  Paris

Leichtathletik Männer

100 m
1. Harold Abrahams — GBR — 10,6
2. Jackson Scholz — USA — 10,7
3. Arthur Porritt — NSE — 10,8

200 m
1. Jackson Scholz — USA — 21,6
2. Charles Paddock — USA — 21,7
3. Eric Liddell — GBR — 21,9

400 m
1. Eric Liddell — GBR — 47,6
2. Horatio Fitch — USA — 48,4
3. Guy Butler — GBR — 48,6

800 m
1. Douglas Lowe — GBR — 1:52,4
2. Paul Martin — SUI — 1:52,6
3. Schuyler Enck — USA — 1:53,0

1500 m
1. Paavo Nurmi — FIN — 3:53,6
2. Willy Schärer — SUI — 3:55,0
3. Henry Stallard — GBR — 3:55,6

5000 m
1. Paavo Nurmi — FIN — 14:31,2
2. Ville Ritola — FIN — 14:31,4
3. Edvin Wide — SWE — 15:01,8

10 000 m
1. Ville Ritola — FIN — 30:23,2
2. Edvin Wide — SWE — 30:55,2
3. Eero Berg — FIN — 31:43,0

Marathon
1. Albin Stenroos — FIN — 2:41:22,6
2. Romeo Bertini — ITA — 2:47:19,6
3. Clarence DeMar — USA — 2:48:14,0

110-m-Hürden
1. Daniel Kinsey — USA — 15,0
2. Sidney Atkinson — SAF — 15,0
3. Sten Pettersson — SWE — 15,4

400-m-Hürden
1. F. Morgan Taylor — USA — 52,6
2. Erik Vilén — FIN — 53,8
3. Ivan Riley — USA — 54,2

3000-m-Hindernislauf
1. Ville Ritola — FIN — 9:33,6
2. Elias Katz — FIN — 9:44,0
3. Paul Bontemps — FRA — 9:45,2

4 × 100-m-Staffel
1. USA — 41,0 (Francis Hussey, Louis Clarke, Loren Murchison, Alfred Leconey)
2. GBR — 41,2 (Harold Abrahams, Walter Rangeley, Lancelot Royle, William Nichol)
3. HOL — 41,8 (Jacob Boot, Henricus Broos, Jan de Vries, Marinus van den Berge)

4 × 400-m-Staffel
1. USA — 3:16,0 (Con Cochrane, Alan Helffrich, Olivier McDonald, William Stevenson)
2. SWE — 3:17,0 (Artur Svensson, Erik Byléhn, Gustaf Wejnarth, Nils Engdahl)
3. GBR — 3:17,4 (Edward Toms, George Renwick, Richard Ripley, Guy Butler)

Hochsprung
1. Harold Osborn — USA — 1,98
2. Leroy Brown — USA — 1,95
3. Pierre Lewden — FRA — 1,92

Stabhochsprung
1. Lee Barnes — USA — 3,95
2. Glen Graham — USA — 3,95
3. James Brooker — USA — 3,90

Weitsprung
1. William De Hart Hubbard — USA — 7,445
2. Edward Gourdin — USA — 7,275
3. Sverre Hansen — NOR — 7,26

Dreisprung
1. Anthony Winter — AUS — 15,525
2. Luis Bruneto — ARG — 15,425
3. Vilho Tuulos — FIN — 15,37

Kugelstoßen
1. Clarence Houser — USA — 14,995
2. Glenn Hartranft — USA — 14,895
3. Ralph Hills — USA — 14,64

Diskuswerfen
1. Clarence Houser — USA — 46,155
2. Vilho Niittymaa — FIN — 44,95
3. Thomas Lieb — USA — 44,83

Hammerwerfen
1. Frederick Tootell — USA — 53,295
2. Matthew McGrath — USA — 50,84
3. Malcolm Nokes — GBR — 48,875

Speerwerfen
1. Jonni Myyrä — FIN — 62,96
2. Gunnar Lindström — SWE — 60,92
3. Eugene Oberst — USA — 58,35

Zehnkampf
1. Harold Osborn — USA — 7710,775
2. Emerson Norton — USA — 7350,895
3. Aleksander Klumberg — EST — 7329,360

3000-m-Mannschaftslauf (nur 1912, 1920, 1924 durchgeführt)
1. Finnland
2. Großbritannien
3. USA

Querfeldeinlauf Einzel (nur 1912, 1920, 1924 durchgeführt)
1. Paavo Nurmi — FIN — 32:54,8
2. Ville Ritola — FIN — 34:19,4
3. Earl Johnson — USA — 35:21,0

Querfeldeinlauf Mannschaft (nur 1904, 1912, 1920, 1924 durchgeführt)
1. Finnland
2. USA
3. Frankreich

Fünfkampf (nur 1906, 1912, 1920, 1924 durchgeführt)
1. Eero Lehtonen — FIN
2. Elemér Somfay — UNG
3. Robert LeGendre — USA

10 000-m-Gehen (nur 1924, 1948, 1952 durchgeführt)
1. Ugo Frigerio — ITA — 47:49,0
2. Gordon Goodwin — GBR — 200 m zur.
3. Cecil Charles McMaster — SAF — 300 m zur.

Schwimmen Männer

100-m-Kraul
1. Johnny Weissmuller — USA — 59,0
2. Duke Paoa Kahanamoku — USA — 1:01,4
3. Samuel Kahanamoku — USA — 1:01,8

400-m-Kraul
1. Johnny Weissmuller — USA — 5:04,2
2. Arne Borg — SWE — 5:05,6
3. Andrew Charlton — AUS — 5:06,6

1500-m-Kraul
1. Andrew Charlton — AUS — 20:06,6
2. Arne Borg — SWE — 20:41,4
3. Frank Beaurepaire — AUS — 21:48,4

100-m-Rücken
1. Warren Paoa Kealoha — USA — 1:13,2
2. Paul Wyatt — USA — 1:15,4
3. Károly Bartha — UNG — 1:17,8

200-m-Brust
1. Robert Skelton — USA — 2:56,6
2. Joseph de Combe — BEL — 2:59,2
3. William Kirschbaum — USA — 3:01,0

4 × 200-m-Kraulstaffel
1. USA — 9:53,4 (Wallace O'Connor, Harry Glancy, Ralph Breyer, Johnny Weissmuller)
2. AUS — 10:02,2 (Maurice Christie, Ernest Henry, Frank Beaurepaire, Andrew Charlton)
3. SWE — 10:06,8 (Georg Werner, Orvar Trolle, Åke Borg, Arne Borg)

Kunstspringen
1. Albert White — USA — 696,4
2. Peter Desjardins — USA — 693,2
3. Clarence Pinkston — USA — 653,0

Turmspringen
1. Albert White — USA — 97,46
2. David Fall — USA — 97,30
3. Clarence Pinkston — USA — 94,60

Einfaches Turmspringen (nur 1912, 1920, 1924 durchgeführt)
1. Richmond Eve — AUS — 160,0
2. John Jansson — SWE — 157,0
3. Harold Clarke — GBR — 158,0

Wasserball
1. Frankreich
2. Belgien
3. USA

Schwimmen Frauen

100-m-Kraul
1. Ethel Lackie — USA — 1:12,4
2. Mariechen Wehselau — USA — 1:12,8
3. Gertrude Ederle — USA — 1:14,2

400-m-Kraul
1. Martha Norelius — USA — 6:02,2
2. Helen Wainwright — USA — 6:03,8
3. Gertrude Ederle — USA — 6:04,8

200-m-Brust
1. Lucy Morton — GBR — 3:33,2
2. Agnes Geraghty — USA — 3:34,0
3. Gladys Helena Carson — GBR — 3:35,4

100-m-Rücken
1. Sybil Bauer — USA — 1:23,2
2. Phyllis Harding — GBR — 1:27,4
3. Aileen Riggin — USA — 1:28,2

4 × 100-m-Kraulstaffel
1. USA — 4:58,8 (Gertrude Ederle, Euphrasia Donnelly, Ethel Lackie, Mariechen Wehselau)
2. GBR — 5:17,0 (Florence Barker, Grace McKenzie, Irene Vera Tanner, Constance Mabel Jeans)
3. SWE — 5:35,0 (Aina Berg, Vivan Pettersson, Gulli Everlund, Hjördis Töpel)

Kunstspringen
1. Elizabeth Becker — USA — 474,5
2. Aileen Riggin — USA — 460,4
3. Caroline Fletcher — USA — 436,4

Turmspringen
1. Caroline Smith — USA — 33,2
2. Elizabeth Becker — USA — 33,4
3. Hjördis Töpel — SWE — 32,8

Boxen

Fliegengewicht
1. Fidel LaBarba — USA
2. James McKenzie — GBR
3. Raymond Fee — USA

Bantamgewicht
1. William Smith — SAF
2. Salvatore Tripoli — USA
3. Jean Ces — FRA

Federgewicht
1. John »Jackie« Fields — USA
2. Joseph Salas — USA
3. Pedro Quartucci — ARG

Leichtgewicht
1. Hans Nielsen — DAN
2. Alfredo Copello — ARG
3. Frederick Boylstein — USA

Weltergewicht
1. Jean Delarge — BEL
2. Héctor Mendez — ARG
3. Douglas Lewis — CAN

Mittelgewicht
1. Harry Mallin — GBR
2. John Elliott — GBR
3. Joseph Beecken — BEL

Halbschwergewicht
1. Harry Mitchell — GBR
2. Thyge Petersen — DAN
3. Sverre Sörsdal — NOR

Schwergewicht
1. Otto von Porat — NOR
2. Sören Petersen — DAN
3. Alfredo Porzio — ARG

Ringen, griechisch-römischer Stil

Bantamgewicht
1. Eduard Pütsep — EST
2. Anselm Ahlfors — FIN
3. Väinö Ikonen — FIN

Federgewicht
1. Kalle Anttila — FIN
2. Aleksanteri Toivola — FIN
3. Erik Malmberg — SWE

Leichtgewicht
1. Oskari Friman — FIN
2. Lajos Keresztes — UNG
3. Kalle Westerlund — FIN

Mittelgewicht
1. Edvard Vesterlund — FIN
2. Artur Lindfors — FIN
3. Roman Steinberg — EST

Halbschwergewicht
1. Carl Westergren — SWE
2. Rudolf Svensson — SWE
3. Onni Pellinen — FIN

Schwergewicht
1. Henri Deglane — FRA
2. Edil Rosenqvist — FIN
3. Raymund Badó — UNG

Freistilringen

Bantamgewicht
1. Kustaa Pihlajamäki — FIN
2. Kaarlo Mäkinen — FIN
3. Bryant Hines — USA

Federgewicht
1. Robin Reed — USA
2. Chester Newton — USA
3. Katsutoshi Naito — JAP

Leichtgewicht
1. Russell Vis — USA
2. Volmari Vikström — FIN
3. Arvo Haavisto — FIN

Weltergewicht
1. Hermann Gehri — SUI
2. Eino Leino — FIN
3. Otto Müller — SUI

Mittelgewicht
1. Fritz Hagmann — SUI
2. Pierre Ollivier — BEL
3. Vilho Pekkala — FIN

Halbschwergewicht
1. John Spellman — USA
2. Rudolf Svensson — SWE
3. Charles Courant — SUI

Schwergewicht
1. Harry Steele — USA
2. Henri Wernli — SUI
3. Andrew McDonald — GBR

Fechten Männer

Florett Einzel
1. Roger Ducret — FRA — 6
2. Philippe Cattiau — FRA — 5
3. Maurice van Damme — BEL — 4

Florett Mannschaft
1. Frankreich
2. Belgien
3. Ungarn

Degen Einzel
1. Charles Delporte — BEL — 8
2. Roger Ducret — FRA — 7
3. Nils Hellsten — SWE — 7

Degen Mannschaft
1. Frankreich
2. Belgien
3. Italien

Säbel Einzel
1. Dr. Sándor Posta — UNG — 5
2. Roger Ducret — FRA — 5
3. János Garay — UNG — 5

Säbel Mannschaft
1. Italien
2. Ungarn
3. Holland

Fechten Frauen

Florett Einzel
1. Ellen Osiier — DAN — 5
2. Gladys Muriel Davis — GBR — 4
3. Grete Heckscher — DAN — 3

Abkürzungsschlüssel siehe Register

Gewichtheben

		Einarmig. Reißen	Einarmig. Stoßen	Beidarmig. Drücken	Beidarmig. Reißen	Beidarmig. Stoßen	Total
Federgewicht							
1. Pierino Gabetti	ITA	65,0	77,5	72,5	82,5	105,0	402,5
2. Andreas Stadler	AUT	65,0	75,0	65,0	75,0	105,0	385,0
3. Arthur Reinmann	SUI	57,5	70,0	80,0	75,0	100,0	382,5
Leichtgewicht							
1. Edmond Decottignies	FRA	70,0	92,5	77,5	85,0	115,0	440,0
2. Anton Zwerina	AUT	75,0	80,0	77,5	82,5	112,5	427,5
3. Bohumil Durids	ČSR	70,0	82,5	72,5	90,0	110,0	425,0
Mittelgewicht							
1. Carlo Galimberti	ITA	77,5	95,0	97,5	95,0	127,5	492,5
2. Alfred Neuland	EST	82,5	90,0	77,5	90,0	115,0	455,0
3. Jaan Kikas	EST	70,0	87,5	80,0	85,0	127,5	450,0
Leichtschwergewicht							
1. Charles Rigoulot	FRA	87,5	92,5	85,0	102,5	135,0	502,5
2. Fritz Hünenberger	SUI	80,0	107,5	80,0	97,5	125,0	490,0
3. Leopold Friedrich	AUT	75,0	95,0	95,0	95,0	130,0	490,0
Schwergewicht							
1. Giuseppe Tonani	ITA	80,0	95,0	112,5	100,0	130,0	517,5
2. Franz Aigner	AUT	80,0	97,5	112,5	95,0	130,0	515,0
3. Harald Tammer	EST	75,0	95,0	90,0	97,5	140,0	497,5

Moderner Fünfkampf Einzel
1. Bo Lindman — SWE
2. Gustaf Dyrssen — SWE
3. Bertil Uggla — SWE

Kanu

800 m Kajak-Einer (K 1) Demonstration
1. Charles Havens — USA
2. Roy Nurse — CAN
3. Harry Knight — USA

800 m Kajak-Zweier (K 2) Demonstration
1. USA
2. Kanada

800 m Kajak-Vierer (K 4) Demonstration
1. USA
2. Kanada

800 m Canadier-Einer (C 1) Demonstration
1. Roy Nurse — CAN
2. Harry Greenshields — CAN
3. A. H. Lindsay — CAN

800 m Canadier-Zweier (C 2) Demonstration
1. Kanada
2. Kanada
3. USA

800 m Canadier-Vierer (C 4) Demonstration
1. Kanada
2. USA

Rudern

Einer
1. Jack Beresford jun. — GBR — 7:49,2
2. William E. Garrett Gilmore — USA — 7:54,0
3. Josef Schneider — SUI — 8:01,1

Doppelzweier
1. USA — 6:34,0
2. Frankreich — 6:38,0
3. Schweiz — 3 Längen zurück

Zweier ohne Steuermann
1. Holland — 8:19,4
2. Frankreich — 8:21,6

Zweier mit Steuermann
1. Schweiz — 8:39,0
2. Italien — 8:39,1
3. USA — 3 Längen zurück

Vierer ohne Steuermann
1. Großbritannien — 7:08,6
2. Kanada — 1 Länge zurück
3. Schweiz — 2 Längen zurück

Vierer mit Steuermann
1. Schweiz — 7:18,4
2. Frankreich — 7:21,6
3. USA — 1 Länge zurück

Achter
1. USA — 6:33,4
2. Kanada — 6:49,0
3. Italien

Segeln

Ein-Mann-Boot
1. Léon Huybrechts — BEL — 2
2. Henrik Robert — NOR — 7
3. Hans Dittmar — FIN — 8

6 m (nur 1908, 1912, 1920, 1924, 1928, 1932, 1936, 1948, 1952 durchgeführt)
1. Norwegen — 2
2. Dänemark — 5
3. Holland — 5

8 m (nur 1908, 1912, 1920, 1924, 1928, 1932, 1936 durchgeführt)
1. Norwegen — 2
2. Großbritannien — 5
3. Frankreich — 5

Radsport

Straßenrennen Einzel
1. Armand Blanchonnet — FRA — 6:20:48,0
2. Henri Hoevenaers — BEL — 6:30:27,0
3. René Hamel — FRA — 6:30:51,6

Straßenrennen Mannschaft (nur 1912, 1920, 1924, 1928, 1932, 1936, 1948, 1952, 1956 durchgeführt)
1. Frankreich — 19:30:14,0
2. Belgien — 19:46:55,4
3. Schweden — 19:59:41,6

1000-m-Sprint
1. Lucien Michard — FRA — 12,8 (letzte 200 m)
2. Jacob Meijer — HOL
3. Jean Cugnot — FRA

2000-m-Tandemfahren
1. Frankreich — 12,6 (letzte 200 m)
2. Dänemark
3. Holland

4000-m-Mannschafts-Verfolgungsrennen
1. Italien — 5:15,0
2. Polen
3. Belgien

50-km-Bahnrennen (nur 1920 und 1924 durchgeführt)
1. Jacobus Willems — HOL — 1:18:24,0
2. Cyril Albert Alden — GBR — 1 Radlänge zurück
3. Frank H. Wyld — GBR — 1 m zurück

Reitsport

Military Einzel
1. Adolph D. C. van der Voort van Zijp — HOL
2. Frode Kirkebjerg — DAN
3. Sloan Doak — USA

Military Mannschaft
1. Holland
2. Schweden
3. Italien

Dressur Einzel
1. Ernst Linder — SWE
2. Bertil Sandström — SWE
3. Xavier Lesage — FRA

Jagdspringen Einzel
1. Alphonse Gemuseus — SUI — – 6
2. Tommaso Lequio — ITA — – 8,75
3. Adam Królikiewicz — POL — –10

Jagdspringen Mannschaft
1. Schweden — –42,25
2. Schweiz — –50,0
3. Portugal — –53,0

Turnen Männer

Mehrkampf Einzel
1. Leon Štukelj — YUG — 110,340
2. Robert Pražák — ČSR — 110,323
3. Bedřich Supčík — ČSR — 106,930

Mehrkampf Mannschaft
1. Italien — 839,058
2. Frankreich — 820,528
3. Schweiz — 816,661

Barren Einzel
1. August Güttinger — SUI — 21,63
2. Robert Pražák — ČSR — 21,61
3. Giorgio Zampori — ITA — 21,45

Pferdsprung Einzel
1. Frank Kriz — USA — 9,98
2. Jan Koutny — ČSR — 9,97
3. Bohumil Mařkovsky — ČSR — 9,93

Seitpferd Einzel
1. Josef Wilhelm — SUI — 21,23
2. Jean Gutweniger — SUI — 21,13
3. Antoine Rebetez — SUI — 20,73

Seitpferdsprung (nur 1924 durchgeführt)
1. Albert Séguin — FRA — 10,00
2. Jean Gounot — FRA — 9,93
3. François Gangloff — FRA — 9,93

Reck Einzel
1. Leon Štukelj — YUG — 19,730
2. Jean Gutweniger — SUI — 19,236
3. André Higelin — FRA — 19,163

Ringe Einzel
1. Franco Martino — ITA — 21,553
2. Robert Pražák — ČSR — 21,483
3. Ladislav Vácha — ČSR — 21,430

Tauhangeln (nur 1896, 1904, 1906, 1924, 1932 durchgeführt)
1. Bedřich Supčík — ČSR — 7,2
2. Albert Séguin — FRA — 7,4
3. August Güttinger — SUI — 7,8
3. Ladislav Vácha — ČSR — 7,8

Fußball
1. Uruguay
2. Schweiz
3. Schweden

Hitlers Buch entsteht

Die verurteilten Teilnehmer des Münchner Hitlerputsches in der Festung der bayrischen Stadt Landsberg: (v. l.) Hitler, Maurice, Kriebel, Heß, Weber.

Adolf Hitler legt formell die Führung der NSDAP nieder, um die Behörden zu beruhigen, die weitere Umtriebe der Nationalsozialisten fürchten. Vor seiner Verhaftung schon hat er Arthur Rosenberg gebeten, die »Bewegung« zu führen. In die aufkeimenden Zwistigkeiten unter rivalisierenden Gruppen greift er nicht ein. Im gleichen Monat beginnt Hitler auch mit ersten Diktaten zu seinem Buch »Mein Kampf« (→ April 1924).
Als Sekretäre fungieren ihm Emil Maurice, dann Rudolf Heß, der freiwillig aus Österreich zurückkehrt, um mit dem »Führer« die

Gefängnishaft zu teilen. Die Haftbedingungen für Hitler und die Mitverurteilten Friedrich Weber, Hermann Kriebel und Emil Maurice sind höchst angenehm. Hitler bewohnt ein sonniges bequemes Zimmer, trägt eigene Kleidung – er pflegt in bayrischer Kniehose und Trachtenjacke aufzutreten – kann beliebig Zeitungen lesen und Besuche empfangen und umfangreiche Korrespondenzen führen. Zu den Verehrerinnen, die ihm Geschenke schicken, gehören Winifred Wagner, die Schwiegertochter Richard Wagners, und Helene Bechstein, die Frau des Klavierfabrikanten.

Deutsch-italienischer Pianist und Komponist Ferruccio Busoni stirbt

27. Juli. In Berlin stirbt der deutsch-italienische Komponist und Pianist Ferruccio Busoni. Er ist seit 1920 Leiter der Kompositionsklasse an der »Akademie der Schönen Künste« in der Reichshauptstadt gewesen und hat eine Reihe junger Komponisten beeinflußt. Busoni, der als Pianist internationale Konzertreisen unternahm, hat als Komponist vor allem Werke für Klavier in den Mittelpunkt seines Schaffens gestellt. Er hat unter anderem auch Opern geschrieben: 1917 Turandot; 1925 Doktor Faust.

Ferruccio Busoni †.

1924
AUGUST

Mo	Di	Mi	Do	Fr	Sa	So
				1	2	3
4	5	6	7	8	9	10
11	12	13	14	15	16	17
18	19	20	21	22	23	24
25	26	27	28	29	30	31

2. Erste Rundfunkübertragung aus der Berliner Philharmonie.

6. Herbert Houben besiegt in Berlin im 100-m-Lauf den amerikanischen Weltrekordinhaber Charles Paddock und erlangt dadurch Weltruhm.

8. Handelsvertrag zwischen England und der Sowjetunion.

10. Bei Verfassungsfeier in Berlin tritt der Bund »Reichsbanner Schwarz-Rot-Gold« erstmals vor eine breitere Öffentlichkeit.

15.–17. Reichskonvent der »Nationalsozialistischen Freiheitsbewegung« in Weimar. Ludendorff rechtfertigt Novemberputsch (→ November 1923).

16. Dawesplan wird auf der Londoner Konferenz angenommen. →

18. Frankreich lenkt ein: die 1923 besetzten Bezirke Offenburg und Appenweier werden geräumt. Beginn des Rückzugs der Besatzungstruppen aus dem Ruhrgebiet.

28. Uraufführung des amerikanischen Stummfilms »The Iron Horse« (Regie: John Ford).

30. Die Reichsbank wird wieder Zentralnotenbank und gibt die »Reichsmark« aus; Papiermarkwährung endgültig aufgehoben.

30. Sozialdemokraten und Kommunisten verlassen aus Unzufriedenheit über neues Zoll- und Umsatzsteuergesetz den Reichstag, der, arbeitsunfähig, sich auf den 15. Oktober vertagt.

31. Deutschland verliert mit 1:4 gegen Schweden in Berlin das 49. Fußballländerspiel.

31. Grundsteinlegung zum Denkmal auf dem ehemaligen Schlachtfeld in Tannenberg.

31. Die »Berliner Illustrierte« kündigt für die kommende Saison als »Vermännlichung der Frau« neben Bubikopf den Zylinderhut und Herrenmantel an.

GEBOREN:

2. James Baldwin, amerikanischer Schriftsteller.

GESTORBEN:

3. Joseph Conrad (* 6. 12. 1857), englischer Schriftsteller.

11. Franz Schwechten (* 12. 8. 1841), deutscher Architekt.

17. Paul Natorp (* 24. 1. 1854), deutscher Philosoph und Pädagoge.

Dawesplan stellt Finanzprogramm für das Reich auf

16. August. In London verabschiedet die große Reparationskonferenz das »Dawes-Abkommen«. Sie hat seit Juli das Gutachten beraten, das der Sachverständigenausschuß unter Leitung des amerikanischen Bank- und Finanzfachmannes Charles D. Dawes ausgearbeitet hat und das die völkerrechtliche Form eines Abkommens zwischen den beteiligten Staaten erhalten soll. Der Dawesplan, der schon im April veröffentlicht worden ist, will die sichere wirtschaftliche Basis für dauernde deutsche Zahlungsfähigkeit schaffen. Er entbehrt ausdrücklich aller politischen Bestimmung und verwirft die bisher geübte Praxis, Reparationen mit Sanktionen gleichzusetzen. Seit 5. August haben auch deutsche Politiker an der Beratung des Dawesplanes teilgenommen. Außenminister Gustav Stresemann hat erreicht, daß Frankreich als Gegenleistung zur deutschen Zustimmung zum Plan die Räumung des besetzten Rhein-Ruhr-Gebietes innerhalb eines Jahres zusichert. Der Dawesplan gewährt dem durch die Inflation geschwächten Deutschland vorübergehend Schonzeit: Auf vier Jahre müssen weniger Reparationsgelder als bisher gezahlt werden. Ab 1928 beträgt die Summe dann aber rund 2,4 Milliarden Goldmark jährlich, zuzüglich eines Aufschlags entsprechend dem deutschen Wohlstand. Eine Begrenzung der Zahlungsdauer ist nicht festgelegt. Für die Zahlung der ersten Jahresrate erhält das Reich eine internationale Dawes-Anleihe über 800 Millionen Goldmark. Das Programm enthält schwere Eingriffe in die finanz- und wirtschaftspolitische Souveränität des Reiches.
Am 20. August kommt das Londoner Abkommen in den Reichstag. Schwierigste Hürde ist die Beschlußfassung über die Gesetze, die zur Ausführung des Dawes-Abkommens erforderlich sind. Die nötige verfassungsändernde Mehrheit kommt am 29. August zustande, da die Hälfte der Deutschnationalen zustimmt. Am 30. August kann das Londoner Abkommen unterzeichnet werden. Am 1. September tritt der Dawesplan in Kraft.

1924
SEPTEMBER

Mo	Di	Mi	Do	Fr	Sa	So
1	2	3	4	5	6	7
8	9	10	11	12	13	14
15	16	17	18	19	20	21
22	23	24	25	26	27	28
29	30					

1. Der Dawesplan tritt in Kraft. Zahlung der ersten Reparationsration von 20 Millionen Goldmark.

1. Im Reich 11 Rundfunksender in Betrieb.

2.–4. Wirtschaftliche Erleichterungen im französisch besetzten Gebiet.

6. Charles Paddock (USA) läuft in Los Angeles Weltrekord über 200 m in 20,8 Sek.

7. Ausgewiesene dürfen zurück in das Ruhrgebiet. Betroffen sind davon 180 000 Menschen.

10. Die georgische Volksregierung bittet Moskau um Einstellung der militärischen Aktionen gegen Aufständische, die in Tiflis provisorische Regierung gebildet haben. Rote Armee wirft Aufstand wenig später gewaltsam nieder.

14. Weltrekord im Diskuswerfen durch Thomas Lieb (USA) mit 47,61 m in Chicago.

15. Erste Werbesendung im deutschen Rundfunk.

18. Deutsche Erstaufführung des schwedischen Filmes »Gösta Berling« (Regie: Mauritz Stiller) nach gleichnamigem Roman von Selma Lagerlöf. Debüt von Greta Garbo.

20. Deutsche Einheitskurzschrift durch Regierungsbeschluß eingeführt.

21. Deutschland unterliegt Ungarn im 50. Fußballländerspiel mit 1 : 4 in Budapest.

22. Bayrische Landespolizei empfiehlt Ausweisung Hitlers. →

23. Reichsregierung beschließt, sich um Aufnahme in Völkerbund zu bemühen.

25. Geschwindigkeitsweltrekord M. Campbells mit 235,215 km/h auf Sunbeam in Pendine.

25. Für USA gebauter Zeppelin LZ 126 unternimmt Rundflug über Deutschland.

30. Gründung der Bank für deutsche Industrieobligationen.

GEBOREN:

28. Marcello Mastroianni, italienischer Schauspieler.

30. Truman Capote, amerikanischer Schriftsteller.

GESTORBEN:

28. Francis Bradley (* 30. 1. 1846), englischer Philosoph.

Zweiter Antrag auf Abschiebung Hitlers abgelehnt

22. September. Die bayrische Landespolizei schlägt dem Innenministerium ein zweites Mal vor, Adolf Hitler als österreichischen Staatsbürger abzuschieben. Auf Einwirkung des bayrischen Justizministers Franz Gürtner kommt es jedoch nicht dazu. Die Begründung der Polizei hat gelautet: »Im Augenblick seiner Freilassung wird Hitler dank seiner Energie wieder treibende Kraft erneuter und ernst zu nehmender öffentlicher Revolten und eine Bedrohung für die Staatssicherheit werden.«

Gesetzentwurf für Sterilisierung

8. September. Das sächsische Landesgesundheitsamt legt dem Reichsjustizminister einen Gesetzesvorschlag zur Sterilisierung »minderwertiger Menschen« vor. Hinter dem Entwurf steht Medizinalrat Boeters, der bereits einen Aufruf erlassen hat, in dem er vor dem »Untergang unserer geistigen Blüte in einer Hochflut von geistig und moralisch minderwertigen Existenzen« und der »Verpöbelung unserer Rasse« warnt.

Die Prohibition in den USA regt die Phantasie der Hersteller an. In einer Buchhülle (Titel: »Die vier Schlucke«), die vier Fläschchen faßt, können Durstige einen kleinen Alkoholvorrat verbergen.

1924
OKTOBER

Mo	Di	Mi	Do	Fr	Sa	So
		1	2	3	4	5
6	7	8	9	10	11	12
13	14	15	16	17	18	19
20	21	22	23	24	25	26
27	28	29	30	31		

1. Beginn deutsch-französischer Wirtschaftsverhandlungen in Paris.

2. »Protokoll für die friedliche Regelung internationaler Streitigkeiten« in Genf von Völkerbundsversammlung verabschiedet. →

6. König Hussein von Hedschas muß abdanken, nachdem ihm Ibn Saud den Heiligen Krieg erklärt hat. Sein Plan von Großarabien ist an dem Wahabitenherrscher Ibn Saud gescheitert. Mekka fällt Mitte des Monats an die Wahabiten.

12. Hugo Eckener startet mit dem Zeppelin LZ 126 zur Ozeanüberquerung. →

14. Uraufführung der Oper »Die glückliche Hand« von Arnold Schönberg in Wien.

14. Triumphale Rückkehr Max Reinhardts nach Berlin mit Inszenierung von Shaws »Heiliger Johanna« im Deutschen Theater.

14. Uraufführung des Films »The Navigator« (deutscher Titel: Buster Keaton, der Matrose) von Buster Keaton.

15. Erste deutsche Kunstausstellung in Moskau eröffnet.

19. Rennfahrer Graf Zborowski verunglückt tödlich bei Rennen in Monza um Großen Preis von Italien.

20. Der erst im Mai gewählte Reichstag wird wegen Beschlußunfähigkeit wieder aufgelöst.

22. Erste große Ausstattungsrevue von Eric Charell im ehemaligen Großen Schauspielhaus Berlin. →

27. Erste Probefahrt des Rotorschiffes »Buckau« von Anton Flettner in der Ostsee. Das umgebaute Schiff hat statt Takelage rotierende Metallwalzen.

28. Frankreich erkennt Sowjetunion an.

29. Spektakulärer Wahlsieg der Konservativen in England: von 161 auf 419 Sitze. Labour gewinnt zwar eine Million Wählerstimmen, verliert aber 40 von 191 Sitzen.

31. Uraufführung des 1. Klavierkonzertes von Paul Hindemith in Frankfurt.

GESTORBEN:

12. Anatole France (* 16. 4. 1844), französischer Dichter. →

17. Clara Sudermann (* 14. 2. 1862), deutsche Schriftstellerin.

Kischs »Rasender Reporter« neu

Egon Erwin Kisch.

Egon Erwin Kisch veröffentlicht eine Sammlung seiner politischen Reportagen unter dem Titel »Der rasende Reporter«. Er hat mit dem Buch sofort durchschlagenden Erfolg. Kisch, gebürtiger Prager und lange Jahre in Prag auch Lokalreporter, ist seit 1921 Starreporter liberaler Blätter in Berlin. Er ist immer wieder auf ausgedehnten Auslandsreisen unterwegs. Der Journalist schafft eine neue Form der Berichterstattung, die kritische Wirklichkeitsdarstellung als gesellschaftsveränderndes Kampfinstrument versteht.

Die Reportage wird von Kisch zu literarischem Rang erhoben. Den Reporter verpflichtet er zu absoluter Objektivität. Im Vorwort seines Buches heißt es: »Nichts ist verblüffender als die einfache Wahrheit, nichts ist exotischer als unsere Umwelt, nichts ist phantasievoller als die Sachlichkeit.«

Friedensinitiative des Völkerbunds

2. Oktober. Nach langen Beratungen über Abrüstung und Sicherheitspolitik verabschiedet die fünfte Völkerbundstagung das Protokoll für die friedliche Regelung internationaler Streitigkeiten. Es empfiehlt eine Global-Konvention zum Schutz des Weltfriedens und zur Ächtung des Angriffskrieges. Die britischen Dominions, die von ihrer geographischen Lage her keine Gefahr sehen, in internationale Streitigkeiten zu geraten, widersetzen sich dem Protokoll. England unterzeichnet dieses Protokoll nicht.

Über Grönland erreicht Hugo Eckener (links) bei dem Nonstopflug von LZ 126 über den Atlantik von Friedrichshafen nach New York ein Radiotelegramm.

LZ 126 nach New York

12. Oktober. In Friedrichshafen am Bodensee startet Hugo Eckener mit einem Zeppelin zur kühnsten Fahrt, die mit einem Luftschiff bisher vorgenommen wurde: über den Atlantik nach New York. Seit Tagen hat man in Deutschland und im Ausland auf die Nachricht vom Start gewartet. Jetzt spielt eine Kapelle das Deutschlandlied, als sich LZ 126 in die Lüfte hebt, genau um 6.45 Uhr. Der Zeppelin ist für die USA gebaut worden und wird zum Auftraggeber gebracht. In Lakehurst finden sich am 15. Oktober die New Yorker in Scharen ein, 30 Extrazüge und Tausende von Autos bringen Schaulustige herbei. Nach einem Flug von 71 Stunden und 17 Minuten über 8150 Kilometer ohne einen Zwischenfall landet LZ 126. In Deutschland wird nicht nur die technische Pioniertat gefei-

ert, sondern auch das Ansehen, das der Zeppelinflug im Ausland für das Reich erringt. Die Berliner Presse notiert, daß dieser Zeppelinflug Deutschland mehr genützt habe als zehn Botschafter.

Das deutsche Nationalgefühl richtet sich an Eckeners Leistung auf. Präsident Coolidge gibt der nationalen deutschen Herzensangelegenheit am 15. Oktober die offiziellen Weihen mit der Botschaft: »Mir und dem amerikanischen Volke ist es eine große Genugtuung, daß friedliche Beziehungen zwischen Deutschland und Amerika wieder voll hergestellt sind und daß dieses große Luftschiff den ersten direkten Flug zwischen Deutschland und Amerika glücklich vollendet hat.« LZ 126 erhält die amerikanische Nummer ZR III und später den Namen »Los Angeles«.

Werbung für einen Vortrag Hugo Eckeners in Berlin, in dem der Luftfahrtpionier und ehemalige Mitarbeiter Zeppelins für Zeppelinflüge Reklame macht.

Die Ära der »Girls«

22. Oktober. Im einstigen Großen Schauspielhaus in Berlin startet Eric Charell seine erste große Ausstattungsrevue mit dem Titel »An Alle«. Die Mammutshow übertrumpft alles, was man in der Vergnügungsmetropole an der Spree bisher zu sehen bekommen hat. Sie markiert den Anbruch der kurzen Ära der »Girlkultur« in Deutschland. Mittelpunkt von Charells Revue sind die »Tiller-Girls« aus London, die, eher brav gewandet, im beinschwingenden Gleichtakt auf der Bühne einen Hauch von anmutig-preußischem Drill und Paradegeist verbreiten. Sie tanzen drei Jahre lang in Berlin. Auch Charells Konkurrenten in Berlin, Hermann Haller im Theater im Admiralspalast und James Klein in der Komischen Oper, präsentieren angloamerikanische Girlsimporte vor begeistertem Publikum. Bei James Klein tritt in der Revue »Tausend süße

Beinchen« Hans Albers auf. Für gut fünf Jahre verdrängt die große Ausstattungsrevue mit Bildern, Szenen, Sketches, Tänzen und Solonummern die traditionelle Operette und wird neues Medium der Massenunterhaltung. Sie zieht durch wortlose Showeffekte nicht nur vergnügungstolle Fremde und Provinzler an, sondern teilweise auch das durch expressionistische Wortkaskaden ermüdete Theaterpublikum. Kritiker erhoffen sich von der Revue eine Verjüngung des Theaters. Der Serienzauber der neuen Beinparaden wird von Veranstaltern im ganzen Reich und von Tanzgruppen nachgeahmt, allerdings ohne die Perfektion der Originale. Die tanzenden Mädchen, superschlank bis möglichst knabenhaft aussehend, tragen in Deutschland zur Durchsetzung eines neuen Frauenideals bei, der schlanken, sportlichen, »unweiblichen« Linie.

Die Rosy-Girls, eine der beliebten Berliner Girl-Truppen der zwanziger Jahre.

Französischer Dichter Anatole France stirbt mit 80 Jahren auf seinem Gut

12. Oktober. Auf dem Gut La Béchellerie bei Saint-Cyr-sur-Loire stirbt 80jährig der Dichter Anatole France. Er ist einer der bedeutendsten französischen Erzähler, Essayisten und Literaturkritiker seiner Zeit.

Als Vertreter der großen aufklärerischen Tradition nach Montaigne und Voltaire ist der Dichter zu einem Kämpfer gegen Illusionen und Vorurteile, zu einem großen Spötter der Menschheit geworden, der aber trotzdem gütig geblieben ist. Als Sozialist ist der einstige

Lektor und Bibliothekar für Oberst Alfred Dreyfus (→ Juli 1906) eingetreten. Der 1921 mit dem Literaturnobelpreis Geehrte hat ein umfangreiches Romanwerk hinterlassen, das vorrangig historische Themen behandelt (z. B. »Thaïs«, 1890; »Das Leben der heiligen Johanna«, 1908; Romanzyklus »Histoire contemporaine«, 1896 bis 1901). Anatole France hat auch Dramen, Aphorismen und literaturkritische Abhandlungen geschrieben. Seine Werke sind von der katholischen Kirche auf den Index gesetzt worden.

1924

NOVEMBER

Mo	Di	Mi	Do	Fr	Sa	So
					1	2
3	4	5	6	7	8	9
10	11	12	13	14	15	16
17	18	19	20	21	22	23
24	25	26	27	28	29	30

1. Max Reinhardt eröffnet mit der »Komödie« am Kurfürstendamm neues eigenes Theater mit Goldonis »Diener zweier Herren«.

4. Uraufführung der Strauss-Oper »Intermezzo« in Dresden.

4. Calvin Coolidge durch hohen Wahlsieg als US-Präsident bestätigt. →

5. In Peking wird kaiserlicher Palast besetzt; ehemaliger Kaiser zur Abschaffung aller Ehrentitel und -rechte und Räumung des Palastes genötigt.

6. Stanley Baldwin bildet konservatives Kabinett in England. Winston Churchill, von den Liberalen übergetreten, wird darin Schatzkanzler, Joseph Austen Chamberlain Außenminister.

7. Hochwasser in Köln.

7. Eisenbahnerstreik in Österreich führt zu Rücktritt von Kanzler Ignaz Seipel. Rudolf Ramek bildet neue christlich-soziale-großdeutsche Koalition.

8.–22. Über 5000 Nennungen beim internationalen Reitturnier im Berliner Sportpalast. Erfolgreichster Reiter ist Freiherr von Langen.

16. Oper »Das schlaue Füchslein« von Leoš Janáček wird in Brünn uraufgeführt.

21. Ernst Barlach mit Kleist-Preis ausgezeichnet.

22. Revue »Roter Rummel« in Berlin. →

23. In Duisburg endet 51. Fußballländerspiel Deutschland–Italien mit 0 : 1.

25. Gründung des Instituts für auswärtige Politik in Hamburg.

27. Premiere des französischen Films »Zwischenspiel« (Regie: René Claire).

28. Thomas Manns »Zauberberg« erscheint. →

GEBOREN:

26. George Segal, amerikanischer Bildhauer.

GESTORBEN:

4. Gabriel Fauré (* 12. 5. 1845), französischer Komponist. →

7. Hans Thoma (* 2. 10. 1839), deutscher Maler und Grafiker.

29. Giacomo Puccini (* 22. 12. 1858), italienischer Komponist. →

Wahlsieg Coolidges

Calvin Coolidge.

4. November. Mit einem hohen Wahlsieg sichert der Republikaner Calvin Coolidge, der seit dem Tod Warren Hardings 30. Präsident der USA ist, seiner gespaltenen Partei noch einmal die Präsidentschaft. Gegenkandidaten sind der Demokrat J. W. Davis und Robert M. La Follette (Fortschrittspartei) gewesen. Coolidge, der mit dem Slogan »Coolidge or Chaos« den Wahlkampf geführt hat, erhält allein bei den Wahlmännerstimmen 379 von 531. Vizepräsident bleibt General Charles Gates Dawes, Finanzminister der Multimillionär Andrew W. Mellon, der durch Einschränkung der Regierungstätigkeit und Steuereinsparungen die Großverdiener bevorzugt.

Giacomo Puccini tot

Giacomo Puccini †.

29. November. Der italienische Komponist Giacomo Puccini stirbt in Brüssel im Alter von 65 Jahren. Er ist der bedeutendste Vertreter der italienischen Oper seit Verdi. 1893 mit »Manon Lescaut« als außergewöhnliches Talent bekannt geworden, hat Puccini mit »La Bohème« 1896 den größten Erfolg der Operngeschichte gefeiert. Die später so beliebte »Madame Butterfly« ist 1904 bei der Uraufführung in Mailand ein Mißerfolg gewesen. Puccini hinterläßt bei seinem Tod die fast vollendete Oper »Turandot«.

Das Titelblatt des italienischen Librettos von Puccinis »Madame Butterfly«.

»Zauberberg« von Thomas Mann erscheint

28. November. Der S. Fischer Verlag in Berlin liefert den Roman »Der Zauberberg« von Thomas Mann aus. Der Dichter hat bis zum letztmöglichen Tag an dem 1912 begonnenen Werk gearbeitet, das einerseits ein realistisch erzählter Bildungs- und Erziehungsroman ist, auf tieferer Ebene ein symbolischer Roman. Das Sanatorium, in dem die Hauptfigur Hans Castorp lebt, ist Abbild der europäischen Zivilisation der Vorkriegszeit, die Mann kritisiert als äußerlich florierend, aber innerlich korrupt. Die Gespräche der Hauptfiguren stecken die existentiellen Fragen der Zeit ab. Der Zauberberg wird das literarische Ereignis des Jahres. Obwohl das Buch mit 21 Mark nicht billig ist, werden bis Jahresende noch fast 30 000 Exemplare verkauft.

Piscator zeigt Agitationsrevue

22. November. In den Pharus-Sälen von Berlin-Pankow wird erstmals die politische Revue »Roter Rummel« von Erwin Piscator und Felix Gasbarra gezeigt. Sie ist von der KPD anläßlich der bevorstehenden Reichstagswahlen in Auftrag gegeben worden. Die musikalische Bearbeitung stammt von Edmund Meisel. Der »Rote Rummel« wird bis zum Wahltag (7. Dezember) in Arbeitervorstädten aufgeführt. Piscator begründet das Konzept der Revue: »Nichts durfte unklar, zweideutig und somit wirkungslos bleiben, überall mußte die politische Beziehung zum Tage hergestellt werden.«

»Deutsche Glocke« für Kölner Dom

Der Kölner Dom erhält einen Ersatz für die im Krieg eingeschmolzene »Kaiserglocke«: die »Deutsche Glocke«. Sie ist mit einem Gewicht von rund 500 Zentnern die größte läutbare Glocke der Welt. Allein der gewaltige Klöppel wiegt 16 Zentner.

Komponist Gabriel Fauré stirbt in Paris

Gabriel Fauré †.

4. November. In Paris stirbt der französische Komponist Gabriel Fauré. Er hat nicht zuletzt durch seine Schüler (darunter Maurice Ravel) die französische Musik um 1900 stark beeinflußt. Durch seine Werke hat er dem Impressionismus den Weg bereitet. Bekannt sind unter anderem Faurés Opern »Prométhée« (1900) und »Pénélope« (1913) und seine Bühnenmusik »Pelléas et Mélisande« (1898). Er hat von 1905 bis 1920 das Pariser Konservatorium geleitet. Fauré selbst ist Schüler von Camille Saint-Saëns gewesen.

Verkehrsturm in Berlin nimmt Betrieb auf

Auf dem verkehrsreichen Potsdamer Platz in Berlin wird der erste Verkehrsturm Deutschlands in Betrieb genommen. Der fünfeckige über acht Meter hohe Turm trägt für die Mammutkreuzung fünf Ampelanlagen mit den Signalen Rot für »halt«, Weiß für »Vorsicht« und Grün für »freie Fahrt«. Auf dem Turm befindet sich ein Polizeibeamter mit Telefonverbindung zu den nächsten Verkehrsposten und zum Polizeipräsidium. Die Vorzüge von Signalstationen zur Regelung des als immer chaotischer beklagten Verkehrs in den Städten nach amerikanischem Vorbild ist schon lange diskutiert worden.

1924
DEZEMBER

Mo	Di	Mi	Do	Fr	Sa	So
1	2	3	4	5	6	7
8	9	10	11	12	13	14
15	16	17	18	19	20	21
22	23	24	25	26	27	28
29	30	31				

1. George Gershwins Musical »Lady be good« in New York uraufgeführt.

1. Bolschewistischer Putsch in Reval niedergeschlagen.

2. Deutsch-englischer Handelsvertrag.

4. Erste deutsche Funkausstellung durch Ebert in Berlin eröffnet. Als Neuigkeit wird das Zugtelefon vorgestellt.

7. Wahlen zum 3. Reichstag stärken gemäßigte Parteien. →

7. Landtagswahlen in Preußen, Hessen, Braunschweig; Bürgerschaftswahlen in Bremen. →

9. Beginn des Prozesses Friedrich Eberts gegen den Journalisten Rothardt. →

10. Verkehrsausstellung in Berlin eröffnet. Das »Kommißbrot« von Hanomag erregt Aufsehen. →

10. Verleihung der Nobelpreise. →

14. Deutschland spielt in seinem 52. Fußballländerspiel 1 : 1 gegen die Schweiz in Stuttgart.

15. Rücktritt der Regierung Marx.

19. Fritz Haarmann wegen Massenmord zum Tod verurteilt (→ Juni 1924). Prozeßberichterstatter Professor Theodor Lessing klagt Gesellschaft als verantwortlich an Haarmanns Greueln an.

20. Hitler vorzeitig aus der Haft entlassen. →

20. Ago Freiherr von Maltzan wird deutscher Botschafter in Washington.

26. Schließung des Bauhauses in Weimar. Walter Gropius verlegt es wegen ständiger Angriffe auf seine Arbeit in Thüringen in die Stadt Dessau.

30. Mit der Inszenierung von »Sechs Personen suchen einen Autor« von Max Reinhardt in der Berliner Komödie beginnt Pirandello-Mode in Deutschland.

GEBOREN:

2. Alexander Haig, amerikanischer General und Politiker.

16. Kurt Gscheidle, deutscher Politiker.

GESTORBEN:

2. Hugo von Seeliger (* 23. 9. 1849), deutscher Astronom.

29. Carl Spitteler (* 24. 4. 1845), Schweizer Dichter.

Neue Reichstagswahl

7. Dezember. Die zweiten Reichstagswahlen des Jahres bringen den gemäßigten Parteien wieder einen deutlichen Aufschwung. Die beiden radikalen Flügel werden sichtbar geschwächt: Die NSDAP verliert 18 Sitze, die KPD 17. Die Deutschnationalen gewinnen zwar noch sieben Mandate hinzu und haben jetzt insgesamt 103, doch die SPD gewinnt 31. Der zweite deutsche Reichstag, erst im Mai gewählt, hat sich am 20. Oktober wegen Beschlußunfähigkeit aufgelöst. Sozialdemokraten und Kommunisten haben das Parlament am 30. August verlassen aus Unzufriedenheit über ein neues Zoll- und Umsatzsteuergesetz. Auch der erste Reichstag war im März vorzeitig aufgelöst worden.

Ein weniger günstiges Ergebnis haben am gleichen Tag Wahlen in Preußen und Braunschweig, wo jeweils ein deutlicher Rechtsruck eine Weimarer Koalition (aus SPD, DDP, Zentrum) unmöglich machen. In Braunschweig wird eine Regierung des Rechtsblockes, bestehend aus Fachministern, gebildet. In Preußen ziehen die Nationalsozialisten auf Anhieb mit 11 Sitzen in den Landtag, während die SPD 22 verliert. In Bayern verliert die SPD ihre Mehrheit im Münchener Stadtrat. In Hessen bestätigt sich die Weimarer Koalition, in Bremen ergibt sich erstmals seit 1920 wieder eine knappe Mehrheit für eine linksliberal-sozialdemokratische Koalition.

Ein Plakat der liberalen Deutschen Demokratischen Partei (DDP), Mitglied der Weimarer Koalition, zur Wahl des dritten Reichstages der jungen Republik.

Wahl ohne Ergebnis

19. März. Zum erstenmal sollen die Deutschen das in der Weimarer Verfassung festgelegte Recht zur unmittelbaren Wahl des Reichspräsidenten ausüben. Das Ergebnis des Wahlganges wird ein Debakel. Da sich die Parteien auf keine gemeinsamen Bewerber haben einigen können, treten insgesamt sieben Kandidaten an. Keiner von ihnen kann die für den ersten Wahlgang vorgeschriebene Zahl von mehr als der Hälfte der gültigen Stimmen erreichen. Ein zweiter Wahlgang wird notwendig.

Für die DVP und DNVP kandidiert der Duisburger Oberbürgermeister Karl Jarres (DVP), für das Zentrum der ehemalige Reichskanzler Wilhelm Marx. Die Demokraten haben den badischen Staatspräsidenten Professor Willy Hellpach aufgestellt, die Sozialdemokraten den preußischen Ministerpräsidenten Otto Braun, die Bayrische Volkspartei den bayrischen Ministerpräsidenten Heinrich Held. Für die KPD tritt Ernst Thälmann an und für die völkischen Gruppen und Nationalsozialisten Erich Ludendorff. Bei 68,9 Prozent Wahlbeteiligung kann Jarres knapp 40 Prozent der Stimmen auf sich vereinigen vor Otto Braun (29 Prozent) und Marx (14,5 Prozent). Ludendorff rangiert am Ende der Erfolgsliste mit 1,1 Prozent, das sind 210 968 Stimmen.

Als neuer Wahltermin wird der 26. April festgelegt.

Rudolf Steiner, Gründer der anthroposophischen Lehre und Schulen †.

Das nach Steiners Formenlehre gestaltete Heizhaus beim Goetheanum.

Sun Yat-sen stirbt

Die Beisetzungsfeierlichkeiten für Präsident Sun Yat-sen (kl. B.) bei Nanking.

12. März. In Peking stirbt der Gründer der Republik China, Sun Yat-sen. Er hat zuletzt dort über die Wiedervereinigung des Landes verhandelt. Der Sohn eines zum Christentum übergetretenen armen Landpächters hat aus 16jährigem Exil heraus die nationalrevolutionäre Bewegung in China organisiert und teilweise geleitet. Deren Ziel ist die Wiederherstellung der inneren und äußeren Freiheit des Landes gewesen. Nach der Revolution von 1911 hat er 1912 die Republik China ausgerufen und ist ihr erster Präsident geworden. Weitere revolutionäre Wirren um seine Nachfolge kurz danach haben zu einem Verbot seiner Partei, der Kuomintang, geführt und zu seinem erneuten Exil. Dreimal hat der Staatsmann eine Gegenregierung aufgebaut, zuletzt 1923 mit Hilfe sowjetischer Berater.

Sun Yat-sen hat Elemente der autochthonen chinesischen Kulturtradition und westliche politische Ideen zu einer Weltanschauung verknüpft, auf die sich in der Folge die verschiedenen Lager in China und andere Befreiungsbewegungen berufen haben. Ihre Kernpunkte sind Befreiung von Imperialismus, stufenweise Einführung der Demokratie und gewaltlose soziale Reform gewesen. Sun Yat-sens Nachfolger als Führer der Kuomintang wird Tschiang Kai-schek.

Tod Rudolf Steiners

30. März. In Dornach bei Basel stirbt Rudolf Steiner, der Schöpfer der Weltanschauungslehre, der Anthroposophie. Er hat – ursprünglich Mathematiker und Naturwissenschaftler – als Archivar am Marburger Goethe- und Schillerarchiv gewirkt und ist Lehrer an der Berliner Arbeiterbildungsschule gewesen, bevor er 1913 die Anthroposophische Gesellschaft und die von ihr getragene »Freie Hochschule« in Dornach, das Goetheanum, gegründet hat. Die anthroposophische Lehre, die dadurch verbreitet werden sollte, basiert unter anderem auf der Vorstellung, daß der Mensch die Fähigkeit besitzt, in sich selbst höhere seelische Fähigkeiten zu entwickeln und seine Erkenntniskräfte zu entfalten. Seinem Weltbild hat Steiner neben Goetheschen Gedanken auch indische, gnostische, kabbalistische, christliche und theosophische Elemente eingefügt. Die praktische Seite seines anthroposophischen Entwurfes ist unter anderem die Ausbildung des Erziehungssystems der »freien Waldorfschulen«. Daneben sind Institute für heilpädagogische Therapieformen, Forschungs- und Produktionsstätten für pharmazeutische und garten- und landwirtschaftliche Erzeugnisse in seinem Sinne wirksam. Steiner, der für seine Lehre in umfangreicher Lehr- und Publikationstätigkeit engagiert gewesen ist, hat das Kulturleben nachhaltig beeinflußt.

81 Soldaten ertrinken bei Reichswehrübung in der Weser

31. März. Bei einer Felddienstübung der Reichswehr verunglückt auf der Weser bei Veltheim eine Pontonfähre mit über 170 Soldaten. 81 schwerbewaffnete und mit Ausrüstung behängte Männer ertrinken. Es ist das größte Unglück, von dem das deutsche Heer in Friedenszeiten betroffen worden ist.

Wie sich herausstellt, haben die Soldaten, hauptsächlich Infanteristen des in Detmold liegenden Infanterieregiments Nr. 18, durch hysterisches Verhalten und Nichtbefolgen von Anweisungen selbst herbeigeführt, daß die Fähre gekippt ist. Unter den Toten sind nicht nur Berufssoldaten, sondern auch »Zeitfreiwillige«, also Angehörige der nicht legalen »Schwarzen Reichswehr«. Der Journalist Berthold Jacob, der dies in zwei Artikeln (im Mai und Juni im »Anderen Deutschland«) aufdeckt, wird wegen des Artikels zu neun Monaten Festungshaft verurteilt.

Ufa zeigt FKK-Film

Szene aus dem Ufa-Kulturfilm »Wege zu Kraft und Schönheit«.

16. März. Im Ufa-Palast in Berlin wird der Freikörperkulturfilm der Ufa, »Wege zu Kraft und Schönheit« uraufgeführt (Regie: Wilhelm Prager). Er zeigt die gegenwärtigen Leistungen auf dem Gebiet von Gymnastik, Athletik und Tanz, ästhetisiert den sportlichen Körper in berauschender Bilderung und setzt auch die Körperkultur der Antike, etwa in römischen Thermalbädern oder in griechischen Stadien in paradiesischer Nacktheit in Szene. Allgemein wird der Film als erzieherische Großtat bewertet, mit der die Ufa zur körperlichen Ertüchtigung der Deutschen beitragen kann. Er wird zum Kassenschlager. Sportlichkeit ist längst vor dem Film zum Flair der modernen Frau geworden. Nicht nur gymnastische Übungen im Sonnenschein auf der Wiese und Bewegungstanz in den neuen Tanzschulen sind Domäne weiblicher Körperkultur; ebenso ist die Frau als Skiläuferin oder hinter dem Steuer sportlicher Wagen häufig zu sehen.

Eine Vertreterin des Kubismus und der verwandten Richtung des Orphismus ist die russische Künstlerin Sonia Terk, die 1910 den französischen Maler Robert Delaunay geheiratet hat. Sonia Delaunay-Terk malt nicht nur, sondern macht auch Keramik, entwirft Stoffdessins und Mode. Die Modezeichnungen im Bild nach ihren abstrakt-geometrischen Mustern entstanden 1925.

1925

APRIL

Mo	Di	Mi	Do	Fr	Sa	So
		1	2	3	4	5
6	7	8	9	10	11	12
13	14	15	16	17	18	19
20	21	22	23	24	25	26
27	28	29	30			

1. Hebräische Universität in Jerusalem eingeweiht durch Lord Balfour. Araber schließen aus Protest die Geschäfte. Balfour fordert auf Rundreise Juden und Araber zu harmonischer Zusammenarbeit auf.

1. Bauhaus eröffnet in Dessau.

2. Erfolgsautor Luigi Pirandello eröffnet in Rom eigenes Theater (Teatro d'Arte).

10. Sturz der Regierung Edouard Herriot in Paris. Kabinettsneubildung erfolgt am 17. April durch Paul Painlevé.

10. Erdbeben in Tokio.

10. Rotary-Zentralbüro in Zürich eingerichtet.

11. Hans Schönrath wird in Hannover deutscher Amateurmeister im Schwergewichtsboxen.

16. Ein Bombenanschlag Linksradikaler auf die Kathedrale in Sofia soll den König treffen; 200 der versammelten bürgerlichen Minister, Abgeordneten und Offiziere sterben, 500 werden verletzt. Folgenschwerster Terroranschlag im Europa der Nachkriegszeit.

17.–19. Erfolgloser Militäraufstand in Lissabon unter Cunha Leal.

18. Uraufführung des sowjetischen Filmes »Streik« (Regie: Sergej M. Eisenstein). Menschenmassen werden zum Hauptdarsteller und ihr Schicksal zum Inhalt des Filmes.

24. Rundfunkansprache Hindenburgs vor der Wahl. Erstmals wird der Rundfunk als Propagandamedium zur Verfügung gestellt.

26. Franz Kafkas Roman »Der Prozeß« erscheint posthum, herausgegeben von Max Brod.

26. Paul von Hindenburg zum Reichspräsidenten gewählt. →

27. Baubeginn des Nürburgrings.

29. In Paris wird eine Weltausstellung für Kunstgewerbe eröffnet. Le Corbusier zeigt Elemente aus seiner idealen Stadt, eine »immeublevilla«.

GESTORBEN:

3. Eduard Ritter von Grützner (* 26. 5. 1846), deutscher Genremaler.

7. Tichon (* 31. 12. 1865), russisch-orthodoxer Patriarch von Moskau (seit 1917), eigentlich Wassili Iwanowitsch Belawin.

Hindenbur

26. April. Beim zweiten Anlauf zur Wahl des künftigen Reichspräsidenten entscheiden sich die Deutschen für einen Mythos: 14,6 Millionen geben ihre Stimme dem 77jährigen Generalfeldmarschall a. D. Paul von Hindenburg. Der frühere Oberbefehlshaber ist von den in Wahlabsprache zum »Reichsblock« zusammengeschlossenen Rechtsparteien DNVP, DVP, BVP und bayrischem Bauernbund zur Kandidatur überredet worden. Sein Gegenkandidat, der katholische Zentrumspolitiker und ehemalige Reichskanzler, Wilhelm Marx, erhält 13,7 Millionen Stimmen. Er ist vom »Volksblock« aus SPD, DDP und Zentrum aufgestellt worden. Ernst Thälmann, wieder Bewerber der KPD, bekommt 1,9 Millionen Stimmen. Da im zweiten Wahlgang die einfache Mehrheit genügt, trägt ein kaisertreuer adliger General den Sieg über den auf Reichsebene kaum populären bürgerlichen Rheinländer davon, der in Frack und Zylinder farblos von Wahlfotos blickt. Die knappe Million Stimmen, die den Ausschlag gibt, entspricht rechnerisch der Stärke der BVP, die auf der Ebene der Reichspolitik sonst oft mit dem Zentrum verbunden ist, sich diesmal aber dem Rechtsblock angeschlossen hat.

Schon im Wahlkampf sind mit der Kandidatur von Hindenburgs neue alte Töne aus der Phraseologie des Kaiserreiches laut geworden. In einem Wahlaufruf des Reichsblocks vom 8. April wird auch gezielter Personenkult getrieben: »Hindenburg war Euer großer Führer in großer und schwerer Zeit . . . Er hat Euch nie verlassen. Kämpft für ihn auch jetzt, wo er in alter Führertreue wieder an Eure Spitze treten will . . .«

Hindenburgs Wahl wird im Ausland mit größter Distanz und mit Mißtrauen registriert. Teilweise sieht man in ihr eine Herausforderung der Alliierten und den Wunsch der Deutschen, ihre Niederlage im Krieg zu ignorieren. Das französische Blatt »Temps« wertet die Wahl Hindenburgs als Zeichen, daß »das deutsche Volk damit seine Niederlage im Weltkrieg leugnen will«. Im Inland feiern die Rechtsparteien die »Heimkehr des alten Preußen in das neue Deutschland«.

Eine von Karl Dautert gestaltete Hindenburg-Plakette.

Sieger Hindenburg. Der 1847 geborene Paul Ludwig Hans von Beneckendorff und von Hindenburg ist in seiner militärischen Laufbahn Generalstabsoffizier und seit 1903 kommandierender General gewesen. Nach 40 Jahren Dienst im deutschen Heer hat er sich 1911 zunächst in Ruhestand versetzen lassen. 1914 reaktiviert, hat er als Befehlshaber der 8. Armee in Ostpreußen in der Schlacht bei Tannenberg (August 1914) und an den Masurischen Seen (September 1914) die russischen Armeen vernichtend geschlagen. Zusammen mit Erich Ludendorff (Stabschef) ist er damit Symbol des deutschen Sieges geworden.

Nach Kriegsende hat er mit die »Dolchstoßlegende« verbreitet, daß das deutsche Heer nicht »im Felde« geschlagen, sondern durch den »Dolchstoß« der Heimat besiegt worden sei. Bis zu seiner Wahl hat Hindenburg zurückgezogen in Hannover gelebt und an seinen Memoiren gearbeitet.

Die Vereidigung Hindenburgs (mit Kreuz gekennzeichnet) am 12. Mai zum Reichspräsidenten im Plenarsaal des Reichstages.

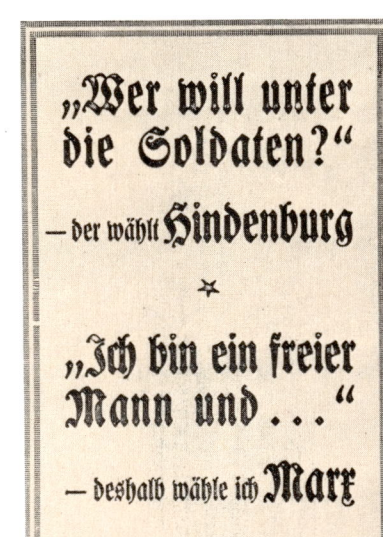

Wahlplakat für den Kandidaten Marx.

»Wer will unter die Soldaten?« – der wählt Hindenburg

✶

»Ich bin ein freier Mann und...« – deshalb wähle ich Marx

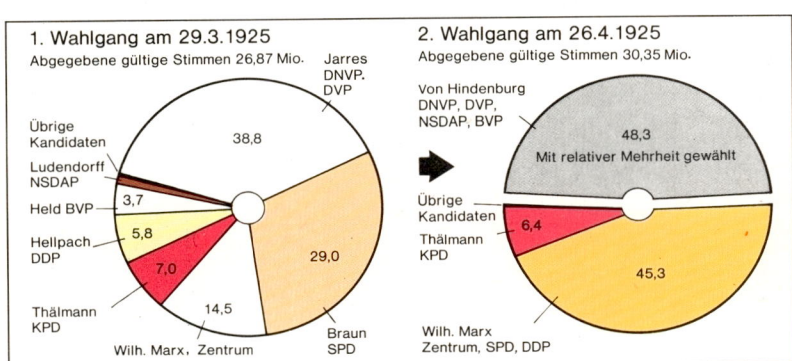

1. Wahlgang am 29.3.1925
Abgegebene gültige Stimmen 26,87 Mio.

Jarres DNVP. DVP — 38,8
Übrige Kandidaten
Ludendorff NSDAP — 3,7
Held BVP
Hellpach DDP — 5,8
Thälmann KPD — 7,0
Wilh. Marx, Zentrum — 14,5
Braun SPD — 29,0

2. Wahlgang am 26.4.1925
Abgegebene gültige Stimmen 30,35 Mio.

Von Hindenburg DNVP, DVP, NSDAP, BVP — 48,3 Mit relativer Mehrheit gewählt
Übrige Kandidaten
Thälmann KPD — 6,4
Wilh. Marx Zentrum, SPD, DDP — 45,3

Die beiden Durchgänge zur Reichspräsidentenwahl 1925.

Hindenburg wird am Bahnhof Heerstraße in Berlin empfangen.

ARBEITER wählt den ARBEITER THÄLMANN!

Ein Propaganda-Fahrzeug für den KPD-Kandidaten Ernst Thälmann.

MAI

Mo	Di	Mi	Do	Fr	Sa	So
				1	2	3
4	5	6	7	8	9	10
11	12	13	14	15	16	17
18	19	20	21	22	23	24
25	26	27	28	29	30	31

1. Zypern wird britische Kronkolonie.

5. Neubildung des rheinisch-westfälischen Steinkohlensyndikats durch freiwilligen Beitritt sämtlicher Zechenbesitzer.

7. Der SPD-Vorstand erhebt Einspruch gegen Wahlergebnis wegen bekanntgewordener Wahlbeeinflussung. In ländlichen Orten seien landwirtschaftliche Angestellte mit Androhung von Entlassung u. ä. zur Stimmabgabe für Hindenburg gezwungen worden.

7. Deutsches Museum in München wird eingeweiht. →

12. Hindenburg wird vereidigt. Er ist am Vortag unter Jubel der Bevölkerung in Berlin eingetroffen (→ April 1925).

15. Gründung der Reichsrundfunkgesellschaft. →

15.–20. Orchestermusikfest der Internationalen Gesellschaft für neue Musik in Prag. Aufführung u. a. von Werken Kaminskis, Kreneks und Busonis.

16. Jahrtausend-Ausstellung der Rheinlande in Köln eröffnet; gilt als politische Demonstration gegen die Besetzung.

16. Drama »Rheinische Rebellen« von Arnolt Bronnen in Berlin uraufgeführt. Handelt von Rheinlandbesetzung und Separatistenzeit. Deshalb wird das Theaterstück im Rheinland von Alliierter Kommission verboten.

21. Busonis letzte Oper, »Doktor Faust«, in Dresden uraufgeführt.

24. Wahlen in Oldenburg stärken Stellung der Rechtsparteien.

25. Die Sam-Wooding-Jazz-Band gastiert in Berlin. →

30. Fremdenfeindliche Demonstrationen in Schanghai. →

GEBOREN:

28. Dietrich Fischer-Dieskau, deutscher Bariton.

31. Frei Otto, deutscher Architekt.

GESTORBEN:

7. Teuvo Pakkala (* 9. 4. 1862), finnischer Dichter.

13. Friedrich Heilmann (* 21. 1. 1889), deutscher Schriftsteller.

30. Arthur Moeller van den Bruck (* 23. 4. 1876), deutscher Schriftsteller. →

Deutsches Museum eingeweiht

Museumsgründer Oskar von Miller.

7. Mai. Auf der »Kohleninsel« in München feiert Deutschland ein rauschendes nationales Fest mit gezielt demonstrativem Charakter. Das Deutsche Museum, zu dem Wilhelm II. im November 1906 persönlich den Grundstein gelegt hat, wird eingeweiht. Als Feiertag hat man den 70. Geburtstag des bekannten Ingenieurs und Museumsgründers Oskar von Miller gewählt. Rund 2000 Gäste sind geladen, um sich an der Lobeshymne auf die Leistungen deutscher Techniker und Ingenieure zu beteiligen. Reichskanzler Hans Luther gibt der Anstalt drei »Weihesprüche« auf den Weg: »Das Deutsche Museum ist ein Bekenntnis des deutschen Volkes zur Technik. Das Deutsche Museum ist ein Bekenntnis des deutschen Volkes zu sich selbst. Das Deutsche Museum ist ein Bekenntnis des deutschen Volkes zum Frieden.« Die Berichterstatter melden, das Münchner Museum demonstriere, daß die Geschichte des technischen Fortschritts immer die Geschichte der deutschen Technik gewesen sei.

Die Geschichte des Automobils hat im Deutschen Museum breiten Raum: Ein Benz-Motorwagen Ideal von 1899.

Ein Luftbild des Deutschen Museums an der Isar in München. Mit einem großen nationalen Fest wird das weitläufige Haus am 7. Mai eingeweiht.

Die Magdeburger Halbkugeln und Luftpumpe, die Otto von Guericke um 1663 entwickelte. Die kupfernen Originalkugelhälften gehören zu den wertvollsten Stücken des Museums.

Eine Jazzplatte der Berliner Firma Vox aus den ersten Jahren des Siegeszuges der neuen Musik mit der Vox-American-Jazz-Band.

Die Firma Reneyphone in Berlin bringt die Foxtrottplatte »Steamboat-Sal« mit Fred Fisher, Willie Raskin und Bob Canser heraus.

Jazz-Begeisterung in der Metropole Berlin

25. Mai. Im Berliner Admiralspalast tritt die amerikanische Sam-Wooding-Jazz-Band auf. Es ist das erste wirkliche Neger-Jazz-Orchester, das in Deutschland nach dem Krieg spielt. Seit man im Reich mit stabiler Rentenmark auch ausländische Bands bezahlen kann, hat der Siegeszug des Jazz durch Deutschland begonnen. Neben Sam Wooding ist in diesem Jahr auch Duke Ellington auf Tournee. Die »Chocolate-Kidds« tun mit ihrer »Neger-Revue« in dieser Saison ein übriges, um mit Jazz und Charleston Schwung in deutsche Gemüter und Beine zu bringen. Kritiker – darunter ungewohnt konservativ auch die »Berliner Illustrirte« – schmähen zwar die »Kakophonie« des Jazz und die »Ekstase« der Tänzer. Doch liberale Musikkritik feiert den Import junger amerikanischer Kultur als Befreiung von Erstarrung. Es wird chic, nach den großstädtischen Klängen zu tanzen.

In der Vergnügungsmetropole Berlin findet sich Anfang des Jahres mit dem Julian-Fuhs-Tanzorchester eine Jazz-Band zusammen, die es mit der ausländischen Konkurrenz aufnehmen kann. Sie spielt vor allem im Neuen Theater am Zoo und im populären Mercedes-Pa-

Charleston ist einer der Lieblingstänze der zwanziger Jahre.

last. Die Vergnügungsindustrie in Deutschland stellt sich schnell auf die Jazz- und Charleston-Mode um. Das Angebot und der Absatz von Jazzschallplatten steigt seit 1924 rapide an. Viele kleine Firmen arbeiten mit amerikanischen Plattenmatrizen. Dem Jazzansturm sind die einheimischen Firmen jedoch nicht gleich auf Anhieb gewachsen. Als bei VOX im Juli die Sam-Wooding-Jazz-Band zu Aufnahmen antritt, sind die Studios im VOX-Haus an der Potsdamer Straße von der Lautstärke überfordert. Die Spieler der lautesten Instrumente werden auf den Treppenflur verbannt.

Ein Notenheft zur Revue »Die Nacht der Nächte« von Rudolph Nelson, die mit großem Erfolg läuft, kommt 1925 in Berlin im Drei Masken Verlag heraus.

Staat lenkt Rundfunk

15. Mai. In Berlin gründen neun der zehn tätigen privaten Rundfunkgesellschaften (die die posteigenen Rundfunksender benützen) zusammen mit der Reichspost die Reichsrundfunkgesellschaft.

Durch sie sichert sich der Staat den Einfluß auf die Rundfunkarbeit. So benennt das Reich zum Beispiel den Reichsrundfunkkommissar, der die Arbeit der einzelnen Gesellschaften überwacht und darauf achten muß, daß parteipolitischer Einfluß ferngehalten wird. Die Programmgestaltung muß von einem kulturellen Beirat abgesegnet werden, dessen Mitglieder von der Regierung bestellt werden. Politische Nachrichten dürfen im Rundfunk nur von der Gesellschaft »Drahtlose Dienst AG« übernommen werden, über die das Reich die Kontrollmacht besitzt.

1926 nimmt die Reichsrundfunkgesellschaft ihre Tätigkeit auf. Reichsrundfunkkommissar wird Hans Bredow, der als Ingenieur – bis 1918 war er bei Telefunken – an der Einführung des Rundfunks in Deutschland beteiligt gewesen ist und gleichzeitig Ministerialdirektor im Reichspostministerium ist.

Das Haus des Rundfunks der Reichsrundfunkgesellschaft in Berlin.

Greta Garbo in dem Film »Die freudlose Gasse« von Georg Wilhelm Pabst.

Film der Elendszeit

Berlin sieht die Uraufführung des Films »Die freudlose Gasse« mit Asta Nielsen, Greta Garbo und Werner Krauß. Regisseur Georg Wilhelm Pabst hat darin in expressiven Bildern und mit raffinierter Psychologie und Sozialkritik Luxus und Elend der Hunger- und Inflationszeit in Wien nachgezeichnet.

Das Drehbuch von Willy Haas ist nach einem Roman von Hugo Bettauer entstanden. Der Film bringt dem Österreicher Wilhelm Pabst das Prädikat ein, führender realistischer Regisseur des deutschen Films zu sein. Auch in Paris läuft der Streifen später volle zwei Jahre mit größtem Erfolg.

Blutige Unruhen in China

30. Mai. Seit Wochen anhaltende fremdenfeindliche Demonstrationen und Unruhen in Schanghai gipfeln in der Ausrufung des Generalstreiks und des antibritischen Boykotts. Vordergründiger Ausgangspunkt ist ein Vorfall am 30. Mai in einer japanischen Spinnerei, in der ein chinesischer Arbeiter von einem Japaner erschossen wird. Daraufhin ziehen Massen von chinesischen Arbeitern in die internationalen Niederlassungen und protestieren gegen die Anwesenheit der Ausländer. Die Fremdenpolizei dort schießt in die Menge, es gibt Tote und Verletzte. Die Unruhen greifen auch auf Peking und andere Städte über. Engländer, Franzosen und Amerikaner fahren Kriegsschiffe mit 2000 Mann auf.

Theoretiker der Konservativen †

30. Mai. In Berlin stirbt der rechtsgerichtete Literat und politische Publizist Arthur Moeller van den Bruck. Er ist seit dem Weltkrieg als profilierter Vertreter der Jungkonservativen hervorgetreten und hat in rechtsgerichteten nationalistischen Zirkeln und Klubs gewirkt. Als Autodidakt und rechter Bohemien hat er sich wie viele andere Vorkämpfer des neuen deutschen Nationalismus seine Bildungserlebnisse nicht in den herkömmlichen Institutionen, sondern in freigewählter Lektüre und auf Reisen verschafft. In dem Buch »Das dritte Reich« (1923) hat Moeller van den Bruck die Programmschrift der Konservativen Revolution geschaffen. Es ist ein zentrales Dokument antidemokratischen Denkens.

Eine Straßenszene aus dem in Wien spielenden Film »Die freudlose Gasse«.

1925

JUNI

Mo	Di	Mi	Do	Fr	Sa	So
1	2	3	4	5	6	7
8	9	10	11	12	13	14
15	16	17	18	19	20	21
22	23	24	25	26	27	28
29	30					

5. Genfer Protokoll über Verbot chemischer und bakteriologischer Waffen im Krieg.

6. Thomas Mann wird 50 Jahre alt. Große offizielle Feiern finden in München und Berlin statt. Mann veröffentlicht in der »Neuen Rundschau« die Novelle »Unordnung und frühes Leid«.

7. In Nürnberg gewinnt der 1. FC Nürnberg zum zweiten Mal die deutsche Fußballmeisterschaft mit 1 : 0 gegen FSV Frankfurt (nach Verlängerung); 50 000 Zuschauer.

8. Eugenio Pacelli wird päpstlicher Nuntius für das Reich in Berlin.

11. Ein extremer Wassermangel in Berlin bei anhaltender Hitze.

13. Weitsprung-Weltrekord durch W. de Hart Hubbard (USA) mit 7,89 m in Chicago.

14. Kunstausstellung »Neue Sachlichkeit« in Mannheim. →

16. Frankreich akzeptiert deutschen Vorschlag eines Sicherheitspaktes (→ Februar).

16. Reichstag ist gegen Antrag, den 18. Januar (Reichsgründung) zum deutschen Nationalfeiertag zu machen.

18. Roald Amundsen kehrt von mißglücktem Nordpolflug zurück. Er war seit 23. Mai vermißt.

18. Der ungarische Pianist und Komponist Alexander Laszló führt erstmals »Farblichtmusik« bei Tonkünstlerfest in Kiel vor: Laszló will mit technischer Apparatur des »Farblichtklaviers« Synthese von Ton und Farbe herstellen.

21. Stockholm: Deutschland verliert sein 54. Fußballänderspiel 0 : 1 gegen Schweden.

22. Frankreich und Spanien beschließen gemeinsames Vorgehen in Marokko nach Erfolgen der aufständischen Rifkabylen unter Abd el-Krim.

25. Militärputsch in Griechenland durch General Pangalos.

26. In Helsinki gewinnt Deutschland das 55. Fußballänderspiel mit 5 : 3 gegen Finnland.

GEBOREN:

3. Gerhard Zwerenz, deutscher Schriftsteller.

GESTORBEN:

22. Felix Klein (* 25. 4. 1849), deutscher Mathematiker.

»Neue Sachlichkeit« in Mannheim

14. Juni. Die Mannheimer Kunsthalle eröffnet die Ausstellung »Neue Sachlichkeit. Deutsche Malerei seit dem Expressionismus«. Es ist mit 124 Bildern von 32 Künstlern die erste Bestandsaufnahme dieser Art überhaupt. Der Begriff »Neue Sachlichkeit« für die ernüchterte und unpathetische Rückkehr in der Malerei nach dem Krieg zu Figur und Gegenstand hat der Direktor der Mannheimer Kunsthalle, Gustav F. Hartlaub, 1923 geprägt, als er erstmals für sein Projekt geworben hat. Damals ist er von der Konzeption der Künstler Otto Dix, Max Beckmann und George Grosz ausgegangen. Der Begriff benennt keine stilistisch geschlossene Gruppe, sondern Künstler, die auch weltanschaulich aus den verschiedensten Lagern kommen. Die »Neue Sachlichkeit« vereinbart den grellen Zynismus der »Linken« und neutralen Objektbeschreibung als rechtsgerichtetes Ordnungsstreben. Im Selbstverständnis vieler Künstler bedeutet die »Philosophie der vollendeten Tatsachen« die resignative Reaktion auf enttäuschte Hoffnungen und auf der Strecke gebliebene Utopien von 1918.

Von den Vertretern des radikalen Realismus oder Verismus, der am Anfang der »Neuen Sachlichkeit« steht, stellen in Mannheim George Grosz und Otto Dix aus. Beide gehören der »Novembergruppe« in Berlin an, die sich 1918 gebildet hat. Beide halten in drastischer bis brutal-quälender Manier der Zeit den Spiegel vor: Grosz sucht seine Motive in der Großstadt mit ihren heimgekehrten Kriegskrüppeln, mit Zuhältern und Prostituierten, Otto Dix schockiert zuerst mit dem Bild »Flandern« (→ Einleitungsbild 1910 bis 1919, Seite 112/113).

Spätere Zentren des »Magischen Realismus«, wie Kunstkritiker Franz Roh die Richtung auch nennt, sind in München etwa mit Alexander Kanold, Georg Schrimpf und Carlo Mense oder in Berlin mit Otto Nagel, Franz Lenk, August Wilhelm Dressler, Gustav Wunderwald oder Christian Schad. Die magischen Realisten erschließen die unheroische Motivwelt im Alltag des kleinen Mannes: schmucklose Häuserzeilen, Bahnübergänge, Stilleben aus Dachböden und Besenkammern.

Die nüchtern-distanzierte Darstellung der Wirklichkeit ist das Ziel der Künstler der Neuen Sachlichkeit. Max Beckmann: »Familienbildnis«.

Auch der politisch stark engagierte Künstler George Grosz zählt zu den Vertretern der Neuen Sachlichkeit. Die Farbtafel »Professor Freud gewidmet« (Bild) gehört zum sozialkritischen, die Zeit demaskierenden Zyklus »Ecce Homo«.

JULI

Mo	Di	Mi	Do	Fr	Sa	So
		1	2	3	4	5
6	7	8	9	10	11	12
13	14	15	16	17	18	19
20	21	22	23	24	25	26
27	28	29	30	31		

4. In Boston werden bei einem Gebäudeeinsturz 75 Besucher eines Nachtklubs unter Trümmern getötet.

4. Wimbledon-Spiele enden: Suzanne Lenglen dreifache Siegerin (Einzel, Doppel, Mixed). Im Herreneinzel gewinnt René Lacoste gegen Vorjahressieger Jean Borotra.

6. Tschechoslowakei feiert Hus-Gedenktag: Romfeindliche Bewegung führt zu Abbruch der Beziehungen zum Vatikan.

12. Revue »Trotz alledem« von Piscator/Gasbarra. →

12.–17. Auf dem 10. Parteitag beschließt die KPD in Berlin Aufbau von Betriebszellen.

14. Räumung des Ruhrgebietes beginnt.

16. Größte aerodynamische Versuchsanstalt, das Kaiser-Wilhelm-Institut für Strömungsforschung, wird in Göttingen eingeweiht.

18. Der erste Band von Hitlers »Mein Kampf« erscheint. →

21. »Red Friday« in England: Um Bergarbeiterstreik zuvorzukommen, setzt Premierminister Baldwin eine Schlichtungskommission ein und zahlt bis zur Vorlage eines Lösungsvorschlags im Lohnkonflikt den Bergleuten Sondergelder.

21. Geschwindigkeitsweltrekord durch M. Campbell auf Sunbeam: 242,795 Stundenkilometer.

22. Amnestie im Reich aus Anlaß der Reichspräsidentenwahl für politische Straftaten, die vor dem 15. 6. 1915 begangen worden sind.

24. Erste Internationale Arbeiter-Olympiade in dem neuerbauten Stadion von Frankfurt/Main. Teilnehmer u. a. aus England, Frankreich, Belgien, Polen, Finnland, mit über 150 000 Zuschauern.

28. Erster deutscher Naturschutztag in München.

31. Räumung des im Januar 1923 besetzten Ruhrgebietes ist abgeschlossen.

GEBOREN:

11. Nicolai Gedda, schwedischer Sänger.

GESTORBEN:

17. Lovis Corinth (* 21. 7. 1858), deutscher impressionistischer Maler. →

Hitlers »Mein Kampf« erscheint

Im NSDAP-eigenen Verlag erscheint Hitlers Buch »Mein Kampf«.

18. Juli. Der erste Band des während der Landsberger Festungshaft entstandenen Buches »Mein Kampf« von Adolf Hitler erscheint. Der Autor hat ihm ursprünglich den Titel »Viereinhalb Jahre Kampf gegen Lüge, Dummheit und Feigheit« gegeben. Der Geschäftsführer des parteieigenen Verlages, Max Amann, hat dann die einprägsame Kurzformel daraus gemacht. Das Manuskript ist vor Drucklegung noch von Pater Bernhard Stempfle, dem Herausgeber eines kleinen antisemitischen Blattes im oberbayrischen Miesbach, redigiert und teilweise umgeschrieben worden. Jetzt hat das Buch 400 Seiten und kostet zwölf Mark.

Hitler legt eine Art Rechenschafts- und Programmschrift vor. Nicht, wie viele erwartet oder erhofft haben, Enthüllungen über den Novemberputsch 1923.

Er läßt bei seinen Ausführungen an Deutlichkeit über die angestrebten politischen Ziele nichts zu wünschen übrig. So wird die nach der weltanschaulichen Seite grundlegende Bedeutung des fanatischen Antisemitismus ebenso offen gehandelt wie sein Machtanspruch, sein Ziel des rassisch gereinigten nationalistischen Führerstaates oder etwa auch die Forderung nach unbegrenztem Raumgewinn im Osten. Bis Jahresende werden 9473 Exemplare verkauft.

Lovis Corinth stirbt

Lovis Corinth: »Selbstbildnis mit Skelett« (1896).

17. Juli. Der Maler und Grafiker Lovis Corinth stirbt, 66 Jahre alt, in Zandvoort (Holland). Er ist neben Max Slevogt und Max Liebermann der bedeutendste deutsche Impressionist gewesen. Mit diesen beiden Künstlern zusammen hat er bei Kriegsende den Übergang von der akademischen zur modernen Kunst zu ebnen versucht. Sie alle sind die Rebellen der neunziger Jahre, vom französischen Impressionismus beeinflußte Sezessionisten gewesen. Nur Corinth ist dann von der jüngeren Generation als wirklich moderner Maler akzeptiert worden. Er hat mit schwerer und dunkler Malweise begonnen, seinen Stil später zu heller Farbigkeit gewandelt. Sein Spätwerk hat fast ekstatische Züge. Vor allem in den späteren Jahren hat er auch ausdrucksvolle Porträts und Selbstporträts gemalt, die Ernst Kirchner »Projektionen des inneren Menschen« nennt. Neben Landschaften und Stilleben hat Corinth seit 1911 auch Radierungen, Lithographien und Buchillustrationen geschaffen. Berühmt sind seine Walchenseebilder.

Hoffnung auf Sieg über die Tuberkulose

Aus dem Pariser Pasteur-Institut kommt ein Bericht über uneingeschränkte Erfolge bei der Tuberkulose-Vorbeugung. Albert Calmette, Bakteriologe und ehemaliger Mitarbeiter von Louis Pasteur, hat mit dem von ihm entdeckten Lebend-Impfstoff BCG ein Jahr lang, vom 1. 7. 1924 bis zum 30. 6. 1925, über 2000 Säuglinge geimpft, die aus besonders tuberkulosegefährdetem Milieu kommen. Normalerweise sterben aus dieser Risikogruppe 24 bis 32 Prozent der Säuglinge an der Krankheit. Unter den Geimpften ist dagegen keine einzige Tuberkuloseerkrankung festgestellt worden.

Erstmals Film auf der Bühne

12. Juli. Zur Eröffnung des 10. KPD-Parteitags wird im ehemaligen Großen Schauspielhaus in Berlin die Revue »Trotz alledem« von Erwin Piscator und Felix Gasbarra aufgeführt. Sie zeigt aus historisch-dokumentarischem Material zusammengestellt die Geschichte der sozialistischen Bewegung von 1914 bis zur Ermordung von Karl Liebknecht 1919. Piscator benützt erstmals authentische Filmszenen als Dokument in der Bühnenhandlung.

1925

AUGUST

Mo	Di	Mi	Do	Fr	Sa	So
					1	2
3	4	5	6	7	8	9
10	11	12	13	14	15	16
17	18	19	20	21	22	23
24	25	26	27	28	29	30
31						

1. Durch Polizei-Einsatz werden KPD-Abgeordnete, die Saalverweis nach Tumult und Beschimpfung der Regierung nicht befolgen, aus dem Sitzungssaal des Reichstags entfernt.

3. Deutscher Studententag fordert disziplinarische Schritte gegen Professor Theodor Lessing; dessen »volksfremder Geist« in seinen Artikeln gegen Hindenburg wird kritisiert.

4.–6. Es kommt zu Hochwasser und schweren Überschwemmungen in der Tschechoslowakei und Schlesien. Oppeln, Ratibor und Leobschütz stehen unter Wasser.

8. In Washington hält Ku-Klux-Klan erste nationale Tagung ab. →

12. Der Reichstag verabschiedet Schutzzollgesetz für Industrie und Landwirtschaft.

13. Spitzbergen und Bäreninsel von Norwegen übernommen und als Verwaltungseinheit »Svalbard« benannt.

16. Uraufführung des Spielfilms »Goldrausch« von und mit Charlie Chaplin.

19. Weltkirchenkonferenz findet in Stockholm statt.

20. In Paris streiken die Straßenbahn- und Omnibusfahrer.

23. Rudolf Caracciola siegt beim Bergrennen am Klausenpaß auf Mercedes in der Klasse der Tourenwagen.

26. Hindenburg hebt mit sofortiger Wirkung das 1921 von Friedrich Ebert erlassene Uniformverbot auf.

28. Erstes internationales Autorennen seit dem Krieg in Deutschland: das Taunus-Rennen bei Bad Homburg. Tagesbestzeit fährt der deutsche Student Momberger mit einem 1,3-NSU-Kompressor-Rennwagen.

GEBOREN:

21. Gert von Paczensky, deutscher Journalist.

GESTORBEN:

8. Desiderius Lenz (* 12. 3. 1832), Benediktinerpater, Begründer der Beuroner Kunstschule.

18. Eleonore Noll-Hasenclever (* 4. 8. 1880), deutsche Bergsteigerin.

21. Eugen Gutmann (* 24. 6. 1840), Begründer der Deutschen Bank.

Tagung des Ku-Klux-Klan-Ordens

8. August. In Washington hält der Geheimorden Ku-Klux-Klan seine erste »nationale Tagung« ab. In 40 Extrazügen und Massenautoverkehr treffen die Mitglieder ein, teilweise mit Familien. Rund 200 000 Teilnehmer werden registriert. In einer großen Parade in der Nähe des Capitols demonstriert der Geheimorden seine Macht. Allerdings ist ihm untersagt worden, mit dem Wahrzeichen, der weißen Ordenstracht und dem Flammenkreuz aufzutreten. Der Orden ist in den zehn Jahren seit seiner Neugründung in Georgia auf rund fünf Millionen Mitglieder angewachsen, die sich vornehmlich aus kleinbürgerlichprotestantischen Schichten rekrutieren. Er kämpft gegen religiöse und rassische Minderheiten, gegen Katholiken und Juden, Neger und Ausländer und scheut auch vor terroristischen Akten wie Brandstiftung, Folterung und Lynchjustiz nicht zurück.

Lynchjustiz und Folterungen in den USA gehen auf das Konto des Ku-Klux-Klan.

Ralph Benatzkys Revue »Für Dich!« tritt einen Triumphzug an. Die Lieder werden überall gesungen und auf den Klavieren gespielt. Das Bild zeigt das Titelblatt des 1925 erscheinenden Librettos mit der Klavierbearbeitung.

Ausweisungen aus Polen und Reich

6. August. Die polnische Regierung teilt der deutschen mit, daß sie von der vertraglich festgelegten Möglichkeit Gebrauch macht und seit erstem des Monats alle deutschen Optanten in Polen wie Ausländer behandelt, die sich widerrechtlich auf polnischem Gebiet befinden. Betroffen ist die Gruppe von deutschen Einwohnern, die 1919 die Annahme der polnischen Staatsangehörigkeit verweigert haben. Seit Jahresbeginn sind 17 000 von 20 000 offiziell registrierten deutschen Optanten in das Reich abgeschoben worden, zum Teil wird dabei mit großer Härte verfahren. So erhalten etwa auch Familien mit Kriegsversehrten, Kindern und Greisen die Aufforderung, innerhalb von 48 Stunden das Land zu verlassen. Deutschland antwortet mit Ausweisungsbefehlen für polnische Optanten, deren Zahl mit 15 000 festgestellt worden ist.

Aus den an Polen abgetretenen Teilen der ehemaligen Provinzen Schlesien, Posen und Westpreußen sind bis jetzt eine halbe Million Deutscher ausgesiedelt oder ausgewiesen worden.

1925

SEPTEMBER

Mo	Di	Mi	Do	Fr	Sa	So
	1	2	3	4	5	6
7	8	9	10	11	12	13
14	15	16	17	18	19	20
21	22	23	24	25	26	27
28	29	30				

1. Ein Wechsel im IOC: Pierre de Coubertin, Initiator der modernen Olympischen Spiele, beendet seine Tätigkeit als IOC-Präsident. Sein Nachfolger ist der Belgier Henri Graf de Baillet-Latour.

3. Das amerikanische Luftschiff »Shenandoah« bricht bei einem Flug nach Scottfield/St. Louis auseinander. 13 Mann Besatzung sterben bei dem Absturz.

9. Außenminister Stresemann nennt in einem Brief an den ehemaligen Kronprinzen Wilhelm als Ziel seiner Politik u. a. Revision der deutschen Ostgrenzen, die Rückgewinnung Danzigs und Oberschlesiens und den Anschluß Österreichs.

11. Hans Breitensträter gewinnt vor 16 000 Zuschauern deutschen Meistertitel im Schwergewicht von Paul Samson-Körner zurück.

13.–18. SPD verabschiedet »Heidelberger Programm«. →

15. Deutschland offiziell zur Konferenz über Sicherheitspakt nach Locarno eingeladen.

19. Drama »Veland« von Gerhart Hauptmann in Hamburg uraufgeführt.

19. Befreiungsfeiern in Düsseldorf im Beisein von Hindenburg.

27. Der Norweger Charles Hoff stellt in Turku Stabhochsprung-Weltrekord mit 4,25 m auf.

28. Uraufführung von Wolfgang Goetz' Drama »Gneisenau« in Stuttgart wird Überraschungserfolg, damit Dauererfolg. Gneisenau als eigentlicher Sieger von Belle Alliance und Leipzig, dessen Leistung durch unfähige Monarchen verdunkelt wird.

29. Hindenburg veröffentlicht die Bitte, zu seinem Geburtstag nicht zu flaggen.

GEBOREN:

23. Hartmut von Hentig, deutscher Erziehungswissenschaftler.

25. Hans Matthöfer, deutscher Politiker.

GESTORBEN:

16. Leo Fall (* 2. 2. 1873), österreichischer Komponist.

19. Georg Schweinfurth (* 29. 12. 1836), deutscher Afrikaforscher. →

22. Moritz Heimann (* 9. 7. 1868), deutscher Schriftsteller und Lektor.

Berliner »Zille-Film«

In Berlin wird der Film »Die Verrufenen« uraufgeführt. Er ist nach Hinweisen des Berliner Zeichners Heinrich Zille entstanden und zeigt das »andere« Berlin. Hauptschauplatz sind die nördlichen Bezirke der Riesenstadt, in denen kleine schmutzige Höfe, Obdachlosenasyl und Kellerwerkstatt das Gegenstück zum Image der Nobel- und Vergnügungsmetropole sind, die hinter New York und London drittgrößte Stadt, mit 4,2 Millionen Einwohnern bevölkerungsstärkste Stadt des Kontinents ist.

Der Film zeigt die Geschichte eines unschuldig bestraften Mannes, der nach seiner Entlassung aus dem Gefängnis die soziale Ächtung und den sozialen Abstieg durchmacht. Regisseur Gerhard Lamprecht besetzt viele Rollen mit Leuten von der Straße und dreht soweit möglich in authentischem Milieu. Es ist der erste einer Reihe von sozialkritischen »Zille-Filmen«.

Komponist Leo Fall stirbt in Wien

Leo Fall †.

16. September. Der österreichische Komponist Leo Fall stirbt in Wien, 52 Jahre alt. Er zählt mit Franz Lehár und Oscar Straus zu den bedeutendsten Vertretern der neueren, nachklassischen Wiener Operette. Fall, als hochbegabtes Kind schon mit 14 Jahren am Wiener Konservatorium, hat als Kapellmeister in Berlin, Hamburg und Köln gewirkt, dann als freischaffender Künstler in Wien. Die Operette »Der Rebell«, die er später umgearbeitet als »Der liebe Augustin« herausgebracht hat, steht am Anfang seiner Laufbahn als Operettenkomponist. Gekrönt haben sie Stücke wie »Der fidele Bauer« (1907), »Dollarprinzessin« (1907), »Rose von Stambul« (1916) oder »Madame Pompadour« (1923). Der Komponist, der sich nie nur als Schöpfer der »leichten Muse« verstehen wollte, hat auch Opern geschaffen, die allerdings nur kurze Erfolge hatten.

Afrikaforscher Schweinfurth †

19. September. Der bekannte deutsche Afrikaforscher Georg Schweinfurth stirbt, 88jährig, in Berlin. Er hat als höchst vielseitiger Wissenschaftler erfolgreich als Expeditionsleiter, Geograph, Botaniker, Zoologe, Völkerkundler, Prähistoriker und Sprachforscher gewirkt. 1863–1866 hat der Wahlberliner den Ostsudan, 1869–1871 das Bahr-Al-Ghasal-Gebiet am oberen Nil und später ausführlich den Nordosten Afrikas erforscht. Als erster Europäer hat Schweinfurth die Wasserscheide von Kongo und Nil überschritten und hat erstmals die Richtigkeit einer schon von Herodot überlieferten Kunde von der Existenz des Zwergvolkes Aka beweisen können. Sein Buch »Im Herzen von Afrika« (1874) ist als Bestseller für geographisch Interessierte in sechs Sprachen übersetzt worden. Er gab noch 430 weitere Veröffentlichungen heraus.

Heidelberger Programm der SPD

13.–18. September. Auf dem Heidelberger Parteitag verabschiedet die SPD ein neues Aktionsprogramm. Es bietet im Rückgriff auf das Erfurter Programm von 1891 eine weithin der marxistischen entsprechende Deutung der gesellschaftspolitischen Lage; unumwundenes Bekenntnis zum Klassenkampf, zur Vergesellschaftung des wirtschaftlichen Eigentums, zur Erringung der politischen Macht mit dem Ziel des Umsturzes.

1925

OKTOBER

Mo	Di	Mi	Do	Fr	Sa	So
			1	2	3	4
5	6	7	8	9	10	11
12	13	14	15	16	17	18
19	20	21	22	23	24	25
26	27	28	29	30	31	

1. Gegründet wird das Institut für Leibesübung an der Universität Leipzig: erstmals Körpererziehung vollwertiges akademisches Studienfach.

1. Arnold Schönberg, Begründer der Zwölftontechnik, wird Leiter der Meisterklasse für Komposition an der Preußischen Akademie der Künste in Berlin.

5.–16. Konferenz von Locarno. →

6.–7. Berliner Tagung über Schullandheim-Bewegung. Es bestehen 120 Schullandheime im Reich.

9. Wochenzeitschrift »Die literarische Welt« erscheint zum erstenmal. →

12. Deutsch-russischer Handelsvertrag in Moskau unterzeichnet.

18. Grundsteinlegung zum Sportforum in Berlin-Grunewald.

19. Klaus Manns Drama »Anja und Esther« in Hamburg uraufgeführt. Hauptrollen spielen die drei Dichterkinder Klaus Mann, Erika Mann, Pamela Wedekind.

21. Der Maler Paul Klee zeigt erstmals Werke in Pariser Ausstellung.

25. Wahlen in Baden bringen den Parteien der alten Weimarer Koalition wieder Mehrheit.

25. Regierungskrise: Deutschnationale Minister verlassen Kabinett wegen Locarno-Verträgen. →

25. Deutschland gewinnt mit 4 : 0 in Basel gegen Schweiz 56. Fußballänderspiel.

30. Uraufführung von Franz Lehárs Operette »Paganini« im Wiener Strauß-Theater.

30. Uraufführung der Oper L'Orfeide« von Gian Francesco Malipiero in Düsseldorf.

30. John Logie Baird gelingt im privaten Arbeitszimmer in London die erste Fernsehübertragung eines bewegten Objektes.

31. Absetzung der Kadscharendynastie in Persien. Resa Khan erhält vorläufig Befugnisse des Herrschers.

31. Deutsch-italienischer Handelsvertrag.

GEBOREN:

13. Margaret Thatcher, britische Politikerin.

GESTORBEN:

9. Hugo Preuß (* 28. 10. 1860), deutscher Staatsrechtslehrer. →

Vertrag von Locarno öffnet neue Wege

Luther und Stresemann (r.).

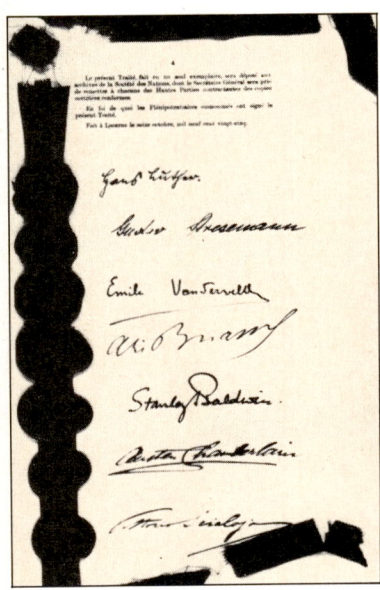

Die Unterschriften der Politiker unter dem Vertrag von Locarno.

In Locarno am Lago Maggiore beginnt am 5. Oktober eine Konferenz, die Deutschlands durch den Versailler Vertrag belastetes Verhältnis zu seinen Nachbarn und ehemaligen Kriegsgegnern entspannt. Die Teilnehmer der Konferenz: Der britische Außenminister Austen Chamberlain (Nr. 1), der italienische Staatschef Benito Mussolini (2), Reichskanzler Hans Luther (4), Außenminister Gustav Stresemann (5), der belgische Außenminister Emile Vandervelde (7), der tschechische Außenminister Eduard Beneš (8), Frankreichs Ministerpräsident Aristide Briand (9).

5.–16. Oktober. In dem kleinen Ort Locarno am Lago Maggiore kommt ein Vertragswerk zustande, das Deutschland als seinen ersten großen außenpolitischen Erfolg seit dem Krieg und als Wende für die Zukunft verbuchen kann. Die Locarno-Verträge, die hier von den führenden europäischen Staatsmännern ausgehandelt werden, lösen die Sanktionsbestimmungen des Versailler Vertrages auf, binden Deutschland stärker an den Westen und stellen ihm die Aufnahme in den Völkerbund zum 26. März 1926 in Aussicht.

Im Mittelpunkt des umfangreichen Vertrages von Locarno steht der Rheinpakt, in dem die Unverletzlichkeit der Grenzen zwischen Deutschland einerseits und Belgien und Frankreich andererseits garantiert wird. Einen solchen Sicherheitspakt hat Außenminister Gu-

stav Stresemann Frankreich im Februar angeboten. Deutschland verzichtet endgültig damit auf Elsaß-Lothringen und auf die Wiedereingliederung der Kreise Eupen und Malmedy (und Frankreich auf weitere Versuche, gewaltsam in das Rheingebiet einzudringen). Der Verzicht ist jetzt auf einem frei verhandelten Vertrag gegründet, nicht durch ultimativen Druck wie in Versailles entstanden. Die Entmilitarisierung der Rheingrenze wird in dem Vertrag noch einmal garantiert; Streitigkeiten zwischen den drei vertragschließenden Staaten, so ein weiteres Abkommen, sollen friedlich durch besondere Schiedsverfahren beigelegt werden. Weitere Schiedsverträge zwischen Deutschland und Polen und Deutschland und der Tschechoslowakei regeln gleiches für die Beziehungen zu diesen beiden Ländern. Deutsch-

land erhält im Rahmen der Locarno-Abmachungen die Zusage der definitiven Räumung der Kölner Besatzungszone.

Ein »Ostlocarno«, das heißt den endgültigen Verzicht auf eine gewaltsame Revision der Grenzbestimmungen im Osten, lehnt Deutschland ab. Darauf antwortet Frankreich im Gegenzug mit dem Hilfsversprechen an die Tschechoslowakei und Polen im Falle eines unprovozierten deutschen Angriffes.

In der Schlußansprache hebt der französische Außenminister Aristide Briand anerkennend die »mutige Geste« des deutschen Außenministers hervor, die zu Jahresbeginn Ausgangspunkt für das Vertragswerk gewesen ist. Die Verträge selbst werden von Deutschland und den beteiligten Staaten als Meilenstein in der europäischen Nach-

kriegsgeschichte verstanden. Der italienische Diktator Benito Mussolini hofft sogar, es sei »in den Beziehungen der Völker zueinander ein neues Zeitalter angebrochen«.

Innenpolitisch bringen die Locarno-Verträge dem Reich eine Regierungskrise. Die deutschnationalen Minister verlassen am 25. Oktober wegen der Verträge die Regierung. Ein Rumpfkabinett Luther bleibt noch bis Dezember im Amt. Deutschnationale und Völkische beginnen eine großangelegte Hetzkampagne gegen den Ausgleich mit den europäischen Nachbarn. Besonders tut sich dabei der völkische Abgeordnete Erich Ludendorff hervor. In Aufmärschen und Kundgebungen wird Hindenburg von der »nationalen« Rechten aufgefordert, den Verträgen die Unterschrift zu verweigern.

Treffpunkt: Romanisches Café

Die Tänzerin Anita Berber nach einem Porträt des Malers Otto Dix.

Plakat der Berliner Haller-Revue.

Umschlagplatz – im nichtübertragenen Sinne – für Literatur, Geist und Kultur sind in Berlin die schon legendären literarischen Cafés. Allen voran das »Romanische Café« bei der Gedächtniskirche, an der Ecke Tauentzien- und Budapester Straße. Hier trifft sich die Zunft der Literaten, der Dichter und Kritiker, Journalisten, Maler, Schauspielerinnen, Kabarettisten – und der Besucher, die am Kosmopolitismus auf der Nahtstelle zwischen Avant-

Zigarettenverkäufer im Kaffeehaus.

garde und Massenkultur teilhaben möchten. Kurt Tucholsky und Joachim Ringelnatz, der Verleger Ernst Rowohlt und der Starreporter Egon Erwin Kisch etwa verkehren hier, die progressive Sylvia Harden und die Tänzerin Anita Berber, beide von Otto Dix porträtiert. Die literarischen Cafés sind Teil des Kulturbetriebs der Stadt, für die es kaum Vorbilder gibt. Sie sind auch Stätten, in denen Starkult getrieben wird: in Form von Sitzordnungen im Caféhaus.

Schachspielen und Zeitunglesen gehören zum Zeitvertreib im Café.

»Literarische Welt« erscheint bei Rowohlt

9. Oktober. Im Berliner Ernst Rowohlt Verlag erscheint die erste Ausgabe der Zeitschrift »Die literarische Welt«. Ihr Herausgeber ist der junge Willy Haas. Die Zeitschrift ist etwas völlig Neues in der Kulturszene. Ein unterhaltsam informatives Wochenblatt, in dem Literatur nicht schwergewichtig, sondern springlebendig in journalistischer Aufmachung verkauft wird, das aktuelle Neuigkeiten aus Literatur-, Theater- und Kunstwelt bringt, die Leser mit Preisrätseln reizt und sich schrankenlos europäisch gibt. Den banalen Titel hat die Zeitschrift bei einer vorbereitenden Zusammenkunft mit Verleger, Sortimentern und Autoren auf Vorschlag des Journalisten Egon Erwin Kisch erhalten.

»Die literarische Welt« wird erfolgreicher Umschlagplatz und Forum für Diskussionen über die Stellung der Literatur in der Gesellschaft. Sie bringt auch noch unbekannte und unpopuläre Dichter und Autoren, hat Robert Musil und Josef Roth, Thomas Mann wie Jakob Wassermann und René Schickele in ihrem Autorenkreis. Vertreter aller Weltanschauungen sind zugelassen, Ernst Jünger wie Johannes R. Becher. Damit hat die beste Literaturzeitschrift der Zeit auf Anhieb auch repräsentativen Wert.

Staatsrechtler Hugo Preuß tot

9. Oktober. Der linksliberale Politiker und Staatsrechtslehrer Hugo Preuß stirbt in Berlin. Er ist der Hauptschöpfer der Verfassung von Weimar: Während des Krieges hat der Jurist Entwürfe für eine Verfassungsreform erarbeitet, aus denen dann nach erheblichen Änderungen und Ergänzungen eine neue endgültige Verfassung entstanden ist. Den Kompromißcharakter des Verfassungswerkes hat Preuß immer wieder hervorgehoben. 1918 hat er die Deutsche Demokratische Partei mitbegründet. 1918/19 vorübergehend Reichsinnenminister, ist Preuß bis 1925 Landtagsabgeordneter in Preußen gewesen.

1925

NOVEMBER

Mo	Di	Mi	Do	Fr	Sa	So
						1
2	3	4	5	6	7	8
9	10	11	12	13	14	15
16	17	18	19	20	21	22
23	24	25	26	27	28	29
30						

5. In Italien werden die sozialistischen Parteien aufgelöst.

7. Erste deutsche Kunstausstellung in London zeigt in der Royal Academy Kunstschaffen der vergangenen 50 Jahre.

7. Die Nationalliberalen in Italien schließen sich Faschisten an.

9. Gründung der »Schutzstaffel« (SS) der NSDAP.

12. Ein englisches U-Boot mit 60 Mann sinkt. Deutsche Taucher an den ergebnislosen Versuchen, es zu finden und zu heben, beteiligt.

14.–25. Erste Kollektivausstellung der Surrealisten in Paris. →

16. Premiere des Filmes »Varieté« (Regie: E. A. Dupont) mit Emil Jannings. Atmosphärisch und psychologisch beeindruckender Film aus dem Rummelplatzmilieu, der Welterfolg erzielt.

20. Gedächtnisfeier für den Weltkriegsflieger Manfred von Richthofen in Berlin. Sterbliche Überreste werden auf Invalidenfriedhof mit militärischem Zeremoniell bestattet. Reichspräsident und führende Generale nehmen an der Feier teil.

21. Carl Zuckmayer erhält für sein Volksstück »Der fröhliche Weinberg« den Kleistpreis.

23.–27. Debatte und Annahme der Locarno-Verträge im Reichstag.

23. Der Film von Buster Keaton »Go West« wird uraufgeführt. →

26. Autoausstellung in Berlin. Autoindustrie klagt über Absatzstockung aufgrund allgemeinen Geldmangels.

28. Aristide Briand bildet neues französisches Kabinett; er übernimmt wieder das Außenministerium.

GEBOREN:

3. Dieter Wellershoff, deutscher Schriftsteller.

11. Roy Jenkins, britischer Politiker.

15. Heinz Piontek, deutscher Schriftsteller.

20. Robert F. Kennedy († 6. 6. 1968), amerikanischer Politiker.

GESTORBEN:

21. Amelie Beese-Boutard (* 18. 9. 1886), erste deutsche Motorfliegerin. →

Surrealismus-Ausstellung in Paris

Max Ernst porträtiert in seinem Bild »Rendezvous der Freunde« (1922) die Protagonisten der surrealistischen Bewegung. Er hat sie numeriert und ihre Namen auf Schriftrollen festgehalten. Voll Ironie ist die Einbeziehung Raffaels (7) und Dostojewskis (6), auf dessen Schoß »Dadamax« (4), wie Max Ernst genannt wird, sitzt. Die übrigen: René Crevel (1), Philippe Soupault (2), Jean Arp (3), Max Morisc (5), Théodor Fraenkel (8), Paul Eluard (9), Jean Paulhan (10), Benjamin Péret (11), Louis Aragon (12), André Breton (13), Baargeld (14), Giorgio de Chirico (15), Gala Eluard (16), Robert Desnos (17).

14.–25. November. Eine erste große Kollektivausstellung der Surrealisten in Paris (Galerie Pierre) gibt einen Eindruck von der neuen Stilrichtung in der Malerei. Es werden Werke von Hans Arp, Max Ernst, Man Ray, Joan Miró, André Masson, Pierre Roy, Pablo Picasso und Giorgio de Chirico gezeigt. Auch Werke von Paul Klee sind ausgestellt, der selbst nicht zur surrealistischen Bewegung gehört.

Die Surrealisten wollen, beeinflußt durch die Psychoanalyse Freuds, durch visionäre Bildersprache unbewußte Wahrheiten offenbaren, die bisher für unzugänglich gehalten worden sind. Sie schaffen eine Kunst voller Verblüffungen und Vieldeutigkeiten durch Ausschaltung der rationalen »Zensur« beim künstlerischen Schaffensprozeß. Hingabe an Träume und spontane Assoziationen (»Automatismus«) sollen Ausgangspunkt der künstlerischen Arbeit sein. Bei der Kombination von Widersprüchen und manchmal irrationalem Nebeneinander von Motiven bleiben die Surrealisten bei der Gestaltung der Bilder immer gegenständlich, beziehen sich wenigstens andeutungsweise auf ein festes Sujet. Haupttheoretiker und Gründer der surrealistischen Bewegung, die auch die Dichtung einschließt, ist der Nervenarzt und Dichter André Breton. Er hat im Oktober 1924 auch ein erstes »Surrealistisches Manifest« veröffentlicht. Der Kölner Dadaist Max Ernst hat sich auf seine Einladung hin in Paris niedergelassen.

Joan Miró malt 1925 sein Bild »Harlekinade«.

347

»Go West« in den USA

23. November. In den USA wird ein neuer Buster-Keaton-Film uraufgeführt, »Go West« (Buster Keaton, der Cowboy). Der »Mann mit dem gefrorenen Gesicht« hat bereits eine weltweite Anhängerschaft. Auch in Deutschland beginnt sich die Buster-Keaton-Mode auszubreiten. Keaton spielt in seinen Filmen, deren eigener Autor und Regisseur er ist, ohne jemals zu lächeln die Rolle eines wie immer zerstreut scheinenden Sonderlings, der sich mit der Umwelt und allemal mit den Tücken der Materie herumzuschlagen hat. Seine Gags überläßt er nie dem Zufall: »Eine komische Szene«, sagt er, »muß mathematisch besser berechnet werden als manche mechanische Konstruktion.« Der Komiker läßt sich auch bei schmerzhaftem Zusammenprall mit Hindernissen und Stürzen oder Schlägen nie doubeln.

Buster Keaton, der eigentlich Joseph Francis Keaton heißt, ist 1896 in Pickway (Kansas) geboren und als Kind schon als Zirkusartist aufgetreten. Seit 1912 ist er beim Film. Seine bekanntesten Stummfilmkomödien sind »The Three Ages« (Ben Akiba hat gelogen) 1923, »Our hospitality« (Bei mir – Niagara) 1923, »Sherlock Jr.« (1924), »The Navigator« (Buster Keaton, der Matrose) 1924, »Battling Butler« (Der Killer von Alabama) 1926, »The General« (Der General) 1927, »Steamboat Bill, Jr.« (Wasser hat Balken) 1928, »The Cameraman« (Buster, der Filmreporter) 1928.

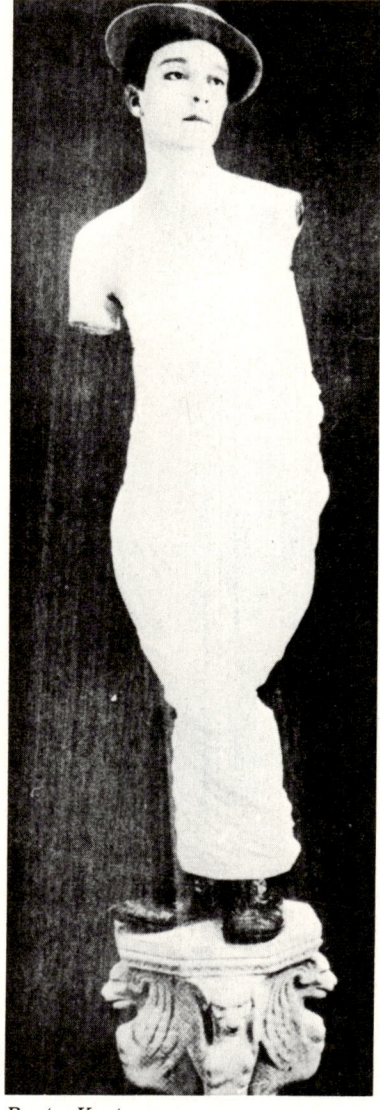

Buster Keaton.

Deutsche Fliegerin †

Amelie Beese-Boutard.

21. November. Im Alter von 39 Jahren stirbt in Berlin die erste deutsche Motorfliegerin, Amelie Beese-Boutard. Die gebürtige Dresdenerin hat nach einer Lehre bei dem damals populärsten Flieger, Hellmuth Hirsch, das Pilotenzeugnis auf einem Etrich-Rumpler-Eindecker erworben. Der Frauen-Dauerweltrekord im Fliegen ist mit 2 Stunden 9 Minuten 1911 während der sechsten Nationalen Flugwoche in Berlin von ihr errungen worden. Nach der Gründung einer Flugschule hat sie zusammen mit dem Flieger Charles Boutard eine Flugzeugfabrik geführt.

1925

DEZEMBER

Mo	Di	Mi	Do	Fr	Sa	So
	1	2	3	4	5	6
7	8	9	10	11	12	13
14	15	16	17	18	19	20
21	22	23	24	25	26	27
28	29	30	31			

1. Vertrag von Locarno endgültig in London unterzeichnet.

2. IG-Farben entsteht als größter europäischer Trust nach Fusionsverträgen. Die BASF übernimmt das Kapital der Mitgliedsfirmen – Farbenfabriken Bayer AG, Farbwerke Hoechst AG, AGFA Chemische Fabriken vorm. Weiler-ter Meer und Chemische Fabrik Griesheim-Elektron – und erhöht Kapital auf 646 Millionen Mark.

10. Drei Nobelpreise gehen 1925 an deutsche Wissenschaftler. →

12. Das neugewählte iranische Parlament (ohne die Vertreter der Geistlichkeit) überträgt Resa Khan die erbliche Königswürde. Damit beginnt Dynastie der Pahlawi im Iran. Abgesetzter Schah verübt am 29. Dezember in Marienbad Selbstmord.

13. Alban Bergs Oper »Wozzeck« im Zwölfton-Stil wird in Berliner Staatsoper uraufgeführt: Standardwerk des musikalischen Expressionismus.

18. Der XIV. Parteitag der KPdSU in Moskau beschließt im Sinn Stalins, Sowjetunion vom Agrarland in ein Industrieland umzuwandeln.

20. Dschidda ergibt sich dem Wahabitenführer Ibn Saud, der damit ganz Innerarabien beherrscht.

21. Uraufführung des Films »Panzerkreuzer Potemkin« von Sergej Eisenstein in Moskau. →

22. Carl Zuckmayers Volksstück »Der fröhliche Weinberg« in Berlin uraufgeführt.

28. In Polen Gesetz zur Bodenreform, das besonders gegen deutschen Grundbesitz gerichtet ist.

GEBOREN:

8. Sammy Davis junior, amerikanischer Sänger und Schauspieler.

19. Tankred Dorst, deutscher Dramatiker.

28. Hildegard Knef, deutsche Schauspielerin und Sängerin.

GESTORBEN:

5. Wladislaw Stanislaw Reymont (* 7. 5. 1867), polnischer Schriftsteller, Nobelpreis 1924.

28. Sergej A. Jessenin (* 4. 10. 1895), sowjetischer Lyriker.

29. Felix Vallotton (* 28. 12. 1865), Schweizer Maler und Grafiker.

Eisenstein

Regisseur Sergej Eisenstein.

21. Dezember. Im Moskauer Bolschoi-Theater wird der Stummfilm »Panzerkreuzer Potemkin« von Regisseur Sergej Eisenstein uraufgeführt. Er will im Auftrag der Partei den 20. Jahrestag der russischen Revolution von 1905 feiern. In teilweise dokumentarischer Genauigkeit werden die Ereignisse des Matrosenaufstandes auf dem Admiralsschiff der Schwarzmeerflotte und das Übergreifen der revolutionären Aufstandsbewegung auf Odessa 1905 gezeigt. Eisenstein schafft damit ein Werk, das als Wendepunkt im Filmschaffen gilt und die neue Epoche des realistischen sowjetischen Films einleitet. Wegen seiner politischen Aussage ist der von Anfang an hochgepriesene Film in den westlichen Ländern zensiert, verändert, beschnitten und verboten worden wie kaum ein Film zuvor und später.

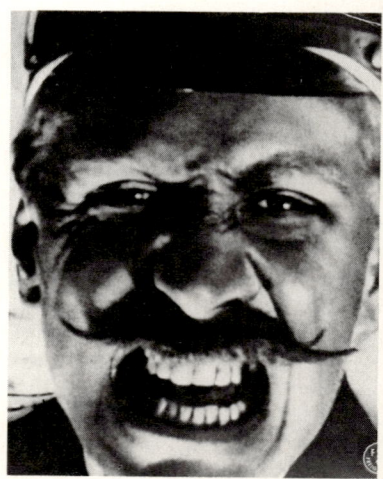

Szene aus dem Eisenstein-Film.

d die neue Ära im Film

Eine neue Ära des russischen Films leitet der »Panzerkreuzer Potemkin« ein, eine Kombination von Propaganda und Kunst. Das russische Filmplakat.

Nicht der individuelle Held, sondern das Kollektiv spielt die Hauptrolle in Sergej Eisensteins Film, in dem auch neue Kameratechniken angewandt werden.

Im »Panzerkreuzer Potemkin« gibt es keine individuellen Helden mehr; das Kollektiv, die Menschenmasse steht im Mittelpunkt des Geschehens. Durch filmische Metaphern und vielfältige – bisher ungekannte – Montagetechnik wird das realistische Geschehen symbolisch überhöht und emotional dynamisiert. Eisenstein aktiviert durch eine Fülle mitreißender Details den Zuschauer und spannt ihn durch die Aufteilung des Filmes nach den Regeln des klassischen Dramas in fünf Akte auch in den kulminierenden Handlungsbogen ein, dessen

Ende – im Unterschied zur historischen Wirklichkeit – die Lösung zeigt: Im Film kann der Panzerkreuzer aus der Blockade des Schwarzmeergeschwaders entkommen.
Sergej Michailowitsch Eisenstein, 1898 in Riga geboren, hat sich während eines Architekturstudiums in Petrograd freiwillig der Roten Armee angeschlossen. 1920 hat er als Bühnenbildner am Moskauer Proletkulttheater gearbeitet und ist bis 1923 Regieassistent von Wsewolod Meyerhold gewesen. 1924 hat er sich ausschließlich dem Film zugewandt.

Richard Adolf Zsigmondy.

George Bernard Shaw.

Preise an Deutsche

10. Dezember. Drei deutsche Wissenschaftler sind Nobelpreisträger für das Jahr 1925. Der Göttinger Professor Richard Adolf Zsigmondy wird »für die Aufklärung der heterogenen Natur kolloidaler Lösungen sowie für die dabei angewandten Methoden, die grundlegend für die moderne Kolloidchemie sind« mit dem Nobelpreis für Chemie ausgezeichnet. Sein Göttinger Kollege James Frank erhält zusammen mit Gustav Hertz, Professor in Halle, den Nobelpreis für Physik »für ihre Entdeckung der Gesetze, die bei dem Zusammen-

stoß eines Elektrons mit einem Atom herrschen.« Einen Nobelpreisträger für Medizin/Physiologie gibt es für dieses Jahr nicht.
Der Literaturpreis geht an den irischen Dichter George Bernard Shaw. Den Friedensnobelpreis erhalten der britische Außenminister Sir Joseph Austen Chamberlain und der Vizepräsident der USA, Charles Gates Dawes, der den Sachverständigenausschuß geleitet hat, der den »Dawesplan« zur Stabilisierung der deutschen Wirtschaft im Jahr 1924 ausgearbeitet hat. Alle Preise werden erst 1926 überreicht.

James Frank.

Gustav Hertz.

Charles Gates Dawes.

Austen Chamberlain.

1926
JANUAR

Mo	Di	Mi	Do	Fr	Sa	So
				1	2	3
4	5	6	7	8	9	10
11	12	13	14	15	16	17
18	19	20	21	22	23	24
25	26	27	28	29	30	31

1. Rheinhochwasser erreicht mit 9,30 m bei Koblenz höchsten gemessenen Stand seit 1781.

1. Weltweit sind 27,75 Millionen Fernsprecher registriert, davon 61 Prozent in den USA, 27 Prozent in Europa. Auf Deutschland entfallen 9,31 Prozent.

3. Mussolini übernimmt neben dem Außenministerium auch das Kriegs-, Marine- und Luftfahrtministerium.

3. Leonhard Tietz AG gründet nach Vorbild der amerikanischen Woolworthläden Einheitspreisgesellschaft, in deren Läden es nur Waren für 25 oder 50 Pfennig geben soll.

4. Geldfälscheraffäre in Ungarn aufgedeckt. Fürst Windischgrätz verhaftet.

6. Gründung der Deutschen Lufthansa AG. →

6. Einweihung des »Capitol«-Filmpalastes in Berlin mit 1500 Sitzplätzen. →

7. Erste Fernsehvorführung in England. →

10. Uraufführung des Filmes »Der Rosenkavalier« von Hugo von Hofmannsthal (Musik: Richard Strauss).

14. Erster Deutschlandauftritt von Josephine Baker in Berlin. →

15. J. L. Baird zeigt von ihm entwickeltes Fernsehen.

15. Uraufführung von Alfred Döblins »Lusitania« in Darmstadt.

23. Einsetzung eines Ausschusses zur Untersuchung der Fememorde. →

27. US-Senat beschließt Beitritt der USA zum Weltgerichtshof.

29. Arnolt Bronnens »Ostpolzug« in Berlin uraufgeführt.

31. Um Mitternacht sind die letzten englischen und belgischen Truppen aus der Kölner Zone abgezogen.

GEBOREN:

5. Walther Leisler Kiep, deutscher Politiker.

GESTORBEN:

7. Paul Cassirer (* 21. 2. 1871), Berliner Kunsthändler und Verleger.

15. Enrico Toselli (* 13. 3. 1883), italienischer Komponist und Pianist.

Lufthansa AG wird gegründet

6. Januar. Durch Zusammenschluß der privaten Fluggesellschaften Aero Lloyd und Junkers Luftverkehr entsteht die deutsche Lufthansa AG. Ihre erste Verkehrsmaschine ist die Junkers F 13, ein Ganzmetall-Kabinen-Tiefdecker mit 310-PS-Motor und Höchstgeschwindigkeit von 185 Stundenkilometern. Darin können vier Fluggäste und zwei Mann Besatzung transportiert werden. Die Lufthansa AG ist alleinige Trägerin des deutschen zivilen Luftverkehrs. Ihr Aktienkapital beträgt 25 Millionen Mark.

Die Standardmaschine der Lufthansa Junkers F 13 vor dem Start in Hamburg.

Modetanz Charleston

»Tanzvergnügen«, Aquarell von Lutz Ehrenberger aus dem Jahre 1926.

3. Januar. Die »Berliner Illustrirte« meldet ihren Lesern als Trend auf dem Tanzparkett: Von den im Spätsommer aufgetauchten Modetänzen bleibt Charleston Sieger auch fürs neue Jahr. John Philip Sousa, 71jähriger amerikanischer Erfolgskomponist, ist Gewähr für die Zukunft dieses Tanzes. Er unterrichtet, wie ein Foto zeigt, selbst den »Grotesk-Tanz«, wie ihn die Illustrierte nennt.

Erste Fernseher vor der Presse

7. Januar. Der Engländer John Logie Baird zeigt seine technische Entwicklung des Fernsehens erstmals der Presse. Am 27. Januar sehen 40 Mitglieder der königlichen Gesellschaft seine Errungenschaft, weitere Demonstrationen für technisch und wissenschaftlich interessierte Zeitungen folgen.

Alexander Roussel, Direktor des Faraday House, berichtet: »Wir sahen die Fernsehübertragung von Gesichtern lebender Menschen . . . Natürlich sind die Ergebnisse weit davon entfernt, perfekt zu sein. Das Bild läßt sich nicht mit demjenigen vergleichen, das ein guter Kinematographfilm erzeugt. Die Ähnlichkeit war allerdings unverwechselbar, und alle Bewegungen wurden höchst naturgetreu wiedergegeben . . .«

Luther erneut Reichskanzler

20. Januar. Einen Monat nach Rücktritt des Rumpfkabinetts Luther gelingt eine Regierungsbildung. Hans Luther übernimmt wieder das Amt des Reichskanzlers, regiert wieder ohne Sozialdemokraten, allerdings auch ohne die Deutschnationalen, mit einem Minderheitskabinett der Mitte. Zentrum, Demokraten und DVP stellen je drei Minister, die BVP einen. Gustav Stresemann bleibt weiterhin Außenminister. Zwei Monate später tritt das Kabinett zurück.

Berlin 1926, Blick auf die Hardenbergstraße mit dem Filmtheater Capitol.

Millionen im Kino

20. Januar. Nach einer Meldung der »Frankfurter Zeitung« liefen 1925 insgesamt 939 Filme in deutschen Lichtspielhäusern. 380 davon waren deutsche Produktionen, 351 amerikanische, 65 französische. Zwei Millionen Menschen besuchen täglich die 3000 deutschen Kinos, in den USA gehen täglich sieben Millionen Menschen in die 20 400 Lichtspielhäuser. Dem Deutschen Reich bringt die Filmindustrie jährlich 80 Millionen Mark Steuern ein.

Josephine Baker tanzt in Berlin

14. Januar. Im Nelson-Theater am Kurfürstendamm gastiert eine Negertruppe mit Jazzmusik und einer Revue mit den Stars Josephine Baker und Louis Douglas. Josephine wird zum Tagesgespräch. Die Presse widmet ihr Hymnen. Die langbeinige Tänzerin »mit dem lakkierten, schwarzglänzenden Köpfchen eines exotischen Vogels« ist in kaum mehr gehüllt als einen Schurz aus Bananenblättern. Sex-Appeal aus Amerika kommt an in Berlin.

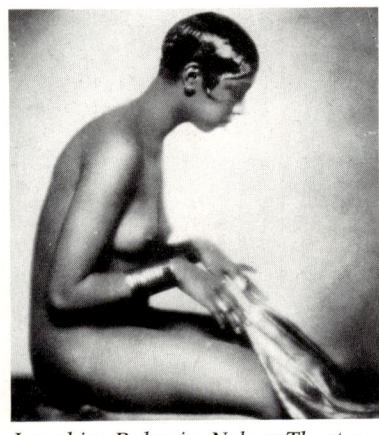

Josephine Baker im Nelson-Theater.

Fememorde vor dem Reichstag

23. Januar. Der Reichstag beschließt gemäß einem sozialdemokratischen Antrag, einen Untersuchungsausschuß einzusetzen, der sich mit den Femeorganisationen und Fememorden befaßt. Ende 1925 waren 60 Fememordtaten aufgedeckt. Die meisten der ermittelten Mörder in den bekanntgewordenen Fällen sind Mitglieder der sogenannten Schwarzen Reichswehr. Die Prozesse gegen die Fememörder liefen bisher unter Ausschluß der Öffentlichkeit. Die Justiz beurteilt die Taten meist als »national« und ahndet sie nur mit milden Urteilen. Bei der Begründung ihres Antrages zitieren die Sozialdemokraten aus dem Statut der mittlerweile aufgelösten Turnerschaft der Deutschvölkischen Freiheitspartei in Mecklenburg, in dem es heißt: »Wer unseren Bestrebungen zuwiderhandelt, ist ein Schuft und für uns vogelfrei. Wir behalten uns vor, die von uns festgesetzte Strafe selbst zu vollziehen. Wir verpflichten uns nochmals, nur im Einverständnis mit dem Vorstand der Völkischen Freiheitspartei zu handeln.«

1. Feiern in der Nacht zum 1. Februar vor dem Kölner Dom nach dem Abzug der letzten englischen und belgischen Truppen. →

2. Kompromißantrag zur Fürstenabfindung im Rechtsausschuß. →

3. Sprachenverordnung in der Tschechoslowakei mit beschränkten Ausnahmerechten für nationale Minderheiten. Tschechisch wird Amtssprache.

6. Mussolini unterstellt Deutschland antiitalienische Kampagne. Krise Italien – Deutschland.

8. Deutschland beantragt Aufnahme in den Völkerbund. →

11. Mexiko forciert Verstaatlichung des Kircheneigentums.

15. Höchststand der Arbeitslosenzahl seit März 1924 mit ca. zwei Millionen.

16. Tenniskampf Lenglen gegen Wills. →

20. Marlene Dietrich erstmals beachtet in Uraufführung von José Rehfischs »Duell am Lido«.

20. Ausstellung »Grüne Woche« (1. Ausstellung) in Berlin eröffnet.

21. Reichsbanner-Tagung in Hamburg mit 130 000 Teilnehmern.

21. Uraufführung »Sturmflut« von Alfons Paquet in Berlin.

23. »Goldrausch« mit Charlie Chaplin läuft in Berlin an.

23. Französische Juweliere erwerben Teil der russischen Kronjuwelen. →

24. Revue »Laterna magica« von Friedrich Hollaender mit Blandine Ebinger.

25. Winzerunruhen in Bernkastel. →

27. Friedensrede von Briand: Seit Verdun habe er sich geschworen, den Rest seines Lebens der Sache des Friedens zu dienen.

GEBOREN:

2. Valéry Giscard d'Estaing, französischer Staatspräsident von 1974 bis 1981.

2. Hans-Jochen Vogel, deutscher Politiker.

15. Dieter Lattmann, deutscher Schriftsteller und Politiker.

GESTORBEN:

6. Wolf Wilhelm Graf Baudissin (* 26. 9. 1847), deutscher evangelischer Theologe.

Reichstag strebt Aufnahme in den Völkerbund an

8. Februar. Der Reichstag beschließt einstimmig die Absendung einer Note, in der Deutschland den Eintritt in den Völkerbund beantragt. Damit soll der Vertrag von Locarno in die Praxis umgesetzt werden. Der Völkerbundsrat reagiert am 12. Februar, zwei Tage nach dem Eintreffen der deutschen Note, mit der Ankündigung, daß am 8. März in einer außerordentlichen Völkerbundsversammlung über den deutschen Antrag entschieden werden soll.

Fememörder zum Tode verurteilt

2. Februar. Zum Tode verurteilt – eine Seltenheit bei den Fememordprozessen – werden vier Angehörige der illegalen Schwarzen Reichswehr, weil sie 1923 einen aus ihrer Truppe desertierten Soldaten, Erich Pannier, ermordet haben. Pannier hatte bei der Polizei Schutz gesucht, war aber von ihr an die Schwarze Reichswehr in Döberitz ausgeliefert worden. Am 4. Juni 1923 brachten ihn auf Befehl des Leutnants Theodor Benn die Soldaten Stein, Schirrmann und Aschenkampf um. Dem Verteidiger der Angeklagten, die dann zu Zuchthaus begnadigt werden, stellen Unbekannte 1000 Reichsmark zur Verfügung.

Winzer stürmen Finanzamt

25. Februar. Mit einer Großkundgebung in Bernkastel wollen Winzer auf ihre Notlage aufmerksam machen. Im Verlauf der Veranstaltung mit 4000 bis 5000 Teilnehmern kommt es zu Gewalttätigkeiten. Wütende Winzer stürmen das Finanzamt, mißhandeln Beamte, zerstören Einrichtungen und verbrennen Steuerkarten.
Der Vorstand der Winzerschaft weist daraufhin, daß die Weinbauern an Mosel, Saar und Ruwer unter der rücksichtslosen Weineinfuhr und dem harten Steuerdruck wirtschaftlich leiden.

Menschenmassen versammeln sich vor dem Kölner Dom.

Köln feiert Befreiung

1. Februar. Die Nachricht, daß um Mitternacht die letzten englischen und belgischen Truppen Köln verlassen, wird mit einem nächtlichen Jubelfest beantwortet. Der Kölner Oberbürgermeister Konrad Adenauer beantragt einen schulfreien Tag für die Kölner Kinder. Vor dem Dom feiern in der Nacht begeisterte Menschenmassen in den ersten »freien« Tag seit rund sieben Jahren hinein.

Hindenburg und Adenauer (rechts) bei den Befreiungsfeierlichkeiten.

Sowjets verkaufen die Kronjuwelen

Zarenkrone der Romanows.

23. Februar. Eine Gruppe französischer Juweliere erwirbt einen Teil der russischen Kronjuwelen, die seit Januar zum Verkauf angeboten werden. Der Gesamtwert der Juwelen wird auf 250 Millionen Dollar geschätzt. Nach Frankreich gehen Pretiosen im Wert von 603 000 Pfund, darunter die Kaiserkrone Katharinas II., die fünf Pfund schwer und mit 4000 Karat der wertvollsten Steine besetzt ist.

Fürstenenteignung gefordert

2. Februar. Zentrum, Demokraten, DVP, BVP und Wirtschaftliche Vereinigung legen dem Rechtsausschuß des Reichstages einen Gesetzentwurf vor, nach dem ein Reichssondergericht über die vermögensrechtlichen Streitigkeiten mit den Fürstenhäusern entscheiden soll. KPD und SPD wollen die entschädigungslose Enteignung der Fürsten.

Die Vermögen der Fürstenhäuser sind in der Revolution beschlagnahmt worden. Seit der Stabilisierung der Mark erheben die alten Dynastien Forderungen nach Entschädigungen und Renten. Bei entsprechenden gerichtlichen Verfahren verhelfen die monarchistisch gesinnten Richter den alten Herrscherhäusern fast immer zu ihren Ansprüchen. Diese Praxis zieht jetzt, Anfang 1926, immer weitere Proteste in der Öffentlichkeit nach sich. Am 6. Februar rechnet die »Vossische Zeitung« vor, daß etwa zwei Millionen Morgen Land, ein Gebiet so groß wie das Land Oldenburg, fürstlichen Familien zufallen soll. In Mecklenburg-Strelitz fordert das Fürstenhaus vom Land die Zahlung einer Jahresapanage von 20 000 Mark an die früheren Mätressen des Großherzogs.

Die Lenglen besiegt Helen Wills

16. Februar. Zwei Tennisprimadonnen kommen zu einer legendären Begegnung zusammen. Helen Wills, in Amerika unbesiegbare Tennismeisterin, tritt in Cannes zum Match gegen die »göttliche« Suzanne Lenglen aus Frankreich an. Die Wills verliert mit 3 : 8, 6 : 8. Die Presse hat tagelang zuvor darüber spekuliert, ob die Tennissensation wirklich zustande kommen werde.

Frankreichs Tennismeisterin Suzanne Lenglen beim Match in Cannes.

1926

MÄRZ

Mo	Di	Mi	Do	Fr	Sa	So
1	2	3	4	5	6	7
8	9	10	11	12	13	14
15	16	17	18	19	20	21
22	23	24	25	26	27	28
29	30	31				

4. China beantragt einen ständigen Ratssitz im Völkerbund, da es ein Viertel der Menschheit in seinen Grenzen beherberge.

6. Mainzer Bischof protestiert gegen Aufführung des »Fröhlichen Weinbergs« von Zuckmayer. Am 7. folgt eine Protestresolution der Rheinhessischen Bauernschaft gegen das Stück.

8. Völkerbundversammlung in Genf eröffnet.

8. Kölner Messeamt sagt wegen Absatzkrise der deutschen Industrie die Frühjahrsmesse ab. →

9. In Genf beginnen die ergebnislos endenden Verhandlungen über eine Aufnahme Deutschlands in den Völkerbund.

16. Start der ersten Flüssigkeitsrakete in Auburn (Massachusetts) durch H. Goddard. →

16. Volksbegehren als Voraussetzung für Volksentscheid zur Frage der Enteignung der Fürstenhäuser erreicht bei weitem erforderliche Stimmzahl.

21. Offizielle rheinische Befreiungsfeier mit Reichspräsident Hindenburg.

21. »Berliner Illustrirte« stellt als Sensation die ersten Hochhäuser in Deutschland vor: Düsseldorfer Wilhelm-Marx-Haus, das Hochhaus am Hansaring in Köln, Bremer Rolandsmühle und Lochnerhaus in Aachen.

24. Uraufführung des psychoanalytischen Filmes »Geheimnisse einer Seele«.

26. Uraufführung der Operette »Die Zirkusprinzessin« von Emmerich Kálmán in Wien.

26. Diskontsatzermäßigung zum Schutz der Reichsbank von 8 auf 7 Prozent.

27. Staatsgerichtshof zum Schutz der Republik wird aufgehoben. Für die entsprechenden Strafsachen sind nur noch die ordentlichen Gerichte zuständig.

GEBOREN:

17. Siegfried Lenz, deutscher Schriftsteller.

18. Claus Hubalek, deutscher Schriftsteller.

GESTORBEN:

26. Konstantin Fehrenbach (* 11. 1. 1852), ehemaliger deutscher Reichskanzler. →

Veto im Völkerbund

9. März. Die Verhandlungen in Genf über den Aufnahmeantrag Deutschlands in den Völkerbund beginnen. Sie stoßen auf unvorhergesehene große Schwierigkeiten. Deutschland besteht auf der in Locarno gegebenen Zusage, daß seine Aufnahme mit der Erteilung eines ständigen Sitzes im Völkerbundsrat verbunden ist. Einen Ratssitz beantragen jetzt plötzlich auch andere Länder, am hartnäckigsten Brasilien. Am Veto Brasiliens scheitert die Aufnahme Deutschlands schließlich endgültig. Dem Vermittlungsvorschlag, daß die Zahl der Ratssitze vermehrt werden soll, versperrt sich Deutschland.

Der englische Außenminister betont, daß Deutschland alle Bedingungen für eine Aufnahme erfüllt und angesichts seiner Bedeutung in der Welt einen Anspruch habe, mit möglichst großer Zustimmung einen ständigen Ratssitz zu erhalten. Der französische Außenminister Aristide Briand lobt den »Herzensadel«, mit dem die deutsche Delegation die Enttäuschung trägt. Die Verhandlungen werden am 17. März auf den Monat September verschoben.

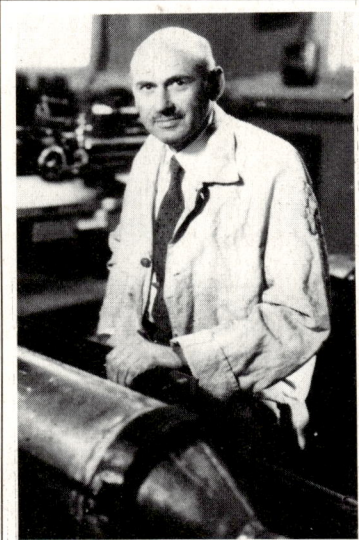

16. März. Raketenforscher Robert Hutchins Goddard gelingt der Start der ersten Flüssigkeitsrakete.

Psychodrama im Film

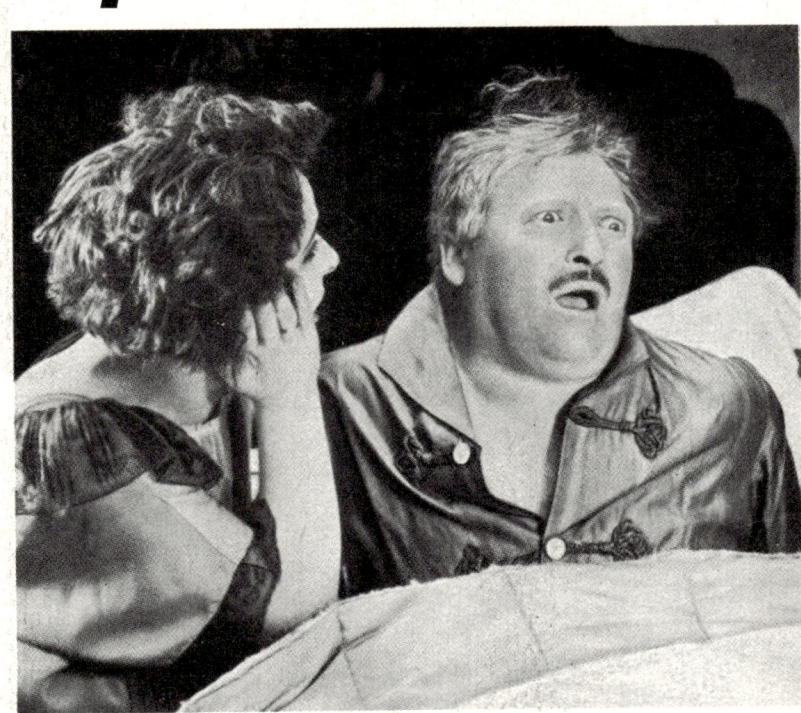

Werner Krauß und Ruth Weyher in »Geheimnisse einer Seele«.

24. März. Als Offenbarung begrüßen nach der Uraufführung fast alle Kritiker den Film »Geheimnisse einer Seele«, in dem Regisseur Georg Wilhelm Pabst die Psychoanalyse als Lehrstück vor die Kamera bringt. Zwei Mitarbeiter von Sigmund Freud, der in diesem Jahr 70 Jahre alt wird, Dr. Karl Abraham und Dr. Hanns Sachs, haben bei dem Projekt als Berater mitgewirkt. Es wird eine psychiatrische Krankengeschichte vorgeführt: Ein Professor, der unerklärliche Angst vor Messern und scharfen Gegenständen hat und gleichzeitig unter Impotenz leidet, wird zu Kindheitserinnerungen geführt, seine Träume werden analysiert, und der Mann wird schließlich aus Manie und Not befreit. Die Psychoanalyse, mokiert sich die »Lichtbild-Bühne«, wäre längst mehr als schon bisher Mode- und Gesprächsthema, »wenn nur die lieben Zeitgenossen wüßten, um was es sich bei der Sache in Wirklichkeit handelt«. Axel Eggebrecht nennt das Werk einen der spannendsten Filme des Winters.

26. März. Konstantin Fehrenbach stirbt 74jährig in Freiburg. Er war 1920/21 deutscher Reichskanzler.

Frühjahrsmesse in Köln fällt aus

8. März. Das Messeamt in Köln teilt mit, daß die große Frühjahrsmesse ausfallen muß. Die Leipziger Frühjahrsmesse bestätigt die schwere Absatzkrise, in der sich die deutsche Industrie immer noch befinde. Deshalb wird es nur einige Sonderausstellungen geben. Die Lösung ist im Einvernehmen mit Handel und Industrie getroffen.

1926

APRIL

Mo	Di	Mi	Do	Fr	Sa	So
			1	2	3	4
5	6	7	8	9	10	11
12	13	14	15	16	17	18
19	20	21	22	23	24	25
26	27	28	29	30		

1. Bei einer Feier zum Geburtstag Bismarcks sagt Stresemann, Deutschland müsse langsam seine Großmachtstellung wieder zurückgewinnen.

7. Sowjetunion lehnt Teilnahme an vorbereitender Abrüstungskonferenz ab.

7. Mussolini wird bei Attentat leicht verletzt.

10. Das Haus Hohenzollern ist nach einer Pressemeldung mit der Zahlung von sieben Millionen Mark Steuern an das Reich im Rückstand.

11. Preußische Junglehrer verlangen Herabsetzung der Klassenstärken zur Verringerung der Lehrerarbeitslosigkeit. 30 000 Junglehrer warten im Reich auf eine Anstellung. →

16. Die Arbeitslosen erhalten jetzt 39 Wochen lang Unterstützung.

18. Deutschland siegt im 57. Fußballänderspiel gegen Holland in Düsseldorf mit 4 : 2.

21. Uraufführung von Klabunds »Brennender Erde« in Frankfurt.

24. Unterzeichnung des deutschrussischen Freundschaftsvertrages in Berlin. →

25. Posthume Uraufführung von Giacomo Puccinis »Turandot« in der Mailänder Scala unter Leitung von Toscanini.

28. Geschwindigkeitsweltrekord J. G. Parrys in Pendine auf Thomas Special mit 275,222 km/h.

28. Erste Lesung des Fürstenenteignungsgesetzes. Die SPD rechnet vor: Ein Kriegsbeschädigter erhält täglich 27 Pfennig, ein Arbeitsloser mit Familie 51, ein pensionierter General 50 Mark und Wilhelm II. 1670 Mark.

GEBOREN:

2. Max Greger, deutscher Orchesterleiter.

8. Jürgen Moltmann, deutscher Theologe.

21. Elizabeth II., Königin von England.

24. Ruth Leuwerik, deutsche Filmschauspielerin.

GESTORBEN:

4. August Thyssen (* 17. 5. 1842), deutscher Großindustrieller. →

25. Ellen Key (* 11. 12. 1849), schwedische Frauenrechtlerin. →

Deutschlands Öffnung nach Osten

24. April. In Berlin unterzeichnen Außenminister Gustav Stresemann und der russische Botschafter Krestinski einen Neutralitäts- und Freundschaftsvertrag zwischen Deutschland und der Sowjetunion. Damit soll das Verhältnis des Reiches zur Sowjetunion, das sich durch die Verhandlungen Deutschlands über einen Eintritt in den Genfer Völkerbund zu komplizieren drohte, stabilisiert werden. Der ausschlaggebende Artikel heißt: »Sollte einer der vertragschließenden Teile trotz friedlichen Verhaltens von einer dritten Macht oder von mehreren dritten Mächten angegriffen werden, so wird der andere vertragschließende Teil während der ganzen Dauer des Konflikts Neutralität beachten.« Außerdem verpflichten sich Deutschland und die Sowjetunion, weder an einem

Der »Vorwärts« meldet den Freundschaftsvertrag mit Rußland.

finanziellen noch einem wirtschaftlichen Boykott gegen den Partner teilzunehmen. Der Berliner Vertrag ist als Gegengewicht zu den Verträgen von Locarno Teil von Stresemanns Gleichgewichtspolitik. Deutschland hat nach seiner Meinung damit »die Chance erhalten, kraft seiner geographischen Lage der gegebene große Mittler und die Brücke zwischen Ost und West zu sein«.

30 000 Junglehrer sind arbeitslos

11. April. Eine vom Preußischen Lehrerverein nach Berlin einberufene Junglehrerversammlung verweist darauf, daß auf jährlich 1500 freie Lehrerstellen in Preußen 30 000 arbeitslose Junglehrer kommen. Die Lehrer suchen Erwerb in anderen Berufen, kommen aber »wegen ihrer einseitigen Vorbildung« nur als ungelernte Hilfskräfte in Frage. Die Versammlung bezeichnet den Zustand als »Kulturschande« und verlangt ein Notgesetz, das die Klassenfrequenz herabsetzt.

Pädagogin Ellen Key stirbt

25. April. Die schwedische Schriftstellerin Ellen Key stirbt im Alter von 76 Jahren auf Strand am Vättersee. Mit einem Buchtitel hat sie das Schlagwort für die neue Epoche der Pädagogik geliefert: »Das Jahrhundert des Kindes« heißt ihr Hauptwerk. Ellen Key hat sich bis zu ihrem Tod für ein besseres Verständnis des Kindes eingesetzt. Sie war Lehrerin und anschließend Dozentin in Stockholm. Ihr Name ist verbunden mit der schwedischen Frauenrechtsbewegung.

Großindustrieller Thyssen ist tot

August Thyssen †.

4. April. August Thyssen stirbt, Prototyp des deutschen Großindustriellen. Er hat 1871 die Thyssen & Co KG gegründet und 1890 die August Thyssen-Hütte AG in Duisburg. Daraus hat sich der Thyssen-Konzern der Eisen- und Stahlindustrie entwickelt, der neben Krupp zum größten deutschen Montanunternehmen um die Jahrhundertwende wurde. Die Leitung des Konzerns übernimmt jetzt sein Sohn, Fritz Thyssen. Er unterstützt seit 1923 finanziell die NSDAP.

Architekten suchen neue Wege im Wohnungsbau. Das Bild zeigt einen Entwurf für ein großes Reihenhaus in München von Otto Völkers (1926).

1926
MAI

Mo	Di	Mi	Do	Fr	Sa	So
					1	2
3	4	5	6	7	8	9
10	11	12	13	14	15	16
17	18	19	20	21	22	23
24	25	26	27	28	29	30
31						

3. Beginn eines Streiks der englischen Bergarbeiter und Generalstreik. Etwa drei Millionen Arbeiter im Ausstand.

3. Theaterskandal in Halle wegen Carl Zuckmayers »Weinberg«. →

5. Der Film »Panzerkreuzer Potemkin« läuft in Berlin an.

5. Konstituierung der Vereinigten Stahlwerke AG. →

5. Flaggenerlaß Hindenburgs. →

6. Reichstag lehnt Gesetzentwurf zur Fürstenenteignung ab. Damit Einleitung des Volksentscheids.

8. Luftfahrtabkommen mit Frankreich und Belgien befreit Deutschland von Beschränkungen beim Bau von Verkehrsflugzeugen. →

9. R. E. Byrd und L. Bennet überfliegen zum erstenmal den Nordpol. →

9. Die Franzosen bombardieren Damaskus wegen Unruhen der Drusen.

10. Gründung des Deutschen Akademikerinnenbundes in Berlin.

12. Militärputsch Pilsudskis in Polen. →

12. Ende des englischen Generalstreiks. Bergarbeiterstreik dauert fort.

12. Preußen verbietet die Bünde »Wiking« und »Olympia«.

12. Roald Amundsen überfliegt im Luftschiff »Norge« den Nordpol. →

13. Rücktritt Regierung Luther.

17. Marx neuer Reichskanzler. →

17. Reform des § 218. Strafmilderung für Abtreibung.

24. Nurmi läuft in Berlin neuen Weltrekord über 3000 Meter in 8:24,4 min.

25. Türkei beschließt ab 1927 christlichen Kalender einzuführen.

26. Kapitulation des Führers der Rifkabylen, Abd el Krim. Ende des Marokkofeldzuges.

28. Militärputsch in Lissabon durch General Gomez da Costa.

31. Theodor Lessing wird in Hannover von Studenten an Vorlesungen gehindert.

GEBOREN:

19. Peter Zadek, deutscher Regisseur.

25. Max von der Grün, deutscher Schriftsteller.

Hindenburgs Flaggenkompromiß

5. Mai. Reichspräsident Paul von Hindenburg erläßt – was verfassungsrechtlich nicht einwandfrei ist – eine Verordnung, nach der die Auslandsvertretungen nicht nur die schwarz-rot-goldene Reichsflagge, sondern auch die Handelsflagge zu zeigen haben. Diese trägt noch die ehemaligen preußisch-deutschen Farben Schwarz-Weiß-Rot und nur in einer kleinen Ecke die Reichsfarben. Der Kompromiß eines Zweiflaggensystems, den die Nationalversammlung als Zugeständnis an ewig Gestrige konstruiert hat, erweist sich als Bumerang. Hindenburg macht keinen Hehl daraus, daß auch er die Reichsfarben nicht liebt. Reichskanzler Hans Luther zeichnet die Verordnung gegen, Außenminister Gustav Stresemann sucht sie mit dem Hinweis zu verteidigen, daß man nur auf die Ressentiments der Auslandsdeutschen reagiere, die sonst gar nicht für das Reich flaggen würden. Die liberale Presse allerdings vermutet, daß Luther und Stresemann sich besseres Wetter auf der rechten Seite verschaffen wollen. Das »Berliner Tageblatt« weist darauf hin, daß Stresemann bei der letzten Wahlkampagne »sein Knopfloch schwarz-weiß-rot beflaggt hat«. Gegen den Sturm der Empörung von links feiert die Rechte die »nationale Tat« Hindenburgs.

Am 11. und 12. wird die Flaggenverordnung im Reichstag erregt diskutiert. Ein Mißtrauensantrag der Demokraten gegen den Kanzler wird mit 176 gegen 146 Stimmen angenommen. Luther tritt am 13. zurück. Am 17. wird Wilhelm Marx sein Nachfolger. Er übernimmt die bisherigen Minister ohne Veränderung und tritt zum drittenmal als Kanzler der Republik an. Das Zentrum hatte am 16. Konrad Adenauer als Kanzlerkandidaten vorgeschlagen.

Das am 12. Mai 1926 über die Flaggenverordnung gestürzte Kabinett Luther.

Kommunisten demonstrieren gegen die Flaggenverordnung.

Größter deutscher Montankonzern wird in Düsseldorf gegründet

5. Mai. Das größte deutsche Montanunternehmen, die Vereinigten Stahlwerke AG Düsseldorf, entsteht. Seit Januar wird der Zusammenschluß von sieben führenden Unternehmen der Hütten- und Bergwerksindustrie betrieben, darunter die Stinnes-, Thyssen- und Phoenixgruppe, die Rheinische Stahlwerke AG und der Bochumer Verein für Hüttenbau. Der Generaldirektor der Phoenix AG für Bergbau und Hüttenbetrieb nennt den Mammutzusammenschluß Selbsthilfe der Industrie zur Verbesserung der Betriebsergebnisse.

Unter den Dachkonzern mit 800 Millionen Mark Aktienkapital fallen dann etwa ein Viertel der deutschen Steinkohlen- und ein Fünftel der Eisen- und Stahlerzeugung mit insgesamt 200 000 Arbeitern. Über Aktien der Zechen der Rheinischen Stahlwerke ist die neue AG auch mit den IG-Farben verbunden. In die Aufsichtsräte beider Riesenunternehmen kommen jeweils Vertreter des anderen Konzerns.

Der neue Reichskanzler Wilhelm Marx beim Amtsantritt.

Theaterskandal um Zuckmayer

3. Mai. Das Lustspiel »Der fröhliche Weinberg« von Carl Zuckmayer provoziert bei einer Aufführung in Halle einen Theaterskandal. Am 22. Dezember des Vorjahres hat es bei der Uraufführung triumphale Erfolge verbucht. Von Anfang an aber wird es auch als anstößig angeprangert und bekämpft. Der Bischof von Mainz protestiert dagegen, die Rheinhessische Bauernschaft spricht dem Autor ab, sich »Rheinhesse« nennen zu dürfen. In Halle sind Scharen von Radaumachern von außerhalb angereist, schon der 1. Akt geht in Pfeifen und Johlen unter. Polizei setzt etwa ein Drittel der Theaterbesucher vor die Türe. Die Zurückgebliebenen singen die Studentenhymne »Burschen heraus« und das Deutschlandlied.

Die Ausgeschlossenen schlagen die Türe zum Rang ein.

Das Volksstück mit derb-drastischer Komik – es geht um Verwirrung vor der Verlobung einer Weinbauerntochter – verhilft dem jungen Autor Zuckmayer zu schneller Berühmtheit – auch durch die Skandale, die es hervorruft. Es ist gegenüber den Höhenflügen der expressionistischen Gedankenwelt gewollt »lebensnah«.

Simplicissimus-Karikatur zu Zuckmayers Stück: Ein Corpsstudent verläßt seine entehrte Verlobte, nachdem sie den »Fröhlichen Weinberg« gesehen hat.

Berlins Polizei deckt Putschpläne rechter Zirkel auf

11. Mai. Einen rechtsgerichteten Zirkel, der einen Putsch vorbereitet, deckt die Berliner Polizei auf. Bei Hausdurchsuchungen findet sie genaue Pläne für die Errichtung einer Diktatur. Dabei ist der Regierende Bürgermeister von Lübeck, Johann Martin Andreas Neumann, für eine Spitzenstellung vorgesehen, Geheimrat Alfred Hugenberg (DNVP) als Finanzdirektor.

Bekannt wird bei den Ermittlungen auch ein Briefwechsel zwischen dem Führer der Alldeutschen Verbände, Justizrat Heinrich Claß, und dem Exkaiser Wilhelm II. Claß schrieb nach Doorn, er wolle sich bemühen, das Hohenzollerntum in Deutschland wieder aufzurichten. Der ehemalige Kaiser antwortete mit einem Dank.

Pilsudski an der Macht

12. Mai. Marschall Josef Pilsudski marschiert mit 14 ihm ergebenen Regimentern in Warschau ein. Aus Straßenkämpfen geht er als Sieger hervor. Am 15. übernimmt er die Regierungsgewalt. Der Präsident der Republik, Woiciechowski, legt sein Amt nieder, das Kabinett demissioniert. Pilsudski ist Herr Polens, allerdings kränkelnd und nicht mehr der strahlende Revolutionär von einst.

Er kündigt an, durch eine »moralische Diktatur« Polen zur »Gesundung« bringen zu wollen. Bei der Wahl zum polnischen Reichspräsidenten am 31. stimmen die Deutschen geschlossen für ihn. Er lehnt die Wahl ab, weil sie nicht einstimmig für ihn ausgegangen ist.

Pilsudski in seinem Arbeitszimmer im Schloß Belvedere zu Warschau.

Byrd und Bennet über dem Nordpol

9. Mai. Den Rekord, als erste den Nordpol überflogen zu haben, steuern nahezu gleichzeitig zwei Teams an. Nach (nicht überprüfbaren) Angaben können die Amerikaner Richard Evelyn Byrd und Lloyd Bennet den Sieg für sich verbuchen. Sie starten von Spitzbergen mit einer dreimotorigen Fokker und kehren 15½ Stunden später mit einer Erfolgsmeldung zurück. Der Norweger Roald Amundsen muß sich mit dem zweiten Platz begnügen. Er überquert am 12. Mai im Luftschiff »Norge« zusammen mit dem italienischen General Umberto Nobile und einem Journalisten als neutralen Beobachter an Bord den Pol.

Marineoffizier Byrd nach dem Flug.

Abkommen rettet Zeppelin

8. Mai. Das Luftfahrtabkommen zwischen Frankreich, Belgien und Deutschland befreit Deutschland von den Beschränkungen im Flugzeugbau, die der Versailler Vertrag bestimmte. Bisher durfte es nur Verkehrsflugzeuge bis 120 Stundenkilometer Leistung produzieren, Verkehrsmaschinen ins Ausland durften bis zu 160 Stundenkilometer schnell sein. Durch das Abkommen sind auch die Zeppelinwerke in Friedrichshafen gerettet.

1926

JUNI

Mo	Di	Mi	Do	Fr	Sa	So
	1	2	3	4	5	6
7	8	9	10	11	12	13
14	15	16	17	18	19	20
21	22	23	24	25	26	27
28	29	30				

1. Eröffnung der Weltausstellung in Philadelphia.

1. Ignaz Moscicki zum polnischen Staatspräsidenten gewählt.

5. Lübecker Senat ernennt Thomas Mann anläßlich der 700-Jahr-Feier der Stadt zum Professor.

6. Sieg der Linken bei Landtagswahl in Mecklenburg bei Wahlbeteiligung von nur 60 Prozent.

7. Auszug der hannoverschen Studenten an die TH Braunschweig aus Protest gegen Professor Theodor Lessing. →

10. Regierungsentwurf zur Fürstenabfindung. →

12. Brasilien verläßt Völkerbund.

13. Die SpVgg Fürth wird Fußballmeister mit 4 : 1-Sieg über Hertha BSC in Frankfurt.

17. Einheitliche Straßenverkehrsordnung für das Reich. →

17. Uraufführung »Orpheus« von Jean Cocteau in Lissabon.

18. Franz Diener Deutscher Meister im Boxschwergewicht.

18. Theodor Lessing verzichtet auf Lehrtätigkeit. →

20. Volksentscheid zur entschädigungslosen Fürstenenteignung scheitert. →

20. Eucharistischer Weltkongreß.

26. Im 58. Fußballänderspiel trennen sich Deutschland und Schweden 3 : 3.

27. Alfred Neumanns historischer Roman »Der Teufel« wird in Fortsetzungen in der »Frankfurter Zeitung« erstveröffentlicht.

30. Ende der Völkerbundskontrolle in Österreich.

GEBOREN:

1. Marilyn Monroe († 5. 8. 1962), amerikanischer Filmstar.

14. Hermann Kant, DDR-Schriftsteller.

19. Anneliese Rothenberger, deutsche Sängerin.

25. Ingeborg Bachmann († 17. 10. 1973), österreichische Lyrikerin und Schriftstellerin.

GESTORBEN:

20. Felix Dserschinsky (* 11. 9. 1877), sowjetischer Politiker (Leiter der russischen Tscheka).

22. Hermann Suter (* 28. 4. 1870), Schweizer Komponist.

Demonstration der KPD gegen die Fürstenabfindung in Berlin.

Volksentscheid gegen Enteignung der deutschen Fürstengüter scheitert

7. Juni. Ein Brief vom Reichspräsidenten Paul von Hindenburg wird veröffentlicht, in dem er – was gegen seine politische Rolle verstößt – persönlich gegen den bevorstehenden Volksentscheid über Abfindung und Enteignung der Fürstenhäuser Stellung bezieht. Er spricht von einem Verstoß gegen die Grundlagen der Moral und des Rechts. Einen Tag vor der Volksabstimmung geht die Meldung durch die Presse, daß der ehemalige Kaiser Entschädigungen für Liegenschaften in früher deutschen Gebieten kassierte in Höhe von mehreren Millionen Mark. Sein Fall wurde wegen »Bedürftigkeit« schnell behandelt. 319 000 »kleine« Leute warten dagegen immer noch auf Auszahlung geringer Nachentschädigungen für Besitzverluste in ebendiesen Gebieten. Am 20. nehmen am Volksentscheid 15,6 Millionen Wähler teil.

14,5 Millionen stimmen mit Ja, das sind mehr, als Hindenburg an Stimmen bei seiner Wahl bekam, aber fünfeinhalb Millionen zu wenig, um die entschädigungslose Enteignung der Fürsten zum Gesetz zu machen. Über die Fürstenansprüche ist damit trotzdem ein vernichtendes Urteil gesprochen.

17. Juni. Auf die wachsende Verkehrsfülle (Foto: Potsdamer und Leipziger Platz in Berlin) reagiert die Regierung mit einer einheitlichen Straßenverkehrsordnung für das Reich. Strenge Regeln werden eingeführt.

Hannover erzwingt Rücktritt Lessings

18. Juni. Die Stadt Hannover beendet in unrühmlicher Weise den ihr lästigen Fall des Philosophieprofessors Theodor Lessing. Der 1872 geborene streitbare Professor hat sich seit über einem Jahr über die Stadt hinaus unbeliebt gemacht. In seinem Buch »Haarmann. Die Geschichte eines Werwolfs« schreibt er der Gesellschaft die Mitschuld an dessen Morden zu. Vor der Reichspräsidentenwahl bezeichnet er Hindenburg als völlig ungeeignet für das höchste Staatsamt (»ein Fragezeichen, ein Zero«). Die Haßreaktionen, die er 1925 schon auf sich zog deswegen, werden bis zum Juni immer ungezügelter. Studenten stören seine Vorlesung, rufen »Jude raus nach Palästina«.

Theodor Lessing.

Am 31. Mai zwingen ihn Studentenkrawalle zum Abbruch der Vorlesung. Die Studenten erhalten Beifallskundgebungen aus ganz Deutschland. Am 3. Juni sucht Lessing um Polizeischutz beim Verlassen der Hochschule nach, da er von Studenten tätlich angegriffen wird. Am 7. Juni zieht die Studentenschaft demonstrativ an die TH Braunschweig aus.

Der hannoversche Magistrat mischt sich in das Kesseltreiben ein. Er versucht am 12. Juni, Lessing zum freiwilligen Verzicht auf sein Lehramt zu bewegen. Dieser gibt am 18. Juni schließlich auf.

Einem Kompromißvorschlag des preußischen Kultusministeriums entsprechend läßt er sich auf einen Forschungsauftrag abschieben. Die Studentenschaft rühmt sich am gleichen Tag, am Ziel zu sein, der »endgültigen Einstellung der Vorlesungen von Professor Lessing«.

1926

JULI

Mo	Di	Mi	Do	Fr	Sa	So
			1	2	3	4
5	6	7	8	9	10	11
12	13	14	15	16	17	18
19	20	21	22	23	24	25
26	27	28	29	30	31	

1. Republikanische Kanton-Truppen unter Tschiang Kai-schek beginnen Nordfeldzug zur Einigung Chinas.

2. Reichsregierung zieht Gesetzentwurf zur Fürstenabfindung zurück.

3. Die Vereinigte Stahlwerke AG unternimmt mit Anleihe von 250 Millionen Mark größte Finanztransaktion eines deutschen Privatunternehmens.

3. NSDAP hält 1. Reichsparteitag in Weimar. →

5. Eröffnung der Zugspitzbahn. →

8. Francsturz nicht aufzuhalten. Der Dollar liegt bei 40, ein englisches Pfund bei 194,5 Franc.

9. Neuer Staatsstreich in Portugal durch General Carmona.

10. 130 000 New Yorker übernachten wegen Hitzewelle im Freien. →

12. Zwei tödliche Unfälle beim Großen Preis von Deutschland auf der Berliner Avus. Sieger wird Rudolf Caracciola.

12. US-Munitionsdepot in Dover (New Jersey) durch Blitzschlag explodiert. 10 Quadratmeilen im Umkreis verwüstet.

16. Einweihung des Marine-Ehrenmals in Kiel-Laboe. Teilnahme von Reichsmarine, Stahlhelm- und Wikingbund.

16. »Potemkin«-Film für ganz Deutschland verboten. →

17. Sturz des Kabinetts Briand bei Abstimmung über Ermächtigungsvorlage zur Behebung der Finanzkrise.

17. Wehrwetturnen in Wien. →

19. Lufthansastatistik: 120 Flugzeuge fliegen täglich 75 Flughäfen an, davon 15 im Ausland.

23. Poincaré wieder französischer Ministerpräsident. Briand bleibt Außenminister.

23. Reich und Länder vereinbaren Arbeitsbeschaffungsprogramm.

GEBOREN:

1. Hans Werner Henze, deutscher Komponist.

24. Hans Günter Winkler, deutscher Springreiter.

GESTORBEN:

2. Emile Coué (* 26. 2. 1857), französischer Apotheker, Verfechter der Heilverfahren durch Autosuggestion.

50. Mal Wimbledon

3. Juli. In Wimbledon gehen die 50. Tennismeisterschaften zu Ende. In den Endspielen gibt es folgende Ergebnisse:
Im Dameneinzel siegt Goodfree über die Spanierin d'Alvarez mit 6 : 2, 4 : 6, 6 : 3. Der Franzose Jean Borotra gewinnt das Herreneinzel gegen den Amerikaner Kinsey mit 8 : 6, 6 : 1, 6 : 2.

Damendoppel M. K. Browne / E. Ryan gegen E. L. Colyer / L. A. Goodfree 6 : 1, 6 : 1.
Herrendoppel: J. Brugnon / H. Cochet besiegen H. Kinsey / V. Richards mit 7 : 5, 4 : 6, 6 : 3, 6 : 2. Das gemischte Doppel gewinnt das Ehepaar Goodfree gegen H. Kinsey / M. K. Brown 6 : 3, 6 : 4.

1. Reichsparteitag der NSDAP nach der Neugründung

3. Juli. Adolf Hitler hält in Weimar den ersten Reichsparteitag der NSDAP seit der Neugründung ab. Thüringen ist eines der wenigen Länder, in denen er nicht mit Redeverbot belegt ist.
Hitler demonstriert hier, daß er sich gegen die rivalisierende Gruppe um die Brüder Strasser durchgesetzt hat. Gregor und Otto Strasser haben in Norddeutschland und im Rheinland Einfluß gewonnen. Sie treten für die Verstaatlichung von Industrie und Großgrundbesitz ein und standen auf seiten der Befürworter der Fürstenenteignung. Hitler, der monatlich 1500 Mark von der geschiedenen Herzogin von Sachsen-Anhalt bekommt, bezieht Gegenpositionen.

Großsiedlung in Berlin-Britz

29. Juli. Die »Berliner Illustrirte« stellt das Projekt einer Siedlung vor, die über 1000 Wohnungen enthalten soll. Sie entsteht in Berlin-Britz im Rahmen eines riesigen Bauprogramms.
Architekt der in Hufeisenform angelegten Siedlung ist Bruno Taut. Der Baumeister will in neuen Wohnformen das Lebensgefühl des fünften Standes zum Ausdruck bringen. Das heißt, er will unter anderem auf jegliche hierarchische Elemente verzichten. Die großzügige Hufeisenform will sich programmatisch zu einer Welt der Gleichen bekennen.

Hitzeflucht nach Coney Island

10. Juli. 130 000 New Yorker übernachten am Strand von Coney Island auf der Flucht vor der Hitze. Die USA leiden unter einer Hitzewelle. Es gibt bereits Hunderte von Toten. Am 24. wird gemeldet, daß die Stadt New York täglich 65 Millionen Gallonen Wasser verbraucht (292 Millionen Liter). Das sind umgerechnet 130 Gallonen Wasser pro Person.

Reichsparteitag in Weimar 1926: Vorbeimarsch vor Hitler am Marktplatz.

Nach Führertagungen und parteiinternen Aussprachen ist in Weimar nun klar: Ein Programmentwurf der Brüder Strasser hat keine Chance mehr gegen die alten 25 Punkte der NSDAP. Goebbels ist von der Strasser-Gruppe zu Hitler übergelaufen.

Hitler nimmt in Weimar einen Vorbeimarsch von 5000 Mann ab, erstmalig mit ausgestrecktem Arm grüßend. Fotograf Heinrich Hoffmann liefert eine Serie Bilder mit diesen Szenen an den »Völkischen Beobachter«.

Blick auf Hufeisensiedlung Berlin-Britz im Jahre 1926.

Schwebebahn bis zur Zugspitze

5. Juli. Knapp zum vorgesehenen Termin fertiggestellt, wird die Schwebebahn auf die Zugspitze eingeweiht. Sie überwindet, von der österreichischen Seite bei Obermoos beginnend, eine Strecke von 3500 Metern in 16 Minuten. Die nur mit sechs Stützen einen Höhenunterschied von 1574 Metern bewältigende Konstruktion wird als eine der kühnsten Bahnanlagen der Welt gerühmt. Pro Stunde fahren drei Wagen zum Gipfel mit 19 Fahrgästen. Am Einweihungstag liegt Neuschnee auf der Zugspitze. Von München aus fährt ein Sonderzug mit den Ehrengästen nach Garmisch und Ehrwald.

Sowjetfilm Opfer der Filmzensur

16. Juli. Die Filmoberprüfstelle widerruft ihre frühere Zulassung des »Panzerkreuzer Potemkin« und verbietet den Film für ganz Deutschland. Es ist nach langem Hin und Her das zweite Verbot des Filmes, der seit 15. April schon von Mitgliedern der Reichswehr nicht besucht werden darf. Als Grund wird angegeben, daß er die Sicherheit gefährdet, weil bei Bildern von der Tötung von Offizieren Beifall geklatscht wird. Hinter dem Verbot stehen entsprechende Anträge von Württemberg, Bayern und Thüringen. Mit der Entscheidung führt die Filmoberprüfstelle praktisch politische Zensur wieder ein, die ausgeschlossen werden sollte.

Turner bestreiten »Wehrwetturnen«

17. Juli. In Wien beginnt das Wehrwetturnen des Deutschen Turnerbundes. Bis zum 20. messen sich die Teilnehmer aus Österreich, Deutschland und dem Sudetenland mit voller militärischer Ausrüstung und Eisenstab als Gewehrersatz in Übungen wie Hürdenspringen, Grabenspringen, Überklettern von Zäunen und Werfen von Wurfkeulen. Vertreter des Militärs loben die Absicht, »wehrhafte Menschen« zu erziehen.

1926

AUGUST

Mo	Di	Mi	Do	Fr	Sa	So
						1
2	3	4	5	6	7	8
9	10	11	12	13	14	15
16	17	18	19	20	21	22
23	24	25	26	27	28	29
30	31					

1. Mißglücktes Attentat auf Primo de Rivera in Barcelona.

1. Franzosen in ernste Kämpfe um Damaskus verwickelt.

1. Landwirte der Sowjetunion müssen Steuern in Geld statt wie bisher in Naturalien zahlen.

6. Gertrud Ederle durchschwimmt als erste Frau den Ärmelkanal.

10. Deutsch-französisches Handelsabkommen.

14. Konferenz deutscher und österreichischer Nationalsozialisten in Passau.

15. Internationaler Astronomenkongreß nach 13jähriger Pause in Kopenhagen.

17. Einweihung des Flughafens in Frankfurt.

18. Durch Anschlag entgleist D-Zug Berlin–Hannover nördlich von Braunschweig.

18. Die englischen Bergarbeiter nehmen nach einem dreimonatigen Streik Verhandlungen mit Regierung auf. →

19. Liberale Revolution in Nicaragua.

20. Aufstand in Südostpersien gegen den Schah.

21. Griechischer Diktator Pangolas stürzt durch Staatsstreich von General Kondylis.

22. United Press meldet riesige Diamantenfunde aus Südafrika. Mehr als 50 000 Menschen strömen zu den entdeckten Feldern bei Johannesburg: Größter Diamantenfund in der Geschichte Südafrikas.

24. Der 21jährige Max Schmeling wird im Berliner Lunapark Halbschwergewichtsmeister im Boxen. Nach Meinung der Presse berechtigt er »zu größten Hoffnungen«.

25. Konduriotis erklärt Ende der Diktatur in Griechenland. Tritt als Präsident an.

30. Der Deutsche Ernst Vierkötter durchschwimmt den Ärmelkanal in Rekordzeit von 12 Stunden, 42 Minuten.

GEBOREN:

15. Julius Katchen, amerikanischer Pianist.

GESTORBEN:

23. Rudolpho Valentino (* 6. 5. 1895), italienischer Stummfilmstar. →

Früher Tod Valentinos

Valentino-Fans geben ihrem Idol in seinem New Yorker Hotel die letzte Ehre.

23. August. Rudolpho Valentino, hysterisch umschwärmter Filmstar und Sexsymbol der 20er Jahre, stirbt im Alter von 31 Jahren im Krankenhaus. 100 000 Menschen nehmen an seiner Beerdigung teil, es kommt zu Ausschreitungen und Verletzungen sowie einer Serie von Selbstmorden.

Rudolpho Valentino, mit 17 Jahren von Italien nach New York gekommen, hat sich als großer romantischer Liebhaber und edler tapferer Held die Herzen im Kino erobert, obwohl die meisten seiner Filme schlecht sind und er als Schauspieler nach dem Urteil der Fachwelt nicht minder. Seine Karriere begann er als Gärtner, Eintänzer in Maxim's Restaurant und gelegentlicher Tanzkomparse in Filmstudios. Mit »The Sheik« wurde er 1921 bekannt.

Die letzten Tage seiner Krankheit beschäftigten die amerikanische Öffentlichkeit mehr als irgendein politisches Thema. Bulletins hielten über seinen Zustand auf dem laufenden, Verehrerinnen sandten Genesungswünsche.

Plakat zu Valentinos letztem Film.

Streik in England

18. August. Die streikenden englischen Bergleute nehmen Verhandlungen mit der Regierung auf. Der schon über drei Monate dauernde Arbeitskampf zwischen 1,1 Millionen Bergleuten und 1500 Grubenbesitzern hat spürbare Folgen im Ausland. In England ist die monatliche Kohleförderung von 22 Millionen Tonnen auf 350 000 Tonnen gesunken.

Die Weltmarktpreise für Kohle sind entsprechend deutlich gestiegen.

Deutschland profitiert davon, auch vom Wegfall der englischen Konkurrenz. Es verzeichnet nach Pressemeldungen des Monats jetzt einen Kohlemehrabsatz von 400 000 Tonnen pro Monat. Die Kohleausfuhr ist auf das Zweieinhalbfache gestiegen. Seit dem englischen Streikbeginn im Mai haben im Reich die seit einiger Zeit anhaltenden Zechenstillegungen, Feierschichten und Entlassungen ein schlagartiges Ende.

1926
SEPTEMBER

Mo	Di	Mi	Do	Fr	Sa	So
			1	2	3	4	5
6	7	8	9	10	11	12
13	14	15	16	17	18	19
20	21	22	23	24	25	26
27	28	29	30			

1. IG-Farben größte deutsche Gesellschaft. →

3. Eröffnung der 3. Berliner Funkausstellung und Einweihung des von H. Straumer entworfenen Funkturmes. →

4. Uraufführung »Cromwell« von Klabund im Lessing-Theater Berlin.

7. Bisher teuerster Hollywoodfilm (4 Millionen Dollar) kommt in Berlin zur europäischen Erstaufführung. Sonstige Durchschnittskosten: 450 000 Dollar.

8. Die Völkerbundversammlung in Genf beschließt die Aufnahme Deutschlands. →

10. Koblenzer Abkommen: Amnestie für Straftaten während der Besetzungszeit in den rheinischen Gebieten.

11. Bei Volksabstimmung erklären sich in Spanien sechs Millionen für die Diktatur.

11. Otto Peltzer schlägt in Berlin Nurmi mit Weltrekordzeit von 3:51,0 min auf 1500 m. →

11. Spanien verläßt Völkerbund.

17. Frühstück von Thoiry: Treffen Stresemanns und Briands. →

19. Bei Wirbelsturm in Florida kommen 1500 Menschen um.

24. Gene Tunney schlägt Jack Dempsey bei Boxweltmeisterschaft im Schwergewicht in Philadelphia. →

25. Höhepunkt einer Typhusepidemie in Hannover.

25. Uraufführung von Bert Brechts »Mann ist Mann« in Darmstadt.

27. In Wien beschäftigt sich der »5. Deutsche Soziologentag« mit dem Problem der Demokratie.

29. Presse deckt Teilnahme des Kronprinzensohns an Reichswehrmanövern auf. Daraus entsteht Reichswehraffäre. →

30. Europäisches Eisenkartell. →

GEBOREN:

6. Claus von Amsberg, Prinz der Niederlande.

14. Michel Butor, französischer Schriftsteller.

30. Baron Edmond de Rothschild, französischer Industrieller.

GESTORBEN:

14. Rudolf Eucken (* 5. 1. 1846), deutscher Philosoph der neuidealistischen Richtung.

Deutschland im Völkerbund

Tagung des Völkerbundes 1926: Von links Stresemann, Sir Austen Chamberlain, Aristide Briand und Schubert.

8. September. Ein Telegramm kündigt Außenminister Gustav Stresemann endlich den besonderen persönlichen wie politischen Triumph an: Die Vollversammlung des Völkerbundes beschließt an diesem Tag einstimmig die Aufnahme Deutschlands in den Bund samt Zuteilung eines ständigen Ratssitzes. Am 9. reist die deutsche Delegation nach Genf ab, am 10. wird ihr dort ein grandioser Empfang in der Vollversammlung bereitet. Als Stresemann den Versammlungssaal betritt, erhebt sich ein Beifallssturm, das Publikum auf den Tribünen schwenkt die Hüte. »Eine Szene, wie sie sich im Völkerbund noch nie abgespielt hatte«, berichtet der deutsche Chefdolmetscher. Stresemann hält eine Antrittsrede, in der er den Willen Deutschlands zur Politik des gegenseitigen Verstehens betont. Der französische Außenminister Aristide Briand setzt den Gefühlsappell fort: »Weg mit den Gewehren, weg mit den Maschinengewehren und weg mit den Kanonen! Platz für die Vermitt-

lung der Schiedsrichter, für den Frieden!«

Um der Genfer Hochstimmung erste Taten folgen zu lassen, treffen sich Gustav Stresemann und Aristide Briand zu einem Frühstück im Dorf Thoiry nahe der Schweizer Grenze. Es ist der Beweis des Vertrauens, das sich zwischen den beiden Politikern entwickelt hat. Beide wollen eine Gesamtlösung der deutsch-französischen Beziehun-

Stresemann am 10. September in Genf.

gen anstreben, in der sie den Kern der Europapolitik sehen. Stresemann schlägt vor, gegen eine deutsche Mithilfe bei der Beilegung der französischen Währungskrise (der Franc hat noch $1/10$ seines Vorkriegswertes) die Souveränität Deutschlands wiederherzustellen, die Rheinlandfrage endgültig zu bereinigen. Doch hier bleibt das Gespräch ohne greifbare Ergebnisse. Briand ist durch den französischen Ministerpräsidenten Raymond Poincaré und die öffentliche Meinung in Frankreich an die Haltung gebunden, daß eine Aussöhnung nicht durch »Zugeständnisse« erkauft werden dürfe. Er bringt auch die Agitation nationalistischer Verbände in Deutschland zur Sprache. Stresemann kann nicht, wie er hoffte, den Meilenstein deutsch-französischer Verständigung setzen. Er kommt ohne den Beweis zurück, daß sich nach dem 8. die Lage Deutschlands irgendwie verbessert. Die laue Luft des »Völkerfrühlings« ist schon nach ein paar Tagen merklich kühler geworden.

Prinz Wilhelm beim Manöver

29. September. Die Presse deckt auf, daß der älteste Sohn des Kronprinzen, Wilhelm, an den Reichswehrmanövern vom 14. August bis 9. September in Württemberg teilgenommen hat. Der Kronprinz selbst hat, wie sich herausstellt, den Chef der Heeresleitung, Hans von Seeckt, um Erlaubnis gebeten. Prinz Wilhelm trug bei den militärischen Übungen die Uniform des alten Heeres und hielt sich mit der Traditionskompanie des Regiments auf der Burg Hohenzollern auf. Nach dem Flaggenstreit und dem Volksentscheid zur Fürstenfrage wird diese Affäre als besonders prekär empfunden. Schon rein formal hätte der Prinz nicht ohne Dienstverpflichtung auf zwölf Jahre an den Manövern teilnehmen dürfen.

IG-Farben größter deutscher Konzern

1. September. Die Erdöl- und Kohleverwertung AG geht in den Besitz der IG-Farben über. Diese wird damit zur größten deutschen Gesellschaft und erhöht ihr Aktienkapital von 646 Millionen auf 1,1 Milliarden Mark. In dem Chemietrust arbeitet jetzt Kapital von nahezu drei Milliarden Mark. Das ist reichlich doppelt soviel wie bei der neuen Montankombination der Vereinigten Stahlwerke AG.

11. September. Otto Peltzer nach seinem 1500-Meter-Weltrekord. Er schlägt in Berlin den Finnen Paavo Nurmi mit 3:51,0 Minuten.

Boxidol Dempsey unterliegt Tunney

24. September. Der »Kampf des Jahrhunderts« findet in Philadelphia statt. Vor 132 000 Zuschauern tritt Gene Tunney gegen Jack Dempsey an, der seit 1919 Boxweltmeister ist. Dempsey ist mit seinem rücksichtslosen Kampfstil Boxidol und einer der populärsten Männer Amerikas. Doch Gene Tunney sorgt für die Überraschung des Tages. Er ist nach zehn Runden Sieger nach Punkten.

3. September. Nach mehr als zweijähriger Bauzeit wird anläßlich der 3. Deutschen Funkausstellung in Berlin der Funkturm eingeweiht. Der 138 Meter hohe Stahlgitterbau ist von dem Konstrukteur Heinrich Straumer entworfen.

Stahlkocher gründen Kartell

30. September. Ein kontinentales Stahlkartell zwischen Deutschland, Frankreich, Belgien und Luxemburg wird geschlossen. Der Vertrag beinhaltet, daß jährlich 25 Millionen Tonnen Stahl produziert werden sollen, davon 43 Prozent in Deutschland, 6 Prozent im Saargebiet, 31 Prozent in Frankreich und 20 Prozent in Belgien/Luxemburg.

1926 OKTOBER

Mo	Di	Mi	Do	Fr	Sa	So
				1	2	3
4	5	6	7	8	9	10
11	12	13	14	15	16	17
18	19	20	21	22	23	24
25	26	27	28	29	30	31

2. »Potemkin«-Film endgültig wieder freigegeben.

2. Pilsudski wird Ministerpräsident Polens.

3. Paneuropa-Kongreß in Wien eröffnet. →

4. Enthüllung eines Denkmals für Mustafa Kemal Pascha in Istanbul.

6. Generaloberst von Seeckt tritt wegen Kronprinzenaffäre zurück. →

6. Vergleich zwischen preußischer Regierung und Hohenzollern. Hauptlinie erhält 250 000 Morgen Land.

7. Deutsch-Hannoversche Partei fordert Bildung eines Landes Niedersachsen.

7. Parteistatut in Italien setzt die faschistische Partei und den Staat gleich. →

8. Deutsch-englische Industriellenkonferenz in Ramsay als Wirtschafts-Locarno.

9. General Heye wird neuer Chef der Heeresleitung.

13. Uraufführung von Ernst Barlachs »Der blaue Boll«.

16. Premiere des »Faust«-Filmes von Friedrich Murnau mit Emil Jannings und Camilla Horn. →

19. Beginn der britischen Empire-Konferenz. Hebt das British Commonwealth aus der Taufe. →

20. Kleistpreis zur Hälfte an Alfred Neumann für Roman »Der Teufel«. Zweite Hälfte an Alexander Lernet-Holenia.

27. Konferenz der KPdSU verurteilt Fraktionsarbeit der russischen Opposition um Trotzki, Kamenew, Sinowjew.

30. Max Reinhardt feiert 25jähriges Regie-Jubiläum. →

31. Deutschland siegt im 59. Fußballänderspiel in Amsterdam mit 3:2 über Holland.

GEBOREN:

18. Klaus Kinski, deutscher Schauspieler.

GESTORBEN:

7. Emil Kraepelin (* 15. 2. 1865), deutscher Psychiater.

17. Otto Heubner (* 21. 1. 1843), Mitbegründer der Kinderheilkunde in Deutschland.

27. Harry Breßlau (* 22. 3. 1848), deutscher Historiker.

Bühnenjubiläum für Max Reinhardt

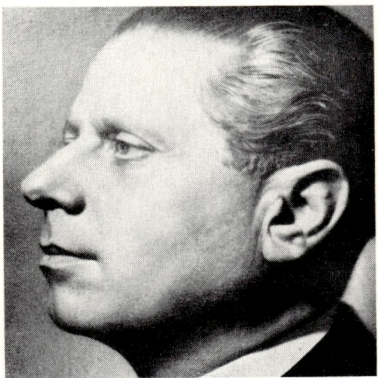

Max Reinhardt.

30. Oktober. Max Reinhardt, von der Presse halb bewundernd, halb liebevoll auch »Theaterarch« genannt, feiert sein 25jähriges Regie-Jubiläum. 1901 eröffnete er die Kleinbühne »Schall und Rauch« Unter den Linden. 1905 übernahm er die Leitung des Deutschen Theaters. Ehrungen aus Deutschland und der ganzen Welt häufen sich, Reinhardt wird Ehrenmitglied des Moskauer Künstlertheaters. Aus der Berliner Theaterszene ist er nicht wegzudenken. Er wird verehrt als großer Bühnenzauberer, der das Theater aus allzu engem Naturalismus herausführte und den Weg für das phantastische und auch für das komödiantische Theater freimachte. Seine Shakespeare-Inszenierungen sind in enthusiastischen Kritiken gewürdigt.

Paneuropa-Kongreß in Wien

3. Oktober. Vertreter von 28 Staaten treffen sich in Wien zum 1. Paneuropa-Kongreß. Richard Nicolas Graf Coudenhove-Kalergi, Gründer der Paneuropa-Bewegung, trägt sein Programm vor, das er schon 1923 in seinem Buch »Paneuropa« niedergelegt hat. Hauptpunkt ist für ihn der Abbau europäischer Binnengrenzen in strategischer, wirtschaftlicher und nationaler Hinsicht. Am 6. veröffentlicht der Kongreß, dessen Vorsitz der deutsche Reichstagspräsident Paul Löbe hat, ein Manifest mit der Forderung nach einer paneuropäischen Konferenz, die den Zusammenschluß vorbereiten soll.

Seeckt tritt zurück

6. Oktober. Wegen der Kronprinzenaffäre muß der Chef der Heeresleitung, Generaloberst Hans von Seeckt, zurücktreten. Als sich bei Nachforschungen herausstellt, daß Seeckt die Teilnahme des Kronprinzensohnes an den Reichswehrmanövern erlaubt hat, tut Reichswehrminister Otto Geßler nichts, um ihn zu halten. Seinem Nachfolger, General Wilhelm Heye, der am 9. ernannt wird, hinterläßt Seeckt ein modernes Berufsheer. Die Begrenzung der Reichswehr durch den Versailler Vertrag auf 100 000 Mann hat er in den sechs Jahren seiner Amtszeit damit beantwortet, daß er die Reichswehr zu einer Art Elitetruppe macht. Offiziere und Mannschaften müssen sich auf eine Dienstzeit von zwölf Jahren verpflichten.

Von Seeckts Abschiedsgruß an die Soldaten am 13. Oktober im Heeresverordnungsblatt lautet: »Jeder an seiner Stelle, stündlich, täglich, im Leben und dem Tod! Über Gräber – vorwärts!«

Preußen ehrt Dichter

Gründung der Sektion für Dichtkunst durch die Akademie der Künste.

26. Oktober. Die altehrwürdige, auf eine Gründung von Friedrich III., Kurfürst von Brandenburg, zurückgehende Preußische Akademie der Wissenschaften in Berlin richtet eine eigene Sektion für Dichtkunst ein. Die Akademie hält aus diesem Anlaß eine feierliche Plenarsitzung. Diese Ehrung der Dichter geht auf einen Erlaß des Ministers für Wissenschaft, Kunst und Volksbildung, Karl Becker, vom 19. März zurück. Er hat u. a. Thomas Mann zum Gründungsmitglied ernannt.

Am 27. Oktober tagt die Sektion zum erstenmal. Dabei kommt es zu heftigen Streitereien unter den Dichtern. Als Mitglieder werden an diesem Tag u. a. Georg Kaiser, Hermann Hesse, Ricarda Huch, Heinrich Mann, Hugo von Hofmannsthal, Arthur Schnitzler, Jakob Wassermann und Franz Werfel hinzugewählt.

Rainer Maria Rilke lehnt die Wahl ab. Er bemerkt dazu, er sei grundsätzlich nicht bereit, Auszeichnungen anzunehmen.

Führerstaat in Italien

7. Oktober. Der Große Rat der Faschistischen Partei Italiens beschließt ein neues Parteistatut. Danach werden Partei und Staat vollkommen gleichgesetzt und alle anderen politischen Richtungen von Einfluß auf die Macht im Staate ausgeschlossen. Der König wird nicht mehr erwähnt. Auch der neue Eid der Faschisten gilt ausschließlich dem Duce.

Die Serie von Anschlägen auf Benito Mussolini in Italien setzt sich fort. Am 31. schießt der 15jährige Anteo Zamboni in Bologna auf den Duce. Er verfehlt sein Ziel. Während Mussolini weiterfährt, wird der Junge von der Masse gelyncht.

Neuer Status der Dominions im britischen Empire

19. Oktober. Eine Tagung der britischen Reichskonferenz beginnt, die bis zum 23. November dauert. Sie definiert das Verhältnis zwischen Großbritannien und den Dominions neu.

Die Ereignisse der vergangenen Jahre haben gezeigt, daß es keine völkerrechtliche Einheit des Reiches mehr gibt. Für die entstandene neue Situation findet Lord Balfour, der ehemalige britische Außenminister, die neue klassische Formel, die dann auch seinen Namen trägt: Die Dominions seien »autonome Gemeinschaften innerhalb des britischen Empires, gleich im Status, in keiner Weise einander in inneren und äußeren Angelegenheiten untergeordnet, obwohl durch eine gemeinsame Bindung an die Krone vereinigt und als Mitglieder des British Commonwealth of Nations frei assoziiert«. Von Unabhängigkeit ist in dem Papier allerdings nicht die Rede.

Lenins Testament veröffentlicht

18. Oktober. Der amerikanische Kommunist Eastmann veröffentlicht in der »Frankfurter Zeitung« den als Testament bezeichneten Brief Lenins vom 25. Dezember 1922, in dem er den Kampf zwischen Trotzki und Stalin voraussagt. Nach Eastmann ist es das erste Mal, daß dieses Dokument in irgendeiner Sprache an die Öffentlichkeit gelangt.

Kommunisten gegen Alten Fritz

20. Oktober. Die kommunistische Reichstagsfraktion protestiert am 20. Oktober dagegen, daß eine Zehn-Pfennig-Briefmarke mit dem Porträt Friedrichs des Großen in Umlauf gebracht werden soll. Dies sei eine Provokation der werktätigen Bevölkerung. Die Debatten um die Marke helfen nicht viel. Nach Aussprache wird sie vier Wochen später zugelassen.

1926
NOVEMBER

Mo	Di	Mi	Do	Fr	Sa	So
1	2	3	4	5	6	7
8	9	10	11	12	13	14
15	16	17	18	19	20	21
22	23	24	25	26	27	28
29	30					

1. Joseph Goebbels wird NSDAP-Gauleiter in Berlin.

1. Deutsche Unternehmerverbände lehnen Wiederherstellung des Achtstundentages ab trotz hoher Arbeitslosenzahl.

2. Verbot der letzten deutschen Zeitung in Italien.

7. Die Liberalen werden die stärkste Partei bei den griechischen Kammerwahlen.

9. Erhöhung der Erwerbslosenfürsorge um 10 bis 15 Prozent.

9. Im englischen Parlament wird mitgeteilt: Höhe der Streikschäden seit 1. Mai 300 Millionen Pfund. Es mußten 15,4 Millionen Tonnen Kohle importiert werden.

9. Uraufführung der Hindemith-Oper »Cardillac« in Dresden.

12. Der neugewählte nicaraguanische Präsident Adolfo Diaz bittet die USA um Intervention zur Unterdrückung der Revolution.

18. Bernard Shaw lehnt zunächst den Geldpreis des ihm zugedachten Nobelpreises für Literatur ab. Kurz darauf nimmt er ihn jedoch an. →

19. Englischer Bergarbeiterstreik endet mit Niederlage der Arbeiter. In den einzelnen Distrikten soll nur direkt mit den Zechenbesitzern verhandelt werden.

20. An 17 deutschsprachigen Bühnen wird gleichzeitig Gerhart Hauptmanns »Dorothea Angermann« uraufgeführt. In Wien führt Max Reinhardt Regie.

20. Wiedereinführung der Todesstrafe in Italien.

24. Das Dorf Rocquebillière wird nach Wolkenbrüchen über der französischen Riviera fast völlig zerstört. Großteil der Einwohner kommt ums Leben.

27. Freundschafts- und Sicherheitsvertrag Italiens mit Albanien unterzeichnet.

27. Ausbrüche des Vesuv.

GEBOREN:

7. Joan Sutherland, australische Sängerin.

GESTORBEN:

10. Wilhelm Braune (* 20. 2. 1850), deutscher Wissenschaftler, Germanist.

26. John Moses Browning (* 21. 1. 1855), amerikanischer Erfinder.

Nobelpreis für Shaw

18. November. Bernard Shaw soll mit dem Nobelpreis für Literatur für das Jahr 1925 ausgezeichnet werden. Er schockiert das Nobelkomitee mit der Erklärung, daß er den Geldbetrag nicht annehmen will: »Meine Leser und die, welche meine Theaterstücke sehen, verschaffen mir mehr Einkommen, als ich brauche, und was mein Ansehen betrifft, so ist es größer, als für meine geistige Gesundheit gut ist.« Der Ärger, den diese Veröffentlichung verursacht, verfliegt, als Shaw die Geldsumme doch annimmt und sie zur Förderung der literarischen Verbindungen zwischen Großbritannien und Schweden verwendet.

George Grosz zeigt in seinem 1926 entstandenen Bild »Die Stützen der Gesellschaft« die Totengräber der Weimarer Republik: eine konservative Akademikerschaft, die reaktionäre Presse, den Kapitalisten, den Vertreter einer ebenfalls konservativen Kirche und das Militär.

1926
DEZEMBER

Mo	Di	Mi	Do	Fr	Sa	So
		1	2	3	4	5
6	7	8	9	10	11	12
13	14	15	16	17	18	19
20	21	22	23	24	25	26
27	28	29	30	31		

3. Enthüllungen im »Manchester Guardian« über Zusammenarbeit der Reichswehr mit der Roten Armee. →

3. Gesetz »zur Bewahrung der Jugend vor Schund- und Schmutzschriften«.

4. Einweihung des neuen Bauhauses in Dessau. →

5. Arthur Schnitzlers Novelle »Spiel im Morgengrauen« in der »Frankfurter Zeitung« veröffentlicht.

5. Deutschland erstmals auf der Brüsseler Automobilausstellung mit zwei Firmen unter 800 ausländischen.

10. Friedensnobelpreis an Stresemann und Briand. →

10. Deutschland tritt dem Internationalen Gerichtshof in Genf bei.

12. Deutschland verliert in München 60. Fußballänderspiel gegen Schweiz 2:3.

12. Zusicherung in Genf, daß alliierte Militärkontrollkommission bis 31. Januar 1927 abgezogen wird.

14. Gesetz zur Schaffung einheitlicher Arbeitsgerichte.

15. Der »fascio«, das Rutenbündel, wird italienisches Staatsemblem. Einführung eines faschistischen Kalenders in Italien.

16. Reichstagsrede Scheidemanns gegen Reichswehrpolitik.

17. Regierung Marx stürzt im Zusammenhang mit Reichswehrdebatte.

24. Kaiser Hirohito von Japan besteigt den Thron.

29. Deutsch-italienischer Schiedsvertrag.

GEBOREN:

9. Erhard Eppler, deutscher Politiker.

20. Otto Graf Lambsdorff, deutscher Wirtschaftspolitiker.

GESTORBEN:

3. Siegfried Jacobsohn (* 28. 1. 1881), deutscher Journalist, Herausgeber der »Weltbühne«. →

6. Claude Monet (* 14. 11. 1840), französischer Maler des Impressionismus. →

29. Rainer Maria Rilke (* 4. 12. 1875), österreichischer Dichter. →

Rilke im Sanatorium Val-Mont.

Rainer Maria Rilke stirbt in Montreux

29. Dezember. Rainer Maria Rilke stirbt in Val-Mont bei Montreux an Leukämie. Der österreichische Dichter ist einer der einflußreichsten und bedeutendsten Lyriker der Zeit. Am weitesten verbreitet ist sein »Cornet« von 1906, erster Höhepunkt seiner lyrischen Arbeiten war das »Stundenbuch«. Vom Jugendstil mit reichem Formenspiel und vom Verschwommen-Gefühlvollen entwickelte er sich weg zum präzise sachlichen »Dinggedicht« und endet in einem Spätstil der geklärten strengen Form, etwa in den »Duineser Elegien«. Rilke, der seit 1919 in der Schweiz lebte, war auch als Übersetzer tätig.

Riesenpensionen für Offiziere

2. Dezember. Eine Denkschrift zeigt, daß die Republik nicht nur korrekt, sondern höchst generös für Funktionäre und Offiziere des alten Staates zahlt. Von den insgesamt 23 Millionen Mark an Ruhegeldern gehen 1,7 Millionen an 104 Zivilbeamte. Der Rest verteilt sich auf 1753 Generale, deren Pensionen fast alle höher als 10 000 Mark monatlich liegen. Spitzenruhegehälter von knapp 17 000 Mark beziehen etwa Erich Ludendorff und die Prinzen von Bayern. 12 000 Mark bekommen die Hohenzollernprinzen Eitel, Friedrich, Oskar und Heinrich.

Nobelpreis für Briand und Stresemann

10. Dezember. Die beiden Außenminister Gustav Stresemann und Aristide Briand werden für ihre Bemühungen um eine europäische Verständigung mit dem Friedensnobelpreis ausgezeichnet. Um auch den englischen Außenminister Joseph Austen Chamberlain für sein Mitwirken am Zustandekommen des Locarnopaktes ehren zu können, greift das Nobelkomitee zu einer Sonderlösung. Es legt die beiden Friedensnobelpreise von 1925 und 1926 zusammen und teilt sie in vier gleiche Teile. Chamberlain wird so mit dem Friedensnobelpreis für das Jahr 1925 bedacht, der Amerikaner Charles Dawes erhält für den von ihm entwickelten Dawesplan das letzte Viertel. Der Nobelpreis für Medizin geht an den Dänen Johannes Fibiger für die Entdeckung des Spiroptera-Karzinoms. Der Schwede Theodor Svedberg erhält den Preis für Chemie für Arbeiten über disperse Systeme und der Franzose Jean-Baptiste Perrin den Preis für Physik. Trägerin des Nobelpreises 1926 für Literatur ist die Italienerin Grazia Deledda.

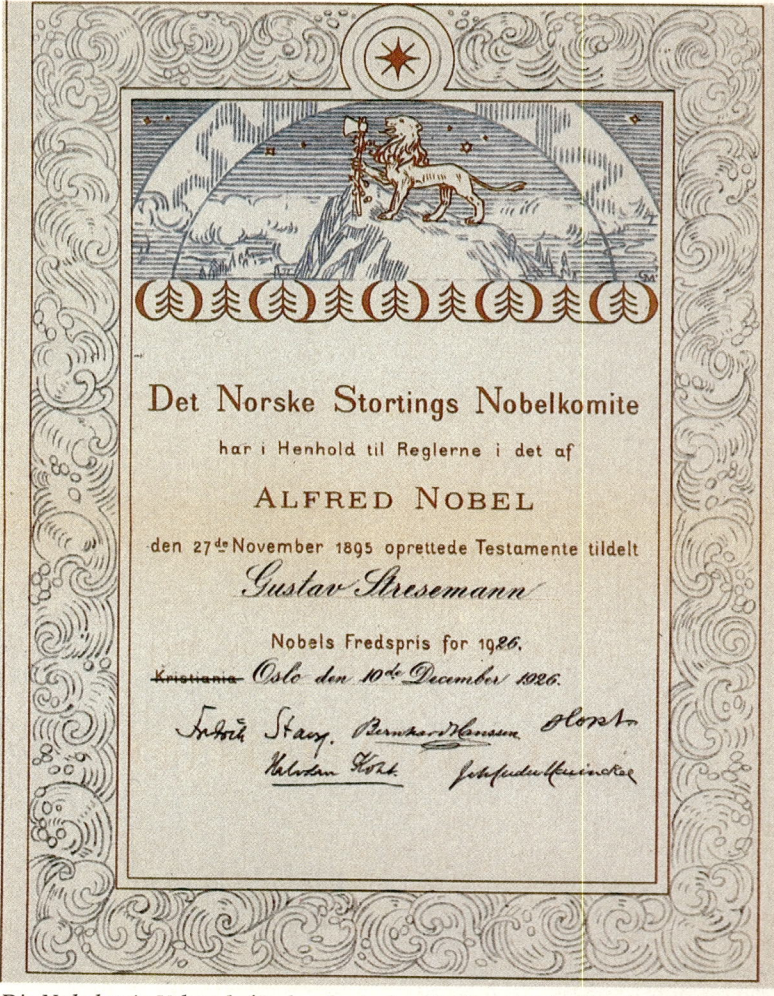

Die Nobelpreis-Urkunde für den deutschen Außenminister Stresemann.

Abschied von Monet

Claude Monet (Selbstbildnis) †.

6. Dezember. In Giverny stirbt mit 86 Jahren Claude Monet, Namensgeber einer Stilrichtung der europäischen Malerei. »Impression, soleil levant« war der Titel eines Gemäldes, das 1872 einen Kritiker zum ironisch gemeinten Begriff »Impressionisten« inspirierte. Bei Monets Tod ist der Impressionismus gut 40 Jahre passé, Monet wird von den Jungen schroff abgelehnt. Er sei »nur Auge, aber was für ein Auge« soll Paul Cézanne von ihm gesagt haben. Natur, Wasser, Nebel, Sonnenlicht, das Unkörperliche waren Monets Themen. Eine Art Schwebezustand der Dinge ist in seinen Gemälden eingefangen — berühmt etwa in seinem Bild »Der Bahnhof von Saint-Lazare«. In den letzten Werken ist Monet bis an die Auflösung des Gegenständlichen gegangen.

Monet: »Der Bahnhof von St-Lazare in Paris«, 1877.

Herausgeber der Weltbühne stirbt

3. Dezember. Im Alter von 45 Jahren stirbt der Journalist und Theaterkritiker Siegfried Jacobsohn. Er gründet die für das Theater wichtige Zeitschrift »Die Schaubühne« (1905), die 1918 zur »Weltbühne« wurde. Die »Weltbühne« ist unter seiner Leitung eine offene, kritische Wochenschrift, eine Art Oppositionsblatt, und hat deshalb genug Feinde. Zu den wichtigsten Mitarbeitern Jacobsohns beziehungsweise der »Weltbühne« gehört Kurt Tucholsky, der als Theobald Tiger, Peter Panter, Ignaz Wrobel und Kaspar Hauser ständiger Lieferant kritisch-satirischer Beiträge ist. Die Leitung der »Weltbühne« übernimmt nach Jacobsohns Tod Carl von Ossietzky.

Kooperation Rote Armee/Reichswehr

3. Dezember. Der »Manchester Guardian« beginnt mit dem Abdruck von Enthüllungen über die Zusammenarbeit zwischen Reichswehr und Roter Armee in der Sowjetunion auf dem Gebiet der Waffenproduktion. Der Abgeordnete Philipp Scheidemann (SPD) bringt am 16. in einer Reichstagsrede diese im Ausland besser als im Inland bekannten Aktivitäten der Reichswehr zur geheimen Aufrüstung zur Sprache. Er kritisiert die Mitwirkung der Reichswehr etwa beim Abschluß von Verträgen zwischen Moskau und den Junkers-Flugzeugwerken sowie allgemein die Tatsache, daß die Reichswehraktivitäten kaum der öffentlichen Kontrolle unterliegen.

Neues Bauhaus in Dessau eingeweiht

Stuhl von Mies van der Rohe.

Das neuerrichtete Bauhaus in Dessau ist ein Komplex aus Stahl und Glas.

Schreibtischlampe von Christian Dell.

Teekännchen von Marianne Brandt.

4. Dezember. In Dessau wird das neue Bauhaus von Walter Gropius eingeweiht. Es ist ein Komplex aus Stahl und Glas, eine Art architektonisches Wunder. Mit diesem Neubau ist der Schlußstrich unter das Kapitel des Bauhauses gezogen, in dem die Aktivitäten der Mitglieder durch ständige Angriffe von konservativer und nationalistischer Seite fast unmöglich geworden waren.

Die Kampagnen in der Weimarer Zeit haben dazu beigetragen, das Bauhaus berühmt zu machen. Neben dem kühnen Neubau der Hochschule für Bau und Gestaltung, wie der offizielle Name des Bauhauses jetzt lautet, ist auch eine Mustersiedlung, ebenfalls unter Bauleitung von Gropius, entstanden. 60 Häuser wurden in kürzester Zeit erstellt.

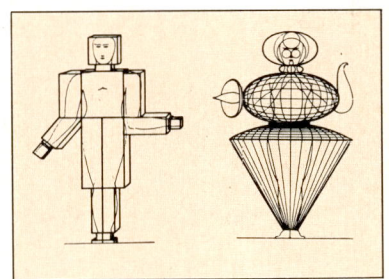

Figurinen von Oskar Schlemmer.

Gruppenbild der Bauhausmeister in Dessau mit Gropius (siebter v. l.) und (bis r. Bildrand) Breuer, Kandinsky, Klee, Feininger, Gunta Stölzl, Schlemmer.

PROGRAMM

BAUHAUSWOCHE

MITTWOCH, 15. AUG.: 11ʰ vorm. Eröffnung im Vestibül des Bauhauses 8ʰ abends W. GROPIUS: Kunst und Technik, eine neue Einheit / Vortrag mit Lichtbildern in der „Erholung" Karlsplatz 11.

DONNERSTAG, 16. AUG.: 4ʰ nachm. W. KANDINSKY: Über synthetische Kunst / Vortrag in der „Erholung" Karlsplatz. Aufführung im „Deutschen Nationaltheater" Schlemmer, Burger, Hötzel: DAS TRIADISCHE BALLETT mit der Weimarischen Staatskapelle. 8ʰ abends.

FREITAG, 17. AUG.: 11³⁰ vorm. J. P. OUD: Die Entwicklung der modernen Baukunst in Holland / Vortrag mit Lichtbildern im „Deutschen Nationaltheater" / Bühnenvorträge 1. Comelius Film-gesellschaft, Carl Koch: Erziehungsfilm und Filme der Ufa-Kulturabteilung: Mechanisches Kabarett. Aufführung im „Jenaer Stadttheater" F. W. Bogler, M. Brauer, O. Schlemmer, Kurt Schmidt, Joost Schmidt, K. Schwerdtfeger, G. Teltscher, A. Weininger Musik von H. H. Stuckenschmidt, 8ʰ abends.
Zugabfahrt: ab Weimar 5³⁰, Rückfahrt: ab Jena 11³⁰.

SONNABEND, 18. AUG.: 10³⁰ vorm. Filmaufführung nach einem vom Staatlichen Bauhaus zusammengestellten Programm in Helds Lichtspieltheater, Marienstraße 1. Comelius Filmgesellschaft, Carl Koch: Erziehungsfilme und Filme der Ufa-Kulturabteilung: Mikroskopische, Zeitlupen- und Zeitrafferaufnahmen. 8ʰ abends. Konzert im Nationaltheater: HINDEMITH, Marienlieder (Erstaufführung) Sopran: Beatrice Lauer-Kottlar, Frankfurt a. M. am Klavier: Emma Lübbeke-Job, Frankfurt a. M. BUSONI: 6 Klavierstücke (4 Uraufführungen) am Klavier: Egon Petri, Berlin.

SONNTAG, 19. AUG.: 11ʰ vorm. Matinee im Deutschen Nationaltheater: Leitung H. SCHERCHEN, / KRENEK: Concerto grosso / 6 Soloinstrumente und Streichorchester der Weimarischen Staatskapelle / STRAVINSKY: Die Geschichte vom Soldaten / Personen /

AUSSTELLUNG

1. In den Räumen des Staatlichen Bauhauses, Kunstschulstraße.

a) Raumgestaltungen:
Ausgestaltung des Vestibüls im Hauptgebäude: Joost Schmidt u. J. Hartwig.
Ausgestaltung des kleinen Treppenhauses: H. Bayer, Wandmalerei.
Ausgestaltung der Flure und Ausstellungsräume durch die Werkstatt für Wandmalerei.
Ausgestaltung der Durchfahrt nach der Belvederealleе: P. Keler, Wandmalerei und W. Molnár, Architekturabteilung.
Ausgestaltung des Vestibüls im Werkstattgebäude: O. Schlemmer, J. Hartwig, H. Müller, Steinbildhauerei und Wandmalerei.
Warteraum / Raumgestaltung / Versuchsarbeiten verschiedener Werkstätten. Leitung: Itten, später Albers. (Raum 26.)
Arbeitsraum / Raumgestaltung / W. Gropius. (Raum 25.)

b) Erzeugnisse der Werkstätten des staatlichen Bauhauses:
Tischlerei: Formmeister Gropius; Technischer Meister Weidensee. (Raum 45.)
Holz- und Steinbildhauerei: Formmeister Schlemmer; Technischer Meister Hartwig. (Werkstattgebäude.)
Wandmalerei: Formmeister Kandinsky; Technischer Meister Bebernis. (Werkstatt der Wandmalerei.)
Glaswerkstatt: Formmeister Klee; Technische Leitung Albers.
Metallwerkstatt: Formmeister Moholy-Nagy; Technischer

Ein Programm aus der Weimarer Zeit des Bauhauses mit Ausstellung.

Gobelin aus der Weberei des Bauhauses von Gunta Stölzl.

1927

JANUAR

Mo	Di	Mi	Do	Fr	Sa	So
					1	2
3	4	5	6	7	8	9
10	11	12	13	14	15	16
17	18	19	20	21	22	23
24	25	26	27	28	29	30
31						

1. US-Statistik: In Nordamerika leben 449 595 Indianer.

7. Falscher Hohenzollernprinz Harry Domela verhaftet.

8. Uraufführung der Oper »Penthesilea« von Othmar Schoeck in Dresden.

9. Bei einem Kinobrand in Montreal sterben 77 Besucher, fast nur Kinder.

10. Uraufführung »Metropolis« von Fritz Lang. →

11. Internationaler Rauschgifthändlerring in Berlin aufgedeckt.

13. Offener Konflikt USA–Mexiko. 40 000 amerikanische Marinesoldaten mobilisiert.

15. Wegen schwarzrotgoldener Beflaggung boykottieren nationalistische Professoren in München Reichsgründungsfeier.

19. England entsendet Truppen nach China.

20. USA melden großen Erfolg des »Ehebuches« von Graf Keyserling. 8000 verkaufte Exemplare in fünf Wochen.

24. Gesetz zur Bekämpfung der Geschlechtskrankheiten verabschiedet.

26. »Münchener Illustrierte« meldet: »Die Haare werden länger«.

28. Reichswehrminister Geßler verläßt die DDP, weil er als Minister Konflikte mit Parteigrundsätzen erwartet.

29. Neue Regierung Marx mit Beteiligung der DNVP. →

30. Landtagswahlen in Thüringen: Gewinne der Linken.

31. Alliierte Militärkommission verläßt Deutschland.

GEBOREN:

12. Leopold Ahlsen, deutscher Dramatiker und Hörspielautor.

30. Olof Palme, schwedischer Politiker.

GESTORBEN:

3. Carl Runge (* 30. 8. 1865), deutscher Mathematiker.

9. Houston Stewart Chamberlain (* 9. 9. 1855), englischer Kulturphilosoph. →

18. Otto Wiener (* 15. 6. 1862), deutscher Physiker.

19. Charlotte, Kaiserin von Mexiko (* 7. 6. 1840), Tochter des belgischen Königs Leopold I.

Ufa startet Filmspektakel

10. Januar. Mit »Metropolis« läuft das bislang aufwendigste Filmspektakel der Ufa an. Der nach einem Roman von Thea von Harbou entstandene Film ist von vornherein als Riesenkonkurrenz zu amerikanischen Produktionen geplant. Die Superlative sprechen für sich: 620 000 verdrehte Meter Film, fünf Millionen Produktionskosten, 36 000 Statisten, 360 Tage reine Dreharbeiten. Die Investitionen gelten einem Sujet, das – ungeachtet des renommierten Regisseurs Fritz Lang – von der Kritik mehr oder minder als Superkitsch geschmäht wird. Der Redakteur der »Filmwoche«, Paul Ickes, spricht von einer »Kretinisierung der Menschheit«. Es geht um die Vision der zukünftigen Stadt Metropolis, in der unterirdisch Arbeitssklaven an monströsen Maschinen schuften und damit den unbeschreiblichen Komfort der ausbeutenden Kapitalisten auf der Oberwelt sichern. Sie proben als Maschinenstürmer den Aufstand. Eine heilige Maria schafft schließlich die Versöhnung zwischen beiden. Thea von Harbou hatte ihr Privatrezept zur Lösung von Arbeitskämpfen auch ihrem Roman

Eine Vision moderner Zeiten entwirft Fritz Lang in seinem Film »Metropolis«.

vorangestellt: »Mittler zwischen Hirn und Händen muß das Herz sein.« Der Film gibt daneben einen Eindruck vom Stolz auf die Möglichkeiten der Maschinenwelt und vom Grauen vor dem Moloch Technik, inszeniert zugleich die Ästhetik der Masse und die Angst vor der Vermassung. Ein Kassenschlager wird »Metropolis« wider Erwarten nicht. Der Film wird auch zu einem finanziellen Fiasko.

USA Autoland Nr. 1

1. Januar. Weltweit sind nach einer amerikanischen Statistik 27,6 Millionen Kraftfahrzeuge registriert, davon 23,5 Millionen Personenwagen. 1924 waren es erst 18,2 beziehungsweise 15,9 Millionen. Der größte Teil der Autos, 80 Prozent, fährt in den USA. Die Statistik führt

auch das Verhältnis zwischen der Gesamtzahl von Kraftfahrzeugen und Einwohnern pro Kraftfahrzeug (in Klammern) auf:

USA:	19 293 000	(6)
England:	769 000	(57)
Frankreich:	585 000	(70)
Deutschland:	218 000	(289)

Ein Auto des Jahres 1927: Das Franklin Sportcoupé.

Kanzler Marx bildet viertes Kabinett

29. Januar. Kanzler Wilhelm Marx kann wieder ein Kabinett zusammenbringen. Es ist sein viertes. Die Regierungsbildung ist – wie schon vorher jeweils – so schwierig, weil die Parteifronten in der Außenpolitik anders verlaufen als in der Innenpolitik. Das Stimmengemisch beim Mißtrauensvotum im Dezember verbietet eine Erneuerung des Kabinetts der bürgerlichen Mitte. Ein deutlicher Ruck nach rechts ist erkennbar. So sind jetzt vier Ministersessel an die Deutschnationalen vergeben. Die neue Regierung, bei der Gustav Stresemann weiter Außenminister bleibt, kann sich auf eine verläßliche Mehrheit im Reichstag stützen.

Die Aufforderung, eine Regierung mit solcher Mehrheit zustande zu bringen, hatte Reichspräsident Paul von Hindenburg in einem Schreiben am 20. an den geschäftsführenden Kanzler gerichtet.

Zensur bei Film über Armeetag

18. Januar. Die Filmprüfungsstelle verbietet Teile aus einem Film, der über den Armee- und Marinetag in Nürnberg vom vergangenen August gedreht worden ist. Aufgenommen wurden damals Szenen wie das Abholen der alten Armeefahnen durch die Landespolizei, der Anmarsch von Hundertschaften, Stahlhelmleute auf einem Lastwagen, Vorbeimarsch geschlossener Abteilungen der Reichswehr vor ihren Führern. Die Zensur wird damit begründet, daß solche Szenen Deutschlands Beziehungen zu den auswärtigen Staaten ernsthaft gefährden könnten, wenn sie vorgeführt werden.

Houston Stewart Chamberlain †.

H. S. Chamberlain stirbt in Bayreuth

9. Januar. In Bayreuth stirbt der Schwiegersohn Richard Wagners, Houston Stewart Chamberlain. Der britische Kulturphilosoph und Schriftsteller, der deutsches Geistesleben verehrte und 1916 die deutsche Staatsangehörigkeit annahm, vertrat völkisch-mystische Ideologien und einen auf Joseph Gobineau (»Versuch über die Ungleichheit der Menschenrassen«) fußenden Rassismus. Aus seinem Ideenpotential, zu dem auch die »arische Weltanschauung« gehört, bedienten sich die Völkischen und die Nationalsozialisten. Hauptwerke Chamberlains sind die zwei Bände »Die Grundlagen des 19. Jahrhunderts« von 1899.

1927

FEBRUAR

Mo	Di	Mi	Do	Fr	Sa	So
	1	2	3	4	5	6
7	8	9	10	11	12	13
14	15	16	17	18	19	20
21	22	23	24	25	26	27
28						

4. M. Campbell fährt Geschwindigkeitsweltrekord mit 281,4 km/h.

5. Pariser Botschafterkonferenz setzt mit Vereinbarung über deutsche Festungsanlagen an Ost- und Südgrenzen Schlußpunkt unter Entwaffnung Deutschlands.

5. Uraufführung »Bonaparte« von Fritz von Unruh in Frankfurt.

6. Studentische Mensur als Zweikampf bestraft. →

9. Militäraufstand in Oporto und Lissabon niedergeschlagen.

10. Urteil im Prozeß gegen Weinert und Ossietzki wegen Beleidigung des Militärs. →

10. Wilhelmsburg und Harburg zusammengeschlossen.

10. Uraufführung der Jazzoper »Jonny spielt auf« von Ernst Křenek. →

10. US-Präsident schlägt zweite Seeabrüstungskonferenz vor.

12. Erste englische Truppen treffen in Schanghai ein.

15. Erdbeben in Südjugoslawien fordert 600 Todesopfer.

19. England trifft Abkommen mit Kanton-Regierung, daß britische Konzession in Hankau gemeinsam verwaltet wird.

19. In Schanghai bricht ein Generalstreik aus als Protest gegen englische Truppen.

21. Franz Lehárs »Der Zarewitsch« in Berlin uraufgeführt. →

25. Verkehrsabkommen zwischen Danzig und Polen erleichtert internationalen Verkehr.

28. Auswärtiges Amt feiert die Herausgabe der Akten »Die große Politik der europäischen Kabinette 1871–1914«. Publikation der Akten dauerte sechs Jahre.

GEBOREN:

2. Friedrich Karl Flick († 27. 7. 1972), deutscher Industrieller.

4. Horst Ehmke, deutscher Politiker.

7. Juliette Greco, französische Chansonette.

GESTORBEN:

8. Heinrich Braun (* 23. 11. 1854), deutscher Sozialpolitiker.

28. Ludwig von Zumbusch (* 17. 7. 1861), deutscher Maler.

Jazz in der Oper

10. Februar. Auf seine Kosten kommt jazzbegeistertes Publikum sogar in der Oper. In Leipzig wird die Jazzoper »Jonny spielt auf« des gerade 27jährigen Österreichers Ernst Křenek uraufgeführt. Am Rand der Bühne ist eine reguläre Jazzband mit Saxophonen, Trompete, Schlagzeug und Jazzbesen postiert. Blues-, Shimmy-, Tango-, Foxtrott- und Charlestonklänge begleiten die triviale Geschichte von der Liebe zwischen einem vergrübelten jungen Komponisten und der mondänen Sängerin. Akustische Alltagsbilder wie klingelnde Telefone, Telegrafengeräusch, Summen von Staubsaugern, Lärm vorüberflitzender Polizeiautos und anund abfahrender Züge sind Beigabe der »Zeitoper«. Sie ist auch ein Hymnus auf Amerika. In einem Schlußchor singen alle Darsteller »Es kommt die neue Welt übers Meer gefahren und erbt das alte Europa durch Tanz«. Der Erfolg der Jazzoper (wie ebenso deutlich die Ablehnung von konservativer Seite) ist durchschlagend. 50 deutsche Bühnen spielen das Stück in diesem Jahr nach, das in Deutschland den Höhepunkt der Jazzbegeisterung bringt. In Wien protestieren jedoch nationalistisch gesinnte Kreise mit Kundgebungen und Flugblättern gegen die Oper.

Ein Wiener Protestflugblatt gegen die Aufführung der Jazzoper »Jonny«.

Festungshaft für Mensurenschlagen

6. Februar. Drei Studenten der TH Stuttgart und der Hochschule Hohenheim stehen wegen Zweikampfes vor Gericht. Sie werden zur gesetzlichen Mindeststrafe von drei Monaten Festungshaft verurteilt, weil sie als Mitglieder einer schlagenden Studentenverbindung Mensuren gefochten haben. Staatsanwalt und Richter, die selbst Mitglieder schlagender Verbindungen sind, bedauern ausdrücklich, der Rechtsprechung des Reichsgerichtes folgen zu müssen.

Der Herr Paukant, eine Lithographie

Weinert und Ossietzky verurteilt

10. Februar. Zu einer Geldstrafe von je 500 Mark werden der Dichter Erich Weinert und der Publizist Carl von Ossietzky verurteilt. Ihr Vergehen ist Beleidigung der Offiziere und Mannschaften des Schulkreuzers »Hamburg«. Im Juli des Vorjahres hat Ossietzky ein Gedicht von Weinert, »Kreuzer Hamburg«, im »Montag Morgen« abgedruckt. Darin heißt es unter anderem: »Wir sahen sie täglich illustriert, mit Syphon und Konkubine, und mit Schlagzeilen dekoriert, unsere Marine!« Weinert bezieht sich dabei auf den Verkauf von Flaschenbier an die Besatzung des Kreuzers und auf den bekanntgewordenen Besuch der »Hamburg« in Hollywood, wo Kommandeure unter anderem mit Filmstars im Arm für den Fotografen posierten.

Publikumsliebling Richard Tauber

Richard Tauber, Star vieler Lehár-Operetten, mit Lee Pary in Berlin.

21. Februar. Franz Lehárs Operette »Der Zarewitsch« wird in Berlin uraufgeführt. Star des Abends ist der Kammersänger Richard Tauber. Wie schon im Jahr zuvor beim »Paganini« erweist sich das Gespann Franz Lehár und Richard Tauber als erfolgreicher Publikumstreffer. Tauber, dessen Karriere anfangs nicht unbedingt spektakulär verlief, stößt an die Spitze der Popularität vor. Man kennt ihn mit Monokel im Auge und den unvermeidlichen Verehrerinnen im Umkreis: Der Mann, der die Republik musikalisch mit vergoldet.

1927

MÄRZ

Mo	Di	Mi	Do	Fr	Sa	So
	1	2	3	4	5	6
7	8	9	10	11	12	13
14	15	16	17	18	19	20
21	22	23	24	25	26	27
28	29	30	31			

1. USA beschuldigen Mexiko der organisierten Propaganda gegen die Vereinigten Staaten.

1. Bergwerksunglück bei Monmouth in Wales fordert 53 Tote. 130 Bergleute verschüttet.

2. Rudolf Nelson feiert 20jähriges Bühnenjubiläum mit der Revue »20 Jahre Nelson«.

3. Tödlicher Unfall des britischen Rennfahrers Thomas bei Versuch, Weltrekord zu brechen.

4. Kundgebung mit Kanzler Marx »gegen die Lüge von Deutschlands alleiniger Kriegsschuld« in Berlin.

4. Kabelverbindung Emden–New York eingeweiht.

8. »Neue Sittlichkeit« in Ungarn: Fotos von kniefreien Tänzerinnen beschlagnahmt.

9. Zeppelin-Fluglinie Sevilla–Buenos Aires.

10. Bayern hebt Redeverbot für Hitler auf.

10. Albanien macht mobil wegen angeblich geplanten Einfalls Jugoslawiens.

14. Max Reinhardt wird bei Aufenthalt in Paris mit Ehrungen überhäuft.

15. Rückgang der Arbeitslosenzahlen seit 15. 2. um 15 Prozent.

17. Stärkung des radikalen Flügels der Kuomintang in China nach Tagung in Hankau.

20. Erster Motorschlepp für Segelflugzeuge. →

21. Südtruppen der Kantonregierung besetzen Schanghai, drei Tage später auch Nanking. →

23. Uraufführung von »Gewitter über Gotland« wird zum Anlaß für Ausscheiden Piscators aus der Volksbühne. →

26. Beethoven-Jahrhundertfeier in Wien.

26. Sanierung der Ufa durch Hugenbergkonzern perfekt. →

29. Geschwindigkeitsweltrekord erstmals über 300-km/h-Grenze: H. O. D. Segrave fährt auf Sunbeam 327 km/h.

GEBOREN:

21. Hans Dietrich Genscher, deutscher Politiker.

24. Martin Walser, deutscher Schriftsteller.

27. Mstislav Rostropowitsch, russischer Cellist.

Handelsflotte des Reiches wächst

14. März. Beim deutschen Seeschiffahrtstag in Berlin beziffert der Generaldirektor der Hamburg-Amerika-Linie, Wilhelm Cuno, die Flottenstärke Deutschlands auf 3,2 Millionen Tonnen. Die Restflotte nach dem Krieg betrug nur 600 000 Tonnen. Deutschlands Anteil an der Welttonnage beträgt jetzt 5,2 Prozent. Vor 1914 waren es noch 12 Prozent.

Theaterkrach um Erwin Piscator

23. März. Mit der Uraufführung von Ehm Welks »Gewitter über Gotland« macht Erwin Piscator, das Enfant terrible unter den Berliner Regisseuren, negative Schlagzeilen. Er verlängert das Stück vom Kampf der Hanse in seiner Deutung in die Gegenwart hinein und läßt einen Schauspieler in der Maske Lenins auftreten. Am 30. diskutieren bei einer Veranstaltung 2000 Menschen über das Stück. Erwin Piscators Konsequenz ist sein Ausscheiden aus der Volksbühne. Er gründet ein eigenes Theater.

Segelflugzeuge im Motorschlepp

20. März. Die Wirtschaftlichkeit des Luftverkehrs wollen die Raab-Katzenstein Flugzeugwerke in Kassel verbessern. Sie führen den Motorschlepp für Segelflugzeuge vor. Die einfach an Motorflugzeuge angehängten Segelflugzeuge sollen die Beförderungszahlen für Fluggäste erhöhen.

Plädoyer für Bau von Autobahnen

2. März. Eine Lanze für den Bau von Autobahnen bricht die »Münchener Illustrierte«. Sie verweist darauf, daß dann schnellere Autos konstruiert werden könnten. Die von ihr favorisierte Schnellverkehrsstraße zur Verbindung der »Hauptzentren« soll »außen erhöht sein«.

Ufa in neuen Händen

26. März. Die Sanierung der chronisch krisengeschüttelten Universum-Film AG (Ufa) ist perfekt. Alfred Hugenberg kauft für seinen Konzern Ufa-Aktien in Höhe von 15 Millionen Mark, darunter sämtliche Aktien mit zwölffachem Stimmrecht. Damit ist sein Einfluß auf die Ufa gesichert, bei der vorher die Deutsche Bank die Majorität hatte.

Die Ufa als größte deutsche Filmgesellschaft steckt wie die gesamte Filmindustrie seit Ende der Inflation in einer tiefen Krise, unter anderem, weil Filme sich schlechter ins Ausland verkaufen lassen. Vor allem amerikanische Konkurrenz drängt als Folge des Dawesplans auf den deutschen Markt. Eine entscheidende Verbesserung gelingt der Ufa alleine nicht. Nach Abschluß des Geschäftsjahres 1925/26 lautete der Verlust auf 50 Millionen. Deshalb entstand das Konzept einer radikalen Sanierung, die den Hugenberg-Konzern ins Filmgeschäft bringt.

Alfred Hugenberg, Mitglied der DNVP und nachdrücklicher Vertreter der »nationalen Opposition« gegen die Republik, rettet mit dem Kauf am 26. nicht nur die Ufa vor dem Zusammenbruch. Er rundet auch ein einzigartiges Presseimperium ab. Seit seinem Ausscheiden aus dem Direktorium der Firma Krupp hat der Geheime Finanzrat sich auf den Ausbau des Konzerns konzentriert, der als gemeinnützig ausgewiesen ist: Er gehört zu einer Dachgesellschaft Wirtschaftsvereinigung zur Förderung der geistigen Wiederaufbaukräfte. Hugenberg selbst ist eine Art Manager des Unternehmens.

Herz des Konzerns ist das Verlagsunternehmen Scherl AG, das unter anderem mit »Der Tag«, dem »Berliner Lokal-Anzeiger«, der »Woche« und diverser vaterländischer Literatur erfolgreich antirepublikanischen Kurs steuert. Durch die »Telegraphen-Union« und die »Wirtschaftsstelle der Provinzpresse« hat der Konzern unmittelbaren Einfluß auf die Presse im Reich: Kleineren Zeitungen werden preiswert fertige Nachrichten und damit Meinung geliefert. Die zukunftsträchtigen Möglichkeiten des Massenmediums Film – schon allein durch die Ufa-Wochenschauen – sind für die politische Zielsetzung des rechtsorientierten Hugenberg-Konzerns von Wert.

Das Haus ohne Fenster: Ufa-Tonfilm-Atelier in Berlin.

Die Erfinder des Tonfilms: J. Engl, J. Masolle, H. Vogt (von links).

Kanton-Truppen besetzen Nanking und Schanghai

21. März. Bei ihrem Nordfeldzug zur nationalen Einigung Chinas besetzen die Kanton-Truppen mit Tschiang Kai-schek Schanghai, den Haupthandelsplatz Chinas. Die internationale Niederlassung dort liegt im Schutz einer im Hafen stationierten Flotte. Verhandlungen zwischen Tschiang Kai-schek und den Ausländern scheitern. Am 24. nehmen die Truppen Nanking ein. Dabei kommt es zu Gewalttätigkeiten im Ausländerviertel, das gestürmt wird und von amerikanischen und englischen Truppen wieder befreit werden muß. Es gibt Tote und Verwundete. Ultimative Forderungen der Ausländer zum Schutz aller Nicht-Chinesen lehnen die Kanton-Truppen ab. Sie stellen dagegen die Forderung nach Abschaffung sämtlicher ungleicher

Tschiang Kai-schek (Mitte) mit zwei chinesischen Kampfgefährten.

Verträge, Rechte und Privilegien der Ausländer. Über neue Verträge solle auf der Basis völliger Gleichberechtigung verhandelt werden. Ende März beginnt England, die Yangtse-Städte zu räumen. Die Kanton-Truppen sind bereits Herr über das gesamte Land südlich des Yangtse, wo zwei Drittel der Bevölkerung Chinas leben. Außenpolitisch ist sich die Kuomintang, die Partei Tschiang Kai-scheks, einig, innenpolitisch nicht. Einen Parteitag am 1. beschickt der linke Flügel nicht und hält statt dessen einen eigenen Parteitag in Hankau ab.

Statt Emma und Grete jetzt Yvonne und Geraldine

5. März. Die Nachkriegseltern wählen nach einem Bericht der »Frankfurter Zeitung« für ihre Kinder andere Namen als die Eltern von 1909. Kurt und Willi, Emma, Grete und Berta werden kaum mehr ins Register eingetragen.

Unter 100 neugeborenen Knaben in Berlin heißen jetzt 24 Horst, 21 Günther und 20 Heinz. Bei den Mädchen überwiegen Inge und Ursula.

Am auffälligsten ist, so heißt es, »die Besitzergreifung der früher nur in adligen Kreisen üblichen Namen durch die Volksmassen«: Jetzt tauchen auch im breiten Volk die Bodos und Detlefs, Götz' und Olafs, Gudruns, Geraldines und auch mal eine Yvonne oder ein Leonid auf. Auch die Neigung zu ausländischen Namen nimmt zu.

1927

APRIL

Mo	Di	Mi	Do	Fr	Sa	So
				1	2	3
4	5	6	7	8	9	10
11	12	13	14	15	16	17
18	19	20	21	22	23	24
25	26	27	28	29	30	

1. Die ersten Polizistinnen treten Dienst in Dresden an.

1. Erste Großanlage der Welt zur Hydrierung von Kohle in Leuna in Betrieb.

6. Verband deutscher Reeder lehnt Transport von Waffen für China auf deutschen Schiffen ab.

7. Erste öffentliche Demonstration des Fernsehens in USA.

8. Gründung der Deutschen Bauernschaft als Reichsspitzenorganisation.

8. Arbeitszeitnotgesetz erlaubt Ausdehnung der Arbeitszeit. →

10. Sonntagszeitung »Die grüne Post« des Ullstein-Verlags erscheint zum ersten Mal.

12. Tschiang Kai-schek richtet in Schanghai, wo Kommunisten starken Einfluß haben, Blutbad unter Arbeitern an.

16. Welturaufführung des Bibelfilmes »König der Könige« von C. B. de Mille zum Karfreitag.

18. Errichtung der Nanking-Regierung unter Tschiang Kai-schek. →

20. Ausstellung »Das Wochenende« in Berlin eröffnet. →

21. Faschistisches Arbeitsrecht in Italien: Carta del lavoro.

21. Bankenkrach in Japan.

22. Baden hebt Redeverbot für Hitler auf.

22. Überschwemmungskatastrophe im Mississippigebiet.

22. Ministerpräsident Tanaka droht, Japan werde der Ausbreitung des Kommunismus in China nicht tatenlos zusehen.

22. Uraufführung der Volksoper »Schwanda der Dudelsackpfeifer« von Jaromír Weinberger in Prag.

24. Nationalratswahlen in Österreich bringen leichte Erfolge der Sozialdemokraten. Bei Gemeindewahlen behaupten sich die Sozialdemokraten in Wien.

25. Stiftung mit Gemäldesammlung Walther Rathenaus im Frankfurter Städel eröffnet.

25. Vereinigung verfassungstreuer Hochschullehrer tagt erstmals öffentlich in Weimar. 114 Teilnehmer, 360 Zustimmungserklärungen.

GEBOREN:

23. Jeanne Moreau, französische Schauspielerin.

Ein neues Gefühl für Freizeit

20. April. Ein Paradies für den gerade entstehenden Freizeitmenschen öffnet in Berlin die Pforten. Die Ausstellung »Das Wochenende« ist ein Drehpunkt für Kommerz, Ideologie und Vergnügen. Für Städter, die zunehmend ins Grüne drängen, werden alle Arten von Reiseempfehlungen gegeben, Wochenendhäuser von 800 bis 5000 Mark offeriert, darunter Entwürfe von Bruno Taut und Hans Poelzig. Die »Weekend-Idee« wird als angelsächsische nachahmenswerte Errungenschaft gefeiert und mit volkserzieherischem Beiwerk versehen. Attraktion im Ausstellungsgelände ist ein künstlicher Wintersportplatz mit Rodelbahn und Sprungschanze, in dem erstmals das Patent des Engländers Ayscough für künstlichen Schnee erprobt wird. Der Schnee, aus 65 Prozent Soda bestehend, soll jede Art Wintersport erlauben. Rund 200 000 Kilogramm wurden für die Demonstration in Berlin angerührt. Der »Schneepalast« wird in der Presse als einzig in der Welt gerühmt.

Zehnstundentag als Höchstgrenze

8. April. Gegen die Stimmen von SPD, KPD und DDP nimmt der Reichstag das Arbeitszeitnotgesetz an. Es erkennt zwar formal den Achtstundentag an, legt aber eine Höchstgrenze von zehn Stunden fest und erlaubt, daß in Ausnahmefällen, die vom Unternehmer zu definieren sind, auch darüber hinausgegangen werden kann.

Neue Regierung in Nanking

18. April. Tschiang Kai-schek verkündet die Bildung einer neuen nationalistischen Regierung in Nanking. Sie soll unabhängig von der radikalen Regierung in Hankau sein. Den Ausländern verspricht die Nanking-Regierung die Lösung aller Konflikte »im Geiste der Versöhnung«. Kommunisten werden aus der Kuomintang ausdrücklich ausgeschlossen.

Gefüllte Bierfässer werden in den USA beschlagnahmt und zerschlagen.

Erste Bilanz der Prohibition

11. April. Das Schatzamt in Washington gibt bekannt, daß seit Inkrafttreten des Prohibitionsgesetzes 49 Beamte getötet wurden, 24 018 Automobile und 839 Schiffe im Gesamtwert von 62 Millionen Dollar und 5,5 Millionen Gallonen Alkohol beschlagnahmt wurden. Mehr als 300 000 Personen wurden verhaftet. Die Aktionen im Rahmen des Prohibitionsgesetzes gelten im Ausland als Mißerfolg. Der Alkoholkonsum steige durch das Gesetz erst unmäßig an.

Graf schildert soziale Emanzipation

Oskar Maria Graf mit seiner Mutter in Starnberg.

Im April erscheinen die ersten Rezensionen zu einem ungewöhnlichen Buch, der Autobiographie des 33jährigen Oskar Maria Graf »Wir sind Gefangene. Ein Bekenntnis aus diesem Jahrhundert.« Graf, aus kleinbäuerlich-handwerklicher Familie stammend, erst Bäckerlehrling, dann eine Art Proletbohemien in München, beschreibt darin die Behinderungen bei der Emanzipation eines Angehörigen der untersten Schichten. Die soziale und seelische Gefangenschaft, in die die Gesellschaft ihre Mitglieder zwingt, überwindet er selbst durch Rebellentum, durch den Anschluß an die Revolution. Mit scharfem Blick für soziale Abläufe liefert Graf, Volksschriftsteller der Sache und Methode nach, ein Psychogramm, das die Beziehung zwischen den Verhältnissen und dem Bewußtsein der Menschen durchleuchtet. Als Zeitdokument findet sein Buch sofort große Aufmerksamkeit.

1927

1. Hitler hält erste Rede in Berlin.

1. Rudi Wagner Deutscher Meister im Schwergewichtsboxen.

3. Weltrekord im Segeldauerflug mit 14 Stunden, 8 Minuten durch Ferdinand Schulz.

4. Erste Wirtschaftskonferenz in Genf, 47 Delegationen.

5. NSDAP-Krawalle bei Veranstaltung mit Goebbels in Berlin.

5. Überschwemmung des Mississippi hat Ausdehnung von 41 000 Quadratmeilen.

7. Reichstreffen des rechtsradikalen Stahlhelm in Berlin.

7. Ende des Bürgerkriegs in Nicaragua.

9. In Australien wird neuer Regierungssitz Canberra eingeweiht.

9. Der Schwede Sven Hedin startet große Innerasien-Expedition.

9. In Delphi werden nach 2000 Jahren wieder Festspiele veranstaltet mit Aischylos' »Prometheus«.

13. Deutschland erstmals seit Krieg wieder im Davis-Cup. Gewinnt in Lissabon gegen Portugal mit 5:0.

13. Börsensturz in Berlin. →

17. Gesetz zum Schutz der Republik um zwei Jahre verlängert. →

20. Charles Lindbergh überquert Atlantik allein im Nonstopflug. →

22. Landtagswahlen in Mecklenburg-Schwerin. SPD bleibt mit 21 Sitzen stärkste Partei.

27. Abbruch diplomatischer Beziehungen zwischen England und der Sowjetunion. →

27. Japan sendet Truppen nach Tsingtau zum Schutz dort lebender Japaner vor Kanton-Truppen.

27. Wiederwahl Masaryks zum tschechischen Staatspräsidenten.

27. Erstaufführung »Der Hexer« von Edgar Wallace in Berlin. →

30. Uraufführung der oratorischen Oper »Ödipus Rex« von Strawinsky in Paris.

GEBOREN:

9. Manfred Eigen, deutscher Physiochemiker, Nobelpreis 1967.

23. Dieter Hildebrandt, deutscher Kabarettist.

GESTORBEN:

28. Georges Eckhoud (* 27. 5. 1854), belgischer Schriftsteller.

Charles Lindbergh mit seiner Maschine »Spirit of St. Louis« über Paris. Der Neunzylinder-Sternmotor leistet 220 PS.

Lindbergh überfliegt den Atlantik

20. Mai. Der amerikanische Postflieger Charles A. Lindbergh startet auf dem Flugplatz Roosevelt Fields, Long Island, zum ersten Alleinflug über den Ozean. Als er nach 33 Stunden und 29 Minuten am 21. in Paris aus der einmotorigen »Spirit of St. Louis« klettert, ist er Volksheld und populärster Mann des Jahres. Ohne Funkgerät, nur mit Kompaß und Karte navigierend, hat er in dem Eindecker die einsamen 6000 Kilometer bewältigt. Das Flugzeug ist für den Rekordflug so umgebaut worden, daß jeder verfügbare Raum für Benzinreserven genutzt werden kann. Die Route führt den Piloten, der immer wieder gegen seine Müdigkeit ankämpfen muß, über Neuschottland, Neufundland, Südirland und schließlich Südengland. Als ein Fischkutter funkt, er habe die Maschine vor der irischen Küste gesichtet, brechen die Menschen auf den Straßen der Städte in Begeisterung aus. Als Lindbergh auf dem Flugplatz Le Bourget landet, hat er nur noch eine sehr knappe Treibstoffreserve. Der »Flying Fool«, wie ihn die Presse nennt, geht anschließend auf Triumph-Tournee. An der Siegesfeier für den mutigen Flieger beteiligt sich auch die »New York Times«. Sie widmet ihm am 22. die ersten fünf Seiten ihrer Ausgabe.

Der Ozeanflieger Charles Lindbergh posiert vor seinem Flugzeug.

Ein kniefreies Modell zeigt das Titelblatt der »Dame« im Mai.

Nachmittagskleider und sogenannte Cocktailkleider für den Tanztee.

Damenmode: Die Röcke werden immer kürzer

Die Mode zeigt viel Bein. Die Röcke werden immer kürzer. Im Mai zeigt das Titelfoto der Illustrierten »Die Dame« ein kniefreies Modell. Richard von Schaukal sinniert im selben Heft: »... Ich bin meiner Zeit dankbar, daß sie mich Beine sehen läßt. Frauenbeine ... Es ist wahrlich eine Revolution.«

»Die Dame«, 1912 gegründet, ist eine der journalistisch erstklassig gemachten Zeitschriften des Ullstein-Verlags. Sie gilt Mitte der zwanziger Jahre als bestes Journal seiner Art auf dem Weltmarkt. Zur Liste der renommierten Autoren der »Dame« gehören neben anderen bekannten Namen Arthur Schnitzler, Vicky Baum, Bert Brecht, Kurt Tucholsky, Stefan Zweig und Carl Zuckmayer.

»Hexer« im Theater

27. Mai. Im Deutschen Theater in Berlin erlebt Erfolgsautor Edgar Wallace, dessen Bücher auch in Deutschland reißenden Absatz finden, mit »Der Hexer« eine deutsche Erstaufführung. Die dramatisierte Form des Kriminalromans war bei der Uraufführung in England vor einem Jahr ein überwältigender Erfolg und hat den Roman zum Bestseller gemacht. »Der Hexer« ist aus den typischen Wallace-Zutaten gemixt: Der brave Detektiv und die Heldin gegen ein Dreierteam von Bösewichten, etwas Geheimniskrämerei, dazu ein Schuß Sozialmoral: Daß die kleinen Leute in der feinen Gesellschaft Anerkennung finden mit ihrer Anständigkeit. Wallace verdient mit seiner Massenproduktion (im Durchschnitt sechs Titel pro Jahr) jährlich etwa 50 000 Pfund.

Edgar Wallace in Beverly Hills.

Zu einer Kunst von hohem Niveau entwickeln sich die Plakate. Ein russisches Propagandaplakat mit der Aufschrift: »Wir bauen den Sozialismus«.

Unruhe nach Börsensturz

13. Mai. Ein plötzlicher Börsensturz in Berlin beunruhigt die Wirtschaftswelt. Die Aktien fallen ohne Vorzeichen um ein Sechstel bis die Hälfte ihres Kurswertes. Die Presse spricht von einem »schwarzen Freitag«. Verursacht hat die Erschütterungen die Reichsbank mit Verschärfungen ihrer Kreditpolitik. Am 23. ist die Lage wieder weitgehend konsolidiert. Die Furcht vor übersteigerten Börsenspekulationen erweist sich als unbegründet.

Gesetz zum Schutz der Republik

17. Mai. Das Gesetz zum Schutz der Republik wird um zwei Jahre verlängert. 323 Abgeordnete stimmen dafür, nur 41 dagegen. Die »Frankfurter Zeitung« sieht darin die Bestätigung, daß die Republik nun fest verankert und das »Ende der Monarchie« sicher ist. Vor allem in Preußen gab es in den Wochen davor Debatten, was zu tun sei, wenn das Gesetz ausläuft und der ehemalige Kaiser nach Deutschland zurückkommen will.

England bricht mit Sowjetunion

27. Mai. Eine Spionageaffäre ist Anlaß für die englische Regierung, den Bruch mit der Sowjetunion zu verkünden. Eine Polizeidurchsuchung in den Räumen der russischen Handelsgesellschaft Arcos, wo auch die russische Handelsvertretung residiert, ergibt am 17., daß von hier aus zentral Militärspionage in England betrieben und Aktionen antibritischer Propaganda geleitet werden, unter anderem gezielt auch gegen die britische Chinapolitik. Die sowjetische Delegation wird ausgewiesen.
Im Oberhaus sagt dazu ein Regierungssprecher: »Bevor die Leute ihre grundsätzlichen Auffassungen von internationaler Moral nicht geändert haben, ist es für Nationen, die andere Ansichten haben, nicht möglich, auch nur eine Art von diplomatischen Beziehungen mit ihnen fortzusetzen.«

1927
JUNI

Mo	Di	Mi	Do	Fr	Sa	So
			1	2	3	4	5
6	7	8	9	10	11	12
13	14	15	16	17	18	19
20	21	22	23	24	25	26
27	28	29	30			

1. Einweihung des Hindenburgdammes zwischen Westerland auf Sylt und Klanxbüll. →

2. Paula-Becker-Modersohn-Haus von Bernhard Hoetger in der Bremer Boettcherstraße eröffnet.

4. Jugoslawien bricht diplomatische Beziehungen zu Albanien ab.

6. Amerikanischer Ozeanflieger Chamberlain landet nach 43stündigem Flug von New York aus in Berlin.

7. Russischer Gesandter in Warschau, Woikow, ermordet.

11. Rußland gibt die Erschießung von 20 Monarchisten bekannt.

11. Eröffnung der Frankfurter Ausstellung »Musik im Leben der Völker«, die erste internationale Ausstellung seit Kriegsende.

12. In Berlin gewinnt 1. FC Nürnberg gegen Hertha BSC Berlin die Fußballmeisterschaft mit 2 : 0.

13. Verhaftung des Royalistenführers Léon Daudet in Frankreich.

14. Bündnisvertrag gestattet USA jederzeit bewaffnete Intervention in Nicaragua. Polizei unter US-Kommando.

14. Beamte demonstrieren gegen Verzögerung der Besoldungserhöhung.

19. Max Schmeling Europameister im Halbschwergewicht.

19. Nürburgring eröffnet. →

20. Pilsudski schließt das schlesische Parlament.

20. Marineabrüstungskonferenz in Genf eröffnet.

25. Ermordung eines Reichsbanner-Mitgliedes bei Überfall der Werwolf-Organisation in Ahrensdorf.

29. Totale Sonnenfinsternis (99 Prozent) in Mittel- und Nordengland. Die letzte Sonnenfinsternis war vor 200 Jahren.

29. Stresemann hält in Oslo seine Friedensnobelpreisrede.

GEBOREN:

29. Karl Ravens, deutscher Politiker.

GESTORBEN:

2. Friedrich Hegar (* 11. 10. 1841), Schweizer Komponist und Dirigent.

14. Jerome K. Jerome (* 2. 5. 1859), englischer humoristischer Dichter.

Mit der Bahn nach Sylt

Der elf Kilometer lange Hindenburgdamm verbindet Sylt mit dem Festland.

1. Juni. Reichspräsident Paul von Hindenburg weiht den nach ihm benannten Eisenbahndamm ein, der die nordfriesische Insel Sylt und das schleswig-holsteinische Festland verbindet.

Mit der elf Kilometer langen Linie Westerland – Klanxbüll ist in mehrjähriger Bauzeit eine Verkehrseinrichtung entstanden, die die Zukunft Sylts als Ferieninsel und Touristenattraktion fördert.

Erstes Rennen auf dem Nürburgring

19. Juni. Der schwierigste Rundkurs der Welt wird eröffnet. Der Nürburgring in der Eifel ist seit 1925 im Rahmen des Arbeitsbeschaffungsprogramms für das Notstandsgebiet Eifel gebaut worden. Er hat

89 Kurven, die Nordschleife ist 22,8 Kilometer lang, die Südschleife 7,7 Kilometer. Das erste Rennen gewinnt Rudolf Caracciola mit einem Durchschnittstempo von 96,5 Stundenkilometern.

Im Rahmen eines Arbeitsbeschaffungsprogramms wird der Nürburgring gebaut.

1. Arbeitsgerichte in Deutschland. →

2. Kilimandscharo erstmals von Frau bestiegen.

3. Landtagswahlen in Mecklenburg-Strelitz: Gewinne der Linken.

4. Schlußtag der Tennismeisterschaften in Wimbledon. →

6. Antikommunistisches Programm der Nanking-Regierung in China.

7. Mit Kriegsgerätegesetz ist letzte Abrüstungsbedingung des Versailler Vertrages erledigt.

7. Gesetz über Arbeitslosenversicherung und Arbeitsvermittlung. →

7. Gesetzlicher Arbeits- und Kündigungsschutz für werdende und stillende Mütter.

10. Vizepräsident des irischen Freistaates, Kevin O'Higgins, in Dublin ermordet.

14. Entwurf eines Reichsschulgesetzes will Bekenntnisschule festschreiben. →

14. Pilsudski läßt ohne Begründung in Polen Senat und Sejm schließen.

15. Schwere Unruhen in Wien. Brand des Justizpalastes. →

21. Erste Radweltmeisterschaft der Straßenfahrer auf dem Nürburgring (Sieger: Alfredo Binda).

23. Werkbundausstellung »Die Wohnung« in Stuttgart. →

23. Deutschlands erstes Eisenbahnhotel im Stuttgarter Hauptbahnhof.

23. Der 25jährige Heinz Rühmann in München als Komiker entdeckt in Hopwoods »Mustergatte«.

GEBOREN:

16. Thomas Ellwein, deutscher Politologe.

17. Pierre Cardin, französischer Modeschöpfer.

18. Ludwig Harig, deutscher Schriftsteller.

19. Jan Myrdal, schwedischer Schriftsteller.

GESTORBEN:

20. Ferdinand I., König von Rumänien (* 24. 8. 1865). →

25. Matilde Serao (* 7. 3. 1856), italienische Romanschriftstellerin.

Wiener Justizpalast in Flammen

15. Juli. Mit Demonstrationen, blutigen Straßenkämpfen und dem Brand des Justizpalastes in Wien kommen innenpolitische Spannungen in Österreich zum gewaltsamen Ausbruch. Anlaß für den Aufruhr ist der Freispruch von drei Frontkämpfern, die in Schattendorf bei Zusammenstößen mit Angehörigen des Republikanischen Schutzbundes einen Arbeiter und ein Kind erschossen hatten. Als das Urteil bekannt wird, reagieren die Arbeiter mit Teilstreiks und gehen auf die Straße. Die Universität Wien, die als Hochburg des Nationalsozialismus gilt, wird gestürmt. Demonstranten dringen in den Justizpalast und stecken ihn in Brand. Er brennt völlig aus.

Die Polizei geht mit Härte vor. Am 15. und 16. sterben 99 Menschen bei den Straßenkämpfen, über 200 werden verwundet. Die sozialdemokratischen Parteiführer fordern den Rücktritt von Bundeskanzler Ignaz Seipel, weil er die rechte Frontkämpferbewegung stillschweigend dulde.

Am 16. wird in Wien der Generalstreik ausgerufen. Er endet am 18. Die Regierung erklärt, mit Hilfe von Polizei und Wehrmacht Herr der Lage zu sein. Hinter den Zusammenstößen sieht die Wiener Presse Moskauer Pläne. Im Reich interpretiert die »Frankfurter Zeitung« die Unruhen als Zeichen, daß die Zweimillionenstadt Wien in so engen Grenzen ohne Anschluß an das Deutsche Reich nicht mehr existenzfähig sei.

Ein Wahlplakat erinnert an den Brand des Justizpalastes.

König von Rumänien stirbt

20. Juli. An einem Krebsleiden stirbt Ferdinand I. von Rumänien. Der gebürtige Prinz von Hohenzollern-Sigmaringen bestieg 1914 als Nachfolger seines Onkels Carol in Rumänien den Thron. Im Krieg stand er auf seiten der Entente. Innenpolitisch hat er wenig Durchsetzungsvermögen gezeigt. Da er seinen Sohn Carol zum Thronverzicht gebracht hat, wird sein Enkel Michael im Alter von zehn Jahren zum König proklamiert. Die Regierungsgeschäfte übernimmt ein Regentschaftsrat.

Arbeitsgerichte in Deutschland

1. Juli. Die neuen Arbeitsgerichte nehmen in Deutschland ihre Tätigkeit auf. Während es vorher nur Gewerbe- und Kaufmannsgerichte gab, können jetzt alle Arbeitnehmer bei Streitigkeiten, die sich aus dem Arbeitsleben oder aus den Tarifverträgen ergeben, Gerichte anrufen. Auch Hausangestellten oder etwa leitenden Angestellten steht der Gang zu einem der Arbeitsgerichte, die über das Reichsgebiet verteilt sind, frei. Das Inkrafttreten des Arbeitsgerichtsgesetzes gilt als Wendepunkt in der Rechtspflege.

Entwurf für ein neues Schulgesetz

14. Juli. Die Reichsregierung legt den Entwurf für ein neues Schulgesetz vor. Die Vorlage löst sofort nach Bekanntwerden heftigste Debatten aus. Sie will als Volksschule gleichberechtigt die Konfessionsschule, die Gemeinschaftsschule (mit getrenntem Religionsunterricht) und die weltliche Schule zulassen. Die Verfassung allerdings bestimmt die Gemeinschaftsschule zur Regel. Die Konfessionalisierung der Schule geht in dem Entwurf so weit, daß Lehrer von Geistlichen kontrolliert werden sollen.

US-Team siegt in Wimbledon im Damendoppel

4. Juli. Der Schlußtag der Wimbledon-Tennismeisterschaften bringt das Endspiel im Damendoppel, das die Amerikanerinnen Wills/Ryan gegen die Vertreterinnen Südafrikas, Heine/Peacock, mit 6:3, 6:2 gewinnen.

Das gemischte Doppel entscheiden F. T. Hunter / E. Ryan mit 8:6, 6:0 gegen das Ehepaar Goodfree für sich.

Das Herreneinzel gewinnt H. Cochet gegen J. Borotra nach sechs Matchbällen im fünften Satz mit 4:6, 4:6, 6:3, 6:4, 7:5.

Der Sieg im Herrendoppel am Tag zuvor geht an die Amerikaner Tilden/Hunter, die die Franzosen Brugon/Cochet mit 8:6, 6:3, 6:4 besiegen.

Siegerin im Dameneinzel ist L. A. Goodfree mit einem 6:2-6:4-Sieg über E. de Alvarez.

20. Juli. Im Namen der deutschen Kunstgemeinschaft gratuliert Heinrich Zille mit einer Lithographie dem Malerkollegen Max Liebermann zum 80. Geburtstag: ».. und ich sage mit mein janzet Milljöh: Maxe, Du bist ooch unser lieber Mann!«

Die Stuttgarter Weißenhof-Siedlung ist Bestandteil der Werkbundausstellung.

Werkbund zeigt neue Architektur

23. Juli. Die Werkbundausstellung »Die Wohnung« eröffnet in Stuttgart-Weißenhof. Sie steht unter der Leitung des Architekten Mies van der Rohe und umfaßt Pläne und Modelle sowie die Weißenhofsiedlung, in der 60 Wohneinheiten von 16 führenden europäischen Architekten gestaltet sind. Damit zeigt die Werkbundsiedlung einen Querschnitt durch den Stand zeitgenössischer europäischer Architektur. Sie propagiert den neuen Typus von Wohnung, der radikal mit der Tradition bricht. Tapeten, Vorhänge, Tischtücher, Kunst und Blumen – alle Requisiten der »Gemütlichkeit« entfallen. Die Bewohner sollen ein Höchstmaß an Freiheit haben, das Wohnen soll dem Bedürfnis nach Hygiene und Rationalisierung entsprechen.

Geld für Arbeitslose

7. Juli. Der Reichstag beschließt das Gesetz für Arbeitslosenversicherung und Arbeitsvermittlung. Es ist ein wichtiger Beitrag zur Stabilisierung der sozialen Verhältnisse. Das Gesetz, das vom langjährigen Arbeitsminister Dr. Heinrich Brauns (Zentrum) vorgelegt wird, macht Deutschland zu einem der ersten Länder der Welt, die Hilfe für Erwerbslose nicht länger als karitative Fürsorge, sondern als Verpflichtung für die gesamte Gesellschaft verstehen. Die Bedürftigkeitsprüfung fällt jetzt fort für Erwerbslose. Jeder, der unfreiwillig arbeitslos geworden ist, hat einen Rechtsanspruch auf Unterstützung durch den Staat. Die Höhe der Unterstützung ist abhängig vom Verdienst der letzten 13 Wochen vor Beginn der Arbeitslosigkeit. Sie reicht von Wochensätzen von sechs Mark bis 22,05 Mark. Gezahlt wird die Unterstützung über 26 Wochen hinweg, bei außergewöhnlich schwierigen Verhältnissen auf dem Arbeitsmarkt auch 39 Wochen lang.

Danach tritt die Krisenfürsorge in Kraft, die aus anderen Mitteln bezahlt wird und bei der weitere und genauere Prüfungen auf Bedürftigkeit nötig sind.

Der Versicherungspflicht unterliegen im Reich etwa 16,5 Millionen Arbeitnehmer. Die einheitlichen Beiträge zur Arbeitslosenversicherung betragen drei Prozent des Grundlohnes. Sie werden je zur Hälfte von Arbeitnehmern und Arbeitgebern gezahlt. Mit den Mitteln, die so der deutschen Reichsanstalt für Arbeitsvermittlung zufließen, können jetzt maximal 800 000 Hauptunterstützungsempfänger versorgt werden.

Mit der neuen Arbeitslosenversicherung ist von der rechten Regierung Wilhelm Marx eine Forderung erfüllt worden, die 1902 zum erstenmal auf dem Stuttgarter Gewerkschaftskongreß erhoben worden ist. Sie verspricht, den Lebensstandard der breiteren Bevölkerungsschichten zu sichern und ihnen im Notfall Hilfe zu gewährleisten.

1927

AUGUST

Mo	Di	Mi	Do	Fr	Sa	So
1	2	3	4	5	6	7
8	9	10	11	12	13	14
15	16	17	18	19	20	21
22	23	24	25	26	27	28
29	30	31				

1. Großkundgebung der Berliner SPD gegen Krieg und Kriegsgefahr.

3. Drahtlose Fernsprechverbindung Berlin–Buenos Aires.

4. Dauerflug-Weltrekord der Deutschen Edzard und Risticz mit 52 Stunden, 23 Minuten.

4. Todesurteil gegen Sacco und Vanzetti bestätigt. →

4. Genfer Seeabrüstungskonferenz ohne Ergebnis abgebrochen.

7. Lina Radke-Bratschauer läuft Weltrekord über 8000 m mit 2:23,8 min.

7. Internationaler Gewerkschaftskongreß in Paris endet mit Sieg der gemäßigten Richtung.

8. Grundsteinlegung zum Marine-Ehrenmal in Laboe bei Kiel.

8. Friedensbrücke über Niagara zwischen Fort Erie und Buffalo eröffnet.

14. Cilly Aussem deutsche Tennismeisterin.

14. Deutscher Ozeanflug mit einer Junkers W 33 mißlingt.

17. Kurt Weill erzielt beim Deutschen Kammermusikfest in Baden-Baden Durchbruch mit »Mahagonny«-Songspiel (uraufgeführt).

17. Deutsch-französischer Handelsvertrag.

19. Russisch-orthodoxe Kirche bekennt sich zum Sowjetstaat. →

19. Parteitag der NSDAP in Nürnberg; Teilnahme Emil Kirdorfs, Generaldirektor der Gelsenkirchener Bergwerks AG. →

23. Hinrichtung von Sacco und Vanzetti in Boston. →

27. England und Frankreich einigen sich auf Verminderung der Rhein-Besatzung um 10 000 Mann.

28. Frankfurt verleiht zum erstenmal den Goethepreis. Er geht an Stefan George.

29. Im Deutschen Reich werden einheitliche Verkehrszeichen geschaffen.

GEBOREN:

13. Fidel Castro, kubanischer Politiker.

15. John Cranko († 26. 6. 1973), englischer Choreograph.

23. Houari Boumedienne, († 26. 12. 1978), algerischer Offizier und Politiker.

Sacco und Vanzetti hingerichtet

4. August. Der Fall der Gewerkschaftler Sacco und Vanzetti bewegt die Weltöffentlichkeit. Seit sieben Jahren sitzen Nicola Sacco und Bartolomeo Vanzetti, Amerikaner italienischer Abstammung und nach eigener Aussage radikale Kommunisten, in Haft. Sie sollen am 15. April 1920 einen schweren Raubmord begangen haben. Aufgrund eines umstrittenen Indizienprozesses werden sie zum Tode verurteilt. Angesehene amerikanische Juristen sprechen von einem Fehlurteil.

Das Urteil wird mit einem Sturm der Empörung aus aller Welt beantwortet. Der Gouverneur von Massachusetts fühlt sich veranlaßt, es durch einen Sonderausschuß überprüfen zu lassen. Der bestätigt das Todesurteil am 4. August. Die Vollstreckung wird für den 10. festgesetzt. Gnadengesuche, Protestdemonstrationen für die Häftlinge, die in Hungerstreik getreten sind, Bombendrohungen gegen die Richter und den US-Präsidenten setzen ein. 45 Minuten vor dem festgesetzten Zeitpunkt wird die Hinrichtung um zwölf Tage aufgeschoben.

Sacco schreibt an das Verteidigungskomitee: »Wir fallen wie alle Anarchisten als Opfer eines großen Gedankens.« Noch am 22. August geben sich Delegationen beim Gouverneur die Türklinke in die Hand. Doch in der Nacht zum 23. werden Sacco und Vanzetti durch den elektrischen Stuhl hingerichtet. Sie beteuern bis zum Schluß ihre Unschuld. Das Bostoner Gefängnis wird den ganzen Tag von Polizei und Militär mit Maschinengewehren bewacht.

Trotz zahlreicher Proteste werden Sacco (links) und Vanzetti hingerichtet.

Kirche bejaht Sowjetstaat

19. August. Das Oberhaupt der russischen Kirche, der Metropolit Sergius von Nischni Nowgorod, ruft alle orthodoxen Gläubigen zur Unterstützung der Sowjetregierung und des Staates auf.

In seiner Erklärung heißt es, es gebe nur die Wahl zwischen der Anerkennung der Richtlinien absoluter Loyalität gegenüber der Regierung oder dem Austritt aus der russischen Kirche.

50 000 Kinder suchen ihre Eltern

50 000 Kinder in der Sowjetunion suchen ihre Eltern. Im August unternimmt das sowjetische Unterrichtskommissariat eine Flugblattaktion mit Namen, Fotos und Personenbeschreibung von Kindern, die seit der Hungersnot von 1921 ohne Eltern sind. Sie waren in Fürsorgeeinrichtungen gebracht worden. 30 000 konnten an Angehörige zurückgegeben werden, 50 000 wissen nicht, ob sie Waisen sind.

Fehleinschätzung der NSDAP

19. August. Der NSDAP-Parteitag beginnt in Nürnberg. Er wird als erfolglos bewertet. Die »Frankfurter Zeitung« kommentiert: »Die ganze Kundgebung gibt das Bild, daß die Nationalsozialisten in den großen Städten ihren Höhepunkt längst überschritten haben. Auf dem flachen Lande und in kleineren Städten ist der Anhang stärker, wenn auch lange nicht in dem Ausmaße, die ihre Leitung angibt.«

1927
SEPTEMBER

Mo	Di	Mi	Do	Fr	Sa	So
			1	2	3	4
5	6	7	8	9	10	11
12	13	14	15	16	17	18
19	20	21	22	23	24	25
26	27	28	29	30		

1. Im Reich fehlen 700 000 Wohnungen.

3. Erwin Piscator eröffnet seine Bühne am Berliner Nollendorfplatz. →

5. Flugzeugtyp Focke-Wulf »Ente« vorgestellt.

9. Konstituierung der Deutschen Bauernschaft als Spitzenverband.

9. Putschversuch in Tauroggen.

10. Frankreich gewinnt zum erstenmal Davispokal. Die 14 Jahre zuvor ging er immer an die USA.

12. Rumänien meldet Kinderlähmungsepidemie.

14. Seebeben in Japan mit über 1000 Toten.

15. Belgien verliert ständigen Ratssitz in Genf. Kanada rückt nach.

15. In Irland werden Parlamentswahlen durchgeführt: Cosgrave bleibt Ministerpräsident.

16. Luftverkehrsabkommen mit Spanien.

18. Einweihung des Tannenberg-Denkmals in Hohenstein. Telegramm Wilhelms II. an Hindenburg. →

20. Berliner Ausstellung »Die Mode der Dame« kreiert Lindbergh-Kappen.

21. Pilsudski läßt polnischen Sejm wieder auf 30 Tage vertagen.

22. Deutscher Botschafter in Washington, Freiherr von Maltzahn, kommt bei Flugzeugabsturz in Schleiz ums Leben.

23. Deutschland tritt Internationalem Schiedsgerichtshof bei.

23. Uraufführung des Films »Berlin. Sinfonie der Großstadt«.

23. Zweiter Boxweltmeisterschaftssieg Gene Tunneys über Dempsey.

24. Völkerbundsversammlung nimmt von Polen beantragte Deklaration zur Ächtung des Angriffskrieges an.

25. Gründung einer Autonomistenpartei in Elsaß-Lothringen.

30. Schlimmster Tornado seit 1896 in USA.

GESTORBEN:

14. Isadora Duncan (* 27. 5. 1878), amerikanische Tänzerin. →

14. Hugo Ball (* 22. 2. 1886), deutscher Dichter.

Der Feldmarschall im Mittelpunkt

18. September. Ein Nationaldenkmal zur Erinnerung an die Schlacht bei Tannenberg 1914 wird in Hohenstein in Ostpreußen eingeweiht. 70 000 Teilnehmer, darunter General Erich Ludendorff und Reichspräsident Paul von Hindenburg, reisen an, Sonderzüge sind eingesetzt. Bei der Feier sind Hakenkreuzfahnen in der Menge zu sehen, die schwarzweißroten Fahnen des Kaiserreiches sind aufgezogen. Die Veranstaltung gerät zu einer Ehrung des früheren Generalfeldmarschalls Hindenburg, dem der ehemalige Kaiser nach Mitteilung der »Kreuzzeitung« anläßlich der Tannenbergfeier telegrafiert: »Möchte der Heldengeist von Tannenberg unser zerrissenes Volk durchdringen.«

Hindenburg beschwört in einer Ansprache die Unschuld Deutschlands am Weltkrieg. Die Rede, die mit Kanzler und Außenminister abgesprochen ist, ruft Entrüstung und Verstimmung im Ausland hervor. In Frankreich heißt es: »Die Zeiten wandeln sich, aber der Ton ist der gleiche geblieben. Man könnte sagen, daß weder Versailles noch Genf, noch Locarno dagewesen sind.«

Zu einer Ehrung Hindenburgs wird die Einweihung des Tannenberg-Denkmals.

An die Schlacht bei Tannenberg erinnert das Denkmal bei Hohenstein.

Isadora Duncan stirbt bei Autounfall

14. September. Bei einem ungewöhnlichen Autounfall in Nizza kommt Isadora Duncan im Alter von 49 Jahren ums Leben. Ihr Schal verwickelt sich in den Speichen eines Autos und erdrosselt sie. Die gebürtige Amerikanerin hat um die Jahrhundertwende mit dem natürlichen Ausdruckstanz die Körperkulturbewegung mitverbreitet. Es ist lange Jahre modern gewesen, nach ihrem Vorbild barfuß im klassisch-griechischen Gewand zu tanzen.

Sie gründete zusammen mit ihrer Schwester Schulen für den Bewegungstanz und ist Wegbereiterin des sinfonischen Tanzes. Weil sie während des Weltkrieges als Kommunistin nach Rußland ging, sind ihr bis 1924 die deutschen Bühnen verschlossen gewesen. Als sie danach auch in Deutschland wieder auftrat, ist ihre Zeit abgelaufen, erntete sie negative Kritiken. Ihre Bewegungen sagten den Menschen der zwanziger Jahre nichts mehr.

Isadora Duncan †.

Atlantikflüge fordern Opfer

3. September. Ein neuer Unglücksfall wird auf dem Höhepunkt einer Art Ozeanflug-Fieber gemeldet. Die 63jährige Prinzessin zu Löwenstein-Wertheim-Freudenberg ist mit ihren Begleitern verschollen. Sie wollte von Windsor aus als erste Frau den Atlantik überfliegen. Wagemutige Flieger aus Frankreich, England, Irland, Italien, den USA versuchen immer wieder das riskante Unternehmen – die meisten scheitern, kehren um oder müssen in aufwendigen Aktionen gesucht werden. 25 Flieger sind bisher ums Leben gekommen.

Die Proteste gegen schlecht vorbereitete Flugunternehmungen mehren sich. Kanada bereitet einen Gesetzentwurf vor zum Verbot von Ozeanflügen, soweit sie nicht Erfolgschancen haben. Ungeachtet dessen bereitet sich Deutschland auf einen Atlantikflug vor.

Mit Tollers Revue »Hoppla, wir leben« eröffnet Piscator sein neues Theater.

Piscators neue Bühne

3. September. Den dritten Anlauf zum proletarischen Agitationstheater nimmt Erwin Piscator mit seiner »Piscatorbühne am Berliner Nollendorfplatz«. Er eröffnet sie mit dem Stück »Hoppla, wir leben« des kommunistischen Politikers und Schriftstellers Ernst Toller. Darin geht es um zum Tode verurteilte Revolutionäre, die sich begnadigt der Gesellschaft anpassen und Reaktionäre werden.
Piscator inszeniert das Stück auf einer Etagenbühne mit einer Reihe aufwendiger technischer, filmischer und akustischer Tricks. Die bürgerliche Kritik ist begeistert. Das Stück bringt vom ersten Abend an volle Kassen. Die eigentlichen Adressaten Piscators, die Arbeiter, bleiben aus. Die Diskrepanz zwischen Agitationstheater und saturiertem kulturbeflissenem Publikum, das aus sicherer Entfernung die revolutionären Gedanken konsumiert, wird zum Beispiel von zeitgenössischen Karikaturisten zum Ausdruck gebracht.

Die Stigmatisierte von Konnersreuth

10. September. Die Freisinger Bischofskonferenz mahnt die Gläubigen, nicht nach Konnersreuth in der Oberpfalz zu fahren und über das dortige Phänomen nicht zu urteilen, bis die Kirche abschließend dazu gesprochen hat. Es geht um den Fall der 29jährigen Schneiderstochter Therese Neumann in Konnersreuth, die Kirchenmännern und Medizinern ein Rätsel und der Presse im August und September ein unerschöpfliches Thema gibt. Sie leidet seit Weihnachten 1926 an jedem Freitag an den Stigmatisierungen des gekreuzigten Christus und erlebt ekstatische Visionen des Leidens Christi. Sie ißt, wie Ärzte bestätigen, nichts und ist von jahrelangen Lähmungen und Blindheit befreit.
Ein exakter klinischer Beweis für die Echtheit der Stigmatisierungen ist zwar nicht erbracht, aber täglich ist das Dorf Konnersreuth von bis zu 2000 Schaulustigen belagert. Die Menschenketten reichen bis in das Haus, in dem die Frau liegt.
Ende September wird ein ärztlich-amtliches Gutachten bekannt, in dem von einer medizinisch erklärbaren Störung des Zentralnervensystems und von einer hysterischen Konstitution die Rede ist. Die Spekulationen über den Fall der Stigmatisierten gehen weiter.

1927

OKTOBER

Mo	Di	Mi	Do	Fr	Sa	So
					1	2
3	4	5	6	7	8	9
10	11	12	13	14	15	16
17	18	19	20	21	22	23
24	25	26	27	28	29	30
31						

1. Russisch-iranischer Nichtangriffspakt.

2. Deutschland verliert 61. Fußballländerspiel mit 1 : 3 gegen Dänemark in Kopenhagen.

2. Hindenburgs 80. Geburtstag. →

5. Konzessionsvertrag Krupp–Sowjetunion.

6. Mit Premiere des »Jazz-Singers« beginnt in Amerika die Tonfilmära.

9. Hamburger Bürgerschaftswahl bringt absolute Mehrheit für SPD und KPD.

10. Spanische Nationalversammlung eröffnet. →

11. Franz Diener Deutscher Meister im Boxschwergewicht.

13. Erstes Pferderennen ausschließlich für weibliche Jockeys in Newmarket.

13. Rückgang der Arbeitslosenzahl im Reich auf 355 000.

14. Uraufführung »Schinderhannes« von Carl Zuckmayer, großer Erfolg.

20. Memorandum des Reparationsagenten Gilbert an Regierung. →

23. Deutschland gewinnt 62. Fußballländerspiel gegen Norwegen in Altona 6 : 2.

23. Trotzki aus Zentralkomitee der Kommunistischen Partei ausgeschlossen.

27. Erste tönende Wochenschau »Fox Movietone News« in New York.

29. Gründung der Kohle-Chemie-AG; umfaßt zwei Drittel der Ruhrzechen.

GEBOREN:

16. Günter Grass, deutscher Schriftsteller.

23. Leszek Kolakowski, polnischer Philosoph und Schriftsteller.

24. Gilbert Bécaud, französischer Sänger.

GESTORBEN:

20. Georg von Below (* 19. 1. 1858), deutscher Historiker.

26. Hermann Muthesius (* 20. 4. 1861), Architekt und Kunstschriftsteller.

30. Maximilian Harden (* 20. 10. 1861), deutscher politischer Schriftsteller. →

Parlament in Spanien eröffnet

10. Oktober. Spanien bekommt, vom König verordnet, wieder eine Nationalversammlung. Sie hat 400 Mitglieder, die durch die Regierung bestellt werden. Auf der Namensliste, die veröffentlicht wird, steht an erster Stelle der bestellten Mitglieder der Schwager des Königs, Infant Carlos de Bourbon. Es folgen ein General, ein Admiral, drei Kardinäle. Die Nationalversammlung hat keine gesetzgeberische Funktion, sondern nur eine beratende Rolle.

Maximilian Harden stirbt in Schweiz

30. Oktober. Sechs Jahre nach einem Attentat der Rechtsradikalen auf ihn stirbt in der Schweiz der Journalist und Schriftsteller Maximilian Harden. Ursprünglich Schauspieler, gründete er 1892 eine politische Wochenschrift, »Die Zukunft«, in der er seine gefürchteten ironischen und scharfen Angriffe gegen Politiker und Literaten führte, kritische Essays über Politik und geistiges Leben veröffentlichte. Seine Polemiken für den gestürzten Reichskanzler Otto von Bismarck und gegen Wilhelm II. und dessen Kamarilla führten zu drei Prozessen. Während des Krieges wandelte er sich zum Pazifisten und Gegner des Nationalismus. Als Kenner des modernen Theaters war Harden auch Berater von Max Reinhardt (→ Oktober 1906, November 1907).

Maximilian Harden †.

Hindenburg wird 80

2. Oktober. Der 80. Geburtstag des Reichspräsidenten Paul von Hindenburg wird in Deutschland und Österreich mit einem Glanz begangen, wie kaum ein Feiertag bisher. Jubelumzüge und Festivitäten stehen überall im Reich auf dem Tagesprogramm. In Berlin versammeln sich 40 000 Schulkinder für den Jubilar im Stadion, Hunderttausende säumen die Straße, die er vormittags entlangfährt. In seiner Wahlheimatstadt Hannover ist die erste Seite der Morgenzeitung ihm unter der Überschrift gewidmet: »Des Reiches Eckart.«

Als Geschenk der deutschen Wirtschaft erhält Hindenburg das Stammgut der Familie Hindenburg-Neudeck in Westpreußen. Die »Münchener Illustrierte« vermerkt: »Seit den Ereignissen des Zusammenbruchs hat das Reich keinen Tag mehr gesehen, den das deutsche Volk mit solcher Einmütigkeit gefeiert hat.« Im Ausland ruft das Spektakel Skepsis hervor. Der »Daily Telegraph« spricht von militärischen Demonstrationen. Die Feier habe dem Feldmarschall, nicht dem Reichspräsidenten Hindenburg gegolten.

In der Wilhelmstraße nimmt Hindenburg die Geburtstagsparade ab.

Dos Passos in deutscher Übersetzung

In deutscher Übersetzung erscheint im Oktober der Roman »Manhattan Transfer« des Amerikaners John Dos Passos, der mit neuen Stiltechniken ein umfassendes Bild der New Yorker Gesellschaftsschichten und verschiedener Typen gibt. Ebenfalls in diesem Monat werden die deutsche Übersetzung von André Gides »Falschmünzer« angezeigt, der Bericht »Aufstand in der Wüste« von Thomas Edward Lawrence (»Lawrence von Arabien«) und der Essayband »Sternstunden der Menschheit« von dem Österreicher Stefan Zweig.

Warnung vor höheren Ausgaben

20. Oktober. Der Generalagent für Reparationen, Parker Gilbert, warnt die Reichsregierung in einem Memorandum vor der permanenten Steigerung der öffentlichen Ausgaben. Sie kurbelten das Wirtschaftsleben nur künstlich an. Der amerikanische Finanzpolitiker sagt wörtlich: »Es wäre bedauerlich, wenn das, was zustande gebracht worden ist, jetzt durch eine kurzsichtige und ungesunde innere Politik in Gefahr gebracht würde.« Das Memorandum erscheint zu einem Zeitpunkt, an dem die Entwicklung der Wirtschaft günstig wie nie nach dem Krieg ist und die Arbeitslosenzahlen einen Tiefstand erreicht haben. Am 13. wird die Zahl mit 355 000 Hauptunterstützungsempfängern angegeben. Die Industrieproduktion ist vom Index 79 im Jahr 1926 in diesem Jahr auf 101 gestiegen, das Pro-Kopf-Einkommen der Bevölkerung im Durchschnitt von 1318 Reichsmark im Vorjahr auf 1413 Reichsmark gestiegen. Damit liegt es allerdings erst bei 92 Prozent des Standes von 1913.

1927

NOVEMBER

Mo	Di	Mi	Do	Fr	Sa	So
	1	2	3	4	5	6
7	8	9	10	11	12	13
14	15	16	17	18	19	20
21	22	23	24	25	26	27
28	29	30				

1. Otto Klemperer wird Leiter der Krolloper Berlin.

1. Rekordhöhe der Petroleumförderung. →

3. Polnischer Sejm erneut geschlossen bis zum Ende der Legislaturperiode.

4. Lufthansa hat mit 100 000 beförderten Passagieren Vorjahresergebnis verdoppelt.

8. Vollversammlung einer französischen nationalsozialistischen Partei unter Gustave Herbette in Paris.

10. Schillerpreis an Hermann Burte, Fritz von Unruh und Franz Werfel.

11. Französisch-jugoslawischer Freundschaftspakt stärkt Stellung Jugoslawiens auf dem Balkan.

11. Abschaffung des parlamentarischen Systems in Italien.

12. Generalaussperrung in der Zigarrenindustrie für 130 000 Beschäftigte.

13. Landtagswahlen in Hessen. Fortdauer der »Weimarer Koalition«.

13. Bürgerschaftswahl in Bremen. Stimmengewinn: SPD und KPD.

13. Wahlen in Danzig bringen Stärkung der Linken.

13. Hankau fällt kampflos an nationalistische Nanking-Truppen.

18. Kolumbien verstaatlicht Erdölgebiete.

19. »Die versunkene Glocke« von Ottorino Respighi in Hamburg uraufgeführt.

20. Das 63. Fußballländerspiel gegen Holland endet 2 : 2.

22. Uraufführung von George Gershwins »Funny Face« in New York.

25. Der elfjährige Menuhin feiert Erfolge in New York. →

25. Zwischen 76 Regierungen und 65 Gesellschaften wird ein Weltfunkvertrag unterzeichnet.

27. Landtagswahlen in Braunschweig. DNVP hat 50 Prozent Verluste, SPD gewinnt 23 Prozent Stimmen.

30. Der Russe Alexander Aljechin wird Schachweltmeister.

GESTORBEN:

3. Georg Koch (* 27. 2. 1857), deutscher Maler.

28. Paul Busch (* 21. 1. 1850), deutscher Zirkusgründer. →

Zirkusgründer Paul Busch †

28. November. Paul Busch, Begründer des Zirkus, der seinen Namen trägt, stirbt mit 77 Jahren. Seine Karriere begann nach Kriegsteilnahme 1870 als Schulreiter in verschiedenen Wanderzirkussen. Mit zehn eigenen Pferden machte er sich dann selbständig, zunächst in Dänemark. Nach vier Jahren kam Zirkus Busch dann erstmals nach Deutschland. Feste Zirkusbauten errichtete Busch zuerst im Wiener Prater, dann auch in Hamburg, Berlin und Breslau. Busch führte als erster das gesprochene Wort in der Arena ein.

Wunderkind Menuhin gefeiert

25. November. In der New Yorker Carnegie Hall feiert das Wunderkind Yehudi Menuhin triumphale Erfolge mit Beethovens Violinkonzert. Die »New York Times« schreibt am nächsten Tag: »Ein Junge von elf Jahren hat überzeugend sein Recht erwiesen, zu den außerordentlichen Interpreten dieser Musik gezählt zu werden.« In New York gibt Menuhin noch zwei weitere Konzerte, die seinen endgültigen Durchbruch zu internationalem Ruhm bedeuten.

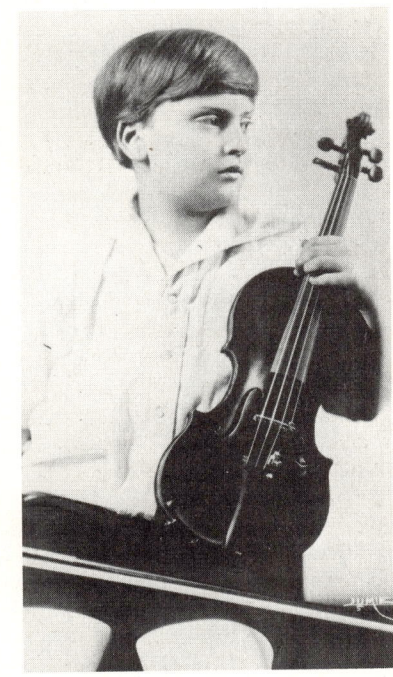

Yehudi Menuhin.

Kritik an Ausgaben

24. November. Auch Außenminister Gustav Stresemann sieht Gefahren in der Wirtschaftsentwicklung im Reich. Er setzt die Akzente jedoch anders als Parker Gilbert im Vormonat. Er kritisiert vor allem unter außenpolitischen Rücksichten in einem Schreiben an den Duisburger Oberbürgermeister Karl Jarres die Geldausgaben der Kommunen unter anderem zur Selbstdarstellung. Er nennt etwa den auf mindestens 14 Millionen Mark Kosten taxierten Umbau des Berliner Opernhauses, das Kölner Messehaus mit der größten Orgel der Welt, die auf Luxus ausgerichtete Presseausstellung für 1928 in Köln und sagt dann: »Haben Sie bitte die Güte, mir zu sagen, was ich den Vertretern fremder Mächte antworten soll, wenn sie mir sagen, daß alle diese Dinge den Eindruck machen, als wenn Deutschland den Krieg nicht verloren, sondern den Krieg gewonnen hätte. Ich bin gegenüber diesen Vorwürfen mit meinem Latein am Ende.«

Für 14 Millionen Mark wird das Berliner Opernhaus umgebaut.

Erdölförderung abermals auf Rekordhöhe

1. November. Die Erdölgewinnung 1927 verspricht Rekordhöhen. Die Vorjahresförderung von 1095,93 Millionen Faß ist nach einer Mitteilung bereits übertroffen mit 1234,68 Millionen Faß. Allein die Zunahme der Förderung von 1926 auf 1927 entspricht der Weltproduktion von 1900.
Die Anteile der verschiedenen Länder an der Erdölproduktion betragen: USA 72,5 Prozent, Rußland 5,8 Prozent, Mexiko 5,1 Prozent, Venezuela 4,9 Prozent, Persien 2,9 Prozent und Niederländisch-Indien 1,7 Prozent.

Literatur der Neuen Sachlichkeit

Anfang November wird unter den Verlagsneuerscheinungen der Roman »Die Flucht ohne Ende« des Österreichers Joseph Roth angezeigt. Er ist typisch für den Versuch, Literatur im Stil der Neuen Sachlichkeit zu schreiben, das Dokumentarisch-Authentische in den Vordergrund der Schilderungen zu stellen.
Roth nennt die Beschreibung der Wanderung eines ehemals österreichischen Offiziers aus russischer Kriegsgefangenschaft quer durch Deutschland nach Paris einen Bericht und betont in einer Vorbemerkung: »Ich habe nichts erfunden, nichts komponiert. Es handelt sich nicht mehr darum, zu ›dichten‹. Das wichtigste ist das Beobachtete.«

1927
DEZEMBER

Mo	Di	Mi	Do	Fr	Sa	So
			1	2	3	4
5	6	7	8	9	10	11
12	13	14	15	16	17	18
19	20	21	22	23	24	25
26	27	28	29	30	31	

1. Erste regelmäßige telegrafische Bildübermittlung zwischen Berlin und Wien.

2. Beginn des XV. Parteitags der KPdSU. → Beschließt 1. Fünfjahresplan und Kollektivierung der Landwirtschaft.

10. Nobelpreisverleihung. →

11. Kommunistische Kommune in Kanton. →

12. Prozeß Wilhelms II. gegen Piscator, der ihn auf der Bühne darstellen ließ. →

13. Coolidge genehmigt riesiges Flottenbauprogramm für eine Milliarde Dollar.

14. Kanton wird von Tschiang Kai-schek zurückerobert. Ende des kommunistischen Experiments.

15. Ausweisung sowjetischer Vertreter aus Schanghai.

16. Uraufführung der Oper »Der arme Matrose« von Darius Milhaud in Paris.

17. Millionenforderung des Reichswehrministeriums für Bau des Panzerkreuzers A abgelehnt.

17. Amerikanisches U-Boot »S 4« sinkt nach Kollision mit Kutter der Küstenwache bei Princetown. Die 34 Mann Besatzung können nicht gerettet werden.

20. Kältewelle in Europa. Nürnberg meldet −25 °C, Südnorwegen −45 °C.

20. Carl von Ossietzky zu einem Monat Gefängnis verurteilt.

20. Großfunksender in Zeesen in Betrieb genommen.

21. Glatteis in London: 1600 Verletzte kommen in Krankenhäuser.

23. Tschitscherin, Volkskommissar des Äußeren der Sowjetunion, droht China wegen Ermordung russischer Beamter in Kanton Sanktionen an.

26. Nordchinesisches Hauptdepot der Standard Oil Company in Tientsin explodiert. 50 Millionen Dollar Schaden.

28. Frank B. Kellog schlägt Frankreich Pakt zur Ächtung des Krieges vor.

28. Uraufführung der Oper »Antigone« von Arthur Honegger in Brüssel.

GESTORBEN:

20. Michael Georg Conrad (* 5. 4. 1846), deutscher Erzähler des frühen Naturalismus.

Friedensnobelpreis geht wieder nach Deutschland

10. Dezember. Ein zweites Mal geht der Friedensnobelpreis zur Hälfte nach Deutschland (→ Dezember 1926). Das Nobelkomitee verleiht ihn dem Geschichtsprofessor Ludwig Quidde. Der Professor, der 1919/20 Mitglied der Nationalversammlung war, ist Präsident der Deutschen Friedensgesellschaft und Vorsitzender des Deutschen Friedenskartells.
Den zweiten Teil des Preises erhält der Franzose Ferdinand Buisson, emeritierter Sorbonne-Professor und Präsident der Liga für Menschenrechte.
In Stockholm geht der Nobelpreis für Chemie an den Münchener Forscher Heinrich Otto Wieland für seine Erkenntnisse über die Zusammensetzung der Gallensäuren und verwandter Substanzen. Den Physikpreis teilen sich Arthur Holly Compton (Chicago) und Charles Wilson (Cambridge). Preisträger in der Sparte Physiologie/Medizin ist der Wiener Julius Wagner-Jauregg, der die therapeutische Behandlung der Malaria-Impfung bei der Behandlung der progressiven Paralyse entdeckt hat. Den Nobelpreis für Literatur erhält der französische Philosoph Henri Bergson.

Ludwig Quidde, Präsident der Deutschen Friedensgesellschaft, erhält einen Teil des Friedensnobelpreises.

Trotzki kaltgestellt

Sowjetische Kollektivbauern bringen Getreide zur Beschaffungsstelle.

2. Dezember. Der XV. Parteitag der KPdSU, der bis zum 19. dauert, besiegelt endgültig das politische Schicksal Leo Trotzkis. Der Parteitag billigt einstimmig seinen Ausschluß aus allen Parteiämtern und aus der Partei. Auch 76 Anhänger Trotzkis müssen die Partei verlassen. Stalin hat es geschafft, Trotzki, nach Lenins Tod einer der mächtigsten Männer der Sowjetunion, kaltzustellen. Offiziell wird ihm parteischädigendes Verhalten vorgeworfen. Die ebenfalls entmachteten anderen Vertreter der Opposition, Grigorij Sinowjew und Lew Kamenew, unterwerfen sich den zur Wiederaufnahme in die Partei gestellten Bedingungen.

Der Parteitag beschließt auch neue Maßnahmen zum »sozialistischen Aufbau« des Landes. Dazu gehört die Einleitung der Kollektivierung der Landwirtschaft, also Auflösung der selbständigen Bauernwirtschaften und Aufbau von Kollektivwirtschaften und Staatsgütern. Beschlossen wird ferner der 1. Fünfjahresplan und eine verstärkte Industrialisierung der Sowjetunion. Der Fünfjahresplan soll im nächsten Jahr in Kraft treten.

Ferienreisen werden in den zwanziger Jahren immer populärer. Die Schlafwagengesellschaften werben mit einprägsamen Plakaten in ganz Europa.

Es sind immer die gleichen Gewehre — nur die Opfer ändern sich.

Eine Karikatur im »Simplicissimus« zum politischen Schicksal Leo Trotzkis.

Kommune besteht nur drei Tage

11. Dezember. Nur drei Tage dauert ein Versuch chinesischer Kommunisten, in Kanton gewaltsam eine Kommune nach dem Pariser Vorbild aufzubauen. Durch einen Aufstand, bei dem es zu blutigen Straßenkämpfen kommt, wollen sie den linken Flügel der Kuomintang gegen Tschiang Kai-schek solidarisieren. Am 14. erobert Tschiang Kai-schek die Stadt zurück. Bei den Kämpfen werden auch Sowjetrussen verhaftet und erschossen. Als Reaktion auf die Ereignisse weist Tschiang Kai-schek die sowjetischen Vertreter am 15. aus Schanghai aus. Die Nanking-Regierung bricht die Beziehungen zur Sowjetunion ab. Tschiang Kai-schek erklärt, daß die russischen Konsulate Drahtzieher der Ereignisse in Kanton gewesen seien.

Exkaiser erwirkt Theaterzensur

12. Dezember. In Berlin wird gegen Erwin Piscator verhandelt, der in dem Stück »Rasputin, die Romanows, der Krieg und das Volk, das gegen sie aufstand« in einer Dreikaiserszene Wilhelm II. auftreten ließ. Weil der Exkaiser sich dadurch lächerlich gemacht fühlte, hatte er ein Darstellungsverbot seiner Person in dieser Szene erwirkt. Piscator läßt seitdem anstelle der Texte den Gerichtsbescheid verlesen. Das Stück erweitert die Vorlage von Tolstoi/Schtschegolew bis zur Zeit 1914 bis 1917 und will das Entstehen der Revolution von oben und die Herrscher in den Händen der Industriellen zeigen. Trotz eidesstattlicher Versicherung Piscators, sie hätten nur die Tragik der Figur Wilhelms II. herausarbeiten wollen, wird das Verbot bestätigt.

JANUAR

Mo	Di	Mi	Do	Fr	Sa	So
						1
2	3	4	5	6	7	8
9	10	11	12	13	14	15
16	17	18	19	20	21	22
23	24	25	26	27	28	29
30	31					

1. Über 2 000 000 Rundfunkteilnehmer in Deutschland.

6. Max Schmeling Europameister im Halbschwergewicht.

6. Der Bund zur Erneuerung des Reiches unter der Führung von Reichskanzler Luther wird gegründet.

6. Papst Pius XI. lehnt jegliche ökumenischen Bestrebungen der christlichen Kirchen als »gefährliche Machenschaften« ab.

7. Der Film »The Circus« von Charlie Chaplin wird in New York uraufgeführt.

7. Überschwemmung in London nach Bruch der Themse-Kaimauern zwischen Westminster und Tate-Gallery.

10. Trotzki und 30 Mitglieder der russischen Opposition aus Moskau ausgewiesen. Trotzki nach Wjerny verbannt.

14. Reichswehrminister Geßler reicht Rücktritt ein. →

16. In Havanna beginnt Panamerikanische Konferenz mit 21 teilnehmenden Staaten.

16. Uraufführung des Filmes »Königin Luise« mit Mady Christians.

16. Deutsche Länderkonferenz zur Vereinheitlichung der Verwaltung. →

19. Generalleutnant a. D. Groener neuer Reichswehrminister.

22. In Berlin konstituiert sich »Völkischer Kampfblock« aus den Organisationen »Werwolf«, »Deutschbanner Schwarz-Weiß-Rot« und anderen.

23. Fischereiabkommen sichert Japan Fangrechte in russischen Gewässern des Stillen Ozeans.

23. Uraufführung der dramatisierten Form von »Die Abenteuer des braven Soldaten Schwejk« in Berlin. →

28. Bauerndemonstrationen in Schleswig-Holstein. →

GEBOREN:

23. Jeanne Moreau, französische Schauspielerin.

GESTORBEN:

11. Thomas Hardy (* 2. 6. 1840), englischer Schriftsteller.

27. Vicente Blasco Ibáñez (* 29. 1. 1867), spanischer Dichter.

30. Karl Bleibtreu (* 13. 1. 1859), deutscher Dichter.

Konferenz berät Reichsreform

16. Januar. In Berlin tritt die Länderkonferenz für die Reichs- und Verwaltungsreform zusammen. Sie will Lösungen für eine Klärung des Verhältnisses zwischen Reich und Ländern finden, über eine Bereinigung des bürokratischen Wildwuchses in Reich, Ländern und Gemeinden beraten und eine sinnvollere Aufteilung in Länder überprüfen. Den Vorsitz führt Reichskanzler Wilhelm Marx.

Vor allem die Miniaturländer sind ein drängendes Problem. In Preußen leben derzeit drei Fünftel der Einwohner Deutschlands. In Sachsen und Bayern ein weiteres Fünftel. Das verbleibende Fünftel verteilt sich auf 15 Länder, vertreten in 15 Parlamenten. Mecklenburg-Schwerin, Oldenburg, Braunschweig, Anhalt, Bremen, Lippe, Lübeck, Mecklenburg-Strelitz, Waldeck und Schaumburg-Lippe haben zusammen nur etwa 2,8 Millionen Einwohner, aber zehn Parlamente, 19 Minister, 26 Senatoren. Solche Mißverhältnisse entzünden immer wieder Unmut über die Übersteigerung des parlamentarischen Prinzips.

Am 18. trennen sich die Konferenzteilnehmer ohne konkretes Ergebnis. Die partikularen Länderinteressen können auf keinen gemeinsamen Nenner gebracht werden. Immerhin wird in einem Abschlußbericht aber ein Katalog von Vorschlägen formuliert, unter anderem eine Art Kreis- und Bezirksreform. So ist die Rede von »zweckmäßiger und den heutigen Verkehrsverhältnissen angepaßter Abgrenzung der Bezirke der Lokal- und Mittelbehörden«. Mit ähnlicher Absicht wie die Länderkonferenz, nämlich eine Verfassungs- und Verwaltungsreform in Gang zu bringen, wird der Bund zur Erneuerung des Reiches gegründet. Er steht unter Führung des ehemaligen Reichskanzlers Hans Luther. In einem Aufruf plädiert der neue Bund eindringlich für die Stärkung der Reichsgewalt und gegen die »Vielregiererei der Länder«.

Aus Bayern kommt hierzu am 12. eine empörte Reaktion. In einem Aufruf, den unter anderem der Maler Franz von Stuck und Siegfried Wagner unterschreiben, wird der Angriff auf die Eigenstaatlichkeit der Länder zurückgewiesen. Die Berliner Zentralregierung habe sowieso schon den kulturellen Niedergang Bayerns eingeleitet.

Schwejk auf der Piscator-Bühne

23. Januar. Die Abenteuer des braven Soldaten Schwejk, ursprünglich dramatisiert von Max Brod, kommen auf der Piscator-Bühne am Nollendorfplatz zur Uraufführung. Erwin Piscator, Bertolt Brecht, Leo Lania und Gasbarra haben die Bühnenfassung Brods für diese Inszenierung noch einmal geändert.

Sie wollen »den ganzen Komplex des Krieges im Scheinwerfer der Satire« zeigen und die »revolutionäre Kraft des Humors veranschaulichen«.

Dem Abend wird mit großen Erwartungen entgegengesehen, nicht zuletzt, weil Max Pallenberg die Hauptrolle spielt. Piscator kommt der epischen Stoffmasse durch ganz neue szenische Lösungen und den Einsatz neuester Technik entgegen.

So sind die Bühnenbilder durch zwei Laufbänder permanent in Bewegung gesetzt, werden etwa dreihundert satirische Bilder von George Grosz an die Wände projiziert, Zeichentrickfilme und Fotos unter anderem von Prag eingefügt.

Der Kritiker Emil Faktor schreibt über den Abend am 24. Januar: »Man lachte aus vollem Halse. Zur Laune des Stofflichen kam der technische Witz der Inszenierung.«

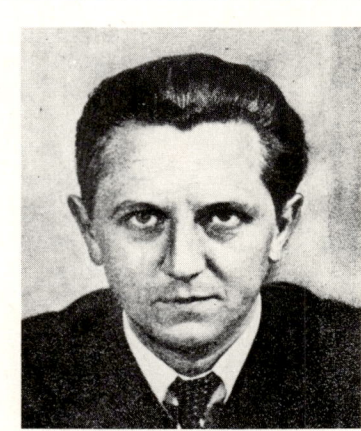

Erwin Piscator.

Eine Karikatur von George Grosz.

Aus dem Zeichentrickfilm zu Piscators Schwejk-Aufführung.

Bauern in Schleswig-Holstein demonstrieren gegen ihre Notlage.

Bauern protestieren

28. Januar. Rund 140 000 Bauern in Schleswig-Holstein protestieren bei Demonstrationen gegen die Berliner Regierung. Sie werfen ihr vor, tatenlos der Verschuldung der deutschen Landwirtschaft zugesehen zu haben. Die Situation der Bauern, die in diesen Wochen auch in der Presse eingehend untersucht wird, ist alarmierend. Die Belastung durch Steuern und Abgaben übersteigt bei vielen Bauern das Einkommen. Von 1924 bis Herbst 1927 ist die Verschuldung der Landwirtschaft auf sieben Milliarden Mark

gestiegen. Die Zinslast der Landwirtschaft beträgt jetzt jährlich zwischen 800 und 900 Millionen Mark. In Schleswig-Holstein läßt sich errechnen, daß ein Bauer, der vor 1914 etwa 180 Mark Steuern pro Jahr zu zahlen hatte, jetzt 5600 Mark berappen muß. Die Schweine- und Rinderzucht hat sich für die Landwirte zum Verlustgeschäft entwickelt. Aufgrund des Marktüberangebotes muß ein Bauer bei der Schweinezucht derzeit pro Zentner Lebendgewicht 10 bis 15 Mark dazuzahlen.

Rücktritt Geßlers

14. Januar. Reichswehrminister Otto Geßler, seit 1920 im Amt, reicht seinen Rücktritt ein. Er übernimmt die politische Verantwortung für geheime Finanzgeschäfte, die ein höherer Marineoffizier im Reichswehrministerium gemacht hat. Es geht um Millionenbeträge aus Etatmitteln, die zur Stützung von zweifelhaften Wirtschaftsunternehmen, darunter der Phoebus-Film-AG, ausgegeben wurden. Die Phoebus-Gesellschaft meldete Konkurs an. Allein die erste Bürgschaft, die das Reich noch vorher, im März 1926 geleistet hat, beläuft sich auf drei Millionen Mark.
Den Nachfolger Geßlers sucht Reichspräsident Paul von Hindenburg persönlich mit aus. Seine Wahl fällt auf den einstigen Generalquartiermeister und Nachfolger General von Ludendorffs, Generalleutnant a. D. Wilhelm Groener. Groener gilt als loyal gegenüber der Republik.

Reichwehrminister Otto Geßler (rechts) mit General von Seeckt.

1928
FEBRUAR

Mo	Di	Mi	Do	Fr	Sa	So
		1	2	3	4	5
6	7	8	9	10	11	12
13	14	15	16	17	18	19
20	21	22	23	24	25	26
27	28	29				

4. Wiener Nationalsozialisten fordern Auftrittsverbot für die Tänzerin Josephine Baker.

5. Walter Gropius bittet um vorzeitige Entlassung als Bauhaus-Leiter.

8. Die norwegische Arbeiterregierung stürzt nach nur eineinhalb Wochen.

8. Erste internationale Fernsehübertragung von London nach New York durch den Engländer J. L. Baird.

8. Faschistischer Großrat Italiens will verfassungsmäßiges Staatsorgan werden.

11. Eröffnung der II. Olympischen Winterspiele in St. Moritz. →

18. Uraufführung der Oper »Der Zar läßt sich photographieren« von Kurt Weill in Leipzig.

19. Neuer Automobilgeschwindigkeitsweltrekord durch M. Campbell auf Nagier-Campbell erzielt: 333,061 km/h.

19. Wahlerfolg der Demokraten bei der Hamburger Bürgerschaftswahl. Die SPD bleibt die stärkste Partei.

20. Köln hat seit 14 Jahren erstmals wieder einen Rosenmontagszug.

20. US-Senat beschließt Freigabe des im Krieg beschlagnahmten deutschen Eigentums.

22. Deutschland empfängt mit dem afghanischen Königspaar erstmals seit dem Krieg wieder gekrönte Häupter. →

23. Kunstflieger Ernst Udet landet mit 20-PS-Flugzeug auf Zugspitzplattform.

26. Erstes Großpassagierflugzeug von Messerschmitt für zehn Passagiere stürzt bei Probeflug ab.

28. USA legen neue Einwandererquoten fest. Ab Juli sind nur noch 24 908 Deutsche (1927: 51 000) zugelassen.

GESTORBEN:

4. Hendrik Antoon Lorentz (* 18. 7. 1853) niederländischer Physiker, Nobelpreis 1902.

15. Herbert Henry Lord Oxford and Asquith (* 12. 9. 1852), ehemaliger britischer Premierminister.

27. Fürst Karl Max von Lichnowsky (* 8. 3. 1860), deutscher Diplomat.

29. Armando Diaz (* 5. 12. 1861), italienischer Marschall.

Schülertragödie in Berlin-Steglitz vor Gericht

9. Februar. Unter starker öffentlicher Beachtung wird in Berlin der Prozeß gegen den Primaner Paul Krantz eröffnet. Er ist angeklagt, im Juni des Vorjahres seinen Schulfreund und Bruder seiner Freundin, Günther Scheller, erschossen zu haben. Mehr als 50 Journalisten kommen zur Verhandlung in den überfüllten Gerichtssaal. Richter, einer sogar aus Japan, sind als Beobachter angereist.
Aufsehen erregen vor allem die Umstände der »Steglitzer Schülertragödie«. Die Freunde hatten beschlossen, gemeinsam Selbstmord zu begehen, auch zusammen mit der Schwester und deren Verehrer in den Tod zu gehen.
Günther Scheller als einziger führte den Vorsatz aus. Krantz wird von der Anklage des Mordes am 20. Februar freigesprochen. Die Verhandlungen spiegeln Lebensüberdruß, innere Leere und Haltlosigkeit junger Menschen wider. Die Presse berichtet seitenlang über den Sensationsprozeß. Fragen der Jugenderziehung, der Moral und der sexuellen Freizügigkeit der jungen Generation werden problematisiert. Aufrufe ergehen, sich besser als bisher der vernachlässigten Jugend anzunehmen.

Stresemann über Parlamentskrise

26. Februar. Außenminister Gustav Stresemann analysiert vor seiner Partei die gegenwärtige Situation als Krise des Parlamentarismus.
In Deutschland sei das parlamentarische System ein Zerrbild geworden. Unter anderem macht er übertriebenen Parteigeist dafür verantwortlich sowie die Tatsache, daß nur formale, aber keine echten Mehrheiten gebildet werden. Zu den ständig kursierenden Gerüchten über Diktaturpläne sagt er: »Trotz der herzlichen Beziehungen, in denen der Oberbürgermeister von Köln (Adenauer) zu Großmächten Europas steht, in denen diese Regierungsform besteht, glaube ich, daß wir vom Faschismus noch weit entfernt sind.«

Olympia in St. Moritz

11. Februar. In St. Moritz eröffnen die II. Olympischen Winterspiele. Sie dauern bis zum 19. Februar. Beteiligung und Zuschauerinteresse sind im Vergleich zu den Spielen von 1924 in Chamonix stark gestiegen. Für die sechs Disziplinen haben sich 491 Teilnehmer aus 25 Ländern eingefunden, darunter 27 Frauen. Zum erstenmal ist auch wieder eine deutsche Mannschaft bei Olympischen Spielen vertreten. Sie gewinnt eine Bronzemedaille (Viererbob).

Bei den Nordischen Wettbewerben gehen zwölf Medaillen an Norwegen und acht an Schweden. Lediglich der Tscheche Rudolf Purkert kann sich im Spezialsprunglauf mit einem dritten Platz als Medaillengewinner in die Phalanx der Skandinavier reihen.

Ein überraschender Tauwettereinbruch, der ungewöhnlich für diese Zeit ist, läßt die Eisverhältnisse so schlecht werden, daß der 10 000-Meter-Lauf abgebrochen werden muß. Die bereits gelaufenen Zeiten werden für ungültig erklärt. Im Bobfahren gibt es ebenfalls aus Witterungsgründen nur zwei statt vier Läufe, an denen allerdings 23 Mannschaften teilnehmen.

Überlegene Siegerin im Eiskunstlauf der Damen wird die knapp 16jährige Norwegerin Sonja Henie, die im Vorjahr schon die Weltmeisterschaft gewonnen hat.

Die Schweizer Veranstalter lassen erstmals im Verlauf der Spiele durch ein Ärzteteam Untersuchungen über die Beanspruchung des Körpers bei sportlichen Höchstleistungen in einer Höhenlage von 1800 Metern durchführen. Neben dem Ziel des 50-Kilometer-Langlaufes wird eine Baracke aufgestellt, die unter anderem mit Röntgenapparat und Geräten für Elektrokardiogramme ausgerüstet ist. Eines der Untersuchungsergebnisse lautet, daß für die Dauerprüfung des Langlaufs das beste Wettkampfalter bei 24 bis 32 Jahren liegt.

Der deutsche Viererbob bei den Winterspielen in St. Moritz.

Als erstes gekröntes Haupt nach dem Krieg besucht Aman Ullah Khan, König von Afghanistan, am 22. Februar Deutschland. Das Bild zeigt ihn (links sitzend) bei einem Staatsbankett neben Reichspräsident von Hindenburg.

Regierung scheitert

18. Februar. Der interfraktionelle Ausschuß der Regierungsparteien erklärt das Reichsschulgesetz und damit die Regierung für gescheitert und fordert baldige Neuwahlen. Bei den Debatten um den umstrittenen Gesetzentwurf vom Juli des Vorjahres können sich die Regierungsparteien nicht mehr einigen.

Der Gesetzentwurf, der die Gleichberechtigung von evangelischen und katholischen Bekenntnisschulen mit interkonfessionellen Gemeinschaftsschulen vorsieht, ist von Anfang an nur auf volles Einverständnis des Zentrums, der Bayrischen Volkspartei (BVP) und der Deutschnationalen gestoßen. SPD, Deutsche Demokratische Partei (DDP) und auch die Koalitionspartei Deutsche Volkspartei (DVP) wandten sich dagegen. Am 27. Januar kam es zum Eklat, als die DVP einen Änderungsantrag durchsetzt und die Regierung erklären läßt, dieser Antrag sei für sie nicht tragbar, weil verfassungsändernd.

An dem Konflikt um das Schulgesetz kommen Spannungen zum Ausbruch, die das Ende der Koalition schon länger vorgezeichnet haben. Im Bereich der Sozialpolitik und vor allem der Außenpolitik gibt es kaum mehr Gemeinsamkeiten; die Deutschnationale Volkspartei (DNVP) trägt nur mit äußerstem Vorbehalt die Politik von Außenminister Gustav Stresemann mit.

Am 18. Februar erklärt die Regierung, daß sie den Reichspräsidenten Paul von Hindenburg um Auflösung des Reichstages bitten will und Neuwahlen bis spätestens Mai stattfinden sollen.

Notprogramm für die Landwirtschaft

27. Februar. Der Reichstag verabschiedet ein Notprogramm für die von Krisen geschüttelte Landwirtschaft. Darunter fallen eine Finanzhilfe von 100 Millionen Mark, Umschuldungen, Zuschüsse zum landwirtschaftlichen Genossenschaftswesen sowie eine Reihe von fördernden Maßnahmen für den Absatz von Vieh und Fleisch. Die Verschuldung der Landwirtschaft ist auf sieben Milliarden Mark gestiegen.

Prof. Sauerbruch geht nach Berlin

Professor Ferdinand Sauerbruch hält seine Abschiedsvorlesung in München. Nachdem er schon 1927 einen Ruf nach Berlin angenommen hat, verläßt er endgültig seine Lehrstätte in der bayrischen Metropole. Mit Sauerbruchs Namen verbindet sich die Erfindung einer neuartigen Prothese, die sich durch eigene Muskelkraft bewegen läßt (»Sauerbruch-Arm«). Er entwickelte außerdem ein Verfahren für Lungenoperationen (→ April 1916).

Professor Ferdinand Sauerbruch nimmt seine Arbeit in Berlin auf.

1928

MÄRZ

Mo	Di	Mi	Do	Fr	Sa	So
			1	2	3	4
5	6	7	8	9	10	11
12	13	14	15	16	17	18
19	20	21	22	23	24	25
26	27	28	29	30	31	

2. Überfall auf das Reichsentschädigungsamt. →

2. Neues französisch-spanisches Tangerabkommen kommt spanischem Sicherheitsinteresse entgegen.

3. Preise in Deutschland laut Wirtschaftsminister über europäischem Niveau.

5. NSDAP führt als erste Partei Bayerns schon den Wahlkampf. →

12. Malta wird zum britischen Dominion erklärt.

13. San-Francisco-Damm bei Los Angeles bricht. Über 1000 Tote. Sachschaden von 30 Millionen Dollar.

21. Deutsch-englisches Rechtshilfe-Abkommen.

22. Aus der Sowjetunion werden Bauernunruhen wegen schlechter Versorgungslage gemeldet.

23. Staatsvertrag über Vereinigung des Freistaates Waldeck mit Preußen.

25. Schlußbericht zur Finanzaffäre der Reichswehr: Dem Reich entstand Verlust von 26,9 Millionen Mark.

25. Papst verurteilt faschistische Schulpolitik.

26. Der Komponist Heinrich Kaminski erhält ersten staatlichen Beethovenpreis der Akademie der Künste in Berlin.

27. Der Reichstag genehmigt die Mittel für Bau des Panzerkreuzers A. →

28. Stromverbrauch in Berlin im Vergleich zu 1924 verdoppelt.

30. In Italien müssen innerhalb von 30 Tagen nicht-faschistische Jugendverbände aufgelöst werden, auch die katholischen Pfadfinder.

30. Amerikaner Heinemann und Stimson brechen den deutschen Weltrekord im Dauerfliegen mit 53 Stunden, 37 Minuten.

30. Schwere Erdbeben in Smyrna.

31. Auflösung des Reichstages.

GEBOREN:

12. Edward Albee, englischer Dramatiker.

16. Christa Ludwig, deutsche Sängerin.

18. Hans Küng, Schweizer katholischer Theologe, 1960–1980 Professor in Tübingen.

21. Peter Hacks, deutscher Dramatiker.

Geld für die Flotte

27. März. Nach scharfen Auseinandersetzungen und gegen die Stimmen von SPD, KPD und DDP genehmigt der Reichstag die Mittel für die Erweiterung der deutschen Flotte durch den Panzerkreuzer A. Er ist der einzige schwere Schiffstyp, den der Versailler Vertrag erlaubt. Reichswehrminister Wilhelm Groener beziffert die Kosten für einen Kreuzer dieses Typs auf rund 70 Millionen Mark. Nach seiner Meinung sind vier Schiffe dieser Art nötig. Die SPD stellt dagegen den Antrag, die Reichswehrmittel drastisch zu streichen und damit auch den Bau des Panzerkreuzers. Die DDP lehnt den Bau aus außenpolitischen Gründen ab. Der Reichsrat verschiebt den Baubeginn des Panzerkreuzers auf die Zeit nach dem 1. September.

Der Reichstag genehmigt die Mittel für den Bau des Panzerkreuzers A.

Gespräche über Abrüstung treten auf der Stelle

15. März. In Genf beginnt die fünfte Tagung des vorbereitenden Ausschusses für die Abrüstungskonferenz. Als Nichtmitglieder des Völkerbundes nehmen die USA, die Türkei und Sowjetrußland teil. Die Debatten treten auf der Stelle und lassen kaum Aussicht auf Erfolg erkennen. Die russischen Vorschläge zur Totalabrüstung wie zur Teilabrüstung werden abgelehnt, ebenso Deutschlands Vorschlag, daß die einzelnen Länder künftig weitergehend und exakter als bisher ihre einzelnen Rüstungsdaten bekanntgeben sollen. Der deutsche Vertreter, Johann Heinrich Graf Bernstorff, greift in einer Schlußerklärung die unfruchtbare Arbeit der Kommission an und erklärt, daß er gegen diesen Stand der Dinge Berufung bei der Völkerbundsversammlung einlegen werde.

Paul Löbe lehnt Orden König Amans ab

Einen Nachtrag zum Staatsbesuch des afghanischen Königs Aman Ullah vom Februar liefert die Presse im März. Der afghanische König gab in Deutschland die Anfertigung von etwa 1000 Orden in Auftrag. Laut Verfassung ist die Verleihung in Deutschland aber nicht erlaubt. Einige Tage nach seiner Abreise nach England kam der afghanische Gesandte in Berlin zu Reichspräsident Paul von Hindenburg und Kanzler Wilhelm Marx und überreichte jedem von ihnen einen afghanischen Orden samt rotem Seidenmantel als Zeichen der afghanischen Herzogswürde. Beide Geehrte nahmen die Auszeichnung an. Reichstagspräsident Paul Löbe lehnte sie ab. Aman Ullah hat als erster Monarch nach dem Krieg Deutschland einen Besuch abgestattet.

NSDAP eröffnet als erste Partei den Wahlkampf

5. März. Als erste Partei hat in Bayern die NSDAP den Wahlkampf eröffnet. Adolf Hitler spricht jede Woche wenigstens einmal in einer öffentlichen Versammlung.

Farmer entführt Reichsbeamten

2. März. Ein ostafrikanischer Farmer bringt bei einem Überfall den Leiter des Reichsentschädigungsamtes in seine Gewalt. Er hat eine Pistole und 14 Pfund Sprengstoff bei sich und will über 100 000 Mark erpressen. Der Vorfall endet glimpflich, der Täter wird überwältigt. Beleuchtet wird mit der Aktion die schlechte Lage der Deutschen aus ehemaligen Kolonien und jetzt ausländischen Gebieten, die in Not geraten sind und oft vergeblich Ansprüche auf Entschädigung für erlittene Verluste geltend machen. Die Verbände erklären den Überfall als typische Verzweiflungstat von Geschädigten.

Der ständig wachsende Verkehr wird durch Zeichen geregelt. Eine der ersten Ampeln in Berlin.

1928

APRIL

Mo	Di	Mi	Do	Fr	Sa	So
						1
2	3	4	5	6	7	8
9	10	11	12	13	14	15
16	17	18	19	20	21	22
23	24	25	26	27	28	29
30						

1. Tschiang Kai-schek überschreitet den Jangtse und beginnt neuen Vormarsch nach Norden.

1. Berliner Droschkenkutscher Hartmann startet zu spektakulärer Paris-Fahrt. →

4. Max Schmeling Deutscher Meister im Schwergewicht. →

6. Nürnberg feiert 400. Todestag Dürers.

11. Start des Raketenrennwagens von Max Valier auf der Opel-Rennstrecke. →

12. Bei Bombenanschlag auf den italienischen König in Mailand sterben 17 Menschen. →

13. Den Fliegern Köhl, von Hünefeld und Fitzmaurice gelingt erster Atlantikflug in Ost-West-Richtung. →

15. Deutschland gewinnt 64. Fußballänderspiel gegen Schweiz in Bern mit 3 : 2.

17. Japan beschließt Entsendung von Kriegsschiffen und Truppen nach Schantung.

18. Das Haus Wittelsbach fordert vom bayrischen Staat weitere 40 Millionen Mark Abfindung und 20 Millionen Mark für die Überlassung von Mobiliar.

20. Deutschland hat nach Erhebung des Tennisbundes 85 000 Tennisspieler und liegt mit der Mitgliederzahl vor USA und Frankreich. In England spielen 250 000 Menschen Tennis.

22. Erdbeben in Griechenland zerstört Korinth völlig. 200 000 Obdachlose.

22. Geschwindigkeitsweltrekord durch R. Keech auf White Triplex in Dayota: 334,010 km/h.

26. Probefahrt des ersten deutschen Pullmanwagens der Reichsbahn. →

27. Kapitän Ehrhardt löst Wikingbund auf: Wehrbundbewegung habe keine machtpolitische Zukunft.

28. Einweihung der Berliner Staatsoper »Unter den Linden« nach Umbau. →

GEBOREN:

15. Hanna-Renate Laurien, deutsche Politikerin.

GESTORBEN:

27. Konstantin Gutberlet (* 10. 1. 1831), deutscher katholischer Philosoph und Theologe.

Erster Ost-West-Atlantikflug

13. April. Erstmals überquert ein deutsches Flugzeug den Atlantik. Hermann Köhl, Ehrenfried Günther Freiherr von Hünefeld und James C. Fitzmaurice (Irland) starten am 12. April früh um 6.38 Uhr mit dem einmotorigen Junkersflugzeug »Bremen« in Irland. Sie unternehmen den ersten Atlantikflug in Ost-West-Richtung überhaupt. In den Wochen und Monaten vor diesem Start war ehrgeizig spekuliert worden, wann die Deutschen endlich in das Rennen um Rekordflüge über den Ozean einsteigen. Ein Versuch mußte wegen schlechter Wetterverhältnisse abgebrochen werden.

Für seinen erfolgreichen Versuch hat Köhl, da ihm jede Unterstützung versagt wurde, aus privaten Mitteln 80 000 Mark aufgetrieben und das Flugzeug gekauft.

Am 13. April mittags landet die »Bremen« nach mehr als 35stündigem Flug über 6750 Kilometer auf Greenly Island zwischen Neufundland und Labrador. Der Jubel ist in Deutschland noch größer als nach dem Lindbergh-Flug. Minutiöse Schilderungen von Flug und Landung, das Befinden der Flieger – die Zeitungen haben für jede Meldung Platz, die mit dem Amerika-Flug zu tun hat. Am 28. April wird den deutschen Fliegern ein großer Empfang in New York bereitet. Bei einer Konfettiparade werden 1500 Tonnen Konfetti für sie verstreut.

Reichskanzler Marx (rechts) empfängt die Flieger Köhl, Fitzmaurice und von Hünefeld (von links) in Berlin.

Attentat auf König Victor Emanuel III.

König Victor Emanuel III.

12. April. Bei der Eröffnung der Internationalen Messeausstellung in Mailand wird auf den italienischen König Victor Emanuel III. ein Bombenattentat verübt. Der König selbst bleibt unverletzt, 17 Menschen sterben, 30 werden verletzt. Als Hintergrund wird die Verabschiedung des undemokratischen Wahlgesetzes am 16. März gesehen, das jede politische Opposition ausschaltet.

Der König hat 1922 Benito Mussolini nach dessen Marsch auf Rom zum Ministerpräsidenten berufen. Danach hat er ihm fast völlig freie Hand gelassen.

Später hat Victor Emanuel III. den Titel Kaiser von Äthiopien und König von Albanien angenommen.

Goebbels über NS-Strategie im Wahlkampf

30. April. Joseph Goebbels schreibt zum Reichstagswahlkampf im »Angriff«: »Wir gehen in den Reichstag hinein, um uns im Waffenarsenal der Demokratie mit deren eigenen Waffen zu versorgen. Wir werden Reichstagsabgeordnete, um die Weimarer Gesinnung mit ihrer eigenen Unterstützung lahmzulegen. Wenn die Demokratie so dumm ist, uns für diesen Bärendienst Freifahrkarten und Diäten zu geben, so ist das ihre eigene Sache ... Uns ist jedes gesetzliche Mittel recht, den Zustand von heute zu revolutionieren.«

Opel: Rekord im Raketenwagen

11. April. Auf der Opel-Rennstrecke bei Rüsselsheim gelingt der Start des ersten Rennwagens mit Pulverraketenantrieb. Er ist von Max Valier und Fritz von Opel konstruiert und kann aus dem Stand auf 100 Stundenkilometer in acht Sekunden beschleunigen. Diese Leistung brachte bisher noch kein benzingetriebener Wagen. Als Dauerleistung bringt das Raketenauto 238 Stundenkilometer. Der »Rakwagen«, wie das Fahrzeug genannt wird, wird von der »Münchener Illustrierten« am 23. als erster Schritt zum Weltraumschiff begrüßt. Fürs Deutsche Museum München wird eine Nachbildung angefertigt.

Das Raketenauto Fritz von Opels erreicht eine Höchstgeschwindigkeit von über 200 Stundenkilometern.

Pullmanwagen für die Reichsbahn

26. April. Die ersten deutschen Pullmanwagen für die Reichsbahn absolvieren ihre Probefahrt. Die von den Breslauer Linke-Hofmann-Werken gebauten Salonwagen sollen im internationalen Eisenbahnverkehr als »Rheingold-D-Zug« auf der Strecke Holland–Schweiz fahren. Sie sind luxuriös und besonders geräumig ausgestattet, die Innenwände sind mit Edelhölzern getäfelt.

Oper neueröffnet

28. April. Mit der Aufführung von Mozarts »Zauberflöte« wird die Berliner Staatsoper »Unter den Linden« nach zweijährigem Umbau feierlich neueröffnet. Generalmusikdirektor Erich Kleiber dirigiert, Richard Tauber singt den Tamino. Zu der Feier sind 1800 Einladungen verschickt worden, unter anderen an den Reichspräsidenten, an Konrad Adenauer, Albert Einstein und Max Planck. Die Staatsoper kann sich rühmen, jetzt die technisch beste Bühne Deutschlands zu besitzen. Allerdings mußte der preußische Staat dafür statt der vorgesehenen 4,5 Millionen Mark 14 Millionen ausgeben. Das hat zu scharfer Kritik von seiten des Außenministers Gustav Stresemann geführt.

Nach dem Krieg war die »Oper unter den Linden« kommissarisch von Richard Strauss geleitet worden. Danach hatte Max von Schilling das Haus übernommen.

Der eiserne Gustav startet nach Paris

1. April. Deutschlands ältester Droschkenkutscher, der 68jährige Gustav Hartmann, startet in Berlin-Wannsee um 10 Uhr zu einer spektakulären Tour. Um das Ende des Droschkenkutschergewerbes in Erinnerung zu rufen, läßt er sein altgedientes Pferd »Grasmus« den Trott nach Paris antreten. Die Route des »eisernen Gustav«, wie er genannt wird, führt über Hannover nach Düsseldorf, Köln und Metz. Von Illustrierten und Tagespresse wird die Nostalgiefahrt zu einem Riesenspektakel gemacht. An Ortseingängen empfangen Menschenmengen den Kutscher. An der französischen Grenze wird er mit Musik eingeholt. Die Tour dauert insgesamt 22 Wochen.

Auf seiner Fahrt nach Paris wird Kutscher Gustav Hartmann umjubelt.

Schmeling Meister im Schwergewicht

4. April. Im Berliner Sportpalast wird Max Schmeling, der gerade seinen Titel als Europameister im Halbschwergewicht wegen Gewichtsschwierigkeiten abgegeben hat, Deutscher Meister im Schwergewichtsboxen. Er schlägt Franz Diener durch überlegene Technik.

Max Schmeling.

Villa Massimo öffnet in Rom

1. April. Die deutsche Kunstakademie in der römischen Villa Massimo wird wiedereröffnet. Die Villa gehört seit 1910 dem preußischen Staat. 1913 wurden die Ateliers für Stipendiaten eingerichtet, dann verhinderte der Krieg, daß kulturelles Leben beginnen kann.

MAI

Mo	Di	Mi	Do	Fr	Sa	So
	1	2	3	4	5	6
7	8	9	10	11	12	13
14	15	16	17	18	19	20
21	22	23	24	25	26	27
28	29	30	31			

1. Prozeß gegen 22 elsässische Autonomisten in Colmar.

2. Papst mißbilligt Sportwettkämpfe für Frauen in Rom.

3. Uraufführung Jean Giraudoux' »Siegfried« in Paris.

5. Ausstellung »Die Ernährung« in Berlin eröffnet.

7. Ausstellung »Die technische Stadt« in Dresden zeigt Kugelhäuser. →

11. In New York wird erstes Fernsehprogramm mit regulärem Zeitplan gesendet: Dienstag, Donnerstag und Freitag je eine halbe Stunde.

12. Ausstellung »Pressa« in Köln eröffnet. →

15. Feierschichten und Entlassungen im Ruhrbergbau. →

20. Reichstagswahlen. Niederlage der Regierungsparteien, Gewinne von SPD und KPD. →

20. Landtagswahlen in Preußen, Württemberg, Bayern, Oldenburg.

20. Giftgasskandal in Hamburg. →

23. Raketenauto von Valier/Opel fährt in Berlin 220 km/h.

23. Anschlag auf italienisches Konsulat in Buenos Aires: 22 Tote, 41 Verwundete.

24. Absturz des Luftschiffes »Italia« mit General Nobile bei einer Nordpolfahrt.

25. Junkerswerke Dessau feiern Bau des 1000. Flugzeugs.

26. Abschluß des Hockeyturniers der Olympischen Vorspiele in Amsterdam: Deutschland 3. Platz mit 3 : 0 über Belgien hinter Indien und Holland.

28. Sieg im 65. Fußballländerspiel im Rahmen der Olympiade gegen Schweiz mit 4 : 0 in Amsterdam.

30. Start von Hilfsexpeditionen für General Nobile.

GEBOREN:

4. Wolfgang Graf Berghe von Trips († 10. 9. 1961, Opfer eines Unfalls), deutscher Autorennfahrer.

GESTORBEN:

3. Friedrich Graf von Pourtalès (* 24. 10. 1853), ehemaliger deutscher Botschafter in Petersburg.

19. Max Scheler (* 22. 8. 1874), deutscher Philosoph und Wissenssoziologe. →

Linksrutsch bei der Reichstagswahl

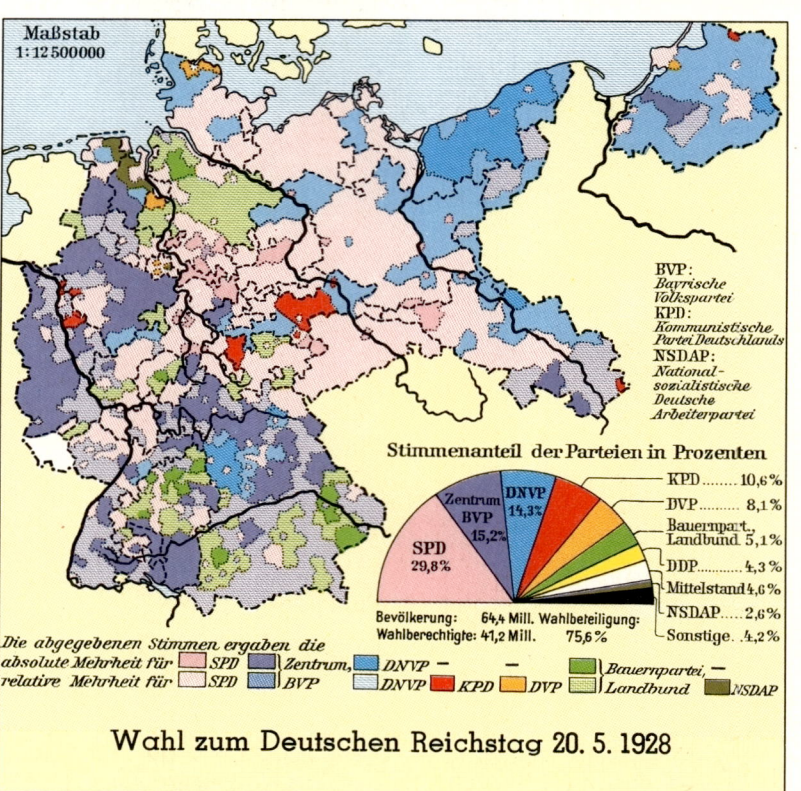

Die Reichstagswahlen bringen den Regierungsparteien DNVP, Zentrum und DVP eine Niederlage. Die Sozialdemokraten verbessern ihre Sitzzahl von 131 auf 152.

bisher 14 Sitze und bleiben weiter parlamentarisch in der Bedeutungslosigkeit. Auffällig ist die Parteienzersplitterung bei dieser Wahl. Nach dem durch die Verfassung gegebenen Verhältniswahlrecht haben auch Splitterparteien die Chance, Mandate im Parlament zu erhalten. So stellen sich insgesamt 31 Parteien zur Wahl, 14 davon erringen Sitze im Reichstag. Zu den Verlierern unter den kleinen Interessengruppen, die sich dem Wähler anbieten, gehören etwa: Volksblock der Inflationsgeschädigten, Unpolitische Liste der Kriegsopfer, Partei für Recht- und Mieterschutz, Evangelischer Volksdienst, Reichspartei für Handwerk, Handel und Gewerbe. Über eine Million Stimmen sind an diese Splittergruppen vergeben worden, damit gehen neun Mandate verloren.

Das Wahlergebnis spiegelt vor allem die Desorientierung des Mittelstandes. Viele Wähler wandern zu den Gruppen ab, bei denen sie ihre wirtschaftlichen Interessen besser aufgehoben glauben. Das muß vor allem auch die DDP spüren, deren Anteil auf 4,9 Prozent zurückgeht. Sie hat jetzt gerade noch acht Sitze mehr als die BVP, die ja eine reine Landespartei ist. Die DNVP hat trotz ihrer gravierenden Einbuße alleine mit 73 Sitzen noch immer größeres Gewicht im Reichstag als die beiden liberalen Parteien, DDP und DVP, zusammengenommen.

20. Mai. Der vierte Reichstag der Republik wird gewählt. Die Ergebnisse bedeuten einen Umbruch der Parteienlandschaft. Die Regierung der Rechten ist eindeutiger Verlierer: Die Deutschnationalen büßen 30 Sitze ein, die Zentrumspartei sieben, die Deutsche Volkspartei (DVP) sechs Sitze.

Dafür können sich die Sozialdemokraten als Gewinner der Wahl betrachten. Sie verbessern ihre Sitzzahl von 131 auf 152. Zusammen mit den Kommunisten, die ebenfalls Stimmengewinne für sich verbuchen, vereinigen sie jetzt 42 Prozent aller Mandate auf sich. Die Nationalsozialisten verlieren zwei der

Plakat der Deutschen Demokraten.

Hauptzugpferd der Deutschnationalen ist Reichspräsident Hindenburg.

n Mai

Eine Untersuchung zeigt, daß die Frauen bei der Wahl überdurchschnittlich das Zentrum bevorzugt haben, dagegen weniger Stimmen der KPD und NSDAP gaben als die männlichen Wähler. Im neuen Reichstag sitzen 33 Frauen als Abgeordnete, davon gehören 20 der SPD an, drei der KPD, drei dem Zentrum, zwei der DDP, zwei der DVP, zwei der DNVP und eine der BVP.

Die Wahlen von 1928 waren die letzten Wahlen, in denen die Nationalsozialisten quasi zur vollkommenen Bedeutungslosigkeit verurteilt waren. In den Reichstagswahlen der kommenden Jahre verzeichneten sie mit Ausnahme des Jahres 1932 einen kontinuierlichen Anstieg.

Die vier gleichzeitig mit den Reichstagswahlen stattfindenden Landtagswahlen bestätigen den Trend für die SPD. In Preußen erhalten die Regierungsparteien SPD, Zentrum und DDP eine sichere absolute Mehrheit. In Bayern verbessert sich die SPD von 23 auf 34 Sitze, während die NSDAP von 23 auf neun Mandate zurückfällt. Die DDP erhält in Bayern überhaupt keinen Sitz mehr, die KPD verliert vier Sitze.

In Oldenburg erreichen die Sozialdemokraten 14 statt vorher neun Sitze, die KPD erhält zwei Mandate und die NSDAP drei. In Württemberg kann die SPD statt 13 jetzt 22 Mandate für sich verbuchen.

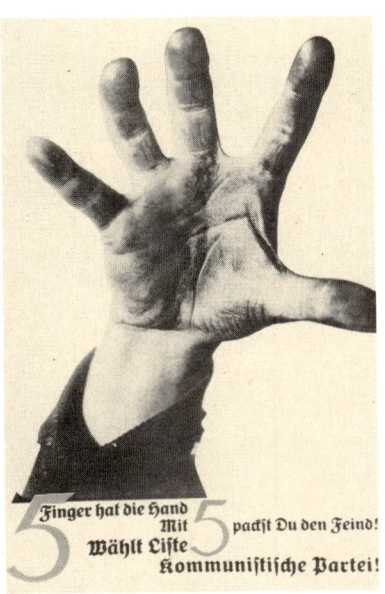

Kommunisten verbuchen Gewinne.

Als Weltschau kündigt sich die lange vorbereitete Presseausstellung an.

Presse stellt sich dar

12. Mai. In Köln eröffnet die Mammutschau »Pressa«. An der Presseausstellung beteiligen sich fast alle europäischen Staaten, Lateinamerika, China und Japan. Sie spannt einen Bogen von der kulturhistorischen Seite des Pressewesens bis hin zu den modernsten Herstellungstechniken. Die ehrgeizige Schau ist schon monatelang Anlaß für stolze Vorberichte. Die Stadt hat dafür einen riesigen Gebäudekomplex mit Sitzungssälen von bis zu 1200 Plätzen gebaut. Ein 85 Meter hoher Turm ist als Wahrzeichen entstanden.

Die Schau gilt als das Luxuriöseste, was bisher auf diesem Sektor präsentiert wurde. Anläßlich der »Pressa« wird auch der drahtlose Fernsprechverkehr Deutschlands mit Argentinien aufgenommen.

Totgeglaubter Forscher Filchner lebt

15. Mai. Aus Nordindien kommt Nachricht vom totgeglaubten Innerasienforscher Wilhelm Filchner. Der bekannte Forscher ist 1926 zu einer Expedition in Asien aufgebrochen. Sie führte durch die Wüste Gobi nach China, von dort über Tibet nach Indien. Im Sommer 1927 kursierten Berichte, Filchner sei ermordet worden. Jetzt meldet er, daß sein Arbeitsprogramm der Messungen und kartographischen Aufnahmen unbekannter Teile von Tibet erfolgreich absolviert sei.

Eines der Kugelhäuser in Dresden.

Bauausstellung zeigt Kugelhäuser

7. Mai. Hauptattraktion in der Ausstellung »Die technische Stadt« in Dresden sind Kugelhäuser, die als ausgefallener Beitrag zur Wohnraumdiskussion der Gegenwart gezeigt werden. Der Münchener Architekt Professor Peter Birkenholz schlägt vor, ganze Stadtanlagen mit solchen Kugelhäusern erstellen zu lassen.

Feierschichten im Ruhrbergbau

15. Mai. Der Ruhrbergbau legt in dieser Woche ungefähr 76 000 Feierschichten ein. Das sind mehr als zehnmal soviel wie in der Vorwoche. Entlassungen beginnen. Nahezu 3000 Arbeiter sind betroffen.

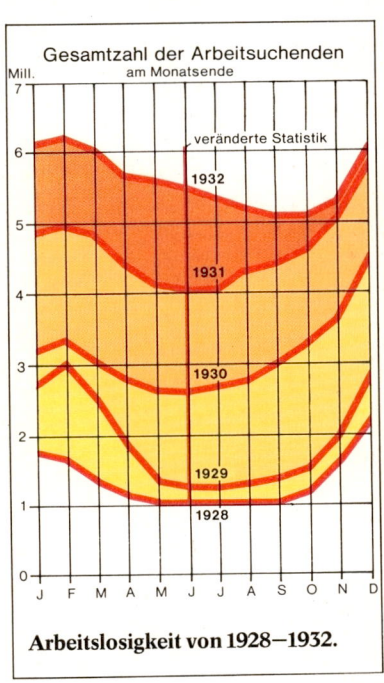

Arbeitslosigkeit von 1928–1932.

Der drahtlose Fernsprechverkehr Deutschland–Argentinien wird vom Kölner Oberbürgermeister Konrad Adenauer eröffnet (rechts).

1928
JUNI

Mo	Di	Mi	Do	Fr	Sa	So
				1	2	3
4	5	6	7	8	9	10
11	12	13	14	15	16	17
18	19	20	21	22	23	24
25	26	27	28	29	30	

3. 66. Fußballänderspiel gegen Uruguay. Deutschland verliert in Amsterdam 1 : 4.

6. Uraufführung von Richard Strauss' Oper »Die ägyptische Helena« in Dresden (Text: Hugo von Hofmannsthal). →

7. Tschang Tso-lin stirbt an den Folgen eines Attentats vom 4. Juni. →

8. Nationalarmee unter Tschiang Kai-schek besetzt Peking. →

8. Prügelei im preußischen Landtag nach Ablehnung eines kommunistischen Antrags.

10. Ludwig Haymann Deutscher Meister im Schwergewicht. Max Schmeling verteidigt den Titel wegen Amerikareise nicht.

11. Ärztestreik in Wien.

13. Der neue Reichstag tritt zusammen.

15. Nanking-Regierung erklärt Einigung Chinas für erreicht. →

18. Amundsen kommt beim Rettungsflug für den abgestürzten General Nobile um. →

18. Amelia Earhart überfliegt als erste Frau allein den Atlantik.

20. Einweihung der Hindenburgschleuse bei Hannover.

22. Japan zieht Kriegsschiffe aus chinesischen Gewässern zurück. →

23. Die Münchener Arward Müller, Franz Schmid und Milena Jank beenden erste vollständige Alpendurchquerung vom Wiener Schneeberg bis zum Montblanc.

24. Rettung General Nobiles durch schwedisches Flugzeug. →

28. Neue Regierung: Hermann Müller mit großer Koalition. →

GEBOREN:

11. Königin Fabiola von Belgien.

15. Irenäus Eibl-Eibesfeldt, deutscher Verhaltensforscher.

20. Pavel Kohout, tschechoslowakischer Dramatiker und Regisseur.

GESTORBEN:

2. Otto Nordenskiöld (* 6. 12. 1869), schwedischer Polarforscher.

14. Emmeline Pankhurst (* 14. 7. 1858), britische Frauenrechtlerin.

18. Roald Amundsen (* 16. 7. 1872), norwegischer Polarforscher. →

Die Frauenrechtlerin Emmeline Pankhurst stirbt in London.

Tod des Philosophen Max Scheler

Max Scheler †.

19. Mai. Im Alter von 53 Jahren stirbt in Frankfurt der Ordinarius für Philosophie, Max Scheler. Ludwig Marcuse nennt den Religionsphilosophen und Kultur- und Wissenssoziologen in einem Nachruf »eines der stärksten analytischen Talente der gegenwärtigen Philosophie«. Grundlegende Idee Schelers war die Deutung der Welt als Idee des persönlichen Gottes. Damit kommt er wieder zu einer Rangordnung der Werte (gegen den Wertrelativismus Friedrich Nietzsches etwa). Zu diesen Werten gehören für ihn zum Beispiel Vorbild, Demut, Ehrfurcht, Autorität. In seinen Schriften trägt Scheler auch zur Neubegründung einer philosophischen Anthropologie bei und bezieht in der Kultur- und Wissenssoziologie Stellung gegen den Positivismus und die Basis-Überbautheorie von Karl Marx.

Giftgasskandal bei Stoltzenberg fordert zehn Tote

20. Mai. In Hamburg ereignet sich bei der Firma Stoltzenberg ein Giftgasskandal. Aus undichten Behältern auf dem Gelände der chemischen Fabrik im Freihafengebiet Veddel tritt Phosgengas aus. Giftwolken treiben auf die Stadt zu. 150 Vergiftete werden in Krankenhäuser eingeliefert, Wohnviertel evakuiert. Zehn Menschen sterben an der Einwirkung des gefährlichen Giftes, das im Krieg als Gelbkreuzgas gefürchtet war. Wie sich bei den Untersuchungen herausstellt, macht die Firma mit alten Gasbeständen aus dem Krieg Auslandsgeschäfte. Am 25. wird mit der Vernichtung der Phosgenbestände auf dem Firmengelände begonnen.

Opelwerk kündigt Weltraumflug an

1. Mai. Die Opelwerke geben bekannt, daß sie mit dem Flieger Raab einen Vertrag über den ersten Raketen-Weltraumflug abgeschlossen haben. Seit Wochen schon melden sich Hunderte von Leuten, die sich als Passagiere für das Weltraumschiff zur Verfügung stellen wollen. Ingenieure, Flieger, ehemalige Offiziere und sogar eine wagemutige Frau sind dabei. Der Bau der Rakete, mit der ein Flug in die Stratosphäre möglich sein soll, schreitet nach Meldungen gut voran.

Frauenrechtlerin Pankhurst stirbt in London

14. Juni. In London stirbt mit 70 Jahren die radikale britische Frauenrechtlerin Emmeline Pankhurst. Zur Erringung des Frauenwahlrechts gründete sie 1903 zusammen mit ihrer Tochter Christabel die Women's Social and Political Union. Brandstiftung, Bombenanschläge, terroristische Aktionen und Provokationen gehörten zu den Methoden, die Emmeline Pankhurst im Kampf um ihre Ziele einsetzte und für die sie auch mehrfache Haft in Kauf nahm. Erfolge brachte die Zeit des Weltkriegs und danach für die Ziele der Suffragetten. 1918 trat Frau Pankhurst der Konservativen und Unionistischen Partei bei. Anschließend lebte sie sechs Jahre in Kanada und den Vereinigten Staaten.

Schießerei im Parlament

20. Juni. Im Verlaufe einer Parlamentsdebatte erschießt der Abgeordnete der jugoslawischen Regierungsparteien, Ratschitsch, nach einem scharfen Wortwechsel zwei Abgeordnete der Opposition und verletzt drei weitere Abgeordnete, darunter den Führer der kroatischen Bauernpartei, Stjepan Radić. Der Täter war beschuldigt worden, sich widerrechtlich Boden angeeignet zu haben.

Neues Kabinett Müller

28. Juni. Als Folge des Wahlausgangs wird Hermann Müller-Franken (SPD) die Regierungsbildung übertragen. Er war 1920 schon einmal Kanzler der Republik. Den Plan einer großen Koalition, von der nur die Extremisten ausgeschlossen sein sollen, stoppen die Deutsche Volkspartei (DVP) und das Zentrum mit Vorbehalten und hochgeschraubten Bedingungen.

Erst als Außenminister Gustav Stresemann, schwerkrank, in die Verhandlungen vom Krankenlager aus eingreift und seinen Rücktritt vom Parteivorsitz androht, kommt die Koalition zustande.

Minister der fünf großen Parteien SPD, Zentrum, DDP, DVP und BVP sitzen im Kabinett: Eine Koalition der Persönlichkeiten, an die sich die jeweiligen Fraktionen aber nicht gebunden fühlen.

Die Koalitionskonstruktion hat somit von Anfang an geringe Chancen, große Belastungen durchzustehen. Gustav Stresemann bleibt auch weiter Außenminister und bildet die integrierende Kraft in dieser Regierung.

Umberto Nobiles Luftschiff »Italia« über Spitzbergen.

Das Kabinett der großen Koalition unter Kanzler Müller (1. Reihe, 2. v. l.).

Polarforscher Roald Amundsen †.

Die Nobile-Mannschaft.

Südtruppen besetzen Peking

8. Juni. Nach militärischen Verwicklungen auch mit japanischen Truppen kommt aus Peking die Meldung, daß die Südtruppen unter General Tschiang Kai-schek die Stadt besetzt haben. Am 11. Juni besetzen die Südtruppen auch Tientsin.

In einem Aufruf am 15. Juni erklärt die Nanking-Regierung die Einigung Chinas für vollzogen. Sie wolle militärische Regierungsformen und den Kommunismus bekämpfen und strebe zugleich Verhandlungen mit dem Ausland an, um zum Abschluß neuer Verträge zu gelangen, die der chinesischen Souveränität Rechnung tragen müßten, heißt es in einer Erklärung. Regierungssitz soll künftig nicht mehr Peking, sondern Nanking sein.

General Tschang erliegt Attentat

7. Juni. General Tschang Tso-lin, der mit diktatorischer Gewalt ausgestattete Führer der chinesischen Nordarmeen, stirbt an den Verletzungen, die er bei einem Attentat erlitten hat.

Am 4. wurde von japanischer Seite ein Bombenanschlag auf seinen Zug verübt. Der Marschall hat einen Tag zuvor Peking mit seinen Truppen verlassen.

Der 1873 geborene Militär und Politiker war Offizier der kaiserlichen Armee; bis 1918 erkämpfte er sich die Kontrolle über die gesamte Mandschurei und zog 1926 auch in Peking ein, wo er die Regierungsgewalt an sich brachte.

Er war einer der mächtigsten Kriegsherren, gegen die Tschiang Kai-schek zur Einigung Chinas anging.

Hilfsexpeditionen für General Nobile Roald Amundsen am Nordpol vermißt

24. Juni. Hilfsexpeditionen aus verschiedenen Ländern, auch Deutschland und Rußland, sind unterwegs, um das am 24. Mai über dem Nordpol abgestürzte Luftschiff »Italia« des italienischen Generals Umberto Nobile zu retten. Insgesamt 16 Schiffe, 21 Flugzeuge, mehrere Schlittenabteilungen – insgesamt 1500 Mann – versuchen, Nobile und seine Mannschaft zu retten. Doch lange sind sie vom Pech verfolgt. Erst am 24. Juni kann der schwedische Flieger Lundborg an der Absturzstelle den General aufnehmen. Trotz der Erleichterung über den Teilerfolg der Aktionen in der Arktis wird ein Sturm der Empörung laut, daß der Leiter des Fluges sich wider alle Regeln der Fürsorgepflicht als erster vor seiner Mannschaft retten läßt.

Der norwegische Polarforscher Roald Amundsen bezahlt einen Rettungsflug zu dem abgestürzten Luftschiff Nobiles mit dem Leben. Er ist mit dem französischen Wasserflugzeug »Latham« zum Nordpol gestartet. Seit dem 18. Juni gilt er als verschollen.

Amundsen, der ursprünglich Arzt werden wollte, hat 1903, mit 29 Jahren, die erste Forschungsreise zum nördlichen Magnetpol unternommen. 1906 durchfuhr er erstmals die Nordwestpassage und erforschte die geophysikalischen Verhältnisse der nordsibirischen Küste. 1911 erreichte er den Südpol. Seinen ersten Versuch, den Nordpol auf dem Luftweg zu erreichen, unternahm er 1923. 1926 glückte ihm der Nordpolflug zusammen mit Nobile.

Erfolg für »Helena«

Hermann Lehmanns Bühnenbild für die Uraufführung der Richard-Strauss-Oper »Die ägyptische Helena« in Dresden.

6. Juni. In der Dresdener Oper wird die Oper »Die ägyptische Helena« von Richard Strauss uraufgeführt. Der Text stammt, wie bei anderen Richard-Strauss-Opern, von Hugo von Hofmannsthal. Das Werk markiert den Übergang zum Spätwerk des Komponisten.

Das Porträt von Max Liebermann zeigt den Komponisten Richard Strauss im Zenit seines Erfolges.

BLÄTTER
DER
STAATSOPER
UND DER
STÄDTISCHEN OPER

INHALT:
„DIE ÄGYPTISCHE HELENA"
RICHARD STRAUSS ÜBER DAS WERK
HUGO VON HOFMANNSTHAL ÜBER DIE DICHTUNG
EINFÜHRUNG IN DIE OPER
BILDBEILAGEN
*
MITTEILUNGEN DER STAATSOPER

IX. Jahrg.   Oktober
Heft 3   1928

Unverkäufliches Freiexemplar

Richard Strauss und Hugo von Hofmannsthal erläutern ihr Gemeinschaftswerk »Helena«.

1928

JULI

Mo	Di	Mi	Do	Fr	Sa	So
						1
2	3	4	5	6	7	8
9	10	11	12	13	14	15
16	17	18	19	20	21	22
23	24	25	26	27	28	29
30	31					

3. Erste Fernsehübertragung in Farbe durch J. L. Baird in London.

6. Tonfilm »The Singing Fool« in New York uraufgeführt.

8. Risticz und Zimmermann verbessern Weltrekord im Dauerfliegen auf 65,5 Stunden.

9. Taufe des mit Nationalspende finanzierten Luftschiffs »Graf Zeppelin« in Friedrichshafen.

12. Reichstag beschließt Senkung der Lohnsteuer.

12. Russischer Eisbrecher »Krassin« rettet restliche Mannschaft der »Italia« im Polargebiet.

13. Amnestiegesetz im Reich für politische Straftaten angenommen.

15. Tödlicher Unfall beim Großen Preis von Deutschland auf dem Nürburgring. Gewinner: Caracciola auf Mercedes-Benz.

15. Tour de France. Sieg von Nicolas Frantz (Luxemburg). Er gewinnt fünf von 22 Etappen; Gesamtzeit 192:48:58.

17. Mexikos neugewählter Präsident Alvaro Obregon wird von religiösem Fanatiker ermordet.

18. Einweihung der Pyrenäen-Bahn. →

21. Deutsches Sängerfest in Wien. 150 000 Teilnehmer. In Kundgebungen wird der Anschluß gefordert.

24. Bei einem Raffineriebrand in Wood River in Illinois stehen 1,5 Millionen Faß Petroleum in Flammen.

25. USA rufen Truppen aus China ab. Auftakt zur Anerkennung der Nanking-Regierung.

25. Napoleon-Handschriften in Krakau entdeckt, darunter Skizzen für italienischen Feldzug.

26. Gene Tunney bleibt Boxweltmeister. →

28. Olympische Sommerspiele in Amsterdam beginnen. →

GEBOREN:

26. Stanley Kubrick, amerikanischer Filmregisseur.

31. Kurt Sontheimer, deutscher Politologe.

GESTORBEN:

17. Giovanni Giolitti (* 27. 10. 1842), italienischer liberaler Politiker, fünfmaliger Ministerpräsident.

Olympische Spiele in Amsterdam: Frauen starten

28. Juli. Die 9. Olympischen Sommerspiele werden in Amsterdam eröffnet. Es sind – gegen den Willen des Begründers Pierre de Coubertin – die ersten Spiele, an denen Frauen teilnehmen. 46 Länder haben sich angemeldet, 2971 Teilnehmer, darunter 288 Frauen. 120 Wettbewerbe in 17 Sportarten stehen auf dem Programm.

Die Deutschen sichern sich in diesen Spielen – den ersten Nachkriegsspielen, an denen sie wieder teilnehmen dürfen – zehn Goldmedaillen, siebenmal Silber, 13mal Bronze. Sie sind damit die zweitbeste Mannschaft in der Gesamtwertung hinter den USA. Zu den erfolgreichsten Sportlern gehört Freiherr von Langen, der auf »Draufgänger« die Goldmedaille im Dressurreiten erringt. Helene Meyer siegt im Fechten, Lina Radke-Bratschauer entscheidet den 800-Meter-Lauf der Frauen für sich. Hilde Schrader gewinnt das 200-Meter-Brustschwimmen (nachdem sie im Zwischenlauf mit 3:11,2 einen neuen Weltrekord aufgestellt hat).

Die Wettkampfberichte, die aus Amsterdam nach Deutschland geschickt werden, ähneln Kriegsberichten. Es geht um Ehre, Freiheit, Vaterland.

Lina Radke-Bratschauer (vorn) gewinnt als erste Frau eine Goldmedaille.

1928 Amsterdam

Leichtathletik Männer

100 m
1. Percy Williams CAN 10,8
2. Jack London GBR 10,9
3. Georg Lammes D 10,9

200 m
1. Percy Williams CAN 21,8
2. Walter Rangely GBR 21,9
3. Helmut König D 21,9

400 m
1. Raymond Barbutti USA 47,8
2. James Ball CAN 48,0
3. Joachim Büchner D 48,2

800 m
1. Douglas Lowe GBR 1:51,8
2. Erik Bylèhn SWE 1:52,8
3. Hermann Engelhard D 1:53,2

1500 m
1. Harri Larva FIN 3:53,2
2. Jules Ladoumègue FRA 3:53,8
3. Eino Purje FIN 3:56,4

5000 m
1. Ville Ritola FIN 14:38,0
2. Paavo Nurmi FIN 14:14,0
3. Edvin Wide SWE 14:41,2

10 000 m
1. Paavo Nurmi FIN 30:18,8
2. Ville Ritola FIN 30:19,4
3. Edvin Wide SWE 31:00,8

Marathon
1. Mohamede El Omafi FRA 2:32:57,0
2. Miguel Plaza CHI 2:33:23,0
3. Martti Marttelin FIN 2:35:02,0

110-m-Hürden
1. Sidney Atkinson SAF 14,8
2. Stephen Anderson USA 14,8
3. John Collier USA 14,9

400-m-Hürden
1. David Burghley GBR 53,4
2. Frank Cuhel USA 53,6
3. F. Morgan Taylor USA 53,6

3000-m-Hindernislauf
1. Toivo Loukola FIN 9:21,8
2. Paavo Nurmi FIN 9:31,2
3. Ove Andersen FIN 9:35,6

4 × 100-m-Staffel
1. USA 41,0 (Frank Wykoff, James Quinn, Charles Borak, Henry Russell)
2. D 41,2 (Georg Lammers, Richard Corts, Hubert Houben, Helmut König)
3. GBR 41,8 (Cyril Gill, Ellis Smouha, Walter Rangeley, Jack London)

4 × 400-m-Staffel
1. USA 3:14,2 (George Baird, Emerson Spencer, Fred Alderman, Raymond Barbutti)
2. D 3:14,8 (Otto Neumann, Richard Krebs, Harry Storz, Hermann Engelhard)
3. CAN 3:15,4 (Alexander Wilson, Philipp Edwards, Stanley Glover, James Ball)

Hochsprung
1. Robert King USA 1,94
2. Benjamin Hedges USA 1,91
3. Claude Mènard FRA 1,91

Stabhochsprung
1. Sabin Carr USA 4,20
2. William Droegemuller USA 4,10
3. Charles McGinnis USA 3,91

Weitsprung
1. Edward Hamm USA 7,73
2. Silvio Cator HAI 7,58
3. Alfred Bates USA 7,40

Dreisprung
1. Mikio Oda JAP 15,21
2. Levi Casey USA 15,17
3. Vilho Tuulos FIN 15,11

Kugelstoßen
1. John Kuck USA 15,87
2. Hermann Brix USA 15,75
3. Emil Hirschfeld D 15,72

Diskuswerfen
1. Clarence Houser USA 47,32
2. Antero Kivi FIN 47,23
3. James Corson USA 47,10

Hammerwerfen
1. Patrick O'Callaghan IRL 51,39
2. Ossian Skiöld SWE 51,29
3. Edmund Black USA 49,03

Speerwerfen
1. Erik Lundkust SWE 66,60
2. Bèla Szepes UNG 65,26
3. Olav Sunde NOR 63,97

Zehnkampf
1. Paavo Yrjölä FIN 8053
2. Äkilles Järvinen FIN 7931
3. John Kenneth Doherty USA 7706

Leichtathletik Frauen

100 m
1. Elizabeth Robinson USA 12,2
2. Fanny Rosenfeld CAN 12,3
3. Ethel Smith CAN 12,3

800 m
1. Lina Radke D 2:16,8
2. Kinuye Hitomi JAP 2:17,6
3. Inga Gentzel SWE 2:17,8

4 × 100-m-Staffel
1. CAN 48,4 (Fanny Rosenfeld, Ethel Smith, Florence Bell, Myrtle Cook)
2. USA 48,8 (Mary Washburn, Jessie Gross, Lorata McNeil, Elizabeth Robinson)
3. D 49,0 (Rosa Kellner, Leni Schmidt, Anni Holdmann, Leni Junker)

Hochsprung
1. Ethel Catherwood CAN 1,59
2. Carolin Gisolf HOL 1,56
3. Mildred Wiley USA 1,56

Diskuswerfen
1. Halina Konopacka POL 39,62
2. Lillian Copeland USA 37,08
3. Ruth Svedberg SWE 35,92

Schwimmen Männer

100-m-Kraul
1. John Weissmuller USA 58,6
2. István Bárány UNG 59,8
3. Katsuo Takaishi JAP 1:00,0

400-m-Kraul
1. Alberto Zorilla ARG 5:01,6
2. Andrew Charlton AUS 5:03,6
3. Arne Borg SWE 5:04,6

1500-m-Kraul
1. Arne Borg SWE 19:51,8
2. Andrew Charlton AUS 20:02,6
3. Clarence Crabbe USA 20:28,8

100-m-Rücken
1. George Kojac USA 1:08,2
2. Walter Laufer USA 1:10,0
3. Paul Wyatt USA 1:12,0

200-m-Brust
1. Yoshiyuki Tsurtna JAP 2:48,8
2. Erich Rademacher D 2:50,6
3. Teofilo Yldefonzo PHI 2:56,4

4 × 200-m-Kraulstaffel
1. USA 9:36,2 (Austin Clapp, Walter Laufer, George Kojac, John Weissmuller)
2. JAP 9:41,4 (Hiroshi Yoneyama, Nabuo Arai, Tokuhei Sada, Katsuo Takaishi)
3. CAN 9:47,8 (F. Murno Burne, James Thompson, Garnet Ault, Walter Spence)

Kunstspringen
1. Peter Desjardins USA 185,04
2. Michael Galitzen USA 174,06
3. Farid Simaika EGY 172,46

Turmspringen
1. Peter Desjardins USA 98,40
2. Farid Simaika EGY 99,58
3. Michael Galitzen USA 92,34

(Simaika wurde trotz höherer Punktzahl nur Zweiter, da er die schlechtere Platzziffer [a] gegenüber Desjardins [b] hatte.)

Wasserball
1. Deutschland
2. Ungarn
3. Frankreich

Schwimmen Frauen

100-m-Kraul
1. Albina Osipowich USA 1:11,0
2. Eleonor Garatti USA 1:11,4
3. Margaret Joyce Cooper GBR 1:13,6

400-m-Kraul (50-m-Bahn)
1. Martha Norelius USA 5:42,8
2. Maria Johanna Braun HOL 5:57,8
3. Josephine McKim USA 6:00,2

200-m-Brust
1. Hilde Schrader D 3:12,6
2. Mietje Baron HOL 3:15,2
3. Lotte Mühe D 3:17,6

100-m-Rücken
1. Maria Johanna Braun HOL 1:22,0
2. Ellen Elizabeth King GBR 1:22,2
3. Margaret Joyce Cooper GBR 1:22,8

4 × 100-m-Kraulstaffel
1. USA 4:47,6 (Adelaide Lamberg, Eleonora Garatti, Albina Osipowich, Martha Norelius)
2. GBR 5:02,8 (Margaret Joyce Cooper, Sarah Stewart, Irene Vera Tanner, Ellen E. King)
3. SAF 5:13,4 (Kathleen Russell, Rhoda Rennie, Maria Bedford, Frederica J. van der Goes)

Kunstspringen
1. Helen Meany USA 78,62
2. Dorothy Poynton USA 75,62
3. Georgia Coleman USA 73,38

Turmspringen
1. Elizabeth Pinkston-Becker USA 31,60
2. Georgia Coleman USA 30,60
3. Lala Sjöqvist SWE 29,20

Boxen

Fliegengewicht
1. Antal Kocsis UNG
2. Armand Appel FRA
3. Carlo Cavagnoli ITA

Bantamgewicht
1. Vittorio Tamagnini ITA
2. John Daley USA
3. Harry Isaacs SAF

Federgewicht
1. Lambertus »Bep« van Klaveren HOL
2. Victor Peratta ARG
3. Harold Devine USA

Leichtgewicht
1. Carlo Orlandi ITA
2. Stephen Michael Halaiko USA
3. Gunnar Berggren SWE

Weltergewicht
1. Edward Morgan NSE
2. Raúl Landini ARG
3. Raymond Smillie CAN

Mittelgewicht
1. Piero Toscani ITA
2. Jan Heřmánek ČSR
3. Léonard Steyaert BEL

Halbschwergewicht
1. Victor Avendaño ARG
2. Ernst Pistulla D
3. Karl Leendest Miljon HOL

Schwergewicht
1. Arturo Rodriguez Jurado ARG
2. Nils Ramm SWE
3. M. Jacob Michaelsen DAN

Ringen, griechisch-römischer Stil

Bantamgewicht
1. Kurt Leucht D
2. Jindrich Maudr ČSR
3. Giovanni Gozzi ITA

Federgewicht
1. Voldemar Váli EST
2. Erik Malmberg SWE
3. Giacomo Quaglia ITA

Leichtgewicht
1. Lajos Kereszetes UNG
2. Eduard Sperling D
3. Edvard Vesterlund FIN

Mittelgewicht
1. Väino Kokkinen FIN
2. Làszlò Papp UNG
3. Albert Kusnets EST

Halbschwergewicht
1. Ibrahim Moustafa EGY
2. Adolf Rieger D
3. Omni Pellinen FIN

Schwergewicht
1. Rudolf Svensson SWE
2. Hjalmar Emil Nyström FIN
3. Georg Gehring D

Freistilringen

Bantamgewicht
1. Kaarlo Mäkinen FIN
2. Edmond Spapen BEL
3. James Trifunor CAN

Federgewicht
1. Allie Morrison USA
2. Kustaa Pihlajamäki FIN
3. Hans Minder SUI

Leichtgewicht
1. Osvald Käpp EST
2. Charles Pacome FRA
3. Eino Leino FIN

Weltergewicht
1. Arvo Haavisto FIN
2. Lloyd Appleton USA
3. Maurice Letchford CAN

Mittelgewicht
1. Ernst Kyburz SUI
2. Donald Parker Stockton CAN
3. Samuel Rabin GBR

Halbschwergewicht
1. Thure Sjöstedt SWE
2. Arnold Bögli SUI
3. Henri Lefebre FRA

Schwergewicht
1. Johan Richthoff SWE
2. Aukusti Sihvola FIN
3. Edmond Dame FRA

Fechten Männer

Florett Einzel
1. Lucien Goudien FRA
2. Erwin Casmir D
3. Giulio Gandini ITA

Florett Mannschaft
1. Italien
2. Frankreich
3. Argentinien

Degen Einzel
1. Lucien Goudien FRA
2. Georges Buchard FRA
3. George Calnan USA
Léon Tom BEL

Degen Mannschaft
1. Italien
2. Frankreich
3. Portugal

Säbel Einzel
1. Ödön Tersztyánszky UNG
2. Attila Pertschauer UNG
3. Bino Bini ITA

Säbel Mannschaft
1. Ungarn
2. Italien
3. Polen

Fechten Frauen

Florett Einzel
1. Helene Mayer D
2. Muriel B. Freemann GBR
3. Olga Oelkers D

Moderner Fünfkampf

1. Sven Thofelt SWE
2. Bo Lindman SWE
3. Helmuth Kahl D

Rudern Männer

Einer
1. Henry Pearce AUS 7:11,0
2. Kenneth Myers USA 7:20,8
3. Theodore David Collet GBR 7:19,8

(3. und 4. Platz in einem besonderen Rennen, dabei erzielte Collet eine bessere Zeit als Myers.)

Doppelzweier
1. USA 6:41,4
2. Kanada 6:51,0
3. Australien

Zweier ohne Steuermann
1. Deutschland 7:06,4
2. Großbritannien 7:08,8
3. USA 7:20,4

Zweier mit Steuermann
1. Schweiz 7:42,6
2. Frankreich 7:48,4
3. Belgien 7:59,4

Vierer ohne Steuermann
1. Großbritannien 6:36,0
2. USA 6:37,0
3. Italien 6:31,6

Vierer mit Steuermann
1. Italien 6:47,8
2. Schweiz 7:03,4
3. Polen 7:12,8

Achter
1. USA 6:03,2
2. Großbritannien 6:05,6
3. Kanada 6:03,8

Segeln

Ein-Mann-Boot
1. Sven Thorell SWE
2. Hendrik Robert NOR
3. Bertil Bromann FIN

6 m
1. Norwegen
2. Dänemark
3. Estland

8 m
1. Frankreich
2. Holland
3. Schweden

Radsport

Straßenrennen Einzel (168 km)
1. Henry Hansen DAN 4:47:18
2. Frank W. Southall GBR 4:55:06
3. Gösta Carlsson SWE 5:00:17

Straßenrennen Mannschaft
1. Dänemark
2. Großbritannien
3. Schweden

1000-m-Zeitfahren
1. Willy Falck Hansen DAN 1:14,4
2. Gerard D. H. Bosch van Drakestein HOL 1:15,2
3. Edgar Gray AUS 1:15,6

1000-m-Sprint
1. René Beaufrand FRA 13,2
2. Antoine Mazairac HOL
3. Willy Falck Hansen DAN

2000-m-Tandem
1. Holland 11,8
2. Großbritannien
3. Deutschland

4000-m-Mannschafts-Verfolgungsrennen
1. Italien 5:01,8
2. Holland 5:06,2
3. Großbritannien

Reitsport

Military Einzel
1. Charles F. Pahud de Mortanges HOL 1969,82
2. Gerard Pieter C. de Kruijff HOL 1967,26
3. Bruno Neumann D 1944,42

Military Mannschaft
1. Holland 5865,68
2. Norwegen 5395,68
3. Polen 5067,92

Dressur Einzel
1. Carl Friedrich Frhr. v. Langen D 237,42
2. Charles Marion FRA 231,00
3. Ragnar Olson SWE 229,78

Dressur Mannschaft
1. Deutschland 669,72
2. Schweden 650,86
3. Holland 642,96

Jagdspringen Einzel
1. František Ventura ČSR 0/0/0
2. Pierre Bertran de Balanda FRA 0/0/2
3. Charley Kuhn SUI 0/0/4

Jagdspringen Mannschaft
1. Spanien 0/2/1:33,0
2. Polen 0/2/1:36,0
3. Schweden 0/2/1:39,0

Turnen Männer

Mehrkampf Einzel
1. Georges Miez SUI 247,500
2. Hermann Hänggi SUI 246,625
3. Leon Stukelj YUG 244,875

Mehrkampf Mannschaft
1. Schweiz 1718,625
2. Tschechoslowakei 1712,250
3. Jugoslawien 1648,750

Barren Einzel
1. Ladislav Vácha ČSR 18,83
2. Josip Primožič YUG 18,50
3. Hermann Hänggi SUI 18,08

Pferdsprung Einzel
1. Engen Mack SUI 9,58
2. Emanuel Löffler ČSR 9,50
3. Stane Derganc YUG 9,46

Seitpferd Einzel
1. Hermann Hänggi SUI 19,75
2. Georges Miez SUI 19,25
3. Heikki Savdainen FIN 18,83

Reck Einzel
1. Georges Miez SUI 19,17
2. Romeo Neri ITA 19,00
3. Eugen Mack SUI 18,92

Ringe Einzel
1. Leon Stukelj YUG 19,25
2. Ladislav Vácha ČSR 19,17
3. Emanuel Löffler ČSR 18,83

Turnen Frauen

Mehrkampf Mannschaft
1. Holland 316,75
2. Italien 289,00
3. Großbritannien 258,25

Fußball

1. Uruguay
2. Argentinien
3. Italien

Landhockey

1. Indien
2. Holland
3. Deutschland

Abkürzungsschlüssel siehe Register

Gewichtheben

		Beidarmiges Drücken	Beidarmiges Reißen	Beidarmiges Stoßen	Total
Federgewicht					
1. Franz Andrysek	AUT	77,5	90,0	120,0	287,5
2. Pierino Gabetti	ITA	80,0	90,0	112,5	282,5
3. Hans Wolpert	D	92,5	82,5	107,5	282,5
Leichtgewicht					
1. Kurt Helbig	D	90,0	97,5	135,0	322,5
2. Hans Haas	AUT	85,0	102,5	135,0	322,5
3. Fernand Arnour	FRA	85,0	97,5	120,0	302,5
Mittelgewicht					
1. Roger Francois	FRA	102,5	102,5	130,0	335,0
2. Carlo Gamlimberti	ITA	105,0	97,5	130,0	332,5
3. August Scheffer	HOL	97,5	105,0	125,0	327,5
Leichtschwergewicht					
1. Sayed Nosseir	EGY	100,0	112,5	142,5	355,0
2. Louis Hostin	FRA	100,0	110,0	142,5	352,5
3. Johannes Verheijen	HOL	95,0	105,0	137,5	337,5
Schwergewicht					
1. Josef Straßberger	D	122,5	107,5	142,5	372,5
2. Arnold Luhaäär	EST	100,0	110,0	150,0	360,0
3. Jaroslav Skobla	ČSR	100,0	107,5	150,0	357,5

Universum-Lichtspielhaus von Erich Mendelsohn in Berlin eröffnet

Das von Mendelsohn entworfene Universum-Lichtspielhaus in Berlin.

Einer der interessantesten Kinoneubauten wird im Juli in Berlin eröffnet: Erich Mendelsohns Universum-Lichtspielhaus. Der eiförmige Grundriß des Baus bewirkt optimale akustische und visuelle Eindrücke. Das Kino hat 1800 Sitzplätze.

Die Ränge im neuen Universum-Filmpalast sind freitragend konstruiert. Der Kinosaal hat 1800 Sitzplätze.

Helen Wills gewinnt in Wimbledon

7. Juli. Der Schlußtag der Tennismeisterschaften in Wimbledon bringt den Sieg von Jean René Lacoste im Herreneinzel. Der Franzose, der schon 1925 einmal siegte, gewinnt das Finalspiel gegen seinen Landsmann Henri Cochet mit 6 : 1, 4 : 6, 6 : 4, 6 : 2.
Wimbledonsiegerin im Dameneinzel wird wie im Vorjahr die Amerikanerin Helen Wills, wieder über die Spanierin Lili de Alvarez (6 : 2, 6 : 3). Das Damendoppel entscheidet das britische Paar Peggy Saunders / Phoebe Watson mit 6:2, 6:3 Sätzen über Eileen Bennet / Ermyntrude Harvey für sich. Sieger im Herrendoppel sind Jacques Brugnon / Henri Cochet über John Hawkes / Gerald Patterson aus Australien mit 3 : 11, 6 : 4, 6 : 4. Das gemischte Doppel gewinnt mit 7 : 5, 6 : 4 das amerikanische Paar P. Spence / Elizabeth Ryan über die Australier Jack Crawford / D. Akhurst.

Erste Bahnlinie über die Pyrenäen

18. Juli. Die Eisenbahnverbindung vom französischen Pau nach Saragossa wird eingeweiht. Es ist die erste direkte Verbindung von Spanien nach Frankreich durch die Pyrenäen, deren Kernstück der internationale Tunnel bei Somport von 7875 Metern Länge ist. Die Reisenden von Paris nach Madrid sparen durch die neue direkte Verbindung vier Stunden Reisezeit.

Tunney verteidigt Weltmeistertitel

26. Juli. Durch technischen K. o. in der 11. Runde behauptet Gene Tunney den Titel als Boxweltmeister gegen den Neuseeländer Heemey. Der Kampfrichter läßt den Kampf nach dieser Runde wegen zu großer Überlegenheit Tunneys abbrechen.

Fernsehempfänger kostet 75 Dollar

In der Zeitschrift »Television« wird von den Daven Corporation in Newark, New Jersey, der erste gewerblich hergestellte Fernsehempfänger angeboten. Er soll 75 Dollar kosten und kann bereits Sendungen mit 24, 36 oder 48 Bildzeilen empfangen.

Auswandererzahl weiterhin hoch

Das Statistische Reichsamt meldet 31 466 Auswanderer für die erste Jahreshälfte. Im Vorjahr waren es in diesem Zeitraum 32 851 Menschen. Obwohl sich so ein kleiner Rückgang andeutet, bemerkt das Amt, daß solche Zahlen als Spiegel der Konjunktur nicht günstig seien. In den Jahren 1901 bis 1910 wanderten im Jahresdurchschnitt nur etwa 27 000 Deutsche aus. 1923 schnellte die Zahl auf 111 000 hoch.
Der Anteil der Berufsgruppen aus der Landwirtschaft ist entsprechend der Krise der Landwirtschaft relativ hoch. Er beträgt 1928 bisher 23,1 Prozent. Hauptziel der Auswanderer sind die USA.

1928
AUGUST

Mo	Di	Mi	Do	Fr	Sa	So
		1	2	3	4	5
6	7	8	9	10	11	12
13	14	15	16	17	18	19
20	21	22	23	24	25	26
27	28	29	30	31		

1. Kroatische Abgeordnete eröffnen einen separatistischen Landtag in Agram.

5. Erste Versuchsfahrt des Rennbootes Opel IV mißlingt. Besatzung bei Explosion unverletzt.

9. Italienische Taucher bergen Safe des im Krieg gesunkenen belgischen Dampfers »Elisabethville« mit Diamanten im Wert von 400 000 englischen Pfund.

10. Panzerkreuzer A wird gebaut.

12. I. Internationale Sommerspartakiade beginnt in Moskau. Teilnahme von 200 deutschen Arbeitersportlern.

15. Stapellauf der Ozeandampfer »Europa« und »Bremen«.

16. Sowjetisches Wehrgesetz führt allgemeine Wehrpflicht ein.

17. Vertrag China– Deutschland.

24. Haller-Revue »Schön und schick« mit Rosa Valetti bringt Tonfilmeinlage: »Man wird doch wohl noch fragen dürfen?«.

27. Unterzeichnung des Kellogg-Paktes zur Kriegsächtung in Paris. →

28. Albert Schweitzer erhält Frankfurter Goethepreis. →

30. Hugo Stinnes junior wegen Kriegsanleihegeschäften verhaftet.

31. Brechts »Dreigroschenoper« uraufgeführt. →

31. Berliner Funkausstellung zeigt Fernseher von Denes von Mihály für 30 Zeilen.

31. Beginn des »Normaljahres« im Dawesplan. Jahresleistung des Reichs steigt auf 2500 Millionen Mark.

GEBOREN:

22. Karlheinz Stockhausen, deutscher Komponist.

GESTORBEN:

8. Stjepan Radić (* 11. 7. 1871), kroatischer Politiker.

12. Leoš Janáček (* 3. 7. 1854), tschechischer Komponist. →

14. Klabund (* 4. 11. 1890), deutscher Schriftsteller. →

30. Wilhelm Wien (* 13. 1. 1864), deutscher Physiker, Nobelpreis 1911.

30. Ritter Franz von Stuck (* 23. 2. 1863), Maler und Bildhauer des Münchener Jugendstils.

Staaten ächten Krieg

27. August. In Paris unterzeichnen 15 Staaten, darunter auch Deutschland, den Kellogg-Pakt zur Ächtung des Krieges. Der Pakt geht ursprünglich auf ein Angebot des französischen Außenministers Aristide Briand an die USA zurück, ein Abkommen zur Friedenssicherung zu treffen. Der amerikanische Staatssekretär Frank Billings Kellogg entwickelt daraus den Plan eines allgemeinen Paktes, in dem sich alle Staaten der Welt verpflichten, von nun an das Mittel der Schiedsgerichtsbarkeit an die Stelle bewaffneter Auseinandersetzungen treten zu lassen.

Ein Mittel, wie Friedensstörer zur Einhaltung der neuen Regel zu bringen sind, enthält der jetzt vorliegende Pakt nicht. Außenminister Gustav Stresemann hat am Zustande-kommen des Paktes entscheidend mitgewirkt. Die Unterzeichnung ist für ihn auch persönlich ein Höhepunkt. Das Pariser Außenministerium zeigt nicht nur am Unterzeichnungstag erstmals seit Kriegsbeginn wieder die deutsche Flagge. Briand spricht in der einzigen feierlichen Ansprache im Uhrensaal des Quai d'Orsay den deutschen Außenminister auch besonders an: »Da dieser Vertreter Deutschlands Stresemann heißt, kann man glauben, daß ich besonders glücklich bin, dem ausgezeichneten Geist und Mut des hervorragenden Staatsmannes Anerkennung zu zollen, der während dreier Jahre nicht gezögert hat, sich unter seiner Verantwortung dem Werke der europäischen Zusammenarbeit für die Aufrechterhaltung des Friedens zu widmen.«

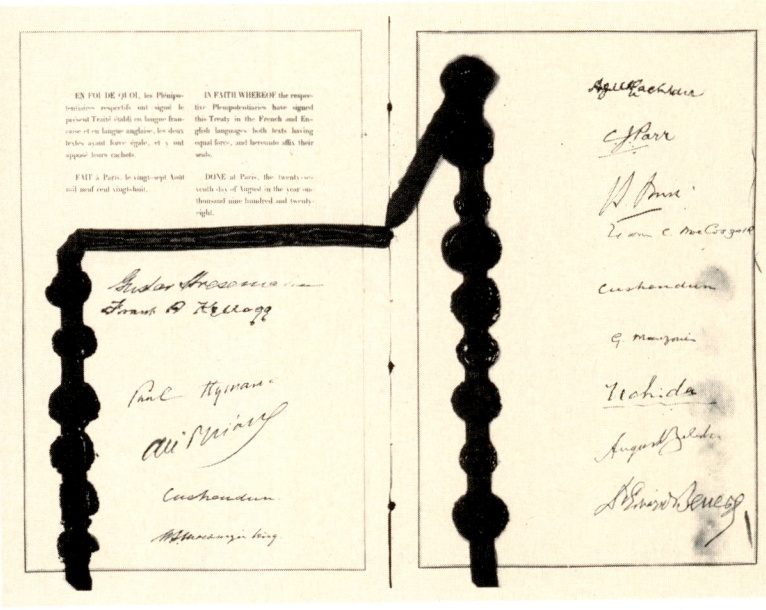

Die Unterschriften unter dem von 15 Staaten entwickelten Kellogg-Pakt.

Außenminister Stresemanns Wagen bei der Fahrt durch Paris.

Ein Gemälde zeigt die »Europa« beim Auslaufen in die Weser.

Die beiden Schiffe – »Bremen« und »Europa« – sind der Stolz der Flotte.

Stapellauf der Riesen

15. August. In Hamburg und Bremen laufen zwei Ozeanriesen, »Europa« und »Bremen«, vom Stapel. Die beiden für den Norddeutschen Lloyd gebauten Schnelldampfer sind Symbol für den Wiederaufstieg der deutschen Flotte. In Hamburg nehmen der amerikanische Botschafter und andere Prominenz an dem Stapellauf teil, in Bremen hält der Reichspräsident Paul von Hindenburg die Taufrede.

Die beiden Transozeandampfer haben je 46 000 Bruttoregistertonnen (50 Prozent mehr als die bisher größten deutschen Schiffe).

SPD zerstritten über Panzerkreuzer A

10. August. Die Regierung beschließt, den aufgeschobenen Bau des Panzerkreuzers A zu beginnen. Die Entscheidung fällt mit den Stimmen der SPD-Minister und führt die Probleme vor Augen, mit denen die große Koalition belastet ist. Kanzler Hermann Müller und die SPD-Minister stimmen, um den Koalitionspartner nicht zu verärgern, gegen die Parteilinie. Die SPD hatte im Mai den Wahlkampf mit Parolen gegen den Panzerkreuzerbau geführt (»Kinderspeisung oder Panzerkreuzer«?) und ist von ihrer Tradition her zu großen Teilen gegen alle militärische Rüstung eingestellt.

Fraktion und Partei entrüsten sich über die Haltung der SPD-Minister. In einer offiziellen Entschließung am 15. wird allerdings auch erwähnt, daß die Fraktion auf Rücktrittsforderungen verzichte.

Dreigroschenoper uraufgeführt

Bertolt Brecht in Berlin zur Zeit der Uraufführung der »Dreigroschenoper«

Ein Szenenbild mit Harald Paulsen und Roma Bahn.

Erich Ponto, Roma Bahn, Harald Paulsen und Kurt Gerron.

31. August. Im Theater am Schiffbauerdamm wird unter der Regie von Erich Engel die »Dreigroschenoper« von Bertolt Brecht uraufgeführt. Das Stück, zu dem Kurt Weill die Musik schrieb, ist die Modernisierung der »Beggars Opera« des Engländers John Gay. Die Moritat von den Gaunern und Bettlern, Huren und Außenseitern, mit der Brecht seinen Entwurf des epischen Theaters vorführt, wird zum triumphalen Theaterereignis. Die Gesellschaftssatire erntet Beifallsstürme. Bei der Besetzung wurden Kabarett- und Revueschauspieler bevorzugt, weil sie Brecht »sozial aggressiver« erscheinen.

Klabund stirbt im Sanatorium

14. August. In einem Sanatorium in Davos stirbt 37jährig der Dichter Klabund an Tuberkulose. Wie Kurt Tucholsky etwa, Walter Mehring und Richard Huelsenbeck gehört Klabund zu den Schriftstellern, die den typischen hektischen politisch-literarischen Betrieb der Republik antreiben mit Satire, Zeitgedichten, Chansons, Kabarett. Wegen Gotteslästerung wurde ihm der Prozeß gemacht, wegen zu stark erotischer oder pazifistischer Themen kamen von vielen Seiten Angriffe gegen ihn. Klabunds Lyrik reicht von spielerischen, volksliedhaften bis zu mystisch-tiefgründigen Themen.

Klabund (Alfred Henschke) †.

Größten Erfolg brachten ihm der Eulenspiegel-Roman »Bracke« von 1918 und die Nachdichtung des chinesischen Dramas »Der Kreidekreis« von 1925. Klabund war mit der bekannten Schauspielerin Carola Neher verheiratet.

Opernkomponist Leoš Janáček †

12. August. In Mährisch-Ostrau stirbt der tschechische Komponist Leoš Janáček. Außerhalb seiner Heimat hat er sich erst relativ spät durchgesetzt. Die Erfolgsoper »Jenufa« von 1904 zum Beispiel kam erst zwölf Jahre nach der Brünner Uraufführung in Wien zur deutschsprachigen Erstaufführung. Damit war ihrem Schöpfer allerdings dann auch das Tor zum Welterfolg aufgestoßen.
Janáček, seit 1919 Kompositionslehrer am Prager Konservatorium, verwendet in seinen Werken Elemente der slawischen Volksmusik.

Leoš Janáček †.

Goethepreis für Albert Schweitzer

28. August. Die Stadt Frankfurt verleiht den Goethepreis dieses Jahres Albert Schweitzer, »dem von allen Konfessionen gerühmten Theologen und Religionsforscher, dem durch seine Kunst des Orgelspiels und seine Verkündigung Johann Sebastian Bachs weit über das deutsche Sprachgebiet hinaus wirkenden Musiker und Schriftsteller ...«. Schweitzer ist 1924 nach Lambarene in das von ihm 1913 dort errichtete Tropenhospital zurückgekehrt. Vorträge, Orgelkonzerte und schriftstellerische Arbeiten haben ihm in Europa die Mittel eingebracht, mit denen er 1927 in Afrika ein noch größeres Spital errichten kann, das vor allem der Bekämpfung der Lepra dient.

1928
SEPTEMBER

Mo	Di	Mi	Do	Fr	Sa	So
					1	2
3	4	5	6	7	8	9
10	11	12	13	14	15	16
17	18	19	20	21	22	23
24	25	26	27	28	29	30

1. Richard Byrd startet zu Südpolarexpedition in New York mit Eisbrecher.

4. Grundsteinlegung zum Studien- und Bibliotheksbau des Deutschen Museums München.

6. Sowjetunion tritt Kellogg-Pakt bei.

9. Bei Autorennen in Monza rast Emilio Materassi mit 185 km/h in Zuschauer. 23 Menschen sterben. Das Rennen wird fortgesetzt.

11. Im Ullstein-Verlag erscheint die erste Ausgabe der Boulevardzeitung »Tempo«.

16. Endgültige Verhandlungen zur Räumung des Rheinlandes beschlossen. →

16. 2 : 1-Sieg über Dänemark im 67. Fußballländerspiel in Nürnberg.

17. Volksbegehren zum gesetzlichen Verbot des Baus von Panzerschiffen zugelassen.

19. Walt Disneys Mickeymouse-Film »Steamboat Willie« uraufgeführt: erster Zeichentrickfilm mit Ton.

21. Russischer Eisbrecher »Krassin« erreicht von Spitzbergen aus mit 81° 44' die nördlichste bisher von einem Schiff durchfahrene Breite.

23. 2 : 0-Sieg über Norwegen im 68. Fußballländerspiel.

23. Brand im Theater Novedades in Madrid. 200 Menschen sterben.

28. Preußen hebt Redeverbot für Hitler von 1924 auf.

29. Das Institut für Züchtungsforschung der Kaiser-Wilhelm-Gesellschaft eröffnet.

30. In Stockholm verliert Deutschland 69. Fußballländerspiel 0 : 2 gegen Schweden.

28. USA erkennen Nanking-Regierung in China an.

30. Die DVP duldet für die Fraktionsmitglieder im Reichstag keine Mitgliedschaft im »Stahlhelm«.

GESTORBEN:

8. Ulrich Graf Brockdorff-Rantzau (* 29. 5. 1869), deutscher Botschafter in der Sowjetunion. →

13. Italo Svevo (* 19. 12. 1861), italienischer Schriftsteller.

30. Ludwig Freiherr von Pastor (* 31. 1. 1854), deutsch-österreichischer Historiker.

Penicillin entdeckt

Im St. Mary's Hospital in London bemerkt Alexander Fleming bei bakteriologischen Routinearbeiten im Labor, daß sich auf dem Nährboden einer Staphylokokkenkultur, mit der er arbeitet, grünlicher Schimmelpilz angesetzt hat. In dessen Umgebung wachsen keine Staphylokokken mehr. Bei weiteren Untersuchungen dieser Auffälligkeit stellt Fleming fest, daß der Schimmelpilz, Penicillium notatum genannt, eine Substanz produziert, die Bakterien tötet. Das Penicillin ist entdeckt.

Alexander Fleming.

Verhandlungen über vorzeitige Räumung des Rheinlandes beginnen

16. September. Auf der Tagung des Völkerbundrates in Genf einigen sich nach mehreren Gesprächen Frankreich, Belgien, Italien, England, Japan und Deutschland darauf, offiziell über eine vorzeitige Räumung des Rheinlandes von Besatzungstruppen zu verhandeln. Außerdem soll durch eine Revision des Dawesplanes eine neue Lösung für das Reparationsproblem gefunden werden. Die Erarbeitung endgültiger Regelungen der Reparationsfrage wird einer Sachverständigenkommission übertragen. Reichskanzler Hermann Müller, der anstelle des kranken Außenministers die deutsche Delegation in Genf führt, schreibt am 20. an Stresemann: »Es ist jetzt der psychologische Moment gekommen, um aufs Ganze zu gehen. Wichtiger fast als die auszuhandelnde Summe ist die Wiedererlangung unserer absoluten außenpolitischen Freiheit.«

Haßtirade gegen die Republik

2. September. In einem Aufruf des Landesverbandes Brandenburg geht der »Stahlhelm«, der 1918 gegründete Bund der Frontsoldaten, zu einem neuen Großangriff auf die Republik über. Die im rechtsorientierten Scherl-Verlag erscheinende Tageszeitung »Der Tag« gibt den Wortlaut am 4. September wieder:
»Wir hassen mit ganzer Seele den augenblicklichen Staatsaufbau, seine Form und seinen Inhalt, sein Werden und sein Wesen ... weil in ihm nicht die besten Deutschen führen, ... weil er uns die Aussicht versperrt, unser geknechtetes Vaterland zu befreien und das deutsche Volk von der erlogenen Kriegsschuld zu reinigen, den notwendigen Lebensraum im Osten zu gewinnen, das deutsche Volk wieder wehrhaft zu machen ...«

Botschafter Brockdorff stirbt

8. September. Ulrich Graf von Brockdorff-Rantzau, der erste deutsche Botschafter in der Sowjetunion, stirbt im Alter von 59 Jahren. Er vertrat die Linie der Annäherung an Moskau und votierte deswegen gegen den Locarno-Vertrag. Am Zustandekommen des Berliner Freundschaftsvertrags mit der Sowjetunion war er wesentlich beteiligt. Als parteiloser Außenminister des Kabinetts Philipp Scheidemann war Brockdorff-Rantzau 1919 aus Protest gegen die These von der alleinigen Kriegsschuld Deutschlands zurückgetreten. Es war ihm nicht gelungen, Milderungen der Friedensbedingungen zu erreichen.
Im April und Mai 1919 hat Brockdorff-Rantzau die deutsche Delegation auf der Versailler Friedenskonferenz angeführt.

1928
OKTOBER

Mo	Di	Mi	Do	Fr	Sa	So
1	2	3	4	5	6	7
8	9	10	11	12	13	14
15	16	17	18	19	20	21
22	23	24	25	26	27	28
29	30	31				

1. Erster Fünfjahresplan der Sowjetunion tritt in Kraft.

3. Beginn des kommunistischen Volksbegehrens gegen Panzerkreuzerbau. Nur 1 216 501 der benötigten 4 Millionen Stimmen kommen zusammen.

4. Uraufführung »Friederike« von Franz Lehár mit Richard Tauber und Käthe Dorsch in Berlin.

6. Neue Verfassung der Republik China verkündet: Tschiang Kaischek ist Präsident.

7. Haile Selassie zum König (Negus) von Äthiopien gekrönt.

7. Beginn der »Ila« in Berlin, der ersten internationalen Luftfahrtschau seit dem Krieg und größten der Welt.

7. Seeckts Buch »Gedanken eines Soldaten« wird vorgestellt.

7. Nurmi läuft drei neue Weltrekorde in Berlin: 15 km in 46:59,5; 10 engl. Meilen in 50:15 und im Stundenlauf 19,210,82 km.

9. Bund zur Erneuerung des Reiches veröffentlicht Richtlinien.

11. Luftschiff LZ 127 »Graf Zeppelin« startet mit Hugo Eckener zum USA-Flug. →

12. Bostoner Kinderklinik verwendet erstmals eiserne Lunge.

13. Reichspost schafft Pauschale bei Telefongebühren ab. Gezahlt werden nur noch geführte Gespräche.

14. Büste des Turnvaters Jahn in der Walhalla enthüllt.

16. Feierlicher Empfang von Hugo Eckener in New York.

16. Uraufführung »U-Boot S 4« von Günther Weisenborn in Berlin. →

21. Hugenberg wird Vorsitzender der DNVP. →

22. Die Nanking-Regierung entläßt alle russischen Instrukteure in der Armee und Sowjetbeamte in den Behörden.

GEBOREN:

8. Helmut Qualtinger, österreichischer Kabarettist und Schauspieler.

24. Gabriel Laub, polnischer Schriftsteller.

GESTORBEN:

23. Alphonse Aulard (* 19. 7. 1849), französischer Revolutionshistoriker.

Alfred Hugenberg Vorsitzender der Deutschnationalen

21. Oktober. Auf dem Parteitag der Deutschnationalen Volkspartei (DNVP) in Berlin wird der Zeitungsmagnat Alfred Hugenberg zum Parteivorsitzenden gewählt. Damit setzt sich der extreme Flügel in der Partei durch und das Programm der Opposition um jeden Preis. Mit der Wahl zieht die DNVP die Konsequenz aus den Wahlverlusten im Mai, die unter anderem auf den gemäßigteren Kurs des bisherigen Parteivorsitzenden, Graf Cuno Westarp, zurückgeführt werden. Mit der Machtübernahme Hugenbergs und seines Kreises sind die Aussichten endgültig gescheitert, die DNVP an die Republik zu binden.

Hugenberg wird DNVP-Vorsitzender.

Volksbühne führt U-Boot-Drama auf

16. Oktober. Die Volksbühne am Bülowplatz bringt das Drama »U-Boot S 4« von Günther Weisenborn zur Uraufführung. Damit bezieht das Zeittheater Stellung im aktuellen Streit um Aufrüstung und Panzerkreuzer. Der 26jährige Autor dramatisiert in dem Stück das U-Boot-Unglück vom Dezember 1927, bei dem ein amerikanisches U-Boot sank und 40 Mann Besatzung in dem Boot umkamen. Die Inszenierung unterstreicht mit eingeblendeten Kriegsbildern, Dokumentationen zur Rüstungsindustrie, Fotomontagen mit Hinrichtungsbildern aus der chinesischen Revolution das politische Engagement im Sinne Erwin Piscators.

Zeppelinflug nach USA

11. Oktober. Das Luftschiff LZ 127 »Graf Zeppelin« startet in Friedrichshafen zum Flug in die USA. Flugkapitän ist Hugo Eckener. Es ist im Unterschied zum 1924 gebauten Luftschiff ein eigenes deutsches Gefährt und wird als eine Art Nationalgut betrachtet. Der Bau ist durch eine Nationalspende von sechs Millionen Mark möglich geworden, die Hugo Eckener zusammenbrachte.

LZ 127 soll den Passagierverkehr zwischen Deutschland und den USA aufnehmen. Die Flugzeit bis Lakehurst dauert 111,5 Stunden. Am 16. wird Hugo Eckener in New York feierlich empfangen. Am 29. startet er zum Rückflug nach Deutschland.

»Graf Zeppelin« startet zum Flug in die Vereinigten Staaten.

Sowjetunion bietet ausländischen Firmen neue Industrie-Konzessionen an

11. Oktober. Die Sowjetunion gibt bekannt, daß sie umfangreiche neue Konzessionen an das Ausland erteilen will, um die Industrialisierung des Landes zu forcieren. Unter anderem ist vorgesehen, Konzessionen für den Bau von 5000 Kilometer Eisenbahn, 515 000-Kilowatt-Kohle- und -Wasserkraftwerken, vier Millionen Hektar Forstnutzung und den Bau von 10 000 Traktoren zu erteilen.

Die Baustelle am Dnjepr-Staudamm. Ein Bild von Nikolaj Dormidontor.

1928
NOVEMBER

Mo	Di	Mi	Do	Fr	Sa	So
			1	2	3	4
5	6	7	8	9	10	11
12	13	14	15	16	17	18
19	20	21	22	23	24	25
26	27	28	29	30		

1. Aussperrung von 213 000 Arbeitern der Eisenindustrie. →

1. Türkei beschließt, lateinisches Alphabet einzuführen.

2. Anführer des Küstriner Putsches vom Oktober 1923, Major Buchrucker, veröffentlicht Broschüre zur Rechtfertigung: »Im Schatten Seeckts.«

3. Karten zum Mitflug im Zeppelin von Berlin nach Friedrichshafen zu je 1000 Mark angeboten.

5. Ätna-Ausbruch.

5. »Stuttgarter Tagblatt« bezieht Turmhochhaus mit 16 Stockwerken (61 m hoch).

6. Rücktritt Kabinett Poincaré.

6. Herbert Hoover zum US-Präsidenten gewählt. →

7. München eröffnet Deutschlands größtes Studentenhaus.

8. Erste Internationale Automobilausstellung seit dem Krieg in Berlin.

10. In Kioto beginnen Krönungsfeierlichkeiten für Kaiser Hirohito.

12. Reichstag setzt sich mit Lohnkonflikt in der Eisenindustrie auseinander.

16. Hitler spricht im Berliner Sportpalast. →

16. SPD-Antrag, Panzerkreuzerbau einzustellen, wird im Reichstag abgelehnt.

17. Als Folge der Aussperrung beklagt der Einzelhandel die Einbuße von 255 000 Mark Geldumlauf.

23. Debüt Max Schmelings in den USA: Schlägt in New York Joe Monte k. o.

25. In Salzburg eröffnet katholische Universität.

26. Aus Moskau wird Zunahme des Antisemitismus gemeldet.

30. Polizeibericht London: In den ersten neun Monaten des Jahres 872 Verkehrstote in der Stadt. Im Vorjahr waren es 744.

GESTORBEN:

3. Klara Ratzka-Wendler (* 4. 9. 1872), deutsche Romanschriftstellerin.

21. Hermann Sudermann (* 30. 9. 1857), deutscher Dramatiker und Erzähler. →

26. Richard Scheer (* 30. 9. 1863), deutscher Admiral.

Herbert Hoover Präsident der USA

6. November. Mit großer Mehrheit wird in den Vereinigten Staaten der Republikaner Herbert Clark Hoover zum 31. Präsidenten gewählt. Für ihn stimmen 444 der 531 Wahlmänner. Direkte Stimmen entfallen auf ihn 12 447 179, auf den Demokraten Alfred Smith 9 472 559. Hoover, bisher Handelsminister, hat eine Karriere »made in USA« hinter sich: vom Waisenkind und Botenjungen über Kellner, Student und Ingenieur bis zum Millionär und Politiker. 1915–1919 leitete er das amerikanische Hilfswerk für Belgien, 1918/19 organisierte er das Hilfsprogramm der Quäker für Europa (»Hoover-Speisungen«). Seine liberale Handelspolitik begünstigte bisher die Wirtschaftsblüte in den USA.

Herbert Hoover wird 31. US-Präsident.

Sudermann stirbt in Berlin

21. November. Der erfolgreiche naturalistische Erzähler und Dramatiker Hermann Sudermann stirbt in Berlin, 71 Jahre alt. In seinen Schauspielen polemisierte er gegen den »Sittenverfall« eines unsozialen Bürgertums. Um die Jahrhundertwende galt er als gleichbedeutend mit Gerhart Hauptmann. Er hatte bis zum Ersten Weltkrieg große Erfolge als Dramatiker. In den letzten Jahren wird sein Werk dann aber als oberflächlich und klischeehaft im Vergleich zu Hauptmann kritisiert. Sein Roman »Frau Sorge«, in dem es um das Schicksal eines jungen Bauern geht, bedeutet eine wichtige Anregung für den modernen Entwicklungsroman.

Industrie sperrt aus

Essenausgabe für streikende Stahlarbeiter durch den »Stahlhelm«.

1. November. In der nordwestdeutschen Eisen- und Stahlindustrie werden 213 000 Arbeiter ausgesperrt. Damit beantworten die Unternehmer die Kündigung des Tarifabkommens durch die Gewerkschaften im Vormonat und die Forderung einer generellen Lohnerhöhung von 15 Pfennig pro Stunde. Obwohl am Vortag noch der Arbeitsminister einen Düsseldorfer Schiedsspruch für verbindlich erklärt, der die Lohnerhöhung auf sechs Pfennig herabsetzt, schließen die Unternehmer ihre Betriebe. Der Einsatz der Staatsautorität in Form des staatlichen Schlichtungswesens wird damit untergraben.

Der Lohnkonflikt und die kompromißlose Reaktion der Arbeitgeber beschäftigen Öffentlichkeit und Politik. Am 7. bedauert die preußische Regierung offiziell das Vorgehen der Arbeitgeber. Am 14. beschließt der Reichstag, den Ausgesperrten Unterstützung über die Gemeinden zukommen zu lassen. Beide Parteien rufen in dem Konflikt die Gerichte an. Die Unternehmer erhalten zunächst am 11. durch das Duisburger Arbeitsgericht recht. Am 24. hebt das Landesarbeitsgericht in nächster Instanz dieses Urteil wieder auf. Der Arbeitskampf zieht sich noch bis in den nächsten Monat hinein.

Hitler spricht im Sportpalast

16. November. Zum erstenmal spricht Hitler auf einer öffentlichen Kundgebung in Berlin. Er hat dazu den Sportpalast gewählt, der neuerdings auch für nicht-sportliche Veranstaltungen vermietet wird. Sein Auftritt wird mit erregter Aufmerksamkeit verfolgt. Hitler will um 20.30 Uhr beginnen, um 19 Uhr ist die Riesenarena bis auf den letzten Platz besetzt. Doch der Auftritt hält nicht, was man sich offenbar verspricht. Die »Frankfurter Zeitung« registriert am nächsten Tag, die Rede Hitlers sei erstaunlich schlecht gewesen, die Stimmung schnell abgeflaut und »eine allgemeine Enttäuschung könnte fast Mitleid erregen«.

Versteigerung von Leningrader Kunst

6. November. In Berlin versteigert das Auktionshaus Rudolph Lepke heikle Objekte: Es handelt sich um Kunstwerke, die aus Leningrader Museen und Schlössern stammen. Die Auktion ist durch Polizei abgesichert.

In Deutschland lebende russische Emigranten haben gegen die Versteigerung demonstriert, mit der Behauptung, Teile der Kunstschätze stammten aus ihrem Privatbesitz.

Deshalb werden schon versteigerte Stücke von der Polizei beschlagnahmt. Der Gesamterlös der spektakulären Auktion, die sich eines großen Interesses erfreut, bringt 2 650 000 Reichsmark.

1. Uraufführung der Oper »Die Schwarze Orchidee« von Eugen d'Albert in Leipzig.

2. Am Wiener Hauptpostamt lagern 700 000 Postsendungen wegen Bummelstreiks der Postbeamten.

3. Reichstag hat 137 Anträge zur Notlage der Landwirtschaft zu behandeln.

3. Opelwerke Rüsselsheim werden mit 60 Millionen Mark Kapital zur Aktiengesellschaft.

3. Unruhen in Afghanistan. Angriffe auf Königspalast.

3. Aussperrung im Eisenkonflikt aufgehoben.

5. Berliner Ärztekammer fordert gesetzliche Regelung der Sterilisierung »fortpflanzungsunwürdiger Menschen«.

5. Wilhelm Miklas im dritten Wahlgang zum österreichischen Bundespräsidenten gewählt.

5. Furtwängler lehnt Wechsel von Berlin an die Wiener Staatsoper ab.

10. Gotteslästerungsprozeß gegen George Grosz. →

10. Deutscher Fußballbund meldet 865 946 Mitglieder.

10. Nobelpreisverleihung. →

14. Norwegen veranstaltet Trauertag für Nordpolforscher Amundsen.

21. Uraufführung »Katharina Knie« von Carl Zuckmayer im Lessing-Theater Berlin.

22. Kleistpreis an die 28jährige Anna Seghers für die Novelle »Aufstand der Fischer von St. Barbara«.

28. Uraufführung »Die heilige Johanna« von G. B. Shaw in London.

30. Arbeitslosenzahl im Dezember auf 1 968 397 gestiegen.

GEBOREN:

16. Friedensreich Hundertwasser, österreichischer Maler.

24. Manfred Rommel, deutscher Politiker.

GESTORBEN:

1. Leopold Graf von Kalckreuth (* 15. 5. 1855), deutscher naturalistischer Maler.

12. Ferdinand Gregori (* 13. 4. 1871), deutscher Schauspieler und Regisseur.

Herzfelde und Grosz verurteilt

10. Dezember. George Grosz und sein Verleger Wieland Herzfelde (Malik-Verlag) werden wegen Verhöhnung der Religion zu Geldstrafen von je 2000 Mark verurteilt. Die Anklage wurde erhoben wegen einer schon im April beschlagnahmten Mappe mit Bühnenbildern von George Grosz für die »Schwejk«-Inszenierung im Januar. Daraus wird zum Beispiel das Motiv »Die Ausschüttung des Heiligen Geistes« inkriminiert, das einen Geistlichen zeigt, der Granaten ausspeit. Beanstandet wird ferner ein Entwurf, der Christus, mit Gasmaske und Kommißstiefeln, zerschunden am Kreuz zeigt. Die Unterschrift dazu lautet »Maul halten und weiterdienen«.

Karikatur von George Grosz.

Chemienobelpreis an Adolf Windaus

Der Göttinger Professor Adolf Otto R. Windaus erhält den Nobelpreis für Chemie. Er hat vor etwa einem Jahr das antirachitische Provitamin mit dem Ergosterin entdeckt.
Der Nobelpreis für Physik dieses Jahres geht an Owen Williams Richardson (London) für Erkenntnisse zur Elektronenemission an heißen Metalloberflächen. Der Preis für Physiologie/Medizin wird Charles Jules Nicolle (Tunis) für Forschungen über den Flecktyphus verliehen. Die norwegische Schriftstellerin Sigrid Undset wird Nobelpreisträgerin für Literatur.

Mo	Di	Mi	Do	Fr	Sa	So
	1	2	3	4	5	6
7	8	9	10	11	12	13
14	15	16	17	18	19	20
21	22	23	24	25	26	27
28	29	30	31			

3. Ludwig Renns Roman »Krieg« erscheint. →

4. Nach einer US-Statistik gingen 1928 35 Prozent aller US-Anleihen nach Deutschland.

5. Staatsstreich König Alexanders von Jugoslawien. →

6. Bei Landtagswahlen in Lippe behauptet sich SPD als stärkste Partei.

8. Dauerflug-Weltrekord in Los Angeles: »Question Mark« fliegt bei 23maliger Betankung von Begleitflugzeug aus 150 Stunden 40 Minuten.

10. Türkische Nationalversammlung beschließt Einführung europäischer Maße wie Meter und Kilogramm sowie Verlegung des wöchentlichen Ruhetages von Freitag auf Sonntag.

11. Einführung des Siebenstundentages in der Sowjetunion beschlossen.

14. Mit der Wahl der Amerikaner Owen Young und John P. Morgan ist der Sachverständigenausschuß vollständig besetzt, der die endgültige Regelung deutscher Reparationszahlungen erarbeiten soll.

17. Deutscher Tonfilm »Ich küsse Ihre Hand, Madame« mit Marlene Dietrich und Harry Liedtke uraufgeführt. Titellied singt Richard Tauber.

18. Trotzki aus der Sowjetunion ausgewiesen.

22. Konstrukteur Max Valier führt Raketenbob vor.

24. US-Senat beschließt Rückzahlung von 75 Millionen Dollar Steuern wegen des hohen Steueraufkommens 1928.

25. Zusatzabkommen zum deutsch-russischen Neutralitäts- und Nichtangriffspakt unterzeichnet.

29. Trotzki verläßt Sowjetunion in Richtung Türkei.

31. Buchausgabe von Remarques Roman »Im Westen nichts Neues«. →

GEBOREN:

15. Martin Luther King († 4. 4. 1968), farbiger Bürgerrechtskämpfer der USA.

GESTORBEN:

12. Dietrich Schäfer (* 16. 5. 1845), deutscher Historiker.

Krise in Jugoslawien

5. Januar. Die anhaltende Regierungskrise in Jugoslawien wird durch König Alexander gewaltsam gelöst. Er setzt die Verfassung außer Kraft, löst die Nationalversammlung auf und verkündet einen Tag später, am 6., per Gesetz: »Der König besitzt alle Gewalt im Lande.« Das Nationalitätenproblem hat zunehmend die Einheit des Landes gefährdet. Im August 1928 ist die Krise zum offenen Ausbruch gekommen bei der Gründung eines separatistischen Parlaments durch die Kroaten. König Alexander macht jetzt den Parlamentarismus für die gesamte Krise verantwortlich. Am 24. Januar werden alle politischen Parteien Jugoslawiens aufgelöst.

Remarques Antikriegsroman jetzt als Buch

31. Januar. Im Propyläenverlag Berlin erscheint der Antikriegsroman »Im Westen nichts Neues« von Erich Maria Remarque. Der Roman ist im November und Dezember des Vorjahres schon in der »Vossischen Zeitung« abgedruckt worden und hat Aufsehen erregt – nicht zuletzt deswegen, weil zur Zeit eine Welle von Kriegsbüchern mit entgegengesetztem Trend den Markt überschwemmt. Remarque gibt eine desillusionierende Darstellung des Krieges mit schonungslos-realistischen Details. Er bricht vor allem das Tabu des Heldentods. Im Vorwort schreibt er: »Dieses Buch soll weder eine Anklage noch ein Bekenntnis sein. Es soll nur den Versuch machen, über eine Generation zu berichten, die vom Kriege zerstört wurde – auch wenn sie seinen Granaten entkam.« Der Verfasser ist 1898 in Osnabrück geboren und im Weltkrieg als Kriegsfreiwilliger mehrfach verwundet worden. Nach Tätigkeit als Lehrer und Kaufmann ist er als Journalist in Berlin bei der Zeitschrift »Sport im Bild« engagiert. Ebenfalls im Januar erscheint der Roman »Krieg« von Ludwig Renn. Er hat ein ähnliches Anliegen wie Remarques Roman und wird ähnlich von der Rechten verteufelt. Renn, seit 1928 Mitglied der KPD, kommt aus adligem Hause und heißt eigentlich Arnold Friedrich Vieth von Golßenau. Sein Buch ist das Tagebuch eines Frontkämpfers aus dem Ersten Weltkrieg. Aus dessen Perspektive wird die Zeit vom Auszug der Soldaten bis zum Zusammenbruch realistisch dargestellt.

Spektakulärer Bankraub in Berlin aufgedeckt

29. Januar. In Berlin wird ein spektakulärer Bankraub entdeckt. Werte in einer Größenordnung von zwei Millionen Mark sind Bankräubern in die Hände gefallen, die in den Tresorraum der Filiale der Disconto-Bank am Wittenbergplatz eingedrungen sind. Der Raub gilt als einmalig in der deutschen Bankgeschichte. Wie die Polizei feststellt, haben einige Gangster in wochenlanger, sehr sorgfältiger Arbeit vom Keller eines Nachbargebäudes ausgehend einen unterirdischen Stollen bis in den Tresorraum getrieben und dabei fast 20 Kubikmeter Erde in mühevoller Arbeit beiseite geschafft.
Zu den wertvollsten Gegenständen aus den 179 beraubten Safes gehören Handschriften Richard Wagners zu »Tristan und Isolde«. Die Polizei ist sicher, daß es sich bei den Tätern um ein bekanntes Paar aus dem kriminellen Milieu Berlins, Franz und Erich Sass, handelt. Weil das von der Polizei zusammengetragene Belastungsmaterial nicht ausreicht, müssen die festgenommenen Brüder wieder auf freien Fuß gesetzt werden.
Von Mitgliedern ihres Milieus werden die Brüder danach zum Teil öffentlich mit Beifall empfangen, wenn sie sich zeigen.

Außerdem . . .

Die erste Taxifahrerin tritt in Deutschland ihre Dienste an. In Berlin wird Elli Blarr aus Friedenau von den Behörden die Konzession zum Führen von Autodroschken erteilt.

Mo	Di	Mi	Do	Fr	Sa	So
				1	2	3
4	5	6	7	8	9	10
11	12	13	14	15	16	17
18	19	20	21	22	23	24
25	26	27	28			

3. Pierre Charles (Belgien) Europameister im Schwergewichtsboxen.

4. Kältewelle in ganz Europa. In Schlesien werden minus 34 Grad gemessen. →

6. Verkehrsminister Th. von Guérard (Zentrum) tritt zurück nach ergebnislosen interfraktionellen Verhandlungen zur Stärkung der Regierung.

9. Nichtangriffspaktsystem zwischen den Ländern Sowjetunion, Rumänien, Polen, Lettland und Estland.

10. Im 70. Fußballänderspiel besiegt Deutschland in Mannheim die Schweiz mit 7 : 1.

11. Erste Sitzung der Sachverständigenkonferenz in Paris. →

11. Aussöhnungs- und Friedensvertrag zwischen Vatikan und italienischer Regierung. →

14. Auftrittsverbot für Josephine Baker in München wegen zu erwartender »Verletzung des öffentlichen Anstandes«.

15. Arbeitslosenzahl auf 3,2 Millionen angestiegen. →

15. Konstantinopel durch Schnee von Außenwelt abgeschnitten. 100 Kilometer davor ist der Orientexpreß eingeschneit.

18. Trotzki bittet in Frankreich und Deutschland um politisches Asyl. Seine Aufenthaltsgenehmigung in der Türkei endet am 1. Mai.

21. Französische Regierung lehnt Gesuch Trotzkis ab.

21. Reichsanstalt für Arbeitslosenversicherung muß Reichsdarlehen aufnehmen. →

GEBOREN:

15. James Schlesinger, amerikanischer Politiker.

GESTORBEN:

5. Ehrenfried Freiherr v. Hünefeld (* 1. 5. 1892), deutscher Ozeanflieger.

10. Albert Steinrück (* 20. 5. 1872), deutscher Schauspieler (→ März 1929).

12. Albert Freiherr v. Schrenck-Notzing (* 18. 5. 1862), deutscher Arzt, Parapsychologe, Psychiater.

20. Karl Sonnenschein (* 15. 7. 1876), deutscher katholischer Theologe, tätig in Stadtmission.

Vatikan wird souverän

Austausch der Ratifizierungsurkunden der Lateranverträge.

11. Februar. Der Heilige Stuhl und das faschistische Italien unterzeichnen die Lateranverträge. Darin klären sie ihr Verhältnis zueinander und legen einen Konflikt ad acta, der seit 1871 zwischen Kurie und Staat besteht. Damals sind Rom und der übrige Kirchenstaat in das Königreich Italien eingegliedert worden, was der Vatikan nie akzeptiert hat. Durch die neuen Lateranverträge wird jetzt der souveräne Staat Vatikanstadt gegründet (Città del Vaticano) mit dem Papst als Staatsoberhaupt. Die Souveränität des Heiligen Stuhles in internationalen Beziehungen wird garantiert. Der Papst verzichtet offiziell auf den Kirchenstaat, bestimmte Kirchen und Paläste im italienischen Staatsgebiet Roms werden ihm als Besitz zuerkannt. Der Heilige Stuhl erhält einmalig 1,75 Milliarden Lire als Entschädigung für die Einziehung des Kirchenstaates.

Das gleichzeitig abgeschlossene Konkordat bestätigt die katholische Religion als Staatsreligion. Es beinhaltet Regelungen wie etwa, daß exkommunizierte Kleriker auch ihre Staatsämter verlieren, daß kirchliche Eheschließungen neben der bürgerlichen bindend sind und daß Religionsunterricht in Schulen obligatorisch ist. Es bleiben jedoch Konfliktpunkte zwischen der Kirche und dem Faschismus bestehen, etwa bei der Jugenderziehung.

Beratungen über deutsche Zahlung

11. Februar. In Paris tritt die Sachverständigenkonferenz zusammen, die Vorschläge zur Revision des Dawesplanes machen soll. Präsident der Konferenz wird der amerikanische Industrielle Owen D. Young, zweiter Vertreter der USA in Paris ist der Bankier John Pierpont Morgan. Die Deutschen sind vertreten durch Reichsbankpräsident Hjalmar Schacht, den Generaldirektor der Vereinigten Stahlwerke, Albert Vögler, und zwei Stellvertreter. Deutschland will die im Dawesplan festgelegten Verpflichtungen herabgesetzt wissen auf ein Maß, das die schwache deutsche Wirtschaft einigermaßen verkraften kann.

Europa leidet unter dem Winter

Anhaltend eisige Temperaturen machen ganz Europa zu schaffen. Kälterekorde bis zu minus 40 Grad füllen die Schlagzeilen. Schiffe liegen im Eis fest, an der Palmenallee in Cannes werden Schneeballschlachten fotografiert, Konstantinopel schneit ein. Der bittere Frost läßt in Deutschland die Arbeitslosenzahl emporschnellen. Im Dezember waren 1 968 397 Hauptunterstützungsempfänger registriert, im Januar 2 989 899, jetzt sind es 3 229 871. Am 21. muß die Reichsanstalt für Arbeitslosenversicherung ein Reichsdarlehen aufnehmen, um ihren Verpflichtungen nachzukommen. Die Versicherung reicht nur für 800 000 Arbeitslose.

1929

MÄRZ

Mo	Di	Mi	Do	Fr	Sa	So
				1	2	3
4	5	6	7	8	9	10
11	12	13	14	15	16	17
18	19	20	21	22	23	24
25	26	27	28	29	30	31

1. Regierungskrise, Besprechungen um eine »Große Koalition« an der DVP scheitern. Regierung bleibt in bisheriger Zusammensetzung im Amt.

1. Generalmajor Kurt von Schleicher wird Chef des neugebildeten Ministeramtes im Reichswehrministerium.

3. Revolution in Mexiko unter dem General Jesus Aguirre in Veracruz bleibt erfolglos.

4. US-Präsident Herbert Hoover tritt sein Amt an.

5. Premiere des amerikanischen Tonfilms »Broadway-Melodie«.

5. »Giftgas über Berlin« von Peter Martin Lampel uraufgeführt. →

6. Stresemann hält vor dem Völkerbundrat eine vielbeachtete Rede über Schutz der Minderheiten.

8. Telefunkensender Berlin-Witzleben strahlt in der Nacht erstmals Fernsehbilder aus. →

12. »Weltbühne« bringt Enthüllungen über deutsche Luftfahrt. →

12. Premiere des Tonfilms »Melodie der Welt« (Tobis).

13. General Nobile reicht Abschied ein und legt militärischen Rang nieder, weil Untersuchungskommission ihn für »Italia«-Absturz 1928 verantwortlich macht.

17. Madrider Universität wegen Studentenunruhen geschlossen.

17. Verkauf der deutschen Adam Opel AG an General Motors Corp. →

26. Großfeuer auf Riesendampfer »Europa« im Hamburger Hafen.

30. Uraufführung »Pioniere in Ingolstadt« von Marieluise Fleißer. →

GEBOREN:

16. Nadja Tiller, deutsche Schauspielerin.

18. Christa Wolf, DDR-Schriftstellerin.

GESTORBEN:

1. Wilhelm Bode (* 10. 12. 1845), Kunsthistoriker und Generaldirektor der Berliner Museen.

20. Ferdinand Foch (* 2. 10. 1851), französischer Marschall. →

26. Bruno Möhring (* 11. 12. 1863), deutscher Architekt.

Hugenberg bietet den Amerikanern Zusammenarbeit

5. März. In einem Schreiben an 3000 amerikanische Wirtschaftsführer, Politiker und Beamte bietet der Vorsitzende der DNVP, Geheimrat Alfred Hugenberg, eine engere Zusammenarbeit an. Als Aufgabe Deutschlands für die Zukunft hält er fest: »Schutz der zivilisierten Menschheit vor dem Bolschewismus, der nicht nur eine Besonderheit Rußlands, sondern eine seelische Erkrankung der industriellen Menschheit« sei. Sie könne leicht auch über den Ozean in die USA gelangen.

Gedenkfeier für Albert Steinrück

28. März. Mit einer einmaligen Aufführung von Wedekinds »Marquis von Keith« unter Leitung von Leopold Jessner wird in Berlin des am 10. Februar gestorbenen Schauspielers Albert Steinrück gedacht. Die Gedächtnisfeier wird zu einer glanzvollen Selbstdarstellung der Theaterwelt auf höchstem Niveau. Auf dem Theaterzettel finden sich fast alle berühmten Schauspielernamen von Elisabeth Bergner bis Paul Wegener, von Max Pallenberg und Fritz Kortner bis Fritzi Massary und Tilla Durieux. Jessner feiert mit der Aufführung einen seiner größten Triumphe als Regisseur. Albert Steinrück ist einer der markanten Schauspieler der Zeit gewesen. Berühmt ist er unter anderem als »Soldatenkönig« in den Fridericus-Filmen geworden.

»Weltbühne« enthüllt Rüstung

12. März. Mit einem Artikel »Windiges aus der deutschen Luftfahrt« des Flugzeugsachverständigen Walter Kreis prangert die »Weltbühne« Mißstände in der Deutschen Lufthansa an. Unter anderem wird aufgedeckt, daß zwei der Lufthansa angegliederte Abteilungen, die Seeversuchsanstalt Severa und die Abteilung M, militärischen Zwecken dienen.

Opel wird verkauft

Erfolgsauto der zwanziger Jahre: Der Opel Laubfrosch mit 12 PS.

17. März. Der größte deutsche Kleinwagenproduzent, die Adam Opel AG, verkauft ihr Unternehmen an Morgans General Motors Corp. in den USA. Gerüchte über den bevorstehenden Verkauf haben die Wirtschaftswelt schon Wochen vorher bewegt. Jetzt wird von seiten der Opel AG von einer bloßen Interessengemeinschaft gesprochen, die eine Investition von 120 Millionen Mark mit sich bringe. Die Familie Opel bleibt als Großaktionär beteiligt.

Sender Witzleben strahlt erste Fernsehbilder aus

8. März. Zwischen 23 Uhr und 0.30 Uhr strahlt der Telefunkensender Berlin-Witzleben zum erstenmal Fernsehbilder aus. Das Programm besteht aus Filmszenen, die zwei Mädchen im Badeanzug zeigen. An die Erstsendung schließen sich regelmäßige Versuchsausstrahlungen an, die im Fernsehlaboratorium des Reichspostzentralamtes in Tempelhof empfangen werden. Es sind die ersten TV-Sendungen einer öffentlichen Körperschaft.

Marschall Foch stirbt in Paris

20. März. In Paris stirbt 77jährig Marschall Ferdinand Foch. Der Franzose hat eine entscheidende Rolle beim Sturz der Großmacht Deutschland gespielt. Im Verlauf des Weltkriegs als Stratege bewährt, ist Foch 1917 Oberkommandierender sämtlicher alliierter Truppen in Belgien und Frankreich, auch des amerikanischen Expeditionskorps, geworden.

Theaterskandale in Berlin führen zu Zensureingriff

Das Berliner Theater am Schiffbauerdamm ist innerhalb von nur drei Wochen Schauplatz zweier Theaterskandale. Am 5. bringt es Peter Lampels »Giftgas über Berlin« zur Uraufführung. Das Stück, in dem es um Gefahren einer künftigen Diktatur geht, wird vom Polizeipräsidenten für öffentliche Aufführungen verboten.

Auch die Uraufführung des Stückes »Pioniere in Ingolstadt« der Ingolstädterin Marieluise Fleißer am 30. wird ein Skandal. Die Kritik teilt sich in euphorisches Lob und moralisch-politische Verteufelung. Der »Berliner Lokalanzeiger« schreibt: »Wie kommt unsereins dazu, derlei hysterische Unverfrorenheiten und Entgleisungen einer aus der Art geschlagenen Frauenphantasie über sich ergehen zu lassen?« Die »Deutsche Zeitung« nennt es ein »Dreckdrama«, dessen Verfasserin eine »schlimmere Josephine Baker der weißen Rasse« sei. Fleißer deckt verlogene Kleinstadtidylle auf. Ingolstadt ist beleidigt. Der Berliner Polizeipräsident verbietet sofort die Aufführung einzelner Szenen.

1929

APRIL

Mo	Di	Mi	Do	Fr	Sa	So
1	2	3	4	5	6	7
8	9	10	11	12	13	14
15	16	17	18	19	20	21
22	23	24	25	26	27	28
29	30					

1. Vereinigung des Landes Waldeck mit Preußen tritt in Kraft.

3. Uraufführung des Schauspiels »Die Schwärmer« von Robert Musil.

3. Rücktritt des österreichischen Kabinetts Seipel.

6. Das Tangolied »Ich küsse Ihre Hand, Madame« ist vor Weihnachten 500 000mal auf Schallplatte verkauft worden.

10. Reichstagsfraktionen vereinbaren Umbildung der Regierung. Plattform dafür soll die Verabschiedung des Haushaltsplanes 1929 auf der Basis von Vorschlägen sein, die Sachverständige aller Parteien erarbeiten.

11. Das Asylgesuch Trotzkis an Deutschland wird abgelehnt, auch Kuraufenthalt in Deutschland genehmigt ihm die Regierung nicht. Die SPD stimmt für die Erlaubnis.

13. Zeitoper »Maschinist Hopkins« von Max Brand in Duisburg uraufgeführt.

14. Erstes Autorennen um den Großen Preis von Monaco. Der 78-Runden-Kurs gilt als schwerstes Grand-Prix-Rennen.

19. Italien erhält neues Staatswappen mit faschistischem Rutenbündel.

21. »Sacco und Vanzetti« von Erich Mühsam wird in Berlin uraufgeführt.

25. Reich nimmt Kredit von 170 Millionen Mark auf. →

25. Erhöhung des Reichsbankdiskonts von 6,5 auf 7,5 Prozent.

28. Nationalsozialisten greifen in Oppeln polnische Schauspieltruppe tätlich an.

28. Deutschland siegt in Turin im 71. Fußballänderspiel mit 2:1 über Italien.

29. Uraufführung der Oper »Der Spieler« nach Dostojewski von Sergej Prokofjew in Brüssel.

GEBOREN:

2. Hans Koschnik, deutscher Politiker.

17. James Last, deutscher Unterhaltungsmusiker.

29. Walter Kempowski, deutscher Schriftsteller und Lehrer.

GESTORBEN:

4. Carl Friedrich Benz (* 25. 11. 1844), deutscher Ingenieur. →

Reich nimmt bei Großbanken Kredit auf

25. April. Einen Dreimonatskredit von 170 Millionen Mark nimmt das Reich bei Großbanken auf, weil die Gelder für die Bezahlung der Beamtengehälter und für die Darlehen an die Reichsanstalt für Arbeitslosenversicherung fehlen. Am gleichen Tag kündigt Finanzminister Rudolf Hilferding an, daß sich die Kredite für die Anstalt bis Ende Juni noch auf 370 Millionen Mark erhöhen werden. In der Öffentlichkeit und in den Parteien verstärken sich die Debatten um eine Änderung der Arbeitslosenversicherung und über Beitragserhöhungen.

Autokonstrukteur Carl Benz tot

4. April. In Ladenburg stirbt der deutsche Ingenieur Carl Friedrich Benz im Alter von 84 Jahren. Er hat in der Geschichte der Technik seinen Platz als Konstrukteur des ersten brauchbaren benzingetriebenen Kraftwagens. 1886 hat der Ingenieur die deutschen und ausländischen Patente für seinen dreirädrigen Motorwagen mit einzylindrigem Viertaktmotor (250 Umdrehungen/Min., 3/4 PS) erhalten. Am 3. Juli 1886 hat dieser Dreiradwagen in Mannheim die erste Demonstrationsfahrt zurückgelegt. 1888 ist er in München mit der Goldmedaille ausgezeichnet worden. Seit 1926 ist die Firma mit der Daimler-Motoren-Gesellschaft zur Daimler-Benz AG fusioniert.

Carl Friedrich Benz †.

MAI

Mo	Di	Mi	Do	Fr	Sa	So
		1	2	3	4	5
6	7	8	9	10	11	12
13	14	15	16	17	18	19
20	21	22	23	24	25	26
27	28	29	30	31		

1. Blutige Straßenkämpfe in Berlin nach Verbot von Kundgebungen. →

1. Grundsteinlegung zum Neubau der Babelsberger Tonfilmateliers.

4. Neue Regierung Österreichs unter Ernst Streeruwitz.

5. Nach zwölf Wochen hat Remarques Buch 500 000 Auflage überschritten. Solchen Erfolg hat noch nie ein deutsches Buch verzeichnet.

5. Uraufführung »Die Unüberwindlichen« von Karl Kraus. →

6. Preußen verbietet Roten Frontkämpferbund. Die übrigen Länder folgen mit Verboten. →

6. Die Kassenlage des Reichs soll durch eine Inlandsanleihe über 500 Millionen Mark verbessert werden.

7. Tschiang Kai-schek wird Präsident des Obersten Zentralrats Chinas.

12. NSDAP-Gewinne bei Landtagswahlen in Sachsen: fünf statt zwei Mandate.

16. Erste Verleihung des »Oscar« genannten Akademiepreises in Hollywood. →

17. Mit Notlandung bei Toulon endet geplante zweite Amerikafahrt des »Graf Zeppelin«.

19. Weltausstellung in Barcelona eröffnet. Deutscher Pavillon von Mies van der Rohe. →

21. Japaner räumen Tsingtau. Damit ist die Provinz Schantung wieder frei.

23. König Aman Ullah von Afghanistan flieht vor Aufständischen ins Ausland.

26. Höhenflugweltrekord durch Willi Neunhofer auf Junkers W 33 mit 12 739 Metern.

29. Grundsteinlegung zum Berliner Funkhaus an der Masurenallee.

GEBOREN:

1. Ralf Dahrendorf, deutscher Soziologe und Politiker.

4. Audrey Hepburn, amerikanische Filmschauspielerin.

27. Peter Szondi († 18. 10. 1971), deutscher Literaturwissenschaftler.

GESTORBEN:

18. Adolf Braun (* 20. 3. 1862), deutscher Sozialpolitiker, Mitbegründer der SPÖ.

Tote bei Maidemonstrationen

Polizei zerstreut in Berlin eine Arbeiterdemonstration, die anläßlich der Feiern zum 1. Mai stattfindet.

1. Mai. Blutige Zusammenstöße ereignen sich in Berlin anläßlich der Feiern zum 1. Mai. Der Polizeipräsident Zörgiebel (SPD) hat Kundgebungen verboten, weil kommunistische Ankündigungen als Aufruf zur Gewalt an diesem Tag verstanden worden sind. Rund 13 000 Polizisten werden aufgeboten, um die Einhaltung des Verbots zu sichern.

An mehreren Stellen der Stadt formieren sich trotzdem Trupps kommunistischer Demonstranten. Bis zum Nachmittag werden sie noch von der Polizei aufgelöst. Zum Abend hin entwickeln sich jedoch blutige Kämpfe, es wird auf beiden Seiten geschossen. Wedding und Neukölln sind Hauptschauplätze. Barrikaden werden errichtet. Noch

am Tag danach setzen sich vereinzelt Unruhen fort. Sie kosten insgesamt 31 Menschenleben. 1200 Menschen werden verhaftet.

Als Folge des »Berliner Blutmai« verbietet Preußen den Roten Frontkämpferbund, die Rote Jungfront und die Rote Marine. Die übrigen Länder folgen bis zum 10. mit entsprechenden Verboten.

Schlüsselstück von Karl Kraus in Wien verboten

5. Mai. In Dresden werden »Die Unüberwindlichen« von Karl Kraus uraufgeführt. Der Wiener Kulturkritiker hat darin die Ereignisse der Julidemonstration 1927 in Wien satirisch verarbeitet. Es handelt sich um ein leicht zu identifizierendes Schlüsselstück um den Korruptionsjournalisten Bekessy und den Wiener Polizeipräsidenten. Wien hat deshalb eine Aufführung des Stückes verboten. Weil der österreichische Millionär Castiglioni sich im dritten Akt abgebildet sieht, wird dieser verboten. In der Premiere wird nur eine Inhaltsangabe des Aktes verlesen. Das Publikum reagiert, je nach politischem Standort, extrem. Die Kritik des nächsten Tages schreibt: »Terror auf beiden Seiten«.

Die ersten »Oscars« werden verliehen

16. Mai. In Hollywood werden erstmals von der Akademie für Filmkunst und -wissenschaft Akademiepreise für die beste künstlerische Leistung im in- und ausländischen Film verliehen (Academy Award). Beurteilt werden zwischen dem 1. August 1927 und dem 31. Juli 1928 gedrehte Filme. Gewinner des Preises für den besten Hauptdarsteller ist Emil Jannings für Rollen in »Der Weg allen Fleisches« und »Sein letzter Befehl«. Als beste Hauptdarstellerin wird Janet Gaynor prämiert. Der Preis selbst ist eine kleine vergoldete Statuette, die später »Oscar« genannt wird.

19. Mai. Ein zukunftsweisendes, vielbeachtetes Bauwerk stellt der deutsche Architekt Ludwig Mies van der Rohe als deutschen Pavillon auf der Weltausstellung in Barcelona vor. Auch die Einrichtung ist von ihm entworfen.

1929

JUNI

Mo	Di	Mi	Do	Fr	Sa	So
					1	2
3	4	5	6	7	8	9
10	11	12	13	14	15	16
17	18	19	20	21	22	23
24	25	26	27	28	29	30

1. In München ruft der Reichsfrontsoldatentag des »Stahlhelm« zum Kampf gegen den Youngplan auf.

1. In Berlin endet 72. Fußballänderspiel gegen Schottland 1 : 1.

2. Anschlag der Landvolkbewegung auf Finanzamt Oldenburg.

7. Sachverständigenkonferenz unterzeichnet Youngplan. →

8. Ramsay Macdonald bildet zum zweitenmal Labour-Kabinett. Erstmals erhält dabei eine englische Frau Ministerposten: Margaret Bonfield wird Arbeitsminister.

8. Hindemith-Oper »Neues vom Tage« in Berlin uraufgeführt.

10. Staatsbesuch von König Fuad von Ägypten.

10. Auf Reichsanleihe sind statt 500 nur 177,7 Millionen Mark gezeichnet.

10. Deutsche Premiere des amerikanischen Tonfilms »Der singende Narr«. →

14. Konkordat Vatikan–Preußen. →

14. G. B. Shaws Komödie »Der Kaiser von Amerika« in Warschau uraufgeführt.

17. Weltkongreß für Frauenarbeit in Berlin eröffnet.

23. Deutschland siegt im 73. Fußballänderspiel mit 3 : 0 über Schweden in Köln.

23. Landtagswahlen in Mecklenburg-Schwerin bringen NSDAP erstmals (zwei Sitze) ins Parlament.

27. Punktsieg über Paolino Uzcudun in New York sichert Max Schmeling Teilnahme an Boxweltmeisterschaft im Schwergewicht.

28. Aus Anlaß des goldenen Doktorjubiläums von Max Planck verleiht Deutsche Physikalische Gesellschaft erstmals goldene Max-Planck-Medaille. Erste Träger sind Planck und Einstein.

GEBOREN:

12. Anne Frank († März 1945), deutsche Jüdin (→ März 1945).

18. Jürgen Habermas, deutscher Soziologe.

20. Rainer Barzel, deutscher Politiker.

GESTORBEN:

15. Gerhard Munthe (* 19. 7. 1849), norwegischer Maler.

Reich soll bis 1988 zahlen

7. Juni. In Paris beendet die Sachverständigenkonferenz ihre Arbeit mit der Unterzeichnung des »Youngplanes«. Er schlägt Modalitäten zur Senkung der im Dawesplan 1924 festgelegten Reparationsverpflichtungen Deutschlands vor. Im wesentlichen ist der Plan der Kompromißvorschlag des amerikanischen Bankiers Owen D. Young, auf den man sich nach langwierigen und vom Scheitern bedrohten Verhandlungen geeinigt hat. In Zahlen lautet das Ergebnis so: Deutschland muß insgesamt 116 Milliarden Mark Reparationen innerhalb von 59 Jahren, also bis 1988 zahlen. Die jährlichen Verpflichtungen sollen zunächst nur 741,8 Millionen betragen, um dem Reich eine Atempause zu verschaffen. Danach sollen sie entsprechend steigen. Im Durchschnitt macht das eine Jahresbelastung von zwei Milliarden aus. Nach den bisherigen Bestimmungen des Dawesplanes würde Deutschland mit dem laufenden Reparationsjahr 1928/29 jährlich 2,5 Milliarden zahlen müssen, auf unbefristete Zeit.

Dieser neue Plan macht Deutschland finanziell wieder zum Herrn im eigenen Haus. Sämtliche Kontrollen der deutschen Wirtschaft sollen entfallen. Reparationsagent und Reparationskommission sollen ihre Tätigkeit einstellen. Die Zahlungen gehen an eine neu zu gründende Bank für Internationalen Zahlungsausgleich, die die Gelder weiterverteilt.

Protestaktionen beginnen: Sofort bei Bekanntwerden von Einzelheiten des Youngplanes werden Proteste und strikte Ablehnungen laut.

Proteste gegen den Youngplan werden − hier eine von Nationalsozialisten einberufene Versammlung − auf zahlreichen Kundgebungen laut.

Am 2. ruft der Stahlhelm zum Kampf gegen den Plan auf. Die DNVP kündigt am 15. ein Volksbegehren gegen die Vereinbarungen an. Der Reichsverband der Deutschen Industrie stellt am 20. fest, der Youngplan gehe »über die Leistungskraft der deutschen Wirtschaft hinaus«. Das Kabinett stimmt dem Plan am 21. zu.

Erster US-Tonfilm in Berlin gezeigt: Musikerverband protestiert

Al Jolson als Schwarzer . . .

. . . und als weißer Sänger.

10. Juni. In Berlin wird mit »Der singende Narr« der erste amerikanische Tonfilm in Deutschland gezeigt. Der Andrang zum öfter angekündigten und immer wieder verschobenen Filmereignis ist so groß, daß eine weitere Vorstellung um Mitternacht gegeben wird. In Deutschland läuft der Streit pro und kontra Tonfilm schon auf vollen Touren. Nach dem Film, in dem der amerikanische Kabarettist Al Jolson die Hauptrolle spielt, heißt es in »Der Film«: »Nun sind die Zweifler bekehrt« und: »Wer Glück hatte, Einlaß zu finden, erlebte die Premiere eines modernen Wunders.« Der zitierte Kritiker geht davon aus, daß die Handlung eines Tonfilmes nicht mit den sonst üblichen künstlerischen Maßstäben gemessen werden dürfe. Trotz mancher Mängel, die diesem Tonfilm anhafteten, bedeute er einen »Sieg auf der ganzen Linie. Die deutsche Filmindustrie wird sich daran halten müssen, den Vorsprung einzuholen.«

Zu Debatten um die Konkurrenzfähigkeit des Tonfilms gegenüber Theater und Stummfilm kommen seit längerer Zeit Konflikte um die Patente, bei denen sich die größten Elektro- und Filmfirmen der Welt gegenüberstehen. Als weitere Interessengruppe formiert sich in Deutschland der Deutsche Musikerverband. Seine Hauptargumente: Der Tonfilm verdirbt Gehör und Augen und wirkt nervenzerrüttend. Nur das »alte« Kino mit Bühnenschau und Orchester kann, so argumentieren die Musiker, die gesuchte Entspannung und Erbauung bieten.

Vatikan und Preußen schließen ein Konkordat

14. Juni. Ein Konkordat zwischen dem Vatikan und Preußen unterzeichnen in Berlin Nuntius Eugenio Pacelli und Vertreter der preußischen Regierung.

Der Abschluß ist heftig umstritten gewesen, die Verhandlungen zwischen Preußen und dem Heiligen Stuhl reichen bis zum Jahr 1925 zurück. Das Konkordat soll die Rechtslage der katholischen Kirche in Preußen den veränderten Verhältnissen anpassen. So werden unter anderem die staatlichen Zahlungen an den katholischen Klerus erhöht und das Bistum Berlin und das Erzbistum Paderborn neu geschaffen. Vorausgegangen ist 1924 ein Konkordat mit Bayern.

2. Juni. In Wien beginnen die Festwochen, die bis zum 16. dauern. Einer der großen Erfolge ist Max Reinhardts Inszenierung von »Dantons Tod«.

Außerdem . . .

Über 35 000 Deutsche dienen in der Fremdenlegion, davon sterben jährlich 7000. Von den Heimkehrern aus der Fremdenlegion sind 70 bis 80 Prozent arbeitsunfähig. Diese Fakten werden im Preußischen Landtag vorgetragen im Hinblick darauf, daß in deutschen Schulen angeblich für die Fremdenlegion geworben werden soll.

1929
JULI

Mo	Di	Mi	Do	Fr	Sa	So
1	2	3	4	5	6	7
8	9	10	11	12	13	14
15	16	17	18	19	20	21
22	23	24	25	26	27	28
29	30	31				

1. Rücktritt Kabinett Tanaka in Japan. Neue liberale Regierung unter Hamaguschi.

6. Schlußtag in Wimbledon. →

9. Britisches U-Boot sinkt bei U-Boot-Kollision im St.-Georgs-Kanal. 24 Mann Besatzung sterben.

10. Neugliederung des rheinisch-westfälischen Industriegebietes. →

11. Konflikt Sowjetunion–China um chinesische Ostbahn. →

12. Der Grazer Gynäkologe Hermann Knaus veröffentlicht Erkenntnisse über das Konzeptionsoptimum der Frau.

12. Erster Start des Dornier-Flugbootes »DO-X«. →

14. Deutschland wird in Berlin Sieger der Europazone der Davis-Pokalspiele.

14. Der Belgier Maurice De Waele fährt als Tour-de-France-Sieger in Paris ein.

14. Louis Chiron (Frankreich) gewinnt auf Bugatti den Großen Preis der Nationen auf dem Nürburgring.

17. Sowjetunion bricht diplomatische Beziehungen zu China ab. →

22. Schnelldampfer »Bremen« gewinnt das »Blaue Band« für schnellste Ozeanüberquerung. →

24. Poincaré tritt aus Krankheitsgründen zurück. Neuer Ministerpräsident Frankreichs wird Aristide Briand.

28. In Genf unterzeichnen 42 Staaten Konvention über Behandlung von Kriegsgefangenen.

28. Frankreich gewinnt zum drittenmal hintereinander Davis-Pokal gegen USA.

28. SpVgg Fürth wird mit 3:2-Sieg über Hertha BSC Berlin in Nürnberg Fußballmeister.

GEBOREN:

7. Reinhard Baumgart, deutscher Schriftsteller.

9. Hassan II., König von Marokko.

28. Jacqueline Onassis, Witwe von J. F. Kennedy und A. Onassis.

GESTORBEN:

14. Hans Delbrück (* 11. 11. 1848), deutscher Historiker und Politiker.

15. Hugo von Hofmannsthal (* 1. 2. 1874), österreichischer Schriftsteller. →

Deutsche Technik vorn

Die »Bremen« auf einem Bild des Malers Franz Radziwill.

22. Juli. Der deutsche Schnelldampfer »Bremen«, der erst im Vorjahr bei Lloyd vom Stapel gelaufen ist, erringt das »Blaue Band« für die schnellste Ozeanüberquerung. Das 46 000 Tonnen mächtige Superschiff braucht nur vier Tage, zwölf Stunden und 17 Minuten für die Strecke Cherbourg–New York. Den bisherigen Rekord hat sie damit um acht Stunden unterboten. Die Trophäe wird in Deutschland als eine Art Nationalsieg gefeiert. Sie sei, wird betont, ein Symbol für Deutschlands unaufhaltsamen wirtschaftlichen Wiederaufstieg.

Das »Blaue Band« hat 1882 zum erstenmal der Lloyddampfer »Elbe« gewonnen. Er hatte 4500 Tonnen und fuhr nur halb so schnell wie die »Bremen«. Das neue Schiff ist 280 Meter lang und fährt mit 950 Mann Besatzung.

Ein Boot mit Flügeln: Auf dem Bodensee startet am 12. Juli das deutsche Riesenflugboot DO-X. Es ist das stärkste Flugzeug der Welt und bestimmt die Schlagzeilen des nächsten Tages. Die Rorschacher Werft der Dornier-Flugwerke hat zweieinhalb Jahre an dem Fahrzeug der Superlative gebaut. Die DO-X wird von zwölf Motoren mit je 500 oder 558 PS (je nach Version) angetrieben, kann 100 Passagiere oder entsprechende Nutzlasten befördern. Sie besitzt drei übereinanderliegende Decks und gesonderte Schlafräume für Fluggäste. Ihre Spannweite: 48 Meter, Höchstgeschwindigkeit: 240 Stundenkilometer. Damit stellt sie alles im Flugwesen bisher Erreichte in den Schatten. Der Zeppelin z. B. hat fünf Motoren mit 2750 PS, Beförderung 85 Personen (→ November 1930).

Streit um mandschurische Eisenbahn

11. Juli. Die chinesischen Behörden übernehmen die bislang russischen Büros der mandschurischen Eisenbahn in Charbin, um dort, wie es heißt, kommunistischer Propaganda durch russische Beamte ein Ende zu setzen. Damit kommt ein ernster Konflikt zwischen den beiden Ostmächten zum Ausbruch. Er hat seinen Hintergrund darin, daß die von der Sowjetunion zunächst geförderte chinesische Nationalbe-wegung den russischen Einfluß in der Mandschurei zurückdrängen will. Die Sowjetunion richtet am 14. Juli ein Ultimatum an China, bricht am 17. die diplomatischen Beziehungen ab, erhält dabei aber die Ansprüche auf die Eisenbahn aufrecht. In Charbin wird am 19. der Belagerungszustand ausgerufen. Sofort nach Ausbruch des Konflikts versuchen westliche Regierungen – vergeblich – zu vermitteln. ▷

Hofmannsthal stirbt

15. Juli. Am Tage der Beerdigung seines Sohnes stirbt in Rodaun bei Wien der Dichter Hugo von Hofmannsthal. Mit ihm sind der österreichische Symbolismus und Impressionismus eng verbunden. Einer breiteren Öffentlichkeit ist der gebürtige Wiener vor allem durch seine Zusammenarbeit mit Richard Strauss (ab 1906) bekanntgeworden, der Hofmannsthals Bühnendichtungen (»Die Frau ohne Schatten«, »Der Rosenkavalier«, »Ariadne auf Naxos«) vertont hat.

Als Lyriker, Dramatiker, Essayist hat sich Hofmannsthal als Mahner und Traditionsbewahrer in einer Welt der zerfallenden Werte verstanden. Auch bei der Mitbegründung der Salzburger Festspiele (für die er Stücke geschrieben hat, zum Beispiel »Jedermann«) ist es sein Anliegen gewesen, die Krise des Geistigen durch ein Zentrum musischen Schaffens und Erlebens überwinden zu helfen. Bürgerliche Spätzeitstimmung klingt jedoch auch bei ihm an, etwa in »Der Schwie-

Hugo von Hofmannsthal †.

rige«. Die Lyrik Hofmannsthals kreist um Themen wie Schönheit und Todeswissen. Gerhart Hauptmann sagt in einem Nachruf im »Berliner Tagblatt«: »Ihm ist es gelungen, gleichviel wie oft, der höchsten Schönheit als dem wahrhaft Seienden des Platon, ganz nahe zu kommen, näher als irgend jemand außer ihm . . .«

Kohlenpott-Städte wachsen weiter

10. Juli. Das Ruhrgebiet erhält durch das Gesetz über kommunale Neugliederung eine veränderte Struktur. Essen steigert seine Einwohnerzahlen durch Eingemeindungen von 478 000 auf 635 000, Dortmund wächst um 71 000 Einwohner, Elberfeld durch Zusammenschluß mit Barmen um 247 000, Düsseldorf wächst um 71 000 Einwohner. Gegen die Neugliederung des Industriegebietes hat es teilweise heftige Proteste gegeben.

Komische Oper wird versteigert

18. Juli. Die Komische Oper an der Weidendammer Brücke in Berlin kommt zur Versteigerung. Für 1,2 Millionen Reichsmark geht sie an die Berliner Terrain- und Bau AG. Der Schätzwert beträgt über zwei Millionen Mark. Die Komische Oper ist Anfang des Jahrhunderts durch die Aufführung vieler neuer Opern unter Hans Gregor berühmt geworden. Dann hat sie Schauspiele gezeigt, zuletzt war sie Bühne für mittelmäßige Revuen.

Franzosen siegen in Wimbledon

6. Juli. Wie schon zwei Jahre zuvor stehen sich im Herreneinzel wieder die Franzosen Henri Cochet und Jean Borotra – zwei der berühmten vier »Musketiere« des französischen Tennissports – gegenüber. Wie 1927 siegt Henri Cochet, diesmal mit 6:4, 6:3, 6:4. Aus dem Dameneinzel geht die Amerikanerin Helen Wills mit einem unerwartet hohen Sieg von 6:1, 6:2 über ihre Landsmännin Helen Jacobs als Gewinnerin hervor. Das Damendoppel entscheidet das britische Paar R. C. Michell / Ph. Watson mit 6:4, 8:6 über B. C. Covell / D. C. Shepard-Barron für sich.

Abkommen über Räumung des Rheinlandes

31. August. Die politischen Verhandlungen der Ersten Haager Konferenz über den Youngplan gehen erfolgreich zu Ende. Deutschland nimmt allerdings im Zusammenhang mit den Details der Zahlungsmodalitäten noch weitere Nachteile in Kauf.

Am 30. August wird das Abkommen über die endgültige Räumung des Rheinlandes unterzeichnet: Belgien und England ziehen sich innerhalb von drei Monaten aus der zweiten Rheinlandzone zurück, Frankreich beginnt mit der Räumung der dritten Zone nach Inkrafttreten des Plans. Spätestens Ende Juni 1930 soll das Rheinland wieder frei sein.

Außenminister Stresemann, der – obwohl schwer krank – die deutsche Delegation leitet, ist am Ziel jahrelanger politischer Bemühungen angelangt.

Erfinder des Grammophons †

3. August. Der deutschamerikanische Elektroingenieur Emil Berliner stirbt im Alter von 78 Jahren in Washington. Er hat 1887 das Grammophon erfunden, das den Phonographen von Edison abgelöst hat. Seine Firma Berliner Grammophone Co. hat 1887 die ersten Schallplatten hergestellt: Mit einer Wachsschicht bedeckte Zinkplatten. Der gebürtige Hannoveraner erfand auch ein Kontaktmikrofon.

Emil Berliner in Washington.

Berlin nimmt Abschied von Zille: Ein Original der 20er Jahre ist tot

9. August. Berlin verliert ein Original. Im Alter von 71 Jahren stirbt der Zeichner und Entdecker des »Milljöhs«, Heinrich Zille. Er hat mit humoristischen, teils bissig-ironischen Skizzen die proletarischen Straßenszenen und Hinterhofatmosphäre festgehalten. Auch mit der Kamera war Heinrich Zille unterwegs. Seine Fotos vom Milieu wurden erst später ausgestellt. Bekanntgeworden ist der gebürtige Sachse, der zunächst als Lithograph und Kunstätzer sein Geld verdient hat, 1901. Damals hat ihm unter anderem Max Liebermann eine Ausstellung von Zeichnungen in der Berliner Sezession ermöglicht. Anfangs sind die Bilder Zilles als Verunglimpfung Berlins gesehen worden, dann wurden sie als populäres Aushängeschild geschätzt. Max Liebermann hat Zille in einer Geburtstagsfeier so charakterisiert: »Das große Mitleid regt sich in Ihnen, und Sie beeilen sich, wie Figaro sagt, darüber zu lachen, um nicht gezwungen zu sein, darüber zu weinen. Wir spüren die Tränen hinter Ihrem Lachen.«

Der Maler und Zeichner Heinrich Zille ein Jahr vor seinem Tod in seinem Atelier. Seine humorvolle Darstellungsweise hat die sozialkritischen Themen, die sein Lebenswerk beherrschen, oft abgemildert.

1929
SEPTEMBER

Mo	Di	Mi	Do	Fr	Sa	So
						1
2	3	4	5	6	7	8
9	10	11	12	13	14	15
16	17	18	19	20	21	22
23	24	25	26	27	28	29
30						

1. Auf das Reichstagsgebäude in Berlin wird ein Bombenanschlag verübt.

4. Moor- und Heidebrände in Norddeutschland.

5. Briand entwickelt Plan der Vereinigten Staaten von Europa. →

5. Kandinsky und Schlemmer erhalten bei Ausstellung des Künstlerbundes in Köln Staatsmedaillen.

6. Drama »Zyankali – § 218« des Stuttgarter Arztes Friedrich Wolf in Berlin uraufgeführt.

6. Wiedereröffnung der Piscatorbühne mit »Der Kaufmann von Berlin« von Walter Mehring.

7. Pierre Charles verteidigt Titel des Europameisters im Schwergewicht gegen den Deutschen Franz Diener.

9. Letzte Völkerbundsrede Stresemanns: für Vereinigtes Europa. →

15. Achille Varzi auf Alfa Romeo gewinnt Großen Preis von Monza. Der Deutsche Momberger auf Mercedes kommt auf den dritten Platz.

22. Schießereien zwischen Nationalsozialisten und Kommunisten in Berlin.

24. Kalenderreform in der Sowjetunion. →

26. Verhaftung der Brüder Sklarek; Aufdeckung eines riesigen Kreditbetrugs.

26. Fusion Deutsche Bank und Disconto Bank beschlossen: Der größte Bankenzusammenschluß in der deutschen Finanzgeschichte.

30. Erster regulärer Flug mit von Raketen angetriebenem Flugzeug durch Fritz von Opel.

GEBOREN:

8. Christoph von Dohnany, deutscher Dirigent.

10. Reinhard Lettau, deutsch-amerikanischer Schriftsteller.

14. Hans Clarin, deutscher Schauspieler.

30. Dorothee Sölle, deutsche Theologin.

GESTORBEN:

2. Paul Leni (* 8. 7. 1885), deutscher Filmregisseur.

29. Richard Zsigmondy (* 1. 4. 1865), deutscher Chemiker.

Briand schlägt Vereinigte Staaten von Europa vor

Aristide Briand.

5. September. In einer enthusiasmierten Rede schlägt Aristide Briand auf der zehnten Völkerbundsversammlung in Genf die Schaffung der »Vereinigten Staaten von Europa« vor. Dabei betont er den wirtschaftlichen Aspekt als besonders drängend. Er fährt jedoch fort: »Ich bin aber der festen Überzeugung, daß auch auf politischem und auf sozialem Gebiet ein solches gemeinsames Band, das die Souveränität der einzelnen Nationen nicht zu berühren braucht, von Nutzen sein kann.«
Die Reaktionen auf seine Rede sind sowohl in Genf als auch im Ausland alles andere als begeistert. Der größte Teil der deutschen Presse lehnt den Vorschlag ab. Der britische »Daily Express« schreibt: »Unser Volk hat weder die Absicht, einen staatlichen noch einen politischen Teil Europas zu bilden.«

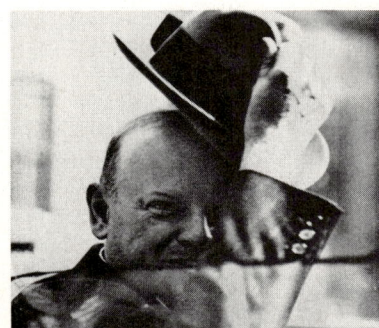

Gustav Stresemann.

Unterstützung erhält Briand allerdings vier Tage später ausdrücklich von Gustav Stresemann. In einer großen, frei gehaltenen Rede stimmt der deutsche Außenminister dem Europagedanken bei, stellt vor allem die wirtschaftlichen wie weltwirtschaftlichen Belange in den Vordergrund.

Korruption entdeckt

26. September. Mit der Verhaftung der Brüder Max, Leo und Willy Sklarek in Berlin kommt ein umfangreicher Korruptionsskandal an die Öffentlichkeit. Die Brüder, die als Betreiber einer Bekleidungsfirma u. a. Hauptlieferanten für die Berliner Krankenhäuser, Polizei und Feuerwehr sind, haben durch Kreditbetrug die Stadt um zehn Millionen Reichsmark geschädigt. An städtische Beamte und Kommunalpolitiker haben sie teilweise so billige Ware abgegeben, daß dies Bestechungsgeschenken gleichge-

kommen ist. Mit ihren Methoden haben sie sich Zahlungen ohne Lieferungen verschafft.

Die Affäre zieht politisch immer weitere Kreise. Zwei der Sklarek-Brüder sind SPD-Mitglieder. Sämtliche an der Berliner Stadtverwaltung beteiligte Parteien, vor allem Oberbürgermeister Gustav Böß, DDP, sind in den Skandal verwickelt. Vor allem die Rechte nutzt die Gelegenheit, die Affäre zum Angriff auf das Ansehen der Republik umzumünzen. Es ist von der »Käuflichkeit« der »Bonzen« die Rede.

15. September. In Breslau schließt eine Werkbundausstellung mit vorbildlichen Beispielen zum Thema »Wohnung und Werkraum« die Pforten.

Das Geschäftshaus der Brüder Sklarek.

Die Anklageschrift gegen die Sklareks.

Bauern verüben Bombenanschlag

1. September. Eine Bombenexplosion im Keller des Berliner Reichstagsgebäudes schreckt die Öffentlichkeit auf. Sie ist der Höhepunkt einer Reihe von Anschlägen, die seit 1928 hauptsächlich auf Behörden verübt und noch nicht aufgeklärt worden sind. Am 10. September werden Mitglieder der »Landvolkbewegung« verhaftet und als Täter überführt. In der Bewegung haben sich unzufriedene Bauern organisiert, die sich in Existenznot gebracht sehen. Wie sich herausstellt, haben die Landvolkmitglieder unter Mithilfe früherer Terrorspezialisten aus den Freikorps die Bombenanschläge verübt.

»Biene Maja« ist der Spitzenreiter

10. September. Die »Biene Maja« ist Spitzenreiter auf dem Buchmarkt. Die Deutsche Verlags-Anstalt teilt mit, daß das Kinderbuch von Waldemar Bonsels im 700. Tausend erscheint. Außerdem liegen bereits 17 europäische Ausgaben vor, daneben eine amerikanische, afrikanische, hebräische und japanische Übersetzung.

Waldemar Bonsels.

Das Erfolgsbuch »Die Biene Maja«.

Der Rennstall der Brüder Sklarek wird versteigert.

Gewaltaktionen der Landvolkbewegung 1929:
5./6. 4. Handgranaten-Anschlag in Wesselburen.
22./23. 5. Explosion im Landratsamt von Itzehoe.
20./30. 5. Pulverexplosion in der Garage des Schulrates von Hohenwestedt.
9. 6. Anschlag auf das Wohnhaus des Niebüller Landrats.
1. 8. Anschlag auf die Villa des Lüneburger Rechtsanwaltes Strauß (Strauß führt Prozesse gegen Bauern).
29. 8. Bombenanschlag auf das Haus des Regierungsvizepräsidenten Grimpe in Schleswig.
1. 9. Anschlag auf das Reichstagsgebäude.
6. 9. Bombenanschlag auf Regierungsgebäude in Lüneburg.

Sowjetunion führt kürzere Woche ein

24. September. Die Sowjetunion streicht den Samstag und Sonntag aus dem Kalender und verkürzt die Woche auf fünf Tage. Eine entsprechende Kalenderreform wird durch Regierungsdekret erlassen und soll zum 1. Oktober in Kraft treten. Die neue Woche besteht aus vier Arbeitstagen und einem Ruhetag. Die Verordnung gilt für alle Industriebetriebe, Behörden und Schulen in der Sowjetunion.

1929

OKTOBER

Mo	Di	Mi	Do	Fr	Sa	So
	1	2	3	4	5	6
7	8	9	10	11	12	13
14	15	16	17	18	19	20
21	22	23	24	25	26	27
28	29	30	31			

3. Reform der Arbeitslosenversicherung verabschiedet.

3. Wiederaufnahme diplomatischer Beziehungen zwischen England und Sowjetunion.

4. Wirtschaftsminister Julius Curtius übernimmt Amtsgeschäfte des Außenministers.

8. Stahlhelm in Rheinprovinz und Westfalen verboten.

10. Uraufführung der Lehár-Operette »Land des Lächelns«.

17. Nadir Khan neuer König in Afghanistan.

20. Deutschland besiegt in Altona im 74. Fußballänderspiel Finnland mit 4 : 0.

21. Albert Einstein gratuliert von Berlin aus über Rundfunk Edison zum 50jährigen Jubiläum der Glühbirne. Dabei hat er 15 Millionen Hörer.

22. Sturz des Kabinetts Briand.

24. Börsensturz in New York. Beginn der Weltwirtschaftskrise. →

26. Massenveranstaltung von Hugenberg und Hitler im Münchener Zirkus Krone für das Volksbegehren.

27. Landtagswahlen in Baden bringen NSDAP erstmals sechs Mandate. Zentrum und DNVP verlieren je sechs.

29. Eintragungen zum Volksbegehren reichen knapp für Zulassung.

29. Lion Feuchtwangers »Jud Süß« in Braunschweig uraufgeführt.

29. Kaffeebörse in Rio schließt wegen zu niedriger Kaufgebote. In Hamburg ist der Kaffeepreis seit dem Monatsbeginn von 65,5 auf 43 Pfennig/Kilo gefallen.

GEBOREN:

11. Liselotte Pulver, deutsche Schauspielerin.

25. Peter Rühmkorf, deutscher Schriftsteller.

GESTORBEN:

3. Gustav Stresemann (* 10. 5. 1878), amtierender deutscher Außenminister. →

26. Arno Holz (* 26. 4. 1863), deutscher Dichter des Naturalismus. →

28. Bernhard Fürst von Bülow (* 3. 5. 1849), ehemaliger deutscher Reichskanzler. →

Bestürzung über Stresemanns Tod

Der Trauerzug bei den Beisetzungsfeierlichkeiten für Gustav Stresemann vor dem Auswärtigen Amt in Berlin.

3. Oktober. Die Republik verliert Gustav Stresemann. In den frühen Morgenstunden stirbt der Außenminister nach einem Schlaganfall. Die Nachricht löst im In- und Ausland eine Art betäubten Schreckens aus. Politiker und Journalisten sind sich einig, daß in der Republik eine Ära zu Ende geht. Die Republik hat eine ungewissere Zukunft vor sich. »Wir haben keinen Ersatz für ihn« heißt es in einer Meldung.

Gustav Stresemann ist seit langem schwer krank gewesen. Sein Leibarzt führt seinen Tod ausdrücklich mit auf die aufreibende und aufregende politische Arbeit zurück. Stresemanns letzte Sorge galt auch der Innenpolitik. Noch am Tag vor seinem Tod hat er sich persönlich dafür eingesetzt, daß seine Partei nicht die Sozialpolitik der Regierung zum Scheitern bringt. Die DVP-Fraktion verspricht ihm, sich bei der Abstimmung über die Novelle zum neuen Arbeitslosengesetz wenigstens der Stimme zu enthalten. An seinem Todestag kann das Gesetz verabschiedet werden. Stresemann hat in sechs Jahren politischen Einsatzes als Außenminister – im Krisenjahr 1923 kurze Zeit auch als Kanzler – Deutschland wieder zu einem akzeptierten und geachteten Partner für das Ausland gemacht. In der Atmosphäre der Nachkriegszeit schien das fast undenkbar. Seine letzte Bestätigung für den Erfolg seiner Politik, die schon zugesicherte Räumung des Rheinlandes, erlebt er nicht mehr. Angesichts der politischen Laufbahn Stresemanns hat seine Arbeit für die Republik den Anschein einer totalen politischen Wende gehabt. Im Ersten Weltkrieg vertrat er noch als Fraktionsführer der Nationalliberalen eine extensive Annexionspolitik und, 1918, den uneingeschränkten U-Boot-Krieg. Die spätere Verständigungspolitik ist für ihn eher Teil nüchterner Interessenpolitik mit dem Ziel der wirtschaftlichen Wiedererstarkung Deutschlands gewesen. »Nationale Realpolitik« hat er dies selbst genannt. Am 6. Oktober wird Stresemann auf dem Luisenstädter Friedhof in Berlin nach einem Staatsakt beigesetzt. Tausende von Menschen säumen die Route des Trauerzuges. Noch Tage später muß der Friedhof zeitweise gesperrt werden, weil der Andrang an Menschen zu groß wird, die das Grab des Politikers besuchen wollen. Von der Trauerfeier für Stresemann wird – erstmals in Deutschland – ein Ton-Dokumentarfilm erstellt.

Fürst von Bülow stirbt in Rom

28. Oktober. Der ehemalige Kanzler des Kaiserreiches, Bernhard Fürst von Bülow, stirbt in Rom. Er wird in Nachrufen als der »repräsentativste Staatsmann der wilhelminischen Zeit« und als »unerreichter Virtuose der Diplomatie« gewürdigt. Der Fürst, einst enger Vertrauter von Otto von Bismarck, hatte eine glanzvolle politische Karriere hinter sich, bevor er 1900 Kanzler wurde. Zusammen mit der Flottenpolitik hat Bülows Haltung gegenüber England und Rußland zur weltpolitischen Isolierung Deutschlands geführt.

Bernhard Fürst von Bülow †.

Weltwirtschaftskrise

24. Oktober. Die New Yorker Börse verzeichnet Kurseinbrüche von nie gehabtem Ausmaß. Die Aktien fallen um bis zu 50 Dollar, der Gesamtumsatz klettert als Folge davon auf fast 13 Millionen Aktien bzw. Anteile. Das ist die höchste Ziffer in der Geschichte der Börse. Sie wird in den nächsten Tagen noch übertroffen. Die nicht enden-wollenden Kursstürze in Wallstreet gipfeln am 29. Oktober. Die Gesamtverluste der sechs Tage, der »schwarzen Tage von Wallstreet«, werden auf 50 Milliarden Dollar beziffert. Die Banken schließen teilweise auf Tage, als Reaktion auf den Massenansturm des verunsicherten Publikums.

Die scheinbar unvermittelt hereinbrechende Börsenkatastrophe hat ihren Hintergrund unter anderem in der Spekulationswut, die mit der Prosperity in den USA einhergeht. Viele Spekulanten haben sich auf waghalsige Aktionen eingelassen und die Aktienkurse in schwindelnde Höhen schnellen lassen. Die Oktober-Baisse kann man insofern als Kursberichtigung ansehen.
Der Börsenkrach bleibt nicht auf die USA beschränkt. Der Wirtschaftswelt ist klar, daß durch die Verschränkung der internationalen Kredit- und Zahlungsmechanismen Europa – vor allem das labile Deutschland – empfindlich getroffen wird.

Der Schwarze Freitag an der New Yorker Börse.

Dichter Arno Holz stirbt in Berlin

26. Oktober. In Berlin stirbt der Dichter Arno Holz, der zusammen mit Johannes Schlaf im ausgehenden 19. Jahrhundert den konsequenten Naturalismus in der Literatur begründet hat. Er hat sich gegen das »verzopfte Literatentum« seiner Zeit gewendet. Für die Literatur hat Holz damit neue Themen eröffnet, etwa Großstadtthemen und sozialrevolutionäre Bekenntnisse. Zu seinen bekanntesten Werken gehört die Novelle »Papa Hamlet« und die Tragödie »Sonnenfinsternis«. Bis kurz vor seinem Tod galt er als Kandidat für den Literaturnobelpreis.

Franz Biberkopf auch als Buch

Alfred Döblins Roman »Berlin Alexanderplatz« erscheint im Oktober im S. Fischer Verlag. Die Geschichte von Franz Biberkopf, zuerst in der »Frankfurter Zeitung« abgedruckt, erregt Aufsehen. In einer bisher nicht in der deutschen Literatur gekannten Technik wird das Chaos des Lebens durch Montage verschiedenster Materialien wie Zeitungsinserate, Verordnungen, Statistiken gespiegelt. Erzählt wird in dem Roman die Geschichte des Transportarbeiters Franz Biberkopf, der sich gegen die Welt behaupten will. Der Autor Döblin ist Kassenarzt in Berlin.

1929
NOVEMBER

Mo	Di	Mi	Do	Fr	Sa	So
				1	2	3
4	5	6	7	8	9	10
11	12	13	14	15	16	17
18	19	20	21	22	23	24
25	26	27	28	29	30	

1. Gründung der »Deutschen Jungenschaft vom 1. November« durch Eberhard Köbel-Tusk.

1. Deutschland und Polen paraphieren Abkommen zur Anbahnung normaler politischer Beziehungen.

2. Reichsbank senkt Diskontsatz um 0,5 Prozent.

3. Kunstfliegerin Elly Beinhorn erringt ersten großen Erfolg in Leipzig zusammen mit Ernst Udet.

4. Chicagoer City-Bank bricht infolge Börsenkrise zusammen.

6. Probeflug eines Riesenflugzeugs von Junkers.

8. Uraufführung »Amphitryon 38« von Jean Giraudoux in Paris.

8. Albert Einstein wird Ehrendoktor der Sorbonne in Paris.

9. Zusammenbruch der Reichsbundbank (der höheren Beamten).

10. Bürgerschaftswahlen in Lübeck bringen der vorher nicht vertretenen NSDAP sechs Mandate.

12. Studentenkrawalle in Berlin.

13. Gründung der Bank für Internationalen Zahlungsausgleich gemäß Youngplan.

21. Eine Million Arbeitslose (Vorjahr: 800 000).

21. Waffenstillstand China–Rußland.

22. Premiere des deutschen Tonfilms »Dich hab' ich geliebt« mit Mady Christians und Walter Jankuhn.

24. »Die Affäre Dreyfus« von Wilhelm Herzog und Hans José Rehfisch in Berlin uraufgeführt.

29. Richard E. Byrd überfliegt den Südpol.

30. Die zweite Rheinlandzone ist von alliierter Besatzung geräumt.

GEBOREN:

11. Hans Magnus Enzensberger, deutscher Schriftsteller.

12. Gracia Patricia, Fürstin von Monaco (Grace Kelly).

23. Günter Gaus, deutscher Publizist und Politiker.

GESTORBEN:

6. Prinz Max von Baden (* 10. 7. 1867), letzter Kanzler des deutschen Kaiserreichs. →

24. Georges Clémenceau (* 28. 9. 1841), französischer Staatsmann. →

Frankreich trauert um Clémenceau

Georges Clémenceau †.

24. November. In Paris stirbt der ehemalige französische Ministerpräsident Georges Benjamin Clémenceau. Er hat sich in den vergangenen Jahren aus der Politik ganz zurückgezogen. Als Politiker von entschlossener bis rücksichtsloser Art ist er noch nicht aus der Erinnerung gestrichen: 1917 hat er, Ministerpräsident mit nahezu diktatorischen Vollmachten, die rücksichtslose Mobilisierung aller nationalen Kräfte gefordert. »Ich führe Krieg bis zur letzten Viertelstunde – und sie wird uns gehören«. Überzeugt von der Kriegsschuld Deutschlands, hat Clémenceau unnachgiebige Härte bei den Friedensverhandlungen an den Tag gelegt. Der Radikalsozialist und brillante Redner hat mehrere Kabinette der Republik zum Sturz gebracht.

Letzter Kanzler des Kaiserreichs †

6. November. Im Alter von 62 Jahren stirbt Prinz Max von Baden, letzter Reichskanzler des deutschen wilhelminischen Kaiserreichs. Er hat dieses Amt nur knappe fünf Wochen ausgeübt. Am 3. Oktober 1918 ist der liberale badische Thronfolger Reichskanzler geworden, zwei Tage später hat er das deutsche Friedensangebot an Wilson gerichtet. In die kurze Zeit seiner Amtsführung fiel die Abschaffung des Preußischen Dreiklassenwahlrechts. Nach der Abdankungserklärung von Wilhelm II. hat Max von Baden das Kanzleramt an Ebert abgegeben.

Mo	Di	Mi	Do	Fr	Sa	So
						1
2	3	4	5	6	7	8
9	10	11	12	13	14	15
16	17	18	19	20	21	22
23	24	25	26	27	28	29
30	31					

3. Spaltung der DNVP. Zehn Abgeordnete des Reichstags verlassen die Partei aus Unzufriedenheit mit Hugenbergs Führung.

3. Von 10 000 organisierten deutschen Schauspielern sind 3000 arbeitslos, 2000 davon in Berlin.

5. Heinrich Brüning wird Fraktionsvorsitzender des Zentrums.

5. Memorandum Schachts.

6. Igor Strawinsky führt in Paris sein »Capriccio für Klavier und Orchester« erstmals auf.

7. »Der Lügner und die Nonne« von Curt Goetz wird in Hamburg uraufgeführt.

7. Kabinett Udrzal in der Tschechoslowakei.

8. Gemeindewahlen in Bayern: große NSDAP-Gewinne. →

10. Nobelpreis für Thomas Mann. →

16. Arbeitslosenzahl auf 3,32 Millionen gestiegen.

16. Ufa-Tonfilm »Melodie des Herzens« mit Willy Fritsch.

18. Große Klee-Ausstellung in Berlin (Flechtheim) anläßlich des 50. Geburtstags des Künstlers.

19. Luigi Centoz neuer päpstlicher Nuntius in Berlin.

19. Tonfilm »Die Nacht gehört uns« mit Hans Albers.

21. Rücktritt von Finanzminister Hilferding.

22. Volksentscheid gegen Youngplan gescheitert. →

29. Primo de Rivera kündigt Ablösung der Diktatur in Spanien an.

30. Allindischer Kongreß in Lahore fordert völlige Unabhängigkeit Indiens.

30. Premiere des Films »Mutter Krauses Fahrt ins Glück« nach Vorlage von Zille. Regisseur: Piel Jutzi.

GEBOREN:

6. Nicolaus Harnoncourt, österreichischer Dirigent und Musikforscher.

12. John Osborne, englischer Dramatiker.

GESTORBEN:

29. Wilhelm Maybach (* 9. 2. 1846), deutscher Konstrukteur (Vergaser für Benzinmotor) und Unternehmer.

NSDAP hat Zulauf

8. Dezember. Die NSDAP erhöht bei den Landtagswahlen in Thüringen ihren Stimmenanteil von 4,6 auf 11,3 Prozent. Damit erweist sich ein anhaltender Trend: Für die NSDAP zahlen sich die Aktionen gegen den Youngplan und die Publicity durch die Hugenberg-Presse aus. Sie wird nicht nur bekannt, sondern gewinnt Wähler. Bei den Wahlen in Sachsen (Mai), Baden (Oktober), Lübeck (November) und nicht zuletzt auch bei den im Dezember stattfindenden Gemeindewahlen in Bayern fallen ihr Mandate zu. In Coburg gewinnen die Nationalsozialisten am 8. Dezember die absolute Mehrheit im Stadtrat. In Thüringen wird Wilhelm Frick, ein Gefolgsmann Hitlers, als Innenminister und Volksbildungsminister Mitglied der Landesregierung.

Das Trommeln der NSDAP für den Volksentscheid hat dagegen keinen durchschlagenden Erfolg gehabt. Am 22. Dezember sind nur 5,8 Millionen Ja-Stimmen abgegeben. Der Volksentscheid ist damit ebenso gescheitert wie auch der Plan von Alfred Hugenberg, eine »Massenbasis« für seine Ideen und Ziele zu schaffen.

Die Tanzwut hält an

Die Scala-Girls vor dem berühmten Berliner Theater in der Lutherstraße.

In Deutschland singt man einen neuen Schlager:

»Schöner Gigolo, armer Gigolo, denke nicht mehr an die Zeiten wo du als Husar, goldverschnürt sogar, konntest durch die Straßen reiten! Uniform passé, Liebchen sagt: Adieu!
Schöne Welt, du gingst in Fransen. Wenn das Herz dir auch bricht, zeig' ein lachendes Gesicht.«

Der Text spielt auf die Tatsache an, daß Ende der zwanziger Jahre viele ehemalige Offiziere auf dem Tanzparkett neue Verdienstmöglichkeiten suchen und finden: als Eintänzer und Gesellschafter mit guten Manieren, für bare Münze zu kaufen. Gefragt sind sie, weil die Tanzwut in Berlin und anderswo kein Ende nimmt, auch nach der Charleston-Welle.

Streit um Ostchinabahn beigelegt

22. Dezember. China und Rußland beenden mit dem Friedensprotokoll von Chaborowsk den Streit um die Ostchinabahn. Es wird der Status quo wiederhergestellt und festgehalten, daß alle in der gemeinsamen sowjetisch-chinesischen Verwaltung der Bahn entstandenen Streitfragen auf einer eigenen noch anzusetzenden Konferenz entschieden werden sollen.
Am 19. beginnt die sowjetische Armee mit der Räumung der besetzten Gebiete.

Thomas Mann erhält Nobelpreis für Literatur

Thomas Mann.

10. Dezember. Der Autor der »Buddenbrooks« und des »Zauberbergs« wird mit dem Nobelpreis für Literatur ausgezeichnet. Die Ehrung geht an einen Schriftsteller, der sich politisch für die Republik engagiert und sich aktiv für die kulturelle Aussöhnung Deutschlands mit dem Ausland eingesetzt hat. Sein Roman »Zauberberg« von 1924 spiegelt die geistige Landschaft der Zeit wider – vom Ungenügen an der Zivilisation, der neu empfundenen Spannung zwischen Ost und West bis zum Gefühl, in einer Epoche des Übergangs zu stehen.

Der Nobelpreis für Physik wird in Stockholm am gleichen Tag Louis Victor Prinz von Broglie (Paris) für die Entdeckung der Wellennatur der Elektronen verliehen. Der Nobelpreis für Chemie geht an Arthur Harden (London) und Hans Karl von Euler-Chelpin (Stockholm): »Für ihre Forschungen über die Zuckergärungen und den Anteil der Enzyme an diesem Vorgang«. Mit dem Preis für Physiologie/Medizin werden Christian Eijkmann (Niederlande) und Frederick Gowland Hopkins (Cambridge) für die Entdeckung der Wachstums-Vitamine ausgezeichnet. Der Nobelpreis für Literatur ist seit der Gründung an folgende Deutsche gegangen:

1902 Christian Theodor Mommsen (→ Dez. 1902)
1908 Rudolf Christoph Eucken (→ Dezember 1908)
1910 Paul Johann L. Heyse (→ Dezember 1910)
1912 Gerhart Hauptmann (→ November 1912)

1930

JANUAR

Mo	Di	Mi	Do	Fr	Sa	So
		1	2	3	4	5
6	7	8	9	10	11	12
13	14	15	16	17	18	19
20	21	22	23	24	25	26
27	28	29	30	31		

1. In Rom wird die Enzyklika Papst Pius' XI. über die Jugenderziehung veröffentlicht. →

2. Die Nanking-Regierung führt eine Gewaltentrennung durch: Tschiang Kai-schek übernimmt Leitung der Zivilgewalt, Jen Hsischan wird Militäroberbefehlshaber.

3. Eröffnung der Zweiten Haager Konferenz über die Folgen des Ersten Weltkrieges mit Diskussion des Youngplans.

8. Trauung des Kronprinzen Umberto von Italien mit Prinzessin Maria José von Belgien.

13. Die Deutsche Reichsbank senkt den Diskontsatz von 7 auf 6,5 Prozent. →

14. Bei der Bildung der Regierung von Thüringen wird mit Wilhelm Frick erstmals ein Mitglied der NSDAP in ein Regierungsamt (Innenminister) eines deutschen Parlaments gewählt.

16. Der preußische Innenminister verbietet aufgrund des Artikels 123 der Reichsverfassung Umzüge und Versammlungen unter freiem Himmel.

17. Die Sowjetunion demonstriert mit der Durchfahrt zweier Kriegsschiffe durch die Dardanellen (Meerenge zwischen Ägäis und Marmarameer) ihre Nichtanerkennung der Meerengenkonvention von Locarno.

19. Uraufführung der Oper »Das Leben des Orest« von Ernst Křenek in Leipzig.

20. Schlußsitzung der Haager Konferenz und Verkündung des »Haager Abkommens«. →

21. Eröffnung der Londoner Flottenkonferenz über Abgrenzung der Interessen der Seemächte. Teilnehmer sind Großbritannien, USA, Frankreich, Italien, Japan, Australien, Kanada und Indien.

28. Rücktritt des spanischen Ministerpräsidenten und Diktators Primo de Rivera.

29. König Alfons von Spanien ernennt General Berenguer zum neuen Regierungschef.

GEBOREN:

28. Kurt Biedenkopf, deutscher Politiker.

GESTORBEN:

5. Ludwig Claisen (* 14. 1. 1851), deutscher Chemiker.

Abschluß in Haag

20. Januar. Mit dem erfolgreichen Verlauf und Abschluß der Zweiten Haager Konferenz scheinen die wirtschaftlichen Folgen des Ersten Weltkrieges für den Verlierer Deutschland endgültig geregelt. Im Schlußakt der Haager Verhandlungen fassen die europäischen Staaten alle Ergebnisse der beiden Haager Konferenzen und des Youngplans zusammen und regeln verbindlich alle finanziellen Fragen, die sich für Deutschland aus dem Krieg ergeben.

Deutschland verpflichtet sich feierlich, die ihm auferlegten Reparationszahlungen gemäß den Bestimmungen dieses neuen Abkommens zu leisten. Zur Durchführung der Zahlungen wird eine internationale Bank gegründet, bei der Deutschland seine Schuldverschreibungen hinterlegen muß. Zur Absicherung der deutschen Zahlungen bauen die Signatarmächte des Abkommens die Möglichkeit eines Moratoriums seitens der deutschen Reichsregierung im Falle einer Gefährdung der deutschen Währung ein. Bei auftretenden Meinungsverschiedenheiten über die Anwendung des neuen Plans soll nicht über das besiegte Deutschland hinweg entschieden werden, sondern in einem durch genaue Vorschriften geregelten Schiedsgerichtsverfahren unter Beteiligung Deutschlands verhandelt werden. Alle Beteiligten hoffen, daß mit der Ratifizierung des Abkommens in naher Zukunft die Folgen des Weltkrieges als geregelt angesehen werden können.

Abreise der deutschen Delegation nach Den Haag: Außenminister Curtius (1. Reihe, 3. v. l.), Reichswehrminister Groener (r. hinter Curtius).

Indien fordert Unabhängigkeit

Der Anfang des Monats in Lahore beendete indische Nationalkongreß folgt mit Mehrheit den Forderungen Mahatma Gandhis nach völliger Unabhängigkeit des Landes von England. In einer Entschließung fordert der Kongreß Nichtbeteiligung an der geplanten Londoner Indien-Konferenz, den Boykott der Zentralregierung und der Provinzregierungen und Niederlegung ihrer Posten durch alle Inder, die in diesen Gremien irgendwelche Stellungen innehaben.

Angenommen wird eine Resolution, welche die Übernahme aller finanziellen Belastungen Indiens, die sich aus der imperialistischen Politik Englands ergeben haben, ablehnt. Sie fordert darüber hinaus die Einsetzung einer Kommission, die alle finanziellen Lasten nachprüfen soll, ehe sie von einem neuen und freien Indien übernommen werden. Zur Unterstreichung dieser Ziele beschließt ein vom Kongreß eingesetzter Ausschuß, am 25. Januar in ganz Indien Demonstrationen für die Forderung der Nationalisten zu veranstalten, die völlige Unabhängigkeit von England vorsieht. Die radikalen Elemente der Freiheitsbewegung trennen sich dennoch von Gandhi und gründen nach dem Kongreß eine eigene Partei.

Scharfe Enzyklika zur Erziehung

1. Januar. Die römische Kurie überrascht die Weltöffentlichkeit bei der Veröffentlichung der Enzyklika über die Jugenderziehung gleich zweifach: Zunächst wird aufmerksam registriert, daß zum erstenmal in der Geschichte des Vatikans eine Enzyklika nicht in lateinischer, sondern in italienischer Sprache bekanntgemacht wird; außerdem ist die Öffentlichkeit von der Schärfe der Angriffe beeindruckt, mit denen die Kurie gegen staatliches Engagement in Sachen Jugenderziehung vorgeht.

Erziehung wird als eine Aufgabe deklariert, die der Familie und der Kirche vorbehalten sind; etwaige Einmischungen von staatlicher Seite werden als »Übergriffe« gegeißelt. Das Recht auf konfessionelle Schulen wird in der Enzyklika nachdrücklich bekräftigt und das deutsche Beispiel dafür positiv gewürdigt.

Reichsbank senkt Diskontsatz

13./24. Januar. Die wirtschaftliche Gesamtsituation läßt zu Beginn des Jahres vorsichtige Belebungsmaßnahmen zu. So ringt sich die Reichsbank zu einer Senkung des Diskontsatzes um ein halbes Prozent auf nunmehr 6,5 Prozent durch. Sie nennt ihre Maßnahme eine dringend notwendige Erleichterung für die in der Depression schwer kämpfende deutsche Wirtschaft. Da die Zinsspanne zum Ausland nach dieser Maßnahme noch groß genug bleibt, ist nicht mit dem Abfluß von Geldern aus Zinsgründen zu rechnen. Die Kassenlage des Reiches kann Finanzminister Paul Moldenhauer einige Tage später als durchaus solide bezeichnen. Infolge höherer Steuereinnahmen sei es zu keinen Engpässen gekommen, für die weitere Entwicklung müsse man jedoch auf dem internationalen Geldmarkt aktiv werden. Dabei ist ein Überbrückungskredit in Höhe von 350 Millionen Reichsmark durch den schwedischen Zündholzkönig Ivar Kreuger im Gespräch.

Die Zahl der Arbeitslosen wird mit 3,218 Millionen angegeben.

1930
FEBRUAR

Mo	Di	Mi	Do	Fr	Sa	So
					1	2
3	4	5	6	7	8	9
10	11	12	13	14	15	16
17	18	19	20	21	22	23
24	25	26	27	28		

1. Erstaufführung des Spielfilms »Liebeswalzer« von Wilhelm Thiele mit Lilian Harvey und Willy Fritsch in den Hauptrollen.

4. Die Reichsbank senkt den Diskontsatz auf 6 und den Lombardsatz auf 7 Prozent. →

8. Das französische Parlament billigt nach zweitägiger Debatte die Regierungsvorlage zur Einführung der Sozialversicherung in Frankreich mit 315 gegen 267 Stimmen.

8. Papst Pius XI. veröffentlicht in Form eines Briefes an den Vikar von Rom, Kardinal Pompili, eine Anklageschrift gegen die Christenverfolgung in der Sowjetunion.

8. Uraufführung des Schauspiels »Napoleon greift ein« von Walter Hasenclever im Neuen Theater Frankfurt/Main.

9. Hans Stuck gewinnt auf Austro Daimler das erstmals auf dem Eibsee (Bayern) ausgetragene Eisrennen für Automobile.

10. Amtsantritt des neuen Kardinalstaatssekretärs Eugenio Pacelli im Vatikan.

17. Reichspräsident Hindenburg empfängt die Führer der Deutschnationalen, Alfred Hugenberg und Ernst Oberfohren, und nimmt deren Auffassung zum Youngplan entgegen. →

18. Rücktritt der Regierung Sachsens nach erfolgreichem Mißtrauensantrag der NSDAP-Fraktion gegen Kabinett Bünger.

18. Uraufführung des Schauspiels »Wie du mich willst« (»Come tu mi vuoi«) von Luigi Pirandello in Mailand.

20. Camille Chautemps, Führer der Radikalsozialisten, wird vom Staatspräsidenten mit der Regierungsbildung in Frankreich beauftragt.

23. Der österreichische Bundeskanzler Johannes Schuber besucht Berlin. →

25. Das neue Kabinett Chautemps verliert im Parlament die Vertrauensabstimmung und übergibt dem Präsidenten der Republik die Demission.

28. Nach 14tägiger Beratung in den zuständigen Ausschüssen des Reichstags wird der Youngplan angenommen. →

GEBOREN:

13. Ernst Fuchs, österreichischer Maler und Grafiker.

Streit um Haager Beschlüsse

5. Februar. Die für das Deutsche Reich mit dem Youngplan und den Beschlüssen der Haager Konferenz zusammenhängenden lebenswichtigen Fragen der Regelung der Kriegsfolgen, die für das Deutsche Reich außerordentliche Bedeutung haben, beschäftigen fast den gesamten Februar die parlamentarischen Gremien.

Nachdem der Reichsrat am 5. des Monats die Youngplangesetze angenommen hat, kann der Reichstag in die erste Lesung der Vorlagen eintreten. Dabei prallen die gegensätzlichen Auffassungen der Befürworter (Regierungslager) und Gegner (Deutschnationale) in der dreitägigen Debatte (11. bis 13. Februar) scharf aufeinander. Immerhin kann das Parlament am Schluß alle Vorlagen an die zuständigen Ausschüsse überweisen, die ihre Arbeit sogleich aufnehmen und nach 14tägiger, ebenfalls stark kontroverser Debatte Ende des Monats sämtliche Youngplangesetze annehmen und zur endgültigen Verabschiedung wieder dem Reichstag zuleiten.

Reichspräsident Paul von Hindenburg läßt nichts unversucht, dem schwierigen Gesetzeswerk den parlamentarischen Weg zu ebnen. Noch während der Beratungen empfängt er den Vorsitzenden der Deutschnationalen Partei, Alfred Hugenberg, und deren Reichstagsfraktionsführer Ernst Oberfohren, die beide zu den schärfsten Widersachern einer parlamentarischen Lösung der Nachkriegsprobleme Deutschlands zählen, um mit ihnen über ihre Bedenken zu diskutieren.

Owen D. Young.

Österreich beschwört Gemeinsamkeiten

23. Februar. Österreichs Bundeskanzler Johannes Schober hält anläßlich seines Besuchs in Berlin über den dortigen Sender eine Ansprache, in der er die Gemeinsamkeit einer über tausendjährigen Kultur beschwört und beide Staaten zum Aufbau eines neuen Europa aufruft. Schober spricht von Österreich und Deutschland als »den beiden deutschen Brüdern, die Hand in Hand der Sonne entgegengehen können«, nachdem auf der Haager Konferenz eine Möglichkeit gefunden worden sei, den Leidensweg des deutschen Volkes im Reich und in Österreich zu beenden.

Als greifbares Ergebnis seines Berlinbesuchs kann Schober am 24. Februar die Einigung über einen deutsch-österreichischen Handelsvertrag vorweisen, dessen Einzelheiten nach Beendigung der Genfer Zollfriedenskonferenz von den zuständigen Abordnungen beider Länder umgehend ausgearbeitet werden sollen.

Bei der ersten Schönheitsköniginnenwahl in Europa nach amerikanischem Vorbild siegt »Miß Hellas«.

US-Bank senkt Diskontsatz auf vier Prozent

4. Februar. Die Reichsbank kann in diesem Monat der Wirtschaft weitere Erleichterungen verschaffen und senkt den Diskontsatz auf 6 und den Lombardsatz auf 7 Prozent. Die deutschen Sätze bleiben im internationalen Vergleich aber weiter hoch, denn die Federal Reserve Bank of New York kann ihrerseits den amerikanischen Diskontsatz zwei Tage später sogar um ein halbes Prozent auf nunmehr 4 Prozent senken.

Sie verschafft damit der amerikanischen Wirtschaft wieder einen Vorsprung vor den übrigen Industriestaaten.

Österreichs Bundeskanzler Schober (M.), Außenminister Curtius (3. v. r.).

1930

MÄRZ

Mo	Di	Mi	Do	Fr	Sa	So
					1	2
3	4	5	6	7	8	9
10	11	12	13	14	15	16
17	18	19	20	21	22	23
24	25	26	27	28	29	30
31						

2. Oppositionsführer André Tardieu (Linksrepublikaner) bildet nach Beauftragung durch den Präsidenten neues Kabinett in Frankreich.

2. Deutschland verliert ein Fußballänderspiel gegen Italien in Frankfurt mit 0 : 2.

7. Die Reichsbank senkt den Diskontsatz von 6 auf 5,5 und den Lombardsatz von 7 auf 6,5 Prozent.

7. Rücktritt des Reichsbankpräsidenten Hjalmar Schacht. →

12. Reichspräsident Hindenburg ernennt den Reichskanzler a. D. Hans Luther zum neuen Reichsbankpräsidenten.

12. Dritte Lesung und Annahme des Youngplans im Reichstag.

12. Gandhi beginnt einen Feldzug der Gehorsamsverweigerung (»Salzmarsch«).

13. Der Reichsrat genehmigt die Haager Gesetze, und Hindenburg unterzeichnet das Gesetz über die Haager Konferenzen 1920 und 1930.

14. Die deutsche Version des Spielfilms »Anna Christie« von Jacques Feyder mit Greta Garbo hat in Berlin Premiere.

22. Baconin Borzacchini (Italien) gewinnt den erstmals ausgetragenen Grand Prix von Tripolis auf einem 4-Liter-/16-Zylinder-Maserati.

26. Beginn der Beratungen über den Notetat 1930 und Nachtragsetat 1929 im Reichstag.

27. Rücktritt des Kabinetts Müller. →

28. Reichspräsident Paul von Hindenburg beauftragt den Führer der Zentrumsfraktion Heinrich Brüning mit der Bildung eines neuen Kabinetts. →

29. Der Thüringische Landtag nimmt mit den Stimmen der Rechten (NSDAP, Deutsche Volkspartei) ein von Innenminister Frick eingebrachtes Ermächtigungsgesetz an.

30. Kabinett Brüning gebildet. →

GESTORBEN:

6. Alfred von Tirpitz (* 19. 3. 1849), deutscher Großadmiral.

8. William Howard Taft (* 15. 9. 1857), US-Präsident von 1909 bis 1913.

Brüning bildet neue Regierung

Reichskanzler Heinrich Brüning.

Mit der zweiten Lesung der Youngplangesetze im Reichstag bahnt sich eine Entwicklung an, die bis zum Monatsende zu einer völligen Veränderung der innenpolitischen Szene im Reich führt. Es beginnt mit dem Rücktritt von Reichsbankpräsident Hjalmar Schacht, der die mit dem Gesetz verbundenen finanziellen Lasten für Deutschland nicht mittragen kann.

Der Reichspräsident erkennt den Ernst der Lage und empfängt vor der Abstimmung der Parteien im Reichstag den Führer der Zentrumsfraktion, Heinrich Brüning, um für eine breite Mehrheit für die Gesetze zu werben. Paul von Hindenburg läßt durchblicken, daß die Auflösung des Reichstages, die Anwendung des Artikels 48 der Verfassung oder gar beides vor der Tür ständen. So kann das Gesetzeswerk nach der dritten Lesung vom Reichstag verabschiedet werden.

Wie eng der finanzielle Spielraum für die Regierung durch die Auflagen der Gesetze geworden ist, zeigt sich bereits bei der Beratung des Etats für das laufende Jahr Ende des Monats im Reichstag. Nachdem die Regierung des Sozialdemokraten Hermann Müller einen Teil ihrer Vorlagen durchgebracht hat, kommt es über die Regelung der Arbeitslosenversicherung zu einer Krise. Im Koalitionskabinett kann keine Einigung über die Finanzierung der Arbeitslosenversicherung erzielt werden, damit ist auch die Steuervorlage der Regierung für den Reichstag gescheitert und Reichskanzler Müller überbringt Hindenburg die Demission der Regierung. Dieser reagiert sofort und beauftragt den Zentrumsabgeordneten Brüning mit der Bildung einer auf möglichst breiter Basis stehenden Koalitionsregierung. Mit Hindenburgs Unterstützung gelingt es Brüning, zwei Tage später (30. März) eine neue Reichsregierung vorzustellen, der u. a. folgende Minister angehören: Reichskanzler: Brüning (Zentrum), Äußeres: Julius Curtius (Deutsche Volkspartei), Inneres: Joseph Wirth (Zentrum), Finanzen: Paul Moldenhauer (Deutsche Volkspartei), Wirtschaft: Hermann Dietrich (Demokratische Partei). Insgesamt sieben Minister des früheren Kabinetts, neben den vier genannten noch Groener, Schätzel, Stegerwald, gehören Brünings neuer Regierung an.

Gandhi ruft zum Streik auf

7. März. Die innenpolitische Auseinandersetzung erfährt in Indien Anfang des Monats eine dramatische Zuspitzung, als einer der Unterführer Gandhis verhaftet wird, weil er gegen das Verbot der öffentlichen Rede verstoßen hat. Gandhi ruft seine Anhänger deshalb zu einem Proteststreik auf, den die Regierung mit weiteren Verhaftungen beantwortet.

Daraufhin startet Gandhi am 12. März in Ashram seinen angekündigten »Feldzug der Gehorsamsverweigerung«. Ziel ist die Stadt Jalalpur; in den dortigen Salzgewinnungsstätten will er dem Salzgesetz der Regierung den Kampf ansagen. Seinen 79 Getreuen, die ihn begleiten, macht er klar, daß man Salz nicht nur selbst herstellen, sondern es auch über Land senden und verteilen könne. Ziel dieser vom Gesetz unabhängigen Salzgewinnungsaktion solle zunächst das Küstengebiet um Surat sein, wo man aus dem Meer Salz gewinnen könne. Für den Fall seiner Verhaftung ruft Gandhi zu absoluter Gewaltlosigkeit auf.

Gandhi beginnt seinen Feldzug der Gehorsamsverweigerung.

1930

APRIL

Mo	Di	Mi	Do	Fr	Sa	So
	1	2	3	4	5	6
7	8	9	10	11	12	13
14	15	16	17	18	19	20
21	22	23	24	25	26	27
28	29	30				

1. Reichskanzler Brüning gibt Regierungserklärung ab.

1. Premiere des Spielfilms »Der blaue Engel« von Josef von Sternberg mit Marlene Dietrich und Emil Jannings.

3. Mißtrauensantrag der SPD und KPD gegen Kabinett Brüning im Reichstag gescheitert. →

4. Der Befehlshaber der chinesischen Nordtruppen, General Jen Hsischan, erklärt der Nankingregierung Tschiang Kai-scheks den Krieg. →

6. Gandhi beginnt in Dandi mit der gesetzwidrigen Salzgewinnung.

11. Premiere des Spielfilms »Die heiligen drei Brunnen« von Mario Bonnard mit Luis Trenker in der Hauptrolle.

13. Tazio Nuvolari gewinnt das Automobilrennen »1000 Meilen von Brescia« mit seinem Kopiloten Guidotto auf Alfa Romeo.

14. Verabschiedung der Finanz- und Agrarvorlagen im Reichstag. →

16. Beginn der Offensive der abtrünnige Nordtruppen gegen Truppen der Regierung in Nanking. →

18. Schwere Ausschreitungen aufständischer Gandhianhänger in Chittagong.

18. China und Großbritannien unterzeichnen in Nanking ein Abkommen über die Rückgabe des Territoriums von Weihawei an die chinesische Zentralregierung ohne Gegenleistung.

22. Abschluß der Londoner Flottenkonferenz und Vertragsunterzeichnung durch teilnehmende Mächte.

29. Auf der Ausstellung »Ideal Home« in Southampton wird die Schauspielerin Peggy O'Neil vom Kolumnisten einer dortigen Zeitung für das Fernsehen interviewt – erstes Interview der Fernsehgeschichte.

GEBOREN:

14. Gustav Scholz, deutscher Meisterboxer.

17. Chris Barber (eigentl. Donald Christopher Barber), britischer Posaunist und Orchesterleiter.

GESTORBEN:

1. Cosima Wagner, Witwe Richard Wagners (* 24. 12. 1837). →

22. Jeppe Aakjaer (* 10. 9. 1866), dänischer Schriftsteller.

Wieder Krieg in China

große Bauernbewegung 1925-27
Herbsternteaufstand 1927 (unter Führung Mao-tse-tungs)
Sammlung der 1927/28 geschlagenen kommun. Truppen
revolutionäre Nationalregierung 1933
erste chinesische "Räterepublik"
Kuomin-tang Feldzüge gegen die "rote" Kiangsi Republik 1930-34
der "lange Marsch" der roten Armee 1934-36
neues Machtgebiet der chines. Kommunisten
japanische Angriffe
weitestes Vordringen der Japaner im 2. Weltkrieg
Sitze der Kuomin-tang-Regierung
1927-37
1937-49

Die Entwicklung Chinas in den dreißiger Jahren.

4. April. Die Spannungen in China entladen sich Anfang des Monats mit der Kriegserklärung des Befehlshabers der Nordtruppen, General Jen Hsischan, an die Nanking-Regierung. Der abtrünnige Heerführer startet zu einer »Strafexpedition« gegen Tschiang Kai-schek, den Befehlshaber der Nankinger Regierungstruppen.

Am 16. April beginnen die Nordtruppen eine umfangreiche Offensive und drängen mit großer Kraft ihre Gegner auf das Südufer des Gelben Flusses zurück.
General Tschiang Kai-schek trifft dennoch umfassende Vorbereitung zu einem Gegenschlag, der in einer der Nordprovinzen geführt werden soll.

Cosima Wagner stirbt in Bayreuth

1. April. Mit dem Tod der 92jährigen Cosima Wagner verliert die internationale Musikszene eine ihrer Leitfiguren. Die Tochter Franz Liszts, die seit 1870 mit Richard Wagner verheiratet war, hatte nach dem Tod ihres Mannes (1883) die künstlerische und organisatorische Leitung der Bayreuther Festspiele übernommen (bis 1906). Als kulturgeschichtliche Dokumente gelten ihre Briefwechsel mit Houston S. Chamberlain und Friedrich Nietzsche sowie zahlreiche Tagebücher.

Reichstag billigt Finanz- und Agrarprogramm

14. April. Mit der Verabschiedung der Finanz- und Agrarvorlagen durch den Reichstag hat das neue Kabinett Brüning die erste schwierige Klippe seiner Regierungszeit umschifft. Die kritische Finanzlage des Reiches belastet die Arbeit der neuen Regierung vom ersten Tage an. Schon ihre erste Amtshandlung, die Regierungserklärung mit folgender Aussprache, wird von einem Mißtrauensantrag der Kommunisten und Sozialdemokraten belastet, der jedoch vom Parlament abgelehnt wird.
Danach kann der Reichstag an die Beratungen der Gesetze über eine Finanzreform gehen, von deren Verabschiedung das Wohl der deutschen Wirtschaft abhängt. Nach den üblichen Auseinandersetzungen zwischen den Parteien kann das Parlament endlich das gesamte Finanzprogramm verabschieden, einschließlich eines Kompromisses über die Finanzierung der Arbeitslosenversicherung, an der das Kabinett Müller im Vormonat gescheitert ist.
Es wird befürchtet, daß die Zahl der Arbeitslosen sogar über die erwarteten 1,2 Millionen hinaus weiter erheblich ansteigt.

Siegermächte ringen mit Etatproblemen

Zeitgleich mit den Beratungen im Reichstag gibt es auch Etatdebatten in den Parlamenten der Siegermächte England und Frankreich, die ebenfalls in wirtschaftlichen Schwierigkeiten stecken. Das erste Budget der Labourregierung Snowden ist nur mit einer Erhöhung der Einkommensteuer zu decken, nachdem über 42 Millionen Pfund an Mehreinnahmen zur Finanzierung notwendig sind.
In Frankreich schließlich kann die Regierung nach dreitägiger hitziger Debatte einen Rekordetat, der erstmals auf der Einnahmen- und Ausgabenseite die Grenze von 50 Milliarden Franc überschreitet, durchbringen.

417

MAI

Mo	Di	Mi	Do	Fr	Sa	So
				1	2	3	4
5	6	7	8	9	10	11
12	13	14	15	16	17	18
19	20	21	22	23	24	25
26	27	28	29	30	31	

1. Die Generale der Nordarmee proklamieren Peking zum Sitz der neuen Regierung Chinas.

4. Deutschland gewinnt ein Fußballänderspiel gegen die Schweiz in Zürich mit 5 : 0.

4. Gandhi wird wegen eines neuen »Feldzugs der Gehorsamsverweigerung« verhaftet.

4. Der Italiener Achille Varzim gewinnt die 21. Targa Florio auf einem 2-Liter-Alfa-Romeo.

7. Die Jahresversammlung des Deutschen Museums in München feiert das Richtfest des neuen Studien- und Bibliothekhauses.

10. Deutschland und England trennen sich in einem Fußballwettkampf in Berlin 3 : 3.

16. Abschluß eines chinesisch-französischen Vertrages über Indochina zur Regelung des Verhältnisses der französischen Kronkolonie zum Reich der Mitte in Nanking.

17. Frankreichs Ministerpräsident Tardieu ordnet die Räumung des noch besetzten Rheinlandes an.

17. Frankreichs Außenminister Aristide Briand übermittelt den europäischen Mitgliedstaaten des Völkerbundes ein Memorandum über eine europäische Union. →

19. Die Reichsbank senkt den Diskontsatz auf 4,5 und den Lombardsatz auf 5,5 Prozent.

26. Annahme des Ermächtigungsgesetzes für die Wirtschaft im Reichstag. →

26. Theodor Lewald, Präsident des deutschen Olympischen Komitees, legt IOC-Kongreß in Berlin die Bewerbung Berlins als Olympiastadt für 1936 vor.

27. Unterzeichnung eines deutsch-türkischen Handelsvertrages, der für Deutschland 86 Zollermäßigungen zwischen 10 und 30 Prozent bringt.

30. Der Rennfahrer Billy Arnold (USA) gewinnt die 500 Meilen von Indianapolis.

GEBOREN:

7. Horst Bienek, deutscher Schriftsteller.

GESTORBEN:

13. Fridtjof Nansen (* 10. 10. 1861), norwegischer Nordpolforscher. Nobelpreis 1922. →

Aufruhr nach Gandhis Festnahme

4. Mai. Der Kampf gegen die britische Oberherrschaft über Indien eskaliert in diesem Monat durch die Verhaftung Gandhis. An der Spitze von 100 000 Anhängern will er einen Ungehorsamsfeldzug im Industriezentrum Bombay durchführen; die Regierung schlägt zu und läßt Gandhi aufgrund einer vizeköniglichen Verordnung in das Gefängnis von Poona bringen, wo er auf unbestimmte Zeit ohne Gerichtsverhandlung gefangengesetzt wird. Am 10. Mai erfolgt die Verhaftung des Gandhi-Nachfolgers Tyabji. Aufgebrachte Anhänger durchbrechen daraufhin das Gebot der Gewaltlosigkeit und erstürmen am 18. und 19. Mai das Salzdepot von Watala. Der Monat endet mit einer Verhaftungswelle nach neuen schärferen Bestimmungen des Vizekönigs.

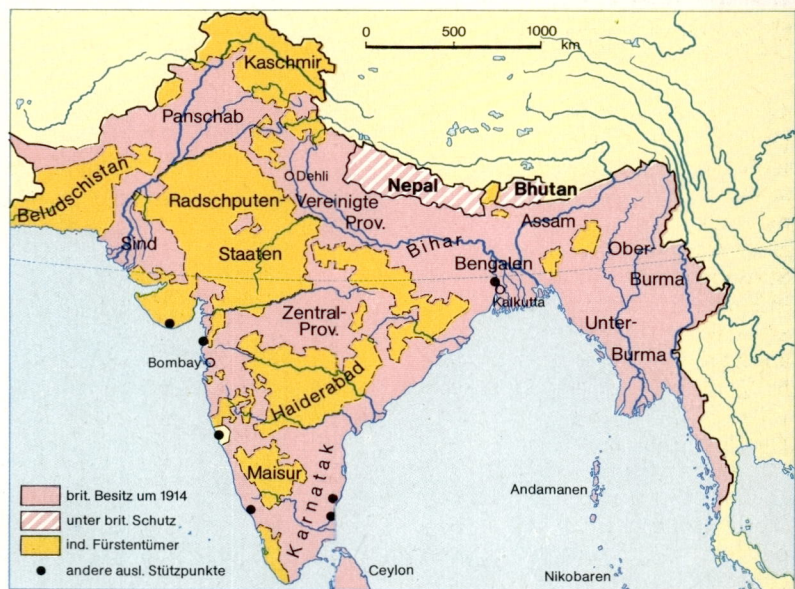

Die Besitzverhältnisse in der britischen Kronkolonie Indien zur Zeit des indischen Freiheitskampfes.

Der Kampf der Inder um ihre Unabhängigkeit verstärkt sich. Immer häufiger gehen Gandhis Anhänger auf die Straße.

Reichstag kappt eigene Befugnisse

26. Mai. Zum zweitenmal (nach 1923) wird das in der Weimarer Verfassung verankerte Ermächtigungsgesetz von einem Reichstag verabschiedet. Wiederum geht es um schnelle Entscheidungen zugunsten der Wirtschaft ohne langwierige parlamentarische Prozeduren, und zwar um die Sicherstellung der Kreditversorgung der deutschen Wirtschaft. Das Gesetz wird gegen die Stimmen der Sozialdemokraten angenommen.

Erste Stewardeß in der Luft

12. Mai. Zwei Ereignisse aus der noch jungen Luftfahrt lassen in diesem Monat aufhorchen. Der französische Flugpionier Jean Mermoz überwindet den Südatlantik auf einer Postroute von St. Louis im Senegal nach Brasilien.
Im bereits weiterentwickelten inneramerikanischen Flugnetz werden elf Passagiere einer dreimotorigen Boeing 80 A von einer Miß Ellen Church mit einem Imbiß versorgt.

Nordpolforscher Nansen stirbt

13. Mai. In der Nähe von Oslo stirbt Fridtjof Nansen, ein Mann, der schon zu Lebzeiten zur Legende wurde. Der Nordpolforscher löste durch wagemutige Expeditionen die größten Rätsel des zentralen Nordpolarmeeres. Bereits 1888 durchquerte er erstmals das 3000 Meter hohe Binneneis Grönlands auf Hundeschlitten von Ost nach West. Noch spektakulärer war seine Driftfahrt mit der vom Eis eingeschlossenen »Fram« 1893.

Briand legt Schrift über europäischen Staatenbund vor

17. Mai. Der französische Außenminister Aristide Briand übermittelt im Mai den europäischen Mitgliedstaaten des Völkerbundes ein Memorandum, das er »Organisation eines Systems eines europäischen Staatenbundes« überschreibt und in dem eine Art Bundesverhältnis zwischen europäischen Völkern angeregt wird. Seine Vorstellungen finden erste positive Aufnahme während der Tagung der Paneuropäischen Union, die am 19. des Monats in Berlin zu Ende geht. Diese Konferenz sieht in der Denkschrift Briands einen ersten realpolitischen Schritt zur Bildung eines europäischen Staatenbundes und beschließt, sich mit ganzer Kraft dafür einzusetzen, daß interessierte Mächte diesen Vorschlag annehmen.

»Im Westen nichts Neues« kommt auf die Leinwand

17. Mai. Das Angebot für Kinofreunde wird durch drei aufsehenerregende Premieren bereichert. Zunächst stellt Lewis Milestone seinen Antikriegsfilm »Im Westen nichts Neues« in den USA vor. In Deutschland kommen am 23. Mai zwei Streifen zur Erstaufführung. »Cyankali« von Hans Tintner mit Grete Mosheim in der Hauptrolle fasziniert die Freunde dieses Genres. Die Vergangenheitsbewältigung ist das Thema des Films »Westfront 1918« von Georg Wilhelm Pabst.

Eine Szene aus »Westfront 1918«.

1930
JUNI

Mo	Di	Mi	Do	Fr	Sa	So
						1
2	3	4	5	6	7	8
9	10	11	12	13	14	15
16	17	18	19	20	21	22
23	24	25	26	27	28	29
30						

5. Englands Premierminister MacDonald gibt im Unterhaus bekannt, daß seine Regierung den geplanten Bau eines Tunnels unter dem Ärmelkanal ablehnt.

6. In Springfield (Massachusetts) bieten zehn Lebensmittelhändler erstmals Tiefkühlkost an, die nach einer Idee des Tüftlers Clarence Birdeye hergestellt wird.

8. Senat und Kammer des rumänischen Parlaments proklamieren den aus dem Exil zurückgekehrten Ex-Kronprinzen Carol zum König Carol II.

12. Max Schmeling wird Boxweltmeister im Schwergewicht. →

13. Reichskabinett stimmt Sanierungsprogramm von Finanzminister Moldenhauer zu. →

16. Eröffnung der II. Weltkraftkonferenz in Berlin.

18. Finanzminister Moldenhauer reicht seinen Rücktritt ein. →

19. Im britischen Parlament wird Antrag der Konservativen auf Kürzung der Gelder für Erwerbslosenfonds abgelehnt.

21. Einjährige Dienstpflicht in Frankreich in Kraft gesetzt.

22. Bei den Landtagswahlen in Sachsen erringt die NSDAP 14 Sitze, sie wird damit zweitstärkste Fraktion hinter der SPD.

22. Hertha BSC Berlin wird durch einen 5 : 4-Sieg gegen Holstein Kiel Deutscher Fußballmeister.

26. Eröffnung des XVI. Parteitages der KPdSU in Moskau. →

26. Wirtschaftsminister Dietrich wechselt in das Finanzressort. →

30. Der Staatsgerichtshof entscheidet gegen Thüringens Ermächtigungsgesetz vom März 1930.

30. Die letzten französischen Besatzungstruppen verlassen das Rheinland (→ Juli).

GEBOREN:

13. Gotthard Graubner, deutscher Maler.

24. Claude Chabrol, französischer Filmregisseur.

29. Ernst Albrecht, deutscher Politiker.

GESTORBEN:

10. Adolf von Harnack (* 7. 5. 1851), deutscher Religionswissenschaftler. →

Sieg für Schmeling

Nach einem Tiefschlag von Jack Sharkey geht Max Schmeling (vorn) zu Boden. Der Ringrichter disqualifiziert daraufhin Sharkey. Schmeling ist Weltmeister.

12. Juni. Mit einem bitteren Beigeschmack versehen ist der größte Triumph in der Geschichte des deutschen Boxsports in der Nacht zum 12. Juni. Max Schmeling kämpft gegen den Amerikaner Jack Sharkey um den vakanten Titel des Weltmeisters im Schwergewicht und geht nach einem Tiefschlag des Gegners in der 4. Runde zu Boden. Der Ringrichter disqualifiziert daraufhin Sharkey und erklärt Schmeling zum neuen Weltmeister. Es bleibt eine der meistdiskutierten Entscheidungen in der Geschichte des Boxsports.

Kabinettkrise um Etat

5. Juni. Die Bemühungen der Regierung Brüning um einen Haushaltsausgleich werden durch die schneller als erwartet um sich greifende Wirtschaftskrise empfindlich gestört, so daß ein neues Finanzierungsprogramm von der Regierung verabschiedet wird. Es soll vor allem den durch die steigende Arbeitslosigkeit entstehenden Fehlbetrag der Arbeitslosenversicherung decken. Nachdem im Januar mit 3,218 Millionen Arbeitslosen ein neuer Höchststand erreicht worden ist, rechnet das Kabinett für das laufende Jahr mit durchschnittlich mindestens zwei Millionen Hauptunterstützungsempfängern. Die fehlenden Mittel sollten durch eine Erhöhung des Beitrags zur Arbeitslosenversicherung um 1 Prozent auf 4,5 Prozent und umfangreiche Sondersteuern beschafft werden.

Finanzminister Paul Moldenhauer arbeitet aufgrund der Kabinettsbeschlüsse ein Sanierungsprogramm aus, das von der Regierung in die folgenden weiteren Etatberatungen im Reichstag eingebracht wird.

Völlig überraschend kommt daher das Rücktrittsgesuch des Finanzministers, der ausgerechnet in der eigenen Fraktion keine Zustimmung für sein neuerarbeitetes Deckungsprogramm findet.

Trotz Bemühungen des Kabinetts, ihn umzustimmen, bleibt Moldenhauer bei seiner Demission, so daß der Reichspräsident am 19. Juni Kanzler Heinrich Brüning mit der vorläufigen Wahrnehmung der Geschäfte des Finanzministers betraut. Erst Ende des Monats wird der bisherige Wirtschaftsminister Hermann Dietrich zum neuen Finanzminister ernannt; das Wirtschaftsministerium bleibt vorerst in einer Zeit äußerster wirtschaftlicher Spannungen unbesetzt, ein Staatssekretär führt die Geschäfte.

Der Theologe von Harnack stirbt

10. Juni. Im Alter von 79 Jahren stirbt in Heidelberg Adolf von Harnack, evangelischer Theologe, Historiker und Kulturpolitiker. Harnack lehrte als Professor an den Universitäten Leipzig, Gießen, Marburg und seit 1888 in Berlin. Er war Mitglied der Preußischen Akademie der Wissenschaften (1903–1911) und Generaldirektor der Preußischen Staatsbibliothek (1905–1921) sowie Initiator und erster Präsident der Kaiser-Wilhelm-Gesellschaft zur Förderung der Wissenschaft.

Stalin verteidigt Säuberungen

Josef Stalin

26. Juni. Im Zeichen erfolgreicher »Säuberung« der Partei von oppositionellen Kräften steht der XVI. Parteitag der KPdSU in Moskau. Stalin verteidigt am Ende seiner zehnstündigen Rede die scharfen Maßnahmen, die gegen die sogenannten Oppositionisten in der Kommunistischen Partei ergriffen wurden, um die Partei von ihnen frei zu halten.

In einer Übersicht des Zentralkomitees wird aufgelistet, daß seit dem letzten Parteitag 1927 6500 Parteimitglieder wegen trotzkistischer Gesinnung verschiedenen Strafmaßnahmen unterzogen wurden. Dazu kommen 5800 ehemalige Trotzkisten, die sich ohne Bestrafung freiwillig von der Opposition abgewendet haben. Die sogenannte Rechtsopposition verliert bis zum Parteitag 34 000 Parteimitglieder durch Ausschluß.

1930
JULI

Mo	Di	Mi	Do	Fr	Sa	So
	1	2	3	4	5	6
7	8	9	10	11	12	13
14	15	16	17	18	19	20
21	22	23	24	25	26	27
28	29	30	31			

3. Otto Strasser, von der NSDAP ausgeschlossen, gründet die Partei »Revolutionäre Nationalsozialisten«. →

3. Preußens Regierung verbietet Beamten Mitgliedschaft und Betätigung in radikalen Parteien.

9. Grubenunglück auf der Wenzelsgrube in Hausdorf/Neurode (Schlesien) fordert über 150 Todesopfer.

11. Premiere des Films »Hokuspokus« von Gustav Ucicky mit Lilian Harvey, Willy Fritsch und Gustaf Gründgens in den Hauptrollen.

13. Die erste Fußballweltmeisterschaft wird in Montevideo in Uruguay eröffnet. →

16. Ablehnung der Deckungsvorlage der Regierung für den Etat im Reichstag und Erlaß der Notverordnung zur Durchführung dieser Maßnahme durch den Reichspräsidenten. →

18. Der Reichstag lehnt Notverordnung ab; daraufhin löst der Reichspräsident das Parlament auf. →

20. Maxim Maximowitsch Litwinow wird zum Kommissar des Auswärtigen in der Sowjetregierung ernannt.

26. Hindenburg erläßt Notverordnung zur Behebung finanzieller, wirtschaftlicher und sozialer Notstände. →

27. Deutsche Staatspartei gegründet.

27. Der Franzose André Leducq gewinnt die Tour de France.

28. Das Zentralkomitee der KPdSU beschließt Einführung des obligatorischen Schulunterrichts in der Sowjetunion.

30. Die Mannschaft aus Uruguay gewinnt mit 4 : 2 gegen Argentinien die erste Weltmeisterschaft in der Geschichte des Fußballsports. →

GESTORBEN:

7. Julius Hart (* 9. 4. 1859), deutscher Schriftsteller.

7. Arthur Conan Doyle (* 22. 5. 1859), englischer Kriminalschriftsteller. →

17. Leopold von Auer (* 17. 6. 1845), ungarischer Violinist.

27. Alfred Bluntschli (* 29. 1. 1842), schweizerischer Baumeister.

Die französischen Truppen ziehen aus Mainz ab.

Reichstag aufgelöst

16. Juli. Der Juli entwickelt sich zu einem Krisenmonat der deutschen Geschichte. Die Feiern der endgültigen Rheinlandbefreiung (die letzten Franzosen sind am 30. Juni abgezogen) werden von der Wirtschaftskrise überschattet. Angesichts der schwierigen Finanzverhältnisse muß Reichspräsident Paul von Hindenburg mit Notverordnungen die Regierungsgeschäfte führen. Das mehrfach abgeänderte und vom neuen Finanzminister Hermann Dietrich eingebrachte Deckungsprogramm wird nämlich im Reichstag von SPD und Rechts- und Linksopposition (DNVP, NSDAP, KPD) abgelehnt. Die Regierung Brüning glaubt, ihr Sanierungsprogramm nur noch mit Hilfe des Artikels 48 der Verfassung durchbringen zu können und läßt vom Reichspräsidenten das Gesetzesbündel als Notverordnung in Kraft setzen.

256 Abgeordnete von SPD, KPD, NSDAP und Teilen der DNVP lehnen die Notverordnung zwei Tage später im Reichstag ab und verlangen ihre Aufhebung. Auf Anraten Heinrich Brünings löst der Reichspräsident aufgrund des Artikels 25 der Verfassung den Reichstag auf und nimmt auch die abgelehnten Notverordnungen wieder zurück. Das Kabinett beschließt unmittelbar darauf, Neuwahlen für den 14. September anzusetzen, und arbeitet eine neue Notverordnung aus, die von Hindenburg durch Verfügung Kraft seines Amtes für Gesetz erklärt wird, und die wesentlich schärfer ist als die vom Reichstag abgelehnten Maßnahmen.

Reichspräsident Hindenburg in Koblenz nach der Räumung des Rheinlandes.

Uruguay Weltmeister

13. Juli. Dreizehn Fußballnationalteams treffen sich im Juli in Uruguay, um erstmals die Weltmeisterschaft im Fußball auszuspielen. Das teilnahmeberechtigte Holland erscheint nicht zum Turnier.

Für das Finale qualifizieren sich zwei Teams aus Südamerika, Gastgeber Uruguay und Argentinien, die sich am 30. Juli im neuen, für 400 000 Golddollar erbauten größten Stadion der Welt in Montevideo gegenüberstehen.

Die Gastgeberelf siegt mit 4:2 und wird der erste Fußballweltmeister der Sportgeschichte.

Uruguay wird am 30. Juli erster Fußballweltmeister der Sportgeschichte.

Caracciola gewinnt Tourist Trophy

19. Juli. Auf den europäischen Rennstrecken des Automobilsports herrscht Hochbetrieb. Am 6. Juli endet das 24-Stunden-Rennen von Spa-Franchorchamps mit einem Sieg der Italiener Marioni/Ghersi auf Alfa Romeo. Dem deutschen Mercedesfahrer Rudolf Caracciola gelingt mit dem Gewinn der Tourist Trophy im Großen Preis von Irland in Dublin ein großer Erfolg. Das ADAC-Eifelrennen auf dem Nürburgring endet am 20. Juli mit dem Sieg von Otto Spandel in der Sportwagenklasse über 3 Liter, am gleichen Tag gewinnt Louis Chiron auf Bugatti den Großen Preis von Europa in Spa-Franchorchamps.

Conan Doyle stirbt

7. Juli. In Crowborough (Grafschaft Sussex) stirbt Sir Arthur Conan Doyle, der durch seine Kriminalromane um die Detektivfigur Sherlock Holmes zu Weltruhm gelangte.

Strasser gründet neue Partei

3. Juli. Während der krisenhaften Entwicklung im Staat haben die extremen Rechtsparteien NSDAP und DNVP innere Schwierigkeiten zu überstehen. Anfang des Monats gründet Otto Strasser, Vertreter des sozialrevolutionären Flügels der NSDAP, nach seinem Ausschluß eine neue Partei, die den Namen Revolutionäre Nationalsozialisten erhält.

Vierter Titel für Helen Wills

5. Juli. Bei den Internationalen Tennismeisterschaften von England feiert Helen Wills-Moody (USA) ihren vierten Titelgewinn seit 1927 mit einem 6:2-, 6:2-Sieg gegen E. Ryan. Das Herrenfinale gewinnt William Tilden (USA) 6:3, 9:7, 6:4 gegen W. L. Allison.

2. Abschluß einer Münzkonvention zwischen der italienischen Regierung und dem Vatikan. Dieser darf nun pro Jahr Geld im Wert von einer Million Lire herausgeben.

8. Staatsbesuch von König Feisal (Irak) in Berlin.

8. Sieben Abgeordnete treten aus der DNVP Hugenbergs aus. →

12. Einmarsch türkischer Truppen in Persien zur Verfolgung persischer Kurden, die von dort aus Überfälle auf türkisches Gebiet verüben.

12. Premiere des Spielfilms »Der Sohn der weißen Berge« von Mario Bonnard mit Luis Trenker.

14. Premiere des Films »Die vom Rummelplatz« von Carl Lamac mit Anny Ondra.

16. Premiere des Films »Dreyfus« von Richard Oswald mit Fritz Kortner, Grete Mosheim und Heinrich George.

17. Premiere des Films »König des Jazz« von John Murray Anderson in den USA.

18. Die Parteien der gemäßigten Rechten schließen Burgfrieden und einigen sich auf einen gemeinsamen Wahlaufruf. →

21. Persien bekräftigt in einer Note die Unterstützung der Türkei in der Kurdenfrage.

24. Tazio Nuvolari gewinnt auf Alfa Romeo die Tourist Trophy auf dem Ulster-Circuit bei Belfast.

25. Marschall Josef Pilsudski wird zum polnischen Ministerpräsidenten und Kriegsminister ernannt.

25. Premiere des Spielfilms »Abschied« von Robert Siodmak mit Brigitte Horney in der Hauptrolle.

27. Nach einem erfolgreichen Militärputsch gegen die Regierung wird in Peru eine Militärjunta gebildet.

GEBOREN:

4. Götz Friedrich, deutscher Opernregisseur.

5. Neil Armstrong, amerikanischer Astronaut.

GESTORBEN:

4. Siegfried Wagner (* 6.6.1869), deutscher Komponist.

30. Allvar Gullstrand (* 5.6.1862), schwedischer Augenarzt, Nobelpreis 1911.

Bürgerliche Parteien einig bei Wahlaufruf

18. August. Angesichts der im nächsten Monat anstehenden Reichstagswahlen versuchen die bürgerlichen Parteien auf Anregung des Volksparteivorsitzenden Ernst Scholz, sich zu einigen. Sein Versuch, die Deutsche Volkspartei, die Wirtschaftspartei, die Konservative Volkspartei und die Landvolkpartei in Form eines gemeinsamen Wahlaufrufes zusammenzuführen, scheitert an der Haltung der Landvolkpartei mit ihren unterschiedlichen wirtschaftlichen Auffassungen.

Am 18. August führen die Bemühungen von Ernst Scholz doch noch zu einem Teilerfolg. Er kann wenigstens drei Parteien der gemäßigten Rechten zu einem gemeinsamen Wahlaufruf bewegen. Konservative Volkspartei, Wirtschaftspartei und Deutsche Volkspartei einigen sich auch auf mögliche Zusammenarbeit im neuen Parlament. Die ebenfalls eingeladene Deutsche Staatspartei lehnt jede Mitarbeit ab.

Abgeordnete verlassen DNVP

8. August. Alfred Hugenbergs ohnehin schon von Austritten geschwächte DNVP (→ Juli 1930) erleidet einen weiteren Substanzverlust, als sieben Abgeordnete der Fraktion des preußischen Landtags aus der deutschnationalen Landtagsfraktion und der Partei austreten. Grund: Das Abstimmungsverhalten der Reichstagsfraktion bei den Notverordnungen.

Siegfried Wagner stirbt in Bayreuth

4. August. Im Alter von 61 Jahren stirbt in Bayreuth Siegfried Wagner, der Sohn Richard Wagners. Er hat sich als Opernkomponist, Dirigent und Regisseur einen Namen gemacht, beeinflußt von der Arbeit seines Vaters und seines Lehrers Engelbert Humperdinck. 1908 übernahm er die Gesamtleitung der Bayreuther Festspiele.

1930
SEPTEMBER

Mo	Di	Mi	Do	Fr	Sa	So
1	2	3	4	5	6	7
8	9	10	11	12	13	14
15	16	17	18	19	20	21
22	23	24	25	26	27	28
29	30					

2. Der französische Luftfahrtpionier Dieudenné Costes bewältigt die Lindbergh-Route in umgekehrter Richtung und legt die Strecke Paris–New York in 37 Stunden und 18 Minuten zurück.

2. Die abtrünnigen nordchinesischen Generale bilden in Peking eine Gegenregierung. →

4. Eröffnung des 69. Deutschen Katholikentages in Münster.

6. Die britische Regierung Indiens veröffentlicht eine Dokumentation zur Geschichte der gescheiterten Friedensverhandlungen mit Gandhi.

7. Nach erfolgreicher Militärrevolte errichten einige Generale in Argentinien ein Militärdirektorium.

7. Deutschlands Fußballnationalmannschaft verliert ein Spiel gegen Dänemark in Kopenhagen mit 3 : 6.

8. Eröffnung der 60. Tagung des Völkerbundrates. Das Gremium behandelt die Saarfrage.

10. Das Luftschiff »Graf Zeppelin« stattet Moskau einen Besuch ab.

14. Bei den Reichstagswahlen beteiligen sich 82 Prozent der Wahlberechtigten. Stimmengewinne der Radikalen. →

20. Reichspräsident Paul von Hindenburg bestimmt Generalmajor Freiherr von Hammerstein-Equord zum Chef der Heeresleitung.

25. Adolf Hitler sagt als Zeuge im Prozeß gegen Reichswehroffiziere aus. →

26. Der in Dresden tagende Deutsche Städtetag feiert sein 25jähriges Jubiläum.

26. In Braunschweig werden erfolgreiche Koalitionsverhandlungen zwischen Bürgerblock und NSDAP zur Bildung einer neuen Landesregierung abgeschlossen.

28. Das erste Automobilrennen (Masaryk Grand Prix) auf dem neuerbauten Masaryk-Ring bei Brünn gewinnt der Deutsche Hans Joachim von Morgen auf Bugatti.

28. Deutschland gewinnt in Dresden ein Fußballänderspiel gegen Ungarn mit 5 : 3.

GESTORBEN:

28. Daniel Guggenheim (* 9. 7. 1856), amerikanischer Industrieller.

Rechtsrutsch bei den Wahlen

14. September. Der Ausgang der Reichstagswahl demonstriert nachdrücklich die Krise des demokratischen deutschen Staates. Nicht das gemäßigte Lager, sondern die radikalen Parteien verzeichnen die größten Stimmengewinne, wobei weniger die Steigerung der KPD-Sitze um 23 auf 77, als vielmehr das Emporschnellen der Nationalsozialisten von 12 auf 107 Reichstagssitze einer Sensation gleichkommt. Im einzelnen erreichen die Parteien folgendes Ergebnis: SPD 24,5 Prozent; NSDAP 18,3; KPD 13,1; Zentrum 11,8; DNVP 7,0; Wirtschaftspartei 3,9; Deutsche Staatspartei 3,8; Deutsche Volkspartei 4,5; Christlich-Nationales Landvolk 3,8; Bayerische Volkspartei 3,0; Christlich-Sozialer Volksdienst 2,5; Deutsche Bauernpartei 1,0; Konservative Volkspartei 0,8; Deutsch-Hannoversche Partei 0,5; Sonstige 1,0 Prozent.

Bei den am gleichen Tag stattfindenden Landtagswahlen in Braunschweig verliert das bürgerliche Lager mit einer Einheitsliste ebenso wie die SPD erheblich an Boden, während die NSDAP als großer Sieger aus der Wahl hervorgeht und nun koalitionsfähig ist. Bürgerblock und Nationalsozialisten sind sich auch schnell über eine Regierungsbildung einig.

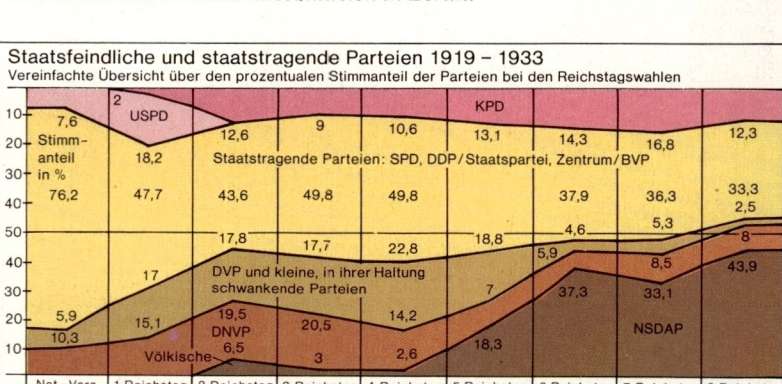

Ein Wahllokal der Nationalsozialisten in Berlin.

Staatsfeindliche und staatstragende Parteien 1919 – 1933
Vereinfachte Übersicht über den prozentualen Stimmanteil der Parteien bei den Reichstagswahlen

	Nat.-Vers. 19.1.1919	1.Reichstag 6.6.1920	2.Reichstag 4.5.1924	3.Reichstag 7.12.1924	4.Reichstag 20.5.1928	5.Reichstag 14.9.1930	6.Reichstag 31.7.1932	7.Reichstag 6.11.1932	8.Reichstag 5.3.1933
USPD / KPD	7,6 / 2	12,6	9	10,6		14,3	16,8	12,3	
Staatstragende Parteien (SPD, DDP/Staatspartei, Zentrum/BVP)	76,2	47,7	43,6	49,8	49,8	37,9	36,3	33,3 / 2,5	
DVP und kleine, schwankende Parteien	5,9	17	17,8	17,7	22,8	18,8 / 4,6	5,3	8	
DNVP	10,3	15,1	19,5	20,5	14,2	7	8,5	43,9	
Völkische / NSDAP			6,5	3	2,6	18,3 / 5,9	37,3	33,1	

Stimmanteile der Parteien bei den Reichstagswahlen.

Hitler als Zeuge vor Reichsgericht

Wenige Tage nach dem Erfolg der NSDAP bei den Wahlen erhält die Partei noch mehr Publizität, als ihr Führer Adolf Hitler am 25. September als Zeuge im Prozeß gegen drei Reichswehroffiziere zu den Zielen seiner Bewegung aussagt. Die Offiziere haben versucht, in der Reichswehr nationalsozialistische Zellen zu bilden und sind deshalb wegen Hochverrats angeklagt worden. Hitler beteuert, daß die NSDAP ihre Ziele ausschließlich auf legalem Wege verfolge und nicht den gewaltsamen Umsturz der Verfassung beabsichtige. Auch habe die Partei weder Mitglieder noch Anhänger zum gewaltsamen Umsturz aufgefordert. Bei den Vorgängen im Jahre 1923 (→ November 1923) habe ein Zwang vorgelegen.

Hitler als Zeuge im Prozeß gegen drei Offiziere vor dem Reichsgericht.

Erfolgsfilme im Kino

15. September. In diesem Monat haben zwei deutsche Filme Premiere: Zunächst kommt Wilhelm Thieles Streifen »Die drei von der Tankstelle« mit Lilian Harvey, Willy Fritsch und Heinz Rühmann in die Kinos, zwei Tage später ist Hans Albers in Richard Eichbergs »Der Greifer« zu sehen. Beide Filme werden zu einem großen Erfolg und gehören jahrzehntelang zum festen Repertoire der deutschen Kinos und dann des Fernsehens.

Szenen aus dem Film »Die drei von der Tankstelle«. Oben: Oskar Karlweis, Willy Fritsch und Heinz Rühmann (v. l.). Unten: Oskar Karlweis und Lilian Harvey.

China droht die Gefahr einer Spaltung

2. September. Der vor einiger Zeit angedrohte Schritt der rebellischen nordchinesischen Generale wird nun Wirklichkeit. In Peking bilden sie eine Gegenregierung, zu deren Ministerpräsidenten sich General Jen Hsischan ernennen läßt.
Die drohende Gefahr einer Spaltung Chinas wird allerdings durch einen militärischen Erfolg der Nanking-Truppen Mitte des Monats verhindert. Als Peking und Tientsin von Truppen besetzt werden, kann Tschiang Kai-schek zunächst unbehelligt von Nanking aus regieren.

Erste deutsche Mannschaft bei Frauenweltspielen

8. September. Bei den III. Frauen-Weltspielen der Leichtathletik tritt erstmals eine deutsche Mannschaft an, allerdings ohne die Olympiasiegerin Lina Radke-Batschauer, die wegen überhöhter Forderungen (Mitreise ihres Ehemannes auf Kosten des Verbandes) in Prag fehlt. Überragende Teilnehmerin ist die Polin Walasiewiczowna, die auch unter der amerikanischen Version ihres Namens Stella Walsh bekannt wird, mit den Siegen in den Sprintwettbewerben über 60, 100 und 200 Meter.

1930
OKTOBER

Mo	Di	Mi	Do	Fr	Sa	So
		1	2	3	4	5
6	7	8	9	10	11	12
13	14	15	16	17	18	19
20	21	22	23	24	25	26
27	28	29	30	31		

4. Das italienische Königshaus gibt die Verlobung von Prinzessin Giovanna mit König Boris von Bulgarien bekannt.

5. Beginn des I. Kongresses der Balkanvölker in Athen.

5. Luftschiffkatastrophe bei Beauvais (Frankreich). →

9. Die Reichsbank erhöht Diskontsatz auf 5 und Lombardsatz auf 6 Prozent.

11. Das Reich schließt Verhandlungen über einen Dollarkredit von 125 Millionen Dollar ab. →

12. Feierliche Einweihung des iberoamerikanischen Instituts in Berlin.

13. Eröffnungssitzung des neuen Reichstages. →

14. In der norddeutschen Metallindustrie beginnt unter Beteiligung von 126 000 Beschäftigten ein Streik gegen die beabsichtigte Herabsetzung der Mindestlöhne. →

16. Regierungserklärung von Reichskanzler Heinrich Brüning vor dem Reichstag.

21. Schweres Grubenunglück in Alsdorf bei Aachen. →

21. Reichs- und Staatsminister a. D. Carl Severing wird zum neuen preußischen Innenminister ernannt.

23. König Fuad von Ägypten dekretiert eine Verfassung und wird Diktator des Landes. Demokratische Regeln werden außer Kraft gesetzt.

24. Haushaltsplan 1931 wird vom Reichskabinett verabschiedet. →

24. Der chinesische Staatspräsident Tschiang Kai-schek tritt zum Christentum über. Durch die Taufe wird er in die Methodistengemeinde aufgenommen.

25. In der Basilika des hl. Franziskus in Assisi findet die kirchliche Trauung von Prinzessin Giovanna von Italien und König Boris von Bulgarien nach katholischem Ritus statt.

31. Einzug des neuvermählten Königspaares in Sofia und Gottesdienst in der »Goldenen Kirche« nach orthodoxem Ritus unter Leitung des Metropoliten Stefan.

GEBOREN:

26. John Arden, englischer Dramatiker.

30. Clifford Brown († 26. 6. 1956), amerikanischer Jazzmusiker.

Metallarbeiter in Berlin streiken

Eine Arbeiterwohnung um 1930.

Für das laufende Rechnungsjahr muß die Reichsregierung mit weiteren Schwierigkeiten rechnen. Deshalb wird am 11. Oktober ein hoher Dollarkredit auf dem internationalen Kapitalmarkt in Anspruch genommen. Vorher schon zieht die Regierung durch Erhöhung der Leitzinssätze die Kreditbremse.
Die von den Sparmaßnahmen betroffenen Gruppen reagieren negativ. Aus Protest gegen die beabsichtigte Herabsetzung der Mindesttariflöhne von 8 Prozent für Arbeiter über 18 Jahre und 6 Prozent für jugendliche Arbeitnehmer treten am 14. Oktober 126 000 Berliner Metallarbeiter in den Streik. Er endet nach zwei Wochen, als die Kürzungen vorerst zurückgenommen werden.

Arbeitslose in einem Hinterhof.

Abgeordnete in NSDAP-Uniformen

13. Oktober. Die Arbeit des neuen Reichstags beginnt mit einem Skandal. Die Abgeordneten der NSDAP marschieren geschlossen in ihren braunen Uniformen ein, obwohl das Tragen dieser Uniform in Preußen verboten ist. Im Parlament selbst schützt die Nationalsozialisten ihre Immunität.

Die ersten Sitzungstage sind geprägt von demagogischen Gesetzesanträgen, Tumulten und Mißtrauensanträgen gegen die Regierung von rechts und links. Immerhin kann der Sozialdemokrat Paul Löbe wieder zum Reichstagspräsidenten gewählt werden, sein erster Stellvertreter wird der NSDAP-Abgeordnete Stöhr. Bei der Aussprache über die Regierungserklärung des Kanzlers Heinrich Brüning überrascht eine neue parlamentarische Konstellation: Die Sozialdemokraten verzichten auf Opposition und tolerieren Brünings Absichten. Damit sind die Mißtrauensanträge der extremen Rechten und Linken von NSDAP, DNVP und KPD zum Scheitern verurteilt, und die Regierung kann ihr neues Sanierungsprogramm vorlegen, das einen vollkommen ausgeglichenen Haushalt vorsieht. Sein Volumen von 10,430 Milliarden Reichsmark spart gegenüber dem Notverordnungsetat vom Sommer 1,135 Milliarden ein.

Hitler mit den 107 gewählten Abgeordneten der NSDAP.

Die Eröffnung des neugewählten Reichstages mit den NSDAP-Abgeordneten.

Grubenunglück bei Aachen fordert 250 Todesopfer

5./21. Oktober. Die Nachricht von zwei schweren Unglücksfällen, die zahlreiche Menschenleben fordern, überschatten die politischen Geschehnisse im Deutschen Reich.
In der Nacht zum 5. Oktober explodiert das britische Luftschiff »R 101«, das am Abend des 4. Oktober in Cardington zum Flug nach Indien aufgestiegen ist, bei Beauvais (80 km nördlich von Paris). Von den 58 Insassen finden 50 den Tod, darunter der britische Luftfahrtminister Thomson.
Am 21. Oktober ereignet sich im Wilhelmsschacht der Zeche Anna II der Kohlengrube in Alsdorf bei Aachen eine schwere Explosion, die 250 Todesopfer fordert.

Der eingestürzte Wilhelmsschacht.

Beisetzung der Bergleute.

Löhne werden gesenkt

4. November. Nachdem sich für die Reichsregierung eine Mehrheit für ihre Wirtschaftsmaßnahmen abzeichnet, bringen Reichskanzler Heinrich Brüning, Finanzminister Hermann Dietrich und Arbeitsminister Adam Stegerwald das neue Sanierungsprogramm als Arbeitsvorlagen im Reichsrat ein. Es enthält unter den Richtlinien »Sparsamkeit und Vereinfachung« – so der Finanzminister – ein Bündel von Maßnahmen wie Gehaltskürzungen bei Beamten, Ausgabenbegrenzungen von Reich, Ländern und Gemeinden, Steuererhöhungen bei Einkommen und Senkung der Realsteuern für die Wirtschaft. Die Arbeitslosenversicherung soll durch eine Beitragserhöhung auf 6 Prozent saniert werden, wobei der Arbeitsminister davon ausgeht, daß zum 1. April 1931 2,9 Millionen

Personen unterstützt werden müssen. In der Lohnpolitik schlägt Stegerwald »ein mäßigendes und regulierendes Eingreifen der Regierung« vor.

Das wird wenige Tage später Realität, denn ein Schiedsgericht für die Berliner Metallindustrie entscheidet, daß die angekündigte Herabsetzung der Löhne um 8 bzw. 6 Prozent erst im Januar 1931 eintritt, ab November aber bereits 3 Prozent Tariflohnkürzungen erfolgen. Die Gewerkschaft stimmt damit erstmals in ihrer Geschichte einer Lohnsenkung zu.

Mit einer anderen Stabilisierungsmaßnahme hat die Regierung ebenfalls Erfolg. Nach Verhandlungen des Ernährungsministeriums mit dem Klein- und Einzelhandel nimmt dieser die erhöhten Preise für Grundnahrungsmittel zurück.

2. November. Zu einem Probeflug startet die Dornier DO-X, das größte Flugzeug seiner Zeit, von Deutschland aus nach Amsterdam. Das Flugboot hat drei Decks und kann über 100 Passagiere aufnehmen (→ Juli 1929).

Tod Wegeners im Eis

Das letzte Foto von Alfred Wegener (links), aufgenommen am 1. November.

Einen tragischen Tod im Eis findet der deutsche Grönlandforscher Alfred Wegener. Auf der Rückkehr von einer seiner zahlreichen Expeditionen ins grönländische Inlandeis stirbt er vermutlich an einem Herzschlag. Wegener hat am 1. November in der Station Eismitte seinen 50. Geburtstag gefeiert, wobei auch das letzte Foto von ihm aufgenommen wird. Kurz danach bricht er mit seinem grönländischen Begleiter Rasmus Villumsen zur Rückkehr zur Weststation auf. Villumsen bestattet den Wissenschaftler und kennzeichnet das Grab mit Skiern. Villumsen selbst und mit ihm Wegeners letztes Tagebuch bleiben verschollen. Wegener ist vor allem durch seine Kontinentalverschiebungstheorie bekannt geworden.

Transport mit dem Hundeschlitten auf Wegeners Grönlandexpedition.

Indien soll Dominion werden

12. November. Großbritannien versucht in diesem Monat die Probleme zu lösen, die sein Verhältnis zu Indien, einem Teil seines Weltreiches, belasten. In London beginnt eine Konferenz, deren Ziel die Verankerung des Dominion-Status für Indien sein soll.

An der Konferenz nehmen 16 indische Fürsten, 57 Vertreter von Britisch-Indien und 13 Vertreter des britischen Parlaments teil. Die mächtigste indische Partei, die Kongreßpartei Gandhis, hat keinen Vertreter entsandt. Als Beobachter sind dagegen die Ministerpräsidenten der anderen Dominions anwesend, die die Geburtsstunde eines weiteren Mitglieds des britischen Commonwealth erleben wollen.

Schauprozeß in der Sowjetunion

25. November. Aus der Sowjetunion dringen Ende November Nachrichten von einem Schauprozeß gegen eine angeblich konterrevolutionäre »Industriepartei« nach Westeuropa. Den acht Hauptangeklagten, die sich im Prozeß schuldig bekennen, wird die Zusammenarbeit mit einer Gruppe vorgeworfen, die unter Führung Frankreichs in der Sowjetunion intervenieren will. Als Drahtzieher nennt der Staatsanwalt die Namen der französischen Minister Raymond Poincaré und Aristide Briand, die angeblich maßgebend auf eine Intervention hingearbeitet haben. Auch Aktivitäten des französischen Generalstabes werden in der Anklageschrift erwähnt.

Großbritannien legt Palästinaplan vor

17. November. Neben der Indienfrage rückt auch das Palästinaproblem in diesem Monat in das Bewußtsein der Öffentlichkeit. Im englischen Unterhaus kommt es zu einer Debatte, in der die Art erörtert wird, in der die Regierung ihr Mandat über Palästina ausübt. Premierminister James Ramsey MacDonald stellt einen Plan vor, der die Ansied-

lung von 10 000 arabischen Familien vorsieht, die von den Juden durch Aufkauf landlos gemacht worden seien. Später sollen dann Araber und Juden gleichmäßig angesiedelt werden.

In der Balfour-Deklaration von 1917 ist sowohl den Juden als auch den Arabern Land in Palästina in Aussicht gestellt worden.

Mo	Di	Mi	Do	Fr	Sa	So
1	2	3	4	5	6	7
8	9	10	11	12	13	14
15	16	17	18	19	20	21
22	23	24	25	26	27	28
29	30	31				

1. Erlaß der Notverordnung zur Sicherung von Wirtschaft und Finanzen.

2. Eröffnung des Kongresses und Botschaft von US-Präsident Herbert Hoover an das Volk.

3. Bildung eines Kabinetts der »Kleinen Koalition« in Österreich unter dem neuen Bundeskanzler Otto Ender unter Beteiligung der Christlich-Sozialen Partei, der Wirtschaftspartei und des Landbunds.

3. Einbringung des Etats 1931/32 im Reichstag durch den Finanzminister Hermann Robert Dietrich. →

5. Sturz des Kabinetts Tardieu in Frankreich.

8. Uraufführung der Oper »Die Abenteuer des Königs Pausole« von Arthur Honegger in Paris.

11. Verbot der Aufführung des Films »Im Westen nichts Neues« in Deutschland. →

12. Verbot der Aufführung des Stahlhelmfilms in Berlin. →

13. Bildung eines neuen Kabinetts in Frankreich unter Ministerpräsident Théodore Steeg (radikale Linke).

15. Premiere des Spielfilms »Boykott« (auch »Primanerehre«) von Robert Land mit Lil Dagover in der Hauptrolle.

16. Premiere des Films »Einbrecher« von Hans Schwarz mit Lilian Harvey und Willy Fritsch in den Hauptrollen.

17. Start zum ersten Atlantik-Gruppenflug vom Flughafen Orbetello bei Rom. Beteiligt sind 14 Maschinen.

20. Auf Vorschlag des Ministerpräsidenten ernennt König George V. von England den britischen Generalgouverneur von Kanada, Lord Willingdon, zum Vizekönig von Indien.

25. Der Papst erörtert in seiner Weihnachtsansprache das Problem der Mischehe für die katholische Kirche und kündigt eine Enzyklika an.

GEBOREN:

3. Jean-Luc Godard, französischer Filmregisseur.

GESTORBEN:

25. Eugen Goldstein (* 5. 9. 1850) deutscher Physiker.

Filmprüfstelle greift ein

23. Dezember. Als einen Tag vor Weihnachten der Spielfilm »Hans in allen Gassen« von Carl Froelich mit Hans Albers und Camilla Horn den Reigen der Dezember-Premieren beendet, überwiegen die positiven Eindrücke, obgleich in diesem Monat zweimal die staatliche Gewalt gegen Leinwandwerke eingeschritten ist.

Die Filmoberprüfstelle wird aktiv, nachdem es anläßlich der deutschen Erstaufführung des Films »Im Westen nichts Neues« in den Mozart-Lichtspielen in Berlin zu Demonstrationen der Nationalsozialisten kommt. Da auch drei Länder – Sachsen, Bayern und Württemberg – Indizierungsanträge stellen, wird die weitere Aufführung des Filmes in Deutschland von der Prüfstelle am 11. Dezember verboten. Begründung: Das Werk gefährdet das deutsche Ansehen.

Gegen die Aufführung des sogenannten Stahlhelmfilms geht die Staatsgewalt zunächst ebenso kompromißlos vor. Die Filmprüfstelle verbietet die Aufführung des Streifens, der die Koblenzer Stahlhelmkundgebung am Stahlhelmtag (5. Oktober) wiedergibt, weil er die öffentliche Sicherheit und Ordnung gefährde und das Bild Deutschlands im Ausland verzerre. Die Filmoberprüfstelle hebt das Verbot jedoch eine Woche darauf wieder auf (18. Dezember).

Polizei schützt den Zugang zum Film »Im Westen nichts Neues«. Rechts oben: Autor Remarque (r.) und Produzent Carl Laemmle.

Eine der bekanntesten Szenen des Films mit Unteroffizier Himmelstoß.

Einen Tag später gibt es wieder erfreulichere Nachrichten für die Kinobesucher. Gleich zwei Streifen erleben eine erfolgreiche Premiere: »Das Flötenkonzert von Sanssouci« von Gustav Ucicky mit Otto Gebühr und Renate Müller sowie »Der Herr auf Bestellung« von Géza von Bolváry mit Willi Forst und Paul Hörbiger in den Hauptrollen.

Sanierung genehmigt

6. Dezember. Der letzte Tag der Etatdebatte im Reichstag stellt endgültig die Weichen für die künftige Regierungsarbeit. Sämtliche Vorstöße der Opposition gegen das Kabinett Brüning – seien es Mißtrauensvoten oder Anträge gegen die Notverordnungen – werden mit Mehrheit zurückgewiesen. Damit können die von Paul von Hindenburg auf Empfehlung Heinrich Brünings Anfang des Monats erlassenen Notverordnungen Gesetzeskraft erhalten und die darin vorgesehenen Maßnahmen zur Sanierung der Wirtschaft und Finanzen ausgeführt werden.

Basis des Programms ist eine Begrenzung der Ausgaben im Haushalt, die 1932 und 1933 nicht höher als 10,687 Milliarden Mark sein dürfen. Dieses Ziel soll durch ein Bündel von Maßnahmen erreicht werden, die im wesentlichen mit dem im Vormonat vorgelegten Sanierungsprogramm übereinstimmen. Beamtengehälter werden demnach um 6, Ministergehälter um 20 Prozent gekürzt. Für Einkommen von mehr als 8000 Mark wird ein Zuschlag zur Einkommensteuer in Höhe von 5 Prozent erhoben. Die Beiträge zur Arbeitslosenversicherung werden auf 6,5 Prozent erhöht, Finanzmittel für Länder und Gemeinden werden gekürzt. Für die Wirtschaft, insbesondere die Landwirtschaft, gibt es dagegen Erleichterungen durch steuersenkende Maßnahmen.

Chemie-Nobelpreis an Hans Fischer

10. Dezember. Bei der Nobelpreisverleihung erhält Hans Fischer, Professor für organische Chemie an der Technischen Hochschule in München, den Nobelpreis für Chemie »für seine Arbeiten über den strukturellen Aufbau der Blut- und Pflanzenfarbstoffe«. Der Preis für Medizin geht an den Österreicher Karl Landsteiner, der mittlerweile am Rockefeller-Institut in New York lehrt. Gewürdigt wird Landsteiners Entdeckung der vier Blutgruppen des Menschen. Der Physikpreis geht an den Inder Raman für seine Arbeiten über die Diffusion des Lichtes, den Friedensnobelpreis erhält der schwedische Erzbischof Lars Olof Söderblom.

1931
JANUAR

Mo	Di	Mi	Do	Fr	Sa	So
			1	2	3	4
5	6	7	8	9	10	11
12	13	14	15	16	17	18
19	20	21	22	23	24	25
26	27	28	29	30	31	

4. Reichskanzler Brüning tritt Reise in deutsche Ostgebiete an. →

4. Sportfliegerin Elly Beinhorn startet in Berlin zu ihrem ersten Flug Richtung Afrika.

6. Der Spielfilm »Schneider Wibbel« von und mit Paul Henckels hat Premiere.

8. Die vom Papst angekündigte Enzyklika über die christliche Ehe wird in Rom veröffentlicht.

10. Aufgrund der Notverordnung über die Schlichtung von Lohnkonflikten werden die Löhne im Ruhrbergbau rückwirkend zum 1. Januar um 6 Prozent gekürzt. →

10. Wjatscheslaw Molotow, Vorsitzender des Rates der Volkskommissare der Sowjetunion, kündigt vor dem Zentralexekutivkomitee der Partei eine 50prozentige Kollektivierung der sowjetischen Landwirtschaft bis Ende des Jahres an.

15. Uraufführung des Schauspiels »Tai Yang erwacht« von Friedrich Wolf an der Volksbühne Berlin in der Inszenierung von Erwin Piscator.

15. In Deutschland wird die Zahl der Arbeitslosen mit 4 765 000 angegeben.

16. Reichsregierung erläßt Verordnung über Preisbindung bei Markenwaren.

19. Londoner Indienkonferenz endet mit Appell der englischen Regierung an Allindische Kongreßpartei zur Mitarbeit.

21. Premiere des Spielfilms »Danton« von Hans Behrend mit Fritz Kortner, Gustaf Gründgens und Lucie Mannheim.

23. Sturz des Kabinetts Steeg in Frankreich.

25. Gandhi wird aus der Haft entlassen. →

27. Pierre Laval bildet neues Kabinett in Frankreich.

29. Völkerbundrüge an Polen wegen Behandlung der deutschen Minderheit in Oberschlesien. →

29. Filmoberprüfstelle verbietet den von der Sozialdemokratischen Partei hergestellten Film »Das Dritte Reich«.

GESTORBEN:

9. Claude Anet (* 2. 5. 1868), französischer Romancier.

23. Anna Pawlowa (* 31. 1. 1882), russische Tänzerin. →

Reich leistet Osthilfe

29. Januar. Für die von wirtschaftlichen Schwierigkeiten geplagte Reichsregierung beginnt das neue Jahr mit der Auseinandersetzung um ein anderes Relikt des verlorenen Krieges. Nach vorliegenden Berichten werden die Deutschen im polnisch besetzten Teil Oberschlesiens unterdrückt, obwohl sie sich bei einer dem Versailler Vertrag entsprechenden Abstimmung für den Verbleib beim Deutschen Reich ausgesprochen hatten. Die Reichsregierung wird deswegen beim Völkerbund aktiv und erreicht Ende des Monats eine Verurteilung Polens durch das internationale Gremium wegen der Übergriffe gegen die deutsche Minderheit in Oberschlesien.

Vorher tritt Reichskanzler Heinrich Brüning eine Reise in die Ostgebiete an, auf der er in Ostpreußen, Oberschlesien und den nördlichen Grenzkreisen Niederschlesiens der Bevölkerung weitere Durchführung beziehungsweise Ausbau der vom Reich geleisteten Osthilfe zusagt.

Abschied von der Pawlowa

23. Januar. In Den Haag stirbt die bekannteste Tänzerin ihrer Epoche. Anna Pawlowa, die durch die Solopartie »Der sterbende Schwan« nach der Musik von Camille Saint-Saëns in der Choreographie von M. Fokine Weltruhm erlangt, ist bis zuletzt mit eigenem Ensemble auf Welttournee. Als Ballerina der kaiserlichen Oper in Petersburg und Partnerin von W. F. Nijinsky setzt sie bereits früh ihrer Karriere Glanzlichter auf. Sie gehörte auch zu Sergej Diaghilews Balletttruppe.

In der Solopartie des »Sterbenden Schwans« erlangte die Pawlowa Weltruhm.

Ringen um niedrigere Löhne und Preise

10. Januar. Im Kampf gegen die sinkende Wettbewerbsfähigkeit der deutschen Währung auf dem Weltmarkt setzt die Reichsregierung mit Beginn des Jahres auf den Mechanismus »Senkung der Löhne folgt Abwärtsbewegung der Preise«. So wird per Notverordnung der Spruch des vom Arbeitsminister zu ernennenden Schlichters in Lohnkonflikten für die Tarifparteien nun verbindlich, was sogleich Lohnsenkungen im Ruhrbergbau zur Folge hat. Von einer parallel angeordneten Aufhebung der Preisbindung für Markenwaren wird ein zehnprozentiger Preissenkungseffekt erwartet.

Gruppenflug über Atlantik gelingt

14. Januar. Aus Brasilien kommt die Meldung vom erfolgreichen Ende eines kühnen fliegerischen Unternehmens. Von den 14 Maschinen des Typs Savoia Marchetti S 55, die unter Leitung des italienischen Luftfahrtministers General Italo Balbo im Dezember Italien zum ersten Gruppenflug über den Atlantik verlassen haben, landen zehn wohlbehalten in Rio de Janeiro. Die 10 400-Kilometer-Distanz wird mit Zwischenlandungen in Karthagena, Henitra, Villa Cisneros, Bolama, Porto Natal und Bahia überbrückt.

Mahatma Gandhi wird freigelassen

25. Januar. Nachdem die Londoner Indien-Konferenz am 19. des Monats mangels Teilnahme des kompetenten Gesprächspartners Indische Kongreßpartei ohne greifbares Ergebnis zu Ende geht, ordnet der Vizekönig wenige Tage später die Freilassung Mahatma Gandhis und anderer Führer des Allindischen Kongresses an. Gleichzeitig wird die Ächtung dieses Gremiums aufgehoben. Gandhi wird in Bombay von seinen Anhängern triumphierend empfangen.

1931
FEBRUAR

Mo	Di	Mi	Do	Fr	Sa	So
						1
2	3	4	5	6	7	8
9	10	11	12	13	14	15
16	17	18	19	20	21	22
23	24	25	26	27	28	

2. Ablehnung des nationalsozialistischen Antrags auf Austritt Deutschlands aus dem Völkerbund im Auswärtigen Ausschuß des Reichstags.

3. Schwere Erdbeben- und Taifunkatastrophe im Gebiet von Napier (Neuseeland) fordert mehrere hundert Todesopfer.

4. Stahlhelmverband reicht Antrag auf Volksbegehren wegen Auflösung des preußischen Landtags ein.

5. Malcolm Campbell stellt in Daytona einen neuen Geschwindigkeitsrekord für Automobile mit 396,038 km/h auf.

6. Premiere des Spielfilms »Lichter der Großstadt« von und mit Charlie Chaplin.

8. Vier Bergarbeiterverbände des Ruhrgebiets veranstalten in Gelsenkirchen Kundgebung wegen Notlage der Reichsknappschaft.

10. Auszug der Opposition aus dem Reichstag während der Etatrede von Außenminister Julius Curtius. →

11. Sowjetische Regierung ordnet »Mobilisierung der landwirtschaftlichen Spezialisten« zu unentgeltlicher zweimonatiger Dienstleistung auf den Kollektivgütern an.

12. In Japan erste Sportübertragung im Fernsehen: Ein Baseballspiel wird in Tokio vermittels Kabel in das Labor der Waseda Universität übertragen.

17. Erste Unterredung zwischen Gandhi und dem Vizekönig Lord Irwin. →

19. Premiere des Spielfilms »Die Dreigroschenoper« von G. W. Pabst mit Rudolf Forster und Fritz Rasp. →

21. Bei einem Grubenunglück in Eschweiler kommen 31 Bergleute um.

24. Höchststand der Arbeitslosigkeit dieses Winters: 4,991 Millionen Arbeitslose werden gemeldet.

26. Reichspräsident Hindenburg empfängt die Führer der Gewerkschaften. →

GEBOREN:

7. Holger Börner, deutscher Politiker.

8. James Dean († 30. 9. 1955), amerikanischer Filmschauspieler.

10. Thomas Bernhard, österreichischer Schriftsteller.

Auszug der NSDAP

10. Februar. Die extreme Rechte – Stahlhelmverband und NSDAP – versucht die mit Wirtschaftsproblemen kämpfende Regierung in diesem Monat weiter zu schwächen. Bei der Beratung des Etatpostens »Auswärtiges« gibt der NSDAP-Abgeordnete Stöhr vor Eintritt in die Tagesordnung eine Erklärung ab, die eine einzige Beschimpfung der demokratischen Kräfte darstellt. Den Nationalsozialisten ist vor allem die neue Geschäftsordnung des Hauses ein Dorn im Auge, verhindert sie doch grobe Störungen des parlamentarischen Arbeitens durch fingierte Anträge und endlose Reden der Rechts- und Linksopposition. Stöhr kündigt in seiner Rede an, die Nationalsozialisten würden in diesem Hause des organisierten Verfassungsbruchs nicht mehr mitarbeiten. Danach rufen die NSDAP-Abgeordneten dreimal Heil und verlassen gemeinsam den Saal.

Einige Tage vorher muß sich die preußische Regierung mit einem Volksbegehrensantrag des Stahlhelms beschäftigen. Der Frontkämpferverband beruft sich auf die Landesverfassung und zwingt die Regierung zu einem Volksbegehren, das die Auflösung des Landtages zum Inhalt hat. Auf einer Gauversammlung in Heidelberg verkündet die Stahlhelmführung auch das Ziel ihrer Bemühungen: Übernahme der Macht durch nationale Kräfte bis zum Jahr 1932.

Gandhi verhandelt mit der Regierung

17. Februar. Obwohl der Allindische Kongreß Anfang des Monats harte Bedingungen stellt, tritt die indische Regierung in Gespräche mit seinem Führer Gandhi ein. Der neue Vizekönig Lord Irwin empfängt Gandhi und nimmt die Forderungen der Freiheitsbewegung entgegen, die unter anderem Amnestie aller politischen Gefangenen, Einstellung aller Repressalien und straffreie Verletzung des Salzmonopols der Regierung während der Verhandlungen vorsehen.

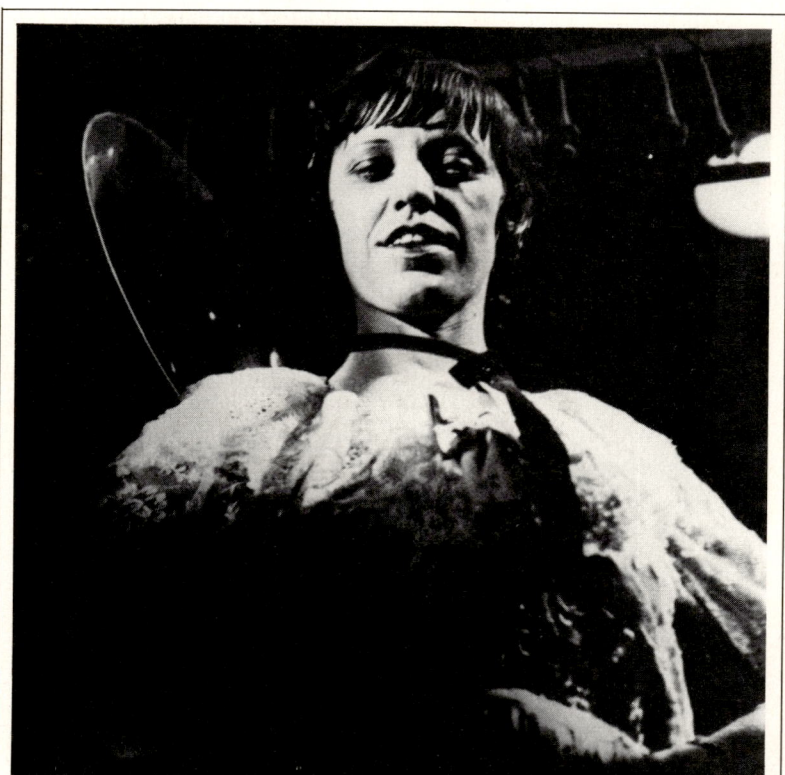

19. Februar. Der Film »Die Dreigroschenoper« von Georg Wilhelm Pabst wird uraufgeführt. Lotte Lenya spielt und singt die Seeräuber-Jenny.

Gewerkschafter bei Hindenburg

26. Februar. Den Bemühungen um innere Ruhe angesichts der angespannten Wirtschaftslage soll ein Gespräch dienen, zu dem Reichspräsident Paul von Hindenburg die Führer der Gewerkschaften empfängt. In Beisein von Reichskanzler Heinrich Brüning bringt Theodor Leipart, Vorsitzender des Allgemeinen Deutschen Gewerkschaftsbundes, die Probleme der deutschen Arbeiterschaft vor. Angesichts der knapp fünf Millionen Arbeitslosen fordert er von der Regierung weitere und tiefgreifendere Maßnahmen zur Belebung der Wirtschaft.

Leipart wendet sich auch gegen die neuen Schlichtungsmaßnahmen bei Arbeitskämpfen, die den Arbeitern besondere Opfer in der krisenhaften Entwicklung der Wirtschaft abverlangten. Die Reichsregierung kann den Gewerkschaften keine verbindlichen Zusagen machen, sondern verweist auf die erwarteten preisdämpfenden Folgen ihres Agrarprogramms.

Daß besonders Arbeiter von der Wirtschaftskrise betroffen sind, machen die Bergarbeiterverbände des Reviers auf einer Kundgebung in Gelsenkirchen deutlich: Die Finanzierung der Renten durch die Reichsknappschaft sei durch mangelnde Reichszuschüsse in großer Gefahr.

Monarchisten an der Macht

18. Februar. Spanien gerät in diesem Monat immer tiefer in die Auseinandersetzungen zwischen demokratischen Parteien und Monarchie. Nach dem Rücktritt des Kabinetts Berenguer scheitert der Versuch des mit der Regierungsbildung beauftragten Republikaners Sanchez Guerra an der Haltung der linken Parteien. Sie verlangen die Abreise des Königs ins Ausland vor den anstehenden Wahlen zu den Cortes. Die Folge ist ein monarchistisches Konzentrationskabinett, das der Generalkapitän der Kriegsmarine, Aznar, unter Beteiligung monarchistischer Parteien bildet. Die neue Regierung distanziert sich in ihrer Programmerklärung von der Militärdiktatur.

1931
MÄRZ

Mo	Di	Mi	Do	Fr	Sa	So
						1
2	3	4	5	6	7	8
9	10	11	12	13	14	15
16	17	18	19	20	21	22
23	24	25	26	27	28	29
30	31					

1. Bürgerblock und SPD verlieren bei Kommunalwahlen in Braunschweig Stimmen zugunsten von KPD und NSDAP.

7. Bischöfe der Kölner Kirchenprovinz warnen in einer öffentlichen Erklärung vor den Gefahren des Nationalsozialismus.

10. Die Labourpartei schließt Sir Oswald Mosley aus, nachdem er Rahmenprogramm für eine »Neue Partei« mit nationalsozialistischen Zügen ausgearbeitet hat.

12. Rudolf Caracciola und Wilhelm Sebastian gewinnen auf Mercedes als erste Ausländer die »1000 Meilen von Brescia«.

14. Eröffnung der ersten Reichshandwerkswoche.

15. Deutschland verliert ein Fußballländerspiel gegen Frankreich in Paris mit 0 : 1.

17. Der Bischof von Paderborn spricht sich gegen Mitgliedschaft von Katholiken in der NSDAP aus.

17. Die ehemaligen Führer der sogenannten Rechtsopposition, Buchanin, Rykow, Tomski und die Lenin-Witwe Krupskaja, werden von VI. Rätekongreß der KPdSU in das Zentralexekutivkomitee gewählt.

20. Uraufführung des Schauspiels »Italienische Nacht« von Ödön von Horváth im Theater am Schiffbauerdamm in Berlin.

21. Reichsregierung gibt Inhalt eines vorgesehenen deutsch-österreichischen Zollunionsplans bekannt. →

25. Intervention des britischen Botschafters in Berlin wegen des deutsch-österreichischen Zollunionsplans.

27. Premiere des Kriminalfilms »Murder« von Alfred Hitchcock.

28. Reichspräsident erläßt Notverordnung zur Bekämpfung politischer Ausschreitungen. →

30. Gandhi und Vizekönig Lord Irwin schließen Stillhalteabkommen. →

GEBOREN:

3. Franz Josef Degenhardt, deutscher Schriftsteller und Liedersänger.

GESTORBEN:

20. Hermann Müller (* 18. 5. 1876), deutscher Reichskanzler.

Notverordnung gegen Radikale

28. März. Der März endet mit einer Notverordnung der Regierung, die dem politischen Extremismus in Deutschland Einhalt gebieten will, nachdem es am 13. und 14. in Hamburg politische Attentate von NSDAP-Aktivisten gegeben hat.
Ein Oberwachtmeister schießt mit der Begründung, von einem Juden lasse er sich nicht verhören, auf den zuständigen Regierungsrat, der ihn zu seinen NS-Aktivitäten befragen soll. Drei NSDAP-Mitglieder erschießen einen Bürgerschaftsabgeordneten in der Annahme, es mit dem Führer des Hamburger Rotfrontkämpferbundes zu tun zu haben. Der Senat verbietet daraufhin für Hamburg die KPD- und NSDAP-Zeitungen und alle Kundgebungen dieser Parteien.
Die Notverordnung von Ende März enthält eine ganze Reihe von Bestimmungen über Versammlungen und Demonstrationen, als einen wesentlichen Punkt aber die Vorschrift, daß politischen Vereinigungen das Tragen einheitlicher Kleidung und Abzeichen verboten werden kann. Auch Maßnahmen gegen Druckerzeugnisse von radikalen Organisationen sind darin vorgesehen. Begründet wird der Schritt der Reichsregierung mit den Auswüchsen des politischen und kulturellen Radikalismus in Deutschland. Erstmals warnt auch die katholische Kirche vor den Gefahren des Radikalismus.

Konflikt um Zollunion

21. März. Nachdem die österreichische Presse bereits über den Tatbestand berichtete, gibt die Reichsregierung den Inhalt eines deutsch-österreichischen Zollunionsplans bekannt. Im Kern sieht der Vertrag den Anfang einer Neuordnung der europäischen Wirtschaftsverhältnisse auf dem Weg regionaler Vereinbarungen vor. Er läßt den Beitritt interessierter Drittländer offen.
Um so überraschter sind die Vertragspartner von der Reaktion der europäischen Mächte. In Wien unternehmen die diplomatischen Vertreter Frankreichs, der Tschechoslowakei und Italiens am 21. März einen gemeinsamen Schritt in dieser Frage, während in Berlin der britische Botschafter bei der Reichsregierung aktiv wird. Diese Länder weisen auf das Genfer Protokoll vom 22. 10. 1922 hin, gegen das eine geplante Zollunion verstoßen würde. Die beiden betroffenen Staaten lassen Ende des Monats durch ihre Außenminister in Berlin und Wien ihre redlichen Absichten in Verbindung mit der vorgesehenen Zollunion erklären und wollen eine Entscheidung des Völkerbundrats abwarten.

»Hauptmann von Köpenick« im Theater

5. März. Im Deutschen Theater in Berlin findet eine vielbeachtete Premiere statt, die im deutschen Blätterwald tagelange Resonanz findet. Heinz Hilpert hat Carl Zuckmayers »Der Hauptmann von Köpenick« mit Werner Krauss in der Titelrolle inszeniert und mit dieser Uraufführung ein Kapitel deutscher Theatergeschichte geschrieben.

27. März. Der Schriftsteller Heinrich Mann wird 60 Jahre alt. Die Brüder Thomas (rechts) und Heinrich Mann bei der Feier in der Akademie der Künste.

Industrie beginnt mit der Fünftagewoche

1. März. Inmitten der Wirtschaftskrise überrascht die deutsche Zigarettenindustrie die Öffentlichkeit mit der Einführung der Fünftagewoche. Um den Sonnabend arbeitsfrei zu bekommen, muß deswegen die Arbeitszeit von 48 auf 42,5 Wochenstunden gesenkt werden. Der Lohnausfall hält sich für die 28 000 Beschäftigten dieser Branche in Grenzen: Ihnen werden 45 Arbeitsstunden pro Woche angerechnet.

Indien auf dem Weg zum Frieden

30. März. In Indien wird der entscheidende Durchbruch bei den Bemühungen um inneren Frieden erreicht. Gandhi und Lord Irwin können sich bereits Anfang des Monats auf einen Vertragsentwurf einigen, der die Spannungen zwischen Regierung und Opposition entschärfen soll. Darin bietet Gandhi die Einstellung der Gehorsamsverweigerung an, wofür als Gegenleistung unter anderem eine Gefangenenamnesty und ein gewisses Entgegenkommen in der Frage der Salzgewinnung bei ärmeren Bevölkerungsschichten stehen. Der Vertrag wird in Karatschi vom Allindischen Kongreß ratifiziert und Gandhi mit der Wahrnehmung indischer Interessen bei den geplanten Verhandlungen in London im Rahmen der Indienkonferenz beauftragt.

1931

APRIL

Mo	Di	Mi	Do	Fr	Sa	So
		1	2	3	4	5
6	7	8	9	10	11	12
13	14	15	16	17	18	19
20	21	22	23	24	25	26
27	28	29	30			

1. Sturz des nationalsozialistischen Ministers Frick in Thüringen. →

1. Erdbeben zerstört nicaraguanische Hauptstadt Managua und fordert über 2000 Todesopfer.

4. Film »Lichter der Großstadt« von und mit Charlie Chaplin läuft in den Kinos europäischer Großstädte an. →

6. Nach Putsch der Garnison von Funchal wird durch die Regierung in Lissabon der Ausnahmezustand über Madeira und der Kriegszustand über die Azoren verhängt.

8. Reichskanzler Brüning und Curtius als Außenminister nehmen Einladung für Englandbesuch an.

11. Aufdeckung eines schweren Falles von kommunistischer Werksspionage bei den IG-Farben und anderen chemischen Werken.

12. Überwältigender Erfolg der republikanischen Parteien bei den spanischen Gemeindewahlen.

15. Nach Abdankung König Alfons XIII. übernehmen Republikaner Regierungsgewalt in Spanien. →

15. Premiere des französischen Spielfilms »Die Million« von René Clair.

19. In den USA wird die Arbeitslosenzahl mit sieben Millionen angegeben.

20. Mehrheit des britischen Unterhauses für Lockerung der Sonntagsruhe: Sportveranstaltungen sind nun erlaubt.

22. Die Generalsynode der altpreußischen Union genehmigt das mit dem preußischen Staat abgeschlossene Konkordat.

24. Bei den Wahlen zur Nationalversammlung in der Türkei erringen sämtliche Kandidaten der Partei von Präsident Mustafa Kemal Pascha (Atatürk) einen Sitz.

26. Deutschland und Holland trennen sich in einem Fußballländerspiel in Amsterdam 1 : 1.

29. Elly Beinhorn trifft von ihrem Afrikaflug, der sie bis nach Timbuktu (Mali) geführt hat, wieder in Berlin ein.

30. Aufständische Truppen in China besetzen die Stadt Kanton. →

GEBOREN:

1. Rolf Hochhuth, deutscher Dramatiker.

Republik in Spanien ausgerufen

15. April. Mit der Abreise des abgedankten Königs Alfons XIII. aus Cartagena, von wo aus er sich per Schiff zunächst nach Marseille und dann weiter nach Paris begibt, endet in Spanien in diesem Monat die Monarchie.

Als auslösendes Moment werden die Gemeindewahlen vom 12. April angesehen, bei denen die Republikaner einen überwältigenden Erfolg erringen und die Wahlen mit einer Volksabstimmung über die Monarchie gleichsetzen. Der König dankt daraufhin ab und ein provisorisches republikanisches Kabinett übernimmt die Regierungsgewalt. Ministerpräsident wird Alcala Zamora, der die Bedingungen des Königs bei Niederlegung der Krone annimmt. Diese lauten: Verlassen Spaniens mit allen Ehren, Liquidierung des königlichen Privatvermögens und Abreise unter militärischen Ehrenbezeigungen.

Der spanische Kriegsminister Azana weiht die republikanische Fahne.

In Städten mit republikanischer Mehrheit wird die Republik ausgerufen. Die Jubelfeiern werden nur in Barcelona von blutigen Zwischenfällen gestört, wo das katalanische Heer eine Katalanische Republik ausruft und der Führer der Separatisten eine provisorische katalanische Regierung bildet. Am 17. April können die Madrider Republikaner die Abweichler zur Zurücknahme des Republikanspruchs bewegen, nachdem ihnen auch in einem republikanischen Spanien katalanische Autonomie zugesichert worden ist.

Das neue Regime in Madrid wird umgehend von Frankreich anerkannt, ihm folgen am 22. April England, Deutschland, Österreich, Dänemark, Schweden, die USA und Italien.

Rückschlag für Hitler

1. April. Für den um das Ansehen seiner Bewegung besorgten Hitler bringt der April einen Rückschlag. Während er seine Parteigenossen zur strikten Einhaltung der Bestimmungen der Notverordnung aufruft, wird im sächsischen Landtag ein Mißtrauensantrag der SPD-Fraktion gegen die nationalsozialistischen Regierungsmitglieder Wilhelm Frick und Marschler verhandelt. Zur Begründung wird auf das undemokratische und auf Bevorzugung nationalsozialistischer Interessen gerichtete Amtsgebaren des Innenministers verwiesen. In der Debatte wird zum Ausdruck gebracht, daß die Übertragung eines Ministeramtes an Frick bei der staatsfeindlichen Einstellung der NSDAP ein gefährliches und zum Scheitern verurteiltes Experiment gewesen sei. Der Mißtrauensantrag wird mit 29 Stimmen von SPD, KPD, DVP und Staatspartei gegen 22 der NSDAP, DNVP, Wirtschaftspartei sowie Bauern- und Landvolkspartei angenommen, worauf Frick umgehend zurücktreten muß.

Am gleichen Tag weigert sich in Berlin der dortige Führer der SA, Hauptmann a. D. Stennes, die Notverordnung zu respektieren und wird von der Parteileitung in München für abgesetzt erklärt. Stennes sagt sich daraufhin von der Parteileitung los und gründet am 30. April eine »Nationalsozialistische Kampfbewegung Deutschlands« (NSKD).

Tschiang Kai-schek vor Zweifrontenkrieg

30. April. Mit der Besetzung Kantons durch opponierende Truppeneinheiten steht die Regierung Tschiang Kai-schek vor einem innenpolitischen Zweifrontenkrieg. Diesmal sind es militärische Führer des linken Flügels der Kuomintangpartei in den südlichen Provinzen des Landes, die zum Kampf gegen den bislang erfolgreichen General aufrufen.

Gleichzeitig breitet sich die Aufstandsbewegung der Kommunisten weiter aus. Sie stößt jedoch am Han-Fluß in der Provinz Hupei auf heftigen Widerstand der Regierungstruppen, die einen militärischen Erfolg erringen.

CHARLIE CHAPLIN

ERST u. ALLEIN AUFFÜHRUNG
4. APRIL
SASCHA PALAST

LICHTER DER GROSZSTADT
[CITY LIGHTS]
IM BEIPROGRAMM: CHARLY GAUDRIOT MIT SEINEM JAZZ-ORCHESTER
IM SASCHA-PALAST AM RENNWEG, KREUZUNG UNGARGASSE
TEL U10-4-34   U10-2-20

4. April. Charlie Chaplins Film »Lichter der Großstadt« (City Lights) läuft in den Kinos Europas an. Charlie Chaplin beginnt nach einer schweren persönlichen Krise – die Scheidung von seiner zweiten Frau Lita Grey liegt hinter ihm – eine triumphale Reise um die Welt.

MAI

Mo	Di	Mi	Do	Fr	Sa	So
				1	2	3
4	5	6	7	8	9	10
11	12	13	14	15	16	17
18	19	20	21	22	23	24
25	26	27	28	29	30	31

1. Eröffnung einer Radiostation in Noginsk bei Moskau. Sie hat von allen Funkstationen der Welt die größte Reichweite.

4. US-Schatzamt schätzt Haushaltsdefizit für 1930/31 auf eine Milliarde Dollar.

4. Türkische Nationalversammlung wählt Kemal Pascha erneut zum Staatspräsidenten.

5. Reichsregierung erläßt Verordnung über Senkung des Brotpreises.

8. Erste Fernsehaußenübertragung während des Morgenprogramms der Baird Company vor den Studios Long Acre in London.

11. Zwei Tage dauernde Brandschatzung spanischer Klöster beendet. →

11. Premiere des Spielfilms »M« von Fritz Lang mit Peter Lorre und Gustaf Gründgens in den Hauptrollen. →

11. Unterzeichnung des preußischen Konkordats mit den evangelischen Kirchen.

11. Zusammenbruch der Österreichischen Credit-Anstalt. →

13. Wahl von Paul Doumer zum neuen Staatspräsidenten Frankreichs.

13. IOC vergibt XI. Olympische Sommerspiele 1936 mit 43 Stimmen an Berlin, Barcelona erhält 16 Stimmen.

15. Der Papst warnt in einer Enzyklika vor den Irrlehren des Sozialismus.

17. NSDAP wird bei den Landtagswahlen in Oldenburg stärkste Partei vor der SPD: 19 (3) gegen 11 (15) Sitze.

19. Reichspräsident Hindenburg tauft in Kiel einen Panzerkreuzer auf den Namen »Deutschland«.

24. Deutschland verliert in Berlin ein Fußballänderspiel gegen Österreich mit 0:6.

27. Prof. Auguste Piccard startet in Augsburg zu einem Stratosphären-Ballonflug und erreicht eine Höhe von 15 781 Metern. Der Ballon landet um 22 Uhr auf dem Eisfeld des Gurglferners in Tirol.

30. Konflikt zwischen Papst und italienischer Regierung. →

GESTORBEN:

29. Felix Hollaender (* 1. 11. 1867), deutscher Schriftsteller. →

Papst warnt Mussolini

30. Mai. In Italien entlädt sich Ende Mai der Zündstoff eines Streites zwischen der Kurie und der Regierung. Diese läßt durch die Präfekten alle Organisationen der Laienbewegung »Azione Cattòlica« (Katholische Aktion) auflösen und fordert eine entsprechende Reaktion des Papstes heraus. Anläßlich eines Empfangs wendet er sich scharf gegen das Vorgehen der Regierung und bezichtigt sie des Verstoßes gegen das Konkordat. Er beauftragt die italienischen Bischöfe mit der Leitung der Aktion und läßt am 31. Mai eine Protestnote bei der Regierung überreichen.

In einem Schreiben an den Erzbischof von Mailand läßt der Papst bereits Anfang Mai seine Mißbilligung über den Anspruch des faschistischen Regimes in Italien auf die Jugenderziehung anklingen. Der faschistische Anspruch auf eine Totalität des Regimes und des Staates, die auch das überirdische Leben umfassen wolle, sei ein offenkundiges Absurdum. Eine Ungeheuerlichkeit wäre es, wenn er in die Praxis umgesetzt werden sollte.

Regierung rettet Bank

11. Mai. Während man sich im Deutschen Reich mit der Senkung des Brotpreises befaßt, setzt der Zusammenbruch der Österreichischen Credit-Anstalt ein erstes Zeichen für eine tiefergehende Krise. Die Bank teilt der Regierung für das Geschäftsjahr einen Verlust von 140 Millionen Schilling mit. Da die Credit-Anstalt nicht nur ein Bankinstitut mit weitverzweigten internationalen Interessen ist, sondern auch ein großer Teil der wichtigsten österreichischen Industrieunternehmen zum Konzern der Bank gehört, entschließt sich die Regierung, eine Katastrophe zu vermeiden und die Bank zu stützen. Die Österreichische Nationalbank und das Haus Rothschild führen auf Initiative der Regierung je 30 Millionen Schilling an die Credit-Anstalt ab, 100 Millionen werden vom österreichischen Bund zur Verfügung gestellt.

Da im Inland keine Mittel dafür vorhanden sind, will der Bund diese durch Plazierung von Schatzscheinen für vermutlich drei Jahre im Ausland beschaffen. Der österreichische Bund wird durch diesen Vorgang Großaktionär der Bank und läßt sich vom Nationalrat ermächtigen, die Haftung als Bürge und Zahler für Kredite zu übernehmen. Die alarmierte europäische Geschäftswelt und die Regierungen lassen die Bank für Internationale Zahlungen (BIZ) und zehn europäische Notenbanken Stützungsmaßnahmen für die österreichische Währung vornehmen und entsenden ihre Experten zur Beratung nach Wien.

Theater verliert Felix Hollaender

29. Mai. Mit dem Tod von Felix Hollaender, der im Alter von 63 Jahren in Berlin stirbt, verliert die Berliner Theaterszene eine ihrer schillerndsten Figuren. Der vielseitige Künstler war zunächst Dramaturg am Deutschen Theater in Berlin und wurde 1920 Nachfolger Max Reinhardts als Leiter des Großen Schauspielhauses.

Später wechselte er die Fronten und wirkte als Theaterkritiker und Verfasser von naturalistischen Unterhaltungsromanen zum Zeitgeschehen in Berlin.

Volkswut richtet sich gegen Kirche

11. Mai. In Spanien richtet sich die Volkswut nach der Abschaffung der Monarchie im Mai gegen die Kirche. In Madrid und anderen Orten des Landes kommt es zum Sturm auf Klöster und Kirchen, von denen viele in Flammen aufgehen. Der Primas von Spanien, Kardinal Segura von Toledo, muß sich vorübergehend nach Frankreich absetzen. Die Republikaner erklären den Adel für abgeschafft und verbieten Religionsunterricht im Lande. Landbesitz von Kirche und Adel wird beschlagnahmt.

11. Mai. Der Film »M. Mörder unter uns« von Fritz Lang wird uraufgeführt. Er schildert Verbrechen und Massenhysterie der 30er Jahre.

Peter Lorre in der Hauptrolle spielt den Mörder, der Berlin in Schrecken versetzt, bevor er gestellt wird.

1931
JUNI

Mo	Di	Mi	Do	Fr	Sa	So
1	2	3	4	5	6	7
8	9	10	11	12	13	14
15	16	17	18	19	20	21
22	23	24	25	26	27	28
29	30					

6. Brandkatastrophe im Münchner Glaspalast vernichtet fast 3000 ausgestellte Gemälde, darunter die Sonderausstellung der deutschen Romantiker.

7. Rudolf Caracciola gewinnt auf dem Nürburgring das ADAC-Eifelrennen vor Hans-Joachim von Morgen.

9. Italienische Regierung überreicht dem Vatikan eine Antwortnote wegen der Vorgänge um die Katholische Aktion (→ Mai 1931).

11. KPD veranstaltet in Berlin und anderen Städten Hungermärsche.

12. Henri Ford I. eröffnet im Kölner Stadtteil Niehl eine Niederlassung seines amerikanischen Automobilkonzerns.

13. Papst verlangt in einer neuen Note an Italiens Regierung Erklärung des Bedauerns wegen der Katholischen Aktion.

14. Untergang eines Ausflugsdampfers auf der Loire fordert Hunderte von Todesopfern – größte Schiffskatastrophe seit Untergang der »Titanic«.

14. Hertha BSC Berlin wird mit einem 3 : 1-Sieg gegen München 1860 Deutscher Fußballmeister.

14. Englische Privatfahrer Earl Howe und Sir Henry Birkin gewinnen auf Alfa Romeo 24-Stunden-Rennen von Le Mans.

15. Kardinal Segura von Toledo wird von der spanischen Regierung ausgewiesen und reist nach Rom ab.

16. Rücktritt der Regierung Ender in Österreich. →

17. Fußballänderspiel Schweden gegen Deutschland endet in Stockholm 1 : 1.

20. Bildung des Kabinetts Karl Buresch in Österreich. →

21. US-Präsident Hoover schlägt ein Schuldenfreijahr vor. →

21. Fußballänderspiel Norwegen gegen Deutschland endet in Oslo 2 : 2.

28. Überragender Wahlsieg der republikanisch-sozialistischen Koalition bei spanischen Parlamentswahlen.

29. Zahl der Arbeitslosen in England wird mit 2 665 000 angegeben.

30. Preußisches Staatsministerium lehnt Begnadigung des zum Tode verurteilten Düsseldorfer Massenmörders Peter Kürten ab.

Finanzen in der Krise

20. Juni. Die durch den Youngplan auf dem Papier geregelte Frage der Bezahlung der Reparations- und Kriegsschulden droht in diesem Monat aus den Fugen zu geraten. Die Wirtschaftslage in Deutschland macht es unwahrscheinlich, daß die für Juli fällige Rate gezahlt werden kann. Dies wiederum würde bei den Empfängern, Deutschlands Gläubigerländern, Schwierigkeiten für die von ihnen an die USA zu leistenden Kriegsschuldzahlungen zur Folge haben.

Der Youngplan sieht für Deutschland bis zum Jahre 1988 jährliche Zahlungen vor, die an eine ganze Reihe von Staaten gehen, von denen wiederum erhebliche Zahlungen an die USA als Hauptgläubiger der Alliierten des Weltkrieges zu leisten sind. In den Protokollen der Verträge tauchen in diesem Zusammenhang astronomische Milliardensummen auf, die angesichts der Weltwirtschaftslage von keinem Land aufgebracht werden können. Für Deutschland erfordert allein das Zinsaufkommen für die bei der Bank für Internationale Zahlungen (BIZ) aufgenommenen Youngplan-Anleihe jährlich 110 Millionen Mark.

Reichskanzler Heinrich Brüning und Außenminister Julius Curtius versuchen bei einem Staatsbesuch in England (5. bis 9. Juni) ihren Gesprächspartnern diese äußerst schwierige Situation zu erläutern, müssen aber ohne greifbare Ergebnisse die Heimreise antreten.

So hofft man nun in Berlin auf die Vereinigten Staaten, deren Präsident Herbert Hoover in einem Telegramm von Reichspräsident Paul von Hindenburg auf die deutsche Notlage aufmerksam gemacht wird und entsprechend reagiert. Er schlägt den betroffenen Ländern ein Zahlungsmoratorium vor, das den Aufschub aller zwischen den Regierungen bestehenden Verpflichtungen hinsichtlich Reparations- und Kriegsschuldenzahlungen für die Zeit vom 1. Juli 1931 bis 30. Juni 1932 vorsieht.

Der in Europa weilende US-Schatzsekretär Andrew W. Mellon verhandelt sogleich mit den betroffenen Staaten, während die Deutsche Reichsbank von einem internationalen Bankenkonsortium einen 100-Millionen-Dollar-Kredit zur Stützung erhält, nachdem größere Mengen an Guthaben vom Ausland abberufen wurden.

Ender tritt zurück

20. Juni. Die im Vormonat ausgebrochene Finanzkrise wächst sich in Österreich zur Regierungskrise aus, die mit dem Rücktritt des Kabinetts Ender und der Bildung einer neuen Regierung unter Bundeskanzler Karl Buresch endet.

Die Regierung Ender findet im Parlament keine Mehrheit für ihr bescheidenes Deckungsprogramm und bietet bereits am 12. Juni den Rücktritt an, führt dann aber die Kreditverhandlungen mit dem Ausland weiter, die die Sanierung der österreichischen Zahlungsbilanz zum Ziele haben. Bei diesen Verhandlungen erweist sich Frankreich als unnachgiebiger Partner und verknüpft Kreditgewährung an Österreich mit der Frage der geplanten und von Frankreich abgelehnten Zollunion mit Deutschland. Im Kern sieht diese geplante Zollunion den Anfang einer Neuordnung der europäischen Wirtschaftsverhält-

nisse auf dem Weg regionaler Vereinbarung vor. Obwohl Deutschland und Österreich den Beitritt interessierter Drittländer zulassen, wird Protest laut.

Nach dramatischen Verhandlungen wird ein Kompromiß zur Stützung der österreichischen Währung erzielt, der von den Parteien aber keine Rückendeckung erhält. Daraufhin demissioniert Otto Ender, wird allerdings wieder mit der Regierungsbildung beauftragt. Im Parteienhader scheitert aber sowohl sein als auch des ehemaligen Bundeskanzlers Ignaz Seipels Versuch einer Kabinettsbildung. Sie gelingt schließlich dem Führer des christlich-sozialen Parlamentarischen Clubs, Karl Buresch. In seiner Regierungserklärung knüpft Buresch an das Programm der zurückgetretenen Regierung an und stellt die Konsolidierung der Staatsfinanzen an oberste Stelle.

1931
JULI

Mo	Di	Mi	Do	Fr	Sa	So
		1	2	3	4	5
6	7	8	9	10	11	12
13	14	15	16	17	18	19
20	21	22	23	24	25	26
27	28	29	30	31		

1. Währungen von 15 Ländern unter ihren nominellen Goldwert gesunken.

3. Max Schmeling verteidigt seinen Weltmeistertitel in Cleveland (Ohio) durch K.-o.-Sieg in der 15. Runde gegen William Young Stribling.

3. Cilly Aussem siegt im Tennis in einem rein deutschen Finale mit 6 : 2, 7 : 5 gegen Hildegard Krahwinkel. Sie ist damit erste und bisher einzige deutsche Wimbledonsiegerin.

4. Papst erläßt Enzyklika für »Azione Cattolica«.

4. Bayrische Landpolizei besetzt das der NSDAP gehörende »Braune Haus« in München.

5. Der Düsseldorfer Massenmörder Peter Kürten wird durch das Fallbeil hingerichtet.

13. Dänemark ruft Völkerbund wegen Okkupation Ostgrönlands durch Norwegen an und erhebt Klage vor dem Internationalen Gerichtshof in Den Haag.

13. Darmstädter und Nationalbank stellt die Zahlungen ein. →

14. Zweitägige Schließung der Banken durch Notverordnung in Kraft gesetzt.

19. Rudolf Caracciola gewinnt den Großen Preis von Deutschland auf dem Nürburgring.

20. Beginn der Sieben-Mächte-Konferenz in London zur deutschen Wirtschaftslage. →

23. In Wien beginnen die Weltspiele der Arbeitersportverbände.

24. Luftschiff »Graf Zeppelin« mit Hugo Eckener zu wissenschaftlicher Expedition in die Arktis gestartet.

26. Der Franzose Antonin Magne gewinnt die Tour de France 1931.

28. Gesetzliches Verbot von Filmvorführungen am Sonntag in England aufgehoben.

31. Militärischer Erfolg für Tschiang Kai-schek gegen aufständische Kommunisten in China.

GEBOREN:

31. Ivan Rebroff (Hans Rippert), deutscher Sänger.

GESTORBEN:

12. Friedrich Gundolf (* 20. 6. 1880), deutscher Literaturforscher.

Weltwirtschaft vor dem Zusammenbruch

13. Juli. Die Weltwirtschaftskrise des Jahres 1931 erreicht in diesem Monat ihren Höhepunkt und führt zum vorübergehenden Zusammenbruch des deutschen und internationalen Zahlungsverkehrs. Der Ansturm ausländischer Gläubiger auf die deutschen Banken ist nicht mehr zu bremsen. Der Reichsbankpräsident versucht bei Kreditverhandlungen im Ausland zu retten, was zu retten ist, scheitert aber an der uneinsichtigen Haltung der deutschen Gläubiger.

Als mit der Darmstädter und Nationalbank (Danat) eines der angesehensten und wichtigsten Kreditinstitute seine Zahlungen einstellt, wird eine Kettenreaktion ausgelöst, während der es durch einen panikartigen Sturm auf alle Banken und Sparkassen zum Kollaps des Zah-

Auf dem Höhepunkt der Krise: Vom frühen Morgen an stehen die Berliner vor den Banken Schlange.

lungsverkehrs kommt. Um den totalen Zusammenbruch zu verhindern, schließt die Regierung per Notverordnung alle Banken und Börsen. Angesichts einer am 15. Juli gemeldeten Arbeitslosenzahl von 3 956 000 (Sommerhöchststand) können auch die Zinsmaßnahmen vom selben Tag (Diskont von 7 auf 10, Lombard von 8 auf 15 Prozent heraufgesetzt) kaum Erfolg haben. Im Laufe des Monats geraten zahlreiche Banken in Europa in Zahlungsschwierigkeiten und schließen vorübergehend ihre Pforten.

Chance für das Reich

20. Juli. Auf Einladung Englands beginnt an diesem Tag die sogenannte Sieben-Mächte-Konferenz in London, an der die USA, England, Frankreich, Italien, Japan, Belgien und Deutschland teilnehmen. Einziges Thema: Die Lage der deutschen Wirtschaft. Nach dreitägigem Ringen, das insbesondere von der unnachgiebigen Haltung Frankreichs geprägt ist, kommt ein Kompromiß zustande: Die BIZ und elf wichtige Gläubigerländer sollen Stillhalteabkommen für die deutschen Privatschulden bei ausländischen Banken abschließen, der 100-Millionen-Dollar-Kredit wird um weitere drei Monate verlängert, ein internationaler Ausschuß, der sogenannte Layton-Ausschuß, soll Art und Umfang der deutschen Schulden genau feststellen.

Im Deutschen Reich versucht indessen die Regierung mit einem Bündel von Notverordnungen den

Geldwert zu stabilisieren, damit der Zahlungsverkehr wieder in geordneten Bahnen verlaufen kann. Zu den Maßnahmen gehört auch eine Erhöhung der Leitzinssätze, die am 31. Juli ungewöhnliche Werte erreichen: Der Diskont klettert auf 15, der Lombard auf 20 Prozent. Einen Tag zuvor wird die Prägung von Fünfmarkstücken im Gesamtwert von 100 Millionen Mark genehmigt, um die Zahlungsmittelknappheit zu mindern.

Nach einem Besuch der englischen Regierungsspitze mit Ministerpräsident James Ramsay MacDonald und Außenminister Arthur Henderson in Berlin ist schließlich Ende des Monats ein wichtiges Ziel erreicht: Ein Stillhalteabkommen Deutschlands mit englischen und amerikanischen Banken über die Nichtabziehung kurzfristiger Auslandskredite gibt der deutschen Wirtschaft eine Überlebenschance.

Zahlungsaufschub für Kriegsschulden

6. Juli. Im Strudel der Ereignisse geht einer der wichtigsten Beschlüsse des Jahres fast unter: Nach harten Verhandlungen mit dem schärfsten Widersacher Frankreich können die USA das Inkrafttreten des Hoover-Moratoriums melden, das die

Bezahlung interalliierter Kriegsschulden für ein Jahr aussetzt und für Deutschland ebenfalls einen gewissen Zahlungsaufschub bringt. Die Verhandlungspartner müssen wegen der Bankenkrise in Deutschland aber in Paris bleiben.

FESTSPIELE / FESTIVALS
SALZBURG
JULI 30. – AUGUST 31

30. Juli. Die Stadt Salzburg lädt – ungeachtet der Weltwirtschaftskrise – mit diesem Plakat zu den Festspielen ein und findet ihr Publikum.

Preis im Einzelverkauf
an Wochentagen
18 Groschen
an Sonn- u. Feiertagen
24 Groschen

Bezugspreis
für die Bundesländer:
Monatlich . . . . S 4·20
für das Ausland:
Deutschland . . RM 3·—
Tschechosl. Republik Kč 22·—
Polen . . . . . Zl. 7·—
Jugoslawien . . Din. 60·—
Alle sonstigen des Weltpostvereins angehörenden Länder
Österr. Schilling 7·—

Arbeiter-Zeitung

Zentralorgan der Sozialdemokratie Deutschösterreichs

Erscheint täglich um 6 Uhr morgens, Montag um 1 Uhr mittags

Schriftleitung
Verwaltung
Druckerei u. Versand:
V. Rechte Wienzeile 97
Telephon:
B 29-5-10 Serie
Alleinige Anzeigenannahme
„Annoncen"
Annoncen-, Reklame-
u. Verlags-Gesellschaft
I. Schulerstraße 13
Tel. R 23-5-70 bis 73 und
R 29-1-70 bis 71.
Bezugsbedingungen
für Wien:
In allen Postämtern u. b. Zusendung durch die Post
Monatlich . . . . S 4·20

Nr. 209.   Wien, Freitag, 31. Juli 1931.   **44. Jahrgang.**

Der Internationale Kongreß

Heute vor- und nachmittags Vollsitzung.

9.30 Uhr Vollsitzung. Debatte über das Referat Bauers; die ersten Redner sind: Leon Blum (Frankreich), Rudolf Breitscheid (Deutschland).

15 Uhr Vollsitzung.

18 Uhr Besprechung der sozialistischen Kunststellen.

Morgen wird die Matteotti-Gedenktafel enthüllt.

Die Hausgemeinschaft im Matteottihof hat eine Matteotti-Gedenktafel, ein Werk des Bildhauers Charoux, gestiftet; wir haben sie unseren Lesern bereits im Bild vorgeführt. Die Gedenktafel wird morgen Samstag um ½6 Uhr abends (nicht um 6 Uhr, wie es in den Einladungen heißt) feierlich enthüllt. Zu der Feier werden auch die Delegierten des Internationalen Kongresses kommen; sprechen werden Emile Vandervelde und Wilhelm Ellenbogen.

Um ½8 Uhr abends ist ebenfalls im Matteottihof, eine Matteotti-Feier, bei der die Matteottikompanie des Schutzbundes Margareten angelobt wird.

Die Stillhalteaktion.

(Bericht der Arbeiter-Zeitung.)

Berlin, 30. Juli. Für die Durchführung der Beschlüsse der Londoner Konferenz über die Stillhalteaktion zugunsten Deutschlands ist ein wesentlicher Fortschritt erzielt worden. In Basel ist als Spitzenorganisation der nationalen Stillhaltekonsortien eine Stillhaltekommission der BIZ gebildet worden, in der auch Deutschland vertreten ist.

In Berlin ist mit den Vertretern der englischen und amerikanischen Banken eine grundsätzliche Vereinbarung erzielt worden, nach der sich die Auslandbanken mit ihren nach Deutschland gegebenen Krediten verpflichten. Das Uebereinkommen betrifft zunächst die englischen und amerikanischen Banken, aber es kann angenommen werden, daß die Großbanken in Holland und in der Schweiz sich anschließen werden, so daß damit die Stillhaltung des weitaus größten Teiles der an Deutschland gegebenen Kredite gesichert ist.

Brüning und Curtius fahren nach Rom.

Wie verlautet, werden Reichskanzler Dr. Brüning und Reichsaußenminister Dr. Curtius der Einladung nach Rom Folge leisten, sobald die innerpolitische Lage geklärt ist.

Weltgeschichtlicher Augenblick

Die Aufgabe der deutschen Arbeiterklasse — Otto Bauers politisches Referat — Der Kongreß auf dem Höhepunkt

Gestern hat der Kongreß der Internationale der ganzen Welt die Kampfentschlossenheit der sozialistischen Arbeiterschaft kundgetan, den kapitalistischen Regierungen ein letztes Warnungssignal, dem europäischen Proletariat eine große Parole gegeben. Als Sprecher der Internationale hat Otto Bauer das welthistorische Entweder — Oder! formuliert, entweder die Rettung der deutschen, der europäischen Demokratie durch Maßnahmen der Regierungen, durch Abkehr des Kapitalismus von faschistischen Abenteuern — oder der Kampf mit allen Mitteln, Zusammenbruch der Zivilisation, gewaltsamer Durchbruch des Sozialismus; diesen Kampf würden, Otto Bauer hat es klar und unzweideutig gesagt, die sozialdemokratischen Arbeiter in der ersten Linie der Schützengräben führen. Es gibt zwei Wege zum Sozialismus: einen ist der Bolschewismus gegangen, den andern wollen wir gehen, einer führt durch alle Schrecken des Terrors und der Diktatur, der andre durch die Demokratie, durch den Frieden, wehe, wenn man uns, trotz unseren Bemühungen, trotz ungeheuren Opfern, den Weg der Demokratie versperrt!

Schon der Beginn der Sitzung war eine eindrucksvolle Demonstration; nicht zwei Männer, wie bisher, sondern drei Männer führten den Vorsitz. In der Mitte saß Vandervelde, der Führer der Internationale, rechts von ihm der alte Turati, der Italiener, links von ihm der junge Cabello, der Spanier; der Genius der italienischen Freiheit, die heute im Exil schmachtet und morgen, übermorgen die faschistische Diktatur zerschlagen und das italienische Volk erlösen wird, und der Genius der spanischen Freiheit, die gestern die Diktatur zerschlagen hat und morgen, übermorgen in Spanien den Sozialismus zum Siege führen wird. „Der Faschismus wird eine weltgeschichtliche Episode sein, die Internationale wird einst auf dem römischen Kapitol zu Gaste sein!", das kündete Turati, Repräsentant des leidenden, vom Faschismus unterdrückten Proletariats. „Der Faschismus war eine Episode des Sozialis...

das anders geworden; alles strömte herein, sämtliche Plätze waren besetzt, eng gedrängt standen viele, die keinen Platz mehr fanden, vor der Rednertribüne, die Galerien hatten sich blitzschnell gefüllt, mit höchster Spannung warteten alle auf das entscheidende Referat. Als Sprecher der Internationale hat Otto Bauer das welthistorische können es offen einbekennen, wir österreichischen Sozialdemokraten: wir waren ein wenig stolz, daß sich in einem österreichischen Sozialdemokraten die Stimme der Internationale verkörperte, daß die Sozialdemokratie dieses kleinen, politisch ohnmächtigen Landes das höchste Vertrauen der Internationale genießt und mächtig eingreifen vermag in die Politik der europäischen Arbeiterklasse. Die Rede Bauers wurde immer wieder von demonstrativem Beifall unterbrochen, der Kampfgeist, der so durchloderte, die schicksalhafte Eindringlichkeit, die ihr das Gepräge gab, ergriff den ganzen Kongreß; und als Bauer geendet hatte, mit der gewaltigen Drohung an den Kapitalismus und dem gewaltigen Appell an die Arbeiterklasse, entlud sich die atemlose Spannung, die länger als eine Stunde gewährt hatte, in minutenlangen Ovationen für den Mann, aus dessen Mund die Internationale gesprochen hatte.

Gruß den von der Diktatur Geknechteten und den von der Diktatur Befreiten!

Im Zeichen einer leidenschaftlichen Solidaritätskundgebung des Kongresses für die Opfer des italienischen Faszismus und einer jubelnden Begrüßung der jungen spanischen Republik mit ihrer siegreichen sozialistischen Partei stand der Beginn der Nachmittagssitzung des Kongresses. Vandervelde übernimmt gemeinsam mit Turati und mit Cabello, dem Präsidenten der spanischen sozialistischen Partei, den Vorsitz und begrüßt im Namen der Internationale die beiden Vorkämpfer des Sozialismus:

Ich begrüße Turati, den Vertreter Italiens, der seit vielen Jahren an unserer Seite kämpft (lebhafter Beifall), der heute in seiner Person den Widerstand gegen die dunklen Gewalten verkörpert, die Treue zur Ueberzeugung seiner Jugendjahre und den Glauben an eine bessere Zukunft. Und ich begrüße Cabello, den Vertreter der spanischen Partei, die der europäischen Demokratie die größte Freude bereitet hat, die dieser Demokratie seit vielen Jahren zuteil geworden ist. Ich grüße das triumphierende Beispiel der spanischen Demokratie, die gezeigt hat, daß Diktaturen gestürzt werden können, die allen Parteien, die heute noch unter der Unterdrückung leiden, ein Beispiel gegeben hat, das alle befolgen wollen.

In einigen Jahren, ich bin dessen gewiß, wird der Tag kommen — wenn ich ihn vielleicht auch nicht erleben werde —, da

die italienischen Sozialisten die Internationale einladen werden zu einem großen internationalen Kongreß auf dem Kapitol (lebhafter Beifall), der strahlenden Burg einer neuen sozialen Republik Italien. (Großer Beifall.)

Nun spricht Cabello (er spricht Spanisch, Fabra Ribas übersetzt seine Rede zunächst ins Französische):

Wir nehmen die große Ehre, die uns hier zuteil wird, mit aller Bescheidenheit entgegen. Wir haben die spanische Republik begründet, und wir können mit Stolz sagen, daß sie keine militärische Republik ist, eine, in der die militärischen Kräfte nur den Hilfswerk zu verrichten haben. Die spanische Republik hat sich auch in wirtschaftlicher, in finanzieller Beziehung ohne auswärtige Hilfe aufgerichtet. Freilich, große Probleme, schwere Fragen stehen vor uns, vor allem die Agrarfrage und das Problem der Arbeitslosigkeit. Aber geleitet, vorwärtsgetrieben durch die Kraft der sozialistischen Partei, die die Achse der Politik der neuen spanischen Re...

1931
AUGUST

Mo	Di	Mi	Do	Fr	Sa	So
					1	2
3	4	5	6	7	8	9
10	11	12	13	14	15	16
17	18	19	20	21	22	23
24	25	26	27	28	29	30
31						

1. Neue (7.) Notverordnung zur Wiederaufnahme des Zahlungsverkehrs.

1. Erstbesteigung der Matterhorn-Nordwand durch die per Fahrrad nach Zermatt angereisten Münchner Brüder Franz und Toni Schmid.

2. Caracciola gewinnt das Berliner Avusrennen vor von Morgen und Manfred von Brauchitsch.

5. Erster normaler Bankverkehrstag nach der Krise nimmt einen glatten Verlauf. →

6. Japan und China nehmen wieder diplomatische Beziehungen auf.

8. Reichskanzler Brüning wird während Staatsbesuchs in Rom vom Papst in Privataudienz empfangen.

9. Volksentscheid wegen Auflösung des preußischen Landtages scheitert.

12. Nach einer Überschwemmungskatastrophe am Jangtsekiang werden 23 Millionen Chinesen obdachlos, 8000 kommen in den Fluten um.

13. Premiere des dokumentarischen Spielfilms »Douaumont« über die Kämpfe des Jahres 1916 von Heinz Paul.

14. Premiere des Spielfilms »Salto mortale« von E. A. Dupont mit Adolf Wohlbrück in der Hauptrolle. →

15. Arbeitslosenzahl in Deutschland steigt auf 4,104 Millionen.

18. Unterzeichnung des Layton-Berichts über die Wirtschaftslage des Deutschen Reiches. →

20. Spanische Regierung sperrt durch Dekret das Verfügungsrecht über Kirchengüter.

24. Paraphierung eines französisch-russischen Neutralitäts- und Nichtangriffspaktes.

24. Polen bietet der Sowjetunion Nichtangriffspakt an.

24. Rücktritt des Kabinetts MacDonald in England. →

25. Bildung eines nationalen Kabinetts in England. →

29. Mahatma Gandhi reist von Bombay zur Indienkonferenz nach London ab.

30. Premiere des Spielfilms »Der Zinker« nach dem Roman von Edgar Wallace mit Lissy Arna, Karl Ludwig Diehl, Fritz Rasp und Paul Hörbiger. →

Bankschalter wieder geöffnet

18. August. Mit der Unterzeichnung des Stillhalteabkommens zwischen Deutschland und seinen Auslandsgläubigern bringt der August einen ersten wichtigen Schritt in Richtung Stabilisierung der internationalen, vor allem aber deutschen Finanzsituation. Der Layton-Bericht kommt bei Feststellung der kurzfristigen Auslandsschulden deutscher Banken nach Korrektur zu folgenden Ergebnissen: Zwölf Milliarden Mark kurzfristige Schulden, ebensoviel langfristige,

dazu kommen noch fünf Milliarden ausländische Vermögenswerte in Deutschland. Der Ausschuß kommt in seinem Schlußbericht zu der Überzeugung, daß Kapitalbewegungen in dieser Größenordnung das internationale finanzielle Gleichgewicht stören und will Einzelheiten der praktischen Durchführung der Sanierung Deutschlands in Kürze der Öffentlichkeit bekanntgeben.

In Deutschland ist unterdessen der Zahlungsverkehr wiederauf-

genommen worden, allerdings mit erheblichen Beschränkungen. Sämtliche Auszahlungen bleiben auf Höchstbeträge von einigen 100 Mark beschränkt. Durch eine strenge Devisenordnung wird darüber hinaus weiter an der Stabilisierung der Mark gearbeitet. Auch die in Schwierigkeiten geratenen Banken haben an diesem ersten Schaltertag nach der Krise geöffnet. Aus dem ganzen Land wird ein ruhiges, von keinerlei Zwischenfällen gestörtes Geschäft gemeldet.

Schlager in den Kinos

Hans Albers (l.) und Heinz Rühmann (r.) in »Bomben auf Monte Carlo«.

14. August. Der August bringt für das deutsche Kinopublikum einige Premieren, die zu großen Kassenschlagern werden. Zunächst bewundert man Adolf Wohlbrück im Zirkusfilm »Salto mortale«, bis dann »Der Zinker«, ein Kriminalfilm nach der Vorlage des Romans von Edgar Wallace, die Zuschauer

in seinen Bann schlägt. Lissy Arna, Karl Ludwig Diehl, Fritz Rasp und Paul Hörbiger sind die vertrauten Hauptdarsteller. Einen Tag später landet Hans Schwarz mit »Bomben auf Monte Carlo« einen ausgesprochenen Kinohit. Hans Albers, Heinz Rühmann und Ida Wüst fesseln darin ihr Publikum.

Englisches Pfund kommt in Gefahr

24. August. Die Folgen der internationalen Schuldenverflechtung treffen England nach dem Ausbruch der Krise in Deutschland als erstes der deutschen Gläubigerländer. Ministerpräsident James Ramsay MacDonald sieht sein Sparprogramm gefährdet und tritt deshalb zurück. In dieser Situation greift König George V. selbst ein, empfängt alle drei Parteiführer und beauftragt MacDonald mit der Bildung einer Allparteien-Regierung. Diese kommt schon am 25. August zustande und nimmt die Arbeit am Notprogramm zur Sanierung des Pfundes auf. Die Bank von England nimmt in Frankreich und den USA zwei Millionen-Kredite auf, muß aber zur Deckung einen Teil ihres Goldbesitzes verpfänden.

DO-X 1 landet in New York

27. August. Der August bringt für das krisengeschüttelte Deutschland auf einem anderen Gebiet wenigstens einen Prestigeerfolg. Das Flugboot Dornier DO-X, derzeit größter Flugkörper zur Personenbeförderung, landet in New York und hat damit eine von mehreren Zwischenfällen begleitete, über Amsterdam, Lissabon, Rio de Janeiro und Miami führende Reise abgeschlossen. Höhepunkt war die Überquerung des Südatlantiks Anfang Juni, bei der eine Reisegeschwindigkeit von 176 Stundenkilometern erreicht werden konnte.

Die DO-X, das derzeit größte Flugzeug, landet in New York.

1931

SEPTEMBER

Mo	Di	Mi	Do	Fr	Sa	So
	1	2	3	4	5	6
7	8	9	10	11	12	13
14	15	16	17	18	19	20
21	22	23	24	25	26	27
28	29	30				

1. Das Luftschiff »Graf Zeppelin« fliegt die Strecke Friedrichshafen–Pernambuco in zwei Tagen und 23 Stunden.

2. Aufhebung des Aufführungsverbots für den heftig umstrittenen Film »Im Westen nichts Neues«.

3. Wiedereröffnung der deutschen Effektenbörsen.

3. Deutschland und Österreich erklären vor dem Völkerbund in Genf Verzicht auf die Zollunion.

5. Beginn der zweiten Indienkonferenz in London.

8. Neue Beschwerde der deutschen Minderheit in Polen beim Völkerbund.

13. Putschversuch von Walter Pfrimer, dem Führer der steirischen Heimwehr in Österreich scheitert.

13. Deutschland verliert ein Fußballländerspiel gegen Österreich in Wien mit 0 : 5.

13. Ein Sprengstoffanschlag auf den Schnellzug Budapest–Wien fordert 25 Todesopfer.

15. Wegen Soldkürzungen kommt es bei der britischen Marine zu einem Flottenstreik.

18. Ausbruch von bewaffneten Auseinandersetzungen zwischen Japan und China. →

20. Bank von England hebt den Goldstandard auf und erhöht Diskontsatz von 4,5 auf 6 Prozent. →

20. Juan Zanelli (Spanien) nach Abschluß der Saison zum Europa-Bergmeister in der Rennwagenkategorie erklärt. Sieger in der Sportwagenkategorie wird Rudolf Caracciola auf Mercedes.

27. Deutschland gewinnt ein Fußballländerspiel gegen Dänemark in Hannover mit 4 : 2.

30. Britisches Pfund innerhalb von zehn Tagen an der Börse um 20 Prozent gefallen. →

30. Der Dom von Riga, bislang im Besitz der deutschen Minderheit, wird von der lettischen Regierung enteignet.

GEBOREN:

27. Freddy Quinn (Franz E. Nidl-Petz), deutscher Schlagersänger.

GESTORBEN:

9. Ludwig Josef Brentano (* 18. 12. 1844), deutscher Nationalökonom.

Briand am Grabe Stresemanns

28. September. An diesem Tag geht mit der Vereinbarung über Zusammenarbeit auf wirtschaftlichem Gebiet zwischen Deutschland und Frankreich ein historischer Staatsbesuch in Berlin zu Ende. Mit Ministerpräsident Pierre Laval und Außenminister Aristide Briand stattet erstmals seit 1878 eine französische Regierungsdelegation der Reichshauptstadt einen Besuch ab. Beim Empfang durch den Reichspräsidenten Paul von Hindenburg am Vortag wird von Beobachtern darauf verwiesen, daß der Name Hindenburgs auf der noch immer gültigen Kriegsverbrecherliste des Versailler Vertrages an der Spitze steht, insofern eine Begegnung von außergewöhnlicher Tragweite. Auch die Kranzniederlegung durch Briand am Grabe Gustav Stresemanns erregt in Berlin Aufsehen.

Französischer Besuch in Berlin (von links): Außenminister Curtius, Reichskanzler Brüning, Premierminister Laval, Außenminister Briand.

Fagioli gewinnt Preis von Monaco

Tazio Nuvolari vor dem Rennen.

6. September. Mit dem Sieg des Italieners Luigi Fagioli auf Maserati beim Großen Preis von Monaco endet die Automobilrennsaison. Dabei wird bekannt, daß Tazio Nuvolari mit Preisgeldern in Höhe von 280 000 Lire bestverdienender Fahrer geworden ist, vor seinem Landsmann Giuseppe Campari mit 222 000 Lire. Rudolf Caracciolas 32 000 Lire nehmen sich dagegen recht bescheiden aus.

»Nautilus« dringt unter das Eis vor

20. September. Mit der Ankunft im norwegischen Hafen Bergen endet eine abenteuerliche Reise, die Europa in diesem Monat ebenso wie die Währungskrise in Atem hält. Der australische Polarforscher George Hubert Wilkins versucht mit dem Tauchboot »Nautilus« unter dem Eis zum Nordpol vorzustoßen. Am 8. September meldet sich der Forscher von Spitzbergen und berichtet von Schäden an dem U-Boot. Trotz Verlust des Seerohres wird die Fahrt fortgesetzt, und am 11. September erreicht das Boot den Packeisrand. Nach einem ersten gelungenen Tauchversuch wird die Reise abgebrochen.

Harte Strafen für Ausschreitungen

22. September. Mit drakonischen Strafen ahndet die Berliner Justiz Ausschreitungen von Nationalsozialisten am jüdischen Neujahrsfest. 34 Personen werden zu Gefängnisstrafen zwischen neun Monaten und drei Jahren verurteilt, weil sie jüdisch aussehende Personen mißhandelt und ein jüdisches Kaffeehaus verwüstet haben.

Auf dem Höhepunkt ihres Erfolges befindet sich die beliebte österreichische Operettensängerin und Schauspielerin Fritzi Massary (eigentlich Friederike Massaryk) Anfang der dreißiger Jahre. Die angesehene Zeitschrift »Die Dame« zeigt den gefeierten Star in seiner Berliner Wohnung.

Pfund-Krise mit Kettenreaktionen

20. September. Das europäische Währungssystem kommt in diesem Monat erneut in Gefahr, nachdem England in Zahlungsschwierigkeiten gerät und die Bank von England den Goldstandard außer Kraft setzt. Das bedeutet, daß die Bank Gold nicht mehr zu einem bestimmten Preis abgeben muß.

Wie vorher in Österreich und Deutschland ist der Abfluß hoher ausländischer Guthaben aus London Ursache der Schwächung des englischen Pfundes. Die Maßnahme der englischen Regierung löst wieder eine Kettenreaktion im europäischen Bankwesen aus. Mehrere Länder heben den Goldstandard ebenfalls auf, zahlreiche Börsen – auch die deutsche – werden vorübergehend geschlossen. Der Vertrauensschwund in die englische Währung wird durch das am 9. September im Unterhaus eingebrachte Budget ausgelöst, das für die englische Öffentlichkeit schokkierende Einsparungsmaßnahmen enthält. Starke Einschränkungen der Arbeitslosenfürsorge und Besoldungskürzungen lösen erhebliche Unruhen aus. Es kommt sogar zu einem Flottenstreik, in dessen Verlauf empörte Schiffsbesatzungen ein Manöver abbrechen und in die Häfen zurückkehren.

Offener Konflikt Japan — China

18. September. Der schwelende Konflikt zwischen China und Japan bricht im September in offene Feindseligkeiten aus. Nach dem chinesischen Versuch, die Brücke der südmandschurischen Eisenbahn zu zerstören, erscheinen japanische Truppen in dieser Region und besetzen die Stadt Mukden. Auf Befehl des Gouverneurs der Mandschurei ziehen sich die Chinesen ohne Widerstand zurück. Der Völkerbund wird am 21. September angerufen, woraufhin sich die Japaner zwei Tage später wieder zurückziehen. Mukden und die Stadt Kirin bleiben aber besetzt. In diesen Regionen werden Ende des Monats eigene, von China unabhängige Verwaltungsgremien ausgerufen.

1931
OKTOBER

Mo	Di	Mi	Do	Fr	Sa	So
				1	2	3	4
5	6	7	8	9	10	11
12	13	14	15	16	17	18
19	20	21	22	23	24	25
26	27	28	29	30	31	

1. Frauenwahlrecht wird vom spanischen Parlament genehmigt.

3. Rücktritt des deutschen Außenministers Curtius. →

3. Papst-Enzyklika gegen politische Verhetzung der Arbeitslosen und für Abrüstung erscheint.

6. Den amerikanischen Fliegern Panghorn und Herndon gelingt ein Nonstopflug über den Stillen Ozean von Japan nach Wenatchee (US-Bundesstaat Washington).

8. Premiere des Spielfilms »Berlin Alexanderplatz« von Phil Jutz mit Heinrich George und Bernhard Minetti.

9. Wiederwahl von Wilhelm Miklas zum österreichischen Bundespräsidenten.

10. Reichspräsident Hindenburg empfängt erstmals Adolf Hitler und Hermann Göring zu politischen Gesprächen.

11. Tagung der »nationalen Opposition« in Bad Harzburg. →

15. Völkerbund lädt USA als Vermittler im chinesisch-japanischen Krieg ein.

15. Berlins Kinobesitzer stellen für Arbeitslose 60 000 Freikarten zur Verfügung.

17. Persische Regierung meldet Eindämmung der Cholera-Epidemie im Irak, die 1203 Todesopfer gefordert hat.

19. Grubenunglück in Herne fordert 17 Todesopfer.

22. Völkerbund fordert Japan zur Räumung der besetzten chinesischen Gebiete auf.

23. Premiere des Spielfilms »Der Kongreß tanzt« von Eric Charell mit Lilian Harvey und Willy Fritsch.

24. Al Capone wird in Chicago wegen Steuerhinterziehung zu elf Jahren Gefängnis und 50 000 Dollar Geldstrafe verurteilt.

26. Premiere des Schauspiels »Trauer muß Elektra tragen« von Eugene O'Neill in New York.

27. Erfolg für die nationale Regierung bei Parlamentswahlen in England.

GESTORBEN:

18. Thomas Alva Edison (* 11. 2. 1847), amerikanischer Erfinder. →

21. Arthur Schnitzler (* 15. 5. 1862), österreichischer Dramatiker. →

Rechtsopposition tagt

11. Oktober. Schon vor den Reichstagsberatungen kommt die Rechtsopposition in Bad Harzburg zusammen und bildet auf einer Tagung mit der sogenannten »Harzburger Front« eine oppositionelle Vereinigung, die sich den baldigen Sturz der demokratischen Verhältnisse in Deutschland zum Ziel setzt. Neben Adolf Hitlers NSDAP, der DNVP Alfred Hugenbergs, Teilen der DVP und dem Stahlhelm treten in Harzburg auch Großindustrielle auf. Sogar der frühere Reichsbankpräsident Hjalmar Schacht setzt sich für die Ziele dieser »nationalen Opposition« ein. In einem Appell an Hindenburg wird die Absetzung der Regierung Brüning gefordert.

Hugenberg (vorn, ganz links) beim Treffen der »Harzburger Front«.

Hindenburg regiert

16. Oktober. Als der wieder zusammengetretene Reichstag nach dreitägiger Debatte über die neue Regierung Heinrich Brüning alle Mißtrauensanträge gegen diese ablehnt, beginnt in Deutschland die Zeit der sogenannten Präsidialkabinette. Reichskanzler und Minister stellen in diesem Sinne nur noch Berater und Exekutivorgane des Reichspräsidenten dar.

Diese Entwicklung wird durch den Rücktritt von Außenminister Julius Curtius am 3. Oktober eingeleitet, dem sich das Kabinett Brüning am 7. Oktober anschließt. Brüning wird von Hindenburg wieder mit der Regierungsbildung beauftragt, mit der Maßgabe, eine völlig unabhängige Regierung ohne Parteibindung vorzustellen. Im neuen Kabinett, das sich als »Fachkabinett« versteht, sind bis auf Curtius und Josef Wirth die alten Namen vertreten. Brüning übernimmt zusätzlich zur Kanzlerschaft noch das Außenministerium, Reichswehrminister Groener zusätzlich das Innenministerium. Neu im Kabinett sind Hermann Warmbold, bisher Vorstandsmitglied der IG-Farben und Curt Joël, bisher Staatssekretär. Bei den Abstimmungen im Reichstag wird das Kabinett von der starken SPD-Fraktion toleriert und sichert sich damit zunächst Arbeitsfähigkeit.

Thomas Edison stirbt

18. Oktober. Im Alter von 84 Jahren stirbt in West Orange (New Jersey) Thomas Alva Edison, der mit seinen epochalen Erfindungen für ständigen technischen Fortschritt in der Welt sorgte. Seine bedeutendsten Erfindungen waren: 1862 selbsttätige Signaleinrichtung, 1870 Drucktelegraf für Börsenkurse, 1876 erste wirkliche Glühlampe, 1879 elektrische Kohlenfadenlampe, 1870/78 Duplex- und Multiplextelegraf, Verbesserung des Telefons, 1888 Verbesserung der Fotografie, 1891 Kinematograf, 1905 Diktiermaschine, 1914 Fernschreiber.

Thomas Edison bei einer Rundfahrt anläßlich seines 84. Geburtstages.

Spaniens Kirche unter Druck

14. Oktober. Nach dem Austritt von 52 kirchlich gesinnten Abgeordneten aus den Cortes verabschiedet das nur noch aus Vertretern der Linksparteien zusammengesetzte spanische Parlament ein Gesetz, das das Verhältnis Kirche und Staat regeln soll. Danach gelten Religionsgemeinschaften als Vereine, die einem besonderen Statut unterworfen sind.
Finanzielle Hilfe von Verwaltungsseite steht ihnen nicht zu. Die Arbeit religiöser Orden wird stark eingeschränkt und strenger staatlicher Kontrolle unterworfen.

Abschied von Arthur Schnitzler

21. Oktober. Im Alter von 69 Jahren stirbt in Wien Arthur Schnitzler. Der erfolgreiche Dramatiker, der ursprünglich Arzt war, schilderte in seinen Novellen und Dramen (u. a. »Leutnant Gustl«, »Anatol«, »Liebelei«, »Fräulein Else«), beeinflußt von Sigmund Freuds psychoanalytischer Methode, die Dekadenz der österreichischen Gesellschaft. Sein 1903 entstandener »Reigen« mit einer für die damalige Zeit freizügigen Darstellung und Diskussion erotischer Verhaltensweisen beschäftigte die Zensoren.

Arthur Schnitzler †.

1931
NOVEMBER

Mo	Di	Mi	Do	Fr	Sa	So
						1
2	3	4	5	6	7	8
9	10	11	12	13	14	15
16	17	18	19	20	21	22
23	24	25	26	27	28	29
30						

2. Uraufführung des Schauspiels »Geschichten aus dem Wiener Wald« von Ödön von Horváth in der Inszenierung von Heinz Hilpert am Deutschen Theater Berlin.

4. Britische Truppen rücken zur Bekämpfung von Mohammedanerunruhen in Kaschmir ein.

4. Uraufführung des Schauspiels »Judith« von Jean Giraudoux in Paris.

7. Völkerbund ruft nach dreitägigen Kämpfen zwischen chinesischen und japanischen Truppen am Nonnifluß (Nordmandschurei) zu Verhandlungen auf.

8. Großeinsatz der französischen Gendarmerie mit Panzerautos, Flugzeugen und Schnellbooten gegen das Bandenunwesen auf Korsika.

8. Nach mehreren umfangreichen Erdrutschen muß der Panamakanal für einige Wochen gesperrt werden.

11. Der amerikanische Naturwissenschaftler Frederick Allison meldet Entdeckung eines neuen Elements (Nr. 85), das er Halogen nennen will.

15. Großer Wahlsieg der NSDAP bei hessischen Landtagswahlen.

16. Zahl der Arbeitslosen wird in Deutschland mit 4 840 000 und in England mit 2 648 000 angegeben.

17. Premiere des Spielfilms »Kameradschaft« von Georg Wilhelm Pabst.

19. Der Göttinger Vitaminforscher Adolf Windaus gibt bekannt, daß die Herstellung des Vitamins D 1 in reiner Kristallform durch Bestrahlung gelungen ist (→ Dezember 1928).

20. Spanisches Parlament verurteilt Ex-König Alfons wegen Hochverrats und Bruchs der Verfassung in Abwesenheit.

20. Bergwerksunglück in Yorkshire fordert 42 Todesopfer.

27. Premiere des Spielfilms »Mädchen in Uniform« von Leontine Sagan mit Dorothea Wieck in der Hauptrolle.

30. Zahl der Millionäre in den USA wird für das Jahr 1930 vom statistischen Büro mit 19 300 angegeben.

GESTORBEN:

4. Charles »Buddy« Bolden (* ~ 1868), amerikanischer Jazzmusiker.

Smog-Alarm in Belgien

12. November. In Belgien gibt es in diesem Monat im Industriezentrum des Maastals einen spektakulären Fall von Luftverschmutzung, der später als »Smog« in anderen Industriegebieten der Welt geläufig wird. Ein als »tödlicher Nebel« bezeichneter Umweltschaden fordert mehrere Opfer und wird von einer Untersuchungskommission als aus den Abgasen der belgischen Eisenindustrie stammende Konzentration von Schwefelhydriden diagnostiziert.

Prozeß um Tod von 75 Säuglingen

17. November. Nach vierwöchiger Dauer gibt es im sogenannten Calmette-Prozeß keine Klarheit. Die deutsche Öffentlichkeit verfolgt mit fieberhafter Spannung den Aufmarsch einer Kompanie von Sachverständigen, die Licht in die Vorgänge um den rätselhaften Tod von 75 Säuglingen im Lübecker Spital während der letzten beiden Jahre bringen sollen. Die Säuglinge starben nach Impfung mit Tuberkulose-Bazillen, deren Stammkulturen aus dem Pariser Calmette-Institut geliefert wurden. Im Prozeß geht es darum, ob Ärzten und Pflegeschwestern fehlerhafter Umgang mit dem Impfstoff und damit Schuld am Tod der Kinder nachgewiesen werden kann. Mitte November bittet der Hauptangeklagte, Prof. Deycke, ihn allein wegen eines wissenschaftlichen Irrtums zu verurteilen, und teilt mit, daß er sich im Selbstversuch mit den fraglichen Bazillen geimpft habe.

Pfitzner-Oper uraufgeführt

12. November. Die deutsche Opernszene erlebt an diesem Tag an zwei ihrer Zentren die Uraufführung der neuen Schöpfung von Hans Pfitzner »Das Herz«. In Berlin präsentiert Wilhelm Furtwängler eine umjubelte Inszenierung, in München kann Hans Knappertsbusch ebensolchen Erfolg für seine Arbeit an der Oper verbuchen.

Neben die Abstrakten treten die Konkreten

Piet Mondrian, »Komposition mit Rot, Gelb und Blau« (1928).

Wassily Kandinsky, »Aquarell ohne Titel« (1923).

Fernand Léger, »Stilleben« (1928).

Der Begriff der abstrakten wird zu Beginn der dreißiger Jahre erweitert um den der konkreten Kunst. Der holländische Künstler Theo van Doesburg veröffentlicht in der von ihm herausgegebenen Pariser Kunstzeitschrift »Art Concret« ein Manifest, in dem er fordert, anstatt des bislang auch für die geometrische Kunst gebrauchten Begriffs »abstrakt« die Bezeichnung »konkret« zu verwenden. Die Gestaltung eines Kunstwerks nach mathematischen Gesetzen gehe nicht von einem Abstraktionsvorgang aus, sondern basiere auf dem Umgang mit konkreten Bildmitteln wie Fläche, Linie, Volumen, Raum und Farbe. Die bildnerischen Elemente sind ohne Symbolik.

1931 wird die Gruppe »Abstraction-Creation« gegründet, die geschlossen auf Ausstellungen auftritt. Zu den beteiligten Malern gehören Hans Arp, Fernand Léger, Willi Baumeister, Carl Buchheister, Kurt Schwitters, Piet Mondrian, Wassily Kandinsky.

1931

DEZEMBER

Mo	Di	Mi	Do	Fr	Sa	So
	1	2	3	4	5	6
7	8	9	10	11	12	13
14	15	16	17	18	19	20
21	22	23	24	25	26	27
28	29	30	31			

1. Londoner Indienkonferenz ohne Ergebnis beendet.

1. Der Kommunist Ernst Thälmann ruft zur Bildung einer roten Einheitsfront auf. →

2. Premiere des Spielfilms »Emil und die Detektive« von Gerhard Lamprecht mit Fritz Rasp und Käthe Haack.

4. Elly Beinhorn startet in Berlin zu ihrem Weltflug.

4. Premiere des Spielfilms »Luise, Königin von Preußen« von Carl Froelich mit Henny Porten und Gustaf Gründgens.

10. Alcala Zamora wird zum Präsidenten der spanischen Republik gewählt.

10. Drei Deutsche erhalten Nobelpreise. →

10. Premiere des Spielfilms »Der weiße Rausch« von Arnold Franck mit Leni Riefenstahl in der Hauptrolle.

12. Rücktritt Tschiang Kai-scheks als Chef der Nanking-Regierung unter dem Druck der stärker werdenden Kanton-Regierung.

15. Erste öffentliche Hinrichtung einer Frau in der Türkei wegen Mordes.

16. Sprengung der Moskauer Erlöserkirche, an deren Stelle ein Palast der Sowjetregierung errichtet werden soll.

19. Annahme des Hoover-Moratoriums im amerikanischen Repräsentantenhaus.

21. Eine Brandkatastrophe vernichtet große Teile des Alten Schlosses in Stuttgart. Drei Feuerwehrleute kommen dabei ums Leben.

22. Premiere des Spielfilms »Der Hauptmann von Köpenick« von Richard Oswald mit Max Adalbert und Ernst Dernberg in den Hauptrollen. →

24. Uraufführung des Schauspiels »Die wundersame Schustersfrau« von Federico García Lorca in Madrid.

28. Der Papst veröffentlicht eine Enzyklika über die Autorität der Kirche.

31. Uraufführung des Schauspiels »Fanny« von Marcel Pagnol in Paris.

GESTORBEN:

14. Walter Harich (* 30. 1. 1888), deutscher Schriftsteller.

Terror auf der Straße wächst

8. Dezember. Während sich die Regierung Brüning mit der IV. Notverordnung zur »Sicherung von Wirtschaft und Finanzen und des inneren Friedens« weiter um Stabilität im unter der Wirtschaftsentwicklung leidenden Reich bemüht, formiert sich mit der im Vormonat auf Drängen junger sozialdemokratischer Aktivisten gegründeten Eisernen Front eine Macht gegen die nationalsozialistischen Schlägertrupps. Deren Existenz bedeutet eine weitere Radikalisierung der politischen Auseinandersetzungen auf der Straße.

Schon am 1. des Monats ruft KPD-Führer Ernst Thälmann zur Bildung einer roten Einheitsfront mit SPD und Reichsbanner auf, doch folgen ihm die Sozialdemokraten nicht, sondern stabilisieren Mitte Dezember ihre Eiserne Front, die aus fünf Staffeln besteht: Reichsbanner, re-

Die neuen 4-Pfennig-Stücke.

publikanische Gewerkschaften und Beamtenverbände, Arbeitersportverbände, Reichsbund der Kriegsbeschädigten und Kartell der republikanischen Verbände.

Brünings IV. Notverordnung ist ein verzweifelter Versuch, angesichts galoppierender Arbeitslosigkeit – am 15. Dezember werden 5 349 000

Unterstützungsempfänger gemeldet – mit Dämpfungsmaßnahmen der Krise Einhalt zu gebieten. Senkungen der Preise, Zinsen, Mieten, aber auch der Löhne in einem kaum vorstellbaren Maß werden angeordnet. Zur Förderung der Pfennigrechnung werden kupferne 4-Pfennig-Stücke im Wert von zwei Millionen Reichsmark geprägt. Mit Carl Friedrich Goerdeler wird sogar ein Reichskommissar für Preisüberwachung ernannt.

In einer Rundfunkansprache versucht Reichskanzler Heinrich Brüning am gleichen Tag den Ernst der Lage darzustellen, wobei er auf den unbedingten Willen zum Schutz der Verfassung hinweist, ihren Gegnern mit dem Ausnahmezustand droht und Adolf Hitler auf die Diskrepanz seiner Legalitätsbeteuerungen und der Wirklichkeit angesichts seiner Sturmtruppen hinweist.

Hitler in der Presse

4. Dezember. Nachdem Hitler noch am 2. Dezember in einem Tagesbefehl an die SA gefordert hatte: »Laßt Euch nicht provozieren und verliert nicht in letzter Stunde die Nerven. Ganz von selbst werden wir die Gewalt in die Hand bekommen«, gibt er sich zwei Tage später gegenüber Vertretern der englischen und amerikanischen Presse konziliant. Er denke nicht daran, in letzter Minute den Grundsatz der Legalität über Bord zu werfen.

Gegenüber dem italienischen »Corriere della Sera« betont er am 8. De-

zember, daß seine Partei mit beiden Religionen in Frieden leben wolle und er nicht beabsichtige, über Mittelsmänner Geheimabkommen mit dem Ausland abzuschließen.

Schließlich setzt er seine Anstrengungen, als Demokrat zu gelten, in einem Antwortartikel auf Brünings Rede im »Völkischen Beobachter« vom 16. Dezember fort. Darin verwahrt er sich dagegen, seine Bewegung als nationale Räuberbande darzustellen, und behauptet, die NS-Bewegung habe den Geist der heutigen Verfassung richtiger erfaßt als das derzeitige Regime.

22. Dezember. Der Film »Der Hauptmann von Köpenick« nach der Vorlage von Carl Zuckmayer wird uraufgeführt.

Drei Deutsche erhalten Nobelpreise

10. Dezember. Bei der Nobelpreisverleihung können auch drei deutsche Wissenschaftler die Auszeichnung entgegennehmen. Der Preis für Chemie geht zu gleichen Teilen an Carl Bosch und Friedrich Bergius. Bosch erhält den Preis für seine Grundlagenarbeit zur Herstellung synthetischen Ammoniaks, die Ausgangspunkt zur Herstellung von Kunstdünger wird. Bergius hat das Verfahren zur Kohleverflüssigung entwickelt und erstmals synthetisches Benzin hergestellt.

Der Medizinpreis geht an Otto Warburg, Direktor des Kaiser-Wilhelm-Instituts für Zellforschung.

Den Preis für Literatur erhält posthum der schwedische Dichter Erik Axel Karlfeldt, der als einer der größten Lyriker des Landes gilt.

Den Friedenspreis erhalten zwei Amerikaner. Jane Addams hat sich als Kämpferin für das Frauenwahlrecht hervorgetan und Nicholas Murray Butler hat beim Zustandekommen des Hoover-Moratoriums mitgewirkt.

Carl Bosch mit Prinz Gustav Adolf.

1932

JANUAR

Mo	Di	Mi	Do	Fr	Sa	So
				1	2	3
4	5	6	7	8	9	10
11	12	13	14	15	16	17
18	19	20	21	22	23	24
25	26	27	28	29	30	31

2. Japanische Truppen setzen ihre Offensive in der Mandschurei fort.

2. Eisenbahnunglück bei Kasan (UdSSR) fordert 65 Todesopfer.

3. Indische Oppositionsführer Gandhi und Patel Vallabhai werden verhaftet und interniert. →

7. Amerikanische Interventionsnote an Japan und China.

8. Der Erzbischof von Canterbury verbietet kirchliche Trauung geschiedener Personen.

12. Von 14 nach einem Grubenunglück in Oberschlesien eingeschlossenen Bergleuten werden sieben nach 144 Stunden lebend geborgen.

13. Ministerpräsident Laval bildet nach Rücktritt und erneutem Auftrag durch den Staatspräsidenten neues Kabinett in Frankreich.

14. Federation of Labor schätzt die Zahl der Arbeitslosen in den USA auf 8,2 Millionen.

15. Die Zahl der Arbeitslosen in Deutschland beträgt 5 966 000.

19. Staatsanwaltschaft beantragt im Calmette-Prozeß gegen Ärzte Gefängnisstrafen.

20. Großhandelsindex in Deutschland ist auf dem Stand von 1913 angelangt.

22. Anglikanische Kirche und Altkatholiken in England geben ihre Vereinigung bekannt.

24. Der Jesuitenorden in Spanien wird durch Regierungsdekret aufgelöst; Beschlagnahme seiner Besitztümer und Ausweisung der Mitglieder.

25. Paraphierung eines russisch-polnischen Nichtangriffspaktes.

26. Das englische U-Boot »M 2« sinkt mit 50 Mann Besatzung.

27. Adolf Hitler, der Führer der NSDAP, spricht vor dem Industriellenklub in Düsseldorf.

29. Regierungskrise in Österreich endet mit Bildung eines Minderheitskabinetts unter Bundeskanzler Buresch.

30. In Hollywood erhält der neunjährige Jackie Cooper einen Filmvertrag mit 50 000 Dollar garantiertem Jahreseinkommen für 1932.

31. Japanische Kriegsschiffe vor Nanking eingetroffen. →

GESTORBEN:

7. André Maginot (* 17. 2. 1877), französischer Kriegsminister.

Reichstag soll Hindenburg im Amt bestätigen

12. Januar. Die im April ablaufende Amtszeit von Reichspräsident Paul von Hindenburg bestimmt das innenpolitische Geschehen im Deutschen Reich zu Beginn des neuen Jahres. Kanzler Heinrich Brüning, der ohne einen Präsidenten Hindenburg nicht regieren kann, versucht die anderen Parteien zur vorübergehenden Aussetzung des von der Verfassung vorgeschriebenen plebiszitären Wahlvorgangs zu gewinnen und schlägt vor, den Reichspräsidenten durch den Reichstag für eine gewisse Zeit in seinem Amt zu bestätigen. Für ein derartiges verfassungsänderndes Gesetz braucht Brüning eine Zweidrittelmehrheit, deshalb tritt er in Verhandlungen mit den beiden größten Parteien, Sozialdemokraten und Nationaldemokraten, ein. Adolf Hitler bespricht diese Frage umgehend mit den anderen Gruppierungen auf der Rechten und kommt mit dem Führer der Deutschnationalen, Alfred Hugenberg, zur Auffassung, daß bei einer Wahl durch das Volk möglicherweise Voraussetzungen geschaffen werden könnten, die der Rechten die Übernahme der Regierungsgewalt ermöglichen. In einem Brief an Brüning, der auch die Formulierung »Wir bedauern die Heranziehung des verehrungswürdigen Generalfeldmarschalls in parteimäßige Erörterungen« enthält, beendet Hugenberg alle Spekulationen um eine Wiederwahl Hindenburgs durch den Reichstag.

Fortschritt in der Krebsforschung

22. Januar. Im Kampf gegen den Krebs werden in diesem Monat von der Medizin hoffnungsvoll stimmende Fortschritte gemeldet. Die Wiener Ärztevereinigung läßt verlautbaren, daß durch Verbesserung der chirurgischen Technik sowie durch Röntgen- und Radiumbestrahlung die Heilungserfolge bei Krebs in den Fällen zugenommen haben, in denen betroffene Patienten rechtzeitig der Behandlung unterzogen wurden.

Der Aufbruch in die motorisierten Jahrzehnte wird von der Werbung begleitet. Als »unerreichbar« preist eine englische Motorradfirma ihr Produkt an.

Die Autos werden schnittiger und sportlicher. Ein Mercedes »Mannheim Sport«, Baujahr 1932, 3,7 Liter Hubraum, 75 PS, begeistert die Motorsportanhänger.

Japaner rücken in Schanghai ein

31. Januar. Als am letzten Tag im Januar japanische Kriegsschiffe vor dem Sitz der zentralchinesischen Regierung Nanking kreuzen, bedeutet dies, daß die Friedensbemühungen des Völkerbundes erneut einen Rückschlag erlitten haben. Unter Federführung der USA versucht der Völkerbund seit Beginn des Monats, den Vormarsch der Japaner in der Mandschurei zu stoppen und die Unabhängigkeit Chinas zu garantieren. Doch während es zu einem lebhaften Notenwechsel zwischen Japan, China, den USA und dem Völkerbund kommt, setzen die japanischen Truppen ihren Vormarsch fort und erreichen Mitte des Monats die chinesische Mauer. Nach antijapanischen Ausschreitungen in der neutralen internationalen Niederlassung Schanghais stellt Japan den chinesischen Behörden der Stadt ein Ultimatum, das nur unzureichend erfüllt wird. Daraufhin landen die Japaner Truppen außerhalb der internationalen Zone Schanghais und besetzen das Chinesenviertel.

Die USA und England sehen ihre Interessen gefährdet und beginnen einen Notenwechsel über das weitere Verhalten in dieser Krise.

Gandhi erneut festgenommen

3. Januar. Für die indische Unabhängigkeitsbewegung beginnt das neue Jahr mit einem Rückschlag. Nach dem Scheitern der Indienkonferenz, die am 1. Dezember 1931 in London ohne Ergebnis abgebrochen wurde, melden Gandhi und der Allindische Nationalkongreß ihre alten Forderungen beim neuen Vizekönig, Lord Willingdon, an und stoßen auf schroffe Ablehnung. Dieser droht vielmehr mit Gegenmaßnahmen und reagiert nach Aufflackern der ersten Unruhen mit einer Verhaftungswelle gegen alle Oppositionsführer und schließlich mit dem Verbot der Allindischen Kongreßpartei. Im ganzen Land werden Schnellgerichte ins Leben gerufen, deren Spruch auch auf Tod oder Verbannung lauten kann.

1932
FEBRUAR

Mo	Di	Mi	Do	Fr	Sa	So
1	2	3	4	5	6	7
8	9	10	11	12	13	14
15	16	17	18	19	20	21
22	23	24	25	26	27	28
29						

2. Eröffnung der allgemeinen Abrüstungskonferenz in Genf. →

2. Völkerbund unternimmt erneut diplomatische Friedensbemühungen im chinesisch-japanischen Konflikt.

4. Gouverneur Franklin D. Roosevelt eröffnet die III. Olympischen Winterspiele in Lake Placid (New York). →

7. Lübecker Calmette-Prozeß endet mit Verurteilung der angeklagten Ärzte zu Gefängnisstrafen.

9. Eiskunstläufer Karl Schäfer gewinnt bei Olympischen Winterspielen in Lake Placid Goldmedaille für Österreich.

11. Feierlicher Empfang Mussolinis durch Papst Pius XI. im Vatikan anläßlich seines zehnjährigen Regierungsjubiläums.

15. Mit 6 127 000 Arbeitslosen wird ein neuer Höchststand in Deutschland erreicht.

16. Uraufführung des Schauspiels »Vor Sonnenuntergang« von Gerhart Hauptmann im Deutschen Theater Berlin.

18. Die Mandschurei wird zum unabhängigen Staat proklamiert. →

19. Premiere des Spielfilms »Zwei Herzen und ein Schlag« von Wilhelm Thiele mit Lilian Harvey und Wolf Albach-Retty.

22. Adolf Hitler wird von der NSDAP als Kandidat für die Reichspräsidentenwahl nominiert. →

24. Malcolm Campbell erreicht mit seinem Napier-Campbell einen neuen Geschwindigkeitsrekord: In Daytona kommt er auf 408,714 km/h.

25. Braunschweigische Regierung ernennt Hitler zum Regierungsrat und erkennt ihm dadurch deutsche Staatsbürgerschaft zu. →

27. Wahlaufruf der SPD für Hindenburg. →

29. Uraufführung der Komödie »Zu wahr, um schön zu sein« von George Bernard Shaw im National Theatre, Boston.

GEBOREN:

27. Elizabeth Taylor, amerikanische Filmschauspielerin.

GESTORBEN:

10. Edgar Wallace (* 1. 4. 1875), englischer Kriminalschriftsteller.

Hitler wird Deutscher

27. Februar. Der Februar steht ganz im Zeichen der vom Reichstag für den 13. März festgesetzten Reichspräsidentenwahl und der Bemühungen der Parteien, ihren Kandidaten die beste Ausgangsposition zu verschaffen. Der Monat endet mit dem Wahlaufruf der SPD für den Kandidaten Paul von Hindenburg, der im »Vorwärts« veröffentlicht wird: »Schlagt Hitler! Darum wählt Hindenburg!«

Dieser klaren Frontstellung geht ein zähes Ringen der Parteien um einen von breiter Mehrheit getragenen Kandidaten voraus. Die NSDAP erklärt schon frühzeitig ihre Gegnerschaft zu Hindenburg wegen dessen Engagement für die Regierung Brüning und hofft auf einen gemeinsamen Kandidaten der Rechtsparteien. Für die KPD ist eine Nominierung ihres Vorsitzenden Ernst Thälmann keine Frage, und die Bürgerparteien lassen durch einen Wahlausschuß, der vom Berliner Oberbürgermeister geleitet wird, die nötigen Stimmen für eine Hindenburg-Kandidatur sammeln. Die Rechte kann sich hingegen nicht einigen. DNVP und Stahlhelm präsentieren am 22. Februar den Oberstleutnant a. D. Theodor Duesterberg, worauf Joseph Goebbels für die NSDAP die Kandidatur Adolf Hitlers bekanntgibt.

Für den NSDAP-Kandidaten Hitler muß vor der Wahl noch ein Hindernis aus dem Weg geräumt werden. Der Mann, der deutscher Reichspräsident werden will, ist kein Staatsbürger des Landes. Der geborene Österreicher diente zwar im Ersten Weltkrieg im deutschen Heer und wurde sogar mit dem Eisernen Kreuz I. Klasse ausgezeichnet, verlor nach dem Krieg aber seine österreichische Staatsbürgerschaft, ohne eine andere zu erlangen. Anfang Februar wird nun bekannt, daß Hitlers Parteigenosse, der frühere thüringische Innenminister Wilhelm Frick, bereits im Juli 1930 versucht hat, diesem durch Ernennung in ein öffentliches Amt die Staatsbürgerschaft zuzuschanzen. Hitler habe aber abgelehnt mit der Begründung, er sei nicht gewillt, auf diesem Weg die deutsche Staatsangehörigkeit zu erwerben.

Am 25. Februar ziert er sich aber nicht mehr, als die Regierung in Braunschweig ihn zum Regierungsrat ernennt, was gleichzeitig mit der Anerkennung der deutschen Staatsbürgerschaft verbunden ist. Nun kann er als Reichspräsident kandidieren.

2. Februar. Um die militärische Gleichberechtigung Deutschlands geht es auf der Abrüstungskonferenz. Foto: Reichskanzler Brüning spricht in Genf.

Zweite Goldmedaille für Sonja Henie.

Goldmedaille für Österreich

13. Februar. Lediglich sieben Nationen mit meist nur kleinen Mannschaften nehmen an der III. Winterolympiade in Lake Placid (New York) teil. Die Wettbewerbe werden von den übermächtigen Amerikanern beherrscht, die allein sechs Goldmedaillen gewinnen. Europa stellt mit den Skandinaviern in den nordischen Disziplinen die Sieger, wobei der Norweger Birger Ruud im Sprunglauf beeindruckt. Seine Landsmännin Sonja Henie gewinnt im Eiskunstlauf ihre zweite Goldmedaille, bei den Herren siegt Karl Schäfer (Österreich). Die deutsche Mannschaft gewinnt zwei Bronzemedaillen im Viererbob und Eishockey.

Mandschurei wird unabhängig

19. Februar. Mit der Wahl des ehemaligen Kaisers von China, Pu-Yi, zum Regierungschef des am Vortage proklamierten unabhängigen Staates Mandschurei endet der Konflikt zwischen Japan und China zumindest in diesem umstrittenen Teil des ehemaligen Kaiserreichs. Das Schicksal Schanghais bleibt jedoch weiterhin ungeklärt; am 20. Februar beginnt eine Entscheidungsschlacht um die Stadt. Die Mandschurei-Lösung ist auch auf Druck der USA und europäischer Großmächte zustande gekommen, deren Bemühungen im Schanghai-Konflikt allerdings scheitern.

1932

MÄRZ

Mo	Di	Mi	Do	Fr	Sa	So
	1	2	3	4	5	6
7	8	9	10	11	12	13
14	15	16	17	18	19	20
21	22	23	24	25	26	27
28	29	30	31			

1. Die Reichsbahn senkt die Tarife für die erste Wagenklasse und Schlafwagen.

2. Entführung des 19 Monate alten Sohnes von Charles Lindbergh. →

2. Preußische Regierung lehnt Zulassung von Spielbanken ab.

6. Fußballänderspiel Deutschland gegen die Schweiz endet in Leipzig 2 : 0.

7. Der Dampfer »Bremen« erreicht Amerika nach 4 Tagen und 17 Stunden und stellt neuen Atlantikrekord auf und erringt das »Blaue Band« für Ozeanüberquerungen.

10. Uraufführung der Oper »Die Bürgschaft« von Kurt Weill.

13. Hindenburg verfehlt bei der Reichspräsidentenwahl knapp die absolute Mehrheit.

17. Polizeiaktion gegen Büros und Wohnungen von Nationalsozialisten in Preußen.

18. Die Hafenbrücke von Sydney, derzeit die größte der Welt, wird eingeweiht.

20. Luftschiff »Graf Zeppelin« eröffnet planmäßigen Südamerika-Luftdienst.

20. Deutsche Erstaufführung der neubearbeiteten Haydn-Oper »Die Welt auf dem Monde« in Schwerin.

21. Einem Zyklon im US-Bundesstaat Alabama fallen 200 Personen zum Opfer.

23. Premiere des Spielfilms »Peter Voß, der Millionendieb« von E. A. Dupont mit Willi Forst, Alice Treff, Paul Hörbiger und Ida Wüst in den Hauptrollen.

24. Uraufführung von Herbert Eulenbergs Drama »Thomas Münzer« in Leipzig.

24. Zwischen China und Japan beginnen offizielle Friedensverhandlungen. →

GESTORBEN:

3. Eugen d'Albert (* 10. 4. 1864), deutscher Komponist französisch-italienischer Abkunft. →

7. Aristide Briand (* 28. 3. 1862), französischer Politiker.

12. Ivar Kreuger (* 2. 3. 1880), schwedischer Industrieller, »Zündholzkönig«. →

14. George Eastman (* 12. 7. 1854), amerikanischer Erfinder und Industrieller.

Keine klare Mehrheit

13. März. Ohne Entscheidung verläuft die Wahl des Reichspräsidenten, an der sich diesmal über 85 Prozent der Wahlberechtigten beteiligen, denn keiner der Kandidaten kann die nach der Verfassung vorgeschriebene absolute Mehrheit der Stimmen erreichen. Allerdings fehlen Paul von Hindenburg, für den sich 49,6 Prozent der Wähler entscheiden, nur etwa 170 000 Stimmen. Adolf Hitler kommt auf 30,1 Prozent, der Kommunist Ernst Thälmann auf 13,2 und der Deutschnationale Theodor Duesterberg auf 6,8; der Rest ist ungültig oder fällt auf einen fünften, chancenlosen Kandidaten namens Adolf Winter, der als Nichtparteiführer noch kurz vor der Wahl angetreten ist.

Der Wahlausgang erfordert nach der Verfassung eine Stichwahl, bei der dann die einfache Mehrheit zum Sieg genügt. Die DNVP und der Stahlhelm ziehen für diese Wahl, die innerhalb eines Monats stattfinden muß, ihren Kandidaten Duesterberg zurück, so daß im April Hindenburg, Hitler und Thälmann antreten werden.

Bemühungen um inneren Frieden: Nach dem Wahlakt bemühen sich Reichs- und preußische Regierung um innenpolitische Ruhe für die nächsten Wochen. In diesem Zusammenhang steht eine Verordnung zum Schutz des inneren Friedens für die Osterzeit, die vom 20. März bis 3. April alle politischen Versammlungen und Demonstrationen unmöglich machen soll, wogegen die Rechtsparteien sogleich protestieren.

Gegen die NSDAP geht die preußische Polizei in diesem Monat sogar direkt vor, nachdem konspirative Absichten bekanntgeworden sind. Ende März werden 25 nationalsozialistische Zeitungen und die kommunistische »Rote Fahne« verboten. Gegen das Vorgehen der Behörden protestieren die Nationalsozialisten auf dem Rechtsweg und klagen vor dem Staatsgericht in Leipzig, wo es schließlich zu einem Vergleich zwischen den steitenden Parteien Preußen und NSDAP kommt. Er betrifft vor allem die Herausgabe des bei der Polizeiaktion beschlagnahmten umfangreichen Materials.

Komponist d'Albert stirbt

3. März. Im Alter von 67 Jahren stirbt in Riga der Komponist Eugen d'Albert, der als einer der bedeutendsten Klaviervirtuosen seiner Zeit gilt. Neben zahlreichen Kammermusikwerken komponierte er auch 21 Opern, von denen »Die toten Augen« und »Tiefland« am bekanntesten sind. Der Schüler Franz Liszts erregte auch durch seine sechs Ehen Aufsehen.

Eugen d'Albert †.

Zündholzkönig tötet sich selbst

12. März. Der schwedische Großindustrielle und sogenannte Zündholzkönig Ivar Kreuger verübt in Paris Selbstmord. In einem Abschiedsbrief nennt er einen Nervenzusammenbruch als Motiv. Der 52jährige hatte erst 1930 das deutsche Zündholzmonopol durch eine Anleihe an sich gebracht.

Ivar Kreuger †.

Konflikt im Fernen Osten beigelegt

24. März. Mit Beginn offizieller Friedensverhandlungen zwischen China und Japan scheint der kriegerische Konflikt im Fernen Osten beendet zu sein. Anfang des Monats droht noch alles auf einen großen Krieg hinauszulaufen, aber die Schlacht um Schanghai endet, bevor sie richtig begonnen hat, durch den plötzlichen Abzug der chinesischen Truppen. Danach setzen verstärkte Vermittlungsbemühungen der Großmächte und des Völkerbundes ein, deren Ergebnis die Verhandlungsbereitschaft der beiden kämpfenden Parteien ist. Sie führt Ende März zu einem vorläufigen Waffenstillstandsabkommen und öffnet den Weg zu weiteren Verhandlungen.

Preußen kürzt Mittel für Theater

12. März. Von den auf allen Gebieten verfügten Sparmaßnahmen bleibt auch die Kunst in diesem Frühjahr nicht verschont. Im preußischen Staatshaushalt werden im März einschneidende Kürzungen der Mittel für die Staatstheater bekannt, die zur Schließung der zweiten staatlichen Opernbühne in Berlin und Auflösung der staatlichen Kunstakademien in Königsberg, Kassel und Breslau führen. Die staatlichen Schauspielhäuser in Kassel und Wiesbaden werden ebenfalls nicht mehr weiterbetrieben.

2. März. Charles, Sohn des Atlantikfliegers Lindbergh, wird entführt.

1. Zahl der im Hamburger Hafen wegen der Wirtschaftsflaute aus dem Verkehr gezogenen Schiffe auf 178 angestiegen.

6. US-Präsident Hoover befürwortet Herabsetzung der Rüstungsausgaben in der Welt.

7. Die Londoner Viermächtekonferenz zur Klärung der Frage einer eventuellen Donauföderation verläuft ergebnislos.

9. Reichsbankpräsident Luther bei Attentat durch Streifschuß leicht verletzt. →

10. Hindenburg erreicht im zweiten Wahlgang der Reichspräsidentenwahl absolute Mehrheit. →

12. Amtliche Börsennotierung wird in Deutschland wiederaufgenommen.

13. Durch Notverordnung »zur Sicherung der Staatsautorität« werden SA und SS allgemein verboten. →

15. Zahl der Arbeitslosen beträgt 5 934 000.

17. Kaiser Haile Selassie kündigt Gesetze zur Beendigung der Sklaverei in Abessinien an.

17. Tazio Nuvolari gewinnt den Großen Preis von Monaco vor Rudolf Caracciola (beide auf Alfa Romeo).

20. Uraufführung des Bühnenstücks »Zero« von Fritz von Unruh im Frankfurter Städtischen Schauspielhaus.

24. Landtagswahlen in Preußen, Berlin, Württemberg, Hamburg und Anhalt enden mit parlamentarischen Pattsituationen. →

24. Neuwahlen für die Landtage in den Bundesländern Wien, Niederösterreich und Salzburg bringen erhebliche Stimmengewinne der österreichischen NSDAP.

27. NSDAP in Österreich bringt Antrag zur Auflösung des Nationalrats ein.

27. Eröffnung einer regelmäßigen Fluglinie London–Kapstadt. →

28. Reichsbank senkt Diskontsatz von 5,5 auf 5 und Lombardsatz von 6,5 auf 6 Prozent.

30. Eröffnung des ersten internationalen Kongresses »Kunst in der Gegenwart« in Venedig.

GESTORBEN:

4. Wilhelm Ostwald (* 2. 9. 1853), deutscher Chemiker, Nobelpreis 1909.

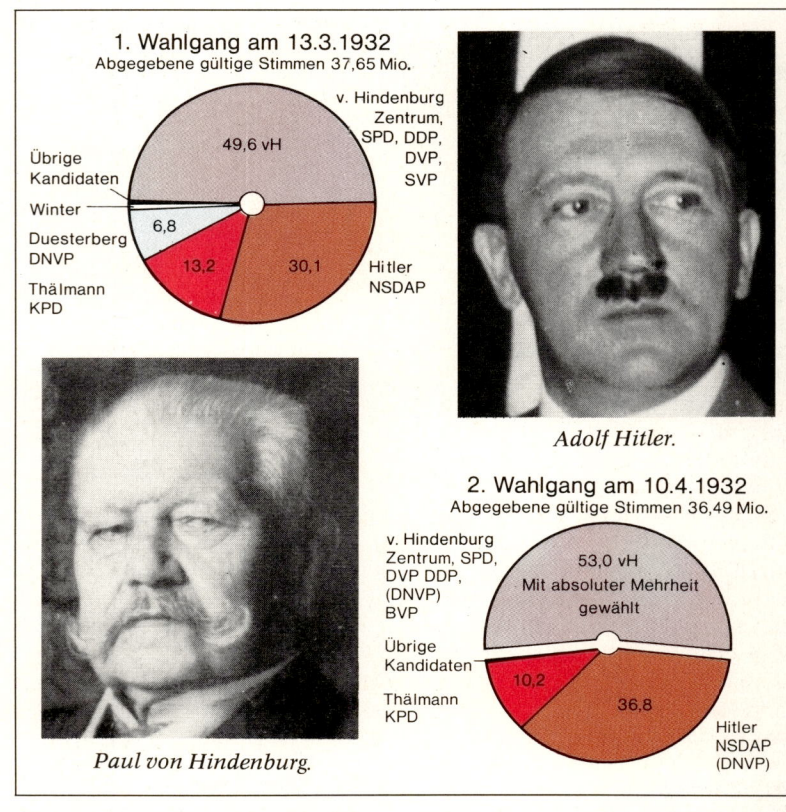

1. Wahlgang am 13.3.1932
Abgegebene gültige Stimmen 37,65 Mio.

Übrige Kandidaten · Winter · Duesterberg DNVP · Thälmann KPD · 13,2 · 30,1 · Hitler NSDAP · 6,8 · 49,6 vH · v. Hindenburg Zentrum, SPD, DDP, DVP, SVP

Adolf Hitler.

Paul von Hindenburg.

2. Wahlgang am 10.4.1932
Abgegebene gültige Stimmen 36,49 Mio.

v. Hindenburg Zentrum, SPD, DVP DDP, (DNVP) BVP · 53,0 vH · Mit absoluter Mehrheit gewählt · Übrige Kandidaten · Thälmann KPD · 10,2 · 36,8 · Hitler NSDAP (DNVP)

Hindenburg gewählt

24. April. Die vom Ausgang der in diesem Monat anstehenden Wahlen erwartete Klärung der innenpolitischen Verhältnisse im Reich findet nur zum Teil statt. Zwar kann Paul von Hindenburg im zweiten Durchgang der Reichspräsidentenwahl diesmal mit 53 Prozent der abgegebenen Stimmen die absolute Mehrheit erreichen, aber die zwei Wochen später durchgeführten Landtagswahlen in fünf Ländern enden mit einer parlamentarischen Pattsituation.

Bei der Wiederwahl Hindenburgs zum Reichspräsidenten erreichen die anderen Kandidaten im Vergleich zum ersten Durchgang (→ März 1932) unterschiedliche Stimmenanteile. Während sich Adolf Hitler auf 36,8 Prozent verbessert, verliert Ernst Thälmann drei Prozent und fällt mit einem Endergebnis von 10,2 Prozent zurück.

Die Landtagswahlen in Preußen, Berlin, Württemberg, Hamburg und Anhalt bringen der NSDAP – abgesehen von Hamburg – ganz erhebliche Stimmengewinne, aber weder die Rechtsparteien noch die bisherigen Bürgerpartei-SPD-Koalitionen verfügen über eine regierungsfähige Mehrheit in einem der Parlamente.

In Hamburg gewinnt die SPD im Gegensatz zu den vier anderen Ländern leicht an Boden. Aufsehen erregen auf jeden Fall die erdrutschartigen Wählerbewegungen in Preußen zugunsten der NSDAP. Die Partei kommt auf 36,3 Prozent der Stimmen (vorher 2,9) und stellt im neuen Landtag 162 Abgeordnete gegenüber 9 im alten Parlament.

NS-Sturmtruppen verboten: Der zunehmenden Radikalisierung politischer Auseinandersetzungen auf der Straße trägt die Reichsregierung durch Erlaß einer Notverordnung Rechnung, die dem Treiben der Schlägertrupps von SA und SS Einhalt gebieten soll. Nachdem es Anfang des Monats mehrfach zu Zusammenstößen gekommen ist – prominentestes Opfer ist der Reichsbankpräsident Hans Luther, der leicht verletzt wird –, werden die Verbände am 13. April aufgelöst. Hitler empfiehlt den 400 000 SA- und 100 000 SS-Männern, der staatlichen Notverordnung zu folgen und sich in den Dienst der normalen Parteiorganisation einzureihen. Die NSDAP fordert ihrerseits, daß die Regierung auch Maßnahmen gegen das sozialdemokratische Reichsbanner ergreift.

Leichter Aufschwung

12. April. Nach dem Wintertief zeigen sich für die wirtschaftliche Entwicklung erste Ansätze einer Besserung. Äußeres Zeichen ist neben einer zweimaligen Senkung der Leitzinssätze vor allem die Wiederaufnahme der amtlichen Börsennotierung. Damit geht eine fast einjährige Pause im Börsengeschäft zu Ende.

Die letzte amtliche Kursnotierung erfolgte vor dem Bankenschluß am 11. Juli 1931; nach einem kurzen Zwischenversuch vom 3. bis 18. September 1931 gab es ab 20. September 1931 nur telefonischen Börsenverkehr.

Ein weiteres Signal für die Aufwärtsentwicklung ist der Rückgang der Arbeitslosenzahl unter die 6-Millionen-Grenze. Da in diesem Monat auch das Stillhalteabkommen über die Regelung der auslän-

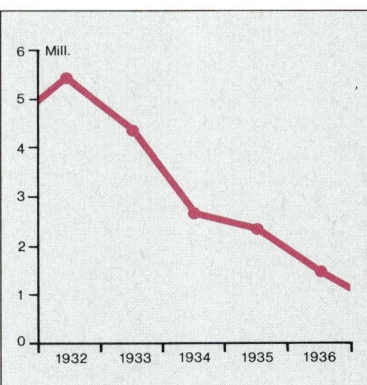

Arbeitslosenzahl sinkt.

dischen Kurzschulden der Länder und Gemeinden zustande kommt und der 1931 aufgenommene Überbrückungskredit von 125 Millionen Dollar weiter verlängert wird, kann die deutsche Finanzwelt etwas aufatmen.

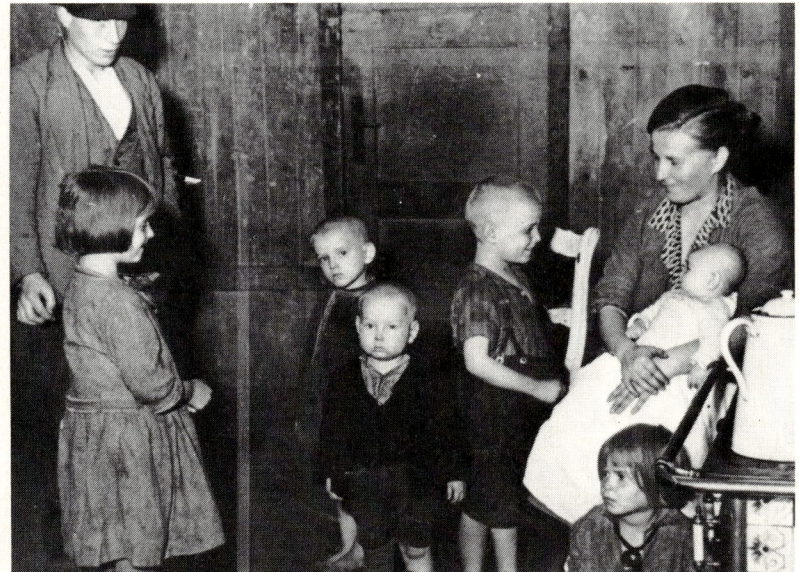

Arbeitslosigkeit ist ein Hauptproblem zu Beginn der 30er Jahre.

Brite stellt Flugrekord auf

27. April. Als am Morgen dieses Tages der britische Flieger C. W. A. Scott auf dem Flugfeld von Darwin (Nordaustralien) landet, hat er einen neuen Distanzflugrekord aufgestellt. Er überwindet in einem strapaziösen Alleinflug die Strecke England–Australien in 8 Tagen, 20 Stunden und 44 Minuten und ist damit genau 5¾ Stunden schneller als sein Vorgänger.

London – Kapstadt in elf Tagen

27. April. Zwischen London und Kapstadt nimmt die Imperial Airways einen Flugdienst auf, der Reisende in elf Tagen an ihr Ziel bringt. Zunächst wird von London nach Paris geflogen, von dort geht es mit der Bahn nach Brindisi. Die Strecke Brindisi–Alexandria wird mit dem Flugzeug überbrückt, dann geht es per Bahn nach Kairo, wo der Flug zum Endziel beginnt.

1932

MAI

Mo	Di	Mi	Do	Fr	Sa	So
						1
2	3	4	5	6	7	8
9	10	11	12	13	14	15
16	17	18	19	20	21	22
23	24	25	26	27	28	29
30	31					

2. Eröffnung des Expreß-Luftverkehrs Wien–Zürich.

4. Landtagswahlen im litauischen Memelgebiet bringen Erfolge für die memelländischen deutschen Parteien.

5. Rückzug der japanischen Truppen aus Schanghai nach Unterzeichnung eines Waffenstillstandsabkommens mit China.

6. Rücktritt des Kabinetts Buresch in Österreich. →

7. Frankreichs Staatspräsident Paul Doumer wird bei einem Attentat in Paris lebensgefährlich verletzt. →

10. Albert Lebrun wird neuer französischer Staatspräsident.

12. Leiche des im März entführten Lindbergh-Babys gefunden.

16. Unruhen zwischen Hindus und Mohammedanern in Bombay fordern 157 Todesopfer und 1660 Verletzte.

20. Bildung einer neuen österreichischen Regierung unter Bundeskanzler Engelbert Dollfuß. →

22. Manfred von Brauchitsch gewinnt auf einem Mercedes-Wagen das Berliner Avus-Rennen. →

23. Der Landtag von Anhalt wählt den NSDAP-Abgeordneten Freyberg zum Ministerpräsidenten.

25. Nach der Wahl des preußischen Landtagspräsidiums Schlägereien zwischen Kommunisten und Nationalsozialisten im Plenum.

29. Absolute Mehrheit für die NSDAP bei Landtagswahlen in Oldenburg.

29. Rudolf Caracciola gewinnt das ADAC-Eifelrennen vor René Dreyfuß (Bugatti), von Brauchitsch und Hans Stuck (beide Mercedes).

30. Rücktritt von Reichskanzler Brüning wegen Differenzen mit Hindenburg in der Notverordnungsfrage. →

30. Premiere des Spielfilms »Kuhle Wampe« von Slatan Dudow.

31. Hindenburg beauftragt Franz von Papen mit der Regierungsbildung. →

GESTORBEN:

7. Paul Doumer (* 22. 3. 1857), französischer Staatspräsident. →

16. Louise Dumont (* 22. 2. 1862), deutsche Schauspielerin und Theaterleiterin.

Reichspräsident Hindenburg läßt Brüning fallen

31. Mai. Mit dem Auftrag zur Regierungsbildung an den preußischen Landtagsabgeordneten Franz von Papen, der zum rechten Flügel des Zentrums gerechnet wird, endet im Deutschen Reich die Ära Brüning. Paul von Hindenburg nimmt das Rücktrittsgesuch des Kanzlers am 30. Mai an, nachdem er während eines Aufenthaltes auf seinem Gut Neudeck (12.–28. Mai) die innere Abkehr von seinem ehemaligen Favoriten vollzogen hat, der in der Frage der Notverordnungspolitik, vor allem aber hinsichtlich des Siedlungsprogramms im Osten, nicht mehr mit ihm übereinstimmt. Vorausgegangen ist der Rücktritt des Reichswehrministers Wilhelm Groener (12. Mai), der mit diesem Schritt - gedrängt von dem als »graue Eminenz« des Kabinetts geltenden Chef des Ministeramts im Reichswehrministerium General Kurt von Schleicher – die Regierung Brüning retten will.

Dabei verhandelt Schleicher seit Monatsbeginn mit der NSDAP-Führung über einen Sturz Brünings und die Folgemaßnahmen. Am 8. Mai wird mit Adolf Hitler vereinbart, daß die NSDAP gegen eine Aufhebung des SA-Verbots und bei Ausschreibung von Neuwahlen für den Reichstag ein neues, nicht von Brüning geleitetes Kabinett tolerieren würde. Schleicher hofft durch die Zusammenarbeit mit der NSDAP, die als nationale Partei bei großen Volksmassen Rückhalt findet, Deutschland aus der permanenten Staats- und Wirtschaftskrise herausführen zu können. Dabei schwebt ihm vor, die SA in eine von ihm befehligte Reichswehr einzugliedern, um dadurch die Schlagkraft dieser Truppe zu stärken und außerdem die Bewegung unter Kontrolle zu bekommen.

Schleicher, der den in der politischen Szene praktisch unbekannten von Papen als Brüning-Nachfolger ausgesucht hat, unterrichtet den am 28. Mai nach Berlin beorderten früheren deutschen Militärattaché in Washington von seinen Plänen und präsentiert dann von Papen dem 85jährigen Reichspräsidenten Paul von Hindenburg als Brüning-Nachfolger.

6. Mai. Attentat auf den französischen Staatspräsidenten Paul Doumer. Er stirbt am folgenden Tag.

Kurz nach dem Attentat wird der Täter, der russische Emigrant Paul Gorguloff, festgenommen.

22. Mai. Manfred von Brauchitsch gewinnt das Berliner Avus-Rennen.

Der Mercedes von Brauchitschs vor dem Alfa Romeo Caracciolas.

Dollfuß wird neuer Kanzler in Österreich

20. Mai. Auch Österreich erlebt in diesem Monat seine Regierungskrise, die mit dem Rücktritt des amtierenden Kabinetts endet. Der Kampf um die Auflösung des Parlaments nach den von den Landtagswahlen des Vormonats geschaffenen neuen Mehrheitsverhältnissen führt zunächst am 6. Mai zur Demission des Bundeskanzlers Karl Buresch. Er kann den vom Bundespräsidenten wieder an ihn vergebenen Auftrag einer Regierungsneubildung nicht erfüllen, so daß nun Landwirtschaftsminister Engelbert Dollfuß mit der Bildung eines Koalitionskabinetts aller bürgerlichen Parteien beauftragt wird. Nach Absage des Nationalen Wirtschaftsblocks scheitert dieses Vorhaben ebenso wie der Versuch, eine »überparteiliche« Regierung zu schaffen. Als Dollfuß sich daraufhin zur Bildung eines Minderheitskabinetts aus Christlichsozialen und Landbündlern entschließt, tritt der Heimatblock dieser Koalition bei, und Dollfuß hat nun eine regierungsfähige Mehrheit.

Amerikanische Pilotin stellt Weltrekord auf

21. Mai. Die amerikanische Flugamazone Amelia Earhart-Putnam trägt sich erneut in das Rekordbuch der Fliegerei ein. Ihr gelingt der Flug von Neufundland nach Irland. Sie ist 13 Stunden und 55 Minuten in der Luft und hat damit als erster Mensch zweimal den Atlantik überquert. (1. Flug 1928.)

Bezwinger des Matterhorns tot

23. Mai. Der Bergsteiger Toni Schmid aus München, der im August 1931 mit seinem Bruder Franz als erster die Matterhorn-Nordwand bezwungen hat, stirbt am 23. Mai den Bergtod. Er verunglückt am Großen Wiesbachhorn in den Hohen Tauern.

2. In Berlin wird die Regierung Papen vorgestellt. →

4. Auflösung des Reichstages und Ausschreibung von Neuwahlen für Juli.

4. Revolutionärer Umsturz in Chile und Bildung einer Junta.

5. NSDAP erreicht bei Landtagswahl in Mecklenburg/Schwerin die Hälfte aller Sitze.

12. FC Bayern München wird durch ein 2 : 0 gegen Eintracht Frankfurt Fußballmeister.

14. Erlaß einer sozialpolitischen Notverordnung. →

14. Aufhebung des SA- und SS-Verbots. Hitler verspricht im Gegenzug die Tolerierung des Kabinetts Papen. →

16. Republikanischer Parteikongreß nominiert Herbert Hoover erneut als Kandidaten für die Präsidentschaft.

16. Eröffnung der Lausanner Reparationskonferenz.

16. Aufhebung des SA- und Uniformverbots im Reich. →

18. Zwei führende Attentäter des letzten Anschlags auf Mussolini werden zum Tode verurteilt und erschossen.

19. Die NSDAP wird bei hessischen Landtagswahlen stärkste Partei.

19. Caracciola gewinnt den Großen Preis von Lemberg.

20. Beneluxstaaten vereinbaren eine Zollunion.

21. Max Schmeling verliert Weltmeisterschaftskampf in New York gegen Jack Sharkey über 15 Runden nach Punkten. →

22. Adolf Heuser wird Box-Europameister im Halbschwergewicht durch K.-o.-Sieg gegen den Spanier Martinez de Alfara.

24. Verlobung von Kronprinzensohn Gustav Adolf von Schweden mit Prinzessin Sibylle von Sachsen-Coburg.

24. Der König von Siam proklamiert nach Erhebung von Teilen des Heeres die konstitutionelle Monarchie.

27. Premiere des Spielfilms »Johnny stiehlt Europa« von und mit Harry Piel.

GESTORBEN:

12. Thomáš Bat'a (* 3. 4. 1876), tschechoslowakischer Schuhfabrikant.

Kabinett der Barone regiert Deutschland

16. Juni. Mit der Aufhebung des SA-Verbots erfüllt der neue Reichskanzler Franz von Papen schon zwei Wochen nach seiner Bestätigung die letzte Forderung der Hitler-Schleicher-Clique und bereitet damit den Boden für weitere gewalttätige Auseinandersetzungen auf den Straßen. Papen hat auf Wunsch des Reichspräsidenten ein Kabinett aus »von Parteien unabhängigen Fachmännern« gebildet, das als Kabinett der Barone in die Geschichte eingeht.

Es besteht überwiegend aus konservativen Adligen, die der DNVP nahestehen. Das Ressort Inneres übernimmt Wilhelm Freiherr von Gayl (bisher Vertreter Ostpreußens im Reichsrat), Äußeres: Konstantin Freiherr von Neurath (bisher Botschafter in London), Finanzen: Ludwig Graf Schwerin von Krosigk (bisher Staatssekretär), Ernährung und Ostfragen: Magnus Freiherr von Braun (Regierungspräsident a. D.), Post und Verkehr: Paul Freiherr Eltz von Rübenach (bisher Reichsbahndirektor), Wirtschaft: Hermann Warmbold (zurückgetretener Minister des Kabinetts Brüning), Reichswehr: Kurt von Schleicher.

Das »Kabinett der Barone« nach den Wünschen des Reichspräsidenten: Gürtner (Justiz), Freiherr Eltz von Rübenach (Post und Verkehr), Graf Schwerin von Krosigk (Finanzen), Freiherr von Braun (Landwirtschaft), Freiherr von Neurath (Äußeres), Kanzler von Papen, Freiherr von Gayl (Inneres), Professor Warmbold (Wirtschaft) (von links).

Das neue Kabinett ist ohne jeden parlamentarischen Rückhalt. SPD und KPD sind bereit, es hart zu bekämpfen; das Zentrum lehnt das Kabinett nach der Entlassung Brünings rigoros ab und schließt sogar von Papen aus der Partei aus; die DNVP signalisiert hingegen Unterstützung, während die NSDAP still-hält und die Reichstagswahlen abwartet. Die Aufhebung des SA-Verbots durch Papen bedeutet für Hitler insofern keinen vollständigen Triumph, als einige Länder kraft ihrer Eigenständigkeit zumindest die Verbote für Uniformierung und Versammlungen weiterhin aufrechterhalten.

Ein anderes drängendes innenpolitisches Problem kann im Juni ebenfalls nicht mehr gelöst werden. Die Regierungsbildung in Preußen ist noch nicht geklärt. Zentrum und NSDAP einigen sich schließlich, die Wahl eines Ministerpräsidenten zu einem späteren Zeitpunkt, nach der Reichstagswahl, vorzunehmen.

Sozialleistungen stark geschmälert

14. Juni Die Notverordnung zur Neuregelung des Sozialbereichs bedeutet für das Millionenheer der Arbeitslosen, für Arbeiter, Angestellte und Rentner einen Schock. Papens Maßnahmen stoßen vor allem bei KPD und SPD auf erbitterten Widerstand. Eingeschränkt werden unter anderm die Leistungen der Invaliden-, Angestellten- und knappschaftlichen Pensionsversicherung, die auf den Stand von 1927 zurückgehen; die Arbeitslosenunterstützung wird um 23 Prozent gesenkt, die Sätze der Krisenfürsorge sinken um 10 Prozent, die Wohlfahrtsfürsorgesätze um 15 Prozent. Um die Aufgaben zu finanzieren, die in diesem Bereich notwendig sind, führt die Regierung wieder die Salzsteuer ein, schafft ein neues Lohn- und Gehaltssteuersystem und hebt bei der Umsatzsteuer die Freigrenze auf.

21. Juni. Max Schmeling (links) verliert im New Yorker Madison-Square-Garden seinen Weltmeistertitel im Schwergewicht an Jack Sharkey. Der Kampf endet nach 15 Runden mit einem Punktsieg. Die Ära Schmelings als Weltmeister war damit nach zwei Jahren beendet; seine spektakulärsten Kämpfe werden jedoch noch folgen (→ Juni 1930, Juni 1936).

1932

JULI

Mo	Di	Mi	Do	Fr	Sa	So
				1	2	3
4	5	6	7	8	9	10
11	12	13	14	15	16	17
18	19	20	21	22	23	24
25	26	27	28	29	30	31

1. Deutschland gewinnt Fußball-länderspiel gegen Finnland in Helsinki mit 4 : 1.

1. Premiere des Spielfilms »Mensch ohne Namen« von Gustav Ucicky mit Werner Krauß, Mathias Wieman und Helene Thimig.

2. Demokratischer Parteikonvent nominiert Franklin D. Roosevelt zum US-Präsidentschaftskandidaten.

2. Wimbledonsieger wird Elsworth Vines (USA) durch 6 : 4, 6 : 2, 6 : 0 gegen H. W. Austin (England); bei den Damen siegt Helen Wills-Moody gegen Helen Jacobs 6 : 3, 6 : 1.

7. Das französische U-Boot, die »Prométhée«, sinkt mit 66 Mann Besatzung bei Cherbourg.

10. Bei Zusammenstößen nach Demonstrationen politischer Gegner gibt es im Reichsgebiet 14 Todesopfer.

15. Der Völkerbund beschließt Finanzhilfe für Österreich in Form einer internationalen 300-Millionen-Schilling-Anleihe.

17. Caracciola gewinnt den Großen Preis von Deutschland auf dem Nürburgring vor Nuvolari und Borzacchini (alle Alfa Romeo).

17. »Altonaer Blutsonntag« fordert 17 Todesopfer. →

20. Amtierendes Kabinett in Preußen durch Notverordnung abgesetzt. →

25. Unterzeichnung eines russisch-polnischen Nichtangriffspaktes in Moskau.

26. Der Untergang des deutschen Segelschulschiffs »Niobe« bei Sturm in der Nähe von Kiel fordert 69 Todesopfer.

26. Ankunft von Elly Beinhorn in Berlin nach ihrem Weltflug.

30. US-Vizepräsident Charles Curtis eröffnet die X. Olympischen Sommerspiele in Los Angeles.

31. Der Franzose André Leducq gewinnt die 26. Tour de France vor Kurt Stöpel (Deutschland).

31. Reichstagswahlen enden mit einem großen Erfolg für die Nationalsozialisten. →

GESTORBEN:

10. King Camp Gillette (* 5. 1. 1855), amerikanischer Erfinder (Rasierklinge) und Industrieller.

Eindeutiger Wahlsieg der NSDAP

Joseph Goebbels auf einer Wahlversammlung der NSDAP in Berlin.

NSDAP-Kundgebung zur Reichstagswahl im Berliner Sportpalast.

31. Juli. Mit den Wahlen zum 6. Reichstag, die am letzten Julitag stattfinden, geht in Deutschland ein Monat zu Ende, dessen Ereignisse weitreichende Folgen für die innenpolitische Situation im Reich nach sich ziehen. Die Wahl bringt der NSDAP einen überwältigenden Erfolg. Mit 37,4 Prozent der Stimmen und 230 Reichstagssitzen wird sie eindeutig stärkste politische Kraft im Lande. Neben ihr können sich nur noch die SPD (21,6 Prozent/ 133 Sitze), die KPD (14,6/89), das Zentrum (12,5/75) und die DNVP (5,9/37) sowie die Bayerische Volkspartei (3,2/22) als Fraktionen von Bedeutung behaupten; die Splitterparteien erreichen nur noch einzelne oder keine Sitze im Reichstag mehr.

Der Wahl gehen blutige Zusammenstöße der Kampfeinheiten von NSDAP auf der einen sowie SPD und KPD auf der anderen Seite voraus, die ihren Höhepunkt im sogenannten Altonaer Blutsonntag haben, an dem Kommunisten einen NSDAP-Demonstrationszug mit Feuerwaffen angreifen und ein Blutbad anrichten. Seit der Aufhebung des SA-Verbots kommt es in Deutschland zu Straßenschlachten.

Reparation wird eingestellt

8. Juli. Die Konferenz von Lausanne, an der Großbritannien, Kanada, Neuseeland, Südafrika, Belgien, Frankreich, Japan, Polen, Portugal, Rumänien, Tschechoslowakei, Jugoslawien und Deutschland teilnehmen, hat ein für die Deutschen erfreuliches Ergebnis: Sie bringt das Ende der Reparationszahlungen. Das in anderen Verträgen geschaffene Reparationssystem wird durch den Lausanner Beschluß außer Kraft gesetzt, alle darin enthaltenen Zahlungsmodalitäten werden für beendet erklärt. Deutschland verpflichtet sich im neuen Abkommen nur noch, frühestens drei Jahre nach Ratifizierung des Vertrages eine Abschlußzahlung in Höhe von drei Milliarden Goldmark in Form von Schuldverschreibungen über die BIZ (Bank für Internationalen Zahlungsausgleich) an die Gläubigerländer zu zahlen.

31. Juli. Der 85jährige Maler Max Liebermann nach der Stimmabgabe vor einem Berliner Wahllokal.

»Staatsstreich« in Preußen

20. Juli. Die sich seit dem Landtagswahltermin (24. April) hinziehende Regierungsbildung in Preußen wird im Juli auf dramatische Weise beendet. Franz von Papen setzt am 20. Juli das Kabinett des Sozialdemokraten Otto Braun durch eine von Paul von Hindenburg unterzeichnete Notverordnung ab und läßt sich vom Reichspräsidenten zum Reichskommissar für das Land Preußen bestellen. Alle Minister werden des Amtes enthoben, über Berlin und die Provinz Brandenburg wird der Ausnahmezustand verhängt, die vollziehende Gewalt erhält der Militärbefehlshaber General Gerd von Rundstedt. Die Reichsregierung begründet den als »Staatsstreich« in die Geschichte eingegangenen Vorgang mit dem Vorwurf, die Regierung Braun sei angesichts der Straßenunruhen nicht mehr Herr der Lage gewesen.

Wahlplakate aus der Weimarer Republik

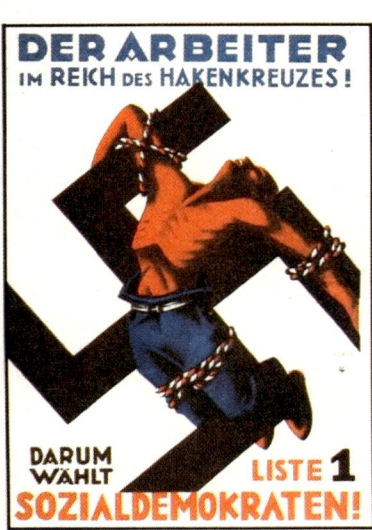

Die Aggressivität der Zeit kommt in den Wahlplakaten der Weimarer Republik zum Ausdruck. Reichsinnenminister Carl Severing klagt: »Seit der Nichterneuerung des Republikschutzgesetzes vergeht kaum ein Tag, an dem nicht irgendwo in Deutschland auf politisch Andersdenkende geschossen, eingeschlagen oder eingestochen wird. Der Zustand staatsbürgerlicher Sicherheit hat einen beklagenswerten Tiefpunkt erreicht und sinkt täglich mehr. Ursache dieser Erscheinung ist die hemmungslose Verletzung durch Wort und Schrift, die von den Gegnern der Republik auf der äußersten Linken und der äußersten Rechten getrieben wird.«

Mo	Di	Mi	Do	Fr	Sa	So
1	2	3	4	5	6	7
8	9	10	11	12	13	14
15	16	17	18	19	20	21
22	23	24	25	26	27	28
29	30	31				

1. Zwanzig Todesopfer nach zweitägigen politischen Auseinandersetzungen auf den Straßen im Deutschen Reich.

5. Federation of Labor schätzt die Zahl der Arbeitslosen in den USA auf 11,6 Millionen.

6. Eröffnung des ersten internationalen Filmfestivals in Venedig. →

8. Premiere des Spielfilms »Quick« von Robert Siodmak mit Lilian Harvey und Hans Albers.

9. Notverordnung gegen politisch motivierte Gewalttaten droht die Todesstrafe an. →

9. Von R. S. Willows in Glossop (Grafschaft Derbyshire) entwickelter knitterfreier Stoff wird als Erfindung angemeldet.

13. Die Verhandlungen, die Hindenburg und Hitler über eine Regierungsbildung führen, scheitern. →

14. Olympische Sommerspiele in Los Angeles enden mit großem sportlichen Erfolg für die USA. →

15. Die New Yorker Station der Fernsehgesellschaft CBS beginnt mit der Ausstrahlung der ersten Fernsehserie der TV-Geschichte unter dem Titel »The Wide World Review«.

18. Auguste Piccard erreicht bei seinem zweiten Stratosphärenflug mit dem Ballon eine Höhe von 16 500 m.

20. Ende der britischen Empire-Konferenz in Ottawa. Die Dominions machen in Zollfragen Zugeständnisse an das Mutterland.

22. Sondergericht in Beuthen verurteilt fünf SA-Männer wegen Mordes an einem Kommunisten zum Tode. →

25. Reichskanzler von Papen informiert die Großindustriellen Krupp, Bosch und von Siemens über sein Wirtschaftsprogramm.

30. Hermann Göring vom Reichstag zum Präsidenten gewählt. →

GEBOREN:

11. Fernando Arrabal, spanischer Schriftsteller.

GESTORBEN:

2. Ignaz Seipel (* 19. 7. 1876), österreichischer Bundeskanzler a. D.

19. Johannes Schober (* 14. 11. 1874), österreichischer Bundeskanzler a. D.

Todesurteile für fünf SA-Männer

Selbst während Hitlers Verhandlungen um Beteiligung an der Macht stellt die SA ihre gesetzlosen Aktionen auf den Straßen nicht ein. In der Nacht zum 10. August schlagen fünf uniformierte SA-Männer in Potempa (Oberschlesien) einen kommunistischen Arbeiter in seiner Wohnung tot. Sie werden vor ein Sondergericht gestellt und in Beuthen wegen ihres Vergehens am 22. August zum Tode verurteilt. Damit wird eine am 9. August erlassene Notverordnung gegen Terror erstmals in voller Schärfe angewandt, die dem Treiben der Schlägerbanden von rechts und links Einhalt gebieten soll. Diese Notverordnung bedroht politischen Mord mit der Todesstrafe und sieht die Bildung von Sondergerichten zur schnellen Aburteilung von Gewalttätern vor.

Ein Sondergericht in Beuthen verurteilt fünf SA-Männer, die einen Arbeiter erschlagen haben, zum Tode. Ein Blick auf die Anklagebank.

Zum erstenmal Filmfestival in Venedig

21. August. An diesem Tag geht in Venedig das erste internationale Filmfestival der Welt zu Ende, das parallel zu einer Kunstausstellung veranstaltet wird. Dem Publikum und der Presse werden Filme aus den USA, Großbritannien, Frankreich, Deutschland, der UdSSR und Italien vorgeführt. Preise werden noch nicht vergeben, man vereinbart aber die Fortführung der Veranstaltung und Einladungen an weitere Länder.

Erste Versuche mit drahtloser Telegrafie

14. August. In der italienischen Presse wird über eine neue Erfindung des Technikers und Pioniers der drahtlosen Telegrafie Guglielmo Marconi berichtet. Danach ist es ihm gelungen, mit kleinen Ultrakurzwellenapparaten Verbindungen über eine Entfernung bis zu 270 km herzustellen. Für die Nachrichtentechnik bedeuten Marconis Versuche einen Fortschritt.

Hitler noch erfolglos

13. August. Trotz des Wahlerfolges vom 31. Juli bleibt Hitler und seiner Bewegung der Griff nach der Macht im Reich versagt. In den Verhandlungen um eine Regierungsbeteiligung der NSDAP kommt es schnell zu unüberbrückbaren Differenzen zwischen den Forderungen der NSDAP und den Absichten von Papens, der Hitler höchstens das Vizekanzleramt antragen will. Hitler fordert für sich und seine Partei den Kanzlerposten und den preußischen Ministerpräsidenten sowie mehrere andere Schlüsselministerien.

Reichspräsident Paul von Hindenburg kann sich noch nicht entschließen, die Herrschaft einem Kanzler Hitler zu übertragen, er will an der Linie der Präsidialkabinette ohne Parlamentsbindung festhalten. Nach einem Gespräch mit Hitler läßt Hindenburg in einer Mitteilung der Präsidialkanzlei am 13. August seine Abneigung gegen den NSDAP-Führer und dessen Machtanspruch offen mitteilen, was gleichzeitig den Bruch der Gesinnungskoalition zwischen seinem Präsidialkanzler von Papen und der NSDAP bedeutet.

30. August. In Berlin hält der neue Reichstag seine erste Sitzung ab.

Nummer 29. Berliner 41. Jahrgang. Preis 20 Pfennig

Illuſtrirt Zeitung

Verlag Ullſtein Berlin SW 68

Der ſtärkſte Mann an Bord.

Auf dem Verdeck der „Europa", auf der die deutſchen Olympia-Kämpfer nach Amerika reiſten: Der Münchner Gewicht-heber Rudolf Jsmayr trägt vier ſeiner Kameraden zugleich — links den Kugelſtoß-Weltrekordmann Emil Hirſchfeld, rechts den Zehnkampfmeiſter Eberle, auf den Schultern den Schwergewichtsmeiſter Gehring und (oben) den Hürdenläufer Wegner.

14. August. Die X. Olympischen Sommerspiele in Los Angeles enden mit einem überwältigenden Erfolg der einheimischen Sportler. 1408 Teilnehmer aus 37 Staaten haben um die Medaillen gekämpft, von denen sich die US-Athleten den Löwenanteil sichern. Sie gewinnen 44 Gold-, 36 Silber- und 30 Bronzemedaillen und liegen damit deutlich vor Italien und Frankreich, die es auf zwölf bzw. elf olympische Siege bringen. Das 82köpfige deutsche Team kann mit drei Gold-, 13 Silber- und vier Bronzemedaillen die Heimreise antreten. Deutsche Olympiasieger werden Rudolf Ismayr (Gewichtheben), Jakob Brendel (Ringen) und der Vierer mit Steuermann.

1932 ⬤⬤⬤ Los Angeles

Erich Rademacher, der Torwart der Wasserball-Mann-
schaft, beim Ringwerfen.
Aufnahmen: Scherer.

An Bord des Olympia-Schiffes

Sonntag ist die „Europa" in Bremen gestartet — und
Deutschlands gesamte Olympia-Mannschaft ist an Bord!
Ueber achtzig Athleten, unter ihnen die Träger der größten
deutschen Sportnamen. An Bord wird noch kräftig trainiert, damit die Seereise die „Form" nicht schädigt. Am
30. Juli fangen ja schon die Spiele in Los Angeles an.

An Bord der „Europa", die die deutschen Olympia-Kämpfer
nach Amerika trug:
Die Boxer beim Morgentraining mit Sprungseil und Medizinball.

Die Führer der Olympia-Expedition: Dr. Lewald, der Präsident des Deutschen Reichsausschusses für Leibesübungen, Prinz Liechtenstein, der Führer der Oesterreicher, und
Dr. Diem, der Generalsekretär des Deutschen Reichsausschusses für Leibesübungen.

Grete Heublein, die Weltrekord-Inhaberin im Kugelstoßen, trainiert in der neuen deutschen Olympiatracht.

Die Stimmung der deutschen Athleten wird durch die Weltwirtschaftskrise nicht getrübt. Es handelt sich noch um reine
Amateure. Von den Sportverbänden mußten für jeden Teilnehmer 1000 Reichsmark als Unkostenbeitrag geleistet werden. Es
können daher nur 82 Aktive nach Los Angeles reisen.

Leichtathletik Männer

100 m
1. Eddie Tolan — USA — 10,3
2. Ralph Metcalfe — USA — 10,3
3. Arthur Jonath — D — 10,4

200 m
1. Eddie Tolan — USA — 21,2
2. George Simpson — USA — 21,4
3. Ralph Metcalfe — USA — 21,5

400 m
1. William Carr — USA — 46,2
2. Benjamin Eastman — USA — 46,4
3. Alexander Wilson — CAN — 47,4

800 m
1. Thomas Hampson — GBR — 1:49,7
2. Alexander Wilson — CAN — 1:49,9
3. Philip Edwards — CAN — 1:51,5

1500 m
1. Luigi Beccali — ITA — 3:51,2
2. John Cornes — GBR — 3:52,6
3. Philip Edwards — CAN — 3:52,8

5000 m
1. Lauri Lethinen — FIN — 14:30,0
2. Ralph Hill — USA — 14:30,0
3. Lauri Virtanen — FIN — 14:44,0

10 000 m
1. Janusz Kusocinski — POL — 30:11,4
2. Volmari Isohollo — FIN — 30:12,6
3. Lauri Virtanen — FIN — 30:35,0

Marathon
1. Juan Carlos Zabala — ARG — 2:31:36,0
2. Samuel Ferris — GBR — 2:31:55,0
3. Armas Toivonen — FIN — 2:32:12,0

110-m-Hürden
1. George Saling — USA — 14,6
2. Percy Beard — USA — 14,7
3. Donald Finlay — GBR — 14,8

400-m-Hürden
1. Robert Tisdall — IRL — 51,7
2. Glenn Hardin — USA — 51,9
3. F. Morgan Taylor — USA — 52,0

3000-m-Hindernislauf
1. Volmari Isohollo — FIN — 10:33,4
2. Thomas Evenson — GBR — 10:46,0
3. Joseph McCluskey — USA — 10:46,2

4 × 100-m-Staffel
1. USA — 40,0 — (Robert Kiesel, Emmet Toppino, Hector Dyer, Frank Wykoff)
2. D — 40,9 — (Helmut Körnig, Friedrich Hendrix, Erich Borchmeyer, Arthur Jonath)
3. ITA — 41,2 — (Giuseppe Castelli, Ruggero Maregatti, Gabriele Salviati, Edgardo Toetti)

4 × 400-m-Staffel
1. USA — 3:08,2 — (Ivan Fuqua, Edgar Ablowich, Carl Warner, William Carr)
2. GBR — 3:11,2 — (Crew Stoneley, Thomas Hampson, David Burghley, Godfrey Rampling)
3. CAN — 3:12,8 — (Raymond Lewis, James Ball, Philip Edwards, Alexander Wilson)

50-km-Gehen
1. Thomas Green — GBR — 4:50:10
2. Janis Dalinsch — LET — 4:57:20
3. Ugo Frigerio — ITA — 4:59:06

Hochsprung
1. Duncan McNaughton — CAN — 1,97
2. Robert Van Osdel — USA — 1,97
3. Simeon Toribio — PHI — 1,97

Stabhochsprung
1. William Miller — USA — 4,315
2. Shuhei Nishida — JAP — 4,30
3. George Jefferson — USA — 4,20

Weitsprung
1. Edward Gordon — USA — 7,64
2. Charles Lambert Redd — USA — 7,60
3. Chuhei Nambu — JAP — 7,45

Dreisprung
1. Chuhei Nambu — JAP — 15,72
2. Erik Svensson — SWE — 15,32
3. Kenkichi Oshima — JAP — 15,12

Kugelstoßen
1. Leo Sexton — USA — 16,005
2. Harlow Rothert — USA — 15,675
3. František Douda — ČSR — 15,61

Diskuswerfen
1. John Anderson — USA — 49,49
2. Henri Jean Laborde — USA — 48,47
3. Paul Winter — FRA — 47,85

Hammerwerfen
1. Patrick O'Callaghan — IRL — 53,92
2. Ville Pörhölä — FIN — 52,27
3. Peter Zaremba — USA — 50,33

Speerwerfen
1. Matti Järvinen — FIN — 72,71
2. Matti Sippala — FIN — 69,80
3. Eino Penttilä — FIN — 68,70

Zehnkampf
1. James Aloysius Bausch — USA — 8462,23
2. Akilles Järvinen — FIN — 8292,48
3. Wolrad Eberle — D — 8030,80

Abkürzungsschlüssel siehe Register

Zielfoto des 100-Meter-Laufs, nur mit wenigen Zentimetern siegte Tolan vor Metcalfe, beide USA.

Drei erfolgreiche US-Girls – von links – H. Madison (Kraul), Springerin G. Coleman und E. Holm (Rücken).

Leichtathletik Frauen

100 m
1. Stanislawa Walasiewicz — POL — 11,9
2. Hilde Strike — CAN — 11,9
3. Wilhelmina von Bremen — USA — 12,0

80-m-Hürden
1. Mildred Didrikson — USA — 11,7
2. Evelyne Hall — USA — 11,7
3. Marjorie Clark — SAF — 11,8

4 × 100-m-Staffel
1. USA — 47,0 (Mary Carew, Evelyn Furtsch, Annette Rogers, Wilhelmina von Bremen)
2. CAN — 47,0 (Mildred Frizzel, Lilian Palmer, Mary Frizzel, Hilda Strike)
3. GBR — 47,6 (Eileen Hiscock, Gwendoline Porter, Violet Webb, Nellie Halstead)

Hochsprung
1. Jean Shiley — USA — 1,657
2. Mildred Didrikson — USA — 1,657
3. Eva Dawes — CAN — 1,60

Diskuswerfen
1. Lillian Copeland — USA — 40,58
2. Ruth Osburn — USA — 40,12
3. Jadgiwa Wajsówna — POL — 38,74

Speerwerfen
1. Mildred Didrikson — USA — 43,68
2. Ellen Braumüller — D — 43,49
3. Tilly Fleischer — D — 43,00

Schwimmen Männer

100-m-Kraul
1. Yasuji Miyazaki — JAP — 58,2
2. Tatsugo Kawaishi — JAP — 58,6
3. Albert Schwartz — USA — 58,8

400-m-Kraul
1. Clarence Crabbe — USA — 4:48,4
2. Jean Taris — FRA — 4:48,5
3. Tsutomu Oyokota — JAP — 4:52,3

1500-m-Kraul
1. Kusuo Kitamura — JAP — 19:12,4
2. Shozo Makino — JAP — 19:14,1
3. James Cristy — USA — 19:39,5

100-m-Rücken
1. Masaji Kiyokawa — JAP — 1:08,6
2. Toshio Irie — JAP — 1:09,8
3. Kentaro Kawatsu — JAP — 1:10,0

200-m-Brust
1. Yoshiyuki Tsuruta — JAP — 2:45,4
2. Reizo Koike — JAP — 2:46,6
3. Teofilo Yldefonzo — PHI — 2:47,1

4 × 200-m-Kraulstaffel
1. JAP — 8:58,4 (Yasuji Miyazaki, Masanori Yusa, Takashi Yokoyama, Hisakichi Toyoda)
2. USA — 9:10,5 (Frank Booth, George Fissler, Marola Kalili, Manuella Kalili)
3. UNG — 9:31,4 (András Wannié, László Szabados, András Székely, István Bárány)

Kunstspringen
1. Michael Galitzen — USA — 161,38
2. Harold Smith — USA — 158,54
3. Richard Degener — USA — 151,82

Turmspringen
1. Harold Smith — USA — 124,80
2. Michael Galitzen — USA — 124,28
3. Frank Kurtz — USA — 121,98

Wasserball
1. Ungarn
2. Deutschland
3. USA

Schwimmen Frauen

100-m-Kraul
1. Helene Madison — USA — 1:06,8
2. Willemijntje den Ouden — HOL — 1:07,8
3. Eleonor Saville-Garatti — USA — 1:08,2

400-m-Kraul
1. Helene Madison — USA — 5:28,5
2. Lenore Kight — USA — 5:28,6
3. Jennie Makaal — SAF — 5:47,3

200-m-Brust
1. Claire Dennis — AUS — 3:06,3
2. Hideko Maehata — JAP — 3:06,4
3. Else Jacobsen — DAN — 3:07,1

100-m-Rücken
1. Eleanor Holm — USA — 1:19,4
2. Philomena Mealing — AUS — 1:21,3
3. Elizabeth Valerie Davies — GBR — 1:22,5

4 × 100-m-Kraulstaffel
1. USA — 4:38,0 (Josephine McKim, Helen Johns, Eleanor Saville-Garatti, Helene Madison)
2. HOL — 4:47,5 (Maria Vierdag, Maria Oversloot, Cornelia Laddé, Willemijntje den Ouden)
3. GBR — 4:52,4 (Elizabeth Valerie Davies, Helen Varcoe, Margaret Joyce Cooper, Edna Hughes)

Kunstspringen
1. Georgia Coleman — USA — 87,52
2. Katherine Rawls — USA — 82,56
3. Jane Fauntz — USA — 82,12

Turmspringen
1. Dorothy Poynton — USA — 40,26
2. Georgia Coleman — USA — 35,56
3. Marion Roper — USA — 35,22

Turnen Männer

Mehrkampf Einzel
1. Romeo Neri — ITA — 140,625
2. István Pelle — UNG — 134,925
3. Heikki Savolainen — FIN — 134,575

Mehrkampf Mannschaft
1. Italien — 541,850
2. USA — 522,275
3. Finnland — 509,995

Barren Einzel
1. Romeo Neri — ITA — 18,97
2. István Pelle — UNG — 18,60
3. Heikki Savolainen — FIN — 18,27

Bodenübung Einzel
1. István Pelle — UNG — 9,60
2. Georges Miez — SUI — 9,47
3. Mario Lertora — ITA — 9,23

Pferdsprung Einzel
1. Savino Guglielmetti — ITA — 18,03
2. Alfred Jochim — USA — 17,77
3. Edward Carmichael — USA — 17,53

Seitpferd Einzel
1. István Pelle — UNG — 19,07
2. Omero Bonoli — ITA — 18,87
3. Frank Haubold — USA — 18,57

Reck Einzel
1. Dallas Bixler — USA — 18,33
2. Heikki Savolainen — FIN — 18,07
3. Einari Teräsvirta — FIN — 18,07

Ringe Einzel
1. George Gulack — USA — 18,97
2. William Denton — USA — 18,60
3. Giovanni Lattuada — ITA — 18,50

Tauhangeln (nur 1896, 1904, 1906, 1924, 1932 durchgeführt)
1. Raymond Bass — USA — 6,7
2. William Galbraith — USA — 6,8
3. Thomas Conelly — USA — 7,0

Keulenschwingen (nur 1904 und 1932 durchgeführt)
1. Georg Roth — USA — 8,97
2. Philip Erenberg — USA — 8,90
3. William Kuhlmaier — USA — 8,63

Federbrettsprung (nur 1932 durchgeführt)
1. Rowland Wolfe — USA — 18,90
2. Edward Gross — USA — 18,67
3. William Herrmann — USA — 18,37

Landhockey
1. Indien
2. Japan
3. USA

Boxen

Fliegengewicht
1. István Énekes — UNG
2. Francisco Cabañas — MEX
3. Louis Salica — USA

Bantamgewicht
1. Horace Gwynne — CAN
2. Hans Ziglarski — D
3. José Villanueva — PHI

Federgewicht
1. Carmelo Robledo — ARG
2. Josef Schleinkofer — D
3. Carl Carlsson — SWE

Leichtgewicht
1. Lawrence Stevens — SAF
2. Thure Ahlqvist — SWE
3. Nathan Bor — USA

Weltergewicht
1. Edward Flynn — USA
2. Erich Campe — D
3. Bruno Ahlberg — FIN

Mittelgewicht
1. Carmen Barth — USA
2. Amado Azar — ARG
3. Ernest Pierce — SAF

Halbschwergewicht
1. David Carstens — SAF
2. Gino Rossi — ITA
3. Peter Jörgensen — DAN

Schwergewicht
1. Santiago Lovell — ARG
2. Luigi Rovati — ITA
3. Frederick Feary — USA

Ringen, griechisch-römischer Stil

Bantamgewicht
1. Jakob Brendel — D
2. Marcello Nizzola — ITA
3. Louis François — FRA

Federgewicht
1. Giovanni Gozzi — ITA
2. Wolfgang Ehrl — D
3. Lauri Koskela — FIN

Leichtgewicht
1. Erik Malmberg — SWE
2. Abraham Kurland — DAN
3. Eduard Sperling — D

Weltergewicht
1. Ivar Johansson — SWE
2. Väino Kajander — FIN
3. Ercole Gallegati — ITA

Mittelgewicht
1. Välno Kokkinen — FIN
2. Jean Földeák — D
3. Axel Cadier — SWE

Halbschwergewicht
1. Rudolf Svensson — SWE
2. Onni Pellinen — FIN
3. Mario Gruppioni — ITA

Schwergewicht
1. Carl Westergren — SWE
2. Josef Urban — ČSR
3. Nikolaus Hirschl — AUT

Freistilringen

Bantamgewicht
1. Robert Pearce — USA
2. Ödön Zombori — UNG
3. Aatos Jaskari — FIN

Federgewicht
1. Hermanni Pihlajamäki — FIN
2. Edgar Nemir — USA
3. Einar Karlsson — SWE

Leichtgewicht
1. Charles Pacôme — FRA
2. Károly Kárpáti — UNG
3. Gustaf Klarén — SWE

Weltergewicht
1. Jack Van Bebber — USA
2. Daniel MacDonald — CAN
3. Eino Leino — FIN

Mittelgewicht
1. Ivar Johansson — SWE
2. Kyösty Luukko — FIN
3. József Tunyogi — UNG

Halbschwergewicht
1. Peter Mehringer — USA
2. Thure Sjöstedt — SWE
3. Eddie Scarf — AUS

Schwergewicht
1. Johan Richthoff — SWE
2. John Riley — USA
3. Nikolaus Hirschl — AUT

Fechten Männer

Florett Einzel
1. Gustavo Marzi — ITA
2. Joseph Lewis — USA
3. Giulio Gaudini — ITA

Florett Mannschaft
1. Frankreich
2. Italien
3. USA

Degen Einzel
1. Giancarlo Cornaggia-Medici — ITA
2. Georges Buchard — FRA
3. Carlo Agostoni — ITA

Degen Mannschaft
1. Frankreich
2. Italien
3. USA

Säbel Einzel
1. György Piller — UNG
2. Giulio Gaudini — ITA
3. Endre Kabos — UNG

Säbel Mannschaft
1. Ungarn
2. Italien
3. Polen

Fechten Frauen

Florett Einzel
1. Ellen Preis — AUT
2. Judy Heather Guinness — GBR
3. Erna Bogen — UNG

Moderner Fünfkampf
1. Johan Oxenstierna — SWE
2. Bo Lindman — SWE
3. Richard Mayo — USA

Gewichtheben

		Beidarmiges Drücken	Beidarmiges Reißen	Beidarmiges Stoßen	Total
Federgewicht					
1. Raymond Suvigny	FRA	82,5	87,5	117,5	287,5
2. Hans Wölpert	D	85,0	87,5	110,0	282,5
3. Anthony Terlazzo	USA	82,5	85,0	112,5	280,0
Leichtgewicht					
1. René Duverger	FRA	97,5	102,5	125,0	325,0
2. Hans Haas	AUT	82,5	100,0	125,0	307,5
3. Gastone Pierini	ITA	92,5	90,0	120,0	302,5
Mittelgewicht					
1. Rudolf Ismayr	D	102,5	110,0	132,5	345,0
2. Carlo Galimberti	ITA	102,5	105,0	132,5	340,0
3. Karl Hipfinger	AUT	90,0	107,5	140,0	337,5
Leichtschwergewicht					
1. Louis Hostin	FRA	102,5	112,5	150,0	365,0
2. Svend Olsen	DAN	102,5	107,5	150,0	360,0
3. Henry Duey	USA	92,5	105,0	132,5	330,0
Schwergewicht					
1. Jaroslav Skobla	ČSR	112,5	115,0	152,5	380,0
2. Václav Pšenička	ČSR	112,5	117,5	147,5	377,5
3. Josef Straßberger	D	125,0	110,0	142,5	337,5

Rudern

Einer
1. Henry Pearce — AUS — 7:44,4
2. William Miller — USA — 7:45,2
3. Guillermo Douglas — URU — 8:13,6

Doppelzweier
1. USA — 7:17,4
2. Deutschland — 7:22,8
3. Kanada — 7:27,6

Zweier ohne Steuermann
1. Großbritannien — 8:00,0
2. Neuseeland — 8:02,4
3. Polen — 8:08,2

Zweier mit Steuermann
1. USA — 8:25,8
2. Polen — 8:31,2
3. Frankreich — 8:41,2

Vierer ohne Steuermann
1. Großbritannien — 6:58,2
2. Deutschland — 7:03,0
3. Italien — 7:04,0

Vierer mit Steuermann
1. Deutschland — 7:19,0
2. Italien — 7:19,2
3. Polen — 7:26,8

Achter
1. USA — 6:37,6
2. Italien — 6:37,8
3. Kanada — 6:40,4

Segeln

Ein-Mann-Boot
1. Jacques Lebrun — FRA
2. Adriaan Lambertus J. Maas — HOL
3. Santiago Amat Cansino — SPA

Star
1. USA
2. Großbritannien
3. Schweden

6 m
1. Schweden
2. USA
3. Kanada

8 m
1. USA
2. Kanada

Radsport

Straßenrennen Einzel (100 km)
1. Attilio Pavesi — ITA — 2:28:05,6
2. Guglielmo Segato — ITA — 2:29:21,4
3. Bernhard Britz — SWE — 2:29:45,2

Straßenrennen Mannschaft
1. Italien — 7:27:15,2
2. Dänemark — 7:38:50,2
3. Schweden — 7:39:12,6

1000-m-Zeitfahren
1. Edgar Gray — AUS — 1:13,0
2. Jacobus van Egmond — HOL — 1:13,3
3. Charles Rampelberg — FRA — 1:13,4

1000-m-Sprint
1. Jacobus van Egmond — HOL — 12,6
2. Louis Challiot — FRA
3. Bruno Pellizzari — ITA

2000-m-Tandemfahren
1. Frankreich — 12,0
2. Großbritannien
3. Dänemark

4000-m-Mannschafts-Verfolgungsrennen
1. Italien — 4:53,0
2. Frankreich — 4:55,7
3. Großbritannien — 4:56,0

Reitsport

Military Einzel
1. Charles F. Pahud de Mortanges — HOL — 1813,83
2. Earl Thomson — USA — 1811,00
3. Clarence von Rosen jr. — SWE — 1809,43

Military Mannschaft
1. USA — 5038,083
2. Holland — 4689,083

Dressur Einzel
1. Xavier Lesage — FRA — 343,75
2. Charles Marion — FRA — 305,42
3. Hiram Tuttle — USA — 300,50

Dressur Mannschaft
1. Frankreich — 2818,75
2. Schweden — 2678,00
3. USA — 2576,75

Jagdspringen Einzel
1. Takeichi Nishi — JAP — − 8
2. Harry Chamberlin — USA — − 12
3. Clarence von Rosen jr. — SWE — − 16

Jagdspringen Mannschaft
Keine Mannschaft beendete den Wettbewerb mit drei Reitern

1932

SEPTEMBER

Mo	Di	Mi	Do	Fr	Sa	So
			1	2	3	4
5	6	7	8	9	10	11
12	13	14	15	16	17	18
19	20	21	22	23	24	25
26	27	28	29	30		

1. Die im August wegen Mordes an einem Kommunisten zum Tode verurteilten SA-Männer werden zu lebenslanger Haft begnadigt.

1. Eröffnung des deutschen Katholikentages in Essen.

4. Beginn einer Weltfriedenskonferenz mit 80 Delegierten aus 14 Staaten in Wien.

4. Wirtschaftsprogramm von Papens wird per Notverordnung in Kraft gesetzt. →

6. Todesstrafe und lebenslange Freiheitsstrafen durch ordentliche Gerichte durch eine Strafrechtsreform in Spanien abgeschafft.

9. Anerkennung des Autonomiestatus für Katalanien durch spanische Cortes.

12. Ablehnung der Notverordnung vom 4. September durch den Reichstag und Auflösung durch den Reichspräsidenten. →

15. Zahl der Arbeitslosen im Deutschen Reich beträgt noch 5 261 000.

19. Caracciola gewinnt den Großen Preis von Italien in Monza.

20. Gandhi beginnt Hungerstreik im Gefängnis von Poona. →

22. Deutsche Reichsbank senkt Diskontsatz auf 4 und Lombardsatz auf 5 Prozent.

23. Premiere des Spielfilms »Ein blonder Traum« von Paul Martin mit Lilian Harvey, Willy Fritsch, Willi Forst und Paul Hörbiger.

25. Deutschland besiegt Schweden im Fußballspiel in Nürnberg mit 4 : 3.

26. Uraufführung der Komödie »Christoph Columbus oder Die Entdeckung Amerikas« von Walter Hasenclever im Schauspielhaus Leipzig.

26. Max Schmeling gewinnt in New York den Ausscheidungskampf um die Weltmeisterschaft im Schwergewicht gegen Mickey Walker (USA) in der 8. Runde durch technischen K. o.

28. Erdbeben auf der griechischen Halbinsel Chalkidike fordert fast 400 Todesopfer.

28. Nach amtlicher Statistik gibt es von Januar bis September in Preußen 155 Todesopfer bei politischen Krawallen.

GESTORBEN:

20. Max Slevogt (* 8. 10. 1868), deutscher Maler. →

Niederlage für Papen

12. September. Für Reichskanzler Franz von Papen endet der erste Auftritt vor dem neuen Reichstag mit einer vernichtenden parlamentarischen Niederlage. Sein Wirtschaftsprogramm, dessen Kernstück die Vermehrung der Arbeitsplätze (durch Abkehr von der Vollzeitbeschäftigung und Hinwendung zur Kurzarbeit) ist, wird zwar per Notverordnung am 4. September in Kraft gesetzt, aber der Widerstand von Industrie und Gewerkschaften läßt eine Realisierung unwahrscheinlich erscheinen.

Bei der Reichstagssitzung vom 12. September hat der Kanzler keine Gelegenheit, sein Regierungsprogramm im Parlament zu verkünden. Reichstagspräsident Hermann Göring ignoriert zu Beginn der Sitzung den redebereiten von Papen und erteilt statt dessen dem KPD-Fraktionsvorsitzenden Ernst Torgler das Wort, der einen Mißtrauensantrag gegen die Regierung einbringt. Danach darf der SPD-Abgeordnete Paul Löbe ebenfalls einen Mißtrauensantrag stellen, und Göring beginnt mit der parlamentarischen Prozedur der Abstimmung, ohne den Reichskanzler zu beachten.

Papen hat also keine Gelegenheit, einen vermeintlichen Trumpf auszuspielen, den er vorsichtshalber in der Tasche hat: die von Hindenburg unterschriebene Genehmigung zur Auflösung des Reichstags. Die Abstimmung endet mit 512 gegen 42 Stimmen zugunsten der Antragsteller; es ist die vernichtendste Niederlage, die einem Kabinett der Weimarer Republik zugefügt wird. Erst nach Bekanntgabe des Ergebnisses nimmt Göring die Auflösungserklärung zur Kenntnis und verkündet ihre Ungültigkeit, da sie von einem soeben abgesetzten Reichskanzler unterzeichnet sei. Nach genauer Interpretation der Geschäftsordnung des Reichstages bleibt von Papen aber noch im Amt, bis die für November ausgeschriebenen Neuwahlen eine neue Regierungsbildung zulassen.

Gandhi hungert für Rechte der Armen

20. September. Aus Protest gegen das von der englischen Regierung ausgearbeitete Wahlgesetz, das den Angehörigen der unterdrückten Klassen, den Parias oder »Unberührbaren«, jegliche Mitsprache beschneidet, tritt der im Gefängnis von Poona einsitzende Mahatma Gandhi in einen Hungerstreik. Der moralische Druck dieser Aktion, die in der Weltöffentlichkeit große Resonanz hat, führt zu einem schnellen Resultat. Vertreter der höheren Kasten der Hindus vereinbaren mit den »Unberührbaren« eine Reform des Wahlrechts, nach den unterdrückten Klassen eine größere parlamentarische Mitsprache in Provinzvertretungen eingeräumt wird.

Gandhi bricht seinen Hungerstreik, gesundheitlich schon stark geschwächt, daraufhin am 26. September wieder ab.

Max Slevogt stirbt

20. September. Im Alter von 63 Jahren stirbt auf seinem Gut in Neukastel der Maler Max Slevogt. Slevogt gehörte seit der Jahrhundertwende zu den deutschen Hauptvertretern des Impressionismus. Neben bedeutenden Porträts (am bekanntesten »D'Andrade als Don Juan«, 1902) schuf er Landschaften und Gartenbilder. Der Künstler, der im Ersten Weltkrieg als Kriegsmaler tätig war, machte sich auch einen Namen als Buchillustrator (u. a. für Coopers »Lederstrumpf« und Goethes »Faust«).

Max Slevogt (Selbstbildnis) †.

Außenpolitik der Weimarer Republik

Januar 1921: Konferenz von Paris. (Festlegung der Endsumme der Reparationen auf 226 Mrd. Goldmark, zahlbar in 42 Jahresraten.)

März 1921: Londoner Konferenz (deutsche Gegenvorschläge).

5. 5. 1921: Londoner Ultimatum. (Unter Androhung der Besetzung des Ruhrgebietes verlangen die Alliierten Deutschlands Zustimmung zur Reparationsschuld von 132 Mrd. Goldmark.)

14. 12. 1921: Deutschland erbittet nach Zahlung der ersten Reparationsrate einen Zahlungsaufschub.

10. 4.–19. 5. 1922: Konferenz von Genua. (Europäische Wirtschaftskonferenz unter Beteiligung von 28 Staaten einschließlich der Sowjetunion.)

16. 4. 1922: Vertrag von Rapallo (zwischen Deutschland und der Sowjetunion).

April 1924: Vorlage des Dawes-Plans. (Eine Kommission unter Vorsitz des Amerikaners Ch. G. Dawes kürzte die deutschen jährlichen Reparationszahlungen zunächst auf 1 Mrd. und ließ sie vom fünften Jahr an auf 2,5 Mrd. ansteigen. Um Deutschland den Start zu erleichtern, gewährten die Alliierten eine Anleihe von 800 Mio. Goldmark. Die Rückzahlung sicherten sie sich jedoch durch die Privatisierung der Reichsbahn.)

5. 10.–16. 10. 1925: Konferenz von Locarno.

24. 4. 1926: Berliner Vertrag. (Verstärkung der Rapallopolitik und deutsch-sowjetische Absprache über wirtschaftliche und militärische Zusammenarbeit.)

9. 10. 1926: Aufnahme Deutschlands in den Völkerbund.

27. 8. 1928: Kellogg-Pakt. (15 Staaten unterzeichnen den von US-Staatssekretär F. B. Kellogg angeregten Kriegsächtungspakt.)

6.–31. 8. 1929: Konferenz von Den Haag. (Vorlage eines neuen Reparationsplans, den eine Sachverständigenkommission unter Vorsitz des Amerikaners Young ausgearbeitet hatte. Er verzichtete auf jede alliierte Kontrolle, räumte die Möglichkeit eines Zahlungsaufschubs ein und legte für 59 Jahre eine jährliche Zahlung von 2 Mrd. Mark fest.)

20. 6. 1931: Hoover-Moratorium. (Auf Vorschlag des US-Präsidenten H. Hoover werden Reparationszahlungen für ein Jahr eingestellt.)

16. 6.–9. 7. 1932: Konferenz von Lausanne. (Mit einer Abschlagszahlung von 3 Mrd. Mark werden die Reparationszahlungen beendet.)

1932

OKTOBER

Mo	Di	Mi	Do	Fr	Sa	So
					1	2
3	4	5	6	7	8	9
10	11	12	13	14	15	16
17	18	19	20	21	22	23
24	25	26	27	28	29	30
31						

1. In Deutschland verteuert sich der Literpreis für Benzin um zwei Pfennig.

3. Papst Pius XI. erläßt Enzyklika wegen der Christenverfolgung in Mexiko. →

9. Uraufführung des Schauspiels »Robinson darf nicht sterben« von Friedrich Forster am Alten Theater Leipzig.

9. Uraufführung des Dramas »Der Rattenfänger von Hameln« von Joachim Freiherr von der Goltz in Baden-Baden.

9. Säuberungswelle in der Sowjetunion.

10. Einweihung des Riesenkraftwerks am Dnjepr durch Staatsoberhaupt Michail I. Kalinin.

12. Die Paneuropäische Tagung in Basel beschließt Gründung einer »Europäischen Partei« mit Sektionen in den einzelnen Staaten.

15. 7,5 Millionen Arbeitslose in Deutschland.

16. Die Zusammenstöße zwischen Sozialdemokraten und NSDAP-Parteigängern in einem Wiener Vorort fordern 48 Schwerverletzte und drei Tote.

19. Die österreichische Regierung erläßt Aufmarschverbot für sozialdemokratischen Schutzbund und formierte NSDAP-Gruppen.

19. Trauung von Prinz Gustav Adolf von Schweden und Prinzessin Sibylle von Sachsen-Coburg in Coburg.

20. Nach einer Verfügung der thüringischen Regierung müssen alle Schulkinder des Landes den Artikel 231 des Versailler Vertrages (Deutschlands Kriegsschuldbekenntnis) auswendig lernen.

25. Das Reichsgericht in Berlin erklärt Einsetzung des Reichskanzlers als Reichskommissar in Preußen für verfassungskonform.

28. Tumult der Abgeordneten im Parlament von Sofia. Die Thronrede des Königs von Bulgarien kann erst nach Entfernung der Kommunisten aus dem Parlament fortgesetzt werden.

30. Deutschland verliert ein Fußball-Länderspiel gegen Ungarn in Budapest mit 1 : 2.

GEBOREN:

4. Étienne Vicomte Davignon, belgischer Diplomat.

28. Gerhart Rudolf Baum, deutscher Politiker.

Säuberungen in der KPdSU gehen weiter

9. Oktober. Stalins Kampf gegen innerparteiliche Gegner wird in diesem Monat fortgesetzt. Eine angeblich konterrevolutionäre Gruppe von 20 Parteimitgliedern, die zum Teil hohe Ämter innehaben, wird nach einer Verhandlung vor der Zentralkontrollkommission aus der Partei ausgeschlossen. Zu ihnen gehören unter anderen Leo Kamenew und Grigori Sinowjew, frühere Vertraute Lenins, die bereits einmal aus der Partei ausgeschlossen waren, nach »Bekenntnis« ihrer Verfehlungen aber wieder aufgenommen wurden.

Konflikt zwischen Kirche und Staat

3. Oktober. In Mexiko kommt es im Oktober zum offenen Konflikt zwischen der katholischen Kirche und dem Staat, nachdem Papst Pius XI. in einer Enzyklika den dortigen Kirchen gegen Übergriffe der Verwaltung zu Hilfe kommt. Mexikos Staatspräsident droht nach Bekanntwerden der Enzyklika, die Kirchen in Arbeiterschulen und Konsumvereine umzuwandeln. Am 6. Oktober wird die Ausweisung des päpstlichen Legaten verfügt, obwohl dieser mexikanischer Staatsbürger ist. Die Enzyklika wird als ein Mittel zur Aufwiegelung der mexikanischen Bevölkerung bezeichnet, und die Behörden beginnen mit der Schließung der Kirchen. Im Gliedstaat Veracruz droht man allen Priestern mit der Aberkennung des Bürgerrechts, um sie ausweisen zu können.

Größter Dampfer läuft vom Stapel

29. Oktober. In St-Nazaire läuft die »Normandie« vom Stapel, der nunmehr größte Ozeandampfer der Welt. Das 313 Meter lange und 40 Meter breite Schiff hat eine Wasserverdrängung von 75 000 Bruttoregistertonnen und soll die Strecke Le Havre–New York in viereinhalb Tagen zurücklegen.

1932

NOVEMBER

Mo	Di	Mi	Do	Fr	Sa	So
	1	2	3	4	5	6
7	8	9	10	11	12	13
14	15	16	17	18	19	20
21	22	23	24	25	26	27
28	29	30				

3. Opernhaus von San Francisco mit 3300 Plätzen eröffnet.

4. Eine neue Notverordnung setzt schärfere Strafen für Autodiebstahl in Kraft.

6. NSDAP muß bei den Reichstagswahlen Verluste hinnehmen. →

7. Per Notverordnung wird politischer Burgfriede bis zum 19. November angeordnet.

9. Die Präsidentschaftswahlen in den USA enden mit klarem Erfolg für Franklin D. Roosevelt. →

9. Straßenunruhen zwischen konservativen und sozialistischen Demonstranten in Genf fordern zwölf Todesopfer und 60 Verletzte.

11. Die Internationale Regierungskommission für das Saargebiet verfügt die Auflösung der SA- und SS-Formationen.

11. Tornado und Flutwelle verwüsten Santa Cruz del Sur auf Kuba und fordern etwa 1000 Todesopfer.

17. Rücktritt des Kabinetts von Papen. →

18. Burgfrieden durch Notverordnung bis 3. Januar 1933 verlängert.

18. Uraufführung des Schauspiels »Kasimir und Karoline« von Ödön von Horváth im Schauspielhaus Leipzig.

21. Hindenburg beginnt mit Hitler Verhandlungen über die Regierungsbildung. →

22. Ein Sondergericht in Chemnitz verurteilt aufgrund der Notverordnung vom 9. August einen Kommunisten zum Tode.

22. Freigabe der neuen Autostraße von Turin nach Mailand mit 126 km Länge.

22. Premiere des Spielfilms »Marschall Vorwärts« von Heinz Paul mit Paul Wegener in der Hauptrolle.

28. Uraufführung des Oratoriums »Krieg und Frieden« von Charles Gounod in Straßburg.

29. Unterzeichnung des französisch-russischen Nichtangriffspaktes.

30. Die Arbeitslosenzahl wird mit 5 358 000 angegeben, Zunahme im November beträgt 248 000.

GEBOREN:

29. Jacques René Chirac, französischer Politiker.

Roosevelt Sieger bei Wahlen in USA

9. November. Bei den Präsidentschafts- und Kongreßwahlen gibt es in den USA eine völlige Verschiebung der politischen Kräfteverhältnisse. Die Demokraten gehen als große Sieger aus den Wahlen hervor. Sie stellen mit Franklin D. Roosevelt nicht nur den neuen Präsidenten der Vereinigten Staaten, sondern sichern sich auch im Kongreß regierungsfähige Mehrheiten. Roosevelt erhält bei seiner Wahl 20 193 000 Stimmen, der unterlegene Herbert Hoover nur 14 202 000. Das neue Repräsentantenhaus setzt sich nach der Wahl aus 306 Demokraten, 124 Republikanern und fünf unabhängigen Abgeordneten zusammen. Im Senat erhalten die Demokraten 59, die Republikaner 36 und die Farmer einen Sitz. In den USA beginnt damit eine neue politische Ära.

Franklin D. Roosevelt.

Deutscher Flieger umrundet Erde

10. November. Der deutsche Flieger Wolfgang von Gronau kehrt von einem Flug um die Welt zurück, der ihn mit seiner Maschine des Typs Dornier-Wal über 60 000 Kilometer von Europa über Grönland, Amerika, die Aleuten, Japan, China und Indien zurück nach Europa bringt. Die Öffentlichkeit verfolgt dieses Flugpionierabenteuer mit großem Interesse.

Die gleiche Anteilnahme gilt der englischen Fliegerin Amy Johnson, die die Strecke London–Kapstadt in vier Tagen und sechs Stunden zurücklegt. Sie verbessert damit die alte Rekordmarke ihres Mannes, die er am 28. März dieses Jahres erreichte, um fast 10 Stunden.

Hitler kämpft um die Regierungsbildung

24. November. Am Ende des politisch ereignisreichen, aber an verbindlichen Ergebnissen eher armen Monats scheitern mehrtägige mündliche und schriftliche Verhandlungen zwischen Paul von Hindenburg und Adolf Hitler, der für den Reichspräsidenten als letzter Kandidat zur Übernahme der Regierungsgewalt in Deutschland übriggeblieben ist.

Die Reichstagswahlen vom 6. November haben keine Klärung der politischen Szene gebracht. Bei einer geringen Wahlbeteiligung von 80,6 Prozent verlieren die Nationalsozialisten zwei Millionen Wählerstimmen und 34 Reichstagssitze, behalten aber mit den sich verbessernden Kommunisten die negative Sperrmajorität der radikalen Parteien im Reichstag (50,7 Prozent), die jede parlamentarische Lösung der Regierungskrise unmöglich erscheinen läßt. Im einzelnen sieht das Wahlergebnis wie folgt aus: NSDAP 33,1 Prozent (Juli 37,4), SPD 20,4 (21,6), KPD 16,8 (14,6), Zentrum 11,7 (12,5), DNVP 8,8 (5,9), Bayerische Volkspartei 3,1 (3,2). Der Rest entfällt wieder auf die Splitterparteien.

An der oppositionellen Haltung, die alle Parteien außer der DNVP gegenüber dem Kabinett Papen einnehmen, ändert sich auch nach der Wahl nichts, so daß Papen auf nachdrücklichen Rat Kurt von Schleichers am 17. November den Rücktritt einreicht. Am nächsten Tag beginnt Hindenburg die Verhandlungen über eine Regierungsbildung, zu denen der Reichspräsident nacheinander Alfred Hugenberg (DNVP), Prälat Ludwig Kaas (Zentrum) und Hitler empfängt; die Gespräche bleiben ohne Ergebnis. Hugenberg und seine DNVP wollen nicht dem vom Zentrum favorisierten »Kabinett der nationalen Konzentration« beitreten, das diese beiden Parteien mit der NSDAP bilden sollen.

In der zweiten Verhandlungsrunde schlägt Hindenburg Hitler eine Präsidialkanzlerschaft vor, die dem Reichspräsidenten die Notverordnungsgewalt ließe. Hitler lehnt ab. Danach führt General Schleicher Verhandlungen mit Vertretern der Parteien und Gewerkschaften und bringt sich selbst als Kanzlerkandidat ins Gespräch.

Ein Stimmzettel zur Reichstagswahl.

Wahlplakat der Sozialdemokraten.

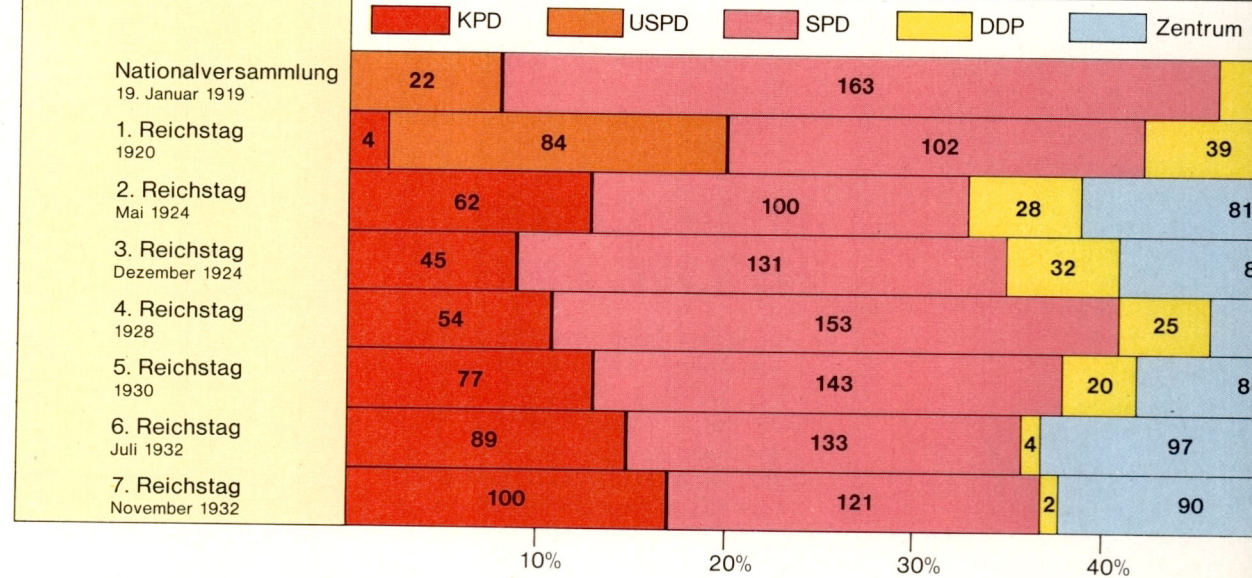

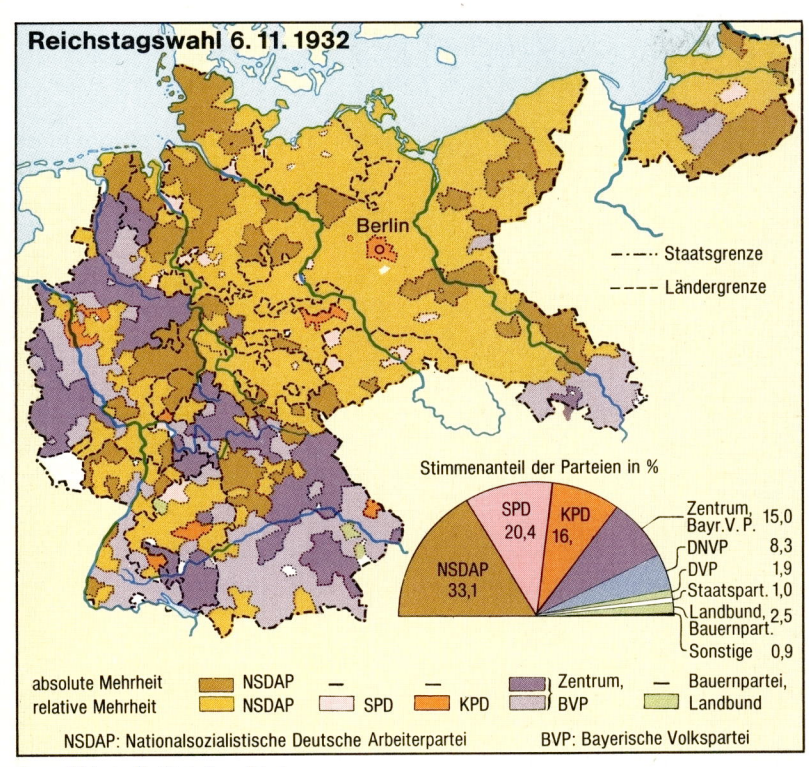

Reichstagswahl 6. 11. 1932

Stimmenanteil der Parteien in %

SPD 20,4
KPD 16,
NSDAP 33,1
Zentrum, Bayr.V. P. 15,0
DNVP 8,3
DVP 1,9
Staatspart. 1,0
Landbund, 2,5
Bauernpart.
Sonstige 0,9

Staatsgrenze
Ländergrenze

absolute Mehrheit NSDAP —
relative Mehrheit NSDAP — SPD KPD Zentrum, BVP Bauernpartei, Landbund

NSDAP: Nationalsozialistische Deutsche Arbeiterpartei   BVP: Bayerische Volkspartei

So wählen die Reichsgebiete.

Adolf Hitler (Hintergrund) auf dem Weg zu Hindenburg; links Göring.

Goebbels auf einer Kundgebung.

Polizei schützt die Wahlveranstaltungen der Parteien vor Störmaßnahmen und Demonstrationen.

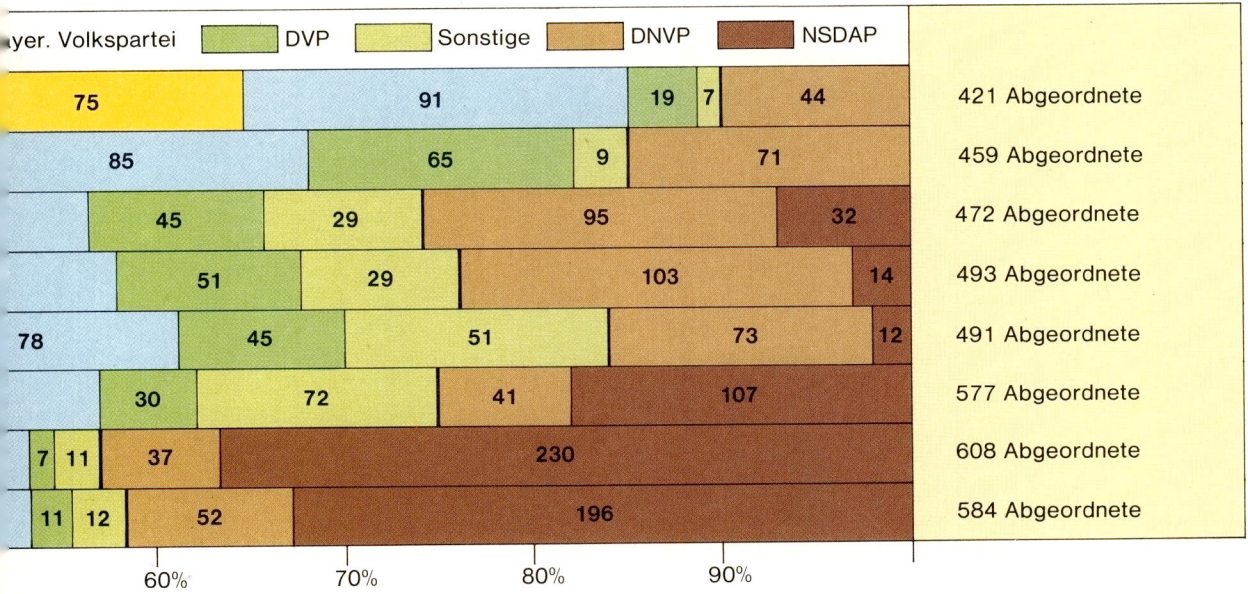

yer. Volkspartei	DVP	Sonstige	DNVP	NSDAP	
75	91	19	7	44	421 Abgeordnete
85	65	9	71		459 Abgeordnete
45	29	95	32		472 Abgeordnete
51	29	103	14		493 Abgeordnete
78	45	51	73	12	491 Abgeordnete
30	72	41	107		577 Abgeordnete
7	11	37	230		608 Abgeordnete
11	12	52	196		584 Abgeordnete

60%   70%   80%   90%

Nie wieder Krieg!

Wille und Tat der schaffenden Menschheit werden die Gewalt überwinden!

Ein anonymes Plakat aus dem Jahr 1932, das sich gegen die zunehmende Gewalt und die Kriegsgefahr richtet.

457

Mo	Di	Mi	Do	Fr	Sa	So
			1	2	3	4
5	6	7	8	9	10	11
12	13	14	15	16	17	18
19	20	21	22	23	24	25
26	27	28	29	30	31	

3. Hindenburg ernennt Schleicher zum Reichskanzler. →

4. Deutschland verliert Fußballländerspiel gegen Holland in Düsseldorf mit 0 : 2.

6. Der Völkerbund rügt Japan wegen Verletzung internationaler Verträge bei Vorgehen in China.

8. NSDAP-Reichsorganisationsleiter Gregor Strasser legt sämtliche Parteiämter nieder. →

10. Fünfmächteabrüstungskonferenz in Genf erkennt Deutschland den Status der Gleichberechtigung zu. →

12. Japan und die Sowjetunion nehmen wieder diplomatische Beziehungen auf.

14. Aufhebung der Notverordnung (Sozialpolitik) vom 4. September durch den Haushaltsausschuß des Reichstages.

14. Joseph Paul-Boncour bildet in Frankreich ein neues Kabinett nach Rücktritt von Edouard Herriot.

15. Reichskanzler Schleicher verkündet sein Regierungsprogramm in einer Rundfunkansprache.

19. Zur Sicherung des inneren Friedens wird eine neue Notverordnung erlassen.

22. Premiere des Spielfilms »FP I antwortet nicht« von Karl Hartl mit Hans Albers in der Hauptrolle.

25. Premiere des Spielfilms »Schiff ohne Hafen« von und mit Harry Piel.

25. Uraufführung des Singspiels »Sissy« von Fritz Kreisler im Theater an der Wien.

26. Mit einem Sportflugzeug erreicht der italienische Flieger Renato Donati 9700 m Höhe.

GEBOREN:

5. Sheldon Lee Glashow, amerikanischer Physiker, Nobelpreis 1979.

17. Konrad Bayer († 10. 10. 1964), österreichischer Schriftsteller.

GESTORBEN:

4. Gustav Meyrink (* 19. 1. 1868), österreichischer Schriftsteller. →

18. Eduard Bernstein (* 6. 1. 1850), deutscher Politiker.

24. Nikolai Andrejewitsch Andrejew (* 26. 10. 1873), sowjetischer Bildhauer.

Reichskanzler Schleicher im Amt

3. Dezember. Dieser Monat bringt dem Deutschen Reich den dritten Regierungschef innerhalb weniger Monate und der NSDAP eine Krise, die um ein Haar mit der Spaltung der Partei geendet hätte.

Zwei Tage lang verhandelt Paul von Hindenburg mit Franz von Papen und Kurt von Schleicher über die Fortführung der Regierungsgeschäfte in Form des Präsidialkabinetts, da eine auf Parlamentsmehrheiten gestützte Regierung angesichts der Haltung der Parteien weiter aussichtslos erscheint. Dabei entwickelt Papen ein Staatsstreichkonzept, das teilweises Parteienverbot und den Einsatz der Reichswehr vorsieht. Schleicher hingegen macht den Reichspräsidenten mit der Möglichkeit einer NSDAP-Spaltung vertraut; der Reichsorganisationsleiter der Partei, Gregor Strasser, der Führer des gemäßigten Flügels der Partei, wäre dann zur Mitarbeit bereit. Hindenburg entscheidet sich am 1. Dezember für Papen als Reichskanzler. Am nächsten Tag trifft dieser jedoch bei einer

Der neue Kanzler von Schleicher.

Kabinettsitzung auf totale Ablehnung und ersucht den Reichspräsidenten daraufhin um seine endgültige Entlassung.

Hindenburg beauftragt sogleich Schleicher mit der Regierungsbildung, der bereits am 3. Dezember das neue Kabinett vorstellt. Es besteht im wesentlichen aus den Baronen des Papen-Kabinetts (→ Juni 1932), lediglich das Innenressort wird mit dem bisherigen Minister ohne Geschäftsbereich, Franz Bracht, neu besetzt. Die Position des Vizekanzlers bleibt frei; Schleicher hat sie für Gregor Strasser reserviert, mit dem entsprechende Verhandlungen laufen.

Strasser kann die Gunst der Stunde in einer vorübergehend angeschlagenen NSDAP aber nicht nutzen. Die Partei verliert bei den Gemeinderatswahlen in Thüringen Anfang des Monats 40 Prozent an Stimmen, finanzielle Zuwendungen bleiben aus. In einer Konferenz der Führungsspitze am 5. Dezember resigniert Strasser nach heftigen Auseinandersetzungen mit Adolf Hitler und legt kurz darauf alle Parteiämter nieder. Schleicher muß nun ohne jeden parlamentarischen Rückhalt an die Regierungsarbeit gehen und kann auch den einzigen Erfolg seiner kurzen Kanzlerschaft, die Anerkennung der militärischen Gleichberechtigung Deutschlands auf der Genfer Fünfmächte-Konferenz, innenpolitisch nicht wirksam ausnützen.

US-Präsident Franklin D. Roosevelt wird vom obersten Richter vereidigt.

Verfasser des Golem stirbt

4. Dezember. Im Alter von 64 Jahren stirbt in Starnberg der Schriftsteller Gustav Meyrink. Der frühere Redakteur des »Lieben Augustin« in Wien und Mitarbeiter des »Simplicissimus« gilt als Nachfolger romantisch-okkulter Traumdichtung im Sinne E. T. A. Hoffmanns und Edgar Allan Poes. Seine bekanntesten Werke sind »Der Golem« und »Des Deutschen Spießers Wunderhorn«.

Keine Nobelpreise für Physik und für den Frieden

10. Dezember. Bei der Nobelpreisverleihung dieses Jahres wird wie im Vorjahr kein Preis für Physik vergeben. Auch ein Kandidat für den Friedenspreis ist nicht gefunden worden. Den Nobelpreis für Medizin erhalten zu gleichen Teilen die englischen Wissenschaftler Sir Charles Cherrington und Douglas Adrian in Anerkennung ihrer Entdeckungen über die Funktion des Neuroms (Geschwulst an den Nervenstämmen). Der Chemiepreis geht an Irving Langmuir (USA) für seine Arbeiten auf dem Gebiet der Elektronenröhren.

Den Nobelpreis für Literatur erhält der englische Schriftsteller John Galsworthy, Verfasser der Romanfolge »Forsyte Saga«, die ab 1906 erschien. Galsworthy schildert in dem mehrbändigen Werk, das zwischen 1906 und 1921 herausgekommen ist, den gehobenen Mittelstand der spätviktorianischen Zeit in England.

Mo	Di	Mi	Do	Fr	Sa	So
						1
2	3	4	5	6	7	8
9	10	11	12	13	14	15
16	17	18	19	20	21	22
23	24	25	26	27	28	29
30	31					

1. Deutschland verliert Fußball-länderspiel gegen Italien in Bologna mit 1 : 2.

3. Japanische Truppen besetzen die Stadt Schankaikwan auf chinesischem Gebiet.

4. Eine Brandkatastrophe auf dem französischen Dampfer »Atlantique« im Ärmelkanal fordert 20 Todesopfer.

4. Kölner Konferenz mit Hitler und Papen.

7. Stalin gibt vor Zentralexekutivkomitee der Partei Rechenschaftsbericht über ersten Fünfjahrplan.

8. Uraufführung der Komödie »Dr. med. Hiob Prätorius« von Curt Goetz im Landestheater Stuttgart.

9. Japanische Truppen fallen in die chinesische Provinz Jehol ein.

15. Siebentägige politische Unruhen in Spanien fordern fast 100 Todesopfer.

15. Die NSDAP wird bei Landtagswahlen in Lippe-Detmold stärkste Partei.

17. Der US-Kongreß überstimmt mit Zweidrittelmehrheit den noch amtierenden Präsidenten Hoover und votiert für Unabhängigkeit der Philippinen.

23. Eine außenpolitische Erklärung von Regierungschef Molotow betont den Friedenswillen der UdSSR.

28. Rücktritt des Kabinetts Schleicher. →

28. Sturz des Kabinetts Paul-Boncour in Frankreich.

30. Hindenburg ernennt Hitler zum Reichskanzler. →

30. Bildung eines neuen Kabinetts in Frankreich unter Ministerpräsident Edouard Daladier.

31. Premiere des Spielfilms »Morgenrot« von Gustav Ucicky mit Rudolf Forster und Adele Sandrock in den Hauptrollen.

31. Die Zahl der Arbeitslosen in den USA wird auf 15 Millionen geschätzt.

GESTORBEN:

3. Wilhelm Cuno (* 2. 7. 1876), deutscher Reichskanzler a. D.

5. Calvin Coolidge (* 4. 7. 1872), US-Präsident a. D.

31. John Galsworthy (* 14. 8. 1867), englischer Schriftsteller.

Hitler an der Macht

Hindenburg empfängt Hitler nach Ernennung zum Kanzler.

Zur Machtübernahme Hitlers erscheint diese Postkarte.

Mit einem Fackelzug durch das Brandenburger Tor zur Reichskanzlei feiert die NSDAP die Machtübernahme.

459

Hitler an der Macht (Fortsetzung)

Hitler stellt nach seiner Ernennung zum Reichskanzler sein Kabinett vor. V. l. n. r.: Lammers, Darré, Seldte, Gürtner, Goebbels, Freiherr von Eltz-Rübenach, Hitler, Göring, Graf von Helldorf, von Blomberg, Frick, Freiherr von Neurath, Graf Schwerin von Krosigk, Schacht. Rechts außen: Meißner, daneben von Papen.

30. Januar. Nach einem Monat voller Verhandlungen, die phasenweise einem politischen Intrigenspiel gleichen, ist Adolf Hitler Ende Januar am Ziel: Der Reichspräsident Paul von Hindenburg beruft ihn zum Reichskanzler und beauftragt ihn mit der Regierungsbildung.

Die neue Entwicklung wird durch den gestürzten von Papen eingeleitet, der seine Sympathie für die NSDAP entdeckt und sich für Verhandlungen mit der Partei einsetzt. Durch Vermittlung des Kölner Bankiers und Leiters des dortigen Herrenclubs, Kurt Freiherr von

Schröder, kommt es bereits am 4. Januar in seinem Kölner Haus zu einer Unterredung zwischen Franz von Papen und Adolf Hitler, in der Möglichkeiten einer zumindest teilweisen Machtübernahme durch die NSDAP erörtert werden.

Der Reichskanzler Kurt von Schleicher wird von diesen Gesprächen überhaupt nicht, der Reichspräsident erst Tage später informiert. Papen kann Hindenburgs Zustimmung zu weiteren Sondierungsgesprächen gewinnen, von denen das erste am 11. Januar im Hause des NSDAP-Funktionärs Joachim von Ribbentrop stattfindet. Hier

besteht Hitler auf der Kanzlerschaft. Am 17. Januar treffen Hitler und Alfred Hugenberg zusammen; in dieser Unterredung geht es um Regierungsbeteiligung der Deutschnationalen bei einer möglichen Kanzlerschaft Hitlers.

Als entscheidendes Treffen dieser Januartage wird eine Zusammenkunft im Hause Ribbentrops angesehen, an der wiederum von Papen sowie Hitler, Wilhelm Frick und Hermann Göring seitens der NSDAP und überraschenderweise der Sohn des Reichspräsidenten, Oberst Oskar von Hindenburg, und der Staatssekretär des Reichspräsi-

denten, Otto Meißner, teilnehmen. Die Rolle des Hindenburgsohnes im Spiel um die Macht wird nie völlig geklärt, Tatsache bleibt aber, daß der Reichspräsident fortan den Gedanken einer Regierungsbildung durch einen Kanzler Hitler nicht völlig ausschließt.

Nur drei NSDAP-Mitglieder: Der Reichspräsident lehnt am 23. Januar die Pläne seines Kanzlers Schleicher ab, der noch hofft, den politischen Radikalismus abwenden zu können. Schleicher beabsichtigt, den Reichstag aufzulösen, keine Neuwahlen auszuschreiben, sondern den Staatsnotstand zu

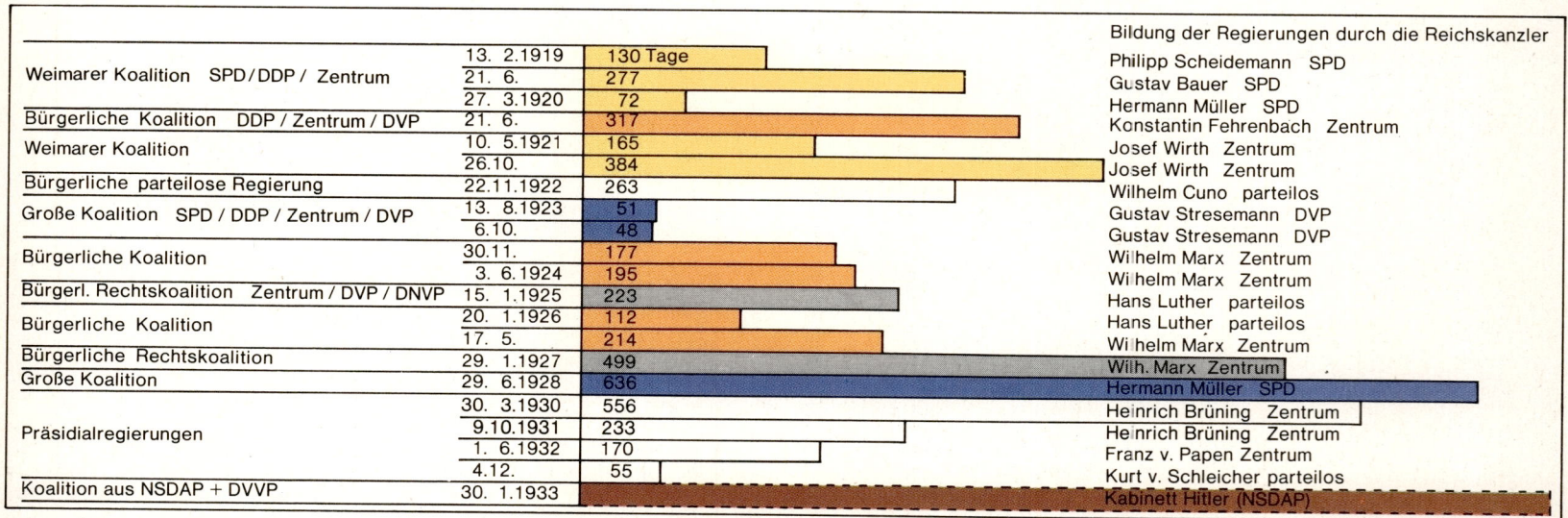

			Bildung der Regierungen durch die Reichskanzler
Weimarer Koalition SPD/DDP / Zentrum	13. 2.1919	130 Tage	Philipp Scheidemann SPD
	21. 6.	277	Gustav Bauer SPD
	27. 3.1920	72	Hermann Müller SPD
Bürgerliche Koalition DDP / Zentrum / DVP	21. 6.	317	Konstantin Fehrenbach Zentrum
Weimarer Koalition	10. 5.1921	165	Josef Wirth Zentrum
	26.10.	384	Josef Wirth Zentrum
Bürgerliche parteilose Regierung	22.11.1922	263	Wilhelm Cuno parteilos
Große Koalition SPD / DDP / Zentrum / DVP	13. 8.1923	51	Gustav Stresemann DVP
	6.10.	48	Gustav Stresemann DVP
Bürgerliche Koalition	30.11.	177	Wilhelm Marx Zentrum
	3. 6.1924	195	Wilhelm Marx Zentrum
Bürgerl. Rechtskoalition Zentrum / DVP / DNVP	15. 1.1925	223	Hans Luther parteilos
Bürgerliche Koalition	20. 1.1926	112	Hans Luther parteilos
	17. 5.	214	Wilhelm Marx Zentrum
Bürgerliche Rechtskoalition	29. 1.1927	499	Wilh. Marx Zentrum
Große Koalition	29. 6.1928	636	Hermann Müller SPD
Präsidialregierungen	30. 3.1930	556	Heinrich Brüning Zentrum
	9.10.1931	233	Heinrich Brüning Zentrum
	1. 6.1932	170	Franz v. Papen Zentrum
	4.12.	55	Kurt v. Schleicher parteilos
Koalition aus NSDAP + DVVP	30. 1.1933		Kabinett Hitler (NSDAP)

Die parlamentarischen Reichsregierungen der Weimarer Republik von 1919 bis 1933.

erklären und NSDAP und KPD zu verbieten. Hindenburg will von einem neuen Staatsstreich jedoch nichts wissen und mit den Mitteln der Verfassung regieren. Über seinen Staatssekretär Meißner wird ihm seitens der NSDAP signalisiert, daß man seine Rechte als Reichspräsident und Oberbefehlshaber der Wehrmacht genauso respektieren werde wie die parlamentarischen Gremien Reichstag und Reichsrat. Als aus Kreisen konservativer Adliger auch noch argumentiert wird, man werde mit Hilfe der Reichswehr und erstarkter christlich-konservativer Kräfte die NSDAP in Schach halten, schmilzt Hindenburgs Widerstand zusammen, und er nimmt am 28. Januar zunächst den Rücktritt Schleichers an, um dann auch der Vorstellung von Papens zu folgen, der für eine Rechtsregierung unter Hitler mit möglichst starken Gegengewichten eintritt.

Hindenburg läßt sich damit endgültig von der Idee eines Kabinetts der »nationalen Konzentration« überzeugen, ernennt Hitler zum Reichskanzler und auf dessen Vorschlag das neue Kabinett. Es hat folgende Zusammensetzung: Reichskanzler: Adolf Hitler, Stellvertreter und Reichskommissar für Preußen: Franz von Papen, Innenminister: Wilhelm Frick (NSDAP), Außenminister: Konstantin Freiherr von Neurath (parteilos), Reichswehrminister: Generalleutnant Werner von Blomberg (parteilos), Finanzminister: Lutz Graf Schwerin von Krosigk (parteilos), Minister für Wirtschaft, Ernährung und Landwirtschaft: Alfred Hugenberg (DNVP), Arbeitsminister: Franz Seldte (Stahlhelm), Post- und Verkehrsminister: Paul Freiherr von Eltz-Rübenach, Minister ohne Geschäftsbereich: Hermann Göring (NSDAP), Justizminister: Franz Gürtner (DNVP). Göring übernimmt gleichzeitig kommissarisch das preußische Innenministerium.

Die NSDAP marschiert auf dem Berliner Bülowplatz auf.

General von Schleicher (Mitte in Zivil) nach seinem Sturz.

1. Auflösung des deutschen Reichstags und Festsetzung von Neuwahlen.

2. Wiedereröffnung der Genfer Abrüstungskonferenz.

3. Premiere des Spielfilms »Der Choral von Leuthen« von Carl Froelich mit Otto Gebühr, Olga Tschechowa, Veit Harlan und Wolfgang Staudte.

4. Erlaß der Notverordnung »zum Schutz des deutschen Volkes«.

4. Der preußische Landtag lehnt mit Stimmen von SPD, KPD, Zentrum und Staatspartei Selbstauflösung ab.

5. Erlaß der Notverordnung »zur Herstellung geordneter Regierungsverhältnisse in Preußen«.

5. Entführung des holländischen Panzerkreuzers »Zeven Provincien« in Niederländisch-Indien durch aufständische Matrosen.

7. Beschluß über Auflösung des preußischen Landtags.

10. Explosionsunglück in Neunkirchener Eisenwerk (Saar) fordert 70 Todesopfer und über 1000 Verletzte.

15. Gescheitertes Revolverattentat auf US-Präsident Roosevelt in Miami (Florida).

16. Abschluß eines Organisationspaktes der Länder der »Kleinen Entente« zur Vereinheitlichung ihrer Politik.

16. Heinrich Mann verläßt die preußische Akademie der Künste. →

19. Karl Schäfer (Österreich) wird Weltmeister im Eiskunstlauf.

22. Malcolm Campbell stellt in Daytona mit 438,470 km/h neuen Geschwindigkeitsrekord für Automobile auf.

24. Die außerordentliche Völkerbundversammlung berät über den Konflikt Japan–China und rügt japanisches Vorgehen.

27. Das Reichstagsgebäude wird in Brand gesteckt. Die Täter sind angeblich Kommunisten. →

27. Uraufführung der Komödie »Intermezzo« von Jean Giraudoux in Paris.

28. Notverordnung zum »Schutz von Volk und Staat« und gegen »Verrat am deutschen Volk und hochverräterische Umtriebe« erlassen.

28. Bertolt Brecht verläßt Deutschland und emigriert nach Frankreich. →

Intellektuelle ziehen erste Konsequenzen

Heinrich Mann.

28. Februar. Zwei herausragende Repräsentanten deutschen Geisteslebens, die Dichter und Schriftsteller Bertolt Brecht und Heinrich Mann, ziehen auf ihre Art die Konsequenzen aus dem neuen Klima in Deutschland. Heinrich Mann, Vorsitzender der Dichtkunstabteilung der preußischen Akademie der Künste, läßt sich Maßregelungen wegen eines angeblichen Aufrufs zur Bildung »einer sozialdemokratisch-kommunistischen Einheitsfront gegen die Barbarei« nicht gefallen und tritt aus der Akademie aus. Bertolt Brecht sieht nach dem Reichstagsbrand und den folgenden Notverordnungen in diesem Land keine Möglichkeiten eines freien Schaffens mehr und emigriert nach Frankreich.

Firma Krupp entwickelt Dieselmotor

18. Februar. Von der Firma Friedrich Krupp A. G. in Essen wird in diesem Monat mitgeteilt, daß es erstmalig gelungen ist, einen luftgekühlten Dieselmotor für Automobile zu bauen. Nach Werksangaben leistet der 4-Zylinder-Motor 50 PS. Der neue Antrieb wird von der Firma Krupp in ihre leichten, serienmäßigen Lastwagen eingebaut.

Verhaftungswelle nach Reichstagsbrand

27./28. Februar. Der erste Monat der Kanzlerschaft Adolf Hitlers endet mit einer Notverordnung, die jene sieben Artikel der Verfassung außer Kraft setzt, die die bürgerlichen und persönlichen Freiheiten garantieren – das Ende der Weimarer Republik zeichnet sich ab.

Anlaß der Notverordnung »zum Schutz von Volk und Staat« ist der Brand des Reichstagsgebäudes am 27. Februar, den die Nationalsozialisten mit großem Propagandaaufwand der KPD anlasten. Das Geständnis eines am Tatort verhafteten jungen Holländers namens Marinus van der Lubbe, Mitglied der anarchistischen Sekte »Räte-Kommunisten«, er habe den Reichstag in Brand gesteckt, ist Signal für eine noch in der Nacht anlaufende Verhaftungswelle gegen Mitglieder der KPD. Außer van der Lubbe werden noch die Bulgaren Wassil Taneff, Blagoi Popoff und Georgi Dimitroff sowie der KPD-Abgeordnete Ernst Torgler festgenommen. Hermann Göring kann in seiner Eigenschaft als preußischer Innenminister der Polizei entsprechende Befehle geben.

Der neue Regierungsstil hat sich bereits Anfang des Monats abgezeichnet, als die erste Notverordnung zum Schutz des Volkes schon Einschränkungen der Versammlungs- und Meinungsfreiheit bringt, und der preußische Landtag trotz eines ablehnenden Mehrheitsbeschlusses von KPD, SPD, Zentrum und Staatspartei auf dem Verwaltungsweg aufgelöst wird. Durch Erlaß Görings wird eine Hilfspolizei ins Leben gerufen, die sich aus SA, SS und Stahlhelm rekrutiert, und, mit Gummiknüppel und Pistole ausgerüstet, als Saal- und Versammlungsschutz eingesetzt wird. Im Laufe des Monats werden nach KPD-Veranstaltungen zahlreiche Todesopfer beklagt; dies ist auch eine Folge des Einsatzes der neuen Hilfspolizei.

Die Nationalsozialisten wollen vor der Reichstagswahl am 5. März den Gegner KPD ausschalten und fassen den Brand des Reichstags als willkommene Gelegenheit dazu auf. Die im Rahmen der Notverordnung vom 28. Februar vorgesehene Schutzhaft wird als Instrument zur Beseitigung von Kommunisten sogleich genutzt.

In Berlin geht der Reichstag in Flammen auf.

Der ausgebrannte Plenarsaal im Reichstagsgebäude.

Marinus van der Lubbe.

Wassil Taneff.

Blagoi Popoff.

Georgi Dimitroff.

Ernst Torgler.

1933

MÄRZ

Mo	Di	Mi	Do	Fr	Sa	So
		1	2	3	4	5
6	7	8	9	10	11	12
13	14	15	16	17	18	19
20	21	22	23	24	25	26
27	28	29	30	31		

3. Ein Erdbeben mit nachfolgender Springflut südlich von Yokohama fordert zirka 3000 Todesopfer.

5. Uraufführung des Dramas »Bluthochzeit« von Federico García Lorca in Madrid.

5. Letzte Reichstagswahlen mit mehreren Parteien bringen bisher größten NSDAP-Erfolg. →

5. »Die Marquise von O.« von Ferdinand Bruckner in Erfurt uraufgeführt.

6. Polen verstärkt die Wachmannschaft der auf Danziger Gebiet liegenden Westerplatte.

8. Die Zahl der Arbeitslosen im Reich ist seit Mitte Februar um 45 000 auf 6 002 000 gefallen.

9. Reichsführer SS Himmler wird kommissarischer Polizeipräsident in München.

10. Ein Erdbeben mit nachfolgender Springflut fordert an der amerikanischen Küste südlich von Los Angeles einige hundert Todesopfer.

10. US-Präsident Roosevelt ordnet Verlängerung der Bankfeiertage, Goldausfuhrverbot und Beschränkung des Devisenhandels an.

10. Adolf Heuser unterliegt im Herausforderungskampf um die Weltmeisterschaft im Halbschwergewicht in New York gegen Titelverteidiger Max Rosenbloom knapp nach Punkten.

12. Reichsarbeitsminister Seldte zum Reichskommissar für den Arbeitsdienst ernannt.

13. Joseph Goebbels wird Reichsminister für Volksaufklärung und Propaganda.

16. Hjalmar Schacht wird wieder Reichsbankpräsident anstelle von Hans Luther.

17. Die christlichen Gewerkschaften erklären sich als unpolitisch.

19. Fußballänderspiel gegen Frankreich endet in Berlin 3 : 3.

20. In Dachau wird das erste Konzentrationslager der NS-Zeit eröffnet. →

23. Der Reichstag nimmt das Ermächtigungsgesetz an. →

27. Japan tritt aus dem Völkerbund aus.

28. Die NSDAP ruft zu Judenboykott am 1. April auf. →

28. Die Fuldaer Bischofskonferenz rückt von der Verurteilung der NS-Bewegung ab.

Ermächtigungsgesetz in Kraft

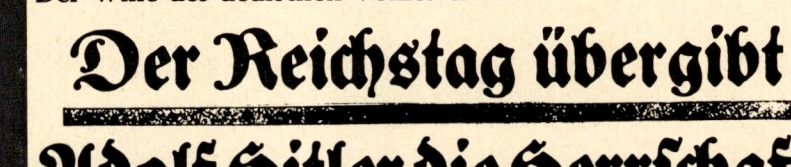

Der Reichstag nimmt das Ermächtigungsgesetz an. Der Bericht im »Völkischen Beobachter«, dem Organ der NSDAP.

Hindenburg und Hitler beim Jahrestag der ersten Reichstagseröffnung.

Ermächtigungsgesetz

31. März. Mit dem an diesem Tag erfolgten Erlaß des vorläufigen Gesetzes zur Gleichschaltung der Länder geht ein Monat zu Ende, der die politische Landschaft im Deutschen Reich weiter verändert hat. Der äußere Höhepunkt ist die Eröffnungssitzung des neuen Reichstages am 21. März in der Potsdamer Garnisonkirche. Zugleich demonstriert das neue Regime in ersten Willkürakten gegen die Bevölkerung die gewonnene Macht. Die Nationalsozialisten sind aus den Reichstagswahlen vom 5. März als klarer Sieger hervorgegangen und erreichen über 17 Millionen Wählerstimmen, das sind 44,1 Prozent. Die SPD kommt auf 18,2 Prozent; die KPD auf 12,3; das Zentrum auf 11,3; Deutschnationale auf 7,9; Bayerische Volkspartei auf 2,7 Prozent; der Rest entfällt auf Splittergruppen. Das Bündnis zwischen Adolf Hitler und Alfred Hugenberg hat damit 341 der 647 Reichstagssitze – erstmals seit Jahren eine regierungsfähige Mehrheit, aber nicht die für Verfassungsänderungen nötige Zweidrittelmehrheit. Hitler und seinen Gefolgsleuten gelingt es jedoch bis zur ersten Reichstagssitzung am 21. März, mit Ausnahme der SPD die anderen Parteien zur Zustimmung für ihr erstes Gesetzesvorhaben zu bewegen. Die von der KPD gewonnenen Mandate werden einfach aberkannt; ihre Träger sind entweder geflohen oder bereits verhaftet wie Ernst Thälmann, den die Polizei am 3. März festgenommen hat.

So versammeln sich am 23. März, zwei Tage nach den Feierlichkeiten in der Garnisonkirche, in der Berliner Krolloper noch 535 Abgeordnete, um über ein Gesetz abzustimmen, das das Ende der Weimarer Demokratie, aber auch den Selbstmord ihrer eigenen Parteien bedeutet. Einzig die Sozialdemokraten lehnen durch ihren Sprecher Otto Wels in einem flammenden Appell das Ermächtigungsgesetz ab, stimmen aber auch nicht geschlossen dagegen, wie das von Hermann Göring bekanntgegebene Ergebnis ausweist: 441 Abgeordnete dafür, 94 dagegen (bei 120 SPD-Sitzen im Reichstag). Das Gesetz mit der offiziellen Bezeichnung »Gesetz zur Behebung der Not von Volk und Reich« ermächtigt die Reichsregierung für die Dauer von vier Jahren, Regierungsgeschäfte ohne das Parlament durchzuführen.

Die Schriftsteller Ludwig Renn, Carl von Ossietzky und der KPD-Abgeordnete Ernst Torgler (v. r.) gehören zu den ersten, die festgenommen werden.

Boykottaufruf gegen jüdische Läden

Auch gegen die jüdische Bevölkerung gibt es im März die ersten Übergriffe. Zunächst handelt es sich um Einzelaktionen von SS-Männern gegen Geschäftshäuser wie am 11. März in Braunschweig; doch Ende des Monats ergeht ein genereller Boykottaufruf gegen die Juden Deutschlands. Er wird mit »Greuelhetze« der Auslandsjuden gegen das Deutsche Reich begründet. Was den Gegnern des Regimes bevorsteht, zeigt das am 29. März verabschiedete Gesetz über Verhängung und Vollzug der Todesstrafe, die sogenannte »Lex van der Lubbe«: Danach kann die Strafe bei Verbrechen gegen die öffentliche Sicherheit auch durch Erhängen vollzogen werden.

Erste KZs entstehen

Polizei kontrolliert Arbeiter.

20. März. Schon vor Verabschiedung des Ermächtigungsgesetzes hat die NSDAP mit der Ausschaltung ihrer innenpolitischen Gegner und der Gleichschaltung begonnen. Nach der Notverordnung vom letzten Februartag mit ihrer Schutzhaftbestimmung rollt bis Ende März eine Verhaftungswelle an, der in erster Linie Kommunisten, aber auch Funktionäre der SPD und des Reichsbanners zum Opfer fallen. Zwischen dem 8. und 10. März werden die Hoheitsrechte der Länder abgeschafft. Die Zahl der Verhafteten steigt schnell in die Tausende, so daß wegen Überfüllung der Polizei- und Justizgefängnisse die Einrichtung besonderer Schutzhaft-Unterkünfte erwogen wird. Münchens kommissarischer Polizeipräsident Heinrich Himmler läßt auf dem Gelände und in den Steinbaracken einer ehemaligen Pulverfabrik in der Nähe von Dachau

Die wichtigsten Konzentrationslager.

sofort das erste Konzentrationslager errichten. Auch in Preußen können nur noch neue Lager die Gefangenen fassen. So entstehen bis Ende März die KZs um Berlin in Oranienburg, Königs Wusterhausen und Bornim. In 24 von insgesamt 34 preußischen Regierungsbezirken werden vom 1. bis 15. März 7784 und in 16 Regierungsbezirken vom 16. bis 31. März 2860 Personen festgenommen und in Lager gebracht.

APRIL

Mo	Di	Mi	Do	Fr	Sa	So
					1	2
3	4	5	6	7	8	9
10	11	12	13	14	15	16
17	18	19	20	21	22	23
24	25	26	27	28	29	30

1. Durchführung des angeordneten Boykotts gegen jüdische Einrichtungen. →

1. Heinrich Himmler zum Politischen Polizeikommandanten in Bayern ernannt.

3. Britische Flugpioniere Marquis Clydesdale und Leutnant McIntyre überfliegen in 11 000 m Höhe zum erstenmal den Mount Everest.

3. Ausbruch einer Revolution gegen das Königshaus in Siam.

4. Amerikanisches Marineluftschiff »Akron« wird in Gewittersturm 150 km südlich von New York zerstört. 74 Insassen kommen dabei ums Leben.

5. Die Anwendung der Todesstrafe wird im Deutschen Reich auf die Delikte Sprengstoffattentat und Brandstiftung erweitert.

5. Der ständige Internationale Gerichtshof in Den Haag verurteilt die Okkupation Ostgrönlands durch Norwegen am 10. Juli 1931 als rechtswidrig.

7. Erlaß des Statthaltergesetzes und Rücktritt von Papens als Reichskommissar für Preußen. →

8. Uraufführung des Schauspiels »In seinem Garten liebt Don Perlimplin Belisa« von Federico García Lorca in Madrid.

11. Deutschland und die Tschechoslowakei treffen ein Devisenabkommen.

11. Göring wird zum preußischen Ministerpräsidenten ernannt. →

12. Vizekanzler von Papen und Göring werden in Rom von Papst Pius XI. empfangen.

15. Zahl der Arbeitslosen beträgt noch 5 530 000.

22. Japan beendet Vormarsch seiner Truppen in China südlich der chinesischen Mauer.

25. Pfarrer Ludwig Müller von Hitler zum »Bevollmächtigten für die Angelegenheiten der evangelischen Kirchen« ernannt. →

26. Stahlhelmbund-Führer Seldte tritt in die NSDAP ein und unterstellt die Organisation der Führung Hitlers.

27. Otto Wels und Hans Vogel werden zu Vorsitzenden der SPD gewählt, Rudolf Breitscheid scheidet aus dem Vorstand aus.

GEBOREN:

9. Jean-Paul Belmondo, französischer Filmschauspieler.

Gleichschaltung geht weiter

7. April. Der Prozeß der Gleichschaltung und Stabilisierung der NSDAP als alleiniger Machtfaktor im Reich wird im April forciert. Das zweite Gleichschaltungsgesetz zerschlägt endgültig das auf der föderalistischen Reichsverfassung beruhende Eigenleben der Länder. Die kommissarischen Regierungschefs werden von Reichsstatthaltern abgelöst, die der Reichspräsident formell noch ernennt, deren Bestimmung aber von Kanzler Adolf Hitler festgesetzt wird. Die Gauleiter der Partei werden zu Reichsstatthaltern ernannt. Insgesamt sind es 18. So kommen nach und nach treue Gefolgsleute der Bewegung in diese Machtpositionen, wie General Franz Xaver von Epp, der am 11. April als erster Statthalter nach Verabschiedung des Gesetzes die Herrschaft in Bayern antritt.

Für Preußen läßt sich Hitler etwas Besonderes einfallen. Hier wird die Statthalterbestimmung ausgeklammert, und Hermann Göring setzt sich nach dem Rücktritt Franz von Papens als Regierungskommissar als preußischer Ministerpräsident an dessen Stelle.

Schrittweise geht im April auch die Zentralisierung des öffentlichen Lebens weiter. Parteiorganisationen, Berufsverbände und organisierte Interessengruppen unterstellen sich der Führung der NSDAP oder bieten Hitler ihre künftige Gefolgstreue an.

Ein SA-Mann vor einem jüdischen Geschäft zu Beginn des Boykotts.

Juden werden aus Ämtern entfernt

1. April. In Preußen läuft Anfang des Monats eine erste Aktion zur Ausschaltung jüdischer Bürger aus Führungspositionen an.

Zunächst ergehen Weisungen, sogenannte nichtarische Beamte, vorwiegend Lehrer, Juristen, Ärzte und Kulturschaffende, zum freiwilligen Ausscheiden aus dem Berufsleben zu bewegen. Ende des Monats werden jüdische Hochschullehrer in großer Zahl beurlaubt, und gegen jüdische Künstler ergehen erste Auftrittsverbote.

Viele Künstler und Wissenschaftler gehen in die Emigration.

Schützenhilfe für NS-Bewegung aus der Kirche

4. April. Aus Kreisen der evangelischen Kirche in Deutschland erhält die NS-Bewegung in diesem Monat überraschend Schützenhilfe. Deutsche Christen nennt sich eine zahlenmäßig starke Gruppierung innerhalb der Kirche, die auf ihrer ersten Reichstagung am 3./4. April für eine einheitliche deutsche Reichskirche eintritt und das Führerprinzip bejaht. Adolf Hitler ernennt ihren Sprecher, den Wehrkreispfarrer Ludwig Müller, zu seinem Vertrauensmann für die Verhandlungen mit der evangelischen Kirche.

Im Ausland beginnt die Gegenpropaganda. Boykottaufruf in London gegen deutsche Ware.

465

1933

MAI

Mo	Di	Mi	Do	Fr	Sa	So
1	2	3	4	5	6	7
8	9	10	11	12	13	14
15	16	17	18	19	20	21
22	23	24	25	26	27	28
29	30	31				

1. Die Komintern nimmt in Moskau nach 40tägiger Erprobung den stärksten Rundfunksender der Welt (500 Kilowatt) in Betrieb.

2. Gesetz gegen Überfremdung der deutschen höheren Schulen und Hochschulen tritt in Kraft.

2. Zerschlagung der Freien Gewerkschaften in Deutschland. →

3. Gesetz über die Abschaffung des Treueeids gegenüber der englischen Krone tritt im Freistaat Irland in Kraft.

3. Stapellauf des Segelschulschiffes »Gorch Fock« in Hamburg.

8. Gandhi beginnt einen dreiwöchigen Hungerstreik wegen der Unterdrückung der Parias durch die englische Regierung. →

10. Paraguay erklärt Bolivien nach Grenzzwischenfällen den Krieg.

10. Vermögen der SPD und des Reichsbanners beschlagnahmt. →

13. Uraufführung des Schauspiels »Adam und Eva« von Sascha Guitry an der Comédie Française in Paris.

15. Die Zahl der unterstützten Arbeitslosen in Österreich wird mit 334 063 angegeben.

16. Friedensappell von Präsident Roosevelt an die zur Weltwirtschaftskonferenz eingeladenen 66 Staaten.

18. Der preußische Landtag verabschiedet Ermächtigungsgesetz.

27. Der Deutsche Evangelische Kirchenbund nominiert Pastor Friedrich von Bodelschwingh als Kandidaten für die Position des Reichsbischofs.

27. Die kommunistische Partei in Österreich wird aufgelöst, die politische Betätigung ihrer Anhänger unter Strafe gestellt.

28. Vermögen der KPD beschlagnahmt.

28. Achille Varzim gewinnt das Berliner Avus-Rennen.

31. Waffenstillstandsabkommen zwischen China und Japan als Beginn zur Lösung des Mandschureikonfliktes unterzeichnet.

GEBOREN:

3. Domenico Gnoli († 17. 4. 1970), italienischer Maler.

GESTORBEN:

13. Paul Ernst (* 7. 3. 1866), deutscher Dichter und Schriftsteller. →

Bücherverbrennungen beginnen

10. Mai. Auf dem Weg zur geistigen Gleichschaltung der öffentlichen Meinung gehen die neuen Machthaber in diesem Monat rigoros gegen zahlreiche hervorragende Repräsentanten der Wissenschafts- und Kulturszene Deutschlands vor. Zu den Hochschullehrern, die beurlaubt werden, gehören die Nobelpreisträger Gustav Hertz und James Franck, der weltbekannte Sexualwissenschaftler Magnus Hirschfeld, der Religionsphilosoph Paul Tillich, der Literaturhistoriker Alfred Kantorowicz und viele andere.

Aus der preußischen Akademie für Dichtung werden unter anderen ausgeschlossen: Alfred Döblin, Ricarda Huch, Ludwig Fulda, Georg Kaiser, Bernhard Kellermann, Thomas Mann, René Schickele, Fritz von Unruh, Jakob Wassermann und Franz Werfel. Ihre und anderer Dichter und Schriftsteller Werke fallen der ersten »Säuberungsaktion« in den öffentlichen Volksbibliotheken zum Opfer. Ab Mai 1933 fehlen dort die Bücher von Max Brod, Lion Feuchtwanger, Walter Hasenclever, Egon Erwin Kisch, der Gebrüder Mann, Arthur Schnitzler, Kurt Tucholsky, Arnold und Stefan Zweig, Upton Sinclair, Bertha von Suttner und Henri Barbusse.

In zahlreichen Städten werden die Bücher in öffentlichen Aktionen verbrannt. Der Börsenverein Deutscher Buchhändler erklärt die Werke der genannten Künstler als »undeutsch« und fordert seine Mitglieder auf, sie nicht mehr zu verkaufen.

Studentendemonstration am Abend der Bücherverbrennung.

In zahlreichen deutschen Städten werden Bücher verbrannt.

Gandhi erneut im Hungerstreik wegen Benachteiligung der untersten Kaste

8. Mai. Die Benachteiligung der untersten indischen Kaste, der »Unberührbaren«, ist von der englischen Regierung und deren Vertretern in Indien noch immer nicht aufgehoben worden (→ September 1932).

Deshalb kündigt der in Poona inhaftierte Mahatma Gandhi einen dreiwöchigen Hungerstreik an, den er auch dann nicht abbrechen will, wenn sich die Regierung zu Maßnahmen entschließt, welche die Situation der Unberührbaren verbessern könnten.

England kann sich das Risiko nicht leisten, daß Gandhi möglicherweise stirbt und entläßt ihn aus dem Gefängnis. So wird diese zweite Hungeraktion Gandhis zu einem großen öffentlichen Spektakel, das am 29. Mai in einer Zeremonie seinen Abschluß und Höhepunkt hat, als Gandhi sich das erste Stück Nahrung von einem Mitglied der Unberührbaren reichen läßt.

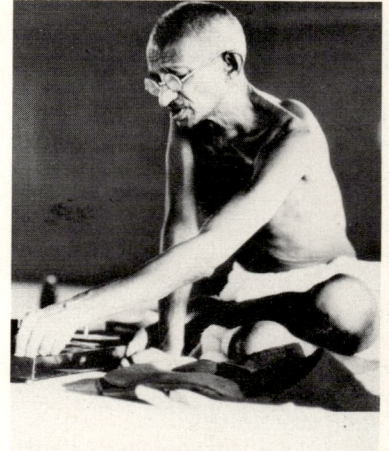

Mahatma Gandhi in seinem Heim.

1933

Schlag gegen Gewerkschaften und SPD

10. Mai. Für die freien Gewerkschaften bringt der Mai bereits das Ende, für die Sozialdemokratie deutet es sich an. Einen Tag nach dem zum »Nationalen Feiertag der Arbeit« erklärten 1. Mai, der mit bombastischen Kundgebungen von bisher in Deutschland unbekanntem Ausmaß begangen wird, besetzen SA und Polizei »im Interesse der Gleichschaltung« die Gewerkschaftshäuser, beschlagnahmen das Gewerkschaftsvermögen und verhaften zahlreiche Funktionäre. Sämtliche Einrichtungen werden in eine sogenannte Deutsche Arbeitsfront (DAF) überführt, eine Art Ersatzgewerkschaft, der künftig alle Arbeitnehmer angehören und die unter die Führung Adolf Hitlers gestellt wird. Die DAF präsentiert sich am 10. Mai mit ihrem ersten Kongreß der Öffentlichkeit.

Parteibüros werden besetzt: Am gleichen Tag erfolgt der erste Schlag gegen die Sozialdemokratie im Reich. In einer zentralen Aktion besetzt die Polizei die Parteibüros der SPD, das Vermögen der Partei und des Reichsbanners wird beschlagnahmt, sämtliche Zeitungen beider Organisationen werden eingezogen. Dennoch klammert sich die SPD an demokratische Spielregeln, in der Hoffnung, so zu überleben. Als Hitler am 19. Mai in einer großen außenpolitischen Erklärung vor dem Reichstag andeutet, wohin der Weg eines nationalsozialistischen Deutschlands gehen wird, billigt das Parlament mit den Stimmen der SPD seine Absichten.

Paul Ernst †

13. Mai. In St. Georgen in der Steiermark stirbt Paul Ernst, einer der Hauptvertreter der deutschen Neuklassik. Ausgehend von seinen kunstkritischen Theorien erneuerte er vor allem die Novelle in einem strengen, an altitalienische Vorbilder angelehnten Stil. Er hinterläßt eine Fülle von Dramen, Romanen, Essays, Gedichten und Erzählungen. Am bekanntesten sind seine Dramen »Demetrios« und »Ariadne auf Naxos« sowie der Roman »Der schmale Weg zum Glück«.

Das Ende der Parteien

Die Hauptgeschäftsstelle der DNVP in Berlin wird besetzt.

Die Schlagzeile im »Völkischen Beobachter« vom 29. Juni.

21. Juni. Nur ein Vierteljahr nach ihrer Zustimmung zum Ermächtigungsgesetz (→ März 1933) schlägt für die Parteien in Deutschland die letzte Stunde. In mittlerweile bewährter Handstreichmanier besetzen am 21. und 22. Juni Polizei- und SA-Einheiten Parteibüros und Verlagshäuser der Deutschnationalen und Sozialdemokraten im Reich sowie Einrichtungen der Bayerischen Volkspartei in Bayern. Die SPD wird sofort verboten, ihre Mandate in allen Parlamenten als erloschen betrachtet, das Parteivermögen eingezogen, Zeitungen und Zeitschriften müssen sofort ihr Erscheinen einstellen. Wer von der Führungsspitze noch nicht ins Ausland geflüchtet ist, wird, wie Paul Löbe und Wilhelm Leuschner, verhaftet und in ein Schutzhaftlager gebracht.

In Bayern trifft die Verhaftungswelle alle führenden Mitglieder der Volkspartei. Die Maßnahmen gegen Hugenbergs Deutschnationale beschränken sich auf Verbote von Unterorganisationen und auf Teilauflösungen regionaler Verbände.

Alfred Hugenberg selbst hofft noch zwei Tage auf eine Chance, reicht dann aber sein Rücktrittsgesuch als Minister ein.

Adolf Hitler besetzt sogleich die nun vakanten Posten und beruft Walter Darré zum Reichsernährungs- und Landwirtschaftsminister sowie Kurt Schmitt zum Reichswirtschaftsminister.

In Preußen können die vorhandenen Lager die Verhafteten kaum noch fassen, obwohl bis Ende des Monats sechs Lager offiziell als staatliche Konzentrationslager anerkannt sind: Quednau, Sonnenburg, Hammerstein, Lichtenburg, die Strafanstalt Werden und das Arbeitslager Brauweiler. Im Innenministerium werden deshalb Überlegungen angestellt, die Häftlinge demnächst »zugunsten einer produktiven Beschäftigung« in neu einzurichtenden Konzentrationslagern in den Moorgebieten des Emslandes unterzubringen. Die dort eingerichteten Lager Esterwege und Börgermoor sollen auf eine Gesamtkapazität von 10 000 Gefangenen ausgebaut werden.

Druck auf die Kirche wächst weiter

29. Juni. Die evangelische Kirche in Deutschland muß in diesem Monat vor den Pressionen der NS-Machthaber kapitulieren. Ihr designierter Reichsbischof Friedrich von Bodelschwingh wird von Paul von Hindenburg und Adolf Hitler nicht empfangen und muß es dulden, daß am 23. Juni vom preußischen Kultusminister ein Staatskommissar für die evangelische Kirche ernannt wird, der als erste Amtshandlung sämtliche gewählten Kirchenvertretungen auflöst und eine Reihe von Beurlaubungen vornimmt. Bodelschwingh gibt als Antwort sein Mandat als künftiger Reichsbischof zurück; er tut es mit der Begründung, daß durch die Einsetzung des Kommissars seine Aufgabe nicht mehr durchführbar sei. Hitlers Bevollmächtigter für Kirchenfragen, der Königsberger Wehrkreispfarrer Ludwig Müller, übernimmt Ende des Monats dann »in Ansehung des Notstands der Kirchen« die Leitung des Evangelischen Kirchenbundes in Deutschland und den Vorsitz in den Spitzenverbänden. Der von dieser Entwicklung betroffene Hindenburg richtet ein Schreiben an Hitler, in dem er seine Sorge wegen der Verhältnisse in der evangelischen Kirche zum Ausdruck bringt und Hitler mahnt, wieder Frieden zwischen Kirche und Staat zu stiften.

Dornier-Flugboot überquert den Südatlantik

24. Juni. Einen geglückten Versuch für den künftigen Luftpostverkehr nach Südamerika kann die Lufthansa im Juni melden. Flugkapitän von Studnitz überquert mit dem Dornier-Wal-Flugboot »Monsun« den Südatlantik zwischen Bathurst (Westafrika) und Natal (Brasilien) in 33½ Stunden.
Auf hoher See gibt es eine Zwischenlandung bei dem vom Norddeutschen Lloyd als Fluginsel umgebauten Dampfer »Westfalen«, da Deutschland über keine natürlichen Bodenstützpunkte verfügt.

1933

JULI

Mo	Di	Mi	Do	Fr	Sa	So
					1	2
3	4	5	6	7	8	9
10	11	12	13	14	15	16
17	18	19	20	21	22	23
24	25	26	27	28	29	30
31						

1. Selbstauflösung des christlich-sozialen Volksdienstes.

1. Uraufführung der Oper »Arabella« von Richard Strauss.

3. Einführung der Arierklausel in deutsche Beamtenschaft.

4. Selbstauflösung der Deutschen und Bayerischen Volkspartei.

5. Selbstauflösung der Zentrumspartei.

5. Ernennung von 20 Reichsbauernführern.

7. J. H. Crawford (Australien) Wimbledonsieger durch 4 : 6, 11 : 9, 6 : 2, 2 : 6, 6 : 4 gegen Titelverteidiger Vines.

8. Helen Wills-Moody wird Wimbledonsiegerin durch 6 : 4, 6 : 8, 6 : 3 gegen D. E. Round, Sieg im gemischten Doppel für Gottfried von Cramm / Hilde Krahwinkel.

9. Nach amtlicher Zählung gibt es in Deutschland 1 507 000 Kraftfahrzeuge; statistisch gesehen besitzt demnach jeder 42. Einwohner ein Auto.

14. Gesetz zur Verhütung erbkranken Nachwuchses erlassen.

14. Wilhelm Keppler von Hitler zu seinem Beauftragten für Wirtschaftsfragen berufen.

15. Berufung eines Generalrats der Wirtschaft im Deutschen Reich durch Hitler.

15. Unterzeichnung eines Viermächtepaktes zwischen Deutschland, Italien, Frankreich und England. →

17. Besuch des Abrüstungsbeauftragten des Völkerbundes, Henderson, bei der Reichsregierung in Berlin.

20. Unterzeichnung des Reichskonkordats zwischen Deutschland und dem Vatikan. →

21. Schnellverkehrsflugzeug Heinkel »He 70« erreicht bei Probeflug von Berlin nach Kopenhagen eine Durchschnittsgeschwindigkeit von 333 km/h.

22./23. Der deutsche Mehrkämpfer Hans Sievert stellt in Hamburg einen neuen Zehnkampfweltrekord mit 6999 Punkten auf. →

23. G. Speicher (Frankreich) gewinnt die Tour de France.

23. Deutsche Christen erreichen bei Kirchenwahlen Zweidrittelmehrheit. →

31. Laut innenministerieller Aufstellung sind 26 789 Personen im Reichsgebiet in Schutzhaftlagern.

Eine Karikatur im »Kladderadatsch« zum Abschluß des Reichskonkordats.

Die Kirche schweigt

6. Juli. Die Gleichschaltung des öffentlichen Lebens im Deutschen Reich ist seit der Machtübernahme durch die Nationalsozialisten in kurzer Zeit vollzogen, so daß Hitler schon Anfang Juli auf einer Konferenz der Reichsstatthalter vom Abschluß der eigentlichen Revolution spricht. Zu diesem Zeitpunkt haben sich alle Parteien aufgelöst oder dem Primat der NSDAP unterstellt, Gegner des Regimes sind im Lager oder geflohen, Widerspruch durch gesellschaftliche Gruppen wird durch Einreihen in die schnell gegründeten NS-Verbände erstickt.
Auch die Stimme der Kirche bringen die neuen Machthaber in diesem Monat zum Schweigen. Durch den Abschluß des Reichskonkordats mit dem Vatikan sichert sich die NSDAP das Still- wenn nicht Wohlverhalten der katholischen Kirche im Reich, die sich mit dem Vertrag hart erkämpfte Positionen in Deutschland erhalten kann. Die evangelische Kirche wird auf dem Verwaltungswege in Schach gehalten. Zunächst nehmen die im Deutschen Evangelischen Kirchenbund vereinigten Landeskirchen eine neue Verfassung an, in der das Führerprinzip (Reichsbischof) zwar verankert wird, der Status einer Staatskirche aber ebenso abgewehrt werden kann wie die Aufnahme eines Arierparagraphen. Die von der neuen Verfassung vorgesehenen Wahlen bringen den Deutschen Christen eine derartige Mehrheit, daß die Stimme der Kirche sich einige Wochen lang nicht von der der NSDAP unterscheidet.

Viererpakt wertet Hitler-Regime auf

15. Juli. Außenpolitisch erfährt das neue Regime in Deutschland im Juli eine Aufwertung. Der Abschluß des Viererpaktes mit England, Frankreich und Italien trägt dem Drängen nach deutscher Gleichberechtigung weitgehend Rechnung, wenn auch wenig konkrete Ergebnisse dieser Vereinbarung spürbar werden. Der Deutschlandbesuch des im Völkerbundsauftrag verhandelnden englischen Politikers Arthur Henderson gibt Adolf Hitler in München (20. Juli) die Gelegenheit, erstmals als Reichskanzler auf einer staatsmännischen Ebene aufzutreten.

Neue Erfolge in der Luftfahrt

15. Juli. Der Juli bringt der internationalen Luftfahrt wieder einige bemerkenswerte Leistungen. Am 15. landet in Chicago ein Geschwader von 24 Flugbooten, das unter dem Kommando von General Italo Balbo am 1. Juli von Orbetello zum zweiten Atlantik-Gruppenflug gestartet ist und über Amsterdam, Reykjavik, Cartwright (Labrador), Shediac (Kanada) und Montreal sein Ziel erreicht. Die Flugboote legen dabei 11 300 Flugkilometer zurück. Balbo erregte bereits 1931 mit einem Verbandsflug Aufsehen. In Deutschland wird das erste Schnellverkehrsflugzeug vom Typ Junkers, die Ju 60, in Betrieb genommen. Bei Testflügen erreicht die Maschine eine Reisegeschwindigkeit von 245 Stundenkilometern.

22. Juli. Der Mehrkämpfer Hans Sievert stellt einen neuen Zehnkampfweltrekord auf.

1933
AUGUST

Mo	Di	Mi	Do	Fr	Sa	So
	1	2	3	4	5	6
7	8	9	10	11	12	13
14	15	16	17	18	19	20
21	22	23	24	25	26	27
28	29	30	31			

1. Das englische Königspaar eröffnet in Southampton größtes Trockendock der Welt.

4. Wehrkreispfarrer Müller vom Kirchensenat zum Landesbischof der »Altpreußischen Union« gewählt.

5. Zwischen Danzig und Polen wird ein Abkommen über die Nutzung des Danziger Hafens geschlossen.

12. Ankunft des Balbo-Geschwaders nach 19 900 km Gruppenflug auf dem Flughafen Ostia.

12. Sturz des Präsidenten und Bildung einer provisorischen Regierung nach revolutionärer Erhebung auf Kuba.

15. Die Zahl der Arbeitslosen in Deutschland sinkt: 4 334 000. →

18. Propagandaminister Goebbels eröffnet die Funkausstellung in Berlin. →

18. Einsetzung eines Reichsdramaturgen, der die Spielpläne der Theater steuert.

19. Österreichs Bundeskanzler Dollfuß und Italiens Regierungschef Mussolini treffen sich zu politischen Gesprächen in Riccione.

19. Zwischen Deutschen Christen und den übrigen Teilen der evangelischen Kirche wird ein Burgfrieden vereinbart.

20. Die Unabhängigkeit Österreichs wird bei einem Treffen zwischen Bundeskanzler Dollfuß und Staatschef Mussolini bekräftigt.

21. Die französischen Flieger Codos und Rossi legen die Strecke New York–Beirut in 56½ Stunden zurück und stellen mit diesem Flug über 9062 Kilometer einen neuen Langstreckenflug-Weltrekord auf.

25. Brandenburgische Provinzial-Synode stimmt für Einführung eines Arierparagraphen für Träger kirchlicher Ämter.

25. 18. Zionistenkongreß in Prag verabschiedet Deutschland-Resolution.

30. Hitler eröffnet V. Reichsparteitag der NSDAP in Nürnberg.

31. Österreich führt durch Wehrübergangsverordnung ein Militärassistenzkorps neben dem Bundesheer ein.

GEBOREN:

21. Janet Baker, englische Sängerin (Mezzosopran).

Weniger Arbeitslose

15. August. Nachdem das deutsche Volk zumindest organisatorisch auf den Nationalsozialismus eingeschworen ist, gehen die NS-Machthaber verstärkt an die Lösung des drängendsten Problems in Deutschland: Abschaffung bzw. Milderung der Arbeitslosigkeit. Bis Mitte August werden sinkende Arbeitslosenzahlen bekanntgegeben; der Arbeitsamtsbezirk Ostpreußen kann bereits melden, daß es in seinem Bereich keinen Arbeitslosen mehr gibt. Der Präsident der Reichsanstalt für Arbeit kündigt an, daß bis Ende September die Arbeitslosenzahl unter die 4-Millionen-Grenze sinken wird. Ein umfangreiches Arbeitsbeschaffungsprogramm soll dieses Ziel ermöglichen, zu dem der Staat einen Milliardenkredit an die Wirtschaft zur Verfügung stellt. Neben dem Autobahnbau enthält das Programm Großprojekte wie die Abdämmung der Eider und den Neckardurchstich bei Eßlingen. Die für Oktober festgesetzte Arbeitsdienstpflicht soll ein übriges tun, um die Arbeitslosigkeit abzubauen.

Radio für Propaganda

20. August. Auf der Funkausstellung in Berlin wird der Öffentlichkeit die neueste Errungenschaft der NS-Propaganda vorgestellt: Das Einheitsradio für den deutschen Haushalt, der sogenannte Volksempfänger. Das Gerät wird nach strengen Vorschriften auf Anregung der nationalsozialistischen Rundfunkkammer von allen 28 deutschen Radioherstellern in gleicher Bauweise und Qualität produziert und kostet 76 Reichsmark. An den beiden ersten Ausstellungstagen werden 100 000 dieser Empfänger verkauft.

Zum erstenmal auf der Funkausstellung: der deutsche Volksempfänger.

Mo	Di	Mi	Do	Fr	Sa	So
				1	2	3
4	5	6	7	8	9	10
11	12	13	14	15	16	17
18	19	20	21	22	23	24
25	26	27	28	29	30	

Mo	Di	Mi	Do	Fr	Sa	So
						1
2	3	4	5	6	7	8
9	10	11	12	13	14	15
16	17	18	19	20	21	22
23	24	25	26	27	28	29
30	31					

1. Freiballon »Bartsch von Siegfeld« erreicht mit 11 000 Meter Höhe neuen Höhenweltrekord für Freiballone.

2. Unterzeichnung des italienisch-russischen Nichtangriffspaktes.

3. Italienischer Passagierdampfer »Rex« schafft schnellste Atlantiküberquerung auf der Strecke Genua–Gibraltar–New York in 4 Tagen, 13 Stunden und 58 Minuten.

5. Generalsynode der evangelischen Kirchen Preußens stimmt für Einführung des Arierparagraphen. →

8. Eröffnung eines Allgemeinen Deutschen Katholikentages in Wien.

12. Bildung eines neuen Kabinetts in Spanien unter dem Ministerpräsidenten Alejandro Lerroux nach Rücktritt von Manuel Azaña.

13. Beginn der Propagandakampagne für das Winterhilfswerk. →

15. Reichsnährstand als ständischer Aufbau der Landwirtschaft gegründet.

17. Abbruch des Rennens um den Großen Preis von Monza nach Todesstürzen von Baconin Borzacchini, Campari und Graf Czaikowski.

19. Premiere des Spielfilms »Hitlerjunge Quex« von Hans Steinhoff mit Heinrich George und Berta Drews.

20. Beginn des Reichstagsbrand-Prozesses gegen die Angeklagten Marinus van der Lubbe, Ernst Torgler und drei Bulgaren. →

21. Pastor Martin Niemöller ruft zur Bildung eines »Pfarrernotbundes« auf. →

22. Premiere des Spielfilms »Reifende Jugend« von Carl Froelich mit Heinrich George.

26. Mexikanische Stadt Tampico auf der Halbinsel Yucatan durch Orkan zerstört: über 1000 Todesopfer.

27. Erste Nationalsynode der deutschen evangelischen Kirche wählt Landesbischof Müller zum Reichsbischof.

29. Verabschiedung des Reichserbhofgesetzes.

30. Zahl der Arbeitslosen beträgt noch 3 850 000. →

GESTORBEN:

7. Sir Edward Grey (* 25. 4. 1862), britischer Politiker.

Spaltung der Kirche

5. September. Die von den Deutschen Christen mehrheitlich beherrschten Gremien der evangelischen Kirche in Deutschland stellen sich im September mehr und mehr unter das ideologische Dach des NS-Regimes. Die preußische Generalsynode, in der die Deutschen Christen eine Zweidrittelmehrheit haben, verabschiedet am 5. September das »Gesetz über die Rechtsverhältnisse der Geistlichen und Kirchenbeamten«, das den für andere Bereiche des öffentlichen Lebens bereits geltenden sogenannten Arierparagraphen auf die Kirche überträgt.

Nach diesem Gesetz darf nur Geistlicher oder Kirchenbeamter sein, wer arischer Abstammung ist und sich ohne Vorbehalte für den nationalen Staat und die evangelische Kirche einsetzt.

Die Gruppe »Evangelium und Kirche« verläßt bei der Abstimmung den Saal, da ihre Auffassung vom Evangelium durch das neue Gesetz verletzt wird. Zwei Wochen später beginnen sich die Gegner einer vom NS-Regime beherrschten evangelischen Kirche zu formieren. Pfarrer Martin Niemöller ruft zur Gründung eines »Pfarrernotbundes« auf und bringt in einer Verpflichtungserklärung dafür den Protest gegen die Verletzung des Bekenntnisstandes zum Ausdruck, der mit der Anwendung des Arierparagraphen »im Raum der Kirche Christi geschaffen ist«.

Partei startet Winterhilfswerk

30. September. Der Abbau der Arbeitslosigkeit soll nach dem Willen der neuen Machthaber in einer »Arbeitsschlacht« von drei Etappen vonstatten gehen. Das erste Ziel wird Ende September erreicht, als erstmals wieder die 4-Millionen-Grenze in der Arbeitslosigkeit unterschritten wird. Etappe Nummer zwei soll ein sogenanntes Winterhilfswerk bilden, mit dessen Mitteln den Arbeitslosen über den kommenden Winter geholfen werden soll. Kernidee dieses Hilfswerkes ist die Entlastung der staatlichen Arbeitslosenfürsorge durch Opfer aller gesellschaftlichen Gruppen. So wird vom 13. September an ein bis ins kleinste ausgeklügeltes System von Spenden, Sammlungen, Konsumverzicht, Lohnkürzungen und freiwilligen Arbeitsleistungen mit gewaltigem Propagandaaufwand in Szene gesetzt, das unter Führung der Partei und ihrer Organisationen jeden Bürger des Reiches erfaßt.

20. September. In Berlin beginnt der Prozeß um den Reichstagsbrand mit dem Hauptangeklagten Marinus van der Lubbe (→ Februar 1933, Dezember 1933).

1. Deutsche Reichspost eröffnet zwischen Berlin und Hamburg die erste allgemeine Telefon-Fernschreib-Verbindung der Welt.

2. Uraufführung des Schauspiels »O Wildnis« von Eugene O'Neill in New York.

3. Österreichs Bundeskanzler Dollfuß wird bei einem Attentat leicht verletzt.

3. Offizieller Staatsbesuch von König Alexander von Jugoslawien bei König Boris von Bulgarien.

4. Premiere des Spielfilms »Walzertraum« von Ludwig Berger mit Renate Müller, Willy Fritsch, Paul Hörbiger und Adolf Wohlbrück.

10. Der Völkerbund schafft zur technischen Fürsorge für Flüchtlinge aus Deutschland einen »Hohen Kommissar« für Flüchtlingsfragen.

13. Land Mecklenburg aus den bisher eigenständigen Teilen Mecklenburg-Schwerin und Mecklenburg-Strelitz gebildet.

14. Deutschland verläßt die Abrüstungskonferenz in Genf und tritt aus dem Völkerbund aus. →

14. Der französische Flieger Lemoine erreicht mit seiner Maschine einen neuen Höhenweltrekord von 13 660 Metern.

16. Reichsaußenminister Freiherr von Neurath erläutert der ausländischen Presse in Berlin den deutschen Völkerbundaustritt.

20. In der Tschechoslowakei werden deutsche nationale Parteien verboten. →

22. Deutschland schlägt Belgien im Fußballänderspiel in Duisburg mit 8 : 1.

22. Primo Carnera verteidigt seinen Weltmeistertitel im Schwergewichtsboxen durch Punktsieg gegen Paolino Uzcudun (Spanien).

23. Sturz des Kabinetts Daladier in Frankreich.

26. Bildung eines neuen Kabinetts unter Ministerpräsident Albert Sarraut.

26. Der Ire Lester wird vom Völkerbund zum neuen Völkerbundskommissar in Danzig ernannt.

28. Araber-Unruhen in Palästina wegen hoher Einwanderungsquote durch Juden.

GEBOREN:

6. Horst Bingel, deutscher Schriftsteller.

Auszug aus Genf

14. Oktober. Nach Konsolidierung der inneren Verhältnisse fühlt sich der Nationalsozialismus Mitte Oktober stark genug, die durch laufende internationale Verhandlungen bestehenden Fesseln seines Machtanspruchs abzustreifen. Zunächst erklärt der Reichsaußenminister in Genf die Abrüstungskonferenz für gescheitert und die Abkehr Deutschlands von weiteren Verhandlungen. Dem deutschen Volk macht Adolf Hitler in einer Rundfunkansprache klar, daß die Genfer Konferenz Deutschland keine Gleichberechtigung mehr zuerkennen wolle und man diese Diskriminierung nicht hinnehmen könne. Die Arbeit des Völkerbundes wird von Hitler in dieser Rede verunglimpft, indem er das Gremium ausschließlich als Kontrollinstanz für ein von den internationalen Mächten geknechtetes Deutschland hinstellt. Erstmals seit der Machtübernahme wird der An-

spruch Deutschlands auf Wiederbewaffnung offen ausgesprochen, wenn auch nur von Verteidigungswaffen die Rede ist. Deutschland erklärt am gleichen Tag seinen Austritt aus dem Völkerbund.

Seinen ersten außenpolitischen Paukenschlag will sich Hitler auch noch vom deutschen Volk absegnen lassen. Paul von Hindenburg löst am 14. Oktober den Reichstag auf und schreibt Neuwahlen für den 12. November aus. Gleichzeitig wird erstmals das Volksabstimmungsgesetz angewandt, denn am Wahltag soll mit der Entscheidung Ja oder Nein die Politik der Regierung in der Abrüstungsfrage sanktioniert werden. Auf dem Wahlzettel für den Reichstag wird nur noch der Vorschlag NSDAP stehen, nachdem durch Gesetz die Bildung neuer Parteien inzwischen verboten ist. Für andere Wahlvorschläge wären 60 000 Unterschriften erforderlich.

Nationalisten aktiver

20. Oktober. Für die außerhalb der Reichsgrenzen lebenden Deutschen ist die Machtübernahme durch die Nationalsozialisten mit der Hoffnung auf Revidierung der durch die Nachkriegsverträge geschaffenen Zustände verknüpft. In Österreich und vor allem in der Tschechoslowakei muß sich die Regierung mit verstärkten Aktivitäten von Anhängern des Nationalsozialismus auseinandersetzen.

So werden die Deutsche Nationalsozialistische Arbeiterpartei

(DNSAP) und die Deutsche Nationalpartei als Gefährdung des demokratisch-republikanischen Staatswesens der Tschechoslowakei verboten, doch entsteht eine neue Bewegung, die weitreichende Folgen hat. Der Verbandsturnwart des deutschen Turnverbandes Konrad Henlein gründet eine »Sudetendeutsche Heimatfront«, der zahlreiche Mitglieder der verbotenen nationalen Parteien beitreten und die das Vokabular der NSDAP in ihr Programm übernimmt.

Rekorde mit Ballon und Flugzeug

2. Oktober. Aus den USA und der UdSSR werden in diesem Monat zwei Rekordflüge gemeldet. Der amerikanische Fliegerleutnant J. Wedell stellt mit einem 880 PS starken Rennflugzeug einen neuen Geschwindigkeitsrekord für Landflugzeuge auf. Die russischen Stratosphärenforscher Prokofieff, Godunow und Birnbaum brechen mit dem Ballon »USSR« den Höhenrekord und erreichen 18 400 Meter.

Erste Ampel in Kopenhagen

29. Oktober. Aus Kopenhagen kommt eine Meldung, die im übrigen Europa staunend zur Kenntnis genommen wird. In der dänischen Hauptstadt ist ein Verkehrszeichen aufgestellt worden, das Fußgänger zur Überquerung der Straße selbst bedienen. Durch Betätigung eines Druckknopfes – so berichtet die Presse – erlischt das grüne Licht einer Verkehrssignallampe und rotes Licht stoppt den Verkehr.

1933
NOVEMBER

Mo	Di	Mi	Do	Fr	Sa	So
		1	2	3	4	5
6	7	8	9	10	11	12
13	14	15	16	17	18	19
20	21	22	23	24	25	26
27	28	29	30			

2. Die Saarregierung erläßt Verbote gegen Betätigung der NSDAP auf ihrem Gebiet.

5. Hermann Göring tritt als Zeuge im Reichstagsbrand-Prozeß auf (→ September 1933).

5. Fußballänderspiel Deutschland gegen Norwegen endet in Magdeburg 2:2.

6. Die Danziger Regierung verbietet Zeitungen von Zentrum und NSDAP und nimmt deren Leiter in Schutzhaft.

8. Ermordung des Königs von Afghanistan, Nadir Schah, durch rebellierende Offiziere.

10. Standrechtliches Verfahren unter Androhung der Todesstrafe bei Mord, Brandstiftung und öffentlicher Gewalttätigkeit in Österreich eingeführt.

12. Reichstagswahl und Volksabstimmung enden mit fast totaler Zustimmung zur NSDAP. →

12. Weltausstellung »Jahrhundert des Fortschritts« in Chicago geschlossen; insgesamt 22,3 Millionen Besucher.

13. Sportpalastkundgebung der Deutschen Christen. →

14. Vizekanzler von Papen wird zum Saarbevollmächtigten der Reichsregierung ernannt.

15. Gründung der Reichskulturkammer unter Vorsitz von Joseph Goebbels und Walther Funk (Stellvertreter). →

15. Erstmals Austausch einer Rundfunksendung zwischen Europa und Asien durch Berliner Rundfunkgesellschaft und Radio Tokio hergestellt.

17. Aufnahme diplomatischer Beziehungen zwischen den USA und der Sowjetunion.

18. Flugboot Dornier-Wal »Monsun D 2069« überquert Südatlantik mit Benutzung des Flugstützpunktes »Westfalen« in 15 Stunden und leitet letzte Versuchsreihe der Lufthansa für planmäßigen Südamerikaverkehr ein.

19. Deutschland besiegt die Schweiz im Fußballänderspiel in Zürich mit 2:0.

26. Bildung des Kabinetts Chautemps nach Sturz der Regierung Sarraut in Frankreich.

30. Zahl der Arbeitslosen beträgt 3 714 000.

30. Uraufführung der Oper »Der Antiquitätenhändler« von Paul Hindemith in Antwerpen.

Bekennende Kirche sammelt sich

Reichsbischof Ludwig Müller kann eine Spaltung der evangelischen Kirche in der NS-Zeit nicht aufhalten.

25. November. Dieser Monat bringt die endgültige Spaltung der evangelischen Kirche in Befürworter und Gegner des NS-Regimes. Nach einer Großkundgebung im Berliner Sportpalast, auf der vom Gauleiter der Deutschen Christen von Berlin für eine germanische Interpretation der biblischen Geschichte agitiert wird, gibt es scharfe Reaktionen aus Kreisen bisher schweigender Amtsträger der evangelischen Kirche. Zwar distanziert sich Reichsbischof Ludwig Müller von den Irrlehren des Berliner Gauleiters und suspendiert ihn von allen Ämtern, die Welle der Proteste ist aber nicht mehr aufzuhalten. Der Hamburger Landesbischof Schöffel legt sein Amt als Kirchenminister nieder, die Landesleitung der Deutschen Christen in Bayern tritt aus der Bewegung aus, und die Landeskirchen von Bayern, Württemberg, Hessen, Baden und der Pfalz lassen wissen, daß sie Mitglieder des Pfarrernotbundes, der sofort nach der Kundgebung scharf protestiert hat, in deren Kampf für die Bekenntnisgrundlage der Kirche nicht im Stich lassen werden. Damit ist der erste Schritt vom Pfarrernotbund zur Bekennenden Kirche getan, die den Deutschen Christen immer deutlicher als Sprachrohr der evangelischen Kirche entgegentritt.

92,2 Prozent für die NSDAP

12. November. Das Ergebnis der ersten, nur noch von den Nationalsozialisten bestimmten Reichstagswahl, zeigt auf, wie weit der Gleichschaltungsprozeß im Deutschen Reich schon fortgeschritten ist. Schon die Einstimmung auf den Wahlakt durch Adolf Hitlers vom Rundfunk übertragene Rede am 10. November läßt letzte Erinnerungen an demokratische Abstimmungsvorgänge verblassen. Der Reichskanzler spricht vom Dynamowerk der Berliner Siemenswerke aus. In allen deutschen Betrieben tritt während der Übertragung dieser Rede eine Arbeitspause ein, zu Beginn wird der Verkehr im Lande für eine Minute angehalten.

So vorbereitet schreiten 43,453 Millionen Deutsche zur Wahl, das sind 96,3 Prozent der Stimmberechtigten. Ihr Votum zur nationalsozialistischen Außenpolitik ergibt ein klares Ja mit 95 Prozent der abgegebenen Stimmen, mit Nein stimmen immerhin noch 4,8 Prozent, der Rest ist ungültig. Für die Einheitsliste der NSDAP zum Reichstag beläuft sich die Zustimmung auf 92,2 Prozent, 7,8 Prozent der abgegebenen Wahlscheine sind ungültig gemacht.

Kurz nach den Wahlen werden auch die letzten Bereiche des öffentlichen Lebens vom »ständischen Aufbau« des Systems erfaßt. Durch Schaffung der Reichskulturkammer (15. November) unter Propagandaminister Joseph Goebbels ist das geistige Schaffen im Reich unter Kontrolle. Das neue Gebilde wird in die Bereiche Musik, bildende Künste, Theater, Schrifttum, Presse, Rundfunk und Film gegliedert, denen entsprechende Präsidenten vorstehen. In der Musikkammer sorgen beispielsweise Richard Strauss und Wilhelm Furtwängler künftig für den richtigen Ton, das Pressewesen wird von Max Ammann betreut.

Getreu der NS-Ideologie vom gemeinsamen Schaffen wird die Reichskulturkammer am 20. November in die Deutsche Arbeitsfront eingegliedert; damit kommen auch alle Kulturschaffenden in den Genuß des am gleichen Tag von der DAF projektierten Feierabendwerkes »Nach der Arbeit« (NDA), das den Deutschen künftig auch in der Freizeit organisiert. Der Urlaub aller Werktätigen wird vom NDA künftig nach dem Motto »Kraft durch Freude« gestaltet und sieht vor allem gemeinsame körperliche Ertüchtigung bei musischer Entspannung vor.

»Auch du kannst jetzt reisen« verspricht ein Plakat der KdF-Bewegung.

9. November. Freikorpsführer Gerhard Rossbach beim Gedenkmarsch zur Feldherrnhalle in München.

1933
DEZEMBER

Mo	Di	Mi	Do	Fr	Sa	So
				1	2	3
4	5	6	7	8	9	10
11	12	13	14	15	16	17
18	19	20	21	22	23	24
25	26	27	28	29	30	31

1. Rudolf Heß und Ernst Röhm werden zu Reichsministern ohne Geschäftsbereich ernannt.

3. Rechtsparteien erringen bei der Wahl zu den spanischen Cortes große Erfolge.

3. Deutschland besiegt Polen im Fußballänderspiel in Berlin mit 1 : 0.

4. Reichsbischof Müller legt die Schirmherrschaft über Glaubensgemeinschaft der Deutschen Christen nieder.

5. Aufhebung der Prohibition in den USA. →

8. Eröffnung des Hafens von Gdingen an der polnischen Ostsee.

8. Premiere des Spielfilms »Flüchtlinge« von Gustav Ucicky mit Hans Albers, Eugen Klöpfer und Ida Wüst.

9. Verbot der faschistischen Eisernen Garde in Rumänien.

10. Gründung eines Gewerkschaftsverbandes deutscher Arbeitnehmer in der Tschechoslowakei.

10. Eröffnung der Luftpostlinie Moskau–Wladiwostock.

12. Ein neuer, nur noch aus der NSDAP-Fraktion bestehender Reichstag tritt zusammen.

13. Premiere des Films »Hans Westmar (Horst Wessel)« von Franz Wenzler.

16. Genehmigungspflicht für Kunst- und Kunstgewerbeausstellungen wird eingeführt.

17. Die Rechtsparteien in Spanien lehnen Übernahme der Regierung ab.

20. Abschluß eines Waffenstillstandsabkommens zwischen Bolivien und Paraguay.

22. Marinus van der Lubbe wird im Reichstagsbrand-Prozeß zum Tode verurteilt. →

24. Das größte Zugunglück seit 30 Jahren fordert bei Lagny in Frankreich über 200 Todesopfer.

29. Der rumänische Ministerpräsident Duca wird von Mitgliedern der verbotenen Eisernen Garde ermordet.

GESTORBEN:

4. Stefan George (* 12. 7. 1868), deutscher Dichter.

29. Ion Gheorghe Duca (* 26. 12. 1879), rumänischer Politiker.

Van der Lubbe-Urteil

22. Dezember. Noch vor dem Ende ihres ersten Regierungsjahres ziehen die Nationalsozialisten auch den Schlußstrich unter die Aktion Reichstagsbrand (→ Februar 1933). Das Reichsgericht in Berlin fällt gegen den Angeklagten Holländer Marinus van der Lubbe das Todesurteil, die anderen Mitangeklagten, der frühere Fraktionsführer der KPD im Reichstag, Ernst Torgler, sowie die Bulgaren Dimitroff, Popoff und Taneff werden freigesprochen, kommen aber sofort in Schutzhaft.

Der Prozeß war als Propaganda-veranstaltung für das rechtmäßige Handeln der NSDAP und gegen die kommunistische Gefahr für das Deutsche Reich aufgezogen worden. Selbst Hermann Göring wird als Zeuge bemüht und preist die wachsame SA als Retter des Landes vor einem gewaltsamen kommunistischen Umsturz, zu dem der Brand das Signal geben sollte. Im Ausland erscheint rechtzeitig zum Prozeß ein Braunbuch, das die alleinige Täterschaft der NSDAP zu beweisen sucht, dessen Theorie aber in Deutschland als Greuelpropaganda heruntergespielt wird.

Regierung sucht Einigung mit Kirche

8. Dezember. Die kritische Stimme der evangelischen Kirche macht dem Regime weiter zu schaffen. Zunächst versucht die Regierung, auf dem Verwaltungsweg damit fertig zu werden. So wird vom geistlichen Ministerium ein Schlichtungsausschuß eingesetzt, der in Konfliktfällen vermitteln soll. Reichsbischof Ludwig Müller legt die Schirmherrschaft über die Deutschen Christen nieder; deren Reichsleiter Hossenfelder muß zurücktreten und auch sein Amt als Bischof von Brandenburg abgeben. Die Reichsregierung läßt einen Aufruf verbreiten, in dem zum Ausdruck gebracht wird, daß »unter Ausschaltung aller machtpolitischen Bestrebungen in der Kirche die Schicksalsverbundenheit zwischen dem evangelischen Volk und dem Nationalsozialismus hergestellt werden soll«.

SO SCHÖN WIE GUT

Die Bayerischen Motoren Werke A. G. in München stellen ihr neues Modell vor, den AM4, Typ 3/20 PS, mit 800-ccm-4-Zylinder-Reihenmotor.

12. Dezember. Nach dem Reichstagsbrand tritt der nur noch aus NSDAP-Mitgliedern bestehende Reichstag in der Berliner Kroll-Oper zusammen.

Nobelpreise für drei Physiker

10. Dezember. Das Nobelpreiskomitee vergibt in diesem Jahr Preise an drei Physiker, wobei der deutsche Forscher Werner Heisenberg die Auszeichnung nachträglich für 1932 erhält, während die Professoren Erwin Schrödinger (Österreich) und Paul Adrien Maurice Dirac (England) die Ehrung für das laufende Jahr entgegennehmen. Alle drei werden für ihre Arbeiten auf dem Gebiet der modernen theoretischen Physik und Atomphysik ausgezeichnet. Fußend auf der Quantentheorie von Nils Bohr, hat Heisenberg die Quantenmechanik und Schrödinger die Wellenmechanik geschaffen, Dirac hat sich um den weiteren Ausbau der Quantenmechanik verdient gemacht.

Den Nobelpreis für Medizin erhält der Amerikaner Thomas Hunt Morgan in Anerkennung seiner Verdienste auf dem Gebiet der Erbbiologie; der Literaturpreis geht an den in Paris lebenden russischen Schriftsteller Iwan Bunin. Chemie- und Friedensnobelpreis werden nicht vergeben.

Der Physiker Werner Heisenberg.

JANUAR

Mo	Di	Mi	Do	Fr	Sa	So
						1
2	3	4	5	6	7	8
9	10	11	12	13	14	15
16	17	18	19	20	21	22
23	24	25	26	27	28	29
30	31					

1. Das Sterilisierungsgesetz tritt im Reich in Kraft. →

1. Generalleutnant Freiherr von Fritsch wird zum Chef der Heeresleitung ernannt.

3. Eine Grubenexplosion auf der Schachtanlage in Ossek (Böhmen) fordert 146 Todesopfer.

10. Marinus van der Lubbe durch Fallbeil hingerichtet.

12. Das erste Todesurteil seit Bestehen der Republik Österreich wird nach standrechtlichem Verfahren gegen einen Brandstifter vollstreckt.

14. Fußballländerspiel Deutschland gegen Ungarn endet 3 : 1.

15. Eine Währungsbotschaft Präsident Roosevelts kündigt Sperrung der Goldausfuhr und Abwertung des Dollar an.

24. Wiedereinführung akademischer Titel in der UdSSR.

25. Eröffnung des 17. Parteikongresses der KPdSU.

26. Deutschland und Polen unterzeichnen ein Verständigungsabkommen mit Gewaltverzichtserklärung.

26. Der Reichsbischof erläßt eine Notverordnung zur Sicherung einheitlicher Führung der evangelischen Kirche. →

30. Nach Rücktritt der Regierung Chautemps wird in Frankreich das Kabinett Daladier gebildet.

30. Gesetz über den Neuaufbau des Deutschen Reiches im Reichstag angenommen. →

31. Die Zahl der Arbeitslosen beträgt im Deutschen Reich 3 774 000, in England 2 389 000, in der Tschechoslowakei 835 651, in Spanien 619 000 und in den USA nach Gewerkschaftsschätzungen fast 12 Millionen.

31. Italiens Staatschef Mussolini legt dem Völkerbund ein Abrüstungsmemorandum vor.

31. Ein Ballonunglück in der UdSSR kostet drei Stratosphärenforschern das Leben. →

GESTORBEN:

1. Jakob Wassermann (* 10. 3. 1873), deutscher Schriftsteller. →

15. Hermann Bahr (* 19. 7. 1863), österreichischer Schriftsteller. →

29. Fritz Haber (* 9. 12. 1868), deutscher Chemiker, Nobelpreis 1918.

Einheitsstaat perfekt

30. Januar. Ein Jahr nach seiner Ernennung zum Reichskanzler übernimmt Adolf Hitler auch formell die totale Herrschaft über Deutschland. Gestützt auf das Ergebnis der Volksabstimmung vom 12. November 1933 verabschiedet der NSDAP-Reichstag ein Gesetz, das die Vertretungen der Länder auflöst, deren Hoheitsrechte auf das Reich überträgt und die Länderregierungen der Reichsregierung unterstellt. Außerdem ermächtigt das Gesetz die Reichsregierung zu Verfassungsänderungen ohne Zustimmung irgendwelcher Parlamentsgremien. Für Innenminister Wilhelm Frick ist Deutschland damit zum Einheitsstaat geworden; er äußert im Reichstag, daß föderalistischen Bestrebungen nun ein Ende gemacht worden sei.

Einen Tag später wird der Leiter des Außenpolitischen Amtes und Kampfbundes für deutsche Kultur, Alfred Rosenberg, mit der Überwachung »der gesamten geistigen, weltanschaulichen Schulung und Erziehung der Partei und aller gleichgeschalteter Verbände sowie des Werkes ›Kraft durch Freude‹« betraut.

Reichstagssitzung am 30. Januar. Von unten, jeweils v. r. n. l.: Adolf Hitler, Franz von Papen, Konstantin von Neurath, Rudolf Heß; Kurt Schmitt, Franz Seldte, Franz Gürtner, Werner von Blomberg; Ernst Röhm, Johannes Popitz.

Geistlichkeit unter Druck

30. Januar. In seiner Rede zum Kanzlerjubiläum behauptet Adolf Hitler, die Kirche sei vom NS-Staat gestärkt worden, und er erwarte das gleiche von der Kirche. Aber die Reglementierung der Kirchen beider Konfessionen wird im Januar verschärft fortgesetzt. Zunächst verbietet der Reichsbischof den evangelischen Geistlichen jede Äußerung außer der Verkündung des Evangeliums, ähnliche Weisungen sind an die katholische Kirche ergangen, wobei das Konkordat dort jedoch Spielraum zu lassen scheint. Dennoch wird am 13. Januar bekanntgegeben, daß Geistliche beider Konfessionen in Schutzhaft genommen worden seien.

Sterilisierung bei Erbkrankheit

1. Januar. Das mit Beginn des Jahres in Kraft tretende Sterilisierungsgesetz löst vor allem in Kirchenkreisen Widerspruch aus. Die Verordnung sieht vor, daß Menschen, die an sogenannten Erbkrankheiten leiden, durch einen chirurgischen Eingriff unfruchtbar gemacht werden können. Der Begriff Erbkrankheit wird von den für das Gesetz Verantwortlichen weit ausgelegt; ein Betroffener kann auch gegen seinen Willen sterilisiert werden; der Spruch eines Gerichts ist in solchen Fällen entscheidend. Weitere Bestimmungen sehen Kastration von Schwerverbrechern und Sittlichkeitsverbrechern nach ihrer Entlassung aus der Haft vor.

Russischer Ballon verunglückt nach Weltrekord

31. Januar. Drei russische Ballonfahrer erreichen mit einem neuen Stratosphärenballon am 30. Januar die Weltrekordhöhe von 20 600 Metern. In Funksprüchen melden sie eine Temperatur von −77 Grad Celsius. Bei 1500 Meter Höhe haben sie −45 Grad gemessen. Nach Ausbleiben weiterer Meldungen macht sich am nächsten Tag eine Suchflotte auf den Weg, die die Gondel südöstlich von Moskau auffindet. Die Insassen sind tot.

Hermann Bahr gestorben

15. Januar. In München stirbt im Alter von 70 Jahren der österreichische Schriftsteller Hermann Bahr. Er ist Verfasser einer großen Anzahl von Romanen, Novellen, Essays und Bühnenwerken, wovon besonders die Lustspiele »Das Konzert«, »Der Meister« und »Die Kinder« Erfolg hatten. Bahr war ein Meister der Dialogführung. Er hat sich auch als Regisseur und Dramaturg einen Namen gemacht.

Trauer um Dichter Jakob Wassermann

1. Januar. Im Alter von 60 Jahren stirbt am 1. Januar in Alt-Aussee in Salzburg der Schriftsteller Jakob Wassermann. Zu seinen bekanntesten Werken gehören die Romane »Das Gänsemännchen«, »Der Fall Mauritius«, »Caspar Hauser« und die Trilogie »Der Wendekreis«.

Jakob Wassermann †.

1934

FEBRUAR

Mo	Di	Mi	Do	Fr	Sa	So
			1	2	3	4	5
6	7	8	9	10	11	12
13	14	15	16	17	18	19
20	21	22	23	24	25	26
27	28					

2. Verbot aller monarchistischen Verbände im Reich.

3. Die Lufthansa eröffnet planmäßigen Postflugdienst zwischen Europa und Südamerika. →

7. Unruhen in Paris. Rücktritt der Regierung Daladier. →

8. Litauisches Gesetz »Zum Schutz von Volk und Staat« beschneidet Autonomierechte der deutschen Minderheit im Memelgebiet.

9. In Deutschland wird eine halbjährige Arbeitsdienstpflicht für Abiturienten vor Aufnahme des Studiums eingeführt.

9. Unterzeichnung des Balkanpaktes (Garantie der Sicherheit der Grenzen) zwischen Jugoslawien, Griechenland, Rumänien und der Türkei.

9. Gaston Doumergue bildet neue Regierung in Frankreich.

12. Stalin, Molotow, Kaganowitsch, Woroschilow und Kalinin vom 17. Parteikongreß der KPdSU in das höchste Parteigremium (Zentralausschuß) gewählt.

12. Nach Ausbruch von Unruhen wird das Standrecht in Österreich verhängt. →

13. Max Schmeling verliert gegen Steve Hamas in Philadelphia einen 12-Runden-Boxkampf nach Punkten.

16. Gesamtauflage des Volksempfängers erreicht nach 5½ Monaten 600 000 Stück.

17. Dreimächte-Erklärung durch Frankreich, Großbritannien und Italien garantiert die Unabhängigkeit Österreichs.

18. Norwegisches Gesetz öffnet den Frauen des Landes Zutritt zu allen Staats- und Kirchenämtern.

19. Der britische Lordsiegelbewahrer Eden trifft in Berlin zu politischen Gesprächen ein.

23. Leopold III. besteigt belgischen Königsthron. →

25. Vereidigung sämtlicher politischer Leiter und Amtswalter der NSDAP auf Adolf Hitler.

27. Die Zahl der Arbeitslosen beträgt nach Rückgang um 400 000 noch 3 374 000.

GESTORBEN:

17. Albert I. (* 8. 4. 1875), König von Belgien. →

23. Edward Elgar (* 2. 6. 1857), englischer Komponist.

Standrecht in Wien

12. Februar. Die seit langem schwelenden innenpolitischen Spannungen in Österreich entladen sich Mitte Februar in einem Aufstandsversuch der SPÖ und ihrer bewaffneten Unterorganisation Republikanischer Schutzbund. Nach Hausdurchsuchungen in Parteiheimen kommt es zu bewaffneten Auseinandersetzungen zwischen Militär und Schutzbund in Linz und Wien. Besonders in der Hauptstadt eskalieren die Kämpfe, wobei sogar Artillerie eingesetzt wird. Auch in einigen Bundesländern treffen Bewaffnete aus dem Schutzbundlager auf Polizei und Heereseinheiten. Die Regierung verhängt über Wien und die betroffenen Bundesländer das Standrecht und verfügt die Einstellung der sozialdemokratischen Presse. Sozialdemokratische Funktionäre werden massenweise verhaftet, darunter Wiens Bürgermeister Karl Seitz, der Präsident des Nationalrats und frühere Staatskanzler Karl Renner sowie die Wiener Stadträte.

Am 13. Februar folgt das Verbot der Sozialdemokratischen Partei Österreichs; der Wiener Landtag und Gemeinderat werden aufgelöst. Nach dem Zusammenbruch des Widerstandes folgt am 14. Februar die Auflösung der Freien Gewerkschaften und aller sozialdemokratischen Verbände und Vereine. Die endgültige Zahl der Opfer wird später mit 297 Gefallenen und 802 Verwundeten angegeben, wobei 193 Tote und 493 Verwundete auf den Schutzbund entfallen. Die restlichen Opfer gehören zu den Vertretern der Exekutivgewalt.

In dem von Krisen und Kämpfen geschüttelten Österreich wirbt die Regierung für den Eintritt ins Bundesheer.

Gefallene Heimwehrmänner. Dieser paramilitärische Verband wird gegen die Schutzbündler eingesetzt.

Deutsche und holländische Erfolge beim planmäßigen Postflugverkehr

26. Februar. Nachdem die Deutsche Lufthansa zu Beginn des Monats den planmäßigen Postflugverkehr mit Südamerika aufgenommen hat, kann Holland einen Erfolg auf der Strecke Amsterdam—Batavia melden. Eine Maschine vom Typ Fokker F 18 schafft die Strecke in 4 Tagen und 4½ Stunden mit 80 000 Postsendungen an Bord, wobei pro Tag 3000 bis 4000 Kilometer zurückgelegt werden. Die Lufthansaroute nach Natal (Brasilien) führt von Stuttgart aus nach Sevilla, wo eine Ju 52 die Post nach Las Palmas übernimmt. Von dort startet das Flugboot Dornier-Wal nach Bathurst (Britisch-Gambia), um am vierten Tag über den im Südatlantik kreuzenden Dampfer »Westfalen« als Zwischenstation das Ziel in Brasilien zu erreichen.

Neuer König in Belgien: Leopold III.

Belgiens neuer König Leopold III. bei einer Rundfunkansprache.

23. Februar. An diesem Tag wird in Brüssel Kronprinz Leopold vor dem Parlament als König Leopold III. vereidigt. Der Kronprinz besteigt den belgischen Thron, nachdem sein Vater, König Albert I., bei einer Bergtour am 17. Februar tödlich verunglückt ist. Leopold entstammt der Ehe Alberts mit Herzogin Elisabeth von Bayern und ist mit Astrid Prinzessin von Schweden verheiratet.

Generalstreik in Frankreich

7. Februar. Auch die französische Hauptstadt erlebt in diesem Monat bewaffnete Auseinandersetzungen auf den Straßen. Zunächst kommt es in der Nacht zum 7. Februar zu blutigen Zusammenstößen zwischen rechts- und linksgerichteten Demonstranten, die gegen die Regierung protestieren wollen. Das Militär muß eingreifen, auf beiden Seiten gibt es zahlreiche Tote und Verletzte. Die Regierung Daladier tritt zurück. Die linksgerichtete Gewerkschaft CGT ruft daraufhin für den 12. Februar einen Generalstreik aus, der in den größeren Städten weitgehend befolgt wird. Es kommt vor allem in Paris, Marseille, Lyon und Lille wieder zu Auseinandersetzungen, wobei es Tote und Verletzte gibt. Danach herrscht wieder Ruhe im Land.

1934
MÄRZ

Mo	Di	Mi	Do	Fr	Sa	So
			1	2	3	4	5
6	7	8	9	10	11	12
13	14	15	16	17	18	19
20	21	22	23	24	25	26
27	28	29	30	31		

1. Krönung des bisherigen Staatspräsidenten Pu-Yi zum Kaiser von Mandschukuo. →

1. Primo Carnera verteidigt in Miami seinen Weltmeistertitel im Schwergewichtsboxen gegen Tommy Loughran.

1. Auflösung der deutschen Parteien im Saarland und Zusammenschluß zur Einheitspartei Deutsche Front.

3. Die Stadt Berlin übernimmt Ehrenpatenschaft über dritte und vierte Kinder »erbgesunder, überprüfter Familien«.

6. Hans Stuck stellt mit einem neuen Auto-Union-Rennwagen auf der Avus drei Weltrekorde auf.

7. Deutsch-polnisches Zollfriedenabkommen unterzeichnet.

8. Hitler eröffnet die Internationale Automobilausstellung in Berlin. →

8. Labour gewinnt erstmals in der Geschichte Englands eine Mehrheit im Londoner Stadtparlament.

8. Prinz Sigward von Schweden verliert wegen Heirat mit bürgerlicher Deutschen Titel und Rechte.

10. Verlängerung des Stillhalteabkommens für Auslandsschulden der deutschen Länder und Gemeinden um ein Jahr.

20. Sudetendeutsche Heimatfront wird von ihrem Führer Konrad Henlein als Partei angemeldet.

20. Erste Versuche mit den 1933 von Rudolph Kühnold entwickelten Radargeräten im Kieler Hafen.

21. Adolf Hitler eröffnet an einer Autobahnbaustelle in Bayern die sogenannte Frühjahrsarbeitsschlacht. →

26. Nach einer vom Schweizer Bundesrat erlassenen Verordnung werden Beschimpfungen ausländischer Staatsmänner und Staatseinrichtungen verboten. Zuwiderhandelnde Zeitungen können eingestellt werden.

28. Gründung der deutschen Reichsrundfunkgesellschaft.

29. Premiere des Spielfilms »Gold« von Karl Hartl mit Hans Albers in der Hauptrolle.

31. Die 1704 gegründete »Vossische Zeitung« aus dem Ullstein-Verlag stellt ihr Erscheinen ein.

GEBOREN:

9. Juri Alexejewitsch Gagarin († 27. 3. 1968), sowjetischer Kosmonaut (→ April 1961).

Autobahnen im Bau

Hitler spricht vor Arbeitern anläßlich des Baubeginns der Reichsautobahn in Unterhaching bei München.

21. März. Nachdem die Winterarbeitslosigkeit gegenüber den Vorjahren deutlich niedriger lag, wird im März mit einem erheblich ausgeweiteten Arbeitsbeschaffungsprogramm weiter an der Beseitigung dieses Problems gearbeitet. Das umfangreichste Projekt bilden dabei die Reichsautobahnen, wo Ende des Monats an 22 Baustellen 15 000 Arbeiter tätig sind (sogenannte Frühjahrsarbeitsschlacht). Darüber hinaus sind von den Hafenstädten bis zur Mainlinie eine Vielzahl von Bau-, Sanierungs- und Landgewinnungsarbeiten geplant, zu deren Realisierung große Mengen von Arbeitskräften gebraucht werden. Die Gesamtstrecke der zum Bau freigegebenen Autobahnen erreicht am 24. März die Länge von 1500 Kilometern.

Nach Schulzeit ein »Landjahr« für Stadtjugend

28. März. Im preußischen Staatsministerium wird die Idee eines Gesetzes über das Landjahr nach Genehmigung durch die Reichsregierung in die Tat umgesetzt. Es sieht vor, daß die schulentlassene Stadtjugend zu einem »Landjahr« verpflichtet wird, das sie in Heimen unter Betreuung von entsprechenden Leitern zu verbringen hat. Zur Begründung der Maßnahme verlautet aus dem Ministerium, daß Körperschulung und Charakterbildung zur Ertüchtigung der Jugend gleichberechtigt neben Wissensvermittlung stehen müßten. Eine solche natürliche Erziehung könne »aber nicht in geschlossenen Schulstuben erfolgen, sondern nur durch Zucht und Bewegung erreicht werden«.

Mehr Komfort bei Schnellzügen der Reichsbahn

19. März. Die Reichsbahn überrascht die Öffentlichkeit mit der Nachricht, daß die Bänke der dritten Wagenklasse demnächst mit einem Polsterüberzug versehen werden. In den Genuß dieser Verbesserung kommen vorerst Benutzer von D- und Eilzügen. Darüber hinaus wird ein Programm für den Einsatz von Schnelltriebwagen vorgestellt, das es ermöglicht, auf 22 Strecken mit einer Gesamtlänge von 9271 Kilometern die durchschnittliche Reisegeschwindigkeit von gegenwärtig 69,5 auf 102,5 Stundenkilometer anzuheben.

Normalisierung in Mandschukuo

1. März. Mit der Krönung des bisherigen Staatspräsidenten Pu-Yi zum Kaiser scheint nach jahrelangen Kämpfen im Gebiet der Mandschurei Frieden eingekehrt zu sein. Japan und China tolerieren das neue Reich, dessen Herrscher als Mitglied der Mandschu-Dynastie von 1909 bis 1912 als Kind letzter Kaiser von China war.

8. März. Hitler, Göring (v. r.) und Goebbels (l., gebückt) bei einem Rundgang nach der Eröffnung der Internationalen Automobilausstellung in Berlin.

APRIL

Mo	Di	Mi	Do	Fr	Sa	So
					1	2
3	4	5	6	7	8	9
10	11	12	13	14	15	16
17	18	19	20	21	22	23
24	25	26	27	28	29	30

1. Eröffnung der ersten nationalsozialistischen Oberschule zur Heranbildung des Führernachwuchses der SA.

1. Nach Abschluß des Winterhilfswerks beträgt die Bilanz 320 Millionen Reichsmark als Sammlungserlös.

4. UdSSR verlängert Nichtangriffspakt mit baltischen Staaten.

5. Acht Kriminalangestellte werden auf Weisung von Göring angeklagt und wegen Mißhandlung von Häftlingen zu Gefängnisstrafen verurteilt.

6. Österreich bürgert zwölf Nationalsozialisten, fünf Sozialdemokraten und einen Kommunisten wegen »hochverräterischer bzw. regierungsfeindlicher Tätigkeit« aus. →

6. Bei Bekenntnis-Bittgottesdiensten wird von den Kanzeln die Verhaftung von 418 evangelischen Geistlichen verkündet.

6. Der in Gleiwitz vorgesehene Deutsche Katholikentag 1934 muß abgesagt werden.

8. Mit nur noch 2,8 Millionen Arbeitslosen im Reich ist der Stand von August 1930 erreicht.

10. Uraufführung des Schauspiels »Die Höllenmaschine« von Jean Cocteau in Paris.

18. Joachim von Ribbentrop wird zum Beauftragten für Abrüstungsfragen ernannt.

20. Nach Ernennung zum Leiter der politischen Polizei in Preußen untersteht Himmler die Staatspolizei aller deutschen Länder.

22. Deutsche Lufthansa erreicht auf Postflugstrecke nach Südamerika eine Flugzeit von zwei Tagen und 23 Stunden.

24. In Deutschland wird die Institution des Volksgerichtshofes geschaffen.

27. Beginn der Transferkonferenz zwischen Reichsbank und ausländischen Gläubigern in Berlin.

30. Der seit 150 Jahren bestehende »Hamburger Correspondent« und die 1772 gegründeten »Frankfurter Nachrichten« stellen ihr Erscheinen ein.

30. Annahme der neuen österreichischen Verfassung. →

GESTORBEN:

9. Oskar von Miller (* 7. 5. 1855), deutscher Ingenieur, Schöpfer des Deutschen Museums in München.

Wien für Stabilität

30. April. Mit der Vorlage einer neuen Verfassung versucht die österreichische Regierung die innenpolitische Lage in den Griff zu bekommen. Um den parlamentarischen Spielregeln gerecht zu werden, muß zur Verabschiedung dieser Verfassung der seit dem 4. März 1933 aufgelöste Nationalrat durch Notverordnung wieder ins Leben gerufen werden. Das durch zwischenzeitliche Parteiverbote auf 91 Mandatsträger zusammengeschrumpfte Gremium spielt die politische Farce, wie von der Regierung gewünscht, durch. Die am 4. März 1933 nicht rechtsgültig geschlossene Sitzung wird am 30. April 1934 als 125. Sitzung des Nationalrats offiziell beendet, dann tritt man zur 126. und letzten Sitzung dieses Gremiums in der österreichischen Geschichte zusammen und beschließt eine neue Verfassung, in der ein Nationalrat nicht mehr vorgesehen ist.

Mit ihren Gegnern geht die Regierung in diesen Monaten nicht zimperlich um. Am 6. April wird die Ausbürgerung von zwölf Nationalsozialisten, fünf Sozialdemokraten und einem Kommunisten wegen hochverräterischer und regierungsfeindlicher Tätigkeit bekanntgegeben, und der Staatssekretär für das Sicherheitswesen läßt verlauten, daß in sogenannten Anhaltelagern etwa 750 Nationalsozialisten und 114 Sozialdemokraten festgehalten werden, während 2000 bis 2500 Sozialdemokraten in Gefängnissen einsitzen.

Frankreichs Außenminister Barthou (Mitte) bemüht sich in Warschau um engere Beziehungen zu Polen. Links Pilsudski, rechts Außenminister Beck.

Mit umfangreichen Propagandamaßnahmen werden die deutschen Bürger aufgefordert, einmal in der Woche ein schlichtes Eintopfgericht zu essen.

Transferkonferenz sucht Weg für Schuldenregelung

27. April. Die Transferkonferenz zur Regelung der deutschen Kriegsschulden weckt im Ausland die Hoffnung, daß Deutschland trotz des Bruches mit Völkerbund und Abrüstungskonferenz in 1933 seinen Verpflichtungen nachkommen will. Am 31. März wäre nach amerikanischen Berechnungen eine Rate von 127 106 174 Reichsmark fällig gewesen, die deutsche Reichsbank hat dem amerikanischen Schatzamt aber lediglich eine Anerkennungszahlung von 3 177 125 Reichsmark zum Begleichen der Zinsen überwiesen.

Nach den im April vorgelegten deutschen Berechnungen über den Stand der Verschuldung hat das Reich 7,4 Milliarden Reichsmark kurzfristige, bis zum September fällige Schulden und ebensoviel langfristige nach dem 30. September 1934. Zur Regelung der Verbindlichkeiten sind bis zum Stichtag 433 Millionen Reichsmark an Zinsen für langfristige, 289 Millionen für kurzfristige Schulden fällig, zuzüglich der Tilgungsrate von 211 Millionen Reichsmark.

Partei kontrolliert Kulturschaffende

17. April. Die in Deutschland verbliebenen Kulturschaffenden kommen im April endgültig unter die totale Kontrolle der NSDAP. Reichsleiter Alfred Rosenberg übernimmt die Führung einer »Reichsstelle zur Förderung des deutschen Schrifttums«, deren Aufgabe die Überprüfung aller Druckwerke (Bücher, Schriften, Zeitschriften) auf Einhaltung der nationalsozialistischen Grundsätze ist.

Reichsminister Joseph Goebbels gibt am 10. April bekannt, daß die Führung der großen Berliner Bühnen im engsten Einvernehmen mit dem Reichsministerium für Volksaufklärung und Propaganda zu erfolgen habe. Betroffen von der Theaterpolitik des Reiches sind die Reichsopernbühne, das Deutsche Opernhaus in Charlottenburg, das Theater des Volkes, die Volksbühne und das Deutsche Theater.

Mo	Di	Mi	Do	Fr	Sa	So
1	2	3	4	5	6	7
8	9	10	11	12	13	14
15	16	17	18	19	20	21
22	23	24	25	26	27	28
29	30	31				

1. Bernhard Rust übernimmt das neue Ministerium für Wissenschaft, Erziehung und Volksbildung.

1. Ratifizierung eines Konkordats zwischen Österreich und dem Vatikan.

2. Einführung des Haushaltsjahres für schulentlassene Mädchen.

2. Schaffung des Volksgerichtshofes mit Zuständigkeit für Hoch- und Landesverrat.

3. Bildung der »Vaterländischen Front« in Österreich. →

3. Erste Dampfer des Freizeitwerks »Kraft durch Freude« treten Fernreise an.

5. Verlängerung des russisch-polnischen Nichtangriffspaktes bis 1945.

5. Ein neues Gesetz verlangt von Studienbewerbern einen halbjährigen Arbeitsdiensteinsatz.

10. In den USA erscheint erstmals ein für den normalen Handel bestimmtes Comic-Buch an Kiosken. Titel: »Famous Funnies«.

10. Goebbels startet den »Feldzug gegen Miesmacher und Kritikaster«. →

15. Alle deutschen Theater werden der Führung und Aufsicht des Reichspropagandaministeriums unterstellt.

24. Tomáš Masaryk wird zum viertenmal als Staatspräsident der Tschechoslowakei bestätigt.

26. Feldmarschall Erzherzog Eugen von Habsburg trifft aus seinem Schweizer Exil wieder in Österreich ein.

27. Deutschland gewinnt das Vorrundenspiel bei der Fußballweltmeisterschaft 1934 in Florenz gegen Belgien 5 : 2.

28. Polizeipräsident von Danzig löst kommunistische Partei auf.

29. Die Transferkonferenz zwischen Reichsbank und ausländischen Gläubigern endet mit Angebot der Reichsbank zur Schuldenregulierung.

30. Aufhebung der diplomatischen Ländervertretungen beim Vatikan. →

31. Abgabe der »Barmer Theologischen Erklärung« durch die Bekenntnissynode der Deutschen Evangelischen Kirche.

31. Deutschland gewinnt Zwischenrundenspiel bei Fußballweltmeisterschaft gegen Schweden in Mailand mit 2 : 1.

Protest der Kirche

31. Mai. Die Stimme der Kirche macht den NS-Machthabern auch im Mai 1934 weiter zu schaffen. Die katholische Jugend ist als einziger Verband noch nicht in die Hitlerjugend eingegliedert und zeigt sich in der Öffentlichkeit als eigenständige Kraft. Da das Konkordat massives Vorgehen nicht zuläßt, wird durch einzelne Verbote und Reglementierungen eine Art Nadelstichpolitik getrieben. In seiner Sportpalastrede zur Eröffnung des Kampfes »gegen Miesmacher und Kritikaster« kommt Propagandaminister Joseph Goebbels auch auf die Rolle der katholischen Kirche zu sprechen, wobei besonders der Münchner Kardinal Michael von Faulhaber wegen seiner Kanzeläußerungen gegen die NS-Ideologie zur Zielscheibe Goebbelsscher Polemik wird.

Gestützt auf das Gesetz über den Neuaufbau des Reiches vom 30. Januar 1934 hebt die Reichsregierung am 30. Mai die diplomatischen Missionen Preußens und Bayerns beim Vatikan auf. Die in München bestehende apostolische Nuntiatur wird geschlossen. Beim Vatikan bleibt das Reich jedoch weiter durch einen Botschafter vertreten.

Mit Verabschiedung der »Barmer Theologischen Erklärung« durch die Bekenntnissynode der Deutschen Evangelischen Kirche am 31. Mai wird der nationalsozialistischen Propaganda ein harter Schlag versetzt. In dem Papier zieht die Kirche einen eindeutigen Trennungsstrich zwischen dem Anspruch des NS-Staates und den Aufgaben der Kirche, wobei die Deutlichkeit der Aussage keine anderen Interpretationen zuläßt.

Österreichs Bundeskanzler Engelbert Dollfuß wirbt für die von ihm gegründete Vaterländische Front.

Umschichtung der Arbeitskräfte

15. Mai. Mit einschneidenden staatlichen Maßnahmen, die das Ende der Freizügigkeit bei der Wahl des Arbeitsplatzes bedeuten, erreichen die Bemühungen der NS-Regierung zum Abbau der Arbeitslosigkeit einen weiteren Höhepunkt. Vom Reichskabinett wird ein »Gesetz zur Regelung des Arbeitseinsatzes« verabschiedet, das »durch Umschichtung der Bevölkerung von der Stadt aufs Land« in den Städten die Arbeitslosen wegschaffen und dem Land notwendige Arbeitskräfte zuführen soll. Für Zentren mit hoher Arbeitslosenquote wie Berlin wird eine Zuzugssperre verhängt.

Zuvor wird durch Einführung eines Haushaltsjahres für schulentlassene Mädchen der Arbeitsmarkt vom starken Schulentlassungsjahrgang 1934 freigehalten.

Staat praktiziert Erbgesundheitsrecht

30. Mai. Das Berliner Erbgesundheitsgericht legt Ende Mai eine erste Bilanz von Verfahren nach dem neuen Erbgesundheitsrecht vor (→ Januar 1934). Danach sind in 348 Fällen Beschlüsse gefaßt worden. Sterilisierungsbeschlüsse ergingen dabei in 325 Fällen, wobei die Hälfte auf Antrag von Betroffenen ausgesprochen wurde. In der Altersgruppe zwischen dem 20. und 30. Lebensjahr gab es 250 Fälle, 13 Betroffene waren unter 20, elf über 50 Jahre alt.

Mo	Di	Mi	Do	Fr	Sa	So
			1	2	3	4
5	6	7	8	9	10	11
12	13	14	15	16	17	18
19	20	21	22	23	24	25
26	27	28	29	30		

2. Gottfried von Cramm wird durch Fünfsatzsieg gegen Ex-Wimbledonsieger Crawford (Australien) Internationaler Tennismeister.

3. Deutschland verliert im Halbfinale der Fußballweltmeisterschaft gegen die Tschechoslowakei 1 : 3.

3. Manfred von Brauchitsch gewinnt das Internationale Eifelrennen auf dem Nürburgring mit Mercedes vor Hans Stuck.

7. Deutschland gewinnt das Spiel um Platz 3 bei der Fußballweltmeisterschaft gegen Österreich mit 3 : 2.

10. Schaffung von Ortswehren und Ausweitung des Standrechts in Österreich.

10. Neues wirtschaftliches Ermächtigungsgesetz in der Tschechoslowakei angenommen.

10. Italien wird durch ein 2 : 1 gegen die Tschechoslowakei Fußballweltmeister.

13. Sowjetunion und Rumänien nehmen wieder diplomatische Beziehungen auf.

14. Goebbels wird anläßlich einer Vortragsreise nach Warschau von Kriegsminister Marschall Pilsudski empfangen.

14. Deutschland stellt die Zahlung der Auslandsschulden ein.

14. Max Baer (USA) wird durch K.-o.-Sieg in Runde elf gegen Primo Carnera in New York neuer Weltmeister im Schwergewichtsboxen.

15. Die Lufthansa eröffnet Blitzflugverkehr zwischen Berlin, Frankfurt, Köln und Hamburg.

16. Mussolini und Hitler beenden in Venedig dreitägige Gespräche über die politische Weltlage. →

24. Schalke 04 wird durch 2 : 1-Sieg über den 1. FC Nürnberg erstmals Deutscher Fußballmeister.

27. Nach langwierigem Wüstenkrieg schließen König Ibn Saud von Hedschas (Arabien) und der Imam von Yemen Frieden.

30. Niederschlagung des sogenannten Röhmputsches. →

GESTORBEN:

10. Frederick Delius (* 29. 1. 1862), englischer Komponist.

14. Theodor Däubler (* 17. 8. 1870), deutscher Schriftsteller.

Röhmputsch niedergeschlagen

Der Röhmputsch ist das Hauptthema deutscher Zeitungen.

Adolf Hitler und der Stabschef der SA, Ernst Röhm (r.).

30. Juni. Einen Tag bevor die SA in Deutschland für einen Monat jegliche Aktivitäten einstellen und auf Anordnung Adolf Hitlers in den Urlaub gehen soll, erreichen die schon seit längerem schwelenden Auseinandersetzungen um die Macht im Reich einen dramatischen Höhepunkt. Adolf Hitler verhindert an diesem Tag durch persönliches Eingreifen – so wird der Öffentlichkeit durch die Medien Rundfunk und Presse mitgeteilt – einen Umsturzversuch der SA unter Führung ihres Stabschefs und Reichsministers Ernst Röhm. An dem Komplott gegen die Regierung sollen auch Gregor Strasser und der im Ruhestand lebende frühere Reichskanzler General Kurt von Schleicher beteiligt sein.

Hitler wird Anfang des Monats aus Kreisen der Reichswehr auf Pläne der SA aufmerksam gemacht, sich als bewaffnete Streitmacht unter Einschluß der Reichswehr zu etablieren. Da SA-Führer Röhm etwa gleichzeitig öffentlich von einer notwendigen »zweiten Revolution« spricht, versucht Hitler in einer Unterredung mit Röhm am 5. Juni den Mitkämpfer von 1923 zum Einlenken zu bewegen. Röhm hält nur wenige Tage still und wendet sich am 10. Juni an die SA; dieser Appell ist eine einzige Kampfansage an die NSDAP-Führung.

Die militärische Führung zieht daraus ihre Konsequenzen. Anläßlich eines Besuchs beim erkrankten Paul von Hindenburg auf dessen Gut Neudeck stellt Reichswehrminister Werner von Blomberg Hitler am 21. Juni ein Ultimatum, in dem mit Ausnahmezustand und Übernahme der vollziehenden Gewalt durch die Reichswehr gedroht wird. Als der Chef der Heeresleitung Freiherr Werner von Fritsch am 25. Juni auch noch für die Reichswehr Alarmbereitschaft anordnet, ist Hitler zum Handeln gezwungen.

Eine von Röhm für den 30. Juni nach Bad Wiessee einberufene Führertagung der SA ist das auslösende Moment für den Einsatz von Reichswehr und SS gegen Röhm und seine Gefolgschaft. Während Hermann Göring und Heinrich Himmler in Berlin Polizei und SS alarmieren, aktiviert Hitler in München die SS-Leibstandarte.

Röhm lehnt Selbstmord ab: Hitler stürmt nach Ankunft in Bad Wiessee mit einigen SS-Leuten gegen 4 Uhr früh das Quartier der SA und erklärt die in eindeutigen Situationen angetroffenen Führer – Röhm und sein Stab sind seit langem als homosexuell veranlagt bekannt – für verhaftet. Sie werden in die Strafanstalt München-Stadelheim gebracht und dort von SS-Männern erschossen. Röhm lehnt vorher ab, sich mit einem dargereichten Revolver selbst zu richten.

In Berlin leitet Göring die »Säuberungsaktion«, in deren Verlauf prominente SA-Führer wie der Berliner SA-Chef Karl Ernst erschossen werden. General von Schleicher und seine Frau sowie General von Bredow werden in ihren Wohnungen getötet, Gregor Strasser wird verhaftet und anschließend im Gestapogebäude in der Prinz-Albrecht-Straße ermordet. Anstelle Röhms wird der Hamburger Obergruppenführer Viktor Lutze zum Stabschef der SA ernannt; in einem Tagesbefehl an die SA fordert Hitler unbedingten Gehorsam.

Zahlung der Auslandsschulden wird eingestellt

14. Juni. Das Ausland wird Mitte Juni von einer Nachricht der Deutschen Reichsbank überrascht, nach der sämtliche mittel- und langfristigen Zahlungsverpflichtungen Deutschlands vorerst nicht mehr erfüllt werden. Mangels vorhandener Devisen werden auch die Verpflichtungen aus den Dawes- und Youngplan-Anleihen nicht mehr erfüllt. Diese Entscheidung erfolgt trotz einer von den USA als Hauptgläubiger angedrohten Sperre internationaler Kredite für säumige Schuldenzahler. In einer Transfernote an alle Gläubigerländer versucht Deutschland seinen Schritt zu erklären. England reagiert mit restriktiven Außenhandelsmaßnahmen gegen Deutschland, andere Staaten beschränken sich, wie die Bank für Internationalen Zahlungsausgleich (BIZ), zunächst auf formelle Proteste.

Hitler in Italien: Kein Ergebnis

16. Juni. In Venedig werden Gespräche zwischen Benito Mussolini und Adolf Hitler ergebnislos beendet. Die unterschiedlichen außenpolitischen Interessen zeigen sich besonders beim Thema Österreich.

Hitler (M.) und Außenminister Neurath (rechts hinter Hitler) besichtigen den Markusplatz in Venedig.

JULI

Mo	Di	Mi	Do	Fr	Sa	So
					1	2
3	4	5	6	7	8	9
10	11	12	13	14	15	16
17	18	19	20	21	22	23
24	25	26	27	28	29	30
31						

2. Stapellauf des Panzerschiffs »Graf Spee« in Wilhelmshaven.

4. Deutschland und England einigen sich auf Transfermoratorium.

6./7. Hans Sievert verbessert seinen Zehnkampfweltrekord in Hamburg auf 7292 Punkte.

6. Fred Perry (England) Wimbledonsieger durch 6 : 3, 6 : 0, 7 : 5 gegen Titelverteidiger Crawford.

7. Dorothy Round (England) gewinnt Wimbledonfinale gegen Helen Jacobs 6 : 2, 5 : 7, 6 : 3.

8. Sechsmonatiges Einfuhrverbot für Schweizer Zeitungen ins Deutsche Reich erlassen.

9. Reichsführer SS Heinrich Himmler übernimmt Befehlsgewalt über deutsche Konzentrationslager und führt SS-Wachmannschaften ein.

13. Hitler gibt Erklärung über den Röhm-Putsch ab. →

15. Hans Stuck gewinnt Großen Preis von Deutschland auf dem Nürburgring.

15. Gisela Mauermayer stellt in Warschau einen neuen Weltrekord im Kugelstoßen (4 kg) mit 14,38 m auf.

18. Überschwemmungskatastrophe in Polen fordert 150 Todesopfer und verursacht Sachschaden in Höhe von 1 Milliarde Zloty.

25. Putschversuch in Österreich. Dollfuß ermordet.

26. Premiere des Spielfilms »Ein Mann will nach oben« von Paul Wegener.

26. Vizekanzler von Papen scheidet aus dem Amt und wird zum Gesandten in Wien ernannt.

29. Tour de France endet mit Sieg des Franzosen A. Magne.

30. Kurt von Schuschnigg wird österreichischer Bundeskanzler.

GEBOREN:

3. Manfred Bieler, deutscher Schriftsteller.

GESTORBEN:

4. Marie Curie (* 7. 11. 1867), französische Chemikerin und Physikerin polnischer Herkunft, Nobelpreis 1903, 1911.

10. Erich Mühsam (* 4. 10. 1870), deutscher Schriftsteller.

25. Engelbert Dollfuß (* 4. 10. 1892), österreichischer Bundeskanzler. →

Dollfuß bei Putsch ermordet

25. Juli. In den Mittagsstunden dieses Julitages überfallen in Uniformen des Bundesheeres und der Polizei gekleidete bewaffnete Gruppen das Gebäude der österreichischen Rundfunkgesellschaft (RAVAG) und das Bundeskanzleramt am Ballhausplatz in Wien. Im Rundfunkhaus übernehmen die Terroristen die Sendeleitung und geben eine Erklärung über den soeben erfolgten Rücktritt des Bundeskanzlers ab. Alarmierte Sicherheitskräfte des Schutzkorps dringen kurz danach in das Gebäude ein und können die Putschisten überwältigen und festnehmen. An diesem Überfall sind 144 Personen beteiligt.

Im Bundeskanzleramt wird eine kleinere Gruppe aktiv. Statt der kompletten österreichischen Regierung, die aufgrund einer Warnung vorzeitig auseinandergegangen ist, treffen die Putschisten lediglich Bundeskanzler Engelbert Dollfuß, den Führer der Heimwehrverbände Major Emil Fey und Sicherheitsdirektor Karl Freiherr von Karwinsky

Engelbert Dollfuß †.

an. Dollfuß wird bei einem Fluchtversuch angeschossen und in sein Arbeitszimmer geschleppt. Die Putschisten nehmen das Kanzleramt in Besitz, müssen aber gleichzeitig erleben, daß der Ballhausplatz von Truppen umstellt wird. Dem schwer verletzten Dollfuß wird ärztliche Hilfe verweigert, er stirbt an den Folgen der Schußverletzungen in

den frühen Abendstunden. Mit Rücksicht auf die gefangenen Politiker dürfen die Truppen nicht zum Sturm auf das Kanzleramt antreten. Statt dessen verhandelt der vom Bundespräsidenten mit der vorläufigen Leitung der Regierungsgeschäfte beauftragte Bundesminister Kurt von Schuschnigg mit den Putschisten, die für ihr Aufgeben freies Geleit nach Deutschland fordern. Nach Konsultation des deutschen Gesandten in Wien, Dr. Rieth, wird solches zugesichert und das Gebäude in den Abendstunden geräumt. Die Putschisten werden festgenommen.

Bei anderen, an der Grenze nach Deutschland verhafteten Personen, werden schriftliche Beweise dafür gefunden, daß der Putsch von den österreichischen Nationalsozialisten vorbereitet worden ist. Eine unmittelbare Beteiligung deutscher Stellen kann nicht nachgewiesen werden. Hitler entbindet noch in der Nacht den Gesandten Rieth von seinem Posten und verurteilt dessen Geleitzusage.

Bilanz des Röhmputsches

13. Juli. In einer hierfür einberufenen Reichstagssitzung gibt Adolf Hitler der deutschen Öffentlichkeit einen Überblick über das Geschehen des Röhmputsches, der nach offizieller Lesart am 2. Juli endgültig niedergeschlagen ist. Im Verlauf der drei Tage sind laut Hitlers Angaben 19 höhere SA-Führer, 31 mittlere SA-Führer bzw. Angehörige, drei SS-Führer und fünf Parteiangehörige wegen Teilnahme am Komplott hingerichtet, d. h. erschossen worden. 13 SA-Führer und Zivilpersonen seien wegen Widerstandes bei der Verhaftung erschossen worden, drei SA-Mitglieder begingen Selbstmord.

Die SS als Verband geht gestärkt aus dem Geschehen der Putschtage hervor. Sie wird »in Anerkennung ihrer Verdienste während der Revolte vom 30. Juni« aus dem Verband der SA herausgenommen, und der Reichsführer SS, Heinrich Himmler, wird in gleicher Form wie der SA-Stabschef (Viktor Lutze) Adolf Hitler als dem Obersten SA-Führer direkt unterstellt.

In einer Reichstagsrede rechtfertigt Hitler seine Haltung zum Röhmputsch und nutzt die Gelegenheit zu einer politischen Grundsatzerklärung.

Abschied von Nobelpreisträgerin Marie Curie

4. Juli. Im Alter von 66 Jahren stirbt in Sancellemoz (Schweiz) die zweifache Nobelpreisträgerin Marie Curie. Die französische Chemikerin, die unter dem Namen Skłodowska in Warschau geboren wurde, entdeckte mit ihrem Lehrer Henri Becquerel 1898 das radioaktive Element Polonium und mit ihrem Mann, dem Physiker Pierre Curie, das Radium. Im gleichen Jahr wies sie die Radioaktivität des Thoriums nach. Sie erhielt 1903 einen halben Nobelpreis für Physik, 1911 den Chemie-Nobelpreis.

Erich Mühsam im KZ Oranienburg gestorben

10. Juli. Der 63jährige sozialistische Politiker und Schriftsteller Erich Mühsam wird an diesem Tag im Konzentrationslager Oranienburg umgebracht. Mühsam hat sich vor allem als Lyriker, Satiriker und Essayist einen Namen gemacht. Er gehörte der »Neuen Gemeinschaft« der Gebrüder Hart an und war Mitarbeiter des »Simplicissimus«, später Herausgeber der revolutionären Literaturzeitung »Kain«. Bis zu seiner Verhaftung 1933 gab er die Zeitschrift »Fanal« heraus.

Bergsteiger im Himalaja verunglückt

29. Juli. Schlechte Nachrichten kommen Ende des Monats von der deutsch-österreichischen Himalaja-Expedition, die seit April unterwegs ist. Drei Bergsteiger und sieben Träger haben bei einem Schneesturm den Tod gefunden. Über das weitere Schicksal der Expedition ist noch nichts bekannt. Am Mount Everest ist der englische Kletterer Wilson verschollen, der ohne Erlaubnis des Maharadschas von Nepal als Träger verkleidet in den Berg gestiegen ist und sich von seinen Begleitern trennte.

1934

AUGUST

Mo	Di	Mi	Do	Fr	Sa	So
	1	2	3	4	5	6
7	8	9	10	11	12	13
14	15	16	17	18	19	20
21	22	23	24	25	26	27
28	29	30	31			

1. Gandhi beendet neunmonatigen Sympathiefeldzug für die Unberührbaren in ganz Indien.

1. Reichsregierung verabschiedet »Gesetz über das Deutsche Staatsoberhaupt«. →

2. Deutsche Wehrmacht auf Adolf Hitler vereidigt. →

2. Reichsbankpräsident Schacht mit vorläufiger Führung des Wirtschaftsministeriums betraut.

4. Bulgarien und die UdSSR nehmen diplomatische Beziehungen auf.

6. Trauersitzung des Reichstags für den verstorbenen Reichspräsidenten von Hindenburg.

7. Beisetzung Hindenburgs am Tannenberg-Denkmal.

9. Marschall Tschiang Kai-schek übernimmt Oberkommando der Regierungstruppen im Kampf gegen aufständische Kommunisten.

10. Abschluß eines Verständigungsabkommens in Wirtschaftsfragen zwischen Danzig und Polen.

11. Deutsche Mannschaft gewinnt Nationenwertung der IV. Frauenweltspiele der Leichtathletik in London. →

15. Vizekanzler a. D. von Papen übergibt Hitler das politische Testament Hindenburgs. →

19. Eine Volksabstimmung befürwortet die Zusammenlegung der Ämter des Reichspräsidenten und Reichskanzlers. →

21. Bundeskanzler von Schuschnigg verhandelt in Florenz mit Mussolini über die politische Lage Österreichs.

21. Premiere des Spielfilms »Maskerade« von Willi Forst mit Paula Wessely und Adolf Wohlbrück in den Hauptrollen.

26. Treuekundgebung des Reiches für das Saarland auf der Feste Ehrenbreitstein mit 600 000 Teilnehmern.

30. Konferenz der baltischen Staaten in Riga über Zusammenarbeit beendet.

GESTORBEN:

2. Paul von Beneckendorff und von Hindenburg (* 2. 8. 1847), deutscher Generalfeldmarschall und Reichspräsident.

12. Hendrik Petrus Berlage (* 21. 2. 1856), niederländischer Architekt.

Hindenburg ist tot

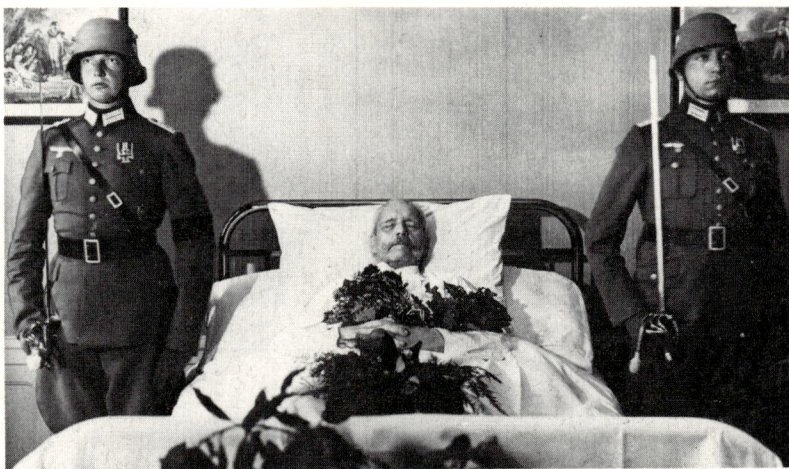

Ehrenwache am Bett des toten Paul von Hindenburg auf Gut Neudeck.

2. August. Im Alter von 86 Jahren stirbt auf Gut Neudeck in Westpreußen Reichspräsident Paul von Beneckendorff und von Hindenburg. Hindenburg konnte auf eine glänzende militärische Laufbahn verweisen, als ihm die Politiker der Weimarer Republik 1925 das Amt des Reichspräsidenten antrugen, das er bis zu seinem Tod nach bestem Wissen und Gewissen ausfüllte. Er nahm als Offizier an den Kriegen von 1866 und 1870/71 teil und reichte als Kommandierender General 1903 seinen Abschied vom aktiven Dienst ein. Nach Ausbruch des Weltkrieges reaktiviert, übernahm er 1914 den Oberbefehl über die VII. Armee und siegte mit ihr in den Schlachten bei Tannenberg (→ August 1914) und an den Masurischen Seen gegen die Russen. 1916 wurde er Chef des Generalstabes des Feldheeres und übernahm mit Ludendorff die Oberste Heeresleitung. Nach der Niederlage Deutschlands führte er das Heer zurück in die Heimat, nahm seinen Abschied und ließ sich als Privatmann in Hannover nieder.

Als Reichspräsident verfolgte er einen konservativen Kurs, seine Hauptinteressen lagen in der Entwicklung der ostdeutschen Landwirtschaft; das kompromißlose Einhalten der Weimarer Verfassung wurde ihm zur Lebensaufgabe. Der westpreußische Landedelmann versuchte bis zuletzt, den von ihm verachteten österreichischen Gefreiten Adolf Hitler von der Macht fernzuhalten, mußte aber schließlich vor den Machenschaften seiner engsten Umgebung kapitulieren. Bei Berücksichtigung dieser Haltung vermutet die Geschichtsschreibung, daß zumindest Teile von Hindenburgs politischem Testament von den Nationalsozialisten gefälscht wurden.

Ehrungen und Trauerfeierlichkeiten für den toten Reichspräsidenten.

Zustimmung für Hitler

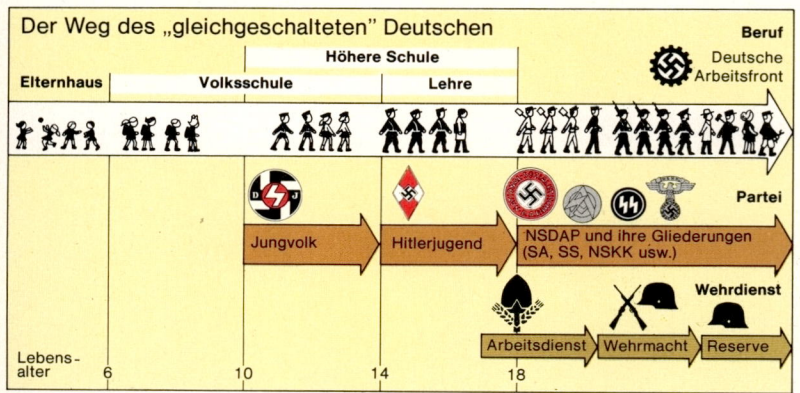

Der Weg des „gleichgeschalteten" Deutschen

Schon als Kinder werden die Deutschen von staatlichen Organisationen erfaßt.

19. August. Gut zwei Wochen nach dem Ableben des 86jährigen Reichspräsidenten Paul von Hindenburg läßt sich Adolf Hitler vom deutschen Volk als dessen Nachfolger bestätigen, obwohl er das Amt bereits seit dem 2. August auf dem Verwaltungswege innehat. Die Reichsregierung hat einen Tag vor Hindenburgs Tod durch Gesetz die Vereinigung der Ämter des Reichspräsidenten und des Reichskanzlers bestimmt. Am 2. August gehen somit die Befugnisse des Reichspräsidenten auf Hitler über. Dieser läßt verlauten, daß er den Titel erst führen wolle, wenn das Volk in einer Abstimmung darüber entschieden habe. Bis dahin will er im amtlichen und allgemeinen Umgang als »Führer und Reichskanzler« angesprochen werden. Auf diese Formel legen auch alle deutschen Soldaten einen neuen Eid ab, der an Stelle des Eides auf die Verfassung tritt und sie nicht mehr auf Volk und Vaterland, sondern nur auf die Person Hitlers verpflichtet.

Die Volksabstimmung wird mit gewaltigem Propagandaaufwand vorbereitet. Auf Großveranstaltungen im ganzen Land stimmen die Minister Hermann Göring, Joseph Goebbels, Rudolf Heß und Hans Kerrl das Volk entsprechend ein. Erster Höhepunkt der Kampagne ist dann die feierliche Bekanntgabe von Hindenburgs politischem Testament durch Franz von Papen, in dem Hitler und seine Bewegung als Wegbereiter einer besseren Zukunft Deutschlands apostrophiert werden. Hitler tritt zwei Tage später, am 17. August, selbst an die Öffentlichkeit und ruft in einer vom Rundfunk übertragenen Rede von Hamburg aus das deutsche Volk zur Zustimmung auf.

Am Wahltag gehen 95,71 Prozent der Stimmberechtigten an die Urnen. Für Hitler stimmen über 38 Millionen Deutsche (89,93 Prozent), 4,25 Millionen sagen »Nein«, 872 000 Stimmen sind ungültig. Hitler kann die Alleinherrschaft über Deutschland antreten.

Frauenweltspiele in London

11. August. Vier Tage lang kämpfen die besten Leichtathletinnen der Welt im Londoner White-City-Stadion um Siegeslorbeeren bei den IV. Frauenweltspielen. Die deutsche Mannschaft belegt unter 19 teilnehmenden Nationen Platz 1 in der Gesamtwertung. Herausragende Teilnehmerin ist Gisela Mauermayer, die mit ihrem im Fünfkampf aufgestellten Weltrekord neue Maßstäbe in der Frauenleichtathletik setzt.

Gisela Mauermayer beim Kugelstoßen.

Gleichschaltung

Mit einer Fülle von Gesetzen und Maßnahmen verschaffte sich die NSDAP in wenigen Monaten die Alleinherrschaft.

1933

Februar
Verordnung zum Schutz von Volk und Staat

März
Ermächtigungsgesetz

April
»Gesetz zur Wiederherstellung des Berufsbeamtentums«, Entlassung jüdischer, SPD- und KPD-Beamter
Aufhebung der Regierungen und Parlamente in den Ländern und Einsetzung von NS-»Reichsstatthaltern«

Mai
Auflösung der Gewerkschaften
Verbrennung von Büchern demokratischer Schriftsteller

Juni/Juli
Selbstauflösung bzw. Verbot aller Parteien außer der NSDAP, Verbot jeder Parteineugründung

September
Reichskulturkammergesetz
Wahl eines Reichsbischofs der Evangelischen Kirche

Oktober
Wiederaufrüstung

Dezember
Gesetz zur »Sicherung der Einheit von Partei und Staat«; NSDAP Staatspartei

1934

Januar
Gesetz über den Neubau des Reiches
Gesetz zur Ordnung der nationalen Arbeit

Juni
Massenmord an innerparteilichen Gegnern in der SA

August
Tod Hindenburgs; Ämtervereinigung von Reichspräsidentschaft und Reichskanzlerschaft durch Hitler mit dem Titel »Führer und Reichskanzler«

Oktober
Verordnung über die «Deutsche-Arbeitsfront» (DAF)

1934

SEPTEMBER

Mo	Di	Mi	Do	Fr	Sa	So
				1	2	3
4	5	6	7	8	9	10
11	12	13	14	15	16	17
18	19	20	21	22	23	24
25	26	27	28	29	30	

2. In Prag wird der 8. internationale Philosophenkongreß eröffnet.

5. VI. Reichsparteitag der NSDAP in Nürnberg eröffnet.

6. Premiere der Spielfilme »Der verlorene Sohn« von Luis Trenker und »Schwarzer Jäger Johanna« von Johannes Meyer mit Marianne Hoppe, Fita Benkhoff und Gustaf Gründgens.

8. Schiffsbrandkatastrophe auf britischer »Morro Castle« fordert südlich Neuschottland ca. 150 Todesopfer.

9. Deutschland besiegt Polen im Fußballländerspiel in Warschau mit 5 : 2.

9. Deutschland wird mit sieben gewonnenen Titeln erfolgreichste Nation bei den Leichtathletik-Europameisterschaften in Turin.

9. Team Caracciola/Faglioli (Mercedes) gewinnt Grand Prix von Italien in Monza vor Stuck/Prinz zu Leiningen (Auto Union).

14. In Hannover wird von mehreren Landesbischöfen der in Opposition zur Reichskirchenregierung stehende »Lutherische Rat« gegründet.

14. Premiere des Spielfilms »Der junge Baron Neuhaus« von Gustav Ucicky mit Victor de Kowa in der Hauptrolle.

19. Aufnahme der Sowjetunion in den Völkerbund. →

19. »Arbeitsgemeinschaft Katholischer Deutscher« aufgelöst und in Reichsparteileitung, Abteilung für kulturellen Frieden, überführt.

20. Vorletzte Teilstrecke der Großglockner-Hochalpenstraße (Hochmais–Fuschertörl) feierlich eröffnet.

20. Hans Stuck stellt mit dem neuen Auto-Union-Rennwagen auf der Avus fünf neue Geschwindigkeitsweltrekorde auf. →

23. Offizielle Amtseinführung des Reichsbischofs.

26. Stapellauf und Taufe des Riesendampfers »Queen Mary« durch die englische Königin in Clydebank bei Glasgow.

26. Afghanistan als 60. Mitglied in den Völkerbund aufgenommen.

28. Premiere des Spielfilms »Unser täglich Brot« von King Vidor.

GEBOREN:

28. Brigitte Bardot, französische Filmschauspielerin.

UdSSR im Völkerbund

19. September. Nach lebhaften Debatten kann an diesem Tag der sowjetische Außenkommissar Maxim Litwinow vor der Völkerbundsversammlung die Antrittsrede für sein Land halten, das als 59. Staat in das internationale Gremium aufgenommen wird. Litwinow erkennt in seiner Ansprache die Regeln des Völkerbundes für sein Land an und dankt dem französischen Außenminister Louis Barthou für die erfolgreichen Bemühungen um die Aufnahme der UdSSR. Die nachhaltigen Anstrengungen der französischen Diplomatie haben am 17. September bei der Abstimmung über den Beitritt der Sowjetunion zum positiven Ergebnis von 38 Ja-Stimmen geführt. Drei Staaten sind gegen die Aufnahme (Holland, Portugal, Schweiz), vier bleiben der Abstimmung fern, sieben enthalten sich der Stimme.

Todesstürze bei Rekordflug

13. September. Die Jagd nach dem Geschwindigkeitsweltrekord für Flugzeuge kostet die beiden US-Piloten James Wedell und Douglas Davis das Leben. Kurze Zeit nach dem Todessturz des Rekordinhabers Wedell versucht Davis bei den in Cleveland (Ohio) durchgeführten »Thompsonpreis-Rennen« seinen Landsmann zu übertreffen. Er erreicht auch mit 492,7 Stundenkilometern einen neuen Weltrekord, stürzt aber kurz hinter der Ziellinie ab und kommt dabei ebenfalls ums Leben.

US-Textilarbeiter im Streik

1. September. Eine halbe Stunde vor Mitternacht treten in den USA 850 000 Textilarbeiter in einen unbefristeten Streik. Der Beschluß zu diesem Streik mitten in der Wirtschaftskrise erging unter anderem wegen der Forderung der 34-Stunden-Woche ohne Lohnkürzungen und des Rechtes auf gewerkschaftliche Organisation der Arbeitnehmer.
Im Verlauf der Streikaktion kommt es in zahlreichen amerikanischen Großstädten zu Zusammenstößen zwischen Streikenden und der Staatsgewalt, so daß die Gouverneure der Bundesstaaten New Jersey und Rhode Island neben Polizei und Nationalgarde sogar Bundestruppen einsetzen müssen. Der Streik belastet die Gewerkschaftskasse täglich mit einer Million Dollar und ist daher zum baldigen Scheitern verurteilt.

Tatverdächtiger im Fall Lindbergh

19. September. Über zwei Jahre nach der Entführung des 20 Monate alten Babys des Atlantikfliegers Charles Lindbergh verhaftet die amerikanische Bundeskriminalpolizei den deutschamerikanischen Tischler Bruno Richard Hauptmann als Tatverdächtigen. Er wird im Bundesstaat New Jersey unter die Anklage der Entführung und des Mordes an dem Kind gestellt. Bei Hauptmann fand die Polizei 15 000 Dollar aus der damals gezahlten Lösegeldsumme von 50 000 Dollar (→ März 1932).

20. September. Hans Stuck fährt auf der Avus mit einem Auto-Union-Wagen fünf Weltrekorde.

1934
OKTOBER

Mo	Di	Mi	Do	Fr	Sa	So
						1
2	3	4	5	6	7	8
9	10	11	12	13	14	15
16	17	18	19	20	21	22
23	24	25	26	27	28	29
30	31					

1. Neue Reichsverkehrsordnung in Kraft getreten.

1. Die Zahl der Rundfunkteilnehmer im Reich beträgt 5 574 000.

2. Bergwerksunglück in der Grube von Cresford (Wales) fordert 260 Todesopfer.

2. Taifunkatastrophe im Gebiet von Osaka/Kioto (Japan) fordert 1660 Tote, 5400 Verletzte und vernichtet viele Reisernte.

5. Nach Bildung des vierten Kabinetts Lerroux in Spanien rufen die Gewerkschaften den Generalstreik aus.

6./7. Der Aufstand der katalanischen Separatisten wird niedergeschlagen. →

7. Deutschland gewinnt Fußballänderspiel gegen Dänemark in Kopenhagen mit 5 : 2.

9. König Alexander von Jugoslawien und Frankreichs Außenminister Barthou bei Attentat in Marseille getötet. →

9. Hitler eröffnet Kampagne für Winterhilfswerk 1934/35.

15. Die Zahl der Arbeitslosen wird in den USA auf 10,8 Millionen geschätzt.

18. Göring wird anläßlich der Beisetzungsfeierlichkeiten für König Alexander in Belgrad vom Parlamentspräsidenten empfangen.

19. In Österreich wird der Berufsstand der öffentlichen Bediensteten eingeführt.

20. Die Dahlemer Bekenntnissynode der evangelischen Kirche verkündet das kirchliche Notrecht. →

21. Großkundgebung der Sudetendeutschen Heimatfront in Böhmen.

23. Jean Piccard, Zwillingsbruder von Auguste Piccard, und seine Ehefrau Jeanne erreichen bei einem Ballonflug in den USA eine Höhe von 18 672 Metern.

24. Mahatma Gandhi tritt wegen Meinungsverschiedenheiten mit dem Vorstand aus der Allindischen Kongreßpartei aus.

GESTORBEN:

9. Alexander I. (* 16. 12. 1888), König von Jugoslawien. →

9. Louis Barthou (* 25. 8. 1862), französischer Politiker. →

15. Raymond Poincaré (* 20. 8. 1860), französischer Politiker. →

Aufstände der Separatisten in Spanien

6. Oktober. Spanien wird seit Ausrufung der Republik von Parteienhader und Separatistenbestrebungen in Atem gehalten, die im Oktober in bürgerkriegsähnliche Auseinandersetzungen eskalieren. In Katalonien wird die Republik ausgerufen und gleichzeitig in Barcelona eine provisorische Zentralregierung unter Vorsitz des früheren Ministerpräsidenten Manuel Azaña für die zu schaffende föderative Republik Spanien gebildet.
Die Regierung in Madrid setzt starke Militärkräfte, Artillerie und Kriegsschiffe zur Unterdrückung des Aufstandes ein und meldet am 7. Oktober das Ende der Bewegung. Dafür erheben sich in Asturien andere Separatisten, denen gleichfalls Militär, unter anderem eine Truppe der marokkanischen Fremdenlegion, entgegengestellt wird. Die Gewerkschaften rufen zum Generalstreik auf, die Sozialisten bleiben einer Parlamentssitzung über die Lage fern und geraten in den Verdacht, die Unruhen inszeniert zu haben. Ihr Führer, Largo Caballero, wird am 15. Oktober verhaftet. Der Aufstand in Asturien wird bis 23. niedergeschlagen; zahlreiche Todesurteile werden gegen Beteiligte ausgesprochen, aber noch nicht vollstreckt.

Opposition gegen Reichskirche

20. Oktober. Den Bemühungen der NS-Machthaber um eine linientreue Reichskirche tritt der in Opposition stehende Teil der evangelischen Kirche in diesem Monat mit einer machtvollen Demonstration entgegen. Die Dahlemer Bekenntnissynode verkündet das kirchliche Notrecht, weil die Maßnahmen der Reichsregierung die Grundlagen des Bekenntnisses und der Verfassung der Deutschen Evangelischen Kirche zerstört haben. In der Erklärung wird zum Ausdruck gebracht, daß sich die Kirchenleitung im Reich und in den Ländern durch die Kräfte, die sich ihrer bemächtigten, von der christlichen Kirche entfernt habe.

Attentat in Marseille

Bei einem Staatsbesuch in Frankreich wird König Alexander I. von Jugoslawien in Marseille von kroatischen Extremisten ermordet.

9. Oktober. Der offizielle Besuch des jugoslawischen Königs Alexander in Frankreich endet schon kurz nach der Ankunft des Schiffes in Marseille mit dem Tod des Monarchen und des ihn begleitenden französischen Außenministers Louis Barthou. Auf der Fahrt des offenen Wagens durch die Stadt durchbricht ein Mann die Absperrung und feuert mehrere Pistolenschüsse ab. Neben dem König und Barthou sterben drei weitere Begleiter, der Attentäter wird von Sicherheitskräften überwältigt.

In Jugoslawien wird noch am anderen Tag der erstgeborene Sohn Alexanders als König Peter II. proklamiert. Dem minderjährigen Herrscher steht ein Regentschaftsrat zur Seite.

Die jugoslawischen Behörden geben am 15. Oktober bekannt, daß der Königsmord auf die Rechnung kroatischer Extremisten geht. Als Täter wird der Südbulgare Vlada Georgieff angegeben, seine beiden Komplizen sind Angehörige der kroatischen Geheimorganisation Ustascha. Ihr Führer Ante Pavelić wird auf Ersuchen der jugoslawischen Polizei im Turiner Exil festgenommen und ein Auslieferungsantrag an die italienische Regierung gestellt. Der ermordete König wird, in Gegenwart einer großen Trauergemeinde, in der Königsgruft von Topola bei Belgrad beigesetzt.

Niederlage der Kommunisten in China
Maos Truppen auf dem Langen Marsch

Die seit 1931 in der Provinz Kiangsi (Südostchina) vom Führer des revolutionären Flügels der Kommunistischen Partei Chinas, Mao Tsetung, gegründete »Chinesische Sowjetrepublik« gerät im Herbst 1934 unter starken militärischen Druck der von Tschiang Kai-schek befehligten Truppen der Nankinger Zentralregierung. Die kommunistischen Verbände unter General Tschu Te erleiden schwere Verluste, so daß die Kommunisten zum Abzug aus der Provinz gezwungen sind. Unter Führung des für die politischen Belange zuständigen Mao Tse-tung begeben sie sich auf den historischen »Langen Marsch« nach Nordwesten, der sich über 10 000 Kilometer erstreckte.

1934
NOVEMBER

Mo	Di	Mi	Do	Fr	Sa	So
			1	2	3	4	5
6	7	8	9	10	11	12
13	14	15	16	17	18	19
20	21	22	23	24	25	26
27	28	29	30			

4. In Litauen wird die letzte deutsche Minderheitenschule außerhalb des Memelgebietes geschlossen.

5. Die Position des Reichskommissars für Preisüberwachung wieder mit Carl Friedrich Goerdeler besetzt.

6. Die amerikanischen Kongreßwahlen bringen der demokratischen Partei Präsident Roosevelts große Erfolge. →

9. Pierre-Etienne Flandin bildet neues Kabinett in Frankreich nach Rücktritt der Regierung Doumergue.

13. Die italienische Regierung verfügt, daß Lehrer während des Unterrichts Miliz- oder Parteiuniform tragen müssen. Auch Lehrerinnen tragen Parteitracht.

16. NS-Studentenbund übernimmt gesamte »politisch-weltanschauliche Erziehung« der deutschen Studentenschaft.

23. Die Sozialistische Internationale stellt ihren Ländergliederungen die Zusammenarbeit mit der Kommunistischen Internationalen frei (Möglichkeit für Volksfrontbündnisse).

23. Danziger Senatspräsident Rauschnigg (NSDAP) aus gesundheitlichen Erwägungen zurückgetreten.

27. »Bund freireligiöser Gemeinden Deutschlands« wegen »getarnter marxistischer Propaganda« verboten.

27. Durch Armeebefehl werden in Rumänien alle Organisationen »kommunistischen Charakters« verboten.

28. Der konservative Abgeordnete Winston Churchill stellt im englischen Unterhaus Antrag auf Verstärkung der Luftwaffe wegen drohender Kriegsgefahr.

28. Arthur Karl Greiser wird neuer Danziger Senatspräsident.

30. Königliches Dekret setzt in Ägypten Verfassung außer Kraft und löst Parlament auf.

30. Trauung des Herzogs von Kent mit der Prinzessin Marina von Griechenland.

GESTORBEN:

16. Joachim Ringelnatz (* 7. 8. 1883), deutscher Schriftsteller. →

16. Carl von Linde (* 11. 6. 1842), deutscher Ingenieur. →

Auslandsdeutsche geraten unter Druck

22. November. Im November ereignen sich außerhalb der Reichsgrenzen einige Zwischenfälle mit deutschen Minderheiten, die von der NS-Propaganda geschickt ausgenutzt werden. Im litauischen Memelgebiet wird die deutsche Minderheit noch stärker unter Druck gesetzt und muß um die vom Völkerbund garantierten Rechte bangen. In Prag kommt es zum sogenannten Insignienstreit, als durch Erlaß des Ministeriums für Schulwesen und Volkskultur der Tschechoslowakei bestimmt wird, daß die deutsche Universität die alten Insignien und historischen Wertgegenstände an die tschechische Karlsuniversität abgeben muß, mit der man bis 1920 vereinigt war. Es kommt zu Zusammenstößen zwischen deutschen und tschechischen Studenten, die deutsche Universität wird vorübergehend geschlossen.

Ringelnatz gestorben

16. November. Im Alter von 51 Jahren stirbt in Berlin Joachim Ringelnatz. Unter diesem Pseudonym verbirgt sich der als Hans Böttcher geborene Schriftsteller, Kabarettist und Satiriker, der nach abgebrochener Schulzeit und abenteuerlichem Leben auf See mit Gedichten einer besonderen Machart hervortrat. Sehr bekannt sind die Werke »Kuttel Daddeldu«, »Kinderverwirrbuch« und »Die Flasche und mit ihr auf Reisen«.

Joachim Ringelnatz †.

Reichskommissar setzt Preise und Gewinne fest

13. November. Kurze Zeit nach der Reaktivierung des schon in der Weimarer Republik geschaffenen Postens eines Kommissars für Preisüberwachung (5. November) endet für den Handel in Deutschland die Dispositionsfreiheit. Als erste Maßnahmen ordnet der Kommissar eine Meldepflicht für Preis- und Gewinnspannengestaltung an, die für öffentliche und private Wirtschaftsverbände gilt, dann kommt am 20. des Monats die gesamte Preisgestaltung auf dem Verordnungswege unter Staatsaufsicht. Preise, Preisspannen und Zuschläge können nur noch vom Reichskommissar festgesetzt werden; ein Kontrollsystem, das bei Ländern und Kreisen organisiert wird, überwacht die Durchführung der Maßnahmen.

Bekennende Kirche wehrt sich gegen Gleichschaltung

20. November. Hitler muß endgültig seinen Versuch als gescheitert ansehen, die evangelische Kirche unter Leitung des Reichsbischofs Ludwig Müller gleichzuschalten. Die aus dem von Martin Niemöller organisierten »Pfarrernotbund« hervorgegangene Bekennende Kirche schafft sich im November eine vorläufige Kirchenleitung und erklärt sie zum rechtmäßigen Kirchenregiment der Evangelischen Kirche in Deutschland. Hitler hat noch Anfang des Monats die in Opposition stehenden Bischöfe empfangen, aber selbst die Aufhebung von restriktiven Maßnahmen ändert an der Haltung der Kirchenmänner nichts. So muß der Führer die Vereidigung seines Reichsbischofs weiter aufschieben.

Die freie Presse der Weimarer Republik (Foto) gerät unter Kontrolle. Dazu dient das im Oktober 1933 erlassene Schriftleitergesetz, das den Redakteur von einer staatlichen Zulassung abhängig macht. Von ca. 5000 Zeitungen vor 1933 überdauern nur 700 das Dritte Reich.

Erfinder-Ingenieur Carl von Linde †

16. November. Im Alter von 92 Jahren stirbt in München der deutsche Ingenieur und Erfinder Carl von Linde. Linde erfand im Jahre 1875 die Ammoniak-Eismaschine und gründete 1879 die Linde AG für Eismaschinen. 1895 erfand er ein Verfahren zur Herstellung von flüssiger Luft, 1902 von flüssigem Sauerstoff; 1903 konstruierte er einen Apparat zur Herstellung reinen Stickstoffes.

Wahlerfolg für Roosevelt

6. November. Die Wahlen zum Repräsentantenhaus und zum Senat bringen dem amtierenden US-Präsidenten Franklin D. Roosevelt eine noch breitere Basis im Kongreß. Im Repräsentantenhaus erhöhen die Demokraten die Zahl ihrer Sitze von 314 auf 323, die Republikaner gehen von 116 auf 98 zurück. Die aus ehemaligen Republikanern gebildeten Progressisten gewinnen sieben Sitze.

1934
DEZEMBER

Mo	Di	Mi	Do	Fr	Sa	So
				1	2	3
4	5	6	7	8	9	10
11	12	13	14	15	16	17
18	19	20	21	22	23	24
25	26	27	28	29	30	31

1. Ein früherer KP-Funktionär erschießt Sergej Mironowitsch Kirow, Inhaber mehrerer hoher Parteiämter der KPdSU, in seinem Büro in Leningrad.

3. Einigung bei den Saar-Verhandlungen in Rom zwischen deutscher und französischer Delegation: Wenn sich die Saarbevölkerung bei der Abstimmung im Januar für das Deutsche Reich entscheidet, kauft Deutschland der französischen Regierung die Kohlengruben des Saarlandes ab.

4. »Weltkonferenz zum Boykott deutscher Waren« vom Vorsitzenden des amerikanischen Boykottkomitees nach London einberufen.

4. Ein Gesetz über Reorganisation des deutschen Bank- und Kreditwesens stellt die Geldwirtschaft unter Staatsaufsicht.

5. Italienisch-abessinischer Grenzzwischenfall bei Ualual. →

10. Durch Regierungsverordnung werden in Estland Konzentrationslager für staatsgefährdende Personen geschaffen.

14. Beginn des Hochverratsprozesses gegen Führer der verbotenen deutschen Parteien im Memelgebiet.

18. In Genf findet ein Kongreß der Faschisten aus 16 europäischen Ländern unter Ausschluß der Öffentlichkeit statt.

19. Das spanische Parlament setzt das Autonomiestatut Kataloniens für unbestimmte Zeit außer Kraft.

19. Japan kündigt Washingtoner Flottenabkommen (→ Februar 1922), das die Flottenstärken der Großmächte festlegte.

21. Den Säuberungsaktionen, die im Zusammenhang mit dem Kirow-Mord am 1. September einsetzten, sind bis jetzt 103 Personen durch Hinrichtung zum Opfer gefallen.

27. Auf Anordnung der persischen Regierung muß statt der bisherigen Bezeichnung »Persien« der Name »Iran« für den Staat benutzt werden.

29. Uraufführung des Schauspiels »Yerma« von Federico García Lorca in Madrid.

GESTORBEN:

1. Sergej Mironowitsch Kirow (* 27. 3. 1886), sowjetischer Politiker.

Nobelpreis für Frieden an Henderson

10. Dezember. Zwei Engländer werden bei der diesjährigen Nobelpreisübergabe mit dem Friedenspreis geehrt. Die bisher für 1933 nicht vergebene Auszeichnung erhält der Schriftsteller Norman Angell in Anerkennung seiner Veröffentlichungen über Friedensprobleme und Mitarbeit in verschiedenen internationalen Organisationen. Den Preis für 1934 erhält der frühere Vorsitzende der Labour Party und jetzige Präsident der Abrüstungskonferenz Arthur Henderson.

Der Literaturpreis geht an den italienischen Dramatiker Luigi Pirandello. Den Medizinpreis erhalten die Amerikaner Georges H. Whipple, George R. Minot und William Murphy in Anerkennung ihrer Arbeiten auf dem Gebiet der Lebertherapie bei perniziöser Anämie. Den Chemiepreis erhält der amerikanische Wissenschaftler Harold Clayton Urey in Anerkennung seiner Erfolge bei der Entdeckung des schweren Wassers.

Furtwängler fällt in Ungnade

4. Dezember. Wegen seines Eintretens für den Komponistenkollegen Paul Hindemith wird der Dirigent und Staatsrat Wilhelm Furtwängler von den NS-Machthabern von allen Ämtern entbunden. Er tritt als Vizepräsident der Reichsmusikkammer, Leiter der Berliner Philharmoniker und Direktor der Berliner Staatsoper zurück. Furtwängler hat eine gegen Hindemith gerichtete Hetzkampagne verurteilt.

Grenzzwischenfall in Abessinien

5. Dezember. An der Grenze zwischen Abessinien und Italienisch-Somaliland kommt es zu einem Zwischenfall im Gebiet von Ualual, der auf italienischer Seite 30 Tote und 60 Verletzte fordert. Beide Seiten rufen nach der Auseinandersetzung den Völkerbund an.

485

1935

JANUAR

Mo	Di	Mi	Do	Fr	Sa	So
	1	2	3	4	5	6
7	8	9	10	11	12	13
14	15	16	17	18	19	20
21	22	23	24	25	26	27
28	29	30	31			

1. Italiens nordafrikanische Kolonien Tripolitanien und Cyrenaica werden zur Kolonie Libia zusammengeschlossen.

4. Vertrauenskundgebung der Partei- und Reichsführer für Adolf Hitler in der Berliner Lindenoper.

5. Jahresbotschaft Präsident Roosevelts an den Kongreß betont Neutralitätsabsicht der USA in der Weltpolitik.

13. Saarbevölkerung entscheidet sich bei Abstimmung mit großer Mehrheit für Deutschland. →

15. Sowjetische Parteifunktionäre Sinowjew und Kamenew im Zusammenhang mit Kirow-Mord zu hohen Haftstrafen verurteilt.

17. Völkerbund beschließt Vereinigung des ungeteilten Saarlandes mit dem Deutschen Reich zum 1. März. →

18. Vorstellung eines neuen Wirtschaftsprogramms (»New Deal«) durch früheren offiziellen Ministerpräsidenten Lloyd George.

23. Zwischen Japan und Mandschukuo wird ein Vertrag über den Verkauf der ostchinesischen Eisenbahn an Mandschukuo unterzeichnet.

24. In Richmond (Virginia) kommt testweise Dosenbier auf den Markt.

25. Die Hagia Sophia in Istanbul wird nach Freilegung der byzantinischen Fresken durch Professor Whittemore als Museum eröffnet.

27. Deutschland besiegt die Schweiz im Fußballländerspiel in Stuttgart mit 4 : 0.

27. Hermann Göring stattet Polen einen offiziellen Besuch ab. →

28. US-Rekordflieger Wiley Post stellt mit 15 240 m neuen Höhenweltrekord für Flugzeuge auf.

30. Nach Rücktritt von Reichswirtschaftsminister Schmitt wird Hjalmar Schacht mit der Wahrnehmung des Amtes beauftragt.

30. US-Senat lehnt Eintritt der Vereinigten Staaten in internationalen Haager Gerichtshof ab.

30. Neue Gemeindeordnung stärkt Stellung der NSDAP.

31. Zahl der Arbeitslosen im Reich beträgt noch 2 973 000.

GEBOREN:

8. Elvis Presley († 16. 8. 1977), amerikanischer Rock-'n'-Roll-König.

Saar wird deutsch

Eine Karikatur zur Saarfrage im gleichgeschalteten »Simplicissimus«.

In den Schulen des Saarlands wird der deutsche Gruß eingeführt.

13. Januar. Die Abstimmung der Saarbevölkerung über ihr künftiges politisches Schicksal bringt Adolf Hitler einen überwältigenden Erfolg. 528 005 abstimmungsberechtigte Bürger gehen an die Urnen (insgesamt sind 539 541 Abstimmungsberechtigte registriert), und von ihnen entscheiden sich 477 119 oder 90,5 Prozent für Deutschland. 46 513 sind für den Status quo, und nur 2124 wollen zu Frankreich. Vor dem Urnengang haben die Bischöfe von Speyer und Trier, die Bischöfe der westdeutschen Erzdiözesen, Kardinal Adolf Johannes Bertram von Breslau und schließlich am 10. Januar auch Kardinal Michael von Faulhaber von München Gebete für einen guten Ausgang der Abstimmung angeordnet. Auch der evangelische Reichsbischof Ludwig Müller schließt sich dieser Aktion an.

Da an der Rechtmäßigkeit der Abstimmung kein Zweifel besteht, was sowohl von französischer Seite als auch vom Völkerbund anerkannt wird, setzt dieser die offizielle Vereinigung des Saargebietes mit dem Deutschen Reich auf den 1. März fest. Bis Ende Januar reisen 2600 Personen aus dem Saarland nach Frankreich aus, darunter 1913 Saarländer, 440 Ausländer und 85 französische Staatsangehörige. Die Sozialdemokratische Partei des Saarlandes beschließt am 30. Januar ihre Auflösung, obwohl der langjährige sozialdemokratische Innenminister Preußens, Carl Severing, in einem Interview mit der »Kölnischen Zeitung« Ende Dezember 1934 für einen Saaranschluß an Deutschland geworben und dabei den Regimewechsel im Reich ausdrücklich als Voraussetzung dafür angesehen hat.

27. Januar. Der preußische Ministerpräsident Hermann Göring (links) bei einem Besuch in Polen mit dem polnischen Präsidenten Moscicki.

Vorverkauf für die Olympischen Spiele beginnt

1. Januar. Am ersten Tag des neuen Jahres können die ersten Eintrittskarten für die XI. Olympischen Sommerspiele erworben werden, die vom 1. bis 16. August 1936 in Berlin ausgetragen werden sollen. Verkauft werden die sogenannten Olympia-Pässe, die zum Besuch aller Veranstaltungen an allen Tagen der Spiele berechtigen. Der Vorverkauf für Dauerkarten wird erst am 1. Juli 1935 beginnen. Das Organisationskomitee gibt folgende Preisliste für Sitzplatz-Dauerkarten in drei Kategorien an:

Kategorie	I RM	II RM	III RM
Olympia-Paß	100,–	60,–	40,–
Leichtathletik	40,–	30,–	20,–
Schwimmen	40,–	30,–	–
Boxen	40,–	30,–	20,–
Fechten	35,–	–	–
Rudern und Kanu	35,–	25,–	–
Ringen und Gewichtheben	30,–	20,–	–
Fußball (Schluß- und Zwischenrunde)	30,–	20,–	15,–
Hockey (alle Spiele)	25,–	–	–
Handball (alle Spiele)	15,–	–	–

Sitzplatzeinzelkarten kosten an Tagen mit Medaillenentscheidungen 10,– RM, 6,– RM und 4,– RM, an allen anderen Tagen 6,– RM, 4,– RM und 2,– RM. Stehplätze werden im Vorverkauf für Entscheidungskämpfe für 2,– RM angeboten, für andere Tage kosten sie 1,– RM. Mit dem Bau des olympischen Dorfes bei Döberitz, 14 Kilometer vom Reichssportfeld entfernt, ist inzwischen begonnen worden. Dort entstehen für die 3000 erwarteten männlichen Teilnehmer einstöckige Steinbauten mit zehn oder zwölf Zimmern in der Größe 3 × 4 Meter mit jeweils zwei Betten. Dazu kommen ein Empfangsgebäude, Wirtschaftsgebäude mit 40 Küchen und Speisesälen, Badehäuser usw. Die Bewirtschaftung übernimmt der Norddeutsche Lloyd, die Kosten für Verpflegung einschließlich Wäsche und Beförderung betragen je Kopf und Nacht 6,– RM.

1935

FEBRUAR

Mo	Di	Mi	Do	Fr	Sa	So
					1	2	3
4	5	6	7	8	9	10
11	12	13	14	15	16	17
18	19	20	21	22	23	24
25	26	27	28			

1. Zahl der Rundfunkteilnehmer im Reich beträgt 6 439 000.

6. Wahl zur 5. Großen Nationalversammlung der Türkei findet erstmals mit aktivem und passivem Wahlrecht für Frauen statt. →

6. Abschluß der deutsch-französischen Verhandlungen wegen Übergabe des Saarlandes in Basel.

6. Rätekongreß der Sowjetunion bestätigt Molotow als Regierungschef. →

11. Völkerbund behandelt italienisch-abessinischen Grenzkonflikt.

13. Letztes amerikanisches Marineluftschiff bei San Francisco ins Meer gestürzt, 81 von 83 Insassen gerettet.

15. Der deutsche Viererbob mit Steuermann Kilian wird in St. Moritz Weltmeister.

15. Das Stillhalteabkommen wegen Kriegsschuldzahlungen wird nach Verhandlungen von Bankvertretern aus neun Ländern verlängert.

17. Neue Arbeitszeitordnung führt im Reich den Achtstundentag als verbindliche Arbeitszeit ein.

17. Deutschland gewinnt Fußballänderspiel gegen Holland in Amsterdam mit 3 : 2.

18. Italien gibt Verschiffung von Truppen nach Somaliland bekannt.

22. Österreichs Bundeskanzler Schuschnigg verhandelt bei Staatsbesuch in Frankreich über mitteleuropäischen Nichteinmischungspakt.

22. Für das Saarland wird ein Reichskommissar eingesetzt.

24. Annahme der Wehrvorlage (Erhöhung der Wehrausgaben) durch Volksabstimmung (54 gegen 46 Prozent) in der Schweiz.

26. Führung von Familiennamen in der Türkei durch Gesetz angeordnet. →

28. Aussprache zwischen Goebbels und Furtwängler wegen des Falles Hindemith.

28. Hitler erläßt für Bewohner des Saarlandes weitgehende Amnestie für politische und andere Vergehen.

GESTORBEN:

8. Max Liebermann (* 20. 7. 1847), deutscher Maler. →

Max Liebermann tot

8. Februar. Im Alter von 87 Jahren stirbt in Berlin Max Liebermann, einer der führenden Vertreter des deutschen Impressionismus. Liebermann lebte nach Zwischenaufenthalten in Paris (1873 bis 1878) und München (1878 bis 1884) in Berlin und gründete dort auch die Berliner Sezession. Am Beginn seiner Arbeit hat die Darstellung arbeitender Menschen gestanden. Zu diesen Werken bilden die farbigen Bilder aus seinen Sommerferienaufenthalten in Holland einen besonderen Kontrast. Nach einer mehr vom Zeichnerischen bestimmten Zwischenperiode wendet er sich wieder einem farbigen Impressionismus zu. Zu seinen Hauptwerken gehören »Gänserupferinnen« (1872), »Arbeiter im Rübenfeld« (1876), »Hof des Amsterdamer Waisenhauses« (1881), »Münchner Biergarten« (1883), »Polospieler« (1902), »Judengasse in Amsterdam« (1905) und Selbstbildnisse.

Ausschnitt aus einem Selbstporträt Max Liebermanns, das der Künstler im Jahr 1926 fertiggestellt hat.

Die »Judengasse in Amsterdam« aus dem Jahr 1905, gemalt von Max Liebermann, der häufig die Niederlande besuchte und dort gern gearbeitet hat.

Rätekongreß bestätigt Sowjetführung

6. Februar. Mit Bestätigung der bisherigen Führung durch das neugewählte 7. Zentral-Exekutiv-Komitee endet der 7. Rätekongreß der Sowjetunion. Josef Stalin wird zum fünften Mal in das Präsidium des Exekutiv-Komitees gewählt. Auch Wjatscheslaw Molotow behält den Vorsitz im Rat der Volkskommissare und fungiert weiter als Regierungschef der UdSSR. Weitere wichtige Regierungsämter werden durch folgende Träger besetzt: Maximow Litwinow (Auswärtiges), Kliment Woroschilow (Verteidigung), Genrich Jagoda (Inneres), Anastas Mikojan (Ernährung) und Tschernow (Landwirtschaft). Eine von Molotow ausgearbeitete Wahlreform wird vom Kongreß angenommen, in der die Abschaffung der offenen und Einführung geschlossener Wahlvorgänge einen wesentlichen Aspekt bildet. Vom stellvertretenden Kommissar für Verteidigung, Marschall Michail Tuchatschewski, werden dem Rätekongreß beeindruckende Zahlen über die sowjetische Aufrüstung vorgelegt. Für Rüstungsanstrengungen sind danach statt der im Haushalt vorgesehenen 1,66 Milliarden Rubel über fünf Milliarden Rubel ausgegeben worden, um die Sowjetarmee für einen eventuellen Krieg mit einem der kapitalistischen Staaten zu wappnen.

Türken tragen Familiennamen

26. Februar. Eine der ersten Amtshandlungen der neugewählten Großen Nationalversammlung der Türkei ist die Verabschiedung eines Gesetzes, das den türkischen Männern und Frauen auferlegt, künftig einen Familiennamen zu führen. Die Mitglieder der Regierung gehen mit gutem Beispiel voran und stellen sich dem Volk nun so vor: Präsident der Republik Kemal Atatürk, Ministerpräsident Ismet Inönü, Außenminister Tevfik Rüstü Aras usw. An der Wahl zur Nationalversammlung haben erstmals auch Frauen teilgenommen, 17 werden sogar ins Parlament gewählt.

1935

MÄRZ

Mo	Di	Mi	Do	Fr	Sa	So
				1	2	3
4	5	6	7	8	9	10
11	12	13	14	15	16	17
18	19	20	21	22	23	24
25	26	27	28	29	30	31

1. Feierliche Übergabe des Saarlandes an Deutschland.

2. Ausbruch einer Militärrevolte in Griechenland.

4. Veröffentlichung eines Rüstungsweißbuches in England. →

7. Malcolm Campbell erreicht in Daytona neuen Geschwindigkeitsrekord für Automobile mit 445,486 km/h.

8. Japanische Statistik gibt Verluste im Mandschukuo-Konflikt für Japan mit 3409 Toten, für Mandschukuo mit 3132 Toten an.

10. Max Schmeling schlägt in einem WM-Ausscheidungskampf in Hamburg Steve Hamas (USA) in der neunten Runde k. o.

12. Eröffnung der Funkfernsprechverbindung zwischen Berlin und Tokio.

15. Verlängerung der Wehrpflicht auf 18 beziehungsweise 24 Monate wird in Frankreich angeordnet. →

15. Gestapo verbietet auf Antrag von Propagandaminister Goebbels vier Berliner und eine Erfurter Zeitung.

16. Einführung der allgemeinen Wehrpflicht in Deutschland. →

17. Deutschland gewinnt im Fußballänderspiel gegen Frankreich in Paris mit 3 : 1.

19. Englischer Dampfexpreßzug erreicht auf der Strecke Newcastle–London Geschwindigkeit von 173,7 km/h und damit einen neuen Rekord.

20. Erste Luftschutzübung mit allgemeiner Verdunklung in Berlin.

22. Reichsrundfunkgesellschaft eröffnet regelmäßigen Fernsehprogrammbetrieb. →

22. Premiere des Spielfilms »Hundert Tage« von Franz Wenzler mit Werner Krauß und Gustaf Gründgens in den Hauptrollen.

26. »Hochverratsprozeß« gegen memelländische Deutsche endet mit vier Todes- und zwei Lebenslang-Urteilen.

27. Japans Austritt aus dem Völkerbund wird rechtskräftig.

31. Dreitägiger Besuch des britischen Lordsiegelbewahrers Anthony Eden in Moskau beendet.

GESTORBEN:

19. Carl Friedrich Duisberg (* 26. 9. 1861), deutscher Chemiker.

Europa rüstet für neuen Krieg

16. März. Während man sich in europäischen Bankkreisen noch den Kopf über die Regulierung der Kriegsschulden zerbricht, rüsten die Großmächte offensichtlich für einen neuen Waffengang. Adolf Hitler verkündet über alle Reichssender die Wiedereinführung der allgemeinen Wehrpflicht in Deutschland. Dies bedeutet einen eindeutigen Bruch des Versailler Vertrages. Der zweite Schock für Europa besteht in der mit der Nachricht verbundenen Angabe über die künftige deutsche Truppenstärke: Hitler will 36 Divisionen aufstellen, also rund eine halbe Million Mann

unter Waffen. Selbst höchste Wehrmachtsoffiziere werden vom Ausmaß der Aufrüstung überrascht. Daß sich in Deutschland seit der Machtübernahme durch die NSDAP einiges getan hat, erfahren bereits am 10. März die ausländischen Luftwaffenattachés bei einem Empfang durch Reichsluftfahrtminister Hermann Göring. Er läßt sie wissen, daß das Deutsche Reich wieder über eine schlagkräftige Luftwaffe verfügt.

Schon am 4. März hat die englische Regierung in einem Weißbuch erstmals seit Kriegsende die Aufrüstung ihrer Streitkräfte angekündigt

und einen Tag vor Hitlers Überraschung beschließt das französische Parlament eine erhebliche Verlängerung der Wehrpflicht, was einer Verdopplung der Streitkräfte gleichkommt. Als am 25. und 26. März der britische Außenminister John Simon und Lordsiegelbewahrer Anthony Eden zu einem offiziellen Besuch in Berlin eintreffen, können sie nur noch Hitlers Argumente für die deutsche Wiederaufrüstung entgegennehmen. Als Siegermacht des Versailler Vertrages bleiben sie dem sich vor ihren Augen vollziehenden Geschehen gegenüber ohnmächtig.

Deutschland sendet als erstes Land ein reguläres Fernsehprogramm

22. März. Die Berliner Bevölkerung erlebt an diesem Tag eine Sensation. Als erstes Land der Welt wagt es Deutschland, ein reguläres Fernsehprogramm zu senden. Jeden Montag, Mittwoch und Samstag werden von nun an zwischen 20.30 und 22 Uhr Filme und ausgewählte Teile der Wochenschauen gesendet. Reichssendeleiter Eugen Hadamovsky stellt in einer Eröffnungsansprache das erste feinzeilige Fernsehprogramm der Welt vor, das von der Reichsrundfunkgesellschaft ausgestrahlt wird. Zu Ehren des ersten deutschen Radiopioniers benennt man den Sender Paul Nipkow. Zur Eröffnung dieser Station ist auch der erste Fernsehübertra-

gungswagen der Welt in Aktion. Seit einiger Zeit sind Fernsehempfänger im Handel erhältlich, mit denen das Programm empfangen werden kann.

Diese Apparate sind allerdings noch sehr teuer. Um der Bevölkerung die Teilnahme am Fernsehbetrieb zu ermöglichen, werden in Berlin Fernsehstuben eingerichtet, in denen man das Programm gemeinsam verfolgen kann. Mit Ursula Patzschke und Annemarie Beck lernen die Berliner dabei auch die ersten deutschen Fernsehansagerinnen kennen, die sich mit viel Schminke und gepuderten Haaren den Anforderungen des neuen Mediums stellen.

SS kontrolliert sieben KZs

Die Uniform der SS-Wachverbände, untrennbar mit dem Schrecken der Konzentrationslager verbunden.

31. März. Die Umorganisation der Bewachung und Zuständigkeit für die Konzentrationslager ist im Frühjahr 1935 abgeschlossen. Bei den Lagern werden SS-Wachverbände stationiert, die nicht mehr dem Gesamtverband der Allgemeinen SS angehören, sondern als »SS-Wachverbände« oder – nach dem in Dachau schon 1933 eingeführten Totenkopfabzeichen auf dem Kragenspiegel – als »SS-Totenkopfverbände« bezeichnet werden. Seit Ende 1934 ist SS-Gruppenführer Theodor Eicke als Inspekteur der Konzentrationslager und Führer der SS-Wachverbände im Dienst. Ihm unterstehen Ende März sieben Lager – Dachau, Esterwege, Lichtenburg, Sachsenburg, Columbia-Haus, Oranienburg, Fuhlsbüttel –, in denen sich etwa 7000 bis 9000 Häftlinge befinden.

In Berlin werden die ersten öffentlichen Fernsehstuben eingerichtet.

1935

APRIL

Mo	Di	Mi	Do	Fr	Sa	So
1	2	3	4	5	6	7
8	9	10	11	12	13	14
15	16	17	18	19	20	21
22	23	24	25	26	27	28
29	30					

1. Gesundheitsämter mit besonderen Abteilungen für Erb- und Rassenpflege nehmen im Reich die Arbeit auf.

1. Ein Kriegsgericht in Athen verurteilt zehn Offiziere wegen Teilnahme am Militärputsch des Vormonats zu lebenslanger Haft.

4. Der Kaiser von Mandschukuo reist mit 1000 Mann Gefolge zu Staatsbesuch auf Kosten der Gastgeber nach Japan.

7. Die NSDAP wird bei Wahlen zum Danziger Volkstag mit Abstand stärkste Partei und erringt 44 der 72 Sitze.

11. Hermann Göring heiratet die Staatsschauspielerin Emmy Sonnemann. →

11. Beginn der britisch-französisch-italienischen Konferenz wegen deutscher Aufrüstung in Stresa. →

12. Ausschluß sämtlicher nichtarischer Mitglieder aus der Reichsschrifttumskammer und Verbot schriftstellerischer Tätigkeit für Nichtarier.

13. Eröffnung der Luftlinie London–Brisbane (Australien) über 20 350 km Länge.

17. Völkerbund verabschiedet Entschließungsantrag wegen des deutschen Wehrgesetzes und richtet Sanktionsausschuß ein. →

20. Deutsche Protestnote an die Mitglieder des Völkerbundrates wegen des Entschließungsantrages vom 17. April. →

20. Premiere des Spielfilms »Das Mädchen Johanna« von Gustav Ucicky mit Angela Solloker, Gustaf Gründgens, Heinrich George, René Deltgen, Erich Ponto und Willy Birgel.

20. Glückwunschtelegramme der Könige von England und Bulgarien zum 46. Geburtstag Adolf Hitlers.

28. Eröffnung der Moskauer U-Bahn mit Streckenlänge von 82 km.

28. Deutschland gewinnt Fußballländerspiel gegen Belgien in Brüssel mit 6 : 1.

28. Willi Schröder stellt bei Sportfest in Magdeburg mit 53,10 m neuen Weltrekord im Diskuswurf auf. →

GEBOREN:

14. Erich von Däniken, Schweizer Schriftsteller.

Kein Stopp für Hitler

11. April. Die Reaktionen auf den Beschluß zur Wiederbewaffnung Deutschlands bestimmen die politische Szenerie auch im April weiter. Im norditalienischen Stresa treffen sich unter Leitung Benito Mussolinis die Vertreter von England, Frankreich und Italien, um dem eigenmächtigen Vorgehen Deutschlands entgegenzutreten. Nach mehrtägiger Verhandlung betonen die drei Nationen zwar, man müsse Hitlers Plänen energisch und mit geeigneten Mitteln begegnen, aber es bleibt bei diesen Worten. So wird der Völkerbund aufgerufen, in dieser Frage aktiv zu werden. Aber auch dort kommt nur ein Papier zustande, das den deutschen Schritt verurteilt und vom deutschen Außenministerium ebenso förmlich zurückgewiesen wird. Es gibt keine wirksamen Mittel gegen Deutschlands Absichten, und so ist die deutsche Wiederaufrüstung im April 1935 faktisch abgesegnet.

»Vorahnung des Bürgerkriegs« heißt das Bild, das der Spanier Salvador Dalí im Jahr 1935 malte. Ungeheuerlichkeiten und Grauen des spanischen Bürgerkriegs, so spätere Interpretationen, seien in diesem Bild, das naturalistische Maltechnik mit irrealen Kombinationen verbindet, vorweggenommen.

11. April. In Berlin heiratet der preußische Ministerpräsident Hermann Göring die Schauspielerin Emmy Sonnemann. Links als Ehrengast Adolf Hitler.

Kongreß des Weltbundes für Frauenstimmrecht

30. April. In Istanbul geht ein Kongreß des Weltbundes für das Frauenstimmrecht und die politische und bürgerliche Gleichberechtigung der Frau zu Ende. Vertreterinnen aus 30 Ländern können feststellen, daß seit dem letzten Kongreß in Berlin 1929 Erfolge zu verzeichnen sind. In der Türkei, in Ceylon, Siam und Südafrika haben die Frauen völlige Gleichberechtigung erkämpft, in Japan, Burma, Iran, Ägypten und Rumänien sei eine Besserung eingetreten. Spanien, Brasilien und Uruguay haben das Frauenstimmrecht eingeführt, in Kanada können Frauen sogar in den Senat gewählt werden. Kritisiert wird der Rückschritt in Italien und Deutschland seit der Machtübernahme durch die Faschisten.

Kindesentführer hingerichtet

In New York wird im April Bruno Richard Hauptmann, der Mörder des Lindbergh-Babys, auf dem elektrischen Stuhl hingerichtet. Er hat das 20 Monate alte Kind des Ozeanfliegers Charles Lindbergh entführt, um 50 000 Dollar Lösegeld zu erpressen (→ September 1934).

28. April. Einen neuen Weltrekord im Diskuswerfen stellt der deutsche Sportler Willi Schröder auf. Bei einem Sportfest mit internationaler Besetzung in Magdeburg wirft er die Scheibe 53,10 Meter weit.

MAI

Mo	Di	Mi	Do	Fr	Sa	So
		1	2	3	4	5
6	7	8	9	10	11	12
13	14	15	16	17	18	19
20	21	22	23	24	25	26
27	28	29	30	31		

1. Leni Riefenstahl erhält den Film-Nationalpreis 1935 für ihren Parteitagsfilm »Triumph des Willens«. →

8. Deutschland gewinnt Fußballländerspiel gegen Irland in Dortmund mit 3 : 1.

9. Premiere des US-Spielfilms »Der große Verräter« von John Ford.

10. Uraufführung des Dramas »Mord im Dom« von T. S. Eliot beim Canterbury Festival.

10. Reichsbahn gibt elektrifizierte Strecke Augsburg–Nürnberg für Verkehr frei.

12. Caracciola gewinnt Großen Preis von Tripolis vor drei Italienern.

12. Deutschland unterliegt Spanien im Fußballländerspiel in Köln mit 1 : 2.

13. Pan American Airways eröffnen den regelmäßigen Flugverkehr über den Stillen Ozean von San Francisco nach Pearl Harbor (Hawaii).

15. Eisenbahn- und Straßenbrücke über den Kleinen Belt von Jütland nach Fünen dem Verkehr übergeben.

19. Erstes Teilstück der Reichsautobahn zwischen Frankfurt und Darmstadt dem Verkehr übergeben. →

19. Die Sudetendeutsche Partei Konrad Henleins wird bei den Wahlen zum tschechoslowakischen Parlament die zweitstärkste Partei.

21. Hjalmar Schacht wird Generalbevollmächtigter für die Kriegswirtschaft.

22. Uraufführung der Oper »Die Zaubergeige« von Werner Egk in Frankfurt.

25. Jesse Owens stellt bei Wettkämpfen der westamerikanischen Universitäten in Ann Arbor (Michigan) mit 8,13 m neuen Weitsprungweltrekord auf.

26. Deutschland gewinnt Fußballländerspiel gegen Tschechoslowakei in Dresden mit 2 : 1.

30. Erdbebenkatastrophe zerstört die Stadt Quetta (Britisch-Belutschistan) und fordert ca. 26 000 Todesopfer.

GESTORBEN:

12. Josef Pilsudski (* 5. 12. 1867), polnischer Kriegsminister.

Nürnberg-Film geehrt

Leni Riefenstahl bei den Dreharbeiten zu »Triumph des Willens«.

1. Mai. Während des Festaktes der Reichskulturkammer in der Berliner Staatsoper zum Tag der Arbeit gibt Minister Joseph Goebbels die Verleihung des Nationalpreises für Film an Leni Riefenstahl für ihren Streifen »Triumph des Willens« bekannt. Der später auch von der internationalen Fachwelt anerkannte Film ist ein Spiegelbild des Reichsparteitages 1934 in Nürnberg und eine Verherrlichung des politischen Rituals dieser Massenveranstaltung. Untermalt von der Musik Richard Wagners übt der Film eine starke psychologische Wirkung auf den Betrachter aus, der sich dem Geschehen kritiklos hingibt. Neben großartigen Aufnahmen bewegender Massenszenen setzt die meisterhaft ins Bild gebrachte Beschwörung des nordischen Typs einen entscheidenden Akzent in diesem Film. Arische Schädel und Schultern geben in Großaufnahmen Beispiele für muskulöse, männliche Schönheit – für das Idealbild der NS-Ideologie.

Leni Riefenstahl kann auf eine qualifizierte künstlerische Vorbildung bauen. In den zwanziger Jahren hat sie bei Max Reinhardt in Berlin als Ballett- und Bühnenstar agiert. Hier wird sie vom Produzenten zahlreicher Liebesfilme in den Alpen, Arnold Franck, entdeckt. Neben ihrer Darstellerarbeit erlernt sie die Kunst des Filmemachens und setzt bald eigene Akzente. Sie eröffnet ein eigenes Studio in Berlin und zählt zu ihrem Freundeskreis auch Joseph Goebbels. 1933 erhält sie von der NSDAP ihre erste Auftragsarbeit: einen Film über den Parteitag 1933, der keine große Resonanz hat. Um so ehrgeiziger geht sie an das Projekt der Verfilmung der Nürnberger Veranstaltung 1934 heran und erringt ihren ersten ganz großen Erfolg.

19. Mai. Adolf Hitler eröffnet an der Spitze einer Wagenkolonne das erste Teilstück der Reichsautobahn zwischen Frankfurt/Main und Darmstadt. Zahllose Menschen säumen bei der Feier das fertiggestellte Straßenstück.

Sowjetunion schließt erste Beistandspakte

25. Mai. Die bevorstehende Wiederaufrüstung Deutschlands führt schon im Mai zu ersten Abkommen zwischen europäischen Staaten, die sich gegenseitigen Beistand für den Fall eines Angriffs von anderen Staaten zusichern.

So schließt die Sowjetunion am 2. Mai mit Frankreich und am 16. Mai mit der Tschechoslowakei Beistandspakte ab, die sich nach Interpretation im deutschen Auswärtigen Amt eindeutig militärisch gegen das Deutsche Reich richten. Adolf Hitler läßt daraufhin in den Hauptstädten der Vertragsländer Memoranden gegen den russisch-französischen Pakt überreichen. Wenige Tage zuvor hält er vor dem in der Berliner Kroll-Oper zusammengeholten Reichstag eine sogenannte Friedensrede, in der er den Krieg verurteilt und Europa ein nur dem Frieden dienendes Deutschland anbietet. Bei ausländischen Beobachtern hinterlassen Hitlers Worte tiefen Eindruck. Besonders in England wird Hitlers Angebot, die deutsche Kriegsflotte auf höchstens 35 Prozent der Jetztstärke der britischen Marine zu bringen, mit Wohlwollen aufgenommen. Der Weg zu Verhandlungen darüber scheint frei.

Wehrgesetz regelt Dienstzeiten

22. Mai. Das nach der Einführung der allgemeinen Wehrpflicht verabschiedete Wehrgesetz enthält für alle deutschen Männer weitreichende Regelungen ihres künftigen Lebensablaufs. So wird bestimmt, daß die Erfüllung des Arbeitsdienstes Voraussetzung für den aktiven Wehrdienst ist. Die Wehrpflicht wird vom vollendeten 18. Lebensjahr bis zum vollendeten 45. Lebensjahr festgesetzt, für den Kriegsfall ist eine Erweiterung vorgesehen. Für das laufende Jahr wird angekündigt, daß die Jahrgänge 1914 und 1915 gemustert werden, der Jahrgang 1914 im Herbst den Wehrdienst anzutreten hat und der Jahrgang 1915 für den Arbeitsdienst zur Verfügung steht.

JUNI

Mo	Di	Mi	Do	Fr	Sa	So
					1	2
3	4	5	6	7	8	9
10	11	12	13	14	15	16
17	18	19	20	21	22	23
24	25	26	27	28	29	30

1. Joachim von Ribbentrop wird zum außerordentlichen und bevollmächtigten Botschafter in besonderer Mission ernannt.

1. Gesetz über die Einführung des Arbeitsbuches für jeden Arbeitnehmer im Reich tritt in Kraft.

5. In der UdSSR wird das Mindestalter für Straffähigkeit auf zwölf Jahre herabgesetzt. Sondergerichte für jugendliche Verbrecher werden eingerichtet.

7. Stanley Baldwin bildet nach Rücktritt von Premierminister MacDonald neues Kabinett in England.

13. Ein Sprengstoffunglück bei Wittenberg fordert 60 Todesopfer.

13. James J. Braddock wird in New York durch Punktsieg gegen Max Baer neuer Boxweltmeister im Schwergewicht.

13. Caracciola gewinnt den Großen Preis des Automobilclubs von Frankreich vor von Brauchitsch.

16. Französischer Dampfer »Normandie« überquert den Atlantik in 4 Tagen, 11 Stunden und 42 Minuten (Strecke Southampton–New York) und erringt das Blaue Band. →

18. Unterzeichnung eines deutsch-englischen Flottenabkommens. →

23. Schalke 04 wird Deutscher Fußballmeister durch ein 6 : 4 gegen den VfB Stuttgart.

24. Uraufführung der Oper »Die schweigsame Frau« von Richard Strauss in Dresden.

26. Gesetz über die Arbeitsdienstpflicht tritt im Reich in Kraft. →

27. Deutschland und Norwegen trennen sich im Fußballländerspiel in Oslo 1 : 1.

28. Das Gesetz über die Regelung des Schwangerschaftsabbruchs im Reich schließt soziale Indikation aus.

29. Italien stellt wegen Abessinienkonflikt elf neue Divisionen auf.

30. Deutschland unterliegt im Fußballländerspiel gegen Schweden in Stockholm mit 1 : 3.

30. Zahl der Arbeitslosen im Reich wird mit 1 877 000 angegeben.

GEBOREN:

21. Françoise Sagan, französische Schriftstellerin.

16. Juni. Der französische Dampfer »Normandie« (79 280 BRT) überquert in Rekordzeit (Geschwindigkeit 30,31 Knoten) den Atlantik. Das Plakat von Cassandre zeigt, welchen Eindruck das Schiff machte (→ April 1937).

Wieder U-Boote für Deutschland

18. Juni. Zwei Wochen lang verhandelt der in den Botschafterrang erhobene Joachim von Ribbentrop in London mit der britischen Regierung über Hitlers im Vormonat vorgelegtes 35-Prozent-Angebot in Sachen Kriegsmarine, dann kann er einen für die gegenwärtige Situation sensationellen Flottenvertrag zwischen Deutschland und England abschließen.

Im Hauptpunkt des Vertragswerks sichert das Deutsche Reich die künftige Stärke der deutschen Flotte im ständigen Verhältnis von 35 : 100 zur Stärke der Mitglieder des britischen Commonwealth zu. Ein zweiter Passus besagt aber, daß Deutschland in der U-Boot-Frage eine freiwillige Beschränkung auf 45 Prozent des britischen Gesamtstandes übernimmt, im Krisenfall aber auch 100 Prozent, das heißt die gleiche Anzahl wie Großbritannien, aufstellen kann.

Mauermayer wirft Diskusweltrekord

29. Juni. Die Fünfkampf- und Kugelstoßweltrekordlerin Gisela Mauermayer bemüht sich im Juni erfolgreich um den Diskusweltrekord. Ein Jahr nach ihren ersten Wurfversuchen mit diesem Gerät stellt sie innerhalb von 27 Tagen vier neue Weltbestleistungen auf. Am 23. Juni schleudert sie das Gerät in München auf 45,53 Meter und am 29. in Jena gar auf 46,10 Meter.

Arbeitsdienst wird zur Pflicht

26. Juni. Durch Reichsgesetz wird der bisher freiwillige Arbeitsdienst in eine Arbeitsdienstpflicht umgewandelt. Im Text dazu heißt es: »Alle jungen Deutschen beiderlei Geschlechts sind verpflichtet, im Reichsarbeitsdienst dem Volk zu dienen. Zum Arbeitsdienst werden körperlich Untaugliche und Nichtarier, sowie solche, die mit Nichtariern verheiratet sind, nicht herangezogen. Durch Verfügung des Führers wird die Arbeitsdienstzeit auf ein halbes Jahr festgesetzt.«

Arbeitsdienstleistende werden zu Landgewinnungsarbeiten eingesetzt.

JULI

Mo	Di	Mi	Do	Fr	Sa	So
1	2	3	4	5	6	7
8	9	10	11	12	13	14
15	16	17	18	19	20	21
22	23	24	25	26	27	28
29	30	31				

1. Italienisch-abessinische Schiedskommission des Völkerbunds nimmt in Scheveningen (Holland) die Arbeit auf.

2. Verbreitung der »Baseler Nachrichten« in Deutschland untersagt. Schweiz verbietet daraufhin drei deutsche Zeitungen, darunter den »Stürmer«.

5. Fred Perry (England) gewinnt das Wimbledon-Finale gegen Gottfried von Cramm 6 : 2, 6 : 4, 6 : 4.

6. Helen Wills-Moody holt mit einem 6 : 3, 3 : 6, 7 : 5 gegen Helen Jacobs ihren siebenten Wimbledon-Titel.

7. Max Schmeling gewinnt gegen Paolino Uzcudun in Hamburg über zwölf Runden nach Punkten.

10. Österreichischer Bundestag verabschiedet das Habsburgergesetz. →

12. Belgien und die Sowjetunion nehmen diplomatische Beziehungen auf.

13. Richard Strauss tritt als Präsident der Reichsmusikkammer aus Gesundheitsgründen zurück.

14. Caracciola gewinnt in Spa-Franchorchamps den Großen Preis von Belgien vor Manfred von Brauchitsch.

16. Reichsminister Hans Kerrl wird Beauftragter für Kirchenfragen. →

18. Premiere des Spielfilms »Amphitryon« von Reinhold Schünzel mit Willy Fritsch, Käthe Gold, Paul Kemp und Adele Sandrock. →

25. Beginn des VII. Weltkongresses der Komintern in Moskau.

26. Hochwasserkatastrophe am Jangtsekiang fordert über 200 000 Todesopfer. →

28. Romain Maes (Belgien) gewinnt die Tour de France.

28. Nuvolari gewinnt Großen Preis von Deutschland vor Stuck und Caracciola.

31. Außerordentliche Tagung des Völkerbundsrats verhandelt italienisch-abessinischen Konflikt ohne Erfolg.

GESTORBEN:

12. Alfred Dreyfuß (* 9. 10. 1859), französischer Offizier.

30. Adolf Damaschke (* 24. 11. 1865), deutscher Nationalökonom.

Katholische Kirche protestiert gegen Rosenberg

16. Juli. Trotz vollzogener Gleichschaltung auf allen Gebieten gibt es im Deutschen Reich immer noch eine starke Stimme mit oppositionellem Charakter, die der deutschen Kirchen. Um sie noch besser kontrollieren zu können, wird der bisherige Minister ohne Geschäftsbereich Hans Kerrl mit der »Bearbeitung der kirchlichen Angelegenheiten« betraut.

Was auf die Kirchen zukommt, spürt in diesem Monat die katholische Kirche besonders. Der Bischof von Münster, Clemens August Graf Galen, versucht das Auftreten von Reichsleiter Julius Rosenberg auf dem Gautag Westfalen zu verhindern. Galen betont, das Auftreten Rosenbergs werde von der christlichen Bevölkerung Münsters als aufreizende Provokation empfunden. Rosenberg tritt selbstverständlich in Münster auf und erhält auf der Veranstaltung Schützenhilfe von Innenminister Wilhelm Frick, der der katholischen Kirche den Kampf ansagt.

Hermann Göring richtet in seiner Eigenschaft als preußischer Ministerpräsident und Chef der Geheimen Staatspolizei an die Oberpräsidenten und Regierungspräsidenten einen Erlaß, in dem er sich gegen die ablehnende Haltung der Kirche wendet.

200 000 Tote bei Überschwemmung des Jangtsekiang

26. Juli. China wird wiederum von einer Hochwasserkatastrophe betroffen, die noch schlimmere Folgen als die große Überschwemmung des Jahres 1931 hat. Von den Fluten des Jangtsekiang wird die Provinz Hupeh zu 70 Prozent überschwemmt und muß evakuiert werden. Auch der Hoangho tritt wieder über die Ufer. Nach chinesischen Angaben kommen mehr als 200 000 Menschen in den Fluten ums Leben.

Kaiserwitwe kehrt zurück

10. Juli. Österreich ordnet ein Stück Vergangenheit. Vom Bundestag wird ein Gesetz verabschiedet, das die Ausnahmegesetze vom 3. April und 10. Oktober 1919, die das Haus Habsburg-Lothringen betreffen, abändert. Damals war Landesverweisung der Mitglieder des Hauses Habsburg und Vermögenseinziehung beschlossen worden. Jetzt wird der Regierung überlassen, Vermögenswerte, die nachweislich Privateigentum des Hauses Habsburg darstellen, zurückzuerstatten. Die Witwe des 1922 im Exil verstorbenen letzten Kaisers und ihre Kinder können zurückkehren.

18. Juli. Die Ufa-Filmkomödie »Amphitryon« von Reinhold Schünzel mit der Starbesetzung Käthe Gold, Willy Fritsch, Paul Kemp (von links), außerdem Adele Sandrock, Hilde Hildebrand und Fita Benkhoff, wird uraufgeführt.

AUGUST

Mo	Di	Mi	Do	Fr	Sa	So
			1	2	3	4
5	6	7	8	9	10	11
12	13	14	15	16	17	18
19	20	21	22	23	24	25
26	27	28	29	30	31	

2. Adolf Hitler verleiht der Stadt München offiziell die Bezeichnung »Hauptstadt der Bewegung«.

3. Feierliche Eröffnung der Großglockner-Hochalpenstraße. →

4. Erstes internationales Großglocknerrennen für Autos und Motorräder auf der neuen Hochalpenstraße.

13. Staudammbruch bei Orada (nördlich von Genua) führt zu Überschwemmungskatastrophe mit mehreren hundert Todesopfern.

14. 835 österreichische Gemeinden haben Kaisersohn Otto von Habsburg zum Ehrenbürger ernannt.

17. Freimaurerlogen im Reich werden aufgelöst. Ihr Vermögen wird eingezogen.

18. Deutschland gewinnt Fußballänderspiel gegen Finnland in München mit 6 : 0.

18. Dreierkonferenz zwischen England, Frankreich und Italien zur Lösung der Abessinienfrage in Paris gescheitert.

18. Eheschließungen zwischen Ariern und Nichtariern durch Standesbeamte per Reichsgesetz verboten.

18. 15 000 Werksangehörige der Adam Opel AG treten 14tägige Rheinreise auf Kosten der Gesellschaft an.

20. Einsturz an einer S-Bahn-Tunnelbaustelle fordert in Berlin 19 Todesopfer.

21. Mussolini-Schwiegersohn und Propagandaminister Graf Ciano wird als Fliegeroffizier nach Ostafrika einberufen.

25. Gisela Mauermayer verbessert ihren Diskusweltrekord in Dresden auf 47,12 m.

25. Deutschland gewinnt Fußballänderspiel gegen Rumänien in Erfurt mit 4 : 2.

29. Die belgische Königin Astrid verunglückt bei einem Autounfall am Vierwaldstätter See tödlich. König Leopold III. wird leicht verletzt.

31. Präsident Roosevelt unterzeichnet Neutralitätsgesetz.

GESTORBEN:

15. Paul Signac (* 11. 11. 1863), französischer Maler.

30. Henri Barbusse (* 17. 5. 1863), französischer Dichter.

Hochalpenstraße über Großglockner wird eröffnet

3. August. Mit Eröffnung der Großglockner-Hochalpenstraße wird eine seit langem ersehnte Nord-Süd-Verbindung Realität, die auf dem 158 Kilometer breiten Abschnitt zwischen Brenner und Radstädter Tauern endlich einen Alpenübergang für den Autoverkehr öffnet.

Voller Stolz melden die Bauherren bei der Freigabe, was sie mit diesem Straßenstück geschaffen haben. Es verläuft von Bruck bis Heiligenblut (1296 m ü. d. M.) in 47,8 Kilometer Gesamtlänge, wird fortgesetzt in der Aussichtsstraße von Guttal (1856 m) bis Franz-Josefs-Höhe (2266 m) in einer Länge von 8,2 Kilometern und der Gipfelstraße auf die Edelweißspitze (2571 m) in einer Länge von 1,7 Kilometern. Die durchschnittliche Steigung beträgt zehn Prozent, die Höchststeigung auf kurzen Strecken zwölf Prozent. 15 große und eine Reihe kleinerer Parkplätze haben an schönen Aussichtspunkten Platz für etwa 1500 Personenwagen. Vom Parkplatz auf der Edelweißspitze hat man bei guter Sicht einen Rundblick auf 37 Dreitausender und 19 Gletscherfelder. Der Bau dieser Straße, der 1930 begonnen wurde, kostete den Staat Österreich über 25 Millionen Schilling. Für die Benutzung wird eine Mautgebühr erhoben.

25. August. In Schleswig-Holstein weiht Hitler den vom Arbeitsdienst erbauten Adolf-Hitler-Koog ein.

1935

SEPTEMBER

Mo	Di	Mi	Do	Fr	Sa	So
						1
2	3	4	5	6	7	8
9	10	11	12	13	14	15
16	17	18	19	20	21	22
23	24	25	26	27	28	29
30						

1. Hans Stuck gewinnt Großen Bergpreis von Deutschland am Schauinsland.

2. Die Arbeit von Kindern und Jugendlichen unter 14 Jahren wird durch Bundesgesetz in Österreich besonderen Beschränkungen unterworfen.

3. Malcolm Campbell stellt auf dem Salzsee bei Bonneville (Utah) neuen Auto-Geschwindigkeitsrekord mit 484,609 km/h auf.

4. Sonderausschuß des Völkerbundsrats zum Abessinienkonflikt geht ohne Schiedsspruch wieder auseinander.

7. Sonderausschuß des Völkerbundsrats fordert Italien und Abessinien zu Verhandlungen auf.

8. Hans Stuck gewinnt Großen Preis von Monza vor Nuvolari und Rosemeyer.

10. VII. Reichsparteitag der NSDAP in Nürnberg eröffnet. →

10. Reichsfinanzminister Graf Schwerin gibt Stand der Reichsschulden (Stand 1. Juli) mit 23,8 Milliarden langfristigen und 4,7 Milliarden kurzfristigen Verpflichtungen an.

15. Deutschland gewinnt Fußballländerspiel gegen Polen in Breslau mit 1 : 0.

15. Verkündung des Reichsbürgergesetzes und des Gesetzes zum Schutz des deutschen Blutes und der deutschen Ehre auf dem Nürnberger Parteitag. →

15. Reichsflaggengesetz: Die Hakenkreuzfahne wird zur alleinigen Staatsflagge erklärt.

17. Manuel L. Quezon wird erster Präsident der Philippinen nach Erlangung der Unabhängigkeit von den USA.

21. Italien lehnt Vorschlag des Völkerbundausschusses zur Abessinienkrise ab.

22. Caracciola gewinnt Großen Preis von Spanien. Brauchitsch wird Dritter.

24. Reichsminister für Kirchenangelegenheiten Kerrl zur »Wiederherstellung geordneter Zustände in der Deutschen Evangelischen Kirche« ermächtigt.

29. Bernd Rosemeyer gewinnt sechsten Masaryk-Grand-Prix in Brünn vor Nuvolari.

GESTORBEN:

27. Hans Baluschek (* 9. 5. 1870), deutscher Maler und Grafiker.

Nürnberger Gesetze

Die Leibstandarte Adolf Hitler.

Das Parteitagsgelände.

Die Rückfront der Haupttribüne des Zeppelinfeldes in Nürnberg.

15. September. Auf dem Parteitag in Nürnberg läßt Adolf Hitler die sogenannten Nürnberger Gesetze verkünden, und zwar das Reichsbürgergesetz und das Gesetz zum Schutz des deutschen Blutes und der deutschen Ehre, fortan kurz »Blutschutzgesetz« genannt. Mit diesen Gesetzen sollen »die Juden von der Mitwirkung am politischen Leben des deutschen Volkes ausgeschlossen werden«.

Das Gesetzeswerk macht den jüdischen Bürger im Reich zum Menschen zweiter Klasse. Besonders das »Blutschutzgesetz« schockiert in seinem diskriminierenden Ausmaß alle noch nicht der NS-Ideologie angepaßten Deutschen. Im Reichsbürgergesetz bestimmt § 2: Reichsbürger ist nur der Staatsangehörige deutschen oder artverwandten Blutes. Die Reichsbürgerschaft wird durch Verleihung eines Reichsbürgerbriefes erworben. Im Blutschutzgesetz wird unter anderem festgelegt: »§ 1: Eheschließungen zwischen Juden und Staatsangehörigen deutschen oder artverwandten Blutes sind verboten. Trotzdem geschlossene Ehen sind nichtig, auch wenn sie im Ausland geschlossen sind. § 2: Außerehelicher Verkehr zwischen Juden und Staatsangehörigen deutschen oder artverwandten Blutes ist verboten. § 3: Juden dürfen weibliche Staatsangehörige deutschen oder artverwandten Blutes unter 45 Jahren nicht in ihrem Haushalt beschäftigen. § 4: Juden ist das Hissen der Reichs- und Nationalflagge und das Zeigen der Reichsfarben verboten.« In den folgenden Paragraphen werden Zuchthaus- und Gefängnisstrafen angedroht.

1935
OKTOBER

Mo	Di	Mi	Do	Fr	Sa	So
	1	2	3	4	5	6
7	8	9	10	11	12	13
14	15	16	17	18	19	20
21	22	23	24	25	26	27
28	29	30	31			

1. Sportpflicht für Studierende aller Fakultäten im Reich wird obligatorisch.

2. Allgemeine Mobilmachung in Abessinien.

2. Der Leichnam des verstorbenen Reichspräsidenten Hindenburg wird feierlich in neugestaltetes Reichsehrenmal Tannenberg umgebettet.

3. Beginn des italienisch-abessinischen Krieges. →

6. In Deutschland werden die Lebensmittelimporte gekürzt.

7. In New York wird ein Schutzverband Deutsch-Amerikanischer Schriftsteller gegründet. Ehrenvorsitzender: Thomas Mann.

7. Völkerbundsrat stellt Italien als Aggressor im Abessinienkrieg fest.

10. Griechische Nationalversammlung beschließt Wiedereinführung der Monarchie.

10. Oper »Porgy and Bess« von George Gershwin in New York uraufgeführt.

12. Reichssendeleiter Hadamovsky verbietet dem deutschen Rundfunk das Senden von »Nigger-Jazzmusik«.

13. Deutschland gewinnt Fußballländerspiel gegen Lettland in Königsberg mit 3 : 0.

13. Deutsche Burschenschaft beschließt Selbstauflösung.

13. Gesundheitspaß für sämtliche Angehörigen der Hitlerjugend eingeführt.

18. Ehetauglichkeitszeugnis in Deutschland eingeführt.

19. Sanktionskonferenz des Völkerbundes endet mit Empfehlungen gegen die kämpfenden Parteien im Abessinienkonflikt.

20. Einschränkungen für Eheschließungen durch neues Erbgesundheitsgesetz im Reich festgelegt.

20. Deutschland gewinnt Fußballländerspiel gegen Bulgarien in Leipzig mit 4 : 2.

21. Deutscher Austritt aus dem Völkerbund wird nach Zahlung von fünf Millionen Schweizer Franken rückständigen Mitgliedsbeitrages rechtswirksam.

28. Einführung des Achtstundenarbeitstages in Ungarn.

GESTORBEN:

20. Arthur Henderson (* 13. 9. 1863), englischer Politiker.

Italien überfällt Äthiopien

3. Oktober. Ungeachtet weltweiter diplomatischer Bemühungen läßt der italienische Staatschef Benito Mussolini an diesem Tag seine Streitkräfte in eines der ältesten christlichen Länder der Welt einmarschieren. Äthiopien, auch Abessinien genannt, wird ohne Kriegserklärung am 3. Oktober 1935 einfach von 18 Divisionen überfallen.

Im Laufe des Oktobers erfolgt eine endgültige Klärung der Kräfteverhältnisse. Italien hat demnach zwei Divisionen an der libysch-ägyptischen Grenze stationiert. 14 Divisionen bilden die Angriffsmacht gegen die abessinischen Truppen, zwei weitere sind in Reserve beziehungsweise im Anmarsch auf das Kampfgebiet. Auf abessinischer Seite steht eine der Zahl nach größere Streitmacht zur Verfügung, doch bedeutet die nahezu mittelalterliche Ausrüstung der Truppe – an einigen Stellen werden die italienischen Tanks mit Pfeil und Bogen bekämpft – einen schweren Nachteil. Die abessinische Armee ist mehr auf einen Guerillakrieg vorbereitet, der in den vorwiegend aus Wüstengebiet bestehenden Kampfzonen auch teilweise möglich ist.

Äthiopische Führer kapitulieren vor italienischen Generalen.

Der äthiopische Kaiser Haile Selassie mit seinem Gefolge.

Mao Tse-tungs Langer Marsch endet in der Provinz Schensi

Nach einjährigem Marsch durch China, wobei sie zwischendurch immer wieder in Kämpfe mit den Nanking-Truppen verwickelt werden, erreichen die aufständischen Kommunisten unter Führung Mao Tse-tungs die Provinz Schensi im nordwestlichen Grenzgebiet Chinas. Das Gebiet kommt schnell unter Kontrolle der Kommunisten, die in der Stadt Yenan eine eigene Verwaltung einrichten. In Verhandlungen mit anderen Parteileitern festigt Mao Tse-tung seine Führungsrolle und gewinnt Zustimmung zu den Plänen eines kommunistischen Großreichs in China.

Der »Lange Marsch« ist Legende geworden. Der Rückzug vor den nationalchinesischen Truppen geht über 12 000 Kilometer, eine Strecke, die länger ist als die Entfernung zwischen Peking und Paris. Zu der Armee gehören 80 000 Soldaten. Ihnen schließen sich 20 000 Zivilisten mit ihren Familien an. Der Troß war sechsmal so groß wie die kämpfende Truppe.

Mao Tse-tung.

Dreifacher Sieg für Mercedes

Nach Abschluß der Rennsaison wird auf der Tagung der AIACR (Internationale Vereinigung anerkannter Automobilclubs) in Paris Bilanz in Form der Proklamation des Europameisters im Automobilsport 1935 gezogen. Den Titel erhält Rudolf Caracciola mit 16 Punkten zugesprochen, gefolgt von Luigi Faglioli (Italien) und Manfred von Brauchitsch. Alle drei fahren den Mercedes-Benz-Rennwagen. Caracciola hat in der abgelaufenen Saison sechs Grand-Prix-Siege und mehrere hervorragende Plazierungen aufzuweisen. Das schnellste Rennen des Jahres ist der Jahresbilanz zufolge das Avusrennen in Berlin gewesen, bei dem Faglioli 238,5 Stundenkilometer erreichte. Caracciola kam in Tripolis auf 197,9 Stundenkilometer, am langsamsten ging es in Nizza beim Nuvolarisieg mit 104,2 Stundenkilometer zu.

1935

NOVEMBER

Mo	Di	Mi	Do	Fr	Sa	So
				1	2	3
4	5	6	7	8	9	10
11	12	13	14	15	16	17
18	19	20	21	22	23	24
25	26	27	28	29	30	

2. Zahlungsmittelreform in China führt Papiergeld (Banknoten) anstelle der Silbermünzen ein.

3. 95 Prozent der Griechen bei Volksabstimmung für Wiedereinführung der Monarchie und Rückkehr des Königs.

4. Amerikanisches Marineflugzeug stellt auf der Strecke Panama–Kalifornien (5450 km) mit 34 Stunden und 51 Minuten neuen Nonstop-Flugweltrekord auf.

7. Erstmals werden Rekruten auf die neue Reichskriegsflagge vereidigt. Sie trägt auf rotem Grund ein schwarzweiß gestreiftes Kreuz, in dessen Mitte sich auf weißem Grund das Hakenkreuz befindet.

8. Auflösung des Frontkämpferbundes Stahlhelm und Überführung in NSDAP oder Kyffhäuserbund.

11. Italien protestiert in einer Note an die Mitglieder des Völkerbundsrats gegen beabsichtigte Sanktionen.

12. Amerikanischer Stratosphärenballon erreicht mit den Offizieren O. A. Andresen und A. W. Stevens nach 4 Stunden und 25 Minuten Steigdauer einen neuen Höhenweltrekord mit 22 570 m.

13. Ausbruch von antienglischen Unruhen in Ägypten.

14. Durchführungsbestimmungen zu den Nürnberger Gesetzen erlassen. →

14. Sowjetregierung setzt Wert des Rubels im Verhältnis 2:3 zum französischen Franc fest.

14. Konservative Regierungskoalition sichert sich bei den Unterhauswahlen in England weiter die Mehrheit.

18. Beginn wirtschaftlicher Sanktionen wie Waffenausfuhr- und Kreditsperre, Ein- und Ausfuhrverbote gegen Italien ohne Beteiligung Deutschlands, Österreichs, der Schweiz, Ungarns und Albaniens.

21. Uraufführung des Schauspiels »Der trojanische Krieg findet nicht statt« von Jean Giraudoux in Paris.

25. König Georg II. kehrt nach Griechenland zurück. →

GESTORBEN:

28. Erich von Hornbostel (* 25. 2. 1877), österreichischer Musikforscher.

Juden verlieren weitere Rechte

14. November. Mehrere Durchführungsverordnungen zu den Nürnberger Gesetzen treten in Kraft. Danach verlieren die jüdischen Bürger im Reich weitere Rechte. Zunächst wird festgestellt, daß ein Jude nicht Reichsbürger sein kann. Ihm stehe kein Stimmrecht in politischen Angelegenheiten zu, ebenso könne er kein öffentliches Amt bekleiden. Jüdische Kriegsteilnehmer und Beamte werden Ende des Jahres in den Ruhestand versetzt. Den seit 1. August 1914 dienenden Juden beläßt man (vorerst) die Ruhestandsbezüge, alle anderen, auch die bereits 1933 entlassenen jüdischen Beamten, verlieren alle Altersgelder. Die neue Verordnung legt auch genau fest, wer nach Herkunft seiner Ahnen Deutscher, Jude oder Mischling verschiedener Abstufungen ist.

Eine Seite aus einem Bilderbuch für deutsche Kinder aus dem Jahre 1935. Schon die Kleinsten sollen gegen ihre jüdischen Nachbarn eingenommen werden. Der Text: »Die Juden sind unser Unglück«. Das Buch erscheint im Verlag der antisemitischen Hetzzeitschrift »Der Stürmer«.

Erste Aktivisten in der UdSSR

21. November. Durch eine ausführliche Pressekampagne in der Sowjetunion erfährt auch die westliche Welt von den »Heldentaten« eines Sowjetbürgers, dessen Beispiel an Arbeitserfüllung Ausgang einer neuen Bewegung wird. Der 1906 im Gebiet von Orel geborene Alexej Grigorjewitsch Stachanow fördert während seiner Tätigkeit als Grubenarbeiter in einer Schicht zunächst 102 dann sogar 227 Tonnen Kohle. Das entspricht etwa dem Fünffachen der Durchschnittsleistung eines Grubenarbeiters. Stachanows Leistung wird im Laufe des Jahres mit großem Propagandaaufwand zu einer Bewegung formiert. In Betrieben der Sowjetunion in der Stadt und auf dem Lande wetteifern Millionen von Arbeitnehmern dem Vorbild Stachanow nach. Als Anreiz winken nach einem raffinierten System gestaltete Prämien, deren materieller Wert Orden und Ehrentitel wie »Held der Arbeit« bei weitem überwiegt. So kann ein ausgezeichneter Stachanowheld in besonderen Läden einkaufen, und zwar nicht nur Lebensmittel, sondern auch Bekleidung und Hausrat bis hin zu für andere Sowjetbürger unerschwinglichen Luxusartikeln.

Neue Spaltung in China verhindert — Aufstandsarmee kämpft weiter

20. November. Die vorgesehene Ausrufung einer autonomen nordchinesischen Regierung, deren Gebiet fünf Provinzen in Nordchina und der Mongolei umfassen soll, wird von Japan verhindert, das seine Interessen in der Mandschurei gefährdet sieht. Damit ist eine weitere Spaltung Chinas zunächst abgewendet. Im Süden besteht seit langem in der Kantonregierung ein Gegengewicht zur Nankinger Zentralregierung, und im Westen hat sich die kommunistische Aufstandsarmee unter Mao Tse-tung zu einem ernsten Problem für Marschall Tschiang Kai-schek entwickelt. Sie kämpft trotz mehrerer Niederlagen im Verlaufe des Jahres unverdrossen weiter.

25. November. König Georg II. (links) kehrt nach Griechenland zurück. Er hatte 1924 nach zweijähriger Regierungszeit abdanken müssen. Bei seiner Ankunft wird er vom bisherigen Kronregenten General Kondylis empfangen.

1935

DEZEMBER

Mo	Di	Mi	Do	Fr	Sa	So
						1
2	3	4	5	6	7	8
9	10	11	12	13	14	15
16	17	18	19	20	21	22
23	24	25	26	27	28	29
30	31					

1. Nichtangriffspakt zwischen Türkei, Iran, Irak und Afghanistan.

3. Premiere des Spielfilms »Die klugen Frauen« von Jacques Feyder.

4. Deutschland verliert Fußballländerspiel gegen England in London mit 0 : 3.

7./8. Eine britisch-französische Konferenz in Paris stellt Friedensplan für Abessinien auf.

9. Flottenkonferenz in London mit Beteiligung von elf Seemächten diskutiert Fortsetzung der Verträge von 1930.

13. Deutsche Energieversorgung unter Reichsaufsicht.

14. Tomáš G. Masaryk, Begründer und erster Präsident der tschechoslowakischen Republik, tritt im Alter von 85 Jahren als Staatsoberhaupt zurück.

15. Durch königliches Dekret wird in Ägypten die Verfassung wieder in Kraft gesetzt und ein Wahlgesetz verabschiedet.

16. Abessinien lehnt Pariser Friedensplan ab.

17. Erstflug der Douglas DC 3, des später berühmtesten Passagierflugzeugs der Welt.

18. Wahl von Eduard Beneš zum Staatspräsidenten der Tschechoslowakei.

18. Der Holländer Max Euwe wird neuer Schachweltmeister durch Turniersieg (14 : 12) gegen Titelverteidiger Alexander Ajechin (UdSSR).

21. Jüdische Ärzte an öffentlichen Krankenanstalten und freien gemeinnützigen Krankenanstalten werden nach Verordnung zu Nürnberger Gesetzen zum Ausscheiden gezwungen.

22. Anthony Eden, bisher Minister für Völkerbundangelegenheiten, wird neuer englischer Außenminister. →

30. Premiere des Spielfilms »Der höhere Befehl« von Gustav Lamprecht mit Lil Dagover in der Hauptrolle.

GESTORBEN:

21. Kurt Tucholsky (* 9. 1. 1890), deutscher Schriftsteller. →

24. Alban Berg (* 9. 12. 1885), österreichischer Komponist. →

25. Paul Bourget (* 2. 9. 1852), französischer Schriftsteller.

Geistliche verhaftet

12. Dezember. Hermann Görings nach der Machtergreifung eingerichtete Geheime Staatspolizei (Gestapo) ist im letzten Viertel des Jahres 1935 besonders aktiv, was die Verfolgung von Amtsträgern der katholischen Kirche und Anhängern der verbotenen Arbeiterparteien betrifft. Die Verhaftung des Berliner Domkapitulars Prälat Banasch und einer Reihe weiterer Geistlicher nach Haussuchungen wegen »dringenden Verdachts des Verrats von Staatsgeheimnissen« am 12. Dezember ist ein Höhepunkt dieser Aktion. Bis Dezember sind etwa 20 sogenannte Devisenprozesse gegen katholische Geistliche und Nonnen abgerollt, in denen die Betroffenen wegen angeblicher Devisenschiebungen zu hohen Zuchthausstrafen verurteilt werden. Der Bischof von Meißen kommt im Dezember mit einer Geldstrafe davon, der Generalvikar des Bistums muß ins Zuchthaus.

Von Oktober bis Ende Dezember werden im Reichsgebiet 3440 Personen wegen »Betätigung für die KPD und SPD« von der Gestapo festgenommen, davon allein in Preußen 2110.

22. Dezember. Anthony Eden, bisher beim Völkerbund, wird neuer britischer Außenminister.

Nobelpreis für Medizin geht an Hans Spemann

10. Dezember. Bei der Nobelpreisverleihung wird wieder ein deutscher Wissenschaftler geehrt. Die königliche Akademie der Wissenschaften in Stockholm verleiht den Preis für Physiologie und Medizin dem Professor Hans Spemann aus Freiburg für die Entdeckung des »Organisator-Effektes« während der embryonalen Entwicklung. Der Chemiepreis geht an Professor Frédéric Joliot und seine Frau Irene Joliot-Curie für ihre Synthese neuer radioaktiver Elemente. Den Physikpreis erhält Professor James Chadwick (England) für seine Entdeckung der Neutronen. Literatur- und Friedensnobelpreis werden nicht verliehen.

Alban Berg stirbt in Wien

Alban Berg †.

24. Dezember. In Wien stirbt im Alter von 50 Jahren der österreichische Komponist Alban Berg, dessen Gesamtwerk bei den Nationalsozialisten als undeutsch und entartet gilt, obwohl er einer der bedeutendsten Komponisten seiner Zeit ist. Berühmt wurde Berg 1925 durch die gefeierte Uraufführung seiner Oper »Wozzeck«. Das zwischen 1917 und 1922 komponierte Werk mit dem Text nach Georg Büchner wurde an der Berliner Staatsoper von Erich Kleiber herausgebracht und gehört seitdem zum Repertoire aller Musiktheater der Welt.

Kurt Tucholsky scheidet im Exil aus dem Leben

21. Dezember. Im schwedischen Exil verübt der deutsche Journalist und Schriftsteller Kurt Tucholsky aus Verzweiflung über den Nationalsozialismus, der ihn 1933 aus seiner Heimat ausgebürgert hat, Selbstmord. Er hat seit 1913 unter den Pseudonymen Peter Panter, Theobald Tiger, Ignaz Wrobel und Kaspar Hauser in der »Weltbühne« geschrieben, deren Herausgeber er 1926 war. Bis 1932 war er ihr wichtigster Mitarbeiter.

Seine Beiträge machen ihn zu einem herausragenden Satiriker und gefürchteten Zeitkritiker. Politisch steht er auf der extremen Linken und kämpfte voller Schärfe und Ironie gegen Krieg und Großkapital. Sein Buch »Deutschland, Deutschland über alles« (1929) ist dafür ein treffendes Beispiel. Daneben verfaßt er aber auch Liebesromane wie »Rheinsberg« (1912) und »Schloß Gripsholm« (1931). Weitere Werke Tucholskys sind »Träumereien an preußischen Kaminen« (1920) und »Lerne lachen, ohne zu weinen« (1931).

Kurt Tucholsky im Jahr 1927 bei einem Aufenthalt im Spessart.

1936

JANUAR

Mo	Di	Mi	Do	Fr	Sa	So
		1	2	3	4	5
6	7	8	9	10	11	12
13	14	15	16	17	18	19
20	21	22	23	24	25	26
27	28	29	30	31		

3. Eine Botschaft von US-Präsident Roosevelt enthält weitgehende Neutralitätsabsichten der USA.

4. Erste Hitparade der Welt in New Yorker Publikation »The Billboard« veröffentlicht.

5. Holländische Regierung beschließt Trockenlegung des Nordpolders der Zuidersee mit finanziellem Aufwand von 126 Millionen Gulden.

6. Erneuerung des französisch-russischen Handelsabkommens bringt der UdSSR einen 800-Millionen-Franc-Kredit für 1936.

7. Uraufführung des legendenhaften Spielfilms »Fährmann Maria« von Frank Wysbar, der bekannteste der neuen Vorkriegsfilme Wysbars.

15. Stadt Saarlouis wird wieder in Saarlautern umbenannt.

17. Erlaß von Reichsminister Rudolf Heß setzt für kraftfahrende Parteimitglieder Höchstgeschwindigkeit auf 100 km/h fest. Ziel: Benzin- und Reifensparen.

17. Erste größere Schlacht des Abessinienkrieges nach viertägiger Dauer von italienischen Verbänden gewonnen.

22. Edward VIII. öffentlich zum neuen König von England proklamiert.

23. Premiere des Spielfilms »Traumulus« von Carl Froelich mit Emil Jannings in der Hauptrolle.

24. Bildung eines neuen Kabinetts unter Ministerpräsident Albert Sarraut in Frankreich nach Rücktritt der Regierung unter Pierre Laval.

25. Adolf Hitler bekräftigt den deutschen Anspruch auf die früher zum Reich gehörenden Kolonien in Interview mit der französischen Zeitung »Paris Soir«.

28. Beisetzung von König George V. in Schloß Windsor im Beisein der amtierenden Monarchen von Norwegen, Dänemark, Belgien, Bulgarien und Rumänien.

30. Aufständische kommunistische Truppen schließen die Hauptstadt der chinesischen Provinz Kweischou ein.

GESTORBEN:

18. Rudyard Kipling (* 30. 12. 1865), englischer Schriftsteller. →

20. George V. (* 3. 6. 1865), König von England.

Italienische Angriffe gegen Zivilbevölkerung

Da die Italiener trotz starker militärischer Überlegenheit keine schnellen Fortschritte bei der Eroberung Abessiniens machen, wird ihre Luftwaffe auch zu Terrorangriffen gegen die Zivilbevölkerung eingesetzt. In der Tat läßt das italienische Oberkommando Ende Januar von kleinen Geschwadern aus tödliches Senfgas versprühen, das sämtliches Leben systematisch vernichtet. Wasser und Boden werden völlig vergiftet. In den betroffenen Gebieten Abessiniens kommen Menschen und Tiere in großer Zahl ums Leben. Die vom Völkerbund gegen Italien verhängten Wirtschaftssanktionen zeigen wenig Wirkung, da sich das faschistische Regime mit Sparappellen und Einschränkungen der Versorgung zu helfen weiß.

Autor des Dschungelbuchs †

18. Januar. Im Alter von 70 Jahren stirbt in London der Schriftsteller Rudyard Kipling, der eine große Leserschaft in Europa mit seinen Dschungelbüchern begeistern konnte. Aus seinen Erfahrungen als Journalist in Indien entstanden zunächst Kurzgeschichten, dann Romane über das Leben in der Wildnis. Erster großer Erfolg wurde »Kim« (1901, deutsch 1908), aber auch die anderen Bücher erzielten hohe Auflagen. Kipling war ein überzeugter Vertreter des Imperialismus. 1907 erhielt er den Literaturnobelpreis.

Rudyard Kipling †.

1936

FEBRUAR

Mo	Di	Mi	Do	Fr	Sa	So
					1	2
3	4	5	6	7	8	9
10	11	12	13	14	15	16
17	18	19	20	21	22	23
24	25	26	27	28	29	

4. Wilhelm Gustloff, Leiter der NSDAP-Landesgruppe Schweiz, wird in Davos von Jugoslawen erschossen.

6. Adolf Hitler eröffnet die IV. Olympischen Winterspiele in Garmisch-Partenkirchen. →

7. Polen schränkt Zahl der zur Durchfahrt durch polnisches Gebiet vorgesehenen deutschen Züge nach Ostpreußen ein.

8. Pandit Jawaharlal Nehru zum Vorsitzenden der national-indischen Kongreßpartei und damit zum designierten Nachfolger Mahatma Gandhis gewählt.

9. Wehrpflichtalter wird in Ägypten von 19 auf 18 Jahre herabgesetzt und die Dienstpflicht ferner auf alle im Lande ansässigen Ägypter, Beduinen und Sudanesen ausgedehnt.

15. Hitler eröffnet X. Internationale Automobilausstellung in Berlin und kündigt bei dieser Gelegenheit den bald bevorstehenden Bau des Volkswagens an. →

15. Italienische Truppen gewinnen nach fünftägigen Kämpfen in Abessinien »Schlacht von Enderta«.

16. Erster Durchgang der Corteswahlen in Spanien bringt den in der Volksfront vereinigten Linksparteien großen Erfolg.

19. Manuel Azana, Führer der republikanischen Linken, bildet neues Kabinett in Spanien.

20. Schweiz verbietet Landesleitung und Kreisleitung der NSDAP im Lande.

23. Deutschland gewinnt Fußballländerspiel gegen Spanien in Barcelona mit 2 : 1.

27. Amtsantritt des ersten chinesischen Botschafters in Berlin.

27. Deutschland gewinnt Fußballländerspiel gegen Portugal in Lissabon mit 3 : 1.

29. Dreitägiger Militärputsch gegen Regierung Okada in Japan zusammengebrochen.

29. Vernichtung der abessinischen Nordarmee (25 000 Mann) durch italienische Operation.

GESTORBEN:

27. Iwan Pawlow (* 14. 9. 1849), russischer Physiologe, Nobelpreis 1904 (→ Dezember 1904).

28. Charles Nicolle (* 21. 9. 1866), französischer Mediziner.

Winterolympiade endet mit Erfolg für Deutschland

Das deutsche Paar Maxi Herber und Ernst Baier beim Training in Cortina.

16. Februar. Mit einem großen sportlichen und organisatorischen Erfolg für Deutschland enden die IV. Olympischen Winterspiele im Werdenfelser Land. Bis zum Meldeschluß liegen 1563 Nennungen aus 28 Ländern vor, über tausend Wettkämpfer gehen in Garmisch-Partenkirchen an den Start. Vom Organisationskomitee werden eine Million Eintrittskarten ausgegeben, die Freizeitorganisation »Kraft durch Freude« schickt 40 000 Arbeiter, die in einem besonderen Lager wohnen, zu den Spielen. Das deutsche Team erreicht mit drei Gold- und drei Silbermedaillen den bisher größten Erfolg bei Winterspielen. Maxie Herber und Ernst Baier sind im Eiskunstlaufwettbewerb der Paare nicht zu schlagen. Ernst Baier holt zum Paarlauf-Gold noch Silber in der Herrenkonkurrenz. Die erstmals ausgetragenen alpinen Wettbewerbe enden mit deutschen Doppelsiegen. Bei den Damen liegt Christl Cranz nach der Kombination aus Abfahrt und Slalom vor Käthe Grasseger, bei den Herren Franz Pfnür vor Gustav Lantschner.

Zur ungekrönten Königin der Winterspiele wird jedoch die norwegische Eiskunstläuferin Sonja Henie. Sie setzt ihrer Karriere mit dem Gewinn der dritten olympischen Goldmedaille nach zehn gewonnenen Weltmeisterschaften ein neues Glanzlicht auf und tritt von der Bühne des Amateursports ab. Das »Häseken« geht zur Eisrevue. Im Eiskunstlauf gibt es durch Karl Schäfer die mittlerweile traditionelle Goldmedaille für Österreich.

Volkswagen kommt

15. Februar. Auf der Berliner Automobilausstellung läßt Hitler seine erstaunten Zuhörer wissen, daß die Voraussetzungen zum Bau eines deutschen Volkswagens, eines Kraftfahrzeugs zu erschwinglichem Preis für jedermann, geschaffen worden sind.

Einmal sei die Frage der Herstellung von deutschem Brennstoff in der Theorie gelöst und könne in die Praxis umgesetzt werden, zum anderen würden auf der Ausstellung erstmalig Reifen gezeigt, die in Deutschland nach einem synthetischen Verfahren hergestellt seien. Zu dieser Zeit existieren bereits drei Volkswagenprototypen.

Die IG Farben AG stellt in Berlin unter dem Namen »Buna« tatsächlich einen in ihren Laboratorien entwickelten synthetischen Kautschuk vor, der bereits bei Wehrmachtsfahrzeugen als Autoreifen erprobt worden ist und aus Naturgummi hergestellte Fabrikate an Haltbarkeit übertrifft. Die Produktion auf breiter Front soll nach Umrüstung in den Werken in Kürze anlaufen.

Der erste VW 30 Ganzstahlwagen, Vorläufer des späteren Volkswagens.

Der Fiat 500 »Topolino«, ein Kleinwagen, der 1936 auf den Markt kommt.

Außerdem . . .

Ein neuer Diesel-Elektro-Schnelltriebwagen der Reichsbahn erreicht auf der Strecke Hamburg–Berlin eine Geschwindigkeit von 205 Stundenkilometern. Ab Sommer ist sein Einsatz vorgesehen.

Für den Bau eines Tunnels unter dem Ärmelkanal zwischen England und Frankreich setzt sich erneut der frühere Schatzkanzler Winston Churchill ein. Geschätzte Kosten: 30 Millionen Pfund.

1936
MÄRZ

Mo	Di	Mi	Do	Fr	Sa	So
						1
2	3	4	5	6	7	8
9	10	11	12	13	14	15
16	17	18	19	20	21	22
23	24	25	26	27	28	29
30	31					

4. Erste Probefahrt des neuen deutschen Luftschiffes LZ 129 erfolgreich verlaufen.

7. Nichtigkeitserklärung des Locarno-Paktes durch Adolf Hitler und Einmarsch der deutschen Wehrmacht in entmilitarisierte Zone des Rheinlandes. →

14. Bei Straßenunruhen in Madrid äschern Anarchisten zwei Kirchen ein. Regierung verhaftet Führer der spanischen Faschistenpartei.

15. Deutschland verliert Fußballänderspiel gegen Ungarn in Budapest mit 2 : 3.

15. Josef Bradl (Österreich) stellt bei der ersten Skiflugwoche auf der Riesenschanze in Planica (Jugoslawien) mit 101 m einen Skiflugweltrekord auf.

22. Fliegerleutnant T. Rose (England) stellt neuen Distanzflugrekord auf der Strecke London–Kapstadt–London auf: Hinflug in 3 Tagen, 17 Stunden, 38 Minuten, Rückflug in 6 Tagen, 6 Stunden und 37 Minuten.

22. Erstbegehung des Aconcagua (Argentinische Anden) im Alleingang durch den Argentiniendeutschen Link aus Buenos Aires.

24. Hans Stuck stellt auf dem neu fertiggestellten Autobahnteilstück Frankfurt–Heidelberg mehrere Geschwindigkeitsweltrekorde für Automobile auf.

24. Jungfernfahrt des englischen Großdampfers »Queen Mary« von der Clyde-Werft nach Greenock bei Glasgow verläuft erfolgreich.

25. Sowjetunion und Afghanistan verlängern den 1926 abgeschlossenen Neutralitäts- und Beistandspakt um weitere zehn Jahre bis 1946.

26. Italien schafft durch Gesetz zur Begünstigung des Fremdenverkehrs einen Reise-Lira, dessen Wertverhältnis zu anderen Währungen ständig angepaßt wird.

29. Adolf Hitler erhält bei Reichstagswahl mit 99 Prozent der Stimmen eine Zustimmung zu seiner Außenpolitik. →

30. Nach einem Erlaß sollen schulische Förderung, Auszeichnungen und Stipendien Angehörigen der Hitler-Jugend vorbehalten werden.

31. Nach der zweiten Verordnung zum Reichsbürgergesetz müssen jüdische Vertrauensärzte im Reich den Dienst quittieren.

99 Prozent der Wählerstimmen für Hitlers Politik

7. März. Während sich der Völkerbund in erfolglosen Beratungen weiter um Beilegung des Abessinienkonfliktes bemüht, schafft Hitler – wie schon bei Einführung der Wehrpflicht – durch Bruch internationaler Vereinbarungen neue politische Tatsachen. Den Signatarmächten des Locarno-Vertrages wird ein Memorandum über die sofortige Nichtigkeit dieses Abkommens übermittelt, während gleichzeitig Truppen der Wehrmacht in die vom Pakt so bestimmte entmilitarisierte Zone des Rheinlandes einrücken. »Herstellung der deutschen Souveränität« wird das in Berlin genannt, »Verletzung internationaler Rechtsverhältnisse« von den betroffenen Westmächten. Aber zu mehr als einem lebhaften Notenaustausch und nahezu pausenlosen Konferenzen können sich die Mitunterzeichner des von Hitler zu Makulatur erklärten Vertrages nicht entscheiden.

Alle Parteien, vor allem Deutschland, betonen ihren Friedenswillen und kommen vom 18. März an in einer Sitzung des Völkerbundrats zusammen, vor der Sonderbotschafter Joachim von Ribbentrop am 19. den deutschen Standpunkt auch noch erläutern kann. Das Ergebnis der Bemühungen des Völkerbunds ist ein Memorandum, in dem der Schritt lediglich zur Kenntnis genommen wird. Von Gegenmaßnahmen ist nicht die Rede.

Das deutsche Volk muß noch im gleichen Monat Hitlers Politik billigen. Mit der Rheinlandbesetzung wird der Reichstag aufgelöst. Es werden Neuwahlen ausgeschrieben. Die Wähler dürfen am 29. März aber nur ein Ja oder Nein ankreuzen, damit sollen über 700 Abgeordnete gewählt und Hitlers Politik sanktioniert werden. Der Propagandaapparat der NSDAP läßt eine gewaltige Kampagne abrollen, Hitler selbst spricht auf zwölf Versammlungen, von denen die letzte – Hitler spricht von einer Lokomotive zu 120 000 Krupp-Arbeitern – den Höhepunkt bildet. Der Erfolg ist durchschlagend: 44 955 000 Menschen gehen zur Wahl, 44 412 000, das sind 99 Prozent, stimmen für Hitler.

7. März. Seit dem Morgen rücken deutsche Truppen, überwiegend berittene Einheiten, in die aufgrund des Locarno-Vertrages entmilitarisierte Zone des Rheinlandes ein. Hier Soldaten auf der Hohenzollernbrücke in Köln.

ENTARTETE KUNST
Ausstellung von »kulturdokumenten« des bolschewismus und jüdischer zersetzungsarbeit. vom 4. III. bis 31. III. 1936
was wir in dieser interessanten schau sehen, wurde einmal ernst genommen !!!!

Ausstellung im Weißen Saal der Polizeidirektion, Neuhauserstraße, Eingang Augustinerstraße
Geöffnet: Werktags von 10 bis 21 Uhr, Sonntags 10 bis 18 Uhr
Eintritt: Für Einzelpersonen 20 Pfennig. Bei geschlossenen Führungen der Betriebe 10 Pfennig.
Anmeldung der Führungen im Gauamt der N.S.-Gem. „Kraft durch Freude" Abt. Propaganda

In zahlreichen Ausstellungen wird die moderne Kunst immer wieder von den Nationalsozialisten als »entartet« diffamiert. Ein Plakat von Hans Vitus Vierthaler für eine Ausstellung beschlagnahmter Kunstwerke in München.

1936
APRIL

Mo	Di	Mi	Do	Fr	Sa	So
		1	2	3	4	5
6	7	8	9	10	11	12
13	14	15	16	17	18	19
20	21	22	23	24	25	26
27	28	29	30			

1. Österreich beschließt Einführung der allgemeinen Wehrpflicht.

3. Entführer des Lindbergh-Babys in Trenton (New Jersey) auf elektrischem Stuhl hingerichtet.

4. Luftschiff »Hindenburg« absolviert erste Südamerikafahrt in etwa 90 Stunden.

7. Deutschland und Polen treffen finanzielle Vereinbarung zur Regelung des Durchgangsverkehrs zwischen Ostpreußen und dem Reichsgebiet.

11. Spanische Cortes (Volksvertretung) setzen Staatspräsident Alcalà Zamora ab und erklären seinen Auflösungsbeschluß für unwirksam. →

11. Türkei stellt bei den Signatarmächten der Meerengenkonvention von 1923 Antrag auf Revision der Dardanellen-Beschlüsse.

13. Der deutsche Rennfahrer Rudolf Caracciola gewinnt Großen Preis von Monaco auf Mercedes.

13. Die tschechoslowakische Staatspolizei verbietet zwei für Mai vorgesehene Kundgebungen der Sudetendeutschen Partei aus »Gründen der öffentlichen Sicherheit«.

15. Gründung einer Reichsakademie für Leibesübungen in Berlin.

20. Ausbruch von Araberunruhen in Palästina wegen Judeneinwanderung fordert zahlreiche Opfer (→ Juni 1936).

20. Schlußsitzung der 91. Tagung des Völkerbundrates appelliert erneut an Italien zum Einlenken in der Abessinienfrage. →

24. Nationalsozialistische Schulungsburgen in Crössingsee (Pommern), Vogelsang (Eifel) und Sonthofen (Allgäu) werden ihrer Bestimmung übergeben. →

27. Hermann Göring übernimmt Überwachung der Rohstoff- und Devisenwirtschaft im Reich.

28. Nach dem Tod König Fuads in Ägypten wird nach dem Thronfolgegesetz sein 1920 geborener Sohn Faruk neuer Herrscher. Bis zur Vollendung seines 18. Lebensjahres übt ein Regentschaftsrat seine Rechte aus. →

GESTORBEN:

11. Max Ferdinand von Bahrfeldt (* 6. 2. 1856), deutscher Numismatiker.

28. Achmed Fuad (* 26. 3. 1868), König von Ägypten. →

Putschisten bedrohen Spaniens Freiheit

11. April. Spanien wird in diesem Monat von inneren Unruhen geschüttelt, die ein Abbild der Zustände in den letzten Wochen der Weimarer Republik sind. Die republikanische Regierung unter Ministerpräsident Manuel Azana sieht sich im Parlament und auf der Straße ständigen Angriffen der Volksfrontbewegung gegenüber. Kommunistische und sozialistische Gewerkschaften rufen einen Generalstreik aus, ihre Anhänger stürmen Kirchen und Niederlassungen der Rechtsparteien. Azana will die Republik retten und geht gegen die faschistischen Bünde vor. Über 1000 Personen werden verhaftet, darunter mehrere hohe Offiziere. Der Straßenterror der Extremen geht dennoch weiter. Die Mehrheit der Linken in den Cortes, dem spanischen Parlament, führt zum Sturz des Staatspräsidenten Alcalà Zamora, der das Parlament auflösen will, dabei eine Verfassungsklausel falsch interpretiert und abgewählt wird. Das Wahlmännergremium zur Bestimmung seines Nachfolgers sieht am 27. April die Volksfront in überlegener Stellung, da die Rechtsparteien aus Protest gegen Behinderungen ihrer Tätigkeit keine Kandidaten aufstellen.

Entscheidung im Abessinien-Krieg

20. April. Mit Beginn der Evakuierung der Hauptstadt Addis Abeba deutet sich das Ende der Kämpfe in Abessinien an. Die italienischen Truppen unter Marschall Pietro Badoglio haben nach Ablauf der Osterwoche an allen Stellungen des Gegners Erfolge errungen. Vor allem die Vernichtung der Kerntruppe des Negus Haile Selassie bedeutet eine Vorentscheidung in diesem Krieg. Die italienische Luftwaffe trägt zum Sieg der Badoglio-Truppen entscheidend bei, allerdings protestiert Abessinien beim Völkerbund unter anderem wegen der Bombardierung von internationalen Rot-Kreuz-Ambulanzen und der wiederholten Verletzung internationaler Verträge.

Faruk (16) wird König

28. April. In Kairo stirbt der ägyptische König Fuad I. im Alter von 71 Jahren. Nachfolger wird sein 16jähriger Sohn Faruk. Bis zur Vollendung seines 18. Lebensjahres regiert ein Regentschaftsrat. Unter Fuad ist Ägypten, seit Ausbruch des Ersten Weltkrieges britisches Protektorat, 1922 unabhängig geworden. Fuad, bisher Sultan, nahm den Königstitel an. Eine britische Besatzungstruppe blieb im Land.

König Fuad von Ägypten stirbt im Alter von 71 Jahren in Kairo.

Faruk, der Sohn König Fuads, wird Nachfolger des Verstorbenen.

24. April. Drei nationalsozialistische Schulungszentren, sogenannte Ordensburgen, in Crössingsee (Pommern), Vogelsang (Eifel) und Sonthofen (Allgäu, Foto oben) werden eröffnet. Hitler (auf dem unteren Foto rechts) schreitet in Sonthofen die Front der Kreisleiter ab.

1936

MAI

Mo	Di	Mi	Do	Fr	Sa	So
				1	2	3
4	5	6	7	8	9	10
11	12	13	14	15	16	17
18	19	20	21	22	23	24
25	26	27	28	29	30	31

1. Nationaler Filmpreis für 1936 an Carl Froelichs Film »Traumulus« verliehen.

2. Kaiser Haile Selassie flüchtet mit seiner Familie aus Abessinien in die französische Zone des Golfes von Aden.

3. Volksfront erringt bei Kammerwahlen in Frankreich Mehrheit mit 381 Sitzen gegenüber 237 Sitzen der Nationalen Front.

4. Haile Selassie tritt von Dschibuti aus auf englischem Kreuzer Reise nach Palästina an.

5. Italienische Truppen ziehen in Abessiniens Hauptstadt Addis Abeba ein.

5. Neue chinesische Verfassung durch Dekret der Nanking-Regierung in Kraft.

9. Abessinien wird auf Beschluß des faschistischen Großrats unter die Souveränität Italiens gestellt. →

10. Exministerpräsident Manuel Azana mit Stimmen der gesamten Linken in den Cortes zum spanischen Staatsoberhaupt gewählt.

11. Luftschiff »Graf Zeppelin« startet erstmals vom Flughafen Frankfurt/Main zu Reise nach Brasilien.

14. Bildung eines neuen Kabinetts in Spanien unter Ministerpräsident Casares Quiroga.

17. Caracciola gewinnt Großen Preis von Tunis auf Rennstrecke bei Karthago auf Mercedes.

25. China eröffnet zur Stabilisierung seiner Währung Zweigstelle der Central Bank of China in New York.

26. Oper »Doktor Johannes Faust« von Hermann Reutter in Frankfurt/Main uraufgeführt.

27. Österreichs Bundespräsident Miklas gibt die 80 Kilometer lange Packer-Höhenstraße zwischen Graz und Klagenfurt frei.

30. Marineehrenmal Laboe bei Kiel wird von Adolf Hitler eingeweiht.

30. Premiere des Spielfilms »Zorn« von Fritz Lang.

30. Die Zahl der Arbeitslosen im Reich beträgt noch 1 491 000.

GESTORBEN:

8. Oswald Spengler (* 25. 9. 1880), deutscher Kulturphilosoph. →

Abessinien unter Oberhoheit Italiens gestellt

9. Mai. Nach Beendigung der letzten Kampfhandlungen in Abessinien beschließt der faschistische Großrat in Rom das künftige Schicksal des eroberten Landes. Danach wird Abessinien unter die volle Souveränität des Königreichs Italien gestellt, dessen Herrscher den Titel Kaiser von Abessinien annimmt. Abessinien untersteht einem Vizekönig, dem auch die Gouverneure von Eritrea und Somaliland unterstellt sind. Marschall Pietro Badoglio trägt als erster Italiener den Titel des Vizekönigs von Abessinien. Das neue italienische Kolonialgebiet in Nordafrika ist 1,73 Millionen Quadratkilometer groß und hat 12 bis 13 Millionen Einwohner. Die Verluste im gesamten Feldzug gibt Italien mit 2300 weißen und 1600 farbigen Soldaten sowie 450 Arbeitern an.

Benito Mussolini (Mitte mit Kind) erwartet die Rückkehr seiner beiden Söhne vom Abessinien-Feldzug.

Britin bricht Distanzflugrekord

30. Mai. Die englische Fliegerin Amy Mollison verbessert den wenige Wochen alten Distanzflugrekord ihres Landsmannes T. Rose auf der Strecke London–Kapstadt–London entscheidend. Sie benötigt nur noch 7 Tage, 22 Stunden und 43 Minuten, der Rückflug gelingt dabei in 4 Tagen, 16 Stunden und 17 Minuten (→ März 1936).

1936

JUNI

Mo	Di	Mi	Do	Fr	Sa	So
1	2	3	4	5	6	7
8	9	10	11	12	13	14
15	16	17	18	19	20	21
22	23	24	25	26	27	28
29	30					

3. Ankunft des vertriebenen Kaisers Haile Selassie von Äthiopien im Londoner Exil. →

4. Bildung eines Volksfrontkabinetts unter Léon Blum in Frankreich.

7. Auf Vermittlung von Ministerpräsident Blum einigen sich die Gewerkschaften und Arbeitgeber in Frankreich auf Einführung der 40-Stunden-Woche.

7. Ein Tribüneneinsturz bei der Budapester Königsparade fordert 15 Todesopfer und außerdem 65 Schwerverletzte.

11. Neue sowjetische Verfassung wird der Bevölkerung zur Kenntnisnahme und Diskussion vorgelegt.

14. Bernd Rosemeyer gewinnt das ADAC-Eifelrennen auf dem Nürburgring vor Nuvolari.

15. Explosion in Heereslabor in Reval (Estland) fordert 50 Todesopfer.

16. Untergang einer Donaufähre bei Budapest fordert 24 Tote.

17. Reichsführer SS Heinrich Himmler zum Chef der deutschen Polizei mit Sitz im Reichsministerium des Inneren ernannt.

19. Max Schmeling gewinnt den WM-Ausscheidungskampf gegen Joe Louis in New York durch K. o. in der 12. Runde. →

20. Nach England und Frankreich empfehlen auch die USA Aufhebung der Sanktionen wegen des Abessinienkrieges gegen Italien.

21. 1. FC Nürnberg wird durch ein 2 : 1 nach Verlängerung gegen Fortuna Düsseldorf Deutscher Fußballmeister.

22. Reichsgesetz führt Todesstrafe für Kindesraub in erpresserischer Absicht in Deutschland ein.

29. Ein Bergmann wird 177 Stunden nach Grubenunglück auf der Zeche Shamrock in Herne lebend geborgen.

GESTORBEN:

12. Karl Kraus (* 28. 4. 1874), österreichischer Journalist, Dichter und Zeitkritiker.

14. Gilbert K. Chesterton (* 29. 5. 1874), englischer Schriftsteller.

18. Maxim Gorki (* 28. 3. 1868), russischer Dichter. →

18. Heinrich Lersch (* 12. 9. 1889), deutscher Arbeiterdichter.

Luftschiffverkehr USA–Deutschland aufgenommen

9. Mai. Als das neue Luftschiff »Hindenburg« nach 62stündiger Fahrt in Lakehurst bei New York eintrifft, hat der Zeppelinverkehr von Deutschland in die USA erfolgreich begonnen. Die »Hindenburg« soll bis Oktober von Frankfurt aus regelmäßig die USA anfliegen. Man rechnet mit Hin- und Rückreise in jeweils etwa zweieinhalb Tagen, so daß innerhalb einer Woche nach Amerika und zurück gefahren werden kann, wobei zwei Tage Aufenthalt möglich sind. Der einfache Fahrpreis beträgt für diese Strecke 1000 Reichsmark.

Das neue Luftschiff ist erstmalig mit einem Rauchsalon ausgestattet und kann neben 50 Fahrgästen auch einige Automobile mitnehmen. Von Oktober an soll die »Hindenburg« dann im Südamerikadienst eingesetzt werden.

Oswald Spengler stirbt in München

8. Mai. Kurz vor Vollendung seines 56. Lebensjahres stirbt in München der Philosoph Oswald Spengler. Der ehemalige Oberlehrer hat seit 1911 als freier Schriftsteller in München gelebt. Für sein Hauptwerk »Der Untergang des Abendlandes« (1918–1922) erhält er den Nietzsche-Preis. Spengler steht in seinen philosophischen Ansichten dem absoluten Herrschaftsanspruch »cäsaristischer« Prägung nahe, was besonders in seinem letzten Werk »Jahre der Entscheidung« (1933) zum Ausdruck kommt.

Edward VIII. läßt Apanage kürzen

12. Mai. Premierminister Stanley Baldwin setzt den Mai 1937 als Krönungstermin für Englands neuen König Edward VIII. fest. Das Unterhaus muß über das künftige Einkommen (die sogenannte Apanage) des Herrschers bestimmen. Auf Wunsch Edwards wird die Summe von 470 000 Pfund auf 410 000 herabgesetzt.

Triumph Schmelings

Max Schmeling nach seinem Sieg über Joe Louis. Goebbels, Anny Ondra und Goebbels' Frau Magda (oben von links) verfolgen am Radio die Übertragung.

19. Juni. Amerikas »Boxpromotor Nr. 1« Mike Jacobs veranstaltet im New Yorker Yankee Stadion einen Kampf, der Millionen diesseits und jenseits des Ozeans in seinen Bann zieht und in seiner Bedeutung weit über das rein sportliche Geschehen im Boxring hinausgeht.

Der neue, als »Brauner Bomber« bekannte Boxstar Joe Louis und Exweltmeister Max Schmeling, von der amerikanischen Presse als der »Schwarze Ulan vom Rhein« hochgejubelt, stehen sich in einem Ausscheidungskampf gegenüber. Der Sieger darf den amtierenden Weltmeister im Schwergewicht, Jim Braddock, herausfordern. Kämpfe zwischen weißen und schwarzen Athleten um den WM-Titel haben in den USA seit jeher mehr als sportlichen Charakter. Die ungelösten Rassenprobleme der US-Gesellschaft geben diesen Begegnungen symbolträchtigen Beigeschmack. Infolge der NS-Rassenpolitik wird der Kampf Louis–Schmeling in dieser Hinsicht noch extremer gesehen, auch wenn es nicht um die Weltmeisterschaft geht. Die beiden Kämpfer werden von der jeweiligen Propaganda als Symbolfiguren ihrer Rasse hochstilisiert, obwohl es ihnen ausschließlich um sportlichen Lorbeer geht.

Max Schmeling gewinnt diesen Kampf, der als hochklassige Ringschlacht die Besucher im Stadion von den Sitzen reißt, durch K. o. in der 12. Runde. Per Rundfunkübertragung können seine Anhänger in Deutschland den Kampf live verfolgen. Man schätzt, daß in den frühen Morgenstunden dieses Tages mehrere Millionen an den Empfängern das Geschehen in New York miterleben. Unmittelbar nach dem Kampf sendet Adolf Hitler ein Glückwunschtelegramm an Schmeling ab. Es lautet: »Nehmen Sie zu Ihrem großartigen Sieg meinen herzlichsten Glückwunsch entgegen. Adolf Hitler.« Propagandaminister Joseph Goebbels, der mit Schmeling-Ehefrau Anny Ondra den Kampf am Rundfunkgerät verfolgt, telegrafiert an Schmeling: »Ich weiß, Du hast für Deutschland gekämpft. Es war ein deutscher Sieg. Wir alle sind stolz auf Dich. Heil Hitler. Goebbels.«

Die Begeisterung in Deutschland schlägt nach dem Kampf hohe Wellen. Vor allem die NS-Propaganda macht aus Schmeling einen Helden, der für die Idee eines besseren Deutschland gekämpft habe. Damit der Held so schnell wie möglich in der Heimat gefeiert werden kann, tritt ein Offizier seine Passage im Luftschiff »Hindenburg« ab, das Schmeling nach Hause bringt. Der Empfang ist überwältigend. Vom Luftschiff aus sieht Schmeling ein Heer jubelnder Menschen, die durch Abspielen der inzwischen auf Schallplatte gepreßten Übertragung in Hochstimmung geblieben sind.

▷

Rückzug Mussolinis

28. Juni. Mit dem Rücktransport der Okkupationsarmeen aus Abessinien beendet der italienische Staatschef Benito Mussolini die Eroberung des nordafrikanischen Landes. Der Herrscher Abessiniens, Haile Selassie, ist Anfang des Monats im Londoner Exil eingetroffen und hält Kontakte zum Völkerbund, der der Besetzung des Landes ohnmächtig zugesehen hat. Die Italiener bauen schnell eine Verwaltung im eroberten Gebiet auf und lassen eine von starker Luftunterstützung (300 Flugzeuge) getragene Besatzungstruppe zurück.

Haile Selassie während seiner Rede vor dem Völkerbund in Genf.

In Palästina Unruhen um Einwanderer

19. Juni. Der britische Kolonialminister gibt im Unterhaus einen Bericht über die bürgerkriegsähnliche Lage in Palästina. Seit Jahresbeginn kommt es in den britischen und französischen Mandatsgebieten auf der arabischen Halbinsel (Palästina und Syrien) zu Unruhen wegen der ständig anschwellenden Zahl jüdischer Einwanderer. Allein 1935 sind 59 000 Juden nach Palästina eingewandert, was die Araber als Bedrohung ihrer Lebensinteressen ansehen. Gegen weitere Flüchtlinge aus Deutschland wehren sie sich seit Jahresbeginn mit Gewalt. Auf beiden Seiten gibt es Opfer, was die britische Mandatsregierung zu einem vorübergehenden Verbot der arabischen Presse veranlaßt.

Eine Straßenschlacht in der palästinensischen Stadt Jaffa.

Maxim Gorki stirbt in Moskau

18. Juni. Im Alter von 68 Jahren stirbt in Moskau Maxim Gorki, dessen Romane, Erzählungen und Bühnenstücke als getreues Abbild der russischen Wirklichkeit seit der Jahrhundertwende gelten. Der unter dem Namen Aleksej Maximowitsch Peschkow in Nischni Nowgorod (heute Gorki) geborene Autodidakt hat auf ausgedehnten Wanderungen durch sein Heimatland einen Eindruck vom Leben und der sozialen Wirklichkeit Rußlands bekommen und das zunächst in Erzählungen zu Papier gebracht, mit denen er in Rußland bekannt geworden ist. Sein erstes Bühnenwerk »Am Boden« (Uraufführung 1902) wird im Westen als »Nachtasyl« ein großer Erfolg. Auch sein 1907 in Deutschland erschienener Roman »Die Mutter« sichert ihm einen festen Platz in der westlichen Literaturszene. Seine Schauspiele »Wasa Schelesnowa« und »Die Kleinbürger« gehören heute noch zum festen Repertoire unserer Bühnen.

1936

JULI

Mo	Di	Mi	Do	Fr	Sa	So
		1	2	3	4	5
6	7	8	9	10	11	12
13	14	15	16	17	18	19
20	21	22	23	24	25	26
27	28	29	30	31		

2. Luftschiff »Hindenburg« schafft Route Deutschland–New York in 50 Stunden und stellt einen neuen Rekord für Atlantiküberquerungen in Ost-West-Richtung auf.

3. Fred Perry gewinnt das Wimbledonfinale gegen Gottfried von Cramm mit 6 : 1, 6 : 1, 6 : 0.

4. Helen Jacobs siegt im Damenfinale in Wimbledon gegen S. Sperling 6 : 2, 4 : 6, 7 : 5.

6. Margret Mitchells neuer Roman »Gone with the Wind« (Vom Winde verweht) wird in der US-Zeitschrift »Time« rezensiert.

6. Die »Hindenburg« schafft neuen Heimflugrekord über den Atlantik in 45 Stunden und 39 Minuten.

8. Ein Luftschiffhafen in Frankfurt/Main wird eröffnet.

11. Deutsches Reich erkennt Souveränität Österreichs an.

13. Die Ermordung des spanischen Monarchistenführers Calvo Sotelo löst einen Militärputsch aus. →

17. Das französische Parlament nimmt Gesetzentwurf über Verstaatlichung der Rüstungsindustrie an.

18. Militärputsch rechtsgerichteter Kreise in Spanisch-Nordafrika unter Führung von General Francisco Franco. →

20. Meerengenkonferenz in Montreux räumt Türkei wieder Hoheitsrechte über die Dardanellen ein und beschließt Entmilitarisierung dieser Zone.

21. Premiere des Spielfilms »Der Kaiser von Kalifornien« von Luis Trenker mit Luis Trenker, Alexander Golling, Paul Verhoeven und Berta Drews.

22. Deutschland verliert Interzonenfinale im Davis-Cup gegen Australien in London mit 1 : 4.

26. Bernd Rosemeyer gewinnt den Großen Preis von Deutschland auf dem Nürburgring vor Hans Stuck.

31. Deutschland nimmt eine Einladung zu Konferenz der sogenannten Locarno-Mächte über neuen Westpakt an.

GESTORBEN:

13. José Calvo Sotelo (* 6. 5. 1893), spanischer Politiker.

30. Heinrich Rickert (* 25. 9. 1863), deutscher Philosoph.

Blonde Jüdin im deutschen Olympiateam

14. Juli. Von den 470 deutschen Olympioniken, die Reichssportführer Hans von Tschammer und Osten an diesem Tag bekanntgibt, ist nur eine – wie es im NS-Jargon heißt – nichtarischer Abstammung: die Fechterin Helene Mayer. Jüdische Sportler hatten keine Chancen, sich für die Olympischen Spiele zu qualifizieren. Sie sind entweder bereits aus Sportvereinen und damit Verbänden ausgeschlossen oder zu den Ausscheidungskämpfen, wie die Leichtathleten Werner Schattmann und Gretl Bergmann, nicht zugelassen worden.

Die Fechterin Helene Mayer.

Die Meisterfechterin Helene Mayer aus Offenbach ist ein Sonderfall mit internationalem Hintergrund. Sie gewann bei den Spielen 1928 eine Goldmedaille für Deutschland und war 1929 und 1931 Weltmeisterin im Florettfechten. Nach den Spielen von 1932, wo sie den fünften Platz belegt, bleibt sie in Kalifornien und beginnt ein Studium an der University of Southern California. Die in den USA bekanntwerdenden Maßnahmen gegen jüdische Sportler (Vereinsausschluß) veranlassen im Herbst das amerikanische IOC-Mitglied General Charles E. Sherill zu einer Intervention bei Reichssportführer von Tschammer und Osten. Er muß Helene Mayer in das deutsche Olympiateam aufnehmen, um Boykottgefahren wegen des Ausschlusses der Juden gegen die Spiele abzuwehren. Den Nationalsozialisten kommt Helene Mayers äußere Erscheinung dabei entgegen. Die hochgewachsene Offenbacherin mit den dicken blonden, zum Zopf geflochtenen Haaren sah eher wie das Urbild einer Arierin im NS-Sinne denn wie eine Jüdin aus und dient den Nationalsozialisten damit als unauffälliges Alibi.

In Spanien bricht der Bürgerkrieg aus

18. Juli. Der Juli 1936 bringt dem krisengeschüttelten Europa unmittelbar nach Ende des italienischen Abenteuers in Abessinien einen neuen Kriegsherd: Nach einem Militärputsch bricht in Spanien ein Bürgerkrieg aus.

Die Ermordung des Monarchistenführers Calvo Sotelo gibt rechtsgerichteten spanischen Militärs den Anlaß, gegen die von inneren Zwistigkeiten geschüttelte Volksfrontregierung in Madrid zu putschen.

Unter Führung des Generals Francisco Franco erheben sich große Teile der spanischen Armee in Marokko und Barcelona am 18. Juli gegen die amtierende Regierung des Linksrepublikaners Casares Quiroga, der am 19. Juli zurücktritt. Mit ihm hat Spanien an diesem Tag drei Regierungschefs. Sein Nachfolger Martinez Barrio (Republikanische Union) amtiert nämlich nur wenige Stunden, tritt dann zurück und läßt noch am Abend den Linksrepublikaner José Giral eine neue Regierung bilden. Die Aufständischen werden davon nicht beeindruckt. Sie gewinnen schnell an Boden und verwickeln in fast ganz Spanien die Regierungstruppen in schwere Gefechte.

Ihr Vormarsch kommt so gut voran, daß sie bereits am 23. Juli in Burgos eine nationale Gegenregierung unter General Miguel Cabanellas bilden können. Die Westmächte halten sich zunächst aus dem Konflikt heraus. Auch die Entsendung deutscher Kriegsschiffe stellt keine Einmischung dar, vielmehr sollen die Panzerschiffe »Deutschland« und »Admiral Scheer«, die am 24. Juli nach Spanien auslaufen, für die Sicherheit der zahlreichen in Spanien lebenden deutschen Staatsbürger sorgen. Unter den Zivilopfern der Kämpfe befinden sich – zum Beispiel bei der Beschießung Gijons – auch zahlreiche deutsche Staatsangehörige.

An den mit großer Härte geführten Kämpfen im spanischen Bürgerkrieg nehmen auf republikanischer Seite auffällig viele Frauen aktiv teil.

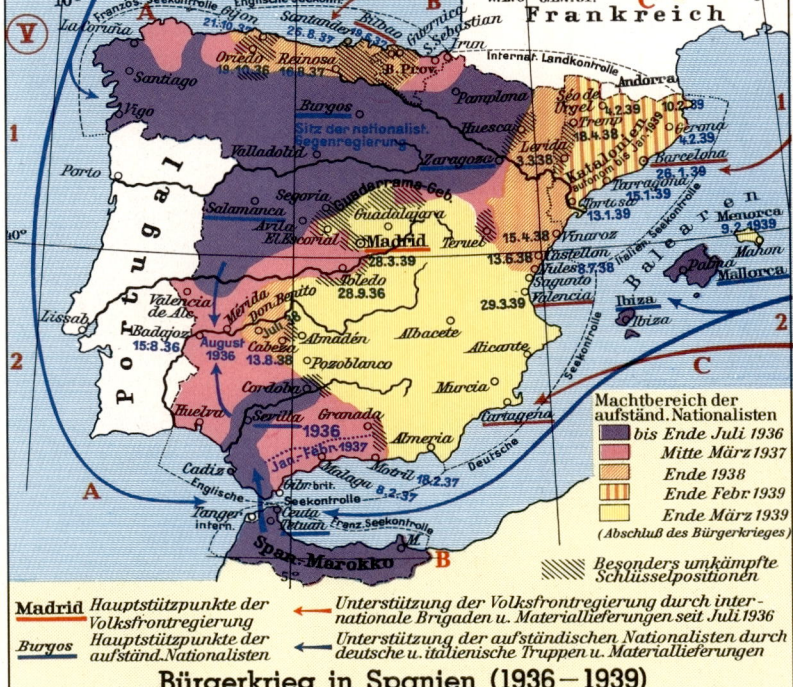

Bürgerkrieg in Spanien (1936–1939)

Nach einem Militärputsch in Spanien hat Europa einen neuen Krisenherd.

Angehörige der Volksfront errichten in einer Madrider Straße Barrikaden. Sie rechnen mit einem Überlaufen des Militärs zu General Franco.

Berlin am Vortag der Olympiade

Sportlehrer Carl Diem am Ziel seiner Arbeit

Olympiavorbereitungen in Berlin. Die Straßen werden mit heroisierenden Skulpturen im Stil der NS-Kunst geschmückt.

20. Juli. Mit dem Entzünden der olympischen Flamme im Hain von Olympia geht für den Sportlehrer Carl Diem ein persönlicher Traum in Erfüllung, eine mehr als 20 Jahre währende Arbeit steht damit vor dem Höhepunkt: Der 1882 in Würzburg geborene Diem gilt als der Vater der Olympischen Spiele in Berlin 1936. Seit der Weltkrieg die für 1916 in der Reichshauptstadt vorgesehenen Spiele verhinderte, kämpft er für das Ansehen des deutschen Sports.

Der aktive Langläufer hat bereits mit 17 Jahren einen Sportverein gegründet und in der Sportbewegung seiner Zeit schnell Karriere gemacht. Zu den Spielen von 1908 in London, 1912 in Stockholm, 1928 in Amsterdam und 1932 in Los Angeles reist er als deutscher Delegationsleiter. Seit 1913 ist er Generalsekretär des Deutschen Reichsausschusses für Leibesübungen. In dieser Funktion leistet er seine wohl größte Tat: Bau und Gründung der Deutschen Hochschule für Leibesübungen in Berlin. Aus der Feder des Praktikers Diem stammen unzählige Beiträge über den Sport, die in aller Welt geschätzt werden wie ihr Verfasser, der zu vielen Veranstaltungen als Organisator gerufen wird.

31. Juli. Als am späten Abend das olympische Feuer an der Stadtgrenze von Groß-Berlin eintrifft, geht eine den ganzen Monat andauernde Ouvertüre für die am nächsten Tag beginnenden XI. Olympischen Sommerspiele zu Ende.

Der jetzt noch als Präsident des Organisationskomitees amtierende Staatssekretär a. D. Theodor Lewald – seine Position als NOK-Präsident ging mit der Machtübernahme auf Reichssportführer Hans von Tschammer und Osten über – übernimmt am 1. Juli von den Bauherrn das olympische Dorf und begrüßt kurz darauf die ersten Athleten. Am 15. Juli haben in Berlin die olympischen Kunstwettbewerbe begonnen, am 18. hat die Ausstellung »Deutschland, Berlin 1936« ihre Pforten geöffnet.

Nicht-Berliner bekommen Olympia frei Haus durch den Olympia-zug serviert. Auf einer mehrere 10 000 Kilometer langen Fahrt durch Deutschland bringt dieses Propagandaunternehmen auch dem entlegensten Dorf das olympische Geschehen nahe. Die motorisierte Karawane der zwölf von schweren Mercedes-Zugmaschinen bewegten Wagen wirbt mit Freikarten und Filmen für den Besuch in Berlin. Ganz Deutschland folgt dann vom 20. Juli an dem Weg des im Hain des klassischen Olympia in Griechenland entzündeten olympischen Feuers. Die Idee zu diesem Schauspiel stammt von Carl Diem, der als eigentlicher »Macher« dieser Berliner Spiele gilt.

Diems Hauptziel war nach dem Desaster von 1916 die Austragung Olympischer Spiele in Deutschland. Gemeinsam mit dem NOK-Präsidenten Theodor Lewald ebnet er dem deutschen Sport wieder internationalen Zugang und erhält schließlich die Zusage des IOC für die Berliner Spiele 1936. Die Nationalsozialisten lassen die beiden ungestört arbeiten, hoffen sie doch auf entsprechenden Prestigegewinn durch die Spiele für ihr System.

Das Feuer wird über 3015 Kilometer von Läufern mit 3840 von den Krupp-Werken hergestellten Magnesiumfackeln bis zum Ziel Berlin getragen, unterwegs stets von begeisterten Menschen empfangen und begleitet.

Den Schlußpunkt dieses vom vorolympischen Fieber geprägten Monats setzt Propagandaminister Joseph Goebbels, der die olympische Kunstausstellung am 31. Juli offiziell eröffnet und dabei die Sieger der olympischen Kunstwettbewerbe bekanntgibt, unter denen sich auch fünf Deutsche befinden.

Joseph Goebbels eröffnet in Berlin die olympische Kunstausstellung, der ein Wettbewerb vorausgegangen ist.

1936

AUGUST

Mo	Di	Mi	Do	Fr	Sa	So
					1	2
3	4	5	6	7	8	9
10	11	12	13	14	15	16
17	18	19	20	21	22	23
24	25	26	27	28	29	30
31						

1. Adolf Hitler eröffnet in Berlin die XI. Olympischen Sommerspiele. →

2. Silvére Maes gewinnt die Tour de France 1936.

3. Das IOC wählt mit 36 gegen 28 Stimmen Tokio als Olympiastadt 1940.

4. Deutschland gewinnt bei dem olympischen Fußballturnier 9 : 0 gegen Luxemburg.

5. Ministerpräsident General Joannis Metaxas ruft mit Zustimmung von König Georg in Griechenland die Diktatur aus.

7. Deutschland unterliegt Norwegen im olympischen Fußballturnier mit 0 : 1.

10. Das Militärdienstpflichtalter in der UdSSR wird von 21 auf 19 Jahre herabgesetzt.

11. Joachim von Ribbentrop zum deutschen Botschafter in London ernannt.

19. Beginn des sogenannten Trotzkistenprozesses gegen ehemalige hohe Funktionäre und Mitkämpfer Stalins. →

23. Bernd Rosemeyer gewinnt Großen Preis der Schweiz auf Auto-Union.

24. Hitler verkündet Verlängerung der Wehrdienstpflicht im Reich auf zwei Jahre.

24. Deutsches Waffenembargo im Spanienkonflikt verkündet. →

28. Deutsch-österreichisches Zahlungs- und Reiseverkehrsabkommen mit Erleichterungen für Grenzübertritt.

30. Schnellverkehrsflugzeug Ju 86 »Bückeberg« schafft ersten Teil der Südamerika-Poststrecke der Lufthansa von Deutschland nach Bathurst (Westafrika) ohne Zwischenlandung in 20 Stunden und kehrt auch ohne Zwischenhalt zurück.

31. Englischer Passagierdampfer »Queen Mary« überquert Atlantik in neuer Rekordzeit und erobert das Blaue Band des Ozeans.

31. Schlagwetterexplosion auf Zeche Verein Präsident in Bochum fordert 28 Todesopfer.

GESTORBEN:

15. Gracia Deledda (* 27. 9. 1871), italienische Dichterin.

19. Federico García Lorca (* 15. 6. 1899), spanischer Dramatiker und Lyriker.

Offizielle Embargos

24. August. Während die interessierte Weltöffentlichkeit auf die mit ungeheurem Propagandaaufwand für das NS-Regime ablaufenden Olympischen Spiele blickt, tobt der Bürgerkrieg in Spanien mit unverminderter Heftigkeit weiter. Mit den Bekundungen der Westmächte, sich neutral zu verhalten, scheint jedoch dieser europäische Krisenherd lokalisiert zu sein.

Auf Initiative der französischen Regierung, die bereits am 2. August einen Appell an die anderen Nationen gerichtet hat, gemeinsam die Nichteinmischung in Spanien zu dokumentieren, geben Frankreich und England ein Waffenembargo gegenüber Spanien bekannt, knüpfen an dessen Erfüllung aber die Bedingung, daß sich andere Staaten, darunter Deutschland und die Sowjetunion, anschließen müßten. Die Reichsregierung setzt am 24. August ein derartiges Embargo in Kraft, die Sowjetunion stimmt den französischen Vorschlägen ebenfalls zu – der Konflikt scheint entschärft. Auf inoffiziellen Wegen gelangt jedoch Unterstützung für die kämpfenden Parteien aus Ost und West nach Spanien. Der Volksfrontregierung werden Anfang des Monats zwölf Millionen Rubel aus »Spendengeldern« aus Moskau überwiesen, aus Frankreich erreichen Waffenlieferungen die Roten Brigaden, während deutsche und italienische Hilfe den Franco-Truppen zugute kommt.

General Cavalcanti, General Franco und General Mola (von links nach rechts) bei einem Besuch in der nordwestspanischen Stadt Burgos.

Ein Offizier der aufständischen Franco-Truppen verhört gefangene Republikaner, die mit Stricken aneinander gefesselt sind.

Künstler aus aller Welt engagieren sich für den spanischen Bürgerkrieg. Viele kämpfen – wie Ernest Hemingway – auf der Seite der Republikaner mit. Maler wie der in Paris lebende Spanier Joan Miró (Bild) gestalten Plakate.

Trotzkisten in Schauprozeß zum Tode verurteilt

19. August. In Moskau dokumentiert Josef W. Stalin in der zweiten Augusthälfte vor den Augen der Welt seine Allmacht. Vom 19. bis 24. August rollt der sogenannte Trotzkistenprozeß ab, in dem 16 frühere hohe Funktionäre und ehemalige Mitkämpfer Stalins des Hochverrats angeklagt sind. Prominenteste Angeklagte sind die früheren Troika-Mitglieder Grigori Sinowjew und Lew Kamenew, die beschuldigt werden, Beziehungen zu dem im norwegischen Exil lebenden Leo Trotzki zu unterhalten und mit der deutschen Gestapo kooperiert zu haben. Zu diesem Schauprozeß sind etwa 200 Zuschauer zugelassen. Auch westliche Diplomaten verfolgen die Verhandlung. Verteidiger für die Angeklagten gibt es hingegen nicht. Wie in den Schauprozessen der Stalin-Ära üblich, bekennen sich die Angeklagten schuldig, und das Oberste Militärgericht der Sowjetunion verurteilt sie zum Tode durch Erschießen. Alle 16 werden am 24. August hingerichtet. Das Verfahren ist das erste in einer Serie von Schauprozessen, mit denen der seit 1929 mit diktatorischen Vollmachten herrschende Josef Stalin die »alte Garde« der kommunistischen Partei ausschaltet.

Hitler nutzt Olympiade zur Propaganda

Schon beim Einmarsch der Mannschaften in das Olympiastadion am 1. August wird der politische Hintergrund dieser Spiele deutlich. Aufmerksam registriert man, ob mit dem olympischen Gruß oder, nach Art der Nationalsozialisten, mit erhobener Hand an dem auf der Ehrentribüne sitzenden Hitler vorbeimarschiert wird, wobei sich Österreicher, Bulgaren und Italiener, aber auch die französische Mannschaft – was man später allerdings bestreitet –, für den Hitler-Gruß entscheiden und dafür prasselnden Beifall von den Rängen erhalten.

Für Hitler selbst hat die Feier zwei Höhepunkte, den ersten, als er die Eröffnungsformel »Ich verkünde die Spiele von Berlin zur Feier der XI. Olympiade neuer Zeitrechnung für eröffnet« spricht, und den zweiten, als ihm der erste Marathonsieger der neuzeitlichen Olympischen Spiele, der betagte Spiridon Louis aus Griechenland, den Zweig eines Ölbaumes aus dem Heiligen Hain von Olympia überreicht.

Anläßlich der Spiele gibt es in der ersten Augusthälfte eine Reihe von Empfängen und Veranstaltungen mit führenden Persönlichkeiten des In- und Auslandes. Höhepunkt ist der Empfang der Reichsregierung am 6. August in der Staatsoper, bei dem unter anderen König Boris von Bulgarien, Kronprinz Umberto von Italien, fast sämtliche Mitglieder des Diplomatischen Korps, des Internationalen Olympischen Komitees und des Organisationskomitees anwesend sind. IOC-Präsident Graf de Baillet-Latour (Frankreich) spricht dabei folgende Dankadresse: »In dieser herzlichen Feststimmung konnten die Olympischen Spiele 1936 in einem grandiosen Rahmen und in einer Atmosphäre allgemeiner Sympathie, die durch keine politischen Schwierigkeiten getrübt wurde, stattfinden.«

Bei seiner Abreise am 17. August bittet der Präsident des IOC den Reichsinnenminister Wilhelm Frick, in seinem Namen der deutschen Bevölkerung zu danken für den enthusiastischen Empfang, den sie Wettkämpfern, Offiziellen und Besuchern bereitete, und der bei allen olympischen Teilnehmern einen tiefen Eindruck hinterlassen habe.

Hitler bei der Eröffnung der Olympischen Spiele in Berlin: »Ich erkläre die Spiele von Berlin zur Feier der XI. Olympiade neuer Zeitrechnung für eröffnet.« Rechts an der Kamera Leni Riefenstahl, die Schöpferin des offiziellen Olympiafilms.

Olympischer Empfang in der Berliner Staatsoper. Reichsminister Hermann Göring (links) begrüßt die Gäste.

1936 Berlin

Das Reichssportfeld

The Reich Sports Grounds
Terrain national de sport
El campo de deportes del Reich

1 Assembly Ground — Terrain de fêtes — Campo de desfile
2 Polo Field — Champ de polo — Campo de polo
3 Olympic Stadium — Stade Olympique — Estadio Olímpico
4 Marathon Gate — Porte de Marathon — Puerta de Maratón
5 South Entrance — Entrée Sud — Entrada sur
6 Olympic Gate — Porte Olympique — Puerta Olímpica
7 Tennis Courts — Cours de Tennis — Plazas de Tennis
8 Men's Hostel — Foyer d'étudiants — Residencia de los Atletas
9 Administration Building — Administration du sport allemand — Casa del Deporte Alemán
10 Swimming Pool — Piscine — Piscina
11 Swimming Hall — Salles de natation — Pabellón de natación
12 Gymnasium Building — Salles de gymnastique — Gimnasio
13 Football Pitches — Terrains de football — Campo de Futbol
14 Swimming Stadium — Stade de natation — Estadio de natación
15 Hockey Stadium — Stade de hockey — Estadio de Hockey
16 Practice Grounds — Terrains d'exercice — Campo de entrenamientos
17 Women's Hostel — Foyer d'étudiants — Algamiento para las deportistas
18 Dietrich - Eckart - Open - Air Theatre — Théâtre de plein air Dietrich-Eckart — Escenario al aire libre Dietrich-Eckart

19 Bell Tower — Clocher — Campanario
20 Horsemen's Entrance — Entrée des cavaliers — Puerta de ginetes
21 Horsemen's House — Maison des cavaliers — Casa de ginetes

22 Equestrian Stadium — Stade Equestre — Pista hipica
23 Saddling Ground — Sellerie — Ensilleria
24 Entrance to Subway — Entrée du tunnel — Puerta del tunel
25 Court of Honour — Cour d'Honneur — Patio de honor

26 Main Restaurant — Restaurant principal — Restaurantes
27 Parking Spaces — Terrain de stationnement de voitures — Parques para automóviles
28 Police Station — Poste de police — Policía

Das Reichssportfeld, Schauplatz der Olympischen Spiele in Berlin. Mehrsprachiger Plan für Gäste und Teilnehmer.

Sondermarken der Reichspost zur Olympiade.

Erfolg für Adolf Hitler. Die Olympischen Sommerspiele werden zu einem großen persönlichen Erfolg für die verantwortlichen deutschen Organisatoren, aber auch zu einem Prestigegewinn für Adolf Hitler und den Nationalsozialismus.

Zwei Wochen lang können sich Sportler, Gäste und Offizielle aus aller Welt von den Bemühungen der Ausrichter um sportlich faire Wettkämpfe überzeugen. Zwischen dem 1. und 16. August zeigt sich Berlin von seiner gastfreundlichsten Seite, was in zahlreichen Kommentaren der internationalen Presse herausgestellt wird.

Das Urteil der Weltpresse. Die teilweise begeisterte Anerkennung für den Ablauf der Spiele kommt auch während der zweiwöchigen Veranstaltung in Kommentaren und Berichten der internationalen Presse zum Ausdruck. Der »Observer« vom 2. August bemerkt, das neue Deutschland scheine der hervorragendste Gastgeber zu sein; diese Veranstaltung sei das großartigste Sportereignis, das die Welt je gesehen habe. Der »Daily Telegraph« bezeichnet in seinem Schlußbericht am 17. August die Spiele als eine der glänzendsten in der Reihe der neuzeitlichen Olympiaden. Ähnliche Zitate aus der französischen Presse, die in Deutschland veröffentlicht werden, runden das Lob ab. Zahlreiche Zeitungen zeigen jedoch auch Skepsis. Die »New York Times« etwa vermerkt in einem Kommentar: »Hält man sich an die Nazi-Demonstration in Wien, so erscheint die olympische Fackel mehr wie ein Zündscheit als ein Symbol der zusammenschweißenden Flamme des internationalen Sports.«

Ebenso groß wie die Leistung der Organisatoren vor Ort in Berlin ist das Bemühen der NS-Regierung, möglichst vielen Deutschen die Teilnahme an den Spielen zu verschaffen. Reichsbahn und Freizeitwerk »Kraft durch Freude« bringen Millionen von Zuschauern nach Berlin. Die Reichsbahn setzt zwischen dem 28. Juli und 17. August 2159 Sonderzüge ein. Im angegebenen Zeitraum befördern sie 3,9 Millionen Fahrgäste nach und von Berlin. Die Berliner S-Bahn läßt vom 1. bis 17. August 8341 Sonderzüge fahren und befördert in diesen Tagen 28,4 Millionen Fahrgäste — acht Millionen mehr als in vergleichbaren Wochen.

1936 ⭕⭕⭕ Berlin

Zehnkampfsieger Glenn Morris. Alle drei Medaillen gehen an die USA.

Der japanische Marathonsieger Kitei Son vor dem Briten Ernest Harper.

Die Speerwurfsiegerin Tilly Fleischer wird mit Eichenbäumchen geehrt.

Die sportliche Ausbeute der olympischen Sommerspiele in Berlin stellt für den deutschen Sport alles bisher Dagewesene in den Schatten. Erstmals belegt Deutschland sowohl in der Medaillen- wie auch Punktewertung den ersten Platz vor den USA. An die deutschen Olympioniken fallen 33 Goldmedaillen, 26 Silber- und 30 Bronzemedaillen. Die entsprechenden Zahlen für die USA lauten: 24 Gold-, 20 Silber-, 12

Eichenblattkranz und Gold für Leichtathletik-Superstar Jesse Owens.

Bronzemedaillen. Mit 6 Gold-, 4 Silber- und 7 Bronzemedaillen gibt es für das deutsche Team in der Leichtathletik ein nie wieder erreichtes Ergebnis.
Obwohl die nationalsozialistische Propaganda die deutschen Erfolge überschwenglich feiert, wird ein amerikanischer Athlet zur herausragenden Figur dieser Sommerspiele. Der Farbige Jesse Owens gewinnt bei den Leichtathletikwettbewerben innerhalb von sechs

Tagen vier Goldmedaillen (100-m-Lauf am 3. 8., Weitsprung am 4. 8., 200-m-Lauf am 5. 8. und 4×100-m-Staffel am 9. 8.).
Der alles überragende Athlet unter den 4069 Teilnehmern aus 49 Nationen dieser Spiele bekommt auch nach seiner vierten Goldmedaille keinen Glückwunsch vom Staatsoberhaupt des ausrichtenden Landes. Jesse Owens paßt wegen seiner Hautfarbe nicht ins Rassenbild der Nationalsozialisten, und so verzichtet Adolf Hitler bei ihm auf einen Händedruck wie bei den anderen Olympiasiegern.
Der farbige US-Athlet hat eine typisch amerikanische Sportlerkarriere hinter sich, als er die Wettkämpfe in Berlin aufnimmt. Er wurde 1913 im schwarzen Süden der USA, in Danville (Alabama) geboren. Der junge James Cleveland (»Jesse«) Owens hat wie die anderen Kinder aus der Nachbarschaft Baumwolle gepflückt. Als seine Mutter mit ihm 1920 in den Norden der Staaten zieht, beginnt für ihn ein neues Leben. Auf der High School fällt er durch gute sportliche Leistungen auf, zeigt bei Universitätswettkämpfen 1933 erstmals Klasseleistungen und gehört zu der Handvoll Farbiger, die 1934 von der Ohio State University aufgenommen werden.
Er braucht ein Jahr, um sich im Universitäts-Sportbetrieb zu akklimatisieren, und bringt im Jahre 1935 eine Reihe von Weltklasseleistungen, darunter den legendären 8,13-m-Weitsprung. Er kommt als Favorit und Liebling der Massen nach Berlin und wird im Olympiastadion von den deutschen Zuschauern emphatisch gefeiert.

Sieger im Military-Jagdspringen: Hauptmann Stubbendorf auf Nurmi.

Die jüngste Teilnehmerin, die elfjährige Dänin Inge Sörensen, sie gewann Bronze über 200-m-Brust, wieder zu Hause bei der Großmutter.

Leichtathletik Männer

100 m
1.	Jesse Owens	USA	10,3
2.	Ralph Metcalfe	USA	10,4
3.	Martinus Osendarp	HOL	10,5

200 m
1.	Jesse Owens	USA	20,7
2.	Matthew Robinson	USA	21,1
3.	Martinus Osendarp	HOL	21,3

400 m
1.	Archie Williams	USA	46,5
2.	Arthur Godfrey Brown	GBR	46,7
3.	James LuValle	USA	46,8

800 m
1.	John Woodruff	USA	1:52,9
2.	Mario Lanzi	ITA	1:53,3
3.	Philip Edwards	CAN	1:53,6

1500 m
1.	John Lovelock	NSE	3:47,8
2.	Glenn Cunningham	USA	3:48,4
3.	Luigi Beccali	ITA	3:49,2

5000 m
1.	Gunnar Höckert	FIN	14:22,2
2.	Lauri Lethinen	FIN	14:25,8
3.	Henry Jonsson	SWE	14:29,0

10 000 m
1.	Ilmari Salminen	FIN	30:15,4
2.	Arvo Askola	FIN	30:15,6
3.	Volmari Isohollo	FIN	30:20,2

Marathon
1.	Kitei Son	JAP	2:29:19,2
2.	Ernest Harper	GBR	2:31:23,2
3.	Shoryu Nan	JAP	2:31:42,0

110-m-Hürden
1.	Forrest Towns	USA	14,2
2.	Donald Finlay	GBR	14,4
3.	Frederick Pollard	USA	14,4

400-m-Hürden
1.	Glenn Hardin	USA	52,4
2.	John Loaring	CAN	52,7
3.	Miguel White	PHI	52,8

3000-m-Hindernislauf
1.	Volmari Isohollo	FIN	9:03,8
2.	Kaarlo Tuominen	FIN	9:06,8
3.	Alfred Dompert	D	9:07,2

4 × 100-m-Staffel
1.	USA	39,8	(Jesse Owens, Ralph Metcalfe, Foy Draper, Frank Wykoff)
2.	ITA	41,1	(Orazio Mariani, Gianni Caldana, Elio Ragni, Tullio Gonelli)
3.	D	41,2	(Wilhelm Leichum, Erich Borchmeyer, Erwin Gillmeister, Gerd Hornberger)

4 × 400-m-Staffel
1.	GBR	3:09,0	(Frederick Wolff, Godfrey Rampling, William Roberts, Arthur Godfrey Brown)
2.	USA	3:11,0	(Harold Cagle, Robert Young, Edward O'Brien, Alfred Fitch)
3.	D	3:11,8	(Helmut Hamann, Friedrich von Stülpnagel, Harry Voigt, Rudolf Harbig)

50-km-Gehen
1.	Harold Whitlock	GBR	4:30:41,4
2.	Arthur T. Schwab	SUI	4:32:09,2
3.	Adalbert Bubenko	LET	4:32:42,2

Hochsprung
1.	Cornelius Johnson	USA	2,03
2.	David Albritton	USA	2,00
3.	Delos Thurber	USA	2,00

Stabhochsprung
1.	Earle Meadows	USA	4,35
2.	Shuhei Nishida	JAP	4,25
3.	Sueo Oe	JAP	4,25

Weitsprung
1.	Jesse Owens	USA	8,06
2.	Luz Long	D	7,87
3.	Naoto Tajima	JAP	7,74

Dreisprung
1.	Naoto Tajima	JAP	16,00
2.	Masao Harada	JAP	15,66
3.	John Patrick Metcalfe	AUS	15,50

Kugelstoßen
1.	Hans Woellke	D	16,20
2.	Sulo Bärlund	FIN	16,12
3.	Gerhard Stöck	D	15,66

Diskuswerfen
1.	Kenneth Carpenter	USA	50,48
2.	Gordon Dunn	USA	49,36
3.	Giorgio Oberweger	ITA	49,23

Hammerwerfen
1.	Karl Hein	D	56,49
2.	Erwin Blask	D	55,04
3.	Fred Warngård	SWE	54,83

Speerwerfen
1.	Gerhard Stöck	D	71,84
2.	Yrjö Nikkanen	FIN	70,77
3.	Kalervo Toivonen	FIN	70,72

Zehnkampf
1.	Glenn Morris	USA	7900
2.	Robert Clark	USA	7601
3.	Jack Parker	USA	7275

1936 Berlin

Leichtathletik Frauen

100 m
1. Helen Stephens USA 11,5
2. Stanislawa Walasiewicz POL 11,7
3. Käthe Krauss D 11,9

80-m-Hürden
1. Trebisonda Valla ITA 11,7
2. Anny Steuer D 11,7
3. Elizabeth Taylor CAN 11,7

4 × 100-m-Staffel
1. USA 46,9 (Harriet Bland, Annette Rogers, Elizabeth Robinson, Helen Stephens)
2. GBR 47,6 (Eileen Hiscock, Violet Olney, Audrey Brown, Barbara Burke)
3. CAN 47,8 (Dorothy Brookshaw, Mildred Dolson, Hilda Cameron, Aileen Meagher)

Hochsprung
1. Ibolya Csák UNG 1,60
2. Dorothy Odam GBR 1,60
3. Elfriede Kaun D 1,60

Diskuswerfen
1. Gisela Mauermayer D 47,63
2. Jadwiga Wajsówna POL 46,22
3. Paula Mollenhauer D 39,80

Speerwerfen
1. Tilly Fleischer D 45,18
2. Luise Krüger D 43,29
3. Maria Kwasniewska POL 41,80

Schwimmen Männer

100-m-Kraul
1. Ferenc Csik UNG 57,6
2. Masanori Yusa JAP 57,9
3. Shigeo Arai JAP 58,0

400-m-Kraul
1. Jack Medica USA 4:44,5
2. Shumpei Uto JAP 4:45,6
3. Shozo Makino JAP 4:48,1

1500-m-Kraul
1. Noboru Terada JAP 19:13,7
2. Jack Medica USA 19:34,0
3. Shumpei Uto JAP 19:34,5

100-m-Rücken
1. Adolf Kiefer USA 1:05,9
2. Albert Van de Weghe USA 1:07,7
3. Masaji Kiyokawa JAP 1:08,4

200-m-Brust
1. Tetsuo Hamuro JAP 2:41,5
2. Erwin Sietas D 2:42,9
3. Reizo Koike JAP 2:44,2

4 × 200-m-Kraulstaffel
1. JAP 8:51,5 (Masanori Yusa, Shigeo Sugiura, Masaharu Taguchi, Shigeo Arai)
2. USA 9:03,0 (Ralph Flanagan, John Macionis, Paul Wolf, Jack Medica)
3. UNG 9:12,3 (Árpád Lengyel, Oszkár Abay-Nemes, Ödön Gróf, Ferenc Csik)

Kunstspringen
1. Richard Degener USA 163,57
2. Marshall Wayne USA 159,56
3. Al Greene USA 146,29

Turmspringen
1. Marshall Wayne USA 113,58
2. Elbert Root USA 110,60
3. Hermann Stork D 110,31

Wasserball
1. Ungarn
2. Deutschland
3. Belgien

Schwimmen Frauen

100-m-Kraul
1. Hendrika Mastenbroek HOL 1:05,9
2. Jeanette Campbell ARG 1:06,4
3. Gisela Arendt D 1:06,6

400-m-Kraul
1. Hendrika Mastenbroek HOL 5:26,4
2. Ragnhild Hveger DAN 5:27,5
3. Lenore Wingard-Kight USA 5:29,0

200-m-Brust
1. Hideko Maehata JAP 3:03,6
2. Martha Genenger D 3:04,2
3. Inge Sörensen DAN 3:07,8

100-m-Rücken
1. Dina Wilhelmina Senff HOL 1:18,9
2. Hendrika Mastenbroek HOL 1:19,2
3. Alice Bridges USA 1:19,4

4 × 100-m-Kraulstaffel
1. HOL 4:36,0 (Johanna Selbach, Catherina Wagner, Willemijntje den Ouden, Hendrika Mastenbroek)
2. D 4:36,8 (Ruth Halbsguth, Leni Lohmar, Ingeborg Schmitz, Gisela Arendt)
3. USA 4:40,2 (Katherine Rawls, Bernice Lapp, Mavis Freeman, Olive McKean)

Kunstspringen
1. Marjorie Gestring USA 89,27
2. Katherine Rawls USA 88,35
3. Dorothy Hill-Poynton USA 82,36

Turmspringen
1. Dorothy Hill-Poynton USA 33,93
2. Velma Dunn USA 33,63
3. Käthe Köhler D 33,43

Boxen

Fliegengewicht
1. Willy Kaiser D
2. Gavino Matta ITA
3. Louis Daniel Lauria USA

Bantamgewicht
1. Ulderico Sergo ITA
2. Jack Wilson USA
3. Fidel Ortiz MEX

Federgewicht
1. Oscar Casanovas ARG
2. Charles Catterall SAF
3. Josef Miner D

Leichtgewicht
1. Imre Harangi UNG
2. Nikolai Stepulov EST
3. Erik Ågren SWE

Weltergewicht
1. Sten Suvio FIN
2. Michael Murach D
3. Gerhard Petersen DAN

Mittelgewicht
1. Jean Despeaux FRA
2. Henry Tiller NOR
3. Raúl Villareal ARG

Halbschwergewicht
1. Roger Michelot FRA
2. Richard Vogt D
3. Francisco Risiglione ARG

Schwergewicht
1. Herbert Runge D
2. Guillermo Lovell ARG
3. Erling Nilsen NOR

Ringen, griechisch-römischer Stil

Bantamgewicht
1. Márton Lörincz UNG
2. Egon Svensson SWE
3. Jakob Brendel D

Federgewicht
1. Yasar Erkan TUR
2. Aarne Reini FIN
3. Einar Karlsson SWE

Leichtgewicht
1. Lauri Koskela FIN
2. Josef Herda ČSR
3. Voldemar Väli EST

Weltergewicht
1. Rudolf Svedberg SWE
2. Fritz Schäfer D
3. Eino Virtanen FIN

Mittelgewicht
1. Ivar Johansson SWE
2. Ludwig Schweickert D
3. József Palotás UNG

Halbschwergewicht
1. Axel Cadier SWE
2. Edwins Bietags LET
3. August Neo EST

Schwergewicht
1. Kristjan Palusalu EST
2. John Nyman SWE
3. Kurt Hornfischer D

Freistilringen

Bantamgewicht
1. Ödön Zombori UNG
2. Ross Flood USA
3. Johannes Herbert D

Federgewicht
1. Kustaa Philajamäki FIN
2. Francis Millard USA
3. Gösta Jönsson SWE

Leichtgewicht
1. Károly Kárpáti UNG
2. Wolfgang Ehrl D
3. Hermanni Pihlajamäki FIN

Weltergewicht
1. Frank Lewis USA
2. Ture Andersson SWE
3. Joseph Schleimer CAN

Mittelgewicht
1. Emile Polivé FRA
2. Richard Voliva USA
3. Ahmet Kireççi TUR

Halbschwergewicht
1. Knut Fridell SWE
2. August Neo EST
3. Erich Siebert D

Schwergewicht
1. Kristjan Palusalu EST
2. Josef Klapuch ČSR
3. Hjalmar Nyström FIN

Fechten Männer

Florett Einzel
1. Giulio Gaudini ITA
2. Edward Gardère FRA
3. Giorgio Bocchino ITA

Florett Mannschaft
1. Italien
2. Frankreich
3. Deutschland

Degen Einzel
1. Franco Riccardi ITA
2. Saverio Ragno ITA
3. Giancarlo Cornaggia-Medici ITA

Degen Mannschaft
1. Italien
2. Schweden
3. Frankreich

Säbel Einzel
1. Endre Kabos UNG
2. Gustavo Marzi ITA
3. Aladár Gerevich UNG

Säbel Mannschaft
1. Ungarn
2. Italien
3. Deutschland

Fechten Frauen

Florett Einzel
1. Ilona Elek UNG
2. Helene Mayer D
3. Ellen Preis AUT

Der farbige Athlet Jesse Owens ist mit seinen vier Goldmedaillen die sichtbare Widerlegung nazistischen Germanentums.

Gewichtheben

		Beidarmiges Drücken	Beidarmiges Reißen	Beidarmiges Stoßen	Total
Federgewicht					
1. Anthony Terlazzo	USA	92,5	97,5	122,5	312,5
2. Saleh Mohammed Soliman	EGY	85,0	95,0	125,0	305,0
3. Ibrahim Hassan Shams	EGY	80,0	95,0	125,0	300,0
Leichtgewicht					
1. Anwar Mohammed Mesbah	EGY	92,5	105,0	145,0	342,5
1. Robert Fein	AUT	105,0	100,0	137,5	342,5
3. Karl Jansen	D	95,0	100,0	132,5	327,5
Mittelgewicht					
1. Khadr Sayed el Touni	EGY	117,5	120,0	150,0	387,5
2. Rudolf Ismayr	D	107,5	102,5	142,5	352,5
3. Adolf Wagner	D	97,5	112,5	142,5	352,5
Leichtschwergewicht					
1. Louis Hostin	FRA	110,0	117,5	145,0	372,5
2. Eugen Deutsch	D	105,0	110,0	150,0	365,0
3. Ibrahim Wasif	EGY	100,0	110,0	150,0	360,0
Schwergewicht					
1. Josef Manger	D	132,5	122,5	155,0	410,0
2. Václav Pšenička	ČSR	122,5	125,0	155,0	402,5
3. Arnold Luhaäär	EST	115,0	120,0	165,0	400,0

Moderner Fünfkampf

1. Gotthard Handrick D
2. Charles Leonard USA
3. Silvano Abba ITA

Kanu Männer

1000-m-Kajak-Einer (K 1)
1. Gregor Hradetzky AUT 4:22,9
2. Helmut Cämmerer D 4:25,6
3. Jacob Kraaier HOL 4:35,1

1000-m-Kajak-Zweier (K 2)
1. Österreich 4:03,8
2. Deutschland 4:08,9
3. Holland 4:12,2

1000-m-Canadier-Einer (C 1)
1. Francis Amyot CAN 5:32,1
2. Bohuslav Karlik ČSR 5:36,9
3. Erich Koschik D 5:39,0

1000-m-Canadier-Zweier (C 2)
1. Tschechoslowakei 4:50,1
2. Österreich 4:53,8
3. Kanada 4:56,7

10 000-m-Kajak-Einer (K 1) (nur 1936, 1948, 1952, 1956 durchgeführt)
1. Ernst Krebs D 46:01,6
2. Fritz Landertinger AUT 46:14,7
3. Ernest Riedel USA 47:23,9

10 000-m-Kajak-Zweier (K 2) (nur 1936, 1948, 1952, 1956 durchgeführt)
1. Deutschland 41:45,0
2. Österreich 42:05,4
3. Schweden 43:06,1

10 000-m-Canadier-Zweier (C 2) (nur 1936, 1948, 1952, 1956 durchgeführt)
1. Tschechoslowakei 50:33,5
2. Kanada 51:15,8
3. Österreich 51:28,0

10 000-m-Faltboot-Einer (F 1) (nur 1936 durchgeführt)
1. Gregor Hradetzky AUT 50:01,2
2. Henri Eberhardt FRA 50:04,2
3. Xaver Hörmann D 50:06,5

10 000-m-Faltboot-Zweier (F 2) (nur 1936 durchgeführt)
1. Schweden 45:48,9
2. Deutschland 45:49,2
3. Holland 46:12,4

Rudern

Einer
1. Gustav Schäfer D 8:21,5
2. Josef Hasenöhrl AUT 8:25,8
3. Daniel Barrow USA 8:28,0

Doppelzweier
1. Großbritannien 7:20,8
2. Deutschland 7:26,2
3. Polen 7:36,2

Zweier ohne Steuermann
1. Deutschland 8:16,1
2. Dänemark 8:19,2
3. Argentinien 8:23,0

Zweier mit Steuermann
1. Deutschland 8:36,9
2. Italien 8:49,7
3. Frankreich 8:54,0

Vierer ohne Steuermann
1. Deutschland 7:01,8
2. Großbritannien 7:06,5
3. Schweiz 7:10,6

Vierer mit Steuermann
1. Deutschland 7:16,2
2. Schweiz 7:24,3
3. Frankreich 7:33,3

Achter
1. USA 6:25,4
2. Italien 6:26,0
3. Deutschland 6:26,4

Segeln

Ein-Mann-Boot
1. Daniel Marinus J. Kagchelland HOL 163
2. Werner Krogmann D 150
3. Peter M. Scott GBR 131

Star
1. Deutschland 80
2. Schweden 64
3. Holland 63

6 m
1. Großbritannien 67
2. Norwegen 66
3. Schweden 62

8 m
1. Italien 55
2. Norwegen 53
3. Deutschland 53

Radsport

Straßenrennen, Einzel (100 km)
1. Robert Charpentier FRA 2:33:05,0
2. Guy Lapébie FRA 2:33:05,2
3. Ernst Nievergelt SUI 2:33:05,8

Straßenrennen, Mannschaft
1. Frankreich 7:39:16,2
2. Schweiz 7:39:20,4
3. Belgien 7:39:21,0

1000-m-Zeitfahren
1. Arie van Vliet HOL 1:12,0
2. Pierre Georget FRA 1:12,8
3. Rudolf Karsch D 1:13,2

1000-m-Sprint
1. Toni Merkens D 11,8
2. Arie van Vliet HOL
3. Louis Chaillot FRA

2000-m-Tandemfahren
1. Deutschland 11,8
2. Holland
3. Frankreich

4000-m-Mannschafts-Verfolgungsrennen
1. Frankreich 4:45,0
2. Italien 4:51,0
3. Großbritannien 4:53,6

Reitsport

Military Einzel
1. Ludwig Stubbendorf D −37,70
2. Earl Thomson USA −99,90
3. Hans Mathiesen-Lundling DAN −102,20

Military Mannschaft
1. Deutschland −676,65
2. Polen −991,70
3. Großbritannien −995,50

Dressur Einzel
1. Heinz Pollay D 1760,0
2. Friedrich Gerhard D 1745,5
3. Alois Podhajsky AUT 1721,5

Dressur Mannschaft
1. Deutschland 5074,0
2. Frankreich 4846,0
3. Schweden 4660,5

Jagdspringen Einzel
1. Kurt Hasse D −4/4/59,2
2. Henri Rang RUM −4/4/1:12,8
3. József von Platthy UNG −8/0/1:02,6

Jagdspringen Mannschaft
1. Deutschland −44,00
2. Holland −51,50
3. Portugal −56,00

Schießen

Kleinkaliber (KK)
1. Willy Rögeberg NOR 300
2. Ralf Berzsenyi UNG 296
3. Wladyslaw Karaś POL 296

Schnellfeuerpistole oder Revolver
1. Cornelius van Oyen D 36
2. Heinz Hax D 35
3. Torsten Ullman SWE 34

Beliebige Scheibenpistole, 50 m
1. Torsten Ullman SWE 559
2. Erich Krempel D 544
3. Charles des Jammonières FRA 540

Turnen Männer

Mehrkampf Einzel
1. Alfred Schwarzmann D 113,100
2. Eugen Mack SUI 112,334
3. Konrad Frey D 111,532

Mehrkampf Mannschaft
1. Deutschland 657,430
2. Schweiz 654,802
3. Finnland 638,468

Barren Einzel
1. Konrad Frey D 19,067
2. Michael Reusch SUI 19,034
3. Alfred Schwarzmann D 18,967

Bodenübung Einzel
1. Georges Miez SUI 18,666
2. Josef Walter SUI 18,500
3. Eugen Mack SUI 18,466

Pferdsprung Einzel
1. Alfred Schwarzmann D 19,200
2. Eugen Mack SUI 18,967
3. Matthias Volz D 18,467

Seitpferd Einzel
1. Konrad Frey D 19,333
2. Eugen Mack SUI 19,167
3. Albert Bachmann SUI 19,067

Reck Einzel
1. Aleksanteri Saarvala FIN 19,367
2. Konrad Frey D 19,267
3. Alfred Schwarzmann D 19,233

Ringe Einzel
1. Alois Hudec ČSR 19,433
2. Leon Štukelj YUG 18,867
3. Matthias Volz D 18,667

Turnen Frauen

Mehrkampf Mannschaft
1. Deutschland 506,50
2. Tschechoslowakei 503,60
3. Ungarn 499,00

Basketball

1. USA
2. Kanada
3. Mexiko

Fußball

1. Italien
2. Österreich
3. Norwegen

Feldhandball

1. Deutschland
2. Österreich
3. Schweiz

Landhockey

1. Indien
2. Deutschland
3. Holland

Abkürzungsschlüssel siehe Register

1936
SEPTEMBER

Mo	Di	Mi	Do	Fr	Sa	So
	1	2	3	4	5	6
7	8	9	10	11	12	13
14	15	16	17	18	19	20
21	22	23	24	25	26	27
28	29	30				

3. Erste Jungvolkführerschule zur Heranbildung von Führernachwuchs für die NS-Bewegung in Haldem (Westfalen) eröffnet.

4. Neue Volksfrontregierung in Spanien unter Francisco Caballero gebildet.

5. Die Amerikanerin Beryl Markham überfliegt als erste Frau den Atlantik in Ost-West-Richtung im Alleinflug.

8. In Nürnberg wird von der NSDAP der VIII. Reichsparteitag eröffnet. →

8. Prinzessin Juliana der Niederlande verlobt sich mit Prinz Bernhard zu Lippe-Biesterfeld.

9. Erste Sitzung des von 29 europäischen Staaten gebildeten Nichteinmischungsausschusses »Spanischer Bürgerkrieg« in London.

10. Lufthansaflugboot Do 18 »Zephyr« bezwingt als erste für planmäßigen Luftpostverkehr ausgerüstete Maschine den Nordatlantik in Ost-West-Richtung. Es legt die Strecke vom Flugstützpunkt Motorschiff »Schwabenland« bei Azoreninsel Fayal nach New York (etwa 4000 km) in 22 Stunden und 18 Minuten zurück.

13. Bernd Rosemeyer gewinnt Großen Preis von Italien vor Nuvolari.

13. Fußballländerspiel Polen gegen Deutschland endet in Warschau 1 : 1.

14. Erdrutsch in Westnorwegen fordert 74 Todesopfer.

17. Französisches Polarforschungsschiff »Pourquoi Pas« bei Island verunglückt: 33 Todesopfer.

21. Die 17. Vollversammlung des Völkerbundes beginnt mit Diskussion von Reformvorschlägen der Völkerbundsarbeit.

27. Deutschland siegt im Fußballländerspiel gegen die Tschechoslowakei in Prag mit 4 : 2.

27. Hitler gibt mit dem Teilstück Breslau–Kreibau den 1000. Kilometer der Reichsautobahn frei.

29. General Franco wird zum Oberbefehlshaber aller nationalen Streitkräfte Spaniens ernannt. →

30. Franco wird Chef der nationalspanischen Regierung. →

GESTORBEN:

16. Karl Bursch (* 12. 10. 1878), österreichischer Politiker.

Franco Staatschef

29. September. Die außenpolitische Szenerie wird in Europa von den andauernden Kämpfen im spanischen Bürgerkrieg und ihren Auswirkungen auf das Verhalten der Westmächte bestimmt. Die aufständischen Truppen gewinnen zunehmend an Boden, eingeleitet durch die Eroberung der Stadt Irun. Am gleichen Tag hält die Gegenregierung der Putschisten demonstrativ ihre erste Sitzung ab. Am Monatsende wird General Francisco Franco auch offiziell Führer des Aufstandes gegen die Volksfrontregierung in Madrid. Er wird zum Oberbefehlshaber der Armee und kurz darauf zum Regierungschef des nationalspanischen Kabinetts ernannt. Nach der Zusage der Reichsregierung, dem Waffenembargo-Ausschuß beizutreten, scheint gesichert, daß der Konflikt eine innerspanische Angelegenheit bleibt.

Belagerung beendet

28. September. Mit der Einnahme der Stadt Toledo durch nationalistische Truppen endet auch das Leiden der Besatzung des dortigen Alcazars, dessen Verteidigung zur ersten Legende des Bürgerkrieges wird. Bei Ausbruch des Krieges ist der Alcazar von 1200 Kadetten und Offizieren mit ihren 400 Frauen und Kindern besetzt. Diese Besatzung widersetzt sich allen Bemühungen der Volksfront, die Anlage zu erobern und nimmt eine harte Belagerungszeit in Kauf. Höhepunkt der Belagerung durch die Milizen ist die Sprengung des Alcazars durch unterirdische Minen Mitte September, nach der die Verteidiger jedoch auch in den Trümmern weiter Widerstand leisten.

Ein Turm des heftig umkämpften Alcazars in Toledo.

Eine von Republikanern errichtete Straßensperre in Toledo.

Reichsparteitag beschließt verstärkte Rüstung

14. September. Nach der Verlängerung der Dienstpflicht stellt der VIII. Reichsparteitag der NSDAP vom 8. bis 14. September in Nürnberg die Weichen für eine verstärkte Aufrüstung. Das als »Parteitag der Ehre« apostrophierte Treffen verabschiedet einen Vierjahresplan, der Hermann Göring freie Hand zur Verstärkung der deutschen Streitkräfte gibt. Zur besseren Erfassung der deutschen Jugend wird auch das Reichsarbeitsdienstgesetz modifiziert. Danach ist die Dienstzeit im Arbeitsdienst für alle arbeitsfähigen Wehrpflichtigen auf ein halbes Jahr festgesetzt. Die Stärke des Arbeitsdienstes soll nach dieser Gesetzesvorlage bis Oktober 1939 300 000 Mann erreichen.

Französischer Franc abgewertet

25. September. Eine aus Sicht der Westmächte notwendige Neuordnung des europäischen Währungssystems bleibt für Deutschland ohne wesentliche Folgen. Am 25. September beschließt der Ministerrat in Paris eine Abwertung des Franc. Der Goldwert der französischen Währung erfährt durch diese Maßnahme eine Senkung von 25 bis 33 Prozent.

Diese währungspolitische Maßnahme ist mit den Regierungen in Washington und London abgesprochen und soll nach ähnlichen Schritten in diesen Ländern wieder Stabilität in das westeuropäische Währungssystem bringen, das durch die andauernde Franc-Schwäche gestört ist. Die Regierung der Schweiz schließt sich einen Tag später der Maßnahme an und wertet den Franken in etwa der gleichen Relation ab. Die Reichsregierung erklärt durch Reichsbankpräsident Hjalmar Schacht, daß der Kurs der deutschen Reichsmark keine Änderungen erfahren werde, da die Devisenbewirtschaftung für die deutsche Wirtschaft stabile Verhältnisse gebracht habe. Das deutsche Volk werde die mit der Maßnahme der Westmächte verbundenen Opfer tragen.

1936

OKTOBER

Mo	Di	Mi	Do	Fr	Sa	So
			1	2	3	4
5	6	7	8	9	10	11
12	13	14	15	16	17	18
19	20	21	22	23	24	25
26	27	28	29	30	31	

3. Stapellauf des ersten nach dem Weltkrieg in Deutschland gebauten Schlachtschiffes, der »Scharnhorst«.

5. Italien und Tschechoslowakei werten ihre Währungen ab.

7. Reichsinnenminister Frick verleiht Goslar die Bezeichnung »Reichsbauernstadt Goslar«.

7. Bildung einer autonomen Regierung der von Truppen der Madrider Volksfront besetzten Baskenlandes in Guernica.

9. Premiere des Spielfilms »Wenn wir alle Engel wären« von Willi Forst mit Heinz Rühmann in der Hauptrolle.

12. Generalstreik und Terrorkampagne in britischem Mandatsgebiet Arabiens.

12. Mit drei Fähren für zwölf Eisenbahnwagen und 24 Automobile wird der Eisenbahnfährverkehr zwischen Dover und Calais eröffnet.

13. Nuvolari gewinnt den »Großen Preis von Amerika« (Vanderbilt Cup) auf dem Roosevelt Field/Long Island auf Alfa Romeo.

14. Deutschland verliert ein Fußballänderspiel gegen Schottland in Glasgow mit 0 : 2.

14. Auflösung der Sozialdemokratischen Partei Danzigs durch den Polizeipräsidenten wegen angeblich illegaler Tätigkeit.

17. Deutschland verliert ein Fußballänderspiel gegen Irland in Dublin mit 2 : 5.

17. Dreitägige soziale Unruhen zwischen Mohammedanern und Hindus in Bombay fordern 42 Todesopfer.

18. Hermann Göring wird von Hitler mit der Durchführung des auf dem Reichsparteitag verabschiedeten Vierjahres-Wirtschaftsprogramms beauftragt.

24. Italiens Außenminister Ciano nimmt die offizielle deutsche Anerkennung des italienischen Kaiserreichs Abessinien entgegen.

25. Schaffung der Achse Berlin-Rom durch Abschluß eines weitgehenden Kooperationsvertrags zwischen Deutschland und Italien.

31. Tschechoslowakei schafft sogenannte Staatsverteidigungswache zum Schutz der Grenzen und Aufrechterhaltung der inneren Ordnung.

31. Die Zahl der Arbeitslosen im Reich beträgt 1 076 000.

Legion Condor kämpft auf Francos Seite

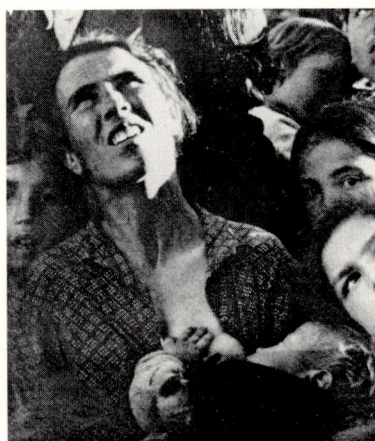

Während eines Luftangriffs in Madrid.

23. Oktober. Während der Nichteinmischungsausschuß in London über Proteste wegen Neutralitätsverletzungen einiger Staaten im spanischen Bürgerkrieg berät, haben diese in Spanien längst vollendete Tatsachen geschaffen. Über die spanisch-französische Grenze sowie einige Häfen erreichen die Volksfront Zehntausende von Freiwilligen und das entsprechende Kriegsmaterial aus der UdSSR und Frankreich, während die Nationalisten Francisco Francos über die spanisch-portugiesische Grenze sowie zu Wasser und aus der Luft von Italien und Deutschland massiv unterstützt werden.

Italien bezeichnet seine Hilfstruppen in Spanien als Freiwillige, während die deutsche Kampfgruppe von der deutschen Führung den Namen »Legion Condor« erhält. In der Öffentlichkeit ist vom Einsatz deutscher Soldaten in Spanien offiziell nichts bekannt, obwohl mit der Aufstellung und dem ersten Eingreifen bereits im Juli begonnen worden ist. Die deutsche Legion behält ständig eine Kampfstärke von 5000 Mann, steht unter Führung der deutschen Luftwaffe und kommt Francos Ersuchen nach Luftunterstützung durch den Einsatz von Kampf- und Sturzkampffliegern, von Aufklärern und Jägern sowie schwerer und leichter Flak und Luftnachrichtenabteilungen nach. Sie steht unter dem Kommando von General H. Sperrle und versieht auch Ausbildungsfunktionen bei den nationalen Truppen Francos.

1936

NOVEMBER

Mo	Di	Mi	Do	Fr	Sa	So
						1
2	3	4	5	6	7	8
9	10	11	12	13	14	15
16	17	18	19	20	21	22
23	24	25	26	27	28	29
30						

3. Präsidentschaftswahlen in den USA enden mit Sieg des amtierenden demokratischen Präsidenten Franklin D. Roosevelt.

3. Thronrede König Edwards VIII. im englischen Oberhaus.

4. Unterredung zwischen Hitler und Kardinal Faulhaber über künftiges Verhältnis von Nationalsozialisten und katholischer Kirche.

7. Volksfrontregierung in Spanien verlegt Sitz nach Valencia, nachdem Franco-Truppen Vororte von Madrid erreicht haben.

11. Der Rennfahrer Caracciola erreicht auf Autobahn Darmstadt–Frankfurt mit neuem Mercedes-Zwölfzylinder-Rennwagen Geschwindigkeitsweltrekord über zehn Meilen.

12. Eröffnung der für 75 Millionen Dollar erbauten Brücke über die San-Francisco-Bay, die mit achteinviertel Meilen das längste Brückensystem der Welt ist.

13. Erstaufführung des Schauspiels »Glaube, Liebe, Hoffnung« von Ödön von Horváth unter dem Titel »Liebe, Pflicht und Hoffnung« im »theater für 49 am schottentor« in Wien.

14. Die Reichsregierung erklärt die im Versailler Vertrag enthaltenen Bestimmungen über die Internationalisierung deutscher Wasserstraßen für ungültig und stellt deutsche Hoheit wieder her.

18. Deutschland und Italien erkennen das Franco-Regime als offizielle spanische Regierung an.

22. Der Deutsche Heinz Hoffmann stellt einen Rekord im Fliegen mit Muskelkraft auf. →

23. In Washington in der Banketthalle werden bei Galadiner erstmals Leuchtstoffröhren als Lichtquellen praktisch verwandt.

24. Carl von Ossietzky wird Friedensnobelpreis für das Jahr 1935 verliehen. →

25. Unterzeichnung eines deutsch-japanischen Paktes gegen die Kommunistische Internationale in Berlin.

28. Japan erkennt italienisches Kaiserreich in Abessinien an.

GEBOREN:

5. Uwe Seeler, deutscher Fußballspieler.

15. Wolf Biermann, deutscher Liedermacher.

Ossietzky darf Friedensnobelpreis nicht annehmen

24. November. Die nachträgliche Verleihung des Friedensnobelpreises für das Jahr 1935 an den deutschen Pazifisten Carl von Ossietzky bringt die NS-Machthaber in beträchtliche Schwierigkeiten. Der vom norwegischen Nobelpreiskomitee auserkorene Kandidat befindet sich in einem Konzentrationslager und ist nicht in der Lage, den Preis entgegenzunehmen.

Die Reichsregierung interveniert umgehend bei der norwegischen Regierung und bringt ihr Befremden über den Beschluß des Verleihungsausschusses des norwegischen Stortings zum Ausdruck. In der Note wird von einer beleidigenden Herausforderung Deutschlands gesprochen. Mit dem Hinweis der norwegischen Regierung auf die Unabhängigkeit und Souveränität des Stortings ist der Fall auf internationaler Ebene geregelt, nicht aber für die NS-Machthaber. Ossietzky wird im KZ unter physischen und psychischen Druck gesetzt.

Der Publizist hat 1919 und 1920 für die Deutsche Friedensgesellschaft gearbeitet, war danach bis 1926 Redakteur an einer Berliner Tageszeitung und Zeitschrift und übernahm dann bis 1933 die Chefredaktion der literarisch-politischen Zeitschrift »Die Weltbühne«. Ossietzky wird noch in der Weimarer Republik im sogenannten »Weltbühnen-Prozeß« 1931 zu eineinhalb Jahren Gefängnis wegen Landesverrats verurteilt, durch eine Amnestie aber vorzeitig entlassen. Nach dem Reichstagsbrand verhaften ihn die Nationalsozialisten und stecken ihn in ein Schutzhaftlager.

427-Meter-Flug mit Muskelkraft

22. November. Der deutsche Bastler Heinz Hoffmann verbessert in Hamburg seine erst am 31. August in Frankfurt aufgestellte Höchstleistung im Muskelkraftfliegen (390 Meter) auf 427 Meter. Hoffmann bewegt einen Flugkörper durch die Luft, dessen Propeller er mit einer fahrradartigen Übersetzung durch kräftiges Treten antreibt.

Mo	Di	Mi	Do	Fr	Sa	So
	1	2	3	4	5	6
7	8	9	10	11	12	13
14	15	16	17	18	19	20
21	22	23	24	25	26	27
28	29	30	31			

1. Eröffnung der von Präsident Roosevelt angeregten und von 26 Staaten besuchten panamerikanischen Friedenskonferenz.

1. Annahme der neuen sowjetischen Verfassung durch den 8. Rätekongreß der UdSSR in Moskau.

4. Sowjetregierung setzt Rubelparität im Verhältnis 1 : 4,25 zu dem französischen Franc neu fest.

6. Uraufführung der Oper »Schwarzer Peter« von Norbert Schultze in Hamburg.

10. König Edward VIII. von England gibt seine Abdankung bekannt. →

12. Herzog von York zum König George VI. von England proklamiert. →

12. Chinas Staatsoberhaupt Tschiang Kai-schek bei Inspektionsreise zu Truppen im kommunistischen Aufstandsgebiet von Putschgeneral verhaftet.

12. Irischer Gesetzentwurf tilgt Erwähnung der britischen Krone aus der irischen Verfassung und strebt republikanische Regierungsform für den Freistaat an. →

14. Der Mörder des Schweizer NSDAP-Landesleiters Gustloff wird vom Kantonsgericht Graubünden zu 18 Jahren Zuchthaus verurteilt.

16. Verleihung der Nobelpreise in Stockholm und Oslo. →

18. Uraufführung des Schauspiels »Cesar« von Marcel Pagnol in Paris.

19. Aberkennung des Ehrendoktortitels für Thomas Mann durch die Universität Bonn nach dessen Ausbürgerung aus dem Deutschen Reich.

26. Putschgeneral läßt Marschall Tschiang Kai-schek frei und unterwirft sich der Zentralregierung in Nanking.

GESTORBEN:

10. Luigi Pirandello (* 28. 6. 1867), italienischer Dichter.

25. Carl Stumpf (* 24. 1. 1848), deutscher Philosoph.

30. Erzherzog Friedrich von Habsburg-Lothringen (* 4. 6. 1856), österreichisch-ungarischer Feldmarschall.

31. Miguel de Unamuno (* 29. 9. 1864), spanischer Philosoph.

Edward VIII. verzichtet auf Thron

König Edward VIII. bei seiner letzten Rede im Rundfunk.

Der Heirat des Königs mit einer Bürgerlichen steht nach geltendem britischen Staatsrecht nichts im Wege, das Problem in diesem Fall stellen Nachkommen aus der Ehe dar, die nach geltendem Recht thronfolgeberechtigt sind. Edward versucht in Verhandlungen mit Premierminister Stanley Baldwin über die Kompromißlösung »morganatische Ehe« – Ausschluß etwaiger Nachkommen aus der Ehe des Königs mit Wally Simpson von der Thronfolge – seinen Thronanspruch zu retten, doch stimmt das Kabinett entschieden dagegen. Daraufhin verzichtet Edward auf die Krone und entscheidet sich für Wally Simpson.

Ein derartiger Schritt ist in der Thronfolgeordnung Großbritanniens nicht vorgesehen. Die Regierung bringt deshalb umgehend ein Abdankungsgesetz im Parlament ein, das den Herzog von York zum Nachfolger Edwards auf dem Thron bestimmt und Edward sowie seine Nachkommen von der Thronfolge ausschließt. Das Gesetz wird von beiden Häusern des englischen Parlaments sofort angenommen und erreicht am 11. Dezember nach Absegnung durch den Herzog von York Rechtskraft. Damit endet Edwards Regierung. Der neue König wählt den Namen George VI. und verleiht seinem Vorgänger den Titel eines Herzogs von Windsor. Dieser verläßt umgehend mit Wally Simpson das Land und trifft am 13. Dezember in Österreich ein.

Als Tag der Krönung des neuen Königs George VI. wird der 12. Mai 1937 festgesetzt. Die Regierungen der Dominions erkennen den Abdankungsvorgang an oder wollen ihn ihren Parlamenten noch zur Genehmigung vorlegen. Der Freistaat Irland nutzt die Gelegenheit, den Streit mit der britischen Krone zu beenden.

10. Dezember. Mit der Unterzeichnung der Abdankungserklärung durch König Edward VIII. endet eine der kürzesten Regentschaften im Vereinigten Königreich Großbritannien. Der 42jährige verzichtet auf die britische Krone und entscheidet sich für ein Leben an der Seite der von ihm auserkorenen Frau ohne Zwänge der Hofetikette. Edwards Heiratsabsichten schockieren die Öffentlichkeit im gesamten britischen Weltreich wegen der Vergangenheit seiner künftigen Gemahlin. Die in Amerika geborene Wally Warfield (→ Juni 1937) ist nicht nur bürgerlicher Abkunft, sondern auch bereits zweimal geschieden, beide Ehen – die erste mit dem amerikanischen Marineoffizier Winfield Spencer, die zweite mit dem Londoner Schiffsmakler Ernest Simpson – sind allerdings aufgrund von Verfehlungen der Gatten geschieden worden. Das zweite Scheidungsurteil entbehrt nicht der Delikatesse: Es erfolgt erst im Oktober durch den im Gesetz vorgesehenen Passus, der besagt, daß die Ehe erst nach Ablauf von sechs Monaten rechtskräftig getrennt ist.

Österreichische Wissenschaftler erhalten Nobelpreise

16. Dezember. Der geteilte Nobelpreis für Medizin und Physiologie geht in diesem Jahr an Hofrat Professor Loewy (Graz) für seine Studien über die Einwirkung des Nervus vagus und des Sympathicus auf das Herz und an Sir Henry Hallett-Dale (London) für seine Arbeit an Stoffen im Mutterkorn. Der Physikpreis geht zu gleichen Teilen an Professor Viktor Heß (Österreich) für seine Forschungen auf dem Gebiet der kosmischen Strahlen und den in Schweden geborenen Amerikaner Professor C. A. Andersson für die Entdeckung der Positronen. Den Chemiepreis erhält der Holländer Professor Peter Debye für die Untersuchungen unter anderem der Interferenz der Röntgen- und Elektronenstrahlen. Der Literaturpreis geht an den amerikanischen Schriftsteller irischer Abstammung Eugene O'Neill.

1937

JANUAR

Mo	Di	Mi	Do	Fr	Sa	So
				1	2	3
4	5	6	7	8	9	10
11	12	13	14	15	16	17
18	19	20	21	22	23	24
25	26	27	28	29	30	31

2. Britisch-italienisches Abkommen (sogenanntes Gentleman's Agreement) über Aufrechterhaltung des Status quo im Mittelmeer abgeschlossen.

5. Gesetzentwurf des türkischen Parlaments sieht die Wehrpflicht für Frauen im Alter von 16 bis 60 Jahren im Kriegsfall vor.

5. Premiere des Spielfilms »Weiße Sklaven« von Karl Anton.

7. Trauungszeremonie von Kronprinzessin Juliana der Niederlande und Prinz Bernhard von Lippe-Biesterfeld in Den Haag. →

7. Danzig und Polen treffen Abmachung über Nutzung des Danziger Hafens durch Polen.

9. Italienischer Ministerrat verbietet Konkubinat zwischen Weißen und Farbigen in den italienischen Kolonien Nordafrikas.

10. Einführung der allgemeinen dreijährigen Dienstpflicht für Männer zwischen 18 und 23 in Mandschukuo.

12. Der Großmufti von Jerusalem protestiert bei britischer Palästina-Untersuchungskommission gegen britische Palästinapolitik und fordert Beendigung der Judeneinwanderung.

14. Premiere des Spielfilms »Ritt in die Freiheit« von Karl Hartl mit Willy Birgel in der Hauptrolle.

18. Reichsorganisationsleiter Robert Ley und Jugendführer von Schirach geben vorgesehene Gründung von Vorschulen für nationalsozialistische Ordensburgen bekannt.

21. Marcel Boulestine eröffnet bei der BBC London die Serie »Cooks Night Out« und ist damit der erste Fernsehkoch der TV-Geschichte.

23. Beginn eines neuen Trotzkistenprozesses vor dem Militärkollegium des Obersten Sowjetgerichts in Moskau. →

28. Die ordentliche Tagung des Völkerbundrats berät über die Beibehaltung des Status quo in Danzig.

30. Albert Speer wird von Adolf Hitler zum »Generalbauinspektor für die Reichshauptstadt« eingesetzt.

30. Ein Erlaß Hitlers verbietet jedem Deutschen künftig Annahme eines Nobelpreises.

31. Fußballländerspiel Deutschland gegen Holland endet in Düsseldorf 2 : 2.

Neue Schauprozesse

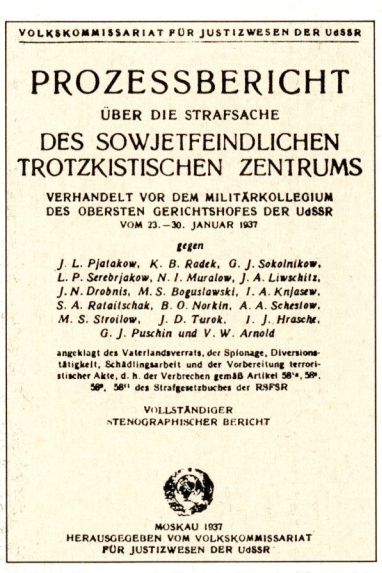

In Moskau erscheint ein Prozeßbericht.

31. Januar. Mit der Hinrichtung von 13 am Vortage zum Tode verurteilten Angeklagten endet ein weiteres Kapitel der von Stalin geschriebenen Geschichte der Parteisäuberungen in der Sowjetunion. Im sogenannten »Prozeß der Siebzehn« sitzen frühere Führungspersönlichkeiten der Partei auf der Anklagebank, darunter mit Karl Radek, Pjatakow und Sokolnikow ehemalige Mitkämpfer Lenins. Die pauschale Anklage lautet auf Trotzkismus und Verrat der Sowjetunion an ausländische Mächte.

Wie in anderen öffentlichen Schauprozessen auch, liegt außer dem Geständnis der Angeklagten kein Beweis für die Anschuldigungen vor. Am 30. Januar werden Pjatakow und zwölf weitere Angeklagte zum Tode verurteilt, Radek, Sokolnikow, Arnold und Strejlow kommen mit hohen Gefängnisstrafen davon. Leo Trotzki kann von seinem neuen Zufluchtsort Mexiko, wohin er nach vorübergehender Internierung in Norwegen geflüchtet ist, die Weltöffentlichkeit nur von der Unschuld der Angeklagten informieren, helfen kann er ihnen nicht.

Eine Karikatur in der sowjetischen satirischen Zeitschrift »Krokodil«.

Generale sagen sich von Tschiang los

6. Januar. Neun Generale der im Nordwesten Chinas gegen die aufständischen Kommunisten kämpfenden Truppen sagen sich an diesem Tag in einem Rundtelegramm von der Zentralregierung in Nanking los und schaffen eine kritische Situation für Tschiang Kai-schek, der dem politischen Zentralrat der Kuomintang seinen Rücktritt angeboten hat, aber auf Bitten der Parteiführung weiter im Amt bleibt. Tschiang Kai-schek hat angeblich ein Abkommen mit dem Putschgeneral Tschang Hsue-liang getroffen, das die Beendigung der Kämpfe mit den Kommunisten und statt dessen ein gemeinsames Vorgehen gegen die japanische Bedrohung Chinas vorsieht.

Deutscher Prinz wird in Holland Königliche Hoheit

Die holländische Kronprinzessin Juliana und Prinz Bernhard.

7. Januar. In Den Haag findet die Trauung der holländischen Kronprinzessin Juliana mit Prinz Bernhard von Lippe-Biesterfeld statt. Eine riesige Menschenmenge wartet vor dem Rathaus, wo die Standesamtszeremonie stattfindet und verfolgt dann den Weg des Paares zur Großen Kirche in Den Haag, wo die kirchliche Trauung vorgenommen wird. Prinz Bernhard erhält den Titel »Prinz der Niederlande« und das Prädikat »Königliche Hoheit«.

Überschwemmung fordert 700 Tote

31. Januar. Der US-Bundesstaat Kentucky wird von einer verheerenden Überschwemmungskatastrophe heimgesucht. Nach anhaltenden Regenfällen tritt der Ohio an mehreren Stellen über die Ufer, seine Wassermassen überfluten Städte und Dörfer und verursachen riesige Schäden. Bis Ende des Monats kommen 400 Menschen in den Fluten um, weitere 300 sterben an auftretenden Epidemien. Der Sachschaden wird allein in Kentucky auf etwa 500 Millionen Dollar geschätzt.

1937

FEBRUAR

Mo	Di	Mi	Do	Fr	Sa	So
1	2	3	4	5	6	7
8	9	10	11	12	13	14
15	16	17	18	19	20	21
22	23	24	25	26	27	28

3. US-Präsident Roosevelt kündigt Regierungsprogramm zur Regulierung der Flüsse Ohio und Mississippi in Höhe von 5 Milliarden Dollar an.

7. Stapellauf des ersten schweren Kreuzers der deutschen Kriegsmarine »Admiral Hipper« in Hamburg.

8. Premiere des Spielfilms »Fridericus Rex« von Johannes Meyer mit Otto Gebühr, Hilde Körber, Lil Dagover und Paul Dahlke.

8. Eroberung der Stadt Malaga durch Truppen der Falange im spanischen Bürgerkrieg.

9. Konstituierende Sitzung eines der deutschen Minderheit in der Tschechoslowakei dienenden »Instituts für deutsche Volksbildung« in Prag.

13. Felix Kaspar (Österreich) wird neuer Eiskunstlauf-Weltmeister in Wien.

16. Die Firma Du Pont de Nemours meldet beim Patentamt in Wilmington (Delaware/USA) die Erfindung von Nylon an.

17. Uraufführung des Schauspiels »Passagier ohne Gepäck« von Jean Anouilh in Paris.

18. Professor Carl Burckhardt (Schweiz) neuer Völkerbundskommissar für Danzig.

20. Hitler kündigt bei Eröffnung der internationalen Automobil- und Motorradausstellung in Berlin eine stärkere Motorisierung im Reich an.

21. Das private Stillhalteabkommen wegen der Auslandsschulden deutscher Länder und Gemeinden wird um ein Jahr verlängert.

23. Chinas Regierungspartei Kuomintang lehnt auf einem Kongreß in Nanking jede Zusammenarbeit mit den Kommunisten ab. →

23. Eine persönliche Anordnung des Reichsführers SS Heinrich Himmler an die Kriminalpolizei verlangt Festnahme von 2000 Berufs- und Gewohnheitsverbrechern oder gemeingefährlichen Sittlichkeitsverbrechern.

25. Deutsch-österreichischer Kulturausschuß zur Regelung von kulturellen Angelegenheiten beider Länder nimmt die Arbeit auf.

GESTORBEN:

5. Lou Andreas-Salomé (* 12. 2. 1861), deutsche Schriftstellerin.

Kuomintang lehnt Zusammenarbeit mit Mao ab

23. Februar. Der Kongreß der chinesischen Regierungspartei Kuomintang in Nanking, die Partei Tschiang Kai-scheks, lehnt in einer abschließenden Resolution weiterhin jede Zusammenarbeit mit den Kommunisten unter der politischen Führung Mao Tse-tungs ab.

Mao hat dem Parteikongreß am 18. Februar eine Erklärung übermittelt, in der er den gemeinsamen Kampf gegen die japanische Bedrohung vorschlägt. Seine Rote Armee würde er in eine »nationalrevolutionäre Truppe« umgestalten und gemeinsam mit den Regierungstruppen gegen den gemeinsamen äußeren Feind führen.

Die Kuomintang bleibt aber bei ihrer antikommunistischen Linie, die bereits bei der Besetzung der von den Putschgeneralen an die Kommunisten übergebenen Stadt Sianfu durch Regierungstruppen am 9. Februar konsequent durchgehalten wird. Das Schlußmanifest des Parteikongresses verspricht dem chinesischen Volk jedoch eine verfassunggebende Nationalversammlung, die im November einberufen werden soll, um die Bevormundung des Volkes durch die Kuomintang zu beenden.

Kongreßpartei in Indien erringt Mehrheit bei Wahl

Damit die durch die Verfassungsreform vorgesehene Autonomie der indischen Provinzen am 1. April auch wirksam werden kann, müssen im Februar die Provinzlandtage gewählt werden. Durch das neue Wahlrecht – auch Frauen und sogenannte Unberührbare sind erstmals stimmberechtigt – hat sich die Zahl der Wähler vervierfacht, was vor allem der Kongreßpartei Jawaharlal Nehrus zugute kommt. In den meisten Provinzen erringt sie eine regierungsfähige Mehrheit, doch soll die Frage einer Regierungsbeteiligung erst noch geklärt werden. In einem Wahlmanifest hat die Partei Zusammenarbeit mit anderen politischen Gruppen abgelehnt.

1937

MÄRZ

Mo	Di	Mi	Do	Fr	Sa	So
1	2	3	4	5	6	7
8	9	10	11	12	13	14
15	16	17	18	19	20	21
22	23	24	25	26	27	28
29	30	31				

2. Faschistischer Großrat in Rom beschließt nach zweitägiger Konferenz eine stärkere Aufrüstung Italiens.

3. Rechenschaftsbericht Stalins in Plenarsitzung des Zentralkomitees der KPdSU über »Mängel in der Parteiarbeit und Maßnahmen zur Liquidierung der trotzkistischen Schädlinge«.

7. Volkskommissar Rykow und »Iswestija«-Chefredakteur Buchanin aus KPdSU ausgeschlossen und verhaftet.

9. Kriminalpolizei der Länder verhaftet schlagartig 2000 aus Listen ausgesuchte Personen und bringt sie als »Gewohnheits- und Sittlichkeitsverbrecher« in die Konzentrationslager Sachsenhausen, Sachsenburg, Lichtenburg und Dachau.

16. Straßenschlachten zwischen demonstrierenden Volksfrontanhängern und Mitgliedern der Sozialpartei in Paris fordern fünf Tote, 158 verletzte Polizisten, 84 verletzte Mobilgardisten.

17. Premiere des Spielfilms »Der Herrscher« von Veit Harlan mit Emil Jannings in der Hauptrolle.

18. Propagandaminister Goebbels schafft die Position des Reichsintendanten des deutschen Rundfunks und besetzt sie mit dem Kölner Intendanten Dr. Glasmeier.

21. Erlaß der Enzyklika »Divini redemptoris« durch Papst Pius XI. gegen den atheistischen Kommunismus.

21. Deutschland gewinnt das Fußballänderspiel gegen Frankreich in Stuttgart mit 4 : 0.

23. Erlaß der päpstlichen Enzyklika »Mit brennender Sorge« in Rom. →

27. Die päpstliche Enzyklika »Mit brennender Sorge« wird von den Kanzeln in den katholischen Kirchen Deutschlands verlesen. →

31. Zahl der Arbeitslosen in Deutschland wird von der Reichsanstalt für Arbeit mit 1 245 000 angegeben.

GEBOREN:

18. Rudi Altig, deutscher Radweltmeister.

GESTORBEN:

16. Joseph Austen Chamberlain (* 16. 10. 1863), britischer Staatsmann.

Päpstliche Enzyklika gegen NS-Machthaber

23. März. Aus Rom kommt für die Nationalsozialisten an diesem Tag schlechte Kunde. Anstelle von Freundschaftsbekundungen der italienischen Faschisten erfahren sie durch eine päpstliche Enzyklika eine vernichtende Absage an ihr bisheriges Auftreten in Sachen Kirche und Menschlichkeit.

Papst Pius XI.

Pius XI. kommt in der Enzyklika »Mit brennender Sorge« zur Ansicht, daß die NS-Machthaber nicht nur das von ihm mit äußersten Bedenken unterzeichnete Konkordat ständig verletzen, sondern auch die Rechte der Katholiken im Reich unterdrücken. Er kündigt den entschlossenen Widerstand der Kirche gegen künftige Verletzungen verbürgter Rechte an und rechnet dann scharf mit der nationalsozialistischen Weltanschauung ab. Die von ihr geprägte Sicht der Begriffe Rasse, Volk und Staat wird mit heidnischer Götzenverehrung gleichgestellt und als Verfälschung der göttlichen Ordnung gebrandmarkt.

Das Rundschreiben aus Rom schockt die Berliner Regierung, die versucht, seine Verbreitung im Deutschen Reich zu verhindern. Die Geheime Staatspolizei verbietet Druck und Veröffentlichung, kann aber nicht verhindern, daß die Enzyklika kurz nach ihrer Verkündung in Rom von den Kanzeln der katholischen Kirchen in Deutschland verlesen wird.

Ein Fresko des mexikanischen Künstlers Diego Rivera in den Fordwerken in Detroit zeigt Fließbandarbeit bei der Automobilproduktion der dreißiger Jahre.

Sieg für Gewerkschaft

7. März. Mit der grundsätzlichen Anerkennung der United Automobile Workers Union durch die General Motors Autowerke in Detroit kann die Gewerkschaftsbewegung der USA erstmals in der Autoindustrie Fuß fassen. Der neue Gewerkschaftsverband Commitee of Industrial Organization (C.I.O.) unter Führung von John L. Lewis strebt als Verhandlungspartner das Alleinvertretungsrecht für alle Arbeiter eines Betriebes oder Industriezweiges an, während bisher vom American Federation of Labor (A.F.L.) durch seine Gewerkschaften immer nur ein bestimmtes Fachgebiet innerhalb eines Betriebes vertreten worden ist. Im Falle der Automobilarbeiter in Detroit wird mit General Motors und dann auch mit Chrysler erstmals für alle Gewerkschaftsmitglieder mit den Betriebsleitungen verhandelt.

»Fallingwater« heißt das Haus in Pennsylvania (USA), das der amerikanische Architekt Frank Lloyd Wright 1937 fertigstellt. Wright übt auf die Architekten seiner Zeit – auch in europäischen Ländern – entscheidenden Einfluß aus.

1937

APRIL

Mo	Di	Mi	Do	Fr	Sa	So
			1	2	3	4
5	6	7	8	9	10	11
12	13	14	15	16	17	18
19	20	21	22	23	24	25
26	27	28	29	30		

1. Burma scheidet aus indischem Reich aus und erhält vom Mutterland Großbritannien eine Art Dominion-Status.

5. Französischer Dampfer »Normandie« schafft Ozeanüberquerung in drei Tagen, 23 Stunden und zwei Minuten und erobert das »Blaue Band«. →

5. Uraufführung des Schauspiels »Die Riesen vom Berg« von Luigi Pirandello in Florenz.

9. Japanische Flieger Masaaki Jinuma und Kenji Tsukagoshi bewältigen die Strecke Tokio–London (9800 Meilen) in 94 Stunden und 18 Minuten.

10. In Frankreich wird die Genehmigung für Einführung der 40-Stunden-Woche im Bereich Handel, Banken und Versicherung erteilt.

15. Max Schmeling wird von Boxkommission in Berlin zum Deutschen Meister aller Klassen erklärt.

16. Das Winterhilfswerk der Jahre 1936/37 endet mit einem totalen Sammlungserlös von 358,5 Millionen Reichsmark.

20. Vereinigung der spanischen Falangisten und der Traditionalisten zur nationalen Partei unter Leitung General Francos.

21. Stapellauf des ersten Flugzeugträgers der britischen Kriegsmarine »Ark Royal« mit Decks für 70 Maschinen.

24. Reichsorganisationsleiter Ley verleiht der Reichsstudentenschaft Status eines Hauptamtes der NSDAP.

25. Deutschland gewinnt in Hannover Fußballänderspiel gegen Belgien mit 1 : 0.

26. Zerstörung der baskischen Hauptstadt Guernica (Sitz der autonomen Regierung) durch deutsche Flugzeuge der Legion Condor. →

27. Golden-Gate-Brücke von San Francisco für den Verkehr freigegeben. Die größte Hängebrücke der Welt führt 67 m über dem Wasser sechsspurig von San Francisco zur Halbinsel Marin. Herstellungskosten: 35 Millionen Dollar. →

30. Eröffnung der Ausstellung »Gebt mir vier Jahre Zeit« durch Adolf Hitler in Berlin. →

30. Zahl der Arbeitslosen im Deutschen Reich erstmals wieder unter die Millionengrenze gesunken: 961 000.

»Normandie« erringt neuen Atlantikrekord

5. April. Der französische Dampfer »Normandie« erreicht bei seiner Rekordfahrt über den Atlantik mit 30,98 Knoten pro Stunde einen neuen Geschwindigkeitsrekord und erringt zum zweitenmal den Anspruch auf das Blaue Band. 1935 war der »Normandie« bereits einmal für die schnellste Atlantiküberquerung diese berühmte Trophäe verliehen worden, die es in Wirklichkeit nie gegeben hat. Erst 1934 hat ein Engländer einen silbernen Pokal gestiftet. Rekordfahrten werden seit 1893 gemessen und sehen wie folgt aus: 1893 »Campania« (England) 21,06 Knoten pro Stunde, 1900 »Kaiser Wilhelm« (Deutschland) 22,35 Knoten, 1901 »Deutschland« 23 Knoten, 1902 »Kronprinz Wilhelm« 23,47 Knoten, 1904 »Kaiser Wilhelm« 23,58 Knoten, 1907 »Mauretania« (England) 23,69 Knoten, 1911 »Mauretania« 27,04 Knoten, 1933 »Bremen« (Deutschland) 28,51 Knoten, 1933 »Rex« (Italien) 28,92 Knoten, 1935 »Normandie« (Frankreich) 30,31 Knoten (→ Juni 1935), 1936 »Queen Mary« (England) 30,63.

Sowjets melden Erfolge für Fünfjahresplan

Das Zentralexekutivkomitee und der Rat der Volkskommissare der Sowjetunion können bei der Bekanntgabe des Wirtschaftsplans für 1937, das letzte Jahr des zweiten Fünfjahresplans der UdSSR-Wirtschaft, beeindruckende Zahlen über die Entwicklung der gesamtwirtschaftlichen Lage des Landes vorlegen. So ist die Industrieproduktion 1936 um 28 Prozent gestiegen, ihr Gesamtwert soll im laufenden Jahr auf 103 Milliarden Rubel steigen, was einer nochmaligen Steigerung um 20 Prozent gleichkäme. 1167 Kilometer neue Eisenbahnstrecken sollen in diesem Jahr dem Verkehr übergeben werden; das Schiffahrtsnetz wächst um 8800 Kilometer. Höhepunkt ist die Freigabe des Moskwa-Wolga-Kanals mit 128 Kilometern Länge.

26. April. Die baskische Hauptstadt Guernica wird durch einen Angriff deutscher Flugzeuge zerstört. Für den spanischen Pavillon der Pariser Weltausstellung malt Pablo Picasso 1937 das Bild »Guernica« als »Aufruf« gegen den Krieg.

1937

MAI

Mo	Di	Mi	Do	Fr	Sa	So
					1	2
3	4	5	6	7	8	9
10	11	12	13	14	15	16
17	18	19	20	21	22	23
24	25	26	27	28	29	30
31						

1. Emil Jannings erhält Nationalen Filmpreis 1937 für seine Rolle im Veit-Harlan-Film »Der Herrscher«.

2. Deutschland gewinnt Fußballänderspiel gegen die Schweiz in Zürich mit 1 : 0.

6. Luftschiff »Hindenburg« verbrennt bei Landung in Lakehurst, 33 Insassen sterben. →

7. Eröffnung der Reichsausstellung »Schaffendes Volk« durch Hermann Göring in Düsseldorf.

10. Hermann Lang gewinnt den Großen Preis von Tripolis auf Mercedes vor Rosemeyer (Auto-Union).

11. Marschall Tuchatschewski wird als Generalstabschef der Roten Armee abgelöst und zum kommandierenden General des Wolgagebiets degradiert.

13. Uraufführung des Schauspiels »Elektra« von Jean Giraudoux in Paris.

16. Deutschland gewinnt ein Fußballänderspiel gegen Dänemark in Breslau mit 8 : 0. →

17. Wiedereinführung der politischen Kommissare bei Truppeneinheiten der Roten Armee in der Sowjetunion.

21. Uraufführung eines Teils (7 von 24 Szenen) des Theaterstücks »Furcht und Elend des Dritten Reiches« von Bert Brecht unter dem Titel »99 %« in Paris.

26. Eröffnung der von 52 Staaten beschickten Weltausstellung 1937 »Kunst und Technik der Gegenwart« in Paris.

28. Rücktritt von Premierminister Baldwin und Ernennung Neville Chamberlains zum neuen englischen Premierminister.

29. Bombardierung des Panzerschiffes »Deutschland« auf der Reede von Ibiza durch Volksfrontflugzeuge fordert 20 Tote und 73 Verletzte.

30. Hermann Lang gewinnt auf Mercedes Berliner Avus-Rennen.

GESTORBEN:

11. Afonso Augusto da Costa (* 6. 3. 1871), portugiesischer Politiker.

23. John D. Rockefeller (* 8. 7. 1839), amerikanischer Unternehmer.

25. Alfred Adler (* 7. 2. 1870), österreichischer Arzt, Begründer der Individualpsychologie.

Schul-Neuordnung

Für die Schüler im Deutschen Reich ergeben sich nach den Osterferien 1937 einige wesentliche Änderungen ihres Ausbildungsweges. Die mit dem neuen Schuljahr beginnende Schulreform sieht als Ausgangsbasis eine Verkürzung der Schulzeit bis zum Abitur auf zwölf Jahre vor. Die ersten vier Jahrgänge der Volksschule (Grundschule) müssen daher ab Ostern 1937 Aufgaben übernehmen, die bisher der höheren Schule vorbehalten waren. Richtlinien werden vom Reichserziehungsministerium erlassen.

Die neuen Richtlinien für Oberschule und Gymnasium sehen eine Ausweitung des Fremdsprachenunterrichts vor. In den Jungen-Oberschulen werden künftig drei Fremdsprachen gelehrt, und zwar Englisch ab Sexta, Latein ab Quarta und eine weitere lebende Fremdsprache ab Obersekunda. Beim naturwissenschaftlichen Zweig der Oberschule fällt die dritte Fremdsprache allerdings weg. Bei den Gymnasien sieht der Lehrplan von nun an ab Sexta Latein vor, ab Quarta Griechisch, ab Obersekunda Englisch. Höhere Mädchenschulen sind entweder Oberschulen oder Aufbauschulen. Im ersten Fall kann man von der Oberstufenklasse an einen sprachlichen oder hauswirtschaftlichen Zweig wählen.

Hitler eröffnet Wanderschau mit NS-Bilanz

30. April. In Berlin eröffnet Adolf Hitler die Wanderausstellung »Gebt mir vier Jahre Zeit«, die anschließend von großen Bussen über Land gefahren wird. Der Titel der Ausstellung bezieht sich auf einen Satz aus der Rede, die Hitler am 11. Februar 1933 nach seiner Machtübernahme im Berliner Sportpalast gehalten und in der er gefordert hat: »Deutsches Volk, gib uns die Zeit von vier Jahren – dann richte und urteile über uns.«

In der Ausstellung feiert das Dritte Reich die Erfolge seiner Politik. Gleichzeitig erscheint ein Buch von Alfred-Ingemar Berndt mit dem Titel »Gebt mit vier Jahre Zeit«, in dem enthusiastisch die Errungenschaften des Dritten Reiches gewürdigt werden. Ein Zitat aus dem Buch: »Der 30. Januar 1933 bringt die Wende. Adolf Hitler stößt das Tor zur deutschen Freiheit auf. Sofort werden Verhandlungen über eine Neugestaltung der deutschen Rüstung aufgenommen, die indessen auf so wenig Verständnis bei der Gegenseite stoßen, daß Deutschland gezwungen ist, sich endlich selbst sein Recht zu nehmen.«

Buch und Ausstellung preisen das Sinken der Arbeitslosenzahl, die im April wieder die Millionengrenze unterschreitet, den Aufbau von Verkehr und Landwirtschaft.

27. April. In San Francisco wird die Golden-Gate-Brücke dem Verkehr übergeben. Sie ist zu dieser Zeit die längste Hängebrücke der Welt (2725 m).

Zeppelin explodiert

6. Mai. Als das Luftschiff »Hindenburg« um 7.30 Uhr Ortszeit (7. Mai 1.30 Uhr MEZ) bei der Landung auf dem Luftschiffhafen Lakehurst bei New York in Flammen aufgeht, ist der so hoffnungsvoll gestartete Zeppelin-Verkehr über den Nordatlantik beendet. In der Flammenhölle kommen elf der 36 Fahrgäste, 22 Mann der 60köpfigen Besatzung und ein Mitglied der Bodenmannschaft ums Leben. Drei Untersuchungskommissionen machen sich an die Arbeit, um die Ursache der Katastrophe zu ermitteln. Aus Deutschland reisen Hugo Eckener, Chef der Deutschen Zeppelin-Reederei in Ludwigshafen, und Chefkonstrukteur Dürr an der Spitze einer großen Kommission an; die amerikanische Marine und das Handelsministerium bilden die anderen Untersuchungsstäbe. Die Unglücksursache kann nie endgültig geklärt werden, obwohl die Reste der »Hindenburg« später nach Ludwigshafen geholt und dort einer Analyse unterzogen werden.

Das Luftschiff »Hindenburg« geht in Lakehurst in Flammen auf.

Breslau-Elf siegt 8:0 über Dänemark

16. Mai. Das sechste Länderspiel des Jahres bringt mit dem 8 : 0-Sieg gegen Dänemark die Geburtsstunde der nach dem Austragungsort so benannten »Breslau-Elf«, deren Leistung zu einer Legende im deutschen Fußballsport wird. Unter Leitung von Reichstrainer Sepp Herberger, der nach der Pleite der Fußballer bei den Olympischen Spielen in Berlin Nachfolger von Otto Nerz geworden ist, spielen: Hans Jakob (Jahn Regensburg) im Tor, Paul Janes (Fortuna Düsseldorf) und Reinhold Münzenberg (Alemannia Aachen) in der Verteidigung, Andreas Kupfer (Schweinfurt 05), Ludwig Goldbrunner (Bayern München) und Albin Kitzinger (Schweinfurt 05) Läuferreihe, Ernst Lehner (Schwaben Augsburg), Rudolf Gellesch (Schalke 04), Otto Siffling (SV Waldhof), Fritz Szepan und Adolf Urban (beide Schalke 04) im Sturm. Tore: Siffling (5), Lehner, Szepan, Urban (je 1).

Sepp Herberger.

1937
JUNI

Mo	Di	Mi	Do	Fr	Sa	So
	1	2	3	4	5	6
7	8	9	10	11	12	13
14	15	16	17	18	19	20
21	22	23	24	25	26	27
28	29	30				

2. Uraufführung der Oper »Lulu« von Alban Berg in Zürich als Fragment.

3. Trauung des Herzogs von Windsor mit Wallis Warfield-Simpson im Schloß Candé bei Monts (Frankreich).

5. Henry Ford beschließt Einführung der 32-Stunden-Woche in seinen Automobilwerken als Beweis seiner Unabhängigkeit von der neuen Gewerkschaftsbewegung C.I.O.

8. Uraufführung der szenischen Kantate »Carmina Burana« von Carl Orff in Frankfurt/M.

11./12. Sowjetmarschall Tuchatschewski und sieben andere Generale der Roten Armee verhaftet, zum Tode verurteilt und erschossen. →

13. Bernd Rosemeyer (Mercedes) gewinnt Eifelrennen vor Caracciola (Auto-Union).

15. Staatspräsident Kemal Atatürk gibt der Nationalversammlung Stiftung seines Vermögens von 100 Millionen französischen Francs zugunsten der Türkei bekannt.

16. Bernd Rosemeyer erreicht auf der Autobahn bei Frankfurt/Main mit Auto-Union-Rennwagen neuen Weltrekord über 10 Meilen (360,27 km/h).

20. Schalke 04 wird durch einen 2 : 0-Sieg gegen den 1. FC Nürnberg vor 100 000 Zuschauern in Berlin Deutscher Fußballmeister.

20. Erfolgreicher Transpolarflug dreier Sowjetpiloten in Vancouver (US-Bundesstaat Washington) nach einer Flugzeit von 37 Stunden und 11 Minuten ab Moskau beendet.

21. Rücktritt des Volksfrontkabinetts Léon Blum in Frankreich.

22. Joe Louis wird durch K.-o.-Sieg in der achten Runde gegen James J. Braddock in Chicago neuer Boxweltmeister aller Klassen. →

25. Deutschland gewinnt Fußballänderspiel gegen Lettland in Riga mit 3 : 1.

29. Deutschland gewinnt Fußballänderspiel gegen Finnland in Helsinki mit 2 : 0.

GESTORBEN:

18. Gaston Doumergue (* 1. 8. 1863), französischer Staatsmann.

Stalin läßt Tuchatschewski liquidieren

11. Juni. Die von Stalin inszenierte »Säuberungsaktion« der Partei von sogenannten Trotzkisten erfaßt in diesem Monat die Armeeführung. Marschall Michail Tuchatschewski, bis zum Vormonat noch stellvertretender Verteidigungskommissar der Sowjetunion, wird mit weiteren Generalen am 11. Juni verhaftet. Die Aktion überrascht den Marschall in seinem Salonwagen zur Nachtzeit. Er leistet Widerstand, wird verletzt und nach Moskau gebracht, wo es zu einer heftigen Auseinandersetzung mit Stalin kommt. Unter größter Geheimhaltung beginnt sofort ein Prozeß gegen die Armeeführer, denen wie üblich Verrat der Sowjetunion durch Spionage für fremde Mächte vorgeworfen wird. Das gefällte Todesurteil wird durch Erschießen am 12. Juni vollstreckt. Wie später von amtlicher deutscher Seite, unter anderem auch von Hitler, bestätigt wird, ist das Tuchatschewski kompromittierende Material für das Verfahren vom deutschen Staatssicherheitsdienst unter Leitung von Reinhard Heydrich den Sowjets zugespielt worden.

Sozialgesetze in USA verabschiedet

15. Juni. Die Erklärung der Verfassungsmäßigkeit der »Social Security Bill« durch den Obersten Gerichtshof der USA bringt den Arbeitnehmern in den Vereinigten Staaten einen gewaltigen Fortschritt, der allerdings in Europa schon längst erreicht ist. Das Sozialgesetz sieht die Einführung der Alters- und Arbeitslosenversicherung vor, für die bereits seit 1936 Beiträge gezahlt werden, gegen die aber von seiten der Industrie geklagt worden ist. Die Arbeitslosenversicherung ist noch auf Unternehmen mit mehr als sieben Arbeitnehmern beschränkt, sie gewährt Unterstützung an Arbeitslose zwischen 9½ und 15 Dollar pro Woche, von ihr ausgenommen sind Landarbeiter, Hausgehilfinnen, öffentliche Angestellte und Schiffsmannschaften.

Neues Boxidol in USA

22. Juni. Die undurchsichtigen Machenschaften amerikanischer Box-Veranstalter und die politische Entwicklung in Deutschland und Europa verhindern den Kampf des qualifizierten Herausforderers Max Schmeling gegen Weltmeister James J. Braddock.

So stehen sich in Chicago der im Ausscheidungskampf unterlegene Joe Louis und der Weltmeister gegenüber, der gegen die Fähigkeiten des »Braunen Bombers« Louis kaum mehr eine Chance hat. Der K.o.-Sieg des neuen amerikanischen Starboxers ist vorprogrammiert; er ist die Krönung eines langen Weges durch den Dschungel der amerikanischen Boxszene.

Joe Louis kommt aus dem schwarzen Süden der USA. Er wird 1914 in Alabama als einer von vielen Kindern einer armen Familie geboren. Als Jugendlicher geht Joe Louis nach Detroit, um in den Automobilwerken sein Glück zu versuchen. Er findet einen Job als Mechaniker, in der Freizeit tummelt er sich in einem Boxclub für Jugendliche.

Dort lernen Trainer seine Schlagkraft schätzen, sorgen für eine gute boxerische Ausbildung und sehen ihn bald in Amateurkämpfen durch K.o. siegen. Schon 1934 darf er beim Turnier um den »Golden Glove«, einer Art US-Meisterschaft für Amateure, mitmachen und gewinnt schon gleich in der Mittelgewichtsklasse.

Sein erster Geldpreis im Juli desselben Jahres beträgt 50 Dollar. Danach wird mit Mike Jacobs ein Großveranstalter auf ihn aufmerksam, verschafft ihm beste Trainer und führt ihn bald von Sieg zu Sieg im Profigeschäft. Vor der Niederlage gegen Schmeling im Jahre 1936 gehören Primo Carnera, Kingfush Lewinsky und Paolino Uzcudun zu seinen Opfern.

Seine stets sportliche Haltung im Kampf und ein vorbildliches Auftreten außerhalb des Ringes verschaffen ihm auch bei den weißen Box-Enthusiasten der USA Sympathien; mit der Erringung des Weltmeistertitels wird er bereits zum Boxidol der Amerikaner.

Jean Renoir dreht 1937 den Spielfilm »Die große Illusion« mit Jean Gabin (links) und Pierre Fresnay. Der Film erhält zahlreiche Preise.

Tragödie am Nanga Parbat

Die deutsch-österreichische Nanga-Parbat-Expedition erlebt Mitte Juni ein schreckliches Ende. In 6500 Metern Höhe wird ihr Lager 4 von einer Lawine verschüttet. Bis auf zwei Wissenschaftler, die sich außerhalb des Lagers befinden, kommen alle Expeditionsmitglieder ums Leben: acht Wissenschaftler und neun Träger. Eine Rettungsmannschaft wird zur Untersuchung des Unglücks in Marsch gesetzt.

Joe Louis (rechts) und Braddock nach der Vertragsunterzeichnung.

Weltrekorde deutscher Fliegerinnen

Mit Bewunderung nimmt die Öffentlichkeit in diesem Monat Kenntnis von der Leistung von drei deutschen Segelfliegerinnen. Zunächst verbessert Eva Schmidt den Weltrekord im Distanzflug für Frauen von 220 auf 250 Kilometer, als sie nach dem Start von der Reichsfliegerschule Hornberg bis nach Mühltroff bei Plauen fliegt.

Inge Wetzel bleibt mit ihrer Maschine 18 Stunden und 31 Minuten in der Luft und schafft einen neuen Frauen-Dauerrekord. Hanna Reitsch schließlich steuert ihre Maschine »Reiher« von der Wasserkuppe in der Rhön nach Hamburg-Fuhlsbüttel und stellt einen neuen Weltrekord-Streckenflug für Frauen auf.

3. Juni. Im Schloß Candé in Frankreich heiraten der Herzog von Windsor, der frühere König Edward VIII., und die Amerikanerin Wallis Warfield-Simpson.

1937

JULI

Mo	Di	Mi	Do	Fr	Sa	So
			1	2	3	4
5	6	7	8	9	10	11
12	13	14	15	16	17	18
19	20	21	22	23	24	25
26	27	28	29	30	31	

1. Pastor Martin Niemöller von der Gestapo verhaftet und in das Gefängnis eingeliefert.

2. Donald Budge (USA) gewinnt das Wimbledonfinale gegen Gottfried von Cramm 6 : 3, 6 : 4, 6 : 4.

3. Dorothy Round (England) wird durch ein 6 : 2, 2 : 6, 7 : 5 gegen Jadwiga Jedrzejowska (Polen) Wimbledonsiegerin.

4. Heinrich Hoffman fliegt mit seinem Muskelkraftflugzeug in Meiningen 712 m weit.

7. Premiere des Spielfilms »Mein Sohn, der Herr Minister« von Veit Harlan mit Hans Moser, Heli Finkenzeller, Paul Dahlke und Hilde Körber.

8. Ein von der englischen Regierung ausgearbeiteter Teilungsplan für die Mandatsgebiete in Palästina wird in London veröffentlicht. →

9. Zur Erfassung und Verwertung von Küchenabfällen im Rahmen der Aktion »Kampf dem Verderb« wird im Deutschen Reich ein Ernährungshilfswerk geschaffen.

10. Unterzeichnung eines Nichtangriffspaktes zwischen Irak, Iran, Türkei und Afghanistan auf Schloß Saadabad (Iran).

11. Großer Automobilpreis von Belgien endet mit dreifachem deutschen Sieg: Hasse und Stuck (Auto-Union) vor Lang (Mercedes).

11. Deutschland gewinnt das Finale der Europazone im Davis-Cup gegen die Tschechoslowakei in Berlin mit 4 : 1.

14. Uraufführung des Schauspiels »Die Ritter von der Tafelrunde« von Jean Cocteau in Paris.

19. Eröffnung der Ausstellung »Entartete Kunst« in München. →

20. Deutschland verliert Interzonenfinale im Davis-Cup gegen die USA in London mit 2 : 3.

25. Caracciola gewinnt Großen Preis von Deutschland auf dem Nürburgring vor von Brauchitsch (beide Mercedes).

25. Roger Lapebie (Frankreich) gewinnt die Tour de France.

GESTORBEN:

11. George Gershwin (* 26. 9. 1898), amerikanischer Komponist.

20. Guglielmo Marconi (* 28. 4. 1874), italienischer Physiker.

Krieg Japan – China

8. Juli. Mit den ersten Gefechten gegen chinesische Truppeneinheiten in der Nähe von Peiping in der nordchinesischen Provinz Hopeh beginnt Japan einen Feldzug gegen das immer noch von inneren Unruhen erschütterte China. Japans militärische Führung hofft, durch das Unternehmen eine Pufferzone zwischen dem unter Japans Einfluß stehenden Mandschukuo und Tschiang Kai-scheks Zentralchina zu schaffen.

Die chinesische Regierung in Nanking versucht, dem japanischen Übergriff in einer seit 1933 als entmilitarisiert geltenden Zone durch diplomatische Schritte zu begegnen. Es kommt zu einem Notenwechsel mit Tokio, an dessen Ende aber unannehmbare Forderungen Japans stehen, nach deren Ablehnung durch die chinesische Regierung die japanischen Truppen zum Großangriff auf Peiping und Tientsin antreten und diese Städte bis Ende des Monats erobern. Erst danach ruft Tschiang Kai-schek dazu auf, die gesamten Reserven und Hilfskräfte zu mobilisieren, um den japanischen Vormarsch zu stoppen.

Japanische Soldaten nach ihrem Einmarsch in Peking.

Bombenterror in Nordirland

28. Juli. Der offizielle Staatsbesuch des englischen Königspaares in Nordirland führt zu Terrorakten der Irish Republican Army (IRA), die damit gegen die Weigerung Ulsters, sich dem Freistaat Irland anzuschließen, protestieren will. Beim Einzug des Königspaares in Belfast explodiert nach dem Passieren einer Straße nur 300 Meter hinter den Gästen eine Bombe.

Palästinaplan stößt auf Kritik

6. Juli. Eine von der britischen Regierung eingesetzte Palästinakommission stellt fest, daß mit dem Mandatsstatus für diese Region keine Dauerlösung zu erreichen ist. Deshalb wird eine Teilung vorgeschlagen: einen Araberstaat, einen jüdischen Staat und ein neues Mandatsgebiet, das die heiligen Stätten umfaßt. Der Vorschlag stößt bei den Beteiligten auf schroffe Ablehnung.

Der Katalog zur Wanderausstellung über »entartete Kunst«.

Feldzug gegen Kunst

19. Juli. Nachdem der Kunst- und Kulturbetrieb im Deutschen Reich schon bald nach der Machtergreifung gleichgeschaltet wurde, beginnen die Nationalsozialisten nun mit der »Säuberung« der deutschen Kulturlandschaft von Produkten sogenannter »artfremder« Künstler. In einer in München eröffneten Wanderausstellung werden ihre Werke dem deutschen Volk als Beispiele »undeutscher Kultur« und als »typische Werke der Verfallskunst aus der Systemzeit« präsentiert. Dieser Kampagne fallen alle namhaften deutschen Maler und Bildhauer zum Opfer, die nicht der Blut- und Bodenideologie entsprechende Werke schaffen, zum Beispiel Paul Klee, Emil Nolde, Oskar Kokoschka, Lionel Feininger, Max Beckmann, Erich Hekkel, Wassily Kandinsky, Otto Dix und Ernst Barlach. Ihre Werke werden eingezogen und nach der Ausstellung teilweise vernichtet.

Piloten starten zu kühnen Flügen

Die günstige Wetterlage des Monats ist Voraussetzung für eine Reihe von kühnen fliegerischen Unternehmungen. Am 7. Juli starten ein englisches und ein amerikanisches Flugboot gleichzeitig zum Transatlantikflug. Eine große fliegerische Leistung ist der neue Weltrekord im Dauerflug für Segelflugzeuge, den Feodora Schmidt am 9. Juli aufstellt, als sie 23 Stunden und 42 Minuten über Sylt kreist.

1937

AUGUST

Mo	Di	Mi	Do	Fr	Sa	So
						1
2	3	4	5	6	7	8
9	10	11	12	13	14	15
16	17	18	19	20	21	22
23	24	25	26	27	28	29
30	31					

1. Hans Stuck gewinnt den Gro-ßen Bergpreis von Deutschland am Schauinsland (Schwarzwald) vor Rosemeyer und Caracciola.

4. Französisches Passagierschiff »Normandie« verbessert erneut Rekord für Atlantiküberquerungen und erreicht auf den 2936 Meilen von Ambrose-Feuerschiff bis Bishopsrock (USA) 31,20 Knoten Durchschnittsgeschwindigkeit und Reisedauer von 3 Tagen, 22 Stunden und 7 Minuten.

6. Bei Beschießung Madrids durch nationalistische Artillerie zahlreiche Opfer unter der Zivilbevölkerung.

8. Erste Internationale Rhön-Segelflugwoche mit Start auf der Wasserkuppe beendet.

8. Großer Preis von Monaco endet mit Mercedes-Doppelsieg durch von Brauchitsch vor Caracciola.

10. Premiere des Spielfilms »Capriolen« von Gustaf Gründgens mit Marianne Hoppe, Gustaf Gründgens und Fita Benkhoff.

11. Zionistenkongreß in Zürich verabschiedet Resolution gegen britischen Teilungsplan in Palästina.

15. Lufthansa-Schwimmflugzeug »Nordwind« startet vom schwimmenden Flugstützpunkt »Schwabenland« bei den Azoren. Landung am 16. in New York.

19. Englische Regierung unternimmt Vermittlungsversuch im chinesisch-japanischen Konflikt.

21. Abschluß eines Nichtangriffspaktes zwischen der Sowjetunion und China.

22. Großer Preis der Schweiz in Bern endet mit dreifachem Mercedes-Erfolg: Caracciola vor von Brauchitsch und Lang.

23. »Jewish Agency«, offizielle jüdische Vertretung für die Zusammenarbeit mit britischer Mandatsregierung in Palästina, empfiehlt direkte Verhandlungen zwischen Arabern und Juden vor Teilung des Gebietes.

29. Deutschland gewinnt Fußballänderspiel gegen Estland in Königsberg mit 4 : 1.

31. Premiere des Spielfilms »Zu neuen Ufern« von Detlev Sierck mit Zarah Leander.

GEBOREN:

31. Gunter Hampel, deutscher Jazzmusiker.

Die Nationalsozialisten feiern im August das 700jährige Bestehen Berlins. Das Plakat zu den Jubiläumsfeiern zeigt die Stadtwappen im Lauf der Geschichte.

Das Berliner Rathaus in der Königstraße ist zu den 700-Jahr-Feiern mit Flaggen und Blumen geschmückt. Neben den Fahnen der Reichshauptstadt mit dem Berliner Bären hängen die Hakenkreuzfahnen. Seit der Teilung der Stadt nach dem Zweiten Weltkrieg liegt das »rote Rathaus« in Ost-Berlin.

Japan setzt Vormarsch in China fort

31. August. Mit dem Beschluß zur allgemeinen Mobilmachung durch die Zentralregierung in Nanking befindet sich China nach einem Monat hektischer Verhandlungs- und Kampfestätigkeit endgültig im Kriegszustand mit Japan, obwohl von keiner der kämpfenden Parteien eine offizielle Kriegserklärung abgegeben worden ist. Daß Japan sein Ziel ohne Verhandlungen erreichen will, macht Ministerpräsident Fürst Fumimaro Konoye in einer Rede in Tokio klar, in der es heißt, China müsse auf die Knie gezwungen werden, um ihm den Kampfgeist zu nehmen.

Der Konflikt bekommt eine internationale Dimension, als bei Luftangriffen der Japaner auf die internationale Stadt Schanghai auch Bürger der dort ansässigen Niederlassungen der USA und Englands ums Leben kommen. Entsprechende Protestnoten werden von Japan nicht oder wenig beachtet, die Großmacht USA beschränkt sich auf einen am 23. August in Tokio überreichten Friedensappell durch Staatssekretär Cordell Hull. Danach setzen die japanischen Truppen ihren Vormarsch im Norden fort.

KZ Buchenwald wird errichtet

Heinrich Himmlers SS kann ihrem Führer im August 1937 den vorläufigen Abschluß einer Umorganisation der Konzentrationslager melden. Nachdem das KZ Buchenwald bei Weimar als neues großes Lager in Betrieb genommen ist, bestehen im Reichsgebiet ab diesem Monat nur noch vier Konzentrationslager: Dachau, Sachsenhausen, Buchenwald und Lichtenburg, letzteres als Frauen-KZ. Die SS hat Buchenwald und Sachsenhausen aufgrund der Erfahrungen mit Dachau nach einem einheitlichen Konzept mit entsprechender »Kapazität« eingerichtet. Jedes der drei Männerlager wird ab August von einem SS-Totenkopfverband mit einer Stärke von 1000 bis 1500 Mann bewacht, die am Lager stationiert sind.

1937
SEPTEMBER

Mo	Di	Mi	Do	Fr	Sa	So
			1	2	3	4	5
6	7	8	9	10	11	12
13	14	15	16	17	18	19
20	21	22	23	24	25	26
27	28	29	30			

1. Nach Freigabe neuer Teilstücke 1450 Kilometer Autobahn im Reich in Betrieb.

2. Der Brite Malcolm Campbell stellt auf dem Lago Maggiore neuen Geschwindigkeits-Weltrekord für Motorboote auf: 208,4 km/h.

3. Erste praktische Anwendung von Radargeräten: Im Ärmelkanal werden zwei britische Schlachtschiffe ausgemacht.

6. In Nürnberg wird IX. Reichsparteitag der NSDAP, »Parteitag der Arbeit«, eröffnet.

7. Premiere des Spielfilms »Unternehmen Michael« von Karl Ritter mit Heinrich George und Mathias Wieman.

7. Erstmalige Verleihung des neugeschaffenen »Deutschen Nationalpreises« durch Joseph Goebbels. →

10. Mao Tse-tungs Rote Armee legt Treue-Eid auf die Nanking-Regierung Tschiang Kai-scheks ab und tritt als reguläre 8. chinesische Armee zum Kampf gegen die Japaner an. →

12. Adolf Hitler legt in Nürnberg Grundstein für ein »Deutsches Stadion« mit einem geplanten Fassungsvermögen für 405 000 Zuschauer.

12. Caracciola gewinnt den Großen Preis von Italien für Rennwagen in Livorno vor Lang und Rosemeyer.

19. Nikolaus-von-Horthy-Brücke wird als siebente Donaubrücke der Stadt Budapest dem Verkehr übergeben.

22. Lufthansa-Flugzeug »Nordwind« legt Strecke Wasserflughafen New York bis Flugstützpunkt »Friesenland« bei den Azoren in Rekordzeit von 14 Stunden und 18 Minuten zurück.

24. Premiere des Spielfilms »Patrioten« von Karl Ritter mit Mathias Wieman.

25. Beginn des ersten Staatsbesuchs von Italiens Regierungschef Mussolini in Deutschland mit Empfang durch Reichsregierung in München. →

GESTORBEN:

2. Pierre Baron de Coubertin (* 1. 1. 1863), französischer Pädagoge und Historiker. →

14. Tomáš Masaryk (* 7. 3. 1850), tschechischer Philosoph, Soziologe und Staatsmann.

Mussolini in Berlin

25. September. Der Deutschlandbesuch des italienischen Regierungschefs Benito Mussolini gerät zu einer gegenseitigen Demonstration der beiden Diktatoren. Mussolini ernennt Adolf Hitler gleich am ersten Besuchstag zum Ehrenkorporal der faschistischen Miliz: Es ist die höchste Ehrung, welche die faschistische Partei Italiens zu vergeben hat. Hitlers Gegengabe ist eine für Mussolini bestimmte einmalige Ausführung des Großkreuzes des Verdienstordens vom Deutschen Adler sowie das goldene Hoheitsabzeichen der Partei, das bis dahin nur Hitler selbst trägt. In diesem Stil verläuft der weitere Staatsbesuch. Hitler und Mussolini loben ihre jeweilige staatsmännische Weitsicht bei der Schaffung neuer Verhältnisse und bekräftigen nachhaltige gegenseitige Unterstützung sowie ebenso einmütige Ablehnung aller kommunistischen Aktivitäten.

Zum ersten Staatsbesuch Mussolinis in Berlin ist die Straße Unter den Linden festlich geschmückt. Hitler begrüßt den Duce (Bildausschnitt oben).

Goebbels verleiht Nationalpreise

7. September. Am zweiten Tag des IX. Reichsparteitags in Nürnberg verleiht Propagandaminister Joseph Goebbels erstmals den »Deutschen Nationalpreis«, der mit 100 000 Reichsmark dotiert ist, an verdiente Wissenschaftler. Erster Empfänger ist posthum Professor Ludwig Troost, der die Parteibauten in München, darunter das Haus der Deutschen Kunst, geschaffen hat. Erster lebender Preisträger ist Reichsleiter Alfred Rosenberg, der in seinen Werken angeblich »in hervorragendem Maße die Weltanschauung des Nationalsozialismus begründen und festigen half«. Rosenberg ist Verfasser des Hauptwerkes der NS-Rassenideologie »Mythos des 20. Jahrhunderts«.

KP unterstellt sich Zentralregierung

23. September. Angesichts des japanischen Vormarsches in China vollzieht sich auf innenpolitischem Gebiet eine sensationelle Wende. Die Kommunistische Partei unter Führung Mao Tse-tungs stellt sich an die Seite der Nankinger Zentralregierung Tschiang Kai-scheks und veröffentlicht einen Aufruf, in dem es unter anderem heißt:
Die Kommunistische Partei hat beschlossen, die Rote Armee aufzulösen, ihre Streitkräfte neu zu organisieren und sie der Leitung des Ausschusses für militärische Angelegenheiten zu unterstellen. Die Armee ist bereit, ihre Pflicht zur Verteidigung des Landes unter der Leitung des oben erwähnten Ausschusses zu tun.

Schöpfer Olympias stirbt 72jährig in der Schweiz

2. September. In Lausanne stirbt im Alter von 72 Jahren Pierre Baron de Coubertin, Begründer der Olympischen Spiele der Neuzeit und Vater der Idee des Amateurstatus in der Sportwelt. Der 1863 geborene Coubertin war Sproß einer berühmten französischen Adelsfamilie und hing schon während seiner Studienzeit der Idee nach, die durch den verlorenen Krieg gegen Deutschland (1870/1871) gedemütigte französische Jugend durch eine Reform des nationalen Erziehungssystems wieder körperlich zu ertüchtigen. Während seiner England-Aufenthalte entdeckte er an englischen Schulen das Vorbild für eine sportlich und geistig ideale Erziehung der Jugend, das er in zahlreichen sportpädagogischen Schriften zum Ausdruck brachte. Nach einer Reise zur Weltausstellung in Chicago organisierte Coubertin, mittlerweile als Autodidakt zum Sportexperten geworden, den Amateursport in Frankreich und trat zum erstenmal mit der Idee an die Öffentlichkeit, zur nächsten Weltausstellung 1900 in Paris die Olympischen Spiele wieder aufleben zu lassen. Ein achttägiger Kongreß von Sportpädagogen und Anhängern in Paris brachte 1894 den Durchbruch. Coubertins Olympia-Idee wurde begeistert aufgegriffen, man gründete sofort das Internationale Olympische Komitee (IOC), und wählte Coubertin zum Vorsitzenden. Coubertin blieb IOC-Präsident bis 1925.

Pierre Baron de Coubertin †.

521

Mo	Di	Mi	Do	Fr	Sa	So
				1	2	3
4	5	6	7	8	9	10
11	12	13	14	15	16	17
18	19	20	21	22	23	24
25	26	27	28	29	30	31

3. Japanische Truppen erringen an drei Frontabschnitten in China Erfolge und setzen Vormarsch auf Nanking fort.

3. Eröffnung des von den Essener Kruppwerken erbauten neuen staatlichen Grobwalzwerkes in Zernica (Jugoslawien).

6. Eine Resolution der ordentlichen Völkerbundversammlung sichert China die moralische Unterstützung des Gremiums zu.

9. Die Führer der bürgerlichen Oppositionsparteien in Ungarn sprechen sich für Wiedereinführung des Königtums aus.

15. Schließung der syrisch-palästinensischen Grenze durch die Mandatsmacht England nach andauernden Araberunruhen.

16. Uraufführung des Schauspiels »Die Gewehre der Frau Carrar« von Bertolt Brecht in Paris mit Helene Weigel in der Hauptrolle.

19. Premiere des Spielfilms »Der zerbrochene Krug« von Gustav Ucicky mit Emil Jannings, Paul Dahlke, Elisabeth Flickenschildt in den Hauptrollen.

20. Eröffnung einer regelmäßigen Luftverbindung zwischen Bukarest – Belgrad – Zagreb – Venedig – Mailand.

21. Nach Besetzung Gijous gesamte spanische Nordküste unter Kontrolle der nationalspanischen Truppen Francos.

23. Japanische Truppen rücken nach Durchbrechung der chinesischen Linien bis auf 5 km an die Eisenbahnlinie Nanking–Schanghai heran.

24. Deutschland gewinnt Fußballänderspiel gegen Norwegen in Berlin mit 3 : 0.

26. Premiere des Spielfilms »Ein Volksfeind« von Hans Steinhoff mit Heinrich George und Carsta Löck in den Hauptrollen.

28. Proklamierung eines unabhängigen Staates in der inneren Mongolei.

30. Bernd Rosemeyer stellt auf der Autobahn bei Frankfurt/M. mit einem Auto-Union-Wagen zwei neue Geschwindigkeitsweltrekorde über einen Kilometer bzw. eine Meile auf.

GESTORBEN:

19. Ernest Rutherford (* 30. 8. 1871), englischer Physiker, Nobelpreis 1908.

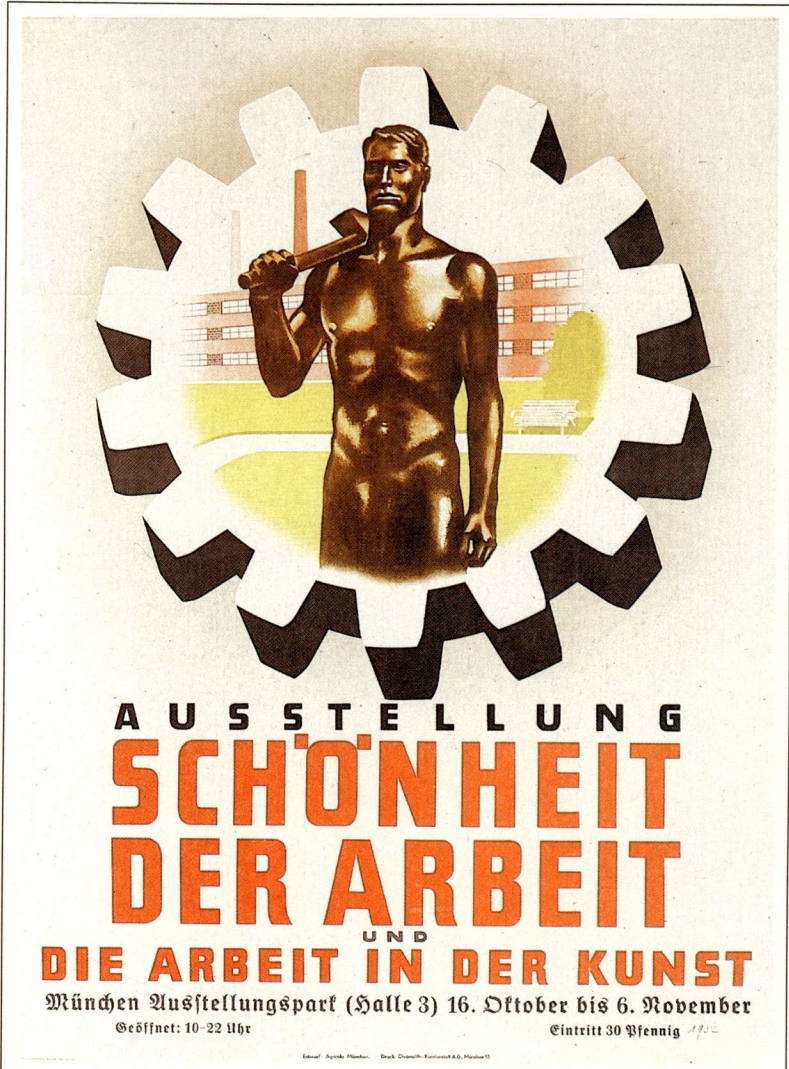

AUSSTELLUNG
SCHÖNHEIT DER ARBEIT
und DIE ARBEIT IN DER KUNST
München Ausstellungspark (Halle 3) 16. Oktober bis 6. November
Geöffnet: 10–22 Uhr   Eintritt 30 Pfennig

16. Oktober. In München wird die Ausstellung »Schönheit der Arbeit« eröffnet. Sie zeigt Kunsthandwerk und Industrieformen unter dem Nationalsozialismus.

Internationale Brigaden kämpfen weiter

Der Entschluß des im Mai gebildeten Volksfrontkabinetts unter Juan Negrin (Sozialist), den Regierungssitz von Valencia nach Barcelona zu verlegen und Völkerbundsbemühungen um den Rückzug der Freiwilligen auf beiden Seiten der kämpfenden Parteien bestimmen den spanischen Bürgerkrieg.

In Verhandlungen des Nichteinmischungsausschusses geht es vor allem um die mit 20 000 und mehr angegebenen italienischen Freiwilligen auf Francos Seite und die Internationalen Brigaden der Volksfront. Von der deutschen Legion Condor ist wiederum nicht die Rede. Dabei kämpfen seit Herbst 1936 in diesem Krieg Deutsche gegen Deutsche. In den Brigaden sind zahlreiche Sozialdemo-

kraten und Kommunisten, die aus dem Deutschen Reich entkommen konnten, mit Gleichgesinnten aus anderen Ländern vereint; es gibt aber auch rein deutsche Verbände wie die Brigade »Ernst Thälmann«. Von den in den Völkerbundverhandlungen genannten 35 000 Freiwilligen auf Volksfrontseite stammen schätzungsweise 5000 aus Deutschland. Bei der Verteidigung von Aragon und Madrid haben sie auch gegen die Legion Condor gekämpft. Zahlreiche Schriftsteller engagieren sich entweder direkt oder publizistisch für die Brigaden, zum Beispiel Erich Weinert, Egon Erwin Kisch, Arthur Koestler, Ludwig Renn, Gustav Regler, Bodo Uhse, Ernest Hemingway, George Orwell und André Malraux.

Mo	Di	Mi	Do	Fr	Sa	So
1	2	3	4	5	6	7
8	9	10	11	12	13	14
15	16	17	18	19	20	21
22	23	24	25	26	27	28
29	30					

2. Erste öffentliche Vorführung des von Henrich Focke konstruierten Hubschraubers mit Flugkapitän Hanna Reitsch am Steuer auf dem Tempelhofer Flugfeld Berlin. →

6. Italien tritt dem zwischen Deutschland und Japan 1936 unterzeichneten Anti-Komintern-Pakt bei.

7. Premiere des sowjetischen Spielfilms »Lenin im Oktober«, Teil I, von Michail Romm.

7. Französische Hochalpenstraße über den Iseranpaß (2770 m) als Europas höchste Paßstraße vollendet. Sie schafft die Verbindung zwischen Nizza und dem Genfer See.

14. Japan lehnt Teilnahme an Ostasienkonferenz über den Konflikt mit China ab.

17. Premiere des Spielfilms »Die Kreutzersonate« von Veit Harlan mit Lil Dagover und Albrecht Schönhals in den Hauptrollen.

19. Captain George Eyston (England) erreicht auf dem Salzsee bei Bonneville (Utah) als erster Mensch mit dem Rennwagen »Thunderbolt« über 500 km/h und stellt mit 502,330 km/h neuen Geschwindigkeitsweltrekord auf.

20. Eröffnung des umgebauten Gärtnerplatztheaters in München als erste staatlich geleitete Operettenbühne in Anwesenheit Adolf Hitlers mit der Operette »Elektra«.

21. Deutschland gewinnt Fußballänderspiel gegen die Schweiz in Hamburg mit 5 : 1.

23. Uraufführung des Schauspiels »Von Mäusen und Menschen« von John Steinbeck in New York.

24. Uraufführung der Oper »Tobias Wunderlich« von Jacob Haas in Kassel.

27. Hjalmar Schacht auf eigenen Wunsch von Führung des Reichs- und Preußischen Wirtschaftsministeriums entbunden, Göring wird vorübergehend Nachfolger. →

27. Grundsteinlegung zur wehrtechnischen Fakultät der Technischen Hochschule in Berlin.

GESTORBEN:

8. James Ramsay MacDonald (* 12. 10. 1866), englischer Politiker.

23. Aloys Fischer (* 10. 4. 1880), deutscher Pädagoge.

Hanna Reitsch führt Hubschrauber vor – Lindbergh unter den Zuschauern

Hanna Reitsch beim Flug mit dem Hubschrauber Focke FW 61.

2. November. In Anwesenheit von Oberst Charles Lindbergh, der hinterher von einem seiner bezaubernsten Erlebnisse in der Fliegerei spricht, führt Flugkapitän Hanna Reitsch einen in Bremen konstruierten Hubschrauber erstmals der Öffentlichkeit vor. Sie erreicht dabei eine Höhe von 2439 Metern und kommt bei einer Geschwindigkeit von 122,6 Stundenkilometern auf eine Streckenleistung von 108 Kilometer. Verzückte Beobachter notieren: »Das Flugzeug senkt sich und steigt auf wie ein Aufzug und dreht sich um die eigene Achse.«

Umbesetzungen nach Schachts Rücktritt

27. November. Nach dem wegen Arbeitsüberlastung erfolgten Rücktritt Hjalmar Schachts von der Führung des Reichs- und Preußischen Wirtschaftsministeriums – seine Position als Reichsbankpräsident gibt er nicht auf – kommt es zu einigen Veränderungen in der Führungsspitze des NS-Staates. Schachts Positionen übernimmt mit Wirkung vom 15. Januar 1938 der bisherige Staatssekretär im Reichsministerium für Volksaufklärung und Propaganda Walter Funk. Bis dahin führt Hermann Göring in seiner Eigenschaft als Reichsminister und preußischer Ministerpräsident beide Wirtschaftsressorts kommissarisch. Auf Funks Posten im Propagandaministerium rückt der Reichspressechef der NSDAP Otto Dietrich nach.

Ostasienkonferenz ohne Ergebnis

Vom 3. bis 24. des Monats tagt eine aufgrund des Neunmächtevertrages vom 6. Februar 1922 einberufene Ostasienkonferenz unter Vorsitz des belgischen Außenministers Paul Henry Spaak, die Lösungen für den japanisch-chinesischen Konflikt zu finden sucht. Aber Japan lehnt eine Einladung zur Teilnahme ab und setzt seinen Vormarsch statt dessen fort. Auch das Deutsche Reich folgt der Einladung nicht, und so sind die Bemühungen der Großmächte unter Führung der USA und der Sowjetunion schon von vornherein zum Scheitern verurteilt. Der Schlußbericht vom 24. November läßt an Unverbindlichkeit der Aussage nichts zu wünschen übrig und beschränkt sich auf allgemeine Friedensappelle, die weder den bedrohten Chinesen helfen, noch dem Aggressor Japan Einhalt gebieten. Die Japaner nähern sich Ende des Monats dem Sitz der Zentralregierung Nanking.

1937
DEZEMBER

Mo	Di	Mi	Do	Fr	Sa	So
			1	2	3	4	5
6	7	8	9	10	11	12
13	14	15	16	17	18	19
20	21	22	23	24	25	26
27	28	29	30	31		

1. Japan erkennt das Franco-Regime als spanische Regierung an.

2. Mandschukuo und Francos nationale Regierung tauschen Anerkennungsurkunden aus.

3. Siegesmarsch der japanischen Truppen durch das eroberte Schanghai löst Proteste der im Internationalen Viertel der Stadt residierenden Mächte England und Frankreich aus.

10. Beginn des japanischen Generalangriffs auf den Regierungssitz Nanking. →

10. Versenkung des amerikanischen Kanonenbootes »Panay« durch japanische Flugzeuge nahe Nanking. →

11. Großer Faschistischer Rat in Rom beschließt sofortigen Völkerbundaustritt Italiens.

11. Premiere des Schauspiels »Der jüngste Tag« von Ödön von Horváth im Deutschen Theater in Mährisch-Ostrau.

12. Bei der Wahl der 1143 Abgeordneten des Obersten Rates der Sowjetunion gehen 91 113 153 Wahlberechtigte (= 96,8 Prozent) an die Urnen.

13. Max Schmeling gewinnt einen Kampf gegen Harry Thomas in New York durch K. o. in der 8. Runde.

13. Japanische Truppen erobern die Stadt Nanking. →

13. Alexander Aljechin (Sowjetunion) nach Sieg gegen Max Euwe (Holland) wieder Schachweltmeister.

14. Eine mit japanischer Hilfe in Peiping (Peking) gebildete chinesische Gegenregierung übernimmt die Zollverwaltung in Nordchina.

29. England erklärt nach Inkrafttreten der neuen irischen Verfassung den Freistaat weiterhin als Teil des Vereinigten Königreichs von Großbritannien.

GEBOREN:

21. Jane Fonda, amerikanische Filmschauspielerin.

GESTORBEN:

20. Erich Ludendorff (* 9. 4. 1865), deutscher Heerführer im Ersten Weltkrieg.

21. Frank Kellogg (* 22. 12. 1856), amerikanischer Staatsmann.

28. Maurice Ravel (* 7. 3. 1875), französischer Komponist.

Bomben auf englische und US-Kriegsschiffe

16. Dezember. In Nanking, der eroberten Hauptstadt Zentralchinas, findet ein Siegesmarsch japanischer Truppen statt. Die Japaner haben bis Mitte Dezember 868 000 Quadratkilometer chinesischen Gebietes erobert, eine Fläche, doppelt so groß wie ihr Inselreich. Etwa 59 Millionen Chinesen leben nun unter japanischer Vorherrschaft.
Bei ihren Angriffen auf Ziele des Gegners treffen die japanischen Flugzeuge auch Kriegsschiffe der fremden Mächte, die in den Gewässern vor der chinesischen Küste kreuzen. Am 10. Dezember wird das amerikanische Kanonenboot »Panay« in der Bucht von Wuhu am Jangtsekiang beschossen und versenkt, einen Tag später sinken drei Tankdampfer der Standard Oil Company nach japanischem Beschuß. Wieder einen Tag später trifft es vier britische Kanonenboote an der gleichen Stelle der Bucht von Wuhu, diesmal bleibt es bei Beschädigungen.

Chemienobelpreis geht an Schweizer

10. Dezember. Der ungarische Vitaminforscher Albert Szent-Györgyi von Nagyrapolt erhält den Nobelpreis für Medizin für seine Arbeiten am Problem des Vitamins C. Den Physikpreis erhalten der New Yorker Professor Clinton J. Davisson und der Brite George Thomson für die Entdeckung von Interferenz-Phänomenen bei der Bestrahlung von Metallen mit Elektronen.
Der Chemiepreis geht an Professor Paul Karrer (Zürich) für seine Untersuchungen über Farbstoffe und Vitamine sowie an Norman Haworth (Birmingham) für seine Untersuchungen über Kohlehydrate und Vitamin C. Den Literaturpreis erhält der französische Schriftsteller Roger Martin du Gard, Verfasser des Romans »Les Thibault«. Den Friedenspreis erhält der Präsident der englischen Vereinigung für den Völkerbund und der Weltfriedenskonferenz, Lord Edgar A. Cecil.

Mo	Di	Mi	Do	Fr	Sa	So
					1	2
3	4	5	6	7	8	9
10	11	12	13	14	15	16
17	18	19	20	21	22	23
24	25	26	27	28	29	30
31						

1. Alle im Sinne der Nürnberger Gesetze jüdischen Ärzte werden aus Ersatzkassenpraxis im Deutschen Reich ausgeschlossen.

1. Tschiang Kai-schek gibt Amt des Ministerpräsidenten der chinesischen Zentralregierung an bisherigen Finanzminister Kung ab, bleibt aber Oberbefehlshaber der Armee.

9. Trauung von Kronprinz Paul von Griechenland mit der Prinzessin Friederike Luise von Braunschweig in Athen.

12. Konstituierende Sitzung des neuen Obersten Sowjets der UdSSR.

16. De-facto-Abbruch der diplomatischen Beziehungen zwischen Japan und China durch Japan.

17. Michail Kalinin wird zum Vorsitzenden des Präsidiums des Obersten Sowjets der UdSSR gewählt.

19. Camille Chautemps bildet nach dem vorausgegangenen Rücktritt wieder das Kabinett in Frankreich.

19. Neubildung des Rates der Volkskommissare (sowjetische Regierung) unter Vorsitz Molotows.

20. Hochzeit von König Faruk von Ägypten mit Farida Zulficar, 16jähriger Tochter von Jusuf Zulficar Pascha, in Kairo.

22. Uraufführung des Schauspiels »Unsere kleine Stadt« von Thornton Wilder in Princeton (New Jersey).

25. Neue Richtlinien über die Schutzhaft im Deutschen Reich werden erlassen.

28. Bernd Rosemeyer verunglückt bei Weltrekordversuchsfahrten auf der Autobahn Frankfurt–Darmstadt in der Nähe von Mörfelden tödlich. →

30. Max Schmeling schlägt den Südafrikaner Ben Foord in Hamburg nach zwölf Runden nach Punkten.

GEBOREN:

31. Beatrix, Königin der Niederlande.

GESTORBEN:

8. Christian Rohlfs (* 22. 11. 1849), deutscher Maler.

28. Bernd Rosemeyer (* 14. 10. 1909), deutscher Autorennfahrer. →

Erfolgreichste Produktionen der deutschen Filmgeschichte im Kino

In diesem Monat haben Spielfilme Premiere, die zu den erfolgreichsten deutschen Kinoproduktionen der Filmgeschichte gehören. Es beginnt am 6. Januar mit »Der Berg ruft« von und mit Luis Trenker, dann folgen am 7. »Der Tiger von Eschnapur« und am 28. 1. »Das indische Grabmal«. Die Abenteuerverfilmung »Das indische Grabmal« von Richard Eichberg mit Fritz von Dongen, Kitty Jantzen, La Jana, Theo Lingen, Gustav Dießl, Gisela Schlüter und vielen anderen profilierten Darstellern wird noch jahrzehntelang gern gesehen.

Die beiden Folgen werden als Hauptwerk des deutschen Abenteuer-Großfilms exotischer Prägung gefeiert. Bei einem Vorläufer unter demselben Titel hat im Jahr 1921 Fritz Lang Regie geführt. Auch die Buchvorlage stammt von Lang.

Am 11. Januar hat »Der Katzensteg« von Fritz Peter Buch mit Brigitte Horney in der Hauptrolle Premiere ebenso wie Veit Harlans »Das unsterbliche Herz« mit Heinrich George, Christina Söderbaum und Paul Henckels.

Die Tänzerin La Jana in dem Film »Das indische Grabmal«.

Neue Regeln im Straßenverkehr werden erlassen

1. Januar. Die zunehmende Motorisierung auf den Straßen des Deutschen Reiches fordert – nicht zuletzt aufgrund der steigenden Zahl von Verkehrsopfern – eine Neuregelung des Straßenverkehrs, die am 1. Januar 1938 in Kraft tritt. Bei der Vorlage gibt der Chef der Ordnungspolizei, General Kurt Daluege, folgende Zahlen bekannt: Im Jahre 1932 sind 6575 Menschen in Deutschland durch Verkehrsunfälle getötet worden, 1936 bei doppelt so hohem Kfz-Bestand 8388 und im ersten Halbjahr 1937 bereits 3437. Wichtigster Punkt der neuen Verkehrsordnung ist das unbedingte Rechtsfahrgebot auf allen Straßen. Geschwindigkeitsbegrenzungen sind nicht vorgesehen, es wird jedoch »mäßige Geschwindigkeit« beim Einbiegen oder Überqueren von Hauptstraßen vorgeschrieben.

Tödlicher Unfall Bernd Rosemeyers bei Rekordfahrt

28. Januar. Bei einem Rekordversuch auf dem Autobahnstück Frankfurt–Darmstadt verunglückt der 28jährige deutsche Rennfahrer Bernd Rosemeyer tödlich. Bei einer Geschwindigkeit zwischen 430 und 440 Stundenkilometern wird sein Wagen, ein Auto Union, von einer Windbö erfaßt und von der Bahn geschleudert. Rosemeyer, Sohn eines Motorrad- und Automobilhändlers in Lingen (Emsland), ist schon sehr früh zum Automobilsport gekommen. Seinen großen Durchbruch schafft er am 26. Juli 1936, als er als erster die 22,8 Kilometer lange Strecke des Nürburgrings in weniger als zehn Minuten fährt. Danach belegt er auf allen großen Rennen erste Plätze. Bernd Rosemeyer war mit der deutschen Fliegerin Elly Beinhorn verheiratet.

Mo	Di	Mi	Do	Fr	Sa	So
	1	2	3	4	5	6
7	8	9	10	11	12	13
14	15	16	17	18	19	20
21	22	23	24	25	26	27
28						

4. Umbildung der Reichsregierung und der Wehrmachtsführung durch Adolf Hitler. →

4. Erstaufführung des Schauspiels »Unsere kleine Stadt« von Thornton Wilder im Henry Miller Theatre in New York.

6. Sechstagerennen werden als »nur dem materiellen Streben dienende Veranstaltungen« im Deutschen Reich verboten.

6. Deutschland und die Schweiz trennen sich im Fußballänderspiel in Köln 1 : 1.

7. Beginn eines Prozesses gegen Pastor Martin Niemöller in Berlin. →

12. Verhandlungen zwischen Österreichs Bundeskanzler Schuschnigg und Hitler auf dem Obersalzberg bei Berchtesgaden über das künftige Schicksal Österreichs. →

14. Stalin, Generalsekretär des Präsidiums des Zentralkomitees der KPdSU, warnt in einem Brief an das Komitee der Jungkommunisten vor bewaffnetem Angriff durch den Faschismus.

16. Bundeskanzler Kurt Edler von Schuschnigg bildet die österreichische Regierung um und beruft Arthur Seyß-Inquart zum Innenminister.

16. Regierungsverordnung im Iran schreibt Verwendung der iranischen Sprache in allen Bereichen des öffentlichen Lebens in Wort und Schrift vor.

18. Hitler kündigt bei Eröffnung der Internationalen Automobilausstellung in Berlin den baldigen Baubeginn eines Volkswagenwerkes an.

20. Englands Außenminister Anthony Eden zurückgetreten.

22. Deutschland und Italien stimmen grundsätzlich britischem Vorschlag über Zurückziehung der Freiwilligen im spanischen Bürgerkrieg zu.

23. Joe Louis verteidigt seinen Weltmeistertitel im Schwergewicht durch K.-o.-Sieg in der dritten Runde gegen Nathan Mann in New York.

24. Erstes für den Handel hergestelltes Nylonprodukt geht in der Du-Pont-Anlage von Arlington (New Jersey) in die Produktion: eine Zahnbürste.

25. Lord Edward Halifax zum neuen englischen Außenminister ernannt.

Blomberg, Göring, Hitler (v. l.).

Generaloberst von Fritsch (zu Pferde).

General von Brauchitsch.

Generalfeldmarschall Keitel.

Befehlshaber gestürzt

4. Februar. Die Mitglieder der Reichsregierung werden durch Adolf Hitler von umfangreichen und tiefgreifenden Umbesetzungen der Führung des Deutschen Reiches und der Wehrmacht informiert. Die Regierung und die am folgenden Tag durch die Presse unterrichtete deutsche Öffentlichkeit sind gleichermaßen überrascht. Mitgeteilt wird, daß Reichskriegsminister Generalfeldmarschall Werner von Blomberg und der Oberbefehlshaber des Heeres, Generaloberst Werner Freiherr von Fritsch, aus Gesundheitsgründen zurückgetreten seien. Für Blomberg bestellt Hitler keinen Nachfolger, sondern übernimmt selbst den Oberbefehl über die Wehrmacht; das bisherige Wehrmachtsamt im Kriegsministerium tritt als Oberkommando der Wehrmacht (OKW) als militärischer Stab unmittelbar unter seinen Befehl. Zum Leiter des OKW macht er den General der Artillerie Wilhelm Keitel. Gleichzeitig wird Hermann Göring zum Generalfeldmarschall befördert. Nachfolger von Fritsch als Heeresbefehlshaber wird der General der Artillerie Walter von Brauchitsch.

Den Umbesetzungen der militärischen Führungsspitze ist ein übles Intrigenspiel vorausgegangen. Die Ursache für den Sturz Blombergs war dessen Hochzeit mit Erna Gruhn am 12. Januar, bei der Hitler und Göring als Trauzeugen fungierten. Später werden sie informiert, daß die Ehefrau des Kriegsministers aus der Prostituiertenszene kommt. Die Ehe eines deutschen Marschalls mit einer Prostituierten ist nach Auffassung der Führungsspitze des Reiches untragbar und so wird Blomberg der Rücktritt nahegelegt.

Freiherr von Fritsch wird durch falsche Zeugen und Beweise als Homosexueller verteufelt, der sich krimineller und moralischer Verfehlungen schuldig gemacht haben soll. Er ist dem Intrigenspiel nicht gewachsen und begeht später während des Polenfeldzuges Selbstmord, obwohl sich sein Ruf mittlerweile als untadelig erwiesen hat.

Neben der Wehrmachtsführung gibt es weitere Änderungen im Kabinett: An die Stelle des Freiherrn Konstantin von Neurath, der seit dem Papenkabinett als Außenminister wirkt, tritt Joachim von Ribbentrop. Abberufen werden die Botschafter Franz von Papen (Wien), Ulrich von Hassell (Rom) und Herbert von Dirksen (Tokio).

Verhandlungen über das künftige Schicksal Österreichs in Berlin

12. Februar. In einer historischen Begegnung auf Adolf Hitlers zweitem Regierungssitz neben der Reichskanzlei in Berlin, dem Obersalzberg bei Berchtesgaden, wird an diesem Tag das künftige Schicksal Österreichs vorprogrammiert.

Hitler verlangt von seinem Gast, Österreichs Bundeskanzler Kurt von Schuschnigg, die bedingungslose Erfüllung aller Punkte des Vertrages vom 11. Juli 1936, die vor allem die Amnestie der inhaftierten Nationalsozialisten in Österreich, die politische Mitverantwortung der Anhänger einer Vereinigung beider Staaten und eine sogenannte »deutsche Politik« des Bundeskanzlers beinhalten. Schuschnigg ahnt die Gefahr, die ihm von Hitlers Plänen droht, zumal bereits NS-Kreise in Wien vom Einmarsch der deutschen Wehrmacht gesprochen haben. Er legt Hitler auf dem Obersalzberg als »Punktationen« deklarierte Vorschläge auf den Tisch, die sich im wesentlichen an die bisher nicht erfüllten Abmachungen des Vertrages von 1936 anlehnen und von Hitler dementsprechend zurückgewiesen werden. Erst Schuschniggs Zusage, die von Hitler geforderte Amnestie bis zum 18. Februar zu verkünden und unmittelbar danach durchzuführen sowie seine Bereitschaft, in seiner Regierung einen mit dem großdeutschen Gedankengut befreundeten Vertrauensmann für Hitler aufzunehmen, entspannen die gefährliche Lage für Österreich. Der Ansprechpartner für die Nationalsozialisten ist der neue Innenminister Arthur Seyß-Inquart, vom dem sich Schuschnigg Vermittlerdienste zwischen Österreich und Deutschland erhofft. Seyß-Inquart ist nicht Mitglied der österreichischen NS-Bewegung, steht ihr aber als »Großdeutscher« sehr nahe.

Österreichs Bundeskanzler Kurt von Schuschnigg reist zu Adolf Hitler auf den Obersalzberg bei Berchtesgaden.

Pastor Niemöller ins KZ eingeliefert

7. Februar. Nach monatelanger Vorbereitung beginnt der Prozeß gegen Martin Niemöller, den Berliner Pastor und Initiator der Bekennenden Kirche. Als Mitherausgeber der Denkschrift vom Mai 1936, in der die Verfolgung der Kirchen und die ständigen Rechtsbrüche des NS-Regimes gebrandmarkt worden sind, ist er den NS-Machthabern gefährlich geworden. Dem Prozeß wird anfangs der Anstrich von Fairneß und Rechtsstaatlichkeit gegeben, als aber der Korrespondent einer ausländischen Nachrichtenagentur unter den Beobachtern entdeckt wird, kommt es zum Ausschluß der Öffentlichkeit; er betrifft auch die drei Verteidiger Niemöllers.

Aus Aktennotizen von Reichsleiter Alfred Rosenberg geht hervor, daß den Richtern des Sondergerichts vor allem die Personaldaten des Angeklagten zu schaffen machen. Martin Niemöllers Vergangenheit als U-Boot-Offizier im Weltkrieg, die durch positive Zeugnisse der Admirale Lützow und von Scholz belegt werden, paßt nicht in das Bild des Volksfeindes, das die Anklage entwirft. Dennoch wird Niemöller zu sieben Monaten Festungshaft verurteilt, was eine sogenannte ehrenvolle Verurteilung bedeutet, die zudem durch die Untersuchungshaft bereits verbüßt ist. Aber Niemöller wird nicht in Freiheit gesetzt, sondern in ein Konzentrationslager eingeliefert.

1938

MÄRZ

Mo	Di	Mi	Do	Fr	Sa	So
	1	2	3	4	5	6
7	8	9	10	11	12	13
14	15	16	17	18	19	20
21	22	23	24	25	26	27
28	29	30	31			

2. Beginn des »Prozesses der Ein-undzwanzig« (Trotzkisten) vor dem Obersten Gerichtshof der UdSSR in Moskau.

4. Grundsteinlegung der Deutschen Filmakademie in Berlin-Babelsberg.

5. Heinz Lazek (Österreich) wird durch Disqualifikationssieg (Tiefschlag) Europameister im Schwergewicht im Kampf gegen Arno Kölblin in Berlin.

9. Ankündigung einer Volksabstimmung in Österreich über das künftige Schicksal des Landes. →

11. Rücktritt von Bundeskanzler Schuschnigg und Verschiebung der Volksabstimmung in Österreich. →

12. Die deutsche Wehrmacht marschiert ein. →

12. Premiere des Spielfilms »Kameraden auf See« von Heinz Paul.

13. Das Gesetz über die Wiedervereinigung Österreichs mit dem Deutschen Reich wird gleichzeitig in Deutschland und Österreich verkündet. →

15. Mit der Vollstreckung der Todesurteile an 18 Angeklagten endet das vorläufig letzte Kapitel der umfangreichen Säuberungswelle in Österreich. Mit der Vollstreckung der Todesurteile an 18 Angeklagten endet das vorläufig letzte Kapitel der umfangreichen Säuberungswelle der Kommunistischen Partei der Sowjetunion.

17. Zweitägiges Bombardement von Barcelona durch nationale Luftstreitkräfte General Francos fordert unter der Zivilbevölkerung zahlreiche Opfer.

18. Erlaß einer Verordnung über Auflösung des Reichstags, Ansetzung von Neuwahlen sowie einer Volksabstimmung im neuen »Großdeutschen Volksreich« am 10. April.

20. Deutschland spielt im Fußballländerspiel gegen Ungarn in Nürnberg 1 : 1.

25. Premiere des Spielfilms »Yvette« von Wolfgang Liebeneiner mit Käthe Dorsch in der Hauptrolle.

28. Die japanische Invasionsarmee läßt in der ehemaligen Hauptstadt der chinesischen Zentralregierung, in Nanking, eine japanfreundliche »Erneuerungsregierung« ausrufen.

GESTORBEN:

1. Gabriele D'Annunzio (* 12. 3. 1863), italienischer Dichter und Politiker.

Hitlers Einmarsch in Österreich

Ein Aufruf zur Abstimmung.

Triumphfahrt Hitlers durch Wien nach dem Anschluß Österreichs.

Nur einen Monat nach den Verhandlungen auf dem Obersalzberg muß Österreichs Bundeskanzler Kurt von Schuschnigg vor Adolf Hitlers aggressiver Politik kapitulieren. Sein Land wird von Truppen der deutschen Wehrmacht besetzt und mit dem Deutschen Reich »wiedervereinigt«.

Die dramatischen Ereignisse nehmen am 9. März ihren Anfang, als Schuschnigg eine Volksabstimmung der Österreicher für den 13. des Monats ansetzt, in der sie selbst über ihr künftiges Schicksal bestimmen sollen. Die Nachricht löst in Berlin hektische Aktivitäten aus, die zu nahezu pausenlosen Kontakten mit Arthur Seyß-Inquart und schließlich zu einem Ultimatum an Schuschnigg führen, das die sofortige Verschiebung der Volksbefragung verlangt. Schuschnigg lehnt zunächst ab, willigt jedoch später ein, als er vom Aufmarsch deutscher Truppen an der deutsch-österreichischen Grenze erfährt. Die Berliner Regierung fordert aber den Rücktritt des Bundeskanzlers, den dieser am 11. März um 19.15 Uhr im österreichischen Rundfunk bekanntgibt. Er betont dabei, daß er nur der Gewalt weiche.

Einen Nachfolger kann nach der Verfassung nur der österreichische Bundespräsident bestimmen, doch Wilhelm Miklas weigert sich, einem Befehl aus Berlin zu folgen und Seyß-Inquart sofort zum neuen Kanzler zu ernennen. Dieser erläßt um 20.18 Uhr einen Rundfunkaufruf an Österreichs Bevölkerung, in dem um Ruhe und Besonnenheit gebeten wird, und fordert zugleich in einem Telegramm an Hitler militärische Hilfe an. Hitler unterzeichnet um 20.45 Uhr den Befehl zum Einmarsch der Wehrmacht nach Österreich, der am frühen Morgen des 12. März erfolgen soll. In der Nacht wird um 1.30 Uhr vom Balkon des Bundeskanzleramtes in Wien die Ernennung einer nationalsozialistischen Regierung unter Führung von Arthur Seyß-Inquart bekanntgegeben.

Deutsche Truppen jubelnd empfangen: Als die Truppen der Wehrmacht zu früher Morgenstunde am 12. März in Österreich einmarschieren, gibt es keinen Widerstand. Auf den Straßen und Plätzen der Orte, die von den Soldaten passiert werden, kommt es im Gegenteil zu stürmischen Jubelszenen seitens der Bevölkerung. Das österreichische Bundesheer schließt sich der Wehrmacht an.

Hitler begibt sich im Auto auf den Weg nach Österreich, passiert um 15.50 Uhr bei Braunau am Inn, seiner Geburtsstadt, die Grenze und trifft am Abend gegen 20 Uhr in Linz ein. Dort wird er von Seyß-Inquart begrüßt und äußert die Absicht, seine Heimat in das Deutsche Reich zurückzuführen.

In Rom wird am selben Tag Hitlers Vorgehen gegen Österreich von Benito Mussolini in einer Erklärung gutgeheißen, so daß es am 13. März in Linz zur Unterzeichnung eines Gesetzes zur Wiedervereinigung zwischen dem Deutschen Reich und Österreich kommt. Hitler und Seyß-Inquart setzen ihre Namen unter ein Dokument, dessen Artikel 1 lautet: »Österreich ist ein Land des Deutschen Reiches. Das Reich heißt fortan Großdeutschland.«

Am Morgen des 14. März trifft Hitler in Wien ein und hält eine Rede zum vollzogenen Anschluß. Auf dem Wiener Heldenplatz wird einen Tag später die eigentliche »Befreiungsfeier« unter Beteiligung Hunderttausender abgehalten.

Titelblatt einer Sondernummer der Zeitschrift »Die Woche«.

1938

APRIL

Mo	Di	Mi	Do	Fr	Sa	So
				1	2	3
4	5	6	7	8	9	10
11	12	13	14	15	16	17
18	19	20	21	22	23	24
25	26	27	28	29	30	

1. Joe Louis verteidigt seinen Weltmeistertitel durch K.-o.-Sieg gegen Harry Thomas in der fünften Runde in Chicago.

1. Zwei US-Firmen bringen erstmals Leuchtstoffröhren in den Handel.

5. Ein in Hankau tagender Kongreß der Kuomintang verleiht Tschiang Kai-schek den Titel eines Generalsekretärs und stattet ihn mit diktatorischen Vollmachten aus.

8. Sturz der Regierung Léon Blum durch den französischen Senat.

10. Bildung eines neuen Kabinetts in Frankreich unter Ministerpräsident Edouard Daladier (Radikalsozialist).

10. Hitler erhält bei der Volksabstimmung über den »Anschluß« Österreichs in beiden Landesteilen über 99 Prozent Zustimmung. →

12. Premiere des Spielfilms »Jugend« von Veit Harlan mit Kristina Söderbaum, Werner Hinz und Elisabeth Flickenschildt.

16. Max Schmeling schlägt in Hamburg Steve Dudas aus den USA in der fünften Runde k. o.

20. Premiere des zweiteiligen Olympiafilms »Fest der Völker« und »Fest der Schönheit« von Leni Riefenstahl. →

24. Sudetendeutscher Parteiführer Konrad Henlein erhebt auf Karlsbader Tagung Forderung nach deutscher Selbstbestimmung über das Sudetenland.

24. Deutschland spielt im Fußballänderspiel gegen Portugal in Frankfurt 1 : 1.

25. England und Irland einigen sich auf ein Verteidigungs-, Handels- und Finanzabkommen.

25. Hitler ernennt NSDAP-Gauleiter Bürckel zum Reichskommissar für die Wiedervereinigung mit Österreich.

26. Neues Gesetz fordert Anmeldung jüdischen Vermögens.

28. Uraufführung der Oper »Mathis, der Maler« von Paul Hindemith in Zürich.

29. Erneuerung der englisch-französischen Entente betont Erfüllung der Verpflichtungen beider Länder gegenüber der Tschechoslowakei.

GEBOREN:

15. Claudia Cardinale, italienische Filmschauspielerin.

Über 99 Prozent für Anschluß

10. April. Vier Wochen nach der Wiedervereinigung Österreichs mit dem Reich – im Jargon der Zeit heißt es vielfach auch »Anschluß« – dürfen die Bewohner Großdeutschlands darüber abstimmen. Der Stimmzettel vereint in der einzigen ausgedruckten Frage gleich zwei Entscheidungen: für Hitlers Politik im allgemeinen und für den Österreich-Anschluß.

Den Wählern wird folgender Text vorgelegt: »Bist Du mit der am 13. März vollzogenen Wiedervereinigung Österreichs mit dem Deutschen Reich einverstanden und stimmst Du für die Liste unseres Führers Adolf Hitler?« Mit der letzten Frage ist die Einheitsliste für den neuen Reichstag gemeint, dem auch Abgeordnete aus Österreich, das im offiziellen Sprachgebrauch bald nur noch als »Ostmark« bezeichnet wird, angehören.

Einer der prominentesten Österreicher, Otto von Habsburg, nimmt an der Abstimmung nicht teil. Gegen ihn hat das Landesgericht I in Wien einen Steckbrief wegen Verdachts des Verbrechens des Hochverrats erlassen. Der durch den Anschluß zwangsweise zum Deutschen gewordene Kaiser-Nachkomme hat in einer französischen Zeitung an die Welt appelliert, dem Unrecht am österreichischen Volk nicht tatenlos zuzusehen und hat damit nach NS-Lesart »das deutsche Geschlecht der Habsburger mit dem Makel befleckt, den letzten Separatisten der deutschen Geschichte gestellt zu haben«.

Das europäische Ausland läßt Hitler gewähren. Bereits am 2. April wird das neue Großreich von England, Frankreich, Polen, Belgien, Jugoslawien und der Tschechoslowakei anerkannt.

Das Ergebnis dieser Abstimmung:

	Österreich	Altreich
stimmberechtigt	4 474 138	45 073 303
abgegebene Stimmen	4 460 778 (99,7 %)	44 872 704 (99,55 %)
gültige Stimmen	4 455 015	44 803 096
Ja-Stimmen	4 443 208 (99,73 %)	44 362 667 (99,02 %)
Nein-Stimmen	11 807	440 429
ungültige	5 763	69 606

Ein österreichisches Wahlplakat.

Am Tag der Volksabstimmung sind zahlreiche Gebäude in Wien geschmückt.

Olympia-Film wird uraufgeführt

20. April. In Berlin wird Leni Riefenstahls zweiteiliger Film über die Olympiade 1936 uraufgeführt. Der erste Teil, »Fest der Völker«, beginnt mit einem Prolog, der zurück in die Antike führt und Kraft, Schönheit und Anmut feiert. Der zweite Teil, »Fest der Schönheit«, ist im olympischen Dorf in Berlin gedreht. Der Film wird von seinen Kritikern und Anhängern als monumentales Ereignis bewundert.

Szene aus »Fest der Schönheit«.

Ein neuer Mann neben Stalin

14. April. In der Sowjetunion ist nach Beendigung der Säuberungsaktion in der Partei eine neue Machtkonzentration zu beobachten. Neben Stalin als Generalsekretär des Präsidiums des Zentralkomitees der Partei wird Lazar Kaganowitsch durch Ernennung zum Volkskommissar für das Eisenbahnwesen mit neuer Machtfülle ausgestattet. Er ist bereits Volkskommissar für Schwerindustrie.

MAI

Mo	Di	Mi	Do	Fr	Sa	So
						1
2	3	4	5	6	7	8
9	10	11	12	13	14	15
16	17	18	19	20	21	22
23	24	25	26	27	28	29
30	31					

2. Neues Jugendschutzgesetz mit Arbeitszeitregelungen für Kinder und Jugendliche tritt im Deutschen Reich in Kraft.

3. Hitler trifft mit großem Gefolge zu mehrtägigem Staatsbesuch in Italien ein.

4. Der Vatikan erkennt das Franco-Regime als spanische Regierung offiziell an.

4. Douglas Hyde zum ersten Präsidenten der Republik Irland gewählt.

7. England und Frankreich bemühen sich auf diplomatischem Wege in Berlin und Prag um Lösung der Sudetenkrise.

10. In Frankfurt erstmals ein »Tag des deutschen Handwerks«.

11. Erster Allgemeiner Bankfeiertag seit der Machtergreifung in Großdeutschland abgehalten.

13. Hermann Göring nimmt in Linz ersten Spatenstich für die »Hermann-Göring-Werke« vor.

14. Fußball: Deutschland unterliegt England mit 3 : 6.

18. Premiere des französischen Spielfilms »Hafen im Nebel« von Marcel Carné.

21. Teilmobilmachung der tschechoslowakischen Armee nach Wahlerfolgen der Sudetendeutschen Partei bei Gemeindewahlen. →

26. Grundsteinlegung für das Volkswagenwerk durch Adolf Hitler in Fallersleben (Niedersachsen). →

27. Nordische Staaten Schweden, Norwegen, Dänemark, Finnland, Island unterzeichnen in Stockholm Neutralitätsabkommen.

28. Hitler-Befehl zum verstärkten Ausbau der Wehrmacht und Luftwaffe sowie zur Verstärkung der Festungsanlagen an der Westgrenze (»Westwall«) erlassen.

31. Britische Fernsehgesellschaft BBC sendet das erste Fernsehspiel der TV-Geschichte mit dem Titel »Spelling Bee«.

GEBOREN:

12. Andrei Amalrik († 11. 11. 1980), russischer Schriftsteller.

GESTORBEN:

4. Carl von Ossietzky (* 3. 10. 1889), deutscher Publizist, Nobelpreis 1935. →

Grundstein für VW

Bei der Grundsteinlegung werden drei Volkswagentypen vorgestellt.

26. Mai. Das 2500-Einwohner-Städtchen Fallersleben in Niedersachsen bekommt an diesem Tag hohen Besuch. Reichskanzler Adolf Hitler und die Spitzen der Deutschen Arbeitsfront sind zur Grundsteinlegung des Volkswagenwerkes gekommen, das künftig das preiswerte Auto für den deutschen Volksgenossen produzieren soll. Hitler verkündet beim Festakt, daß am Mittellandkanal ein neuer Hafen und um das Werk eine neue Stadt erbaut werden soll, in die man etwa 28 Gemeinden einbeziehen will. Die Einwohnerzahl dieser neuen VW-Stadt wird auf 30 000 und in der Endausbauphase auf 60 000 ansteigen.

Das künftige Auto für jedermann steht nach Ende der Entwicklungsphase in 30 Prototypen zur Verfügung. Der mit der Entwicklung beauftragte Ferdinand Porsche hat dieses Modell nach Fertigstellung bereits harten Tests unterzogen und dann entschieden, daß die gegenwärtige Ausführung produktionsreif ist. In Fallersleben werden erstmals die technischen Daten des neuen Autos bekanntgegeben. Danach wird der Volkswagen in drei Ausführungen gebaut werden: als offener Wagen, als Limousine und als Cabriolet. Das Fahrzeug ist mit Vollschwingachsen ausgestattet, 4,20 Meter lang, 1,55 Meter hoch und breit und hat 650 Kilogramm Eigengewicht. Der luftgekühlte Heckmotor leistet 24 PS und verbraucht 6 bis 7 Liter Benzin auf 100 Kilometer. Vier bis fünf Personen haben in dem Fahrzeug, das mit 100 Stundenkilometern Dauerleistung autobahnfest ist, Platz. Der Wagen wird ab Werk 990 Reichsmark kosten. Zur Finanzierung soll in der zweiten Jahreshälfte ein Spar- und Versicherungssystem eingeführt werden.

Carl von Ossietzky stirbt an Folgen der Folterungen

4. Mai. In einem Berliner Krankenhaus stirbt im Alter von 49 Jahren der Publizist und Pazifist Carl von Ossietzky, der 1936 den ihm verliehenen Friedensnobelpreis nicht annehmen durfte. Mehrfach inhaftiert, wurde er schließlich aus dem Konzentrationslager entlassen, blieb aber unter Polizeiaufsicht, die auch in der Klinik aufrechterhalten wurde. Nach den im KZ erlittenen Mißhandlungen blieb er physisch und psychisch ein gebrochener Mensch.

Situation im Sudetenland spitzt sich zu

Mit dem Anschluß Österreichs ist Hitlers Expansionspolitik in Mitteleuropa keineswegs beendet. Als Folge der Neuordnung des europäischen Staatenwesens nach dem verlorenen Weltkrieg leben auch jetzt noch über acht Millionen Deutsche außerhalb der Reichsgrenzen. Ein Großteil von ihnen wohnt im künstlichen Staatengebilde Tschechoslowakei, das als Vielvölkerstaat seit der Gründung Schwierigkeiten mit den verschiedenen Minderheiten hat.

Im Mai spitzen sich die Probleme mit der im Sudetenland unter Konrad Henlein straff organisierten deutschen Minderheit dramatisch zu, können aber auf dem Verhandlungswege noch einmal beigelegt werden. Zunächst intervenieren die Garantiemächte England und Frankreich in Prag, um eine befriedigende Lösung der Minderheitenprobleme zu erreichen. ČSR-Ministerpräsident Milan Hodža gibt diesen Mächten in einer Antwortnote von der Einführung eines Nationalitätenstatus im Lande Kenntnis, das eine integrale Lösung bedeute. Doch die Ereignisse überrollen den Verhandlungswillen aller Beteiligten. Bei den Gemeindewahlen erhält die Sudetendeutsche Partei in Gebieten mit überwiegend deutschstämmiger Bevölkerung (Böhmerwald, Riesengebirge, Erzgebirge) über 90 Prozent der Stimmen.

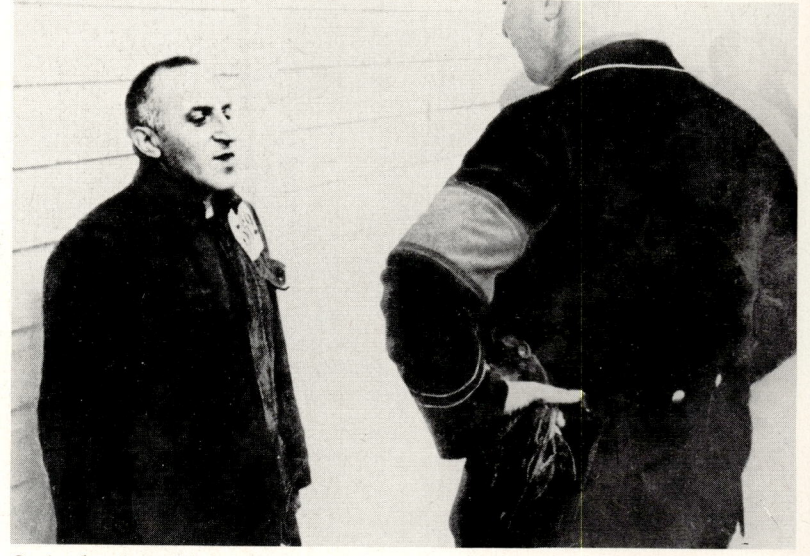

Ossietzky als Häftling im KZ Papenburg-Esterwegen mit einem SS-Mann.

1938

JUNI

Mo	Di	Mi	Do	Fr	Sa	So
			1	2	3	4	5
6	7	8	9	10	11	12
13	14	15	16	17	18	19
20	21	22	23	24	25	26
27	28	29	30			

1. SD-Chef Reinhard Heydrich ordnet Verhaftungswelle gegen angebliche Asoziale im Reichsgebiet an.

3. Ein Gesetz über die Einziehung von Erzeugnissen »entarteter Kunst« wird erlassen. Es bedeutet für die betroffenen Künstler den entschädigungslosen Verlust von Kunstwerken (NS-Kunstraub).

3. Hitler beruft den Leiter seiner Privatkanzlei Martin Bormann als Adjutanten in seinen persönlichen Stab.

4. Deutschland und die Schweiz trennen sich im Turnier der III. Fußballweltmeisterschaft in Paris mit 1:1 nach Verlängerung. →

9. Deutschland verliert Weltmeisterschafts-Wiederholungsspiel 2:4 gegen die Schweiz in Paris. →

12. Bruch der Dämme des Hoangho (Gelber Fluß) im chinesisch-japanischen Kampfgebiet verursacht Überschwemmungskatastrophe.

14. Die dritte Verordnung zum Reichsbürgergesetz von 1935 ordnet Registrierung »jüdischer Gewerbebetriebe« an und ermächtigt das Reichswirtschaftsministerium zur Kennzeichnung solcher Betriebe.

18. Premiere des ersten Teils der Gorki-Trilogie (russischer Spielfilm) von Max Donskoi in Moskau.

19. Italien verteidigt seinen Titel als Fußballweltmeister durch 4:2-Endspielsieg gegen Ungarn in Paris. →

22. Joe Louis verteidigt durch K.-o.-Sieg seinen Titel als Boxweltmeister gegen Max Schmeling in der ersten Runde in New York. →

22. Einführung einer allgemeinen Arbeitsdienstpflicht zur Beendigung des Arbeitskräftemangels im Deutschen Reich.

25. Premiere des Spielfilms »Heimat« von Carl Froelich mit Zarah Leander, Heinrich George und Paul Hörbiger.

26. Schalke 04 und Hannover 96 trennen sich im Endspiel um die Deutsche Fußballmeisterschaft in Berlin mit dem Spielstand 3:3 nach Verlängerung.

GESTORBEN:

15. Ernst Ludwig Kirchner (* 6. 3. 1880), deutscher Maler. →

Italien Weltmeister

Italiens »Squadra Azzurra«, Weltmeister 1938 durch einen 4:2-Sieg über Ungarn.

4. Juni. Die III. Fußballweltmeisterschaft findet in diesem Monat mit dem Endturnier in sieben französischen Städten ihren Höhepunkt. Zu den Ausscheidungsspielen haben sich zunächst 35 Länder gemeldet, einige sagen im letzten Moment ab, andere – wie Österreich – können aus politischen Gründen keine eigene Mannschaft mehr stellen. Unter den fehlenden Nationen sind mit Uruguay, Argentinien und England drei der spielstarken Mannschaften. Für die deutsche Elf wird das Endrundenturnier wie schon das der Olympischen Spiele von 1936 zu einer bitteren Niederlage. Im vermeintlich leichten Auftaktspiel schafft Großdeutschland nur ein Unentschieden gegen die Schweiz und verliert einige Tage später das Wiederholungsspiel gegen die großartig kämpfenden Schweizer mit 2:4. Für den Schweizer Fußball ist das einer der größten Triumphe seiner Geschichte, für die deutsche Mannschaft nach den Erfolgen der letzten 18 Monate in Länderspielen eine herbe Enttäuschung. Italien verteidigt seinen vier Jahre zuvor gewonnenen Titel und wird Weltmeister.

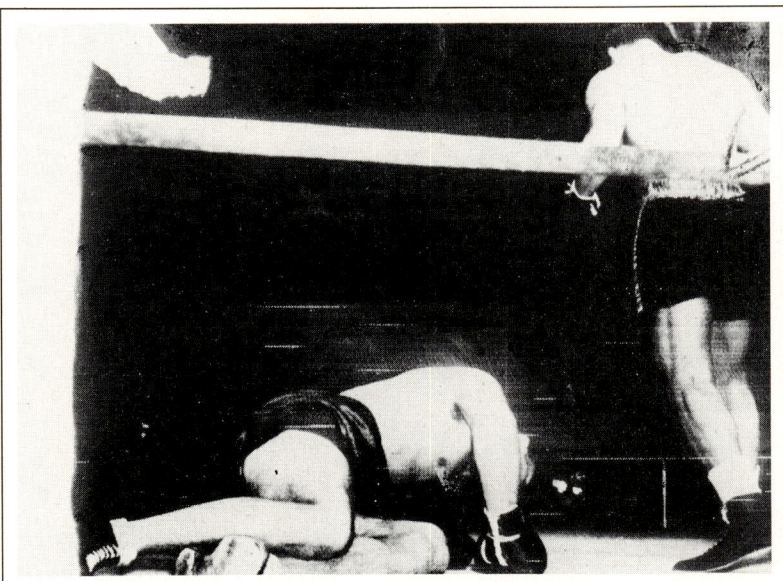

22. Juni. Joe Louis verteidigt in New York seinen Boxweltmeistertitel gegen Max Schmeling, der von 1930 bis 1932 Weltmeister war, durch einen K. o. in der ersten Runde. Das Bild zeigt Schmeling am Boden (→ Juni 1936).

Brücke-Maler Kirchner stirbt in der Schweiz

15. Juni. Ernst Ludwig Kirchner, einer der bedeutendsten Maler des deutschen Expressionismus, stirbt mit 58 Jahren in Frauenkirch bei Davos. Seit 1918 hat der Maler, der zu den Begründern der Künstlervereinigung »Brücke« (→ 1905) gehört, sich wegen seines Gesundheitszustandes in der Schweiz aufgehalten. Die Bilder Kirchners sind von einer starken Farbigkeit.

Ernst Ludwig Kirchner: »Selbstbildnis mit Modell« (1907).

Erste Einigung im Bürgerkrieg

28. Juni. Eine im Nichteinmischungsausschuß zustande gekommene Einigung über die Zurückziehung der Freiwilligen bringt der Öffentlichkeit den andauernden spanischen Bürgerkrieg in diesem Monat wieder ins Bewußtsein. Die Vertreter Deutschlands, Italiens, Frankreichs und Englands erklären sich bereit, je ein Fünftel der auf 1 bis 1,5 Millionen Pfund Sterling geschätzten Kosten für die Rückführung der Freiwilligen zu übernehmen. Die Sowjetunion soll das verbleibende Fünftel tragen, weigert sich aber mitzumachen, so daß der Restanteil von den Westmächten getragen werden muß, wenn es zu einem Abzug der Spanienkämpfer kommen sollte.

JULI

Mo	Di	Mi	Do	Fr	Sa	So
				1	2	3
4	5	6	7	8	9	10
11	12	13	14	15	16	17
18	19	20	21	22	23	24
25	26	27	28	29	30	31

AUGUST

Mo	Di	Mi	Do	Fr	Sa	So
1	2	3	4	5	6	7
8	9	10	11	12	13	14
15	16	17	18	19	20	21
22	23	24	25	26	27	28
29	30	31				

1. Donald Budge (USA) besiegt im Wimbledonfinale Henry Wilfred Austin 6 : 1, 6 : 0, 6 : 3.

2. Helen Wills-Moody wird Wimbledonsiegerin durch ein 6 : 4, 6 : 0 gegen Helen Jacobs.

3. Hannover 96 wird durch 4 : 3-Sieg nach Verlängerung im Wiederholungsspiel gegen Schalke 04 Deutscher Fußballmeister. →

3. Manfred von Brauchitsch gewinnt den Großen Preis von Frankreich mit Mercedes vor Caracciola und Lang.

6. »Gesetz zur Änderung der Gewerbeordnung im Deutschen Reich« untersagt Juden im Altreich den Betrieb bestimmter Gewerbe wie Immobilienhandel und Darlehensvermittlung.

6. Erste Sitzung einer auf Initiative von US-Präsident Roosevelt einberufenen zwischenstaatlichen Flüchtlingskonferenz zur Regelung der Einwandererquoten für Juden in andere Länder.

10. Sowjetische Soldaten überschreiten Grenze zu Mandschukuo südwestlich von Wladiwostok und besetzen strategisch wichtiges Berggelände.

15. Die japanische Regierung gibt Absage der für 1940 in Tokio vorgesehenen XII. Olympischen Sommerspiele bekannt.

22. In Deutschland wird die Einführung einer Kennkarte für Juden angekündigt.

24. Uraufführung der Oper »Friedenstag« von Richard Strauss in München.

24. Erstbesteigung der Eiger-Nordwand. →

25. Die vierte Verordnung zum Reichsbürgergesetz von 1935 verbietet – mit Erlöschen der Approbation zum 30. 9. – jüdischen Ärzten jede Berufstätigkeit.

29. Papst Pius XI. wendet sich in Ansprache vor Studenten in der Sommerresidenz Castell Gandolfo gegen den nationalsozialistischen Rassebegriff.

31. Abkommen von Saloniki: Zustimmung der Balkan-Pakt-Mächte zur Aufrüstung Bulgariens.

31. Die Tour de France 1938 endet mit dem Sieg des Italieners Gino Bartali.

GESTORBEN:

4. Otto Bauer (* 5. 9. 1881), österreichischer Politiker und Publizist.

Hannover 96 wird Deutscher Fußballmeister

3. Juli. Der Deutsche Fußballmeister 1938 wird nicht im normalerweise 90 Minuten dauernden Endspiel ermittelt, sondern steht erst nach zwei Fußballschlachten von insgesamt vier Stunden Länge fest. Der hochfavorisierte Titelverteidiger FC Schalke 04 muß sich im ersten Finale gegen Hannover 96 vor 100 000 Zuschauern im Berliner Olympiastadion mit einem 3 : 3 nach Verlängerung begnügen und wird in der notwendigen Wiederholung an gleicher Stelle sensationell in der Verlängerung mit 4 : 3 geschlagen.

Eiger-Nordwand wird endlich bezwungen

24. Juli. Nach vielen vergeblichen Versuchen, bei denen mancher Kletterer den Bergtod fand, wird die Eiger-Nordwand an diesem Tag von einer deutsch-österreichischen Seilschaft endlich bezwungen (Heinrich Harrer, Graz; Fritz Kasparek, Wien; Andreas Hockmayer, Traunstein; Ludwig Voerg, München). Die vier Kletterer benötigen für die 1800 Meter hohe Nordwand des Eiger (3974 Meter) dreieinhalb Tage. Allein die letzten 300 Meter dieser schwierigsten Bergwand der Alpen fordern von den vier Männern neun Stunden reine Kletterzeit.

8. Juli. In München wird der »Tag der deutschen Kunst« eröffnet, auf dem die Kunst nach nationalsozialistischen Vorstellungen präsentiert wird. Das Plakat zu dieser Ausstellung wurde von Richard Klein entworfen.

2. Schaffung einer »Richard-Wagner-Forschungsstätte« in Bayreuth durch Adolf Hitler.

3. Ausländische Juden in Italien vom Besuch sämtlicher Hochschulen ausgeschlossen.

5. Goebbels kündigt bei der Eröffnung der 15. Deutschen Rundfunkausstellung in Berlin Produktion eines »Deutschen Kleinempfängers 1938« für 35 Reichsmark an.

10. Französische Luftfahrtgesellschaft Air France eröffnet regelmäßige Flugverbindung Paris–Hongkong mit Flugdauer von 6 Tagen.

10. Waffenstillstandsabkommen zwischen Japan und Sowjetunion im umstrittenen Grenzgebiet von Mandschukuo unterzeichnet.

11. Premiere des Spielfilms »Capriccio« von Karl Ritter mit Lilian Harvey und Paul Kemp.

15. Englischer Passagierdampfer »Queen Mary« erobert nach der Atlantiküberquerung (West-Ost-Richtung) in 3 Tagen, 20 Stunden und 42 Minuten mit einer Durchschnittsgeschwindigkeit von 31,69 Knoten das »Blaue Band«.

22. Hitler veranstaltet während des Staatsbesuchs des ungarischen Reichsverwesers Admiral Nikolaus Horthy zu Ehren des Gastes eine Flottenparade mit 114 Kriegsschiffen auf der Kieler Förde.

26. Premiere des Spielfilms »Verwehte Spuren« von Veit Harlan mit Kristina Söderbaum in der Hauptrolle.

27. Captain George Eystone verbessert seinen Automobil-Geschwindigkeitsrekord in Bonneville auf 556,013 km/h.

27. Erwin Blask erzielt in Stockholm mit 59 m neuen Hammerwurfweltrekord.

27. Generaloberst Ludwig Beck, Generalstabschef des Heeres, tritt aus Protest gegen Hitlers Politik zurück.

28. Beginn von Verhandlungen zwischen der Sudetendeutschen Partei und ČSR-Staatspräsident Eduard Beneš.

GEBOREN:

Frederick Forsyth (* August 1938), englischer Schriftsteller.

GESTORBEN:

4. Rudolf G. Bindig (* 13. 8. 1867), deutscher Dichter.

Deutscher fliegt in 20 Tagen um die Erde

Die Zivilluftfahrt kann in diesem Monat wieder einige bemerkenswerte Fortschritte melden. Von der englischen Gesellschaft Imperial Airways kommt die Kunde von der Aufnahme des regelmäßigen Passagierdienstes zwischen England und Sydney. Der erste Flug nach Australien mit Landung in Darwin dauert 7 Tage, 3 Stunden und 45 Minuten. Auch die holländische Luftverkehrsgesellschaft nimmt den Verkehr Amsterdam–Sydney auf und benötigt für diese Distanz über die Zwischenstationen Athen, Basrah, Jodhpur, Rangun, Singapur, Batavia und Cloncurry acht Tage.

Die Deutsche Lufthansa testet ihr Großverkehrsflugzeug, die viermotorige FW 200 »Condor«, auf einem Nonstopflug Berlin–Kairo, bei dem die 3155-Kilometer-Strecke in elf Stunden bei einer Reisegeschwindigkeit von 360 Stundenkilometern bewältigt wird.

Von einem Flug um die Welt kommt am 6. August der Deutsche Hans Bertram zurück, der einen »Weltflug auf die Minute« unter Benutzung regelmäßiger Luftverbindungen geschafft hat. Mit der Lufthansa fliegt er von Berlin bis Bagdad, mit der Air France von dort nach Bangkok, die Imperial Airways bringen ihn weiter nach Hongkong, von wo die Pan American Airlines für Weiterkommen nach San Francisco und New York sorgen. Die Lufthansa bringt ihn über Lissabon nach Berlin zurück. Für seine 39 350 Kilometer lange Reiseroute benötigt er 20 Tage, 21 Stunden und 35 Minuten bei 15 Tagen reiner Flugzeit.

Die Focke-Wulf-Maschine »Condor« stellt ab 10. August ihre Leistungsfähigkeit unter Beweis. Vom Flugplatz Staaken aus geht es Nonstop nach New York; für die 6300-Kilometer-Distanz benötigt die Maschine 24 Stunden und 24 Minuten. Der Rückflug wird in 19 Stunden und 54 Minuten bis Berlin-Tempelhof geschafft, wo die Besatzung am 14. August morgens ankommt. Das Großverkehrsflugzeug FW 200 »Condor«, eine Konstruktion des Flugzeugbauers Kurt Tank, hat 1937 nach einjähriger Bauzeit den ersten Probeflug unternommen.

Münchner Abkommen

Vor Beginn der Münchner Konferenz: (v. l.) Hermann Göring, Arthur Neville Chamberlain, Mussolini, ein Dolmetscher, Adolf Hitler, Edouard Daladier.

Spätestens mit der Schlußrede Adolf Hitlers auf dem Reichsparteitag der NSDAP am 12. September wird dem Ausland klar, daß er sich die Tschechoslowakei als nächstes Opfer seiner Expansionspolitik ausgesucht hat. Deren Staatspräsident Eduard Beneš reagiert mit der Verhängung des Standrechts über Gebiete mit deutscher Bevölkerung.

Die westlichen Großmächte versuchen nun, zu einer gewaltfreien Entscheidung in der Sudetenfrage zu kommen. Englands Ministerpräsident hat einen Sonderbeauftragten in das umstrittene Gebiet entsandt, um die Stimmung unter der Bevölkerung zu erkunden. Lord Walter Runciman führt diesen Auftrag durch, spricht mit den Beteiligten im Sudetenland und in Prag und kommt zur Überzeugung, daß man an der Selbstbestimmung für das betroffene Gebiet nicht mehr vorübergehen kann.

Englands Premier Neville Chamberlain eilt daher am 15. September per Flugzeug nach Süddeutschland, um mit Hitler auf dem Obersalzberg darüber zu verhandeln. Aber Hitler verlangt jetzt nicht nur die Autonomie für das Sudetenland, sondern, wie im Falle Österreichs, den Anschluß an das Großreich. Über diese neue Forderung berät am 18. und 19. September in London die englische Regierung mit Frankreichs Ministerpräsidenten Edouard Daladier und dessen Außenminister Georges Bonnet. Frankreich will wegen des Problems Sudetenland keinen europäischen Konflikt riskieren und stimmt der von Hitler geforderten Einvernahme des Gebietes zu. Die beiden Großmächte informieren ČSR-Präsident Beneš, der am 20. September die englisch-französischen Lösungsvorschläge annimmt. An diesem Tag meldet auch Ungarn Anspruch auf Gebiete der Tschechoslowakei an (das sogenannte Karpato-Rußland).

Premierminister Chamberlain will bei seinem zweiten Deutschlandbesuch die Sudetenfrage endgültig klären, stößt aber auf neue Forderungen Hitlers. Die Konferenz der beiden Staatsmänner am 22. und 23. September in Bad Godesberg endet mit einem Ultimatum Hitlers, demzufolge die Räumung des Sudetenlandes durch die Tschechen am 1. Oktober beendet sein muß.

Hitlers Forderung führt zu Reaktionen der europäischen Mächte, die einen unmittelbar bevorstehenden Ausbruch kriegerischer Auseinandersetzungen befürchten lassen. Als erstes Land macht die Tschechoslowakei noch am 23. September mobil, nach einer Hetzrede Hitlers im Berliner Sportpalast folgen am 26. England und Frankreich; Mussolini gibt einen Tag später die Mobilmachung bekannt, versucht aber, mit einem Verhandlungsvorschlag den bevorstehenden Krieg noch abzuwenden. Er schlägt ein Treffen der Großmächte Deutschland, England, Frankreich und Italien vor. So kommt es am 29. September zur legendären Münchner Konferenz dieser vier Mächte, auf der das Ende der Tschechoslowakei vorprogrammiert wird. Man einigt sich auf die Abtretung des Sudetenlandes an das Großreich und die Räumung des Gebietes durch die dort lebenden Tschechen.

Mo	Di	Mi	Do	Fr	Sa	So
					1	2
3	4	5	6	7	8	9
10	11	12	13	14	15	16
17	18	19	20	21	22	23
24	25	26	27	28	29	30
31						

1. Beginn der Besetzung des Sudetenlandes durch deutsche Truppen. →

3. Hitler trifft zu einem ersten Besuch des Sudetenlandes in Eger ein.

5. Rücktritt des tschechischen Staatspräsidenten Eduard Beneš. →

5. Die Juden im Großdeutschen Reich müssen laut Verordnung innerhalb von 14 Tagen ihre Reisepässe abgeben.

6. Bildung einer unabhängigen Regierung der Slowakei in Bratislava. →

8. Verwüstung des bischöflichen Palais von Kardinal-Erzbischof Theodor Innitzer in Wien durch SA-Trupps und Raub sakraler Kunstgegenstände.

8. Die ungarische Minderheit im bisherigen ČSR-Teil Karpato-Rußland bildet eine unabhängige Regierung.

10. Beginn des Abzugs italienischer Freiwilliger aus dem spanischen Bürgerkrieg.

14. US-Präsident Roosevelt kündigt angesichts der Krisensituation in Europa Intensivierung der amerikanischen Rüstungsanstrengungen an.

17. Bildung einer neuen tschechischen Regierung unter Ministerpräsident Jan Syrovy.

20. Einführung von Stopp-Straßen in Großdeutschland durch Straßenverkehrserlaß der Ordnungspolizei.

21. Eroberung der Stadt Kanton durch japanische Truppen im chinesisch-japanischen Krieg.

22. Mario Pezzi (Italien) erreicht mit seinem Flugzeug neuen Höhenweltrekord mit 17 074 m.

25. Japanische Truppen erobern den vorübergehenden Sitz der chinesischen Regierung Hankau.

30. Sechste Verordnung zum Reichsbürgergesetz von 1935 bedeutet Berufsverbot für jüdische Patentanwälte.

30. Einweihung des Schiffshebewerkes Magdeburg und Eröffnung des Mittellandkanals.

30. Konrad Henlein wird Gauleiter im Sudetenland.

GESTORBEN:

24. Ernst Barlach (* 2. 6. 1870), deutscher Plastiker, Grafiker und Dichter. →

Einmarsch ins Sudetenland

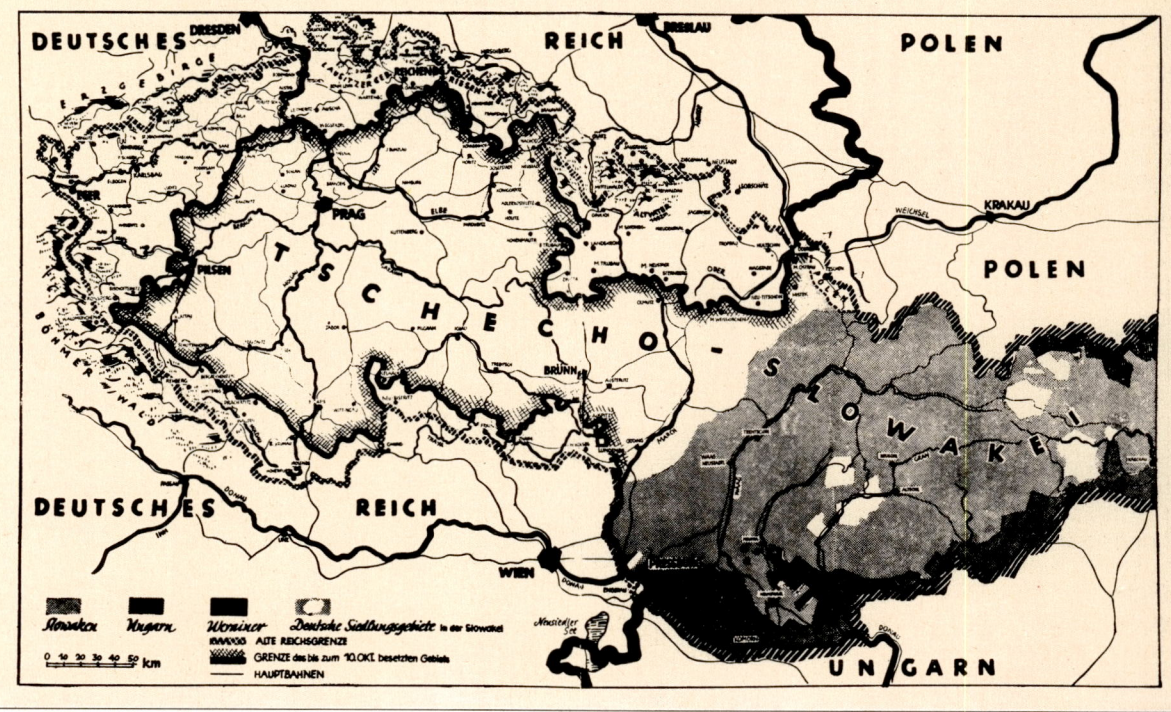

Eine Sonderkarte des »Berliner Lokal-Anzeigers« zum Einmarsch deutscher Truppen ins Sudetenland.

Ein letzter Protest in der »Prager Presse« gegen das Münchner Abkommen.

Jubel der deutschen Bevölkerung beim Einmarsch im Sudetenland.

30. Oktober. Als Hitler an diesem Tag seinen Erlaß über die Bildung eines Gaues »Sudetenland« verkündet, dem Konrad Henlein als Gauleiter vorsteht, hat er sein Ziel, die Zerschlagung der Tschechoslowakei, erreicht.

Am 1. Oktober sind Truppen der Wehrmacht in die abgetretenen Gebiete des Sudetenlandes einmarschiert; am 5. ist Staatspräsident Eduard Beneš resigniert zurückgetreten. Einen Tag später bricht ein weiteres Gebiet aus dem Staat ČSR heraus. Die Slowaken, die seinerzeit als ganzes Volk geschlossen in den neuen Staat eingegliedert wurden, bestehen auf Autonomie, die ihnen von der tschechischen Regierung in Prag gewährt wird.

Weitere Gebiete müssen die Tschechen an Polen und Ungarn abtreten. Schon am 1. Oktober übernimmt Polen wieder das Olsagebiet, und Ungarn läßt seine im ehemaligen Staatsgebiet der ČSR lebende Minderheit eine autonome karpato-russische Regierung bilden. Das Restgebilde wird als Tschecho-Slowakei weiter von der Prager Regierung vertreten.

Palästinafrage bleibt offen

Die Hoffnungen der englischen Regierung, den Teilungsplan für das britische Mandatsgebiet Palästina bald realisieren zu können, erfüllen sich auch in diesem Monat nicht. In Kairo spricht sich der arabisch-panislamitische Kongreß gegen jede Teilung aus, fordert vielmehr einen ganz Palästina umfassenden Araberstaat und einen Einwanderungsstopp für Juden.

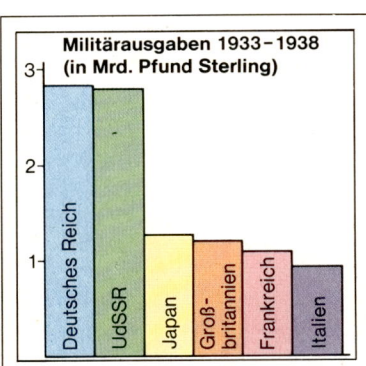

Militärausgaben 1933–1938 (in Mrd. Pfund Sterling)

Die Militärausgaben 1933–1938.

Ernst Barlach tot

Ernst Barlach †.

24. Oktober. Im Alter von 68 Jahren stirbt in Rostock der Bildhauer, Grafiker und Dichter Ernst Barlach. Er studierte in Hamburg, Dresden und Paris und arbeitete seit 1910 in Güstrow. Seine plastischen Werke, vorwiegend in Holz geschnitzt, weisen stark vereinfachte und ausdrucksstarke Formen auf. Hauptthema in seinem künstlerischen Schaffen ist der Mensch. Nach 1933 wurden seine Werke als »entartet« verfemt und aus den Museen entfernt. Barlach lebte bis zu seinem Tode zurückgezogen in Güstrow.

1938
NOVEMBER

Mo	Di	Mi	Do	Fr	Sa	So
	1	2	3	4	5	6
7	8	9	10	11	12	13
14	15	16	17	18	19	20
21	22	23	24	25	26	27
28	29	30				

1. Premiere des Spielfilms »Kautschuk« von Eduard von Borsody mit René Deltgen und Gustav Dießl in den Hauptrollen.

5. Nach Freigabe neuer Teilstrecken ist die Reichsautobahn Berlin–München mit 522 km Länge fertiggestellt.

7. Attentat auf deutschen Legationssekretär Ernst vom Rath in Paris. →

8. Demokratische Partei von US-Präsident Roosevelt verliert bei Kongreßwahlen in USA im Repräsentantenhaus 72 Sitze, bleibt aber mit 262 Abgeordneten (gegen 170 Republikaner) stärkste Partei.

9. Judenpogrom in Großdeutschland (Reichskristallnacht). →

11. Ismet Inönü (früher Mustafa Ismet Pascha) zum neuen Staatspräsidenten der Türkei gewählt.

14. Uraufführung des Schauspiels »Die schrecklichen Eltern« von Jean Cocteau in Paris.

16. Protest des Vatikans gegen das von der italienischen Regierung erlassene »Gesetz zum Schutz der italienischen Rasse«.

20. Unterzeichnung eines deutsch-tschechischen Protokolls über den endgültigen Verlauf der Grenze zwischen beiden Ländern.

24. England lädt Ägypten, Irak, Saudi-Arabien, Transjordanien und die Jewish Agency zu einer Palästina-Konferenz ein.

24. Uraufführung der Oper »Peer Gynt« von Werner Egk in Berlin.

29. Premiere des Spielfilms »Napoleon ist an allem schuld« von und mit Curt Goetz sowie Paul Henckels in Hauptrollen.

30. Premiere des Spielfilms »Tanz auf dem Vulkan« von Hans Steinhoff mit Gustaf Gründgens, Sibylle Schmitz, Gisela Uhlen, Theo Lingen.

30. Emil Hacha vom Parlament zum neuen Staatspräsidenten der Tschecho-Slowakei gewählt.

GEBOREN:

23. Herbert Achternbusch, deutscher Schriftsteller.

GESTORBEN:

10. Kemal Atatürk (* 12. 3. 1881), türkischer Staatsmann.

15. André Eugène Blondel (* 28. 8. 1863), französischer Physiker.

Jüdische Geschäfte in der Potsdamer Straße in Berlin nach der Kristallnacht.

Kristallnacht im Reich

9. November. Während der ersten zehn Monate des Jahres 1938 wird die angestrebte Ausschaltung der Juden aus dem öffentlichen Leben in Deutschland vorwiegend durch Verwaltungsverordnungen vorgenommen. Lediglich in Österreich kommt es nach dem Anschluß zu Ausschreitungen und Gewalttätigkeiten, die in ihrem Ausmaß allerdings das Treiben der SA und SS im Altreich übertreffen.

Der Boden für ähnliche Greuel ist aber auch in Deutschland längst bereitet, als die Verzweiflungstat eines 17jährigen Juden den Anlaß zum Losschlagen gibt. Der junge Herschel Grünspan erschießt in der deutschen Botschaft in Paris den Legationssekretär Ernst vom Rath in der Annahme, den deutschen Botschafter vor sich zu haben. Vor der französischen Kripo gibt er später an, aus Rache für die Behandlung seiner Eltern durch deutsche Behörden gehandelt zu haben.

Die Nachricht vom Attentat wird in Deutschland propagandistisch ausgeschlachtet, aber erst zwei Tage später, als Hitler, wie immer am 9. November, in München den Jahrestag des Marsches auf die Feldherrnhalle 1923 feiert, löst er mit einer Hetzrede ein Judenpogrom aus. In ganz Deutschland gehen Schlägertrupps, die vorwiegend aus SA-Leuten bestehen, gegen jüdische Geschäftshäuser und Synagogen vor; sie zerstören, brandschatzen und töten. Das Oberste Parteigericht zieht später Bilanz: 91 Juden, meistens Geschäftsleute,

sind getötet worden, 29 jüdische Warenhäuser durch Feuer vernichtet, 171 Wohnhäuser und 101 jüdische Gotteshäuser (Synagogen) zerstört oder abgebrannt, 7500 jüdische Geschäfte verwüstet.

Die SA beschränkt sich aber nicht auf die Gewalt auf der Straße. Auf Befehl Hitlers werden in dieser Nacht etwa 35 000 Juden zusammengetrieben und vorübergehend in Konzentrationslager gebracht. Man will mit diesem Druckmittel ihre Auswanderung aus dem Reichsgebiet beschleunigen. Aus erhalten gebliebenen Unterlagen geht hervor, daß allein in die Lager Buchenwald, Dachau und Sachsenhausen im November 1938 etwa 10 000 Juden eingeliefert worden sind. Um einem schrecklichen Schicksal zu entgehen, können sie sich auf Anweisung Görings mit hohen Summen »freikaufen«.

Ein noch größeres Geschäft macht Göring mit der Schadenersatzzahlung nach dem Pogrom. Nachdem sich vielfach herausgestellt hat, daß die betroffenen Geschäfte in deutschem Besitz sind und von Juden nur als Pächter oder Mieter betrieben werden, müssen alle Juden im Reich gemeinsam eine Milliarde Reichsmark aufbringen, um den Schaden zu bezahlen. In dieser Nacht sind allein an Schaufenstern Glasschäden von mehreren Millionen entstanden, das Kristallglas für diese Schaufenster muß beim Produzenten in Belgien für viel Geld bestellt werden. So entsteht der Name »Reichskristallnacht«.

Mo	Di	Mi	Do	Fr	Sa	So
			1	2	3	4
5	6	7	8	9	10	11
12	13	14	15	16	17	18
19	20	21	22	23	24	25
26	27	28	29	30	31	

1. Premiere des russischen Spielfilms »Alexander Newski« von Sergej Eisenstein in Moskau.

1. Erster Spatenstich zur Reichsautobahn im Sudetenland durch Reichsminister und Hitlerstellvertreter Rudolf Heß an einer Straßenkreuzung bei Eger.

4. Sudetendeutsche Zusatzwahlen für den Reichstag bringen NSDAP und Hitler die Zustimmung von 98,9 Prozent.

6. Unterzeichnung einer deutschfranzösischen Friedenserklärung in Paris durch die Außenminister Ribbentrop und Georges Bonnet.

8. Stapellauf des ersten Flugzeugträgers der deutschen Kriegsmarine »Graf Zeppelin« mit Deck für 40 Flugzeuge in Kiel.

9. Eröffnung einer panamerikanischen Konferenz in Lima.

14. Premiere des Spielfilms »Der Blaufuchs« von Johannes Häussler mit Zarah Leander, Willy Birgel und Paul Hörbiger.

16. Exkönig Alfons von Spanien von nationaler Regierung Francos wieder in Besitz aller Bürgerrechte gesetzt und zur Rückkehr nach Spanien aufgefordert.

18. Erste fahrbare automatische Telefonstation der Welt durch englischen Postminister in Essex eröffnet.

22. Otto Hahn veröffentlicht in der Zeitschrift »Naturwissenschaft« seine Beobachtungen zum Thema Kernspaltung. →

22. Premiere des Spielfilms »Pour le Mérite« (Kriegsfliegergeschichte an der Westfront 1918) von Karl Ritter.

22. Erklärung des japanischen Ministerpräsidenten Konoe über die Neuordnung in Asien nach der Niederwerfung Chinas. →

23. Premiere des Spielfilms »Menschen, Tiere, Sensationen« von und mit Harry Piel.

28. Uraufführung der ersten Fassung des Schauspiels »Die Heiratsvermittlerin« von Thornton Wilder in einer Inszenierung von Max Reinhardt in New York.

30. Premiere des Spielfilms »Frauen für Golden Hill« von Erich Waschnek.

GESTORBEN:

25. Karel Čapek (* 8. 1. 1890), tschechischer Journalist und Schriftsteller.

Erster Bericht über Kernspaltung

22. Dezember. In der neuen Nummer der Zeitschrift »Naturwissenschaft« wird am 22. Dezember von Otto Hahn, dem Direktor des Kaiser-Wilhelm-Instituts für Chemie in Berlin, ein Artikel über Forschungsergebnisse veröffentlicht, deren Tragweite wohl nur wenige Menschen zu diesem Zeitpunkt voll erfassen. Otto Hahn gibt nämlich etwas bis dahin Unvorstellbares bekannt: die Möglichkeit der Atomspaltung und die mögliche Gewinnung von Atomenergie.

Seit der Entdeckung der künstlichen Radioaktivität durch das Ehepaar Joliot-Curie und Enrico Fermi arbeitet man in allen Laboratorien der Welt mit diesem Phänomen. In Berlin-Dahlem forscht Hahn mit seinen Mitarbeitern Lise Meitner und Fritz Straßmann. Sie glauben Mitte der 30er Jahre bei ihren Versuchen mit der künstlichen Radioaktivität schwerere Elemente als das bekannte Uran entdeckt zu haben. Die Dahlemer Chemiker taufen ihre Entdeckung »Transurane« und gehen davon aus, daß diese neuen Elemente mehr um den Kern kreisende Elektronen als das Uran haben müssen, bei dem es 92 sind. Anfang Dezember 1938 erreicht die Dahlemer Forscher eine Mitteilung des Ehepaars Joliot-Curie aus Paris, das ebenfalls »Transurane« entdeckt zu haben glaubt. Die Berliner Chemiker überprüfen die ihnen von den Pariser Physikern mitgelieferte Versuchsanordnung immer und immer wieder und finden dann ihre Ausgangstheorie bestätigt: Es entstehen keineswegs noch schwerere Elemente als das Uran, also keine »Transurane«, sondern das Uran spaltet sich bei dem Versuch in zwei mittelschwere Elemente. Die erste Kernspaltung der Geschichte ist gelungen. Als Otto Hahn die Entdeckung sofort bekanntmacht, liegt der Gedanke an den Bau einer Atombombe noch fern.

Otto Hahn.

Brennabor

leichtlaufend · wertbeständig · nicht teurer

Selbst das Werbeplakat für eine Fahrradmarke folgt nationalsozialistischen Vorstellungen von Aufbruchstimmung, »Kraft durch Freude«, Jungen und Mädels, die »hart wie Kruppstahl« sind und die Welt für sich erobern.

Japan diktiert Friedensplan

22. Dezember. Nach der Eroberung weiterer Teile Chinas glaubt sich Japan im Dezember 1938 am Ziel und legt der chinesischen Regierung einen Friedensplan vor, der unter anderem folgende Bedingungen enthält: Errichtung einer neuen Ordnung in Ostasien unter Vorherrschaft Japans.

Tschiang Kai-schek lehnt diesen Plan am 30. Dezember ab, er will weiterkämpfen wie auch die Truppen Mao Tse-tungs.

Chemienobelpreis für Österreicher

10. Dezember. Das Nobelpreiskomitee vergibt die Preise für 1938. Enrico Fermi (Italien) erhält den Physikpreis für seine Entdeckungen der Atomreaktionen mit Neutronen; Corneille Heymann (Belgien) erhält den Nobelpreis für Medizin, der Österreicher Richard Kuhn wird mit dem Chemiepreis für Entdeckungen bei der Vitaminforschung ausgezeichnet. Der Literaturpreis geht an die US-Schriftstellerin Pearl S. Buck, der Friedenspreis wird dem Nansen-Hilfskomitee für Flüchtlinge in Genf zuerkannt.

Mo	Di	Mi	Do	Fr	Sa	So
						1
2	3	4	5	6	7	8
9	10	11	12	13	14	15
16	17	18	19	20	21	22
23	24	25	26	27	28	29
30	31					

1. Arbeitsdienstpflichtjahr wird für alle Mädchen unter 25 Jahren im Deutschen Reich obligatorisch.

7. Das zweite Schlachtschiff der deutschen Kriegsmarine, die »Scharnhorst«, in Wilhelmshaven in Dienst gestellt.

13. Ungarn tritt dem Antikominternpakt Berlin–Rom–Tokio bei.

14. Übernahme von Jungen aus dem Landdienst der Hitlerjugend zur Vorbereitung ihres Einsatzes als Wehrbauern durch die SS zwischen Himmler und Reichsjugendführer von Schirach vereinbart.

17. Vierte Verordnung zum Reichsbürgergesetz bedeutet Berufsverbot für jüdische Zahn- und Tierärzte sowie Apotheker. →

19. Ernennung von Reichswirtschaftsminister Walter Funk zum Reichsbankpräsidenten. Der bisherige Amtsinhaber Hjalmar Schacht wird Minister für besondere Aufgaben.

20. Deutschsprachige Erstaufführung des Dramas »Mord im Dom« von T. S. Eliot in Basel.

23. Trauung der italienischen Königstochter Prinzessin Maria von Savoyen mit Prinz Ludwig von Bourbon-Parma in Rom.

25. Joe Louis verteidigt seinen Box-WM-Titel durch K.-o.-Sieg in der ersten Runde gegen John H. Lewis in Barcelona.

26. Eroberung der katalanischen Hauptstadt Barcelona durch nationalspanische Truppen General Francos. →

29. Deutschland gewinnt ein Fußballländerspiel gegen Belgien in Brüssel mit 4 : 1.

30. Reichstag verlängert das Ermächtigungsgesetz von 1933 um weitere vier Jahre.

30. Hitler kündigt in Reichstagsrede »Lösung des Judenproblems in Deutschland« an.

31. Premiere des Spielfilms »Das unsterbliche Herz« von Veit Harlan mit Heinrich George, Christina Söderbaum und Paul Henckels in den Hauptrollen.

GESTORBEN:

10. Julius Bittner (* 9. 4. 1874), österreichischer Komponist.

24. Alexander Kanoldt (* 29. 9. 1881), deutscher Maler.

28. William Butler Yeats (* 13. 6. 1868), irischer Dichter, Nobelpreis 1923.

Neue Maßnahmen gegen Juden

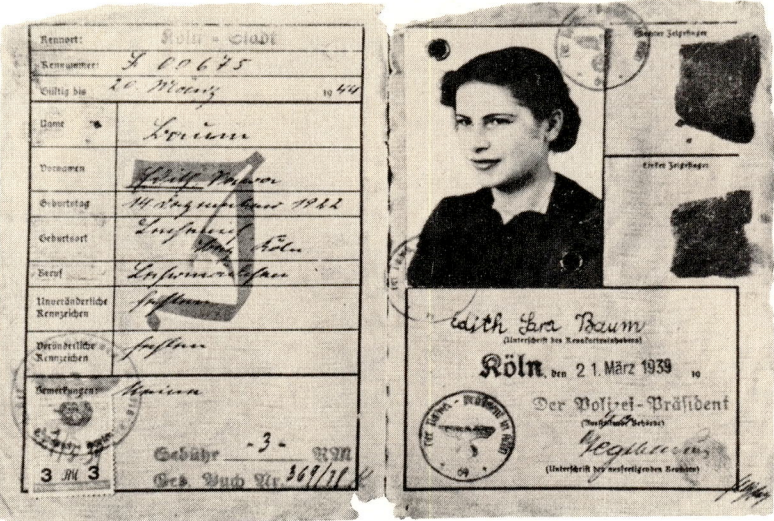

Ein großes »J« wird in die Pässe jüdischer Bürger gestempelt.

17. Januar. Die auf die »Kristallnacht« folgenden Zwangsmaßnahmen gegen Juden im Deutschen Reich setzen sich auch im neuen Jahr fort. Nachdem Juden der Besuch von Kino, Theater, Konzert und Kunstausstellung verboten wird, ihnen der Führerschein entzogen und ihren Kindern der Besuch deutscher Schulen untersagt wird, folgen im Januar 1939 neue Berufsverbote. Auf Beschluß des Reichswirtschaftsministeriums sind Juden nicht mehr zu gesetzlichen Prüfungen bei Handwerks-, Industrie- und Handelskammern zugelassen, und durch eine neue Verordnung zum Reichsbürgergesetz verlieren jüdische Zahn- und Tierärzte sowie Apotheker ihre Zulassung.

Ziel aller Schikanen gegen die jüdischen Bürger ist es, ihre möglichst schnelle Auswanderung zu erreichen. Deutschland soll »judenfrei« werden, wie es im NS-Jargon heißt. Von den etwa 500 000 Juden, die 1933 in Deutschland gelebt haben, sind im Januar 1939 noch 234 000 anwesend. Dazu kommen etwa 70 000, die in den angegliederten Gebieten Österreich und Sudetenland leben.

Im Januar 1939 wird die Auswanderung von Juden straff organisiert. Unter Leitung von SD-Chef Reinhard Heydrich wird bei der ihm ebenfalls unterstehenden Sicherheitspolizei (»Sipo«) eine »Reichszentrale zur Förderung der jüdischen Auswanderung« ins Leben gerufen, die dafür sorgen soll, daß möglichst viele Juden das Großdeutsche Reich schnell verlassen. Allerdings wird damit noch ein Geschäft verbunden: Nur wer sein Vermögen dem Reich überläßt oder von bereits im Ausland wohnenden Glaubensbrüdern mit harten Devisen »losgekauft« wird, kann das Land schnell und ohne Schwierigkeiten verlassen.

Reichsregierung beruhigt Polen

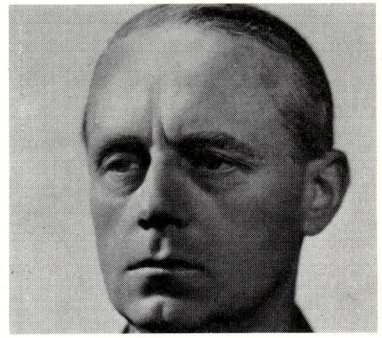

Joachim von Ribbentrop.

27. Januar. Außenminister Joachim von Ribbentrop kehrt von einem mehrtägigen Besuch in Polen zurück, der als Erwiderung des Besuches des polnischen Außenministers Josef Beck bei Adolf Hitler am 5. und 6. Januar gilt. Beck wird sowohl von Hitler bei den Gesprächen auf dem Obersalzberg als auch von Ribbentrop in Warschau über die deutschen Absichten hinsichtlich Polens beruhigt.

26. Januar. Mit einer Parade wird der Einzug General Francisco Francos in der katalanischen Hauptstadt Barcelona gefeiert. Mit der Eroberung dieser bedeutenden Hafen- und Industriestadt durch nationalspanische Soldaten hat der spanische Bürgerkrieg das entscheidende Endstadium erreicht.

Mo	Di	Mi	Do	Fr	Sa	So
		1	2	3	4	5
6	7	8	9	10	11	12
13	14	15	16	17	18	19
20	21	22	23	24	25	26
27	28					

1. Verordnung zur Regelung der Judenfrage in der Tschechoslowakei sieht Auswanderung aller jüdischen Emigranten innerhalb von sechs Monaten vor.

2. Abbruch der diplomatischen Beziehungen zwischen der Sowjetunion und Ungarn wegen Beitritt Ungarns zum Antikominternpakt.

5. Uraufführung der Oper »Der Mond – Das kleine Welttheater« von Carl Orff in München.

5. Premiere des Spielfilms »Moderne Zeiten« von Charlie Chaplin.

6. Spitzen der spanischen Volksfrontregierung (Staatspräsident Azana und Ministerpräsident Negrin) flüchten nach Frankreich.

7. Beginn einer Konferenz zur Lösung der Palästinafrage in London. →

9. Premiere des Spielfilms »Der Schritt vom Wege« (Effie Briest) von Gustaf Gründgens mit Marianne Hoppe und Käthe Haack.

10. Eroberung Kataloniens durch nationalspanische Truppen abgeschlossen.

11. Volksfront-Ministerpräsident Negrin kehrt nach Spanien zurück und erklärt Madrid zum offiziellen Regierungssitz.

14. Erfolgter Stapellauf des größten Schlachtschiffs der deutschen Kriegsmarine, der »Bismarck«, in Kiel.

17. Eine vom Reichsarbeitsminister erlassene Reichsgaragenordnung schreibt den Bau von Garagen bei der Errichtung von Wohn-, Betriebs- und Arbeitsstätten vor.

21. Erster Stapellauf eines britischen Schlachtschiffs seit 14 Jahren: »King George V.« in Newcastle.

21. Premiere des Spielfilms »Bel ami« von Willi Forst mit Olga Tschechowa und Ilse Werner.

26. Deutschland gewinnt Fußballänderspiel gegen Jugoslawien in Berlin mit 3 : 2.

27. England und Frankreich erkennen Franco-Regime als spanische Regierung an.

GESTORBEN:

4. Henri Deterding (* 19. 4. 1866), niederländischer Industrieller.

10. Pius XI. (Achille Ratti) (* 31. 5. 1857), Papst. →

Neuer Palästina-Plan

7. Februar. Nach hartnäckigen Bemühungen ist es der englischen Regierung gelungen, die von der in Aussicht genommenen Palästinateilung betroffenen Parteien zu Gesprächen an einen Tisch zu bekommen. In London wird die Palästinakonferenz eröffnet, an der die Vertreter der palästinensischen Araber, und zwar alle sechs Parteien des höheren arabischen Komitees, die Delegationen der Regierungen von Ägypten, Irak, Saudi-Arabien, Jemen und Transjordanien sowie die Repräsentanten des Judentums teilnehmen. Letztere setzen sich aus einer Delegation der »Jewish Agency« und einem Komitee prominenter Mitglieder der jüdischen Gemeinden Großbritanniens, Palästinas, der USA und anderer Staaten zusammen.

Die Araber benötigen zwei Tage, um zu einer einheitlichen Linie zu kommen, treten dann aber mit der Forderung nach vollständiger Unabhängigkeit am 9. Februar in die Verhandlungen ein. Für die Juden vertritt Dr. Chaim Weizmann als Vorsitzender der »Jewish Agency« den Standpunkt, daß sein Volk im Heimatland Palästina leben möchte, und zwar in Frieden mit arabischen Nachbarn.

Nachdem die Standpunkte der beiden Lager erwartungsgemäß nicht angenähert werden können, legt die englische Regierung folgenden Kompromißplan vor: 1. Schaffung einer gesetzgebenden Versammlung in Palästina, in welcher die Araber 70 und die Juden 30 Sitze erhalten sollen. 2. Allmähliche Herabsetzung der jüdischen Einwanderungsquoten. 3. Britische Garantien für die Erhaltung der zivilen und politischen Rechte der Juden. 4. Teilung Palästinas in drei Gebiete, und zwar eines, in dem Juden unbeschränkter Landerwerb gestattet ist, ein zweites, in dem Landverkauf an Juden genehmigungspflichtig ist, und ein drittes, in dem Juden jeder Landerwerb verboten ist.

Dieser Plan wird von der jüdischen Delegation abgelehnt.

Papst Pius XI. stirbt

Die Aufbahrung von Papst Pius XI. in der Peterskirche in Rom.

10. Februar. Im Alter von 82 Jahren stirbt in Rom Papst Pius XI., der mit bürgerlichem Namen Achille Ratti hieß. Seine Laufbahn in der Kurie hat in der Berufung zum Präfekten der Ambrosiana in Mailand und der Vatikanischen Bibliothek einen ersten Höhepunkt erlebt. In den Jahren 1919 und 1920 war er Nuntius in Polen, 1921 wurde er Erzbischof von Mailand und Kardinal. Seit Februar 1922 trägt er die Papstkrone. Er bemüht sich um ein neues Verhältnis der Kirche zum Staat und schließt eine Vielzahl von Konkordaten mit den Regierungen, zuerst mit Lettland (1922), dann Bayern (1924), Polen (1925), Rumänien, Litauen, Italien, Preußen (1929), Baden (1932), Österreich (1933) und dem Deutschen Reich (ebenfalls 1933). Als seine bedeutendsten Leistungen würdigt die Geschichte die Lösung der Römischen Frage durch die Lateranverträge mit dem Regime Mussolini und den Abschluß des Reichskonkordats mit den NS-Machthabern.

Mo	Di	Mi	Do	Fr	Sa	So
		1	2	3	4	5
6	7	8	9	10	11	12
13	14	15	16	17	18	19
20	21	22	23	24	25	26
27	28	29	30	31		

2. Kardinal Eugenio Pacelli nimmt nach seiner Wahl zum Papst den Namen Pius XII. an. →

3. Premiere des amerikanischen Spielfilms »Höllenfahrt nach Santa Fe«; Regie führt John Ford.

6. Tschechischer Staatspräsident Emil Hácha setzt Regierung des autonomen Gebiets Karpato-Ukraine ab. →

10. Premiere des Spielfilms »Wasser für Canitoga« von Herbert Selpin und mit Hans Albers in der Hauptrolle.

10. Absetzung der slowakischen Regierung durch Emil Hácha. →

16. Hitler verkündet bei einem Besuch in Prag die Errichtung eines »Reichsprotektorats Böhmen und Mähren«.

17. Palästinakonferenz in London scheitert an unüberbrückbaren Gegensätzen zwischen Arabern und Juden.

18. Ernennung des Reichsministers Konstantin Freiherr von Neurath zum Reichsprotektor in Böhmen und Mähren.

22. Unterzeichnung des deutschlitauischen Staatsvertrages über Rückgabe des Memelgebietes an Deutschland in Berlin.

23. Hitler trifft an Bord des Panzerkreuzers »Deutschland« im Memelland ein. →

26. Deutschland verliert ein Fußballänderspiel gegen Italien in Florenz mit 2 : 3.

26. Polen lehnt deutsche Vorschläge zur Lösung der Danzig- und Korridorfrage ab.

28. Hitler erläßt Anordnung zur völligen baulichen Neugestaltung seiner Heimatstadt Linz.

28. Einmarsch der nationalspanischen Truppen Francos in Madrid bedeutet Ende des seit 1936 andauernden Bürgerkriegs.

30. Hans Dieterle erreicht mit einer Heinkel-Maschine vom Typ He 112 U einen neuen Geschwindigkeitsrekord für Flugzeuge mit 746,66 km/h.

31. Englands Premierminister Arthur Neville Chamberlain gibt im Unterhaus Garantieerklärung für die unbeschränkte Existenz Polens ab.

GESTORBEN:

2. Howard Carter (* 9. 5. 1873), britischer Archäologe (→ November 1922).

Deutsche marschieren in Prag ein

Infanterie auf der Karlsbrücke.

Deutsche Truppen auf dem Wenzelsplatz in Prag.

6. März. Nach wenigen Monaten trügerischer Sicherheit werden die Westmächte in diesem Monat von einem neuen Streich der NS-Machthaber im deutschen Großreich überrascht. Das im Oktober 1938 noch notdürftig konstruierte Gebilde Tschechoslowakei fällt endgültig auseinander und gerät vollends unter deutsche Oberhoheit.

Den Stein bringt diesmal ein Tscheche ins Rollen. Staatspräsident Emil Hácha setzt am 6. März zunächst die autonome Regierung des mittlerweile Karpato-Ukraine getauften Gebietes im Osten des Landes ab, in dem die den Ungarn ethnisch nahestehende Volksgruppe der Ruthenen wohnt.

In der Nacht vom 9. zum 10. März will Hácha den slowakischen Ministerpräsidenten Josef Tiso verhaften lassen, der jedoch nach Berlin entkommen kann. Dort will Tiso die deutsche Regierung um Hilfe bitten. Hitler muß eigens aus Wien anreisen, um Tiso am 13. März empfangen zu können. Er macht seinem Gast bei dieser Gelegenheit klar, daß eine deutsche Intervention in die Slowakei nur in Frage kommen kann, wenn es sich um einen unabhängigen Staat handele.

Dennoch erhält Tiso soviel moralische Stärkung, daß er am 14. März nach Preßburg zurückfliegt und durch die telefonisch einberufene Regierung die Unabhängigkeit der Slowakei ausrufen läßt.

15. März. Um zu retten, was noch zu retten sein könnte, begibt sich Emil Hácha noch in der Nacht zum 15. März nach Berlin, um mit Hitler über das weitere Schicksal seines Landes zu verhandeln. Nach feierlichem Empfang wird er hinter verschlossenen Türen von Adolf Hitler und Hermann Göring – unter anderem mit der Drohung von Luftangriffen auf Prag – so unter Druck gesetzt, daß er eine Herzattacke erleidet. Von Hitlers Leibarzt wiederhergestellt, willigt Hácha schließlich in den deutschen Vorschlag ein, die von Hitler so bezeichneten »alten deutschen Reichslande Böhmen und Mähren«, der jetzt noch übriggebliebene Rest der früheren Tschechoslowakei, als Protektorat unter deutsche Obhut bei gleichzeitigem Einmarsch der Wehrmacht zu stellen. Hácha stimmt zu und gibt Anweisungen, den deutschen Truppen keinen Widerstand zu leisten.

Am 17. März gibt Ungarns Ministerpräsident Graf Teleki die Besitznahme der Karpato-Ukraine durch Ungarn bekannt. Damit hat die alte Tschechoslowakei endgültig aufgehört zu existieren. Am 18. März beraten die Vertreter der überraschten europäischen Westmächte über die Lage, aber mehr als Protestnoten, die von den deutschen Botschaftern nicht entgegengenommen werden, gibt es nicht.

Als Adolf Hitler an diesem Tag an Bord des Panzerkreuzers »Deutschland« im Hafen von Memel eintrifft, ist ein weiteres Kapitel seiner Eroberungspolitik beendet. Die litauische Regierung ist von den Ereignissen in der Tschechoslowakei so geschockt, daß sie per Vertrag das überwiegend von Deutschen bewohnte Memelgebiet an das Reich zurückgibt. Die Wehrmacht besetzt umgehend das Land, das in die Provinz Ostpreußen eingegliedert wird. Großbritannien als Signatarmacht des Memelstatuts protestiert nicht einmal gegen den deutschen Schritt und gibt als Begründung an, daß die litauische Regierung vor ihrer Unterschrift in Berlin keine der Signatarmächte konsultiert habe.

Kardinal Pacelli zum Papst gewählt

Pius XII.

2. März. Nur 22 Stunden bleibt das Konklave für die Wahl des neuen Papstes geschlossen, dann wird schon die Entscheidung der 27 ausländischen und 35 italienischen Kardinäle verkündet. Sie haben mit Zweidrittelmehrheit den Kardinal Eugenio Pacelli, Staatssekretär des verstorbenen Pius XI., zum Nachfolger gewählt. Die Entscheidung ist im dritten Wahlgang gefallen, und es ist seit längerer Zeit ein Novum, daß der Kardinalstaatssekretär, Kämmerer und interimistische Verwalter der Kurie während der Sedisvakanz zum Papst gewählt wird. Der neue Oberhirte wendet sich am 3. März in einer Rundfunkansprache an die Gläubigen mit der Bitte um Frieden.

Die Aktionen Hitlers gegen die Tschechoslowakei.

Mo	Di	Mi	Do	Fr	Sa	So
					1	2
3	4	5	6	7	8	9
10	11	12	13	14	15	16
17	18	19	20	21	22	23
24	25	26	27	28	29	30

1. Nationalspanischer Heeresbericht gibt offiziell Ende des Bürgerkrieges bekannt.

3. USA nehmen diplomatische Beziehungen zu Franco-Spanien auf.

4. Nach Unfalltod von König Ghasi vom Irak wird sein vierjähriger Sohn zum König Feisal II. ernannt. Ihm wird ein Regent zur Seite gestellt.

5. Durch »Führer-Erlaß« wird Mitgliedschaft in der Hitlerjugend zum Ehrendienst am deutschen Volk erklärt und Pflicht für alle Jungen zwischen zehn und 18 Jahren.

7. Premiere des zweiten Teils des sowjetischen Spielfilms »Lenin im Oktober« von Michail Romm.

7. Italienische Truppen besetzen Albanien. →

7. Spanien tritt dem Antikominternpakt bei.

11. Ungarn tritt aus dem Völkerbund aus.

12. Albanien trägt italienischem Herrscherhaus albanische Königskrone an.

14. Konrad Henlein zum Reichsstatthalter des Sudetenlandes ernannt.

14. Italiens Herrscher Victor Emanuel III. führt nach Besetzung Albaniens den Titel »König von Italien und Albanien und Kaiser von Äthiopien«. →

19. Hitler eröffnet mit einem Festakt das erste Teilstück der Ost-West-Achse in Berlin.

20. Hitlers 50. Geburtstag wird als nationaler Feiertag begangen. →

26. Fritz Wendel stellt mit einem Jagdflugzeug der Messerschmittwerke vom Typ Me 109 R mit 755,11 km/h einen neuen absoluten Geschwindigkeitsweltrekord auf.

27. Uraufführung des Schauspiels »Undine« von Jean Giraudoux in Paris.

27. Einführung der allgemeinen Wehrpflicht in Großbritannien. →

28. Hitler gibt in Reichstagsrede Kündigung des deutsch-englischen Flottenvertrages und des deutsch-polnischen Freundschaftsvertrages bekannt.

GESTORBEN:

4. Ghasi I. (* 21. 3. 1912), König des Irak.

20. April. Adolf Hitler wird 50 Jahre alt. Der Geburtstag des Führers wird als nationaler Feiertag mit einer demonstrativen Parade in Berlin begangen.

Italiener in Albanien

7. April. Mitten in die Verhandlungen zwischen Albanien und Italien zur Bekräftigung des Freundschaftspaktes vom 27. November 1926 platzt an diesem Tage der Einmarsch italienischer Truppen in das Land König Zogus. Als Begründung wird eine angebliche Bedrohung des italienischen Bevölkerungsteils in Albanien hervorgebracht.
Bis zum 10. April sind alle wichtigen Gebiete von italienischen Truppen besetzt, König Zogu ist mit seiner Frau nach Griechenland geflohen. Benito Mussolini schickt seinen Außenminister Graf Ciano nach Tirana und läßt einen provisorischen Verwaltungsrat aus Italien ergebenen albanischen Würdenträgern als Übergangsregierung bilden. Am 12. April bietet die albanische Nationalversammlung dem italienischen Königshaus die albanische Krone in Form einer Personalunion an, die zwei Tage später auch von König Victor Emanuel III. vollzogen wird. Graf Ciano bedankt sich in einer Rede vor der faschistischen Kammer in Rom am 15. April bei Jugoslawien für das Stillhalten während der Besetzung Albaniens und versichert Griechenland, daß es von Italien nichts zu befürchten habe.

Großbritannien führt Wehrpflicht ein

20. April. Der rigorose Bruch gültiger Verträge und das Vorgehen im Osten durch Deutschland führt in England zu ersten Gegenmaßnahmen. Am 20. April wird ein Ministerium für Kriegslieferungen geschaffen. Am 26. April wird im Unterhaus ein Gesetzentwurf über die Mobilisierung der Reserve eingebracht, dem ein zweiter über die Einführung einer beschränkten Dienstpflicht folgt. Am anderen Tag ist dann die allgemeine Wehrpflicht in Großbritannien eingeführt.

Mo	Di	Mi	Do	Fr	Sa	So
1	2	3	4	5	6	7
8	9	10	11	12	13	14
15	16	17	18	19	20	21
22	23	24	25	26	27	28
29	30	31				

1. Goebbels verleiht Nationalen Filmpreis 1939 an Carl Froelich für den Film »Heimat«.

2. Baubeginn der Reichsautobahn Breslau – Brünn – Wien.

4. Maxim M. Litwinow als Volkskommissar des Äußeren der Sowjetregierung wird abgelöst. Regierungschef Molotow übernimmt das Ressort.

7. Einführung von Geschwindigkeitsbegrenzungen im deutschen Straßenverkehr.

7. Spanien gibt Austritt aus Völkerbund bekannt.

7. Großer Preis von Tripolis endet mit deutschem Doppelsieg durch Hermann Lang und Rudolf Caracciola auf dem neuen 1,5-l-Mercedes.

8. Erster Spatenstich für Reichsautobahn Klagenfurt – Salzburg durch Generalinspektor Fritz Todt.

12. Deutsche Legion Condor nimmt an Siegesparade der nationalspanischen Luftwaffe vor General Franco teil.

14. Hitler beginnt bei Aachen mehrtägige Inspektion des Westwalls.

17. Volkszählung im neuen Großdeutschen Reich gibt deutsche Bevölkerung mit 86,6 Millionen Menschen an.

21. Erstmalige Verleihung des Mutterkreuzes in Deutschland. →

21. Hermann Lang gewinnt das schwere ADAC-Eifelrennen auf Mercedes vor Tazio Nuvolari auf Auto-Union.

22. Unterzeichnung des deutsch-italienischen Beistandsabkommens – sogenannter Stahlpakt – in Berlin. →

23. Deutschland und Irland trennen sich im Fußballänderspiel in Bremen 1 : 1.

26. Frankreich und England schlagen der Sowjetunion Dreimächteabkommen zur Verteidigungsfrage vor.

31. Unterzeichnung eines deutsch-dänischen Nichtangriffspaktes in Berlin.

31. Franco gibt Abschluß der Demobilisierung der spanischen Armee bekannt.

GESTORBEN:

22. Ernst Toller (* 1. 12. 1893), deutscher Dichter (Selbstmord).

Noch 80 000 Juden in der Ostmark

22. Mai. In Berlin wird ein Beistandspakt zwischen Italien und Deutschland unterzeichnet. Der sogenannte Stahlpakt wird auch auf Postkarten (Bild) verherrlicht.

2. Mai. In Wien werden Zahlen zur Juden-Auswanderung aus der Ostmark bis zum Stichtag 2. Mai 1939 vorgelegt. Danach sind von den ursprünglich 180 000 Juden Österreichs bereits 99 672 ausgewandert. 45 172 haben sich in außereuropäischen Ländern niedergelassen und zwar 20 677 in Nordamerika, 6321 in Südamerika, 2402 in Zentralamerika, 6194 in Palästina, 2560 in afrikanischen Ländern, 14 848 in asiatischen Ländern und 1498 in Australien. Von den in der Ostmark verbliebenen 80 000 Konfessionsjuden leben die meisten in Wien. In einigen Gebieten gibt es sie nur noch vereinzelt, wie in Salzburg (sechs), Kärnten (fünf), Tirol (acht) oder Vorarlberg (zwölf).

Erstes Mutterkreuz verliehen

21. Mai. Das von der Parteileitung der NSDAP Weihnachten 1938 gestiftete Mutterkreuz wird am Muttertag des Jahres 1939 erstmals verliehen. Die Auszeichnung wird in drei Stufen an Mütter vergeben, die dem Führer reichlich Nachwuchs bescheren. Bronze bekommen Mütter für vier oder fünf Kinder, Silber für sechs oder sieben Kinder, Gold für acht und mehr Kinder. Am Stichtag haben etwa fünfeinhalb Millionen deutsche Mütter Anrecht auf ein Mutterkreuz. Der Propagandaapparat der Partei ist von dieser Zahl so überrascht, daß nur Mütter über 60 Jahre ihre Kreuze erhalten, die anderen sollen zum Erntedankfest im Herbst ausgezeichnet werden. Das Mutterkreuz berechtigt Trägerinnen zum Sitzen bei öffentlichen Anlässen und in Verkehrsmitteln, sichert bevorzugte Abfertigung bei Behörden zu und verpflichtet Jugendliche zum Gruß »Heil Hitler«.

In London protestieren Engländer gegen die Einführung der allgemeinen Wehrpflicht (→ April 1939). »I refuse conscription (Ich verweigere die Einberufung)« steht auf den Plakaten bei einem Demonstrationszug.

1939
JUNI

Mo	Di	Mi	Do	Fr	Sa	So
			1	2	3	4
5	6	7	8	9	10	11
12	13	14	15	16	17	18
19	20	21	22	23	24	25
26	27	28	29	30		

1. Versuchsweise Aufnahme des Luftpostdienstes zwischen England und den Vereinigten Staaten auf der Strecke Irland–Neufundland–Kanada–USA. →

2. Papst Pius XII. gibt in Ansprache vor dem Heiligen Kollegium in Rom den Versand von Friedensbotschaften an die Großmächte bekannt.

4. Erster Großdeutscher Reichskriegertag in Kassel wird mit Ansprache Hitlers eröffnet.

7. Unterzeichnung eines deutschestnischen und deutsch-litauischen Nichtangriffspaktes in Berlin.

14. Deutsche Studentenschaft und Hitlerjugend durch Erlasse zum Ernteeinsatz für den Sommer abkommandiert.

16. Deutsche Reichsbank verliert Status als selbständiges Kreditinstitut und wird durch Erlaß Hitler direkt unterstellt.

18. Schalke 04 wird durch einen 9 : 0-Sieg gegen Admira Wien Deutscher Fußballmeister 1939. →

20. Erstflug des von Prof. Ernst Heinkel konstruierten Raketenflugzeuges He 176.

22. Deutschland gewinnt ein Fußballänderspiel gegen Norwegen in Oslo mit 4 : 0.

23. Unterzeichnung eines Hilfsabkommens zwischen der Türkei und Frankreich in Paris und Abkommen über die Abtretung Hatays (ehemals Sandschak von Alexandrette) an die Türkei.

25. Deutschland gewinnt Fußballänderspiel gegen Dänemark in Kopenhagen mit 2 : 1.

25. Großer Preis von Belgien in Spa endet mit Sieg von Hermann Lang auf Mercedes.

28. Die amerikanische Fluggesellschaft PanAm kündigt die Aufnahme eines regelmäßigen Passagierdienstes über den Nordatlantik an. →

28. Joe Louis verteidigt seinen Box-WM-Titel durch K.-o.-Sieg gegen Tony Galento in der vierten Runde in New York.

29. Deutschland gewinnt Fußballänderspiel gegen Estland in Tallin mit 2 : 0.

GESTORBEN:

26. Ford Madox Ford (* 17. 12. 1873), englischer Kritiker.

---

171 Tote bei U-Boot-Unfällen

Dieser Monat geht als Katastrophenmonat in den Jahresablauf 1939 ein. Bei zwei U-Boot-Unfällen kommen allein 171 Menschen ums Leben. Am 2. Juni sinkt das britische U-Boot »Thetis« und reißt 100 Seeleute mit in die Tiefe. Die französische Marine verliert am 16. Juni das U-Boot »Phénix«, mit dem 71 Matrosen untergehen.

In Madrid wird das Königliche Theater, das den Bürgerkrieg unversehrt überstanden hat, durch ein Explosionsunglück am 9. Juni völlig zerstört. Holland und Belgien erleben nach dem Bruch des neuen Albert-Kanals eine Überschwemmungskatastrophe.

Eine Reichstagung der staatlich gelenkten Bewegung »Kraft durch Freude« findet in Hamburg statt.

Siegesappell für Legion Condor

6. Juni. In Berlin findet ein »Appell des Sieges« mit den Spanienkämpfern der Legion Condor statt. Nun kann die Weltöffentlichkeit das wahre Ausmaß des deutschen Einsatzes im spanischen Bürgerkrieg erkennen. 20 000 Mann sind vor Adolf Hitler angetreten und nehmen seine Dankesworte für ihren Kampf gegen den internationalen Bolschewismus entgegen. Für die Gefallenen wird ein Ehrenmal eingeweiht, Hitlerjungen tragen bei dem Appell Tafeln mit den Namen der etwa 300 Gefallenen zum Ehrenmal. Der Zeremonie wohnen auch spanische Generale bei.

Schalker Rekordsieg

Schalke 04 (gestreifte Stutzen) im Endspiel gegen Admira Wien.

18. Juni. Im Berliner Olympiastadion geraten 100 000 Zuschauer aus dem Häuschen, als die Fußballkönige des Jahrzehnts, Schalke 04, im Endspiel um die Deutsche Meisterschaft gegen Admira Wien einen sensationellen 9 : 0-Sieg erringen. Das Spiel geht als vollendete Demonstration des sogenannten »Schalker Kreisels« in die Fußballgeschichte ein, womit die den Gegner verwirrenden Kombinationen des legendären Schalker Angriffs mit Hermann Eppenhoff, Fritz Szepan, Ernst Kalwitzki, Ernst Kuzorra und Adolf Urban gemeint sind. Mittelstürmer »Kalli« Kalwitzki erzielt allein fünf Tore und stellt damit einen nie wieder erreichten Endspielrekord auf.

Atlantikflüge starten

28. Juni. Der Beginn des regelmäßigen Passagierflugverkehrs zwischen Europa und den USA über den Nordatlantik findet ohne Beteiligung der Deutschen Lufthansa statt, obwohl diese durch zahlreiche Probeflüge ihre Leistungsfähigkeit auf dieser Strecke bewiesen hat. Doch die politische Lage läßt die Vereinigten Staaten allein handeln, und die Pan American Airways dürfen das lukrative Geschäft allein betreiben. So startet am 28. Juni die erste PanAm-Maschine in Port Washington (Long Island) mit Zwischenlandungen auf den Azoren und in Lissabon nach Marseille. Gleichzeitig wird eine neue Postfluglinie in Betrieb genommen, die von Port Washington mit Zwischenlandungen in Kanada und Neufundland (Botwood) nach Europa führt und über Foynes (Irland) nach Southampton weitergeht.
Die Deutsche Lufthansa reagiert mit einem Rekordflug des Langstreckenflugzeuges FW 200 »Condor« von Focke-Wulf in Bremen über den Südatlantik. Die Maschine legt die 11 000-Kilometer-Strecke Berlin–Rio de Janeiro in 34 Stunden und 48 Minuten zurück.

Das Großraumflugzeug FW 200 »Condor« der Deutschen Lufthansa.

1939
JULI

Mo	Di	Mi	Do	Fr	Sa	So
					1	2
3	4	5	6	7	8	9
10	11	12	13	14	15	16
17	18	19	20	21	22	23
24	25	26	27	28	29	30
31						

2. Max Schmeling besiegt im Kampf um die Europameisterschaft im Schwergewicht Adolf Heuser in Stuttgart durch K. o. in der ersten Runde.

3. Garmisch-Partenkirchen vom IOC mit Ausrichtung der Olympischen Winterspiele 1940 nach Rücktritt von St. Moritz beauftragt.

7. Premiere des französischen Spielfilms »Die Spielregel« von Jean Renoir.

7. Robert Riggs (USA) wird durch 2 : 6, 8 : 6, 3 : 6, 6 : 3, 6 : 2 gegen E. T. Cooke (England) Wimbledonsieger 1939.

8. Alice Marble (USA) gewinnt das Wimbledonfinale gegen Kay Stammers (England) mit 6 : 2 und 6 : 0.

9. Zwei von den Motorradspezialisten Meier und Müller gesteuerte Auto-Union-Rennwagen belegen beim Großen Preis von Frankreich in Reims die ersten Plätze.

12. Erstes musisches Gymnasium des Deutschen Reiches von Bildungsminister Bernhard Rust in Frankfurt/M. eröffnet.

13. Hitlerjungen vom 15. Lebensjahr an müssen nach Erlaß künftig der Feuerwehr zur Verfügung stehen.

15. Rudolf Harbig läuft in Mailand mit 1:46:6 min neuen Weltrekord über 800 m. →

19. Italienische Elektrolok stellt zwischen Mailand und Florenz mit 204 km/h neuen Geschwindigkeitsrekord für Lokomotiven auf.

20. Internationale Walfangkonferenz in London zur Vereinheitlichung der Vorschriften für den Walfang ohne Ergebnis auf 1940 vertagt.

23. Rudolf Caracciola gewinnt zum fünftenmal den Großen Preis von Deutschland auf dem Nürburgring.

28. Goebbels gibt bei Eröffnung der Funkausstellung in Berlin Zahl der Rundfunkhörer im Reich mit 12 850 000 an.

30. Jugoslawien besiegt Deutschland im Endspiel der Europazone im Davis-Cup in Agram mit 3 : 2.

30. Christl Schulz kommt als erste Frau im Weitsprung über 6 m und stellt mit 6,12 m in Berlin neuen Weltrekord auf.

30. Sylvère Maes (Belgien) gewinnt die Tour de France.

Fernsehgerät E 1 auf der Berliner Funkausstellung

28. Juli. Auf der Berliner Funkausstellung wird erstmals der neue Einheits-Fernsehempfänger E 1 vorgestellt. Mit ihm kann jeder Besitzer die Sendungen des Fernsehsenders Berlin-Witzleben empfangen. Um auch der Bevölkerung im Reich Gelegenheit zur Teilnahme am allgemeinen Fernsehbetrieb zu ermöglichen, der nach Abschluß der Versuche jetzt läuft, sind weitere Sender im Bau. Auf dem Brocken im Harz und dem Feldberg im Taunus sind die Bauten der Sender fast beendet.

Der Einheits-Fernsehempfänger ist eine Gemeinschaftsentwicklung verschiedener Unternehmen.

Auswanderung der Juden wird weiter forciert

6. Juli. Durch die zehnte Verordnung zum Reichsbürgergesetz von 1935 wird eine »Reichsvereinigung der Juden in Deutschland« geschaffen, die den Zweck hat, die Auswanderung der Juden zu forcieren. Eine weitere Aufgabe dieser als rechtsfähiger Verein installierten Körperschaft ist die Aufrechterhaltung des Schulbetriebs für jüdische Kinder. Sämtliche Schultypen müssen von ihr als Privatschulen unterhalten werden. Am Tag vor der Gründung dieser Institution wird das Kurwesen für Juden eingeschränkt. Ihre Zulassung zu Heilbehandlungen ist nur noch erlaubt, wenn sie getrennt von anderen Kurgästen in jüdischen Kuranstalten, Hotels oder Pensionen untergebracht werden können.

Das Krantor (rechts) und die Kirche St. Marien in Danzig.

Krise um Danzig

Die vom Westen widerstandslos hingenommenen Gebietsgewinne durch das Deutsche Reich ermutigen Adolf Hitler im Juli verstärkt, das nächste Ziel anzusteuern: Lösung der Danzig- und Korridorfrage. Doch schon am ersten Tag des Monats bekräftigt der französische Außenminister gegenüber dem deutschen Botschafter in Paris, daß Frankreich und England die Garantien für den Status quo in Danzig und im polnischen Korridor auf jeden Fall aufrechterhalten. Englands Premierminister läßt an dieser Haltung keinen Zweifel.

Die Wehrmacht aber rüstet für den Sprung nach Osten. Am 12. Juli wird die Schaffung einer neuen Waffengattung namens »Schnelle Truppe« bekanntgegeben, zu der sich Panzereinheiten und Kavallerie zusammenschließen. Im einzelnen besteht diese Formation aus Panzerregimentern, Panzerabwehr, motorisierten Schützenregimentern, Kradschützenbataillonen, Kavallerieregimentern und Radfahrerabteilungen.

Der Völkerbundkommissar für Danzig, Carl Jacob Burckhardt, gibt dennoch am 30. Juli in einem Interview mit der Agentur Reuter zu erkennen, daß er keine Gefährdung der Stadt sieht, da Danzig kein weltpolitisches Problem darstelle.

Großbritannien bekämpft Terror

28. Juli. An diesem Tag tritt ein Gesetz zur Verhütung von Gewalttätigkeiten in England in Kraft, das als Rechtsgrundlage zur Bekämpfung der irischen Extremisten dienen soll.

Die Irische Republikanische Armee (IRA) hat im Januar 1939 der englischen Regierung ein Ultimatum gestellt, in dem der Rückzug der britischen Truppen aus Nordirland gefordert wird. Seitdem hat die IRA 57 Anschläge in London und 70 in anderen Teilen Englands verübt, um ihre Forderung mit Gewalt zu bekräftigen.

15. Juli. Der Deutsche Rudolf Harbig läuft in Mailand mit sensationellen 1:46,6 einen neuen Weltrekord über 800 Meter.

1939

AUGUST

Mo	Di	Mi	Do	Fr	Sa	So
	1	2	3	4	5	6
7	8	9	10	11	12	13
14	15	16	17	18	19	20
21	22	23	24	25	26	27
28	29	30	31			

1. Der amerikanische Posaunist Glenn Miller nimmt mit seinem Orchester die Platte mit dem Titel »In the Mood« auf, die zum Millionenhit wird.

8. Danzigs NSDAP-Gauleiter Albert Forster führt mit Hitler auf dem Obersalzberg bei Berchtesgaden Verhandlungen über die Lage in der Freien Stadt.

10. Die von Kurt Tank entworfene Focke-Wulf-Maschine »Condor« schafft im Test Nonstopflug Berlin–New York–Berlin in 44 Stunden und 31 Minuten.

11. Reichsleiter Alfred Rosenberg gründet in Frankfurt/M. »Zentrales Institut zur Erforschung der Judenfrage«.

12. Rudolf Harbig läuft in Frankfurt/M. mit 46,0 Sek. neuen Weltrekord über 400 m.

17. Polen schließt den sogenannten kleinen Grenzverkehr zwischen Deutschland und Polen in Oberschlesien. →

18. Generalinspektor Todt eröffnet die 26 Kilometer lange Reichsautobahn zwischen Weimar und Jena.

23. John R. Cobb (England) erzielt mit seinem Wagen »Railton« auf dem Salzsee bei Bonneville (Utah) mit 594,958 km/h neuen Geschwindigkeitsweltrekord für Automobile.

23. Unterzeichnung des deutsch-sowjetischen Nichtangriffspaktes in Moskau durch die Außenminister Joachim von Ribbentrop und Wjatscheslaw Molotow. →

25. Unterzeichnung eines britisch-polnischen Hilfspaktes in London durch die Außenminister Lord Halifax und Graf Raczynski. →

25. Premiere des Spielfilms »Kitty und die Weltkonferenz« von Helmut Käutner mit Hannelore Schroth und Paul Hörbiger.

26. Hitler bestimmt den 1. September als Angriffstermin auf Polen.

27. Achtminütiger Erstflug des ersten Düsenflugzeuges der Welt vom Typ Heinkel He 178, das dabei eine Geschwindigkeit von 750 km/h erreicht.

27. Deutschland unterliegt der Slowakei in einem Fußballspiel mit 0 : 2 in Preßburg.

30. Allgemeine Mobilmachung in Polen und Sperrung des »Korridors« zwischen Ostpreußen und dem Deutschen Reich. →

Hitler und Stalin beschließen Teilung Polens

Nach sechsjähriger Regierungszeit hat Adolf Hitler im Sommer 1939 sein großes Ziel fast erreicht: Beseitigung aller Folgen des Versailler Vertrages und Wiedererschaffung des Großdeutschen Reiches in den alten Grenzen, und das ohne kriegerische Auseinandersetzungen.

Diese drohen aber bei Verwirklichung des letzten Zieles seiner Eroberungspolitik, der Rückgliederung der Stadt Danzig und der deutschen Ostgebiete ins Reich. Schon in der ersten Augusthälfte demonstrieren die Westmächte England und Frankreich ihre Kampfbereitschaft. In England finden am 9. und 10. des Monats große Marine- und Luftwaffenmanöver statt, am 11. August wird in den Städten ein allgemeines Verdunklungsmanöver durchgeführt. Bei der Luftübung überfliegen englische Maschinen auch den Kanal und landen vorübergehend in Frankreich.

Die französische Luftwaffe läßt in der Nacht vom 16. zum 17. einige Geschwader schwerer Bombenflugzeuge nach England fliegen und demonstriert damit Einsatzbereitschaft.

Im Osten demonstrieren beide Seiten auch ihre Stärke. Einen Tag, bevor in Danzig erstmals die dortige SS-Heimwehr öffentlich antritt und Gauleiter Albert Forster zum Kampf aufhetzt (18.), schließt Polen nach mehreren Zwischenfällen den kleinen Grenzverkehr in den deutschen Ostgebieten. Wenige Tage später ist Polens Schicksal besiegelt.

Die beiden Diktatoren Hitler und Josef Stalin haben über ihre Außenminister Kontakt aufgenommen, um über die Abgrenzung ihrer Interessensphäre zu verhandeln. Das Ergebnis ist ein deutsch-sowjetischer Nichtangriffspakt, der am 23. August in Moskau durch die Außenminister Joachim von Ribbentrop und Wjatscheslaw Molotow unterzeichnet wird. Am gleichen Tag wird Gauleiter Forster zum Staatsoberhaupt der Freien Stadt Danzig ernannt.

Was die Weltöffentlichkeit erst viel später erfährt und Hitler trotz Warnungen der Westmächte in seinem ▷

Drang nach Osten nicht bremst, ist ein geheimer Zusatzvertrag zum deutsch-sowjetischen Abkommen, in dem die künftige Grenze zwischen beiden Ländern nach Beseitigung bestehender Staatengebilde festgelegt wird. Danach überläßt Hitler Finnland, Estland, Lettland und Bessarabien dem sowjetischen Einfluß, behält sich Besitznahme des Westteils von Polen vor und gibt Polen östlich der Flüsse Pissa, Narew, Weichsel und San den Sowjets preis.

Unterzeichnung des Nichtangriffspaktes: (v. l.) Molotow, Generalstabschef Schaposchnikos, ein deutscher Berater, Ribbentrop, Stalin.

Befehl zum Einmarsch in Polen

Mit dem deutsch-sowjetischen Pakt im Rücken fühlt sich Hitler im Osten abgesichert und gibt am 25. August den Befehl zum Einmarsch nach Polen für den nächsten Morgen bekannt. Da kommt aus London die überraschende Nachricht von einem britisch-polnischen Beistandspakt, in dem Großbritannien den Polen militärische Hilfe bei einer deutschen Aggression zusichert. Hitler nimmt den Angriffsbefehl zurück, nachdem auch aus Italien keine Kampfbereitschaft signalisiert wird.

Aber das Krisenkarussell ist offensichtlich nicht mehr aufzuhalten. Am 26. August erhalten alle deutschen Handelsschiffe den Befehl, auf Heimatkurs zu gehen, als deutschen Häfen darf kein Schiff mehr auslaufen. Gleichzeitig wird der Luftverkehr über dem Reichsgebiet eingestellt, der für den 2. September angesetzte Reichsparteitag verschoben. Am 28. August sperrt Frankreich seine Westgrenze und stellt den Eisenbahnverkehr mit Deutschland ein, seine Nachbarn Holland, Belgien und die Schweiz mobilisieren einen Teil ihrer Armee,

um ihre Neutralität zu schützen. An diesem Tag wird im Deutschen Reich die Bezugsscheinpflicht eingeführt, das bedeutet, wichtige Nährmittel, Heizmaterial, Kleidung und so weiter kann nur noch gegen Vorlage eines Berechtigungsscheines gekauft werden.

Am 29. August wiederholt Hitler in ultimativer Form Forderungen auf Rückgabe der deutschen Ostgebiete durch Polen an die Regierung in Warschau, die am anderen Tag die allgemeine Mobilmachung anordnet und den Verkehr zwischen Ostpreußen und dem Reich durch den sogenannten »Korridor« unterbricht. Die Rote Armee der Sowjetunion gibt Verstärkung ihrer Garnisonen an der Grenze zu Polen bekannt. Am 31. August gibt Hitler der Wehrmacht den Befehl zum Einmarsch nach Polen für den Morgen des anderen Tages bekannt und läßt zu Beginn der Nacht durch in polnische Uniformen gekleidete SS den deutschen Sender Gleiwitz im Westen Oberschlesiens überfallen, um einen propagandistischen Anlaß für den Einmarsch nach Polen zu haben.

1939

SEPTEMBER

Mo	Di	Mi	Do	Fr	Sa	So
				1	2	3
4	5	6	7	8	9	10
11	12	13	14	15	16	17
18	19	20	21	22	23	24
25	26	27	28	29	30	

1. Beginn des Zweiten Weltkrieges mit Einmarsch der deutschen Wehrmacht in Polen. →

1. Reguläre Produktion von Polyäthylen (Kunststoff) durch die Firma ICI in Northwich.

3. Großbritannien und Frankreich erklären Deutschland den Krieg. →

3. Tazio Nuvolari gewinnt das Belgrader Stadtrennen aus Anlaß des Geburtstages von König Peter II. auf Auto-Union vor von Brauchitsch und Caracciola auf Mercedes.

4. Winston Churchill übernimmt im neuen britischen Kriegskabinett das Marineministerium.

5. USA proklamieren ihre Neutralität und setzen Neutralitätsgesetz in Kraft. →

12. Edouard Daladier übernimmt im französischen Kriegskabinett die Ämter Ministerpräsident, Außen- und Kriegsminister.

17. Einmarsch von Truppen der Roten Armee in Ostpolen. →

18. Polens Staatspräsident und die Regierung emigrieren nach Rumänien.

20. Joe Louis verteidigt seinen Box-WM-Titel durch K.-o.-Sieg in der elften Runde gegen Bob Pastor in Detroit.

22. Selbstmord von Generaloberst Werner Freiherr von Fritsch an der Front in Polen wird von der Wehrmacht als Tod im Kampf gemeldet.

24. Deutschland verliert ein Fußballänderspiel gegen Ungarn in Budapest mit 1 : 5.

26. Premiere des Spielfilms »Robert Koch, der Bekämpfer des Todes« von Hans Steinhoff mit Emil Jannings und Werner Krauß.

27. Mit der Kapitulation Warschaus vor den deutschen Truppen ist der Polenfeldzug praktisch beendet. →

28. Der Vertrag über die Teilung Polens in Moskau von den Außenministern Ribbentrop und Molotow unterzeichnet. →

GESTORBEN:

16. Otto Wels (* 15. 9. 1863), SPD-Politiker.

22. Werner Freiherr von Fritsch (* 4. 8. 1880), deutscher General.

23. Sigmund Freud (* 6. 9. 1856), österreichischer Nervenarzt. →

Deutsche

1. September. Am Morgen überschreiten Truppen der deutschen Wehrmacht um 4.45 Uhr die polnische Grenze, Hitler teilt das der Öffentlichkeit in einer für 10 Uhr einberufenen Reichstagssitzung mit, verkündet gleichzeitig das Gesetz über die Wiedervereinigung Danzigs mit dem Deutschen Reich und hofft immer noch auf Stillhalten der Westmächte.

In der offiziellen Sprachregelung heißt es, die Wehrmacht habe den »aktiven Schutz des Reiches« übernommen und sei zum »Gegenangriff« angetreten. Frankreich und England machen am 2. September mobil, versuchen jedoch in einer hektischen diplomatischen Initiative das Schlimmste zu verhindern. Kontakte zwischen den Regierungen in Berlin, Rom, Paris und London führen zu einem Ultimatum an Deutschland, das der britische Botschafter in Berlin am 3. September um 9 Uhr morgens überreicht und in dem die Einstellung der Kampfhandlungen in Polen bis 11 Uhr verlangt wird. England und Frankreich haben sich zu dem Schritt entschlossen, nachdem ihnen aus Rom Nichteingreifen Italiens signalisiert wird. Als das Ultimatum unerfüllt bleibt, ergeht umgehend die Kriegserklärung beider Mächte an Hitler-Deutschland, der Zweite Weltkrieg hat damit auch offiziell begonnen.

Bis zum 10. September beziehen alle wichtigen Staaten der Erde Stellung, wobei verschiedene Stufen zu unterscheiden sind. Neutralitätserklärungen kommen von den USA, Liechtenstein, Portugal, Holland, Mexiko, Spanien, Rumänien, Bulgarien, Kolumbien, Panama, Uruguay, Ecuador, Guatemala und Afghanistan. Japan verkündet seine Nichteinmischung (5.), und Ägypten bricht die Beziehungen zu Deutschland ab (5.). Den Kriegserklärungen Englands und Frankreichs schließen sich Australien und Marokko (beide am 5.), Irak (6.), Südwestafrikanische Union (8.) und Kanada (10.) an. Frankreich und England bilden besondere Kriegskabinette und verhängen Wirtschaftssanktionen. England beginnt am 6. September mit der Seeblockade des Deutschen Reiches.

Truppen marschieren in Polen ein

Motorisierte deutsche Truppen beim Überschreiten der deutsch-polnischen Grenze mit dem erbeuteten polnischen Hoheitszeichen (im ersten Wagen).

Oben: Polnische Kavallerie greift in einer verwegenen Attacke deutsche Panzer an. Darunter: Der »Völkische Beobachter« kündigt am 4. den »Endkampf« an.

Das deutsche Schulschiff »Schleswig-Holstein« beschießt vom Danziger Hafen aus die befestigte Westerplatte und zwingt deren Besatzung zur Kapitulation.

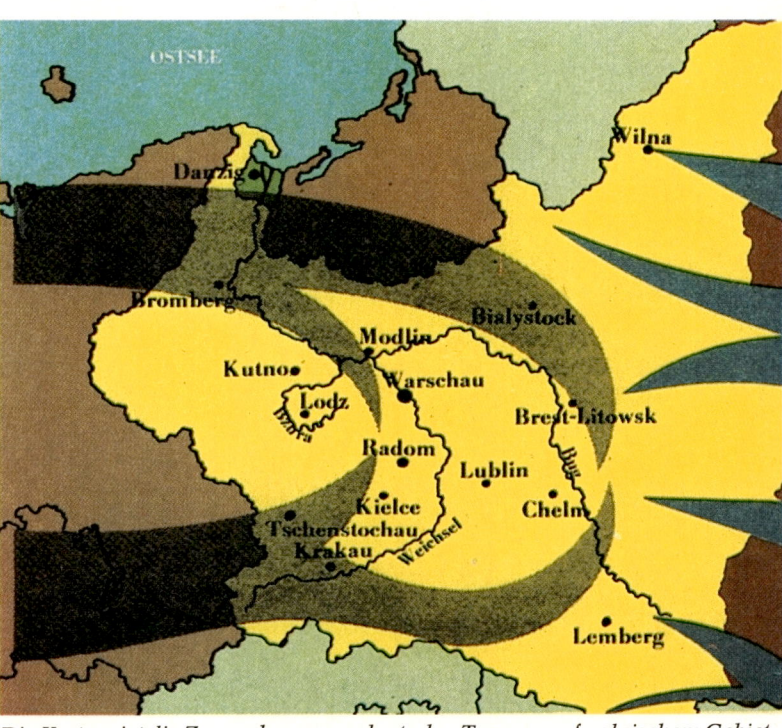

Die Karte zeigt die Zangenbewegung deutscher Truppen auf polnischem Gebiet und die Stoßrichtung vorrückender sowjetischer Einheiten.

Polen nach vier Wochen überrollt

27. September. Mit der Kapitulation der polnischen Hauptstadt Warschau ist der Polenfeldzug praktisch beendet. Es folgen lediglich einzelne Scharmützel mit versprengten Kräften der polnischen Streitkräfte. Diese sind der Wucht des deutschen Angriffs von Anfang an nicht gewachsen und müssen beispielsweise Kavallerie gegen deutsche Panzer einsetzen.

Die Wehrmacht schneidet schon am 2. September die polnischen Verbände im Korridor von der übrigen Armee ab und erobert bis zum 4. das oberschlesische Industriegebiet. Der Vormarsch geht über folgende Stationen weiter: Besetzung der Festung Bromberg, Einnahme von Kielce und Neu-Sandez, Besetzung Krakaus (6.), Einnahme von Zwolen und Radom (8.), Besetzung von Lodz (10.), Einnahme der Festung Lomza am Narew (11.), Einschließung der polnischen Divisionen bei Kutno (12.), Besetzung von Gdingen (14.). Drei Tage später dringt auch die Rote Armee der Sowjetunion in den Osten Polens ein und gewinnt schnell Gelände. In Brest-Litowsk treffen deutsche und sowjetische Truppen am 18. erstmals zusammen, nachdem die Wehrmacht die Umfassungsschlacht von Kutno siegreich beendet hat.

Hitler zieht in das am 1. September ins Reich »zurückgegliederte« Danzig ein.

Adolf Hitler und Josef Stalin vereinbaren am 22. eine Demarkationslinie in Polen, die nach der Kapitulation Warschaus in Moskau in einem weiteren deutsch-sowjetischen Abkommen festgelegt wird. Im jeweiligen Teil übernehmen deutsche und sowjetische Verwaltungen die Abwicklung des öffentlichen Lebens, der Staat Polen hat damit aufgehört zu existieren.

An der Westfront kommt es in diesem Monat nur zu wenigen Aktivitäten. Am 4. werden die Städte Wilhelmshaven und Cuxhaven von britischen Fliegern bombardiert, am Westwall versuchen französische Truppen vergeblich, nach Deutschland einzudringen. Es bleibt bis Ende des Monats bei Stoßtruppunternehmen. Erfolge kann dagegen die deutsche U-Boot-Flotte im Seekrieg melden, neben einigen Handelsschiffen ist die Versenkung des Flugzeugträgers »Courageous« ein herausragendes Ereignis.

In den polnischen Städten wird die Bevölkerung bei Razzien von Angehörigen der SS nach Waffen durchsucht.

Bezugsscheine regeln die Benzinversorgung

4. September. Durch Einschränkungen auf vielen Gebieten der Versorgung spürt die Bevölkerung in Deutschland auch abseits der Kampfgebiete, daß der Krieg ausgebrochen ist. Schon am 4. September wird ein entsprechendes Kriegswirtschaftsgesetz verabschiedet, das die rechtliche Handhabe für Zwangsbewirtschaftungen und zusätzliche Kriegssteuern bildet. Als erstes wird die Benzinversorgung nur noch auf besondere Bezugsscheine umgestellt, dann dürfen private Kraftfahrzeuge nur noch für besondere Zwecke benutzt werden und müssen entsprechend gekennzeichnet sein. Altreifen müssen abgeliefert werden.

Propaganda in den Schulen für den Polen-Krieg, der »ungeahnte Aussichten« für die Zukunft eröffnet.

Euthanasie-Erlaß wird vordatiert

1. September. Nach Abschluß des Polenfeldzuges gibt Hitler den folgenden, auf den 1. September vordatierten Erlaß an einige deutsche Ärzte bekannt: »Reichsleiter Bouhler und Dr. med. Brandt sind unter Verantwortung beauftragt, die Befugnisse namentlich zu bestimmender Ärzte so zu erweitern, daß nach menschlichem Ermessen unheilbaren Kranken bei kritischster Beurteilung ihres Krankheitszustandes der Gnadentod gewährt werden kann.« Hitler setzt damit eines der schrecklichsten Verbrechen des NS-Staates in Kraft.

Begründer der Psychoanalyse stirbt im Exil

Sigmund Freud mit einem Freund bei seinem Eintreffen in London.

23. September. Im Londoner Exil stirbt der österreichische Nervenarzt und Psychologe Sigmund Freud im Alter von 83 Jahren. Er mußte 1938 wegen seiner jüdischen Abstammung seine Heimat Österreich verlassen. Freud erhielt jedoch von den NS-Behörden die Erlaubnis, seine Möbel, seine Bibliothek und seine Antiquitäten mitzunehmen. Freud lehrte seit 1902 als Professor in Wien. Seine große Leistung ist die Entwicklung des psychoanalytischen Therapieverfahrens bei seelischen Krankheiten. Ausgehend von seinen Untersuchungen der Hysterien und Neurosen, deren Behandlung durch Suggestion und Hypnose er schon früh studierte, entwickelte er seine Methode, bei der die unbewußte oder verdrängte Krankheitsursache aufgedeckt wird und durch Abreaktion ein Heilungserfolg erzielt werden soll. Grundlegende Einsichten in das Triebleben der Menschen führten zu einer umfassenden Theorie des menschlichen Sexualverhaltens, deren entscheidender Gesichtspunkt die Erkenntnis der Unterdrückung des Sexuellen durch Tabus und gesellschaftliche Regeln ist, woraus sich neurotische Entwicklungen ableiten lassen. Die Lehre Freuds – obgleich vielfach mißdeutet und abgelehnt – hat bahnbrechend auf den Gebieten der Psychologie, Psychiatrie, Philosophie und Anthropologie gewirkt.

1939
OKTOBER

Mo	Di	Mi	Do	Fr	Sa	So
						1
2	3	4	5	6	7	8
9	10	11	12	13	14	15
16	17	18	19	20	21	22
23	24	25	26	27	28	29
30	31					

1. Einmarsch der deutschen Wehrmacht in Warschau und Kapitulation des letzten polnischen Stützpunktes auf der Halbinsel Hela.

1. Lehrbetrieb an den meisten deutschen Universitäten, darunter Königsberg, Danzig und Breslau, wird wieder aufgenommen.

2. Panamerikanische Konferenz in Panama nimmt »Deklaration von Panama« zur Schaffung einer Sicherheitszone auf dem amerikanischen Kontinent einstimmig an.

4. Wiederaufnahme der Zivilluftfahrt über dem Deutschen Reich und mit befreundetem Ausland vom Sportflugplatz Rangsdorf bei Berlin aus.

6. Hitler zieht in Reichstagsrede Bilanz des Polenfeldzuges und macht Vorschläge zur Neuordnung in Europa. →

8. Es kommt zur Bildung der neuen Reichsgaue Danzig-Westpreußen und Posen. →

9. Premiere des Spielfilms »Das Mädchen Irene« von Reinhold Schünzel mit Lil Dagover in der Hauptrolle.

12. Deportation der ersten Juden aus dem Reichsgebiet nach Polen. →

14. Deutsches U-Boot »U 47« unter Kommando von Kapitänleutnant Günther Prien versenkt im englischen Kriegshafen Scapa Flow das Schlachtschiff »Royal Oak«.

15. Deutschland gewinnt Fußballänderspiel gegen Jugoslawien in Zagreb mit 5 : 1.

21. Deutsch-italienisches Abkommen ermöglicht Umsiedlung von deutschstämmigen Südtirolern ins Reich.

22. Deutschland gewinnt Fußballänderspiel gegen Bulgarien in Sofia mit 2 : 1.

25. Uraufführung des Schauspiels »Einmal im Leben« von William Saroyan im Both Theatre in New York.

26. Schaffung des sogenannten »Generalgouvernements« in Polen. →

28. SS im Generalgouvernement verfügt erstmals Kennzeichnung von Juden mit einem gelben Stern.

29. Nach der Einweihung des Dorfes Pomezia durch Mussolini ist die Trockenlegung der Pontinischen Sümpfe südlich von Rom abgeschlossen.

Polen neu aufgeteilt

6. Oktober. Mit der von Adolf Hitler in seiner Reichstagsrede angekündigten »Neuordnung im Osten und Südosten Europas« lassen sich die deutschen Verwaltungsbehörden im eroberten Polen wenig Zeit. Hitlers Vorstellung von einer Neuordnung der ethnographischen Verhältnisse, was Umsiedlung von Nationalitäten zur Schaffung klarer Trennungslinien zwischen Volksstämmen bedeutet, findet bereits am 8. Oktober in der Schaffung der Reichsgaue Danzig-Westpreußen und Posen ihren Niederschlag. Die neuen Gaue – Danzig-Westpreußen umfaßt die Regierungsbezirke Danzig, Marienwerder und Bromberg, Posen die Bezirke Hohensalza, Kalisch und Posen – gelten als deutsches Reichsgebiet mit einem Reichsstatthalter an der Spitze. Für Danzig-Westpreußen wird Gauleiter Albert Forster ernannt. Im Reichsgau Posen wird Gauleiter Arthur Greiser Reichsstatthalter. Dieser verleibt den Regierungsbezirk Litzmannstadt (Lodz) am 24. in seinen Gau ein, der fortan auch als Warthegau eine Pufferzone zum nichtdeutschen »Generalgouvernement« darstellt, das am 26. Oktober offiziell geschaffen wird. Dieses Gebiet um Warschau, Krakau, Radom und Lublin ist als Lebensraum für Polen und vor allem polnische Juden vorgesehen und wird von Generalgouverneur und Reichsminister Hans Frank verwaltet. In dem 98 000 Quadratkilometer großen Gebiet leben etwa zehn Millionen Menschen.

Die Partei- und SS-Führer in den neugeordneten Gebieten sind von der zentralen Verwaltung in Berlin weitgehend unabhängig und bereiten Maßnahmen zur »Eindeutschung« der Bezirke vor. Heinrich Himmler wird am 7. Oktober zum Reichskommissar für die Festigung deutschen Volkstums ernannt mit dem Auftrag »zur Ausschaltung des schädigenden Einflusses von solchen volksfremden Bevölkerungsteilen, die eine Gefahr für Reich und deutsche Volksgemeinschaft bedeuten«. Das bedeutet Deportation von Juden aus dem Reichsgebiet, die in großem Umfang für Oktober vorgesehen ist, aber nur vereinzelt durchgeführt und auf später verschoben wird.

Der Ostteil Polens, das von zehn Millionen Ukrainern und Weißruthenen und 3,5 Millionen Polen bewohnte Gebiet von 200 280 Quadratkilometer Größe, wird bis Ende des Monats mit der Ukrainischen Sowjetrepublik und der Weißrussischen SSR vereinigt.

10 572 Soldaten im Osten gefallen

6. Oktober. Aus der Reichstagsrede Adolf Hitlers erfährt das deutsche Volk auch den Blutzoll für die Eroberung Polens. Danach sind bis 30. September 10 572 deutsche Soldaten an der Ostfront gefallen, 30 322 verwundet und 3409 vermißt. Von polnischen Verlusten wird nicht gesprochen. Hitler teilt lediglich mit, daß 694 000 Mann als Gefangene den Marsch nach Berlin angetreten haben.

An der auch im Oktober nach wie vor relativ ruhigen Westfront meldet der Wehrmachtsbericht vom 19. Oktober, daß bis zum 17. des Monats seit Kriegsbeginn 196 Tote, 356 Verwundete und 114 Vermißte zu beklagen sind und elf Flugzeuge als verloren gelten.

Von englischen Verlusten ist noch keine Rede, obwohl das Kriegsministerium in London die Verlegung eines britischen Expeditionskorps von 158 000 Mann nach Frankreich bis zum 11. Oktober meldet. Der Kampf zwischen England und Deutschland findet noch immer vorwiegend als Seekrieg statt, wobei deutsche U-Boote Jagd auf die britische Kriegs- und Handelsmarine machen.

Hitler (vorn l.) im Reichstag.

Mo	Di	Mi	Do	Fr	Sa	So
		1	2	3	4	5
6	7	8	9	10	11	12
13	14	15	16	17	18	19
20	21	22	23	24	25	26
27	28	29	30			

2. Premiere des Spielfilms »Reise nach Tilsit« von Veit Harlan, in der Hauptrolle mit Christina Söderbaum.

3. Abkommen zwischen der Sowjetunion und der Deutschen Reich über Umsiedlung der Volksdeutschen aus Wolynien (Westukraine) in den Warthegau unterzeichnet.

4. US-Präsident Roosevelt unterzeichnet Aufhebung des Waffenembargos gegenüber Großbritannien.

7. Gesetz über die Einführung der Haftpflichtversicherung im Straßenverkehr des Deutschen Reiches verkündet. →

7. Reichsminister Hans Frank bezieht mit Stellvertreter Seyß-Inquart Regierungssitz Krakau im Generalgouvernement.

8. Fehlgeschlagenes Sprengstoffattentat auf Hitler nach seiner Rede im Münchner Bürgerbräukeller. →

10. Belgien und die Schweiz verkünden die Generalmobilmachung.

12. Deutschland trennt sich in einem Fußballspiel von der Auswahl Böhmens und Mährens 4 : 4.

17. Premiere des Spielfilms »Das Lied der Wüste« von Paul Martin mit Zarah Leander und Gustav Knuth in Hauptrollen.

17. Generalgouverneur Frank ordnet Arbeitspflicht für alle in seinem Gebiet wohnenden Polen an.

20. Einführung einer sogenannten Reichskleiderkarte für den Bezug von Textilien im Deutschen Reich. →

24. Garmisch-Partenkirchen gibt dem IOC Auftrag für Ausrichtung der Olympischen Winterspiele 1940 zurück.

26. Sowjetisch-finnischer Grenzzwischenfall auf der karelischen Landenge. →

26. Deutschland gewinnt ein Fußballländerspiel gegen Italien in Berlin mit 5 : 2.

28. U-Boot von Kapitänleutnant Prien torpediert ostwärts der Shetlandinseln einen schweren britischen Kreuzer.

30. Ausbruch des sowjetisch-finnischen Krieges. →

GEBOREN:

9. Björn Engholm, deutscher Politiker.

Attentat auf Hitler

Der zerstörte Bürgerbräukeller nach dem Attentat auf Hitler.

8. November. Kurz nachdem Hitler seine Gedenkrede zur alljährlichen Feier des Marsches auf die Feldherrnhalle in München von 1923 beendet und den Saal verlassen hat, explodiert im Bürgerbräukeller eine Bombe, die sechs Todesopfer und 63 Verletzte unter den Parteigenossen fordert. Als Tatverdächtiger wird noch in der Nacht zum 9. November der 36jährige Georg Elser festgenommen, der laut Angaben des Staatssicherheitsdienstes am 14. November ein Geständnis ablegt. Der Öffentlichkeit wird Otto Strasser als Organisator des Anschlags und der britische Geheimdienst als Geldgeber hingestellt.

Krieg gegen Finnland

Eine sowjetische Stellung an der finnischen Front.

30. November. Während sich Stalin in den baltischen Staaten durch Abschluß von Verträgen großen Einfluß sichern kann – unter anderem werden Militärbasen in Litauen, Lettland und Estland errichtet – führen die Verhandlungen mit Finnland zu keinem für die Sowjets befriedigenden Ergebnis. Das kleine Land widersteht während des ganzen Novembers Drohungen und Pressionen bei den Besprechungen über Gebietsveränderungen. Ein von der Roten Armee in Karelien provozierter Grenzzwischenfall ist dann Ausgangspunkt für offene Feindseligkeiten. Die Sowjetunion bricht am 29. November die diplomatischen Beziehungen zum Nachbarn Finnland ab und marschiert am 30. ohne Kriegserklärung in das Land ein.

Kleiderkarte wird im Reich eingeführt

Warenwert der Abschnitte			
1 Taschentuch	. . .	1	1 Untertaille 6
1 Paar Strümpfe	. . .	4	1 Büstenhalter 5
1 Paar Söckchen	. . .	4	1 Strumpfhaltergürtel . . 4
1 Paar Handschuhe aus Spinnstoff	. .	5	1 Hüfthalter 8
1 Schal		5	1 Korselett 15
1 Pullover od. Strickweste		25	1 Wollkleid 45
1 Beinkleid (Schlüpfer) aus Wolle		16	1 sonstiges Kleid . . . 30
			1 Bluse 15
			1 Rock 20

20. November. Eine Neuregelung des Bezugs von Textilien tritt für die Kriegsdauer im Deutschen Reich in Kraft. Anstelle der Bezugsscheine wird die Reichskleiderkarte eingeführt, bei der das Bezugsrecht von Textilien nach einem Punktsystem geregelt ist. Ausgenommen von dieser neuen Punkteregelung ist der Erwerb von Sommer- und Wintermänteln bei Männern, Wintermänteln bei Frauen sowie Bett- und Hauswäsche, Berufs- und Arbeitskleidung.

Diese Textilien werden weiter gegen Bezugsscheine ausgegeben. Die Reichskleiderkarte soll eine gleichmäßige Verteilung der vorhandenen Spinnstoffwaren gewährleisten. Menschen von 14 Jahren an haben 100 Punkte auf ihren Kleiderkarten, die in Zeitabschnitten eingelöst werden können. Für einen Anzug müssen Männer zum Beispiel 60 Punkte anlegen, ein Frauenkostüm kostet 45 Punkte. Die Skala reicht von einem Punkt für ein Taschentuch bis 50 Punkte für einen Regenmantel.

Haftpflicht für Kraftfahrzeuge

7. November. Durch Reichsgesetz wird an diesem Tag das Haftpflichtversicherungswesen in Deutschland neu gestaltet. Der entscheidende Gesichtspunkt ist dabei die Einführung der Haftpflichtversicherung für den Kraftfahrzeughalter. Versicherungsunternehmen sind danach grundsätzlich auf Antrag zur Übernahme des Versicherungsschutzes verpflichtet. Die Benutzung eines nicht versicherten Kraftfahrzeuges ist ab sofort strafbar und wird polizeilich verfolgt. Neben dem Kraftfahrzeugbereich wird durch das neue Versicherungsgesetz auch die Ausübung der Jagd versicherungsrechtlich erfaßt.

1939
DEZEMBER

Mo	Di	Mi	Do	Fr	Sa	So
				1	2	3
4	5	6	7	8	9	10
11	12	13	14	15	16	17
18	19	20	21	22	23	24
25	26	27	28	29	30	31

1. Erstmalig Verlustliste der Handelsschiffahrt seit Kriegsbeginn veröffentlicht. →

2. UdSSR-Außenminister Molotow weist in Antworttelegramm an US-Präsident Roosevelt Beschuldigung von Bombardierungen finnischer Zivilbevölkerung durch russische Luftwaffe zurück.

3. Deutschland gewinnt ein Fußballspiel gegen die Slowakei in Chemnitz mit 3 : 1.

4. Abkommen über kriegswirtschaftliche Zusammenarbeit zwischen Frankreich und England in Paris unterzeichnet.

8. Rudolf Heß eröffnet in Gleiwitz 41 Kilometer langen Adolf-Hitler-Kanal zwischen dem oberschlesischen Industriegebiet und der Oder und nimmt ersten Spatenstich für geplanten Oder-Donau-Kanal (320 Kilometer) vor.

12. Lloyd-Schnelldampfer »Bremen« erreicht unter dem Schutz der deutschen Kriegsmarine nach Überseefahrt trotz britischer Blockade seinen Heimathafen.

14. Sowjetunion wegen Angriffs auf Finnland aus Völkerbund ausgeschlossen.

15. Premiere des Spielfilms »Kongo-Expreß« von Eduard von Borsody mit Marianne Hoppe, Willy Birgel und René Deltgen.

15. Premiere des amerikanischen Spielfilms »Vom Winde verweht« von Victor Fleming mit Vivien Leigh und Clark Gable. →

18. Bei versuchtem Angriff britischer Luftwaffe auf Wilhelmshaven 34 Maschinen von deutscher Luftabwehr abgeschossen.

20. Premiere des Spielfilms »Befreite Hände« von Hans Schweikart mit Brigitte Horney, Olga Tschechowa, Ewald Balser, Carl Raddatz und Paul Dahlke.

23. Finnische Armee eröffnet Gegenoffensive gegen Rote Armee an der Petsamofront.

27. Sowjetunion und Deutsches Reich vereinbaren eine Fluglinie Moskau–Berlin für den 21. Januar 1940.

27. Erdbeben in Ostanatolien (Türkei) fordert über 20 000 Todesopfer.

GESTORBEN:

23. Anthony Fokker (* 6. 4. 1890), niederländischer Flugzeugkonstrukteur.

»Graf Spee« versenkt

Das Panzerschiff »Admiral Graf Spee« sinkt nach der Sprengung.

17. Dezember. Auch in diesem Monat gibt es nur wenig Kampftätigkeit an der Westfront, dafür weiterhin spektakuläre Ereignisse im Seekrieg. Die erfolgsverwöhnte deutsche Öffentlichkeit muß aber neben Meldungen von U-Boot-Siegen erstmals die Nachricht über den Verlust eines eigenen Schiffes hinnehmen. Das im Atlantik operierende Panzerschiff »Admiral Graf Spee« gerät nach einem erfolgreichen Angriff auf englische Dampfer im Geleitzugweg La Plata – Europa unter Feuer britischer Kreuzer und muß schwer beschädigt im Hafen von Montevideo Zuflucht suchen. Die uruguayischen Behörden verweigern dem Schiff aber Asyl, so daß Adolf Hitler dem Kommandeur den Befehl zur Sprengung gibt. Am 17. Dezember gegen 20 Uhr führt Kapitän zur See Hans Langsdorff den Befehl aus, bleibt aber an Bord und geht dann mit seinem sinkenden Schiff unter.

Erstmals werden in diesem Monat Verlustzahlen der internationalen Handelsschiffahrt seit Kriegsbeginn bekanntgegeben. Das Deutsche Nachrichten-Büro meldet bis zum 29. November 162 durch U-Boote oder Minen versenkte Schiffe mit 639 689 Bruttoregistertonnen (BRT). Die Verluste der Handelsschiffahrt:

134 britische Schiffe mit 526 169 Bruttoregistertonnen,

12 französische Schiffe mit 64 759 Bruttoregistertonnen,

78 neutrale Schiffe mit 258 209 Bruttoregistertonnen,

18 deutsche Schiffe mit 128 689 Bruttoregistertonnen.

15. Dezember. Der Monumentalfilm »Vom Winde verweht« nach dem 1936 veröffentlichten Erfolgsroman von Margaret Mitchell wird uraufgeführt. In den Hauptrollen des Metro-Goldwyn-Mayer-Films Clark Gable, Vivien Leigh (Bild), Leslie Howard, Olivia de Havilland. Regie führt Victor Fleming.

Nobelpreise für deutsche Wissenschaftler

10. Dezember. Zwei deutsche Wissenschaftler werden in diesem Jahr für ihre Arbeiten mit dem Nobelpreis ausgezeichnet. Der Münsteraner Professor Gerhard Domagk erhält den Medizinpreis für die Entdeckung der antibakteriellen Wirkung des Prontosils, eines Sulfonamidpräparats für die Chemotherapie bakterieller Infektionen. Eine Hälfte des Chemiepreises erhält der Direktor des Kaiser-Wilhelm-Instituts für Biochemie, Professor Adolf Butenandt, für seine Arbeit über Sexualhormone. Die andere Hälfte geht an den Schweizer Professor Leopold Ruzicka für seine Arbeiten an höheren Polymethylenen und höheren Terpenen. Mit dem Physikpreis wird der Amerikaner Professor Ernest O. Lawrence für die Entwicklung des Zyklotrons zur Herstellung künstlicher Radioisotope geehrt. Der Finne Frans E. Sillanpää, Verfasser des Romans »Silja, die Magd«, erhält den Literaturpreis. Ein Friedenspreis wird im ersten Kriegsjahr nicht vergeben.

Eichmann wird Sonderreferent für Deportationen

Nach einem Monat des Abwartens beginnt der Reichsführer SS Heinrich Himmler im Dezember mit der von ihm angekündigten Deportation von 550 000 Juden aus den neuen deutschen Gebieten. Auch 450 000 Polen sollen »entfernt werden«. Die erste große Deportation, durchgeführt vom Reichssicherheitshauptamt und der Sicherheitspolizei, bringt 87 000 Polen und Juden aus dem Reichsgau Posen in 80 Güterzügen in ein ungewisses Schicksal. Nach dem Polenfeldzug werden die 3,2 Millionen Juden des Generalgouvernements in Ghettos zusammengepfercht und deren Glaubensgenossen aus anderen Gebieten großenteils dorthin geschleppt. Zum Sonderreferenten für die Evakuierung von Polen und Juden wird in diesem Monat SS-Hauptsturmführer Adolf Eichmann berufen.

1940

JANUAR

Mo	Di	Mi	Do	Fr	Sa	So
1	2	3	4	5	6	7
8	9	10	11	12	13	14
15	16	17	18	19	20	21
22	23	24	25	26	27	28
29	30	31				

4. Mandschukuo zahlt die Restkaufsumme der Ostchinabahn an die UdSSR.

5. Umbildung des britischen Kabinetts. →

7. König Carol betont die Integrität des rumänischen Territoriums.

8. Rationierung von Butter, Fleisch und Zucker in Großbritannien.

10. Notlandung einer deutschen Kuriermaschine bei Mecheln. →

11. 69,3 Prozent der Optionsberechtigten in Südtirol entscheiden sich für Deutschland und damit für die Umsiedlung.

12. Flugblattaktion der britischen Luftwaffe über Wien und Prag.

15. Belgiens Regierung lehnt die Durchmarschforderung Großbritanniens und Frankreichs ab.

17. Die schwedische Regierung erklärt die Neutralität des Landes.

19. Dänemark und Norwegen erklären ihre Neutralität.

20. Kältewelle in Europa: An der Riviera fällt Schnee.

21. Churchill fordert die Neutralen auf, sich mit Großbritannien gegen die deutsche Aggression zu wenden.

21. Die britischen Zerstörer »Grenville« und »Exmouth« werden in der Nordsee torpediert.

23. Ignaz Paderewski wird in Paris zum Sprecher des Polnischen Staatsrats im Exil gewählt.

25. Ende des amerikanisch-japanischen Handelsvertrags.

25. Die Niederlande erklären ihre Neutralität.

27. Weisung für den Angriff auf Dänemark und Norwegen (»Unternehmen Weserübung«).

27. Das südafrikanische Parlament lehnt die Friedensresolution General Hertzogs ab.

28. Die oppositionelle italienische Befreiungsfront tagt in Anwesenheit Benedetto Croces und Carlo Sforzas.

30. Abschluß der japanisch-sowjetischen Grenzverhandlungen.

GESTORBEN:

14. Fritz Grünbaum (* 7. 4. 1870), österreichischer Kabarettist. →

20. William E. Borah, US-Senator.

23. Giuseppe Motta (* 29. 12. 1871), Schweizer Bundesrat.

Angriff auf Finnland

9. Januar. Mit deutlichen Sympathien für Finnland verfolgt die Weltöffentlichkeit die militärischen Aktionen des kleinen Staats gegen die UdSSR. Sowohl die Vernichtung der 66. sowjetischen Schützendivision zu Beginn (9. Januar) als auch der Rückzug sowjetischer Truppen an der Sallo-Front (19. Januar) werden als finnische Siege angesehen. Britische Krankenschwestern bilden eine freiwillige Einheit, die in Finnland eingesetzt werden soll. Dänen, Norweger und Schweden melden sich zur Aufnahme in die finnische Armee. Nüchterner betrachten die Regierungen Frankreichs und Großbritanniens die Lage. Sie erwarten die Offensive der Roten Armee und beschließen, durch Truppenlandungen und eventuell durch Luftangriffe auf die kaukasischen Ölfelder dem sowjetischen Vormarsch zu begegnen. Daß sich die UdSSR gegen Finnland energisch durchzusetzen beabsichtigt, beweist ein Luftangriff auf die Stadt Rovaniemi (31. Januar).

Eine Straße in Helsinki nach einem russischen Bombenangriff.

Westoffensive wird verschoben

10. Januar. Eine deutsche Kuriermaschine, die sich im Nebel verflogen hat, muß bei Mecheln notlanden. Herankommenden belgischen Polizisten und Soldaten fällt das Verhalten eines deutschen Offiziers auf, der vergeblich versucht, mitgeführte Papiere zu vernichten. Diese Unterlagen enthalten Angaben über Ziele von Bombenangriffen und Luftlandungen für die deutsche Westoffensive.

Belgien und die Niederlande ordnen für einige Zeit militärische Bereitschaft an, aber der französische Oberkommandierende im Westen, General Maurice Gustave Gamelin, leitet keine Gegenmaßnahmen ein. Das Oberkommando der Wehrmacht (OKW) verschiebt den für den 13. Januar vorgesehenen Angriff zunächst auf den 17. Januar, dann wegen Verschlechterung der Wetterbedingungen generell auf das Frühjahr. Adolf Hitler ist über die Leichtfertigkeit im Umgang mit Geheimbefehlen empört und verlangt, »mit fanatischem Willen daran zu gehen, daß operative Gedanken geheim bleiben«.

Ingrid Bergman filmt in den USA

Außerordentliches Aufsehen erregt in den USA und in Großbritannien der Film »Escape to Happiness«, in dem die junge schwedische Schauspielerin Ingrid Bergman (geb. 1917) ihren Durchbruch mit ihrem ersten großen in Amerika gedrehten Spielfilm erlebt. Wichtiger noch erscheint in England die Verfilmung des 1935 erschienenen Romans »Die Sterne blicken herab« von Archibald Joseph Cronin, der die Verhältnisse im walisischen Bergbaugebiet darstellt.

Hitler erklärt das Jahr 1941 zum Entscheidungsjahr

1. Januar. In einem Neujahrsaufruf erklärt Adolf Hitler das Jahr 1941 zum Entscheidungsjahr, in dem England vernichtend geschlagen und Europa neugestaltet werden soll. Dies werde nicht erreicht »von den alt gewordenen Kräften einer im Verfall begriffenen Welt, nicht von den sogenannten Staatsmännern, die in ihrem eigenen Lande nicht in der Lage sind, auch nur die primitivsten Probleme zu lösen«. Hitler geht davon aus, »daß zum Neuaufbau Europas nur jene Völker und Kräfte berufen sind, die in ihrer Haltung und ihren bisherigen Leistungen selbst als junge und produktivere angesprochen werden können«.

Kriegsminister Englands aus dem Kabinett entlassen

5. Januar. Die Spannungen zwischen Kriegsminister Lord Leslie Hore-Belisha und dem Befehlshaber des englischen Expeditionskorps, Lord Gort, nehmen zu, da der Minister die von den Truppen Gorts in Nordfrankreich errichteten leichten Feldbefestigungen für völlig unzureichend hält. Gort wendet sich daraufhin an Premierminister Neville Chamberlain, der den Kriegsminister sogleich aus seinem Amt entläßt.

Die Überlegungen, Hore-Belisha als Informationsminister einzusetzen, scheitern am Widerspruch des Außenministers Lord Halifax.

Wiener Kabarettist Grünbaum stirbt im KZ Dachau

14. Januar. Fritz Grünbaum, der in Wien bis 1938 zu den bekannten Kabarettisten und Bühnenschriftstellern gehört hat, stirbt im KZ Dachau. Grünbaum, der Jude war, hat im Ersten Weltkrieg in der österreichischen Armee als Offizier gekämpft.

1940
FEBRUAR

Mo	Di	Mi	Do	Fr	Sa	So
				1	2	3	4
5	6	7	8	9	10	11
12	13	14	15	16	17	18
19	20	21	22	23	24	25
26	27	28	29			

1. Beginn der sowjetischen Offensive in Karelien und am Ladogasee.

2. Konferenz des ständigen Rats der Balkanstaaten in Belgrad mit dem Ziel, den Frieden auf ihren Territorien zu bewahren.

5. Unterredung Mahatma Gandhis mit dem britischen Vizekönig von Indien.

6. Der britisch-französische Kriegsrat beschließt die Landung in Narvik, die Unterstützung Finnlands und die Besetzung der schwedischen Erzgrube Gällivare.

7. Hinrichtung zweier IRA-Angehöriger in Birmingham.

8. Eine Delegation der britischen Labour Party verlangt in Helsinki größere Hilfsleistungen für Finnland.

8. Deutscher Luftangriff auf Limoges.

11. Wirtschaftsabkommen zwischen Deutschland und der UdSSR über Lieferung von Rohstoffen und Industrieerzeugnissen.

11. Angriff der Roten Armee auf die Mannerheim-Linie in Finnland.

14. Die Regierung Schwedens lehnt ein Ersuchen Finnlands um Waffenhilfe ab.

15. Erneuter Protest deutscher Wehrmachtsstellen gegen das Vorgehen der SS in Polen.

16. »Altmark«-Zwischenfall im norwegischen Jössing-Fjord. →

20. Britische Luftangriffe auf mitteldeutsche Industriestädte.

22. Inthronisierung des fünfjährigen neuen Dalai Lama in Lhasa.

25. Sumner Welles als Sonderbotschafter Franklin D. Roosevelts in Rom eingetroffen.

25. Landung kanadischer Luftwaffeneinheiten in Großbritannien.

26. Die skandinavischen Staaten erklären während der Außenministerkonferenz in Kopenhagen ihre Neutralität und betonen ihren Wunsch nach Frieden.

GESTORBEN:

1. Gilbert Morgan (* 22. 9. 1872), britischer Chemiker.

9. William Dodd (* 21. 10. 1869), US-Botschafter.

26. Michael Hainisch (* 15. 8. 1858), österreichischer Bundespräsident.

Zerstörer befreit Gefangene

16. Februar. Dem Begleitschiff des Panzerschiffs »Graf Spee« ist es gelungen, bis in den Nordatlantik vorzudringen. An Bord des ehemaligen Tankers »Altmark« befinden sich über 300 britische Matrosen als Gefangene. Als ein englischer Agent die »Altmark« in der Nähe der norwegischen Stadt Bergen sichtet und dies weitermeldet, beschließt die Admiralität in London, ohne Rücksicht auf Norwegens Neutralität einen Handstreich zu wagen.

Zwei in der Nähe befindlichen Zerstörern wird befohlen, das deutsche Schiff abzufangen. Obwohl sich die »Altmark« vor ihnen in den Jössing-Fjord zurückzieht, wird sie vom Zerstörer »Cossack« verfolgt, der nachts längsseits geht. Nach kurzem Widerstand der deutschen Besatzung (sechs Tote, fünf Verletzte) werden die englischen Gefangenen befreit und nach Großbritannien gebracht. Die »Altmark« kann die Fahrt nach Deutschland fortsetzen. Während von der britischen

Admiralität ausdrücklich die Form des Vorgehens gebilligt wird, protestiert die deutsche Regierung in Norwegen gegen den mangelnden Schutz des Schiffes und nennt die Form der Befreiung einen »unvorstellbar brutalen Akt der Piraterie«. Zum gleichen Zeitpunkt laufen in Deutschland die Vorarbeiten zur Besetzung der neutralen Staaten Dänemark und Norwegen. Mit der Leitung des Arbeitsstabs beauftragt Hitler am 21. Februar Generaloberst von Falkenhorst.

Der ehemalige Tanker »Altmark« im norwegischen Jössing-Fjord.

Generaloberst von Falkenhorst.

Widerstand sondiert

Die Verbindungen der Widerstandsgruppe um Carl Goerdeler zu Großbritannien sind trotz des Krieges nicht unterbrochen. Jedoch sieht die konservative, noch immer auf einen Ausgleich mit Deutschland bedachte Regierung von Premierminister Neville Chamberlain keine Möglichkeit, die Erwartung dieser deutschen Oppositionskreise nach Erhalt der deutschen Grenzen von 1939 zu erfüllen.

In der Hoffnung, daß dem Krieg ein Ende gesetzt werden kann, bevor es zur eigentlichen Konfrontation zwischen Frankreich/ Großbritannien und Deutschland kommt, werden Mitte Februar in der Schweiz zwischen Vertretern des Widerstandes in Deutschland und Abgesandten des britischen Kabinetts Gespräche geführt. Dabei erwarten die Engländer von den Deutschen eine entscheidende Aktion bis Ende April und verlangen

von einer neuen deutschen Regierung die Ausschaltung des preußischen Militarismus. Tatsächlich wollen allerdings Mitglieder des deutschen Widerstands wie Ulrich von Hassel, der dies in einer Denkschrift vom Januar/Februar niederlegt, den Krieg weiterführen, bis eine Sicherung der neuen Grenzen gewährleistet ist. Ihre Absicht ist ferner, ein Staatswesen zu errichten, in dem Parteien und Parlament bestenfalls eine untergeordnete Rolle spielen.

Chamberlain läßt unter Vorbehalt der Haltung Frankreichs bereits für die Verhandlungen in der Schweiz mitteilen, England werde im Fall einer Krise nach einem erfolgreichen Staatsstreich des Widerstands dies nicht militärisch ausnutzen und mit der künftigen Regierung zur Friedenssicherung zusammenarbeiten und ihr wirtschaftlich weitgehend helfen.

Jungfernfahrt der »Queen Elizabeth«

28. Februar. Trotz des Kriegs wird die Jungfernfahrt des größten Passagierschiffs der Welt gewagt. Unter strikter Geheimhaltung läuft die »Queen Elizabeth« von Liverpool aus und erreicht ungefährdet New York, wo dem Dampfer am 7. März ein großer Empfang bereitet wird.

Premiere für »Pinocchio«

Nach mehrjährigen Arbeiten erscheint Walt Disneys bald mit Beifall aufgenommene Zeichentrickfassung des »Pinocchio«. Eine weitere Uraufführung ist der »Glöckner von Notre Dame« mit Maureen O'Hara und Charles Laughton. Die britische Presse lobt den Film, bedauert aber, daß Laughton kaum in England arbeitet.

1940
MÄRZ

Mo	Di	Mi	Do	Fr	Sa	So
				1	2	3
4	5	6	7	8	9	10
11	12	13	14	15	16	17
18	19	20	21	22	23	24
25	26	27	28	29	30	31

1. US-Unterstaatssekretär Sumner Welles in Berlin. →

1. Weisung zum »Unternehmen Weserübung« am 9. April nach Billigung des Falkenhorst-Plans erlassen.

3. Rote Armee besetzt Wiborg.

6. Der britische Kolonialstaatssekretär erklärt, in Palästina herrsche relative Ruhe.

9. Gespräche zwischen dem britischen, dem französischen und dem türkischen Generalstab in Ankara.

10. Außenminister von Ribbentrop besucht Rom und den Vatikan. →

11. Großbritannien und Frankreich fordern Durchmarsch durch Norwegen und Schweden nach Finnland.

12. Friedensvertrag zwischen Finnland und der UdSSR. →

15. Erstes Erscheinen der Wochenzeitung »Das Reich«, herausgegeben von Joseph Goebbels.

16. Deutscher Luftangriff auf Scapa Flow.

17. Fritz Todt wird zum Reichsminister für Rüstung ernannt.

17. Seiso Griffith wird Chefhäuptling der Bantus.

18. Hitler und Mussolini treffen sich am Brenner. →

20. Rücktritt Daladiers und Bildung des Kabinetts Reynaud in Frankreich. →

23. IRA-Anschlag auf das Gefängnis Dartmoor.

23. Besuch des ungarischen Ministerpräsidenten Teleki in Italien.

26. Aus den kanadischen Parlamentswahlen, an denen auch die Truppen in Übersee beteiligt sind, geht die Liberale Partei Mackenzie Kings als Sieger hervor.

27. Himmler befiehlt die Errichtung des KZ Auschwitz.

30. Wang Ching-wei wird Staatspräsident der von Japan abhängigen chinesischen Nanking-Regierung.

GESTORBEN:

2. Andreas Heusler (* 10.8.1865), Schweizer Germanist.

16. Selma Lagerlöf (* 20.11.1858), schwedische Schriftstellerin.

30. John Gilmour (* 27.5.1876), britischer Schiffahrtsminister.

Der Friede von Moskau

12. März. Der seit Anfang Februar vorangetriebenen sowjetischen Offensive, die mit verstärkten Truppen ausgeführt wird, vermag sich die finnische Armee nicht mehr zu widersetzen. Sie muß die karelische Hauptstadt Wiborg aufgeben und kann gegen den sowjetischen Einbruch in die Mannerheimlinie keine neuen Kräfte mobilisieren. Da aber die Sowjets die Gegenregierung Otto Kuusinen fallen lassen und bereit sind, Friedensgespräche zu führen, setzen sich die finnischen Minister Ryti, Tanner und vor allem Paasikivi gegen den schwankenden Präsidenten Kallio und die Agrarier durch.

Nach einwöchigen Verhandlungen wird der Friedensvertrag in Moskau unterzeichnet. Dabei steht die finnische Delegation unter dem Eindruck, daß die skandinavischen Staaten offizielle Hilfe verweigert hatten und ein Einsatz französisch-englischer Expeditionskräfte Finnland in den westeuropäischen Krieg einbeziehen würde. Demgegenüber sieht die UdSSR die Gefahr eines drohenden bewaffneten Konflikts mit den Westalliierten, der nicht nur in Nordeuropa, sondern auch im Bereich des Schwarzen Meeres ausgetragen würde. Sie verzichtet deshalb auch auf Petsamo, dessen Nikkelgruben vorwiegend in der Hand britischer Gesellschaften sind. Finnland verliert ein Gebiet von 40 000 Quadratkilometern und muß zur Sicherung des Finnischen Meerbusens die Halbinsel Hangö auf 30 Jahre an die UdSSR verpachten. Von den Grenzverschiebungen sind 11 Prozent der finnischen Bevölkerung betroffen, die ihre Heimat verlassen und sich auf weiterhin finnisches Territorium begeben.

Sumner Welles wirbt für Frieden

1. März. Seit Februar befindet sich Unterstaatssekretär Sumner Welles als Beauftragter des US-Präsidenten in Europa. Am 1. März kommt er nach Berlin, um auch hier auf eine Beendigung des militärischen Konflikts zu dringen und mitzuteilen, daß jede Ausweitung des Kriegs durch Deutschland entschiedene Gegenreaktionen der USA auslösen werde. Adolf Hitler beharrt in langen Ausführungen auf Eroberung und Sicherung des vom Nationalsozialismus propagierten deutschen Lebensraums. So wenig wie die deutsche Regierung zeigen sich die anschließend aufgesuchten Kabinette in Paris und London friedenswillig. Nur in dem »nicht kriegführenden« Italien, wo Benito Mussolini und Galeazzo Ciano, sein

Ribbentrop (r.) und Welles.

Außenminister und Schwiegersohn, sich der mangelnden Kriegsbereitschaft ihres Landes bewußt sind, stößt Sumner Welles auf ein gewisses Entgegenkommen.

Regierungschef Daladier tritt zurück

20. März. Ministerpräsident Edouard Daladier sieht sich in Kammer und Senat unvermittelt einer rasch wachsenden Opposition gegenüber, die ihm zum Vorwurf macht, zwar Deutschland den Krieg erklärt zu haben, aber im finnisch-sowjetischen Konflikt keine eindeutige Stellung zu beziehen. Pierre Laval beschuldigt den Ministerpräsidenten ungenügender Abstimmung mit den faschistischen Staaten Italien und Spanien. Der Vertrauensabstimmung halten sich 300 Abgeordnete der Regierungsparteien fern, so daß Daladier demissioniert.

Mussolini und Hitler am Brenner

Hitler (am Fenster) und Mussolini.

10. März. Besorgt über die italienische Haltung hat Adolf Hitler Außenminister Joachim von Ribbentrop nach Rom entsandt, um dem Duce die Bereitschaft Deutschlands zu versichern, Italien Kriegs- und Wirtschaftsgüter zu liefern. Als sich Sumner Welles nach einem ersten Besuch im Februar nochmals im März in Italien aufgehalten hat, trifft Hitler mit Mussolini am Brenner zusammen. Nach Cianos Bericht ist die Begegnung »sehr herzlich«. Mussolini hört Hitlers Monologen »mit Sympathie und Ergebenheit zu. Er spricht wenig und bestätigt sein Versprechen, mit Deutschland zu marschieren.« Zwar kann der Duce offenhalten, welcher Zeitpunkt ihm am günstigsten für den Kriegseintritt erscheint, doch weiß die deutsche Führung, daß sie bei dem bevorstehenden Angriff im Westen auf die Dauer nicht allein stehen wird.

Cambridge schlägt Oxford

2. März. Trotz des Krieges findet das traditionelle Achterrennen zwischen den Universitätsmannschaften von Cambridge und Oxford statt. Cambridge schlägt Oxford mit fünf Längen Vorsprung.

1940

APRIL

Mo	Di	Mi	Do	Fr	Sa	So
1	2	3	4	5	6	7
8	9	10	11	12	13	14
15	16	17	18	19	20	21
22	23	24	25	26	27	28
29	30					

1. Zum Abschluß der Eingliederung Österreichs in das Deutsche Reich wird das Ostmarkgesetz erlassen.

2. Die UdSSR schafft als neuen Teilstaat die finnisch-karelische Republik.

3. In Italien werden alle Landeseinwohner – auch Frauen – vom 14. Lebensjahr an zur zivilen Mobilisierung herangezogen.

4. Großbritannien will durch Intensivierung des Balkanhandels die Blockade gegen Deutschland verstärken.

5. Nach längerem Aufenthalt in Brüssel begibt sich der aus Deutschland geflohene Industrielle Fritz Thyssen nach Paris.

6. In der deutschen Gesandtschaft in Oslo wird vor geladenen Gästen der Film »Feuertaufe« (Feldzug in Polen) vorgeführt.

7. Ein britischer Versuch zur Sperrung der Donau im Bereich des Eisernen Tores scheitert. →

9. Landung deutscher Truppen in Dänemark und Norwegen ohne Kriegserklärung. →

14. Landung britisch-französischer Truppen in Norwegen. →

15. Das Kriegshilfswerk des Deutschen Roten Kreuzes wird eröffnet.

19. Die Schweiz veröffentlicht Richtlinien für die Kriegsmobilmachung bei Überfall.

21. Der US-Militärattaché in Schweden wird während eines deutschen Luftangriffs auf Dombos getötet.

24. Der Chef der US-Flotte tritt für eine Erweiterung des Bauprogramms der Kriegsmarine ein.

25. Auf Wunsch König Leopolds III. nimmt das belgische Kabinett die am Vortag eingereichte Demission zurück.

30. Deutsche Besatzungsbehörden in Polen befehlen die Errichtung des bewachten Ghettos Lodz.

GESTORBEN:

17. Katharina Schratt (* 11. 9. 1855), österreichische Schauspielerin. →

25. Wilhelm Dörpfeld (* 26. 12. 1853), deutscher Archäologe.

26. Carl Bosch (* 27. 8. 1874), deutscher Chemiker, Nobelpreis 1931.

Deutsche Truppen in Norwegen

7. April. Die britische und die französische Regierung und ihre Generalstäbe wollen die Ende März geplanten Aktionen gegen die deutsche Rohstoffversorgung aus Skandinavien und dem Balkanraum verwirklichen. Doch ein britisches Kommando, das durch Versenkung von Lastkähnen und Verminung die Donau am Eisernen Tor für Erdöltransporte sperren will, wird durch Hinweise der deutschen Abwehr abgefangen. Zum gleichen Zeitpunkt befinden sich westalliierte und polnische Truppen bereits auf Transportern, um vorsorglich strategische Stützpunkte in Norwegen zu besetzen, aber die Ausfahrt hat sich verzögert. Als die Schiffe mit Einverständnis der Osloer Regierung endlich auslaufen, hat die deutsche Führung das Unternehmen »Weserübung« bereits begonnen lassen.

Dänemark kapituliert: Selbst der deutsche Gesandte in Kopenhagen ist überrascht, als am Morgen des 9. April deutsche Truppen die Grenze in Nordschleswig überschreiten und auf den dänischen Inseln landen. Nach wiederholten deutschen Friedensbeteuerungen hat die dänische Regierung letzten Warnungen vor einer Invasion keinen Glauben geschenkt und sie auch nicht nach Norwegen weitergegeben. Auf ein deutsches Ultimatum hin ordnet König Christian X. an, die Schloßwache in Kopenhagen solle das Feuer einstellen, da Widerstand sinnlos sei. Dem deutschen Generalstabschef erklärt der König: »Von Soldat zu Soldat! Ihr Deutschen habt wieder das Unglaubliche geschafft.«

Am 10. April wird unter Führung des bisherigen Ministerpräsidenten Stauning ein Kabinett der nationalen Sammlung gebildet. Da die deutsche Regierung erklärt, sie werde sich nicht in innerdänische Angelegenheiten einmischen, scheinen zunächst keine weiteren Probleme zu bestehen.

Norwegen kämpft: Auch in Norwegen kann der deutsche Gesandte die Regierung über den Beginn der deutschen Landung erst informieren, als die Aktion bereits begonnen hat. Aber die norwegischen Küstenbatterien nehmen den Kampf auf: Im Oslofjord sinkt im Kreuzfeuer der Kreuzer »Blücher«; vor Kristiansand und Bergen erleiden die leichten Kreuzer »Karlsruhe« und »Köln« das gleiche Schicksal. Das norwegische Kabinett beschließt trotz der unzureichenden Bewaffnung (als Flugzeuge stehen nur Doppeldecker zur Verfügung) die militärische Verteidigung. König und Parlament begeben sich nach Hamar, um der Gefangennahme zu entgehen. Dann greifen die Westalliierten ein: Zwar kann ein deutsches Gebirgsjägerregiment am Morgen des 9. April in der für Erztransporte wichtigen Stadt Narvik landen, aber die zehn Zerstörer, die den Transport durchgeführt haben, werden von der britischen Marine angegriffen und versenkt – ein Verlust, der bis Kriegsende nicht mehr ausgeglichen werden kann. Überhaupt beteiligen sich britische Flottenverbände an den Kämpfen, begünstigt vom Umstand, daß durch Torpedoversager die deutschen U-Boote wirkungslos bleiben, während die englischen erfolgreich gegen den deutschen Seenachschub vorgehen.

An den Kämpfen um Narvik ist auch das polnische U-Boot »Orzel« – 1940 das größte U-Boot der Welt – beteiligt, dem im September 1939 der Ausbruch aus der Ostsee gelungen ist (im Juni geht das U-Boot verloren). Auf dem Land setzt sich das deutsche Heer in Süd- und Mittelnorwegen kämpfend durch und dringt in das Landesinnere ein. Die in Mittelnorwegen landenden Westalliierten können nur Brückenköpfe bilden, während die von Oslo und Drontheim vormarschierenden deutschen Truppen sich bei Dombas vereinigen (30. April). Dagegen stehen die deutschen Truppen bei Narvik auf sich gestellt in schweren Kämpfen.

Deutsche Flugabwehrkanone in Norwegen.

Deutsche Kriegsschiffe in Norwegen.

553

Quisling findet kaum Anhänger

9. April. Der politisch rechtsradikale Sektierer Vidkun Quisling, selbst in Deutschland kaum beachtet, ernennt sich selbst zum norwegischen Ministerpräsidenten und fordert enge Zusammenarbeit mit den Nationalsozialisten. Die »germanischen« Norweger sind jedoch nicht zur Gemeinsamkeit mit den gewalttätigen Verfechtern des Rassismus und der »Blut-und-Boden«-Ideologie bereit.

Quislings Gefolgschaft ist gering, dafür wird sein Name zur internationalen Bezeichnung der Kollaborateure, die sich freiwillig deutscher Besatzung und nationalsozialistischer Ideologie unterordnen und anschließen. Quisling tritt schon am 15. April zurück und übergibt den deutschen Behörden die Verwaltung des Landes. Am 24. April wird Josef Terboven zum Reichskommissar ernannt, der für eine harte Besatzungspolitik eintritt.

Erfolg für »Der Postmeister«

25. April. Von den uraufgeführten deutschen Filmen hat in Wien den größten Erfolg Ucickys »Der Postmeister« mit Hilde Krahl, Heinrich George und Siegfried Breuer. Die sentimentale Handlung wird vor allem durch die schauspielerische Leistung Georges davor bewahrt, in Kitsch abzusinken. – In England läuft der lang erwartete US-Film »Vom Winde verweht« an und löst die gleichen Begeisterungsstürme wie in Amerika aus.

Freundin des Kaisers stirbt

17. April. Mit dem Tod Katharina Schratts ist ein Stück Geschichte der »k. u. k.«-Monarchie« dahingegangen. Die vor der Jahrhundertwende beliebte Schauspielerin hatte ihre Mitgliedschaft auf Lebenszeit im Ensemble des Burgtheaters schon im Jahr 1900 niedergelegt, um sich ganz Kaiser Franz Joseph widmen zu können, dessen Freundin sie über drei Jahrzehnte bis zu seinem Tode gewesen ist.

1940
MAI

Mo	Di	Mi	Do	Fr	Sa	So
		1	2	3	4	5
6	7	8	9	10	11	12
13	14	15	16	17	18	19
20	21	22	23	24	25	26
27	28	29	30	31		

1. Die Krupp-Aktiengesellschaft erhält die Bezeichnung: »Nationalsozialistischer Musterbetrieb«.

2. Die westalliierten Truppen räumen Mittelnorwegen.

5. Papst Pius XII. erläßt eine Friedensbotschaft.

5. In London wird eine norwegische Exilregierung gebildet. →

9. Britische Truppen besetzen Island und die Färöer-Inseln.

9. Demission Chamberlains. →

9. Freigabe der Euthanasie in Deutschland durch Hitler rückwirkend ab 1. September 1939.

10. Deutscher Einmarsch in Belgien, den Niederlanden und Luxemburg. →

12. Internierung aller männlichen deutschen Staatsbürger in England ohne Rücksicht auf Rasse oder politische Haltung.

13. Churchill wird britischer Premierminister. →

14. Deutscher Luftangriff auf Rotterdam. →

15. Kapitulation der niederländischen Streitkräfte.

17. Deutsche Truppen besetzen Brüssel.

19. Seyß-Inquart wird zum Reichskommissar für die Niederlande ernannt.

19. General Weygand übernimmt das Oberkommando über die alliierten Truppen und die französische Armee in Frankreich. →

19. Marschall Pétain wird französischer Verteidigungsminister. →

20. KZ Auschwitz ist errichtet.

22. Das britische Kabinett erhält Notstandsrechte.

23. In Großbritannien werden bekannte Rechtsradikale festgenommen und interniert.

25. Bildung eines belgischen Exilkabinetts in Vichy.

27. Stafford Cripps wird zum britischen Sonderbotschafter in Moskau bestimmt.

28. Belgien kapituliert. →

29. Die Westalliierten besetzen Narvik.

30. Der Präsident des belgischen Abgeordnetenhauses erklärt König Leopold für abgesetzt.

GESTORBEN:

7. George Lansbury (* 21. 2. 1859), britischer Politiker.

Offensive im Westen

Der Angriff auf Frankreich wird auch propagandistisch begleitet.

10. Mai. Obwohl General Hans Oster wiederholt den niederländischen Militärattaché gewarnt hat, sind die Regierungen Belgiens und der Niederlande vom deutschen Angriff, der am 10. Mai um 5.35 Uhr beginnt, überrascht. Die Kampfhandlungen haben bereits begonnen, als die deutschen Gesandten den Regierungen den deutschen Vorwurf verletzter Neutralitätspflicht unterbreiten. In Luxemburg macht ein einsamer Gendarm die deutsche Panzerspitze auf ihre Grenzverletzung aufmerksam und wird gefangengenommen. Erst im letzten Augenblick rettet sich die Großherzogin Charlotte aus dem schnell überrannten Land. Über Belgien und den Niederlanden sind bereits in der Nacht Fallschirmjäger abgesprungen. Sie besetzen wichtige Brücken und Verkehrsknoten-

punkte. In Belgien nehmen sie im Handstreich das wichtige Fort Eben Emael.

Niederlande: Fast gewaltsam muß die niederländische Königin Wilhelmina, die ihr Volk in der Not nicht allein lassen will, zur Flucht vor den heranrückenden deutschen Truppen bewegt werden. Außerdem werden die meisten der weltberühmten Amsterdamer Diamantenhändler und -schleifer nach London evakuiert, was ihnen – sie sind durchweg Juden – das Leben rettet. Das Angebot Winston Churchills, in Großbritannien seinen Wohnsitz zu nehmen, lehnt Exkaiser Wilhelm II. ab und bleibt in Doorn. Am 14. Mai werden Verhandlungen über die Kapitulation der eingeschlossenen Stadt Rotterdam geführt; dennoch kommt es zu einem schweren Luftangriff, der 900 Men-

schenleben fordert. Insgesamt fünf Tage halten die niederländischen Truppen die Verteidigung aufrecht, dann kapituliert der Oberbefehlshaber.

Belgien und Nordfrankreich: Die belgische Armee wird von französischen und englischen Divisionen unterstützt, die sofort in das Land einrücken, als die Meldung von der deutschen Offensive eintrifft. Dabei entfernen sie sich, wie im deutschen Plan erwartet, von ihren Versorgungsbasen. Ein schneller deutscher Vorstoß aus den Ardennen über die Maas gelangt vom 12. bis 20. Mai bis an die Nordsee. Durch

diese Operation »Sichelschnitt« des rechten deutschen Flügels und der Panzertruppen sind die belgischen und alliierten Truppen ohne Verbindung zum Hauptteil der französischen Armee. Das britische Expeditionskorps erhält angesichts der voraussehbaren Entwicklung den Befehl, sich aus der Front zu lösen und in Dünkirchen die Evakuierung vorzubereiten.

In Vichy konstituiert sich die belgische Exilregierung; aber König Leopold läßt seine Truppen am 28. Mai die Waffen strecken. Der erste Abschnitt des Westfeldzugs ist in Blitzkriegmanier abgeschlossen.

Königin Wilhelmina begrüßt in England Soldaten ihres Heeres.

Rotterdam nach dem schweren Luftangriff, der 900 Menschenleben kostet.

Winston Churchill neuer britischer Premierminister

Churchill wird Premierminister.

9. Mai. Die alliierten Brückenköpfe in Mittelnorwegen können wegen der deutschen Luftherrschaft nicht erweitert, sondern müssen aufgegeben werden. Die britische Bevölkerung sieht darin ein Ergebnis der Beschwichtigungspolitik bis 1939. Die Opposition gegen Premierminister Arthur Neville Chamberlain wächst – auch in der Konservativen Partei. Als er am 8. Mai einen Lagebericht im Unterhaus gibt, ruft ihm einer seiner bisherigen Anhänger zu: »Treten Sie zurück, wir haben genug von Ihnen. In Gottes Namen, gehen Sie!«

Am Tag des deutschen Angriffs im Westen versucht Chamberlain, sein Kabinett durch eine Vertrauensabstimmung zu retten, aber die Regierungsmehrheit fällt von 240 auf 81 Stimmen. Da sich Liberale und Sozialisten weigern, in einem erweiterten Kabinett mitzuarbeiten, reicht der Premierminister seinen Rücktritt ein. König George VI. beruft Winston Churchill, der zuvor bereit gewesen ist, seinen Teil an der Verantwortung für die Norwegenoperationen zu übernehmen, aber in der Öffentlichkeit als entschiedenster Gegner der bisherigen Politik gilt. In das neue Kabinett treten führende Mitglieder der Labour Party ein. Churchill sieht die bevorstehenden Probleme und fordert das Land zu Opfern auf: »Ich habe nichts zu bieten außer Blut, Mühsal, Schweiß und Tränen!«

Norweger bilden in London Exilregierung

5. Mai. Die Kämpfe in Norwegen halten an. Da König Haakon alle Verhandlungen mit den Angreifern ablehnt, werden wiederholt deutsche Luftangriffe auf die Orte ausgeführt, in denen er vermutet wird. Um dieser Verfolgung zu entgehen und die Geschicke Norwegens weiterführen zu können, begeben sich die königliche Familie und das Kabinett nach London, wo eine alsbald anerkannte Exilregierung gebildet wird, die auch die überwiegende Mehrzahl der Norweger als legitim betrachtet. Vidkun Quislings Nasjonal Samling als allein noch zugelassene Partei findet kaum Anhänger.

Die Hoffnung richtet sich eine Weile auf Narvik, wo die deutschen Gebirgsjäger, Fallschirmtruppen und Matrosen schrittweise auf die schwedische Grenze abgedrängt werden. Am 24. Mai beschließen die Alliierten, um ihre Truppen zu konzentrieren, den Abbruch des Unternehmens. Noch vor der Evakuierung dringen sie in Narvik ein und sprengen die Anlagen der Erzbahn, dann bereiten sie den Abzug vor.

Maginot-Linie hält nicht stand

19. Mai. Die Illusion der Sicherung Frankreichs durch die Maginot-Linie zerbricht, als die deutschen Truppen an Sedan vorbei die für unpassierbar gehaltenen Ardennen überqueren und auch an der Maas nicht aufzuhalten sind. Regungslos verfolgt General Maurice Gamelin die Entwicklung und hat seinen Soldaten nur die Losung: »Sieg oder Tod!« zu bieten. Minister Edouard Daladier sieht den von ihm betriebenen Aufbau des französischen Heeres unter deutschen Panzer- und Stuka-Angriffen zerstört. Diese Situation nützt Ministerpräsident Paul Reynaud, um die französische Führung nach rechts zu erweitern. Neuer Verteidigungsminister wird Marschall Henri Pétain (84 Jahre) und Nachfolger Gamelins General Louis Maxime Weygand (73 Jahre).

1940

JUNI

Mo	Di	Mi	Do	Fr	Sa	So
					1	2
3	4	5	6	7	8	9
10	11	12	13	14	15	16
17	18	19	20	21	22	23
24	25	26	27	28	29	30

3. Deutscher Luftangriff auf Paris.

4. Abschluß der Evakuierung aus Dünkirchen.

5. Die zweite Phase der Schlacht um Frankreich beginnt. →

10. Kriegseintritt Italiens.

10. Kapitulation der Streitkräfte Norwegens.

10. Französisches Hilfsgesuch an die USA. →

14. Die politischen Gefangenen aus Tarnow werden nach Auschwitz transportiert.

14. Besetzung von Paris durch deutsche Truppen. →

14. Beginn der deutschen Offensive gegen die Maginot-Linie. →

16. Unionsangebot Churchills an die französische Regierung. →

16. Rücktritt des Kabinetts Reynaud. →

17. Die UdSSR besetzt die baltischen Staaten. →

17. Die Regierung Pétain bittet um Waffenstillstand. →

17. General de Gaulle gründet in London das »Nationalkomitee der freien Franzosen«. →

17. Deutscher Bombenangriff auf Ziele in Essex.

18. Britischer Luftangriff auf Bremen und Hamburg.

19. Beginn der Evakuierung englischer Kinder in die Dominions.

20. Frankreich gestattet Japan die Truppenstationierung in Nordindochina.

21. Bildung einer polnischen Exilregierung in London.

22. Deutsch-französischer Waffenstillstand in Compiègne. →

24. Abschluß des französisch-italienischen Waffenstillstands in Rom. →

26. Rumänien tritt nach einem Ultimatum die Nordbukowina und Bessarabien an die UdSSR ab. →

29. Deutsche Truppen erreichen die spanisch-französische Grenze und besetzen die britischen Kanalinseln. →

GESTORBEN:

28. Italo Balbo (* 5. 6. 1896), italienischer Luftmarschall und Faschistenführer.

29. Paul Klee (* 18. 12. 1879), deutscher Maler. →

Einmarsch in Frankreich beginnt

Der »Berliner Lokal-Anzeiger« feiert die Unterzeichnung der deutschen Waffenstillstandsbedingungen.

5. Juni. Nach der Kapitulation Belgiens und der Räumung Dünkirchens wendet sich die deutsche Kriegsmaschinerie gegen das französische Hinterland. Entgegen General Louis Weygands Erwartungen können die französischen Divisionen der deutschen Offensive an der Somme keinen Widerstand leisten. Nach zunächst hinhaltenden Gefechten vor der Maginot-Linie stoßen deutsche Panzertruppen in ihrem Rücken bis zur Schweizer Grenze vor. Sie schließen das Gros des französischen Heeres in der Verteidigungslinie, die am 14. Juni bei Saarbrücken durchbrochen wird, und in Elsaß-Lothringen ein. Ministerpräsident Paul Reynauds Bitte um Hilfe an die USA kann der im Wahlkampf stehende Präsident Franklin Delano Roosevelt nur mit der Zusicherung geheimzuhaltender materieller Leistungen begegnen. Vor den heranrückenden Deutschen flüchtet die französische Regierung über Tours nach Bordeaux und nimmt dort Verhandlungen mit dem britischen Premierminister Winston Churchill auf. Er hat zuvor schon harten französischen Widerstand verlangt, gegebenenfalls aus den Kolonien heraus, aber neuen Einsatz britischer Streitkräfte wie auch der Royal Air Force (RAF) verweigert: »Dies ist nicht

Deutsche Einheiten rücken in Paris ein. Im Hintergrund der Arc de Triomphe.

Die deutsche Delegation (von links: Keitel, Göring, Heß, Hitler) vor dem Eisenbahnwagen bei Compiègne.

Die Unterzeichnung des Waffenstillstandes im Eisenbahn-waggon (von vorn: Le Luc, Noël, Huntziger, Ribbentrop).

Die beim Einmarsch der Deutschen zerstörte französische Stadt Orléans.

der entscheidende Punkt, und dies ist nicht die entscheidende Stunde. Die Stunde wird kommen, wenn Hitler mit seiner Luftwaffe gegen England losschlägt. Wenn wir die Luftherrschaft bewahren und wenn wir die Meere offenhalten können . . ., dann werden wir alles für Euch zurückgewinnen.«

Unter diesen Umständen lehnt die Mehrheit des französischen Kabinetts den Vorschlag Churchills zu einer britisch-französischen Staatenunion aus Sorge vor einem Verlust der Flotte und vor allem der Kolonien ab.

General Weygand hat angesichts des vollständigen Zusammenbruchs den Abschluß eines Waffenstillstands mit Deutschland gefordert, und Paris wird unverteidigt von deutschen Truppen besetzt. Die Straßen sind verstopft von zivilen Flüchtlingen und militärischen Marschkolonnen, die deutschen Stukas ein leichtes Angriffsziel bieten. Vereinzelte französische Gegenangriffe brechen schnell zusammen, da trotz der wiederholten Forderungen des Brigadegenerals Charles de Gaulle die französischen Panzer nicht zu geschlossenen Einheiten zusammengefaßt und gezielt eingesetzt werden.

Weil das französische Kabinett mehrheitlich weitere Kämpfe ab-

lehnt, tritt Ministerpräsident Reynaud zurück; sein Nachfolger wird Marschall Henri Pétain, der über Spanien der deutschen Führung das Waffenstillstandsangebot übermitteln läßt.

Nach langem Zögern ist auch Italien in den Krieg eingetreten, ohne zunächst aktiv in die Kämpfe einzugreifen. In München vereinbaren Adolf Hitler und Benito Mussolini die Bedingungen, die den Franzosen diktiert werden sollen. Die ausgreifenden Vorstellungen Mussolinis, der den französischen Kolonialbesitz in Afrika für Italien verlangt, dämmt Hitler zur Enttäuschung des Duce ein. Dagegen erhält die Wehrmacht den Befehl, die schärfste »Verfolgung des geschlagenen Feindes fortzusetzen« und die »alten deutschen Reichsgebiete bis zur Linie Verdun, Toul, Belfort sowie die Küstenplätze Cherbourg und Brest und das Rüstungszentrum Le Creusot so rasch als möglich in Besitz zu nehmen«.

Die »Schmach von Versailles« soll dadurch wiedergutgemacht werden, daß der französischen Delegation in Compiègne im gleichen Eisenbahnwaggon, in dem die Deutschen 1918 die Bedingungen entgegennahmen, jetzt die deutschen Forderungen unterbreitet werden (→ November 1918). Am 22. Juni müssen die Franzosen unterschreiben; Gegenvorstellungen haben keine Chance. Danach besetzen deutsche Truppen die Linie Genf–Tours und die Atlantikküste; Flüchtlinge dürfen nicht nach Nordfrankreich zurückkehren.

Frankreich hat die deutsche Besatzung, deren Stärke nicht festgelegt ist, zu versorgen und zu bezahlen. Es behält selbst ein 100 000-Mann-Heer und seine Kolonialarmee. Die Flotte soll entwaffnet werden. In Rom wird der italienisch-französische Waffenstillstand am 24. Juni unterzeichnet. Italien erhält einen Landstreifen um Mentone und Nizza, und in den Alpen wie in Tunesien entsteht eine entmilitarisierte Zone. Am 25. Juni tritt die Waffenruhe ein, die Hitler mit zehntägiger Beflaggung im Reich feiern läßt. Aber General de Gaulle, dem die Flucht nach England gelungen ist, erkennt die Kapitulation nicht an. Er gründet zur Fortsetzung des Widerstandes ein Nationalkomitee freier Franzosen: »Dieser Krieg ist durch die Schlacht um Frankreich nicht entschieden. Dieser Krieg ist ein Weltkrieg.«

In neun Tagen werden 330 000 Soldaten aus Dünkirchen evakuiert.

Abzug aus Dünkirchen

4. Juni. Auf engem Raum drängen sich in Dünkirchen britische und französische Soldaten, beschossen von deutschen Geschützen und bombardiert von der Luftwaffe, die von der Royal Air Force in Luftkämpfe verwickelt wird und durch eine niedrige Wolkendecke in der Sicht behindert ist. Lastwagen sind ins Meer gefahren worden, um Rampen zu bilden, auf denen die Flüchtenden zu den rettenden Schiffen gelangen können. Weil die See in der entscheidenden Phase der Evakuierung ruhig bleibt, kann eine Flotte von 860 Schiffen in ständigem Pendelverkehr eingesetzt werden.

Da die Rettung der Menschen als vorrangig angesehen wird, bleibt nahezu alle Ausrüstung zurück. Verbittert stellen die Franzosen fest, daß zuerst britische Soldaten an Bord gelassen werden; so gelangen 200 000 Engländer und 140 000 Franzosen über den Kanal. 150 000 französische Soldaten, die kämpfend den Rückzug decken, und nur wenige britische Truppen geraten in Gefangenschaft. In England wird die Rettung der Masse des Expeditionskorps begeistert gefeiert. Besondere Beachtung finden die Gardetruppen, die in Dover in Paradeordnung an Land gehen. Mitte Juni, als bereits Paris in deutscher Hand ist, ziehen sich zwei britische Divisionen und 10 000 polnische Soldaten aus der Normandie nach England zurück. Die ungeschützten britischen Kanalinseln fallen am Monatsende in deutsche Hand und werden erst im Mai 1945 nach der Kapitulation befreit.

Lastwagen bilden für die Flüchtenden eine Rampe zu den Schiffen.

Molotow gratuliert den Deutschen zu ihrem Sieg

17. Juni. Der sowjetische Volkskommissar des Auswärtigen, Wjatscheslaw M. Molotow, spricht dem deutschen Botschafter »die wärmsten Glückwünsche der Sowjetregierung zu den glänzenden Siegen der deutschen Wehrmacht« aus. Dann nutzt die UdSSR die Gunst der Stunde, das heißt die Bindung Deutschlands und der Alliierten in Westeuropa, zu einer Erweiterung ihres Territoriums, die gleichzeitig Revision der Gebietsverluste durch den Frieden von Brest-Litowsk (→ März 1918), Wahrnehmung der Interessen aus dem Hitler-Stalin-Pakt (→ August 1939) und die Schaffung eines Vorfeldes für den Fall eines Konfliktes mit westlichen Staaten bedeutet.

Ultimativ werden die baltischen Staaten am 14. und 16. Juni von den Sowjets zur Umbildung ihrer Kabinette zu »Volksregierungen« unter Beteiligung der Kommunisten veranlaßt. Außerdem fordert die UdSSR »das Einverständnis zum unverzüglichen Einmarsch sowjetischer Truppen zur Besetzung der wichtigsten Zentren . . ., um die Durchführung des Beistandspaktes zu gewährleisten und allen Zwischenfällen vorzubeugen«. Am 17. Juni werden Litauen, Lettland und Estland besetzt.

Ende Juni richtet die UdSSR ein auf 24 Stunden begrenztes Ultimatum an Rumänien, in dem sie die Abtretung Bessarabiens und der Nordbukowina fordert. Auf Vorstellungen der zuvor unterrichteten deutschen Regierung verzichtet die UdSSR darauf, auch die Preisgabe der Südbukowina zu verlangen. Ohne Aussicht auf ausländische Hilfe oder Hoffnung, Widerstand erfolgreich leisten zu können, werden die Gebiete fluchtartig geräumt; Waffen und Akten bleiben zurück. Als König Carol von Rumänien eine Garantie der neuen Grenzen von Hitler erbittet, erhält er zur Antwort, erst seien die rumänischen Beziehungen zu Bulgarien und zu Ungarn zu klären. Der von englischen Regierungsstellen geäußerten Ansicht, durch das Vorgehen der UdSSR seien die deutsch-sowjetischen Beziehungen verschlechtert, widersprechen beide Regierungen.

Hitler: Rundfahrt durch das schlafende Paris

25. Juni. In den frühen Morgenstunden macht Adolf Hitler, begleitet von seinem Stab und geführt von dem Monumentalbildhauer Arno Breker, eine Rundfahrt durch Paris. Sein Leibfotograf Heinrich Hoffmann nimmt ein Bild Hitlers vor dem Eiffelturm auf, das die Herrschaft über die französische Hauptstadt dokumentieren soll. Bei einem Besuch der Oper überrascht Hitler seine Begleitung mit minutiösen Kenntnissen über die Architektur des Gebäudes. Im Invalidendom besichtigt er das Grab Napoleons und erklärt, auch dessen Sohn, der in Wien beigesetzte Herzog von Reichstadt, solle dorthin überführt werden, was im Dezember geschieht. Hitler verläßt die Stadt noch am gleichen Vormittag.

Kaum Widerstand bei den Arbeitern

Die militärischen Erfolge in Skandinavien und Westeuropa lösen in der deutschen Bevölkerung eine breite, aber keineswegs allgemeine Begeisterung aus. In den Wilhelmshavener Marinewerften zeigt sich eine deutliche Zurückhaltung in der Produktionsbereitschaft der Arbeiter, gegen die mit begrenzter Haft in einem Lager der Gestapo vorgegangen wird. Auf Anregung des Arbeitsamtes Wesermünde wird ein Zwangsarbeitslager eingerichtet, in dem sich 70 als arbeitsunwillig charakterisierte Arbeiter befinden. Aus Bayern berichtet der Sicherheitsdienst über einen Leistungsabfall in den Rüstungsfabriken wegen der hohen Arbeitszeit von 60 Stunden in der Woche. Generell herrscht jedoch die Meinung, in der Arbeiterschaft rühre sich kein Widerstand. »Innerhalb der früher kommunistisch und marxistisch eingestellten Kreise kann von einer organisierten Gegnertätigkeit nicht mehr die Rede sein. Nur mehr vereinzelt kommt es noch zu völlig unbedeutenden Meckereien, Wandbeschmierungen, Verbreitung ausländischer Nachrichten oder Verteilung von Hetzschriften und -zetteln.«

Maler der Träume und Phantasien

Oben: »Der Mann mit dem Mundwerk« (1932).
Unten: »Sechs Arten« (1930).
Rechts oben: »Barbarenfeldherr« (1932). Alle drei Bilder sind Aquarelle.

29. Juni. Der Grafiker und Maler Paul Klee stirbt in Locarno. Klee hat in der Münchner Kunstakademie unter anderem bei Franz Stuck studiert und sich nach Erfolgen als Grafiker erst im Jahr 1914 der Malerei zugewandt. Klee hat vor dem Ersten Weltkrieg zum Künstlerkreis des »Blauen Reiters« gehört und ist mit vielen französischen Künstlern, zum Beispiel Appolinaire, bekannt gewesen. Von 1920 bis 1931 hat Klee am Bauhaus unterrichtet und danach bis zu seiner Entlassung durch die Nationalsozialisten im Jahr 1933 an der Düsseldorfer Kunstakademie.

Sein Werk, das eine irreale Welt darstellt, ist von Reisen nach Südeuropa und Nordafrika und durch die Bilder Paul Cézannes, Henri Matisses und Vincent van Goghs beeinflußt. Die Heiterkeit ist skurril, die Dämonie ist gespenstisch, aber nie fehlt ein versöhnender Zug.

JULI

Mo	Di	Mi	Do	Fr	Sa	So
1	2	3	4	5	6	7
8	9	10	11	12	13	14
15	16	17	18	19	20	21
22	23	24	25	26	27	28
29	30	31				

2. Britischer Luftangriff auf Eisenbahnanlagen in Hamm.

3. Angriff britischer Kriegsschiffe auf die französische Flotte vor Oran. →

4. Vereinbarung des britischen Kabinetts und der polnischen Exilregierung über gemeinsame Kriegführung.

6. Einzug Hitlers in Berlin. →

8. Der französische Flugzeugträger »Richelieu« wird in Dakar torpediert.

9. Denkschrift der deutschen Evangelischen Kirche gegen das Euthanasieprogramm. →

9. Hitler befiehlt Schwerpunktrüstung im Bereich Luftwaffe und Marine.

9. Beginn der britischen Nachtangriffe auf Deutschland.

9. Rumänien begibt sich unter deutschen Schutz.

10. Deutsche Luftangriffe auf Südengland.

11. Marschall Pétain französischer Staatschef. →

12. Luftpostverkehr zwischen San Francisco und Auckland (Neuseeland) aufgenommen.

16. Weisung des Oberkommandos der Wehrmacht zur Vorbereitung des Unternehmens »Seelöwe«.

17. Franco erklärt, Spanien werde im Hinblick auf Tanger und Nordafrika eine imperiale Außenpolitik betreiben.

18. Dänemark scheidet aus dem Völkerbund aus.

19. Siegesveranstaltung im Reichstag mit Hitlers »letztem Angebot« und »Appell an die Vernunft« Englands. →

19. Der australische Kreuzer »Sydney« versenkt in der Ägäis den italienischen Kreuzer »Bartolomei Colloni«.

21. Beginn der deutschen Planungen für den Angriff auf die UdSSR.

21. Großbritannien erkennt den tschechischen Nationalrat als Exilregierung an.

26. Hitler empfängt drei Tage lang Politiker aus Rumänien, Bulgarien und der Türkei.

30. Aufstellung eines Wehrwirtschaftsstabes »England« angeordnet.

31. Südafrikanische Truppen greifen in den Krieg in Ostafrika ein.

Reichstagssitzung in der Kroll-Oper nach dem Sieg über Frankreich.

Triumphaler Empfang

6. Juli. Adolf Hitler kehrt am 6. Juli nach Berlin zurück, wo Joseph Goebbels für ihn einen triumphalen Empfang inszeniert. Aber die Bevölkerung wartet – wie aus Berichten des Sicherheitsdienstes hervorgeht – auf eine Entscheidung gegenüber England, da die Luftangriffe auf Deutschland zunehmen. Am 19. Juli nimmt Hitler vor dem Reichstag Stellung. Weit ausholend schildert er die politische Entwicklung und die militärischen Erfolge, wobei er für sich in Anspruch nimmt, die wesentlichen Entscheidungen allein getroffen zu haben: »... kein anderer Staatsmann hätte wagen dürfen, der deutschen Nation eine Lösung vorzuschlagen, wie ich es tat.« An Großbritannien gerichtet äußert er: »In dieser Stunde fühle ich mich verpflichtet vor meinem Gewissen, noch einmal einen Appell an die Vernunft auch in England zu richten. Ich glaube, dies tun zu können, weil ich ja nicht als Besiegter um etwas bitte, sondern als Sieger für die Vernunft spreche. Ich sehe keinen Grund, der zur Fortsetzung dieses Kampfes zwingen könnte. Ich bedaure die Opfer, die er fordern wird. Auch meinem eigenen Volk möchte ich sie ersparen.« Dann verkündet er für die Fortsetzung des Krieges seine Siegesgewißheit. Vor dem Reichstag teilt Hitler die Ernennung Hermann Görings zum Reichsmarschall, von zwölf Generalobersten und Generalen zum Generalfeldmarschall, eines Admirals zum Generaladmiral, von 19 Generalen zum Generaloberst und von sieben Generalleutnants und Generalmajoren zum General mit.

Das Echo der deutschen Bevölkerung geht – den Sicherheitsdienstberichten nach – dahin, das Friedensangebot an England sei »fast zu großzügig und großmütig«.

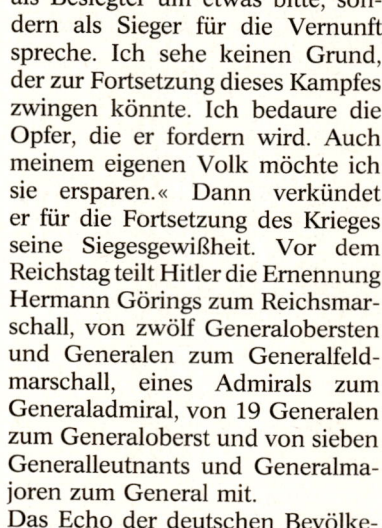

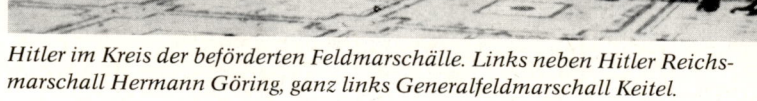

Hitler im Kreis der beförderten Feldmarschälle. Links neben Hitler Reichsmarschall Hermann Göring, ganz links Generalfeldmarschall Keitel.

Marschall Pétain wird Staatschef

11. Juli. Die französische Regierung hat ihren Sitz nach Vichy verlegt. Dort suspendieren Senat und Kammer die Verfassung und wählen Marschall Henri Pétain zum »Chef des Staats«. Albert Lebrun legt das Präsidentenamt nieder. Damit vollzieht sich die Abwendung von der 3. Republik zu einem autoritären Staatswesen, in dem die republik- und demokratiefeindlichen Kräfte die politische Richtung bestimmen.

Guisans Appell an Widerstandswillen

25. Juli. General Henri Guisan fordert bei einem Rapport der Schweizer Truppenkommandeure auf der Rütli-Wiese festes Zutrauen in den Schweizer Widerstandswillen: »Es geht um die Erhaltung der Schweiz.« Schwierigkeiten, die schon im Bundesbrief von 1291 als »Arglist der Zeit« bezeichnet worden seien, müßten überwunden werden.

Diffamierung der Juden im Film

17. Juli. Die ideologischen Tendenzen des Dritten Reichs finden in dem Film »Die Rothschilds« ihren Niederschlag. Er wird in Berlin uraufgeführt und dient der Diffamierung von Juden und englischen Bankiers in Manier des »Stürmers«.

Sport wie in Friedenszeiten

Fast wie im Frieden wird der Sportbetrieb weitergeführt. Herausragende Ereignisse sind der Sieg der Fußballnationalmannschaft – erstmals mit Fritz Walter – über Rumänien (9 : 3) und die Fußballmeisterschaft, die Schalke 04 über den Dresdner SC erringt (1 : 0). Den »Großen Deutschlandpreis der Dreijährigen« (bis 1939 noch »Deutsches Derby« genannt) gewinnt die Stute »Schwarzgold« unter Jockey Gerhard Streit.

Das Debakel von Oran

3. Juli. Admiral François Darlan hat die französische Flotte angewiesen, zur Selbstversenkung zu schreiten, falls gegen den Waffenstillstandsvertrag der Versuch gemacht werde, die Schiffe in deutsche Hand zu bringen. Dieser Befehl ist in England unbekannt; dort fürchten Regierung und Admiralität, die Kriegsschiffe könnten zur Verstärkung der deutschen Kriegsmarine herangezogen werden.

Premierminister Winston Churchill ordnet daher die Internierung aller im britischen Zugriff liegenden französischen Schiffe an, soweit sie sich nicht General Charles de Gaulle unterstellt haben. Im Hafen Mers-el-Kebir bei Oran erhält das Gros der französischen Flotte das Ultimatum, nach England oder Amerika zu fahren oder sich innerhalb von sechs Stunden selbst zu versenken.

Als diese Forderung abgelehnt wird, eröffnen die die Ausfahrt blockierenden britischen Schiffe das Feuer: 1300 französische Matrosen verlieren ihr Leben. Die Franzosen sind über dieses Vorgehen enttäuscht und empört. Die Regierung Marschall Henri Pétains bricht die diplomatischen Beziehungen zu Großbritannien offiziell ab. Churchill rechtfertigt die Aktion vor dem Unterhaus mit der Unsicherheit der künftigen militärischen Haltung Frankreichs.

Französische Kriegsschiffe gehen nach dem britischen Angriff in Flammen auf.

Kirche verurteilt Euthanasieprogramm

9. Juli. Wenige Tage nach Adolf Hitlers glanzvollem Einzug in Berlin wendet sich die evangelische Kirche gegen das sogenannte Euthanasieprogramm, das zur Bemäntelung der Ermordung geistig Behinderter mit Gas oder durch Spritzen dient. In einer Denkschrift des Zentral-Ausschusses der Inneren Mission wird ausgeführt: »Es ist untragbar, daß kranke Menschen fortlaufend ohne sorgfältige Prüfung und ohne jeden rechtlichen Schutz, auch ohne den Willen der Angehörigen und gesetzlichen Vertreter zu hören, aus reiner Zweckmäßigkeit beseitigt werden ... Auch eine andere ernste Frage taucht auf. Wie weit will man mit der Vernichtung des sogenannten lebensunwerten Lebens gehen? Das bisherige Massenverfahren hat erwiesen, daß man viele Leute erfaßt, die weithin klar und zurechnungsfähig sind ... Welche ernsten Befürchtungen müssen da aufsteigen. Wird man vor den Tuberkulösen haltmachen? Bei den Sicherungsverwahrten sind scheinbar die Maßnahmen der Euthanasie schon begonnen. Werden auch noch andere Anomale und Asoziale erfaßt? Wo liegt die Grenze? Wer ist anomal, asozial, wer ist hoffnungslos krank? Wer ist gemeinschaftsunfähig? Wie wird es den Soldaten gehen, die sich im Kampfe für das Vaterland unheilbare Leiden zuziehen? Solche Fragen sind schon in ihren Kreisen aufgetaucht.«

Obwohl sich in den folgenden Monaten die Proteste und Einsprüche mehren, bleibt die Staatsführung vorerst bei ihrem Vernichtungsprogramm.

1940

AUGUST

Mo	Di	Mi	Do	Fr	Sa	So
			1	2	3	4
5	6	7	8	9	10	11
12	13	14	15	16	17	18
19	20	21	22	23	24	25
26	27	28	29	30	31	

1. Befehl zum verstärkten Angriff auf Großbritannien durch Marine und Luftwaffe. →

2. Das Generalgouvernement wird dem Reich angegliedert.

3. UdSSR gliedert die baltischen Staaten ein.

5. Offensive italienischer Truppen aus Abessinien nach Britisch-Somalia.

5. General Marcks stellt den ersten Entwurf eines Aufmarschplans gegen die UdSSR fertig.

6. Otto Abetz wird deutscher Botschafter bei der französischen Vichy-Regierung.

7. Luxemburg und Elsaß-Lothringen werden unter deutsche Zivilverwaltung gestellt.

7. Adolf Hitler ernennt Baldur von Schirach zum Reichsstatthalter und Gauleiter von Wien.

8. Gustav Krupp von Bohlen erhält zum 70. Geburtstag von Hitler den Titel »Pionier der Arbeit«.

8. Britische Regierung schließt einen Kooperationsvertrag mit der freifranzösischen Bewegung de Gaulles.

12. Britischer Luftangriff auf den Dortmund-Ems-Kanal.

13. Beginn der deutschen Luftoffensive gegen Großbritannien.

13. Bei einem Flugzeugabsturz nahe Canberra kommen drei australische Minister ums Leben.

19. Die USA und Kanada schließen ein Verteidigungsbündnis.

20. Attentat auf Trotzki. →

22. Dover wird vom Kontinent aus von deutschen Ferngeschützen beschossen.

23. Dauerluftangriff deutscher Bomber auf London.

25. Der erste britische Luftangriff auf Berlin mißlingt wegen der Wetterlage.

28. Die französische Kolonie Tschad schließt sich de Gaulle an.

29. Aufruf de Gaulles an alle Franzosen, sich seiner Bewegung anzuschließen.

30. Zweiter Wiener Schiedsspruch. →

GESTORBEN:

21. Leo Trotzki (* 7. 11. 1879), russischer Revolutionär. →

24. Paul Nipkow (* 22. 8. 1860), deutscher Fernsehpionier.

Trotzki wird im mexikanischen Exil ermordet

20. August. Auch in der Emigration seit 1929 hat Leo Trotzki den Kampf gegen die stalinistische Form des Kommunismus fortgesetzt und in einer Vielzahl von Aufsätzen und Büchern die Verhältnisse in der UdSSR und die sowjetische Politik mit ätzender Kritik angegriffen. Trotzki weiß, daß sein Leben bedroht ist. Mehrfach ist er nur knapp Anschlägen entgangen. Sein Haus in Mexiko ist verbarrikadiert. Dort besucht ihn am 20. August ein »Freund«, der, als sie allein sind, Trotzki mit einem Eispickel den Schädel zertrümmert. Der große Revolutionär stirbt am folgenden Tag. Der überwältigte Attentäter schweigt vor der Polizei und im Prozeß über seine Identität und seine Hintermänner, aber alles spricht dafür, daß er als Angehöriger des sowjetischen Geheimdienstes oder im direkten Auftrag Stalins gehandelt hat.

Leo Trotzki 1940 in Mexiko.

Sondermarke für Kulturfonds des Führers

9. August. Die Deutsche Reichspost bringt eine Sondermarke Helgoland heraus. Zusätzlich zu dem Wert von 6 Pfennig ist ein Zuschlag von 94 Pfennig zu zahlen. Er sei, so wird mitgeteilt, für den »Kulturfonds des Führers« bestimmt.

Schiedsspruch in Wien

30. August. Rumänien hat nach dem Verlust Bessarabiens und der Nordbukowina an die UdSSR auf die 1939 gegebene britische Territorialgarantie verzichtet und sich deutlich an das Deutsche Reich angenähert. Auf dessen Veranlassung hin trifft es mit Bulgarien eine Vereinbarung über die Übergabe der Süddobrudscha. Dagegen lehnt Rumänien die ungarische Forderung auf Siebenbürgen und den Szekeler Zipfel ab. König Carol bittet um die Vermittlung Deutschlands.

Besorgt über die Gefährdung der Ölfelder von Ploesti im Fall der drohenden militärischen Konfrontation entscheiden die Außenminister Joachim von Ribbentrop und Galeazzo Ciano in Wien zugunsten Ungarns, sprechen zugleich die Garantie für den rumänischen Reststaat aus. Ohnehin befinden sich bereits SS-Verbände in Rumänien, um die deutsche Ölversorgung zu sichern. Die UdSSR, die nicht konsultiert wurde, sieht im Wiener Schiedsspruch und der deutsch-italienischen Garantie einen Verstoß gegen ihre im Hitler-Stalin-Pakt festgeschriebenen Interessen.

Ribbentrop (r.) mit dem rumänischen Außenminister Manoilescu in Wien.

Deutsche Luftwaffe scheitert am Radarsystem in England

1. August. Zwar stehen keine englischen Truppen mehr auf dem Kontinent, aber der Krieg geht weiter. Adolf Hitler ist entschlossen, mit einer Landung (Unternehmen »Seelöwe«) England in die Knie zu zwingen. Zur Vorbereitung des Unternehmens soll die englische Luftverteidigung ausgeschaltet werden. Zu spät für die deutsche Luftwaffe wird festgestellt, daß ein Radarsystem an der englischen Küste auf 120 Kilometer Entfernung sich nähernde Flugzeuge erfaßt. Daher können britische Abfangjäger rechtzeitig aufsteigen. Entgegen den deutschen Erwartungen wird die Royal Air Force (RAF) nicht geschlagen. Sie verliert bis Monatsende zwar 359 Jagdflugzeuge, aber die Luftwaffe 653 Jäger und Bomber. Auch das Radarsystem hat nicht überwunden werden können. Nach einem deutschen Luftangriff auf London beginnt die RAF sogar eine Bombardierungsserie gegen Berlin.

Der italienische Vormarsch in Nordafrika hat sich verlangsamt, aber in Ostafrika wenden sich italienische Truppen unter dem Herzog von Aosta gegen Britisch-Somalia, dessen britische Kolonialtruppe vertrieben wird, und gegen Kenia. Zur gleichen Zeit gelangt in Geheimmission eine englische Truppe nach Abessinien und ruft zum Aufstand auf.

1940
SEPTEMBER

Mo	Di	Mi	Do	Fr	Sa	So
						1
2	3	4	5	6	7	8
9	10	11	12	13	14	15
16	17	18	19	20	21	22
23	24	25	26	27	28	29
30						

2. Hitler spricht sich für die Entsendung einer deutschen Militärmission nach Rumänien aus.

4. Kabinettsumbildung in Rumänien.

4. Eröffnung des Kriegswinterhilfswerks. →

5. Deutsch-sowjetisches Abkommen über die Umsiedlung Volksdeutscher aus der Bukowina und Bessarabien.

5. Beginn der zweiten Phase deutscher Luftangriffe auf Großbritannien.

6. König Carol von Rumänien tritt zurück.

6. Das französische Vichy-Kabinett wird umgebildet.

7. »Battle of Britain«: 65 Tage und Nächte dauernder Bombenangriff der Luftwaffe auf England.

12. Beginn der italienischen Offensive gegen Sidi Barrani in Nordafrika und Fortsetzung der Offensive in Ostafrika.

14. Britische Luftangriffe auf die Häfen von Antwerpen bis Boulogne mit Zerstörung von Transportschiffen für das Unternehmen »Seelöwe«.

16. Einführung der allgemeinen Wehrpflicht in den USA.

17. Hitler verschiebt die Landung in England »auf unbestimmte Zeit«. →

17. Spaniens Innenminister Serrano Suñer bei Hitler.

18. Ribbentrop besucht Italien.

19. »Battle of Britain«-Tag: Die britische Luftwaffe schießt 58 deutsche Bomber ab. →

20. Befehl zur Bildung einer deutschen Militärmission in Rumänien zum Schutz des Ölgebiets von Ploesti.

26. Die Japaner besetzen Nordindochina.

27. Abschluß des Dreimächtepakts. →

GESTORBEN:

2. Sir Joseph Thomson (* 18. 12. 1856), britischer Physiker, Nobelpreis 1906.

7. Edmund Rumpler (* 4. 1. 1872), deutscher Flugzeugkonstrukteur.

16. Hermann Stehr (* 16. 2. 1864), deutscher Schriftsteller.

23. Julius Wagner von Jauregg (* 7. 3. 1857), österreichischer Psychiater.

Unter Goebbels wird der Film »Jud Süß« gedreht

24. September. Veit Harlan hat mit bekannten deutschen Schauspielern (Kristina Söderbaum, Ferdinand Marian, Werner Krauß und Heinrich George), die sich dem Verlangen Joseph Goebbels nach Beteiligung nicht entziehen können oder wollen, einen Film über den württembergischen Hoffaktor Süß gedreht, der nach einem zweifelhaften Prozeß 1738 hingerichtet worden war. Harlan hat vor den Dreharbeiten das Warschauer Ghetto besichtigt und später polnische Juden als Statisten benutzt. Seine Absichten erklärte der Regisseur schon zu Jahresbeginn: »Hier zeige ich das Urjudentum, wie es damals war und wie es sich heute noch ganz rein in dem einstigen Polen erhalten hat. Im Gegensatz zu diesem Urjudentum steht nun der Jud Süß, der elegante Finanzberater des Hofes, der schlaue Politiker, kurz: der getarnte Jude.« Goebbels nimmt Einfluß auf Drehbuch und Dreharbeiten, bis der Film die Gestalt angenommen hat, die völlig den nationalsozialistischen Intentionen entspricht.

Daß der Film die in ihn gesetzten Erwartungen der NS-Führung erfüllt, ergeben Sicherheitsdienst-Berichte. Unter den Szenen, die von der Bevölkerung besonders beachtet werden, wird der Einzug der Juden mit Sack und Pack in die Stadt Stuttgart genannt. Diese Szene führt in deutschen Städten wiederholt zu offenen Demonstrationen gegen das Judentum.

Ferdinand Marian als Jud Süß.

Luftkrieg mit England

5. September. Nach wiederholten englischen Luftangriffen auf Berlin und andere deutsche Großstädte kündigt Adolf Hitler bei der Eröffnung des Winterhilfswerks drohend an: »Und wenn die britische Luftwaffe zwei- oder drei- oder viertausend Kilogramm Bomben wirft, dann werfen wir jetzt in einer Nacht 150 000, 180 000, 230 000, 300 000, 400 000, eine Million Kilogramm. Wenn sie erklären, sie werden unsere Städte in großem Ausmaß angreifen – wir werden ihre Städte ausradieren!«
Nach dieser Ankündigung beginnt der gezielte Angriff auf englische Städte. Die Londoner City wird schwer getroffen. Daß deutsche Bomben wiederholt (9./13. September) den Buckingham Palace treffen, wird von den Engländern als gezielter Angriff auf das Leben der königlichen Familie angesehen. Daraufhin wächst die Abwehrbereitschaft gegen die erwartete Invasion.
Hitler hat als Landungstermin den 21. September festgelegt. Da jedoch die Wetterlage ungünstig ist und die Luftwaffe nicht die Lufthoheit über England gewinnen kann, verschiebt Hitler das Unternehmen »Seelöwe« am 17. des Monats auf einen unbestimmten Termin. Die deutschen Luftangriffe gegen England zur wirtschaftlichen und psychischen Erschütterung werden fortgesetzt. Doch auch hier sind Rückschläge unverkennbar: Am 19. September schießt die Royal Air Force 58 deutsche Bomber ab.

Ribbentrop (r. stehend) verkündet in Berlin den Abschluß des Dreimächtepakts in Anwesenheit des japanischen Botschafters, des italienischen Außenministers und Hitlers (von links).

Der Dreimächtepakt

27. September. In feierlicher Form unterzeichnen die Außenminister Deutschlands und Italiens sowie der japanische Botschafter in Berlin den Dreimächtepakt. Sorgfältig klammern die Signatarmächte des Antikominternpakts ihre Beziehungen zur UdSSR aus. Ihre Zusammenarbeit richtet sich gegen die USA und gegen Großbritannien. Seit Kriegsbeginn hat Japan die europäischen Verhältnisse zum Ausbau seiner Stellung im Indischen und im Pazifischen Ozean genutzt und ist damit in ein wachsendes Spannungsverhältnis zu den USA geraten. Die deutschen und japanischen Expansionsabsichten führen jetzt zum Vertrag, der die Schaffung einer neuen Ordnung in Europa durch Deutschland und Italien sowie im »großasiatischen Raum« durch Japan und Zusammenarbeit der drei Staaten vorsieht. Politisch, wirtschaftlich und militärisch wollen sie sich unterstützen, »falls einer der drei vertragsschließenden Teile von einer Macht angegriffen wird, die gegenwärtig nicht in den europäischen Krieg oder in den chinesisch-japanischen Konflikt verwickelt ist«. Zwar besteht auf beiden Seiten Skepsis, doch Adolf Hitlers und Joachim von Ribbentrops Konzeption ist, die USA durch Stärkung Japans auf den pazifischen Raum zu konzentrieren, damit sie Großbritannien keine Hilfe leisten können und sich von Europa fernhalten.
Während die Sicherheitsdienst-Berichte Zustimmung der Bevölkerung zu dem Dreimächtepakt und Hoffnung auf eine baldige Niederlage Englands feststellen, notiert Italiens Außenminister Galeazzo Ciano nüchtern in diesen Tagen in seinem Tagebuch: »Japan ist weit weg und seine Hilfe problematisch. Nur eines ist gewiß, der Krieg wird noch lange dauern. Und das gefällt den Deutschen nicht, die sich an den Gedanken gewöhnt hatten, daß mit dem Sommer zugleich auch der Krieg enden würde. Ein Kriegswinter ist hart.«

London wird bei den deutschen Luftangriffen schwer getroffen. Die Bevölkerung wird zum Kampf gegen die Brandbomben der Deutschen aufgerufen (rechts oben).

Schweiz betont ihre Neutralität

12. September. Bundespräsident Marcel Pilet-Golaz erklärt in Lausanne, er verlasse sich auch weiterhin auf die freundschaftliche Haltung der Grenznachbarn der Schweiz. Das Land sei auf das Verständnis zur Sicherung der schwierigen Lage und Bewältigung der Arbeitslosigkeit angewiesen. Die strikte Neutralität nach allen Seiten werde gewahrt. Die Schweizer Parteien üben in zum Teil scharfer Form Kritik an Bundespräsident Pilet-Golaz, der Führer der rechtsradikalen Nationalen Bewegung am 10. September empfangen hat und sich die Ziele der Partei erklären ließ.

1940

OKTOBER

Mo	Di	Mi	Do	Fr	Sa	So
	1	2	3	4	5	6
7	8	9	10	11	12	13
14	15	16	17	18	19	20
21	22	23	24	25	26	27
28	29	30	31			

1. Deutsch-finnisches Abkommen über Waffenlieferungen und Nikkelkonzessionen in Petsamo.

1. Die »Empress of Britain«, auf der sich nach Kanada zu evakuierende Kinder befinden, wird versenkt.

4. Begegnung Hitlers und Mussolinis am Brenner.

7. Beginn der deutschen Truppentransporte nach Rumänien.

8. Mehrtägige britische Luftangriffe auf die Krupp-Werke in Essen.

10. Britischer Luftangriff auf die Hafenanlagen in Cherbourg.

12. Das Unternehmen »Seelöwe« wird auf das Frühjahr 1941 verschoben. →

13. Gauleiter Forster erklärt den Gau Westpreußen als ersten der vier Ostgaue für »judenfrei«.

13. Beginn achttägiger Luftangriffe auf London.

15. Der belgische Exilaußenminister Spaak trifft in London ein.

18. Göring wird mit der Durchführung des zweiten Vierjahresplans beauftragt.

22. Judendeportationen aus Elsaß-Lothringen, der Saarland und Baden nach Frankreich.

22. Besprechung Hitlers mit Laval in Montoire. →

23. Besprechung Hitlers mit Franco in Hendaye. →

23. Deutsch-rumänisches Abkommen über die Umsiedlung von Volksdeutschen.

24. Besprechung Hitlers mit Pétain in Montoire. →

26. Beginn der Umgruppierung des deutschen Feldheeres nach Osten.

28. Der Wehrwirtschaftsstab »England« wird aufgelöst.

28. Besprechung Mussolinis und Hitlers in Florenz.

28. Italienischer Angriff auf Griechenland. →

28. Laval wird Außenminister der Vichy-Regierung.

29. Nach einer griechischen Bitte um Hilfe landen britische Truppen auf Kreta. →

GESTORBEN:

5. Peter Klöckner (* 9. 3. 1863), deutscher Großindustrieller.

12. Tom Mix (* 6. 1. 1880), US-Cowboyfilmstar.

Hitler sucht neue Verbündete

12. Oktober. Den Rückschlag, den das Unternehmen »Seelöwe« im September erlitten hat, kennzeichnet die Mitteilung Generalfeldmarschall Wilhelm Keitels vom 12. Oktober: »Der Führer hat beschlossen, daß ab heute bis zum Frühjahr die Vorbereitungen für ›Seelöwe‹ lediglich zu dem Zweck fortgeführt werden sollen, um England politisch und militärisch weiterhin unter Druck zu setzen.

Die neuen Pläne, die Adolf Hitler mit Benito Mussolini am 4. Oktober erörtert, laufen darauf hinaus, Großbritannien in Gibraltar und Afrika zu schlagen und an einem Angriff und Beute Frankreich und Spanien zu beteiligen. Der Duce widerspricht nicht offen, aber er ist verärgert, da Italiens Kolonialerwartungen nicht berücksichtigt sind, sondern Hitler eine völlige Neuaufteilung Afrikas vorsieht. Im letzten Monatsdrittel begibt sich Hitler nach Südfrankreich. Zunächst (22. Oktober) orientiert er den kollaborationswilligen Pierre Laval, Henri Pétains Stellvertreter, in Montoire über die deutschen Absichten und macht die Alternative deutlich: Friede mit England auf Kosten Frankreichs oder Regelung mit Frankreich auf Kosten Englands. Laval hat Pétain über lediglich angedeutete Zugeständnisse an Frankreich zu instruieren.

Das Ziel der Reise ist Hendaye, wo sich Hitler mit dem spanischen Staatschef General Francisco Franco trifft. Franco hat im Sommer Kriegsbereitschaft zu erkennen gegeben, zugleich auch darauf hingewiesen, Spanien brauche Waffen aus Deutschland und Ersatz für die bisher aus Amerika bezogenen Öl- und Getreidelieferungen, die im Konfliktfall von England blockiert werden. Damals zeigte sich Hitler zurückhaltend. Jetzt sieht Spaniens Diktator nüchtern die militärische Lage: England ist entgegen der stets wiederholten Behauptung Hitlers keinesfalls so gut wie besiegt oder kurz vor der Niederlage.

Franco entzieht sich dem Werben Hitlers, an deutscher Seite solle Spanien im Januar 1941 in den Krieg eintreten. Es entwickelt sich eine zähe neunstündige Unterredung, in der Franco erneut auf die Gefährdung der spanischen Versorgung und die Unsicherheit der

In Hendaye treffen sich Hitler und der spanische Staatschef Franco (M.).

Ribbentrop und Keitel (vorn rechts) begrüßen Marschall Pétain (l.).

Küste hinweist. Dagegen lehnt Hitler ab, an Spanien Französisch-Marokko abzutreten, um nicht die Vichy-Regierung vor den Kopf zu stoßen.

Auf der Rückfahrt hält Hitlers Zug nochmals in Montoire, diesmal für ein Gespräch mit Pétain (24. Oktober). Hitler verlangt gegen eine »angemessene Stellung« Frankreichs in Europa und für Gebietsverluste eine Entschädigung aus britischem Kolonialbesitz, Beteiligung an den Kämpfen gegen Großbritannien durch Einsatz französischer Truppen in Afrika und Vorstöße französischer U-Boote gegen die britische Flotte.

Staatschef Pétain verweist dagegen auf die Erschütterung des Landes durch die Niederlage, fordert die Repatriierung der französischen Kriegsgefangenen und erklärt, erst mit seinem Kabinett sprechen zu müssen. Grundsätzlich versichert er die Bereitschaft zur Zusammenarbeit, die in den Details zu klären ist. Als feststehendes Ergebnis hat Hitler nur erfahren, Frankreich werde

seine nordafrikanischen Kolonien verteidigen. Unbekannt ist der deutschen Führung, daß ein Emissär Pétains am Tag dieser Erörterungen in Montoire (24. Oktober) dem britischen Premierminister Winston Churchill die Nachricht übermittelt, in Afrika stelle General Louis Weygand ohne Wissen der Deutschen ein Heer von 400 000 Mann auf; Deutschland erhalte keine militärischen Stützpunkte in Afrika eingeräumt; Vichy werde sich nicht gegen die zu General Charles de Gaulle übergegangenen Kolonien oder gegen England wenden. Zur militärischen Niederlage in der Schlacht um England sind zwei diplomatische Schlappen gekommen. Hitler, der dies wohl noch nicht übersieht, begibt sich nach Florenz, um Mussolini über die Verhandlungen mit dem spanischen Staatschef Franco und Pétain zu informieren. Auf dem Weg nach Italien wird Hitler von der Mitteilung über einen neuen Krieg überrascht – zwischen Italien und Griechenland.

Italien marschiert überraschend in Albanien ein

28. Oktober. Mussolinis Traum vom italienisch beherrschten Mittelmeer (»mare nostro«) soll der Verwirklichung näher gebracht werden; zugleich soll Adolf Hitler erfahren, daß nicht Deutschland allein zu überraschenden Militäraktionen fähig ist. Schließlich ist Mussolini verbittert über die ohne Absprache erfolgte Entsendung deutscher Truppen nach Rumänien. Trotz des Widerspruchs des Oberbefehlshabers Marschall Pietro Badoglio beschließt Mussolini, unterstützt von seinem Schwiegersohn, Außenminister Galeazzo Ciano, und dem italienischen Gouverneur in Albanien, den Überfall. Er übersieht die geringe Kriegsbereitschaft der Italiener, die sich durch die Kämpfe in Afrika schon belastet fühlen.

Tatsächlich ist die italienische Armee für einen Winterkrieg auf dem Balkan völlig unzulänglich ausgerüstet, aber Mussolini rechnet auch nicht mit längerem griechischen Widerstand. Der griechische Ministerpräsident General Joannis Metaxas, der einen Teil seiner Militärausbildung in Berlin erhalten hat und seit 1936 mit diktatorischer Gewalt in Griechenland regiert, ruft die griechische Bevölkerung zur Verteidigung ihrer nationalen Freiheit gegen den italienischen Überfall auf. Die nach ihm benannte Verteidigungslinie in Nordgriechenland erweist sich zudem schnell als ein für die Angreifer kaum überwindbares Hindernis. Zum Schutz Kretas landen auf ein griechisches Hilfsgesuch britische Truppen auf der Insel. Der Krieg ist in ein neues Stadium eingetreten.

Judendeportation wird verstärkt

4. Oktober. Die Kriegsentwicklung veranlaßt deutsche Dienststellen, die Planungen zur »Umsiedlung« der inzwischen völlig entrechteten Juden voranzutreiben. Wiener Juden werden in das Generalgouvernement deportiert, wo sie dem gleichen drakonischen Sonderstrafrecht wie die Polen unterstehen.

1940

NOVEMBER

Mo	Di	Mi	Do	Fr	Sa	So
				1	2	3
4	5	6	7	8	9	10
11	12	13	14	15	16	17
18	19	20	21	22	23	24
25	26	27	28	29	30	

1. Italienischer Luftangriff auf Saloniki.

2. Roosevelt bietet allen Nationen Hilfe gegen Aggressoren an.

3. Britische Truppen landen bei Athen.

4. Spanien annektiert Tanger.

5. Roosevelt wird zum drittenmal Präsident der USA.

10. Schweres Erdbeben in Bukarest; 500 Menschen sterben; Schäden im Ölgebiet von Ploesti.

12. Molotow in Berlin. →

12. Britische Truppen beginnen die Offensive an der Abessinienfront.

14. Beginn der griechischen Gegenoffensive in Richtung Albanien.

14. Deutscher Luftangriff auf Coventry. →

15. 350 000 Juden im Warschauer Ghetto eingeschlossen.

15. Deutscher Angriff auf London mit 358 Flugzeugen.

16. Britischer Luftangriff auf Hamburg.

17. Boris von Bulgarien bei Hitler.

18. deutscheD Luftangriff auf Birmingham.

18. Ciano und Serrano Suñer bei Hitler.

20. Ungarn tritt dem Dreimächtepakt bei.

20. Abkommen zwischen England und den USA über Waffenstandardisierung und Austausch technischer Kenntnisse.

22. General Antonescu bei Hitler.

23. Rumänien und die Slowakei treten dem Dreimächtepakt bei.

25. Die UdSSR unterbreitet ihre Bedingungen zum Beitritt zum Dreimächtepakt. →

27. Politische Unruhen in Rumänien.

28. Deutscher Luftangriff auf Liverpool.

29. Erstes Planspiel im Oberkommando des Heeres (OKH) unter General Paulus zum Ostfeldzug.

GESTORBEN:

5. Arthur Neville Chamberlain (* 18. 3. 1869), britischer Premierminister und Lordkanzler.

26. Harold Harmsworth Lord Rothermere (* 26. 4. 1868), britischer Zeitungsmagnat.

Coventry zerstört

14. November. Als Vergeltung für einen Luftangriff der Royal Air Force auf München am 6. November und um die englische Rüstungsproduktion im Motorensektor nachhaltig zu stören, fliegen 500 deutsche Bomber einen Luftangriff auf die mittelenglische Stadt Coventry und werfen 500 Tonnen an Sprengbomben und Luftminen ab. Es handelt sich um den schwersten Luftangriff in der bisherigen Kriegsgeschichte. Von den 75 000 Gebäuden der Stadt sind 60 000 zerstört, unter ihnen die aus dem 14. Jahrhundert stammende Kathedrale. 568 Menschen kommen ums Leben, davon können 420 nicht mehr identifiziert werden. In 27 kriegswichtigen Betrieben ist die Wiederaufnahme der Arbeit erst nach Wochen möglich.

Ruine der Kathedrale von Coventry.

Molotow in Berlin

12. November. Auf Einladung von Außenminister Joachim von Ribbentrop kommt der sowjetische Außenkommissar Wjatscheslaw Molotow nach Berlin, um bestehende Differenzen über die beiderseitige Osteuropapolitik zu erörtern. Adolf Hitler und Ribbentrop geht es vor allem darum, die UdSSR zu einem Vorgehen in Richtung des Persischen Golfs und auf das britische Kolonialreich in Indien zu bewegen. Ribbentrop überreicht seinem sowjetischen Amtskollegen einen Entwurf für einen Beitrittsvertrag der UdSSR zum Dreimächtepakt. Die Gespräche verlaufen in »frostiger Atmosphäre«. Molotow präsentiert die russischen Bedingungen für einen Beitritt: »Unverzüglicher Abzug der deutschen Truppen aus Finnland, Abschluß eines sowjetisch-bulgarischen Beistandspaktes, Errichtung je eines sowjetischen Flotten- und Truppenstützpunktes auf türkischem und bulgarischem Boden im Dardanellenbereich, Verzicht Japans auf seine Erdöl- und Kohlenkonzessionen in Nordsachalin.«

Der sowjetische Außenminister Molotow (mit Hut) besucht Berlin.

Filme mit und ohne Tendenzen

30. November. Aus der Reihe der Filme mit eindeutiger ideologischer Nähe zum Nationalsozialismus fällt – mit Horst Caspar in der Titelrolle – heraus »Friedrich Schiller. Der Triumph eines Genies« (Uraufführung am 30. November). Menschenschinderei, brutale Haftbedingungen werden ebenso angeprangert, wie das Bedürfnis nach freiheitlicher Individualität ausgedrückt wird.

Unverfänglich erscheint auch die Verfilmung der Lessingschen »Minna von Barnhelm«, in der Theo Lingen als Riccaut brilliert und – unbewußt – antifranzösische Ressentiments unterstreicht. Antienglische Tendenzen kommen nahezu unverhüllt in dem Film über Maria Stuart »Das Herz der Königin« zum Ausdruck: »Wer England zu Hilfe kommt, stirbt.« (Uraufführung 1. November). Mit »Sieg im Westen« (Uraufführung in Wien am 17. November) wird eine Wochenschaumontage vorgeführt, die Frankreich und Belgien wenig diskriminiert, die Beziehungen zur UdSSR verschweigt, aber Angriffe gegen England richtet. Voll niedrigster Rassenideologie ist der Film »Der Ewige Jude«, den Reichsfilmintendant Hippler produziert. Er will eine »Symphonie des Ekels und Entsetzens« darstellen. Verschiedene Sequenzen, die jüdische Lebensformen als besonders abstoßend darstellen sollen, sind in polnischen Ghettos nach ihrer Abriegelung durch die SS gedreht worden und enthüllen das Elend dieser Existenzbedingungen.

Bern verbietet extreme Gruppen

19. November. Die Schweizer Bundesregierung verbietet die »Nationale Bewegung der Schweiz« und untersagt alle entsprechenden Tätigkeiten, die Formierung von Nachfolgeorganisationen sowie die Herausgabe der Wochenzeitung »L'Action nationale«. Nachdem bereits am 6. August kommunistische Betätigung untersagt worden war, werden im November kommunistische Organisationen generell verboten.

1940
DEZEMBER

Mo	Di	Mi	Do	Fr	Sa	So
						1
2	3	4	5	6	7	8
9	10	11	12	13	14	15
16	17	18	19	20	21	22
23	24	25	26	27	28	29
30	31					

1. Griechische Truppen erobern Propradels am Orchrida-See.

1. Sieben deutsche U-Boote versenken im Nordatlantik aus dem Geleitzug HX 90 elf Schiffe (70 352 BRT).

5. Geheimabkommen zwischen England und der Vichy-Regierung über den Status quo der Kolonien.

6. Griechische Truppen erobern den italienischen Marinestützpunkt Santi Quaranta in Südalbanien.

6. Wechsel im italienischen Oberkommando. →

7. Hitler gibt den Plan »Felix« auf.

8. Churchill sendet Roosevelt einen Bericht über die britische Lage.

12. Unterzeichnung des jugoslawisch-ungarischen Freundschaftsvertrages.

13. Umbildung der Vichy-Regierung. →

13. Einweisung der Chefs der Heeresgruppen und Armeen in ihre Aufgaben für das Unternehmen »Barbarossa«.

14. Weisung zum Angriff auf Griechenland (Unternehmen »Marita«).

14. Überführung der sterblichen Überreste des Herzogs von Reichstadt in den Invalidendom.

16. Britische Truppen erreichen Sollum in Nordafrika.

16. Britische Offensive gegen Italienisch-Somalia.

16. Britischer Luftangriff auf Mannheim.

18. Weisung zum Angriff auf die UdSSR (Unternehmen »Barbarossa«).

18. Indische Truppen setzen die Offensive in Abessinien fort.

20. Rysto Ryti zum finnischen Staatspräsidenten gewählt.

20. Bildung eines »Nationalen Verteidigungsrats« in den USA zur Beschleunigung der Aufrüstung.

22. Deutscher Luftangriff auf Manchester.

23. Anthony Eden wird britischer Außenminister.

GESTORBEN:

5. Jan Kubelik (* 5. 7. 1880), tschechischer Violinvirtuose.

Spannungen in Vichy

13. Dezember. Seit den Verhandlungen in Montoire ist Pierre Laval, seither Außenminister Marschall Pétains, bemüht, die Vichy-Regierung in eine enge Kollaboration mit Deutschland zu führen, während Pétain – erschreckt durch die Zwangsdeportation von Lothringern in das unbesetzte Frankreich – eine Schaukelpolitik treiben möchte. Um einen Regierungswechsel herbeizuführen, beabsichtigt Laval, die Abwesenheit Pétains bei der Überführung des Leichnams des Herzogs von Reichstadt in den Invalidendom zu benutzen, ihm die Rückkehr in das unbesetzte Frankreich zu verweigern und dann in Versailles unter deutschem Schutz ein neues Kabinett zu bilden. Zudem will Laval gegen die Geheimabsprache zwischen Vichy und England (→ Oktober 1940) den Tschad von General Charles de Gaulle zurückerobern.

Die Kabinettsmehrheit wendet sich gegen Laval. Pétain reist nicht nach Paris, sondern entläßt Laval aus seinem Amt und nimmt ihn fest. Aufgrund einer scharfen deutschen Intervention muß Laval freigelassen werden und erklärt: »Künftig werde ich meine Freunde bei den Deutschen suchen.« In einer Unterredung mit dem neuen starken Mann des Vichy-Regimes, Admiral François Darlan, sagt der über die Absetzung Lavals empörte Hitler, Frankreich könne sich keine Hoffnung auf eine gleichberechtigte Zusammenarbeit mit Deutschland oder auf Entgegenkommen machen.

Mißerfolge Italiens

6. Dezember. Den englischen Truppen gelingt es, die verlangsamten Offensiven der Italiener in Ost- und Nordafrika, die sich allmählich festlaufen, endgültig zum Stillstand zu bringen und zum Gegenangriff überzugehen. In Nordafrika durchbricht der britische General O'Connor die italienische Front und greift die umgangenen Einheiten von hinten an. Dieser Art der mobilen Kriegsführung – vor allem mit schnell beweglichen Panzern durchgeführt – sind die Italiener nicht gewachsen und beginnen einen fluchtartigen Rückzug oder begeben sich in großen Formationen in Gefangenschaft.

Ähnliche Entwicklungen zeichnen sich in Ostafrika sowie an der griechischen Front ab. Der italienische Staatschef Benito Mussolini sieht den Grund für die Mißerfolge seiner Kriegsführung vorwiegend in der oppositionellen Haltung der Oberkommandierenden von Heer und Marine, deren Abschiedsgesuche er annimmt. Marschall Pietro Badoglio wird so durch Ugo Cavallero ersetzt.

Schweiz lehnt Beziehungen zur Sowjetunion ab

21. Dezember. Auf eine Anfrage des Kantons Basel erklärt der Bundesrat, die Zeitverhältnisse stünden der Aufnahme diplomatischer Beziehungen zur UdSSR entgegen. Das bedeute aber nicht, das Verhältnis zur Sowjetunion sei schlecht. Eine Verstärkung des Warenverkehrs wäre zur Verbesserung der Lebensmittelversorgung in der Schweiz wünschenswert, doch könne dies wegen der kriegsbedingt schlechten Verkehrsverhältnisse nicht erreicht werden.

Fliegerabwehrübung mit einem Maschinengewehr in der Schweiz.

1941

JANUAR

Mo	Di	Mi	Do	Fr	Sa	So
		1	2	3	4	5
6	7	8	9	10	11	12
13	14	15	16	17	18	19
20	21	22	23	24	25	26
27	28	29	30	31		

6. Präsident Roosevelt verkündet in seiner Botschaft an den US-Kongreß die »vier Freiheiten«. →

7. In den USA wird eine Oberste Behörde zur Koordinierung der Verteidigungsproduktion eingerichtet.

10. In Moskau werden deutsch-sowjetische Abkommen über Warenverkehr, Grenzregelungen und Umsiedlungen unterzeichnet. →

11. Quisling bittet die deutschen Besatzungstruppen und Polizei, gegen die norwegische Opposition vorzugehen.

14. Die mexikanische Regierung erklärt, sie sehe einen Angriff auf ein Mitglied des pan-amerikanischen Bundes als einen Angriff auf Mexiko an, und geht gegen NS-Sympathisanten vor.

15. US-Truppen werden nach Neufundland verschifft.

17. Tschunking-Regierung läßt den Befehlshaber der 4. kommunistischen Armee wegen Befehlsverweigerung gegenüber Tschiang Kai-schek verhaften.

19. Hitler und Mussolini erörtern auf dem Obersalzberg die Lage im Mittelmeerraum. →

19. Japans Ministerpräsident Konoye verkündet die »Neuordnung Ostasiens«.

21. In Bukarest wird ein Putsch der faschistischen Eisernen Garde niedergeschlagen. →

22. Britische und freifranzösische Truppen erobern Tobruk.

24. Marschall Pétain beruft einen Nationalrat für Vichy-Frankreich.

29. In Washington beginnen geheime amerikanisch-britische Generalstabsbesprechungen.

31. Das Oberkommando des Heeres hat die Vorbereitung der Aufmarschbefehle für das Unternehmen »Barbarossa« abgeschlossen.

GESTORBEN:

4. Henri Bergson (* 18. 10. 1856), französischer Philosoph.

8. Robert Baden-Powell (* 22. 2. 1857), britischer Gründer der Pfadfinderbewegung.

11. Emanuel Lasker (* 24. 12. 1868), deutscher Schachgroßmeister.

13. James Joyce (* 2. 2. 1882), anglo-irischer Romancier.

29. Joannis Metaxas (* 12. 4. 1871), griechischer Ministerpräsident.

USA an der Schwelle zum Krieg

6. Januar. Auch Anfang 1941 ist Präsident Franklin D. Roosevelt überzeugt, daß sich die USA nicht vom europäischen Konflikt fernhalten können. Er und seine Mitarbeiter wissen, daß die britischen Ressourcen bald erschöpft sind und trotz der Erfolge in Afrika Hilfsleistungen dringend erforderlich sind. In der Botschaft an den Kongreß verkündet er als Ziel der US-Politik Grundsätze, die künftig das Völkerrecht bestimmen sollen: »Die erste Freiheit ist die Freiheit der Rede und der Meinungsäußerung – überall in der Welt. Die zweite Freiheit ist die Freiheit eines jeden, Gott auf seine Weise zu dienen – überall in der Welt. Die dritte Freiheit ist Freiheit von Not. Das bedeutet, gesehen vom Gesichtspunkt der Welt, wirtschaftliche Verständigung, die für jede Nation ein gesundes, friedliches Leben gewährleistet – überall in der Welt. Die vierte Freiheit ist die Freiheit von Furcht. Das bedeutet, gesehen vom Gesichtspunkt der Welt, weltweite Abrüstung, so gründlich und so

Amerikanische Demonstranten entfernen die Flagge vom Eingang des deutschen Konsulats in San Francisco.

weitgehend, daß kein Volk mehr in der Lage sein wird, irgendeinen Nachbarn mit Waffengewalt anzugreifen – überall in der Welt.« Die Diskussion der Verhältnisse vertieft den Graben zwischen den politischen Lagern in den USA. Während die eine Gruppe für die Isolation eintritt, spricht sich die andere dafür aus, die faschistischen Diktaturen

zu bekämpfen. Dem Gefühl der Bedrohung geben Demonstranten Ausdruck, die am 18. vom Dach und Eingang des deutschen Generalkonsulats in San Francisco die Hakenkreuzflagge herabreißen. Verlangt die Lage in Europa besondere Aufmerksamkeit der Regierung, so erscheinen die Verhältnisse im pazifischen Raum derart gespannt, daß auch diese Entwicklung scharfe Beobachtung erfordert. Ministerpräsident Fumimaro Konoye erklärt vor dem japanischen Reichstag, in Ostasien werde mit der Vernichtung der Kuomintang-Regierung Tschiang Kai-scheks in China eine neue Ordnung eingeführt. Außenminister Josuke Matsuoka beschuldigt die USA, kein Verständnis für die außen- und wirtschaftspolitischen Bedürfnisse Japans zu besitzen. Sie hätten erst die Spannungen mit Japan ausgelöst. Japan beabsichtige, ein friedliches, wohlhabendes Großasien zu schaffen, in dem es weder Angriffe, Eroberungen noch eine Ausbeutung der Menschen geben werde.

Eiserne Garde putscht in Rumänien

21. Januar. Auch nach dem Thronwechsel im September 1940 ist in Rumänien keine Ruhe eingetreten, da die faschistische Eiserne Garde die alleinige Macht beansprucht. Sie wirft der Regierung, an der sie beteiligt ist, Schwäche vor, da sie nicht genügend für die Rückgabe der 1940 an Ungarn abgetretenen Gebiete eintrete. In einer Auf-

standsbewegung will die Eiserne Garde General Ion Antonescu stürzen. Bei dieser Gelegenheit wendet sie sich mit schweren Ausschreitungen gegen die rumänischen Juden. Unterstützt von deutscher Wehrmacht gelingt es Antonescu, die Garde niederzuwerfen. Ihrer Führung wird vom deutschen Sicherheitsdienst die Flucht ermöglicht.

Opposition in Deutschland ohne Hoffnung

Die deutsche Opposition sieht keine realen Aussichten, zu diesem Zeitpunkt ihrer Meinung Geltung zu verschaffen und mit gezielten Vorschlägen an die deutsche Öffentlichkeit zu treten. Voller Resignation schreibt der ehemalige Botschafter Ulrich von Hassel in sein Tagebuch: »Die große Zerstörung geht weiter, die Uferlosigkeit nimmt zu. Die Erkenntnis der üblen Entwicklung auch, aber weit entfernt bleibt irgendein Riß in den Wolken, die den einzuschlagenden Weg verdecken.«

Die Stimmung in der Bevölkerung ist uneinheitlich: Es gibt Verärgerung über Bevorzugungen bei der »uk«(unabkömmlich)-Stellung, andererseits melden sich viele junge Arbeiter freiwillig zum Militär. Daneben melden Sicherheitsdienst-Berichte eine große Zahl von Krankschreibungen, mit denen in kriegswichtigen Betrieben die Produktion behindert wird.

Die faschistische Eiserne Garde Rumäniens bei einer Kundgebung.

Propaganda sorgt für Gelassenheit zum Jahresauftakt

»Das Jahr 1941 wird die Vollendung des größten Sieges unserer Geschichte bringen«, erklärt Adolf Hitler in einem Aufruf an die NSDAP und die Wehrmacht. Unter dem Eindruck dieses Satzes nimmt man in Deutschland sowohl die zahlreichen Einberufungen als auch die für die Zeit nach dem 1. Februar angekündigte Urlaubssperre zur Kenntnis. Allgemein wird mit einem Schlag gegen England gerechnet; speziell die Erfolge der deutschen Kriegsmarine finden große Beachtung.

Doch ist ebenso zu verzeichnen, daß im Gegensatz zu den Erklärungen Hermann Görings deutsche Städte zunehmend von britischen Luftangriffen betroffen sind. Über die Pläne Hitlers im Osten ist bisher nichts nach außen gedrungen.

Von den Beziehungen zur UdSSR wird wenig gesprochen, aber das deutsch-sowjetische Vertragspaket vom 10. Januar bestätigt den Eindruck, das gute Verhältnis habe seit dem Hitler-Stalin-Pakt keinen wesentlichen Schaden genommen. Wenig bekannt ist der Widerstand, der sich in den besetzten Gebieten zu regen beginnt.

Militärhilfe für Italien

11. Januar. Aus einem Gefühl der Überlegenheit heraus werden in Deutschland die militärischen Anstrengungen Italiens beobachtet. In Eritrea und Abessinien sind die nachschublosen italienischen Truppen soweit zurückgedrängt worden, daß Mitte Januar Kaiser Haile Selassie sein Land wieder betritt und die Bevölkerung aufruft, die Eroberer zu vertreiben.

Da die deutsche Führung diese Entwicklung als eine Gefährdung der europäischen Südflanke ansieht, wird die Weisung Nr. 22 erlassen: »Aus strategischen, politischen und psychologischen Gründen« sei der Einsatz deutscher Truppen im Mittelmeerraum vorzubereiten. Am 19. Januar erörtern Benito Mussolini und Adolf Hitler deutsche Hilfsleistungen.

1941
FEBRUAR

Mo	Di	Mi	Do	Fr	Sa	So
					1	2
3	4	5	6	7	8	9
10	11	12	13	14	15	16
17	18	19	20	21	22	23
24	25	26	27	28		

1. In der UdSSR wird eine bis zum Bering-Meer führende Fluglinie eröffnet.

6. Erwin Rommel wird zum Befehlshaber des deutschen Afrikakorps ernannt.

6. Amerikanisches Repräsentantenhaus lehnt den republikanischen Antrag auf Festsetzung einer Höchstgrenze für die Hilfsleistungen an Großbritannien ab.

10. Der britische Botschafter wird aus Rumänien abberufen.

11. Admiral Jean Darlan – seit 9. Februar Außenminister der Vichy-Regierung – wird Stellvertreter Pétains und Präsident des Ministerrats.

11. Britischer Luftangriff mit viermotorigen Bombern auf Hannover.

12. Einen Tag nach der Ankunft der deutschen Truppen in Libyen übernimmt Rommel das Kommando des Afrikakorps. →

14. Jugoslawiens Ministerpräsident Cvetković und Außenminister Cincar-Marković verhandeln mit Adolf Hitler auf dem Obersalzberg.

15. Eröffnung des 18. Allunionskongresses der KPdSU in Moskau.

15. Durch Dekret hebt General Antonescu den Legionärsstaat in Rumänien auf.

18. Australische Truppen verstärken die Besatzung Singapurs.

19. Die griechische Regierung lehnt ein deutsches Vermittlungsangebot zur Beendigung des Krieges mit Italien ab.

22. In Bulgarien kommt es zu Unruhen wegen des Aufenthalts deutscher Offiziere.

23. Himmler fordert höhere Geburtsziffern in Deutschland.

25. In den Niederlanden gibt es wegen der Judenverfolgung Unruhen. →

27. Churchill wird im Unterhaus einmütig das Vertrauen ausgesprochen.

28. Um 20 Prozent werden die Brotrationen in der unbesetzten Zone Frankreichs gekürzt.

GESTORBEN:

11. Rudolf Hilferding (* 10. 8. 1877), deutscher Politiker.

28. Alfons XIII. (* 17. 5. 1886), König von Spanien.

Christl Cranz bei ihrem siegreichen Abfahrtslauf in Cortina d'Ampezzo.

Deutsche Siege in Cortina d'Ampezzo

2. Februar. Anfang Februar finden in Cortina d'Ampezzo Ski-Weltmeisterschaften statt, bei denen Deutschland sechsmal den Sieger stellt. Die überragende Christl Cranz, die den Abfahrtslauf und die alpine Kombination gewonnen hat, wird zwei Wochen später bei den deutschen Skimeisterschaften im Abfahrtslauf lediglich Dritte hinter Rosemarie Proxauf und Hilde Doleschell.

Widerstand gegen Besatzung

25. Februar. In den Niederlanden hat das Vorgehen des Reichskommissars Arthur Seyß-Inquart und holländischer Faschisten gegen die Juden, die aus ihren Arbeitsstellen entlassen werden, ihre Wohnungen aufgeben müssen, keinen Zutritt zu Hotels, Gaststätten, Kinos und Theater erhalten, tiefe Erbitterung ausgelöst. Die wiederholt provozierten Juden setzen sich gegen Angriffe auf ihre Versammlungshäuser und -räume entschieden zur Wehr. Als bei einer solchen Gelegenheit auch deutsche Polizisten verletzt werden, läßt der Höhere SS- und Polizeiführer in den Niederlanden über 400 Juden als Geiseln verhaften. Dies gibt den Amsterdamer Arbeitern Anlaß, in einen Solidaritätsstreik einzutreten. Erstmals seit Kriegsbeginn findet ein Generalstreik gegen die deutsche Besatzung und ihre Methoden statt, den die SS mit Gewalt zu brechen versucht, so daß es Tote und Verletzte gibt. Nach Ende des Streiks werden 100 Einwohner Amsterdams mit dem Vorwurf, sie seien Kommunisten und Rädelsführer gewesen, festgenommen.

12. Februar. Der Panzergeneral Erwin Rommel übernimmt in Libyen das Oberkommando über das deutsche Afrikakorps.

1941
MÄRZ

Mo	Di	Mi	Do	Fr	Sa	So
					1	2
3	4	5	6	7	8	9
10	11	12	13	14	15	16
17	18	19	20	21	22	23
24	25	26	27	28	29	30
31						

1. Bulgarien tritt dem Dreimächtepakt bei. →

2. Von Rumänien aus rücken deutsche Truppen in Bulgarien ein.

2. Die UdSSR protestiert in Bulgarien gegen den Beitritt zum Dreimächtepakt. →

4. Britische Truppen landen auf dem griechischen Festland.

8. Wegen fortgesetzter Unruhen wird in Nordholland das Kriegsrecht verkündet.

9. Tschiang Kai-schek weist die Forderung der chinesischen Kommunisten nach Regierungsbeteiligung zurück.

10. Marschall Pétain bittet die USA um Getreidelieferungen für das unbesetzte Frankreich.

12. In den USA tritt das Leih- und Pachtgesetz in Kraft. →

15. Beginn der argentinisch-chilenischen Antarktiskonferenz zur Lösung strittiger Grenzfragen.

19. Aus Deutschland emigrierte Sozialisten bilden in Großbritannien eine Union.

21. In Deutschland wird für die Heimatverteidigung ein Luftbefehlshaber Mitte ernannt.

21. Der Botschafter der UdSSR wird in Vichy akkreditiert.

23. Der japanische Außenminister Matsuoka trifft zu einem Zwischenaufenthalt in Moskau ein.

25. Jugoslawien tritt dem Dreimächtepakt bei. →

27. Nach Demonstrationen und einem Militärputsch stürzt die jugoslawische Regierung. →

27. Großbritannien und die USA schließen einen Stützpunktvertrag.

27. Außenminister Matsuoka trifft mit Hitler zusammen.

31. Abbruch der diplomatischen Beziehungen zwischen Deutschland und Jugoslawien.

31. Beginn der Offensive des deutschen Afrikakorps in der Cyrenaika.

GESTORBEN:

5. Ludwig Quidde (* 23. 3. 1858), deutscher Historiker, Pazifist, Träger des Friedensnobelpreises 1928.

17. Nicolas Titulescu (* 4. 10. 1883), Außenminister Rumäniens.

28. Virginia Woolf (* 25. 1. 1882), englische Schriftstellerin.

Umstrittener Balkan

1. März. Wiederholt sind von der deutschen Regierung Bulgarien und Jugoslawien gedrängt worden, dem Dreimächtepakt (→ September 1940) beizutreten. Mit diesem Bündnis soll dem deutschen Heer der Aufmarsch gegen Griechenland leichter gemacht und die wirtschaftlichen Verbindungen zum Balkanraum gesichert werden. Weder die sowjetische Erklärung im Januar, daß Bulgarien in der Sicherheitszone der UdSSR liege, noch britische Warnungen und Botschaften können den bulgarischen Beitritt zum Pakt verhindern; doch braucht sich das Land nicht zu militärischen Aktionen zu verpflichten.
Schwieriger gestaltet sich die Situation in Jugoslawien, wo es durch die inneren Auseinandersetzungen um den Beitritt zu einer schweren Kabinettskrise mit dem Rücktritt mehrerer Minister kommt. Zwar unterzeichnet Ministerpräsident Dragiša Cvetković den Pakt, doch zwei Tage später stürzt ein Militärputsch die Regierung. Als Cvetković und sein Außenminister aus Wien zurückkehren, werden sie verhaftet. Hitler beschließt, ohne Loyalitätserklärungen abwarten zu wollen, den Angriff auf Jugoslawien und fordert alle Deutschen auf, das Land zu verlassen. Die neue jugoslawische Regierung erklärt, alle Vereinbarungen einhalten zu wollen, schließt aber zur Rückendeckung einen Freundschaftsvertrag mit der UdSSR. Die diplomatischen Beziehungen zwischen Deutschland und Jugoslawien werden abgebrochen, zugleich vertieft sich der deutsch-sowjetische Gegensatz.

Der jugoslawische Ministerpräsident Cvetković, Ribbentrop und Graf Ciano (von links) unterzeichnen am 25. März Jugoslawiens Beitritt zum Dreimächtepakt.

Nach dem Militärputsch vom 27. März: Demonstrationen gegen den Pakt.

KZ Auschwitz wird vergrößert

1. März. Der Reichsführer SS Heinrich Himmler besichtigt das seit Juni 1940 bestehende KZ Auschwitz. Nach einem Rundgang ordnet er den weiteren Ausbau an, da ihm das Lager geeignet erscheint, für naheliegende Industriebetriebe, insbesondere für das Buna-Werk der IG-Farben, Zwangsarbeiter zur Verfügung zu stellen. Im Frieden soll das Lager 30 000 Häftlinge aufnehmen können. Außerdem ist ein Lager für 100 000 Kriegsgefangene vorgesehen.

Großbrand zerstört die »Bremen«

16. März. Der Luxusdampfer »Bremen«, dem nach Kriegsausbruch 1939 die Rückfahrt aus den USA gelungen ist, wird nun zum Truppentransporter umgebaut. Während der Arbeiten bricht ein Großbrand aus, der das Schiff so schwer beschädigt, daß es abgewrackt werden muß. Die Gestapo verbreitet, englische Agenten seien die Brandstifter gewesen. Ein 17jähriger gesteht, das Feuer aus Verärgerung über schlechte Behandlung gelegt zu haben. Der Junge wird aufgrund dieser Aussage zum Tode verurteilt und hingerichtet.

Hilfe der USA für Großbritannien

12. März. Trotz des anhaltenden Widerstandes der Isolationisten kann Präsident Franklin D. Roosevelt erreichen, daß der Kongreß durch die Verabschiedung des Leih- und Pachtgesetzes ihn ermächtigt, jedem Staat der Erde Waffen und Material zur Verfügung zu stellen, »dessen Verteidigung der Präsident zur Verteidigung der USA für lebenswichtig ansieht«. Sofort liefert Roosevelt den Engländern kriegswichtige Güter im Wert von sieben Milliarden Dollar. Allerdings verliert Großbritannien, dessen Wirtschaft völlig auf den Krieg ausgerichtet wird, seine Goldreserven und Überseeinvestitionen. Die englischen Exporte werden beschränkt.

1941
APRIL

Mo	Di	Mi	Do	Fr	Sa	So
	1	2	3	4	5	6
7	8	9	10	11	12	13
14	15	16	17	18	19	20
21	22	23	24	25	26	27
28	29	30				

1. In lateinamerikanischen Häfen werden deutsche und italienische Handelsschiffe beschlagnahmt.

3. Nach einem Staatsstreich bildet im Irak Raschid al-Gailani ein neues Kabinett.

4. In Großbritannien wird die Einkommenssteuer zur Kriegsfinanzierung angehoben.

6. Der deutsche Angriff auf Jugoslawien und Griechenland beginnt. →

6. Britische Truppen erobern Addis Abeba, räumen aber Bengasi.

9. Britischer Luftangriff auf Berlin mit aus den USA gelieferten Bombern.

10. Gründung des Staates Kroatien unter dem Führer der Ustascha-Bewegung Ante Pavelić. →

10. Zum Schutz Grönlands gegen eine etwaige deutsche Besetzung landen US-Truppen.

12. Deutsche und italienische Truppen schließen Tobruk ein.

13. Sowjetisch-japanisches Neutralitätsabkommen unterzeichnet. →

13. Ungarn tritt in den Krieg gegen Jugoslawien ein.

17. Die jugoslawische Armee kapituliert. →

17. Britische Truppen landen im Irak.

19. Brechts »Mutter Courage« in Zürich uraufgeführt. →

20. Deutschland erklärt das Einverständnis zur Kollaboration mit der Vichy-Regierung unter der Voraussetzung, daß Laval wieder ein Regierungsamt erhält.

21. König Boris von Bulgarien besucht Hitler.

23. In Saloniki kapituliert die griechische Armee vor Deutschland und Italien. →

24. Salzburger Mozarteum wird zur ersten Reichsmusikschule erklärt.

29. Deutsche Ferngeschütze beschießen von der französischen Küste aus Dover.

30. Die britischen Truppen haben die Räumung des griechischen Festlands abgeschlossen. →

GESTORBEN:

2. Graf Pál Teleki (* 1. 11. 1879), ungarischer Ministerpräsident. →

9. Marcel Prevost (* 1. 5. 1862), französischer Schriftsteller.

Griechische Armee kapituliert

6. April. Gleichzeitig mit dem Angriff auf Jugoslawien stoßen deutsche Truppen auch nach Griechenland vor. Adolf Hitler begründet den Überfall mit der Landung britischer Truppen auf dem griechischen Festland. Sie sind von dem durch die deutschen Truppenmassierungen in Griechenland besorgten Ministerpräsidenten Alexander Korisis zur Hilfe gerufen worden. Trotz aller Verteidigungsbemühungen – vor allem an der Metaxas-Linie – werden die griechischen Armeen niedergeworfen. Angesichts der Niederlage setzt Ministerpräsident Korisis seinem Leben ein Ende (18. April). Die deutsche Propaganda versucht den Eindruck zu erwecken, er und sein Vorgänger

Englischer Kriegsgefangener.

Joannis Metaxas seien vom britischen Botschafter in Athen ermordet worden.

Als sich die griechischen Divisionen am 23. April in Larissa den Deutschen ergeben, setzt Benito Mussolini durch, daß am folgenden Tag die Kapitulation vor deutschen wie vor italienischen Offizieren in Saloniki wiederholt wird. Erbittert müssen die Griechen zur Kenntnis nehmen, daß sie nun auch die Italiener, gegen die sie sich bis zum 6. April in zahlreichen Kämpfen behaupten konnten, als Sieger anzuerkennen haben. Das englische Expeditionskorps zieht sich kämpfend über den Thermopylen-Paß an das Mittelmeer zurück. Unter Zurücklassung aller schweren Waffen werden die Truppen über See nach Kreta und Ägypten transportiert.

Jugoslawien erobert

6. April. Ohne Kriegserklärung eröffnet die deutsche Wehrmacht mit einem schweren Luftangriff auf Belgrad den Krieg gegen Jugoslawien. Aus Österreich, Ungarn und Bulgarien stoßen deutsche Einheiten in Richtung Makedonien und Zagreb vor. Noch ehe die völlig überraschte jugoslawische Armee kapituliert, wird am 10. April in Agram der unabhängige Staat Kroatien ausge-

rufen, dessen Ministerpräsident der bisher im Exil lebende Ustascha-Führer Ante Pavelić wird. Die von Hitler befohlene Zerschlagung Jugoslawiens scheint gelungen. Jedoch weder der Monarchist Draža Mihailović noch der Kommunist Josip Broz Tito erkennen die Kapitulation an, sondern bauen Partisaneneinheiten auf, um den Kampf selbständig fortzusetzen.

Nichtangriffspakt zwischen Japan und der UdSSR

13. April. Auf der Rückreise nach Japan unterbricht Außenminister Josuke Matsuoka die Fahrt in Moskau. Nach der schnellen Niederlage Jugoslawiens ist Stalin jetzt bereit, einen Nichtangriffspakt mit Japan zu ratifizieren, der zugleich Japan für seine Unternehmen in Asien den Rücken freihält. Japan und die UdSSR erkennen ihre Interessensphären in der Mandschurei und der Äußeren Mongolei gegenseitig an. Zur Verabschiedung Matsuokas erscheint neben den Vertretern der sowjetischen Regierung und des Diplomatischen Korps auch Josef Stalin und bekräftigt gegenüber deutschen Diplomaten seinen Willen zur Freundschaft.

Gewerbefreiheit in der Schweiz aufgehoben

7. April. Um die Kontrolle über Rohmaterialien und Verarbeitungen zu erhalten, hebt das eidgenössische Volkswirtschaftsdepartement die Gewerbefreiheit auf. Alle neuzueröffnenden Betriebe der Wirtschaft unterliegen ab sofort der staatlichen Bewilligung. Der Bundesrat beschließt ferner, gesetzliche und wirtschaftliche Voraussetzungen für ein schweizerisches Seerecht und eine Schweizer Überseehandelsflotte zu schaffen. Das geplante Seeregisteramt soll seinen Sitz in Basel haben. Die Maßnahmen erscheinen notwendig, da von der Schweiz gecharterte Schiffe wiederholt beschlagnahmt und durchsucht worden sind.

Politische Zwänge treiben Graf Teleki in den Tod

2. April. Freiwillig geht Graf Pál Teleki, ein engagierter Nationalist und seit 1939 Ungarns Ministerpräsident, aus dem Leben. Er hat im Dezember 1940 einen ewigen Freundschafts- und Friedensvertrag mit Jugoslawien geschlossen und ist nicht bereit, wortbrüchig zu werden. Teleki erklärt sich im Abschiedsbrief schuldig, daß sein Volk auf die Seite der »Schurken«, das heißt Deutschlands und Italiens, getreten ist und nun versuchen werde, Gebietsansprüche an Jugoslawien militärisch durchzusetzen.

Graf Pál Teleki †.

»Mutter Courage« in Zürich uraufgeführt

19. April. Im Schauspielhaus Zürich erlebt Bertolt Brechts Chronik aus dem 30jährigen Krieg »Mutter Courage und ihre Kinder« die Uraufführung. Kritiker und Publikum sind von dem Werk, dessen Musik von Paul Dessau stammt, gleichermaßen angetan. »Mutter Courage«, die im Krieg ihre Kinder verliert und dennoch als Marketenderin ihre Handelsgeschäfte beibehalten will, soll nach Brechts Willen die Zuschauer für ihre Gegenwart »sehend« machen.

Helene Weigel als »Mutter Courage«.

Burenkrieg im Propagandafilm

4. April. Mit Emil Jannings in der Titelrolle wird der Film »Ohm Krüger« uraufgeführt. In dieser Darstellung des Burenkriegs soll die Kolonialpolitik Englands angegriffen und auf den angeblichen Erfinder der Konzentrationslager verwiesen werden. Dagegen hatte der im März gezeigte Film »Carl Peters« für den deutschen Kolonialgedanken geworben. Anläßlich der venezianischen Filmfestwochen erhält »Ohm Krüger« einen Preis als bester Auslandsfilm.

1941
MAI

Mo	Di	Mi	Do	Fr	Sa	So
			1	2	3	4
5	6	7	8	9	10	11
12	13	14	15	16	17	18
19	20	21	22	23	24	25
26	27	28	29	30	31	

1. In Deutschland leben noch 168 972 Juden.

4. »Siegesrede« Hitlers im Reichstag.

5. Französische Schiffe mit US-Weizen landen in Marseille.

6. Josef Stalin übernimmt den Vorsitz im Rat der Volkskommissare.

6. Die ägäischen Inseln werden von deutschen Truppen besetzt.

7. Deutschland verlangt von der Vichy-Regierung das Durchmarschrecht durch Syrien.

8. Griechenland wird zur Republik erklärt.

9. Britischer Luftangriff auf Hamburg.

10. Rudolf Heß fliegt nach Schottland und wird gefangengesetzt. →

11. Die UdSSR erkennt die irakische Putschregierung an.

11. Hitler empfängt Admiral Darlan.

11. Bulgarische Truppen besetzen Thrakien.

15. Deutsche Flugzeuge landen im Irak.

15. In Paris findet im Rahmen der Judenverfolgung eine Großrazzia statt.

15. Senkung der deutschen Fleischrationen.

18. Die Truppen des Herzogs von Aosta kapitulieren in Abessinien. →

20. Beginn des deutschen Angriffs auf Kreta. →

24. Das deutsche Schlachtschiff »Bismarck« versenkt den britischen Schlachtkreuzer »Hood«.

27. Britische Luft- und Flotteneinheiten versenken die »Bismarck«.

28. Die britische Mittelmeerflotte gibt Kreta auf.

30. Lateinische Schrift wird an deutschen Schulen verbindlich.

GESTORBEN:

7. James George Frazer (* 1. 1. 1854), britischer Prähistoriker und Volkskundler.

18. Frederick Sackett (* 17. 1. 1868), US-Diplomat.

19. Werner Sombart (* 19. 1. 1863), deutscher Nationalökonom.

24. Horace Rumbold (* 5. 2. 1869), britischer Diplomat.

Heß will verhandeln

Das Wrack des Messerschmitt-Jagdflugzeugs, mit dem Rudolf Heß (Bildausschnitt oben) zu seinen Geheimverhandlungen nach Großbritannien flog.

10. Mai. Hitlers Stellvertreter in der Parteiführung, Rudolf Heß, fliegt wenige Tage nach Hitlers Siegesrede vor dem Reichstag heimlich nach Großbritannien. Er hofft, durch Gespräche mit der englischen Regierung, die ihm der Herzog von Hamilton vermitteln soll, noch vor Beginn des Rußlandfeldzugs England zum Waffenstillstand zu bewegen und eine Aufteilung der Erde in eine deutsche und eine britische Interessenzone zu erreichen. In Schottland muß Heß notlanden. Er wird gefangengenommen und bis Kriegsende in Haft gehalten. Die angestrebten Unterredungen kommen nicht zustande. In Deutschland wird verbreitet, Heß sei geisteskrank. Aber seine Mitarbeiter und eine große Zahl seiner Freunde werden als angebliche Mitwisser des Flugs verhaftet. In der Leitung der NSDAP nimmt Martin Bormann den Platz von Heß ein und wird Chef der Parteizentrale.

Joe Louis verteidigt Weltmeistertitel

23. Mai. Bereits zum siebzehntenmal (und zum fünftenmal seit Jahresbeginn) verteidigt in Washington der farbige Boxchampion Joe Louis seinen Titel als Schwergewichtsweltmeister.

Sein Gegner Buddy Baer kann zwar in der ersten Runde Louis aus dem Ring schlagen, aber in der dritten Runde wird Baer schwer getroffen und muß dreimal zu Boden gehen. Da Baers Manager vor der siebten Runde nicht den Ring verläßt, wird Baer disqualifiziert.

Roosevelt befiehlt Geleitzugeskorte auf dem Atlantik

2. Mai. Präsident Franklin D. Roosevelt befiehlt, amerikanische Kriegsschiffe müßten britische Geleitzüge auch in die Kampfzone als Transportsicherung begleiten. Obwohl Großadmiral Erich Raeder dies als feindlichen Akt bezeichnet, verbietet Adolf Hitler, der vorerst einen Krieg mit den USA vermeiden will, den Angriff auf US-Schiffe. Doch am 21. Mai wird vor Südafrika das Handelsschiff »Robin Moor« von einem deutschen U-Boot versenkt.

Kämpfe um Kreta

20. Mai. Die deutschen Fallschirmjäger erhalten den Befehl, die Flugplätze auf Kreta zu erobern und gegen die Commonwealth-Streitkräfte unter General Freyberg zu halten. In erbitterten, auf beiden Seiten verlustreichen Kämpfen, die auch die kretische Bevölkerung treffen, werden die Truppen Freybergs gezwungen, bis Ende Mai Kreta zu räumen. Die Zahl der gefallenen deutschen Fallschirmjäger ist jedoch so hoch, daß ein derartiger Einsatz dieser Spezialtruppen zunächst nicht mehr in Betracht kommt.

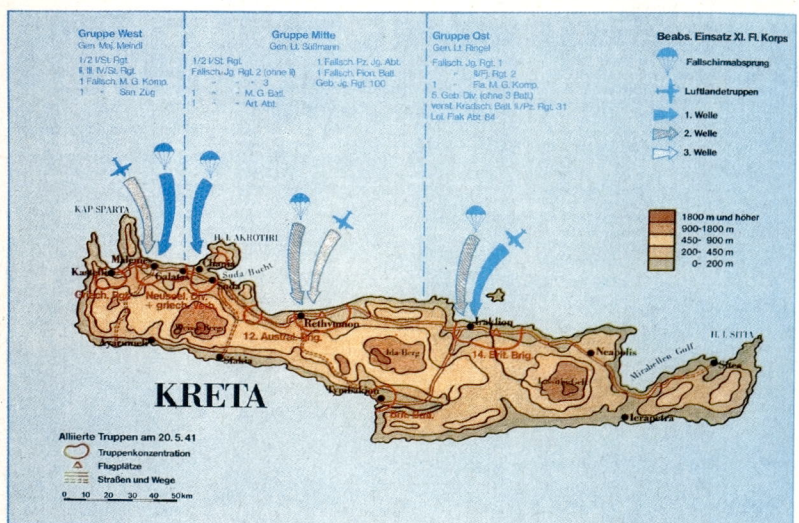

Die Karte zeigt den Einsatz der deutschen Luftlandetruppen auf Kreta.

Hitler attackiert Premier Churchill

4. Mai. Vor dem zu einer seiner seltenen Sitzungen einberufenen Reichstag berichtet Adolf Hitler über die Siege auf dem Balkan und ergeht sich in Angriffen auf den britischen Premierminister Winston Churchill, den er als Paralytiker, Säufer und Kriegshetzer beschimpft. Gegen Ende der Rede versichert Hitler zuversichtlich: »Das deutsche Reich und seine Verbündeten stellen militärisch, wirtschaftlich und vor allem moralisch eine Macht dar, die jeder denkbaren Koalition in der Welt überlegen ist. Die deutsche Wehrmacht wird aber stets dann und dort eingreifen, wann und wo es notwendig ist.« Schließlich erklärt er, keine Macht könne Deutschland entreißen, was es sich erkämpft habe.

19. Mai. Nach der italienischen Kapitulation in Abessinien kehrt Kaiser Haile Selassie, von den Engländern begleitet, nach Addis Abeba zurück.

1941

JUNI

Mo	Di	Mi	Do	Fr	Sa	So
						1
2	3	4	5	6	7	8
9	10	11	12	13	14	15
16	17	18	19	20	21	22
23	24	25	26	27	28	29
30						

1. Britische Truppen marschieren in Bagdad ein.

2. Hitler und Mussolini treffen sich am Brenner.

6. Das Oberkommando der Wehrmacht erläßt den »Kommissarbefehl«. →

6. Ante Pavelić bei Hitler.

7. König Boris von Bulgarien bei Hitler.

8. Britische und freifranzösische Truppen marschieren in Syrien ein.

9. Im Irak wird eine neue Regierung gebildet.

10. General Antonescu trifft mit Hitler zusammen.

11. Aus London und Stockholm werden Meldungen über deutsche Truppenkonzentrationen an der Grenze zur UdSSR bekannt.

13. Die Regierung der UdSSR läßt Massendeportationen aus dem Baltikum nach Sibirien vornehmen.

13. Die Vichy-Regierung läßt Juden verhaften und internieren.

14. Japan und die UdSSR schließen ein Handelsabkommen.

15. Kroatien tritt dem Dreimächtepakt bei. →

16. Die US-Regierung verlangt die Schließung aller deutschen Konsulate.

18. Abschluß eines deutsch-türkischen Freundschaftsvertrages.

22. Deutscher Angriff auf die UdSSR.

24. Beitritt der Slowakei zum Antikominternpakt.

24. Die deutsche katholische Bischofskonferenz unterstützt den Krieg gegen die UdSSR.

26. Finnland beteiligt sich am Kampf gegen die UdSSR.

29. Das Moskauer Patriarchat spricht sich für die Verteidigung Rußlands aus.

30. Bildung eines Obersten Verteidigungsrats der UdSSR.

GESTORBEN:

4. Wilhelm II. (* 27. 1. 1859), deutscher Kaiser.

6. Louis Chevrolet (* 25. 12. 1878), amerikanischer Autokonstrukteur.

29. Ignaz Paderewski (* 18. 11. 1860), Pianist, polnischer Staatspräsident.

Helene Mayer US-Meisterin

Helene Mayer mit einer nach ihr geformten Fechter-Statuette.

10. Juni. Die deutsche Olympiasiegerin Helene Mayer, die wegen der Rassengesetzgebung Deutschland verlassen hat, wird zum sechstenmal in ununterbrochener Reihenfolge mit 17 gewonnenen Kämpfen in New York amerikanische Meisterin im Florettfechten. Die erfolgreiche Sportlerin wurde 1936 zur »Ehrenarierin« erklärt.

Deutscher 5:1-Sieg über Kroatien

15. Juni. Am Tag des Beitritts Kroatiens zum Dreimächtepakt trägt die deutsche Nationalmannschaft gegen die des neugebildeten Staats ein Fußballländerspiel aus. Deutschland gewinnt in Wien 5:1.

Bei Kriegsbeginn Fußball-Endspiel

22. Juni. Am Tag des Kriegsausbruchs gegen die UdSSR findet im Berliner Olympiastadion vor 90 000 Zuschauern das Endspiel um die deutsche Fußballmeisterschaft statt. Obwohl die Mannschaft von Schalke 04 bereits mit 3:0 führt, kann Rapid Wien noch mit 4:3 siegen.

Erfolg russischer Archäologen

20. Juni. Sowjetische Archäologen öffnen das Grab des mongolischen Eroberers Tamerlan († 1405) in Samarkand. Sie stellen fest, daß der gut erhaltene Leichnam mit Moschus und Rosenwasser einbalsamiert worden ist.

Deutsche Truppen in Rußland

Vormarsch deutscher Truppen in der Ukraine, Richtung Ostrog.

Vorrückende deutsche Verbände zerstören eine russische Grenzstation.

22. Juni. Der Feldzug gegen die UdSSR beginnt ohne Kriegserklärung. Adolf Hitler hat ihn seit Sommer 1940 vorbereiten lassen und voller Siegeszuversicht schon die Pläne für die Zeit nach der Niederlage der Sowjetunion vorgelegt: Bis Indien sollen deutsche Truppen vorstoßen. In den Kämpfen mit der UdSSR gehe es, wie Hitler erklärt, um eine ideologische Entscheidung. In diesem Sinn ist der vor Beginn des Krieges erteilte Befehl zu sehen, alle gefangenen Kommissare der Roten Armee seien dem Sicherheitsdienst zur »Sonderbehandlung«, das heißt zur Liquidierung, zu übergeben.

Ziel des Feldzugs ist die Gewinnung von »Lebensraum«: Rußland soll als Siedlungsgebiet und zur Ausnutzung der Rohstoffe zur Verfügung stehen. Die Landeseinwohner müssen für Deutschland arbeiten. Trotz wiederholter Warnungen hat Josef Stalin nicht glauben wollen, daß ein deutscher Angriff unmittelbar bevorstehe. Mehrere Tage ist er nicht in der Lage, klare Entscheidungen zu treffen und eindeutige Befehle zu erteilen, während die sowjetischen Truppen überrannt und die grenznahen Flugplätze von der deutschen Luftwaffe zerstört werden. In breiter Front dringen die Angreifer vor. Ende des Monats steht die Heeresgruppe Nord im Baltikum an der Düna, die Heeresgruppe Mitte hat die Beresina erreicht. Die Heeresgruppe Süd ist in Grenzschlachten in Bessarabien, Galizien und Wolhynien verwickelt.

Als Verbündete Deutschlands treten Rumänien, Ungarn, die Slowakei und Italien in den Krieg ein; Finnland führt seinen eigenen Krieg, um die 1940 abgetretenen Gebiete zurückzuerobern. In den besetzten Ländern melden sich Antikommunisten, die freiwillig in nationalen Verbänden gegen die Sowjetunion kämpfen wollen. Das »neutrale« Spanien entsendet die Blaue Division zum »Kreuzzug gegen den Kommunismus«. Die geheimen Lageberichte des Sicherheitsdienstes über die Stimmung in Deutschland zeigen ein Schwanken zwischen Siegeszuversicht und Skepsis. So wird vielfach der Zerfall der UdSSR erwartet, doch tauchen auch Befürchtungen auf, »daß es außerordentlich schwer sei, den russischen Raum zu sichern und zu verwalten, wobei immer wieder auf den überall herrschenden Menschenmangel hingewiesen wird. Verhältnismäßig selten ist bisher der Hinweis auf das Schicksal Napoleons, der letztendlich an der Weite des russischen Raumes gescheitert sei.«

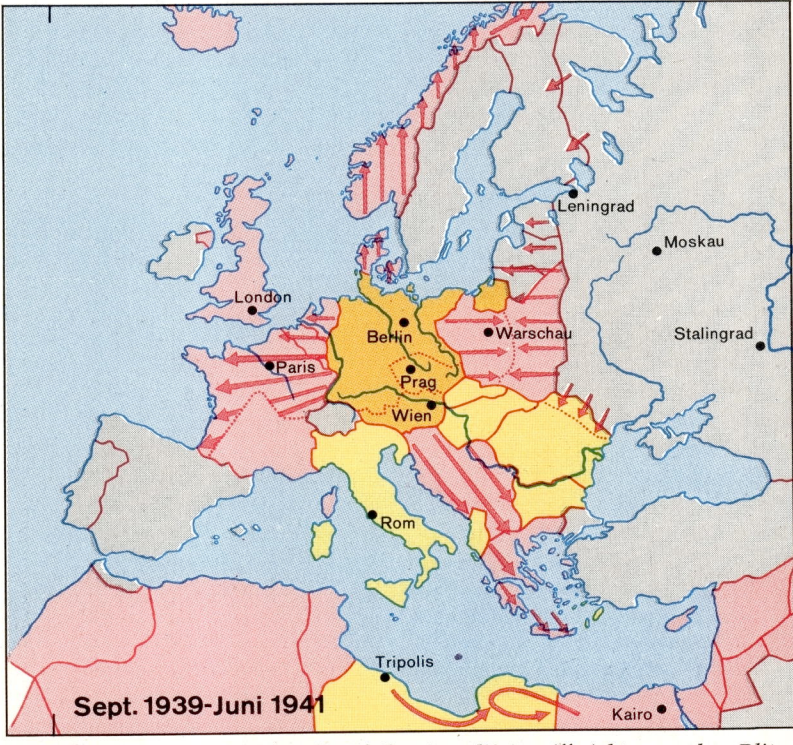

Die von Deutschland ausgehenden Pfeile zeigen die Angriffsrichtungen des »Blitzkrieges« (rosa: Deutschlands Gegner) und den Vorstoß sowjetischer Truppen.

1941
JULI

Mo	Di	Mi	Do	Fr	Sa	So
	1	2	3	4	5	6
7	8	9	10	11	12	13
14	15	16	17	18	19	20
21	22	23	24	25	26	27
28	29	30	31			

1. Die UdSSR wendet sich mit der Bitte um Verteidigungsgüter an die USA und erklärt die Bereitschaft, dafür zu zahlen.

3. Stalin erklärt, Rußland müsse nach dem Prinzip der »verbrannten Erde« verteidigt werden.

4. Im Namen der freifranzösischen Bewegung kündigt General Catroux die völlige Unabhängigkeit Syriens an.

6. Die Rote Armee zieht sich auf die Stalin-Linie an der alten polnisch-sowjetischen Grenze zurück. →

7. US-Truppen werden auf Island stationiert.

9. Die Vichy-Regierung autorisiert General Dentz zur Aufnahme von Waffenstillstandsverhandlungen in Syrien.

10. Die USA weisen die deutschen Konsulatsangehörigen aus.

12. Britisch-sowjetischer Beistandspakt.

16. Deutsche Truppen erobern Smolensk.

16. Britischer Luftangriff auf Rotterdam in »V«-Formation.

17. Rosenberg wird Minister für die besetzten Ostgebiete.

18. Japanische Truppen landen in Südindochina.

18. Neubildung des Kabinetts Konoye in Tokio.

19. Stalin übernimmt den Posten des Volkskommissars für Verteidigung.

23. Vichy-Regierung tritt an Japan Stützpunkte in Indochina ab.

25. Deutsche Truppen besetzen Reval.

25. Die japanischen Guthaben und Investitionen in Großbritannien und den USA werden eingefroren.

28. Bischof Graf Galen erhebt Strafantrag gegen die Euthanasieverfahren. →

28. Die sowjetischen Truppen ziehen sich in Südrußland auf den Dnjestr zurück.

29. Niederländisch-Ostindien stellt den Handelsverkehr mit Japan ein.

30. Die UdSSR und die polnische Exilregierung erklären den Kriegszustand für beendet.

31. Göring beauftragt Heydrich mit der »Evakuierung« der Juden Europas.

Schneller Vormarsch in Rußland

6. Juli. Die sowjetischen Armeen sind vor dem deutschen Angriff bis zur Stalin-Linie zurückgewichen. Große Umfassungen sind bisher weder der Heeresgruppe Nord noch der Heeresgruppe Süd gelungen, und an der rumänischen Front zeigen die Soldaten der Roten Armee einen hinhaltenden Widerstand. Dennoch scheint sich ein neuer militärischer Sieg abzuzeichnen. Der Generalstabschef Franz Halder notiert in sein Tagebuch (3. Juli), »daß der Feldzug gegen Rußland innerhalb 14 Tagen gewonnen wurde«. Einschränkend fügt er jedoch hinzu: »Natürlich ist er damit noch nicht beendet. Die Weite des Raums und die Hartnäckigkeit des mit allen Mitteln geführten Widerstands werden uns noch viele Wochen beanspruchen.« Immerhin deutet das Ergebnis der Kesselschlachten von Bialystok und Minsk in die Erfolgsrichtung. Die Heeresgruppe Mitte verzeichnet 324 000 Gefangene und erbeutet 3330 Panzer und 1800 Geschütze. Auch Adolf Hitler äußert sich jetzt über die Form der Kriegsführung. Halder verzeichnet (8. Juli): »Feststehender Entschluß des Führers ist es, Moskau und Leningrad dem Erdboden gleichzumachen, um zu verhindern, daß Menschen darin bleiben, die wir dann im Winter ernähren müßten. Die Städte sollen durch die Luftwaffe vernichtet werden. Panzer dürfen dafür nicht eingesetzt werden.

Soldaten der Heeresgruppe Mitte beim Angriff auf ein russisches Dorf.

›Volkskatastrophe, die nicht nur den Bolschewismus, sondern auch das Moskowitertum der Zentren beraubt.‹« Eine Woche später wiederholt Hitler diese Auffassungen: ». . . der Führer will Leningrad dem Erdboden gleichmachen lassen, um es den Finnen zu geben.«

Die deutsche Führung stellt sich bereits auf eine Erneuerung des Krieges im Westen durch Verstärkung der Luft- und Marinerüstung ein. Gegenüber dem japanischen Botschafter Oshima erklärt Hitler, Japan solle sich gemeinsam mit dem Deutschen Reich an der Vernichtung der Sowjetunion und der USA beteiligen. In der Auffassung, fast 200 sowjetische Divisionen geschlagen zu haben, läßt Hitler im Gegensatz zu den Vorstellungen des Generalstabs den Vormarsch auf Moskau verlangsamen. Am wichtigsten erscheint ihm die Einschließung Leningrads und das Vordringen zum Kaukasus.

Dazu notiert Halder (26. Juli): »Ich sehe in dieser Gedankenbildung den Anfang des Versandens der bisherigen schwungvollen Operationen und einen Verzicht auf Ausnützung des Schwunges, welcher in unseren Truppen und in unseren schnellen Verbänden liegt. Ob diese völlige Umstellung in der Führung, die zunächst sicher auch für den Feind überraschend sein wird, zum Erfolg führt, bleibt abzuwarten. Die Einwände bezüglich der Bedeutung von Moskau werden ohne wirksamen Gegenbeweis einfach abgelehnt.«

Hitler plant Teilung der UdSSR

16. Juli. Die Aufgliederung der UdSSR ist das Thema einer Unterredung Adolf Hitlers mit Hermann Göring, Alfred Rosenberg, Hans Heinrich Lammers, Wilhelm Keitel und Martin Bormann. Hitler betont sein Mißtrauen gegenüber den gegenwärtigen Verbündeten und besetzten Ländern. Deshalb sei strikte Geheimhaltung der für die Zukunft geplanten Regelungen erforderlich, ohne daß deshalb »alle notwendigen Maßnahmen – Erschießen, Aussiedeln usw.« unterlassen werden müssen.

Nach außen soll betont werden, die Deutschen seien »die Bringer des Friedens« und die Formulierungen seien derart zu wählen, daß der Eindruck entstehe, Deutschland trete »als Schützer des Rechts und der Bevölkerung« auf. Über die dem Reich anzugliedernden Territorien Rußlands erklärt Hitler: »Aus den neugewonnenen Ostgebieten müssen wir einen Garten Eden machen; sie sind für uns lebenswichtig; Kolonien spielen dagegen eine ganz untergeordnete Rolle.«

Hitler verlangt für Deutschland die Halbinsel Kola wegen ihrer Nickelvorkommen, das Baltikum, die Bialystoker Forsten, das Gebiet um Saratow und die Krim sowie als Militärkolonie die Ölfelder um Baku. Finnland soll neben Nordkarelien auch Leningrad erhalten. Für Rumänien sind Bessarabien und der Raum um Odessa vorgesehen, während Ungarn, die Slowakei und die Türkei keine Zusicherungen erhalten. Für Göring sind »die wichtigsten Gesichtspunkte, die zunächst ausschließlich für uns bestimmend sein können: Sicherung der Ernährung, soweit notwendig der Wirtschaft, Sicherung der Straßen usw.« Nachdrücklich bestimmt Hitler, eine Tätigkeit der Kirchen komme keinesfalls in Frage. Die Herrschaft über die weiten Gebiete sollen Polizeieinheiten mit Panzerwagen und Bomber der Luftwaffe sichern.

Bischof Graf Galen predigt gegen Rechtsbeugung

28. Juli. Mit mehreren Predigten erregt der als konservativ bekannte Bischof von Münster, Clemens August Graf Galen, Aufsehen. Er protestiert gegen die Schließung von Klöstern und gegen Rechtsbeugung: »Das Recht auf Leben, auf Unverletzlichkeit, auf Freiheit ist ein unentbehrlicher Grundteil jeder sittlichen Gemeinschaftsordnung. Der Staat, der die von Gott gewollte Grenze überschreitet, untergräbt seine eigene Autorität ... Wie viele deutsche Menschen schmachten in Polizeihaft, ... sind aus ihrer Heimat ausgewiesen, die niemals von einem ordentlichen Gericht verurteilt wurden oder die nach Freispruch vor Gericht oder Verbüßung der vom Gericht verhängten Strafe erneut von der Gestapo gefangengenommen ... sind!«

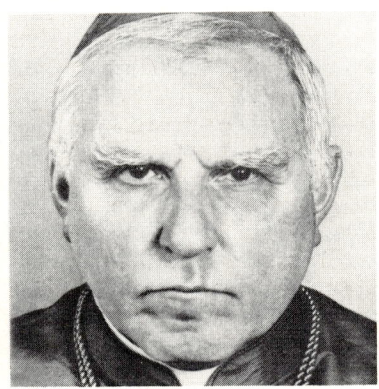

Bischof Graf Galen.

Abschriften der Predigten des Bischofs kursieren in großer Zahl in Deutschland und gelangen auch ins Ausland. Mit gleicher Entschiedenheit wendet sich Galen gegen das Euthanasieverfahren und erstattet am 28. Juli im Polizeipräsidium Münster Strafanzeige wegen des Mordes an den angeblich »unproduktiven Volksgenossen« in Heilanstalten. Auch diesen Schritt gibt er in einer Predigt bekannt: »Da ein derartiges Vorgehen ... als Mord nach § 211 des Reichsstrafgesetzbuches mit dem Tode zu bestrafen ist, erstatte ich ... pflichtgemäß Anzeige.« Die Erschütterung über die von Bischof Graf Galen dargestellten Vorgänge geht sehr weit, selbst der bekannte Jagdflieger Werner Mölders bittet bei Adolf Hitler um Einstellung der Euthanasie.

1941
AUGUST

Mo	Di	Mi	Do	Fr	Sa	So
				1	2	3
4	5	6	7	8	9	10
11	12	13	14	15	16	17
18	19	20	21	22	23	24
25	26	27	28	29	30	31

1. USA stoppen die Öllieferungen an Japan.

5. Ende der Kesselschlacht von Smolensk.

8. Ende der Kesselschlacht von Uman.

9. Die US-Stahlproduktion wird staatlicher Kontrolle unterstellt.

11. Treffen Churchills und Roosevelts auf dem Atlantik. →

12. Britisch-sowjetisches Handelsabkommen.

12. Pétain verlangt deutsch-französische Zusammenarbeit im Sinn der »Neuordnung Europas«.

13. Odessa eingeschlossen.

13. Britischer Luftangriff auf Berlin und Essen.

16. Stalin erklärt sich zu Verhandlungen mit Großbritannien und den USA über die Koordinierung der Kriegführung bereit.

21. Deutsche Truppen besetzen Narwa, Nowgorod, Gomel und Cherson.

22. Die Finnen besetzen Kaekisalmi.

24. Mussolini und Hitler an der Ostfront. →

25. Erich Koch errichtet deutsche Zivilverwaltungen in Shitomir und Wolhynien.

25. Britische und sowjetische Truppen besetzen den Iran. →

25. Deutsche Truppen werden zur »Beruhigung« der Pariser Bevölkerung eingesetzt.

26. Die UdSSR warnt Japan vor einer Störung des sowjetisch-amerikanischen Handelsverkehrs.

27. Attentat auf Laval in Versailles.

27. Deutsche Truppen überschreiten den Dnjepr und besetzen Saporoschje. →

29. Zur Abschreckung von »Saboteuren« läßt die Vichy-Regierung drei zum Tode Verurteilte guillotinieren.

30. Finnische Truppen besetzen die Stadt Wiborg.

31. Beginn des sowjetischen Gegenangriffs am Dnjepr.

GESTORBEN:

7. Rabindranath Tagore (* 6. 5. 1861), indischer Philosoph.

14. Maximilian Kolbe (* 7. 1. 1894), polnischer Franziskaner-Pater.

Konferenz auf See

Roosevelt und Churchill (r.) bei ihrem Treffen an Bord der »Prince of Wales«.

11. August. Vor Neufundland treffen sich der britische Premierminister Winston Churchill und der amerikanische Präsident Franklin D. Roosevelt auf den Schiffen »Prince of Wales« und »Augusta« zu einer Gipfelkonferenz über die militärische Lage. Churchill befürchtet einen Zusammenbruch der Sowjetunion noch vor dem Kriegseintritt der USA und warnt vor den unübersehbaren Folgen für Großbritannien. Die beiden Staatsmänner können sich zwar nicht über bindende militärische und wirtschaftliche Strategien einigen, da Roosevelt auf die Isolationisten in den USA Rücksicht zu nehmen hat, doch beschließen sie gemeinsam die Atlantikcharta, mit der sie »für eine bessere Zukunft der Welt« sorgen wollen. Sie verzichten für ihre Staaten auf territoriale Erweiterungen und bestehen auf dem Selbstbestimmungsrecht der Völker. Entscheidende Bedeutung messen beide Politiker Punkt 6 der Charta bei: »Nach der endgültigen Vernichtung der nationalsozialistischen Tyrannei hoffen sie, einen Frieden aufgerichtet zu sehen, der allen Nationen die Möglichkeit geben wird, in Sicherheit innerhalb ihrer Grenzen zu leben, und der die Gewähr dafür bieten wird, daß alle Menschen in allen Ländern ihr ganzes Leben frei von Furcht und Not leben können.«

Hauptangriffsziel russische Ölfelder

21. August. Im Konflikt mit dem Oberkommando des Heeres (OKH) ordnet Adolf Hitler in einer Weisung an, wichtigstes Ziel vor Einbruch des Winters sei nicht Moskau, »sondern die Wegnahme der Krim, des Industrie- und Kohlegebiets am Donez und die Abschnürung der russischen Ölfelder aus dem Kaukasusraum, im Norden die Abschließung Leningrads und die Vereinigung mit den Finnen«. Um diese Absichten zu verwirklichen, muß die Heeresgruppe Mitte Einheiten an die anderen Heeresgruppen abtreten und hat »feindliche Angriffe gegen die Mitte ihrer Front in kräftesparender Stellung abzuwehren«.

Einmarsch in den Iran

25. August. Wiederholt hat sich die iranische Regierung geweigert, den britischen und sowjetischen Forderungen nachzukommen, die im Land befindlichen Deutschen, denen Agententätigkeit vorgeworfen wird, auszuweisen und den beiden Staaten Durchmarschrecht zu gewähren. Daraufhin marschieren sowjetische und britische Truppen ein und besetzen zunächst im Norden Täbris und im Süden die Ölfelder. Auf Befehl des Schah gibt die persische Armee den Widerstand am 28. August auf. Das Land – bis Mitte September vollständig besetzt – wird in eine sowjetische und eine britische Interessensphäre aufgeteilt.

Plan »Neue Ordnung«

24. August. Die beiden Diktatoren Adolf Hitler und Benito Mussolini besichtigen Brest-Litowsk und suchen bei Uman die italienischen Divisionen auf. Über ihre Gespräche heißt es in einem Kommuniqué, der Krieg solle bis zum gemeinsamen Endsieg geführt werden. »Die neue europäische Ordnung, die aus diesem Sieg hervorgehen wird, soll möglichst weitgehend die Ursachen beseitigen, die in der Vergangenheit zu den europäischen Kriegen Veranlassung gegeben haben. Die Vernichtung der bolschewistischen Gefahr und der plutokratischen Ausbeutung wird die Möglichkeit einer friedlichen ... Zusammenarbeit aller Völker des europäischen Kontinents sowohl auf politischem als auch auf wirtschaftlichem und kulturellem Gebiet schaffen.« Diese Erklärung ist als Erwiderung auf die Atlantikcharta gedacht.

Mussolini (Mitte) besucht Hitler an der Ostfront. Rechts General Keitel.

Euthanasie löst Beunruhigung in Deutschland aus

Da das Bekanntwerden des Euthanasieverfahrens in Deutschland zunehmend Besorgnis auslöst – zum Beispiel fürchten schwerverwundete Soldaten und alte Menschen auch als »unnütze Esser« vernichtet zu werden –, ordnet Hitler die Einstellung der »Ausmerzung lebensunwerten Lebens« an. Inoffiziell wird sie in mehreren Anstalten weiterbetrieben. Die bisher zur Vergasung der Kranken benutzten Geräte werden in die östlichen KZs abgegeben. Die Zahl der im Euthanasie-Programm Getöteten liegt bei 80 000 bis 100 000 Menschen. – Noch Ende des Monats (29. August) wird der Film »Ich klage an« uraufgeführt, in dem für die Euthanasie nachdrücklich Partei ergriffen wird.

Sowjets sprengen den Staudamm von Saporoschje

28. August. Der gewaltige Staudamm des Dnjepr bei Saporoschje gehört zu den Objekten, die die industrielle Fortentwicklung der Sowjetunion verdeutlichen. Der Bau hat erhebliche Mittel verschlungen und ist erst kürzlich fertiggestellt worden. Es gehört zu Josef Stalins Verteidigungskonzept der »verbrannten Erde«, ihn nicht unbeschädigt in deutsche Hand fallen zu lassen. Daher wird der Damm auf ausdrücklichen Befehl Stalins gesprengt. Adolf Hitler verbietet zunächst den Wiederaufbau, da er die Ukraine in den Zustand eines Agrargebiets zurückversetzen will. Erst 1943 beginnen deutsche Firmen, die an der Ausbeutung der Ukraine beteiligt sind, mit der Reparatur des Dammes.

Mehr Widerstand der Partisanen gegen Besatzung

Der Krieg gegen die UdSSR hat in den besetzten Ländern zu einer schlagartigen Verstärkung der Widerstandstätigkeit geführt, die zum Beispiel in Frankreich ihren Ausdruck in Anschlägen auf Besatzungsangehörige findet. Die Vichy-Regierung und vor allem die Besatzungsbehörden antworten darauf mit der Hinrichtung von Geiseln, Juden und Linksoppositionellen. Die norwegischen Gewerkschaften finden mit ihren Aufrufen gegen die Besatzung und gegen Vidkun Quisling so starken Anklang, daß die Gestapo Arbeiterführer verhaftet, um einen erwarteten Generalstreik zu unterbinden. Auch in Dänemark wächst die Ablehnung gegenüber den Deutschen.

Nach der Verfolgung von Juden und Kommunisten sind jugoslawische Widerstandskämpfer in wachsendem Umfang aktiv geworden, soweit sie sich den Gruppen unter Tito angeschlossen haben. Dagegen verhalten sich die Nationalisten unter dem Monarchisten Draža Mihailović meist abwartend. In Kroatien müssen die Italiener ihre Truppen verstärken, um sich gegen die Partisanen behaupten zu können, obwohl die kroatische Regierung rigoros gegen alle Gegner, zu denen auch die Mohammedaner zählt, vorgeht.

In Serbien können landeseigene Polizei und Gendarmerie nicht Herr der Lage werden. Unter dem Eindruck der breiten Aufstandsbewegung löst sich die serbische Kommissariatsregierung auf und wird durch die Regierung Milan Nedić ersetzt, die aber, wie sich schnell zeigt, gleichfalls weder über Autorität noch über Gefolgschaft in der Bevölkerung verfügt.

Um die Kontrolle wiederzuerlangen, werden deutsche Divisionen aus Frankreich und von der Ostfront abgezogen und nach Serbien verlegt. Generalfeldmarschall Wilhelm Keitel befiehlt den Militärbefehlshabern der besetzten Gebiete, alle Widerstandsbewegungen mit militärischer Gewalt und Härte niederzuwerfen und Anschlägen auf deutsche Soldaten mit Geiselerschießungen im Verhältnis 1 : 100 zu begegnen.

Schießbefehl für US-Flotte

11. September. Der Schußwechsel zwischen dem US-Zerstörer »Greer« und dem deutschen »U 652« nördlich Islands veranlaßt den amerikanischen Präsidenten Franklin D. Roosevelt zu der Erklärung: »Von jetzt an werden die Kriegsschiffe der Achsenmächte auf ihr eigenes Wagnis und ihre eigene Gefahr hin in die amerikanischen Verteidigungsgewässer einfahren.« Die US-Flotte erhält den Befehl, zuerst auf deutsche Schiffe zu schießen. Das US-Marineministerium definiert die genannten Gewässer als den Seeraum zwischen der Ostküste der USA und Island. Trotz des Drängens der deutschen Seekriegsleitung auf größere Handlungsfreiheit gegenüber amerikanischen Geleitzugbegleitern beschließt Adolf Hitler Zurückhaltung und verfügt, wegen der von ihm erwarteten »großen Entscheidung im Rußlandfeldzug« bis Mitte Oktober dürften sich »keine Zwischenfälle im Handelskrieg . . . ereignen«.

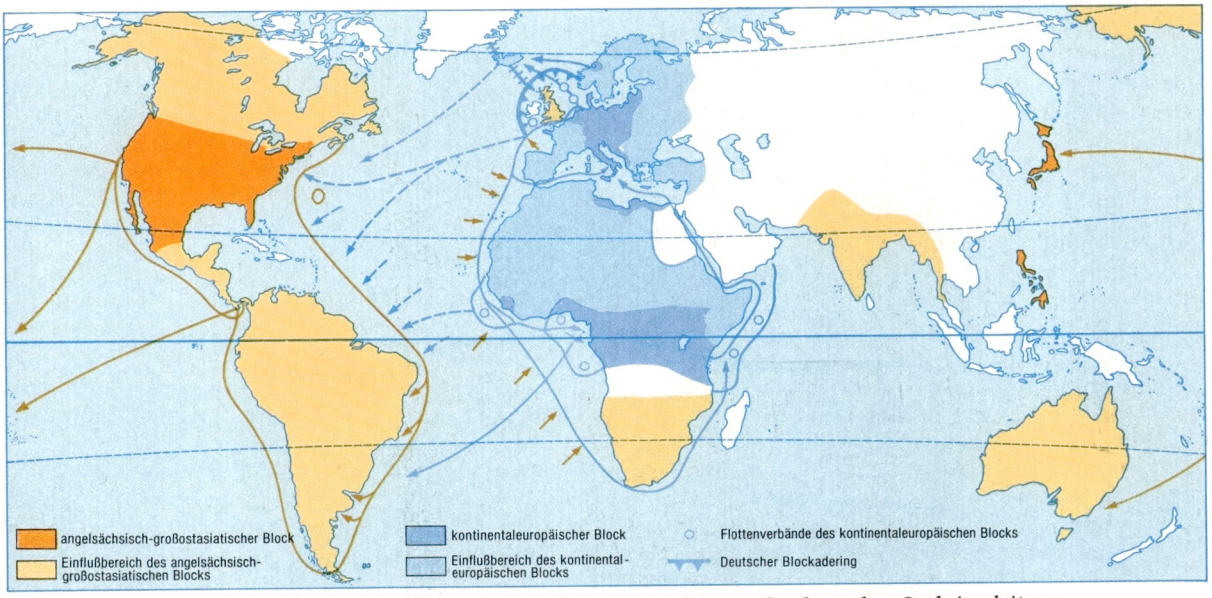

Die Karte zeigt vereinfacht das Blockdenken und die globalen Vorstellungen der deutschen Seekriegsleitung.

▮ angelsächsisch-großostasiatischer Block	▮ kontinentaleuropäischer Block	○ Flottenverbände des kontinentaleuropäischen Blocks
▮ Einflußbereich des angelsächsisch-großostasiatischen Blocks	▮ Einflußbereich des kontinentaleuropäischen Blocks	⌁ Deutscher Blockadering

Juden werden mit einem Stern gekennzeichnet

1. September. Am 1. September erscheint eine Polizeiverordnung in Deutschland, deren § 1 besagt: »Juden, die das sechste Lebensjahr vollendet haben, ist es verboten, sich in der Öffentlichkeit ohne einen Judenstern zu zeigen. Der Judenstern besteht aus einem handtellergroßen, schwarz ausgezogenen Sechsstern aus gelbem Stoff mit der schwarzen Aufschrift ›Jude‹. Er ist sichtbar auf der linken Brustseite des Kleidungsstücks fest angenäht zu tragen.«

Diese Regelung tritt am 19. September in Kraft. Diese Verordnung ist ein weiterer Schritt, die Juden außerhalb der Gemeinschaft zu stellen.

Straßenszene in München: Passant mit aufgenähtem Judenstern.

Antisemitisches Flugblatt.

Strategie der Vernichtung in Rußland

8. September. Der kurzfristige Rückschlag bei Jelnja und der völlige Stillstand an der Eismeerfront werden für die deutsche Heeresleitung durch die Abschnürung Leningrads von allen Landverbindungen nach der Besetzung Schlüsselburgs aufgewogen.

Nach Adolf Hitlers Weisungen sollen keinesfalls Einwohner aus der Stadt herausgelassen werden, sie sollen verhungern. Ähnliche Ansichten äußert er über Moskaus Schicksal bei einem Besuch bei der Heeresgruppe Mitte (24. September): Er habe Vorkehrungen getroffen, um Moskau und seine Umgebung mittels riesiger Anlagen zu fluten und im Wasser zu ertränken.

Behandlung der Gefangenen: Eine geheime Anordnung des Oberkommandos der Wehrmacht (8. September) befiehlt, jede Form von Widerstand bei Gefangenen mit Waffengewalt zu brechen. Als Kiew fällt (19. September) und die Kesselschlachten östlich der Stadt beendet sind (24. September), haben sich erneut 665 000 russische Soldaten ergeben. Da weder bei den Kesselschlachten noch jetzt für Transport, Unterbringung oder Versorgung mit Lebensmitteln sowie für ärztliche Hilfe Vorsorge getroffen ist, kommt die überwiegende Zahl der russischen Kriegsgefangenen ums Leben (bis zum Jahresende etwa zwei Millionen).

Kiew erobert: Die Kämpfe um Kiew sind trotz der Warnungen Marschall Semjon Budjonnys und des Kommissars Nikita Chruschtschow vor den hohen Verlusten weitergeführt worden, um einen Stillstand der deutschen Blitzkriegspläne herbeizuführen.

Als Kiew in deutscher Hand ist, kommt es durch Fernzündung von Minen und Sabotageakten zu Großbränden in der Stadt. Dies bietet die Gelegenheit, die Juden der Stadt als angeblich Verantwortliche zusammenzutreiben und sie bei Babi Jar von einem SS-Einsatzkommando zusammenzuschießen und in Massengräbern verscharren zu lassen. Dieser Exekution fallen am 29. September etwa 35 000 Menschen zum Opfer.

1941

OKTOBER

Mo	Di	Mi	Do	Fr	Sa	So
		1	2	3	4	5
6	7	8	9	10	11	12
13	14	15	16	17	18	19
20	21	22	23	24	25	26
27	28	29	30	31		

1. Kuomintang-Truppen schlagen die japanische Offensive bei Changla zurück.

1. In Deutschland leben noch 163 696 Juden.

2. Erstmals seit dem Angriff auf die UdSSR schwerer deutscher Luftangriff auf England.

3. Sprengung von sechs Pariser Synagogen.

3. Pius XII. wendet sich gegen Sterilisation und rassistische Ehevorschriften.

6. Austausch britischer und deutscher verwundeter Kriegsgefangener.

8. Orel in deutscher Hand.

11. US-Truppen besetzen deutsche meteorologische Stationen auf Grönland.

11. Frauen und Kinder werden aus Moskau evakuiert. →

12. Wjasma von deutschen Truppen erobert. →

15. Kalinin in deutscher Hand. →

16. Massendeportation deutscher und osteuropäischer Juden.

16. Odessa von der Roten Armee geräumt.

16. Umbildung des japanischen Kabinetts. Kriegsminister Tojo wird Ministerpräsident.

17. Verlegung der sowjetischen Regierung nach Kuibischew. →

17. Ein französisches Gericht verurteilt Blum, Daladier, Gamelin, Mandel und Reynaud zu lebenslänglicher Haft.

18. Massenhinrichtung jugoslawischer Partisanen.

19. Stadt und Region Moskau unter Belagerungszustand gestellt. →

19. Deutsche Truppen besetzen Taganrog.

21. 50 französische Geiseln erschossen.

22. Perekop in deutscher Hand.

23. Auswanderungsverbot für deutsche Juden.

23. Wechsel im sowjetischen Oberbefehl.

24. Charkow von deutschen Truppen besetzt.

25. Stillstand der deutschen Moskau-Offensive.

27. Syrien wird unabhängig.

28. Senator Taft beschuldigt Roosevelt, die USA in den Krieg zu treiben.

Angriff auf Moskau

Da wesentliche Ziele der deutschen Führung – Einschließung Leningrads und Vordringen zur Krim – erreicht worden sind und ermutigt durch den Sieg von Kiew erhält die Heeresgruppe Mitte den Befehl der deutschen Führung, die Offensive gegen Moskau aufzunehmen. Bei Anlaufen der Operation »Taifun« erklärt Adolf Hitler zur Eröffnung des Winterhilfswerks, er dürfe aussprechen, »daß dieser Gegner bereits gebrochen ist und sich nie mehr erheben wird«. Als eine Woche danach sich die Entscheidung in der Doppelschlacht von Brjansk und Wjasma abzeichnet, erklärt Pressechef Otto Dietrich: »Der Feldzug im Osten ist mit der Zertrümmerung der Heeresgruppe Timoschenko entschieden.« Die Zahl der Gefangenen liegt diesmal bei 673 000, außerdem erbeuten die Deutschen 1240 Panzer und 5410 Geschütze. Die wachsende Bedrohung für die UdSSR veranlaßt Josef Stalin zu einer Umbesetzung der Armeeführung. Marschall Semjon Timoschenko übernimmt anstelle Semjon Budjonnys das Kommando der Südwestfront und Marschall Georgi Schukow erhält den Oberbefehl über die gesamte Rote Armee. Während der Säuberungen in sibirische Zwangsarbeitslager deportierte Offiziere werden nun »zur Bewährung« an der Front eingesetzt und sowjetische Industriebetriebe aus der Ukraine und dem Raum Moskau hinter den Ural verlagert.

Da sich die deutschen Armeen unaufhaltsam der russischen Hauptstadt nähern, wird sie teilevakuiert (11. Oktober), die sowjetische Regierung geht nach Kuibischew (17. Oktober) und unter dem Eindruck gewisser Desorganisa-

Brände im eroberten Kiew.

tionserscheinungen wie Ansätzen zu Plünderungen wird die Region und die Stadt Moskau unter Belagerungszustand gestellt (19. Oktober). Stalin und das Oberkommando der Roten Armee (Stavka) bleiben in der Hauptstadt.

Begünstigt durch frische Divisionen, die aus Sibirien sowie von der iranischen und der türkischen Grenze herangeführt werden und durch anglo-amerikanische Rüstungslieferungen wächst der Widerstand der Roten Armee deutlich. Hinzu kommt die Partisanentätigkeit im Rücken der deutschen Front, gefördert durch den Abscheu, den die Einsatzkommandos der SS auslösen, und durch die Behandlung der sowjetischen Kriegsgefangenen. Noch können deutsche Panzereinheiten bis Kalinin und in Richtung Tula vordringen, dann aber beginnt die herbstliche Schlechtwetterperiode und lähmt die Offensive. Die Rote Armee erhält eine Ruhepause, um ihre Verteidigungsvorkehrungen weiterzuführen.

Meisterspion Richard Sorge in Tokio verhaftet

18. Oktober. Japanische Polizei verhaftet den Vertreter der »Frankfurter Zeitung« in Tokio, Richard Sorge. Er hat seit den zwanziger Jahren als Spion der Komintern gearbeitet und seine Tätigkeit in Japan, die ihm enge Kontakte mit und Zugang zu Regierungsstellen und zur deutschen Botschaft brachte, benutzt, um detaillierte Meldungen über die militärischen und politischen Planungen nach Moskau zu übermitteln. Anfang Oktober läßt er die Nachricht funken: »Wenn Amerika sich bis Mitte Oktober auf keinen Kompromiß einläßt, wird Japan Amerika, die malayischen Länder, Singapur und Burma angreifen.«

Der Spion Richard Sorge arbeitete in Japan für die UdSSR.

Am 15. Oktober teilt Sorge den Sowjets dann mit, die Japaner würden nach Süden vorstoßen und keinesfalls die Kwantung-Armee gegen Sibirien einsetzen. Gleichzeitig bittet er, in ein anderes Land versetzt zu werden. Die Japaner kommen ihm zuvor. Nach langer Haft und harten Verhören wird Sorge zum Tode verurteilt und im November 1944 hingerichtet. Die sowjetische Führung hat aus Sorges Nachrichten die Bestätigung, daß sie tatsächlich große Teile der gut gerüsteten und ausgebildeten sibirischen Divisionen nach Westen verlegen und gegen die deutschen Armeen einsetzen kann.

Russische Gefangene auf dem Weg zur Sammelstelle.

1941

NOVEMBER

Mo	Di	Mi	Do	Fr	Sa	So
					1	2
3	4	5	6	7	8	9
10	11	12	13	14	15	16
17	18	19	20	21	22	23
24	25	26	27	28	29	30

1. Deutsche Panzer vor Tula.

3. Beginn der Verteidigungskämpfe um Sewastopol. →

6. Maxim Litwinow wird sowjetischer Botschafter in den USA.

7. Stalin verkündet den »Großen vaterländischen Krieg«.

8. Göring verbietet die Entkollektivierung in der UdSSR und fordert russische Zwangsarbeiter für Deutschland.

13. Der britische Flugzeugträger »Ark Royal« wird bei Gibraltar versenkt.

14. US-Marinesoldaten verlassen Schanghai, Peiping und Tientsin.

15. Uraufführung von Gerhart Hauptmanns »Iphigenie in Delphi« in Berlin.

16. Die britische Garnison in Hongkong wird verstärkt.

17. Beginn der sowjetischen Gegenoffensive bei Rostow. →

18. Beginn der britischen Libyenoffensive. →

20. Landung sowjetischer Truppen auf Kertsch.

20. Auf deutsches Verlangen wird General Weygand als Oberbefehlshaber der französischen Afrikatruppen abberufen.

23. Deutsche Truppen nehmen Rostow ein.

23. Commonwealth-Truppen erobern Bardia.

24. Das Ghetto Theresienstadt wird errichtet.

25. Bulgarien, Nanking-China und andere Staaten treten dem Antikominternpakt bei.

27. Gondar, der letzte italienische Stützpunkt in Abessinien, kapituliert.

29. Rote Armee erobert Rostow zurück.

30. In Singapur wird der Ausnahmezustand verkündet, in Rangun die Garnison verstärkt.

GESTORBEN:

6. Joachim Gottschalk (* 1904), deutscher Schauspieler. →

17. Ernst Udet (* 26. 4. 1896), deutscher Fliegergeneral. →

18. Walter Nernst (* 25. 6. 1864), deutscher Physiker, Nobelpreis 1920.

22. Werner Mölders (* 18. 3. 1913), deutscher Luftwaffenoberst. →

Ernst Udet wählt den Freitod

18. November: Nach offizieller Mitteilung vom 18. November hat Generalluftzeugmeister Generaloberst Ernst Udet bei der Erprobung einer neuen Waffe am Vortag einen tödlichen Unfall erlitten. Tatsächlich hat sich Udet erschossen. Der Grund liegt in den Vorwürfen, mit denen er von Adolf Hitler, Hermann Göring und Generalinspekteur Erhard Milch überhäuft worden ist, da es ihm nicht gelingt, die Luftwaffenrüstung auf einen Stand zu bringen, der eine erfolgreiche Abwehr der britischen Bombenangriffe und die Wiedererringung der Lufthoheit über Europa erlaubt. Als Udet bei der Rückkehr aus einem Krankenurlaub feststellt, daß hinter seinem Rücken in seinem Amt Umbesetzungen vorgenommen worden sind und ihm Fälschungen bei den Jagdfliegererprobungen angelastet werden, zieht er, der sich als »Bürogeneral« immer überfordert und ungeeignet gefühlt hat, die Konsequenzen und erschießt sich. Am 22. November findet der staatlich inszenierte Trauerakt statt, an dem auch die bekanntesten deutschen Jagdflieger teilnehmen sollen.

Auf dem Weg nach Berlin prallt das Flugzeug, in dem sich der hochdekorierte Oberst Werner Mölders befindet, bei Breslau gegen einen

Am 22. November findet in Berlin das Staatsbegräbnis für Ernst Udet statt.

Schornstein. Mölders findet den Tod.

Unter dem Eindruck der Meldung von Udets Tod, in der er zunächst eine Widerstandshandlung zu erkennen glaubt, konzipiert Carl Zuckmayer – mit Udet früher befreundet, jetzt Emigrant in den USA – das Schauspiel »Des Teufels General«.

Krim überwiegend in deutscher Hand

3. November. Trotz wiederholter sowjetischer Versuche zu wirkungsvollen Gegenangriffen setzen die deutschen Armeen in Rußland nach Beginn der Frostperiode ihren Vormarsch langsam fort. Bis auf Sewastopol befindet sich die Krim in deutscher Hand, für wenige Tage kann die Heeresgruppe Süd sogar Rostow besetzen, muß sich dann aber vor der sowjetischen Gegenoffensive zurückziehen. Generalfeldmarschall Gerd von Rundstedt, der diesen Rückzug gefordert hat, muß seinen Posten an Generalfeldmarschall Walter von Reichenau abtreten, der Adolf Hitler die Genehmigung zu dieser Absetzbewegung abringen kann. Erneut stellen die deutschen Soldaten fest, daß entgegen den Propagandameldungen die Rote Armee nicht geschlagen ist.

Angriff der Briten in Nordafrika

18. November. Premierminister Winston Churchill drängt auf eine britische Offensive in Nordafrika, wo seit Ende Juni die feindlichen Truppen an der ägyptischen Grenze einander bewegungslos gegenüberstehen. Die britische Offensive der 8. Armee zum Entsatz Tobruks trifft die deutsch-italienischen Divisionen völlig überraschend, da von Generalfeldmarschall Erwin Rommel ein eigener Angriff auf die belagerte Festung für den 25. November vorgesehen ist, der nun aufgegeben werden muß. Zusätzlich leiden die deutschen und italienischen Soldaten unter Nachschubmangel. Vor allem von Malta aus werden die Geleitzüge so nachhaltig angegriffen, daß nur ein Drittel der Versorgungsgüter Afrika erreicht.

Prominentes Opfer der Rassengesetze

6. November. Der beliebte Schauspieler Joachim Gottschalk hat seit Kriegsbeginn kaum noch Beschäftigung gefunden, da er mit einer Jüdin verheiratet ist. Als er vom Staatskommissar für die preußischen Bühnen, Hans Hinkel, gedrängt wird, sich scheiden zu lassen – »Wen interessiert es schon, was aus einer Jüdin wird!« –, wählen Gottschalk und seine Frau mit ihrem Sohn den Freitod.

Obgleich das Reichspresseamt jede Erwähnung Gottschalks in deutschen Zeitungen unterbindet und das Propagandaministerium ein Verbot ausspricht, an der Beisetzung teilzunehmen, fügen sich Kollegen Gottschalks, unter anderen Brigitte Horney, René Deltgen und Gustav Knuth, dieser Anordnung nicht.

Mo	Di	Mi	Do	Fr	Sa	So
1	2	3	4	5	6	7
8	9	10	11	12	13	14
15	16	17	18	19	20	21
22	23	24	25	26	27	28
29	30	31				

1. Hitler verwirft den Plan einer russischen Freiwilligen-Armee.

4. Sonderstrafrecht für Polen und Juden.

5. Britische Kriegserklärung an Finnland, Ungarn und Rumänien.

7. Japanischer Angriff auf Pearl Harbor. →

7. »Nacht- und Nebel-Erlaß«. →

8. Kriegserklärung der USA an Japan. →

8. Japanischer Luftangriff auf Singapur und Beginn der Offensive gegen Hongkong.

8. Siam kapituliert vor den japanischen Truppen.

9. Japaner landen auf Luzon und in Nordburma.

9. Sowjetische Truppen erobern Tichwin zurück.

10. Japaner versenken die britischen Schlachtschiffe »Prince of Wales« und »Repulse«.

11. Kriegserklärung Deutschlands und Italiens an die USA. →

11. Japanisch-chinesische Kämpfe um Kanton.

13. Hinrichtung 100 französischer Geiseln.

17. Nach der japanischen Landung auf Borneo sprengen britische Soldaten die Ölpumpen.

18. Rommel tritt den Rückzug in Nordafrika an.

19. Hitler übernimmt den Oberbefehl über das Heer.

20. Japaner landen auf Mindanao.

20. Goebbels ruft zur Spende von Winterkleidung für das deutsche Heer an der Ostfront auf.

22. Konferenz zwischen Churchill und Roosevelt in Washington.

25. Hongkong kapituliert. →

27. Japaner auf Sarawak und Mindanao auf dem Vormarsch.

30. Gandhi tritt vom Vorsitz der Volkskongreßpartei zurück.

31. Bis zum Jahresende werden in Deutschland 11 405 Linksoppositionelle verhaftet.

GESTORBEN:

15. Hans Kerrl (* 11. 12. 1887), deutscher Reichsminister für kirchliche Angelegenheiten.

29. Luigi Albertini (* 19. 10. 1871), italienischer Historiker und Politiker.

Beim Angriff der Japaner auf Pearl Harbor werden große Teile der amerikanischen Pazifikflotte zerstört.

Japaner überfallen Pearl Harbor

7. Dezember. Die japanisch-amerikanischen Verhandlungen scheitern im November an dem China-Problem: Japan will die Auseinandersetzung mit der Kuomintang-Regierung weiterführen und die USA sind entschlossen, Tschiang Kai-schek auch weiterhin Hilfe zukommen zu lassen, das heißt, Japan ist nicht bereit, seine Expansionspolitik in Ostasien aufzugeben, und die USA stellen sich der japanischen Aggression entgegen.

Obgleich die Gespräche offiziell noch weitergeführt werden, weiß die US-Regierung aus entzifferten japanischen Geheimtelegrammen, daß in Asien ein neuer Angriff der Japaner bevorsteht. Zeit und Ziel sind unbekannt. Die japanische Regierung beschließt den Angriff auf Pearl Harbor.

Es gelingt, japanische Flotteneinheiten der Beobachtung der Amerikaner zu entziehen, während die Invasionstruppen gegen Malaya, Burma, Niederländisch-Ostindien und die Philippinen offen in Bewegung gesetzt werden. In Kenntnis dieser Truppenbewegungen telegrafiert der amerikanische Präsident Franklin D. Roosevelt an Kaiser Hirohito (6. Dezember) und bittet ihn, »die traditionelle Freundschaft wiederherzustellen und zu verhindern, daß in der Welt Tod und Vernichtung noch weiter um sich greifen«.

Das Telegramm erreicht den Tenno nicht mehr. Die Dechiffrierung der japanischen Kriegserklärung verzögert sich in der Washingtoner Botschaft. Unvermittelt brechen japanische Flugzeuge über den Stützpunkt Pearl Harbor herein und zerstören 188 amerikanische Flugzeuge und fünf Schlachtschiffe; drei Schlachtschiffe, drei Kreuzer und vier Zerstörer werden beschädigt. Die amerikanische Pazifikflotte ist gelähmt. Doch in den Vereinigten Staaten ist der Bann gebrochen. Die USA erklären Japan den Krieg, das zunächst seine Vorteile unbehindert nutzt mit weiträumigen Landungen und Eroberungen. Schon einen Tag nach Kriegsbeginn kapituliert Siam. Und die britische Kronkolonie Hongkong fällt Weihnachten an die Japaner. Ein Blitzkrieg in Fernost scheint zu beginnen. Da Adolf Hitler ohne sichere Kenntnis der nächsten japanischen Schritte am 5. Dezember dem Achsenpartner deutschen Beistand zugesagt hat, erklärt das Deutsche Reich den USA den Krieg.

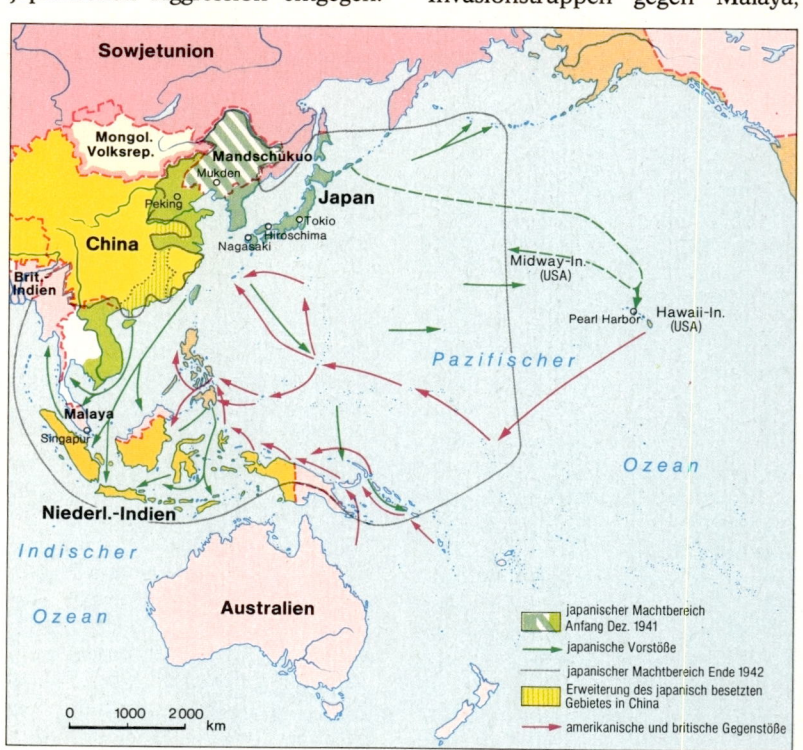

Kriegsschauplatz Pazifik. Die Japaner erringen zunächst Erfolge.

Debakel vor Moskau

5. Dezember. Die Spitzen der Heeresgruppe Mitte gelangen bis Dimitrov und Krasjana Poljana, 30 Kilometer vom Zentrum Moskaus entfernt; doch schon am 1. Dezember hat Generalfeldmarschall Fedor von Bock warnend festgestellt: »Kraft der Truppe völlig erschöpft.« An einen Zusammenbruch des Gegners sei nicht zu denken. Die eigene Heeresgruppe hält der Befehlshaber weder für die Einschließung Moskaus noch auch nur zu Abwehrkämpfen fähig. Bei einer Gesamtfront von 1000 Kilometer Ausdehnung steht eine Division als Reserve zur Verfügung. »In dieser Aufstellung hält sie bei dem hohen Führerausfall und mit ihrer abgesunkenen Gefechtsstärke einem nur mit einiger Planmäßigkeit geführten Angriff nicht mehr stand.« Dieser befürchtete Angriff beginnt am 5. Dezember und trifft die deutschen Soldaten in ungeschütztem Gelände bei ungewohnter Kälte mit aller Heftigkeit.

Vor den ungestümen Angriffen der sowjetischen Divisionen – Soldaten und Arbeiterbataillone – zieht sich die Heeresgruppe Mitte im Laufe der nächsten Wochen 250 Kilometer zurück. Moskau ist nicht erobert worden und wird auch nicht mehr gefährdet.

Bei der Heeresgruppe Nord weist ein Lagebericht (8. Dezember) auf die zahlenmäßige Überlegenheit der sowjetischen Einheiten und »die immer stärker werdende Schrumpfung« eigener Verbände. Erstmals seit Beginn des Ostfeldzugs ist die Rote Armee in der Lage, das Geschehen zu bestimmen. Dagegen befiehlt Adolf Hitler am 8. Dezember den Übergang zur Verteidigung, und als die deutschen Einheiten von den sowjetischen Truppen zum Rückzug gezwungen werden, verlangt er (16. Dezember), die deutschen Soldaten »zum fanatischen Widerstand in ihren Stellungen zu zwingen, ohne Rücksicht auf durchgebrochenen Feind in Flanke und Rücken«.

Da Hitler die Operationen der Armeen und Divisionen vollends selbst bestimmt, nimmt der Oberbefehlshaber des Heeres, Walther von Brauchitsch, den Abschied. Mit ihm muß auch Fedor von Bock gehen, an dessen Stelle Feldmarschall Günther von Kluge tritt. Da der Rückzug kein Ende findet und die Truppenführer zum Schutz ihrer Mannschaften eigenmächtig handeln, ruft Hitler Generaloberst Heinz Guderian ab und läßt Generaloberst Erich Hoepner aus der Armee ausstoßen.

»Quax der Bruchpilot«; der heitere Rühmann-Film soll das Interesse der deutschen Jugend am Flugsport wecken. Die Regie führt Kurt Hoffmann. Heinz Rühmann (rechts im Bild) ist ein leidenschaftlicher Pilot, er fliegt selbst eine zweisitzige Sportmaschine. Der Film wird ein großer Erfolg.

Zu den besten Filmen, die in diesem Jahr Premiere haben, gehört der amerikanische Streifen »Citizen Kane«, die Geschichte eines Zeitungskönigs. Regisseur, Autor und Hauptdarsteller ist Orson Welles (links im Bild mit Joseph Cotten). Die Parallele zu dem Verleger William Randolph Hearst erregt Aufsehen.

Schnee und Kälte bringen den deutschen Vormarsch zum Stillstand.

Keitel für harte Besatzungspolitik

7. Dezember. Um den trotz der bisherigen Geiselnahmen und Erschießungen fortdauernden Widerstandsbewegungen in den besetzten Gebieten begegnen zu können, ordnet Generalfeldmarschall Wilhelm Keitel an, mit neuen Maßnahmen gegen »Angriffe auf das Reich oder die Besatzungsmacht« vorzugehen. Nicht Freiheitsstrafen, sondern Todesurteile und ein Vorgehen, das »die Bevölkerung über das Schicksal des Täters im Ungewissen halte«, würden abschreckende Kraft haben. Später, im Februar 1942, ordnet Keitel zur Durchführung an, die Beschuldigten heimlich nach Deutschland zu bringen und über ihren Verbleib jede Auskunft zu verweigern. Die Verhafteten werden ins KZ gebracht, wo sie bis zu ihrem Tod oder in selteneren Fällen bis zur Befreiung 1945 ohne Kontakt zur Außenwelt bleiben.

Generalfeldmarschall Wilhelm Keitel, Vollstrecker der Befehle Hitlers.

Mo	Di	Mi	Do	Fr	Sa	So
				1	2	3	4
5	6	7	8	9	10	11
12	13	14	15	16	17	18
19	20	21	22	23	24	25
26	27	28	29	30	31	

1. In Deutschland leben noch 131 823 Juden.

1. Philippe Pétain bittet die deutsche Regierung um Erleichterung der Lebensbedingungen in Frankreich.

1. 26 Nationen unterzeichnen in Washington einen Pakt, keinen Sonderfrieden mit den Achsenmächten zu schließen.

1. Die US-Truppen räumen Manila.

7. Rückzug des Afrikakorps in Richtung Tripolis.

9. Die sowjetische Offensive dringt bis östlich Smolensk vor.

10. Hitler ordnet an, die Rüstung wieder auf den Heeresbedarf auszurichten.

11. Japanische Truppen landen in Niederländisch-Borneo und auf der Ölinsel Tarnaka; in Malaya besetzen sie Kuala Lumpur.

13. Operation »Paukenschlag« deutscher U-Boote vor der Küste der USA.

15. Die Heeresgruppe Mitte darf sich in die Winterstellung zurückziehen.

15. Nehru wird Gandhis Nachfolger in der Führung des indischen Volkskongresses.

16. Beginn der panamerikanischen Konferenz in Rio de Janeiro.

17. Britische Truppen erobern den Halfaya-Paß in Nordafrika und machen 5000 Gefangene.

18. Deutsch-italienisch-japanische Militärkonvention über die Abgrenzung der Operationsgebiete. →

18. Sowjetische Offensive bei Charkow; bei Demjansk werden 95 000 deutsche Soldaten eingeschlossen.

19. Japanische Offensive in Burma. →

20. »Wannsee-Konferenz« über die »Endlösung«. →

21. Beginn der deutschen Gegenoffensive in Nordafrika.

26. US-Truppen landen in Nordirland.

29. Britische Truppen räumen Bengasi in Nordafrika.

GESTORBEN:

17. Walter von Reichenau (* 8. 10. 1884), deutscher Generalfeldmarschall.

»Endlösung« beschlossen

20. Januar. In der deutschen Dienststelle der Interpol in Berlin »Am Großen Wannsee 56/58« findet unter Vorsitz Reinhard Heydrichs eine Konferenz der Vertreter von SS-Dienststellen, der Reichs- und der Parteikanzlei, des Ost- und des Innenministeriums, des Justizministeriums und des Auswärtigen Amts sowie des Beauftragten für den Vierjahresplan statt. Thema ist die »Endlösung« der Judenfrage, die allerdings längst in Angriff genommen worden ist. So hat die Einsatzgruppe A im Bereich der Heeresgruppe Nord 136 421 Juden – Männer, Frauen und Kinder – bis zum November 1941 exekutiert, die Einsatzgruppe B im Bereich der Heeresgruppe Mitte 45 467, die Einsatzgruppe C bis zum Dezember im Bereich der Heeresgruppe Süd 95 000 sowie die Einsatzgruppe D auf der Krim 92 000. Gegenüber einigen Protesten der Soldaten haben Feldmarschälle wie Walter von Reichenau erklärt, man solle »für die Notwendigkeit der harten, aber gerechten Sühne am jüdischen Untermenschentum volles Verständnis haben«. In der Konferenz wird die Situation von »Mischlingen 1. Grades« erörtert, die wie Juden behandelt und möglicherweise sterilisiert werden sollen, sowie die Gleichstellung von »Mischlin-

Reinhard Heydrich.

gen 2. Grades« mit »Deutschblütigen«, wobei gegen Angehörige dieser Gruppe, wenn sie durch ihr Benehmen auffallen, wie gegen Juden vorzugehen ist. Zur Behandlung der Juden sagt Heydrich unter anderem: »Unter entsprechender Leitung sollen im Zuge der Endlösung die Juden in geeigneter Weise im Osten zum Arbeitseinsatz kommen. In großen Arbeitskolonnen, unter Trennung der Geschlechter, werden die arbeitsfähigen Juden

straßenbauend in diese Gebiete geführt, wobei zweifellos ein Großteil durch natürliche Verminderung ausfallen wird. Der allfällig endlich verbleibende Restbestand wird, da es sich bei diesem zweifellos um den widerstandsfähigsten Teil handelt, entsprechend behandelt werden müssen, da dieser, eine natürliche Auslese darstellend, bei Freilassung als Keimzelle eines neuen jüdischen Aufbaues anzusprechen ist. (Siehe die Erfahrung der Geschichte.)« Für Juden, die nicht arbeitsfähig sind, lautet auch ohne protokollarische Fixierung das Urteil: Alsbaldige Vernichtung. Eine Ausnahme soll mit über 65jährigen Juden, Schwerkriegsbeschädigten und Inhabern militärischer Auszeichnungen vom Eisernen Kreuz I. Klasse an gemacht werden; sie werden nach Theresienstadt »überstellt«; aber das Lager bedeutet für viele nur eine Durchgangsstation vor der Ermordung. Auch wenn das Wort Liquidation im Konferenzprotokoll nicht vorkommt, so besteht kein Zweifel, daß die Beteiligten wissen, was mit »Endlösung« und »Sonderbehandlung« gemeint ist. In einer Rede am 30. Januar sowie in einer Adresse zum Parteigründungstag am 24. Februar bezieht sich auch Hitler ausdrücklich auf die Vernichtung der Juden.

Mindestzahlen der Toten in den Vernichtungslagern	
Auschwitz	3 000 000 Menschen
Treblinka	750 000 Menschen
Belzec	600 000 Menschen
Chelmno	300 000 Menschen
Maidanek	250 000 Menschen
Sobibor	250 000 Menschen

Selektion – Auswahl für Vergasung oder Zwangsarbeit – jüdischer Menschen vor Auschwitz-Birkenau.

Achsenmächte trennen ihre Operationsgebiete

18. Januar. Die Generalstäbe der Achse legen als Grenze zwischen ihren Operationsgebieten den 70. Grad östlicher Länge fest. Damit gehört offiziell Madagaskar in die deutsche und Indien in die japanische Interessensphäre. Tatsächlich wird über das künftige Schicksal dieser Regionen keine Einigung erzielt. Auch die Kontakte der militärischen Führungen beschränken sich in der Folge nur auf Mitteilungen über eingeleitete Maßnahmen, so daß im Gegensatz zur koordinierten Kriegführung der Alliierten lediglich von Parallelkrieg zu sprechen ist.

Japaner auf dem Vormarsch

19. Januar: Die Japaner befinden sich in Südostasien in schnellem Vormarsch und dringen gemeinsam mit siamesischen Truppen in Burma ein (ab 25. Januar besteht Kriegszustand zwischen Großbritannien und Siam). Der burmesische Premierminister U Maung Saw wird von den britischen Behörden interniert (18. Januar), da sie ihn verdächtigen, mit Japan zusammenzuarbeiten, um die Unabhängigkeit Burmas zu erreichen.

In Niederländisch-Indien und auf den Philippinen kämpfen sich die Japaner weiter nach Süden vor, so daß die australische Bundesregierung die USA und Großbritannien zur Hilfe gegen die Bedrohung des Kontinents auffordert. Die Amerikaner starten am 30. Januar ein Stoßtruppunternehmen gegen die japanischen Stützpunkte auf den Marschall- und Gilbertinseln.

Egk aufgeführt

13. Januar. In der Frankfurter Oper findet die Uraufführung von Werner Egks »Columbus«, eines melodramatisch-epischen Werks, statt, das ursprünglich ein Rundfunk-Oratorium war. Der Text orientiert sich an zeitgenössischen Dokumenten, die Komposition geht zum Teil auf spanische Musik zurück.

1942

FEBRUAR

Mo	Di	Mi	Do	Fr	Sa	So
						1
2	3	4	5	6	7	8
9	10	11	12	13	14	15
16	17	18	19	20	21	22
23	24	25	26	27	28	

1. Die britischen Truppen in Malaya werden zum Rückzug nach Singapur gezwungen. →

1. Vidkun Quisling wird norwegischer Ministerpräsident.

3. Japanischer Luftangriff auf den Hafen Surabaja.

4. Lord Beaverbrook wird britischer Rüstungsminister.

7. Die deutsche Libyen-Offensive kommt bei El Gazale zum Stehen.

9. Tschiang Kai-schek trifft zu Beratungen mit dem britischen Vizekönig Sir Stafford Cripps in Indien ein.

10. Bildung eines alliierten Kriegsrats für den Pazifik.

11. Die deutschen Kriegsschiffe »Gneisenau«, »Scharnhorst« und »Prinz Eugen« durchbrechen die britische Blockade vor dem Hafen Brest.

12. Albert Speer wird zum Reichsminister für Bewaffnung und Munition ernannt.

14. Japanische Fallschirmjäger springen über Sumatra ab.

14. Cornelius Warmerdam stellt in Boston mit 4,77 m einen neuen Weltrekord im Stabhochsprung auf.

15. Singapur kapituliert. →

16. Deutsche U-Boote beschießen Ölraffinerien auf Aruba und versenken drei Tanker.

19. Japanischer Luftangriff auf Port Darwin.

20. Beschluß, 625 000 Ostarbeiter nach Deutschland zu schaffen.

23. Tagesbefehl Stalins an die Rote Armee: »Die Hitler kommen und gehen, aber das deutsche Volk bleibt.«

23. Japanische U-Boote beschießen amerikanische Ölraffinerien westlich von Santa Barbara.

24. Attentat auf Botschafter von Papen in Ankara.

27. Pétain versichert den USA, die französische Flotte werde nicht in deutsche Hände fallen.

GESTORBEN:

8. Fritz Todt (* 4. 9. 1891), deutscher Ingenieur, Reichsminister für Bewaffnung und Munition.

23. Stefan Zweig (* 28. 11. 1881), österreichischer Schriftsteller. →

23. August von Parseval (* 5. 2. 1861), deutscher Luftfahrtingenieur.

Singapur kapituliert

15. Februar. Die Japaner drängen die britischen Truppen in Malaya nach Singapur zurück, schneiden der Kronkolonie die Wasserzufuhr ab und setzen auf die zum Land hin ungeschützte Insel über, deren Kommandant bedingungslos kapitulieren muß. Wenige Tage später erhält die Stadt den neuen Namen »Shonun« (Licht des Südens), und Ministerpräsident Heihachiro Togo erklärt, der Fall der Festung ermögliche den japanischen Truppen die Eroberung Burmas, Chinas, Indiens, Niederländisch-Indiens, Australiens und Neuseelands – und zwar in dieser Reihenfolge. Zudem können die Japaner in der Java-See die alliierte Flotte unter Admiral Doorman (sechs Kreuzer, ein kleiner Flugzeugträger und zwölf Zerstörer) völlig vernichten, so daß Indonesien ungeschützt ist; doch ein massiver Luftangriff auf die Pazifikinsel Wake durch amerikanische Trägerflugzeuge zeigt, daß die Alliierten sich nicht geschlagen geben.

Japaner nehmen vor Singapur englische Soldaten gefangen.

Prozeß gegen Politiker in Riom

19. Februar. In Riom bei Clermont-Ferrand eröffnet der Oberste Gerichtshof Vichy-Frankreichs einen Prozeß gegen die »für die Niederlage Verantwortlichen«, unter anderem gegen Edouard Daladier, Léon Blum und Maurice-Gustave Gamelin. Es gelingt jedoch nicht, wie beabsichtigt, die dritte Republik verächtlich zu machen, vielmehr verkehren die Angeklagten die Fronten und erheben schwere Vorwürfe gegen die maßgebenden Politiker des neuen Staatswesens, auch gegen Philippe Pétain. Adolf Hitler ist über den Prozeßverlauf empört, da »mit keinem Wort die Schuld der Verantwortlichen für diesen Krieg beklagt wird, sondern ausschließlich die zu geringe Vorbereitung«. Am 14. April wird der Prozeß auf unbestimmte Zeit vertagt und im Juni 1943 eingestellt. Zu diesem Zeitpunkt befinden sich die Hauptangeklagten in deutscher KZ-Haft.

Stefan Zweig begeht Selbstmord

23. Februar. In Petropolis (Brasilien) scheidet der vielseitige Schriftsteller Stefan Zweig freiwillig aus dem Leben. Zweig hat als Lyriker, Erzähler, Essayist, Biograph und Dramatiker unter dem Einfluß des Impressionismus gearbeitet; bedeutend ist er vor allem durch seine biographischen Darstellungen mit an Freud orientierter Psychologisierung geworden. Freuds Psychoanalyse wirkt vor allem in seinen Novellen nach, die Gefühlsleben analysieren, zum Beispiel »Angst« (1920), »Amok« (1922), »Verwirrung der Gefühle« (1927). 1938 hat Zweig Wien verlassen und ist über England nach Brasilien gelangt. Dies Schicksal ist in der 1941 erschienenen »Schachnovelle« verarbeitet. Zweigs letzte Arbeit, seine Autobiographie »Die Welt von gestern«, gibt einen Eindruck vom Zusammenbrechen der habsburgischen Völkerfamilie.

1942
MÄRZ

Mo	Di	Mi	Do	Fr	Sa	So
						1
2	3	4	5	6	7	8
9	10	11	12	13	14	15
16	17	18	19	20	21	22
23	24	25	26	27	28	29
30	31					

1. Lebensmittelrationierungen in der Schweiz. →

3. Britischer Luftangriff auf die Renault-Werke in Billancourt.

4. Luftangriff der Amerikaner auf die Marcus-Insel.

5. Sowjetische Truppen erobern Yuknow bei Rschew.

7. Freifranzösische Truppen erobern Außenposten in Libyen.

8. Die niederländischen Streitkräfte auf Java kapitulieren.

9. 20 französische Kommunisten werden als Geiseln nach der Tötung eines deutschen Postens erschossen.

9. Die Japaner erobern Finschhafen auf Neuguinea.

10. Britischer Luftangriff auf die Stadt Essen.

11. Brasilien beschlagnahmt Investitionen der Achsenmächte als Ausgleich für die Versenkung brasilianischer Handelsschiffe.

16. Die Konzentrationslager werden dem SS-Wirtschaftshauptamt unterstellt.

16. Errichtung des Vernichtungslagers Belzec.

16. Mitglieder der verbotenen »Nationalen Front« werden in der Schweiz wegen Propagandatätigkeit zu Haftstrafen verurteilt.

17. General MacArthur trifft als Oberkommandierender der alliierten Streitkräfte im Südwestpazifik in Australien ein. →

20. Australien und Neuseeland verlangen Gleichberechtigung im alliierten Kriegsrat.

23. Stafford Cripps verhandelt mit den Führern des Indischen Volkskongresses.

23. Die Japaner besetzen die Andamanen im Bengalischen Golf.

26. Anordnung zur Kennzeichnung jüdischer Wohnungen in Deutschland.

28. 320 Tote gibt es bei einem Flächenangriff britischer Bomber auf Lübeck. →

GESTORBEN:

3. Amadeo Herzog von Aosta (* 21. 10. 1898), italienischer Vizekönig in Abessinien.

12. Robert Bosch (* 23. 8. 1861), deutscher Industrieller.

12. William Henry Bragg (* 2. 7. 1862), englischer Physiker, Nobelpreis 1915.

320 Tote bei Angriff auf Lübeck

28. März. Die britische Luftwaffe untersteht seit Februar Luftmarschall Arthur D. Harris (»Bomber-Harris«). Er läßt die Bomber nicht mehr in Wellen angreifen, sondern verlangt massierte Flächenbombardierung. Als erste deutsche Stadt wird hiervon Lübeck betroffen. »Mit starker Anteilnahme« reagiert laut SD-Berichten die Bevölkerung auf den Angriff. Nur eine Minderheit weiß, daß die angegebenen Verluste von 50 Toten und 200 Verletzten aus Sorge vor Panikreaktionen zu gering sind: Tatsächlich werden 320 Personen getötet und 785 verletzt; die Zahl der zerstörten Wohnhäuser beträgt 1044. Die deutsche Propaganda vermeidet es, das Debakel der Luftverteidigung einzugestehen, statt dessen verweist sie auf die Vernichtung von Kulturdenkmälern. Damit werden die »Baedeker«-Angriffe auf England vorbereitet.

Lübeck – im Vordergrund der Dom – nach dem Luftangriff.

Veit Harlan dreht den »Großen König«

Otto Gebühr als Friedrich II.

3. März. Mit Otto Gebühr in der Titelrolle sowie Kristina Söderbaum, Hilde Körber, Elisabeth Flickenschild, Paul Wegener, Paul Henckels und Gustav Fröhlich hat Veit Harlan den Film »Der Große König« gedreht, um zur staatlich verordneten Verherrlichung Friedrichs des Großen beizutragen: »Für den Film ›Der große König‹ wurde mir alles zur Verfügung gestellt, was ich für notwendig hielt. Ich bekam 5000 Pferde, als ich sie brauchte, und ich durfte mit echten Soldaten Schlachten jeden Ausmaßes drehen. Auf Geld kam es nicht an. Der SS-General Daluege stellte mir nahezu die gesamte Berliner Polizei zur Verfügung.«

Harlan zeigt einen einsamen, von Fehlschlägen getroffenen König, der gegen die Pläne und Ratschläge seiner Generale den Krieg schließlich zu einem siegreichen Ende führt. Zuschauer sehen im Film »ein Spiegelbild unserer Zeit«. Charakteristisch für die Gesamttendenz ist die Aussage: »Am Sieg zweifeln, das ist Hochverrat!«

MacArthur verläßt die Philippinen

11./17. März. General Douglas MacArthur erhält den Befehl, die Philippinen zu verlassen, wo er die hoffnungslose Verteidigung der Halbinsel Bataan gegen die Japaner leitet. Er geht als Oberbefehlshaber der alliierten Truppen nach Australien, um die Koordination der Alliierten in die Wege zu leiten. Beim Verlassen der Philippinen soll MacArthur gesagt haben: »Ich schwöre es, ich komme wieder.«

Kommandoeinsatz gegen St-Nazaire

28. März. Eine britische Kommandoeinheit greift die Schleusenanlagen von Saint-Nazaire in Frankreich an, die der deutschen Kriegsmarine als U-Boot-Stützpunkt und Dock dienen. Mit einem alten US-Zerstörer und 18 Motorbooten dringt das Kommando in die Loire ein. Der mit Sprengstoff beladene Zerstörer rammt die Hauptschleuse, aber die meisten Besatzungen werden bei der Landung überwältigt; nur vier Motorbooten gelingt die Rückkehr nach England. Der Zerstörer »Campbell« explodiert nach mehreren Stunden und beschädigt entgegen den deutschen Meldungen die Dockanlage des Stützpunktes erheblich.

Lebensmittel in der Schweiz knapp

1. März. Die Lebensmittellage in der Schweiz wird kritisch, da infolge der Kriegsentwicklung die erforderlichen Importe Schwierigkeiten bereiten. Der Bundesrat beschließt, die Nahrungsmittel Brot, Fleisch und Milch zu rationieren.

APRIL

Mo	Di	Mi	Do	Fr	Sa	So
		1	2	3	4	5
6	7	8	9	10	11	12
13	14	15	16	17	18	19
20	21	22	23	24	25	26
27	28	29	30			

1. In Deutschland leben noch 51 257 Juden.

2. Japanische Flottenoperationen um Ceylon.

3. US-Luftangriff auf japanische Andamanen-Stützpunkte.

3. Die USA erkennen die freifranzösischen Verwaltungen in Kamerun und Äquatorialafrika an.

5. OKW-Weisung, die Sommeroffensive auf den Kaukasus zu konzentrieren.

5. Amtsniederlegung 5000 norwegischer Geistlicher als Protest gegen Quisling.

7. Die Sowjets stellen die Eisenbahnverbindung zu Leningrad wieder her.

8. Beratungen in London über die Errichtung einer 2. Front zur Unterstützung der UdSSR.

12. Cripps gibt das Scheitern seiner Indienmission bekannt.

14. Die Vergnügungssteuern in England werden verdoppelt.

16. Rundstedt wird zum Oberbefehlshaber West mit Zuständigkeit für den Atlantikwall ernannt.

17. Britischer Tagesangriff auf Augsburg.

18. US-Luftangriff auf Tokio. →

18. Kabinettsumbildung in Vichy mit Ämterkumulation Lavals.

20. Das OKW billigt die Aufstellung einer kaukasischen und einer turkmenischen Freiwilligenlegion.

23. Beginn der viertägigen britischen Bombardierung Rostocks.

23. Die deutsche Luftwaffe fliegt bis Monatsende »Baedeker«-Angriffe gegen England. →

26. In seiner letzten Sitzung billigt der Reichstag Hitler als »Oberstem Gerichtsherrn« völlige Entscheidungsfreiheit zu.

27. Gandhi wendet sich gegen die Stationierung von US-Truppen in Indien.

29. Treffen Hitlers und Mussolinis auf Schloß Kleßheim. →

29. Die Briten bombardieren Kiel und Drontheim.

29. Ein Schweizer Militärgericht verurteilt die Führer der Nationalen Front in Abwesenheit zu fünf Jahren Haft.

GESTORBEN:

15. Robert Musil (* 6. 11. 1880), österreichischer Schriftsteller.

Plakate sind vor allem in Kriegszeiten ein wichtiges Propagandamittel. Appelle an das Zusammengehörigkeitsgefühl, an die Opferbereitschaft sind die Hauptmotive Anfang der vierziger Jahre. Links ein Plakat zur Entschrottungsaktion der Betriebe, »Schrott wird neues Eisen darum her damit«, rechts ein Propagandaplakat im typischen NS-Stil.

Amerikaner bombardieren japanische Städte

18. April. Die Sicherheit der Japaner, außerhalb der Reichweite alliierter Flugzeuge zu leben, wird erschüttert, als in Tokio, Yokohama, Kobe und Nagoya 16 amerikanische Flugzeuge, die vom Träger »Hornet« gestartet sind, ihre Bombenlast abwerfen. Die Heeresbomber sind nicht zum Landen auf dem Flugzeugträger geeignet und müssen außerhalb des japanischen Einflußbereichs niedergehen.

Angriffe auf Kunstdenkmäler

23. April. Nach mehrtägigen schweren Luftangriffen auf Rostock und Zerstörung des gotischen Stadtkerns erhält die deutsche Luftwaffe den Befehl, sich gegen Städte von kulturhistorischer Bedeutung in England zu wenden, auch wenn sie militärisch unwichtig sind.

Hitler trifft sich bei Salzburg mit Mussolini

29. April. Auf Schloß Kleßheim bei Salzburg trifft Adolf Hitler mit Benito Mussolini zusammen. In der Erwartung, daß deutsch-italienische Truppen in nächster Zeit bis Kairo vordringen werden und die geplante Sommeroffensive in Rußland bis an die kaukasisch-iranische Grenze vorstößt, ist das Thema der Begegnung die künftige Politik gegenüber den Arabern und Indien. Zum Ablauf notiert der italienische Außenminister Galeazzo Ciano kritisch: »Man ist sehr herzlich zu uns, darum spitze ich die Ohren. Die deutsche Freundlichkeit steht immer in umgekehrtem Verhältnis zu ihrem Glück. . . . Aber die russische Kälte ist durch Hitlers Genie besiegt worden. Das ist wohl der stärkste Tabak, der mir jemals serviert wurde. Und morgen? Was wird die Zukunft bringen? Hierüber äußert sich Ribbentrop weniger deutlich. . . . Hitler spricht und spricht und spricht.«

Französischer General flieht aus Gefangenschaft

17. April. Der in deutsche Gefangenschaft geratene französische General Henri-Honoré Giraud, der schon im Ersten Weltkrieg aus einem deutschen Kriegsgefangenenlager entkommen konnte, flieht als alte Frau verkleidet aus der Festung Königstein. Über die Schweiz gelangt Giraud in das unbesetzte Frankreich und stellt sich Philippe Pétain zur Verfügung.

Trotz deutschen Drängens zur Rückkehr und dem Angebot, dann andere Gefangene freizugeben, weigert sich Giraud, wieder in Gefangenschaft zu gehen. Daraufhin werden alle Erleichterungen für französische Kriegsgefangene aufgehoben; außerdem besteht auf deutscher Seite die Absicht, den Geflohenen zu entführen und zu töten. Rechtzeitig gewarnt, begibt sich der General nach Nordafrika und stellt sich dort im November den Amerikanern zur Verfügung.

1942
MAI

Mo	Di	Mi	Do	Fr	Sa	So
				1	2	3
4	5	6	7	8	9	10
11	12	13	14	15	16	17
18	19	20	21	22	23	24
25	26	27	28	29	30	31

3. Verstärkung deutscher Truppen in Jugoslawien, um der Partisanentätigkeit zu begegnen.

3. Nach Sabotageakten gibt es eine Welle von Geiselerschießungen in Frankreich und den Niederlanden.

5. Vier Nächte hintereinander wird Stuttgart bombardiert.

10. Churchill warnt Deutschland vor Gaseinsatz in Rußland.

11. In dreitägigen Luftkämpfen über Malta werden 101 deutsche und italienische Flugzeuge abgeschossen.

11. Deutsche U-Boote versenken in den Mündungen von St.-Lorenz-Strom und Mississippi Handelsschiffe. →

13. Charkow wird von der Roten Armee zurückerobert.

17. Deutsche Gegenoffensive bei Charkow.

20. US-Marine und -Marinekorps rekrutieren erstmals Farbige.

23. Wilhelm Darré seines Amtes als Reichsernährungsminister enthoben.

26. Beginn der 2. Phase der deutschen Nordafrika-Offensive.

27. Attentat tschechischer Widerstandskämpfer auf Heydrich in Prag.

28. Mexiko erklärt den Achsenmächten den Krieg.

28. Ende der Kesselschlacht von Charkow.

29. Subhas Chandra Bose, militanter indischer Nationalistenführer, besucht Hitler.

30. Bildung eines Zentralen Partisanenstabes beim sowjetischen Oberkommando.

30. Erster 1000-Bomber-Angriff auf Köln.

30. Japanische U-Boote beschießen Sydney sowie Diego Suarez auf Madagaskar.

31. Deutscher Luftangriff auf Canterbury.

GESTORBEN:

3. Thorvald Stauning (* 26. 10. 1873), dänischer Ministerpräsident.

7. Felix Weingartner (* 2. 6. 1863), österreichischer Komponist.

25. Emanuel Feuermann (* 22. 11. 1902), polnisch-deutscher Cellist.

Molotow in London

26. Mai. Der sowjetische Außenminister Wjatscheslaw Molotow trifft auf dem Weg nach Washington in London ein und drängt auf die Errichtung einer 2. Front, damit eine große Zahl deutscher Divisionen im Westen zum Einsatz gebracht werde und die sowjetische Front entlaste. Winston Churchill weigert sich, entsprechende Zusagen für 1942 zu machen, da die Westalliierten für eine Invasion in Frankreich noch nicht stark genug seien. Einen weiteren Rückschlag erlebt die UdSSR, als Großbritannien auf Drängen Franklin D. Roosevelts nicht bereit ist, sowjetische Annexionen über die Grenzen von 1938 hinaus anzuerkennen. Statt dessen wird ein zwanzigjähriger Freundschafts- und Verteidigungspakt geschlossen, in dem ausdrücklich der Verzicht auf territoriale Erweiterungen und Einmischung in die Innenpolitik anderer Staaten erklärt wird.

Ben Gurion fordert Commonwealth

12. Mai. In New York erklärt der Führer der Zionisten, David Ben Gurion, in Hinblick auf die Unsicherheit für die Juden müsse nach dem Krieg in Palästina ein jüdisches Commonwealth entstehen.

Goldbarren auf dem Meeresboden

1. Mai. Nach einem Geleitzuggefecht sinkt der Kreuzer »Edinburgh«. An Bord befinden sich 431 Goldbarren, mit denen die UdSSR die britischen und amerikanischen Kriegslieferungen bezahlen will.

11. Mai. In den Mündungen von St. Lorenz und Mississippi versenken deutsche U-Boote Handelsschiffe. Anfang des Jahres haben sie den Auftrag erhalten, vor der Küste der Vereinigten Staaten zu operieren. Bis zur Mitte des Jahres versenken sie über drei Millionen Bruttoregistertonnen. Oben: Ein U-Boot vor der amerikanischen Küste. Unten: Ein zerstörter amerikanischer Tanker.

Gespräche über den Widerstand in Deutschland

26. Mai. In Stockholm treffen die evangelischen Pastoren Dietrich Bonhoeffer und Schönfeld mit dem anglikanischen Bischof von Chichester, Bell, zusammen, um ihm über Absichten und Stärke des Widerstands gegen Hitler in Deutschland zu berichten; so haben frühere Funktionäre der Arbeiterbewegung ein Verbindungsnetz geschaffen, das ihnen »Schlüsselstellungen in großen Städten wie Berlin, Hamburg und Köln und über das ganze Land hin erlaube«. Während Bonhoeffer deutlich eine deutsche Niederlage voraussetzt, möchte Schönfeld gewisse Zusicherungen wie Verhandlungen mit der künftigen deutschen Regierung. Als Programm der Opposition übermittelt Schönfeld: »Wiederherstellung des Rechtsstaates in Deutschland mit weitgehender Dezentralisation; Wirtschaftsgemeinschaft in Europa als stärkste Sicherung gegen Militarismus; Schaffung einer Föderation freier Nationen, zu denen auch Polen und die Tschechoslowakei gehören sollen; europäische Armee unter einer neutralen Autorität.« Der britische Außenminister Eden nimmt den entsprechenden Bericht Bells entgegen; doch politische Reaktionen bleiben aus, da die englische Regierung meint, im Gegensatz zu anderen europäischen Nationen sei bisher von der Existenz eines Widerstands in Deutschland wenig zu spüren.

Erste Selektion im KZ Birkenau

Die Vernichtung der europäischen Juden im Sinn der nationalsozialistischen »Endlösung« (→ Januar 1942) tritt in ein neues Stadium: Erstmals wird in Birkenau, Nebenlager von Auschwitz, eine Selektion ausgeführt, das heißt eine Aufteilung der Häftlinge in für Zwangsarbeit noch Geeignete und solche, die sogleich getötet werden. Im Hauptlager findet die erste Massenvergasung statt: 1500 Männer und Kinder aus Sasnovice müssen nach ihrer Einlieferung sofort in die Todeskammern gehen.

1942

JUNI

Mo	Di	Mi	Do	Fr	Sa	So
1	2	3	4	5	6	7
8	9	10	11	12	13	14
15	16	17	18	19	20	21
22	23	24	25	26	27	28
29	30					

1. Luftangriff auf das Ruhrgebiet, insbesondere auf Essen.

3. Dritter deutscher Angriff auf Sewastopol eingeleitet.

3. Beginn der Seeschlacht bei den Midway-Inseln.

7. Japanische U-Boote beschießen Sydney.

7. Japanische Truppen landen auf den Aleuten-Inseln Attu und Kiska.

8. Japanische U-Boote beschießen das australische Newcastle.

10. Vernichtung des tschechischen Dorfes Lidice. →

10. Freifranzösische Truppen räumen Bir Hakim in Nordafrika. →

10. Die letzten jüdischen Schulen in Deutschland werden geschlossen.

11. Unterredung Roosevelts mit Molotow in Washington.

12. Hitler billigt den Generalplan Ost. →

13. In Zürich wird erstmals in deutscher Sprache Arthur Honeggers Oper »Johanna auf dem Scheiterhaufen« aufgeführt.

13. Schwere britische Panzerverluste bei Knightsbridge in Nordafrika. →

18. Zweite Washingtoner Konferenz zwischen Churchill und Roosevelt.

20. Deutsche Truppen erobern Tobruk. →

25. Das Hauptquartier der US-Streitkräfte in Großbritannien wird Generalmajor Eisenhower unterstellt.

25. 1000-Bomber-Angriff auf Bremen.

28. Deutsche Offensive im Südabschnitt der Ostfront.

28. Schlacht bei Marsa Matruh in Nordafrika. →

30. Deutsche Truppen stehen vor El Alamein. →

30. Göring ordnet Verbesserung der Arbeitsbedingungen für Ostarbeiter an.

GESTORBEN:

4. Reinhard Heydrich (* 7. 3. 1904), deutscher Politiker, »Reichsprotektor« in Böhmen-Mähren (Opfer eines Attentats). →

14. Heinrich Vogeler (* 12. 12. 1872), deutscher Maler und Kunsthandwerker. →

Das Dorf Lidice wird ausgelöscht

Am 4. Juni stirbt Reinhard Heydrich, »Reichsprotektor« in Böhmen und Mähren, an den Verletzungen, die ihm eingeflogene tschechische Widerstandskämpfer zugefügt haben, um »Repressalien zu provozieren und den Haß gegen die Besatzung zu verstärken und mehr Menschen zum Widerstand anzuhalten«. Während für ihn ein pomphaftes Staatsbegräbnis stattfindet, läuft eine umfangreiche Vergeltungsaktion an. Hitler droht dem tschechischen Staatspräsidenten Emil Hácha: »Nichts kann mich daran hindern, aus Böhmen und Mähren einige Millionen Tschechen auszusiedeln, sollten sie kein ruhiges Zusammenleben wünschen.« Hingerichtet wird der gleich nach Heydrichs Amtsübernahme im Vorjahr verurteilte Protektoratsministerpräsident Alois Elias. Standgerichte verurteilen bis zum 1. September 1357 Männer und Frauen zum Tode. Über das Schicksal Lidices, eines Dorfes bei Kladno, wo einer der Attentäter eine Nacht verbracht hat, berichtet die Staatspolizeileitstelle Prag: »Die

Alle männlichen Einwohner von Lidice über 15 Jahre werden getötet.

Ortschaft, die aus 95 Häusern besteht, wurde vollständig niedergebrannt, 199 männliche Einwohner über 15 Jahren wurden an Ort und Stelle erschossen, 184 Frauen in das Konzentrationslager Ravensbrück, 7 Frauen in das Polizeigefängnis Theresienstadt, 4 schwangere Frauen in das Krankenhaus in Prag, 88 Kinder nach Litzmannstadt überführt, während 7 Kinder unter einem Jahr nach Prag gebracht wurden. 3 Kinder werden zur Eindeutschung in das Altreichs-

gebiet gebracht. Eine schwerkranke Frau liegt noch im Krankenhaus in Kladno.« Die SS sprengt die Häuser, Pioniere machen den Ort dem Erdboden gleich. In Böhmen-Mähren und in Deutschland setzt eine verstärkte Deportation und Hinrichtung von Juden ein. In einer Prager Kirche können durch Verrat die Attentäter gestellt werden, die sich das Leben nehmen, bevor die SS ihrer habhaft wird. Geistliche, Kirchendiener und Gemeindevorsteher werden exekutiert.

Afrikakorps vor El Alamein

28. Juni. Das Afrikakorps Erwin Rommels erkämpft einen Sieg über die britische 8. Armee bei Marsa Matruh. Nach der Räumung des erbittert von freifranzösischen Truppen verteidigten Bir Hakim, dem Fall der Festung Tobruk und der Vernichtung der Masse britischer Panzer bei Knightsbridge hat Rommel die Engländer über die ägyptische Grenze zurückgeworfen und jetzt auf ägyptischem Boden einen Sieg errungen. Am 30. Juni stehen die deutsch-italienischen Truppen 100 Kilometer von Kairo entfernt vor El Alamein. Adolf Hitler und Benito Mussolini sind von dem siegreichen Ende des Afrikafeldzugs derart überzeugt, daß sie nach dem Fall Tobruks darauf verzichten, die Insel Malta erneut anzugreifen, wo die Situation nach schweren britischen Geleitzugverlusten kritisch ist. Mussolini verkündet indessen: »In zwei Wochen werde ich in Kairo einen Zivilgouverneur einsetzen.« Doch die 8. Armee weicht nicht weiter zurück.

Deutscher Panzertrupp auf dem Vormarsch zu den Stellungen bei Tobruk.

587

Hitler genehmigt SS-Generalplan für Osteuropa

12. Juni. Schon im Jahr 1941 ist im Reichssicherheitshauptamt der SS ein Plan erarbeitet worden, der die Grundlagen der künftigen Beherrschung Osteuropas durch die Deutschen festlegen soll. Er wird jetzt von Hitler genehmigt. Voraussetzung ist die Deportation des größten Teils der slawischen Bevölkerung nach Sibirien bzw. die Dezimierung der angeblichen Untermenschen. »Die Deutschen sind die Herren. Ihre Interessen sind allein maßgebend. Eine Vermehrung der slawischen Bevölkerung ist unerwünscht. Kinderlosigkeit und Abtreibung sind zu ermutigen. Erziehung ist für slawische Kinder unnötig. Wenn sie bis 100 zählen können, ist es genug. Die Slawen sollen für die Deutschen arbeiten. Diejenigen, die nicht zur Arbeit gebraucht werden, sollen sterben.« In diesen »Pflanzgarten« Osteuropa sollen aus dem Reich und den »germanischen« Ländern Europas Siedler gebracht werden. Die einzelnen Regionen, die von etwa 40 Siedlungsstützpunkten aus kontrolliert und gegen Angriffe verteidigt werden sollen, erhalten neue Namen, z. B. »Ingermanland« für das Baltikum.

Heinrich Vogeler stirbt in Sibirien

14. Juni. Wie andere Deutschlandflüchtlinge und die Bewohner der deutsch-russischen Siedlungen ist nach dem deutschen Überfall auf die Sowjetunion der Maler Heinrich Vogeler nach Sibirien deportiert worden. Er stirbt dort »nach grauenhaften Strapazen und Entbehrungen«. Vogeler hat zu den Künstlern gehört, die den Jugendstil geprägt haben. Seit 1885 hat er in Worpswede gelebt, wo er symbolistische Bilder gemalt und eine Werkstätte für Landhausmöbel errichtet hat. Nach dem Ersten Weltkrieg hat sich Vogeler politisch dem Kommunismus und künstlerisch dem sozialistischen Realismus zugewendet. Nach einigen Reisen in die UdSSR ist er 1931 dorthin endgültig übergesiedelt.

1942
JULI

Mo	Di	Mi	Do	Fr	Sa	So
		1	2	3	4	5
6	7	8	9	10	11	12
13	14	15	16	17	18	19
20	21	22	23	24	25	26
27	28	29	30	31		

1. Die Rote Armee räumt Sewastopol.

1. Eine Kohlekommission übernimmt die britischen Bergwerke.

3. Woronesch von deutschen Truppen erobert.

4. US-Luftangriff gegen die japanischen Stützpunkte auf den äußeren Aleuten.

8. Britischer Luftangriff auf Wilhelmshaven.

11. Četnici-Partisanen beginnen eine Offensive in Serbien und entlang der italienisch-kroatischen Grenze.

12. Britische Luftangriffe auf Danzig und Flensburg.

12. Der indische Volkskongreß billigt Gandhis Programm des passiven Widerstands zur Erringung voller Unabhängigkeit.

12. Die Heeresgruppe Nord räumt den Wolchow-Kessel aus.

12. General Andrej Wlassow gerät in deutsche Gefangenschaft.

15. Raschid al-Gailani bei Hitler.

16. Die US-Regierung fordert die Schließung der finnischen Konsulate.

17. Kämpfe im Donbogen; die Schlacht an der Wolga beginnt.

19. Die Sowjets räumen Woroschilowgrad.

21. Neue japanische Landungen auf Neuguinea.

21. Beginn viertägiger Luftangriffe auf Duisburg.

22. Beginn des Abtransports der Warschauer Juden nach Treblinka.

23. Erneute Eroberung Rostows durch die deutschen Truppen.

23. Hitler ordnet gleichzeitiges Vorgehen gegen Leningrad, Stalingrad und den Kaukasus an. →

23. Ein US-Gericht verurteilt 23 Personen wegen Anstiftung zur Meuterei in der US-Armee.

24. Italienische Luftangriffe auf jugoslawische Dörfer als Vergeltung für Partisanenangriffe auf Militärverbände.

25. Beginn der Schlacht um den Kaukasus.

26. Luftangriff auf Hamburg mit 175 000 Brandbomben und Bombardierung Duisburgs.

27. Deutsche Truppen in den Nordkaukasus eingedrungen.

31. Britischer Luftangriff auf Düsseldorf.

Vormarsch zum Don

Deutsche Eroberungen von 1939 bis 1942.

Die erste Phase der deutschen Sommeroffensive endet an Don und Donez mit der Rücknahme der sowjetischen Front und im Norden mit der Vernichtung der 2. sowjetischen Stoßarmee und Gefangennahme ihres Kommandeurs Wlassow im Wolchow-Kessel. Im Süden fällt nach schweren Kämpfen Rostow wieder in deutsche Hand. Auf der Krim räumt die Rote Armee Sewastopol. Die Halbinsel ist damit von deutschen Truppen besetzt. Doch operieren dort wie überall im Rücken der deutschen Verbände starke Partisaneneinheiten, die aufgrund der Behandlung durch die Besatzungsorgane und des erwachten russischen Patriotismus von der Bevölkerung mehr und mehr Unterstützung erfahren.

Den deutschen Armeen gelingt es nicht mehr, Vernichtungserfolge erzwingen zu können. Dennoch läßt Adolf Hitler in einer neuen Weisung des Oberkommandos der Wehrmacht (OKW) vom 23. Juli anordnen, mehrere Ziele gleichzeitig zu erreichen: 1. Die Eroberung Leningrads; 2. die neue Heeresgruppe B soll vom Don zur Wolga vorstoßen; 3. am unteren Don hat die Heeresgruppe A in den Kaukasus einzudringen und das Ölgebiet um Baku zu besetzen. Diese Planung verlangt eine Ausdehnung der Südfront von 800 Kilometer auf 4100 Kilometer zwischen Woronesch und Batum.

Unterhausdebatte über Kriegspolitik

2. Juli. Im Unterhaus muß sich Winston Churchill einer Diskussion der britischen Kriegspolitik stellen. Kritiker betonen vor allem die Verluste der Marine im Indischen Ozean, die Stärke der deutschen U-Boote im Atlantik und die Niederlage in Nordafrika.

Schalke wieder Deutscher Meister

5. Juli. Wie im Vorjahr stehen sich Schalke 04 aus Gelsenkirchen und eine Wiener Mannschaft, diesmal Vienna, im Fußballendspiel gegenüber.

Schalke gewinnt das Spiel überlegen mit 2 : 0 und wird zum sechstenmal Deutscher Fußballmeister.

1942
AUGUST

Mo	Di	Mi	Do	Fr	Sa	So
					1	2
3	4	5	6	7	8	9
10	11	12	13	14	15	16
17	18	19	20	21	22	23
24	25	26	27	28	29	30
31						

1. Die deutschen Truppen unterbrechen die Eisenbahnlinie Stalingrad–Krasnodar.

4. Deutsche Soldaten erreichen das Kuban-Ufer.

6. Deutsche Truppen erreichen Maikop und unterbrechen die Eisenbahnlinie Baku–Schwarzes Meer.

9. Britischer Luftangriff auf Osnabrück.

10. Kämpfe bei Krasnodar.

11. Britischer Luftangriff auf Mainz.

13. General Montgomery wird zum Befehlshaber der britischen 8. Armee ernannt.

16. Janusz Korczak geht mit den Kindern seines jüdischen Kinderheims in das KZ Treblinka. →

17. US-Luftangriff auf Rouen.

18. Schwere englisch-kanadische Verluste bei einem Kommandounternehmen in Dieppe.

19. Gebirgsjäger hissen auf dem Elbrus (Kaukasus) die deutsche Kriegsflagge. →

19. General Paulus gibt den Befehl zum Angriff auf Stalingrad.

20. Thierak wird Reichsjustizminister.

20. Alliierter Luftangriff auf Amiens.

21. Deutsche Truppen überqueren den Don bei Kalatsch.

22. Brasilien erklärt Deutschland und Italien den Krieg.

23. Amerikanisch-japanische See-Luft-Schlacht bei den Salomonen.

26. Deutsche Truppen erreichen Stalingrad.

27. Englische Bürger werden von den Kanalinseln deportiert.

27. Sowjetische Offensive bei Schlüsselburg.

28. Alliierter Luftangriff auf Nürnberg.

28. Sowjetische Luftangriffe auf Berlin, Stettin, Königsberg und Danzig.

31. Zerschlagung der Widerstandsorganisation »Rote Kapelle«. →

GESTORBEN:

9. Edith Stein (* 12. 10. 1891), deutsche Philosophin, Karmeliterin.

12. Jacob Gould Schurman (* 22. 5. 1854), US-Diplomat.

Rote Kapelle entdeckt

31. August. Bei der Aushebung einer kommunistischen Agentengruppe in Brüssel stößt der Sicherheitsdienst auf Unterlagen, die den Weg zu einer deutschen Organisation weisen, der der Name »Rote Kapelle« gegeben wird. Sie hat seit Beginn des Krieges gegen die UdSSR eine Vielzahl von Mitteilungen über wirtschaftliche Maßnahmen, militärische Probleme und Personalangelegenheiten der deutschen Führung in die UdSSR gefunkt. Keineswegs alle Angehörigen der »Roten Kapelle« sind Kommunisten, sie vereint die Ablehnung des Faschismus. Die Mitglieder der verzweigten Organisation sind Offiziere, Beamte, Wissenschaftler, Künstler und Arbeiter; sie sehen in der Zusammenarbeit mit der UdSSR die einzige Möglichkeit, Deutschland und Europa vor der dauernden Herrschaft des Nationalsozialismus zu retten. Einige Mitarbeiter der »Roten Kapelle« gehören dem Luftfahrtministerium, dem Wirtschaftsministerium und der Abwehr an. Bevor eine Warnung möglich ist, werden die meisten Angehörigen der Organisation verhaftet. Auf Hitlers Weisung werden die Todesurteile durch Erhängen vollstreckt; die Strafen gegen einige Frauen, die lediglich auf Zuchthaus lauten, hebt er auf und läßt sie nach einem erneuten Verfahren, dessen Ausgang seinen Wünschen entspricht, hinrichten. Die tatsächliche Wirkung der »Roten Kapelle« ist umstritten; sie dokumentiert aber, daß ein Widerstand existiert, dessen Ausmaß weitaus größer ist als angenommen, zumal er unterschiedliche Menschen vereint.

19. August. Eine Gruppe der deutschen 1. Gebirgsjägerdivision besteigt in drei Tagen den 5630 Meter hohen Elbrus (im Hintergrund des Bildes) im Kaukasus und hißt die Kriegsflagge. Dieses allein sportliche Unternehmen ohne militärischen Wert erzürnt Adolf Hitler so, daß er künftig solche Touren verbietet.

Janusz Korczak geht mit seinen Kindern ins KZ

Janusz Korczak mit Heimkindern.

16. August. In Warschau wird das jüdische Kinderheim des Pädagogen und Arztes Janusz Korczak aufgelöst; die Kinder werden nach Treblinka deportiert. Dem Arzt ist bedeutet worden, er könne noch in Warschau bleiben. Doch er fühlt sich den Kindern, die ihm vertrauen, verpflichtet und beschließt im Wissen um die Vergasung, bis in den Tod bei ihnen zu bleiben.

England und USA arbeiten an Atombombe

13. August. Während im Februar in einem Gespräch deutscher Physiker mit Hermann Göring festgestellt worden ist, daß eine deutsche Atombombe im Lauf der nächsten Jahre nicht zu konstruieren sei, werden entsprechende Vorbereitungen in den USA erfolgreich fortgesetzt. Winston Churchill hört davon während seines Juli-Besuchs in Washington und gibt der Hoffnung Ausdruck, daß der Kriegsverlauf einen Einsatz überflüssig mache. Das Gemeinschaftsprojekt der Engländer und Amerikaner wird vorangetrieben und nun unter den Decknamen »DSM« (Development of Substitute Material) bzw. »Manhattan-Projekt« gestellt. Die Arbeiten finden unter strikter Geheimhaltung und geheimdienstlicher Überwachung aller beteiligten Wissenschaftler statt.

1942

SEPTEMBER

Mo	Di	Mi	Do	Fr	Sa	So
	1	2	3	4	5	6
7	8	9	10	11	12	13
14	15	16	17	18	19	20
21	22	23	24	25	26	27
28	29	30				

1. Herbart Bahr wird als NS-Spion in den USA zu 30 Jahren Haft verurteilt.

2. Deutsche Truppen erreichen nördlich von Stalingrad die Wolga.

3. In Spanien werden Serrano Suñer als Außenminister und General Valera als Kriegsminister von Franco abgelöst.

4. Sowjetischer Luftangriff auf Budapest.

5. Alliierte Luftangriffe auf Le Havre und Bremen, sowjetische auf Budapest und Königsberg.

7. Die Schweiz trifft verschärfte Bestimmungen über die Behandlung von Flüchtlingen.

8. Die USA weisen einen Protest der Vichy-Regierung wegen der Bombardierung französischer Städte zurück.

9. Führungskrise bei der Heeresgruppe Süd.

10. Britische Truppen landen in Westmadagaskar.

10. Luftangriff auf Düsseldorf.

12. Versenkung des britischen Gefangenenschiffs »Laconia«. →

12. Britischer Luftangriff auf Mandalay.

13. Beginn der Verteidigung Stalingrads.

13. Luftangriff auf die Focke-Wulf-Werke in Bremen.

15. Die US-Truppen schlagen japanischen Landungsversuch auf Guadalcanal zurück.

18. In Stalingrad werden frische Truppen aus Sibirien zum Einsatz gebracht.

18. 116 angeblich kommunistische Terroristen werden in Paris exekutiert.

20. In Göteborg stellt Gunnar Haeg zwei neue Weltrekorde auf. Er läuft über drei Meilen 13:32,4 und über 5000 Meter 13:58,2 Minuten.

22. Eisenhower legt den Termin der Landung in Nordafrika fest.

24. Anstelle Halders wird Zeitzler deutscher Generalstabschef. →

GESTORBEN:

22. Walter von Lüttwitz (* 2. 2. 1859), deutscher General und Putschist.

25. »Beppo« Roemer (* 17. 11. 1892), deutscher Widerstandskämpfer.

U-Boot versenkt Transporter mit Kriegsgefangenen

12. September. »U 156« unter Kapitänleutnant Werner Hartenstein versenkt den britischen Transporter »Laconia«. Von Schiffbrüchigen erfährt der deutsche Kommandant, daß sich an Bord 1800 italienische Kriegsgefangene befunden haben. Daraufhin läßt er im offenen Funkverkehr Schiffe zur Rettung herankommen; doch können nur noch rund 1000 Menschen von insgesamt knapp 3000, die sich auf der »Laconia« befanden, gerettet werden. Die Aktion wird erheblich behindert durch ein US-Flugzeug, das »U 156« und ein Rettungsschiff mit Bomben belegt. Der Befehlshaber der deutschen U-Boote, Karl Dönitz, verbietet daraufhin den U-Booten alle Rettungsmaßnahmen.

Generalstabschef Franz Halder wird abgelöst

24. September. Die Kontroversen zwischen Adolf Hitler und Franz Halder über operative Fragen sind unüberbrückbar geworden. Hitler läßt deshalb Halder als Generalstabschef durch General Kurt Zeitzler ablösen. Halder kann sich jedoch auch jetzt aufgrund seiner konservativen Gesinnung nicht entschließen, den aktiven Widerstand zu unterstützen.

Generalstabschef Franz Halder.

1942

OKTOBER

Mo	Di	Mi	Do	Fr	Sa	So
			1	2	3	4
5	6	7	8	9	10	11
12	13	14	15	16	17	18
19	20	21	22	23	24	25
26	27	28	29	30	31	

1. Der britische Truppentransporter »Queen Mary« rammt und versenkt den Kreuzer »Curaçao« (328 Tote).

2. In Erwartung der alliierten Landung werden französische Frauen und Kinder aus Dakar evakuiert.

2. Das Vichy-Regime schickt Franzosen zur Zwangsarbeit nach Deutschland.

3. »Fliegende Festungen« der amerikanischen Luftwaffe bombardieren St-Omar, Le Havre und Stahlfabriken bei Lüttich.

6. Die USA und Großbritannien beschließen erhöhte Hilfsleistungen für die UdSSR.

6. In Drontheim wird der Ausnahmezustand verkündet; 10 Norweger werden wegen Sabotageversuchen exekutiert.

7. Die Japaner räumen die Aleuten-Inseln Alta und Agalta.

9. US-Luftangriff auf Lille.

10. Das Kommissarwesen in der Roten Armee wird abgeschafft, statt dessen volle Befehlsgewalt der Offiziere.

15. Die UdSSR verlangt sofortige Gerichtsverfahren gegen NS-Repräsentanten, besonders gegen den in England inhaftierten Heß.

16. Die Japaner landen Verstärkungen auf Guadalcanal.

16. Ein Wirbelsturm über Bombay löst eine Überschwemmung mit 40 000 Toten aus.

17. Beginn der letzten deutschen Angriffs auf Stalingrad.

17. Britischer Luftangriff auf die Schneider-Werke in Le Creusot.

17. US-Truppen landen in Liberia.

20. Rücktritt des chilenischen Kabinetts. →

21. Kämpfe deutscher und italienischer Truppen mit jugoslawischen Partisanen.

22. Zweitägige Luftangriffe auf Mailand und Genua.

23. Beginn der alliierten Nordafrika-Offensive bei El Alamein.

31. Der erste deutsche Tagesluftangriff nach zwei Jahren zerstört das Stadtzentrum von Canterbury.

GESTORBEN:

27. Helmut Hübener (* 8. 1. 1925), deutscher Gegner des NS-Regimes. →

Emil Jannings als Bismarck im Film

Im Dritten Reich werden weiterhin Filme über historische Persönlichkeiten gezeigt: »Die Entlassung« mit Emil Jannings in der Hauptrolle behandelt das Bismarck-Thema. Am Drehbuch hat Joseph Goebbels mitgearbeitet. Heinrich George stellt den Bildhauer und Architekten »Andreas Schlüter« dar. Die Tendenz des Films lautet: »Das Leben vergeht, das Werk ist unvergänglich.«

Werner Hinz als Kaiser Wilhelm II. (l.) und Emil Jannings als Bismarck.

Theaterereignisse auch im Krieg

Zu den Bühnenereignissen des Herbstes gehören in New York das die Zeitverhältnisse charakterisierende Theaterstück Thornton Wilders »Wir sind noch einmal davongekommen« und Aaron Coplands Cowboy-Ballett »Rodeo«. In München findet die Uraufführung der Richard-Strauss-Oper »Capriccio« statt.

17jähriger wird hingerichtet

27. Oktober. Die NS-Machthaber betrachten die Lage als ernst genug, um auch in Minderjährigen gefährliche Feinde zu erblicken. Der 17jährige Hamburger Helmut Hübener wird wegen des Abhörens von ausländischen Rundfunksendern und der Verbreitung »feindlicher« Nachrichtenmeldungen und seiner Verbindungen zu linken Widerstandsgruppen als Hoch- und Landesverräter zum Tode verurteilt und hingerichtet.

Hitler brandmarkt alliierte Kommandounternehmen als kriminell

18. Oktober. Die alliierten Kommandounternehmen – zuletzt in Dieppe – bedeuten eine erhebliche Gefährdung des deutschen Autoritätsanspruchs in den besetzten Gebieten. In einer Weisung (Nr. 46) bezeichnet Adolf Hitler die Angehörigen der Kommandos als »besonders brutal und hinterhältig«; sie seien »teilweise sogar aus Kreisen von in den Feindländern freigelassenen kriminellen Verbrechern« rekrutiert. Jetzt wird der Befehl erteilt, diese Gegner »auch wenn es sich

äußerlich um Soldaten in Uniform oder Zerstörertruppen mit und ohne Waffen handelt, im Kampf oder auf der Flucht bis auf den letzten Mann niederzumachen«. Diesen »Subjekten« sei jeder Pardon zu verweigern; im Fall der Gefangennahme sind sie dem SD zu übergeben. In einer Geheimen Kommandosache erläutert Hitler die Weisung, indem er die Kommandos den Partisanen gleichstellt, die nicht unter dem Schutz der Genfer Konvention stehen.

Besetzte Gebiete sollen Engpässe in Lebensmittelversorgung ausgleichen

4. Oktober. Infolge der Kriegsdauer und des Abzugs von Arbeitskräften aus der Landwirtschaft, der durch Kriegsgefangene und zwangsweise nach Deutschland gebrachte Ostarbeiter oder verpflichtete Hilfskräfte nicht ausgeglichen werden kann, machen sich Engpässe in der Lebensmittelversorgung bemerkbar, für die Hermann Göring als

Beauftragter für den Vierjahresplan die Mitverantwortung trägt. Nachdem er bereits im August behauptet hat, in den besetzten Gebieten seien die Einwohner »vollgefressen«, während die Bevölkerung in Deutschland sich einschränke, erklärt er jetzt, die Versorgung Deutschlands werde nun auf Kosten des besetzten Gebiets gesichert.

Die Röcke werden 1942 kürzer. Populär wird außerdem eine aufgesteckte Haartracht, die als »Entwarnungsfrisur« in die Modegeschichte eingeht.

1942
NOVEMBER

Mo	Di	Mi	Do	Fr	Sa	So
						1
2	3	4	5	6	7	8
9	10	11	12	13	14	15
16	17	18	19	20	21	22
23	24	25	26	27	28	29
30						

2. Mit technischer Unterstützung der »Times« erscheint für die US-Truppen in Europa die Zeitung »Stars and Stripes«.

3. Britischer Frontdurchbruch bei El Alamein. →

4. Deutscher Reichskommissar in Dänemark wird Werner Best.

7. Alliierte Landung in Nordafrika. →

7. Schwerer Luftangriff auf Genua.

8. Luftangriff auf Lille.

8. Hitler-Rede im Bürgerbräu-Keller: »Ich höre grundsätzlich immer erst 5 Minuten nach 12 auf!«

10. Deutsche Luftlandung in Tunis.

10. Ägypten wird von deutschen Truppen geräumt.

10. Oran fällt an die Alliierten.

10. Bildung des Kabinetts Scavenius in Dänemark. →

11. Besetzung Südfrankreichs durch deutsche Truppen. →

11. Kapitulation der Franzosen in Algerien.

11. Eisenhower setzt Darlan als Hochkommissar in Nordafrika ein. →

12. Alliierte erobern Tobruk. →

18. Freifranzösische Truppen marschieren vom Tschad nach Libyen.

18. Pétain erteilt Laval diktatorische Vollmachten.

19. Sowjetische Gegenoffensive an der Wolga. →

21. Eröffnung des Alaska-Highways.

22. Schukows Armee schließt Stalingrad ein. →

23. Dakar unterstellt sich dem Hochkommissariat Darlans.

23. Australische Truppen erobern Gona auf Neuguinea.

24. Sowjetische Angriffe bei Welikije Luki und Rschew.

27. Selbstversenkung der französischen Flotte vor Toulon. →

GESTORBEN:

1. Hugo Distler (* 24. 6. 1908), deutscher Organist und Komponist.

10. Henry Miers (* 25. 5. 1858), britischer Mineraloge.

21. James Hertzog (* 3. 4. 1866), südafrikanischer Ministerpräsident.

Neuer dänischer Ministerpräsident

10. November. Staatsminister Wilhelm Buhl tritt in Kopenhagen zurück; seinen Posten übernimmt der deutschfreundliche bisherige Außenminister Erik Scavenius, der in seiner Regierungserklärung die guten Beziehungen zu Deutschland hervorhebt. Tatsächlich gibt es in Dänemark eine taktische Kollaboration, die versucht, jene dramatischen Verhältnisse, die in anderen besetzten Gebieten herrschen, zu verhindern. In ihrem Schutz gelingt es sogar, Aktionen der Widerstandsbewegung zu decken.

Presse-Order zum Dichtergeburtstag

15. November. Da der 80. Geburtstag des im Dritten Reich umstrittenen Gerhart Hauptmann am 15. November die Beachtung des Geburtstags des dem Regime nahestehenden Schriftstellers Adolf Bartels am gleichen Tag verdrängen könnte, wird die Presse angewiesen, über Hauptmann und den jenseits der Grenzen so gut wie unbekannten Bartels im gleichen Umfang zu berichten.

Feuer in Nachtbar fordert 474 Tote

28. November. Ein Brand, der eine Panik auslöst, fordert in einem Nachtklub in Boston 474 Menschenleben. Es handelt sich um die größte Brandkatastrophe in den USA seit 1903. Bis zur Überprüfung der Sicherheitsvorkehrungen bleiben Tanzveranstaltungen in der Stadt generell verboten.

Letztes Spiel bis Kriegsende

22. November. Die deutsche Fußballnationalmannschaft schlägt die slowakische Auswahl in Preßburg mit 5 : 2. Dies ist das letzte Länderspiel bis zum Kriegsende. Erst 1950 spielt wieder eine deutsche Fußballmannschaft in einem Länderspiel gegen die Schweiz.

6. Armee in Stalingrad eingeschlossen

Die deutsche Sommeroffensive hat nicht die erwartete Niederlage der Roten Armee gebracht. Die Fronten kommen zum Stehen. Der deutsche Vorstoß nach Stalingrad bringt neun Zehntel der Stadt, der Adolf Hitler besondere wirtschaftliche und verkehrstechnische Bedeutung beimißt, in deutsche Gewalt; aber die Russen lassen sich trotz heftiger deutscher Angriffe nicht vom Westufer der Wolga vertreiben. Bei Stalingrad hat die deutsche Front eine Ausbuchtung erfahren, gegen die sich die ausführlich vorbereitete sowjetische Gegenoffensive vom 19. November an richtet. Die schlecht ausgerüsteten Rumänen, Italiener und Ungarn an den Flügeln der 6. Armee können die gegen sie angesetzten Russen nicht aufhalten. Die Einkreisungsbewegung ist am 22. des Monats abgeschlossen, als die sowjetischen Angriffszangen sich bei Kalatsch am Don berühren. 250 000 Soldaten sind eingekesselt. Hitler meint – gestützt auf Hermann Görings übertriebene Zusicherungen –, die Luftversorgung garantie-

ren zu können, wobei er auch an den Nachschub für die wesentlich kleineren Kessel von Demjansk und Cholm denkt. Er verweigert daher Generaloberst Friedrich Paulus die erbetene Handlungsfreiheit und telegrafiert: »Der O. B. begibt sich mit seinem Stab nach Stalingrad. Die 6. Armee igelt sich ein und wartet weitere Befehle ab.«
Keine der notwendigen und von Göring zugesicherten Voraussetzungen wird allerdings erfüllt. So kann zum Beispiel die Luftwaffe nicht, wie gefordert, täglich 600 Tonnen, sondern lediglich 300 Tonnen, bald sogar nur noch weniger als 100 Tonnen in die eingekesselte Stadt einfliegen. Dann läßt Hitler eine Heeresgruppe Don bilden, die unter Befehl des zum Generalfeldmarschall ernannten Erich von Manstein die Russen stoppen und die verlorenen Stellungen zurückgewinnen soll. Doch es geht auch darum, die Heeresgruppe A im Kaukasus nicht abschneiden zu lassen, die bei dem Rückzug der 6. Armee in Gefahr geraten würde.

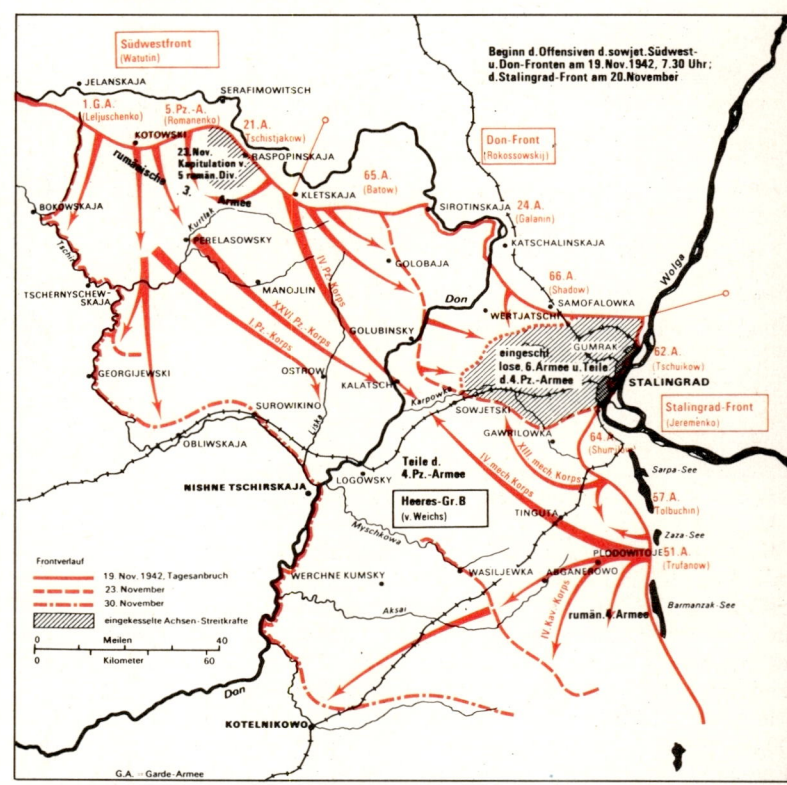

Die Karte zeigt die Situation um Stalingrad am 19. und 20. November.

General Friedrich Paulus auf dem Roten Platz in Stalingrad.

Sowjetische Soldaten in der umkämpften Stadt an der Wolga.

Deutsche Soldaten in den Ruinen von Stalingrad.

Alliierte landen in Afrika

Afrikakorps unter General Rommel auf dem Rückzug

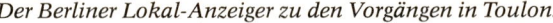

Der Berliner Lokal-Anzeiger zu den Vorgängen in Toulon.

Die Franzosen versenken ihre Flotte selbst.

Vergeblich hat Erwin Rommel versucht, mit seinen erschöpften Truppen die britischen Stellungen bei El Alamein zu durchbrechen. Auf britischer Seite hat Winston Churchill General Auchinleck, der sich dem Verlangen nach einer frühen Offensive widersetzte, durch General Bernard Montgomery ablösen lassen. Unter ihm ist die 8. Armee Ende Oktober gegen die deutsch-italienischen Verbände zum Angriff angetreten. Am Abend des 2. November beginnt die britische Hauptoffensive gegen die geschwächten

7. November. Die vereinigten Stabschefs der USA und Großbritanniens haben entschieden, die nur schwach geschützten Territorien Marokkos und Algeriens zur Landung für die Eröffnung einer zweiten Front zu benutzen. Über 100 000 Soldaten – vor allem Amerikaner – gehen am 7. November an Land. Die freifranzösische Führung erhält erst nach der Landung Mitteilung. Trotz des Bemühens, die französischen Truppen zum Stillhalten zu bewegen, leisten zumindest Teile Widerstand gegen die Invasion, und Philippe Pétain bricht die Beziehungen zu den USA ab. Einige Mißklänge politischer Art gehen auf das Verhalten der Amerikaner zurück: Dwight D. Eisenhower verweigert General Henri-Honoré Giraud (→ April 1942) jede Form des Einflusses auf das militärische Geschehen und setzt den zum Landungszeitpunkt zufällig in Algerien weilenden Admiral François Dar-

lan als Hochkommissar ein, der dann Giraud das Kommando über die französischen Soldaten in Nordafrika übergibt. Die Behandlung Darlans löst scharfe Proteste der freifranzösischen Bewegung aus, die darin die »Errichtung eines Vichy-Regimes in Afrika« sieht; ebenso empört ist die britische Regierung. Doch Franklin D. Roosevelt erklärt, die Abmachungen mit Darlan seien entsprechend den militärischen Notwendigkeiten zeitlich gebunden. Tatsächlich kann Darlan die überwiegende Zahl der französischen Truppen bewegen, den Kampf einzustellen. Insgeheim bewirkt er sogar bei Pétain, der sich öffentlich von ihm lossagt, daß dieser dem französischen Waffenstillstand in Nordafrika zustimmt (13. November). Um ein rasches Vordringen der alliierten Verbände in Richtung Libyen zu vereiteln, bilden deutsche und italienische Alarmeinheiten in

Tunesien mit Einwilligung der Vichy-Regierung einen Brückenkopf (10. November). Da die deutsche Führung weiß, daß die Vichy-Regierung nur eine kleine Minderheit der Franzosen hinter sich hat und Gespräche mit Ministerpräsident Pierre Laval ergeben, daß seine Regierung noch nicht eindeutig Stellung nimmt, ordnet Adolf Hitler in Absprache mit dem italienischen Außenminister Galeazzo Ciano die Besetzung Südfrankreichs an. Von den eindringenden deutschen Truppen wird die französische Restarmee überwältigt und aus den Kasernen vertrieben. Die französische Flotte in Toulon kommt dem Aufruf Darlans, nach Nordafrika auszulaufen, nicht nach, aber als eine deutsche Division versucht, sich des Hafens zu bemächtigen, versenkt sie sich nach einem Feuergefecht selbst, um damit ihre Unabhängigkeit zwischen Deutschland und den Alliierten zu beweisen.

Generalfeldmarschall Erwin Rommel.

Achsentruppen. Auf Rommels Mitteilung, daß ein Rückzug zur Konsolidierung der Truppen dringend erforderlich sei, reagiert Hitler mit einem glatten Verbot. Als ein neuer schwerer Angriff der britischen Armee mit starken Panzerkräften stattfindet, gibt Rommel den Befehl zum Rückzug. Das OKW erteilt Rommel nachträglich die Genehmigung, sich abzusetzen. Die Legende »Rommel« ist zerstört. Bei El Alamein geraten 30 000 Italiener und Deutsche in britische Gefangenschaft, und auf dem Vormarsch fallen Tobruk und Bengasi wieder in britische Hand.

Operation »Torch«: Englische und amerikanische Truppen landen in der Nähe von Oran in Algerien.

593

1942
DEZEMBER

Mo	Di	Mi	Do	Fr	Sa	So
	1	2	3	4	5	6
7	8	9	10	11	12	13
14	15	16	17	18	19	20
21	22	23	24	25	26	27
28	29	30	31			

1. Rationierung von Benzin in den USA.

1. Abwehr eines japanischen Landungsversuchs auf Guadalcanal.

1. Mussolini rät zur Beendigung des Ostfeldzugs.

2. Atomspaltung durch Enrico Fermi in Chikago. →

4. US-Luftangriff auf Neapel.

4. Deutsch-italienische Offensive in Tunesien.

6. Alliierte Luftangriffe auf Ziele in den Niederlanden.

7. Königin Wilhelmina kündigt für die Nachkriegszeit ein niederländisches Commonwealth an.

10. Deutsche Truppen in Tunesien zurückgedrängt.

14. Rommel muß sich von El Agheila in Nordafrika zurückziehen.

14. Stalin bietet Hitler einen Sonderfrieden an.

16. In Burma scheitert eine britische Offensive gegen die Japaner.

17./19. Ciano und Laval bei Hitler.

19. Ein Erdbeben in Nordanatolien kostet 474 Menschenleben.

20. Bei einem Luftangriff über dem Flugplatz Romilly-sur-Seine werden 44 deutsche Flugzeuge zerstört.

20. Britischer Luftangriff auf Ziele in Sumatra.

23. Britischer Luftangriff auf Den Helder.

24. General Giraud übernimmt das Hochkommissariat in Nordafrika.

24. Smolensker Manifest Wlassows. →

29. Dschibuti unterstellt sich freifranzösischer Kontrolle.

31. Abwehr eines deutschen Angriffs auf einen Murmansk-Geleitzug.

GESTORBEN:

11. Jochen Klepper (* 22. 3. 1903), deutscher Schriftsteller.

21. Franz Bras (* 9. 7. 1858), amerikanischer Anthropologe.

24. François Darlan (* 7. 8. 1881), französischer Politiker und Admiral.

29. Neville Henderson (* 10. 6. 1882), britischer Botschafter.

Die Wende zeichnet sich ab

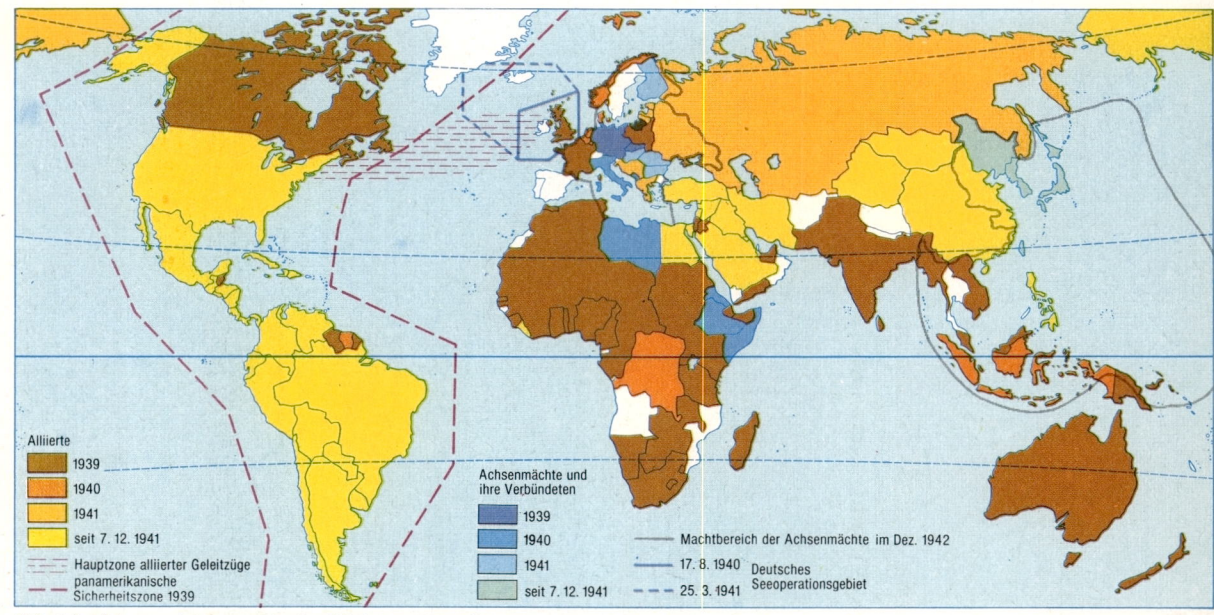

Die Machtgruppierungen in der Welt von 1939 bis zum Dezember 1942.

Das Jahr 1942 hat die Kriegswende herbeigeführt. Die bisherigen Aggressoren Deutschland, Italien und Japan – die sogenannten Achsenmächte – müssen ihren Gegnern die Initiative an nahezu allen Fronten überlassen. Bezeichnend ist das Wort von der »Festung Europa«. Zwar hat sich bis zum Ende des Jahres 1942 der Machtbereich der Achsenmächte am stärksten ausgedehnt, doch kann das Erreichte – wie sich schon klar abzeichnet – nicht gehalten werden. Seit Beginn des Krieges sind immer mehr Staaten direkt oder indirekt in das mörderische Ringen auf dem europäischen Kontinent hineingezogen worden, nur noch wenige (auf der Karte durch weiße Flächen gekennzeichnet) können sich entziehen.

Wlassow will Freiwilligenarmee aufstellen

24. Dezember. Der gefangene russische General Andrej Wlassow ist bisher vom OKW zur Anfertigung von Flugblättern herangezogen worden. Vergeblich hat er gehofft, in persönlichen Verhandlungen mit Adolf Hitler die Errichtung einer eigenen Freiwilligenarmee zum Kampf gegen die kommunistische Herrschaft in Rußland genehmigt zu bekommen. In die nationalsozialistische Rassenideologie, welche die Russen als Untermenschen klassifiziert, passen solche Vorstellungen nicht. Lediglich aus propagandistischen Erwägungen wird Wlassow gestattet, in Berlin ein Komitee mit dem Namen »Smolensk« zu gründen, um eine Beteiligung Rußlands an der künftigen »Neuordnung Europas«, die »ohne Kapitalismus und Kommunismus« stattfinden soll, vorzutäuschen. Wlassow kann zu einigen russischen

General Andrej Wlassow.

Freiwilligenverbänden sprechen, die den Namen »Russische Befreiungsarmee« erhalten, aber ohne Selbständigkeit fest in die deutsche Heeresorganisation eingefügt sind. Das »Smolensker Komitee« bleibt bedeutungslos.

Enrico Fermi gelingt berechnete Kernspaltung

2. Dezember. Dem aus Italien emigrierten Nobelpreisträger Enrico Fermi gelingt eine berechnete und kontrollierte Kernspaltung mit einer 28 Minuten laufenden Kettenreaktion. Die freiwerdenden Neutronen sind von vorsorglich um das Uranerz geschichteten Graphitziegeln absorbiert worden. Fermi gehört zu den Wissenschaftlern, die an der Entwicklung einer Atombombe arbeiten.

Massenhinrichtung um Rote Kapelle

22. Dezember. Die ersten Massenhinrichtungen von Mitgliedern der »Roten Kapelle« finden statt. Gehängt werden u. a. das Ehepaar Schulze-Boysen, Arvid Harnack, Hans Coppi (→ August 1942).

1943
JANUAR

Mo	Di	Mi	Do	Fr	Sa	So
				1	2	3
4	5	6	7	8	9	10
11	12	13	14	15	16	17
18	19	20	21	22	23	24
25	26	27	28	29	30	31

3. Beginn der sowjetischen Offensive im Kaukasus.

3. Amerikanischer Tagesangriff auf St-Nazaire.

8. Die Sowjets fordern General Paulus zur Kapitulation auf. →

10. Sowjetische Offensive zur Eroberung Stalingrads. →

11. Großbritannien verzichtet auf exterritoriale Rechte in China.

13. Britischer Luftangriff auf Lille.

14. Beginn der Konferenz von Casablanca. →

16. Erster alliierter Luftangriff auf Berlin seit November 1941.

17. Erneuerung der britischen Offensive in Libyen. →

18. Deutscher Luftangriff auf London.

20. Deutsch-japanisches Handelsabkommen.

22. Hitler entläßt Hjalmar Schacht als Minister ohne Geschäftsbereich.

23. Tripolis in der Hand der britischen 8. Armee.

25. Nach Teilung des Kessels letzter Angriff auf Stalingrad. →

27. Erster Tagesluftangriff der US-Luftwaffe auf Deutschland mit dem Ziel Wilhelmshaven.

29. General Giraud lehnt eine politische Union mit de Gaulle ab.

30. Bei Angriffen auf Berlin und Hamburg benutzt die RAF neue Kennzeichen für die Markierung der anzugreifenden Stadtteile.

30. Konferenz in Adana zwischen Churchill und dem türkischen Präsidenten Inönü. →

30. Ernst Kaltenbrunner wird Chef des Reichssicherheitshauptamtes.

30. Karl Dönitz löst Erich Raeder als Oberbefehlshaber der Kriegsmarine ab. →

31. Der südliche Kessel Stalingrads kapituliert. →

31. Luftangriff auf Hamburg mit dem Radargerät H2S, das auf Fernsehbasis Navigation ermöglicht.

GESTORBEN:

9. Robin George Collingwood (* 22. 2. 1889), britischer Philosoph und Historiker.

20. Maximilian von Beck (* 6. 9. 1854), österreichischer Ministerpräsident.

Geheimkonferenz von Casablanca

Der britische Premierminister Winston Churchill (rechts) und der amerikanische Präsident Franklin D. Roosevelt treffen sich in der marokkanischen Stadt Casablanca, um die Aufstellung einer zweiten Front gegen die Achsenmächte zu erörtern.

14. Januar. Insgeheim treffen sich in Casablanca der britische Premier Winston Churchill und US-Präsident Franklin D. Roosevelt und erörtern mit militärischen Sachverständigen das Problem der Aufstellung einer zweiten Front. Auf der zehntägigen Konferenz können die Engländer durchsetzen, daß nach einem siegreichen Ende des Afrikafeldzugs die nächste Landung im Juni in Sizilien stattfinden soll, in Frankreich erst 1944. Zuvor müsse die Gefährdung durch deutsche U-Boote beseitigt sein. Zur Behandlung französischer Probleme ist General Henri-Honoré Giraud in Casablanca anwesend; sein Kontrahent Charles de Gaulle erscheint erst auf ultimatives Verlangen Churchills. Die Presse wird am 24. Januar unterrichtet. Roosevelt teilt die Kriegsziele mit: Bedingungslose Kapitulation Deutschlands, Japans und Italiens, das heißt »die Zerstörung einer Weltanschauung in Deutschland, Italien und Japan, die auf der Eroberung und Unterjochung anderer Völker« bestehe. Danach verhandelt Churchill in Adana mit dem türkischen Präsidenten Ismet Inönü über den Kriegseintritt der Türkei. Doch Inönü legt angesichts des raschen Vordringens der Roten Armee größeren Wert auf einen Neutralitätspakt der Balkan- und Donaustaaten (→ August 1939, September 1940, Februar 1945, Juli 1945).

Überschwemmung hemmt Produktion

Zu Jahresbeginn tritt der Ohio in Westvirginia über die Ufer und richtet Schäden in Höhe von 1,5 Millionen Dollar an; 17 000 Menschen werden obdachlos. Die Kriegsproduktion in den Fabriken muß unterbrochen werden, bis das Wasser abgelaufen ist. Die US-Bergarbeiter treten für eine Anpassung ihrer Löhne an steigende Lebenshaltungskosten in den Streik.

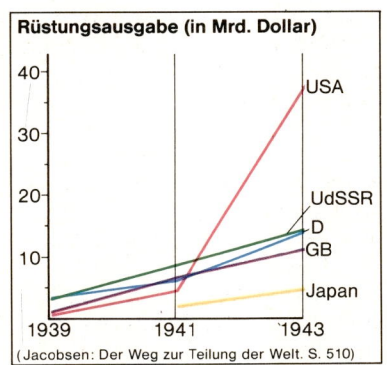

Rüstungsausgaben der größten kriegführenden Staaten in den Jahren des Zweiten Weltkriegs bis 1943.

Admiral Dönitz löst Raeder ab

Da Adolf Hitler vom Einsatz der Überwasserstreitkräfte enttäuscht ist, verlangt er gegen den ausdrücklichen Widerspruch des Oberbefehlshabers der Kriegsmarine, Großadmiral Erich Raeder, deren Außerdienststellung. Da sich Raeder nicht fügen will, wird er am 30. Januar in den Ruhestand versetzt. Seine Nachfolge tritt Großadmiral Karl Dönitz an.

595

Die 6. Armee kapituliert in Stalingrad

Nach der Kapitulation der 6. Armee in Stalingrad wird Generalfeldmarschall Friedrich Paulus (links) von sowjetischen Offizieren in die Gefangenschaft abgeführt.

Nach der Niederlage heroisiert der »Völkische Beobachter« das Blutbad.

Von Entbehrungen und unsäglichen Leiden gekennzeichnet, gehen etwa 90 000 deutsche Soldaten nach der Schlacht in russische Gefangenschaft.

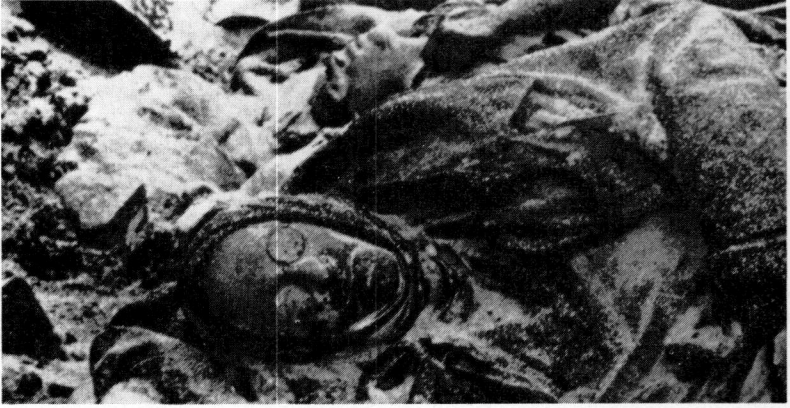

Tausende von deutschen Gefallenen werden in Massengräber geworfen.

Die Lage der 6. Armee hat sich dramatisch verschlechtert, da entgegen den Aussagen Hermann Görings die Luftwaffe die Versorgung nicht bewältigen kann. Kälte und Hunger werden für die deutschen Soldaten immer gefährlicher: Erst Erfrierungen dritten Grades sind »lazarettfähig«; Brot gibt es nur noch in Tagesrationen von 75 Gramm. Die Stimmung ist gedrückt. Es kommt zu Selbstmorden. Als am 8. Januar sowjetische Parlamentäre eine ehrenvolle Kapitulation anbieten, läßt der Befehlshaber der 6. Armee, General Friedrich Paulus, Adolf Hitler darüber entscheiden und erhält den Befehl, abzulehnen. Daraufhin setzt die sowjetische Generaloffensive ein, die von Marschall Georgij Schukow geleitet wird, der seit dem 1. Januar den Oberbefehl an der Südfront innehat. Bis zum 22. Januar wird der Kessel so weit eingedrückt, daß abgeworfene Nachschubgüter kaum noch erreicht werden können. Paulus funkt:

»Munition praktisch verschossen.« Die sowjetischen Truppen beginnen, einen Keil zwischen die Verbände der 6. Armee zu treiben. Die wiederholten Forderungen von Paulus, sich unter diesen Umständen ergeben zu dürfen, lehnt Hitler ab. Am 25. Januar ist der Roten Armee endgültig die Teilung des Kessels gelungen und sie geht zum Schlußangriff über. Im Bewußtsein, daß noch nie ein deutscher Feldmarschall in Gefangenschaft gegangen ist, befördert Hitler den General zum Marschall. Er erwartet von ihm den Freitod; aber als am 31. Januar sowjetische Panzer vor dem Gefechtsstand von Paulus erscheinen, ergibt sich dieser mit seinen Soldaten. Der nördliche Kessel folgt am 2. Februar. Von 250 000 Soldaten, die in Stalingrad gekämpft haben, sind 35 000 Verwundete und 7000 Spezialisten zum Teil gegen Zahlung von Bestechungsgeldern ausgeflogen worden. 90 000 Soldaten, davon 2500 Offiziere, unter ihnen 24 deutsche und rumänische Generale, gehen von Entbehrungen und Kälte (−31°) gezeichnet in Gefangenschaft. Auf dem Weg in die Lager sterben 40 000 Soldaten an Erschöpfung; nur 6000 kehren nach Kriegsende nach Deutschland zurück. Im fernen Hauptquartier in Ostpreußen hat Hitler für Paulus und seine Offiziere nur Verachtung übrig. Offiziell hingegen gibt das OKW bekannt: »Der Kampf um Stalingrad ist zu Ende. Ihrem Fahneneid bis zum letzten Atemzug getreu ist die Armee unter der vorbildlichen Führung des Generalfeldmarschalls Paulus der Übermacht des Feindes und der Ungunst der Verhältnisse erlegen ... Generale, Offiziere, Unteroffiziere und Mannschaften fochten Schulter an Schulter bis zur letzten Patrone. Sie starben, damit Deutschland lebe.«

Die Situation an allen Fronten verschärft sich

Ein sowjetisches Stalingradplakat: »Deutsche Soldaten! Ich habe euch Boden und Ruhm versprochen – nun habt ihr beides bekommen.«

Nicht nur in Stalingrad setzt sich die Rote Armee durch. Im Kaukasus zwingt sie die deutschen Truppen zum Rückzug (23. Januar), erobert Maikop zurück (30. Januar) und stößt in Richtung Rostow vor. Bei Woronesch wird die Front der 4. italienischen Armee durchbrochen (16. Januar), die Stadt selbst den Deutschen entrissen. Vor allem kann Leningrad aus der Umklammerung befreit werden (18. Januar), in der sich die Stadt seit 1941 befindet.

Auch an der Front in Afrika zeichnet sich eine negative Entwicklung ab. In der Wüstenregion Libyens können Soldaten der britischen 8. Armee sich mit freifranzösischen Einheiten, die aus dem Tschad kommen, vereinigen. Der britische General Bernard Montgomery erneuert die Offensive (17. Januar) und versucht, Erwin Rommels Verbände einzuschließen. In Tunesien kann zwar das Panzerkorps des Generaloberst Hans-Jürgen von Arnim einen Angriff einleiten, der aber wegen mangelhaften Nachschubs abgebrochen werden muß. Im Dezember und Januar verlieren die Achsenmächte im Mittelmeer 43 Transportschiffe.

1943
FEBRUAR

Mo	Di	Mi	Do	Fr	Sa	So
1	2	3	4	5	6	7
8	9	10	11	12	13	14
15	16	17	18	19	20	21
22	23	24	25	26	27	28

2. Kapitulation des Nordkessels von Stalingrad.

5. Giraud richtet ein Verwaltungskomitee für Nordafrika ein.

5. Regierungsumbildung in Italien. →

8. Die Rote Armee erobert Kursk.

10. Gandhi beginnt aus Protest gegen seine Haft einen Hungerstreik.

10. Britische 8. Armee erreicht die tunesische Grenze.

11. Alliierter Luftangriff auf Wilhelmshaven.

13. Luftangriff auf Lorient.

15. Finnischer Staatspräsident Rysto Ryti wiedergewählt.

15. In Deutschland werden die ersten Luftwaffenhelfer einberufen. →

16. Die Rote Armee besetzt Charkow.

18. In Frankfurt wird die Oper »Die Kluge« von Carl Orff uraufgeführt.

18. Goebbels verkündet den »totalen Krieg«. →

18. Letzte Flugblattaktionen der »Weißen Rose«. →

18. Deutsche Gegenoffensive bei Charkow.

21. Timoschenko leitet eine sowjetische Offensive am Ilmensee ein.

23. Stalin erklärt, da eine zweite Front fehle, trage die UdSSR die Hauptlast des Krieges.

24. Die deutschen Truppen in Nordafrika brechen ihre Offensive ab.

24. Hitler erteilt militärischen Vorgesetzten das Recht, »Ungehorsame« sofort zu erschießen.

27. Verhaftung und Deportation der jüdischen Beschäftigten in deutschen Wirtschaftsbetrieben.

28. Luftangriff auf Berlin.

GESTORBEN:

14. David Hilbert (* 23. 1. 1862), deutscher Mathematiker. →

16. Mildred Harnack (* 16. 9. 1902), Mitglied der »Roten Kapelle«.

22. Hans und Sophie Scholl (* 22. 9. 1918 und 9. 5. 1921), Mitglieder der »Weißen Rose«. →

22. Christoph Probst (* 6. 11. 1919), Mitglied der »Weißen Rose«. →

Die Propaganda geht trotz der katastrophalen Niederlage im Osten weiter. »Harte Zeiten, Harte Pflichten, Harte Herzen« heißt es auf einem Plakat.

Mussolini bildet Regierung um

5. Februar. Angesichts der schweren militärischen Krise und ihrer Rückwirkung auf die italienische Bevölkerung beschließt Benito Mussolini die völlige Umbildung seiner Regierung. Die Aktion findet völlig überraschend statt; der Arbeitsminister erfährt davon, weil sein Sonderwagen vom Zug nach Palermo abgekoppelt wird. Mussolinis Schwiegersohn Galeazzo Ciano, der als Außenminister einen Sonderfrieden anstrebt, wird Botschafter im Vatikan. Sein Ressort übernimmt Mussolini selbst.

NS-Ausstellung »Junge Kunst«

6. Februar. Im Wiener Künstlerhaus wird die Ausstellung »Junge Kunst im Dritten Reich« eröffnet. Ziel ist es, das »Hehre und Schöne« hervorzuheben, das im Gegensatz zur abstrakten Darstellungsweise mißliebiger, sogenannter »entarteter« Künstler gesehen wird.

Finnland bemüht sich um Frieden

3. Februar. Finnlands Führung, mit Deutschland als »auch kriegführend« verbunden, erkennt die Aussichtslosigkeit des Kriegs. Marschall Carl Gustav von Mannerheim verlangt mit Nachdruck das Ausscheiden des Landes aus den Kampfhandlungen.

Trotz einer Demarche des deutschen Gesandten Wipo von Blücher am 16. Februar setzen die Finnen ihre Sondierungen fort, um mit Hilfe der USA aus dem Krieg ausscheiden und Frieden schließen zu können.

Mathematiker David Hilbert †

14. Februar. Der Göttinger Mathematiker David Hilbert, der wesentliche Beiträge zur mathematischen Behandlung physikalischer Probleme und der Grenzwertforschung geleistet hat, stirbt 81jährig bei einem Unfall. Hilbert führte seit langem ein zurückgezogenes Leben.

Deutsche Allgemeine Zeitung

Berlin, 19. Februar 1943 (Freitag-Morgen) · 82. Jahrgang 19.2. = Nr. 85 · 10 Pfennig

BERLINER AUSGABE

Für die Rettung Deutschlands und der Zivilisation

Dr. Goebbels' Alarmruf

Nur der stärkste Einsatz, der totalste Krieg kann und wird die Gefahr bannen

Eine Kundgebung des fanatischen Willens

Das Volk steht auf

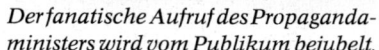

Die »Deutsche Allgemeine Zeitung« berichtet wie die anderen Zeitungen in großer Aufmachung über Joseph Goebbels' Aufruf zum »totalen Krieg«.

Der fanatische Aufruf des Propagandaministers wird vom Publikum bejubelt.

Propagandaminister Goebbels bei seiner Rede im Berliner Sportpalast.

Goebbels fordert den »totalen Krieg«

18. Februar. Propagandaminister Joseph Goebbels hält im Berliner Sportpalast eine Rede, mit der er die Deutschen zu weiteren Opfern und größeren Anstrengungen motivieren will. Der Sportpalast ist an diesem Tag mit einem Publikum überfüllt, das einen Querschnitt durch die Bevölkerung darstellen soll. Ein einziges Spruchband dient als Saalschmuck: »Totaler Krieg – kürzester Krieg.«

Goebbels erklärt, seinen Zuhörern ein »ungeschminktes Bild der Lage« geben zu wollen und warnt vor dem Untergang der abendländischen Kultur, die nur durch radikale Maßnahmen vor dem Bolschewismus zu retten sei. Dann stellt er zehn Fragen, die die Anwesenden mit bis zur Raserei gesteigerter Zustimmung aufnehmen: »Erstens: … Ich frage euch: Glaubt ihr mit dem Führer und mit uns an den endgültigen totalen Sieg des deutschen Volkes? Ich frage euch: Seid ihr entschlossen, dem Führer in der Erkämpfung des Sieges durch dick und dünn und unter Aufnahme auch der schwersten persönlichen Belastung zu folgen? Zweitens: Ich frage euch: Seid ihr bereit, dem Führer, als Phalanx der Heimat hinter der kämpfenden Wehrmacht stehend, diesen Kampf mit wilder Entschlossenheit und unbeirrt durch alle Schicksalsfügungen fortzusetzen, bis der Sieg in unseren

Händen ist? Drittens: … Ich frage euch: Seid ihr und ist das deutsche Volk entschlossen, wenn der Führer es befiehlt, zehn, zwölf und wenn nötig vierzehn und sechzehn Stunden täglich zu arbeiten und das Letzte herzugeben für den Sieg? Viertens: … Ich frage euch: Wollt ihr den totalen Krieg? Wollt ihr ihn, wenn nötig, totaler und radikaler, als wir ihn uns heute überhaupt noch vorstellen können?« Die weiteren Fragen gelten der Bereitschaft zur Arbeit, dem Vorgehen gegen »Schieber und Drückeberger« und der solidarischen Gemeinschaft »für hoch und niedrig und arm und reich«.

Der Rundfunk überträgt noch eine halbe Stunde den tosenden Beifall der Menge. Goebbels bemerkt später zunächst zynisch: »Diese Stunde der Idiotie. Hätte ich gesagt, sie sollen aus dem dritten Stock des Columbus-Hauses springen, sie hätten es auch getan.«

Dann notiert er aber zufrieden in sein Tagebuch, daß seine Rede weithin Wirkung zeige. Auch der Film über die Veranstaltung findet zustimmende Resonanz. Mit wachsendem zeitlichen Abstand verbirgt die Bevölkerung ihre Skepsis aber nicht mehr. Die Rede wird zunehmend als theatralische Propagandaschau betrachtet, die zu Unrecht einer Volksabstimmung gleichgesetzt werde.

Um Arbeitskräfte für den »totalen« Kriegseinsatz zu erhalten, werden in Deutschland Restaurants, Kabaretts und Kaufhäuser weitestgehend geschlossen und Trab- wie Galopprennen verboten (4. und 25. Februar). Da die Mannschaften der Flakbatterien an die Front abgezogen werden, kommen ab 25. Februar Schüler und Lehrlinge als Luftwaffen- und Marinehelfer zum Einsatz. Der von den Luftgauen

und der Marine angemeldete Bedarf beträgt 41 801 Jungen im Alter ab 15 Jahren. Sie sollen am Schulort und in seiner unmittelbaren Nähe zum Einsatz kommen und weiterhin unterrichtet werden. Die Jungen erhalten eine Ausbildung als Flaksoldaten, so daß der Schulunterricht bald an Bedeutung verliert. Sie unterstehen militärischer Disziplin und werden mit ihren Batterien von den Heimatgebieten fortverlegt.

Im Reich werden die letzten Reserven mobilisiert. Das Bild zeigt die Ausbildung von jugendlichen Wehrmachtshelfern an der Flak in Berlin.

Weiße Rose entdeckt

18. Februar. An dem Tag, an dem Goebbels zum »totalen Krieg« aufruft, werden in der Münchner Universität die Geschwister Hans und Sophie Scholl, 24 und 21 Jahre alt, verhaftet, als sie Flugblätter der »Weißen Rose« verteilen. Diese Tätigkeit haben sie mit mehreren Freunden aus moralischer Empörung über die NS-Gewaltpolitik bereits im Vorjahr begonnen. Die »Weiße Rose« hat in den selbst entworfenen Flugblättern unter anderem erklärt: »Mit mathematischer Sicherheit führt Hitler das deutsche Volk in den Abgrund. Hitler kann den Krieg nicht gewinnen, nur noch verlängern! Seine und seiner Helfer Schuld hat jedes Maß überschritten ... Ein Verbrechertum kann keinen deutschen Sieg erringen. Trennt Euch rechtzeitig von allem, was mit dem Nationalsozialismus zusammenhängt.

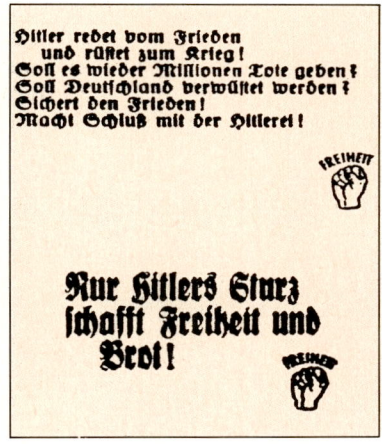

Ein Klebezettel des Widerstands.

Die Gruppe hat Anhänger in Saarbrücken, Freiburg, Hamburg, Berlin und Köln. Unter Vorsitz des Präsidenten des Volksgerichtshofes Roland Freisler findet am 22. Februar in München der Prozeß gegen die Geschwister Scholl und ihren Freund Christoph Probst statt. Im Verlauf des Verfahrens fragt Sophie Scholl den Vorsitzenden: »Sie wissen so gut wie ich, daß der Krieg verloren ist. Warum sind sie so feige, das nicht zugeben zu wollen?« Die Angeklagten werden zum Tode verurteilt und am gleichen Tag hingerichtet. In einem Nachfolgeprozeß im April werden drei weitere Todesurteile gefällt. Aber die »Weiße Rose« existiert weiter.

Hans Scholl.

Sophie Scholl.

Christoph Probst.

1943
MÄRZ

Mo	Di	Mi	Do	Fr	Sa	So
1	2	3	4	5	6	7
8	9	10	11	12	13	14
15	16	17	18	19	20	21
22	23	24	25	26	27	28
29	30	31				

1. Systematische Bombardierung der europäischen Eisenbahnlinien durch die RAF.

1. Gründung der »Union polnischer Patrioten« in Moskau.

3. Japanisch-amerikanische Seeschlacht im Bismarck-Archipel.

3. Ein Unglück in einem als Bombenschutz benutzten Londoner U-Bahnhof kostet 170 Menschenleben.

3. Gandhi beendet seinen Hungerstreik.

5. Alliierter Luftangriff auf Essen.

9. Alliierter Luftangriff auf Nürnberg.

10. Die Arbeitszeitbegrenzung für deutsche Beamte wird aufgehoben.

12. Wjasma wird von der Roten Armee besetzt.

14. Charkow erneut von deutschen Truppen besetzt.

16. Wegen zunehmender Widerstandstätigkeit wird über Savoyen das Kriegsrecht verhängt.

17. General Henri-Honoré Giraud verkündet für Nordafrika die Wiederherstellung des Rechtszustands der 2. Republik.

18. US-Luftangriff auf Vegesack.

20. Die polnische Exilregierung berichtet über Morde an Juden bei Ghettoräumungen.

23. Alliierter Luftangriff auf Nantes.

25. Englische Luftwaffe bombardiert Vororte Roms.

26. Carl Goerdeler stellt eine Denkschrift an die Generalität über die Notwendigkeit eines Staatsstreichs fertig. →

26. Anthony Eden sichert China verstärkte alliierte Militärhilfe zu.

26. Verlängerung des japanisch-sowjetischen Fischereiabkommens.

27. Einnahme der Mareth-Stellung in Nordafrika durch britische Truppen. →

27. Bis Monatsende Luftangriffe auf Berlin.

29. Die US-Arbeitsbehörde beansprucht die Entscheidung in allen Arbeitsstreitigkeiten.

GESTORBEN:

28. Sergej Rachmaninoff (* 1. 4. 1873), russischer Komponist und Pianist. →

Hitler lehnt auch die Räumung von Tunesien ab

Die deutsch-italienischen Truppen stehen in Tunesien, von den Soldaten »Tunisgrad« genannt, in der Verteidigung. Als Feldmarschall Erwin Rommel am 10. März Hitler nahelegt, den größten Teil Tunesiens zu räumen, wird das entschieden abgelehnt. Rommel erhält das Eichenlaub mit Schwertern und Brillanten zum Ritterkreuz und muß in Kur gehen. Sein Nachfolger Generaloberst Hans-Jürgen von Arnim gibt nach konzentriertem Angriff der Armee Bernard Montgomerys die Mareth-Stellung auf, während die Amerikaner in Mitteltunesien in unaufhaltsamem Vormarsch sind.

Widerstand nimmt weiter zu

Nach der deutschen Niederlage in Stalingrad entfaltet der bürgerliche und militärische Widerstand seine Tätigkeit. Als Adolf Hitler die Heeresgruppe Süd aufsucht, wird am 13. März in seiner Maschine eine Zeitzünderbombe angebracht, die jedoch wegen der Kälte nicht explodiert. Dann will sich Oberst Hans-Christoph von Gersdorff am 21. März mit Hitler am Heldengedenktag im Berliner Zeughaus in die Luft sprengen; aber nach einer kurzen Rede verläßt der »Führer« das Gebäude vorzeitig. Auch der ehemalige Leipziger Oberbürgermeister und Reichspreiskommissar Carl Goerdeler ist überzeugt: »Das Volk ist nicht nur reif, sondern es wartet, daß eine rettende Tat geschieht«. Goerdeler baut darauf, daß Engländer und Amerikaner Deutschland als Wirtschaftsmarkt und als Damm gegen den Kommunismus benötigen.

Keynes-Vorschlag

29. März. John Maynard Keynes, weltbekannter Nationalökonom und Berater des britischen Schatzamtes, schlägt vor, durch eine internationale Währung in der Nachkriegszeit die Freiheit des Handels weltweit zu fördern.

▷

Deutsche Soldaten bei einem Stadtbummel durch Charkow.

Kämpfe um Charkow

Die ehemalige Heeresgruppe »Don«, jetzt »Süd«, kann sich im März neu formieren, zwei sowjetische Armeen über den Donez zurückwerfen und Charkow (14. 3.) sowie Bjelogorod (21. 3.) erneut erobern. Im Norden wie bei der Heeresgruppe Mitte wird unter sowjetischen Angriffen die Front bei Demjansk und Rschew begradigt. Die Stabilisierung der deutschen Linie gelingt, da die sowjetischen Soldaten nach den schweren Winterkämpfen selbst eine Ruhepause brauchen. Die deutschen Armeen stehen wieder auf den Ausgangspositionen der Sommeroffensive von 1942; doch jetzt ist die Rote Armee an Menschen überlegen und ebenso an Material, da die in den Ostural verlagerten Industrien voll produktionsfähig sind.

US-Vizepräsident warnt vor drittem Weltkrieg

8. März. Auf einer Kirchenkonferenz in Delaware warnt US-Vizepräsident Henry Wallace vor einem dritten Weltkrieg, der unweigerlich entstehen werde, wenn eine Erneuerung des Preußentums in Deutschland möglich sei, oder wenn von seiten der westlichen Alliierten versucht werde, die UdSSR zu übertölpeln.
Als gefährlich sieht es der amerikanische Vizepräsident ferner an, wenn durch Arbeitslosigkeit nach dem gegenwärtigen Krieg faschistische Kräfte in den Vereinigten Staaten die Oberhand gewännen. Nur ein befriedigendes Verhältnis zwischen den westlichen Demokratien und der Sowjetunion vor Ende der Kämpfe könne einen dritten Weltkrieg verhindern, in dem die UdSSR und Deutschland dann Seite an Seite stünden.

Schweiz sieht ihre Neutralität gefährdet

8. März. Anläßlich der Eröffnung einer Ausstellung weist der Schweizer Bundespräsident Enrico Celio auf die Gefährdung der Neutralität des Landes hin; deshalb seien die bestehenden Vorsichtsmaßnahmen aufrechtzuerhalten. Diese Äußerung ist im Zusammenhang mit massiven deutschen Drohungen gegen den Alpenstaat zu sehen.
Bei einem Geheimtreffen in Emmental im März zwischen dem Schweizer Oberkommandierenden Henri Guisan und SS-Brigadeführer Walter Schellenberg gelingt es Guisan, überzeugend die Nutzlosigkeit eines Angriffs auf die Schweiz darzulegen, da sofort sämtliche Pässe und Tunnel unpassierbar gemacht würden und die schlagkräftige Schweizer Armee im Gebirge zum Gegenstoß gegen eine deutsche Invasion bereitstehe.

Jubiläum der UFA

5. März. Die Ufa, Deutschlands größtes Filmunternehmen, feiert ihr 25jähriges Bestehen. Alfred Hugenberg, Begründer der Gesellschaft und in Ungnade gefallener Steigbügelhalter Hitlers, erhält als Auszeichnung den »Adlerschild des Deutschen Volkes«. Aus Anlaß des Jubiläums wird der Film »Münchhausen« uraufgeführt.
Aufmerksam wird registriert, daß – den Zeitverhältnissen entsprechend – sein Inhalt von Lügengeschichten oder doch Übertreibungen geprägt ist. Die Hauptrolle des Films spielt Hans Albers, der sich nicht von seiner jüdischen Lebensgefährtin trennt. Das Drehbuch hat unter einem Pseudonym der von den Nationalsozialisten kaltgestellte Erich Kästner geschrieben. Regisseur ist Josef von Baky, der als Gegner des NS-Staates bekannt ist. Joseph Goebbels läßt dies alles durchgehen, um mit einem – wie er meint – heiteren, unpolitischen Film die gedrückte Stimmung aufbessern zu können.

Hans Albers spielt im Ufa-Jubiläumsfilm »Münchhausen« die Hauptrolle.

Judenverhaftung wird Fehlschlag

2. März. Joseph Goebbels, Propagandaminister und Gauleiter Berlins, stellt fest, daß es ihm nicht gelungen ist, in einer Sonderaktion alle Juden Berlins zu verhaften, da sich durch vorzeitige Bekanntgabe der Maßnahme 4000 verbergen können. »Leider hat sich auch hier wieder herausgestellt, daß die besseren Kreise, insbesondere die Intellektuellen, unsere Judenpolitik nicht verstehen und sich zum Teil auf die Seite der Juden stellen.«

Rachmaninoff stirbt in den USA

28. März. In Beverly Hills stirbt Sergej Rachmaninoff, der 1918 aus Rußland in die USA emigriert ist, und dort als Komponist und Pianist gewirkt hat. Rachmaninoffs Musik steht in der Tradition Tschaikowskis und ist von spätromantischer Lyrik geprägt.
Rachmaninoff gilt als Schöpfer des russischen Kunstliedes. Unter anderem hat er drei Opern, drei Symphonien, zwei Messen und 79 Lieder komponiert.

1943
APRIL

Mo	Di	Mi	Do	Fr	Sa	So
			1	2	3	4
5	6	7	8	9	10	11
12	13	14	15	16	17	18
19	20	21	22	23	24	25
26	27	28	29	30		

4. Alliierte Luftangriffe auf die Renaultwerke in Billancourt, auf Neapel, Antwerpen und Kiel.

4. Pétain greift die USA und England wegen der Bombardierung französischer Städte an.

7. Bolivien erklärt den Achsenmächten den Krieg.

7. Treffen Hitlers und Mussolinis auf Schloß Kleßheim. →

7. Die Heeresgruppe Afrika ist eingeschlossen.

10. Alliierter Luftangriff auf italienische Schiffe in La Maddalena (Sizilien).

13. Massengräber polnischer Soldaten bei Katyn entdeckt. →

14. General MacArthur warnt vor einer noch immer möglichen japanischen Invasion Australiens.

16. Die französischen Departements Martinique und Guadeloupe sind zur Zusammenarbeit mit Washington, aber nicht zur Rebellion gegen die Regierung Pétain in Vichy bereit.

16. Admiral Horthy besucht Hitler in Kleßheim. →

19. Beginn des Aufstands im Warschauer Ghetto. →

20. Der jugoslawische Partisanenführer Mihailovic weist den Vorwurf zurück, mit den Achsenmächten Verbindung zu halten.

20. Alliierter Luftangriff auf Stettin.

21. Mamoru Shigemitsu wird japanischer Außenminister.

21. Die USA geben offiziell bekannt, daß Japan die am Luftangriff auf Tokio beteiligten abgeschossenen Amerikaner hingerichtet hat.

24. Japanische Truppen erneuern die Offensive in Burma.

24. Beginn der alliierten Generaloffensive in Tunesien.

27. Der kroatische Staatsführer Ante Pavelić besucht Hitler. →

GESTORBEN:

3. Conrad Veidt (* 22. 1. 1893), deutschamerikanischer Filmschauspieler.

6. Alexandre Millerand (* 10. 2. 1859), französischer Staatspräsident.

30. Beatrice Webb (* 22. 1. 1858), britische Sozialistin.

13. Oskar Schlemmer (* 4. 9. 1888), deutscher Maler. →

Aufstand im Warschauer Ghetto

Im Warschauer Ghetto werden zwei jüdische Widerstandskämpfer von Angehörigen der SS-Einheit Stroop festgenommen.

19. April. Die Deportationen aus den polnischen Ghettos, deren Bewohner unter unsäglichen sanitären Bedingungen vegetieren müssen und kaum Nahrungsmittel erhalten, werden beschleunigt. In den Vernichtungslagern Chelmo, Majdanek, Sobibor und Treblinka werden die Opfer zu Tausenden sofort nach ihrer Ankunft vergast. Ihr Schicksal bleibt nicht verborgen. Ghettoinsassen fliehen in die Wälder und schließen sich Partisanengruppen an oder sie versuchen, in den Sperrbezirken für Juden Widerstandsgruppen zu bilden. Waffen zu beschaffen, fällt schwer; nicht nur wegen der scharfen Bewachung der Ghettos, sondern auch wegen des verbreiteten Antisemitismus bei den nichtjüdischen Polen. Dennoch ist ein erster SS-Versuch im Januar, das Warschauer Ghetto zu »räumen«, bereits mit Waffengewalt zurückgeschlagen worden. Inzwischen ist die Widerstandsbewegung weiter ausgebaut. Sie umfaßt Männer und Frauen, Jungen und Mädchen mit zum Teil primitiven, selbstgefertigten Waffen und Handgranaten. Nur wenige haben von jenseits der Ghettomauern Pistolen, Gewehre und Munition zu überhöhten Preisen kaufen können.

Am 19. April dringen SS-Einheiten mit zwei Panzerwagen in das Ghetto ein, um die letzten 60 000 Juden zusammenzutreiben. Die SS stößt auf eine kleine, aber entschlossene Kampforganisation, die nichts zu verlieren hat und durch einen entschlossenen Angriff die Truppen des Warschauer SS- und Polizeiführers Jürgen Stroop zunächst zum Rückzug zwingt. Straßenzug um

Straßenzug und Haus um Haus, Durchgänge und Kanaleinstiege werden verteidigt gegen Panzer, Artillerie und Flammenwerfer. Viele Juden verbrennen lieber in den Häusern, als sich der SS und der Wehrmacht oder deren litauischen Hilfstruppen auszuliefern. Jüdische Hilfsgesuche an den polnischen Widerstand außerhalb des Ghettos bleiben ohne große Resonanz.

In unbeschreiblichem Elend wachsen die Kinder im Warschauer Ghetto heran.

Aus dem Massengrab im Wald von Katyn werden polnische Offiziere exhumiert. Eine polnische Delegation beobachtet den Vorgang als Zeugen.

Massengrab entdeckt

13. April. Bei Katyn werden Massengräber von 4000 polnischen Offizieren entdeckt. Eine von der deutschen Regierung herbeigerufene Untersuchungskommission des Internationalen Roten Kreuzes stellt fest, die Männer seien mit deutscher Munition erschossen, aber bereits vor der deutschen Besetzung des Gebiets beerdigt worden. Wiederholt hat bisher das polnische Exilkabinett von der sowjetischen Regierung Auskunft über den Verbleib polnischer Kriegsgefangener des Jahres 1939 verlangt und ihre Zusammenfassung zu einer Armee gefordert. Jetzt entsteht eine tiefgreifende Kontroverse, die damit endet, daß die UdSSR ihre Beziehungen zum polnischen Exilkabinett abbricht, das in Moskau wirkende polnische Nationalkomitee aufwertet und mit dessen Hilfe eine polnische Armee aufbaut. Die propagandistische Behandlung der Funde von Katyn in Deutschland löst bei den Angehörigen von Soldaten, die sich in sowjetischer Gefangenschaft befinden, »äußerste Besorgnis« aus.

Faschisten zu Besuch

Auf Wunsch Adolf Hitlers kommt am 7. April Benito Mussolini nach Schloß Kleßheim. Mussolini drängt aufgrund der Lage im Mittelmeerraum, wo sich der Zusammenbruch der Achsentruppen in Tunesien deutlich abzeichnet, Adolf Hitler zu einem Friedensschluß mit der UdSSR, damit die deutschen und italienischen Truppen dann im Westen die drohenden Invasionen der Amerikaner und Engländer abwehren können. Hitler bemüht sich, die Zweifel des Duce zu zerstreuen. Zehn Tage später ist der ungarische Reichsverweser Admiral Niklas Horthy Hitlers Gast in Kleßheim. Ihn will Hitler bewegen, auch die ungarischen Juden der Vernichtungsmaschinerie der KZs auszuliefern; aber Horthy, längst um Absprung aus dem Bund mit Deutschland bemüht, widersetzt sich. Weitere Gäste sind Norwegens Kollaborationsministerpräsident Vidkun Quisling (19. 4.) und der slowakische Präsident Josef Tiso (23. 4.); schließlich trifft auch Kroatiens Staatschef Ante Pavelić in Kleßheim ein (27. 4.), der verstärkte Hilfe gegen die Partisanenverbände benötigt.

Ante Pavelić, Staatschef des faschistischen Kroatien (links) mit Hitler im Schloß Kleßheim. Rechts hinter Hitler der deutsche Außenminister von Ribbentrop.

Widerstand in Schwierigkeiten

Die Widerstandsbewegung in Deutschland muß Rückschläge hinnehmen. Seit März steht Generaloberst Ludwig Beck wegen eines Krankenhausaufenthaltes nicht zur Verfügung. Am 5. April gelingt es dem Reichssicherheitshauptamt, die Abwehrabteilung des OKW unter Admiral Wilhelm Canaris in Schwierigkeiten zu bringen. Canaris, Generalmajor Hans Oster und der Jurist Hans von Dohnanyi haben ständige Gesprächskontakte zum Ausland bewahrt, um das Verhalten der Gegner im Fall eines Umsturzes erkunden zu können. Durch einen Zufall kommt das Reichssicherheitshauptamt diesen Dingen auf die Spur. Mit Dohnanyi werden sein Schwager, Pastor Dietrich Bonhoeffer, und der Verbindungsmann der Abwehr zum Vatikan, Josef Müller, verhaftet.

Tod des Malers Oskar Schlemmer

4. April. In Baden-Baden stirbt im Alter von 54 Jahren der Maler Oskar Schlemmer. Der ursprünglich als Tänzer ausgebildete Künstler ist vor allem im Zusammenhang mit dem Bauhaus (→ Dezember 1926) bekanntgeworden, dessen Bühnenwerkstätte er von 1920 bis 1929 leitete. Im Mittelpunkt insbesondere der späteren Bilder Schlemmers steht die menschliche Figur, die er in geometrisierten, manchmal bis zum Abstrakten entwickelten Formen darstellt. Neben Ölbildern und Fresken schuf Schlemmer Aquarelle, Graphiken und Entwürfe zu Ballettkostümen. Mit seinen Kostümen für das »Triadische Ballett« gelang ihm eine Verschmelzung der geometrischen Ordnung seiner Bilder mit dem Tanz. Auch Schlemmer wurde von den Nazis als »entartet« verfemt.

Die Leichen der Offiziere liegen dichtgedrängt in den Massengräbern.

Mo	Di	Mi	Do	Fr	Sa	So
					1	2
3	4	5	6	7	8	9
10	11	12	13	14	15	16
17	18	19	20	21	22	23
24	25	26	27	28	29	30
31						

1. Antideutsche Ausschreitungen in Sofia.

1. Nach Bekanntgabe der staatlichen Schlichtung bricht in den USA ein Bergarbeiterstreik aus.

7. Tunis und Bizerta werden von alliierten Truppen besetzt. →

7. US-Luftangriff auf die italienische Mittelmeerinsel Pantalleria.

7. Schweden versichert sein striktes Festhalten an der Neutralität.

8. Alliierter Luftangriff auf Palermo.

10. Die alliierte Luftwaffe greift mehrere sizilianische Städte an.

10. Hitler verlängert von sich aus das Ermächtigungsgesetz von 1933.

11. US-Truppen landen auf der Aleuten-Insel Attu.

12. Beginn der Trident-Konferenz. →

12. Roosevelt erklärt Beneš sein Einverständnis zur Ausweisung der Deutschen aus der ČSR nach Kriegsende.

13. Die deutschen und italienischen Truppen in Tunesien kapitulieren. →

14. Alliierter Luftangriff auf den Kieler Hafen.

15. In Moskau wird die Komintern aufgelöst. →

15. Giraud setzt den Bey von Tunis wegen Zusammenarbeit mit den Achsenmächten ab.

17. Bombardierung der Eder- und der Möhnetalsperre. →

21. Die Schweiz erleichtert die Ausbürgerungsbestimmungen.

23. Beginn der Spinnstoff- und Schuhsammlung in Deutschland.

24. Abbruch der U-Boot-Schlacht im Atlantik durch Dönitz. →

24. Luftangriff auf Dortmund.

28. Byrnes wird zum Direktor des Komitees zur Koordinierung der US-Kriegsmaßnahmen ernannt.

31. Die in Alexandria in Ägypten internierten französischen Kriegsschiffe schließen sich den Alliierten an.

31. Die Fleischrationen in Deutschland werden pro Kopf und Woche um 100 Gramm gekürzt.

GESTORBEN:

2. Viktor Lutze (* 28. 12. 1893), Stabschef der SA.

Kapitulation in Tunis

Kapitulation der restlichen deutschen und italienischen Afrikatruppen.

13. Mai. Im April sind die zwölf deutschen und italienischen Divisionen unter Generaloberst Hans-Jürgen von Arnim und General Giovanni Messe in einem engen Brückenkopf zusammengedrängt und von allem Nachschub abgeschnitten worden. Die Alliierten spalten am 6. Mai diesen Kessel in zwei Teile und besetzen danach Tunis und Bizerta. Der nördliche Kessel kapituliert am 9. Mai, die restlichen Truppen ziehen sich auf die Halbinsel Bône zurück. Am 13. Mai kapituliert von Arnim. Insgesamt gehen 252 000 Soldaten, die Hälfte sind Deutsche, in Gefangenschaft. Die Kapitulation wird von den alliierten Offizieren entgegengenommen.

Ritter von Thoma, kommandierender General im deutschen Afrikacorps (rechts) grüßt als Gefangener den britischen Feldmarschall Montgomery (links).

Hohe U-Boot-Verluste

24. Mai. Der U-Boot-Krieg nimmt eine plötzliche Wende. Im Januar sind von deutschen U-Booten 200 000 Bruttoregistertonnen versenkt worden, im Februar 360 000. Im März werden allein aus einem alliierten Geleitzug 21 Schiffe mit 140 942 Bruttoregistertonnen torpediert. Es wird aber auch spürbar, daß immer weniger U-Boote die alliierte Atlantiksicherung durchbrechen können. Im April werden 250 000 Bruttoregistertonnen versenkt, aber 13 U-Boote (das sind 12 Prozent) bleiben auf See. Und seit Ende April können die U-Boote nachts nicht mehr zur Sauerstoffauffrischung auftauchen, da die Alliierten mit verbesserten Radargeräten und anderen Ortungsmitteln zum Schutz der Geleitzüge operieren. Die Kriegsmarine verliert im Mai 38 von 118 ausgelaufenen U-Booten, ohne auch nur annähernd die Versenkungsziffern der vorangegangenen Monate zu erreichen. Karl Dönitz bricht die Schlacht im Atlantik ab, um technische Verbesserungen vornehmen zu lassen.

Aliierte legen ihre weiteren Kriegspläne fest

12. Mai. Zur 2. Washingtoner Konferenz, die unter dem Decknamen »Trident« stattfindet, kommt Winston Churchill in die USA. Die Konferenz ist erforderlich, da die Kämpfe in Tunesien länger als vermutet angedauert haben und damit neue Zeitplanungen für den Krieg in Europa erforderlich werden. Als Hauptproblem ergibt sich für Churchill, das amerikanische Mißtrauen, Großbritannien verfolge im Mittelmeerraum imperialistische Ziele, abzubauen. Churchill und Generalstabschef Allan Brooke legen dar, eine Invasion in Italien erleichtere den Zugang zum Balkan und die Unterstützung der jugoslawischen Partisanen. General Dwight D. Eisenhower wird mit der Vorbereitung der Landung auf Sizilien betraut. Sie soll den Abfall Italiens vom Achsenpakt beschleunigen. Weiterer Verhandlungsgegenstand ist der Krieg gegen Japan. Schließlich trägt Churchill seine Gedanken über die Weltordnung nach dem Krieg vor: Unter der Kontrolle der USA, Großbritanniens, der UdSSR und Chinas soll eine Weltorganisation entstehen; internationale Streitkräfte, gestellt von den Mitgliedsländern der Organisation, werden den Frieden überwachen.

Stalin löst Komintern auf

15. Mai. Stalin läßt die Kommunistische Internationale auflösen. Er will damit den Westalliierten die Sorge vor einer kommunistischen Weltrevolution nehmen und das Anliegen der UdSSR, den »großen vaterländischen Krieg« fördern.

Pulitzer-Preis für Upton Sinclair

3. Mai. Den Pulitzer-Preis erhalten der Dramatiker Thornton Wilder für sein Schauspiel des Überlebens »Um Haaresbreite« und der sozialkritische Schriftsteller Upton Sinclair für den Roman »Drachenzähne« über den Nationalsozialismus.

Ghetto zerschlagen

16. Mai. Nach fast vierwöchigem Kampf bricht der Widerstand im Warschauer Ghetto zusammen. Die wenigen Überlebenden versuchen, durch das Kanalisationssystem der Vernichtung zu entgehen. SS-General Jürgen Stroop beziffert die Gesamtzahl der von seinen Kräften getöteten Juden auf 56 065, darunter befinden sich nicht die, die lieber in den Häusern verbrannten oder sich in die Luft sprengen ließen, oder die in der Kanalisation auf der Flucht ihr Leben verloren haben. Stroops Angaben über die Höhe der eigenen Verluste (16 Tote und 90 Verletzte) werden vielfach angezweifelt. SS- und Polizeitruppen durchsuchen noch bis in den Juni hinein die Trümmerwüste.

Plan des Warschauer Ghettos zur Zeit der Aufstände.

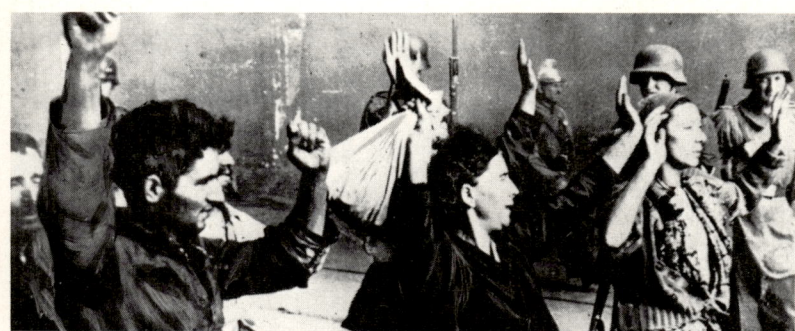

Gefangene Widerstandskämpfer nach der Niederschlagung des Aufstands.

Gründung der FAO

8. Mai. In Hot Springs (USA) findet eine Konferenz statt mit dem Ziel, die Forderung der Atlantik-Charta (→ August 1941), die Welt von Hunger zu befreien, einer Lösung näher zu bringen. Das Ergebnis ist die Gründung der FAO (Food and Agricultural Organization).

Royal Air Force bombardiert jetzt Talsperren

Die am 17. 5. zerstörte Edertalsperre.

17. Mai. Die Royal Air Force fliegt mit 15 Lancaster-Bombern einen Angriff auf die Eder- und auf die Möhnetalsperre. Durch die auslaufenden Wassermassen werden etwa 1500 Menschen getötet, etwa die Hälfte sind ausländische Arbeiter und Kriegsgefangene. Die Rüstungsproduktion im Ruhrgebiet wird nur kurzfristig beeinträchtigt. Die Kritik der deutschen Öffentlichkeit richtet sich gegen die völlig ungenügende Sicherung der Talsperren.

Erster Düsenjäger wird erprobt

25. Mai. Jagdfliegergeneral Adolf Galland erprobt einen neuen Flugzeugtyp. Es ist die von Willy Messerschmitt entworfene »Me 262« mit Strahlantrieb, der erste Düsenjäger der Welt. Mit 800 Stundenkilometern Geschwindigkeit ist das Flugzeug 200 Stundenkilometer schneller als das schnellste Jagdflugzeug der USA. Galland zeigt sich nach dem Probeflügen sehr zufrieden und fordert die sofortige Serienherstellung. Hitler verlangt den Einsatz der Maschine als Bomber, was eine Neukonstruktion erfordert. 20 Prototypen der »Me 262« werden demontiert.

1943

JUNI

Mo	Di	Mi	Do	Fr	Sa	So
	1	2	3	4	5	6
7	8	9	10	11	12	13
14	15	16	17	18	19	20
21	22	23	24	25	26	27
28	29	30				

1. De Gaulle besteht auf Entlassung aller ehemaligen Vichy-Beamten in Nordafrika.

4. Bildung des Französischen Nationalkomitees unter General Charles de Gaulle und General Henri-Honoré Giraud.

4. Militärputsch in Argentinien.

8. Schwere Zusammenstöße zwischen US-Soldaten und Zivilisten in Los Angeles.

11. Ende der Konferenz von Hot Springs.

11. Alliierter Luftangriff auf Düsseldorf.

12. Himmler ordnet die Liquidierung aller polnischen Ghettos an.

12. Die italienischen Inseln Pantelleria und Lampedusa kapitulieren bedingungslos vor den US-Truppen.

12. Luftangriff auf Bochum.

16. US-amerikanisch/japanische Luftschlacht über Guadalcanal.

18. Alliierter Luftangriff auf Messina.

19. Goebbels erklärt Berlin für »judenfrei«.

22. Alliierte Luftangriffe auf Hüls und Rotterdam.

22. Bis zum Monatsende wird der US-Bergarbeiterstreik ausgesetzt.

23. Beginn der sowjetischen Sommeroffensive.

24. Alliierte Luftangriffe auf Brest und den deutschen Militärflugplatz bei Saloniki.

25. Bei der deutschen Wehrmacht werden Sonderstandgerichte eingerichtet.

25. Rassenunruhen in Detroit.

25. Luftangriff auf München.

27. Der Dresdner SC mit Helmut Schön siegt im Endspiel um die deutsche Fußballmeisterschaft mit 3 : 0 über den FV Saarbrücken.

28. Alliierte Luftangriffe auf Messina, Köln und Hamburg.

30. Churchill wird Ehrenbürger der City of London.

GESTORBEN:

1. Leslie Howard (* 3. 4. 1893), ungarisch-englischer Schauspieler.

12. Hanns Heinz Ewers (* 3. 11. 1871), deutscher Schriftsteller.

26. Karl Landsteiner (* 14. 6. 1868), österreichischer Pathologe, Nobelpreisträger (1930).

Luftangriff auf Köln. Suchscheinwerfer der Flak erleuchten den Himmel.

28. Juni. Der Kölner Dom wird von Brandbomben schwer beschädigt. Der Dreikönigsaltar wird jeden Abend an einen sicheren Platz gebracht.

Sterilisationsexperimente in den KZ Ravensbrück und Auschwitz

7. Juni. Professor Clauberg aus Königsberg, SS-Brigadeführer, teilt Heinrich Himmler mit, er habe eine Methode zur nichtoperativen Sterilisation von Frauen entwickelt. Nach notwendigen Verfeinerungen werde es möglich sein, an einem Tag durch einen Arzt mit zehn Helfern bis zu 1000 Frauen zu sterilisieren. Zur Erprobung der Claubergschen »Methode« werden Jüdinnen und Zigeunerinnen aus den KZ benutzt. Die Frauen und jungen Mädchen leiden nach den Einspritzungen unter furchtbaren Schmerzen oder sterben.

Nationalisten in Indien ohne Erfolg

Mit einem U-Boot gelangt der indische Nationalist Subhas Chandra Bose aus Deutschland nach Singapur, von wo er eine indische Aufstandsbewegung gegen die britische Herrschaft in Indien entfachen will. Sein Bemühen bleibt erfolglos, da innerhalb der Volkskongreß-Bewegung, aus der auch er hervorgegangen ist, Gandhi und Nehru die stärkeren Vorbilder sind.

Sartres »Fliegen« uraufgeführt

3. Juni. Unbeachtet von den deutschen Besatzungsbehörden wird in Paris Jean-Paul Sartres Schauspiel »Die Fliegen« aufgeführt. Das Publikum erkennt in dieser modernen Version der Orestie die Absicht, den Widerstand gegen die Tyrannei eines Unrechtssystems darzustellen. Das Werk wird ein Höhepunkt der Theatersaison neben Giraudoux' »Sodom«.

1943

JULI

Mo	Di	Mi	Do	Fr	Sa	So
			1	2	3	4
5	6	7	8	9	10	11
12	13	14	15	16	17	18
19	20	21	22	23	24	25
26	27	28	29	30	31	

1. Vereinigung australischer und US-Truppen in der Nassau-Bucht Neuguineas.

1. Speer setzt sich für die Arbeit von Freiwilligen in Bergwerken ein.

1. Hitler spricht sich gegen eine an Japan orientierte »Befreiungspolitik« aus.

5. Beginn der deutschen Offensive bei Kursk in der UdSSR. →

6. Bei Winiza werden erneut Massengräber entdeckt.

10. Alliierte Truppen landen auf Sizilien. →

11. Die Schweizer Sozialdemokratische Partei lehnt eine Kollektivaufnahme der Kommunisten ab.

12. Sowjetische Offensive aus dem Raum Kursk gegen Orel. →

12. Gründung des »Nationalkomitees Freies Deutschland«. →

17. Luft-See-Schlacht zwischen US- und japanischen Streitkräften bei der Insel Bougainville.

19. Alliierter Tagesangriff auf Rom mit 500 Bombern. →

19. Begegnung Hitlers mit Mussolini in Feltre bei Belluno. →

19. Wavell wird Vizekönig von Indien.

19. Fertigstellung der Pipeline zwischen Longview in Texas und Phoenixville in Pennsylvanien.

22. Alliierter Luftangriff auf Surabaya.

23. Palermo fällt an die 7. US-Armee unter Patton. →

24. Beginn der bis zum Monatsende andauernden Luftangriffe auf Hamburg. →

24. US-Luftangriff auf Drontheim.

25. Sturz Mussolinis. →

26. Badoglio bildet in Rom ein Kabinett ohne Faschisten. →

26. Der sowjetische Botschafter in London, Maiski, wird stellvertretender Außenminister der UdSSR.

28. Die Japaner räumen die Aleuteninsel Kiska.

30. Unruhen in Mailand mit Befreiung politischer Gefangener. →

GESTORBEN:

4. Wladislaw Sikorsky (* 20. 5. 1881), polnischer Exilministerpräsident und General (Opfer eines Unfalls). →

13. Kurt Huber (* 24. 10. 1892), deutscher Philosophieprofessor, Mitglied der »Weißen Rose«.

Nationalkomitee Freies Deutschland macht Propaganda

12. Juli. Seit Beginn des deutsch-sowjetischen Kriegs ist in der UdSSR wiederholt der Versuch gemacht worden, mit Kriegsgefangenen und Emigranten ein antifaschistisches Komitee zu errichten. Nur wenige Soldaten haben sich bislang dazu bereit erklärt und sind danach regelmäßig von ihren bisherigen Kameraden isoliert gewesen. Die Wende tritt nach Stalingrad ein, da diese Niederlage auch in den Lagern im Osten eine tiefe Erschütterung auslöst. Hinzu kommt das Verhalten der sowjetischen Regierung, die – empört darüber, daß noch immer keine ihren Vorstellungen entsprechende zweite Front gebildet wurde – eine doppelte Verbindung zu Deutschland sucht: einmal durch ein neues geheimes Sonderfriedensangebot, dann durch nationale Töne der sowjetischen Gesprächspartner in den Lagern und bei den Emigranten.

Die Sowjets tragen dazu bei, daß einem Widerstandsmanifest mit überwiegend marxistischen Formulierungen ein zweites mit nationalen Gedankengängen entgegengestellt wird, das von Soldaten und Emigranten unterzeichnet wird. Dies ist die Geburtsstunde des Nationalkomitees Freies Deutschland (12. 7.). Das Manifest wendet sich an »volks- und vaterlandstreue Kräfte in der Armee« und erinnert an den Freiherrn vom Stein sowie an die Generale Carl von Clausewitz und Johann Graf Yorck von Wartenburg. Es ruft zum Befreiungskampf auf, der zum Frieden führen werde.

Schweiz verbietet Nazi-Parteien

22. Juli. Der Schweizer Bundesrat verbietet als nationalsozialistische Parteigänger, die im Widerspruch zu den Landesgesetzen und den neutralen Interessen der Schweiz stehen, die Gruppen »Rassemblement Fédéral« und »Nationale Gemeinschaft Schaffhausen«. Auch ihre Zeitungen und etwaige Nachfolgegruppierungen sind in das Verbot eingeschlossen.

Amerikaner und Briten landen in Sizilien

Die Alliierten landen auf Sizilien. Das Bild zeigt amerikanische Landungstruppen der 7. Armee unter General George Patton im Golf von Gela.

10. Juli. Nach pausenlosen alliierten Luftangriffen auf Sizilien und Süditalien landen die 7. US-Panzerarmee unter General George Patton an der Südspitze der Insel und die 8. britische Armee unter Generalfeldmarschall Bernard Montgomery bei Agrigent (Deckname: Operation »Husky«). Die italienischen Truppen in Sizilien leisten nur geringen Widerstand. Bereits am 13. Juli vereinigen sich die britischen und amerikanischen Landungstruppen bei Ragusa; am 23. wird Palermo von den Amerikanern besetzt. Die deutschen Stellungen bei Nicosia am Ätna kann Montgomery erst nach Verstärkung aus Afrika im Sturmangriff nehmen (29. 7.).

25. Juli. Die alliierte Landung in Sizilien erschüttert Benito Mussolinis Stellung. König Viktor Emanuel sucht vorsichtig Verbindung zu Mussolinis Gegnern außerhalb und innerhalb der Faschistischen Partei. Die Stimmung in Italien beginnt sich eindeutig gegen Mussolinis Faschismus zu wenden, und in Oberitalien müssen Gewaltmittel angewendet werden, um die Arbeiter, die bereits im Frühjahr Streikversuche unternommen haben, zur Arbeit anzuhalten. Im Wissen um diese Unruhe rufen Winston Churchill und Franklin D. Roosevelt die Italiener zum Sturz des Faschismus auf (16. 7.). Da sich innerhalb der faschistischen Organisationen zwei Fraktionen gebildet haben – die erste um Galeazzo Ciano und Dino Grandi fordert ein sofortiges Kriegsende, die zweite um Carlo Scorca und Roberto Farinacci tritt für noch

General Patton (links) und Brigadegeneral Theodor Roosevelt jr.

engere Anlehnung an Deutschland ein –, wird gegen den Widerspruch Mussolinis der faschistische Großrat einberufen, der Entscheidungshilfe leisten soll (15. 7.). Mussolini trifft am 19. Juli in Feltre bei Belluno mit Adolf Hitler zusammen, der versucht, den Duce von dem Verteidigungswillen und der militärischen Stärke Deutschlands zu überzeugen. Unterdessen wird Rom von den Alliierten bombardiert, was etwa 2000 Menschenleben kostet; bedeutende Baudenkmäler sind getroffen worden. Als König Viktor Emanuel in die zerstörten Stadtviertel kommt, schlägt ihm eine Welle der Feindseligkeit entgegen. Dies bestärkt ihn in der Auffassung, so-

Ein italienisches Propagandaplakat gegen die Invasion der alliierten Truppen: »Sizilien ist heldenhaft und treu – ein Bollwerk der europäischen Zivilisation.«

bald wie möglich Mussolini zu entmachten. In der Sitzung des faschistischen Großrats stellt am 24. Juli Dino Grandi den Antrag »auf sofortige Wiederherstellung der staatlichen Funktionen« und bittet den König, den Oberbefehl über die Streitkräfte zu übernehmen. Mussolini hingegen schildert in einer zweistündigen Rede die militärische Lage, unterstreicht die Notwendigkeit des Bündnisses mit Deutschland gegen England. Am folgenden Tag erfährt er während eines Gesprächs beim König, daß Marschall Pietro Badoglio den Auftrag zur Kabinettsbildung angenommen hat. Mussolini wird beim Verlassen des Schlosses verhaftet.

Am 28. Juli gibt der römische Rundfunk das Ende des Faschismus bekannt. General Dwight D. Eisenhower verlangt von den Italienern die Vertreibung aller deutschen Truppen als Voraussetzung für einen ehrenvollen Frieden, und die alliierten Kabinette warnen vor einer Verzögerung des Waffenstillstands; zugleich werden die neutralen Staaten aufgerufen, flüchtenden Kriegsverbrechern kein Asyl zu gewähren. Unterdessen brechen in Norditalien Arbeiterunruhen aus. Mussolini wird auf die Insel Ponza bei Neapel gebracht, wo er deutschem und alliiertem Zugriff entzogen ist. Seine Anhänger sind in Haft genommen worden.

Vor dem Mailänder Dom feiert die Bevölkerung den Sturz des Faschismus.

Nach der Festnahme Mussolinis werden die faschistischen Parteibüros besetzt.

Mussolini entmachtet

Die Gegenoffensiven der Alliierten von 1942 bis 1945.

Bomben auf Hamburg

24. Juli. Vom 24. bis 31. Juli fliegen alliierte Bomber in Serienangriffen sechsmal nachts und zweimal am Tag Hamburg an, wobei ihre Radarerfassung durch Abwurf von Aluminiumfolien behindert wird. Bei diesen Angriffen werden 12 000 Luftminen, 50 000 Sprengbomben, 100 000 Stabbomben, 80 000 Phosphorbomben und 5000 Phosphorkanister abgeworfen. Es entsteht ein Feuersturm, der mit seiner Sogkraft Flüchtende zurückreißt. Unter den 40 000 Toten sind 5500 Kinder. 50 Prozent der Stadt, das heißt 19 Quadratkilometer, sind zerstört. Im Hafen werden Schiffe mit 180 000 Bruttoregistertonnen versenkt. Der Luftangriff auf Hamburg ist der bisher schwerste des alliierten Bomberkommandos.

Hamburg nach dem Bombenangriff.

Operation »Zitadelle«

5. Juli. Mit einem Aufgebot von 3000 Panzern und Sturmgeschützen und unterstützt von der Luftwaffe eröffnen die Heeresgruppen Mitte und Süd den bisher verschobenen Angriff (Operation »Zitadelle«) auf den russischen Frontbogen bei Kursk, um die Frontlinie um 330 Kilometer zu verkürzen. Die langwierigen Offensivvorbereitungen der Wehrmacht sind den Sowjets bekannt, deren Verteidigungsnetz die deutschen Truppen bereits am 7. und 9. Juli zum Stehen bringt. Der Weg nach Kursk ist knapp zur Hälfte zurückgelegt. Nun geht die Rote Armee zum Angriff über. Am Morgen des 12. Juli sind die deutschen Linien innerhalb von zwei Stunden durchbrochen. Dem Vorstoß der sowjetischen Truppen in Richtung Orel können die deutschen Soldaten nur noch hinhaltenden Widerstand entgegenbringen. Zudem befiehlt Hitler am 13. Juli, die deutschen Offensivplanungen im Osten vorerst einzustellen. Er benötigt jetzt alle verfügbaren Truppen zum Einsatz in Italien. Das Ende der Operation »Zitadelle« ist zugleich das Ende deutscher Initiativen im Krieg gegen die UdSSR.

De Gaulle setzt sich durch

30. Juli. Die Konflikte zwischen den Generalen Charles de Gaulle und Honoré Giraud nehmen kein Ende, da beide den Anspruch erheben, Führer der Opposition gegen Vichy und Träger der Freiheitsbewegung zu sein. Das »Nationalkomitee des freien Frankreichs« wird zum Schauplatz der Kontroversen, aus denen de Gaulle als Sieger hervorgeht. Er bildet ein regierungsähnliches Komitee, dessen Vorsitz er selbst innehat. Giraud wird mit dem Oberbefehl über die freifranzösischen Truppen abgefunden.

Sikorsky stirbt bei Flugzeugabsturz

4. Juli. Wladislaw Sikorsky, Ministerpräsident des polnischen Exilkabinetts in London, kommt bei einem Flugzeugabsturz nahe Gibraltar ums Leben. Um den Flugzeugabsturz bilden sich Gerüchte: Winston Churchill soll ihn herbeigeführt haben, da seine Politik durch den Streit zwischen der UdSSR und dem polnischen Exilkabinett über Katyn und die Frage der polnischen Grenzen behindert worden sei. Beweise für diese Behauptung sind allerdings nicht zu erbringen.

Mo	Di	Mi	Do	Fr	Sa	So
						1
2	3	4	5	6	7	8
9	10	11	12	13	14	15
16	17	18	19	20	21	22
23	24	25	26	27	28	29
30	31					

2. Aufstand im KZ Treblinka. →

2. US-Luftangriffe auf die Ölfelder bei Ploesti.

3. Sowjetische Offensive in Richtung Charkow.

3. Geheime Kontakte zwischen Badoglio und den Alliierten in Lissabon.

5. Catania in britischer Hand.

5. Schweden verweigert weiteren deutschen Truppentransporten nach Norwegen und Finnland die Durchfahrt.

5. US-Truppen erobern Munda auf Neuguinea.

13. Alliierte Truppen stürmen die deutschen Stellungen am Ätna.

14. Beginn der 1. Konferenz von Quebec.

16. Vergeblicher Aufstand in dem Ghetto von Byalistok.

17. Mit der Besetzung Messinas durch die US-Truppen sind die Kämpfe auf Sizilien beendet.

21. Andrej Gromyko wird Botschafter der UdSSR in Washington.

22. Die Deutschen räumen Charkow und geben das Industriegebiet im Donezbecken auf.

23. Die Rote Armee besetzt Charkow.

24. Himmler wird Reichsinnenminister; Frick geht als »Reichsprotektor« nach Prag.

24. Großbritannien und die USA erkennen das französische Befreiungskomitee in Algier an, verweigern ihm aber den Status einer Regierung.

27. Die Gestapo verhaftet den ehemaligen französischen Präsidenten Lebrun.

29. Die deutsche Besatzung verhängt das Kriegsrecht über Dänemark. →

GESTORBEN:

5. Hilde Coppi (* 30. 5. 1909), deutsche Widerstandskämpferin, Mitglied der »Roten Kapelle«.

5. Adam Kuckhoff (* 30. 8. 1887), deutscher Widerstandskämpfer, Angehöriger der »Roten Kapelle«.

12. Josef Wagner (* 29. 12. 1905), deutscher Widerstandskämpfer.

19. Hans Jeschonnek (* 9. 4. 1899), deutscher General. →

28. Boris III. (* 30. 1. 1894), König von Bulgarien. →

Konferenz von Quebec

14. August. Auf der Konferenz von Quebec (Deckname »Quadrant«), die am 14. August beginnt, beraten Winston Churchill und Franklin D. Roosevelt die Fortsetzung des Krieges gegen Japan und Deutschland. Wiederum muß sich Churchill mit den amerikanischen Vorwürfen auseinandersetzen, er treibe eine imperialistische Politik. Dieser Verdacht entsteht, da Churchill nicht nur in Burma, sondern auch auf Sumatra militärische Operationen gegen die Japaner vorschlägt und sich dem Abzug von Truppen aus dem Mittelmeerraum zur Vorbereitung der Frankreich-Invasion widersetzt. Immerhin kann er erreichen, daß Dwight D. Eisenhower Pläne für die Landung auf dem italienischen Festland ausarbeitet, damit dort deutsche Kräfte gebunden werden. Das Kabinett Badoglio, das noch immer gegenüber der deutschen Regierung behauptet, ein zuverlässiger Partner zu sein, wird zur bedingungslosen Kapitulation aufgefordert.

Der Hunger zwingt zu besonderen Maßnahmen. Parkanlagen — hier am Alexanderplatz im Zentrum von Berlin — werden in Gemüseäcker verwandelt.

Auch Korn wird in den städtischen Anlagen der Reichshauptstadt gesät und geerntet. Das Bild zeigt das Einbringen der Ernte in der Stadt am 9. August.

Gerüchte um den Tod Boris' III. von Bulgarien

König Boris III. von Bulgarien.

28. August. Überraschend stirbt im Alter von 49 Jahren König Boris III. von Bulgarien. Sein Tod weckt den Verdacht, er sei möglicherweise auf Geheiß deutscher Stellen vergiftet worden. Dagegen spricht jedoch, daß König Boris gute Kontakte zu Deutschland gehalten hat und als Stabilisator der unberechenbaren bulgarischen Politik angesehen worden ist. Für seinen sechsjährigen Sohn Simeon übernimmt ein Regentschaftsrat die Geschäfte.

Luftwaffenchef Jeschonnek begeht Selbstmord

19. August. Hans Jeschonnek, Generalstabschef der Luftwaffe, begeht Selbstmord. Er sieht keinen Ausweg mehr, da Hermann Göring, Oberbefehlshaber der Luftwaffe, die Zusammenarbeit verweigert, und ihm zugleich von Adolf Hitler Vorwürfe gemacht werden, daß die Alliierten erfolgreich Luftangriffe auf Wiener Neustadt (13. 8.), gegen die Kugellagerfabriken in Schweinfurt und die Messerschmitt-Werke in Regensburg (17. 8.) fliegen können; außerdem haben die Alliierten durch eine geschickte Irreführung deutsche Abwehrjäger über Berlin gebunden und gleichzeitig die Raketenversuchsanstalt in Peenemünde bombardiert (18. 8.). Nach Jeschonneks Tod nimmt Göring aus dessen Panzerschrank alle Dokumente, die auch ihn selbst belasten könnten.

Sabotage in Dänemark

28./29. August. Seit Jahresbeginn hat der dänische Widerstand seine abwartende Haltung aufgegeben und ist mit sich steigernden Sabotageunternehmen gegen Verkehrsverbindungen aktiv geworden, obwohl die Regierung Erik Scavenius vor Provokationen warnt. Im August bricht nach der Tötung von Widerstandskämpfern eine Streikwelle aus. Der Reichsbevollmächtigte Werner Best verlangt am 28. August die Entwaffnung und Internierung der dänischen Restwehrmacht, die Verkündigung militärischen Ausnahmezustandes und den Rücktritt der Regierung. Der dänische König nimmt das Demissionsgesuch des Kabinetts nicht an. Die Reste der dänischen Flotte fliehen nach Schweden oder versenken sich. General Hermann von Hanneken verhängt daraufhin über Dänemark das Kriegsrecht.

Häftlingsrevolte im KZ

2. August. Häftlinge, die im Vernichtungslager Treblinka die Aufgabe haben, die Toten zu verbrennen, bilden eine Widerstandsgruppe, der es gelingt, sich aus SS-Beständen einige Waffen zu beschaffen. Sie greifen die Wachmannschaften an und stecken die Lagerbaracken in Brand. Da der Aufstand wegen drohenden Verrats vorzeitig ausgebrochen ist, können nur Teile des Lagers zerstört werden. 150 bis 600 Häftlingen gelingt die Flucht, doch werden viele von verfolgender SS gestellt und getötet; nur 52 überleben das Kriegsende in Freiheit. Ergebnis des Aufstands ist der Rückgang weiterer Vergasungen. Im November wird das Lager aufgelöst und die Gebäude werden abgerissen. Zuvor wurden die letzten »Arbeitsjuden« von der SS umgebracht.

Mord an Kriegsgefangenen und Juden für »wissenschaftliche Forschungen«

Seit Frühjahr 1942 nimmt Professor August Hirth, Ordinarius für Anatomie an der »Reichsuniversität« Straßburg, Schädelmessungen und Skelettuntersuchungen an zu diesem Zweck ermordeten Juden und russischen Kriegsgefangenen vor. Im August 1943 werden aus Auschwitz über 100 Männer und Frauen in das KZ Natzweiler transportiert, wo sie der Kommandant mit Cyanhydratsalz, das er von Hirth erhalten hat, vergast. Die Leichen erhält Hirth zu »Forschungszwecken«. Als sich 1944 die Alliierten Straßburg nähern, läßt der Anatom seine Skelettsammlung auflösen. Zuvor hat er die Goldzähne der Opfer an sich gebracht. Er taucht spurlos unter.

Kreisauer Kreis erörtert Möglichkeit eines Umsturzes in Deutschland

9. August. Bis zum August 1943 datieren die Entwürfe, mit denen eine breite politische Gruppe deutscher Gegner des NS-Regimes (Kreisauer Kreis) ihre Vorstellungen über den Neuaufbau des Staates darlegt und diskutiert. Sozialisten, Liberale und Konservative, Vertreter der Kirchen und der Arbeiterschaft, des Beamtentums und des Militärs haben in dem schlesischen Gut Kreisau des Grafen Helmuth James von Moltke einen Ort gefunden, wo sie primär zu klären versuchen, wie ein künftiges Deutschland aussehen soll, darüber hinaus, in welcher Form ein Umsturz herbeigeführt werden kann. Wesentlich ist an diesem Kreis der Versuch, Kompromißlösungen zu entwickeln, die einerseits in der Wirtschaft sozialistischen Vorstellungen den Vorrang geben, andererseits in der Staatsform für eine Übergangszeit autoritär-konservative Züge beibehalten.

1. Schweizerisch-türkisches Handelsabkommen.

2. Erlaß Hitlers zur Konzentration der Kriegswirtschaft. →

3. Geheimer Waffenstillstand Badoglios mit den Alliierten, die in Kalabrien landen. →

8. Spitzbergen wird von deutschen Kriegsschiffen beschossen.

9. Alliierte Truppen landen bei Salerno. →

9. Deutsche Truppen besetzen in Italien Schlüsselstellungen. →

10. Deutsche Truppen besetzen Rom.

12. Mussolini wird auf Befehl Hitlers befreit. →

12. Brindisi wird von britischen Truppen besetzt.

15. Britische Soldaten besetzen die ägäischen Inseln.

16. Jugoslawische Partisanen besetzen Split und greifen Fiume an.

17. Sowjetische Truppen erobern Brjansk zurück.

19. Italienische Truppen zwingen die deutsche Besatzung zum Rückzug aus Sardinien.

20. Freifranzösische Truppen landen auf Korsika.

22. Bis Monatsende überschreiten die Sowjets auf breiter Front den Dnjepr.

22. Einsatz von britischen Klein-U-Booten im Altafjord gegen das deutsche Schlachtschiff »Tirpitz«.

23. Die Rote Armee nimmt Poltawa ein.

27. Bastia auf Korsika fällt in alliierte Hand.

28. Foggia von Alliierten besetzt.

28. Deutsche U-Boote werden wieder im Atlantik aktiv.

28. Korfu und Split werden wieder von deutschen Soldaten besetzt.

29. Sowjetische Soldaten nehmen Kremntschug ein.

GESTORBEN:

6. Robert McKenna (* 6. 8. 1863), britischer Nationalökonom.

21. Kingley Wood (* 19. 8. 1881), britischer Schatzkanzler.

26. Kurt Rosenfeld (* 1. 2. 1877), deutscher Sozialist.

30. Franz Oppenheimer (* 30. 3. 1864), deutscher Soziologe und Nationalökonom.

Widerstand gegen deutsche Besatzer wächst

30. September. Die unter dem Ausnahmezustand leidende dänische Bevölkerung wendet sich noch stärker gegen die deutsche Besatzungsmacht, als durchsickert, daß die dänischen Juden von Deportation bedroht sind. König Christian läßt keinen Zweifel daran, daß er in einem solchen Fall selbst das Kennzeichen, den gelben Stern mit dem »J«, tragen werde.

Da ein Angehöriger der deutschen Gesandtschaft in Kopenhagen rechtzeitig eine Warnung ausspricht, endet die Aktion zur Verhaftung der Juden als ein Fehlschlag. 8000 können, geschützt durch ihre Landsleute, nach Schweden gelangen. Nur etwa 400 Juden fallen in die Hände der SS und kommen nach Theresienstadt. Da die schwedische Regierung scharf protestiert, muß der größte Teil von ihnen nach Schweden entlassen werden.

Schweiz zieht im Süden Truppen auf

Die Schweiz sieht sich verstärkt in die Kriegsereignisse hineingezogen. Wiederholt müssen Flugzeuge der feindlichen Mächte auf ihrem Gebiet notlanden oder werden von der Schweizer Flugabwehr zur Landung gezwungen. An der Südgrenze werden verstärkt Grenztruppen zusammengezogen, um den Übertritt bewaffneter italienischer Verbände und etwaiger deutscher Verfolger zu verhindern.

Brechts »Galilei« uraufgeführt

9. September. Bertolt Brechts Drama »Leben des Galilei« wird im Züricher Schauspielhaus aufgeführt. Im Mittelpunkt steht die Beziehung zwischen Macht und Wissenschaft – dargestellt an dem Mathematiker und Astronomen Galileo Galilei. Trotz der Inquisition, der sich Galilei zu Gunsten des eigenen Wohllebens beugt, tragen seine Schüler die Lehren weiter.

Die Befreiung Mussolinis (mit Mantel und Hut) aus dem Berghotel Gran Sasso durch eine deutsche Waffen-SS-Einheit.

Vorbereitung eines Attentats auf Hitler gescheitert

In Berlin trifft Generalfeldmarschall Günther von Kluge, Befehlshaber der Heeresgruppe Mitte, mit Ludwig Beck und Carl Goerdeler zusammen. Goerdeler gibt seiner Erwartung Ausdruck, ein Einvernehmen mit den Westmächten zu erreichen, das bei einer Einstellung der Kämpfe im Süden und dem Abbruch des Luftkriegs gleichzeitig eine Stabilisierung der Ostfront erlaube. Goerdeler spricht sich gegen einen Anschlag auf Hitler aus und meint, die Oberbefehlshaber müßten ihn zur Niederlegung der Macht veranlassen. Dagegen fordert Kluge als einzige Lösung das Attentat, und zwar durch Militärs. Goerdeler läßt sich überzeugen, daß dies der einzige Ausweg ist. Bevor noch weitere Pläne ausgearbeitet werden können, erleidet Kluge einen Unfall und steht der Widerstandsbewegung für Monate nicht zur Verfügung.

Italien unterzeichnet Kapitulation

Pietro Badoglio (links) mit dem britischen General Macfarlane.

3. September. Nach langwierigen Verhandlungen unterzeichnet General Giuseppe Castellaro die italienische Kapitulation, die jedoch erst fünf Tage später bekanntgegeben wird. Am Tag der Unterzeichnung landen die Alliierten in Kalabrien. Die Erwartung des Kabinetts Pietro Badoglio auf massiven Truppeneinsatz der Alliierten und Schutz Roms erfüllen sich nicht. Statt dessen besetzen deutsche Truppen, die Hitler seit August voll Mißtrauen hat herbeiführen lassen, alle wesentlichen Schlüsselpositionen und die Hauptstadt. Sie brechen jeden Versuch italienischen Widerstands und entwaffnen alle italienischen Soldaten in Frankreich, auf dem Balkan und in Italien selbst, die nicht ihre Bereitschaft erklären, auf deutscher Seite weiterzukämpfen. Der Landung in Kalabrien folgt die Landung der 5. amerikanischen Armee am 9. September bei Salerno. Die Alliierten stoßen auf wachsenden deutschen Widerstand, der andauert, bis eine Verteidigungsstellung nördlich von Neapel errichtet ist.
Am 22. des Monats landen die Alliierten auch bei Bari. Die italienische Flotte entzieht sich dem deutschen Zugriff und läuft nach Malta aus, wo sie interniert wird (15. 9.). Im letzten Augenblick retten sich die Königsfamilie und das Kabinett Badoglio vor der Verhaftung durch die SS und begeben sich unter den Schutz der Alliierten. Dafür läßt Hitler Viktor Emanuels Schwiegersohn, Oberpräsident Philipp von Hessen, und dessen Frau, die Prinzessin Narfalda, festsetzen. Die Prinzessin stirbt in KZ-Haft. Inzwischen ist Mussolini auf den Gran Sasso in den Abruzzen gebracht worden. Hitler läßt ihn dort durch SS-Sturmbannführer Otto Skorzeny im Handstreich befreien (12. 9.). Hitler veranlaßt Mussolini, eine neue republikanisch-faschistische Partei zu gründen, und am 18. September ruft Mussolini in Salo die »Sozialfaschistische Republik Italien« aus, die sich allein auf Norditalien beschränkt. Hitler bereitet im übrigen die Angliederung der 1919 von Österreich an Italien abgetretenen Gebiete an das Deutsche Reich vor. Aus dem Widerstand gegen den neuen faschistischen Staat und die Deutschen bilden sich in Oberitalien Partisanenverbände, die gegen ihre Gegner einen Kleinkrieg entwickeln.

Gedenktage werden verboten

In Deutschland wird die offizielle Erwähnung bestimmter Gedenktage verboten. Auf Anordnung des Reichspropagandaministeriums darf in der deutschen Presse weder des 115. Geburtstages Leo Tolstois am 9. September noch des 75. Geburtstages des klassischen Philologen Eduard Nordens am 21. September oder des 25. Todestages des Philosophen Georg Simmel am 26. gedacht werden.

Konzentration der Kriegswirtschaft

2. September. Hitler unterzeichnet einen Erlaß, durch den Albert Speer die zentrale Kontrolle über die Produktion – mit Ausnahme der Luftwaffe und der SS – erhält und ihm die Rohstoffverwaltung unterstellt wird. Speer erhält als Reichsminister für Bewaffnung und Munition Weisungsrecht gegenüber Reichskommissaren, Militärbefehlshabern und Verwaltungsstellen.

1943
OKTOBER

Mo	Di	Mi	Do	Fr	Sa	So
				1	2	3
4	5	6	7	8	9	10
11	12	13	14	15	16	17
18	19	20	21	22	23	24
25	26	27	28	29	30	31

1. Averill Harriman wird US-Botschafter in Moskau.

3. Deutscher Landungsversuch auf Kos in der Ägäis.

4. Entsendung eines englischen Verbindungsoffiziers zu Tito. →

5. Deutsche Truppen räumen Korsika.

6. Sowjetische Truppen beginnen eine Herbstoffensive auf der Linie Schwarzes Meer–Witebsk.

6. Im Postamt von Neapel werden durch Spätzündung einer deutschen Bombe 100 Menschen getötet.

8. Franco setzt die Rückführung der »Blauen Division« nach Spanien durch.

12. Portugal räumt den Alliierten Stützpunkte auf den Azoren ein.

13. Italien erklärt Deutschland den Krieg. →

14. Die Philippinen erklären ihre Unabhängigkeit. →

14. Die Rote Armee erobert Saporoschje.

14. Luftangriff auf Schweinfurt mit hohen alliierten Verlusten. →

14. Aufstand des Arbeitskommandos im KZ Sobibor. →

15. Die Alliierten bilden Brückenköpfe nördlich des Volturno. →

19. Außenministerkonferenz in Moskau über die weitere Kriegsplanung. →

25. Die Truppen General Freybergs erreichen den Südabhang des Monte Cassino. →

27. Kaiser Hirohito kennzeichnet Japans Lage als »wirklich ernst«. →

29. Alliierter Luftangriff auf Hafen und Bahnhof von Genua.

30. Eisenhower wird von den Combined Chiefs of Staff zum Oberbefehlshaber der alliierten Truppen für die Frankreich-Invasion ernannt.

GESTORBEN:

7. Ignatius Lincoln-Trebitsch (* 4. 4. 1879), osteuropäischer Abenteurer.

12. Max Wertheimer (* 15. 4. 1880), deutscher Psychologe und Philosoph.

12. Hans Graf (* 2. 1. 1918), deutscher Widerstandskämpfer, Angehöriger der »Weißen Rose«.

30. Max Reinhardt (* 9. 9. 1873), deutscher Regisseur. →

Luftkrieg gegen Industrieanlagen

Ein amerikanischer Boeing-B-17-Bomber, wie er bei den Luftangriffen eingesetzt wurde, wird von Jägern angegriffen.

Das Kommando der alliierten Bomberflugzeuge hat seit der Bombardierung Hamburgs im August als Angriffsschwerpunkte die Flugzeug-, die Kugellager- und die Ölindustrie festgelegt. Bis zum Oktober gelingt es wiederholt, die deutsche Abwehr zu überlisten und die deutschen Jäger abzudrängen. Anfang Oktober kann die 8. US-Luftflotte mit geringen Verlusten Saarbrücken, Saarlautern, Frankfurt und Wiesbaden bombardieren. Bei der Bombardierung Bremens, Gdingens und Marienburgs (9. Oktober) schnellen die Verlustziffern auf 7,6–16 Prozent der Flugzeuge hoch, da die deutschen Jagdflieger eine neue Angriffsmethode entwickeln und bessere elektronische Ortungsmittel zur Verfügung stehen. Ohne Berücksichtigung dieser Tatsachen greift die 8. US-Luftflotte am 14. Oktober Schweinfurt an. Zwar werden auf die Kugellagerfabriken 395 Tonnen Sprengbomben und 88 Tonnen Brandbomben abgeworfen, aber die US-Bomber verlieren durch Abschuß bei An- und Abflug 60 Bomber; 138 Maschinen werden schwer beschädigt. Um die Verluste auszugleichen und die Krisenwirkung bei der 8. Luftflotte zu mindern, entsteht in Nordafrika die 15. US-Luftflotte, die einen Teil des bisherigen Aufgabenbereichs der 8. Luftflotte zu übernehmen hat.

Die Stimmung der deutschen Bevölkerung leidet unter den fortdauernden Bombenangriffen, denen sie sich ausgeliefert fühlt.

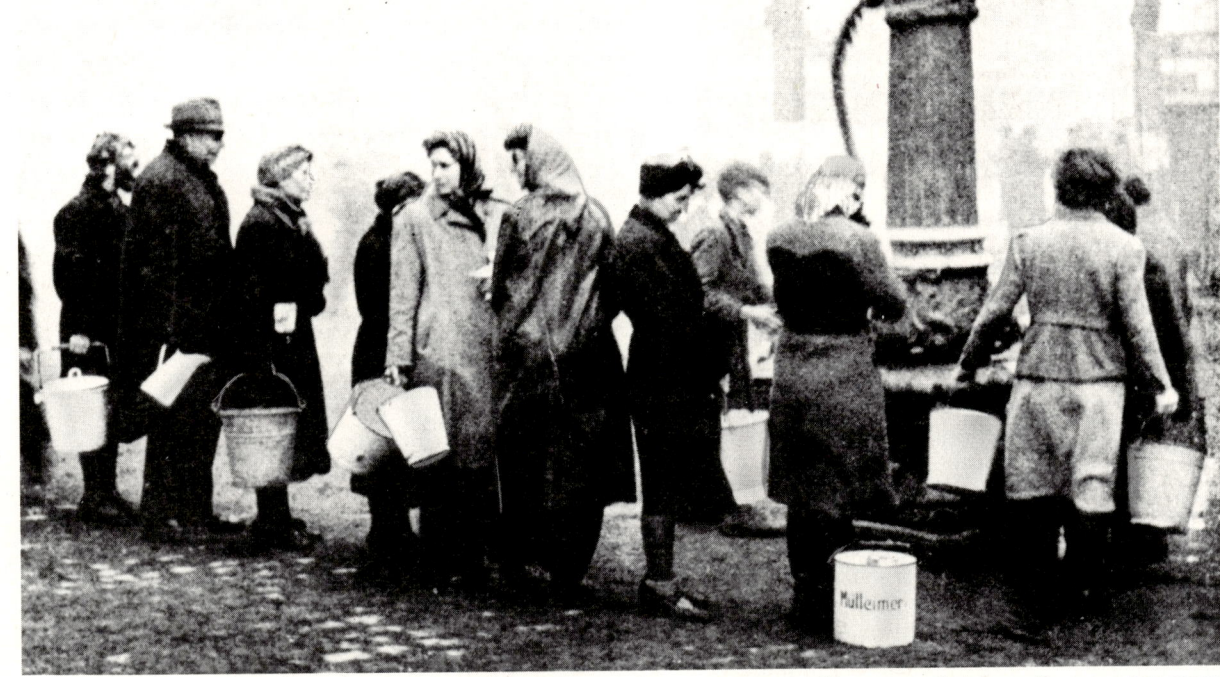

Die Wasserversorgung ist durch die Bombenangriffe weitgehend zerstört. Die Bevölkerung muß sich am Brunnen versorgen.

Ein italienischer Hafen mit amerikanischen Kriegsschiffen.

Italieninvasion stockt

Die Alliierten können in Süditalien nur langsam gegen die deutschen Streitkräfte Boden gewinnen. Am 1. Oktober dringen US-Truppen in Neapel ein, das von der deutschen Wehrmacht geräumt worden ist. Die deutschen Truppen gehen zunächst auf die Volturno-Linie zurück und müssen sich am 19. erneut zurückziehen. Am 25. Oktober erreichen die britischen, indischen, polnischen und freifranzösischen Truppen unter General Bernard Freyberg den Südabhang des Monte Cassino, der den Weg nach Rom versperrt. Die alliierte Italien-Invasion kommt zu einem vorläufigen Stillstand.

Inzwischen hat das Kabinett Pietro Badoglio seine bisherige Politik zu einem folgerichtigen Ende geführt und am 13. Oktober Deutschland den Krieg erklärt; damit ist Badoglio-Italien eindeutig in das Lager der Alliierten übergetreten. Unterdessen wächst in der italienischen Bevölkerung die Stimmung gegen das Königshaus, gegen das sich der Vorwurf richtet, allzu lang und zu willig die faschistische Politik mitgetragen zu haben. Graf Carlo Sforza und der liberale Philosoph Benedetto Croce, anerkannte Gegner des Faschismus, fordern am 31. Oktober den Rücktritt König Viktor Emanuels.

KZ-Häftlinge organisieren einen Ausbruch

14. Oktober. Sowjetische Kriegsgefangene, die als Juden im Vernichtungslager Sobibor die Leichen wegzuschaffen haben, bis sie selbst getötet werden, organisieren mit deutschen, polnischen und holländischen Leidensgefährten einen Ausbruch. Zuvor werden Teile der Wachmannschaft getötet. An der Flucht beteiligen sich 300 von 600 KZ-Insassen, doch die meisten kommen bereits in dem das KZ umgebenden Minenfeld ums Leben. Die im Lager verbliebenen Juden werden erschossen.

Regisseur und Theaterleiter Max Reinhardt †

30. Oktober. In New York stirbt 70jährig der österreichische Theaterleiter und Regisseur Max Reinhardt. Mit seinen Inszenierungen, in denen er ganz neue Bühnentechniken einsetzte, beeinflußte er entscheidend das Theater seiner Zeit. Er leitete das Deutsche Theater in Berlin (1906–1924) und das Wiener Theater in der Josefstadt (1924–1933), von 1920 an auch die Salzburger Festspiele. 1933 verließ er Deutschland und emigrierte 1938 in die USA (→ August 1920, Oktober 1926, November 1919).

Außenministertreffen

19. Oktober. Die Außenminister Anthony Eden (Großbritannien) und Cordell Hull (USA) treffen in Moskau mit ihrem sowjetischen Kollegen Wjatscheslaw Molotow zusammen, um das weitere militärische und politische Vorgehen zu erörtern. Einmal geht es um die Überlegung, ob und wie Schweden und die Türkei zur Beteiligung am Krieg und zur Bereitstellung von Luftstützpunkten gewonnen werden können.

Die britische Vorstellung, aus den europäischen Kleinstaaten Konföderationen zu bilden, stößt auf sowjetischen Widerspruch, da die UdSSR ihren Einfluß in Ost- und Südosteuropa zur Geltung bringen will. Dagegen stößt Molotows Forderung, einen Teil der italienischen Flotte an die Sowjetunion abzugeben, auf starke Ablehnung bei Eden und Hull. Einigung können die Außenminister über künftige Gebietsabtretungen Deutschlands erreichen: In der Frage Ostpreußens und allen seit 1938 angegliederten Gebieten; Österreich wird wiederhergestellt. Außerdem verständigen sich die Außenminister darauf, deutsche Kriegsverbrecher in den betroffenen Ländern aburteilen zu lassen mit Ausnahme der Hauptschuldigen, die vor einen Internationalen Gerichtshof zu stellen sind. Erörtert werden ferner die Wiedererrichtung der Demokratien in Italien und Österreich, die Begründung einer neuen internationalen Organisation und allgemeine Entwaffnung nach dem Krieg.

Ein Flugblatt der Alliierten, das über Österreich abgeworfen wird.

Japan in Bedrängnis

Nur mit brutaler Härte können die Japaner ihre Stellung in Hinterindien wahren. Der Bau einer Eisenbahnlinie für den Nachschub durch die Dschungelwälder Siams und Burmas bringt 12 000 alliierten Kriegsgefangenen und 250 000 zur Zwangsarbeit gepreßten Einheimischen den Tod. Zur engeren Bindung an Japan erhalten Siam und Burma Territorialgeschenke. Den Philippinen wird die Unabhängigkeit gewährt. Dennoch wachsen Widerstandsorganisationen, die auf den Philippinen von Präsident José Laurel heimlich unterstützt werden. Laurel unterhält außerdem Kontakte zu General Douglas MacArthur. Die von Subhas Chandra Bose ausgerufene freiindische Regierung beschränkt sich auf ihren Regierungssitz in Singapur. Japans »Befreiungspolitik« ist ein Zeichen für die Schwäche des Reiches im Pazifik. Dort dringen Amerikaner, Australier und Neuseeländer in zähen Kämpfen und unter Opfern voran. Tenno Hirohito muß vor dem japanischen Reichstag einräumen, die Lage sei »wirklich ernst«.

Widerstand uneinig

Die bis September von Italien besetzten Balkangebiete unterstehen mittlerweile deutscher Besatzungshoheit. Am 16. Oktober läßt Hitler ein unabhängiges Albanien proklamieren, was jedoch die Partisanen nicht veranlaßt, ihre Überfälle auf deutsche Wehrmacht, SS- und Polizeieinheiten aufzugeben. In Jugoslawien herrscht Krieg auch zwischen den Četnici (nationale Widerstandsbewegung) des königstreuen Generals Draza Mihailović, des Kriegsministers des Exilkabinetts, und den Partisanen Josip Titos. Gegen Mihailović wird der Vorwurf der Kollaboration mit der Besatzung erhoben. Daß Tito bei den Westalliierten Anerkennung findet, drückt sich in der Entsendung eines britischen Verbindungsoffiziers aus.

Himmler erörtert Judenvernichtung

6. Oktober. In Posen findet eine Tagung der NS-Reichs- und Gauleiter statt. Heinrich Himmler spricht ausführlich über verschiedene Probleme der Reichs- und Sicherheitspolitik. Im Verlauf dieser Rede nimmt er ausführlich zur Behandlung der Juden durch das NS-Regime Stellung. Die anwesenden Funktionäre der Partei sähen die Entfernung der Juden als selbstverständlich an, doch sei die Judenvernichtung der schwerste Auftrag für die SS gewesen. »Er ist durchgeführt worden, ohne daß – wie ich glaube sagen zu können – unsere Männer und unsere Führer einen Schaden an Geist und Seele erlitten hätten.«
Zwölf Tage nach diesen Ausführungen findet in Rom eine Razzia auf die 8000 in der Stadt lebenden Juden statt. Den meisten gelingt es – vorgewarnt durch Verhaftungen und Morde in Oberitalien –, sich zu verbergen.

Herbstoffensive der Roten Armee

9. Oktober. Die Rote Armee eröffnet die Herbstoffensive, indem sie die deutschen Verbände aus Kertsch auf die Krim zurückwirft. Im Lauf des Monats gelangen die sowjetischen Einheiten bis zum Dnjepr. Auf der Krim wird eine deutsche Armee abgeschnitten, der Hitler die Evakuierung untersagt. Die Heeresgruppen Mitte und Nord sind gleichfalls zum Zurückweichen gezwungen. Da Hitler die alliierte Landung in West- oder Nordeuropa fürchtet, ist er nicht bereit, Verstärkungen in den Osten zu führen.

Pokalendspiel

Im letzten deutschen Pokalendspiel während des Krieges gewinnt Vienna Wien gegen den LSV Hamburg – eine Luftwaffenmannschaft – nach Verlängerung 3 : 2. Das nächste Pokalendspiel findet 1953 statt.

1943
NOVEMBER

Mo	Di	Mi	Do	Fr	Sa	So
1	2	3	4	5	6	7
8	9	10	11	12	13	14
15	16	17	18	19	20	21
22	23	24	25	26	27	28
29	30					

1. Großostasien-Konferenz in Tokio.

1. Auf der Krim gelandete sowjetische Truppen nehmen Perekop ein.

2. US-Luftangriff auf Wiener Neustadt.

3. Hitler erläßt seine letzte strategische Weisung. →

3. Luftangriffe auf Wilhelmshaven und Düsseldorf.

5. 500 US-Bomber greifen Gelsenkirchen an.

6. Kiew wird von sowjetischen Truppen zurückerobert.

6. Deutschland lehnt eine Interessenvertretung Badoglio-Italiens durch die Schweiz ab.

9. Gründung der UNRRA durch 41 Nationen in Washington.

12. Deutsche Truppen beginnen die Wiedereroberung der ägäischen Inseln.

13. Letzte Unterredung zwischen Hitler und Rosenberg; Hitler lehnt eine autonome Ukraine weiterhin ab.

16. Alliierte Luftangriffe auf Kraftwerke und Fabriken in Norwegen.

19. Auseinandersetzungen in England über die Haftentlassung des Faschistenführers Oswald Mosley.

20. US-Soldaten landen auf den Gilbert-Inseln.

22. Erste Konferenz von Kairo. →

24. US-Luftangriffe auf Toulon und Sofia.

26. Ein Erdbeben in der Türkei fordert 1800 Menschenleben.

26. General Patton erhält eine Verwarnung, weil er Soldaten, die unter Granatenschock standen, schlagen ließ.

28. Beginn der Konferenz von Teheran. →

29. Wiederaufnahme der alliierten Italien-Offensive an der Sangro-Front.

30. Kabinett Badoglio erkennt dem italienischen König die Titel »König von Albanien« und »Kaiser von Äthiopien« ab.

GESTORBEN:

5. Bernhard Lichtenberg (* 3. 12. 1875), deutscher Theologe. →

19. Frederic Jessup Stimson (* 20. 7. 1855), US-amerikanischer Politiker, Jurist.

Massaker von Majdanek

3. November. Für Juden, die in Fabrikbetrieben der SS und anderen Arbeitslagern gearbeitet haben, hat bisher eine gewisse Chance zum Überleben bestanden. Anfang November läßt Heinrich Himmler ohne vorherige Ankündigung fünf SS-Fabriken im Bezirk Lublin, da sie ihm nicht effektiv zu sein scheinen, schließen und 17 000 jüdische Männer und Frauen nach Majdanek bringen. Dort werden sie sofort erschossen und verbrannt. »Während der Verbrennung lag ein leichter Staub über der ganzen Stadt Lublin und hing in der Luft wie Rauch.«

Domprobst Lichtenberg †

5. November. Domprobst Bernhard Lichtenberg stirbt im Alter von 67 Jahren. Der Geistliche hat wiederholt den Ärger der Nationalsozialisten erregt. 1935 hat er gegen die Zustände im KZ Esterwegen protestiert und nach der Kristallnacht (→ November 1938) die Gemeinde der Berliner Hedwigs-Kirche aufgefordert, für die Juden zu beten, und dann ein Büro für Verfolgte errichtet. Weil er auch später für KZ-Häftlinge betet und damit Kritik am NS-Staat Ausdruck gibt, wird Lichtenberg im Oktober 1941 zu zwei Jahren Gefängnis verurteilt und nach Verbüßung der Strafe erneut verhaftet. Auf dem Weg in das KZ Dachau stirbt der herzkranke Geistliche.

Uraufführungen

In Leipzig findet am 6. November die erste Aufführung der Catull-Vertonungen Carl Orffs (»Catulli carmini«) statt, und in Wien wird am 13. erstmals Gerhart Hauptmanns ›Iphigenie in Aulis‹ gespielt. Zu den Ereignissen des Theaterwinters in Paris gehören der »Seidene Schuh« von Paul Claudel. Doch viele Franzosen verübeln dem Dichter eine Ode, in der er Marschall Henri Pétain verherrlicht hat. In Moskau erklingt zum erstenmal die 8. Symphonie von Dmitri Schostakowitsch.

Konferenzen in Kairo und Teheran

Luftangriffe gegen Berlin: 3738 Tote

Josef Stalin, Franklin D. Roosevelt und Winston Churchill (von links) stellen sich nach der Konferenz von Teheran den Fotografen.

22./28. November. Das seit der Trident-Konferenz in Washington (→ Mai 1943) angespannte Verhältnis der Westalliierten zur UdSSR hat sich während der Oktoberkonferenz der Außenminister in Moskau soweit gebessert, daß nun die Voraussetzungen zu einer Begegnung der großen drei in Teheran gegeben sind. China ist nicht eingeladen, um die sowjetisch-japanischen Beziehungen nicht weiter zu strapazieren.

Zuvor verhandeln in Kairo vom 22.–26. November Franklin D. Roosevelt und Winston Churchill mit Tschiang Kai-schek. Zwar verspricht Roosevelt dem chinesischen Präsidenten Operationen gegen die Japaner im burmesischen Raum, tatsächlich hat aber Churchill durchgesetzt, zunächst im Mittelmeerraum alliierte Truppen für eine Balkanaktion bereitzustellen. Einigkeit herrscht über japanische Gebietsabtretungen nach der bedingungslosen Kapitulation und über die Restauration Koreas.

Im Anschluß an die Kairoer Konferenz findet die Begegnung der großen drei in Teheran statt. Dort steht Churchill allein, da Roosevelt zur Sicherung der Nachkriegsoperationen die Verständigung mit Stalin sucht. Stalin stimmt der Erhaltung Finnlands zu, ist aber nicht bereit, den baltischen Ländern die Souveränität zu gewähren, außerdem beansprucht er für die UdSSR Ostpolen, Ostpreußen bis zum eisfreien Hafen Königsbergs, Bessarabien und die Nordbukowina. Damit stellt sich die schwere Frage nach der künftigen Gestalt Polens, dessen Londoner Exilregierung die von der UdSSR 1939 besetzten Gebiete ebenso verlangt wie Danzig und Gebietserweiterungen im Westen. Eine vorläufige Lösung bedeutet die vorgetragene Formel Churchills: »Man ist der Meinung, daß sich das Territorium des polnischen Staates und des polnischen Volkes im Prinzip ungefähr zwischen der sogenannten Curzon-Linie und der Oder erstrecken soll, und zwar unter Einschluß Ostpreußens (nach der vorliegenden Definition) und Oppelns; die eigentliche Grenzziehung erfordert jedoch weiteres eingehendes Studium und möglicherweise an einigen Punkten Bevölkerungsumsiedlungen.«

Zur Nachkriegsgestaltung Deutschlands schlägt Churchill vor: 1. Abtrennung Preußens vom übrigen Reich. 2. Bayern, Baden, Württemberg und die Pfalz sollen vom übrigen Deutschland getrennt und zu einem Teil der Donaukonföderation gemacht werden. Anders sieht Roosevelts Vorstellung vom geteilten Deutschland aus: 1. Preußen, so klein und schwach wie möglich; 2. Hannover und das Nordwestgebiet; 3. Sachsen und das Leipziger Gebiet; 4. Hessen-Darmstadt, Hessen-Kassel und das Gebiet südlich des Rheins; 5. Bayern, Baden und Württemberg. Zwei weitere Berei-

che wünscht Roosevelt unter internationaler Kontrolle: 1. Das Gebiet des Nord-Ostsee-Kanals und die Stadt Hamburg; 2. das Ruhrgebiet und das Saargebiet. Stalin bevorzugt eine noch weitere Aufgliederung. Eine Beteiligung an dieser Nachkriegspolitik kommt für Frankreich nach Auffassung Roosevelts und Stalins nicht in Betracht. Da Stalin an gemeinsamen militärischen Operationen der Alliierten auf dem Balkan und im östlichen Mittelmeerraum, die er als seine Interessensphären ansieht, kein Interesse zeigt, verzichtet auch Churchill darauf.

Erneut drängt Stalin auf die Invasion in Frankreich und wirft Churchill eine gezielte Verzögerungstaktik vor. Angesichts der gemeinsamen Haltung Roosevelts und Stalins willigt Churchill ein, den Termin für die Operation »Overlord« (Landung der Alliierten in Frankreich) auf den Mai 1944 festzulegen. Roosevelt erklärt sein Einverständnis, hierfür Landungsboote aus dem pazifischen Raum, in dem die US-Truppen langsam von Inselgruppe zu Inselgruppe auf Japan vorstoßen, nach England zu verlegen. Die persönliche Verständigung zwischen Roosevelt und Stalin, die mehrfach ohne Churchill zusammentreffen, löst in den USA Hoffnung aus. Roosevelts Berater Harry Hopkins meint im Rückblick: »Wir waren absolut überzeugt, den ersten großen Friedenssieg gewonnen zu haben – und wenn ich sage ›wir‹, dann meine ich uns alle, die ganze zivilisierte Menschheit« (→ Februar 1945, Juli 1945).

Churchill überreicht Stalin im Namen von König George VI. in Teheran den Orden »Schwert von Stalingrad«.

Ruinen der Berliner Friedrichstraße.

Nach einem Luftangriff in Berlin.

3. November. Der britische Luftmarschall Arthur Harris erklärt: »Wir können Berlin von einem Ende bis zum anderen in Trümmer legen ... Es wird uns 400 bis 500 Flugzeuge, aber Deutschland den Krieg kosten.« Der Schwerpunkt der angekündigten Angriffe liegt in den Nächten vom 22. bis zum 24. November, als erst 444 Lancaster-Bomber – 352 weitere schwenken nach Mannheim ab – und in einer zweiten Welle weitere 330 Maschinen ihre Spreng- und Brandsätze über der Reichshauptstadt abwerfen. Ein drohender 1000-Bomber-Angriff scheitert an starkem Bodennebel, der die Flugzeuge zur vorzeitigen Rückkehr zwingt. Weite Bereiche der Berliner Innenstadt sind zerstört. Die Zahl der Todesopfer beträgt 3738, der Vermißten 574 und der Schwerverletzten 9907. 8701 Gebäude sind völlig zerstört, 48 577 beschädigt. 417 665 Menschen haben ihre Wohnung verloren.

Drohende Invasion im Westen beunruhigt Hitler

3. November. Adolf Hitler erklärt als Oberbefehlshaber der Wehrmacht in seiner 51. Weisung, noch größer als die Bedrohung im Osten sei die Gefahr, die durch eine Landung der Alliierten im Westen drohe, da hiervon Deutschland unmittelbar betroffen sei. Eine Invasion sei im Frühjahr 1944, wenn nicht früher zu erwarten. Hitler ordnet an, die Räume, die für die Landung geeignet sind (Dänemark und besetzte Westgebiete), auf die Abwehr vorzubereiten. Es ist Hitlers letzte strategische Weisung; die nächsten betreffen rein taktisch-operative Probleme.

Am 7. November erklärt Generaloberst Alfred Jodl, Chef des Wehrmachtführungsstabs, den Reichs- und Gauleitern in München, der Krieg sei ein reines »Wechselspiel von Glück und Zufall«. Er spricht außerdem davon, »daß wir ... kaum noch in der Lage sind, mehr als eine örtliche Überlegenheit zustande zu bringen«.

Sozialdemokraten siegen in Schweiz

2. November. Die Auszählung der Stimmen für die Schweizer Nationalratswahlen am 30. Oktober ist beendet. Danach sind die Sozialdemokraten mit 56 (bisher 45) Sitzen stärkste Partei. Ihnen folgen die bisher führenden Freisinnigen Demokraten mit 47 (49) Sitzen. Weitere Sitzverteilung: Katholisch-konservative Partei 42 (43), Bauern-, Gewerbe- und Bürgerpartei 23 (22), liberal-konservative Partei 8 (8), Demokratische Partei 5 (6), unabhängige Partei 6 (10), andere Parteien 6 (4).

Kabinett verhaftet

4. November. Im französischen Mandatsgebiet Libanon hat Ministerpräsident Bichara el Khousy die von Frankreich versprochene Unabhängigkeit und Souveränität verlangt; daraufhin läßt der französische Generalresident ihn und sein Kabinett verhaften.

1. Der Isländische Althing beschließt, die Staatsform der Republik zum 17. Mai 1944 einzuführen.

2. Deutscher Überraschungsangriff auf Bari.

3. Die Kämpfe um Monte Cassino beginnen.

5. Fortsetzung der alliierten Offensive in Richtung Pescara.

9. Schwerer alliierter Luftangriff auf Sofia.

11. Cordell Hull fordert Ungarn, Rumänien und Bulgarien zum Kriegsaustritt auf.

12. Die UdSSR und das ČSR-Exilkabinett schließen ein Abkommen über die Nachkriegszusammenarbeit.

12. Eine deutsche Offensive bricht im Raum Kiew zusammen.

13. Schweizer Berichte über deutsche Flugkörper mit einer Reichweite von 260 km.

14. Die Rote Armee erobert Tscherkassy zurück.

15. Erste Sitzung der »European Advisory Commission« in London.

15. In der Schweiz wird erstmals ein Sozialdemokrat Mitglied des Bundesrats.

17. Das Hauptquartier für die Invasionstruppen (SHAFE) entsteht.

20. Angriff russischer Truppen auf Witebsk.

20. In Bolivien übernimmt eine Offiziersjunta die Macht.

20. Die »Internationale« wird in der UdSSR durch eine Nationalhymne ersetzt.

22. Bei der Wehrmacht werden zur politischen Erziehung NS-Führungsoffiziere eingesetzt. →

24. Beginn der sowjetischen Offensive westlich Kiews.

30. In der Ukraine werden die deutschen Linien auf breiter Front durchbrochen.

31. Sowjetische Soldaten erobern endgültig Schitomir.

GESTORBEN:

4. Carlo Mierendorff (* 27. 3. 1897), deutscher Sozialist und Widerstandskämpfer. →

20. Anita Augspurg (* 22. 9. 1857), deutsche Frauenrechtlerin.

22. Beatrix Potter (* 28. 7. 1866), amerikanische Kinderbuchautorin.

»Scharnhorst« sinkt

26. Dezember. Um den alliierten Geleitzugverkehr nach Murmansk zu stören, der die siegreich nach Westen vordringende Rote Armee mit zusätzlichen Waffen und Lebensmitteln versorgt, wird das Schlachtschiff »Scharnhorst« in das Eismeer beordert. In einer ersten Feindberührung mit der Geleitzugeskorte kann sie zwar den britischen Kreuzer »Norfolk« außer Gefecht setzen, bei der Rückfahrt nach Norwegen stößt die »Scharnhorst« dann aber auf einen Verband, der ihr den Weg verlegt. Es kommt zu einem längeren Artillerieduell, in dem die »Scharnhorst« ihre Munition verschießt und Fahrt verliert. Sie hat mehrere Torpedotreffer von Zerstörern und Geschützsalven der »Duke of York« hinzunehmen. Bewegungslos brennt das Schlachtschiff aus und kentert. Von den 1600 Mann Besatzung werden nur 36 Mann aus dem eisigen Wasser gerettet.

2. Kairoer Konferenz

26. Dezember. Auf der 2. Kairoer Konferenz entbrennt der Konflikt zwischen Franklin D. Roosevelt und Winston Churchill über strategische Fragen noch einmal, da Roosevelt amphibische Operationen gegen die Japaner im Indischen Ozean fordert. Der britische Premierminister setzt durch, daß das Prinzip »Deutschland zuerst« trotz aller Zusicherungen an Tschiang Kai-schek bestehen bleibt und zunächst alle Kräfte für einen Schlag gegen die Deutschen im Mittelmeerraum und in Frankreich gesammelt werden, obgleich die japanische Bedrohung für Indien und China durch die Streitkräfte des Kaiserreichs in Nordburma fortdauert. Der Versuch, den türkischen Präsidenten Ismet Inönü zum Kriegseintritt seines Landes zu bewegen, scheitert erneut. Die Türkei bleibt weiterhin neutral.

Ideologisch gefestigte Soldaten zu NS-Führungsoffizieren geschult

22. Dezember. Damit »die Grundauffassungen der Staatsführung und die des Offizierskorps vor allem in weltanschaulicher Hinsicht bedingungslos übereinstimmen«, wird die seit Mai bestehende Institution des Betreuungsoffiziers bzw. Offiziers für wehrgeistige Führung umgewandelt zum NS-Führungsoffizier. Die ausgewählten Offiziere werden weiterhin in Schulungskursen auf Leitsätze und Richtlinien der NSDAP eingeschworen. Sie sollen im nationalsozialistischen Sinn ideologisch zuverlässig sein und die Soldaten politisch-weltanschaulich aufklären und erziehen. Nach der Auffassung des OKW gibt es zwischen dem NS-Führungsoffizier und den ehemaligen politischen Truppenkommissaren der Roten Armee, gegen die sich der »Kommissarbefehl« gerichtet hat, keine Gemeinsamkeit.

Tito-Regierung

9. Dezember. Aufgrund der Verhandlungen in Teheran kündigt US-Staatssekretär Cordell Hull an, die USA würden künftig sowohl Draža Mihailović als auch die Partisanen Titos unterstützen. Tito, Ende November vom Antifaschistischen Rat zum Marschall ernannt, bildet eine Partisanenregierung (4. 12.), die gegen das Kairoer Exilkabinett Position bezieht.

Mierendorff †

4. Dezember. Dem alliierten Luftangriff auf Leipzig fällt auch Carlo Mierendorff zum Opfer. Als sozialdemokratischer Reichstagsabgeordneter hat er sich bis 1933 wiederholt gegen Joseph Goebbels gewandt. Von 1933 bis 1938 befand er sich in KZ-Haft. Danach nutzte er seine Tätigkeit bei einer Firma, die ihm auch Auslandsreisen erlaubte, zur Bekämpfung des NS-Regimes.

1944

JANUAR

Mo	Di	Mi	Do	Fr	Sa	So
					1	2
3	4	5	6	7	8	9
10	11	12	13	14	15	16
17	18	19	20	21	22	23
24	25	26	27	28	29	30
31						

1. Erwin Rommel erhält den Oberbefehl über die Heeresgruppe B in Frankreich (nördlich der Loire).

2. US-Landung bei Saida auf Neuguinea.

3. 30 US-Bürger wegen Verschwörung zur Errichtung eines faschistischen Staates angeklagt.

4. Die sowjetischen Truppen überschreiten die alte polnische Grenze.

4. Die 5. britische Armee beginnt den direkten Angriff auf Monte Cassino.

4. Die englischen Nachwahlen in Skipton von der Commonwealth Party gewonnen.

5. Luftangriff auf Stettin.

9. Die kommunistische Partei in den Vereinigten Staaten löst sich selbst auf.

10. Die Rote Armee schließt bei Uman deutsche Truppen ein.

11. Luftkampf deutscher und US-amerikanischer Flugzeuge im Luftraum Oschersleben und Braunschweig.

14. Sowjetische Offensive gegen die Heeresgruppe Nord.

15. Die European Advisory Commission beschließt, Deutschland in Besatzungszonen aufzuteilen.

18. Sowjetische Truppen erobern Oranienbaum bei Leningrad zurück.

20. Nowgorod wieder in sowjetischer Hand.

20. Die RAF wirft über Berlin 2300 Tonnen Sprengbomben ab.

22. Alliierte Landung bei Anzio und Nettuno in Italien. →

26. Die Sowjetunion spricht sich gegen eine US-Vermittlung im Grenzkonflikt mit Polen aus.

28. Bis zum Monatsende nächtliche Luftangriffe auf Berlin.

31. Die Amerikaner landen auf den Marshall-Inseln und erobern sie in 72 Stunden.

GESTORBEN:

4. Kaj Munk (* 13. 1. 1898), dänischer Schriftsteller und Pfarrer. →

11. Galeazzo Ciano (* 18. 3. 1903), italienischer Politiker. →

23. Edvard Munch (* 12. 12. 1863), norwegischer Maler. →

31. Jean Giraudoux (* 29. 10. 1882), französischer Dramatiker.

Bormann für »Ehen zu dritt«

»Lebensborn«-Entbindungsheim im oberbayrischen Steinhöring.

BDM-Angehörige und SS-Mitglieder während einer dienstlichen Veranstaltung der NS-Organisation »Lebensborn e. V.«.

29. Januar. Der weithin unbekannte, aber durch seine Stellung als »Sekretär des Führers« mächtige Martin Bormann will zur »Sicherung der Zukunft des deutschen Volkes« beitragen. Er beruft sich auf Äußerungen Hitlers über die hohe Zahl der Gefallenen und den daraus resultierenden zukünftigen Geburtenrückgang. Es müssen demnach mehr Kinder geboren werden. Bormann propagiert die »verstärkte Fortpflanzung« der anständigen, charaktervollen, physisch und psychisch gesunden Männer, die Zeugung außerehelicher Kinder, die »Ehen zu dritt« und den Abbau aller etwaigen hinderlichen moralischen und materiellen Schranken.

Um Geburten und Aufziehung der Kinder finanzieren zu können, schlägt Bormann vor, nach dem Krieg eine schärfere Besteuerung der kinderlosen Ehen und der Junggesellen vorzunehmen. Bormann selbst kann sich darauf berufen, seine Frau teile seine Ansichten einer »Volksnotehe«. In diesem Zusammenhang ist die Funktion des »Lebensborns e. V.« nicht zu übersehen, der, schon 1935 gegründet, den »erbbiologisch« angeblich wertvollen Nachwuchs insbesondere von SS-Angehörigen auch außerhalb ehelicher Bindungen sichern soll.

Der »Lebensborn« sorgt für diese Mütter und richtet für sie und ihre Kinder Sonderstandesämter ein. In den Heimen des »Lebensborns« – während des Krieges gibt es 22, davon zehn im besetzten Ausland – werden etwa 10 000 Kinder geboren. Darüber hinaus betreibt der »Lebensborn« sowohl »Aufnordung« wie »Eindeutschung«. Aus Norwegen, Polen und der Tschechoslowakei werden über 200 000 Kinder, die einen sogenannten »germanischen« Eindruck machen, ihren Familien entrissen, nach Deutschland gebracht und von im nationalsozialistischen Sinn zuverlässigen Familien adoptiert. Trotz intensiver Suche kann nach Kriegsende nur ein Fünftel bis ein Viertel dieser Kinder wiedergefunden und den wirklichen Eltern zurückgegeben werden.

Amerikaner landen zwei Divisionen hinter der deutschen Italienfront

22. Januar. Überraschend landen die Amerikaner bei Anzio und Nettuno, 100 Kilometer hinter der deutschen Italienfront, zwei Divisionen, die den Auftrag haben, den alliierten Truppen den Weg nach Rom freizukämpfen.

Statt zu den ungeschützten Straßen und Eisenbahnlinien, auf denen der Nachschub nach Monte Cassino befördert wird, vorzustoßen, läßt der kommandierende General den Landungsbereich absichern und gibt damit dem deutschen Militär die Gelegenheit, Verstärkung heranzuschaffen, die zunächst weitere Geländegewinne der Alliierten verhindert. Aber die amerikanischen Truppen können sich gegen heftige Angriffe in ihrem elf Kilometer tiefen und 24 Kilometer breiten Brückenkopf halten.

Edvard Munch stirbt 80jährig

23. Januar. In Ekely bei Oslo, wo er seit 1916 lebte, stirbt der norwegische Maler Edvard Munch, einer der Begründer des Expressionismus. Die Themen des Künstlers kreisen vorwiegend um Tod und Krankheit, aber auch die den Menschen bestimmenden Triebe und Gefühle. Munch hat der Kunst des 20. Jahrhunderts entscheidende Impulse gegeben (→ November 1954).

Kreis des Widerstandes wird größer

Um die Witwe des ehemaligen kaiserlichen Staatssekretärs und Botschafters Solf hat sich ein Kreis gebildet, der aus humanitären Erwägungen gegen das nationalsozialistische Regime eingestellt ist und den Verfolgten Hilfe leisten will. Bereits im September 1943 hat die Gestapo einige Angehörige dieser Gruppe, u. a. Elisabeth von Thadden, festgenommen.

Im Januar 1944 erfährt Helmuth James Graf von Moltke, daß der ehemalige Generalkonsul Otto C. Kiep verhaftet werden soll und warnt ihn. Zu spät – Kiep kommt in Gestapo-Haft und auch Moltke, dessen Handeln bekannt geworden ist. Elisabeth von Thadden, Kiep und Moltke fallen später der nationalsozialistischen Vernichtungsjustiz zum Opfer.

Der dänische Pfarrer Harald Leininger, bekannt als religiös-politischer Schriftsteller und Dramatiker unter dem Pseudonym Kaj Munk, hat ursprünglich mit dem Faschismus sympathisiert; doch das Verhalten der deutschen Besatzung hat seine Auffassung grundlegend geändert. In einer Predigt am 1. Januar ruft er die Dänen zum aktiven Widerstand auf. Daraufhin dringen »Unbekannte« in seine Wohnung ein, verschleppen und töten ihn. Trotz Verbots finden im ganzen Land Trauergottesdienste statt.

Galeazzo Ciano hingerichtet

8. Januar. Auf Drängen der deutschen Regierung beginnt im Veroneser Castell Vecchio der Prozeß gegen verhaftete Mitglieder des faschistischen Großrats, die sich am 25. Juli 1943 gegen Benito Mussolini gewendet haben, unter ihnen auch sein Schwiegersohn Galeazzo Ciano. In dem zweitägigen Verfahren werden fünf von ihnen zum Tode verurteilt. Das Gnadengesuch der Mussolini-Tochter Edda Ciano wird ihrem Vater nicht zugeleitet. Tatsächlich ist Mussolini völlig einflußlos. Ciano wird am 11. Januar mit vier anderen an Stühle gebunden und von hinten erschossen.

1944
FEBRUAR

Mo	Di	Mi	Do	Fr	Sa	So
	1	2	3	4	5	6
7	8	9	10	11	12	13
14	15	16	17	18	19	20
21	22	23	24	25	26	27
28	29					

1. Der Oberste Sowjet unterstützt Molotows Vorschlag, den Einzelrepubliken in der UdSSR größere Autonomie zu gewähren.

2. Sowjetischer Vorstoß in Richtung Narwa; die Rote Armee erobert Rowno und Luzk.

3. Franco betont die strikte Neutralität Spaniens.

4. Die US-Flotte beschießt die Kurilen.

5. In Dresden wird das Ballett »Turandot« von Gottfried von Einem uraufgeführt.

8. Sowjetische Truppen nehmen Nikopol ein.

8. Die USA fordern Finnland auf, den Krieg zu beenden.

10. Vereinigung der amerikanischen und australischen Truppen auf Neuguinea.

10. Unterbrechung der englisch-türkischen Geheimverhandlungen in Ankara.

13. Die Gebiete östlich des Peipus-Sees befinden sich in sowjetischer Hand.

15. Bombardierung und Beschießung des Klosters Monte Cassino. →

15. Eroberung der Salomonen durch die Alliierten abgeschlossen. →

19. Die schwersten Luftangriffe auf London seit Mai 1941 durch die deutsche Luftwaffe.

21. Tojo übernimmt das Amt des japanischen Heeresstabschefs; den Marinestabschef Nagamo löst Admiral Shigetaro Shimada ab. →

22. Kriwoi Rog wird von den Deutschen geräumt.

26. Sowjetischer Luftangriff auf Helsinki.

26. Nach einem Treuebekenntnis Antonescus gibt Hitler Pläne zur Besetzung Rumäniens auf.

28. In Burma brechen schwere Kämpfe zwischen anglo-indischen und japanischen Truppen aus. →

29. Amerikanische Landung auf den Admiralitätsinseln. →

29. Die UdSSR richtet ein Friedensangebot an Finnland.

GESTORBEN:

1. Piet Mondrian (* 7. 3. 1872), niederländischer Maler. →

29. Per Evind Svinhufvud (* 15. 12. 1861), finnischer Staatspräsident.

Kampf um Cassino

Das zerstörte Kloster Monte Cassino nach dem alliierten Luftangriff.

15. Februar. Die amerikanischen Truppen vor Monte Cassino haben schwere Verluste erlitten und werden von Neuseeländern abgelöst, deren Kommandeur General Freyberg die Bombardierung des Klosters verlangt; dabei beruft er sich auf Feldmarschall Wilson, der beim Überfliegen des Klosters deutsche Funkeinrichtungen erkannt haben will. Bisher hat jedoch mit Ausnahme des Generals Fridolin von Senger und Etterlin kein deutscher Soldat das Kloster betreten, um das sogar eine Sicherheitszone von 300 Metern gezogen worden ist, die vom Militär nicht berührt werden darf. Vorsichtshalber sind zwar Bibliothek und Kunstschätze evakuiert worden, aber alle Mönche bleiben im Kloster, das im Jahr 529 von Benedikt von Nursia gegründet worden ist. Die Gebeine des Ordensgründers liegen in der von gewaltigen Mauern geschützten Krypta. Monte Cassino gilt als einer der Mittelpunkte abendländischen Geistes im Mittelalter.

Am 15. Februar beschließen die Alliierten auf das beharrliche Verlangen Freybergs den sofort durchgeführten Luftangriff. 229 Bomber werfen in zwei Wellen 287 Tonnen Spreng- und 66 Tonnen Brandbomben ab; dann setzt massiver Artilleriebeschuß ein. Vom Kloster bleiben nur Trümmer; doch keiner der Mönche hat sein Leben verloren. Sie haben in den Kellern Schutz gefunden und werden nach der Zerstörung in Sicherheit gebracht. Die deutsche Frontlinie schließt sich, als Soldaten am 16. Februar in den Ruinen Stellung beziehen, wo ihnen die Gewölbe Schutz vor der alliierten Artillerie bieten.

Hitler entläßt Wilhelm Canaris

Die deutsche Widerstandsbewegung wird von einem neuen Schlag getroffen: Der Abwehrchef Admiral Wilhelm Canaris, ein monarchistischer Gegner Adolf Hitlers, erhält die Entlassung. Hitler konstatiert ein generelles Versagen der Abwehr und unterstellt den Gesamtbereich der Gegenspionage dem Reichssicherheitshauptamt, wo sie von SS-Brigadeführer Walter Schellenberg neu organisiert wird. Künftig leitet Oberst Georg Hansen die militärische Abwehr, auch er ist ein Mann des Widerstandes. Canaris steht unter Hausarrest.

Tod Mondrians in New York

1. Februar. Im Exil in New York stirbt der holländische Maler Piet Mondrian im Alter von 71 Jahren. Mondrian ist der Hauptbegründer der Bewegung De Stijl und einer Vertreter des Konstruktivismus in der Malerei. Der in Amersfoort geborene Künstler reduzierte die Elemente seiner Bilder im Lauf der Jahre immer mehr auf gegliederte Flächen von reinen Farben, die von senkrechten und waagerechten Linien unterteilt und überlagert sind. 1940 emigrierte Mondrian vor den Nationalsozialisten von Paris aus über London in die USA.

US-Truppen im Pazifik siegreich

Die Gegenoffensive in Asien. Rechts unten die amerikanischen Generale MacArthur (links) und Marshall.

Die amerikanischen Truppen im Pazifik rücken im Inselsprung auf den Atollen zwischen Marshall- und Marianeninseln vorwärts. Sie besetzen Kiwajaleine (2. 2.) sowie Eniwetok (15. 2.) und schneiden den japanischen Soldaten auf den anderen Inseln den Nachschub ab. US-Einheiten erringen die Kontrolle über die Salomonen und die Admiralitätsinseln und richten neue Flugplätze ein, die für die von Japan besetzten Inseln und die Hauptinseln Japans bedrohlich werden. Während General Douglas MacArthur und Admiral Chester Nimitz über den Gesamtoberbefehl und die weitere Strategie streiten, zieht der japanische Ministerpräsident Hideki Tojo die Konsequenzen aus der Lage und übernimmt den Posten des Stabschefs des Heeres; der Marinestabschef, der nach den schweren Niederlagen der japanischen Flotte nur noch improvisieren kann, wird gleichfalls abgelöst. Aber die Japaner können sich die Konzentration auf den Pazifik nicht mehr leisten, denn auch in Nordburma sind sie heftigen Angriffen der aus Indien herangeschafften Divisionen ausgesetzt.

Gefallene amerikanische Soldaten bei der Pazifik-Invasion.

1944
MÄRZ

Mo	Di	Mi	Do	Fr	Sa	So
		1	2	3	4	5
6	7	8	9	10	11	12
13	14	15	16	17	18	19
20	21	22	23	24	25	26
27	28	29	30	31		

1. Sowjetische Truppen unterbrechen die Eisenbahnlinie Narwa–Reval.

2. Großbritannien stellt die Lieferung von Militärgütern an die Türkei ein.

4. In Norditalien streiken die Arbeiter gegen Zwangsverpflichtungen nach Deutschland.

4. Mobilmachung aller japanischer Studenten und Schließung aller Unterhaltungsplätze in Japan.

4. US-Truppen landen auf den Gilbert-Inseln.

5. Marschall Schukow übernimmt das Kommando über die 1. Ukrainische Front.

6. US-Luftangriff auf Berlin mit 800 »Fliegenden Festungen«.

8. In Wales streiken die Bergleute.

10. Alliierte Truppen landen auf der dalmatinischen Insel Lissa.

12. Der Papst fordert alle Truppen auf, Rom vor Kämpfen zu schützen.

13. Cherson wird von sowjetischen Truppen eingenommen.

13. Die UdSSR erkennt das Kabinett Badoglio an.

16. Geheime rumänisch-alliierte Fühlungnahme in Rumänien.

16. US-Luftangriffe auf die Kurilen.

17. Erster Angriff der 15. US-Luftflotte auf Wien.

19. Die Sowjets besetzen Mogilew und Podolsk, überschreiten den Dnjestr und dringen in Bessarabien ein.

20. Rote Armee erobert Winniza.

21. Handelsabkommen zwischen der Schweiz und Schweden.

21. Finnland weist das sowjetische Friedensangebot zurück.

23. Japanische Truppen stehen im Manipur-Tal 40 Kilometer vor Imphal.

26. Sowjetische Truppen dringen in Innerrumänien ein.

28. Sowjetische Truppen erobern Nikolajew am Schwarzen Meer.

28. Die Westalliierten sind bereit, gegen Anerkennung der Curzon-Linie Ostpreußen den Polen zu überlassen.

GESTORBEN:

5. Rudolf Harbig (* 8. 11. 1913), deutscher Weltrekordler auf Mittelstrecken (fällt im Krieg).

Geiseltötung in Rom

23./24. März. Durch ein Sprengstoffattentat werden in Rom 33 Angehörige einer deutschen Polizeikompanie getötet, 60 weitere erleiden schwere Verletzungen. Hitler befiehlt umgehend, als Vergeltung für jeden Toten 50 Italiener zu erschießen. Generalfeldmarschall Albert Kesselring senkt diese Zahl auf das Verhältnis 10 : 1 und ordnet an, aus den römischen Gefängnissen die zum Tode Verurteilten auszuwählen oder Angeklagte zu nehmen, die ein Todesurteil zu erwarten haben. Da der deutsche Polizeichef, SS-Obersturmbannführer Herbert Kappler, nicht genügend Opfer vorfindet, ordnet er Verhaftungen an. Schließlich sind statt 330 sogar 335 Geiseln gefunden: Italiener und italienische Juden, Offiziere und Priester, Männer, Frauen und zwei 14jährige Jungen. Sie werden in die Katakom-

ben an der Straße nach Ardea (»Adrianitische Höhlen«) getrieben und dort am 24. März durch Genickschuß getötet. Kappler beteiligt sich an dem Massaker.

Am gleichen und am folgenden Tag läßt Hitler, ohne daß sich im OKW Widerspruch erhebt, 50 von 76 britischen Offizieren erschießen, die einen nur zum Teil gelungenen Ausbruchsversuch aus dem Kriegsgefangenenlager Sagan unternommen haben. Diese Erschießungen werden zunächst geheimgehalten, aber im Mai berichten Schweizer Dienststellen darüber nach Großbritannien. Als durch einen entkommenen Offizier Einzelheiten der Exekutionen, die ohne Verfahren stattgefunden haben, bekannt werden, versichert Außenminister Anthony Eden, die Verantwortlichen würden nach Kriegsende vor Gericht gestellt (→ Juli 1948).

Streiks senken englische Kohleförderung

Insgesamt finden im März in Großbritannien 285 Streiks statt, an denen sich 360 000 Arbeiter beteiligen. 1 600 000 Arbeitstage gehen verloren. Besonders gravierend ist die Arbeitsniederlegung der Bergarbeiter in Südwales und Monmouthshire, durch die die Kohlenförderung täglich um 20 000 Tonnen sinkt. Arbeitsminister Ernest Bevin sieht in der Streikbewegung, die sich auch in den Werftbetrieben ausbreitet, einen unerträglichen Druck auf die Regierung während einer entscheidenden Kriegsphase. Die britische Regierung beschließt als Konsequenz, gegen Agitatoren wilder Streiks mit fünf Jahren Haft und 500 Pfund Geldstrafe vorzugehen; gleichzeitig wird mit den Gewerkschaften der Bergleute eine Lohnerhöhung von fünf Pfund pro Woche für alle Untertagearbeiter und ebenso Verbesserungen für das übrige Personal vereinbart.

Die Streiks sind allerdings nicht allein als Lohnkampf anzusehen, sondern sie kennzeichnen auch ein sich verbreitendes Unbehagen mit dem konservativen Regierungsstil Churchills.

Churchill läßt Republik Irland isolieren

10. März. Die Irische Regierung lehnt entschieden die Forderung der Alliierten ab, die akkreditierten diplomatischen Vertreter der Achsenmächte auszuweisen. Daraufhin schränkt die Londoner Regierung zunächst den Personenverkehr mit Bahn und Flugzeug zwischen Großbritannien und der Republik Irland fast völlig ein.

Später wird auch der Telefonverkehr unterbrochen und aus Sicherheitsgründen – die auch das britische Dominion Gibraltar betreffen – die Auslieferung von Zeitungen und anderen Druckerzeugnissen eingestellt.

Der britische Premierminister Winston Churchill sieht darin eine notwendige Isolierung der neutralen Republik vom Rest der Welt in einer kritischen Phase des Krieges. Denn wenn eine Katastrophe der alliierten Armeen auf Meldungen deutscher und japanischer Diplomaten zurückzuführen sei, werde ein Bruch zwischen Großbritannien und der Republik entstehen, »der von Generationen nicht geheilt werden könne«, meint der britische Premier.

Kriegsplakate: »Dies ist der Feind«

»Dies ist der Feind«: Ein US-Propagandaplakat zeigt den deutschen Offizier als brutalen Henker.

Die Schrecken von Pearl Harbor (1941) wirken nach: Japan wird als gelbe Bestie dargestellt.

Deutsches Plakat zum Massaker von Katyn, bei dem über 4000 polnische Offiziere ermordet wurden.

Churchill und Stalin als Verbündete. Deutsches Plakat.

Die Furcht vor Spionage bewegt auch die USA. Das Plakat warnt vor Ausplaudern von Geheimnissen.

Eine sowjetische Karikatur zeigt das vom Krieg zerrissene Italien — eine Anspielung auf die Invasion.

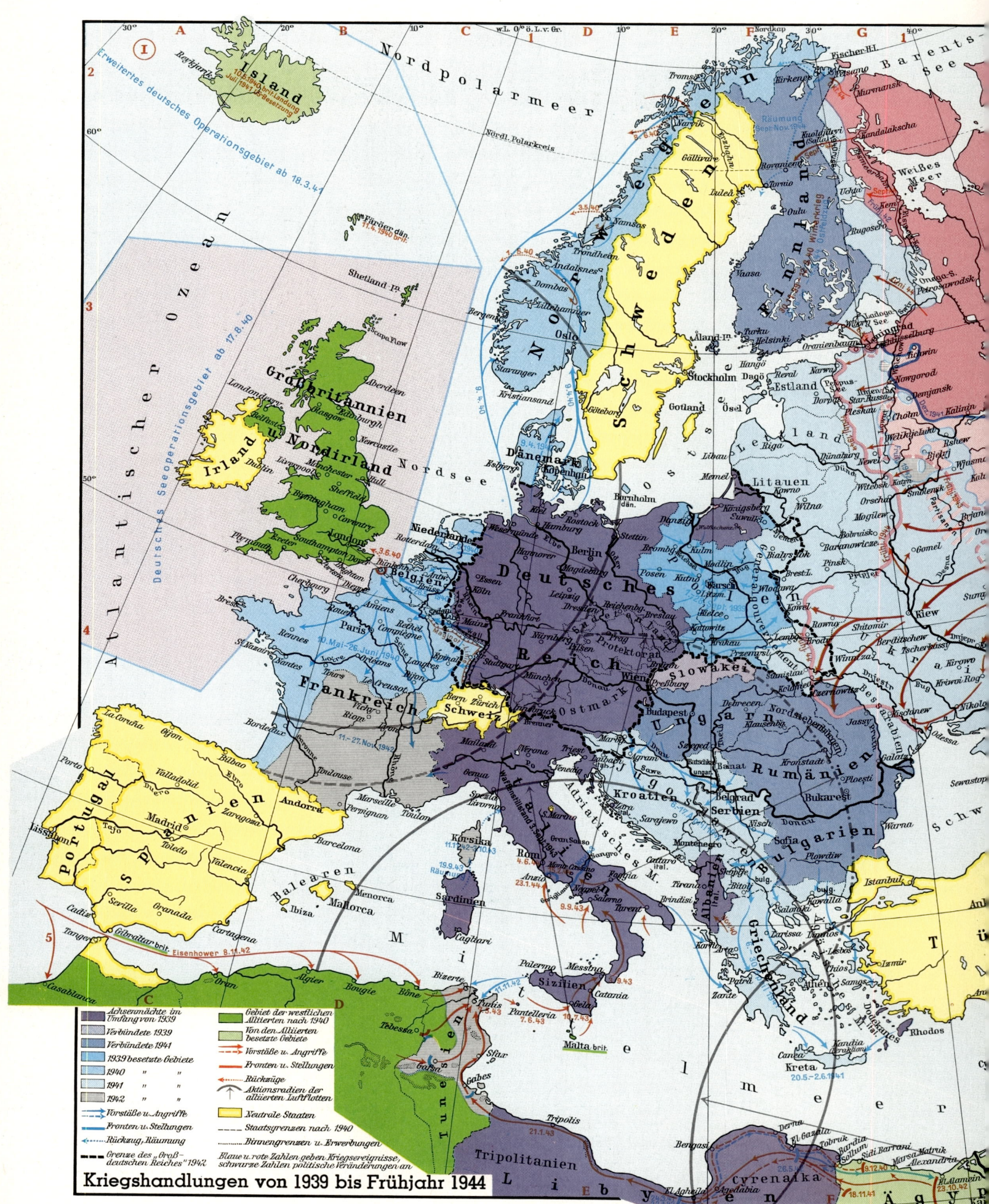

Kriegshandlungen von 1939 bis Frühjahr 1944

Legend:
- Achsenmächte im Umfang von 1939
- Verbündete 1939
- Verbündete 1941
- 1939 besetzte Gebiete
- 1940 "
- 1941 "
- 1942 "
- Vorstöße u. Angriffe
- Fronten u. Stellungen
- Rückzug, Räumung
- Grenze des „Großdeutschen Reiches" 1942
- Gebiet der westlichen Alliierten nach 1940
- Von den Alliierten besetzte Gebiete
- Vorstöße u. Angriffe
- Fronten u. Stellungen
- Rückzüge
- Aktionsradien der alliierten Luftflotten
- Neutrale Staaten
- Staatsgrenzen nach 1940
- Binnengrenzen u. Erwerbungen

Blaue u. rote Zahlen geben Kriegsereignisse, schwarze Zahlen politische Veränderungen an

Der Krieg im Osten seit dem 22. Juni 1941:

Weitester Vorstoß deutscher Truppen bis
Dezember 1941
Deutsche Front nach der russ. Winteroffensive
im Frühjahr 1942 (seit 1941 besetztes Gebiet)
Weitester deutscher Vorstoß bis November 1942

Unbesetztes sowjetisches Gebiet
Sowjet. Gewinn durch die Winteroffensive 1941/42

Russische Winteroffensive 1942/43
Russische Front Frühjahr 1943
Russische Offensive Sommer 1943–Frühjahr 1944
Russische Front Juni 1944

0   100   200   300 km

Ungarn von Deutschen besetzt

18./19. März. Die sowjetischen Truppen überholen in der Ukraine die zurückgehenden deutschen Soldaten und schließen südlich Kamenez-Podolsk zehn Divisionen ein. Wegen der direkten Bedrohung Rumäniens und Ungarns beschließt Adolf Hitler, den ungarischen Reichsverweser Miklos von Horthy, dem er mißtraut, in völlige Abhängigkeit zu zwingen. Der Versuch, Rumänien zur Teilnahme an diesem Vorgehen zu bewegen, scheitert an Marschall Jon Antonescus Bedingung, Ungarn habe die ihm durch den zweiten Wiener Schiedsspruch vom August 1940 zugewiesenen rumänischen Territorien zurückzuerstatten. Bereits im Februar hat Horthy verlangt, zur Verteidigung der östlichen Landesgrenzen müßten die ungarischen Divisionen aus dem russischen Kriegsschauplatz herausgelöst und in ihre Heimat gebracht werden. Unter dem Vorwand, diese Frage besprechen zu wollen, läßt Hitler den Reichsverweser nach Schloß Kleßheim kommen, isoliert ihn dort und setzt ihn psychologischen Pressionen aus, an denen Horthys Widerstand schließlich zerbricht. Er erklärt sein Einverständnis mit der Besetzung aller strategischen Schlüsselstellungen durch deutsches Militär, dessen Kommando auch die ungarischen Truppen unterstehen, und der Deportation von 700 000 Juden. An die Stelle des deutschen Gesandten in Budapest tritt ein »Reichsbevollmächtigter«.

Als Horthy nach Budapest zurückkehrt, haben Wehrmacht und SS bereits alle wichtigen Positionen besetzt, und die Gestapo hat in Budapest eine »Leitstelle« eingerichtet. Prominente Ungarn, Freunde des Reichsverwesers, die nicht rechtzeitig untertauchen, werden verhaftet und in deutsche Konzentrationslager eingeliefert. Für die ungarischen Juden, die bisher relativ sicher gelebt haben, obwohl Horthy Antisemit ist, beginnt der Leidensweg in die Gaskammern. In seiner ersten Unterredung mit dem Budapester Judenrat sagt der für den Abtransport zuständige Adolf Eichmann, der sich auf die Unterstützung der Pfeilkreuzler (ungarische Nationalsozialisten) verlassen kann: »Sie wissen nicht, wer ich bin? Ich bin ein Bluthund.«

Die Rote Armee auf dem Vormarsch. Das Bild zeigt sowjetische Soldaten in der Ukraine, die eine Verteidigungslinie der deutschen Truppen gestürmt haben.

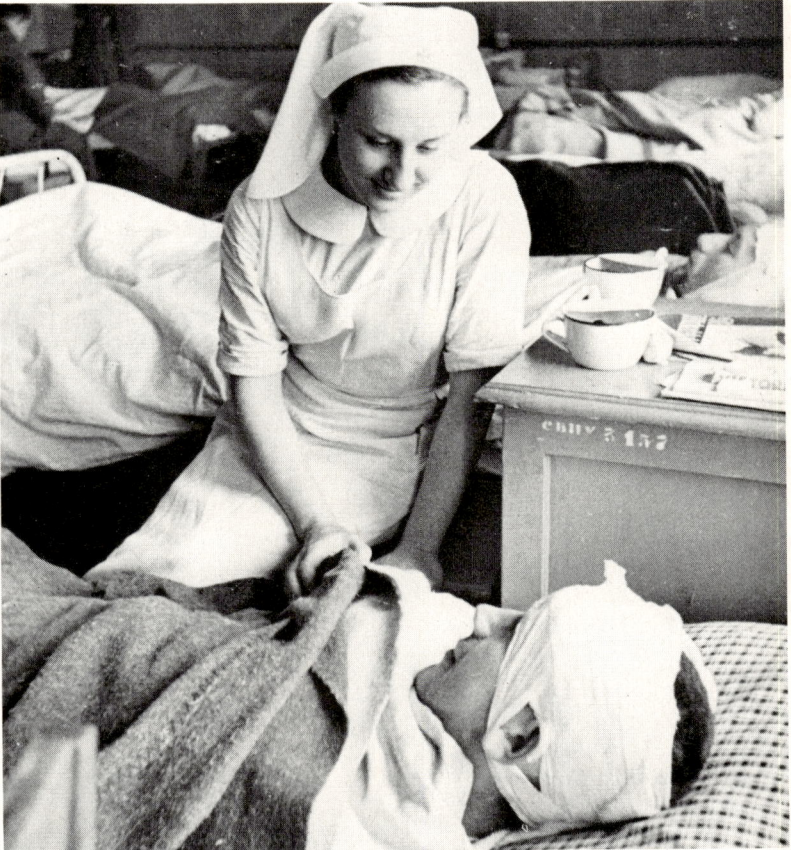

Krankensaal in einem deutschen Lazarett in Rußland. Eine Rot-Kreuz-Schwester spricht einem verwundeten deutschen Soldaten Mut und Trost zu.

1944
APRIL

Mo	Di	Mi	Do	Fr	Sa	So
					1	2
3	4	5	6	7	8	9
10	11	12	13	14	15	16
17	18	19	20	21	22	23
24	25	26	27	28	29	30

1. Herbert Backe wird Reichsernährungsminister.

2. Moskau warnt die nationalchinesischen Truppen vor einem Eindringen in die Äußere Mongolei.

3. Britischer Luftangriff auf die »Tirpitz«.

6. Norman Montagu tritt als Gouverneur der Bank von England zurück.

8. Beginn der sowjetischen Offensive zur Befreiung der Krim. →

10. Die Sowjets nehmen Odessa ein. →

12. König Viktor Emanuel kündigt an, nach der Besetzung Roms durch die Alliierten abzudanken.

13. Die USA und Großbritannien fordern Schweden auf, die Lieferung von Kugellagern an Deutschland einzustellen.

13. Trotz eines Beschlusses des Obersten Gerichtshofs der USA will die Verwaltung von South Carolina Farbigen das Stimmrecht verweigern.

14. Nach einem Feuer kommt es im Hafen von Bombay zu einer schweren Explosion.

17. Diplomaten – außer denen der USA und UdSSR – werden in Großbritannien Reisebeschränkungen unterworfen und dürfen keine Code-Telegramme aufgeben.

17. Das Kabinett Badoglio demissioniert.

21. Die Türkei stellt die Lieferung von Chrom nach Deutschland ein.

22. Neubildung des italienischen Kabinetts mit Führern der bisherigen Opposition, u. a. dem Vorsitzenden der KP, Togliatti.

22. US-Truppen landen bei Hollandia auf Neuguinea.

26. Panzergeneral Kreipe bei britischem Kommandounternehmen auf Kreta gefangengenommen.

27. Die britische Regierung verbietet Auslandsreisen für Privatpersonen.

28. In Bolivien wird ein Putschversuch niedergeworfen.

30. Tito verlangt von allen Alliierten die Anerkennung als jugoslawischer Regierungschef.

GESTORBEN:

5. Isolde Kurz (* 21. 12. 1853), deutsche Schriftstellerin.

6. E. O. Plauen (* 18. 3. 1903), deutscher Zeichner. →

Sowjets stoßen zur Krim vor

Auf der Rückzugsstraße der deutschen Truppen suchen die Bewohner von Kertsch nach Angehörigen unter den Toten.

Noch am 27. März hat Marschall Jon Antonescu an Adolf Hitler die Aufforderung gerichtet, die Krim rechtzeitig und geordnet zu räumen. Aber der »Führer« lehnt ab, weil er bei Verlust der Krim unter anderm eine Bedrohung der Öl-felder von Ploesti durch sowjetische Luftangriffe befürchtet.

In der einsetzenden Frühjahrsschlammperiode müssen die sowjetischen »Fronten« ihr Vormarschtempo vermindern; aber sie nehmen Odessa und Tarnopol.

Am 8. Mai durchbricht Marschall Fedor Tolbuchin die deutsche Verteidigungslinie zur Krim und schließt Sewastopol ein, dessen deutsche und rumänische Besatzung auf Hitlers Anweisung die Festung halten soll.

Japaner greifen Nordburma an

Während die Japaner im pazifischen Raum zur Verteidigung ihrer Positionen gezwungen sind, gehen sie in Nordburma zur Offensive über und drängen die angloindischen Truppen in den indischen Staat Manipur zurück und bedrohen zugleich die Landverbindung zu den Truppen Tschiang Kaischeks und den US-Einheiten General Joseph W. Stilwells. In zähen Kämpfen bis zum Monatsende gelingt es den indischen Soldaten, die Japaner zurückzuwerfen.

Um die Gefährdung der japanischen Hauptinseln durch US-Luftangriffe zu mindern, leiten die Japaner Offensiven gegen die US-Flugplätze in China und zur Errichtung eines Landwegs Kanschau–Kanton–Indochina ein.

General Tomoyuki Yamashita, Widersacher der Alliierten in Südostasien.

1. April. Bei einer irrtümlichen Bombardierung der Schweizer Stadt Schaffhausen kommen 47 Menschen ums Leben. Der Sachschaden wird von den Schweizer Behörden auf 8,5 Millionen Dollar geschätzt. US-Staatssekretär Cordell Hull gibt den Angriff zu und meint, er sei durch die Nichtbeachtung von Sicherheitsmaßnahmen bei den Flugzeugbesatzungen möglich geworden. Hull sichert eine völlige Entschädigung zu. Am 14. 4. erhält Bundesrat Pilet-Golaz den ersten Wechsel in Höhe von einer Million Dollar.

General de Gaulle Oberbefehlshaber

14. April. General Charles de Gaulle hat die Kontrolle des französischen Nationalkomitees fest in der Hand und läßt sich von ihm am 9. April zum Oberbefehlshaber der Streitkräfte des »kämpfenden Frankreichs« ernennen. Honoré Giraud soll sich künftig mit dem Posten des Generalinspekteurs zufriedengeben. Als er sich weigert, diese Umbesetzung zu akzeptieren, die im Gegensatz zur vereinbarten Trennung der zivilen und militärischen Bereiche steht, versetzt ihn das Nationalkomitee am 14. April in die Reserve. De Gaulle hat nun in den Reihen des Nationalkomitees und der Armee keinen Konkurrenten mehr zu fürchten.

E. O. Plauen tot

6. April. Der Zeichner E. O. Plauen, der eigentlich Erich Ohser heißt, ist durch die Bilderserie »Vater und Sohn« bekannt geworden, die vom März 1928 an im sozialdemokratischen »Vorwärts« und ab 1933 in der »Berliner Illustrierten Zeitung« erschienen ist. Später veröffentlichte er Zeichnungen unter dem Titel »Am Rande des Weltgeschehens« in der Wochenzeitung »Das Reich«, die von Joseph Goebbels herausgegeben wird. Das hat E. O. Plauen aber nicht daran gehindert, sich zu seiner antinationalsozialistischen Einstellung zu bekennen. Er wird verhaftet und begeht Selbstmord.

Alliierte verstärken Luftkrieg

Luftmarschall Sir Arthur Tedder gibt für die alliierten Luftflotten als Direktive aus: »Hauptaufgabe der strategischen Luftstreitkräfte bleiben die fortschreitende Zerstörung und Verwirrung des deutschen militärischen, industriellen und wirtschaftlichen Systems und die Zerstörung lebenswichtiger Verkehrsverbindungen.« Tedder betont die Notwendigkeit, die deutsche Luftwaffe zu schlagen und bei der zu erwartenden Invasion die alliierten Armeen zu unterstützen. Es folgen erneute schwere Angriffe auf den Eisenbahnknotenpunkt Hamm (22.–28. 4.), auf Berlin (29. 4.) sowie auf Ziele an der Kanal- und an der Atlantikküste. Die amerikanischen 8. und 15. Luftflotten bombardieren Industriestädte Oberschlesiens sowie Wien, Budapest und Bukarest, vor allem aber die Ölfelder von Ploesti (ab 5. 4.).

Die Zerstörung einer Stadt durch Bomben. Die britische Luftaufnahme zeigt Braunschweig nach einem Angriff am 8. April. Insgesamt gab es 21 Angriffe auf diese eine Stadt.

Untergrundbewegungen uneinig

Seit der Niederlage im Jahr 1940 haben sich gegen die deutsche Besatzungsmacht zwei miteinander konkurrierende griechische Untergrundbewegungen gebildet: die bürgerliche EDES (Nationaldemokratische Griechische Vereinigung) und die zur radikalen Linken neigende EAM (Nationale Befreiungsfront) mit der Nationalen Befreiungsarmee (ELAS). Wegen der personell größeren Stärke und kämpferischen Entschlossenheit unterstützen die Engländer vor allem EAM/ELAS, die im März 1944 ein Komitee der Nationalen Befreiung ins Leben ruft, das praktisch als Untergrundregierung wirkt und gegen das Exilkabinett Emmanouil Tsoudlos steht. Der Machtanspruch und die Gewalttätigkeit der EAM veranlaßt zahlreiche Republikaner, sich bürgerlich-monarchistischen Gruppen anzuschließen, obwohl in Griechenland generelle Unzufriedenheit darüber herrscht, daß König Georg II., der das Land von 1936 bis 1940 diktatorisch regieren ließ, seine Rückkehr nicht von einer vorherigen Volksabstimmung abhängig machen will.

Die griechischen Truppen haben sich an der Seite der Alliierten bewährt; aber im Hafen von Alexandria bricht auf griechischen Kriegsschiffen eine antimonarchistische Meuterei aus. Da die Stimmung in der Armee nicht anders ist und der Verdacht besteht, die Unruhe gehe von linksgerichteten Führern aus, wird das Offizierskorps so »gesäubert«, daß nur Monarchisten übrig bleiben. Ministerpräsident Tsoudlos gibt sein Amt ab, das nach einem Übergangskabinett unter Sofoklis Venizelos der Liberale Andreas Papandreou übernimmt. Aus Kenntnis der Verhältnisse im besetzten Griechenland bringt er es fertig, die widerstrebenden Kräfte vorerst zusammenzuführen, um gemeinsam für die Wiederherstellung der griechischen Freiheit von ausländischer Besatzung zu kämpfen.

Ausrottung der Juden in Südosteuropa

Der Haupteingang zum Konzentrationslager Auschwitz mit der Inschrift »Arbeit macht frei« über dem Tor und den umfangreichen Sicherheitsvorkehrungen.

Die Zeichnung des jungen Prager Juden A. Kantor zeigt, wie Häftlinge die Toten aus der Gaskammer holen und auf Wagen laden.

Der ungarische Innenminister beginnt mit der Verhaftung von Juden, vor allem in Ruthenien und im Grenzgebiet zu Kroatien. Die Gefangenen werden kurzfristig von Pfeilkreuzlern, den ungarischen Nationalsozialisten, in Lagern untergebracht, wo die Verhältnisse so schlecht sind, daß die ungarische Regierung auf schnellen Abtransport in deutsche Lager drängt.

Bereits am 28. April trifft der erste Transport in Auschwitz ein. Etwa zur gleichen Zeit kommen zwei Züge mit Athener Juden dort an. Die Ausrottung der Juden Südosteuropas nähert sich dem Ende. Allein in Auschwitz werden nach vorliegenden Mindestzahlen drei Millionen Menschen umgebracht. In Treblinka sterben etwa 750 000 Menschen.

Die Leichen jüdischer Männer auf einem Lastwagen.

Jüdische Frauen und Kinder warten am Zaun des Konzentrationslagers Auschwitz auf die Ausgabe der Brotration. Viele Häftlinge starben an den elektrisch geladenen Zäunen.

Waren die Öfen überbeansprucht, wurden die Toten in Gruben geworfen und dort verbrannt. Nach der Zeichnung von A. Kantor.

1944

MAI

Mo	Di	Mi	Do	Fr	Sa	So
1	2	3	4	5	6	7
8	9	10	11	12	13	14
15	16	17	18	19	20	21
22	23	24	25	26	27	28
29	30	31				

1. Stalin fordert Bulgarien, Rumänien und Ungarn zum Abfall von Deutschland auf und erneuert die Forderung nach Errichtung einer 2. Front.

1. Aufstand und Ausbruch sowjetischer Kriegsgefangener des Flossenbürger KZ-Außenlagers Mülsen-St. Michaeln.

1. Konferenz der Ministerpräsidenten der Dominions in London.

5. Gandhi wird bedingungslos aus der Haft freigelassen.

6. Die USA setzen 68 irische Firmen auf die schwarze Liste.

7. 2000-Bomber-Angriff auf Berlin und 1000-Bomber-Angriff auf die rumänische Hauptstadt Bukarest.

8. Die Exilregierung der ČSR und die UdSSR schließen ein Abkommen über die Befreiung der ČSR durch die Rote Armee.

9. Einnahme Sewastopols durch die Rote Armee. →

9. Die Westalliierten verlangen von der Schweiz und Schweden die Einstellung von Warenlieferungen an Deutschland.

12. Beginn der alliierten Rom-Offensive. →

12. Die japanische Armee erringt die völlige Kontrolle über die Eisenbahnlinie Peiping–Hankau in China.

14. Das japanisch-sowjetische Fischereiabkommen wird um fünf Jahre verlängert.

14. Die Generale Rommel und Stülpnagel erörtern eine Verhaftung Hitlers. →

18. Die Deutschen räumen Monte Cassino. →

18. Den Oberbefehl in Frankreich übernimmt General von Rundstedt.

21. Neuer Patriarch Allrußlands wird der Metropolit von Leningrad und Moskau, Alexiu.

21. Die Alliierten durchbrechen die »Hitler-Linie« in Italien. →

23. Deutsche Luftlandetruppen greifen Titos Hauptquartier in Bosnien an. →

29. Erfolgreicher Militärputsch in Ekuador.

GESTORBEN:

4. Karl Bröger (* 10. 3. 1886), deutscher Arbeiterdichter.

15. Sergius (* 23. 1. 1867), Patriarch von Allrußland.

Rommel gegen Hitler

14. Mai. Generalfeldmarschall Erwin Rommel hat sich seit seinen Erfahrungen mit Adolf Hitlers Befehlen im Afrikafeldzug vom Befürworter zum Gegner des nationalsozialistischen Regimes gewandelt. Der Stuttgarter Oberbürgermeister Karl Strölin und Rommels Stabschef Hans Speidel haben ihn in das konspirative Widerstandsnetz hineingezogen, das im besetzten Westeuropa besteht. Gemeinsam mit dem Militärbefehlshaber in Frankreich, Karl-Heinz von Stülpnagel, der wie Rommel ein Attentat auf Hitler ablehnt, beschließt der Feldmarschall, einen Waffenstillstand im Westen zu erbitten und die Truppen auf die Reichsgrenze zurückzuführen. Die beiden Offiziere beabsichtigen weiter, Friedensverhandlungen vorzubereiten, während im Osten die Frontlinie von Memel über Lemberg bis zur Donaumündung aufrechterhalten werden soll. Die Sender im Westen werden den Auftrag erhalten, die deutsche Bevölkerung über die tatsächliche militärische Lage und die nationalsozialistischen Verbrechen aufzuklären. Panzertruppen müssen nach diesem Plan das Führerhauptquartier von der Außenwelt abschließen. Hitler soll verhaftet und vor Gericht gestellt werden. Danach sollen Ludwig Beck, Carl Goerdeler und Wilhelm Leuschner eine Regierung bilden »im Rahmen der ›Vereinigten Staaten von Europa‹« (→ Juli 1944, Oktober 1944).

Rückzug von der Krim

9.–12. Mai. Anfang Mai sind in Sewastopol und auf der Halbinsel Cherson zwischen 150 000 und 175 000 Deutsche und Rumänen von den Truppen Marschall Fedor Tolbuchins eingeschlossen. Generaloberst Erwin Jaenecke verlangt die Räumung der Festung, doch Adolf Hitler beharrt auf Verteidigung. Da Jaenecke nicht nachgibt, wird er verhaftet und aus der Wehrmacht ausgestoßen. Doch sein Nachfolger, General Karl Allmendiger, und selbst der Kommandeur der Heeresgruppe Südukraine, Ferdinand Schörner, erkennen die Notwendigkeit der Räumung. Sie geben Sewastopol auf. Cherson wird verteidigt, bis 150 000 Mann über das Schwarze Meer nach Rumänien abtransportiert sind. Sie sind waffenlos.

Tito entgeht knapp der Festnahme durch deutsche Luftlandetruppen

23. Mai. Bereits in den Jahren 1942 und 1943 haben deutsche Besatzungstruppen versucht, Tito in ihre Hand zu bekommen, um den Partisanenkampf in Jugoslawien zu lähmen. Noch nie sind sie einem Erfolg so nahe gewesen wie mit dem Unternehmen »Rösselsprung«: Deutsche Luftlandetruppen werden fast vor der Tür des Hauptquartiers des Partisanenführers bei Drvar in den Bergen Bosniens abgesetzt.

Er kann sich im letzten Augenblick retten und gelangt mit einem britischen Flugzeug nach Italien. Von dort aus geht er auf die Insel Lissa, richtet ein neues Hauptquartier ein und übernimmt wieder die Koordination der jugoslawischen Partisanentätigkeit.

Josip Tito in den Bergen Bosniens.

Alliierte Truppen kämpfen Weg nach Rom frei

12. Mai. Die Alliierten setzen rechts und links von Monte Cassino zur Offensive an, um die Verbindung zum Brückenkopf Anzio-Nettuno herzustellen und endgültig den Weg nach Rom freizukämpfen. Die Hauptlast des Angriffs tragen französische, anglo-indische und polnische Divisionen, von denen die Polen den Auftrag haben, im frontalen Angriff den deutschen Fallschirmjägern die Klostertrümmer zu entreißen. Algerischen und marokkanischen Einheiten im französischen Expeditionskorps gelingt an Monte Cassino vorbei die Umgehung und der Einbruch in die »Gustav-Linie«, die nicht länger zu halten ist. Nach wiederholten polnischen Angriffen auf die Klosterruinen befiehlt Generalfeldmarschall Albert Kesselring den Fallschirmjägern am 18. Mai den Rückzug, bevor sie abgeschnitten werden. Da sich auch die zweite deutsche Verteidigungslinie in Italien (»Hitler-Linie«) nicht halten läßt, setzt eine generelle Rückwärtsbewegung der deutschen Verbände ein.

Internationales Arbeitsamt tagt

10. Mai. Die Charta des Internationalen Arbeitsamtes erhält Zusätze. Auf einer Delegiertenkonferenz in Philadelphia wird die allgemeine Förderung des materiellen Wohlstands und der geistigen Bildung beschlossen. Insbesondere die amerikanischen und die australischen Vertreter fordern ein weltweites Vorgehen gegen die Ursachen von Arbeitslosigkeit.

Sartre-Aufführung

27. Mai. Die Begleiterscheinungen der deutschen Besatzung in Frankreich lasten auf der Masse der Bevölkerung; dennoch findet in Paris ein Theaterereignis statt, das mit dem Namen des Existenzialisten und Besatzungsgegners Jean-Paul Sartre verbunden ist – die Uraufführung seines Dramas »Geschlossene Gesellschaft«.

JUNI

Mo	Di	Mi	Do	Fr	Sa	So
				1	2	3	4
5	6	7	8	9	10	11
12	13	14	15	16	17	18
19	20	21	22	23	24	25
26	27	28	29	30		

1. Ivan Bagrianoff bildet ein neues bulgarisches Kabinett.

4. Die alliierten Truppen besetzen Rom.

5. König Victor Emanuel von Italien tritt Regierungsrechte an Kronprinz Umberto ab.

6. Die Alliierten landen in der Normandie und bilden die zweite Front. →

6. Portugal stellt die Wolframlieferungen an Deutschland ein.

7. König Leopold III. von Belgien kommt in deutsche Kriegsgefangenschaft.

9. Roosevelt erklärt sich bereit, de Gaulle in Washington zu empfangen.

9. Ivanoe Bonomi bildet ein neues italienisches Kabinett.

9. Die 5. US-Armee besetzt die Toskana.

10. Massaker in Oradour-sur-Glane. →

12. Alliierte rufen Deutschlands Verbündete zum Frontwechsel auf.

12. Erster Einsatz der V 1 gegen London. →

16. Alliierte Offensive gegen die deutsche Frontlinie Pisa–Florenz–Rimini.

16. Die Insel Elba wird von freifranzösischen Truppen unter General Lattre de Tassigny besetzt.

17. Island wird unabhängige Republik; der dänische König Christian X. sendet ein Glückwunschtelegramm.

18. Im Endspiel um die deutsche Fußballmeisterschaft in Berlin siegt der Dresdner SC über die LSV Hamburg 4 : 0.

18. Britische Truppen besetzen Assisi.

22. Beginn der sowjetischen Offensive gegen die Heeresgruppe Mitte.

27. Der US-Botschafter in Argentinien wird zur Berichterstattung zurückgerufen.

30. In Kopenhagen bricht ein Generalstreik gegen die deutsche Besatzung aus.

GESTORBEN:

6. Jozef Beck (* 4. 10. 1894), polnischer Oberst und Außenminister.

23. Eduard Dietl (* 21. 7. 1890), deutscher General.

Operation »Overlord« beginn

Amerikanische Amphibienfahrzeuge liefern den kämpfenden Einheiten Material.

Mit Pontons werden die US-Truppen in der Normandie an den Strand gebracht.

6. Juni. »Die ersten 24 Stunden der Invasion sind die entscheidenden. Von ihnen hängt das Schicksal Deutschlands ab«, erklärt Erwin Rommel, der die Verantwortung für die Verteidigung des unzureichenden Atlantikwalls trägt. Allerdings herrscht Unklarheit, wo die Invasion mit der Bezeichnung »Overlord«, deren Vorbereitung bekannt ist, stattfinden soll: auf dem Balkan, in Norwegen und Dänemark oder in Frankreich? Mit fingierten Funksprüchen, vorgetäuschten Divisionsstäben und plötzlichen Truppenverschiebungen führen Amerikaner und Engländer die deutsche Führung in die Irre. Zwei Wochen lang zerstören alliierte Flugzeuge systematisch Brücken, Straßen, Eisenbahnstrecken um Bordeaux, im Großraum Paris, in den Niederlanden. Der alliierte Plan steht fest: Die Landung scheint die größten Erfolgsaussichten auf der Halbinsel Cotentin in der Normandie zu haben. Schlechtes Wetter am 5. Juni läßt Dwight D. Eisenhower den Landungstermin auf den nächsten Tag festlegen. Ein Sprecher der BBC, die seit Tagen drei Gedichtzeilen Paul Verlaines hat verlesen lassen, trägt drei weitere Zeilen des Gedichts vor. Im Vorjahr hat die von Wilhelm Canaris geleitete Abwehr herausgefunden, daß es sich hierbei um das mit der Resistance vereinbarte Zeichen für die unmittelbar bevorstehende Invasion handelt, doch das ist wahrscheinlich in Vergessenheit geraten.

General Rommel (vorn links) bei einer Truppenbesichtigung in der Normandie.

Generalfeldmarschall von Rundstedt.

– Alliierte landen in der Normandie

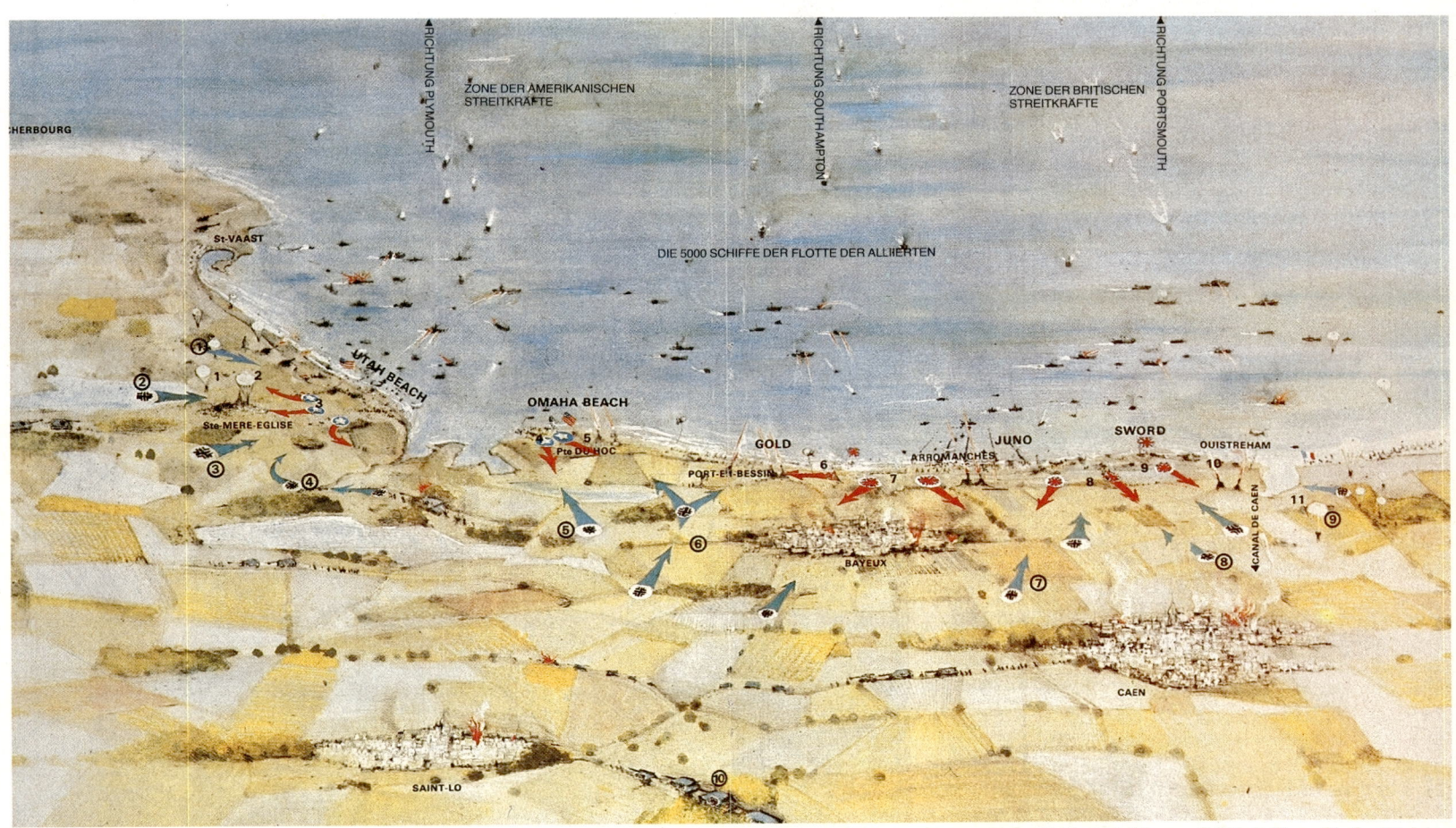

Nachdem die Fallschirmjäger während der Nacht (in der Gegend von Sainte-Mère-Eglise und Ranville) gelandet sind, findet der Hauptangriff der Alliierten auf einer Breite von 80 km vor der Küste der Normandie in Frankreich statt.
Die alliierten Streitkräfte: 1. Die 82. Fliegerdivision (USA). – 2. Die 101. Flieger-division (USA). – 3. Die 4. Division (USA). – 4. Das 2. Bataillon der Rangers. – 5. Die 1. US-Division. – 6. Die 50. Britische Division. – 7. Die 7. Britische Panzerdivision. – 8. Die 2. Kanadische Division. – 9. Die 3. Kanadische Division. – 10. Das französische Kommando. Die deutschen Streitkräfte: 1. Das 1058. Grenadierregiment. – 2. Das 1057. Grenadierregiment. – 3. Das 6. Fallschirm-jägerregiment. – 4. u. 5. Die 352. Infanteriedivision. – 6. Die 716. Infanterie-division. – 7. Die 21. Panzerdivision. – 8. Die 12. Panzerdivision. – 9. Die 711. Infanteriedivision. – 10. Die Panzerdivision Lehr.

In der Nacht vom 5. zum 6. Juni läuft aus den südenglischen Häfen eine Flotte von 6697 Schiffen aus, um die »Festung Europa« anzugreifen, zu ihrer Unterstützung sind 14 600 Bomber und Jagdflugzeuge eingesetzt. Insgesamt sollen 86 Divisionen, davon 40 in der ersten Welle, nach Europa gebracht werden. Dieser Armada stellt Deutschland drei Zerstörer entgegen, 36 bei Sturm zum Einsatz ungeeignete Schnellboote, 34 U-Boote, 350 Flugzeuge, von denen schon vom ersten Einsatz 90 Jäger nicht zurückkehren; 59 Infanterie- und Panzerdivisionen. Massiver Beschuß von fünf Schlachtschiffen, 22 Kreuzern, 93 Zerstörern und Raketenschiffen geht auf die von den Alliierten zur Landung vorgesehenen Küstenzonen nieder. Dann lan-

den die Amerikaner bei Carentan und Vierville und Engländer und Kanadier bei Arromanches, Courcelles und Lion sur Mer; im Hinterland setzen Transportflugzeuge Luftlandetruppen ab. Im Vorfeld der Küste werden künstliche Häfen angelegt, so daß die Alliierten bis zum 16. Juni 619 000 Soldaten, 95 000 Fahrzeuge und 218 000 Tonnen Material an die Ufer bringen. Während die Amerikaner bei der Landung auf heftigen deutschen Widerstand stoßen und sich auf zwei getrennte Brückenköpfe beschränken müssen, überwinden Engländer und Kanadier die deutschen Einsatzverbände und bilden eine Landungsfront von 30 Kilometern Breite und 10 Kilometern Tiefe. Als der erste Tag der Invasion zu Ende geht, haben sich die Alliierten

behaupten können; in die Mauer der Festung Europa ist eine Bresche geschlagen.
Adolf Hitler ist, entgegen der Auffassung seiner Feldmarschälle Rommel und Gerd von Rundstedt, der Meinung, diese Landungen seien ein Täuschungsmanöver und die eigentliche Invasion werde bei Calais mit der Stoßrichtung Ruhrgebiet stattfinden. Er verweigert deshalb für mehrere Tage die Entsendung von Verstärkungen in die Normandie. Statt dessen verlangt er nach seinem auch im Osten praktizierten Konzept die Verteidigung an Ort und Stelle bis zur letzten Patrone. Ein Gegenangriff der Panzergruppe West (9./10. 6.) bricht im alliierten Bombenhagel zusammen. Nachschubmöglichkeiten sind beschränkt, da die Wege zur Front von

der Resistance und alliierten Bombern angegriffen werden. Permanenter Treibstoffmangel – Folge der Angriffe auf Ölraffinerien und Hydrierwerke – erzwingt den Transport der Panzer auf Eisenbahntiefladern bis auf 150 Kilometer an die Front heran.
Die Alliierten schließen ihre Brückenköpfe zu einem Frontabschnitt zusammen, und den Amerikanern gelingt sogar der Durchbruch über die Breite der Halbinsel bis Barneville an der Westküste. Deutlich zeichnet sich jetzt bereits ab, daß der Hafen Cherbourg – ein Zielpunkt der Alliierten – nicht mehr lange zu halten sein wird. Cherbourg fällt am 26. Juni. Der Hafen ist derart vermint, daß er erst im August von den Alliierten genutzt werden kann.

US-Schiffe und Lastwagen im Hafen einer Marianen-Insel im Pazifik.

Niederlage Japans

Die Kriegführung der Alliierten gegen Japan bleibt weiterhin dreigeteilt: Im Pazifik unterstehen die Truppen General Douglas MacArthur und Admiral Chester Nimitz, in Indien und Burma Lord Louis Mountbatten, in China Marschall Tschiang Kai-schek und seinem amerikanischen Stabschef General Josef Stilwell. Die Situation im Pazifik ist, im Gegensatz zu den beiden anderen Kriegsschauplätzen, äußerst gespannt. Die Japaner auf Neuguinea bemühen sich verzweifelt, den Alliierten die Landung auf den Molukken und damit die Verkürzung des Wegs zu den Philippinen zu verlegen. Am 15. Juni landen US-Soldaten auf den Marianen, die zuvor bombardiert worden sind. 550 Landungsschiffe transportieren

130 000 Mann, begleitet von 93 Kriegsschiffen und 1000 Flugzeugen, die auch in die Erdkämpfe eingreifen und den japanischen Flugplatz auf Saipan unbrauchbar machen. Parallel zur Landung auf den Marianen entwickelt sich die Schlacht in der Philippinensee (18.–20. 6.), die nach dem Willen des japanischen Marinestabs zur Entlastung Saipans und der auf Neuguinea kämpfenden Truppen beitragen soll.
Die japanischen Flugzeuge haben den Auftrag, die amerikanische Trägerflotte zu vernichten, aber sie geraten frühzeitig auf die US-Radarschirme und werden schon beim ersten Angriff vernichtend geschlagen: 360 japanische Flugzeuge werden abgeschossen.

Nach vergeblicher Offensive bricht die Heeresgruppe Mitte zusammen

22. Juni. Zum dritten Jahrestag des deutschen Angriffs auf die UdSSR greifen die sowjetischen Soldaten die Heeresgruppe Mitte an. Die Stadt Witebsk fällt am 26.
Da Generaloberst Ernst Busch den Rückzug über den Dnjepr verlangt, läßt Adolf Hitler Feldmarschall Walter Model das Kommando über die Heeresgruppe übernehmen. Noch immer ist Hitler vom Hauptstoß der Sowjets auf die Ukraine überzeugt und verweigert die Rückzugsgenehmigung.

Am 27. Juni fällt Orschra und am 29. Bobruisk. Nur Mogilew wird rechtzeitig geräumt. Zerschlagen sind bisher die 3. Panzerarmee und die 9. Armee. Noch hat General Kurt von Tippelskirch das Chaos von der 4. Armee ferngehalten, indem er sie gegen den Befehl Buschs über den Dnjepr zurückführt. Auch eine verstärkte Partisanentätigkeit macht den Deutschen zu schaffen. In einer Nacht werden Eisenbahngleise an 10 500 Stellen gleichzeitig gesprengt.

Massaker von Oradour

10. Juni. Die französische Maquisbewegung hat eine militärische Organisation erhalten, da viele Verbände von Offizieren der ehemaligen Armee geführt werden. Mit Waffen aus England versorgt, schließen sich die einzelnen Gruppen als »Forces Françaises de l'Interieur« zusammen. Sie gelten dennoch als Partisanentruppen, im Sprachgebrauch der deutschen Nachrichtenmeldungen »Banden«, die von der Besatzung hart verfolgt werden. Am 9. Juni entführen Angehörige der Maquis einen SS-Offizier. Gerüchte besagen, er solle am folgenden Tag im Dorf Oradour füsiliert werden. Am 10. Juni erscheint dort eine Abteilung des SS-Regiments »Der Führer«, umstellt den Ort und treibt die Einwohner auf dem Marktplatz zusammen. Über das weitere Geschehen sagt ein Bericht der Vichy-Regierung: »Die Männer wurden aufgefordert, sich in vier oder fünf Gruppen aufzustellen, von denen alsdann jede in einer Scheune eingesperrt wurde. Die Frauen und Kinder wurden in die Kirche geführt und dort eingeschlossen. Es war ungefähr 2 Uhr nachmittags. Bald darauf krachten MG-Salven, und das ganze Dorf sowie die umliegenden Bauernhöfe wurden in Brand gesteckt. Die Häuser wurden eines nach dem anderen angezündet. Bei der räumlichen Ausdehnung des Dorfes nahm diese Operation bestimmt mehrere Stunden in Anspruch ... Um 17 Uhr drangen deutsche Soldaten in die Kirche ein und stellten auf der Kommunionsbank ein Erstickungsgerät auf, das aus einer Art Kiste bestand, aus der brennende Zündschnüre hervorragten. In kurzer Zeit war die Luft

nicht mehr atembar; jemandem gelang es jedoch, die Sakristeitür aufzureißen ... Die deutschen Soldaten begannen dann, durch die Kirchenfenster zu schießen, sie drangen hierauf in die Kirche ein, um die letzten Überlebenden durch Maschinenpistolenschüsse zu erledigen, und schütteten einen leicht entzündbaren Stoff auf den Boden ... Gegen 18 Uhr hielten die deutschen Soldaten die in der Nähe vorbeifahrende Lokalbahn an und ließen die nach Oradour fahrenden Reisenden aussteigen. Sie streckten sie durch Maschinenpistolenschüsse nieder und warfen ihre Leichen in die Feuersbrunst.«
Einwohner der umliegenden Orte werden gewaltsam am Betreten Oradours zur Bestattung der Opfer gehindert. Erst am 13. Juni darf der Regionalpräfekt den Ort betreten. Das Verbrechen von Oradour kostet 642 Menschen im Alter von 18 Tagen bis 85 Jahren das Leben. Wie durch ein Wunder überleben ein Kind, eine Frau und fünf Männer.
Zur Vorbereitung der alliierten Invasion in Südfrankreich ist die Maquis-Bewegung in Vecors aktiv. Schon am 13. Juni sucht diese Gruppe die direkte Konfrontation mit Besatzungstruppen. Daraufhin wird von den Deutschen eine Reservedivision, unterstützt von Luftlandetruppen, zur Bekämpfung der Partisanen eingesetzt: Etwa 700 Franzosen – Angehörige der Resistance, Sympathisanten und Unbeteiligte, Verwundete, Ärzte und Pfleger – werden getötet; andere werden in KZs deportiert. Die Reaktion in Frankreich ist eindeutig: Der Besatzung schlägt gnadenloser Haß entgegen; Kollaborateure müssen um ihr Leben fürchten.

Währungskonferenz

30. Juni. In Bretton Woods (New Hampshire) beginnt eine dreiwöchige Konferenz von Vertretern der Vereinten Nationen über Außenhandels- und Finanzprobleme der Nachkriegszeit. Sie beschließt auf Anregung John Maynard Keynes und Henry Morgenthaus die Errichtung eines Internationalen Währungsfonds (Kapital: 8,8 Milliarden Dollar) sowie einer Internationalen

Bank für Wiederaufbau und Entwicklung (Kapital: 9,1 Milliarden Dollar). Der Währungsfonds soll zur finanziellen Zusammenarbeit der Staaten und zum Schutz vor Währungsverlust beitragen. Die Internationale Bank dient der Förderung von Auslandsinvestitionen besonders in wirtschaftlich unterentwickelten Gebieten. Die UdSSR verzichtet auf eine Beteiligung.

Die Flugbombe V 1 auf dem Titelblatt der »Berliner Illustrierten Zeitung«.

Erster Einsatz der V 1

12. Juni. Große Hoffnungen werden an die V (Vergeltungswaffe) 1 geknüpft, eine rückstoßgetriebene Flugbombe mit starrer Flugbahn, die in einer Höhe von 1000 Metern mit einer Geschwindigkeit von 500–600 Stundenkilometern 820 Kilogramm Sprengstoff transportiert. Am 12. Juni werden die ersten Bomben von Abschußrampen bei Calais auf London abgefeuert, um die Moral der Engländer zu untergraben. Doch der Schock ist schnell überwunden und die britische Luftwaffe stellt fest, daß sie die fliegenden Bomben durch Jäger abschießen oder durch Fesselballons vorzeitig zur Explosion bringen kann.

Krise in Finnland

Heimliche Friedenssondierungen der finnischen Regierung in Moskau haben Adolf Hitler derart entrüstet, daß er ein Embargo für Waffen und Lebensmittellieferungen verhängt. Anfang Juni beginnen die Sowjets an der seit langer Zeit verhältnismäßig ruhigen karelischen Front eine Offensive, welche die Finnen zum Rückzug über Wiborg hinaus zwingt. Während die sowjetische Überlegenheit immer drückender wird, erscheint Reichs-außenminister Joachim von Ribbentrop am 21. Juni in Helsinki, um mitzuteilen, daß nur bei einem Treuebekenntnis zu Deutschland weitere Waffenhilfe geleistet werde. Unter dem Druck der Verhältnisse gibt Staatspräsident Rysto Ryti persönlich die geforderte Erklärung ab. Den Vorschlag, die finnischen Einheiten unter deutschen Oberbefehl zu stellen, weist Marschall Carl Gustaf Mannerheim nachdrücklich zurück.

1944
JULI

Mo	Di	Mi	Do	Fr	Sa	So
					1	2
3	4	5	6	7	8	9
10	11	12	13	14	15	16
17	18	19	20	21	22	23
24	25	26	27	28	29	30
31						

3. Siena wird von amerikanischen und freifranzösischen Truppen besetzt.

5. Hans Günther von Kluge ersetzt Gerd von Rundstedt als Oberbefehlshaber West.

9. Caen wird von britisch-kanadischen Truppen besetzt.

12. Das »Familienlager« Birkenau mit 12 500 Juden aus Theresienstadt wird aufgelöst, 4000 Juden werden sofort vergast.

13. Die sowjetische Offensive gegen die Heeresgruppe Nord beginnt.

16. Die deutschen Truppen ziehen sich aus Arezzo zurück.

17. Sowjetische Verbände erreichen die Curzon-Linie. →

18. Britische Truppen überschreiten den Arno.

20. Attentat auf Hitler. →

22. US-Soldaten dringen in Pisa ein.

22. Ende der Konferenz von Bretton Woods (→ Juni).

23. Die sowjetischen Truppen erreichen das KZ Maidanek.

23. Die Wehrmacht führt den »deutschen Gruß« ein.

24. Dreitägiger Luftangriff auf Stuttgart.

25. Die European Advisory Commission stellt den Text der deutschen Kapitulationsurkunde fertig.

27. Beginn der Schlacht südöstlich Warschaus.

28. Kulturelle und Sportveranstaltungen werden in Deutschland weitestgehend eingeschränkt.

31. Nach der Rücknahme des deutschen Nordflügels in der Normandie durchbrechen die Alliierten die deutschen Linien bei Avranches. →

GESTORBEN:

1. Jean Prévost (* 16. 6. 1901), französischer Schriftsteller.

20. Ludwig Beck (* 29. 6. 1880), deutscher Offizier.

20. Claus Graf Schenk von Stauffenberg (* 15. 11. 1907), deutscher Offizier. →

26. Resa Pahlawi, ursprünglich Resa Khan (* 16. 3. 1878), Schah von Persien.

31. Antoine de Saint-Exupéry (* 29. 6. 1900), französischer Schriftsteller und Flieger. →

2752 Tote in England durch V-1-Angriff

6. Juli. Vor dem Unterhaus berichtet Winston Churchill über die Wirkung der deutschen V 1 in den ersten drei Wochen ihres Einsatzes: Es hat 2752 Tote und etwa 8000 Verletzte gegeben. Um die Gefahr zu vermindern, evakuiert die britische Regierung am 20. Juli 170 000 Frauen und Kinder aus London.

Rommel warnt vor Illusionen

15. Juli. Angesichts der in Italien und der Normandie vorrückenden alliierten Truppen richtet Erwin Rommel ein Schreiben an Adolf Hitler, in dem er die Verhältnisse im Westen illusionslos aufzeichnet: Personelle und materielle Unterlegenheit der abgekämpften deutschen Truppe, ungenügender Ersatz gegenüber hohen Verlusten: »Die Truppe kämpft allerorts heldenmütig, jedoch der ungleiche Kampf neigt dem Ende entgegen. Ich muß Sie bitten, die Folgerungen aus der Lage unverzüglich zu ziehen. Ich fühle mich verpflichtet, als Oberbefehlshaber der Heeresgruppe dies klar auszusprechen.« Hitler antwortet nicht, er ergreift auch vorerst keine Sanktionen. Am 17. Juli wird Rommels Auto von einem Tiefflieger angegriffen und überschlägt sich. Rommel erleidet einen Schädelbasisbruch, muß die nächsten Wochen in einem Lazarett verbringen. In dieser Zeit erfährt Hitler von den engen Verbindungen des Generalfeldmarschalls zur Widerstandsbewegung.

Theater-Ensemble im Kriegseinsatz

2. Juli. Die Dresdner Oper führt von Joseph Haas die »Hochzeit des Jobs« auf, eine Schelmengeschichte aus dem 18. Jahrhundert. Es ist die letzte wichtige Uraufführung vor der Lähmung des Kulturbetriebs durch einen Befehl Joseph Goebbels: Im Interesse der Freistellung für den Kriegseinsatz müssen alle Bühnen schließen.

Attentat auf Hitler mißlingt – Wider

Oberst von Stauffenberg (ganz links) mit Hitler im Führerhauptquartier.

Adolf Hitler (rechts) zeigt Benito Mussolini (links) den durch das Attentat zerstörten Raum in seiner Lagerbaracke. Hitler ist bei der Explosion unverletzt geblieben, weil die Aktentasche mit der Bombe zu weit von ihm entfernt stand.

20. Juli. Schwer verletzt ist Oberst Claus Graf Schenk von Stauffenberg aus dem Afrikafeldzug nach Deutschland zurückgekehrt: Er hat ein Auge, die rechte Hand und zwei Finger der linken verloren. Dennoch nutzt er seine Stellung als Generalstabschef des Ersatzheeres, um mit Generaloberst a. D. Ludwig Beck und anderen Angehörigen des militärischen und politischen Widerstands die Voraussetzungen für einen Sturz der NS-Gewaltherrschaft und eine Verständigung mit den militärischen Gegnern zumindest im Westen herbeizuführen. Stauffenberg ist von der Notwendigkeit eines Attentats überzeugt und trifft mit seinen nächsten Vertrauten die Vorbereitungen. Zur Verhinderung eines Bürgerkriegs soll der innere Ausnahmezustand verhängt werden, indem auf das Stichwort »Walküre« die Truppen des Ersatzheeres alle Schlüsselpositionen besetzen und die SS sowie andere NS-Organisationen ausschalten. Nach dem Attentat – so sieht es der Plan der Verschwörer vor – wird der Tod Hitlers mitgeteilt

und die Übernahme der Regierung durch Beck und Goerdeler proklamiert. Für den organisatorischen Ablauf des Geschehens wird Stauffenberg in Berlin benötigt, denn er ist der einzige der aktiven Widerstandskämpfer, der als Teilnehmer der Lagebesprechungen Zugang zu Hitler hat. Das bedeutet: Er allein kann das Attentat durchführen und er muß dazu einen Explosivkörper benutzen, da er durch seine Verletzungen nicht in der Lage ist, schnell genug eine Pistole zu ziehen. Viermal fährt Stauffenberg mit einer Bombe in der Aktentasche zu Besprechungen. Dreimal, am 6., 11. und 15., unterläßt er die Zündung, weil ihm die Voraussetzungen nicht günstig erscheinen. Unter dem Eindruck des Haftbefehls gegen Goerdeler und des drohenden Prozesses gegen Leber fliegt Stauffenberg am 20. Juli zum Führerhauptquartier und setzt dort den Zeitzünder in Gang. Unmittelbar vor der Lagebesprechung verläßt er die Baracke, um nach Berlin zurückzukehren. Ein Offizier, den die Tasche mit der Bombe stört, stellt sie so um, daß sie

Hitler nicht mehr direkt treffen kann. Die Bombe explodiert um 12.42 Uhr. Stauffenberg verfolgt das Ereignis aus der Ferne und ist vom Gelingen überzeugt. Vier Teilnehmer der Besprechung sind tödlich verletzt, sieben tragen schwere Verwundungen davon. Hitler erleidet nur geringfügige Blessuren und kann am Nachmittag den zu einem Besuch angesagten Benito Mussolini empfangen.

Unmittelbar nach der Explosion beginnt die Fahndung. Dabei fällt auf, daß die Leitungen nach Berlin blockiert sind bis auf eine direkte Leitung der SS, die auch zur ersten Kontaktaufnahme benutzt wird. Schnell richtet sich der Verdacht gegen Stauffenberg. Er stellt bei seiner Ankunft in Berlin fest, daß über die Alarmierung der Truppen hinaus keine weiteren Schritte unternommen worden sind. Als vier Stunden nach dem Attentat die Aktivitäten beginnen, ist es zu spät, denn die Nachrichtenverbindung zur »Wolfsschanze« besteht wieder. Durch Anrufen können in ihrer Haltung schwankende Offiziere

wie der Befehlshaber des Ersatzheeres, Generaloberst Friedrich Fromm, sich davon überzeugen, daß Hitler lebt. Da sich Fromm jetzt gegen die Widerstandsbewegung stellt, wird er in Haft genommen. Der vom Berliner Stadtkommandanten zur Sicherung des Regierungsviertels befohlene Kommandeur des Wachregiments, Major Ernst Remer, verweigert nach einem Gespräch mit Hitler General von Haase den Gehorsam und folgt dem Befehl Hitlers, den Aufstand zu zerschlagen. Das Wachregiment besetzt den Block des OKW in der Bendlerstraße. Der bereits von hitlertreuen Offizieren befreite Fromm verfügt die Verhaftung aller am Aufstandsversuch Beteiligten. Generaloberst Beck erhält die Gelegenheit, sich zu erschießen. Stauffenberg, General Olbricht, Oberst Mertz von Quirnheim und Oberleutnant Werner von Haeften werden füsiliert.

In der Zentrale Berlin ist der Widerstand vernichtet. Die Mitglieder der Bewegung in Kassel und Wien geben ihre Anstrengungen ebenso

and wird zerschlagen

auf wie in Paris, wo es gelungen war, SS und Polizei zu internieren. Feldmarschall Hans Günther von Kluge verweigert sich im Augenblick der Entscheidung den Verschwörern. General Karl-Heinrich von Stülpnagel erhält den Befehl, sich in Berlin zu verantworten.

In einer Rundfunkrede teilt Hitler dem Volk sein Überleben mit und spricht von den Verschwörern als einer »kleinen Clique ehrgeiziger, gewissenloser, verbrecherischer, dummer Offiziere«. Als Folgen des Attentats kündigt er an, der »ganz kleine Klüngel verbrecherischer Elemente« werde »unbarmherzig ausgerottet«.

Im Mißlingen des Attentats sieht Hitler eine »Bestätigung des Auftrags der Vorsehung«, sein Lebensziel weiter zu verfolgen. Wenigen Beteiligten des Widerstands gelingt die Flucht ins Ausland, einige begehen Selbstmord – so z. B. Generalmajor Henning von Tresckow – und entziehen sich damit den Folterungen durch SS und Gestapo. Auf Anordnung Hitlers läßt der am 21. Juli zum Generalstabschef er-

nannte Generaloberst Heinz Guderian ein »Ehrengericht« bilden, das die Erwartung erfüllt, die dem Widerstand zugehörigen Offiziere aus der Wehrmacht auszustoßen. Damit kann gegen sie außerhalb der Militärgerichtsbarkeit verhandelt werden, der Hitler mißtraut. Die Prozeßführung liegt beim Präsidenten des Volksgerichtshofes Roland Freisler.

Neuer Befehlshaber des Ersatzheeres wird der Reichsführer SS Heinrich Himmler. Generaloberst Fromm kommt wegen seines Wissens um Putschabsichten in Haft und wird später »wegen Feigheit« erschossen. Die Wehrmachtsteile unterwerfen sich Hitler bedingungslos.

Ein Untersuchungsstab von 400 Beamten veranlaßt etwa 7000 Verhaftungen. In direkter Verbindung mit dem Attentat müssen bis zum Frühjahr 1945 170 Menschen sterben. In Sippenhaft genommen und in KZs überführt werden die Familien Stauffenberg, Goerdeler, Bonhoeffer, Dohnanyi, Leber, Leuschner und viele andere.

Die Stimmung in der Bevölkerung schlägt sich oberflächlich in Berichten des SD, der Propagandaämter und Oberlandesgerichte nieder, die Betroffenheit über den Anschlag und Genugtuung über sein Scheitern widergeben. Viele Menschen, auch Gegner des Regimes, begeben sich zu Treuekundgebungen.

Allerdings wird kaum jemand seine Zustimmung für den Attentatsversuch offen zum Ausdruck gebracht haben aus Furcht, als Sympathisant oder Mitwisser sofort in Haft genommen zu werden. Hinzu kommt die Tätigkeit des NS-Propagandaapparates, der alle militärischen Rückschläge bis hin zur Niederlage in der Kesselschlacht bei Minsk den Offizieren des Widerstandes anlastet. Adel, Offizierskorps, Großbürger, bekennende Christen, Sozialisten gelten als Verräter. Die Regierungen der Länder, mit denen Deutschland Krieg führt, zeigen keine Anerkennung für das Attentat. Sie beurteilen den Aufstandsversuch in Deutschland als einen kaum erheblichen internen Führungsstreit.

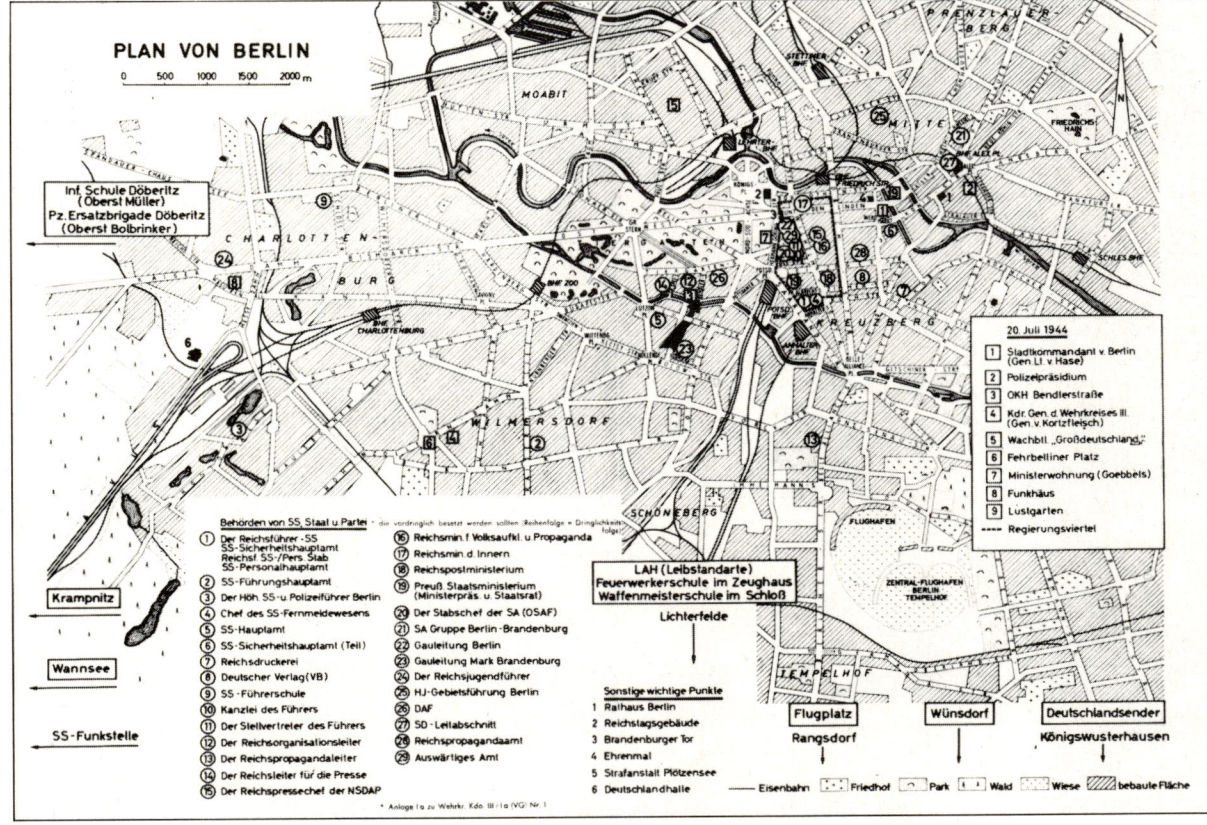

Die Karte zeigt die Berliner Machtzentren des NS-Staates, deren Besetzung die Verschwörer planten.

Alliierte rücken an allen Fronten vor

Soldaten der Roten Armee.

Die Karte zeigt den Frontverlauf im Juli. Die Fähnchen kennzeichnen die Standorte der deutschen Heeresgruppen (H.Gr.).

20. Juli. Im Osten verläuft die deutsche Front von Narwa aus westlich des Peipussees bis in den Raum Ostrow. Südlich dieser Stadt und nördlich Wilnas sind die Verbände der sowjetischen »baltischen Front« zur Offensive in Richtung Riga übergegangen und haben die deutsche Linie durchbrochen. Der weitere Frontverlauf zieht sich von Grodno bis in das Gebiet östlich Bialystoks und Brests. Dort drängen die »Weißrussischen Fronten« an, um einen Durchbruch Richtung Ostpreußen zu erzielen. Westlich von Brest stößt die »1. Ukrainische Front« auf Warschau und Lublin vor. Die »2.–4. Ukrainischen Fronten« versuchen, die deutschen Heeresgruppen Nord- und Südukraine aus dem Bereich Lemberg und Jassy auf die Karpaten zurückzuwerfen bzw. vom Unterlauf des Dnjestr abzudrängen. Auf dem Balkan sind die Partisanen aktiv. In Italien greifen die alliierten Armeen unter General Harold Alexander über die Breite des italienischen Festlands von Livorno bis Ancona die deut-

schen Truppen mit dem taktischen Ziel Florenz an. Der Durchbruch bei Avranches öffnet den alliierten Panzern die Weite des französischen Raums. Der Krieg zur See beschränkt sich aus Sicht der Kriegsmarine auf den Einzeleinsatz von U-Booten, die wegen des verbesserten alliierten Geleitschutzes

schwere Verluste erleiden (September 1943 bis Mai 1944: 161 Boote). Die Überwasserkräfte kommen kaum noch zum Einsatz. Um trotz der alliierten Luftüberlegenheit die Produktion im Lande aufrechtzuerhalten, wird die Industrie dezentralisiert, zum Teil auch unter die Erde verlagert.

Zu Beginn des Monats kann die Rote Armee die deutsche 4. Armee bei Minsk einkreisen und vernichten; nach Abschluß der Kesselschlacht am 8. Juli sind 350 000 Angehörige der Heeresgruppe Mitte in sowjetische Gefangenschaft geraten. Mit Erreichen der Curzon-Linie (→ Dezember 1919) sind sowjetische Truppen an der künftigen sowjetisch-polnischen Grenze angelangt; am 28. Juli besetzen sie Brest-Litowsk, Jaroslaw und Przemysl. Damit ist die Notwendigkeit gegeben, Voraussetzungen für die künftige politische Gestaltung Polens zu schaffen. Gegen das Londoner Exilkabinett gerichtet, zu dem die sowjetische Staatsführung seit dem Streit über die Gräber von Katyn (→ Februar 1943) und über die künftige Grenzziehung keine Beziehungen mehr unterhält, entsteht das kremlfreundliche Lubliner Komitee (23. 7.), in dem die sowjetische Führung die eigentliche Autorität für das befreite Polen sieht. Das Londoner Kabinett nennt die Lubliner eine Marionette Moskaus.

Gedenkmarken, die nach dem II. Weltkrieg an deutsche Widerstandskämpfer erinnern.

Verhaftung Lebers: Weiterer Schlag gegen Widerstand

4. Juli. Getragen von der Überzeugung, daß der Widerstand gegen das NS-Regime auf breitester Ebene stattfinden muß, haben die dem »Kreisauer Kreis« angehörenden Sozialdemokraten Julius Leber und Adolf Reichwein im Frühjahr 1944 Kontakt zum kommunistischen Widerstand um Anton Saefkow, Franz Jacob und Bernhard Bästlein aufgenommen. Die Gestapo bringt bereits Ende Mai den aus einem Zuchthaus entflohenen Bästlein wieder in ihre Gewalt. Am 4. Juli werden Saefkow, Leber und Reichwein bei einem konspirativen Treffen festgenommen. Die Widerstandsbewegung ist von der Verhaftung Lebers schwer betroffen, da er ein wichtiges Verbindungsglied zwischen den einzelnen Gruppen darstellt und in der Regierung, die nach dem Sturz der Gewaltherrschaft zu bilden ist, das Amt des Innenministers übernehmen soll.

Goerdeler entzieht sich Festnahme durch die Flucht

18. Juli. Dem Reichssicherheitshauptamt wird zugetragen, daß die Gegner des NS-Regimes sich mit der Absicht tragen, den früheren Leipziger Oberbürgermeister Carl Goerdeler, seit langem als Oppositioneller bekannt, für den Fall eines Regierungswechsels als Reichskanzler vorzusehen. Dies genügt, um die Verhaftung anzuordnen. Goerdeler erhält jedoch eine Warnung und taucht unter. Steckbrieflich gesucht – eine Million Reichsmark Kopfgeld sind auf seine Ergreifung ausgesetzt –, kann er sich bei Bekannten und Gesinnungsfreunden wie dem früheren Berliner Bürgermeister Fritz Elsas verbergen. Erst am 12. August wird ihn die Gestapo verhaften, nachdem ihn eine Luftwaffenhelferin erkannt hat. Goerdeler war in den Jahren 1931/32 sowie 1934 und 1935 Reichskommissar für die Preisüberwachung. Seit 1939 engagierte er sich zunehmend im Widerstand gegen den Nationalsozialismus.

Japanischer Ministerpräsident tritt zurück

19. Juli. Unter dem Eindruck der Rückschläge im Pazifik und der alliierten Offensive in Burma reicht der japanische Ministerpräsident Hideki Tojo seinen Rücktritt ein und wird als General in die Reserve versetzt. Den Auftrag zur Kabinettsbildung erhält General Kurichi Koiso, sein Stellvertreter ist Admiral Mitsumasa Yanoi. Das neue Kabinett soll die Bildung Groß-Ostasiens und den völligen Sieg herbeiführen.

Mahatma Gandhi schlägt Teilung Indiens vor

9. Juli. Nach seiner Haftentlassung greift Mahatma Gandhi wieder in das politische Leben ein. Um den Stillstand der Verhandlungen über die Zukunft Indiens aufzuheben, schlägt er die Teilung des Subkontinents in einen mohammedanischen und einen Hindustaat vor. Beide Staaten sollen politisch, wirtschaftlich und im Verkehrswesen miteinander kooperieren. Ein Bevölkerungsaustausch darf nur auf freiwilliger Basis stattfinden.

Saint-Exupéry nach Flug verschollen

31. Juli. Über dem Mittelmeer nahe Korsika wird Antoine de Saint-Exupéry nach einem Aufklärungsflug vermißt. Der Schriftsteller und Pilot hat als Angehöriger der freifranzösischen Truppen gekämpft. In seinen Romanen (»Wind, Sand und Sterne«), Erzählungen (»Der kleine Prinz«) und Tagebüchern (»Flug nach Arras«) berichtet Saint-Exupéry von seinen Fliegererlebnissen in Nordafrika und Übersee und versucht, moderne Technik mit humanitärem Ethos zu verbinden. Sein Hauptthema ist der auf sich allein gestellte Mensch, der der Technik und den Naturgewalten gegenübersteht.

1944

AUGUST

Mo	Di	Mi	Do	Fr	Sa	So
	1	2	3	4	5	6
7	8	9	10	11	12	13
14	15	16	17	18	19	20
21	22	23	24	25	26	27
28	29	30	31			

1. Auflösung des Zigeunerlagers Auschwitz-Birkenau. →

1. Marschall von Mannerheim wird finnischer Reichspräsident. →

1. Die alliierten Truppen besetzen Florenz: fünf der sechs Arnobrükken sind von deutschen Truppen gesprengt.

2. Die Türkei bricht Beziehungen zu Deutschland ab.

2. Die Sowjets überqueren die Weichsel.

8. Erster Volksgerichtshof-Prozeß gegen Beteiligte am Attentat vom 20. Juli. →

8. Alliierte besetzen Le Mans.

10. US-Flugzeuge bombardieren den Hafen von Nagasaki. →

13. Deutsche Truppen ziehen sich, um der Einkesselung zu entgehen, von der Seine zurück.

13. Die deutsche 7. Armee wird bei Falaise aufgerieben.

15. Die Alliierten landen in Südfrankreich.

17. Saint-Malo wird den Alliierten übergeben.

17. Pétain und Laval müssen Vichy verlassen. →

18. Beginn der Befreiungskämpfe um Paris. →

24. Publikationen in Deutschland werden eingeschränkt.

25. Rumänien erklärt Deutschland den Krieg. →

26. De Gaulle in Paris. →

27. US-Luftangriff auf Amboina.

29. Amerikanische Parade in Paris.

29. Beginn des Slowakischen Aufstands. →

30. Kanadier besetzen Rouen.

31. Briten in Amiens.

31. US-Truppen dringen in die Argonnen vor.

GESTORBEN:

8. Erwin von Witzleben (* 4. 12. 1881), deutscher Generalfeldmarschall.

18. Ernst Thälmann (* 16. 4. 1886), deutscher Politiker, Vorsitzender der KPD. →

19. Hans Günther von Kluge (* 30. 10. 1882), deutscher Generalfeldmarschall. →

24. Rudolf Breitscheid (* 2. 11. 1874), deutscher Politiker. →

Feldmarschall von Kluge vergiftet sich

19. August. Als am 16. August für Stunden der Kontakt des OKW zu Feldmarschall Hans Günther von Kluge abreißt, da er in einen feindlichen Angriff geraten ist, ruft Adolf Hitler Feldmarschall Walter Model von der Ostfront ab und ernennt ihn zum Oberbefehlshaber West. Kluge erhält den Befehl, nach Berlin zu kommen: Er steht im – unzutreffenden – Verdacht, Kontakt zu den Alliierten aufgenommen zu haben, und es ist bekannt, daß er von der militärischen Widerstandsbewegung gewußt hat. In seinem letzten Brief fordert Kluge Hitler auf, den Krieg zu beenden, wenn die versprochenen neuen Kampfmittel versagen. Am 19. August nimmt Kluge auf der Autofahrt nach Deutschland Gift.

Mannerheim in Finnland Präsident

Carl Gustaf von Mannerheim.

1. August. Um der finnischen Regierung eine neue Politik zu ermöglichen, tritt der finnische Präsident Rysto Ryti zurück. Damit ist auch die mit Joachim von Ribbentrop im Vormonat getroffene Vereinbarung hinfällig. Nachfolger Rytis wird der finnische Oberbefehlshaber Carl Gustaf von Mannerheim. Ihn suchen Generaloberst Ferdinand Schörner und OKW-Chef Wilhelm Keitel auf, um positive Lageberichte zu geben; aber Mannerheim glaubt nicht, daß der Krieg noch zu gewinnen sei, sondern nimmt erneut Kontakte zum Kreml auf.

Widerstandskämpfer bringen deutsche Soldaten ins Pariser Rathaus.

Amerikanische Soldaten beim Einmarsch am Arc de Triomphe in Paris.

Freifranzösische Truppen befreien Paris

General von Choltitz unterzeichnet die Kapitulation seiner Truppen.

25. August. Im Wettlauf der Alliierten, die inzwischen auch in Südfrankreich gelandet sind, und der freifranzösischen Truppen, die Toulon (21.), Marseille (30.) und Montpellier (31.) besetzen, erreicht die 2. Panzerdivision des Generals Philipp Leclerc Paris. Zwar hat Hitler dem deutschen General Dietrich von Choltitz den Befehl gegeben, die Stadt zu verteidigen; doch dieser ist von der Sinnlosigkeit einer solchen Tat überzeugt und fürchtet um die Kulturgüter der Stadt. Er übergibt sie nach ersten Schießereien zwischen französischer Résistance und deutscher Besatzung am 25. August an General Leclerc. Am folgenden Tag erscheint General Charles de Gaulle in Paris, wenig später verlegt er den Sitz der provisorischen Regierung von Algier nach Paris. In dieser Zeit beginnt die erbarmungslose Jagd auf alle, die mit den Deutschen kollaboriert haben.

Bereits am 17. August hat Hitler, der die Zuverlässigkeit der Vichy-Regierung bezweifelt, Marschall Philippe Pétain und Ministerpräsident Pierre Laval zunächst nach Belfort und später nach Sigmaringen bringen lassen.

Die Jagd auf Kollaborateure beginnt in Frankreich. Das Bild zeigt in Chartres den Spießrutenlauf einer Französin, die ein Kind von einem Deutschen hat.

Volksgerichtshof verhängt acht Todesurteile

8. August. Der erste Prozeß gegen acht Angeklagte wegen Beteiligung am Attentat vom 20. Juli endet erwartungsgemäß mit Todesurteilen. Der Vorsitzende des Volksgerichtshofs, Roland Freisler, führt diesen und die folgenden Prozesse mit bösartigen Beschimpfungen und Demütigungen der oft gefolterten Angeklagten.

Die freiwilligen und abkommandierten Zuschauer sind erschreckt, und selbst überzeugte Nationalsozialisten sehen sich veranlaßt, einen anderen Verhandlungsstil zu verlangen. Wiederholt muß Freisler auch hinnehmen, daß Angeklagte seinen Beschimpfungen eine Antwort erteilen. General Erich Fellgiebel ruft ihm nach der Urteilsverkündung zu: »Dann beeilen Sie sich mit dem Aufhängen, Herr Präsident, sonst hängen Sie eher als wir.« Hitlers Anordnung: »Ich will, daß sie erhängt werden, aufgehängt wie Schlachtvieh«, wird erfüllt.

Von Prozeß und Hinrichtungen läßt Hitler Filmaufnahmen machen. Die Welle der Prozesse, Hinrichtungen und Morde in direktem und indirektem Zusammenhang mit dem Attentat dauert bis Ende April 1945.

Der ehemalige Berliner Stadtkommandant Paul von Haase auf der Anklagebank vor dem Volksgerichtshof.

Nach dem Attentat auf Adolf Hitler am 20. Juli fühlen sich die Repräsentanten des NS-Regimes verunsichert. Damit sich keine neue Opposition formiert und die Bildung einer Gegenregierung erschwert ist, werden 5000 prominente Politiker und Parteifunktionäre der Weimarer Republik (unter anderen Konrad Adenauer, Kurt Schumacher, Carl Severing) verhaftet und zum großen Teil in Konzentrationslager eingeliefert.

Der Vorsitzende Roland Freisler (hinten unter Hitlerbüste) verliest die Todesurteile im ersten Prozeß gegen Widerstandskämpfer vor dem Volksgerichtshof.

Helmuth James Graf von Moltke mit auf den Rücken gefesselten Händen.

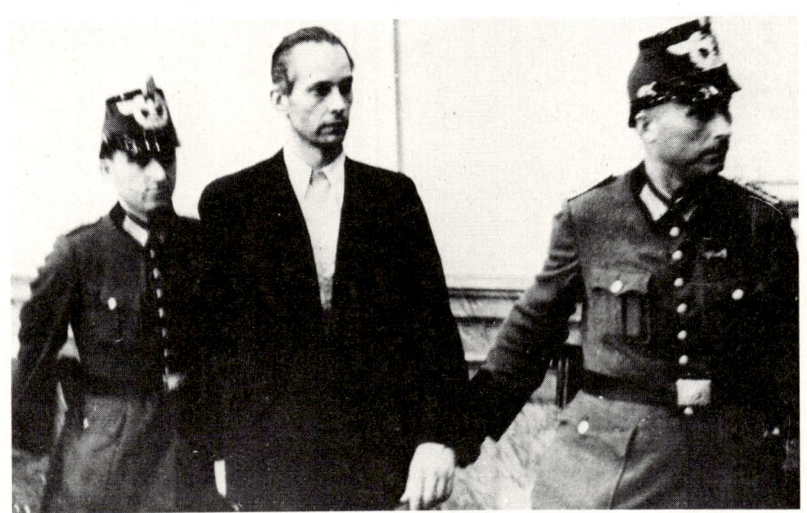

Graf Yorck von Wartenburg wird von Polizeibeamten in den Gerichtssaal geführt.

Verwundete und völlig entkräftete Aufständische in Warschau nach der Aufgabe des Kampfes. Der Widerstandswille erlahmt jedoch nicht.

Aufstand in Warschau

1. August. Als Warschau von der deutschen Verwaltung und deutschen Zivilisten geräumt wird, da sich Panzerspitzen der »1. Weißrussischen Front« der Vorstadt Praga nähern, beginnt trotz Warnungen des Londoner Exilkabinetts der Aufstand der polnischen Heimatarmee unter General Tadeusz Bor-Komorowski. Kurzfristig können die Polen die deutsche Besatzung in Dienststellen und Kasernen einschließen.

SS-Obergruppenführer Erich von dem Bach-Zelewski erhält den Befehl, vor allem mit SS-Straf- und Sondereinheiten den Aufstand niederzuschlagen. Die Massenexekutionen und Brutalitäten dieser Verbände sind eher ein Mittel, die Warschauer mit der Heimatarmee zu solidarisieren, als den Widerstandswillen zu brechen. Entgegen den Erwartungen Bors leistet die Rote Armee keine Hilfe, dabei spielen neben den strategischen auch politische Erwägungen eine Rolle. Britische und amerikanische Unterstützung muß sich auf den Abwurf von Waffen beschränken.

Beratungen über Ersatz für den Völkerbund

21. August. In Dumbarton Oaks bei Washington treffen Delegierte aus Großbritannien, den USA, der UdSSR und China zusammen, um über einen Ersatz für den Völkerbund zu beraten.

Sie entwerfen für die Organisation der Vereinten Nationen Grundsätze und beschließen, in das zu bildende Sicherheitskomitee als fünftes ständiges Mitglied Frankreich aufzunehmen.

Uneinigkeit herrscht unter anderem noch immer über die Frage, ob die UdSSR eine oder – für seine autonomen Republiken – mehrere Stimmen erhält.

USA lehnen Bombardierung von KZs ab

14. August. Durch entflohene KZ-Häftlinge dringt die Kenntnis über die Vernichtungsmaschinerie in Auschwitz zu den Alliierten und erfährt Bestätigung durch die Berichte aus dem befreiten Konzentrationslager Maidanek.

Wiederholte Vorschläge von Vertretern der Jewish Agency, das Lager zu bombardieren oder durch Präzisionsangriffe die Gaskammern zu zerstören, lehnt der amerikanische Unterstaatssekretär John MacCloy endgültig mit der Begründung ab, dies könne grausame Racheakte der Deutschen an den Lagerinsassen provozieren.

Rumäniens Wendung

Marschall Ion Antonescu sucht am 5. August Adolf Hitler auf und spricht mit ihm über den Rückzug der rumänischen Armeen auf die Karpaten. Der deutsche Gesandte in Bukarest und der Befehlshaber der in Rumänien stationierten deutschen Truppen sind von der rumänischen Bündnistreue überzeugt. Doch schon seit längerer Zeit bestehen Kontakte des rumänischen Königs und oppositioneller Politiker zu den Alliierten. Als die Sowjets am 20. August die Offensive gegen die Heeresgruppe Südukraine und Bessarabien aufnehmen, ist auch Antonescu vom notwendigen Ausscheiden Rumäniens aus dem Krieg überzeugt. Er wird am 25. August zum König gerufen und dort verhaftet; dann gibt Michael den Waffenstillstand bekannt. Hitler läßt die Innenstadt von Bukarest bombardieren und befiehlt die Verhaftung des Königs. Daraufhin stellt sich die rumänische Armee auf die Seite der UdSSR. Rumänien erklärt Deutschland den Krieg. Ohne Widerstand besetzen sowjetische Truppen Constanza (29.), Ploesti (30.) und Bukarest (31.). Die deutsche Schwarzmeer-Flotille muß sich selbst versenken; die in Rumänien stehenden Wehrmachtsverbände geraten in Gefangenschaft. Der Wechsel rettet die Mehrzahl der im Kernland lebenden Juden, da Adolf Eichmann erst im August eingetroffen ist, um ihre Deportation zu organisieren.

Sowjetische Truppen werden beim Einmarsch in Bukarest begrüßt.

Revolte in Slowakei

29. August. Zur Unterstützung der sich nähernden sowjetischen Armee ist in der Slowakei ein Aufstand geplant. Er bricht vorzeitig aus, als nach der Erschießung einer deutschen Militärmission deutsche Truppen die Slowakei besetzen. Die Aufständischen unter General Viest und Oberstleutnant Goljan errichten eine eigene Verwaltung in Banska Bystrica (Neuensohl) und arbeiten mit amerikanischen, britischen und sowjetischen Verbindungsoffizieren zusammen. Obwohl die sowjetischen Truppen die deutschen Verteidigungsstellungen am Dukla-Paß nicht durchbrechen können und die Slowaken schlecht bewaffnet sind, setzen sie ihren Aufstand bis in den Oktober fort. Als Konsequenz tritt Ministerpräsident Vojtech Tuka zurück.

Thälmann stirbt im KZ

Ernst Thälmann, Vorsitzender der KPD seit November 1925, verhaftet im März 1933, ist seither ohne Verfahren in mehreren Lagern in Isolierhaft gehalten worden. 1944 wird er in das KZ Buchenwald gebracht und dort am 18. August getötet. Joseph Goebbels gibt bekannt, Thälmann sei Opfer eines alliierten Luftangriffs auf Weimar, der am 24. dem Gustloff-Werk gilt und dem 300 dort arbeitende KZ-Häftlinge zum Opfer fallen. Tatsächlich wird das KZ Buchenwald von Bomben getroffen. Zu den Opfern gehört Rudolf Breitscheid. Der langjährige Vorsitzende der sozialdemokratischen Reichstagsfraktion, 1933 aus Deutschland emigriert, wurde im Frühjahr 1941 vom Vichy-Regime ausgeliefert. Breitscheid kam zunächst in das KZ Sachsenhausen, dann nach Buchenwald, wo er, von anderen Häftlingen isoliert, in einer »Prominentenbaracke« lebte. Ein weiteres Opfer des alliierten Luftangriffs ist Prinzessin Mafalda von Hessen, Tochter des italienischen Königs. Sie ist nach dem Waffenstillstand Italiens auf Hitlers Befehl eingeliefert worden.

KPD-Führer Ernst Thälmann während einer Wahlkampagne im Jahr 1930.

Tötung der Zigeuner

1. August. Seit 1938 sind die Zigeuner als »arbeitsscheu« und »asozial« von den Nationalsozialisten verfolgt worden, ihre Deportation in das Generalgouvernement wurde 1939 beschlossen. Erste Transporte haben im Mai 1940 stattgefunden.

Von der Erfassung der Zigeuner und nicht näher definierter »Zigeunermischlinge« sind gelegentlich auch NS-Angehörige mit Zigeunervorfahren betroffen. Fronturlauber mit militärischen Auszeichnungen haben der Verhaftung nicht entgehen können. Im September 1941 hat OKW-Chef Wilhelm Keitel die Entlassung aller Zigeuner aus der Wehrmacht verfügt. Im vollen Umfang setzt die Überstellung in Konzentrationslager seit 1942 ein. Wiederholt werden Zigeuner und Zigeunerinnen zu medizinischen Experimenten mißbraucht.

Wegen der miserablen hygienischen Zustände im völlig überfüllten Auschwitzer Zigeunerblock – 1943 stirbt dort innerhalb von sechs Monaten ein Drittel der 21 000 festgehaltenen Zigeuner – ordnet Himmler ihre Vernichtung an. Sie wird mit der Vergasung der letzten 4000 Zigeuner vom 1. bis 3. August 1944 abgeschlossen.

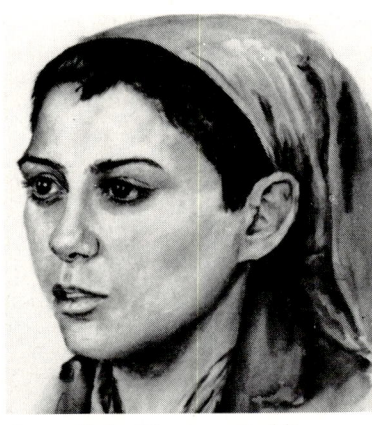

Aquarell des Zigeunermischlings Dina Gottliebova, eine Rassenstudie für den SS-Arzt Mengele.

1944
SEPTEMBER

Mo	Di	Mi	Do	Fr	Sa	So
				1	2	3
4	5	6	7	8	9	10
11	12	13	14	15	16	17
18	19	20	21	22	23	24
25	26	27	28	29	30	

1. Britische Truppen beginnen den Angriff auf die Gotenlinie in Italien.

3. Alliierte Truppen befreien Brüssel. →

5. Aufgrund der Kämpfe in Südostfrankreich leitet die Schweiz eine Teilmobilisierung ihrer Grenztruppen ein.

6. US-Einheiten überschreiten die Mosel.

8. Das belgische Exilkabinett Pierlot kehrt nach Brüssel zurück.

8. Erster Einsatz der V 2. →

9. Morgenthau-Plan vorgelegt. →

9. Bildung des provisorischen Kabinetts de Gaulle/Bidault.

10. Beginn der Konferenz von Quebec. →

11. US-Luftangriff auf Darmstadt.

11. US-Truppen erreichen bei Trier die Reichsgrenze.

13. Sowjetische Truppen erreichen die Grenze der Tschechoslowakei.

14. Die Rote Armee stößt bis zur Warschauer Vorstadt Praga vor.

16. Fünftägiger Streik in Dänemark.

16. US-Truppen landen auf den Molukken.

16. Abkommen zwischen Himmler und Wlassow zur Bildung einer »russischen Befreiungsarmee«.

17. Beginn der Schlacht von Arnheim. →

19. Finnischer Waffenstillstandsvertrag mit der UdSSR. →

22. Sowjetische Truppen erobern Reval.

24. US-Truppen durchbrechen die Gotenlinie in Richtung Bologna.

25. Befehl zur Bildung des Volkssturms. →

27. Sowjetisch-jugoslawische Invasion in Albanien.

GESTORBEN:

15. Gustav Bauer (* 6. 1. 1870), deutscher Politiker.

18. Bernhard Bästlein (* 3. 12. 1894), Feinmechaniker. →

18. Franz Jacob (* 9. 8. 1906), Schlosser. →

18. Anton Saefkow (* 22. 7. 1903), Maschinist. →

27. Aristide Maillol (* 8. 12. 1861), französischer Bildhauer und Grafiker.

Kommunisten hingerichtet

18. September. Mit dem Fallbeil werden die Kommunisten Bernhard Bästlein, Franz Jacob und Anton Saefkow im Zuchthaus Brandenburg hingerichtet. Sie haben die verzweigteste kommunistische Untergrundbewegung in Deutschland aufgebaut und Kontakt auch zu nichtkommunistischen Gegnern des NS-Regimes gehalten. Wie andere Gesinnungsgenossen sind sie schon vor ihrer erneuten Verhaftung im Mai und Juli 1944 im Zuchthaus und in KZ-Haft gewesen. Sie repräsentieren das Schicksal der deutschen Kommunisten, von denen 20 000, das ist mehr als die Hälfte der aus politischen Gründen getöteten Deutschen, hingerichtet werden.

Massentötungen

Anne Frank.

In Deutschland leben noch 14 574 Juden, die bisher den Verfolgungen und Deportationen haben entgehen können. Aber die Massentötungen halten noch an. Am 6. September trifft in Auschwitz ein Transport niederländischer Juden ein, darunter die Familie der Anne Frank. Die Räumung des Ghettos Lodz endet am 15. September; die meisten der 70 000 Juden werden in Auschwitz vergast. Ähnlich ergeht es den Insassen des angeblichen Muster-KZs Theresienstadt: Von 18 404 nach Auschwitz deportierten Juden überleben 2000.

Die Brücke von Arnheim. Im Hintergrund zerstörte deutsche Panzer.

Schlacht um Arnheim

17. September. Für die Alliierten stellt sich das Problem, einen geeigneten Nachschubhafen zu finden, da die Häfen an der Atlantikküste noch von deutschen Besatzungen gehalten werden und Cherbourg Luftangriffen ausgesetzt ist. Als geeignet – auch wegen der Größe – erscheint Antwerpen. Daraus ergibt sich die Zielrichtung des Nordflügels der Invasionstruppen unter Bernard Montgomery. Dwight D. Eisenhowers Konzept eines Vormarsches in »breiter Front« entspricht auch die Zusammenführung der aus Südfrankreich vorstoßenden Armee Jean de Lattre de Tassignys mit der Panzerarmee General George Pattons, die von Luxemburg her in Richtung der deutschen Grenze bei Trier vorstößt. Letzte Reste kleiner deutscher Einheiten in Südfrankreich ergeben sich der Résistance. Am 3. und 4. September stoßen die britischen Korps nach Belgien hinein und besetzen Brüssel und Antwerpen.

In der Absicht, den deutschen Truppen den Rückweg zu verlegen und einen Brückenkopf am Niederrhein zu bilden, läßt Montgomery am 17. September 10 000 Mann in einem Luftlandeunternehmen bei Arnheim absetzen. Nach der ersten Überraschung formiert sich die deutsche Abwehrfront. Der Absprung einer polnischen Brigade wird zum Desaster, da von 3000 Mann nur 50 zu den Briten gelangen. Gegen erbitterten deutschen Widerstand und auf sumpfigem Boden gelangen die von den Luftlandetruppen erwarteten Ersatzeinheiten nur bis Nijmegen. Die Arnheimer Brücke kann von deutschen Soldaten zurückgewonnen werden. Die Masse der Engländer und Amerikaner geht in Gefangenschaft. Tragische Konsequenzen hat die Schlacht von Arnheim für die Niederländer, die als Mitglieder der Befreiungsbewegung sich an den Kämpfen beteiligt haben und nach der Niederlage rücksichtslos verfolgt werden.

Während der Schlacht von Arnheim und Nijmegen haben 10 000 Niederländer ihr Leben verloren. Der kommandierende General in Nordholland, General der Flieger Christiansen, läßt alle männlichen Einwohner des niederländischen Dorfes Putten in deutsche Konzentrationslager deportieren. Der Streik der niederländischen Eisenbahner, der den deutschen Nachschub behindern soll, wird noch bis 1945 aufrechterhalten.

Der Morgenthau-Plan

9./10. September. US-Staatssekretär Henry Morgenthau legt den Plan eines Straffriedens für Deutschland vor, der praktisch eine Zusammenstellung der härtesten bisher erörterten Bedingungen gegenüber dem NS-Staat darstellt und seine Abdrängung in politische und ökonomische Bedeutungslosigkeit vorsieht. Zweifellos spielt bei dieser Planung das Bekanntwerden der NS-Greuel in den besetzten Gebieten vor allem Osteuropas und gegenüber den Juden eine gewichtige Rolle. Der sogenannte Morgenthau-Plan schlägt in 14 Punkten vor: Eine völlige Entmilitarisierung Deutschlands und Bestrafung deutscher Kriegsverbrecher; Restitution alles in den besetzten Gebieten geraubten Eigentums und Reparationsleistungen durch Übergabe demontierter Industriebetriebe, Beschlagnahme deutscher Auslandsguthaben und Zwangsarbeit außerhalb Deutschlands; Abtretung Ostpreußens und Südschlesiens an Rußland und Polen, des Rhein-Mosel-Raums an Frankreich, Internationalisierung des Ruhrgebietes, des Nord-Ostsee-Kanals und Teilung in einen Nord- und einen Südstaat, der mit dem wiederhergestellten Österreich eine Zolleinheit bildet; Reform der Landesverwaltungen und Reorganisation des Bildungs- und des Nachrichtenwesens; Zerstörung der Rüstungsindustrie und Schlüsselindustrien, 20jährige Überwachung der deutschen Wirtschaft durch die Vereinten Nationen, wobei die Alliierten

Henry Morgenthau jr.

für die binnenwirtschaftlichen Verhältnisse Deutschlands keine Verantwortung übernehmen; Aufteilung des Großgrundbesitzes an die Bauern; Kontrolle über Deutschland durch Soldaten der Nachbarstaaten bei baldigem Abzug der US-Truppen.

Auf der Konferenz von Quebec, die am 10. September beginnt, legt Präsident Franklin D. Roosevelt dem britischen Premierminister Winston Churchill den zwischen den amerikanischen Staatssekretären sehr umstrittenen Plan vor und zieht Morgenthau zu den Besprechungen hinzu, während der Leiter des Auswärtigen Departements Cordell Hull, ein Gegner der Vorstellungen Morgenthaus, in Quebec abwesend ist. Da Churchill nicht nur über die militärische Lage und die künftige Deutschlandpolitik sprechen will, sondern zur Sicherung der britischen Nachkriegswirtschaft einen hohen Kredit der Vereinigten Staaten erwartet, ist er trotz schwerwiegender Bedenken zur Erörterung des Morgenthau-Plans bereit.

Roosevelt und Churchill unterzeichnen einen modifizierten Plan, der allerdings die Absicht zu erkennen gibt, Deutschland in ein Land zu verwandeln, »das in erster Linie einen landwirtschaftlichen und ländlichen Charakter hat«. Sowohl Cordell Hull als auch Anthony Eden, die verantwortlichen Träger der amerikanischen und britischen Außenpolitik, sowie der Leiter des US-Kriegsdepartements Henry Stimson protestieren energisch.

Durch eine Indiskretion gelangt der Morgenthau-Plan in die amerikanische Presse, und die Reaktionen in der Öffentlichkeit sind mehrheitlich negativ. Unter diesen Umständen rückt Roosevelt gegenüber Stimson, der den Morgenthau-Plan »ein Verbrechen gegen die Zivilisation« nennt, davon ab und zieht, um seine Wiederwahl nicht zu gefährden, die Unterschrift zurück. Von nun an spielt der Plan bei den Alliierten gar keine Rolle mehr. Anders in Deutschland, wo er der Propaganda willkommenes Material liefert, um die Behauptung eines »jüdischen Mordplans« am deutschen Volk in den Nachrichtenmedien zu verbreiten und damit die Forderung nach unerbittlichem Kampfeswillen zu unterstreichen.

Bulgarien steigt aus

Anfang September tritt Bulgarien aus dem Dreimächtepakt aus. Die Regierung kann zwar eine Kriegserklärung der UdSSR nicht verhindern, öffnet aber das Land widerstandslos der Roten Armee. Ein neues Kabinett erklärt Deutschland den Krieg. Über Sofia stoßen die Sowjets am 16. September zur jugoslawischen Grenze vor. Damit ist die Lage der deutschen Truppen in Griechenland unhaltbar geworden.

Hitler befiehlt den Rückzug. Am Monatsende begibt sich Tito – seit dem 12. September als Führer der jugoslawischen Partisanen anerkannt – nach Moskau und unterzeichnet ein Abkommen, das den sowjetischen Truppen den Einmarsch in Nordjugoslawien gestattet, damit sie Ungarn angreifen können, dessen Armee bereits mit rumänischen Verbänden in Kämpfe um Siebenbürgen verwickelt ist.

Volkssturm entsteht

25. September. Nach einem Erlaß Adolf Hitlers können alle 16- bis 60jährigen, nicht der Wehrmacht angehörenden Männer bei der Landesverteidigung eingesetzt werden. Die Bildung des Volkssturms geht auf einen Vorschlag der Generale Heinz Guderian und Adolf Heusinger zurück. Ihnen ist aufgefallen, daß Gauleiter Erich Koch in Ostpreußen damit begonnen hat, alle Altersgruppen zum Schanzen heranzuziehen.
Die militärische Ausrüstung des Volkssturms – Beutewaffen und

Panzerfäuste – übernimmt der Befehlshaber des Ersatzheeres Heinrich Himmler, die Ausbildung die SA. Die politischen und organisatorischen Ausführungsbestimmungen sind Martin Bormann überlassen, der sie an die Gauleiter delegiert. Die offizielle Aufstellung findet am 18. Oktober statt. Das letzte Aufgebot, bestehend aus Kindern, Greisen und Kranken, erfaßt noch einmal eine Million Deutsche, die bei der Errichtung von Verteidigungsanlagen und an der Front eingesetzt werden sollen.

Abschuß einer V-2-Rakete vom Versuchsgelände in Peenemünde (Pommern).

Ein Volkssturmmann in Berlin mit Panzerfaust und Deckungsfernrohr.

Erster V-2-Angriff

8. September. Wegen des Vordringens der Alliierten müssen die Abschußrampen der V 1 an der Kanalküste aufgegeben werden. Die »fliegenden Bomben« werden aber ergänzt von der V 2, einer

Rakete, die durch ihre hohe Geschwindigkeit – fünffache Schallgeschwindigkeit – nicht geortet werden kann. Der erste Einsatz der V 2 richtet sich gegen London und Antwerpen.

Neue finnische Regierung schließt Abkommen mit der Sowjetunion

19. September. Marschall Carl Gustaf von Mannerheim hat Adolf Hitler am 2. September mitgeteilt, daß Finnland aus dem Krieg ausscheiden werde. Sowjetische Vorbedingung für einen Waffenstillstand zwischen Finnland und der UdSSR ist der Abbruch der Beziehungen zu Deutschland und Rückzug aller deutschen Truppen von finnischem Territorium bis 15. September. Der neue finnische Ministerpräsident Hacksell unterzeich-

net am 19. einen harten Vertrag mit der UdSSR, der über die Gebietsverluste von 1940 hinaus die Abtretung Petsamos und die Verpachtung von Portalla Udd vorsieht. Hitler betrachtet die Finnen als abtrünnig und verweigert die sofortige Räumung Petsamos. Die Politik »verbrannter Erde« während des Rückzugs der deutschen 20. Gebirgsarmee in Nordfinnland führt zu Kämpfen zwischen deutschen und finnischen Truppen.

14. September. Die »Berliner Illustrierte Zeitung« berichtet über Berliner Ballett-Tänzerinnen, die in einem Rüstungsbetrieb eingesetzt werden.

Eine Straße in Düsseldorf nach einem Luftangriff. Solche Bilder, das Leben in Trümmern, gehören für die Deutschen zum Alltag der letzten Kriegsjahre.

1944

OKTOBER

Mo	Di	Mi	Do	Fr	Sa	So
						1
2	3	4	5	6	7	8
9	10	11	12	13	14	15
16	17	18	19	20	21	22
23	24	25	26	27	28	29
30	31					

1. Die Schweiz stellt den Export aller Kriegsmaterialien ein.

2. Tito weist Lebensmittelhilfsangebote der UNRRA zurück.

3. Ende des Warschauer Aufstands. →

6. Die zweite ukrainische Armee dringt in Ungarn ein.

8. Am Wehrertüchtigungstag der HJ melden sich 70 Prozent des Jahrgangs 1928 »freiwillig« zum Frontdienst.

9. Die sowjetische Zeitung »Krieg und Arbeiterklasse« wirft dem Vatikan eine profaschistische Haltung vor.

9. US-Luftangriff auf die Riukiuinseln.

10. Die Sowjets schließen die Heeresgruppe Nord in Kurland ein.

12. Französische Truppen nehmen Bordeaux ein.

13. Sowjetische Soldaten besetzen Riga.

15. Ende des slowakischen Aufstands.

16. Die Brotration in Deutschland wird um 200 Gramm auf 2225 Gramm pro Woche gesenkt.

16. Sowjetische Truppen dringen bei Goldap in Ostpreußen ein. →

18. Tito wird als jugoslawischer Regierungschef anerkannt.

18. Die Rote Armee dringt über die Karpaten in die ČSR ein.

19. Jugoslawische und sowjetische Truppen erobern Belgrad.

21. Aachen wird von amerikanischen Truppen erobert. →

23. Die USA, die UdSSR, Großbritannien und Kanada erkennen das Kabinett de Gaulle/Bidault de jure an.

25. Großbritannien und die USA erkennen das nichtfaschistische Italien an.

25. Alliierter Luftangriff auf Treibstofflager und Raffinerien in Hamburg.

26. Erstmals seit 1939 werden Nobelpreise für Medizin (auch für 1943) verliehen.

GESTORBEN:

14. Erwin Rommel (* 15. 11. 1891), deutscher Generalfeldmarschall. →

24. Werner Seelenbinder (* 2. 8. 1904), deutscher Ringer und Widerstandskämpfer. →

Vernichtende Niederlage der Japaner bei Leyte

23. Oktober. US-Truppen unter General Douglas MacArthur landen auf der Philippinen-Insel Leyte. Dadurch wird die japanische Öl- und Rohstoffversorgung bedroht, nachdem die Besetzung der Marianen durch die Alliierten bereits den Seeweg zwischen Japan und Südostasien beeinträchtigt. Nach wiederholten Luftangriffen auf die US-Flotte, bei denen die Todesstaffeln der Kamikaze zum Einsatz gelangen, nimmt die japanische Admiralität, gestützt auf Fehlmeldungen über Versenkungserfolge, an, daß es möglich sei, die Landung zu verhindern oder zurückzuschlagen. In der viertägigen Seeschlacht von Leyte stehen 218 alliierte Kriegsschiffe 64 japanischen gegenüber. Trotz der Unterstützung durch die auf den Philippinen stationierten japanischen Flugzeuge mißlingt der Überraschungsangriff.

Zwar büßt die amerikanische Pazifik-Flotte drei Flugzeugträger und drei Zerstörer ein, aber die Japaner verlieren vier Flugzeugträger, drei Schlachtschiffe, darunter das Superschlachtschiff »Musashi«, zehn Kreuzer und neun Zerstörer. Die japanische Seemacht ist endgültig zerschlagen; doch die Alliierten müssen das Tempo ihrer amphibischen Unternehmungen bremsen, da die Kamikaze-Staffeln erhebliche Schäden angerichtet haben.

Grundlagen für Militärregierung in Deutschland

4. Oktober. Die Vereinigten Stabschefs der Westalliierten (Joint Chiefs of Staff) billigen den am 22. September fertiggestellten ersten Entwurf der Direktive JCS 1067, mit der die Grundlagen für die Militärregierung in einem besetzten Deutschland geschaffen werden: Deutschland gilt als besiegte Nation, deren neue Amtsträger die wirtschaftliche Verantwortung zu tragen haben; die bisherigen Beamten und Verwaltungsangehörigen, die der NSDAP angehörten oder sympathisierten, sind zu verhaften.

SS regiert Budapest

15. Oktober. »Ich fordere jeden ehrlich denkenden Ungarn auf, mir auf dem dornenvollen Weg zur Rettung der ungarischen Nation zu folgen.« Mit diesen Worten gibt Reichsverweser Miklós von Horthy seinen Waffenstillstandsvertrag mit der UdSSR bekannt. Szeged, Ungarns zweitgrößte Stadt, ist bereits von der Roten Armee besetzt, doch Horthys Appell kommt zu früh. Noch vertrauen zahlreiche Offiziere der Honved-Armee den Deutschen, die in Ungarn die Kontrolle ausüben. Die deutsche Reaktion auf Horthys Aufruf kommt blitzschnell, da sein Übertritt zu den Alliierten im voraus erwartet worden ist. Sein Sohn wird in eine Falle gelockt und verhaftet. SS-Truppen unter Erich von dem Bach-Zelewski und Otto Skorzeny beherrschen die ungarische Hauptstadt. Horthy wird vor die Alternative gestellt abzudanken oder sein Sohn verliere das Leben. Der Admiral unterzeichnet seine Demission und wird in ein deutsches Lager verschleppt. Staatschef kann nun Ferenc Szálasi werden, der Führer der faschistischen Pfeilkreuzler-Bewegung, die sich auf die städtischen Unterschichten und das Kleinbürgertum gründet. Szálasi ist zu eigener Politik unfähig und dient der deutschen Besatzung als Handlanger. Regimegegner werden niedergemacht, die in Budapest lebenden Juden in einem schnell errichteten Ghetto zusammengepfercht. Selbst der Schein ungarischer Selbständigkeit ist dahin, während sich die Sowjetarmee zur Offensive auf Budapest und zum Übergang über die Donau vorbereitet.

Ein deutscher Tiger-Panzer im heftig umkämpften Aachener Raum.

Zerstörte Straßenzüge in Warschau nach der Niederwerfung des Aufstands.

Warschau kapituliert

3. Oktober. Der Warschauer Aufstand (→ August 1944) bricht zusammen. Angefeindet vom Lubliner Komitee und von Stalin, von dem er Hilfe erwartet hat, und ohne ausreichende Munition, da die Luftversorgung durch die Westalliierten mißlingt, sieht sich General Tadeusz Bor-Komorowski nach 64 Tagen zur Kapitulation gezwungen. Er und die Überlebenden der Heimatarmee erhalten die Zusicherung, als Kriegsgefangene behandelt zu werden.

US-Truppen in Aachen

21. Oktober. Nach erbitterten Kämpfen erobern amerikanische Soldaten das schwer zerstörte Aachen; damit ist erstmals in diesem Krieg eine deutsche Großstadt in den Händen der Alliierten. Die deutsche Propaganda verspricht die baldige Rückeroberung der Stadt mit Hilfe neuer Wunderwaffen. Schwerwiegender wirkt sich jedoch aus, daß die in der Stadt zurückgebliebenen Einwohner nicht ablehnende Zurückhaltung gegenüber den Amerikanern zeigen, sondern sie als Befreier ansehen. Überhaupt ist im Rheinland die Tendenz festzustellen, sich lieber »überrollen« zu lassen, als zu fliehen. Himmler droht daraufhin, alle Deutschen, die sich den Alliierten gegenüber »würdelos« benehmen, nach der Rückeroberung vor Gericht zu stellen.

Alliierte Einflußzonen

9. Oktober. Zur Klärung der britischen und sowjetischen Interessengebiete in Europa begibt sich Winston Churchill nach Moskau und vereinbart in Anwesenheit des US-Botschafters Averell Harriman eine Abgrenzung: in Rumänien 90, in Ungarn und Bulgarien 80 Prozent des Einflusses für die UdSSR, in Jugoslawien je 50 für die UdSSR und Großbritannien, in Griechenland 90 Prozent für Großbritannien. Damit ist ein Einfluß Englands auf die innergriechischen Verhältnisse, das heißt gegen die antimonarchistische Bewegung, gesichert. Keine Einigung ist über die polnische Frage zu erreichen, da der Ministerpräsident des Exilkabinetts, Stanislaw Mikolajczik, eine Regierungsbildung mit Übergewicht des Lubliner Komitees ebenso ablehnt wie die von Stalin geforderte und von Churchill akzeptierte

US-Botschafter Averell Harriman.

Grenze an der Curzon-Linie. Churchill sieht in den Abgrenzungen nur einen »zeitweiligen Leitfaden«. Vor dem Unterhaus erklärt er: »Unsere Beziehungen zu der Sowjetunion sind niemals näher, enger und herzlicher gewesen als zum gegenwärtigen Zeitpunkt.«

Russen in Ostpreußen

16. Oktober. Einheiten der Roten Armee überschreiten die ostpreußische Grenze bei Goldap. Besonders im Ort Nemersdorf bei Gumbinnen kommt es zu Plünderungen, Vergewaltigungen und Mord, die auch vor französischen Kriegsgefangenen nicht haltmachen. Ein deutscher Gegenstoß drängt bis zum 5. November die Sowjets zurück, ohne daß sie sich ganz aus Ostpreußen zurückziehen.

Verwundet und ausgehungert: Deutsche Soldaten auf dem Rückmarsch.

Selbstmord Rommels

14. Oktober. Während der Gestapo-Verhöre des schwerverletzten Generals Karl-Heinrich von Stülpnagel hat sich herausgestellt, daß auch Generalfeldmarschall Erwin Rommel in die Verschwörung gegen Adolf Hitler (→ Juli 1944) verwickelt gewesen ist. Am 14. Oktober erscheinen bei Rommel, der nach seiner Schädelverletzung im Juli einen Genesungsurlaub bei seiner Familie in Herrlingen verbringt, die Generale Wilhelm Burgdorf und Ernst Maisch. Sie stellen ihn vor die Wahl, mitgebrachtes Gift zu nehmen oder in einem nichtöffentlichen Verfahren vom Volksgerichtshof abgeurteilt zu werden, während Frau und Sohn in Sippenhaft geraten. Rommel steigt in den Wagen der Abgesandten Hitlers ein und nimmt unterwegs Gift. Hitler ordnet für den legendenumwobenen Offizier ein Staatsbegräbnis an, damit die Wahrheit vor der Öffentlichkeit verborgen bleibt. Witwe und Sohn Rommels müssen an der »Feier« teilnehmen.

Neuer Aufstand in Auschwitz

5. Oktober. Der Chef der alliierten Luftflotte in Europa, US-General Frederick L. Spaatz, lehnt die Bombardierung des KZs Auschwitz ab. Er begründet seine Haltung in einer Denkschrift mit der Sorge, daß die Deutschen sonst einen Vorwand für ein Massaker fänden. Da die Häftlinge den sicheren Tod vor Augen haben, versucht eine Gruppe am 6. Oktober die Sprengung der Krematorien; doch die SS überwältigt und tötet die Beteiligten.

Seelenbinder hingerichtet

24. Oktober. Der mehrfache Deutsche Meister im Halbschwergewichtsringen, Werner Seelenbinder, dessen größter internationaler Erfolg der vierte Platz während der Berliner Olympiade 1936 gewesen ist, wird hingerichtet. Seelenbinder, der internationale Sportwettkämpfe für Kuriertätigkeiten zugunsten der illegalen KPD genutzt hat, ist bereits 1942 in ein KZ eingeliefert worden. Das Todesurteil wurde am 5. September ausgesprochen.

1944
NOVEMBER

Mo	Di	Mi	Do	Fr	Sa	So
		1	2	3	4	5
6	7	8	9	10	11	12
13	14	15	16	17	18	19
20	21	22	23	24	25	26
27	28	29	30			

1. Schwere Verluste eines britischen Landungsunternehmens auf der niederländischen Insel Walcheren.

2. Einstellung der Vergasungen in Auschwitz. →

3. Wiedereröffnung des Hafens von Antwerpen durch die Alliierten.

4. Bombardierung Hamburger Treibstofflager.

5. Goldap von deutschen Truppen zurückerobert.

7. Die französische Regierung amnestiert den Führer der französischen Kommunisten, Maurice Thorez, der bei Kriegsbeginn in die UdSSR desertiert ist.

8. Die US-Truppen bei Metz eröffnen eine Offensive.

11. Enver Hodschas Regierung in Albanien wird von den Alliierten anerkannt.

11. Juho Paasikivi bildet das neue finnische Kabinett.

14. Zweites Zonenprotokoll der European Advisory Commission und Beschluß, einen Kontrollrat zu schaffen. →

20. US-Truppen unter General Patton besetzen Metz.

20. Hitler verläßt das Hauptquartier »Wolfsschanze«.

21. Albanische Partisanen erobern Tirana.

22. Der amerikanische Gewerkschaftsverband CIO bekräftigt seine Haltung, vorerst nicht zu streiken.

22. Die deutschen Soldaten werden von der Insel Ösel evakuiert.

24. Unter dem Druck der Westalliierten, die Curzon-Linie als polnische Ostgrenze anzuerkennen, tritt der polnische Exilministerpräsident Stanislaw Mikolajczik zurück.

30. Russischen Truppen gelingt der Durchbruch durch die deutschen Linien in Südungarn.

GESTORBEN:

7. Richard Sorge (* 4. 10. 1895), deutscher Spion.

21. Joseph Caillaux (* 30. 3. 1863), französischer Ministerpräsident.

21. Maurice Paleologue (* 13. 1. 1859), französischer Diplomat und Schriftsteller.

30. Max Halbe (* 4. 10. 1865), deutscher Schriftsteller.

Roosevelt trotz Stimmenverlust wieder Präsident

7. November. Mit dem geringsten Stimmenvorsprung seit 1916 siegt Franklin D. Roosevelt (25 610 946 Stimmen) über seinen Gegenkandidaten Gouverneur Thomas Dewey (22 018 177), der sich im eigenen Staat New York nicht durchsetzen kann. Erhebliche Stimmengewinne erzielen die Demokraten im Kongreß, wo sie 242 Sitze erhalten (Republikaner 185). Die Gründe für den Stimmenschwund Roosevelts sind seine wenigen Auftritte im Wahlkampf, eine unübersehbare Amtsmüdigkeit sowie deutliche körperliche Schwäche. Nach den Wahlen legt Cordell Hull das Amt eines Staatssekretärs für die Auswärtigen Angelegenheiten nieder; sein Nachfolger wird Edward R. Stettinius.

US-Präsident Franklin D. Roosevelt.

UdSSR über Schweiz verärgert

6. November. Wegen der feindlichen Haltung der Schweiz lehnt die Regierung der UdSSR ab, zum Alpenstaat diplomatische Beziehungen aufzunehmen. Der für die helvetische Außenpolitik verantwortliche Bundesrat Marcel Pilet-Golaz erklärt daraufhin seinen Rücktritt. Die Leitung des politischen Departements übernimmt im Dezember Max Petitpierre.

Vergasungen beendet

2. November. Das sich abzeichnende Kriegsende bleibt nicht ohne Einfluß auf den Reichsführer SS Heinrich Himmler, der schon 1943 und auch 1944 vergeblich versucht hat, Kontakte zu den Westmächten aufzunehmen. SS-Standartenführer Kurt Becher kann ihn davon überzeugen, daß es ratsam sei, die Vergasungen in Auschwitz zu beenden. Ein entsprechender Befehl ergeht schon im Oktober, doch erreicht er das Lager erst im November, so daß noch mehrere Transporte aus der Slowakei, Italien, Frankreich und Polen selektiert werden. Dann werden die KZ-Häftlinge allmählich in Lager in Deutschland – Bergen-Belsen, Buchenwald, Dachau, Flossenbürg, Mauthausen, Sachsenhausen und Stutthof – verlegt. Ende November wird angeordnet, die Verbrennungsanlagen im Lager zu sprengen.

Nobelpreis für Hahn

9. November. Erstmals seit 1939 verleihen die Nobelpreiskomitees in Stockholm und Oslo wieder Nobelpreise; rückwirkend auch für 1943 (die Preise für Medizin sind bereits am 26. Oktober vergeben worden). Nobelpreise erhalten für Physik: Otto Stern, USA (1943); Isaak Isidor Rabi, USA (1944); für Chemie: Georg Karl von Hevesy, Ungarn (1943); Otto Hahn, Deutschland (1944); für Medizin: Carl Dam, Dänemark, und Edward Ethelbert Doisy, USA (1943); Joseph Erlanger und Herbert Spencer Gasser, USA (1944); Literatur: Johannes Vilhelm Jensen, Dänemark (1944). Den Friedensnobelpreis erhält das Internationale Komitee vom Roten Kreuz (1944).

Nobelpreisträger Otto Hahn.

Regierungskrise in Italien

26. November. Im nichtfaschistischen Italien spitzen sich die Auseinandersetzungen über die künftige Form des Staates und das Vorgehen gegen ehemalige faschistische Würdenträger zu. Da die konservativ-monarchistischen Gruppen bei Ministerpräsident Ivanoe Bonomi Rückhalt finden, richtet sich gegen ihn die Kritik der Linksparteien, so daß er zurücktritt. Gegen Graf Carlo Sforza, der als Vermittler und Vorsitzender einer Sechs-Parteien-Gruppierung ein neues Kabinett vorbereiten soll, richtet die britische Regierung den Vorwurf der Unzuverlässigkeit. Sforza verzichtet daraufhin auf eine Beteiligung an der Regierung, die im Dezember unter Bonomi neu gebildet wird.

Kommission legt Zonen fest

14. November. Die »Europäische Beratende Kommission« (European Advisory Commission) legt nach dem ersten Zonenprotokoll vom 12. September ein zweites Protokoll vor, bevor noch ein französischer Delegierter dem Gremium beitritt. In diesem Protokoll wird unter Wahrung des Raums der sowjetischen Zone der Westen Deutschlands in eine amerikanische Zone in Südwestdeutschland und eine nordwestliche Zone für Großbritannien aufgeteilt. Großberlin zerfällt in drei Sektoren. Dazu wird ein Kontrollrat vorgeschlagen, in dem die drei Oberbefehlshaber, jeder für seine Zone und alle für Deutschland insgesamt, die Regierungsgewalt ausüben.

Das Schlachtschiff »Tirpitz«, das von britischen Flugzeugen versenkt wird.

»Tirpitz« versenkt

12. November. Das deutsche Schlachtschiff »Tirpitz« stellt für die britische Marine noch immer eine potentielle Bedrohung dar. Nach wiederholten See- und Luftangriffen im April, September und Oktober gelingt es der RAF, einen Geschützturm des Schiffes, das bei Tromsö liegt, zur Explosion zu bringen und die Backbordseite einzudrücken. Das Schiff reißt 1200 Mann der Besatzung in den Tod.

Gestapo und SS hängen in Köln jugendliche »Edelweißpiraten«

10. November. Am Bahndamm in Köln-Ehrenfeld erhängen Angehörige der Gestapo und SS 13 Deutsche im Alter von 16 bis 57 Jahren ohne Prozeß. Den Hingerichteten wird Mord, Raub und Schwarzhandel vorgeworfen, tatsächlich gehören sie einer wenig organisierten Gruppe (Edelweißpiraten) an, die aus dem Widerstand gegen das HJ-Reglement der Jugend erwachsen ist und im Rheinland weite Verbreitung gefunden hat. In den Gestapo-Akten ist festgehalten, »daß diese Jugendgruppen politischen Gegnern Anlaß geben können, sie als willkommene Basis für ihre Zersetzungsarbeit auszunutzen.«

Nach einer zunächst zur Kriminalität neigenden Phase gehen die Kölner Edelweißpiraten zu Angriffen auf NS-Funktionäre über, verstecken geflohene Kriegsgefangene, Zwangsarbeiter, Juden und Deserteure. Sie beschaffen sich Waffen und erwägen eine eigene Aktion zur Befreiung Kölns noch vor dem Angriff der Alliierten.

General Wlassow gründet in Prag »Russische Befreiungsarmee«

14. November. General Andrei Wlassow ist wegen national-russischer Proklamationen, welche die nationalsozialistische Ostpolitik gefährden, bisher zum Schweigen verurteilt gewesen und hat auf Hitlers Weisung keine russischen Truppen aufstellen dürfen.

Im September 1944 ändert sich diese Politik, und in Absprache mit Heinrich Himmler gründet Wlassow jetzt in Prag das »Komitee zur Befreiung der Völker Rußlands« und die »Russische Befreiungsarmee«, die jedoch bis Kriegsende nur aus zwei Divisionen besteht. Wlassow ist 1942 als sowjetischer Armeegeneral in deutsche Gefangenschaft geraten. Seit dieser Zeit hat er versucht, in Deutschland aus russischen Kriegsgefangenen eine antisowjetische Armee aufzustellen.

Durchhaltebefehl Hitlers an die Truppen

25. November. Im Namen Adolf Hitlers regelt Wilhelm Keitel als OKW-Chef die Befehlsführung bei abgeschnittenen Truppenteilen und ordnet »todesmutige Tapferkeit«, »standhaftes Ausharren« und »unbeugsame, überlegene Führung« an, auch in ausweglosen Situationen. Offiziere, die den Kampf aufgeben wollen, haben ihr Kommando an den Untergebenen abzutreten, der bereit ist weiterzuführen.

De Gaulle fordert französische Besatzungszone

7. November. Um die Gleichberechtigung Frankreichs als alliierte Macht zu demonstrieren, verlangt Charles de Gaulle eine eigene französische Besatzungszone in Deutschland. Er kann darauf verweisen, daß die freifranzösischen Truppen in selbständigen Operationen die Deutschen aus Belfort, Mühlhausen und Straßburg vertreiben. Im Elsaß bleibt im wesentlichen nur noch die »Tasche von Colmar« von deutschen Einheiten besetzt.

Staaten besorgt über Bewaffnung des Widerstands

8./16. November. Die Regierungen der befreiten Länder sehen in der fortdauernden Bewaffnung der bisherigen Widerstands- und Untergrundorganisationen eine politische Gefahr. Der griechische Ministerpräsident Alexander Papandreou ordnet die Entwaffnung der zu den Kommunisten neigenden Nationalen Befreiungsarmee (ELAS) an.
Das belgische Kabinett erhält die Zusage der Alliierten für Hilfe bei der Entwaffnung der noch bestehenden Widerstandsgruppen; daraufhin brechen in Belgien Streiks aus. Auch in Griechenland wächst die gereizte Stimmung.

1944

DEZEMBER

Mo	Di	Mi	Do	Fr	Sa	So
				1	2	3
4	5	6	7	8	9	10
11	12	13	14	15	16	17
18	19	20	21	22	23	24
25	26	27	28	29	30	31

1. Die Truppen General Pattons dringen in das Saartal ein.

3. Alliierte Truppen dringen bei Saarlautern in den Westwall ein.

3. Die deutschen Stellungen bei Venlo werden aufgegeben.

5. Britische Truppen nehmen Ravenna ein.

5. Karl Jakob Burckhardt wird anstelle Max Hubers (seit 1928) Präsident des Internationalen Roten Kreuzes.

7. B-29-Bomber greifen Tokio und Mukden an.

8. US-Truppen erobern das Fort Diant bei Metz.

8. Sowjetische Großoffensive Richtung Budapest.

10. Zur Vorbereitung der deutschen Westoffensive begibt sich Hitler in sein hessisches Hauptquartier.

11. Luftangriff auf Frankfurt.

14. Alliierte Luftangriffe auf Rangoon und Bangkok.

15. Landung der Alliierten bei Mindoro.

15. Chinesische Truppen erobern Bhamo in Burma.

15. Churchill unterstützt die sowjetischen Grenzforderungen gegen Polen sowie die polnische Westverschiebung mit Ausweisung der Deutschen. →

16. Budapest ist von den Sowjets völlig eingeschlossen.

16. Beginn der deutschen Ardennenoffensive.

18. Die Japaner sind aus Nordburma verdrängt.

18. Luftangriff auf den Hafen Gdingen.

19. Sowjetische Truppen besetzen Tarnow.

22. Vo Nguyen Giap gründet die vietnamesische Volksarmee.

28. Ungarische Gegenregierung erklärt Deutschland den Krieg.

29. Das Kabinett Charles de Gaulle beschließt, Ende Januar 1945 200 000 Mann einzuziehen.

GESTORBEN:

13. Wassily Kandinsky (* 5. 12. 1866), russischer Maler. →

24. Glenn Miller (* 1. 3. 1904), amerikanischer Klarinettist.

30. Romain Rolland (* 29. 1. 1866), französischer Schriftsteller.

Vertreibung endgültig

15. Dezember. Die Oktoberverhandlungen mit Josef Stalin haben Winston Churchill in der Auffassung bestätigt, eine Verschiebung Polens nach Westen stelle die einzig praktikable Lösung der Grenzproblematik dar. Er ist sich bewußt, daß dies nur möglich sein wird, wenn die bisherigen Einwohner der künftigen polnischen Nord- und Westgebiete ausgesiedelt werden und erklärt: »Die Vertreibung ist, soweit wir das übersehen können, das dauerhafteste und befriedigendste Mittel. Es wird keine Mischung der Bevölkerung geben, durch die, wie sich in Elsaß-Lothringen gezeigt hat, nur endlose Unzuträglichkeiten entstehen.« Im Februar 1945 schließt sich der politische Führer der Labour Party, Clement Attlee, dieser Auffassung an.

Hans Albers-Film »Große Freiheit Nr. 7« von Goebbels in Deutschland verboten

Ilse Werner und Hans Albers in dem Käutner-Film »Große Freiheit Nr. 7«.

15. Dezember. In Prag findet die Uraufführung des unter großen Schwierigkeiten gedrehten Hans-Albers-Films »Große Freiheit Nr. 7« unter der Regie Helmut Käutners statt. Nach den Luftangriffen auf Berlin haben die Filmarbeiten nach Hamburg verlegt werden müssen, wo auch die Reeperbahnszenen gedreht worden sind. Gegen den Inhalt des Films hat Großadmiral Karl Dönitz protestiert, der in trinkenden Matrosen eine Schädigung des Ansehens der deutschen Marine sieht. Joseph Goebbels hingegen stößt sich an dem Prostituiertenmilieu des Films – das passe nicht zum Bild der deutschen Frau und am Titel »Große Freiheit«. Für Deutschland erteilt er deshalb am 12. Dezember ein Aufführungsverbot.

Bürgerkrieg in Griechenland

Athener Polizisten eröffnen das Feuer auf eine Demonstration der Nationalen Befreiungsarmee (ELAS) gegen den Entwaffnungsbefehl der Regierung (→ November 1944). Daraus entwickelt sich ein Aufstand in der Hauptstadt mit einem Generalstreik. Auf Weisung Winston Churchills greifen die britischen Truppen in die Kämpfe an der Seite der Regierung Papandreou ein. Schließlich kommt Churchill nach Athen, um an einer neuen Konferenz aller Gruppierungen teilzunehmen (24.–26. Dezember). Es wird die Vereinbarung getroffen, Erzbischof Damaskinos solle die Regentschaft übernehmen.

Wassily Kandinsky stirbt bei Paris

13. Dezember. In Neuilly-sur-Seine bei Paris stirbt 78jährig Wassily Kandinsky, der Maler, der als erster 1910 den Schritt zur Abstraktion wagte. Kandinsky wurde in Moskau geboren, studierte in seiner Heimat Jura und Volkswirtschaft und war in seinem Beruf erfolgreich. Im Alter von 34 Jahren ging er zum Kunststudium nach München und gründete verschiedene Künstlergruppen, darunter 1911 mit Franz Marc den »Blauen Reiter«. Kandinsky, einer der Wegbereiter der Moderne, setzt sich unter anderem in »Über das Geistige in der Kunst« auch theoretisch mit der Kunst auseinander.

Ein deutscher »Panther 6«-Panzer während der Ardennenoffensive.

Zahlreiche US-Soldaten geraten bei der Offensive in deutsche Gefangenschaft.

Deutsche Ardennenoffensive scheitert

16. Dezember. Ohne Befragung des Oberbefehlshabers West, des Generals Gerd von Rundstedt, der mühsam eine geschlossene Frontlinie vom Waal bis zum Oberrhein errichtet hat, läßt Adolf Hitler das OKW eine Planung entwickeln, um aus dem Maasbogen heraus nach Antwerpen vorzustoßen und Brüssel zurückzuerobern. Nach Hitlers Ansicht sind die Alliierten, deren Vormarschtempo sich verlangsamt hat, durch die Schlacht von Arnheim so geschwächt, daß nun mit einem entschlossenen Angriff eine »große Lösung« zu erzwingen ist. Den schnellen Vorstoß sollen zwei Panzerarmeen durchführen, die ihren Treibstoff im wesentlichen in feindlichen Benzinlagern aufzufüllen haben. Die nachrückende Infanterie stellen die neugebildeten »Volksgrenadierdivisionen«. Mit 2000 Bombern und Jagdflugzeugen muß die Luftwaffe die Offensive unterstützen. Hitler trägt das Konzept den kommandierenden Generalen in seinem hessischen Hauptquartier »Adlerhorst« vor. Ihren Vorschlag einer kleinen Lösung mit Einkreisung feindlicher Verbände weist er entschieden zurück. Begünstigt von Nebel und Schnee, die alliierten Lufteinsatz verhindern, und unter Nutzung des Überraschungsmoments greifen die deutschen Verbände am 16. Dezember an und dringen bis Stavelot vor. Dort bleibt die 6. SS-Panzerarmee nahe dem Hauptquartier der 1. US-Armee und einem Treibstofflager liegen. Bei St. Vith kommt es zum Gefecht zwischen einem amerikanischen Panzerkorps und der SS-Division »Adolf Hitler«. Amerikanische Soldaten, die sich zum Teil als Verwundete ergeben, werden mit Maschinengewehren niedergeschossen. Die 5. Panzerarmee dringt am 21. Dezember bis St. Vith vor, liegt aber hinter dem Zeitplan erheblich zurück. Am gleichen Tag kann Bastogne eingeschlossen, jedoch nicht erobert werden.

Die erste Panik der alliierten Stäbe ist überwunden. Verstärkungen werden in die Schlacht geworfen; und das Wetter klart auf; daher gelangt auch die alliierte Luftwaffe zum Einsatz, die die deutschen Bereitstellungen zerschlägt. General George Patton befiehlt seiner Panzerarmee, aus dem Raum Metz im rechten Winkel nach Norden vorzudringen. Sie durchbricht die deutsche Front und erreicht Bastogne. Die Offensive der Deutschen ist zusammengebrochen.

Ein zerstörtes Dorf zwischen Monschau und Malmédy.

Warnung für US-Soldaten: »Deutschland. Sie betreten Feindesland.«

JANUAR

Mo	Di	Mi	Do	Fr	Sa	So
1	2	3	4	5	6	7
8	9	10	11	12	13	14
15	16	17	18	19	20	21
22	23	24	25	26	27	28
29	30	31				

1. Die britische 14. Armee eröffnet eine Offensive in Nordburma.

2. US-Luftangriffe auf Formosa und Okinawa.

3. Die Japaner räumen den Hafen Arhyab in Burma.

6. Aufruf für ein Volksopfer zugunsten des Volkssturms.

8. US-Bombenangriffe auf Formosa und die Riukiu-Inseln.

8. Tito beansprucht für Jugoslawien Rijeka und Triest.

9. Alliierte Truppen landen auf Luzon.

9. Erzbischof Damaskinos wird griechischer Regent und General Plastiras Ministerpräsident.

12. Sowjetische Großoffensive gegen Deutschland. →

13. US-Luftangriffe auf Saigon, Amoy und Hongkong.

15. Die Landverbindung zwischen Indien und China ist wiederhergestellt.

17. Die Rote Armee besetzt Warschau und Tschenstochau.

18. Die Rote Armee hat die schlesische Grenze erreicht.

20. 6300 der 15 600 einberufenen kanadischen Soldaten, die nach Übersee geschickt werden sollen, desertieren.

21. Bedingungslose Kapitulation Ungarns; die provisorische Regierung des General Miklos von Dalnoki erklärt Deutschland den Krieg.

22. Insterburg, Allenstein und Deutsch-Eylau werden von den Sowjets besetzt.

24. Das Tannenbergdenkmal wird auf Hitlers Befehl gesprengt.

24. Reichsbahn stellt den Verkehr von D- und E-Zügen ein.

25. Als erste Zeitung in dem von den Alliierten eroberten deutschen Gebiet erscheinen die »Aachener Nachrichten«.

26. Die deutschen Soldaten in Ostpreußen sind abgeschnitten.

29. Sowjetische Truppen dringen in Pommern ein.

31. Königsberg von sowjetischen Truppen eingeschlossen.

GESTORBEN:

10. Rudolf Borchardt (* 5. 10. 1863), deutscher Schriftsteller.

22. Else Lasker-Schüler (* 11. 2. 1869), deutsche Dichterin.

Ostpreußen eingeschlossen

An der Weichsel lautet das Stärkeverhältnis zwischen Roter Armee und Wehrmacht für die Infanterie 11 : 1, bei den Panzern 7 : 1, bei der Artillerie 20 : 1. Am 12. Januar, eine Woche früher als geplant und zur Entlastung der Westalliierten brechen die sowjetischen Truppen aus dem Baranow-Brückenkopf an der Weichsel aus, setzen im Norden zur Eroberung Ostpreußens, in der Mitte zum Angriff auf Berlin, im Süden zur Besetzung Schlesiens an.

Unter der geballten Feuerkraft der sowjetischen Artillerie zerbrechen die Verteidigungslinien und -stellungen. Der Durchbruch durch die deutsche Mittelfront öffnet den Sowjets den Weg nach Warschau, Tschenstochau, Lodz, Radau und Krakau (bis zum 19.).

Die Armeen Konstantin Rokkosowskis und Iwan Tscherjakowskijs schneiden Ostpreußen vom Reichsgebiet ab, als am 26. Januar Tolkemit am Frischen Haff erreicht ist. Flüchtlinge, die sich zu Hunderttausenden in den Häfen, den Anlegestellen des Haffs und des Samlandes drängen, sind auf den Seeweg angewiesen. Schiffe der Kriegsmarine, Frachtschiffe und KdF-Dampfer transportieren die Zivilisten und verwundeten Soldaten nach Dänemark und Nordwestdeutschland. Für die Evakuierung sind mehrere Fahrgastschiffe aufgeboten, die je Fahrt etwa 10 000 Menschen befördern können.

Aber die U-Boote der Roten Flotte jagen die Schiffe; so erhält der Dampfer »Wilhelm Gustloff« in der Nacht vom 30. zum 31. Januar Torpedotreffer. Von den 6000 Menschen an Bord können nur 904 gerettet werden.

Die Truppen Iwan Konjews dringen in Schlesien ein, während Grigori Schukows Verbände die deutschen Stellungen an der Ossa durchbrechen und bei Frankfurt an der Oder und Küstrin Brückenköpfe bilden. Für Hitler liegt die Schuld am Zusammenbruch der Ostfront allein bei den deutschen Generalen. Er beauftragt Heinrich Himmler, mit einer neuzubildenden Heeresgruppe Weichsel die Frontlücke zu schließen. Der Kommandant der 4. Armee, General Friedrich Hoßbach, wird abgesetzt, da er seinen Soldaten den Ausbruch aus Ostpreußen befohlen hat.

Das ehemalige Prachtschiff der KdF-Bewegung »Wilhelm Gustloff« wird am 30. 1. 1945 mit 6000 Menschen an Bord von russischen U-Boot-Torpedos versenkt.

Versenkte Flüchtlingsschiffe

30. 1. »Wilhelm Gustloff«, bei Stolperbank, 5100 Tote.

9. 2. »Hedwigshütte«, bei Fehmarn, 43 Tote.

10. 2. »General von Steuben«, bei Stolperbank, 2700 Tote.

19. 2. »Consul Cords«, bei Warnemünde, 103 Tote.

12. 3. »Andros«, bei Swinemünde, 200 Tote.

10. 4. »Neuwerk«, in der Danziger Bucht, 710 Tote.

11. 4. »Posen« und »Moltkefels«, bei Hela, zusammen 1000 Tote.

13. 4. »Karlsruhe«, vor Pommern, 850 Tote.

16. 4. »Goya«, bei Rixhöft, 6500 Tote.

25. 4. »Emily Sauter«, bei Hela, 50 Tote.

3. 5. »Musketier«, in der westlichen Ostsee, 800 Tote.

Unbekannt ist die Zahl der Toten (KZ-Häftlinge, Flüchtlinge) auf den Schiffen »Deutschland« (bei Neustadt), »Cap Arcona« (Lübecker Bucht), »Vega« und »Bolkoberg« (bei Fehmarn), die durch britischen Luftangriff am 3. Mai versenkt werden.

Deutscher Flüchtlingstreck aus Schlesien auf dem Weg zum Spreewald.

Adolf Hitlers letzte Offensive scheitert

Trotz der warnenden Hinweise des Generalstabs auf die sowjetische Truppenkonzentration an der Weichsel befiehlt Adolf Hitler am 1. Januar eine neue Offensive aus der Pfalz heraus und am Oberrhein. Den deutschen Einheiten gelingt, die alliierten Franzosen und Amerikaner auf Straßburg zurückzuwerfen, dessen Räumung sogar von Dwight D. Eisenhower angeordnet wird. Aber Charles de Gaulle befiehlt die Verteidigung, da die Stadt ein Symbol des französischen Freiheitswillens darstelle. Deutscher Treibstoffmangel, fehlende Munition und zahlenmäßige Unterlegenheit führen zum Abbruch der Offensive, noch bevor es zu neuen Kämpfen um den Besitz der Stadt kommt. Seit dem 3. Januar drängen die Alliierten von Süden und Norden gegen die deutschen Verbände in den Ardennen und treffen am 16. bei Houffalize zusammen.

Die Ardennenoffensive und der deutsche Angriff am Oberrhein haben bei den Westalliierten die Besorgnis ausgelöst, die Wehrmacht verfüge über bisher noch unbekannte Reserven; deshalb wendet sich Winston Churchill an Josef Stalin und bittet um einen »großen russischen Angriff an der Weichselfront oder irgendwo im Januar«. Bis zu diesem Zeitpunkt betragen die deutschen Verluste aus der Ardennenoffensive rund 100 000 Mann. Die 6. SS-Panzerarmee wird abgezogen und von Hitler nach Ungarn entsandt. Reserven stehen nicht mehr zur Verfügung. Die deutschen Truppen im Westen können nur noch verteidigen. Außerdem hat die Luftwaffe einen schweren Schlag erlitten: Mit 800 Bombern und Jägern greift sie am 1. Januar alliierte Flugplätze in Nordfrankreich und Belgien an und zerstört Hunderte alliierter Flugzeuge am Boden, verliert aber selbst auch hundert Maschinen. Auf dem Rückflug geraten die Geschwader in eine Sperrzone mit V-2-Abschußrampen, die deutsche Flak eröffnet das Feuer und schießt irrtümlich etwa zweihundert eigene Flugzeuge ab.

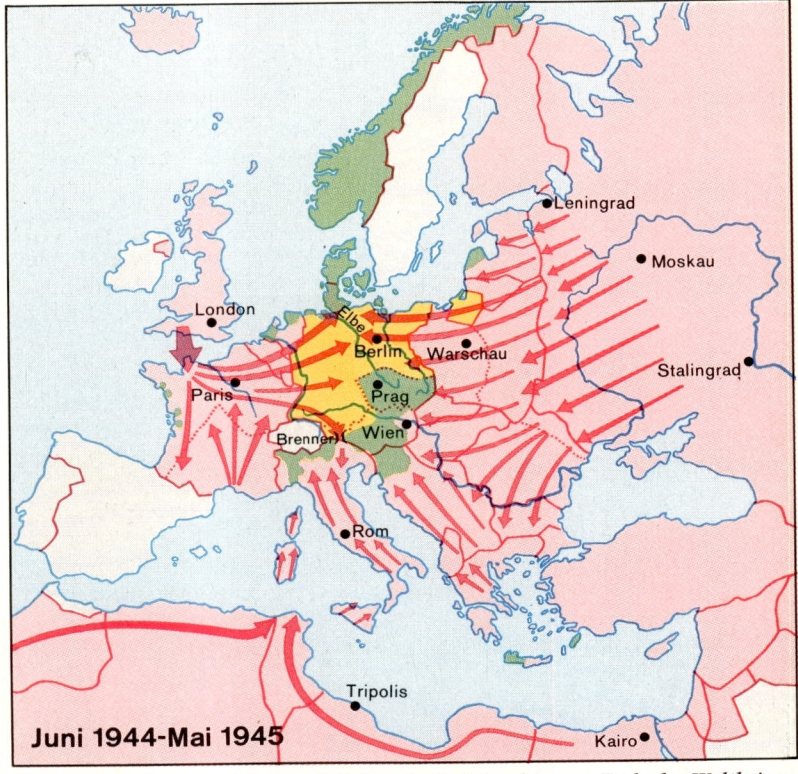

Juni 1944-Mai 1945

Der Kriegsverlauf im Osten und Westen des Reiches bis zum Ende des Weltkriegs.

Kolbergpropaganda

Heinrich George als Nettelbeck und Kristina Söderbaum als Maria in Kolberg.

30. Januar. Die Festung Kolberg ist im preußisch-französischen Krieg 1806/07 von Neidhardt von Gneisenau gegen napoleonische Truppen bis zum Kriegsende verteidigt worden. Auf Wunsch des Propagandaministers Joseph Goebbels dreht Regisseur Veit Harlan einen die historischen Tatsachen verzerrenden Film, der zum Widerstand aufrufen soll: »Entschlossenheit zum Siege – koste er, was er wolle.« Der Aufwand – Massenszenen und Kosten – und das Überblenden in den Befreiungskrieg 1813 verdecken nicht die propagandistischen Absichten. Bezeichnenderweise wird dieser Film nicht in Berlin uraufgeführt, sondern in dem Atlantikhafen La Rochelle.

Zwei polnische Regierungen

1. Januar. Das Lubliner Komitee erhebt Anspruch, provisorische Regierung des befreiten Polen zu sein und nimmt zu der UdSSR diplomatische Beziehungen auf. Die Regierungen der USA und Großbritanniens betonen ihre Anerkennung des Londoner Exilkabinetts und bedauern das Verhalten der Sowjets, die sich gegen den Vorschlag wenden, die Frage auf einer Konferenz zu klären.

Vierter Amtseid Roosevelts

20. Januar. Präsident Franklin D. Roosevelt legt den Amtseid für seine vierte Wahlperiode ab. Die neue Administration unterscheidet sich von der alten vor allem durch die Besetzung des Vizepräsidentenpostens: Harry S. Truman ist bisher nur wenigen Amerikanern bekannt. Henry Wallace wird von Roosevelt zum Staatssekretär für Wirtschaft ernannt, was im Kongreß eine heftige Kontroverse auslöst.

Konzentrationslager Auschwitz wird von der Roten Armee befreit

Die Vergasungen in Auschwitz sind eingestellt. Am 5. Januar werden letztmals fünf Juden aus Berlin dorthin deportiert. Am nächsten Tag finden die letzten Hinrichtungen statt: Vier jüdische Mädchen werden gehängt, weil sie für einen Aufstandsversuch Sprengstoff in das Lager geschmuggelt haben. Wegen der Annäherung der Roten Armee wird das Lager aufgelöst. Beim letzten Appell werden 66 020 Häftlinge gezählt, deren größter Teil Richtung Deutschland in Marsch gesetzt wird. Wer die Gewaltmärsche nicht durchhält, wird getötet. Im Lager bleiben vor allem Kranke. Als die Sowjets am 26. Januar das KZ befreien, finden sie noch insgesamt 5000 Gefangene vor.

FEBRUAR

Mo	Di	Mi	Do	Fr	Sa	So
			1	2	3	4
5	6	7	8	9	10	11
12	13	14	15	16	17	18
19	20	21	22	23	24	25
26	27	28				

1. Sowjetpanzer an der Oder.

2. Ausbruch von 500 sowjetischen Kriegsgefangenen aus dem KZ Mauthausen; nur 17 überleben die Verfolgung im Mühltal.

2. Ecuador erklärt Deutschland den Krieg.

3. Französische Truppen marschieren in Colmar ein.

3. Die Alliierten werfen über Berlin 3000 Tonnen Sprengbomben ab. →

4. Die US-Truppen dringen auf Luzon in Richtung Manila vor. →

4./11. Die deutschen Truppen haben Belgien verlassen.

5. Beginn der Konferenz von Jalta mit Churchill, Roosevelt und Stalin. →

7. Wegen »Feigheit« wird der Polizeipräsident von Brandenburg erschossen.

7. Die Schweizer Regierung setzt die Freilassung von 1200 Insassen des KZ Theresienstadt durch.

8. Beginn der britischen Offensive am Niederrhein.

9. Walter Ulbricht übernimmt in Moskau die Leitung einer Kommission, die die Richtlinien für die Arbeit in Deutschland vorbereitet.

11. Budapest fällt. →

12. Britische und kanadische Truppen kämpfen im Reichswald bei Kleve. →

12. Im nichtbesetzten Deutschland werden die Lebensmittelrationen um 11 Prozent gekürzt.

15. Die britische Armee erreicht in einer Frontbreite von 15 Kilometern den Rhein.

16. Bombardierung der Leuna-Werke.

19. Himmler versucht über Schweden, Friedensgespräche mit den Westmächten aufzunehmen.

26. Die Rote Armee stößt in Pommern zur Ostsee durch.

26. Der Österreichische Nationalrat in London fordert die Wiedererrichtung eines demokratischen Staatswesens im befreiten Österreich.

27. MacArthur übergibt die Regierung der Philippinen an Präsident Sergio Osmeña.

GESTORBEN:

3. Roland Freisler (* 30. 10. 1893), deutscher Jurist, Präsident des Volksgerichtshofs.

Luftangriff der Alliierten zerstört

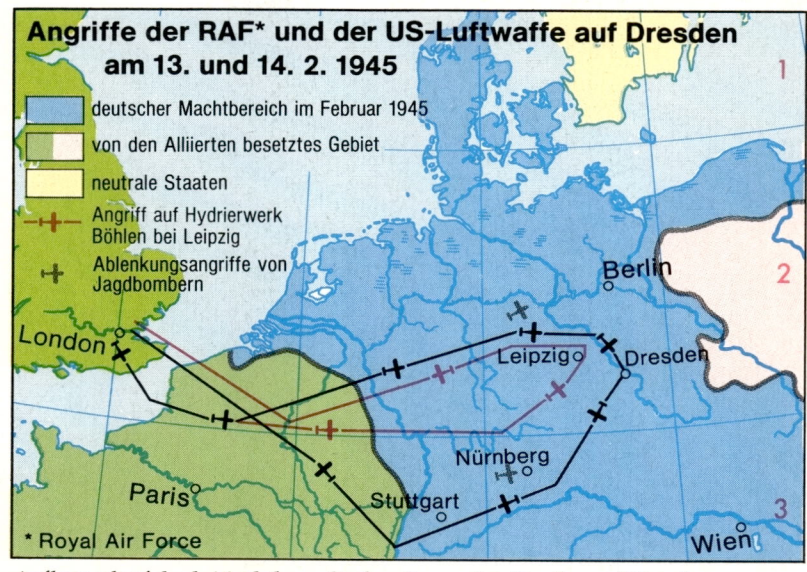

Angriffe der RAF* und der US-Luftwaffe auf Dresden am 13. und 14. 2. 1945

- deutscher Machtbereich im Februar 1945
- von den Alliierten besetztes Gebiet
- neutrale Staaten
- Angriff auf Hydrierwerk Böhlen bei Leipzig
- Ablenkungsangriffe von Jagdbombern

* Royal Air Force

Anflugverlauf der britisch-kanadischen Lancaster-Bomber auf Dresden.

13./14. Februar. Nach einem Angriff auf Berlin am 3. Februar mit 22 000 Toten ist am 13./14. Februar Dresden das Ziel eines alliierten Bombardements. Die sächsische Hauptstadt ist zu diesem Zeitpunkt mit etwa 500 000 Flüchtlingen überfüllt; sie verfügt über keine nennenswerte Industrie und ist strategisch und verkehrsmäßig ohne große Bedeutung. Aber die sowjetische Führung hat um eine Erschütterung hinter der Ostfront gebeten, und der britische Luftmarschall Arthur Harris will die Moral der deutschen Bevölkerung treffen. Am Abend des 13. Februar greift die erste Welle der tausend britischen und kanadischen Lancaster-Bomber Dresden an. Nach dem Abwurf der Bombenlast über der histori-

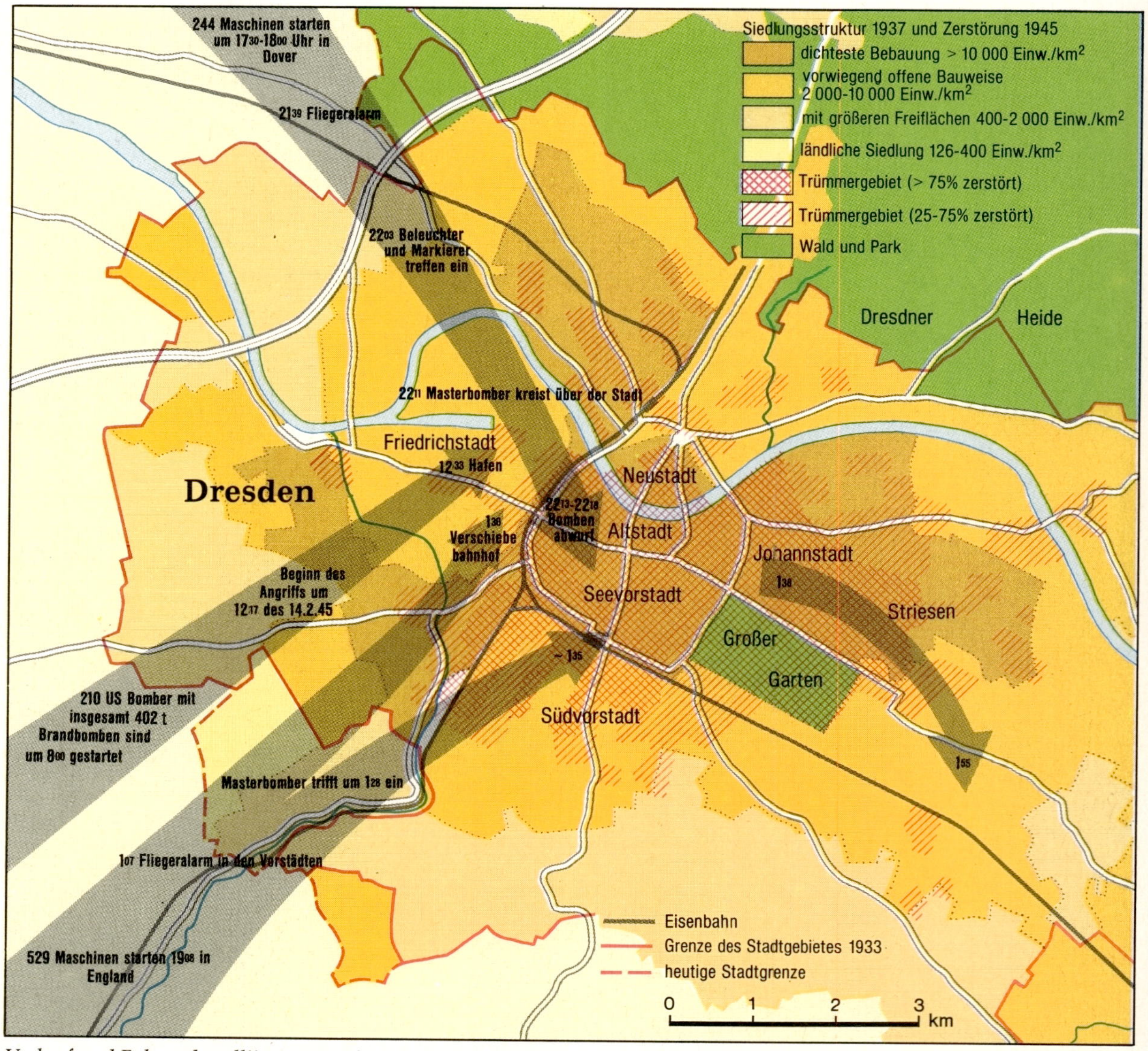

Siedlungsstruktur 1937 und Zerstörung 1945

- dichteste Bebauung > 10 000 Einw./km²
- vorwiegend offene Bauweise 2 000-10 000 Einw./km²
- mit größeren Freiflächen 400-2 000 Einw./km²
- ländliche Siedlung 126-400 Einw./km²
- Trümmergebiet (> 75% zerstört)
- Trümmergebiet (25-75% zerstört)
- Wald und Park

244 Maschinen starten um 17³⁰-18⁰⁰ Uhr in Dover

21³⁹ Fliegeralarm

22⁰³ Beleuchter und Markierer treffen ein

22¹¹ Masterbomber kreist über der Stadt

12³³ Hafen

22¹³-22¹⁸ Bombenabwurf

1³⁰ Verschiebebahnhof

Beginn des Angriffs um 12¹⁷ des 14.2.45

210 US Bomber mit insgesamt 402 t Brandbomben sind um 8⁰⁰ gestartet

Masterbomber trifft um 1²⁸ ein

1⁰⁷ Fliegeralarm in den Vorstädten

529 Maschinen starten 19⁰⁸ in England

Dresden · Friedrichstadt · Neustadt · Altstadt · Johannstadt · Striesen · Seevorstadt · Großer Garten · Südvorstadt · Dresdner Heide

- Eisenbahn
- Grenze des Stadtgebietes 1933
- heutige Stadtgrenze

0 1 2 3 km

Verlauf und Folgen des alliierten Bombenangriffs auf Dresden am 13. und 14. Februar 1945.

s mit Flüchtlingen überfüllte Dresden

schen Innenstadt Dresdens bricht ein Feuersturm aus. Die zweite Angriffswelle erreicht die Stadt am 14. Februar um 1.30 Uhr und wirft ihre Bomben über den bisher nicht betroffenen Wohngebieten ab. Der Strom fällt aus; die Rettungstrupps und Feuerwehren sind selbst mitten im Chaos.

Am Mittag erfolgt der dritte Angriff mit 783 Tonnen Bomben. In vier Tagen zerstört das Feuer etwa 20 Quadratkilometer Fläche, auch die ganze historische Innenstadt mit Kulturgütern wie dem Zwinger. Auf den Straßen brennt der Asphalt. Im Sog des Feuers können weder Luftschutzkeller noch Elbufer Schutz bieten. Die Zahl der Opfer ist ungeklärt, sie liegt zwischen 60 000 und 245 000.

Die von Brand- und Sprengbomben und tagelangen Feuersbrünsten restlos zerstörte Innenstadt Dresdens.

Blick vom Rathausturm auf die vernichtete Altstadt. Das weltberühmte Stadtbild des »Elbflorenz« ist von einem Tag auf den anderen für immer verloren.

Gipfelkonferenz der Drei in Jalta

5. Februar. In Jalta auf der Krim beginnt eine Gipfelkonferenz zwischen Franklin D. Roosevelt, Winston Churchill und Josef Stalin. Aufgabe der Zusammenkunft ist es, angesichts des unmittelbar bevorstehenden Sieges in Europa die bisherigen Übereinkommen zu fixieren und die Gestaltung der Nachkriegswelt vorzubereiten; dazu gehört aber auch die Problematik des Kriegsendes in Asien. Um Japan schnell niederzuringen, soll die UdSSR eingreifen. Dafür sind Roosevelt und sein Berater Harry Hopkins zu Konzessionen bereit, in die Churchill nur einwilligt, weil sonst Großbritannien ins politische Abseits gedrängt würde. Außerdem hat die UdSSR durch das Vordringen der Roten Armee in Ost- und Südosteuropa eine derart starke Stellung gewonnen, daß sie in der Lage erscheint, dort die Verhältnisse völlig nach ihrem Willen zu gestalten. Tendenzen hierzu sind in Rumänien und Bulgarien zu erkennen; deswegen soll für Polen eine auch den westlichen Staaten annehmbare Lösung gefunden werden. Schließlich geht es um den künftigen Einfluß Frankreichs. Wie in Teheran (→ November/Dezember 1943) finden wiederholt zweiseitige Gespräche zwischen Stalin und Roosevelt statt, mit deren Ergebnissen Churchill nachträglich konfrontiert wird. Über das Schicksal Deutschlands und Japans fallen vorbereitende Beschlüsse. Über die Staaten China, Frankreich und Polen wird ohne Anhörung oder Beteiligung entschieden.

Die Ergebnisse der einwöchigen Konferenz lassen sich in sechs Punkten zusammenfassen:

1. Die UdSSR stimmt der Einberufung der Gründungskonferenz der UNO nach San Francisco am 25. April zu. Sie erhält als einziger Staat in dieser Organisation drei Stimmen (je eine Zusatzstimme für die Ukraine und Weißrußland).

2. Zwei bis drei Monate nach der Kapitulation Deutschlands tritt die UdSSR in den Krieg gegen Japan ein. Sie erhält dafür die Kurilen-Inseln und Südsachalin zurück, die 1904 an Japan gefallen sind; außerdem gewinnt sie die damals verlorenen Eisenbahn- und Hafenrechte in der Mandschurei zurück, wobei die chinesische Souveränität in diesem

Churchill (links), Roosevelt (Mitte) und Stalin (rechts) in Jalta 1945.

Territorium gewahrt bleibt. Es ist Aufgabe Roosevelts, das Einverständnis Marschall Tschiang Kaischeks hierzu herbeizuführen.

3. Polens Ostgrenze wird die Curzon-Linie. Es erhält dafür im Norden und Westen »beträchtlichen territorialen Zuwachs«, der auf einer Friedenskonferenz mit der neuen polnischen Regierung vereinbart wird. Die künftige provisorische polnische Regierung bildet sich aus Angehörigen des Lubliner Komitees und einigen demokratischen Führern der Exilpolen und soll freie Wahlen ausschreiben.

4. Die drei Weltmächte begrüßen die am 1. November 1944 zwischen Marschall Josip Broz Tito und dem Ministerpräsidenten des Exilkabinetts, Ivan Šubašić, vereinbarte gemeinsame Regierung und die Errichtung eines Regentschaftsrats für Jugoslawien.

5. Die drei Mächte verpflichten sich, den bisher von der Achse Hitler–Mussolini abhängigen Staaten bei der »Lösung ihrer drängenden politischen und wirtschaftlichen Probleme« zu helfen, besonders »bei der Schaffung vorläufiger Regierungsgewalten, die eine umfassende Vertretung aller demokratischen Elemente der Bevölkerung darstellen«.

6. Stalin nimmt seine bisherigen Einwände gegen eine Beteiligung Frankreichs an der künftigen Militärregierung in Deutschland zurück. Frankreich erhält eine eigene Besatzungszone, die aus bisher für Großbritannien und die USA vorgesehenen Territorien besteht. Über die deutschen Reparationsleistungen – Stalin fordert insgesamt eine Zahlung von 20 Milliarden Dollar, von denen 10 Milliarden die UdSSR erhält – soll eine eigens zu schaffende Kommission beraten. Die Reparationen sollen durch Demontage, Produktionsleistungen und »Nutzung deutscher Arbeitskraft« geleistet werden. Die Alliierten werden zum Abbau des deutschen Militarismus und zur Vernichtung des Nationalsozialismus beitragen und die Kontrolle über Deutschland übernehmen, dessen Aufteilung im einzelnen noch zu klären ist.

Während Roosevelt und Churchill die Verhandlungsergebnisse als positiv bewerten und ihre Zuversicht in die Vertragstreue der UdSSR betonen, wird im US-Kongreß und im britischen Unterhaus Kritik an der Machtstellung laut, die der UdSSR eingeräumt sei.

Die Konferenz in Jalta ist als Vorstufe der Potsdamer Konferenz (→ Juni 1945) anzusehen.

Frauen und Mädchen sollen in den Volkssturm

12. Februar. Trotz der schlechten Erfahrungen, die mit der Kampfkraft von Volkssturmverbänden gemacht worden sind, erklärt Adolf Hitler sein Einverständnis, auch Frauen und Mädchen zum Eintritt in den Volkssturm aufzurufen. Justizminister Otto Georg Thierack ordnet die Bildung von Standgerichten an. Sie »sind für alle Straftaten zuständig, durch die deutsche Kampfkraft oder Kampfesentschlossenheit gefährdet sind«. Die Urteile lauten auf Todesstrafe, Freispruch oder Überweisung an die ordentliche Gerichtsbarkeit. Schließlich wird Sippenhaft praktiziert. Betroffen sind die Familien von Soldaten, die desertieren, überlaufen oder als Offiziere vorzeitig kapitulieren. Nur mit Mühe können Großadmiral Karl Dönitz und andere Hitler von dem Gedanken abbringen, auch noch die Genfer Konvention aufzukündigen.

Regierungswechsel in Belgien

Obwohl seit dem 3. Februar kein deutscher Soldat mehr im Land steht, herrscht in Belgien eine Stimmung fortdauernder Unruhe: Gegen 405 000 Belgier wurden Verfahren wegen unpatriotischen Verhaltens eingeleitet. Da das Kabinett Schwierigkeiten hat, die wirtschaftlichen Verhältnisse zu ordnen – die Kohleproduktion liegt bei nur 45 Prozent des Standes von 1939 –, tritt Ministerpräsident Hubert Pierlot zurück. Sein Nachfolger ist der Sozialist Achille van Ackeren.

Schweiz sperrt deutsche Guthaben

15. Februar. Der Schweizer Bundesrat zieht aus den militärischen Entwicklungen Konsequenzen und friert – ebenso wie Liechtenstein – die deutschen Guthaben ein. Gegenüber der verbotenen Kommunistischen Partei wird das Vorgehen gelockert; die Zeitung »Vorwärts« darf vorläufig wieder erscheinen.

Schlacht um Iwo Jima

Im Gegensatz zu den deutschen Abwehrbemühungen in Europa zeigt sich das japanische Verteidigungsnetz auch nach dem Verlust der Initiative zur See noch weitestgehend intakt. Die US-Truppen dringen auf der Philippineninsel Luzon vor und können am 4. Februar nach Beschießung und Straßenkämpfen Manila, Bataan und die Felseninsel Corregidor (16. Februar) einnehmen. Die Verbissenheit der japanischen Abwehr wird dadurch deutlich, daß sich die letzten Verteidiger Corregidors in die Luft sprengen; von den 4000 Mann geraten nur 26 in amerikanische Gefangenschaft.

Am 19. Februar landen die Amerikaner auf der Bonininsel Iwo Jima, um dort einen Stützpunkt für ihre Angriffe auf die japanischen Hauptinseln zu schaffen. Iwo Jima ist von 21 000 Japanern besetzt, die sich von der Küste zurückgezogen und das vulkanische Felsmassiv zu einer Festung mit Verbindungsgängen, Tunnels und Geheimausgängen ausgebaut haben. Zwar können US-Marineinfanteristen schon am 23. Februar die US-Flagge auf dem höchsten Punkt der Insel hissen – das bekannte Foto des Geschehens wird einige Zeit später nachgestellt –, aber erst am 16. März kann die Insel endgültig erobert werden. 216 Mann der japanischen Garnison geraten in Gefangenschaft.

3. Februar. Schwere Luftangriffe treffen die Berliner Zivilbevölkerung.

Nach dem Angriff alliierter Flugzeuge werden zahlreiche ausgebombte Berliner mit teilweise vollkommen unzureichenden Verkehrsmitteln evakuiert.

Das berühmte (nachgestellte) Foto von der US-Flaggenhissung auf Iwo Jima.

Sowjets in Budapest

Im Osten dringen die sowjetischen Truppen in Schlesien und Westpreußen vor; das Samland kann nur für kurze Zeit zurückerobert werden. Nach mehr als 90tägigen Kämpfen besetzt die Rote Armee am 11. Januar endgültig Budapest; die deutschen Truppen halten sich in Stellungen am Plattensee.

Unterdessen eröffnen die Kanadier eine Offensive südöstlich Nijmegens und dringen zwischen Rhein und Maas bis zur Linie Goch–Kleve vor, verbunden mit schweren Kämpfen im Reichswald bei Kleve. Die Amerikaner überschreiten die Rur und marschieren in Richtung Köln weiter.

Regierung in Polen

5. Februar. Das Lubliner Komitee übernimmt als provisorische polnische Regierung die Zivilverwaltung in den besetzten Teilen Ostpreußens und Schlesiens. Als Vorgriff auf die Entscheidungen der Alliierten werden in diesen Gebieten vier Woiwodschaften eingerichtet und damit das neue Polen in Übereinstimmung mit den territorialen Interessen der UdSSR gestaltet. Dagegen weist das Londoner Exilkabinett am 13. Februar alle Beschlüsse zurück, die über die polnischen Grenzen auf der Konferenz von Jalta gefällt worden sind.

1945

MÄRZ

2. Die 9. US-Armee erreicht den Rhein. →

2. Das Statut der Arabischen Liga wird unterzeichnet.

5. Der Jahrgang 1929 wird zum Volkssturm einberufen.

6. Deutsche Truppen versuchen am Plattensee in Ungarn eine Gegenoffensive.

8. Tito bildet eine jugoslawische Regierung. →

10. Tran Tan Kim ruft die »Unabhängige Republik Vietnam« aus.

10. Rumänien übernimmt die Verwaltung von Nord-Siebenbürgen.

10. Nach einem US-Luftangriff stehen 20 Quadratkilometer Tokios in Flammen; 80 000 Tote.

12. Unabhängigkeitserklärung Kambodschas.

15. US-Offensive an der Mosel und der Maas.

15. Ribbentrop versucht über Schweden, Kontakt zu den Westmächten aufzunehmen.

19. »Nero-Befehl« Hitlers. →

19. US-Luftangriff auf Nagoya.

19. Die japanische Regierung schließt für ein Jahr alle Schulen und Hochschulen.

20. Die britische Armee erobert das von den Japanern besetzte Mandalay in Burma zurück.

20. Die UdSSR wünscht einen Freundschaftsvertrag mit der Türkei.

24. Die Rote Armee eröffnet die Offensive in Richtung Wien. →

25. General Montgomery erteilt den ihm unterstellten Truppen ein Fraternisierungsverbot.

26. Bei einer irrtümlichen Bombardierung Den Haags durch die RAF finden 800 Menschen den Tod.

26. US-Luftangriff auf Okinawa.

28. Die letzte von 1050 V-Waffen explodiert in England.

31. US-Truppen im Raum Kitzingen, Franzosen in Baden.

GESTORBEN:

~ Anne Frank (* 12. 6. 1929), jüdisches Kind. →

22. Johan Huizinga (* 7. 12. 1872), niederländischer Kulturhistoriker.

26. David Lloyd George (* 17. 1. 1863), britischer liberaler Politiker, Premierminister.

Die Amerikaner überqueren den R

Amerikanische Panzerspitzen überqueren am 6. März 1945 die Ludendorff-Rheinbrücke bei Remagen.

An der Ostfront sind die deutschen Truppen im eingeschlossenen Kurland, im ostpreußischen Samland und an der Oder in die Verteidigung gedrängt. In Jugoslawien stürmt die Armee Titos gegen die deutschen Stellungen an der Drina. Ende März stehen die ersten Verbände der Roten Armee in Österreich, haben die Offensive gegen Preßburg eröffnet und halten das ungarische Erdölgebiet besetzt.

Im Westen zerbröckelt die deutsche Front. Durch einen Handstreich gelingt es den Amerikanern am 6. März, die Ludendorff-Brücke in Remagen zu erobern, weil der montierte Sprengsatz nicht zündet. Die US-Truppen besitzen nun ihren ersten rechtsrheinischen Brückenkopf. Am 17. März bricht die Brücke plötzlich zusammen, wird jedoch umgehend durch einen Pontonübergang ersetzt. Inzwischen haben sich die deutschen Soldaten im Kessel von Wesel ergeben. Dort bilden die Truppen Bernard Montgomerys einen Brückenkopf auf dem rechten Rheinufer als Ausgangspunkt für den Vorstoß in die Norddeutsche Tiefebene. Adolf Hitler erklärt die alliierten Erfolge

mit dem Versagen der deutschen Befehlshaber und tauscht einige Generale aus: Albert Kesselring ersetzt Gerd von Rundstedt, Hans Krebs folgt Heinz Guderian.

Dwight D. Eisenhower entschließt sich unterdessen, das Ziel des alliierten Vormarschs zu ändern: Er überläßt Berlin der Roten Armee und verlagert den Vorstoß in den Süden mit den Richtungspunkten Leipzig und Linz. Dabei spielt die irrige Vorstellung eine Rolle, die Deutschen hätten eine Alpenfestung vorbereitet, die noch lange Widerstand leisten könne.

Einnahme einer deutschen Stadt durch amerikanische Truppen. Die Einwohner intakter Häuser hissen die weiße Fahne.

in bei Remagen

Noch am 27. März überreicht General-oberst Guderian im Auftrage des Führers goldene Nahkampfspangen.

Kriegserklärungen an Deutschland im Jahr 1945	
3. 2.:	Ecuador
9. 2.:	Paraguay
13. 2.:	Peru
14. 2.:	Chile
16. 2.:	Venezuela
23. 2.:	Türkei und Uruguay
24. 2.:	Ägypten
26. 2.:	Syrien
27. 2.:	Libanon
1. 3.:	Saudi-Arabien
4. 3.:	Finnland
27. 3.:	Argentinien

Adolf Hitlers letzte Ordensverleihung im Garten der Reichskanzlei in Berlin an noch kämpfende Angehörige der Hitlerjugend am 20. März 1945.

Hitlerjungen als »Panzerjagdkommando« in Frankfurt an der Oder.

Deutsche Kriegsgefangene auf der Autobahn in der Nähe von Gießen.

Sabotage des Werwolf

25. März. Eine fanatische Gruppe von Angehörigen der Hitlerjugend erschießt den von den Amerikanern eingesetzten Aachener Bürgermeister Karl Oppenhoff. Mit diesem gelungenen Mordanschlag will eine deutsche Untergrundorganisation, der Werwolf, ihre Existenz nachweisen, die sich gegen jede Zusammenarbeit zwischen Deutschen und Kriegsgegnern wendet. Die Werwölfe planen auch in den besetzten Gebieten Sabotageakte gegen die Alliierten. Zu wirklicher Bedeutung gelangt diese Gruppierung nicht, aber die Alliierten werden dadurch zu rücksichtslosem Vorgehen gegen alle jene – auch Jugendliche – veranlaßt, die im Verdacht stehen, Werwölfe zu sein.

Schweiz reagiert auf neue Lage

In weiterer Anpassung an die Kriegslage nimmt die Schweiz diplomatische Beziehungen zum tschechischen Exilkabinett auf; zur Slowakei unterhält sie nur konsularische Verbindungen. Das Handelsabkommen mit Deutschland kann nicht verlängert werden, da die deutsche Wirtschaftskapazität nicht mehr für Exporte ausreicht (9. März). Geringe Importaussichten gefährden, wie Bundesrat Walther Stämpfli feststellt, das Schweizer Versorgungssystem; deshalb werden die Verhandlungen, die mit den Westalliierten unter anderem über die Verhinderung weiterer Bombenabwürfe auf die Schweiz – Basel und Zürich am 3. März – geführt werden, auch auf diesen Fragenkreis ausgedehnt. Außerdem erklärt der Schweizer Bundesrat, er werde deutschen Kriegsverbrechern kein Asyl gewähren.

Anne Frank stirbt in Bergen-Belsen

12. März. In einem Abkommen mit Medizinalrat Felix Kersten gesteht Heinrich Himmler zu, daß Juden nicht mehr getötet werden sollen und sogar aus Schweden Lebensmittelpakete erhalten dürfen. Diese Vereinbarung wird aber nicht eingehalten, und in den noch bestehenden Lagern – besonders in Bergen-Belsen – werden Juden getötet oder verhungern zu Tausenden, unter ihnen das Mädchen Anne Frank.

Die kleine Anne, Tochter eines jüdischen Bankiers aus Frankfurt, emigrierte mit ihren Eltern als Vierjährige 1933 in die Niederlande. Während der deutschen Besetzung des Landes konnte sich die Familie in Amsterdam verbergen. In dieser Zeit entstanden die Tagebuchaufzeichnungen des Mädchens (»Das Tagebuch der Anne Frank«, deutsche Ausgabe 1950).

Wer von den Zehntausenden ostpreußischer Flüchtlinge nach Beginn der russischen Großoffensive am 12. März 1945 das Glück hat, einen Hafen zu erreichen — das Bilddokument zeigt vollgepackte Flüchtlingswagen in der Danziger Bucht — muß seine ganze Habe zurücklassen.

Hitlers Nero-Befehl

19. März. Zu Unrecht wird behauptet, Kaiser Nero habe im Jahr 64 den Befehl zum Brand Roms gegeben — um es dann um so schöner wieder aufzubauen. Adolf Hitler jedoch ist der Ansicht, die Bevölkerung in den von den Alliierten eroberten Gebieten solle in die Selbstvernichtung der Untergangsstrategie einbezogen werden, soweit die Menschen nicht in das Landesinnere evakuiert sind. Er erklärt gegenüber Rüstungsminister Albert Speer: »Wenn der Krieg verloren ist, wird auch das Volk verloren sein.« Er ordnet deshalb an: »Alle militärischen, Verkehrs-, Nachrichten-, Industrie- sowie Versorgungsanlagen und Sachwerte innerhalb des Reichsgebietes, die sich der Feind für die Fortsetzung seines Kampfes irgendwie zunutze machen kann, sind zu zerstören.« Speer warnt Hitler vor den Folgen, »wenn wir in diesen entscheidenden Monaten gleichzeitig und planmäßig die Grundlage unseres Volkslebens zerstören«. Tatsächlich gelingt es ihm, durch Rücksprache mit örtlichen Dienststellen Hitlers Weisung zu unterlaufen.

Österreich strebt Unabhängigkeit an

29. März. Bereits im Dezember 1941 hat Josef Stalin die Wiederherstellung der österreichischen Unabhängigkeit gefordert, und dies ist während der Moskauer Außenministerkonferenz im Oktober 1943 bestätigt worden. In Österreich selbst hat der Anschlußgedanke an Kraft verloren; die verschiedenen Widerstandsgruppen, die untereinander Kontakt haben, sind einig in der Forderung nach Wiederherstellung der österreichischen Republik. Bei Beginn der sowjetischen Offensive in Richtung Österreich nehmen die Westalliierten Kontakt zu den Kreisen der österreichischen Widerstandsbewegung auf.

Neue Regierungen auf dem Balkan

6. März. Unter dem Druck der Sowjets muß König Michael nach Unruhen in Rumänien ein Kabinett unter Petru Grosza bilden lassen, in dem kommunistische Minister den Ton angeben. Die UdSSR gibt jetzt an Rumänien das nördliche Siebenbürgen zurück.
In Jugoslawien bildet Josip Tito am 8. März eine Regierung, in der Ivan Šubašić und vier weitere Angehörige des Exilkabinetts Ministerposten übernehmen. Die Mehrheit des Kabinetts ist aus Titos Partisanenregierung hervorgegangen. Das Kabinett verweigert König Peter die Rückkehr; hierüber soll das Volk abstimmen.

1945

APRIL

Mo	Di	Mi	Do	Fr	Sa	So
						1
2	3	4	5	6	7	8
9	10	11	12	13	14	15
16	17	18	19	20	21	22
23	24	25	26	27	28	29
30						

1. Die deutschen Truppen im Ruhrgebiet sind eingeschlossen.

3. Beneš ernennt eine ČSR-Regierung unter Zdeněk Fierlinger.

5. Die UdSSR kündigt den Neutralitätsvertrag mit Japan.

5. Deutsche Truppen räumen Sarajevo.

9. Alliierte Gesamtoffensive in Italien, um die deutschen Truppen am Aufbau einer »Alpenfestung« zu hindern.

12. Alliierter Luftangriff auf Potsdam.

16. Beginn der sowjetischen Berlin-Offensive. →

17. Gandhi fordert straffreien Frieden für Deutschland und Japan.

18. Ende des Widerstands im Ruhrkessel. →

18. US-Truppen überschreiten die tschechische Grenze.

19. Britische Truppen an der Elbe.

21. Sowjetische Truppen haben Berlin erreicht.

23. Absetzung Görings wegen Frage nach der Amtsnachfolge für Hitler. →

24. Himmler bietet den Westalliierten die Kapitulation an. →

24. Berlin ist von sowjetischen Truppen eingeschlossen.

25. Eröffnung der Konferenz der Vereinten Nationen in San Francisco. →

25. Amerikanische und sowjetische Truppen treffen sich bei Torgau. →

28. Hitler verfaßt sein Testament. →

30. In Plön bildet Dönitz eine Regierung.

GESTORBEN:

6. Hans Fischer (* 27. 7. 1881), deutscher Chemiker, Nobelpreis 1930.

8. Josef Weinheber (* 9. 3. 1892), deutscher Dichter.

12. Franklin D. Roosevelt (* 30. 1. 1882), US-Präsident. →

21. Käthe Kollwitz (* 8. 7. 1867), deutsche Grafikerin. →

28. Benito Mussolini (* 29. 7. 1883), italienischer Politiker. →

30. Adolf Hitler (* 20. 4. 1889), deutscher Politiker, Führer der NSDAP. →

US-Präsident Roosevelt stirbt an Gehirnblutung

12. April. Im Alter von 63 Jahren stirbt der 32. Präsident der Vereinigten Staaten, Franklin Delano Roosevelt. Der zum Juristen ausgebildete Politiker siegte als demokratischer Kandidat 1932 bei den Präsidentschaftswahlen und begann sofort, den Staat aus der Wirtschaftskrise herauszuführen. Staatliche Initiativen, Sozialgesetze und Arbeitsschutz trugen dazu bei, daß bis zum Kriegseintritt der USA 1941 eine Besserung der Schwierigkeiten erreicht war. Roosevelt scheute sich nicht, alle Mittel seines Amtes zur Durchsetzung seiner Ansichten zu nutzen. In der Außenpolitik achtete er auf eine Beendigung der Intervention in lateinamerikanischen Angelegenheiten. Er drängte auf Einhaltung strikter Neutralität, die er allerdings schrittweise aufgab, als er durch die Achsenmächte die Demokratie bedroht sah. Es war sein Ziel, nach dem Krieg eine Welt entstehen zu lassen, die von den Vereinten Nationen kontrolliert wird. Der Präsident blieb bis zu seinem plötzlichen Tod durch Gehirnblutung davon überzeugt, die UdSSR werde in der neuen Weltordnung ein zuverlässiger Vertragspartner sein. Von seinen Gegnern als Kommunist und Utopist angegriffen, gehörte Roosevelt zu den bedeutendsten Präsidenten der USA.

Tod der Künstlerin Käthe Kollwitz

22. April. Im Alter von 77 Jahren stirbt in Moritzburg bei Dresden die deutsche Graphikerin und Bildhauerin Käthe Kollwitz (geb. Schmidt). Die Arbeit der in Königsberg geborenen Künstlerin ist geprägt vom deutschen Expressionismus und von ihrem starken sozialen Engagement. Mit eindringlichem Realismus schilderte sie vor allem in ihren Radierzyklen (»Ein Weberaufstand« 1897/98) und Holzschnittzyklen (»Der Krieg« 1922/23) sowie in zahlreichen Lithographien Not und menschliches Leiden. In ihrem Spätwerk konzentrierte sich die Künstlerin vor allem auf das Thema Mutter und Kind.

Harry S. Truman wird Roosevelts Nachfolger

Franklin D. Roosevelt †.

12. April. Harry S. Truman, der nach Franklin D. Roosevelts Tod das Präsidentenamt übernimmt, ist bisher nur wenig politisch hervorgetreten. Mit Hilfe des demokratischen Parteiapparates hat er nach dem Ersten Weltkrieg und einem geschäftlichen Mißerfolg niedere politische Ämter in Kansas innegehabt. 1934 gelang ihm die Wahl zum Senator, doch blieb er politisch bedeutungslos, bis er nach Kriegsausbruch Vorsitzender eines Untersuchungsausschusses wurde, der sich mit Rüstungs- und Aufrüstungsfragen beschäftigte und einige Unregelmäßigkeiten zutage brachte. Der konservative Flügel der Demokraten hat 1944 Truman für das Amt des Vizepräsidenten vorgeschlagen, um den unbequemen Henry A. Wallace aus dem Amt zu drängen. Roosevelt hat sich mit dem neuen Mann einverstanden erklärt, der gegen alle – auch seine eigenen – Erwartungen nun das höchste Staatsamt der USA übernimmt.

Harry S. Truman – neuer Präsident.

Offensive auf Berlin beginnt

In Ostpreußen gelingt es den sowjetischen Truppen, die Verbindung zwischen Königsberg und Pillau zu unterbrechen und in Königsberg einzudringen (8. April). Da Lebensmittel und Munition aufgebraucht sind, kapituliert General Otto Lasch. Hitler läßt Lasch wegen Feigheit zum Tode verurteilen und seine Familie in Sippenhaft nehmen.

Von den Provinzhauptstädten im Osten ist weiterhin Breslau umkämpft. Gauleiter Karl Hanke ermuntert immer wieder die Verteidiger mit Versprechungen auf Entsatz. Während für die Einwohner keine Fluchtmöglichkeit besteht, hat Hanke ein Flugzeug bereitstellen lassen, mit dem er sich bei Kriegsende, als auch Breslau kapituliert, absetzt.

Die Oderfront beginnt am 16. April zu brechen, als die dritte Weißrussische Front zur Großoffensive auf Berlin ansetzt. Trotz des anhaltenden Widerstandes ist der innere Berliner Verteidigungsring am 22. April erreicht und die Stadt drei Tage später fest eingeschlossen. Versuche, durch die SS-Gruppe Steiner oder die Armee Wenck den Einschließungsring aufzulösen, schlagen fehl. Die Fortdauer der Verteidigung in Berlin wird trotz ihrer Sinnlosigkeit seit der Einschließung von »fliegenden Standgerichten« der SS erzwungen, die jeden Soldaten, Volkssturmmann und Hitlerjungen, den sie als Deserteur oder Verräter ansehen, erhängen.

Während im Osten die Kämpfe erbittert weitergeführt werden, dringen die aus dem Weseler Brückenkopf vorstoßenden Armeen Montgomerys in Norddeutschland bis an die Elbe vor und marschieren in Mecklenburg ein. Die im Ruhrgebiet eingeschlossenen Truppen kapitulieren – in zwei Kessel geteilt – am 18. April. Ihr Befehlshaber Walter Model begeht Selbstmord. Amerikanische Truppen erreichen die Elbe und treffen dort in Torgau am 25. mit der Roten Armee zusammen. Damit ist Deutschland in zwei Teile gespalten. Im Süden besetzen französische Verbände den badisch-württembergischen Raum, während die Amerikaner nach harten Kämpfen in Nürnberg und München eindringen.

Leiden der Bevölkerung – eine Frau flieht aus dem brennenden Breslau.

Beginn der Offensive der Roten Armee auf Berlin am 16. April 1945.

Durch brutale öffentliche Hinrichtungen erzwingt man das Durchhalten.

Die legendäre Begegnung amerikanischer Truppen mit vorrückenden Soldaten der Roten Armee (rechts im Bild) bei Torgau an der Elbe am 25. April 1945.

Rote Armee in Wien

Die Stadt Wien wird am 2. April zum Verteidigungsgebiet erklärt. Sowjet-Marschall Fedor Tolbuchin ruft die Wiener auf, von sich aus die Stadt von deutschen Truppen zu befreien, doch die Bevölkerung verhält sich abwartend. Sowjetische Truppen dringen am 7. in die Stadt ein, die nach schweren Kämpfen am 13./14. April fest in der Hand der Roten Armee ist.

Sofort nach dem Fall Wiens konstituieren sich dort drei Parteien: Die Sozialistische Partei Österreichs (SPÖ), die Österreichische Volkspartei (ÖVP) als Nachfolgepartei der Christlich-Sozialen Partei und des Landbunds sowie die Kommunistische Partei Österreichs (KPÖ). Aus diesen Parteien bildet der Sozialist Karl Renner (bis 1933 österreichischer Staatspräsident) eine provisorische Regierung, die die Unabhängigkeit des Landes bekanntgibt und ein Verfassungs-Überleitungsgesetz schafft, um zum »Geist der Verfassung von 1920« zurückzukehren. Erster Bürgermeister Wiens wird der von den Nationalsozialisten verfolgte ehemalige General und Schutzbundführer Theodor Körner. Da Karl Renner von Angehörigen der Roten Armee nach Wien gebracht worden ist, fürchten die Westalliierten, er habe ein Kabinett gebildet, das den Übergang zu einer kommunistischen Regierung darstelle und verweigern ihm bis in den Herbst die Anerkennung.

Die Befreiung des Konzentrationslagers Dachau durch amerikanische Truppen erlöste die Häftlinge von jahrelangen, unmenschlichen Leiden.

KZ-Häftlinge befreit

Die Tragödie der KZ-Häftlinge geht dem Ende entgegen, doch die Überlebenden sind bis zur Sekunde der Befreiung bedroht. Aus mitteldeutschen KZs werden Transporte Richtung Bayern zusammengestellt und unterwegs viele Häftlinge getötet oder in Güterwaggons dem Hungertod ausgesetzt. Prominente Häftlinge aus Dachau werden nach Oberitalien verschleppt und müssen bis zu ihrer Befreiung durch die Alliierten jeden Augenblick fürchten, erschossen zu werden. Amerikaner befreien am 29. April in Dachau und Ravensbrück die Häftlinge. Das KZ Neuengamme wird in Richtung Lübeck evakuiert, die Mehrheit der Häftlinge auf Schiffe gebracht, von denen aus sie angeblich in der Neustädter Bucht dem Schwedischen Roten Kreuz übergeben werden sollen. (Am 3. Mai greifen britische Jäger die Schiffe an und schießen »Cap Arcona« und »Thielbeck« in Brand, dabei finden 2000 Häftlinge den Tod.) Zuvor sind in Fuhlsbüttel 71 Angehörige sozialistischer Widerstandsgruppen und 19 jüdische Kinder, die zu medizinischen Versuchen aus den besetzten Gebieten nach Hamburg gebracht worden sind, von SS-Angehörigen gehängt worden. Im Lager Bergen-Belsen, wo es praktisch keine ärztliche Versorgung, kaum Wasser und Nahrungsmittel gibt, haben sich am 15. März 45 117 Häftlinge – davon 30 387 Frauen – befunden, diese Zahl steigert sich im April durch Transporte aus anderen Lagern auf über 60 000. Die Zahl der Toten beträgt im März 18 168, in den beiden ersten April-Wochen über 9300. Nach der Befreiung des KZs durch die Engländer am 15. April sterben bis Juni noch etwa 14 000 der ehemaligen Insassen.

Die Erschütterung der westalliierten Soldaten bei der Befreiung der Lager entspricht der der Sowjetsoldaten beim Betreten der ersten KZs im Osten und prägt ihre Vorstellung vom Charakter der Deutschen und der Behandlung, die sie nun verdienen. Die nicht abtransportierten Häftlinge des KZ Buchenwald haben sich selbst befreien können. Vier Tage nach der Besetzung zwingen die US-Soldaten 1200 Einwohner Weimars, das Lager zu besichtigen. Die meisten Deutschen und die Mehrzahl selbst der führenden Nationalsozialisten versichern, von Konzentrationslagern, Massenmorden und Judenvernichtung nichts gewußt zu haben. Den Alliierten erscheint das unglaubwürdig. Mit Entschiedenheit treten sie dafür ein, die Schuldigen an den KZ-Morden zu bestrafen.

Einmarsch der siegreichen sowjetischen Truppen in Wien am 13. April 1945.

Partisanenarmee: Jugoslawien frei von Deutschen

6. April. Die jugoslawische »Partisanen«-Armee greift die Heeresgruppe E erneut an und zwingt sie, unter Aufgabe Sarajevos sich aus Kroatien bis an die Südgrenze Österreichs zurückzuziehen. Gegensätze zwischen Wehrmacht und SS-Verbänden führen zu innerdeutschem Schußwechsel. Soweit die deutschen Soldaten bei Kriegsende nicht österreichischen Boden betreten haben, geraten sie in jugoslawische Gefangenschaft.

Vietinghoff und Wolff anerkennen Kapitulation

29. April. Um die seit der Offensive am 9. April in Italien anhaltenden Kämpfe zu beenden, unterzeichnen Generaloberst Helmuth von Vietinghoff-Scheel und SS-Obergruppenführer Karl Wolff die Kapitulationsurkunde. Die zunächst geheimgehaltene Kapitulation tritt am 2. Mai in Kraft. Den Westalliierten ist nun der Weg über die Alpen freigegeben, so daß sie sich mit den aus Süddeutschland herannahenden Truppen vereinen können.

Nach ihrer Erschießung werden die Leichen Mussolinis, Clara Petaccis und zweier Anhänger auf der Piazza Loretto in Mailand zur Schau gestellt.

Mussolini erschossen

28. April. Angesichts der alliierten Offensive in Norditalien versucht Benito Mussolini in die Schweiz zu fliehen. In der Nähe von Como werden er und seine Geliebte, Clara Petacci, von Partisanen entdeckt und erschossen. Die Leichen der beiden hängen, den Massen zur Schau gestellt, an einem Gerüst auf der Mailänder Piazza Loretto.

Der Führer des italienischen Faschismus stammte aus einfachen Verhältnissen, wurde Lehrer und Journalist und diente sich vor dem Ersten Weltkrieg zum Chefredakteur der sozialistischen Parteizeitung »Avanti« hoch; er galt damals als radikal-revolutionärer Syndikalist. 1914 setzte er sich für die Beteiligung Italiens am Krieg auf seiten der alliierten Mächte ein und meldete sich 1915 freiwillig zum Militär. Nach Ende des Kriegs organisierte er die faschistischen Kampfbünde, aus denen die Partito Nazionale Fascista (PNF) hervorging. Seine Politik der Ablehnung des Liberalismus und des Sozialismus gewann viele Anhänger und machte die PNF zur Massenpartei. 1922 setzte Mussolini beim König seine

Berufung als Ministerpräsident durch und ließ mit äußerster Brutalität politische Gegner aus dem Weg räumen. Durch besondere Disziplinarmaßnahmen und Neuregelung des Arbeitsrechtes zugunsten der Unternehmer erzwang der »Duce« des italienischen Faschismus eine wirtschaftliche Verbesserung der Verhältnisse. In Übereinstimmung mit nationalistisch-konservativen Gruppen innerhalb der Armee und der katholischen Kirche drängte Mussolini auf die Erweiterung der italienischen Macht. Das kühle Verhältnis zu Adolf Hitler änderte sich, als dieser an Italien während des Abessinienfeldzugs 1935 Waffen und Industriegüter lieferte und damit das Wirtschaftsembargo durchbrach. Seither sah sich Mussolini als treuer Verbündeter Hitlers. Ungenügend gerüstet trat Italien in den Zweiten Weltkrieg ein, der den Traum von der Wiedererrichtung eines großen Mittelmeerreiches vernichtete. Nach seinem Sturz durch den faschistischen Großrat 1943 führte Mussolini in Norditalien nur noch ein Schattendasein in Abhängigkeit von Hitler.

Hitlers Testament

Während Großadmiral Karl Dönitz von Adolf Hitler zum Nachfolger bestimmt wird, verlieren Hermann Göring und Heinrich Himmler ihre Ämter. In seinem politischen Testament stößt Hitler beide aus der NSDAP aus.

Göring hat am 27. April, da Hitler das eingeschlossene Berlin nicht verlassen will, telegrafisch angefragt, ob er selbst die Gesamtführung des Reiches übernehmen solle. Hitler erblickt darin einen Verrat

und verfügt die Verhaftung seines Reichsmarschalls. Himmler hat am 23./24. April seine Bemühungen erneuert, über den schwedischen Grafen Folke Bernadotte einen Sonderfrieden mit den Westmächten zu erreichen, um die deutschen Truppen dann gegen die Rote Armee einzusetzen. Bernadotte unterrichtet das schwedische Außenministerium, das die Absichten Himmlers den Alliierten übermittelt, die sie jedoch zurückweisen.

Das Ende der Marine

Die Hauptaufgabe der Marine besteht bis Kriegsende im Abtransport Verwundeter aus Kurland, Pillau und Hela sowie von zivilen Flüchtlingen aus den weiteren Ostseebrückenköpfen Gdingen, Stolpmünde, Kolberg u. a. Zielorte der Evakuierung sind Rönne auf Bornholm, Kopenhagen, Flensburg, Kappeln, Eckernförde, Kiel, Neustadt, Travemünde und Swinemünde. Nachdem bei dem Angriff sowjetischer Flugzeuge das Panzerschiff »Admiral Scheer« im März schwer beschädigt worden ist, tor-

pediert am 6. April ein U-Boot der Roten Flotte den Kreuzer »Leipzig«. Bei Angriffen auf Kiel versenkt die britische Luftwaffe am 3. April den Kreuzer »Blücher«, der Kreuzer »Lützow« sinkt durch Bombentreffer am 16.

Da die Ostsee für deutsche U-Boote zu unsicher ist, werden ihre Stützpunkte nach Norwegen verlegt. Bei Kriegsende sind von den großen Schiffen der deutschen Überwasserstreitkräfte nur noch die Kreuzer »Prinz Eugen« und »Nürnberg« einsatzbereit.

Gerettete deutsche Ostflüchtlinge am Hafen von Kopenhagen.

Gründungsversammlung der Vereinten Nationen in San Francisco eröffnet

25. April. In Anwesenheit von 850 Delegierten aus 47 Staaten, die bisher die Erklärung der Vereinten Nationen unterzeichnet haben, wird in San Francisco die Grün-

dungsversammlung der UNO eröffnet. Grundlage der Verhandlungen ist die im Oktober 1944 in Dumbarton Oaks vorbereitete Charta. Die Konferenz dauert bis Juni.

Adolf Hitler begeht mit Eva Braun Selbstmord

Nach dem letzten Luftangriff: Hitler (rechts) und Schaub vor der Reichskanzlei.

Luftaufnahme vom Bombenangriff auf den Obersalzberg im April 1945.

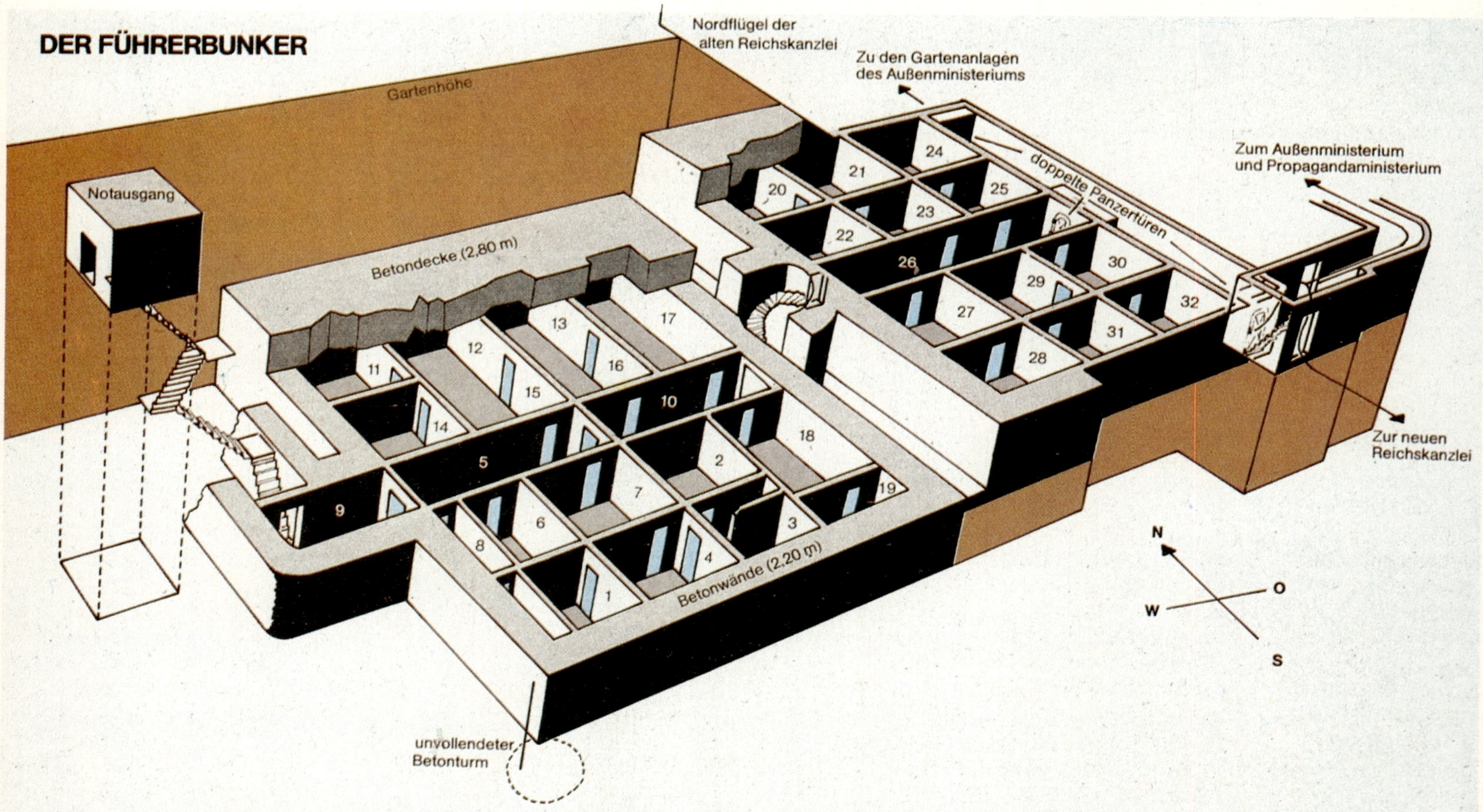

DER FÜHRERBUNKER

Nordflügel der alten Reichskanzlei

Zu den Gartenanlagen des Außenministeriums

Gartenhöhe

Notausgang

Betondecke (2,80 m)

doppelte Panzertüren

Zum Außenministerium und Propagandaministerium

Zur neuen Reichskanzlei

Betonwände (2,20 m)

unvollendeter Betonturm

N
O
W
S

Die Privaträume Hitlers und Eva Brauns

1 Hitlers Schlafzimmer
2 Eva Brauns Wohn- und Schlafzimmer
3 Bad und Ankleideraum
4 Hitlers Wohnraum

Arbeitsräume

5 Korridor und Konferenzraum
6 Kleines Besprechungszimmer
7 Hitlers Arbeitsraum
8 Garderobe
9 Vorraum
10 Korridor

11, 12 Zimmer Dr. Stumpfegger mit Behandlungsraum
13 Notzentrale
14 Wohn- und Schlafzimmer von Goebbels (früher Raum des Leibarztes Morell)
15 Ankleide
16 Telefonzentrale und Wachraum
17 Maschinenraum für Heizung, Ventilation und Beleuchtung

18 Toiletten
19 Schalttafel für Stromversorgung
20, 21, 22, 23 Räume der Familie Goebbels
24, 25 Personal
26 Gemeinschaftlicher Speiseraum
27, 28 Vorratsräume und Weinkeller
29, 30, 31, 32 Küchenräume (mit Diätküche)

Perspektivischer Schnitt durch den »Führerbunker« unter der Reichskanzlei mit den Wohn- und Versorgungsräumen Adolf Hitlers.

m Bunker der Reichskanzlei

30. April. Aus Sorge, in Gefangenschaft geraten und in den Ländern der Alliierten zur Schau gestellt zu werden, bevor ihm der Prozeß gemacht wird, begeht Adolf Hitler mit seiner langjährigen Geliebten, Eva Braun, die er kurz vorher geheiratet hat, Selbstmord. Im Garten der Reichskanzlei in Berlin werden die Leichen anschließend verbrannt. Hitler wurde 1889 in Braunau am Inn geboren, verließ vorzeitig die Realschule, scheiterte bei der Aufnahme an der Kunstakademie Wien, ging 1913 nach München und nahm als Freiwilliger in einem bayrischen Regiment am Ersten Weltkrieg teil. 1921 übernahm er den Vorsitz der NSDAP und wurde zur Schlüsselfigur der nationalistischen Gruppierungen. Die Not der Wirtschaftskrise seit 1929 bot Hitler die Möglichkeit, die Ideologie von der rassischen und nationalen Einheit populär zu machen. Die mehrdeutigen Sätze des Parteiprogramms, Angst vor wirtschaftlicher Not und Kommunistenfurcht brachten Hitler und seiner Partei ab Ende 1929 eine rasch wachsende Zahl an Wählerstimmen und finanzielle Unterstützung aus Wirtschaftskreisen. Das Intrigenspiel in der Umgebung des Reichspräsidenten Paul von Hindenburg (→ Dezember 1932, Januar 1933) hatte am 30. Januar 1933 die Berufung Hitlers zum Reichskanzler zur Folge. Mit brutaler Rücksichtslosigkeit wurden die politischen Gegner der Partei verfolgt. Hitlers Ziel war die Vorherrschaft Deutschlands und der »germanischen Rasse« in Europa und der Welt und die Erweiterung des deutschen »Lebensraumes« nach Osten; dafür nutzte er den verbreiteten Wunsch nach genereller Revision des Versailler Vertrags (→ Mai, Juni 1919) und die industriellen Interessen an Gewinnung neuer Rohstoff- und Absatzmärkte. Verträge und Bündnisse vor 1939 dienten Hitler und seinen Anhängern zur Kriegsvorbereitung; das gleiche gilt für die Sozial- und Wirtschaftspolitik, mit der er die Wirtschaftsführer gewinnen wollte. Den Kriegsausbruch 1939 stellte Hitler als das Ergebnis einer »jüdischen Weltverschwörung« dar und wiederholte diese Auffassung bis in sein politisches Testament. Damit galt ihm der Krieg als ideologischer

Hitlers letztes Aufgebot, Volkssturm und Hitlerjugend, in Berlin im April 1945.

Soldaten der 227. britischen Brigade haben an der Elbe einen Major und seine »Soldaten« – Kinder im Alter von 13 bis 16 Jahren – gefangen.

Vernichtungskampf, in dem völkerrechtliche Bestimmungen bedeutungslos sind. Selbstgerechtigkeit und Selbstherrlichkeit veranlaßten Hitler, bei Rückschlägen und Fehlentwicklungen stets die Schuld bei anderen zu suchen. Die Unfähigkeit, Fehler einzugestehen sowie die Überzeugung, in allen Bereichen auch Detailfragen zu beherrschen, ließen Hitler den Krieg weiterführen, auch als er keinesfalls mehr zu gewinnen war, sondern die Niederlage zur Katastrophe führen muß. Hitlers pseudodarwinistische Auffassung, daß der Stärkere allein das Recht zum Leben habe, brachte ihn dazu, in der deutschen Niederlage den berechtigten Sieg des »stärkeren Ostvolks« zu sehen, durch den das deutsche Volk seine Existenzberechtigung verliere. Der Bevölkerung wird vorgegaukelt der »Führer« in das Verderben sei gefallen. Neben Zeichen der Erleichterung, aber auch der Bestürzung über Hitlers Tod herrscht bei der Mehrzahl der Deutschen das Bestreben, erst einmal das Kriegsende zu überleben und Hoffnung auf Frieden.

20. April. Die Zivilbevölkerung im deutschen Besatzungsbereich der Niederlande leidet sehr unter den Versorgungsnöten, der Verfolgung von Widerstandskämpfern und Luftangriffen. Hitler hat den Raum Amsterdam, Den Haag, Rotterdam zur Festung erklärt, die unter allen Umständen zu halten sei. Am 20. April beginnen die deutschen Befehlshaber, wie angedroht, mit der Sprengung der Deiche, was zu riesigen Überschwemmungen führt. Dies veranlaßt die Alliierten zur Zurückhaltung, damit die niederländische Agrarwirtschaft nicht völlig zerstört wird. Um die Hungersnot einzudämmen, dürfen die Alliierten Lebensmittel abwerfen, die im Auftrag Reichskommissars Arthur Seiß-Inquart an die Bevölkerung verteilt werden. Die Befreiung der nördlichen Niederlande tritt erst bei der deutschen Gesamtkapitulation ein.

Bürgermeister von Penzberg durch SS hingerichtet

28. April. Hans Rummer, bis 1933 sozialdemokratischer Bürgermeister von Penzberg in Bayern, verhindert mit anderen Einwohnern die Sprengung von Berg- und Wasserwerk sowie Brücken seiner Stadt und die Ermordung mehrerer hundert französischer und sowjetischer Kriegsgefangener, die als Bergarbeiter eingesetzt sind. Der NS-Bürgermeister wird abgesetzt, seinen Platz nimmt Rummer ein. Noch am gleichen Tag kommt eine SS-Abteilung nach Penzberg und erschießt ihn und weitere Mitglieder des Gemeinderates; andere Bürger der Stadt werden gehängt. Diese wie zahlreiche andere Exekutionen in Deutschland sind Ausdruck fortdauernden Machtanspruchs des Nationalsozialismus und der Bekämpfung jeglicher Kapitulationsabsichten. Diese sinnlose Handlung gegen Ende des verlorenen Krieges ist nur ein Beispiel für die Durchsetzung des skrupellosen Kadavergehorsams bei der SS.

1945

MAI

Mo	Di	Mi	Do	Fr	Sa	So
	1	2	3	4	5	6
7	8	9	10	11	12	13
14	15	16	17	18	19	20
21	22	23	24	25	26	27
28	29	30	31			

1. Großadmiral Karl Dönitz übernimmt die Leitung der letzten Reichsregierung.

3. Die Alliierten besetzen Rangoon.

4. Kapitulation der deutschen Teilstreitkräfte in den Niederlanden, Nordwestdeutschland und Dänemark. →

5. Reynaud, Daladier und Gamelin werden in Österreich befreit.

7. Bedingungslose Kapitulation in Reims. →

7. Die japanische Regierung bezeichnet die deutsche Kapitulation als Vertragsbruch.

9. Stalin erklärt, die UdSSR werde Deutschland nicht zerstückeln oder vernichten.

9. Göring stellt sich US-Truppen.

9. Quisling gibt sich der norwegischen Polizei gefangen.

12. In München wird nach 2177 Nächten das Verdunkelungsgebot aufgehoben.

14. In Flensburg und Schleswig öffnen Banken wieder die Schalter.

15. Als erste deutschsprachige Zeitung der sowjetischen Besatzungsorgane erscheint in Berlin die »Tägliche Rundschau«.

16. In Berlin nehmen 30 Kinos wieder den Betrieb auf.

17. US-Truppen dringen in Okinawas Hauptstadt Nawa ein.

18. In München ist wieder Straßenbeleuchtung zugelassen.

21. In London entsteht die Europäische Kohlekommission.

23. Verhaftung der »Regierung Dönitz«. →

27. Chinesische Truppen erobern Nanking.

28. US-Luftangriff auf die Stadt Jokohama. →

30. Die Regierung des Iran verlangt den Abzug der britischen und sowjetischen Truppen.

GESTORBEN:

1. Martin Bormann (* 17. 6. 1900), deutscher Politiker. →

1. Joseph Goebbels (* 29. 10. 1897), deutscher Politiker, Reichspropagandaminister. →

13. Ernst Cassirer (* 28. 7. 1874), deutscher Philosoph.

23. Heinrich Himmler (* 7. 10. 1900), deutscher Politiker, Reichsführer SS. →

Der Zweite Weltkrieg endet

Marschall Schukow, Befehlshaber der Sowjettruppen in Deutschland.

Generalfeldmarschall Keitel (vorn), Generaloberst Stumpff (links) und Groß-admiral von Friedeburg (rechts hinter K.) nach der Kapitulation.

1./2. Mai. Adolf Hitlers Tod am 30. April veranlaßt Martin Bormann und Joseph Goebbels, den Versuch zu unternehmen, die Übergabeverhandlungen mit dem sowjetischen Generaloberst Wassilij Tschuikow einzuleiten. Da Tschuikow die bedingungslose Kapitulation verlangt, sieht Goebbels keinen Ansatzpunkt für Verhandlungen und begeht mit seiner Frau, nachdem sie ihre Kinder vergiftet haben, Selbstmord. Bormann schließt sich einer Gruppe an, die aus Berlin ausbrechen will, verliert bei dieser Aktion jedoch das Leben. Verschiedene Generale des letzten OKW begehen Selbstmord.

7./8. Mai. Während der Widerstand an der Westfront zusammenbricht, sieht Großadmiral Karl Dönitz, der sein Hauptquartier von Plön nach Mürwik bei Flensburg verlegt, seine wichtigste Aufgabe im Vollzug der Kapitulation und dem Abtransport einer möglichst großen Zahl von Zivilflüchtlingen und Soldaten aus Kurland, Ostpreußen und Pommern. Die Kriegsmarine hält diese Transporte bis zum Eintritt der vollständigen Kapitulation aufrecht. Die deutschen Armeen in den Niederlanden, Dänemark und Nordwestdeutschland kapitulieren vor General Bernard Montgomery in der Lüneburger Heide. Um dem Prozeß vor einem norwegischen Gericht zu entgehen, sprengt sich Reichskommissar Josef Terboven am 11. Mai in die Luft. Die Kontrolle über die deutschen Soldaten in diesem Bereich bleibt bis zur Überführung in die Gefangenenlager bei

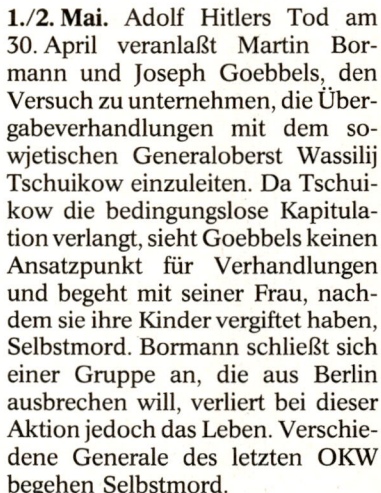

Der deutsche Generaloberst Jodl bei der Unterzeichnung der deutschen Teilkapitulation in Reims (rechts Großadmiral von Friedeburg).

den bisherigen Vorgesetzten, die versuchen die disziplinarische Gewalt sogar mit Kriegsgerichtsverfahren durchzusetzen.

Dönitz entsendet Generaloberst Alfred Jodl und Großadmiral Hans Georg von Friedeburg in das Hauptquartier Dwight D. Eisenhowers nach Reims, um die bedingungslose Kapitulation zu unterzeichnen. Einen Tag später unterzeichnet Generalfeldmarschall Wilhelm Keitel die Kapitulationsurkunde im sowjetischen Hauptquartier Karlshorst. Mit Keitel unterschreiben Friedeburg und der Generaloberst der Luftwaffe Hans-Jürgen Stumpff. Die Einstellung aller Kampfhandlungen wird auf den 8. Mai um 23.01 Uhr festgelegt und gilt für alle deutschen Truppen. Tatsächlich kämpfen einige Ver-bände in Kurland, Ostpreußen und Kroatien, der ČSR und auf Kreta noch einige Tage länger in der Hoffnung, dadurch einen Weg zu finden, in westalliierte Gefangenschaft zu geraten. Dann sind die Kämpfe in Europa beendet.

Ende der Außenpolitik: Am 7. Mai befindet sich das Deutsche Reich mit 54 Ländern im Kriegszustand. Neutrale Länder in Europa sind die Schweiz, Spanien, Portugal, Schweden und die Republik Irland; außerhalb Europas: Afghanistan und – nicht kriegführend – Chile. Nach der Kapitulation ziehen die Neutralen ihre diplomatischen Vertretungen aus Deutschland ab, da eine anerkannte und funktionsfähige Regierung nicht mehr besteht. Die deutschen Vertreter werden aus diesen Ländern ausgewiesen.

enschenverluste im Zweiten Weltkrieg
(hätzungen)

	Insgesamt	davon Zivilisten
utschland	4 500 000	500 000
oßbritannien	386 000	62 000
oan	1 800 000	600 000
goslawien	1 690 000	1 280 000
len	4 520 000	4 200 000
	ferner 1 500 000 in den poln. Ostgebieten	
chechoslowakei	375 000	215 000
SSR	20 600 000	7 000 000
SA	259 000	–

ach Ploetz: Auszug aus der Geschichte. Würzburg 1976, S. 1419–1421)

0   500 km

Legende:
- Gebiete die besonders stark zerstört wurden, durch Bomben und Repressalien gegen Partisanen, wegen mehrmaligen Überwechsels der Frontlinie
- ● vom Bombenkrieg besonders verwüstete Städte
- ✿ Städte die längere Zeit belagert und abgeschnitten wurden
- □ evakuierte sowjetische Städte
- △ große KZ (Konzentrationslager)
- ▲ Vernichtungslager
- 50 ermordete Juden in % der jüdischen Bevölkerung von 1939 / absolute Zahl der Ermordeten in Klammern
- weitester Vorstoß deutscher Truppen im Osten bis Dezember 1941
- unbesetztes sowjetisches Gebiet 1942
- Raumgewinn der sowj. Winteroffensive 1941/42
- Sowjet. Front im Frühjahr 1943
- Sowjet. Front im Juni 1944

Legende unten links:
- Achsenmächte im Umfang von 1939
- Verbündete 1939
- Verbündete 1941
- tzte Gebiete
  - 1939
  - 1940
  - 1941
  - 1942
- Grenze des "Großdeutschen Reiches" 1942
- Gebiet der westlichen Alliierten nach 1940
- von den Alliierten besetzte Gebiete
- neutrale Staaten
- Aktionsradien der alliierten Luftflotten
- Staatsgrenzen nach 1940
- Binnengrenzen und Erwerbungen
- ✠ deutsche Niederlagen, die in besonderem Maße verlust- reich (> 100 000 Tote) und kriegsentscheidend waren

Der Verlauf des Zweiten Weltkriegs und seine Auswirkungen in Europa.

Dönitz am Ende

23. Mai. Seit dem 1. Mai besteht eine Regierung unter Großadmiral Karl Dönitz mit dem bisherigen Finanzminister Lutz Graf Schwerin von Krosigk als »leitendem Minister«. Dönitz lehnt die Beteiligung Heinrich Himmlers ab, der untertaucht und am 23. Mai nach seiner Gefangennahme durch britische Soldaten Gift nimmt. Der Versuch der »Regierung Dönitz«, Verwaltungskompetenzen zu erhalten, schlägt fehl. Da die sowjetische Regierung befürchtet, eine Zusammenarbeit der Dönitz-Administration mit den Westalliierten könne zu einer Allianz gegen die UdSSR führen, lösen die Alliierten die »Regierung« auf und führen ihre Mitglieder in die Gefangenschaft ab. Von diesem Augenblick an gehen die Rechtsbefugnisse der deutschen Regierung an die alliierten Militärbefehlshaber in Deutschland über. Das 1871 im Spiegelsaal von Versailles gegründete Deutsche Reich hat nach 74 Jahren sein Ende gefunden.

Ein Zug deutscher Kriegsgefangener vor dem Karlstor in München.

Dönitz (Mitte) mit Speer (links) und Generaloberst Jodl vor den englischen Soldaten nach ihrer Festnahme in der Marineschule Mürwik.

Folgen des Krieges

Für Deutschland – in den Grenzen von 1937 – ergibt sich bei Ende des Krieges folgende Verlustbilanz: 3 250 000 Wehrmachtsangehörige sind getötet worden; bei Luftangriffen sind 300 000 Zivilisten umgekommen; verschollen sind 1 550 000 Menschen aus dem Gebiet östlich der Oder und Neiße und 1 Million Volksdeutsche aus der UdSSR, Polen, Rumänien, Jugoslawien, Ungarn und der Tschechoslowakei. Zusammen sind das 10 Prozent der Bevölkerung. Der Krieg hat, nach einer Überschlagsrechnung, 657 Milliarden Reichsmark gekostet. Von 16 Millionen Wohnungen in Deutschland bei Kriegsbeginn sind 5 Millionen zerstört und 3,5 Millionen beschädigt. Die Alliierten haben 131 Städte angegriffen und dabei ca. 1,3 Millionen Tonnen Bomben abgeworfen. Der Trümmerschutt beträgt etwa 400 Millionen Kubikmeter, 7,5 Millionen Menschen sind obdachlos. Zerstört sind 40 Prozent der Verkehrseinrichtungen, 20 Prozent der Produktionsstätten und 50 Prozent der Schulen. Zwei Fünftel aller Deutschen befinden sich auf dem Rückweg in ihre Heimat oder sind auf der Flucht bzw. werden aus ihren bisherigen Wohnsitzen ausgewiesen. In den Westzonen befinden sich als ehemalige Kriegsgefangene, Internierte und Zwangsarbeiter: 1,5 Millionen Russen, 600 000 Polen, 350 000 Italiener, 200 000 Niederländer, 200 000 Belgier, 100 000 Jugoslawen, 60 000 Tschechen, 10 000 Luxemburger, 10 000 Griechen, 10 000 Dänen, 10 000 Norweger; dazu kommen die nach Hunderttausenden zählenden KZ-Häftlinge.

Deutsche in Prag von Rache verfolgt

5. Mai. Tschechische und slowakische Partisanen haben sich seit Jahresbeginn an den Kämpfen um die Befreiung ihrer Heimat beteiligt. Als sich die Rote Armee nähert, erhebt sich die Bevölkerung in Prag und findet Unterstützung bei der 2. Division der Wlassow-Armee. Es beginnt eine rücksichtslose Jagd auf alle Deutschen, gleichgültig ob sie Nationalsozialisten waren oder zu Besatzungstruppen und -verwaltung gehörten oder nicht. Diese Verfolgung wird auch fortgesetzt, als die Rote Armee am 9. und 10. Mai Prag besetzt.

Amerikanische Bombenangriffe auf Japans Städte

Von den besetzten Inseln und von Flugzeugträgern aus fliegen die Alliierten vernichtende Bombenangriffe gegen japanische Großstädte. Gegen die Flugzeugträger und auf Okinawa, wo die Amerikaner nur schrittweise vorankommen, werden Kamikaze-Piloten eingesetzt, die jedoch die Entwicklung nicht aufhalten können. Auf den Philippinen arbeiten die Amerikaner mit Guerillaeinheiten der Filipinos zusammen, die sich an den Kämpfen zur Befreiung Mindanaos beteiligen. In Burma erobern indische Truppen am 5. Mai Rangoon.

Aufstand in Algier wird von Franzosen in Massaker niedergeschlagen

8.–29. Mai. Die latenten Spannungen zwischen französischen Kolonisten und Algeriern schlagen zu Beginn des Monats nach der provokativen Erschießung eines Arabers durch einen Polizisten in einen Aufstand um, der von französischen Truppen und bewaffneten italienischen Kriegsgefangenen unter Einsatz von Panzern, Flugzeugen und Kriegsschiffen niedergeworfen wird. Die Verluste der Europäer belaufen sich auf 102 Tote, die der Algerier auf 1500–45 000. In nachfolgenden Prozessen fällen französische Kriegsgerichte 99 Todesurteile und sprechen 64mal lebenslängliche Haftstrafen aus.

In Syrien entbrennen Ende des Monats Kämpfe zwischen Nationalisten, die die Herstellung der versprochenen Souveränität fordern, und französischen Truppen. Als französische Artillerie Damaskus zu beschießen beginnt, fordert Winston Churchill die sofortige Beendigung der Kämpfe und erteilt den in der Levante stehenden britischen Truppen den Befehl, bei allen Unruhen einzugreifen.

Ulbricht in Berlin

Am letzten Apriltag ist bei Berlin die »Gruppe Ulbricht« gelandet, die in Moskau zusammengestellt worden ist, um politische und Verwaltungsaufgaben im Bereich der künftigen sowjetischen Militäradministration zu übernehmen. Der hohe KPD-Funktionär Walter Ulbricht emigrierte 1938 in die Sowjetunion und gehörte zu den Gründungsmitgliedern des Nationalkomitees Freies Deutschland.

Auch Engländer und Amerikaner beginnen, deutsche Verwaltungen vorzubereiten: In Köln wird der letzte nicht-nationalsozialistische Oberbürgermeister, Konrad Adenauer, am 4. Mai wieder eingesetzt und in Hamburg am 16. Mai der Wirtschaftsfachmann Rudolf Peter-

sen. In Berlin nimmt am 17. Mai ein nicht-nationalsozialistischer Magistrat, an dessen Spitze Arthur Werner steht, die Arbeit auf. Neben Politikern der Weimarer Parteien wie Andreas Hermes – verantwortlich für Ernährungsfragen – gehören der Stadtverwaltung als Stadtbaurat der Architekt Hans Scharoun und verantwortlich für das Gesundheitswesen der Chef der Charité, Ferdinand Sauerbruch, an. Außerdem setzt die US-Militärbehörde Hermann Heinrichs als vorläufigen deutschen Verwaltungschef für den Großraum Saar, Pfalz und Südhessen (18. Mai) sowie den bayrischen Politiker Friedrich Schäffer als Ministerpräsidenten in Bayern (28. Mai) ein.

Arthur Werner (stehend), Berlins erster Bürgermeister nach dem Krieg. Links von ihm der sowjetische Stadtkommandant General Bersarin.

1. Nachkriegskonzert

26. Mai. Obwohl die Schrecken der Kämpfe in Berlin kaum überstanden sind und für die Bevölkerung keine Sicherheit vor Übergriffen der

Besatzungstruppen besteht, findet das erste Nachkriegskonzert der Berliner Philharmoniker statt. Sie spielen Beethoven-Symphonien.

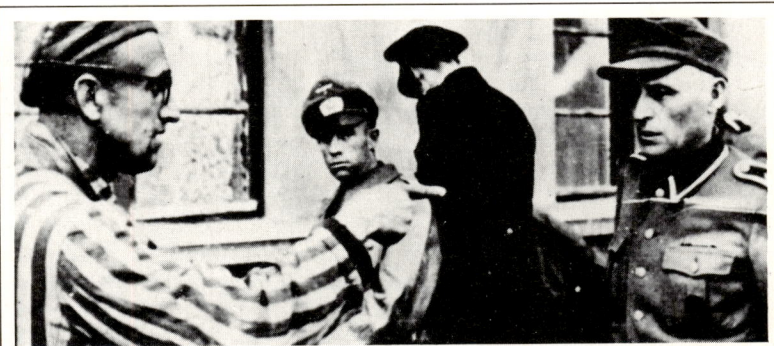

12. Mai. Szene im befreiten Konzentrationslager Buchenwald. Ein sowjetischer Gefangener klagt seine ehemaligen nationalsozialistischen Folterer an.

1. Wiederinbetriebnahme des Hamburger Hafens.

1. Zur Verbesserung der eigenen Ernährungslage stellen die USA die Fleischversorgung der befreiten Länder ein.

5. Besatzungsmächte übernehmen in Deutschland die Machtausübung. →

7. In London wird die Oper »Peter Grimes« von Benjamin Britten uraufgeführt. →

9. Bildung der Sowjetischen Militäradministration in Deutschland (SMAD).

10. Die Alliierten verkünden die Arbeitspflicht für alle Deutschen.

11. Wiedergründung der KPD in Berlin.

12. Als Zentralorgan der KPD erscheint die »Deutsche Volkszeitung«.

12. In der US-Zone wird Bibliotheken, Verlagen und Buchhandlungen Lizenzpflicht auferlegt.

15. In Berlin wird die SPD wieder- und der Freie Deutsche Gewerkschaftsbund (FDGB) neugegründet.

15. Das britische Parlament wird für Neuwahlen aufgelöst.

16. Wiederaufnahme des Postbetriebs innerhalb Münchens.

18. Deutsche Künstler und Journalisten werden einer Lizenzpflicht unterzogen.

18. Die ehemaligen deutschen Rüstungsbetriebe müssen ihre Produktionsumstellung nachweisen.

18. Die Hochschule für Bildende Künste in Berlin wird wiedereröffnet.

18. Gemeinsame Konferenz des Zentralkomitees der KPD und des Zentralausschusses der SPD in Berlin.

20. In Österreich werden Arbeitskammern gebildet.

23. Tito erneuert die jugoslawischen Ansprüche auf Kärnten und Istrien.

24. Siegesparade in Moskau.

26. Die Charta der UNO wird in San Francisco angenommen.

26. Gründung der CDU in Berlin.

GESTORBEN:

4. Georg Kaiser (* 23. 11. 1878), deutscher Schriftsteller.

20. Bruno Frank (* 13. 6. 1887), deutscher Schriftsteller.

Todesurteile der US-Militärgerichte in Aachen

6./29. Juni. US-Militärgerichte sprechen die ersten Todesurteile aus: In Aachen werden zwei Angehörige der Hitlerjugend hingerichtet, die der Spionage für den »Werwolf« schuldig befunden worden sind. In Rheinbach sterben drei Deutsche, die im August 1944 abgesprungene amerikanische Flieger gelyncht haben.

Überfall auf Transitzug nach Spanien

15. Juni. Die Schweiz, die als Asylland besonders geschätzt wird, hat im grenzüberschreitenden Verkehr häufig mit Schwierigkeiten zu kämpfen. Ein Transitzug nach Spanien wird bei Chambéry in Frankreich überfallen. Mehrere Reisende und zwei Zugbegleiter werden anschließend vermißt. Der Zug wird in die Schweiz zurückgebracht, wo 61 Verletzte sich in Krankenhausbehandlung begeben müssen. Die Gründe des Überfalls sind nicht zu klären; angeblich soll das Gerücht verbreitet worden sein, im Zug seien Angehörige der spanischen »Blauen Division«, was allerdings nicht zutrifft.

Zur Klärung der weiteren Rückführung von Internierten und des Transits von Verschleppten (Displaced Persons = DPs) kommt am 30. Juni eine alliierte Militärkommission nach Bern. Sowjets sind an ihr nicht beteiligt, da der Kreml die Repatriierung aller Schweizer Staatsbürger in seinem Machtbereich bis zur Klärung der Situation in der Schweiz internierter Sowjetbürger untersagt.

Britten-Oper in London aufgeführt

7. Juni. Die erste Nachkriegsaufführung einer Oper des englischen Komponisten Benjamin Britten findet in London statt; sie behandelt das Schicksal des jähzornigen Fischers »Peter Grimes«.

Der US-Delegationschef Stettinius unterzeichnet die Gründungsurkunde.

Die Gründung der Vereinten Nationen geht auf eine Idee Präsident Franklin D. Roosevelts zurück, der eine wirksamere Friedensorganisation als den Völkerbund anstrebte. (→ November 1944).

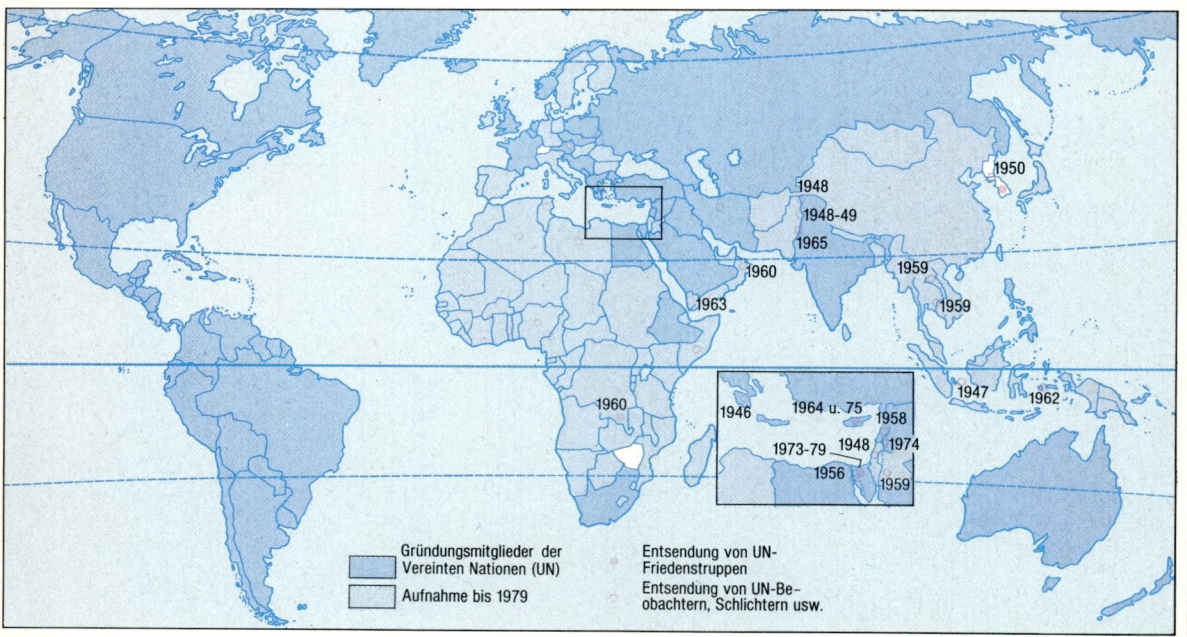

Gründungsmitglieder der Vereinten Nationen (UN)

Aufnahme bis 1979

Entsendung von UN-Friedenstruppen

Entsendung von UN-Beobachtern, Schlichtern usw.

Deutschland in Besatzungszonen aufgeteilt

5. Juni. Als Oberbefehlshaber der alliierten Streitkräfte Deutschlands unterzeichnen General Dwight D. Eisenhower, Marschall Georgi Schukow, Feldmarschall Bernard Montgomery und General Jean Joseph-Marie Lattre de Tassigny die Proklamation zur Übernahme der Regierungsgewalt in Deutschland »einschließlich aller Machtvollkommenheiten«, sie vereinbaren die »Konsultierung der alliierten Nationen«, unterzeichnen das Protokoll über die Aufteilung Deutschlands in vier Zonen und die Teilung Groß-Berlins in vier Sektoren und setzen den Kontrollrat als gemeinsame oberste Leitungsinstanz ein. Damit ist der Rückzug der Amerikaner und Engländer aus Sachsen, Thüringen und Mecklenburg festgelegt. Beunruhigt erklärt Winston Churchill: »Ich sehe dem im Mittelabschnitt unserer Front beabsichtigten Rückzug der amerikanischen Armee auf unsere Zonengrenzen mit größtem Unbehagen entgegen, ist doch damit der Vormarsch der Sowjetmacht ins Herz Westeuropas und die Senkung eines Eisernen Vorhangs zwischen uns und dem ganzen Osten verbunden. Ich hatte gehofft, dieser Rückzug würde, falls er überhaupt erfolgen muß, von der Regelung wesentlicher Dinge begleitet sein, die allein eine Grundlage des Weltfriedens darstellen könnten.«

Beginn der inneren Neuordnung in Deutschland durch Regionalreformen

Deutschland steht am Beginn einer inneren Neuordnung. Der bayrische Ministerpräsident Fritz Schäffer erklärt in einer Rundfunkansprache, das preußische Deutschland und die preußische Philosophie seien mit dem Nationalsozialismus groß geworden und zugrundegegangen. In Vorbereitung der regionalen Reform Deutschlands werden die Regierungsbezirke zu Provinzen zusammengelegt, aus denen später Länder entstehen. Die Briten schaffen aus den Regierungsbezirken Aachen, Köln und Düsseldorf am 5. Juni die Provinz Nord-

rhein und berufen als Präsidenten zwei Tage später Hans Fuchs.
Aus den Bezirken Trier, Koblenz und dem neugeschaffenen Distrikt Montabaur entsteht am 15. die Provinz Rheinland-Hessen-Nassau, und die französische Militärverwaltung gründet das Land Südbaden. Die US-Militärverwaltung setzt zwar am 3. Juni Hermann Brill als Minister in Thüringen ein, aber die Kontrolle der Landesverwaltung geht entsprechend alliierten Abmachungen noch vor Abzug der US-Truppen auf die Sowjetische Militäradministration über.

Neue Regierung in Polen

21. Juni. Die Verhandlungen über die Zusammensetzung der polnischen Regierung verzögern sich durch die Verhaftung von Vertretern der bürgerlichen Untergrundbewegung. Durch die Vermittlung von US-Sonderbotschafter Henry Hughes gelingt es, ein Kabinett unter Beteiligung verschiedener politischer Gruppierungen zu bilden; von den Exilpolen treten der Bauernführer Stanislaw Mikolajczik und der Sozialist Jan Stancyk in die Regierung ein. Die Westalliierten und China erkennen das in Moskau gebildete polnische Kabinett an.

Ausweisung der Sudetendeutschen

Nachdem die tschechoslowakische Regierung bekanntgegeben hat, die Bestimmungen für Deutsche fänden keine Anwendung gegenüber Österreichern, beginnen am 14. Juni die Ausweisungen der Sudetendeutschen, die zumeist zuvor in Lager gebracht werden. Das polnische Kabinett gibt am 26. bekannt, daß es beabsichtigt, die deutschen Einwohner polnischer und polnisch beanspruchter Territorien auszuweisen. Per Verordnung verfügt Präsident Beneš die Enteignung und Aufteilung des Grundbesitzes der Sudetendeutschen.

1945

JULI

Mo	Di	Mi	Do	Fr	Sa	So
						1
2	3	4	5	6	7	8
9	10	11	12	13	14	15
16	17	18	19	20	21	22
23	24	25	26	27	28	29
30	31					

1. Erste Nachkriegsleichtathletikwettkämpfe in Wien.

1. Einrichtung der Berliner Westsektoren. →

2. In der britischen Zone werden Postkarten befördert.

5. Die Rote Armee zieht sich aus den Städten der ČSR und Polens zurück.

5. Der Feldzug auf den Philippinen ist bis auf Guerilla-Aktionen beendet.

6. Als erster Staat nimmt Nicaragua die UN-Charta an.

6. Einigung zwischen der UdSSR und Polen über den Austausch von Bevölkerungsgruppen.

7. USA übergibt Frankreich die Verwaltung des Saargebiets.

11. Im Auftrag der US-Militärverwaltung werden vier Millionen neue deutsche Schulbücher gedruckt.

14. In der sowjetischen Besatzungszone entsteht die »Einheitsfront antifaschistisch-demokratischer Parteien«.

14. US-Kriegsschiffe beschießen die japanischen Hauptinseln.

16. Erste Zündung einer Atombombe in der Wüste New Mexikos.

17. Beginn der Potsdamer Konferenz. →

17. Franco kündigt für die Zukunft die Wiederherstellung der Monarchie in Spanien an.

22. Die Schweiz übernimmt die diplomatische Interessenvertretung Japans nach Zusicherung freien Zugangs in alle japanischen Lager.

26. Großbritannien und die USA erneuern die Forderung nach der bedingungslosen Kapitulation Japans. →

28. Aufprall eines Flugzeugs auf das New Yorker Empire State Building: 28 Tote.

31. Pierre Laval, Ministerpräsident der Vichy-Regierung, fliegt von Barcelona nach Linz und stellt sich den US-Behörden.

GESTORBEN:

6. Adolf Bertsam (* 14. 3. 1859), Kardinal von Breslau.

19. Heinrich Wölfflin (* 21. 6. 1864), Schweizer Kunsthistoriker.

20. Paul Valery (* 30. 10. 1871), französischer Dichter.

Japan sucht Frieden

13. Juli. Die japanische Regierung bittet in Moskau um Vermittlung eines Friedens mit den Alliierten. Die sowjetische Führung, die sich in Verhandlungen mit Tschiang Kaischek befindet, hält sich zurück und berichtet auf der Potsdamer Konferenz von dem Ersuchen aus Tokio. Stalin plädiert dafür, in den Krieg einzugreifen, um sowjetische Ansprüche durchzusetzen. Präsident Harry S. Truman und Premierminister Winston Churchill sind bereit, den Japanern entgegenzukommen und legen – ohne Beteiligung der UdSSR – am 26. Juli die Potsdamer Deklaration vor. Danach wollen die USA und Großbritannien die völlige Niederwerfung Japans erreichen und japanische Kriegsverbrecher vor Gericht stellen. Das Land, beschränkt auf die Haupt- und einige kleine Inseln, wird besetzt. Zugestanden wird die staatliche Einheit unter eigener Regierung und die Heimsendung der japanischen Soldaten nach ihrer Entwaffnung. Die Industrie soll – mit Ausnahme der Rüstungsindustrie – bestehen bleiben, um Reparationsleistungen erbringen zu können. Mit dieser Erklärung ist die Forderung nach bedingungsloser Kapitulation verbunden, um schneller zur Beendigung der Kampfhandlungen zu gelangen. Die japanische Regierung geht auf die Positionen der USA und Großbritanniens nicht ein.

Neuer Premier Attlee

Premierminister Clement Attlee.

26. Juli. Die britischen Unterhauswahlen, an denen auch die in Übersee stationierten Soldaten teilnehmen, dauern vom 5. bis 12. Juli. Premierminister Winston Churchill ist vom Sieg überzeugt und verläßt die Potsdamer Konferenz am 25. Juli, um kurzfristig in London zur Bekanntgabe der Wahlresultate anwesend zu sein. Aber die britische Bevölkerung sieht den Kriegspremier und seine Partei für wenig geeignet an, die Nachkriegsproblematik – u. a. Wohnungsbau, Sozialpolitik – in den Griff zu bekommen: Die Konservativen verlieren gegenüber 1935 knapp 1,8 Millionen Stimmen, die Labour Party gewinnt mehr als 3,6 Millionen. Da die Konservative Partei nur noch über 189 Sitze (1935 waren es 361) und die Labour Party jetzt über 393 Abgeordnete (166) verfügt, reicht Churchill seinen Rücktritt ein. Der König beauftragt den Labour-Führer Clement Attlee mit der Regierungsbildung. Er beruft als Außenminister Ernest Bevin und als Schatzkanzler Hugh Dalton. Attlee vertritt die britische Politik auf der Potsdamer Konferenz.

Morgenthau nimmt Abschied

5. Juli US-Staatssekretär Henry Morgenthau drängt bei Präsident Harry S. Truman darauf, an der bevorstehenden Potsdamer Konferenz teilnehmen zu können. Als er, um dies durchzusetzen, mit seinem Rücktritt droht, nimmt Truman das Abschiedsgesuch an.

Mehr Kalorien für Ruhrbergleute

18. Juli. Im Ruhrgebiet ist die Zahl der fördernden Gruben von 26 bei der Besetzung auf 126 gestiegen, doch ergibt der Abbau mit täglich 40 000 Tonnen nur ein Zehntel der Normalproduktion. Die Bergleute erhalten Lebensmittelrationen mit täglich 3200 Kalorien.

Marschall Pétain in Paris vor Gericht gestellt

Marschall Pétain vor Gericht.

In Paris muß sich der neunzigjährige Marschall Philippe Pétain wegen Kollaboration mit der deutschen Besatzungsmacht verantworten. Die siegreich heimgekehrte Exilregierung rechnet unbarmherzig mit den Führern des Vichy-Regimes ab (→ August 1945).

Belgische Debatte über Rückkehr von Leopold III.

26. Juli. Das Verhältnis der Belgier zu ihrem König bleibt gespannt, weil Leopold III. 1940 vor den Deutschen kapitulierte, anstatt in das Exil zu gehen. Als der prominente Internierte den Wunsch äußert, nach Belgien zurückzukehren, tritt das Kabinett van Ackeren aus Protest zurück. Prinzregent Charles, ein Bruder des Königs, nimmt die Demission des Kabinetts nicht an. Der Ministerpräsident hat mit Leopold III. in Österreich verhandelt und teilt mit, der König habe erklärt, weder abzudanken noch zurückzukehren. In einer Parlamentsdebatte werfen Achille van Ackeren und Paul Henry Spaak dem König fehlerhaftes Verhalten im Mai 1940 vor, ein Verräter sei er jedoch nicht. Das belgische Parlament spricht mit 95 : 68 Stimmen Achille van Ackeren das Vertrauen aus.

Potsdamer Konferenz: Deutschland geteilt

17. Juli. Künftige Schwierigkeiten voraussehend, hat Winston Churchill schon im Juni an Josef Stalin geschrieben: »Es will mir scheinen, daß die Ausdehnung des russischen Einflusses bis zur Linie Lübeck–Eisenach–Triest und noch weiter bis Albanien eine Angelegenheit ist, wegen der noch eine intensive, wenn auch unter guten Freunden geführte Auseinandersetzung nötig ist.« Bereits bei Eröffnung der Konferenz unter Vorsitz des US-Präsidenten Harry S. Truman bestehen schwerwiegende Probleme, da die UdSSR die Teile der von ihr zu verwaltenden Zone östlich von Oder und Neiße an Polen als Territorium abgetreten hat. Außerdem unterstützt die UdSSR die Bewegung zur Loslösung Aserbeidschans vom Iran. Mit Hinweis auf den westalliierten Einfluß in Italien und Griechenland lehnt Stalin jegliche Einmischung Großbritanniens und der USA in Polen, Bulgarien, Rumänien und Ungarn ab und weist ihre Beteiligung an der internationalen Donaukommission zurück. Diese Haltung führt zu mehreren Krisen der Konferenz, die wiederholt vor dem Abbruch steht, bis auf der Basis eines Vorschlags des US-Staatssekretärs James F. Byrnes ein Kompromiß gefunden wird, der in Form eines Protokolls vorgelegt wird. Die sowjetische Führung stellt ihre Forderungen – Mandat in Libyen, freier Zugang zu den Mittelmeerengen, Internationalisierung der Ruhr – zurück; die Westmächte bleiben ohne Mitspracherecht im sowjetischen Machtbereich. Nordostpreußen mit Königsberg kommt zur UdSSR, die Gebiete östlich Oder und »Lausitzer Neiße« stehen »bis zur endgültigen Festlegung der Westgrenze Polens« unter polnischer Administration. Dieses Territorium ist aber auch den Gebieten zuzurechnen, aus denen Polen, Ungarn und die Tschechoslowakei »in ordnungsgemäßer und humaner Weise« deutsche Bevölkerung aussiedeln können. Gegenüber 471 067 Quadratkilometern im Jahr 1937 umfaßt Deutschland jetzt noch 356 678 Quadratkilometer. Die Höhe der deutschen Reparationsleistungen bleibt offen. Zunächst soll jede Besatzungsmacht ihre Ansprüche aus der eigenen Zone befriedigen; darüber hinaus erhält die UdSSR 25 Prozent der in den Westzonen zu demontierenden Industrieanlagen, davon 10 Prozent frei und 15 Prozent gegen Agrar- und Industrieprodukte. Offiziell wird Deutschland auch weiterhin als wirtschaftliche Einheit mit allerdings dezentralisierter politischer Struktur angesehen. Auch wenn dem Volk genügend Möglichkeiten gelassen sein sollen, »um ohne Hilfe von außen zu existieren« und demokratische Parteien erlaubt sind, ist »bis auf weiteres keine zentrale deutsche Regierung« vorgesehen; zu dezentralisieren und entflechten sind im wirtschaftlichen Bereich Kartelle, Syndikate, Trusts und alle anderen Monopolvereinigungen. Kriegsverbrecher haben sich vor Gericht zu verantworten. Die Bürger müssen sich entmilitarisieren und entnazifizieren lassen. In fünf Zentralverwaltungen unter Leitung von Staatssekretären sollen Deutsche die Verwaltung des Finanz-, Transport-, Verkehrswesens, des Außenhandels und der Industrie wahrnehmen.

Eine Konferenz der Außenminister soll in London erste Friedensverträge vorbereiten.

Die Führer der Siegermächte sind sich einig: Churchill, Truman und Stalin (von links) haben in Potsdam die Weichen für Deutschlands Zukunft gestellt.

Deutsche Vertriebene rollen in endlosen Zügen nach Westen.

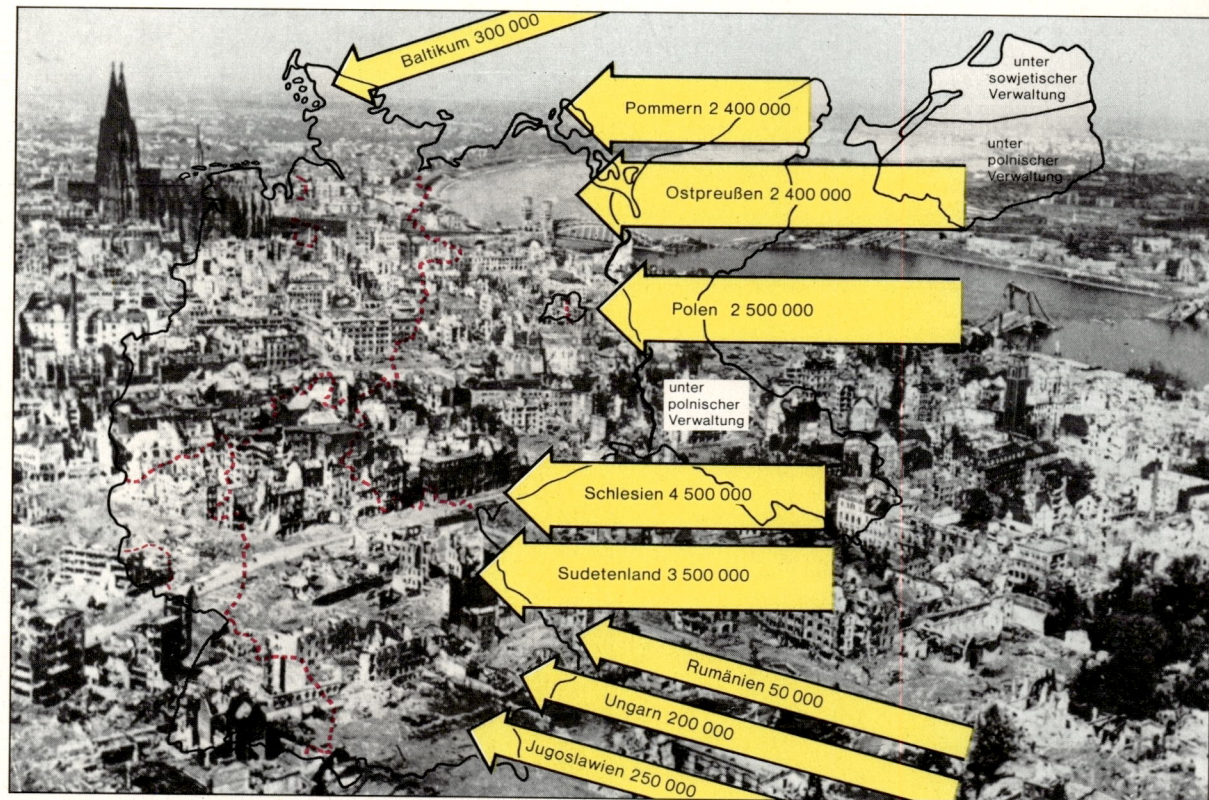

Baltikum 300 000

Pommern 2 400 000

Ostpreußen 2 400 000

Polen 2 500 000

Schlesien 4 500 000

Sudetenland 3 500 000

Rumänien 50 000

Ungarn 200 000

Jugoslawien 250 000

unter sowjetischer Verwaltung

unter polnischer Verwaltung

unter polnischer Verwaltung

Die Stunde »Null«: Ein Trümmermeer und Millionen von Heimatvertriebenen und Flüchtlingen in den Städten.

Legend:

13 000 Zahl der Deutschen die vor der Vertreibung (1945) in diesem Gebiet lebten

10 000 Zahl der in diesem Gebiet lebenden Deutschen

.... Staatsgrenzen 1914, die nach dem 1. Weltkrieg untergingen

———— Staatsgrenzen 1914, die nach dem 1. Weltkrieg bestehen blieben

— — — neue Staatsgrenzen (entstanden 1918-1922)

———— Staatsgrenzen nach 1945

deutsche Siedlungsgebiete die durch Flucht, Vertreibung oder Aussiedlung ganz oder teilweise verlorengingen

deutsche Siedlungsgebiete die durch Umsiedlung oder Deportation während des Krieges verlorengingen

heutige deutschsprachige Siedlungsgebiete

Map labels:

Rostock

Riga — Baltendeutsche 90 000

Memel

Kowno

Wilna

Minsk

Königsberg

Danzig 420 000

Danzig

Ostpreußen 1937 2 488 000

Ostpommern 1937 1 895 000

Pomerellen 108 000 (1910 421 000)

Stettin

Bialystok

Bug

Ostbrandenburg 1937 659 000

Berlin

Bromberg 96 000 (1910 316 000)

Frankfurt

Oder

Posen

Warschau

Mittelpolen 261 000 (1921 170 000) (1911 550 000)

Brest-Litowsk

Pripjet

Posen 109 000 (1910 363 000)

Lodsch

Niederschlesien 1937 3 059 000

Leipzig

Warthe

Radom

Lublin

Wolhynien 45 000 (1922 25 000)

Dresden

Görlitz

Breslau

Weichsel

Reichenberg

Sudetenland Deutsche und Böhmen 2 271 000

Oberschlesien 1937 1 521 000

Karlsb

Prag

Gleiwitz — Kattowitz

85 000 (1927 300 000)

Lemberg

Pilsen

Mährisch-Ostrau

San

Galizien 39 800 (1910 90 000)

Brünn

Dnjestr

Passau

Linz

Slowakei 148 000

13 000

Wien

Bratislawa (Preßburg)

Bukowina 76 000

Prut

78 000

Donau

Budapest

Theiß

Sathmar 26 000

Graz

246 000

Marmarod 5 000

Bessarabien 81 000

12 000

Schwäb. Türkei 233 000

Siebenbürgen 237 000

Batschka 43 000

Zagreb (Agram)

173 000

Gottschee 10 000

Rijeka (Fiume)

Syrmien 70 000

Slowenien 70 000

121 000

20° C 24° D 28° E

56°

52°

48°

1

2

3

4

A B

0   100   200 km

Alliierte verwalten Deutschland

1945
AUGUST

Mo	Di	Mi	Do	Fr	Sa	So
		1	2	3	4	5
6	7	8	9	10	11	12
13	14	15	16	17	18	19
20	21	22	23	24	25	26
27	28	29	30	31		

4. In Berlin beginnt der AFN seine Sendungen von einem Lastkraftwagen aus.

6. Atombombenabwurf über Hiroshima. →

6. In Aachen und Hamburg finden Schulungskurse für Lehrer statt.

7. Tito gibt die Abschaffung der Monarchie in Jugoslawien bekannt.

7. In einer Auflage von 200 000 Stück erscheint die Berliner »Allgemeine Zeitung«.

8. Kriegserklärung der UdSSR an Japan. →

9. Atombombenabwurf über Nagasaki. →

10. Die Münchner Börse arbeitet wieder.

14. Japan erkennt die bedingungslose Kapitulation an. →

14. Abschluß eines chinesisch-sowjetischen Freundschaftsvertrags mit Anerkennung der Äußeren Mongolei. →

14. Zulassung von KPD, SPD und Zentrum in der britischen Zone.

16. Neuer US-Staatssekretär für Auswärtiges wird Dean Acheson.

16. Sowjetisch-polnischer Vertrag über Form und Aufteilung deutscher Reparationen.

18. Die Heidelberger Medizinische Fakultät nimmt ihre Arbeit auf.

22. Ein Besuch von Charles de Gaulle in Washington verbessert die französisch-amerikanischen Beziehungen.

27. In der amerikanischen Zone werden Parteien auf Kreisebene wieder zugelassen.

28. Beginn der alliierten Besetzung Japans.

29. Gegen Hermann Göring und 23 andere wird Anklage wegen Kriegsverbrechen erhoben (→ November 1945).

GESTORBEN:

2. Arturo Mascagni (* 7. 12. 1863), italienischer Komponist.

2. Emil Nikolaus von Rezniček (* 4. 5. 1860), österreichischer Komponist.

21. Alexander Roda Roda (* 13. 4. 1872), österreichischer Satiriker.

26. Franz Werfel (* 10. 9. 1890), österreichischer Schriftsteller.

In Potsdam teilen die Siegermächte Deutschland. Gebiete östlich von Oder und Neiße kommen unter polnische Verwaltung.

1. Juli. Entsprechend den alliierten Vereinbarungen ziehen sich die Amerikaner und Briten aus Sachsen, Thüringen und Mecklenburg zurück, wo statt dessen sowjetische Truppen einrücken. In Berlin übernehmen Franzosen, Briten und Amerikaner ihre Sektoren. Den Westalliierten ist mündlich freier Zugang ohne Grenz- und Zollkontrollen nach Berlin zugesagt.

Von den 20 Berliner Bezirken liegen acht im sowjetischen Sektor (45,6 Prozent des Areals und 36,8 Prozent der Einwohner). Die alliierte Militärkommandantur in Berlin nimmt am 11. Juli ihre Arbeit auf, die konstituierende Sitzung des Kontrollrats in Berlin findet am 30. statt.

Die Sowjetische Militäradministration (SMAD) bildet am 4. Juli in ihrer Zone fünf Länderregierungen: Mecklenburg (Mecklenburg und Westpommern), Sachsen-Anhalt (Halle-Merseburg, Magdeburg, Anhalt), Sachsen, Thüringen (Thüringen, Erfurt, Schmalkalden), Brandenburg. Vor allem schafft sie am 27. Juli als Hilfsorgan und Basis für eine künftige deutsche Eigenverwaltung elf Zentralverwaltungen

Mit Panzerfahrzeugen besetzen die Amerikaner ihren Sektor in Berlin.

(Justiz, Verkehr, Ernährung usw.). Als Eingriff in den über den Krieg hinweg geretteten Privatbesitz sehen viele Einwohner der sowjetischen Besatzungszone (SBZ) die Bestimmung an, alle Gold- und Silbergegenstände und sämtliche Devisen abzuliefern.

Das alliierte Oberkommando der Invasionsarmee wird am 13. Juli aufgehoben; an seine Stelle treten die amerikanische und britische Militärverwaltung in Deutschland. Die Länder Baden und Württemberg werden in die amerikanische und französische Zone aufgeteilt; damit ist der Streit um den Ver-

kehrsknotenpunkt Stuttgart – US-Zone – endgültig beendet. Anschließend sperrt die französische Militärverwaltung ihre Zone völlig von den Nachbargebieten ab. In der amerikanischen Zone werden 140 Wirtschaftsführer verhaftet, die im Verdacht enger Zusammenarbeit mit dem NS-Regime stehen. In der britischen Besatzungszone beginnt am 9. Juli eine Amnestiewoche, während der straffrei Waffen und Munition abgeliefert werden können. Außerdem kann der Postverkehr über die gesamte Zone ausgedehnt werden, aber Briefe unterliegen der militärischen Zensur.

Atombomben auf Hiroshima und Nagasaki

6./8. August. Trotz des ständigen Vordringens der Alliierten im Pazifik weigert sich Japan, auf die Kapitulationsforderung einzugehen. US-Präsident Harry S. Truman ist beunruhigt; die hohen amerikanischen Verluste bei der Eroberung Okinawas (7613 Tote, 31 907 Verwundete) lassen ihn langwierige Kämpfe mit großen Opfern fürchten, wenn alliierte Truppen auf den Hauptinseln landen, wo zwei Millionen Soldaten stehen. Um eine Verlängerung des Krieges auszuschließen, weist Truman General Carl Spaatz, Befehlshaber der Luftflotte im Pazifik, an, bei geeigneten Wetterbedingungen eine Atombombe über einer dichtbesiedelten japanischen Stadt abzuwerfen. General Douglas MacArthur erklärt sein Einverständnis. Der Bombenschütze Tom Feerebee erhält im Flugzeug »Enola Gay« am 6. August um 8.13 Uhr den Befehl, die Uranium-Bombe »Little Boy« über Hiroshima abzuwerfen. Sie wird 2 Minuten 17 Sekunden später ausgeklinkt und explodiert nach 45 Sekunden 600 Meter über der Stadt. Ein heller Blitz blendet die Bomberbesatzung, dann bildet sich über dem Explosionspunkt eine pilzförmige rote Wolke. In Hiroshima entsteht ein Feuersturm von 1200 Stundenkilometer Geschwindigkeit, der Brand dauert mehr als 6 Stunden. Selbst in 1,5 Kilometer Entfernung vom Explosionsherd stürzen Mauern ein, und noch in vier Kilometer Entfernung entstehen durch die Hitzeentfaltung Brände. Die radioaktiven Strahlungen sind von tödlicher Wirkung im Umkreis von einem Kilometer um den Explosionsort. Bei ersten Hilfeleistungen werden an Verwundeten und Sterbenden eigentümliche Blutungen, Erbrechen und Durchfall festgestellt. Die Zahl der toten Zivilisten beläuft sich auf 78 150, dazu kommen 13 939 Vermißte und 9284 Schwerverwundete, die Zahl der getöteten Soldaten dürfte 20 000 überschreiten.

Die Japaner kapitulieren nicht sofort; noch wissen die Minister und Generale nicht, von welcher Art die Bombe war, deren Ungewöhnlichkeit sie jedoch erkennen. Die japanische Regierung wartet auf die Reaktion Moskaus, wo Fürst Fumimaro Konoye für ein Vermittlungsgespräch angemeldet ist. Die

UdSSR erklärt Japan am 8. August den Krieg und läßt ihre Fernost-Armee in die Mandschurei einmarschieren. Da das japanische Kabinett keine Entscheidung fällen kann wegen des Widerstands und der Verzögerungstaktik der Militärs, fällt am 9. August mittags um 12 Uhr die zweite Atombombe auf die in einem Talkessel liegende Stadt Nagasaki: 36 000 Tote, 40 000 Verletzte. Die Druckwelle dringt nicht weit, aber sie zerstört die Gebäude der Stadt fast völlig.

Das »Atom-Zeitalter« hat mit Tod und Verderben begonnen; für viele Überlebende der Angriffe auf Hiroshima und Nagasaki bedeutet es qualvolles Siechtum. Auf einer Farm in England sind deutsche Atomphysiker interniert; als sie vom ersten Atombombenabwurf hören, meint Carl Friedrich von Weizsäcker: »Ich finde es schrecklich, daß die Amerikaner es getan haben. Ich halte es für eine Verrücktheit.« Dazu meint Werner Heisenberg: »Das ist der schnellste Weg, den Krieg zu beenden.« »Das ist es, was mich tröstet«, erklärt Otto Hahn und führt später aus, er sei »dankbar«, daß deutsche Wissenschaftler eine solche Waffe nicht konstruiert hätten.

Vorgeschichte der Bombe: An der militärischen Nutzung der Atomspaltung wurde seit 1939/40 in den USA und Großbritannien gearbeitet. In Deutschland sind entsprechende Untersuchungen als weniger kriegswichtig nicht weiter vorangetrieben worden. Die amerikanische Nationale Akademie der Wissenschaften empfahl in einem Bericht im November 1941 zur »Sicherheit der Nation und der freien Welt« den beschleunigten Bau einer Atombombe. Daraufhin stellte Präsident Franklin D. Roosevelt finanzielle Mittel für die weitere Arbeit zur Verfügung. Am 2. 12. 1941 gelang dem Italo-Amerikaner Enrico Fermi die erste Kettenreaktion und im Juni 1942 ging die Kontrolle der Atombombenherstellung an die amerikanische Armee über. Der Schwerpunkt der Untersuchungen lag dann im Arbeitsstab des Physikers Robert Oppenheimer in Los Alamos in New Mexiko. Ende Mai 1945 erklärte Oppenheimer einem Ausschuß aus Vertretern der Regierung und des Militärs, bei

6. August 1945, 8.16 Uhr: Die erste Atombombe explodiert über der japanischen Stadt Hiroshima. Die Explosion fordert über hunderttausend Menschenleben.

einer Explosion über einer Stadt, in der sich die Bevölkerung in Luftschutzräumen aufhalte, würde die A-Bombe etwa 20 000 Menschen töten. In der Erwartung, daß die Japaner von einer reinen Demonstration ohne Menschenverluste unbeeindruckt bleiben, entschließen sich die Amerikaner zum militärischen Einsatz. Nach längerer Diskussion fand die erste Erprobung bei Los Alamos am 16. Juli

statt. Da die Japaner die »Potsdamer Deklaration« nicht akzeptierten, beschloß Truman den Einsatz der Atombombe und unterrichtete in Potsdam Stalin. Der Kreuzer »Indiana« brachte die Bomben und mehrere Wissenschaftler am 30. Juli auf die Marianen-Insel Tiniam, wo die letzten Vorbereitungen getroffen wurden, um »Little Boy« (auf Hiroshima) und »Fat Man« (auf Nagasaki) einsatzfähig zu machen.

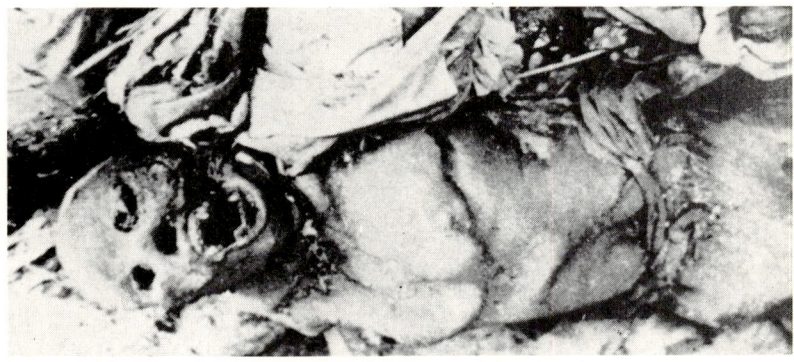

Hiroshima-Opfer nach der Explosion der ersten Atombombe.

Japan kapituliert

14. August. Nach dem zweiten Atombombenabwurf über Japan ist die Kapitulation des Kaiserreichs unausweichlich, doch die Traditionalisten des Militärs sind der Auffassung, nach wie vor Bedingungen stellen zu können. Da eine Einigung innerhalb des Kabinetts nicht zu erreichen ist, wird – im Bruch mit allen Sitten – der Kaiser um eine persönliche Entscheidung gebeten. Hirohito nennt die Beendigung des Krieges »die einzige Möglichkeit, den Frieden wiederherzustellen und das Volk von dem fürchterlichen Elend zu erlösen, das auf ihm lastet«. Über die Botschaften in Bern und Stockholm wird den Alliierten am 10. August die Kapitulationsbereitschaft mitgeteilt, allerdings mit dem Zusatz, die Hoheitsrechte des Kaisers dürften nicht eingeschränkt werden. Die ablehnende Antwort aus Washington zwingt das japanische Kabinett zu neuen erregten Verhandlungen. Doch der Kaiser ist zur Kapitulation auch unter Verlust der Souveränität

entschlossen und läßt eine Rede, in der er die Gründe der Niederlage und der Kapitulation darlegt, auf eine Schallplatte aufnehmen, die in Radio Tokio abgespielt werden soll. Kaiserliche Prinzen fliegen nach China, um die Kontinentalarmee in Singapur, in der Mandschurei und an anderen Kriegsschauplätzen über das Ende der Kampfhandlungen zu unterrichten. Die Bevölkerung in Japan und japanische Soldaten in den Kriegsgefangenenlagern hören erstmals die Stimme des Tenno. Sie gesteht die Niederlage ein und fordert die Japaner auf, »das Untragbare zu ertragen«. Unter dem Prinzen Nawiko Higoshi entsteht ein Kabinett, das die Aufgabe haben wird, die Kapitulationsurkunde zu unterzeichnen. Am 18. August fordert General MacArthur die alliierten Kommandeure auf, von weiteren Kampfoperationen im Indischen und im Pazifischen Ozean abzusehen. Am 30. landet er in Jokohama, um dort sein Hauptquartier einzurichten.

Tauziehen um Israel

13. August. Als Ergebnis der furchtbaren Katastrophe, die das jüdische Volk betroffen hat, veröffentlicht der zionistische Weltkongreß ein der britischen Regierung vorgelegtes Programm zur Gründung eines Staates Israel und der Einwanderung von einer Million Juden in Palästina. Präsident Harry S. Tru-

man verlangt von Premierminister Clement Attlee, Großbritannien solle als Mandatsmacht in Palästina wenigstens 100 000 Menschen in das Land lassen. Doch Saudi-Arabien erinnert sofort an die Zusage Franklin D. Roosevelts, keine Entscheidung ohne Befragung von Juden und Arabern zu treffen.

Pétain wird zum Tode verurteilt

14. August. Nach einem mehrwöchigen Prozeß verurteilt ein französisches Kriegsgericht Marschall Philippe Pétain, den Chef des Vichy-Regimes, zum Tode. Marschall Pétain hat im Prozeß seine Unschuld beteuert und hervorgehoben, alles ihm mögliche zur Rettung Frankreichs getan zu haben. Das Kriegsgericht schlägt General Charles de Gaulle als provisorischem Staatsoberhaupt die Begnadigung Pétains zu lebenslanger Haft vor, die am 17. August ausgesprochen wird (→ Juli 1945).

Frankreich billigt Potsdamer Vertrag

4. August. Die französische Regierung läßt den Regierungen in Washington, London und Moskau mitteilen, sie werde bei der Londoner Außenministerkonferenz vertreten sein. Sie billigt die Grenzziehungen im Osten und die Aussiedlung deutscher Minderheiten aus diesen Gebieten sowie die Ziele der Besetzung Deutschlands, sie lehnt aber entschieden die vorgesehene Einrichtung von fünf Zentralverwaltungen ab und schließt die französische Zone für Flüchtlinge und Vertriebene.

Indonesien wird jetzt unabhängig: Sukarno Präsident

17. August. In Djakarta ruft Achmed Sukarno das unabhängige Indonesien aus. Die Politik der Republik soll auf fünf Prinzipien beruhen: Nationalismus, Internationalismus, repräsentative Regierung, soziale Gerechtigkeit, Glaube an Gott. Die Niederlande, die seit 1929 die indonesischen Inseln als Reichsteil betrachten, weigern sich, die Unabhängigkeitserklärung anzuerkennen.

Befreiungskomitee in Vietnam

Der Führer der antijapanischen, kommunistischen Guerillabewegung in Vietnam, Ho Chi Minh, bildet ein Befreiungskomitee des vietnamesischen Volkes, in dem er selbst den Vorsitz übernimmt. Die japanischen Waffen gehen in den Besitz der Befreiungsarmee über, die auch Hanoi und Saigon einnimmt und den von den Japanern im März eingesetzten Kaiser Bao Dai am 25. August zur Abdankung zwingt. Zwar ruft Ho die vietnamesische Republik aus, doch der neue französische Hochkommissar Thierry d'Argenlieu ist bereits auf dem Weg nach Vietnam.

Vertrag zwischen China und UdSSR

Die Ergebnisse von Jalta und der Potsdamer Beschluß, bei internationalen Fragen auch China zu beteiligen, erfahren eine Bekräftigung durch den chinesisch-sowjetischen Freundschaftsvertrag, durch den die Verhältnisse in der Mandschurei und die Nutzung des Hafens von Darien und der Eisenbahnen geregelt und die Selbständigkeit der Äußeren Mongolei anerkannt wird. Schwieriger gestalten sich die chinesischen Verhältnisse, da Marschall Tschiang Kai-schek die Truppen Mao Tse-tungs beschuldigt, selbständig zu handeln und ohne Rücksprache die bisher von den Japanern gehaltenen Territorien zu besetzen.

Japans Außenminister Shigemitsu unterzeichnet die Kapitulationsurkunde.

Kriegsende im Pazifik

2. September. Auf dem Flaggschiff der amerikanischen Pazifikflotte, »Missouri«, das in der Bucht von Tokio ankert, unterzeichnen Außenminister Mamoru Shigemitsu und General Yoshigiro Umezo die japanische Kapitulationsurkunde; dem General ist das Tragen eines Säbels an Bord verweigert worden. In einer kurzen Rede versichert General Douglas MacArthur, Gerechtigkeit und Toleranz üben zu wollen und begrüßt den eingetretenen Frieden. (Die Kapitulationen der im Indischen und Pazifischen Ozean sowie auf dem asiatischen Kontinent stationierten japanischen Garnisonen und Truppenverbände wird erst am 16. November abgeschlossen sein, ihre Entwaffnung dauert bis in das Jahr 1946; auch danach verbergen sich noch japanische Soldaten im Dschungel, → März 1974.) Zwar besetzen amerikanische Truppen

die japanischen Hauptinseln, aber MacArthur erklärt, dem Kaiser und dem Volk bestimmte Mitsprache in der Verwaltung des Landes einräumen zu wollen. Dieses Entgegenkommen ruft in den USA Beunruhigung hervor. Die amerikanische Regierung stellt daher am 21. September fest, sie beanspruche die politische Kontrolle und werde die japanischen Kriegsverbrecher verurteilen lassen. Sie weist damit nochmals den sowjetischen Anspruch auf Beteiligung an den Entscheidungen in Japan zurück. Dagegen sind die Amerikaner bereit, die sowjetischen Ansprüche auf die 1904 abgetretenen Kurilen und Südsachalin und die Kontrolle über die Äußere Mongolei anzuerkennen, zumal durch die japanische Kapitulation Chinas volle Souveränität über die Innere Mongolei, die Mandschurei sowie über Formosa und Hainan wiederhergestellt ist.

Enteignung der Junker

10. September. Das wichtigste Ereignis in der sowjetischen Besatzungszone ist der Anfang der Bodenreform, wie sie die antifaschistisch-demokratischen Parteien verlangen. Begonnen wird damit schon am 1. September in Sachsen, wo aller Landbesitz über 100 Hek-

tar den zahlreichen Flüchtlingen zugeteilt wird. Als auch in der Provinz Brandenburg entsprechende Maßnahmen eingeleitet werden, ergeht ein Dekret der SMAD, das grundsätzlich die entschädigungslose Enteignung allen Grundbesitzes über 100 Hektar anordnet.

Adenauer entlassen

Zu den Normalisierungsmaßnahmen in der britischen Besatzungszone gehört die Wiederzulassung des unbeschränkten Postverkehrs. Schwerer wiegt jedoch die Ankündigung, daß für Privatpersonen im bevorstehenden Winter keine Kohle zur Verfügung steht (1. September). Gemäß der interalliierten Vereinbarung über die Verfolgung von Kriegsverbrechern werden im Ruhrgebiet 44 Großindustrielle verhaftet, unter ihnen Hugo Stinnes jr. (7. September). Nicht politische Gründe, sondern eine Kontroverse über den Baumbestand der Stadt Köln veranlaßt den britischen Kommandanten, Oberbürgermei-

ster Konrad Adenauer wegen »Unfähigkeit« abzusetzen und ihm ein politisches Betätigungsverbot aufzuerlegen (9. September), das nach wenigen Wochen aufgehoben wird. Dadurch hat Adenauer Zeit, sich an der Entwicklung der CDU des Rheinlandes zu beteiligen, als auf Kreisebene die britische Militärregierung demokratische Parteien zuläßt (15. September). Der Schaffung neuer territorialer Zusammenschlüsse steht die Militärregierung skeptisch gegenüber und erkennt daher den zwischen der Provinz Hannover und den Ländern Oldenburg und Braunschweig geschlossenen Staatsvertrag nicht an.

Bayern entsteht neu

19. September. In der amerikanischen Zone entstehen die Länder Bayern (in seinen alten Grenzen), Hessen (mit Frankfurt und den Regierungsbezirken Hessen-Kassel und Nassau, aber ohne Rheinhessen, Montabaur und Schmalkalden) sowie Württemberg-Baden. Für diesen Bereich erklärt General Dwight D. Eisenhower, ehemalige Nationalsozialisten dürften nur als einfache Arbeiter tätig sein. Anders reagiert der eigenwillige General George S. Patton. Er spricht sich nachdrücklich gegen Entnazifizierungsverfahren aus, da viele Deut-

sche zum Eintritt in die NSDAP gezwungen worden seien, aber auch weil bei Ausschluß ehemaliger Nationalsozialisten – der Mehrheit der Deutschen – der wirtschaftliche Wiederaufbau verzögert werde. Eine Untersuchungskommission der US-Militärregierung überprüft daraufhin in Bayern die unter Patton eingerichteten deutschen Verwaltungsstellen. Die Schwierigkeiten, geeignetes deutsches Verwaltungspersonal ohne NS-Belastung für die US-Zone zu finden, sind so groß, daß aus der Schweiz Beamte ausgeliehen werden müssen.

Béla Bartók stirbt

26. September. In New York stirbt der 1940 in die USA emigrierte ungarische Komponist Béla Bartók unter ärmlichen Lebensbedingungen an Leukämie. Die Bedeutung Bartóks wird erst nach seinem Tod voll erkannt. Ausgangspunkte seiner Arbeit sind die Werke von Franz Liszt und Richard Strauss, dann auch Volksmusik Südosteuropas, insbesondere Ungarns, Rumäniens und der Slowakei. Die kompromißlose Modernität und Individualität der Bartókschen Musik, die sich in harmonischen bis zur Atonalität reichenden und rhythmischen Freiheiten ausdrückt, bringt dem Komponisten zu Lebzeiten eher Widerstand als Anerkennung.

Béla Bartók stirbt am 26. September 1945 in New York.

Der erste KZ-Prozeß

17. September. In der Aula des Lüneburger Johanneums eröffnet ein britisches Kriegsgericht das Verfahren gegen Josef Kramer, Irma Greese und andere Angehörige der Wachmannschaft des KZ Bergen-Belsen. Da die britischen Offizialverteidiger alle Mittel anwenden, die Unschuld ihrer Mandanten zu beweisen, sind die anwesenden internationalen Pressevertreter häufig konsterniert, insbesondere wenn die Behandlungsweise der Häftlinge und deren Elend angezweifelt werden und der Verteidiger

Kramers den Versuch unternimmt, die Konzentrationslager als legal hinzustellen, so daß die Wachmannschaften einen korrekten Dienst versehen hätten. Die Urteile in diesem ersten KZ-Prozeß der Nachkriegszeit fällt das Gericht am 17. November. Elf Angeklagte werden zum Tode verurteilt, einer erhält eine lebenslängliche Haftstrafe, fünf Männer und dreizehn Frauen Strafen von ein bis fünfzehn Jahren Zuchthaus. Die Todesurteile werden am 14. Dezember vollstreckt.

Alliierte zerstritten

10. September. In London treffen die Außenminister der fünf Großmächte zusammen, um entsprechend dem Beschluß der Potsdamer Konferenz die fortbestehenden Streitfragen zu behandeln und die Friedensverträge mit den ehemaligen europäischen Partnerstaaten Deutschlands vorzubereiten. Wjatscheslaw Molotow schlägt vor, Friedensverträge mit Rumänien, Bulgarien und Ungarn abzuschließen, deren Ausführung die Festschreibung des gegenwärtigen Zustands bedeuten würde. US-Staatssekretär James Byrnes dagegen verlangt freie Wahlen und demokratische Regierungen nach dem Beispiel der Regelung in Polen. Aus

diesem Grund kommt eine Einigung nicht zustande. Wie spannungsgeladen die Stimmung ist, zeigt Byrnes' provozierende Frage: »Was versteht Herr Molotow eigentlich unter Demokratie?« Als Molotow dann den Ausschluß Frankreichs und Chinas von den Verhandlungen über osteuropäische Fragen fordert, ist der Weg zu einer für die USA noch annehmbaren Lösung verbaut. Die Konferenz wird ergebnislos abgebrochen.

Amerikaner in Korea

8. September. Amerikanische Truppen landen in Südkorea und bilden ein Gegengewicht gegen die Sowjets, die im August in Nordkorea einmarschiert sind und ein Exekutivkomitee des koreanischen Volkes und einen Revolutionskongreß

eingesetzt haben. Die Besetzung Koreas und die Zonengrenze am 38. Breitengrad sollen der Stabilisierung der Verhältnisse dienen, und die Selbständigkeit des 1910 unter japanische Herrschaft geratenen Landes wiederherstellen.

Webern erschossen

15. September. Anton von Webern wird versehentlich im österreichischen Mittersill von einem amerikanischen Soldaten erschossen. Die musikalische Entwicklung des Schülers von Arnold Schönberg und des Freundes von Alban Berg führte von spätromantisch beeinflußten Werken zu freier Atonalität und zur Zwölftonmusik. Webern

hat sich auf die »kleine Form« konzentriert. In der Vokalkomposition legte Anton von Webern Wert auf die musikalische Ausdruckskraft und die Stellung des Worts. Die von ihm geschätzte Klangfarbenmelodie kommt vor allem in seiner Bearbeitung des Ricercare aus Bachs »Musikalischem Opfer« zum Ausdruck.

1945

OKTOBER

Mo	Di	Mi	Do	Fr	Sa	So
1	2	3	4	5	6	7
8	9	10	11	12	13	14
15	16	17	18	19	20	21
22	23	24	25	26	27	28
29	30	31				

1. Britische Pioniere haben den Rhein von Mannheim bis zur Mündung schiffbar gemacht.

1. Wiederbeginn des Schulunterrichts in der sowjetischen Besatzungszone (SBZ) mit dem Pflichtfach Russisch.

3. In der SBZ werden alle ehemaligen NS-Mitglieder aus dem Justizdienst entfernt.

5. Der Alliierte Kontrollrat verlangt einen vorläufigen Stopp der Umsiedlungen aus dem Osten.

5. Pius XII. ernennt Józef Mindszenty zum Fürstprimas von Ungarn.

5. SPD-Parteikonferenz in Wennigsen. →

6. In München erscheint die »Süddeutsche Zeitung«.

6. Das japanische Kabinett Shidehana will mit den Alliierten zusammenarbeiten.

7. Abschaffung des Shintoismus als japanische Staatsreligion.

14. Der Alliierte Kontrollrat beschlagnahmt den IG-Farben-Konzern.

15. Polen unterschreibt die UN-Charta.

17. Konstituierung des Länderrats der US-Zone in Stuttgart.

17. Wohnungsbeschlagnahmungen zugunsten ehemaliger NS-Opfer in der US-Zone.

18. Eröffnung des Prozesses gegen die angeklagten 24 deutschen Hauptkriegsverbrecher in Berlin.

20. Das Zentrum wird als Partei für die britische Zone zugelassen.

21. Bischof Stepinac protestiert gegen Kirchenverfolgung in Jugoslawien.

22. Die Länderverwaltungen der SBZ dürfen Gesetze und Verordnungen erlassen.

24. Die UN-Charta tritt in Kraft.

29. Der brasilianische Präsident Getúlio Vargas tritt zurück.

GESTORBEN:

8. Felix Salten (* 6. 9. 1869), österreichischer Schriftsteller.

15. Pierre Laval (* 28. 6. 1883), französischer Ministerpräsident. →

24. Vidkun Quisling (* 18. 7. 1887), norwegischer Politiker.

25. Robert Ley (* 15. 2. 1890), deutscher Politiker, Reichsorganisationsleiter der NSDAP.

Araber wehren sich gegen Judenstaat

31. Oktober. Die Spannungen um Palästina wachsen. Zunächst wendet sich die Arabische Liga scharf gegen die fortgesetzte jüdische Einwanderung, dann warnen Ägypten, Syrien, der Libanon und Irak die Regierung der USA vor den Konsequenzen für die außenpolitischen Beziehungen, falls sie die Gründung eines jüdischen Staates in Palästina unterstütze. Unterdessen entwickelt die nationalistische Bewegung der Juden in Palästina erneut Aktivitäten, um die britische Mandatsmacht zum Abzug zu bewegen.

Notstandsrecht in England

15. Oktober. Da die USA bei Kriegsende ihre aufgrund des Leih- und Pachtabkommens erfolgten Lieferungen an England eingestellt haben, steht die britische Regierung vor ernsten Problemen; denn bei Währungsreserven von nur noch 3 Millionen Pfund stehen Auslandsverpflichtungen von 3,3 Milliarden gegenüber. Das Parlament gewährt dem Kabinett Attlee zur Bewältigung der anstehenden Aufgaben ein auf fünf Jahre beschränktes Notstandsrecht.

Freiheitskampf der Indonesier

27. Oktober. Die indonesischen Nationalisten kämpfen um die Unabhängigkeit sowohl gegen die von den Engländern als Ordnungstruppe eingesetzten Japaner als auch gegen die Niederländer. Während sich die Nationalisten auf Java installieren, wo sie die Großstädte kontrollieren, besetzen die Niederländer Cebu und andere Inseln, sehen sich aber bald in einen Guerillakrieg verwickelt, der Tausenden Indonesiern das Leben kostet. Als sich die Weltöffentlichkeit für den Dschungelkrieg zu interessieren beginnt, nimmt die niederländische Regierung Verhandlungen mit den Nationalisten auf.

Neuer Start für SPD

5. Oktober. In Wennigsen am Deister findet die erste Gesamtkonferenz der deutschen Sozialdemokraten seit Ende der Weimarer Republik statt unter Beteiligung führender Mitglieder aus der Westzone, der SBZ und dem Exil. Maßgebende Persönlichkeit ist Kurt Schumacher, der den innerdeutschen Wiederaufbau der Partei betreibt und dem sich der in London lebende Erich Ollenhauer unterordnet. Otto Grotewohl, Vorsitzender des Zentralausschusses der SPD in der SBZ, erklärt, nicht mehr für eine Vereinigung mit der KPD eintreten zu wollen. Um die Spannweite der Sozialdemokratie anzudeuten, führt Schumacher aus: »In dieser Partei ist Raum für diejenigen, die im Geist des Kommunistischen Manifests, wie für diejenigen, die im Geist der Bergpredigt kommen.«

Kurt Schumacher (stehend) und Erich Ollenhauer leiten maßgeblich den Wiederaufbau der SPD.

Die Schuld der Kirche

18. Oktober. Während einer Begegnung mit Vertretern des Ökumenischen Rates der Kirche und ihres Generalsekretärs Willem A. Visser't Hooft nehmen deutsche protestantische Theologen Stellung zu ihrer und ihrer Kirche Haltung in der Zeit des Nationalsozialismus und gestehen ein, daß durch Deutsche »Leid über viele Völker und Länder« gebracht worden sei.

Sie stellen in ihrer Erklärung weiter fest: »Wohl haben wir lange Jahre hindurch im Namen Jesu Christi gegen den Geist gekämpft, der im nationalsozialistischen Gewaltregiment seinen furchtbaren Ausdruck gefunden hat; aber wir klagen uns an, daß wir nicht mutiger bekannt, nicht treuer gebetet, nicht fröhlicher geglaubt und nicht brennender geliebt haben.«

Pierre Laval hingerichtet

15. Oktober. In Paris wird Pierre Laval hingerichtet. Der ehemalige Ministerpräsident des Vichy-Regimes ist von Spanien nach Innsbruck gebracht und den Franzosen ausgeliefert worden. Sein Prozeß verläuft tumultuarisch; doch erhält Laval die Möglichkeit, in einem dreistündigen Plädoyer seine Politik zu verteidigen. Er behauptet, für den Erhalt der Republik gearbeitet zu haben. Das Urteil lautet – von Laval erwartet – auf Todesstrafe wegen Verrat und Zusammenarbeit mit dem Feind. Ein Versuch Lavals, sich zu vergiften, mißlingt. Das Todesurteil wird durch Erschießen vollstreckt.

Gewerkschaften in Österreich

8. Oktober. Die Alliierten lassen in Österreich auf gesamtstaatlicher Ebene Gewerkschaften zu. Sie stellen aber die Bedingung, daß Tarif- und andere Arbeitsvereinbarungen nicht im Gegensatz zu der von ihnen vertretenen Wirtschaftspolitik stehen dürfen.

Kommunistensieg

21. Oktober. Aus den Wahlen zur Nationalversammlung in Frankreich gehen die Kommunisten als stärkste Partei hervor. Sie erhalten 152 Mandate vor den Sozialisten mit 142 Abgeordneten.

1945

NOVEMBER

Mo	Di	Mi	Do	Fr	Sa	So
			1	2	3	4
5	6	7	8	9	10	11
12	13	14	15	16	17	18
19	20	21	22	23	24	25
26	27	28	29	30		

1. Regulierung der Lebensmittelverteilung in der sowjetischen Besatzungszone.

1. Vorbereitung der Nationalisierung der Bergwerke, der Flugzeugindustrie und der Verkehrsbetriebe in Großbritannien.

3. Feldmarschall Gort tritt als Hochkommissar für Palästina und Transjordanien zurück.

6. 3000 von 10 000 angemeldeten Studenten werden zum Studium an der Universität Hamburg zugelassen.

7. In Mainz findet eine britisch-amerikanische Interzonenkonferenz deutscher Gewerkschafter statt.

9. Beginn der Pariser Reparationskonferenz.

10. Die Westmächte erkennen die albanische Regierung Enver Hodschas an.

12. Attlee warnt vor den Gefahren eines Atomkrieges, der nur von den Vereinten Nationen zu verhindern sei.

13. In Indonesien übernimmt Sukarno das Präsidentenamt.

17. Deutsche Atomwissenschaftler treffen in den USA ein.

17. Beginn der Londoner vorbereitenden UNESCO-Konferenz.

17. Die britische Militärregierung übernimmt die Kontrolle über die Krupp-Werke.

21. Sergei Prokofjews Ballett »Cinderella«, eine Version des Aschenputtel-Stoffes, wird in Moskau uraufgeführt.

21. In Berlin beginnt der RIAS seine Sendungen.

23. Die Parteien der US-Zone erhalten auf Länderebene Lizenzen.

25. Die Österreichische Volkspartei gewinnt mit 85 Mandaten die Wahlen zum Nationalrat vor den Sozialdemokraten (76), den Kommunisten (4) und den Demokraten (1).

29. In Österreich bildet Leopold Figl ein Kabinett.

29. Neuer italienischer Ministerpräsident wird Alcide de Gasperi.

29. Ausrufung der Föderativen Republik Jugoslawien unter Präsident Josip Tito.

GESTORBEN:

8. August von Mackensen (* 6. 12. 1849), deutscher Generalfeldmarschall.

Jugoslawien: 91 Prozent für Josip Tito

Im November finden in einigen osteuropäischen Staaten die ersten Nachkriegswahlen statt. In Ungarn geben 59 Prozent der Wähler ihre Stimme für die Kleinbauernpartei ab, für die Sozialdemokraten stimmen 18 und für die Kommunisten 17 Prozent. Zu den Parlamentsabgeordneten gehören Graf Mihály Károlyi, General Miklós, der Komponist Zoltán Kodály und der Nobelpreisträger für Medizin Albert von Szent-Györgyi. Das neue Kabinett bildet unter Einbeziehung von Kommunisten und Sozialdemokraten der Vorsitzende der Kleinbauernpartei Zoltán Tildy.

Jugoslawien: Da sich die jugoslawischen Oppositionsparteien an den Wahlen zur verfassunggebenden Versammlung nicht beteiligen, gewinnt Josip Titos Nationale Front am 11. November 90,84 Prozent der Stimmen für die Bundeskammer und 80,68 Prozent für die Volkskammer. Erstmals hatten die jugoslawischen Frauen das Wahlrecht erhalten.

Bulgarien: Der bulgarische Außenminister weist den amerikanischen Vorwurf zurück, bei den Parlamentswahlen am 18. November, die die mit den Kommunisten sympathisierende Vaterlandspartei mit etwa 90 Prozent der Stimmen gewonnen hat, sei Zwang ausgeübt worden. Tatsächlich hat sich die Opposition schon bei Beginn des Wahlkampfes zurückgezogen.

Vertreibung von sechs Millionen Deutschen

21. November. Die Alliierte Kontrollkommission stimmt der Umsiedlung und somit der Vertreibung von 6,65 Millionen Deutschen zu. Von ihnen kommen 500 000 aus Ungarn und 1,75 Millionen aus der ČSR in die US-Zone, 750 000 aus der ČSR und 2 Millionen aus den Ostgebieten in die SBZ, weitere 1,5 Millionen aus den Ostgebieten in die britische Zone und 150 000 in das französische Besatzungsgebiet (→ Juli 1945).

Nazi-Führer angeklagt

Die deutschen Angeklagten Göring, Heß, Ribbentrop, Keitel und Kaltenbrunner bei der Eröffnung des Nürnberger Prozesses (vordere Reihe von links).

20. November. In Nürnberg beginnen die Verhandlungen gegen die 24 als deutsche Hauptkriegsverbrecher Angeklagten. Den Vorsitz hat der britische Richter Sir Geoffrey Lawrence; Richter aus den USA, Frankreich und der UdSSR bilden den weiteren Gerichtshof. Getrennt tragen die Ankläger Robert H. Jackson (USA), Roman A. Rudenko (UdSSR), Hartley W. Shawcross (Großbritannien) und François de Menthon (Frankreich) die vier Teile der Anklageschrift vor: 1. Verschwörung, um die Weltherrschaft zu erringen, 2. Verbrechen gegen den Frieden, 3. Kriegsverbrechen, 4. Verbrechen gegen die Menschlichkeit. Angeklagt sind Hermann Göring, Rudolf Heß, Joachim von Ribbentrop, Wilhelm Keitel, Ernst Kaltenbrunner, Alfred Rosenberg, Hans Frank, Wilhelm Frick, Julius Streicher, Walter Funk, Hjalmar Schacht, Karl Dönitz, Erich Raeder, Arthur Seyß-Inquart, Albert Speer, Konstantin von Neurath, Hans Fritzsche und Gustav Krupp von Bohlen und Halbach. Robert Ley hat vor Eröffnung der Verhandlungen Selbstmord begangen; der Tod Martin Bormanns ist nicht bekannt, deshalb wird gegen ihn in Abwesenheit verhandelt. Da Krupp aus Altersgründen dem Verfahren nicht mehr gewachsen ist, wird der Prozeß gegen ihn abgetrennt. Die Angeklagten erklären sich nicht schuldig. Der Antrag der Verteidiger, den Gerichtshof für nicht zuständig anzusehen und festzustellen, er habe keine internationale Rechtsbasis, wird abgewiesen. Aufsehen erregt die Äußerung von Rudolf Heß, er habe aus taktischen Gründen eine »Geisteskrankheit« vorgetäuscht.

Nobelpreis an Alexander Fleming

12. November. Das Stockholmer Nobelkomitee vergibt den Preis für Medizin an den Entdecker des Penicillins, Alexander Fleming, sowie an Walter Florey und Ernst B. Chain. Außer den drei Briten werden der Österreicher Wolfgang Pauli (Physik), der Finne Artturi I. Virtanen (Chemie) und die Chilenin Gabriela Mistral (Literatur) geehrt. Das Osloer Komitee gibt den Friedenspreis dem ehemaligen US-Staatssekretär Cordell Hull.

Alexander Fleming.

1945
DEZEMBER

Mo	Di	Mi	Do	Fr	Sa	So
					1	2
3	4	5	6	7	8	9
10	11	12	13	14	15	16
17	18	19	20	21	22	23
24	25	26	27	28	29	30
31						

4. Der US-Gewerkschaftsverband CIO wirft Präsident Truman Lohnpolitik im Interesse der Industriellen vor.

7. Die japanische Regierung beginnt, den feudalen Großgrundbesitz zu reformieren.

13. General Marshall trifft zur Vermittlung im Bürgerkrieg in China ein.

14. »Reichskonferenz« der CDU in Bad Godesberg. →

16. Beginn der Moskauer Außenministerkonferenz. →

19. Präsident Truman läßt für die US-Streitkräfte ein einheitliches Departement bilden.

20. Der Alliierte Kontrollrat ermächtigt die Militärgouverneure zu eigenverantwortlichen Kriegsverbrecherprozessen.

20. Während einer Konferenz des Zentralkomitees der KPD und des Zentralausschusses der SPD der SBZ spricht sich Kurt Schumacher gegen die Fusion beider Parteien aus.

20. Karl Renner wird Präsident der zweiten Österreichischen Republik.

24. In Berlin wird das nächtliche Ausgangsverbot aufgehoben.

26. Amerikanische Wohlfahrtsorganisationen schließen sich unter dem Namen Care zusammen, um Lebensmittel, Kleidung und Medikamente in die vom Krieg betroffenen Länder Europas zu senden.

26. Die französische Militärregierung beschlagnahmt die Saargruben.

27. Die Beschlüsse von Bretton Woods (→ Juni 1944) über die Gründung einer Internationalen Bank treten in Kraft.

31. General MacArthur erhält die Zusicherung, daß er weiterhin Oberbefehlshaber der alliierten Truppen in Japan mit politischer Verantwortung für das Land bleibt.

GESTORBEN:

6. Adam Stegerwald (* 14. 12. 1874), deutscher Politiker.

8. Gabriele D'Annunzio (* 12. 3. 1863), italienischer Dichter und Nationalist.

21. George S. Patton (* 11. 11. 1885), amerikanischer General.

Engländer setzen deutsche Industrielle fest

1./2. Dezember. Die britischen Militärbehörden verhaften 78 Ruhrindustrielle, die unter anderem mit den Vereinigten Stahlwerken, den Deutschen Edelstahlwerken und der Firma Krupp verbunden sind. Ihnen wird Unterstützung des Nationalsozialismus bereits vor der Machtergreifung und während des Kriegs angelastet. Ihr Vermögen ist beschlagnahmt.

In Japan verlangen die US-Behörden die Auslieferung von 58 Personen, die der Kriegsverbrechen beschuldigt werden. Unter ihnen befinden sich ein Vetter des Kaisers, die ehemaligen kommandierenden Generale in Burma, China und der Kwantung-Armee, zwei Premierminister und zahlreiche Wirtschaftsführer und Journalisten. Der ehemalige Premierminister Fumimaro Konoye begeht Harakiri, um sich nicht den Amerikanern stellen zu müssen.

Terrorwelle in Palästina

27. Dezember. Die Terrorwelle gegen britische Militäreinrichtungen in Palästina hält an: Bei Bombenexplosionen in Jerusalem, Tel Aviv und Haifa sterben zehn Menschen. In einer Verhaftungswelle nehmen englische Armee und Polizei über 2000 Juden zwischen 16 und 40 Jahren fest, die fast alle wieder freigelassen werden. Drei Organisationen stehen im Verdacht, die Anschläge ausgeführt zu haben: 1. Die Hagana, die jüdische Geheimarmee, die auch auf illegale Immigration spezialisiert ist; 2. die militante Organisation Irgun Zwai Leumi unter Führung Menachim Begins; 3. die nationalistische Sternbande, benannt nach ihrem 1942 von der Polizei getöteten Gründer Abraham Stern. Organisationsziel ist die Errichtung eines jüdischen Staates in Palästina als Heimstatt für die in Europa lebenden Juden, die das nationalsozialistische Massaker überlebt haben. Dagegen hält es die britische Regierung für notwendig, auch die arabischen Interessen zu berücksichtigen.

Einigung der Großen

16. Dezember. Nach der mißglückten Londoner Außenministerkonferenz (→ September 1945) nehmen in Moskau die Außenminister Großbritanniens, der UdSSR und der USA, jedoch ohne Beteiligung Frankreichs und Chinas, einen neuen Anlauf, um zu einer Einigung über die Friedensverträge mit Deutschlands ehemaligen Verbündeten zu gelangen. Mit Ausnahme der Forderung nach Abzug der sowjetischen Truppen aus dem Iran werden die bisherigen Streitfragen auf dem Weg gegenseitiger Kompromisse gelöst: 1. Molotow stimmt der Aufnahme von je zwei nichtkommunistischen Ministern in die Regierungen Bulgariens und Rumäniens zu. 2. Die UdSSR erhält die Einladung, sich an der UN-Kontrolle von Atomwaffen zu beteiligen. 3. Die UdSSR verzichtet auf eine Beteiligung an der Besetzung Japans und gestattet den USA, bis zur endgültigen Entwaffnung des letz-

ten japanischen Soldaten eigene Truppen in China zu stationieren. Die USA und die UdSSR einigen sich außerdem auf eine fünfjährige Übergangszeit unter sowjetisch-amerikanischer Kontrolle für die Bildung einer demokratischen Regierung in Korea. Nach Ende der Konferenz am 28. Dezember erklärt James Byrnes in einer Rundfunkansprache in den USA, man sei einem Frieden auf den Grundlagen von »Gerechtigkeit und Weisheit« näher gekommen. Aber die republikanischen Abgeordneten, insbesondere John Foster Dulles und Arthur Vandenberg, greifen ihn als »appeaser« an. Da auch Präsident Harry S. Truman sich den Bedenken anschließt, Byrnes' bisherige Politik könne zu einem Ausgreifen des sowjetischen Einflußbereichs führen, entschließt sich der Staatssekretär, nur noch bis zur Ausarbeitung der Friedensverträge im Amt zu bleiben.

Gründung der CDU

14. Dezember. Aus der Erkenntnis, konfessionelle und gesellschaftliche Gegensätze müßten nach den Erfahrungen mit dem Nationalsozialismus überwunden werden, haben sich Angehörige der alten Zentrumspartei, des Nationalliberalismus, der christlichen Arbeiterbewegung, Agrarier, Handwerker und Flüchtlinge in verschiedenen Gebieten Deutschlands (Rheinland, Westfalen, Mittel- und Norddeutschland, Niedersachsen, Württemberg, Bayern) zu Parteien zusammengeschlossen, die die Integration widerstreitender Interessen in einer Union wünschen. Delegier-

te der meisten Landesgruppen – mitteldeutsche und Berliner Delegierte werden von der SMAD an der Beteiligung gehindert – treffen in Bad Godesberg zusammen. Sie wollen politisches Sammelbecken für alle Deutschen mit betont christlicher Orientierung sein, und sie nennen sich Christlich-Demokratische Union bzw. in Bayern Christlich-Soziale Union. In wirtschaftspolitischer Hinsicht will sich die CDU/CSU von der päpstlichen Sozialenzyklika leiten lassen und tritt, um die derzeitige Notlage in Deutschland zu überwinden, für Planwirtschaft ein.

Pius XII. ernennt Frings, von Preysing und von Galen zu deutschen Kardinälen

23. Dezember. Im ersten vatikanischen Konsistorium seit 1937 gibt Papst Pius XII. die Ernennung von 32 Kardinälen bekannt. Das Kardinalskollegium umfaßt jetzt 70 Mitglieder, davon 28 Italiener, die nun erstmals seit dem 14. Jahrhundert in der Minderheit sind. Neu ernannt werden aus Deutschland: Erzbi-

schof Josef Frings (Köln), Bischof Konrad Graf von Preysing (Berlin) und Bischof Clemens August Graf von Galen (Münster). Für Ungarn wird der Primas des Landes, Erzbischof József Mindszenty, in das Kollegium berufen. Die neuen Kardinäle erhalten am 18. Februar 1946 die Weihe.

Im Kampf gegen den Hunger zerlegen zwei Männer ein auf der Straße verendetes Pferd. Zu kaufen gibt es kaum Fleisch.

Vergangenheitsbewältigung: NS-Uniformen landen im Abfalleimer.

Die Wandzeitung des Jahres 1945: Mitteilung für die Heimkehrer.

Das »Wohnzimmer« einer deutschen Familie nach dem Zusammenbruch. Eine Matratze dient als Bett; der Besitz findet in einigen Koffern Platz.

Zweiter Weltkrieg ist zu Ende

Sowjetische Soldaten hissen die sowjetische Fahne auf dem Berliner Reichstag am 4. Mai 1945.

Bei der Kapitulation am 8. Mai 1945 war vom Großdeutschen Reich nur ein Trümmerhaufen übriggeblieben. Die Städte waren zerstört, die Menschen obdachlos, die Bevölkerung aus den Gebieten östlich von Oder und Neiße vor der sowjetischen Armee geflohen oder vertrieben.

Aber auch das übrige Europa war schwer vom Krieg gezeichnet. Die Kräfte Großbritanniens waren nach sechs Jahren völlig erschöpft. Über andere Länder Europas war der Krieg hinweggegangen, auch hier lagen die Städte in Trümmern, viele waren besetzt gewesen und wirtschaftlich ausgebeutet worden, es hatte Partisanenkämpfe gegeben, und schließlich waren sie militärisch befreit worden. Das Ende des Krieges schien auch das Ende eines industriell hochentwickelten, wirtschaftlich starken und kulturell führenden Europa zu sein.

Das Ende des Krieges gegen Japan im Pazifik und in Ostasien sah ganz anders aus. Insel für Insel mußten die Amerikaner gegen zähen Widerstand erobern; ein Ende war nicht abzusehen. Erst der Einsatz der beiden Atombomben auf Hiroshima und Nagasaki, dem weit über 100 000 Menschen zum Opfer fielen, und die gleichzeitige Kriegserklärung der Sowjetunion an Japan erzwangen die Kapitulation am 15. August 1945.

Zu diesem Zeitpunkt hatte Japan noch fast ganz Indonesien, Indochina, den Osten Chinas und den größten Teil der Mandschurei in der Hand. Durch den plötzlichen Zusammenbruch wurden alle diese Gebiete mit einem Schlag befreit. Aber der Vorkriegszustand war damit nicht wiederhergestellt, vielmehr war in Ost- und Südostasien ein großer Raum politischer Unsicherheit entstanden.

Dr. Bernhard Askani »Zeitaufnahme 4«, Braunschweig 1982

---

von den USA,

Großbritannien, besetzte Gebiete

Frankreich

(N) 1945 wiederhergestellte Staaten mit westlichem (parlamentarischem) Regierungssystem

Deutsches Reich in den Grenzen von 1937

Gebiete, die 1945 unter sowjetische bzw. polnische »Verwaltung« gestellt wurden

Größte Ausdehnung des von der Deutschen Wehrmacht im 2. Weltkrieg kontrollierten Gebietes (November 1942)

Washington
New York
Montreal
Atlantischer
Ozean
Casablanca
Kairo
Türkei
Jalta
Teheran
Persien
Leningrad
Moskau
Berlin
Sowje
Delhi
Indien
Indischer
Ozean

Map legend (top)

Von der Sowjetunion 1945

- annektierte,
- besetzte Gebiete
- ★ Länder, in denen die Sowjetunion 1945 kommunistische Regierungen eingesetzt oder kommunistische Bewegungen unterstützt hat
- 1945 kommunistisch gewordene Staaten

Map labels

S A

a

Los Angeles
San Francisco

Hawaii-In.

Pearl Habor

Midway-I.

Pazifischer *Ozean*

5

Kurilen

Sachalin

Japan

Tokio

Hiroshima

Nord-Korea

Seoul

Süd-Korea

Nagasaki

union

Mandschurei

Mongolei

Peking

Mao Tse-tung

ina

na

Formosa (Taiwan)

Philippinen

Indochina

Map legend (bottom)

Japan nach Kriegsende

Größte Ausdehnung des von Japan im 2. Weltkrieg kontrollierten Gebietes (Ende 1942)

Auf dem Weg zur geteilten Welt

Churchill, Roosevelt und Stalin auf der Konferenz von Jalta am 12. Februar 1945.

Aus dem Krieg sind nur die beiden heutigen Supermächte USA und Sowjetunion als handlungsfähige Sieger hervorgegangen. Die beiden europäischen Großmächte Großbritannien und Frankreich mochten noch einen Teil ihrer Kolonialreiche besitzen, aber es regte sich jetzt überall Widerstand; Weltgeltung konnten beide nach dem Krieg nicht mehr erlangen. Frankreich nahm nicht einmal an den Konferenzen von Jalta auf der Krim und Potsdam teil, auf denen die Nachkriegsordnung ausgehandelt wurde.

Der sowjetische Einfluß dehnte sich 1945 so weit aus, wie die Rote Armee vorgestoßen war. Das östliche Polen und das nördliche Ostpreußen wurden annektiert; in ganz Osteuropa, auf dem Balkan und in der deutschen Besatzungszone der Sowjets wurden kommunistische Regierungen eingesetzt oder ein Umsturz vorbereitet. Die westlichen Alliierten stellten dagegen in ihrem europäischen Einflußbereich zunächst nur die alten Demokratien wieder her. Was aus dem in Besatzungszonen aufgeteilten Deutschland und dem mit der Sowjetunion gemeinsam verwalteten Berlin werden sollte, war unklar, fest stand nur, daß der Nationalsozialismus ausgerottet werden mußte. So bahnte sich bereits 1945 die Spaltung Europas in eine westliche und eine östliche Hälfte an.

Auch in Ostasien wurden bei Kriegsende die Weichen für die Zukunft gestellt. Das besiegte Japan wurde unter amerikanische Militärverwaltung gestellt und verlor alle seine imperialistischen Eroberungen: Südsachalin und die Kurilen erhielt die Sowjetunion. Das befreite Korea wurde in eine amerikanische und eine sowjetische Besatzungszone geteilt. China wurde wiederhergestellt und erhielt Formosa (Taiwan) zurück. Aber mit dem Zusammenbruch des gemeinsamen Gegners Japan zerbrach auch das Bündnis zwischen der nationalchinesischen Regierung Tschiang Kai-scheks und der kommunistisch-revolutionären Gegenregierung Mao Tse-tungs. Gestützt auf die Sowjetunion begann der Vormarsch der chinesischen Kommunisten. Im gleichen Jahr, als die Welt in zwei um die Supermächte gruppierte Blöcke zu zerfallen begann, wurde auf der Konferenz von San Francisco die UNO als Weltfriedensorganisation gegründet.

1946

JANUAR

Mo	Di	Mi	Do	Fr	Sa	So
	1	2	3	4	5	6
7	8	9	10	11	12	13
14	15	16	17	18	19	20
21	22	23	24	25	26	27
28	29	30	31			

1. Kaiser Hirohito erklärt in einer Radioansprache das Entstehen des Kaiser-Mythos in Japan.

6. Die Wahlen im Norden Vietnams bringen einen Erfolg für Ho Chi Minh.

7. Die Westmächte erkennen Österreich in den Grenzen von 1937 an.

7. US-Staatssekretär Byrnes erklärt, die USA würden das Atomgeheimnis nicht vorzeitig preisgeben.

7. Erweiterung des rumänischen Kabinetts durch zwei nichtkommunistische Minister.

10. Waffenstillstand im chinesischen Bürgerkrieg.

10. Paul Henri Spaak eröffnet die Vollversammlung der UNO.

11. Albanien wird zur Volksrepublik erklärt.

12. Nach einem Kontrollratsbeschluß sind alle Beamten, die vor dem 1. Mai 1937 Mitglieder der NSDAP geworden sind, zu entlassen.

13. Die britische Regierung, unter deren Mandatsverwaltung Palästina steht, legt die monatliche jüdische Einwanderungsquote in dieses Gebiet auf 10 500 Personen fest.

17. Ernest Bevin erklärt die britische Bereitschaft, Transjordanien die Unabhängigkeit zu geben.

19. Der Papst wirft der UdSSR vor, die katholische Kirche in der Ukraine zu behindern.

21. Präsident Truman warnt bei der Haushaltsvorlage vor einer Inflation und verlangt wirtschaftliche Kontrolle des Staates.

21. Adenauer wird zum 1. Vorsitzenden der CDU in der britischen Zone gewählt.

26. Die Autohersteller Ford und Chrysler verhandeln gemeinsam mit den US-Gewerkschaften über Tariffragen.

28. Das surrealistische Theaterstück »Quoat-Quoat« von Jacques Audiberti hat in Paris Premiere.

31. Die jugoslawische Verfassung wird an das Vorbild der UdSSR-Verfassung angelehnt.

GESTORBEN:

14. John Baird (* 13. 8. 1888), schottischer Farbfernsehingenieur.

29. Harry Hopkins (* 7. 8. 1890), amerikanischer Politiker.

Erste freie Wahlen

29. Januar: Seit 1933 finden in Deutschland zum ersten Male wieder freie und geheime Wahlen statt. In diesem Münchner Wahllokal warten die Bürger vor der Wahlkabine in einer langen Schlange auf ihre Stimmabgabe für den Stadtrat.

Erstmals seit 1933 finden auf deutschem Boden wieder freie Wahlen statt. In Hessen (21. Januar), Bayern und Württemberg-Baden (29.) werden die Gemeinderäte gewählt. Ergebnis in Hessen: SPD 485 000, CDU 341 000, KPD 61 000, Liberal-Demokratische Partei 25 000, sonstige 174 000; Bayern: CSU 871 000, SPD 338 000, KPD 46 000, FDP 18 000, sonstige 767; Württemberg-Baden: CDU 242 000, SPD 158 000, Demokratische Volkspartei 55 000, KPD 30 000.

De Gaulle tritt zurück

20. Januar. Nach wiederholten Einsprüchen und Forderungen der kommunistischen Regierungsmitglieder – zuletzt bestehen sie auf einer Kürzung des Wehretats um 20 Prozent – erklärt Staatspräsident Charles de Gaulle in Paris seinen Rücktritt. Er war drei Monate im Amt.

Sein Nachfolger wird Felix Gouin, dessen Kabinett aus je sechs Sozialisten, Kommunisten und Republikanern sowie einem Unabhängigen besteht; Außenminister bleibt Georges Bidault.

Charles de Gaulle.

Siam schließt Frieden

1. Januar. Nach Senkung der anglo-indischen Forderungen auf kostenlose Reislieferungen – nur noch 1,5 Millionen Tonnen – aus Siam, schließen Großbritannien, Indien und Siam einen Friedensvertrag, der den am 5. Januar 1942 verkündeten Kriegszustand beendet. Mit den USA, die bei den Verhandlungen zugunsten Siams vermittelt haben, nimmt Bangkok am 5. Januar diplomatische Beziehungen auf. Damit herrscht in Hinterindien wieder Friede.

In 2,4 Sekunden zum Mond und wieder zurück

10. Januar. Angehörige des US-Signalkorps stellen mit Radarwellen einen Kontakt zum Mond her. Das Funkecho auf die Ausstrahlung in Belmar (New York) erfolgt nach 2,4 Sekunden. Damit ist der Nachweis erbracht, daß mit hohen Frequenzen die Ionosphäre durchbrochen werden kann. Die Versuche werden erfolgreich fünf Tage lang fortgesetzt.

Sowjets werfen Großbritannien Intervention vor

21. Januar. Der sowjetische Botschafter in den USA und UN-Delegierte Andrei Gromyko wirft Großbritannien vor, sich durch die Stationierung von Truppen in die inneren Angelegenheiten Griechenlands und Indonesiens einzumischen, und verlangt die Behandlung dieser Frage im Sicherheitsrat. Dagegen fordern Ministerpräsident Themistokles Sophoulis und sein indonesischer Kollege Sutan Sjahir den Verbleib der Briten. Ein Sprecher der britischen Regierung erklärt das Einverständnis, die britische Politik in beiden Ländern durch die Vereinten Nationen nachprüfen zu lassen.

Französischer Ankläger fordert Todesstrafen

17. Januar. Der französische Hauptankläger im Nürnberger Prozeß, François de Menthon, verlangt für alle Nationalsozialisten, die in Westeuropa Kriegsverbrechen begangen haben, die Todesstrafe. Er schätzt die Zahl der nach Deutschland verschleppten Franzosen auf 715 000. Nationalsozialistische Absicht sei es gewesen, auch nach Kriegsende über Zwangsarbeiter zu verfügen und sie als kostenlose Kräfte auszunutzen. Der Nationalsozialismus sei überdies ein Grundzug der deutschen Nation.

1946
FEBRUAR

Mo	Di	Mi	Do	Fr	Sa	So
				1	2	3
4	5	6	7	8	9	10
11	12	13	14	15	16	17
18	19	20	21	22	23	24
25	26	27	28			

1. Der Norweger Trygve Lie wird erster Generalsekretär der UNO.

1. Ungarn wird als Republik proklamiert mit Präsident Zoltán Tildy.

3. UdSSR übernimmt Aktien der Donaudampfschiffahrtsgesellschaft.

5. Die USA erkennen die Regierung Rumäniens an.

7. Bei der Bodenreform in der sowjetischen Besatzungszone (SBZ) sind 53 000 Betriebe mit 2,6 Millionen Hektar an Neubauern aufgeteilt worden.

9. Bundeskongreß des Freien Deutschen Gewerkschaftsbundes (FDGB) in der SBZ.

9. Stalin verkündet einen neuen Fünfjahresplan für die UdSSR mit dem Ziel, den Westen in der Öl-, Stahl- und Eisenproduktion zu übertreffen.

9. Die UNO nimmt Antrag Panamas auf Ausschluß Spaniens an.

11. Die niederländische Regierung bietet Indonesien einen Commonwealth-Status an.

13. Aufhebung des britischen Antistreikgesetzes von 1926.

14. Nationalisierung der Bank von England.

14. Vertagung der UN-Vollversammlung.

15. Bildung des Zonenbeirats der britischen Zone in Hamburg.

17. Ende des Stahlarbeiterstreiks in den USA.

19. Die britische und die polnische Regierung vereinbaren die Umsiedlung von 1,5 Millionen Deutschen aus den Ostgebieten.

20. General Franco spricht sich erneut für die Wiedereinführung der Monarchie in Spanien aus.

21. Gründung der Wochenzeitung »Die Zeit« in Hamburg.

23. Der Weltkirchenrat erklärt, die Besatzungspolitik ruiniere nicht nur Deutschland, sondern auch Europa.

28. Die Lebensmittelrationen in der britischen Zone Deutschlands werden auf täglich 1014 Kalorien pro Kopf herabgesetzt.

28. Die USA erproben die V 2 als Abwehr gegen Atombombenangriffe.

28. Vor der Fabrik von General Electric in Philadelphia kommt es zu Zusammenstößen zwischen Streikposten und Polizisten.

Bizone diskutiert

28. Februar. Für zwei Tage treffen die Minister- und Oberpräsidenten der Länder und Provinzen aus der britischen Zone und der US-Zone zu einer gemeinsamen Konferenz zusammen. Sie behandeln Fragen der Neugestaltung der deutschen Länder. Insbesondere diskutieren sie die Problematik eines Zusammenschlusses der amerikanischen und britischen Zone und die möglichen Auswirkungen auf das Verhalten der Besatzungsmächte und Länder in der französischen und sowjetischen Zone. Bindende Beschlüsse werden nicht gefaßt.

Adenauer CDU-Chef

26. Februar. CDU-Delegierte der britischen Zone treten in Neheim-Hüsten zusammen, um ein Programm für die Partei zu beschließen und endgültig ihren Vorsitzenden zu wählen. Beschlossen werden unter anderem »die christliche Grundlage der demokratischen Union«, eine Ablehnung weitreichender Sozialisierung, dafür die Förderung »mäßigen Besitzes«, Familienschutz und Freiheit der Person, weltanschauliche Schulgestaltung und Glaubensschutz. Zum Vorsitzenden der CDU in der britischen Zone wählen die Delegierten endgültig Konrad Adenauer. Die Tagung endet am 1. März.

Strafen für Politiker

21. Februar. In dem Prozeß vor einem finnischen Sondergericht gegen ehemalige Regierungsmitglieder werden die Angeklagten für schuldig befunden, den Eintritt des Landes in den Krieg gegen die UdSSR an der Seite Deutschlands im Jahr 1941 betrieben zu haben. Ein erstes Urteil ist von der Regierung auf Drängen der Linksparteien, die es ebenso wie der Alliierte Kontrollrat für zu milde gehalten haben, dem Gerichtshof zur nochmaligen Beratung zurückgegeben worden. Daraufhin werden die Strafen für den ehemaligen Präsidenten Rysto Ryti, den Minister Vaino Tanner und den Gesandten Toivo Kiwimäki heraufgesetzt. Ryti erhält zehn Jahre Zwangsarbeit, der ehemalige Ministerpräsident Rangell, Finanzminister Tanner und Ministerpräsident Edwin Linkomies je 5½ Jahre Gefängnis; der Gesandte Kiwimäki 5 Jahre; Außenminister Ramsay und Erziehungsminister Kukhovenon je 2½ Jahre, Minister Reinikha 2 Jahre.

Russen-Spione in Kanada

16. Februar. Der kanadische Premierminister Mackenzie King teilt mit, der sowjetische Militärattaché Ivor Gusenko habe sich der kanadischen Regierung gestellt und ihr eine Liste mit 1700 Spionen übergeben. 23 von ihnen, darunter Angestellte des Nationalen Forschungsrates, der in Kanada für die Atomenergie zuständig ist, sind verhaftet worden. US-Staatssekretär James Byrnes erklärt, die USA verfüge allein über das Geheimnis der Atombombe. Die UdSSR räumt ein, Kenntnis über die kanadische Atomforschung zu besitzen.

Nehru ruft zum Ungehorsam auf

In Indien brechen an vielen Orten Unruhen aus. Zunächst richten sie sich gegen die Verurteilungen von Angehörigen der »nationalen indischen Armee« Subhas Chandra Boses, dann aber auch gegen die 50prozentige Kürzung von Weizen- und Reislieferungen. Jawaharlal Nehru fordert in Bombay, daß kein indischer Soldat dem britischen Befehl folgen dürfe, auf seine Landsleute zu schießen. Insgesamt werden bei den Unruhen 228 Menschen getötet und 1047 verletzt; zerstört werden neun Banken und 52 Geschäftshäuser.

Absolute Mehrheit für Juan Perón in Argentinien

Wahlsieger Juan Perón.

24. Februar. Juan Perón führt einen rücksichtslosen Wahlkampf, um Präsident Argentiniens zu werden, wobei er gegnerische Kandidaten und Gruppen mit Gewaltmaßnahmen ausschalten läßt. Der von den USA häufig als Freund der Nationalsozialisten angegriffene Perón wirft den USA vor, Südamerika mit einem Spionagenetz zu überziehen. Er gewinnt 304 der 376 Wahlmännerstimmen; seine Anhänger besetzen alle Gouverneursposten.

Radarstation gesprengt

21./26. Februar. Terroristen sprengen eine britische Radarstation auf dem Berg Karmel und greifen die Polizeihauptquartiere in Tel Aviv und Haifa an; dabei werden vier Juden getötet, die in Tel Aviv von einer Trauergemeinde von 5000 Menschen zur Beisetzung geleitet werden. Nach Anschlägen auf RAF-Flugplätze, bei denen 22 Flugzeuge zerstört werden, nimmt die britische Polizei 5000 Juden fest.

Sowjetisches Veto

16. Februar. Erstmals legt die UdSSR ein Veto ein, als auf Vorschlag der USA der UN-Sicherheitsrat beschließt, Frankreich und Großbritannien sollten mit Syrien und dem Libanon für den geplanten Truppenabzug einen Termin aushandeln. Wyschinski verlangt den sofortigen Rückzug der britischen und französischen Soldaten.

1946
MÄRZ

Mo	Di	Mi	Do	Fr	Sa	So
				1	2	3
4	5	6	7	8	9	10
11	12	13	14	15	16	17
18	19	20	21	22	23	24
25	26	27	28	29	30	31

6. Frankreich erkennt Vietnam als freien Staat innerhalb der indochinesischen Föderation an.

6. Verkündung der neuen japanischen Verfassung.

7. Im Zürcher Schauspielhaus wird Max Frischs Romanze »Santa Cruz« uraufgeführt.

7. Freie Deutsche Jugend (FDJ) in der sowjetischen Besatzungszone gegründet.

9. Juho Paasikivi wird finnischer Staatspräsident.

10. Großbritannien beginnt mit dem Rückzug seiner Truppen aus dem Libanon.

13. Ende des 113tägigen Streiks bei General Motors und bei General Electric in den USA.

13. Der Partisanenführer Draža Mihailović, ein Konkurrent Titos aus der Widerstandsbewegung, wird von jugoslawischen Soldaten in einem Versteck aufgespürt.

15. Clement Attlee verspricht Indien die Freiheit, sobald eine Verfassung bereitet worden sei.

16. Ernest Bevin schlägt der UdSSR einen Freundschaftsvertrag für 50 Jahre vor.

16. Die Sowjetunion beginnt mit der Räumung Bornholms, das am 11. Mai 1945 von sowjetischen Truppen besetzt worden ist.

17. Das US-Verteidigungsdepartement unterstützt MacArthurs Pläne zur Wiederbelebung des japanischen Exporthandels.

19. Kalinin tritt als Präsident der UdSSR zurück, sein Nachfolger wird Nikolai M. Schwernik.

19. Wiederanknüpfung diplomatischer Beziehungen zwischen der UdSSR und der Schweiz nach 22 Jahren.

26. Die argentinische Zentralbank wird verstaatlicht.

29. Durch eine Verfassungsreform wird die Goldküste die erste schwarzafrikanische Kolonie Großbritanniens mit afrikanischer Parlamentsmehrheit.

GESTORBEN:

14. Werner von Blomberg (* 2. 9. 1878), deutscher Generalfeldmarschall.

22. Clemens August Graf von Galen (* 16. 3. 1878), deutscher Kardinal.

30. John Gort (* 10. 7. 1886), britischer Feldmarschall.

Göring als Zeuge

13. März. Als Zeuge in eigener Sache verteidigt der ehemalige Reichsmarschall Hermann Göring Politik und Vorgehensweise der Nationalsozialisten. Er habe sich für die nationalsozialistische Bewegung eingesetzt, um Deutschland eine Machtposition zu verschaffen. Für mehrere politische Entscheidungen wie die Beteiligung am spanischen Bürgerkrieg, den Anschluß Österreichs und die Besetzung Norwegens übernimmt er die Verantwortung. Nach Görings Anschauung ist die Genfer Konvention durch die moderne Kriegführung überholt worden. In der Absicht, einige der Angeklagten zu entlasten, nennt er sie reine »Jasager«.

Göring im Zeugenstand.

Die Ernährungslage ?
Sind Ihnen folgende Tatsachen bekannt

Während der letzten sechs Monate wurden mehr als 50% des Brot- und Mehlverbrauchs der britischen Zone durch Einfuhr in die Zone gedeckt.

500,000 Tonnen Nahrungsmittel wurden während dieser sechs Monate in die britische Zone importiert.

Keine Nahrungsmittel wurden aus der Zone exportiert und fast der gesamte Nahrungsmittelbedarf der britischen Besatzungstruppen wurde durch Einfuhr gedeckt.

Während derselben Zeitspanne wurde die Lebensmittelzuteilung in England gekürzt.

Der Krieg hat eine Nahrungsmittelknappheit in der ganzen Welt verursacht und andere Länder, besonders Indien, stehen vor der Hungersnot.

93% der Nahrungsmittel für die verschleppten Personen in Deutschland werden jetzt eingeführt, obwohl die deutsche Bevölkerung die Verantwortung für die Ernährung dieser schwerbetroffenen Menschen trägt.

Der deutsche Beitrag für die Ernährung dieser Menschen beträgt demnach nur 7% und besteht nur aus frischem Gemüse.

Eine unmittelbare Besserung der Lage ist nicht zu erwarten, da eine Erhöhung der deutschen Lebensmittelzuteilung nur mit einer Vergrößerung der Hungersgefahr in den alliierten und in den früher von Deutschland besetzten Ländern erkauft werden könnte.

Jeder einzelne Deutsche der britischen Zone muß deshalb zunächst alles tun, um die Nahrungsmittelerzeugung zu steigern und eine gerechte Verteilung sicherzustellen.

Sobald die gegenwärtige Welternährungskrise überwunden ist, werden Schritte unternommen, um die Ernährungslage auch in der britischen Zone zu bessern.

Herausgegeben von den britischen Militärbehörden

Printed in PRINTING & DISTRIBUTION UNIT, General Communication for Germany (B.E.)

Die Getreidevorräte des Jahres 1945 sind aufgebraucht. Die Bevölkerung in der britischen Zone muß hungern. Die englischen Militärbehörden können keine zusätzlichen Lebensmittel mehr einführen. Sie antworten auf die herrschende Hungersnot mit einem Plakat, das den Deutschen erklären soll, warum sie hungern müssen und daß eine Besserung der Lage nicht abzusehen ist.

Sowjets wollen Zusammenschluß von KPD und SPD

1. März. Die sowjetische Nachrichtenagentur TASS meldet, die Vorstände von KPD und SPD in der sowjetischen Besatzungszone (SBZ) hätten den Zusammenschluß ihrer Parteien vorbereitet. Tatsächlich ist auf Länderebene schon seit längerer Zeit in dieser Richtung gearbeitet worden. Gefordert wird der Zusammenschluß von der Sowjetischen Militär-Administration in Deutschland (SMAD) und der KPD; der Zentralausschuß der SPD wird von den Ländergremien gedrängt, der Fusion zuzustimmen. In Berlin lehnen die Sozialdemokraten eine Parteienvereinigung ab und verlangen eine geheime Abstimmung, die jedoch nur in den Westsektoren durchgeführt werden darf. Dabei sprechen sich Ende März 12,4 Prozent für einen Zusammenschluß, etwa 62 Prozent für eine Zusammenarbeit, aber 82 Prozent gegen eine alsbaldige Verschmelzung aus.

Kontrollrat plant Demontage der Schwerindustrie

26. März. Der Kontrollrat hat für die deutsche Industrie einen Plan vorgelegt, der sich an die Beratungen während der Potsdamer Konferenz anlehnt. Er sieht eine deutsche Produktionssenkung auf 50 bis 55 Prozent der Vorkriegszeit vor. Alle Industrien, die nicht allein für die Herstellung friedlicher Waren bestimmt sind, sollen demontiert werden. Es wird an einen durchschnittlichen Lebensstandard gedacht, der dem anderer europäischer Staaten – mit Ausnahme der UdSSR und Großbritanniens – angepaßt ist. Eingeschränkt wird die Metall- und Chemieproduktion sowie der Maschinenbau; der Kohleabbau ist zu Reparationszwecken zu fördern. Etwaige Exportüberschüsse sollen für die Bezahlung der Unkosten der Besatzungsmächte benutzt werden. Deutschland soll durch diese Maßnahmen im wesentlichen zu einem Agrarstaat gemacht werden.

Spruchkammern verurteilen ehemalige Nazis

5. März. Der Länderrat der US-Zone schafft Spruchkammern, vor denen sich die ehemaligen Nationalsozialisten zu verantworten haben. Grundlage der Untersuchung bildet ein Fragebogen über die politische Vergangenheit mit 131 Fragen. Das prozessuale Vorgehen und die Bestrafung liegen in deutscher Hand. Als Höchststrafe sind zehn Jahre Arbeitslager und Vermögensverlust vorgesehen.

Die Angeklagten werden in vier Kategorien eingestuft: Hauptschuldige, Aktivisten, Nutznießer und Mitläufer. Ehemalige Nationalsozialisten, die im Widerstand tätig und selbst Opfer gewesen sind, sollen als Entlastete gelten. Militärgouverneur Lucius D. Clay vermutet, daß ein Viertel der Einwohner der US-Zone in etwa 500 000 Verfahren erfaßt wird. Zu registrieren sind alle Deutschen vom vollendeten 18. Lebensjahr an.

Churchill warnt vor Rußland

5. März. Gemeinsam mit US-Präsident Harry S. Truman erhält Winston Churchill den Ehrendoktor der Rechte des Westminster College in Fulton verliehen. In seiner Dankesrede spricht Churchill von einem »Eisernen Vorhang« der sich durch Europa erstrecke, hinter dem die UdSSR Polizeistaaten errichte und die Kommunisten in ihrer deutschen Besatzungszone fördere. Der Zweite Weltkrieg sei nicht für die gegenwärtige Gestalt Europas geführt worden. Neue Auseinandersetzungen könnten nur durch eine allgemeine Verständigung mit der UdSSR unter der Autorität der UNO verhindert werden. Jetzt das Geheimnis der Atombombe der UNO zu übergeben, grenze an Wahnsinn. Notwendig sei eine enge brüderliche Allianz zwischen den USA und Großbritannien, um die UNO zu stärken und um für den Frieden zu arbeiten. In Reaktion auf die Rede nennt Josef Stalin in einem Interview mit der »Prawda« Churchill einen Kriegshetzer und vergleicht ihn mit Adolf Hitler.

1946

APRIL

Mo	Di	Mi	Do	Fr	Sa	So
1	2	3	4	5	6	7
8	9	10	11	12	13	14
15	16	17	18	19	20	21
22	23	24	25	26	27	28
29	30					

1. 1,4 Millionen Bergarbeiter in den USA treten in Lohnstreik.

1. Die deutschen Gerichte, auch die Oberlandesgerichte, nehmen ihre Tätigkeit wieder auf.

10. Der Alliierte Kontrollrat erläßt ein Betriebsrätegesetz für Deutschland.

10. Andrei Gromyko wird als Sowjetbotschafter in Washington abgelöst, um sich ganz auf die Arbeit bei der UNO konzentrieren zu können.

10. Im Alliierten Kontrollrat löst Marschall Sokolowski Marschall Schukow ab.

11. Sitzverteilung nach den griechischen Parlamentswahlen: Die Royalistische Volkspartei 191, rechte Nationalpolitische Union 56, Liberale Partei 42, Nationale Widerstandspartei 17, Unabhängige Royalisten 8, Unabhängige 3.

14. Nach dem Zusammenstoß zwischen Regierungstruppen und Kommunisten bricht in der Mandschurei der Bürgerkrieg aus.

17. Der US-Kongreß lockert die Preiskontrolle.

18. Die USA erkennen die Regierung Titos an.

18. In Griechenland entsteht unter Konstantin Tsaldaris eine monarchische Regierung.

20. Die chinesischen Kommunisten besetzen Chang-sha.

23. Neofaschisten entführen den Leichnam Mussolinis aus dem Grab in Mailand.

24. Die USA sind zur Gewährung eines 1,25-Milliarden-Dollar-Kredits bei freien Wahlen in Polen bereit.

29. Ein britisch-amerikanisches Komitee spricht sich gegen die Teilung Palästinas aus.

29. In Tokio wird der Prozeß gegen den ehemaligen Ministerpräsidenten General Tojo eröffnet. →

30. Ein britisch-amerikanisches Komitee spricht sich für eine baldmögliche Einwanderung von 100 000 Juden in Palästina aus.

GESTORBEN:

21. John Maynard Keynes (* 5. 6. 1883), britischer Nationalökonom.

26. Hermann Graf Keyserling (* 20. 7. 1880), deutscher Philosoph.

Gründung der SED

Wilhelm Pieck, Otto Grotewohl und Walter Ulbricht (v. l.) stehen an der Spitze der am 21. April durch Zusammenschluß gegründeten Sozialistischen Einheitspartei.

21. April. Die Westberliner Sozialdemokraten können trotz des Parteiausschlusses von Otto Grotewohl die Bildung der Sozialistischen Einheitspartei Deutschlands (SED) nicht verhindern. Auf der 40. Tagung der SPD der sowjetischen Besatzungszone unter Vorsitz Grotewohls und auf der 15. Tagung der KPD unter der Leitung Wilhelm Piecks beschließen beide Parteien, die jeweils Gäste aus der anderen Gruppierung haben, den Zusammenschluß. Die erste Zusammenkunft der SED findet mit 507 Delegierten der ehemaligen KPD und 548 der bisherigen SPD statt (230 Vertreter kommen aus den Westzonen). Die Parteisatzung wird mit 1055 : 21 Stimmen angenommen. Wie der Vorsitz durch Otto Grotewohl und Wilhelm Pieck werden auch die anderen Gremien paritätisch besetzt. Ziel der Partei ist die »Herstellung der Einheit Deutschlands als antifaschistische, parlamentarisch-demokratische Republik« und die »Beseitigung der kapitalistischen Monopole«. Der Händedruck Grotewohls und Piecks wird Symbol. Ihre Zeitung, das »Neue Deutschland«, erscheint erstmals am 23. April. Sie wird die größte Zeitung in der Ostzone.

Pariser Konferenz wird wegen Forderungen der Sowjets abgebrochen

25. April. In Paris treffen die Außenminister der USA und der UdSSR, Großbritanniens und Frankreichs zusammen, um die Friedensverträge mit den ehemaligen Bündnispartnern Deutschlands zu erörtern. Auf dieser Tagung verlangt US-Staatssekretär James Byrnes eine Entwaffnung Deutschlands für 25 Jahre. Über die Rückgliederung Siebenbürgens von Ungarn an Rumänien kann eine Einigung erzielt werden. Sonst aber weisen die Vertreter der USA die sowjetischen Vorstellungen trotz der von Wjatscheslaw Molotow angedeuteten Kompromißbereitschaft entschieden zurück: Die Viermächtekontrolle der Ruhr – die auch Frankreich verlangt –, ein Mandat über Libyen und die Abtretung Triests durch Italien an Jugoslawien. Die USA und Großbritannien fordern ihrerseits eine neue Politik in den europäischen Staaten des sowjetischen Machtbereichs, die Internationalisierung der großen Ströme und freien Handelszugang nach Ost- und Südosteuropa. Da besonders in der Frage des Friedensvertrags mit Italien, bei dem die UdSSR die Interessen Jugoslawiens wahrnimmt, kein Fortschritt zu erreichen ist, wird die Konferenz abgebrochen. Bei der Suche nach einer dauerhaften Friedensregelung gibt es unter den Alliierten keine Übereinstimmung.

Völkerbund aufgelöst

18. April. Der Völkerbund löst sich in seiner letzten Sitzung in Genf selbst auf und überträgt seine Aufgaben den Vereinten Nationen; dies gilt für die Verwaltung der Mandatsgebiete, die Weltgesundheitskommission und das Internationale Arbeitsamt.

Der Völkerbund ist 1919 auf Anregung des US-Präsidenten Woodrow Wilson gegründet worden, doch hat der US-Kongreß die Teilnahme der USA am Völkerbund abgelehnt. Die Satzung des Völkerbunds bildete den ersten Teil des Versailler Vertrags von 1919. Wirksam ist der Völkerbund gewesen in der Verwaltung von kolonialen Mandatsgebieten und der Überwachung neuer Territorien (Saargebiet bis 1935, Danzig bis 1939) und von internationalen Streitfällen; gelegentlich hat er wirtschaftliche Hilfe vermittelt (Österreich 1922). Die Bemühungen zur Erhaltung des Friedens in der Welt verfielen seit Beginn der 30er Jahre mit dem Ausgreifen des japanischen und des italienischen Imperialismus und des deutschen Nationalsozialismus.

Japan: Frauen wählen

10. April. Die japanischen Wahlen finden statt, nachdem auf Anordnung General Douglas MacArthurs die Kandidatenliste überprüft worden ist und eine große Zahl früherer Parlamentsmitglieder das passive Wahlrecht verloren hat. Bei einer Großdemonstration in Tokio ist drei Tage vor den Wahlen gegen Ministerpräsident Kijero Shidehara der Vorwurf erhoben worden, er wolle die angekündigte Liberalisierung verweigern.

An den Wahlen, zu denen erstmals Frauen zugelassen sind, beteiligen sich 73 Prozent der Japaner (66 Prozent der Frauen). Die Liberalen (konservativ) erhalten 139 Mandate, die Fortschrittspartei (konservativ) 91, die Sozialdemokraten 92, die Kooperative Partei 33, die Kommunisten 3, sonstige 61. Einige hundert Wähler stimmen für General Douglas MacArthur oder fordern auf ihren Wahlscheinen »mehr Lebensmittel«. Shidehara demissioniert am 24. April und bemüht sich dann um eine Koalition aus Fortschrittspartei, Liberalen und Sozialisten (→ Januar 1919).

Internationales Militärgericht in Tokio erhebt Klage gegen 23 Japaner

29. April. In Tokio beginnt der Prozeß gegen 28 Japaner, die wegen Kriegsverbrechen und Verbrechen gegen die Menschlichkeit angeklagt sind. Zu verhandeln sind Vorwürfe, die bis zum Jahr 1928 zurückreichen (Grenzauseinandersetzungen mit der Sowjetunion in Sibirien und Giftgaseinsatz in China). Den Gerichtshof, ein internationales Militärtribunal, bilden elf Richter aus Australien, Kanada, China, Frankreich, Großbritannien, Indien, den Niederlanden, den Philippinen, Neuseeland, der Sowjetunion und den Vereinigten Staaten. Zu den Angeklagten gehören der ehemalige Ministerpräsident General Hideki Tojo, der frühere Außenminister Shigemori Togo und der Botschafter in Berlin, Generalleutnant Hiroshi Oshima.

Japans ehemaliger Ministerpräsident Hideki Tojo vor dem Militärtribunal.

1946

MAI

Mo	Di	Mi	Do	Fr	Sa	So
		1	2	3	4	5
6	7	8	9	10	11	12
13	14	15	16	17	18	19
20	21	22	23	24	25	26
27	28	29	30	31		

3. Großbritannien und Frankreich haben vorzeitig ihre Truppen aus Syrien abgezogen.

3. General MacArthur verbietet dem Vorsitzenden der japanischen Liberalen, Hatyama, sein Reichstagsmandat wahrzunehmen.

5. 213 Industriebetriebe in der sowjetischen Besatzungszone (SBZ) gehen in den Besitz der UdSSR über.

9. Die Vereinigung der gegenseitigen Bauernhilfe in der SBZ schafft auf ihrer ersten Arbeitstagung einen Zentralen Ausschuß.

10. Bei Raketenexperimenten in New Mexico steigt eine V 2 75 Meilen hoch.

13. 58 Angehörige der Wachmannschaft des KZ Mauthausen werden von einem US-amerikanischen Kriegsgericht zum Tode verurteilt.

17. Gründung der Deutschen Film AG (DEFA) in Ost-Berlin.

17. Herbert Hoover fordert die US-Bevölkerung zur Hilfe für die 800 Millionen Hungerbedrohten in aller Welt auf.

17. Marschall Antonescu wird von einem rumänischen Gericht zum Tode verurteilt.

18. Joshida bildet das neue japanische Kabinett mit Shidehara als Außenminister.

20. Das britische Unterhaus beschließt die Verstaatlichung von Bergwerken.

22. In Sachsen wird eine Verordnung zur Demokratisierung der Schulen erlassen.

22. Der Staat Transjordanien wird proklamiert.

25. Militärgouverneur Clay verfügt einen Demontagestopp in der US-Zone bis zur Klärung der Frage, ob Deutschland weiterhin als wirtschaftliche Einheit behandelt wird. →

30. Der Gouverneur Georgias fordert die Polizei zum Vorgehen gegen den Ku-Klux-Klan auf.

31. Ein Erdbeben in der Osttürkei fordert 1330 Tote.

31. Unter Hinweis auf seinen Gesundheitszustand lehnt Stalin eine Einladung Trumans in die USA ab.

GEBOREN:

31. Rainer Werner Fassbinder († 10. 6. 1982), deutscher Regisseur und Filmproduzent.

600 Delegierte auf SPD-Parteitag in Hannover

Herbert Wehner stützt auf dem SPD-Parteitag den neugewählten Vorsitzenden Kurt Schumacher (links).

11. Mai. Zum Parteitag der Sozialdemokratischen Partei der deutschen Westzonen kommen 600 Delegierte nach Hannover; als Gäste nehmen Vertreter der britischen, schwedischen und dänischen Sozialisten teil. Neben den zum Parteivorsitzenden gewählten Kurt Schumacher und seinen Stellvertreter Erich Ollenhauer tritt ein Vorstand von 25 Frauen und Männern, die langjährige Parteimitglieder sind. Als ungeeignet für das gegenwärtige Deutschland bezeichnet Viktor Agartz den ursprünglichen und den Neoliberalismus, den Monopol- und Staatskapitalismus und einen Ständestaat. Schumacher fordert eine sozialistische Wirtschaftsordnung und die Rechtssicherung für Minderheiten. Schumacher wendet sich gegen alliierte Zukunftsvorstellungen, die Deutschland in Armut halten wollen, und lehnt die Abtrennung des Ruhr- und Rheinlandes ab.

Der Parteitag verlangt einen Bundesstaat mit einer Zentralverwaltung der Zonengrenzen. Um die Aufnahme der Flüchtlinge zu verbessern, soll in den Westzonen eine »drastische Bodenreform« durchgeführt werden.

NS-Relikte zerstört

13. Mai. Die Alliierte Militärregierung in Deutschland gibt den Befehl Nr. 4 heraus. Danach sind alle nationalsozialistischen und militaristischen Denkmäler bis zum 1. Januar 1947 zu zerstören und entsprechende Museen aufzulösen. Bücher mit nationalsozialistischem und militaristischem Gedankengut sind aus den öffentlichen Bibliotheken und den Buchhandlungen zu entfernen und abzuliefern.

Demontage beendet

25. Mai. Militärgouverneur Lucius D. Clay verfügt mit sofortiger Wirkung die Einstellung der Demontage in der US-Zone und setzt alle Reparationslieferungen aus. Vom Demontagestopp sind 150 Firmen betroffen, deren Maschinen ins Ausland transportiert werden sollten. Clay will bei seiner Entscheidung bleiben, bis geklärt ist, ob Deutschland weiterhin als wirtschaftliche Einheit behandelt wird.

Dauerstreiks lähmen die US-Wirtschaft

28. Mai. Die Streikbewegung in den USA veranlaßt die Regierung, die Kontrolle über die bestreikten Eisenbahnlinien und Kohlebergwerke zu übernehmen. Zwar endet der Bergarbeiterstreik nach 45 Tagen, aber die Stimmung ist gespannt, da Präsident Harry S. Truman das Recht verlangt, die Aussetzung von Streiks zu verkünden. Die Gewerkschaften protestieren, als Truman erklärt, im Falle eines Streiks bei der Handelsflotte würden Angehörige der Kriegsmarine und Küstenwacht eingesetzt.

Victor Emanuel III. dankt ab

9. Mai. König Victor Emanuel III. von Italien dankt zugunsten seines Sohnes ab, der als König Umberto II. die Regierung antritt und das Kabinett de Gasperi in seinem Amt bestätigt.
Der Führer der italienischen Kommunisten, Palmiro Togliatti, nennt diese Abdankung verfassungswidrig, da Victor Emanuel schon bei der Besetzung Roms durch die Alliierten zurückgetreten sei. Über das Schicksal der Monarchie wird – wie im März beschlossen – am 2. Juni ein Volksentscheid stattfinden (→ Juli 1943, September 1943, Juni 1944, April 1945).

94 Prozent der Holländer gehen zur Wahl

12. Mai. An den Wahlen zur zweiten Kammer nehmen 94 Prozent der stimmberechtigten Niederländer teil. Die Katholische Volkspartei siegt mit 32 Sitzen vor der Arbeiterpartei (29). Aus den Provinzialwahlen zur ersten Kammer am 30. Mai geht die Katholische Volkspartei ebenfalls mit 189 Sitzen als Siegerin hervor (Arbeiterpartei 156). Mit der Bildung der neuen Regierung beauftragt Königin Wilhelmina der Niederlande Louis Beel, den Vorsitzenden der Katholischen Volkspartei.

Kommunisten sind Wahlsieger in ČSR

26. Mai. Aus den Wahlen für die verfassunggebende Nationalversammlung in der Tschechoslowakei gehen die Kommunisten als Sieger hervor. Die Kommunisten fordern, ihren Vorsitzenden Klement Gottwald mit der Regierungsneubildung zu beauftragen, um eine bürgerliche Regierung zu verhindern. Die Sitze werden folgendermaßen verteilt: Kommunisten 93, Volkssozialisten 55, Volkspartei 47, Slowakische Demokraten 43, Tschechische Sozialdemokraten 36, Slowakische Kommunisten 21, Slowakische Freiheitspartei 3, Slowakische Arbeiterpartei 2.

1946
JUNI

Mo	Di	Mi	Do	Fr	Sa	So
					1	2
3	4	5	6	7	8	9
10	11	12	13	14	15	16
17	18	19	20	21	22	23
24	25	26	27	28	29	30

2. Die USA und Großbritannien geben ihre Stützpunkte auf den Azoren an Portugal zurück.

2. In einem Referendum entscheidet sich die italienische Bevölkerung für die Republik.

3. Der Oberste Gerichtshof der USA erklärt die Rassentrennung in Bussen für unvereinbar mit der Verfassung.

3. Umberto II. verläßt Italien; provisorisches Staatsoberhaupt wird Alcide de Gasperi.

5. Bei einem Hotelbrand in Chicago sterben 61 Gäste.

5. Churchill befürchtet, die UdSSR bereite einen neuen Weltkrieg in Osteuropa vor.

10. In Belgrad wird der Prozeß gegen Mihailović eröffnet.

15. Beginn der Pariser Außenministerkonferenz.

15. Der kanadische Abgeordnete Fred wird für schuldig befunden, für die UdSSR spioniert zu haben.

17. Der US-Ankläger in Japan erklärt, aus politischen Gründen werde kein Prozeß gegen den Kaiser geführt.

18. Weltmeister Joe Louis verteidigt seinen Titel im Schwergewichtsboxen in New York gegen Billy Conn durch einen K.-o.-Sieg in der achten Runde.

18. Bildung des Landes Nordrhein-Westfalen in der britischen Zone.

27. Die Brotrationen in Großbritannien werden auf 150 Gramm pro Person und Tag festgelegt.

28. Enrico de Nicola wird zum ersten Präsidenten der italienischen Republik gewählt.

30. Die polnische Bevölkerung stimmt in einem Referendum für ein Einkammer-Parlament und weitreichende Verstaatlichung.

30. 77,6 Prozent der Einwohner Sachsens sprechen sich für die Enteignung der Großbetriebe von Nationalsozialisten und Kriegsverbrechern aus.

GESTORBEN:

1. Ion Antonescu (* 14. 6. 1882), rumänischer Marschall und Politiker.

3. Michail Kalinin (* 7. 11. 1875), sowjetischer Politiker.

6. Gerhart Hauptmann (* 15. 11. 1862), deutscher Dichter. →

G. Hauptmann stirbt im Alter von 83 Jahren

Gerhart Hauptmann †.

6. Juni. Im Alter von 83 Jahren stirbt in Agnetendorf (Riesengebirge) der Dichter Gerhart Hauptmann, der 1905 den Ehrendoktor der Universität Oxford und 1912 den Nobelpreis für Literatur erhalten hat. Als Dramatiker und Erzähler gehörte Hauptmann zu den hervorragenden Vertretern des deutschen Naturalismus. In seinen Dramen und Novellen schildert er brüchige soziale Verhältnisse und das Leiden der Menschen, die an ihnen scheitern. Seine bekanntesten Werke sind: »Vor Sonnenaufgang«, »Der Biberpelz«, »Die Ratten«, »Rose Bernd«, »Bahnwärter Thiel« (Novelle), »Der Narr in Christo Emanuel Quint« (Roman). Teile seines Werks behandeln Themen seiner schlesischen Heimat; aber er wendet sich auch in neuromantisch-symbolistischer Formgebung antiken und literarischen Stoffen zu (z. B. »Und Pippa tanzt«, »Die versunkene Glocke«, »Bogen des Odysseus«, »Hanneles Himmelfahrt«). Bei den nationalsozialistischen Machthabern genoß Hauptmann wenig Sympathien. So lebte er seit 1933 zurückgezogen, da seine Werke kaum noch aufgeführt wurden. Als die Rote Armee Schlesien besetzte, wurde sein Haus unter ihren besonderen Schutz gestellt, denn die Werke des Dichters standen in der UdSSR in hohem Ansehen. Vor der Ausweisung aus Schlesien hätte ihn jedoch auch sein Ruhm nicht schützen können. Beigesetzt wird Hauptmann auf der Ostseeinsel Hiddensee, wo er oft den Sommer verbracht hat.

Deutsche Frage offen

15. Juni. In Paris beginnt die zweite Runde (→ April 1946) der Außenministerkonferenz über die europäischen Partner der Achsenmächte. Die UdSSR beansprucht nicht mehr die Mandatsausübung in Libyen und willigt in die Übergabe des Dodekanes an Griechenland ein. Ferner verzichtet sie auf die Forderung nach 100 Millionen Dollar Reparationen und erkennt die UN-Verwaltung für die Stadt Triest an. Dem Vorschlag James Byrnes', eine 25jährige Entwaffnung Deutschlands mit einem alliierten Garantiepakt zu verbinden, begegnet Wjatscheslaw Molotow mit der Erklärung, im Rahmen der Entmilitarisierung sollten die sowjetischen Reparationsforderungen erfüllt werden. Die von Byrnes vorgeschlagene Zeitspanne müsse auf 40 Jahre erweitert werden. Voraussetzung für einen Friedensvertrag mit Deutschland sei eine deutsche Regierung, der eine deutsche Zentralverwaltung vorangehen habe. Zur Regierungsbildung macht er keinen Vorschlag.

Die österreichische Forderung, Teile Südtirols wieder an Österreich anzugliedern, lehnt Molotow entschieden ab. Die Herausnahme des Ruhrgebiets aus Deutschland lehnt er ebenso ab wie die Bildung eines deutschen Bundesstaates. Frankreichs Außenminister Georges Bidault hingegen spricht sich gegen eine deutsche Zentralregierung aus. Damit kommen die Verhandlungen erneut zum Stillstand und werden vertagt.

Georges Bidault französischer Ministerpräsident

2. Juni. Bei einer Wahlbeteiligung von 79,7 Prozent gehen die Volksrepublikaner aus den Wahlen für die Nationalversammlung als stärkste Partei vor den Kommunisten hervor. Sie erhalten 162 Mandate (1945: 148), die Kommunisten 149 (150), Sozialisten 122 (137), Radikalsozialisten 35 (26), Linksrepublikaner 40 (39), Freiheitspartei 37 (–), sonstige 26 (20).
Nach diesem Ergebnis tritt das Kabinett Gouin zurück. Neuer Ministerpräsident wird Georges Bidault, dessen Kabinett aus Volksrepublikanern, Sozialisten und Kommunisten besteht.

Landtagswahlen in Südwest-Deutschland

30. Juni. In den Ländern der US-Zone finden Wahlen zu den verfassunggebenden Landesversammlungen statt. Sie ergeben in Bayern an Sitzen: CSU 109, SPD 51, KPD 8, WAV 8, FDP 4; in Groß-Hessen: SPD 42, CDU 35, KPD 7, LDP 6; in Württemberg-Baden: CDU 41, SPD 32, DVP 17, KPD 10.

Sukarno ruft auf zum Widerstand gegen Holländer

8. Juni. Der indonesische Präsident Ahmed Sukarno ruft seine Anhänger zum Kampf gegen die Niederländer auf. Die Unabhängigkeitsbewegung will sich mit der Anerkennung der Republik Java nicht zufriedengeben, sondern verlangt auch die Unabhängigkeit und den staatlichen Anschluß Sumatras. Außerdem fordert sie einen Sonderstatus mit Wahlen nach drei Jahren für die Inseln Niederländisch-Indiens, die sich jetzt noch nicht angliedern wollen.

Regierungsbildung in Indien scheitert am Parteienhader

16. Juni. Die Versuche, eine indische Übergangsregierung zu bilden, scheitern an den Zwistigkeiten zwischen Volkskongreßpartei und Moslemliga. Daraufhin lädt der britische Vizekönig Archibald Wavell 14 Inder (je fünf Hindus und Moslems und je einen Christen, Paria, Sikh und Parsen) zur Bildung eines Kabinetts ein. Die Kongreßpartei lehnt ab; ebenso die Sikhs, die einen eigenen Staat fordern.

1946
JULI

Mo	Di	Mi	Do	Fr	Sa	So
1	2	3	4	5	6	7
8	9	10	11	12	13	14
15	16	17	18	19	20	21
22	23	24	25	26	27	28
29	30	31				

1. Amerikanischer Atombombenversuch auf dem Bikini-Atoll.

4. Ausrufung der Philippinischen Republik.

7. Die UdSSR verlangt die Auslieferung des deutschen Besitzes in Oberösterreich.

7. Nehru übernimmt das Amt des Präsidenten der Volkskongreßpartei in Indien.

7. Die UdSSR befiehlt die Deportation aller deutschen Staatsbürger aus ihrer österreichischen Besatzungszone.

13. Erste Delegiertenkonferenz der antifaschistischen Frauenausschüsse in der SBZ.

15. Präsident Truman unterzeichnet einen Kredit von 3,5 Milliarden Dollar für Großbritannien.

16. 43 angeklagte SS-Leute erhalten wegen Erschießung amerikanischer Gefangener während der Ardennen-Offensive die Todesstrafe.

16. Das Land Nordrhein-Westfalen entsteht. Hauptstadt wird Düsseldorf.

21. In England wird das Brot rationiert: Normalverbraucher erhalten täglich 225 Gramm.

25. Auslösung einer Unterwasseratomexplosion am Bikini-Atoll.

26. Die USA beschuldigen die UdSSR der Ausplünderung Ungarns.

26. Der amerikanische Chefankläger Jackson fordert in Nürnberg die Verurteilung aller Angeklagten.

27. In Großbritannien wird ein Versicherungsgesetz zur Verbesserung der Sozialleistungen erlassen.

27. Die Kuomintang weist den kommunistischen Vorschlag zur Beendigung des Bürgerkriegs in China zurück.

29. Beginn der Pariser Friedenskonferenz.

30. Entwurf der Friedensverträge in Paris unterbreitet.

30. Papst Pius XII. fordert einen gerechten Frieden für Italien.

GESTORBEN:

4. Othenio Abel (* 20. 6. 1875), österreichischer Paläonthologe.

11. Paul Nash (* 11. 5. 1889), britischer Maler.

27. Gertrude Stein (* 3. 2. 1874), amerikanische Schriftstellerin.

39 Juden bei einem Pogrom in Polen getötet

4. Juli. Die polnische Regierung ist entsetzt. Ein Pogrom in Kielce kostet 39 Juden und vier Polen das Leben. Das Kabinett verlangt die Todesstrafe für die Verantwortlichen. Was ist geschehen? Ein kleiner Junge ist von zu Hause fortgelaufen und kehrt erst nach zwei Tagen zurück. Um einer Strafe zu entgehen, behauptet er, Juden hätten ihn entführt und in einem Haus, in dem christliche Kinder getötet worden seien, gefangengehalten, bis er habe entfliehen können. Diese Schutzbehauptung genügt, um den Antisemitismus in Polen wiederaufflammen zu lassen.

Byrnes fordert Zusammenschluß der Zonen

10. Juli. Angesichts des Scheiterns der zweiten Konferenzrunde in Paris sieht US-Staatssekretär James Byrnes die dringende Notwendigkeit, die katastrophale Wirtschaftslage in Deutschland zu verbessern. Er fordert deshalb offiziell alle Zonen zum wirtschaftlichen Zusammenschluß auf. Wenn formal auch die sowjetische und französische Regierung angesprochen sind, so richtet sich die Erklärung »tatsächlich allein an die britische Adresse«. Und nur von dort erfolgt eine positive Reaktion. Byrnes und Ernest Bevin vereinbaren die vorläufige Bildung eines einheitlichen Wirtschaftsbereichs der britischen und der amerikanischen Zone.

USA haben Japan unterschätzt

15. Juli. Ein amerikanischer Kongreßausschuß stellt fest, fehlerhafte Beurteilung der drohenden Situation und ungenügende Einschätzung der japanischen Gefahr durch Militärdienststellen auf Pearl Harbor hätten im wesentlichen den Überfall der Japaner auf den Flottenstützpunkt (→ 7. Dezember 1941) ermöglicht.

Guerillas in Palästina

Bis auf den letzten Platz ist das Motorschiff »Smyrna« mit illegalen jüdischen Einwanderern besetzt, als es in den Hafen von Haifa einläuft.

21. Juli. Die Fronten in Palästina verhärten sich, und die britische Regierung lehnt jede Lösung ab, die nur mit Waffengewalt durchgeführt werden kann. Die Arabische Liga wendet sich gegen die jüdische Immigration aus Europa und fordert Präsident Harry S. Truman und die australische Bundesregierung auf, die Einwanderer in ihre Staaten aufzunehmen, da sie noch genügend Platz besäßen. Demgegenüber setzen die jüdischen Verbände ihre Bestrebungen fort, Einwanderer gegen alle britischen Kontrollen heimlich in das Land einzuschleusen.

Außerdem setzen sie alle Mittel ein, um die Engländer zu vertreiben. Die Untergrundbewegung Irgun Zwai Leumi sprengt den Flügel des Jerusalemer »König David«-Hotels, in dem sich das britische Militärhauptquartier befindet: 76 Tote, 46 Verletzte und 29 Vermißte. Menachem Begin, Führer der Gruppe, meint: »Die Heftigkeit der Explosion überstieg unsere Erwartungen.«
Die Hagana, die jüdische Geheimarmee, und David Ben Gurion, Führer der Zionisten, distanzieren sich nachdrücklich von diesem Terroranschlag.

Englische Soldaten transportieren eine Gruppe jüdischer Einwanderer, die versucht haben, illegal nach Palästina zu gelangen, in ein Internierungslager.

1946
AUGUST

Mo	Di	Mi	Do	Fr	Sa	So
			1	2	3	4
5	6	7	8	9	10	11
12	13	14	15	16	17	18
19	20	21	22	23	24	25
26	27	28	29	30	31	

1. Die Berliner Akademie der Wissenschaften nimmt ihre Arbeit wieder auf.

2. Die Salzburger Festspiele werden eröffnet.

2. In Belgien bildet Hymans ein sozial-liberales Kabinett.

4. Das türkische Kabinett Scaracoglu tritt zurück.

10. Frankreich lehnt die Bildung eines vereinigten Wirtschaftsgebietes in Deutschland ab.

12. Großbritannien verfügt einen Einwanderungsstopp für Palästina und läßt weitere Immigrationswillige in Zypern internieren.

12. Der vor vier Monaten entführte Leichnam Mussolinis wird bei Pavia gefunden.

17. Die Sowjetische Militär-Administration in Deutschland (SMAD) gibt ein neues Gesetz über gleichen Lohn für gleiche Arbeit heraus.

19. Bei Kämpfen zwischen Hindus und Moslems kommen in Kalkutta 3000 Menschen ums Leben.

20. Die britische Militärregierung in Deutschland übernimmt die direkte Kontrolle über die Stahlproduktion ihrer Zone.

21. Die USA protestieren gegen den Abschuß zweier amerikanischer Transportmaschinen über Jugoslawien.

24. Der britische Gouverneur Wavell ernennt Pandit Nehru zum Vorsitzenden der geschäftsführenden indischen Regierung.

24. Nach der Erklärung, im Kabinett Nehru mitarbeiten zu wollen, wird der Moslempolitiker Shafrat Ahmad Khan erstochen.

24. General MacArthur ordnet die Demontagevorbereitungen für 505 japanische Fabriken an.

26. George Orwells »Animal Farm« wird in den USA Buch des Monats.

30. In der französischen Zone wird das Land Rheinland-Pfalz gebildet.

31. Von den Nürnberger Angeklagten erklären sich 20 als nichtschuldig; nur Hans Frank sieht seine Schuld ein (→ Oktober 1946).

GESTORBEN:

1. Andrei Wlassow (* ~ 1900), sowjetischer General.

5. Wilhelm Marx (* 15. 1. 1863), deutscher Politiker.

Chinesische Kommunisten auf dem Vormarsch

14. August. Während die chinesischen Kommunisten in Nordchina auf dem Vormarsch sind und seit Beginn des Monats zehn Städte erobert haben, versichert Marschall Tschiang Kai-schek, die Alleinherrschaft der Kuomintang solle beendet und ohne Verzögerung ein verfassungsmäßiges Kabinett gebildet werden. Eine Gegenoffensive der Kuomintang-Truppen zwingt nach Meldungen aus Nanking die Kommunisten in Zentralchina zum Rückzug. Sie rufen daraufhin die 190 Millionen Chinesen in ihrem Machtbereich auf, sich zu erheben und die Herrschaft Tschiang Kaischeks »zu zerschmettern«.

Rußland fordert Kontrolle an den Dardanellen

7. August. Die UdSSR verlangt von der Türkei, die 1936 beschlossene Konvention von Montreux aufzukündigen, nach der die Türkei das Recht hat, die Fahrt von Kriegsschiffen der Schwarzmeer-Staaten durch die Dardanellen zu kontrollieren. Die UdSSR wünscht, an der Kontrolle und an der Verteidigung der Meerenge beteiligt zu werden. Nach Ansicht der Regierungen der USA und Großbritanniens würde eine solche Entwicklung eine Verstärkung des sowjetischen Einflusses im Mittelmeerraum bedeuten mit Rückwirkungen auf das von inneren Kämpfen erschütterte Griechenland und die künftige Durchsetzung der sowjetischen Ziele in Indien und China. Sie weisen in diplomatischen Noten das sowjetische Verlangen zurück. Einer Gefährdung der internationalen Sicherheit müsse die UNO begegnen. Wie diese beiden Staaten lehnt auch die Türkei die sowjetische Forderung ab und bietet internationale Verhandlungen über Veränderungen der Konvention von Montreux an. Wenig später verlegt die US-Marineleitung einen Teil der amerikanischen Flotte in das östliche Mittelmeer, um für ein Eingreifen der Russen gerüstet zu sein.

1946

SEPTEMBER

Mo	Di	Mi	Do	Fr	Sa	So
						1
2	3	4	5	6	7	8
9	10	11	12	13	14	15
16	17	18	19	20	21	22
23	24	25	26	27	28	29
30						

1. Im Referendum entscheiden sich die Griechen für die Rückkehr von König Georg II.

2. In New York hat das Schauspiel »Der Eismann kommt« von Eugene O'Neill Premiere.

4. Mehrtägige Straßenkämpfe zwischen Hindus und Moslems in Bombay fordern 146 Tote und 557 Verletzte.

6. US-Außenminister Byrnes erläutert in Stuttgart die amerikanische Deutschlandpolitik. →

8. Das Schauspiel »Die ehrbare Dirne« von Jean-Paul Sartre wird in Paris uraufgeführt.

10. Eröffnung der Londoner Palästina-Konferenz ohne Beteiligung jüdischer Gruppierungen.

12. US-Handelsminister Henry A. Wallace warnt vor einer Politik, die zum Krieg mit der UdSSR führen kann.

16. Molotow erklärt im Gegensatz zu Byrnes, die polnische Westgrenze sei in Potsdam festgelegt worden.

19. Die Gesetze über die Bodenreform treten in der US-Zone in Kraft.

20. Präsident Truman entläßt seinen Staatssekretär Wallace wegen außenpolitischer Differenzen.

20. Die USA ziehen ihre Truppen aus Island ab.

22. Als Nachfolger von Wallace wird Harriman US-Staatssekretär für Handel.

23. Die USA verzichten auf volle Kriegsentschädigung durch Rumänien.

24. Stalin fürchtet keinen Kriegsausbruch und meint, Atombombenbesitz werde nicht kriegsentscheidend sein.

28. König Georg II. kehrt nach Athen zurück.

28. Die UdSSR warnt die Türkei, Militärtransporte durch die Dardanellen zu gestatten, sofern es sich nicht um Schwarzmeer-Anlieger handele.

29. De Gaulle lehnt den neuen Entwurf einer Verfassung ab, da sie die Republik nicht stärke.

GESTORBEN:

3. Paul Lincke (* 7. 11. 1866), deutscher Operettenkomponist.

25. Heinrich George (* 9. 10. 1893), deutscher Filmschauspieler.

US-Deutschlandplan

Die Ministerpräsidenten von Bayern (Hoegner), Württemberg (Maier) und Hessen (Geiler) (v. l.) treffen sich vor der Besprechung mit dem US-Außenminister Byrnes.

6. September. US-Außenminister James Byrnes legt vor Vertretern der amerikanischen Militärregierung und 150 geladenen Deutschen die Grundlagen der amerikanischen Deutschlandpolitik dar. Im Gegensatz zu 1919 werden die USA in Übersee präsent sein. Die USA seien bereit, die in Potsdam getroffenen Vereinbarungen einzuhalten, aber dann müsse Deutschland auch als einheitliches Wirtschaftsgebiet mit zentralen Verwaltungskörperschaften betrachtet werden. Die Potsdamer Konferenz habe eine deutsche Zentralregierung, wie sie für den Abschluß des beschleunigt herbeizuführenden Friedensvertrags notwendig sei, ausdrücklich verlangt. Vorerst könne aber auch ein Deutscher Nationalrat entsprechende Aufgaben übernehmen. Byrnes hält trotz seines Entmilitarisierungsvorschlags eine kleine Armee zu Verteidigungszwecken für angebracht. In der Grenzfrage sieht Byrnes im Osten den Anspruch der UdSSR auf Königsberg und die umliegenden Territorien als berechtigt an, aber über die Grenze zu Polen sei noch keine Entscheidung gefallen. Im Westen könne Frankreich der Anspruch auf das Saargebiet nicht verweigert werden. Die USA treten für Kontrolle, nicht aber für Abtrennung des Rhein- und Ruhrgebietes ein, deren Bevölkerung bei Deutschland zu bleiben wünsche. Die deutschen Reparationsleistungen müssen den deutschen Produktionsfähigkeiten und den Überschüssen entsprechen, die Entnahme aus der laufenden Produktion sei nicht vertretbar. Außerdem fordert Byrnes die Durchlässigkeit der Zonengrenzen. »Die Schranken zwischen den vier Zonen in Deutschland sind weit schwerer zu überwinden als jene zwischen unabhängigen Staaten.«

Wahlen in der Ostzone

1./15. September. In der sowjetischen Besatzungszone finden Gemeinderatswahlen statt. Am 1. September in Sachsen: SED 1,6 Millionen Stimmen, LDP 671 000, CDU 655 000; am 8. September in Sachsen-Anhalt: SED 1,2 Millionen, LDP 488 000, CDU 325 000, Bauernhilfe 25 000, Frauenausschüsse 16 500, FDGB 350, und in Thürin-gen: SED 752 000, LDP 383 000, CDU 271 000, Bauernhilfe 52 000, Frauenkomitee 30 000, sonstige 1700; am 15. September in Brandenburg: SED 821 000, CDU 259 000, LDP 236 000, Bauernhilfe 38 000, Frauenliste 14 000, sonstige 905, und in Mecklenburg: SED 677 000, CDU 163 000, Bauernhilfe 18 200, Frauenliste 12 700.

CDU erhält in den Westzonen die meisten Mandate

15. September. In den Ländern der britischen und der französischen Zone finden Gemeinderatswahlen statt. Die Verteilung der Mandate ergibt in der britischen Zone für Niedersachsen: SPD 9287, Niedersächsische Landespartei 5132, CDU 3289, FDP 879, KPD 347, Zentrum 414, Unabhängige 14 204; für Nordrhein-Westfalen: CDU 12 884, SPD 3488, Zentrum 1234, FDP 132, KPD 50, Deutsche Rechtspartei 2, Unabhängige 4548; in Schleswig-Holstein: CDU 3554, SPD 3222, FDP 579, KPD 157, Deutsche Rechtspartei 20, Unabhängige 4920.

In den Ländern der französischen Zone ergibt sich folgende Aufteilung der Mandate: In Baden die Badisch Christlich Soziale Volkspartei 3498, SPD 383, Demokraten 191, KPD 85, Unabhängige und sonstige 1792; in Rheinland-Pfalz: CDU 9400, SPD 3630, KPD 569, Sozialistischer Volksbund 154, Unabhängige 8529; in Württemberg-Hohenzollern: CDU 1888, SPD 279, Demokraten 78, KPD 63, Unabhängige und sonstige 3625.

Theodor Heuss aus Württemberg-Baden spricht auf einer Wahlveranstaltung der Liberal-Demokratischen Partei, dem Vorläufer der FDP, in der sowjetischen Besatzungszone.

Die Wirtschaftsminister der britischen und amerikanischen Zone verhandeln über den Zusammenschluß beider Zonen. Ganz links Viktor Agartz, Beauftragter für Wirtschaftsfragen der britischen Zone, dritter von links Ludwig Erhard (Bayern), rechts außen Heinrich Koehler (Württemberg-Baden).

Ein Schritt zur Einheit

5. September. Der amerikanische und der britische Militärgouverneur, Lucius D. Clay und Brian H. Robertson, haben vereinbart, für ihre Zonen fünf gemeinsame Zentralstellen zu schaffen: Ernährung und Landwirtschaft in Bad Kissingen, Finanzen in Frankfurt/Main, Wirtschaft in Minden, Transportwesen in Bielefeld und Verkehrswesen in Hamburg. Ein Direktorium mit je drei Mitgliedern aus beiden Zonen wird unter Vorsitz eines Beauftragten der Militärregierungen das Zweizonenabkommen durchführen. An der politischen Dezentralisierung wird festgehalten, wobei die Zonen keine gemeinsame Hauptstadt erhalten. Soweit die wirtschaftlichen Fragen politische Probleme berühren, entscheiden weiterhin die Militärregierungen. Die Militärregierungen billigen den von deutschen Delegierten entworfenen Plan für das Wirtschaftsgebiet, der der französischen und der sowjetischen Besatzungszone zu jedem Zeitpunkt den Beitritt ermöglicht. Dem wirtschaftlichen Exekutivausschuß in Minden gehört aus der britischen Zone als Leiter Viktor Agartz an, aus der amerikanischen Zone die Wirtschaftsminister Ludwig Erhard, Heinrich Koehler und Rudolf Müller. Die Leitung des Ernährungsrates übernimmt der frühere Reichsminister Hermann Dietrich.

Das Leben im Lager, zusammengedrängt auf engstem Raum, gehört für Tausende von Vertriebenen auch ein Jahr nach Kriegsende zum tristen Alltag. Viele, vor allem alte Leute, sterben an Unterernährung und Entkräftung.

1946

OKTOBER

Mo	Di	Mi	Do	Fr	Sa	So
	1	2	3	4	5	6
7	8	9	10	11	12	13
14	15	16	17	18	19	20
21	22	23	24	25	26	27
28	29	30	31			

1. Urteile im Nürnberger Kriegsverbrecherprozeß. →

4. US-Präsident Truman fordert Premierminister Attlee auf, sofort wieder jüdische Einwanderung in Palästina zuzulassen.

4. Weiße Geschworene im US-Staat Tennessee sprechen 23 von 25 schwarzen Angeklagten vom Vorwurf der Teilnahme an Rassenunruhen frei.

7. US-Chefankläger Jackson hält viele Deutsche für ebenso schuldig wie die in Nürnberg Verurteilten.

8. Die Kuomintang verlängert die Präsidentschaftsperiode von Marschall Tschiang Kai-schek um drei Jahre.

11. Kuomintang-Truppen nehmen Kalang ein.

13. Die französische Verfassung wird bei zahlreichen Stimmenthaltungen angenommen.

13. Thailand erkennt das Verlangen der UNO auf Rückgabe von Territorien an Indochina an.

15. In Berlin wird der DEFA-Film »Die Mörder sind unter uns« mit Hildegard Knef uraufgeführt. Regie führt Wolfgang Staudte.

16. Tschiang Kai-schek unterbreitet den chinesischen Kommunisten einen Waffenstillstandsvorschlag.

17. Ibn Saud sieht in Trumans Forderung nach jüdischer Einwanderung in Palästina einen Wortbruch gegenüber den Arabern.

19. Uraufführung des Schauspiels »Die chinesische Mauer« von Max Frisch in Zürich.

22. Zwischen Korfu und der albanischen Küste laufen zwei britische Zerstörer auf Minen: 40 Tote und Vermißte.

23. Erste UN-Vollversammlung in Lake Success auf Long Island.

23. Die USA heben die Preiskontrolle für Lebensmittel auf.

29. Stalin bestreitet in einem Interview mit »United Press«, die UdSSR habe Kenntnis von Atomgeheimnissen.

31. Im Kontrollrat wird die Zwangsverpflichtung deutscher Arbeiter erörtert.

GESTORBEN:

5. Per Albin Hansson (* 28. 10. 1885), schwedischer Politiker.

Länderchefs für einen »Deutschen Nationalrat«

4. Oktober. Die Ministerpräsidenten der britischen und der amerikanischen Zone beraten in Bremen über die Möglichkeit, an den Entscheidungen der Gremien des Vereinigten Wirtschaftsgebietes mitwirken zu können. Sie schlagen, da später auch die französische und die sowjetische Besatzungszone einzubeziehen sind, dem Kontrollrat die Bildung eines »vorläufigen Deutschen Nationalrats« vor. Daneben soll ein beratender »Volksrat«, dessen Mitglieder die Länderparlamente stellen, bestehen. Die Ministerpräsidenten wünschen, die Verwaltungen des Wirtschaftsgebietes dem Länderrat zu unterstellen.

Die KP siegt in Bulgarien

27. Oktober. Vergeblich fordern die Regierungen der USA und Großbritanniens eine internationale Überwachung der Parlamentswahlen in der Volksrepublik Bulgarien. Am Abend vor dem Wahlgang erklärt der Vorsitzende der Kommunistischen Partei Georgi Dimitrow, jede Stimme für die Opposition sei Verrat. Aus den Wahlen geht die Vaterländische Front mit 364 Mandaten – davon 277 für die Kommunisten – als Sieger hervor; die Opposition erhält 101 Sitze.

Niedersachsen entsteht

26. Oktober. Die britische Militärregierung gibt vor dem Zonenbeirat die Proklamation des Landes Niedersachsen bekannt als den Zusammenschluß Hannovers (mit Schaumburg-Lippe) mit den Ländern Oldenburg und Braunschweig. In der Verfassung sollen, wie auch in Gesetzen und Verordnungen, die traditionellen und kulturellen Interessen der Länder Berücksichtigung finden. Den Auftrag zur Regierungsbildung erhält der Sozialdemokrat Hinrich Kopf, Führer der stärksten Fraktion.

Nürnberg: Das Urteil über das Dritte Reich

1. Oktober. Der Internationale Gerichtshof in Nürnberg spricht das Urteil über die 22 als deutsche Hauptkriegsverbrecher Angeklagten. Zunächst behandelt das Gericht das NS-Regime in Deutschland, die Kriegsplanung und die Verletzung internationaler Verträge und erörtert dann Kriegsverbrechen und Verbrechen gegen die Menschlichkeit. Über vier Anklagepunkte ist zu entscheiden gewesen: 1. Teilnahme an einer Verschwörung oder einer gemeinsamen Planung für das Begehen von Verbrechen gegen den Frieden; 2. Bestimmte Verbrechen gegen den Frieden; 3. Kriegsverbrechen; 4. Verbrechen gegen die Menschlichkeit.

Die Urteile lauten: Hermann Göring, schuldig in allen vier Punkten, Tod durch den Strang; Rudolf Heß, schuldig der Punkte eins und zwei, lebenslänglich Zuchthaus; Joachim von Ribbentrop, schuldig in allen vier Punkten, Tod durch den Strang; Wilhelm Keitel, schuldig in allen vier Punkten, Tod durch den Strang; Ernst Kaltenbrunner, schuldig der Punkte drei und vier, Tod durch den Strang; Alfred Rosenberg, schuldig in allen vier Punkten, Tod durch den Strang; Hans Frank, schuldig der Punkte drei und vier, Tod durch den Strang; Wilhelm Frick, schuldig der Punkte zwei bis vier, Tod durch den Strang; Walter Funk, schuldig der Punkte zwei bis vier, lebenslänglich Zuchthaus; Hjalmar Schacht, freigesprochen; Karl Dönitz, schuldig der Punkte zwei und drei, zehn Jahre Zuchthaus; Erich Raeder, schuldig der Punkte zwei und drei, lebenslänglich Zuchthaus; Baldur von Schirach, schuldig in Punkt vier, 20 Jahre Zuchthaus; Fritz Sauckel, schuldig der Punkte drei und vier, Tod durch den Strang; Alfred Jodl, schuldig der Punkte zwei bis vier, Tod durch den Strang; Franz von Papen, freigesprochen; Arthur Seyß-Inquart, schuldig der Punkte zwei bis vier, Tod durch den Strang; Albert Speer, schuldig in den Punkten drei und vier, 20 Jahre Zuchthaus; Konstantin von Neurath, schuldig in allen vier Punkten, 15 Jahre Zuchthaus; Hans Fritzsche, freigesprochen.

Für verbrecherisch werden außerdem erklärt: das Führerkorps der NSDAP mit Gestapo und SD und

DIE NEUE ZEITUNG

EINE AMERIKANISCHE ZEITUNG FÜR DIE DEUTSCHE BEVÖLKERUNG

SONDERAUSGABE   2. OKTOBER 1946   PREIS 20 PFENNIG

Zwölf Todesurteile im Nürnberger Prozeß

Schacht, v. Papen und Fritzsche freigesprochen — Gefängnisstrafen für Heß, Funk, Raeder, Speer, v. Schirach, v. Neurath und Dönitz

NÜRNBERG, 1. Oktober (DANA, AP, NZ)

Am Montag, dem 30. September, und am Dienstag, dem 1. Oktober 1946, hat das Internationale Militärtribunal nach achtmonatiger Verhandlungsdauer das Urteil über die 21 anwesenden Angeklagten sowie über den nicht anwesenden Martin Bormann gesprochen. In der Montagsitzung gab der Gerichtshof unter dem Vorsitz des englischen Lordrichters Lawrence einen Rückblick über die Geschichte des Prozesses sowie über das vorgebrachte Beweismaterial und fällte dann das Urteil über die angeklagten Organisationen. In der Dienstagvormittagsitzung wurden die Schuldsprüche gegen die einzelnen Angeklagten und

Auszug aus der Urteilsbegründung

Auf der Anklagebank in Nürnberg sitzen in der vorderen Reihe (von links nach rechts) Hermann Göring, Rudolf Heß, Joachim von Ribbentrop, Wilhelm Keitel, Ernst Kaltenbrunner, Alfred Rosenberg, Hans Frank, Wilhelm Frick, Walter Funk, Hjalmar Schacht und Karl Dönitz.
In der hinteren Reihe sind zu erkennen: Erich Raeder, Baldur von Schirach, Fritz Sauckel, Alfred Jodl, Franz von Papen, Arthur Seyß-Inquart, Albert Speer, Konstantin von Neurath und Hans Fritzsche.

die Verbände der SS (außer der Reiter-SS). Der Vertreter der UdSSR im Gerichtshof spricht sich gegen die Freisprüche aus; für verbrecherische Organisationen hält er auch die Reichsregierung, das Oberkommando der Wehrmacht und den Generalstab. Den drei Freigesprochenen verweigern die Militärbehörden der britischen und französischen Zone die Einreise; der bayrische Minister für Entnazifizierung, Anton Pfeiffer, erklärt, sie vor die Nürnberger Spruchkammer bringen zu wollen. Der Alliierte Kontrollrat lehnt alle Gnadengesuche ab, ebenso die Ersuchen Görings, Keitels, Jodls und Raeders, erschossen zu werden. Die Todesurteile werden am 16. Oktober vollstreckt; allerdings gelingt es Göring, sich vorher zu vergiften. Die zu Haftstrafen Verurteilten verbüßen ihre Strafe in Berlin (→November 1945).

1946

NOVEMBER

Mo	Di	Mi	Do	Fr	Sa	So
				1	2	3
4	5	6	7	8	9	10
11	12	13	14	15	16	17
18	19	20	21	22	23	24
25	26	27	28	29	30	

3. Die Souveränität des japanischen Kaisers geht auf das Parlament über.

3. Ein Erdbeben in der indischen Provinz Bihar fordert ca. 300–400 Tote.

4. Abschluß eines Freundschafts- und Handelsvertrags zwischen Kuomintang-China und den USA.

4. Die Kongreß- und Gouverneurswahlen in den USA werden von den Republikanern gewonnen.

6. Das britische Gesetz über die Krankenversorgung tritt in Kraft.

6. Wiedereröffnung der Universitäten Hamburg und Köln.

10. Aus den französischen Parlamentswahlen gehen die Kommunisten vor den Volksrepublikanern und Sozialisten als stärkste Partei hervor.

12. In Indonesien wird zwischen Niederländern und Nationalisten ein Waffenstillstand geschlossen.

14. Ein Berliner Gericht verurteilt die Denunziantin Karl Goerdelers zu 15 Jahren Haft und einer Million Reichsmark Strafe (→ Juli 1944).

15. Die Niederlande erkennen die Indonesische Republik an.

16. Verfassungsentwurf der SED.→

21. Beschluß eines Dreijahresplans für die vereinigten amerikanischen und britischen Zonen (Bizone).

21. Georgi Dimitrow wird erster Ministerpräsident der Republik Bulgarien.

23. Nach Landverkauf an Juden erschießen Araber den arabischen Hochkommissar für Palästina, Fauzi Husseini.

24. In der sowjetischen Besatzungszone werden neue Richtlinien für die Organisation der Maschinenausleihstellen herausgegeben.

24. Landtagswahlen in Württemberg-Baden: CDU 39 Sitze, SPD 32, DVP 19, KPD 10.

26. Die Labour Party in Neuseeland gewinnt die Parlamentswahlen.

28. Das französische Kabinett Bidault demissioniert.

GESTORBEN:

14. Manuel de Falla (* 23. 11. 1876), spanischer Komponist.

Pulverfaß Vietnam

Der französische Außenminister Georges Bidault empfängt den Führer der kommunistischen Partei Indochinas, Ho Chi Minh.

8. November. Ho Chi Minh hat seit dem Frühjahr mit Frankreich über die Unabhängigkeit Vietnams verhandelt, dessen Norden er beherrscht, und ist gegen oppositionelle Gruppen vorgegangen. Nun legt er einen Verfassungsentwurf vor, der außerordentliche Vollmachten für den Präsidenten vorsieht; er steht »über dem Gesetz«. Radikale Gruppen nehmen Ho Chi Minh übel, daß er mit der französischen Regierung einen Kompromiß ausgehandelt hat, der ihr gestattet, noch für fünf Jahre Truppen im Norden zu stationieren, ohne daß über die Angliederung des Südens eine Einigung erzielt ist. Wiederholt kommt es zu kleineren Zusammenstößen zwischen Vietnamesen und Franzosen in der Hafenstadt Haiphong und ihrer Umgebung. Der französische Kommandant in Haiphong erhält den Befehl, von Versöhnungsversuchen abzusehen und den Vietnamesen »eine harte Lehre zu erteilen«. Vom Kreuzer »Suffren« wird das Feuer eröffnet; etwa 6000 Vietnamesen finden den Tod. Die Vietminh, eine 1941 von Ho gegründete Befreiungsbewegung, sind überzeugt, daß sie nur ihre Kräfte sammeln müssen, um die Franzosen mit Unterstützung der Bevölkerung aus dem Land zu treiben. Nach dem Scheitern der Verhandlungen mit den Franzosen ruft Ho Chi Minh den revolutionären Volkskrieg gegen die französische Kolonialmacht aus.

Die Amerikaner erproben in zahlreichen Versuchen in der Südsee die Sprengkraft der Atombomben. Der alleinige Besitz dieser Waffe sichert den Vereinigten Staaten einen erheblichen Rüstungsvorsprung vor der Sowjetunion.

Nobelpreis für deutschen Dichter Hermann Hesse

14. November. Die Nobelpreise dieses Jahres werden mit einer Ausnahme in die Vereinigten Staaten vergeben: John R. Mott und Emily Green Balch (Frieden); Hermann J. Muller (Medizin); James Sumner, Wendell M. Stanley, John Howard Northrop (Chemie); Percy Williams Bridgman (Physik). Den Literaturpreis erhält der in der Schweiz lebende deutsche Romancier Hermann Hesse.

SED legt eine Verfassung vor

16. November. Die SED legt den Entwurf für die Verfassung einer »demokratischen deutschen Republik« vor, in der die Staatsmacht vom Volk ausgeht. Die Bürger genießen Freiheiten im Sinn der Menschenrechte. Die Bildung der Kinder findet in der demokratischen Einheitsschule statt. Alle Formen einseitiger Wirtschaftsherrschaft sind verboten. Die Bodenschätze sind Staatseigentum. Landbesitz über 250 Morgen wird aufgelöst. Die Regierung wird vom Parlament gewählt und ist ihm verantwortlich.

Außenminister tagen in New York

4. November. Erneut treten die Außenminister der Großen Vier zusammen, um diesmal in New York abschließend über die Friedensbedingungen für Italien, Rumänien, Ungarn, Bulgarien und Finnland zu beraten. Die Stimmung ist weniger gespannt als während der Pariser Konferenzen (→ April, August, Oktober 1946). Dies zeigt sich sowohl an der Bereitschaft der USA, die beschlagnahmten Donaufrachtschiffe herauszugeben, als auch an der Absicht der UdSSR, identifizierbares ausländisches Eigentum in der SBZ zurückzuerstatten. Vor allem wird der Streitpunkt Triest gelöst. Die Stadt soll als freies Territorium unter Aufsicht der UNO stehen.

1946
DEZEMBER

Mo	Di	Mi	Do	Fr	Sa	So
						1
2	3	4	5	6	7	8
9	10	11	12	13	14	15
16	17	18	19	20	21	22
23	24	25	26	27	28	29
30	31					

1. Ein Senatsbericht wirft den US-Truppen in Deutschland schlechtes Benehmen und geringe Moral vor.

1. Landtagswahlen in Bayern (CSU 104 Mandate, SPD 54, WAV 13, FDP 9) und in Hessen (SPD 38, CDU 28, LDP 14, KPD 10).

3. Die USA fordern von der UNO einen Aufruf an das spanische Volk, Franco zu stürzen.

5. New York wird zum ständigen Sitz der UNO bestimmt.

6. Londoner Indien-Konferenz scheitert am Pakistanproblem, da die britische Regierung eine nicht von den Moslems mitgetragene Verfassung ablehnt.

7. Ein Hotelbrand in Atlanta fordert 119 Tote.

11. Die UNO schließt Spanien von der Tätigkeit in ihren Organisationen aus und empfiehlt den Mitgliedsstaaten den Abbruch diplomatischer Beziehungen.

12. Léon Blum bildet in Frankreich ein sozialistisches Kabinett.

14. Carl Zuckmayers Drama »Des Teufels General« wird im Schauspielhaus Zürich uraufgeführt. Vorbild der Titelfigur war der Fliegergeneral Ernst Udet.

14. Die UNO lehnt Südafrikas Vorschlag auf Eingliederung Südwestafrikas ab.

15. Thailand wird 55. Mitglied der UNO.

20. Churchill wendet sich gegen Attlees Angebot an Burma, dem Land die Unabhängigkeit zu gewähren.

21. Ein Erdbeben in Südjapan fordert 1086 Menschenleben, 94 669 Personen sind obdachlos, 21 846 Häuser zerstört.

24. US-General MacNarney amnestiert 800 000 Deutsche unterer Einkommensgruppen als Mitläufer der NSDAP.

25. Nahe bei Schanghai stoßen im Nebel drei chinesische Linienflugzeuge zusammen: 71 Tote.

27. Präsident Truman erklärt, daß 70 Prozent der amerikanischen Hilfe im Rahmen des Leih- und Pachtgesetzes zurückgezahlt worden sind.

GESTORBEN:
26. Max Warburg (* 5. 6. 1867), deutscher Bankier und Philanthrop.

Krieg in Vietnam

19. Dezember. Erneute Verhandlungen zwischen französischen Dienststellen und Ho Chi Minh haben die Spannungen zwischen den französischen Truppen und den Vietminh nicht überbrücken können. Der Führer der vietnamesischen Truppen und Milizen, General Vo Nguyen Giap, hofft, die französische Garnison in Hanoi zerschlagen zu können, während die Franzosen dort beginnen, strategisch wichtige Gebäude zu besetzen, und – widerrechtlich – befehlen, die Milizen aufzulösen. Die Sprengung des Elektrizitätswerkes in Hanoi ist das Zeichen zum Angriff der Vietminh; doch nachdem die erste Überraschung überwunden ist, behaupten sich die Franzosen nicht nur, sondern sie zwingen die Vietminh zur Flucht. Französische Truppen besetzen das Präsidenten-Palais. Der französische Befehlshaber verhängt über die Region das Kriegsrecht. In den folgenden Tagen kommt es um Hanoi zu schweren Kämpfen zwischen französischen Einheiten und Vietnamesen.

Der Handel läuft an

18. Dezember. Deutsche Vertreter der Wirtschaftsverwaltung in der sowjetischen Besatzungszone vereinbaren in Minden mit Delegierten der Zentralverwaltung für Wirtschaft einen Warenaustausch im Jahr 1947 in Höhe von 210 Millionen Reichsmark. Erstmals seit dem Krieg erhalten deutsche Geschäftsleute Erlaubnis, Handel mit dem Ausland aufzunehmen. Ein entsprechender Vertrag wird zwischen Delegierten der Niederlande und amerikanischen sowie britischen Delegierten für das Vereinigte Wirtschaftsgebiet unterzeichnet.

23 Ärzte angeklagt

5. Dezember. Gegen 23 Ärzte wird von einem amerikanischen Militärgericht in Nürnberg Anklage erhoben. Sie werden beschuldigt, durch Experimente an lebenden Menschen bei Kälteversuchen, Transplantationen usw., Verbrechen gegen die Menschlichkeit begangen zu haben. Die Opfer der Versuche waren Insassen von KZs.

Franzosen gliedern Saarland ein

22. Dezember. Zwischen dem Saargebiet und der französischen Zone ist eine Zollgrenze unter französischer Kontrolle errichtet worden. Zur Begründung heißt es, man müsse verhindern, daß die von Frankreich zusätzlich in das Saargebiet gelieferten Lebensmittel weitertransportiert würden. Der amerikanische Militärgouverneur Lucius D. Clay protestiert gegen diese einseitige Maßnahme, die ohne vorherige Ankündigung durchgeführt worden sei. Der Rat der Außenminister in New York erhebt jedoch gegen diese Entwicklung, die eine Eingliederung des Saargebiets in den französischen Wirtschaftsraum darstellt, keine Einwendungen.

Bizone durch Vertrag gegründet

2. Dezember. US-Außenminister James Byrnes und der britische Außenminister Ernest Bevin unterzeichnen einen Vertrag, nach dem bei weiterer politischer Trennung die amerikanische und die britische Zone in Deutschland wirtschaftlich zusammengeschlossen werden sollen. »Das Ziel der beiden Regierungen ist es, die wirtschaftliche Selbständigkeit des Gebietes bis Ende 1949 zu erreichen.« Die Vereinigung wird am 1. Januar 1947 in Kraft treten. Die USA und Großbritannien werden sich die Kosten für die Belebung der Wirtschaft, die auf eine Milliarde Dollar geschätzt werden, teilen. Die Minister hoffen, auch Versorgungsprobleme zu lösen.

Zehn Jahre Arbeitslager für Hans Fritzsche

31. Dezember. In Nürnberg verurteilt eine Spruchkammer der Alliierten den ehemaligen Chefkommentator des Reichspropagandaministeriums, Hans Fritzsche, der im Nürnberger Kriegsverbrecherprozeß freigesprochen worden ist, zu zehn Jahren Arbeitslager, auf die seine Haftzeit seit 1945 angerechnet wird. Der Leibfotograf Hitlers, Heinrich Hoffmann, erhält von der Spruchkammer ebenfalls zehn Jahre Arbeitslager, außerdem wird sein Vermögen beschlagnahmt.

Kom(m)ödchen in Düsseldorf wird eröffnet

In Düsseldorf finden die ersten Aufführungen eines politischen Kabaretts statt. Es nennt sich »Kom(m)ödchen«. Regisseur und Verfasser der meisten Texte ist Kai Lorenz; seine Frau Lore Lorenz dominiert auf der Bühne.

In einer stillgelegten Fabrikhalle feiert diese Flüchtlingsfamilie Weihnachten. Trotz der Armut sind Vater, Mutter und Kinder glücklich, das Fest nicht mehr im Lager verbringen zu müssen. Geschenke fehlen, aber ein Weihnachtsbaum bringt festliche Stimmung.

1947

JANUAR

Mo	Di	Mi	Do	Fr	Sa	So
			1	2	3	4	5
6	7	8	9	10	11	12
13	14	15	16	17	18	19
20	21	22	23	24	25	26
27	28	29	30	31		

1. Die Vereinbarungen über die Bizone treten in Kraft.

1. Die britischen Bergwerke werden verstaatlicht.

1. Nigeria erhält eine modifizierte Selbstverwaltung.

4. »Der Spiegel«, ein politisches Wochenmagazin, erscheint erstmalig.

6. Lucius D. Clay löst den General Joseph T. McNarney als Oberbefehlshaber in Europa ab.

7. Die Nachfolge von James Byrnes als US-Staatssekretär des Auswärtigen tritt General George Marshall an.

9. Die UdSSR bittet Norwegen um Genehmigung zur Truppenstationierung auf Spitzbergen.

10. Die UNO übernimmt die Aufsicht über die Freie Stadt Triest.

11. Türkisch-jordanischer Freundschaftspakt.

15. Premierminister Attlee kündigt eine britisch-französische Militärallianz im Rahmen der UNO an.

19. Bei der Einfahrt in den Golf von Peulia sinkt der griechische Dampfer »Himara«: 392 Tote.

20. Nach Spaltung der italienischen Sozialisten tritt das Kabinett de Gasperi zurück.

24. Demetrios Maximos bildet in Athen eine monarchistische Regierung.

25. Bei dem Absturz eines philippinischen Flugzeugs in Hongkong wird die 5-Millionen-Dollar-Fracht an Goldbarren und Münzen »zerstreut«.

26. Die Differenzen zwischen Ägypten und Großbritannien über die Verwaltung des Sudan werden der UNO vorgelegt.

27. Die US-Regierung richtet eine regionale Beratungskommission für den Pazifik ein.

29. Uraufführung von Arthur Millers Schauspiel »Alle meine Söhne« in New York.

31. Die jugoslawische Regierung beschuldigt den Vatikan, jugoslawische Kriegsverbrecher zu verstecken und heimlich nach Südamerika zu geleiten.

GESTORBEN:

23. Pierre Bonnard (* 3. 10. 1867), französischer Maler.

25. Al Capone (* 17. 1. 1899), italo-amerikanischer Gangster. →

Deutschland in Not

Die Not zwingt die Menschen zum »Kohlenklau«, wenn sie heizen wollen.

Die Stimmung in den vier deutschen Besatzungszonen ist angesichts der akuten Notsituation gedrückt. Eine Kältewelle trifft auf eine Bevölkerung, die ohne ausreichenden Brennstoff und mit einem täglichen Kaloriensatz von weniger als 1300 dem Winter ausgeliefert ist. Die industrielle Produktion kommt zum Stillstand. Kohlenzüge werden geplündert: Erwachsene, Jugendliche und Kinder springen auf und füllen die mitgebrachten Säcke, die an verabredeten Stellen abgeworfen werden; Familienangehörige transportieren sie ab. Wer Wertgegenstände oder ausreichend Gebrauchsgüter besitzt oder über amerikanische Zigaretten (z. B. »Lucky Strike« und »Camel«) verfügt, kann sie auf dem schwarzen Markt oder – legal – im Tausch umsetzen. Der Wert des Geldes sinkt auf diesen »freien Märkten«; 1 Ei = 12 RM, 1 Kilo Kaffee = 1100 RM, 20 »Amis« (Zigaretten) = 150 RM.

Von Besatzungsangehörigen fortgeworfene Zigarettenkippen werden aufgesammelt und aufgeraucht. Auch sie haben ihren Tauschwert: ca. 20–30 Kippen = 1 Ei.

Obwohl die Bauern strengen Ablieferungskontrollen unterworfen sind, richtet sich gegen sie der – häufig nicht unbegründete – Vorwurf der Städter, aus der Lebensmittelnot Gewinn zu schlagen – bei überhöhten Preisen im »freien« Warenverkehr und durch rigorose Tauschbedingungen. Bis in das Jahr 1948 bestehen legale Tauschzentralen, in denen Verbrauchsgüter ihren Besitzer wechseln (»Biete Teppich – suche 1 Paar Stiefel Größe 42«). Die unvermeidliche Konsequenz der materiellen Not ist eine steigende Kriminalität, die auch auf die Jugendlichen übergreift – ein Thema, das dem Drehbuch des Jugendfilms »1–2–3 Corona« zugrunde liegt, der 1947/48 unter der Regie Hans Müllers gedreht wird.

Israelische Anschläge

12. Januar. Die israelische Untergrundorganisation Irgun Zwai Leumi stellt ihre Feuerüberfälle auf englische Einrichtungen in Palästina ein, nachdem illegale Sender der jüdischen Geheimarmee Hagana nachdrücklich dazu aufgerufen haben. Die Ruhe wird beendet, als ein Mitglied der »Stern-Bande« einen mit Sprengstoff gefüllten Wagen vor dem Polizeihauptquartier in Haifa zur Explosion bringt; getötet werden zwei britische und drei arabische Polizisten, verletzt 104 Personen. Britische Soldaten nehmen 882 Verdächtige zum Verhör fest. Aus Sorge vor erneuten Überfällen müssen britische Frauen und Kinder Palästina verlassen. Im Unterhaus erklärt Churchill, die Entwicklung in Palästina belaste England. Es sei besser, das Mandat, das England seit 1920 über Palästina hat, der UNO zu übergeben.

General Marshall wird neuer US-Außenminister

General George C. Marshall verläßt China, wo er vergeblich versucht hat, zwischen den Bürgerkriegsparteien zu vermitteln, um in Washington die Nachfolge des US-Staatssekretärs James Byrnes anzutreten. Marshall erklärt, sein Vermittlungsversuch sei gescheitert, da radikale Kräfte der Kuomintang und militante Kommunisten die Auseinandersetzung schüren. Eine Lösung sei nur zu finden, wenn liberale Gruppen aus beiden Lagern eine Regierung unter Marschall Tschiang Kaischek bilden würden. Den Aufruf der Kuomintang-Regierung zu Gesprächen lehnen die Kommunisten, die Peking erobert haben, ab und verweisen auf Verfassungsbrüche Tschiang Kai-scheks und militärische Übergriffe seit Januar 1946. Die USA erklären ihre Vermittlungsbemühungen offiziell für gescheitert und ziehen 15 000 Marineinfanteristen ab.

General George Marshall.

Gangsterchef Al Capone tot

25. Januar. In Miami in Florida stirbt im Alter von 48 Jahren der italo-amerikanische Gangsterchef Al(fonso) Capone, genannt Scarface (»Narbengesicht«). Der 1899 in Neapel geborene Al Capone kam 1920 nach Chicago. Prostitution, Glücksspiel und die Umgehung der Prohibition verschafften seiner Bande ein auf über 100 Millionen Dollar geschätztes Vermögen.

FEBRUAR

Mo	Di	Mi	Do	Fr	Sa	So
					1	2
3	4	5	6	7	8	9
10	11	12	13	14	15	16
17	18	19	20	21	22	23
24	25	26	27	28		

1. Frankreich will die Verwaltung des Ruhrgebiets übernehmen.

1. Alcide de Gasperi bildet in Italien ein Kabinett, das aus Christdemokraten, Kommunisten und Linkssozialisten besteht.

3. Ahlener Programm der CDU. →

5. Polnischer Staatspräsident wird Boleslaw Bierut.

7. Araber und Juden lehnen den britischen Plan zur Teilung Palästinas ab.

7. 1,5 Millionen Mitläufer der NSDAP werden in der britischen Zone Deutschlands amnestiert.

8. 80–90 Gäste finden den Tod, als in einem Tanzsaal des britischen Sektors in Berlin Feuer ausbricht.

8. Vor dem Nürnberger Militärgericht beginnt ein Verfahren gegen den Großindustriellen F. Flick.

10. Unterzeichnung der Friedensverträge mit Deutschlands europäischen Verbündeten. →

12. Die USA und Kanada beschließen, ihre Militärallianz fortzusetzen.

14. Arbeitsgemeinschaft der KPD der Westzonen mit der SED.

14. Attlee lehnt eine bevorzugte Kohlenhilfe der USA für Großbritannien ab.

15. Wegen Anstiftung zu Rassenausschreitungen werden zwei Führer der US-Faschistenbewegung zu 12 Monaten Zwangsarbeit verurteilt.

20. Gleichzeitig mit dem Amtsantritt Lord Mountbattens als Vizekönig in Indien wird der Abzug der britischen Truppen angekündigt.

22. Gründung der »Vereinigung der Verfolgten des Naziregimes«.

23. Unter dem Verdacht der Verschwörung werden in der britischen und der US-Zone Deutschlands mehrere hundert Nationalsozialisten verhaftet.

23. Werner Heisenberg erklärt, die UdSSR habe nach dem Krieg mit hohen Geldversprechen deutsche Atomphysiker erworben.

25. Der Alliierte Kontrollrat löst das Land Preußen auf.

GESTORBEN:

19. Paul Moldenhauer (* 2. 12. 1876), deutscher Versicherungswissenschaftler, ehemaliger Reichsfinanzminister.

Friede mit Italien

10. Februar. In der »Galerie de la Paix« des französischen Außenministeriums findet die mehrstündige Zeremonie der Unterzeichnung der Friedensverträge mit Deutschlands ehemaligen europäischen Kriegspartnern statt.

Die Beschlüsse beinhalten folgende territoriale Veränderungen: Finnland tritt über den Vertrag von 1940 hinaus Petsamo an die UdSSR ab; Ungarn besteht in den Grenzen von 1938 weiter. Rumänien verliert Bessarabien und die Nordbukowina an die UdSSR und erhält Siebenbürgen zurück. Bulgarien wird die Süddobrudscha zugesprochen gegen Verzicht auf Ansprüche in Mazedonien. Italien tritt die adriatischen Inseln und Teile Kroatiens an Jugoslawien ab, den Dodekanes an Griechenland und gesteht Grenzkorrekturen zugunsten Frankreichs zu; es verzichtet auf die Souveränität über die afrikanischen Kolonien und erkennt Triest als freie Stadt an; es vermindert sein Heer auf 300 000 Mann. Alle Staaten haben Reparationen zu zahlen.

Italien, Bulgarien, Rumänien und Ungarn streben eine Revision der Bedingungen an. Griechenland und Jugoslawien protestieren gegen die zu milden Bedingungen für Italien. In Italien kommt es zu Ausschreitungen gegen US-Embleme und gegen die jugoslawische Botschaft in Rom. Außenminister Carlo Sforza hält es für unmöglich, daß nach den Gebietsverlusten Italien in der Lage sei, 45 Millionen Einwohner zu ernähren.

USA wollen helfen

27. Februar. Während der britische Militärgouverneur Brian Robertson die deutschen Behörden beschuldigt, die Verantwortung für die schlechte Lebensmittelversorgung zu tragen, fordert der frühere US-Präsident Herbert Hoover, den Präsident Harry S. Truman nach Europa entsandt hat, die USA und Großbritannien auf, je 475,5 Millionen Dollar bis Juni 1948 zur Beschaffung von Nahrungsmitteln für Deutschland bereitzustellen. Die deutsche Bevölkerung stehe auf dem niedrigsten Versorgungsstand seit 100 Jahren. Die Auslagen müßten von Deutschland zurückgezahlt werden, wenn seine Exportindustrie wieder arbeite. »Wenn die westliche Zivilisation in Europa überleben soll, muß sie auch in Deutschland überleben.«

Energieprobleme: Ein Berliner kehrt mit einem Leiterwagen voller Holz von draußen in die Innenstadt zurück.

Eisler verurteilt

6. Februar. Gegen den 1933 emigrierten deutschen Journalisten und Politiker Gerhart Eisler erhebt der US-Ausschuß zur Untersuchung unamerikanischer Aktivitäten den Vorwurf, Agent einer ausländischen Macht zu sein und für den kommunistischen Umsturz in den USA gearbeitet zu haben, außerdem wird er des Meineids und der Steuerhinterziehung beschuldigt. Hauptbelastungszeuge ist seine Schwester, die ehemalige KPD-Vorsitzende Ruth Fischer. Eisler befindet sich als »feindlicher Ausländer« auf Ellis Island in Haft. Im Juni wird er wegen Verachtung des Kongresses zu einem Jahr Gefängnis und 10 000 Dollar Geldstrafe verurteilt.

Mitbestimmung im Ahlener Programm der CDU

3. Februar. Die CDU der britischen Besatzungszone veröffentlicht in Ahlen ein Programm, in dem die Partei ihre Pläne einer sozialen und wirtschaftlichen Neugestaltung Deutschlands darlegt. Sie tritt für eine Gemeinwirtschaft ein, »die der Würde des Menschen entspricht«. Ebenso gefährlich wie privater Kapitalismus sei der Staatskapitalismus, der »die politische und wirtschaftliche Freiheit des einzelnen« einschränke. Die CDU tritt ein für Entflechtung von Kartellen und von Konzernen. Allerdings müsse die Unternehmerinitiative erhalten bleiben. Für die Arbeitnehmer verlangt die CDU Mitbestimmung.

Erzberger-Mörder verurteilt

28. Februar. Ein Gericht in Konstanz verurteilt Hinrich Tillessen, der 1921 an der Ermordung des ehemaligen Reichsfinanzministers und Zentrumspolitikers Matthias Erzberger beteiligt war, zu 15 Jahren Zuchthaus (→ August 1921).

Tillessen gelang damals zunächst die Flucht; seine spätere Haftstrafe wurde durch eine im Jahr 1933 vom Reichspräsidenten Paul von Hindenburg ausgesprochene Amnestie aufgehoben. Diese Amnestie erkennt das Gericht als einen verfassungswidrigen Eingriff in die Länderhoheit nicht an.

Todesstrafen in KZ-Prozessen

1./3. Februar. Ein französisches Gericht in Rastatt verurteilt von 41 angeklagten Angehörigen der Wachmannschaft des KZ Natzweiler-Stuthof 21 zum Tode und 20 zu Haftstrafen. Im Verfahren gegen die SS-Mannschaft des Frauen-KZ Ravensbrück werden 6 Männer, davon 3 Ärzte, und 5 Frauen zum Tode und 4 Angeklagte zu Haftstrafen verurteilt. Das Gericht geht davon aus, daß in dem Lager von Ravensbrück 80 000 Frauen ihr Leben verloren haben.

1947
MÄRZ

Mo	Di	Mi	Do	Fr	Sa	So
					1	2
3	4	5	6	7	8	9
10	11	12	13	14	15	16
17	18	19	20	21	22	23
24	25	26	27	28	29	30
31						

1. Die SED veröffentlicht den Aufruf zu einem »Volksentscheid für die Einheit Deutschlands«.

1. Vier Betriebe der deutschen Stahlindustrie werden aus der Kontrolle der britischen Militärregierung entlassen und unter Einführung der Mitbestimmung weitergeführt.

3. Bulganin übernimmt von Stalin das Verteidigungsministerium der UdSSR.

5. Gromyko wirft den USA vor, einen Monopolanspruch auf die Atomkraft zu erheben.

6. Churchill kritisiert den Abzug der britischen Truppen aus Indien.

7. Gründung des Demokratischen Frauenbunds der sowjetischen Besatzungszone.

15. Nach Ende der zweiwöchigen Kämpfe zwischen Hindus und Moslems im Pandschab werden 1036 Tote und 1110 Verletzte gezählt.

19. Spaak bildet in Belgien ein sozialistisch-katholisches Kabinett.

22. Gründungskongreß des DGB der britischen Zone in Bielefeld.

24. Die USA und Großbritannien geben zu erkennen, daß sie nur bei absolut sicherer Kontrolle einer allgemeinen Abrüstung zustimmen werden.

25. In einem Vertrag erkennen die Niederlande de facto die Unabhängigkeit Indonesiens an.

27. Ein Friedensvertrag mit Abtretung Südkärntens an Jugoslawien sei für Österreich unannehmbar, erklärt Außenminister Gruber.

29. Beginn des bis in den Juli dauernden Aufstands der Unabhängigkeitsbewegung auf Madagaskar gegen die französische Kolonialverwaltung.

29. Die Lebensmittelzuteilung in der britischen Zone stagniert bei 1050 Kalorien pro Tag. Im Ruhrgebiet kommt es zu Demonstrationen der hungernden Arbeiter.

30. In Bombay brechen neue Kampfhandlungen zwischen Hindus und Moslems aus.

GESTORBEN:

5. Alfredo Casella (* 25. 7. 1883), italienischer Komponist.

6. Hans Fallada (* 21. 7. 1893), deutscher Schriftsteller (»Kleiner Mann – was nun?«, »Wer einmal aus dem Blechnapf frißt«).

Truman: Hilfe für freie Welt

12. März. Nach ausführlicher Beratung mit Vertretern der Republikaner und der Demokraten spricht Präsident Harry S. Truman vor beiden Häusern des amerikanischen Kongresses über die Notwendigkeit, freien Staaten Unterstützung gegen die Gefahren eines totalitären Umsturzes und zum Schutz ihrer nationalen Unversehrtheit zu gewähren, da andernfalls die Grundlagen der freien Welt und damit die Sicherheit der USA untergraben würden. Wie Polen, Rumänien und Bulgarien drohe auch anderen Staaten eine totalitäre Herrschaft. Derzeit hätten die Nationen zwischen zwei Möglichkeiten zu wählen: »Die eine Lebensform beruht auf dem Willen der Mehrheit und ist gekennzeichnet durch freie Institutionen, ein Repräsentativsystem der Regierung, freie Wahlen, Garantien für die Freiheit des einzelnen, Freiheit der Rede und Religion und Freiheit von politischer Unterdrückung. Die zweite Lebensform beruht auf dem Willen einer Minderheit, der der Mehrheit gewaltsam aufgezwungen wurde. Sie beruht auf Terror und Unterdrückung, kontrolliertem Presse- und Rundfunkwesen, unfreien Wahlen und der Unterdrückung der persönlichen Freiheit.« Nach Trumans Überzeugung »muß es die Politik der Vereinigten Staaten sein, die freien Völker zu unterstützen, die sich der versuchten Unterdrückung durch bewaffnete Minderheiten oder auswärtigem Druck widersetzen. Die Welt ist nicht statisch und der Status quo nicht unantastbar«, aber die Änderung des Status quo dürfe nicht durch Verletzung der UN-Charta geschehen. Besonders gefährdet erscheinen Truman Griechenland und die Türkei, der Präsident fordert für Hilfsmaßnahmen in beiden Ländern 400 Millionen Dollar, außerdem die Entsendung politischer und militärischer Berater.

Nach Ende seiner Rede erhält Truman eine Ovation des Kongresses. Obwohl der Präsident die Sowjetunion nicht genannt hat, besteht kein Zweifel, daß sich seine Rede gegen sie gewandt hat. Die amerikanische Eindämmungspolitik ist damit parallel zur gerade eröffneten Moskauer Außenministerkonferenz in eine neue Phase getreten.

Moskauer Konferenz scheitert

Auch in Moskau einigen sich die Außenminister der vier Großmächte nicht über Deutschland. Auf unserem Bild verhandeln der russische Außenminister Molotow (links außen) und sein amerikanischer Kollege Marshall (rechts außen).

10. März. Zu einer erneuten Gesprächsrunde nach den Pariser Konferenzen des Jahres 1946 treten die Außenminister der vier Großmächte in Moskau zusammen. An die Stelle des US-Staatssekretärs James Byrnes, der am 7. Januar aus seinem Amt ausgeschieden ist, tritt der frühere Generalstabschef George C. Marshall, für die UdSSR spricht Wjatscheslaw Molotow, für Großbritannien Ernest Bevin und für Frankreich Georges Bidault.

Da Marshall die amerikanische Eindämmungspolitik gegenüber der UdSSR vertritt, ist der Ton auf dieser Konferenz, die den deutschen und den österreichischen Friedensvertrag zum Thema hat, weitaus härter als in der Schlußphase der Amtszeit Byrnes'. Zeitweise ist aber der Eindruck gegeben, als ob eine Kompromißlösung über die Gestaltung des künftigen Deutschlands möglich werden könne, in dem sowohl der sowjetische Vorschlag einer deutschen Zentralverwaltung als auch der britische Gedanke des Aufbaues einer provisorischen Regierung mit einer gewählten Repräsentantenversammlung der Bevölkerung als verfassunggebendem Gremium durchführbar scheinen. Die Mächte stimmen überein, bis Jahresende Gesetze über die Bodenreform Deutschlands zu erlassen.

Der sich anbahnende Kompromiß scheitert an den unterschiedlichen wirtschaftlichen und sozialen Erwartungen sowie an dem massiven Einspruch der französischen Seite. Die UdSSR widersetzt sich der amerikanischen Auffassung, die Einstimmigkeit der Kontrollratsbeschlüsse müsse aufgehoben werden, sie kritisiert die Schaffung des Vereinigten Wirtschaftsgebiets – hierin findet sie französische Unterstützung – und fordert eine effektive sowjetische Beteiligung an der Ruhrkontrolle sowie Erfüllung der Reparationsforderungen. Dagegen kritisieren Marshall und Bevin die Errichtung der Sowjetischen Aktiengesellschaft in der SBZ.

Stalins Auffassung, über die Reparationsbedingungen weiterzuverhandeln, bis eine Lösung gefunden sei, stößt auf amerikanischen Widerspruch. Die Regierung der USA fürchtet eine sowjetische Erschöpfungsstrategie, die die westdeutschen Zonen und ganz Europa reif für die kommunistische Machtübernahme machen würde.

Der entscheidende Anstoß zum Scheitern der Moskauer Konferenz, die am 24. April mit der Bestätigung der Auflösung Preußens als einzigem Ergebnis endet, ist der französische Einspruch gegen alle deutschen eigenverantwortlichen Zentralinstanzen. Die drei Westmächte lehnen den sowjetischen Vorschlag ab, die deutsche Bevölkerung über die zukünftige Staatsform – Bundes- oder Zentralstaat – abstimmen zu lassen. Die Deutschlandfrage drängt auf der Konferenz andere Fragen an den Rand.

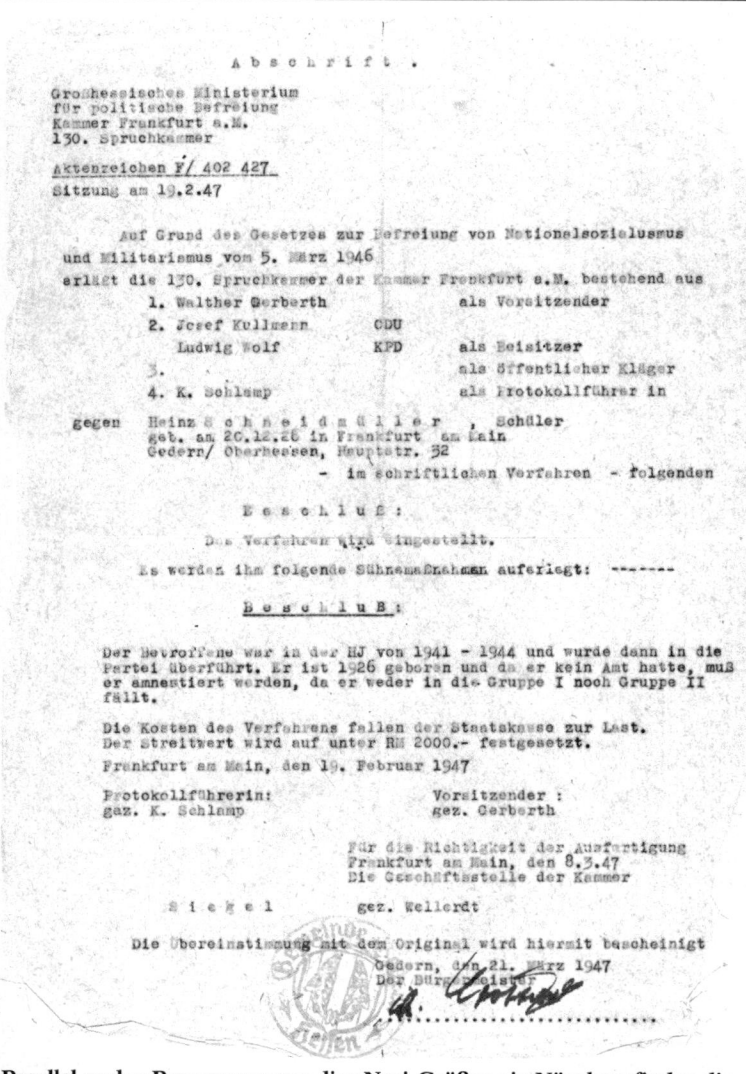

Parallel zu den Prozessen gegen die »Nazi-Größen« in Nürnberg finden die sogenannten »Entnazifizierungen« aller Deutschen statt. In der amerikanischen Zone muß sich jeder Bürger einem Verfahren stellen. Hier wird eingeteilt in Hauptschuldige, Belastete sowie in Mitläufer und Entlastete. Im vorliegenden Fall handelt es sich um einen der sogenannten Mitläufer.

Kriegsrecht in Jerusalem

1. März. Die Unruhen in Palästina reißen nicht ab. Einem Anschlag auf die britische Offiziersmesse in Jerusalem fallen 12 Menschen zum Opfer; weitere Anschläge werden auf englische Armee- und Polizeieinrichtungen in Tel Aviv ausgeübt, um von dem Einlaufen eines Schiffes mit illegalen Einwanderern abzulenken. Die Verhängung des Kriegsrechts und die Einschränkung der Bewegungsfreiheit führen zu steigender Arbeitslosigkeit und zunehmender Verbitterung der jüdischen Einwohner gegenüber den Engländern.

Beistandspakt für 50 Jahre

4. März. 50 Jahre soll der Vertrag in Kraft bleiben, den der französische Außenminister Georges Bidault und sein britischer Kollege Ernest Bevin in Dünkirchen unterzeichnen. Er sieht vor: Gemeinsame Aktionen im Fall einer Bedrohung durch Deutschland; gegenseitigen Beistand im Fall eines deutschen Angriffs; Konsultationen, falls Deutschland seine wirtschaftlichen Verpflichtungen nicht erfüllt; wirtschaftliche Zusammenarbeit; Verzicht auf einen Beitritt zu einem Pakt, der einen der beiden Staaten bedroht.

1947
APRIL

Mo	Di	Mi	Do	Fr	Sa	So
	1	2	3	4	5	6
7	8	9	10	11	12	13
14	15	16	17	18	19	20
21	22	23	24	25	26	27
28	29	30				

1. Paul I. legt den Eid als griechischer König ab.

2. Die UNO erteilt den USA die Mandatsverwaltung über die japanischen Besitzungen im Pazifik.

4. Jugoslawien fordert von Österreich die Zahlung von 150 Millionen Dollar Reparationen.

7. Gromyko wendet sich gegen die US-Hilfe für Griechenland und die Türkei.

8. Die USA bereiten eine einseitige Souveränität der koreanischen Südzone vor.

9. Ein Tornado über Texas und Oklahoma tötet 167 Menschen.

10. Die USA stimmen der Absicht Frankreichs zu, das Saargebiet wirtschaftlich zu integrieren, und lehnen dies für das Ruhrgebiet ab.

14. Die UdSSR erklärt ihre Bereitschaft, mit den USA über die aus den Hilfslieferungen entstandenen Schulden zu verhandeln.

15. Das 17. Heft der Zeitschrift »Der Ruf« darf auf amerikanische Anordnung nicht erscheinen.

17. 2. FDGB-Kongreß in Ost-Berlin.

18. Die britische Marine sprengt Befestigungen und Hafen von Helgoland.

19. Die Uraufführung von Friedrich Dürrenmatts Schauspiel »Es steht geschrieben« löst in Zürich einen Theaterskandal aus.

20. Frederik IX. wird dänischer König.

21. Die drei Westalliierten vereinbaren Kohlelieferungen aus dem Saargebiet und von der Ruhr nach Frankreich.

22. Mit 67 : 23 Stimmen billigt der US-Senat das Truman-Programm für Griechenland und die Türkei.

24. Sechs ehemalige SS-Angehörige, die die Verantwortung für die Zerstörung Lidices tragen, werden hingerichtet (→ Juni 1942).

25. Aus japanischen Parlamentswahlen gehen die Sozialisten als stärkste Partei hervor.

GESTORBEN:

1. Georg II. (* 1. 8. 1890), König von Griechenland.

7. Henry Ford (* 30. 7. 1863), amerikanischer Automobilfabrikant. →

20. Christian X. (* 26. 9. 1870), König von Dänemark.

Gewerkschaften in Westzonen gegründet

25. April. Im Gegensatz zur sowjetischen Besatzungszone, wo schon im Juni 1945 eine Einheitsgewerkschaftsbewegung, der Freie Deutsche Gewerkschaftsbund (FDGB), gegründet worden ist, soll in den Westzonen die Gewerkschaftsbewegung langsam und von der Basis zur Spitze neu entstehen. Vom 22. bis 25. April tagen Gewerkschaftsfunktionäre der britischen Zone und gründen unter Vorsitz Hans Böcklers als Dachgewerkschaft für 14 Einzelgewerkschaften den Deutschen Gewerkschaftsbund (DGB). Es folgen die Gründung des Bayerischen Gewerkschaftsbundes (27. April) und des Rheinland-Pfälzischen Allgemeinen Gewerkschaftsbundes (2. Mai).

Großindustrieller Henry Ford †

7. April. In Dearborn im US-Staat Michigan stirbt im Alter von 83 Jahren der amerikanische Kraftfahrzeugkonstrukteur und Großindustrielle Henry Ford I. Ford produzierte seit 1892 eigene Kraftwagen und gründete 1903 die Ford Motor Company. Sein Erfolgsmodell war das berühmte Modell T (»Tin Lizzi«), von dem zwischen 1908 bis 1927 über 15 Millionen Stück verkauft wurden (→ Oktober 1908).

Kohlevorkommen am Südpol

14. April. Admiral Richard Byrd kehrt von der großen US-Expedition in die Antarktis zurück, deren unbekannte Teile durch Flugaufnahmen kartographiert worden sind. Byrd berichtet von erheblichen Kohlevorkommen im sechsten Erdteil, den er zudem als riesigen Eisschrank betrachtet, in dem Lebensmittel gegen künftige Hungersnöte in aller Welt aufbewahrt werden könnten. Strategisch hält Byrd die Antarktis für uninteressant. Dort sollten Wetterstationen errichtet werden.

1947

MAI

Mo	Di	Mi	Do	Fr	Sa	So
			1	2	3	4
5	6	7	8	9	10	11
12	13	14	15	16	17	18
19	20	21	22	23	24	25
26	27	28	29	30	31	

Landtagswahlen in der britischen Zone

20. April. Die ersten Wahlen zu den Landtagen in der britischen Zone ergeben folgende Sitzverteilung: Niedersachsen: SPD 66, CDU 31, Niedersächsische Landespartei 25, FDP 13, KPD 8, Zentrum 6; Nordrhein-Westfalen: CDU 92, SPD 64, KPD 28, Zentrum 20, FDP 12; Schleswig-Holstein (mit Nachwahl im Kreis Flensburg am 19. Mai): SPD 43, CDU 22, Südschleswigsche Vereinigung 5.

550 Tote bei Nitrat-Explosion

16. April. Im Hafen von Texas City (nördlich von Galveston) explodiert ein Frachter mit einer Nitratladung und löst in den anliegenden Hafengebieten, Docks und Öltanks eine dreitägige Feuersbrunst aus sowie eine Serie von Explosionen. Die Erschütterungen sind so heftig, daß sie vom Seismographen in Denver registriert werden. 550 Menschen werden getötet und 300 verletzt. Der Sachschaden beträgt 35 Millionen Dollar.

Religionskrieg in Indien

Die großen indischen Städte leiden unter schweren Kämpfen zwischen Hindus und Mohammedanern. Nach fünftägigen Auseinandersetzungen in Kalkutta, die 111 Menschenleben fordern, verhängt Vizekönig Louis Mountbatten über die Stadt eine Ausgangssperre. Um eine Beruhigung zu erreichen, stimmt Ministerpräsident Pandit Nehru einer Amnestie für 5000 verhaftete Mohammedaner zu und erklärt, die Regierung werde dem Entstehen eines mohammedanischen Pakistans nicht widersprechen, wenn dies nicht weitere Gebiete an sich ziehen werde.

Für die inneren Verhältnisse des künftigen Staates Indien ist der Beschluß entscheidend, die Kaste der Unberührbaren (Parias) aufzuheben. Von dieser Entscheidung sind 40 Millionen Inder betroffen.

4. Im Streit um die Lohnpolitik scheiden die französischen Kommunisten aus dem Kabinett Ramadier aus.

7. In Brasilien wird die KP nicht zu den Parlamentswahlen zugelassen.

8. In Südafrika verspricht Ministerpräsident Smuts eine den Schwarzen entgegenkommende Politik zu betreiben.

9. Im ersten Kreditvertrag gibt die Weltbank Frankreich zum Wiederaufbau seiner Wirtschaft 250 Millionen Dollar.

9. Hamburger Hafenarbeiter treten in einen Proteststreik. →

10. Hjalmar Schacht wird in Stuttgart zu acht Jahren Arbeitslager verurteilt, sein Vermögen bis auf 10 000 RM beschlagnahmt.

13. Kabinett de Gasperi demissioniert in Italien nach Spannungen mit den sozialistischen Mitgliedern über Finanzfragen.

21. Ein weißes Geschworenengericht im US-Bundesstaat Süd-Carolina spricht 28 weiße Angeklagte vom Vorwurf frei, einen Schwarzen gelyncht zu haben.

22. Präsident Truman unterzeichnet die Hilfsgesetze für Griechenland und die Türkei.

26. Putsch in Nicaragua.

27. In Landsberg werden 22 im Mauthausen-Prozeß zum Tode Verurteilte hingerichtet.

29. Die Wirtschaftsverwaltung der Bizone geht in deutsche Hände über.

30. Abschluß der Verstaatlichung aller Bergwerke in der sowjetisch besetzten Zone.

30. Die SPD-Politikerin Louise Schroeder wird vorläufig Berliner Bürgermeister.

31. Alcide de Gasperi bildet in Italien ein neues Kabinett aus Christdemokraten und Unabhängigen.

31. In Ungarn wird Ministerpräsident Ferenc Nagy zum Rücktritt gezwungen; Lajos Dinnyes (Kleinbauernpartei) bildet ein neues Kabinett.

31. Der marokkanische Emir Abd el Krim, Führer des Rifkabylenaufstandes und seit 1926 auf die Insel Réunion verbannt, wird freigelassen.

GESTORBEN:

20. Philipp Lenard (* 7. 6. 1862), deutscher Physiker.

Streik gegen Hunger

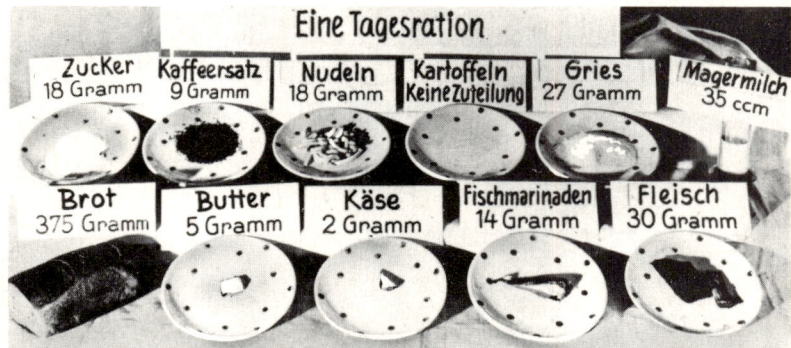

So sieht die Tagesration für einen Deutschen in der amerikanischen Besatzungszone aus: Alles in allem kann er täglich rund 1000 Kalorien verzehren.

9. Mai. Da die Lebensmittelrationen keine 1500 Kalorien pro Tag ergeben, treten die Hamburger Hafenarbeiter in den Streik. Der nordrhein-westfälische Ministerpräsident Rudolf Amelunxen erklärt, zurücktreten zu wollen, da er nicht mehr die Verantwortung tragen könne. »Ohne weitere Hilfe ist mit dem völligen Zusammenbruch in unseren Großstädten zu rechnen.« In Wuppertal betragen die Lebensmittelrationen sogar nur 650 Kalorien pro Tag. Um einer Hungerkatastrophe zu begegnen, beschließt die US-Regierung 1,2 Millionen Tonnen Getreide nach Deutschland zu verschiffen.

Klage gegen IG-Farben

3. Mai. Vor dem amerikanischen Militärgericht in Nürnberg haben sich 24 Direktoren der IG-Farben, unter ihnen der Präsident des Aufsichtsrats Karl Krauch und Direktor Heinrich Bütefisch, zu verantworten. Sie sind angeklagt der Vorbereitung des Angriffskriegs, der Versklavung von Millionen Menschen und der Ausplünderung in den von Deutschland besetzten Ländern in Ost- und Westeuropa.

189 Häftlinge in Palästina werden befreit

18. Mai. In der UNO erhält der Antrag der Arabischen Liga auf Abzug der britischen Truppen aus Palästina und Errichtung eines palästinensischen Staates keine Mehrheit; die Vereinten Nationen bilden aber eine Kommission, um die Verhältnisse in diesem Gebiet zu untersuchen. Die jüdische Untergrundorganisation will ihre Überfälle während des Besuchs der Kommission einstellen, wenn auch die britischen Truppen nichts unternehmen. Noch zu Monatsanfang hat die Irgun Zwai Leumi nach der Sprengung einer Mauer des Gefängnisses in Akko und einem heftigen Feuergefecht 189 jüdische Häftlinge befreit.

Abstimmung über Annahme der Verfassungen

18. Mai. In der französischen Besatzungszone finden Landtagswahlen über die Länderverfassungen statt. In Rheinland-Pfalz sprechen sich 604 316 Bürger für und 503 737 gegen die Verfassung aus; in Baden stimmen 296 959 der Verfassung zu und 140 148 lehnen sie ab; in Württemberg-Hohenzollern wird der Verfassungstext mit 286 660 gegen 116 013 Stimmen angenommen. Die Sitzverteilung lautet in Rheinland-Pfalz: CDU 47, SPD 34, DVP und Sozialistischer Volksbund 11, KPD 8; in Baden: Badisch Christlich-Soziale Volkspartei 34, SPD 13, LDP 9, KPD 4; in Württemberg-Hohenzollern: CDU 32, SPD 12, DVP 11, KPD 5.

JUNI

Mo	Di	Mi	Do	Fr	Sa	So
						1
2	3	4	5	6	7	8
9	10	11	12	13	14	15
16	17	18	19	20	21	22
23	24	25	26	27	28	29
30						

2. Die USA suspendieren einen 15-Millionen-Dollar-Kredit an Ungarn.

3. Veröffentlichung des britischen Teilungsvorschlags für Indien.

5. George Marshall kündigt in der Harvard-Universität das Hilfsprogramm für Europa an. →

6. Konferenzbeginn der deutschen Ministerpräsidenten in München.

8. Evita Perón, Frau des argentinischen Staatspräsidenten, wird in Madrid mit den Ehren eines Staatsoberhaupts begrüßt.

10. Staatsbesuch Präsident Trumans in Kanada.

11. Die USA werfen der UdSSR fortgesetzte Einmischung in die inneren Angelegenheiten Ungarns vor.

12. 60 Prozent der bayrischen Eltern sprechen sich für eine Wiedereinführung der Prügelstrafe an den Schulen aus.

13. Premiere des Käutner-Films »In jenen Tagen« in Hamburg.

14. Die russische Militärverwaltung überträgt der Deutschen Wirtschaftskommission wirtschaftliche Befugnisse in der sowjetischen Besatzungszone.

15. Die indische Volkskongreßpartei lehnt die Autonomie der Maharadscha-Staaten ab und billigt im übrigen den britischen Indien-Plan.

19. Ernest Bevin erklärt die Beschwichtigungspolitik (»appeasement«) gegenüber der UdSSR für beendet.

25. Konstituierung des bizonalen Wirtschaftsrates in Frankfurt. →

27. Pariser Konferenz der UdSSR, Großbritanniens und Frankreichs über den Marshall-Plan. →

29. Beginn des Parteitags der SPD in Nürnberg.

30. In Frankreich wird ein Komplott zur Errichtung eines faschistischen Staats aufgedeckt.

30. In der sowjetischen Besatzungszone wird die »Gesellschaft zum Studium der Kultur der Sowjetunion« gegründet.

31. Die Tätigkeit der UNRRA (Wiederaufbau-Ausschuß der UN) ist offiziell beendet.

GESTORBEN:

16. Bronislaw Hubermann (* 19. 12. 1882), polnischer Violinvirtuose.

Wiederaufbau Europas läuft an

5. Juni. Im Auftrag des Staatssekretärs George Marshall haben das US-State-Departement und ein Koordinierungsausschuß die Möglichkeiten und Aussichten eines umfassenden Hilfsprogramms für die europäischen Staaten unter Einschluß der deutschen Westzonen geprüft und sind zum Ergebnis gelangt, daß ein derartiger Beistand im Interesse der USA liege, da er generell Schutzzollmaßnahmen einschränke und einen kommunistischen Umsturz in Frankreich verhindern werde. Frankreich sei künftig nicht auf deutsche Reparationen angewiesen und für (West-) Deutschland wie für Frankreich entstehe die Basis zu einer wirtschaftlichen Erneuerung. Das Hilfsprogramm sei allerdings nicht gegen den Kommunismus gerichtet, sondern es diene dem europäischen Wiederaufbau und der Abwendung wirtschaftlicher Not und müsse deshalb auch der Sowjetunion und ihren Satelliten offenstehen. Anläßlich der Verleihung eines Ehrendoktorats der Harvard-Universität trägt Marshall am 5. Juni diese Gedanken vor: »Unsere Politik ist weder gegen ein Land noch eine Idee gerichtet, sondern gegen Hunger, Armut, Hoffnungslosigkeit und Chaos.« Allerdings müßten die europäischen Länder selbst über die Form des Vorgehens entscheiden und entsprechende Vorschläge unterbreiten.

Am 27. Juni treffen die Außenminister Wjatscheslaw Molotow (UdSSR), Ernest Bevin (Großbritannien) und Georges Bidault (Frankreich) in Paris zusammen, um über die amerikanische Anregung zu verhandeln. Molotow hat gegen eine Einbeziehung Deutschlands in das Europäische Hilfsprogramm (ERP) nichts einzuwenden, solange dadurch nicht die Reparationsleistungen an die UdSSR beeinträchtigt werden. Die Minister Frankreichs und Großbritanniens fürchten allerdings, daß die Beteiligung der UdSSR an der ERP-Planung zu Behinderungen und Verzögerungen führen werde und stellen deshalb die Differenzen in den Vordergrund der Verhandlungen. Offensichtlich auf Moskauer Weisung bricht Molotow die Verhandlungen am 2. Juli schließlich doch mit der Begründung ab, der Marshallplan stelle eine Beschränkung der nationalen Souveränität dar und führe zur Aufhebung der wirtschaftlichen Unabhängigkeit. Die Konferenz ist geplatzt, aber im Westen läuft die US-Hilfe an.

Werbeplakat für den Marshallplan.

Der Marshallplan hilft beim Neubau in Berlin.

Wirtschaftsrat tagt

25. Juni. Nachdem die Militärgouverneure Lucius D. Clay und Brian H. Robertson die Bildung eines Wirtschaftsrats proklamiert haben, dessen Mitglieder aus den Landtagen zu wählen sind, konstituiert sich der Rat am 25. Juni in Frankfurt. Er hat den Auftrag, fünf Verwaltungsabteilungen zu bilden (Wirtschaft, Verkehr, Ernährung, Post und Finanzen). Er besteht aus 21 Abgeordneten der CDU, 20 der SPD, je 3 der KPD und FDP, je 2 des Zentrums und der Niedersächsischen Landespartei und je einem Abgeordneten der hessischen Liberalen, der DVP Württemberg-Baden sowie WAV.

Ernst Reuter Bürgermeister

17. Juni. Mit 89 : 17 Stimmen bei 2 Enthaltungen wählen die Berliner Stadtverordneten den Verkehrsdezernenten und früheren Magdeburger Oberbürgermeister Ernst Reuter, der in der NS-Zeit in die Türkei emigriert war, zum Oberbürgermeister (→ September 1953).

Nach dem Scheitern der Münchner Ministerpräsidentenkonferenz stellen sich nur noch die Länderchefs des Westens der Pressekonferenz (von links): Leo Wohlleb (Baden), Hans Ehard (Bayern), Louise Schroeder (Berlin), Reinhold Maier (Württemberg-Baden) und Hermann Lüdemann (Schleswig-Holstein).

Keine Gemeinsamkeit

5. Juni. In München treffen sich auf Einladung des bayrischen Ministerpräsidenten Hans Ehard die Länderchefs aller vier Besatzungszonen Deutschlands. In den Einladungsschreiben ist der Grund für die Begegnung angegeben; sie soll dem Ziel dienen, »ein weiteres Abgleiten des deutschen Volkes in ein rettungsloses wirtschaftliches und politisches Chaos zu verhindern. Das deutsche Volk ist physisch und seelisch nicht mehr fähig, einen neuen Winter mit Hunger und Frieren im Wohnungselend zerstörter Großstädte in wirtschaftlicher Auszehrung und in politischer Hoffnungslosigkeit abzuwarten.« Es entstehen jedoch sogleich Schwierigkeiten, da die Ministerpräsidenten der sowjetischen Besatzungszone (SBZ) eine Behandlung der anstehenden Fragen und Kritik an den westdeutschen politischen, sozialen und wirtschaftlichen Entwicklungen auf der Ebene von Verhandlungen der Parteien verlangen. Dagegen lehnt Kurt Schumacher prinzipiell jede Diskussion von SPD-Politikern mit Angehörigen der SED ab, solange eine eigene Parteiorganisation der SPD in der SBZ nicht zugelassen ist. Die französische Militärregierung hingegen wünscht, daß die Ministerpräsidenten ihrer Zone sich bestenfalls als schweigende Zuhörer an den Besprechungen beteiligen und keinesfalls politische Probleme (deutscher Einheitsstaat) diskutieren. Trotz Vorverhandlungen hat es keine endgültige Einigung über die Tagesordnung gegeben. Der mecklenburgische Ministerpräsident Wilhelm Höcker verlangt für die Vertreter der SBZ als entscheidende Voraussetzung der Konferenzverhandlungen die Bildung einer deutschen zentralen Verwaltung durch Verständigung der demokratischen Parteien und Gewerkschaften. Die Aufgabe dieser Verwaltung soll die Schaffung eines Einheitsstaates sein. Die Ablehnung dieses Vorschlags durch die Länderchefs der Westzonen, die allein die Beseitigung der Versorgungsnöte und den wirtschaftlichen Neubeginn erörtern wollen und dürfen – ausdrücklich warnen sie vor der Auffassung, die Militärgouverneure würden sich jetzt schon von deutschen Politikern belehren lassen –, veranlaßt die Ministerpräsidenten der SBZ, sich von der Konferenz zurückzuziehen.

Die einzige gesamtdeutsche Ministerpräsidentenkonferenz ist damit beendet, bevor sie begonnen hat. In München kündigen als Reaktion Otto Grotewohl und Walter Ulbricht bei einer KP-Tagung eine Kampagne für ein Volksbegehren zur Einigung Deutschlands an. Die westdeutschen Ministerpräsidenten behandeln während ihrer Rumpfkonferenz Ernährungs- und Wirtschaftsfragen, Resolutionen über Kriegsgefangene und Entnazifizierung, Flüchtlinge und Besatzungsrecht; außerdem empfehlen die Regierungschefs die Bildung eines deutschen Ausschusses zur Beratung des Kontrollrats.

1947
JULI

Mo	Di	Mi	Do	Fr	Sa	So
	1	2	3	4	5	6
7	8	9	10	11	12	13
14	15	16	17	18	19	20
21	22	23	24	25	26	27
28	29	30	31			

1. Die Deutsche Presse Agentur (dpa) nimmt unter Direktion Fritz Sängers ihre Tätigkeit auf.

4. In Spanien tritt Gesetz über die Wiedereinführung der Monarchie nach Francos Tod oder Abdankung in Kraft.

5. Experten kritisieren die »Fliegende-Untertassen«-Hysterie in den USA.

6. Vor der UN-Kommission für den Nahen Osten trägt eine jüdische Abordnung ihre Vorstellungen über die Gestaltung Palästinas vor.

9. Auseinandersetzungen zwischen Regierung und Linksopposition in Griechenland. 2800 Oppositionelle werden verhaftet.

10. Die britische Prinzessin Elizabeth verlobt sich mit Marineleutnant Philip Mountbatten.

17. Im Hafen von Bombay kentert eine Fähre: 630 Tote.

20. Auf Java leiten die Niederländer eine Offensive gegen die indonesischen Streitkräfte ein.

20. In Glyndebourne wird Benjamin Brittens Oper »Albert Herring« uraufgeführt.

21. In der sowjetischen Besatzungszone erhalten die ehemaligen Provinzen Brandenburg und Sachsen-Anhalt Länderstatus.

21. Wegen Holzmangels muß der Umfang britischer Zeitungen eingeschränkt werden.

22. UdSSR lehnt die Beteiligung an der Friedensvertragskonferenz mit Japan wegen mangelnder Unterrichtung durch die USA ab.

22. Der von den Landtagen der Bizone bestimmte Wirtschaftsrat wählt die Direktoren der fünf Wirtschaftsverwaltungen (→ Juni 1947).

26. Die Vereinigung der US-Teilstreitkräfte in einem Regierungsdepartement ist abgeschlossen.

27. Marschall Tschiang Kai-schek kritisiert die einseitige Berichterstattung der US-Presse, die nur die Korruption in China hervorhebe.

28. Die rumänische Regierung löst die Bauernpartei auf.

31. Die italienische Verfassungsversammlung billigt mit 262 : 68 Stimmen den Friedensvertrag.

GESTORBEN:

9. Otto Ampferer (* 1. 12. 1875), österreichischer Geologe.

Europäischer Zusammenschluß vorgesehen

12. Juli. Nach Abbruch der Verhandlungen mit dem sowjetischen Außenminister Wjatscheslaw Molotow am 2. Juli laden die Außenminister Ernest Bevin und Georges Bidault ihre Kollegen aus den übrigen vom Weltkrieg betroffenen europäischen Staaten nach Paris ein, um das Europäische Hilfsprogramm der USA zu erörtern. Zunächst sagen die Minister des kommunistischen Machtbereichs ihr Erscheinen zu, müssen aber unter russischem Druck absagen, so daß nur 16 nichtkommunistische Staaten teilnehmen.

Hauptberatungspunkte sind die Möglichkeiten für einen europäischen Zusammenschluß, wie er vor allem von den Regierungen Frankreichs und Italiens als erforderlich angesehen wird, um eine dritte Kraft in der Welt zu bilden. Allerdings zeigt sich Großbritanniens Regierung einer engen Vereinigung abgeneigt.

Prozeß gegen NS-Generale

15. Juli. In Nürnberg läuft der Prozeß gegen die Feldmarschälle und Generale an, die vor allem auf dem Balkan und in Norwegen Kommandos innehatten (sogenannte Süd-Ost-Generale). Sie sind der Erschießung von insgesamt 13 000 Geiseln, der Massenverhaftungen und Zerstörung der Länder angeklagt. Unter ihnen befinden sich die Feldmarschälle Maximilian von Weichs und Wilhelm List sowie Generaloberst Lothar Rendulic. Der angeklagte Generalleutnant Franz Boehme hat Selbstmord begangen.

Coppi gewinnt Giro d'Italia

Sieger der erstmals nach dem Krieg wieder gefahrenen Tour de France mit Start und Ziel in Paris ist der Franzose Jean Robic. Das andere große Rad-Etappenrennen, den Giro d'Italia, entscheidet der Italiener Fausto Coppi für sich.

1947

AUGUST

Mo	Di	Mi	Do	Fr	Sa	So
				1	2	3
4	5	6	7	8	9	10
11	12	13	14	15	16	17
18	19	20	21	22	23	24
25	26	27	28	29	30	31

3. Niederländer und Indonesier stellen auf UN-Aufforderung die Kämpfe in Indonesien ein.

6. Premierminister Attlee fordert von den Briten Opfer zur Produktionssteigerung und Haushaltssicherung.

6. Nordrhein-westfälisches Gesetz zur Sozialisierung des Kohlebergbaus wird im Landtag angenommen und von der Militärregierung genehmigt.

6. Gottfried von Einems Oper »Dantons Tod« wird in Salzburg uraufgeführt.

10. Militärgouverneur Clay gibt bekannt, die Rüstungsindustrie in der US-Zone sei abgebaut und 8 Millionen deutscher Kriegsgefangener wieder frei.

14. Die USA erlassen Italien die Zahlungen aus dem Friedensvertrag sowie eine Milliarde Dollar Schulden.

15. Bei einem Wassereinbruch in einem Bergwerk in Cornwall (England) kommen 90 Bergleute ums Leben.

16. General Vafiadis proklamiert eine Militärregierung des »freien Griechenlands«.

16. Wegen Spionage wird der bulgarische Oppositionsführer Nikola Petkow zum Tode verurteilt.

23. Bei einem Zugbrand nahe Berlin sterben 23 Personen und 50 werden verletzt.

23. Der griechische Ministerpräsident Maximos tritt zurück, da ihm seine Bemühung, eine Vereinigung gegen die Kommunisten zu bilden, nicht gelingt.

27. Die britische Labourregierung ergreift für die Bereiche Ernährung und Transport Notstandsmaßnahmen.

29. Veröffentlichung des revidierten Industrieplans für die Bizone.

29. Konstantin Tsaldaris bildet das neue griechische Kabinett.

31. Kommunistischer Wahlerfolg in Ungarn.

31. Das britische Atomzentrum Harwell beginnt seine Arbeit.

GESTORBEN:

8. Anton Denikin (* 4. 12. 1872), weißrussischer General.

19. Oskar Moll (* 21. 7. 1875), deutscher Maler.

21. Ettore Bugatti (* 15. 9. 1881), französischer Autokonstrukteur.

Indien unabhängig

Der englische Vizekönig von Indien, Lord Mountbatten (rechts) verhandelt mit dem künftigen Staatspräsidenten Pandit Nehru (links) über den Rückzug Englands aus Indien. Das Ergebnis ist eine Teilung des Subkontinents.

15. August. Großbritannien gewährt Indien die Unabhängigkeit als Dominion im Rahmen des Commonwealth. Vor 347 Jahren, am 31. Dezember 1600, verlieh Königin Elizabeth I. von England der Royal India Company eine Charta. Seither brachten die englischen Kaufleute den Subkontinent in enge Abhängigkeit von Großbritannien, bis nach dem großen Aufstand der Sepoys (indische Truppen der Handelsgesellschaft) die britische Regierung Indien zur Kronkolonie machte. Königin Victoria nannte sich seit 1877 auch Kaiserin von Indien.
Alle Bemühungen um eine größere Eigenständigkeit Indiens oder seine Unabhängigkeit wurden von den Briten abgelehnt oder niedergeschlagen, doch haben die Volkskongreßbewegung Mahatma Gandhis und die Moslemliga Mohammed Ali Dschinnahs dazu beigetragen, die Unabhängigkeitserklärung zu fördern, die allerdings im Lager der britischen Konservativen, so etwa bei Winston Churchill, auf Ablehnung stößt. Er bezeichnet sie als Ausverkauf des britischen Weltreichs.
Nach langwierigen Verhandlungen mit der Londoner Regierung und Auseinandersetzungen zwischen Hindus und Mohammedanern wird der Subkontinent aufgeteilt in die Republik Indien – bereits Mitglied der UNO – mit einer Hindu-Mehrheit und die mohammedanische Republik Pakistan, die den Antrag auf Aufnahme in die UNO stellt. Einige Maharadschas haben ihre Territorien, zum Beispiel Hyderabad, noch nicht einem der beiden Staaten angeschlossen, sondern wollen die weitere Entwicklung abwarten. Schon unmittelbar vor der Unabhängigkeitserklärung und dem Abzug der britischen Truppen brechen im Pandschab und in Ostbengalen, wo die endgültigen Grenzziehungen zwischen indischen und pakistanischen Beauftragten zu vereinbaren sind, erbitterte Kämpfe zwischen Hindus, Mohammedanern und Sikhs aus. Bis Monatsende wird die Zahl der Toten auf 20 000, die der Vertriebenen auf eine Million geschätzt.

Heimkehrer aus Rußland sind völlig entkräftet

10. August. Die amerikanische Militärregierung übt Kritik an dem Gesundheitszustand der deutschen Heimkehrer aus sowjetischer Gefangenschaft. Sie seien erst nach drei bis sechs Monaten physisch wieder in der Lage zu arbeiten. Militärgouverneur Lucius D. Clay teilt mit, der letzte deutsche Kriegsgefangene der USA sei am 30. Juni freigelassen worden. In der UdSSR befinden sich noch 900 000, in England 267 000, im Mittleren Osten 77 000 und in Frankreich »mehrere hunderttausend« Gefangene.

In 73 Stunden Flug um die Erde

10. August. Nach 73 Stunden 5 Minuten 11 Sekunden beendet William P. Oclom in Chicago einen Flug um die Erde in einem umgebauten zweimotorigen A-26-Bomber. Insgesamt befand sich der amerikanische Flieger 63 Stunden 15 Minuten in der Luft.

300 Tote bei Explosion in Cádiz

18. August. Bei der Explosion eines Marinearsenals in Cádiz kommen wenigstens 300 Menschen ums Leben, die Zahl der Verletzten wird auf 5000 geschätzt. Werften, Fabriken, Privathäuser und ein Waisenhaus erleiden Beschädigungen. Die spanische Regierung weigert sich, Angaben über Ursachen und Umfang der Katastrophe zu machen.

Truppenabzug

31. August. Die nach Palästina entsandte UN-Kommission (→ Mai 1947) empfiehlt den Abzug der britischen Truppen. Sie stößt damit auf Widerspruch der Araber, die nach den bisherigen fortdauernden Zusammenstößen mit den jüdischen Untergrundorganisationen im Falle des Abzugs eine jüdische Staatsgründung befürchten, während die Zionisten zustimmen.

1947
SEPTEMBER

Mo	Di	Mi	Do	Fr	Sa	So
1	2	3	4	5	6	7
8	9	10	11	12	13	14
15	16	17	18	19	20	21
22	23	24	25	26	27	28
29	30					

3. Die UdSSR lehnt ab, Dairen am Gelben Meer als internationalen Hafen zu öffnen.

3. Die USA liefern an ausländische Wissenschaftler befreundeter Staaten radioaktive Isotope.

6. 2. CDU-Parteitag in Berlin.

7. Papst Pius XII. ruft die Katholiken zum Kampf gegen Kirchengegner auf.

7. In Neu-Delhi brechen Kämpfe zwischen Hindus und Moslems aus.

8. Vom US-Flugzeugträger »Midway« gelingt der Abschuß einer V-2-Rakete.

8. Der 2. pädagogische Kongreß in Berlin tritt für Fortsetzung demokratischer Schulreformen in der sowjetischen Besatzungszone ein.

8. Uraufführung der Dramen »Agamemnons Tod« und »Elektra« von Gerhart Hauptmann in Berlin.

13. Nehru fordert zur schnellen Beendigung der Kämpfe zwischen Hindus und Moslems, vier Millionen Menschen – ihren Religionen entsprechend – zwischen Pakistan und Indien auszutauschen.

14. Die polnische Regierung kündigt das Konkordat mit der katholischen Kirche.

15. Die Pariser Friedensverträge vom 10. Februar treten in Kraft.

16. John Cobb stellt einen Landgeschwindigkeitsrekord für Autos mit 634,386 km/h auf dem Bonneville-Salzsee in Utah auf.

17. Ein Hurrikan über Florida, Louisiana und Mississippi fordert 84 Tote und zahlreiche Verletzte.

20. Nach einer fünftägigen Flut auf Hondo zählt die japanische Regierung 1983 Tote und Vermißte sowie 1616 Verletzte.

22. Eine Transportmaschine vom Typ Douglas Skymaster fliegt lediglich mit Gerätesteuerung von Neufundland nach London.

29. Arabische Liga spricht sich gegen die Teilung Palästinas aus.

30. Gründung des Kominform in Warschau. →

GESTORBEN:

20. Fiorello Henry La Guardia (* 11. 12. 1882), amerikanischer Politiker, Bürgermeister von New York.

23. Nikola Petkow (* 1889), bulgarischer Politiker (hingerichtet).

Kominform wird gegründet

30. September. Auf einer Tagung in Warschau beschließen die Führer der kommunistischen Parteien Europas (UdSSR, Jugoslawien, Frankreich, Italien, Polen, Bulgarien, ČSR, Ungarn und Rumänien), ein Kommunistisches Informationsbüro (Kominform) zu gründen, um sich in der komplizierten Situation der Nachkriegszeit gegen »das Lager des Imperialismus und seine Führungsmacht, die USA«, zur Wehr setzen zu können. In der gegenwärtigen Lage bedeute die mangelhafte Verbindung zwischen den kommunistischen Parteien eine Schädigung der Arbeiterklasse und führe zu einem weiteren Vordringen des »Dollarimperialismus«. Außerdem wenden sich die kommunistischen Führer gegen »Rechtssozialisten« wie Clement Attlee und Ernest Bevin, Paul Ramadier und Léon Blum, Karl Renner und Kurt Schumacher. Die Gründung des Kominform mit Sitz in Belgrad wird am 5. Oktober bekanntgegeben.

Bisherige Internationalen

Erste Internationale, gegründet 1864 von Karl Marx und Friedrich Engels, aufgelöst 1876.
Zweite Internationale, gegründet in Paris 1889. Sie löst sich mit dem Ausbruch des 1. Weltkrieges auf.
Dritte (kommunistische) Internationale, gegründet in Moskau 1919 (Komintern), aufgelöst 1943.
Sozialistische Arbeiter-Internationale (SAI), gegründet 1923 in Hamburg (Zusammenschluß der 1919 neugegründeten Zweiten Internationale und der 1921 gegründeten Wiener Internationale), aufgelöst 1940.
Committee of International Socialist Conferences (COMISCO), gegründet 1947 in London, wird 1951 in die Sozialistische Internationale (SI) umgewandelt.

Autorengruppe »Junge Literatur« gebildet

10. September. Die ehemaligen Herausgeber der verbotenen Zeitschrift »Der Ruf«, Hans Werner Richter und Alfred Andersch, laden deutsche Autoren nach Bannwaldsee im Allgäu ein zur Vorlesung und Diskussion eigener Werke. Sie wollen »junge Literatur … sammeln und fördern«, die Wirklichkeit kritisch analysieren und für ein neues demokratisches Deutschland wirken. Die Gruppe will politisch engagierte Literatur in einer breiten Öffentlichkeit bekanntmachen. Die Autorengruppe, zu der Walter Kolbenhoff und Wolfdietrich Schnurre gehören, beabsichtigt, die Veranstaltung zu wiederholen und sich einmal im Jahr zu treffen.

Thüringens Ministerpräsident geflohen

1. September. Der SED-Ministerpräsident von Thüringen, Rudolf Paul, ist mit seiner Frau in den Westen geflohen, nachdem er wegen eines »übermäßigen« Lebensstils in Ungnade gefallen ist. Die sowjetischen Behörden haben eine Fahndung eingeleitet, aber Paul hat sich in Sicherheit gebracht.

EXPORTMESSE HANNOVER KATALOG 1947

Trotz der wirtschaftlichen Not wird die erste Hannover-Messe vom 18. August bis 7. September zu einem beachtlichen Erfolg. Im Maschinenbau sind deutsche Produkte, wie sich zeigt, bereits wieder international konkurrenzfähig.

1947

OKTOBER

Mo	Di	Mi	Do	Fr	Sa	So
		1	2	3	4	5
6	7	8	9	10	11	12
13	14	15	16	17	18	19
20	21	22	23	24	25	26
27	28	29	30	31		

3. Aufführung des Films »Ehe im Schatten« unter der Regie von Kurt Maetzig in allen vier Berliner Sektoren.

7. Premierminister Attlee entläßt in Großbritannien elf Minister.

8. Die UNO beschließt, eine Kommission zur Beobachtung der griechischen Nordgrenze zu bilden.

10. Rückgabe eines Goldschatzes im Wert von 25 Millionen Dollar an Italien. Er ist von der fünften US-Armee in Norditalien gefunden worden.

10. Die russische Militärverwaltung befiehlt höhere Arbeitsproduktion und Kampf gegen »Bummelanten« in der sowjetischen Besatzungszone (SBZ).

13. In der SBZ »Verordnung über Jugendschutz«.

16. Veröffentlichung einer neuen Demontageliste in der Bizone. →

17. Die Premierminister Attlee und Thatin unterzeichnen den Vertrag über die burmesische Unabhängigkeit.

19. De Gaulles RPF geht aus den französischen Kommunalwahlen als stärkste Partei vor den Kommunisten hervor.

21. Bei dem Brand eines Altenheims in Hof (Bayern) kommen 28 Menschen ums Leben.

21. Die UNO ruft Griechenland und die anderen Balkanstaaten zur friedlichen Bereinigung ihrer Probleme auf.

22. Das französische Kabinett Ramadier demissioniert.

26. Im zweiten Wahlgang der französischen Parlamentswahlen liegen die Sozialisten weit vor den Kommunisten.

26. Aus dem Anschluß Kaschmirs an die Indische Union entsteht eine Krise mit Pakistan.

27. Sikhs greifen Moslems in Kaschmir an, die den Anschluß an Indien ablehnen.

29. Unterzeichnung des Vertrags über Zolleinheit zwischen Belgien, den Niederlanden und Luxemburg.

GESTORBEN:

4. Max Planck (* 23. 4. 1858), deutscher Physiker, Nobelpreis 1918. →

13. Sidney Webb (* 13. 7. 1859), britischer Sozialpolitiker.

Weitere Demontagen

Der britische Militärgouverneur Sir Brian Robertson mit der neuen erheblich reduzierten Demontageliste.

16. Oktober. Die amerikanische und die britische Militärregierung veröffentlichen eine abschließende Demontageliste. Gegenüber 1636 Fabriken, die noch 1946 zum Abbruch vorgesehen gewesen sind, enthält jetzt die Liste 682 Betriebe, von denen 496 in der britischen und 186 in der amerikanischen Zone liegen. Betroffen sind unter anderem die Krupp-Werke in Essen, Rheinmetall-Borsig in Düsseldorf, die Thyssen-Hütte in Duisburg, Ruhr-Stahl in Witten und IG-Farben in Leverkusen.

Für die Abbrucharbeiten, die zwei Jahre in Anspruch nehmen werden, sind 30 000 Arbeiter vorgesehen. Exportaufträge dürfen in den zur Demontage vorgesehenen Fabriken erledigt werden, bis andere Werke die Arbeiten übernehmen können. Es ist vorgesehen, 25 Prozent der demontierten Einrichtungen in die UdSSR zu überführen und den verbleibenden Rest an die 18 Mitgliedstaaten der Interalliierten Reparationsstelle zu geben.

Hilfen für den Handel

30. Oktober. In Genf geht die seit dem 10. April tagende Konferenz des »Vorbereitenden Komitees der Internationalen Konferenz für Handel und Beschäftigung« zu Ende. Delegierte aus 23 Staaten haben innerhalb von zwei Vorkonferenzen in nahezu 1500 Sitzungen die Satzungen für eine internationale Handelsorganisation erörtert und über die Herabsetzung der Zolltarife verhandelt. Das Gesamtergebnis ist ein Generalabkommen für Tarife und Handel (GATT) in der Form eines mehrseitigen Handelsvertrages zur allgemeinen Liberalisierung des Außenhandels und des Abbaus der Handelsschranken, wobei Präferenzen möglich sind. Der Vertrag soll am 1. Januar 1948 gültig werden und durch regelmäßige Konferenzen weiterentwickelt werden.

Max Planck gestorben

Max Planck.

4. Oktober. In Göttingen stirbt im Alter von 89 Jahren Max Planck. Der Physiker erhielt für seine grundlegenden Untersuchungen im Bereich der Thermodynamik 1918 den Nobelpreis. Als Begründer der Quantentheorie legte er mit die Grundlage für die moderne Physik. Plancks letzte Lebensjahre sind verdunkelt durch die Hinrichtung seines Sohnes Erwin als Angehöriger der Widerstandsbewegung gegen Hitler und den Verlust seiner Bücher bei der Zerstörung Berlins.

Friedenspreis an die Quäker in New York

23. Oktober. Das Osloer Nobelkomitee hat den Friedenspreis dem Rat der Quäker in New York und London verliehen. Das Stockholmer Komitee gibt den Preis für Medizin an das deutsch-amerikanische Ehepaar Carl Ferdinand und Gerty Theresa Cori sowie an den Argentinier Bernardo A. Houssay; den Engländern Edward Appleton und Robert Robinson werden die Preise für Physik bzw. Chemie zuerkannt.

Der Literaturpreis geht an den französischen Schriftsteller André Gide. Die Stockholmer Preise werden den Wissenschaftlern am 13. November übergeben.

Hungersnot nach Überschwemmung in Indien

Eine indische Frau bettelt um Reis für ihr hungerndes Kind.

5. Oktober. Eine Überschwemmung in der Region Kalkutta vernichtet 100 000 Tonnen Reis und tötet mehrere tausend Rinder. Die Zahl der Obdachlosen beträgt etwa eine Million. Die schwierigen inneren Verhältnisse des von der pakistanisch-indischen Krise erschütterten Subkontinents erschweren die Versorgungsbedingungen, so daß eine Hungerkatastrophe ausbricht, die Tausenden das Leben kostet.

700 Kinder in Gefängnissen der Ostzone

30. Oktober. Die katholischen deutschen Bischöfe wenden sich wegen der Verhaftung von Kindern und Jugendlichen in der SBZ an den Alliierten Kontrollrat. In Lagern der SBZ befinden sich acht namentlich bekannte Kinder unter 14 Jahren, 149 14jährige, 285 15jährige und 270 16jährige. Nur in wenigen Fällen seien Eltern über den Verbleib der Kinder informiert. Bei Nachfragen würden sie mit Verhaftung bedroht. Außerdem machen die Bischöfe darauf aufmerksam, daß in zahlreichen Fällen die aus US- und britischer Kriegsgefangenschaft entlassenen Soldaten bei der Rückkehr in die SBZ erneut gefangengesetzt seien.

Chiles Konflikt mit den Russen

11. Oktober. Nach einem Bergarbeiterstreik beschuldigt die chilenische Regierung Jugoslawien und die ČSR, einen kommunistischen Umsturz in Chile vorzubereiten. 200 Funktionäre der Bergarbeitergewerkschaft und Redakteure der kommunistischen Parteizeitung werden verhaftet, in mehreren Provinzen wird der Ausnahmezustand verkündet. Gleichzeitig bricht die brasilianische Regierung die diplomatischen Beziehungen zur UdSSR ab, da das sowjetische Parteiorgan »Prawda« Präsident Gaspar Dutra als Faschisten bezeichnet hat. Dem brasilianischen Botschafter in Moskau wird die Ausreise verweigert.

SPD gewinnt Bremen-Wahl

1. Oktober. Die Wahlbeteiligung für die Bremer Landesvertretung (Bremen und Bremerhaven) beträgt 71 Prozent. Die Sozialdemokraten erhalten als stärkste Partei 40 Prozent der Stimmen. Die Sitzverteilung lautet: SPD 46, CDU 24, Demokraten 15, KPD 10, sonstige 5. Mit der Annahme der Verfassung erhält das Land den Namen Freie Hansestadt Bremen.

2. Ein von Howard Hughes erbautes 25-Millionen-Dollar-Flugboot wird erfolgreich getestet.

2. Ein Erdbeben in den chilenischen Anden fordert 233 Todesopfer.

6. Molotow erklärt, die USA verfügten nicht mehr allein über das Atombomben-Geheimnis.

10. Nach 13tägigem Moslemaufstand ist der Ort Karamula in Kaschmir völlig zerstört.

10. USA und UdSSR sind mit der Beendigung des britischen Palästina-Mandats zum 31. Mai 1948 einverstanden.

12. In Großbritannien werden die Einkommen- und Luxus-Steuer angehoben.

13. Die dänischen Sozialisten bilden ein Minderheitskabinett.

14. Die UN-Generalversammlung erkennt die koreanische Unabhängigkeitsforderung an.

16. Beginn des britischen Truppenabzugs aus Palästina.

17. Krupp-Prozeß beginnt. →

21. Die Sowjetunion sieht in der Aufhebung des Ölvertrags mit dem Iran durch das iranische Parlament einen feindseligen Akt.

22. Gründung des Hauptverbandes der Vereinigung der gegenseitigen Bauernhilfe der sowjetischen Besatzungszone (SBZ) während des ersten deutschen Bauerntages in Berlin.

23. Robert Schuman bildet in Paris ein sozialistisch-volksrepublikanisches Kabinett.

27. Besetzung kommunistischer Zeitungsredaktionen durch die Pariser Polizei.

27. Berliner Abkommen über Warenaustausch zwischen der Bizone und der SBZ für das Jahr 1948.

29. Die UNO beschließt die Teilung Palästinas und stellt Jerusalem unter UN-Verwaltung.

GESTORBEN:

5. Fritz Schumacher (* 4. 11. 1869), deutscher Architekt.

17. Ricarda Huch (* 18. 7. 1864), deutsche Schriftstellerin.

20. Wolfgang Borchert (* 20. 5. 1921), deutscher Schriftsteller. →

20. Georg Kolbe (* 15. 4. 1877), deutscher Bildhauer.

Hochzeit in London

Hochzeit im Londoner Buckingham-Palast: Kronprinzessin Elizabeth heiratet den Herzog von Edinburgh, Philip, Marquis of Milford-Haven. Rechts neben dem Bräutigam Prinzessin Margaret Rose, die 17jährige Schwester der Braut.

20. November. Prinzessin Elizabeth von Großbritannien heiratet den am Vorabend zum Herzog von Edinburgh und Ritter des Hosenbandordens ernannten Marineleutnant Philip Mountbatten. Die Trauung vollzieht in der Londoner Westminster Abbey der Erzbischof von Canterbury Geoffrey Fisher. In der mit 2300 Gästen überfüllten Kirche nehmen an der Zeremonie fünf Könige, acht Königinnen, acht Prinzen, zehn Prinzessinnen und 52 Mitglieder der königlichen Familie Großbritanniens teil. 500 000 Engländer säumen den Weg zwischen Kirche und Buckingham Palace. König George VI. hat dem Unterhaus mitgeteilt, er wolle, um die britischen Staatsausgaben in Grenzen zu halten, aus seiner eigenen Schatulle die Apanage der Neuvermählten für zwei Jahre übernehmen. Die Prinzessin erhält im Jahr 60 000 Pfund Sterling, der Prinz als Ehemann in der Woche 52 Pfund als Marinesold. Unter den Hochzeitsgeschenken, die einen Wert von mehreren Millionen Pfund Sterling haben, befindet sich auch eine von Mahatma Gandhi selbstgewebte Tischdecke.

Anklage gegen Krupp

3. November. Das amerikanische Militärgericht setzt seine Prozesse gegen ehemalige Führungskräfte des deutschen Nationalsozialismus und der Wehrmacht fort. Im Prozeß gegen Mitglieder des Reichssicherheits- und Wirtschaftsamtes wegen KZ-Verbrechen werden der Hauptangeklagte Oswald Pohl und drei weitere SS-Führer zum Tode durch den Strang, drei Angeklagte zu lebenslanger Zuchthaushaft und sieben ehemalige SS-Führer zu Zeitstrafen zwischen zehn und 25 Jahren verurteilt. Angeklagt sind darüber hinaus der frühere Staatssekretär und Gesandte beim Vatikan, Ernst von Weizsäcker, sowie der Chef der Reichskanzlei Hans Heinrich Lammers, der ehemalige Reichsfinanzminister Lutz Graf Schwerin von Krosigk, der ehemalige Reichsernährungsminister Richard Darré und der frühere Pressechef Otto Dietrich. Das Verfahren erhält den Namen »Wilhelm-Straßen-Prozeß«.

Am 17. November beginnt in Nürnberg außerdem der Prozeß gegen Alfried Krupp von Bohlen und Halbach und elf Direktoren der Krupp-Werke.

Ost-Politiker fliehen in den Westen

5. November. Das Vorgehen gegen oppositionelle Politiker in den kommunistischen Staaten Ost- und Südosteuropas veranlaßt neben anderen den polnischen stellvertretenden Ministerpräsidenten, Stanislaw Mikolajczik, und Zoltán Pfeiffer, den Führer der Unabhängigen Partei Ungarns, in das westliche Ausland zu fliehen.

Mikolajcziks Bauernpartei ist in Verfahren wegen Sabotage und Untergrundtätigkeiten hineingezogen worden; gegen Pfeiffer haben sich offensichtlich gezielte Ausschreitungen im ungarischen Wahlkampf gerichtet.

Die Führer der verbotenen rumänischen Bauernpartei, Julian Maniu und Ion Mihalache, werden am 11. November von einem Gericht zu lebenslanger Haft wegen »erwiesener Spionage« verurteilt. Die Proteste der USA und Großbritanniens gegen das »Terrorurteil« werden abgewiesen.

Tod Borcherts vor der Premiere

Wolfgang Borchert.

21. November. In den Hamburger Kammerspielen wird Wolfgang Borcherts eindringliche Darstellung eines Heimkehrerschicksals, das Schauspiel »Draußen vor der Tür«, nach der Hörspielfassung im Februar nun auch auf der Bühne aufgeführt. Am Vortag ist der Autor in Zürich den Erkrankungen erlegen, die er sich während des Rußlandfeldzugs und in NS-Haft zugezogen hat.

1947

DEZEMBER

Mo	Di	Mi	Do	Fr	Sa	So
1	2	3	4	5	6	7
8	9	10	11	12	13	14
15	16	17	18	19	20	21
22	23	24	25	26	27	28
29	30	31				

1. Vor Oporto wird eine portugiesische Fischereiflotte von einem Wirbelsturm überrascht: 160 Tote.

1. Die USA bauen das Eniwetok-Atoll als Atombombentestgebiet aus.

4. Die US-Anklagebehörden legen eine Liste von 90 Firmen vor, deren Loyalität gegenüber dem Staat bezweifelt wird.

4. Uraufführung von Tennessee Williams Schauspiel »Endstation Sehnsucht« in New York.

6. Tagung des »Ersten Deutschen Volkskongresses« in Berlin. →

9. Uraufführung von Joseph von Bakys Film »Und über uns der Himmel«, der im Berliner Nachkriegs- und Trümmermilieu spielt.

10. George Marshall fordert die UdSSR auf, die Demontage deutscher Firmen in der sowjetischen Besatzungszone zu beenden.

11. Londoner Außenministerkonferenz setzt die deutsche Stahlproduktion auf jährlich 11,5 Millionen Tonnen fest.

14. Zur Inflationsbekämpfung wird der Kurs des Rubels geändert, außerdem hebt die sowjetische Regierung die Rationierung auf.

19. Freundschaftsvertrag zwischen Rumänien und Jugoslawien.

22. Die neue italienische Regierung sieht eine Zentralregierung und die Volkswahl des Senats vor.

23. Die USA räumen alle Militärstützpunkte in Panama außerhalb der Kanalzone.

23. Die neue Verfassung der Kuomintang tritt in China in Kraft, ohne die faktische Stellung Marschall Tschiang Kai-scheks zu beeinträchtigen.

30. Spannungen mit der kommunistisch gelenkten rumänischen Regierung veranlassen König Michael zum Rücktritt. Rumänien wird Republik.

GESTORBEN:

7. Tristan Bernard (* 7. 9. 1866), französischer Schriftsteller.

14. Stanley Baldwin (* 3. 8. 1867), britischer Politiker.

28. Victor Emanuel III. (* 11. 11. 1869), König von Italien.

31. Albert Grzesinsky (* 28. 7. 1879), deutscher Politiker, ehemaliger preußischer Minister und Berliner Polizeipräsident.

NS-Richter verurteilt

Der deutsche Industrielle Friedrich Flick bei der Urteilsverkündung in Nürnberg. Das Urteil des amerikanischen Gerichts lautet auf sieben Jahre Haft.

Das amerikanische Kriegsgericht spricht das Urteil über führende Juristen der NS-Zeit. Der ehemalige Reichsjustizminister Otto Thierack und ein weiterer Angeklagter haben in der Haft Selbstmord begangen. Vier Angeklagte erhalten eine Haftstrafe auf Lebenszeit, sechs erhalten zeitlich begrenzte Strafen, vier werden freigesprochen. Im Prozeß gegen Friedrich Flick und seine Mitarbeiter werden drei Zeitstrafen zwischen zweieinhalb und sieben Jahren ausgesprochen; drei weitere Angeklagte werden vom Gericht freigesprochen.

SED-Einheitsplan

6. Dezember. Auf Einladung der SED findet in Berlin ein »Volkskongreß für die deutsche Einheit und einen gerechten Frieden« statt. Eine Delegation unter Führung Otto Grotewohls und Wilhelm Piecks soll den in London tagenden Außenministern eine Resolution übergeben, in der ein Frieden für Deutschland gemäß den Beschlüssen von Jalta und Potsdam gefordert und das Verlangen nach deutscher Einheit ausgesprochen wird. Eine deutsche Regierung soll bei den Friedensverhandlungen gehört, der Vertrag von einer Nationalversammlung ratifiziert werden. Am Kongreß beteiligen sich neben SED-Delegierten Angehörige der LDP und der Vereinigung der Verfolgten des Naziregimes (VVN)

Jakob Kaiser und Ernst Lemmer.

sowie einige Angehörige der CDU. Die Vorsitzenden der CDU in der sowjetischen Besatzungszone, Ernst Lemmer und Jakob Kaiser, lehnen die Beteiligung ab und werden von der russischen Militärverwaltung abgesetzt. Sie verlassen daraufhin die sowjetische Besatzungszone und Ost-Berlin.

Die USA zahlen

17. Dezember. Die Außenminister der USA und Großbritanniens, George Marshall und Ernest Bevin, ändern Bestimmungen des Abkommens über das Vereinigte Wirtschaftsgebiet ab. Die USA übernehmen alle Zahlungsverpflichtungen beider Staaten.

Joe Louis siegt

5. Dezember. Im Madison Square Garden in New York findet der Kampf um die Weltmeisterschaft im Schwergewichtsboxen zwischen Joe Louis und seinem früheren Sparringspartner Joe Walcott statt. Louis kann seinen Titel mit viel Mühe verteidigen.

1948

JANUAR

Mo	Di	Mi	Do	Fr	Sa	So
			1	2	3	4
5	6	7	8	9	10	11
12	13	14	15	16	17	18
19	20	21	22	23	24	25
26	27	28	29	30	31	

1. Großbritannien entläßt 12 000 deutsche Matrosen, die in englischen Diensten bisher Minen geräumt haben.

1. Der NWDR in Hamburg wird Anstalt des öffentlichen Rechts.

3. Mit der Einführung der Franc-Währung ist das Saargebiet in die französische Wirtschaft integriert.

4. Burma wird unabhängige Republik im Commonwealth.

7. Präsident Truman fordert eine Erhöhung der US-Steuern zugunsten der Marshallplan-Hilfe (ERP).

12. Das Oberste US-Gericht verlangt für Weiße und Schwarze in Oklahoma gleiche Ausbildungschancen.

15. Schwerer Wintersturm und Überschwemmungen in West- und Mitteleuropa.

16. Abschluß des bulgarisch-rumänischen Freundschaftsvertrags.

17. In Batavia auf Java wird ein Waffenstillstand zwischen Indonesiern und Niederländern geschlossen.

23. Uraufführung von Rudolf Ingerts »Film ohne Titel« mit Hans Söhnker und Hildegard Knef.

23. Dwight D. Eisenhower lehnt die Nominierung als Präsidentschaftskandidat der US-Republikaner ab.

25. Die französische Regierung wertet den Franc um 44,4 Prozent ab, um die Inflation zu bekämpfen.

26. Ein Hurrikan auf Réunion fordert 300 Tote.

28. In der britischen Besatzungszone wird die deutsche Rechtsordnung von vor 1933 wiederhergestellt.

30. Olympische Winterspiele in Sankt Moritz eröffnet. →

30. Die italienische Regierung erläßt ein Autonomiestatut für Südtirol.

GESTORBEN:

8. Richard Tauber (* 16. 5. 1892), deutscher Tenor. →

27. Thomas Theodor Heine (* 28. 2. 1867), deutscher Karikaturist und Grafiker.

30. Mohandas Karamchand Gandhi (* 2. 10. 1869), indischer Politiker. →

30. Orville Wright (* 19. 8. 1871), amerikanischer Flugpionier (→ Dezember 1903).

Mahatma Gandhi ermordet

30. Januar. Mohandas Karamchand Gandhi, der den Beinamen Mahatma trägt (Sanskrit: »Dessen Seele groß ist«), wird im Alter von 78 Jahren in Delhi bei einem Attentat getötet. Erschüttert über die Kämpfe zwischen Hindus, Mohammedanern und Sikhs, hatte Mahatma Gandhi, geistiger Führer der Indischen Union, eine neue Fastendemonstration begonnen, die die indische Regierung wiederholt veranlaßte, ihre Gegner zum Waffenstillstand aufzurufen, der schließlich am 15. Januar abgeschlossen wurde. Die Bereitschaft Gandhis, auch mit Moslems zu leben und zu verhandeln, führte am 20. Januar zum Bombenanschlag eines jungen Hindu auf das Haus des Politikers. Zehn Tage später wird Gandhi in seinem Garten von einem nationalistischen Hindu erschossen. Am folgenden Tag wird der Leichnam vor einer Menschenmenge aus vielen Hunderttausenden in Neu-Delhi verbrannt und die Asche am 12. Februar über den Ganges verstreut.

Gandhi stammte aus einer der führenden Familien Indiens. Nach dem Rechtsstudium in London ging er

Zehntausende seiner Anhänger geben Mahatma Gandhi bei der Leichenverbrennung in Rajghat das letzte Geleit.

nach Südafrika und nahm dort den Kampf gegen Rassendiskriminierung auf; er propagierte den Weg des passiven Widerstands und bürgerlichen Ungehorsams, was zu häufigen Verhaftungen führte. 1914 kehrte Gandhi nach Indien zurück, wo er sich in den folgenden Jahren mit den gleichen Mitteln wie in Südafrika für die Unabhängigkeit des Subkontinents einsetzte, wobei

er wiederholt inhaftiert wurde. Die Unabhängigkeit Indiens konnte Gandhis Erwartungen nicht erfüllen, da sie mit der staatlichen Teilung verbunden war. In der Zeit der Kämpfe und Konflikte während der vergangenen Monate setzte sich Mahatma Gandhi immer wieder bei den Moslems für Frieden und Brüderlichkeit zwischen den Menschen ein.

Olympia in St. Moritz

30. Januar. Im feudalen Schweizer Wintersportort Sankt Moritz finden – erstmals seit 1936 in Garmisch-Partenkirchen – wieder Olympische Winterspiele statt. Deutsche und japanische Wintersportler sind im Gegensatz zu den Österreichern und Italienern von diesen Spielen noch ausgeschlossen. Die Spiele enden mit einem nahezu vollkommenen Erfolg der Skandinavier. Die Goldmedaillen in den einzelnen Disziplinen gewinnen:
18-km-Skilanglauf: Martin Lundstroem (Schweden), 1:13:50 Std.; 50-km-Skilanglauf: Nils Karlsson (Schweden), 3:47:48 Std.; 4 × 10-km-Skistaffel: Schweden, 2:32:08 Std.; Nordische Kombination: Heikki Hasu (Finnland), 448,8 Punkte; Spezialsprunglauf: Peter Hugsted (Norwegen), 65 und 70 Meter; Abfahrtslauf der Herren: Henri Oreiller (Frankreich); Abfahrtslauf der Damen: Hedy Schlunegger (Schweiz); Alpine Kombina-

tion der Herren: Henri Oreiller (Frankreich); Alpine Kombination der Damen: Trude Beiser (Österreich); Spezialslalom der Herren: Edi Reinalter (Schweiz); Spezialslalom der Damen: Gretchen Frazer (USA); Biathlon: Schweiz 2:34:25 Std.; 500-m-Eisschnellauf: Finn Helgesen (Norwegen), 43,1 Sek.; 1500-m-Eisschnellauf: Sverre Farstad (Norwegen), 2:17,6 Min.; 5000-m-Eislauf: Reidar Liaklev (Norwegen), 8:29,4 Min.; 10 000-m-Eislauf: Ake Seyffarth (Schweden), 17:26,3 Min.; Eiskunstlauf der Herren: Richard Button (USA); Eiskunstlauf der Damen: Barbara Ann Scott (Kanada); Eiskunstlauf der Paare: M. Lannov / P. Baugniet (Belgien); Zweierbob: Schweiz II; Viererbob: USA II; Skeleton: Nino Bibbia (Italien); Eishockey: Kanada.
Die Nationenwertung gewinnt Schweden. Der Sieg des belgischen Paares im Eiskunstlauf wird als größte Überraschung gewertet.

Britische Eisenbahnen verstaatlicht

1. Januar. In Großbritannien gehen vier große private Bahngesellschaften (London Midland and Scotish Railways, Great Western Railways, London and North Eastern Railways und Southern Railways) und 58 kleinere mit einem Schienennetz von 83 000 Kilometern, mit 20 500 Lokomotiven und über 1,6 Millionen Personen- und Güterwaggons, die Londoner Verkehrsgesellschaft mit 800 Kilometern Schienennetz und über 9000 Bussen und Straßenbahnwagen und der Kanaltransport mit 2000 Kilometern Kanälen, 100 Dampfern und 2400 Frachtkähnen in Staatsbesitz über. Gleichzeitig übernimmt der Staat von diesen Unternehmen 750 000 Angestellte, 70 Hotels und 36 000 Kraftfahrzeuge. Die Entschädigung für die bisherigen Eigentümer beträgt eine Milliarde Pfund Sterling.

Hunger in Deutschland

4. Januar. Die kritische Ernährungslage in Westdeutschland dauert an und die Lebensmittelrationen liegen zwischen täglich 1185 Kalorien in Schleswig-Holstein und 1400 in Württemberg für Normalverbraucher, Schwerarbeiter im Ruhrgebiet erhalten 4000 Kalorien. Nach erneuten Hungerdemonstrationen und -streiks der Arbeiter erklären die alliierten Behörden der Bizone, die Verantwortung liege bei den deutschen Stellen, die unfähig seien, die Lebensmittelverteilung richtig zu organisieren. In einer Darlegung der bizonalen Wirtschaftsverhältnisse vor einer CSU-Versammlung in Erlangen führt der Direktor des Wirtschaftsrats, Johannes Semmler, aus: Die Konferenzen, auf denen die Zerreißung Deutschlands beschlossen wurde, seien Viermächtekonferenzen gewesen. So habe man gewußt, daß der deutsche Osten der Lieferant für die deutsche Ernährung sei. Geschenkt werde Deutschland nichts, sondern es müsse in Dollar aus deutscher Arbeit und deutschen Exporten dafür bezahlen und sich dafür noch bedanken. Es sei an der Zeit, daß deutsche Politiker darauf verzichten, sich für die Ernährungszuschüsse zu bedanken.

Die Militärgouverneure Clay und Robertson entlassen Semmler sofort mit der Begründung, er habe böswillige Opposition gegen die Besatzungsmächte betrieben. Der CDU-Vorsitzende Konrad Adenauer kritisiert die Absetzung des Direktors (→ Februar 1948).

Entnazifizierung

Der sowjetische Vertreter im Alliierten Rat für Österreich, Wladimir Kurasow, kritisiert, die österreichische Regierung und die Westmächte unternähmen in ihren Zonen nichts, um ehemalige Nationalsozialisten zur Verantwortung zu ziehen. Anders sieht es in Deutschland aus: Dort protestiert der Württembergische Landesbischof Theophil Wurm gegen die Aufrechterhaltung des automatischen Arrests und die Form der Entnazifizierung, die sich von der Rechtsstaatlichkeit entferne. Der in der NS-Zeit lange Zeit inhaftierte nunmehrige Kirchenpräsident Hessen-Nassaus, Martin Niemöller, sieht in der Art der Entnazifizierungsverfahren die Keimzelle für Denunziantentum, Sippenhaft und soziales Elend, ohne daß dabei der Nationalsozialismus mit gesetzlichen Mitteln beseitigt worden sei. Noch vor diesen Äußerungen haben die US-Behörden in ihrer Zone Beschäftigungsverbote und Vermögenssperren bei 20 000 ehemaligen Nationalsozialisten aufgehoben. Dagegen drängt in Niedersachsen die britische Militärbehörde auf die Entnazifizierung, auch wenn noch keine Durchführungsbestimmungen für die Verfahren vorliegen.

Geheimpapiere veröffentlicht

21. Januar. Aus den Unterlagen des deutschen Auswärtigen Amtes, die in amerikanische Hand gefallen sind, veröffentlichen die USA Dokumente über die deutsch-sowjetischen Beziehungen von 1939 bis 1941. Insbesondere erregen die bisher unbekannten Teile des Hitler-Stalin-Pakts über beiderseitige Interessensphären in Osteuropa Aufsehen. Die UdSSR reagiert auf die Publikation mit dem Vorwurf, hier werde Geschichte bewußt gefälscht.

Richard Tauber stirbt in London

8. Januar. In London stirbt der britische Sänger österreichischer Herkunft Richard Tauber (eig. Ernst Seiffert) im Alter von 56 Jahren. Als lyrischer Tenor war Tauber zunächst als Mozart-Sänger bekannt, wurde dann aber international als Operettenstar, vor allem in Werken von Franz Léhar (»Der Zarewitsch«), gefeiert. In den zwanziger Jahren spielte er in zahlreichen Operettenfilmen, einem Lieblingskind des jungen Tonfilms (→ Februar 1927).

1948

FEBRUAR

Mo	Di	Mi	Do	Fr	Sa	So
						1
2	3	4	5	6	7	8
9	10	11	12	13	14	15
16	17	18	19	20	21	22
23	24	25	26	27	28	29

1. In Kuala Lumpur entsteht aus neun Sultanaten der Malaiische Bund, der von Großbritannien im Rahmen des Commonwealth die Autonomie erhält.

1. Die US-Militärregierung setzt in Bayern eine Schulreform durch.

2. Nachfolger Karl Burckhardts wird Paul Ruegger als Präsident des Internationalen Roten Kreuzes.

2. Abschluß eines zehnjährigen Handels- und Freundschaftsvertrags der USA mit Italien.

2. Beginn der sechsten UN-Vollversammlung.

7. Abschluß eines argentinisch-britischen Handelsvertrags.

11. In Irland verliert die Fianna Fáil des Premierministers Eamon de Valera die absolute Mehrheit. Valera tritt nach 16jähriger Regierungszeit zurück.

14. Die USA und Großbritannien erlauben in Westdeutschland die bisher verbotene Aluminium-Produktion.

14. Entstehen einer eigenständigen CDU in den Berliner Westsektoren.

17. Revolte im Jemen.

17. Präsident Gonzales Videla bekräftigt gegenüber Großbritannien die chilenischen Territorialansprüche in der Antarktis.

18. Britische Ärzte sind mehrheitlich gegen die Verstaatlichung des Gesundheitswesens.

19. Choleraepidemie fordert in Madras (Indien) in einer Woche 1374 Tote.

22. Die russische Militärverwaltung schränkt den Lkw-Verkehr zwischen Berlin und den Westzonen ein.

23. Beginn der Sechsmächtekonferenz über Deutschland in London.

25. Gründung der Max-Planck-Gesellschaft in Göttingen. →

27. Stalin schlägt dem finnischen Staatspräsidenten Paasikivi einen finnisch-sowjetischen Verteidigungsvertrag vor.

GESTORBEN:

9. Karl Valentin, eigtl. Valentin Ludwig Fey (* 4. 6. 1882), deutscher Komiker und Schriftsteller.

10. Sergej Eisenstein (* 23. 1. 1898), sowjetischer Filmregisseur (→ Dezember 1925).

CDU/CSU stärkste Partei im Wirtschaftsrat

2. Februar. Die Umbildung des Wirtschaftsrats (→ September 1946, Juni 1947, Januar 1948) führt zu folgender Sitzverteilung: Je 40 für CDU/CSU und SPD, acht Liberale, sechs KPD, je vier Zentrum und Deutsche Partei, zwei Wirtschaftliche Aufbauvereinigung (WAV). 58 Abgeordnete kommen aus der britischen und 46 aus der amerikanischen Zone. Konrad Adenauer erklärt, die CDU/CSU werde als stärkste Partei die Frankfurter Verwaltung verantwortlich übernehmen. Am 8. und 9. Februar treten die erweiterten Rechte des Wirtschaftsrates in Kraft.

Hohe Strafen für Süd-Ost-Generale

19. Februar. Im Urteil gegen die »Süd-Ost-Generale« (→ Juli 1947) stellt der amerikanische Militärgerichtshof in Nürnberg fest, die deutsche Wehrmacht habe auf dem Balkan ein in der modernen Geschichte einmaliges Ausmaß von Mord und Zerstörung verübt. Im Schlußwort für die Angeklagten hat der ehemalige Generalfeldmarschall Wilhelm List jede Schuld bestritten. Er erklärt, die Wehrmacht habe auf dem Balkan lediglich den Kommunismus bekämpft. Das Urteil lautet für List und General Walter Kuntze auf lebenslängliche Haft; Zuchthausstrafen zwischen 7 und 20 Jahren erhalten vier Angeklagte. Zwei Angeklagte werden freigesprochen.

Die Sorgen des Ostblocks

18. Februar. Die sowjetische Nachrichtenagentur TASS berichtet, die Außenminister der ČSR, Polens und Jugoslawiens hätten in Prag bei Besprechungen mit Besorgnis festgestellt, eine politische Einheit Westdeutschlands stelle eine Gefährdung der europäischen Sicherheit dar, da die Entmilitarisierung in den Westzonen nicht gründlich genug betrieben worden sei.

Die Kommunisten in Prag an der Macht

Bewaffnete uniformierte kommunistische Arbeitermilizen marschieren in den Straßen von Prag auf. Sie wollen demonstrativ die Machtübernahme unterstützen.

250 000 Kommunisten demonstrieren in Prag für die Machtübernahme Klement Gottwalds. Eine antikommunistische Kundgebung wird von der Polizei aufgelöst.

25. Februar. In der Tschechoslowakei übernehmen die Kommunisten die Macht. Die Hauptursache der politischen Wende wird in den wirtschaftlichen Verhältnissen gesehen. Die ČSR leidet nach einer schlechten Ernte im Jahr 1947 Not; wegen sowjetischen Einspruchs hat sie an der Pariser ERP-Konferenz nicht teilnehmen dürfen, und die USA sind – trotz Drängens des tschechoslowakischen Außenministers Jan Masaryk – nicht bereit gewesen, außerhalb des Marshallplans Hilfsmittel bereitzustellen.

Die innenpolitischen Verhältnisse sind äußerst angespannt: Zwölf kommunistischen Ministern mit Ministerpräsident Klement Gottwald stehen zwölf bürgerliche und zwei sozialdemokratische Minister gegenüber. Trotz aller Versuche, durch soziale Hilfsleistungen größeres Ansehen bei der Bevölkerung

zu finden, breitet sich bei der KPČ die Erkenntnis aus, daß die »Säuberungswellen« in den kommunistischen Balkanstaaten und die nahezu ausschließliche Besetzung der tschechoslowakischen Polizei mit Kommunisten den Sieg der Partei bei den für Mai angesetzten Parlamentswahlen gefährdet und aus einem bisherigen »Kurs des Mittelweges« die Schwenkung nach Westen werden könnte. Hinzu kommen wachsende Unruhen über kommunistische Anschläge und slowakische Autonomieabsichten. Als Innenminister Vaclav Nosek gegen die Forderung der bürgerlichen Minister nicht nur kommunistische Polizeibeamte nicht entläßt, sondern den kommunistischen Einfluß in der Polizei sogar weiter ausbaut, reichen die bürgerlichen Kabinettsmitglieder – gegen ihre Erwartung aber nicht die sozial-

demokratischen – geschlossen ihren Rücktritt bei Präsident Eduard Beneš ein und hoffen, damit Ministerpräsident Gottwald zum Rücktritt zu zwingen. Die KPČ entfaltet eine rege Demonstrationstätigkeit mit Generalstreik-Drohung, Besetzung von Fabriken und Zeitungsredaktionen. Das Innenministerium unterbindet alle Ein- und Ausreisen an der Grenze nach Österreich. Die Polizei durchsucht die Zentralen der bürgerlichen Parteien in Prag. Unter dem politischen Druck der Machtverhältnisse vereinbaren die Sozialdemokraten mit den Kommunisten einen Kooperationsplan, und Klement Gottwald setzt bei Beneš durch, daß nicht – wie es der Präsident wünscht – erneut ein Allparteienkabinett, sondern eine »Arbeiter«-Regierung gebildet wird. Erst jetzt nimmt Beneš die Rücktrittsgesuche der bürgerlichen

Minister an. Eine gegen die KPČ gerichtete Demonstration von 15 000 Studenten auf dem Prager Wenzelsplatz zerschlägt die Polizei mit Waffengewalt. Im neuen Kabinett bleibt Masaryk Außenminister. Nach der von ihm widerwillig geführten Vereidigung der Regierung zieht sich Beneš in sein Landhaus zurück.

Gottwald kündigt eine Reinigung aller staatlichen Institutionen, Parteien und Verbände des Landes von Verrätern und Reaktionären an. Den Auftrag, eine entsprechende Kommission zu bilden, erhält der Generalsekretär der KPČ, Rudolf Slánský. Eine Verhaftungswelle setzt ein. Der bisherige bürgerliche Justizminister Drtina erleidet bei dem Versuch, sich aus dem Fenster zu stürzen, einen Schädelbruch. Gottwald kündigt Vorbereitungen zur Reform der Verfassung an.

25. Februar. In Göttingen wird die Max-Planck-Gesellschaft gegründet. Sie ist Nachfolgerin der Kaiser-Wilhelm-Gesellschaft. Zur Gründungssitzung versammeln sich (von links) der Chemiker Adolf Windaus (Nobelpreis 1924), der Chemiker Otto Hahn (Nobelpreis 1944), der Zoologe Wilhelm Schmidt-Ott, der Physiker Erich Regener, die Biochemiker Adolf Friedrich Butenandt (Nobelpreis 1939) und Richard Kuhn (Nobelpreis 1938) sowie der Physiker Werner Heisenberg (Nobelpreis 1932).

1948
MÄRZ

Mo	Di	Mi	Do	Fr	Sa	So
1	2	3	4	5	6	7
8	9	10	11	12	13	14
15	16	17	18	19	20	21
22	23	24	25	26	27	28
29	30	31				

1. Die USA kündigen Parlamentswahlen für Südkorea an.

6. Deutschland-Beschlüsse der Londoner Außenminister-Konferenz. →

7. Peronistischer Wahlsieg in Argentinien.

8. Das Oberste Gericht der USA sieht den Religionsunterricht in staatlichen Schulen als Verfassungsbruch an.

10. Uraufführung von Christopher Frys Komödie »Die Dame ist nicht fürs Feuer« in London.

13. Ausnahmezustand in Nicaragua wegen innerer Unruhen.

14. Bei einer Explosion in einem jugoslawischen Bergwerk nahe Triest finden 71 Bergarbeiter den Tod.

15. Die chinesischen Kommunisten besetzen Yenan.

17. Abschluß des Brüsseler Vertrags. →

17. Der Volkskongreß in der SBZ beschließt, einen Volksrat als gesamtdeutsche Volksvertretung zu bilden.

19. Ein Tornado im Mittelwesten der USA fordert 42 Tote.

26. Beschluß, eine französisch-italienische Zollunion zu schaffen.

27. Clay hebt die Verfahren gegen 300 000 ehemalige minderbelastete Nationalsozialisten in der amerikanischen Zone auf.

27. König Faruk von Ägypten legt den Grundstein für den Assuan-Staudamm (→ Juli 1956, Juli 1970).

29. Tschiang Kai-schek erhält als wiedergewählter Präsident Chinas diktatorische Vollmachten.

29. Auf Corregidor explodiert eine japanische Mine: 21 Tote.

31. Der US-Kongreß beschließt ERP-Leistungen in Höhe von 5,3 Milliarden Dollar.

GESTORBEN:

4. Antonin Artaud (* 4. 9. 1896), französischer Schriftsteller.

4. Elsa Brändström (* 26. 3. 1888), schwedische Philanthropin, »Engel von Sibirien«.

10. Jan Masaryk (* 14. 9. 1886), tschechoslowakischer Außenminister. →

31. Egon Erwin Kisch (* 29. 4. 1884), tschechischer Journalist, der »rasende Reporter« (→ Oktober 1924).

Russen protestieren

6. März. Seit dem 23. Februar tagen in London Vertreter der USA, Großbritanniens, Frankreichs und der drei Benelux-Staaten, um über das Deutschlandproblem zu beraten. Auf einen sowjetischen Protest gegen die Konferenz hat die französische Regierung erklären lassen, es sei natürlich, »daß Frankreich versuche, mit England und Amerika eine Lage zu klären, die ihm große Sorge bereite, da sie schwerste Folgen für den Wiederaufbau Europas nach sich ziehen könne«. Auf den Wiederaufbau Europas verweisen auch die USA und Großbritannien, wobei die USA erklären, ihr Angebot an die UdSSR zur Fortführung der Viermächtegespräche bestehe weiterhin. Die Tagesordnung der Konferenz in London enthält die Beteiligung der Benelux-Staaten an der westalliierten Deutschlandpolitik, Westdeutschlands Verhältnis zum Marshallplan, Deutschlands Wirtschaft im Rahmen der westeuropäischen Wirtschaft und die Ruhrkontrolle, Reparationen, politische und wirtschaftliche Organisation Deutschlands, vorläufige Gebietsregelungen. Auf der Konferenz kann eine Anzahl geringer Meinungsverschiedenheiten ausgeräumt werden, generelle Differenzen werden zur künftigen Bereinigung herausgearbeitet. Deutschland soll an der Ruhrkontrolle beteiligt werden.

In einer erneuten Protestnote erklärt die UdSSR, die Westmächte hätten die Spaltung Deutschlands durch Ablehnung aller früheren sowjetischen Vorschläge über gesamtdeutsche Institutionen und Maßnahmen herbeigeführt und außerdem die Viermächtekontrolle des Ruhrgebiets verhindert. Die Konferenz habe ohne Beteiligung der UdSSR keine rechtsgültigen Beschlüsse fassen können.

Westen für Alleingang

Die russischen Vertreter im Alliierten Kontrollrat, bevor sie aus Protest gegen unvollständige Unterrichtung über die Londoner Beschlüsse die Sitzung verlassen.

20. März. Zur Beratung der Beschlüsse der Londoner Konferenz treffen die westalliierten Militärgouverneure am 19. März in Berlin zusammen. In der Kontrollratssitzung am folgenden Tag verlangt der sowjetische Vorsitzende, Marschall Wassili Sokolowski, eine vollständige Unterrichtung über alle Beschlüsse und Gespräche der Londoner Sechsmächte-Konferenz. Sokolowski sieht in der Londoner Konferenz einen Anschlag auf die Beschlüsse der Potsdamer Konferenz. Die westlichen Alliierten hätten gröblich gegen Kontrollratsabkommen verstoßen, was dazu geführt habe, daß dieser praktisch nicht mehr bestehe. Als die westlichen Militärgouverneure erklären, von ihren Regierungen zur Berichterstattung nicht autorisiert zu sein, verläßt die sowjetische Delegation den Konferenzsaal.

Am 31. März spricht sich der britische Militärgouverneur Brian Robertson eindeutig für die Bildung eines in die westeuropäische Union integrierten westdeutschen Staates aus.

Tödlicher Fenstersturz Jan Masaryks

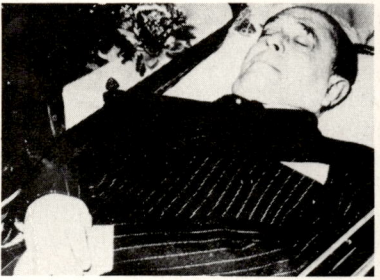

Der aufgebahrte Leichnam Masaryks.

10. März. In Prag stirbt der sozialdemokratische tschechoslowakische Außenminister Jan Masaryk nach einem Sturz aus einem Fenster. Er ist der Sohn Tomáš Masaryks, des ersten Staatspräsidenten der ČSR. Der Tod des Politikers erregt weltweites Aufsehen. Die Gerüchte verstummen nicht, es habe sich um keinen Selbstmord aus Depression, sondern um Mord durch die Geheimpolizei gehandelt, da Masaryk den Zielen Klement Gottwalds im Wege gestanden habe (→ Februar 1948). Eine Woche zuvor haben die Botschafter der ČSR in den USA und in Kanada aus Protest gegen die KP-Machtübernahme in ihrer Heimat ihre Posten niedergelegt. Der Versuch des tschechischen UN-Delegierten, die Verhältnisse in der ČSR vor die UNO zu bringen, bleibt erfolglos.

Kontrollen im Berlin-Verkehr

31. März. Die Sowjetische Militäradministration (SMAD) teilt den Stabschefs der westalliierten Militärregierungen mit, künftig würden die Verbindungswege zwischen Berlin und Westdeutschland durch umfassende Kontrollen überwacht, um die Ausfuhr von Lebensmitteln und Wirtschaftsgütern nach Westdeutschland und die Einschleusung von Spionen und Saboteuren in die SBZ zu verhindern. Außerdem müsse der Flüchtlingsstrom aus den Hungergebieten Westdeutschlands unterbunden werden. Die Vertreter der USA und Großbritanniens sprechen der SMAD das Recht auf alleinige Kontrolle der Verkehrswege ab.

Zentralbank entsteht

1. März. Als Zentralbank der Länder im Vereinigten Wirtschaftsgebiet entsteht in Frankfurt durch Gesetze der amerikanischen und britischen Militärregierung die Bank deutscher Länder, der sich am 25. März auch die Länder der französischen Besatzungszone anschließen. Das Grundkapital der Bank beträgt 100 Millionen Reichsmark. Ein Direktorium leitet die Bank, deren Politik vom Zentralbankrat, der aus den Präsidenten der Landeszentralbanken besteht, bestimmt wird. Die Alliierte Bankkommission kontrolliert die Bank. Aufgabe und Befugnisse sind die einer Währungs- und Notenbank für die drei westdeutschen Besatzungszonen sowie die finanzielle Geschäftsleitung des Verwaltungsrats des Vereinigten Wirtschaftsgebietes. Gleichzeitig treffen in Frankfurt unter Geheimhaltung die in den USA gedruckten Banknoten für die Währungsreform ein.

Pakt der Europäer

Der französische Außenminister Bidault unterzeichnet den Verteidigungspakt.

17. März. Ein Jahr nach dem Abschluß des britisch-französischen Verteidigungsvertrags von Dünkirchen sind in Brüssel Delegierte der Benelux-Staaten mit Vertretern Frankreichs und Großbritanniens zusammengetreten, um einen regionalen Wirtschafts- und Verteidigungspakt abzuschließen. Sie unterzeichnen einen fünfzigjährigen Verteidigungs-, Wirtschafts- und Kulturvertrag, dem auch weitere Staaten – Interesse zeigen Italien und Griechenland – beitreten können. Der Verteidigungsvertrag richtet sich – als Konzession an Frankreich – namentlich gegen eine deutsche Aggression in Europa.
Die Paktstaaten wollen ihre Wirtschaftsprogramme koordinieren und den wechselseitigen Handel intensivieren; gemeinsam werden sie sich um Erhöhung des Lebensstandards bemühen und Vereinbarungen über den Kulturaustausch treffen.

Ja zur Oder-Neiße

17. März. In Ost-Berlin beginnt die Tagung des Volkskongresses für Einheit. In der Eröffnungsrede kritisiert Otto Nuschke (Ost-CDU) den Brüsseler Pakt, der Europa zerreiße, und erklärt den Volkskongreß für die einzige nationale Repräsentation Deutschlands. Otto Grotewohl (SED) verlangt die Anerkennung der Oder-Neiße-Grenze.

1948

APRIL

Mo	Di	Mi	Do	Fr	Sa	So
			1	2	3	4
5	6	7	8	9	10	11
12	13	14	15	16	17	18
19	20	21	22	23	24	25
26	27	28	29	30		

1. Völlige wirtschaftliche Angliederung des Saargebiets an Frankreich.

5. Bei dem Zusammenstoß eines sowjetischen Flugzeugs mit einer britischen Transportmaschine kommen nahe Berlin 14 Engländer ums Leben. →

6. Zentralparlament von Britisch-Ostafrika tagt erstmals in Nairobi (Kenia).

7. Die Weltgesundheitsorganisation der UNO nimmt die Arbeit auf.

8. Die skandinavischen Fluglinien werden zur SAS zusammengelegt.

8. Drucksachen und Luftpostbriefe dürfen aus der Bizone wieder ins Ausland versandt werden.

9. Premiere des Gustav-Fröhlich-Films »Wege im Zwielicht«.

12. In Paris wird Jean-Paul Sartres Schauspiel »Die schmutzigen Hände« uraufgeführt.

13. Die rumänische Verfassung wird nach sowjetischem Vorbild umgeformt.

14. Das britische Unterhaus beschließt mit 245 zu 222 Stimmen, die Todesstrafe für fünf Jahre außer Kraft zu setzen.

18. Die Christdemokraten gewinnen die italienischen Parlamentswahlen.

19. Tschiang Kai-schek wird nach der neuen Verfassung Präsident Nationalchinas.

20. Londoner Konferenz über die künftige Deutschlandpolitik wiederaufgenommen (→ März 1948).

23. Gründung der »Vereinigung volkseigener Betriebe« (VEB) in der SBZ.

23. Abschluß eines 20jährigen Freundschaftsvertrags zwischen der ČSR und Bulgarien.

28. Das Parlament der ČSR beschließt, die Nationalisierungen zu intensivieren.

30. Überschwemmungen des Flusses Jangtsekiang bei Hankau fordern 300 Tote.

30. Auf der interamerikanischen Konferenz in Bogotá wird der Vertrag zur Bildung der Organisation Amerikanischer Staaten (OAS) unterzeichnet.

GESTORBEN:

4. Gerhard Anschütz
(* 10. 1. 1867), deutscher Staatsrechtler.

Fünf Milliarden Marshallplan-Hilfe für Europa

3. April. Präsident Harry S. Truman unterzeichnet das Auslandshilfegesetz für 1948, das vier Teilgebiete umfaßt: 1. Das Marshallplan-Gesetz (Economic Cooperation Act), um Kriegsschäden in Westeuropa zu beseitigen und dort einen dauernden Frieden und allgemeinen Wohlstand zu erreichen. Zur Verfügung gestellt werden 4,3 Milliarden Dollar für Warenlieferungen und eine Milliarde Dollar an Krediten. 2. Das Kinderhilfsgesetz stellt 60 Millionen Dollar dem UN-Kinderhilfsfond zur Verfügung. 3. Die griechisch-türkische Hilfe umfaßt weitere 275 Millionen Dollar. 4. Die Unterstützung für China beträgt 338 Millionen Dollar.
Vom Marshallplan erhalten (in Millionen Dollar) u. a.: Großbritannien 2324,3; Frankreich 1130,8; Italien 703,6; Niederlande (einschließlich Kolonien) 599,6; Deutschland 549,4 (Vereinigtes Wirtschaftsgebiet 437,4; französische Zone 96,4; Saargebiet 15,6); Österreich 185,6. Grundlage für die Verteilung ist die Unterzeichnung der Konvention der Organisation für die europäische Zusammenarbeit (Organization for European Economic Cooperation: OEEC).
Sitz der Organisation ist Paris. Den Vorsitz des Rates der Organisation erhält der belgische Ministerpräsident und Außenminister Paul Henri Spaak.

Bauernpartei in der Ostzone gegründet

29. April. Nachdem Wilhelm Pieck auf einem SED-Kongreß in Berlin erklärt hat, die drei Parteien der SBZ (SED, LPD, CDU) seien nicht ausreichend, um alle Bevölkerungsgruppen zu erfassen, fordern Bauern in Wismar, die sich von den Behörden vernachlässigt fühlen, eine eigene Partei. Es entsteht, von 35 Funktionären der Bauernhilfe und 91 an der Bodenreform führend beteiligten Landwirten vorbereitet, die Deutsche Bauernpartei (DBP).

1948

Militärgericht: Todesurteil gegen 14 SS-Führer

10. April. Im Prozeß gegen die Führer der Einsatzgruppen, die während des Kriegs die Vernichtung der Juden betrieben haben, verurteilt ein US-Militärgericht 14 ehemalige deutsche SS-Führer zum Tod durch den Strang. Sieben Angeklagte erhalten Strafen zwischen zehn Jahren und lebenslänglicher Haft; einer wird freigesprochen.

Sowjets behindern Berlin-Verkehr

1. April. Die russische Militärverwaltung läßt alle Berlin und die Westzonen verbindenden Eisenbahnstrecken, Straßen und Kanäle überwachen und versucht, die westalliierten Transporte einzuschränken. Daraufhin fliegen die Amerikaner Soldaten und Versorgungsgüter nach Berlin, und Amerikaner und Engländer verweigern kurzfristig sowjetischen Soldaten den Zugang in die Westsektoren und die Durchfahrt von Potsdam über diese Sektoren in den sowjetisch besetzten Teil Berlins. Alle drei Westalliierten zeigen sich entschlossen, sich nicht aus West-Berlin verdrängen zu lassen. Der erste ernste Zwischenfall ist der Zusammenstoß eines sowjetischen Jagdflugzeugs mit einer britischen Transportmaschine.

Berlin-Verfassung verabschiedet

20. April. Die Mehrheit der Berliner Stadtverordneten stimmt einem Verfassungsentwurf zu, der gegen die Stimmen der SED-Abgeordneten Berlin so lange den Charakter eines Landes gibt, bis es wieder von allen Ländern als »deutsche Hauptstadt« anerkannt wird. Ein SED-Entwurf hat dagegen Berlin »Hauptstadt der Deutschen Demokratischen Republik« genannt, deren Parteien in einer Zwangskoalition an basisdemokratische Entscheidungen gebunden sind. Die alliierten Stadtkommandanten geben keine Stellungnahme zu der ihnen vorgelegten Verfassung ab.

MAI

Mo	Di	Mi	Do	Fr	Sa	So
					1	2
3	4	5	6	7	8	9
10	11	12	13	14	15	16
17	18	19	20	21	22	23
24	25	26	27	28	29	30
31						

3. Der amerikanische Dramatiker Tennessee Williams erhält den Pulitzerpreis für sein Theaterstück »A Streetcar Named Desire« (»Endstation Sehnsucht«).

5. Bert Brechts »Herr Puntila und sein Knecht Matti« wird in Zürich uraufgeführt.

6. In London werden die Verhandlungen über einen Frieden mit Österreich auf unbestimmte Zeit vertagt.

6. Die Literaturkritik nennt Norman Mailers ersten Roman »Die Nackten und die Toten«, der die Eroberung einer Pazifikinsel im Zweiten Weltkrieg durch die US-Truppen beschreibt, schockierend brutal.

7. Europa-Kongreß in der holländischen Stadt Den Haag. →

7. In der ČSR wird eine an die UdSSR angelehnte Verfassung eingeführt.

10. In Südkorea finden Wahlen unter Kontrolle der UNO statt.

11. Luigi Einaudi wird zum Staatspräsidenten Italiens gewählt.

12. Königin Wilhelmina der Niederlande tritt zugunsten ihrer Tochter Juliana zurück.

15. Staat Israel gegründet. →

16. Michail Botwinnik (UdSSR) wird Schachweltmeister.

17. Abschluß der US-Versuchsreihe mit Atomexplosionen auf dem Eniwetok-Atoll.

17. Erzbischof Mindszenty wendet sich mit Exkommunikationsdrohung gegen die Verstaatlichung von Konfessionsschulen in Ungarn.

19. Theodor Heuss spricht in Frankfurt auf dem Schriftstellerkongreß anläßlich der Hundertjahrfeier der Revolution von 1848.

23. Der polnische Primas Hlond wendet sich gegen die marxistische Beeinflussung der Jugend.

23. Beginn der SED-inspirierten Unterschriftensammlung zum »Volksbegehren für Einheit und gerechten Frieden«.

29. Flutkatastrophe bei Foochow fordert 1000 Tote.

30. In der ČSR geht die KP aus den Parlamentswahlen mit Einheitslisten als stärkste Partei hervor (→ Februar 1948).

30. Syngman Rhee wird Präsident der südkoreanischen Nationalversammlung.

Die Gründung des Staa

Israel nach dem UN-Teilungsplan '47.

Israel nach der Unabhängigkeit 1948.

14. Mai. Um 24 Uhr endet in Palästina das Mandat, das die britische Regierung am 29. September 1923 vom Völkerbund erhalten hat. Die britischen Truppen sollen bis zum 1. August das Land verlassen haben. Da der 15. Mai Sabbat ist, geben jüdischer Nationalrat und Zionistischer Weltkongreß die Wiedergründung des Staates Israel einen Tag zuvor bekannt.

Das alte Israel war mit der Zerstörung Jerusalems durch Titus im Jahr 70 untergegangen und die Juden wurden »über alle Welt zerstreut«. Seither war die Rückkehr der Juden nach Palästina als Heimat und Zufluchtsort die religiöse Grundvorstellung und die politische Forderung des aus der Verfolgung der Juden in Osteuropa Ende des 19. und zu Beginn des 20. Jahrhunderts erwachsenen Zionismus. Diese Vorstellung gewann an Zustimmung durch die faschistischen Judenverfolgungen während der 30er Jahre und im Zweiten Weltkrieg.

Araber schießen ein israelisches Panzerfahrzeug in Brand.

Bevölkerungsentwicklung Palästinas 1922–1947

	Araber	Juden	Anteil der Juden an der Gesamtbevölkerung
1922	668 258	83 790	11,1 %
1931	858 708	174 606	16,9 %
1936	982 614	384 078	28,1 %
1939	1 056 241	445 457	29,7 %
1945	1 255 708	554 329	30,6 %
1947	1 319 434	589 341	30,9 %

(Nach Hagopian/Zahlan, S. 42)

s Israel

In den kriegerischen Auseinandersetzungen mit zunehmender Härte haben sich Juden und Araber auf das Mandatsende vorbereitet. Schon am 13. Mai erklärte die Arabische Liga den palästinensischen Juden den Krieg und griff von den Grenzen Palästinas her die jüdischen Siedlungen an. Transjordaniens britisch geführte Arabische Legion zwingt bis Monatsende die in Jerusalem eingeschlossene israelische Garnison zur Kapitulation. Der Staat Israel mit dem Chemiker Chaim Weizmann als Präsidenten und dem Führer der zionistischen Bewegung, David Ben Gurion, als Ministerpräsidenten erklärt die Hagana, bisher die jüdische Geheimarmee, zur offiziellen israelischen Streitmacht. Ihre Kampfstärke von 85 000 Mann wächst durch einwandernde Juden, die vor allem aus den Internierungslagern auf Zypern und aus Europa in den Staat Israel kommen. 100 000 Araber fliehen im Mai aus dem Machtbereich dieser Truppen. Während die Israelis Haifa und Akkon völlig in ihre Hand bekommen, bleiben die Nachschubwege nach Jerusalem umkämpft. Trotz sonstiger Meinungsverschiedenheiten treten die USA und die UdSSR für einen Waffenstillstand in Palästina ein, während Großbritanniens Regierung davon ausgeht, britische Unterstützung für arabische Truppen sei zulässig, solange nicht die UNO deren Aktionen für illegal erklärt.
Über die Palästina-Frage entstehen langdauernde Differenzen zwischen den USA und Großbritannien. Der UN-Sicherheitsrat beschließt, den schwedischen Grafen Folke Bernadotte als Vermittler zu entsenden. Belastet ist diese Mission von der Weigerung des transjordanischen Königs, sich an irgendeinem Waffenstillstand oder Frieden zu beteiligen. Obwohl ägyptische Truppen vom Sinai aus in Palästina einrücken und kämpfen, sind sofort nach Gründung des Staates Israel in einem Pariser Hotel Geheimverhandlungen zwischen israelischen und ägyptischen Delegierten aufgenommen worden. Sie dauern bis zum Oktober 1948, scheitern aber am Mißtrauen und der israelischen Weigerung, einen Verzicht auf die Besetzung arabischer Territorien auszusprechen.

213 Kommunisten in Griechenland hingerichtet

1. Mai. Die inneren Kämpfe in Griechenland dauern trotz der Erfolge der Regierungstruppen gegen die kommunistischen Guerilla-Einheiten an. Schwerwiegende Konsequenzen hat das tödliche Handgranatenattentat auf Justizminister Christos Ladas in Athen. Das Kabinett verhängt das Kriegsrecht über Mittel- und Südgriechenland, über Kreta und die Ägäischen Inseln. In der ersten Maiwoche meldet die griechische Regierung die Hinrichtung von 213 Kommunisten, die zum Teil wegen Taten aus der Zeit des Aufstands gegen die deutsche Besatzung im Jahr 1944 und der Tötung bekannter Kollaborateure verurteilt worden sind. Die britische Regierung bittet in Athen um genaue Angaben, da diese Exekutionen in England erhebliches Aufsehen erregen. Bei dieser Gelegenheit teilt die griechische Regierung mit, etwa 18 000 griechische Kommunisten und deren Sympathisanten befänden sich in Lagern oder seien ins Exil gegangen.

Churchill für vereintes Europa

7. Mai. 750 Delegierte aus mehr als 30 Staaten nehmen in Den Haag an einem Europa-Kongreß teil, zu dem vier nationale Gruppen für ein vereintes Europa eingeladen haben. Als Ehrenpräsident eröffnet der frühere britische Premier Winston Churchill die Veranstaltung und fordert den Kongreß auf, Europa in der Welt Geltung zu schaffen und die Basis für eine dritte Kraft neben den USA und der UdSSR zu werden; außerdem solle der Kongreß die Voraussetzungen für ein europäisches Parlament schaffen.
Die Konferenz-Ausschüsse für Politik, Wirtschaft und Kultur fordern in der gemeinsamen Schlußresolution die Bildung einer Europäischen Union mit beratendem Parlament, den Ausgleich zwischen Privatinitiativen und wirtschaftlicher Notwendigkeit, sowie Aufhebung der Zollschranken und Freizügigkeit, schließlich ein europäisches Kulturzentrum.

1948
JUNI

Mo	Di	Mi	Do	Fr	Sa	So
	1	2	3	4	5	6
7	8	9	10	11	12	13
14	15	16	17	18	19	20
21	22	23	24	25	26	27
28	29	30				

1. Die Brüsseler Vertragsstaaten sprechen sich für eine deutsche ERP-Vertretung aus.

5. Vietnam erhält im Rahmen der französischen Union die Unabhängigkeit.

6. Vatikan besteht auf Lizenzierung ökumenischer Veranstaltungen.

7. Londoner Empfehlungen für eine Verfassungs- und Regierungsbildung der drei deutschen Westzonen. →

8. Die UdSSR halbiert die Reparationsleistungen Ungarns und Rumäniens.

8. Die Uraufführung des Balletts »Abraxas« von Werner Egk in München löst in Deutschland den ersten Theaterskandal nach dem Krieg aus. Das Ballett, dem von der Kirche und der CSU mangelnde Moral vorgeworfen wird, muß vom Spielplan abgesetzt werden. →

11. Der dänische Dampfer »Kjöbenhaven« läuft im Kattegat auf eine Mine auf: mehr als 140 Tote.

12. Genf wird zum Sitz des Internationalen Arbeitsamtes bestimmt und zum Ort der ersten Weltgesundheitskonferenz.

17. Die Verhandlungen der Indischen Union mit dem Nisam von Hyderabad über eine Eingliederung des Staates scheitern.

17. Gesetzliche Gleichstellung der Frauen in Italien bei Berufsausübung und Lohnzahlung.

18. Die katholischen Bischöfe von Spanien sehen ihre Konfession durch protestantische Propaganda gefährdet.

19. In den USA wird ein Militärdienstgesetz für 18- bis 25jährige Männer erlassen.

19. Der Sudan erhält eine erweiterte Selbstverwaltung.

19. Als dritte bürgerliche Partei neben LDP und CDU wird in der sowjetischen Besatzungszone die Nationaldemokratische Partei (NDPD) gegründet.

22. Der englische König George VI. verzichtet auf den Titel »Kaiser von Indien«.

24. Berlin-Blockade beginnt. →

24. Thomas Dewey wird von den Republikanern als Kandidat für die US-Präsidentschaft nominiert.

27. Ein Erdbeben auf der japanischen Insel Hondo fordert 3000 Tote.

Joe Louis zum 25. Mal Weltmeister

25. Juni. Im New Yorker Yankee-Stadion verteidigt Joe Louis seinen Titel als Boxweltmeister im Schwergewicht zum 25. Mal. Nachdem er selbst am Rande einer Niederlage gestanden hat, schlägt Louis seinen Herausforderer Joe Walcott in der elften Runde K. o. Nach dem Kampf erklärt Louis seinen bevorstehenden Rücktritt als Weltmeister. Von den 26 Titelkämpfen insgesamt hat Louis 22 durch K. o. gewonnen, drei nach Punkten und einen durch Disqualifikation des Gegners (→ Juni 1936, Juni 1938).

Riesenteleskop auf Mount Palomar

3. Juni. Im Observatorium des kalifornischen Instituts für Technologie auf Mount Palomar nordöstlich von San Diego wird ein 200-Zoll-Spiegelteleskop in Betrieb genommen, das im Universum eine Reichweite von einer Milliarde Lichtjahren hat. Das Riesenteleskop trägt den Namen des 1938 verstorbenen Astronomen George Emery Hale, der die Mittel hierzu – 6,5 Millionen Dollar – über die Rockefeller-Stiftung aufgebracht hat.

Ausschluß Jugoslawiens

27. Juni. Die seit Jahresbeginn wachsenden Spannungen zwischen Jugoslawien und der UdSSR werden auch für Außenstehende deutlich, als das Zentralkomitee der kommunistischen Partei Jugoslawiens ein Schreiben an das Kominform (→ September 1947) veröffentlicht, in dem gegen die verspätete Einladung und die Tagesordnung der Kominform-Konferenz protestiert wird. Das Kominform verurteilt die jugoslawische KP wegen Abweichung vom Marxismus-Leninismus und Annäherung an den imperialistischen Kapitalismus. Aus dem Kominform wird Jugoslawien ausgeschlossen; der Sitz der Institution wird von Belgrad nach Bukarest verlegt.

Schlangen vor den Umtauschstellen. *Jeder Deutsche erhält 40 Deutsche Mark für 40 Reichsmark.* *Nach der Währungsreform füllen sich die Schaufenster.*

Währungsreform: 40 DM für jeden Bürger

20. Juni. Der Verfall der deutschen Währung (offizieller Kurs 1 RM = 0,30 Dollar; inoffiziell 1 RM = 0,01 Dollar) macht eine Reform erforderlich, um die deutsche Wirtschaft neu zu beleben und die Produktion zu erhöhen. Die französische Regierung erklärt sich zur Beteiligung an der Reform bereit, während der sowjetische Militärgouverneur, Marschall Wassili Sokolowski, die Aufschiebung um eine Woche und neue Beratungen fordert, als er die Mitteilung von der Währungsneuordnung erhält. Da die Westalliierten eine Einigung mit der sowjetischen Militäradministration nicht für möglich halten, wird die Umtauschaktion wie vorgesehen am 18. Juni bekanntgegeben und am 20. durchgeführt.

Von der Bank Deutscher Länder werden die in den USA gedruckten und in Frankfurt eingelagerten Banknoten verteilt. Jeder Bürger der Westzonen erhält zunächst 40,– DM für 40 RM (weitere 20,– DM im August). Die Spareinlagen und Guthaben werden im offiziellen Verhältnis 1 : 10 umgewertet (Tatsächlich 100 RM = 6,50 DM). Die Gesamtausgabe an umlaufenden Noten beträgt 10 Milliarden DM. Die bisherigen Gehälter und Zahlungen laufen im Verhältnis 1 : 1 weiter. Im Anschluß an die Währungsreform, das heißt

bereits am gleichen Sonntag, sind die Schaufenster der Läden mit bisher zurückgehaltenen Verbrauchsgütern gefüllt. Der Wirtschaftsrat erläßt zur Steuerung das »Gesetz für Bewirtschaftung und Preispolitik nach der Geldreform«. Die Erklärung des Direktors des Wirtschaftsamtes, Ludwig Erhard, im Vereinigten Wirtschaftsgebiet werde die Rationierung von zahlreichen Verbrauchsgütern aufgegeben, erregt vor allem bei der amerikanischen Militärregierung Ärger.

Tatsächlich werden 4000 Artikel aus der Bewirtschaftung herausgenommen und zu schnell steigenden Preisen verkauft.

Die Reaktion der Sowjetischen Militäradministration ist die Aussage Marschall Sokolowskis, die Währungsreform habe Deutschland tatsächlich gespalten. Auf Anordnung der sowjetischen Militärregierung wird der Versuch unternommen, die Banknotentransporte nach Berlin zu unterbinden. Drei Tage nach der westdeutschen Währungsre-

form wird auch in der SBZ ein Notenumtausch mit einer Kopfquote von 1 RM zu 1 »DM der deutschen Notenbank« vorgenommen. Die Westberliner Sektoren sind in die westliche Währungsreform einbezogen. Die Forderung der westalliierten Kommandanten, nur noch im Ostsektor habe der Magistrat sowjetische Forderungen zu erfüllen, und ab 23. Juni gelte allein die DM-West in den Westsektoren als Währung, veranlaßt die SED zu Demonstrationen.

20-Mark-Scheine der Deutschen Reichsbank und die neue in den Vereinigten Staaten gedruckte 20-DM-Banknote.

Berliner Blockade

Am 14. und 15. Juni werden Kohletransporte auf der Autobahn an der Zonengrenze von den Sowjets angehalten, und die Autobahn Helmstedt–Berlin wird wegen angeblicher Reparaturarbeiten an der Elbbrücke bei Hohenwarthe für geschlossen erklärt. Am 24. unterbrechen die Sowjets den Gesamtverkehr nach Berlin (außer der Luftverbindung). Die Elektrizitätsversorgung West-Berlins wird zunächst um 50 Prozent eingeschränkt und dann ganz eingestellt, als die Westalliierten in Erwiderung auf die Blockade West-Berlins Stahl- und Kohlelieferungen in die SBZ stoppen. Am 26. Juni beginnen

die USA und Großbritannien die Versorgung der Westberliner Sektoren über eine Luftbrücke, wobei Versorgungsgüter für den privaten Verbrauch sowie Maschinen und Rohstoffe für die Industrie transportiert werden (Steigerung vom 26. Juni mit 6,5 Tonnen am Tag bis Mai 1949 auf 12 940 Tonnen pro Tag). Die Westalliierten versichern, sie werden sich keinesfalls aus Berlin verdrängen lassen. Die Zusammenarbeit in der Berliner Viermächte-Kommandantur endet, als Vertreter der Sowjetischen Militäradministration (SMAD) eine Beratung über Sozial- und Wirtschaftsfragen verlassen.

Nach der Uraufführung des Balletts »Abraxas« in München gibt es einen handfesten Skandal. Kirche und Theaterkritiken nennen die Inszenierung unmoralisch. Die Kritik führt zur Absetzung des Balletts vom Spielplan.

Amerikanische Transportflugzeuge versorgen das eingeschlossene Berlin.

Nach der Blockade stauen sich Frachtkähne auf der Elbe bei Schnackenburg.

Ein Berliner malte dieses Bild zur Erinnerung an die Luftbrücke.

Londoner Plan für deutsche Bundesregierung

7. Juni. Die seit 20. April in London tagende Sechsmächte-Konferenz (USA, Großbritannien, Frankreich, Benelux-Staaten) endet mit einem Kommuniqué, das unter anderem folgende Beschlüsse enthält: Den Benelux-Staaten wird Zusammenarbeit in der Deutschlandfrage zugesagt, sofern es sich um Probleme handelt, die sie unmittelbar betreffen, z. B. Grenzkorrekturen. Eine internationale Behörde zur Ruhrkontrolle soll unter deutscher Beteiligung geschaffen werden. Angeregt werden die Koordination der Wirtschaft in den drei Westzonen, sowie Besprechungen der drei Militärgouverneure mit den westdeutschen Ministerpräsidenten über eine verfassünggebende Versammlung. Westdeutschland soll eine Bundesregierung erhalten, die die einzelstaatlichen Rechte der Länder sichert, über ausreichende Zentralgewalt verfügt und Rechte und Freiheiten des einzelnen Bürgers garantiert.

Die »Prawda« nennt die Beschlüsse von London einen illegalen Plan zur Teilung Deutschlands. Während die Parlamente der USA und Großbritanniens den Beschlüssen sofort zustimmen, findet sich in der französischen Nationalversammlung nur eine knappe Mehrheit (297 zu 289 Stimmen).

Ostblock fordert gesamtdeutsche Regierung

24. Juni. Als Ergebnis einer Konferenz des sowjetischen Außenministers Wjatscheslaw Molotow mit den Außenministern Polens, Jugoslawiens, Rumäniens, der ČSR, Ungarns, Bulgariens und Albaniens in Warschau werden als Forderungen genannt: Erfüllung der Vereinbarungen über die deutsche Entwaffnung; Viermächte-Kontrolle des Ruhrgebiets; Einsetzung einer gesamtdeutschen Regierung; Abschluß eines Friedensvertrags und Erfüllung der deutschen Reparationsverpflichtungen. Die SED verlangt die Annäherung der sowjetischen Zone an die Sowjetunion.

Gottwald neuer Präsident der ČSR

7. Juni. Eduard Beneš tritt, obwohl auf Lebenszeit zum Präsidenten der ČSR gewählt, zurück, ohne die neue kommunistisch inspirierte Verfassung unterschrieben zu haben. Die Unterschrift leistet sein Nachfolger, der bisherige Ministerpräsident Klement Gottwald, dessen bisherigen Posten sein Stellvertreter Antonín Zápotocký einnimmt. Auf Wunsch Gottwalds begleitet ihn Erzbischof Anton Beran zu einem Dankgottesdienst.

1948

JULI

Mo	Di	Mi	Do	Fr	Sa	So
			1	2	3	4
5	6	7	8	9	10	11
12	13	14	15	16	17	18
19	20	21	22	23	24	25
26	27	28	29	30	31	

3. Bildung der Kasernierten Volkspolizei in der SBZ.

5. Nationalisierung des britischen Gesundheitswesens.

8. Alle westdeutschen Reparationsleistungen an die Sowjetunion werden eingestellt.

12. Bis auf 375 000 Gefangene im Nahen Osten sind alle deutschen Soldaten aus englischen Lagern entlassen.

13. Premiere des Heinz-Hilpert-Films »Der Herr vom anderen Stern«.

14. Ein Attentat auf Togliatti, den Generalsekretär der italienischen KP, löst in Italien eine Streikwelle aus.

14. Die Demokratische Partei nominiert Präsident Truman als Kandidaten für die Präsidentschaftswahlen in den USA.

19. In Paris demissioniert das Kabinett Schuman wegen der sozialistischen Forderung, die Verteidigungsausgaben zu kürzen.

20. Syngman Rhee wird Präsident Südkoreas.

21. Tito beschuldigt das Kominform, zum Bürgerkrieg in Jugoslawien aufzurufen.

23. Die britischen Behörden in Malaya verbieten die kommunistische Partei.

23. Ulbricht verlangt die Einführung der Planwirtschaft in der sowjetischen Besatzungszone bei führender Stellung der SED.

23. In der sowjetischen Besatzungszone beginnt die Verfolgung ehemaliger Sozialdemokraten.

25. Ende der Brotrationierung in Großbritannien.

25. Sieger der Tour de France wird der Italiener Gino Bartali.

28. Bei der Versorgung des blockierten Berlin erreichen die Alliierten mit 548 Flügen erstmals die Tagesleistung von 3000 Tonnen.

29. Eröffnung der Olympischen Sommerspiele in London. →

GESTORBEN:

5. Georges Bernanos (* 20. 2. 1888), französischer Schriftsteller und Dramatiker.

15. John Joseph Pershing (* 13. 9. 1860), amerikanischer General.

23. David Wark Griffith (* 22. 1. 1875), amerikanischer Filmregisseur.

Regierungschefs: Westdeutschland nur Provisorium

Die westalliierten Militärgouverneure berufen die westdeutschen Ministerpräsidenten nach Frankfurt und übergeben ihnen dort drei Dokumente (daher Frankfurter Dokumente): 1. Unter Bezugnahme auf die Londoner Beschlüsse vom Juni wird die Einberufung einer verfassunggebenden Versammlung zum 1. September erwartet; 2. die Länder sollen Grenzkorrekturen vornehmen; 3. die Beziehung zwischen künftiger Regierung und Besatzung wird festgelegt, wobei die Besatzung im Fall einer Sicherheitsbedrohung die Beachtung der Verfassung und des Besatzungsstatuts durch Ausübung voller Machtbefugnisse sichern wird.
Die Ministerpräsidenten treten am 8. Juli im Koblenzer Hotel Rittersturz zusammen. Es folgt eine weitere Begegnung in Rüdesheim. Die Regierungschefs beschließen, dem staatlichen Gebilde in Westdeutschland nur den Charakter eines Provisoriums zu geben, der sich auch in seinem vorläufigen Grundgesetz niederzuschlagen hat, das keinesfalls durch Volksentscheid zu billigen sei. Die Ministerpräsidenten stimmen in der Auffassung überein, daß von ihnen keine Teilung Deutschlands ausgehen sollte.

Todesurteil gegen Kappler in Rom

In Rom verurteilt ein italienisches Gericht den früheren SS-Obersturmbannführer Herbert Kappler wegen der Geiselerschießungen in den Adriatinischen Höhlen (→ März 1944) zum Tode.
In Nürnberg werden am 29. Juli zwölf Direktoren der IG-Farben wegen Plünderung und Raub in den besetzten Gebieten, Sklavenarbeit und Unterstützung der NSDAP zu Haftstrafen zwischen anderthalb und acht Jahren verurteilt, zehn werden freigesprochen. Mit der gleichen Begründung erhalten Alfried Krupp von Bohlen und Halbach und zehn Krupp-Direktoren Haftstrafen von zweieinhalb bis zwölf Jahren.

29. Juli. In London eröffnet König George VI. die XIV. Olympischen Sommerspiele (an denen sich Deutschland und Japan nicht beteiligen dürfen). Die Mehrzahl der kommunistisch geführten Staaten ist ebenfalls nicht in London vertreten. Herausragende Teilnehmer sind die Niederländerin Fanny Blankers-Koen, »die fliegende Hausfrau«, die vier Goldmedaillen erringt, der 17jährige Sieger im Zehnkampf, Robert Bruce Mathias (USA), und der Langstreckenläufer Emil Zatopek aus der Tschechoslowakei, der im 10 000-m-Lauf den ersten und über 5000 m den zweiten Platz belegt. Das Gastgeberland Großbritannien kann keine Goldmedaille erringen.

Leichtathletik Männer

100 m			
1.	Harrison Dillard	USA	10,3
2.	Norwood Ewell	USA	10,4
3.	Lloyd LaBeach	PAN	10,4

200 m			
1.	Melvin Patton	USA	21,1
2.	Norwood Ewell	USA	21,1
3.	Lloyd LaBeach	PAN	21,2

400 m			
1.	Arthur Wint	JAM	46,2
2.	Herbert McKenley	JAM	46,4
3.	Malvin Whitfield	USA	46,9

800 m			
1.	Malvin Whitfield	USA	1:49,2
2.	Arthur Wint	JAM	1:49,5
3.	Marcel Hansenne	FRA	1:49,8

1500 m			
1.	Henry Eriksson	SWE	3:49,8
2.	Lennart Strand	SWE	3:50,4
3.	Willem Slijkhuis	HOL	3:50,4

5000 m			
1.	Gaston Reiff	BEL	14:17,6
2.	Emil Zatopek	ČSR	14:17,8
3.	Willem Slijkhuis	HOL	14:26,8

10 000 m			
1.	Emil Zatopek	ČSR	29:59,6
2.	Alain Mimoun	FRA	30:47,4
3.	Bertil Albertsson	SWE	30:53,6

Marathon			
1.	Delfo Cabrera	ARG	2:34:51,6
2.	Thomas Richards	GBR	2:35:07,6
3.	Etienne Gailly	BEL	2:35:33,6

110-m-Hürden			
1.	William Porter	USA	13,9
2.	Clyde Scott	USA	14,1
3.	Craig Dixon	USA	14,1

400-m-Hürden			
1.	Roy Cochran	USA	51,1
2.	Duncan White	CEY	51,8
3.	Rune Larsson	SWE	52,2

3000-m-Hindernislauf			
1.	Thore Sjöstrand	SWE	9:04,6
2.	Erik Elmsäter	SWE	9:08,2
3.	Göte Hagström	SWE	9:11,8

4 × 100-m-Staffel			
1.	USA	40,6	(Norwood Ewell, Lorenzo Wright, Harrison Dillard, Melvin Patton)
2.	GBR	41,3	(John Archer, John Gregory, Alistair McCorquodale, Ken Jones)
3.	ITA	41,5	(Michele Tito, Enrico Perucconi, Antonio Siddi, Carlo Monti)

4 × 400-m-Staffel			
1.	USA	3:10,4	(Arthur Harnden, Clifford Bourland, Roy Cochran, Malvin Whitfield)
2.	FRA	3:14,8	(Jean Kerebel, Francis Schewetta, Robert Chef d'Hôtel, Jacques Lunis)
3.	SWE	3:16,0	(Kurt Lundkvist, Lars Wolfbrandt, Folke Alnevik, Rune Larsson)

50-km-Gehen			
1.	John Ljungberg	SWE	4:41:52
2.	Gaston Godel	SUI	4:48:18
3.	Tebbs Lloyd-Johnson	GBR	4:48:31

10 000-m-Gehen (nur 1924, 1948, 1952 durchgeführt)			
1.	John Mikaelsson	SWE	45:13,2
2.	Ingemar Johansson	SWE	45:43,8
3.	Fritz Schwab	SUI	46:00,2

Hochsprung			
1.	John Winter	AUS	1,98
2.	Björn Paulson	NOR	1,95
3.	George Stanich	USA	1,95

Stabhochsprung			
1.	Guinn Smith	USA	4,30
2.	Erkki Kataja	FIN	4,20
3.	Robert Richards	USA	4,20

Weitsprung			
1.	Willie Steele	USA	7,825
2.	Thomas Bruce	AUS	7,555
3.	Herbert Douglas	USA	7,545

Dreisprung			
1.	Arne Åhman	SWE	15,40
2.	George Avery	AUS	15,365
3.	Ruhi Sarialp	TUR	15,025

Kugelstoßen			
1.	Wilbur Thompson	USA	17,12
2.	Francis James Delaney	USA	16,68
3.	James Fuchs	USA	16,42

Diskuswerfen			
1.	Adolfo Consolini	ITA	52,78
2.	Giuseppe Tosi	ITA	51,78
3.	Fortune Gordien	USA	50,77

Hammerwerfen			
1.	Imre Németh	UNG	56,07
2.	Ivan Gubijan	YUG	54,27
3.	Robert Bennett	USA	53,73

Speerwerfen			
1.	Tapio Rautavaara	FIN	69,77
2.	Steve Seymour	USA	67,56
3.	József Várszegi	UNG	67,03

Zehnkampf			
1.	Robert Mathias	USA	7139
2.	Ignace Heinrich	FRA	6974
3.	Floyd Simmons	USA	6950

Leichtathletik Frauen

100 m			
1.	Francina Blankers-Koen	HOL	11,9
2.	Dorothy Manley	GBR	12,2
3.	Shirley Strickland	AUS	12,2

200 m			
1.	Francina Blankers-Koen	HOL	24,4
2.	Audrey Williamson	GBR	25,1
3.	Audrey Patterson	USA	25,2

80-m-Hürden			
1.	Francina Blankers-Koen	HOL	11,2
2.	Maureen Gardner	GBR	11,2
3.	Shirley Strickland	AUS	11,4

4 × 100-m-Staffel			
1.	HOL	47,5	(Xenia Stad de Jong, Jeanette Witziers-Timmer, Gerda van der Kade-Koudijs, Francina Blankers-Koen)
2.	AUS	47,6	(Shirley Strickland, June Maston, Betty McKinnon, Joyce King)
3.	CAN	47,8	(Viola Myers, Nancy Mackay, Diane Foster, Patricia Jones)

Hochsprung			
1.	Alice Coachman	USA	1,68
2.	Dorothy Tyler-Odam	GBR	1,68
3.	Micheline Ostermeyer	FRA	1,61

Weitsprung			
1.	Olga Gyarmati	UNG	5,695
2.	Noëmi Simonetto De Portela	ARG	5,60
3.	Ann-Britt Leyman	SWE	5,575

Kugelstoßen			
1.	Micheline Ostermeyer	FRA	13,75
2.	Amelia Piccinini	ITA	13,095
3.	Ine Schäffer	AUT	13,08

Diskuswerfen			
1.	Micheline Ostermeyer	FRA	41,92
2.	Edera Gentile-Cordiale	ITA	41,17
3.	Jacqueline Mazeas	FRA	40,47

Speerwerfen			
1.	Herma Bauma	AUT	45,57
2.	Kaisa Parviainen	FIN	43,79
3.	Lily Carlstedt	DAN	42,08

Schwimmen Männer

100-m-Kraul			
1.	Walter Ris	USA	57,3
2.	Alan Ford	USA	57,8
3.	Géza Kádas	UNG	58,1

400-m-Kraul			
1.	William Smith	USA	4:41,0
2.	James McLane	USA	4:43,4
3.	John Marshall	AUS	4:47,4

1500-m-Kraul			
1.	James McLane	USA	19:18,5
2.	John Marshall	AUS	19:31,3
3.	György Mitró	UNG	19:43,2

1948 ⬤⬤⬤ London

100-m-Rücken
1. Allen Stack — USA — 1:06,4
2. Robert Cowell — USA — 1:06,5
3. Georges Vallerey — FRA — 1:07,8

200-m-Rücken
1. Joseph Verdeur — USA — 2:39,3
2. Keith Carter — USA — 2:40,2
3. Robert Sohl — USA — 2:43,9

4 × 200-m-Kraulstaffel
1. USA — 8:46,0 — (Walter Ris, James McLane, Wallace Wolf, William Smith)
2. UNG — 8:48,4 — (Elemér Szathmári, György Mitró, Imre Nyéki, Géza Kádas)
3. FRA — 9:08,0 — (Joseph Bernardo, Henri Padou jun., René Cornu, Alexandre Jany)

Kunstspringen
1. Bruce Harlan — USA — 163,64
2. Miller Anderson — USA — 157,29
3. Dr. Samuel Lee — USA — 145,52

Turmspringen
1. Dr. Samuel Lee — USA — 130,05
2. Bruce Harlan — USA — 122,30
3. Joaquin Capilla Pérez — MEX — 113,52

Wasserball
1. Italien 2. Ungarn 3. Holland

Schwimmen Frauen

100-m-Kraul
1. Greta Andersen — DAN — 1:06,3
2. Ann Curtis — USA — 1:06,5
3. Marie-Louise Vaessen — HOL — 1:07,6

400-m-Kraul
1. Ann Curtis — USA — 5:17,8
2. Karen-Margrete Harup — DAN — 5:21,2
3. Catherine Gibson — GBR — 5:22,5

200-m-Brust
1. Petronella van Vliet — HOL — 2:57,2
2. Beatrice Lyons — AUS — 2:57,7
3. Éva Novák — UNG — 3:00,2

100-m-Rücken
1. Karen Margrete Harup — DAN — 1:14,4
2. Suzanne Zimmerman — USA — 1:16,0
3. Judy Davies — AUS — 1:16,7

4 × 100-m-Kraulstaffel
1. USA — 4:29,2 — (Marie Corridon, Thelma Kalama, Brenda Helser, Ann Curtis)
2. DAN — 4:29,6 — (Eva Riise, Karen-Margrete Harup, Greta Andersen, Fritze Carstensen)
3. HOL — 4:31,6 — (Irma Schuhmacher, Margot Marsman, Marie-Louise Vaessen, Johanna Termeulen)

Kunstspringen
1. Victoria Draves — USA — 108,74
2. Zoe Ann Olsen — USA — 108,23
3. Patricia Elsener — USA — 101,30

Turmspringen
1. Victoria Draves — USA — 68,87
2. Patricia Elsener — USA — 66,28
3. Birte Christoffersen — DAN — 66,04

Boxen

Fliegengewicht
1. Pascual Perez — ARG
2. Spartaco Bandinelli — ITA
3. Soo-Ann Han — KOR

Bantamgewicht
1. Tibor Csik — UNG
2. Giovanni Battista Zuddas — ITA
3. Juan Venegas — PUR

Federgewicht
1. Ernesto Formenti — ITA
2. Dennis Shepherd — SAF
3. Aleksy Antkiewicz — POL

Leichtgewicht
1. Gerald Dreyer — SAF
2. Joseph Vissers — BEL
3. Svend Wad — DAN

Weltergewicht
1. Julius Torma — ČSR
2. Horace Herring — USA
3. Alessandro D'Ottavio — ITA

Mittelgewicht
1. László Papp — UNG
2. John Wright — GBR
3. Ivano Fontana — ITA

Halbschwergewicht
1. George Hunter — SAF
2. Donald Scott — GBR
3. Maurio Cia — ARG

Schwergewicht
1. Rafael Iglesias — ARG
2. Gunnar Nilsson — SWE
3. John Arthur — SAF

Ringen, griechisch-römischer Stil

Fliegengewicht
1. Pietro Lombardi — ITA
2. Kenan Olcay — TUR
3. Reino Kangasmäki — FIN

Bantamgewicht
1. Kurt Pettersén — SWE
2. Ali Mahmoud Hassan — EGY
3. Halil Kaya — TUR

Federgewicht
1. Mehmet Oktav — TUR
2. Olle Anderberg — SWE
3. Ferenc Tóth — UNG

Leichtgewicht
1. Gustaf Freij — SWE
2. Aage Eriksen — NOR
3. Károly Ferencz — UNG

Weltergewicht
1. Gösta Andersson — SWE
2. Miklós Szilvási — UNG
3. Henrik Hansen — DAN

Mittelgewicht
1. Axel Grönberg — SWE
2. Muhlis Tayfur — TUR
3. Ercole Gallegati — ITA

Halbschwergewicht
1. Karl-Erik Nilsson — SWE
2. Kaelpo Gröndahl — FIN
3. Ibrahim Orabi — EGY

Schwergewicht
1. Ahmet Kireçci — TUR
2. Tor Nilsson — SWE
3. Guido Fantoni — ITA

Freistilringen

Fliegengewicht
1. Lennart Viitala — FIN
2. Halit Balamir — TUR
3. Thure Johansson — SWE

Bantamgewicht
1. Nasuh Akar — TUR
2. Gerald Leeman — USA
3. Charles Kouyos — FRA

Federgewicht
1. Gazanfer Bilge — TUR
2. Ivar Sjölin — SWE
3. Adolf Müller — SUI

Leichtgewicht
1. Celal Atik — TUR
2. Gösta Frändfors — SWE
3. Hermann Baumann — SUI

Weltergewicht
1. Yaşar Dogu — TUR
2. Richard Garrard — AUS
3. Leland Merrill — USA

Mittelgewicht
1. Glen Brand — USA
2. Adil Candemir — TUR
3. Erik Lindén — SWE

Halbschwergewicht
1. Henry Wittenberg — USA
2. Fritz Stöckli — SUI
3. Bengt Fahlkvist — SWE

Schwergewicht
1. Gyula Bóbis — UNG
2. Bertil Antonsson — SWE
3. Joseph Armstrong — AUS

Fechten Männer

Florett Einzel
1. Jehan Buhan — FRA
2. Christian d'Oriola — FRA
3. Lajos Maszlay — UNG

Florett Mannschaft
1. Frankreich
2. Italien
3. Belgien

Gewichtheben

			Beidarmiges Drücken	Beidarmiges Reißen	Beidarmiges Stoßen	Total
Bantamgewicht						
1. Joseph De Pietro	USA		105,0	90,0	112,5	307,5
2. Julian Creus	GBR		82,5	95,0	120,0	297,5
3. Richard Tom	USA		87,5	90,0	117,5	295,0
Federgewicht						
1. Mahmoud Fayad	EGY		92,5	105,0	135,0	332,5
2. Rodney Wilkes	TRI		97,5	97,5	122,5	317,5
3. Jaffar Salmassi	IRA		100,0	97,5	115,0	312,5
Leichtgewicht						
1. Ibrahim Hassan Shams	EGY		97,5	115,0	147,5	360,0
2. Attia Hamouda	EGY		105,0	110,0	145,0	360,0
3. James Halliday	GBR		90,0	110,0	140,0	340,0
Mittelgewicht						
1. Frank Spellman	USA		117,5	120,0	152,5	390,0
2. Peter George	USA		105,0	122,5	155,0	382,5
3. Sung-Jip Kim	KOR		122,5	112,5	145,0	380,0
Leichtschwergewicht						
1. Stanley Stanczyk	USA		130,0	130,0	157,5	417,5
2. Harold Sakata	USA		110,0	117,5	152,5	380,0
3. Gösta Magnusson	SWE		110,0	120,0	145,0	375,0
Schwergewicht						
1. John Davis	USA		137,5	137,5	177,5	452,5
2. Norbert Schemansky	USA		122,5	132,5	170,0	425,0
3. Abraham Charité	HOL		127,5	125,0	160,0	412,5

Degen Einzel
1. Luigi Cantone — ITA
2. Oswald Zappelli — SUI
3. Edoardo Mangiarotti — ITA

Degen Mannschaft
1. Frankreich
2. Italien
3. Schweden

Säbel Einzel
1. Aladár Gerevich — UNG
2. Vincenzo Pinton — ITA
3. Pál Kovács — UNG

Säbel Mannschaft
1. Ungarn
2. Italien
3. USA

Fechten Frauen

Florett Einzel
1. Ilona Elek — UNG
2. Karen Lachmann — DAN
3. Ellen Müller-Preis — AUT

Moderner Fünfkampf Einzel
1. William Grut — SWE
2. George Moore — USA
3. Gösta Gärdin — SWE

Fanny Blankers-Koen.

Kanu Männer

1000 m Kajak-Einer (K 1)
1. Gert Fredriksson — SWE — 4:33,2
2. Johan Frederik Kobberup — DAN — 4:39,9
3. Henri Eberhardt — FRA — 4:41,4

1000 m Kajak-Zweier (K 2)
1. Schweden — 4:07,3
2. Dänemark — 4:07,5
3. Finnland — 4:08,7

10 000 m Kajak-Einer (K 1) (nur 1936, 1948, 1952, 1956 durchgeführt)
1. Gert Fredriksson — SWE — 50:47,7
2. Kurt Wires — FIN — 51:18,2
3. Ejvind Skabo — NOR — 51:35,4

10 000 m Kajak-Zweier (K 2) (nur 1936, 1948, 1952, 1956 durchgeführt)
1. Schweden — 46:09,4
2. Norwegen — 46:44,8
3. Finnland — 46:48,2

1000 m Canadier-Einer (C 1)
1. Josef Holeček — ČSR — 5:42,0
2. Douglas Bennett — CAN — 5:53,3
3. Robert Boutigny — FRA — 5:55,9

1000 m Canadier-Zweier (C 2)
1. Tschechoslowakei — 5:07,1
2. USA — 5:08,2
3. Frankreich — 5:15,2

10 000 m Canadier-Einer (C 1) (nur 1948, 1952, 1956 durchgeführt)
1. František Čapek — ČSR — 62:05,2
2. Frank Havens — USA — 62:40,4
3. Norman Lane — CAN — 64:35,3

10 000 m Canadier-Zweier (C 2) (nur 1936, 1948, 1952, 1956 durchgeführt)
1. USA — 55:55,4
2. Tschechoslowakei — 57:38,5
3. Frankreich — 58:00,8

Kanu Frauen

500 m Kajak-Einer (K 1)
1. Karen Hoff — DAN — 2:31,9
2. Alida v. d. Anker-Doedans — HOL — 2:32,8
3. Fritzi Schwingl — AUT — 2:32,9

Rudern

Einer
1. Mervyn Wood — AUS — 7:24,4
2. Eduardo Risso — URU — 7:38,2
3. Romolo Catasta — ITA — 7:51,4

Doppelzweier
1. Großbritannien — 6:51,3
2. Dänemark — 6:55,3
3. Uruguay — 7:12,4

Zweier ohne Steuermann
1. Großbritannien — 7:21,1
2. Schweiz — 7:23,9
3. Italien — 7:31,5

Zweier mit Steuermann
1. Dänemark — 8:00,5
2. Italien — 8:12,2
3. Ungarn — 8:25,2

Vierer ohne Steuermann
1. Italien — 6:39,0
2. Dänemark — 6:43,5
3. USA — 6:47,7

Vierer mit Steuermann
1. USA — 6:50,3
2. Schweiz — 6:53,3
3. Dänemark — 6:58,6

Achter
1. USA — 5:56,7
2. Großbritannien — 6:06,9
3. Norwegen — 6:10,3

Segeln

Ein-Mann-Boot (Finn-Dinghi)
1. Paul Elvström — DAN — 5543
2. Ralph Evans jr. — USA — 5408
3. Jacobus Hermanus de Jong — HOL — 5204

Star
1. USA — 5828
2. Kuba — 4949
3. Holland — 4731

Drachen
1. Norwegen — 4746
2. Schweden — 4621
3. Dänemark — 4223

6 m (nur 1908, 1912, 1920, 1924, 1928, 1932, 1936, 1948, 1952 durchgeführt)
1. USA — 5472
2. Argentinien — 5120
3. Schweden — 4033

Swallow
1. Großbritannien — 5625
2. Portugal — 5579
3. USA — 4352

Radsport

Straßenrennen Einzel
1. José Beyaert — FRA — 5:18:12,6
2. Gerardus Petrus Voorting — HOL — 5:18:16,2
3. Lode Wouters — BEL — 5:18:16,2

Straßenrennen Mannschaft
1. Belgien — 15:58:17,4
2. Großbritannien — 16:03:31,6
3. Frankreich — 16:08:19,4

1000-m-Zeitfahren
1. Jacques Dupont — FRA — 1:13,5
2. Pierre Nihant — BEL — 1:14,5
3. Thomas Godwin — GBR — 1:15,0

1000-m-Sprint
1. Mario Ghella — ITA — 12,0
2. Reginald Harris — GBR
3. Axel Schandorff — DAN

2000-m-Tandemfahren
1. Italien — 11,3
2. Großbritannien
3. Frankreich

4000-m-Mannschafts-Verfolgungsrennen
1. Frankreich — 4:57,8
2. Italien — 5:36,7
3. Großbritannien — 4:55,8

Reitsport

Military Einzel
1. Bernard Chevallier — FRA — + 4
2. Frank Henry — USA — −21
3. Robert Selfelt — SWE — −25

Military Mannschaft
1. USA — −161,50
2. Schweden — −165,00
3. Mexiko — −305,25

Dressur Einzel
1. Hans Moser — SUI — 492,5
2. André Jousseaume — FRA — 480,0
3. Gustaf-Adolf Boltenstern jr. — SWE — 477,5

Dressur Mannschaft
1. Frankreich — 1269,0
2. USA — 1256,0
3. Portugal — 1182,0

Jagdspringen Einzel
1. Humberto Mariles Cortés — MEX — −6,25
2. Rubén Uriza — MEX — −8/0
3. Jean François d'Orgeix — FRA — −8/4/38,9

Jagdspringen Mannschaft
1. Mexiko — −34,25
2. Spanien — −56,50
3. Großbritannien — −67,00

Schießen

Freies Gewehr
1. Emil Grünig — SUI — 1120
2. Pauli Janhonen — FIN — 1114
3. Willy Rögeberg — NOR — 1112

Kleinkaliber (KK)
1. Arthur Cook — USA — 599/43
2. Walter Tomsen — USA — 599/42
3. Jonas Jonsson — SWE — 597/44

Schnellfeuerpistole oder Revolver
1. Károly Takács — UNG — 580
2. Carlos Enrique Diaz Sáenz Valiente — ARG — 571
3. Sven Lundqvist — SWE — 569

Beliebige Scheibenpistole, 50 m
1. Edwin Vasquez Cam — PER — 545
2. Rudolf Schnyder — SUI — 539/60/21
3. Torsten Ullman — SWE — 539/60/16

Turnen Männer

Mehrkampf Einzel
1. Veikko Huhtanen — FIN — 229,70
2. Walter Lehmann — SUI — 229,00
3. Paavo Aaltonen — FIN — 228,80

Mehrkampf Mannschaft
1. Finnland — 1358,30
2. Schweiz — 1356,70
3. Ungarn — 1330,85

Barren Einzel
1. Michael Reusch — SUI — 39,50
2. Veikko Huhtanen — FIN — 39,30
3. Josef Stalder — SUI — 39,10
3. Christian Kipfer — SUI — 39,10

Bodenübung Einzel
1. Ferenc Pataki — UNG — 38,70
2. János Mogyorósi-Klencs — UNG — 38,40
3. Zdenek Ružička — ČSR — 38,10

Pferdsprung Einzel
1. Paavo Aaltonen — FIN — 39,10
2. Olavi Rove — FIN — 39,00
3. János Mogyorósi-Klencs — UNG — 38,50
3. Ferenc Pataki — UNG — 38,50
3. Leo Sotornik — ČSR — 38,50

Seitpferd Einzel
1. Veikko Huhtanen — FIN — 38,70
1. Paavo Aaltonen — FIN — 38,70
1. Heikki Savolainen — FIN — 38,70
3. Luigi Zanetti — ITA — 38,30
3. Guido Figone — ITA — 38,20

Reck Einzel
1. Josef Stalder — SUI — 39,70
2. Walter Lehmann — SUI — 39,40
3. Veikko Huhtanen — FIN — 39,20

Ringe Einzel
1. Karl Frei — SUI — 39,60
2. Michael Reusch — SUI — 39,10
3. Zdenek Ružička — ČSR — 38,50

Turnen Frauen

Mehrkampf Mannschaft
1. Tschechoslowakei — 445,45
2. Ungarn — 440,55
3. USA — 422,63

Basketball
1. USA
2. Frankreich
3. Brasilien

Fußball
1. Schweden
2. Jugoslawien
3. Dänemark

Landhockey
1. Indien
2. Großbritannien
3. Holland

Abkürzungsschlüssel siehe Register

1948

AUGUST

Mo	Di	Mi	Do	Fr	Sa	So
						1
2	3	4	5	6	7	8
9	10	11	12	13	14	15
16	17	18	19	20	21	22
23	24	25	26	27	28	29
30	31					

1. 52 Tote bei einem Flugbootunglück über dem Atlantik.

4. Die Delegierten aus Württemberg-Hohenzollern, Südbaden und Württemberg-Baden beschließen, Voraussetzungen für die Vereinigung dieser Länder zu einem Südwest-Staat prüfen zu lassen.

6. Wegen französischer Reparationsforderungen tritt das Kabinett von Württemberg-Hohenzollern zurück.

7. Durch Hochwasser des Jangtsekiangs und des Gelben Flusses werden drei Millionen Chinesen obdachlos.

8. Erste deutsche Fußballmeisterschaft nach Kriegsende. Meister der Ligen in den drei Westzonen wird im Kölner Endspiel der 1. FC Nürnberg mit 2 : 1 Toren über den 1. FC Kaiserslautern.

10. Der Bayerische Rundfunk wird eine Anstalt des öffentlichen Rechts.

12. Die USA erkennen die Regierung Südkoreas an.

13. Für die Luftbrücke nach Berlin werden Globemaster-Maschinen mit 20 Tonnen Nutzlast eingesetzt.

15. Proklamation der Republik Südkorea.

19. Währungsreform in Nationalchina auf Goldbasis zur Stabilisierung von Löhnen und Preisen.

20. Die Kontrolle von Reisenden zwischen der französischen und der Bizone wird eingestellt.

22. Eröffnung der ersten Konferenz des Weltkirchenrats in Amsterdam.

22. Die USA stellen ihre Luftwaffe auf Düsenflugzeuge um.

25. Nach deutscher Rechnung betragen die bisherigen Reparationsleistungen 418 Millionen Dollar.

26. Die katholische Kirche in Deutschland nimmt gegen die Kriegsverbrecher-Prozesse Stellung.

26. Die südbadische Regierung tritt wegen französischer Reparationsforderungen zurück.

26. Beginn kommunistischer Demonstration gegen den Berliner Gesamtmagistrat. →

GESTORBEN:

31. Andrei Schdanow (* 26. 2. 1892), sowjetischer Politiker, Leiter des Kominform.

Eine neue Verfassung

Bayerns Staatsminister Anton eröffnet die Konferenz von Herrenchiemsee.

10. August. Im oberbayrischen Herrenchiemsee tritt der in Frankfurt geplante Ausschuß der westdeutschen Länder zusammen, um einen Verfassungsentwurf als Grundlage für die Arbeit des Parlamentarischen Rates zu erörtern (→ Juli 1948). Zu den Delegierten gehört an führender Stelle der Sozialdemokrat Carlo Schmid, der auf die Problematik endgültiger oder provisorischer Festlegungen im Verfassungstext verweist. Der erarbeitete Entwurf setzt sich, unter anderem in der Einschränkung der Rechte des Staatsoberhaupts, deutlich von der Weimarer Verfassung ab. Die Menschenrechte werden an den Anfang der Verfassungsdenkschrift gerückt. Sie enthält für viele Bereiche Alternativen; dies betrifft zum Beispiel den Staatsnamen (»Bund Deutscher Länder« oder »Deutsche Staatsgemeinschaft«). Einmütigkeit herrscht über den föderativen Charakter des künftigen deutschen Staates. In Schloß Niederwald bei Rüdesheim beschließen die Ministerpräsidenten, den Herrenchiemseer Entwurf dem Parlamentarischen Rat nur als Arbeitsmaterial zuzusenden.

Flucht durchs Fenster

Nach dem Zwischenfall schließen die Russen ihr Konsulat in New York.

12. August. Das russische Ehepaar Samarin und die Lehrerin Oksana Stepanowa Kosenkina verweigern die Rückkehr aus den USA in die UdSSR. Oksana Kosenkina wird von Angehörigen des Generalkonsulats in New York aufgespürt und in die Botschaft zurückgebracht. Kosenkina springt aus dem dritten Stockwerk des sowjetischen Generalkonsulats. Die Schwerverletzte bringen amerikanische Polizisten in ein Krankenhaus, wo sie vor sowjetischen Diplomaten abgeschirmt wird. Die Forderung des Generalkonsuls Lomakin, mit der Lehrerin sprechen zu können, wird zurückgewiesen. Die US-Behörden verfügen sogar die Ausweisung Lomakins wegen Behinderung amerikanischer Behörden und bewußter Fehlinformation.

Untersuchung gegen Spione in Washington

28. August. Vor Kongreß-Untersuchungsausschüssen in den USA, besonders vor dem Ausschuß gegen unamerikanische Aktivitäten werden die Verhöre wegen Spionage zugunsten der UdSSR im Zweiten Weltkrieg fortgesetzt. Hauptzeugen sind Elizabeth Bentley und der frühere Kommunist und zeitweilige Chefredakteur des Magazins »Time«, Whittacker Chambers. Zu den Personen, die von Chambers und Elizabeth Bentley kommunistischer Aktivitäten und der Spionage beschuldigt werden, gehören Dexter White und Alger Hiss, ein Berater Franklin D. Roosevelts in Jalta und der US-Delegation während der UN-Gründungsversammlung in San Francisco.

White stirbt an einem Herzanfall, nachdem er drei Tage zuvor vor einem Ausschuß alle Beschuldigungen zurückgewiesen hat. Der Ausschuß gegen unamerikanische Aktivitäten stellt fest, im Krieg sei die US-Regierung von sowjetischen Agenten infiltriert worden.

Parlamentarischer Rat gebildet

15. August. Bis zum Monatsende bestimmen die westdeutschen Landtage ihre Delegierten für den Parlamentarischen Rat: Auf je 750 000 Einwohner und auf eine Restzahl von 200 000 Einwohner entfällt ein Abgeordneter. Dadurch ergeben sich für die einzelnen Länder die folgenden Delegiertenzahlen:
Baden 2
CDU 1, SPD 1
Hessen 7
CDU 2, SPD 4, LDP 1
Niedersachsen 9
CDU 2, SPD 4, FDP 1, DP 2
Nordrhein-Westfalen 16
CDU 6, SPD 6, FDP 1, Zentrum 2, KPD 1
Rheinland-Pfalz 4
CDU 2, SPD 2
Schleswig-Holstein 4
CDU 2, SPD 2
Württemberg-Baden 5
CDU 2, SPD 2, DVP 1
Württemberg-Hohenzollern 2
CDU 1, SPD 1

Konflikt des Berliner Senats mit Sowjets

Bürgermeisterin Louise Schröder setzt den von den Sowjets gestützten Polizeipräsidenten Markgraf in Berlin ab.

26. August. Die inneren Verhältnisse Berlins sind von Spannungen geprägt, die ihren Ausdruck in der Entlassung des Polizeipräsidenten Paul Markgraf (SED) finden. Oberbürgermeisterin Louise Schröder (SPD) verfügt diese Entlassung gegen den Willen der Sowjetischen Militäradministration in Deutschland (SMAD), da Markgraf der einseitigen Einstellung von kommunistischen Polizeioffizieren und der Beihilfe zur Verhaftung und Verschleppung politisch mißliebiger Personen aus Ost- und West-Berlin beschuldigt wird. Die Spannung wächst, als kommunistische Demonstranten die Sitzung der Stadtverordneten gewaltsam unterbrechen. Sie werfen Bürgermeister Ferdinand Friedensburg (CDU) Versagen des Stadtrats bei der Versorgung und Verwaltung der Stadt vor. Als nach erneuten Demonstrationen der Stadtverordnetenvorsteher Otto Suhr (SPD) die Sitzung vertagt und die sowjetische Stadtkommandantur um die Errichtung einer Bannmeile um das neue Stadthaus bittet, sieht die SED dies als Provokation an. Die polizeiliche Sicherung der Sitzungen wird von der SMAD abgelehnt, nachdem sich Arbeiterdelegationen bei General Boris Kotikow dagegen verwahrt haben. Suhr bittet Kotikow um Stärkung der demokratischen Institutionen der Stadt und stellt fest, die Polizei im Sowjetsektor verweigere den Anordnungen der Stadtbehörden den Gehorsam.

1948
SEPTEMBER

Mo	Di	Mi	Do	Fr	Sa	So
		1	2	3	4	5
6	7	8	9	10	11	12
13	14	15	16	17	18	19
20	21	22	23	24	25	26
27	28	29	30			

1. Konstituierung des Parlamentarischen Rats in Bonn. →

3. Der ehemalige Reichsminister Schacht wird von einer württembergischen Berufungskammer als »entlastet« eingestuft und entlassen.

3. Gomulka, der als Nationalist und Anhänger der Politik Titos gilt, verliert sein Amt als Generalsekretär der polnischen KP.

5. Erster Katholikentag nach dem Krieg in Mainz.

8. Ein britisches Flugzeug vom Typ De Havilland 08 erreicht Überschallgeschwindigkeit.

9. Mit Anspruch auf Gesamtstaatlichkeit wird die Volksrepublik Nordkorea ausgerufen.

11. SPD-Parteitag in Düsseldorf.

14. Das britische Kabinett hält wegen der kritischen Weltlage die Verlängerung der Militärdienstzeit für erforderlich.

15. Kurt Schumacher wird Vorsitzender der westdeutschen SPD.

15. Kopenhagener Konferenz über Wellenlängen.

16. Taifun im Norden Honschus: 541 Tote, 55 Millionen Dollar Sachschaden.

18. Auf dem 3. Parteitag der Ost-CDU in Erfurt wird Otto Nuschke zum Parteivorsitzenden gewählt.

21. Griechische Truppen schlagen eine kommunistische Offensive in Westmazedonien zurück.

21. In Jersey City im US-Bundesstaat New Jersey schlägt der Franzose Marcel Cerdan im Kampf um den Weltmeistertitel im Mittelgewichtsboxen Tony Zale (USA) durch technischen K. o. in der elften Runde.

28. In Paris wird die Bildung einer westeuropäischen Verteidigungsgemeinschaft angekündigt.

GESTORBEN:

3. Eduard Beneš (* 28. 5. 1884), tschechoslowakischer Politiker.

10. Ferdinand I. (* 26. 2. 1861), Zar von Bulgarien.

13. Paul Wegener (* 11. 2. 1874), deutscher Schauspieler.

17. Folke Bernadotte, Graf von Wisborg (* 2. 1. 1895), schwedischer Philanthrop, UN-Kommissar in Palästina (Opfer eines Attentats).

17. Emil Ludwig (* 25. 1. 1881), deutscher Schriftsteller.

Adenauer gewählt

Erste Sitzung des Parlamentarischen Rates im Museum König in Bonn. Im Vordergrund Konrad Adenauer, der zum Vorsitzenden gewählt wird.

1. September. In Bonns Pädagogischer Akademie konstituiert sich der Parlamentarische Rat, der aus 65 Delegierten der elf westdeutschen Landtage gebildet ist; hinzu treten in beratender Funktion 5 Berliner Abgeordnete (3 SPD, 1 CDU, 1 FDP). Die Sitzung hat der hessische Ministerpräsident Christian Stock einberufen, eröffnet wird sie von Nordrhein-Westfalens Ministerpräsident Karl Arnold in Gegenwart von westlichen Militärgouverneuren. Der Rat wählt zum Vorsitzenden Konrad Adenauer (CDU) und zu seinen Stellvertretern Adolf Schönfelder (SPD) und Hermann Schäfer (FDP). Die drei stärksten politischen Gruppen bilden Fraktionen: CDU/CSU mit dem Vorsitzenden Anton Pfeiffer, SPD mit Carlo Schmid, Liberale mit Theodor Heuss. Neben der Denkschrift des Herrenchiemseer Verfassungskonvents (→ August 1948) liegen dem Rat vor: Ausarbeitungen des Ellwanger Kreises (Freundeskreis der CDU/CSU), des britischen Zonenbeirats, des sozialdemokratischen Innenministers von Nordrhein-Westfalen, Karl Menzel, und der Verfassungsentwurf des sowjetzonalen Volksrats für eine »Deutsche Demokratische Republik«.

6. September. In der Neuen Kirche in Amsterdam legt Juliana den Eid auf die niederländische Verfassung ab. Mit dieser Zeremonie wird sie Königin der Niederlande. Rechts neben ihr der aus Deutschland stammende Prinz Bernhard.

Auszug aus Ost-Berlin

Kommunistische Demonstranten dringen in das Berliner Stadthaus ein und greifen dort nichtkommunistische Stadtverordnete und Polizisten an.

6. September. Demonstranten – Anhänger und Sympathisanten der SED – dringen erneut in das Berliner Stadthaus ein und greifen dort anwesende, nichtkommunistische Stadtverordnete, Angehörige der Westmächte und Polizisten, die aus den Westsektoren entsandt wurden, um die Sitzung zu schützen, an. Stadtverordnete, die nicht der SED angehören, werden am Betreten des Gebäudes gehindert. Sie begeben sich daraufhin nach West-Berlin und halten dort ohne SED-Verordnete ihre Sitzung ab.

Die Westberliner Polizisten im Neuen Stadthaus werden von sowjetischer und Ostberliner Polizei verhaftet. Die SED-Stadtverordneten-Fraktion kündigt an, daß sie Beschlüsse von Stadtverordneten-Sitzungen boykottieren werde, die nicht im Ostberliner Neuen Stadthaus stattgefunden haben.

Aus Protest gegen das Verhalten der SED und der sowjetischen Stadtkommandantur, die die Aktion unterstützt, findet am 9. September am Brandenburger Tor eine von SPD, CDU und LDP einberufene Versammlung mit 250 000 Teilnehmern statt, in deren Verlauf die sowjetische Flagge vom Brandenburger Tor gerissen wird. Zusätzliche Unruhe entsteht, als sowjetische Soldaten sich gewaltsam den Weg zum Wachwechsel am sowjetischen Ehrenmal in West-Berlin bahnen. Wegen Flaggenschändung verurteilt ein sowjetisches Militär-

gericht fünf Deutsche (davon vier Jugendliche im Alter von 16 bis 20 Jahren) zu 25 Jahren Zwangsarbeit. (Die Urteile werden später auf acht Jahre reduziert.)

Parallel zu diesen Ereignissen werden in Ost-Berlin Magistratsangestellte, vor allem SPD-Mitglieder, entlassen und durch SED-Angehörige ersetzt. Außerdem gibt die SED bekannt, daß sie sich an den für den 14. November angesetzten Stadtverordneten-Wahlen nicht beteiligen werde. Beobachter gehen davon aus, daß die Partei aus Furcht vor einer schweren Wahlniederlage die Unruhen ausgelöst habe und nunmehr die Teilung der Stadt betreibe.

Unter dem Druck dieser Verhältnisse wird am 22. November offiziell in West-Berlin die Gründung der »Freien Universität« angekündigt. Die Zufuhr von Verbrauchsgütern nach West-Berlin auf dem Luftweg erleidet im September durch sowjetische Flug- und Fallschirmmanöver, die auch in den Luftkorridoren stattfinden, Behinderungen. Die am 1. September aufgenommenen Verhandlungen der vier Militärgouverneure werden nach einer Woche abgebrochen, da über die wirtschaftliche Versorgung der Stadt und vor allem über ihre politische Kontrolle keine Einigung zu erreichen ist. Die Westmächte beantragen bei UN-Generalsekretär Trygve Lie die Behandlung des Berlin-Problems vor der UNO.

1948

OKTOBER

Mo	Di	Mi	Do	Fr	Sa	So
				1	2	3
4	5	6	7	8	9	10
11	12	13	14	15	16	17
18	19	20	21	22	23	24
25	26	27	28	29	30	31

1. Gründung des Deutschen Patentamtes in München.

1. Deutscher Sportausschuß in Berlin gegründet.

2. Fritz Thyssen wird von einer Spruchkammer als minderbelastet eingestuft, verliert aber 20 Prozent seines Vermögens.

2. Hessischer Rundfunk als Anstalt des öffentlichen Rechts gegründet.

2. Die Sowjetunion schlägt die Vernichtung aller Atomwaffen und die Einrichtung einer internationalen Atomkontrolle vor.

3. In Belgisch-Kongo wird uranhaltiges Erz entdeckt.

7. »Der kaukasische Kreidekreis« von Bertolt Brecht wird in Northfield (Minnesota) in deutscher Sprache uraufgeführt.

11. Eröffnung der Commonwealth-Konferenz in London.

13. Unruhen zwischen Schwarzen und Indern in Durban.

14. Bischof Wurm protestiert gegen die Fortsetzung der Kriegsverbrecherprozesse.

21. Die UNO lehnt den sowjetischen Antrag auf Zerstörung der Atomwaffen ab.

21. Bei Prestwick stürzt eine KLM-Maschine ab: 39 Tote.

24. Annahme einer sowjetisch inspirierten »gesamtdeutschen Verfassung« in der sowjetischen Besatzungszone.

24. Sowjetisches Agrarentwicklungsprogramm für das europäische Rußland und Sibirien.

27. Das Schauspiel »Belagerungszustand« von Albert Camus hat in Paris Premiere.

29. Thomas Manns Roman »Doktor Faustus« wird in den USA zum Buch des Monats gewählt.

30. Der Südwestfunk entsteht als Anstalt des öffentlichen Rechts in Baden-Baden.

GESTORBEN:

4. Georg Kulenkampff (* 23. 1. 1898), deutscher Violinvirtuose.

12. Alfred Kerr (* 25. 12. 1885), deutscher Kritiker und Essayist.

18. Walther von Brauchitsch (* 4. 10. 1881), deutscher Generalfeldmarschall.

24. Franz Lehár (* 30. 4. 1870), österreichischer Komponist.

Hennecke — der deutsche Stachanow

13. Oktober. Adolf Hennecke, Bergarbeiter und Instrukteur der Aktivistenbewegung in der sowjetischen Besatzungszone, fördert im Schacht »Gottes Segen« der Grube »Karl Liebknecht« in Ölsnitz (Sachsen) mit 24,4 Kubikmeter Steinkohle 387 Prozent des Förderungssolls. Er wird damit zum deutschen Nachfolger Alexej Stachanows (→ November 1935) und soll anderen Arbeitern als Vorbild dienen. Um die Erfüllung eines derart hohen Übersolls zu ermöglichen, ist die Arbeitsstelle jedoch besonders vorbereitet worden.

Adolf Hennecke wird in der sowjetischen Besatzungszone zum Nachfolger Stachanows ernannt.

Europäer bilden gemeinsames Militär-Kommando

4. Oktober. Die Benelux-Staaten, Frankreich und Großbritannien bilden eine Verteidigungskommission als Basis für ein gemeinsames Land-, Luft- und Flottenkommando. Die Generalstäbe tagen in London, eine vorgeschobene Stabsstaffel hat ihren Sitz in Fontainebleau bei Paris. Vorsitzender des Oberbefehlshaber ist der britische Feldmarschall Bernard Montgomery. Die Verteidigungsminister der Mitgliedstaaten bilden einen übergeordneten Verteidigungsausschuß.

Berlin-Problem vor dem UNO-Sicherheitsrat

Die Behandlung des Berlin-Problems im Sicherheitsrat der UNO stößt auf den Widerstand der UdSSR. Der sowjetische Delegierte nimmt an der Diskussion nicht teil. Als sechs neutrale Staaten im Sicherheitsrat einen Kompromißantrag zur Lösung des internationalen Konflikts und zur Aufhebung der Berlin-Blockade einbringen, legt die Delegation der UdSSR ihr Veto ein. In einem Interview mit der »Prawda« erklärt Josef Stalin, die Westmächte hätten eine Einigung über Berlin verhindert, um einen Krieg entfachen zu können. Tatsächlich haben es die drei Westalliierten jedoch nur abgelehnt, mit der UdSSR vor der Aufhebung der Berlin-Blockade Verhandlungen zu führen.

Der amerikanische Militärgouverneur Lucius D. Clay bleibt überzeugt, daß die Versorgung Berlins über die Luftbrücke aufrechtzuerhalten ist. Die Luftbrückeneinheiten der USA und Großbritanniens werden unter amerikanischer Leitung zusammengefaßt und erreichen eine tägliche Transportleistung von 4500 Tonnen. Zur finanziellen Hilfe wird ein »Notopfer Berlin« in der Form eines 2-Pfennig-Aufschlags auf Postsendungen erhoben. Vom 19. Oktober an wird von den Sowjets der Zugang in die Westsektoren von der sowjetischen Besatzungszone aus nur noch durch Ost-Berlin zugelassen.

Erhöhung der Produktion

27. Oktober. Frankreich und Großbritannien vereinbaren, zunächst 300 zur Demontage bestimmte Fabriken ihrer deutschen Besatzungszonen zu erhalten, um dadurch den Erfolg des Marshallplans zu sichern. Gleichzeitig unterbreitet die Bizonen-Verwaltung der Pariser ERP-Kommission einen Plan zur Erhöhung der deutschen Produktionsleistungen bis zum Jahr 1952/53 auf 105 Prozent der Leistungen von 1936. Dies würde bedeuten, 85 Prozent des Lebensstandards von 1936 zu erreichen.

1948
NOVEMBER

Mo	Di	Mi	Do	Fr	Sa	So
1	2	3	4	5	6	7
8	9	10	11	12	13	14
15	16	17	18	19	20	21
22	23	24	25	26	27	28
29	30					

1. Die Lebensmittelrationen in West-Berlin werden von täglich 1600 auf 1800 Kalorien erhöht.

1. Der New Yorker Erzbischof Spiros Athenagoras wird Patriarch der griechisch-orthodoxen Kirche.

7. Im Nationalrat Frankreichs wird die RFP de Gaulles stärkste Partei.

8. Die neugegründete Freie Universität in West-Berlin nimmt den Vorlesungsbetrieb auf.

9. Benjamin Brittens Oper »Der Raub der Lucrecia« erlebt in Köln die deutsche Erstaufführung.

12. Urteil im Tokioter Kriegsverbrecherprozeß. →

12. Fühlungnahme Israels mit den arabischen Staaten zur Regelung des Palästinaproblems.

12. In der britischen Zone wird Hjalmar Schacht verhaftet, gegen den ein neues Entnazifizierungsverfahren eingeleitet wird.

15. Eröffnung der ersten Verkaufsstellen der staatlichen Handelsorganisation (HO) in der sowjetischen Besatzungszone, um den Privathandel einzuschränken.

16. Bei den Parlamentswahlen im Sudan siegt die Unabhängigkeitspartei.

18. Der Schah des Iran, Mohammed Resa Pahlawi, wird von Kaiserin Fawziah, einer Schwester König Faruks von Ägypten, geschieden, da sie keinen Thronerben geboren hat.

23. Premiere des Helmut-Käutner-Films »Der Apfel ist ab«.

26. Irisches Parlament beschließt die völlige Unabhängigkeit und Lösung von Großbritannien.

26. Durch Anschluß an die Betriebsgewerkschaftsleitungen verlieren die Betriebsräte in der SBZ ihre Funktion.

27. Der UN-Sicherheitsrat fordert Albanien, Bulgarien und Jugoslawien auf, die Hilfsleistungen für griechische Rebellen einzustellen.

30. Ost-Berlin erhält einen eigenen Magistrat. →

30. Die Kampfkommandanten der arabischen Einheiten und der Israelis unterzeichnen die Vereinbarung zur Feuereinstellung in Jerusalem.

GEBOREN:

14. Prinz Charles von Edinburgh, britischer Thronfolger.

Truman Präsident

2. November. Gegen die Erwartung von Meinungsumfragen und zahlreicher US-Politiker gewinnt Präsident Harry S. Truman die Mehrzahl der Wahlmännerstimmen für seine Wahl als Präsident. Auf die 304 Wahlmänner entfallen 50 Prozent der US-Wählerstimmen. Die Vergleichszahlen lauten bei dem Republikaner Thomas Dewey, der als sicherer Sieger gegolten hat, 189 (45,5 Prozent). Gleichzeitig stellen die Demokraten die Mehrheit der US-Gouverneure (30 : 18). Im Senat sitzen nun 54 Demokraten und 42 Republikaner, im Abgeordnetenhaus 263 Demokraten und 171 Republikaner. An der New Yorker Börse fallen die Kurse nach Trumans Erfolg um sechs Punkte.

Sowjets drohen

9. November. Die sowjetische Militäradministration droht an, alle westalliierten Flugzeuge, die die Luftkorridore auf dem Flug nach und von Berlin nicht einhalten, zur Landung zu zwingen. Da sowohl die USA als auch Großbritannien davon ausgehen, daß das Verlassen der Korridore bei winterlichem Schlechtwetter leicht geschehen kann, machen sie die UdSSR für alle Konsequenzen, die erwachsen können, verantwortlich. Neuen Rekord der Luftbrücke bedeutet am 25. November die Anlieferung von 6000 Tonnen Waren in 700 Flügen.

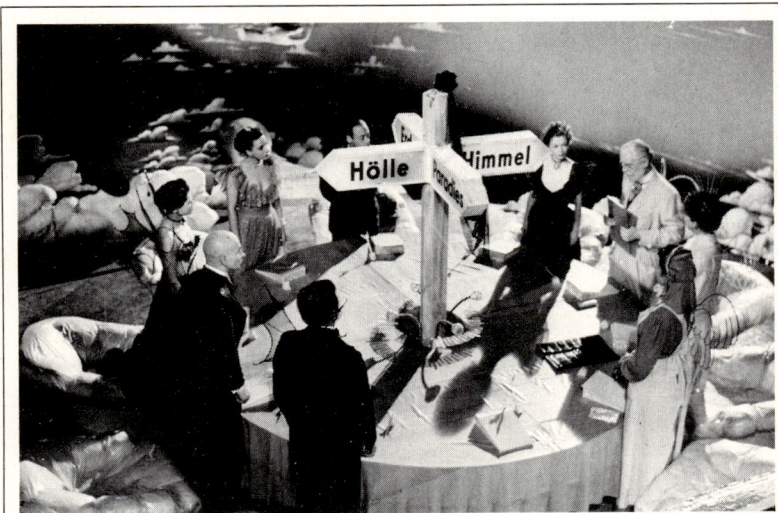

Am 23. November wird Helmut Käutners Film »Der Apfel ist ab« uraufgeführt mit Arno Assmann als Luzifer und Helmut Käutner selbst als Petrus.

Ebert Ost-Berlins Bürgermeister

30. November. Mit dem Anspruch, alle Berliner zu vertreten, wählen im Ostberliner Admiralspalast 2500 Delegierte des »Demokratischen Blocks« der Parteien des Ostsektors Friedrich Ebert (SED), Sohn des ehemaligen Reichspräsidenten, zum Oberbürgermeister. Ebert bildet einen Magistrat, in dem 4 der 14 Ämter von SED-Angehörigen besetzt werden.

Maos Vormarsch in China

11. November. Die Lage in China entwickelt sich eindeutig zugunsten der Kommunisten unter Mao Tsetung, die etwa 500 Kilometer östlich von Nanking bei Suchow stehen. In die Kämpfe sind etwa eine Million Soldaten Tschiang Kai-scheks und Mao Tse-tungs verwickelt. Von der Eroberung Suchows hängt die Öffnung der Wege nach Nanking und Schanghai ab.

Nobelkomitee vergibt keinen Friedenspreis

Paul Müller.

4. November. Das Stockholmer Nobelkomitee verleiht die Preise an den Schweizer Paul Müller (Medizin, Entwicklung des Insektengiftes DDT); an den Engländer Patrick Maynard Blackett (Physik); an den Schweden Arne Tiselius (Chemie) und an den angloamerikanischen Dichter T. S. Eliot (Literatur). Das Osloer Komitee vergibt 1948 keinen Friedenspreis.

Tojo zum Tode verurteilt

12. November. Der Internationale Militärgerichtshof in Tokio spricht alle japanischen Kabinette seit 1928 der Verschwörung zum Krieg schuldig; das japanische Militär trägt die Verantwortung für den Angriffskrieg. Zum Tode verurteilt werden der ehemalige General und Ministerpräsident Hideki Tojo und sechs weitere Angeklagte; 16 Angeklagte – unter ihnen der frühere Botschafter in Berlin, Hiroshi Oshima –, erhalten lebenslängliche Haftstrafen, zwei Angeklagte sieben beziehungsweise 20 Jahre Haft. Die Todesurteile werden am 23. Dezember in Tokio vollstreckt.

Ohne Entscheidung

10. November. Die US- und die britische Militärregierung geben bekannt, daß den Entscheidungen über die Besitzverhältnisse in der Eisen-, Stahl-, Kohleindustrie und Elektrizitätswirtschaft in Deutschland nicht vorgegriffen werden soll.

1948
DEZEMBER

Mo	Di	Mi	Do	Fr	Sa	So
			1	2	3	4	5
6	7	8	9	10	11	12
13	14	15	16	17	18	19
20	21	22	23	24	25	26
27	28	29	30	31		

1. Der Arabische Kongreß proklamiert Abdullah von Transjordanien zum König von Palästina.

5. Wahlen in West-Berlin. →

5. Abschluß eines griechisch-italienischen Freundschaftsvertrags.

8. Die ägyptische Regierung verbietet die Islamische Bruderschaft.

9. Beschluß der Vereinten Nationen über Verbot und Bestrafung von Völkermord und zur Wahrung der Menschenrechte.

12. Großbritannien führt die Militärpflicht für Männer im Alter von 19 bis 26 Jahren ein.

12. Uraufführung der Oper »Circe« von Werner Egk in Berlin.

13. Gründung des kommunistischen Jugendverbandes »Junge Pioniere« in der SBZ.

16. Überschwemmungen nach schweren Regenfällen in Brasilien fordern 200 Todesopfer.

16. Kambodscha wird im Rahmen der Französischen Union unabhängig.

17. Der israelische Antrag auf Aufnahme in die UNO wird abgelehnt.

18. Die Alliierte Kommandantur in West-Berlin wird auf Dreimächte-Basis umgestellt.

21. Irland scheidet aus dem Commonwealth aus.

25. Nach arabischen Luftangriffen wird für die israelischen Städte ein Verdunkelungsgebot erlassen.

26. In Ungarn werden Kardinal Mindszenty und andere Repräsentanten der katholischen Kirche verhaftet.

28. Verbotene Islamische Bruderschaft läßt den ägyptischen Ministerpräsidenten Nokrashy Pascha ermorden.

29. Tito erklärt, Jugoslawien gehe seinen eigenen kommunistischen Weg.

30. Uraufführung des Musicals »Kiss me Kate« von Cole Porter in New York.

31. Israelis vertreiben die ägyptischen Truppen aus dem Negev.

31. Uraufführung des Films »Berliner Ballade« unter der Regie von Robert Stemmle, in der Hauptrolle Gert Fröbe.

GESTORBEN:

4. Karl Bonhoeffer (* 31. 3. 1868), deutscher Psychiater.

Wahlen in West-Berlin

Nach dem Auszug der gewählten Stadtverordneten nach West-Berlin setzt die SED eine »außerordentliche Stadtverordneten-Versammlung« ein.

5. Dezember. Wegen der politischen Auseinandersetzungen in Berlin sind die Stadtverordneten-Wahlen vom November in den Dezember verlegt worden. Sie finden nur in den West-Sektoren statt: SPD 64,5 Prozent und 76 Mandate; CDU 19,4 Prozent, 26 Mandate; LDP 16,1 Prozent, 17 Mandate. Der SED werden die aus dem Ost-Sektor vom Oktober 1946 stammenden 11 Sitze zugerechnet. Einstimmig wählen die Stadtverordneten am 7. Dezember Ernst Reuter zum Oberbürgermeister und Louise Schröder zum amtierenden Bürgermeister. Der bisherige CDU-Bürgermeister Ferdinand Friedensburg tritt zurück, der SED-Bürgermeister Heinrich Acker wird seines Amtes enthoben. Ost-Berlins Oberbürgermeister Friedrich Ebert bestreitet die Legalität des Westberliner Wahlaktes.

Klage über hohe Besatzungskosten

15. Dezember. Der Ministerpräsident Nordrhein-Westfalens, Karl Arnold, legt dem britischen Regionalkommissar William H. Bishop eine Aufstellung über die Besatzungskosten vor, die von 342 Millionen RM im Jahr 1945 auf 1565 Millionen RM im Jahr 1947 gestiegen sind. 41 Prozent des nordrhein-westfälischen Steueraufkommens des Jahres 1948 werden von Besatzungskosten beansprucht. Die Zahl der Häuserbeschlagnahmungen sei unnatürlich hoch. Unter dem Stichwort Besatzungskosten seien zudem zur Lieferung angefordert worden: 500 Damenschirme, 15 000 Klubgarnituren, 100 000 Klubsessel, 75 700 Damenpullover, 50 000 Damenhemden und -schlüpfer sowie 1,3 Millionen Meter Gardinenstoffe.

FDP bildet sich in Heppenheim

11. Dezember. Im hessischen Heppenheim kommen die westdeutschen Liberalen zusammen, die bisher unter verschiedenen Namen in den einzelnen Ländern aufgetreten sind (Liberaldemokraten, Demokraten, Freie Demokraten, Demokratische Volkspartei), aber im Wirtschaftsrat und im Parlamentarischen Rat Fraktionen bilden. Die Delegierten verständigen sich auf den Namen Freie Demokratische Partei für ihre Drei-Zonen-Partei und billigen ein Programm, das sich gegen Materialismus, Kollektivismus und Totalitarismus richtet. Es fordert militante Demokratie, Marktwirtschaft, Grundrechte und überstaatliche Rechtsordnung. Zum Parteivorsitzenden wählen die Delegierten Theodor Heuss, sein Stellvertreter wird Franz Blücher.

1949

JANUAR

Mo	Di	Mi	Do	Fr	Sa	So
					1	2
3	4	5	6	7	8	9
10	11	12	13	14	15	16
17	18	19	20	21	22	23
24	25	26	27	28	29	30
31						

1. Gründung des »Forschungsinstituts für den wissenschaftlichen Sozialismus« in Ost-Berlin (später in »Marx-Engels-Lenin-Institut« umbenannt).

1. Großbritannien gibt die Kontrolle der Grenze zu Italien an die österreichischen Behörden zurück.

3. Ein Tornado in Louisiana fordert 59 Tote.

5. Kälte und Hunger fordern in Schanghai in einem Monat 4727 Tote (davon 3879 Kinder).

7. Dean Acheson übernimmt von George Marshall das Amt des US-Staatssekretärs für auswärtige Angelegenheiten.

10. Lucius D. Clay stellt Anzeichen des Rechtsradikalismus in Deutschland fest.

14. Mao Tse-tung fordert Tschiang Kai-schek zur bedingungslosen Kapitulation auf.

15. Die chinesischen Kommunisten erobern Tientsin.

17. Die Westalliierten bilden für Westdeutschland ein militärisches Sicherheitsamt.

17. Eröffnung des Prozesses gegen elf kommunistische Führer in den USA wegen Verschwörung.

19. In Neu-Delhi treten 19 Staaten zu einer Indonesien-Konferenz zusammen.

20. Der wiedergewählte US-Präsident Truman entwickelt ein Vierpunkteprogramm für wirtschaftlich rückständige Länder.

21. Um Friedensverhandlungen zu ermöglichen, tritt Tschiang Kai-schek als Präsident Nationalchinas zurück.

23. Die japanischen Konservativen erringen eine absolute Parlamentsmehrheit.

24. Die chinesische Volksarmee erreicht das Nordufer des Jangtsekiang.

25. Die Mapai Ben Gurions gewinnt die israelischen Wahlen.

25. Die SED beschließt auf der ersten Parteikonferenz die Anpassung an die KPdSU.

25. Gründung des Comecon. →

25. Polen tritt dem Comecon bei.

28. Beim Zusammenstoß dreier Flüchtlingsschiffe südöstlich von Schanghai sterben 600 Menschen.

28. Die Mitglieder der Europa-Union beschließen die Gründung eines Europarates.

Volkstumsgrenzen in Kaschmir: Pakistani (grün) und Inder (orange).

Kaschmir: Feuerpause

1. Januar. Nach 14 Monaten andauernder Kämpfe erreicht die UN-Waffenstillstandskommission eine Einstellung des Feuers in Kaschmir. Indien und Pakistan willigen in einen freien Volksentscheid über die politische Zukunft des Landes ein. Kaschmir-Flüchtlinge können zum Plebiszit in ihre Heimat zurückkehren. Pakistan zieht alle Truppen auf sein Territorium zurück, und Indien beläßt nur Soldaten zur Aufrechterhaltung der Ordnung in Kaschmir.

Dramatischer Augenblick an der deutschen Zonengrenze: Soldaten der Roten Armee greifen eine Gruppe von Flüchtlingen, die sich auf dem Weg in den Westen befanden, auf und kontrollieren die Ausweise. Die ängstlichen Männer, Frauen und Kinder hoffen, daß die Soldaten sie weiterziehen lassen. In vielen Fällen werden die Gruppen jedoch abgeführt und zu Haftstrafen verurteilt.

Wirtschaftlicher Zusammenschluß des Ostblocks

18. Januar. In Moskau beginnen Wirtschaftsverhandlungen zwischen Bulgarien, Ungarn, Polen, Rumänien, der UdSSR und der ČSR, um die wirtschaftliche Zusammenarbeit zwischen den osteuropäischen Volksdemokratien und der UdSSR zu vertiefen und mit dem sogenannten Rat für gegenseitige Wirtschaftshilfe (RGW bzw. Comecon) eine Organisation zur Förderung des wirtschaftlichen Aufbaus in den einzelnen Staaten zu schaffen, der auch westeuropäische Länder beitreten können, die sich nicht länger am Marshallplan beteiligen. Ziel der neuen Wirtschaftsorganisation ist der Austausch wirtschaftlicher Erfahrungen, technische Hilfsleistungen und gegenseitige Versorgung mit Rohstoffen, Maschinen, Verbrauchsgütern und Nahrungsmitteln. Gegen die USA und Großbritannien wird der Vorwurf erhoben, mit dem Marshallplan die Souveränität anderer Staaten verletzt zu haben.

Jerusalem bombardiert

12. Januar. Fortdauernde Kämpfe zwischen Israelis und Ägypten auf der Sinaihalbinsel, die Bombardierung des jüdischen Teils von Jerusalem durch nicht-identifizierte Flugzeuge sowie ägyptische Versuche, die israelischen Mittelmeerhäfen zu blockieren, bestimmen den Jahresanfang im Nahen Osten. In diese Zeit fällt auch die britische Meldung, Israel beziehe seine Waffen aus osteuropäischen Staaten durch Vermittlung der ČSR. Die Feuerkraft der Israelis beweist der Abschuß von fünf britischen Transportmaschinen bei Rafa, die nach israelischer Erklärung den Luftraum des neuen Staates gefährdet haben.

Vertreter Israels und Ägyptens erklären sich am 12. Januar bereit, alle Kampfhandlungen für die Dauer von Waffenstillstandsverhandlungen einzustellen. Die Gespräche finden auf Rhodos durch Vermittlung des UN-Kommissars, Ralph Bunche, statt.

1949

FEBRUAR

Mo	Di	Mi	Do	Fr	Sa	So
	1	2	3	4	5	6
7	8	9	10	11	12	13
14	15	16	17	18	19	20
21	22	23	24	25	26	27
28						

1. Die Bewirtschaftung von Kleidung wird in Großbritannien aufgehoben.

4. Amerikanisch-britische Gegenblockade durch Sperrung des Warenverkehrs zwischen Westeuropa und der sowjetischen Besatzungszone (SBZ).

5. Konferenz der Hennecke-Aktivisten in der SBZ.

10. Die Parlamentswahlen in Ulster ergeben eine Mehrheit der konservativen Unionisten.

10. Uraufführung von Arthur Millers »Tod eines Handlungsreisenden« als Film, Regie Elia Kazan.

11. Der Comecon weist den jugoslawischen Protest gegen Nichtzulassung zurück.

12. Hörspielfassung von Orson Welles' »Krieg der Welten« (nach dem utopischen Roman von Herbert George Wells) löst in Quito (Ecuador) eine Panik aus.

13. Ohne Gegenkandidat wird Portugals Präsident Carmona wiedergewählt.

15. Beginn der Berlingespräche zwischen den UN-Delegierten der USA und der UdSSR.

16. Die israelische Übergangsregierung orientiert sich für ihre Arbeit an britischen Verfassungsbedingungen.

19. Die SED-Bauernkonferenz spricht sich für den Ausbau des Volkseigentums und besonderen Ausbau der Maschinenleihstationen aus.

20. Bei einem Mauereinsturz auf den Kapverden werden 232 Menschen getötet und 50 verletzt.

24. Die Südafrikanische Regierung verweigert der UNO weitere Rechenschaftsberichte über Südwestafrika.

25. Die württembergische Entnazifizierungsbehörde hebt Urteil von acht Jahren Arbeitslager gegen Schacht auf.

27. Kämpfe zwischen der thailändischen Marine und Armee werden eingestellt.

29. Die fernöstlichen Mitglieder des Commonwealth wollen im burmesischen Bürgerkrieg zwischen Regierung und dem Bergvolk der Karen vermitteln.

GESTORBEN:

11. Axel Munthe (* 31. 10. 1857), schwedischer Arzt und Schriftsteller.

Kardinal verurteilt

Ungarns Primas Mindszenty wird zu lebenslanger Haft verurteilt.

13. Februar. Kardinal József Mindszenty, Primas von Ungarn, der erste katholische Kirchenfürst dieses Ranges, der seit 1811 vor einem weltlichen Gericht steht, bekennt sich in Budapest im Prinzip der gegen ihn erhobenen Anklagepunkte für schuldig, bestreitet aber, die demokratische Ordnung des ungarischen Staats zerstören zu wollen. Mindszenty und fünf Mitangeklagte werden beschuldigt, mit westlicher Hilfe eine Restaurierung der Vorkriegsverhältnisse vorbereitet und Schwarzmarktgeschäfte betrieben zu haben. Im westlichen Ausland, dem die Entsendung von Prozeßbeobachtern verwehrt ist, entsteht der Eindruck, daß das Geständnis durch Drogen oder andere Einwirkungen erzwungen worden ist. Das Gericht verurteilt Mindszenty wegen Verrats und anderer Vergehen gegen den Staat zu lebenslänglicher Haft. Die Mitangeklagten erhalten Strafen zwischen drei Jahren und lebenslänglicher Haft. Im Zusammenhang mit dem Verfahren fordern die ungarische und die US-Regierung wechselseitig die Abberufung von Botschaftern (→ Oktober, November 1956, September 1971).

Waffenstillstand

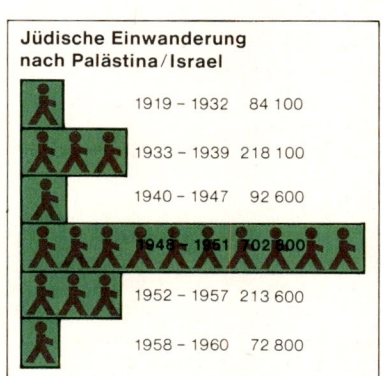

Jüdische Einwanderung nach Palästina/Israel

1919 – 1932	84 100
1933 – 1939	218 100
1940 – 1947	92 600
1948 – 1951	702 800
1952 – 1957	213 600
1958 – 1960	72 800

24. Februar. Ralph Bunche teilt dem UN-Sicherheitsrat den Text eines zwischen Ägypten und Israel auf Rhodos vereinbarten Waffenstillstandsvertrags mit. Das Abkommen sichert Israel die Kontrolle über Beersheba und den größten Teil des Negev zu. Die Kriegsgefangenen beider Staaten werden ausgetauscht. Ägypten erklärt in dem Vertrag, die Einstellung der Kampfhandlungen bedeute keinesfalls die staatliche Anerkennung Israels. Der Waffenstillstand hat Gültigkeit bis zum Abschluß eines Friedensvertrags.

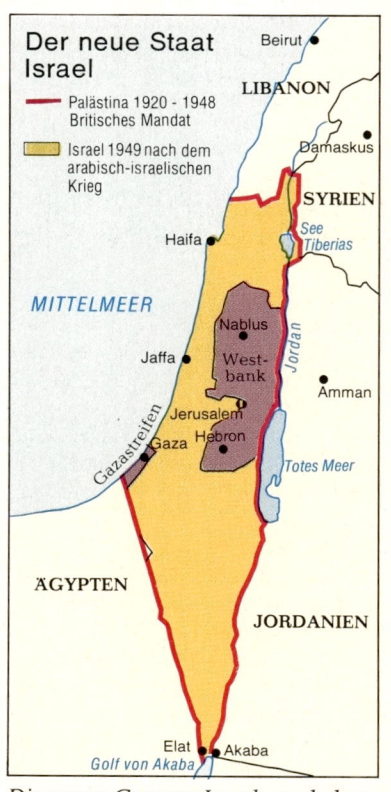

Der neue Staat Israel

- ▬ Palästina 1920 – 1948 Britisches Mandat
- Israel 1949 nach dem arabisch-israelischen Krieg

Die neuen Grenzen Israels nach dem Waffenstillstand auf Rhodos vom 24. Februar zwischen Israel und Ägypten.

Entwurf für Grundgesetz wird verabschiedet

13. Februar. In dritter Lesung verabschiedet der Parlamentarische Rat den Kompromiß-Entwurf eines Grundgesetzes, das zwar auf bayrisches Drängen eine Länderkammer (Bundesrat) statt eines Senats vorsieht, aber der Zentralregierung (Bundesregierung) gegenüber den Länderregierungen ein starkes Gewicht verleiht. Der Entwurf wird den westallierten Militärgouverneuren zur Billigung zugeleitet.

Protest nach Oliver-Twist-Film

Der Film zeigt den jungen Oliver Twist als Taschendieb.

19. Februar. Der Film »Oliver Twist« nach dem Roman von Charles Dickens führt in West-Berlin zu lebhaften Protestdemonstrationen, an denen sich auch Oberbürgermeister Ernst Reuter beteiligt. Die Empörung richtet sich gegen die als antisemitische Provokation empfundene Darstellung des Juden Faggin durch den Schauspieler Alec Guiness. Der Film wird in Berlin vom Kinoprogramm abgesetzt.

Um Österreich

8. Februar. In London nehmen die Vertreter der Außenminister Großbritanniens, Frankreichs, der UdSSR und der USA die Verhandlungen über einen Friedensvertrag für Österreich wieder auf. Schwierigkeiten bereitet dabei vor allen Dingen die sowjetische Forderung, daß Jugoslawien zu den Verhandlungen hinzugezogen werden solle und Österreich Reparationen zu leisten habe.

1949

MÄRZ

Mo	Di	Mi	Do	Fr	Sa	So
		1	2	3	4	5	6
7	8	9	10	11	12	13
14	15	16	17	18	19	20
21	22	23	24	25	26	27
28	29	30	31			

1. Joe Louis legt offiziell seinen Titel als Weltmeister im Schwergewichtsboxen nieder. →

2. Erster Nonstopflug um die Erde mit einem B-50-Bomber, der in Fort Worth (USA) startet.

4. Nach massivem Drängen der Amerikaner verläßt sowjetische Reparationskommission Frankfurt.

8. Frankreich erkennt das nichtkommunistische Vietnam unter Bao Dai als unabhängigen Staat im Rahmen der französischen Union an.

9. Die Maschinenausleihstationen der sowjetischen Besatzungszone (SBZ) werden zentralisiert.

9. Werner Heisenberg erklärt, an zwei Orten in Sibirien seien die Sowjets mit der Atombombenherstellung beschäftigt.

14. Zweiwöchiger Lohn-Streik von 425 000 US-Bergarbeitern.

14. Nördlich des Jangtsekiangs schaffen die chinesischen Kommunisten drei Provinzialregionalverwaltungen.

16. Perón legt Eid auf die neue argentinische Verfassung ab, die seine Wiederwahl als Präsident ermöglicht.

19. Der Volksrat in der sowjetischen Besatzungszone billigt die Verfassung für eine »Deutsche Demokratische Republik«.

20. DM-West hat als Zahlungsmittel in West-Berlin allein Gültigkeit.

24. Marschall Wassilewski wird Nachfolger Bulganins als sowjetischer Armeeminister.

24. Als erster ausländischer Film erhält der »Hamlet« des englischen Regisseurs und Schauspielers Laurence Olivier den Oscar für den besten Film.

28. Der US-Staatssekretär James Forrestal tritt zurück.

30. In Syrien stürzt Stabschef Hussein es-Znaim die Regierung.

GESTORBEN:

11. Henri-Honoré Giraud (* 18. 1. 1879), französischer General.

12. August Bier (* 24. 11. 1861), deutscher Chirurg.

25. August Wilhelm (Auwi) (* 29. 1. 1887), Prinz von Preußen.

30. Friedrich Bergius (* 11. 10. 1884), deutscher Chemiker, Nobelpreis 1931.

Mit dem Ziel der gemeinsamen Verteidigung der demokratischen Freiheit schließen sich die Vereinigten Staaten von Amerika, Kanada, Großbritannien, Frankreich, die Beneluxstaaten (Belgien, die Niederlande, Luxemburg), Island, Norwegen, Dänemark, Italien und Portugal zu einem Verteidigungsbündnis zusammen.

Gründung der NATO

18. März. Die USA, Kanada und die im Brüsseler Pakt (→ März 1948) zusammengeschlossenen Staaten (Großbritannien, Frankreich, Benelux-Staaten) veröffentlichen einen auf 20 Jahre abgeschlossenen Verteidigungspakt, über dessen Inhalt und Text Delegierte seit dem 6. Juli 1948 verhandelt haben. Der Vertrag bestimmt: Gegenseitigen Beistand im Fall des Angriffs auf ein Paktmitglied; Lieferung der Bewaffnung an die Paktstaaten durch die USA; Kontrolle und Koordinierung durch einen Nord-Atlantik-Rat und ein Verteidigungskomitee. Zu den ursprünglichen sieben Vertragsstaaten kommen sogleich Norwegen und Italien hinzu.

Die Regierungen Portugals, Dänemarks und Islands entsenden Delegierte, um den Text des Verteidigungspaktes zu überprüfen; danach treten sowohl die dänische Regierung als auch der italienische Senat für den Beitritt zur Nordatlantischen Verteidigungsorganisation (NATO) ein.

Alliierte Kritik

3. März. Die westalliierten Militärgouverneure nehmen Stellung zu dem deutschen Entwurf des Grundgesetzes und kritisieren, daß die Direktiven, die sie gegeben haben, nicht genügend berücksichtigt worden seien. Im besonderen verlangen sie, Berlin nicht in die westdeutsche Föderation aufzunehmen und den Ländern größere Gesetzgebungsgewalt zuzuordnen. Die Sicherheit der einzelnen Länder werde von den Alliierten gewährleistet.

Im Bereich der Rechtsprechung wünschen die Gouverneure präzisere Definitionen und Aussagen. Ländergrenzen, die im Grundgesetz festgelegt seien, können bis zum Friedensvertrag nicht abgeändert werden. Die vom Parlamentarischen Rat vorgesehene Wahlordnung für das Parlament – von 410 Abgeordneten werden 205 direkt und 205 im Proporzsystem gewählt – soll nicht in die Verfassung aufgenommen werden.

Ein siebenköpfiger interfraktioneller Ausschuß des Parlamentarischen Rats entwirft daraufhin Gegenvorschläge, die die Abgeordneten »mit ihrer Überzeugung und ihrem Gewissen vereinbaren können«. Diese Alternativen nehmen die Gouverneure nicht an, sondern verlangen eine neue Gesamtvorlage. Die elf westdeutschen Ministerpräsidenten bekunden gegenüber den Militärgouverneuren ihre Solidarität mit dem Parlamentarischen Rat, dessen SPD-Fraktion jedes weitere Zugeständnis an die Alliierten ablehnt.

Wyschinski löst Molotow als Außenminister ab

4. März. Wjatscheslaw Molotow wird als sowjetischer Außenminister durch seinen bisherigen Stellvertreter Andrei Wyschinski ersetzt, dessen Posten Andrei Gromyko einnimmt. Molotow bleibt weiterhin 1. stellvertretender Ministerpräsident. Westliche Beobachter vermuten einen möglichen Wechsel in der Außenpolitik.

Korrekturen an der deutschen Westgrenze

26. März. Trotz Einwendungen der westdeutschen Ministerpräsidenten, die direkte Verhandlungen wünschen, werden an den deutschen Grenzen gegenüber Frankreich, Luxemburg, Belgien und den Niederlanden 31 Grenzkorrekturen zugunsten der westlichen Staaten vorgenommen. Gegenüber deutschen Protesten und der Feststellung des nordrheinwestfälischen Ministerpräsidenten Karl Arnold, die Grenzen zu den Benelux-Staaten seien in den Jahren 1648 (Friede von Münster und Osnabrück) und 1815 (Wiener Kongreß) festgelegt worden, erklären die Westalliierten, in Ostdeutschland habe die Annexion deutschen Territoriums durch Polen das 600fache dieser Korrektur ausgemacht.

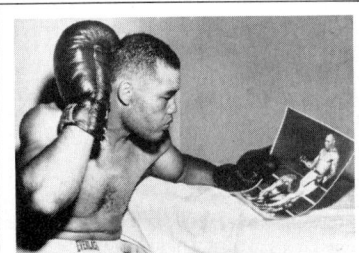

Zwölf Jahre lang, von 1937 bis 1949, trug der amerikanische Boxer Joe Louis die Krone der Schwergewichtsboxer. Am 1. März legt er seinen Titel nieder, den er 25mal erfolgreich verteidigt hat. Der Champion erlitt in 71 Kämpfen als Berufsboxer nur drei Niederlagen (→ Juni 1936, April 1981).

1949
APRIL

Mo	Di	Mi	Do	Fr	Sa	So
				1	2	3
4	5	6	7	8	9	10
11	12	13	14	15	16	17
18	19	20	21	22	23	24
25	26	27	28	29	30	

1949
MAI

Mo	Di	Mi	Do	Fr	Sa	So
						1
2	3	4	5	6	7	8
9	10	11	12	13	14	15
16	17	18	19	20	21	22
23	24	25	26	27	28	29
30	31					

Alliierte Bedenken

US-Außenminister Dean Acheson, der Engländer Ernest Bevin und der Franzose Robert Schuman (von links) beschließen das sogenannte Besatzungsstatut.

3. Die Länder Israel und Transjordanien schließen einen einjährigen Waffenstillstand.

4. Proklamation der NATO durch die USA, Kanada, Großbritannien, Frankreich, die Benelux-Staaten, Italien, Portugal, Dänemark, Norwegen und Island (→ März 1949).

7. Uraufführung des Musicals »South Pacific« von Richard Rodgers und Oscar Hammerstein in New York.

8. Erneute Kämpfe zwischen burmesischen Regierungstruppen und aufständischen Karen.

11. Die Weißen Südwestafrikas erhalten in Südafrika eine parlamentarische Repräsentation.

13. Einstellung der Kämpfe zwischen Israel und Syrien.

15. Pius XII. spricht sich für die Internationalisierung Jerusalems und anderer dem Christentum wichtiger Orte in Palästina aus.

16. Innerhalb von 24 Stunden werden über die Luftbrücke mehr als 12 941 Tonnen Versorgungsgüter nach Berlin gebracht.

18. Formelle Proklamation der Republik Irland (»Éire«) in Dublin.

19. Die USA zahlen für das Europäische Hilfsprogramm 5,43 Milliarden Dollar.

26. Das Ausreiseverbot für mit Ausländern verheiratete Sowjetbürgerinnen wird als Verstoß gegen die UN-Charta verurteilt.

26. Die Nachrichtenagentur TASS teilt mit, bei Aufhebung der westalliierten Gegenblockade werde die UdSSR die Blockade Berlins aufheben.

26. Spannungen zwischen Syrien und Transjordanien über den Plan, das Territorium Transjordaniens zu vergrößern.

26. Friedrich Dürrenmatts Komödie »Romulus der Große« wird im Baseler Schauspielhaus uraufgeführt.

27. Genfer Beratungen zur Lösung des Palästina-Problems.

28. Internationales Olympisches Komitee bestimmt Cortina d'Ampezzo und Melbourne zu den Austragungsorten der Olympischen Spiele 1956.

GESTORBEN:

11. James Forrestal (* 15. 2. 1892), amerikanischer Diplomat, Staatssekretär für Verteidigung.

8. April. In Washington geben Dean Acheson (USA), Ernest Bevin (Großbritannien) und Robert Schuman (Frankreich) das Ergebnis ihrer am 6. März aufgenommenen Konferenz über Westdeutschland bekannt. Das sogenannte Besatzungsstatut enthält folgende Regelungen: 1. Die Militärregierung endet bei der Bildung eines westdeutschen Staates. Alliierte Hochkommissare werden die westdeutsche Außen- und Sicherheitspolitik wahrnehmen und die Parlamentstätigkeit überwachen. 2. In allen Bereichen, die ihm von den Alliierten zugestanden werden, hat der westdeutsche Staat das Recht der Selbstbestimmung; die Alliierten behalten sich Einspruchsrechte vor. Veränderungen der Bestimmungen über Verteidigung und Wirtschaft sind nur bei Einmütigkeit der drei Westalliierten möglich. 3. Die drei Westzonen werden vereinigt, unabhängig vom Zeitpunkt der Bildung einer westdeutschen Regierung. 4. Der westdeutsche Staat wird Vollmitglied des Marshallplans bei Überwachung seines Außenhandels durch die Alliierten. 5. Die Alliierten werden über Ruhrkontrolle, Demontage und ähnliche Probleme und über die mögliche Verschonung von Unternehmen von der Demontage weiter verhandeln. 6. Nach einem Jahr kann eine Überprüfung der Vereinbarungen zur Erweiterung deutscher Zuständigkeiten eingeleitet werden.
Das Besatzungsstatut, das am 10. April dem Parlamentarischen Rat übergeben wird, erregt weitreichenden Widerspruch. Die westdeutschen Ministerpräsidenten sehen wichtige deutsche Wünsche

unerfüllt. Die SPD erkennt in den alliierten Vorstellungen eine Überforderung der Deutschen und kritisiert die Absicht der CDU, den alliierten Vorstellungen nachzugeben, als Versuch, die »alten überföderalistischen und partikularistischen Wünsche« linksrheinischer und südbayrischer Föderalisten mit alliierter Hilfe durchzusetzen. Kurt Schumacher wendet sich auf einer SPD-Vorstandssitzung in Hannover gegen eine auf westalliierte Befehle gegründete Verfassung und verlangt: Freiheit der politischen Entschlußfassung, Begrenzung der Verfassung auf wesentlichste Bedingungen, ausreichende finanzielle Sicherheit der zentralen Bundesautorität auch durch Länderleistungen, Garantie der Rechts- und Wirtschaftseinheit im Bund. Nur wenn diese Forderungen von den Westalliierten anerkannt werden, könne die SPD dem Grundgesetz zustimmen.
Am 25. April erreichen die Westalliierten bei Verhandlungen in Frankfurt mit einer Delegation des Parlamentarischen Rats unter Führung Konrad Adenauers völlige Einigung über das Grundgesetz auf der Basis eines Kompromißvorschlags. Danach bleibt beim künftigen Bund die Steuer- und die Zollhoheit mit Ausnahme der Einkommen- und Körperschaftssteuer, die den Ländern zufließt. Der Bundesrat als Länderkammer ist gegenüber dem Bundestag als Abgeordnetenhaus nur gleichberechtigt in den Bereichen Ländergrenzen, Finanzausgleich, Ländersteuern, neue Bundesbehörden. Für Verfassungsänderungen ist grundsätzlich Zweidrittelmehrheit erforderlich.

2. Den Pulitzer-Preis erhalten Arthur Miller für sein Schauspiel »Tod eines Handlungsreisenden« und Robert Sherwood für seine Doppelbiographie »Roosevelt und Hopkins«.

4. Mannschaft des italienischen Fußballmeisters »Torino« Turin kommt bei einem Flugzeugabsturz ums Leben.

5. Gründung des Europarats in London. Mitglieder sind Großbritannien, Frankreich, die Benelux-Staaten, Italien, Irland, Dänemark, Norwegen und Schweden.

8. BBC und »Stimme Amerikas« erhöhen die Sendefrequenzen für Sendungen in die UdSSR.

9. Regierungsantritt Fürst Rainiers von Monaco.

10. Gründung des Deutschen Friedenskomitees in der SBZ.

11. Israel wird Mitglied der UNO.

12. Berlins Blockade zu Ende. →

14. Die UNO lädt Indien, Pakistan und Südafrika ein, über die Aufhebung von Rassendiskriminierung in Südafrika zu verhandeln.

17. Großbritannien erkennt die Republik Irland an, beharrt jedoch auf der Zugehörigkeit Nordirlands zu Großbritannien.

21. Die Westberliner Reichsbahn-Angestellten streiken für eine Bezahlung in DM-West durch ihren Ostberliner Arbeitgeber.

21. Die US-Atomenergiekommission fordert von allen Mitarbeitern strenge Loyalität zur USA und den Beweis, in keiner Verbindung zu Kommunisten zu stehen.

22. Die französische Nationalversammlung stimmt der Schaffung eines vietnamesischen Staates zu.

27. Die USA ziehen alle Marineeinheiten aus China ab.

29. Beginn der Tagung des 3. Volkskongresses der Sowjetischen Besatzungszone, der die Verfassung der DDR annimmt und einen neuen Volksrat bildet. →

GESTORBEN:

6. Maurice Maeterlinck (* 29. 8. 1862), belgischer Schriftsteller und Philosoph.

21. Klaus Mann (* 16. 11. 1906), deutscher Schriftsteller (Sohn von Thomas Mann).

22. Hans Pfitzner (* 5. 5. 1869), deutscher Komponist. →

Ja zum Grundgesetz

23. Mai. Nach wochenlanger starker politischer Aktivität wird in Bonn das Grundgesetz verkündet. Der Parlamentarische Rat nimmt am 8. Mai das Grundgesetz für die Bundesrepublik Deutschland in dritter Lesung mit 53 : 12 Stimmen an. Für das Verfassungsgesetz stimmen 26 Abgeordnete der SPD, 21 der CDU, 5 der FDP und 1 Unabhängiger; dagegen stimmen 6 Abgeordnete der CSU, je 2 Abgeordnete des Zentrums, der Deutschen Partei und der KPD.

Das Wahlgesetz für den Bundestag nimmt der Parlamentarische Rat am 10. Mai an. Das Gesetz sieht vor, 200 Abgeordnete direkt und 200 über Ergänzungslisten zu wählen, wobei Listenverbindungen, die noch in der Weimarer Republik zulässig waren, verboten sind. Am gleichen Tag bestimmt der Parlamentarische Rat Bonn zur vorläufigen Hauptstadt der Bundesrepublik Deutschland.

Bis zum 21. Mai ratifizieren die westdeutschen Länder das Grundgesetz mit Ausnahme Bayerns, dessen Landtag aber beschließt, die Rechtsverbindlichkeit anzuerkennen, wenn zwei Drittel der Länder den Verfassungsbestimmungen zustimmen. Diese Zustimmung erteilen die Landtage, wobei in der Regel SPD, CDU und FDP für, KPD, DP und Zentrum gegen das Gesetz votieren. Die bayrische Opposition gegen die Verfassungsbestimmungen wird von CSU und Bayernpartei getragen, wobei die Bayernpartei auch bei einer Zweidrittelmehrheit der Länder für das Grundgesetz dessen Rechtsverbindlichkeit nicht anerkennen will.

Die feierliche Verkündung des Grundgesetzes findet in Bonn in Gegenwart der westdeutschen Minister- und Landtagspräsidenten, der Direktoren der Bizonen-Verwaltung und des Wirtschaftsrates und Vertretern der Militärgouverneure statt.

Konrad Adenauer hält als Vorsitzender des Parlamentarischen Rats die Eröffnungsansprache und weist unter anderem darauf hin, daß ein neuer Abschnitt deutscher Geschichte begonnen habe. Die Abgeordneten des Parlamentarischen Rates unterzeichnen, bis auf die KP-Abgeordneten Max Reimann und Karl Renner, das Grundgesetz, ebenso die Minister- und Landtagspräsidenten aller westdeutschen Länder, das heißt auch Bayerns. Damit beginnt die eigentliche Geschichte der Bundesrepublik Deutschland.

Auf der am 23. Mai beginnenden Außenministerkonferenz der Großen Vier lehnen die USA, Großbritannien und Frankreich den sowjetischen Vorschlag ab, in Deutschland das Viermächte-Regime wiederherzustellen, und die UdSSR verwirft den Gedanken, durch Ausdehnung des Grundgesetzes auf die SBZ zu einer Vereinigung Deutschlands zu gelangen.

Ein Heer von Pressefotografen umlagert die britischen Jeeps, die um Mitternacht, nach Aufhebung der Sperrung der Zugangswege, wieder nach Berlin fahren.

Ende der Blockade

12. Mai. Die Verhandlungen der UN-Delegierten Philipp Jessup (USA) und Jakob Malik (UdSSR) haben das Ende der Berliner Blockade und die Einberufung einer neuen Außenministerkonferenz der Großen Vier zum Ergebnis. Die UdSSR verzichtet sowohl auf die Einführung einer Gesamtberliner Währung als auch auf ihren Widerspruch gegen die Einsetzung einer westdeutschen Regierung.

Die Kosten für die Luftbrücke, die West-Berlin in der Blockade-Zeit versorgt hat und die weiterhin vorsichtshalber aufrechterhalten wird, betragen inzwischen 200 Millionen Dollar; bei Flugzeugunfällen sind 55 Amerikaner, Briten und Deutsche ums Leben gekommen. Die westalliierten Kommandanten erteilen den Westberlinern größere Verwaltungsvollmachten, behalten sich selbst jedoch die Kontrolle der Sicherheit, der Außenbeziehungen und der Verfassungsfragen vor.

Zu Tausenden umringen die Berliner am Morgen des 12. Mai die Interzonenbusse, die vom Busbahnhof Berlin-Charlottenburg die Fahrt über die Interzonenstraße nach Hannover beginnen. Nach der monatelangen Blockade Berlins, nach großen Entbehrungen und Sorgen feiern die Berliner die Aufhebung der Absperrung wie einen Festtag. Die Sowjets haben ihr Ziel nicht erreicht, Berlin durch eine Blockade in die Knie zu zwingen.

Die ersten Busse verkehren wieder zwischen Berlin und Hannover.

Die »Luftbrücke« hat ihre Pflicht getan. Die Blockade ist aufgehoben.

Der parlamentarische Rat vor der Abstimmung über das Grundgesetz. In der ersten Reihe: Carlo Schmid (2. v. l.), Paul Löbe (sitzend), Theodor Heuss (4. v. l.).

Für die Wahlen zur Volkskammer in der sowjetischen Zone werden Wählerlisten ausgelegt. In West-Berlin verbieten die Westmächte die Wahlen.

Ostzonen-Verfassung

15. Mai. Die Wahlen zum 3. Volkskongreß in der sowjetischen Besatzungszone (SBZ) finden mit Einheitslisten statt. Bei einer Beteiligung von 92,5 Prozent stimmen 66,1 Prozent den Kandidaten zu (in Ost-Berlin beträgt die Wahlbeteiligung 91,3 Prozent, die Zustimmung zur Einheitsliste 51,7 Prozent). Der Volkskongreß setzt sich zusammen aus 1500 Delegierten der SBZ: SED 450, CDU 225, LDP 225, NDPD 75, Bauernpartei 75, Organisationen 400, führende Persönlichkeiten 50. Für die drei Westzonen werden 500 Delegierte nominiert. Die »Tägliche Rundschau«, Organ der Sowjetischen Militäradministration in Deutschland (SMAD), erklärt, der

Volkskongreß spreche für alle, auch die im Westen zum Schweigen verurteilten Deutschen, die noch ein Nationalgefühl besitzen. Wilhelm Pieck eröffnet die Tagung des Volkskongresses am 29. Mai und wirft den Westalliierten vor, zahlreichen westdeutschen Delegierten die Passierscheine verweigert zu haben; Pieck fordert ferner zur Bildung einer Nationalen Front auf. Der Volkskongreß genehmigt die Verfassung der Deutschen Demokratischen Republik mit allen gegen eine Stimme, außerdem verlangt er einen Friedensvertrag und benennt eine Kommission, die der Außenministerkonferenz in Paris seine Vorstellungen vortragen soll.

Maos Vormarsch

Die Truppen Tschiang Kai-scheks auf dem Rückzug vor den Kommunisten.

25. Mai. Die kommunistische chinesische Volksarmee erobert auf ihrem Vormarsch Schanghai, nähert sich Kanton und bedroht Tschungking. Die Banken in Schanghai werden sofort von den

Kommunisten übernommen. Die britische Regierung verstärkt in Hongkong, das zum neuen Hauptziel der chinesischen Flüchtlingsströme geworden ist, die Besatzung mit einer 6000-Mann-Brigade.

Hans Pfitzner stirbt 80jährig in Salzburg

22. Mai. In Salzburg stirbt der Komponist Hans Pfitzner, dessen Schaffen der deutschen Romantik verbunden ist. Herausragendes Werk ist die musikalische Legende »Palestrina« (1917); doch hat er auch als Schöpfer von Symphonien, Chorwerken und Kammermusik sowie als Musiktheoretiker Beachtung gefunden. Pfitzner, der wegen seines schroffen Umgangstons oft in Schwierigkeiten geriet, lehnte die moderne Form der Musik konsequent ab. Wegen seiner konservativen Haltung wurde Pfitzner während des Dritten Reiches von der Kunstkritik gefeiert, obwohl er nicht Mitglied der NSDAP war. Seine Opern: Der arme Heinrich (1895), Die Rose vom Liebesgarten (1901), Das Christelflein (1906). Insgesamt komponierte er 110 Lieder und Kammerwerke.

Hans Pfitzner.

Rita Hayworth heiratet Ali Khan

27. Mai. Die katholische amerikanische Schauspielerin Rita Hayworth heiratet in dritter Ehe den schiitischen Moslem Ali Khan. Die standesamtliche Zeremonie findet vor dem kommunistischen Bürgermeister von Vallauris an der französischen Riviera statt. Eine Eheschließung nach islamischem Ritus erfolgt zu einem späteren Zeitpunkt.

1949

JUNI

Mo	Di	Mi	Do	Fr	Sa	So
		1	2	3	4	5
6	7	8	9	10	11	12
13	14	15	16	17	18	19
20	21	22	23	24	25	26
27	28	29	30			

1. 2. FDJ-Parlament in Leipzig.

2. Umbenennung Transjordaniens in Haschemitisches Königreich Jordanien.

6. Die New Yorker Börsenkurse fallen auf den niedrigsten Stand seit März 1947.

7. 55 Tote bei einem Flugzeugabsturz in Puerto Rico.

8. Die USA bilden eine Militärberatergruppe für Südkorea.

11. Abbruch der Wirtschaftsbeziehungen zwischen der ČSR und Jugoslawien.

13. Der Roman von George Orwell »1984« wird in den USA zum Buch des Monats gewählt.

13. Belgische Soldaten gehen im Ruhrgebiet gegen deutsche Arbeiter vor, die mit Barrikaden die Demontage eines Hydrierwerkes verhindern wollen.

14. Ausrufung eines vietnamesischen Staates unter Bao Dai.

15. Deutsche Behörden erhalten in Westdeutschland alle Zuständigkeiten der Stadtverwaltungen außer bei Ausländer- und Sicherheitsfragen.

19. In Frankfurt wird die Große Loge der Freimaurer für die Westzonen wiedergegründet.

22. Den vakanten Weltmeistertitel im Schwergewichtsboxen gewinnt Ezard Charles nach Punkten über Joe Walcott in Chicago.

23. 1. Parteitag der NDPD im thüringischen Halle.

23. Der Iran und Irak unterzeichnen einen gegenseitigen Freundschafts- und Beistandspakt.

25. Ohne Gegenkandidat wird Syriens Präsident es-Znaim in einer Volksabstimmung bestätigt.

25. Ende des Streiks der Westberliner Reichsbahnangehörigen. Ihre Entlohnung soll künftig in DM-West erfolgen.

26. Die für die Rückkehr Leopolds III. eintretenden belgischen Christlichsozialen verpassen die absolute Parlamentsmehrheit um zwei Stimmen.

26. Erzbischof Josef Beran wird in Prag daran gehindert zu predigen. Spannung zwischen Kirche und Regierung der ČSR nimmt zu.

GESTORBEN:

10. Sigrid Undset (* 20. 5. 1882), norwegische Schriftstellerin, Nobelpreis 1928.

Friede für Österreich

*Frankreichs Präsident Auriol empfängt die Außenminister der »Großen Vier«
(v. l.): Schuman, Auriol, Wyschinski, Acheson und Bevin.*

20. Juni. Die Pariser Außenministerkonferenz der Großen Vier endet ohne Einigung in der Deutschlandfrage, aber mit einer Verständigung über die Grundzüge des Friedensvertrags mit Österreich. In der Deutschlandfrage beschließen die Minister, daß die Vereinbarungen über Aufhebung der Berliner Blockade und der westlichen Gegenblockade bestehen bleiben. Die Besatzungsbehörden sollen ihre Bemühungen für eine deutsche Vereinigung und Normalisierung des Lebens in Berlin unter Hinzuziehung deutscher Experten fortsetzen. Wirtschaftsrat der Westzonen und Wirtschaftskommission der SBZ sollen die wirtschaftlichen und Handelsverbindungen zwischen den beiden Teilen Deutschlands intensivieren.

Der österreichische Friedensvertrag wird davon ausgehen, daß unter Zurückweisung jugoslawischer Territorialansprüche, aber bei Anerkennung der Minderheitenrechte von Slowenen und Kroaten Österreich in den Grenzen vom 1. Januar 1938 bestehen bleibt. Jugoslawien erhält keine Reparationen von Österreich, dafür werden ihm alle österreichischen Firmen, Grundbesitzungen, Investitionen usw. auf jugoslawischem Territorium zugesprochen. Die UdSSR erhält von Österreich innerhalb von sechs Jahren 150 Millionen Dollar, alle mobilen und immobilen Besitzungen der Donaudampfschiffahrtsgesellschaft in der sowjetischen Besatzungszone Österreichs sowie auf 33 Jahre 60 Prozent der Erdölförderung in dieser Zone.

Kommunistenjagd

7. Juni. Im Prozeß gegen die als Spionin angeklagte ehemalige Angestellte des US-Justiz-Departements Judith Coplon beschließt das Gericht auf Antrag der Verteidigung, die bei der Beschuldigten gefundenen geheimen FBI-Berichte über des Kommunismus und der Spionage verdächtige Personen seien ungekürzt vorzulesen. Als dies geschieht, stellt sich heraus, daß die meisten Angaben – insbesondere über bekannte Hollywood-Schauspieler und Akademiker – auf Hörensagen beruhen und bis in die

Schreibung der Namen ungenau sind. Die Unterlagen erbringen keine Beweise, veranschaulichen jedoch das Ausmaß der Kommunistenfurcht. Eine ähnliche Liste hat der Staat Kalifornien vorgelegt; sie umfaßt Namen bekannter Persönlichkeiten, die in einer oder anderer Form ihre Zustimmung zu kommunistischen Ansichten gegeben haben sollen: z. B. Frank Sinatra, Pearl S. Buck, Charlie Chaplin, Lion Feuchtwanger, Katherine Hepburn, Danny Kaye, Gene Kelly, Gregory Peck, Orson Welles.

1949

JULI

Mo	Di	Mi	Do	Fr	Sa	So
				1	2	3
4	5	6	7	8	9	10
11	12	13	14	15	16	17
18	19	20	21	22	23	24
25	26	27	28	29	30	31

2. Die Ostblockstaaten stellen die Waffenlieferungen an Jugoslawien ein.

5. In Südkorea grassiert eine Gehirnentzündung, die in kurzer Zeit mehr als 200 Tote fordert.

6. Polen stellt den Handel mit Jugoslawien ein.

7. Die britische Armee entlädt Schiffe im bestreikten Londoner Hafen.

9. Im zweiten Fußballendspiel nach dem Krieg schlägt der VfR Mannheim (Oberliga Südwest) die Mannschaft von Borussia Dortmund (Oberliga West) nach Verlängerung mit 3 : 2 und wird damit Deutscher Meister.

10. Tschiang Kai-schek und der philippinische Präsident Quirino erörtern die Gründung eines Südostasienpakts.

10. Bei den belgischen Filmfestspielen in Knokke erhält der Film »Fahrraddiebe« von Vittorio de Sica den ersten Preis.

14. Unruhen in Saigon während der Feiern zum französischen Nationalfeiertag fordern 22 Tote und 118 Verletzte.

16. Die Kuomintang unter Tschiang Kai-schek bildet einen Nationalen Rat und leitet die Evakuierung nach Taiwan (= Formosa) ein.

18. In Südchina gehen die Kommunisten zur Offensive über.

19. Laos erhält die Unabhängigkeit im Rahmen der französischen Union.

21. US-Senat stimmt mit 82 : 13 dem NATO-Vertrag zu.

21. In Kanton explodiert ein Munitionslager von Schwarzhändlern: 120 Tote.

24. Tibet weist die Vertreter von Nationalchina aus Lhasa aus.

27. Die französische Nationalversammlung nimmt den NATO-Vertrag an.

29. Die UN-Atomenergiekommission vertagt ihre Sitzungen, bis zwischen den Großmächten größere Übereinstimmung erzielt ist.

GESTORBEN:

2. Georgi Dimitrow (* 18. 6. 1882), bulgarischer Ministerpräsident.

12. Hubert R. Knickerbocker (* 31. 1. 1898), amerikanischer Journalist.

CDU-Grundsätze für Leistung und Eigentum

15. Juli. Der CDU-Wirtschaftsausschuß erarbeitet die Düsseldorfer Leitsätze mit dem Ziel der Eigenverantwortlichkeit der Unternehmer, Anerkenntnis des Privateigentums, des Leistungswettbewerbs und eines Höchstmaßes wirtschaftlichen Nutzens bei allgemeiner sozialer Gerechtigkeit. Mit diesen Prinzipien der sozialen Marktwirtschaft bestreitet die CDU/CSU den Bundestagswahlkampf und wendet sich vom Ahlener Programm ab.

Ausschluß für Kommunisten

13. Juli. Papst Pius XII. erklärt die Mitglieder und Sympathisanten der kommunistischen Parteien in aller Welt für exkommuniziert. Das Heilige Offizium gibt bekannt, die Sakramente würden allen verweigert, die die materialistischen Doktrinen des Kommunismus verbreiten oder verteidigen. Erwartet wird, daß die Exkommunikation besondere Auswirkungen in Italien zeigt (2 Millionen Kommunisten).

Thomas Mann in Deutschland

25. Juli. Thomas Mann kommt 16 Jahre nach seiner Emigration wieder nach Deutschland und nimmt den Goethe-Preis der Stadt Frankfurt entgegen. Seinen früheren Landsleuten gegenüber – er besitzt inzwischen die US-Staatsbürgerschaft – bleibt er kritisch und erklärt bei der Rückkehr in die USA, in Deutschland herrsche ein übersteigerter Nationalismus.

Soldat erschossen

8. Juli. An der Grenze zwischen der sowjetischen und der amerikanischen Besatzungszone bei Coburg hat eine sowjetische Patrouille die Demarkationslinie überschritten. Ein Schußwechsel mit einer US-Patrouille führt zum Tod eines Sowjetsoldaten.

Mo	Di	Mi	Do	Fr	Sa	So
1	2	3	4	5	6	7
8	9	10	11	12	13	14
15	16	17	18	19	20	21
22	23	24	25	26	27	28
29	30	31				

4. Tito erklärt, Jugoslawien werde sich gegen alle Angriffe verteidigen.

5. Bei mehrtägigen Erdbeben in Zentral-Ecuador kommen 8000 Menschen ums Leben.

8. Der Europarat nimmt während seiner ersten Sitzung als neue Mitglieder die Türkei, Griechenland und Island auf.

10. In den USA wird ein einheitliches Verteidigungsdepartement eingerichtet.

11. Paul Henri Spaak übernimmt das Präsidentenamt der Konsultativ-Versammlung des Europarats.

14. Erste Bundestagswahlen in Westdeutschland. →

14. Syrische Offiziere stürzen Präsident es-Znaim.

16. Erzbischof Beran teilt mit, er sei von der Regierung in Prag seiner Bewegungsfreiheit und seiner Rechte als Erzbischof beraubt worden.

17. Die chinesischen Kommunisten nehmen Foochow ein.

18. 437 Türken sterben bei einem Erdbeben nahe Erzerum in Anatolien.

18. Aufgrund seiner Verfassung nennt sich Ungarn »Arbeiter- und Bauern-Republik«.

20. Bei einem Waldbrand im französischen Departement Gironde sterben 80 Menschen.

22. Uraufführung von T. S. Eliots Gesellschaftsstück »Die Cocktail-Party« in Edinburgh.

25. Nach Einstellung der Hilfe durch Jugoslawien werden die griechischen Guerillas nur noch von Bulgarien und Albanien unterstützt.

25. Erstmals werden in Weimar Nationalpreise verliehen.

27. Bolivianische Rebellen besetzen die Provinzhauptstadt Santa Cruz.

28. Letztes Treffen von Veteranen des US-Bürgerkriegs (1861–1865) in Indianapolis mit sechs Teilnehmern.

28. In Darmstadt wird die Akademie für Dichtung und Sprache gegründet.

GESTORBEN:

16. Margaret Mitchell (* 8. 11. 1900), amerikanische Schriftstellerin (Opfer eines Unfalls). →

CDU gewinnt Bundestagswahlen

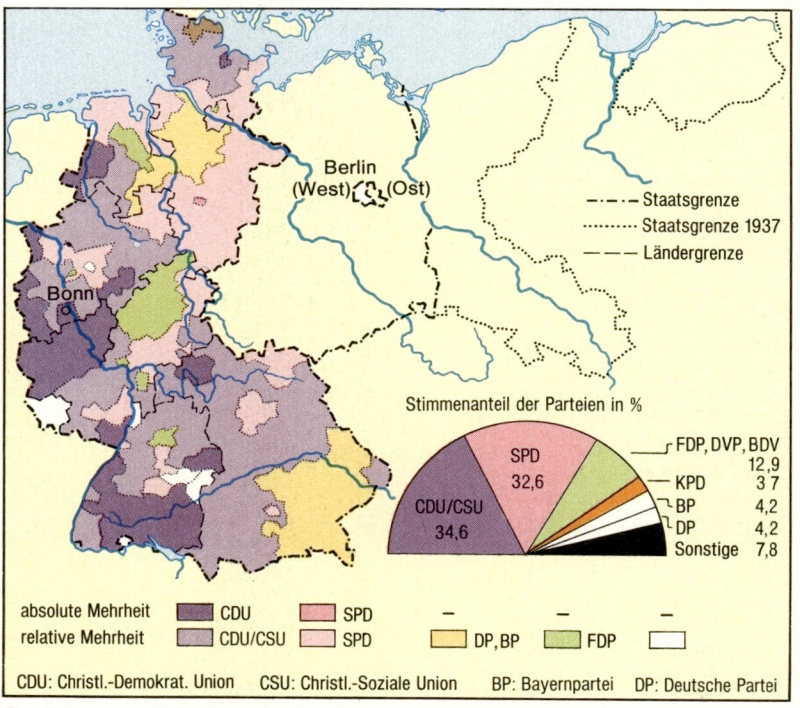

Der Stimmanteil der Parteien bei der 1. Bundestagswahl vom 14. August.

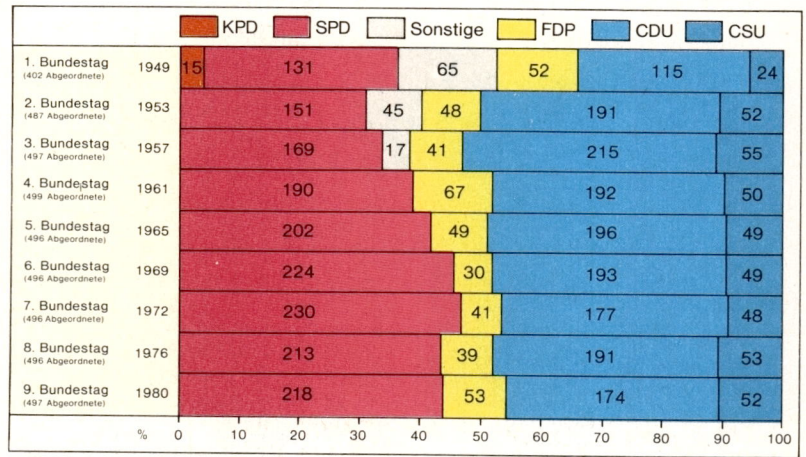

Die Sitzverteilung im deutschen Bundestag von 1949 bis 1980.

Konrad Adenauer ist als erster Kanzler der Bundesrepublik vorgesehen.

14. August. Der Bundestagswahlkampf hat sich zu einer Auseinandersetzung zwischen CDU/CSU und SPD zugespitzt. Insgesamt sind 18 Parteien zugelassen worden, von der rechtsradikalen Deutschen Reichspartei (DRP) bis zur KPD. Das Wahlergebnis lautet bei einer Wahlbeteiligung von 78,5 Prozent: CDU/CSU 34,6 Prozent, 139 Mandate; SPD 32,6 (131); FDP 11,9 (52); KPD 5,7 (15); Bayernpartei 4,2 (17); Deutsche Partei 4,0 (17); Zentrum 3,1 (10); Wirtschaftliche Aufbauvereinigung 2,9 (12); Deutsche Reichspartei 1,8 (5); Südschleswigsche Wählervereinigung 0,3 (1); Unabhängige 4,8 (3).

Hinzu kommen in beratender Funktion als Berliner Abgeordnete für die SPD fünf, für die CDU zwei, für die FDP ein Vertreter. Konrad Adenauer lehnt eine Koalition der CDU/CSU mit der SPD, die für diesen Fall das Wirtschaftsministerium beansprucht hat, ab und lädt führende Politiker der CDU/CSU aus Ländern und Wirtschaftsrat in sein Haus nach Rhöndorf ein, um für eine Koalition mit FDP und DP zu werben.

Durch dieses Bündnis hofft Adenauer, eine Basis zu schaffen für soziale Marktwirtschaft gegen sozialistische Planwirtschaft: »In den Grundsätzen christlicher Überzeugung besteht ein großer Gegensatz zwischen uns und den Sozialdemokraten. Außerdem herrscht ein unüberbrückbarer Gegensatz zwischen uns und der Sozialdemokratie in der Frage der Wirtschaftsform. Es gibt entweder nur Planwirtschaft oder soziale Marktwirtschaft und kein Gemisch. Bei solchen Gegensätzen wären auch ein Wirtschaftsminister der Christlich-Demokratischen Union und ein sozialdemokratischer Staatssekretär untragbar. Dann kommt der Karren nicht von der Stelle. Man muß einen klaren Kurs steuern. Dann kann es auch eine gute parlamentarische Opposition geben.«

Außerdem teilt der 73jährige Adenauer mit, sein Arzt habe ihm bestätigt, daß er gesundheitlich in der Lage sei, das Amt des Bundeskanzlers für zwei Jahre zu übernehmen. (Adenauer wird es bis 1963 innehaben.)

Als Bundespräsidenten schlägt Adenauer den FDP-Vorsitzenden, früheren Journalisten und Reichstagsabgeordneten Theodor Heuss vor, der von dieser Absicht aus der Presse erfährt. Für eine Koalition mit der SPD spricht sich in Rhöndorf vergeblich der rheinlandpfälzische Ministerpräsident Peter Altmeier aus. Nach dem Kommuniqué über die Rhöndorfer Besprechung spricht die nordrhein-westfälische CDU, die mit Karl Arnold gleichfalls eine Zusammenarbeit mit der SPD befürwortet hat, Adenauer das Vertrauen aus und erklärt sich an den Wahlausgang gebunden. Der Koalition von CDU, FDP und DP steht eine starke Opposition der Sozialdemokraten gegenüber.

Ingrid Bergman heiratet Roberto Rosselini

Ingrid Bergman mit Roberto Rosselini (links) und Peter Lindström (rechts).

5. August. Zu den Sensationen der Boulevardpresse während dieses Sommers gehört die Mitteilung der Filmschauspielerin Ingrid Bergman, sie werde sich von ihrem schwedischen Ehemann Peter Lindström scheiden lassen und nach Beendigung der Dreharbeiten für »Stromboli« nicht mehr filmen. Es besteht kein Zweifel, daß sie und »Stromboli«-Regisseur Roberto Rosselini heiraten werden. Er hat Ingrid Bergmans wegen die Beziehungen zu der Schauspielerin Anna Magnani abgebrochen.

Margaret Mitchell stirbt bei Unfall

Margaret Mitchell.

16. August. Margaret Mitchell stirbt im Alter von 48 Jahren in Atlanta bei einem Autounfall. Die Schriftstellerin, früher Redakteurin einer Zeitschrift in ihrer Heimatstadt, hat durch ihren einzigen, 1936 erschienenen Roman »Vom Winde verweht« Weltruhm erlangt und gewann mit ihm 1937 den Pulitzer-Preis. Das Buch schildert, aus der Sicht der Südstaaten, den amerikanischen Sezessionskrieg.

1949

SEPTEMBER

Mo	Di	Mi	Do	Fr	Sa	So
			1	2	3	4
5	6	7	8	9	10	11
12	13	14	15	16	17	18
19	20	21	22	23	24	25
26	27	28	29	30		

2. Jugoslawien kündigt die Abkommen mit der UdSSR über Donauschiffahrt und Flugverkehr auf dem Balkan.

3. Eine UNO-Kommission warnt vor der Gefahr eines Bürgerkriegs in Korea.

3. Bei einem Großfeuer im chinesischen Tschungking kommen 1700 Menschen ums Leben. 100 000 werden obdachlos.

3. Papst Pius XII. stellt Verfolgung der katholischen Kirche in Polen fest.

7. Konstituierung des deutschen Bundestags und Bundesrats. →

7. Mit einem Veto lehnen die Sowjets den Antrag Nepals auf Aufnahme in die UNO ab.

13. Die UdSSR legt ihr Veto ein gegen die UNO-Aufnahmeanträge von Österreich, Ceylon, Finnland, Island, Italien, Jordanien, Portugal.

13. Die UNO-Kommission für Palästina beschließt, Jerusalem völlig der UNO zu unterstellen.

17. Durch Brand auf dem Dampfer »Noronic« im Hafen von Toronto kommen 130 Fahrgäste ums Leben.

18. Gromyko gibt die Bereitschaft der UdSSR bekannt, wieder über Österreich zu verhandeln.

21. Tschou En-lai übernimmt im kommunistischen China die Ämter des Ministerpräsidenten und des Außenministers.

23. Truman gibt bekannt, in der UdSSR sei eine Atombombe zur Explosion gebracht worden. →

27. UdSSR erklärt alle Verträge mit Jugoslawien für aufgehoben.

28. Chinas westliche Provinz Sinkiang schließt sich den Kommunisten an.

28. Die westalliierten Kommandanten brechen die Berlin-Gespräche ab, da der sowjetische Kommandant nicht an Verhandlungen über die Eisenbahner teilnimmt.

30. Nach 277 264 Hilfsflügen stellen die Westalliierten die Luftbrücke nach West-Berlin ein.

30. Mao Tse-tung wird zum Vorsitzenden der Beratenden Volkskonferenz der Volksrepublik China gewählt.

GESTORBEN:

8. Richard Strauss (* 11. 6. 1864), deutscher Komponist und Dirigent. →

Adenauer Kanzler

Das erste Kabinett der Bundesrepublik stellt sich dem Fotografen (v. l. n. r.): Anton Storch (Arbeit), Heinrich Hellwege (Bundesrat), Ludwig Erhard (Wirtschaft), Wilhelm Niklas (Landwirtschaft), Hans Schuberth (Post), Bundeskanzler Konrad Adenauer, Gustav Heinemann (Inneres), Fritz Schäffer (Finanzen), Eberhard Wildermuth (Wohnungsbau), Franz Blücher (Vizekanzler), Hans-Christoph Seebohm (Verkehr), Jakob Kaiser (Gesamtdeutsch), Thomas Dehler (Justiz) und Hans Lukaschek (Vertriebene).

7.–21. September. Als gesetzgebende Gremien der Bundesrepublik Deutschland konstituieren sich Bundesrat und Bundestag in Bonn. Erster Präsident der Länderkammer wird der nordrhein-westfälische Ministerpräsident Karl Arnold.
Die erste Sitzung des Bundestags leitet als Alterspräsident der frühere Reichstagspräsident Paul Löbe (SPD). Die Abgeordneten wählen den bisherigen Präsidenten des Wirtschaftsrats, Erich Köhler (CDU), zum Bundestagspräsidenten, zu Stellvertretern Carlo Schmid (SPD) und Hermann Schäfer (FDP).
Die Bundesversammlung (paritätisch aus je 402 Abgeordneten des Bundestags und der Landtage gebildet) tritt zur Wahl des Bundespräsidenten am 12. September zusammen. Dabei ergibt sich folgende Stärke der Parteien: SPD 279, CDU/CSU 279, FDP 88, KPD 42, Bayernpartei 34, DP 28, WAV 24, Zentrum 21, Südschleswigsche Wählervereinigung 3, DRP 5, parteilos 2. Vorgeschlagene Kandidaten sind Theodor Heuss (FDP), Kurt Schumacher (SPD) und Rudolf Amelunxen (Zentrum). Im ersten Wahlgang erhält kein Kandidat die absolute Mehrheit, im zweiten fallen auf Heuss 460 Stimmen, auf Schumacher 312, auf Amelunxen 30. Damit ist Heuss zum ersten Bundespräsidenten gewählt. Er schlägt dem Bundestag den CDU-Vorsitzenden Konrad Adenauer als Bundeskanzler vor, der bei der Abstimmung die zur Wahl erforderliche Mindestzahl von 202 Stimmen erhält.
Die Kabinettsmitglieder werden am 20. September vereidigt. Danach gibt Adenauer seine erste Regierungserklärung ab, in der er das wirtschaftspolitische Konzept der sozialen Marktwirtschaft hervorhebt und der Hoffnung auf Ende der Demontage Ausdruck gibt. Er begründet seine Ablehnung einer Koalition mit der SPD damit, daß eine starke Opposition erforderlich sei, und wendet sich gegen jeden Radikalismus. Adenauer kündigt eine mögliche Amnestierung für ehemalige Nationalsozialisten an und bittet die Alliierten um Freilassung der Kriegsgefangenen. Auch wenn die Außenpolitik von den Westalliierten bestimmt werde – das Bundeskabinett hat keinen Außenminister –, hofft Adenauer auf Beseitigung des deutsch-französischen Gegensatzes und lehnt die Anerkennung der Oder-Neiße-Grenze ab. Die drei Hohen Kommissare John McCloy (USA), Brian Robertson (Großbritannien) und André François-Poncet (Frankreich) geben am 21. September das Ende der Militärregierung in Anwesenheit des Bundeskabinetts bekannt. Adenauer bittet um großzügige Anwendung des Besatzungsstatuts (→ April 1949).

Komponist Richard Strauss gestorben

8. September. Im Alter von 85 Jahren stirbt Richard Strauss in Garmisch-Partenkirchen. Als Komponist von Opern, Symphonien, Liedern und Kammermusik zählt Strauss zur Spitze der spätromantisch-klassischen Komponisten im 20. Jahrhundert. Zu den Librettisten seiner Opern gehörten Hugo von Hofmannsthal und Stefan Zweig. Zwar hatte Strauss deshalb in der NS-Zeit gewisse Schwierigkeiten, doch brauchte er wegen seines internationalen Rufes keine ernsthaften Repressalien zu fürchten. Zu den wichtigsten symphonischen Werken gehören »Till Eulenspiegels lustige Streiche« (1895), »Also sprach Zarathustra« (1896), »Ein Heldenleben« (1899) und »Eine Alpensymphonie« (1915); unter den Opern sind hervorzuheben: »Salome« (1905), »Der Rosenkavalier« (1911), »Ariadne auf Naxos« (1912), »Arabella« (1933) und »Capriccio« (1942).

Richard Strauss.

UdSSR-Bombe

23. September. Präsident Harry S. Truman teilt mit, in der UdSSR habe eine Atomexplosion stattgefunden. Dies mache eine internationale Kontrolle der Atomkraft dringend erforderlich. Wenige Stunden später beschuldigt der sowjetische Außenminister Andrei Wyschinski vor der UNO in New York die USA und Großbritannien der Planung eines Atomkriegs; zur Mitteilung Trumans äußert er sich nicht.

1949
OKTOBER

Mo	Di	Mi	Do	Fr	Sa	So
					1	2
3	4	5	6	7	8	9
10	11	12	13	14	15	16
17	18	19	20	21	22	23
24	25	26	27	28	29	30
31						

1. Proklamierung der Volksrepublik China mit Mao Tse-tung an der Spitze des Volksregierungsrates. →

1. Die UdSSR erklärt in einer Note an die Westmächte, die Gründung der Bundesrepublik Deutschland sei ein Bruch bestehender Verträge.

6. Harry S. Truman unterschreibt den Hilfsvertrag mit den europäischen NATO-Staaten.

7. Konstituierung der DDR. →

8. Handelsabkommen zwischen der Bundesrepublik Deutschland und der DDR.

11. Pandit Nehru trifft zu einem Besuch in den USA ein.

12. Gründungskongreß des DGB in München.

13. Schwere Überschwemmungen in Guatemala.

14. 487 Delegierte des westdeutschen Gewerkschaftskongresses beschließen in München, die 16 westdeutschen Gewerkschaften im Deutschen Gewerkschaftsbund zusammenzufassen.

15. Die UdSSR und die DDR tauschen diplomatische Vertreter aus.

15. Die chinesische Volksarmee besetzt Kanton.

16. In Griechenland gibt die kommunistisch orientierte Gegenregierung ihren Widerstand auf: Ende des Bürgerkriegs.

17. Austausch diplomatischer Vertreter der DDR mit Bulgarien, der ČSR, Polen, Ungarn, Rumänien und der Volksrepublik China.

17. Mit der Eroberung Amoys kontrollieren die chinesischen Kommunisten die Küste von der Grenze zu Korea bis Hongkong.

20. Einstellung der US-Verfahren gegen japanische Kriegsverbrecher.

21. Rumänien hebt die mit Jugoslawien geschlossenen Verträge auf.

24. In New York legt UNO-Generalsekretär Trygve Lie den Grundstein für das UNO-Hauptquartier.

31. 975 Filipinos werden getötet, 20 000 obdachlos durch einen drei Tage andauernden Taifun.

GESTORBEN:

15. Lászlo Rajk (* 8. 3. 1909), ungarischer Politiker.

31. Edward R. Stettinius (* 22. 10. 1900), amerikanischer Politiker.

Nach Gründung der Deutschen Demokratischen Republik (DDR) wird Wilhelm Pieck (links) Präsident und Otto Grotewohl Ministerpräsident.

DDR wird gegründet

4.–12. Oktober. Nach einer Sitzung des Präsidiums des deutschen Volksrats und des antifaschistisch-demokratischen Blocks der sowjetischen Besatzungszone (SBZ) beschließen die Gremien, daß nach der Bildung eines Staates in Westdeutschland der Volksrat die Regierung der Deutschen Demokratischen Republik bilden soll, der hierfür zu einer Plenarsitzung am 7. Oktober einberufen wird. In dieser Sitzung billigt der Nationalrat das Manifest der Nationalen Front und beschließt, sich selbst zur provisorischen Volkskammer zu erklären und die vom Volksrat am 30. Mai bestätigte Verfassung als Verfassung der DDR anzusehen. Damit wird die Deutsche Demokratische Republik als Staat proklamiert.

Weiterhin beschließt die provisorische Volkskammer Gesetze über eine provisorische Länderkammer und eine provisorische Regierung. Den Auftrag zur Kabinettsbildung erhält Otto Grotewohl, den die SED als stärkste Fraktion für das Amt des Ministerpräsidenten vorschlägt. Zum Präsidiumsvorsitzenden der provisorischen Volkskammer wird Johannes Dieckmann (LDP) gewählt, seine Stellvertreter sind Hermann Matern (SED), Hugo Hickmann (CDU) und Jonny Löhr (NDPD).

Am 11. Oktober finden die Wahlen zur provisorischen Länderkammer statt, die gemeinsam mit der provisorischen Volkskammer einstimmig Wilhelm Pieck zum Präsidenten der DDR wählt.

Grotewohl stellt am folgenden Tag der provisorischen Volkskammer sein Kabinett vor. Ihm gehören an: Otto Grotewohl (SED), Ministerpräsident; Walter Ulbricht (SED), Hermann Kastner (LDP), Otto Nuschke (CDU), gleichberechtigte stellvertretende Ministerpräsidenten; Georg Dertinger (CDU), Außenminister; Karl Steinhoff (SED), Innenminister; Heinz Rau (SED), Planungsminister; Hans Loch (LDP), Finanzminister; Fritz Selbmann (SED), Industrieminister; Ernst Goldbaum (DBD), Landwirtschaftsminister; Georg Handke (SED), Außenhandelsminister; Karl Hermann (LDP), Minister für Handel und Versorgung; Luitpold Steidle (CDU), Arbeitsminister; Reingruber (parteilos), Verkehrsminister; Fritz Burmeister (CDU), Postminister; Lothar Bolz (LDP), Aufbauminister; Paul Wendel (SED), Volksbildungsminister; Max Fechner (SED), Justizminister. In seiner Regierungserklärung führt Grotewohl aus, die DDR gründe ihre Politik auf die Freundschaft zur UdSSR. Die Oder-Neiße-Grenze werde anerkannt.

Die Versuche Grotewohls, Kontakt zur Regierung der Bundesrepublik aufzunehmen, um Verhandlungen über die staatliche Vereinigung einzuleiten, werden zurückgewiesen.

Mao siegt in China

1. Oktober. In Peking proklamiert der chinesische KP-Chef Mao Tse-tung die Volksrepublik China. Mao selbst wird zum Vorsitzenden des Zentralrats der Regierung der Volksrepublik, die sich als »neue Demokratie« bezeichnet, gewählt. Der Gründung der Volksrepublik vorausgegangen ist ein zweijähriger Bürgerkrieg in China zwischen den Kommunisten und den Armeen General Tschiang Kai-scheks, der noch am 19. April 1948 von einer ernannten, nicht gewählten Nationalversammlung zum Präsidenten proklamiert worden war.

Nach anfänglichen Erfolgen Tschiang Kai-scheks besetzten die Anhänger Mao Tse-tungs, die sich Volksbefreiungsarmee nannten, die Mandschurei und Nordchina und überschritten im April 1949 den Jangtse. Im November 1949 wird die nationalchinesische Regierung Tschiang Kai-scheks aus der Stadt Tschungking, wo sie sich etabliert hat, vertrieben. Sie flieht mit zwei Millionen Anhängern nach Taiwan. Dort wird Tschiang Kai-schek zum Präsidenten Nationalchinas gewählt.

In der neuen Volksrepublik gehört die Staatsgewalt dem »chinesischen Volk«, zu dem neben den Arbeitern die Bauern, Kleinbürger und die sogenannte nationale Bourgeoisie gerechnet werden. Entmachtet sind Großindustrielle und Großgrundbesitzer, denen die politischen Rechte entzogen werden. Mit der Übernahme der Macht in China hat Mao das Ziel seines politischen und militärischen Kampfs erreicht, der mit der Anführung eines Bauernaufstandes 1927 begonnen hatte (→ September 1976).

Die erste Aufnahme von Mao Tse-tung in Peking. Rechts neben Mao General Tschuh-teh, der die Truppen Tschiang Kai-scheks geschlagen hat.

Chinesische Kommunisten heißen Mao beim Einmarsch in Peking willkommen.

1949
NOVEMBER

Mo	Di	Mi	Do	Fr	Sa	So
	1	2	3	4	5	6
7	8	9	10	11	12	13
14	15	16	17	18	19	20
21	22	23	24	25	26	27
28	29	30				

1. 55 Tote bei Flugzeugunglück in Washington.

7. Der bisherige Sowjetmarschall Konstantin Rokossowski (gebürtiger Pole) wird aus den Diensten der UdSSR entlassen und übernimmt in Polen den Posten des Verteidigungsministers.

8. Kambodscha tritt aus der französischen Union aus.

12. Vierter Parteitag der CDU der DDR in Leipzig.

12. Tito kündigt den jugoslawisch-albanischen Freundschaftspakt.

13. Die Nationalpartei Salazars gewinnt alle Sitze im portugiesischen Parlament.

15. Nationalchinesische Blockadeschiffe beschießen und beschädigen ein US-Handelsschiff, das Schanghai verläßt.

15. Die Volksrepublik China erhebt den Anspruch, China in der UNO repräsentieren zu wollen.

16. Staatsbesuch des Schahs von Persien in den USA.

17. Burma und Pakistan werden Mitglieder in der Ernährungskommission der UNO.

21. Die UNO beschließt, allen ehemaligen Kolonien Italiens die völlige Unabhängigkeit zu gewähren.

22. Mehr als 200 Reisende kommen ums Leben, als der Danzig-Warschau-Expreß entgleist.

23. Ein Feuer beschädigt die Grabeskirche in Jerusalem.

25. Sowohl Israel wie Jordanien lehnen die Internationalisierung Jerusalems ab.

26. Neues Mitglied des Commonwealth wird Indien.

28. Nationalchinesische Truppen räumen kampflos Tschungking (→ Oktober 1949).

29. Das Kominform ruft zum Sturz Titos und zum Kampf gegen den Titoismus auf.

29. Die neugegründeten Parteien in der Bundesrepublik sind künftig nicht mehr verpflichtet, bei der Besatzungsmacht einen Antrag auf Lizensierung zu stellen.

GESTORBEN:

3. Solomon Guggenheim (* 2. 2. 1861), amerikanischer Unternehmer und Kunstliebhaber.

19. James Ensor (* 13. 4. 1860), belgischer Maler.

Frankreichs Sorge vor deutscher Wirtschaftskraft

11. November. Nach wachsenden Unruhen in Westdeutschland über die Fortsetzung der Demontage treten auf britisches Drängen in Paris die Außenminister Frankreichs, Großbritanniens und der USA zusammen. Sie beraten dabei auch die Frage der bundesrepublikanischen Außenpolitik und die Auswirkungen der Konstituierung der DDR auf die Bundesrepublik. Die Außenminister stellen fest, Deutschland müsse erst weitere Beweise seiner friedlichen Haltung zu erkennen geben, bevor es ein gleichberechtigter Partner der friedliebenden Nationen werden könne. Die französischen Sorgen über eine zu mächtige deutsche Wirtschaft bei eventueller Einschränkung der Demontage werden durch den Beschluß aufgefangen, daß die deutsche Stahlproduktion nicht 11,5 Millionen Tonnen (zur Zeit noch unter 9 Millionen) überschreiten soll. Außerdem schlägt US-Staatssekretär Dean Acheson eine französisch-deutsche Wirtschaftsunion im Rahmen der europäischen Integration und der Marshallplan-Hilfe vor.

DDR fordert internationale Anerkennung

11. November. Vor der Volkskammer der DDR erklärt Außenminister Georg Dertinger, Ziel der Außenpolitik in der DDR sei die internationale Anerkennung und das Recht auf nationale Selbstbestimmung.

Die Hochkommissare der Westalliierten geben in Bonn bekannt, daß sich mehrere Staaten bei ihnen akkreditieren lassen wollen: Belgien, Kanada, Dänemark, Griechenland, Indien, Italien, Luxemburg, die Niederlande und Schweden. In Fragen der Außenhandelspolitik soll die Bundesregierung weitgehende Freiheiten erhalten, doch bleibt die Kontrolle des Außenhandels- und -zahlungsverkehrs weiterhin bei den Hochkommissaren.

Adenauer überwindet bei einem Besuch die Distanz zu den Offizieren des Kontrollrates, betritt den trennenden Teppich und geht auf die Hohen Kommissare zu.

Adenauers Alleingang

22. November. Der Bundeskanzler Konrad Adenauer tritt mit den Westalliierten in intensive Verhandlungen über eine weitere außenpolitische und wirtschaftliche Gleichberechtigung der Bundesrepublik Deutschland. In diesem Zusammenhang verzichtet Adenauer auf eine Berichterstattung gegenüber dem Parlament. Der Kanzler, der bisher – wie auch die oppositionellen Sozialdemokraten – in einem Beitritt zum Ruhrstatut eine Beeinträchtigung der deutschen Wirtschaftsentwicklung gesehen hat und kompromißlose Verhandlungen über deutsche Souveränitätsrechte anstrebte, erwartet jetzt, mit einer Politik kleiner Schritte und sogar mit gewissen Souveränitätseinschränkungen eine schnellere Einbettung der Bundesrepublik in die westliche Staatengemeinschaft zu erreichen.

Unter Ausschaltung des Bundestags schließt Adenauer das Petersberger Abkommen vom 22. November. In ihm erkennt die Bundesrepublik das Kontrollrecht der Internationalen Ruhrbehörde an, in die auch die Bundesrepublik eintritt und verpflichtet sich, die Dekartellisierung von Monopolunternehmen auf gesetzlicher Ebene weiterzuführen. Die Bundesrepublik verpflichtet sich ferner zur Beseitigung jeder Form von Nazismus und Totalitarismus und bekennt sich zu Freiheit, Toleranz und Humanität. Als Gegenleistung willigen die Alliierten ein, West-Berlin völlig aus den Demontagebestimmungen herauszunehmen und weitere Fabriken der Stahlverarbeitung, der Gummiproduktion und der Chemie sowie Hydrierwerke von der Demontageliste zu streichen. (Dies bedeutet eine weitgehende Beendigung der Demontagepolitik.) Die Alliierten erlauben der Bundesrepublik die Aufnahme von konsularischen Kontakten und von Handelsbeziehungen mit anderen Staaten, den Beitritt zu internationalen Verträgen und Organisationen.

Die Veröffentlichung des Abkommens führt zu einer erregten Debatte im Bundestag. In ihrem Verlauf werfen Abgeordnete der SPD dem Bundeskanzler autoritäres Verhalten vor und fordern ihn auf, zumindest nachträglich die Genehmigung des Bundestags zum Petersberger Abkommen einzuholen.

Zu einem schwerwiegenden, die persönlichen Differenzen und das politische Klima kennzeichnenden Zwischenfall kommt es zu Beginn der Debatte. Adenauer erklärt, die SPD wolle, statt der Ruhrbehörde beizutreten, eher die Demontage weiterführen lassen; daraufhin nennt ihn der Oppositionsführer Kurt Schumacher mit Anspielung auf das Entgegenkommen gegenüber den Vorstellungen der Hohen Kommissare einen »Bundeskanzler der Alliierten«. Da in Schumachers Aussage eine Beleidigung auch der Bundesrepublik gesehen wird und der Oppositionsführer eine Entschuldigung verweigert (da zuvor die SPD beleidigt worden sei), wird der Vorsitzende der SPD für 20 Sitzungen vom Bundestag ausgeschlossen.

Streit um die Saar

5. November. Auf der Pariser Tagung des Ministerrats des Europarats beschließt das Gremium, die Aufnahme der Bundesrepublik Deutschland und des Saargebiets zu empfehlen, jedoch zuvor die konsultative Versammlung zu hören. Die Aufnahme des Saargebiets soll vorbehaltlich der zukünftigen Entscheidung über den endgültigen Status des Landes erfolgen. Der westdeutsche Oppositionsführer Kurt Schumacher sieht in der Einwilligung der Bundesregierung in den gleichwertigen Eintritt der Bundesrepublik und des Saargebietes in den Europarat eine fahrlässige Preisgabe deutscher Interessen, die sich bei der Behandlung der Oder-Neiße-Grenze auswirken werde. Im Januar 1950 spricht sich Konrad Adenauer eindeutig gegen eine Abtrennung des Saargebiets von Deutschland aus.

Nobelpreis für Literatur wird nicht vergeben

3. November. Die Nobelpreise des Jahres 1949 erhalten: Für Medizin Walter Rudolf Hess (Schweiz) und António Caetano Moniz (Portugal); für Physik Hideki Jukawa (Japan); für Chemie William Francis Giauque (USA). Den Friedensnobelpreis erhält der britische Ernährungsforscher John Boyd-Orr. Über den Literaturpreis wird keine Einigung erzielt, da die Schwedische Akademie sich nicht zwischen den Kandidaten Winston Churchill, William Faulkner, Benedetto Croce, Georges Duhamel und Carl Sandberg entscheiden kann. Daraufhin wird beschlossen, künftig vor der Preisverteilung auch die bisherigen Preisträger um ihr Urteil zu bitten. (Der Preis für 1949 wird im Jahr 1950 rückwirkend William Faulkner verliehen werden.)

Heuss ruft die Juden zur Rückkehr auf

26. November. Bundespräsident Theodor Heuss nimmt zu den Judenverfolgungen durch die Nationalsozialisten Stellung und fordert die Deutschen zu »Kollektivscham« auf, weist aber eine Kollektivschuld zurück. Heuss ruft die emigrierten Juden zur Rückkehr nach Deutschland auf und versichert, die Bundesregierung werde ihnen für ihre Vermögensverluste in der NS-Zeit Wiedergutmachung leisten.

DDR tauscht Botschafter mit Ostblock aus

7. November. Die DDR setzt den Austausch diplomatischer Vertreter mit kommunistischen Staaten – diesmal mit Nordkorea – fort, während die Bundesrepublik noch keine eigene Außenpolitik führen kann. Im Gegensatz zur Bundesrepublik hat die DDR bereits eine Nationalhymne, die erstmals am 7. November gesungen wird: »Auferstanden aus Ruinen und der Zukunft zugewandt ...«

Tote bei Unfällen im sächsischen Uranrevier

6. November. Über Unfälle im Uranbergbaugebiet der DDR dringen Gerüchte in den Westen, die jedoch von den zuständigen Behörden entweder bestritten oder abgeschwächt werden.

In einem Stollen bei Zwickau soll es eine Explosion gegeben haben; die Zahl der Toten wird zwischen 70 und 3700 geschätzt. Weiterhin bestreitet die Regierung der DDR, daß ein Grubenbrand bei Johanngeorgenstadt 2300 Tote gefordert habe. Doch Flüchtlinge berichten über das Unglück.

Da der Uranbergbau weiter ausgedehnt wird und Wohnhäuser abgerissen werden müssen, flieht der Bürgermeister von Aue, Johannes Heinz, am 24. November nach West-Berlin; er hat sich geweigert, die entsprechenden Anweisungen durchzuführen bzw. zu erlassen.

1949

DEZEMBER

Mo	Di	Mi	Do	Fr	Sa	So
			1	2	3	4
5	6	7	8	9	10	11
12	13	14	15	16	17	18
19	20	21	22	23	24	25
26	27	28	29	30	31	

5. Die Vereinten Nationen fordern ihre Mitgliedsstaaten zu Angaben über ihre Truppenstärke und Bewaffnung auf.

6. Die UNO beschließt, den Internationalen Gerichtshof die Frage der Mandatsverwaltung in Südwestafrika klären zu lassen.

8. Die Evakuierung der nationalchinesischen Regierung nach Taiwan ist abgeschlossen.

13. Die Knesseth beschließt, außer dem Außen- und dem Verteidigungsministerium alle israelischen Ministerien nach Jerusalem zu verlegen.

13. Kirchenpräsident Niemöller kritisiert die anhaltende Teilung Deutschlands und die überproportionale Ämterbesetzung durch Katholiken in Bonner Regierungsstellen.

14. Sukarno wird zum Präsidenten der souveränen Indonesischen Republik. →

15. Im Abkommen der Bundesrepublik mit den USA über den Marshallplan wird Berlin als ERP-Vollmitglied angesehen.

16. Mao Tse-tung trifft zu Gesprächen mit Stalin in Moskau ein.

17. Als erster nichtkommunistischer Staat erkennt Burma die Volksrepublik China an.

19. Nach einem Prozeß von vier Monaten verurteilt ein britisches Militärgericht den ehemaligen Generalfeldmarschall Erich von Manstein zu 18 Jahren Gefängnis.

21. Volkskammer und Länderkammern der DDR begehen wie die übrigen Ostblockstaaten mit Festsitzungen Stalins 70. Geburtstag.

25. Perón steigert den Kampf gegen die argentinische Oppositionspresse durch Verbot der Provinzzeitungen.

26. Großbritannien und Jugoslawien schließen einen Handelsvertrag für fünf Jahre.

30. Indien erkennt die Volksrepublik China an.

30. Vietnam erhält von Frankreich weitgehende innere Souveränität.

31. Die Bewirtschaftung von Stahl und Eisen wird in der Bundesrepublik Deutschland aufgehoben.

31. Im Jahr 1949 sind vom Territorium der DDR 124 245 Deutsche in die Bundesrepublik und nach West-Berlin geflohen.

Indonesien wird frei

Indonesiens erster Präsident Sukarno.

28. Dezember. Nach einer zehnwöchigen Konferenz unterzeichnen Vertreter der Niederlande und Indonesien einen Vertrag, der die Unabhängigkeit Indonesiens in einer niederländisch-indonesischen Union erklärt. Auf den ehemals niederländisch-ostindischen Inseln – mit Ausnahme des niederländischen Teils von Neuguinea – endet die Herrschaft der Niederlande am 30. Dezember. Die niederländischen Truppen sollen bis Juli 1950 abgezogen und alle aus politischen Gründen inhaftierten Indonesier amnestiert und freigelassen werden.

Über den Anspruch Indonesiens auf Niederländisch-Neuguinea werden weitere Verhandlungen stattfinden. Indonesien garantiert den Schutz der niederländischen wirtschaftlichen Interessen bei voller Unabhängigkeit in der Kontrolle der eigenen Wirtschafts- und Finanzpolitik.

Die Verfassungsversammlung der Vereinigten Indonesischen Republik wählt in Jogjakarta Achmed Sukarno zum Präsidenten, nachdem in Djakarta (= Batavia) die provisorische Verfassung unterzeichnet worden ist und dort indonesische Truppen die Kontrolle von den niederländischen übernommen haben. Königin Juliana überreicht in Den Haag Ministerpräsident Mohammed Hatta die Urkunde, mit der bedingungslos und unwiderruflich die Souveränität der aus sechs Republiken bestehenden Vereinigten Staaten von Indonesien in völliger Unabhängigkeit von der niederländischen Regierung anerkannt wird. Dies geht über die Vereinbarungen des Vormonats hinaus.

Bedroht von der Entwicklung sehen sich die Einwohner der Molukken-Insel Ambon, die während des Kolonialkrieges auf Seite der Niederländer gestanden haben. Viele verlassen das Land.

Politiker Kostow zum Tode verurteilt

10. Dezember. Im Gegensatz zu seinen zehn Mitangeklagten widerruft der ehemalige Stellvertretende Ministerpräsident Bulgariens Taicho Kostow die bisherigen Eingeständnisse, er habe seit 1944 die Ermordung Georgi Dimitrows geplant und einen Umsturz in Bulgarien und die Angliederung an Jugoslawien vorbereitet. Er räumt ein gewisses Maß an antisowjetischer Haltung und ungenügende Wachsamkeit gegenüber dem Eindringen feindlicher Gruppen in die bulgarische KP ein. Am 14. Dezember wegen Titoismus und antisowjetischer Einstellung zum Tode verurteilt, betont Kostow auch im Schlußwort seine Unschuld.

Spionageprozesse nehmen im Ostblock zu

In den kalten Krieg zwischen Ost und West geraten mehr und mehr Angehörige westlicher Staaten, die im Ostblock leben oder sich vorübergehend dort aufhalten. Ein polnisches Gericht verurteilt vier Franzosen und einen Deutschen wegen Spionage für Frankreich zu Haftstrafen. Da in Ungarn Amerikaner und Briten wegen Sabotage und Spionage angeklagt werden, aber diplomatische Vertreter ihrer Länder keinen Zutritt zu ihnen erhalten und die Freilassung verweigert wird, verbietet die Regierung der USA Bürgern der Vereinigten Staaten die Reise nach Ungarn. Großbritannien kündigt den Handelsvertrag mit Ungarn.

Adenauer für deutsche Wiederbewaffnung

4. Dezember. Bundeskanzler Konrad Adenauer gibt in einem Interview die Bereitschaft der Bundesrepublik zu erkennen, sich an dem westeuropäischen Verteidigungspakt zu beteiligen. Ein deutsches Kontingent müsse dann in einem europäischen Verteidigungsverband integriert sein.

Die deutsche Presse zeigt wenig Interesse an einer deutschen Wiederbewaffnung, sie stimmt aber überwiegend einem deutschen Beitritt zum westeuropäischen Verteidigungspakt zu.

Japan fordert Rückgabe der Insel Okinawa

22. Dezember. Die japanische Regierung erklärt, sie fühle sich an die Beschlüsse, die 1945 in Jalta von den Kriegsalliierten gefaßt worden seien, nicht gebunden. Japan erhebe Anspruch auf Okinawa und die Bonin-Inseln mit Iwo Jima sowie auf die bis Kriegsende zum japanischen Reich gehörigen Teile der Kurilen und Sachalins.

Theorie Einsteins zur Erklärung der Gravitation

27. Dezember. Nach Angaben des Verlags »Princeton Press« hat Albert Einstein eine generalisierende Gravitationstheorie entwickelt, die eine mathematische Erklärung für das Wirken des Universums bietet. Einstein sei nach jahrelangen Forschungen zum Ergebnis gelangt, daß die Relativitätstheorie und die Gravitationstheorie zwei unterschiedliche Erklärungen des gleichen Sachverhalts seien. Einstein hält seine Theorie für überzeugend, wenn er auch keine Gelegenheit hat, sie experimentell zu beweisen. Wissenschaftler erklären, sie seien wahrscheinlich nur nach langer Beschäftigung mit der neuen Theorie in der Lage, sie zu begreifen.

Mo	Di	Mi	Do	Fr	Sa	So
						1
2	3	4	5	6	7	8
9	10	11	12	13	14	15
16	17	18	19	20	21	22
23	24	25	26	27	28	29
30	31					

1. Abschaffung fast aller Lebensmittelmarken in der Bundesrepublik. →

3. Bei Wernigerode im Harz müssen wegen beginnender Uranschürfungen drei Dörfer evakuiert werden.

4. Der Philosoph Bertrand Russell erklärt den Roman »1984« von George Orwell zum Buch des Jahres 1949.

5. Uraufführung von »Dr. med. Hiob Prätorius« von und mit Curt Goetz.

6. Diplomatische Anerkennung der Volksrepublik China durch Großbritannien. →

13. In der Sowjetunion wird die Todesstrafe wieder eingeführt.

13. Uraufführung des Films »Der dritte Mann« von Carol Reed mit Orson Welles.

15. Die Zahl der Arbeitslosen in der Bundesrepublik steigt auf 1,78 Millionen.

15. Schweden nimmt diplomatische Beziehungen zur Volksrepublik China auf.

21. Aus den USA wird die Entdeckung des 93. chemischen Elements gemeldet. Nach seinem Entdeckungsort Berkeley in Kalifornien soll es Berkelium genannt werden.

26. Indien erklärt seine Unabhängigkeit. →

30. Uraufführung des Balletts »Französische Suite« von Werner Egk in München.

31. US-Präsident Truman kündigt den Bau der Wasserstoffbombe mit bisher unbekanntem Zerstörungspotential an.

31. In China ergeben sich die letzten Einheiten der Kuomintang-Armee.

GESTORBEN:

2. Emil Jannings (* 23. 7. 1884), deutscher Schauspieler.

8. Joseph Schumpeter (* 8. 2. 1883), austro-amerikanischer Wirtschaftswissenschaftler.

11. Karin Michaelis (* 20. 3. 1872), dänische Schriftstellerin.

16. Gustav von Bohlen und Halbach (* 7. 8. 1870), deutscher Industrieller.

20. George Orwell (* 26. 6. 1903), englischer Schriftsteller. →

Die Zeit der Marken ist vorbei

1. Januar. Seit Anfang des Jahres wird der größte Teil der Versorgung der bundesdeutschen Bevölkerung ohne Lebensmittelmarken abgewickelt. In der letzten Zeit sind die Marken kaum noch abgeholt worden, weil in allen Geschäften die entsprechenden Artikel auch ohne Marken zum gleichen Preis zu bekommen sind. Teilweise weigern sich sogar schon die Kaufleute, überhaupt noch Marken anzunehmen.

Einzig bei Zucker und Fett bestehen noch Lieferprobleme, da man hier gänzlich auf amerikanische Importe angewiesen ist, die jedoch nur beschränkten Umfang haben. In Pressekommentaren wird die Abschaffung der Marken als ein sichtbarer Erfolg der Einführung der Marktwirtschaft und der Währungsreform gewertet.

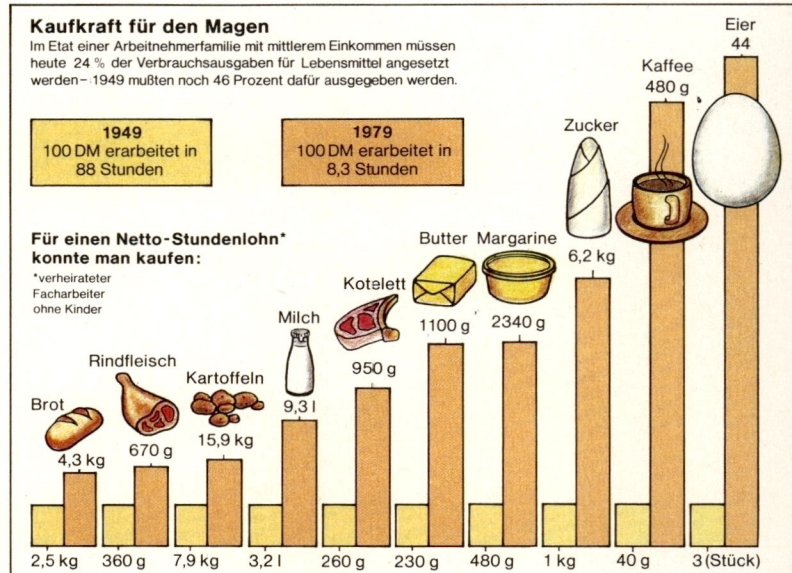

Kaufkraft für den Magen

Im Etat einer Arbeitnehmerfamilie mit mittlerem Einkommen müssen heute 24 % der Verbrauchsausgaben für Lebensmittel angesetzt werden – 1949 mußten noch 46 Prozent dafür ausgegeben werden.

1949 100 DM erarbeitet in 88 Stunden	1979 100 DM erarbeitet in 8,3 Stunden

Für einen Netto-Stundenlohn* konnte man kaufen:
*verheirateter Facharbeiter ohne Kinder

- Brot 4,3 kg — 2,5 kg
- Rindfleisch 670 g — 360 g
- Kartoffeln 15,9 kg — 7,9 kg
- Milch 9,3 l — 3,2 l
- Kotelett 950 g — 260 g
- Butter 1100 g — 230 g
- Margarine 2340 g — 480 g
- Zucker 6,2 kg — 1 kg
- Kaffee 480 g — 40 g
- Eier 44 — 3 (Stück)

Der Lebensstandard beginnt zu steigen. Schon 1950 sind nach vielen entbehrungsreichen Jahren fast alle Lebensmittel frei auf dem Markt zu kaufen.

George Orwell stirbt

20. Januar. Mit dem englischen Schriftsteller George Orwell (eigentlich Eric Arthur Blair) stirbt eine Symbolfigur der europäischen Literatur des 20. Jahrhunderts. Orwell, Sohn eines englischen Kolonialbeamten in Indien, hat von 1922 bis 1927 selbst als Polizeioffizier in Burma gedient, entwickelte sich dann jedoch zum scharfen Kritiker des britischen Imperialismus. Seit 1936 kämpfte er auf der Seite der Republikaner im spanischen Bürgerkrieg (»Mein Katalonien«, 1938). In Spanien und später auf Reisen in die Sowjetunion gesammelte Erfahrungen motivierte ihn, der stets Sozialist blieb, sich immer wieder in literarischer und essayistischer Form mit dem Stalinismus zu beschäftigen. Besonders erfolgreich sind die bissige Parabel »Farm der Tiere« (1945) und die Schreckensvision »1984« (1949), die Bertrand Russell noch kurz vor Orwells Tod zum Buch des Jahres erklärte. Zusammen mit Arthur Koestler, André Gide, Ignazio Silone und anderen veröffentlichte er noch am 7. eine polemische und vielbeachtete Abrechnung mit dem Kommunismus unter dem Titel »The God that failed« (Der Gott, der versagte).

Orwell (Eric Arthur Blair), Kenner und Kritiker des Kommunismus.

Szene aus der Verfilmung der Zukunftsvision Orwells »1984«.

Entnazifizierung gegen Bezahlung

Reinhold Maier (links) mit Vizekanzler Franz Blücher (rechts).

16. Januar. In Stuttgart wird ein Bestechungsskandal im Entnazifizierungswesen aufgedeckt. Gegen Zahlung von hohen Geldbeträgen an eine Übermittlungsfirma sind reihenweise »Persilscheine« ausgestellt worden. Insgesamt rechnet man mit etwa 1200 Beteiligten. Der baden-württembergische Ministerpräsident Reinhold Maier weist nach Bekanntwerden des Falles den zuständigen Staatsanwalt an, keine weiteren Informationen an die Öffentlichkeit zu geben. Der US-Landeskommissar kritisiert diese Anweisung.

Indien unabhängig

26. Januar. Mit der Verabschiedung der neuen Verfassung hat sich Indien endgültig von der Kolonialmacht Großbritannien gelöst. Nach der neuen Verfassung ist Indien eine Union von 27 Staaten, die die englische Königin nur noch in symbolischer Form als Haupt des Commonwealth anerkennt. Das Parlament besteht aus dem Staatenrat und der Volkskammer, deren Mitglieder in freier Wahl bestimmt werden sollen. Die Kastentrennung und die Diskriminierung der »Unberührbaren« sind dem Gesetz nach aufgehoben.

Zahlreiche Republiken entstehen nach 1945 in Asien.

England erkennt das neue China an

6. Januar. Die durch Großbritannien erfolgte diplomatische Anerkennung der Volksrepublik China, die zu diesem Zeitpunkt noch immer in Kämpfe mit der vom Westen unterstützten Kuomintang-Armee verwickelt ist, stößt in Frankreich und vor allem in den USA auf heftige Mißbilligung. England argumentiert jedoch, daß die Volksrepublik nachweislich den größten Teil Chinas unter Kontrolle habe und auch von der Bevölkerung anerkannt werde. Am 31. werden die letzten Einheiten der Kuomintang-Armee zerschlagen. Damit ist der Bürgerkrieg praktisch beendet; der Kuomintang sind allein Formosa und einige andere Inseln geblieben.

China auf dem Weg zur Volksrepublik.

1950

FEBRUAR

Mo	Di	Mi	Do	Fr	Sa	So
			1	2	3	4	5
6	7	8	9	10	11	12
13	14	15	16	17	18	19
20	21	22	23	24	25	26
27	28					

1. Urho Kekkonen wird zum finnischen Ministerpräsidenten gewählt.

3. Verhaftung von Klaus Fuchs als sowjetischem Superspion in London.

4. In München wird der erste Bildtelegraf auf deutschem Boden installiert. →

6. John McCloy verkündet in Stuttgart ein politisches Programm für Deutschland. →

9. Uraufführung von Benjamin Brittens »Beggars Opera« (Bettleroper) in deutscher Sprache in Basel.

10. Als erster deutscher diplomatischer Vertreter nach dem Kriege wird in London Generalkonsul Hans Schlange-Schöningen akkreditiert.

15. Stand der Arbeitslosenzahlen in der Bundesrepublik 2,018 Millionen. Die Regierung stellt ein Arbeitsbeschaffungsprogramm in Aussicht. →

23. Der Rowohlt-Verlag meldet den größten Sachbucherfolg nach dem Krieg: Von C. W. Cerams Buch »Götter, Gräber und Gelehrte« sind in fünf Wochen 12 000 Exemplare verkauft worden. Preis: 12,– DM.

23. Mit knappem Vorsprung gewinnt Labour die Wahlen in Großbritannien. Labour bekommt 305 (1945 = 393) Sitze, die Konservativen mit Winston Churchill 287 (189). Premierminister bleibt Clement Attlee.

25. Die »Frankfurter Allgemeine Zeitung« begrüßt den Dreigroschenroman von Bert Brecht als »eines der wichtigsten literarischen Ereignisse seit 1945«.

28. Meldung des Bühnenvereins: Carl Zuckmayers »Des Teufels General« war mit 2069 Aufführungen auf 53 Bühnen erfolgreichstes Stück der Saison 1948/1949.

28. Der amerikanische Hochkommissar McCloy schlägt freie und geheime Wahlen in Deutschland vor. Geplanter Termin: 15. 10. 1950.

GESTORBEN:

3. Karl Seitz (* 4. 9. 1869), Kanzler der ersten österreichischen Republik, später Bürgermeister von Wien.

25. George R. Minot (* 2. 12. 1858), amerikanischer Mediziner, Nobelpreis 1934.

Über 2 Millionen Arbeitslose in der Bundesrepublik

Ein arbeitsloser Arzt in München.

15. Februar. In der Bundesrepublik werden 2,018 Millionen Arbeitslose gezählt. Die Zahl steigt weiter. Die größte Zunahme wird im Februar in Nordrhein-Westfalen mit 35 000 neuen Arbeitslosen verzeichnet. Die meisten Arbeitslosen werden mit 524 673 in Bayern registriert. Bundesarbeitsminister Anton Storch kündigt ein Programm der Bundesregierung an, dessen Maßnahmen bald spürbar werden sollen. Auch in den Nachbarstaaten wächst die Arbeitslosenzahl.

Mit einem Drachen schickt dieser arbeitslose Hamburger verzweifelt sein Stellengesuch in den Himmel.

735

Pakt Stalin – Mao

14. Februar. Mit einem feierlichen Festakt unterzeichnen Stalin und Mao Tse-tung im Kreml einen Freundschafts- und Beistandspakt mit 30jähriger Gültigkeit. Der Unterzeichnung sind mehr als zweimonatige Verhandlungen vorausgegangen, während derer schon um das Schicksal von Mao gebangt wird. Die Abmachungen sehen Konsultationen und Beistandsleistungen im Falle irgendeiner Aggression gegen einen Partner vor.

Weiterhin wird die Rückgabe der Mandschurischen Eisenbahn an China und der Rückzug der Sowjetunion aus den Stützpunkten Port Arthur und Dairen bis zum Jahre 1955 zugesagt. China erhält von der Sowjetunion einen Entwicklungskredit von 330 Millionen Dollar. Die Sowjetunion erkennt die Unabhängigkeit der Mongolischen Volksrepublik an, die jedoch unter ihrem vorherrschenden Einfluß verbleibt.

Stalin (4. von links) und Mao (5. von links) vor der Unterzeichnung des Pakts.

McCloys neue Politik

6. Februar. Große Beachtung findet in der Öffentlichkeit eine Rede des amerikanischen Hohen Kommissars für Deutschland, General John McCloy. Angesichts der sich verschärfenden internationalen Gegensätze könne man auf eine starke Bundesrepublik nicht länger verzichten. Er kündigt die baldige wirtschaftliche Gleichberechtigung der Bundesrepublik an, die von einer Annäherung an Westeuropa begleitet sein müsse. Eine neue deutsche Armee oder Luftwaffe möchte er nach wie vor ausschließen, hält jedoch einen deutschen Beitrag zu einem europäischen Verteidigungssystem für denkbar.

Erster Bildtelegraf in München

4. Februar. Als technische Sensation wird der erste in München eingerichtete Bildtelegraf begrüßt. Mit ihm ist es möglich, Schwarzweiß-Abbildungen über große Entfernungen hinweg zu übertragen. Verglichen mit dem Transport durch ein Flugzeug, ist die Übertragungszeit von 21 Minuten von London aus eine erhebliche Zeitersparnis, zumal das telegrafierte Bild von druckfähiger Qualität ist. Die »Münchner Illustrierte« schafft den ersten Apparat zum Funken von Bildern an.

Sittenskandal um Ingrid Bergman

2. Februar. Entrüstet reagiert die amerikanische Öffentlichkeit auf die Nachricht, daß die äußerst populäre Schauspielerin Ingrid Bergman Mutter eines gesunden Sohnes geworden ist, der – wie von der Bergman eingestanden wird – nicht ein Sproß ihrer Ehe mit dem Schweden Peter Lindström ist. Vater ist der italienische Regisseur Roberto Rosselini, mit dem sie seit einiger Zeit zusammenlebt. Der Verleih ihres neuen Films »Stromboli« (Regie: R. Rosselini) befürchtet Einnahmeverluste.

1950
MÄRZ

Mo	Di	Mi	Do	Fr	Sa	So
		1	2	3	4	5
6	7	8	9	10	11	12
13	14	15	16	17	18	19
20	21	22	23	24	25	26
27	28	29	30	31		

1. 14 Jahre Zuchthaus für Klaus Fuchs. →

1. Englische Regierung befiehlt Demontage der Salzgitterwerke.

1. Tschiang Kai-schek läßt sich wieder zum Präsidenten auf Formosa wählen.

2. Skiflugrekord Sepp Weilers in Oberstdorf: 127 m.

3. Die Regierung der Saar schließt Abkommen mit Frankreich. →

6. USA und Großbritannien protestieren gegen die Ausweisung Deutscher aus Polen.

8. Adenauer schlägt in einem Interview eine Union Deutschland–Frankreich mit gemeinsamem Parlament vor.

9. Eröffnung einer großen Picasso- und Matisse-Ausstellung in München.

12. Abstimmung in Belgien über die Rückkehr König Leopolds III.; 58 Prozent sind dafür.

18. Durch 11 : 0 über den Krefelder EV wird der SC Rießersee deutscher Eishockeymeister.

20. Wirtschaftsminister Erhard wendet sich gegen die SPD-Forderung nach Vollbeschäftigung, da sie Inflation oder Deflation verursache.

20. Die polnische Regierung beschließt die entschädigungslose Enteignung des Kirchenbesitzes (etwa 375 000 ha).

25. Neuer Skiflugweltrekord durch den Schweden Dan Netzell in Oberstdorf: 135 m.

28. Der Bundestag verabschiedet das erste Wohnungsbaugesetz. Es sollen 1,8 Millionen Wohnungen gebaut werden.

30. Getrennte Einladungen an die Bundesrepublik Deutschland und das Saargebiet, assoziierte Mitglieder des Europarates zu werden.

GESTORBEN:

3. Eugen Klöpfer (* 10. 3. 1886), deutscher Schauspieler.

6. Albert Lebrun (* 29. 8. 1871), ehemaliger französischer Staatspräsident.

12. Heinrich Mann (* 27. 3. 1871), deutscher Schriftsteller. →

24. Harold Laski (* 30. 6. 1893), führender Theoretiker der englischen Labour Party.

30. Léon Blum (* 9. 4. 1872), ehemaliger französischer Ministerpräsident und Kopf der Volksfront.

Abkommen über Saar-Anlehnung an Frankreich

3. März. Frankreichs Außenminister Robert Schumann und der saarländische Ministerpräsident Johannes Hoffmann unterzeichnen in Paris fünf Abkommen, die dem Saargebiet eine enge Anlehnung an Frankreich bringen. Zwar wird der Besatzungsstatus aufgehoben, aber dafür wird die Saar außenpolitisch jetzt von Frankreich vertreten. Die Kohlengruben fallen bis zum Abschluß eines Friedensvertrages an Frankreich, und die Saar verpflichtet sich, bei der Gestaltung von Preisen und Löhnen sowie bei der wirtschaftlichen Planung enge Tuchfühlung mit französischen Stellen zu halten. Auch die Eisenbahntarife werden denen Frankreichs angeglichen.

Zuchthaus für Spion Klaus Fuchs

Klaus Fuchs (l.) mit einem Begleiter.

1. März. Im aufsehenerregendsten Spionageprozeß der Nachkriegsjahre wird der deutschstämmige Physiker Klaus Fuchs in London zu 14 Jahren Zuchthaus verurteilt. Fuchs hat wegen Zugehörigkeit zu einer kommunistischen Studentenorganisation aus Deutschland flüchten müssen und dann in England weiterstudiert. Von 1943 bis 1946 arbeitete er in Amerika an der Entwicklung der Atombombe mit, danach war er Leiter der Abteilung für Theoretische Physik in der wichtigsten Kernforschungsanlage Englands. Die von Fuchs gelieferten Informationen ermöglichen es der UdSSR, beim Bau der Wasserstoffbombe mit den USA gleichzuziehen.

Streik in USA beendet

5. März. Mit der Einigung zwischen der US-Regierung und der Gewerkschaft der Bergarbeiter geht ein monatelanger Streik zu Ende, der die USA an den Rand einer Energiekrise geführt hat. Der Streik aller Bergarbeiter beginnt am 3. Januar, nachdem auch schon vorher nur noch an drei Tagen gearbeitet wird. Versuche, Soldaten die dringend benötigte Kohle fördern zu lassen, scheitern an der energischen Gegenwehr der »miners«. Unter dem Druck vor allem konservativer Senatoren und weil sich die Arbeiter sogar weigern, die Arbeit auf Anweisung ihres Gewerkschaftspräsidenten John Lewis wieder aufzunehmen, wird am 21. Februar durch die Regierung ein Strafverfahren eingeleitet. Am 2. März jedoch werden die Arbeiter von der Anklage freigesprochen. Präsident Truman kündigt daraufhin die Verstaatlichung der Bergwerke an, da in ganz Amerika kaum noch Kohle vorhanden ist. Weil nach der Verstaatlichung mit umfangreichen Entlassungen zu rechnen ist, lenken die Bergarbeiter ein. Der tägliche Grundlohn wird von 14,05 auf 14,75 Dollar und die Beiträge der Unternehmen zum Wohlfahrtsfonds der Gewerkschaften auf 30 Cents heraufgesetzt (vorher 20 Cents). Dafür müssen die Arbeiter Beschränkungen bei der Zahl der Feiertage hinnehmen.

31. März. Mit der Aufhebung auch der Rationierung von Zucker haben die Lebensmittelkarten ihren Sinn verloren. Das Bild zeigt die erste Lebensmittelkarte vom September 1939 (großes Bild) und die letzte vom März 1950.

Heinrich Mann stirbt im Exil

12. März. Im Exil in Santa Monica (Kalifornien) stirbt in armseligen Verhältnissen fast 79jährig der Schriftsteller Heinrich Mann. Berühmt machten ihn seine von gesellschaftskritischem Engagement erfüllten Romane »Der Untertan« (1914) und »Professor Unrat« (1905, mit Marlene Dietrich 1929 unter dem Titel »Der blaue Engel« verfilmt). 1930 wurde Mann Präsident der Sektion Dichtkunst der Preußischen Akademie der Künste. Nach dem Berufsverbot 1933 lebte

Heinrich Mann in Santa Monica.

er im Exil. Dort entstanden die beiden für einen humanistischen Sozialismus eintretenden Romane um den französischen König Heinrich IV. (Henri Quatre). Kurz vor seinem Tod hat Heinrich Mann eine Einladung angenommen, in die DDR überzusiedeln.

1950

APRIL

Mo	Di	Mi	Do	Fr	Sa	So
					1	2
3	4	5	6	7	8	9
10	11	12	13	14	15	16
17	18	19	20	21	22	23
24	25	26	27	28	29	30

1. In Moskau wird ein Plan Stalins bekannt, der eine tiefgreifende Umgestaltung der natürlichen Gegebenheiten Rußlands bis zum Ural vorsieht. So sollen bis 1965 hier 32,5 Prozent mehr Wald entstehen.

2. Bundestagsausschuß gibt die Höhe der Besatzungskosten für 1949 bekannt. →

5. Urteile gegen führende Nazis in Braunschweig und Frankfurt/Main.

5. Der Deutsche Gewerkschaftsbund fordert Beteiligung am Kapital der Montanindustrie.

6. Der Weltfriedensrat fordert in Stockholm die Ächtung der Atombombe.

6. John Foster Dulles wird Berater von US-Außenminister Dean Acheson.

7. US-Protest gegen britische Demontagen in Deutschland. →

8. Lieferungen von westdeutscher Steinkohle in die DDR wegen angeblichen Ausbleibens der Ausgleichslieferungen gestoppt.

9. Der amerikanische Hohe Kommissar McCloy bestätigt die von ihm 1948 suspendierten Mitbestimmungsgesetze für Hessen und Baden-Württemberg, weil die Bundesregierung in der Zwischenzeit keine bundesweite Regelung getroffen hat. Das Gesetz sieht weitgehende Mitspracherechte für den Betriebsrat vor.

11. Die Sowjetunion protestiert gegen die Verletzung ihres Luftraumes durch ein amerikanisches Flugzeug, das seitdem vermißt wird.

13. Die Arabische Liga erweitert ihre Zusammenarbeit auf wirtschaftliche und militärische Gebiete.

14. Abkommen zwischen polnischem Episkopat und Regierung.

16. Erste zeitweilige Unterbrechung der britischen Bombenabwurfsübungen auf Helgoland.

16. Adenauers erster Besuch in Berlin. Fördermaßnahmen und die Übernahme der Bundessteuergesetze werden verabredet.

26. Großbritannien erkennt Israel diplomatisch an.

GESTORBEN:

3. Kurt Weill (* 2. 3. 1900), deutscher Komponist.

11. Waclaw Nijinski (* 28. 2. 1890), russischer Tänzer. →

Schauprozeß gegen Priester

5. April. Die kommunistischen Regierungen Osteuropas versuchen systematisch, den Einfluß der katholischen Kirche einzudämmen. Die Ausbildung der Priester wird behindert und durch Enteignung der Kirchengüter wie in Polen beabsichtigt man, die Kirche auch materiell zu treffen. Einen neuen Höhepunkt erreichen die Auseinandersetzungen in der Tschechoslowakei mit einer Art Schauprozeß gegen zehn Priester. Ihnen wird mit zweifelhaften Beweisen Hochverrat und Spionage vorgeworfen. Die Strafen fallen sehr hart aus: Sie schwanken zwischen lebenslanger Haft und zwei Jahren Gefängnis.

Besatzungskosten veröffentlicht

2. April. Als vorsichtige Kritik an den Forderungen der Besatzungsmächte wird eine Rechnung verstanden, die der Bundestagsausschuß für Besatzungsangelegenheiten veröffentlicht. Danach haben die Alliierten im Jahre 1949 von der Bundesrepublik 4,5 Milliarden DM erhalten. Pro Kopf der Bevölkerung sind dies 95,46 DM, was bedeutet, daß jeder Berufstätige ungefähr einen Monat lang nur für die Besatzungsmächte arbeitet. Die Abgaben entsprechen ungefähr 50 Prozent der gesamten Bundeseinnahmen.

Nijinski stirbt in London

11. April. In London stirbt der russische Tänzer Waclaw Nijinski im Alter von 60 Jahren. Der in Kiew geborene Tänzer hat den Höhepunkt seines Weltruhms als Star der »Ballets Russes« des russischen Impresarios Sergej Diaghilew erlebt. Erste Erfolge hatte Nijinski zuvor am Marien-Theater in Petersburg errungen. In den »Ballets Russes« setzte er für das moderne Ballett Maßstäbe in seiner Interpretation von Igor Strawinskis »Petruschka« und den Choreographien für Debussys »L'aprèsmidi d'un faune« und Strawinskis »Le sacre du printemps«.

Mo	Di	Mi	Do	Fr	Sa	So
1	2	3	4	5	6	7
8	9	10	11	12	13	14
15	16	17	18	19	20	21
22	23	24	25	26	27	28
29	30	31				

1. Demonstration in West-Berlin gegen geplantes FDJ-Treffen in Ost-Berlin. →

1. Verhaftung der KPD-Führung des Saarlandes wegen ihres entschiedenen Widerstandes gegen das Saarabkommen.

2. Saarparlament akzeptiert Einladung zum Europarat.

4. TASS meldet: Rückführung der Kriegsgefangenen abgeschlossen. Angeblich nur noch 9717 Kriegsverbrecher in Haft.

6. Erste Foto- und Kinoausstellung in Köln.

8. Tschiang Kai-schek fordert von den USA Waffenhilfe gegen die Volksrepublik China.

9. Schumanplan der Öffentlichkeit vorgestellt. →

10. Eröffnung einer großen Bauhausausstellung in München.

10. Bundesregierung begrüßt die Einladung zum Europarat.

10. DDR-Ministerpräsident Grotewohl bittet die Sowjetunion um Ermäßigung der Reparationsleistungen.

11. Beginn der Außenministerkonferenz in London. →

11. In Königswinter wird eine gesamtdeutsche CDU gegründet; Erster Vorsitzender ist Adenauer.

16. Berlins Regierender Bürgermeister Ernst Reuter lehnt die Bedingungen des sowjetischen Stadtkommandanten für freie Wahlen in ganz Berlin ab (Abzug aller Besatzungstruppen und Vetorecht für die SU im Viermächteausschuß).

16. Sowjetunion kürzt Reparationen der DDR von 6,3 auf 3,2 Milliarden Dollar.

23. SPD-Parteitag in Hamburg lehnt Beitritt der Bundesrepublik zum Europarat wegen der gesonderten Einladung an die Saar ab.

27. Großes Pfingsttreffen der FDJ in Ost-Berlin mit 462 000 Teilnehmern. →

28. Papst Pius XII. spricht im Vatikan die Tochter Ludwigs XI., Jeanne de France, heilig.

GESTORBEN:

3. August Marahrens (* 11. 10. 1875), deutscher Altlandesbischof und Abt von Loccum.

12. Wilhelm von Drigalski (* 21. 6. 1861), deutscher Bakteriologe.

Europaplan Schumans

9. Mai. Frankreichs Außenminister Robert Schuman stellt in einer Regierungserklärung einen später nach ihm benannten Plan vor, der schnell zu verwirklichende, präzise Schritte zur Einigung Europas enthält. Als wichtigste Aufgabe jedes europäischen Einigungsversuches bezeichnet Schuman in seiner Rede die Beseitigung des jahrhundertealten deutsch-französischen Gegensatzes, der bislang jeden Frieden in Europa unmöglich gemacht habe. Anstatt aber nun unerfüllbare Zielsetzungen zu formulieren, solle man die Anstrengungen auf einen begrenzten, aber entscheidenden Punkt richten.

Schuman schlägt vor, die deutsche und französische Produktion von Kohle und Stahl einer gemeinsamen Oberaufsicht zu unterstellen. Durch Zusammenlegung der Grundindustrien, ohne die jede Rüstung unmöglich sei, könne ein Krieg zwischen Frankreich und Deutschland auf Dauer verhindert werden.

Die leitende Idee des Plans ist nicht, ein neues internationales Kartell zu schaffen, sondern einen gemeinschaftlichen Markt einzurichten, durch den die Modernisierung und Rationalisierung der Produktion angetrieben werden soll. Nur für eine Übergangsphase soll die Hohe Behörde, das von allen beteiligten Ländern getragene Aufsichtsorgan, einen gemeinsamen Entwicklungs- und Investitionsplan vorlegen. Bundeskanzler Konrad Adenauer begrüßt noch am gleichen Tag in einer Pressekonferenz den Schumanplan und bezeichnet ihn als sehr ernst zu nehmenden Ansatz, den alten Traum der deutsch-französischen Verständigung zu verwirklichen. Der SPD-Vorsitzende Kurt Schumacher erklärt, prinzipiell sei die Absicht der französischen Regierung zu begrüßen, allerdings müsse darauf geachtet werden, daß alle von der Einigung Betroffenen, also auch die Gewerkschaften, zu den Beratungen hinzugezogen würden.

Außenminister des Westens begrüßen Schuman-Plan

11. Mai. Auch auf der Konferenz der Außenminister der Westmächte wird der Schumanplan begrüßt. Des weiteren beschäftigt sich die Konferenz mit der sowjetischen Erklärung vom 4., wonach die Rückführung der deutschen Kriegsgefangenen bis auf verurteilte Kriegsverbrecher abgeschlossen sei. Die Außenminister bezweifeln diese Angaben aufgrund des bereits früher von der Sowjetunion veröffentlichten Zahlenmaterials.

Die Zurückhaltung einer großen Zahl nicht nur deutscher, sondern auch japanischer Gefangener könne man als Vergehen gegen die Menschenrechte bezeichnen werden. Als wichtigstes Problem Deutschlands nach dem Kriege wird die Überbevölkerung durch die Flüchtlingsbewegungen bezeichnet.

Westberliner demonstrieren gegen FDJ-Treffen

1. Mai. Über 600 000 Westberliner demonstrieren vor dem Reichstag gegen ein zu Pfingsten in Ost-Berlin geplantes Deutschlandtreffen der Freien Deutschen Jugend (FDJ), der Jugendorganisation der SED.

Der Regierende Bürgermeister Ernst Reuter bezeichnet in einer Rede die Demonstration als »Berlins Antwort auf die Drohungen der Kommunisten, die Stadt zu stürmen«. So sehen sich die in Ost-Berlin Versammelten gezwungen, von dem Plan einer riesigen Demonstration durch West-Berlin Abstand zu nehmen.

Ein Aufmarsch von 500 000 Jugendlichen bewegt sich am Pfingstsonntag durch den Ostteil der Stadt, den Abzug der Besatzungstruppen und einen baldigen Friedensvertrag fordernd. Zum Abschluß des Treffens wird ein Begrüßungsschreiben an Generalissimus Josef Stalin formuliert, in dem die versammelten Jugendlichen die Friedensliebe der Sowjetunion feiern und versprechen, für das Verbot der Atomwaffen zu kämpfen.

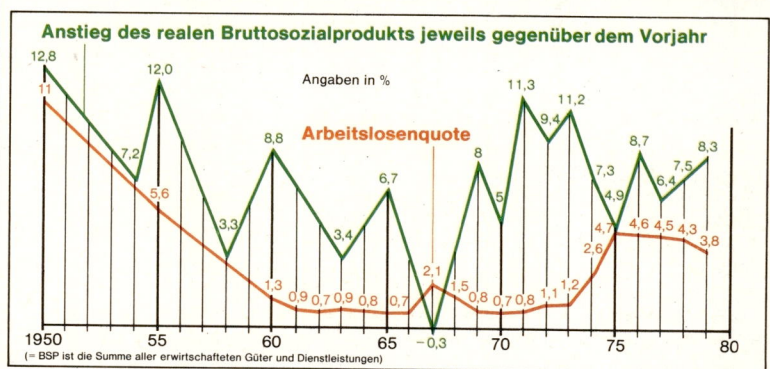

Den Aufbauoptimismus der beginnenden fünfziger Jahre verkörpert Wirtschaftsminister Ludwig Erhard (Bild oben, 4. von links), dessen Auftreten Zuversicht einflößt. Die grafische Darstellung zeigt die Wirtschaftsentwicklung in der Bundesrepublik von 1950 an und die Arbeitslosenquoten (rot).

1950
JUNI

Mo	Di	Mi	Do	Fr	Sa	So
			1	2	3	4
5	6	7	8	9	10	11
12	13	14	15	16	17	18
19	20	21	22	23	24	25
26	27	28	29	30		

2. Das Außenministerium der USA gibt bekannt, daß Bundeskanzler Adenauer um die Aufstellung einer Polizeitruppe von 25 000 Mann nachgesucht habe.

3. Mit der Besteigung des Annapurna (8078 m) gelingt der zweiten französischen Himalajaexpedition unter M. Herzog und L. Lachenal die Bezwingung des ersten Achttausenders.

6. Uneinigkeit in den USA: Generalstabschef Bradley hält die Aufrüstung der Bundesrepublik für wünschenswert, Außenminister Dean Acheson spricht sich dagegen aus.

6. Vertrag zwischen der DDR und Polen über die Anerkennung der Oder-Neiße-Grenze. →

6. Auf dem 3. Jahreskongreß der Kommunistischen Partei Chinas fordert Mao die Fortsetzung der Bodenreform und eine Demobilisierung der Armee.

15. Der Rat der Alliierten Kommissionen gibt in Berlin bekannt, daß gegen ausländische Investitionen in Deutschland keine Einwände erhoben werden.

15. Mit 220 gegen 152 Stimmen, vor allem aus der SPD, beschließt der Bundestag den Beitritt zum Europarat.

18. Landtagswahlen in Nordrhein-Westfalen. →

21. Jean Monnet schlägt auf den Beratungen über die Realisierung des Schumanplans die Einberufung eines europäischen Parlaments vor.

21. Frankreich kündigt eine Initiative der drei Westmächte an, einseitig den Kriegszustand mit Deutschland zu beenden.

23. Die DDR unterrichtet befreundete Staaten über eine ungewöhnliche Kartoffelkäferplage, die angeblich durch die USA verursacht ist.

25. Truppen der Volksrepublik Nordkorea überschreiten den 38. Breitengrad. →

26. In West-Berlin findet ein »Kongreß für kulturelle Freiheit« statt. Prominenteste Teilnehmer sind Ignazio Silone, Arthur Koestler und Carlo Schmid.

27. Der Sicherheitsrat der UNO beschließt die Aufstellung von Interventionstruppen für Korea.

30. An den ungarischen Universitäten werden die theologischen Fakultäten aufgelöst.

Der Krieg in Korea beginnt

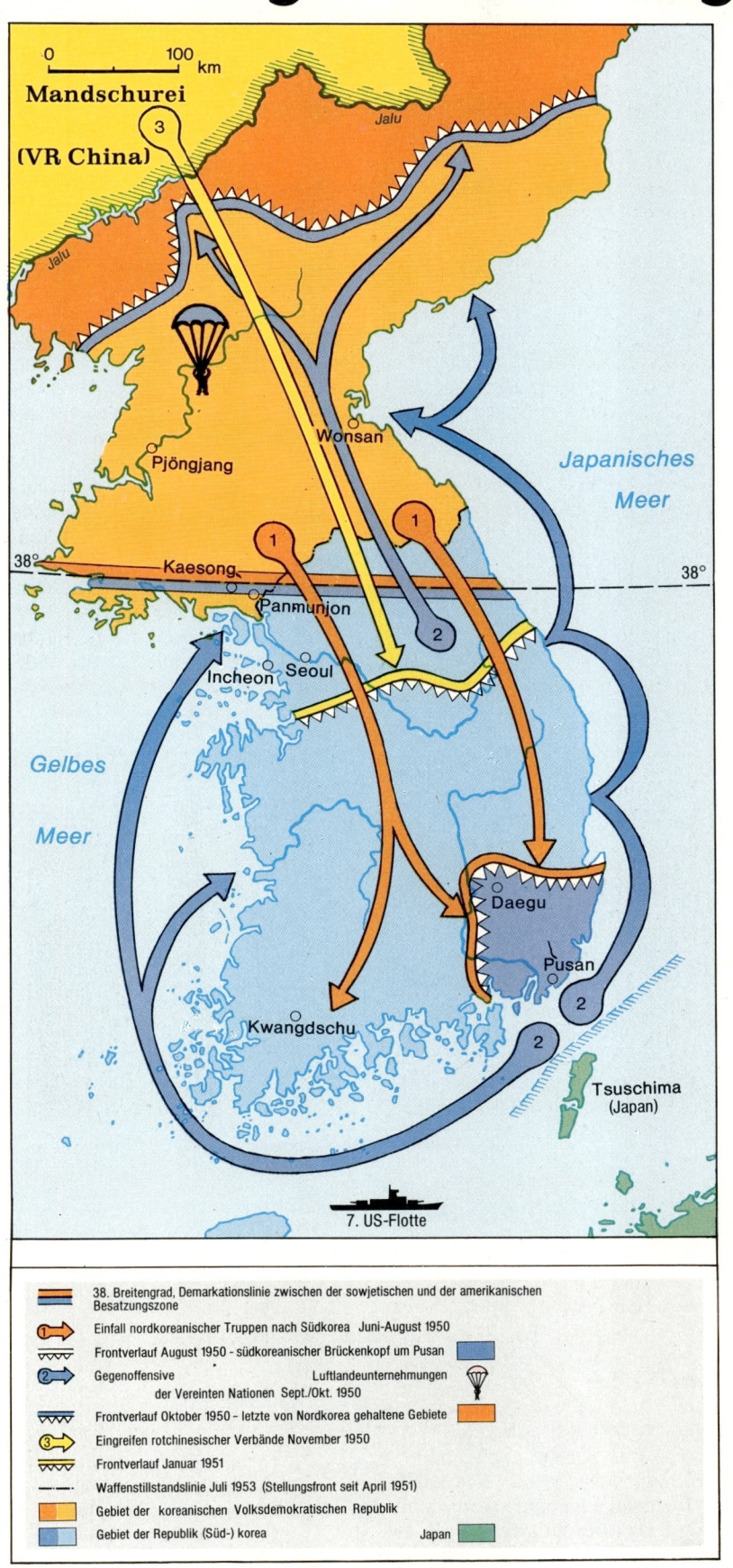

Der Koreakrieg (1950–1953). Frontverlauf und Offensiven.

8. Juni. Die Zeitungen Nordkoreas berichten in großer Aufmachung, daß am 15. August, dem Jahrestag der Kapitulation Japans, des verhaßten Feindes des Zweiten Weltkriegs, in Seoul, der Hauptstadt Südkoreas, eine Nationalversammlung einberufen wird. Sie soll die Wiedervereinigung Koreas beschließen. Niemand hat diese Ankündigung ernstgenommen, und auch den in den kommenden Tagen an verschiedenen Orten stattfindenden kleineren Scharmützeln wird keine große Aufmerksamkeit geschenkt. Doch in der Nacht zum 25. Juni, gegen 4 Uhr morgens, überschreiten nordkoreanische Truppen in weiter Linie den 38. Breitengrad, der nach dem Ende des Zweiten Weltkriegs als Begrenzung der Einflußsphären der USA und der Sowjetunion festgelegt worden ist.

Die südkoreanische Armee verfügt Ende des Monats über genau 94 808 relativ leicht bewaffnete Soldaten, die den etwa 200 000 Soldaten des Nordens, die mit dem weltkriegserprobten T34-Panzer der Sowjetunion ausgerüstet sind, wenig entgegenzusetzen haben.

Schon in den ersten Gefechten verlassen ganze Divisionen das Schlachtfeld. Die nur wenig südlich des 38. Breitengrades gelegene Hauptstadt Seoul wird kaum verteidigt und kann schon am 28. von den rasch vorwärts drängenden nordkoreanischen Truppen vollständig eingenommen werden. Übereilte Entscheidungen schwächen die Lage der südkoreanischen Armee zusätzlich. So wird am 28. eine große Brücke über den Han-Fluß gesprengt, obwohl noch 40 000 Soldaten, beinahe die Hälfte der Armee, an seinem nördlichen Ufer stehen. Sie geraten alle in nordkoreanische Gefangenschaft.

Die führenden amerikanischen Politiker scheinen von dem nordkoreanischen Angriff überrascht zu werden. Die erste Reaktion ist die Einberufung des Sicherheitsrates der Vereinten Nationen noch am Nachmittag des 25. Im Sicherheitsrat hat auch der sowjetische Vertreter einen festen Sitz – mit Vetorecht. Doch er hat alle Sitzungen des letzten halben Jahres boykottiert, weil noch immer, trotz des Siegs der Kommunisten, ein Vertreter Natio-

Legende zur Karte:
- 38. Breitengrad, Demarkationslinie zwischen der sowjetischen und der amerikanischen Besatzungszone
- ① Einfall nordkoreanischer Truppen nach Südkorea Juni-August 1950
- Frontverlauf August 1950 – südkoreanischer Brückenkopf um Pusan
- ② Gegenoffensive der Vereinten Nationen Sept./Okt. 1950 / Luftlandeunternehmungen
- Frontverlauf Oktober 1950 – letzte von Nordkorea gehaltene Gebiete
- ③ Eingreifen rotchinesischer Verbände November 1950
- Frontverlauf Januar 1951
- Waffenstillstandslinie Juli 1953 (Stellungsfront seit April 1951)
- Gebiet der koreanischen Volksdemokratischen Republik
- Gebiet der Republik (Süd-)korea
- Japan

1950
JULI

Mo	Di	Mi	Do	Fr	Sa	So
					1	2
3	4	5	6	7	8	9
10	11	12	13	14	15	16
17	18	19	20	21	22	23
24	25	26	27	28	29	30
31						

General Douglas MacArthur, Oberkommandierender der US-Truppen in Japan.

Der Krieg in Korea beginnt (Fortsetzung)

nalchinas Mitglied ist. Jakob Malik ist auch bei dieser Sitzung nicht anwesend. Der Sicherheitsrat verabschiedet ohne Gegenstimme eine Resolution, die Nordkorea gebietet, sich hinter den 38. Breitengrad zurückzuziehen und im Falle der Weigerung die Mitglieder der Vereinten Nationen aufruft, diese Entscheidung zu unterstützen.

Am 26., angesichts der weiter vorrückenden nordkoreanischen Truppen, faßt der Sicherheitsrat eine Entschließung, in der die Mitglieder der UNO aufgefordert werden, Südkorea alle Hilfe zu leisten, um »die bewaffnete Aggression abzuwehren, der es ausgesetzt ist«. Noch in der gleichen Nacht erteilt Präsident Harry S. Truman General Douglas MacArthur, dem Oberkommandierenden der amerikanischen Streitkräfte in Japan, den Oberbefehl für die amerikanischen Einsätze in Korea. Zunächst werden nur die Luftstreitkräfte eingesetzt, die den Rückzug der südkoreanischen Truppen schützen sollen. Weiterhin wird eine vollständige Blockade der Küsten Koreas angeordnet, um den

Nachschub zu unterbinden. Doch der Vormarsch der nordkoreanischen Truppen kann zunächst nicht aufgehalten werden.

Die Nachricht vom Krieg in Korea löst in den westlichen Hauptstädten panikähnliche Reaktionen aus. Fast überall wird vermutet, daß dies nur der erste Schritt zu einer weltumfassenden kommunistischen Offensive ist. In Amerika wird mit größter Hektik der Bau von Luftschutzbunkern betrieben, obwohl es keine Informationen gibt, wonach sowjetische Waffen überhaupt amerikanisches Gebiet erreichen können. Innerhalb von nur zwei Wochen steigen die Lebensmittelpreise durch Hamsterkäufe um drei Prozent.

Noch größere Unruhe erfaßt die Menschen in den westeuropäischen Ländern, vor allem in der Bundesrepublik. Man glaubt an einen unmittelbar bevorstehenden Angriff aus dem Osten. Segelboote werden gekauft, Benzinvorräte angelegt, und die südamerikanischen Botschaften erleben einen nie gesehenen Andrang auf Visa.

Polen und DDR anerkennen Oder-Neiße-Linie

6. Juni. In einem Vertrag zwischen der DDR und der Volksrepublik Polen wird die Oder-Neiße-Grenze als neue »Friedensgrenze« zwischen Deutschland und Polen anerkannt. Weiterhin wird eine erweiterte wirtschaftliche und technische Zusammenarbeit vereinbart. Mit diesem Abkommen wie auch mit den Verhandlungen in Prag am 21., in denen die Aussiedlung der Deutschen aus der Tschechoslowakei für rechtens erklärt wird, versucht die DDR einen Ausgleich mit denjenigen Staaten zu erreichen, die am meisten unter der nationalsozialistischen Okkupation gelitten haben. In den westlichen Staaten erhebt sich sofort erbitterter Protest. In einer Sondererklärung des Bundestages wird der DDR das Recht abgesprochen, solche Verträge zu schließen. Der Präsident der Konsultativversammlung des Europarates, Henri Spaak, erklärt am 13., wenn die Bundesrepublik erst einmal Mitglied des Europarates sei, werde man sie auch in der Forderung nach den deutschen Ostgebieten unterstützen.

18. Juni. Die nordrhein-westfälische CDU unter Ministerpräsident Karl Arnold (Bild) kann sich behaupten.

Landtagswahlen in Nordrhein-Westfalen

Partei	1949	1950
	Sitze	
CDU	92	93
SPD	64	68
FDP	12	26
Zentrum	20	16
KPD	28	12

1. Amerikanische Bodentruppen treffen in Korea ein. →

1. In der Kommunistischen Partei Chinas wird eine neue Säuberung angekündigt. Der Mitgliederstand hat die Fünfmillionengrenze erreicht.

4. In Ost-Berlin wird der zweite Deutsche Schriftstellerkongreß vom Präsidenten des Kulturbundes, Johannes R. Becher, eröffnet.

8. 500 000 Belgier protestieren in Brüssel gegen die Rückkehr von König Leopold III. Ihm wird vorgeworfen, sich durch sein nachgiebiges Verhalten gegenüber den nationalsozialistischen Truppen kompromittiert zu haben.

8. Hans Globke wird zum Personalchef im Kanzleramt und wichtigem Berater Adenauers ernannt.

9. Landtagswahlen in Schleswig-Holstein. →

11. US-Repräsentantenkammer genehmigt 1,2 Mrd. Dollar Militärhilfe für Korea.

12. Erstes Testbild auf den Fernsehschirmen des NWDR.

16. Die Fußballnationalmannschaft Uruguays schlägt in Rio de Janeiro Brasilien mit 2 : 1 und wird damit Weltmeister. →

18. Indiens Premierminister Nehru kündigt trotz des Kriegs in Korea eine blockfreie Politik seines Landes an.

19. In Frankfurt gründen verschiedene jüdische Organisationen den »Zentralrat der Juden«.

19. Präsident Truman richtet wegen der Lage in Korea eine Botschaft an die Nation.

22. Brüssel: König Leopold III. kehrt nach sechs Jahren aus dem Exil zurück. →

23. In Bayern wird eine monarchistische Bayrische Heimat- und Königspartei gegründet.

25. Walter Ulbricht wird auf der ersten Sitzung des neugegründeten Zentralkomitees der SED zum Generalsekretär gewählt.

GESTORBEN:

8. Othmar Spann (* 1. 10. 1878), österreichischer Nationalökonom.

22. Mackenzie King (* 17. 12. 1874), kanadischer Ministerpräsident.

22. Elisabeth Langgässer (* 23. 2. 1899), deutsche Schriftstellerin.

In Korea entbrennt ein blutiger Krieg. US-Soldat (l.) und Nordkoreaner.

Nordkorea rückt vor

Immer mehr westliche Länder erklären sich angesichts der Erfolge der nordkoreanischen Truppen bereit, Kontingente für den Krieg in Korea zur Verfügung zu stellen. Doch die Unterstützung läuft nur langsam an. Als erste treffen amerikanische Bodentruppen ein, die vor allem aus Japan geschickt werden. Am 7. übernimmt der Oberkommandierende der amerikanischen Truppen, General Douglas MacArthur, auf Wunsch des Sicherheitsrates, in den der sowjetische Vertreter immer noch nicht zurückgekehrt ist, auch den Oberbefehl über sämtliche Einheiten, die von den Vereinten Nationen in Korea aufgestellt werden.

Doch auch die amerikanischen Bodentruppen, die von massiven Lufteinsätzen auch auf zivile Ziele in Nordkorea unterstützt werden, können vorerst den Vormarsch der Nordkoreaner nicht bremsen. Die bislang eingesetzten Einheiten haben wenig Erfolg. Am 18. müssen die Amerikaner ihre Stellungen am Kum-Fluß räumen und noch am gleichen Tag die Stadt Taegu. Am 20. gibt MacArthur bekannt, daß jetzt die gesamte 8. Armee in Korea versammelt ist, doch noch immer kann er keine militärischen Erfolge melden. Das Gebiet, das von Südkoreanern und UN-Einheiten kontrolliert wird, schrumpft immer mehr. Am 26. erreichen die Nordkoreaner zum erstenmal die Südküste, und am Monatsende ist nur noch ein kleiner Teil im Südosten

mit der provisorischen Hauptstadt Taegu und der Hafenstadt Pusan nicht in ihrer Macht.

Angesichts dieser sensationellen Erfolge einer bislang von der Weltmacht USA eher belächelten Armee in Südostasien rüstet sich Amerika zu außerordentlichen Anstrengungen. Am 7. wird das Einberufungsgesetz wieder angewendet, um Truppen für den Krieg mobilisieren zu können. Am 27. wird die Dienstzeit der Soldaten um ein Jahr verlängert. Die am 11. bewilligten 1,2 Milliarden Dollar reichen für die Rüstung nicht aus, Truman fordert in einer Botschaft an die Nation am 19. weitere zehn Milliarden Dollar. Weiter sollen sämtliche Beschränkungen der Stärke der Streitkräfte fallen, die wichtigen Rohstoffe einer Kriegsbewirtschaftung unterzogen und Steuererhöhungen bewilligt werden.

Währenddessen nehmen die allerdings nur verbalen Streitigkeiten zwischen den Großmächten und ihren Verbündeten an Schärfe zu. Der kalte Krieg erreicht seinen Höhepunkt. Die Sowjetunion erklärt Südkorea zum Angreifer und beschuldigt die USA der Einmischung in innere Angelegenheiten fremder Staaten. In den USA dagegen wird der Krieg als die alles entscheidende Kraftprobe mit dem Kommunismus angesehen, die mit aller Macht gewonnen werden müsse. Präsident Truman fordert den sofortigen raschen Ausbau des Atomwaffenpotentials.

Unruhen nach Leopolds Rückkehr

22. Juli. Der belgische König Leopold III. kehrt nach sechs Jahren aus dem Exil zurück, in dem er seit seiner Entlassung aus deutscher Kriegsgefangenschaft gelebt hat. Zwar wird er in Brüssel feierlich empfangen, doch im Lande sind die Vorwürfe, er habe 1940 zu schnell vor den deutschen Truppen kapituliert, nicht verstummt. In den nächsten Tagen eskalieren die Proteste sehr schnell. Vor allem die französischsprachige Bevölkerung und Anhänger der Sozialisten artikulieren ihren Unmut, an ihrer Spitze der bekannte Europapolitiker Paul Henri Spaak. Nach der Ankündigung eines Generalstreiks wird der Belagerungszustand über Brüssel verhängt. Bei Auseinandersetzungen in Liège werden fünf Arbeiter erschossen. Erst am frühen Morgen des 1. 8. gibt Leopold die Abdankung bekannt und verläßt wieder das Land. Ihm folgt auf dem Thron Kronprinz Baudouin.

König Leopold in Nizza.

9. Juli. CDU, BHE, DP und FDP regieren nach den Wahlen in Schleswig-Holstein unter dem CDU-Politiker Walter Bartram (Bild).

Landtagswahlen in Schleswig-Holstein

Partei	1947	9. 7. 1950
	Stimmanteil in %	
SPD	43,8	27,5
CDU	34,1	19,7
SSV	9,3	5,5
KPD	4,7	2,2
FDP	5,0	7,1
BHE	–	23,4
DP	–	9,6
DRP	–	2,8
SRP	–	1,6

Uruguay wird Weltmeister

16. Juli. Mit einem unerwarteten 2 : 1-Sieg setzt sich bei der Fußballweltmeisterschaft der Außenseiter Uruguay gegen die vor heimischem Publikum in Rio de Janeiro spielenden Brasilianer durch. Offensichtlich ist die Mannschaft Uruguays in den Vorrundenspielen weniger beansprucht worden. Den dritten Platz erreicht Schweden mit einem 3 : 1-Erfolg über Spanien. Die Sensation dieser Weltmeisterschaft ist das schlechte Abschneiden der englischen Mannschaft, die gegen völlig unbekannte Spieler aus den USA 1 : 2 verliert.

Wimbledon-Sieg der Amerikaner

7. Juli. Wimbledon: B. Patty (USA) schlägt im Einzel der Herren F. A. Sedgman (Australien). Louise Brough (USA) gewinnt das Dameneinzel und das Damendoppel zusammen mit M. du Pont (USA) sowie das Gemischte Doppel mit W. Sturgess (Südafrika).

1950
AUGUST

Mo	Di	Mi	Do	Fr	Sa	So
	1	2	3	4	5	6
7	8	9	10	11	12	13
14	15	16	17	18	19	20
21	22	23	24	25	26	27
28	29	30	31			

1. Sowjetunion kehrt in den Sicherheitsrat der Vereinten Nationen zurück.

1. Leopold III. verzichtet auf seinen Thron zugunsten des Kronprinzen Baudouin (→ Juli 1950).

5. An der deutsch-französischen Grenze reißen 150 junge Leute aus Frankreich, der Bundesrepublik, Italien und England Grenzschranken ein, um gegen die langsamen Fortschritte der europäischen Einigung zu protestieren.

5. Florence Chadwick (USA) durchschwimmt den Ärmelkanal in der neuen Rekordzeit für Frauen von 13 Stunden und 23 Minuten.

8. Überraschungssieger der Tour de France: Ferdinand Kübler aus der Schweiz.

9. Sitzung der Beratenden Versammlung des Europarates: Von verschiedenen Seiten wird die Frage einer deutschen Wiederbewaffnung ins Spiel gebracht. →

14. Papst Pius XII. verkündet ein neues Dogma der katholischen Kirche.

15. Die Alliierte Hohe Kommission verbietet elf kommunistische Zeitungen.

16. Acht in den Nürnberger Kriegsverbrecherprozessen Verurteilte, unter ihnen der Industrielle Friedrich Flick und der ehemalige Reichsbauernführer Darré, werden wegen guter Führung vorzeitig aus der Haft entlassen.

16. Der Schweizer Bundesrat verabschiedet eine neue Regelung der Arbeitslosenversicherung, die bessere Leistungen umfaßt.

17. Adenauer fordert in einer Besprechung mit den Hohen Kommissaren die schnelle Aufstellung einer deutschen Abwehrtruppe. →

18. Rückgang der Arbeitslosenzahl auf 1,409 Millionen.

29. Die Alliierten erkennen die neue Westberliner Verfassung an, suspendieren jedoch die Bestimmungen, nach denen West-Berlin zum zwölften Land der Bundesrepublik erklärt wird.

GEBOREN:

15. Prinzessin Anne Elizabeth Alice Louise of Edinburgh.

GESTORBEN:

24. Ernst Wiechert (* 18. 5. 1887), deutscher Schriftsteller.

Aufrüstungs-Vorstoß

9. August. Die Ereignisse in Korea geben auch den Verhandlungen in Europa über die Möglichkeiten eines Zusammenschlusses eine neue Note. War bislang nur von Integration auf wirtschaftlichem und politischem Gebiet die Rede, so verlagert sich die Diskussion zunehmend auch auf militärische Themen. Auf einer Tagung des Europarates in Straßburg wird zum erstenmal vom früheren britischen Premierminister Winston Churchill der Vorschlag einer europäischen Armee gemacht, die auch auf deutsche Kontingente nicht verzichten könne. In der Auffassung, nur mit gemeinsamen und koordinierten militärischen Anstrengungen die Bedrohung aus dem Osten abwenden zu können, stimmen fast alle Delegierten überein, doch der Gedanke einer neuen deutschen Armee findet auch viele Kritiker. Besonders die französischen Politiker können sich bestenfalls mit der Aufstellung kleinerer deutscher Einheiten anfreunden, die aber kein gemeinsames Oberkommando erhalten dürften. Die Bedenken vieler Deutscher macht am 10. der SPD-Politiker Carlo Schmid deutlich. Er betont, daß auch viele Menschen in Deutschland sich nach der Niederlage von 1945 nicht an den Gedanken einer neuen Armee gewöhnen könnten und daß die Sowjetunion nicht noch provoziert werden solle. Doch am 11. wird eine Resolution verabschiedet, die die Bildung einer europäischen Armee unter deutscher Beteiligung fordert. Besonderen Anklang findet die Idee der deutschen Beteiligung bei Bundeskanzler Konrad Adenauer. Schon am 17. fordert er in einer Besprechung mit den Hohen Kommissaren die schnelle Aufstellung einer deutschen Truppe und geht mit diesem Gedanken einen Tag später auch an die Öffentlichkeit – in einem Interview mit der »New York Times«. Der amerikanische Hohe Kommissar McCloy sieht sich am 24. gezwungen, Adenauers unermüdliche Vorstöße unter Hinweis auf den noch andauernden Besatzungsstatus der Bundesrepublik zu rügen, doch noch am Ende des Monats übergibt Adenauer den Alliierten ein vorerst geheimes Memorandum, in dem er, ohne die Beratungen mit den zuständigen Ministern abzuwarten, relativ detailliert seine Vorstellungen einer deutschen Bewaffnung darlegt.

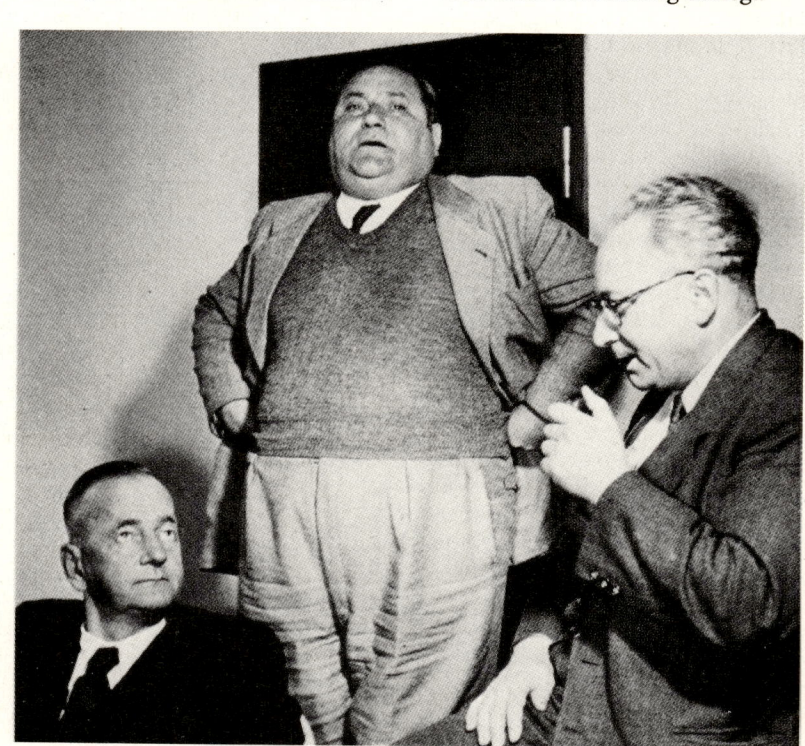

Die Sozialdemokratische Partei hat Schwierigkeiten, sich an den Gedanken einer deutschen Wiederbewaffnung zu gewöhnen. Das Bild zeigt die führenden SPD-Politiker Kurt Schumacher, Carlo Schmid und Erich Ollenhauer (von links).

1950
SEPTEMBER

Mo	Di	Mi	Do	Fr	Sa	So
				1	2	3
4	5	6	7	8	9	10
11	12	13	14	15	16	17
18	19	20	21	22	23	24
25	26	27	28	29	30	

2. In Berlin wird der Deutsche Turnerverband wiedergegründet, der bislang von den Alliierten verboten war.

4. Kokoschka-Ausstellung in München eröffnet.

4. Der schwerste Taifun seit Jahren richtet in Japan katastrophale Verwüstungen an; 250 Tote.

11. US-Außenminister Dean Acheson spricht sich für eine europäische Armee unter deutscher Beteiligung aus.

15. UN-Einheiten landen im Rücken der Nordkoreaner bei Incheon. →

16. Einheiten der kommunistischen Vietminh eröffnen Offensive auf französischen Stützpunkt Dougkhe und Lao Kay.

16. Das französische Schiff »Laplace« sinkt vor St-Malo nach Berührung einer Mine aus dem Zweiten Weltkrieg; 51 Tote.

19. Konferenz der Außenminister des Westens in New York. →

19. In Paris wird ein Abkommen über eine Europäische Zahlungsunion unterzeichnet, durch das der europäische Binnenhandel liberalisiert wird.

19. Bundesregierung beschließt die Entfernung aller Mitglieder verfassungsfeindlicher Organisationen aus dem öffentlichen Dienst. Betroffen sind vor allem KPD, SRP, VVN und FDJ.

22. Australien verdoppelt die Zahl seiner Streitkräfte.

25. In Hamburg-Heiligengeistfeld wird der erste Fernsehsender in einem ehemaligen Luftschutzbunker in Betrieb genommen.

29. DDR wird in den Rat für gegenseitige Wirtschaftshilfe (Comecon) aufgenommen.

30. General MacArthur richtet an die nordkoreanischen Truppen eine Kapitulationsforderung. →

GESTORBEN:

11. Jan Christian Smuts (* 24. 5. 1870), südafrikanischer Burenführer.

11. Alvaro de Romanones (* 1. 8. 1863), spanischer Politiker und Essayist.

21. Arthur Milne (* 14. 2. 1876), englischer Astrophysiker.

21. Anton Kippenberg (* 22. 5. 1874), deutscher Verleger und Schriftsteller.

Wende im Koreakrieg

Amerikanische Marineinfanteristen, Ledernacken, gehen in Incheon an Land.

Außenminister in New York stützen Bundesrepublik

19. September. Nachdem die Bundesregierung auch in den Gesprächen über eine europäische Einigung als gleichwertiger Faktor anerkannt wird, bringt die Konferenz der westlichen Außenminister in New York, die am 19. zu Ende geht, weitere Zeichen der internationalen Aufwertung.

Die Bundesregierung in Bonn wird als alleinige Vertretung Deutschlands anerkannt, weil sie die einzige »freie und gesetzlich konstituierte« Regierung sei. Ihr wird zugestanden, ein eigenes Außenministerium zu bilden und damit ihre Vertretung im Ausland selbst zu übernehmen.

SED schließt einige hohe Funktionäre aus

1. September. Die sich verschärfenden Ost-West-Spannungen kommen auch in den jüngsten Säuberungsaktionen der SED zum Ausdruck. Nur weil sie, vorwiegend in den Jahren ihrer Emigration, gelegentliche Kontakte zu einem angeblichen Agenten des CIA, Noel Field, hatten, werden verschiedene hohe Funktionäre aus der Partei ausgeschlossen.

Unter ihnen befindet sich der Staatssekretär im Landwirtschaftsministerium der DDR, Paul Merker, der Chefredakteur des Deutschlandsenders, Leo Bauer, und Bruno Geldhammer, Chefredakteur des Berliner Rundfunks.

19. September. Die Bundesregierung beschließt auf einer Kabinettsitzung ein Verbot der Kommunistischen Partei (KPD): (von links) Minister für gesamtdeutsche Fragen Jakob Kaiser, Bundesinnenminister Gustav Heinemann und Bundeskanzler Konrad Adenauer geben die Entscheidung bekannt.

15. September. In den ersten Tagen des September wechseln die Offensiven der Gegner in Korea einander ab, ohne einer Seite nennenswerte Vorteile verschaffen zu können. Schon lange ist über eine Landung im Rücken der nordkoreanischen Linien nachgedacht worden. Die in Frage kommenden Plätze waren entweder zu gut gesichert oder ließen ein solches Unternehmen wegen ihrer unzugänglichen Lage als aussichtslos erscheinen. Doch schließlich entscheidet sich der Generalstab, vor allem unter dem Einfluß General Douglas MacArthurs, für Incheon im Nordwesten, wo Nordkorea eine Landung offensichtlich für unmöglich hält und deshalb keine Schutzmaßnahmen getroffen hat.

Das kaum für möglich Gehaltene gelingt: In der Nacht vom 14. zum 15. erreichen 230 Schiffe unbemerkt Incheon. Mit Aluminiumleitern wird die wie eine natürliche Festungsmauer steil ansteigende Küste überwunden und ohne nennenswerten Widerstand kann ein Brückenkopf gebildet werden. Von hier aus überwinden in den folgenden Tagen schnell gelandete weitere Einheiten die Stellungen der Nordkoreaner um die Hauptstadt Seoul, die am 29. mit einer Siegesparade dem südkoreanischen Ministerpräsidenten Syngman Rhee wieder übergeben wird. In großen Einkesselungen werden Zehntausende von nordkoreanischen Gefangenen gemacht. Die UN-Einheiten beziehen gegen Ende des Monats eine Frontlinie entlang des 38. Breitengrades, ohne sie vorerst zu überschreiten. General MacArthur fordert die Nordkoreaner zur Kapitulation auf und bittet die UN-Vollversammlung um die Erlaubnis, einmarschieren zu dürfen, um Korea zur Wiedervereinigung zu verhelfen. Unterdessen greifen amerikanische Flugzeuge ununterbrochen Ziele in Nordkorea an, wobei auch industrielle Anlagen und Wohnquartiere der Zivilbevölkerung zerstört werden. Von beiden Seiten ist der Krieg mit großer Härte geführt worden. Grausame Folterungen und Mißhandlungen Gefangener werden bekannt. Die Amerikaner haben bis zum Ende des Monats September schon etwa 33 000 Mann verloren, die Verluste der Nordkoreaner sind unbekannt.

7. September. Gegen 10.25 Uhr explodiert die erste Sprengladung am ältesten Teil des Berliner Stadtschlosses. Der Ostberliner Obermagistrat läßt das Schloß sprengen, um an dessen Stelle ein Regierungsgebäude zu errichten.

1950

OKTOBER

Mo	Di	Mi	Do	Fr	Sa	So
						1
2	3	4	5	6	7	8
9	10	11	12	13	14	15
16	17	18	19	20	21	22
23	24	25	26	27	28	29
30	31					

1. Militärische Einheiten Südkoreas überschreiten den 38. Breitengrad nach Norden. →

1. Eröffnung einer Deutschen Industrieausstellung in West-Berlin durch Bundespräsident Heuss. In 14 Tagen 1,2 Millionen Besucher.

4. Nach 28 Jahren dirigiert der jüdische Dirigent Bruno Walter zum erstenmal wieder in München.

4. Das Oberste Gericht der DDR verurteilt eine Gruppe von Zeugen Jehovas zum Teil zu lebenslangem Zuchthaus.

4. Französische Truppen räumen den vietnamesischen Stützpunkt Cao Bang. Beim Rückzug vernichtende Niederlage. →

7. Schah Resa Pahlawi eröffnet in Teheran den ersten Senat in der Geschichte des Iran. Ziel: Einführung der Selbstverwaltung.

9. Innenminister Gustav Heinemann tritt wegen Differenzen mit Adenauer zurück. →

10. Frankreich verlängert Wehrpflicht von 12 auf 18 Monate.

15. Allgemeine Wahlen in der DDR. Wahlbeteiligung von 98,5 Prozent, nur 34 000 Stimmen gegen die Einheitsliste der Nationalen Front.

16. Rücktritt von Bundestagspräsident Erich Köhler (CDU); Wahl des Nachfolgers Hermann Ehlers (CDU) am 19. Oktober.

19. Politischer Sonderausschuß der UNO beschließt Gründung eines unabhängigen Staates Libyen bis zum 1. Januar 1952.

21. Französische Truppen räumen mit Langson weitere Festung in Vietnam. →

24. UN-Einheiten erreichen die chinesische Grenze. →

24. Die chinesischen Truppen marschieren in Tibet ein. →

30. Gustaf VI. Adolf wird zum neuen schwedischen König gekrönt.

GESTORBEN:

9. Nicolai Hartmann (* 20. 2. 1882), deutscher Philosoph.

20. Henry L. Stimson (* 21. 9. 1867), langjähriger US-Außenminister.

23. Al Jolson (* 28. 5. 1883), amerikanischer Sänger.

29. Gustaf V. (* 11. 11. 1867), König von Schweden.

Rücktritt Heinemanns

Pastor Martin Niemöller, Gustav Heinemann und der Berliner Landesbischof Otto Dibelius (von links) bei einem Treffen in Frankfurt.

9. Oktober. Der erste Rücktritt eines Ministers der Bundesrepublik, Innenminister Gustav Heinemann bittet um seine Entlassung, ist mit einer grundlegenden Frage der Nachkriegsgeschichte verknüpft. Zwar wird er ausgelöst durch die Eigenmächtigkeit von Bundeskanzler Konrad Adenauer, ein vom Kabinett diskutiertes Memorandum zur Sicherheitspolitik in veränderter Form an die Alliierten weitergegeben zu haben. Doch richtet sich die Kritik gegen das von Adenauer verfolgte Vorhaben, die Bundesrepublik an ein europäisches militärisches System anzuschließen. Die Front der Gegner ist zum Teil deckungsgleich mit der Konfessionsgrenze. Heinemann ist Präses der Evangelischen Kirchensynode, und gerade aus den Reihen der evangelischen Kirche kommt auch die schärfste Kritik. So spricht der Bruderrat der Bekennenden Kirche am 4. Adenauer das Recht ab, im Namen des deutschen Volkes Angebote zur deutschen Wiederaufrüstung zu machen. Kirchenpräsident Martin Niemöller greift am 15. die Politik der Bundesregierung scharf an, die seiner Meinung nach von keinem Deutschen gutgeheißen wird.

24. Oktober. Der US-Präsident Harry S. Truman fordert in einer Rede anläßlich des fünften Jahrestages der Gründung der Vereinten Nationen vor der Vollversammlung Maßnahmen zur Einleitung internationaler Abrüstung.

Freiheitsglocke wird eingeweiht

24. Oktober. Der frühere amerikanische Militärgouverneur in Deutschland, General Lucius D. Clay, weiht im Westberliner Rathaus Schöneberg die Freiheitsglocke, ein Geschenk der Amerikaner, ein. Die Glocke ist in England gegossen worden. Am 6. September hat sie einen sechswöchigen »Kreuzzug für die Freiheit« durch die USA angetreten. Auf den Plakaten am Transportwagen ist zu lesen: »Helft den Eisernen Vorhang überall zu heben.«

Die Freiheitsglocke in New York.

General Clay bei der Einweihung.

Die Freiheitsglocke in Berlin.

US-Truppen in der nordkoreanischen Hauptstadt Pjöngjang.

UN-Truppe rückt vor

1. Oktober. Südkoreanische Truppen überschreiten die Demarkationslinie am 38. Breitengrad und stoßen auf nur relativ schwachen Widerstand. Sie handeln auf eigene Verantwortung, denn die Vereinten Nationen beraten noch über Maßnahmen gegenüber Nordkorea. Erst am 7. wird auf britischen Antrag beschlossen, daß in Korea eine »einheitliche und unabhängige Regierung« eingerichtet werden soll. Weiter heißt es in dem UN-Beschluß, in Verfolgung der Aggressoren solle die Polizeiaktion auf Nordkorea ausgedehnt werden. Daraufhin marschieren auch die UN-Einheiten in Nordkorea ein. Am 19. wird die nordkoreanische Hauptstadt Pjöngjang eingenommen, am 24. erreichen die ersten Verbände die chinesische Grenze, haben jedoch strikte Weisung erhalten, sich jeder Provokation gegenüber China zu enthalten. Besonders der Oberkommandierende General Douglas MacArthur läßt jedoch durchblicken, daß er einen Krieg auch gegen das kommunistische China nicht von vornherein ausschließt. Die chinesische Regierung warnt denn auch entschieden vor eventuellen Grenzverletzungen, läßt jedoch am 24. Truppen in das 1912 von China abgefallene Tibet einmarschieren. Gleichzeitig versammeln sich an der Grenze zu Nordkorea 200 000 chinesische »Freiwillige«, die, vorerst kaum zur Kenntnis genommen, in die Gefechte mit den UN-Streitkräften eingreifen.

Krisenherd Indochina

4. Oktober. Beinahe unbemerkt von der Weltöffentlichkeit, die sich vor allem den Ereignissen in Korea zuwendet, entwickelt sich in Indochina ein weiterer Krisenherd. Durch die geschickte Guerillataktik der Vietminh-Kämpfer erleiden die französischen Kolonialtruppen in Vietnam eine Niederlage nach der anderen. Nur mühsam können die Räumungen der Festungen Langson, Cao Bang und Loc Binh, die teilweise unter hohen Opfern vonstatten gehen, als taktische Rückzüge dargestellt werden. In Wirklichkeit bedeutet die Tatsache, daß nicht einmal mehr die schwer befestigten Forts von den Franzosen gehalten werden können, geschweige denn das Umland, ein folgenschweres Scheitern der französischen Indochinapolitik.

1950

NOVEMBER

Mo	Di	Mi	Do	Fr	Sa	So
		1	2	3	4	5
6	7	8	9	10	11	12
13	14	15	16	17	18	19
20	21	22	23	24	25	26
27	28	29	30			

1. Amtszeit von UN-Generalsekretär Trygve Lie wird um drei Jahre verlängert.

2. Attentat zweier Puertoricaner auf Präsident Truman mißlingt.

4. Nach dem Fall der Festung Lao Kay kündigt der französische Indochinaminister Letourneau die Aufstellung einer vietnamesischen Armee an.

5. In Ost-Berlin wird unter Vorsitz des Schriftstellers Arnold Zweig die Organisation »Kämpfer für den Frieden« gegründet.

6. Korea-Oberbefehlshaber MacArthur meldet Auftreten geschlossener chinesischer Einheiten. →

8. Große Bundestagsdebatte über die deutsche Wiederbewaffnung.

13. Der Ständige Rat der Außenminister der NATO fordert baldige Entscheidung über eine europäische Armee.

18. Landtagswahlen in Hessen und Baden-Württemberg. →

21. Bundesvorstand des DGB spricht sich gegen eine selbständige deutsche Armee aus.

22. Beim ersten Fußballländerspiel nach dem Krieg schlägt in Stuttgart die deutsche Mannschaft die Schweiz mit 1 : 0. →

23. Französische Nationalversammlung gibt mehr Mittel für den Krieg in Indochina.

24. Nach einer Offensive chinesischer und nordkoreanischer Kräfte bricht die Front der UN-Einheiten zusammen.

25. Landtagswahlen in Bayern. →

30. Rekordkartoffelernte in der Bundesrepublik. Angesichts eines Ertrags von 28 Millionen Tonnen (34 Prozent mehr als im Vorjahr) ist die Versorgung für das kommende Jahr gesichert.

30. Wegen der andauernden Niederlagen der amerikanischen Soldaten in Korea droht Präsident Truman mit dem Einsatz der Atombombe. →

GESTORBEN:

2. George Bernard Shaw (* 26. 7. 1856), englischer Dramatiker. →

25. Johannes Vilhelm Jensen (* 20. 1. 1873), dänischer Dichter, Nobelpreis 1944.

26. Hedwig Courths-Mahler (* 12. 2. 1867), deutsche Schriftstellerin.

George B. Shaw stirbt im Alter von 94 Jahren

2. November. An den Folgen eines Sturzes in seinem Garten stirbt 94jährig der unbestrittene Nestor der englischen Literatur, George Bernard Shaw. Seine langjährige Haushälterin in Ayot St. Lawrence hängt einen Zettel an die Haustür, auf den sie geschrieben hat: Mit den Schätzen seines Lebens hat er die Welt bereichert.

Shaw, der anfangs als Musik- und Theaterkritiker gearbeitet hat, schloß sich schon früh der Fabian Society, einer Gruppe von Intellektuellen innerhalb der Labour Party, an, die sich für Sozialreformen einsetzt.

Obwohl er die Heuchelei und Intoleranz seiner Zeit in seinen Theaterstücken scharf angriff, machten ihn seine geistvollen und sarkastischen Sätze, die gern und häufig zitiert werden, so bekannt, daß er zur populären Figur wurde. In seinen polemischen Stücken, in deren glänzend geschriebenen Vorworten Shaw seinen eigenen Standpunkt darlegte, übte der Dichter zum Teil scharfe Sozialkritik.

Seine erfolgreichsten Stücke sind »Cäsar und Kleopatra« (1899), »Mensch und Übermensch« (1905), »Die Heilige Johanna« (1923) und »Pygmalion« (1905), das als Vorlage zum Musical »My Fair Lady« dient. Seine politischen Ideen stellte er im »Wegweiser für die intelligente Frau zum Sozialismus und Kapitalismus« (1925) zusammen. 1925 erhielt er den Nobelpreis für Literatur.

George Bernard Shaw †.

745

Amerikanische Fallschirmjäger an der mandschurischen Grenze zu China.

Chinesen greifen ein

6. November. Das erste militärische Eingreifen Chinas außerhalb seiner Grenzen bringt dem Krieg in Korea eine neue und sensationelle Wende. Zunächst sind es nordkoreanische Truppen, die mit neuer chinesischer Ausrüstung die in einem Abschnitt bis an die chinesische Grenze vorgestoßenen UN-Einheiten zurückdrängen. Erst am 6., nach einer Woche, registriert das amerikanische Oberkommando, daß man es mit einem ganz neuen Gegner zu tun hat. Eine äußerst ineffektive Kommandostruktur, der hereinbrechende Winter sowie die Überzahl von 200 000 kampfentschlossenen und -erprobten chinesischen Soldaten machen jedoch nur noch für einige Zeit Hinhaltegefechte möglich. Am 24. schließlich bricht die Front in katastrophaler Form zusammen, nicht einmal ein halbwegs geordneter Rückzug ist vielerorts möglich. Die panikähnlichen Reaktionen der amerikanischen Soldaten finden Parallelen in den Äußerungen führender Politiker. Truman droht am 30. der Volksrepublik China mit der Anwendung der Atombombe, und General MacArthur fordert, den Krieg auf das chinesische Territorium zu verlagern.

US-Verbände auf dem Rückmarsch vor chinesischen Divisionen.

1:0-Sieg über Schweiz

22. November. 61 000 Zuschauer sehen im Stuttgarter Neckarstadion die mit Spannung erwartete erste internationale Begegnung einer deutschen Nationalmannschaft. Obwohl der 1:0-Sieg über die Schweiz nur durch ein Elfmetertor von Verteidiger Burdenski (Werder Bremen) zustande kommt, überrascht die neuformierte Mannschaft doch durch Geschlossenheit und Spielstärke. Trainer Sepp Herberger hat folgende Mannschaft aufgestellt: Turek, Burdenski, Streitle, Baumann, Kupfer, Barufka, Klodt, Morlock, Ottmar Walter, Balogh, Hermann. Fritz Walter kann wegen einer Knieverletzung nicht spielen.

Das Elfmeter-Tor Burdenskis beim Länderspiel in Stuttgart.

BHE-Erfolge bei den Landtagswahlen

18. November. Die Serie der Landtagswahlen, die durch die Gründung der Bundesrepublik erforderlich geworden ist, wird Ende des Jahres fortgesetzt.

Die Ergebnisse in Hessen, Baden-Württemberg (18.) und Bayern (25.) sind vor allem von zwei Faktoren bestimmt. Die CDU verliert wegen ihres Kurses der deutschen Wiederbewaffnung an Sympathien, und beiden großen Parteien, auch der SPD, werden durch neu aufkommende Parteien Stimmen entzogen. Besonders fällt hier der Erfolg des Bundes der Heimatvertriebenen und Entrechteten (BHE) ins Auge, der in Gegenden mit vielen Flüchtlingen besonders groß ist.

Der BHE ist 1950 von den Politikern Waldemar Kraft und Theodor Oberländer gegründet worden.

Wahlen Hessen		
	1950	1946
Partei	Sitze	
SPD	47	34
CDU	12	28
FDP	21	14
KPD	–	10

Wahlen Baden-Württemberg		
	1950	1946
Partei	Sitze	
SPD	35	32
CDU	31	39
DVP (FDP)	21	19
BHE	–	–

Wahlen Bayern		
	1950	1946
Partei	Sitze	
SPD	63	54
CSU	64	104
Bayernpartei	39	–
BHE	26	–
FDP	12	9

1950
DEZEMBER

Mo	Di	Mi	Do	Fr	Sa	So
				1	2	3
4	5	6	7	8	9	10
11	12	13	14	15	16	17
18	19	20	21	22	23	24
25	26	27	28	29	30	31

1. DDR-Ministerpräsident Grotewohl schlägt in einem Brief an Adenauer Gesamtdeutschen Rat vor. →

1. 96 Prozent der Bergarbeiter entscheiden, für die Mitbestimmung streiken zu wollen.

3. Der NWDR nimmt als erster Sender ein UKW-Netz in Betrieb.

9. Wahlen in West-Berlin. →

10. Deutsche Erstaufführung von »Die Cocktailparty« (T. S. Eliot) in Bochum.

12. Der Farbfilm »Wem die Stunde schlägt« mit Ingrid Bergman und Gary Cooper wird in München uraufgeführt.

12. Nach heftigen jüdischen Protesten muß eine Burgtheatertournee mit Werner Krauß abgebrochen werden. →

13. Galapremiere der Schauspielfassung von »Die Verliese des Vatikans« nach André Gide in der Comédie Française (Paris).

14. Karl Georg Zinn wird zum hessischen Ministerpräsidenten gewählt.

16. Nationaler Notstand in den USA ausgerufen. →

17. Bambi für die beliebtesten Schauspieler der Bundesrepublik: Sonja Ziemann und Rudolf Prack.

18. Hans Ehard (CSU) von einer SPD/CSU-Koalition zum bayrischen Ministerpräsidenten gewählt.

19. NATO gibt die Bildung eines Oberkommandos für Europa bekannt, das von General Dwight D. Eisenhower übernommen wird.

21. Uraufführung von »Der Gesang im Feuerofen« (Carl Zuckmayer) als Hörspiel im Hessischen Rundfunk.

GESTORBEN:

4. Albrecht Schaeffer (* 6. 12. 1885), deutscher Lyriker und Übersetzer.

21. Konrad Kardinal Graf Preysing-Lichtenegg-Moos (* 30. 8. 1880), Widerständler im Dritten Reich.

22. Julius Weismann (* 26. 12. 1879), deutscher Komponist.

27. Max Beckmann (* 12. 2. 1884), deutscher Maler. →

31. Karl Renner (* 14. 12. 1870), österreichischer Sozialdemokrat, Bundespräsident.

Notstand in den USA

B-29-Bomber der amerikanischen Luftwaffe beim Einsatz über Nordkorea.

5. Dezember. Die Offensive der chinesischen und nordkoreanischen Truppen schreitet unaufhaltsam voran. Am 5. muß nach nur achttägiger Besetzung die Hauptstadt Nordkoreas, Pjöngjang, von den Amerikanern geräumt werden. Schon am 7. erreichen die ersten kommunistischen Truppen den 38. Breitengrad, während die UN-Truppen nur unter größten Schwierigkeiten und schweren Verlusten aus einigen noch gehaltenen Brükkenköpfen evakuiert werden. Der Sieg über die Kommunisten zerrinnt in wenigen Tagen.
Angesichts dieser Situation ruft Präsident Harry S. Truman am 16. den Nationalen Notstand aus. Er kündigt die Gründung eines Amtes für Mobilmachung an, das die verstärkten Rüstungsbemühungen, die mit weiteren 17,85 Milliarden Dollar finanziert werden sollen, koordinieren soll. Die Stärke der US-Armee wird von 2,5 auf 3,5 Millionen Mann erhöht. Währenddessen fallen die meisten nordkoreanischen Städte unter den Feuerstürmen der amerikanischen Luftwaffe und Marine in Schutt und Asche. Südkoreanische Truppen können nur mühsam davon abgehalten werden, alle Gefangenen zu erschießen.

Proteste gegen Werner Krauß

12. Dezember. Mit einem Eklat endet die erste Tournee des Wiener Burgtheaters in Berlin. Mit Demonstrationen vor den Theatern und Hustenkaskaden während der Vorstellungen protestieren Mitglieder der jüdischen Gemeinde Berlin gegen Werner Krauß, der in der Nazizeit einer der beliebtesten Schauspieler gewesen ist und auch in dem antisemitischen Hetzfilm »Jud Süß« von Veit Harlan eine Hauptrolle gespielt hat (→ September 1940). Krauß erleidet einen Herzanfall. Der Regierende Bürgermeister Ernst Reuter fordert, daß doch irgendwann einmal vergeben werden müsse.

Grotewohl-Brief an Adenauer

1. Dezember. Um die drohende Wiederbewaffnung der Bundesrepublik zu verhindern, richtet DDR-Ministerpräsident Otto Grotewohl einen Brief an Bundeskanzler Konrad Adenauer, in dem er die Bildung eines gesamtdeutschen konstituierenden Rates vorschlägt. Adenauer lehnt den Vorschlag ab.

Wahlen in West-Berlin		
	1950	1948
Partei	Sitze	
SPD	61	76
CDU	34	26
FDP	32	17

Chemienobelpreis an zwei Deutsche

10. Dezember. Vom neuen schwedischen König Gustav VI. Adolf empfangen die beiden Deutschen Otto Diels und Kurt Alder den Nobelpreis für Chemie. Der Physikpreis geht an den Engländer Cecil Powell, der Medizinpreis an Philip S. Hench, Edward Kendall (beide USA) und Tadeusz Reichstein (Schweiz) für ihre Erforschung der Hormone der Nebennierenrinde. Den Literaturpreis erhält der englische Philosoph Bertrand Russell, mit dem Friedensnobelpreis wird Ralph Bunche für seine Vermittlungsdienste im Palästinakonflikt ausgezeichnet.

Max Beckmann stirbt in den USA

Max Beckmann: »Abstürzender«. Das Bild wird 1950 beendet.

27. Dezember. Im Alter von 66 Jahren stirbt in New York Max Beckmann, einer der großen Maler des deutschen Expressionismus. Bis 1933 lehrte Beckmann in Frankfurt/Main. Von den Nazis als »entartet« verfemt, emigrierte er nach Amsterdam und später in die USA. Zu seinem Werk zählen sozialkritische Bilder, große Triptychen zu Themen des Zirkus und der Mythologie, Selbstbildnisse und Landschaften, oft mit harten Konturen und in grellen Farben.

1951

JANUAR

Mo	Di	Mi	Do	Fr	Sa	So
1	2	3	4	5	6	7
8	9	10	11	12	13	14
15	16	17	18	19	20	21
22	23	24	25	26	27	28
29	30	31				

4. Die koreanische Stadt Seoul wird wieder von kommunistischen Truppen eingenommen.

7. General Eisenhower trifft zu Gesprächen über die europäische Verteidigung in Paris ein.

9. Auf dem Petersberg bei Bonn beginnen deutsch-alliierte Gespräche über einen möglichen deutschen Verteidigungsbeitrag. →

10. Deutsche Erstaufführung von Benjamin Brittens Kinderstück »Wir machen eine Oper« in dem Stadttheater Gelsenkirchen.

12. In West-Berlin beginnt eine Woche des deutschen Films.

12. Der achtzehnjährige Oberschüler Hermann Flade wird wegen »Boykotthetze gegen die DDR und Mordversuch an einem Volkspolizisten« in Dresden zum Tode verurteilt.

16. Protest der Sowjetunion gegen das neue österreichische Gesetz zur Wahl eines neuen Bundespräsidenten, der jedoch nur aufschiebende Wirkung hat.

16. Die Londoner Philharmoniker beginnen unter ihrem Dirigenten Sir Adrian Boult ihre erste Deutschlandtournee nach dem Krieg.

18. Uraufführung von Willy Forsts erstem Nachkriegsfilm »Die Sünderin« mit Hildegard Knef. →

20. Eröffnung der ersten Deutschen Landwirtschaftswoche nach dem Krieg in Hannover.

25. Einigung über die Mitbestimmungsfrage in der Montanindustrie.

26. Die PEN-Mitglieder Rudolf Pechel, Theodor Plivier und Günter Birkenfeld treten aus Protest gegen die Wiederwahl des DDR-Schriftstellers Johannes R. Becher aus dem noch gesamtdeutschen PEN-Club aus.

28. In L'Alpe-d'Huez werden Anderl Ostler und Lorenz Nieberl Weltmeister im Zweierbob. →

29. Nach scharfen öffentlichen Protesten wird das am 12. 1. gegen Hermann Flade gefällte Todesurteil in eine fünfzehnjährige Gefängnisstrafe umgewandelt.

GESTORBEN:

10. Sinclair Lewis (* 7. 2. 1885), amerikanischer Schriftsteller, Nobelpreis 1930.

30. Ferdinand Porsche (* 3. 9. 1875), deutscher Autokonstrukteur.

Skandal um die Knef

Hildegard Knef in der Rolle der »Sünderin«, mit Gustav Fröhlich.

18. Januar. Schon vor der Uraufführung des neuen Films von Willy Forst, seines ersten nach 1945, sorgt »Die Sünderin« für Schlagzeilen. Lange hat sich der Hauptausschuß der Freiwilligen Selbstkontrolle geweigert, den Film freizugeben, zumal Forst jegliche Änderungswünsche abgelehnt hat. Der Film zeigt, neben einigen Nacktszenen, die Geschichte eines gefallenen Mädchens (Hildegard Knef), das in einer Notlage das frühere Gewerbe wieder aufnimmt und, nachdem die Krankheit des geliebten Malers (Gustav Fröhlich) nicht mehr zu heilen ist, mit ihm in den Tod geht. In Osnabrück kommt es während der Vorführung zu derartigen Protesten, das der Film nicht mehr gezeigt werden kann. Die Beauftragten der Kirchen in der Freiwilligen Selbstkontrolle, die nach der Genehmigung des Films zurückgetreten sind, und andere kirchliche Persönlichkeiten protestieren schärfstens gegen »Unmoral und Nihilismus« des Streifens, Boykottaktionen werden organisiert, und in Koblenz wird die Aufführung polizeilich untersagt. Filmkenner weisen beruhigend daraufhin, daß die demoralisierenden Wirkungen des Films kaum eintreten dürften, da er schlecht inszeniert und schlicht langweilig sei. Wo »Die Sünderin« vorgeführt wird, wird sie zum Kassenschlager.

Adenauers Bedingung

15. Januar. In einer Pressekonferenz geht Bundeskanzler Konrad Adenauer noch einmal auf den Brief des DDR-Ministerpräsidenten Otto Grotewohl vom 1. 12. 1950 ein und präzisiert seine Bedingungen für gesamtdeutsche Gespräche. Erstens müsse die uneingeschränkte persönliche Freiheit und Sicherheit jedes Bürgers garantiert werden. Zweitens müsse die DDR unbegrenzte Versammlungsfreiheit gewähren und das »Gesetz zum Schutze des Friedens« zurücknehmen. Drittens müsse die Volkspolizei aufgelöst und anerkannt werden, daß die deutsche Teilung von der DDR verursacht worden ist. DDR-Vertreter lehnen diese Bedingungen rundheraus ab.

Gespräche über Aufrüstung Deutschlands

9. Januar. Die Vorbereitungen zur Aufstellung einer neuen deutschen Armee in der Bundesrepublik nehmen immer konkretere Formen an. Zu einem Gespräch über einen möglichen deutschen Verteidigungsbeitrag, das man vergeblich vor der deutschen Öffentlichkeit geheimzuhalten versucht hat, treffen sich am 9. Januar die alliierten Hohen Kommissare und eine deutsche Delegation auf dem sorgsam abgeschirmten Petersberg bei Bonn. Von deutscher Seite nehmen Konrad Adenauer, Theodor Blank und die ehemaligen Wehrmachtsgenerale Hans Speidel und Adolf Heusinger teil.

F. Porsche stirbt

30. Januar. Im Alter von 75 Jahren stirbt in Stuttgart der Autokonstrukteur Ferdinand Porsche. Von 1923 bis 1929 war Porsche bei Daimler-Benz in Untertürkheim tätig, 1929/30 bei Steyr in Österreich. Von 1931 an befaßte er sich mit Heckmotorfahrzeugen, aus denen er den Volkswagen entwickelte. Ein VW-Prototyp wurde 1933 vorgestellt. Daneben baute Porsche den nach ihm benannten Sportwagen.

28. Januar. In L'Alpe-d'Huez bei Grenoble in Frankreich werden Anderl Ostler und Lorenz Nieberl Weltmeister im Zweierbob.

1951

FEBRUAR

Mo	Di	Mi	Do	Fr	Sa	So
			1	2	3	4
5	6	7	8	9	10	11
12	13	14	15	16	17	18
19	20	21	22	23	24	25
26	27	28				

1. Durch Beschluß der Alliierten Hohen Kommission geht die Paßhoheit in der Bundesrepublik in deutsche Hände über.

2. Tumultuarische Proteste anläßlich des ersten Nachkriegsfilms von Veit Harlan (»Jud Süß«) in Herford; der neue Film heißt »Unsterbliche Geliebte«.

3. In West-Berlin wird die erste »Grüne Woche« eröffnet.

5. Arbeitslosenzahlen in der Bundesrepublik noch immer mit 1,91 Millionen sehr hoch.

11. Erste Wahlen in der ehemaligen britischen Kolonie Goldküste.

11. Uraufführung von Robert Hegers schon 1939 vollendeter Oper »Lady Hamilton« in Nürnberg.

15. Eröffnung der Konferenz über die Bildung einer europäischen Armee in Paris. Von deutscher Seite nimmt Staatssekretär Walter Hallstein teil.

15. Bundestag verabschiedet Gesetz über den Bundesgrenzschutz, dessen Stärke auf 10 000 Mann festgelegt wird.

17. Die erste geschlossene Ausstellung über den französischen Maler Henri Matisse wird in Hamburg eröffnet.

21. Bundesregierung stiftet 15 Preise für die besten Filme eines Jahres.

22. In der DDR wird zur zentralen Leitung des Hochschulwesens ein Staatssekretariat gegründet.

23. Deutsche Schiffe dürfen wieder statt der bisher vorgeschriebenen internationalen Signalflagge die schwarzrotgoldene Flagge setzen.

25. In Prag wird die Aufdeckung einer angeblichen Verschwörung bekanntgegeben, die von dem ehemaligen Außenminister V. Clementis und dem früheren Leiter des slowakischen Nationalausschusses, Gustav Husák, betrieben worden sein soll.

GESTORBEN:

3. August Horch (* 12. 10. 1868), deutscher Autokonstrukteur.

8. Fritz Thyssen (* 9. 11. 1873), deutscher Industrieller. →

16. Hans Böckler (* 26. 2. 1875), Vorsitzender des DGB.

19. André Gide (* 22. 11. 1869), französischer Schriftsteller, Nobelpreis 1948. →

12. Februar. Der persische Schah Resa Pahlawi heiratet die deutschstämmige Prinzessin Soraya. Über die sogenannte Traumhochzeit hinaus wird das Paar in Zukunft zu einem bevorzugten Objekt der Presse und der Öffentlichkeit.

Offensive in Korea

Nach den sensationellen Erfolgen der kommunistischen Truppen, die die Streitkräfte des Westens weit hinter den 38. Breitengrad gedrängt haben und am 4. Februar das von der amerikanischen Luftwaffe total zerstörte Seoul wieder eingenommen haben, kommt ihre Offensive in den ersten Februartagen zum Stillstand. Ursache dürften u. a. die verheerenden Luftangriffe der US-Bomber auf ihre Nachschubwege und zivile Einrichtungen des Nordens sein. Am 12. Februar kommt es noch einmal zu einer großen Offensive von Chinesen und Nordkoreanern, die jedoch unter enormen Verlusten zum Erliegen kommt. Zum erstenmal können die UN-Einheiten wieder geringe Territorialgewinne melden. Am 28. Februar gibt das Oberkommando bekannt, daß mittlerweile 160 000 Mann in Korea stehen, von denen etwa 130 000 aus den USA kommen.

23. Februar. Das deutsche Paar Ria Baran und Paul Falk erringt bei den Eislaufmeisterschaften in Mailand zum erstenmal den Weltmeistertitel. Die beiden sind bereits Weltmeister im Rollschuh-Paarlauf.

Tod des Industriellen Fritz Thyssen

8. Februar. In Buenos Aires stirbt 77jährig der Industrielle Fritz Thyssen, Sohn des Konzerngründers August Thyssen. Von 1923 an hatte Fritz Thyssen die NSDAP finanziell unterstützt, der er dann 1931 auch beitrat. Während der Herrschaft der Nationalsozialisten kam es jedoch zu Meinungsverschiedenheiten zwischen Thyssen und dem Regime.
1939 emigrierte der Industrielle in die Schweiz. 1941 wurde er in Frankreich festgenommen und saß mit seiner Frau bis 1945 im Konzentrationslager. Von 1926 bis zu seiner Emigration leitete er den Thyssen-Konzern.

André Gide stirbt 82jährig

André Gide †.

19. Februar. Mit dem 82jährigen André Gide stirbt einer der großen Vertreter der französischen Literatur des 20. Jahrhunderts. Als junger Mann gehörte er dem Pariser Fin de siècle mit Paul Valéry, Stéphane Mallarmé und Oscar Wilde an. Bis zum Ersten Weltkrieg veröffentlichte Gide schon etwa 20 Bücher, deren bedeutendste »L'Immoraliste« (1902) und »Les Caves du Vatican« (1914) sind. Doch erst nach dem Kriege erntete er Erfolge. So mit seiner Autobiographie »Stirb und werde« (1921) und vor allem mit dem Roman »Die Falschmünzer« (1925). Gide erwirbt sich große Verdienste um die deutsch-französische Verständigung. 1948 erhält er den Nobelpreis.

1951
MÄRZ

Mo	Di	Mi	Do	Fr	Sa	So
			1	2	3	4
5	6	7	8	9	10	11
12	13	14	15	16	17	18
19	20	21	22	23	24	25
26	27	28	29	30	31	

2. Als erstes live übertragenes Fernsehspiel sendet der NWDR das »Vorspiel auf dem Theater« aus Goethes »Faust«.

4. Preußen Krefeld Deutscher Eishockeymeister durch einen 3 : 2-Sieg über den EV Füssen.

6. Die Alliierte Hohe Kommission verkündet ein neues Besatzungsstatut. →

12. Seoul wird wieder von den kommunistischen Truppen geräumt.

13. Israel beziffert in einer Note an die Besatzungsmächte seine Reparationsforderungen an Deutschland auf 6,2 Milliarden DM.

14. Mit Billigung des Wirtschafts- und Sozialrates der UN wird die Bundesrepublik in die UNESCO aufgenommen.

14. Leichtes Erdbeben in der Eifel und im mittleren Rheintal.

15. Das iranische Parlament nationalisiert die Erdölindustrie seines Landes. →

15. Bundeskanzler Adenauer wird von Bundespräsident Heuss auch zum ersten Außenminister der Bundesrepublik ernannt; Walter Hallstein ist der erste Staatssekretär im Auswärtigen Amt.

16. Die Alliierten beziffern die Besatzungskosten für das neue Rechnungsjahr auf 6,6 Milliarden DM, 1,1 Milliarden DM mehr als im Vorjahr.

19. Vertrag über die Bildung einer europäischen Montanunion in Paris paraphiert. →

24. Der argentinische Präsident Juan Perón gibt bekannt, daß sein Land mit Hilfe eines österreichischen Wissenschaftlers namens Donald Richter ein neues Verfahren der Kernenergiegewinnung praktizieren werde.

29. »All about Eve« erhält den »Oscar« als bester Film des Jahres. Curt Oertels Michelangelo-Film, der in Amerika unter dem Titel »The Titan« läuft, erhält einen »Oscar« für den besten Dokumentarfilm.

GESTORBEN:

12. Alfred Hugenberg (* 19. 6. 1865), deutscher Wirtschaftsführer und Politiker.

22. Willem Mengelberg (* 28. 3. 1871), niederländischer Dirigent.

Besatzungsstatut wird revidiert

6. März. Voraussetzung für eine Revision des Besatzungsstatuts, das der Bundesrepublik mehr Souveränitätsrechte einräumt, ist die Anerkennung der Auslandsschulden des Deutschen Reiches gewesen. Nachdem dies von der Bundesregierung am 1. März brieflich zugesichert wird, können die neuen ausgehandelten Bestimmungen in Kraft treten. Die Bundesregierung kann danach ein Außenministerium bilden und diplomatische Beziehungen zu allen Staaten außer den kommunistischen aufnehmen. Die Besatzungsmächte geben auch weitgehend die Kontrolle über die deutsche Wirtschaft ab, allerdings behalten sie sich die Aufsicht über die Entflechtung und Dekartellisierung der Kohle-, Stahl- und Filmindustrie sowie der IG-Farben und der Großbanken vor. Änderungen des Grundgesetzes können vorerst nur nach Genehmigung der Alliierten erfolgen; wenn jedoch ein Verfassungsgericht eingerichtet sein wird, soll auch diese Funktion abgegeben werden. Weitere Lockerungen des Besatzungsstatuts werden in Aussicht gestellt. – Erster Außenminister der Bundesrepublik wird Bundeskanzler Konrad Adenauer.

Kleines Interview mit Konrad Adenauer: Wer wird Außenminister?

Karikatur von E. M. Lang

»Tja, also . . .   *Charakter muß er haben . . .*   *Diplomat soll er sein . . .*   *und repräsentativ . . .*   *dreimal dürft Ihr raten, wer . . .«*

Ölindustrie staatlich

15. März. Einstimmig beschließt das iranische Parlament (Majlis) die Nationalisierung der Erdölvorkommen und -industrie des Landes. Davon ist vor allem die britische »Anglo-Iranian Oil Company« betroffen. Sie hat aufgrund einer Konzession aus dem Jahre 1909 das Recht, sämtliche Vorkommen des Irans auszubeuten und hat dem iranischen Staat erst nach und nach das Recht zugestanden, mit 30 Prozent an den Gewinnen beteiligt zu werden. Zumal wegen des Kriegs in Korea hegt England ernste Besorgnisse um die Energieversorgung.

Streik iranischer Ölarbeiter, die die von dem iranischen Ministerpräsidenten Mossadegh betriebene Verstaatlichung der Erdölindustrie unterstützen.

UN-Truppen siegreich in Korea

Leichte Territorialgewinne können die UN-Streitkräfte dank enormer Materialaufwendungen erzielen. Die Hauptstadt Südkoreas kann nach dem Abzug der Kommunisten am 12. März wieder besetzt werden und in einzelnen Fällen überschreiten südkoreanische Truppen den 38. Breitengrad. Eine neue Diskussion über den Krieg beginnt.

Auf dem Weg zur Montanunion

19. März. Frankreich, die Bundesrepublik Deutschland, die Niederlande, Belgien, Luxemburg und Italien unterzeichnen in Paris den Entwurf eines Vertrages, der die Bildung einer »Europäischen Gemeinschaft für Kohle und Stahl« zum Ziel hat. Zentrales Verwaltungsorgan ist die Hohe Behörde, die in Zukunft eine Aufsichtsfunktion über den Montanmarkt der beteiligten Länder haben wird. Es soll keine Wettbewerbsbeschränkungen mehr geben und die Zölle sollen abgebaut werden. Der Vertrag soll fünfzig Jahre gelten.

1951

APRIL

Mo	Di	Mi	Do	Fr	Sa	So
						1
2	3	4	5	6	7	8
9	10	11	12	13	14	15
16	17	18	19	20	21	22
23	24	25	26	27	28	29
30						

2. General Dwight D. Eisenhower übernimmt offiziell den Oberbefehl über die NATO-Truppen in Europa.

4. Als erste diplomatische Vertreter überreichen die Botschaften des Vatikans, der Schweiz, Luxemburgs, Schwedens, Indiens, der Niederlande und Portugals Bundespräsident Heuss ihre Beglaubigungsschreiben.

8. Erstes Feldhandballänderspiel nach dem Kriege im Ludwigshafener Rheinstadion: 12 : 5 (5 : 2) siegt die deutsche Mannschaft über Frankreich.

10. Bundestag verabschiedet Gesetz über Mitbestimmung in der Montanindustrie.

11. Oberkommandierender General MacArthur aller seiner Ämter enthoben. →

12. Christopher Frys Drama »Venus im Licht« in Berlin und in Essen für Deutschland erstaufgeführt.

15. Das 200. Fußballländerspiel einer deutschen Mannschaft endet in Zürich mit einem 3 : 2-Sieg über die Schweiz.

18. Offizielle Unterzeichnung des Schumanplans in Paris; Notenwechsel über die Saarfrage zwischen Frankreich und der Bundesrepublik. →

19. Bundespräsident Theodor Heuss eröffnet die erste Internationale Automobilausstellung in Frankfurt/Main.

23. Die Alliierte Hohe Kommission lockert die Kontrollen für die wissenschaftliche Forschung in der Bundesrepublik.

28. Mohammed Mossadegh, Verfechter des Verstaatlichungskurses, wird zum neuen iranischen Ministerpräsidenten gewählt.

29. Bundespräsident Heuss eröffnet in Hannover die »Technische Messe 1951«, die größte dieser Art in Deutschland.

GESTORBEN:

5. Hans Leisegang (* 13. 3. 1890), deutscher Philosoph.

14. Ernest Bevin (* 9. 3. 1881), englischer Außenminister.

26. Arnold Sommerfeld (* 15. 12. 1868), deutscher Atomphysiker.

29. Ludwig Wittgenstein (* 26. 4. 1889), österreichischer Philosoph. →

Montanunion perfekt

18. April. Mit einer feierlichen Zeremonie wird von den Außenministern der sechs Vertragsstaaten das Abkommen über die Montanunion unterzeichnet und damit ein erster wichtiger Schritt zur europäischen Einigung getan. Für die Bundesrepublik sind zwei Ergebnisse im Rahmen der Schumanplanbesprechungen besonders wichtig. Frankreich akzeptiert in einem Briefwechsel, daß die Saarfrage bis zur Regelung durch einen Friedensvertrag offenbleibt und will sich außerdem dafür einsetzen, daß die Internationale Ruhraufsichtsbehörde mit dem Inkrafttreten des Abkommens über die Montanunion abgeschafft wird. Damit kommt Adenauer innenpolitischen Gegnern entgegen, die kritisieren, daß die Bundesrepublik die Saar preisgebe und nicht auf der vollen Souveränität bestehe, sondern weiterhin internationale Kontrollen der deutschen Wirtschaft toleriere.

Unterzeichnung des Montanunion-Abkommens in Paris: (von links) Paul van Zeeland (Belgien), Joseph Bech (Luxemburg), Joseph Meurice (Belgien), Graf Carlo Sforza (Italien), Robert Schuman (Frankreich), Konrad Adenauer (Bundesrepublik Deutschland), Dirk Stikker und Jan van Brink (Niederlande).

MacArthur abgelöst

11. April. Als Weltsensation wird empfunden, daß der amerikanische Präsident völlig überraschend den Oberkommandierenden der amerikanischen Streitkräfte im Pazifik, General Douglas MacArthur, von allen seinen Ämtern entbindet. In den USA erhebt sich ein Proteststurm. Der Grund für die Entscheidung Harry S. Trumans ist, daß MacArthur sich mehr oder weniger offen geweigert hat, die politischen Zielsetzungen der US-Regierung in Korea zu unterstützen. Während Truman Waffenstillstandsverhandlungen auf der Basis des 38. Breitengrades anstrebt, hat MacArthur sogar öffentlich von der Bildung einer zweiten Front gegen die Volksrepublik China mit Hilfe der Soldaten Tschiang Kai-scheks gesprochen. Sein Nachfolger im Amt des Oberkommandierenden im Pazifik wird General Matthew Ridgway.

General MacArthur (rechts) im Gespräch mit seinem Nachfolger Ridgway.

Wittgenstein stirbt in England

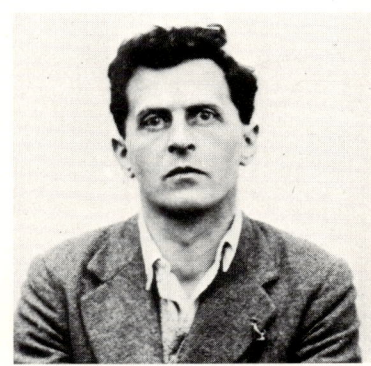

Ludwig Wittgenstein †.

29. April. Ludwig Wittgenstein, einer der bedeutendsten Philosophen des 20. Jahrhunderts, stirbt in Cambridge. Er ist in Wien aufgewachsen und hat in Manchester und Cambridge bei Bertrand Russell studiert. Sein »Tractatus Logico-Philosophicus (1921)« verschaffte ihm früh einen internationalen Ruf als philosophischer Erneuerer. Wittgenstein hat den Logischen Positivismus des Wiener Kreises mitbegründet, kehrte aber 1929 wieder nach England zurück, wo er in Cambridge lehrte. In dieser Zeit entstanden durch Vorlesungsaufzeichnungen das »Braune Buch« und das »Blaue Buch«, gegen deren Veröffentlichung er sich zwar wehrte, die aber doch in Abschriften kursierten. In ihnen gibt er Anstöße zu einer neuen Philosophie der Alltagssprache, durch die er den Begriffen »Bedeutung« und »Wahrheit« einen auf die Sprachanalyse gegründeten Sinn geben will. Wittgenstein schwankte immer zwischen zwei Lebensweisen; zeitweilig war er eine akademische Berühmtheit, dann zog er sich so zurück, daß er beinahe in Vergessenheit geriet.

CDU verliert Stimmen

29. April. Ergebnisse der Wahlen in Rheinland-Pfalz:

Partei	Sitze	
	29. 4. 51	1949
CDU	43	48
SPD	38	34
FDP	19	11
KPD	–	8

1951

MAI

Mo	Di	Mi	Do	Fr	Sa	So
	1	2	3	4	5	6
7	8	9	10	11	12	13
14	15	16	17	18	19	20
21	22	23	24	25	26	27
28	29	30	31			

1. Das Genfer Opernhaus wird durch ein Feuer nahezu zerstört.

2. Der Ministerrat des Europarats beschließt, die Bundesrepublik zum Vollmitglied zu berufen.

2. Das Bundespresseamt veröffentlicht Bilanz des Wiederaufbaus.

5. Heinrich Böll erhält durch die Gruppe 47 einen von Amerikanern gestifteten Dichterpreis.

6. Landtagswahlen in Niedersachsen. →

8. Erhöhung der Ministergehälter und Sozialleistungen vom Bundeskabinett beschlossen; Ausgleich durch eine Sonderumsatzsteuer auf Luxusgüter.

10. Alliierte Hohe Kommission und Bundeskanzler Adenauer verhandeln auf dem Petersberg bei Bonn über die allmähliche Umwandlung des Besatzungsstatuts in ein System zweiseitiger Verträge.

11. Verluste der Kommunisten in Korea laut UN: 890 000 Mann, Verluste der UN: 248 055 Mann.

16. Bundesrepublik in die Weltgesundheitsorganisation (WHO) aufgenommen.

18. Vollversammlung der UN beschließt ein Embargo der strategisch wichtigen Güter für China.

19. Oskar Kokoschka malt ein Porträt des Hamburger Bürgermeisters Max Brauer.

24. UN-Truppen überschreiten zum drittenmal den 38. Breitengrad.

26. Großbritannien klagt beim Internationalen Gerichtshof in Den Haag gegen den Iran wegen der Enteignung der Anglo-Iranian Oil Company. →

27. Österreich wählt einen neuen Bundespräsidenten: Theodor Körner (SPÖ) 2 172 806 Stimmen, Heinrich Gleißner (ÖVP) 2 004 290 Stimmen.

27. Erster Bundesfilmpreis für den Erich-Kästner-Film »Das doppelte Lottchen«.

29. Grubenunglück in Easington (England): 83 Tote.

GESTORBEN:

29. Josef Bohnslav Förster (* 30. 12. 1859), tschechischer Komponist.

31. Hermann Broch (* 1. 11. 1886), österreichischer Schriftsteller.

1. Mai. Demonstrationen in der Bundesrepublik: Vor dem Kölner Dom versammeln sich Arbeiter und Angestellte, um gegen die Wiederaufrüstung zu demonstrieren. Angehörige der kommunistischen Partei in Frankfurt (kleines Bild) fordern den Rücktritt von Bundeskanzler Konrad Adenauer.

In Berlin versammeln sich schätzungsweise 600 000 Menschen aus Ost und West auf dem Platz der Republik vor dem alten Reichstagsgebäude, um für Frieden, Freiheit und ein geeintes Deutschland zu demonstrieren.

Krise um Erdöl

Durch die unnachgiebige Haltung der iranischen Regierung nach der Enteignung der britischen Anglo-Iranian Oil Company wird zum erstenmal der Nahe Osten mit seinen Ölreserven zum Auslöser einer politischen Krise. Mittlerweile stammen 70 Prozent des Ölverbrauchs Europas aus dem Nahen Osten, zudem empfindet man in England diesen Schritt eines halbkolonialen Landes als Affront. Ernsthaft wird erwogen, die Ölfelder militärisch zu besetzen, doch unter dem Druck der USA und der UN lenkt die britische Labourregierung, die zudem kurz vor Wahlen steht, ein und wendet sich statt dessen an den Internationalen Gerichtshof in Den Haag. Im Iran wachsen inzwischen die antibritischen Emotionen. Der neue Ministerpräsident Mohammed Mossadegh betont immer wieder, daß er sein Leben durch die Anglo-Iranian Oil Company bedroht sehe.

BHE erfolgreich in Niedersachsen

6. Mai Auch international werden die Ergebnisse der Landtagswahlen von Niedersachsen mit Besorgnis registriert. Offensichtlich reagieren beträchtliche Teile der Bevölkerung auf die als Bedrohung empfundene kommunistische Politik in Korea mit neuen Sympathien für den Rechtsextremismus.

	6. 5. 51	1947
Partei	Sitze	
SPD	64	66
CDU/DP	35	52
BHE	21	1
SRP	16	2
FDP	12	11
Zentrum	4	5
Dt. Reichspartei	3	1
KPD	2	7
Dt. Soziale Partei	1	2

Das Ergebnis bestätigt auch den Trend, daß die Flüchtlinge fast geschlossen »ihre Partei«, den BHE (Bund der Heimatvertriebenen und Entrechteten), wählen.

Triumph der Musik

9. Mai. Auch auf kulturellem Gebiet sucht die Bundesrepublik die Verständigung. So unternehmen die Berliner Philharmoniker mit ihrem Dirigenten Wilhelm Furtwängler eine Tournee, die sie durch Griechenland, Italien, Ägypten und Frankreich führt.

1. Mai. In München nimmt der Sender Freies Europa, eine mit amerikanischen Spendenmitteln errichtete Rundfunkanstalt, seine Arbeit auf.

JUNI

Mo	Di	Mi	Do	Fr	Sa	So
				1	2	3
4	5	6	7	8	9	10
11	12	13	14	15	16	17
18	19	20	21	22	23	24
25	26	27	28	29	30	

3. Uraufführung des kammermusikalischen Bühnenwerks »Konferenz der Tiere« nach Erich Kästner von Helmut Degen in Freiburg.

5. Eröffnung der Ersten Berliner Filmfestspiele; den Goldenen Bären erhält der Film »Die Vier im Jeep«.

7. Todesurteil gegen die letzten NS-Kriegsverbrecher in Landsberg vollstreckt. →

7. CDU/FDP-Koalition wählt in Rheinland-Pfalz Peter Altmeier (CDU) wieder zum Ministerpräsidenten.

8. Im neuen Essener Opernhaus stellt sich zum erstenmal das Folkwang-Tanztheater vor; Leitung Kurt Jooss.

11. Uraufführung des neuen Dramas »Der Teufel und der liebe Gott« von Jean-Paul Sartre. →

12. Internationale Arbeitsorganisation (ILO) in Genf nimmt die Bundesrepublik als neues Mitglied auf.

13. Hinrich Kopf als Ministerpräsident des Landes Niedersachsen von einer SPD/BHE/Zentrum-Koalition wiedergewählt.

13. Bundeskanzler Adenauer fliegt zu einem ersten offiziellen Besuch nach Rom, wo er am 19. Juni vom Papst empfangen wird.

17. Erste Nachkriegsniederlage der deutschen Fußballnationalmannschaft; in Berlin wird sie von der Türkei mit 1 : 2 besiegt.

22. Neuer Vorsitzender des Deutschen Gewerkschaftsbundes wird Christian Fette.

23. Waffenstillstandsvorschlag des sowjetischen UN-Delegierten Malik für Korea. →

25. Wahl von Friedrich Wilhelm Lübke (CDU) zum neuen Ministerpräsidenten von Schleswig-Holstein.

26. Bundesregierung verbietet die FDJ (Freie Deutsche Jugend), den Jugendverband der KPD.

30. Delegierte aus 33 Ländern gründen in Frankfurt eine neue Sozialistische Internationale.

GESTORBEN:

2. John Erskine (* 5. 10. 1879), amerikanischer Schriftsteller.

4. Serge Kussewitzky (* 13. 6. 1874), russischer Dirigent und Komponist.

SS-Offiziere gehängt

Eine der zahlreichen Hinrichtungen im Kriegsverbrechergefängnis Landsberg nach den Todesurteilen der amerikanischen Militärregierung gegen SS-Offiziere.

7. Juni. Die letzten Todesurteile aus den Nürnberger Prozessen gegen Verantwortliche der nationalsozialistischen Verbrechen werden in der Nacht zum 7. Juni zwischen 1 Uhr und 2.30 Uhr durch den Strang vollstreckt. Es handelt sich im einzelnen um die ehemaligen SS-Offiziere Paul Bobel, Werner Braune, Erich Naumann und Otto Ohlendorf, die der »Massentötung« von Juden, Zigeunern und anderen »Unerwünschten Elementen« in der Sowjetunion für schuldig befunden worden sind; ferner um Oswald Pohl, der Leiter der KZ-Verwaltung in Deutschland gewesen ist und damit verantwortlich für die Zerstörung des Warschauer Ghettos, um Georg Schallenmair und Otto Schmidt, die im Konzentrationslager Buchenwald eine unbekannte Zahl von Häftlingen ermordet haben. Die Hinrichtungen werden in der Bundesrepublik mit beträchtlichen Irritationen hingenommen. Vizekanzler Franz Blücher vertritt die Meinung, daß in der Bundesrepublik, deren Grundgesetz die Todesstrafe verbietet, auch diese Urteile nicht hätten vollstreckt werden sollen. In vielen Pressekommentaren äußert man sich dagegen verwundert, daß angesichts der neuen deutsch-amerikanischen Freundschaft überhaupt noch über die Verbrechen der Nazizeit Gericht gehalten werde.

Neues Sartre-Stück uraufgeführt

11. Juni. Zum Theaterereignis des Jahres wird die Uraufführung des neuen Stücks von Jean-Paul Sartre »Der Teufel und der liebe Gott« (»Le Diable et le bon Dieu«) in der Inszenierung von Louis Jouvet an der Pariser »Comédie Française«. Sartre erzählt darin die Geschichte des Götz von Berlichingen, der die Bauern 1525 gegen die Fürsten ins Feld führt. Dem Autor geht es in diesem Stück vor allem um die Frage, ob der Mensch das Gute wollen kann ohne religiöse Anleitung. »Der Teufel und der liebe Gott« wird als der Höhepunkt des dramatischen Schaffens Sartres angesehen. Die Hauptrolle spielt Pierre Brasseur.

Waffenstillstand in Korea abzusehen

23. Juni. Nur unter Aufbietung aller Kräfte und mit Hilfe eines ungeheuren Materialeinsatzes, der sehr viele kommunistische Soldaten das Leben kostet, kann die Offensive der Chinesen und Nordkoreaner vom 22. April in Korea zurückgeworfen werden. Doch gegen Ende des Monats Mai bricht die Front der Kommunisten endgültig zusammen. Wieder haben die UN-Verbände die Möglichkeit, weit in den Norden vorzustoßen. Aber die Direktive lautet: Verhandlungsfrieden auf der Basis des 38. Breitengrades. Verhandlungen sind von Chinesen und Nordkoreanern bislang immer an die Bedingung geknüpft worden, daß alle UN-Einheiten das Land verlassen. Doch am 23. Juni, fast auf den Tag genau ein Jahr nach dem Ausbruch des Krieges, meldet sich der sowjetische UN-Delegierte Jakob Malik in einer Radiosendung der Vereinten Nationen zu Wort. »Die Sowjetvölker glauben, daß als erster Schritt Erörterungen zwischen den kriegführenden Parteien über eine Feuereinstellung und einen Waffenstillstand eingeleitet werden sollten, der den beiderseitigen Rückzug der Streitkräfte vom 38. Breitengrad vorsieht.« Das ist die Linie der Vereinigten Staaten; am 29. Juni schlägt der Oberkommandierende der UN-Einheiten, Matthew Ridgway, die Aufnahme von Waffenstillstandsverhandlungen vor.

Heuss eröffnet Ruhrfestspiele

16. Juni. Bundespräsident Theodor Heuss eröffnet in Recklinghausen die Ruhrfestspiele unter dem Motto »Kulturtage der Arbeit«. Der Ursprung der Festspiele liegt im Jahr 1947, als die Hamburger Theater als Dank für Kohlelieferungen vor Arbeitern einer Zeche in Recklinghausen spielten. Aus dem Gastspiel wurde eine feste Institution. Die Trägerschaft übernahmen die Stadt Recklinghausen und der Deutsche Gewerkschaftsbund. Ziel ist, der Bevölkerung im Ruhrgebiet »wertvolles Kulturgut zu vermitteln«.

JULI

Mo	Di	Mi	Do	Fr	Sa	So
						1
2	3	4	5	6	7	8
9	10	11	12	13	14	15
16	17	18	19	20	21	22
23	24	25	26	27	28	29
30	31					

1. 20. Endspiel um die Deutsche Fußballmeisterschaft; der 1. FC Kaiserslautern gewinnt in Berlin gegen Preußen Münster mit 2 : 1.

3. Eröffnung der »constructa«, der ersten Bauausstellung nach dem Krieg, in Hannover durch Bundesbauminister Eberhard Wildermuth.

3. 12 Prozent Lohnerhöhung für die bundesdeutschen Bergleute.

6. Wimbledon: Sieger im Finale der Männer R. Savitt (USA) über K. McGregor (Austr.); bei den Damen schlägt Doris Hart (USA) am 7. Juli Shirley Fry (USA).

7. Erste Farbfernsehsendung in den USA. →

9. Die drei Westmächte Großbritannien, Frankreich und USA teilen durch ihre Hohen Kommissare mit, daß der Kriegszustand mit Deutschland beendet ist.

10. West-Berlins Regierender Bürgermeister Ernst Reuter enthüllt das Luftbrückendenkmal am Flughafen Tempelhof. →

12. Neue Rheinbrücke zwischen Kehl und Straßburg offiziell in Betrieb genommen.

14. Die »Große Münchner Kunstausstellung 1951« zeigt 900 Werke von 398 Künstlern aus ganz Deutschland.

29. Wiedereröffnung der Bayreuther Festspiele unter dem Dirigenten Wilhelm Furtwängler.

30. Albert Schweitzer wird der Friedenspreis des deutschen Buchhandels für das Jahr 1951 zuerkannt (→ 13. 9. 1951).

31. Stillegung der Raffinerie Abadan im Iran.

GESTORBEN:

2. Ferdinand Sauerbruch (* 3. 7. 1875), deutscher Chirurg.

13. Arnold Schönberg (* 13. 9. 1874), österreichischer Komponist. →

20. Wilhelm von Hohenzollern (* 6. 5. 1882), ältester Sohn des ehemaligen deutschen Kaisers Wilhelm II.

20. Emir Abdullah Ibn Hussein (* 1882), König von Jordanien, Attentat.

23. Philippe Pétain (* 24. 4. 1856), französischer Marschall und Vichy-Präsident.

27. Wassily de Basil (* 1886), russischer Ballettmeister.

Korea-Verhandlungen

1. Juli. Der Vorschlag der koreanischen und chinesischen Oberkommandierenden, Kim Il Sung und Peng Teh Huai, am 10. Juli Waffenstillstandsverhandlungen aufzunehmen, wird am 3. Juli von den Vertretern der UN-Streitkräfte akzeptiert. Die Delegationen beider Seiten treffen sich in Kaesong, einem Ort, von dem erst später bekannt wird, daß er nicht militärisches Niemandsland darstellt, sondern von den Nordkoreanern besetztgehalten wird. Also muß er erst zur neutralen Zone erklärt werden. Weiteren Streit gibt es um die Zulassung von westlichen Pressevertretern, die von den Kommunisten anfangs nicht geduldet werden, so daß die Verhandlungen schon am 11. Juli wieder abgebrochen werden. Erst am 26. Juli kann eine Einigung über die Tagesordnung erzielt werden, da die UN-Vertreter sich weigern, von den militärischen Kommissionen die ihrer Meinung nach politische Frage des Abzugs aller Truppen diskutieren zu lassen. Man einigt sich auf den Kompromiß, von den Delegationen Empfehlungen für ihre jeweiligen Regierungen ausarbeiten zu lassen.

Farbfernseh-Start

7. Juli. Während in der Bundesrepublik mit einem Etat von 7000 DM monatlich mühsam am Aufbau eines Schwarzweiß-Fernsehens gearbeitet wird, erlebt ein auserwähltes Publikum die erste CBS-Show in Farbe, gespickt mit 16 bekannten Stars und 20 Werbespots. Ab jetzt beginnt die CBS mit einem regelmäßigen Farbprogramm, das allmählich auf 20 Stunden in der Woche gesteigert werden soll. Allerdings erscheint den wenigen ersten Zuschauern die Qualität der Farbwiedergabe noch durchaus verbesserungsfähig.

Eines der ersten Farbfernsehgeräte in den USA.

Briten drehen iranischen Ölhahn zu

5. Juli. Auf das Urteil des Internationalen Gerichtshofs in Den Haag, das die Leitung der Anglo-Iranian Oil Company weiterhin den Engländern zugesteht, reagiert Ministerpräsident Mossadegh mit Ablehnung. Er erklärt den Gerichtshof für unzuständig. Auf die Ablehnung jedes Vermittlungsversuches hin drosselt die immer noch britische Leitung des Raffineriezentrums Abadan systematisch die Produktion; die tägliche Leistung sinkt von 665 000 auf 30 000 Barrel, am 31. Juli wird die Anlage vollständig geschlossen.
Da gleichzeitig auf englischen Druck kein Tankerkapitän mehr Öl aus dem Iran transportiert, ist die iranische Regierung zwar im Besitz des Öls, kann es aber nicht verkaufen und verarbeiten.

Komponist Arnold Schönberg gestorben

Arnold Schönberg †.

13. Juli. Arnold Schönberg stirbt in den USA. Schönberg, einer der bedeutendsten Komponisten des 20. Jahrhunderts, ist in Wien aufgewachsen und erzogen worden. Die ersten musikalischen Kenntnisse brachte er sich selbst bei, wurde jedoch später von Richard Strauss und Gustav Mahler gefördert. Seine ersten Kompositionen wie »Verklärte Nacht« (1899) und die »Gurre-Lieder« (1900) sind noch der spätromantischen Wiener Tradition zuzurechnen. Mit der von ihm seit 1906 entwickelten Zwölftontechnik sprengte er jedoch die klassischen Vorstellungen von Tonalität und schaffte gänzlich neue Ausdrucksformen, die beim Publikum zunächst auf völliges Unverständnis stoßen, ihm jedoch stärksten Einfluß auf die Musiktradition des 20. Jahrhunderts verschaffen. Schönberg lehrte bis zu seiner Emigration 1933 in Berlin.

10. Juli. In Berlin wird das Luftbrückendenkmal enthüllt, das die Namen der 75 Todesopfer dieser Hilfsaktion trägt (→ Juni 1948).

Mo	Di	Mi	Do	Fr	Sa	So
		1	2	3	4	5
6	7	8	9	10	11	12
13	14	15	16	17	18	19
20	21	22	23	24	25	26
27	28	29	30	31		

1. Erste »Große Deutsche Kunstausstellung« in der Hochschule für Bildende Künste in Berlin eröffnet; Preise erhalten Gerhard Marcks, Karl Hofer, Fritz Winter und Ernst Schumacher.

3. Die USA heben sämtliche Zollvergünstigungen, die den kommunistischen Staaten seit dem Zweiten Weltkrieg eingeräumt wurden, auf.

3. Die Zahl der Beschäftigten in der Bundesrepublik erreicht einen neuen Rekordstand: 14 720 569; die Zahl der Arbeitslosen sinkt um 300 000 auf 1 325 747 seit 31. 3. 51. →

5. Eröffnung der 3. Weltjugendfestspiele in Ost-Berlin mit über einer Million Teilnehmern. →

6. Die amerikanische Fordstiftung spendet der Freien Universität Berlin 1,3 Millionen Dollar für eine Bibliothek und den Bau eines Hörsaalgebäudes.

7. In den USA erreicht eine aus der deutschen V 2 entwickelte Vikingrakete die Rekordhöhe von ca. 200 km.

15. USA veröffentlichen endgültigen Friedensvertragstext mit Japan, der aber keine Billigung der Sowjets findet.

20. 12. Internationale Filmfestspiele in Venedig eröffnet; den Goldenen Löwen erhält der japanische Beitrag »Rashomon«.

25. Emmanuel McDonald Bailey (USA) stellt mit 10,2 Sek. in Belgrad den Weltrekord über 100 m ein.

26. Nach einer Mitteilung des Auswärtigen Amtes haben bislang 17 von 67 Staaten den Kriegszustand mit Deutschland beendet.

31. Die Deutsche Grammophon-Gesellschaft stellt in Düsseldorf auf der Deutschen Musikmesse die erste Langspielplatte mit 33⅓ Umdrehungen in der Minute vor.

GESTORBEN:

4. Ernst Freiherr von Weizsäcker (* 12. 5. 1882), deutscher Diplomat.

14. William Randolph Hearst (* 29. 4. 1863), amerikanischer Zeitungsverleger.

15. Arthur Schnabel (* 17. 4. 1882), österreichischer Pianist.

21. Constant Lambert (* 23. 8. 1905), englischer Komponist.

Arbeitslosenzahl geht zurück

3. August. Trotz des Bevölkerungswachstums durch etwa vier Millionen Flüchtlinge geht die Arbeitslosigkeit zurück. Nachdem um die Wende zum Jahr 1951 noch etwa zwei Millionen Arbeitslose gezählt worden sind, ist ihre Zahl jetzt auf 1,3 Millionen zurückgegangen. Dieser Erfolg hat mehrere Gründe. Zum einen ist er eine Auswirkung der Öffnung des europäischen Marktes. Zum anderen ist weltweit eine wachsende Nachfrage nach erstklassigem Stahl zu verzeichnen, der für die Rüstungsprogramme gebraucht wird, die der Koreakrieg in Gang gebracht hat. Hier ist die Bundesrepublik mit ihren modernen Anlagen, die mit Hilfe des Marshallplans errichtet werden konnten, in einer sehr günstigen Marktposition. Die starke Exportorientierung jedoch schafft auch Probleme; die Löhne werden nicht entsprechend dem Wachsen des Sozialprodukts angehoben.

Jugendfestspiele in Ost-Berlin

5. August. Zu einem Zeichen für die wachsende Entfremdung zwischen Ost und West werden die Weltjugendfestspiele in Ost-Berlin, die mit einem beträchtlichen Aufwand inszeniert werden. Im Vordergrund der Agitationen steht das Remilitarisierungsprogramm der Bundesregierung, dem die friedliebenden Absichten der DDR-Regierung entgegengestellt werden. Laut TASS unterzeichnen über vier Millionen Teilnehmer eine Grußbotschaft an Stalin, in dem sie versprechen, die Bevölkerung des Westens über die »revanchelüsterne Politik der westdeutschen Imperialisten aufzuklären«. Die Bundesregierung läßt den Bundesgrenzschutz in Alarmbereitschaft versetzen, um den unerlaubten Besuch des Treffens durch westdeutsche Jugendliche zu verhindern. Vom Westberliner Regierenden Bürgermeister Ernst Reuter wird die große Zahl der Besucher aus Ost-Berlin zur Gefahr für den Frieden der Stadt erklärt und die Bevölkerung aufgefordert, ihnen ein wahres Bild der Verhältnisse im Westen zu zeigen.

Mo	Di	Mi	Do	Fr	Sa	So
					1	2
3	4	5	6	7	8	9
10	11	12	13	14	15	16
17	18	19	20	21	22	23
24	25	26	27	28	29	30

1. DDR-Behörden erheben für alle Fahrzeuge im Transitverkehr nach West-Berlin eine Straßengebühr.

2. Wiedereinweihung der Lübekker Haupt- und Ratskirche St. Marien und Feier ihres 700jährigen Bestehens.

4. Eröffnung des neuen Berliner Schiller-Theaters und Auftakt der Berliner Festwochen 1951.

5. Mit einem alliierten Gesetz werden alle deutschen Auslandsvermögen liquidiert.

6. Auf dem Berliner Messegelände wird der Autosalon 1951 eröffnet.

7. Rudolf Slánský, Generalsekretär der tschechoslowakischen Kommunistischen Partei, überraschend seines Amtes enthoben.

8. Friedensvertrag zwischen den USA und Japan unterzeichnet, am gleichen Tag Abschluß eines Sicherheitsvertrages.

11. Tschechoslowakischer planmäßiger D-Zug durchbricht bei einem gewagten Fluchtmanöver die Grenze bei der bayrischen Stadt Selb.

11. Igor Strawinsky dirigiert selbst die Uraufführung seiner neuen Oper »The Rake's Progress« in Venedig.

13. Eröffnung der 3. Frankfurter Buchmesse. →

13. Eröffnung des neuen Düsseldorfer Schauspielhauses mit einer Gründgens-Inszenierung von »Die Räuber«. →

15. Volkskammer der DDR appelliert an den Bundestag, Wahlen zu einer deutschen Nationalversammlung zuzustimmen.

20. Schweizer Ständerat lehnt erneut das Frauenstimmrecht ab.

20. Unterzeichnung des neuen Interzonenhandelsabkommens zwischen DDR und Bundesrepublik.

24. Nach vierwöchigem Streik einigen sich hessische Metallarbeiter und Unternehmer auf eine Erhöhung des Stundenlohnes um 6½ Pfennig auf 1,43 DM.

28. Bundesverfassungsgericht in Karlsruhe eröffnet. →

30. Erster Auftritt der Pianistin Elly Ney in der Bundesrepublik; sie gastiert in Bonn.

GESTORBEN:

14. Fritz Busch (* 13. 3. 1890), deutscher Dirigent.

Eröffnung des Schauspielhauses mit Gründgens

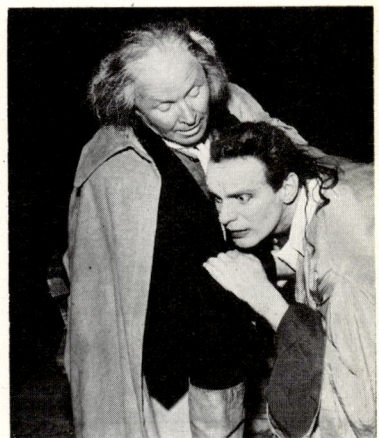

Gustaf Gründgens (r., Franz Moor) und Hans Schalla (Pastor Moser).

13. September. Die Eröffnung des neuen Schauspielhauses in Düsseldorf wird vor allem zu einem ungeheuren Erfolg für Gustaf Gründgens. Er inszeniert das erste Stück, Schillers »Räuber«, er spielt auch, vom Publikum mit Ovationen gefeiert, den Franz Moor. Und gleichzeitig sitzt er als künstlerischer Leiter und Geschäftsführer der Schauspiel-GmbH fester denn je im Sattel. Diese GmbH des Theaters, eine in Deutschland ungewöhnliche Konstruktion, ist auf seinen Druck hin entstanden und wird getragen von der Stadt Düsseldorf, der Landesregierung und Gewerkschafts- und Wirtschaftsvertretern. Sie soll Gründgens nahezu uneingeschränkte Gestaltungsmöglichkeiten sichern. Die Zeitung »Die Welt« feiert Gründgens' erstes Werk als »exzellenten Auftakt der neuen Düsseldorfer Theaterzeit«.

Benzinbetrüger vor Gericht

19. September. Das Wirtschaftswunder schlägt auch wunderliche Blüten. In Hamburg steht ein Betrüger vor Gericht, dem es gelungen ist, die Manager des Shell-Konzerns für eine Erfindung zu interessieren, mit der man angeblich Benzin aus Wasser herstellen kann. Ungebührlich hohe Forderungen hatten sie jedoch mißtrauisch gemacht und die Polizei holen lassen.

DDR fordert Wahlen

15. September. Einstimmig verabschiedet die Volkskammer der DDR einen Appell, in dem der Bundestag aufgefordert wird, sofort gesamtdeutschen Beratungen mit dem Ziel »freier, gleicher und geheimer demokratischer Wahlen für eine Nationalversammlung« zuzustimmen. Der Appell warnt vor einem Anschluß der Bundesrepublik an den Westen, weil damit von der Bundesrepublik nur militärische Leistungen verlangt würden, ohne daß ein Friedensvertrag abgeschlossen würde. Letztlich ginge es nur um eine Ausnützung des deutschen Volkes für fremde Zwecke gegen die Sowjetunion. Der Appell enthält die Zusicherung der Presse- und Organisationsfreiheit während

der Vorbereitung der Wahlen. West-Berlins Regierender Bürgermeister Ernst Reuter sagt, daß man dieses Angebot durchaus ernst nehmen müsse; Konrad Adenauer bezeichnet den Vorstoß der DDR als rein taktisches Manöver, das die europäische Einigung hintertreiben solle. Am 27. September stellt der Bundestag fest, daß zunächst eine internationale Kommission überprüfen müsse, ob in der DDR die Voraussetzungen für freie Wahlen existieren. Damit wird letztlich die Beteiligung der westlichen Alliierten an diesen Wahlen vorgeschlagen, was die DDR-Vertreter gerade vermeiden wollten. Somit ist der Vorstoß der DDR-Volkskammer praktisch abgelehnt.

Buchmesse eröffnet

13. September. Wie in Vorkriegszeiten ist die Frankfurter Buchmesse wieder Treffen aller Literaturfreunde, wenn auch die Beteiligung ausländischer Verlage noch zu wünschen läßt. Trotzdem sind 598 Verlage vertreten, die insgesamt etwa 30 000 Titel vorstellen. Der Besucherandrang übertrifft alle Erwartungen. Als wichtigste Neuerscheinungen dieses Herbstes gelten der neue Roman von Erich Maria

Remarque, »Drei Kameraden«, Kasimir Edschmids »Afrika« und der bestsellerverdächtige »Fragebogen« von Ernst v. Salomon, ein Lebensbericht. Viel Aufmerksamkeit gilt auch den »Deutschen Gestalten« des Bundespräsidenten Theodor Heuss. Allgemein wird bedauert, daß die Bücher aufgrund der angestiegenen Produktionskosten in gebundener Form mindestens 10,– DM kosten.

Albert Schweitzer (rechts) ist Träger des zum zweitenmal verliehenen Friedenspreises des deutschen Buchhandels. Links Bundespräsident Theodor Heuss, in der Mitte Josef Knecht, Vorsteher des Börsenvereins für den deutschen Buchhandel.

Richter wachen über Verfassung

Hermann Höpker-Aschoff (rechts) mit dem Präsidenten der Industrie- und Handelskammer, Gebhardt.

28. September. Mit einem Festakt im Karlsruher Schauspielhaus, an dem Bundeskanzler Konrad Adenauer und Bundespräsident Theodor Heuss teilnehmen, wird das Bundesverfassungsgericht eröffnet. Damit ist der staatsrechtliche Aufbau der Bundesrepublik beendet. Für ein Organ wie das Bundesverfassungsgericht, das auch gegenüber der Regierung die Einhaltung der Verfassungsbestimmungen garantieren soll, gibt es in der deutschen Rechtsgeschichte kein Vorbild. Die 24 Richter werden je zur Hälfte vom Bundestag und Bundesrat gewählt; zum ersten Präsidenten ist der frühere FDP-Abgeordnete Hermann Höpker-Aschoff bestimmt worden.

Besatzungsende steht bevor

14. September. In einer Deutschlanddeklaration der Außenminister Großbritanniens, Frankreichs und der USA auf einer Konferenz in New York wird die Aufhebung des Besatzungsstatuts in den ehemaligen Westzonen für Frühjahr 1952 angekündigt. Gleichzeitig wird die Eingliederung der Bundesrepublik in eine Europäische Verteidigungsgemeinschaft und den gemeinsamen Markt nachdrücklich begrüßt. Bundeskanzler Konrad Adenauer bezeichnet die Deklaration als »sehr gute Nachricht«, während der SPD-Vorsitzende Kurt Schumacher zu bedenken gibt, daß in der geplanten Verteidigungsgemeinschaft die Deutschen alle Einheiten beisteuern müßten.

Churchill wird Premier

Winston Churchill (mit Mikrofon) beim Wahlkampf in seinem Wahlkreis.

25. Oktober. Die Wahlen in Großbritannien bringen den Konservativen nicht den von Churchill vorausgesagten Wahlsieg mit einer Unterhausmehrheit von 150 Stimmen, die wegen der miserablen wirtschaftlichen Lage und der außenpolitischen Schlappen der Labour-Regierung im Iran und in Ägypten für wahrscheinlich gehalten worden ist. Die Konservativen erhalten 320, die Labour-Fraktion 293 Unterhaussitze. Churchill, Britanniens großer Kriegspremier, übernimmt damit nach der schweren Niederlage des Jahres 1945 als 77jähriger nicht nur das Amt des Premiers, sondern auch das des Verteidigungsministers; zum Außenminister ernennt er Anthony Eden.

Kalter Krieg auch im PEN-Club

24. Oktober. Auch im PEN-Club, bislang eine der wenigen noch funktionierenden gesamtdeutschen Einrichtungen, machen sich die Konfrontationen des kalten Krieges bemerkbar. Zehn westdeutsche Schriftsteller beschließen in Düsseldorf, beim Internationalen PEN die Anerkennung eines zweiten deutschen Zentrums zu erbitten. Anlaß ist die Wahl eines neuen Präsidiums, das ihrer Meinung nach durch eine Zufallskonstellation der Wählenden kommunistisch beherrscht werde. Dem neuen Präsidium gehören, neben zwei DDR-Schriftstellern, aus der Bundesrepublik Axel Eggebrecht, Hans Henny Jahnn und Günther Weisenborn an; die Spaltung wird vor allem von Erich Kästner und Kasimir Edschmid betrieben.

Pius XII. beendet das Heilige Jahr

13. Oktober. Mit einer auch im Rundfunk übertragenen Ansprache an eine Million Pilger im portugiesischen Wallfahrtsort Fatima beendet Papst Pius XII. die Feierlichkeiten des Heiligen Jahres 1950. Das Heilige Jahr wird von der katholischen Kirche alle 25 Jahre begangen. Dabei erneuert der Papst einen Appell, Frieden in der Welt zu schaffen. Kardinallegat Tedeschinn teilt der Öffentlichkeit mit, daß der Papst im vergangenen Jahr die gleichen Erscheinungen am Himmel beobachtet habe, die seit 1917 als das Sonnenwunder von Fatima bezeichnet werden.
Im Jahre 1917 hatten in dem Dorf Pilger das Sonnenwunder, das heißt, das Sichdrehen der Sonne, erlebt. Seitdem ist Fatima ein wichtiger Wallfahrtsort.

1951
NOVEMBER

Mo	Di	Mi	Do	Fr	Sa	So
			1	2	3	4
5	6	7	8	9	10	11
12	13	14	15	16	17	18
19	20	21	22	23	24	25
26	27	28	29	30		

1. Erste Nuklearwaffenmanöver unter Beteiligung von Landtruppen in der Wüste von Nevada (USA).

2. Der ehemalige Reichskanzler Heinrich Brüning trifft aus dem amerikanischen Exil kommend in Köln ein, wo er eine Professur übernehmen wird.

3. Deutsche Uraufführung der neuen Oper von Strawinsky »The Rake's Progress« (»Der Wüstling«) in Stuttgart. →

7. Bundespräsident Heuss lehnt die Fortsetzung eines Briefwechsels mit DDR-Präsident Pieck ab, da dieser in seinen Schreiben die Bundesregierung beleidige.

9. Jugoslawien legt der UNO eine Beschwerde über feindseliges Verhalten der Sowjetunion vor.

11. Wahlen in Argentinien festigen die Stellung Juan Peróns.

14. Krefelder Weberei stellt neue Kunstfaser der Öffentlichkeit vor. →

15. Carol-Reed-Film »Der Verdammte der Inseln«, nach einem Roman von Joseph Conrad uraufgeführt.

16. Bundesregierung stellt beim Bundesverfassungsgericht Verbotsantrag gegen KPD und SRP. →

17. Einweihung der größten Flußbrücke (206 m Spannweite) über den Rhein bei Düsseldorf.

19. Britische Truppen besetzen Ismailia; 14 Aufständische werden erschossen.

19. In Harwell (USA) wird der erste Atomreaktor zivil genutzt, er heizt einen Gebäudetrakt.

19. In der Bundesrepublik nimmt die Zahl der Arbeitslosen wieder zu; Mitte November steigert sie sich auf 1,257 Millionen.

20. Riesiges Hochwasser in Oberitalien, nachdem die Dämme des Po gebrochen sind.

25. Fußballländerspiel Türkei – Deutschland endet in Istanbul 0 : 2 (→ 17. 6. 1951).

25. Uraufführung des Dramas »Der Graf von Ratzeburg« aus dem Nachlaß von Ernst Barlach. →

27. Einigung zwischen China, Nordkorea und den UN-Einheiten über eine Demarkationslinie zwischen den Truppen.

27. Ehemaliger Generalsekretär der tschechoslowakischen KP, Rudolf Slánský, verhaftet. →

Entwurf zu einem Generalvertrag verabschiedet

22. November. Zum erstenmal konferiert Bundeskanzler Konrad Adenauer mit den Außenministern der westlichen Alliierten als gleichberechtigter Partner. Der Entwurf zu einem Generalvertrag zwischen der Bundesrepublik und den Westmächten, der das Besatzungsstatut ablösen soll, wird verabschiedet. Er sieht die Entschlußfreiheit der Bundesrepublik auf außenpolitischem Gebiet vor, die Aufhebung aller wirtschaftlichen Beschränkungen und bestimmt, daß eine Friedenskonferenz unter deutscher Beteiligung stattfinden müsse. Die Annahme des Generalvertrages wird gekoppelt mit der Aufnahme der Bundesrepublik in eine Europäische Verteidigungsgemeinschaft und in den Nordatlantikpakt.

Regierung strebt KPD-Verbot an

16. November. Die Bundesregierung beschließt, beim Bundesverfassungsgericht das Verbot der KPD und der SRP (Sozialistische Reichspartei) zu beantragen. Sie begründet ihren Antrag mit § 21 des Grundgesetzes, der Parteien für verfassungswidrig erklärt, die die freiheitlich demokratische Grundordnung beeinträchtigen oder beseitigen wollen. Der SRP wird vorgeworfen, eine Nachfolgeorganisation der NSDAP zu sein; die KPD handele nach einem in der DDR ausgearbeiteten Angriffsplan.

Kunstfasern auf dem Vormarsch

14. November. Mit einer Modenschau stellt eine Krefelder Seidenweberei den ersten Stoff vor, der aus einer Mischung von Perlon mit einer geringen Menge Wolle gesponnen ist. Die Faser soll Naturseidencharakter haben und auch etwa auf dem Preisniveau von Naturseide liegen. Wie der Firmensprecher mitteilt, haben in- und ausländische Couturiers bereits lebhaftes Interesse an dem neuen Stoff angemeldet.

Strawinskys Erfolg

3. November. Mit großer Begeisterung wird in Stuttgart ein Werk der modernen Musik gefeiert, die bis zum Kriegsende in Deutschland als entartet verfemt gewesen ist. In Anwesenheit des Komponisten wird die neue Strawinsky-Oper »Der Wüstling« (»The Rake's Progress«, am 11. 9. in Venedig uraufgeführt) für Deutschland erstaufgeführt; die musikalische Leitung hat Ferdinand Leitner. Der Erfolg gerade dieses Werkes hat seinen Grund wahrscheinlich darin, daß Strawinsky in ihm ein fast traditionelles Bekenntnis zur Melodie ablegt und noch recht wenig von der Zwölftontechnik beeinflußt ist.

Igor Strawinsky (rechts) bei einer Orchesterprobe in Köln.

Rudolf Slánský in Prag verhaftet

27. November. Überraschend wird in Prag die Verhaftung des früheren Generalsekretärs der KP und jetzigen stellvertretenden Ministerpräsidenten, Rudolf Slánský, bekanntgegeben. Er wird der staatsfeindlichen Tätigkeit beschuldigt. Die Vorwürfe sind um so überraschender, als Slánský immer als der treueste Verfechter der Moskauer Linie in der nicht immer konformen tschechischen KP gegolten hat. Mit der Verhaftung Slánskýs hat die KP-Fraktion um den Staatspräsidenten und Generalsekretär Klement Gottwald ihren gefährlichsten Gegner ausgeschaltet.

Rudolf Slánský.

Drama von Barlach wiederentdeckt

25. November. Als großes Beispiel der von den Nationalsozialisten unterdrückten Kunst wird das Drama »Der Graf von Ratzeburg« aufgenommen, das im Nachlaß des 1938 verstorbenen Dichters Ernst Barlach aufgefunden wurde. Das Passionsdrama erzählt in zehn Bildern die Geschichte des Grafen Heinrich von Ratzeburg aus der Zeit der Kreuzzüge, der nach einer Erscheinung alle »Geltungen« hinter sich läßt und einem Ziel der Wesentlichkeit entgegenstrebt.

Film des Jahres 1951: Werner Peters (2. v. l.) in dem DEFA-Film »Der Untertan« nach dem Roman von Heinrich Mann. Regie: Wolfgang Staudte.

Die erfolgreichsten Filme

Vivien Leigh und Marlon Brando im US-Film »Endstation Sehnsucht«.

Sonja Ziemann und Rudolf Prack im Heimatfilm »Grün ist die Heide«.

Fernandel (rechts) als Don Camillo und Gino Cervi als Peppone in »Don Camillo und Peppone« nach dem Erfolgsroman von Giovanni Guareschi.

1951
DEZEMBER

Mo	Di	Mi	Do	Fr	Sa	So
					1	2
3	4	5	6	7	8	9
10	11	12	13	14	15	16
17	18	19	20	21	22	23
24	25	26	27	28	29	30
31						

1. Das Sinfonieorchester des NWDR wird beim ersten Auftritt eines deutschen Orchesters nach dem Krieg in London von der Kritik gefeiert.

1. »Billy Budd«, die neue Oper von Benjamin Britten, in London uraufgeführt.

3. IOC-Beschluß, daß Sportler aus der DDR bei den Olympischen Spielen 1952 teilnehmen sollen; die DDR lehnt ab. →

3. Großbritanniens neuer Premierminister Winston Churchill empfängt als ersten deutschen Regierungschef Bundeskanzler Konrad Adenauer.

4. In Darmstadt wird das Deutsche PEN-Zentrum (Bundesrepublik) gegründet; Präsident: Erich Kästner, Generalsekretär Kasimir Edschmid (→ 24. 10. 51).

6. Die ägyptische Regierung verhängt wegen der andauernden Unruhen über 50 Toten den Ausnahmezustand.

7. Konrad Adenauer wird vom englischen König George VI. empfangen.

8. Der erste Roman von Heinrich Böll »Wo warst du, Adam« wird von der »Welt« als bedeutender Versuch gewertet, die Kriegserlebnisse eines einfachen Soldaten zu beschreiben.

8. UN-Ausschuß hört deutsche Delegierte zur Frage gesamtdeutscher Wahlen.

9. Volksabstimmung über die Gestalt des Bundeslandes Baden-Württemberg. →

10. Die deutschen Nachkriegsschulden werden durch die Westmächte von 3,2 Mrd. Dollar und 200 Mill. Pfund auf 1,2 Mrd. Dollar und 150 Mill. Pfund ermäßigt.

10. Verleihung der Nobelpreise in Stockholm und Oslo. →

15. Frankreich weist die tunesischen Forderungen nach einer erweiterten Selbstregierung zurück.

23. Deutschland besiegt in Essen die Fußballmannschaft Luxemburgs mit überzeugendem 4 : 1 (1 : 0).

27. Die Sowjetunion kündigt ihre Teilnahme an den Olympischen Spielen 1952 an. →

GESTORBEN:

31. Maxim Litwinow (* 17. 7. 1876), sowjetischer Diplomat.

Nobelpreise vergeben

10. Dezember. In Oslo wird dem Franzosen Léon Jouhaux der Friedensnobelpreis überreicht; Jouhaux ist Vorsitzender des nichtkommunistischen »Internationalen Bundes Freier Gewerkschaften« und Vertreter Frankreichs bei den Vereinten Nationen.

In Stockholm erhalten den Nobelpreis für Physik J. D. Lockcroft und E. Th. S. Walton (Großbritannien) für ihre Versuche der künstlichen Kernzertrümmerung, den Chemienobelpreis E. M. McMillan und G. Th. Seaborg (USA) für die Entdeckung der Transurane und den Medizinnobelpreis M. Theiler (USA) für die Erforschung des Gelbfiebervirus. Den Literaturnobelpreis erhält der schwedische Dichter Pär Lagerkvist für seinen Roman »Barabbas«.

UN prüft freie Wahlen

8. Dezember. Auf Antrag der Westmächte, die ein entsprechendes Ersuchen der Bundesrepublik an die Vereinten Nationen weitergeleitet haben, beschäftigt sich ein Ausschuß der UN mit der Überprüfung der Bedingungen, unter denen derzeit freie Wahlen in Gesamtdeutschland stattfinden können. Die eingeladenen Vertreter der Bundesrepublik verneinen die Möglichkeit freier Wahlen in der DDR unter Hinweis auf die gemaßregelten Parteien und die Unterdrückung jeglicher Freiheiten. Die DDR-Delegierten lehnen eine Untersuchung ab, die sie als Einmischung in die inneren Angelegenheiten des deutschen Volkes und Hinhaltemanöver der Westmächte bezeichnen, die an gesamtdeutschen Wahlen nicht interessiert seien. Am 19. Dezember billigt das politische Spezialkomitee den Antrag der drei Westmächte auf Entsendung einer Untersuchungskommission nach Deutschland, die aus Delegierten Brasiliens, Islands, der Niederlande, Pakistans und Polens bestehen soll.

Olympia 1952: Ohne DDR-Sportler

3. Dezember. Im Olympiajahr 1952 wird es keine gesamtdeutsche Mannschaft geben. Dies steht fest, nachdem die Verhandlungen zwischen den olympischen Komitees der DDR und der Bundesrepublik abgebrochen worden sind. Das Internationale Olympische Komitee hat festgelegt, daß die Bundesrepublik Deutschland bei der Vorbereitung der Teilnahme federführend sein soll und die Beteiligung der DDR internen Regelungen überlassen. Da die DDR-Vertreter nicht bereit sind, diesen Alleinvertretungsanspruch der Bundesrepublik anzuerkennen, werden die Verhandlungen von westdeutscher Seite abgebrochen.

Zumindest an den Sommerspielen in Helsinki wird jedoch die Sowjetunion teilnehmen, die sich am 27. Dezember offiziell anmeldet. Damit werden zum erstenmal seit dem Jahr 1912 wieder russische Sportler auf einer Olympiade zu sehen sein. Die guten Leistungen, vor allem der sowjetischen Frauen, lassen spannende Wettkämpfe erwarten.

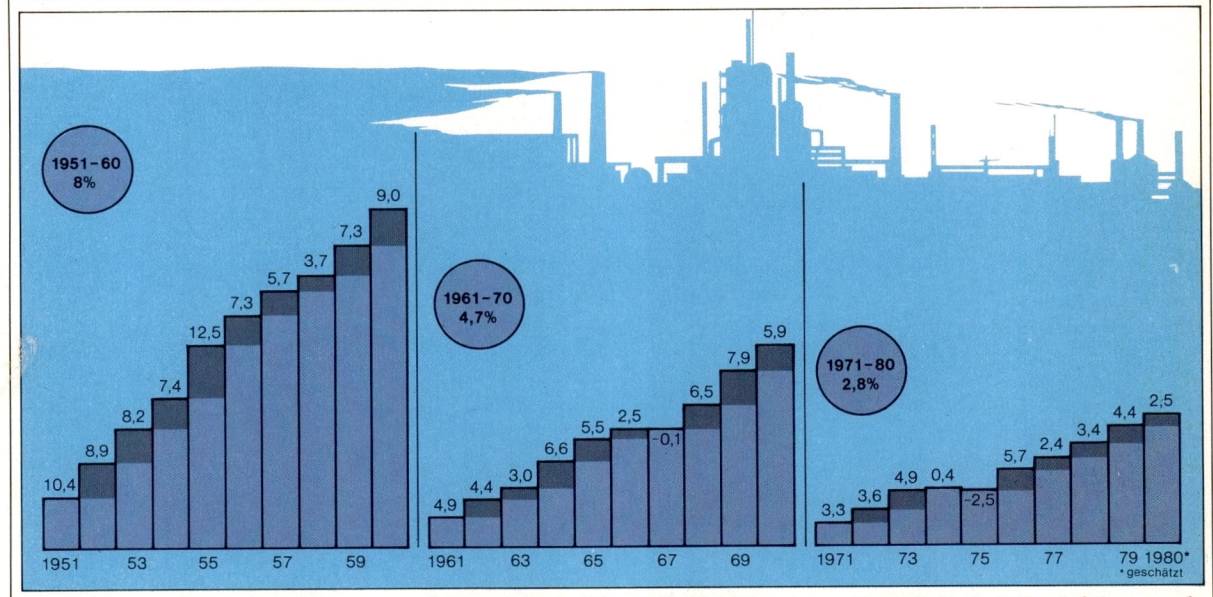

Die Zeit des Aufschwungs, bald Wirtschaftswunder genannt, beginnt. Ludwig Erhards Ziel, Wohlstand für alle, liegt zwar noch weit entfernt, der Glaube daran wächst jedoch von Jahr zu Jahr. Zunächst wirken sich allerdings noch die Folgen des Kriegs aus. Die Zahl der Arbeitskräfte steigt und damit die Zahl der Arbeitslosen. Das bedeutet Konsumverzicht für große Bevölkerungsteile. Das zunehmende Warenangebot läßt zugleich die Nachfrage steigen. Der Wirtschaftspolitik liegen die Prinzipien der sozialen Marktwirtschaft zugrunde: Konsumfreiheit, Gewerbefreiheit, Produktions- und Handelsfreiheit und Wettbewerbsfreiheit. Das steile Wachstum nach 1951, das heißt der Anstieg des Bruttosozialprodukts, ist nicht von Dauer, wie die Darstellung zeigt. In den späteren Jahrzehnten flacht es mehr und mehr ab.

1952

JANUAR

Mo	Di	Mi	Do	Fr	Sa	So
	1	2	3	4	5	6
7	8	9	10	11	12	13
14	15	16	17	18	19	20
21	22	23	24	25	26	27
28	29	30	31			

2. Der evangelische Kirchenpräsident Martin Niemöller reist in die Sowjetunion, um dort mit dem stellvertretenden Außenminister Sorin über die Kriegsgefangenen zu sprechen.

2. Die DDR lehnt es ab, die UN-Kommission zur Prüfung der Voraussetzungen für freie Wahlen ins Land zu lassen.

4. Der Nordwestdeutsche Rundfunk (NWDR) startet die erste Versuchssendung der Tagesschau.

8. Laut einer Mitteilung des Statistischen Bundesamtes leben in der Bundesrepublik 9,6 Millionen Flüchtlinge.

8. Wilhelm Furtwängler wird ständiger Leiter der Berliner Philharmoniker.

10. Nach zehntägigem Treiben, nur mit dem Kapitän an Bord, sinkt der amerikanische Frachter »Flying Enterprise«. →

11. Bundestag ratifiziert gegen die Stimmen der SPD den Vertrag über die Bildung der Montanunion.

16. Präsident Truman kündigt in einer Rede für das Haushaltsjahr 1952/53 einen Militäretat von rund 65 Milliarden Dollar an; das sind 18 Prozent des Bruttosozialprodukts oder 75 Prozent des Gesamtetats.

17. Zusammenstöße zwischen Studenten und Polizei in Freiburg anläßlich der Uraufführung des neuen Veit-Harlan-Films »Hanna Amon«.

18. Edgar Faure zum neuen französischen Ministerpräsidenten gewählt, nachdem René Pleven am 7. zurückgetreten ist.

19. Sicherheitsbeauftragter Theodor Blank kündigt die allgemeine Wehrpflicht an. →

25. Die französische Regierung ernennt den bisherigen Chef der Diplomatischen Mission, Grandval, gegen den Protest Adenauers zum Botschafter im Saarland.

31. Feststellungsklage beim Bundesverfassungsgericht gegen die geplante Wiedereinführung der Wehrpflicht. →

GESTORBEN:

2. Jo Davidson (* 30. 3. 1883), amerikanischer Bildhauer.

11. Jean Delattre de Tassigny (* 2. 2. 1889), französischer Marschall.

Kapitän auf sinkendem Schiff

10. Januar. Um die Jahreswende toben im Atlantik vor der englischen Küste orkanartige Stürme, denen viele Schiffe zum Opfer fallen – unter anderem die 6700 Bruttoregistertonnen große »Flying Enterprise«. Mit beträchtlicher Schräglage und manövrierunfähig treibt das Schiff in den riesigen Wellen; die Besatzung springt in das eiskalte Wasser und wird von anderen Schiffen aufgefischt. Nur der Kapitän, Kurt Carlson, bleibt an Bord. Er will warten, bis das Schiff sinkt oder abgeschleppt werden kann. Doch die Stürme dauern noch fünf Tage an; kein Schlepper kann die »Flying Enterprise« erreichen. Allmählich wird der einsame Kapitän auf dem dahintreibenden Schiff zum lebenden Mythos; täglich wird auf den ersten Seiten der Zeitungen in aller Welt über die Lage des Schiffes berichtet. Die seemännische Kühnheit und das Durchhaltevermögen des Kapitäns Carlson werden zum Gesprächsthema.

Schließlich macht der Schlepper »Turmoil« fest – die »Flying Enterprise« ist aber nicht mehr zu retten. Am 10. Januar sinkt sie, 13 Minuten, nachdem der Kapitän sie verlassen hat. In New York wird ihm auf dem Broadway ein triumphaler Empfang bereitet, wie er nur Charles Lindbergh nach der Atlantiküberquerung zuteil geworden ist.

Mit Schlagseite treibt die »Flying Enterprise« südwestlich von Irland.

Kapitän Kurt Carlson (rechts) wird in der englischen Hafenstadt Falmouth, in der er nach seiner Rettung zunächst an Land gebracht wird, jubelnd begrüßt.

Pläne für eine Armee

19. Januar. Nach langem Zögern und vielen Dementis rückt der Sicherheitsbeauftragte der Bundesregierung, Theodor Blank, mit den Plänen für eine zukünftige Armee heraus. Danach ist die Aufstellung von insgesamt zwölf Divisionen vorgesehen, die eine Stärke von 300 000 bis 400 000 Mann haben sollen, dazu eine taktische Luftwaffe und Küstenschutzeinheiten. Zunächst sollen die Soldaten auf freiwilliger Grundlage gestellt werden, für den weiteren Aufbau ist jedoch die Wiedereinführung der Dienstpflicht vorgesehen. In einem Memorandum vom 31. Januar beziffert die Bundesregierung die möglichen Aufwendungen der Bundesrepublik für einen Verteidigungsbeitrag innerhalb der Europäischen Verteidigungsgemeinschaft auf 10,8 Milliarden DM, von denen 2,4 Milliarden DM für die Berlin-Hilfe und die Innere Sicherheit abgezogen werden sollen.

Dieser Betrag entspricht in etwa 40 Prozent des gegenwärtigen Bundeshaushalts. Am gleichen Tag reichen SPD und die Föderalistische Union beim Bundesverfassungsgericht eine Klage ein. Sie wollen auf diesem Wege feststellen lassen, ob die Bundesregierung überhaupt ohne eine Änderung des Grundgesetzes zur Einführung des allgemeinen Wehrdienstes berechtigt ist, denn im Grundgesetz ist eine Wehrverfassung für die Bundesrepublik nicht vorgesehen.

Britische Truppen besetzen die Stadt Ismailia

20. Januar. Nachdem die Schießereien zwischen den englischen Kanal-Truppen und den Einheiten der sogenannten Ägyptischen Befreiungsarmee immer mehr Opfer gefordert haben und sogar ein Kloster überfallen worden ist, besetzen am 20. Januar britische Truppen die Stadt Ismailia, die außerhalb der ihnen zugestandenen Kanalzone liegt. Doch die Ägypter können sich im Polizeihauptquartier verstecken, das am 25. Januar mit Hilfe von Panzern erobert wird. Dabei und bei den sich anschließenden Demonstrationen in Kairo kommen über 100 Menschen ums Leben.

1952

FEBRUAR

Mo	Di	Mi	Do	Fr	Sa	So
				1	2	3
4	5	6	7	8	9	10
11	12	13	14	15	16	17
18	19	20	21	22	23	24
25	26	27	28	29		

1. Auch der Bundesrat billigt den Vertrag über die Montanunion, der im Januar im Bundestag ratifiziert wurde.

2. Einweihung der Westfalenhalle in Dortmund (größte Sporthalle Europas) durch Bundespräsident Heuss und Nordrhein-Westfalens Ministerpräsidenten Arnold.

5. DDR-Ministerpräsident Otto Grotewohl legt den Grundstein für den Bau der Stalinallee mit 3000 neuen Wohnungen; Finanzierung durch eine dreiprozentige Aufbauanleihe.

8. Große Wehrdebatte im Bundestag; mit 204 gegen 156 Stimmen vor allem der SPD wird ein deutscher militärischer Beitrag bei voller internationaler Gleichberechtigung akzeptiert.

10. Bayerns DGB-Delegierte lehnen im Gegensatz zum Bundesvorstand einen deutschen Wehrbeitrag ab.

11. Lawinenunglück im Kleinen Walsertal fordert 19 Tote.

14. Beginn der VI. Olympischen Winterspiele in Oslo. →

14. Felix von Eckhardt tritt das Amt des Bundespressechefs an.

14. NATO-Ausschuß der »Drei Weisen« fordert von der Bundesrepublik einen Beitrag von 11,25 Milliarden DM.

17. Herbert Klein verbessert den Weltrekord im Brustschwimmen über 100 Meter auf 1:05,8 Minuten.

23. NATO-Rat billigt in Lissabon einen wirtschaftlichen Rüstungsplan, der den 14 Paktstaaten bis Ende 1954 Ausgaben von über 300 Milliarden Dollar auferlegt.

28. Ehepaar Ria und Paul Falk wird in Paris Weltmeister im Eiskunstlaufen.

29. Der erst am 18. Januar zum französischen Ministerpräsidenten gewählte Edgar Faure tritt zurück. Anhaltende Regierungskrise in Frankreich wegen Haushaltsgenehmigung.

GESTORBEN:

6. George VI. (* 14. 12. 1895), König von Großbritannien. →

13. Alfred Einstein (* 30. 12. 1880), deutschamerikanischer Musikforscher.

19. Knut Hamsun (* 4. 8. 1859), norwegischer Schriftsteller, Nobelpreis 1920. →

Wieder eine Frau auf Englands Thron

6. Februar. In den frühen Morgenstunden des 6. Februar verstirbt auf dem Königlichen Schloß von Sandringham George VI., König von England. Am 10. Dezember 1936 hatte er als Nachfolger des zurückgetretenen Edward VIII. den Thron bestiegen und erlebte, wie das englische Kolonialreich in den 15 Jahren seiner Regentschaft mehr und mehr zerbröckelte. Seine Tochter Elizabeth wird, 25jährig, noch am gleichen Tag zur neuen Königin proklamiert. 50 Jahre nach dem Tod der legendären Königin Victoria besteigt damit wieder eine Frau den englischen Thron.

Die Proklamation Elizabeth' II. zur Königin von Großbritannien.

Knut Hamsun †

19. Februar. Der norwegische Dichter Knut Hamsun stirbt auf seinem Bauernhof Nörholmen bei Grimstad. Er war einer der wenigen Verteidiger und Bewunderer des Nationalsozialismus im Ausland. Nur weil ihm 1946 von Psychiatern eine »geschwächte geistige Gesundheit« bescheinigt wird, kommt er mit einer Geldstrafe von 325 000 Kronen davon. Nach einem unruhigen Vagabundenleben entstand sein erster Roman »Hunger« (1890), der wie nie zuvor diese menschliche Grunderfahrung beschreibt. Für seinen großen Roman »Segen der Erde« (1917) erhielt er 1920 den Nobelpreis. In der »Landstreichertrilogie« griff Hamsun auf Erlebnisse seiner eigenen frühen Jahre zurück.

Winterolympia in Oslo

14. Februar. In Oslo finden die ersten Nachkriegsspiele mit deutscher Beteiligung statt. Gleich am Eröffnungstag gewinnt Mirl Buchner-Fischer im Riesenslalom eine Bronzemedaille. Bei der Abfahrt und im Slalom können sie und Ossi Reichert noch eine weitere Bronze- und eine Silbermedaille gewinnen.

Sensationell sind die Siege der deutschen Bobfahrer: Mit ihrem 17 Jahre alten Bobschlitten holen Weltmeister Anderl Ostler und Bremser Lorenz Nieberl die Goldmedaille im Zweier- und im Viererbob. Die dritte Goldmedaille für das deutsche Team gewinnen Ria und Paul Falk im Eiskunstlauf der Paare.

Die deutschen Paarlauf-Sieger, das Ehepaar Ria und Paul Falk.

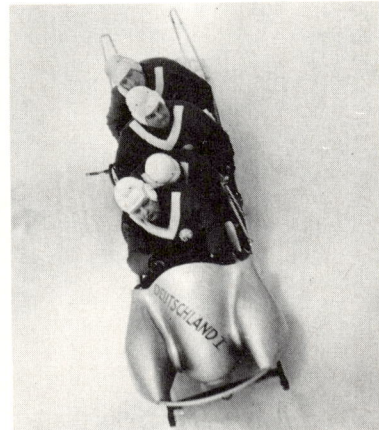

Der Viererbob »Deutschland I« bei seiner Siegesfahrt in Norwegen.

Die erste Nachkriegsmedaille für Deutschland gewinnt Mirl Buchner (2. von links).

Medaillengewinner Anderl Ostler, Mirl Buchner, Lorenz Nieberl und Ossi Reichert.

MÄRZ

Mo	Di	Mi	Do	Fr	Sa	So
					1	2
3	4	5	6	7	8	9
10	11	12	13	14	15	16
17	18	19	20	21	22	23
24	25	26	27	28	29	30
31						

1. Deutsche Erstaufführung der Oper »Billy Budd« von Benjamin Britten im Hessischen Staatstheater Wiesbaden.

1. Helgoland wird wieder in deutsche Verwaltung genommen. →

4. Bei einem Zugunglück in der Nähe von Rio de Janeiro werden über 120 Menschen getötet.

7. Laut Meldung des Deutschen Bühnenvereins war das erfolgreichste Stück der Saison 1950/51 »Der Gesang im Feuerofen« von Carl Zuckmayer mit 415 Aufführungen auf 31 Bühnen; sehr viel ist auch »Tod eines Handlungsreisenden« von Arthur Miller gespielt worden.

7. Schon kurz nach dem Erscheinen wird der Roman »Tauben im Gras« von Wolfgang Koeppen in zweiter Auflage vorgelegt. →

8. Wahlen im neugebildeten Land Baden-Württemberg. →

8. Uraufführung des von Carl Zuckmayer vollendeten Hauptmann-Dramas »Herbert Engelmann«. →

9. Durch eine umstrittene Ringrichterentscheidung gewinnt in Dortmund Heinz Neuhaus die Boxeuropameisterschaft im Schwergewicht gegen Karel Sys (Belgien).

10. In einer Note an die Westmächte schlägt die Sowjetunion einen Friedensvertrag mit Deutschland vor. →

17. Aufsehenerregende Sendung des Bayrischen Rundfunks über Ex-Nazis im Auswärtigen Amt. →

18. Der Fischer-Verlag eröffnet eine neue Taschenbuchreihe mit Bänden von Thornton Wilder, Thomas Mann und Joseph Conrad. Preis der Bände: 1,90 DM.

21. Deutsch-israelische Wiedergutmachungsverhandlungen beginnen in Den Haag.

23. Beim Absturz einer DC 6 der holländischen KLM in der Nähe von Frankfurt verlieren 45 Menschen das Leben.

26. Uraufführung des Stücks »Die Ehe des Herrn Mississippi« von Friedrich Dürrenmatt in München.

27. Attentat auf Bundeskanzler Adenauer mißlingt. →

GESTORBEN:

21. Peter Petersen (* 26. 6. 1884), deutscher Pädagoge.

Zweifel an Kremlnote

10. März. Große Verwirrung stiftet in den Reihen der Westmächte eine Note der sowjetischen Regierung, in der vollkommen überraschend die Wiedervereinigung Deutschlands und der baldige Abschluß eines Friedensvertrages vorgeschlagen werden. Im einzelnen sieht die Note vor: 1. Bildung eines einheitlichen deutschen Staates, 2. Abzug aller ausländischen Streitkräfte, 3. eine Garantie aller demokratischen Rechte, 4. freie Parteienbildung, 5. Verbot antidemokratischer Organisationen, 6. keine Diskriminierung ehemaliger Soldaten.

In der Grenzfrage wird auf das Potsdamer Abkommen verwiesen, das dieses Problem aber bis zum Abschluß eines Friedensvertrages vertagt.

Die Wirtschaft soll keiner Beschränkung mehr unterliegen, und zur Verteidigung des Territoriums sollen Deutschland eigene Streitkräfte zugestanden werden. Dafür muß sich Deutschland verpflichten, keinem Bündnis beizutreten, das

gegen eine der Siegermächte gerichtet ist, was den Beitritt zur EVG oder zur NATO ausschließen würde. Bundeskanzler Konrad Adenauer macht jedoch einige Tage später klar, daß er diese Note als keine ernst zu nehmende Gesprächsgrundlage betrachtet. Er erinnert an die ungeklärte Frage der Oder-Neiße-Grenze, die von den Sowjets offensichtlich nicht mehr in Frage gestellt werde, und meint, daß die Sowjetunion in Mitteleuropa ein Machtvakuum schaffen wolle, das von ihr bei nächster Gelegenheit besetzt werden könne. Als Kernpunkt stellt sich die Frage der militärischen Westintegration heraus; weder die Westmächte noch die Bundesregierung wollen auf den Anschluß an die Europäische Verteidigungsgemeinschaft zugunsten einer Wiedervereinigung verzichten. Die Antwortnote der Westmächte macht klar, daß die sowjetische Vorstellung eines vereinigten Deutschland nur innerhalb der EVG zu realisieren ist.

1. März. Die Nordseeinsel Helgoland wird mit einem schlichten Festakt unter freiem Himmel wieder in deutsche Verwaltung übernommen.

Die rote Felseninsel ist nach Kriegsende von den deutschen Bewohnern geräumt worden und hat bis zur Übernahme der britischen Luftwaffe als Bombenziel gedient. Die Luftaufnahme zeigt die kraterübersäte zerstörte Insel.

Attentat auf Bundeskanzler Adenauer mißlingt

27. März. Beim Öffnen eines für Bundeskanzler Konrad Adenauer bestimmten Sprengstoffpaketes kommt der Sprengmeister Karl Reichert in München ums Leben. Das Paket ist von einem unbekannten Mann zwei Jungen am Hauptbahnhof übergeben worden, denen jedoch die fehlerhafte Adressierung auffällt. Sie bringen es zur Polizei, wo der vorsichtshalber herbeigezogene Sprengmeister beim Öffnen durch eine heftige Explosion tödlich verletzt wird. Für den Anschlag erklärt sich eine angeblich jüdische Organisation verantwortlich, die gegen die deutsch-israelischen Wiedergutmachungsverhandlungen in Den Haag protestiert, die am 21. März begonnen haben.

Erfolgreicher Roman Koeppens

7. März. »Tauben im Gras« von Wolfgang Koeppen erzählt, beeinflußt von der literarischen Technik des James Joyce, die Geschehnisse eines einzigen Tages im von den Amerikanern besetzten München. Koeppens Roman wird als gelungener Versuch gewertet, die Nachkriegszeit literarisch zu bewältigen und hat einen außergewöhnlichen Verkaufserfolg.

CDU-Verluste

8. März. Die Wahlen im neugegründeten Bundesland Baden-Württemberg (→ 9. Dezember 1951) bringen der bislang führenden CDU deutliche Verluste, ohne allerdings ihre Position als stärkste Partei gefährden zu können.

Partei	Landtagswahl 8. 3. 52	Bundestagswahl 14. 8. 49
	Prozent	
CDU	36,0	39,6
SPD	28,0	23,9
FDP	18,0	17,6
DG/BHE	3,3	—
BHE	6,2	—
KPD	4,4	6,4

NSDAP-Mitglieder in Ministerien

17. März. Erhebliche Beunruhigung löst in der Bundeshauptstadt eine Sendung des Bayrischen Rundfunks aus, in der die Personalpolitik des im Aufbau begriffenen Auswärtigen Amtes scharf kritisiert wird. Zum allergrößten Teil werden dieser Sendung zufolge die Beamten des neuen Außenministeriums aus dem Personal des Nationalsozialistischen Außenamtes rekrutiert, so auch der Personalchef selbst, das ehemalige NSDAP-Mitglied Herbert Dittmann.

Im einzelnen wird festgestellt, daß von 19 leitenden Beamten der Personalabteilung 14 der NSDAP und 18 dem alten Auswärtigen Amt angehörten und daß sämtliche zehn Referatsleiter der politischen Abteilung Parteimitglieder und Ribbentropmitarbeiter waren.

Luxus ist wieder gefragt. Der französische Modeschöpfer Christian Dior und sein Mannequin Diana.

Hauptmann-Stück uraufgeführt

8. März. Uraufführung hat in Wien im Burgtheater »Herbert Engelmann«, ein unvollendetes Stück von Gerhart Hauptmann, das Carl Zuckmayer im amerikanischen Exil vollendet hat. Es erzählt die Erlebnisse eines Soldaten, der aus dem Ersten Weltkrieg zurückkommt und an seiner Umwelt leidet.

1952

APRIL

Mo	Di	Mi	Do	Fr	Sa	So
	1	2	3	4	5	6
7	8	9	10	11	12	13
14	15	16	17	18	19	20
21	22	23	24	25	26	27
28	29	30				

2. Hörspiel »Die Stimme hinter dem Vorhang« von Gottfried Benn, bei Radio Bremen uraufgeführt.

2. Die Bundesrepublik liberalisiert den Außenhandel.

4. Israel verlangt in Den Haag als Wiedergutmachung 3 Milliarden Dollar.

12. US-General Eisenhower tritt wegen seiner Kandidatur für die amerikanische Präsidentschaft vom Amt des NATO-Oberbefehlshabers in Europa zurück.

13. Tournee des Boston Symphony Orchestra unter dem Dirigenten Charles Munch beginnt in Frankfurt.

15. Der 500. Geburtstag Leonardo da Vincis wird in ganz Europa mit Veranstaltungen und Ausstellungen gefeiert; große deutsche Ausstellung im Berliner Schloß Charlottenburg.

17. Riesige Überschwemmungen im amerikanischen Missourital.

18. Bundesrepublik und Japan beschließen Aufnahme diplomatischer Beziehungen.

19. Mit einer großen Ausstellung in Mannheim beginnt die Wiederentdeckung des Malers Emil Nolde.

23. Bislang größte Atombombenexplosion in der Wüste von Nevada. →

25. Koalition von FDP/SPD/BHE wählt Reinhold Maier zum Ministerpräsidenten des Landes Baden-Württemberg. Die CDU verliert dadurch die Mehrheit im Bundesrat.

25. Sprengstoffattentäter Erich von Halacz trotz Unschuldsbeteuerungen zu lebenslänglich verurteilt (→ 29. November 1951).

26. Größte nichtelektronische Rechenanlage Europas in Minden fertiggestellt.

27. Wiedereinweihung der im Krieg schwer zerstörten Stephanskirche in Wien. →

28. Bisheriger Oberbefehlshaber in Korea, General Matthew Ridgway, wird zum Nachfolger Eisenhowers als NATO-Oberkommandierender in Europa ernannt.

GESTORBEN:

1. Ferenc Molnár (* 12. 1. 1878), ungarischer Schriftsteller.

15. Ludwig Kaas (* 23. 5. 1881), deutscher Politiker.

Frieden USA–Japan

28. April. Der Tag, an dem der Friedensvertrag mit Amerika und den westlichen Verbündeten des Zweiten Weltkriegs in Kraft tritt, wird in Japan wie ein riesiges Volksfest gefeiert. Über 200 000 Inhaftierte werden aufgrund einer umfangreichen Amnestie entlassen und fast alle wegen Kriegsverbrechen Verurteilten rehabilitiert. Der Friedensvertrag schenkt Japan nur eine bedingte Souveränität; so bleiben die amerikanischen Truppen im Lande, nur nennen sie sich jetzt Schutzmacht. Die Sowjetunion erklärt die Verträge für illegal.

Atombombentest live im Fernsehen übertragen

23. April. Die immer regelmäßiger stattfindenden Erprobungen amerikanischer Atombomben werden zu einem beliebten Schauobjekt des Fernsehens. Die bislang stärkste Explosion überhaupt über der Wüste von Nevada wird live einem Millionenpublikum in die Wohnzimmer übertragen.

Noch im 110 Kilometer entfernten Las Vegas ist die Explosion zu sehen, erst sieben Minuten später ist ihr Donner zu hören. Journalisten, die als Augenzeugen geladen sind, verfolgen das Ereignis aus einer Entfernung von nur 16 Kilometern. Schon kleinere Kernwaffen erzeugen bei ihrer Detonation eine Strahlung, die schwer schädigend ist.

27. April. In Wien wird der wiederhergestellte Stephansdom mit der neugegossenen Glocke, der »Pummerin«, eingeweiht. Das Bild zeigt die Glocke vor dem Dom.

6. April. In Bonn und anderen Städten der Bundesrepublik protestieren Studenten gegen die Aufführung von Veit-Harlan-Filmen, wie etwa »Verwehte Spuren«. Harlan hat im Dritten Reich zahlreiche Filme gedreht.

1952

MAI

Mo	Di	Mi	Do	Fr	Sa	So
			1	2	3	4
5	6	7	8	9	10	11
12	13	14	15	16	17	18
19	20	21	22	23	24	25
26	27	28	29	30	31	

1. Uraufführung des erfolgreichen Abenteuerfilms »Fanfan, der Husar« mit Gérard Philipe bei den internationalen Filmfestspielen in Cannes.

5. In Köln 3 : 0-Sieg der deutschen Fußballnationalmannschaft über Irland.

6. Bundespräsident Heuss erklärt die dritte Strophe des Deutschlandliedes zur Nationalhymne.

8. Fünfmarkmünzen werden in Umlauf gegeben.

10. Sowjets verweigern den US-amerikanischen Patrouillen das Befahren der Transitstrecke nach West-Berlin.

11. Bei einer Demonstration gegen den Abschluß des Generalvertrags in Essen wird der 20jährige Philipp Müller von einem Polizisten erschossen. →

15. Wernher von Braun stellt das Projekt einer bemannten Expedition zum Mars vor. →

15. Der DGB startet eine Reihe von Kundgebungen gegen das geplante Betriebsverfassungsgesetz. →

16. Frankfurts Oberbürgermeister Walter Kolb legt den Grundstein zum Wiederaufbau der Altstadt.

16. Bundestag verabschiedet das neue Lastenausgleichsgesetz mit besseren Leistungen.

18. Dreifacher Sieg der Mercedes-»Silberpfeile« durch Kling, Lang und Rieß beim Rennen in Bern.

26. Unterzeichnung des Generalvertrages durch die Außenminister der Westmächte und Bundeskanzler Adenauer in Bonn. →

26. DDR und Sowjetunion beginnen mit Blockaden des Ost-West-Verkehrs. →

27. In Paris wird der Vertrag über die Europäische Verteidigungsgemeinschaft unterzeichnet. →

27. Ein zweitägiger Druckerstreik in der Bundesrepublik verhindert das Erscheinen fast aller Zeitungen. →

GESTORBEN:

6. Maria Montessori (* 31. 8. 1870), italienische Pädagogin.

8. William Fox (* 1. 1. 1879), amerikanischer Filmproduzent.

15. Albert Bassermann (* 7. 9. 1867), deutscher Schauspieler.

Bundesrepublik ist EVG-Mitglied

Konrad Adenauer unterzeichnet den Generalvertrag in Bonn.

26. Mai. Mit der Unterzeichnung des Vertrags über die Europäische Verteidigungsgemeinschaft (EVG) und des Generalvertrags ist die Politik der Westintegration, wie sie vor allem von Bundeskanzler Konrad Adenauer verfochten wird, an einem vorläufigen Endpunkt angelangt. Der SPD-Vorsitzende Kurt Schumacher bekämpft diese Verträge bis zur letzten Minute, weil durch sie endgültig jede Hoffnung auf eine Wiedervereinigung zerstört würde. Im einzelnen beinhaltet der 400 Seiten umfassende Generalvertrag folgende Abmachungen: 1. Oberstes Ziel der Vertragspartner ist die Wiedervereinigung, deren konkrete Realisierung jedoch mit den Westmächten abgestimmt sein muß. 2. Die Truppen der Westmächte bleiben als militärischer Schutz weiterhin in der Bundesrepublik stationiert und können im Fall eines »Notstands der Demokratie« auch innenpolitisch eingreifen. Die Bundesrepublik verpflichtet sich, monatlich 850 Millionen DM für die Kosten der Stationierung und den Aufbau einer eigenen Armee bereitzustellen. 3. Die Bundesrepublik erhält alle wesentlichen Souveränitätsrechte zurück, darunter auch die volle Lufthoheit über ihrem Territorium. Damit ist auch der Aufbau einer eigenen Luftflotte gestattet. Die Europäische Verteidigungsgemeinschaft, deren Vertrag am 27. Mai in Paris unterzeichnet wird, soll einen ähnlichen Aufbau wie die Montanunion erhalten (→ April 1951). Ein zentrales Verteidigungskommissariat soll für eine gemeinsame Infrastruktur der europäischen Armeen sorgen. Ziel ist ein gemeinsames Kommando, das wiederum dem NATO-Oberkommando unterstellt werden soll. Die europäische Armee soll insgesamt 43 Gruppen von 13 000 Mann umfassen; den größten Teil stellen Frankreich mit 14 und die Bundesrepublik mit 12 Gruppen. Ausdrücklich garantiert der EVG-Vertrag den Schutz der Bundesrepublik und West-Berlins. Alle Vertragspartner versprechen eine baldige Ratifizierung durch ihre Parlamente; die größten Widerstände scheinen in Frankreich zu bestehen, wo von vielen Abgeordneten kritisiert wird, daß man der Bundesrepublik zu viele Zugeständnisse gemacht habe. In der Bundesrepublik gibt es neben den parlamentarischen Opponenten der SPD eine starke Demonstrationsbewegung gegen den Generalvertrag. Am 11. Mai wird bei einer nicht genehmigten Demonstration der 20jährige Philipp Müller, Mitglied der verbotenen FDJ, von einem Polizisten erschossen.

DDR riegelt Grenze ab

26. Mai. Die DDR und die Sowjetunion reagieren auf die Unterzeichnung des Generalvertrages sofort mit einer verschärften Abriegelung der Grenze. Die Telefonleitungen werden unterbrochen, und die Westberliner dürfen keine Besuche im Ostsektor mehr machen. Entlang der Grenze wird ein fünf Kilometer breiter Sperrgürtel eingerichtet, in dem alle Eisenbahnverbindungen demontiert werden; Fahrzeugen der Alliierten wird der Transitweg nach Berlin gesperrt.

Auf der DDR-Seite wird für den Sperrgürtel Wald abgeholzt.

Von Braun stellt Projekt für Marsflug vor

15. Mai. Wernher von Braun stellt in der Zeitschrift »Weltraumfahrt« das Projekt eines bemannten Fluges zum Mars vor. Die Öffentlichkeit reagiert mit ungläubigem Staunen.

Von Braun, ein deutscher Raketenforscher, der 1945 von den Amerikanern in die Vereinigten Staaten geholt worden ist, hat alle Flugdaten exakt errechnet. Er stellt auch Details der Konstruktion eines Raumschiffs vor, mit dem diese Fahrt unternommen werden kann. Erst außerhalb der Erde sollen seine Bestandteile im schwerelosen Raum zusammengebaut werden. Der Korrespondent der »Frankfurter Allgemeinen Zeitung« vermerkt: »Schon eine Landung auf dem Mond würde ein Ereignis bedeuten, gegen das alle bisherigen Leistungen des Menschen verblassen.«

Kundgebungen und Streiks um Mitbestimmung

Kundgebung in Frankfurt gegen den Betriebsverfassungsgesetzentwurf.

15. Mai. Neben den zum Teil schweren Auseinandersetzungen wegen des Generalvertrags ist eine Welle von Massenkundgebungen, die der DGB organisiert hat, angelaufen. Sie richten sich gegen den Entwurf des neuen Betriebsverfassungsgesetzes, der dem Bundestag zur Verabschiedung vorliegt. Allein in Hamburg verlassen 120 000 Gewerkschaftsmitglieder ihren Arbeitsplatz, um an einer Protestveranstaltung teilzunehmen. Die Gewerkschaften fordern echte Mitbestimmung, die Bewahrung der Einheitsgewerkschaft und die Mitentscheidung des Betriebsrates bei Kündigungen. Ihrer Meinung nach stellt das neue Betriebsverfassungsgesetz eine deutliche Verschlechterung gegenüber den Regelungen des Jahres 1920 dar. Am 28. und 29. Mai erscheinen in der Bundesrepublik keine Zeitungen, weil die IG Druck und Papier zu einem Streik aufgerufen hat; dann aber werden die Protestaktionen von der DGB-Führung allmählich eingestellt, weil man weitere innenpolitischen Eskalationen vermeiden möchte. Am 19. Juli wird das Betriebsverfassungsgesetz ohne Änderungen vom Bundestag verabschiedet.

1952

JUNI

Mo	Di	Mi	Do	Fr	Sa	So
						1
2	3	4	5	6	7	8
9	10	11	12	13	14	15
16	17	18	19	20	21	22
23	24	25	26	27	28	29
30						

1. Die Werke André Gides werden von der katholischen Kirche auf den Index gesetzt.

3. Westberliner Polizei und englisches Militär besetzen den sowjetischen Sender im Westsektor Berlins. →

7. Deutsche Erstaufführung von »Monsieur Verdoux« mit und von Charlie Chaplin. →

8. In einem Kampf um die deutsche Boxmeisterschaft im Mittelgewicht schlägt Peter Müller Ringrichter Max Pippow k. o. →

10. Frankfurt (Main) vergibt den Goethepreis an den erfolgreichsten Dramatiker seit dem Kriege, Carl Zuckmayer. Als letzter erhielt ihn vor drei Jahren Thomas Mann. →

13. Schwedisches Flugzeug von sowjetischen Jägern über der Ostsee abgeschossen. →

14. Die neue Cotta'sche Hölderlin-Ausgabe, herausgegeben von Friedrich Beißner, liegt mit den ersten Bänden vor.

15. Mercedes-Doppelsieg beim 24-Stunden-Rennen in Le Mans durch Lang/Rieß und Helferich/Niedermayr. →

15. Deutschland durch 19 : 8-Sieg über Schweden erneut Handballweltmeister.

16. Zweites schwedisches Flugzeug über der Ostsee abgeschossen. →

22. Deutscher Fußballmeister wird in Ludwigshafen VfB Stuttgart mit einem 3 : 2-Sieg über den 1. FC Saarbrücken. →

23. Bislang stärkster amerikanischer Luftangriff auf Ziele in Nordkorea. →

29. Werner Lueg stellt in Berlin den Weltrekord über 1500 m ein; Zeit: 3:43,0 min.

30. Ende der Leistungen aus dem amerikanischen Marshallplan für Europa. →

GESTORBEN:

1. John Dewey (* 20. 10. 1859), amerikanischer Philosoph.

9. Adolf Busch (* 8. 8. 1891), deutsch-schweizerischer Geiger.

12. Michael Faulhaber (* 5. 3. 1869), deutscher Kardinal, Erzbischof von München und Freising.

19. Heinrich Schlusnus (* 6. 8. 1888), deutscher Kammersänger.

Neue Krise um Berlin

3. Juni. Die deutliche Abkühlung des Ost-West-Verhältnisses, die durch Unterzeichnung des Generalvertrags und EVG-Vertrags (→ Mai 1952) verursacht worden ist, findet wie 1948 nach der Währungsreform ihren ersten Niederschlag in Berlin. Sowjetische und DDR-Einheiten besetzen verschiedene Westberliner Exklaven und riegeln den Westteil der Stadt fast vollständig für Besucherverkehr aus dem Ostsektor und Westdeutschland ab. Als Gegenmaßnahme sperren Westberliner Polizei und englisches Militär den im Westteil der Stadt, in der Masurenallee, gelegenen sowjetischen Deutschlandsender ab. 45 Mitarbeiter des Senders werden in dem Gebäude gefangengehalten, unter ihnen der Chefkommentator Karl Eduard von Schnitzler. Offensichtlich ist eine solche Aktion seit einiger Zeit erwartet worden, denn es stellt sich heraus, daß Teile des Senders schon seit zwei Wochen nach Ost-Berlin transportiert worden sind.

Bomben auf Korea

23. Juni. Beim bislang schwersten Luftangriff der US-Luftwaffe gegen Ziele in Nordkorea werden insgesamt 500 Flugzeuge eingesetzt. Bei diesem Einsatz werden fünf Großkraftwerke am nördlichen Grenzfluß Yalu zerstört, die die Hauptstadt Pjöngjang und auch Teile der Mandschurei mit Strom beliefern. Währenddessen machen die Waffenstillstandsverhandlungen keinerlei Fortschritte; immer noch wird über die Frage gestritten, wer als Gefangener anzusehen ist und wie hoch die jeweiligen Zahlen sind.

15. Juni. Beim 24-Stunden-Rennen von Le Mans erringt Mercedes einen Doppelsieg mit den Gespannen Lang/Rieß und Helferich/Niedermayr.

Der argentinische Rennfahrer Juan Fangio beim Training mit einem Anfang der fünfziger Jahre auf vielen Rennstrecken erfolgreichen Mercedes.

Marshallplanhilfe geht zu Ende

30. Juni. Anläßlich der offiziellen Beendigung der Marshallplanhilfe der USA für die Bundesrepublik und West-Berlin spricht der Vizekanzler Franz Blücher dem amerikanischen Volk Dank für die geleistete Hilfe aus. Seit 1948 sind 1,5 Milliarden Dollar für Käufe in den USA zur Verfügung gestellt worden.

Chaplin-Film in Deutschland

7. Juni. Erst fünf Jahre nach seiner Uraufführung in Paris ist der Film »Monsieur Verdoux« von und mit Charlie Chaplin in Deutschland zu sehen. Im Berliner Marmorpalast hat die deutsche Fassung Premiere und wird vom Publikum begeistert begrüßt.

Chaplin erzählt die Geschichte eines vielfachen Frauenmörders, der zu seinen Verbrechen steht und seinen Richtern das Recht abspricht, über ihn zu urteilen. Mit diesem sarkastischen Film will Chaplin die Doppelbödigkeit der Kritiker angreifen, die ihn aus politischen und moralischen Gründen aus den USA vertrieben hatten.

Militärflugzeuge abgeschossen

13. Juni. Am 13. Juni wird östlich von Gotland eine Transportmaschine der schwedischen Luftwaffe von russischen Jägern beschossen und stürzt ab; die siebenköpfige Besatzung kann gerettet werden. Ein Aufklärungsflugzeug, das sich auf der Suche nach dem Wrack befindet, wird am 16. Juni ebenfalls abgeschossen.

An die Zwischenfälle schließt sich ein Notenwechsel zwischen den betroffenen Regierungen an, in dem sich beide Seiten vorwerfen, gegen internationales Luftfahrtrecht verstoßen zu haben.

Stuttgart neuer Fußballmeister

22. Juni. Eine besondere Note erhält das Endspiel um die deutsche Fußballmeisterschaft wegen der Teilnahme des 1. FC Saarbrücken. Das Saargebiet gehört völkerrechtlich nicht mehr zu Deutschland, und Frankreich zeigt auch kein Interesse, die Ansprüche auf das Saargebiet aufzugeben. Doch mit dem 3 : 2-(2 : 1)-Erfolg des VfB Stuttgart gibt es doch einen »echten« Deutschen Meister.

8. Juni. Beim Kampf um die deutsche Boxmeisterschaft im Mittelgewicht in Köln schlägt Peter Müller (»de Aap«) Ringrichter Max Pippow zu Boden.

1952

JULI

Mo	Di	Mi	Do	Fr	Sa	So
	1	2	3	4	5	6
7	8	9	10	11	12	13
14	15	16	17	18	19	20
21	22	23	24	25	26	27
28	29	30	31			

1. Erste künstliche Hüftgelenke aus Plexiglas in der Bundesrepublik verpflanzt.

2. Erste direkte Flugverbindung zwischen Frankfurt und Kapstadt (Südafrika) eröffnet.

3. An den Börsen der Bundesrepublik werden die ersten IG-Farben-Aktien gehandelt.

4. Wimbledon-Finale: Bei den Herren siegt Frank Sedgman (USA) über den Ägypter Drobny, bei den Damen Maureen Connolly (USA) über Louise Brough (USA).

7. Die »United States«, neues Flaggschiff der US-Handelsflotte, holt sich mit einer Durchschnittsgeschwindigkeit von 66 km/h das Blaue Band für die schnellste Atlantiküberquerung. →

11. Bombardement von Eisenbahnen und Fabriken Nordkoreas durch 900 US-Flugzeuge.

13. DDR kündigt Aufbau einer Volksarmee an. →

15. Bundesverfassungsgericht verbietet der Sozialistischen Reichspartei jede Propagandatätigkeit.

19. Der Bundestag verabschiedet das Betriebsverfassungsgesetz (→ 15. Mai).

19. XV. Olympische Sommerspiele in Helsinki eröffnet. →

20. Fausto Coppi gewinnt die Tour de France.

23. Putsch gegen König Faruk in Ägypten. →

23. DDR-Volkskammer beschließt die Auflösung der alten Länder und die Einrichtung von 14 Verwaltungsbezirken.

30. Bundesverfassungsgericht erklärt den Antrag von SPD und Föderalistischer Union für unzulässig, die Wehrpflicht für unvereinbar mit dem Grundgesetz zu erklären.

GESTORBEN:

3. Fritz Brockhaus (* 27. 3. 1874), deutscher Verleger.

19. Elly Heuss-Knapp (* 25. 1. 1881), deutsche Schriftstellerin und Pädagogin.

23. Carl Severing (* 1. 6. 1875), deutscher Politiker.

26. Evita Perón (* 7. 5. 1919), argentinische Politikerin. →

31. Waldemar Bonsels (* 21. 2. 1880), deutscher Schriftsteller.

SED beschließt den Aufbau einer Volksarmee

10. Juli. Nach der Besiegelung des Anschlusses der Bundesrepublik an den Westen bezieht die SED verstärkt eine Position der eigenständigen Entwicklung der DDR. Auf dem II. Parteikongreß der SED werden Beschlüsse gefaßt, welche die Wiedervereinigung schwieriger denn je erscheinen lassen.

So ergeht der Aufruf, allseitig die führende Rolle der Partei zu verwirklichen, was als Kampfansage an die Reste bürgerlicher Politik verstanden werden muß. Weiter wird der Aufbau einer Volksarmee und der »Volksdemokratie« beschlossen. Damit ist zunächst vor allem die Enteignung der privaten Bauern und ihr Zusammenschluß zu »Landwirtschaftlichen Produktionsgenossenschaften« (LPG) gemeint.

USA: Eisenhower gegen Stevenson

11. Juli. Als erste bestimmen die Republikaner in Chicago ihren Kandidaten für die amerikanischen Präsidentenwahlen am 4. November. Obwohl Dwight D. Eisenhower bei den Vorwahlen zunächst gar nicht kandidiert hat, ist sein Name immer wieder auf die Stimmzettel geschrieben worden, bis er schließlich seine Kandidatur auch selbst angemeldet hat. Eisenhower kann sich bei den 1206 Delegierten durchsetzen; zum Kandidaten für das Amt des Vizepräsidenten ernennt er den jungen Senator Richard M. Nixon, der sich bisher vor allem als Vorsitzender des Ausschusses für unamerikanische Umtriebe einen Namen gemacht hat. Angesichts der Popularität Eisenhowers und des Verzichts Harry S. Trumans auf eine weitere Kandidatur glauben die Demokraten nur mit dem Gouverneur Adlai Stevenson noch eine Chance zu haben. Stevenson gilt in Amerika als der Mann, der als Gouverneur von Illinois das korrupte Chicago »gesäubert« hat. Zu seinem Vizepräsidenten beruft er Senator Sparkman. Damit beginnt ein harter und aufwendiger Wahlkampf.

König Faruk gestürzt

König Faruk von Ägypten dankt ab und verläßt mit Gefolge das Land.

23. Juli. Ägypten bleibt ein Unruheherd im Nahen Osten. Nach den blutigen Auseinandersetzungen mit den Engländern, die ihre Wurzel auch in den sozialen Ungerechtigkeiten des Landes selbst haben, werden vergeblich Versuche gemacht, der Korruption beizukommen, die sich immer mehr ausweitet. So endete ein Versuch der Agrarreform im Nildelta damit, daß sämtliches Land an Verwandte und Freunde des Ministerpräsidenten Nahas Pascha verteilt wurde. Aber auch der König selbst profitiert von den dunklen Geschäften, z. B. darf niemand in Ägypten mit dem Verkauf seiner Baumwolle beginnen, bevor nicht die Felder Faruks abgeerntet sind. Jeder Versuch einer wirklich gründlichen Bekämpfung der Korruption muß also auch den König treffen. Als dies unübersehbar ist, wird der neue Ministerpräsident Hilaly Pascha entlassen und kurz darauf wieder berufen. Diese plötzliche Kehrtwendung dient allein dem Zweck, den seitens der Armee immer dringlicher vorgeschlagenen General Ali Nagib vom Amt des Kriegsministers fernzuhalten. In der Nacht zum 23. Juli jedoch besetzt der Geheimbund der Offiziere (Dobbatel-Harer) die strategisch wichtigen Positionen der Hauptstadt Kairo. Faruk beeilt sich zunächst, den Forderungen der Putschenden zu entsprechen und ernennt Nagib zum Oberbefehlshaber, akzeptiert auch den von ihnen vorgeschlagenen Ali Maher als Ministerpräsidenten. Doch je mehr Sympathien die Offiziere in der Bevölkerung finden, desto unhaltbarer wird seine Lage. Am 26. Juli verläßt er mit seinem Troß auf einer gerade fertiggestellten Luxusjacht das Land als armer Mann, wie er behauptet, und tritt eine Reise nach Europa an. Zum neuen König ist sein sieben Monate alter Sohn Fuad ernannt worden.

Argentinien trauert um Evita Perón

26. Juli. Nach dem Tod der 33jährigen Ehefrau des argentinischen Präsidenten Juan Perón sind in Buenos Aires Trauerszenen von ungewöhnlicher Größe und Intensität zu sehen. 700 000 Argentinier pilgern zu der Bahre mit der Toten, wo sie teilweise 15 Stunden warten müssen; 16 Menschen kommen im Gedrängel ums Leben. Die ehemalige Schauspielerin hatte sich nachdrücklich für die Rechte der Arbeiterinnen und Gewerkschaften eingesetzt und auch viel im Bereich der Gesundheitspolitik bewirken können. Nach ihrem Tod geht die Legende um, daß sie gestorben sei, weil sie Leprakranke gepflegt habe; sie erlag aber einer Leukämie.

Hunderttausende folgen in Buenos Aires dem Sarg Evita Peróns.

7. Juli. Die »United States«, das neue Flaggschiff der amerikanischen Handelsflotte, holt sich für die schnellste Atlantiküberquerung das »Blaue Band«, die imaginäre Trophäe der Ozeanriesen. Das Schiff (das Bild zeigt ein Modell) bewältigt die Strecke in drei Tagen, zehn Stunden und vierzig Minuten.

Jahr	Schiffsname	Land	Antrieb (S = Schraube)	BRT	Durchschnitts-Geschw. kn** O–W	W–O
1875	CITY OF BERLIN	GB	1S	5 491	15,2	15,37
1876	GERMANIC	GB	1S	5 008	15,48	15,82
	BRITANNIC	GB	1S	5 004		15,93
1877	BRITANNIC	GB	1S	5 004	15,54	
1879	ARIZONA	GB	1S	5 147		15,95
1881	SERVIA	GB	1S	7 391	15,98	
1882	ALASKA	GB	1S	6 400		16,04
1884	OREGON	GB	1S	7 375	18,16	
	AMERIKA	USA	1S	5 528		17,82
	OREGON	GB	1S	7 375		18,18
1885	ETRURIA	GB	1S	8 127	18,84	19,41
1887	UMBRIA	GB	1S	7 700	18,91	
1888	ETRURIA	GB	1S	8 127	19,57	
1889	CITY OF PARIS II	GB	2S	10 669		19,49
1891	TEUTONIC	GB	2S	9 686	20,46	
1892	CITY OF PARIS II	GB	2S	10 669	20,7	
	CITY OF NEW YORK	GB	2S	10 449		20,1
1893	CAMPANIA	GB	2S	12 950		21,33
1894	LUCANIA	GB	2S	12 952	21,82	22,01
1897	KAISER WILHELM D. GR.	D	2S	14 349		22,35
1898	KAISER WILHELM D. GR.	D	2S	14 349	22,65	
1900	DEUTSCHLAND	D	2S	16 502	23,15	23,36
1906	KAISER WILHELM II.	D	2S	19 361		23,58
1907	MAURETANIA	GB	2S	31 938		23,69
	LUSITANIA	GB	2S	31 550	23,99	
1908	MAURETANIA	GB	2S	31 938		24,51
1909	LUSITANIA	GB	2S	31 550	25,85	
	MAURETANIA	GB	2S	31 938	26,06	
1910	LUSITANIA	GB	2S	31 550		25,57
1911	MAURETANIA	GB	2S	31 938		25,89
1924	MAURETANIA	GB	2S	31 938		26,25
1929	BREMEN	D	4S	51 656	27,83	27,92
1930	EUROPA	D	4S	49 746	27,91	
1933	BREMEN	D	4S	51 656	28,51	
	REX	I	4S	51 062	28,92	
1935	NORMANDIE	F	4S	79 280	29,98	30,35
1936	QUEEN MARY	GB	4S	81 235	30,14	30,67
1937	NORMANDIE	F	4S	83 423*	30,58	31,2
1938	QUEEN MARY	GB	4S	81 235	30,99	31,69
1952	UNITED STATES	USA	4S	53 329	35,95	35,59

* nach Umbau   ** 1 kn = 1,852 km/h

1952  Helsinki

Der alles überragende Athlet der Sommerspiele in Helsinki ist der Tscheche Emil Zatopek. Er gewinnt Goldmedaillen über 5000, 10 000 m und im Marathonlauf. Da auch seine Frau Dana im Speerwerfen siegt, spricht man allenthalben von den Zatopekspielen. Über 5000 m wird der Mitfavorit Herbert Schade aus Solingen nach einem alle Teilnehmer zermürbenden Tempolauf Zatopeks Dritter.

Die deutschen Sportler können zwar mit einigen hervorragenden Leistungen aufwarten – so im 4 × 400-m-Lauf der Damen (Silbermedaille) und im Hammerwerfen der Männer (Silbermedaille für Karl Storch) –, doch in der Abschlußbilanz ist keine Goldmedaille verzeichnet. Die Leichtathleten haben zwar große Hoffnungen auf den Weltrekordler Werner Lueg gesetzt, der sich auf der 1500-m-Distanz jedoch dem Luxemburger Josef Barthel und dem Amerikaner McMillen geschlagen geben muß.

An den sportlichen Wettkämpfen in der finnischen Hauptstadt nehmen 69 Mannschaften teil. 42 Teams können auch eine oder mehrere Medaillen mit in ihr Heimatland nehmen. Zum erstenmal in ihrer Geschichte ist auch die Sowjetunion bei Olympischen Spielen vertreten.

Leichtathletik Männer

100 m
1. Lindy Remigino — USA — 10,4
2. Herbert McKenley — JAM — 10,4
3. Emmanuel McDonald Bailey — GBR — 10,4

200 m
1. Andrew Stanfield — USA — 20,7
2. W. Thane Baker — USA — 20,8
3. James Gathers — USA — 20,8

400 m
1. George Rhoden — JAM — 45,9
2. Herbert McKenley — JAM — 45,9
3. Ollie Matson — USA — 46,8

800 m
1. Malvin Whitfield — USA — 1:49,2
2. Arthur Wint — JAM — 1:49,4
3. Heinz Ulzheimer — D — 1:49,7

1500 m
1. Josef Barthel — LUX — 3:45,1
2. Robert McMillen — USA — 3:45,2
3. Werner Lueg — D — 3:45,4

5000 m
1. Emil Zatopek — ČSR — 14:06,6
2. Alain Mimoun — FRA — 14:07,4
3. Herbert Schade — D — 14:08,6

10 000 m
1. Emil Zatopek — ČSR — 29:17,0
2. Alain Mimoun — FRA — 29:32,8
3. Aleksandr Anufriyev — SOV — 29:48,2

Marathon
1. Emil Zatopek — ČSR — 2:23:03,2
2. Reinaldo Gorno — ARG — 2:25:35,0
3. Gustaf Jansson — SWE — 2:26:07,0

110-m-Hürden
1. Harrison Dillard — USA — 13,7
2. Jack Davis — USA — 13,7
3. Arthur Barnard — USA — 14,1

400-m-Hürden
1. Charles Moore — USA — 50,8
2. Yury Lituyev — SOV — 51,3
3. John Holland — NSE — 52,2

3000-m-Hindernislauf
1. Horace Ashenfelter — USA — 8:45,4
2. Vladimir Kazantsev — SOV — 8:51,6
3. John Disley — GBR — 8:51,8

4 × 100-m-Staffel
1. USA — 40,1 (Dean Smith, Harrison Dillard, Lindy Remigino, Andrew Stanfield)
2. SOV — 40,3 (Boris Tokarev, Levan Kalyayev, Levan Sanadze, Vladimir Sukharyev)
3. UNG — 40,5 (László Zarándi, Géza Varasdi, György Csányi, Béla Goldoványi)

Das tschechische Laufwunder Emil Zatopek, 29, gewinnt in Helsinki dreimal Gold.

4 × 400-m-Staffel
1. JAM — 3:03,9 (Arthur Wint, Leslie Laing, Herbert McKenley, George Rhoden)
2. USA — 3:04,0 (Ollie Matson, Gerald Cole, Charles Moore, Malvin Whitfield)
3. D — 3:06,6 (Hans Geister, Günter Steines, Heinz Ulzheimer, Karl-Friedrich Haas)

50-km-Gehen
1. Giuseppe Dordoni — ITA — 4:28:07,8
2. Josef Doležal — ČSR — 4:30:17,8
3. Antal Róka — UNG — 4:31:27,2

10 000-m-Gehen (nur 1924, 1948, 1952 durchgeführt)
1. John Mikaelsson — SWE — 45:02,8
2. Fritz Schwab — SUI — 45:41,0
3. Bruno Yunk — SOV — 45:41,0

Hochsprung
1. Walter Davis — USA — 2,04
2. Kenneth Wiesner — USA — 2,01
3. José Telles da Conceição — BRA — 1,98

Stabhochsprung
1. Robert Richards — USA — 4,55
2. Donald Laz — USA — 4,50
3. Ragnar Lundberg — SWE — 4,40

Weitsprung
1. Jerome Biffle — USA — 7,57
2. Meredith Gourdine — USA — 7,53
3. Ödön Földessy — UNG — 7,30

Dreisprung
1. Adhemar Ferreira Da Silva — BRA — 16,22
2. Leonid Schtscherbakov — SOV — 15,98
3. Arnoldo Devonish — VEN — 15,52

Kugelstoßen
1. Parry O'Brien — USA — 17,41
2. Darrow Hooper — USA — 17,39
3. James Fuchs — USA — 17,06

Diskuswerfen
1. Sim Iness — USA — 55,03
2. Adolfo Consolini — ITA — 53,78
3. James Dillion — USA — 53,28

Hammerwerfen
1. József Csermák — UNG — 60,34
2. Karl Storch — D — 58,86
3. Imre Németh — UNG — 57,74

Speerwerfen
1. Cyrus Young — USA — 73,78
2. William Miller — USA — 72,46
3. Toivo Hyytiäinen — FIN — 71,89

Zehnkampf
1. Robert Mathias — USA — 7887
2. Milton Campbell — USA — 6975
3. Floyd Simmons — USA — 6788

Die erfolgreichen 4 × 100-m-Staffeln der Damen. Sie profitieren vom Pech der Australierinnen, die den Stab verlieren: (von links) die Engländerinnen, die deutschen Silbermedaillen-Gewinnerinnen Helga Klein, Maria Sander-Domagalla, Marga Petersen und Ursula Knab und die US-Girls.

Noch mit 39 Jahren gewinnt der Hammerwerfer Karl Storch eine Silbermedaille.

Leichtathletik Frauen

100 m
1. Marjorie Jackson — AUS — 11,5
2. Daphne Hasenjager-Robb — SAF — 11,8
3. S. de la Hunty-Strickland — AUS — 11,9

200 m
1. Marjorie Jackson — AUS — 23,7
2. Bertha Brouwer — HOL — 24,2
3. Nadyeschda Khnykina — SOV — 24,2

80-m-Hürden
1. S. de la Hunty-Strickland — AUS — 10,9
2. Maria Golubnitschaya — SOV — 11,1
3. Maria Sander — D — 11,1

4 × 100-m-Staffel
1. USA — 45,9 (Mae Faggs, Barbara Jones, Janet Moreau, Catherine Hardy)
2. D — 45,9 (Ursula Knab, Maria Sander, Helga Klein, Marga Petersen)
3. GBR — 46,2 (Sylvia Cheeseman, June Foulds, June Desforges, Heather Armitage)

Hochsprung
1. Esther Brand — SAF — 1,67
2. Sheila Lerwill — GBR — 1,65
3. Aleksandra Tschudina — SOV — 1,63

Weitsprung
1. Yvette Williams — NSE — 6,24
2. Aleksandra Tschudina — SOV — 6,14
3. Shirley Cawley — GBR — 5,92

Kugelstoßen
1. Galina Zybina — SOV — 15,28
2. Marianne Werner — D — 14,57
3. Klavdiya Totschenova — SOV — 14,50

Diskuswerfen
1. Nina Romaschkova — SOV — 51,42
2. Yelisaveta Bagryantseva — SOV — 47,08
3. Nina Dumbadze — SOV — 46,29

Speerwerfen
1. Dana Zátopková — ČSR — 50,47
2. Aleksandra Tschudina — SOV — 50,01
3. Yelena Gortschakova — SOV — 49,76

Schwimmen Männer

100-m-Kraul
1. Clarke Scholes — USA — 57,4
2. Hiroshi Suzuki — JAP — 57,4
3. Göran Larsson — SWE — 58,2

400-m-Kraul
1. Jean Boiteux — FRA — 4:30,7
2. Ford Konno — USA — 4:31,3
3. Per-Olof Östrand — SWE — 4:35,2

1500-m-Kraul
1. Ford Konno — USA — 18:30,3
2. Shiro Hashizume — JAP — 18:41,4
3. Tetsuo Okamoto — BRA — 18:51,3

100-m-Rücken
1. Yoshinobu Oyakawa — USA — 1:05,4
2. Gilbert Bozon — FRA — 1:06,2
3. Jack Taylor — USA — 1:06,4

200-m-Brust
1. John Davies — AUS — 2:34,4
2. Bowen Stassforth — USA — 2:34,7
3. Herbert Klein — D — 2:35,9

4 × 200-m-Kraulstaffel
1. USA — 8:31,1 (Wayne Moore, William Woolsey, Ford Konno, James McLane)
2. JAP — 8:33,5 (Hiroshi Suzuki, Yoshihiro Hamaguchi, Toru Goto, Teijiro Tanikawa)
3. FRA — 8:45,9 (Joseph Bernardo, Aldo Eminente, Alexandre Jany, Jean Boiteux)

Kunstspringen
1. David Browning — USA — 205,29
2. Miller Anderson — USA — 199,84
3. Robert Clotworthy — USA — 184,92

Turmspringen
1. Dr. Samuel Lee — USA — 156,28
2. Joaquin Capilla Pérez — MEX — 145,21
3. Günther Haase — D — 141,31

Wasserball
1. Ungarn
2. Jugoslawien
3. Italien

200-m-Brust-Weltrekordler Herbert Klein. Er kam als Favorit und gewinnt nur Bronze.

Schwimmen Frauen

100-m-Kraul
1. Katalin Szöke — UNG — 1:06,8
2. Johanna Termeulen — HOL — 1:07,0
3. Judit Temes — UNG — 1:07,1

400-m-Kraul
1. Valéria Gyenge — UNG — 5:12,1
2. Éva Novák — UNG — 5:13,7
3. Evelyn Kawamoto — USA — 5:14,6

200-m-Brust
1. Éva Székely — UNG — 2:51,7
2. Éva Novák — UNG — 2:54,4
3. Helen Gordon — GBR — 2:57,6

100-m-Rücken
1. Joan Harrison — SAF — 1:14,3
2. Geertje Wielema — HOL — 1:14,5
3. Jean Stewart — NSE — 1:15,8

4 × 100-m-Kraulstaffel
1. UNG — 4:24,4 (Ilona Novák, Judit Temes, Éva Novák, Katalin Szöke)
2. HOL — 4:29,0 (Marie-Louise Linssen-Vaessen, Koosje van Voorn, Johanna Termeulen, Irma Heijting-Schuhmacher)
3. USA — 4:30,1 (Jacqueline La Vine, Marilee Stepan, Joan Alderson, Evely Kawamoto)

Auch auf dem Treppchen: Hinter Jamaika und den USA gewinnt Deutschlands 4 × 400-m-Staffel Bronze. Zu erkennen sind (rechts) die Läufer Günter Steines und Heinz Ulzheimer.

1952 Helsinki

Gewichtheben

		Beidarmiges Drücken	Beidarmiges Reißen	Beidarmiges Stoßen	Total
Bantamgewicht					
1. Ivan Udodov	SOV	90,0	97,5	127,5	315,0
2. Mahmoud Namdjou	IRA	90,0	95,0	122,5	307,5
3. Ali Mirzai	IRA	95,0	92,5	112,5	300,0
Federgewicht					
1. Rafael Tschimischkyan	SOV	97,5	105,0	135,0	337,5
2. Nikolay Saksonov	SOV	95,0	105,0	132,5	332,5
3. Rodney Wilkes	TRI	100,0	100,0	122,5	322,5
Leichtgewicht					
1. Thomas Kono	USA	105,0	117,5	140,0	362,5
2. Yevgeny Lopatin	SOV	100,0	107,5	142,5	350,0
3. Verne Barberis	AUS	105,0	105,0	140,0	350,0
Mittelgewicht					
1. Peter George	USA	115,0	127,5	157,5	400,0
2. Gérard Gratton	CAN	122,5	112,5	155,0	390,0
3. Sung-Jip Kim	KOR	122,5	112,5	147,5	382,5
Leichtschwergewicht					
1. Trofim Lomakin	SOV	125,0	127,5	165,0	417,5
2. Stanley Stanczyk	USA	127,5	127,5	160,0	415,0
3. Arkady Vorobyov	SOV	120,0	127,5	160,0	407,5
Mittelschwergewicht					
1. Norbert Schemansky	USA	127,5	140,0	177,5	445,0
2. Grigory Novak	SOV	140,0	125,0	145,0	410,0
3. Lennox Kilgour	TRI	125,0	120,0	157,5	402,5
Schwergewicht					
1. John Davis	USA	150,0	145,0	165,0	460,0
2. James Bradford	USA	140,0	132,5	165,0	437,5
3. Humberto Selvetti	ARG	150,0	120,0	162,5	432,5

Kunstspringen

1. Patricia McCormick	USA	147,30
2. Mady Moreau	FRA	139,34
3. Zoe Ann Jensen-Olsen	USA	127,57

Turmspringen

1. Patricia McCormick	USA	79,37
2. Paula Jean Myers	USA	71,63
3. Juno Irwin-Stover	USA	70,49

Boxen

Fliegengewicht
1. Nathan Brooks USA
2. Edgar Basel D
3. Anatoly Bulakov SOV
3. William Toweel SAF

Bantamgewicht
1. Pentti Hämäläinen FIN
2. John McNally IRL
3. Gennady Garbuzov SOV
3. Joon-Ho Kang KOR

Federgewicht
1. Jan Zachara ČSR
2. Sergio Caprari ITA
3. Joseph Ventaja FRA
3. Leonard Leisching SAF

Leichtgewicht
1. Aureliano Bolognesi ITA
2. Aleksy Antkiewicz POL
3. Erkki Pakkanen FIN
3. Gheorghe Fiat RUM

Halbweltergewicht
1. Charles Adkins USA
2. Viktor Mednov SOV
3. Erkki Mallenius FIN
3. Bruno Visintin ITA

Weltergewicht
1. Zygmunt Chychla POL
2. Sergey Schtscherbakov SOV
3. Victor Jörgensen DAN
3. Günther Heidemann D

Halbmittelgewicht
1. László Papp UNG
2. Theunis van Schalkwyk SAF
3. Boris Tischin SOV
3. Eladio Herrera ARG

Mittelgewicht
1. Floyd Patterson USA
2. Vasile Tita RUM
3. Stig Sjölin SWE
3. Boris Nikolov BUL

Halbschwergewicht
1. Norvel Lee USA
2. Antonio Pacenza ARG
3. Anatoly Perov SOV
3. Harri Siljander FIN

Schwergewicht
1. Hayes Edward Sanders USA
2. (Silbermedaille wurde nicht vergeben)
3. Andries Nieman SAF
3. Ilkka Koski FIN

Der Schwede Ingemar Johansson wurde in der 2. Runde des Finalkampfes wegen »ständiger Passivität« disqualifiziert und erhielt die Silbermedaille nicht.

Ringen, griechisch-römischer Stil

Fliegengewicht
1. Boris Gurevitsch SOV
2. Ignazio Fabra ITA
3. Leo Honkala FIN

Bantamgewicht
1. Imre Hódos UNG
2. Zakaria Chihab LIB
3. Artem Teryan SOV

Federgewicht
1. Yakov Punkin SOV
2. Imre Polyák UNG
3. Abdel Rashed EGY

Leichtgewicht
1. Schazam Safin SOV
2. Gustaf Freij SWE
3. Mikuláš Athanasov ČSR

Weltergewicht
1. Miklós Szilvási UNG
2. Gösta Andersson SWE
3. Khalil Taha LIB

Mittelgewicht
1. Axel Grönberg SWE
2. Kalervo Rauhala FIN
3. Nikolay Byelov SOV

Halbschwergewicht
1. Kaelpo Gröndahl FIN
2. Schalva Tschikhladze SOV
3. Karl-Erik Nilsson SWE

Schwergewicht
1. Johannes Kotkas SOV
2. Josef Ružička ČSR
3. Tauno Kovanen FIN

Freistilringen

Fliegengewicht
1. Hasan Gemici TUR
2. Yushu Kitano JAP
3. Mahmoud Mollaghassemi IRA

Bantamgewicht
1. Shohachi Ishii JAP
2. Raschid Mamedbekov SOV
3. Kha-Shaba Jadav IND

Federgewicht
1. Bayram Şit TUR
2. Nasser Guivehtchi IRA
3. Josiah Henson USA

Leichtgewicht
1. Olle Anderberg SWE
2. Jay Thomas Evans USA
3. Djahanbakte Tovfighe IRA

Weltergewicht
1. William Smith USA
2. Per Berlin SWE
3. Abdullah Modjtabavi IRA

Mittelgewicht
1. David Tsimakuridze SOV
2. Gholam Reza Takhti IRA
3. György Gurics UNG

Halbschwergewicht
1. Wiking Palm SWE
2. Henry Wittenberg USA
3. Adil Atan TUR

Schwergewicht
1. Arsen Mekokischvili SOV
2. Bertil Antonsson SWE
3. Kenneth Richmond GBR

Fechten Männer

Florett Einzel
1. Christian d'Oriola FRA
2. Edoardo Mangiarotti ITA
3. Manlio Di Rosa ITA

Florett Mannschaft
1. Frankreich
2. Italien
3. Ungarn

Degen Einzel
1. Edoardo Mangiarotti ITA
2. Dario Mangiarotti ITA
3. Oswald Zappelli SUI

Degen Mannschaft
1. Italien
2. Schweden
3. Schweiz

Säbel Einzel
1. Pál Kovács UNG
2. Aladár Gerevich UNG
3. Tibor Berczelly UNG

Säbel Mannschaft
1. Ungarn
2. Italien
3. Frankreich

Fechten Frauen

Florett Einzel
1. Irene Camber ITA
2. Ilona Elek UNG
3. Karen Lachmann DAN

Moderner Fünfkampf Einzel

1. Lars Hall SWE
2. Gábor Benedek UNG
3. István Szondy UNG

Moderner Fünfkampf Mannschaft

1. Ungarn
2. Schweden
3. Finnland

Kanu Männer

1000 m Kajak-Einer (K 1)

1. Gert Fredriksson	SWE	4:07,9
2. Thorvald Strömberg	FIN	4:09,7
3. Louis Gantois	FRA	4:20,1

1000 m Kajak-Zweier (K 2)

1. Finnland	3:51,1
2. Schweden	3:51,1
3. Österreich	3:51,4

10 000 m Kajak-Einer (K 1) (nur 1936, 1948, 1952, 1956 durchgeführt)

1. Thorvald Strömberg	FIN	47:22,8
2. Gert Fredriksson	SWE	47:34,1
3. Michel Scheuer	D	47:54,5

10 000 m Kajak-Zweier (K 2) (nur 1936, 1948, 1952, 1956 durchgeführt)

1. Finnland	44:21,3
2. Schweden	44:21,7
3. Ungarn	44:26,6

1000 m Canadier-Einer (C 1)

1. Josef Holeček	ČSR	4:56,3
2. János Parti	UNG	5:03,6
3. Olavi Ojanperä	FIN	5:08,5

1000 m Canadier-Zweier (C 2)

1. Dänemark	4:38,3
2. Tschechoslowakei	4:42,9
3. Deutschland	4:48,3

10 000 m Canadier-Einer (C 1) (nur 1948, 1952, 1956 durchgeführt)

1. Frank Havens	USA	57:41,1
2. Gábor Novák	UNG	57:49,2
3. Alfréd Jindra	ČSR	57:53,1

10 000 m Canadier-Zweier (C2) (nur 1936, 1948, 1952, 1956 durchgeführt)

1. Frankreich	54:08,3
2. Kanada	54:09,9
3. Deutschland	54:28,1

Kanu Frauen

500 m Kajak-Einer (K 1)

1. Sylvi Saimo	FIN	2:18,4
2. Gertrude Liebhart	AUT	2:18,8
3. Nina Savina	SOV	2:21,6

Rudern

Einer

1. Yury Tykalov	SOV	8:12,8
2. Mervyn Wood	AUS	8:14,5
3. Teodor Kocerka	POL	8:19,4

Doppelzweier

1. Argentinien	7:32,2
2. Sowjetunion	7:38,3
3. Uruguay	7:43,7

Zweier ohne Steuermann

1. USA	8:20,7
2. Belgien	8:23,5
3. Schweiz	8:32,7

Zweier mit Steuermann

1. Frankreich	8:28,6
2. Deutschland	8:32,1
3. Dänemark	8:34,9

Vierer ohne Steuermann

1. Jugoslawien	7:16,0
2. Frankreich	7:18,9
3. Finnland	7:23,3

Vierer mit Steuermann

1. Tschechoslowakei	7:33,4
2. Schweiz	7:36,5
3. USA	7:37,0

Achter

1. USA	6:25,9
2. Sowjetunion	6:31,2
3. Australien	6:33,1

Segeln

Ein-Mann-Boot (Finn-Dinghi)

1. Paul Elvström	DAN	8209
2. Charles Currey	GBR	5449
3. Rickard Sarby	SWE	5051

Star

1. Italien	7635
2. USA	7216
3. Portugal	4903

Drachen

1. Norwegen	6130
2. Schweden	5556
3. Deutschland	5352

5,5 m (nur 1952, 1956, 1960, 1964, 1968 durchgeführt)

1. USA	5751
2. Norwegen	5325
3. Schweden	4554

6 m (nur 1908, 1912, 1920, 1924, 1928, 1932, 1936, 1948, 1952 durchgeführt)

1. USA	4870
2. Norwegen	4648
3. Finnland	3944

Radsport

Straßenrennen Einzel

1. André Noyelle	BEL	5:06:03,4
2. Robert Grondelaers	BEL	5:06:51,2
3. Edi Ziegler	D	5:07:47,5

Straßenrennen Mannschaft

1. Belgien	15:20:46,6
2. Italien	15:33:27,3
3. Frankreich	15:38:58,1

1000-m-Zeitfahren

1. Russel Mockridge	AUS	1:11,1
2. Marino Morettini	ITA	1:12,7
3. Raymond Robinson	SAF	1:13,0

1000-m-Sprint

1. Enzo Sacchi	ITA	12,0
2. Lionel Cox	AUS	
3. Werner Potzernheim	D	

2000-m-Tandemfahren

1. Australien	11,0
2. Südafrika	
3. Italien	

4000-m-Mannschafts-Verfolgungsrennen

1. Italien	4:46,1
2. Südafrika	4:53,6
3. Großbritannien	4:51,5

Reitsport

Military Einzel

1. Hans von Blixen-Finecke	SWE	−28,33
2. Guy Lefrant	FRA	−54,50
3. Wilhelm Büsing	D	−55,50

Military Mannschaft

1. Schweden	−221,94
2. Deutschland	−235,49
3. USA	−587,16

Dressur Einzel

1. Henri Saint Cyr	SWE	561,0
2. Lis Hartel	DAN	541,5
3. André Jousseaume	FRA	541,0

Dressur Mannschaft

1. Schweden	1597,5
2. Schweiz	1579,0
3. Deutschland	1501,0

Jagdspringen Einzel

1. Pierre Jonquères d'Oriola	FRA	−8/0
2. Oscar Cristi	CHI	−8/4
3. Fritz Thiedemann	D	−8/8/38,5

Jagdspringen Mannschaft

1. Großbritannien	−40,75
2. Chile	−45,75
3. USA	−52,25

Schießen

Freies Gewehr Einzel

		Total
1. Anatoly Bogdanov	SOV	1123
2. Robert Bürchler	SUI	1120
3. Lev Vainschtein	SOV	1109

Kleinkaliber (KK) liegende Stellung

1. Iosif Sîrbu	RUM	400/33
2. Boris Andreyev	SOV	400/28
3. Arthur Jackson	USA	399/28

Kleinkaliber (KK) Dreistellungskampf

		Total
1. Erling Kongshaug	NOR	1164
2. Vilho Ylönen	FIN	1164
3. Boris Andreyev	SOV	1163

Schnellfeuerpistole oder Revolver

1. Károly Takács	UNG	579
2. Szilárd Kun	UNG	578
3. Gheorghe Lichiardopol	RUM	578

Beliebige Scheibenpistole, 50 m

1. Huelet Benner	USA	553
2. Angel León de Gozalo	SPA	550
3. Ambrus Balogh	UNG	549

Tontaubenschießen

1. George Patrick Genereux	CAN	192
2. Knut Holmqvist	SWE	191
3. Hans Liljedahl	SWE	190

Schießen auf laufenden Hirsch, Einzel- und Doppelschuß, Einzelwertung (nur 1952 und 1956 durchgeführt)

1. John Larsen	NOR	413
2. Per Olof Sköldberg	SWE	409
3. Tauno Mäki	FIN	407

Abkürzungsschlüssel siehe Register

Turnen Männer

Mehrkampf Einzel

1. Viktor Tschukarin	SOV	115,70
2. Grant Schaginyan	SOV	114,95
3. Josef Stalder	SUI	114,75

Mehrkampf Mannschaft

1. Sowjetunion	574,40
2. Schweiz	567,50
3. Finnland	564,20

Barren Einzel

1. Hans Eugster	SUI	19,65
2. Viktor Tschukarin	SOV	19,60
3. Josef Stalder	SUI	19,50

Bodenübung Einzel

1. William Thoresson	SWE	19,25
2. Tadao Uesako	JAP	19,15
2. Jerzy Jokiel	POL	19,15

Pferdsprung Einzel

1. Viktor Tschukarin	SOV	19,20
2. Masao Takemoto	JAP	19,15
3. Takashi Ono	JAP	19,10
3. Tadao Uesako	JAP	19,10

Seitpferd Einzel

1. Viktor Tschukarin	SOV	19,50
2. Yevgeny Korolkov	SOV	19,40
2. Grant Schaginyan	SOV	19,40

Reck Einzel

1. Jack Günthard	SUI	19,55
2. Josef Stalder	SUI	19,50
2. Alfred Schwarzmann	D	19,50

Ringe Einzel

1. Grant Schaginyan	SOV	19,75
2. Viktor Tschukarin	SOV	19,55
3. Hans Eugster	SUI	19,40
3. Dmitry Leonkin	SOV	19,40

Turnen Frauen

Mehrkampf Einzel

1. Maria Gorokhovskaya	SOV	76,78
2. Nina Botscharova	SOV	75,94
3. Margit Korondi	UNG	75,82

Mehrkampf Mannschaft

1. Sowjetunion	527,03
2. Ungarn	520,96
3. Tschechoslowakei	503,32

Stufenbarren

1. Margit Korondi	UNG	19,40
2. Maria Gorokhovskaya	SOV	19,26
3. Ágnes Keleti	UNG	19,16

Bodenübung

1. Ágnes Keleti	UNG	19,36
2. Maria Gorokhovskaya	SOV	19,20
3. Margit Korondi	UNG	19,00

Pferdsprung

1. Yekaterina Kalintschuk	SOV	19,20
2. Maria Gorokhovskaya	SOV	19,19
3. Galina Minaitscheva	SOV	19,16

Schwebebalken

1. Nina Botscharova	SOV	19,22
2. Maria Gorokhovskaya	SOV	19,13
3. Margit Korondi	UNG	19,02

Gruppen-Gymnastik (nur 1952 und 1956 durchgeführt)

1. Schweden	74,20
2. Sowjetunion	73,00
3. Ungarn	71,60

Basketball

1. USA
2. Sowjetunion
3. Uruguay

Fußball

1. Ungarn
2. Jugoslawien
3. Schweden

Feldhandball

Demonstration

Landhockey

1. Indien
2. Holland
3. Großbritannien

Die Olympia-Flagge wird aus dem Stadion getragen.

1952

AUGUST

Mo	Di	Mi	Do	Fr	Sa	So
				1	2	3
4	5	6	7	8	9	10
11	12	13	14	15	16	17
18	19	20	21	22	23	24
25	26	27	28	29	30	31

1. Frankreich und die Bundesrepublik nehmen neue Verhandlungen über die Zukunft der Saar auf.

1. Das britische Unterhaus billigt den Deutschlandvertrag.

4. Erste Überquerung des Atlantik durch zwei amerikanische Hubschrauber.

5. Die Rundfunkgeräte der neuen Verkaufssaison werden in der »Frankfurter Rundschau« vorgestellt. →

6. Arabische Liga protestiert gegen die deutsch-israelischen Wiedergutmachungsverhandlungen.

9. Der neue Lloyd LP 300 wird vorgestellt. →

9. Erste juryfreie Kunstausstellung in Berlin seit 22 Jahren wird mit Werken von 650 Künstlern eröffnet.

11. König Talal von Jordanien wird zum Thronverzicht durch das Militär gezwungen; Nachfolger wird sein Sohn Hussein.

14. Bundesrepublik tritt dem Internationalen Weltwährungsfonds und der Weltbank bei.

23. Sowjetunion erneuert in einer Note an die Westmächte das Angebot einer Viermächtekonferenz und freier Wahlen (→ März 1952).

24. Überraschend wird in Luxemburg der Deutsche Heinz Müller Weltmeister der Berufsradrennfahrer.

26. Erster Atlantikflug in beiden Richtungen an einem Tag von einem britischen Düsenflugzeug bewältigt.

27. Auf einer Messe in London wird das erste Bildtelefon vorgestellt.

27. Eröffnung des Deutschen Evangelischen Kirchentages in Stuttgart unter dem Motto »Wählt das Leben«; Protestanten aus der DDR wird die Einreise verweigert.

27. Ende der deutsch-israelischen Wiedergutmachungsverhandlungen in Luxemburg. →

28. Carl Zuckmayer erhält den Goethepreis der Stadt Frankfurt.

30. Im Monat August wird mit 16 000 die bislang höchste Flüchtlingszahl in Berlin festgestellt.

GESTORBEN:

20. Kurt Schumacher (* 3. 10. 1895), deutscher Politiker. →

Der Trauerzug in Hannover mit dem Sarg Kurt Schumachers.

Tod Kurt Schumachers

20. August. Um 22.45 Uhr findet Annemarie Renger, langjährige Mitarbeiterin Kurt Schumachers, ihren Chef nach einem Kreislaufversagen tot in seinem Arbeitszimmer. Schumacher ist immer der schärfste und gefürchtetste Gegner der Politik der Adenauerregierung gewesen. Er wurde in Kulm (Westpreußen) geboren. Der einzige Sohn eines Kaufmanns verlor nach einem Jurastudium im Ersten Weltkrieg den rechten Arm und übernahm im Dezember 1920 eine Stelle als Redakteur des »Schwäbischen Tageblattes«. 1924 wurde er als SPD-Abgeordneter in den württembergischen Landtag gewählt, und von 1930 bis 1933 war Schumacher Mitglied der SPD-Fraktion im Reichstag. Gleich im Juni 1933 wurde er verhaftet und war bis 1945 mit nur kurzen Unterbrechungen in KZ-Haft, aus der er als körperlich stark geschwächter Mann zurückkam. Doch schon 1945 wurde er vom Auslandspräsidium der SPD zum Beauftragten für die Westzonen ernannt und im Mai 1946 zum Vorsitzenden der SPD gewählt. Schumacher war immer entschiedener Gegner der im Osten praktizierten Annäherung von SPD und KPD. Nach dem für die SPD enttäuschenden Ausgang der Bundestagswahlen 1949 galt er als unumstrittener Oppositionsführer im Bundestag. Den Grund seiner immer schärfer werdenden Attacken gegen die Westpolitik der Adenauer-Regierung hat er wenige Stunden vor seinem Tod noch einer amerikanischen Fernsehgesellschaft aufs Band gesprochen. »Die Teilung Deutschlands ist die größte Stärke der sowjetischen Außenpolitik. Nach Auffassung der Sozialdemokratie ist die Wiedervereinigung Deutschlands wichtiger für den Frieden und die Konstituierung Europas als jede Form der Integration eines Teiles von Deutschland mit anderen europäischen Ländern.«

3 Milliarden an Israel

27. August. Unter strengsten Sicherheitsvorkehrungen gehen im Luxemburger Stadthaus die Verhandlungen über die deutsche Wiedergutmachung an Israel zu Ende. Die Unterzeichnung des Vertrages erfolgt in kühler Atmosphäre. Die Bundesrepublik sichert in dem Vertrag drei Milliarden DM als Entschädigung für die Opfer des Nationalsozialismus und Folgekosten zu. Die Summe soll, verteilt über zwölf Jahre, in Form von Waren und Dienstleistungen in der Bundesrepublik abgerufen werden. Diese Wiedergutmachungsleistungen der Bundesrepublik berühren individuelle Ansprüche aufgrund von Verfolgung und von Inhaftierung nicht.

Rundfunkgeräte jetzt mit einem magischen Auge

5. August. Eines der wichtigsten gehobenen Konsumgüter des »Wirtschaftswunders« ist das Rundfunkgerät, das durch die Einführung der UKW-Frequenz mit den besseren Empfangsqualitäten noch beliebter wird. Die Rundfunkgeräte der Verkaufssaison 1952/53 haben jetzt ein »magisches Auge«, mit dessen Hilfe man den gewünschten Sender optimal einstellen kann. Außerdem werden die umständlichen Drehknöpfe zur Wahl der Wellenbereiche durch die Klavierdrucktasten ersetzt, mit denen man teilweise auch schon einen Lokalsender ohne weitere Einstellungen direkt abrufen kann. Auch der Mittelwellenempfang wird durch die Einführung der handlichen Ferritantenne wesentlich verbessert. Für die besten Geräte, die auch Klangfarbenregler besitzen, muß man etwa 300 DM anlegen, einfachere Kleingeräte sind auch schon für 70 DM zu haben.

Lloyd LP 300 – der große Zwerg

9. August. Nach einigen Anfangsschwierigkeiten ist nun die Entwicklung des Kleinwagens von Lloyd vorerst abgeschlossen. Es zeigt sich, daß auch ein Auto mit einem Motorhubraum von 300 cm^3 durchaus respektable Leistungen zu erbringen vermag. Mit seinen 10 PS sind mit ihm 70 Stundenkilometer auf der Autobahn als Durchschnittsgeschwindigkeit zu erreichen. Dabei verbraucht er nur 5,0 Liter auf 100 Kilometer. Weitere Vorteile bietet er durch seinen guten Kundendienst – ein Austauschmotor ist schon für 98 DM zu erhalten – und die außerordentliche Wendigkeit und Parkplatzfreundlichkeit im Großstadtverkehr. Seine Holzkarosserie mit Kunstlederbezug kann die gröbsten Dröhngeräusche absorbieren, und wenn man noch die Heizung zum Aufpreis von 24 DM einbauen läßt, hat man ein vollwertiges Automobil, das zwei Erwachsenen und zwei Kindern ausreichenden Platz anbieten kann.

1952

SEPTEMBER

Mo	Di	Mi	Do	Fr	Sa	So
1	2	3	4	5	6	7
8	9	10	11	12	13	14
15	16	17	18	19	20	21
22	23	24	25	26	27	28
29	30					

1. Bundesbehörden übernehmen an Stelle der Besatzungsmächte die Kontrolle des Reiseverkehrs an den Grenzen.

4. Als literarische Sensation des Jahres erscheint in den USA der neue Roman von Ernest Hemingway »Der alte Mann und das Meer«.

7. Bundesrepublik begeht Nationalen Gedenktag (dritter Jahrestag der ersten Sitzung des Bundestages) mit Feiern der Parlamente.

9. Untergang eines Fährschiffes auf der Donau bei Belgrad: 107 Personen ertrinken.

10. Erste Begegnung führender deutscher und israelischer Politiker bei der offiziellen Unterzeichnung des Wiedergutmachungsabkommens in Luxemburg durch Bundeskanzler Adenauer und den israelischen Außenminister Moshe Sharett.

12. Angesichts des drohenden Verbots durch das Bundesverfassungsgericht beschließt die neonazistische SRP die Selbstauflösung.

19. Bundestagspräsident Ehlers empfängt eine Delegation der DDR-Volkskammer, die in einem Schreiben an den Bundestag noch einmal den Vorschlag gesamtdeutscher Wahlen macht.

23. Durch einen K.-o.-Sieg in der 13. Runde erkämpft der bislang in allen Profikämpfen ungeschlagene Rocky Marciano gegen Joe Walcott den Titel des Boxweltmeisters im Schwergewicht.

25. Eröffnung der Frankfurter Buchmesse. →

27. John Cobb (USA), schnellster Mann zu Wasser und zu Lande, bei einem Rekordversuch mit einem Schnellboot tödlich verunglückt.

28. Auf dem Parteitag der SPD in Dortmund wird Erich Ollenhauer zum Nachfolger Kurt Schumachers als Parteivorsitzender gewählt. →

30. Deutsche Erstaufführung der »Sizilianischen Vesper« von Tennessee Williams im Westberliner Schillertheater.

GESTORBEN:

4. Graf Carlo Sforza (* 25. 9. 1872), italienischer Politiker.

26. George Santayana (* 16. 12. 1863), amerikanischer Dichter.

Erich Ollenhauer wird Nachfolger Kurt Schumachers

28. September. Auch international findet der SPD-Parteitag in Dortmund größere Beachtung, weil hier einerseits der Nachfolger des verstorbenen Kurt Schumacher gewählt werden soll, andererseits gespannt die Position der SPD zu den europäischen Verträgen beobachtet wird. Zum Nachfolger Schumachers wird mit großer Mehrheit Erich Ollenhauer gewählt, der auch eine programmatische Rede hält. Als vorrangig vor allen europäischen Einigungsbestrebungen wird weiterhin die deutsche Frage angesehen; dabei soll ein mögliches wiedervereinigtes Deutschland nicht darin bestehen, daß der eine Teil dem anderen absolut gleich wird, sondern durch eine Reform beider jetzt existierender Gesellschaften soll eine Lösung entstehen, die die Vorteile beider Staaten bewahrt. Weiter spricht sich Ollenhauer gegen die geplante Europäische Verteidigungsgemeinschaft sowie auch gegen alle anderen Versuche europäischer Politik mit nur sechs Beteiligten aus; grundsätzlich bejaht der Parteitag aber mittlerweile durchaus einen Beitrag der Bundesrepublik zu einem kollektiven Sicherheitssystem, der auch militärischer Natur sein kann.

Buchmesse in Frankfurt eröffnet

25. September. Mit einem Festakt in der Paulskirche wird die Frankfurter Buchmesse durch den Vorsitzenden des Börsenvereins des Deutschen Buchhandels, Josef Knecht, eröffnet. Knecht kann darauf hinweisen, daß die Beteiligung ausländischer Verlage beträchtlich zugenommen hat. Insgesamt wird die Buchmesse in diesem Jahr von 850 Verlagen, davon 360 ausländischen, beschickt. Im Rahmen der Eröffnungsfeierlichkeiten wird der Friedenspreis des Deutschen Buchhandels dem italienisch-deutschen Religionsphilosophen Romano Guardini verliehen. Zu den meistbeachteten Büchern gehört Ernest Hemingways Roman »Der alte Mann und das Meer«.

1952

OKTOBER

Mo	Di	Mi	Do	Fr	Sa	So
		1	2	3	4	5
6	7	8	9	10	11	12
13	14	15	16	17	18	19
20	21	22	23	24	25	26
27	28	29	30	31		

2. Erste erfolgreiche Versuche mit dem Modell einer Einschienenbahn bei Köln.

2. Deutsche Erstaufführung der »Tätowierten Rose« (»Rose Tattoo«) von Tennessee Williams im Thalia-Theater in Hamburg.

3. Explosion der ersten britischen Atombombe auf dem Montebello-Archipel vor Australien.

3. Sowjetische Regierung erklärt den neuen US-Botschafter George F. Kennan zur Persona ingrata.

5. Beginn des XIX. Parteitages der KPdSU in Moskau mit einem Referat Malenkows, in dem er schwere Angriffe gegen die USA erhebt.

8. In Hessen wird eine Geheimorganisation aufgedeckt, die schwarze Listen für die Liquidierung führender Politiker geführt hat. →

8. Beim Zusammenprall dreier vollbesetzter Züge auf dem Bahnhof von Harrow (England) kommen 110 Menschen ums Leben.

9. Die erste Deutschlandtournee des Jazztrompeters Louis Armstrong beginnt in Düsseldorf.

10. Uraufführung des neuen Films von Charlie Chaplin »Limelight« in London. →

16. Iran bricht diplomatische Beziehungen mit Großbritannien ab. Grund: Besitzverhältnisse des Öls im Iran.

17. Der DGB-Kongreß in Berlin wählt den Vorsitzenden der IG Metall, Walter Freitag, zum neuen Bundesvorsitzenden.

20. Wegen der anhaltenden Anschläge der Widerstandsorganisation Mau Mau wird in der englischen Kolonie Kenia der Alarmzustand ausgerufen.

23. Das Bundesverfassungsgericht erklärt die inzwischen aufgelöste Sozialistische Reichspartei für verfassungswidrig.

25. Deutsche Erstaufführung von »Don Camillo und Peppone« nach dem Roman von Guareschi mit Fernandel in Berlin.

30. Bundestag lehnt die Wiedereinführung der Todesstrafe ab, die von der Deutschen Partei gefordert worden ist.

GESTORBEN:

3. Alfred Neumann (* 15. 10. 1895), deutscher Schriftsteller.

Chaplin-Film »Rampenlicht« uraufgeführt

10. Oktober. Mit seinem neuen Film »Limelight« (»Rampenlicht«) knüpft Chaplin an frühere, eher sentimentale Filme wie »The Kid« an. Er erzählt die Geschichte des alternden Clowns Calvero, der eine unglückliche Tänzerin vor dem Selbstmord bewahrt. Geschickt verhilft er ihr dann zu glänzenden Erfolgen, tritt aber in der Stunde ihres größten Triumphes, selbst gescheitert, in den Hintergrund zurück. Calvero-Chaplin zeigt sich in diesem Film weise und abgeklärt, wenn er sagt: »Wozu muß das Leben einen Sinn haben? Es ist so unvermeidlich wie der Tod.« Die Tragik des alternden Künstlers auf der Leinwand rührt unzählige Menschen zu Tränen.

Charlie Chaplin als Clown Calvero in dem Film »Rampenlicht«.

KPdSU-Parteitag nach langer Pause

5. Oktober. Vom 5. bis zum 14. Oktober findet in Moskau nach 13jähriger Pause wieder ein Parteitag statt. Es ist der XIX. Parteitag der KPdSU. Zum beherrschenden Thema werden einige theoretische Äußerungen von Josef Stalin über die internationale Politik und die politische Ökonomie des Sozialismus. Stalin versucht zu begründen, daß durch den immer geringer werdenden Einflußbereich der kapitalistischen Länder ihre Konkurrenz auf dem Weltmarkt auch immer schärfere Formen annehme.

Geheimbund entdeckt

8. Oktober. Der hessische Ministerpräsident Georg August Zinn gibt in einer aufsehenerregenden Pressekonferenz bekannt, daß von der Staatsschutzpolizei seines Landes eine geheime bewaffnete Organisation aufgedeckt worden ist. Die Organisation lief offiziell unter dem Namen »Technischer Dienst des Bundes deutscher Jugend«, hat jedoch mit Waffenlagern und Operationsplänen Vorbereitungen für ein Auftreten als Partisanentruppe getroffen. Die Vorbereitungen für den bewaffneten Kampf waren angelegt für den Fall, daß ein kommunistischer Staat in die Bundesrepublik einmarschieren würde; allerdings wurden in den Verstecken der Gruppe auch schwarze Listen gefunden, die die beabsichtigte Liquidierung führender deutscher Politiker, vor allem aus den Reihen der SPD, vermuten lassen.

Die widersprüchlichen vorliegenden Informationen lassen nur den Schluß zu, daß eine rechtsradikale Verbindung hinter verschiedenen Tarnungen einen Putschversuch in der Bundesrepublik vorbereitet hat. Entsprechend sind die Reaktionen aller Parteien von großer Sorge über die innenpolitische Entwicklung gekennzeichnet.

Musicbox und Petticoats, die unverwechselbar gemusterten Tapeten in den Eisdielen und Tanzcafés, die Stühle und Tische mit flott abgewinkelten Beinen, das ist die Welt der jungen Leute, die in den fünfziger Jahren groß werden. In diesem Klima, klinisch sauber und pastellfarben, zweifelt die Jugend noch nicht an, was die Eltern aufbauen. Nach Jahren der Entbehrung wird mit großer Begeisterung konsumiert. Vorbild in Mode, Musik und anderen Geschmacksfragen wird die amerikanische Jugend, wie sie in US-Filmen dargestellt ist.

1952
NOVEMBER

Mo	Di	Mi	Do	Fr	Sa	So
					1	2
3	4	5	6	7	8	9
10	11	12	13	14	15	16
17	18	19	20	21	22	23
24	25	26	27	28	29	30

3. Ägypten protestiert gegen das deutsch-israelische Wiedergutmachungsabkommen (→ August 1952).

4. Eisenhower wird zum neuen amerikanischen Präsidenten gewählt. →

9. Große Rede Thomas Manns zum 90. Geburtstag Gerhart Hauptmanns, die als Rehabilitierung des durch seine anfänglichen Sympathien für die Nazis kompromittierten Dichters betrachtet wird.

9. 5 : 1-Sieg der deutschen Fußballnationalmannschaft über die Schweiz in Augsburg.

9. Bei Kommunalwahlen in Nordrhein-Westfalen und Niedersachsen weitere Erfolge für die SPD und den BHE.

10. Der norwegische Generalsekretär der Vereinten Nationen Trygve Lie tritt zurück.

16. Die amerikanische Regierung gibt erfolgreiche Tests der neuen Wasserstoffbombe bekannt.

18. Bundestag fordert die am 30. November wählende Bevölkerung des Saarlandes angesichts der ungewissen Zukunft des Landes zur Abgabe ungültiger Stimmzettel auf. →

18. In der englischen Kronkolonie Kenia wird der schwarze Politiker Jomo Kenyatta wegen angeblicher Unterstützung der Untergrundorganisation Mau Mau verhaftet.

20. Erster Flug einer offiziellen Passagiermaschine über den Nordpol auf der Strecke Los Angeles–Kopenhagen.

27. Elf Todesurteile in einem Schauprozeß gegen ehemals führende Kommunisten in Prag. →

29. Gustav Heinemann, Hans Bodensteiner (früher CDU/CSU) und Helene Wessel (früher Zentrum) gründen die Gesamtdeutsche Volkspartei.

30. Wahlen zum saarländischen Landtag. →

GESTORBEN:

9. Chaim Weizmann (* 27. 11. 1874), israelischer Politiker.

18. Paul Éluard (* 14. 12. 1895), französischer Dichter.

20. Benedetto Croce (* 25. 2. 1866), italienischer Philosoph.

26. Sven Hedin (* 19. 2. 1865), schwedischer Entdeckungsreisender.

Saarwahlen mit umstrittenen Ergebnissen

Johannes Hoffmann.

30. November. Schon im Vorfeld der für den 30. November angesetzten Wahlen im Saarland hat es heftige Auseinandersetzungen zwischen der französischen Regierung, der Bundesregierung und der Landesregierung gegeben. Sie gipfelten in einer Erklärung des Bundestages vom 18. November, in der die Ergebnisse dieser Wahlen vorab für illegal erklärt werden, da im Saarland vom »derzeit herrschenden Regime« die »Grundrechte geknebelt« würden. Besondere Erbitterung hat die Saarregierung unter Ministerpräsident Johannes Hoffmann mit ihrer Entscheidung verursacht, Parteien, die die derzeit praktizierte Anlehnung an Frankreich ablehnen, gar nicht erst zu den Wahlen zuzulassen. Frankreich ist dagegen der Ansicht, daß sich in der Wahl der kandidierenden Parteien auch Zustimmung zum Status des Saarlands ausdrücke. Mit Spannung wird das Endergebnis erwartet, da die Bundesregierung und der Bundestag alle diejenigen, die für den Wiederanschluß an die Bundesrepublik sind, zur Abgabe ungültiger Stimmen aufgefordert haben.

Partei	30.11.52	5.10.47
	Prozent	
CVP	41,3	51,2
SPS	24,4	32,0
DPS	–	7,6
DVP	2,8	–
KPS	7,1	8,4

Die Anteile der einzelnen Parteien 1952 sind auf der Grundlage berechnet, daß 24 Prozent ungültige Stimmen auch als politische Willensäußerung gelten.

Großer Wahlsieg Eisenhowers

4. November. Mit einem riesigen Erfolg für den Kandidaten der Republikaner, Dwight D. Eisenhower, enden die Wahlen des neuen amerikanischen Präsidenten. Eisenhower erhält 33 Millionen Stimmen und sein demokratischer Rivale Adlai Stevenson 26,5 Millionen Stimmen; bei den allein entscheidenden Wahlmännern entfallen jedoch von 531 Vertretern der Bundesstaaten 442 auf Eisenhower. Damit ist zum erstenmal seit zwanzig Jahren wieder ein Republikaner erfolgreich gewesen. Auch in den Wahlen zum Repräsentantenhaus und zum Senat können die Republikaner eindeutige Mehrheiten gewinnen. Stevenson und Eisenhower tauschen sofort nach Bekanntwerden die obligatorischen versöhnlichen Grußbotschaften aus. Der Erfolg Eisenhowers wird auf folgende Faktoren zurückgeführt:

1. Man traut ihm als altem, erfahrenen Soldaten am ehesten zu, den »schmutzigen Krieg« in Korea zu beenden.

2. Im amerikanischen Mittelstand hat sich hartnäckig das Gerücht gehalten, daß das demokratisch geführte Außenministerium kommunistisch unterwandert sei.

3. Nach 20 Jahren demokratischer Regierung haben sich unübersehbar gewisse Verfilzungen und sogar Fälle von Korruption in der Verwaltung einschleichen können.

4. Nicht zuletzt hat auch das Image und die Sympathiewerbung der beiden Kandidaten das Ergebnis beeinflußt. »I like Ike« ist zu einer zündenden Parole der Republikaner für ihren als lebensfroh und zugänglich geltenden Kandidaten geworden, während die Demokraten durch die weitverbreitete Vorstellung Stevensons als einem geizigen, arroganten und humorlosen Junggesellen gehandikapt waren. In Europa wird das Ergebnis durchweg begrüßt, da Eisenhower hier aus seiner Zeit als Oberkommandierender der NATO-Streitkräfte noch gut bekannt ist und ihm eine gute Vertrautheit mit dem europäischen Problem nachgesagt werden kann. Außerdem ist Eisenhower ein Garant dafür, daß sich die isolationistischen Tendenzen der Republikaner, die durchaus auch die totale Preisgabe Europas ins Auge fassen, nicht durchsetzen können.

Der zukünftige US-Präsident Dwight D. Eisenhower (links) trifft General Douglas MacArthur (rechts) zu einem Gespräch über die Friedensaussichten in Korea.

Übersicht Präsidentenwahlen 1900–1952

Jahr	Kandidaten	Partei	Stimmen	Wahlmänner
1900	McKinley	Republikaner	7 219 530	292
	Bryan	Demokraten	6 358 071	155
1904	Roosevelt	Republikaner	7 628 834	336
	Parker	Demokraten	5 084 491	140
1908	Taft	Republikaner	7 679 006	321
	Bryan	Demokraten	6 409 106	162
1912	Wilson	Demokraten	6 286 214	435
	Roosevelt	Progressiv	4 126 020	88
	Taft	Republikaner	3 483 221	8
1916	Wilson	Demokraten	9 129 606	277
	Hughes	Republikaner	8 538 221	252
1920	Harding	Republikaner	16 152 200	404
	Cox	Demokraten	9 147 353	127
1924	Coolidge	Republikaner	15 725 016	382
	Davis	Demokraten	8 385 586	136
	La Follette	Progressiv	4 667 312	13
1928	Hoover	Republikaner	21 392 190	444
	Smith	Demokraten	15 016 443	87
1932	Roosevelt	Demokraten	22 821 857	472
	Hoover	Republikaner	15 761 841	59
1936	Roosevelt	Demokraten	21 129 361	523
	Landon	Republikaner	13 109 812	8
1940	Roosevelt	Demokraten	27 243 466	449
	Willkie	Republikaner	22 304 755	28
1944	Roosevelt	Demokraten	25 602 505	432
	Dewey	Republikaner	22 006 278	99
1948	Truman	Demokraten	24 105 695	303
	Dewey	Republikaner	21 969 170	189
	Thurmond	Staatsrechtspartei	1 169 021	39
1952	Eisenhower	Republikaner	33 029 308	442
	Stevenson	Demokraten	26 584 344	89

Schauprozeß in ČSR endet mit elf Todesurteilen

27. November. Von einem großen Propagandaaufwand begleitet, beginnt am 20. November in Prag ein Prozeß gegen eine Gruppe von ehemals führenden Mitgliedern der Kommunistischen Partei der Tschechoslowakei. Die bekanntesten unter ihnen sind der frühere Generalsekretär und stellvertretende Ministerpräsident Rudolf Slánský und der ehemalige Außenminister Wladimir Clementis. Ihnen wird zur Last gelegt, eine Verschwörung geplant zu haben, die die Beseitigung des Kommunismus in der ČSR zum Ziel gehabt haben soll. Die Öffentlichkeit wird überrascht von angeblich freiwilligen Geständnissen der Angeklagten, in denen sie sich in unglaublicher Weise selbst bezichtigen. Ihre Ausführungen wirken um so abstruser, als Slánský selbst noch für die Verhaftung der anderen Angeklagten sorgte und sich jetzt als Haupt einer gemeinsamen Verschwörung bezeichnet. Auch die Tatsache, daß alle Angeklagten Juden sind, läßt vermuten, daß alte antisemitische Feindbilder wiederbelebt werden sollen, um der kommunistischen Politik neue Unterstützung in der Bevölkerung zu sichern. So gipfeln denn auch die Anklagen in dem Vorwurf, daß alle verschwörerischen Aktivitäten von Israel aus gesteuert worden seien. Das hohe Strafmaß – elf Todesurteile und dreimal lebenslänglich – löst in der westlichen Öffentlichkeit Überraschung und Empörung aus.

Wladimir Clementis.

Mo	Di	Mi	Do	Fr	Sa	So
1	2	3	4	5	6	7
8	9	10	11	12	13	14
15	16	17	18	19	20	21
22	23	24	25	26	27	28
29	30	31				

2. Der neugewählte Präsident Eisenhower trifft zu einem Informationsbesuch in Korea ein.

3. DDR-Volkspolizei beschlagnahmt in Ost-Berlin alle Fahrzeuge mit westdeutschen Kennzeichen.

4. Uraufführung des neuen Films von Elia Kazan »Viva Zapata« mit Marlon Brando.

8. DDR-Ministerpräsident Grotewohl spricht in einem Artikel von einer akuten Versorgungskrise, die sogar Grundnahrungsmittel wie Butter und Zucker erfaßt hat. →

8. Die Forderungen nach innerer Autonomie auch in Französisch-Marokko führen zu heftigen Unruhen, die in Casablanca nach einem Eingreifen französischer Militärs über 50 Todesopfer fordern.

10. Bundespräsident Heuss verzichtet auf die Anforderung des Rechtsgutachtens über die Remilitarisierung.

10. Verleihung der Nobelpreise in Stockholm und Oslo. →

10. Der DDR-Versorgungsminister Hamann wird wegen der akuten Schwierigkeiten amtsenthoben und verhaftet. →

16. Premiere des neuen Films von Ingmar Bergman »Eva« in Berlin.

22. Durch einen 3 : 1-Sieg über Jugoslawien in Ludwigshafen kann die deutsche Fußballnationalmannschaft ihr angeschlagenes Ansehen verbessern.

24. Der legendäre Film »Casablanca« von Michael Curtiz mit Ingrid Bergman und Humphrey Bogart hat in Berlin Premiere.

25. Bei einem Feuergefecht mit sowjetischen Soldaten kommt der Westberliner Wachtmeister Herbert Bauer ums Leben. →

29. In Berlin wird der Film »Der fröhliche Weinberg« nach Carl Zuckmayer mit Gustav Knuth und Camilla Spira in den Hauptrollen uraufgeführt.

29. Die deutsche Fußballnationalelf erreicht in Madrid gegen Spanien ein beachtliches 2 : 2.

GESTORBEN:

1. Vittorio Emanuele Orlando (* 19. 5. 1860), italienischer Politiker.

18. Hugo Henkel (* 21. 1. 1881), deutscher Chemiker und Industrieller.

Fernsehen für 4000

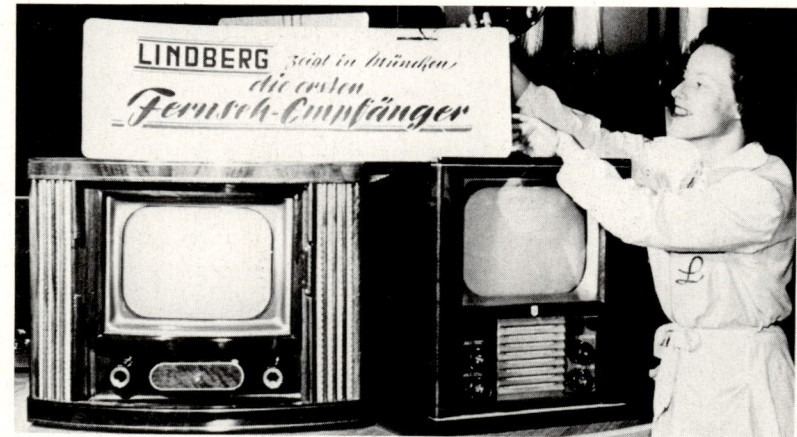

Auch in der Bundesrepublik bricht das Fernsehzeitalter an.

25. Dezember. Am Abend des ersten Weihnachtsfeiertages wird zum erstenmal in der Bundesrepublik ein Fernsehprogramm ausgestrahlt. Dem Tage entsprechend, besteht das Programm vor allem aus Weihnachtsliedern und »Grüßen aus aller Welt«. Die Sendebedingungen sind durch das kleine Studio in Hamburg geprägt, aus dem live übertragen wird. Genau nach einer Stunde und 58 Minuten ist die erste Übertragung beendet. Bislang haben nur etwa 4000 Familien die erst seit einigen Monaten für 1150 DM erhältlichen Fernsehgeräte gekauft, aber man rechnet in Kreisen der Industrie nach dem Beginn einer regelmäßigen Ausstrahlung mit einer schnell wachsenden Nachfrage. Am 26. Dezember wird auch zum erstenmal die Tagesschau gesendet, die nun dreimal wöchentlich ins Programm genommen werden wird. Der Empfang des vorerst auf eine Sendezeit von 20 bis 22 Uhr beschränkten Programms ist nur in Norddeutschland und Berlin möglich.

Schon vier Tage früher, am 21. Dezember, ist auch in der DDR das erste Programm gesendet worden.

Nobelpreise verliehen

10. Dezember. In Oslo und Stockholm werden die Nobelpreise verliehen. Der Preis für Chemie wird geteilt zwischen den britischen Wissenschaftlern Archer John Porter Martin und Richard Synge, die unabhängig voneinander ein Verfahren chemischer Analyse, die Filterpapierchromatografie, entwickelt haben. Den Physikpreis erhalten die amerikanischen Wissenschaftler Edward Purcell und Felix Bloch für Arbeiten zur Nuklearforschung, und den Preis für Medizin erhält der amerikanische Arzt Selman Abraham Waksman für die Entdeckung des Streptomycins, einem Medikament gegen die Tuberkulose. Dem französischen Schriftsteller François Mauriac, der als einer der größten katholischen Romanciers des zwanzigsten Jahrhunderts gilt, wird der Literaturpreis zugesprochen. Besonders in

Albert Schweitzer.

Deutschland wird die Verleihung des Friedensnobelpreises an Albert Schweitzer begrüßt; Schweitzer, der sowohl als Theologe wie auch als Orgelmusiker schon Bedeutendes geleistet hat, ist im Alter von 38 Jahren nach Gabun gegangen und hat dort das Urwaldhospital Lambarene gegründet.

In der DDR droht Mangel an Lebensmitteln

8. Dezember. Ausgerechnet in der Zeit kurz vor Weihnachten hat die DDR-Bevölkerung Grund zur Klage über die Versorgung mit Grundnahrungsmitteln. So spricht Ministerpräsident Otto Grotewohl in einer Erklärung am 8. Dezember von deutlichen Fehlmengen bei Fleisch, Gemüse, Schlachtfetten und Butter. Die Schuld wird einmal dem Umstand zugeschrieben, daß die DDR-Bevölkerung im bisherigen Jahresverlauf 1952 enorm viel verbraucht habe, zum anderen, daß die kapitalistischen Länder ihre Handelsverträge nicht erfüllten und daß im zuständigen Ministerium für Handel und Versorgung gezielt Sabotage und Mißwirtschaft praktiziert worden seien. Zwei Tage später werden der betroffene Minister Karl Hamann und sein Staatssekretär Rudolf Albrecht verhaftet und von ihren Ämtern suspendiert. Für westliche Beobachter hat die Affäre noch den Nebeneffekt, daß hier eine Auseinandersetzung zwischen den Politikern bürgerlicher Parteien (Hamann ist Mitglied der LDP) und der SED stattfindet. Weithin wird in der Verhaftung eine Tendenz zur Fortsetzung der Säuberungsaktionen gesehen, die in der Tschechoslowakei mit den Todesurteilen im November einen vorläufigen Höhepunkt gefunden haben.

Schießerei an der Sektorengrenze

25. Dezember. Mit großer Empörung reagiert die Öffentlichkeit auf die Nachricht von einem Schußwechsel zwischen sowjetischen Soldaten und Westberliner Polizei, der für den 27jährigen Polizisten Herbert Bauer tödlich endet. Als drei Bewohner eines Anwesens an der Sektorengrenze zu später Stunde heimkehren, werden sie von sowjetischen Soldaten aufgefordert mitzukommen. Angesichts auf sie gerichteter Waffen folgen die Berliner auch, bis eine Frau einen Herzanfall erleidet. Diese Gelegenheit ergreifen die anderen Berliner, um sich ins Haus zu flüchten und die Polizei zu alarmieren.

1953

JANUAR

Mo	Di	Mi	Do	Fr	Sa	So
			1	2	3	4
5	6	7	8	9	10	11
12	13	14	15	16	17	18
19	20	21	22	23	24	25
26	27	28	29	30	31	

1. Letzte Neujahrsansprache Präsident Trumans.

2. Volkswagen senkt die Preise für den »Käfer«. →

4. René Mayer wird in Frankreich mit der Regierungsbildung beauftragt.

4. ZK der SED kritisiert heftig Politbüromitglied P. Merker.

4. Bewaffnung der Westberliner Polizei wird von den Alliierten abgelehnt.

6. Konferenz der Sozialistischen Parteien Asiens in Rangoon eröffnet.

7. Rechter Putschversuch in Bolivien fehlgeschlagen.

8. In Dänemark wird die weibliche Thronfolge ermöglicht.

8. In Hessen Verbot des rechtsextremen Bundes deutscher Jugend.

12. James B. Conant zum neuen amerikanischen Hochkommissar in Deutschland ernannt.

12. Verschärfung der Meldepflicht in der DDR.

12. 24 neue Kardinäle ernannt.

12. Entlarvung einer angeblichen terroristischen Ärztegruppe in der Sowjetunion.

14. Britische Militärpolizei verhaftet ehemalige Nationalsozialisten wegen mutmaßlicher Putschpläne. →

15. Verhaftung des DDR-Außenministers Dertinger. →

17. Auflösung sämtlicher Parteien in Ägypten.

19. DDR-Staatspräsident Pieck warnt vor Annahme des Deutschland- und EVG-Vertrags.

20. Eisenhower übernimmt das Amt des amerikanischen Präsidenten. →

21. John Foster Dulles wird neuer US-Außenminister.

26. Konstituierende Sitzung des Beratenden Ausschusses der Europäischen Gemeinschaft.

26. Ulbricht kündigt für 1953 die Kollektivierung der Landwirtschaft an.

27. Unruhe unter den Weißen in Kenia wegen neuer Mau-Mau-Anschläge.

GESTORBEN:

28. Theophil Wurm (* 7. 12. 1868), deutscher Theologe, evangelischer Bischof.

Eisenhower: USA Führungsmacht

Dwight D. Eisenhower beim Amtseid.

20. Januar. Zum erstenmal seit 20 Jahren haben die USA wieder einen republikanischen Präsidenten. Nach seinem triumphalen Wahlsieg am 4. November 1952 wird Dwight D. Eisenhower am 20. Januar als 33. Präsident der Vereinigten Staaten inauguriert. In seiner Antrittsrede bekennt sich Eisenhower zur »world leadership«, dem Weltführungsanspruch der USA, die der einzige Garant von Freiheit auf der Erde sei und mit allen geeigneten Mitteln bewahrt werden müsse. »Eines Soldaten Tornister ist nicht so schwer wie die Kette des Gefangenen.« Das vom Senat am 21. des

Eisenhower (vorne, 3. von rechts) mit Kabinettsmitgliedern. Links vom Präsidenten Vizepräsident Richard Nixon, rechts Außenminister John Foster Dulles.

Monats bestätigte Kabinett läßt eine deutlich konservativere Politik als die der demokratischen Regierungen unter Franklin D. Roosevelt und Harry S. Truman erwarten. Joseph R. McCarthy und sein Komitee für unamerikanische Aktivitäten belasten die Machtübergabe mit heftigen Angriffen gegen einzelne Mitglieder der Truman-Administration wegen angeblich prokommunistischer Haltung.

Säuberungen in DDR

15. Januar. Als Zeichen einer sich verschärfenden inneren Krise der DDR wird die Verhaftung des Außenministers Georg Dertinger (CDU) gewertet. Dertinger, einem der bekanntesten bürgerlichen, jedoch auch sowjetfreundlichen Politiker der DDR, wird Westspionage vorgeworfen. Weitere Verhaftungen im Außenministerium treffen vornehmlich Juden, die während der NS-Zeit in westlichen Ländern Asyl gefunden hatten. Gleichzeitig erhöht sich die Zahl der Flüchtlinge sprunghaft. Unter anderem wegen der einsetzenden Säuberungen werden in den ersten drei Wochen des Jahres in West-Berlin 13 000 Menschen in den Notlagern gezählt, darunter auch viele Volkspolizisten.

Die Zahl der Ostberliner Flüchtlinge – hier vor einer Meldestelle im Westen der Stadt – steigt im Januar wegen der Säuberungswelle sprunghaft an.

US-Umfrage über Nazi-Sympathien in Deutschland

14. Januar. Von den britischen Besatzungsbehörden werden in einer Überraschungsaktion insgesamt sieben Personen ohne Wissen deutscher Instanzen verhaftet. Unter ihnen befinden sich der frühere Staatssekretär im Propagandaministerium, Werner Naumann, und der ehemalige Reichsstudentenführer Gustav Scheel. In England und Frankreich lösen die Verhaftungen, in deren Verlauf Pläne für einen Putschversuch gefunden werden, erregte Diskussionen aus. Die Frage, ob nicht die Entnazifizierung zu früh abgebrochen worden sei, wird erneut durch die Veröffentlichung einer amerikanischen Umfrage aufgeworfen, nach der im Dezember 1952 rund 44 Prozent aller Befragten der Meinung waren, daß der Nationalsozialismus mehr Gutes als Schlechtes gebracht habe. Konrad Adenauer bestreitet in einer Stellungnahme das Ergebnis nicht, sondern fragt nur, welchen Zweck die Publikation verfolge.

Prozeß gegen SS-Mitglieder in Frankreich

12. Januar. Unter starker Anteilnahme der französischen Bevölkerung beginnt in Bordeaux der Prozeß gegen 21 ehemalige Mitglieder der SS-Division »Das Reich« wegen ihrer Teilnahme an der Ermordung der über 600 Einwohner des Dorfes Oradour-sur-Glane im → Juni 1944. Unter den Angeklagten befinden sich auch elf Elsässer, für die sich wegen ihrer französischen Staatsangehörigkeit viele Patrioten in Frankreich engagieren. Aufgrund des Drucks, den diese Kreise ausüben, verabschiedet das Parlament im Eilverfahren am 28. ein Gesetz, das Franzosen von der Kollektivverantwortung für NS-Verbrechen ausnimmt, auch wenn sie inkriminierten Organisationen angehörten. Die Elsässer erwarten nun ein abgetrenntes Verfahren.

Preis für VW-Käfer wird gesenkt

Dank des außerordentlichen Verkaufserfolgs des »Käfers«, der auch durch halbjährige Wartezeiten nicht gefährdet wird, kann das VW-Werk den Preis des Wagens von 4400 auf 4200 DM senken. Die Fordwerke sehen sich gezwungen nachzuziehen.
Während man sich in Europa glücklich schätzt, überhaupt Autos kaufen zu können, werden auf der »Motorama« in New York am 24. Januar von General Motors auffällige Neuheiten vorgestellt: die ersten Modelle mit Kunststoffkarosserie. Es handelt sich um Sportwagen mit mindestens 200 PS.

Wirtschaftserfolge

7. Januar. Vom Statistischen Bundesamt wird gemeldet, daß die Stahlproduktion von 5,6 Millionen Tonnen (1948) auf 15,7 Millionen Tonnen gestiegen ist (1951 = 13,5). Der Produktionsindex stieg auf 146 (1936 = 100), der Export nahm um 17 Prozent zu. In England blieb dagegen die Industrieproduktion 1952 um zirka 3 Prozent hinter der des Jahres 1951 zurück.

1953
FEBRUAR

Mo	Di	Mi	Do	Fr	Sa	So
						1
2	3	4	5	6	7	8
9	10	11	12	13	14	15
16	17	18	19	20	21	22
23	24	25	26	27	28	

1. Schwere Überschwemmungen in Holland und England. →

2. Regierungserklärung Präsident Eisenhowers. →

5./6. US-Außenminister Dulles in Bonn. →

7. Konferenz zum Flüchtlingsproblem in Bonn.

10. Eröffnung des Europäischen Marktes für Kohle, Eisenerz und Schrott. →

10. Verbot für das neonazistische »Freikorps Deutschland«.

10. Abbruch von Wirtschaftsverhandlungen zwischen Ägypten und der Bundesrepublik wegen ägyptischer DDR-Kontakte.

11. Die Sowjetunion bricht nach einem Bombenattentat die diplomatischen Beziehungen zu Israel ab.

12. Britisch-ägyptisches Abkommen über die Zukunft des Sudan unterzeichnet. →

13. Urteilsverkündung im Oradour-Prozeß um die Partisanenerschießungen im Juni 1944.

13. Jugoslawische Nationalversammlung billigt neue Verfassung.

18. US-Hochkommissar Conant verspricht Hilfe für die Berliner Flüchtlinge.

20. Frankreich wünscht Zusätze für das EVG-Abkommen. →

21. Neues Interzonenabkommen zwischen der Bundesrepublik und der DDR.

22. Wahlen in Österreich. Gewinne für die SPÖ.

22. EV Füssen Deutscher Eishokkey-Meister.

24./25. EG-Außenministerkonferenz in Rom.

25. De Gaulle lehnt öffentlich den EVG-Vertrag ab. →

27. Londoner Schuldenabkommen unterzeichnet. Bundesrepublik Deutschland übernimmt die deutschen Auslandsschulden seit dem Ersten Weltkrieg.

28. Griechenland, Türkei und Jugoslawien unterzeichnen Freundschaftsvertrag.

GESTORBEN:

23. Francesco Saverio Nitti (* 19. 7. 1868), ehemaliger italienischer Ministerpräsident.

24. Gerd von Rundstedt (* 12. 12. 1875), deutscher Generalfeldmarschall.

Flut zerstört Deiche

Nach einer schweren Springflut und Deichbrüchen sind in den Niederlanden zahlreiche Ortschaften tagelang von der Außenwelt abgeschnitten.

1. Februar. Die schwersten Überschwemmungen seit der Elisabethflut im Jahre 1420 verwüsten die Küstengebiete in England und Holland. Das Zusammentreffen einer Springflut und eines Orkans mit 120 Stundenkilometer schnellen Böen läßt in Holland zahlreiche Deiche brechen. Da zu spät Alarm gegeben wird, müssen 100 000 Menschen mit Hubschraubern und Schiffen evakuiert werden. Allein in Holland fordert die Katastrophe 1487 Todesopfer. 200 000 Hektar Ackerland, das zum Teil gerade gewonnen wurde, sind überschwemmt und können erst nach Jahren wieder landwirtschaftlich genutzt werden, 10 000 Kühe ertrinken. Eine rasch anlaufende internationale Hilfsaktion lindert die ärgste Not; die Bundesregierung zweigt Mittel aus ihrem Flüchtlingshilfeprogramm ab.

USA auf neuem Kurs

2. Februar. Aufsehen und Verunsicherung erregt die vor dem Kongreß abgegebene Regierungserklärung Dwight D. Eisenhowers. Innenpolitisch proklamiert er die Abkehr von der New-Deal-Politik der Demokraten; Lohn- und Preiskontrollen werden abgeschafft. Außenpolitisch meldet er unmißverständlich den weltweiten Führungsanspruch der USA (»world leadership«) an. Befreundete Staaten sollen stärker unterstützt werden, gegenüber den kommunistischen Ländern wird ein unnachgiebiger Ton angeschlagen, nicht zuletzt aufgrund der gerade bekanntgegebenen Entwicklung der Wasserstoffbombe. Die »Geheimabkommen« des Zweiten Weltkrieges, in denen die Interessenzonen der Sowjetunion und der Alliierten abgesteckt wurden, sollen nun aufgekündigt werden. Formosa wird für den Kampf gegen Rotchina stärkere Unterstützung zugesichert, was besonders in Großbritannien auf große Skepsis stößt. Auf einer ausgedehnten Europareise, die ihn am 5./6. Februar auch nach Bonn führt, erläutert Außenminister John Foster Dulles den neuen Kurs, der wegen der Forderung nach Abschluß der EVG-Verhandlungen in Frankreich Kritik hervorruft.

Der neue US-Außenminister John F. Dulles beim ersten Besuch in Bonn.

Verstimmung um EVG-Vertrag

Wegen des zur Ratifizierung vorliegenden EVG-Vertrages halten in Frankreich und in der Bundesrepublik die Verstimmungen an. In der Bundesrepublik richten sich die Proteste vor allem gegen die kompromißlose Westintegration, die nach Meinung vieler die Wiedervereinigung unmöglich mache, und gegen die Wiederbewaffnung eines deutschen Staates. Frankreich stellt am 16. Februar Forderungen, die im Gegensatz zu den Vertragsabsichten eine Nationalarmee vorsehen. In die gleiche Kerbe schlägt Charles de Gaulle mit einer Stellungnahme vom 25. Februar, in der er die EVG als die »Tarnung einer nationalen Verzichtleistung« bezeichnet.

Erster Kohlenzug ohne Kontrolle

10. Februar. Zum erstenmal fährt ein Zug mit Kohlen ohne Kontrollformalitäten über die deutsch-französische Grenze. Die Beschlüsse der Montanunion sind in Kraft getreten. Im einzelnen bedeutet das: Fortfall der Zölle für Kohle, Stahl und Schrott.

Sowjetdiplomaten verlassen Israel

11. Februar. Nach einem Bombenattentat auf die sowjetische Botschaft in Tel Aviv bricht die Sowjetunion die diplomatischen Beziehungen zu Israel ab.

Abkommen über Zukunft des Sudan

12. Februar. Ägypten und Großbritannien unterzeichnen trotz ihres angespannten politischen Verhältnisses ein Abkommen über die Zukunft des Sudan. Im Frühjahr sollen Parlamentswahlen stattfinden, auf die eine dreijährige Phase der Selbstverwaltung folgen wird. Nach dieser Frist soll eine Volksabstimmung entscheiden, ob der Sudan eine Union mit Ägypten eingeht oder unabhängig wird.

1953

MÄRZ

Mo	Di	Mi	Do	Fr	Sa	So
						1
2	3	4	5	6	7	8
9	10	11	12	13	14	15
16	17	18	19	20	21	22
23	24	25	26	27	28	29
30	31					

2. Stalin erleidet einen Gehirnschlag. →

4. Abkommen über Krupp-Entflechtung unterzeichnet. →

6. Veränderungen in Partei- und Staatsführung der Sowjetunion. →

7. Deutsche Uraufführung von Alban Bergs Oper »Lulu« in Essen.

10./12. Zwischenfall im Luftraum über Deutschland. Ein amerikanisches und ein englisches Flugzeug werden von den Sowjets abgeschossen. →

11. Weitgehende Amnestie in Frankreich für alle Kollaborateure.

14. Chruschtschow wird zum Ersten Sekretär des ZK der KPdSU ernannt. Das Zentralkomitee schlägt in einem Brief an die SPD Aktionseinheit vor.

16. Bundesrepublik Deutschland wird in Basel Eishockey-Vizeweltmeister.

17. Atombombenversuch in der Wüste bei Las Vegas; 1620 Zeugen in 3,4 km Entfernung.

17. Das englische Unterhaus macht die Nationalisierung der Stahlindustrie rückgängig.

18. Bundestag verabschiedet mit großer Mehrheit das deutsch-israelische Wiedergutmachungsgesetz.

19. In Frankfurt/Main wird der Messerschmitt-Kabinenroller vorgestellt.

20. Uraufführung von Samuel Becketts »Warten auf Godot« im Pariser Théâtre Babylone.

21. Entflechtung der IG-Farben durch Alliierte Hohe Kommission. →

22. Fußballänderspiel Deutschland – Österreich endet 0 : 0. 80 000 Zuschauer sehen ein mitreißendes Spiel.

28. Erste Schlagerparade im NWDR; auf dem ersten Platz der Mäcky-Boogie von Michael Jary.

GESTORBEN:

5. Josef Wissarionowitsch Stalin (* 21. 12. 1879), sowjetischer Staatsmann. →

14. Klement Gottwald (* 23. 11. 1896), tschechoslowakischer Staatspräsident.

23. Raoul Dufy (* 3. 6. 1877), französischer Maler.

24. Queen Mary (* 26. 5. 1867), Königin von England.

Tod Josef Stalins

Nach seinem Tod wird Stalin im Kremlsaal aufgebahrt. In den folgenden Tagen versammeln sich riesige Menschenmengen, um Abschied zu nehmen.

5. März. Am 2. März erleidet Stalin in seiner Wohnung, so die offizielle Verlautbarung, einen Gehirnschlag. Erst nach zwei Tagen wird die Nachricht bekanntgegeben. In Moskau und anderen Städten wird öffentlich für ihn gebetet. In der ganzen Sowjetunion hört man keine unterhaltende Musik mehr; die regelmäßig veröffentlichten Bulletins der Ärzte werden überall mit großer Aufmerksamkeit verfolgt. Nach seinem Tod in den Abendstunden des 5. März und der Aufbahrung versammeln sich riesige Menschenmengen, um von ihm Abschied zu nehmen.

Josef Wissarionowitsch Dschugaschwili wurde am 21. 12. 1879 in Gori (Georgien) geboren. Wegen früher Verbindungen zu den russischen Marxisten aus dem Theologischen Seminar in Tiflis ausgestoßen, hat er seit seinem 20. Lebensjahr nur noch für die Politik gelebt. Sechsmal wurde er verhaftet, schloß sich 1903 der Gruppe um Lenin an und spielte 1917 bei der Oktoberrevolution eine relativ unbedeutende Rolle. Als Generalsekretär des Zentralkomitees (1922) konnte er sich vor allem durch seine Personalpolitik innerhalb der Partei eine starke Machtbasis für die Nachfolgekämpfe nach Lenins Tod (1924) schaffen. Durch geschickte Bündnisse mit den verschiedenen Fraktionen der Partei gelang es ihm nach und nach, alle politischen Gegner auszuschalten. Formell übernahm er erst 1941 nach dem deutschen Überfall ein Staatsamt, faktisch war seine Macht schon lange unumschränkt und unkontrollierbar. Politische Gegner wurden rücksichtslos liquidiert. Große Opfer forderten auch die von ihm gegen alle Opponenten durchgesetzte Kollektivierung der Landwirtschaft und die rasante Industrialisierung. Insgesamt hat sich das Land unter seinem Einfluß jedoch so rigoros gewandelt wie seit Peter dem Großen nicht mehr. Außerordentlichen Respekt auch im Ausland verschaffte er sich durch die Befreiung der Sowjetunion im Zweiten Weltkrieg. Der Mythos vom »Väterchen Stalin« war nicht nur Produkt von Parteipropagandisten.

In Bonn und Washington reagiert man sehr kühl auf die Nachricht vom Tod Stalins, in Frankreich hingegen werden die Flaggen für zwei Tage auf Halbmast gesetzt. Im Westen befürchtet man langwierige Auseinandersetzungen um die zukünftige Machtverteilung und eine weitere Verschärfung des weltpolitischen Klimas. Schon am 6. März werden die personellen Veränderungen bekanntgegeben. Georgi Malenkow wird erster Vorsitzender des Ministerrats, als Stellvertreter fungieren Lawrentij Berija, Wjatscheslaw Molotow, Nikolai Bulganin und Lasar Kaganowitsch. Das ZK der KPdSU umfaßt statt 25 nur noch 10 Mitglieder, von denen Nikita Chruschtschow am 14. März zum 1. Sekretär ernannt wird.

Staatskrise um Kinder

Die Brüder Gerald und Robert Finaly.

Die Geschichte zweier Kinder eines jüdischen Flüchtlings belastet das Verhältnis Frankreichs zu Israel, schafft eine Kabinettskrise und erregt außerordentliches öffentliches Interesse. Der jüdische Arzt Dr. Finaly hatte 1944 auf der Flucht durch Frankreich seine Kinder einer katholischen Sozialhelferin anvertraut. Er selbst kam im KZ um.

Ohne die amtliche Todeserklärung abzuwarten, ließ die Sozialhelferin, Madame Brun, die beiden Jungen taufen und die französische Staatsangehörigkeit annehmen. Auslieferungsersuchen von in Israel lebenden Verwandten der Kinder werden von ihr jahrelang ignoriert, bis ein Gericht die Rechtslage zugunsten der Verwandten klärt. Mit Hilfe baskischer Priester werden die Kinder nun in Nordspanien versteckt. Das katholische Spanien verweigert die Auslieferung. Das Verhalten der französischen Regierung, die trotz der eindeutigen Rechtslage die Wünsche der jüdischen Angehörigen nicht respektiert, gleicht einem gezielten Affront. Der streng katholische Außenminister Georges Bidault unterstützt Madame Brun bei der »Entführung«, während der jüdische Ministerpräsident und der antiklerikale Justizminister die Auslieferung betreiben. Am 15. März wird der Wunsch der jetzt 14 und 15 Jahre alten Knaben bekanntgegeben, in Frankreich bleiben zu wollen. Sie möchten katholische Priester werden.

Konzerne werden entflochten

4. März. Im Vollzug der alliierten Gesetze zur Neuordnung der deutschen Wirtschaft werden im März die Entflechtungen verschiedener Konzerne bekanntgegeben. Von der Entflechtung sind die Kruppschen Familienunternehmen, die Gutehoffnungshütte, der Hoesch-Konzern, die Vereinigten Stahlwerke und die IG-Farben betroffen. Nachfolgebetriebe der IG-Farben sind die Farbwerke Hoechst, BASF und Bayer.

Zwei Flugzeuge abgeschossen

10. März. Bei Regensburg wird eine amerikanische »F-84« von zwei sowjetischen »MiG 15« abgeschossen, der Pilot bleibt unverletzt. Beim Abschuß einer englischen »Lincoln« auf dem Flug von Hamburg nach Berlin kommen fünf Besatzungsmitglieder um.

19. März. Auf der Internationalen Automobil-Ausstellung (IAA) in Frankfurt wird als sensationelle Neuheit der Kabinenroller des Messerschmittwerks vorgestellt. Das bald große Popularität erringende Gefährt, ein Mittelding zwischen Auto und Motorroller, hat 175 Kubikzentimeter, bietet Platz für zwei Personen, fährt 75 Stundenkilometer und kostet 2375 DM.

2. Neue Regierung in Österreich ÖVP/SPÖ-Koalition unter Bundeskanzler Julius Raab (ÖVP).

4. Türkisches U-Boot in den Dardanellen nach Zusammenstoß mit schwedischem Dampfer gesunken: 91 Tote.

5. BOAC eröffnet mit Düsenjet »Comet« Verbindung nach Tokio; Flugzeitverkürzung von 44 auf 28,5 Stunden.

6. Bundeskanzler Adenauer trifft zu seinem ersten Besuch in den USA ein.

6. Verhaftung des sowjetischen Ministers für Staatssicherheit und seines Stellvertreters.

8. Jomo Kenyatta, Gründer der Mau-Mau-Bewegung, wird zu sieben Jahren Zwangsarbeit verurteilt.

8. Adenauer leitet neue Auseinandersetzungen um die Saarfrage ein.

9. Kehl wird an die Bundesrepublik zurückgegeben.

9. Der größte Spionagering der Sowjetunion wird in der Bundesrepublik aufgedeckt.

10. Maurice Thorez, Chef der französischen KP, kehrt nach drei Jahren aus der Sowjetunion zurück.

15. Nach einem Bombenanschlag bei einer Rede Peróns in Buenos Aires kommt es zu Ausschreitungen, die sechs Todesopfer fordern.

15. Grundlegende außenpolitische Rede Eisenhowers. →

17. Wiederaufnahme der Waffenstillstandsverhandlungen in Korea.

21. Zivile Antitrustklage in den USA gegen fünf große Ölgesellschaften wegen Verstoßes gegen das Kartellgesetz.

23. Beginn einer großen Vietminh-Offensive in Laos.

23. Die Evangelischen Kirchen protestieren gegen Diskriminierung junger Gemeindemitglieder in der DDR.

24. Winston Churchill erhält den Hosenbandorden.

27. Bei Gemeindewahlen in Frankreich starke Verluste für die Gaullisten.

GESTORBEN:

2. Jean Epstein (* 26. 3. 1897), französischer Filmregisseur.

5. Carol II. (* 15. 10. 1893), rumänischer Exkönig.

11. April. Bundeskanzler Konrad Adenauer bei seinem ersten Besuch in Washington. Das Bild zeigt ihn auf den Stufen des Kapitols.

Eisenhower-Appell an Sowjetunion

15. April. In einer grundlegenden außenpolitischen Rede appelliert Präsident Dwight D. Eisenhower an die neue Führung der Sowjetunion, die durch den Tod Stalins veränderten Umstände zu Verhandlungen zu nutzen. Das alte Vertrauen zwischen den Großmächten solle durch symbolische Aktionen wiederhergestellt werden. Konkret fordert er:
1. Abschluß eines ehrenvollen Waffenstillstands in Korea;
2. in Europa einen Staatsvertrag für Österreich, Anerkennung der europäischen Einigung, Wiedervereinigung Deutschlands, Unabhängigkeit der osteuropäischen Staaten;
3. Abkommen über Rüstungsbeschränkung;
4. »Krieg« nur noch gegen Armut und Not.
US-Außenminister John Foster Dulles interpretiert am 18. die Ausführungen Eisenhowers ein wenig anders: Wenn die Sowjetunion die amerikanischen Forderungen nicht auf dem Verhandlungswege anzuerkennen bereit sei, werde man sie mit militärischer Stärke durchsetzen.
In einem Leitartikel der »Prawda« werden am 25. alle Vorschläge Eisenhowers als bedeutend und richtig begrüßt, in allen Fällen sei die Sowjetunion zum Entgegenkommen bereit. Das Weiße Haus und der englische Premier Winston Churchill anerkennen ihrerseits den wesentlich »milderen Ton« der sowjetischen Antwort.

1953

MAI

Mo	Di	Mi	Do	Fr	Sa	So
				1	2	3
4	5	6	7	8	9	10
11	12	13	14	15	16	17
18	19	20	21	22	23	24
25	26	27	28	29	30	31

2. Thronbesteigung in Jordanien (Hussein I.), im Irak (Feisal II.).

3. Bundespräsident Theodor Heuss eröffnet in Köln die neue Deutsche Welle.

3. Im ersten Fußballpokalendspiel des DFB siegt Rot-Weiß Essen über Alemannia Aachen mit 2 : 1.

3. In England wird Blackpool mit Stanley Matthews (39) Pokalsieger; Arsenal London ist Meister.

6. Rennfahrer von Brauchitsch verhaftet.

7. Abbruch der Vietminh-Offensive; Dulles stellt die »Domino-Theorie« auf: Wenn Indochina kommunistisch werde, falle ganz Südostasien.

8. Welturaufführung des neuen Balletts »Die Dame und das Eichhörnchen« von Jean Cocteau in München.

8. Hemingway erhält für »Der alte Mann und das Meer« den Pulitzer-Preis.

10. Chemnitz wird in Karl-Marx-Stadt umbenannt.

10. Parry O'Brian erreicht zum erstenmal die 18-Meter-Marke im Kugelstoßen.

10. Cinemascope-Projektion in New York vorgestellt. →

11. Das iranische Parlament enteignet den Schah.

11. Außenpolitische Grundsatzrede Churchills. →

12. Die »Prawda« rehabilitiert das Prinzip der kollektiven Führung.

15. Säuberungswelle in der DDR.

15. Die SPD erhebt Normenkontrollklage beim Bundesverfassungsgericht gegen Deutschland- und EVG-Verträge.

17. Boxweltmeister Rocky Marciano schlägt Joe Walcott in der ersten Runde k. o.

17. Jean Monnet erhält den Karlspreis.

22. Sturz des französischen Ministerpräsidenten Mayer.

29. »Der Mann ohne Eigenschaften« von Robert Musil erscheint.

29. Erstbesteigung des Mount Everest durch Hillary und Tensing. →

GESTORBEN:

21. Ernst Zermelo (* 27. 7. 1871), deutscher Mathematiker, Mitbegründer der Mengenlehre.

Erste Zeichen der Entstalinisierung

4. April. Aus dem sowjetischen Innenministerium verlautet, daß die angeblich terroristische Ärztegruppe, die mehrere Prominente ermordet haben soll, und die im Januar verhaftet wurde, nun vollständig rehabilitiert sei. Die verantwortlichen Beamten der Staatssicherheit werden beschuldigt, ungesetzliche Methoden verwandt zu haben. Die zuständigen Minister werden verhaftet. Da alle beschuldigten Ärzte Juden waren, sieht man in diesen Vorgängen auch eine Distanzierung vom stalinschen Antisemitismus.

Böll-Roman wird Verkaufserfolg

25. April. Begeisterte Kritiker (so in der »Frankfurter Allgemeinen Zeitung«) feiern den neuen Roman von Heinrich Böll »Das Brot der frühen Jahre«, der auch einer der Verkaufserfolge des Jahres wird. Weitere literarische Favoriten der Frühjahrssaison 1953 sind Ernest Hemingway (»Der alte Mann und das Meer«) und die Neuentdeckung Scott Fitzgerald.

Heinrich Böll und Ilse Aichinger.

Maikäferschwärme

Seit dem 29. April bemerkt man in Südbaden und im Hessischen Ried eine ungewöhnlich große Zahl von Maikäferschwärmen. Nach den Berichten von Forstbeamten fallen die Maikäfer »wie eine feindliche Heerschar« in die Wälder ein. Die Beamten setzen motorisierte Gaswerfer ein, um der Insekten Herr zu werden.

Everest bezwungen

Der Neuseeländer Sir Edmund Hillary (rechts) mit seinem Sherpa Tensing.

29. Mai. Erst im zweiten Anlauf gelingt es dem neuseeländischen Bienenzüchter Edmund Hillary, zusammen mit dem nepalesischen Sherpa Tensing den 8840 Meter hohen Mount Everest zu besteigen. Hillary und seine Mannschaft bleiben damit Sieger in einem dramatischen Wettlauf verschiedener Expeditionen um die Erstbesteigung.

Hillary will seinen Erfolg als Beitrag des Commonwealth zu den wenige Tage später stattfindenden englischen Krönungsfeierlichkeiten für Königin Elizabeth II. verstanden wissen. Die Triumphstimmung leidet ein wenig durch den Streit über die Frage, ob Hillary oder Tensing als erster den Fuß auf den Gipfel gesetzt habe.

Kritik an US-Politik

11. Mai. In einer allgemein als historisch gewürdigten Rede bezieht der englische Premier Winston Churchill zum erstenmal seit dem Zweiten Weltkrieg eine außenpolitische Position, die nicht vollkommen mit der der USA identisch ist. Er wendet sich gegen die schroffe Haltung Amerikas gegenüber China, die sogar einen Krieg nicht ausschließe. Im Zusammenhang mit China und der UdSSR distanziert er sich von einer Politik des Drohens, wie sie in Äußerungen des US-Außenministers John Foster Dulles anklingt.

Dreidimensionale Filme in Hollywood

10. Mai. Hollywood ist angetreten, den durch das Fernsehen verursachten Besucherschwund in den Kinos aufzuhalten. Drei neue Projektionsmöglichkeiten sollen dem Kinobild seine alte Attraktion zurückgeben. Am 10. Mai wird in New York das Cinemascopeverfahren vorgestellt. Cinemascope arbeitet mit einer Speziallinse, während ein anderes neues Breitbildverfahren, Cinerama genannt, drei Kameras und drei Projektoren benötigt. Als Sensation wird das 3-D-Bild empfunden, das, durch eine Spezialbrille betrachtet, Dreidimensionalität suggeriert.

Spezialbrillen verhelfen im Kino zur Illusion dreidimensionaler Bilder.

1953
JUNI

Mo	Di	Mi	Do	Fr	Sa	So
1	2	3	4	5	6	7
8	9	10	11	12	13	14
15	16	17	18	19	20	21
22	23	24	25	26	27	28
29	30					

2. Feierliche Königskrönung von Elizabeth II. in der Westminster-Abtei. →

3. Freundschaftsabkommen zwischen USA und Bundesrepublik Deutschland auf der Basis des Konsularvertrages vom 8. 12. 1935.

4. Neues Kernspaltungsverfahren entdeckt. →

4. Fausto Coppi gewinnt zum fünftenmal den Giro d'Italia.

5. US-Senat spricht sich gegen die Aufnahme der Volksrepublik China in die UN aus.

7./8. Parlamentswahlen in Italien bringen keine gravierenden Veränderungen.

8. Abkommen über Repatriierung der Kriegsgefangenen in Korea. →

8. Austausch von Botschaftern zwischen Österreich und der Sowjetunion. Weitgehende Aufhebung der Kontrollen an den Wiener Sektorengrenzen.

9. Bundesverwaltungsgericht und Bundesdisziplinarhof durch Innenminister Lehr eröffnet.

11. Rigoroser innenpolitischer Kurswechsel der SED. →

12. Blutige Unruhen in Pilsen (ČSR).

14. Staatsstreich in Kolumbien. General Rojas Pinilla errichtet Militärdiktatur.

14. Eisenhower spricht sich gegen von McCarthy initiierte Bücherverbrennungen aus.

16. Sowjetunion und Jugoslawien tauschen Botschafter aus.

17. Waffenstillstandsverhandlungen in Korea. →

17. Aufstand in der DDR. →

18. General Nagib ruft in Ägypten die Republik aus; Nasser wird stellvertretender Ministerpräsident.

20. Hinrichtung des Ehepaares Rosenberg in den USA. →

21. 1. FC Kaiserslautern besiegt VfB Stuttgart mit 4 : 1 und wird Deutscher Fußballmeister. →

22. Bundestag genehmigt Verdopplung des Bundesgrenzschutzes auf 20 000 Mann.

27. Joseph Laniel wird zum französischen Ministerpräsidenten gewählt.

GESTORBEN:

7. »Big Bill« Tilden (* 10. 2. 1893), amerikanischer Tennisspieler.

17. Juni: Blutiger Aufstand

Mit schwarzrotgoldenen Fahnen marschieren Arbeiter aus dem Osten Berlins durch das Brandenburger Tor.

Der Ministerrat der DDR und das Zentralkomitee der SED überraschen am 11. Juni die Öffentlichkeit mit einer umfassenden Kritik und Korrektur des bisherigen Kurses der beschleunigten Sozialisierung, der vor allem von dem Generalsekretär der SED, Walter Ulbricht, verfochten wird. In den Erklärungen wird eingestanden, daß in der Vergangenheit schwere Fehler der Politik zahlreiche Menschen zur Flucht veranlaßt haben. Mit den jetzt beschlossenen Maßnahmen sollen die »Annäherung der beiden Teile Deutschlands« und die Wiedervereinigung gefördert werden. So werden Reisen in die Bundesrepublik erleichtert, geflüchtete Bauern sollen nach ihrer Rückkehr in die DDR ihre Höfe zurückerhalten. Privatbauern sollen in Zukunft unter anderem mit Krediten unterstützt werden; auch andere kleine Privatunternehmen bekommen staatliche Förderung in Aussicht gestellt. Die Verurteilung politischer Delikte wird eingeschränkt und die Diskriminierung junger Christen eingestellt. Gerade erst erfolgte Preiserhöhungen bei den öffentlichen Verkehrsmitteln und bei verschiedenen Lebensmitteln werden rück-

der DDR gegen SED-Regime

gängig gemacht. Die am 28. Mai angekündigten Erhöhungen der Arbeitsnormen um durchschnittlich 10 Prozent bleiben jedoch verbindlich. In den folgenden Tagen kursieren Gerüchte über Linienkämpfe in der SED, die sich aber vorerst nicht bestätigen lassen.

Aufstand der Arbeiter: Durch einen Artikel in der FDGB-Zeitung »Tribüne« vom 16. des Monats motiviert, in dem die Normerhöhungen gerechtfertigt werden, setzt sich am Morgen des gleichen Tages ein Demonstrationszug von Bauarbeitern in Bewegung. Weitere Arbeiter stoßen schnell hinzu und schließlich finden sich vor dem Haus der Ministerien etwa 10 000 Menschen ein, die Walter Ulbricht und Otto Grotewohl herausrufen. Da beide Politiker nicht reagieren, wird die Atmosphäre weiter angeheizt. Die Forderungen bekommen einen politischen Ton: »Freie Wahlen«, »Rücktritt der Regierung« und »Generalstreik« sind die neuen Parolen. Lautsprecherwagen, die die Rücknahme der Normerhöhungen verkünden, finden kein Gehör mehr; die Demonstranten nehmen sie in Besitz und rufen zu einer Großkundgebung auf.

Ausnahmezustand verhängt: Am 17. Juni wird in fast ganz Ost-Berlin gestreikt, die öffentlichen Verkehrsmittel müssen ihren Dienst einstellen. Mehrere Demonstrationszüge bewegen sich auf die Regierungsgebäude am Potsdamer Platz zu. Um 13.30 Uhr wird vom sowjetischen Stadtkommandanten der Ausnahmezustand verhängt; Versammlungen sind verboten, von 21 Uhr bis 6 Uhr herrscht Ausgangssperre, Übertritte sollen nach Kriegsrecht bestraft werden. Da sich die Lage jedoch nicht entspannt, sondern Parteibüros besetzt werden und teilweise in Flammen aufgehen, greifen in den frühen Nachmittagsstunden sowjetische Truppen mit Panzern ein. Bei den sich nun entwickelnden Auseinandersetzungen, an denen sich auch die DDR-Volkspolizei beteiligt, kommt es zu Toten und Verletzten. In Einzelfällen werden angebliche Rädelsführer des Aufstandes, darunter auch ein Westberliner, standrechtlich erschossen. Noch am 17. und vor allem am 18. Juni greifen die Unruhen auf das gesamte Gebiet der DDR über. Rathäuser und Gefängnisse werden gestürmt; der Ausnahmezustand wird auf die ganze DDR ausgeweitet. Erst am 19. ist der Aufstand im ganzen Land endgültig niedergeschlagen. Die DDR beziffert später die Zahl der Toten mit 21 und gibt 187 Verletzte an, die Zahl der zu Freiheitsstrafen Verurteilten wird auf 1200 geschätzt.

Bei den Demonstrationen fordern die Bürger freie Wahlen in der DDR.

Dramatische Szenen: Arbeiter werfen Steine gegen sowjetische Panzer.

Vor dem Alten Rathaus in Leipzig wird ein Zeitungskiosk des SED-Organs »Neues Deutschland« in Brand gesteckt. In Erfurt, Jena, Chemnitz, Magdeburg und anderen Städten legen die Beschäftigten die Arbeit nieder.

SED kommt entgegen

Die Zentren des Aufstands in der DDR.

DDR-Zentralverwaltungswirtschaft.

Nicht zuletzt aufgrund des Drucks der Sowjetunion, die weitere Eskalationen vermeiden möchte, versucht die Partei- und Staatsführung in den nächsten Tagen durch partielles Entgegenkommen die Woge des Aufstands zu brechen: Die Rücknahme der Normerhöhungen wird bestätigt, eine verbesserte Versorgung mit Konsumartikeln wird in Aussicht gestellt und Verhaftete werden schon nach kurzer Zeit freigelassen.

Möglicherweise kommt der Regierung der DDR der Umstand entgegen, daß es sich um einen sozial relativ begrenzten Konflikt vor allem mit der Arbeiterschaft handelt; Bauern und Gewerbetreibende haben sich den Aktionen der Aufständischen nur zum geringen Teil angeschlossen. Zielten die Maßnahmen des 11. Juni vor allem auf die Befriedigung gewisser Bedürfnisse der bürgerlichen Schichten ab, so werden am 21. Juni einige soziale und ökonomische Verbesserungen in Aussicht gestellt.

Verhandlung scheitert

8./17. Juni. Zu Beginn des dritten Jahres des Koreakrieges scheinen sich Lösungen über eine Beendigung der Auseinandersetzungen auf dem Verhandlungswege abzuzeichnen. Am 8. Juni wird ein Abkommen über die heftig umstrittene Rückführung der Gefangenen unterzeichnet. Dabei geht es vor allem um diejenigen Soldaten Chinas und Nordkoreas, die nicht in ihre Heimat zurückkehren wollen. Da sie jedoch den größten Anteil darstellen, sollen Kommissionen ihrer Heimatländer innerhalb einer Frist von 90 Tagen Gelegenheit erhalten, für die Heimkehr zu werben. Mit dieser Vereinbarung scheint der Weg zu einem Waffenstillstand geöffnet. Am 17. einigen sich die UN-Streitkräfte und das nordko-reanisch-chinesische Kommando auf eine Waffenstillstandslinie, die dem gegenwärtigen Frontverlauf entspricht.

Doch in der Nacht zum 18. werden mit Unterstützung des südkoreanischen Präsidenten Syngman Rhee 25 000 angeblich nicht zur Heimkehr bereite Gefangene befreit. Nachdem es schon vorher Konflikte zwischen der UNO und Südkorea gab, weil die südkoreanische Forderung nach Eroberung ganz Nordkoreas kein Gehör mehr fand, muß sich nunmehr das UN-Kommando seiner Glaubwürdigkeit beraubt sehen. Die wechselseitigen Vorwürfe der Kriegsparteien nach dieser Aktion machen weitere Vereinbarungen über eine Waffenruhe vorerst unwahrscheinlich.

Erster Schritt zum Schnellen Brüter

4. Juni. Der Vorsitzende der US-Atomenergiekommission gibt bekannt, daß es zum erstenmal gelungen sei, mit der Spaltung radioaktiven Materials neues spaltbares Material zu gewinnen. Es handelt sich dabei um Uran 238, aus dem Plutonium und das reaktortechnisch nutzbare Uran 233 gewonnen wird.

Rosenbergs hingerichtet

20. Juni. Trotz internationaler Proteste wird das Ehepaar Ethel und Julius Rosenberg in den USA auf dem elektrischen Stuhl hingerichtet. Sie sind angeklagt, an der Weitergabe von amerikanischen Atomgeheimnissen an die Sowjetunion beteiligt zu sein. Ihnen kann jedoch bestenfalls eine mittelbare Täterschaft nachgewiesen werden.

Fußballbegeisterung auf Höhepunkt: Kaiserslautern Deutscher Meister

21. Juni. Vor 80 000 Zuschauern im Berliner Olympiastadion besiegt der 1. FC Kaiserslautern den VfB Stuttgart im Endspiel um die deutsche Fußballmeisterschaft mit 4 : 1. Die begeisterten Zuschauer sehen ein faires und technisch ausgezeichnetes Spiel, das auch den Beifall Sepp Herbergers findet. Ottmar und Fritz Walter liefern eine bestechende Partie und sind an allen Toren mindestens mit Vorlagen beteiligt.

Die Mannschaft des 1. FC Kaiserslautern mit Fritz Walter (hinten links).

2. Juni. In der Westminster-Abtei wird Elizabeth II. nach altem Zeremoniell zur Königin von Großbritannien und Irland gekrönt. Sie ist die Tochter und Nachfolgerin von König George VI. Nach Elizabeth I. und Victoria ist sie die dritte Frau auf dem englischen Thron. Zum Zeitpunkt ihrer Krönung ist Elizabeth 27 Jahre alt. An den Feierlichkeiten nehmen Vertreter des Commonwealth und der Kolonien, gekrönte Häupter des Hochadels und Staatsmänner aus der ganzen Welt teil. Die prunkvolle Zeremonie mit der mehrere Kilogramm schweren Krone, dem kostbaren Mantel und Kleid, dem gesamten Kostümaufwand — eine aus der alten in die neue Zeit ragende Tradition — begeistert Hunderttausende, und nicht nur britische Staatsangehörige. Erstmals werden Krönungsfeierlichkeiten im Fernsehen übertragen. Vor öffentlich aufgestellten Geräten — auch in der Bundesrepublik — bilden sich Menschentrauben.

1953
JULI

Mo	Di	Mi	Do	Fr	Sa	So
		1	2	3	4	5
6	7	8	9	10	11	12
13	14	15	16	17	18	19
20	21	22	23	24	25	26
27	28	29	30	31		

1. Der Bundeskanzler stellt dem Bundestag einen Sechspunkteplan zur Wiedervereinigung vor.

3. Der Tag des Aufstands in der DDR, der 17. Juni, wird zum »Tag der deutschen Einheit« und zum gesetzlichen Feiertag erklärt.

4. Sieger in Wimbledon bei den Herren: E. Viktor Seixas (USA), bei den Damen wieder wie im Vorjahr Maureen Connolly (USA).

4. Streiks und Unruhen in den polnischen Kohlenrevieren. →

4. Erstbesteigung des neunthöchsten Bergs der Erde, Nanga Parbat (8126 m), durch ein deutsch-österreichisches Team.

7. Mit neuen Streiks fordern die Arbeiter in Ost-Berlin die Freilassung ihrer immer noch inhaftierten Kollegen.

8. Sowjets ordnen freien Verkehr zwischen den Ost- und Westsektoren Berlins an.

10. Verhaftung und Amtsenthebung des sowjetischen Geheimdienstchefs Berija. →

11. Aufhebung des Ausnahmezustands in der DDR und Ost-Berlin.

18. Gewaltige Flutkatastrophe auf der japanischen Insel Hondo, die 1700 Menschenleben und 7000 Verletzte fordert.

23. Die niederländische zweite Kammer billigt mit 75 zu 11 Stimmen den EVG-Vertrag.

26. Die ungarische Regierung gibt die Auflösung der Arbeitslager und eine umfangreiche Amnestie bekannt.

26. Louison Bobet gewinnt die Tour de France.

27. Unterzeichnung des Waffenstillstandes in Korea. →

27. In Berlin werden im Rahmen einer großen Hilfsaktion 130 000 Pakete an Bewohner der DDR verteilt.

31. Die Außenhandelsbilanz der Bundesrepublik schließt im ersten Halbjahr 1953 mit einem Exportüberschuß von 837 Millionen DM gegenüber 158 Millionen DM im Vergleichszeitraum des Vorjahres ab.

GESTORBEN:

16. Hilaire Pierre Bellow (* 27. 7. 1870), britischer Romancier.

31. Robert A. Taft (* 8. 9. 1889), amerikanischer Politiker.

Geheimdienstchef Berija wird entmachtet

Die letzte Aufnahme des sowjetischen Geheimdienstchefs Lawrentij P. Berija vor seiner Verhaftung.

10. Juli. Mit Aufmerksamkeit und Verwirrung wird in Ost und West die Meldung aufgenommen, daß der zweite Mann in der Kremlhierarchie, der unangreifbar erscheinende Chef des Innenministeriums und des Geheimdienstes, Lawrentij P. Berija, seines Amtes enthoben und verhaftet worden ist. Seit Stalins Tod war er auch Erster Stellvertretender Ministerpräsident.
Die offizielle Begründung des Politbüros der KPdSU bleibt relativ vage; Berija sei ein Verräter im Dienst des ausländischen Kapitals gewesen, er habe sein Ministerium gegen die Regierung auszuspielen versucht und dem Personenkult gehuldigt.
Über die eigentlichen Gründe wird viel spekuliert; manche Beobachter sprechen von einem Staatsstreichplan, den man durch die Verhaftung gerade noch verhindert habe. Andere vermuten den Grund in persönlichen Machtkämpfen und Rivalitäten. Über das Verbleiben Berijas erfährt man lange nichts, bis am 23. Dezember 1953 schließlich seine Erschießung bekanntgegeben wird.
Nach der Entmachtung Berijas und dem Zusammenbruch seiner gefürchteten Geheimpolizei werden allmählich die Arbeitslager in Sibirien aufgelöst und eine unbekannte Zahl von Inhaftierten kehrt nach Haus zurück.

Waffenruhe in Korea

In Panmunjon unterzeichnen Generalleutnant William Harrison (l.) für die UNO, General Nam Il (r.) für Nordkorea das Abkommen über den Waffenstillstand.

Die südkoreanische Flagge.

Die Flagge Nordkoreas.

27. Juli. Noch bis in die letzten Tage vor der Unterzeichnung des Waffenstillstandsabkommens hinein gibt es immer wieder größere und kleinere Gefechte zwischen UN-Einheiten und Südkoreanern auf der einen und Nordkoreanern und Chinesen auf der anderen Seite. In dem Abkommen wird aufgrund der Frontlinie vom 23. Mai 1951 eine Demarkationslinie festgelegt, die in einer demilitarisierten Zone liegen soll. Weiter enthält das Abkommen eine Regelung der strittigen Frage der Heimkehr solcher Kriegsgefangener, die nicht in ihr Land zurückkehren wollen (→ Juni 1953). Am Tage der Unterzeichnung werden die amtlichen amerikanischen Schätzungen über die Opfer des Krieges bekanntgegeben: Die Amerikaner selbst verzeichnen 24 119 Tote, die Verluste der UN-Einheiten werden auf 94 000 geschätzt, die der Kommunisten auf 1,34 Millionen.

Unruhen in Osteuropa

4. Juli. Die Lage in den osteuropäischen Staaten ist weiter von Unruhen und Versuchen der Regierungen gekennzeichnet, mit der Situation nach dem Aufstand am 17. Juni in Ost-Berlin und der DDR fertig zu werden. Am 4. Juli werden aus den polnischen Kohlenrevieren Streiks und Aktionen gegen die Reparationslieferungen für die Sowjetunion gemeldet. Auch innerhalb der DDR-Regierung und zwischen ihr und der Sowjetunion gibt es Meinungsverschiedenheiten. So wird erst auf ausdrücklichen Wunsch der Sowjetunion der uneingeschränkte Verkehr zwischen den Berliner West- und dem Ostsektor wieder zugelassen, der seit dem 26. Mai 1952 nur auf besonderen Antrag möglich gewesen ist. Um einer Entwicklung wie der in der DDR vorzubeugen, beschließt am 26. Juli auch die ungarische Regierung eine Reihe von Maßnahmen, die einen grundlegenden innenpolitischen Kurswechsel zur Folge haben. Der neugewählte Ministerpräsident Imre Nagy, der Mátyás Rákosi ablöst, gibt folgende Schwerpunkte der künftigen Politik bekannt: Auflösung der Arbeitslager, Verlagerung des Schwerpunkts der Industrieentwicklung auf die Konsumgüter, Förderungen der Landwirtschaft und der Einzelbauern, Wiedereinführung des privaten Handels.

1953
AUGUST

Mo	Di	Mi	Do	Fr	Sa	So
					1	2
3	4	5	6	7	8	9
10	11	12	13	14	15	16
17	18	19	20	21	22	23
24	25	26	27	28	29	30
31						

5. Zahl der Arbeitslosen ist zum 30. Juli innerhalb eines Monats um 60 000 auf 1,013 Millionen zurückgegangen; die Zahl der Beschäftigten ist seit dem 1. März 1953 um 611 017 auf 16,569 Millionen angestiegen.

5. In Korea beginnt der Austausch von Kriegsgefangenen (→ Juli 1953).

8. Malenkow, neuer Ministerpräsident der Sowjetunion, teilt mit, daß die USA nicht länger Monopolisten der Wasserstoffbombe seien. →

8. Franklin Held (USA) übertrifft mit 80,41 m im Speerwerfen zum erstenmal die 80-m-Marke.

9. Die USA und Südkorea unterzeichnen einen Beistandspakt für den Fall eines kommunistischen Angriffs.

11. Ein schweres Erdbeben verwüstet die griechischen Inseln Ithaka, Kefallinia und Sakinthos. Es gibt 381 Tote, 20 000 zerstörte Häuser und Sachschäden in Höhe von 425 Millionen DM.

13. Generalstreik mit vier Millionen Beteiligten in Frankreich lähmt das gesamte wirtschaftliche Leben. →

19. Irans Ministerpräsident Mossadegh wird gestürzt, der geflohene Schah kann zurückkehren. →

20. Der Sultan von Marokko wird von der französischen Regierung abgesetzt und nach Korsika verbannt. →

20. Die Bundesrepublik erhält von den USA 382 Schiffe zurück, die 1945 als Kriegsbeute beschlagnahmt worden waren.

22. Zu den am 6. September stattfindenden Bundestagswahlen sind insgesamt acht Parteien zugelassen worden: CDU/CSU, SPD, FDP, KPD, Deutsche Partei, BHE, Gesamtdeutsche Volkspartei und Deutsche Reichspartei.

22. Nach langen Verhandlungen stimmt die Sowjetunion einer Ermäßigung der Reparationsleistungen der DDR zu. →

25. Nach einem Aufruf der französischen Gewerkschaften zur Wiederaufnahme der Arbeit geht der größte Streik in Frankreich seit 1936 zu Ende.

GESTORBEN:

11. Ludwig Strauss (* 28. 10. 1892), deutscher Schriftsteller.

Generalstreik in Frankreich gegen Sparmaßnahmen

13. August. Der größte Streik seit 1936 in Frankreich erschüttert die ohnehin anfällige Wirtschaft schwer. Auslöser ist eine Ankündigung der Regierung Joseph Laniel gewesen, im Zuge von Sparmaßnahmen zur Sanierung des defizitären Staatshaushalts das Pensionsalter für Beamte anzuheben und weniger Hilfskräfte zu beschäftigen. Daraufhin treten am 10. August zunächst die Angestellten der Post und des Telefonwesens in den Streik; am 13. August schließlich legen nach einem Aufruf der kommunistischen, christlichen und sozialistischen Gewerkschaften vier Millionen Arbeiter und Angestellte die Arbeit nieder. Das wirtschaftliche Leben in Frankreich ist total gelähmt, da alle Kommunikations- und Verkehrssysteme bestreikt werden. Erst am 21. August nimmt ein Teil der Streikenden die Arbeit wieder auf, nachdem von der Regierung zugesagt worden ist, die Forderungen der Angestellten und Arbeiter zu prüfen und keine Strafanträge gegen streikende Beamte zu stellen. Am 26. August kann in Frankreich wieder normal gearbeitet werden.

DDR zahlt keine Reparationen mehr

22. August. Nach langen Verhandlungen einigen sich die Vertreter der DDR und der Sowjetunion auf eine umfangreiche Minderung der Kriegsfolgelasten für die DDR. So sollen vom 1. Januar 1954 an von der DDR keine Reparationen mehr an die Sowjetunion entrichtet werden. Die Höhe der Reparationen, die von beiden Teilen Deutschlands gefordert wurden, kann nur geschätzt werden: Man rechnet mit 15 bis 40 Milliarden DM. Die Besatzungskosten werden herabgesetzt, und die Zahlung der Nachkriegsschulden wird storniert. Außerdem gibt die Sowjetunion 33 Fabriken auf dem Boden der DDR zurück, die von ihr nach dem Zweiten Weltkrieg in Besitz genommen worden waren. Die Diplomatischen Missionen der beiden Länder werden in Botschaften umgewandelt.

Machtkampf in Iran

Der entmachtete iranische Minister-präsident Mohammed Mossadegh.

Mit Knüppeln bewaffnete Anhänger des Schahs demonstrieren in Teheran.

19. August. Im Machtkampf zwischen dem iranischen Ministerpräsidenten Mohammed Mossadegh und dem Schah Resa Pahlawi unterliegt dank dem Eingreifen der Armee der Ministerpräsident. Mossadegh versucht mit einer Volksabstimmung das Abgeordnetenhaus aufzulösen, in dem der Schah immer noch einen starken Rückhalt hat. Da ihm dies gelingt, versuchen schahtreue Offiziere einen Putsch, der jedoch mißlingt. Der Schah muß ins Ausland flüchten, wo er General Zahedi zum neuen Ministerpräsidenten ernennt. Am 19. August unternimmt Zahedi einen diesmal erfolgreichen Putschversuch und treibt Mossadegh in ein Versteck, aus dem dieser jedoch nach Zusicherung einer milden Strafe seitens des Schahs zurückkehrt. Er wird später wegen des Versuchs der Bildung einer illegalen Regierung zu drei Jahren Gefängnis verurteilt.

Wasserstoffbombe auch in UdSSR

8. August. Der sowjetische Ministerpräsident Georgij Maximilianowitsch Malenkow teilt mit, daß nun auch die Sowjetunion über die Wasserstoffbombe verfüge. Nachdem man zuerst dieser Meldung keinen Glauben schenken will, stellen am 20. August seismographische Einrichtungen im Westen eine Explosion auf dem Gebiet der Sowjetunion fest, die in dieser Stärke nur von einer Wasserstoffbombe verursacht worden sein kann. Damit ist auch die Sowjetunion nur acht Monate nach den ersten erfolgreichen Versuchen der USA (→ November 1952) im Besitz dieser Waffe. Weil der Sowjetunion auch auf lange Sicht die Entwicklung einer technisch derart aufwendigen Waffe nicht zugetraut wurde – immerhin muß zur Auslösung ihrer Explosion kurzfristig eine Temperatur von 100 Millionen Grad Celsius erreicht werden –, sieht man jetzt die wissenschaftliche Vorrangstellung des Westens in Gefahr.

20. August. Muhammad VI. ben Arafa (Bild) wird als Sultan von Marokko Nachfolger seines von den Franzosen abgesetzten Neffen Muhammad V. ben Jussuf. Der neue Sultan zeigt sich der Politik der französischen Regierung willfähriger als sein Vorgänger, der die nationalistische Bewegung in der Kolonie unterstützte.

1953
SEPTEMBER

Mo	Di	Mi	Do	Fr	Sa	So
	1	2	3	4	5	6
7	8	9	10	11	12	13
14	15	16	17	18	19	20
21	22	23	24	25	26	27
28	29	30				

1. Westmächte richten erneute Einladung an die Sowjetunion zu einer Außenministerkonferenz in Lugano.

3. Der französische Staatsminister François Mitterrand tritt wegen der kolonialistischen Nordafrikapolitik seiner Regierung zurück.

3. Bundesregierung protestiert gegen Wahlkampfstörer aus der DDR und weist 3000 Personen an den Grenzen zurück.

5. Der neue iranische Ministerpräsident Zahedi erhält von der USA eine finanzielle Hilfe von 45 Millionen Dollar.

6. Bundestagswahlen bringen der CDU die absolute Mehrheit im Parlament. →

13. Nikita Chruschtschow wird zum 1. Sekretär des Zentralkomitees der KPdSU gewählt.

15. Die achte Vollversammlung der Vereinten Nationen lehnt den Antrag der Sowjetunion auf Aufnahme der VR China ab.

18. Wegen amerikanischer Etatkürzungen muß das US-Blatt »Neue Zeit« eingestellt werden; das Organ der britischen Besatzungsbehörde »Die Welt« geht in den Besitz Axel Springers über.

25. Taifun über Südostasien fordert über 1000 Menschenleben.

25. Die ersten Transporte von Kriegsgefangenen aus der Sowjetunion treffen in der Bundesrepublik ein; bis zum Monatsende beträgt die Zahl der Heimkehrer 3554.

26. Die USA und Spanien unterzeichnen einen für 20 Jahre gültigen Beistandspakt in Madrid, der den USA das Recht zur Errichtung von See- und Luftstützpunkten gibt. Spanien erhält 226 Millionen Dollar für militärische Zwecke.

28. Der polnische Kardinal Wyczynski wird durch die kommunistische Regierung seines Amtes enthoben; gegen ihn wird der Vorwurf der Subversion gerichtet.

GESTORBEN:

15. Erich Mendelsohn (* 21. 3. 1887), deutscher Architekt.

24. Jacobo Maria del Alba (* 17. 10. 1878), spanischer Diplomat und Historiker.

29. Ernst Reuter (* 29. 7. 1889), deutscher Politiker. →

Regierender Bürgermeister Reuter stirbt

29. September. Mit dem Regierenden Bürgermeister von West-Berlin, Ernst Reuter, stirbt einer der populärsten und profiliertesten Politiker der SPD. Reuter, der am 29. Juli 1889 geboren wurde, trat schon 1912 in die SPD ein, wechselte aber nach dem Ersten Weltkrieg zunächst zur KPD. 1922 wurde er aus der KPD ausgeschlossen und kehrte zur SPD zurück, in der er als Kommunalpolitiker Karriere machte: Von 1926 bis 1931 war er Verkehrsdezernent in Berlin, danach bis zum Machtantritt der Nationalsozialisten im Jahr 1933 Oberbürgermeister von Magdeburg und Reichstagsabgeordneter.

In den ersten Jahren der Naziherrschaft war Reuter mehrmals in KZ-Haft, ging dann aber in die Türkei und wurde hier einer der wichtigsten Berater Kemal Atatürks und Professor für Kommunalwissenschaft in Ankara. Gleich nach dem Zusammenbruch kehrte er nach Berlin zurück, übernahm 1946 das Amt des Verkehrsdezernenten und wurde 1947 zum Oberbürgermeister gewählt, durch ein sowjetisches Veto jedoch am Amtsantritt gehindert. Erst nach der endgültigen Teilung der Stadt konnte er 1950 zum Regierenden Bürgermeister in West-Berlin gewählt werden.

2,2 Millionen Wohnungen seit Kriegsende

18. September. In einer Presseerklärung stellt das Wohnungsbauministerium eine Bilanz des bislang Geleisteten vor. Seit Kriegsende sind 2,2 Millionen Wohnungen neu gebaut worden, davon seit der Gründung der Bundesrepublik im Jahr 1949 allein 1,7 Millionen. Immer noch besteht ein Bedarf von vier Millionen Einheiten, der durch den Grad der Kriegszerstörungen und die hohen Flüchtlingszahlen bedingt wird. Insgesamt sind in den letzten vier Jahren 20 Milliarden DM für den Wohnungsbau in Westdeutschland ausgegeben worden.

Adenauer gewinnt absolute Mehrheit

6. September. Mit einem in dieser Höhe von niemandem erwarteten Sieg der CDU enden die zweiten Wahlen zum Deutschen Bundestag. Der CDU gelingt es, ungefähr fünf Millionen neue Wähler zu gewinnen und damit die absolute Mehrheit der Abgeordneten im Parlament zu erreichen. Die SPD kann nur eine Million Wähler hinzugewinnen und damit ihren Stimmenanteil der Wahl 1949 nur knapp behaupten. Mit großer Erleichterung, vor allem auch im Ausland, wird registriert, daß die rechtsextremen Parteien sowie die KPD den Sprung in den Bundestag nicht mehr geschafft haben. Der Erfolg der CDU hat mehrere Gründe: Die blutige Niederwerfung des

Aufstands vom 17. Juni und die schlechte Versorgungslage der DDR-Bevölkerung sowie die immer wieder beschworene Erfahrung des Koreakrieges haben in der Bevölkerung die Bereitschaft wachsen lassen, eine Politik der schroffen Abgrenzung gegenüber dem Osten zu unterstützen.

Da es der CDU im Wahlkampf außerdem gelang, die SPD-Politiker wegen ihres Widerstandes gegen die Westintegration als nützliche, wenn auch unfreiwillige Bundesgenossen der Sowjetunion erscheinen zu lassen, hat sie mit ihrer Solidität und Festigkeit garantierenden Führungsfigur Konrad Adenauer sehr viel mehr Sympathien sammeln können.

Ein Wahlplakat der Christlich-Demokratischen Union Deutschlands.

Ein Flugblatt der Sozialdemokratischen Partei zur Wahl 1953.

Wahlsieger Adenauer nach seinem überwältigenden Erfolg in strahlender Laune.

Bundespräsident Theodor Heuss (links) empfängt den SPD-Vorsitzenden Erich Ollenhauer, den Verlierer der Wahl, zu einem Gespräch in seinem Amtssitz.

	1953		1949	
Wahlberechtigte	33 039 978		31 230 688	
Abgegebene Stimmen (Zweitstimmen)	28 468 054	86,2 %	24 495 614	78,5 %
Gültige Stimmen	27 541 049	96,7 %	23 732 398	96,9 %
Ungültige Stimmen	926 497	3,3 %	763 216	3,1 %

1. Stimmenverteilung (Zweitstimmen) auf die Parteien

	1953		1949	
CDU/CSU	12 440 799	45,2 %	7 359 084	31,0 %
SPD	7 939 774	28,8 %	6 934 975	29,2 %
FDP, DVP, BDV	2 628 146	9,9 %	2 829 920	11,9 %
GB/BHE	1 614 474	5,9 %	—	
DP	897 952	3,3 %	939 934	4,0 %
KPD	607 413	2,2 %	1 361 706	5,7 %
BP	465 552	1,7 %	996 478	4,2 %
GVP	318 323	1,2 %	—	
DRP, DKP	295 615	1,1 %	429 031	1,8 %
Z	217 342	0,8 %	727 505	3,1 %
DNS	71 032	0,3 %	—	
SSW	44 633	0,2 %	75 388	0,3 %
WAV	—	—	681 888	2,9 %
RSF	—	—	216 749	0,9 %
EVD	—	—	26 162	0,1 %
RWVP	—	—	21 931	0,1 %
Unabhängig	—	—	1 141 647	4,8 %

2. Sitzverteilung aufgrund der Wahlen

	1953	1949
CDU/CSU	244, davon direkt gewählt: 172	139
SPD	150, davon direkt gewählt: 44	131
FDP	48, davon direkt gewählt: 14	52
BHE	27, davon direkt gewählt: 0	–
DP	15, davon direkt gewählt: 10	17
Z	3, davon direkt gewählt: 1	10*
KPD	—	15
BP	—	17*
WAV	—	12
DKP, DRP	—	5
SSW	—	1
Unabhängig	—	3
Insgesamt:	487, davon direkt gewählt: 241	402**

* in der Föderalistischen Union vereinigt ** direkt gewählt und indirekt gewählt

Schlüssel der Abkürzungen
CDU/CSU = Christlich-Demokratische Union Deutschlands, Christlich-Soziale Union; SPD = Sozialdemokratische Partei Deutschlands; FDP = Freie Demokratische Partei; DP = Deutsche Partei; DRP = Deutsche Reichspartei; KPD = Kommunistische Partei Deutschlands; BP = Bayern-Partei; SSW = Südschleswigsche Wählervereinigung; Z = Zentrumspartei; BHE = Block der Heimatvertriebenen und Entrechteten; GVP = Gesamtdeutsche Volkspartei; DNS = Deutsche Nationale Sammlung; WAV = Wirtschaftliche Aufbauvereinigung; RSF = Radikalsoziale Freiheitspartei; EVD = Europäische Volksbewegung Deutschlands; RWVP = Rheinisch-Westfälische Volkspartei.

Mo	Di	Mi	Do	Fr	Sa	So
			1	2	3	4
5	6	7	8	9	10	11
12	13	14	15	16	17	18
19	20	21	22	23	24	25
26	27	28	29	30	31	

3. Mit dem neuen amerikanischen Düsenflugzeug Douglas Skyray wird ein neuer Geschwindigkeitsrekord von 1281 km/h aufgestellt.

5. Erneute Verhaftung des ehemaligen Rennfahrers Manfred von Brauchitsch wegen angeblicher Agententätigkeit für den Osten.

5. Preissenkung in der ČSR soll der Bevölkerung einen Kaufkraftgewinn von 4 bis 5 Milliarden Kronen einbringen.

6. Erste konstituierende Sitzung des zweiten Deutschen Bundestages; der frühere Bundestagspräsident Hermann Ehlers (CDU) wird wiedergewählt.

11. 3 : 0-Sieg der bundesdeutschen Fußballnationalelf in einem Weltmeisterschafts-Ausscheidungsspiel gegen das Saarland.

14. Israelische Soldaten überfallen ein jordanisches Dorf und töten 53 Bewohner. →

14. Präsident Eisenhower erläßt ein Dekret, wonach die Aussageverweigerung vor dem Ausschuß für unamerikanische Aktivitäten mit der Entlassung geahndet wird. →

18. Der Suchdienst des Deutschen Roten Kreuzes gibt einen Zwischenbericht über die Kriegsgefangenenfrage bekannt. →

20. Das neue Kabinett unter Bundeskanzler Adenauer wird vom Bundespräsidenten ernannt und vereidigt. →

22. Mit 62 von 120 Stimmen wird Walter Schreiber (CDU) zum neuen Regierenden Bürgermeister von Berlin gewählt.

23. In Mainz stellt die amerikanische Armee eine neue Kanone für atomare Geschütze vor.

27. Hans Globke, vor 1945 »Spezialist für Judenfragen« im Reichsinnenministerium und Verfasser eines Kommentars zu den Nürnberger Rassegesetzen, wird von Adenauer zum Staatssekretär für Inneres im neuen Bundeskanzleramt ernannt.

GESTORBEN:

5. Friedrich Wolf (* 23. 12. 1888), deutscher Dramatiker.

27. Eduard Künneke (* 27. 1. 1885), deutscher Operettenkomponist.

30. Emmerich Kálmán (* 24. 10. 1882), ungarischer Operettenkomponist.

Adenauers Kabinett

Das neue Kabinett Adenauer bei der ersten Sitzung: Links neben dem Regierungschef Walter Hallstein, Staatssekretär im Auswärtigen Amt, rechts CDU/CSU-Fraktionsvorsitzender Heinrich von Brentano und Innenminister Gerhard Schröder.

20. Oktober. Bundespräsident Theodor Heuss empfängt die von Bundeskanzler Konrad Adenauer vorgeschlagenen Minister und überreicht ihnen die Ernennungsurkunden. Das Kabinett setzt sich aus folgenden Ministern zusammen: Außenminister ist Konrad Adenauer selbst, Vizekanzler und Minister für wirtschaftliche Zusammenarbeit Franz Blücher (FDP), Bundesminister des Innern Gerhard Schröder (CDU), Finanzminister Fritz Schäffer (CSU), Wirtschaftsminister Ludwig Erhard (CDU), Bundesminister für Ernährung, Landwirtschaft und Forsten Heinrich Lübke (CDU), Arbeitsminister Anton Storch (CDU), Verkehrsminister Hans Christoph Seebohm (DP), Wohnungsbauminister Viktor-Emanuel Preusker (FDP), Bundesminister für gesamtdeutsche Fragen Jakob Kaiser (CDU), Bundesratsminister Heinrich Hellwege (DP), Bundesminister für Vertriebene Erich Oberländer (BHE), Familienminister Josef Wuermeling (CDU); des weiteren gibt es vier Staatsminister, deren Geschäftsbereiche erst später festgelegt werden

sollen. Bundestagspräsident Ehlers kritisiert die konfessionelle Zusammensetzung des Kabinetts; von den zehn CDU/CSU-Ministern seien nur drei Protestanten, die Katholiken also eindeutig im Übergewicht. In seiner Regierungserklärung betont Adenauer, daß die neue Regierung an der marktwirtschaftlichen Orientierung der Politik und der Selbstverwaltung der Sozialpartner festhalten werde.

Weiter macht er im außenpolitischen Teil seiner Rede der Sowjetunion das Angebot, unter Berücksichtigung ihrer legitimen Sicherheitsinteressen an einem kollektiven europäischen Sicherheitssystem beteiligt zu werden. Mit Überraschung wird zur Kenntnis genommen, daß die SPD in der Debatte der Regierungserklärung sich durchaus verständigungsbereit und entgegenkommend zeigt: so besteht der SPD-Vorsitzende Erich Ollenhauer nicht mehr auf einer rigiden Planwirtschaft und läßt auch die Bereitschaft durchblicken, die weiteren Schritte der europäischen Einigung unter bestimmten Bedingungen mitzutragen.

Israelischer Überfall

14. Oktober. Zu internationalen Protesten gegen die israelische Regierung führt ein Überfall israelischer Soldaten auf den jordanischen Grenzort Qibya, bei dem 53 Zivilisten getötet werden.

Die Israelis versuchen ihren Angriff

mit dem Verbot eines Kanalprojekts durch die UN-Kommission zu rechtfertigen, durch das Jordanwasser zur Bewässerung landwirtschaftlicher Projekte im israelischen Grenzraum zugeführt werden soll.

DRK-Bericht über Kriegsgefangene

18. Oktober. Ein vorläufiger Bericht über den Stand der Suche nach den deutschen Kriegsgefangenen des Zweiten Weltkriegs wird vom Deutschen Roten Kreuz veröffentlicht. Danach sind von den seit dem Krieg immer noch 1 272 896 vermißten Soldaten mit großer Sicherheit 71 Prozent gefallen. Von 117 529 Soldaten weiß man, daß sie in sowjetische Gefangenschaft geraten sind; das Rote Kreuz hat aber nur mit 18 864 Kontakt aufnehmen können. Die Sowjetunion spricht von nur etwa 16 000 Gefangenen, so daß man von weiteren Todesfällen ausgehen muß.

US-Beamten droht Entlassung

14. Oktober. Präsident Dwight D. Eisenhower erläßt ein neues Dekret, das denjenigen Regierungsangestellten, die die Aussage vor dem Kongreßausschuß zur Verfolgung unamerikanischer Aktivitäten verweigern, mit Entlassung droht. Damit wird ein Grundrecht der amerikanischen Verfassung, die ein Recht zur Aussageverweigerung im Fall einer möglichen Belastung der eigenen Person vorsieht, außer Kraft gesetzt. Unter dem Druck der antikommunistischen Strömungen wurden in den letzten zwei Monaten schon 1456 Beamte entlassen.

Senator Joseph McCarthy, Hauptinitiator der Bewegung gegen unamerikanische Aktivitäten, mit einem symbolischen Besen vor dem Kapitol.

1953

NOVEMBER

Mo	Di	Mi	Do	Fr	Sa	So
						1
2	3	4	5	6	7	8
9	10	11	12	13	14	15
16	17	18	19	20	21	22
23	24	25	26	27	28	29
30						

1. Bürgerschaftswahlen in Hamburg mit einem knappen Sieg des Bürgerblocks. →

1. Emil Zatopek (ČSR) läuft neuen Weltrekord über 10 000 m in der Zeit von 29:01,6 Minuten.

3. Erst jetzt aufgefundene Akten belegen, daß während des Zweiten Weltkrieges bis 31. Januar 1945 insgesamt 24 559 Soldaten der deutschen Wehrmacht von Kriegsgerichten hingerichtet wurden.

5. Im Frankfurter Suhrkamp-Verlag erscheint der erste Band der neuen Übersetzung von Marcel Prousts Romanwerk »A la Recherche du Temps perdu« unter dem Titel »Auf der Suche nach der verlorenen Zeit« von Eva Rechel-Mertens.

11. Die sowjetischen Besatzungsbehörden in Österreich geben die Einstellung der Vorzensur für den Rundfunk und das Theater bekannt.

12. Berliner Abgeordnetenhaus wählt einen Senat der Kleinen Koalition von CDU und FDP.

16. Der Interzonenpaßzwang für das Gebiet der Bundesrepublik wird durch die Westalliierten aufgehoben; am 22. November zieht die DDR-Regierung nach. →

17. SPD-Politiker Carlo Schmid schlägt Wandlung der SPD in eine echte Volkspartei vor. →

22. Überlegener 5 : 1-Sieg der deutschen Fußballauswahl gegen Norwegen in Hamburg.

24. Eine amerikanische Douglas B 558 II erreicht mit einer Geschwindigkeit von 2135 km/h das 2,1fache der Schallgeschwindigkeit.

25. Als Fußballsensation des Jahres gilt die 3 : 6-Heimniederlage der englischen Mannschaft gegen Ungarn in London.

GESTORBEN:

8. Iwan Bunin (* 22. 11. 1870), russischer Dichter, Nobelpreis 1933.

9. Dylan Thomas (* 27. 10. 1914), englischer Dichter.

9. Ibn Saud (* 1880), König von Saudi-Arabien.

27. Eugene O'Neill (* 16. 10. 1888), amerikanischer Dramatiker.

29. Karl Arnold (* 1. 4. 1883), deutscher Zeichner.

Niederlage der SPD in Hamburg

1. November. Mit einer empfindlichen Niederlage für die bislang unangefochten führende SPD enden die Wahlen zur Hamburger Bürgerschaft. Zwar ist sie mit 58 von 120 Sitzen noch immer die weitaus stärkste Fraktion in der Bürgerschaft, doch die zum Hamburg-Block zusammengeschlossenen konservativen Parteien CDU, FDP, Deutsche Partei und Deutsch-Konservative Partei erreichen zusammen 62 Stimmen. Damit ist die Wahl ihres Kandidaten Kurt Sieveking als Nachfolger des alten Hamburger Oberbürgermeisters Max Brauer gesichert.

Erleichterungen im Reiseverkehr

16. November. Mit der Aufhebung des Interzonenpaßzwangs für Reisende aus der DDR in die Bundesrepublik machen die westlichen Alliierten einen ersten Schritt zur Erleichterung des Reiseverkehrs zwischen den beiden deutschen Staaten. Gleiches hat zwar die Sowjetunion auch schon gefordert, allerdings an die Bedingung geknüpft, daß die Regelung der Reisen in die Kompetenz deutscher Behörden falle.
Ihrerseits hat die Sowjetunion die Aufsicht über den Interzonenverkehr der DDR-Regierung übertragen, die am 22. November den Paßzwang für Besucher aus der Bundesrepublik abschafft. Allerdings müssen Reisende in die DDR eine Aufenthaltsgenehmigung der zuständigen Kreisverwaltung einholen.

Carlo Schmid: SPD muß sich wandeln

17. November. Ohne auf die enttäuschenden Ergebnisse der SPD bei den letzten Bundestagswahlen am 6. September einzugehen, tritt Carlo Schmid mit einem grundlegenden Aufsatz zur Situation der SPD an die Öffentlichkeit. Er fordert darin, daß von der SPD ideologischer Ballast des 19. Jahrhunderts abgeworfen wird.

1953

DEZEMBER

Mo	Di	Mi	Do	Fr	Sa	So
	1	2	3	4	5	6
7	8	9	10	11	12	13
14	15	16	17	18	19	20
21	22	23	24	25	26	27
28	29	30	31			

2. Großbritannien und der Iran nehmen wieder diplomatische Beziehungen zueinander auf; damit erscheint auch eine Einigung über den Ölbesitz möglich.

3. Heftige Kritik von Präsident Eisenhower und Außenminister Dulles am Kommunistenjäger McCarthy, der jetzt auch republikanische Politiker verfolgt.

5. Premiere des ersten Cinemascope-Farbfilms »Das Gewand« in Frankfurt und München.

8. Die Vereinigten Staaten, Frankreich und Großbritannien schlagen nach Abschluß einer Konferenz der Regierungschefs auf Bermuda der Sowjetunion Außenministerverhandlungen in Berlin vor, die am 4. Januar 1954 beginnen sollen.

8. Eisenhower plädiert in einer großen Rede vor den Vereinten Nationen für die Errichtung einer Internationalen Atomenergie-Behörde. →

10. Verleihung der Nobelpreise in Stockholm und Oslo. →

11. Französische Vietnamtruppen ziehen sich von der Verteidigung Lai Chans, der Hauptstadt Thailands, zurück und suchen die Entscheidungsschlacht mit den Vietminh im Becken von Dien Bien Phu.

16. US-Major Charles E. Yeager erreicht mit dem Raketenflugzeug »X I A« die zweieinhalbfache Schallgeschwindigkeit (2805 km/h).

18. Bundesverfassungsgericht erklärt die vom Grundgesetz vorgesehene vollständige Gleichberechtigung von Mann und Frau für rechtens und fordert die Reform von Ehe- und Scheidungsrecht, die noch Diskriminierungen der Frau enthalten.

22. Uraufführung der Komödie »Ein Engel kommt nach Babylon« von Friedrich Dürrenmatt in den Münchner Kammerspielen.

23. Nach 13 Wahlgängen wird der unabhängige Republikaner René Coty zum neuen französischen Staatspräsidenten gewählt.

GESTORBEN:

2. Francis Picabia (* 22. 1. 1878), französischer Maler und Illustrator.

19. Robert A. Millikan (* 22. 3. 1868), amerikanischer Physiker, Nobelpreis 1923.

Nobelpreis für Winston Churchill

10. Dezember. In Oslo und Stockholm werden die Nobelpreise verliehen. Unter den Geehrten befindet sich nach langer Zeit zum erstenmal auch wieder ein Deutscher. Hermann Staudinger erhält den Nobelpreis für Chemie als Anerkennung seiner langjährigen Forschungen auf dem Gebiet der Makromolekularchemie, die der Kunststoffindustrie wichtige und nützliche Anregungen gegeben haben. Den Medizinnobelpreis erhalten die Engländer Hans Adolf Krebs und Fritz Albert Lipmann für ihre Arbeiten zum menschlichen Stoffwechsel, den Preis im Fach Physik der Holländer Frits Zernike für sein Durchstrahlungselektronenmikroskop. Den Literaturnobelpreis erhält der konservative Politiker Winston Churchill für »seine Meisterschaft in der historischen und biographischen Darstellung und seine brillante Rhetorik, die er als Verteidiger hoher menschlicher Werte eingesetzt hat«. Mit dem Friedensnobelpreis wird der frühere amerikanische Außenminister George C. Marshall ausgezeichnet, auf den der nach ihm benannte Plan zur wirtschaftlichen Stärkung Europas nach dem Zweiten Weltkrieg zurückgeht.

Elektrogeräte Geschenkschlager

24. Dezember. Gerade zu Weihnachten macht sich bemerkbar, wie sehr das wirtschaftliche Potential der Bundesrepublik in den letzten Jahren angewachsen ist. Besonderer Vorliebe als Weihnachtsgeschenke erfreuen sich elektrische Haushaltsgeräte nach dem Vorbild der amerikanischen Lebensweise mit vollautomatisierter Küche.
In der Bundesrepublik haben erst 5,3 Prozent aller Haushalte einen Kühlschrank, 3,5 Prozent besitzen eine Waschmaschine und 9,8 Prozent einen Elektroherd. Der große Schlager dieses Weihnachtsgeschäftes sind Küchenmixgeräte und Waschmaschinen, auch von den ersten deutschen Herstellern. Dabei entstehen dann auch Kombinationen von Wasch- und Geschirrspülmaschine als einem Gerät.

1954

JANUAR

Mo	Di	Mi	Do	Fr	Sa	So
				1	2	3
4	5	6	7	8	9	10
11	12	13	14	15	16	17
18	19	20	21	22	23	24
25	26	27	28	29	30	31

2. Bundeskanzler Adenauer begrüßt im Lager Friedland einige der seit September 1953 aus der Sowjetunion gekommenen 10 930 Heimkehrer.

2. Am Vortag des Sendebeginns des italienischen Fernsehens warnt Papst Pius XII. vor den Gefahren des Fernsehens für die Familie.

7. Der Schriftsteller Johannes R. Becher wird neuer DDR-Kulturminister.

9. In New York wird das erste elektronische Rechengehirn der Öffentlichkeit präsentiert.

12. Bei einer Lawinenkatastrophe in Österreich verlieren über 200 Menschen das Leben.

14. Bundestag berät über Gleichberechtigung von Mann und Frau. →

16. Umfangreiche Amnestie für Strafgefangene in der DDR.

17. Der bislang als zweiter Mann nach Tito geltende jugoslawische Politiker Milovan Djilas wird aller seiner Ämter enthoben. →

18. Nordrhein-Westfalen kündigt eigenen »Westdeutschen Rundfunk« an, der seinen Sitz in Köln haben soll.

21. In den USA läuft das erste Atom-U-Boot der Welt, die »Nautilus«, vom Stapel. →

23. Der amerikanische Schriftsteller Ernest Hemingway überlebt zwei Flugzeugunfälle an zwei aufeinanderfolgenden Tagen.

25.–30. Viermächtekonferenz der Außenminister in Berlin ohne konkrete Ergebnisse. →

27. Kältewelle in Westeuropa mit Temperaturen bis zu 20 Grad minus.

29. Tito erneut auf vier Jahre zum jugoslawischen Staatspräsidenten ernannt.

30. Regierungskrise in Italien: Mit Amintore Fanfani wird innerhalb eines Monats der zweite Ministerpräsident gestürzt.

GESTORBEN:

10. Fred Raymond (* 20. 4. 1900), österreichischer Operettenkomponist.

11. Oscar Straus (* 6. 3. 1870), österreichischer Operettenkomponist.

15. Hermann Höpker-Aschoff (* 31. 1. 1883), deutscher Politiker.

Viermächtekonferenz ohne Erfolg

Die Außenminister tagen in der Sowjetbotschaft in Ost-Berlin: ganz links US-Außenminister John F. Dulles, ganz rechts der britische Außenminister Sir Anthony Eden, in der Mitte links neben Botschafter François Poncet (mit Fliege) Frankreichs Außenminister Georges Bidault.

25. Januar. In Berlin findet ein lange von allen Seiten gefordertes Treffen der Außenminister der vier Großmächte USA, Sowjetunion, Frankreich und Großbritannien statt. Der Konferenzort Berlin sollte dem Thema der immer noch ungelösten Deutschlandfrage Rechnung tragen, doch gleich am ersten Tag zeigt sich, daß zwischen den Großmächten inzwischen auch andere Probleme ähnlichen Gewichts entstanden sind. So geht es dem sowjetischen Außenminister in erster Linie um eine internationale Anerkennung der Volksrepublik China, womit gleichzeitig die neuen Krisenherde Korea und Indochina angesprochen sind. Die Anerkennung Chinas wird von den Westmächten abgelehnt. Auch Wjatscheslaw Molotows Vorschlag einer Weltabrüstungskonferenz, an der neben den vier Großmächten alle Mitglieder der Vereinten Nationen teilnehmen sollen, findet keine Zustimmung. Nachdem die Beschäftigung mit den internationalen Problemen schon keine Annäherung der Standpunkte ergeben hat, entwickelt sich bei der Diskussion des Deutschlandproblems eine ebenso langwierige wie ergebnislose Auseinandersetzung. Die Westmächte wünschen prinzipiell eine stärkere Kontrolle der Bildung einer deutschen Regierung und der geplanten Wahlen, während die Sowjetunion das Vorgehen den beiden deutschen Staaten überlassen möchte, wobei die DDR als gleichberechtigter Partner behandelt werden sollte. Weiterhin spielt eine große Rolle die Frage der Anerkennung derjenigen Verträge, mit denen sich die Bundesrepublik schon weitgehend in das westliche Bündnissystem integriert hat. Molotow schließt ein wiedervereinigtes Deutschland mit diesen vertraglichen Verpflichtungen aus und schlägt eine Volksabstimmung vor, in der die Bundesrepublik über die Alternative Westverträge oder den Friedensvertrag abstimmen soll. Dieser Vorschlag wie der Plan des britischen Außenministers Anthony Eden, der zuerst die Abhaltung von Wahlen unter internationaler Kontrolle vorsieht, finden keine Anerkennung und schließlich wird die Diskussion der Deutschlandfrage ergebnislos abgebrochen. Ähnlich aussichtslos verlaufen die Verhandlungen über einen österreichischen Staatsvertrag. Da die von Österreich durch Außenminister Leopold Figl abgegebenen Garantien Molotow nicht befriedigen können, werden auch die Gespräche zu diesem Punkt ohne Ergebnis abgebrochen. Einziges Resultat der Konferenz bleibt der Entschluß, für April 1954 eine Konferenz über asiatische Fragen nach Genf einzuberufen. In den Stellungnahmen bundesrepublikanischer Politiker wird betont, die Verantwortung für das Scheitern der Deutschlandgespräche liege bei der Sowjetunion, die, so Konrad Adenauer, eine Wiedervereinigung Deutschlands und das Lösen der DDR aus dem sowjetischen Satellitenblock auch gar nicht hinnehmen könne.

Djilas gestürzt

17. Januar. Wegen einer Artikelserie in der Parteizeitung »Borba« wird der jugoslawische Politiker Milovan Djilas, Präsident der Föderalen Versammlung und Vizepräsident der Republik, von allen seinen Ämtern entfernt, bleibt aber Parteimitglied. Djilas, der lange Zeit als der zweite Mann hinter Josip Tito gegolten hat, kritisiert in den genannten Artikeln die Organisationsform und den Machtanspruch der Kommunistischen Partei Jugoslawiens.

21. Januar. Die »Nautilus«, das erste Atom-U-Boot der Welt, läuft in den USA vom Stapel. Das Bild zeigt das mit Kernenergie betriebene Boot vor New York.

Bundestag berät gleiche Rechte für Mann und Frau

14. Januar. Nachdem das Bundesverfassungsgericht am 18. 12. 1953 den Grundsatz der Gleichberechtigung von Mann und Frau bestätigt hat, müssen entsprechende gesetzliche Regelungen vom Bundestag verabschiedet werden. Der Entwurf der Bundesregierung beschränkt sich auf die Feststellung des Grundsatzes der Gleichberechtigung, stellt aber fest, daß ihre Durchsetzung nicht zum Schaden der Familie gereichen dürfe. So ist vorgesehen, daß bei Meinungsverschiedenheiten der Ehepartner der Mann den Stichentscheid habe. Erste Aufgabe der Frau sei die Haushaltsführung und zur Ausübung eines Berufes sei sie nur berechtigt, soweit ihre Pflichten als Mutter und Gattin nicht verletzt würden. Andererseits gesteht der Gesetzentwurf beiden Partnern das Recht zu, bindende Verträge für die Ehegemeinschaft zu schließen. Prinzipiell setzt der Entwurf auch die Gleichberechtigung der Gatten bei der Kindererziehung fest, billigt jedoch dem Mann bei anhaltenden Meinungsverschiedenheiten den letzten Entscheid zu.

Die FKK-Bewegung beginnt Anfang der fünfziger Jahre von Südfrankreich aus ihren Siegeszug. Im Bild ein Erinnerungsamulett.

1954
FEBRUAR

Mo	Di	Mi	Do	Fr	Sa	So
1	2	3	4	5	6	7
8	9	10	11	12	13	14
15	16	17	18	19	20	21
22	23	24	25	26	27	28

1. Karl Böhm wird Direktor der Wiener Staatsoper.

1. Der Industrieverband meldet beträchtliche Umsatzsteigerungen der Autoindustrie im letzten Jahr. →

7. Erste umfassende Ausstellung der Werke des Malers Max Liebermann seit 1927 wird in Hannover eröffnet. →

10. Deutsche Erstaufführung des Theaterstücks »Hexenjagd« von Arthur Miller. →

10. Eisenhower warnt angesichts der Einschließung der französischen Truppen in Dien Bien Phu vor einer Intervention der USA in Indochina.

15. Tiefseetauchrekord durch die Franzosen Hourt und Willm vor Dakar: 4050 m.

15. Behring-Werke in Marburg melden entscheidenden Durchbruch bei der Entwicklung eines Impfstoffs gegen die Kinderlähmung.

18. Konflikt zwischen Armee und Senator McCarthy nach denunziativer Befragung eines Generals. →

22. Westliche Hohe Kommissare schlagen ihrem östlichen Kollegen vor, die Verkehrsbeschränkungen zwischen den beiden Teilen Deutschlands aufzuheben.

26. Mit ihrer Zweidrittelmehrheit im Bundestag verabschiedet die Regierungskoalition die Wehrergänzung zum Grundgesetz, die die Bundesregierung ermächtigt, auch die allgemeine Wehrpflicht einzuführen.

26. Entscheidung des Bundesverfassungsgerichts wird veröffentlicht, nach der das Dienstverhältnis ehemaliger Berufssoldaten mit der Kapitulation 1945 erloschen ist und daß sie demzufolge auch keine Versorgungsansprüche geltend machen können.

27. Nach kurzzeitigem Rücktritt kehrt in Ägypten General Nagib wieder auf den Posten des Staatspräsidenten zurück; Gamal Abd el Nasser wird neuer Ministerpräsident. →

28. In der Bundesrepublik werden 2,042 Millionen Arbeitslose gezählt.

GESTORBEN:

6. Friedrich Meinecke (* 30. 10. 1862), deutscher Historiker.

Deutscher Autoboom

1. Februar. Eine außerordentliche Entwicklung hat die Autoindustrie seit der Gründung der Bundesrepublik genommen. Innerhalb von nur fünf Jahren hat sich die Autoproduktion verachtfacht. Da ein großer Teil der Wagen exportiert wird, tragen die Erlöse wesentlich zur positiven Außenhandelsbilanz bei. Gegenüber 1952 sind die Auslandserlöse um fast 25 Prozent auf 1,25 Milliarden DM angewachsen. Den größten Erfolg kann das Wolfsburger Volkswagenwerk verbuchen, das 1953 180 047 Fahrzeuge verkaufte (1952 = 136 013), von denen 69 126 Wagen in den Export vor allem nach Belgien, der Schweiz und Skandinavien gingen. An zweiter Stelle folgt das Rüsselsheimer Opelwerk mit einem Verkauf von 105 792 (87 934) Fahrzeugen, die zur Hälfte in den Export gingen. Einzig Daimler-Benz hat einen Rückgang der Verkaufszahlen zu verzeichnen – von 56 819 auf 51 660.

Die Borgward-Werke in Bremen konnten sich im vergangenen Jahr vor allem aufgrund des Erfolgs des Lloyd-Kleinwagens (19 086) zum viertgrößten Hersteller in der Bundesrepublik entwickeln, der insgesamt 41 934 Wagen verkaufte.

McCarthy-Jagd in USA

Zu einer Kontroverse mit der Armee führt das Vorgehen des Komitees gegen unamerikanische Aktivitäten des Senators Joseph McCarthy (rechts).

18. Februar. Der republikanische Senator Joseph McCarthy, der sich die Ausrottung jeder Spur von Kommunismus und Umstürzlertum in den USA zum Ziel gesetzt hat, scheint selbst vor den Spitzen der Armee nicht mehr zurückzuschrecken. So verhört er in peinlich eindringlicher Form einen General, der einem Zahnarzt die ehrenvolle Entlassung unterzeichnet hat, obwohl dieser vor dem McCarthy-Ausschuß unter Berufung auf die Verfassung sich weigerte, die Frage zu beantworten, ob er Kommunist sei. Als der General auch vor McCarthy zu der ehrenvollen Entlassung steht, bezeichnet dieser ihn als unwürdig, eine amerikanische Uniform zu tragen. Daraufhin verbietet der Kriegsminister Stevenson seinen Offizieren, vor dem McCarthy-Ausschuß zu erscheinen, muß jedoch nach den bekannten öffentlichen Anklagen McCarthys einen Rückzieher machen. Damit hat McCarthy zwar fürs erste sich sogar gegenüber dem Militär durchgesetzt, aber gleichzeitig einen Gegner geschaffen.

Zunehmend wird in Amerika auch von Künstlern die Vergiftung des politischen Klimas durch die inquisitorischen McCarthy-Befragungen vor den Fernsehkameras beklagt. In dem am 10. Februar in Berlin für Deutschland erstaufgeführten Stück »Hexenjagd« beschreibt Arthur Miller am Beispiel einer Sektengemeinde, mit welchen Methoden jede Form von Gesinnungsschnüffelei arbeitet.

Ägypten nach Machtkampf zur Republik erklärt

General Gamal Abd el Nasser (links) und der abgesetzte Präsident Nagib.

27. Februar. Innerhalb der Gemeinschaft der Offiziere, die sich am 22. 7. 1953 in Ägypten an die Macht geputscht haben, brechen Machtkämpfe aus. Weil angeblich Präsident Ali Nagib zu viele Vollmachten verlangt habe, wird er vom Revolutionsrat abgesetzt. An seine Stelle rückt Gamal Abd el Nasser, der sich jedoch nach einem Aufstand der Kairoer Massen wieder auf den Posten des Ministerpräsidenten beschränken muß. Nagib kündigt nach seiner Rückkehr als Staatspräsident die Umwandlung Ägyptens in eine parlamentarische Republik an.

7. Februar. Die erste Liebermann-Ausstellung seit 27 Jahren wird in Hannover eröffnet. Das Bild zeigt die Titelseite des Katalogs.

1954

MÄRZ

Mo	Di	Mi	Do	Fr	Sa	So
1	2	3	4	5	6	7
8	9	10	11	12	13	14
15	16	17	18	19	20	21
22	23	24	25	26	27	28
29	30	31				

1. Unruhen nach der Eröffnung des ersten sudanischen Parlaments zwischen Autonomisten und Befürwortern eines Anschlusses an Ägypten: 30 Tote; englischer Gouverneur verhängt den Ausnahmezustand.

1. Bisher stärkste H-Bomben-Explosion der Amerikaner im Pazifik. →

5. US-Präsident Eisenhower ernennt als ersten Farbigen den Rechtsanwalt Ernest Wilkons zum stellvertretenden Arbeitsminister.

5. Eröffnung einer Ausstellung »Deutsche Kunst nach 1945« in Amsterdam.

7. Österreich meldet 305 071 Arbeitslose, das sind 25 000 mehr als im Februar 1953.

7. Auf dem Parteitag der FDP in Wiesbaden wird anstelle von Franz Blücher Thomas Dehler zum Vorsitzenden gewählt.

11. Bundesfinanzminister Schäffer kündigt Steuerreform an, die vor allem die Einkommensteuertarife senken soll.

12. Uraufführung der Oper »Moses und Aron« von Arnold Schönberg in Hamburg, einem unvollendeten Werk aus dem Nachlaß.

13. Bundeskanzler Adenauer tritt eine Urlaubsfahrt per Schiff durch die griechische Inselwelt an.

13. Beginn der Kämpfe zwischen französischen Truppen und den Vietminh um Dien Bien Phu. →

15. Personalreduzierung der US-Army wirft Frage nach neuer Militärstrategie auf.

25. Sowjetunion überträgt der DDR neue Souveränitätsrechte. →

25. Einen Oscar erhält als bester Film des Jahres »Verdammt in alle Ewigkeit«, beste Schauspieler: Audrey Hepburn und William Holden.

27. Demonstrationen in München gegen die Ladenöffnung am Samstagnachmittag.

31. Deutsche Erstaufführung des Stücks »Der Eismann kommt« von Eugene O'Neill.

GESTORBEN:

7. Otto Diels (* 23. 1. 1876), deutscher Chemiker, Nobelpreis 1950.

13. Otto Gebühr (* 29. 5. 1877), deutscher Schauspieler.

25. Gertrud Bäumer (* 12. 9. 1873), deutsche Schriftstellerin.

H-Bomben-Test in USA

Die Explosion der Wasserstoffbombe bei den Marshallinseln im Pazifik.

1. März. Auf dem Eniwetok-Atoll in der Region der pazifischen Marshallinseln zünden die USA die bisher stärkste Wasserstoffbombe. Die Gewalt der Explosion überrascht selbst die den Test betreuen Wissenschaftler; sie entspricht 600 Bomben der Art, die auf Hiroshima abgeworfen wurde und sie erreicht die doppelte der vorausberechneten Stärke. Insgesamt 287 Menschen in einem Umkreis von 255 Kilometern werden durch radioaktive Niederschläge verletzt; am schlimmsten sind 23 japanische Fischer betroffen, die nur 60 Kilometer vom Explosionsort entfernt von einem Aschenregen bedeckt werden. Einer von ihnen stirbt nach wenigen Tagen, die anderen sind von unheilbaren Folgen der Verseuchung gezeichnet. Präsident Eisenhower gibt in einer Pressekonferenz zu, daß der Versuch der Kontrolle der Wissenschaftler entglitten ist. In der Weltöffentlichkeit wird erhebliche Besorgnis laut, ob nicht die andauernden Versuche gesundheitliche Gefahren weit über das eigentliche Testgebiet hinaus bewirken können. So sind radioaktive Niederschläge schon in der Nähe von Heidelberg festgestellt worden. Am 31. Januar fordert die japanische Regierung eine internationale Kontrolle der Atomwaffenversuche. Doch die USA sehen keinen Anlaß, ihre Testserie einzustellen.

Mehr Rechte für DDR

25. März. Unter Verweis auf die Erfolglosigkeit der Berliner Außenministerkonferenz (→ Januar 1954) über das Deutschlandproblem überträgt die Sowjetunion der DDR weitere Souveränitätsrechte. Ab sofort soll die Überwachung der staatlichen Organe der DDR durch die sowjetischen Besatzungseinrichtungen eingestellt werden. Die DDR soll über ihre inneren und äußeren Angelegenheiten in eigener Verantwortung entscheiden, wovon besonders das Verhältnis zur Bundesrepublik betroffen ist.

Die Sowjetunion und die DDR verkünden, zueinander die zwischen zwei souveränen Staaten üblichen diplomatischen Beziehungen aufnehmen zu wollen. Allerdings behält sich die Sowjetunion das Recht vor, weiterhin Truppen in der DDR zu stationieren. In der Bundesrepublik wird die Ankündigung mit Sorge aufgenommen; man sieht eine Wiedervereinigung weiter erschwert und befürchtet, daß die DDR die noch relativ leicht passierbaren Sektorengrenzen zu Staatsgrenzen ausbauen könnte.

Schlacht um Dien Bien Phu beginnt

13. März. Die lang erwartete und seitens der Franzosen und des Vietminh intensiv vorbereitete Schlacht um den französischen Stützpunkt Dien Bien Phu im äußersten Norden Vietnams beginnt am Nachmittag des 13. März.

Von beiden Seiten wird der Kampf um den Stützpunkt als Entscheidung um die Macht in Nordvietnam angesehen. Das französische Indochinakommando hat in den letzten Monaten Dien Bien Phu, eine in einem Talkessel gelegene Kreisstadt mit 10 000 Einwohnern, zu einem großen Militärstützpunkt mit zwei Landebahnen und mehreren Artillerieeinheiten ausgebaut. Von französischer Seite aus will man erstens von dieser Stellung aus ein weites Umfeld durch rasche motorisierte Vorstöße beherrschen und so möglichst viele Einheiten des Vietminh binden. Zweitens hofft man, den Vietminh zur Abkehr von der Guerillastrategie und zu einer offenen Schlacht bewegen zu können. Damit sollen die vielen Rückzüge der Franzosen aus ähnlichen Stellungen in der letzten Zeit wettgemacht und der französischen Regierung eine gute Ausgangsposition für die am 26. April beginnenden Genfer Indochinaverhandlungen verschafft werden. Doch da auch der Vietminh und sein führender Kopf, General Vo Nguyen Giap, der Auseinandersetzung eine ähnliche Bedeutung beimessen, haben sie auf den Höhen rings um Dien Bien Phu eine äußerst schlagkräftige Artillerie installiert, die gleich beim ersten Angriff einen Teil der französischen Geschütze und eine Landebahn zerstören.

General Vo Nguyen Giap.

APRIL

Mo	Di	Mi	Do	Fr	Sa	So
			1	2	3	4
5	6	7	8	9	10	11
12	13	14	15	16	17	18
19	20	21	22	23	24	25
26	27	28	29	30		

2. SED-Parteitag in Ost-Berlin kritisiert die mangelhafte Versorgungslage und den Bürokratismus in der DDR.

2. Der Hansische Goethepreis der Stadt Hamburg wird dem amerikanisch-englischen Dichter T. S. Eliot verliehen.

7. Bundesregierung und Bundestag stellen angesichts der Übertragung von Souveränitätsrechten an die DDR im März den Alleinvertretungsanspruch der Bundesrepublik fest. →

8. Deutsche Erstaufführung von Händels letzter Oper »Deidamia« in Hamburg.

10. USA schicken 25 Bomber zur Unterstützung der in Dien Bien Phu kämpfenden Franzosen nach Indochina.

13. Der amerikanische Atomforscher R. J. Oppenheimer wird von laufenden Militärprojekten ausgeschlossen. →

18. Papst Pius XII. fordert in seiner Osteransprache die Ächtung der Atomwaffen.

19. Bei einer Osterwanderung im Dachstein kommen in einem plötzlichen Schneesturm zehn Schüler und drei Lehrer aus Heilbronn ums Leben.

20. Die USA, Großbritannien und Frankreich geben den Plan eines umfassenden Pazifikpaktes, ähnlich der NATO, bekannt.

24. Uraufführung des Bühnenstücks »Hafenbar« von Manfred Hausmann in Mannheim.

25. Fußball: Schweiz – Deutschland 3 : 5.

26. Großbritannien gibt umfangreiche Verhaftungen von angeblichen Anhängern der Mau-Mau-Bewegung bekannt. →

29. Preis der Schriftstellervereinigung Gruppe 47 an den Holländer Adriaan Morriën.

30. Deutsche Erstaufführung der Oper »Albert Herring« von Benjamin Britten in Düsseldorf.

GESTORBEN:

10. Ludwig Curtius (* 13. 12. 1874), deutscher Archäologe.

10. Auguste Lumière (* 19. 10. 1862), französischer Erfinder im Bereich der Fotografie.

29. Léon Jouhaux (* 1. 7. 1879), französischer Politiker, Friedensnobelpreis 1951.

Vertretungsanspruch

7. April. In einer großen Debatte des Bundestages verabschieden alle Parteien eine Erklärung zu der Übertragung von Souveränitätsrechten an die DDR durch die Sowjetunion.

Darin wird der Alleinvertretungsanspruch für einen niemals untergegangenen Deutschen Staat erhoben. Nur die Organe der Bundesrepublik seien in freien Wahlen von einer großen Bevölkerungsmehrheit anerkannt worden, während sich die DDR ihre Staatsmacht durch »List, Betrug und Gewalt« (Adenauer) gesichert habe. Da die Kommunisten in allen freien Wahlen eine deutliche Niederlage hätten einstecken müssen, sei die Bundesrepublik berechtigt, auch für das Gebiet der DDR zu sprechen. Niemals könne eine Bundesregierung die DDR-Regierung anerkennen, auch ausländische Mächte hätten dazu kein Recht. Am folgenden Tag versichern die westlichen Alliierten durch die Hohen Kommissare, daß für sie die Bundesregierung die einzig legitime Vertretung des deutschen Volkes darstelle.

Der Fall Oppenheimer

Der Physiker Robert J. Oppenheimer an der Universität Princeton.

13. April. Überraschend wird der Atomphysiker Robert J. Oppenheimer von allen weiteren Bombenprojekten der USA ausgeschlossen. Diese Maßnahme der Atomenergiekommission geht auf die Kritik Oppenheimers an den laufenden Versuchen zur Wasserstoffbombe zurück. Oppenheimer ist seit 1942 an der Entwicklung der amerikanischen Kernwaffen beteiligt gewesen und hat das »Manhattan-Projekt« bei Los Alamos geleitet, in dem die ersten Bomben entstanden. Neben der Kritik am Wasserstoffbombenprojekt wird dem Wissenschaftler vorgeworfen, Kontakte zu Kommunisten unterhalten zu haben.

Kampf der Mau-Mau

26. April. Zehntausend Mitglieder des Kikuju-Stammes in Kenia werden wegen des Verdachts, die antikoloniale Untergrundbewegung Mau-Mau unterstützt zu haben, von den britischen Kolonialbehörden in Lager deportiert. Die Mau-Mau-Bewegung hat immer wieder mit Anschlägen und Attentaten Unruhe unter die weißen Siedler gesät; ihr Ziel ist die Vertreibung der Weißen und die Aufteilung des Bodens unter die landlosen Kikuju. Bis zum 10. April sind von den britischen Kolonialbehörden insgesamt schon 191 587 Schwarze verhaftet und nur 113 793 freigelassen worden, so daß insgesamt 90 000 Schwarze in Lagern festgehalten werden.

1954

MAI

Mo	Di	Mi	Do	Fr	Sa	So
					1	2
3	4	5	6	7	8	9
10	11	12	13	14	15	16
17	18	19	20	21	22	23
24	25	26	27	28	29	30
31						

1. Maifeiern der Gewerkschaften sind von den Forderungen nach der Fünftagewoche geprägt.

6. In Oxford läuft der Engländer Roger Bannister die Meile in 3:59,4 Minuten.

6. Wesentliche Devisenerleichterungen für den privaten Urlaubsverkehr in das Ausland. →

6. Die SED will sich an den Wahlen zum Westberliner Abgeordnetenhaus im Dezember beteiligen.

7. Französische Festung Dien Bien Phu in Nordvietnam gefallen. →

7. Die Sternwarte auf dem Mount Palomar in Kalifornien fotografiert eine neue Supernova im Sternbild der Jungfrau.

8. Indochinakonferenz in Genf zusammengetreten.

8. Neuer Weltrekord im Kugelstoßen durch Parry O'Brian mit 18,42 m in Los Angeles.

10. Das Moskauer Bolschoi-Ballett erhält überraschend in Paris Auftrittsverbot.

13. Präsident Eisenhower unterzeichnet ein Abkommen mit Kanada über den Bau eines großen Kanals zwischen den Großen Seen und dem Atlantik.

17. Oberster Gerichtshof der USA hebt die Rassentrennung in den Schulen auf. →

24. Eine Reihe von kommunistischen Politikern der Bundesrepublik wird verhaftet, unter ihnen sind die Bundestagsabgeordneten Rische und Fisch.

24. In Hamburg gewinnt Hannover 96 gegen den 1. FC Kaiserslautern mit 5 : 1 die Deutsche Fußballmeisterschaft.

24. Gründung der Deutschen Lufthansa AG.

29. Pius X. wird als achtundsiebzigster Papst heiliggesprochen.

30. Emil Zatopek (ČSR) läuft in Paris die 5000 m in der neuen Weltrekordzeit von 13:57,2 Minuten.

GESTORBEN:

14. Heinz Guderian (* 17. 6. 1888), deutscher Generaloberst.

16. Norbert Jacques (* 6. 6. 1880), deutscher Schriftsteller.

16. Clemens Krauss (* 31. 3. 1893), österreichischer Dirigent.

Die Festung Dien Bien Phu fällt

Ein Schock ist für die Franzosen der Fall der Festung Dien Bien Phu.

Die Verteidiger der Festung Dien Bien Phu in ihren Erdlöchern und Schützengräben, unter ihnen Vietnamesen und zahlreiche Fremdenlegionäre.

7. Mai. Nach 56tägiger Belagerung ist die französische Festung Dien Bien Phu im Norden Vietnams dem Angriff des Vietminh mit Artillerie und Infanterie nicht mehr gewachsen (→ März). Immer dichter hat sich der Ring der Belagerer um die ausgedehnten französischen Anlagen im Talkessel von Dien Bien Phu geschlossen, eine Stellung nach der anderen muß aufgegeben werden. Der gesamte Nachschub – die etwa 5000 Soldaten und immer zahlreicher werdenden Verwundeten benötigen täglich etwa 150 Tonnen – muß mit Fallschirmen abgeworfen werden. Diese landen immer häufiger bei den Vietnamesen, die ihrerseits ihre Stellungen kaum verletzbar in den umliegenden Bergen eingegraben haben und die anfliegenden Flugzeuge und die bis zum letzten Tag abspringenden Freiwilligen unter präzisen Beschuß nehmen können. Schon am 6. Mai wird der Nachschub eingestellt. Nach

der Kapitulation der letzten französischen Truppen ziehen die Vietminh-Kämpfer Bilanz: Ihrer Rechnung nach müssen die Franzosen allein in Dien Bien Phu 16 000 Mann durch Tod, Verwundung oder Gefangenschaft verloren haben. Das französische Indochinakommando versucht jedoch, die Niederlage als strategischen Erfolg hinzustellen; schließlich habe man über einen langen Zeitraum hinweg ein viel zahlreicheres Kontingent des Gegners binden können.

Doch den Kolonialfranzosen in Hanoi und Haiphong ist klar, was diese Niederlage bedeutet; in Eile werden Läden und Villen verkauft, alles drängt an den Hafen in Haiphong, um rechtzeitig vor den Vietminh den Norden zu verlassen. Mit dem Verlust Dien Bien Phus ist die Moral der französischen Truppen gebrochen, wenn der prozentuale Verlust auch nicht außergewöhnlich gewesen sein mag. Da sich

außerdem die Hoffnungen Frankreichs, die USA in den Krieg in Indochina hineinzuziehen, vorerst nicht zu erfüllen scheinen, ist seine Position bei den am Tag nach dem Fall Dien Bien Phus beginnenden Genfer Indochinaverhandlungen äußerst schwierig. Der französische Außenminister Georges Bidault fordert die sofortige Einstellung der Kämpfe, doch die Vertreter des Vietminh zeigen ganz deutlich, daß sie auf den Sieg in Vietnam nicht verzichten wollen. Weitere Erfolge abwartend, werden die Verhandlungen von ihnen zunächst einmal auf Eis gelegt. Die verstreichende Zeit wirkt zugunsten der Vietnamesen, denn die französische Regierung steht nicht nur in Indochina unter Druck; in allen außereuropäischen Besitzungen erheben sich Widerstandsbewegungen, die vor allem in Tunesien und Marokko nur mit Mühe unter Kontrolle gehalten werden können.

Gericht hebt Rassentrennung auf

17. Mai. Der Oberste Gerichtshof der USA verkündet an diesem Montag ein Urteil, dessen Folgen für die USA zu diesem Zeitpunkt noch gar nicht abzusehen sind. Ein schwarzer Vater hatte vor dem Gericht den Antrag gestellt, daß sein Sohn in die weiße Schule aufgenommen werden möge. Zwar war schon vor 60 Jahren entschieden worden, daß es für Schwarze und Weiße gleiche Bildungschancen geben müsse,

doch hatte man sich mit dem Grundsatz »Separate but equal« (Getrennt, aber gleich) zufriedengegeben. Tatsächlich waren aber die weißen Schulen immer besser gewesen, und nun hatte ein schwarzer Vater auf der strikten Einhaltung des schon längst erklärten Prinzips bestanden. Jahrhundertealte Selbstverständlichkeiten der Rassentrennung und -diskriminierung werden mit der Zulassung

seines Antrags über den Haufen geworfen. In 21 Staaten müssen die Gesetze geändert werden, 12 000 Schulen mit zwei Millionen Schülern sind von der Entscheidung betroffen. Von den Schwarzen wird das Urteil als ein Erfolg ihres immer noch andauernden Kampfes um Gleichberechtigung aufgefaßt, der durch die antikolonialistischen Bewegungen in Afrika neuen Auftrieb erhalten hat.

Die Reiselust wächst

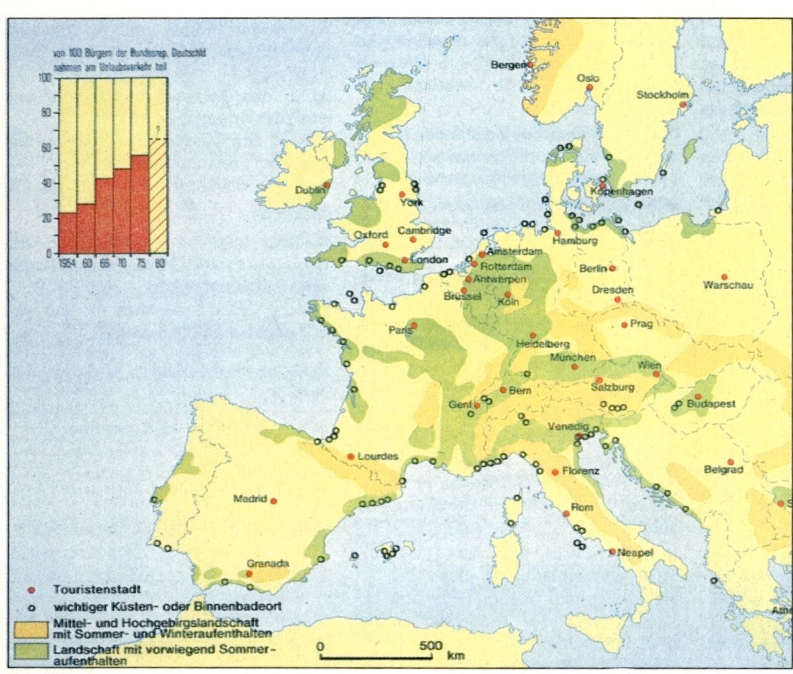

Die beliebtesten Ziele der von Reiselust besessenen Bundesbürger.

6. Mai. Der Reiselust zu Wohlstand gekommener Bundesbürger stehen nun keine wesentlichen Beschränkungen mehr im Wege. Infolge des Exportüberschusses und der positiven Devisenbilanz gibt das Bundeskabinett jedem Bundesbürger einen Gegenwert von 1500 DM in einer beliebigen konvertierbaren Währung zum Umtausch frei. Auf Antrag kann ein größerer Betrag gestellt werden, aber auch mit 1500 DM läßt sich schon eine attraktive Reise bestreiten. Mit Norwegen, das am 25. Mai den Visumzwang für Deutsche aufgehoben hat, haben nun 13 Länder ihre Grenzen den Deutschen geöffnet. Doch noch besitzen erst 21 Prozent der Bevölkerung einen Reisepaß, und Urlaubsreisen werden nur von wenigen unternommen. Selbst in Österreich sind seit dem Zweiten Weltkrieg erst elf Prozent der Bundesbürger gewesen. Wenn sie allerdings könnten, würden 32 Prozent am liebsten nach Italien fahren, das mit Vorsprung die Liste der beliebtesten Reiseziele anführt. An zweiter Stelle folgt die Schweiz und dann kommen schon die USA, die acht Prozent gern sehen würden.

Zelt und Motorrad verhelfen zu einer ständig wachsenden Mobilität.

1954
JUNI

Mo	Di	Mi	Do	Fr	Sa	So
	1	2	3	4	5	6
7	8	9	10	11	12	13
14	15	16	17	18	19	20
21	22	23	24	25	26	27
28	29	30				

1. Wegen mehrerer Attentate auf französische Siedler in Tunesien werden die französischen Truppen verstärkt, Reservisten einberufen und Waffen an Zivilisten ausgegeben.

1. Der Sender Freies Berlin nimmt seinen Betrieb auf.

5. Bei der Hamburger Howaldts-Werft läuft der größte Tanker der Welt vom Stapel.

6. Beim ersten europäischen Fernsehaustausch »Eurovision« sind die Bundesrepublik, Holland, Großbritannien, Frankreich, Italien, Belgien, Dänemark und die Schweiz beteiligt.

7. Untersuchungsausschuß der US-Atomenergiekommission bestätigt den Ausschluß R. J. Oppenheimers. →

9. Der außenpolitische Ausschuß der französischen Nationalversammlung lehnt den EVG-Vertrag ab. →

15. Durch Übertritt des Abgeordneten Linus Kather zum BHE verliert die CDU ihre absolute Bundestagsmehrheit.

16. Ngo Dinh Diem wird zum Ministerpräsidenten der autonomen Republik Vietnam ernannt, die jedoch nur Teile des Landes kontrolliert.

17. Gedenkfeiern am ersten Jahrestag des DDR-Aufstandes in der Bundesrepublik.

17. Eröffnung der Berliner Filmfestspiele und Verleihung der Bundesfilmpreise. →

18. Pierre Mendès-France wird zum 18. Ministerpräsidenten der Französischen Republik berufen. →

18. Eröffnung der 8. Ruhrfestspiele in Recklinghausen mit der Erstaufführung von T. S. Eliots Schauspiel »Der Privatsekretär«.

27. Landtagswahlen in Nordrhein-Westfalen. →

27. Sturz der Regierung Guatemalas nach dem Einmarsch einer Söldnerarmee. →

30. Französische Armee räumt die restlichen Stellungen im Norden Vietnams.

30. Totale Sonnenfinsternis über Nordamerika, Europa und Südwestasien.

GESTORBEN:

1. Martin Andersen-Nexö (* 26. 6. 1869), dänischer Dichter.

Militär stürzt Regierung Guzman in Guatemala

27. Juni. Nach einer kurzen Phase demokratischer und reformerischer Politik in dem mittelamerikanischen Land Guatemala regiert nun wieder das Militär. Hintergrund der Entmachtung der demokratisch gewählten Regierung des Lehrers Jacobo Guzman ist die von ihm verfügte Enteignung der Besitzungen der United Fruit Company, einer US-Gesellschaft, die nicht nur riesige Güter, sondern auch eigene Häfen, Eisenbahn- und Schiffahrtslinien im Lande besaß und eine profitable Monokultur von Bananen durchzusetzen versuchte. Guzman hatte das enteignete Land den besitzlosen Arbeitern zukommen lassen. Die amerikanische Regierung unterstellt seitdem Guzman, kommunistisch beeinflußt zu sein. Am 16. Juni bittet die US-Regierung alle großen Schiffahrtsnationen, Transporte nach Guatemala auf hoher See, also außerhalb irgendwelcher Hoheitsgewässer, durchsuchen zu dürfen, was von der britischen Regierung empört abgelehnt wird. Drei Tage später beginnt eine Invasion von 5000 gut ausgebildeten Söldnern. Die reguläre Armee weigert sich, den Eindringlingen Widerstand zu leisten und zwingt am 27. Juni Guzman zurückzutreten; eine Militärjunta übernimmt die Macht. Die Regierung der USA begrüßt die Invasion und läßt durchblicken, daß sie ohne ihre Unterstützung gar nicht hätte stattfinden können.

»Die Wüste lebt« läuft in Berlin an

17. Juni. Mit der schon traditionellen Verleihung der Bundesfilmpreise werden die Berliner Filmfestspiele 1954 eröffnet. Als bester abendfüllender Spielfilm wird »Weg ohne Umkehr« von Victor Vidas ausgezeichnet; Filmbänder in Gold bzw. Silber erhalten René Deltgen und Ruth Leuwerik als beste Schauspieler der vergangenen Saison. Den größten Beifall des Publikums findet auf diesen Filmfestspielen die Walt-Disney-Produktion »Die Wüste lebt«.

Mendès-France Ministerpräsident

18. Juni. Zum 18. Ministerpräsidenten Frankreichs wird von einer großen Mehrheit der Radikalsozialist Pierre Mendès-France gewählt. Grund dieser Zustimmung ist das Versprechen Mendès-France', bis zum 20. Juli einen Waffenstillstand in Indochina zu erreichen, wo die französischen Einheiten unter Druck geraten. Weiter verspricht er wirtschaftliche Reformen und den baldigen Abschluß der Beratungen über den EVG-Vertrag, der vom außenpolitischen Ausschuß der Nationalversammlung abgelehnt worden ist.

Ministerpräsident Mendès-France.

CDU verliert Sitze

27. Juni. Die Wahlen zum neuen Landtag in Nordrhein-Westfalen bringen der bisherigen CDU/FDP-Koalition eine leichte Schwächung ihrer Mehrheit, die jedoch an der Fortsetzung der Koalition nichts ändern wird.

Partei	1954	1950
	Sitze	
CDU	90	93
SPD	76	68
FDP	25	26
Zentrum	9	16

Ausschluß sicher

7. Juni. Obwohl der Untersuchungsausschuß der amerikanischen Atomenergiekommission den früheren Leiter des Atombombenprojektes, Robert J. Oppenheimer, als loyalen und verschwiegenen Mitarbeiter bezeichnet, empfiehlt sie doch seinen Ausschluß aus den wichtigsten Gremien der US-Forschung (→ April 1954).

1954

JULI

Mo	Di	Mi	Do	Fr	Sa	So
			1	2	3	4
5	6	7	8	9	10	11
12	13	14	15	16	17	18
19	20	21	22	23	24	25
26	27	28	29	30	31	

1. Wimbledon: Sieger im Herreneinzel Jaroslav Drobny (Ägypten), bei den Damen zum drittenmal Maureen Connolly (USA).

1. Der amerikanische Botschafter in Paris stellt Frankreich vor die Alternative: Zustimmung zur Europäischen Verteidigungsgemeinschaft oder Aufbau einer deutschen Nationalarmee.

4. Die deutsche Fußballnationalmannschaft wird mit einem 3 : 2-Sieg über den Favoriten Ungarn Weltmeister. →

4. Doppelsieg der neuen Mercedes-Silberpfeile in Reims mit Manuel Fangio und Karl Kling.

7. Beim 6. Deutschen Evangelischen Kirchentag in Leipzig zum erstenmal seit langer Zeit wieder Kontakte zwischen west- und ostdeutschen Politikern; 500 000 Teilnehmer. →

9. Hochwasserkatastrophe in Österreich, Bayern und Sachsen.

16. Beschäftigtenzahl ist in der Bundesrepublik seit Juli 1953 um 700 000 auf 16,5 Millionen gestiegen.

17. Wiederwahl von Theodor Heuss zum Bundespräsidenten mit 871 von 1018 Stimmen der Bundesversammlung. →

20. Neunzehn Verlage der Bundesrepublik starten eine gemeinsame billige Buchreihe »Bücher der Neunzehn«.

20. Ungeklärter Übertritt des Präsidenten des Amtes für Verfassungsschutz, Otto John, nach Ost-Berlin. →

20. Waffenstillstand und Teilung von Vietnam auf Genfer Indochinakonferenz beschlossen. →

22. Die Bayreuther Wagnerfestspiele werden mit einer neuen Inszenierung des »Tannhäuser« von Wieland und Wolfgang Wagner eröffnet.

23. Nach Abschuß eines englischen Flugzeuges über China Zuspitzung der politischen Situation.

27. Abkommen zwischen Großbritannien und Ägypten über Abzug aller englischen Soldaten aus der Kanalzone.

27. Karl Arnold mit 118 von 196 Stimmen als nordrhein-westfälischer Ministerpräsident wiedergewählt. →

31. Eine italienische Expedition bezwingt den K-2, den zweithöchsten Gipfel der Erde (8611 m).

Frieden in Vietnam

Vietminh-Unterhändler Pham Van Dong (rechts sitzend) mit seiner Delegation bei den Verhandlungen in Genf.

Die letzten französischen Offiziere verlassen Hanoi, während die kommunistischen Truppen einrücken.

20. Juli. Der französische Ministerpräsident Pierre Mendès-France kann sein Versprechen einlösen, innerhalb eines Monats Frieden in Vietnam zu schaffen. Der wichtigste Teil des Waffenstillstandsabkommens ist die Einigung über die Teilung Vietnams in Höhe des 17. Breitengrades. Der nördlich gelegene Teil mit zirka 11 Millionen Einwohnern und wichtigen Industriezentren wie Hanoi und Haiphong soll von den kommunistischen Vietminh regiert werden. Der südli-che Teil mit zirka 23,5 Millionen Einwohnern und den wichtigsten Reisanbaugebieten soll dem bisherigen Staat Vietnam überlassen werden. Innerhalb von dreißig Tagen sollen die Gefangenen ausgetauscht werden, innerhalb von 300 Tagen soll eine Entflechtung von Truppen und der Umzug von Zivilisten in die von ihnen bevorzugte Zone abgeschlossen sein. Frankreich hat mindestens 92 000 Soldaten verloren, die Verluste des Gegners werden wesentlich höher geschätzt.

John geht in die DDR

20. Juli. Otto John, der Präsident des Bundesverfassungsschutzes, ist nach der Teilnahme an den Feiern für die Attentäter vom 20. Juli 1944 spurlos verschwunden. Zunächst ist in allen öffentlichen Stellungnahmen von einem erneuten Entführungsfall des Ostens die Rede, in einem Bulletin der Bundesregierung vom 23. Juli werden jedoch schwere seelische Depressionen als mögliches Motiv für einen freiwilligen Übertritt genannt. Doch noch am gleichen Tage meldet sich John in einer Rundfunkansprache aus der DDR. Er gibt an, freiwillig übergewechselt zu sein und nennt als Grund die Hoffnung, so zur Wiedervereinigung Deutschlands beitragen zu können. In der Bundesrepublik seien ihm von ehemaligen Nazis die Grundlagen seiner Arbeit entzogen worden. Am 26. Juli versucht der Innenminister Gerhard Schröder eine erste Interpretation der Ereignisse. Eine Schlüsselfigur ist für ihn der Arzt Dr. Wohlgemuth, ein Freund Johns, der ihn auch in den Osten begleitete und nicht zurückgekehrt ist. Ihn verdächtigt Schröder, mit medizinischen und psychologischen Mitteln den Übertritt bewirkt zu haben. John selbst wird von landesverräterischen Motiven freigesprochen. Zusätzliche Verwirrung wird durch den Freitod eines engen John-Freundes, der ein amerikanischer Agent gewesen ist und angeblich die Bundesregierung bespitzelt hat, gestiftet. John betont in einer zweiten Rundfunkansprache nochmals die Freiwilligkeit seines Schritts und besteht auf rein politischen Motiven.

Protest gegen evangelischen Kultusminister

27. Juli. Nach der Wiederwahl des bisherigen Ministerpräsidenten von Nordrhein-Westfalen, Karl Arnold (CDU), durch eine CDU-FDP-Zentrum-Koalition gibt es von seiten der katholischen Kirche heftige Proteste gegen den neuen Kultusminister Werner Schmitz wegen seiner evangelischen Konfession. In einem Land mit überwiegend katholischer Bevölkerung müsse die Aufsicht über die Schulen auch das Bekenntnis der Mehrheit der Bevölkerung teilen.

6. Deutscher Kirchentag in Leipzig eröffnet

7. Juli. Unter dem Motto »Seid fröhlich in der Hoffnung, geduldig in der Trübsal, haltet an im Gebet« versammeln sich in Leipzig 500 000 Menschen zum 6. Deutschen Evangelischen Kirchentag. Unter ihnen sind etwa 100 000 evangelische Christen aus der Bundesrepublik Deutschland. An der Veranstaltung nehmen auch führende Politiker der DDR teil.

17. Juli. Mit 871 von 1018 Stimmen der Bundesversammlung wird Theodor Heuss erneut zum Bundespräsidenten gewählt. Das Bild zeigt Heuss bei seiner Dankrede in der Ostpreußenhalle am Funkturm in Berlin nach der Wahl.

Deutschland wird in Bern Fußballw

Die deutsche Weltmeisterelf nach ihrem Sieg in Genf: (von links) Bundestrainer Herberger, Fritz Walter, Rahn, Posipal, Eckel, Liebrich, Ottmar Walter, Schäfer, Morlock, (vorn sitzend:) Mai, Turek, Kohlmeyer.

4. Juli. Im ausverkauften Wankdorfstadion in Bern findet das Endspiel um die Fußballweltmeisterschaft statt. Mit euphorischem Jubel der zumeist deutschen Zuschauer wird der unerwartete 3 : 2-Sieg der deutschen Mannschaft über die hochfavorisierten Ungarn gefeiert. Auch bei den Millionen Fans an den Radios und Fernsehgeräten in Deutschland kennt die Freude über den Sieg keine Grenzen.

Bundestrainer Sepp Herberger hat folgende Mannschaft aufgestellt: Toni Turek, Jupp Posipal, Werner Kohlmeyer, Horst Eckel, Werner Liebrich, Karl Mai, Helmuth Rahn, Max Morlock, Ottmar Walter, Fritz Walter, Hans Schäfer. Auf ungarischer Seite stehen: Grosics, Buzanski, Lantos, Boszik, Lorant, Zakarias, Czibor, Kocsis, Hidegkuti, Puskas, Toth I. Die rasche 2 : 0-Führung der Ungarn durch Tore von Puskas und Czibor in der 6. und 9. Minute läßt eine schnelle Entscheidung vermuten. Aber schon zwei Minuten später erzielt Morlock den Anschlußtreffer, und in der 18. Minute stellt Rahn den Ausgleich her. Das Unentschieden kann in die Pause gerettet werden. Nach der Halbzeit treten die Ungarn eine Generaloffensive an: ohne Erfolg. In der 84. Minute erzielt Rahn den Siegtreffer.

FIFA-Präsident Jules Rimet überreicht Fritz Walter den Siegespokal.

tmeister

Tor, Tor, Tor

Rundfunkreportage von Herbert Zimmermann am 4. Juli 1954 aus dem Wankdorfstadion in Bern:

... Puskas schießt, gehalten auf der Torlinie ... Toni Turek, Mensch, hast du uns eben Angst gemacht ... und da hat wieder Rahn geschossen. Rahn hat, wie man in der Fußballersprache sagt, Dynamit in seinen Füßen, wenn er losbombt aus fünfzehn bis zwanzig Metern, Menschenskind, dann muß aber jeder Torwächter der Welt aufpassen ... jetzt Angriff der Ungarn durch Czibor, alleine durch, Turek, geh aus dem Tor heraus, hat gerettet, Nachschuß von Hidegkuti, ans Außennetz, ans Außennetz, Toni, Toni, du bist Gold wert ... Rahn schießt, Tor, Tor, Tor, Tor, Tor für Deutschland, halten Sie mich für verrückt, halten Sie mich für übergeschnappt, ich glaube, auch Fußball-Laien sollten ein Herz haben, sollten sich an der Begeisterung unserer Mannschaft und an unserer eigenen Begeisterung mitfreuen und sollten jetzt Daumen halten, viereinhalb Minuten Daumen halten in Wankdorf, 3 : 2 für Deutschland nach dem Linksschuß von Rahn ... und Schuß von Ottmar Walter auf das Tor der Ungarn, aber Grosics rettet, 3 : 2 für Ungarn, aber jetzt für Deutschland, ich bin auch schon verrückt ... und die Ungarn, wie von der Tarantel gestochen, lauern die Pußtasöhne, drehen jetzt den siebten oder zwölften Gang auf ... und Kocsis flankt, Puskas abseits. Schuß, aber nein, kein Tor, kein Tor, kein Tor, Puskas abseits ... der Sekundenzeiger, er wandert so langsam, wie gebannt starre ich hinüber, geh doch schneller, geh doch schneller, aber er tut es nicht, er geht mit der Präzision, die ihm vorgeschrieben ist, wandert er voran ... jetzt spielen die Deutschen auf Zeit ... und die 45. Minute ist vollendet ... aus, aus, aus, aus, das Spiel ist aus!

1954

AUGUST

Mo	Di	Mi	Do	Fr	Sa	So
						1
2	3	4	5	6	7	8
9	10	11	12	13	14	15
16	17	18	19	20	21	22
23	24	25	26	27	28	29
30	31					

1. Louison Bobet wird zum zweitenmal Sieger der Tour de France.

1. Italien ratifiziert den Vertrag über die Europäische Verteidigungsgemeinschaft.

3. Großer Lohnstreik der städtischen Verkehrsbetriebe, Gas- und Wasserwerke in Hamburg.

6. Bundesregierung setzt 500 000 DM Belohnung für die Aufklärung des Falles John aus (→ Juli 1954).

6. Iranisch-britische Einigung über die künftige Ausbeutung der Ölvorkommen. →

6. Große Gerhard-Marcks-Ausstellung in London als erste repräsentative Ausstellung deutscher Kunst nach 1945 eröffnet.

9. In Bayern streiken 200 000 Arbeiter der Metallindustrie.

17. Uraufführung der Oper »Penelope« von Rolf Liebermann bei den Salzburger Festspielen.

17. Der amerikanische Kongreß verabschiedet ein Gesetz, das die Mitgliedschaft in einer kommunistischen Partei schweren Strafen unterwirft.

21. Der CDU-Bundestagsabgeordnete Karlfranz Schmidt-Wittmack bittet in der DDR um politisches Asyl. →

22. Mit einem Sieg im Großen Preis der Schweiz wird der Argentinier Manuel Fangio mit Mercedes Automobilweltmeister.

26. Heinz Fütterer wird in Bern mit einer Zeit von 10,5 Sekunden Europameister über 100 m; drei Tage später holt er auch den Titel über 200 m in 20,9 Sekunden.

28. Eröffnung des wiederaufgebauten Goethe-Museums in Frankfurt.

30. Die französische Nationalversammlung lehnt endgültig den Vertrag über die Europäische Verteidigungsgemeinschaft ab. →

31. 76. Deutscher Katholikentag in Fulda unter dem Motto »Ihr sollt mir Zeugen sein« eröffnet.

GESTORBEN:

3. Sidonie-Gabrielle Colette (* 28. 1. 1873), französische Schriftstellerin.

14. Hugo Eckener (* 10. 8. 1868), deutscher Luftfahrtpionier.

19. Alcide des Gasperi (* 3. 4. 1881), italienischer Politiker.

EVG-Vertrag scheitert

30. August. Die über zweijährigen Beratungen über die Europäische Verteidigungsgemeinschaft (EVG) sind endgültig gescheitert. Mit 319 gegen 264 Stimmen wird von der französischen Nationalversammlung ein Antrag auf Verwerfung des vorgelegten Entwurfs ohne Debatte angenommen. Die französische Ablehnung des Projektes einer militärischen Zusammenarbeit in Europa auch mit der Bundesrepublik ist schon in den letzten Tagen unübersehbar gewesen. Immer wieder haben vor allem amerikanische und britische Politiker die seit langem fällige Entscheidung angemahnt und damit gedroht, daß im Falle einer Ablehnung die von Frankreich gefürchtete Wiederbewaffnung der Bundesrepublik in Gestalt einer Nationalarmee kommen werde. Ein letzter Versuch, die EVG doch noch zu retten, ist in Brüssel bei einer Besprechung aller sechs Unterzeichnerstaaten gemacht worden. Das vom französischen Ministerpräsidenten Pierre Mendès-France vorgeschlagene Zusatzprotokoll ist dabei abgelehnt worden; es sah eine Begrenzung der fünfzigjährigen Laufzeit des Abkommens vor, die Integration der Streitkräfte nur insoweit, als sie in der Bundesrepublik stationiert sind und forderte das Recht auf jederzeitigen Austritt. Bei den Beratungen in der französischen Nationalversammlung werden Bedenken vor allem hinsichtlich der Wiederbewaffnung Deutschlands deutlich; man befürchtet, daß die Bundesrepublik, wenn sie erst einmal wieder über Waffen verfügt, sich nicht im Rahmen europäischer Abmachungen halten lassen werde. Die französische Entscheidung versetzt die westlichen Staaten in Bestürzung.

CDU-Politiker wechselt nach Ost-Berlin

21. August. Nach dem Übertritt des Verfassungsschutzchefs Otto John (→ Juli 1954) in die DDR sucht ein weiterer Politiker der Bundesrepublik dort um Asyl nach. So sagt der CDU-Bundestagsabgeordnete Karlfranz Schmidt-Wittmack am 26. August in einer Pressekonferenz in der DDR, daß Adenauer die bundesdeutsche Bevölkerung nicht oder nicht richtig über die Ziele seiner Politik informiere. So zeige die Genfer Indochinakonferenz, daß erfolgreiche Verhandlungen zwischen Ost und West durchaus möglich seien, es läge also nicht allein an der Sowjetunion, wenn man mit der Wiedervereinigung nicht vorankomme. Heimlich plane die Bundesregierung die Aufstellung einer Armee mit 800 000 Mann. Schmidt-Wittmack über den Führungsstil Adenauers: »Seine autoritative Haltung, seine bewußte Überspitzung bzw. Abschwächung der Probleme, sein System der persönlichen Einflußnahme auf die einzelnen Abgeordneten machen die freie Aussprache und tiefergehende Erörterung innerhalb der Fraktion unmöglich.«

Gesetz gegen Kommunisten in den USA

17. August. Der amerikanische Kongreß verabschiedet ein Gesetz, wonach zwar nicht die kommunistische Partei selbst verboten ist, die Mitgliedschaft aber unter schwere Sanktionen gestellt wird. So müssen sich alle Mitglieder öffentlich registrieren lassen und sind damit für den Staatsdienst wie auch für die meisten anderen Berufe untragbar. Falls jemand diese Registrierung zu umgehen versucht, wird er mit schweren Strafen und dem Verlust der Staatsbürgerschaft bedroht.

Iran nimmt wieder Ölförderung auf

6. August. Nach über drei Jahren Pause zählt der Iran wieder zu den Welterdölexporteuren. Ein internationales Konsortium mit britischer, amerikanischer, französischer und holländischer Beteiligung vereinbart mit dem iranischen Staat und der Nationalen Iranischen Ölgesellschaft die rasche Inbetriebnahme der seit März 1951 nach der Enteignung stilliegenden Anlagen.

1954
SEPTEMBER

Mo	Di	Mi	Do	Fr	Sa	So
			1	2	3	4	5
6	7	8	9	10	11	12
13	14	15	16	17	18	19
20	21	22	23	24	25	26
27	28	29	30			

1. Nach Annahme eines Schiedsspruchs wird in der bayrischen Metallindustrie nach dreiwöchigem Streik die Arbeit wiederaufgenommen. →

2. Artillerieangriff der VR China auf die Insel Quemoy.

6. Niedersachsen schafft die Bekenntnisschule ab, die durch die christliche Gemeinschaftsschule ersetzt wird.

6. US-Flugzeug über dem sibirischen Festland nach einem Kampf mit sowjetischen Jägern abgeschossen.

6. In Manila wird als Gegenstück zur NATO der Südostasienpakt (SEATO) von den USA, Großbritannien, Frankreich, Australien, Neuseeland, Siam, Pakistan, Philippinen, Indonesien, Indochina und Indien unterzeichnet.

9. Ca. 1500 Tote bei Erdbeben in Algerien.

11. Bundesarbeitsminister Storch eröffnet in Kassel das Bundessozialgericht.

15. Auf dem ersten Chinesischen Volkskongreß wird eine neue Verfassung angenommen und Mao Tse-tung zum Staatsoberhaupt gewählt.

16. Beginn einer großen Bundestagsdebatte über die Fälle John und Schmidt-Wittmack. →

16. Deutsche Erstaufführung des neuen Sartre-Stücks »Kean« in Stuttgart.

17. In Berlin wird die Amerika-Gedenkbibliothek eröffnet. →

23. Eröffnung der sechsten Internationalen Buchmesse in Frankfurt. →

26. Deutsche Erstaufführung des Schauspiels »Ein Mond für die Beladenen« von Eugene O'Neill im Westberliner Schiller-Theater.

26. Ein Taifun über Japan fordert mehr als 2000 Todesopfer.

26. Im ersten Länderspiel nach dem Gewinn der Weltmeisterschaft verliert die deutsche Fußballelf in Brüssel gegen Belgien mit 0 : 2.

29. Erste Sendung der Fernsehserie »Familie Schölermann«. →

GESTORBEN:

8. André Derain (* 17. 6. 1880), französischer Maler.

10. Peter Anders (* 1. 7. 1908), deutscher Kammersänger.

Debatte um Otto John

16. September. Mit Spannung sieht man in der Bundesrepublik der lang erwarteten Bundestagsdebatte über die Übertritte des Chefs des Verfassungsschutzes, Otto John (→ Juli 1954), und des Bundestagsabgeordneten Karlfranz Schmidt-Wittmack (→ August 1954) in die DDR entgegen. Der Fall John ist nach anfänglichen Verharmlosungsversuchen der Bundesregierung zum größten politischen Skandal in der Geschichte der Bundesrepublik geworden. Dazu hat nicht zuletzt das ungeschickte Verhalten führender Politiker beigetragen. So dementiert Adenauer am 11. September die Existenz von Geheimabreden zur europäischen Verteidigung, obwohl John nie davon gesprochen hat und verunsichert damit die Öffentlichkeit mehr als es alle Enthüllungen Johns getan haben. Dieser begründet in mehreren Pressekonferenzen noch einmal seinen Schritt mit der wachsenden Macht von Altnazis in der Bundesrepublik und verweist dabei auf den Bundesminister Oberländer, der in der NS-Zeit in Polen Eindeutschungspolitik betrieben habe.

Zu Beginn der Debatte gesteht Innenminister Gerhard Schröder, daß der Übertritt Johns »eine Schlappe im kalten Krieg« darstelle und daß auch das Ansehen bei den westlichen Verbündeten schweren Schaden genommen habe, da man in der Bundesrepublik keinen zuverlässigen Partner im Kampf gegen den Kommunismus mehr sehen könne. Noch immer sei es unklar, aus welchen Motiven John gegangen sei. Den Höhepunkt der Debatte bildet die Abrechnung des Adenauer-Gegenspielers Reinhold Maier (FDP), der in sehr scharfer Form die Bundesregierung der Untätigkeit, Entschlußlosigkeit und Verantwortungslosigkeit zeiht.

Erste Fernsehfamilie

29. September. Mit großem Erfolg startet das deutsche Fernsehen seine erste Familienserie »Unsere Nachbarn heute abend: Familie Schölermann«, die den mal heiteren, mal problematischen Alltag einer »ganz normalen« Familie zeigt. Nach dem Erfolg mit Sportübertragungen, wie bei der Fußballweltmeisterschaft im Juli 1954, hat sich nun das Fernsehen auch im Bereich der Unterhaltung als ernsthafte Konkurrenz vor allem des Kinos etablieren können.

Die Deutschen nehmen Anteil am Leben der Fernsehfamilie Schölermann.

Amerika-Gedenkbibliothek eröffnet

17. September. Am Blücherplatz in Berlin-Kreuzberg wird als eine der Einrichtungen, die die neue Verbundenheit mit den USA verbürgen sollen, die Amerika-Gedenkbibliothek eröffnet. Diese Bibliothek geht auf eine amerikanische Stiftung zurück und ist die modernste in Europa. Sie umfaßt bei der Eröffnung 110 000 Bände und ist damit die größte öffentliche Bibliothek Berlins; ihr Schwerpunkt wird die Sammlung zeitgenössischer Publikationen sein.

Metallarbeiter in Bayern beenden längsten Streik

1. September. Mit der Wiederaufnahme der Arbeit nach der Annahme des Schlichtungsentscheides geht der längste Streik in der Geschichte der Bundesrepublik zu Ende. Seit drei Wochen ist in der bayrischen Metallindustrie nicht mehr gearbeitet worden, doch nach vergeblichen Anläufen hat das Schlichtungsverfahren Erfolg. Der Stundenlohn steigt zwischen zehn (für Facharbeiter) und fünf Pfennig (für Un- und Angelernte). Die bayrische Metallindustrie klagt über einen Produktionsausfall im Wert von 80 Millionen DM, die Arbeiter müssen mit einem Lohnausfall von insgesamt 28 Millionen DM rechnen. Den Auseinandersetzungen in Bayern wird von Unternehmern und Gewerkschaften grundsätzliche Bedeutung eingeräumt.

Die Gewerkschaften fordern einen gerechten Anteil am beträchtlichen Produktivitätszuwachs der deutschen Wirtschaft, die Unternehmer warnen vor einer Lohn-Preis-Spirale.

»Felix Krull« auf der Buchmesse

23. September. Mit dem obligatorischen Festakt in der Frankfurter Paulskirche wird die sechste Internationale Buchmesse eröffnet. Den Friedenspreis des Deutschen Buchhandels erhält der schweizerische Historiker und Diplomat Carl J. Burckhardt, der als Präsident des Internationalen Roten Kreuzes zahlreiche Hilfsaktionen zugunsten Deutschlands initiierte.

Als wichtigste Neuerscheinung ist der neue Roman von Thomas Mann »Bekenntnisse des Hochstaplers Felix Krull. Der Memoiren erster Teil«, der im Frankfurter S.-Fischer-Verlag herausgekommen ist. Allgemein wird anerkannt, daß dieses Werk zu den wichtigsten in deutscher Sprache nach dem Zweiten Weltkrieg gehört. Als weitere bedeutende Neuerscheinungen gelten der dritte Band von Theodor Plieviers Kriegstrilogie »Berlin« und die neue Erzählung von Edzard Schaper »Der Gouverneur«.

1954

OKTOBER

Mo	Di	Mi	Do	Fr	Sa	So
				1	2	3
4	5	6	7	8	9	10
11	12	13	14	15	16	17
18	19	20	21	22	23	24
25	26	27	28	29	30	31

1. Beginn der täglichen Sendung der Tagesschau im Deutschen Fernsehen.

2. Londoner Außenministerkonferenz beschließt die Wiederbewaffnung und Aufnahme der Bundesrepublik in die NATO. →

4. Deutscher Gewerkschaftsbund eröffnet dritten Bundeskongreß in Frankfurt. →

4. Deutsche Erstaufführung des Schauspiels »Christopher Columbus« von Paul Claudel in Berlin.

5. Die wiederaufgebaute Böttcherstraße in Bremen wird der Öffentlichkeit zugänglich gemacht.

5. Die satirische Zeitschrift »Simplicissimus« erscheint in einer neuen Ausgabe.

7. Stapellauf des mit 17 100 BRT bislang größten Handelsschiffes der Bundesrepublik auf der Weserwerft in Bremen.

8. Wiederaufgebaute Hamburger Kunsthalle wird der Öffentlichkeit übergeben.

8. Uraufführung von »Der kaukasische Kreidekreis« von Bertolt Brecht durch das Berliner Ensemble in Ost-Berlin. →

9. Gemäß den Vereinbarungen des Waffenstillstands mit Frankreich besetzen Vietminh-Kämpfer das geräumte Hanoi und rufen es zur Hauptstadt von Nordvietnam aus.

11. Landtag von Schleswig-Holstein wählt Kai-Uwe von Hassel (CDU) zum neuen Ministerpräsidenten.

16. Niederlage der Fußballnationalmannschaft in Hannover gegen Frankreich mit 0 : 3. Uwe Seeler beginnt mit seinem Debüt in der Fußballnationalmannschaft seine Karriere als Nationalspieler.

22. Gustaf Gründgens löst sein Engagement beim Düsseldorfer Schauspiel, um das Deutsche Schauspielhaus in Hamburg zu übernehmen.

23. Pariser Konferenzen bringen Einigung über das künftige Saarstatut. →

31. Heinz Fütterer läuft in Jokohama Weltrekord über 100 m mit 10,2 Sekunden.

GESTORBEN:

16. Friedrich Wilhelm Lübke (* 25. 8. 1887), deutscher Politiker.

29. Hermann Ehlers (* 1. 10. 1904), deutscher Politiker.

Eintritt in die NATO

2. Oktober. Nach dem Fehlschlag der Europäischen Verteidigungsgemeinschaft (→ August 1954) finden die westlichen Staaten eine Regelung, durch die sowohl die Wiederbewaffnung der Bundesrepublik wie auch die Ablösung des Besatzungsstatuts gesichert ist. Auf der Londoner Außenministerkonferenz einigen sich die Vertreter der westlichen Staaten und der Bundesrepublik auf die baldige Aufnahme der Bundesrepublik in die NATO und den Brüsseler Pakt. Der Brüsseler Pakt ist eine Vereinbarung der westeuropäischen Staaten vom 17. 3. 1948 innerhalb der NATO und enthält zusätzliche Beistandsverpflichtungen. Neben der Bundesrepublik tritt auch Italien diesen Vereinbarungen bei. Beide Staaten verpflichten sich, keine Atomwaffen, keine biologischen und chemischen Waffen und keine gelenkten Geschosse herzustellen. Die bislang schon in der Bundesrepublik stationierten Armeen der USA und Großbritanniens verbleiben dort.

Die rasche Einigung wird auf die Beharrlichkeit des englischen Außenministers Sir Anthony Eden und von Bundeskanzler Konrad Adenauer zurückgeführt. Am 23. Oktober wird in Paris der formelle Antrag der Bundesrepublik entgegengenommen und auch eine Einigung über das zwischen Paris und Bonn strittige Saarproblem erzielt. In einer Volksabstimmung sollen die Bewohner des Saargebietes über ein Statut abstimmen, das die Einrichtung eines europäischen Territoriums vorsieht. Diese Entscheidung soll gelten bis zum Abschluß eines Friedensvertrages.

Großgemusterte Vorhänge und kleingemusterte Tapeten, gradlinige Möbel und Keramik mit dem unverkennbaren Schwung — das ist der Bauhaus-Stil der fünfziger Jahre zwischen Sachlichkeit und Dekoration. Die von den Deutschen nach dem Krieg wiederentdeckte abstrakte Kunst beherrscht das Design.

31. Oktober. Im Alter von 74 Jahren nimmt der weltberühmte Clown Grock (»nit möööglich«), im Privatleben Dr. Adrian Wettach, Abschied von Bühne und Manege.

DGB-Kongreß gegen Wehrpflicht

4. Oktober. Der dritte Bundeskongreß des Deutschen Gewerkschaftsbundes, an dessen Eröffnung auch Bundespräsident Theodor Heuss teilnimmt, lehnt mit großer Mehrheit die Einführung der allgemeinen Wehrpflicht ab, solange nicht alle Möglichkeiten einer Einigung mit der Sowjetunion ausgeschöpft sind. Weiter beschließt der Kongreß ein Aktionsprogramm zur Einführung der 40-Stunden-Woche und der Mitbestimmung.

»Kreidekreis« von Brecht in der DDR

8. Oktober. Wichtigstes Theaterereignis des Jahres in der DDR ist die Uraufführung des Stücks »Der kaukasische Kreidekreis« von Bertolt Brecht im Theater am Schiffbauerdamm durch das Berliner Ensemble. Brecht hat dieses Stück 1944/45 im amerikanischen Exil geschrieben. Er greift darin auf ein altchinesisches Singspiel zurück, in dem ein Richter den Streit zweier Frauen um ein Kind entscheidet, wobei er sie auffordert, es nach Kräften aus einem Kreis zu ziehen. Während jedoch der chinesische Richter in der Frau, die dem Kind nicht weh tun will, die leibliche Mutter erkennt, ist es bei Brecht das Mädchen Grusche, das für das Kind gesorgt hat und es nun auch zugesprochen erhält.

1954

NOVEMBER

Mo	Di	Mi	Do	Fr	Sa	So
1	2	3	4	5	6	7
8	9	10	11	12	13	14
15	16	17	18	19	20	21
22	23	24	25	26	27	28
29	30					

1. Beginn des Algerienkrieges mit einer Reihe von Anschlägen in 70 Städten. →

2. Ende eines langen einmonatigen Streiks von 44 000 englischen Dockarbeitern, der dem britischen Außenhandel schweren Schaden zugefügt hat.

4. Albert Schweitzer hält in Oslo eine vielbeachtete Rede über »Das Problem des Friedens«, in der er den Ursachen jeglicher Gewalt nachspürt.

6. Deutsche Erstaufführung des Stücks »Camino Real« von Tennessee Williams in Darmstadt.

8. Der Kaiser Haile Selassie von Äthiopien trifft zu einem Staatsbesuch in der Bundesrepublik ein. →

9. Bundesfinanzministerium legt einen mit 27,78 Milliarden DM ausgeglichenen Haushalt vor.

11. Jean Monnet kündigt seinen Rücktritt vom Amt des Präsidenten der Hohen Behörde der Montanunion an.

12. Uraufführung des Schauspiels »Die Abrechnung« von Reinhold Schneider in Saarbrücken.

14. Ägyptens Staatspräsident Nagib wird entmachtet und verhaftet; neuer starker Mann ist Nasser. →

14. Nachkriegsrekord bei der Getreideernte: 12,4 Millionen Tonnen gegenüber 11,9 Millionen Tonnen im Vorjahr.

20. Französischer Ministerrat beschließt 20prozentige Erhöhung der Konsumsteuer für Alkohol. →

23. Aufsehenerregende Mitteilung Churchills, daß er gegen Ende des Zweiten Weltkriegs an die Bewaffnung deutscher Soldaten gegen die Sowjetunion dachte. →

28. Bei Landtagswahlen in Hessen verliert die SPD die absolute Mehrheit, in Bayern gewinnt die CSU.

28. Der Regisseur Karlheinz Stroux wird Nachfolger von Gustaf Gründgens am Düsseldorfer Schauspielhaus.

GESTORBEN:

3. Henri Matisse (* 31. 12. 1869), französischer Maler. →

13. Jacques Fath (* 6. 9. 1912), französischer Modeschöpfer.

28. Enrico Fermi (* 29. 9. 1901), italienischer Physiker.

30. Wilhelm Furtwängler (* 25. 1. 1886), deutscher Dirigent. →

Aufstand in Algerien

Achmed Ben Bella gehört zu den führenden Köpfen des Widerstands.

1. November. In insgesamt siebzig Orten des französischen Departements Algerien fliegen in der Nacht zum 1. November Brücken in die Luft, gehen Fabriken und öffentliche Gebäude in Flammen auf, werden Franzosen und algerische Beamte erschossen. Mindestens zehn Franzosen kommen ums Leben. Einen warnenden Hinweis hat das Generalgouvernement am 24. Oktober erhalten und nicht weiter verfolgt. Die Anschläge treffen Frankreich vollkommen unvorbereitet. Sie sind gesteuert durch eine neue Organisation, die den Namen »Revolutionäres Komitee der Einheit und Aktion« trägt; bekanntestes Mitglied ist der ehemalige französische Feldwebel Achmed Ben Bella. Ihre wichtigsten Stützpunkte hat sie in der wüstenähnlichen Berglandschaft des Aurès. Sofort werden mehrere Fallschirmjägerbataillone nach Algerien gesandt, um den Aufstand schnell beenden zu können. Ministerpräsident Pierre Mendès-France zeigt sich hart; Algerien sei seit langem und unwiderruflich Teil der französischen Republik, daran werde sich niemals etwas ändern.

11. November. In der Kruppschen Villa Hügel in Essen wird Haile Selassie, Kaiser von Äthiopien (Mitte), empfangen. Das Bild zeigt ihn mit dem nordrhein-westfälischen Ministerpräsidenten Karl Arnold (links) und dem Hausherrn Alfried Krupp von Bohlen und Halbach (rechts).

General Nasser setzt sich in Ägypten durch

14. November. Die schon lange schwelenden Auseinandersetzungen zwischen dem Staatspräsidenten Ali Mohammed Nagib und dem Revolutionsrat der Offiziere unter Gamal Abd el Nasser ist endgültig entschieden. Nagib wird aller seiner Ämter enthoben und in Schutzhaft genommen. Angeblich hat er von einem Attentat der Moslemischen Bruderschaft auf Nasser gewußt, das am 27. Oktober fehlgeschlagen war. Da die Moslemische Bruderschaft eine ernsthafte Bedrohung der sozialreformerischen Politik Nassers darstellt, dringt er auf ihre Ausschaltung. Am 18. Oktober verhängt der Rat der Ulemas in Kairo, die höchste Islamische Autorität in Ägypten, eine Art von Exkommunikation über die Mitglieder der Gruppe.

Sensationelle Enthüllung Winston Churchills

23. November. Starke Resonanz findet die Bemerkung des britischen Premierministers Winston Churchill anläßlich einer Rede in Woodford, daß er in der Endphase des Zweiten Weltkrieges daran gedacht habe, die deutschen Kriegsgefangenen wieder zu bewaffnen, um einen weiteren Vormarsch der Sowjetunion zu verhindern. Vorbereitend habe er schon General Montgomery angewiesen, die deutschen Waffen zu sammeln und zu stapeln. In der Bundesrepublik wird diese Äußerung von vielen als Bestätigung der schon im Kriege verschiedentlich geäußerten Meinung gedeutet, daß der gemeinsame Feind im Osten stehe. Churchill engt jedoch später seine Darstellung ein; seine Überlegungen haben sich nur auf den Stalinschen Expansionismus bezogen. Im Moment sei es wichtiger, die Absichten der Moskauer Führung zu ergründen und zu fragen, ob nicht doch ein grundlegender Wandel der Ziele stattgefunden habe. Dies herauszufinden, betrachte er als die große Aufgabe seiner letzten Jahre.

Begründer des Fauvismus Henri Matisse †

Matisse: »Die grüne Bluse«.

3. November. Im Alter von 84 Jahren stirbt in Nizza der französische Maler Henri Matisse. Anfänglich beeinflußt von den Impressionisten, wurde er zum führenden Meister der »Fauves«. Sein Gesamtwerk umfaßt Akte, Landschaften, Stilleben, Interieurs und Bühnendekorationen in den für den Fauvismus charakteristischen intensiven, heiteren und großflächigen Farben. Für Matisse waren die Farbkompositionen wichtiger als die Gegenständlichkeit, wie das Bild »Die grüne Bluse« aus dem Jahre 1936 zeigt.

Furtwängler stirbt 68jährig

30. November. In Baden-Baden stirbt im Alter von 68 Jahren der Komponist und Dirigent Wilhelm Furtwängler, der vor allem als Orchesterleiter internationalen Ruhm errungen hat. Furtwängler hat seine Laufbahn als Kapellmeister in Straßburg begonnen. Von 1922 an dirigierte er die Gewandhauskonzerte in Leipzig, die Berliner und später auch die Wiener Philharmoniker, das Philharmonia Orchestra London und andere namhafte Orchester der Welt. In seinen Büchern »Gespräche über Musik«, »Ton und Wort«, »Der Musiker und sein Publikum« und anderen setzt er sich auch theoretisch mit der Beziehung Interpret – Publikum auseinander.

1954
DEZEMBER

Mo	Di	Mi	Do	Fr	Sa	So
		1	2	3	4	5
6	7	8	9	10	11	12
13	14	15	16	17	18	19
20	21	22	23	24	25	26
27	28	29	30	31		

1. 1 : 3-Niederlage der deutschen Fußballnationalmannschaft in London gegen England.

2. Moskauer Konferenz der Ostblockstaaten beschließt militärische Zusammenarbeit bei Annahme der Pariser Verträge. →

2. John Forster Dulles und Dwight D. Eisenhower sprechen sich für den Versuch der friedlichen Koexistenz mit den kommunistischen Staaten aus.

2. In Ninive wird einer der größten Assyrer-Paläste freigelegt.

3. Uraufführung des Schauspiels »Der Kassenarzt« von H. J. Rehfisch in Berlin.

5. Uraufführung des Dramas »Feuer über Sodom« von Nikos Kazantzakis in München.

6. Simone de Beauvoir erhält den französischen Literaturpreis »Prix Goncourt«.

10. Verleihung der Nobelpreise in Stockholm und Oslo. →

13. Stapellauf des US-Flugzeugträgers »Forrestal«, mit 70 000 Tonnen Wasserverdrängung größtes Kriegsschiff der Welt.

13. Proteste englischer Fernsehzuschauer richten sich gegen die Verfilmung des Orwell-Romans »1984« wegen der zu realistischen Darstellung eines totalen Überwachungsstaates.

14. Wilhelm Hoegener (SPD) wird von einer SPD/FDP/BHE-Koalition zum neuen bayrischen Ministerpräsidenten gewählt.

17. Streik der Angestellten der westdeutschen Arbeitsämter für bessere Bezahlung.

17. Georg-August Zinn wieder hessischer Ministerpräsident.

17. Einweihung des größten Gebäudes der Welt aus Aluminium und Glas in Dallas/Texas.

18. Wolfgang Koeppens neuer Roman »Tod in Rom« erscheint. →

19. Erster Sieg der deutschen Fußballauswahl nach dem Gewinn der Weltmeisterschaft im vierten Spiel gegen Portugal in Lissabon mit 3 : 0.

21. Erstaufführung des Films »Emil und die Detektive« nach dem beliebten Roman von Erich Kästner.

GESTORBEN:

28. Joseph Gerö (* 23. 9. 1896), österreichischer Jurist.

DDR kündigt Armee an

2. Dezember. Eine Konferenz der Außenminister der sozialistischen Staaten in Moskau kritisiert scharf die jüngsten Abmachungen des Westens zur europäischen militärischen Integration und der Wiederbewaffnung der Bundesrepublik (→ Oktober 1954). Wenn die Pariser Verträge ratifiziert würden, bedeute das eine Stärkung des deutschen Militarismus und eine wachsende Bedrohung vor allem Frankreichs. In Westdeutschland werde binnen kurzem eine Militärdiktatur entstehen. Also seien die sozialistischen Staaten, insbesondere die DDR, gezwungen, Maßnahmen zu ihrer Verteidigung in Angriff zu nehmen. Spätestens also bei der Ratifizierung der Verträge werde man ein gemeinsames militärisches Oberkommando des Ostens und auch in der DDR eine Armee schaffen. Damit werde die Wiedervereinigung auf absehbare Zeit unmöglich gemacht. Besonderen Druck versucht Moskau auf die ehemaligen Verbündeten des Zweiten Weltkriegs, Frankreich und Großbritannien, auszuüben, denen mit zukünftigen Aggressionen der Bundesrepublik gedroht wird.

Deutsche Preisträger

Max Born.

Walter Bothe.

10. Dezember. In Stockholm und Oslo werden die Nobelpreise verliehen. Unter den Geehrten befinden sich auch zwei Deutsche. Der Göttinger Professor Max Born erhält den Physikpreis für seine 1926 veröffentlichte statistische Interpretation der Quantenmechanik und seine Gittertheorie der Kristalle; mit ihm zusammen wird der Heidelberger Professor Walter Bothe geehrt, der 1929 den Partikelcharakter der Höhenstrahlung nachgewiesen hat. Den Medizinpreis müssen sich die amerikanischen Wissenschaftler John F. Enders, Thomas H. Weller und Frederick C. Robbins für ihre Forschungen zum Virus der Kinderlähmung teilen. Mit dem Chemienobelpreis wird der Amerikaner Linus Pauling ausgezeichnet, dem wesentliche Erkenntnisse über die Natur chemischer Verbindungen zu verdanken sind. Ernest Hemingway erhält den Literaturnobelpreis für »seinen mit kraftvoller Meisterschaft gestalteten modernen Stil«. Der Friedensnobelpreis wird in diesem Jahr nicht verliehen.

Neuer Roman Wolfgang Koeppens

18. Dezember. Mit zustimmenden und lobenden Rezensionen wird der neue Roman von Wolfgang Koeppen »Tod in Rom« von der Presse aufgenommen. Koeppen erzählt die Geschichte eines SS-Führers, der nach Jahren der Flucht meint, in die Bundesrepublik zurückkehren zu können, weil seine Zeit wieder gekommen ist. Mit »Tod in Rom« ist Koeppens Trilogie der Romane zur jüngsten Geschichte der Bundesrepublik abgeschlossen, die 1951 mit »Tauben im Gras« begann und 1953 mit »Das Treibhaus« weitergeführt wurde.

Mo	Di	Mi	Do	Fr	Sa	So
					1	2
3	4	5	6	7	8	9
10	11	12	13	14	15	16
17	18	19	20	21	22	23
24	25	26	27	28	29	30
31						

Mo	Di	Mi	Do	Fr	Sa	So
	1	2	3	4	5	6
7	8	9	10	11	12	13
14	15	16	17	18	19	20
21	22	23	24	25	26	27
28						

2. Polen, die DDR und die Tschechoslowakei schließen einen Dreibund.

6. Präsident Eisenhower kündigt soziale Verbesserungen und öffentliche Arbeiten für 12 Milliarden Dollar an.

9. DDR schränkt den Verkauf von Lebensmitteln an Westdeutsche ein. →

10. Als erste Schwarze tritt die Sängerin Marion Anderson in der New Yorker Metropolitan Opera auf.

11. Willy Brandt wird zum Präsidenten des Westberliner Abgeordnetenhauses gewählt; neuer Regierender Bürgermeister wird Otto Suhr (SPD).

14. Albert Schweitzer, Hermann Hesse und Carl J. Burckhardt erhalten den deutschen Pour-le-mérite-Orden der Friedensklasse.

15. Die Sowjetunion erklärt sich bereit, Erkenntnisse über friedliche Nutzung der Atomenergie an Drittländer weiterzugeben.

15. Die Sowjetunion warnt nachdrücklich vor Eintritt der Bundesrepublik in die NATO und bietet freie Wahlen und Wiedervereinigung an.

18. Prinz Juan Carlos, von Franco als der künftige Thronfolger in Spanien vorgestellt, wird von einer begeisterten Menge gefeiert.

22. Streik von fast 800 000 deutschen Bergleuten wegen einer abfälligen Bemerkung über die Mitbestimmung. →

25. Oberster Sowjet der Sowjetunion beendet den Kriegszustand mit Deutschland.

27. Jungfernfahrt des ersten Atom-U-Bootes »Nautilus« (USA) vom Hafen Geoton/Connecticut aus.

29. »Deutsches Manifest« in der Frankfurter Paulskirche verabschiedet. →

GESTORBEN:

7. Sir Arthur Keith (* 5. 2. 1866), englischer Anthropologe.

11. Rodolfo Graziani (* 11. 8. 1882), italienischer Marschall.

27. Ernst Penzoldt (* 14. 6. 1892), deutscher Schriftsteller.

31. John R. Mott (* 25. 5. 1865), amerikanischer Theologe, Gründer des YMCA, Friedensnobelpreis 1946.

Aufruf zur Einheit

Ein Blick in die Paulskirche während der Kundgebung: In der ersten Reihe Carlo Schmid (3. v. l.), Erich Ollenhauer und Gustav Heinemann.

29. Januar. Unter dem Motto »Rettet Einheit, Freiheit, Frieden. Gegen Kommunismus und Nationalismus« wird in der Frankfurter Paulskirche ein »Deutsches Manifest« verabschiedet. Zu den Unterzeichnern gehören unter anderem der Soziologe Alfred Weber, der Theologe Helmut Gollwitzer und die Politiker Gustav Heinemann und Erich Ollenhauer. In dem Manifest wird die Wiedervereinigung als die Schicksalsfrage der Gegenwart bezeichnet: Viermächteverhandlungen über die Wiedervereinigung haben absoluten Vorrang vor einer militärischen Blockbildung mit einem Anschluß an den Westen.

Streik an der Ruhr

22. Januar. In einem Interview hat der Generaldirektor der Gutehoffnungshütte, Hermann Reusch, das Mitbestimmungsrecht der Arbeiter in der Montanindustrie als Ergebnis einer gewerkschaftlichen Erpressung bezeichnet. Daraufhin treten am 13. 32 000 Bergleute in einen spontanen Warnstreik. Als Reusch sich weigert, von seiner Formulierung abzugehen, kündigt die Gewerkschaft für den 22. Januar einen Generalstreik an, der von 790 000 Bergleuten befolgt wird. In Kundgebungen warnen Gewerkschaftsvertreter vor jedem Angriff auf das Mitbestimmungsrecht. Am Abend des Streiktages tadelt Bundeskanzler Konrad Adenauer die Streikenden; da keine Gefahr für das Mitbestimmungsrecht bestehe, sei der Streik unnötig gewesen.

Umfrage: Mehrheit lehnt Armee ab

Regelmäßig hat das Allensbacher Institut für Demoskopie in der Bundesrepublik Umfragen abgehalten, in denen die Meinung der Bevölkerung zum Aufbau einer neuen deutschen Armee untersucht worden ist. Seit Anfang 1953 ist dabei von einer knappen Mehrheit die Wiederbewaffnung fast immer bejaht worden, während jetzt, kurz vor dem geplanten Beitritt in die NATO, die Zahl der ablehnenden Stimmen überwiegt (43 Prozent dagegen, 39 dafür, 18 unentschlossen).

Lebensmittel nur gegen Westmark

9. Januar. Da die Versorgung der eigenen Bevölkerung nur mit Mühe gewährleistet werden kann, verhängt die DDR-Regierung drastische Beschränkungen des Lebensmittelverkaufs an Westberliner und Westdeutsche. In Gaststätten kann nur noch mit Westmark bezahlt werden und reisende Westdeutsche erhalten keine Lebensmittelmarken mehr. Offiziell werden die Maßnahmen mit dem Kampf gegen das »Spekulanten- und Schiebertum« begründet.

2. Der französische Modeschöpfer Dior stellt seine neue »busenlose« Mode vor.

3. Tschechoslowakei beendet Kriegszustand mit Deutschland.

5. Die französische Regierung Mendès-France scheitert an einer Debatte über die Kolonialpolitik in Nordafrika; Edgar Faure wird zum neuen Ministerpräsidenten gewählt.

5. Erstes Treffen der wichtigsten Führer der Dritten Welt, Tito und Nasser, auf einem Schiff im Mittelmeer.

8. Uraufführung des sogenannten dramatischen Heimatfilms »Der Förster vom Silberwald« in München.

8. Sturz des sowjetischen Ministerpräsidenten Malenkow; Bulganin wird zum Nachfolger bestimmt.

17. Bundesvorstand des Deutschen Gewerkschaftsbundes fordert Aussetzung des NATO-Beitritts, bis in Viermächteverhandlungen die Möglichkeiten der Wiedervereinigung ausgeschöpft sind.

17. Ministerpräsidenten der Bundesländer verabreden Vereinheitlichung des Schulwesens. →

18. Polen gibt die Beendigung des Kriegszustandes mit Deutschland bekannt.

19. Der südostasiatische Verteidigungspakt SEATO tritt in Kraft (Mitglieder: USA, Großbritannien, Frankreich, Australien, Neuseeland, die Philippinen, Thailand und Pakistan).

23. Uraufführung des Spielfilms »Des Teufels General« mit Curd Jürgens in der Hauptrolle in München.

27. Nach über vierzigstündiger Debatte nimmt der Bundestag in dritter Lesung die Pariser Verträge an. →

27. Eröffnung der Leipziger Messe mit vielen Ausstellern aus der Bundesrepublik.

GESTORBEN:

4. Hans Blüher (* 17. 2. 1888), deutscher Schriftsteller, Mitinitiator der Wandervogelbewegung.

12. Julius Bab (* 11. 12. 1880), deutscher Dramaturg und Theaterkritiker.

23. Paul Claudel (* 6. 8. 1868), französischer Dichter. →

Malenkow gestürzt

8. Februar. Schon seit einiger Zeit hat es Anzeichen für einen Machtkampf in der Führungsriege der Sowjetunion gegeben. Während Georgi Malenkow wiederholt den Vorrang der Konsumgüterindustrie und die Notwendigkeit der friedlichen Koexistenz mit dem Westen betont hat, warnte der erste Sekretär des ZK, Nikita Chruschtschow, immer wieder vor der Zurücksetzung der Schwerindustrie. Auf einer überraschend einberufenen Sitzung des Obersten Sowjets wird ein Brief Malenkows vorgelesen, in dem er seinen Rücktritt erklärt und Selbstkritik übt. Seine ungenügende Erfahrung habe sich auf die »Erfüllung der komplizierten und verantwortungsvollen Pflichten negativ ausgewirkt«, außerdem habe er die unbefriedigende Lage der sowjetischen Landwirtschaft verschuldet. Auf Vorschlag Chruschtschows wird der bislang eher unbekannte Marschall Nikolai Bulganin zum neuen Ministerpräsidenten gewählt. Neuer Verteidigungsminister wird der in der UdSSR populäre Marschall Georgi Schukow. Da die Männer auf diesen beiden wichtigsten Regierungsposten als enge Vertraute Chruschtschows gelten, kann er selbst als die neue dominante Figur in der Sowjetunion angesehen werden. Malenkow erhält den Posten des Ministers für Energieversorgung.

27. Februar. Zu einem dreitägigen Staatsbesuch treffen der Schah von Iran und Kaiserin Soraya (Mitte) in Bonn ein. Sie werden von Bundespräsident Theodor Heuss (2. v. l.) und Bundeskanzler Konrad Adenauer (5. v. l.) empfangen.

Der Dichter und Diplomat Paul Claudel stirbt in Paris im Alter von 86 Jahren

23. Februar. In Paris stirbt 86jährig Paul Claudel, eine der eigentümlichen Figuren Frankreichs, die literarisches Schaffen mit exponierten politischen Stellungen zu verbinden wußten. Prägend für Claudels Existenz waren die Entdeckung der Dichtungen Arthur Rimbauds im Jahre 1883 und der Übertritt zum römisch-katholischen Glauben im Jahre 1886. Claudel war einer der wenigen Dichter, die noch im 20. Jahrhundert religiöse Thematik in eine literarische Form zu bringen wußten. Charakteristisch für Claudels Werk ist die offene, lyrische und bilderreiche Form der Sprache, vor allem seiner Dramen, deren wichtigstes »Der seidene Schuh« (1930) ist. Als Diplomat war Claudel in China, Tokio, Washington und Brüssel tätig.

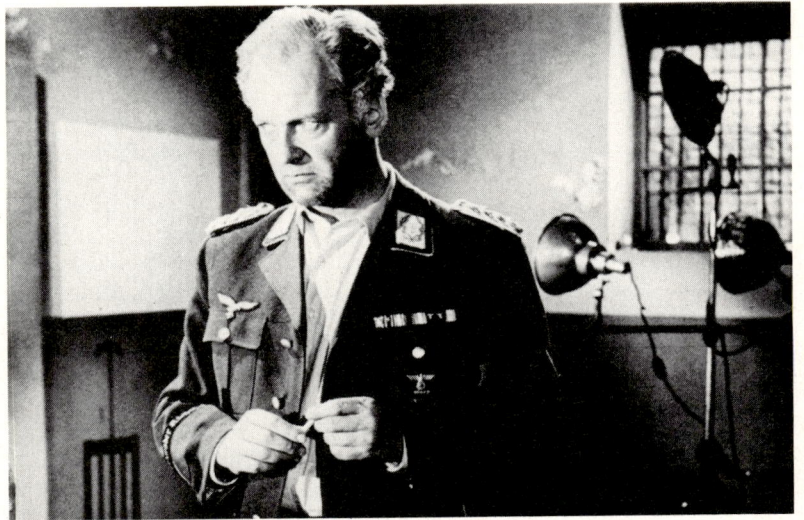

Curd Jürgens in der Rolle des Fliegergenerals Harras in »Des Teufels General«. Die Verfilmung des Schauspiels von Carl Zuckmayer wird ein großer Erfolg.

Zuckmayer verfilmt

23. Februar. Nach seinen Bühnenerfolgen mit dem Stück »Des Teufels General« kann Carl Zuckmayer auch mit der Filmversion unter dem gleichen Titel auf große Resonanz rechnen. Dafür garantiert nicht nur die Thematik des soldatischen Draufgängers, hier des Fliegergenerals Harras, der viel zu spät merkt, welches Spiel eigentlich mit ihm getrieben wird; auch die Starbesetzung mit Curd Jürgens, Marianne Koch, Camilla Spira und Victor de Kowa sorgt für volle Häuser. Regie führt Helmut Käutner. Der Film erreicht internationales Format und überragt die Flut der Heimatfilme und Lustspiele.

Verträge gebilligt

27. Februar. Nach erbitterten parlamentarischen Auseinandersetzungen, die sich über insgesamt 40 Stunden hinziehen, verabschiedet in dritter Lesung der Bundestag die Pariser Verträge, die am 23. Oktober 1954 in der französischen Hauptstadt paraphiert worden sind. Das Protokoll über die Beendigung des Besatzungsregimes, der Vertrag über die Aufnahme der Bundesrepublik Deutschland in die NATO und der Vertrag über die künftige Stationierung der alliierten Truppen auf dem Gebiet der Bundesrepublik werden jeweils mit deutlichen Mehrheiten angenommen. Der Vertrag über das Statut der Saar, der auch in den Reihen der Koalitionspartei FDP auf harte Kritik wegen zu weitgehender Zugeständnisse an Frankreich gestoßen ist, kann nur eine knappe Mehrheit von 264 Stimmen verbuchen.

Schulen einheitlicher

17. Februar. Die Ministerpräsidenten der Bundesländer unterzeichnen in Düsseldorf ein Abkommen, das die Vereinheitlichung des bundesdeutschen Schulwesens zum Ziele hat. Nach dem Kriege sind unter dem Einfluß der Besatzungsmächte und durch die Kulturhoheit der Länder stark unterschiedliche Schulformen geschaffen worden. Durch das Düsseldorfer Abkommen wird immerhin ein einheitlicher Beginn des Schuljahres nach den Osterferien gewährleistet. Als gemeinsamer Schultyp werden Volks- und Realschule sowie das Gymnasium festgelegt. Weiterhin garantieren die Länder die gegenseitige Anerkennung von Abschlüssen und Prüfungen.

MÄRZ

Mo	Di	Mi	Do	Fr	Sa	So
	1	2	3	4	5	6
7	8	9	10	11	12	13
14	15	16	17	18	19	20
21	22	23	24	25	26	27
28	29	30	31			

1. Bulgarien beendet den Kriegszustand mit Deutschland.

3. Thomas Mann wird die Ehrenbürgerschaft der Hansestadt Lübeck verliehen. Es ist der Schlußstrich unter die seit dem Erscheinen der »Buddenbrooks« andauernden Fehden des Schriftstellers mit seiner Heimatstadt.

4. Einigung über die deutschen Auslandsvermögen in USA. →

7. Aus politischen Gründen verläßt der Dirigent Erich Kleiber die Ostberliner Staatsoper. →

17. Uraufführung des Schauspiels »Die Eröffnung des indischen Zeitalters« von Peter Hacks in München.

17. Veröffentlichung geheimer Protokolle der Verhandlungen der »Großen Drei« während der Konferenz von Jalta im Februar 1945. Sie zeigen, daß die Westmächte der Sowjetunion Zugeständnisse machten. →

18. Endgültige Annahme der Pariser Verträge nach ihrer Bestätigung durch den Bundesrat.

18. Neuer Weltrekord über 400 m durch den US-Amerikaner Louis Jones in 45,4 Sekunden, aufgestellt in Mexiko City.

20. Mit 65 Jahren zieht sich der italienische Tenor Benjamino Gigli aus dem Musikleben zurück.

26. Uraufführung des Theaterstücks »Thymian und Drachentöter« von Richard Hey in Stuttgart.

26. Mit der Annahme der Pariser Verträge durch die Nationalversammlung billigt auch Frankreich den Aufbau einer neuen deutschen Armee.

30. Die deutsche Fußballnationalmannschaft verliert in Stuttgart gegen Italien 1 : 2 (Halbzeit 1 : 2).

30. Drastische Erhöhung der Gebühren im Transitverkehr von und nach West-Berlin.

31. Die Lufthansa eröffnet den innerdeutschen Linienverkehr mit einem Flug von Hamburg nach München.

GESTORBEN:

11. Sir Alexander Fleming (* 6. 8. 1881) englischer Bakteriologe, Entdecker des Penicillins, Nobelpreis 1945.

12. Theodor Plivier (* 12. 2. 1892), deutscher Schriftsteller.

16. Richard Becker (* 3. 12. 1887), deutscher Physiker.

Ärger um Jalta-Papier

17. März. Zu Verstimmungen in Deutschland, Frankreich und auch in den USA führt die Veröffentlichung von streng geheimen Aufzeichnungen und Telegrammen, die während der Konferenz der »Großen Drei« (Franklin D. Roosevelt, Winston Churchill und Josef Stalin) in Jalta im → Februar 1945 entstanden sind. In den USA selbst ist man peinlich berührt über den vertraulichen Ton zwischen dem damaligen Präsidenten Roosevelt und dem jetzt als Erzfeind betrachteten Stalin. So verspricht Roosevelt dem russischen Generalissimus für den Eintritt der Sowjetunion in den Krieg gegen Japan die südliche Hälfte von Sachalin und die Inselkette der Kurilen sowie einen eisfreien Hafen am Ende der südmandschurischen Eisenbahn. Weiterhin bietet er Stalin eine gemeinsame Treuhänderschaft über Indochina und Korea an. Einig sind sich Stalin und Roosevelt auch in der abschätzigen Beurteilung Frankreichs und de Gaulles; beide wollen nach Möglichkeit eine Beteiligung Frankreichs an weiteren Verhandlungen verhindern, da es ja auch keinen wesentlichen Beitrag zum Kampf gegen den Nationalsozialismus geleistet habe.

In Deutschland wird mit besonderer Verbitterung eine Äußerung des US-Präsidenten Roosevelts aufgenommen, der angesichts der Zerstörungen durch die Deutschen auf der Krim Stalin zu einem Trinkspruch ermuntert, in dem die Exekution von 50 000 deutschen Offizieren gefordert wird.

Winston Churchills freimütige Äußerungen über Polen lassen sich als Anerkennung des sowjetischen Verlangens nach einem Sicherheitskordon von Staaten mit »freundlich gesinnten« Regierungen interpretieren. Angesichts dieser Geheimpapiere muß von einer beträchtlichen Mitverantwortung der westlichen Regierungschefs für die Teilung Europas und den Aufbau kommunistischer Staaten in Osteuropa ausgegangen werden.

Erich Kleiber.

Erich Kleiber verläßt Staatsoper in Ost-Berlin

7. März. Brieflich teilt der Dirigent Erich Kleiber dem Intendanten der Ostberliner Staatsoper, Max Burghardt, mit, daß er sich gezwungen sehe, seine Bindung an die Staatsoper zu lösen. Als Begründung nennt er seine Empörung, daß von dem eben erst wiederaufgebauten und noch nicht offiziell eröffneten Gebäude die Inschrift »Fridericus Rex Apollini et Musis« (etwa: Friedrich, König der Schönen Künste) abgerissen worden sei. Dies halte er für das Zeichen einer erneuten Einkehr von Politik und Propaganda in die Kunst. Kleiber, der in Köln wohnt, ist einer der wenigen Künstler, die unangefochten noch in beiden deutschen Staaten auftreten.

Deutscher Besitz in USA freigegeben

4. März. Nach langwierigen Verhandlungen deutet sich eine Lösung in der strittigen Frage der deutschen Auslandsvermögen in den USA an, die während des Zweiten Weltkrieges beschlagnahmt worden sind. Sie stellen einen Gegenwert von etwa 450 Millionen Dollar dar. Die amerikanische Delegation hat sich bereiterklärt, zumindest diejenigen Privatvermögen herauszugeben, die einen Wert von 10 000 Dollar nicht übersteigen. Weiterhin wird die Rückgabe der deutschen Urheberrechte und Warenzeichen, die ebenfalls beschlagnahmt worden sind, in Aussicht gestellt.

1. März. In der New Yorker Carnegie Hall gastieren die Berliner Philharmoniker unter ihrem Dirigenten Herbert von Karajan (Bild oben). Während des Konzerts kommt es zu antideutschen Demonstrationen (Bild unten).

1955

APRIL

Mo	Di	Mi	Do	Fr	Sa	So
				1	2	3
4	5	6	7	8	9	10
11	12	13	14	15	16	17
18	19	20	21	22	23	24
25	26	27	28	29	30	

1. Sowjetunion übergibt der DDR-Regierung 750 Kunstwerke der Dresdner Gemäldegalerie. →

1. Französische Nationalversammlung verabschiedet ein Dringlichkeitsgesetz, das in Algerien für sechs Monate praktisch das Kriegsrecht verhängt.

4. Den 100 000. Fernsehteilnehmer meldet die ARD.

4. Geschwindigkeitsrekord von zwei französischen Elektroloks auf der Strecke zwischen Lemothe und Morcenx; 331 km/h.

5. Rücktritt des britischen Premierministers Churchill; Nachfolger wird Anthony Eden. →

9. Premiere des Theaterstücks »Das Dunkel ist Licht genug« von Christopher Fry in Berlin.

12. DDR-Ministerrat meldet die Verhaftung von 521 westlichen Agenten.

14. Erfolgreicher Abschluß der Verhandlungen über einen österreichischen Staatsvertrag.

18. Absetzung des ungarischen Ministerpräsidenten Imre Nagy wegen »Rechtsabweichung«; neue Regierung unter Andras Hegedüs kündigt Ausbau der Schwerindustrie und Verschärfung der Arbeitsdisziplin an.

24. Ende der Konferenz von 29 blockfreien Staaten in Bandung (Java). →

24. Landtagswahlen in Niedersachsen erbringen Stärkung der CDU und leichte Verluste der SPD, die stärkste Partei bleibt.

29. Wahl des christdemokratischen Politikers Giovanni Gronchi als Nachfolger von Luigi Einaudi zum italienischen Staatspräsidenten.

30. Nach einem fehlgeschlagenen Putsch wird das Staatsoberhaupt Südvietnams, Bao Dai, vom Ministerpräsidenten Ngo Dinh Diem abgesetzt.

GESTORBEN:

1. Robert Rutherford McCormick (* 30. 7. 1880), amerikanischer Verleger.

3. Karl Hofer (* 11. 10. 1878), deutscher Maler.

18. Albert Einstein (* 14. 3. 1879), deutscher Physiker, Nobelpreis 1921.

24. Alfred Polgar (* 17. 10. 1884), österreichischer Schriftsteller und Literaturkritiker.

Bund der Blockfreien

24. April. In Bandung auf der indonesischen Insel Java endet die Asiatisch-Afrikanische Konferenz der blockfreien Staaten. Die Hälfte der dort vertretenen 29 Staaten, die sich keinem der großen Machtblöcke zurechnen lassen wollen, hat vor zehn Jahren noch gar nicht bestanden. »Das Wort haben die stummen Menschen in der Welt . . .«, hat Indonesiens Präsident Achmed Sukarno in der Eröffnungsansprache gesagt, und tatsächlich repräsentieren die Delegierten dieser Konferenz jene Hälfte der Erdbevölkerung, die bislang immer Gegenstand kolonialer Politik gewesen ist. In der Schlußresolution sprechen sie sich gegen jede Form von Kolonialismus und Rassendiskriminierung aus, wobei besonders Südafrika und Frankreich wegen seiner Nordafrikapolitik angegriffen werden. Die Blockfreien suchen einen Weg zwischen den Machtblöcken.

Eine dominierende Rolle spielen auf diesem Treffen Indiens Premierminister Jawaharlal Nehru, Ägyptens Staatspräsident Gamal Abd el Nasser und vor allem der chinesische Ministerpräsident Tschou En-lai, dem es gelingt, einen eigenständigen Kurs gegenüber der Sowjetunion sichtbar zu machen.

Tod Albert Einsteins

Albert Einstein stirbt im Alter von 76 Jahren in Princeton.

18. April. Im Alter von 76 Jahren stirbt in Princeton (USA) Albert Einstein, der berühmteste Naturwissenschaftler der Neuzeit, dessen Bedeutung oft mit der von Galilei und Newton verglichen wird. Als Sohn eines jüdischen Chemikers in Ulm am 14. März 1879 geboren, kam Einstein als Fünfzehnjähriger in die Schweiz, wo er auch studierte. Von 1902 bis 1909 war er beim Schweizer Patentamt in Bern als Experte III. Klasse, also in unbedeutender Stellung, tätig. In dieser Zeit arbeitete er zurückgezogen an seinen bahnbrechenden Überlegungen zu den Grundlagen der Physik. 1919 stellt er selbst im Rahmen eines handgeschriebenen Lebenslaufs die Etappen seiner Arbeit zusammen:

»1905 Spezielle Relativitätstheorie. Trägheit der Energie. Quantengesetz der Emission und Absorption des Lichts. 1907 Grundgedanke für die allgemeine Relativitätstheorie. 1912 Erkenntnis der nicht-euklidischen Natur der Metrik und der physikalischen Bedingtheit derselben durch die Gravitation. 1915 Feldgleichungen der Gravitation. Erklärung der Pendelbewegung des Merkur.«

Was Einstein hier in lakonischer Kürze aufreihte, bedeutet im Ergebnis einen Einschnitt in der Geschichte der Physik, der von vielen Zeitgenossen als atemberaubend empfunden wurde und Einstein schnell von seinen bescheidenen Posten in Bern, Zürich und Prag in die Spitzengruppe der deutschen Physiker beförderte.

Er nutzte seine exponierte öffentliche Stellung schon sehr früh auch zu Appellen, die seiner liberalen und humanistischen Haltung entsprachen und wurde dadurch zur Zielscheibe eines aggressiven Antisemitismus (→ Juli 1923).

So war Einstein einer der ersten Wissenschaftler, den die Nationalsozialisten 1933 aus Deutschland vertrieben; er emigrierte in die USA und ließ sich in Princeton nieder. 1940 wurde er amerikanischer Staatsbürger.

Albert Einstein erhielt von 14 Hochschulen den Ehrendoktortitel und 1921 den Nobelpreis. Für sein gesundes Selbstbewußtsein mag zeugen, daß er bereits 1919 die mit dem Nobelpreis verbundene beträchtliche Geldsumme seiner geschiedenen Frau überschrieb.

Premierminister Winston Churchill tritt zurück

5. April. Aus gesundheitlichen Gründen reicht der britische Premierminister Winston Churchill seinen Rücktritt ein. Damit zieht sich der »große alte Mann« Englands nach mehr als 50jähriger Tätigkeit aus der Politik zurück. Churchill will sich in Zukunft der Niederschrift seiner Erinnerungen widmen. Am folgenden Tag werden im Unterhaus seine Verdienste gewürdigt. Der Führer der Opposition, Clement Attlee, sagt: »Der Rückzug (Churchills) aus dem aktiven politischen Leben bedeutet in der Tat den Abschluß einer Epoche. Er ist der letzte Überlebende in diesem Hause unter jenen, die unter der Herrschaft der Königin Victoria dienten. Er hatte vor und während des Ersten Weltkrieges hohe Ämter inne und ist im Verlauf seiner politischen Karriere Palmerston und Gladstone gleichzusetzen. Er gab diesem Land seine Führung, wenn es dieser am meisten bedurfte; sein Name wird als einer der größten all unserer Premierminister in der Geschichte gewahrt bleiben . . .«

Am 6. April wird Sir Anthony Eden, bislang Außenminister, von Königin Elizabeth II. zum neuen Premierminister ernannt. Er kündigt in seiner Regierungserklärung baldige Neuwahlen an.

Sowjetunion gibt Kunstwerke zurück

1. April. Als »Geschenk an das ganze deutsche Volk« bezeichnet die sowjetische Regierung die 750 Kunstwerke der Dresdner Gemäldegalerie, die 1945 in die UdSSR verbracht worden sind und jetzt an die DDR-Regierung zurückgegeben werden. Es ist eine Geste des Entspannungswillens. Zu den Kunstwerken gehören die »Sixtinische Madonna« von Raffael, die »Schlafende Venus« von Giorgione, das »Urteil des Paris« von Peter Paul Rubens, ein Selbstbildnis Rembrandts und viele weitere unersetzliche Arbeiten von Tizian, Tintoretto, Paolo Veronese, Sandro Botticelli, Correggio, Albrecht Dürer, Hans Holbein und anderen.

MAI

Mo	Di	Mi	Do	Fr	Sa	So
						1
2	3	4	5	6	7	8
9	10	11	12	13	14	15
16	17	18	19	20	21	22
23	24	25	26	27	28	29
30	31					

2. Indisches Parlament beschließt Gesetz, das die Diskriminierung der Kaste der Unberührbaren unter Strafe stellt.

2. Sowjetunion sichert in verschiedenen Abkommen den Ostblockstaaten die Weitergabe von Kenntnissen zur friedlichen Nutzung der Atomenergie zu. →

3. Die USA sichern Spanien Hilfe beim Aufbau einer modernen Flotte zu.

5. Formelles Ende des Besatzungsregimes in der Bundesrepublik nach der Hinterlegung der Ratifikationsurkunden. →

6. Im Norddeutschen Rundfunk wird nonstop von 19 bis 24 Uhr die Erzählung »Tonio Kröger« von Thomas Mann verlesen; großer Erfolg beim Publikum.

8. Die Bundesrepublik wird endgültig in die NATO aufgenommen.

14. Gründung des Warschauer Pakts.

15. Unterzeichnung des österreichischen Staatsvertrages im Wiener Schloß Belvedere. →

16. USA sichern in einem Vertrag Kambodscha Militärhilfe zu.

20. Typhus-Epidemie im Ennepe-Ruhr-Kreis.

21. Deutsche Proteste gegen die Enteignung deutscher Vermögenswerte in Österreich in Höhe von mindestens 4,1 Milliarden DM aufgrund des Staatsvertrags.

26. Wahl von Heinrich Hellwege (DP) zum neuen Ministerpräsidenten von Niedersachsen. →

26. Konservativer Wahlsieg von Premierminister Eden in Großbritannien.

26. Bulganin und Chruschtschow besuchen Tito. →

30. Die deutsche Fußballnationalmannschaft gewinnt, in einer von der Weltmeisterschaft in Bern abweichenden Aufstellung, in Hamburg gegen Irland mit 2 : 1 (Halbzeit 1 : 0).

31. Abzug der sowjetischen Soldaten aus dem chinesischen Stützpunkt Port Arthur abgeschlossen (→ Februar 1950).

GESTORBEN:

27. Fritz Ritter von Herzmanovsky-Orlando (* 30. 4. 1877), österreichischer Schriftsteller.

31. Ernst Heimeran (* 9. 6. 1902), deutscher Verleger.

Österreich erhält Souveränität

15. Mai. Seit dem Ende des Zweiten Weltkrieges ist Österreich in vier Besatzungszonen aufgeteilt, ist Wien wie Berlin eine Viersektorenstadt. Immer wieder sind von der österreichischen Regierung und den Westmächten Versuche gemacht worden, mit der Sowjetunion eine Einigung über die Zukunft Österreichs zu erreichen. Regelmäßig sind diese Versuche fehlgeschlagen. Um so überraschender kommt die plötzliche Wendung der sowjetischen Haltung, die auf die vorsichtigen Entspannungsversuche von Ost und West zurückzuführen ist. Der österreichische Bundeskanzler Julius Raab wird nach Moskau eingeladen und nach nur drei Tagen sind die Bedingungen für den Abzug der sowjetischen Truppen geklärt. Österreich verpflichtet sich, keinem militärischen Bündnis beizutreten und auf seinem Territorium keine Stützpunkte fremder Mächte zu dulden. Warenlieferungen im Wert von 150 Millionen Dollar an die Sowjetunion werden zugesagt, für weitere 2 Millionen Dollar erhält Österreich die Rechte an der Donau-Dampfschiffahrtsgesellschaft (DSG) zurück und für die Lieferung von 10 Millionen Tonnen Öl verzichtet die Sowjetunion auf jegliche Ansprüche auf die österreichischen Ölvorkommen. Dafür erhält Österreich die volle Souveränität zurück; bis zum Ende des Jahres sollen sämtliche sowjetischen Besatzungstruppen abgezogen und innerhalb des gleichen Zeitraums alle österreichischen Kriegsgefangenen in ihre Heimat zurückgekehrt sein. Österreich verpflichtet sich, keine politische oder wirtschaftliche Bindung mit der Bundesrepublik Deutschland einzugehen.

Bundeskanzler Raab wird in Wien von einer begeisterten Menge empfangen. Der Staatsvertrag wird am 15. Mai im Schloß Belvedere in Wien unterzeichnet. In der Bundesrepublik ist das Echo auf die Moskauer Verhandlungen mindestens so groß wie in Österreich selbst, glaubt man doch jetzt, endlich eine Lösung für die Deutschlandfrage finden zu können. Konrad Adenauer begrüßt den Abschluß des Staatsvertrags, warnt jedoch vor der Annahme, daß er ein Modell für Deutschland sein könne. Zur Si-

Im Schloß Belvedere wird der Staatsvertrag unterzeichnet (Gemälde v. R. Fuchs).

Die Unterzeichner auf dem Balkon: Der britische Außenminister Harold Macmillan (ganz links), US-Außenminister John Foster Dulles (3. v. l.), der österreichische Außenminister Leopold Figl (5. v. l.), der sowjetische Außenminister Molotow (3. v. r.) und der österreichische Kanzler Julius Raab (2. v. r.).

Eine große Menschenmenge wartet vor dem Schloß Belvedere.

cherheit der Bundesrepublik sei die Mitgliedschaft in der NATO unbedingt erforderlich. Dagegen finden in der deutschen Öffentlichkeit Überlegungen großen Anklang, die von einem Gürtel neutralisierter Staaten sprechen. In der Londoner Zeitung »The Economist« kommt ein Korrespondent zu Wort, der es geradezu »schockierend« findet, wie groß die Bereitschaft der Deutschen sei, die eben erst eingegangenen militärischen Verpflichtungen wieder aufzugeben, um doch noch zu einer Einigung mit der Sowjetunion zu gelangen.

Ende der Besatzungszeit

5. Mai. Mit einem feierlichen Akt wird von der Bundesregierung und alliierten Vertretern das formelle Ende des Besatzungsregimes gewürdigt, das durch die Hinterlegung der Ratifikationsurkunden der Londoner und Pariser Abmachungen (→ Oktober 1954) eingetreten ist. Fast auf den Tag genau, zehn Jahre nach der deutschen Kapitulation am 8. Mai 1945, enden damit in der Bundesrepublik die unmittelbaren Formen der Kontrolle durch die Siegermächte.

Die alliierten Dienststellen werden abgeschafft; die Hohen Kommissare treten zurück und werden zu Botschaftern. Die neuernannten Botschafter der Westmächte überreichen in Bonn ihre Beglaubigungsschreiben.

Ehemaliger Hochkommissar und neuer Botschafter der Vereinigten Staaten in Bonn ist James B. Conant, Frankreich wird durch André François-Poncet vertreten und Großbritannien durch Frederick Robert Hoyer-Millar, die ebenfalls voher Hochkommissare waren.

Die Berliner »Morgenpost« mit der Schlagzeile des Tages.

Mit der Hinterlegung der Ratifikationsurkunden des Deutschlandvertrags wird die Bundesrepublik souverän. Vor dem Mikrofon bei der Erklärung der Hinterlegung der neue britische Botschafter Robert Hoyer-Millar, links der französische Botschafter André François-Poncet, daneben Bundeskanzler Adenauer. Die USA hatten die Urkunde früher hinterlegt.

Schillerfeiern in Stuttgart und Weimar

9. Mai. Mit Feiern in beiden deutschen Staaten wird des 150. Todestags Friedrich Schillers gedacht. Bei einem Festakt im Stuttgarter Landestheater hält Thomas Mann die Gedenkrede nach einleitenden Worten des Bundespräsidenten Theodor Heuss. Thomas Manns »Versuch über Schiller« wird als der gelungene Versuch angesehen, das Schillerbild des 20. Jahrhunderts zu formulieren. Am 14. Mai tritt Thomas Mann mit der gleichen Rede in der DDR im Weimarer Nationaltheater auf.

Konservativer Wahlsieg in Großbritannien

26. Mai. Zum erstenmal seit etwa 100 Jahren gelingt es einer britischen Regierung, aus Wahlen zum Unterhaus gestärkt hervorzugehen. Die Konservativen unter ihrem neuen Premierminister Sir Anthony Eden können ihre Mehrheit im Unterhaus von 320 auf 345 Stimmen ausbauen, der Anteil der Labourfraktion geht von 293 auf 277 Sitze zurück.

Sowjetunion schließt Verträge über Atomenergie

2. Mai. In Moskau werden eine Reihe von Abkommen unterzeichnet, durch die sich die Sowjetunion verpflichtet, Kenntnisse der friedlichen Nutzung der Atomenergie an China, Polen, Rumänien, die DDR und die Tschechoslowakei weiterzugeben. Die Sowjetunion wird Versuchsmeiler und Beschleuniger für Elementarteilchen an diese Staaten liefern und ihnen die notwendigen wissenschaftlichen Unterlagen zur Verfügung stellen. Sowjetische Spezialisten sollen beim Bau der Anlagen Hilfe leisten. Der Abschluß ähnlicher Vereinbarungen mit Ungarn und Rumänien wird angekündigt.

Warschauer Pakt beschlossen

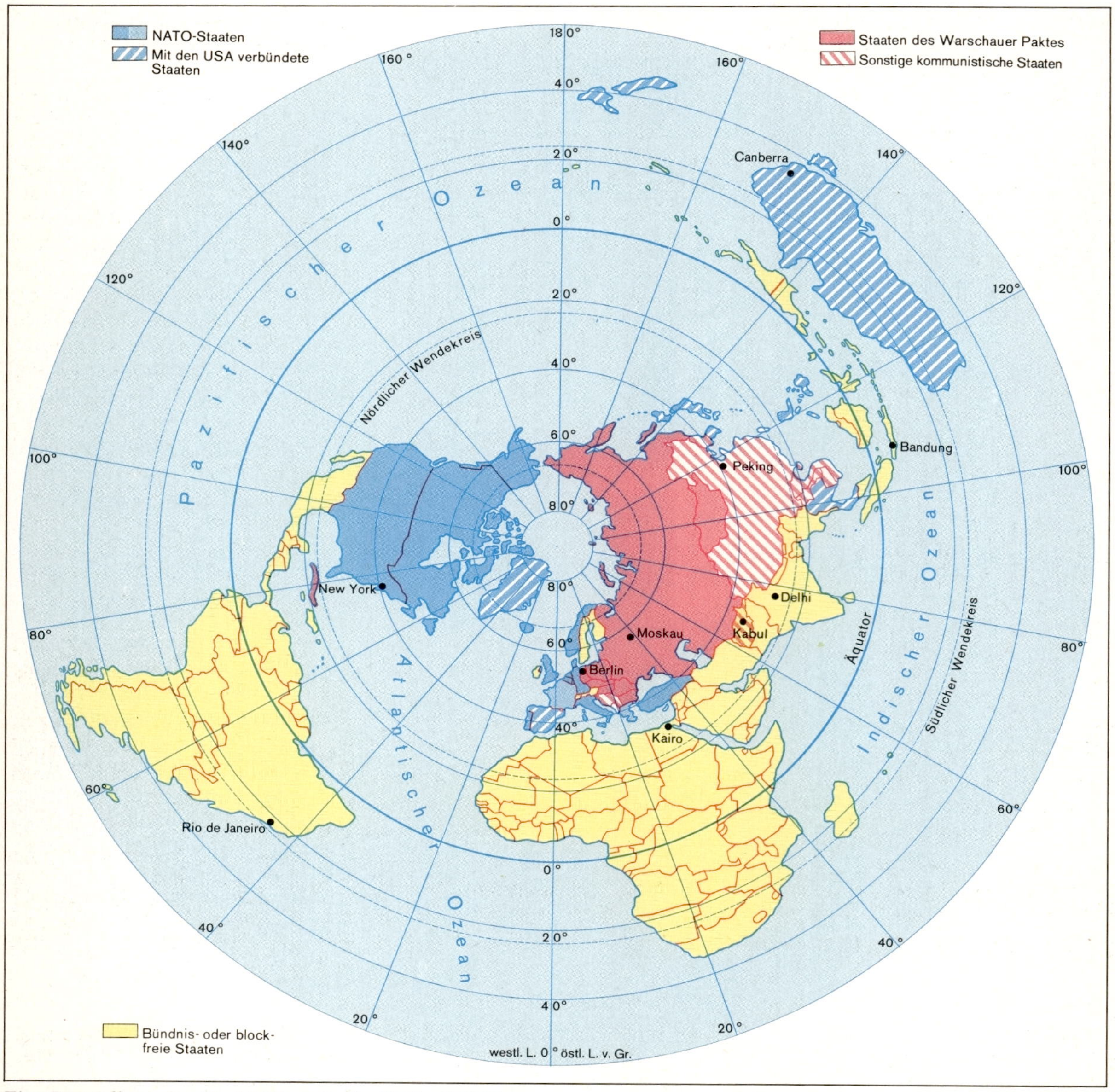

NATO-Staaten

Mit den USA verbündete Staaten

Staaten des Warschauer Paktes

Sonstige kommunistische Staaten

Bündnis- oder blockfreie Staaten

Eine Darstellung der Blockbildung in der Welt seit 1955.

14. Mai. Als Reaktion auf die Aufnahme der Bundesrepublik in die NATO schaffen die sozialistischen Länder ein gemeinsames militärisches Oberkommando für die Staaten des Ostblocks. Vorerst gehören dem Oberkommando die Sowjetunion, Albanien, Ungarn, Rumänien, Polen und die Tschechoslowakei an; die Aufnahme der DDR soll später erörtert werden, um nicht alle Möglichkeiten zu einem Gespräch über die deutsche Frage auszuschalten. Der Sitz des Oberkommandos befindet sich in Moskau, erster Oberkommandierender wird der sowjetische Marschall Iwan Stepanowitsch Konew.

Die Unterzeichnung des Warschauer Pakts: Die sowjetischen Vertreter sind Außenminister Wjatscheslaw Molotow (links) und Marschall Georgi Schukow.

Sowjetunion schließt Frieden mit Tito

Sowjetischer Besuch in Belgrad (v. l.): Marschall Tito, Ministerpräsident Bulganin, Chruschtschow und Mikojan (halb verdeckt).

26. Mai. Nach dem Bruch zwischen Josef Stalin und Josip Tito im Frühjahr 1948 finden mit einem Besuch einer sowjetischen Delegation unter Leitung von Nikita Chruschtschow, dem 1. Sekretär des ZK, und Ministerpräsident Nikolai Bulganin in Belgrad zum erstenmal wieder offizielle Kontakte zwischen den beiden Ländern statt. In einer Rede Chruschtschows wird die Entzweiung auf die Machenschaften des früheren Geheimdienstchefs Lawrenti Berija (→ Juli 1953) zurückgeführt. Unausgesprochen wird damit zum erstenmal der bislang über jeder Kritik stehende Stalin angegriffen. Die Beziehungen Jugoslawiens zum Westen werden voll anerkannt. Die UdSSR akzeptiert die These von den verschiedenen Wegen zum Sozialismus.

Neue Regierung in Niedersachsen

26. Mai. Nach dem konservativen Wahlsieg bei den Landtagswahlen in Niedersachsen wird die SPD/BHE-Regierung in diesem Bundesland von einer »bürgerlichen« Koalition abgelöst. Als Vertreter der Deutschen Partei, der Partei mit dem stärksten Stimmenzuwachs, wird Heinrich Hellwege zum neuen Ministerpräsidenten gewählt. Sein Kabinett setzt sich aus Mitgliedern von DP, CDU, FDP und BHE zusammen.

1955

JUNI

Mo	Di	Mi	Do	Fr	Sa	So
		1	2	3	4	5
6	7	8	9	10	11	12
13	14	15	16	17	18	19
20	21	22	23	24	25	26
27	28	29	30			

1. Wiederwahl von Peter Altmeier (CDU) zum Ministerpräsidenten von Rheinland-Pfalz durch eine CDU/FDP-Koalition.

4. Revirement im Bonner Kabinett. →

6. Achtzigster Geburtstag Thomas Manns. →

7. Bundeskanzler Adenauer wird zu Gesprächen über die Normalisierung der deutsch-sowjetischen Beziehungen nach Moskau eingeladen.

11. Attentat auf den Befürworter einer französisch-marokkanischen Verständigung, Jacques Lemaigre-Dubreuil, in Casablanca.

11. 85 Tote bei einem Unfall während des 24-Stunden-Rennens von Le Mans. →

12. Bundeskanzler Adenauer erhält den Ehrendoktor der Harvard-Universität.

13. Günstige Entwicklung bei den Arbeitslosenzahlen; Rückgang innerhalb des Monats Mai um 162 000 auf 731 000; das sind 371 000 Arbeitslose weniger als zum gleichen Zeitpunkt des Vorjahres.

16. Das Palais des argentinischen Staatspräsidenten Juan Perón wird von Flugzeugen seiner eigenen Luftwaffe bombardiert. →

17. Theaterstück »Nekrassow« von Jean-Paul Sartre in Paris uraufgeführt; Hauptdarsteller: Pierre Brasseur.

24. Eröffnung der V. Internationalen Filmfestspiele in Berlin. →

26. Überraschender Sieg von Rot-Weiß Essen mit einem 4:3 über den 1. FC Kaiserslautern im Endspiel um die deutsche Fußballmeisterschaft. Es erfolgt ein Protest von Kaiserslautern wegen angeblicher Benachteiligung durch den Schiedsrichter.

27. Ein großes Atomwaffenmanöver der NATO mit 3000 Flugzeugen hat laut Aussagen des Oberkommandierenden Wykeham-Barnes gezeigt, daß ein Nuklearkrieg nicht zu gewinnen ist.

30. In einem umfassenden Abkommen garantieren die USA der Bundesrepublik Hilfen beim Aufbau der Bundeswehr.

GESTORBEN:

29. Max Pechstein (* 31. 12. 1881), deutscher Maler. →

Die Opfer des Unglücks beim 24-Stunden-Rennen in Le Mans.

Autorennen: 85 Tote

11. Juni. Beim 24-Stunden-Rennen von Le Mans ereignet sich das bisher schwerste Unglück in der Geschichte der Automobilrennen. Bei einem plötzlichen Bremsmanöver des Jaguarfahrers Hawthorn kommt es zu einem Zusammenstoß zwischen einem weiteren Jaguar und einem Mercedes mit Levegh am Steuer; dieser rast in die Zuschauermenge und explodiert dort. 85 Menschen kommen ums Leben, über 200 werden teilweise schwer verletzt. Hawthorn setzt das Rennen fort und gewinnt, Mercedes zieht nach diesem Unglück seine erfolgreichen »Silberpfeile« von allen weiteren Rennen zurück.

Kabinettsumbildung: von Brentano wird erster Außenminister

4. Juni. Zum erstenmal in der Geschichte der Bundesrepublik wird mit Heinrich von Brentano (CDU) ein Außenminister ernannt. Immer wieder ist Bundeskanzler Konrad Adenauer gedrängt worden, dieses wichtige Amt, das er bislang selbst innegehabt hat, einem anderen Politiker anzuvertrauen, doch bisher hat er dieses Ansinnen stets abgelehnt.

Zum ersten Verteidigungsminister der Bundesrepublik wird der bisherige »Beauftragte für Sicherheitsfragen«, Theodor Blank (CDU), ernannt, neuer Minister für Bundesratsangelegenheiten wird Hans-Joachim von Merkatz (DP).

Ehrung für Mann

6. Juni. In Deutschland wird Thomas Mann an seinem 80. Geburtstag als der bedeutendste deutschsprachige Autor der Gegenwart gefeiert. Die Oberhäupter beider deutscher Staaten gratulieren ihm; der Aufbauverlag in Ost-Berlin legt eine 12bändige Werkausgabe vor; Manns westdeutscher Verlag S. Fischer überrascht den Jubilar mit dem Geschenk einer Goethehandschrift.

Max Pechstein tot

29. In Berlin stirbt im Alter von 73 Jahren Max Pechstein, einer der großen Vertreter des deutschen Expressionismus. Pechstein war Mitglied der »Brücke« und erhielt von den Nazis Malverbot. Seine in flächigem Stil und mit kräftigen Farben gemalten Bilder zeigen häufig exotische Motive aus der pazifischen Inselwelt, die er 1913/14 besuchte.

»Canaris« in Berlin als bester Spielfilm geehrt

24. Juni. Als überragender Film des letzten Jahres erweist sich bei der Verleihung der Bundesfilmpreise am Eröffnungstag der V. Berliner Filmfestspiele »Canaris«, die Auseinandersetzung mit dem umstrittenen Abwehrchef des Dritten Reichs. Er wird zum besten abendfüllenden Spielfilm erklärt; Herbert Reinecker erhält ein Filmband in Gold für das beste Drehbuch, Alfred Weidenmann wird von der Jury für seine Regieleistung und Curd Jürgens für die beste Nebenrolle mit einem Goldenen Filmband ausgezeichnet.

Als beste Hauptdarsteller werden bei den Filmfestspielen Therese Giehse (»Kinder, Mütter und ein General«) und O. W. Fischer (»Ludwig II.«) ausgezeichnet.

O. E. Hasse in dem Film »Canaris«.

Luftwaffe putscht gegen Perón

16. Juni. Innenpolitische Spannungen in Argentinien, die bislang vor allem in den Auseinandersetzungen zwischen Kirche und peronistischem Staat zum Ausdruck gekommen sind, entladen sich in einem Putschversuch von Luftwaffengeneralen. Sie lassen das Palais des Staatspräsidenten Juan Perón bombardieren. Insgesamt kommen 160 Menschen ums Leben; Perón selbst befindet sich zur Tatzeit nicht in Buenos Aires. Obgleich die Regierung bald wieder die volle Kontrolle über das Land ausübt, ist Peróns Stellung erschüttert, da er sich nicht mehr auf alle Teile des Militärs stützen kann.

JULI

Mo	Di	Mi	Do	Fr	Sa	So
				1	2	3
4	5	6	7	8	9	10
11	12	13	14	15	16	17
18	19	20	21	22	23	24
25	26	27	28	29	30	31

1. Inbetriebnahme des Donaukraftwerkes Jochenstein, des größten Laufwasserkraftwerkes in Mitteleuropa, das Elektrizität bis nach Bayern liefern soll.

2. Im Wimbledon-Finale siegt bei den Männern der überragende Spieler Anthony Tabbert (USA), bei den Damen zum viertenmal (nach 1948, 1949 und 1950) die Amerikanerin Louise Brough.

6. Uraufführung des Films »Die Ratten« nach dem Drama von Gerhart Hauptmann in Berlin. In den Hauptrollen Maria Schell und Curd Jürgens.

7. Deutsche Erstaufführung des Spielfilms »Jenseits von Eden« nach einem Buch von John Steinbeck mit James Dean.

7. Hans-Günther Winkler gewinnt die Weltmeisterschaft der Springreiter in Aachen.

9. Appell von Bertrand Russell, Albert Einstein u. a. gegen die Atomwaffen. →

9. DDR bekräftigt die Endgültigkeit der Oder-Neiße-Grenze als neue Westgrenze Polens.

10. Bundesrepublik wieder Handballweltmeister durch 25 : 13-Sieg über die Schweiz.

14. In Köln Uraufführung des heiteren Spielfilms »Drei Männer im Schnee« nach Erich Kästner mit Paul Dahlke, Günter Lüders und Claus Biederstaedt.

17. Blutige Unruhen in Marokko nach Amtsantritt des neuen Generalresidenten Grandval.

17. Mercedesfahrer Manuel Fangio erneut Weltmeister im Autorennen (Formel I).

22. In Bonn werden die neuen Uniformen der Bundeswehr vorgeführt.

23. Ende der Genfer Konferenz der vier Großmächte. →

27. Israelisches Flugzeug über Bulgarien abgeschossen; 57 Tote.

29. USA und Sowjetunion kündigen den Bau von Satelliten an. →

31. Louis Bobet (Frankreich) gewinnt als erster die Tour de France zum drittenmal hintereinander.

GESTORBEN:

20. Calouste Sarkis Gulbenkian (* 14. 4. 1869), britischer Industrieller armenischer Herkunft.

23. Cordell Hull (* 2. 10. 1871), amerikanischer Politiker.

Genfer Gipfel der Großmächte

Im Garten des Genfer UNO-Gebäudes stellen sich die Regierungschefs der Großmächte nach Beendigung der fünftägigen Gipfelkonferenz den Fotografen: (von links) der sowjetische Ministerpräsident Nikolai Bulganin, US-Präsident Dwight D. Eisenhower, der französische Ministerpräsident Edgar Faure und der britische Premierminister Sir Anthony Eden.

23. Juli. In Genf endet nach fünftägiger Dauer die Gipfelkonferenz der Großmächte USA, Großbritannien, Frankreich und UdSSR.

Als wichtigste Themen sind die Deutschlandfrage, das europäische Sicherheitssystem und die Abrüstung vorab festgelegt worden.

Zu Beginn der Verhandlungen betont der französische Ministerpräsident Edgar Faure, daß auch ein wiedervereinigtes Deutschland nur Mitglied der NATO sein könne. Nikolai Bulganin hingegen stellt in seiner ersten Ansprache fest, das wichtigste Hindernis einer Wiedervereinigung sei die Remilitarisierung der Bundesrepublik und fordert den Abbau aller amerikanischen Truppen in Europa. Diese konträren Auffassungen bieten zur Zeit keine Möglichkeit einer Einigung. Auch bei den anderen Themen – europäische Sicherheit und Abrüstung – kommt es zu keiner Entscheidung; die Außenminister der vier Staaten erhalten den Auftrag, die Probleme auf einer späteren Konferenz weiterzuverfolgen. Höhepunkt der Verhandlungen ist ein leidenschaftlicher, persönlich gehaltener Appell von Präsident Dwight D. Eisenhower, durch weitestgehende Zugeständnisse die Kriegsgefahr zu verringern. So schlägt er den Austausch aller militärischen Pläne vor. Weiterhin sollen alle Parteien einander das Recht auf ungehinderte Überwachung aus der Luft (»open sky«) einräumen, um jegliche Angriffsmöglichkeiten auszuschalten.

Die Hoffnungen auf sensationelle Fortschritte in den internationalen Verhandlungen, die der Abschluß des österreichischen Staatsvertrages genährt hat, sind enttäuscht worden. Die »New York Herald Tribune« spricht jedoch von einer Umwertung der wesentlichen politischen Probleme: Die bislang immer vorrangig behandelten Fragen der Zukunft Deutschlands und Chinas sind zurückgetreten hinter die nun dominierende Überlegung, wie ein Krieg zu verhindern sei. Beide Seiten hätten klargemacht, daß sie es nicht länger für lohnend hielten, zur Erreichung ihrer Ziele einen Krieg anzufangen.

Sorge um Atomkrieg

9. Juli. In einem Appell an die Weltöffentlichkeit warnen neun bedeutende Atomwissenschaftler vor den Gefahren eines Kriegs mit Atomwaffen, durch den die Existenz der Menschheit aufs Spiel gesetzt werde. Zu den Unterzeichnern gehören der englische Philosoph Bertrand Russell und der im April verstorbene Albert Einstein.

Eine Mahnung ähnlichen Inhalts, in der an die Verantwortung der Atommächte appelliert wird, verfassen am 12. Juli die in Lindau am Bodensee anläßlich einer Tagung versammelten Nobelpreisträger. Unter ihnen befinden sich die renommierten deutschen Physiker Otto Hahn, Werner Heisenberg, Adolf Butenandt und Max Born.

USA und UdSSR bauen Satelliten

29. Juli. Nach einer Meldung des Weißen Hauses hat US-Präsident Dwight D. Eisenhower sich entschieden, Pläne für den Bau einer Satellitenserie zu genehmigen. Mit ihr soll die Erdatmosphäre erforscht werden. Die sowjetische Akademie der Wissenschaften kündigt ebenfalls den Bau von Satelliten an.

Spannungen in Nordafrika nehmen zu

6. Juli. In einem Bericht, den eine parlamentarische Untersuchungskommission der französischen Nationalversammlung vorlegt, wird vor einer weiteren Zuspitzung der Lage im Departement Algerien gewarnt, da die Zahl der bewaffneten Rebellen, die sich im Kampf gegen die französische Verwaltung mit großem Geschick die unzugänglichen Bergregionen als Operationsbasen zunutze machen, auf 2500 angestiegen ist. Ein wichtiges Motiv für die große Unterstützung, die die Aufständischen finden, liegt laut Aussage der Parlamentarier in der miserablen wirtschaftlichen und sozialen Lage der einheimischen Bevölkerung. Von dem zunehmenden Wohlstand seit dem Ende des Zweiten Weltkrieges haben vor allem die Franzosen profitiert. Die Mitglieder der Kommission zeigen sich von dem vorgefundenen Elend tief beeindruckt. Die Vergeltungsmaßnahmen, mit denen die Franzosen den Aktionen der Rebellen begegnen, können nach Meinung der Kommission die Kluft nur noch weiter aufreißen.

Französische Soldaten stellen in Algerien bei einem Einsatz Verdächtige.

Auch in Marokko kommt es immer häufiger zu blutigen Zwischenfällen (→ Juni 1955). Nach dem Amtsantritt des neuen französischen Generalresidenten Grandval brechen in Casablanca und anderen Städten Unruhen aus, die 32 Menschenleben fordern. Immer größere Bedeutung bekommen bei diesen Auseinandersetzungen sogenannte »Antiterroristische Vereinigungen« der Kolonialfranzosen, die sogar Grandval selbst tätlich angreifen.

1955
AUGUST

Mo	Di	Mi	Do	Fr	Sa	So
1	2	3	4	5	6	7
8	9	10	11	12	13	14
15	16	17	18	19	20	21
22	23	24	25	26	27	28
29	30	31				

2. US-Regierung erhöht den Mindeststundenlohn von 0,75 auf 1 Dollar.

3. Roger Moens läuft die 800 m in der neuen Weltrekordzeit von 1:45,7 min; damit ist der Weltrekord von Rudolf Harbig von 1939 (1:46,6 min) gebrochen.

4. Grubenkatastrophe in Gelsenkirchen-Rotthausen: 41 Tote.

4. Neuer Weltrekord auf der 100-m-Strecke der Frauen durch Shirley Strickland (Australien) in der Zeit von 11,3 Sekunden.

8. Organisation Gehlen an die Bundesregierung übergeben. →

11. Uraufführung des Films »Wenn der Vater mit dem Sohne« mit Heinz Rühmann.

11. 66 Tote beim Absturz eines amerikanischen Flugzeugs in der Nähe von Freudenstadt im Schwarzwald.

13. Unter Hinweis auf die Entspannungstendenz gibt die Sowjetunion den Abbau ihrer Streitkräfte bekannt; betroffen sind 640 000 Soldaten.

18. Das Bundesverteidigungsministerium gibt bekannt, daß schon 152 166 Meldungen für die Bundeswehr vorliegen. Größtenteils handelt es sich dabei um ehemalige Wehrmachtsangehörige.

19. Erstaufführung des amerikanischen Spielfilms »Die Brücken von Toko-Ri« nach einem Buch von James Mitchener über den Koreakrieg.

20. Schwere Unruhen in Marokko und Algerien. →

20. Ende der ersten Internationalen Atomenergiekonferenz in Genf. →

23. Eine englische Düsenmaschine vom Typ Canberra PR-7 stellt einen neuen Rekord für Hin- und Rückflug auf der Strecke London–New York auf: 14 Stunden, 45,4 Minuten.

GESTORBEN:

6. Dominikus Böhm (* 23. 10. 1880), deutscher Kirchenarchitekt.

12. Thomas Mann (* 6. 6. 1875), deutscher Schriftsteller, Nobelpreis 1929. →

17. Fernand Léger (* 4. 2. 1881), französischer Maler.

25. Heinrich Spoerl (* 8. 2. 1887), deutscher Schriftsteller.

Krieg in Nordafrika

20. August. Die gespannte Situation in den französischen Besitzungen in Nordafrika entlädt sich in der Nacht zum 20. August überraschend in einem gegen die Franzosen und deren Einrichtungen gerichteten Generalangriff der für die Unabhängigkeit kämpfenden Rebellen. Zum erstenmal beteiligen sich auch Berberstämme an dem Unternehmen, die bislang immer gegen die arabische Bevölkerung ausgespielt worden sind und somit eine wichtige Stütze der französischen Herrschaft dargestellt haben. Kurzzeitig halten die Rebellen eine Reihe von Städten in Marokko und Algerien besetzt und ziehen sich dann rasch wieder in die Berge zurück. 123 Europäer fallen den Kämpfen zum Opfer.

In den folgenden Tagen werden von den französischen Behörden Truppen zusammengezogen, so daß sich allein in Algerien 114 000 Soldaten aufhalten. Diese unternehmen in der letzten Augustwoche einige Strafexpeditionen, deren Härte die Bevölkerung abschrecken soll. In einigen Dörfern am Fuße des Collo-Bergmassivs bleiben von 12 000 Bewohnern nur noch 8000 am Leben. Die Befreiungsbewegung FLN (Front de Libération Nationale) beziffert die Zahl der Getöteten durch die französischen Angriffe auf 12 000.

Nach diesen Auseinandersetzungen verschärfen sich die Gegensätze zwischen einheimischer Bevölkerung und den Kolonialfranzosen bis zur Unversöhnlichkeit.

Gehlen frei für Bonn

8. August. Mit dem formellen Ende der Besatzungsherrschaft in der Bundesrepublik (→ Mai 1955) geben die Vereinigten Staaten auch ihre Kontrolle über die Organisation Gehlen auf. Diese Organisation ist aus der im Zweiten Weltkrieg entstandenen Abteilung Fremde Heere Ost entstanden, die damals von General Reinhard Gehlen geleitet wurde. Er stellte nach dem Ende des Krieges seine Archive und Materialien den USA zur Verfügung und baute den Nachrichtendienst »Organisation Gehlen« auf. Er erfüllt Spionageaufträge in den Staaten des Ostblocks und hat in den letzten Jahren speziell für das amerikanische Außenministerium und den CIA gearbeitet.

Genfer Konferenz über Atomenergie

20. August. In Genf geht eine Internationale Konferenz über die friedliche Nutzung atomarer Energien zu Ende. Als Zeichen der allgemeinen Entspannungstendenz wird die Tatsache interpretiert, daß sowohl die Sowjetunion als auch die USA Experten entsandt haben. Auf der Konferenz wird die Meinung vertreten, daß man vor einer Zeit gewaltig ansteigenden Energieverbrauchs stehe und vor allem die Atomenergie die starke Nachfrage befriedigen könne. Die Atomenergie wird als relativ gefahrenfrei beschrieben; nur die Verwendung der radioaktiven Abfälle stellt nach Meinung der Experten noch ein ungelöstes Problem dar. Versuche mit einer Lagerung im Meer haben sich als Fehlschlag erwiesen.

Die Romanze zwischen der englischen Prinzessin Margaret (vorn rechts im Bild) und dem Flieger Peter Townsend (hinten links) ist zu Ende. Margaret darf keinen geschiedenen Mann heiraten.

Thomas Mann stirbt

Wenige Wochen vor seinem Tod hat Thomas Mann mit seiner Frau Katja (rechts) unter anderem seine alte Schule in seiner Heimatstadt Lübeck besichtigt.

12. August. Im Alter von 80 Jahren stirbt in Kilchberg am Zürichsee Thomas Mann, einer der bedeutendsten deutschen Erzähler des 20. Jahrhunderts. Geboren am 6. Juni 1875, wuchs er mit seinem älteren Bruder Heinrich (→ März 1950) in Lübeck auf, geprägt von der großbürgerlichen Atmosphäre seines Elternhauses. Erlebnisse und Erfahrungen dieser Zeit spiegeln sich in seinem ersten Roman »Buddenbrooks« (1901), der ihn bekannt machte und für den er 1929 den Nobelpreis erhielt. In distanziert-ironischem Stil und mit großer Präzision schildert der Roman Aufstieg und Verfall einer lübeckischen Patrizierfamilie. Schon hier wird eines der Hauptthemen Thomas Manns berührt: die Lebensuntüchtigkeit, die aus der Verfeinerung erwächst, die Diskrepanz zwischen Leben und Geist. 1906 heiratete der Schriftsteller Katja Pringsheim; drei der sechs Kinder aus dieser Ehe, Klaus, Golo und Erika, haben später ebenfalls literarischen Erfolg. Der Erste Weltkrieg, bis zu dessen Beginn Thomas Mann noch den Roman »Königliche Hoheit« (1909) und die Novelle »Der Tod in Venedig« (1913) veröffentlichte, bedeutete einen Einschnitt in seinem Schaffen. Bisher eher konservativ eingestellt, wandelte er sich zu

einem Befürworter der Weimarer Republik. In dieser Zeit erschien »Der Zauberberg« (1924). Der Sieg des Nationalsozialismus veranlaßte den der Humanität und Demokratie verpflichteten Thomas Mann zur Emigration. Nach Aufenthalten in der Schweiz und der Tschechoslowakei lebte er seit 1939 in den USA, wurde 1944 amerikanischer Staatsbürger, kehrte 1952 nach Europa zurück und nahm seinen Wohnsitz im schweizerischen Kilchberg.
In der Emigration erschienen unter anderem die Tetralogie »Joseph und seine Brüder«, die Stoffe des Alten Testaments verarbeitet, der Roman Goethes »Lotte in Weimar« (1939) und »Doktor Faustus« (1947), eine moderne Fassung des alten Dramas vom Bund mit dem Bösen. Die »Bekenntnisse des Hochstaplers Felix Krull« wurden erst 1954 veröffentlicht.
Neben seinen Romanen und Erzählungen hinterläßt Thomas Mann auch ein umfangreiches essayistisches Werk zu politischen und kulturellen Fragen. Sein Tod wird in Ost und West, wo noch vor kurzem sein 80. Geburtstag gefeiert worden ist, als schwerer Verlust für die staatenübergreifende deutsche Kultur gewertet (→ Juni 1955). Am 16. August wird Thomas Mann in Kilchberg beigesetzt.

1955
SEPTEMBER

Mo	Di	Mi	Do	Fr	Sa	So
			1	2	3	4
5	6	7	8	9	10	11
12	13	14	15	16	17	18
19	20	21	22	23	24	25
26	27	28	29	30		

4. Wiedereröffnung der Oper Unter den Linden in Berlin unter dem neuen Dirigenten Franz Konwitschny.

4. Gustaf Gründgens eröffnet seine Amtszeit als Generalintendant in Hamburg mit der Uraufführung des Stückes »Das kalte Licht« von Carl Zuckmayer. →

12. Franz Josef Strauß (CSU) wird Bundesminister für Atomfragen.

13. Deutsch-sowjetische Verhandlungen in Moskau beendet. →

14. In Berlin Uraufführung des Spielfilms »Hanussen« nach dem Leben des gleichnamigen Hellsehers mit O. W. Fischer, Lilo Pulver und Klaus Kinski in den Hauptrollen.

15. Galin Sybina aus der UdSSR erzielt in Leningrad einen neuen Kugelstoßweltrekord der Frauen mit der Weite von 16,29 m.

16. Militärrevolte in Argentinien führt zum Sturz des Staatspräsidenten Juan Perón. →

18. Wladimir Kuz (UdSSR) läuft die 5000 m in der neuen Weltrekordzeit von 13:46,8 min.

20. In einem Staatsvertrag zwischen der DDR und der Sowjetunion werden engere Beziehungen vereinbart. →

25. Die deutsche Fußballnationalmannschaft verliert in einem Länderspiel gegen Jugoslawien in Belgrad mit 3 : 1.

27. Ägyptens Staatspräsident Gamal Abd el Nasser bestätigt den Erhalt von Waffenlieferungen aus der Tschechoslowakei und der Sowjetunion.

29. Dreitägiger Käuferstreik von Berliner Hausfrauen gegen die zu hohen Fleischpreise.

29. In Hamburg Uraufführung des skandalumwitterten Spielfilms »Schwedenmädel« mit May-Britt Nilsson, Karlheinz Böhm und Walter Giller.

GESTORBEN:

1. Willi Baumeister (* 22. 1. 1889), deutscher Maler. →

10. Robert Blackburn (* 26. 3. 1885), englischer Luftfahrtpionier.

16. Leopold Stennett Amery (* 22. 11. 1873), britischer Politiker.

19. Carl Willem Milles (* 23. 1. 1873), schwedischer Bildhauer.

Militärputsch stürzt Perón

16. September. Genau drei Monate nach einem ersten mißglückten Putschversuch (→ Juni 1955) setzt sich das Militär in Argentinien endgültig gegen den Staatspräsidenten Juan Perón durch. Der Aufstand beginnt in einigen Provinzen, in denen zunächst eine Militärjunta unter General Molina die Macht übernimmt. Als sich zeigt, daß die Perón noch ergebenen Einheiten die Revolte nicht ersticken können, schließen sich immer mehr Gebiete der Militärjunta an. Perón flieht zunächst in die Botschaft Paraguays. Nach zehn Tagen tritt er endgültig zurück und wird ins Exil nach Paraguay ausgeflogen.

Gründgens startet mit Zuckmayer

4. September. Mit einer doppelten Premiere wird die neue Spielzeit des Deutschen Schauspielhauses in Hamburg eröffnet. Zum einen tritt der neue Generalintendant Gustaf Gründgens mit seiner ersten Hamburger Inszenierung hervor; zum anderen hat ein neues Stück des erfolgreichsten deutschen Bühnenautors Carl Zuckmayer Premiere. »Das kalte Licht« handelt von einem Atomphysiker, der zwischen der Verantwortung für die Resultate seiner Wissenschaft und der Faszination der Forschung schwankt.

Aus dem letzten Schaffensjahr des deutschen Malers Willi Baumeister stammt diese abstrakte Komposition »Laterne auf Gelb« (1955).

Adenauer in Moskau

Adenauer bei seiner Ankunft in Moskau: (von links) Ministerpräsident Bulganin, Kanzler Adenauer, Vizekanzler Blücher, stellvertr. Außenminister Gromyko.

13. September. In Moskau enden Verhandlungen zwischen Bundeskanzler Konrad Adenauer und der sowjetischen Führung. Wichtigste Themen sind die Frage der Wiedervereinigung Deutschlands, der Aufnahme diplomatischer Beziehungen und die Freilassung der noch in der Sowjetunion befindlichen Kriegsgefangenen.

Schon die ersten Erklärungen beider Seiten lassen eine äußerst gespannte Atmosphäre erkennen. Der sowjetische Ministerpräsident Nikolai Bulganin erklärt die Wiedervereinigung zu einer Frage, die von den beiden deutschen Staaten gemeinsam geregelt werden müsse und fordert damit von den bundesrepublikanischen Vertretern die Anerkennung der DDR.

Harte Auseinandersetzungen gibt es auch über das Schicksal der noch in der Sowjetunion festgehaltenen ehemaligen deutschen Wehrmachtsangehörigen. Die Sowjets lehnen es ab, sie überhaupt als Kriegsgefangene zu bezeichnen, da es sich um rechtmäßig verurteilte Mörder und Kriegsverbrecher handele. Adenauer erinnert an den menschlichen Aspekt des Problems und fügt hinzu, daß auch die sowjetischen Soldaten beim Einmarsch in Deutschland »entsetzliche Dinge« getan hätten.

Nachdem die deutsche Delegation bereits eine vorzeitige Rückreise erwogen hat, kommt es am Abend des 13. September zu einer Einigung. Der Bundeskanzler stimmt der Aufnahme diplomatischer Beziehungen zwischen der Bundesrepublik und der Sowjetunion zu und erreicht dafür die Zusage, daß die 9626 noch gefangengehaltenen Soldaten freigelassen werden. Gegen die Aufnahme diplomatischer Beziehungen hat sich Adenauer lange gewehrt, weil der Alleinvertretungsanspruch der Bundesrepublik diplomatische Beziehungen zu solchen Staaten verbietet, die die DDR offiziell anerkannt haben (Hallsteindoktrin). In der ausländischen Presse wird positiv vermerkt, daß Adenauer die seit dem Zweiten Weltkrieg entstandenen Realitäten offenbar bis zu einem gewissen Grade respektiere.

Schon eine Woche nach der Abreise Adenauers, am 20. September, wird zwischen der DDR und der Sowjetunion ein Vertrag über die gegenseitigen Beziehungen abgeschlossen, in dem die Souveränität der DDR auf allen politischen Gebieten, vor allem im Verhältnis zur Bundesrepublik, betont wird. Damit macht die Sowjetunion ihre Absicht deutlich, die beiden deutschen Staaten als voneinander unabhängige politische Einheiten zu betrachten.

1955
OKTOBER

Mo	Di	Mi	Do	Fr	Sa	So
					1	2
3	4	5	6	7	8	9
10	11	12	13	14	15	16
17	18	19	20	21	22	23
24	25	26	27	28	29	30
31						

1. Frankreich verläßt die Vereinten Nationen, nachdem die Vollversammlung eine Sitzung über Algerien anberaumt hat (→ August 1955).

1. Wahl von Konstantin Karamanlis zum neuen griechischen Ministerpräsidenten.

6. Ankunft der letzten Kriegsgefangenen aus der Sowjetunion. →

8. Eröffnung der Frankfurter Buchmesse und Verleihung des Friedenspreises des deutschen Buchhandels an den Schriftsteller Hermann Hesse. →

9. Bei Bürgerschaftswahlen in Bremen gewinnt die SPD überlegen die absolute Mehrheit.

10. Der sowjetische Außenminister Molotow übt Selbstkritik: Er hat in einem Aufsatz geleugnet, daß sich in der Sowjetunion der Aufbau des Sozialismus schon vollzogen habe.

15. Feierliche Wiedereröffnung der Hamburger Staatsoper mit einer Inszenierung der »Zauberflöte«. →

17. Der CDU-Bundestagsabgeordnete Bernhard Winkelheide gibt die Gründung eines christlichen Gewerkschaftsbundes bekannt und wird daraufhin aus dem DGB ausgeschlossen.

18. Nach einem zu kurzen Auftritt des Jazztrompeters Louis Armstrong zertrümmern die enttäuschten Fans die Einrichtung des Konzertsaals in Frankfurt.

23. Abstimmung über das Saarstatut endet mit eindeutiger Ablehnung. →

26. Sowjetunion läßt 3000 polnische Offiziere frei, die im Zweiten Weltkrieg gegen Deutschland und für einen unabhängigen polnischen Staat gekämpft haben.

28. Deutsche Erstaufführung des Spielfilms »Saat der Gewalt« (»Blackboard jungle«) von Richard Brooks, eines Streifens über die »Halbstarkenproblematik« mit Musik von Bill Haley.

GESTORBEN:

2. James Dean (* 8. 2. 1931), amerikanischer Schauspieler. →

14. Alexandros Papagos (* 9. 12. 1883), griechischer Marschall und Politiker.

18. José Ortega y Gasset, (* 9. 5. 1883), spanischer Philosoph und Essayist.

Jugendidol Dean stirbt bei einem Autounfall

2. Oktober. Tragisch wie die Rollen, die James Dean liebte, endet sein eigenes Leben. Auf der Fahrt zu einem Autorennen, mit weit überhöhter Geschwindigkeit, prallt der Vierundzwanzigjährige auf einem Highway in Kalifornien mit einem anderen Wagen zusammen und ist auf der Stelle tot.

Erst drei Filme hat er vollendet und ist mit ihnen für eine unzufriedene, sich unverstanden fühlende Jugend in den USA, deren Verzweiflung, Aufbegehren, Wut und Zynismus er darstellte, zum Idol geworden. »Denn sie wissen nicht, was sie tun«, »Jenseits von Eden«, die Auseinandersetzung eines Sohnes mit dem zu strengen und ungerechten Vater, und »Giganten«, in dem er den Kampf mit den Reichen und Etablierten zwar siegreich, aber auch mit der Konsequenz der Selbstzerstörung aufnimmt – diese drei Streifen haben ihm geradezu ekstatische Verehrung eingebracht. Zum erstenmal seit dem Zweiten Weltkrieg haben die sogenannten Halbstarken und Teenager eine Figur, in der sich ein Selbstverständnis spiegelt, das vielen Erwachsenen fremd ist.

James Dean †.

Saarstatut abgelehnt

23. Oktober. Mit einem eindeutigen Votum gegen das von Frankreich und der Bundesrepublik ausgehandelte Saarstatut (→ Oktober 1954) endet die Befragung der Bevölkerung des Saargebietes. Bei einer Wahlbeteiligung von fast 97 Prozent stimmen 202 000 für und 423 000 gegen den Vorschlag, das Saargebiet zu einer völkerrechtlich europäisierten Zone mit engem wirtschaftlichem Anschluß an Frankreich zu machen.

Dieses Ergebnis bedeutet einen Mißerfolg für die Frankreichpolitik Konrad Adenauers, der als Preis für die Verständigung mit dem westlichen Nachbarland zu einem Verzicht auf das Saargebiet geraten hat. So machen denn Adenauer und der französische Ministerpräsident Edgar Faure deutlich, daß sie von dem Abstimmungsresultat enttäuscht sind, erklären aber auch, daß dadurch die notwendigen guten Beziehungen zwischen beiden Ländern nicht beeinträchtigt werden dürften.

Sofort nach Bekanntwerden des Ergebnisses der Volksabstimmung tritt der Ministerpräsident des Saargebietes, Johannes Hoffmann, zurück, der sich für die Annahme des Saarstatuts ausgesprochen hat.

Banges Warten auf vermißte Väter, Söhne oder Brüder an den Bahnhöfen.

Die letzten Kriegsgefangenen kehren aus der UdSSR in ihre Heimat zurück.

Letzte Heimkehrer

6. Oktober. Zu erschütternden Szenen führt die Heimkehr der letzten Kriegsgefangenen aus der Sowjetunion (→ September 1955). Nach zehn und mehr Jahren werden von glücklichen Familien die verlorengeglaubten Väter, Söhne und Brüder in Empfang genommen, während am Bahnhof und auf dem Weg zum Lager Friedland bei Göttingen verzweifelte Angehörige Bilder und Namen von Vermißten zeigen, über deren Schicksal sie Auskunft zu erhalten hoffen.

Unter den Zurückkehrenden befinden sich neben vielen einfachen Soldaten auch zahlreiche Männer, die hohe Positionen in der NSDAP und auch im nationalsozialistischen Staat eingenommen haben.

Erschütternde Szenen spielen sich bei der Heimkehr der Väter nach langer Zeit ab.

Neubau der Hamburger Staatsoper mit Mozarts »Zauberflöte« eröffnet

15. Oktober. Mit einer Neuinszenierung der »Zauberflöte« von Wolfgang Amadeus Mozart wird die Hamburger Staatsoper wiedereröffnet. Da die Stadt ursprünglich nicht zu einem Wiederaufbau des alten, im Zweiten Weltkrieg zerstörten Stadttheaters beitragen konnte, sind von der Hamburger Bürgerschaft vier Millionen DM gesammelt worden, mit denen der Neubau in Angriff genommen werden konnte. Das moderne Gebäude ist nach Plänen des Frankfurter Architekten Gerhard Weber errichtet worden. Die strenge Linienführung und die betonte Sachlichkeit der Gestaltung werden vom Publikum vorerst mit einiger Zurückhaltung aufgenommen.

1150 Verlage stellen auf der VIII. Internationalen Buchmesse aus

8. Oktober. Mit der Verleihung des Friedenspreises des deutschen Buchhandels an den Dichter Hermann Hesse wird die VII. Internationale Buchmesse in Frankfurt eröffnet. Diesmal sind auf der Buchmesse 1150 Verlage aus insgesamt 22 Staaten vertreten; sie stellen 48 000 Titel vor, von denen 12 000 Neuerscheinungen sind. Zu den deutschen Neuerscheinungen, denen große Aufmerksamkeit geschenkt wird, gehören die Autobiographie von Wolfgang Leonhard »Die Revolution entläßt ihre Kinder« und Hans Hellmut Kirsts Kriegsroman »08/15«, dessen Titel schnell zum geflügelten Wort wird. Viel beachtet werden auch der Erstling von Hans Scholz »Am grünen Strand der Spree« und die Anthologie der Gruppe 47 »Du sollst nicht töten«, herausgegeben von Hans Werner Richter.

Hermann Hesse (nach einem Gemälde von Ernst Morgenthaler) ist Träger des Friedenspreises des deutschen Buchhandels.

1955

NOVEMBER

Mo	Di	Mi	Do	Fr	Sa	So
	1	2	3	4	5	6
7	8	9	10	11	12	13
14	15	16	17	18	19	20
21	22	23	24	25	26	27
28	29	30				

1. Erste Internationale Konferenz über Fragen der Sonnenenergie in Tucson (Kalifornien) eröffnet.

2. Den amerikanischen Forschern Clarton-Schwerdt und Schaffer gelingt die erste kristalline Darstellung des Virus, der die Kinderlähmung auslöst.

5. Feierliche Wiedereröffnung der Wiener Staatsoper.

6. Um die Aufstellung der Bundeswehr zu beschleunigen, beschließt das Bundeskabinett, den Bundesgrenzschutz in die künftige Streitmacht zu übernehmen.

13. In Bonn werden die ersten Soldaten und Offiziere von Bundesverteidigungsminister Blank offiziell ernannt. →

16. In Karlsruhe siegt die deutsche Fußballnationalmannschaft mit 2 : 0 (Halbzeit 2 : 0) über die Mannschaft Norwegens; die Tore schießen Fritz Walter und Röhrig.

16. Konferenz der Außenminister der vier Großmächte in Genf zu den Themen Deutschland, Europäische Sicherheit und Abrüstung erfolglos beendet.

16. Sultan Mohammed V. Ben Jussuf von Marokko tritt nach zweijährigem Exil sein Amt wieder an. →

18. Deutsch-österreichische Verhandlungen in Wien enden mit der gegenseitigen diplomatischen Anerkennung. →

22. Sowjetunion bringt die bislang größte Wasserstoffbombe über Sibirien zur Explosion. →

23. Nach siebenwöchiger Krankheit, während der es verschiedentlich zu Diskussionen über die Nachfolgefrage gekommen ist, nimmt Bundeskanzler Konrad Adenauer in Bonn seine Amtsgeschäfte wieder auf.

GESTORBEN:

5. Maurice Utrillo (* 16. 12. 1883), französischer Maler.

14. Robert E. Sherwood (* 4. 4. 1896), amerikanischer Dramatiker.

20. Tomasz Arciszewski (* 22. 11. 1877), polnischer Politiker.

24. Lionel George Curtis (* 7. 3. 1872), britischer Publizist und Historiker.

27. Arthur Honegger (* 10. 3. 1892), Schweizer Komponist.

UdSSR hat H-Bombe

22. November. Im Wettlauf um die erste transportable und einsatzfähige Wasserstoffbombe sind die Rüstungsforscher der Sowjetunion jetzt denen der USA voraus. Ihnen gelingt die Explosion der bisher stärksten Wasserstoffbombe überhaupt in großer Höhe über Sibirien. Ihre Zerstörungskraft entspricht der von mehreren Millionen Tonnen TNT. Die Amerikaner haben ihre Wasserstoffbombenexperimente bisher nur am Boden ausgeführt, da ihre Bombenversion mit einem Gewicht von über 60 Tonnen kaum transportabel ist. Die Russen verfügen statt dessen über eine sogenannte »trockene Bombe« bei der Lithium-Hydrid zu Helium verbunden wird. Die Nachricht von der Explosion löst in den USA einen Schock aus.

13. November. Die ersten 101 Soldaten und Offiziere der neugeschaffenen Bundeswehr werden in der Bonner Ermekeilkaserne von Bundesverteidigungsminister Theodor Blank offiziell ernannt. Der Beginn der Aufstellung von Freiwilligenverbänden ist für den 2. Januar 1956 vorgesehen.

Von Brentano in Wien

18. November. Als erste ausländische Delegation werden nach dem Abschluß des österreichischen Staatsvertrages (→ Mai 1955) der Außenminister der Bundesrepublik Deutschland, Heinrich von Brentano, und weitere Beamte des Auswärtigen Amtes in Wien begrüßt. Das Treffen ist überschattet von der Erinnerung an die Annexion Österreichs durch das Deutsche Reich (→ März, April 1938). So weigert sich Österreich, das deutsche Eigentum in Österreich freizugeben, das auf einen Wert von vier Milliarden DM beziffert wird. In dieser Frage kann keine Einigung erzielt werden, sie wird an eine Kommission verwiesen. In einem Kommuniqué kündigen die Gesprächspartner die Aufnahme diplomatischer Beziehungen an; die Deutschen versichern die Achtung der österreichischen Unabhängigkeit.

Komponist Arthur Honegger stirbt in Paris

27. November. In Paris stirbt im Alter von 62 Jahren der französisch-schweizerische Komponist Arthur Honegger. Seine Ausbildung hat der in Le Havre geborene Honegger, der angeblich schon als neunjähriger Knabe beschloß, Komponist zu werden, vor allem in Zürich und in Paris erhalten, wo er Schüler von Charles Widor gewesen ist. Hier hat er auch zusammen mit François Poulenc, Darius Milhaud und anderen die Gruppe »Six« gegründet, die sich gegen Wagner und die Neoromantik ausgesprochen und statt dessen eine einfache und klare Musik gefordert hat. Honegger ist in seinem Schaffen Johann Sebastian Bach am stärksten verpflichtet. Sein bekanntestes Werk ist das symphonische Stück »Pacific 231«, in dem er mit orchestralen Mitteln die Bewegung eines Schnellzuges zu vergegenwärtigen versucht.

Honegger hat Werke aller musikalischen Formen geschaffen. Seine Opern »Antigone« und »Johanna auf dem Scheiterhaufen« (1935) sind nach Libretti von Paul Claudel entstanden; Honegger hat außerdem Schauspielmusiken, Kantaten, Oratorien, Kammermusik und Lieder geschrieben.

Sultan Ben Jussuf von Marokko kehrt zurück

16. November. Der marokkanische Sultan Mohammed V. Ben Jussuf kehrt auf den Thron zurück. Erst vor 27 Monaten ist er, der als Exponent der Forderungen nach verstärkter Autonomie gilt, von den Franzosen ins Exil gezwungen worden. Die jüngsten Unruhen in der französischen Kolonie (→ August 1955) haben seine Wiedereinsetzung unumgänglich gemacht, mit der Frankreich jetzt Hoffnungen auf eine gewisse Beruhigung der Lage verbindet. Doch bereits in seiner ersten Thronrede kündigt Ben Jussuf das »Ende des Regimes der Bevormundung und der Schutzherrschaft« an.

Mo	Di	Mi	Do	Fr	Sa	So
			1	2	3	4
5	6	7	8	9	10	11
12	13	14	15	16	17	18
19	20	21	22	23	24	25
26	27	28	29	30	31	

6. Äußerungen Chruschtschows in Indien und Burma über die ausbeuterische Kolonialpolitik Englands und Portugals führen zu scharfen Protesten der betroffenen Staaten.

8. Das Deutsche Rote Kreuz gibt bekannt, daß ab Januar 1956 monatlich 800 bis 1000 Deutsche Polen verlassen dürfen.

8. Die Lohnauseinandersetzungen in der Metallindustrie Nordrhein-Westfalens enden mit einer Erhöhung des Stundenlohnes um 14 Pfennig. Gefordert waren 20 Pfennige.

9. Der neue Bundesminister für Atomfragen, Franz Josef Strauß, fordert den raschen und umfangreichen Ausbau der Atomenergie.

10. Verleihung der Nobelpreise in Stockholm und Oslo. →

12. Wilhelm Grewe vom Auswärtigen Amt bezeichnet die Anerkennung der DDR durch andere Staaten als unfreundlichen Akt gegenüber der Bundesrepublik, der mit dem Abbruch der diplomatischen Beziehungen geahndet werde.

15. 16 Länder werden neu in die Organisation der Vereinten Nationen aufgenommen. →

18. Bei den Landtagswahlen im Saargebiet erhalten die Parteien, die für den Anschluß an die Bundesrepublik votieren, 64 Prozent der Stimmen.

18. Im letzten Länderspiel des Jahres verliert die deutsche Fußballnationalmannschaft gegen Italien in Rom mit 1 : 2 (Halbzeit 0 : 1); damit verzeichnet die Jahresbilanz bei sechs Spielen vier Niederlagen und zwei Siege.

20. Italien und die Bundesrepublik Deutschland schließen ein Abkommen über die Beschäftigung von 80 000 bis 100 000 italienischen Arbeitskräften in der Bundesrepublik.

23. In München wird der Spielfilm »Sissi« mit Romy Schneider und Karlheinz Böhm in den Hauptrollen uraufgeführt.

31. Die Bundesrepublik ist bei der Erzeugung von Stahl an die dritte Stelle hinter den USA und der Sowjetunion und vor Großbritannien vorgerückt.

GESTORBEN:

14. Otto Braun (* 28. 1. 1872), deutscher Politiker.

John kehrt zurück

Otto John.

13. Dezember. So rätselhaft wie sein plötzliches Verschwinden (→ Juli 1954), das zum größten innenpolitischen Skandal der Nachkriegszeit geführt hat, ist die Rückkehr des ehemaligen Leiters des Bundesverfassungsschutzes, Otto John, aus der DDR. Henrik Bonde-Henriksen, Korrespondent der dänischen Zeitung »Berlingske Tidende«, nimmt den prominenten Überläufer in seinem Privatwagen von Ost-Berlin mit in den Westen, wo John um politisches Asyl bittet. In einer Meldung aus der DDR heißt es dagegen, John habe das Land verlassen, um in der Bundesrepublik den Kampf gegen den Neonazismus fortzusetzen. John wird sofort nach seinem Eintreffen in Gewahrsam genommen und mit einer Sondermaschine nach Bonn geflogen. Dort wird gegen ihn Haftbefehl erlassen wegen der »Anknüpfung landesverräterischer Beziehungen«.

Ungeklärt bleibt, ob John die Bundesrepublik 1954 freiwillig verlassen hat. Er behauptet im Gegensatz zu früheren Erklärungen, bewußtlos gemacht und fortgeschafft worden zu sein (→ Dezember 1956).

16 neue UN-Mitglieder

15. Dezember. Durch die Aufnahme von 16 Staaten wird die Mitgliedszahl der Vereinten Nationen von 60 auf 76 erhöht. Neue Mitglieder sind Jordanien, Irland, Portugal, Italien, Österreich, Finnland, Ceylon, Nepal, Libyen, Kambodscha, Laos, Ungarn, Rumänien, Bulgarien, Albanien und Spanien. Der Zustimmung durch die Vollversammlung sind Versuche von westlicher und kommunistischer Seite vorausgegangen, die Aufnahme von solchen Staaten zu verhindern, die eindeutig für die USA oder die Sowjetunion Partei ergreifen.

Eine Million Volkswagen-Käfer sind von Kriegsende bis 1955 aus den Werktoren des VW-Werks in Wolfsburg und anderen Produktionsstätten gerollt.

Nobelpreis für Frieden an UN-Kommissariat

10. Dezember. In Stockholm und Oslo werden die Preise der Nobelstiftung verliehen. Den Preis für Physik erhalten die amerikanischen Forscher Willis E. Lamb und Polykarp Kusch für die Messung der magnetischen Kraft der Elementarteilchen. Im Bereich Medizin wird der schwedische Arzt Hugo Theorell für seine Arbeiten über oxydationsregelnde Enzyme und in Chemie der Amerikaner Vincent du Vigneaud für seine Methode zur synthetischen Produktion von Hormo ausgezeichnet.

Den Literaturpreis erhält der Isländer Halldor Laxness für »seine beschreibende Epik, die die große isländische Erzählkunst wiederbelebt« habe. Rückwirkend für das Jahr 1954 bekommt das UN-Flüchtlingskommissariat den Friedensnobelpreis zugesprochen; der Friedenspreis für dieses Jahr wird vorerst nicht verliehen.

USA zeigen Trend zum Abbau der Rassenschranken

3. Dezember. In den USA setzen sich die Bemühungen um den Abbau der Rassenschranken fort. Die Initiative dazu liegt weniger bei den einzelnen Bürgern oder Bürgerrechtsorganisationen als bei staatlichen Behörden und Gerichten.

So verbietet unter anderem die US-Handelskommission die Einrichtung getrennter Wartesäle und Abteile, wie sie bislang noch bei den Bussen und Eisenbahnen die Regel sind.

Der Oberste Gerichtshof, der am 17. Mai 1954 schon den getrennten Schulbetrieb für schwarze und weiße Kinder verboten hat, fordert jetzt in einem Urteil auch die Aufhebung der Rassentrennung in öffentlichen Parks, Schwimmbädern und anderen Einrichtungen. Die Golfklubs im Süden der USA, bislang eine Domäne reicher Weißer, werden aufgefordert, auch Schwarze zu ihren Kursen zuzulassen, eine Entscheidung, die jedoch auf erbitterten Widerstand stößt.

1956

JANUAR

Mo	Di	Mi	Do	Fr	Sa	So
						1
2	3	4	5	6	7	8
9	10	11	12	13	14	15
16	17	18	19	20	21	22
23	24	25	26	27	28	29
30	31					

1. Mit einer großen Feier wird in Khartoum die Unabhängigkeit des Staates Sudan proklamiert.

2. Wahlen in Frankreich haben großen Gewinn für Kommunisten und Poujadisten zur Folge. →

3. Eine neue Eisenbahnlinie von Peking nach Moskau über Ulan Bator und Irkutsk wird eingeweiht.

5. Installation der ersten ferngelenkten Geschosse vom Typ Nike in der Bundesrepublik durch die amerikanischen Truppen.

6. Deutsche Erstaufführung des Stücks »Der gute Mensch von Sezuan« von Bert Brecht im Volkstheater Rostock.

7. Laut einer in Nairobi veröffentlichten Statistik haben die englischen Kolonialtruppen seit Oktober 1952 10 173 Angehörige der Untergrundorganisation Mau-Mau getötet.

9. Uraufführung des Schauspiels »Philemon und Baucis« von Leopold Ahlsen in München.

12. In München wird der Film von Max Ophüls »Lola Montez« zum erstenmal gezeigt.

18. In der DDR wird die Nationale Volksarmee gegründet. →

20. Deutsche Erstaufführung der Walt-Disney-Produktion »20 000 Meilen unter dem Meer« nach einem Roman von Jules Verne.

23. Der sowjetische Ministerpräsident Bulganin schlägt in einem Schreiben an Eisenhower einen Freundschaftsvertrag vor. →

26. In Cortina d'Ampezzo werden die VII. Olympischen Winterspiele eröffnet.

29. In Zürich wird die tragische Komödie »Der Besuch der alten Dame« von Friedrich Dürrenmatt uraufgeführt.

GESTORBEN:

3. Karl Josef Wirth (* 6. 9. 1879), deutscher Politiker.

5. Mistinguett (Jeanne-Marie Bourgeois) (* 5. 4. 1873), französische Chansonette.

13. Lyonel Feininger (* 17. 7. 1881), deutschamerikanischer Maler.

23. Sir Alexander Korda (* 16. 9. 1893), britischer Filmproduzent.

27. Erich Kleiber (* 5. 8. 1890), deutscher Dirigent.

DDR baut Armee auf

18. Januar. Unter Verweis auf die »Wiedererrichtung eines aggressiven Militarismus« in der Bundesrepublik beschließt die Volkskammer der DDR die Errichtung einer »Nationalen Volksarmee«. Sie soll über Einheiten zu Lande, Wasser und in der Luft verfügen. Am gleichen Tag schlägt der DDR-Ministerpräsident Grotewohl der Bundesrepublik den Abschluß eines Nichtangriffspaktes vor, was vom Bundesminister für gesamtdeutsche Fragen, Jakob Kaiser, abgelehnt wird.

Am 28. Januar stellt eine DDR-Delegation auf einer Sitzung der Mitgliedsstaaten des Warschauer Pakts den Antrag, in die Militärorganisation des Ostens aufgenommen zu werden.

Halbstarke in Lederjacken.

Linksrutsch in Paris

Pierre Poujade (sitzend), der die mittelständischen Gewerbetreibenden vertritt, erringt bei den Wahlen in Frankreich einen großen Erfolg.

2. Januar. Mit einer deutlichen Schwächung der bislang die Regierung tragenden bürgerlichen Parteien enden die Wahlen zur französischen Nationalversammlung. Bei der Sitzverteilung ergibt sich folgendes Bild:

Partei	Bisherige Sitzverteilung	Neue Sitzverteilung
Kommunisten	92	150
Sozialisten	92	95
Radikalsozialisten Demokrat.-Sozialist.		58
Widerstandsunion Sammlung der Republikaner	80	19
Linken		14
MRP	84	83
Unabh. Republikaner Sozialrepublikaner (Gaullisten)	121	95
	58	21
Nationale Sammlung	–	3
Poujadisten	–	52

Besonders überraschend sind der hohe Erfolg der Kommunisten, die über 50 Prozent an Sitzen in der Nationalversammlung hinzugewinnen können und die 52 Sitze der Poujadisten, einer Vereinigung von mittelständischen Gewerbetreibenden hinter Pierre Poujade. Poujade hat es verstanden, die Entrüstung der Ladenbesitzer und Handwerker über die angeblich zu hohen Steuern in Unterstützung seiner politischen Positionen umzumünzen. Die französische Zeitung »Le Monde« interpretiert das Wahlergebnis als Zeichen für den Unmut der Bevölkerung, der sich gegen die häufig wechselnden Regierungen richtet. Mit der Regierungsbildung wird Guy Mollet von den Sozialisten beauftragt.

Öffentlichkeit beunruhigt über Halbstarke

1. Januar. Ernste Besorgnis vor der anwachsenden Bewegung der Halbstarken verrät ein Artikel zum Jahreswechsel in der »Frankfurter Allgemeinen Zeitung«. In ihm wird von Mietern berichtet, die aus Angst vor den »Pöbeleien« der Jugendlichen in kinderfreie Geschäftsviertel umgezogen sind. Am schlimmsten habe sich der Einfluß der Halbstarken in Schweden entwickelt, wo organisierte Banden schon alle öffentlichen Plätze kontrollierten. Wenn diese Tendenz der »Verwahrlosung und Verrohung« anhalte, habe man mit einer Gefahr für die Gesellschaft zu rechnen, die »schlimmer als die Atombombe« sei. Die Ursache für diese bedrohliche Entwicklung liege im Versagen der Eltern, die nicht mehr willens oder in der Lage seien, ihre Kinder wirklich zu erziehen. Zeitmangel, der absolute Vorrang des Geldverdienens und die Abwesenheit beider Elternteile wegen ihrer Berufstätigkeit hielten sie davon ab.

UdSSR bietet USA Nichtangriffspakt

23. Januar. In einem persönlich gehaltenen Schreiben schlägt der sowjetische Ministerpräsident Nikolai Bulganin dem amerikanischen Präsidenten den Abschluß eines auf 20 Jahre befristeten Freundschafts- und Nichtangriffsvertrages vor. Nach einigen Tagen lehnt Dwight D. Eisenhower den Vorschlag ab und weist darauf hin, daß die Formeln eines Freundschaftsvertrages auch in der Charta der Vereinten Nationen enthalten seien, die von beiden Nationen unterzeichnet worden ist.

1956

FEBRUAR

Mo	Di	Mi	Do	Fr	Sa	So
		1	2	3	4	5
6	7	8	9	10	11	12
13	14	15	16	17	18	19
20	21	22	23	24	25	26
27	28	29				

1. Plötzlicher Kälteeinbruch in Mitteleuropa fordert 919 Todesopfer.

4. Nach einem Plan des Verteidigungsministeriums soll die Bundesmarine in vier Jahren über 170 Einheiten und 20 000 Mann verfügen.

4. Der kommunistische Weltgewerkschaftsbund wird von der österreichischen Regierung wegen angeblicher subversiver Tätigkeit aufgelöst.

6. Erster Besuch der Universität von Alabama (USA) durch eine schwarze Studentin wird von einer aufgebrachten Menge von Weißen verhindert.

6. Ende der VII. Olympischen Winterspiele in Cortina d'Ampezzo. →

8. Bundeskabinett verabschiedet Wehrpflichtgesetz, das eine allgemeine Wehrpflicht von achtzehn Monaten vorsieht.

12. Die Außenminister der sechs Montanunionstaaten beschließen die Einrichtung einer europäischen Atombehörde.

15. Urho Kekkonen, Führer der Bauernpartei, wird zum neuen finnischen Staatspräsidenten gewählt.

18. In einem Abkommen sagen die USA der Bundesrepublik die Lieferung von Versuchsatomreaktoren zu.

20. Sturz des CDU-Ministerpräsidenten Arnold in Nordrhein-Westfalen; eine SPD/FDP-Koalition wählt Fritz Steinhoff (SPD) zum Nachfolger.

23. Spaltung der FDP-Fraktion im Deutschen Bundestag; der größere Teil unter dem Vorsitzenden Thomas Dehler kündigt die Koalition mit der CDU.

24. Uraufführung des dramatischen Spielfilms »Ich suche dich«, bei dem O. W. Fischer Regie geführt hat und zusammen mit Nadja Tiller die Hauptrolle spielt.

25. Ende des XX. Parteitags der KPdSU, auf dem Chruschtschow eine sensationelle Rede gegen Stalin hält. →

GESTORBEN:

7. Henri Chrétien (* 1. 2. 1879), französischer Erfinder des Cinemascopeverfahrens.

18. Gustave Charpentier (* 25. 6. 1860), französischer Komponist.

Bruch mit Stalin

25. Februar. Mit großer Spannung wird in aller Welt der XX. Parteitag der KPdSU erwartet. Er ist der erste nach Stalins Tod (→ Mai 1953), und von ihm werden wesentliche Aufschlüsse über den weiteren Kurs der Sowjetunion erwartet. 1424 Delegierte aus 55 Ländern sind zum Besuch des Parteitags in Moskau eingetroffen. Zu Beginn hält der erste Sekretär des ZK, Nikita Chruschtschow, einen Rechenschaftsbericht, dessen Verlesung sieben Stunden in Anspruch nimmt. Erste antistalinistische Töne werden laut; Chruschtschow betont die Notwendigkeit der friedlichen Koexistenz und setzt sich damit von der durch Stalin bis zuletzt vertretenen These ab, daß ein Krieg unvermeidlich sei. Der Höhepunkt der Demontierung des in der Sowjetunion immer noch hoch verehrten Generalissimus erfolgt in geheimer Sitzung am 24. Februar durch Chruschtschow. Für seine Zuhörer völlig überraschend beginnt Chruschtschow mit der Analyse der Beziehungen zwischen Lenin und Stalin und weist nach, daß schon Lenin vor der Machtgier und Unberechenbarkeit seines Nachfolgers gewarnt hat. Dann zieht Chruschtschow, ohne sich allerdings von der Liquidierung Trotzkis zu distanzieren, die schonungslose Bilanz der »Säuberungen« unter Stalin. 98 der 139 Mitglieder des Zentralkomitees von 1935 sind hingerichtet worden, nach den Prozessen gegen den Marschall Michail Tuchatschewski sind 5000 Offiziere umgebracht worden, und von den 1966 Delegierten des XVII. Parteitags haben nur 856 die Säuberungen überlebt. Dann wendet er sich dem hartnäckigsten Mythos des glorreichen Feldherrn Stalin zu. Auf die vielen Warnungen vor einem deutschen Angriff habe er nicht gehört, berichtet Chruschtschow. Naiv habe er an die Vertragstreue Hitlers geglaubt und selbst nach der Meldung des Einmarsches zunächst auf Gegenwehr verzichtet; erst so konnte den deutschen Truppen ihr anfangs so rascher Vormarsch gelingen, vor dem Stalin zunächst flüchten wollte. Das Zentralkomitee habe ihn physisch zwingen müssen, in Moskau zu bleiben und den Kampf aufzunehmen. Wenn die russischen Truppen letztlich siegreich gewesen sind, sei das nicht Stalin zu verdanken, der noch nicht einmal eine Karte habe richtig lesen können. Freimütig bekennt Chruschtschow, selbst bei jedem Gang zum Diktator Angst um sein Leben gehabt zu haben.

Chruschtschows Rede bleibt vorerst geheim, da man meint, diese Wahrheiten seien vom russischen Volk nicht auf einen Schlag zu verkraften. Am 28. Februar erscheint in der Prawda ein großer Artikel, in dem mit vielen Zitaten von Marx, Engels und Lenin nachgewiesen wird, daß die Urahnen des Marxismus sich immer gegen den Personenkult ausgesprochen haben, dem Stalin erwiesenermaßen verfallen gewesen sei. Dann wird auf Fehler in der Führung der Landwirtschaft und bei der ideologischen Arbeit hingewiesen, die ihre Ursachen in dem stalinschen Personenkult gehabt hätten.

Ein weiterer Schritt der Entmythologisierung besteht darin, daß die Feiern zum dritten Todestag Stalins abgesagt werden, was jedoch in Georgien, der Heimat Stalins, zu Protesten führt, die sich zu handfesten Auseinandersetzungen mit der Staatsgewalt entwickeln. Noch kann sich Chruschtschow auch nicht mit der Absicht durchsetzen, den Leichnam Stalins aus dem Leninmausoleum am Roten Platz zu entfernen.

»Genossen, ich muß euch eine schwerwiegende Enthüllung machen: Stalin war ein Schwein.« Die Karikatur aus einer konservativen italienischen Zeitschrift stellt auch die neuen führenden Sowjetpolitiker der Gegenwart als Schweine dar. Diese derbe satirische Darstellung deutet damit starke Zweifel an der tatsächlichen Auswirkung der Entstalinisierung an.

Eröffnung der Winterspiele im neuen Eisstadion von Cortina d'Ampezzo.

Olympiade

6. Februar. Seit Wochen haben die Organisatoren im italienischen Wintersportort Cortina d'Ampezzo auf Schnee gewartet, der bis zum Beginn der VII. Olympischen Winterspiele ausbleibt. Während es an der Mittelmeerküste schneit, muß in das 1200 Meter hoch gelegene Dolomitendorf von Armee-Einheiten mit Lastwagen Schnee geschafft werden. Bei den angereisten Sportlern bricht Verzweiflung aus; bis zum letzten Moment können sie nicht trainieren. Die Winterspiele in Cortina können trotzdem einen Rekord von 947 teilnehmenden Sportlern verzeichnen, die von 32 Staaten entsandt sind. Besonders gespannt ist man auf das Abschneiden der sowjetischen Mannschaft, die zum erstenmal an Winterspielen teilnimmt.

Zum herausragenden Sportler dieser Spiele wird der 20jährige Toni Sailer aus dem österreichischen Kitzbühel. Sailer gewinnt alle drei alpinen Skiwettbewerbe, den Slalom, Riesenslalom und die Abfahrt, mit Ergebnissen, die seine Konkurrenten geradezu deklassieren. So fährt er im Riesenslalom den erstaunlichen Vorsprung von über sechs Sekunden gegenüber seinem Verfolger Andreas Molterer, ebenfalls Österreich, heraus. Da der im Zivilleben als Postbote tätige Toni Sailer unbefangen und bescheiden auftritt, wird er zum Liebling des Publikums. Schon während der Winterspiele erhält er Angebote, in Filmen mitzuwirken. Seine drei Goldmedaillen und die seiner Teamkameraden Elisabeth Schwarz

Ossi Reichert vor (kl. Bild) und nach dem Sieg im Riesenslalom.

Der Viererbob Schweiz I fährt mit der Zeit 5:10,44 dem Sieg entgegen.

Cortina d'Ampezzo

Der 20jährige Österreicher Toni Sailer (hier beim Riesenslalom) gewinnt überlegen alle drei alpinen Skiwettbewerbe und wird zum Liebling des Publikums.

und Kurt Oppelt, die den Eiskunstlauf der Paare gewinnen, machen die österreichische Mannschaft zur zweiterfolgreichsten dieser Olympischen Spiele.

Am besten schneidet mit sieben Goldmedaillen die Vertretung der Sowjetunion ab. Sie hat ihren stärksten Sportler in Eugen Grischin, der zwei Eisschnellaufwettbewerbe gewinnt. Ungeschlagen holt sich das Eishockeyteam der UdSSR die Goldmedaille. Die deutsche Mannschaft enttäuscht. Weder im Eiskunstlauf noch in den Bobwettbewerben, in denen sie sonst ihre Stärken hat, kann sie eine Medaille holen. Die einzige Goldmedaille gewinnt Ossi Reichert im Riesenslalom der Damen vor Josefine Frandl (Österreich) und Dorothea Hochleitner (Österreich); eine Bronzemedaille holt schließlich noch Harry Glass im Spezialsprunglauf hinter den Finnen Hyvaerinen und Kallakorpi.

1956

MÄRZ

Mo	Di	Mi	Do	Fr	Sa	So
			1	2	3	4
5	6	7	8	9	10	11
12	13	14	15	16	17	18
19	20	21	22	23	24	25
26	27	28	29	30	31	

3. Nach einem Orkan und starken Regenfällen kommt es zu Überschwemmungen in ganz Deutschland.

4. Großer Erfolg für die CDU bei den Landtagswahlen in Baden-Württemberg, wo sie sich von 36 auf 42,6 Prozent verbessern kann.

5. Bei Gedenkfeiern an Stalins drittem Todestag in Georgien kommt es zu Ausschreitungen zwischen Demonstranten und der Miliz.

6. Bundestag verabschiedet das Gesetz über die Wehrverfassung und das Soldatengesetz.

9. Von den britischen Behörden auf der Insel Zypern wird der Bischof Makarios verhaftet und auf die Seychellen deportiert. →

12. Das britische Unterhaus beschließt die Abschaffung der Todesstrafe für Mord.

14. Holland siegt im Fußballländerspiel gegen Deutschland im Düsseldorfer Rheinstadion mit 2:1 (Halbzeit 0:0).

18. Mit außerordentlichen Maßnahmen versucht die französische Regierung in Algerien Ordnung herzustellen: Versammlungen werden verboten, Zensur wird eingeführt, die Rückwanderung von Algeriern aus Frankreich wird unterbunden.

20. Frankreich erkennt feierlich die Unabhängigkeit der ehemaligen Kolonie Tunesien an. →

29. Deutsche Erstaufführung des amerikanischen Spielfilms »Denn sie wissen nicht, was sie tun«, der den Ruhm von James Dean begründet hat.

30. III. Parteitag der Sozialistischen Einheitspartei (SED) beendet. →

31. Deutsche Erstaufführung des Spielfilms »Moderne Zeiten« von und mit Charlie Chaplin.

GESTORBEN:

12. Boleslaw Bierut (* 18. 4. 1892), polnischer Politiker.

17. Irène Joliot-Curie (* 12. 9. 1897), französische Wissenschaftlerin, 1935 Nobelpreis für Physik.

19. Wilhelm Miklas (* 15. 10. 1872), österreichischer Bundespräsident.

19. Louis Bromfield (* 27. 12. 1896), amerikanischer Schriftsteller.

Briten verhaften Makarios

9. März. Einen neuen Höhepunkt erreichen die Auseinandersetzungen um die Unabhängigkeit der Insel Zypern, die seit 1878 von den Briten verwaltet wird. Die Enosis-Bewegung, die den Anschluß an Griechenland will, steht unter der Führung des Erzbischofs Makarios. Eine neue Qualität haben die Konflikte durch die Gründung der guerillaähnlich arbeitenden Widerstandsorganisation EOKA unter Georgios Grivas erreicht.

Am 9. März wird Makarios unter der Anschuldigung des Waffenschmuggels von britischen Polizisten verhaftet und auf die Seychelleninseln im Indischen Ozean deportiert.

Tunesien wird unabhängig

20. März. In einem Protokoll verpflichtet sich die französische Regierung feierlich zur Anerkennung der Unabhängigkeit Tunesiens, das seit 1881 französische Kolonie gewesen ist. Damit wird der künftigen tunesischen Regierung auch die Wahrnehmung der auswärtigen Angelegenheiten und die Aufstellung einer eigenen Armee zugebilligt. Am 25. März wird die Nationale Front unter Führung von Habib Bourgiba in Wahlen als dominierende politische Kraft des Landes bestätigt. Damit ist die erste der nordafrikanischen Besitzungen Frankreichs aufgegeben. Gleichzeitig werden die Versuche intensiviert, Algerien zu halten.

Ulbricht-Kritik am Personenkult

30. März. Auf dem III. Parteitag der SED wird die Demontage Stalins fortgesetzt, die sich auf dem XX. Parteitag der KPdSU (→ Februar 1956) zu einem ersten Höhepunkt entwickelt hat. Die Entstalinisierung fällt jedoch bei weitem nicht so spektakulär aus wie in der Sowjetunion. Immerhin übt Walter Ulbricht in seinem Rechenschaftsbericht Kritik am Personenkult. Statt dessen wird das Prinzip der Kollektiven Führung betont.

APRIL

Mo	Di	Mi	Do	Fr	Sa	So
						1
2	3	4	5	6	7	8
9	10	11	12	13	14	15
16	17	18	19	20	21	22
23	24	25	26	27	28	29
30						

5. In Berlin wird der seit dem 3. 12. 1953 laufende Film »Vom Winde verweht« vom Programm abgesetzt; 600 000 Menschen haben ihn gesehen.

9. Habib Bourgiba wird zum neuen tunesischen Ministerpräsidenten gewählt und kündigt kurz darauf die Unterstützung seiner Regierung für die Aufständischen in Algerien an.

10. In Aachen wird der Karlspreis für besondere Verdienste um die Einigung Europas an Sir Winston Churchill verliehen, der für eine Politik der Verständigung mit der Sowjetunion plädiert.

10. Polnischer Politiker Wladislaw Gomulka, der 1951 wegen seiner titoistischen Ansätze verurteilt worden ist, wird rehabilitiert. →

13. Wahlen zur österreichischen Nationalversammlung führen zur Stärkung der ÖVP.

14. Die Sowjetunion gibt als einseitige Abrüstungsmaßnahme den Abbau von 1,4 Millionen Soldaten bekannt.

15. Das Statistische Bundesamt errechnet für 1955 beträchtlichen Anstieg des Sozialprodukts. →

17. In Palmdale (Vereinigte Staaten) wird der erste Lockheed F-104 Starfighter vorgestellt, der mit doppelter Schallgeschwindigkeit fliegen und auch Atombomben transportieren kann.

18. Im Fürstentum Monaco findet die Hochzeit des Jahres zwischen Fürst Rainier III. und dem amerikanischen Filmstar Grace Kelly statt. →

19. Der UN-Generalsekretär Dag Hammarskjöld vermittelt einen Waffenstillstand zwischen Ägypten und Israel.

24. Nikita Chruschtschow kündigt in einer Rede den beabsichtigten Bau von Interkontinentalraketen an.

27. Der bislang ungeschlagene Boxweltmeister Rocky Marciano erklärt seinen Rücktritt. →

GESTORBEN:

13. Emil Nolde (* 7. 8. 1867), deutscher Maler. →

19. Ernst Robert Curtius (* 14. 4. 1886), deutscher Romanist.

30. Alben William Barkley (* 24. 11. 1877), amerikanischer Politiker.

Sozialprodukt steigt

15. April. Einen über Erwarten hohen Anstieg des Sozialprodukts in der Bundesrepublik kann das Statistische Bundesamt für das Jahr 1955 melden. Die gesamten Leistungen der Volkswirtschaft sind danach um 12,7 Prozent (1954 nur 8,3 Prozent) gestiegen. Abzüglich der Preissteigerung ergibt das immer noch einen Anstieg von 10,7 Prozent. Das Bruttoeinkommen aus unselbständiger Arbeit (Arbeiter und Angestellte) hat sich im gleichen Zeitraum um 13,6 Prozent auf 80,2 Milliarden DM erhöht. Das heißt, der Anteil der Löhne und Verdienste am erwirtschafteten Reichtum ist im Jahr 1955 größer geworden.

Ernährungsminister Heinrich Lübke beim Schlachter: Die Freßwelle rollt.

18. April. Die amerikanische Schauspielerin Grace Kelly (»12 Uhr mittags«, »Fenster zum Hof«) heiratet den Fürsten Rainier III. von Monaco und nennt sich Gracia Patricia. Die Traumhochzeit füllt die Spalten der Boulevardpresse.

Revirement in Polen

10. April. In Polen führt die Abrechnung mit der stalinistischen Vergangenheit zu deutlicheren Ergebnissen als in der DDR (→ März 1956). Wladislaw Gomulka, seit 1951 wegen titoistischer und nationalistischer Abweichungen in Haft genommen und immer wieder heftig befehdet, erhält eine offizielle Rehabilitation. Zwar sei seine Politik ein Fehler gewesen, heißt es in der entsprechenden Verlautbarung der Partei, aber trotzdem sei die Verhaftung absolut ungerecht gewesen. Gleichzeitig wird auch die polnische »Heimatarmee« rehabilitiert, die seit 1944 gegen die nationalsozialistische Besatzung kämpfte, bei den Kommunisten jedoch als »Werkzeug des reaktionären Emigrantentums« betrachtet worden ist. Am 20. April werden Umbesetzungen im Regierungs- und Justizapparat des polnischen Staates vorgenommen, denen die Stalinisten zum Opfer fallen.

Emil Nolde stirbt hochbetagt in Seebüll

13. April. Im Alter von 88 Jahren stirbt Emil Nolde (eigentlich Emil Hansen) in seinem Haus in Seebüll (Nordfriesland), in dem er seit 1926 meistens gelebt hat. Geboren in dem kleinen Dorf Nolde (Nordschleswig), war Emil Nolde trotz großer Reisen und zeitweiligen Aufenthalten in München seiner Heimat verbunden geblieben. Noldes Talent ist früh erkannt worden und dank einer Reihe von hilfreichen Förderern konnte er schon zu wilhelminischen Zeiten einige Anerkennung verbuchen, deren Höhepunkt allerdings in der Zeit bis 1933 lag, als ihm sogar die Ehre einer Ausstellung im New Yorker »Museum of Modern Art« zuteil wurde. Während des Dritten Reiches erhielt er Malverbot, seine Bilder wurden zu den »Entarteten« gezählt und aus den Museen verbannt. Nolde ist einer der wenigen Maler des 20. Jahrhunderts, die dank ihrer Liebe zur Farbigkeit und expressiven Gestaltung auch dem breiten Publikum leichten Zugang geöffnet haben. In seinem Schaffen stehen Werke wilder Lebensfreude und tiefer Religiosität nebeneinander.

27. April. Der amerikanische Boxer Rocky Marciano, Weltmeister im Schwergewicht von 1952 bis 1955, tritt ungeschlagen nach 49 Kämpfen (siebenmal um den Titel) zurück.

1956

MAI

Mo	Di	Mi	Do	Fr	Sa	So
	1	2	3	4	5	6
7	8	9	10	11	12	13
14	15	16	17	18	19	20
21	22	23	24	25	26	27
28	29	30	31			

1. 100 000 Berliner demonstrieren vor dem Rathaus Schöneberg für die Wiedervereinigung Deutschlands.

4. Bundeskabinett verabschiedet Vorlage, die die Förderung von 1,8 Millionen Wohnungen vorsieht.

6. In Wien und Berlin wird des 100. Geburtstages von Sigmund Freud mit Feierlichkeiten und Kongressen gedacht.

8. Aufnahme der diplomatischen Beziehungen zwischen Österreich und Israel.

10. Entstalinisierungsmaßnahmen in der Tschechoslowakei und in Ungarn. →

14. In Ungarn werden ungefähr 150 seit mehreren Jahren verhaftete Sozialdemokraten freigelassen und ebenfalls verurteilte Würdenträger der katholischen Kirche rehabilitiert. →

15. Inoffiziell wird die Auflösung aller sowjetischen Internierungslager angekündigt.

21. Über dem Pazifikatoll Nauru wird die erste transportable amerikanische Wasserstoffbombe zur Explosion gebracht.

23. Der französische Minister Mendès-France scheidet wegen der zu repressiven Algerienpolitik seiner Regierung aus dem Amt aus.

23. Eine Rede Adenauers führt zu einem schweren Zerwürfnis mit Finanzminister Schäffer und Wirtschaftsminister Erhard. →

25. In West-Berlin wird in den Ausstellungshallen unter dem Funkturm die »Große Berliner Kunstausstellung« eröffnet.

26. Bei einem Fußballländerspiel in Berlin unterliegt die deutsche Mannschaft England mit 1 : 3 (Halbzeit 0 : 1); das einzige Tor schießt Fritz Walter.

28. Eine Schweizer Expedition unter F. Luchsinger und E. Reiß besteigt zum erstenmal den Lhotse, mit 8571 m Höhe bislang der höchste noch unbezwungene Berg der Erde.

GESTORBEN:

13. Alexander Fadejew (* 24. 12. 1901), russischer Schriftsteller.

29. Johannes Jörgensen (* 6. 11. 1866), dänischer Dichter.

29. Hermann Abendroth (* 19. 1. 1883), deutscher Dirigent.

Adenauer kritisiert Minister

Wirtschaftsminister Erhard.

Finanzminister Schäffer.

23. Mai. Bei einer Mitgliederversammlung des Bundesverbandes der Deutschen Industrie im Kölner Gürzenich greift Bundeskanzler Konrad Adenauer mit großer Schärfe die letzte Diskonterhöhung der Bundesbank an, durch die die Kredite verteuert werden. Er bezeichnet diese Entscheidung als einen schweren Schlag gegen die Konjunktur und als ein »Fallbeil«, das wieder einmal vor allem die kleinen Leute, die Handwerker und Landwirte treffen werde. In einer für den nächsten Abend anberaumten Sitzung des Kabinetts werde er Finanzminister Fritz Schäffer und Wirtschaftsminister Ludwig Erhard, die bei der entscheidenden Sitzung des Bankrates anwesend waren, zur Verantwortung ziehen und Rechenschaft ablegen lassen. Ausgehend von den negativen Folgen dieser Entscheidung, geht er in improvisierter Rede zu einer allgemeinen Betrachtung über. So sei die Steuergesetzgebung viel zu kompliziert und müsse unbedingt vereinfacht werden. »Je einfacher denken, ist oft eine wertvolle Gabe Gottes. Und diejenigen, die so verdreht denken, das sind nicht immer die klügsten Männer. Wobei ich natürlich hinzusetze, ich habe niemanden damit gemeint. Aber nun, ich komme zum Schluß und möchte nochmals das sagen, was ich eben gesagt habe. Die Situation ist da. Die Situation ist auch nach meinem Gefühl ernst. Und es handelt sich um soziale Fragen allererersten Ranges dabei«.

Nach Bekanntwerden dieser Rede sind Erhard und Schäffer fest entschlossen, ihren Rücktritt anzubieten, wenn Adenauer ihnen nicht wieder sein volles Vertrauen aussprechen sollte. An den folgenden Tagen kommt es zu Unterredungen zwischen dem Kanzler und seinen Ministern, in denen Adenauer versichert, seine Rede sei falsch interpretiert worden. In Kommuniqués wird betont, daß die Gespräche wieder zu einer Verständigung geführt haben.

Liberalisierung im Ostblock

10. Mai. Zu immer neuen Zeichen der Liberalisierung in den sozialistischen Ländern führt die Entstalinisierungskampagne, die durch Nikita Chruschtschows Rede auf dem XX. Parteitag (→ Februar 1956) in Gang gesetzt worden ist.

In der Tschechoslowakei werden eine Reihe von führenden Funktionären entlassen, der Justizapparat reformiert und eine weitgehende Dezentralisierung eingeleitet. Die Überlebenden des Slánský-Prozesses (→ November 1952), des letzten großen Schauprozesses im Osten, werden sämtlich rehabilitiert und es wird eingestanden, daß die angeblichen Geständnisse in diesem Prozeß auf Erpressungen, Drohungen und Einschüchterungen zurückzuführen sind.

Am weitesten gehen die antistalinistischen Aktivitäten in Ungarn, wo Parteichef Mátyás Rákosi auf einer Massenkundgebung in einer Selbstkritik schwere Gesetzesbrüche eingesteht und sich einer stalinähnlichen Diktatur anklagt. Fast 150 Sozialdemokraten, die seit Anfang der fünfziger Jahre verhaftet gewesen sind, werden freigelassen und auch mit der katholischen Kirche, die bislang immer Objekt schwerer Verfolgungen gewesen ist, wird eine Versöhnung angestrebt. In ganz Ungarn machen sich die Liberalisierungsmaßnahmen in einem deutlichen Anwachsen von politischen Aktivitäten außerhalb der kommunistischen Partei des Landes bemerkbar.

Besondere Bedeutung erlangt dabei der Petöfi-Klub in Budapest, so genannt nach einem Freiheitskämpfer des Jahres 1848, in dem sich jeden Donnerstag Tausende von Menschen treffen, um über die politische Zukunft Ungarns zu diskutieren.

Westliche Beobachter weisen allerdings darauf hin, daß die Entstalinisierungsmaßnahmen vor allem in der Tschechoslowakei und in Ungarn von ehemaligen Stalinisten durchgeführt würden, die möglicherweise primär innerparteiliche Gegner ausbooten möchten, nicht aber an einer wirklichen Liberalisierung der allgemeinen Verhältnisse interessiert seien.

Mátyás Rákosi, Generalsekretär der ungarischen kommunistischen Partei, übt in der Öffentlichkeit Selbstkritik.

JUNI

Mo	Di	Mi	Do	Fr	Sa	So
				1	2	3
4	5	6	7	8	9	10
11	12	13	14	15	16	17
18	19	20	21	22	23	24
25	26	27	28	29	30	

1. Der sowjetische Außenminister Molotow tritt zurück. →

2. In Algerien tobt die größte Schlacht seit Beginn des Krieges; französische Düsenjäger greifen die Stellungen der Aufständischen an.

5. Adenauer und der französische Ministerpräsident Mollet einigen sich über die Zukunft des Saarlandes. →

10. Eröffnung der Olympischen Reiterspiele in Stockholm. →

13. Bundesrepublik Deutschland gewinnt ein Länderspiel gegen die Fußballauswahl von Norwegen in Oslo mit 3 : 1 (Halbzeit 1 : 1).

13. Die Tarifparteien der Metallindustrie vereinbaren die Verkürzung der wöchentlichen Arbeitszeit auf 45 Stunden.

13. Herbert von Karajan übernimmt die künstlerische Leitung der Wiener Staatsoper.

18. Offizielles Ende der 74jährigen englischen Besetzung Ägyptens nach dem Abzug des letzten Soldaten aus der Kanalzone. →

20. Vor der amerikanischen Küste stürzt eine venezolanische Super-Constellation ins Meer; 74 Tote.

21. In der DDR werden im Rahmen einer umfangreichen Amnestie fast 19 000 Häftlinge, darunter auch viele politische, aus Gefängnissen entlassen.

22. Beginn der IV. Internationalen Filmfestspiele in Berlin. →

23. Plebiszit in Ägypten bestätigt die neue Verfassung und die Präsidentschaft Nassers. →

24. Im Berliner Olympiastadion siegt vor 70 000 Zuschauern Borussia Dortmund im Endspiel um die deutsche Fußballmeisterschaft über den Karlsruher SC mit 4 : 2.

28. Blutiger Aufstand in Posen. →

29. Aufsehenerregende Hochzeit des Schriftstellers Arthur Miller mit dem Filmstar Marilyn Monroe.

30. Fußballländerspiel zwischen Schweden und der Bundesrepublik Deutschland in Stockholm endet 2 : 2 (Halbzeit 0 : 2).

GESTORBEN:

7. Julien Benda (* 26. 12. 1867), französischer Essayist und Erzähler.

22. Walter John De La More (* 25. 4. 1873), britischer Dichter.

Panzer der polnischen Armee patrouillieren in den Straßen Posens.

Aufstand in Posen

28. Juni. 53 Tote und über 300 Verletzte sind als Opfer eines Aufstandes in der wichtigen polnischen Industriestadt Posen zu beklagen. Nach vergeblichen Verhandlungen über Lohnforderungen bildet sich am Morgen des 28. Juni ein Demonstrationszug der Arbeiter der Lokomotivfabrik »Stalin« und marschiert in die Innenstadt. Arbeiter aus anderen Fabriken schließen sich dem Zug an; die Stimmung wird immer aggressiver. Unterwegs werden Milizposten entwaffnet, einige Gruppen brechen in das Oberkommando der Miliz ein und besorgen sich Gewehre und Handgranaten. Das Gebäude der Staatsanwaltschaft wird besetzt, die Gefängnisse gestürmt und alle Gefangenen befreit. Erst als sich die Demonstranten dem Sitz der Sicherheitspolizei nähern, werden sie attackiert. Eine regelrechte Straßenschlacht entwickelt sich; das polnische Militär setzt Flugzeuge und Panzer ein, die Arbeiter setzen sich mit erbeuteten Panzern zur Wehr. Doch im Lauf der Nacht haben die Vertreter der Regierung den Widerstand gebrochen. Am nächsten Morgen werden noch einige Geschäfte geplündert, dann herrscht wieder Ruhe; die gerade in Posen stattfindende Internationale Industriemesse kann fortgesetzt werden. Eine Kommission aus Vertretern der Regierung und der Arbeiterpartei unter Leitung von Edward Gierek wird gebildet, um die Ursachen der Revolte zu untersuchen. Zum erstenmal hat sich gezeigt, daß die Entstalinisierung auch Freiräume geschaffen hat, in denen sich lange aufgestauter Unmut äußern kann, der die Vorherrschaft der kommunistischen Parteien ernsthaft zu gefährden in der Lage ist.

Molotow tritt zurück

1. Juni. Mit Wjatscheslaw M. Molotow tritt einer der letzten Männer, die noch aktiv an der Oktoberrevolution 1917 teilgenommen haben, von der aktiven Politik zurück. Molotow ist bis 1949 unter Stalin Außenminister gewesen und hat dieses Amt nach dessen Tod im März 1953 wieder eingenommen. Er gehörte zur Spitzengruppe der Sowjetführung.

Neuer Außenminister wird Dimitri Schepilow, der als enger Vertrauter des Parteichefs Nikita Chruschtschow gilt und dem nachgesagt wird, daß er wesentlich zu der neuen Politik der Öffnung gegenüber dem Westen beigetragen hat. Damit ist es Nikita Chruschtschow gelungen, nach Ministerpräsident Georgi Malenkow einen weiteren wichtigen Mann in der Regierung durch einen politischen Verbündeten zu ersetzen.

Bonn und Paris treffen Regelung für das Saargebiet

5. Juni. Ein Problem, das die Beziehungen der Bundesrepublik zu Frankreich seit ihrer Gründung belastet hat, kann in einer eintägigen Konferenz von Konrad Adenauer und dem französischen Ministerpräsidenten Guy Mollet in Luxemburg endgültig geklärt werden. Nach der eindeutigen Ablehnung des Saarstatuts (→ Oktober 1955) durch die Saarbevölkerung, das einen letzten Versuch der wirtschaftlichen Bindung an Frankreich dargestellt hat, ist der Anschluß an die Bundesrepublik unvermeidlich geworden. Die Vereinbarungen der beiden Politiker sehen vor, daß bis 1. 1. 1957 das Saargebiet politisch ein Teil der Bundesrepublik Deutschland geworden sein soll. Wirtschaftlich behält die Saar bis zu einem noch nicht genau festgelegten Zeitpunkt einen Sonderstatus; der französische Franc bleibt vorerst gültige Währung und auch die Zollunion soll nicht gleich abgeschafft werden. Frankreich erhält für einen Zeitraum von 20 Jahren Abbaurechte an 66 Millionen Tonnen saarländischer Kohle und bekommt weitere 24 Millionen Tonnen zum Gestehungspreis geliefert. Als weiteres Entgegenkommen verpflichtet sich die Bundesrepublik, die Mosel zu kanalisieren, was vor allem im Interesse des lothringischen Industriereviers liegt.

Deutsche Filme ausgezeichnet

22. Juni. Am Tag der Eröffnung der IV. Berliner Filmfestspiele werden die Deutschen Filmpreise verliehen. Die meisten Ehrungen entfallen auf den Helmut-Käutner-Film »Himmel ohne Sterne«, der die deutsche Teilung zum Thema hat. Großes Lob erntet auch der Streifen »Der 20. Juli«. Er entstand nach einem Buch des Widerstandskämpfers Günter Weisenborn. Unbestrittener Liebling des Publikums ist jedoch Hans Albers in seinem neuen Film »Vor Sonnenuntergang« (nach einem gleichnamigen Stück von Gerhart Hauptmann).

Abzug vom Sueskanal

18. Juni. Eine Epoche der Geschichte des britischen Weltreiches geht zu Ende. Seit 74 Jahren ist Ägypten, mit dem Sueskanal eine Schlüsselstellung für die Herrschaft über das Mittelmeer und den Zugang zum Persischen Golf, ununterbrochen in britischer Hand gewesen. Nun ist der letzte Soldat des Vereinigten Königreichs abgezogen worden; Ägypten hat die vollständige Kontrolle über sein Territorium bis auf die Sueskanalzone, die immer noch der internationalen Sueskanalgesellschaft untersteht. Gamal Abd el Nasser, auf dessen Politik der Abzug der Briten im wesentlichen zurückgeht, hat im ägyptischen Volk eine große Vertrauensstellung; in einem Plebiszit am 23. Juni wird die neue Präsidialverfassung des Landes, die Nasser ausgearbeitet hat, bestätigt und er selbst mit einer Mehrheit von 99,84 Prozent zum ersten Präsidenten gewählt.

Schwere Unwetter

27. Juni. Der Sommer wird in Deutschland mit einer ganzen Serie von schweren Gewittern eröffnet. Am 7. Juni werden in Berlin in einer Stunde 2137 schwere Blitze durch die Meteorologen in Dahlem gezählt. Gleich am übernächsten Tag geht ein weiteres Unwetter nieder, das eine Art von »Weltuntergangsstimmung« erzeugt. In der Bevölkerung wird viel über die Ursachen des schlechten Wetters diskutiert; immer mehr kommt man zu der Überzeugung, daß die Atombombenversuche der Großmächte daran schuld seien. Bei einer Versammlung von Nobelpreisträgern in Lindau (Bodensee) wird diese Vermutung aufgegriffen; drei der Nobelpreisträger versichern, daß sie keinen Zusammenhang zwischen den Versuchsexplosionen und der Verschlechterung des Klimas sehen.

Gold für »Halla«

Goldmedaillengewinner Thiedemann, Winkler und Lütke-Westhues (v. l.).

10. Juni. Da die strengen Quarantänebestimmungen Australiens, wo in diesem Jahr die Olympischen Sommerspiele stattfinden, die Einfuhr von Pferden erheblichen Restriktionen unterwerfen, ist im April dieses Jahres vom IOC beschlossen worden, die Wettbewerbe für die Reiter gesondert auszurichten. Dank einer hervorragenden Organisation wird die Veranstaltung in Stockholm zu einem einzigartigen Erfolg. Die deutsche Mannschaft schneidet als erfolgreichste Vertretung ab. Hans Günther Winkler gewinnt auf »Halla« das große olympische Jagdspringen, bei dem die deutsche Mannschaft mit Winkler, Fritz Thiedemann und Lütke-Westhues auch die Goldmedaille in der Mannschaftswertung erringt.

Alfons Lütke-Westhues holt zwei Silbermedaillen in den Militaryprüfungen, zu der eine weitere für die Mannschaft der Dressurreiter kommt.

1956

JULI

Mo	Di	Mi	Do	Fr	Sa	So
						1
2	3	4	5	6	7	8
9	10	11	12	13	14	15
16	17	18	19	20	21	22
23	24	25	26	27	28	29
30	31					

2. Zwei amerikanische Verkehrsflugzeuge stürzen nach einem Zusammenstoß in der Luft in den Grand Canyon; dabei kommen 127 Menschen ums Leben.

5. Der Bundestag verabschiedet Steuersenkungen, die vor allem kleineren Unternehmen zugutekommen.

5. Bundeskanzler Konrad Adenauer wird im Vatikan zu einer Privataudienz von Papst Pius XII. empfangen, der ihm große Anerkennung zollt.

5. Französische Tabakerzeugnisse werden zugunsten des Kriegs in Algerien mit einer 20prozentigen Sonderabgabe belegt.

6. Lew Hoad (Australien) gewinnt das Männer-Einzel in Wimbledon; am nächsten Tag siegt Shirley Fry bei den Damen.

9. Unter heftigen Debatten in der Bundesrepublik wird das Wehrpflichtgesetz vom Bundestag verabschiedet. →

9. Ein schweres Erdbeben auf der Insel Santorin (Ägäis) fordert 40 Menschenleben.

13. Mit 18,4 Millionen Beschäftigten wird in der Bundesrepublik ein neuer Höchststand erreicht, die Arbeitslosigkeit sinkt dagegen auf 2,5 Prozent.

17. In USA beginnt ein Streik von 650 000 Stahlarbeitern.

17. US-Präsident Dwight D. Eisenhower gibt seine erneute Kandidatur bekannt.

18. Nach dem Rücktritt von Parteichef Rákosi schlägt die ungarische Kommunistische Partei einen Reformkurs ein. →

25. Untergang des italienischen Passagierschiffes »Andrea Doria« im Atlantik. →

26. Nach der Weigerung Großbritanniens und der USA, den Assuanstaudamm zu finanzieren, verkündet Nasser die Verstaatlichung des Sueskanals. →

29. Die Tour de France endet in Paris mit dem Überraschungssieg des Außenseiters Walkowiak (Frankreich).

GESTORBEN:

7. Gottfried Benn (* 2. 5. 1886), deutscher Dichter. →

16. Bodo von Borries (* 22. 5. 1905), deutscher Physiker.

29. Ludwig Klages (* 10. 12. 1872), deutscher Philosoph.

Differenzen um Staudammbau bei Assuan

26. Juli. Seit einigen Jahren ist in Ägypten wieder ernsthaft der alte Plan eines großen Nildamms bei Assuan erörtert worden, durch den die ägyptische Landwirtschaft von den regelmäßigen Überschwemmungen des Nildeltas unabhängig gemacht werden soll. Die führenden westlichen Staaten und auch die Sowjetunion sind wegen finanzieller Hilfen angesprochen worden, ohne die ein solches gigantisches Projekt nicht verwirklicht werden könnte. Pläne eines Finanzierungskonsortiums, das aus Vertretern Großbritanniens, der USA und der Weltbank bestehen soll, haben schon greifbare Formen angenommen, als die Meldung von Waffenlieferungen aus dem Ostblock an Ägypten für Verstimmungen sorgt. Die westlichen Länder befürchten, daß das militärische Gleichgewicht im Nahen Osten, so wie es durch eigene Waffenlieferungen garantiert zu sein scheint, aus den Fugen gerät. Gerade aber die Drohung mit diesem Einfluß nutzt Staatspräsident Nasser als Druckmittel in der Assuanfrage. Als seine Botschafter in London und Washington um den Abschluß von Finanzierungsabkommen bitten, erhalten sie am 20. Juli jedoch abschlägigen Bescheid. Dies geschieht in der Annahme, daß die Sowjetunion gar nicht in der Lage ist, ihre früheren Hilfsangebote einzulösen. Nasser entschließt sich zur Offensive und verkündet die Verstaatlichung des Sueskanals.

In Frankreich und Großbritannien ist man über die Wegnahme »ihres« Kanals aufs äußerste betroffen. Offen droht Anthony Eden nach Rücksprache mit seinem französischen Amtskollegen Guy Mollet mit der Anwendung militärischer Gewalt; Flugzeugträger und andere Kriegsschiffe werden ins Mittelmeer abkommandiert. Der amerikanische Außenminister John Foster Dulles warnt vor einer übereilten Maßnahme, die möglicherweise das Eingreifen der Sowjetunion zur Folge haben könne. Eine rasch anberaumte Sitzung der Außenminister bringt keine Einigung über das weitere Vorgehen der Westmächte (→ März 1948, Juli 1970).

Wehrpflichtige mit den Zipfelmützen des »deutschen Michels« zeigen auf ihren »Persilkartons« Parolen für und gegen die Remilitarisierung.

Wieder Wehrpflicht

9. Juli. Der Bundestag stimmt nach erbitterten parlamentarischen und außerparlamentarischen Auseinandersetzungen dem Gesetz zu, das in der Bundesrepublik die allgemeine Wehrpflicht einführt und damit den Schlußstein der Wiederbewaffnung setzt. Alle Männer vom 18. bis zum 45. Lebensjahr müssen jetzt mit der Einberufung zu einem achtzehnmonatigen Wehrdienst rechnen. Für Kriegsdienstverweigerer aus Gewissensgründen werden bei den Wehrämtern Ausschüsse eingerichtet, die die Gründe der Antragsteller prüfen sollen. Redner der SPD war-

nen eindringlich vor den Folgen dieses Gesetzes für die DDR, wo zwangsläufig auch die Wehrpflicht eingeführt werden muß. Wie eine Umfrage des Nachrichtenmagazins »Der Spiegel« zeigt, stößt die allgemeine Wehrpflicht in der bundesdeutschen Bevölkerung eher auf Ablehnung.

Nur 38 Prozent der Befragten finden den Aufbau einer deutschen Armee gut, besonders unter dem erzieherischen Aspekt für die Jugend, 36 Prozent lehnen die Wehrpflicht ab und 26 Prozent sind in ihrer Haltung unentschieden.

Reformkurs der ungarischen KP

18. Juli. Nach dem Rücktritt von Mátyás Rákosi tritt Ernö Gerö an die Spitze der ungarischen KP. Er kündigt eine Verlangsamung der Kollektivierung in der Landwirtschaft an und will die Konsumgüterversorgung ausbauen. Die Forderungen des Petöfi-Klubs (→ Mai 1956) nach mehr individuellen Freiheiten will er zumindest wohlwollend prüfen. Als neue Mitglieder werden u. a. János Kádár und György Marosan in das Politbüro des Zentralkomitees gewählt, die erst am 11. Juli aus der Haft entlassen worden sind.

Ein Dichter des Nihilismus †

7. Juli. Im Alter von 70 Jahren stirbt in Berlin Gottfried Benn, einer der bedeutendsten deutschen Lyriker der Gegenwart. Benn, in Mansfeld (Westpriegnitz) geboren, arbeitete als Facharzt für Haut- und Geschlechtskrankheiten. Dieses Milieu bestimmt die Thematik seiner frühen, vom Expressionismus beeinflußten Gedichte (»Morgue«, 1912; »Fleisch«, 1917). Dem Ekel und Nihilismus begegnet Benn mit einem knappen Substantivstil, der Fremdwörter, Jargon und poetische Bilder vermischt (»Trunkene Flut«, 1949; »Aprèlude«, 1955).

Nasser trumpft auf

Nach der Verstaatlichung: Ein Schiffskonvoi fährt in den Sueskanal.

26. Juli. Am vierten Jahrestag der Absetzung von König Faruk durch eine Garde von jungen Offizieren hält Ägyptens Staatspräsident, Gamal Abd el Nasser, der selbst zu dieser Gruppe gehört hat, vor 150 000 Zuhörern in Kairo eine große Rede. In ihr verkündet er die sofortige Verstaatlichung des Sueskanals, der gerade erst von briti-

schen Soldaten geräumt worden ist. Die Guthaben der Internationalen Sueskanalgesellschaft werden eingefroren; schon während dieser Rede besetzt ägyptische Polizei die Kanalgebäude. Die Einkünfte aus dem Kanal sollen jetzt dem ägyptischen Volk zugute kommen; mit ihnen soll der Assuanstaudamm gebaut werden.

»Andrea Doria« sinkt

25. Juli. Nur noch 200 Seemeilen von dem Zielhafen New York entfernt, stößt das italienische Schiff »Andrea Doria« mit dem schwedischen Dampfer »Stockholm« zusammen. Die »Stockholm« reißt ein riesiges Loch in die Seite der »Andrea Doria«, die sich sofort zu neigen beginnt und innerhalb kurzer Zeit sinkt. Da die See ruhig ist, können 1692 Passagiere und Besatzungsmitglieder gerettet werden, etwa 50 kommen ums Leben. Über

die Ursache des Unglücks ist man sich nicht ganz im klaren; man nimmt aber an, daß reflektierende Nebelschichten die Radaranlagen beider Schiffe irritiert haben. Der Untergang der »Andrea Doria« bringt eine erste große Stunde des Livefernsehens, denn aus dem nahegelegenen New York eilen Kamerateams mit Hubschraubern heran und filmen die Rettungsaktionen und das Ende des gerade erst in Dienst gestellten Schiffes.

Das italienische Schiff »Andrea Doria« sinkt vor der amerikanischen Küste.

1956
AUGUST

Mo	Di	Mi	Do	Fr	Sa	So
		1	2	3	4	5
6	7	8	9	10	11	12
13	14	15	16	17	18	19
20	21	22	23	24	25	26
27	28	29	30	31		

3. Zum erstenmal seit 1950 sind in West-Berlin weniger als 100 000 Menschen arbeitslos.

6. Eine fürchterliche Explosion in einer Sprengstoffabrik in Cali (Kolumbien) fordert über 1000 Tote.

7. England und Frankreich beschließen, wegen der Sueskrise eine gemeinsame Streitmacht zu bilden.

8. Bei der schwersten Grubenkatastrophe der Nachkriegszeit in Marcinelle (Belgien) kommen 273 Bergleute ums Leben.

9. In Ägypten wird eine Nationale Befreiungsarmee gebildet. →

9. Am 7. Gesamtdeutschen Kirchentag in Frankfurt/M. nehmen auch 20 000 Besucher aus der DDR teil.

16. Durch die Aufstellung der demokratischen Kandidaten für die Wahlen zur amerikanischen Präsidentschaft beginnt der Wahlkampf in den USA. →

16. In Köln hat die Verfilmung von Carl Zuckmayers »Hauptmann von Köpenick« Premiere, die den Schauspieler Heinz Rühmann in einer Paraderolle zeigt; Regie: Helmut Käutner.

17. Bundesverfassungsgericht verbietet die KPD, weil ihre Zielsetzung nicht mit der Verfassung vereinbar ist. →

21. Bundeskanzler Konrad Adenauer nimmt gegen die geplante Umrüstung der USA auf Atomwaffen Stellung, weil diese die »größte Gefahr für die Menschheit« seien.

23. Ohne konkretes Ergebnis geht in London eine von England einberufene Sueskanalkonferenz von 22 Staaten zu Ende. →

30. In Düsseldorf Uraufführung des dramatischen Heimatfilms »Die Geierwally« mit Barbara Rütting in der Hauptrolle.

31. Die Arbeitslosigkeit erreicht in der Bundesrepublik mit 409 000 Beschäftigungslosen einen neuen Tiefststand.

GESTORBEN:

14. Bertolt Brecht (* 10. 2. 1898), deutscher Dichter und Stückeschreiber.

14. Konstantin von Neurath (* 2. 2. 1873), deutscher Diplomat.

25. Alfred Kinsey (* 23. 6. 1894), amerikanischer Sozialanthropologe.

Streitfall Sueskanal

23. August. Nach der Nationalisierung des Sueskanals bricht im Monat August eine rege Aktivität der internationalen Diplomatie aus. Durch einen deutlichen Einspruch gegenüber militärischen Plänen Frankreichs und Großbritanniens seitens des amerikanischen Außenministers John Foster Dulles sehen sich die Regierungen beider Länder gezwungen, alle Verhandlungsmöglichkeiten auszuschöpfen, um die Verstaatlichung rückgängig zu machen. In London versammeln sich die Vertretungen von 22 Ländern, darunter auch die Sowjetunion, um Ägypten ein Angebot zu machen, das den internationalen Charakter des Sueskanals wahren würde. Er soll von einer Körperschaft verwaltet werden, die von allen den Kanal benutzenden Staaten gebildet werden soll. Die Sowjetunion schließt sich diesem Vorschlag nicht an, sondern betont das Recht des souveränen Staates Ägypten, über Anlagen und Gesellschaften, die auf seinem Gebiet beheimatet sind, frei zu verfügen. Auch Gamal Abd el Nasser weist den Plan der Londoner Konferenz in brüskierender Form zurück.

Trauer um Brecht

Trauerfeier für den Dichter Bertolt Brecht (kleines Bild) in Ost-Berlin.

14. August. Im Alter von erst 58 Jahren stirbt Bertolt Brecht, der einflußreichste deutsche Bühnenautor des 20. Jahrhunderts. Brecht wuchs in Augsburg auf. Schon während seiner Augsburger Zeit entstanden expressionistische Stücke, für die er 1922 den Kleistpreis erhielt. »Trommeln in der Nacht«, »Im Dickicht der Städte« und »Baal« sind Werke, die noch stark von der moralischen und sinnlichen Betroffenheit durch den Ersten Weltkrieg gekennzeichnet sind.
Seit 1926 suchte Brecht den Kontakt zur kommunistischen Politik und begann zugleich mit dem Versuch, auch das Theater selbst zu revolutionieren. Mit den »Lehrstücken« und der theoretischen Schrift »Kleines Organon für das Theater« schuf er die Theatergeschichte prägende Werke. Nach dem Sieg der Nazis war Brecht gezwungen, ins Ausland zu gehen; sein Name stand auf der ersten Liste verfemter Autoren (→ August 1928, Februar 1933).
Im Exil schrieb er seine großen Stücke wie »Leben des Galilei«, »Mutter Courage«, »Der kaukasische Kreidekreis« und »Der gute Mensch von Sezuan«, die aber ihre großen Erfolge erst nach seiner Rückkehr nach Deutschland erlebten. Brecht ging nach Ost-Berlin und erhielt dort sein eigenes Theater, das »Theater am Schiffbauerdamm«, das dank seiner Inszenierungen zur bedeutendsten Bühne Berlins in diesen Jahren wurde.

Karlsruhe erklärt KPD für verfassungswidrig

17. August. Nach einem insgesamt fünfjährigen Verfahren verkündet das Bundesverfassungsgericht in Karlsruhe ein Urteil, das die Kommunistische Partei Deutschlands (KPD) für verfassungswidrig erklärt und ihre Auflösung verlangt. Das Urteil wird damit begründet, daß die Ziele »proletarische Revolution« und »Errichtung einer Diktatur des Proletariats« nicht mit dem Grundgesetz in Einklang stehen. Die KPD ist 1918 von Karl Liebknecht und Rosa Luxemburg gegründet worden und hat ein erstes Verbot am 27. 2. 1933 durch die Nationalsozialisten erlebt.
Noch am gleichen Tag werden die Büros der KPD geschlossen und die Druckereien beschlagnahmt. Innenminister Gerhard Schröder teilt mit, daß 33 Parteifunktionäre verhaftet worden sind; sie erwartet ein Verfahren wegen verfassungsfeindlicher Handlungen. Da das Urteil absehbar gewesen ist, haben sich die meisten führenden KPD-Mitglieder rechtzeitig in die DDR absetzen können.

Wahlkampfstart in den USA

16. August. Mit der Aufstellung der Präsidentschaftskandidaten wird in den USA die heiße Phase des Wahlkampfs eröffnet. Die Demokraten nominieren wieder Adlai Stevenson, der 1952 gegen Dwight D. Eisenhower verloren hat. Als Kandidat für das Amt des Vizepräsidenten wird der Senator Estes Kefauver aufgestellt. Nachdem Präsident Eisenhower sich für eine erneute Kandidatur zur Verfügung gestellt hat, wird er von den Republikanern einstimmig bestätigt.
Wichtigster Angriffspunkt für die Demokraten im anlaufenden Wahlkampf ist Eisenhowers angeschlagene Gesundheit, die keine konsequente Führung Amerikas mehr möglich mache. Zusätzliche Argumente ergeben sich aus der anhaltenden Sueskrise; die Demokraten versuchen, die in Amerika dominierende Stimmung gegen ein Eingreifen in Ägypten auszunutzen.

1956
SEPTEMBER

Mo	Di	Mi	Do	Fr	Sa	So
					1	2
3	4	5	6	7	8	9
10	11	12	13	14	15	16
17	18	19	20	21	22	23
24	25	26	27	28	29	30

1956
OKTOBER

Mo	Di	Mi	Do	Fr	Sa	So
1	2	3	4	5	6	7
8	9	10	11	12	13	14
15	16	17	18	19	20	21
22	23	24	25	26	27	28
29	30	31				

2. Manuel Fangio (Argentinien) wird zum viertenmal hintereinander Automobilweltmeister.

3. Der Amerikaner Parry O'Brien übertrifft mit einer Weite von 19,06 m zum erstenmal die 19-m-Marke im Kugelstoßen.

7. In einem Memorandum an die Sowjetregierung schlägt die Bundesregierung zum erstenmal direkte Verhandlungen über die Wiedervereinigung unter Wahrung der sowjetischen Sicherheitsinteressen vor.

9. Durchbruch für Elvis Presley in den USA durch die Ed-Sullivan-Show. →

9. Dave Sime (USA) läuft als erster Sportler die 220 Yards, das sind 201,75 m, in der Zeit von 20,0 Sekunden.

11. In Hannover Uraufführung des heiteren Spielfilms »Hochzeit auf Immenhof« mit Heidi Brühl und Paul Klinger in den Hauptrollen.

12. Israelische Truppen unternehmen einen »Vergeltungsangriff« auf einen jordanischen Kommandoposten, der 12 Tote fordert.

15. Otto Brenner wird zum Vorsitzenden der Industriegewerkschaft Metall gewählt.

15. Die Auswahl der Bundesrepublik Deutschland verliert in Hannover ein Fußballländerspiel gegen die Sowjetunion mit 1 : 2 (Halbzeit 1 : 2).

21. Zweite Londoner Konferenz über die Suezkrise ergebnislos abgebrochen.

21. Glanzvolle Uraufführung des ersten Schauspiels von Erich Maria Remarque »Die letzte Station« im Berliner Renaissance-Theater.

26. Israelische Einheiten unternehmen erneuten Vorstoß auf jordanisches Gebiet; die Kämpfe fordern auf beiden Seiten über 100 Tote. →

29. Über die 400-m-Hürden erzielt der Amerikaner Glenn Davis zum erstenmal mit 49,5 Sekunden eine Zeit unter der Schallgrenze von 50 Sekunden.

30. In Dresden stellt eine DDR-Staffel einen neuen Weltrekord über 4 × 100 m mit der Zeit von 45,1 Sekunden auf.

GESTORBEN:

11. Hans Carossa (* 15. 12. 1878), deutscher Dichter.

TV-Start für Elvis

9. September. Elvis Presley hat seit seinen ersten Erfolgen im Jahre 1954 schon mehrere aufsehenerregende Tourneen hinter sich gebracht – aufsehenerregend vor allem, weil die ekstatische Verzükkung seiner in der Mehrzahl weiblichen Fans bislang unbekannte Sicherungsmaßnahmen für Sänger und Zuschauer erforderlich gemacht hat. Doch die in Amerika wesentliche Anerkennung durch den Auftritt in einer der wirklich großen Fernsehshows hat bislang auf sich warten lassen. Ed Sullivan, beliebtester Showmaster der USA, geht schließlich das Wagnis ein. Für die Rekordgage von 50 000 Dollar verpflichtet er Elvis, zwei seiner Hits zu singen: »Heartbreak Hotel« und »Hound Dog«. 82,6 Prozent der amerikanischen Fernseher sind eingeschaltet, etwa 54 Millionen Menschen haben die Show gesehen. Der amerikanische Durchschnittsbürger reagiert auf den hüftschwenkenden Elvis mit absoluter Verständnislosigkeit; eine heftige öffentliche Debatte schließt sich dem Auftritt an. Darin wird Elvis als »Gefahr für die Jugend« bezeichnet, als »Sexbesessener«, der noch nicht einmal richtig singen könne. Doch keiner dieser Einwände kann seinen Erfolg aufhalten; Elvis Presley erhält für seine Lieder »Don't be cruel« und »Love me tender« die ersten goldenen Schallplatten.

In Blue Jeans und Pullovern werden auch in deutschen Tanzschulen Rock 'n' Roll und Boogie gelehrt. Die Tänze werden schnell gesellschaftsfähig.

Grenzkampf in Nahost

26. September. Das bislang weitgehend friedliche Verhältnis zwischen Israel und seinem östlichen Nachbarn Jordanien beginnt bedrohlich aggressive Formen anzunehmen. Gegenseitig werden von immer größeren militärischen Einheiten Siedlungen, kleinere Kommandoposten und Polizeistellen überfallen. Den vorläufigen Höhepunkt setzt am 26. September ein Angriff von 5000 israelischen Soldaten, der auf erbitterte Gegenwehr der Arabischen Legion stößt, einer jordanischen Eliteeinheit. Der israelisch-jordanische Konflikt wirkt auch in das Bündnis von Großbritannien und Frankreich hinein, die an Vorbereitungen zu einer gemeinsamen Intervention am Sueskanal arbeiten.

Frankreich hat Israel, dem stärksten Feind Nassers in dieser Region, vermehrt Waffen geliefert, während Großbritannien durch einen Beistandspakt mit Jordanien verbunden ist und außerdem in Israel seit den Mandatskämpfen des Jahres 1948 immer noch ein befeindetes Land sieht.

1. Die ARD beginnt mit der täglichen Ausstrahlung der Tagesschau.

2. Deutsche Erstaufführung der Theaterfassung von »Das Tagebuch der Anne Frank« im Rahmen der Berliner Festwochen.

6. Auf dem Bundeskongreß des DGB in Hamburg wird anstelle von Walter Freitag der 62jährige Willi Richter zum neuen Vorsitzenden gewählt.

12. Ende des Prozesses gegen die Angeklagten des Aufstandes von Posen (→ Juni 1956).

16. Umfassende Kabinettsumbildung in Bonn; Strauß wird Verteidigungsminister. →

17. Königin Elizabeth II. weiht das größte Atomkraftwerk auf der Erde im englischen Calder Hall ein; es soll nach vollendetem Ausbau 184 000 kW liefern.

21. Wiederwahl von Wladislaw Gomulka zum Parteichef der polnischen KP. →

22. In einem Handstreich gelingt französischen Einheiten die Festnahme von fünf Führern der algerischen FLN. →

24. In der ungarischen Hauptstadt Budapest bricht nach Massenkundgebungen und Demonstrationen ein Aufstand aus. →

25. Ägypten, Syrien und Jordanien vereinbaren einen gemeinsamen militärischen Oberbefehl ihrer Armeen.

25. János Kádár wird zum neuen ungarischen Parteichef ernannt.

28. Der neue ungarische Ministerpräsident Imre Nagy gibt bekannt, daß sich die russischen Truppen »in Kürze« aus Ungarn zurückziehen werden.

28. Der polnische Kardinal Wyszinski wird aus der Haft entlassen. →

28. Bei den Kommunalwahlen in Nordrhein-Westfalen, Hessen und Niedersachsen erleidet die CDU schwere Verluste; die SPD erzielt erhebliche Gewinne.

30. Israelische Truppen greifen auf breiter Front ägyptische Stellungen im Sinai an. →

GESTORBEN:

9. Lucie Höflich (* 20. 2. 1883), deutsche Schauspielerin.

26. Walter Wilhelm Gieseking (* 5. 11. 1895), deutscher Pianist.

Der rehabilitierte Wladislaw Gomulka während einer Rede in Warschau.

Polen auf neuem Kurs

21. Oktober. Unter dem Druck der Öffentlichkeit, die immer direkter Forderungen nach einer Demokratisierung des öffentlichen Lebens, Offenlegung der wirtschaftlichen Situation und Ablösung von der Sowjetunion fordert, wird eine außerordentliche Sitzung des Zentralkomitees der polnischen Arbeiterpartei in Warschau einberufen. Der erst kürzlich rehabilitierte Wladislaw Gomulka wird nachträglich in das Zentralkomitee aufgenommen.

Der weitere Verlauf der ZK-Sitzung ist bestimmt von einer ausführlichen Bestandsaufnahme der Situation der polnischen Wirtschaft, die von Gomulka vorgetragen wird. In ihr deckt er auf, daß der Gesamtertrag und die Produktivität pro Mann in der polnischen Kohlewirtschaft seit 1949 gesunken ist und kritisiert die miserable Wirtschaftspolitik der letzten Jahre. Er schlägt durchgreifende Maßnahmen zur Hebung der Produktivität vor und verlangt, daß die Kollektivierung in der Landwirtschaft überprüft wird. Seine Rede wird mit großen Beifall aufgenommen. Am 21. Oktober wird er mit sicherer Mehrheit wieder zum ersten Sekretär der polnischen Arbeiterpartei gewählt.

Eine große Überraschung bringen die Wahlen zum Politbüro des ZK: Der sowjetische Marschall Konstantin Rokossowski, der als Verteidigungsminister eine Art Vorposten der Sowjetunion in der polnischen Regierung gewesen ist, wird nicht wiedergewählt. Auch die polnischen Stalinisten werden fast alle abgewählt. In einer ersten Entschließung gibt das neue ZK bekannt, daß die Stellung des Sejm, des polnischen Parlaments, gestärkt werden soll und kündigt eine vorsichtige Rückkehr zur privaten Landwirtschaft an.

Unruhe herrscht zunächst noch wegen umlaufender Gerüchte über sowjetische Truppenkonzentrationen an der Grenze; doch nach einem Anruf von Nikita Chruschtschow am 23. Oktober, in dem er den neuen Kurs des polnischen Parteichefs Gomulka voll billigt, schwindet die Angst vor einer sowjetischen Intervention. Auf einer Massenkundgebung skizziert Gomulka seine Vorschläge zur Reform der polnischen Wirtschaft. Vier Tage später wird Kardinal Wyszinski aus der Haft entlassen und nimmt sein Amt als Primas der katholischen Kirche von Polen wieder ein. Marschall Rokossowski dagegen tritt auch vom Amt des Verteidigungsministers zurück.

Strauß löst Blank ab

16. Oktober. Wesentliches Ziel einer umfassenden Veränderung des Bundeskabinetts durch Bundeskanzler Konrad Adenauer ist die Neubesetzung des Verteidigungsministerpostens. Adenauer ist unzufrieden mit Theodor Blank, dem er mangelndes Durchsetzungsvermögen vorwirft. Widerstände gegen den Aufbau einer deutschen Armee habe Blank nicht ausräumen können, im Gegenteil: Durch den jüngsten Skandal um den Einsatz von ehemaligen Mitgliedern der Waffen-SS sei den Kritikern der Bundeswehr nur noch neues Argumentationsmaterial geliefert worden. Adenauer hat dem Nachwuchspolitiker Franz Josef Strauß die Aufgabe zugedacht, diese Widerstände im Parlament und in der Öffentlichkeit zu beseitigen. Nachfolger von Strauß im Atomministerium wird der bisherige Postminister Siegfried Balke. Bundesratsminister Hans-Joachim von

Franz Josef Strauß (CSU) wird neuer Verteidigungsminister.

Merkatz wird das Justizministerium unterstellt, dessen bisheriger Inhaber Fritz Neumayer wegen Streitigkeiten mit seiner Partei, der FDP, zurücktreten muß.

Coup gegen die FLN

22. Oktober. Am 20. und 21. Oktober nehmen die Führer der algerischen Befreiungsbewegung FLN an einer Feier beim Sultan von Marokko teil, auf der die Utopie einer nordafrikanischen Gemeinschaft von Algerien, Tunesien und Marokko beschworen wird. Französischen Stellen gelingt es, deren Maschine auf dem Rückflug nach Kairo nach Algier umzuleiten, wo sie von Einheiten der französischen Armee erwartet wird. Alle fünf FLN-Führer, unter ihnen der besonders gefürchtete Achmed Ben Bella, lassen sich widerstandslos gefangennehmen. Ihre Durchsuchung fördert allerdings nicht die erwarteten geheimen Papiere und Karten zutage, mit deren Hilfe man einen entscheidenden Schlag gegen die FLN führen wollte.

Die FLN-Führer Rabah Bitat, Mohammed Budiaf, Ait Achmed Hossin, Mohammed Chider und Mohammed Achmed Ben Bella (von links) nach der Verhaftung.

Volksaufstand in Ungarn beginnt

24. Oktober. Seit dem 21. Oktober, dem Tag der Wiederwahl Gomulkas in Polen, finden regelmäßig in Budapest Studentenkundgebungen statt, die von Tag zu Tag größer werden und auf denen der Unmut mit den von der kommunistischen Partei und der Sowjetunion bestimmten Verhältnissen laut wird. Die Öffentlichkeit fordert unter anderem den Abzug der sowjetischen Truppen, stärkere Anlehnung an den Westen, Abschaffung der Zensur, Befreiung der politischen Gefangenen, freie Wahlen, Mehrparteiensystem, freie Universitäten, radikalen Bruch mit den Stalinisten unter Rákosi, Reform der Landwirtschaft und Abschaffung der Flagge mit dem Sowjetstern sowie der sowjetischen Armeeuniformen. Angeregt wird auch die Übernahme der Regierung durch den im April 1955 entmachteten Imre Nagy, der nach Stalins Tod einen ersten Anlauf zur Liberalisierung unternommen hatte. Für den

Abend des 23. Oktober wird auf dem Budapester Bem-Platz eine Kundgebung einberufen, zu der etwa 100 000 Menschen erscheinen. Freiheitsgedichte werden verlesen, die Stimmung wird erregter. Schließlich stürzen Tausende von Menschen das sieben Meter hohe Stalindenkmal vom Sockel. Eine kleinere Gruppe von Demonstranten zieht zum Haus des Rundfunks, um die Verlesung der obengenannten Forderungen durchzusetzen. Sie bekommen eine Zusage, doch statt der Forderungen der Studenten ertönt die Stimme von Parteichef Ernö Gerö über die Lautsprecher, der die Demonstranten bedroht und die Freundschaft mit der Sowjetunion betont. Die aufgebrachte Menge versucht das Rundfunkhaus zu stürmen, in dem sich 500 Mann der ungarischen Sicherheitspolizei (AVO) aufhalten. Diese eröffnen das Feuer, eine Frau wird getötet. Dieser Augenblick, die provozierende Rede Gerös und die

Schüsse der AVO, können als eigentlich auslösendes Moment des ungarischen Aufstands bezeichnet werden. Jetzt nämlich beginnen sich die ersten Soldaten der Armee mit den waffenlosen Aufständischen zu solidarisieren und überlassen ihnen ihre Gewehre, MGs und Munition. Sogar Panzer werden zur Verfügung gestellt. Noch in der Nacht treffen russische Panzer in Budapest ein. Die Regierung verhängt das Standrecht und läßt im Radio verkünden, die sowjetischen Panzer seien nur gekommen, um die Ordnung wiederherzustellen. Sie werden mit Molotow-Cocktails empfangen. Am Morgen des 25. Oktober wird Imre Nagy zum neuen Ministerpräsidenten ausgerufen; Nachfolger von Gerö als Parteisekretär wird János Kádár. Doch die bürgerkriegsähnlichen Auseinandersetzungen nehmen kein Ende. In ganz Ungarn bilden sich Revolutionsräte und schicken Abgesandte nach Budapest. Am

Freitag, dem 26. Oktober, ist jede Form von Regierungskontrolle aufgelöst. In dieser Situation ergreift Imre Nagy die Initiative. Er erläßt am 28. Oktober einen Appell zur Einstellung des Feuers und erklärt, daß er von der Sowjetunion die Zusicherung erhalten habe, sie werde in Kürze alle ihre Truppen aus Ungarn zurückziehen. Die Grundsätze seines Regierungsprogramms nehmen die meisten Forderungen der Aufständischen auf. Am 29. Oktober beginnen sich die sowjetischen Panzer aus Budapest zurückzuziehen. Eine gewisse Normalisierung kehrt ein, doch bleibt die Versorgungslage prekär; in den Krankenhäusern können die 15 000 Verwundeten nur notdürftig versorgt werden. Ganz Ungarn befindet sich im Generalstreik. Es halten sich hartnäckig Gerüchte, daß die Russen weitere Einheiten auf ungarischem Gebiet zusammengezogen haben (→ Mai 1956, Juli 1956).

Die aufgebrachte Menge stürzt in Budapest das aus Anlaß des sowjetischen Sieges nach 1945 errichtete sieben Meter hohe Stalindenkmal vom Sockel. Die Zerstörung des Standbildes wird für die Ungarn zum Signal für den Aufstand.

Kundgebung ungarischer Studenten unter dem Denkmal des polnischen Revolutionsgenerals Josef Bem.

Der befreite Kardinal József Mindszenty auf einer Pressekonferenz.

Von alliierten Luftangriffen beschädigte Ortschaft am Sueskanal. Eine Frau sucht in den Trümmern nach Resten ihres Hab und Guts.

Paris und London greifen in Sues ein

30. Oktober. Israelische Truppen greifen in einem handstreichartigen Unternehmen auf breiter Front ägyptische Stellungen im Sinai an. Innerhalb kürzester Zeit wird eine ägyptische Stellung auf dem Sinai nach der anderen aufgelöst. Die von Frankreich zur Verfügung gestellten 60 Mystère-Düsenjäger sowie 200 Allradlastwagen haben die Schlagkraft der israelischen Armee beträchtlich verstärkt.

Noch am 30. Oktober richten Frankreich und Großbritannien, die sich als Schutzmächte des Sueskanals begreifen, an Israel und Ägypten ein Ultimatum, die Kämpfe binnen zwölf Stunden einzustellen und sich auf eine Linie jeweils 10 Meilen westlich und östlich des Kanals zurückzuziehen. Wie erwartet, wird das Ultimatum von Ägyptens Staatspräsident Gamal Abd el Nasser zurückgewiesen. Damit haben Frankreich und Großbritannien den erhofften Vorwand, um am Sueskanal militärisch zu intervenieren. Nach einiger Verzögerung beginnen die auf Zypern stationierten Bomber der Alliierten mit Angriffen auf ägyptische Flugplätze. Doch die sowjetischen Jäger haben sich zu diesem Zeitpunkt schon zurückgezogen und können also weder Gegenwehr leisten noch zerstört werden.

Bei der amerikanischen Führung hat das offenkundig abgesprochene Vorgehen Frankreichs, Großbritanniens und Israels gegen Ägypten heftigen Ärger hervorgerufen. Präsident Dwight D. Eisenhower steht kurz vor den Wahlen, die Sowjetunion ist durch ihr Vorgehen in Ungarn dabei, das erst kurz zuvor bei den Staaten der Dritten Welt erworbene Vertrauenskapital zu zerstören; es ist also absehbar, daß eine Intervention der Alliierten im Stil von Kolonialmächten des 19. Jahrhunderts nur Schaden anrichten kann, zumal der Sueskanal in der Einschätzung Amerikas endgültig in die Hände Ägyptens übergegangen ist. Bei einer Vollversammlung der Vereinten Nationen verurteilen Amerika und die Sowjetunion zusammen das Vorgehen der Alliierten und Israels. Doch die Intervention ist nicht aufzuhalten.

Die auf Zypern stationierten Bomber Großbritanniens und Frankreichs fliegen am 31. Oktober Luftangriffe auf ägyptische Flugplätze und die Kanalzone.

1956
NOVEMBER

Mo	Di	Mi	Do	Fr	Sa	So
			1	2	3	4
5	6	7	8	9	10	11
12	13	14	15	16	17	18
19	20	21	22	23	24	25
26	27	28	29	30		

1. Fortgesetzte Luftangriffe englischer und französischer Flugzeuge auf Ziele in Ägypten. →

1. Angesichts neuerlicher Aufmärsche von sowjetischen Truppen erklärt der ungarische Ministerpräsident Nagy Ungarn für neutral, kündigt fristlos die Mitgliedschaft im Warschauer Pakt und ruft die Vereinten Nationen um Hilfe an. →

2. Vollversammlung der Vereinten Nationen fordert sofortigen Abzug Israels vom Sinai und die Einstellung der britisch-französischen Kampfhandlungen.

4. Um 4 Uhr morgens beginnen 1000 sowjetische Panzer einen erneuten Angriff auf Budapest. →

5. Die englischen und französischen Einheiten beginnen, den ägyptischen Hafen Port Said mit Fallschirmjägern einzunehmen. →

6. Wiederwahl von Präsident Eisenhower in den USA.

7. Gemäß den Aufforderungen der Vereinten Nationen werden die Kriegshandlungen in Ägypten eingestellt. →

8. Israel erklärt sich unter dem Druck der USA bereit, seine Truppen vom Sinai zurückzuziehen. →

8. Die Entsendung einer UN-Friedenstruppe in den Nahen Osten wird beschlossen. →

14. Ungarns Ministerpräsident Kádár verspricht im Rundfunk die Beibehaltung der Reformen. →

15. Die ersten UN-Truppen landen auf ägyptischem Boden. →

17. In Westeuropa müssen als Folge eines Öllieferboykotts durch die arabischen Staaten Benzin und Heizöl rationiert werden. →

20. Der ehemalige jugoslawische Vizepräsident Milovan Djilas wird wegen Kritik an Tito verhaftet.

21. In Frankfurt/Main verliert die deutsche Nationalmannschaft ein Fußballländerspiel gegen die Schweiz mit 1:3 (Halbzeit 1:2).

22. Die XVI. Olympischen Spiele in Melbourne eröffnet. →

23. Der ungarische Ministerpräsident Imre Nagy wird mit unbekanntem Ziel verschleppt. →

GESTORBEN:

1. Pietro Badoglio (* 28. 9. 1871), italienischer Offizier.

2. Leo Baeck (* 23. 5. 1873), jüdischer Theologe.

Radio Budapest funkt um Hilfe

Am Monatsanfang werden sowjetische Panzereinheiten aus Budapest abgezogen; die Situation scheint sich zu stabilisieren.

1. November. Ministerpräsident Imre Nagy beschwert sich über den zögernden Abmarsch der Russen und kündigt die Mitgliedschaft Ungarns im Warschauer Pakt. Gleichzeitig proklamiert er die Neutralität Ungarns und appelliert an die Vereinten Nationen, für den Schutz dieser Neutralität Sorge zu tragen. Am 3. November verhandeln hohe ungarische und sowjetische Militärs über den Truppenabzug, doch kehren die Ungarn von diesen Gesprächen nicht mehr zurück.

In den Morgenstunden des 4. November beginnt die letzte Schlacht der ungarischen Freiheit. 1000 sowjetische Panzer, unterstützt von bombenabwerfenden Flugzeugen, greifen Budapest von allen Seiten gleichzeitig an. Bald muß die ungarische Armee ihre Unterlegenheit erkennen, zumal die Sowjets schnell alle wichtigen Knotenpunkte besetzen. Schon am Vormittag nehmen sie Radio Budapest ein, dessen letzte Sendung ein dramatischer Appell an den Westen ist: »Unsere Zeit ist kurz. Die Tatsachen sind bekannt. Helft Ungarn, helft der ungarischen Nation, den

János Kádár löst Ernö Gerö als Parteichef ab und bildet nach dem Zusammenbruch des Aufstands eine moskautreue neue ungarische Regierung.

General Pal Maleter, militärischer Anführer des Ungarn-Aufstands, auf dem Weg zu Verhandlungen mit sowjetischen Militärs. Er kehrt nicht zurück.

Arbeitern, Bauern, Intellektuellen. Hilfe! Hilfe! Hilfe!« Am gleichen Morgen schon meldet sich auf einer neuen Wellenlänge der seit dem 1. November spurlos verschwundene János Kádár; er habe eine Regierung von Arbeitern und Bauern gebildet, die im Interesse des ganzen Volkes die Russen zu Hilfe gerufen habe, »um die unheilvollen

Kräfte der Reaktion zu vernichten und Ruhe und Ordnung wiederherzustellen«.

Kardinal József Mindszenty, der Primas von Ungarn, der erst am 31. Oktober aus der Haft entlassen worden ist, sucht Zuflucht in der amerikanischen Botschaft. Angesichts des aussichtslosen Widerstandes setzt eine Massenflucht von

owjetpanzer brechen Ungarns Widerstand

In Budapest sind die breiten Boulevards mit Fahrzeugtrümmern übersät.

Russisches Panzerwrack in der zerstörten Budapester Innenstadt.

Die sowjetische Armee erleidet trotz ihrer Übermacht hohe Verluste.

Ungarn nach Österreich ein; die bewaffneten Gruppen gehen vom offenen Kampf zur Partisanentaktik über, die Arbeiterräte rufen den Generalstreik aus. Der amerikanische Präsident Dwight D. Eisenhower beschränkt sich auf einen scharfen Protest.

Spätestens am 11. November ist allen Beobachtern klar, daß der ungarische Aufstand gebrochen ist. Das Militär hat das Land weitgehend unter Kontrolle. János Kádár, der von den Sowjets als neuer Regierungschef bestätigt wird, versucht in immer neuen Rundfunkansprachen das Volk davon zu überzeugen, daß der Widerstand aussichtslos ist und macht gleichzeitig weitgehende Versprechungen über den künftigen Kurs seiner Regierung. Neue Unruhe wird im Land am 18. November durch die Meldung ausgelöst, daß russische Soldaten im großen Umfang Deportationen von Regimegegnern mit unbekanntem Ziel vornehmen. Kádár dementiert diese Meldungen, gibt aber gleichzeitig die Verhaftung von »Provokateuren« zu. Entgegen der Zusicherung freien Geleits wird der abgesetzte Ministerpräsident

Der abgesetzte Ministerpräsident Imre Nagy (stehend neben seinem Vorgänger Mátyás Rákosi) wird von den Sowjets mit unbekanntem Ziel verschleppt.

Nagy, der sich in der jugoslawischen Botschaft versteckt gehalten hat, von sowjetischen Militärs verschleppt, ohne daß etwas über seinen Verbleib bekannt wurde.

In Westeuropa werden die Kämpfe in Ungarn mit Empörung und Abscheu verfolgt. In Berlin demonstrieren am 5. November 100 000 Menschen.

Ein Rotarmist wird von der wütenden ungarischen Menge gelyncht.

Ausgebrannte Sowjetpanzer und zerstörte Häuser in einer Budapester Straße.

Sueskanalgefechte–Großmächte lenken ein

Französische Fallschirmjäger der Fremdenlegion werden sofort nach ihrer Landung in Port Fuad in Kämpfe mit ägyptischen Einheiten verwickelt.

Britische Soldaten mit einer erbeuteten ägyptischen Flagge im Hafen von Port Said. Auch die Engländer erleiden bei dem Einsatz Verluste.

Ein ägyptischer Lastkraftwagen wird von englischen Tiefffliegern angegriffen und geht nach einigen Treffern in Flammen auf.

5. November. Frankreich und Großbritannien greifen in den israelisch-ägyptischen Konflikt ein. Sie landen Fallschirmtruppen bei Port Said und Port Fuad. Insgesamt 7000 englische und französische Soldaten sollen hier einen Brückenkopf bilden, von dem aus der gesamte Sueskanal besetzt werden soll. Am Abend des 5. Novembers appelliert der sowjetische Ministerpräsident Nikolai Bulganin an US-Präsident Eisenhower, gemeinsam gegen die Intervention vorzugehen, was von Eisenhower unter Hinweis auf Ungarn entrüstet abgelehnt wird. Doch Bulganin droht den Alliierten: Die Sowjetunion sei bereit, durch Gewaltanwendung den Frieden im Nahen Osten wiederherzustellen. Diese Drohung wiederum können die USA nicht unwidersprochen lassen. Aus der Konfrontation im Nahen Osten hat sich eine Machtprobe der Großmächte entwickelt.

In Ägypten versucht der ägyptische Staatspräsident Gamal Abd el Nasser der kämpfenden Truppe Mut mit der Mitteilung zu machen, daß das Eingreifen der Sowjetunion binnen kurzem zu erwarten sei: »Der dritte Weltkrieg hat begonnen«, heißt es in Lautsprecheransagen. Auf diplomatischem und direktem Wege setzt die amerikanische Regierung ihre Verbündeten in Westeuropa unter Druck, um den UN-Appell zur Feuereinstellung anzunehmen. Doch die französischen und englischen Truppen stellen die Kampfhandlungen erst am 7. November ein.

Langwierige Verhandlungen über den Abzug der Interventionstruppen beginnen. In ihren Heimatländern werden bald die Folgen des Unternehmens spürbar: Durch die Sprengung von Leitungen ist die Lieferung von einem Viertel der Ölversorgung aus dem Nahen Osten unmöglich gemacht. Die arabischen Staaten weigern sich, Öl an Gesellschaften zu verkaufen, die auch mit England und Frankreich in Verbindung stehen. Die Vorräte gehen rasch zur Neige. Außerdem werden die Drohungen der Sowjetunion immer massiver. Der NATO-Oberkommandierende General Gruenther sieht sich veranlaßt, vor dem Einsatz von Nuklearraketen zu warnen, durch die die Sowjetunion zerstört werden würde.

Angesichts einer weltweiten Auseinandersetzung lenken England und Frankreich ein. Am 21. November landen die ersten Einheiten einer UN-Friedenstruppe in Port Said, um den Abzug der Alliierten zu decken, der am 22. Dezember abgeschlossen sein soll.

Die Bilanz des Unternehmens ist für die Interventen deprimierend. Statt den Sueskanal wieder unter Kontrolle zu bekommen, ist er durch 46 versenkte Schiffe gesperrt und kann vorerst überhaupt nicht benutzt werden. Statt den Zerfall des Einflusses in Nordafrika aufzuhalten, ist die Stellung der Alliierten jetzt moralisch wie politisch so schwach wie nie.

Die Macht des ägyptischen Staatspräsidenten ist durch das Unternehmen nicht, wie erhofft, untergraben, sondern gefestigt worden. Am 30. November verabschieden die Amerikaner ein Notstandsprogramm für die Ölversorgung Westeuropas, nachdem seit dem 17. November in Frankreich und Großbritannien Heizöl und Benzin streng rationiert worden waren.

Die Ägypter sperren das Nordende des Sueskanals mit versenkten Schiffen. Im Vordergrund sind französische Fallschirmjäger der Fremdenlegion zu sehen.

Der blockierte Sueskanal bei Port Said. Einige der insgesamt 46 versenkten Schiffe ragen nur noch mit den Schornsteinen aus dem Wasser.

Der 19jährige »schwarze Panther« Charles Dumas hält den Weltrekord mit 2,15 m und gewinnt in Melbourne die Goldmedaille mit einem Sprung über 2,12 m.

Olympia in Melbourne

22. November. In Melbourne werden die XVI. Olympischen Sommerspiele eröffnet. Die Entscheidung des Internationalen Olympischen Komitees, die Sommerspiele zum erstenmal an eine Stadt auf dem australischen Kontinent zu vergeben, hat nicht nur Beifall gefunden. Für viele Sportler stellt die lange Anreise und der spät im Jahr liegende Termin ein Problem dar, weil ihr Leistungshoch normalerweise in den Sommermonaten August und September liegt. Vor 103 000 Zuschauern werden die Spiele von Prinz Philip, dem Gatten der englischen Königin, feierlich eröffnet. An den Spielen nehmen diesmal über 4000 Athleten aus 76 Ländern teil; zum erstenmal sind auch Sportler aus der DDR vertreten, die zusammen mit den Teilnehmern aus der Bundesrepublik eine gesamtdeutsche Mannschaft bilden. Langen Streit hat es um die Flagge gegeben, mit der diese Mannschaft ins Stadion einziehen soll, bis man sich dann schließlich auf eine spezielle Olympiaflagge (schwarzrotgold mit dem Olympiaemblem) geeinigt hat.

Die anfängliche Skepsis wegen der nur schleppend anlaufenden Vorbereitungen in Melbourne auf die Olympiade sind wenige Tage nach Beginn verflogen. Selbst IOC-Präsident Avery Brundage schwärmt: »Niemals sah ich Menschen eines Olympialandes von solch glühender Begeisterung für unsere Spiele erfüllt wie die Australier« (→ Dezember 1956).

Die gesamtdeutsche Mannschaft marschiert ins Stadion von Melbourne ein.

Der Russe Wladimir Kuz wird Nachfolger Emil Zatopeks (→ Dez. 1956).

1956
DEZEMBER

Mo	Di	Mi	Do	Fr	Sa	So
					1	2
3	4	5	6	7	8	9
10	11	12	13	14	15	16
17	18	19	20	21	22	23
24	25	26	27	28	29	30
31						

1. Eine deutsche Frauenstaffel stellt in Melbourne einen neuen Weltrekord über 4 × 100 m in der Zeit von 44,9 Sekunden auf.

3. Die Regierungen von Großbritannien und Frankreich geben bekannt, daß sie ihre Truppen unverzüglich aus Ägypten zurückziehen werden.

3. Die ungarische Regierung lehnt den Besuch einer UN-Delegation ab.

4. Die Zahl der nach Österreich geflüchteten Ungarn wird mit 110 000 angegeben.

5. Zum erstenmal seit der Berlin-Blockade 1949 werden an der Grenzkontrollstelle Berlin-Babelsberg amerikanische Transporte von sowjetischen Soldaten festgehalten.

5. Der Deutsche Bundestag beschließt gegen die Stimmen der SPD die Einführung einer zwölfmonatigen Wehrpflicht.

10. In Stockholm werden die Nobelpreise vergeben. →

14. Der amerikanische Verteidigungsminister Wilson lehnt die Weitergabe von Atomwaffen an europäische Staaten ab.

15. In Nordirland wird nach einer Serie von Anschlägen der IRA der Ausnahmezustand durch die britische Regierung verhängt.

16. UN-Truppen übernehmen die Kontrolle in der ägyptischen Hafenstadt Port Said.

19. In München hat der Spielfilm »Sissi, die junge Kaiserin« Premiere; in den Hauptrollen Romy Schneider und Karlheinz Böhm.

21. In vielen Städten der Bundesrepublik läuft der amerikanische Spielfilm »Giganten« (Regisseur George Stevens) an, in dem der 1955 verunglückte James Dean seine letzte große Rolle spielt.

22. Otto John (→ Juli 1954) wird wegen Landesverrats zu vier Jahren Gefängnis verurteilt.

23. Die deutsche Fußballnationalmannschaft gewinnt in Köln ein Länderspiel gegen Belgien mit 4 : 2 (Halbzeit 2 : 1); damit hat sie von acht Spielen dieses Jahres fünf verloren, zwei gewonnen und eines unentschieden beendet.

GESTORBEN:

14. Juno Kusti Paasikivi (* 27. 11. 1870), finnischer Politiker.

Forßmann erhält Nobelpreis für Selbstversuch

Werner Forßmann.

Juan Ramón Jiménez.

10. Dezember. Zu den Nobelpreisträgern gehört der deutsche Arzt Werner Forßmann, der für seinen aufsehenerregenden Selbstversuch mit einem Herzkatheter geehrt wird. Er muß sich den Medizinpreis allerdings mit André Cournand und Dickinson W. Richards (beide USA) teilen. Für die wissenschaftlich und vor allem auch technisch bedeutende Erfindung und Entwicklung des Transistors werden die amerikanischen Physiker Walter H. Brattain, John Bardeen und William Shockley ausgezeichnet, während der Chemiepreis zu gleichen Teilen an den Briten Cyril Norman Hinshelwood und den Russen Nikolai Nikolajewitsch Semjonow für ihre Arbeiten über den Mechanismus der chemischen Reaktionen verliehen wird. Den Literaturnobelpreis erhält der Spanier Juan Ramón Jiménez, der als bedeutendster zeitgenössischer Dichter der spanischen Sprache gilt. Auf die Vergabe eines Friedensnobelpreises ist verzichtet worden.

Die internationalen Spitzensportler zeigen auf der Olympiade in Melbourne hervorragende Leistungen. Schon während der ersten Woche der Spiele hat sich gezeigt, daß der Russe Wladimir Kuz diesmal die Langstrecken ähnlich beherrschen wird, wie man es 1952 in Helsinki bei Emil Zatopek gesehen hat. Kuz gewinnt die 10 000 m überlegen in neuer Rekordzeit. Er löscht auch den alten olympischen Rekord von Zatopek über 5000 m aus dem Jahr 1952. Zatopek selbst nimmt nur noch am Marathonlauf teil, kann aber nur Sechster werden. Es siegt hier der Algerier Alain Mimoun, der in Helsinki gegen Zatopek verloren hat. Auf den Sprintstrecken dominiert in Melbourne der Amerikaner Bobby Morrow, der über 100 m und 200 m gewinnt; eine weitere Goldmedaille holt er sich mit der US-Staffel über 4×100 m, die in der neuen Weltrekordzeit von 39,5 Sekunden siegt. Mit diesen drei Goldmedaillen ist Morrow erfolgreichster Teilnehmer dieser Spiele. Bei den Frauen nimmt die Australierin Betty Cuthbert auf den Kurzstrecken eine gleichermaßen dominierende Stellung ein. Auch sie gewinnt über 100 m, 200 m und in der 4×100-m-Staffel. Noch beliebter beim heimischen australischen Publikum ist allerdings Shirley Strickland-De la Hunty, die über 80-m-Hürden siegt und auch in der erfolgreichen 100-m-Staffel mitläuft. Bei den Olympischen Spielen 1948, 1952 und 1956 hat sie drei Gold-, eine Silber- und drei Bronzemedaillen gewonnen.

Erfolgreichste deutsche Teilnehmerin ist Christa Stubnick aus Ost-Berlin, die je eine Silbermedaille über 100 m und 200 m holt. Insgesamt schneidet die deutsche Vertretung besser ab als 1952 in Helsinki. Sie kann vier Goldmedaillen verbuchen, die durch Wolfgang Behrendt im Boxen (Bantamgewicht), Helmut Bantz im Turnen (Pferdsprung), Scheuer/Miltenberger im Zweierkajak der Herren (1000 m) und Ursula Happe im Schwimmen (200-m-Brust) gewonnen werden.

Trotz der für die Athleten nicht einfachen Bedingungen werden unerwartete Höchstleistungen erzielt; von 33 Wettbewerben schließen 22 mit neuen olympischen Rekorden. Eine weitere Besonderheit gibt es noch am Schlußtag bei der Abschiedsfeier; die Athleten kommen nicht nach Nationen geordnet ins Stadion.

König der Leichtathleten von Melbourne wird der farbige Modellathlet Milton Campbell. Der 1,90 m große US-Amerikaner wird vor seinem Landsmann Johnson und dem Russen Kusnetzow Sieger im Zehnkampf. Seine Spezialdisziplin ist das Diskuswerfen.

Der 13fache deutsche Meister Helmut Bantz gehört zu den Favoriten im Kunstturnen. Er gewinnt gemeinsam mit Muratov eine Goldmedaille am Langpferd. Unser Bild zeigt ihn beim Abgang vom Barren.

Leichtathletik Männer

100 m
1. Robert Morrow — USA — 10,5
2. Thane Baker — USA — 10,5
3. Hector Hogan — AUS — 10,6

200 m
1. Robert Morrow — USA — 20,6
2. Andrew Stanfield — USA — 20,7
3. W. Thane Baker — USA — 20,9

400 m
1. Charles Jenkins — USA — 46,7
2. Karl-Friedrich Haas — D — 46,8
3. Voitto Hellsten — FIN — 47,0
3. Ardalion Ignatyev — SOV — 47,0

800 m
1. Thomas Courtney — USA — 1:47,7
2. Derek Johnson — GBR — 1:47,8
3. Audun Boysen — NOR — 1:48,1

1500 m
1. Ron Delany — IRL — 3:41,2
2. Klaus Richtzenhain — D — 3:42,0
3. John Landy — AUS — 3:42,0

5000 m
1. Vladimir Kuts — SOV — 13:39,6
2. Gordon Pirie — GBR — 13:50,6
3. Derek Ibbotson — GBR — 13:54,4

10 000 m
1. Vladimir Kuts — SOV — 28:45,6
2. József Kovács — UNG — 28:52,4
3. Allan Lawrence — AUS — 28:53,6

Marathon
1. Alain Mimoun — FRA — 2:25:00,0
2. Franjo Mihalič — YUG — 2:26:32,0
3. Veikko Karvonen — FIN — 2:27:47,0

110-m-Hürden
1. Lee Calhoun — USA — 13,5
2. Jack Davis — USA — 13,5
3. Joel Shankle — USA — 14,1

400-m-Hürden
1. Glenn Davis — USA — 50,1
2. Eddie Southern — USA — 50,8
3. Josh Culbreath — USA — 51,6

3000-m-Hindernislauf
1. Christopher Brasher — GBR — 8:41,2
2. Sándor Rozsnyói — UNG — 8:43,6
3. Ernst Larsen — NOR — 8:44,0

4×100-m-Staffel
1. USA — 39,5 (Ira Murchison, Leamon King, Thane Baker, Robert Morrow)
2. SOV — 39,8 (Boris Tokaryev, Vladimir Sukharyev, Leonid Bartenyev, Yury Konovalov)
3. D — 40,3 (Lothar Knörzer, Leonhard Pohl, Heinz Fütterer, Manfred Germar)

4×400-m-Staffel
1. USA — 3:04,8 (Louis Jones, Jesse Mashburn, Charles Jenkins, Thomas Courtney)
2. AUS — 3:06,2 (Leon Gregory, David Lean, Graham Gipson, Kevin Gosper)
3. GBR — 3:07,2 (John Salisbury, Michael Wheeler, F. Peter Higgins, Derek Johnson)

20-km-Gehen
1. Leonid Spirin — SOV — 1:31:27,4
2. Antanas Mikenas — SOV — 1:32:03,0
3. Bruno Yunk — SOV — 1:32:12,0

50-km-Gehen
1. Norman Read — NSE — 4:30:42,8
2. Yevgeny Maskinskov — SOV — 4:32:57,0
3. John Ljunggren — SWE — 4:35:02,0

Hochsprung
1. Charles Dumas — USA — 2,12
2. Charles Porter — AUS — 2,10
3. Igor Kaschkarov — SOV — 2,08

Stabhochsprung
1. Robert Richards — USA — 4,56
2. Robert Gutowski — USA — 4,53
3. Georgios Roubanis — GRE — 4,50

Weitsprung
1. Gregory Bell — USA — 7,83
2. John Bennett — USA — 7,68
3. Jorma Valkama — FIN — 7,48

Dreisprung
1. Adhemar Ferreira Da Silva — BRA — 16,35
2. Vilhjálmur Einarsson — ISL — 16,26
3. Vitold Kreyer — SOV — 16,02

Kugelstoßen
1. Parry O'Brien — USA — 18,57
2. William Nieder — USA — 18,18
3. Jiří Skobla — ČSR — 17,65

Diskuswerfen
1. Alfred Oerter — USA — 56,36
2. Fortune Gordien — USA — 54,81
3. Desmond Koch — USA — 54,40

Hammerwerfen
1. Harold Connolly — USA — 63,19
2. Mikhail Krivonosov — SOV — 63,03
3. Anatoly Samotsvyetov — SOV — 62,56

Speerwerfen
1. Egil Danielsen — NOR — 85,71
2. Janusz Sidlo — POL — 79,98
3. Viktor Tsybulenko — SOV — 79,50

Zehnkampf
1. Milton Campbell — USA — 7937
2. Rafer Johnson — USA — 7587
3. Vassily Kuznyetsov — SOV — 7465

Leichtathletik Frauen

100 m
1. Betty Cuthbert — AUS — 11,5
2. Christa Stubnick — D — 11,7
3. Marlene Matthews — AUS — 11,7

200 m
1. Betty Cuthbert — AUS — 23,4
2. Christa Stubnick — D — 23,7
3. Marlene Matthews — AUS — 23,8

80-m-Hürden
1. Shirley de la Hunty — AUS — 10,7
2. Gisela Köhler — D — 10,9
3. Norma Thrower — AUS — 11,0

4×100-m-Staffel
1. AUS — 44,5 (Shirley de la Hunty, Norma Croker, Fleur Mellor, Betty Cuthbert)
2. GBR — 44,7 (Anne Pashley, Jean Scrivens, June Paul-Foulds, Heather Armitage)
3. USA — 44,9 (Mae Faggs, Margaret Matthews, Wilma Rudolph, Isabelle Daniels)

Hochsprung
1. Mildred McDaniel — USA — 1,76
2. Maria Pissaryeva — SOV — 1,67
3. Thelma Hopkins — GBR — 1,67

Weitsprung
1. Elzbieta Krzesinska — POL — 6,35
2. Willye White — USA — 6,09
3. Nadyeschda Dvalischvili — SOV — 6,07

Kugelstoßen
1. Tamara Tyschkevitsch — SOV — 16,59
2. Galina Zybina — SOV — 16,53
3. Marianne Werner — D — 15,61

Diskuswerfen
1. Olga Fikotová — ČSR — 53,69
2. Irina Boglyakova — SOV — 52,54
3. Nina Ponomaryeva-Romaschkova — SOV — 52,02

Speerwerfen
1. Inese Yaunzeme — SOV — 53,86
2. Marlene Ahrens — CHI — 50,38
3. Nadyeschda Konyayeva — SOV — 50,28

Schwimmen Männer

100-m-Kraul
1. Jon Henricks — AUS — 55,4
2. John Devitt — AUS — 55,8
3. Gary Chapman — AUS — 56,7

400-m-Kraul
1. Murray Rose — AUS — 4:27,3
2. Tsuyoshi Yamanaka — JAP — 4:30,4
3. George Breen — USA — 4:32,5

1500-m-Kraul
1. Murray Rose — AUS — 17:58,9
2. Tsuyoshi Yamanaka — JAP — 18:00,3
3. George Breen — USA — 18:08,2

100-m-Rücken
1. David Theile — AUS — 1:02,2
2. John Monckton — AUS — 1:03,2
3. Frank McKinney — USA — 1:04,5

200-m-Brust
1. Masaru Furukawa — JAP — 2:34,7
2. Masahiro Yoshimura — JAP — 2:36,7
3. Charis Yunitschev — SOV — 2:36,8

200-m-Butterfly
1. William Yorzik — USA — 2:19,3
2. Takashi Ishimoto — JAP — 2:23,8
3. György Tumpek — UNG — 2:23,9

4×200-m-Kraulstaffel
1. AUS — 8:23,6 (Kevin O'Halloran, John Devitt, Murray Rose, Jon Henricks)
2. USA — 8:31,5 (Richard Hanley, George Breen, William Woolsey, Ford Konno)
3. SOV — 8:34,7 (Vitaly Sorokin, Vladimir Struschanov, Gennady Nikolayev, Boris Nikitin)

Kunstspringen
1. Robert Clotworthy — USA — 159,56
2. Donald Harper — USA — 156,23
3. Joaquin Capilla Pérez — MEX — 150,69

Turmspringen
1. Joaquin Capilla Pérez — MEX — 152,44
2. Gary Tobian — USA — 152,41
3. Richard Connor — USA — 149,79

Wasserball
1. Ungarn
2. Jugoslawien
3. Sowjetunion

Schwimmen Frauen

100-m-Kraul
1. Dawn Fraser — AUS — 1:02,0
2. Lorraine Crapp — AUS — 1:02,3
3. Faith Leech — AUS — 1:05,1

400-m-Kraul
1. Lorraine Crapp — AUS — 4:54,6
2. Dawn Fraser — AUS — 5:02,5
3. Sylvia Ruuska — USA — 5:07,1

200-m-Brust
1. Ursula Happe — D — 2:53,1
2. Éva Székely — UNG — 2:54,8
3. Eva-Maria Ten Elsen — D — 2:55,1

100-m-Rücken
1. Judith Grinham — GBR — 1:12,9
2. Carin Cone — USA — 1:12,9
3. Margaret Edwards — GBR — 1:13,1

1956 Melbourne

100-m-Butterfly

1.	Shelley Mann	USA	1:11,0
2.	Nancy Ramey	USA	1:11,9
3.	Mary Sears	USA	1:14,4

4 × 100-m-Kraulstaffel

1.	AUS	4:17,1	(Dawn Fraser, Faith Leech, Sandra Morgan, Lorraine Crapp)
2.	USA	4:19,2	(Sylvia Ruuska, Shelley Mann, Nancy Simons, Joan Rosazza)
3.	SAF	4:25,7	(Jeanette Myburgh, Susan Roberts, Natalie Myburgh, Moira Abernathy)

Kunstspringen

1.	Patricia McCormick	USA	142,36
2.	Jeanne Stunyo	USA	125,89
3.	Irene MacDonald	CAN	121,40

Turmspringen

1.	Patricia McCormick	USA	84,85
2.	Juno Irwin-Stover	USA	81,64
3.	Paula Jean Myers	USA	81,58

Boxen

Fliegengewicht

1.	Terence Spinks	GBR
2.	Mircea Dobrescu	RUM
3.	John Caldwell	IRL
3.	René Libeer	FRA

Bantamgewicht

1.	Wolfgang Behrendt	D
2.	Soon-Chun Song	KOR
3.	Frederick Gilroy	IRL
3.	Claudio Barrientos	CHI

Federgewicht

1.	Vladimir Safronov	SOV
2.	Thomas Nicholls	GBR
3.	Henryk Niedzwiedzki	POL
3.	Pentti Hämäläinen	FIN

Leichtgewicht

1.	Richard McTaggart	GBR
2.	Harry Kurschat	D
3.	Anthony Byrne	IRL
3.	Anatoly Lagetko	SOV

Halbweltergewicht

1.	Vladimir Yengibaryan	SOV
2.	Franco Nenci	ITA
3.	Henry Loubscher	SAF
3.	Constantin Dumitrescu	RUM

Weltergewicht

1.	Nicolae Linca	RUM
2.	Frederick Tiedt	IRL
3.	Kevin John Hogarth	AUS
3.	Nicholas Gargano	GBR

Halbmittelgewicht

1.	László Papp	UNG
2.	José Torres	USA
3.	John McCormack	GBR
3.	Zbigniew Pietrzykowski	POL

Mittelgewicht

1.	Gennady Schatkov	SOV
2.	Ramón Tapia	CHI
3.	Gilbert Chapron	FRA
3.	Victor Zalazar	ARG

Halbschwergewicht

1.	James Felton Boyd	USA
2.	Gheorghe Negrea	RUM
3.	Romualdas Murauskas	SOV
3.	Carlos Lucas	CHI

Schwergewicht

1.	T. Peter Rademacher	USA
2.	Lev Mukhin	SOV
3.	Daniel Bekker	SAF
3.	Giacomo Bozzano	ITA

Ringen, griechisch-römischer Stil

Fliegengewicht

1.	Nikolay Solovyov	SOV
2.	Ignazio Fabra	ITA
3.	Durum Ali Egribaş	TUR

Bantamgewicht

1.	Konstantin Vyrupayev	SOV
2.	Edvin Vesterby	SWE
3.	Francisc Horvat	RUM

Federgewicht

1.	Rauno Mäkinen	FIN
2.	Imre Polyák	UNG
3.	Roman Dzneladze	SOV

Leichtgewicht

1.	Kyösti Lehtonen	FIN
2.	Riza Dogan	TUR
3.	Gyula Tóth	UNG

Weltergewicht

1.	Mithat Bayrak	TUR
2.	Vladimir Maneyev	SOV
3.	Per Berlin	SWE

Mittelgewicht

1.	Givy Kartoziya	SOV
2.	Dimiter Dobrev	BUL
3.	Rune Jansson	SWE

Halbschwergewicht

1.	Valentin Nikolayev	SOV
2.	Petko Sirakov	BUL
3.	Karl-Erik Nilsson	SWE

Schwergewicht

1.	Anatoly Parfenov	SOV
2.	Wilfried Dietrich	D
3.	Adelmo Bulgarelli	ITA

Abkürzungsschlüssel siehe Register

Gewichtheben

			Beidarmiges Drücken	Beidarmiges Reißen	Beidarmiges Stoßen	Total
Bantamgewicht						
1.	Charles Vinci	USA	105,0	105,0	132,5	342,5
2.	Vladimir Stogov	SOV	105,0	105,0	127,5	337,5
3.	Mahmoud Namdjou	IRA	100,0	102,5	130,0	332,5
Federgewicht						
1.	Isaac Berger	USA	107,5	107,5	137,5	352,5
2.	Yevgeny Minayev	SOV	115,0	100,0	127,5	342,5
3.	Marian Zielinski	POL	105,0	102,5	127,5	335,0
Leichtgewicht						
1.	Igor Rybak	SOV	110,0	120,0	150,0	380,0
2.	Rafael Khabutdinov	SOV	125,0	110,0	137,5	372,5
3.	Chang-Hee Kim	KOR	107,5	112,5	150,0	370,0
Mittelgewicht						
1.	Fyodor Bogdanovsky	SOV	132,5	122,5	165,0	420,0
2.	Peter George	USA	122,5	127,5	162,5	412,5
3.	Ermanno Pignatti	ITA	117,5	117,5	147,5	382,5
Leichtschwergewicht						
1.	Thomas Kono	USA	140,0	132,5	175,0	447,5
2.	Vasily Stepanov	SOV	135,0	130,0	162,5	427,5
3.	James George	USA	120,0	130,0	167,5	417,5
Mittelschwergewicht						
1.	Arkady Vorobyov	SOV	147,5	137,5	177,5	462,5
2.	David Sheppard	USA	140,0	137,5	165,0	442,5
3.	Jean Debuf	FRA	130,0	127,5	167,5	425,0
Schwergewicht						
1.	Paul Anderson	USA	167,5	145,0	187,5	500,0
2.	Humberto Selvetti	ARG	175,0	145,0	180,0	500,0
3.	Alberto Pigaiani	ITA	150,0	130,0	172,5	452,5

Freistilringen

Fliegengewicht

1.	Mirian Tsalkalamanidze	SOV
2.	Mohamad-Ali Khojastehpour	IRA
3.	Hüseyin Akbaş	TUR

Bantamgewicht

1.	Mustafa Dagistanli	TUR
2.	Mohamad Yaghoubi	IRA
3.	Mikhail Schakhov	SOV

Federgewicht

1.	Shozo Sasahara	JAP
2.	Joseph Mewis	BEL
3.	Erkki Penttilä	FIN

Leichtgewicht

1.	Emamali Habibi	IRA
2.	Shigeru Kasahara	JAP
3.	Alimbeg Bestayev	SOV

Weltergewicht

1.	Mitsuo Ikeda	JAP
2.	Ibrahim Zengin	TUR
3.	Vakhtang Balavadze	SOV

Mittelgewicht

1.	Nikola Stantschev	BUL
2.	Daniel Hodge	USA
3.	Georgy Skhirtladze	SOV

Halbschwergewicht

1.	Gholam-Reza Takhti	IRA
2.	Boris Kulayev	SOV
3.	Peter Steele Blair	USA

Schwergewicht

1.	Hamit Kaplan	TUR
2.	Hussein Mekhmedov	BUL
3.	Taisto Kangasniemi	FIN

Fechten Männer

Florett Einzel

1.	Christian d'Oriola	FRA	6
2.	Giancarlo Bergamini	ITA	5
3.	Antonio Spallino	ITA	5

Florett Mannschaft

1. Italien
2. Frankreich
3. Ungarn

Degen Einzel

1.	Carlo Pavesi	ITA	5/1/2
2.	Giuseppe Delfino	ITA	5/1/1
3.	Edoardo Mangiarotti	ITA	5/1/0

Degen Mannschaft

1. Italien
2. Ungarn
3. Frankreich

Säbel Einzel

1.	Rudolf Kárpáti	UNG	6
2.	Jerzy Pawlowski	POL	5
3.	Lev Kuznyetsov	SOV	4

Säbel Mannschaft

1. Ungarn
2. Polen
3. Sowjetunion

Fechten Frauen

Florett Einzel

1.	Gillian Sheen	GBR	6 + 1
2.	Olga Orban	RUM	6
3.	Renée Garilhe	FRA	5

Moderner Fünfkampf Einzel

1.	Lars Hall	SWE
2.	Olavi Mannonen	FIN
3.	Väinö Korhonen	FIN

Moderner Fünfkampf Mannschaft

1. Sowjetunion
2. USA
3. Finnland

Kanu Männer

1000 m Kajak-Einer (K 1)

1.	Gert Fredriksson	SWE	4:12,8
2.	Igor Pissaryev	SOV	4:15,3
3.	Lajos Kiss	UNG	4:16,2

1000 m Kajak-Zweier (K 2)

1.	Deutschland	3:49,6
2.	Sowjetunion	3:51,4
3.	Österreich	3:55,8

10 000 m Kajak-Einer (K 1) (nur 1936, 1948, 1952, 1956 durchgeführt)

1.	Gert Fredriksson	SWE	47:43,4
2.	Ferenc Hatlaczky	UNG	47:53,3
3.	Michel Scheuer	D	48:00,3

10 000 m Kajak-Zweier (K 2) (nur 1936, 1948, 1952, 1956 durchgeführt)

1.	Ungarn	43:37,0
2.	Deutschland	43:40,6
3.	Australien	43:43,2

1000 m Canadier-Einer (C 1)

1.	Leon Rotman	RUM	5:05,3
2.	István Hernek	UNG	5:06,2
3.	Gennady Bukharin	SOV	5:12,7

1000 m Canadier-Zweier (C 2)

1.	Rumänien	4:47,4
2.	Sowjetunion	4:48,6
3.	Ungarn	4:54,3

10 000 m Canadier-Einer (C 1) (nur 1948, 1952, 1956 durchgeführt)

1.	Leon Rotman	RUM	56:41,0
2.	János Parti	UNG	57:11,0
3.	Gennady Bukharin	SOV	57:14,5

10 000 m Canadier-Zweier (C 2) (nur 1936, 1948, 1952, 1956 durchgeführt)

1.	Sowjetunion	54:02,4
2.	Frankreich	54:48,3
3.	Ungarn	55:15,6

Kanu Frauen

500 m Kajak-Einer (K 1)

1.	Yelisaveta Dementyeva	SOV	2:18,9
2.	Therese Zenz	D	2:19,6
3.	Tove Söby	DAN	2:22,3

Rudern

Einer

1.	Vyatscheslav Ivanov	SOV	8:02,5
2.	Stuart Mackenzie	AUS	8:07,7
3.	John Kelly jun.	USA	8:11,8

Doppelzweier

1.	Sowjetunion	7:24,0
2.	USA	7:32,2
3.	Australien	7:37,4

Zweier ohne Steuermann

1.	USA	7:55,4
2.	Sowjetunion	8:03,9
3.	Österreich	8:11,8

Zweier mit Steuermann

1.	USA	8:26,1
2.	Deutschland	8:29,2
3.	Sowjetunion	8:31,0

Vierer ohne Steuermann

1.	Canada	7:08,8
2.	USA	7:18,4
3.	Frankreich	7:20,9

Vierer mit Steuermann

1.	Italien	7:19,4
2.	Schweden	7:22,4
3.	Finnland	7:30,9

Achter

1.	USA	6:35,2
2.	Kanada	6:37,1
3.	Australien	6:39,2

Segeln

Ein-Mann-Boot (Finn-Dinghi)

1.	Paul Elvström	DAN	7509
2.	André Nelis	BEL	6254
3.	John Marvin	USA	5953

Star

1.	USA	5876
2.	Italien	5649
3.	Bahamas	5223

Drachen

1.	Schweden	5723
2.	Dänemark	5723
3.	Großbritannien	4547

5,5 m (nur 1952, 1956, 1960, 1964, 1968 durchgeführt)

1.	Schweden	5527
2.	Großbritannien	4050
3.	Australien	4022

Sharpie (nur 1956 durchgeführt)

1.	Neuseeland	6086
2.	Australien	6086
3.	Großbritannien	4859

Radsport

Straßenrennen Einzel (187,73 km)

1.	Ercole Baldini	ITA	5:21:17,0
2.	Arnaud Geyre	FRA	5:23:16,0
3.	Alan Jackson	GBR	5:23:16,0

Straßenrennen Mannschaft (nur 1912, 1920, 1924, 1928, 1932, 1936, 1948, 1952, 1956 durchgeführt)

1.	Frankreich	22
2.	Großbritannien	23
3.	Deutschland	27

1000-m-Zeitfahren

1.	Leandro Faggin	ITA	1:09,8
2.	Ladislav Fouček	ČSR	1:11,4
3.	Alfred Swift	SAF	1:11,6

1000-m-Sprint

1.	Michel Rousseau	FRA	11,4
2.	Guglielmo Pesenti	ITA	
3.	Richard Ploog	AUS	

2000-m-Tandemfahren

1.	Australien	10,8
2.	Tschechoslowakei	
3.	Italien	

4000-m-Mannschafts-Verfolgungsrennen

1.	Italien	4:37,4
2.	Frankreich	4:39,4
3.	Großbritannien	4:42,2

Reitsport

Military Einzel

1.	Petrus Kastenman	SWE
2.	August Lütke-Westhues	D
3.	Frank Weldon	GBR

Military Mannschaft

1.	Großbritannien	−355,48
2.	Deutschland	−475,91
3.	Kanada	−572,72

Dressur Einzel

1.	Henri Saint Cyr	SWE	860,0
2.	Lis Hartel	DAN	850,0
3.	Liselott Linsenhoff	D	832,0

Dressur Mannschaft

1.	Schweden	2475
2.	Deutschland	2346
3.	Schweiz	2346

Jagdspringen Einzel

1.	Hans Günther Winkler	D	−4
2.	Raimondo D'Inzeo	ITA	−8
3.	Piero D'Inzeo	ITA	−11

Jagdspringen Mannschaft

1.	Deutschland	−40,00
2.	Italien	−66,00
3.	Großbritannien	−69,00

Schießen

Freies Gewehr

1.	Vassily Borissov	SOV	1138
2.	Allan Erdman	SOV	1137
3.	Vilho Ylönen	FIN	1128

Kleinkaliber (KK) liegende Stellung

1.	Gerald Raymond Ouellette	CAN	600
2.	Vassily Borissov	SOV	599
3.	Gilmour Stuart Boa	CAN	598

Kleinkaliber (KK) Dreistellungskampf

1.	Anatoly Bogdanov	SOV	1172
2.	Otakar Hořinek	ČSR	1172
3.	Nils Johan Sundberg	SWE	1167

Schnellfeuerpistole oder Revolver

1.	Stefan Petrescu	RUM	587
2.	Yevgeny Tscherkassov	SOV	585
3.	Gheorghe Lichiardopol	RUM	581

Beliebige Scheibenpistole, 50 m

1.	Pentti Linnosvuo	FIN	556/26
2.	Makhmud Umarov	SOV	556/24
3.	Offutt Pinion	USA	551

Tontaubenschießen

1.	Galliano Rossini	ITA	195
2.	Adam Smelczynski	POL	190
3.	Alessandro Ciceri	ITA	188/24

Schießen auf laufenden Hirsch, Einzel- und Doppelschuß, Einzelwertung (nur 1952 und 1956 durchgeführt)

1.	Vitaly Romanenko	SOV	441
2.	Per Olof Sköldberg	SWE	432
3.	Vladimir Sevryugin	SOV	429

Turnen Männer

Turner-Mehrkampf Einzel

1.	Viktor Tschukarin	SOV	114,25
2.	Takashi Ono	JAP	114,20
3.	Yury Titov	SOV	113,80

Turner-Mehrkampf Mannschaft

1.	Sowjetunion	568,25
2.	Japan	566,40
3.	Finnland	555,95

Barren Einzel

1.	Viktor Tschukarin	SOV	19,20
2.	Masami Kubota	JAP	19,15
3.	Takashi Ono	JAP	19,10
3.	Masao Takemoto	JAP	19,10

Bodenübung Einzel

1.	Valentin Muratov	SOV	19,20
2.	Nobuyuki Aihara	JAP	19,10
2.	William Thoresson	SWE	19,10
2.	Viktor Tschukarin	SOV	19,10

Pferdsprung Einzel

1.	Helmut Bantz	D	18,85
1.	Valentin Muratov	SOV	18,85
3.	Yury Titov	SOV	18,75

Seitpferd Einzel

1.	Boris Schakhlin	SOV	19,25
2.	Takashi Ono	JAP	19,20
3.	Viktor Tschukarin	SOV	19,10

Reck Einzel

1.	Takashi Ono	JAP	19,60
2.	Yury Titov	SOV	19,40
3.	Masao Takemoto	JAP	19,30

Ringe Einzel

1.	Albert Azaryan	SOV	19,35
2.	Valentin Muratov	SOV	19,15
3.	Masao Takemoto	JAP	19,10
3.	Masami Kubota	JAP	19,10

Turnen Frauen

Mehrkampf Einzel

1.	Larissa Latynina	SOV	74,933
2.	Ágnes Keleti	UNG	74,633
3.	Sofia Muratova	SOV	74,466

Mehrkampf Mannschaft

1.	Sowjetunion	444,80
2.	Ungarn	443,50
3.	Rumänien	438,20

Stufenbarren

1.	Ágnes Keleti	UNG	18,966
2.	Larissa Latynina	SOV	18,833
3.	Sofia Muratova	SOV	18,800

Bodenübung

1.	Ágnes Keleti	UNG	18,733
1.	Larissa Latynina	SOV	18,733
3.	Elena Leuştean	RUM	18,700

Pferdsprung

1.	Larissa Latynina	SOV	18,833
2.	Tamara Manina	SOV	18,800
3.	Ann-Sofi Colling	SWE	18,733
3.	Olga Tass	UNG	18,733

Schwebebalken

1.	Ágnes Keleti	UNG	18,800
2.	Tamara Manina	SOV	18,633
2.	Eva Bosáková	ČSR	18,633

Gruppen-Gymnastik mit Handgerät (nur 1952 und 1956 durchgeführt)

1.	Ungarn	75,20
2.	Schweden	74,20
3.	Polen	74,00

Basketball

1. USA 2. Sowjetunion 3. Uruguay

Fußball

1. Sowjetunion
2. Jugoslawien
3. Bulgarien

Landhockey

1. Indien
2. Pakistan
3. Deutschland

Melbourne erlebt noch einmal einen Auftritt des unvergessenen Emil Zatopek. Er wird Sechster im Marathonlauf.

1957

JANUAR

Mo	Di	Mi	Do	Fr	Sa	So
	1	2	3	4	5	6
7	8	9	10	11	12	13
14	15	16	17	18	19	20
21	22	23	24	25	26	27
28	29	30	31			

1. Das Saargebiet gehört zur Bundesrepublik Deutschland. →

3. In Karl-Marx-Stadt (Chemnitz) Uraufführung von »Die Tage der Commune«, einem historischen Bilderbogen des Jahres 1871, geschrieben 1941 von Bertolt Brecht.

4. SED-Chef Ulbricht schlägt als Zwischenstufe der Wiedervereinigung die Bildung einer Konföderation beider deutscher Staaten vor.

9. Überraschender Rücktritt des britischen Premiers Sir Anthony Eden; sein Nachfolger wird Harold Macmillan.

11. Bundestag fordert Maßnahmen gegen die Luftverunreinigung durch alljährlich 1 Million Tonnen Staub und Ruß.

13. Verteidigungsminister Franz Josef Strauß tritt für die atomare Bewaffnung der Bundeswehr ein.

13. In Ungarn wird die Befolgung eines neuerlichen Aufrufs zum Generalstreik mit der Todesstrafe bedroht. →

20. Bei Wahlen in Polen kann die kommunistische Partei sich durchsetzen. →

21. Der Bundestag verabschiedet eine grundlegende Reform der Rentenregelung. →

21. In der Bauindustrie wird beschlossen, die 45-Stunden-Woche zum 1. April einzuführen.

24. Bundeswehrgeneral Hans Speidel wird zum Befehlshaber der NATO-Streitkräfte in Mitteleuropa ernannt.

28. Reinhold Gehlen wird zum ersten Präsidenten des Bundesnachrichtendienstes ernannt, der direkt dem Bundeskanzler unterstellt ist.

31. In Hannover Uraufführung des Spielfilms »Rose Bernd« von Wolfgang Staudte nach dem gleichnamigen Stück von Gerhart Hauptmann mit Maria Schell.

GESTORBEN:

4. Theodor Körner (* 24. 4. 1873), österreichischer Bundespräsident.

9. Viktor Freiherr von Weizsäcker (* 21. 4. 1886), deutscher Mediziner und Philologe.

16. Arturo Toscanini (* 25. 3. 1867), italienischer Dirigent.

22. Claire Waldoff (* 21. 10. 1884), deutsche Kabarettistin.

Bundespräsident Theodor Heuss besucht im Januar das Saarland.

Saarland deutsch

Am 1. Januar 1957 wird die deutsche Flagge in Saarbrücken gehißt.

1. Januar. Die Franzosen geben das Saarland zurück an die Bundesrepublik. Die Bevölkerung hat sich am 23. Oktober 1955 in einer Volksentscheidung für die Rückkehr ausgesprochen. Nach langwierigen Verhandlungen zwischen Paris und Bonn sind die Franzosen am 27. Oktober 1956 bereit zum Rückzug von der Saar. Deutschland verpflichtet sich, die Mosel zu kanalisieren. Die wirtschaftliche Eingliederung soll innerhalb von drei Jahren vollzogen werden.

Wahlsystem geändert

20. Januar. Durch ein geändertes Wahlverfahren haben die Bürger der Volksrepublik Polen Gelegenheit, in freier Wahl stärkeren Einfluß auf die Zusammensetzung des Parlaments zu nehmen. 723 Kandidaten sind für die Wahl der 459 Abgeordneten aufgestellt worden, davon die Hälfte von der kommunistischen Vereinigten Arbeiterpartei. Durch Streichungen können Kandidaten abgewählt werden. Die Zahl der im Parlament vertretenen Abgeordneten der Arbeiterpartei wird dadurch von 273 auf 237 reduziert. Dafür steigt die Zahl der Unabhängigen von 37 auf 63 Abgeordnete.

Rentenreform bringt Anpassung an Verdienst

21. Januar. Mit der Verabschiedung der neuen Rentenregelung wird das neben der Einführung der Mitbestimmung in der Montanindustrie wichtigste sozialpolitische Projekt der Ära Adenauer verwirklicht. Trotz einiger Bedenken stimmt auch die SPD dem neuen Gesetz zu, so daß es fast einstimmig vom Bundestag verabschiedet wird. Kernstück der Neuerung ist die Einführung der sogenannten Produktivitätsrente. Danach bemißt sich die Höhe der Rente nicht mehr nur nach der Summe der eingezahlten Beträge, sondern richtet sich auch nach dem durchschnittlichen Verdienstniveau der Erwerbstätigen zur Zeit der Rentenfestsetzung. Durch alljährlich vorgenommene Überprüfungen sollen auch die Rentner am Wachstum der Einkommen und der Produktivität beteiligt werden.

Noch Standrecht in Ungarn

13. Januar. Immer noch hat sich die Lage in Ungarn nicht beruhigt (→ Oktober 1956). Nach Aufrufen zum Generalstreik wird das Standrecht verhängt, nach dem Sabotage mit dem Tode bestraft wird. Am 16. Januar werden in Budapest zwei Männer wegen Waffenbesitzes erschossen. Am 21. Januar teilt die Regierung mit, daß bisher 21 Todesurteile verhängt worden seien, von denen aber nur drei vollstreckt worden seien.

USA intervenieren im Nahen Osten

5. Januar. Nach der gescheiterten Intervention Frankreichs und Großbritanniens in Ägypten versuchen die USA eine Art Schutzherrenfunktion im Nahen Osten einzunehmen. Dies ist das Ziel der von Präsident Dwight D. Eisenhower vor dem Kongreß verkündeten US-Außenpolitik. Die USA wollen jeden Versuch der kommunistischen Einflußnahme verhindern.

1957

FEBRUAR

Mo	Di	Mi	Do	Fr	Sa	So
				1	2	3
4	5	6	7	8	9	10
11	12	13	14	15	16	17
18	19	20	21	22	23	24
25	26	27	28			

1. Bundesernährungsminister Heinrich Lübke eröffnet in Berlin die Landwirtschaftsausstellung »Grüne Woche«.

2. Frühlingswetter in Deutschland; in Baden wird die für diese Jahreszeit ungewöhnliche Temperatur von 20 Grad gemessen.

6. Die IG-Farben-Nachfolgefirmen verpflichten sich, jüdischen KZ-Häftlingen Entschädigungen zu zahlen.

8. Die sowjetische Regierung teilt Schweden mit, daß der schwedische Diplomat Wallenberg seit dem 17. 7. 1947 tot sei, was heute noch bestritten wird. →

8. Der saudiarabische König Ibn Saud erhält bei einem Besuch in den USA Zusagen über umfangreiche Militärhilfen und verpflichtet sich, weiter US-Stützpunkte zu tolerieren.

12. Die Sowjetunion schlägt Verhandlungen über eine Verbesserung der Beziehungen zur Bundesrepublik Deutschland vor.

13. Die Tochter Bertolt Brechts, die 26jährige Schauspielerin Barbara Brecht, wird in West-Berlin wegen Widerstands gegen die Staatsgewalt zu einer Geldstrafe verurteilt.

15. In Schleswig-Holstein geht ein 16wöchiger Streik der Metallarbeiter zu Ende. →

15. Der sowjetische Außenminister Dimitri Schepilow wird durch seinen Stellvertreter Andrei Gromyko ersetzt.

18. In Budapest beginnen die ersten Prozesse gegen Beteiligte am Aufstand gegen die Sowjetunion (→ Oktober 1956).

20. Bei Verhandlungen über den Gemeinsamen Europäischen Markt wird die Einbeziehung der Kolonien einzelner Mitgliedstaaten beschlossen.

GESTORBEN:

1. Friedrich Paulus (* 23. 9. 1890), deutscher Generalfeldmarschall (→ Januar 1943).

2. Valéry Larbaud (* 29. 8. 1881), französischer Schriftsteller.

4. Erich Ponto (* 14. 12. 1884), deutscher Schauspieler.

8. Walter Bothe (* 8. 1. 1891), deutscher Physiker, Nobelpreis 1954.

9. Miklós Horthy (* 18. 6. 1868), ungarischer Staatsmann.

Vier Monate Streik in der Metallindustrie

15. Februar. Seit dem 24. Oktober 1956 haben die Belegschaften von 34 Betrieben der Metallindustrie in Schleswig-Holstein die Arbeit niedergelegt. Ziel dieses Streiks ist weniger eine Lohnverbesserung als Veränderungen einiger Rahmenbedingungen der Arbeit. Nachdem drei Schlichtungsversuche in Urabstimmungen abgelehnt worden sind, finden sich bei einer vierten Schlichtung noch 57,6 Prozent negativer Stimmen. Für eine nochmalige Ablehnung wären allerdings 75 Prozent erforderlich. Der angenommene Vorschlag sieht im einzelnen eine Erhöhung der Urlaubstage je nach Altersgruppe auf 12 bis maximal 18 Tage vor; Jugendliche sollen 24 Tage Urlaub erhalten. Weiter sind Verbesserungen für die Leistungen im Krankheitsfall erreicht worden. Zwar kann das Ziel der unbeschränkten Lohnfortzahlung nicht erreicht werden, aber die Unternehmer verpflichten sich, soviel zum Krankengeld hinzuzuzahlen, daß 90 Prozent des normalen Nettolohns erreicht werden.

Wallenbergs Schicksal nicht aufgeklärt

8. Februar. In einer Note an die schwedische Regierung teilt die Sowjetunion aufgrund wiederholter Anfragen mit, daß über das Verbleiben des schwedischen Diplomaten Raoul Wallenberg mit Sicherheit nur gesagt werden könne, daß er am 17. 7. 1947 im Moskauer Ljublanka-Gefängnis verstorben sei. Wallenberg hat 1944/1945 als schwedischer Gesandter in Ungarn Tausenden von Juden zur Flucht vor den deutschen Deportationskommandos verholfen und ist nach dem Einmarsch der Roten Armee verhaftet worden. Die schwedische Regierung fordert in einer Antwort Auskünfte über die Gründe der Verhaftung, denn sie findet es merkwürdig, daß außer dem Totenschein kein Dokument, das über Wallenberg Auskunft geben könnte, erhalten sei.

1957

MÄRZ

Mo	Di	Mi	Do	Fr	Sa	So
				1	2	3
4	5	6	7	8	9	10
11	12	13	14	15	16	17
18	19	20	21	22	23	24
25	26	27	28	29	30	31

6. Die britische Kolonie Goldküste erhält unter dem Namen Ghana die Unabhängigkeit. →

8. In München wird der Film »Der Untertan« von Wolfgang Staudte nach dem Roman von Heinrich Mann uraufgeführt.

8. Endgültiger Abzug der israelischen Truppen von der Sinaihalbinsel und aus dem Gazastreifen.

9. Der DDR-Dissident Wolfgang Harich und zwei Mitglieder seiner Gruppe werden zu Zuchthausstrafen verurteilt.

10. In Wien gewinnt die deutsche Fußballnationalmannschaft gegen Österreich 3 : 2 (Halbzeit 2 : 0).

11. Von den 93 292 bislang für die Bundeswehr Gemusterten haben nur 358 die Kriegsdienstverweigerung beantragt.

12. In der DDR wird ein Vertrag über die zeitweilige Stationierung von Truppen der Sowjetunion veröffentlicht.

14. Die amerikanische Armeeführung teilt mit, daß ihre Einheiten in der Bundesrepublik über Atomwaffen verfügen.

17. Ausstellung in München mit Werken des französischen Malers Léger eröffnet.

20. Die ägyptische Regierung gibt nach gelungener Räumung den Suezkanal wieder für Schiffe bis 2000 Tonnen frei.

20. Eine Wissenschaftlergruppe der Weltgesundheitsorganisation warnt vor Erbschäden durch die Verwendung von Atomenergie.

20. In Frankreich bricht eine öffentliche Debatte über die Anwendung von Foltermethoden in Algerien durch die Armee aus. →

25. In Rom werden die Verträge über die Europäische Wirtschaftsgemeinschaft und die EURATOM unterzeichnet. →

25. In Berlin öffentliche Proteste gegen den geplanten Abriß des Kaiser-Wilhelm-Gedächtniskirche.

GESTORBEN:

8. Othmar Schoeck (* 1. 9. 1886), schweizerischer Komponist.

11. Richard E. Byrd (* 25. 10. 1888), amerikanischer Polarforscher.

26. Edouard Herriot (* 5. 7. 1872), französischer Politiker.

26. Max Ophüls (* 6. 5. 1902), deutscher Filmregisseur.

Französische Folterungen in Algerien

20. März. Großes Aufsehen erregt in Frankreich eine Artikelserie des Chefredakteurs in »L'Express«, Jean-Jacques Servan-Schreiber, der als Reserveleutnant zum Einsatz in Algerien verpflichtet worden ist. Er berichtet von brutalen Einsätzen französischer Soldaten gegen die Zivilbevölkerung und der regelmäßigen Anwendung der Folter bei gefangenen Mitgliedern der algerischen Befreiungsfront, gegen die ein regelrechter Offensivfeldzug eröffnet worden ist.

Weitere Anstöße erhält die Debatte über die Praktiken der Armee in Algerien durch ein Buch des populären Schriftstellers Pierre Henri Simon »Contre la torture« (»Gegen die Folter«), der den Verfall des französischen Ansehens in der Welt beklagt. Durch den Selbstmord des algerischen Rechtsanwalts Ali Boumendjel am 26. März in Algier wird die Existenz geheimer Foltergefängnisse der Armee bekannt, die in Frankreich bei vielen die Erinnerung an die entsprechenden versteckten Einrichtungen der Gestapo in Paris wachruft.

Britische Kolonie Goldküste wird selbständig

6. März. Unter dem Namen Ghana erhält die frühere britische Kolonie Goldküste in Afrika die Unabhängigkeit. An den Feierlichkeiten nehmen Vertreter der britischen Krone und der amerikanische Vizepräsident Richard Nixon teil. Der Name Ghana bezieht sich auf ein afrikanisches Reich, das von 300 bis 1240 n. Chr. existierte. Seit 1820 hat Ghana unter britischer Verwaltung gestanden. Der neue Ministerpräsident Kwame Nkrumah will Ghana zum Mittelpunkt der afrikanischen nationalistischen Bewegungen machen; Nkrumah gilt als einer der wichtigsten afrikanischen Politiker. Dank der Vorkommen von Mangan, Gold, Diamanten und Holz erwarten die Politiker des Westens für Ghana eine stabile wirtschaftliche Entwicklung.

Sechs Staaten unterschreiben in Rom

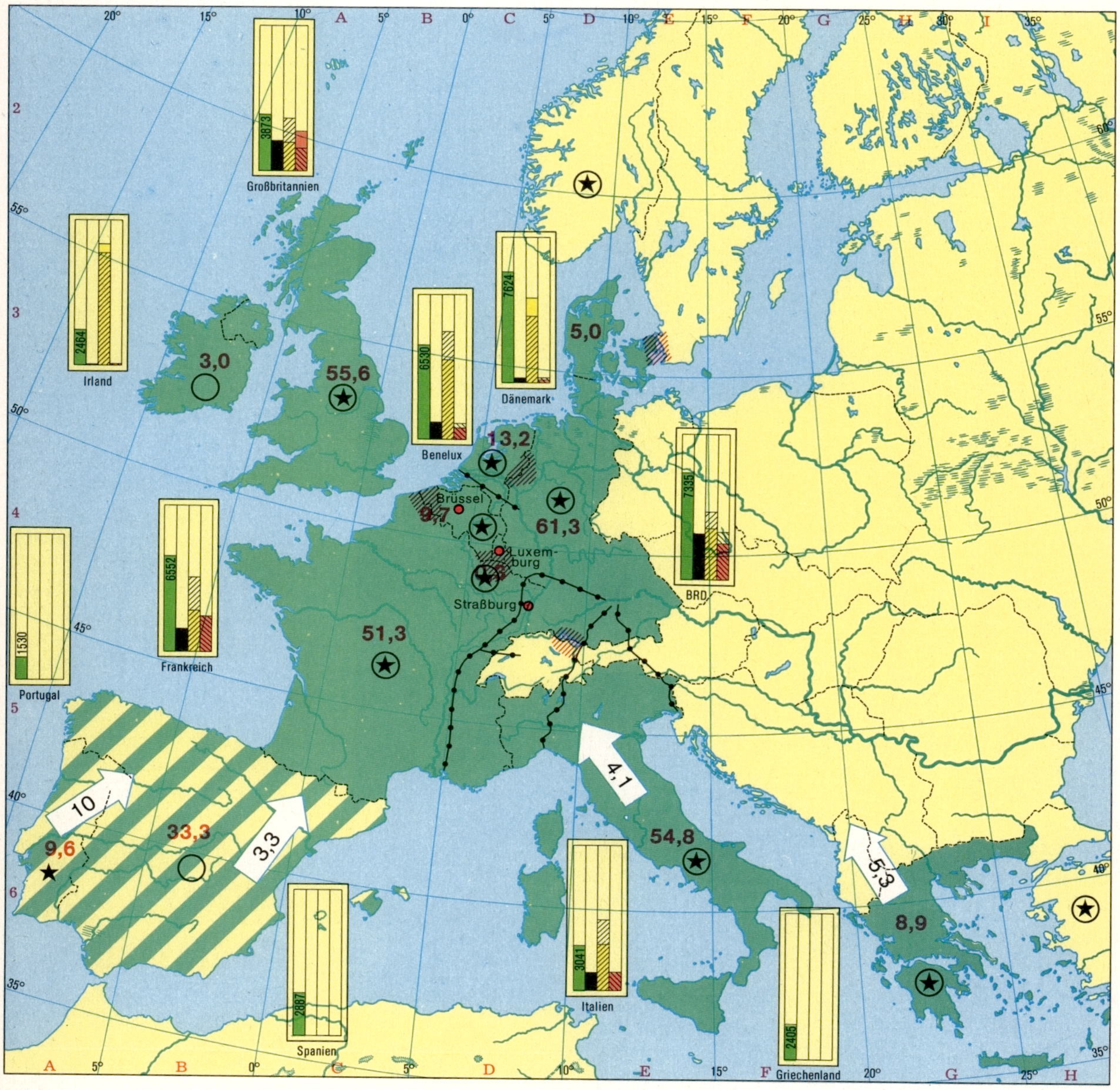

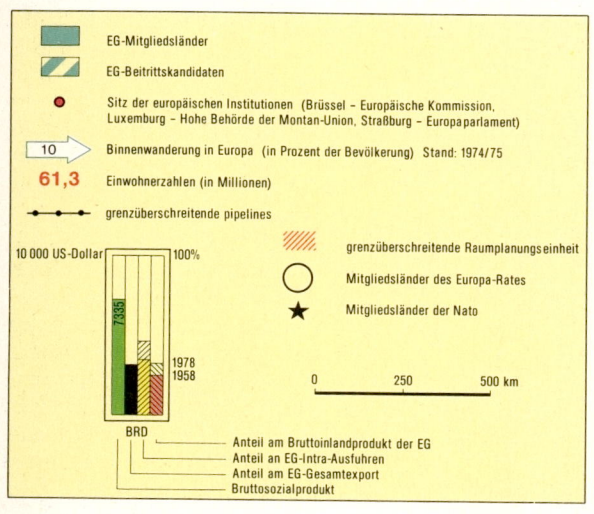

Großbritannien 3873

Irland 2464

Portugal 1530

Frankreich 6552

Benelux 6530

Dänemark 7624

BRD 7335

Spanien 2887

Italien 3041

Griechenland 2405

3,0

55,6

13,2

3,7

61,3

51,3

5,0

4,1

54,8

5,3

8,9

9,6

33,3

3,3

10

25. **März.** In Rom werden von den Regierungschefs der sechs Mitgliedsstaaten Frankreich, Italien, Belgien, Niederlande, Luxemburg und Bundesrepublik Deutschland die Verträge unterzeichnet, die die Gründung der Europäischen Wirtschaftsgemeinschaft (EWG) und der Europäischen Atombehörde (EURATOM) besiegeln. Die EWG stellt eine Erweiterung der Montanunion dar (→ April 1951); sie hat das Ziel, über Stahl und Kohle hinaus für alle Waren und Dienstleistungen einen gemeinsamen europäischen Markt zu schaffen. Wichtigste Institution ist die Europäische Kommission, die für die Durchführung des Europarates verantwortlich ist und neue Vorschläge für die europäische Einigung machen soll. Der Vertrag sieht auch die Gründung einer Europäischen Investitionsbank vor, die unterentwickelten Gebieten mit Darlehen und Krediten Hilfe leisten soll. Erstes Stadium der Aufhebung der Binnenzölle ist die Angleichung auf gleich hohe Sätze in allen Ländern. Innerhalb von zwölf Jahren sollen sie dann ganz abgeschafft worden sein. Auch die Agrarmärkte der Mitgliedsländer sollen angeglichen werden, doch gelten hier eine Vielzahl von Ausnahme- und Sonderregelungen.

Die europäische Atombehörde EURATOM setzt sich die gemeinsame Entwicklung von Techniken zur friedlichen Nutzung der Atomenergie zum Ziel, da die hohen Kosten der Forschung von einem Staat allein nicht zu tragen sind.

Legende

- EG-Mitgliedsländer
- EG-Beitrittskandidaten
- Sitz der europäischen Institutionen (Brüssel – Europäische Kommission, Luxemburg – Hohe Behörde der Montan-Union, Straßburg – Europaparlament)
- Binnenwanderung in Europa (in Prozent der Bevölkerung) Stand: 1974/75
- **61,3** Einwohnerzahlen (in Millionen)
- grenzüberschreitende pipelines
- grenzüberschreitende Raumplanungseinheit
- Mitgliedsländer des Europa-Rates
- Mitgliedsländer der Nato

10 000 US-Dollar / 100%

BRD 7335 / 1978 / 1958

0 — 250 — 500 km

- Anteil am Bruttoinlandprodukt der EG
- Anteil an EG-Intra-Ausfuhren
- Anteil am EG-Gesamtexport
- Bruttosozialprodukt

Daten zur europäischen Einigung

1923: Gründung der Paneuropaunion

1929: Briand-Plan: Vereinigte Staaten von Europa

1947: Begründung der Europäischen Bewegung Verkündung des Marshallplans (Europäisches Wiederaufbauprogramm, ERP)

1948: Bildung des Europäischen Wirtschaftsrats in Paris zur Verteilung der ERP-Mittel Brüsseler Beistandspakt

1949: Gründung der NATO Rat für gegenseitige Wirtschaftshilfe Gründung des Europarats

1950: Schuman-Plan

1951: Montanunion

1952: Abschluß des EVG-Vertrags

1953: Europäische Menschenrechtskonvention

1957: Römische Verträge: EURATOM, EWG

1958: Europäisches Parlament

1969: Zusammenfassung von Montanunion, EWG und EURATOM zur EG

1973: Beitritt von Dänemark, Großbritannien und Irland zur EG

1974: Gründung des Europäischen Rates

1979: Erste Direktwahl zum Europäischen Parlament

1981: Beitritt Griechenlands zur EG

EWG-Vertrag

Die deutsche Delegation unter Konrad Adenauer (3. v. r.) unterzeichnet den Vertrag. Rechts neben Adenauer Außenminister Heinrich von Brentano.

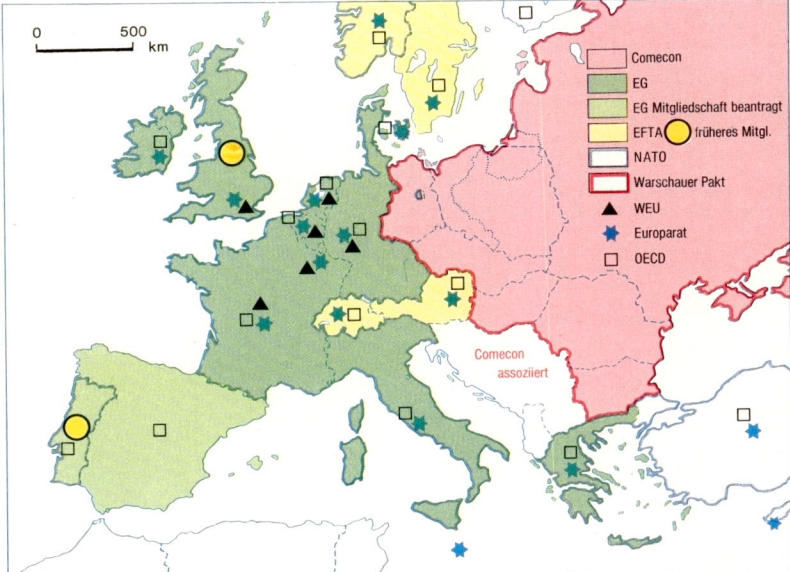

Mitgliedschaft der Staaten in den europäischen Organisationen: Comecon = Organisation für wirtschaftliche Zusammenarbeit des Ostblocks, EG = Europäische Gemeinschaft, EFTA = Europäische Freihandelsgemeinschaft, NATO = Nordatlantische Verteidigungsgemeinschaft, Warschauer Pakt = Militärpakt des Ostblocks, WEU = Westeuropäische Union, OECD = Organisation für wirtschaftliche Zusammenarbeit und Entwicklung.

Comecon
EG
EG Mitgliedschaft beantragt
EFTA ◯ früheres Mitgl.
NATO
Warschauer Pakt
▲ WEU
✦ Europarat
◻ OECD

Comecon assoziiert

0   500 km

1957

APRIL

Mo	Di	Mi	Do	Fr	Sa	So
1	2	3	4	5	6	7
8	9	10	11	12	13	14
15	16	17	18	19	20	21
22	23	24	25	26	27	28
29	30					

1. Die ersten 10 000 Rekruten des Jahrgangs 1937 rücken in ihre Bundeswehrkasernen ein.

1. Der Hessische und der Süddeutsche Rundfunk sowie der Südwestfunk beginnen mit der Ausstrahlung eines gemeinsamen Fernsehregionalprogramms.

4. In England wird ein Streik von 1,7 Millionen Metall- und Werftarbeitern beendet.

4. Die deutsche Fußballnationalmannschaft gewinnt in Amsterdam gegen die Niederlande 2:1.

4. Großbritannien kürzt seinen Rüstungsaufwand um rund 1,5 Milliarden DM.

4. Bundeskanzler Adenauer spricht sich für die Ausrüstung der Bundeswehr mit Atomwaffen aus. →

4. Der Bundestag billigt Mehrausgaben im Lastenausgleich in Höhe von 11 Milliarden DM.

8. In Budapest endet der erste Prozeß gegen Beteiligte am Ungarnaufstand mit der Verhängung von Todesurteilen gegen drei der elf Angeklagten.

9. Der Sueskanal ist nach gelungener Räumung wieder für Schiffe aller Klassen und Größen geöffnet (→ Oktober, November 1956).

10. Erich Ollenhauer wird zum Kanzlerkandidaten der SPD bei den Bundestagswahlen am 15. September bestimmt.

11. In Dubna bei Moskau wird der größte Teilchenbeschleuniger der Erde mit einer Leistung von 10 Milliarden Volt in Betrieb genommen.

12. 18 führende Kernphysiker der Bundesrepublik warnen vor einer Bewaffnung der Bundeswehr mit Atombomben. →

12. Großbritannien kündigt die Einführung der Selbstregierung von Singapur für den 1. 1. 1958 an.

13. In China wird durch Mao Tsetung die Kampagne mit dem Motto »Laßt Blumen blühen« ausgerufen.

16. In der Sowjetunion wird die bislang schwerste Atombombenexplosion ausgelöst.

20. In Hamburg wird eine Emil-Nolde-Gedächtnisausstellung eröffnet.

24. In Berlin und Essen läuft die Verfilmung des Thomas-Mann-Romans »Bekenntnisse des Hochstaplers Felix Krull« an.

Streit um Atomwaffen für die Bundeswehr

4. April. Verschiedene Äußerungen von führenden Politikern der Bundesrepublik lassen entgegen früheren Versicherungen die Absicht erkennen, die Bundeswehr mit Nuklearwaffen auszurüsten. So erklärt Bundeskanzler Konrad Adenauer am 4. April auf einer Pressekonferenz, daß die taktischen Atomwaffen doch nur »eine Weiterentwicklung der Artillerie« seien und als zur Zeit modernste Waffen auch von der Bundeswehr benötigt würden.

Vier Tage später sagt Bundesverteidigungsminister Franz Josef Strauß in einem Interview mit dem Hessischen Rundfunk, daß er die Ausrüstung der Bundeswehr mit Atomwaffen als ein Zeichen der Gleichberechtigung ansehe, auf das man nicht verzichten könne. Beide Bemerkungen werden von der SPD und außerparlamentarischen Kreisen scharf kritisiert. Größte Resonanz findet allerdings ein Appell der 18 führenden Kernphysiker der Bundesrepublik, unter ihnen Max Born, Otto Hahn, Werner Heisenberg, Max von der Laue und Carl-Friedrich von Weizsäcker. Sie warnen vor einer Verharmlosung der sogenannten »taktischen Atomwaffen«, die immerhin die Zerstörungskraft der Hiroshima-Bombe besäßen, und weisen darauf hin, daß eine Auseinandersetzung mit atomaren Waffen die Auslöschung der gesamten Bundesrepublik bedeuten könne. Ihr Appell findet in der Bevölkerung, die sich laut Meinungsumfragen mehrheitlich gegen die Atombewaffnung ausspricht, großen Beifall.

Aufgrund des öffentlichen Drucks kommt es am 17. April zu einem Gespräch zwischen einer Delegation der Wissenschaftler und der Regierung, in dem jedoch die hinhaltende Position der Regierung bestätigt wird.

Eine noch größere Wirkung als der Appell der 18 Kernphysiker hat eine Rede des angesehenen Friedensnobelpreisträgers Albert Schweitzer (→ November 1952), die über Radio Oslo in alle Welt ausgestrahlt wird. In allgemeinverständlicher Form erläutert Schweitzer darin die Risiken der Atomenergie.

MAI

Mo	Di	Mi	Do	Fr	Sa	So
		1	2	3	4	5
6	7	8	9	10	11	12
13	14	15	16	17	18	19
20	21	22	23	24	25	26
27	28	29	30	31		

JUNI

Mo	Di	Mi	Do	Fr	Sa	So
					1	2
3	4	5	6	7	8	9
10	11	12	13	14	15	16
17	18	19	20	21	22	23
24	25	26	27	28	29	30

5. Wahl von Adolf Schärf (SPÖ) zum neuen österreichischen Bundespräsidenten; sein Gegenkandidat Wolfgang Denk (ÖVP) erhält 100 000 Stimmen weniger.

8. US-Präsident Eisenhower akzeptiert den sowjetischen Vorschlag einer teilweise entmilitarisierten Zone in Europa. →

10. Auf einer Tagung des Obersten Sowjets wird eine dezentralisierende Reform der sowjetischen Wirtschaft beschlossen.

12. Unfall bei dem italienischen Automobilrennen Mille Miglia fordert zwölf Todesopfer.

13. Totale Mondfinsternis in Mitteleuropa.

15. Großbritannien zündet nahe der Weihnachtsinseln im Pazifik trotz japanischer Proteste eine erste Wasserstoffbombe mit einer Sprengkraft von 1 Million Tonnen TNT.

15. In Großbritannien wird die Benzinrationierung aufgehoben (→ November 1956); britische Schiffe dürfen wieder durch den Sueskanal fahren.

19. Die Gesamtdeutsche Volkspartei löst sich auf und empfiehlt Mitgliedern Übertritt in die SPD.

22. Das mit 22 Regierungsmonaten langlebigste Kabinett der Nachkriegszeit Frankreichs unter Guy Mollet wird wegen eines Antrags auf Steuererhöhungen gestürzt.

22. In Stuttgart verliert die deutsche Fußballnationalmannschaft ein Länderspiel gegen Schottland mit 1 : 3.

30. Erstes Fernsehinterview des sowjetischen Parteichefs Chruschtschow für eine westliche Anstalt. →

GESTORBEN:

2. Ernst Bertram (* 27. 7. 1884), deutscher Literaturwissenschaftler.

2. Joseph McCarthy (* 14. 11. 1908), amerikanischer Politiker.

7. Wilhelm Filchner (* 13. 9. 1877), deutscher Forschungsreisender.

9. Heinrich Campendonk (* 3. 11. 1889), deutscher Maler.

12. Erich von Stroheim (* 22. 9. 1885), österreichischer Filmregisseur und Schriftsteller.

31. Leopold Staff (* 14. 9. 1878), polnischer Dichter.

KPdSU-Chef im US-TV

30. Mai. Zu einem ersten Fernsehinterview bei einer westlichen Anstalt erklärt sich der sowjetische Parteichef Nikita Chruschtschow der amerikanischen Fernsehgesellschaft CBS gegenüber bereit. Er nutzt diese Gelegenheit zu einer Fortsetzung seiner »Goodwill-Aktionen« gegenüber dem Westen und versichert, daß die Sowjetunion nie an die Entfesselung eines Krieges denken würde. Besonderen Eindruck beim amerikanischen Publikum macht er jedoch mit seinen selbstbewußten Bemerkungen über die Zukunft der politischen Systeme. So teilt er dem amerikanischen Fernsehpublikum mit: »Auch Ihre Enkel werden in Amerika unter dem Sozialismus leben. Das sage ich Ihnen voraus. Ängstigen Sie sich nicht um Ihre Enkel, die werden sich über Ihre Großväter ärgern – wie konnten die Großväter eine so fortschrittliche Lehre, wie es die Lehre des wissenschaftlichen Sozialismus ist, nicht verstehen.« Er ruft zum »ideologischen Wetteifer« auf; Konkurrenz im Handel und in der Wissenschaft soll beweisen, welches System das »gesündere« ist.

Am 1. Mai 1957 findet eine Großdemonstration der Atomwaffengegner auf dem Essener Burgplatz statt. Die Teilnehmer verlangen einen Verzicht auf Atomwaffen, die Abrüstung und Wiedervereinigung Deutschlands.

Parteienstreit um Bert Brecht

9. Mai. Zu einer Vertiefung des gegenseitigen Mißtrauens zwischen Schriftstellern und den konservativen Politikern der Bundesrepublik kommt es anläßlich einer Äußerung des Außenministers Heinrich von Brentano (CDU) über den Dramatiker Bertolt Brecht, dessen späte Lyrik er mit der des nationalsozialistischen »Märtyrers« Horst Wessel vergleicht. Brechts westdeutscher Verleger Peter Suhrkamp erinnert von Brentano in einem entrüsteten Brief daran, daß Brecht als Feind der Nazis ins Exil gehen mußte und beklagt die Entgleisungen.

Konflikt mit USA um Abrüstung

8. Mai. Zu einem Konflikt zwischen den Regierungen der Bundesrepublik und der USA über das weitere Vorgehen in der Abrüstungsfrage kommt es durch Präsident Dwight D. Eisenhowers Einwilligung in den sowjetischen Vorschlag einer entmilitarisierten Zone in Mitteleuropa, deren Achse von Deutschland gebildet werden soll. Bundeskanzler Konrad Adenauer sieht dadurch das amerikanische Versprechen gefährdet, vor jeder Rüstungsvereinbarung mit der Sowjetunion Zugeständnisse in der Deutschlandpolitik zu verlangen.

2. Über 2000 amerikanische Wissenschaftler appellieren an die Weltöffentlichkeit, auf die Einstellung der Atombombenversuche wegen ihrer gesundheitsschädigenden Wirkung zu drängen. →

3. Beim Durchwaten der Iller während einer Bundeswehrübung kommen fünfzehn Soldaten ums Leben. →

3. Der Bischof von Münster, Michael Keller, erklärt die SPD für Katholiken nicht wählbar.

3. Die Algerische Befreiungsfront FLN und die französische Armee schieben sich gegenseitig die Verantwortung für ein Massaker an 303 Bewohnern des algerischen Dorfes Melouza zu.

7. Nach einer Einigung mit den Alliierten zahlt die Bundesrepublik 1,2 Milliarden DM Stationierungskosten.

10. Der Italiener Gastone Nencini gewinnt den Giro d'Italia.

12. Die amerikanische Interkontinentalrakete Atlas mit einer Reichweite von angeblich 9000 km explodiert beim ersten Probeflug nach einem Kilometer.

16. Die französische Armee beginnt in Algerien eine Großoffensive gegen die Aufständischen.

18. In Mitteleuropa wird wegen einer anhaltenden Hitzewelle mit Temperaturen bis 30 Grad an einigen Orten das Wasser knapp.

23. Wahlen in der DDR; die Einheitsliste erhält eine Zustimmung von 99,5 Prozent.

23. Endspiel um die deutsche Fußballmeisterschaft in Hannover vor 78 000 Zuschauern: Borussia Dortmund besiegt den Hamburger SV mit 4 : 1.

29. Entmachtung der Malenkow-Molotow-Gruppe in der KPdSU durch Parteichef Chruschtschow.

GESTORBEN:

3. Wilhelm Hausenstein (* 17. 6. 1882), deutscher Schriftsteller und Diplomat.

4. Louise Schröder (* 2. 4. 1887), deutsche Politikerin.

21. Johannes Stark (* 15. 4. 1874), deutscher Physiker, Nobelpreis 1919.

27. Hermann Buhl (* 21. 9. 1924), österreichischer Bergsteiger.

28. Alfred Döblin (* 10. 8. 1878), deutscher Schriftsteller (Berlin Alexanderplatz).

Atomare Gefahr

2. Juni. In einem Appell wenden sich 2000 Wissenschaftler der USA an die verantwortlichen Regierungen und fordern eindringlich die Einstellung der Kernwaffenversuche. Initiator der Aktion ist der Nobelpreisträger Linus Pauling. Die Wissenschaftler weisen besonders auf die Gefahr von Strahlungsschäden bei ungeborenen Kindern hin. Bei einem Genetiker-Kongreß in Washington wird festgestellt, daß man schon jetzt bei Hunderttausenden von Neugeborenen in aller Welt mit Schäden rechnen müsse. Vor einem Untersuchungsausschuß des amerikanischen Kongresses wird darauf hingewiesen, daß mittlerweile schon der Staub auf länger parkenden Autos einen Geigerzähler zum Ausschlagen bewegen könne.

Rekruten verunglückt

3. Juni. Große Aufregung verursacht in der Bundesrepublik der Tod von 15 Bundeswehrrekruten, die auf Befehl eines Vorgesetzten den bayrischen Gebirgsfluß Iller durchwaten sollen, die Strömung unterschätzen und davongerissen werden. Befürchtungen werden laut, daß in der neuen Armee, die eigentlich den »Bürger in Uniform« hervorbringen sollte, alte Formen der »Schinderei« von Rekruten auftreten. Das Bundesverteidigungsministerium nimmt aber die Offiziere in Schutz; bei der entsprechenden Anweisung habe es sich nicht um einen »verbindlichen Befehl« gehandelt; die Soldaten hätten ihm auch widersprechen können. Offensichtlich sei aber die Gefahr weder von den Rekruten noch von den Vorgesetzten erkannt worden.

Preis für Käutner

21. Juni. Traditionell wird zu Beginn der Berliner Filmfestspiele der Deutsche Filmpreis verliehen. In diesem Jahr entfallen die meisten Ehrungen auf die Verfilmung des Stücks von Carl Zuckmayer »Der Hauptmann von Köpenick«. Er wird nicht nur zum »besten abendfüllenden Spielfilm« gewählt; Filmbänder und Prämien erhalten außerdem Helmut Käutner als bester Regisseur und Drehbuchautor, Heinz Rühmann als Hauptdarsteller und Herbert Kirchhoff und Albrecht Becker für die beste Filmarchitektur.

Auf den Berliner Festspielen wird der Film »Der Hauptmann von Köpenick« mit Heinz Rühmann in der Hauptrolle als Schuster Vogt ausgezeichnet.

1957

JULI

Mo	Di	Mi	Do	Fr	Sa	So
1	2	3	4	5	6	7
8	9	10	11	12	13	14
15	16	17	18	19	20	21
22	23	24	25	26	27	28
29	30	31				

1. Mit 34,3 Grad im Schatten erlebt Berlin den heißesten Tag seit 53 Jahren.

2. Bei einem schweren Erdbeben im Iran werden über 2000 Menschen getötet.

5. Der Generalinspekteur der Bundeswehr, General Heusinger, unterstellt die ersten drei Divisionen der NATO.

6./7. In Wimbledon gewinnt bei den Herren-Endspielen wie im letzten Jahr der Australier Lewis Hoad, bei den Damen die Amerikanerin Althea Gibson.

12. Auf einer Wahlkampfveranstaltung behauptet Bundeskanzler Adenauer, ein Wahlsieg der SPD bei den Bundestagswahlen im September bedeute den Untergang Deutschlands; heftige Proteste bei SPD-Politikern.

15. Der chinesische Parteichef Mao Tse-tung distanziert sich von der Kampagne »Laßt Blumen blühen«; die Blumen haben sich seiner Meinung nach in Giftblüten verwandelt.

15. Carrero Blanco, spanischer Ministerpräsident, kündigt die Einführung der Monarchie im Falle des Todes von Franco an.

19. Durch eine Verordnung des Bundestages wird die Geschwindigkeit innerhalb geschlossener Ortschaften auf 50 Stundenkilometer begrenzt.

21. Britische Soldaten greifen mit Bomben- und Raketenangriffen in einen Aufstand im saudiarabischen Sultanat Muskat und Oman ein.

24. Der Bundestag verabschiedet schärfere Kartellgesetzgebung.

25. Abschaffung der 250 Jahre alten Monarchie in Tunesien und Ausrufung einer Republik.

27. Der DDR-Ministerpräsident Otto Grotewohl schlägt als ersten Schritt einer Wiedervereinigung die Bildung einer Gesamtdeutschen Konföderation vor: einhellige Ablehnung aller westdeutschen Parteien.

GESTORBEN:

11. Aga Khan III. (* 1. 11. 1880), Oberhaupt der Ismailiten.

19. Curzio Malaparte (* 9. 6. 1898), italienischer Schriftsteller.

24. Sacha Guitry (* 21. 2. 1885), französischer Bühnenschriftsteller.

Hansaviertel: Wohnen in der Zukunft

Das Hansaviertel entsteht im Rahmen der Internationalen Bauausstellung.

6. Juli. Bundespräsident Theodor Heuss eröffnet im Berliner Bezirk Tiergarten die Internationale Bauausstellung. Architekten aus vielen Ländern haben im sogenannten Hansaviertel Modelle zukünftigen Wohnens gebaut. Dadurch ist eine sehr abwechslungsreiche Siedlung entstanden; von den vielen vorgesehenen Grünflächen ist allerdings noch nichts zu sehen, da die meisten Gebäude noch von Bauschutt umgeben sind. Für die Besucher ist eigens eine »Interbau-Seilbahn« errichtet worden, die zwischen den Bauten hindurchführt, nach dem Ende der Ausstellung aber wieder abgerissen werden soll. Besonderen Anklang findet bei den Besuchern der ebenfalls im Tiergarten errichtete Rohbau der Kongreßhalle mit seiner kühnen Dachkonstruktion, der bald den Spitznamen »Schwangere Auster« erhält (→ August 1980).

Geburt im Fernsehen gezeigt

27. Juli. Mit zwiespältigen Gefühlen wird die erste Fernsehübertragung einer Geburt in den europäischen Zeitungen bedacht. Im Withington-Krankenhaus (Manchester/England) ist die Fernsehkamera Zeuge der Geburt eines kleinen Jungen. Selbst als sich ein Kaiserschnitt als unumgänglich erweist, wird die Übertragung nicht abgebrochen. Zwiespältig sind die Reaktionen, weil man einerseits auf den erreichten technischen Fortschritt stolz ist, andererseits aber auch die letzten Tabus durch das neugierige Medium in Gefahr sieht.

1957

AUGUST

Mo	Di	Mi	Do	Fr	Sa	So
			1	2	3	4
5	6	7	8	9	10	11
12	13	14	15	16	17	18
19	20	21	22	23	24	25
26	27	28	29	30	31	

1. Der »Wunderdoktor« Gröning, der in den letzten Jahren sehr viel Zulauf gehabt hat, wird von einem Münchner Gericht wegen »unerlaubter Heilkunde« zu einer Geldstrafe von 2000 DM verurteilt.

2. Bestechungsskandal im Bundeswehrbeschaffungsamt Koblenz: Mindestens 50 Firmen haben sich durch »Geschenke« Vorteile verschaffen können.

3. Große Aufregung in Großbritannien über eine Äußerung von Lord Altrincham, der die Königin als »unreife Person« bezeichnet.

7. Der sowjetische Parteichef Chruschtschow in Ost-Berlin. →

12. Der französische Franc wird wegen der unausgeglichenen Zahlungsbilanz und Belastung durch den Algerienkrieg um 20 Prozent abgewertet.

12. Trotz einer aufsehenerregenden Rettungsaktion in der Eigernordwand kann nur einer von vier Bergsteigern gerettet werden.

17. In Genf wird der erste europäische Teilchenbeschleuniger mit einer Leistung von 600 Millionen Volt in Betrieb genommen; er ist eine europäische Gemeinschaftseinrichtung.

21. In Münster wird der Spielfilm »Der tolle Bomberg« mit Hans Albers und Gert Fröbe in den Hauptrollen zum erstenmal aufgeführt.

22. Alfred Kantorowicz, Leiter des Germanistischen Seminars der Humboldt-Universität in Ost-Berlin, flüchtet in den Westen.

26. Die Sowjetunion gibt bekannt, daß ihre erste Interkontinentalrakete erfolgreich getestet worden ist. →

26. Die Bundesregierung verweigert einer Moskauer Fußballmannschaft, die gegen eine Auswahl Hamburgs antreten soll, die Einreise und erteilt erst auf Druck des Deutschen Sportbundes die Genehmigung.

GESTORBEN:

5. Heinrich Wieland (* 4. 6. 1877), deutscher Chemiker, Nobelpreis 1927.

7. Oliver Hardy (* 18. 1. 1892), amerikanischer Filmkomiker.

10. Ludwig Reiners (* 21. 1. 1896), deutscher Schriftsteller.

30. Otto Suhr (* 17. 8. 1894), deutscher Politiker.

Russische Superwaffe

26. August. Die sowjetische Nachrichtenagentur TASS gibt bekannt, daß der erste Test einer sowjetischen Interkontinentalrakete geglückt sei. Die neue Waffe hat eine Reichweite von mehr als 5000 Kilometern und nähert sich ihrem Ziel mit einer Geschwindigkeit von 22 000 Stundenkilometern in einer Höhe von 1000 Kilometern. Sowjetische Militärs verkünden triumphierend, daß sie nunmehr über einen Träger atomarer Sprengköpfe verfügen, der nicht mehr verwundbar ist, da bei einer Vorwarnstrecke von 300 Kilometern nur noch 50 Sekunden bis zum Einschlag verbleiben; außerdem sei sie auch durch die hohe Geschwindigkeit praktisch unverwundbar. Zudem verfüge sie über eine hohe Treffsicherheit mit einem Ungenauigkeitsspielraum von nur 10 bis 20 Kilometern. Amerikanische Militärexperten reagieren mit großer Besorgnis auf diese Nachricht. Es zeigt sich, daß die Sowjets in dem zur Zeit wichtigsten militärtechnologischen Bereich den Amerikanern voraus sind, da die mit großem Aufwand angekündigte amerikanische Rakete bei ihrem ersten Versuch am 12. Juni kläglich versagt hat. Mit dieser neuen Waffe ist der Mythos der amerikanischen Unverwundbarkeit gebrochen, besteht doch jetzt die Aussicht, daß die USA zum erstenmal in ihrer Geschichte auf ihrem eigenen Territorium getroffen werden können.

7. August. Nikita Chruschtschow besucht Ost-Berlin. Unser Bild zeigt von links nach rechts Walter Ulbricht, Otto Grotewohl und Chruschtschow beim Abschreiten einer Ehrenformation der Nationalen Volksarmee.

Syrien schwenkt um

17. August. Ein Wechsel an der Spitze der syrischen Armee leitet eine prosowjetische Wende der syrischen Politik ein. Neuer Generalstabschef wird Oberst Afif Bizri, der der kommunistischen Partei nahesteht. Zusammen mit der Regierungskoalition aus linken Nationalisten und Mitgliedern der sozialistischen Baath-Partei ist damit ein neuer Machtblock entstanden, der viele konservative und den westlichen Staaten nahestehende Militärs ins Ausland fliehen läßt. Eisenhower erklärt am 21. August, daß nach seiner Meinung die Sowjetunion die Macht in Syrien übernehmen wolle; damit ist Eisenhowers Nahostdoktrin (→ Januar 1957), nach der jeglicher sowjetischer Einfluß in dieser Region als Gefährdung der Interessen der USA betrachtet wird, zum erstenmal auf die Probe gestellt. Trotzdem läßt die syrische Regierung sich nicht davon abhalten, bei der Sowjetunion um militärische und wirtschaftliche Hilfe nachzusuchen.

1957

SEPTEMBER

Mo	Di	Mi	Do	Fr	Sa	So
						1
2	3	4	5	6	7	8
9	10	11	12	13	14	15
16	17	18	19	20	21	22
23	24	25	26	27	28	29
30						

1. Französische Einheiten verfolgen algerische Aufständische bis auf tunesisches Territorium und töten fünf Tunesier.

3. Hunderttausende von Berlinern nehmen an der feierlichen Beisetzung des Bürgermeisters Otto Suhr teil.

4. Eine Konferenz bundesdeutscher Schriftsteller warnt vor den Folgen einer atomaren Bewaffnung der Bundeswehr.

6. 101 bundesdeutsche Professoren verpflichten sich, nicht an der Bereitstellung von Kriegsgütern mitzuarbeiten.

6. Die amerikanische Regierung beliefert in einer Eilaktion die Nachbarstaaten Syriens mit Waffen (→ August 1957).

9. Präsident Eisenhower erläßt ein neues Gesetz über die Bürgerrechte der Schwarzen.

9. Expreßzug Paris–Nimes entgleist: 23 Menschen werden getötet.

10. Die australische Regierung verbietet weitere britische Wasserstoffbombenversuche in ihrem Hoheitsbereich.

12. In Köln Uraufführung des Spielfilms »Vater sein dagegen sehr...« mit Heinz Rühmann und Marianne Koch in den Hauptrollen; in Essen Premiere des Helmut-Käutner-Films »Monpti« mit Romy Schneider und Horst Buchholz.

13. Deutsche Erstaufführung von »The Kid« mit und von Charlie Chaplin und Jackie Coogan.

15. Bundestagswahlen bringen der CDU mit 50,2 Prozent die absolute Mehrheit. →

19. USA-Forscher zünden 20. nukleare Versuchsexplosion dieses Jahres in der Wüste von Nevada.

21. Segelschulschiff »Pamir« sinkt im Atlantik: 80 Todesopfer. →

23. Schwere Unruhen in den USA wegen der Durchführung der Rassengleichheit in den Schulen. →

23. Als Folgen einer Grippeepidemie müssen in der Bundesrepublik Deutschland viele Schulen geschlossen werden.

GESTORBEN:

20. Jean Sibelius (* 8. 12. 1865), finnischer Komponist.

21. Haakon VII. (* 3. 8. 1872), norwegischer König.

Absolute Mehrheit für Konrad Adenauer

15. September. Mit einem in dieser Höhe nicht erwarteten Erfolg für die CDU/CSU und ihren Kanzlerkandidaten Konrad Adenauer enden die dritten Wahlen zum Bundestag. Die CDU/CSU erreicht die absolute Mehrheit sowohl der Stimmen als auch der Mandate im neuen Parlament.

Insgesamt haben sich zwölf Parteien zur Wahl gestellt, von denen jedoch nur die drei großen sowie die Deutsche Partei und der Gesamtdeutsche Block eine Chance gehabt haben, mit Mandaten vertreten zu sein. Die Deutsche Partei hat sich über Listenverbindungen mit der CDU 17 Abgeordnete sichern können, während der Gesamtdeutsche Block an der Fünfprozentklausel gescheitert ist. Damit ist auch eine gewisse Klärung in der Parteienlandschaft gegeben; es hat sich gezeigt, daß in künftigen Wahlen wahrscheinlich nur noch drei Parteien reale Chancen haben werden. Der Wahlkampf ist von wirtschaftspolitischen und außenpolitischen Argumenten beherrscht worden; die SPD hat die steigenden Preise kritisiert, eine Verstaatlichung der Schlüsselindustrien verlangt und der Regierung vorgeworfen, daß sie durch ihre »Politik der Stärke« gegenüber dem Osten die Wiedervereinigung unwahrscheinlicher denn je gemacht hat. Dagegen hat die CDU unter der Parole »Keine Experimente!« auf die erreichten ökonomischen Fortschritte hingewiesen und der SPD Konzeptionslosigkeit in allen wichtigen politischen Fragen vorgeworfen. Der Wahlkampf ist im allgemeinen ruhig verlaufen.

In den Kommentaren des In- und Auslands wird der Wahlerfolg der CDU vor allem der überragenden Persönlichkeit von Bundeskanzler Adenauer zugeschrieben.

Die SPD gesteht das für sie trotz geringer Gewinne enttäuschende Abschneiden ein; sie führt den Sieg der CDU auf die viel höheren Wahlkampfaufwendungen zurück. Als einzigen Erfolg betrachtet sie die Tatsache, daß die Regierungsparteien CDU/CSU und Deutsche Partei zusammen mit der FDP nicht über eine Zweidrittelmehrheit verfügen, mit deren Hilfe sie auch Verfassungsänderungen durchbringen könnten.

Konrad Adenauer auch auf den Wahlplakaten der CSU.

Plakatwand mit den Slogans der Parteien zur Bundestagswahl 1957.

Im neuen Bundestag vertretene Parteien	Mandate 1957	davon direkt	in Prozenten	Mandate 1953	davon direkt	Zweitstimmen in Prozenten 1957	1953
Christlich-Demokratische Union (CDU/CSU)	270	194	54,2	244	172	50,2	45,2
Sozialdemokratische Partei (SPD)	169	46	34,0	150	45	31,8	28,8
Freie Demokratische Partei (FDP)	41	1	8,3	48	14	7,7	9,5
Deutsche Partei (DP/DVP)	17	6	3,5	15	10	3,4	3,3
Im neuen Bundestag nicht vertretene Parteien							
Gesamtdeutscher Block/BHE	–	–	–	27	–	4,6	5,9
Föderalistische Union (Bayernpartei/Zentrum)	–	–	–	3	1	0,9	2,5
Bund der Deutschen (BdD)	–	–	–	–	–	0,2	–
Deutsche Reichspartei (DRP)	–	–	–	–	–	1,0	1,1
Deutsche Gemeinschaft (DG/DNS)	–	–	–	–	–	0,1	0,3
Deutscher Mittelstand (UDM)	–	–	–	–	–	0,1	–
Vaterländische Union (VU)	–	–	–	–	–	0,0	–
Südschleswigscher Wählerverband (SSW)	–	–	–	–	–	0,0	0,2

Segelschulschiff »Pamir« sinkt im Hurrikan

21. September. Das deutsche Segelschulschiff »Pamir« gerät auf der Fahrt von Hamburg nach Buenos Aires 600 Seemeilen südwestlich der Azoren in einen schweren Orkan und sinkt. Die Viermastbark, die zugleich in der Frachtschiffahrt eingesetzt wird, hat außer der Stammbesatzung 51 Schiffsoffiziersanwärter an Bord. Trotz umfassender Rettungsaktionen, an denen sich 78 Schiffe beteiligen, können von den 86 Seeleuten nur sechs gerettet werden. Der 1905 gebaute Viermaster war 3020 BRT groß, 94 Meter lang und 14 Meter breit.

Die Viermastbark »Pamir« mit vollen Segeln auf ihrer letzten Fahrt.

Fünf der insgesamt sechs Überlebenden der »Pamir«-Katastrophe nach ihrer Rettung an Bord des amerikanischen Frachters »President Taylor«.

Rassenkämpfe in USA

Farbige Kinder müssen unter Polizeischutz in die Schule gebracht werden.

23. September. Mit Beginn des neuen Schuljahres müssen in den amerikanischen Südstaaten auch bisher Schulen für weiße schwarze Schüler aufnehmen, wenn dies von deren Eltern verlangt wird (→ Mai 1954). Zu schweren Konflikten kommt es bei der Durchführung dieses Beschlusses des Obersten Bundesgerichts vor allem im Bundesstaat Arkansas. Nach langen gerichtlichen Auseinandersetzungen im vergangenen Jahr läßt der Gouverneur von Arkansas, Orval E. Faubus, die High School in der Hauptstadt Little Rock von der Nationalgarde umstellen, um den Zutritt von schwarzen Schülern zu

verhindern. Erst am 20. September läßt er sie aufgrund massiven Drucks durch Präsident Dwight D. Eisenhower abziehen. Als dann am 23. September die ersten farbigen Schüler das Gebäude betreten, zieht ein Großteil der weißen Kinder aus. Vor dem Schulgebäude kommt es zu blutigen Auseinandersetzungen zwischen weißen und schwarzen Demonstranten, von denen einige auf brutale Weise massakriert werden. Eisenhower sieht sich gezwungen, 1000 Fallschirmjäger nach Little Rock zu entsenden und den Gouverneur teilweise zu entmachten, ohne daß sich die Situation wesentlich beruhigt.

Zum 18. Jahrestag des Ausbruchs des Zweiten Weltkriegs (→ September 1939) organisiert die »Antimilitärische Aktion« eine Großdemonstration auf dem Frankfurter Römerberg gegen Kriegsdienst und Atomrüstung.

1957
OKTOBER

Mo	Di	Mi	Do	Fr	Sa	So
	1	2	3	4	5	6
7	8	9	10	11	12	13
14	15	16	17	18	19	20
21	22	23	24	25	26	27
28	29	30	31			

1. In der Bundesrepublik sind jetzt eine Million Fernsehteilnehmer angemeldet.

3. In Warschau Studentenunruhen, die durch das Verbot der kritischen Studentenzeitschrift »Po Prostu« (»Vorwärts«) ausgelöst worden sind.

3. Willy Brandt (SPD) wird mit großer Mehrheit zum neuen Regierenden Bürgermeister von West-Berlin gewählt. →

4. Die Sowjetunion startet zum erstenmal einen künstlichen Satelliten. →

5. In Frankfurt wird die Internationale Buchmesse eröffnet. →

13. Ägyptische Truppen landen in Syrien, um gegen einen angeblichen Angriffsplan der Türkei und Israels Unterstützung zu bieten (→ August 1957).

13. Die DDR unternimmt einen überraschenden Umtausch aller Banknoten, um den »schwarzen« Handelsverkehr mit dem Westen unter Kontrolle bringen zu können.

15. Konstituierende Sitzung des Dritten Deutschen Bundestages in Berlin.

17. Uraufführung des Spielfilms »Die Frühreifen« mit Heidi Brühl und Peter Kraus.

18. Nach der Anerkennung der DDR durch Jugoslawien beschließt Bonn den Abbruch der diplomatischen Beziehungen.

18. Große Ausstellung mit Werken des Malers Vincent van Gogh in der Essener Villa Hügel mit über 100 Bildern.

21. In Berlin hat eine Grippewelle zwölf Todesopfer gefordert.

24. USA erproben die erste Stufe einer Satellitenrakete erfolgreich.

28. Das neue Bundeskabinett wird in Bonn vorgestellt. →

GESTORBEN:

17. Ralph Benatzky (* 5. 6. 1884), österreichischer Operettenkomponist.

24. Christian Dior (* 21. 1. 1905), französischer Modeschöpfer.

25. Henry van der Velde (* 3. 4. 1863), belgischer Architekt.

26. Nikos Kazantzakis (* 18. 2. 1887), griechischer Schriftsteller.

29. Louis B. Mayer (* 4. 7. 1885), amerikanischer Filmproduzent.

Adenauer zum drittenmal Bundeskanzler

28. Oktober. Konrad Adenauer stellt sein neues Kabinett vor:
Außenminister:
Heinrich von Brentano (CDU).
Innenminister:
Gerhard Schröder (CDU).
Justizminister:
Fritz Schäffer (CSU).
Finanzminister:
Franz Etzel (CSU).
Wirtschaftsminister:
Ludwig Erhard (CDU).
Landwirtschaftsminister:
Heinrich Lübke (CDU).
Arbeitsminister:
Theodor Blank (CDU).
Verteidigungsminister:
Franz Josef Strauß (CSU).
Verkehrsminister:
Hans-Christoph Seebohm (DP).
Postminister:
Richard Stücklen (CSU).
Vertriebenenminister:
Theodor Oberländer (CDU).
Wohnungsbauminister:
Paul Lücke (CDU).
Gesamtdeutsche Fragen:
Ernst Lemmer (CDU).
Familienminister:
Franz-Josef Würmeling (CDU).
Atomminister:
Siegfried Balke (CSU).
Minister für wirtschaftlichen Besitz des Bundes:
Hermann Lindrath (CDU).
Bundesratsminister:
Hans Joachim von Merkatz (DP).
Bei der Zusammensetzung wurde sorgfältig auf die Parität der Konfessionen geachtet.

3. Oktober. Das Berliner Abgeordnetenhaus wählt den Sozialdemokraten Willy Brandt zum neuen Regierenden Bürgermeister.

Der Sputnik-Schock

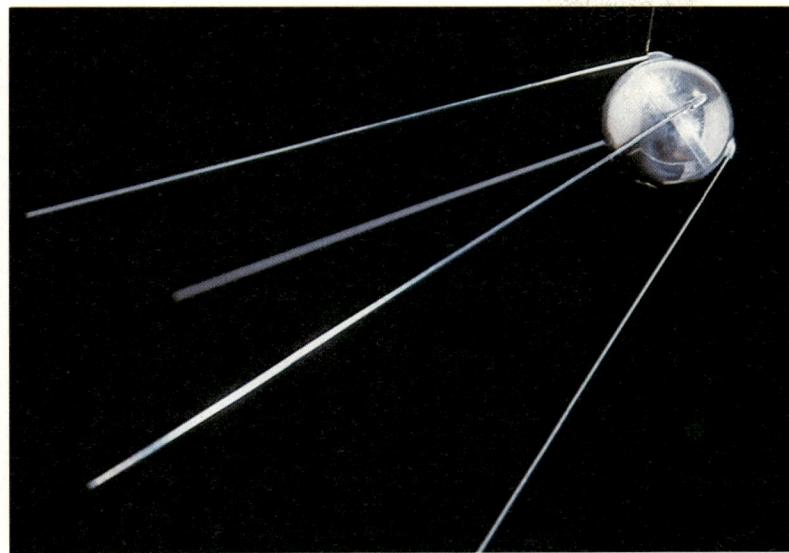

Die Russen schießen den ersten Sputnik in den Weltraum.

4. Oktober. Wie eine Bombe schlägt in den westlichen Ländern die Nachricht vom erfolgreichen Start eines Erdsatelliten durch sowjetische Wissenschaftler ein. Zum erstenmal haben damit Menschen einen Flugkörper gestartet, der außerhalb der Erdatmosphäre als künstlicher Satellit eine Kreisbahn um unseren Planeten beschreibt. Der Sputnik I, dessen Name innerhalb eines Tages in aller Munde ist, benötigt für eine Erdumrundung 95 Minuten und hat eine Fluggeschwindigkeit von 24 500 Stundenkilometern. Sputnik I hat einen Durchmesser von 58 Zentimetern und ein Gewicht von 83,6 Kilogramm. Die sowjetische Regierung bezeichnet den Start dieses Satelliten als »kolossalen Beitrag zu den Schätzen der Weltwissenschaft und Kultur«.

Die amerikanische Regierung versucht die Leistung der Sowjets herunterzuspielen und betont, daß die eigenen Vorbereitungen zum Start eines Satelliten kurz vor dem Abschluß stünden. In Pressekommentaren wird jedoch darauf hingewiesen, daß die USA selbst bei einem erfolgreichen Start ihres Programms nur zum Abschuß eines etwa 10 Kilogramm schweren Flugkörpers in der Lage sind. Die amerikanische Öffentlichkeit ist beunruhigt, da Gerüchte umlaufen, daß der Sputnik geheimnisvolle Waffen bei sich führe und mit Infrarotkameras ganz Amerika fotografiere. Die Zeitungen sind voll von Berichten über die ungeahnten Möglichkeiten der Raumfahrt und entwerfen immer neue Bilder von festen Stationen im All und Ausflügen zu benachbarten Planeten.

17000 neue Bücher

5. Oktober. An der Internationalen Frankfurter Buchmesse nehmen über 1300 Verlage aus 23 Ländern teil. Sie stellen mehr als 60 000 Titel vor, von denen 17 000 Neuerscheinungen sind. Am 6. Oktober wird der Friedenspreis des Deutschen Buchhandels an den amerikanischen Autor Thornton Wilder verliehen, der in Deutschland vor allem mit seinen Stücken »Unsere kleine Stadt« und »Wir sind noch einmal davongekommen« bekanntgeworden ist.

Die meistbeachteten deutschsprachigen Neuerscheinungen dieses Herbstes sind der neue Roman des Schweizer Autors Max Frisch »Homo Faber«, eine Analyse des von der Technik geprägten Menschen und seiner Probleme und Hugo Hartungs »Wir Wunderkinder«, ein Roman über die bundesdeutsche Nachkriegszeit.

1957
NOVEMBER

Mo	Di	Mi	Do	Fr	Sa	So
				1	2	3
4	5	6	7	8	9	10
11	12	13	14	15	16	17
18	19	20	21	22	23	24
25	26	27	28	29	30	

1. Nachfolger von Ernst Wollweber als DDR-Staatssicherheitsminister wird Erich Mielke.

1. In Frankfurt wird das Callgirl Rosemarie Nitribitt ermordet aufgefunden. →

3. Die Sowjetunion startet ihren zweiten Satelliten, der die Hündin »Laika« an Bord hat. →

5. Die seit 35 Tagen in Frankreich andauernde Regierungskrise wird durch die Wahl des Radikalsozialisten Felix Gaillard zum Ministerpräsidenten beendet.

6. In Moskau große Feierlichkeiten zum 40. Jahrestag der russischen Oktoberrevolution.

7. US-Präsident Eisenhower kündigt Zentralisierung der Raumfahrtforschung an. →

10. Bei den Hamburger Bürgerschaftswahlen gewinnt die SPD mit 54 Prozent die absolute Mehrheit.

10. In Berlin wird an der Stelle der 1938 zerstörten Synagoge mit dem Aufbau eines jüdischen Gemeindezentrums begonnen.

13. Große Überschwemmungen in der italienischen Poebene.

14. Sprinteuropameister Manfred Germar und der deutsche Fußballmeister Borussia Dortmund werden zum Sportler bzw. zur Mannschaft des Jahres gewählt.

17. Die Chinesin Tschung Feng Young stellt mit 1,77 m einen Hochsprungweltrekord der Frauen auf.

19. Der amerikanische Außenminister John F. Dulles gibt einen Plan der USA bekannt, wonach die westeuropäischen Staaten mit atomaren Mittelstreckenraketen ausgerüstet werden sollen.

20. Die deutsche Fußballnationalmannschaft besiegt im Hamburger Volksparkstadion die Auswahl Schwedens mit 1 : 0 (Halbzeit 1 : 0).

GESTORBEN:

13. Antonin Zápotocky (* 19. 12. 1884), tschechoslowakischer Staatspräsident.

25. Sir Ernest Oppenheimer (* 22. 5. 1880), südafrikanischer Industrieller.

25. Diego Rivera (* 8. 12. 1886), mexikanischer Maler.

30. Benjamino Gigli (* 20. 3. 1890), italienischer Operntenor.

Skandal nach Ermordung der Nitribitt

1. November. Der rätselhafte Fall des in ihrer Wohnung erdrosselt aufgefundenen Callgirls Rosemarie Nitribitt entwickelt sich rasch zu einer der meistdiskutierten Affären in der Geschichte der Bundesrepublik. Im Zuge der polizeilichen Ermittlungen wird bekannt, daß sehr viele prominente Persönlichkeiten mit der Ermordeten in Kontakt gestanden haben. Sie hat es geschickt verstanden, aus diesen Beziehungen Vorteile zu ziehen. Daß man in der Bundesrepublik mit »Unmoral« ein mondänes Leben führen kann, gilt als Sensation und wird entsprechend behandelt. Da es der Polizei nicht gelingt, die Hintergründe des Mordfalls aufzudecken, entsteht der Eindruck, interessierte Kreise in Wirtschaft und Politik versuchten, die Aufklärung zu verhindern. An der Nitribitt-Legende wird noch jahrelang weitergesponnen. Bereits am 5. November werden erste Pläne bekannt, das Leben von Rosemarie Nitribitt zu verfilmen. Das Filmprojekt wird bereits 1958 realisiert und entwickelt sich zu einem großen Erfolg. Die Hauptrollen des Streifens spielen die »vollkurvige, auf blond getrimmte« Nadja Tiller und Peter van Eyck.

Ein Fleck auf der Weste des deutschen Wirtschaftswunders: Die Frankfurter Prostituierte Rosemarie Nitribitt.

Hündin »Laika« im All

Mit der Hündin »Laika« unternehmen die Sowjets den ersten Tierversuch im All.

3. November. Mit dem Start eines zweiten Satelliten setzen die Sowjets ihr Raumfahrtprogramm erfolgreich fort. Mit Staunen vernimmt die Weltöffentlichkeit, daß der zweite Sputnik schon über eine halbe Tonne (508 kg) wiegt und zum erstenmal auch mit der Hündin »Laika« ein Lebewesen an Bord hat. Er befördert außerdem ein Arsenal an wissenschaftlichen Instrumenten, mit denen Messungen der Sonnenstrahlung und der äußeren atmosphärischen Schichten vorgenommen werden. Laika stirbt nach sechs Tagen, weil der Sauerstoffvorrat ausgeht, beweist aber immerhin, daß der Organismus von Säugetieren auch unter den Bedingungen der Schwerelosigkeit zu überleben vermag. Daß die Sowjets in der Lage sind, eine derart schwere Last in den Weltraum zu befördern, zeigt, welchen Vorsprung sie in der Raumfahrttechnik haben.
Am 7. November wendet sich Präsident Dwight D. Eisenhower an die beunruhigte amerikanische Öffentlichkeit und versichert, daß die amerikanische Militärausrüstung stark genug ist, um einen eventuellen sowjetischen Angriff zurückzuschlagen. Gleichzeitig verkündet er ein Programm zur Intensivierung und Zentralisierung der amerikanischen Raumfahrtforschung. Sie ist bislang von mehreren miteinander konkurrierenden Behörden getragen worden und wird jetzt vom Sonderbeauftragten James R. Kilian geleitet. Er soll die wissenschaftliche Erziehung und die Grundlagenforschung vorantreiben.
Eine erneute Erkrankung des Präsidenten Eisenhower, der schon einen Herzinfarkt und eine schwere Darmkrankheit hinter sich hat, verunsichert die amerikanische Bevölkerung am 26. November zusätzlich. Die Börse reagiert mit einem heftigen Kurseinbruch, innerhalb von einer Stunde verlieren amerikanische Wertpapierbesitzer 5 Milliarden Dollar.

Ein Welterfolg wird der Film »Die Brücke am Kwai« mit Alec Guinness (auf dem Bild links) in der Hauptrolle, der im November Premiere hat. Das musikalische Leitmotiv des Films, der »River-Kwai-Marsch«, wird Schlager des Jahres.

1957
DEZEMBER

Mo	Di	Mi	Do	Fr	Sa	So
						1
2	3	4	5	6	7	8
9	10	11	12	13	14	15
16	17	18	19	20	21	22
23	24	25	26	27	28	29
30	31					

1. Der NDR und der WDR beginnen mit der Ausstrahlung eines regionalen Fernsehprogramms.

3. Der Deutsche Bühnenverband meldet, daß »Das Tagebuch der Anne Frank« in der Spielzeit 1956/57 insgesamt 1954 Aufführungen auf 64 Bühnen erlebt hat und damit erfolgreichstes Stück des Jahres ist (→ September 1944).

5. In Leningrad läuft der Welt erster atomgetriebener Eisbrecher vom Stapel.

6. Als neuer Roman von Arno Schmidt erscheint »Die Gelehrtenrepublik«.

6. Erster amerikanischer Raketenstart mit Satellit scheitert. →

10. In Oslo und Stockholm werden die Nobelpreise verliehen. →

11. Durch Änderung der DDR-Paßgesetze wird die unerlaubte Ausreise mit bis zu drei Jahren Gefängnis bestraft.

13. Zum Weihnachtsgeschäft werden vom Fachhandel tragbare Fernsehgeräte mit einem Gewicht von 11,6 Kilogramm angeboten.

16. Erster erfolgreicher Start der amerikanischen Langstreckenrakete Atlas. →

18. In München hat der Film »Sissi. Schicksalsjahre einer Kaiserin« als dritter Teil der erfolgreichen Serie mit Karlheinz Böhm und Romy Schneider Premiere.

18. Auf einer Konferenz der fünfzehn NATO-Staaten dringen die USA auf Ausrüstung der westeuropäischen Staaten mit Mittelstreckenraketen.

19. In Schwerin (DDR) wird ein evangelischer Pfarrer zu zweieinhalb Jahren Zuchthaus verurteilt, weil er sich geweigert hat, ein Mädchen kirchlich zu bestatten, das zuvor die Jugendweihe empfangen hat.

22. In Hannover endet ein Länderspiel zwischen den Fußballnationalmannschaften von Deutschland und Ungarn mit 1:0; damit mißlingt der ungarische Revanche für die Niederlage im Weltmeisterschaftsspiel 1954.

GESTORBEN:

17. Dorothy L. Sayers (* 13. 6. 1898), britische Kriminalschriftstellerin.

25. Käthe Dorsch (* 29. 12. 1890), deutsche Schauspielerin.

Albert Camus erhält den Literaturpreis

10. Dezember. In Oslo und Stockholm werden die Nobelpreise verliehen. Den Physikpreis bekommen die in China geborenen Amerikaner Tsung Dao Lee und Chen Ning Yang für ihre Forschungen zum Paritätsgesetz in der Natur. Yang gehört mit 27 Jahren zu den jüngsten Nobelpreisträgern.
Sir Alexander R. Todd (Großbritannien) wird für seine Forschungen zum Vitamin B^{12} und zu den Nukleoproteiden mit dem Chemiepreis ausgezeichnet, während der Schweizer Arzt Daniel Bovet den Medizinpreis für Entdeckungen im Zusammenhang mit dem Pfeilgift Curare erhält.
Der kanadische Außenminister Lester Pearson, der viel zur Lösung der Sueskrise beigetragen hat (→ November 1956), wird mit dem Friedensnobelpreis ausgezeichnet. Albert Camus, mit Jean-Paul Sartre wichtigster Vertreter des französischen Existentialismus, ist der diesjährige Träger des Literaturpreises.

US-Satellit wird zum Fehlschlag

6. Dezember. Der lange als Antwort auf die erfolgreichen Starts russischer Sputniks angekündigte Start eines ersten amerikanischen Satelliten schlägt fehl. Obwohl der amerikanische Satellit nur ein Gewicht von etwa 2 Kilogramm hat, Sputnik II hat eine halbe Tonne gewogen (→ November 1957), erreicht die Dreistufenrakete Vanguard (»Vorhut«, »Spitze«) nur eine Höhe von einigen Metern, kippt um und explodiert. Der Satellit kommt dabei nicht zu Schaden und sendet weiterhin Signale.
In der amerikanischen Öffentlichkeit wird dieser mißlungene Start als »katastrophale Blamage« empfunden.
Am 16. Dezember gelingt der amerikanischen Armee allerdings der erfolgreiche Abschuß der Interkontinentalrakete »Atlas« mit einer Reichweite von 9000 Kilometern, so daß die USA in diesem Bereich mit der Sowjetunion gleichgezogen haben (→ August 1957).

1958

JANUAR

Mo	Di	Mi	Do	Fr	Sa	So
		1	2	3	4	5
6	7	8	9	10	11	12
13	14	15	16	17	18	19
20	21	22	23	24	25	26
27	28	29	30	31		

1. Das Ruhrbistum Essen wird gegründet und Franz Hengsbach zum ersten Bischof ernannt.

2. Beim Kraftfahrt-Bundesamt in Flensburg wird die »Verkehrssünderkartei« in Gebrauch genommen.

3. Eine neuseeländische Expedition unter Leitung des Mount-Everest-Bezwingers Sir Edmund Hillary erreicht nach einem 82tägigen Marsch über fast 2000 km den Südpol.

7. Walter Hallstein wird zum ersten Präsidenten der Europäischen Wirtschaftskommission ernannt.

7. Ende einer Regierungskrise in Israel, die durch Indiskretionen über Waffenkäufe in der Bundesrepublik entstanden ist.

9. Berlin feiert den hundertsten Geburtstag von Heinrich Zille.

12. Willy Brandt, Regierender Bürgermeister von Berlin, wird zum ersten Vorsitzenden der Berliner SPD gewählt.

13. Wirtschaftsminister Ludwig Erhard richtet sich gegen die von den Gewerkschaften geforderte Verkürzung der Arbeitszeit und fordert seinerseits eine weitere tägliche Arbeitsstunde.

13. 9235 Wissenschaftler aus 44 Staaten fordern in einem Appell an die Vereinten Nationen die Einstellung der Atombombenversuche.

17. Erster erfolgreicher Test der neuen amerikanischen U-Boot-Rakete Polaris mit einer Reichweite von 2700 km.

23. Heftige Kontroverse im Bundestag über die angeblich verpaßten Möglichkeiten der Wiedervereinigung. →

24. Englische und amerikanische Forscher melden Durchbruch bei der Kernfusion. →

25. In Saarbrücken wird der private Fernsehsender Tele-Saar geschlossen.

GESTORBEN:

3. Alexander Meißner (* 14. 9. 1883), deutscher Funktechniker.

9. Paul Fechter (* 14. 9. 1880), deutscher Literaturhistoriker.

30. Ernst Heinkel (* 24. 1. 1888), deutscher Flugzeugkonstrukteur.

30. Hedwig Bleibtreu (* 23. 12. 1868), österreichische Schauspielerin.

Heinemann fordert Rücktritt Konrad Adenauers

23. Januar. Zu heftigen Tumulten führt im Bundestag eine Rede des FDP-Vorsitzenden und ehemaligen Justizministers Thomas Dehler. Er wirft Bundeskanzler Adenauer vor, auf die Deutschlandnote Stalins (→ März 1952) nicht ernsthaft eingegangen zu sein. Stalin habe immerhin die Wiedervereinigung, freie Wahlen, Pressefreiheit und eine deutsche Armee geboten, wenn die Bundesrepublik keinem Militärbündnis beitreten werde. Adenauers Politik habe die förmliche Anerkennung der DDR durch die Sowjetunion provoziert. Der ehemalige Innenminister und jetzige SPD-Abgeordnete Gustav Heinemann führt weitere Beispiele an, um zu zeigen, daß Adenauer jede Verständigung mit dem Osten abgelehnt habe und fordert ihn angesichts des Scheiterns seiner Politik zum Rücktritt auf. Die Ausführungen der beiden Politiker haben ein lebhaftes Echo in der Öffentlichkeit, so daß sich Bundeskanzler Adenauer veranlaßt sieht, in einer Rundfunkrede auf die Vorwürfe einzugehen. Er bestreitet die Behauptung, daß die sowjetischen Vorschläge ernst zu nehmen gewesen seien, da sie immer davon ausgegangen seien, die Verhältnisse in der DDR zu einem gewissen Grade zu tolerieren.

Kontrollierte Kernfusion

24. Januar. Der Direktor des britischen Instituts für Kernforschung in Harwell, Sir John Cockcroft und der Vorsitzende der amerikanischen Atomenergiebehörde, Lewis L. Strauss, melden, daß es ihren Einrichtungen zum erstenmal gelungen sei, eine kontrollierte Kernfusion herzustellen. Bei der Kernfusion werden zwei leichtere Atomkerne zu einem schwereren verschmolzen. Hierbei entstehen hohe Energien, wie sie in unkontrollierter Kettenreaktion bei der Explosion einer Wasserstoffbombe freiwerden. Voraussetzung dieses Prozesses sind u. a. Temperaturen von 100 Millionen Grad.

1958

FEBRUAR

Mo	Di	Mi	Do	Fr	Sa	So
					1	2
3	4	5	6	7	8	9
10	11	12	13	14	15	16
17	18	19	20	21	22	23
24	25	26	27	28		

1. Erster erfolgreicher Start eines amerikanischen Satelliten. →

1. Ägypten und Syrien schließen sich zur »Vereinigten Arabischen Republik« zusammen.

2. In Garmisch-Partenkirchen belegen bei der Weltmeisterschaft zwei deutsche Mannschaften die ersten Plätze im Viererbob.

2. Bei den alpinen Skiweltmeisterschaften in Bad Gastein gewinnt Toni Sailer (Österreich) alle Wettbewerbe (Slalom, Riesenslalom und Abfahrt).

6. Bei einem Flugzeugabsturz in München kommen 23 Menschen ums Leben, darunter acht Mitglieder der englischen Fußballmannschaft Manchester United.

6. Der amerikanische Kongreß bewilligt 1,4 Milliarden Dollar für die Beschleunigung von Raumfahrt- und Luftverteidigungsprogrammen.

8. Französische Flugzeuge bombardieren tunesisches Dorf im Grenzgebiet zu Algerien. →

11. Der Chinesische Volkskongreß genehmigt die Einführung des lateinischen Alphabets.

12. Der Irak und Jordanien schließen sich zu einem Staatenbund als Gegengewicht zur VAR zusammen.

19. Die Bundesregierung verabschiedet Gesetz, das die Verfälschung von Lebensmitteln durch gesundheitsschädliche Zusätze ausschließen soll.

20. Auf dem amerikanischen Versuchsgelände Cape Canaveral explodiert eine Interkontinentalrakete vom Typ Atlas; damit sind von sieben Versuchen nur zwei gelungen.

23. Entführung des Automobilweltmeisters Juan Manuel Fangio durch kubanische Rebellen. →

25. Der NATO-Oberbefehlshaber Lauris Norstad spricht sich für die Bewaffnung der Bundeswehr mit Atomwaffen aus.

28. Der Nobelpreisträger Werner Heisenberg präsentiert der Öffentlichkeit die von ihm entwickelte »Weltformel«. →

GESTORBEN:

11. Ernest Jones (* 1. 1. 1879), britischer Psychoanalytiker.

28. Friedrich Forster-Burggraf (* 11. 8. 1895), deutscher Dramatiker.

Erster Satellit der Amerikaner im Weltall

Die Jupiter-Rakete mit Explorer 1.

1. Februar. Mit großer Erleichterung nimmt die amerikanische Öffentlichkeit die Nachricht des erfolgreichen Starts eines amerikanischen Satelliten entgegen: Der etwa acht Kilogramm schwere »Explorer«-Satellit ist von einer Jupiter-C-Rakete auf eine Erdumlaufbahn gebracht worden. »Explorer« verfügt über zwei Sender, die Signale zur Erde funken. Die Entfernung zur Erde bewegt sich zwischen 340 und 2900 Kilometern.

Ein weiterer Versuch der Marine, eine ihrer Vanguard-Raketen erfolgreich zu starten, scheitert am 5. Februar. Nach sechzig Sekunden muß das Geschoß zur Explosion gebracht werden.

Der Direktor der Abteilung für Raketenforschung, der deutschstämmige Wernher von Braun, warnt vor allzugroßen Erwartungen der amerikanischen Öffentlichkeit. Die sowjetischen Forscher besäßen nach wie vor einen Vorsprung von etwa fünf Jahren Entwicklungsarbeit. Am 6. Februar bewilligt der Kongreß ein umfangreiches Entwicklungsprogramm.

Bomben in Tunesien

Aus aller Welt laufen Hilfssendungen in Sakhiet Sidi Youssef ein, die an die Bewohner des durch Bomben schwer beschädigten Dorfes ausgeteilt werden.

8. Februar. 25 französische Kampfflugzeuge der in Algerien stationierten Truppen bombardieren das tunesische Dorf Sakhiet Sidi Youssef. 79 Menschen kommen bei dem Angriff ums Leben, 130 werden verletzt. Nach französischen Angaben handelt es sich um einen Vergeltungsangriff für den mehrmaligen Beschuß französischer Flugzeuge. Rasch jedoch wendet sich die Weltöffentlichkeit gegen die Regierung Frankreichs, da es sich bei den Opfern ausschließlich um Zivilpersonen handelt. Das Bombardement wird als weiteres Zeichen für die ausufernde Kriegführung Frankreichs gegen die algerischen Aufständischen angesehen. Neutrale Staaten wie Norwegen tragen den Vorfall vor die Vereinten Nationen. Auch in Frankreich regt sich Widerstand. Demonstrativ empfängt General de Gaulle den scheidenden tunesischen Botschafter zu einem Abschiedsgespräch; in Paris finden Demonstrationen gegen den Krieg in Algerien statt.

Juan Fangio entführt

Juan Manuel Fangio mit kubanischen Bewunderern nach seiner Freilassung.

23. Februar. In Havanna, der kubanischen Hauptstadt, wird der Automobilweltmeister Juan Manuel Fangio von Rebellen, die unter dem Kommando Fidel Castros stehen, entführt. Die Entführer weisen darauf hin, daß im Lande große Armut herrscht, während die Regierung kostspielige Sportveranstaltungen wie Autorennen abhalte. Der »Große Preis von Kuba«, bei dem Fangio starten sollte, wird wegen eines Unfalls abgebrochen. Fangio wird nach 28 Stunden wieder freigelassen.

Zusammenschluß Ägyptens und Syriens zur VAR

1. Februar. Durch den ägyptischen Staatspräsidenten Gamal Abd el Nasser und den syrischen Präsidenten Schukry el Kuwatly wird in Kairo unter großer Beteiligung der Bevölkerung der Zusammenschluß von Ägypten und Syrien zur Vereinigten Arabischen Republik (VAR) proklamiert. Laut Verfassung begreift sich die VAR als Teil einer größeren arabischen Nation. Am 22. Februar findet eine Volksabstimmung statt, in der Nasser zum Präsidenten der neuen Republik gewählt wird. Westliche Beobachter weisen darauf hin, daß Nasser einem Putschversuch in Syrien zuvorgekommen sei.

Heisenberg stellt Weltformel vor

28. Februar. Werner Heisenberg, der 1932 den Physiknobelpreis für seine Unschärferelation erhalten hat, tritt mit einer neuen grundlegenden Theorie an die Öffentlichkeit. Er hat mit seinen Mitarbeitern eine sogenannte »Weltformel« entwickelt, mit der sich alle Zustände und Eigenschaften der kleinsten Teilchen beschreiben lassen. Damit könnte es gelingen, eine allgemeine Theorie der Materie aufzustellen. Heisenberg weist jedoch selbst darauf hin, daß die »Weltformel« in den nächsten Jahren durch experimentelle Versuche ihre Bestätigung erhalten muß und so lange als Annahme zu gelten hat.

Säuberungen im Politbüro der SED

6. Februar. Die führenden SED-Politiker Fred Oelßner, Kurt Schirdewan und Erich Wollweber werden aus dem Politbüro der Partei ausgeschlossen. In der Begründung heißt es, sie hätten die Bedeutung des Militarismus in der Bundesrepublik unterschätzt und unberechtigte Forderungen nach Demokratisierung gestellt. Oelßner und die anderen Politiker haben Reformen und eine Liberalisierung verlangt.

1958
MÄRZ

Mo	Di	Mi	Do	Fr	Sa	So
					1	2
3	4	5	6	7	8	9
10	11	12	13	14	15	16
17	18	19	20	21	22	23
24	25	26	27	28	29	30
31						

2. Britische Südpolexpedition unter der Leitung von Vivian Fuchs erreicht nach einem 3440 km langen Marsch quer durch die Antarktis den Stützpunkt »Scott-Base«; damit ist die erste Durchquerung der Antarktis gelungen.

2. In Brüssel gewinnt die bundesdeutsche Fußballauswahl ein Länderspiel gegen Belgien mit 2 : 0 (Halbzeit 1 : 0).

3. In Köln wird das Theaterstück »Onkel, Onkel« von Günter Grass uraufgeführt.

5. Der zweite amerikanische Satellit Explorer wird erfolgreich gestartet.

5. Bundesverteidigungsminister Strauß teilt mit, daß die Bundeswehr mit Kurzstreckenraketen, die sowohl für konventionelle wie atomare Bewaffnung geeignet sind, erhalten wird.

6. Anläßlich der Hallenhandballweltmeisterschaft in Ost-Berlin findet die erste Fernsehdirektübertragung aus der DDR in die Bundesrepublik statt.

10. In Frankfurt wird ein Aufruf »Kampf dem Atomtod« veröffentlicht. →

14. Wegen der Kinderlosigkeit ihrer Ehe »muß« sich der Schah von Persien von seiner Gattin Soraya trennen.

19. Im Frankfurter Waldstadion gewinnt die deutsche Fußballnationalmannschaft gegen Spanien mit 2 : 0 (Halbzeit 1 : 0).

24. Der Rock-'n'-Roll-Star Elvis Presley wird zur Armee eingezogen. →

25. Nach tumultartigen Auseinandersetzungen beschließen die Regierungsparteien im Bundestag die Ausrüstung der Bundeswehr mit Atomwaffen. →

27. Der sowjetische Parteichef Chruschtschow wird als Nachfolger von Marschall Bulganin auch noch zum Ministerpräsidenten gewählt. →

29. In Zürich findet die Uraufführung von Max Frischs Komödie »Biedermann und die Brandstifter« statt.

GESTORBEN:

22. Michael Todd (* 2. 6. 1909), amerikanischer Filmproduzent.

23. Florian Witold Znaniecki (* 15. 1. 1882), polnischer Soziologe.

Atomwaffen-Streit

Erich Kästner spricht auf einer Anti-Atomkundgebung in München.

25. März. Die Auseinandersetzung in der Bundesrepublik um die von den Regierungsparteien geforderte Ausrüstung der Bundeswehr mit Atomwaffen erreicht einen vorläufigen Höhepunkt. Am 10. März wird in Frankfurt ein Aufruf »Kampf dem Atomtod« verabschiedet, der von führenden Politikern der SPD, von Wissenschaftlern und Künstlern wie Heinrich Böll und Erich Kästner getragen wird. Am 20. März beginnt die Bundestagsdebatte, die von Tumulten gekennzeichnet ist. Die Regierungsparteien CDU/CSU und Deutsche Partei legen einen Antrag vor, der die Ausrüstung der Bundeswehr mit Atomraketen fordert. Verteidigungsminister Franz Josef Strauß versichert, daß nicht die Atombombe unmoralisch sei, sondern »das Gewehr in der Hand des Mörders«. Als einer der heftigsten Opponenten der Regierungspolitik tritt der junge SPD-Abgeordnete Helmut Schmidt auf. Trotz der Ankündigung entschiedenen Widerstands durch SPD und FDP billigen die Regierungsparteien die Atombewaffnung. Die Aktion »Kampf dem Atomtod« beschließt eine Kundgebungswelle.

Teststopp in UdSSR

Das Präsidium des Obersten Sowjets bei der Wahl Chruschtschows (vorn Mitte) zum Ministerpräsidenten der UdSSR. Rechts oben der gestürzte Regierungschef Bulganin.

31. März. Nikita Chruschtschow, nach der Absetzung von Marschall Nikolai Bulganin am 27. März auch Ministerpräsident der UdSSR, verkündet einen einseitigen Stopp der Kernwaffenversuche, gegen die sich in letzter Zeit zunehmende Proteste gerichtet haben. Der amerikanische Außenminister John Foster Dulles lehnt einen ähnlichen Schritt der USA ab und bezeichnet die sowjetische Maßnahme als einen reinen Propagandaakt.
Amerikanische Fachleute weisen darauf hin, daß die amerikanische Waffentechnologie noch nicht den Stand der sowjetischen erreicht hat und weitere Versuche erfordere.

Elvis wird Soldat

Elvis Presley in Uniform während seines Dienstes in der US-Armee.

24. März. Auf dem Höhepunkt seiner bisherigen Laufbahn wird der amerikanische Rock-'n'-Roll-Star Elvis Presley zur Armee eingezogen. Elvis hat sich entschieden, den Armeedienst abzuleisten, um auch von dem in der amerikanischen Öffentlichkeit verbreiteten Image des moralischen Ärgernisses loszukommen. In der Armee erhält er die Nummer US 53310761. Bei seinen deutschen Fans löst die Nachricht, daß Elvis nach Friedberg abgeordnet werden soll, Aufregung aus. Nach einer kurzen Grundausbildung kommt Elvis tatsächlich nach Deutschland. Die Militärzeit des Rock-'n'-Roll-Sängers verläuft ohne nennenswerte Zwischenfälle. Er genießt allerdings einige Privilegien gegenüber den durchschnittlichen GIs. So bewohnt er – gemeinsam mit Vater und Großvater – seine Mutter stirbt während seiner Militärzeit – eine Villa in Bad Nauheim. Durch seinen Eintritt in die Armee gelingt es Elvis tatsächlich, in der öffentlichen Meinung in den USA einen Umschwung zu seinen Gunsten herbeizuführen.

Krise in US-Wirtschaft

4. März. Ein Ende der Hochkonjunktur des Wirtschaftswunders signalisiert eine Veröffentlichung des Statistischen Bundesamts. Danach ist das Wirtschaftswachstum von 15 Prozent im Jahre 1955 und 7,9 Prozent (1956) auf 5,1 Prozent im abgelaufenen Jahr 1957 zurückgegangen. Als besorgniserregend werten Fachleute die Rezession in den USA, die zu einem Rückgang in wichtigen Bereichen der Industrieproduktion geführt hat und die Arbeitslosenzahl mit 5,2 Millionen auf den höchsten Stand seit 16 Jahren hat ansteigen lassen. Die US-Regierung beschließt am 19. März ein Programm zur Ankurbelung der Wirtschaft durch öffentliche Aufträge. Trotzdem wird ein Übergreifen der Krise auf die Bundesrepublik erwartet.

APRIL

Mo	Di	Mi	Do	Fr	Sa	So
	1	2	3	4	5	6
7	8	9	10	11	12	13
14	15	16	17	18	19	20
21	22	23	24	25	26	27
28	29	30				

1. Das Deutsche Fernsehen richtet ein festes Programmschema ein.

2. Im Prager Armeestadion verliert die deutsche Nationalelf ein Fußballänderspiel gegen die Tschechoslowakei mit 3 : 2 (Halbzeit 1 : 1).

3. Uraufführung des Spielfilms »Nasser Asphalt« mit Horst Buchholz, Gert Fröbe, Martin Held und Inge Meysel in Hamburg.

3. In Kuba beginnt die Rebellenarmee unter Fidel Castro eine Offensive auf die Hauptstadt Havanna (→ Februar).

7. Erster »Ostermarsch« endet vor den Toren der englischen Atomforschungsstadt Aldermaston; die Demonstranten fordern die Ächtung der Atomwaffen. →

9. Deutsche Chirurgen tagen in München. Zum erstenmal wird die in den USA bei Herzoperationen erfolgreich verwendete Herz-Lungen-Maschine vorgestellt.

10. Vorstandsbeschluß der SPD: Bundesweite Volksbefragung gegen die geplante Aufrüstung der Bundeswehr mit Atomwaffen. →

14. Das Bundeskabinett erklärt die von der SPD geplante Volksbefragungsaktion für verfassungswidrig.

15. Das 23. französische Kabinett der Nachkriegszeit wird gestürzt.

16. Bundeskanzler Konrad Adenauer besucht London und schließt dort ein Kulturabkommen mit Großbritannien ab.

17. Eröffnung der Brüsseler Weltausstellung. →

19. Großkundgebungen in vielen Städten der Bundesrepublik gegen die Atomrüstung. →

25. Abkommen zwischen Bonn und Moskau. →

26. In Berlin wird die Kongreßhalle als Geschenk der USA dem Senat übergeben.

29. Ägypten erklärt sich bereit, die Aktienbesitzer des enteigneten Sueskanals (→ Juli 1956) zu entschädigen.

GESTORBEN:

6. Reinhold Schneider (* 13. 5. 1903), deutscher Dichter und Dramatiker.

18. Maurice Gamelin (* 20. 9. 1872), französischer General.

»Expo« in Brüssel

Wahrzeichen der Brüsseler Weltausstellung ist das stählerne »Atomium«.

17. April. Vom belgischen König Baudouin I. wird die Brüsseler Weltausstellung 1958 eröffnet. Zum erstenmal seit der Pariser Weltausstellung »Arts et Techniques« des Jahres 1937 versuchen 51 Nationen und internationale Organisationen ein Bild des Standes der technischen und sozialen Entwicklung zu geben. Die »Expo« steht unter dem Motto »Bilanz der Welt für eine bessere Welt« und wird vor allem von zwei Errungenschaften der jüngsten Vergangenheit geprägt: der Atomenergie und der Raumfahrt. Wahrzeichen der Ausstellung ist ein 110 Meter hohes Modell eines Atoms. Vor allem in den Pavillons der Großmächte wird für die friedliche Nutzung atomarer Energien mit aufwendigen Präsentationen geworben. Besonderer Anziehungspunkt für die Zuschauermassen ist jedoch ein Modell des russischen Sputniks, wie überhaupt die Sowjetunion auf dieser »Expo« mit ihren Raumfahrterfolgen sich als die technisch führende Macht präsentiert. Bei den Amerikanern stehen dagegen hochwertige Konsumartikel im Vordergrund. Auch die Architektur der meisten Pavillons ist vom Geist des Raumfahrtzeitalters gekennzeichnet.

Handel mit der UdSSR

25. April. Nach langen und zunächst aussichtslos erscheinenden Verhandlungen wird in Bonn vom stellvertretenden Vorsitzenden des sowjetischen Ministerrats, Anastas Mikojan, und Bundesaußenminister Heinrich von Brentano ein Handels- und Konsularabkommen unterzeichnet. Der Vertrag sieht einen Anstieg des Warenverkehrs innerhalb von drei Jahren auf den doppelten Umfang von 3,15 Milliarden DM vor. Besonderen Wert hat die deutsche Seite auf die sowjetische Erklärung gelegt, daß demnächst mit der Repatriierung von Deutschen aus dem Staatsgebiet der Sowjetunion begonnen wird. Diese Regelung betrifft vor allem Bewohner des Memellandes, Ostpreußens, die sogenannten Reichsdeutschen und die »Vertragsumsiedler«.

Zum erstenmal »Ostermarsch« der Atomgegner

7. April. Am 4. April versammeln sich auf dem Trafalgar Square in London 10 000 Menschen unter dem Motto »Ban the Bomb« (»Ächtet die Bombe«). Die Veranstaltung ist organisiert vom englischen »Komitee für atomare Abrüstung«, dem unter anderem der bekannte Philosoph Bertrand Russell angehört. Am Schluß wird zu einem Marsch auf das britische Atomforschungszentrum in Aldermaston aufgerufen, dem sich 5000 Menschen anschließen, die am 7. April, dem Ostermontag, ankommen. Die vielbeachtete Aktion wird zum Vorbild für ähnliche »Ostermärsche« gegen Atomwaffen auch in anderen Ländern.

In der Bundesrepublik beschließt am 10. April der Parteivorstand der SPD eine bundesweite Volksbefragung zur geplanten Ausrüstung der Bundeswehr mit atomaren Waffen, die von den Gewerkschaften und einer Reihe von Kirchenvertretern unterstützt wird. Schon am 19. April finden in einigen Großstädten Massenkundgebungen gegen Atomwaffen statt, die z. B. in Hamburg von 150 000 Menschen besucht werden; in Bielefeld sind es 30 000. Die Bundesregierung erklärt die geplante Volksbefragung für verfassungswidrig und kündigt eine Gegenaktion an. Bei einer Umfrage des Emnid-Instituts im Februar haben sich 83 Prozent der Befragten gegen die Errichtung von Abschußstellen für Atomraketen in der Bundesrepublik ausgesprochen. Ein Aufruf gegen die Atomausrüstung wird von Schriftstellern und Künstlern unterzeichnet.

Kundgebung in Hamburg.

1958

MAI

Mo	Di	Mi	Do	Fr	Sa	So
			1	2	3	4
5	6	7	8	9	10	11
12	13	14	15	16	17	18
19	20	21	22	23	24	25
26	27	28	29	30	31	

2. Die DDR führt Benutzungsgebühren für die Transitwasserstraßen von und nach West-Berlin ein.

5. US-Regierung lehnt die Schaffung einer atomwaffenfreien Zone in Mitteleuropa ab, die vom polnischen Außenminister Rapacki vorgeschlagen worden ist.

7. Das amerikanische Verteidigungsministerium meldet den Beginn einer neuen Testserie von Atomexplosionen (→ 31. März 1958).

13. Pierre Pflimlin wird zum 24. französischen Nachkriegsministerpräsidenten gewählt; in Algerien bricht ein Militärputsch gegen die Zentralregierung in Paris aus. →

15. Die Sowjetunion startet ihren bislang schwersten Satelliten.

17. Über Frankreich wird wegen des Putsches in Algerien der Notstand verhängt.

18. Vor 81 000 Zuschauern endet das Endspiel um die deutsche Fußballmeisterschaft in Hannover mit einem 3:0-Sieg von Schalke 04 über den Hamburger SV.

20. Die USA geben die Bildung einer 50 000 Mann starken Spezialarmee für »kleinere Kriege« in unwegsamen Gebieten bekannt.

21. Das Bundeskabinett verabschiedet einen Gesetzentwurf über den verstärkten Ehrenschutz ausländischer Staatsoberhäupter (Lex Soraya) wegen der Indiskretionen in der deutschen Presse über die Trennung des Schahs von Persien von seiner Gattin.

22. Erich Ollenhauer wird erneut zum 1. Vorsitzenden der SPD gewählt; auf dem Parteitag der SPD stehen die Aktionen gegen den Atomtod im Vordergrund.

28. In der DDR wird die Rationierung von Fleisch, Zucker und Fett abgeschafft.

29. Erstsendung des Hörspiels »Der gute Gott von Manhattan« von Ingeborg Bachmann im NDR und BR.

29. Charles de Gaulle bildet die neue französische Regierung. →

GESTORBEN:

2. Alfred Weber (* 30. 7. 1868), deutscher Soziologe.

5. James Cabell (* 14. 4. 1879), amerikanischer Schriftsteller.

29. Juan Ramón Jiménez (* 24. 12. 1881), spanischer Dichter, Nobelpreis 1956.

Charles de Gaulle kehrt zurück

29. Mai. Seit Monaten ist Frankreich von einer Krise gekennzeichnet. Die letzten Wahlen zur Nationalversammlung haben mit Stimmengewinnen für die Kommunisten und rechten Parteien, mit denen die Parteien der Mitte nicht koalieren wollen, komplizierte Mehrheitsverhältnisse geschaffen, von denen die Bildung einer stabilen Regierung beinahe unmöglich gemacht wird. Die 400 000 in Algerien kämpfenden Soldaten benötigen einen großen Etat für die Kriegführung, der die ohnehin nicht positive Zahlungsbilanz weiter belastet. Neue Steuern sind erforderlich, um den Krieg zu finanzieren, was die französischen Gewerbetreibenden gegen die Regierung aufbringt. Obendrein haben die algerischen Nationalisten den Krieg auch nach Frankreich selbst verlagert; zahlreiche Anschläge in der Hauptstadt Paris bringen Verunsicherung in die Bevölkerung. Auch in Algerien regt sich Unmut gegen die Zentralregierung, die gegenüber den Aufständischen militärisch unnachgiebig sein will, gleichzeitig aber auch Verhandlungen anbietet und an Reformen arbeitet, die die bevorzugte Stellung weißer Siedler gefährden könnte. Es kommt zu Demonstrationen. Seit dem Sturz der Regierung Gaillard am 15. April ist der Nationalversammlung die Wahl eines neuen Ministerpräsidenten nicht geglückt. In Algerien erregt ein Vergeltungsschlag der Nationalisten die Gemüter; am 13. Mai wird das Ministerium von Algerien, der Regierungssitz des Departements in Algier, von unzufriedenen Soldaten besetzt, die ein »Komitee der öffentlichen Sicherheit« unter der Leitung von General Jacques Massu bilden. Auch der Oberbefehlshaber von Algerien, General Raoul Salan, schließt sich ihnen an. Nachdem die neue Regierung unter Pierre Pflimlin am 13. Mai eingesetzt worden ist, die freie Wahlen für Algerien verspricht, wenden sich die algerischen Putschisten an General de Gaulle, politisch initiativ zu werden. Damit ist zum erstenmal seit 1953, als de Gaulle sich nach den Mißerfolgen seiner RPF-Bewegung (Rassemblement du Peuple Français) aus dem öffentlichen Leben zurückgezogen hat, sein Name wieder ernsthaft im Gespräch. Am

Auf einer Pressekonferenz in Paris erklärt General Charles de Gaulle seine Bereitschaft, nach der Krise die Regierungsbildung in Frankreich zu übernehmen.

Das Komitee für öffentliche Sicherheit in Algerien: (an der linken Tischseite von links nach rechts) Sid Cara, Soustelle, Salan, Vorsitzender Massu und Delbeque.

Der Unmut gegen die Zentralregierung in Paris wächst bei den algerischen Siedlern: Demonstranten stürmen das Gebäude des Rundfunksenders in Oran.

29. Mai beauftragt Staatspräsident René Coty de Gaulle mit der Regierungsbildung. Die Berufung de Gaulles findet in Algerien großen Beifall. De Gaulle bildet eine Regierung aus den führenden Politikern des gestürzten Regimes und läßt eine neue Verfassung ausarbeiten, die nach seinem Willen nicht durch das Parlament, sondern in einer Volksabstimmung bestätigt werden soll (→ Januar 1946, September 1958, Oktober 1962, April 1969, November 1970).

1958

JUNI

Mo	Di	Mi	Do	Fr	Sa	So
						1
2	3	4	5	6	7	8
9	10	11	12	13	14	15
16	17	18	19	20	21	22
23	24	25	26	27	28	29
30						

1. Die französische Nationalversammlung wählt Charles de Gaulle zum neuen Ministerpräsidenten. →

4. Theodor Heuss, Präsident der Bundesrepublik, trifft zu einem Staatsbesuch in den USA ein und wird von Präsident Dwight D. Eisenhower herzlich begrüßt.

4. De Gaulle besucht die aufständische Provinz Algerien. →

9. Auf der Generalversammlung der IG Metall fordert der Vorsitzende Heinrich Gutermuth die Verstaatlichung des Kohlenbergbaus.

13. Der Bundestag lehnt mit den Stimmen der Regierungsparteien eine Volksbefragung zur Frage der Atombewaffnung ab.

17. Radio Moskau meldet Hinrichtung des beim Ungarn-Aufstand 1956 verschleppten Ministerpräsidenten Imre Nagy (→ November 1956). →

19. Die ARD entscheidet, daß bis zum Jahre 1960 ein zweites Fernsehprogramm eingerichtet sein soll.

20. Am zehnten Geburtstag der Währungsreform verabschiedet der Bundestag eine Steuerreform, die kleinere Einkommen entlastet.

22. Ein US-Bundesrichter schiebt die Rasseintegration in Little Rock nach den schweren Unruhen um 2¹/₂ Jahre auf (→ September 1957).

22. Die Rumänin Jolanda Balas stellt mit einer Höhe von 1,80 m einen Hochsprungweltrekord der Frauen auf.

27. Eröffnung der Berliner Filmfestspiele. →

28. Im Spiel um den dritten Platz unterliegt bei der Weltmeisterschaft die deutsche Fußballnationalmannschaft Frankreich mit 3 : 6. →

GESTORBEN:

4. Mechthilde Lichnowski (* 8. 3. 1879), deutsche Schriftstellerin.

7. Walter Freitag (* 14. 8. 1889), deutscher Gewerkschaftsführer.

20. Kurt Alder (* 10. 7. 1902), deutscher Chemiker, Nobelpreis 1950.

29. Karl Arnold (* 21. 3. 1901), deutscher Politiker.

30. Walther Schreiber (* 10. 6. 1884), deutscher Politiker.

Pelé Star der Weltmeisterschaft

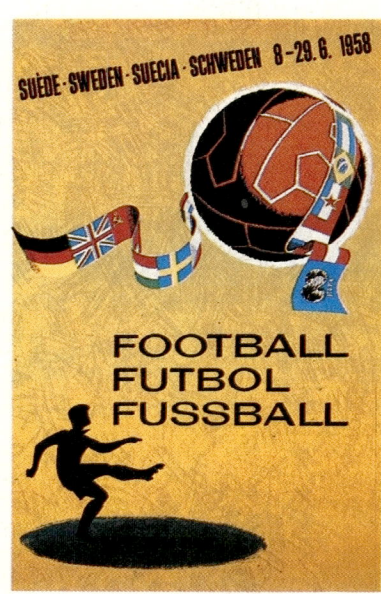

Das offizielle Plakat der Weltmeisterschaft in Stockholm.

Die deutsche Mannschaft nach dem Spiel gegen Frankreich: (von links) Erhardt, Eckel, Schön, Herberger, Szymaniak, Herkenrath und Uwe Seeler.

28. Juni. Mit nicht allzu großen Erwartungen ist die bundesdeutsche Mannschaft, der Fußballweltmeister von 1954, nach Stockholm gefahren. Von den 26 Spielen seit der Weltmeisterschaft in der Schweiz hat sie 14 verloren; in den letzten Begegnungen hat sich allerdings eine ansteigende Form gezeigt. Die deutsche Mannschaft bestreitet das Eröffnungsspiel gegen Argentinien und gewinnt sicher mit 3 : 1; in den weiteren Gruppenspielen erreicht die deutsche Mannschaft zwar nur Unentschieden – gegen die Tschechoslowakei und gegen Nordirland jeweils 2 : 2 –, am Ende ist die Elf der Bundesrepublik Deutschland jedoch trotzdem Gruppensieger.

Im Halbfinale steht sie dem Gastgeber Schweden gegenüber; nach einer 1 : 3-Niederlage spielt sie nur um den dritten Platz. In der Begegnung in Göteborg wird die Mannschaft von Trainer Sepp Herberger durch eine technisch versierte französische Elf ausgespielt und muß mit einer 3 : 6-Niederlage vom Platz. Im Endspiel um die Weltmeisterschaft unterliegt Schweden der jungen und artistisch aufspielenden Vertretung Brasiliens mit dem neuen Star, dem 17jährigen Pelé (eigentlich Edson Arantes do Nascimento) 2 : 5. Brasilien ist erstmals außerhalb Südamerikas der Gewinn der Weltmeisterschaft gelungen.

Ein neuer Stern am Fußballhimmel: der 17jährige Brasilianer Pelé.

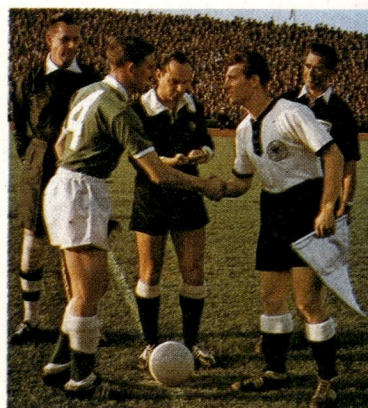

Vor dem Spiel Deutschland–Nordirland: Blanchflower (l.) und Schäfer.

SCHWEDEN 1958
WM vom 8. bis 29. Juni

16 Teilnehmer: Argentinien, Brasilien, Deutschland, England, Frankreich, Jugoslawien, Mexiko, Nordirland, Österreich, Paraguay, Schottland, Schweden, Tschechoslowakei, UdSSR, Ungarn und Wales.

1. Brasilien
Spiele gegen UdSSR 2 : 0, England 0 : 0, Österreich 3 : 0, Wales 1 : 0, Frankreich 5 : 2 und Schweden 5 : 2.

2. Schweden
Spiele gegen Wales 0 : 0, Ungarn 2 : 1, Mexiko 3 : 0, UdSSR 2 : 0, Deutschland 3 : 1 und Brasilien 2 : 5.

3. Frankreich
Spiele gegen Jugoslawien 2 : 3, Paraguay 7 : 3, Schottland 2 : 1, Nordirland 4 : 0, Brasilien 2 : 5 und Deutschland 6 : 3.

4. Deutschland
Spiele gegen Argentinien 3 : 1, Tschechoslowakei 2 : 2, Nordirland 2 : 2, Jugoslawien 1 : 0, Schweden 1 : 3 und Frankreich 3 : 6.

Erfolg für de Gaulle

De Gaulle vor dem Parlament.

1. Juni. Aufgrund der zugespitzten innen- und außenpolitischen Situation kann de Gaulle schon in den ersten Tagen seiner Regierung durchsetzen, wonach andere Regierungen jahrelang gestrebt haben. Er erhält außerordentliche Vollmachten zur Befriedung der Situation in Algerien und erreicht eine Verta-gung der Nationalversammlung um sechs Monate, in denen er also ohne parlamentarische Kontrolle arbeiten kann. Eine von ihm aufgelegte Anleihe zur Konsolidierung der Finanzen hat großen Erfolg, was von den Experten als Zeichen für die Beruhigung der wirtschaftlichen Lage gewertet wird. Am 4. Juni besucht de Gaulle Algerien, wo er von rechtsradikalen Mitgliedern der Wohlfahrtsausschüsse als Vollender ihrer Politik begeistert bejubelt wird. Doch sein Verhalten befremdet. Zwar macht er ihnen einige Zugeständnisse und lobt auch ihre nationale Gesinnung, doch rügt er scharf ihren Anspruch, ein neues Regime darzustellen. Er fordert die Wohlfahrtsausschüsse auf, den Anordnungen der Regierung Folge zu leisten und verurteilt jede Eigenmächtigkeit. Mit keinem Wort läßt er durchblicken, wie er sich die Zukunft Algeriens vorstellt (→ Mai 1958, April 1969).

Nagy hingerichtet

17. Juni. Internationale Proteste ruft die Nachricht von der Hinrichtung des ungarischen Ministerpräsidenten Imre Nagy hervor, die von Radio Moskau verbreitet wird (→ November 1956). In Washington und Bonn ziehen Demonstranten vor die Botschaft der Sowjetunion und bringen mit Sprechchören und Steinwürfen ihren Unmut zum Ausdruck. Das Verfahren gegen Nagy, der während des Aufstands im November 1956 den Austritt von Ungarn aus dem Warschauer Pakt bekanntgegeben hat, fand unter Ausschluß der Öffentlichkeit statt. Ihm und dem damaligen Stabschef der Armee, Pal Maleter, ist Hochverrat vorgeworfen worden (→ November 1956).

Mitglieder des Bundes der Ungarischen Freiheitskämpfer protestieren mit einer Demonstration in München gegen die Hinrichtung Imre Nagys und Pal Maleters.

Mario Adorf in der Hauptrolle des Films »Nachts, wenn der Teufel kam«.

Wolfgang Müller, Liselotte Pulver und Wolfgang Neuss (v. l.) im »Wirtshaus im Spessart«. Liselotte Pulver erhält für ihre Rolle das silberne Band.

Gold für Siodmak

27. Juni. Am zweiten Tag nach der Eröffnung der Berliner Filmfestspiele werden durch Bundesinnenminister Gerhard Schröder die deutschen Filmpreise verliehen. Die bei weitem meisten Ehrungen entfallen auf »Nachts, wenn der Teufel kam«, einen spannenden Film über den Massenmörder Bruno Lüdke. Er wird zum »besten abendfüllenden Spielfilm« gewählt, Robert Siodmak erhält ein Filmband in Gold für die beste Regie.
Die gleiche Auszeichnung erhalten Werner J. Lüddecke für das Drehbuch, Hannes Messemer als bester Hauptdarsteller, Annemarie Düringer für die beste weibliche und Werner Peters für die beste männliche Nebenrolle; Mario Adorf als bester Nachwuchsschauspieler und

Liselotte Pulver, Günther Lüders und Otto Storr im »Wirtshaus«.

Georg Krause für die beste Kameraführung. Ein »Filmband in Silber« bekommt für ihre Hauptrolle in »Das Wirtshaus im Spessart« Liselotte Pulver.

1958

JULI

Mo	Di	Mi	Do	Fr	Sa	So
	1	2	3	4	5	6
7	8	9	10	11	12	13
14	15	16	17	18	19	20
21	22	23	24	25	26	27
28	29	30	31			

1. In Genf beginnen Beratungen über Kontrollmöglichkeiten geheimer Kernwaffenversuche durch Experten aus Ost und West.

3. General de Gaulle sagt bei seinem zweiten Besuch in Algerien umfangreiche wirtschaftliche Hilfen bei der industriellen Entwicklung zu.

4. Japanische Behörden haben festgestellt, daß aufgrund der jüngsten amerikanischen Atombombenversuche im Pazifik in Japan stark radioaktiver Regen niedergegangen ist.

4. Die Zahl der Arbeitslosen in der Bundesrepublik erreicht mit 401 328 ihren niedrigsten Stand seit 1948.

6. Bei Landtagswahlen in Nordrhein-Westfalen erreicht die CDU die absolute Mehrheit. →

7. US-Präsident Dwight D. Eisenhower unterzeichnet ein Gesetz, durch das Alaska zum 49. Bundesstaat erhoben wird.

8. In den USA erreicht die Arbeitslosigkeit mit 5,43 Millionen Beschäftigungslosen einen neuen Höchststand seit 1941.

9. Trotz eines Haftbefehls entkommt der ehemalige Arzt des KZ Buchenwald, Dr. Eisele, ins Ausland. →

9. Die amerikanische Luftwaffe startet eine Interkontinentalrakete mit einer Maus an Bord. →

14. Militärrevolte im Irak gegen das haschemitische Königtum. →

15. Amerikanische Marineeinheiten landen im Libanon. →

17. Intervention von britischen Fallschirmjägern in Jordanien. →

26. Die USA starten erfolgreich den Satelliten Explorer IV. →

26. Königin Elizabeth II. ernennt den neunjährigen Prinzen Charles zum Prince of Wales.

GESTORBEN:

1. Rudolf von Laban (* 15. 12. 1879), österreichischer Tänzer und Choreograph.

14. Emil Barth (* 6. 7. 1900), deutscher Schriftsteller.

14. König Feisal II. (* 2. 5. 1935), irakisches Staatsoberhaupt. →

18. Henri Farman (* 26. 5. 1874), französischer Flugpionier.

22. Michail Soschtschenko (* 10. 8. 1895), russischer Schriftsteller.

US-Truppen in Beirut

Der irakische König Feisal II.

14. Juli. Kurz vor dem Abflug zu einer internationalen Konferenz in Istanbul wird der 23jährige irakische König Feisal II. von aufständischen Militärs festgehalten und umgebracht. Innerhalb weniger Stunden finden in den Unruhen auch der Ministerpräsident Nuri es Said und der Kronprinz den Tod. Der Putsch ist ausgelöst worden durch die Weigerung der Soldaten, gegen die Aufständischen in Jordanien und im Libanon vorzugehen. Im Libanon sind in den letzten zwei Monaten die Auseinandersetzungen um den Staatspräsidenten Camille Chamoun heftiger geworden. Er hat den Westen immer wieder mit Meldungen über »aus-ländische Kämpfer« beunruhigt, obwohl eine UN-Kommission die Existenz solcher Eindringlinge nicht bestätigen konnte. Nach dem Putsch im Irak stimmt US-Präsident Eisenhower einer Intervention amerikanischer Truppen zu; 5400 »Ledernacken« werden mit einem gewaltigen Einsatz der amerikanischen Marine vor Beirut an Land gelassen, greifen aber in die Kämpfe nicht ein. Zwei Tage später, am 17. Juli, entsendet Großbritannien eine Fallschirmjägerbrigade in das Königreich Jordanien, wo König Hussein ebenfalls unter den Druck von Aufständischen geraten ist. Beide Aktionen werden von der Sowjetunion scharf kritisiert.

Das Unternehmen der amerikanischen Landung im Libanon entpuppt sich als diplomatischer Fehlschlag. Staatspräsident Chamoun ist aufgrund der starken inneren Opposition nicht mehr zu halten, zum Nachfolger wird Stabschef Fuad Schehab ernannt; neuer Ministerpräsident wird der Anführer der libanesischen Aufständischen, Rajad Karami. Auch die Vorbehalte gegen den Putsch im Irak relativieren sich, als die neue irakische Führung ungehinderte Öllieferungen an den Westen zusagt. Schon am 30. Juli wird das Regime unter Abd el Karim Kassem von der Bundesrepublik anerkannt.

Amerikanische Marineinfanterie-Einheiten bei der Landung im Libanon.

Amerikaner starten Kapsel mit Maus an Bord

9. Juli. Von der amerikanischen Marine wird eine Interkontinentalrakete vom Typ Thor-Able mit zwei Stufen erfolgreich gestartet. In einer hitzebeständigen Kapsel an der Spitze der Rakete befindet sich eine Maus, an der die Auswirkungen der Schwerelosigkeit auf den lebenden Organismus getestet werden sollen. Gegen die Mitnahme der Maus richten sich Proteste des britischen Tierschutzverbandes, da nicht ausgeschlossen werden könne, daß der Maus Leid zugefügt werde. Am 26. Juli schießt die Armee mit einer Jupiter-Vierstufenrakete den bislang schwersten amerikanischen Satelliten in das All, dessen Instrumente die korpuskulare Strahlung messen sollen.

Absolute Mehrheit für die CDU

6. Juli. Mit dem Gewinn der absoluten Mehrheit kann die CDU in Nordrhein-Westfalen den Erfolg bei den Bundestagswahlen vom 15. 9. 1957 fortsetzen.

Partei	Stimmen in % / Sitze			
	6. 7. 1958		27. 6. 1954	
CDU	50,5	104	41,3	90
SPD	39,2	81	34,5	76
FDP	7,1	15	11,5	25
Zentrum	1,0	–	4,0	9

Am 21. Juli wird Franz Meyers (CDU) zum neuen Ministerpräsidenten gewählt.

KZ-Arzt Eisele entkommt

9. Juli. Der Arzt des Konzentrationslagers Buchenwald, Dr. Eisele, der wegen hundertfachen Mordes an Häftlingen verhaftet werden soll, kann sich dem Zugriff der Polizei durch die Flucht nach Ägypten entziehen. Sein Entkommen löst einen Justizskandal aus, da es vermutlich durch Begünstigung des Münchner Staatsanwalts Max von Decker ermöglicht worden ist. Von Decker wird seines Amtes enthoben und unter Anklage gestellt.

1958

AUGUST

Mo	Di	Mi	Do	Fr	Sa	So
				1	2	3
4	5	6	7	8	9	10
11	12	13	14	15	16	17
18	19	20	21	22	23	24
25	26	27	28	29	30	31

4. Das amerikanische Atom-U-Boot Nautilus unterquert den Nordpol. →

12. Chruschtschow weiht das größte Wasserkraftwerk der Erde bei Kuibyschew in der Sowjetunion ein; Leistung: 2,1 Milliarden Kilowatt, der Staudamm hat eine Länge von 6 km.

12. Chinesische Küstenbatterien beginnen mit der Beschießung der Insel Quemoy, die zu Formosa gehört. →

14. Absturz einer holländischen Superconstellation vor Irland fordert 99 Todesopfer.

17. Der erste amerikanische Versuch, eine Rakete auf den Mond zu schicken, scheitert.

17. Ende des 78. Deutschen Katholikentags in Ost- und West-Berlin unter dem Motto: »Unsere Sorge der Mensch – unser Heil der Herr«.

19. Das mit 5900 Tonnen größte Atom-U-Boot der Welt läuft in den USA vom Stapel.

27. Eine sowjetische Rakete mit zwei Hunden an Bord kehrt heil auf die Erde zurück.

28. Der Film »Das Mädchen Rosemarie« nach dem Schicksal der ermordeten Frankfurter Prostituierten Rosemarie Nitribitt wird mit Erfolg gestartet (→ November 1957).

28. In Göteborg stellt der Australier Herbert Elliott, überragender Leichtathlet des Jahres, einen neuen Weltrekord über 1500 m mit der Zeit von 3:36,0 Minuten auf.

30. In der VR China wird die Gründung von Volkskommunen beschlossen. →

30. Bei einem Grubenunglück in Oberschlesien kommen 72 Bergleute ums Leben.

GESTORBEN:

11. Paula Buber (* 14. 6. 1877), deutsche Schriftstellerin unter dem Pseudonym Georg Munk.

14. Jean Frédéric Joliot (* 19. 3. 1900), französischer Physiker, Nobelpreis 1935.

23. Roger Martin du Gard (* 23. 3. 1881), französischer Schriftsteller.

24. Leo Blech (* 21. 4. 1871), deutscher Komponist.

27. Ernest O. Lawrence (* 8. 8. 1901), amerikanischer Physiker, Nobelpreis 1939.

Während einer Arbeitspause lesen Chinesen die Lehrsätze Maos.

Kommunen in China

30. August. Nach einer geheimen Sitzung des Politbüros der chinesischen KP wird eine völlige Neuordnung der chinesischen Landwirtschaft angeordnet. Volkskommunen sollen an die Stelle sowohl der bäuerlichen Familie, die in China immer noch unerschütterlichen Bestand gehabt hat, als auch der nach sowjetischem Vorbild gebildeten Kolchosen treten. Jegliches Privateigentum soll abgeschafft werden; sogar die privaten Häuser sollen abgerissen und durch Gemeinschaftssiedlungen ersetzt werden. Mit dieser Maßnahme wagt die chinesische Parteiführung in einem wichtigen Bereich die Abweichung vom sowjetischen Vorbild, das bislang allen sozialistischen Ländern immer als Richtschnur der Entwicklung gegolten hat. Gleichzeitig wird die Behauptung aufgestellt, mit dieser Entscheidung sei man in China der Verwirklichung des Kommunismus sehr nahe gerückt, da das Volk das Gemeinschaftsleben, die Produktion und die Bewaffnung übernommen habe.

Zur gleichen Zeit findet eine »Öffentliche Verkündung des Abscheus« gegen das Tschiang-Kai-schek-Regime auf der Insel Formosa statt, die eine schwere Beschießung der vor dem chinesischen Festland liegenden Insel Quemoy, die unter Kontrolle Formosas steht, vorbereitet.

Die Truppen Tschiang Kai-scheks erhalten Unterstützung durch die VI. US-Flotte, um zu signalisieren, daß die Amerikaner einem chinesischen Angriff auf Formosa nicht tatenlos zusehen würden.

U-Boot unter Packeis

4. August. Mit einer Unterwasserfahrt von 96 Stunden gelingt dem amerikanischen U-Boot »Nautilus« die erste Unterquerung des Packeises über dem Nordpol. Gestartet am 23. Juli in Honululu, beginnt die Tauchfahrt am 1. August und endet am 5. August nach einer unter Wasser zurückgelegten Strecke von 3385 Kilometer.

Damit ist ein weiteres Mal die Tauglichkeit des atomaren Antriebes für U-Boote unter Beweis gestellt. In der amerikanischen Öffentlichkeit wird der Erfolg der Nautilus lautstark gefeiert, sieht man sich doch hier in der Lage, die Schwächen der Raketen- und Raumfahrttechnologie auszugleichen. So setzt denn auch das amerikanische Militär auf die praktisch unverwundbaren U-Boote als Träger von atomaren Raketen, um dem gefürchteten sowjetischen Arsenal an Interkontinentalraketen begegnen zu können. Im amerikanischen Senat werden am 21. August vom demokratischen Senator John F. Kennedy Zahlen über den sowjetischen Raketenvorsprung genannt.

De Gaulle kehrt von Reise durch Afrika zurück

29. August. General Charles de Gaulle kehrt von einer zehntägigen Reise durch die afrikanischen Besitzungen Frankreichs zurück, auf der er die neue Präsidialverfassung vorstellt, über die noch abgestimmt werden soll. Bei dieser Volksabstimmung sollen die afrikanischen Länder auch darüber entscheiden, in welchem Verhältnis sie künftig zu Frankreich stehen wollen. Er hat aus der Niederlage Frankreichs in Indochina den Schluß gezogen, daß kolonialistische Bindungen nicht mehr mit Gewalt aufrechterhalten werden können. Nur in der Elfenbeinküste gibt es noch eine Strömung, die für die Bindung an Frankreich ist; in den anderen Ländern wird de Gaulle mehr oder weniger unfreundlich empfangen.

De Gaulle spricht in Brazzaville.

Höhere Zahl von DDR-Flüchtlingen

30. August. Der Bundesminister für Gesamtdeutsche Fragen, Ernst Lemmer, fordert angesichts der steigenden Zahl von Flüchtlingen aus der DDR ein beschleunigtes Aufnahmeverfahren. Allein seit Anfang des Jahres 1958 sind 130 000 Flüchtlinge registriert worden, darunter überproportional viele Akademiker wie Ärzte, Lehrer und Ingenieure. Besonderes Aufsehen hat in den letzten Tagen die Flucht von Professor Josef Hämel, Rektor der Universität Jena, erregt. Mehr als die Hälfte der Ankömmlinge sind unter 25 Jahre alt.

Mo	Di	Mi	Do	Fr	Sa	So
1	2	3	4	5	6	7
8	9	10	11	12	13	14
15	16	17	18	19	20	21
22	23	24	25	26	27	28
29	30					

1. In Genf wird die 2. Internationale Konferenz über die friedliche Nutzung der Atomenergie mit 5000 Delegierten aus 66 Ländern eröffnet.

5. Mit der Zahl von 332 609 ist der niedrigste Stand der Arbeitslosigkeit in der Geschichte der Bundesrepublik erreicht.

5. Die USA geben den Plan bekannt, 33 neue nuklear angetriebene U-Boote zu bauen.

6. Der ehemalige sowjetische Ministerpräsident Bulganin wird aus dem Präsidium der KPdSU ausgeschlossen.

7. Armin Hary läuft als erster Mensch die 100 m in der Zeit von 10,0 Sekunden; die Leistung kann jedoch nicht als Weltrekord anerkannt werden, da das Gefälle auf der Bahn in Friedrichshafen zu stark ist.

10. Die Kinderlähmung hat in diesem Jahr allein in Berlin zehn Todesopfer gefordert.

14. In Colombey-les-Deux-Églises findet das erste Treffen von Bundeskanzler Adenauer und Ministerpräsident de Gaulle statt. →

19. Bundeskanzler Adenauer wird auf dem 8. Bundesparteitag der CDU erneut zum 1. Vorsitzenden gewählt.

21. Überraschend gewinnt die Bundesrepublik einen Leichtathletik-Länderkampf gegen die Sowjetunion im Augsburger Rosenaustadion mit 115 : 105 Punkten.

23. Deutsche Erstaufführung des Anti-Hitler-Films »Der große Diktator« von und mit Charlie Chaplin.

24. Ein Fußballländerspiel zwischen Dänemark und Deutschland in Kopenhagen endet 1 : 1.

27. Ein Taifun über Japan fordert 615 Todesopfer.

28. Die CDU geht aus den Landtagswahlen in Schleswig-Holstein als stärkste Partei hervor.

28. Die neue französische Verfassung wird mit großer Mehrheit angenommen. →

GESTORBEN:

11. Hans Grundig (* 19. 2. 1901), deutscher Maler.

16. Marcus Behmer (* 1. 10. 1879), deutscher Grafiker.

18. Olaf Gulbransson (* 26. 5. 1873), norwegischer Zeichner.

Triumph für de Gaulle

Staatspräsident de Gaulle und Konrad Adenauer bei einer ihrer Begegnungen.

28. September. Mit deutlicher Mehrheit wird die neue französische Verfassung, die Ministerpräsident Charles de Gaulle hat ausarbeiten lassen, angenommen. In Frankreich erhält sie eine Zustimmung von 79,2 Prozent bei einer Wahlbeteiligung von 85 Prozent der Stimmberechtigten. Auch im umkämpften Algerien, wo zum erstenmal die islamischen Frauen an einer Abstimmung teilnehmen können, bejahen 76,1 Prozent den Entwurf. Diese Tatsache zeigt, daß die algerische Befreiungsfront in der Bevölkerung nicht über den von ihr behaupteten Einfluß verfügt, obwohl von ausländischen Beobachtern bestritten wird, daß die Wahl überall rechtmäßig durchgeführt worden ist. Nur im Überseegebiet Guinea wird die Verfassung eindeutig abgelehnt; die französische Regierung erklärt nach diesem Ergebnis Guinea für unabhängig. Die anderen überseeischen Gebiete bilden fortan mit Frankreich einen Staatenbund; seine Mitglieder sind: Madagaskar, Mali, Senegal, Mauretanien, Elfenbeinküste, Dahomey, Obervolta, Niger, Gabun, Kongo (Brazzaville), Zentralafrikanische Republik und Tschad.

Die neue Verfassung gibt dem Staatspräsidenten, der alle sieben Jahre gewählt wird, einen bedeutenden Zuwachs an Kompetenzen. Die Verfassung sieht eine strenge Scheidung von Regierung und Parlament vor; Minister müssen ihre Abgeordnetenmandate zurückgeben.

Am 14. September hat das erste Zusammentreffen von Bundeskanzler Konrad Adenauer und Ministerpräsident Charles de Gaulle in dessen Wohnsitz Colombey-les-Deux-Églises stattgefunden, das ohne die erwarteten Spannungen abgelaufen ist.

In einem Kommuniqué sprechen sich beide Seiten für die deutsch-französische Verständigung und ein einiges Europa unter Einschluß weiterer Staaten aus.

Kanzlerreferent Kilb verhaftet

22. September. Sensationelle Aufmerksamkeit erregt in der Bundesrepublik die Nachricht, daß der persönliche Referent von Bundeskanzler Konrad Adenauer, Hans Kilb, wegen passiver Bestechung verhaftet worden ist. Kilb wird vorgeworfen, er hätte seine Verbindungen zum Bundeskanzler genutzt, um der Autofirma Mercedes Vorteile zu verschaffen.

Friedenspreis für Karl Jaspers

25. September. Auf der Internationalen Buchmesse in Frankfurt konstituiert sich eine Gemeinschaft von sieben europäischen Verlagen, die unter dem Namen »Editeuropa« wichtige literarische Werke in bedeutenden europäischen Sprachen gleichzeitig veröffentlichen will. Den Friedenspreis des Deutschen Buchhandels erhält der Philosoph Karl Jaspers.

Mo	Di	Mi	Do	Fr	Sa	So
		1	2	3	4	5
6	7	8	9	10	11	12
13	14	15	16	17	18	19
20	21	22	23	24	25	26
27	28	29	30	31		

1. In Bremerhaven kommt der Sänger Elvis Presley als amerikanischer Soldat an. →

4. Sensationeller Sieg von »Bubi« Scholz im Kampf um die Europameisterschaft im Mittelgewicht über den Franzosen Charles Humez in der zwölften Runde durch K. o. →

11. Eine amerikanische Rakete, die den Mond erreichen soll, kehrt nach zwei Tagen zur Erde zurück und verglüht.

17. Deutsche Erstaufführung der amerikanischen Verfilmung des Romans »Der alte Mann und das Meer« von Ernest Hemingway mit Spencer Tracy.

19. Mit einem Riesenfeuerwerk wird die Brüsseler Weltausstellung geschlossen (→ Juni 1958), die von 42 Millionen Menschen besucht worden ist.

20. Bundespräsident Heuss trifft zu einem Staatsbesuch in Großbritannien ein.

22. Für bundesdeutsche Beamte wird die 45-Stunden-Woche eingeführt; samstags wird bis 13 Uhr gearbeitet.

24. Die Sowjetunion gewährt Ägypten für den Bau des Assuanstaudammes einen Kredit von 400 Millionen Rubel.

26. In Paris endet ein Fußballländerspiel zwischen Frankreich und Deutschland 2 : 2 unentschieden.

26. Turbulente Szenen bei einem Gastspiel von Bill Haley in Berlin. →

28. Der russische Schriftsteller Boris Pasternak, dem der Nobelpreis verliehen worden ist, wird aus dem sowjetischen Schriftstellerverband ausgeschlossen.

28. Kardinal Roncalli wird zum neuen Papst gewählt und gibt sich den Namen Johannes XXIII. →

GESTORBEN:

9. Papst Pius XII. (* 2. 3. 1876). →

11. Maurice de Vlaminck (* 4. 4. 1876), französischer Maler.

11. Johannes R. Becher (* 22. 5. 1891), deutscher Schriftsteller.

24. George Edward Moore (* 4. 11. 1873), britischer Philosoph.

27. Walter von Molo (* 14. 6. 1880), deutscher Schriftsteller.

Die Gläubigen nehmen im Petersdom Abschied von Papst Pius XII.

Johannes XXIII. Papst

28. Oktober. Morgens um 3.52 Uhr verstirbt am 9. 10. Papst Pius XII. im neunzehnten Jahr seines Pontifikats. Pius XII., der mit bürgerlichem Namen Eugenio Maria Pacelli hieß, ist von 1917 bis 1930 als Nuntius in Deutschland tätig gewesen. Mit ihm ist 1939 ein Diplomat zum Papst gewählt worden, gegen den sich allerdings der Vorwurf richtet, zu wenig für die Juden im nationalsozialistischen Deutschland getan zu haben. Pius XII. hat viel unternommen, um der Marienverehrung zu neuem Leben zu verhelfen.

Sein Nachfolger Johannes XXIII. ist von niemandem als aussichtsreicher Kandidat betrachtet worden. Als Patriarch von Venedig mit 77 Jahren hat man ihn am Ende seiner Laufbahn gesehen. Johannes XXIII., mit bürgerlichem Namen Angelo Giuseppe Roncalli, stammt aus einfachen Verhältnissen und gewinnt durch sein heiteres und ungezwungenes Auftreten in der Öffentlichkeit große Beliebtheit. Er hat sich in Italien als Kardinal den Ruf geschaffen, gegenüber sozialen Problemen aufgeschlossen zu sein, und führt auch klärende Gespräche mit Kommunisten.

Johannes XXIII. wird Nachfolger Pius' XII. auf dem Stuhl Petri.

Heuss in England

20. Oktober. Mit großer Zurückhaltung wird in England der erste Besuch eines deutschen Staatsoberhauptes seit 50 Jahren aufgenommen. Zwar wird Bundespräsident Theodor Heuss von Königin Elizabeth II. und den Regierungsvertretern herzlich empfangen, doch in der englischen Presse erscheinen in der Mehrzahl deutschfeindliche Artikel. In Deutschland machen Berichte Schlagzeilen, daß die Königin ihre Begrüßungsrede weniger freundlich gestalten mußte, um nicht die Verständnislosigkeit der britischen Öffentlichkeit für ihr Verhalten gegenüber dem Gast aus Deutschland zu provozieren.

Königin Elizabeth und Heuss.

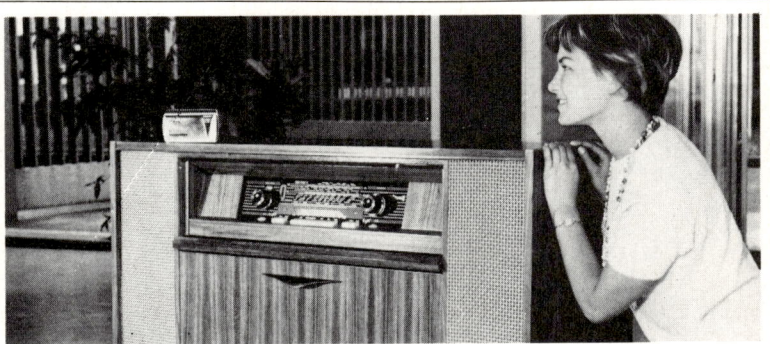

Neuschöpfungen der deutschen Rundfunkindustrie im Jahr 1958: Eine große Stereo-Truhe fürs Wohnzimmer und ein Mini-Radio für unterwegs.

4. Oktober. Mit einem überzeugenden Sieg gegen den Franzosen Charles Humez erringt Gustav »Bubi« Scholz vor 25 000 Zuschauern im Berliner Olympiastadion den Europameistertitel der Berufsboxer im Mittelgewicht. Elf Runden lang bedrängt der deutsche Mittelgewichtsmeister Scholz (rechts) den französischen Europameister Humez, bis dieser schließlich in der zwölften Runde erschöpft aufgibt. Schon von der neunten Runde an scheint der heftig blutende Humez stark angeschlagen und steht nur mit letzter Kraft bis zur 12. Runde durch.

Tumult um Bill Haley

Die beiden Rock-'n'-Roll-Stars Bill Haley (links) und Elvis Presley.

Die Rock-'n'-Roll-Gemeinde gerät bei den Konzerten immer wieder in Ekstase.

1. Oktober. Mit der Ankunft von Elvis Presley, der als amerikanischer Soldat nach Friedberg in Hessen abkommandiert worden ist, erreicht die Verehrung deutscher jugendlicher Fans für ihr Idol einen neuen Höhepunkt. Hunderte von Halbwüchsigen, die seine Ankunft mit einem Truppentransporter in Bremerhaven erwarten, kommen allerdings nicht auf ihre Kosten, da Presley sorgfältig abgeschirmt in einem Zug verschwindet.

Ein anderer amerikanischer Rock-'n'-Roll-Star, Bill Haley, der mit »Rock around the Clock« eine Art Hymne geschaffen hat, sorgt bei Auftritten im Berliner »Sportpalast« und in der Hamburger »Ernst-Merck-Halle« für heftige Tumulte. In Berlin müssen nach Prügeleien, bei denen 12 Personen verletzt werden, 22 sogenannte »Halbstarke« festgenommen werden; in Hamburg setzt die Polizei bei ähnlichen Szenen Tränengas ein.

Bill-Haley-Konzert in Berlin.

Stühle fliegen in Hamburg.

Start einer US-Rakete zum Mond mißlingt

11. Oktober. Das aussichtsreich gestartete Projekt einer Rakete zum Mond bringt den Amerikanern einen erneuten Rückschlag. In einer Entfernung von 130 000 Kilometern zur Erde, also auf etwa dem halben Weg, wird »Pioneer« wieder von der Anziehungskraft der Erde erfaßt, kehrt um und verglüht in der Atmosphäre. Wieder einmal bestätigt sich das bekannte Handikap der Amerikaner, über nicht genügend starke Raketenantriebe zu verfügen. Immerhin bringt das Projekt neue Aufschlüsse über den bislang unbekannten »Todesstrahlengürtel«, der sich in einer Höhe von 10 000 Kilometern über der Erdoberfläche befindet. Hier werden von den Instrumenten überraschend hohe Dosen von Röntgenstrahlen gemessen.

Die Pioneer-1-Sonde bei der Montage.

Hansjörg Felmy und Wera Frydtberg in dem Film »Wir Wunderkinder« von Kurt Hoffmann, eine Satire auf die jüngste deutsche Geschichte.

1958
NOVEMBER

Mo	Di	Mi	Do	Fr	Sa	So
					1	2
3	4	5	6	7	8	9
10	11	12	13	14	15	16
17	18	19	20	21	22	23
24	25	26	27	28	29	30

3. In Paris wird das neue UNESCO-Gebäude eingeweiht, an dem bedeutende Künstler wie Picasso, Miró und Calderte mitgearbeitet haben.

4. Feierliche Papstkrönung von Johannes XXIII. im Petersdom zu Rom (→ Oktober).

4. In Köln findet eine Ausstellung zum Spätwerk von Wassily Kandinsky statt.

7. Der Ostberliner Bürgermeister Ebert kündigt Reiseerleichterungen für Westberliner in die DDR an und bietet 10 000 Arbeitsplätze in Ost-Berlin an.

10. Der sowjetische Ministerpräsident Nikita Chruschtschow fordert in Moskau die Aufhebung der Viermächtekontrolle über Berlin.

13. Bundesfinanzminister Schäffer teilt mit, daß er in der DDR verschiedene geheime Gespräche geführt hat.

13. Zum neuen Präsidenten des Bundesverfassungsgerichts in Karlsruhe wird der Ministerpräsident von Baden-Württemberg, Gebhard Müller, gewählt.

13. Der neue Siebenjahresplan 1959–1965 der Sowjetunion sieht eine Steigerung der Bruttoindustrieproduktion um 80 Prozent vor.

16. Bei Wahlen in der DDR erhält die Einheitsliste der Nationalen Front 99,87 Prozent der Stimmen.

19. In Berlin endet ein Länderspiel zwischen Deutschland und Österreich 2 : 2 (Halbzeit 1 : 1) unentschieden.

23. Bei Landtagswahlen in Hessen kann die SPD ihre Mehrheit weiter ausbauen; gleiches gelingt der CSU in Bayern.

27. In Noten an die drei Westmächte kündigt die Sowjetunion alle aus der Nachkriegszeit stammenden Vereinbarungen über Berlin auf. →

30. Die erste Atlas-Rakete der USA legt die volle Distanz von 10 000 km zurück.

30. Parlamentswahlen in Frankreich enden mit einem großen Erfolg der Gaullisten. →

GESTORBEN:

1. Josef Lipski (* 5. 6. 1894), polnischer Diplomat.

25. Leopold Ziegler (* 30. 4. 1881), deutscher Kultur- und Religionsphilosoph.

Chruschtschow stellt ein Berlin-Ultimatum

27. November. In einer umfangreichen Note an die drei Westmächte kündigt der sowjetische Ministerpräsident Nikita Chruschtschow sämtliche Vereinbarungen über den Status Berlins auf. Die Viermächtekontrolle sei durch die Geschichte überholt. Berlin werde von einem souveränen deutschen Staat eingeschlossen, der die Abmachungen des Potsdamer Abkommens akzeptiere und zu dem Berlin schon aus geographischen Gründen gehören müsse. Chruschtschow richtet an die Westmächte ein Ultimatum von sechs Monaten, innerhalb dessen sie sich zu Verhandlungen über den zukünftigen Status West-Berlins als »freier Stadt« bereitgefunden haben sollen. Sei dies nicht der Fall, werde die Sowjetunion alle Rechte an Berlin auf die DDR übertragen. Die westlichen Regierungen weisen in Erklärungen jede Veränderung des Status von Berlin zurück.

Große Erfolge der Gaullisten bei Parlamentswahl

30. November. Bei den ersten Parlamentswahlen in Frankreich nach der Annahme der neuen Verfassung kann die neue gaullistische Partei »Union für die neue Republik« 188 Sitze in der neuen Nationalversammlung gewinnen. Damit ist sie auf Anhieb stärkste politische Kraft des Landes geworden. Die stärksten Einbußen erleiden die Kommunisten, die im letzten Parlament noch 148 Abgeordnete gestellt haben, jetzt aber nur noch mit 10 vertreten sind. In Kommentaren wird darauf hingewiesen, daß die Gaullisten ihr hervorragendes Ergebnis vor allem der Wahlkreiseinteilung verdanken; während die Kommunisten mit über 20 Prozent der Stimmen nur 10 Sitze erreicht haben, sind bei 26,4 Prozent für die Gaullisten 188 Sitze erzielt worden. In Algerien gewinnen wegen der weitgehenden Stimmenthaltung der arabischen Einwohner eine extrem integrationistische Liste die Mehrheit der Mandate.

1958
DEZEMBER

Mo	Di	Mi	Do	Fr	Sa	So
	1	2	3	4	5	6	7
8	9	10	11	12	13	14
15	16	17	18	19	20	21
22	23	24	25	26	27	28
29	30	31				

1. In der Bundesrepublik sind eine Million Fernseher zugelassen.

5. In West-Berlin hat der Spielfilm »Der Eiserne Gustav« mit Heinz Rühmann Premiere.

7. Bei Wahlen zum Berliner Abgeordnetenhaus erhält die SPD die absolute Mehrheit; Erfolg für den Regierenden Bürgermeister Willy Brandt.

12. Der Bundestag beschließt eine Rentenerhöhung von 6,1 Prozent.

14. Springeuropameister Fritz Thiedemann wird zum Sportler des Jahres gewählt.

16. Mao Tse-tung tritt vom Amt des chinesischen Ministerpräsidenten zurück, behält aber den Parteivorsitz.

17. Kurt Georg Kiesinger (CDU) wird zum neuen Ministerpräsidenten von Baden-Württemberg gewählt.

19. Die Amerikaner bringen eine fast vier Tonnen schwere Raketenspitze in eine Umlaufbahn um die Erde.

21. Mit überwältigender Mehrheit wird Charles de Gaulle von einem Wahlmännerkollegium zum ersten Staatspräsidenten der V. Republik gewählt.

21. Die deutsche Fußballauswahl gewinnt in Augsburg ein Länderspiel gegen Jugoslawien mit 3 : 0 (Halbzeit 1 : 0).

28. In Kairo verliert die deutsche Nationalmannschaft ein Fußballspiel gegen die Auswahl Ägyptens mit 1 : 2 (1 : 1); die deutsche Mannschaft hat von 14 Spielen des Jahres 5 verloren, 5 gewonnen und 4 unentschieden beendet.

29. Der französische Franc wird um 17 Prozent abgewertet und durch Umtausch von 100 : 1 zum »schweren Franc« gemacht.

31. In Noten an die Sowjetunion lehnen es die Westmächte ab, unter dem Druck eines Ultimatums über Berlin zu verhandeln (→ November).

GESTORBEN:

15. Wolfgang Pauli (* 25. 4. 1900), österreichischer Physiker, Nobelpreis 1945.

20. Fjodor Gladkow (* 21. 6. 1883), russischer Schriftsteller.

21. Lion Feuchtwanger (* 7. 7. 1884), deutscher Schriftsteller. →

Pasternak unter Druck

Boris Pasternak gibt den Nobelpreis auf massiven Druck wieder zurück.

10. Dezember. Zu einem in der Geschichte der Nobelpreise einzigartigen Vorgang kommt es anläßlich der Verleihung des Literaturnobelpreises 1958 an den russischen Schriftsteller Boris Pasternak. In einem Telegramm an das Nobelkomitee in Stockholm hat Pasternak sich zunächst herzlich für die Ehrung bedankt, dann jedoch unter massivem Druck durch das Sowjetregime den Preis zurückgegeben. Die Auszeichnung habe in der Sowjetgesellschaft einen anderen Sinn bekommen, als er es sich habe vorstellen können, schreibt Pasternak an das Nobelkomitee. Auch nach seinem Rücktritt nehmen die Angriffe auf ihn kein Ende. Er wird aus dem Schriftstellerverband ausgeschlossen und 800 Moskauer Literaten fordern in einer Resolution die Regierung auf, Pasternak das Bürgerrecht abzuerkennen. Durch eine Selbstkritik in der Parteizeitung »Prawda« versucht Pasternak am 5. Dezember seinen Kritikern entgegenzukommen. Die Vorwürfe gegen Pasternak beziehen sich einerseits auf seinen Roman »Doktor Schiwago«, der antisowjetisch und unmarxistisch sei, und auf eine mit seinem Namen verbundene antikommunistische Kampagne des Westens. »Doktor Schiwago« ist in der Sowjetunion nie veröffentlicht worden, in den westlichen Ländern jedoch durch eine nicht von Pasternak initiierte Übersetzung ins Italienische bekanntgeworden. Drei andere sowjetische Nobelpreisträger sind nicht an der Entgegennahme ihrer Auszeichnungen gehindert worden. Pawel Alexejewitsch Tscherenkow, Igor Jewgenjewitsch Tamm und Ilja Frank haben den Physikpreis für die Entdeckung eines Verfahrens bekommen, durch das Geschwindigkeit und Gewicht der kleinsten Teilchen gemessen werden können. Für die Entdeckung des Insulins wird der britische Professor Frederick Sanger mit dem Chemiepreis ausgezeichnet, den Medizinpreis teilen sich die Amerikaner George Beadle, Edward Laurie Tatum und Joshua Lederberg, deren genetische Forschungen geehrt werden. Den Friedensnobelpreis erhält der Dominikanerpater Dominique Pire, der mit den sogenannten »Europadörfern« Quartiere für Flüchtlinge geschaffen hat.

Deutschsprachiger Schriftsteller Lion Feuchtwanger stirbt in den USA

21. Dezember. Mit Lion Feuchtwanger stirbt ein deutschsprachiger Schriftsteller mit großem Ansehen in aller Welt. Von jüdischer Abstammung, ist er in München und Berlin aufgewachsen und hat kurzzeitig in der deutschen Armee während des Ersten Weltkrieges gedient. Die Erfahrungen animierten ihn zu zwei pazifistischen Stücken. Seine erste Erzählung »Thomas Wendt« (1919) war von beträchtlichem Einfluß auf die jüngeren deutschen Schriftsteller dieser Zeit. Alle seine überaus erfolgreichen Romane kreisen um das jüdische Schicksal in der deutschen Vergangenheit; am bekanntesten ist der Roman »Jud Süß« (1925), der in der Nazizeit dem gleichnamigen Film als Vorlage diente, jedoch verfälscht wird. Feuchtwanger selbst ist als einer der ersten Schriftsteller ausgebürgert worden und hat in Amerika im Exil gelebt. Hier sind die »Josephus-Trilogie« (1945), »Die Brüder Lautensack« (1944) und »Goya« (1951) entstanden.

1959

JANUAR

Mo	Di	Mi	Do	Fr	Sa	So
				1	2	3	4
5	6	7	8	9	10	11
12	13	14	15	16	17	18
19	20	21	22	23	24	25
26	27	28	29	30	31	

1. In Kuba siegen die Rebellen Fidel Castros; der Diktator Batista flieht mit dem Flugzeug (Aufenthalt: USA, Portugal, Spanien). →

1. Die Römischen Verträge über die Europäische Gemeinschaft treten in Kraft; Zollsenkungen um 10 Prozent (→ März 1957).

2. Ein sowjetischer Satellit fliegt am Mond vorbei und geht auf die Umlaufbahn um die Sonne. →

4. Ägypten erlaubt der DDR die Gründung eines Generalkonsulats in Kairo.

5. Alaska wird mit einer Feierstunde zum 49. Staat der USA erklärt.

8. Charles de Gaulle wird in Paris zum Präsidenten der Französischen Gemeinschaft und Frankreichs ausgerufen.

9. Justizskandal in Hamburg, nachdem das Oberlandesgericht die strafrechtliche Verfolgung des Verfassers einer antisemitischen Druckschrift abgelehnt hat. →

9. Ein Dammbruch in Rivadelago (Spanien) fordert 140 Menschenleben.

10. Die Sowjetunion legt den Entwurf eines Friedensvertrags für Deutschland vor. →

11. Beim Absturz einer Maschine der Lufthansa bei Rio de Janeiro werden 36 Passagiere getötet.

12. Willy Brandt wird als Chef eines SPD/CDU-Senats wieder zum Regierenden Bürgermeister von West-Berlin gewählt.

14. Das Bundeskabinett billigt den Plan eines zweiten Fernsehkanals in der Bundesrepublik.

19. Im kommenden Haushalt der USA sind 62,3 Prozent der Ausgaben für militärische Projekte vorgesehen.

27. In Moskau wird der XXI. Parteitag der KPdSU eröffnet. →

30. Der Bundestag beschließt wegen des schlechten Absatzes der Ruhrkohle die Einführung eines Zolls von 20 DM je Tonne Importkohle.

GESTORBEN:

9. Hans Bredow (* 26. 11. 1879), deutscher Rundfunkpionier.

12. Karl Jordan (* 7. 12. 1861), deutsch-britischer Zoologe.

21. Cecil B. de Mille (* 12. 8. 1881), amerikanischer Filmproduzent.

Castro an der Macht

Nach seinem Eintreffen in Havanna spricht Fidel Castro am Präsidentenpalast vor einer jubelnden Menge. Links neben Castro Präsident Manuel Urrutia.

1. Januar. Mit der Flucht von Fulgencio Batista, dem diktatorisch regierenden Präsidenten von Kuba, übernehmen die Rebellen unter der Leitung von Fidel Castro die Macht in Kuba. Am 7. November 1958, nach einer Wahl, an der die Bevölkerung kaum noch teilnahm, hat ein Rebellenmarsch unter Che Guevara auf die Hauptstadt Havanna begonnen. Obwohl Batista immer wieder mit einer vernichtenden Gegenoffensive gedroht hat, zeigt sich schnell, daß er über keinerlei Rückhalt mehr verfügt. Am 31. Dezember bricht ein Generalstreik aus, dem sich die meisten Kubaner anschließen. Nach der Machtübernahme durch die Revolutionskomi-

tees beginnt eine Welle von Hinrichtungen der Offiziere der regulären Armee, die bis zuletzt in erbitterte Gefechte mit den Rebellen verwickelt gewesen ist.

Zum provisorischen Präsidenten wird Manuel Urrutia ernannt, der als proamerikanisch gilt; in Mitteilungen des Revolutionskomitees wird immer wieder betont, daß sich die Entmachtung Fulgencio Batistas nicht gegen die Vereinigten Staaten richte. Wichtigster Kopf der Revolutionsbewegung ist Fidel Castro, der schon am 26. Juli 1953 einen vergeblichen Putschversuch gegen Batista unternommen hat und in liberalen Kreisen der USA großes Ansehen genießt.

UdSSR bietet Friedensvertrag

10. Januar. Ministerpräsident Nikita Chruschtschow legt einen Friedensvertragsentwurf für Deutschland vor. Als »Deutschland« werden die Bundesrepublik und die DDR gemeinsam verstanden. Beide Staaten sollen sich verpflichten, keinem Militärbündnis anzugehören, das gegen einen der Vertragsstaaten – die westlichen Alliierten und die Sowjetunion – gerichtet ist, erhalten aber das Recht, eine nationale Armee zu unterhalten.

Chruschtschows Stellung fester

27. Januar. Auf dem XXI. Parteitag der KPdSU wird die Stellung von Ministerpräsident und ZK-Sekretär Nikita Chruschtschow weiter gefestigt. Seinen Reformprojekten und wirtschaftlichen Plänen droht keine innerparteiliche Kritik mehr. Der von ihm entwickelte Siebenjahresplan wird von den mehr als 1300 Delegierten gebilligt, ebenso das »ökonomische Hauptziel«, bis 1970 die Pro-Kopf-Produktion der USA zu erreichen.

Sowjetischer Satellit »Lunik« fliegt zum Mond

2. Januar. Nach vier Fehlschlägen der Amerikaner gelingt sowjetischen Wissenschaftlern zum erstenmal mit einem Satelliten das Verlassen des Schwerefelds der Erde. Dank einer bedeutend höheren Ausgangsgeschwindigkeit von 11,2 km/sec gegenüber bislang etwa 8 km/sec kann die Erdanziehungskraft überwunden werden. In einer Entfernung von 7500 km fliegt der Satellit »Lunik« am Mond vorbei, funkt Meßdaten und tritt dann in eine elliptische Bahn um die Sonne ein. Von drei Sendern werden bis zur Erschöpfung der Batterien Informationen über das Magnetfeld des Mondes und die kosmische Strahlung übermittelt.

»Lunik« auf dem Montageständer.

Martin Niemöller prangert Krieg an

25. Januar. Beträchtliches Aufsehen erregt eine Rede des Evangelischen Kirchenpräsidenten Martin Niemöller in Kassel. Darin lehnt er die These vom »gerechten Krieg« ab und stellt fest, daß der moderne Krieg keine moralische Grenze der Mittel kenne. Daher sei die militärische Ausbildung eine »Hohe Schule für Berufsverbrecher«. Bundesverteidigungsminister Franz Josef Strauß stellt Strafanzeige wegen Beleidigung der Bundeswehr.

Auf dem jüdischen Friedhof in Freiburg werden – wie in anderen Orten der Bundesrepublik – Grabsteine mit Hakenkreuzen und SS-Zeichen beschmiert.

Antijüdische Aktionen

9. Januar. In vielen Orten der Bundesrepublik werden verstärkt antisemitische Ausschreitungen beobachtet. In Berlin wird eine Theateraufführung, die sich mit dem Schicksal der polnischen Juden beschäftigt, von Sprechchören und Stinkbomben gestört, auch in anderen Städten tauchen Hakenkreuzschmierereien auf. In Hamburg weigert sich der Landgerichtsdirektor Enno Budde, ein Strafverfahren gegen den Verfasser einer antisemi-

tischen Schrift einzuleiten. Nachdem in der Öffentlichkeit Einzelheiten über seine nationalsozialistische Vergangenheit bekanntwerden, bittet er um seine Versetzung. In Kiel wird am 12. Januar bekannt, daß das schleswig-holsteinische Landesentschädigungsamt die Auflösung des katholischen St.-Raphael-Vereins durch die Nationalsozialisten 1941 für Rechtens erklärt hat, da er des Landesverrats verdächtig gewesen sei.

Wie eine ansteckende Krankheit verbreitet sich nach Amerika jetzt auch in der Bundesrepublik das Spiel mit dem Hula-Hoop-Reifen. Durch Hüftschwingen soll der Plastikreifen in kreisender Bewegung gehalten werden.

1959

FEBRUAR

Mo	Di	Mi	Do	Fr	Sa	So
						1
2	3	4	5	6	7	8
9	10	11	12	13	14	15
16	17	18	19	20	21	22
23	24	25	26	27	28	

1. Marika Kilius und Hans-Jürgen Bäumler werden in Prag Europameister im Eiskunstlaufen.

2. Indira Gandhi, 40jährige Tochter von Premierminister Jawaharlal Nehru, wird zum neuen Präsidenten der indischen Kongreßpartei nominiert.

3. Deutsche Erstaufführung von »Vertigo. Aus dem Reich der Toten«, einem Kriminalfilm von Alfred Hitchcock.

4. In Dortmund beteiligen sich 80 000 Hüttenarbeiter an einem Streik gegen den geplanten Bau eines britischen Raketenstützpunkts in der Nähe der Stadt.

4. Nach 54stündigem Zwangsaufenthalt und energischen Protesten der USA wird ein amerikanischer Armeekonvoi von sowjetischen Grenzkontrollstellen in West-Berlin freigelassen.

6. Die Bundeswehr erhält 300 amerikanische Düsenjäger vom Typ Starfighter.

16. Nach Streitigkeiten in der kubanischen Regierung wird der Revolutionsführer Fidel Castro Ministerpräsident.

17. Die USA starten den Satelliten Vanguard II, der der Wetterbeobachtung dienen soll.

19. Deutsche Erstaufführung des amerikanischen Films »Die Katze auf dem heißen Blechdach« nach dem gleichnamigen Stück von Tennessee Williams mit Elizabeth Taylor und Paul Newman.

21. Als Auftakt des Schillerjahres bringt das Berliner Schiller-Theater eine glanzvolle Inszenierung der »Räuber« von Fritz Kortner heraus.

26. Das Riesengemälde »Höllensturz der Verdammten« von Rubens in der Münchner Pinakothek wird durch ein Säureattentat des Schriftstellers Walter Menzel sehr stark beschädigt.

GESTORBEN:

8. Josef Friedrich Perkonig (* 3. 8. 1890), österreichischer Schriftsteller.

15. Sir Owen William Richardson (* 26. 4. 1879), britischer Physiker, Nobelpreis 1928.

20. Otto Bartning (* 12. 4. 1883), deutscher Architekt.

28. Maxwell Anderson (* 15. 12. 1888), amerikanischer Dramatiker.

Insel Zypern erhält die Unabhängigkeit

19. Februar. Auf einer Londoner Konferenz unter britischer, griechischer und türkischer Beteiligung werden die jahrelangen blutigen Auseinandersetzungen um die Zukunft Zyperns beendet. Die britische Kronkolonie, seit 1878 in britischem Besitz und zu einem unverzichtbaren Teil des Imperiums erklärt, soll spätestens zum 19. Februar 1960 ihre Unabhängigkeit erlangen. Zypern soll dann eine Republik sein mit einem griechischen Ministerpräsidenten und einem türkischen Vizepräsidenten.

Streit um Amt des Präsidenten

24. Februar. In der CDU wird eine heftige Kontroverse über die Kandidaten für das Amt des Bundespräsidenten ausgetragen. Führende Politiker der CDU nominieren den populären Wirtschaftsminister Ludwig Erhard; eine Entscheidung, die vor allem auf Bundeskanzler Konrad Adenauer zurückgeführt wird, der Erhard nicht als seinen Nachfolger sehen möchte. In der CDU/CSU-Bundestagsfraktion findet daraufhin eine Unterschriftensammlung statt, die gegen das autokratische Nominierungsverfahren protestiert.

Macmillan in der Sowjetunion

21. Februar. Der britische Premierminister Harold Macmillan trifft zum ersten Besuch eines westlichen Regierungschefs seit dem Krieg in der Sowjetunion ein. Der Besuch steht einerseits unter dem Zeichen des Berlin-Ultimatums von Chruschtschow (→ November 1958), andererseits ist Macmillan wegen anstehender Wahlen in Großbritannien auf einen Erfolg angewiesen. In der Berlinfrage wird keine Einigung erzielt, teilweise denkt der britische Premier sogar wegen offensichtlicher Provokationen Nikita Chruschtschows an einen Abbruch der Reise.

MÄRZ

Mo	Di	Mi	Do	Fr	Sa	So
						1
2	3	4	5	6	7	8
9	10	11	12	13	14	15
16	17	18	19	20	21	22
23	24	25	26	27	28	29
30	31					

1. Nach dreijähriger Verbannung kehrt der zypriotische Unabhängigkeitskämpfer Erzbischof Makarios nach Zypern zurück.

4. Der sowjetische Ministerpräsident Chruschtschow kündigt in Leipzig einen separaten Friedensvertrag mit der DDR an.

9. SPD-Vorsitzender Erich Ollenhauer trifft in Ost-Berlin Nikita Chruschtschow.

9. In Warschau wird der frühere Gauleiter in Polen, Erich Koch, wegen seiner Verantwortung für den Tod Zehntausender Polen zum Tode verurteilt.

14. Die französische Regierung teilt der NATO mit, daß ihre Flotte in einem Kriegsfall nicht dem Kommando der NATO unterstellt werde.

17. US-Präsident Eisenhower hält eine große Fernsehrede zur Berlin-Frage, in der er versichert, daß die USA ihre Truppen aus Berlin nicht abziehen werden.

18. Die pazifische Insel Hawaii wird fünfzigster Staat der USA. →

19. Chruschtschow nimmt das Berlin-Ultimatum vom 27. November 1958 zurück und erkennt das Recht der Westmächte an, Truppen in West-Berlin zu stationieren.

22. Deutsche Erstaufführung des italienischen Spielfilms »Die Erde bebt« von Luchino Visconti, einem Hauptwerk des Neorealismus.

24. In der Bundesrepublik werden erste Volksaktien angeboten. →

25. Der französische Staatspräsident de Gaulle spricht sich gegen die Preisgabe Berlins, aber für die Anerkennung der Oder-Neiße-Grenze aus.

27. Deutsche Erstaufführung des russischen Films nach dem Roman »Der stille Don« von Michail Scholochow.

GESTORBEN:

15. Hans Baedeker (* 29. 7. 1874), deutscher Publizist.

26. Raymond Chandler (* 23. 7. 1888), amerikanischer Kriminalschriftsteller.

26. Franz Blücher (* 24. 3. 1896), deutscher Politiker.

29. André Siegfried (* 21. 4. 1875), französischer Soziologe.

31. Peter Suhrkamp (* 28. 3. 1891), deutscher Verleger.

Aufstand in Tibet

10. März. Zunächst von der Weltöffentlichkeit unbemerkt, ereignet sich in dem von der Volksrepublik China 1951 besetzten Tibet ein blutiger Aufstand gegen die Okkupanten. Die Unruhen beginnen bei Feierlichkeiten zum tibetanischen Neujahrsfest, das am 10. März gefeiert wird, und weiten sich schnell aus. Chinesische Garnisonen werden angegriffen, nach unbestätigten Meldungen sollen dabei 2000 chinesische Soldaten den Tod gefunden haben. Am 19. März erklärt das tibetanische Kabinett, die Kascha, die Unabhängigkeit des Landes, doch mit beträchtlichem militärischem Aufwand kann der Aufstand von China niedergeschlagen werden. Tibet steht immer noch unter der Regierung des 17. Dalai Lama, wenn ihm auch seit 1951 von chinesischer Seite ein »Pantschen Lama« zur Seite gestellt ist. Durch die Gefechte, die von tibetanischer Seite vor allem vom Khamba-Stamm mit 25 000 Kämpfern getragen werden, wird auch der Sitz des Dalai Lama, der Potala-Palast, teilweise zerstört. Von ihm selbst heißt es zunächst, daß er von den Aufständischen gefangengehalten werde; nach einer mehrtägigen Flucht trifft er jedoch in Indien ein, wo er um Asyl bittet. Die indische Regierung erklärt, sie betrachte den Dalai Lama als ihren Ehrengast. Von chinesischer Seite werden für die Zukunft »Reformen« angekündigt, die nur die Abschaffung der bislang geltenden eingeschränkten Autonomie bedeuten können.

18. März. Die pazifische Insel Hawaii wird der fünfzigste Bundesstaat der USA. Präsident Dwight D. Eisenhower enthüllt die neue 50-Sterne-Flagge.

Erfolg der Volksaktie

24. März. Ein Lieblingsprojekt von Wirtschaftsminister Ludwig Erhard nimmt Gestalt an: Durch eine Erhöhung des Stammkapitals der Preussag um 30 Millionen DM werden sogenannte Volksaktien geschaffen, deren Nominalwert je 100,– DM beträgt und die zum Kurs von 145 Prozent ausgegeben werden. Sie stoßen auf ein nicht erwartetes Interesse und sind innerhalb von zwei Tagen ausverkauft. Wegen des großen Erfolgs beschließt der Bund, einen eigenen Anteil von 53 Millionen DM an der Preussag zu verkaufen, um weitere 210 000 Interessenten zufriedenzustellen. Jeder darf nicht mehr als fünf Aktien kaufen, damit sollen neue Konzentrationen verhindert werden.
Um noch breiteren Bevölkerungskreisen der Bundesrepublik Beteiligung am Wirtschaftskapital zu sichern, soll auch der Volkswagenkonzern in Wolfsburg reprivatisiert werden.

APRIL

Mo	Di	Mi	Do	Fr	Sa	So
		1	2	3	4	5
6	7	8	9	10	11	12
13	14	15	16	17	18	19
20	21	22	23	24	25	26
27	28	29	30			

1. Bei einer Unwetterkatastrophe in Madagaskar kommen über 3300 Menschen ums Leben.

7. Uraufführung des deutschen Spielfilms »Hunde, wollt ihr ewig leben« über die Katastrophe von Stalingrad. Regie hat Frank Wisbar geführt.

7. Bundeskanzler Adenauer gibt seine Kandidatur für das Amt des Bundespräsidenten bekannt. →

14. Die USA starten den Forschungssatelliten Discoverer II, dessen Instrumentenkapsel von einem Flugzeug aufgefangen werden soll, aber in der Atmosphäre verglüht.

15. Der amerikanische Außenminister John Foster Dulles tritt von seinem Amt zurück. →

15. Die bislang neun afrikanischen Staaten in der UNO feiern einen »Tag der afrikanischen Freiheit«.

18. Uraufführung des dritten der »Spiele, in denen es dunkel wird« von Wolfgang Hildesheimer in Celle. Titel: »Die Uhren«.

18. In Frankreich werden Berichte über die katastrophale Lage in den algerischen Umsiedlungslagern bekannt. →

19. Bei Landtagswahlen können die SPD in Niedersachsen und die CDU in Rheinland-Pfalz ihre jeweils führende Position weiter ausbauen.

25. Der St.-Lorenz-Seeweg zwischen den Großen Seen Nordamerikas und dem Atlantischen Ozean wird für den Verkehr freigegeben. →

27. Nachfolger Mao Tse-tungs als Staatsoberhaupt der Volksrepublik China wird Liu Schao-chi.

28. Musikfilm »Freddy, die Gitarre und das Meer« mit Freddy Quinn, dem singenden Seemann, uraufgeführt.

30. In Dortmund wird die Bundesgartenschau eröffnet.

30. Franz Josef Röder (CDU) wird zum neuen Ministerpräsidenten des Saarlandes gewählt.

GESTORBEN:

1. Rudolf Kaßner (* 11. 9. 1873), österreichischer Schriftsteller.

9. Frank Lloyd Wright (* 8. 6. 1869), amerikanischer Architekt.

23. Stefan Litauer (* 31. 5. 1892), polnischer Diplomat.

Die Schlagzeile des Tages: Konrad Adenauer will Bundespräsident werden.

Adenauer Präsident?

7. April. Große Überraschung löst in der Bundesrepublik die Nachricht aus, daß der 83jährige Bundeskanzler Adenauer jetzt selbst für das Amt des Bundespräsidenten kandidiert, nachdem die Kandidatur von Wirtschaftsminister Ludwig Erhard zurückgezogen worden ist (→ Februar 1959). In einer allgemein mit Spannung erwarteten Rundfunkansprache über alle Sender der Bundesrepublik begründet Adenauer seinen Schritt: »Mein Entschluß ist zwar schnell gefaßt worden, aber, ich muß es noch nachträglich sagen, wohlüberlegt und richtig.« Von dem in seiner Bedeutung zu gering eingeschätzten Amt des Bundespräsidenten aus werde er für die

Kontinuität der westdeutschen Außenpolitik sorgen. In der gleichen Rundfunkansprache geht Adenauer auch auf die Verschlechterung des politischen Klimas zu Großbritannien ein; in energischer Form weist er alle Angriffe auf seine Person und Mitteilungen über grundlegende politische Meinungsverschiedenheiten zurück. In allen britischen Zeitungen ist die deutsche Ablehnung jeder Verständigung mit dem Osten heftig kritisiert worden, da sie sich auch auf einen englischen Plan für eine militärisch verdünnte Zone in Mitteleuropa bezogen hat. Offen habe Adenauer wieder Führungsansprüche Deutschlands auf dem Kontinent angemeldet.

25. April. Der St.-Lorenz-Seeweg zwischen den Großen Seen Nordamerikas und dem Atlantik wird freigegeben. Das Bild zeigt eine Schleuse im Strom.

Dulles tritt zurück

15. April. Vor Journalisten gibt Präsident Dwight D. Eisenhower den Rücktritt seines engsten Mitarbeiters, des Außenministers John Foster Dulles, bekannt. »Ich glaube, daß er sein Amt mit größerer Auszeichnung und Fähigkeit ausgeübt hat als je ein anderer Mann, den unser Land gekannt hat – ein Mann von ungeheurem Charakter und Mut, Verstand und Weisheit. Ich kann Ihnen nicht sagen, wie traurig ich wirklich bin.« Dulles, geboren 1888, hat zunächst als Rechtsanwalt gearbeitet, wurde 1949 zum Senator ernannt und am 6. April 1950 zum ständigen Berater von

Außenminister Dean Acheson. Er ist bei Demokraten und Republikanern gleich geachtet gewesen. Auf ihn geht die amerikanische Außenpolitik der Nachkriegszeit im wesentlichen zurück. Dulles ist Bundeskanzler Konrad Adenauer persönlich verbunden und hat die Aufnahme der Bundesrepublik in die NATO durchgesetzt. In der letzten Zeit ist jedoch seine Außenpolitik der Stärke in Westeuropa und Amerika verstärkt unter Kritik geraten, da sie nicht hat verhindern können, daß die Stellung der Sowjetunion in allen weltpolitischen Fragen ungefährdeter ist denn je.

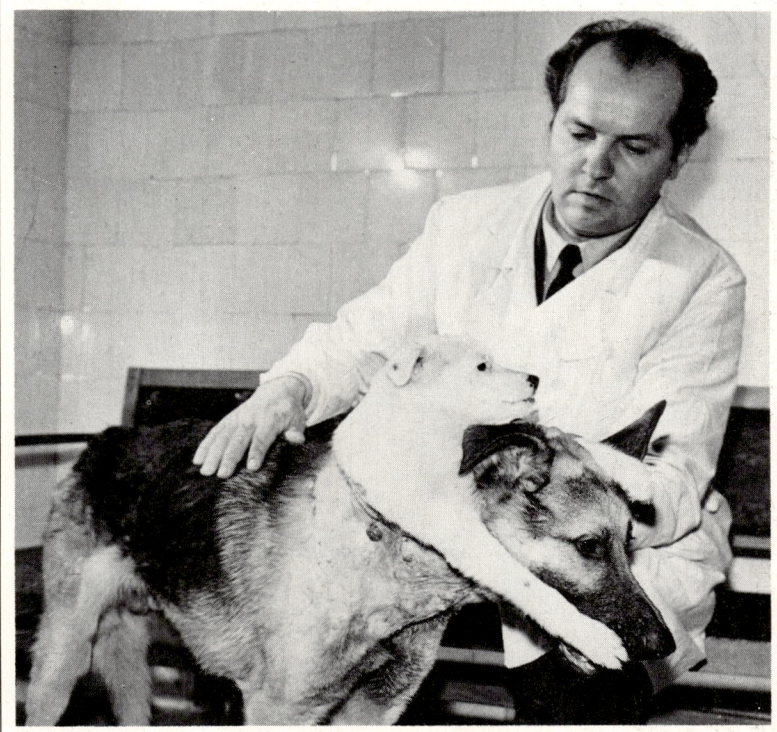

In der Sowjetunion ist es dem Physiologen Demikow gelungen, das Vorderteil eines kleinen Hundes auf den Rücken eines Schäferhundes aufzupflanzen. Beide Tiere zeigen normale Reaktionen. Sie schlafen unabhängig voneinander.

Hunger in Algerien

18. April. Die Pariser Zeitung »Le Monde« berichtet über die katastrophale Lage in den zahlreichen algerischen Umsiedlungslagern, deren eine Million Insassen vom Hungertod bedroht sind.
Um die algerische Bevölkerung von den Aufständischen der FLN zu isolieren, hat die französische Ar-

mee in Algerien vor allem im letzten Jahr umfangreiche Umsiedlungen vorgenommen. Die Betroffenen sind in Lager hinter Stacheldraht gebracht worden; da aber keine Vorräte mitgenommen werden durften, ist speziell die Lebensmittelversorgung in den Lagern bedrohlich geworden.

MAI

Mo	Di	Mi	Do	Fr	Sa	So
				1	2	3
4	5	6	7	8	9	10
11	12	13	14	15	16	17
18	19	20	21	22	23	24
25	26	27	28	29	30	31

1. Im Ruhrbergbau beginnt die stufenweise Einführung der Fünftagewoche bei vollem Lohnausgleich, die bis zum 1. Mai 1961 abgeschlossen sein soll.

1. 600 000 Westberliner demonstrieren für den Viermächtestatus der Stadt und gegen die Spaltung.

5. Zwischen dem Ruhrgebiet und Süddeutschland wird eine durchgehend elektrifizierte Eisenbahnstrecke eröffnet.

6. In der Bundesrepublik und der DDR finden Festakte aus Anlaß des 100. Todestages des Naturforschers Alexander von Humboldt statt.

6. In Glasgow verliert die deutsche Fußballnationalelf ein Spiel gegen Schottland mit 3 : 2 (3 : 2).

9. In Berlin wird der Grundstein zu der neuen Kaiser-Wilhelm-Gedächtniskirche gelegt, die nach Entwürfen des Architekten Eiermann neues Wahrzeichen der Stadt werden soll.

10. Parlamentswahlen in Österreich bringen den Sozialisten Gewinne. →

11. In Genf wird eine Außenministerkonferenz der Großmächte unter Beteiligung deutscher Delegationen eröffnet. →

12. Hinrich Kopf (SPD) wird zum neuen niedersächsischen Ministerpräsidenten einer SPD/BHE/FDP-Regierung gewählt.

15. Ende der XII. Filmfestspiele in Cannes. →

18. Die herausragende Leistung der Leichtathletik in diesem Jahr wird durch den Russen Wassili Kusnezow mit einem Zehnkampf-Weltrekord von 8357 Punkten erreicht. (Punktebewertung inzwischen geändert.)

19. Entgegen anderslautenden Versprechungen wird in Kuba die Nationalisierung des Grundbesitzes verkündet. →

20. Fußballländerspiel zwischen Deutschland und Polen endet in Hamburg mit 1 : 1 (0 : 1).

28. Den USA gelingt die Rückholung einer Raketenspitze mit zwei Affen an Bord. →

GESTORBEN:

14. Sidney Bechet (* 14. 5. 1897), amerikanischer Jazzmusiker.

24. John Foster Dulles (* 25. 2. 1888), amerikanischer Staatsmann (→ April 1959).

Streit um Sitze in Genf

11. Mai. Die Außenministerkonferenz der USA, der Sowjetunion, Frankreichs und Großbritanniens beginnt mit einem bezeichnenden Sitzstreit. Zu den Beratungen sind auch Delegationen aus beiden deutschen Staaten beigezogen worden, die von den Außenministern Heinrich von Brentano (Bundesrepublik) und Lothar Bolz (DDR) geleitet werden. Da die Regierung der DDR von den westlichen Ländern nicht anerkannt wird, ist ihr Status auf dieser Konferenz umstritten. Während die Sowjetunion für einen runden Tisch plädiert, an dem auch die beiden deutschen Delegationen Platz nehmen sollen, sprechen sich die westlichen Vertretungen für einen eckigen Tisch aus; die deutschen Delegierten sollen dann hinter den Vertretungen der Sowjetunion bzw. der USA sitzen. Schließlich einigt man sich auf den Kompromiß eines runden und zweier eckiger Tische, die etwas abseits stehen und an denen die Diplomaten aus Ost- und Westdeutschland Platz nehmen. Ähnlich verzwickt und verfahren wie die Debatte über die Sitzordnung, die eineinhalb Tage dauert, gestalten sich die Verhandlungen um die Themen der Konferenz: die Berlinfrage, Wiedervereinigung, europäisches Sicherheitssystem und Abrüstung. Die Sowjetunion besteht auf der Anerkennung der Staatlichkeit der DDR und will jede Diskussion der Deutschlandfragen davon abhängig machen. Zum erstenmal bei einer internationalen Konferenz dieser Bedeutung gibt es allerdings auch nur mühsam kaschierte Meinungsverschiedenheiten zwischen der Bundesrepublik und den Westmächten. Während diese ein Übergangsstadium einer Konföderation beider deutscher Staaten für denkbar halten und freie Wahlen erst an die zweite Stelle rücken, beharren die Vertreter Bonns auf dem Vorrang von Wahlen und lehnen jeden Vorschlag ab, der auch nur entfernt eine Anerkennung der DDR-Regierung bedeuten könnte.

Zwei Affen im Weltall

28. Mai. Zum erstenmal gelingt es den Amerikanern, die Spitze einer von ihnen ins All geschossenen Jupiter-Rakete zu bergen. Sie enthält zwei dressierte Affen mit den Namen Abel und Baker, an denen die Auswirkung der Schwerelosigkeit getestet werden soll. Physiologische und psychologische Untersuchungen zeigen, daß die Affen den 15minütigen Ausflug in eine Höhe von 500 Kilometern gut überstanden haben. Allerdings hat Abel nicht wie vorgesehen eine Morsetaste gedrückt, was monatelang eingeübt worden war.

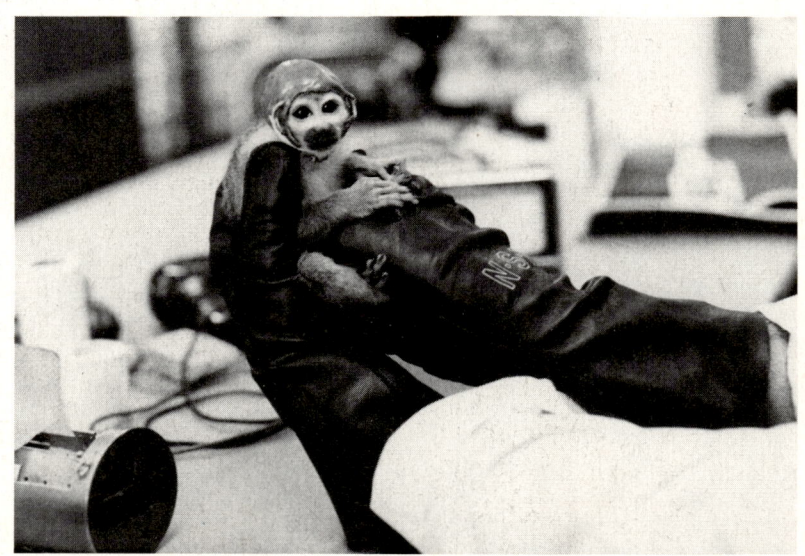

Das Äffchen Baker ist einer der beiden Passagiere der Jupiter-Rakete.

Kuba enteignet amerikanische Besitzungen

19. Mai. Der kubanische Ministerpräsident Fidel Castro (→ Januar 1959) gibt ein Gesetz bekannt, das den Besitz von Grundeigentum in Kuba kubanischen Staatsbürgern vorbehält. Vor allem die US-Aktiengesellschaften sind davon getroffen, die auf Kuba riesige Zuckerrohrplantagen besitzen. Landwirtschaftliche Besitzungen sollen nicht größer als 50 Hektar sein; 8,31 Millionen Ar sollen enteignet werden.

ÖVP bleibt stärkste Partei

10. Mai. Bei den Wahlen zum österreichischen Nationalrat kann die Sozialistische Partei zwar Stimmengewinne erzielen, erreicht aber dennoch nicht ganz die Zahl der Mandate der Volkspartei, die weiterhin stärkste Partei bleibt.

Partei	1956	1959
	Mandate	
ÖVP	82	79
SPÖ	74	78
FPÖ	6	8
Kommunisten	3	–

Goldene Palme für »Orfeu Negro«

15. Mai. In Cannes gehen die Internationalen Filmfestspiele zu Ende. Mit dem Großen Preis der »Goldenen Palme von Cannes« für den besten Film ist der französische Streifen »Orfeu Negro« von Marcel Camus ausgezeichnet worden, der in den Armenvierteln von Rio de Janeiro spielt.

Frauenüberschuß

11. Mai. Das Ergebnis einer Volkszählung in der Sowjetunion, die am Stichtag 15. Januar 1959 durchgeführt worden ist, liegt vor. Danach hat die UdSSR 208 826 000 Einwohner, von denen – und das ist das überraschendste Ergebnis der Zählung – nur 45 Prozent Männer sind.

1959

JUNI

Mo	Di	Mi	Do	Fr	Sa	So
1	2	3	4	5	6	7
8	9	10	11	12	13	14
15	16	17	18	19	20	21
22	23	24	25	26	27	28
29	30					

3. Die Westmächte empfehlen der Bundesregierung, die geplanten Bundespräsidentenwahlen nicht in Berlin abzuhalten. →

3. Das noch in Berlin geführte Vermögen Hermann Görings wird zugunsten der Wiedergutmachung eingezogen.

4. Überraschend tritt Bundeskanzler Adenauer wieder von der Kandidatur für das Amt des Bundespräsidenten zurück (→April). →

4. In den Wimbledon-Endspielen siegt bei den Herren Alejandro Olmedo (USA), bei den Damen Maria Bueno (Brasilien).

5. Albert Coutello (USA) stellt mit einer Weite von 86,04 m einen neuen Weltrekord im Speerwerfen auf.

5. Dürrekatastrophe aufgrund des anhaltend trockenen Wetters bedroht Norddeutschland. →

7. Der Luxemburger Charly Gaul gewinnt die Tour de France; Hennes Junkermann aus der Bundesrepublik hält einen erstaunlichen elften Platz.

9. In den USA läuft das erste Atom-U-Boot mit Polaris-Raketen vom Stapel.

14. Uraufführung der Oper »Die tödlichen Wünsche« von Giselher Klebe in Düsseldorf.

15. CDU/CSU nominieren als neuen Kandidaten für das Amt des Bundespräsidenten den Landwirtschaftsminister Heinrich Lübke. →

18. Schwere Unruhen der Farbigen in Durban (Südafrika).

21. In Wien wird eine gesamtdeutsche Mannschaft Handballweltmeister durch einen 14 : 11-Sieg über Rumänien.

22. Großer Waldbrand in der Lüneburger Heide. →

26. Eröffnung der IX. Internationalen Filmfestspiele in Berlin. →

26. Der Schwede Ingemar Johannson schlägt überraschend den Boxweltmeister Floyd Patterson. →

28. Eintracht Frankfurt wird nach einem spannenden Spiel gegen Kickers Offenbach im Berliner Olympiastadion Deutscher Fußballmeister. →

GESTORBEN:

9. Adolf Windaus (* 25. 12. 1876), deutscher Chemiker, Nobelpreis 1929.

Adenauer Kanzler

Adenauer mit Außenminister von Brentano (l.) und Innenminister Schröder (r.) nach der Bekanntgabe seines Entschlusses, Bundeskanzler zu bleiben.

4. Juni. Völlig überraschend gibt Bundeskanzler Konrad Adenauer bekannt, daß er »aufgrund der schwierigen außenpolitischen Situation« weiter Bundeskanzler bleiben wolle und seine Kandidatur für das Amt des Bundespräsidenten zurückziehe (→ April 1959).

Der plötzliche Sinneswandel des 83jährigen Kanzlers verwundert die deutsche Öffentlichkeit, weil er erst am 7. April eindringlich um Verständnis für die gegenteilige Entscheidung gebeten hat. Über die vieldiskutierten Motive der Entscheidung ist vor allem Wirtschaftsminister Erhard erbost; denn Adenauer läßt durchblicken, daß er Erhard für zu nachgiebig gegenüber der Sowjetunion halte und daß er es nicht verantworten könne, ihm die Macht zu übergeben. Nach einer kurzen Beruhigung durch eine versöhnliche Erklärung Adenauers spitzt sich das Verhältnis zwischen

den beiden führenden Bundespolitikern wieder zu. In einem Interview mit der »New York Times« am 18. Juni bescheinigt der Bundeskanzler seinem Wirtschaftsminister »zu wenig Erfahrung in der internationalen Politik«, wenn er auch ein »sehr talentierter Mann« sei. Nur unter Beteiligung von Vermittlern kann dieser Konflikt reguliert werden, ohne daß an eine Aussöhnung zu denken ist. Eine weitere Belastung erhält die Wahl des Bundespräsidenten durch eine Empfehlung der Westmächte, sie nicht in Berlin abzuhalten, um nicht die in Genf stattfindenden Außenministerverhandlungen zusätzlich zu komplizieren. Diese Empfehlung wird von allen Parteien einhellig zurückgewiesen. Zum Kandidaten der CDU/CSU-Fraktion für das Amt des Bundespräsidenten wird Landwirtschaftsminister Heinrich Lübke am 15. Juni ernannt.

Schwede Weltmeister

Patterson geht zu Boden.

26. Juni. Im ausverkauften New Yorker Madison Square Garden findet die Weltmeisterschaft im Schwergewicht zwischen dem schwedischen Herausforderer Ingemar Johannson (26) und dem farbigen US-Amerikaner Floyd Patterson (24) statt. Der hoch favorisierte und technisch überlegene Patterson verliert gegen Johannson, der über die größere Schlagkraft verfügt, bereits in der dritten Runde durch K. o. Johannson ist der dritte Europäer, nach Max Schmeling (→ Juni 1930) und dem Italiener Primo Carnera (→ Juni 1933), dem es gelingt, die Krone des Profiboxsports zu gewinnen.

Waldbrände nach anhaltender Dürre im Norden

5. Juni. Von einer seit Jahrzehnten nicht erlebten Trockenheit wird das nördliche Deutschland heimgesucht. Seit Wochen hat es nicht geregnet, auf vielen Feldern ist das Getreide weitgehend verdorrt und der Stand einzelner Flüsse ist beträchtlich zurückgegangen. Als in Berlin ein vereinzeltes Gewitter niedergeht und der Schmutz der Straßen auf einmal in die Havel geschwemmt wird, sterben Tausende von Fischen. In allen Großstädten wird das Wasser knapp. Am 22. Juni brechen in der ausgetrockneten Lüneburger Heide riesige Waldbrände aus, die von 5000 eingesetzten Feuerwehrleuten nur mühsam unter Kontrolle gebracht werden können. 50 Quadratkilometer Wald werden vernichtet.

Berliner Preis für Chabrol-Film

26. Juni. Vom Regierenden Bürgermeister Willy Brandt werden die IX. Internationalen Filmfestspiele in Berlin eröffnet. Mehr als 400 Journalisten sind gekommen, um über die Filme zu berichten.

Zum besten Streifen wird der französische Beitrag »Schrei, wenn du kannst« (»Les Cousins«) von Claude Chabrol gewählt. Bei Vergabe der deutschen Filmpreise schneiden »Helden«, »Hunde, wollt ihr ewig leben?« und »Wir Wunderkinder« am besten ab.

Frankfurt Deutscher Meister

28. Juni. Das ausverkaufte Olympiastadion in Berlin sieht eine äußerst spannende Begegnung im Endspiel um die deutsche Fußballmeisterschaft. Es stehen sich mit der Frankfurter Eintracht und Kickers Offenbach zwei – nahezu – Lokalrivalen gegenüber; nach zwei Halbzeiten steht es noch immer 2 : 2; in der Verlängerung kann Frankfurt seine spielerische und konditionelle Überlegenheit ausspielen und gewinnt schließlich mit 5 : 3.

1959

JULI

Mo	Di	Mi	Do	Fr	Sa	So
		1	2	3	4	5
6	7	8	9	10	11	12
13	14	15	16	17	18	19
20	21	22	23	24	25	26
27	28	29	30	31		

1. In Berlin wählt die Bundesversammlung Landwirtschaftsminister Heinrich Lübke zum neuen Bundespräsidenten. →

2. Die Sowjetunion schießt eine Rakete mit zwei Hunden und einem Kaninchen an Bord in den Weltraum, die nach der Landung heil geborgen werden.

3. Der französische Staatspräsident de Gaulle kündigt an, daß Frankreich demnächst über Atomwaffen verfügen werde.

5. Rücktritt des israelischen Ministerpräsidenten Ben Gurion nach einer Regierungskrise wegen Waffenlieferungen aus der Bundesrepublik.

5. Wirtschaftliche Integration des Saarlandes in die Bundesrepublik. →

6. Erstmals in der Geschichte der Bundesrepublik gibt es weniger Arbeitslose als offene Stellen. →

7. Der Kölner Martin Lauer unterbietet in Zürich den Weltrekord über 110-m-Hürden des Amerikaners Jack Davis von 13,4 Sekunden um zwei Zehntelsekunden.

9. Von Bremerhaven läuft das größte deutsche Passagierschiff »Bremen« (32 336 BRT) zu seiner Jungfernfahrt aus.

11. Mit 37,8 Grad im Schatten wird in Berlin der heißeste Tag seit 1830 registriert.

11. In Kassel wird die documenta II eröffnet. →

13. Als Demonstration für die Wiedervereinigung treten aus Anlaß der Wiedereröffnung der Genfer Außenministerkonferenz fast alle Arbeitnehmer der Bundesrepublik in einen zweiminütigen Streik.

15. In den USA beginnt ein unbefristeter Streik von 500 000 Stahlarbeitern.

17. Der Spanier Federico Bahamontes gewinnt die Tour de France.

GESTORBEN:

6. George Grosz (* 26. 7. 1893), deutscher Maler.

14. Grock (Adrian Wettach) (* 10. 1. 1880), schweizerischer Clown.

17. Ernest Bloch (* 24. 7. 1880), schweizerisch-amerikanischer Komponist.

17. Billie Holiday (* 7. 4. 1915), amerikanische Jazzsängerin.

Lübke Präsident

Bundespräsident Heinrich Lübke.

1. Juli. Erst im zweiten Wahlgang wird der bisherige Landwirtschaftsminister Heinrich Lübke, der Kandidat der CDU/CSU-Fraktion, in der Bundesversammlung zum neuen Bundespräsidenten gewählt. Im ersten Wahlgang erhielt er nicht die erforderliche absolute Mehrheit. Gegenkandidaten waren Carlo Schmid (SPD) und Max Becker (FDP). Lübke hatte von 1931 bis 1933 als Zentrumsmitglied dem preußischen Landtag angehört, war von 1947 bis 1951 Ernährungs- und Landwirtschaftsminister von Nordrhein-Westfalen und wurde 1953 Bundesminister.

documenta eröffnet

11. Juli. Als eine der größten Ausstellungen zeitgenössischer Kunst wird in Kassel die documenta II durch den hessischen Ministerpräsidenten Georg August Zinn eröffnet. Vor allem im Fridericianum sind 700 Gemälde, 250 Skulpturen und 300 Grafiken ausgestellt. Die documenta II will die Kunst der Zeit nach dem Zweiten Weltkrieg sichten, doch zeigt ein Überblick, daß die wesentlichen Tendenzen noch immer von Künstlern der Vorkriegszeit wie Pablo Picasso, Henry Moore und Alexander Calder geprägt sind.

Ministerpräsident Georg August Zinn, documenta-Initiator Bode und Kassels Oberbürgermeister Lauritz Lauritzen (v. l.) während des Eröffnungsrundgangs.

Saar deutsch

5. Juli. Um Null Uhr ist die Übergangszeit für die Integration des Saarlandes in die Bundesrepublik zu Ende, die beim Saarabkommen (→ Juni 1956) festgelegt worden ist. Die Zollformalitäten werden endgültig abgeschafft, und der Umtausch des französischen in deutsches Geld beginnt.

Mehr offene Stellen

6. Juli. Zum erstenmal in der Geschichte der Nachkriegszeit ist die Zahl der Arbeitslosen niedriger als die Zahl der offenen Stellen. In der Bundesrepublik werden nach Angaben der Arbeitsverwaltung 255 395 Beschäftigungslose gezählt, denen 319 455 offene Stellen gegenüberstehen.

1959

AUGUST

Mo	Di	Mi	Do	Fr	Sa	So
					1	2
3	4	5	6	7	8	9
10	11	12	13	14	15	16
17	18	19	20	21	22	23
24	25	26	27	28	29	30
31						

1. Tödlicher Unfall beim Rennen um den Großen Preis von Berlin auf der Avus; der Vorjahressieger Jean Behrs aus Frankreich wird aus der Nordkurve getragen.

2. Der amerikanische Vizepräsident Richard Nixon besucht Warschau.

3. Der sowjetische Ministerpräsident Chruschtschow und der US-Präsident Eisenhower kündigen gegenseitige Besuche an.

3. Neues Segelschulschiff der Bundesmarine »Gorch Fock« läuft zu seiner ersten Auslandsreise aus.

5. Genfer Außenministerkonferenz ohne ein konkretes Ergebnis (→ Mai 1959).

7. Erfolgreicher Start des amerikanischen Satelliten Explorer VI. →

8. Eine Überschwemmungskatastrophe auf der Insel Formosa fordert über 2000 Todesopfer und richtet schwere Verwüstungen an.

14. In Frankfurt wird die Deutsche Rundfunk- und Fernsehausstellung eröffnet.

14. Erste Aufnahme der Erdoberfläche aus dem Weltraum von Explorer VI übertragen. →

16. Überraschend wird der Kölner Rudi Altig Weltmeister im Verfolgungsradrennen der Amateure.

26. Ein Taifun über der japanischen Stadt Nagoja fordert über 5000 Menschenleben.

26. Die Ziele des chinesischen Volkswirtschaftsplanes müssen aufgrund neuer Daten erheblich reduziert werden.

29. Im Ruhrgebiet demonstrieren 30 000 Bergleute gegen die Folgen der Kohlenabsatzkrise.

29. Die USA, Sowjetunion und Großbritannien verkünden eine Verlängerung des Atomwaffenteststopps bis mindestens zum 31. Dezember 1959.

GESTORBEN:

8. Don Luigi Sturzo (* 26. 11. 1871), italienischer Publizist und Politiker.

19. Sir Jacob Epstein (* 10. 11. 1880), britischer Bildhauer.

20. Alfred Kubin (* 10. 4. 1877), österreichischer Illustrator und Grafiker.

28. Bohuslav Martinu (* 8. 12. 1890), tschechoslowakischer Komponist.

Eisenhower in Bonn

Der US-Präsident in Bonn: (von links) Altbundespräsident Theodor Heuss, ein Beamter, Dwight D. Eisenhower und Bundespräsident Heinrich Lübke.

26. August. Zu einem eintägigen Besuch in der Bundesrepublik trifft der amerikanische Präsident Dwight D. Eisenhower auf dem Flughafen Köln-Wahn ein. Daß die Bundesrepublik die erste Station seiner Europareise ist, signalisiert die Bedeutung des einstigen Kriegsgegners für die amerikanische Außenpolitik. Eisenhower wird auf dem Flughafen von fast allen führenden Politikern der Bundesrepublik empfangen. Über 100 000 Menschen begrüßen Eisenhower während der Fahrt nach Bonn sehr herzlich. Der amerikanische Präsident betont, daß die USA nicht, wie in der Bundesrepublik vielfach befürchtet wird, zu Zugeständnissen hinsichtlich des Status von Berlin bereit sind. Am 27. August setzt Eisenhower seinen Europabesuch mit Aufenthalten in Frankreich und Großbritannien fort. Wichtigstes Thema in den Gesprächen mit den europäischen Politikern ist der bevorstehende Besuch von Ministerpräsident Nikita Chruschtschow in den USA, der das erste Treffen der führenden Männer der USA und der Sowjetunion seit dem Ende des Zweiten Weltkrieges darstellt und der Beendigung des kalten Krieges dienen soll.

Explorer VI gestartet

7. August. Explorer VI, ein neuer Satellit der USA, wird erfolgreich vom Raumfahrtzentrum Kap Canaveral gestartet. Mit 63,9 Kilogramm hat er die bislang größte Instrumentenlast eines amerikanischen Satelliten. Sie dient der Untersuchung der Strahlungsgürtel und Minimeteoriten sowie des Verhaltens von Radiowellen. Spektakulärer ist jedoch die Aufgabe, Bilder von der Wolkenbeschaffenheit zu übermitteln. Am 14. August wird eine Aufnahme von Mittelamerika zur Erde übertragen, die von einer erstaunten Öffentlichkeit bewundert wird.

1959
SEPTEMBER

Mo	Di	Mi	Do	Fr	Sa	So
	1	2	3	4	5	6
7	8	9	10	11	12	13
14	15	16	17	18	19	20
21	22	23	24	25	26	27
28	29	30				

2. Offensive des Pathet Lao im Norden von Laos.

4. Nur noch 196 349 Arbeitslose in der Bundesrepublik; 350 400 offene Stellen.

4. In den USA wird ein neues Arbeitsgesetz verabschiedet, das die Kampfformen der Gewerkschaften reglementiert.

11. In Niedersachsen wird Trinkwasser knapp.

12. Bundespräsident Theodor Heuss übergibt sein Amt an seinen Nachfolger Heinrich Lübke.

12. Bundeswirtschaftsminister Ludwig Erhard eröffnet in West-Berlin die 10. Deutsche Industrieausstellung.

13. Eine sowjetische Rakete erreicht als erster Flugkörper den Mond. →

15. Der sowjetische Ministerpräsident Chruschtschow trifft zu einem zwölftägigen Besuch in den USA ein. →

16. In einer Rundfunkrede sichert der französische Staatspräsident de Gaulle Algerien die Selbstbestimmung zu. →

17. Erster Test des US-Raketenflugzeugs X-15 (3200 Stundenkilometer).

17. In Frankfurt wird die Internationale Automobilausstellung eröffnet.

21. Der Bund und die Länder einigen sich, einen speziellen Führerschein, Klasse V, für Mopeds einzuführen.

21. Festakt in Bonn zum zehnjährigen Bestehen der Bundesrepublik.

27. Bei einem Taifun werden auf der japanischen Insel Honshu mehr als 5000 Menschen getötet.

30. Durch ein neues Rundfunkgesetz will die Bundesregierung eine Neuordnung des Rundfunk- und Fernsehwesens, vor allem die Einführung eines »staatlichen« zweiten Programms, erreichen.

GESTORBEN:

14. Wilhelm Laforet (* 19. 11. 1877), deutscher Verfassungsrechtler.

26. Solomon Bandaranaike (* 8. 1. 1899), ceylonesischer Ministerpräsident.

28. Rudolf Caracciola (* 31. 1. 1901), deutscher Autorennfahrer.

Sowjetische Flagge auf dem Mond deponiert

13. September. Um 22 Uhr, 2 Minuten und 24 Sekunden MEZ erreicht die erste Rakete den Mond. Nach dem Start des ersten Satelliten am 4. Oktober 1957 beginnt damit ein weiteres Kapitel in der Geschichte der Raumfahrt. Es sind wieder sowjetische Techniker, die diese Pionierleistung vollbracht haben. Man kann davon ausgehen, daß das Datum sorgfältig auf den am 15. September beginnenden Besuch von Ministerpräsident Nikita Chruschtschow in den USA abgestimmt ist.

Die Rakete zerschellt auf der Mondoberfläche, kann aber bis zuletzt noch Daten über das Fluggeschehen übermitteln. Sie enthält eine Vorrichtung, durch die auf der Mondoberfläche ein Wimpel mit dem sowjetischen Wappen ausgeworfen wird. Auf Anfrage amerikanischer Journalisten versichert jedoch das Akademiemitglied Leonid Sedow, daß die Sowjetunion keine territorialen Ansprüche auf den Mond erhebe. In den USA wird betont, daß diese Leistung einmal mehr den hohen Entwicklungsstand der sowjetischen Raketenlenksysteme unter Beweis stelle und damit jeder Zweifel an der Gefährlichkeit des sowjetischen Arsenals an Interkontinentalraketen ausgeräumt sein müsse.

Unabhängigkeit Algeriens möglich

16. September. In einer als sensationell empfundenen Rundfunkrede sichert der französische Staatspräsident Charles de Gaulle Algerien die Wahlmöglichkeit der Unabhängigkeit zu. Damit ist de Gaulle der erste verantwortliche französische Politiker, der seit dem Ausbruch des Algerienkrieges am 1. November 1954 ernsthaft von dieser Möglichkeit spricht. Algerien soll nach den Plänen de Gaulles vier Jahre nach der Wiederherstellung des Friedens entscheiden, ob es die vollständige Integration in das französische Staatswesen, die völlige Autonomie oder eine Konföderation mit Frankreich will.

Chruschtschow in USA

Chruschtschow (links) mit Shirley McLaine (Mitte) und Maurice Chevalier (rechts) beim Besuch von Dreharbeiten in einem Filmstudio in Hollywood.

15. September. Zwei Tage nach dem großen Erfolg der sowjetischen Raumfahrttechnik trifft der sowjetische Ministerpräsident Nikita Chruschtschow auf dem amerikanischen Luftwaffenstützpunkt Andrews ein. Als Geschenk hat er seinen Gastgebern ein verkleinertes Modell des Satelliten mitgebracht, der eben den Mond erreicht hat. Man einigt sich, die politischen Besprechungen auf die Zeit nach einer eintägigen Rundreise durch die Vereinigten Staaten zu vertagen. Chruschtschow und seine Delegation werden fast überall zurückhaltend begrüßt. Er besucht die Firma IBM, die Maisfarmen in Iowa, Betriebe der Stahlindustrie und kommt mit Vertretern aus Industrie und Gewerkschaft zusammen. Das Treffen mit den Gewerkschaftern endet in einem bitteren Zusammenstoß. Fragen nach dem Streikrecht und der Freiheit in Ungarn und in der DDR werden von Chruschtschow mit herben Worten beantwortet. Freundlicher verlaufen die Zusammenkünfte mit den Vertretern der Industrie und Banken: Die von Chruschtschow in Aussicht gestellte Zusammenarbeit und die Erfolge der sowjetischen Technologie haben Chruschtschow so gefährlich wie interessant ge-

macht. Man erinnert sich daran, daß die Börsenkurse der Wallstreet nach dem Bekanntwerden des Besuches aus der Sowjetunion rapide angezogen haben. Durch seine außerordentliche Vitalität und Begeisterungsfähigkeit gewinnt Chruschtschow auch nach und nach in der amerikanischen Bevölkerung viele Sympathien; einige Vorurteile des kalten Krieges müssen revidiert werden. Am 25. September werden die mit Spannung erwarteten politischen Gespräche zwischen Präsident Eisenhower und Chruschtschow in Camp David (Maryland) aufgenommen.
In Bonn und Paris wird befürchtet, daß die Gespräche zu einer fundamentalen Einigung zwischen den Großmächten um den Preis der Teilung Deutschlands führen. Doch die spektakuläre Versöhnung findet nicht statt. Chruschtschow erklärt sich bereit, das Berlin-Ultimatum vom 27. November 1958 fallen zu lassen und über die Zukunft der Stadt ohne zeitliche Beschränkung zu verhandeln. Eisenhower wiederum gibt sein Einverständnis zu der immer wieder von den Sowjets geforderten Gipfelkonferenz, die noch vor seinem Gegenbesuch in Moskau im kommenden Frühling stattfinden soll.

1959
OKTOBER

Mo	Di	Mi	Do	Fr	Sa	So
			1	2	3	4
5	6	7	8	9	10	11
12	13	14	15	16	17	18
19	20	21	22	23	24	25
26	27	28	29	30	31	

2. Partielle Sonnenfinsternis über der Bundesrepublik und Mitteleuropa.

4. In der Sowjetunion wird Lunik III gestartet, der die der Erde abgewandte Mondseite fotografieren soll. →

4. Die deutsche Fußballnationalmannschaft gewinnt in Bern ein Länderspiel gegen die Schweiz mit 4 : 0 (1 : 0).

6. Mit einem Großeinsatz entfernen Westberliner Polizisten von allen DDR-Einrichtungen in West-Berlin die DDR-Flagge mit Hammer und Zirkel. →

6. In Frankfurt wird die Internationale Buchmesse eröffnet. →

7. SED-Parteichef Ulbricht schlägt vatikanähnlichen Status für West-Berlin vor.

11. Eindeutiger Sieg der SPD bei den Bürgerschaftswahlen in Bremen; sie erringt die absolute Mehrheit.

11. Uraufführung der zweiteiligen Verfilmung des Thomas-Mann-Romans »Die Buddenbrooks« mit Lilo Pulver, Hansjörg Felmy und Nadja Tiller.

12. In London werden bei einem raffinierten Überfall Juwelen im Wert von fast sechs Millionen DM geraubt.

13. Die USA starten den Satelliten Explorer VII.

15. In der Bundesrepublik meldet sich der dreimillionste Fernsehteilnehmer an. →

20. Seit dem 15. August zum erstenmal wieder Regen in Norddeutschland; damit geht ein sehr trockener Sommer zu Ende.

21. Vor 70 000 Zuschauern im Köln-Müngersdorfer Stadion gewinnt die deutsche Fußballauswahl gegen Holland 7 : 0.

22. Spielfilm »Die Brücke« von Bernhard Wicki uraufgeführt. →

GESTORBEN:

7. Mario Lanza (* 31. 1. 1921), amerikanischer Sänger.

12. Arnolt Bronnen (* 19. 8. 1895), deutscher Schriftsteller.

14. Errol Flynn (* 20. 6. 1909), amerikanischer Schauspieler.

16. George C. Marshall (* 31. 12. 1880), amerikanischer Politiker.

20. Werner Krauß (* 23. 6. 1884), österreichischer Schauspieler.

China feiert zehnten Jahrestag der Republik

1. Oktober. Vor 700 000 Zuschauern wird auf dem Tien-An-Men-Platz in Peking der zehnte Jahrestag der Gründung der Volksrepublik China gefeiert. Anwesend ist auch der sowjetische Ministerpräsident Nikita Chruschtschow, der gerade seinen Besuch beim amerikanischen Präsidenten Eisenhower beendet hat. Diplomatische Beobachter registrieren, daß sich zwar Ministerpräsident Tschou En-lai positiv zu dem Amerikabesuch äußert, sich aber der noch immer wichtigste Mann der kommunistischen Partei, Mao Tse-tung, in keiner öffentlichen Stellungnahme auf dieses Ereignis bezieht.

Drei Millionen Fernsehteilnehmer

15. Oktober. Einen rasanten Aufschwung hat die Teilnehmerzahl des Deutschen Fernsehens in den letzten Jahren genommen. Im Dezember 1953 sind es noch 10 000 Teilnehmer gewesen, deren Zahl bis zum 4. Februar 1955 auf 100 000 gestiegen ist. Die erste Million wird am 1. Oktober 1957 erreicht. Nur ein gutes Jahr später, am 1. Dezember 1958, ist die Zweimillionengrenze überschritten und für die dritte Million werden nur noch zehn Monate benötigt. Gleichzeitig ist vor allem die Bundesregierung bemüht, sich des erfolgreichen Mediums selbst zu bedienen.

VW-Konzern wird reprivatisiert

27. Oktober. Als zweites großes Bundesunternehmen nach der Preussag soll der Volkswagenkonzern in Wolfsburg wenigstens zum Teil in der Form von sogenannten Volksaktien reprivatisiert werden. Die Bundesregierung und das Land Niedersachsen einigen sich, 60 Prozent des Stammkapitals mit dem Ziel breiter Streuung zu verkaufen, während die restlichen 40 Prozent weiterhin unter öffentlicher Kontrolle verbleiben sollen.

Rückseite des Mondes

4. Oktober. Sowjetischen Technikern gelingt eine weitere Pionierleistung der Raumfahrt (→ Oktober 1957 und 13. September 1959). Die interplanetare Station Lunik III macht die ersten Aufnahmen von der der Erde immer abgewandten Seite des Mondes. Die am 4. Oktober gestartete Sonde umkreist am 6. Oktober den Mond in einer Entfernung von 7000 Kilometern und kehrt dann zur Erde zurück, ohne allerdings zu landen. Am 18. Oktober erreicht sie die größte Nähe zur Erde mit einer Entfernung von 47 500 Kilometern und funkt die Bilder von der Mondrückseite. Zwei Kameras mit einer Brennweite von 200 und 500 Millimetern haben den Mond zu 70 Prozent fotografiert, die Bilder werden an Bord der Station automatisch entwickelt. Sie sind, wie sich herausstellt, von beachtlicher Schärfe.

Staatsflagge der Deutschen Demokratischen Republik mit Hammer und Zirkel.

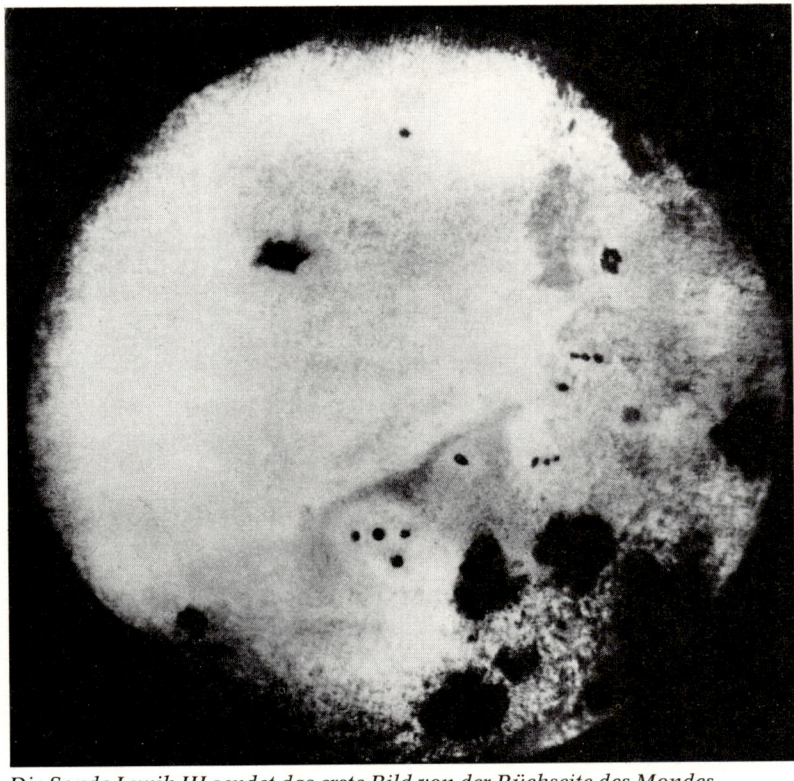

Die Sonde Lunik III sendet das erste Bild von der Rückseite des Mondes.

Fahnenstreit in Berlin

6. Oktober. Während die führenden Politiker der USA und der Sowjetunion nach Wegen der Verständigung suchen (→ 15. September 1959), wird in der Bundesrepublik und West-Berlin ein erbitterter Widerstand gegen die Anerkennung der Staatlichkeit der DDR ausgetragen. In West-Berlin reißen Polizeikommandos in einem Großeinsatz mehr als 70 DDR-Flaggen ab, die auf den Einrichtungen der von der DDR betriebenen S-Bahn wehen. Angehörige der Reichsbahn setzen sich mit Feuerlöschern und Steinen zur Wehr, sechs Westberliner Polizisten werden verletzt. Auch die drei alliierten Berliner Stadtkommandanten verwahren sich in einem Schreiben an ihren sowjetischen Kollegen gegen die »Provokation«. Auf der Frankfurter Buchmesse darf ein Schild mit der Bezeichnung »DDR« erst nach einem Gerichtsbeschluß aufgehängt werden. Als der beliebte Quizmaster Hans-Joachim Kulenkampff in einer Fernsehsendung eine Karte zeigt, in der die Grenze mit der DDR als Staatsgrenze eingezeichnet ist und er auch nicht von der »Sowjetzone«, sondern von der »DDR« spricht, fordert er damit einen Sturm der Entrüstung heraus. Am 18. Oktober vereinbaren Vertreter von Bund und Ländern, die Zurschaustellung der DDR-Flagge mit Hammer und Zirkel auf Bundesgebiet künftig polizeilich unterbinden zu lassen.

Film gegen den Krieg

22. Oktober. Einer der wenigen bundesdeutschen Filme, die sich kompromißlos gegen den Krieg aussprechen, hat in Berlin Uraufführung. »Die Brücke« des jungen Regisseurs Bernhard Wicki zeigt, wie in den letzten Tagen des Zweiten Weltkrieges die Naivität einer Gruppe von Jugendlichen ausgenutzt wird, um ein militärisch sinnloses Ziel verfolgen zu können. Sein Regiedebüt hat Wicki 1958 mit dem Film »Warum sind sie gegen uns?« gegeben, der sich kritisch mit der Jugend in den fünfziger Jahren auseinandersetzt.

Szene aus dem Film »Die Brücke«.

Ehrung für Heuss

6. Oktober. Der Friedenspreis des Deutschen Buchhandels wird in Frankfurt an den soeben aus dem Amt geschiedenen ehemaligen Bundespräsidenten Theodor Heuss verliehen, der seine wesentliche Aufgabe darin gesehen hat, an die demokratischen Traditionen der Weimarer Republik anzuknüpfen. Die herausragenden Neuerscheinungen deutscher Literatur in diesem Jahr sind zwei Romane: »Die Blechtrommel« von Günter Grass und »Billard um Halbzehn« von Heinrich Böll. Große Aufmerksamkeit erzielen auch »Spielball der Götter« von Rudolf Hagelstange und »Mutmaßungen über Jakob« des DDR-Autors Uwe Johnson. Seinen Ruf als führender deutschsprachiger Lyriker der Gegenwart untermauert Paul Celan mit seinem Band

Günter Grass mit der »Blechtrommel«.

»Sprachgitter«. Als wichtige Übersetzungen erscheinen Vladimir Nabokovs »Lolita«, »Der Balkon« von Jean Genet und Raymond Queneaus Roman »Zazie in der Métro«.

Mo	Di	Mi	Do	Fr	Sa	So
						1
2	3	4	5	6	7	8
9	10	11	12	13	14	15
16	17	18	19	20	21	22
23	24	25	26	27	28	29
30						

1. Nach Unruhen in Belgisch-Kongo wird der Nationalistenführer Patrice Lumumba verhaftet. →

2. Auf der Strecke London–Birmingham wird die erste britische Autobahn eröffnet.

2. In den deutschen Weinbaugebieten geht die Lese zu Ende; der heiße Sommer und ein sonniger Herbst haben eine »Jahrhundertwein« reifen lassen.

3. Bei Parlamentswahlen in Israel siegt die sozialistische Mapai-Partei von Ben Gurion.

8. Die deutsche Fußballauswahl verliert in Budapest ein Länderspiel gegen Ungarn mit 4 : 3.

9. Das Oberlandesgericht Celle weist den Anspruch von zwei Volkswagensparern der Zeit vor dem Zweiten Weltkrieg auf einen neuen VW zurück.

10. Mit einem Festakt in Marbach wird des 200. Todestages des Dichters Friedrich Schiller gedacht.

12. Neuer Bundeshaushalt erreicht mit Ausgaben von 43,1 Mrd. und Einnahmen von 41,9 Mrd. DM eine Rekordhöhe.

13. Der Bundesrat weist einen Regierungsentwurf für ein neues Rundfunkgesetz (zweites Fernsehprogramm) zurück.

15. Auf ihrem Godesberger Parteitag verabschiedet die SPD ein neues Programm. →

21. Das Internationale Olympische Komitee entscheidet, daß die deutsche Vertretung bei Olympischen Spielen unter einer Olympiaflagge einmarschieren soll. →

21. Die Vollversammlung der Vereinten Nationen nimmt gegen die Stimme Frankreichs eine Entschließung an, künftig keine Atomwaffenversuche mehr durchzuführen.

24. In Neckarsulm stellt der Ingenieur Felix Wankel seinen neuen Kreiskolbenmotor vor.

GESTORBEN:

15. Charles Th. Wilson (* 14. 2. 1869), englischer Physiker, Nobelpreis 1927.

21. Max Baer (* 11. 2. 1909), amerikanischer Boxer und Filmschauspieler.

25. Gérard Philipe (* 4. 12. 1922), französischer Filmschauspieler.

29. Hans Henny Jahnn (* 17. 12. 1894), deutscher Schriftsteller und Orgelbauer. →

Neues SPD-Programm

Der Godesberger Parteitag: (v. l.) Erich Ollenhauer, Herbert Wehner, Schatzmeister Alfred Nau, Fritz Erler, Carlo Schmid, Erwin Schoettle und Willi Eichler.

15. November. Mit 324 gegen nur 16 Stimmen wird auf einem außerordentlichen Parteitag der SPD in Bad Godesberg ein neues Grundsatzprogramm verabschiedet. Der Kernsatz des Programms lautet: »Sozialismus wird nur durch die Demokratie verwirklicht, die Demokratie durch den Sozialismus erfüllt.« Damit will die SPD die Wandlung von der Weltanschauungspartei zur Volkspartei unter Beweis stellen. Sie spricht sich für die Landesverteidigung, aber gegen Atomwaffen aus und fordert eine Zone begrenzter Rüstung in Europa. Der Marxismus soll nicht länger alleinige Grundlage des Handelns der Mitglieder der SPD sein.

Der stellvertretende Parteivorsitzende Herbert Wehner, auf den die neue Programmatik neben Carlo Schmid wesentlich zurückgeführt wird, sagt in einer Rede, daß die SPD künftig keine reine Arbeiterpartei mehr sein könne. Mit dem Godesberger Programm wird das letzte Programm der Sozialdemokratie, das 1925 in Heidelberg verabschiedet worden ist, abgelöst.

Kontroverse um Olympiaflagge

21. November. Die Weigerung der Bundesregierung, die Staatlichkeit der DDR anzuerkennen, hat auch für den internationalen Sportverkehr Folgen. Nach der Entscheidung des Präsidenten des Internationalen Olympischen Komitees, Avery Brundage, daß bei kommenden Olympischen Spielen eine gesamtdeutsche Mannschaft mit einer speziellen Olympiaflagge (schwarzrotgold mit den fünf Ringen) einmarschieren werde, setzt sie das Olympische Komitee der Bundesrepublik unter Druck, diese Entscheidung nicht anzuerkennen. Willi Daume, Präsident des Deutschen Sportbundes, besteht jedoch darauf, daß die Eigenständigkeit des Sports gegenüber der Politik nicht gefährdet werden dürfe.

Unruhen in Belgisch-Kongo

1. November. Die nationalistischen Bewegungen in Afrika kommen in Belgisch-Kongo zu einem neuen Ausbruch. Bei Demonstrationen der Nationalen Kongolesischen Bewegung (MNC) kommen in den letzten Oktobertagen über 30 Menschen nach dem Eingreifen von Polizei und Militär ums Leben.

Die Lage ist deshalb für Außenstehende weitgehend undurchsichtig, weil es innerhalb der Nationalen Kongolesischen Bewegung verschiedene Strömungen gibt, deren radikalere von Patrice Lumumba angeführt wird und weil auch die weißen Siedler im Konflikt mit der belgischen Zentralregierung stehen. Nach der Verhaftung Lumumbas am 1. November tritt eine vorübergehende Beruhigung ein.

Mo	Di	Mi	Do	Fr	Sa	So
1	2	3	4	5	6	
7	8	9	10	11	12	13
14	15	16	17	18	19	20
21	22	23	24	25	26	27
28	29	30	31			

1. In Washington wird von zwölf Staaten ein Vertrag über die Entmilitarisierung der Antarktis unterzeichnet. →

1. Bundeskanzler Adenauer trifft zu zweitägigen Besprechungen mit Staatspräsident de Gaulle in Paris ein.

3. US-Präsident Eisenhower tritt eine 18tägige Weltreise an, die ihn in 11 Länder führt.

3. Gustaf Gründgens trifft mit dem Ensemble des Deutschen Schauspielhauses Hamburg zu einer Tournee in der Sowjetunion ein. →

4. Durch einen Dammbruch wird die südfranzösische Stadt Fréjus überschwemmt; über 400 Tote sind zu beklagen. →

8. Aus dem Frankfurter Städelmuseum wird »Die Venus« von Lucas Cranach dem Älteren geraubt.

12. Zu Sportlern des Jahres 1959 werden der Leichtathlet Martin Lauer, die Eiskunstläuferin Marika Kilius und der »Ratzeburger Achter« gewählt.

13. Bei einer Explosion in einem dreistöckigen Haus in Dortmund kommen 26 Menschen ums Leben.

14. Erzbischof Makarios wird zum ersten Präsidenten der unabhängigen Republik Zypern gewählt.

18. Deutsche Erstaufführung des Hitchcock-Films »Der unsichtbare Dritte« mit Eva-Maria Saint und Cary Grant.

20. Fußballländerspiel zwischen Deutschland und Jugoslawien in Hannover endet 1 : 1 (0 : 1); Bilanz der sechs Länderspiele des Jahres: zwei Siege, zwei Niederlagen und zwei Remis.

21. Ende einer Gipfelkonferenz der westlichen Staaten in Paris. →

21. Hochzeit des Schahs von Persien und der 21jährigen Studentin Farah Diba mit Prunk.

23. Das mehr als 300 Jahre alte Rathaus von Lüneburg, eines der bedeutendsten Bauwerke aus der Hansezeit, wird durch ein Großfeuer vernichtet.

GESTORBEN:

11. Kurt Klaeber (Pseud. Kurt Held) (* 4. 11. 1897), deutscher Schriftsteller.

23. Lord Edward Halifax (* 16. 4. 1881), britischer Staatsmann.

Erfolg der Amerikaner

10. Dezember. In Stockholm und Oslo werden die Nobelpreise mit einer feierlichen Zeremonie verliehen. Der Chemiepreis geht an den tschechischen Wissenschaftler Jaroslaw Heyrowsky für die Entwicklung der polarographischen Methode der chemischen Analyse. Die Amerikaner Owen Chamberlain und Emilio Segrè teilen sich den Physikpreis für die Entdeckung des Antiprotons. Auch der Medizinpreis geht in die Vereinigten Staaten; er wird an Severo Ochoa und Arthur Kornberg für die von ihnen geleistete Synthese der Nukleinsäure verliehen. Den Literaturnobelpreis erhält der außerhalb Italiens wenig bekannte sizilianische Lyriker Salvatore Quasimodo, den Friedensnobelpreis der britische Labourpolitiker Philip Noel-Baker, der sich besonders für die internationale Abrüstung eingesetzt hat.

Antarktis neutral

1. Dezember. In Washington wird nach siebenwöchigen Verhandlungen ein Vertrag unterzeichnet, der die Antarktis neutralisiert und Niederlassungen lediglich zu friedlichen Zwecken gestattet. Der Vertrag wird von zwölf Staaten unterzeichnet, die im Rahmen des Geophysikalischen Jahres 1957/58 bereits Forschungsstationen in der Antarktis errichtet haben. Es handelt sich um Argentinien, Chile, Australien, Frankreich, Norwegen, Großbritannien, Neuseeland, Sowjetunion, Belgien, Südafrika, Japan und die Vereinigten Staaten. Eine herausragende Leistung hat in dem Geophysikalischen Jahr ein britisches Wissenschaftlerteam vollbracht. Die Expeditionsgruppe des Engländers Vivian Fuchs überquerte den antarktischen Kontinent erstmals. Die Forscher brauchten für dieses Unternehmen 99 Tage.

Zwölf Staaten unterzeichnen den Vertrag über die Neutralisierung der Antarktis und beteiligen sich an der Erforschung des Polargebietes. Vermessen werden zum Beispiel Eisdicke, Eisverlauf und magnetische Feldstärke, eisfreie Stellen und Warmwasser-Seen werden erforscht, Wetter- und Polarlichtbeobachtungen sowie Kartographierungsarbeiten von Forschungsstationen aus vorgenommen.

Gustaf Gründgens feiert bei der Rückkehr von der Gastspielreise durch die Sowjetunion seinen 60. Geburtstag. Regisseur Ulrich Erfurth (r.) gratuliert.

Gründgens in Moskau

22. Dezember. Das Ensemble des Deutschen Schauspielhauses in Hamburg kehrt von einer dreiwöchigen Tournee durch die Sowjetunion zurück. Intendant Gustaf Gründgens hat das Ensemble begleitet. Vor allem in den Städten Moskau und Leningrad sind die Hamburger von dem Publikum enthusiastisch gefeiert worden.

West-Gipfel in Paris

21. Dezember. Im Jagdschloß von Rambouillet bei Paris treffen sich US-Präsident Dwight D. Eisenhower, Staatspräsident Charles de Gaulle, der britische Premierminister Harold Macmillan und Bundeskanzler Konrad Adenauer, um über die Position des Westens gegenüber der Sowjetunion Klarheit zu schaffen. Eisenhower kann die Zustimmung Frankreichs und der Bundesrepublik zu der von Chruschtschow vorgeschlagenen Gipfelkonferenz erreichen, ohne daß die von beiden Staaten geforderte Verknüpfung von Verhandlungen über Abrüstung und die Deutschlandfrage durchgesetzt worden ist. Allerdings weigert sich Frankreich weiterhin, seine Marine und Luftstreitkräfte vollständig der NATO zu unterstellen.

Über 400 Menschen sterben bei Bruch eines Staudamms bei Fréjus

4. Dezember. Um 21.45 Uhr bricht die Mauer des Stausees von Malpasset mit einem Fassungsvermögen von 50 Millionen Kubikmetern, der durch anhaltende Regenfälle der letzten Tage überfüllt ist. Eine gewaltige Flut- und Schlammwelle von 15 Metern Höhe wälzt sich über die nahegelegene Stadt Fréjus in Südfrankreich. Innerhalb weniger Minuten sterben über 400 Menschen. Die Stadt wird fast vollständig verwüstet. An das Unglück schließen sich rege öffentliche Diskussionen über die Ursachen der Katastrophe an. Es wird bekannt, daß beim Bau der Staumauer Konstruktionsfehler begangen worden sind. Außerdem sind von den zuständigen Stellen die ersten Anzeichen des drohenden Bruchs nicht beachtet worden.

Mo	Di	Mi	Do	Fr	Sa	So
				1	2	3
4	5	6	7	8	9	10
11	12	13	14	15	16	17
18	19	20	21	22	23	24
25	26	27	28	29	30	31

1. Kamerun (432 000 km², 3,42 Millionen Einwohner) feiert seine Unabhängigkeit von Frankreich.

1. Währungsreform in Frankreich tritt in Kraft: 100 alte Franc gleich ein neuer Franc.

4. Vertrag über die Errichtung der »kleinen Freihandelszone« (EFTA) in Kopenhagen unterzeichnet. →

8. Erstmals seit 1816 findet in der Kathedrale von Notre-Dame in Paris wieder eine Fürstenhochzeit statt: Die Prinzessin Françoise von Bourbon-Parma heiratet den Prinzen Eduard von Lobkowitz.

11. Baubeginn eines Großprojektes, des Assuan-Staudamms in Ägypten (→ Mai 1964).

14. Europäischer Kälterekord des Winters im Ort La Brevine im Schweizer Jura mit minus 30 Grad Celsius gemessen. →

22. Geglücktes US-Weltraumexperiment: Eine Rakete mit einem Äffchen an Bord erreicht 15 km Höhe.

22. General Charles de Gaulle setzt den französischen Kommandeur in Algerien, General Jacques Massu, nach einem kritischen Interview gegen die Algerienpolitik der Regierung ab. →

25. Professor Jacques Piccard erreicht mit dem Tiefseetauchboot »Trieste« im Marianengraben (Pazifischer Ozean) die Rekordtiefe von 10 916 m.

27. Hans Erhard wird neuer bayrischer Ministerpräsident, nachdem Hans Seidel aus Gesundheitsgründen zurückgetreten ist.

27. Verbot der Deutschen Reichspartei (DRP) in Rheinland-Pfalz wegen antidemokratischer Einstellung.

29. Erich Mende wird vom Bundesparteitag der FDP in Stuttgart als Nachfolger von Reinhold Maier zum neuen Parteivorsitzenden gewählt.

29. Deutsche Erstaufführung des Schauspiels »Ein verdienter Staatsmann« von Thomas Stearns Eliot an den Städtischen Bühnen Köln.

30. 435 Bergleute nach Unglück in Bergwerk bei Coalbroke (Südafrika) für tot erklärt.

GESTORBEN:

4. Albert Camus (* 7. 11. 1913), französischer Schriftsteller, Nobelpreis 1957. →

EFTA-Vertrag wird unterzeichnet

4. Januar. Mit der Unterzeichnung einer Konvention über die Errichtung einer »kleinen Freihandelszone« ist Europa vorerst in zwei Handelsblöcke geteilt. Was sich schon im November 1959 angedeutet hat, wird mit der Unterzeichnung der Verträge nun manifest: Neben der EWG gibt es ab sofort die EFTA (European Free Trade Association), mit der Schweden, Großbritannien, Norwegen, Dänemark, die Schweiz und Österreich sowie Portugal auf die Zollsenkungen innerhalb der EWG-Länder reagierten.

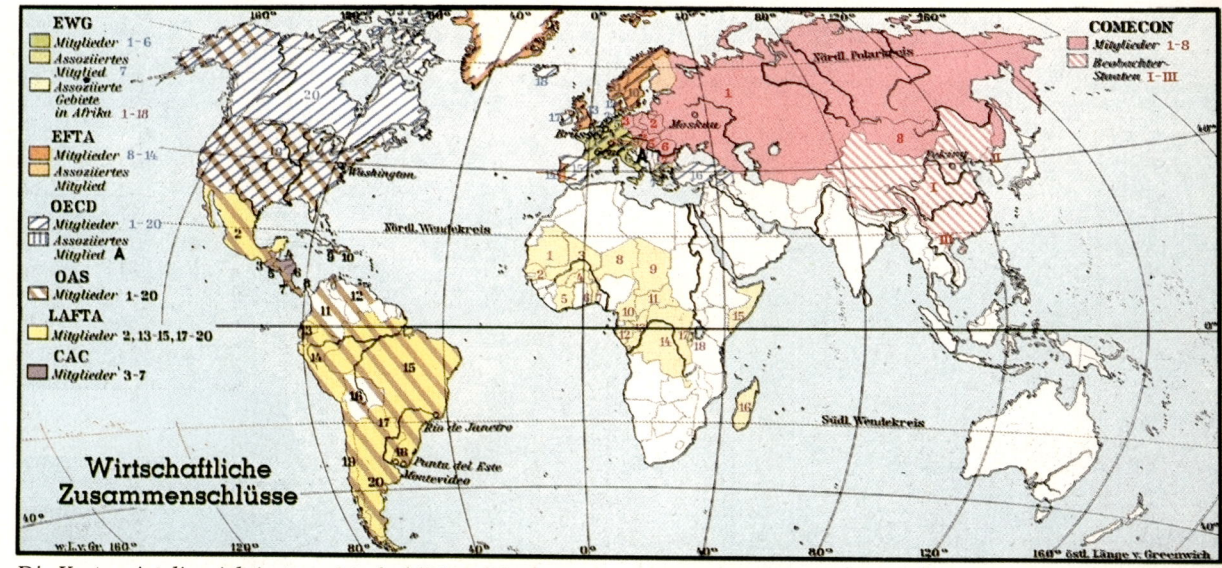

Die Karte zeigt die wichtigsten wirtschaftlichen Bündnisse, in denen sich die Staaten der Erde organisiert haben.

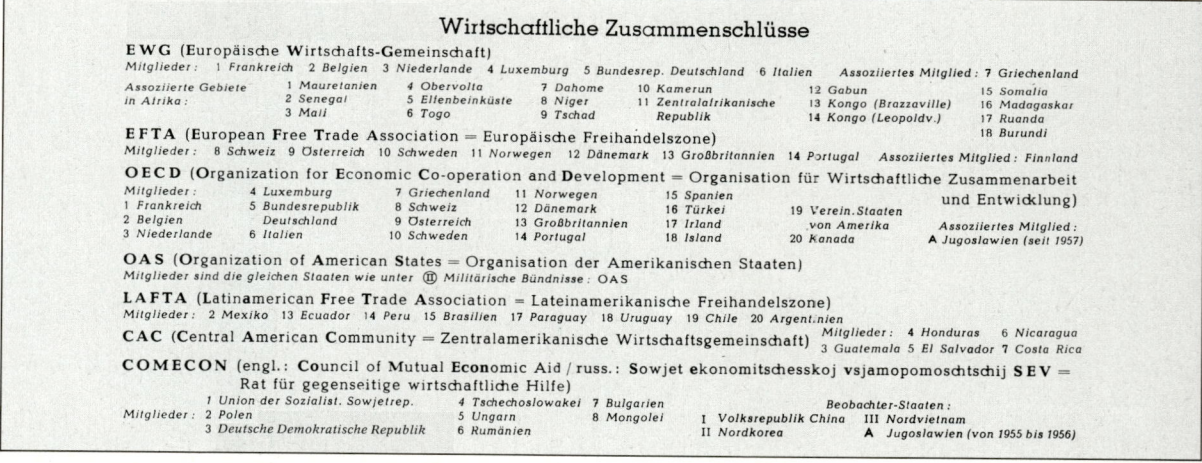

In Algier wird wieder geschossen

24. Januar. Am Nachmittag werden in Algier Barrikaden errichtet, der Generalstreik wird ausgerufen und dann fallen Schüsse, als Gendarmen die Demonstranten abdrängen wollen. Charles de Gaulles Algerienpolitik scheint einen Rückschlag erlitten zu haben.
Ausgelöst werden die neuen Unruhen durch die von de Gaulle verfügte Ablösung des Kommandeurs des in Algerien stehenden Armeekorps, General Jacques Massu, der sich in einem Presseinterview kritisch mit der Politik der französischen Regierung in Nordafrika auseinandergesetzt hat. Als in Algerien der Vorgang bekannt wird, kommt es zunächst zu Demonstrationen, die dann in blutige Unruhen ausarten. Am Abend werden 14 tote und mehr als 500 verwundete Gendarmen gezählt, die Demonstranten melden sechs Tote und 20 Verwundete. Der neue kommandierende General in Algerien, Crépin, setzt daraufhin Fallschirmjäger ein, aber die Aufständischen verbarrikadieren sich in zwei Stadtvierteln von Algier. Einer der Führer ist der bereits am Aufstand von 1958 beteiligte Pierre Lagaillarde. De Gaulle appelliert in Generalsuniform am 29. Januar im französischen Fernsehen und verteidigt seine Algerienpolitik. Am nächsten Tag riegeln Fallschirmjäger die Barrikadenviertel ab und warten auf die Reaktion der Rebellen.

Camus stirbt bei Autounfall

4. Januar. Bei Villeblevin (Yonne) stirbt der französische Schriftsteller Albert Camus im Alter von 46 Jahren bei einem Autounfall auf vereister Straße. Der Existentialist Camus kämpfte während der Besetzung seines Landes durch die Deutschen in der Résistance und war Mitglied der Kommunistischen Partei Frankreichs. In seinen Theaterstücken, Romanen und Essays spiegelt sich der Kampf des Menschen für ein besseres Dasein in einer Welt, die ihn nur Zwängen unterwirft. Bekannte Werke sind »Der Fremde« (1942), »Die Pest« (1947), »Belagerungszustand« (1948), »Die Gerechten« (1950), »Die Besessenen« (1959).

Albert Camus †.

Kfz-Statistik

1. Januar. Das Kraftfahrt-Bundesamt in Flensburg legt die neuesten Zahlen über den Stand der Motorisierung in der Bundesrepublik vor. Danach sind am 1. Januar 1960 7,331 Millionen Kraftfahrzeuge und 2,37 Millionen Mopeds für den Verkehr zugelassen.

Kälterekorde

14. Januar. Mit empfindlicher Kälte und einem Schneechaos erreicht der Winter in diesem Monat einen ersten Höhepunkt. Vor allem im Süden der Bundesrepublik fallen die Temperaturen in ungewohnte Bereiche. Die Stadt Hof in Bayern meldet am 16. Januar mit minus 25 Grad den Kälterekord. Der Verkehr kommt fast zum Erliegen.

1960

FEBRUAR

Mo	Di	Mi	Do	Fr	Sa	So
1	2	3	4	5	6	7
8	9	10	11	12	13	14
15	16	17	18	19	20	21
22	23	24	25	26	27	28
29						

1. Kapitulation der aufständischen Kolonisten in Algier. →

3. Erster erfolgreicher Start der Interkontinentalrakete »Titan« durch die US-Luftwaffe.

4. Deutscher Wein des Jahrgangs 1959 erhält bei Durchschnittsmostgewicht von 101 Grad Öchsle und Säuregehalt von 6,5 Gramm pro Liter das Prädikat »Jahrhundertwein«.

6. Die Zahl der Unbeschäftigten (Arbeitslosen) in der Bundesrepublik beträgt 626 999.

6. Einweihung des von 13 Ländern der »Europäischen Organisation für Kernforschung« in Genf gebauten größten Teilchenbeschleunigers der Welt.

10. Kongo-Konferenz in Brüssel setzt Unabhängigkeitstermin für Belgisch-Kongo auf den 30. Juni 1960 fest.

11. Walter Ulbricht zum Vorsitzenden des »Nationalen Verteidigungsrates« der DDR und damit militärischen Oberbefehlshaber ernannt.

11. Bei Zwischenfällen an der indisch-chinesischen Grenze kommen 12 indische Soldaten ums Leben.

13. Größtes Luftschiff der Welt, die 120 Meter lange »ZPG-3 W«, auf Marinebasis im US-Bundesstaat Massachusetts durch Sturmbö zerstört.

15. Erfolgreiche Zündung der ersten französischen Plutoniumbombe in der Sahara. →

18. Eröffnung der VIII. Olympischen Winterspiele in Squaw Valley im amerikanischen Bundesstaat Kalifornien.

19. Die Hinrichtung des Mörders Caryl Chessman wird zum achten Mal zehn Stunden vor Termin verschoben.

22. Nach siebentägiger Bergungsarbeit müssen 123 bei Schlagwetterexplosion eingeschlossene Bergleute im Steinkohlenbergwerk »Karl Marx« in Zwickau aufgegeben werden.

26. Prinzessin Margaret Rose, die Schwester von Königin Elizabeth II. von England, gibt ihre Verlobung mit dem Hoffotografen Anthony Armstrong-Jones bekannt.

GESTORBEN:

7. Karl Maybach (* 6. 7. 1879), deutscher Konstrukteur.

Gold für Heidi Biebl

28. Februar. Die Olympischen Winterspiele im »Tal der Indianerfrau«, einem unzugänglichen Gebiet in der Sierra Nevada im US-Bundesstaat Kalifornien, gehen mit einer kaum erwarteten goldenen Ausbeute für die gesamtdeutsche Mannschaft zu Ende. Auf Skiern und Kufen sind einige der deutschen Olympioniken der Konkurrenz überlegen und erringen glanzvolle Siege. Der Schwarzwälder Postbote Georg Thoma gewinnt die Nordische Kombination, der Thüringer Helmut Recknagel siegt im Spezialsprunglauf, Helga Haase aus Ost-Berlin gewinnt im 500-m-Eisschnellauf vor den favorisierten Russinnen, und Heidi Biebl aus Oberstaufen gelingt ein sensationeller erster Platz im Abfahrtslauf der Damen. Marika Kilius und Hans-Jürgen Bäumler erkämpfen im Paarlauf eine Silbermedaille. Die meisten Medaillen gewinnt die sowjetische Mannschaft, im Eishockey werden die USA Olympiasieger. Als neue Eisprinzessin stellt sich die Amerikanerin Carol Heiss vor, die vor Hollands Hoffnung Shoukje Dijkstra gewinnt. Im Langlauf der Herren kommt der Schwede Sixten Jernberg nach 1956 zum zweiten Olympiasieg und holt Gold über 30 Kilometer und Silber über 15 Kilometer.

Die Amerikanerin Carol Heiss gewinnt die Goldmedaille im Eiskunstlauf.

Goldmedaille für die deutsche Abfahrtsläuferin Heidi Biebl.

Helmut Recknagel.

Das Paar Kilius/Bäumler.

Hans-Peter Lanig, Helga Haase und Georg Thoma (von links).

Eine neue Atommacht

De Gaulle beobachtet die Explosion vom Kreuzer »de Grasse« aus.

15. Februar. Mit der Explosion der ersten Plutoniumbombe in der Sahara ist Frankreich in den Kreis der Atommächte (USA, UdSSR, Großbritannien) eingetreten. Der französische Versuch ist die 211. Kernexplosion seit Hiroshima. General de Gaulle gibt seiner Begeisterung in einem Telegramm an Atom-minister Guillemat Ausdruck, als er ausruft: »Hurra für Frankreich. Seit heute morgen ist Frankreich noch stärker und stolzer.« Gegen die Explosion protestieren Japan und der Sudan, die algerische Exilregierung spricht von einem »Verbrechen Frankreichs gegen die Menschlichkeit«.

Algerien-Rebellen ergeben sich

1. Februar. Mit der Kapitulation der Rebellen ist der Algerienkonflikt für die französische Regierung vorerst entschärft. Pierre Lagaillarde marschiert am ersten Februartag in militärischer Ordnung mit seinen Anhängern in die Gefangenschaft der Fallschirmjäger und wird wegen Verbrechens gegen die Staatssicherheit angeklagt. Die französische Nationalversammlung erteilt am 4. Februar de Gaulles Regierungspolitik Sondervollmachten.

CDU ermittelt gegen Oberländer

10. Februar. Nachdem der internationale Untersuchungsausschuß im Falle des Bundesvertriebenenministers Theodor Oberländer sein Material an den Ehrenrat der CDU weitergeleitet hat, nimmt dieser die Untersuchung über die Rolle seines Parteimitglieds bei der Erschießung von Juden im polnischen Lemberg während der deutschen Besatzungszeit im Jahre 1941 auf. Gegen Oberländer läuft inzwischen in der DDR eine Propagandakampagne.

9. Februar. Ministerpräsident Nikita Chruschtschow unterzeichnet im Kreml in Moskau die Erklärung der Mitgliedstaaten des Warschauer Paktes über die Souveränität und Gleichberechtigung der Mitglieder. Zweiter von rechts SED-Chef Walter Ulbricht. Links hinter Chruschtschow stehend Leonid Breschnew.

1960

MÄRZ

Mo	Di	Mi	Do	Fr	Sa	So
	1	2	3	4	5	6
7	8	9	10	11	12	13
14	15	16	17	18	19	20
21	22	23	24	25	26	27
28	29	30	31			

1. Erdbeben und nachfolgende Springflut zerstören marokkanische Hafenstadt Agadir und fordern etwa 10 000 Todesopfer. →

5. Eine Explosion auf dem französischen Munitionstransporter »La Coubre« im Hafen von Havanna (Kuba) tötet 26 Menschen.

5. Das Wahlrecht für Frauen wird im Kanton Genf eingeführt.

11. Der Start des US-Flugkörpers »Pioneer V«, der nach etwa vier Monaten Flugzeit die Venus passieren soll.

12. Frischauf Göppingen gewinnt den Hallenhandball-Europapokal durch 18 : 13-Sieg gegen GF Aarhus in Paris.

14. Erstmals seit Kriegsende Gespräch zwischen Regierungschefs der Bundesrepublik und Israels bei Begegnung von Konrad Adenauer und Ben Gurion in New York. →

15. Die Ost-West-Abrüstungskonferenz der zehn Mächte tritt in Genf zusammen. →

16. Der 85jährige Syngman Rhee wird nach Wahlsieg seiner Partei zum drittenmal Präsident von Südkorea.

17. Bundestag beschließt Privatisierung des VW-Werkes. →

17. Deutsche Lufthansa eröffnet den Luftverkehr zwischen Frankfurt und New York mit Düsenmaschinen.

21. Medizinische Fakultät der Universität München beschränkt wegen Überfüllung Zulassung zu Kursen und Vorlesungen.

23. Deutschland gewinnt ein Fußballländerspiel gegen Chile in Stuttgart mit 2 : 1.

24. Blutige Unruhen wegen Einführung scharfer Paßkontrollen für Farbige in Südafrika fordern 71 Tote und 182 Verletzte.

29. Die SPD wird bei bayrischen Kommunalwahlen mit 38,4 Prozent der Stimmen erstmals stärkste Partei vor der CSU (34,9). Hans Joachim Vogel wird neuer Oberbürgermeister von München.

31. Bundeskanzler Konrad Adenauer hält während seiner Weltreise als erster ausländischer Regierungschef eine Ansprache vor dem japanischen Parlament.

GESTORBEN:

30. Joseph Haas (* 19. 3. 1879), deutscher Komponist.

Bundestag billigt Privatisierung des VW-Werks

17. März. Die monatelangen Beratungen in den Parlamentsgremien über das Erbe aus der Hitler-Zeit, das Volkswagenwerk in Wolfsburg, werden im März 1960 endlich beendet. Der Bundestag beschließt gegen die Stimmen der SPD die Privatisierung des VW-Werkes. Die noch im Staatsbesitz befindliche GmbH wird in eine Aktiengesellschaft umgewandelt, von derem Kapital die Bundesrepublik und das Land Niedersachsen je 20 Prozent übernehmen. Die restlichen 60 Prozent werden an private Interessenten verkauft, wobei Aktien als sogenannte Volksaktien im Nennwert von 100 DM jedem Bürger die Möglichkeit geben sollen, sich als Anteilseigner am VW-Werk zu beteiligen.

1. März. Ein Erdbeben mit anschließender Springflut zerstört die marokkanische Hafenstadt Agadir. Der größte Teil der Häuser der Stadt fällt in Trümmer, mehr als 10 000 Menschen kommen in den einstürzenden Häusern ums Leben. Der Rest der vorher 30 000 Einwohner wird obdachlos und verbringt angstvolle Nächte.

14. März. Im Hotel Waldorf-Astoria in New York treffen Bundeskanzler Konrad Adenauer und der israelische Ministerpräsident David Ben Gurion zu einem ersten deutsch-israelischen Gespräch seit Kriegsende zusammen.

Abrüstungskonferenz

15. März. In Genf tritt an diesem Tag erstmals die im September 1959 beschlossene Ost-West-Abrüstungskonferenz der zehn Mächte USA, Großbritannien, Frankreich, Italien, Kanada, Sowjetunion, Polen, ČSSR, Rumänien und Bulgarien zusammen.

Der britische Delegierte legt zur Eröffnung einen westlichen Drei-Stufen-Plan für eine allgemeine und umfassende Abrüstung vor. Die Sowjetunion bringt den im Vorjahr von Nikita Chruschtschow vor der UN-Vollversammlung erstmals in die Diskussion gebrachten Vorschlag von der totalen Abrüstung innerhalb von vier Jahren in die Genfer Verhandlungen ein.

Am 21. März überraschen die Sowjets die anderen Mächte mit dem Vorschlag, unverzüglich einen Vertrag über die Einstellung leicht erkennbarer Atombombenversuche abzuschließen. Bedingung für einen solchen Vertrag müsse aber auch die Einbeziehung der unterirdischen Kernexplosionen sein.

Am Rande der Verhandlungen wird bekannt, daß US-Präsident Eisenhower Chruschtschow zugesichert habe, den Verbündeten der USA keinen Zugang zu Atomwaffen zu ermöglichen. Durch die erfolgreiche Explosion der ersten französischen Bombe im Vormonat ergeben sich für die Abrüstungsexperten aber neue Dimensionen.

Der Konferenzsaal im Genfer UN-Gebäude bei Beginn der Verhandlungen.

1960

APRIL

Mo	Di	Mi	Do	Fr	Sa	So
				1	2	3
4	5	6	7	8	9	10
11	12	13	14	15	16	17
18	19	20	21	22	23	24
25	26	27	28	29	30	

8. Hans Wilhelmi (CDU) neuer Bundesschatzminister für den verstorbenen Hermann Lindrath.

9. Südafrikas Ministerpräsident Hendrik F. Verwoerd wird durch ein Pistolenattentat in Johannesburg schwer verletzt.

12. Deutsche Erstaufführung des beim Filmfestival in Cannes mit zwei Kritikerpreisen ausgezeichneten Films »Hiroshima mon Amour«.

15. Eric Peugeot, zweijähriger Enkel des französischen Automobilherstellers, wird zwei Tage nach Entführung und Zahlung von Lösegeld unversehrt den Eltern übergeben.

17. SED gibt Abschluß der Kollektivierung der DDR-Landwirtschaft bekannt. Gesamte Bodenfläche von 6,45 Millionen Hektar wird nun von Landwirtschaftlichen Produktionsgenossenschaften (LPG) bewirtschaftet.

21. Brasiliens Staatspräsident Juscelino Kubitschek proklamiert Brasilia zur neuen Landeshauptstadt.

26. Syngman Rhee legt nach blutigen Unruhen in Seoul das Amt als südkoreanischer Staatspräsident nieder.

27. Uraufführung des Schauspiels »Der Hausmeister« von Harold Pinter im Arts Theatre in London.

27. Deutschland gewinnt Fußballländerspiel gegen Portugal in Ludwigshafen 2 : 1.

28. Der Begriff »Deutschland« darf nach Anordnung der DDR-Regierung bei allen in der DDR hergestellten Landkarten und Atlanten nicht mehr verwendet werden.

29. Der Oberste Gerichtshof der DDR in Ost-Berlin verurteilt Bundesminister Theodor Oberländer in einem Schauprozeß in Abwesenheit zu lebenslänglichem Zuchthaus. →

29. Deutsche Erstaufführung des Schauspiels »Die Eingeschlossenen« von Jean-Paul Sartre in den Kammerspielen München.

GESTORBEN:

18. Wilhelm Herzog (* 12. 1. 1884), deutscher Schriftsteller.

24. Max von der Laue (* 9. 10. 1879), deutscher Physiker, Nobelpreis 1914.

Oberländer-Prozeß in Ost-Berlin

20. April. Die Folgen der NS-Herrschaft in Deutschland und die Bewältigung dieser Vergangenheit vor Gerichten beschäftigen auch in diesem Monat die Öffentlichkeit.

So beginnt am 20. April in Ost-Berlin vor dem Obersten Gerichtshof der DDR der sogenannte »Oberländer-Prozeß«, in dem der amtierende Bundesminister Theodor Oberländer in einer 50 Seiten starken Anklageschrift des Mordes und der Kriegsverbrechen angeklagt ist. Oberländer, gegen den der Ehrenrat der CDU in gleicher Sache ermittelt, nimmt an diesem Schauprozeß nicht teil.

Immerhin fühlt er sich durch die Vorwürfe so in seinem Amt belastet, daß er am 26. April dem Bundeskanzler seinen Rücktritt einreicht. Ein Bundestags-Untersuchungsausschuß wird daraufhin gebildet, der die Vorwürfe gegen ihn prüfen soll. Das Ostberliner Gericht spricht ihn am 29. April schuldig.

Bald Arbeitskräfte aus dem Ausland

20. April. Nach neuer Statistik fehlen der bundesdeutschen Wirtschaft 410 000 Arbeitskräfte. Die Bundesregierung kündigt an diesem Tag an, daß man sich verstärkt um ausländische Arbeitskräfte bemühen werde und zunächst auf 100 000 Beschäftigte aus anderen Ländern hofft. Ebenfalls 100 000 Arbeitskräfte hofft man aus Kreisen von DDR-Flüchtlingen zu werben, eine weitere Lücke sollen möglichst 35 000 Frauen schließen, die für eine Halbtagsbeschäftigung gewonnen werden sollen.

Baustein der Materie entdeckt

21. April. Aus Kalifornien kommt die Nachricht von einem geglückten Experiment dreier italienischer Atomphysiker, die mit Hilfe eines Teilchenbeschleunigers das bisher nur in der Theorie existierende Elementarteilchen »Anti-Sigma-Plus«, einen der schwersten Bausteine der Materie, nachgewiesen haben.

MAI

Mo	Di	Mi	Do	Fr	Sa	So
						1
2	3	4	5	6	7	8
9	10	11	12	13	14	15
16	17	18	19	20	21	22
23	24	25	26	27	28	29
30	31					

2. Caryl Chessman in der Gaskammer des Zuchthauses von St. Quentin (USA) hingerichtet. →

4. Bundesvertriebenenminister Theodor Oberländer aus dem Amt entlassen.

6. Prinzessin Margaret Rose wird mit dem ehemaligen Hoffotografen Anthony Armstrong-Jones in der Westminster Abbey in London getraut.

7. Leonid Breschnew wird als Nachfolger des 79jährigen Marschalls Woroschilow neuer sowjetischer Staatspräsident. →

9. Michail Tal aus Riga wird neuer Schachweltmeister.

11. Deutschland verliert ein Fußballänderspiel gegen Irland in Düsseldorf mit 0 : 1.

15. Eisenbahnunglück im Leipziger Hauptbahnhof fordert 59 Todesopfer und über 100 Verletzte.

15. Uraufführung des Schauspiels »Die Sorge um die Macht« von Peter Hacks in Senftenberg/DDR.

18. Real Madrid gewinnt den Europacup der Landesmeister durch ein 7 : 3 gegen Eintracht Frankfurt in Glasgow.

20. Italienischer Spielfilm »Das süße Leben« (La Dolce Vita) von Federico Fellini erhält die »Goldene Palme« der XIII. Internationalen Filmfestspiele in Cannes.

22. Grubenexplosion auf einer Zeche in Mährisch-Ostrau (ČSR) fordert 51 Todesopfer.

23. Der israelische Ministerpräsident Ben Gurion teilt die Festnahme Eichmanns mit. →

24. Drei chinesische Bergsteiger bezwingen nach zweimonatigem Aufstieg erstmals die 8848 m hohe Nordseite des Mount Everest.

27. General Cemal Gürsel übernimmt nach unblutigem Staatsstreich in der Türkei die Macht und stürzt die Regierung Adnan Menderes.

GESTORBEN:

6. Paul Abraham (* 2. 11. 1892), ungarischer Komponist.

12. Ali S. Khan (* 13. 6. 1911), pakistanischer Politiker.

30. Boris Pasternak (* 10. 2. 1890), sowjetischer Schriftsteller, Nobelpreis 1958 (→ Dezember 1958).

31. Walther Funk (* 18. 8. 1890), deutscher Politiker.

Chruschtschow besichtigt Wrackteile der abgeschossenen U-2.

Die Trümmer der amerikanischen Maschine, die über sowjetischen Gebiet abgeschossen wurde, nach einer Aufnahme der sowjetischen Zeitung »Trud«.

U-2-Affäre beendet Gipfeltreffen

5. Mai. Vor dem Obersten Sowjet gibt Regierungschef Nikita Chruschtschow eine Nachricht bekannt, die für das Ost-West-Verhältnis schwere Beeinträchtigungen befürchten läßt. Chruschtschow teilt mit, daß die Luftabwehr der UdSSR am 1. Mai ein amerikanisches Aufklärungsflugzeug vom Typ U-2 über sowjetischem Gebiet abgeschossen habe. Der Pilot, Francis Gary Powers, befinde sich in sowjetischer Gefangenschaft.

Die Vereinigten Staaten reagieren mit abschwächenden Erklärungen, in denen zunächst von einem vermißten Wetterflugzeug, dann von einer unbewaffneten Zivilmaschine die Rede ist. Für sie bedeutet der Erfolg der sowjetischen Jäger einen herben politischen Verlust. Seit geraumer Zeit lassen sie diese Spezialmaschinen, die in ungewohnt großen Höhen sehr weite Strecken zurücklegen können, Erkundungsflüge über der Sowjetunion durchführen und spähen mit Hilfe von Luftaufnahmen strategisch wichtige Punkte im Lande aus. Bisher haben russische Raketen eingedrungene U-2-Maschinen nicht erreichen können; durch den Abschuß des Flugzeugs ist aber für die sowjetische Führung der Beweis für bisher nur im Bereich von Vermutungen liegende Tatsachen erbracht.

Im Westen wartet man gespannt auf Reaktionen aus Moskau, vor allem wegen der seit langem für den 16. Mai in Paris anberaumten Gipfelkonferenz der Staatschefs der vier Siegermächte des Zweiten Weltkrieges, auf der ein Friedensvertrag mit Deutschland vorbereitet und das künftige Schicksal Berlins entschieden werden soll. US-Präsident Eisenhower gibt zuvor die U-2-Flüge über der Sowjetunion zu, befiehlt ihre sofortige Einstellung und teilt dies der sowjetischen Regierung mit (12. Mai). Er will die Konferenz auf jeden Fall retten, ist aber hoffnungslos in der Defensive. Chruschtschow trifft am 14. Mai in Paris ein und überreicht am nächsten Tag dem französischen Staatspräsidenten de Gaulle eine Erklärung, in der er Verurteilung der Erkundungsflüge über seinem Land fordert.

De Gaulle eröffnet am 16. Mai die Konferenz wie geplant, es kommt aber zu keinerlei Verhandlungen, weil Chruschtschow den USA ein Ultimatum stellt, den Luftzwischenfall als aggressiven Akt gegen die UdSSR anzuerkennen, dieses zu bedauern und weitere Flüge sofort einzustellen. Da Eisenhower dieses Ultimatum ablehnt, läßt Chruschtschow die Konferenz platzen und tritt die Heimreise an.

Israelis entführen Eichmann

23. Mai. Israels Ministerpräsident Ben Gurion kann an diesem Tag von einem neuen Erfolg des israelischen Geheimdienstes berichten. Seine Leute haben in Argentinien einen Mann aufgespürt, gekidnappt und nach Israel verschleppt, der auf der Liste der vom Judenstaat gesuchten NS-Verbrecher ganz oben steht: SS-Obersturmbannführer Adolf Eichmann, von 1941 bis 1945 Verantwortlicher für die sogenannte »Endlösung« der Judenfrage, die Deportation der im deutschen Machtbereich lebenden Juden. Die Einzelheiten dieses Kommandounternehmens der Israelis sind nahezu filmreif. Eichmann, der unter dem Namen Ricardo Clement mit Frau und drei Söhnen in Buenos Aires das Leben eines braven Bürgers führt, wird am 11. Mai auf dem Weg von der Arbeitsstätte nach Hause überfallen und in einem Auto entführt.

Er wird von den Kidnappern gezwungen, ein Schriftstück zu unterschreiben, in dem er seinen freien Willen zur Reise nach Israel ausdrückt. Danach wird er in der Nähe der argentinischen Hauptstadt in einem Versteck gefangengehalten.

Außer Landes bringen die Israelis ihn mit einer Sondermaschine am 20. Mai, mit der auch die israelische Delegation zurückfliegt, die an der Feier der Unabhängigkeit Argentiniens am Vortage teilgenommen hat. Die folgende Welle von Protesten aus allen Teilen der Welt gegen die Art ihres Vorgehens läßt die Israelis unbeeindruckt. Sie kündigen an, Eichmann werde bald in Israel vor Gericht gestellt.

Breschnew Präsident

7. Mai. Während der Maitagung des Obersten Sowjets kommt es zu einigen bedeutsamen Umbesetzungen in der sowjetischen Staats- und Militärführung. Die wichtigste ist die Nominierung des 53jährigen Leonid Breschnew zum neuen Staatsoberhaupt des Landes, nachdem der 79jährige Marschall Kliment Woroschilow aus Altersgründen zurücktritt.

Breschnew ist seit dem 17. Lebensjahr aktiver Kommunist, zunächst als Mitglied der Jugendbewegung Komsomol, seit Ende der 30er Jahre in verschiedenen hohen Parteiämtern. Als politischer Verwaltungschef der vierten ukrainischen Front bewährt er sich im Krieg, den er mit dem Rang eines Generalmajors abschließt. Seit 1952 ist er Mitglied des Zentralkomitees der KPdSU, danach rückt er ins Sekretariat des ZK auf. Stalins Tod bedeutet für ihn zunächst einen Rückschlag in der politischen Karriere. Er verliert alle Ämter und geht in die politische Armeeverwaltung zurück. Seine zweite Karriere in der Partei beginnt mit der Berufung zum Sekretär des ZK der Kasachischen SSR und der Bekanntschaft mit Chruschtschow, der ihn 1956 wieder als Mitglied in das Parteisekretariat beruft. Nach dem Machtkampf von 1957 wird er Vollmitglied des Parteipräsidiums und Deputierter des Obersten Sowjets. Er gehört zum engeren Kreis um Parteichef Chruschtschow.

Die anderen Umbesetzungen betreffen Alexej Kiritschenko und Nikolai Beljajew, die aus der Parteiführung ausgeschlossen werden. An ihre Stelle im Parteipräsidium treten Nikolai Podgorny, Dimitrij Poljanski und Alexej Kossygin. Neuer Generalstabschef wird Marschall Matvei Sacharow.

Eine Sitzung des Obersten Sowjet während einer Rede Chruschtschows.

Caryl Chessman hingerichtet

2. Mai. Am Morgen dieses Tages geht ein Mann im Zuchthaus von St. Quentin (USA) seinen letzten Gang, der seit zwölf Jahren um sein Leben gekämpft hat. Der rechtskräftig verurteilte Mörder Caryl Chessman hat seine Hinrichtung in der Gaskammer achtmal aufschieben können und wird in dieser Zeit zu einer international beachteten Figur. Zuletzt kämpfen Prominente aus der ganzen Welt um Gnade für den Mann, der am längsten in der Todeszelle gesessen hat.

Caryl Chessman mit Handschellen.

1960
JUNI

Mo	Di	Mi	Do	Fr	Sa	So
		1	2	3	4	5
6	7	8	9	10	11	12
13	14	15	16	17	18	19
20	21	22	23	24	25	26
27	28	29	30			

1. »Nationalbewegung« von Patrice Lumumba wird bei Wahlen zum künftigen Kongo-Parlament stärkste Partei. →

5. Der Staatspräsident Ägyptens, Gamal Abd el Nasser, ordnet die Enteignung der freien Presse im Lande an.

7. Uraufführung des Schauspiels »Die Zimmerwirtin« von Jacques Audiberti in einer Inszenierung der Städtischen Bühnen Köln von Hans Baum.

9. Jacques Anquetil (Frankreich) gewinnt erstmals in seiner Laufbahn den Giro d'Italia.

9. Neues Gesetz zum Abbau der Wohnungszwangswirtschaft in der Bundesrepublik nach Bundesratszustimmung rechtskräftig.

13. Eine provisorische Verfassung für die Türkei überträgt die gesetzliche Gewalt dem Revolutionskomitee der Armee unter Vorsitz von Staatspräsident und Ministerpräsident General Cemal Gürsel.

14. Italienisches Gericht erklärt die Ehe des Regisseurs Roberto Rosselini mit der schwedischen Schauspielerin Ingrid Bergman für aufgelöst.

20. Der amerikanische Schwergewichtler Floyd Patterson wird durch K.-o.-Sieg in der fünften Runde gegen Ingemar Johannson (Schweden) in New York erneut Boxweltmeister und durchbricht das Gesetz des »They never come back« erstmals in der Boxgeschichte. →

21. Der deutsche Sprinter Armin Hary läuft bei Leichtathletiksportfest in Zürich mit 10,0 Sekunden über 100 m Weltrekord. →

23. Durch einen 3 : 2-Sieg wird der Hamburger SV gegen den 1. FC Köln Deutscher Fußballmeister.

24. Joseph Kasawubu wird zum ersten Staatspräsidenten des in die Unabhängigkeit entlassenen Kongo gewählt. →

30. Die ehemalige Kolonie Belgisch-Kongo feiert im Beisein von König Baudouin in Leopoldville ihre Unabhängigkeit. Lumumba attackiert in einer Rede den König. →

GESTORBEN:

9. Hans J. Rehfisch (* 10. 4. 1891), deutscher Schriftsteller.

25. Otto Ender (* 24. 12. 1875), österreichischer Altbundeskanzler.

Mißtöne im Kongo bei Feiern zur Unabhängigkeit

1. Juni. Der Weg aus der belgischen Kolonialherrschaft in die Unabhängigkeit ist für den Kongo von Parteienhader überschattet. Nachdem die Auszählung der Stimmen nach den Wahlen für das künftige Parlament Anfang des Monats beendet ist, beginnt sich das kongolesische Krisenkarussell zu drehen.

Die kongolesische Nationalbewegung von Patrice Lumumba wird zwar stärkste Partei, erringt aber keine klare Mehrheit. Die zu ihr in Opposition stehende Abako-Partei von Joseph Kasawubu kann ebenfalls keine regierungsfähige Mehrheit erreichen. So wird Lumumba vom belgischen Kongoministerium mit der Regierungsbildung beauftragt und am 24. Juni auch zum ersten Ministerpräsidenten des neuen Staates gewählt. Sein Griff nach der absoluten Macht, auch noch das Amt des Staatspräsidenten zu übernehmen, scheitert an der Haltung des Parlaments, das Kasawubu in diese Funktion wählt.

Bei den Unabhängigkeitsfeiern am 30. Juni hält Lumumba dann eine aggressive Rede, in der er in Anwesenheit des belgischen Königs Baudouin die Kolonialherrschaft Belgiens in scharfen Worten verurteilt. Dadurch sind weitere Auseinandersetzungen vorprogrammiert.

WM-Kampf macht Boxgeschichte

20. Juni. Der 25jährige Boxprofi Floyd Patterson durchbricht das seit 61 Jahren geltende ungeschriebene Gesetz »They never come back«, das für Schwergewichtsboxweltmeister nach einer Titelkampfniederlage eine nochmalige Rückkehr auf den Meisterschaftsthron ausschließt.

Patterson holt sich ein Jahr nach der Niederlage gegen den Schweden Ingemar Johannson (→ Juni 1959) im Revanchekampf im New Yorker Yankee-Stadion den WM-Titel zurück und setzt damit einen Meilenstein in der Geschichte des Boxsports. Der Kampf bringt mit über drei Millionen Dollar auch einen neuen Einnahmerekord.

1960

JULI

1. Übertritt von 9 der 15 Mitglieder der Bundestagsfraktion der Deutschen Partei (DP) zur CDU-Fraktion, darunter die Bundesminister Joachim von Merkatz und Hans-Christoph Seebohm.

1. Neale Fraser wird durch ein 6 : 4, 3 : 6, 9 : 7, 7 : 5 über seinen australischen Landsmann Rod Laver Wimbledonsieger.

2. Maria Esther Bueno (Brasilien) gewinnt das Wimbledonfinale mit 8 : 6 und 6 : 0 gegen Sue Reynolds.

4. Herbert Rademacher, der sogenannte »Feuerteufel von Lüneburg«, zu 15 Jahren Zuchthaus verurteilt.

5. Deutsche Erstaufführung des bei den Berliner Filmfestspielen mit dem »Silbernen Bären« ausgezeichneten Spielfilms »Außer Atem« von Jean-Luc Godard.

11. Kongo-Provinz Katanga erklärt durch ihren Regierungschef Moise Tschombé Loslösung von der Kongo-Republik. →

13. John F. Kennedy vom Parteikonvent der Demokraten zum US-Präsidentschaftskandidaten nominiert.

17. Die Tour de France endet mit dem Sieg des Italieners Gastone Nencini.

19. Bei Grubenbrand im Erzbergwerk »Hannoversche Treue« bei Salzgitter kommen 33 Bergleute ums Leben.

21. Sirimavo Bandaranaike als Ministerpräsidentin von Ceylon und damit Nachfolgerin ihres ermordeten Mannes vereidigt.

23. Gründung der Organisation für wirtschaftliche Zusammenarbeit und Entwicklungshilfe (OECD). →

25. Bundeskanzler Konrad Adenauer gründet Fernseh-GmbH. →

26. Amintore Fanfani wird 22. italienischer Regierungschef seit dem Sturz des Faschismus.

27. Lord Douglas Home zum neuen britischen Außenminister ernannt.

28. Richard Nixon vom Republikanischen Parteikonvent zum US-Präsidentschaftskandidaten gewählt.

GESTORBEN:

24. Hans Albers (* 22. 9. 1891), deutscher Filmschauspieler.

27. Liesl Karlstadt (* 12. 12. 1892), deutsche Volksschauspielerin.

10,0!

21. Juni. Beim Leichtathletiksportfest in Zürich läuft der Deutsche Armin Hary mit 10,0 Sekunden über 100 Meter einen Weltrekord.

100-Meter-Weltrekorde (Männer)
seit Bestehen des Internationalen Leichtathletik-Verbandes (IAFF)

10,6 Sek.	Donald Lippincott, USA	6. Juli 1912 in Stockholm
10,4 Sek.	Charles Paddock, USA	23. April 1921 in Redlands
10,3 Sek.	Percy Williams, Kanada	9. Aug. 1930 in Toronto
10,3 Sek.	Christiaan Berger, Holland	26. Aug. 1934 in Amsterdam
10,3 Sek.	Ralph Metcalfe, USA	15. Sept. 1934 in Osaka
10,3 Sek.	Takayoshi Yoshioka, Japan	15. Juni 1935 in Tokio
10,2 Sek.	Jesse Owens, USA	20. Juni 1936 in Chicago
10,2 Sek.	Harold Davis, USA	6. Juni 1941 in Compton
10,2 Sek.	Lloyd La Beach, Panama	15. Mai 1948 in Fresno
10,2 Sek.	Barney Ewell, USA	9. Juli 1948 in Evanston
10,2 Sek.	McDonald Bailey, Großbrit.	25. Aug. 1951 in Belgrad
10,2 Sek.	Heinz Fütterer, Deutschland	31. Okt. 1954 in Jokohama
10,2 Sek.	Bobby Morrow, USA	19. Mai 1956 in Houston
10,2 Sek.	Ira Murchison, USA	1. Juni 1956 in Compton
10,2 Sek.	Bobby Morrow, USA	22. Juni 1956 in Bakersfield
10,2 Sek.	Ira Murchison, USA	29. Juni 1956 in Los Angeles
10,2 Sek.	Bobby Morrow, USA	29. Juni 1956 in Los Angeles
10,1 Sek.	Willie Williams, USA	3. Aug. 1956 in Berlin
10,1 Sek.	Ira Murchison, USA	4. Aug. 1956 in Berlin
10,1 Sek.	Leamon King, USA	20. Okt. 1956 in Ontario
10,1 Sek.	Leamon King, USA	27. Okt. 1956 in Santa Ana
10,1 Sek.	Ray Norton, USA	18. April 1959 in San José
10,0 Sek.	Armin Hary, Deutschland	21. Juni 1960 in Zürich

Bürgerkrieg im Kongo

11. Juli. Die ersten Tage nach der Unabhängigkeitsfeier sind im Kongo von Stammesfehden und Meutereien geprägt. Am 6. Juli kommt es zu einer Meuterei der noch von den Belgiern gebildeten kongolesischen Ordnungstruppe »Force Publique« gegen ihre belgischen Offiziere. Nach Verhandlungen mit Kasawubu und Lumumba nehmen sie ihren Dienst wieder auf.

In den nächsten Tagen kommt es an allen Orten des Landes zu schweren Ausschreitungen gegen Europäer, die vor Mord, Brandschatzung und Vergewaltigung über den Kongofluß nach Brazzaville, der Hauptstadt von Französisch-Kongo fliehen. Andere erreichen die britische Kolonie Rhodesien-Njassaland. Bis zum 11. Juli schätzt man die Zahl der europäischen Flüchtlinge aus dem Kongo auf 15 000. Die innere Lage im Kongo wird noch unübersichtlicher, als am gleichen Tag der Ministerpräsident der Provinz Katanga, Moise Tschombé, diese zur unabhängigen Republik erklärt. Tschombé will die reiche Kupfer-Provinz nicht von der Zentralregierung ausbeuten lassen. Diese bittet am 12. Juli die UNO um Entsendung einer Friedenstruppe.

Tschombé versucht Truppen aus Rhodesien zu seiner Unterstützung zu bekommen. Er übergibt einem belgischen Offizier den Oberbefehl über seine Katanga-Armee. Die Bodenschätze der Provinz werden von großen belgischen Kapitalgesellschaften ausgebeutet, die weiterhin ihre Stellung in Katanga halten wollen. Die belgische Regierung entsendet – angeblich auf Bitten der Zentralregierung in Leopoldville – am 13. Juli ein Truppenkontingent ins Land, worauf die Republik Kongo die Beziehungen zu Belgien abbricht. Am 15. Juli treffen die ersten UN-Soldaten im Kongo ein; Lumumba ruft kurz darauf nach sowjetischer Hilfe. Der Weltsicherheitsrat kann mit einer Resolution auf absolute Neutralität der Mächte die Lage wenigstens politisch entschärfen.

In den letzten Julitagen kommt es zwischen Lumumba und UN-Generalsekretär Dag Hammarskjöld in New York zu Verhandlungen. Der UN-Generalsekretär fliegt am 28. Juli nach Leopoldville und kann sich überzeugen, daß alle strategisch wichtigen Punkte des Landes, außer Katanga, in der Hand der UN-Soldaten sind.

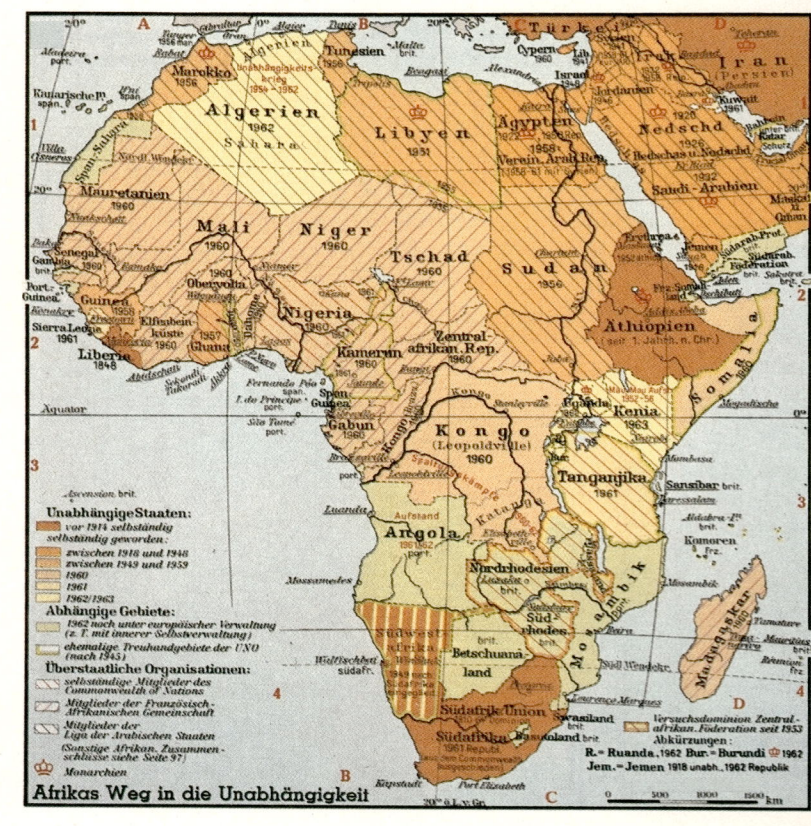

Afrikas Weg in die Unabhängigkeit

Adenauer gründet Fernseh-GmbH

25. Juli. Die Auseinandersetzungen zwischen den Parteien um ein zweites Fernsehprogramm in der Bundesrepublik erreichen einen neuen Höhepunkt. Bundeskanzler Konrad Adenauer gründet die »Deutschland Fernsehen GmbH«, an der sich der Bund mit 51 Prozent der Anteile die Mehrheit sichern soll, der Rest soll auf die einzelnen Länder entfallen. Als »Treuhänder« der Länder setzt Konrad Adenauer Bundesjustizminister Fritz Schäffer ein. Die SPD-regierten Bundesländer lehnen eine Beteiligung am »Adenauer-Fernsehen«, wie es bald landläufig genannt wird, scharf ab.

OECD soll Handel stärken

23. Juli. Die von 18 europäischen Ländern gegründete »Organisation für europäische wirtschaftliche Zusammenarbeit« (OEEC) wird an diesem Tage aufgelöst und an ihre Stelle die »Organisation für wirtschaftliche Zusammenarbeit und Entwicklungshilfe« (OECD) gegründet. Als neue Mitglieder kommen die USA, Kanada und die EWG hinzu. Als Aufgabe wird Erweiterung des Welthandels und Hilfe für die Entwicklungsländer angegeben (→ Januar 1960).

US-Leichtathleten Olympia-Favoriten

Zwei Monate vor den Olympischen Sommerspielen unterstreichen amerikanische Leichtathleten ihre Favoritenrollen auf die Goldmedaillen. Bei den US-Ausscheidungen in Palo Alto werden zwei Traumgrenzen der Leichtathletik erreicht bzw. übertroffen. John Thomas kommt im Hochsprung als erster Mensch über 2,20 Meter und stellt mit 2,22 Meter einen neuen Weltrekord auf, ebenso wie Don Bragg im Stabhochsprung, der als erster Athlet die 4,80 Meter überquert. Der Zehnkämpfer Rafer Johnson folgt am 8./9. Juli und kommt bei seinem Weltrekord in Eugene mit 8063 Punkten erstmals über die 8000-Punkte-Grenze.

1960

AUGUST

Mo	Di	Mi	Do	Fr	Sa	So
1	2	3	4	5	6	7
8	9	10	11	12	13	14
15	16	17	18	19	20	21
22	23	24	25	26	27	28
29	30	31				

1. Edward Heath wird von Premierminister Harold Macmillan zum britischen »Europaminister« ernannt.

3. Die Bundesrepublik Deutschland gewinnt ein Fußballländerspiel gegen Island in Reykjavik mit 5 : 0.

4. Das US-Raketenflugzeug X-15 erreicht mit 3440 km/h neuen Geschwindigkeitsrekord für bemannte Flugzeuge.

9. Das Land Hamburg reicht beim Bundesverfassungsgericht Klage gegen die Bundesregierung in Sachen »Fernseh-GmbH« ein.

11. Laut Meldung der sowjetischen Nachrichtenagentur TASS wird der Kirgise Ashy Dursonow 141 Jahre alt.

12. Yoon Bo-sun zum neuen südkoreanischen Staatspräsidenten gewählt.

14. Australischer Rennfahrer Jack Brabham wird mit Sieg beim Großen Preis von Portugal in Oporto bereits Automobilweltmeister 1960 mit Cooper-Climax.

15. Insel Zypern nach 82jähriger britischer Vorherrschaft zur unabhängigen Republik erklärt.

16. Prinz Suvanna Phuma bildet als neuer Ministerpräsident von Laos neutralistische Regierung.

16. Beginn des Prozesses gegen den U-2-Piloten Francis Gary Powers in Moskau.

18. Erste Anti-Baby-Pille »Enovid« wird von der Firma G. D. Searle Drug in Sokio (Illinois) auf den Markt gebracht.

18. Die Beatles spielen erstmals in Hamburg. Sie treten im Stripteaselokal »Indra« in St. Pauli auf (→ Januar 1962).

18. Massaker an UN-Soldaten im Kongo. →

19. Francis Gary Powers von Moskauer Gericht zu zehn Jahren Haft verurteilt.

22. Schweizer Froschmann Hannes Keller stellt im Lago Maggiore einen neuen Tieftauchrekord mit 155 Metern auf.

25. XVII. Olympische Sommerspiele in Rom eröffnet. →

GESTORBEN:

10. Emil Strauß (* 31. 1. 1866), deutscher Dichter.

30. Vicki Baum (* 24. 1. 1888), österreichische Schriftstellerin.

Schlag für Lumumba

Ein Trupp der 240 schwedischen UN-Soldaten, die in den Auseinandersetzungen im Kongo eingesetzt werden, bei ihrer Landung in Elisabethville. An ihrer Spitze der schwedische UN-Generalsekretär Dag Hammarskjöld (vorn rechts, in Zivil).

3. August. Im Kongo geht das politische Durcheinander auch im August ohne Pause weiter. Ministerpräsident Patrice Lumumba kehrt am 3. August von einer Reise durch afrikanische Staaten zurück und beginnt mit dem Kampf um die Provinz Katanga. Diese wird Zug um Zug von UN-Soldaten besetzt, aber Lumumba wendet sich nun gegen UN-Generalsekretär Dag Hammarskjöld, den er als Komplizen der Belgier verdächtigt.

Der Ministerpräsident des Kongo verhängt das Kriegsrecht über Leopoldville und läßt seine Soldaten Jagd auf belgische Fallschirmjäger machen. Am 18. August werden auch UN-Soldaten aus Kanada und Marokko von den Kongolesen massakriert, worauf die UN-Truppe Schießbefehl erhält. Obwohl der Sicherheitsrat seinem Generalsekretär volles Vertrauen ausspricht, setzt Lumumba die Angriffe auf das UN-Kontingent im Kongo fort. Am 27. August besetzen seine Truppen die Diamantenprovinz Kasai, die sich ebenso wie Katanga von der Zentralregierung lösen will. Schließlich läßt Lumumba die Vertreter von 13 unabhängigen Staaten zu einer afrikanischen Gipfelkonferenz nach Leopoldville kommen, um sich Rückendeckung für sein Vorgehen zu holen. Doch die Konferenz spricht am 31. August der UNO und ihrem Generalsekretär Hammarskjöld ihre Anerkennung aus und mahnt Lumumba zur Mäßigung. Das bedeutet für den ehrgeizigen Kongo-Politiker einen erheblichen Rückschlag.

Nachdem bereits im Vormonat mit Somalia und Ghana (beide 1. Juli) zwei neue Republiken in Schwarzafrika entstanden sind, rollt im August die Welle der Unabhängigkeitserklärungen weiter.

Am 1. August wird die Republik Dahomey an der Guineaküste ausgerufen, in der 1,7 Millionen Einwohner auf 116 000 Quadratkilometern leben. Es folgt am 2. August die Republik Niger (1,2 Millionen Quadratkilometer und 2,5 Millionen Menschen), am 5. August die Republik Obervolta (247 000 Quadratkilometer und 3,3 Millionen Einwohner), am 6. August die Republik Elfenbeinküste (322 000 Quadratkilometer und 2,5 Millionen Einwohner), am 11. August die Republik Tschad (1,3 Millionen Quadratkilometer und 2,5 Millionen Einwohner), am 13. August die Zentralafrikanische Republik (600 000 Quadratkilometer und 1,1 Millionen Einwohner), am 15. August die Republik Kongo, vormals Französisch-Kongo (342 000 Quadratkilometer und 760 000 Einwohner) und am 17. August die Republik Gabun (267 000 Quadratkilometer und 470 000 Einwohner).

Olympische Spiele in Rom

12. August. Kurz vor den Olympischen Leichtathletik-Wettbewerben stellen US-Sportler bei Wettbewerben in Walnut (Kalifornien) drei neue phantastische Weltrekorde auf. Ralph Boston verbessert die Bestleistung von Jesse Owens im Weitsprung auf 8,21 m, Bill Nieder stößt die Kugel als erster Mensch über die 20-m-Marke und erreicht 20,06 m und Harold Conolly schleudert den Hammer mit 70,33 m ebenfalls über eine Traumgrenze. Der Pole Josef Schmidt hat bereits am 5. August in Allenstein im Dreisprung mit 17,03 m einen Rekord aufgestellt.

25. August. In Rom werden die XVII. Olympischen Sommerspiele eröffnet. Die ersten fünf Wettkampftage bringen Radfahrern, Schwimmern und Kanuten der gesamtdeutschen Mannschaft überraschende Erfolge. So kann die Mitteldeutsche Ingrid Krämer sowohl im Kunst- wie auch im Turmspringen Gold erringen, Wiltrud Urselmann aus Krefeld gewinnt beim 200-m-Brustschwimmen Silber. Die 4 × 500-m-Kajak-Staffel der Männer holt eine Goldmedaille, Therese Zenz Silber über 500 m im Einer-Kajak der Frauen, mit Ingrid Hartmann im Zweier-Kajak ebenfalls Silber. Bei den Radsportlern gibt es Silber im 100-km-Mannschaftsfahren durch die mitteldeutsche Equipe unter Führung von Gustav Adolf Schur, im 1000-m-Zeitfahren durch Dieter Gieseler, im Tandem und in der 4000-m-Mannschaftsverfolgung. Der Ringer Wilfried Dietrich erhält eine Silbermedaille im Schwergewicht des griechisch-römischen Turniers.

1. Olympiastadion,

2. Marmorstadion (Trainingsanlage),

3. Schwimmstadion,

4. Hallenbad (fürs Training),

5. Sitz des Organisationskomitees,

6. Flaminio-Stadion, (Fußball, Hockey),

7. Kleiner Sportpalast (Boxveranstaltungen usw.),

8./9. Olympisches Dorf (8. Frauen / 9. Männer)

Die erste deutsche Goldmedaille in Rom gewinnt die Dresdenerin Ingrid Krämer (rechts). Links die Zweite Paula Jean Pope aus den USA.

Ringerkönig Wilfried Dietrich gewinnt einmal Gold und einmal Silber.

Medaillensegen für Sportler aus Deutschland

12. September. Als an diesem Nachmittag die Reiter Hans-Günther Winkler mit »Halla«, Fritz Thiedemann mit »Meteor« und Alwin Schockemöhle mit »Ferdl« im Mannschafts-Jagdspringen die letzte Goldmedaille der XVII. Olympischen Sommerspiele in Rom gewinnen, geht eine überaus erfolgreiche Medaillenjagd der deutschen Sportler zu Ende. Sie werden mit 12 Gold-, 19 Silber- und 11 Bronzemedaillen nach Hause zurückkehren und damit das beste Ergebnis seit den Olympischen Spielen in Berlin im Jahr 1936 vorweisen.

Die Athleten der gesamtdeutschen Mannschaften setzen in den olympischen Tagen viele Glanzlichter, besonders die Leichtathleten. Es beginnt am 1. September mit dem sensationellen Olympiasieg von Armin Hary über 100 m, der ersten deutschen Leichtathletik-Goldmedaille seit 1936, setzt sich fort über die Silbermedaillen von Carl Kaufmann über 400 m in Weltrekordzeit von 44,9 Sekunden, Jutta Heine über 200 m, Hans Grodotzki (5000 und 10 000 m), Johanna Lüttge im Kugelstoßen, Walter Krüger im Speerwerfen bis hin zu glänzenden Staffelerfolgen.

Die Männer holen Silber über 4 × 400 m, ebenso die Frauen über 4 × 100 m und dann gibt es Gold für die 4 × 100-m-Staffel der Männer, die zwar nur den zweiten Platz hinter den USA belegt, aber durch Disqualifikation der US-Staffel in der Besetzung Bernd Cullmann, Armin Hary, Walter Mahlendorf und Martin Lauer siegt.

Neben den Leichtathleten holen auch andere deutsche Sportler Gold. So Wilfried Dietrich im Schwergewicht bei den Freistilringern, Peter Kohnke im Kleinkaliberschießen, Heidi Schmidt im Damen-Florettfechten und die Ruderer im Zweier mit Steuermann, Vierer mit Steuermann und schließlich im Achter.

Olympiasieger werden auch die farbige Sprinterin Wilma Rudolph aus den USA, Italiens 200-m-Held Livio Berutti, Barfuß-Marathonsieger Bikila Abebe aus Äthiopien, der sowjetische Turner Boris Tschaklin und der Halbschwergewichtsboxer Cassius Clay aus den Vereinigten Staaten.

Als erstem Deutschen gelingt Armin Hary (ganz links) ein Sieg im Sprint-Wettbewerb. Er siegt in 10,2 Sekunden über 100 m vor dem Amerikaner David Sime.

Dreimal Gold für die »schwarze Gazelle« Wilma Rudolph. Sie siegt über 100 m, 200 m und in der Staffel. Rechts die Deutsche Jutta Heine (Silber).

Gold in der Nationenwertung für die deutschen Springreiter Thiedemann, Winkler und Schockemöhle (von links) auf Meteor, Halla und Ferdl.

Das Pech der favorisierten amerikanischen 4×100-m-Staffel, die den Stab verliert, verhilft der deutschen Sprinterstaffel zum Sieg: (von links) Cullmann, Hary, Mahlendorf und Lauer.

Leichtathletik Männer

100 m
1.	Armin Hary	D	10,2
2.	David Sime	USA	10,2
3.	Peter Radford	GBR	10,3

200 m
1.	Livio Berruti	ITA	20,5
2.	Lester Carney	USA	20,6
3.	Abdoulaye Seye	FRA	20,7

400 m
1.	Otis Davis	USA	44,9
2.	Carl Kaufmann	D	44,9
3.	Malcolm Spence	SAF	45,5

800 m
1.	Peter Snell	NSE	1:46,3
2.	Roger Moens	BEL	1:46,5
3.	George Kerr	ANT	1:47,1

1500 m
1.	Herbert Elliott	AUS	3:35,6
2.	Michel Jazy	FRA	3:38,4
3.	István Rózsavölgyi	UNG	3:39,2

5000 m
1.	Murray Halberg	NSE	13:43,4
2.	Hans Grodotzki	D	13:44,6
3.	Kazimierz Zimny	POL	13:44,8

10 000 m
1.	Pyotr Bolotnikov	SOV	28:32,2
2.	Hans Grodotzki	D	28:37,0
3.	David Power	AUS	28:38,2

Marathon
1.	Abebe Bikila	ETH	2:15:16,2
2.	Rhadi Ben Abdesselem	MAR	2:15:41,6
3.	Barry Magee	NSE	2:17:18,2

110-m-Hürden
1.	Lee Calhoun	USA	13,8
2.	Willie May	USA	13,8
3.	Hayes Jones	USA	14,0

400-m-Hürden
1.	Glenn Davis	USA	49,3
2.	Clifton Cushman	USA	49,6
3.	Richard Howard	USA	49,7

3000-m-Hindernislauf
1.	Zdzislaw Krzyszkowiak	POL	8:34,2
2.	Nikolay Sokolov	SOV	8:36,4
3.	Semyon Rshischtschin	SOV	8:42,2

4 × 100-m-Staffel
1.	D	39,5	(Bernd Cullmann, Armin Hary, Walter Mahlendorf, Martin Lauer)
2.	SOV	40,1	(Gusman Kosanov, Leonid Bartenyev, Yury Konovalow, Edvin Ozolin)
3.	GBR	40,2	(Peter Radford, David Jones, David Segal, Neville Whitehead)

4 × 400-m-Staffel
1.	USA	3:02,2	(Jack Yerman, Earl Young, Glenn Davis, Otis Davis)
2.	D	3:02,7	(Hans-Joachim Reske, Manfred Kinder, Johannes Kaiser, Carl Kaufmann)
3.	ANT	3:04,0	(Malcolm Spence, James Wedderburn, Keith Gardner, George Kerr)

20-km-Gehen
1.	Vladimir Golubnitschy	SOV	1:34:07,2
2.	Noel Freeman	AUS	1:34:16,4
3.	Stanley Vickers	GBR	1:34:56,4

50-km-Gehen
1.	Donald Thompson	GBR	4:25:30,0
2.	John Ljunggren	SWE	4:25:47,0
3.	Abden Pamich	ITA	4:27:55,4

Hochsprung
1.	Robert Schavlakadze	SOV	2,16
2.	Valery Brumel	SOV	2,16
3.	John Thomas	USA	2,14

Stabhochsprung
1.	Donald Bragg	USA	4,70
2.	Ronald Morris	USA	4,60
3.	Eeles Landström	FIN	4,55

Weitsprung
1.	Ralph Boston	USA	8,12
2.	Irvin Roberson	USA	8,11
3.	Igor Ter-Ovanesyan	SOV	8,04

Dreisprung
1.	Józef Schmidt	POL	16,81
2.	Vladimir Goryayev	SOV	16,63
3.	Vitold Kreyer	SOV	16,43

Kugelstoßen
1.	William Nieder	USA	19,68
2.	Parry O'Brien	USA	19,11
3.	Dallas Long	USA	19,01

Diskuswerfen
1.	Alfred Oerter	USA	59,18
2.	Richard Babka	USA	58,02
3.	Richard Cochran	USA	57,16

Hammerwerfen
1.	Vasily Rudenkov	SOV	67,10
2.	Gyula Zsivótzky	UNG	65,79
3.	Tadeusz Rut	POL	65,64

Speerwerfen
1.	Viktor Tsybulenko	SOV	84,64
2.	Walter Krüger	D	79,36
3.	Gergely Kulcsár	UNG	78,57

Zehnkampf
1.	Rafer Johnson	USA	8392
2.	Chuan-Kwang Yang	TAI	8334
3.	Vassily Kuznyetsov	SOV	7809

Leichtathletik Frauen

100 m
1.	Wilma Rudolph	USA	11,0
2.	Dorothy Hyman	GBR	11,3
3.	Giuseppina Leone	ITA	11,3

200 m
1.	Wilma Rudolph	USA	24,0
2.	Jutta Heine	D	24,4
3.	Dorothy Hyman	GBR	24,7

800 m
1.	Lyudmila Schevtsova	SOV	2:04,3
2.	Brenda Jones	AUS	2:04,4
3.	Ursula Donath	D	2:05,6

80-m-Hürden
1.	Irina Press	SOV	10,8
2.	Carol Quinton	GBR	10,9
3.	Gisela Birkemeyer-Köhler	D	11,0

4 × 100-m-Staffel
1.	USA	44,5	(Martha Hudson, Lucinda Williams, Barbara Jones, Wilma Rudolph)
2.	D	44,8	(Martha Langbein, Annie Biechl, Brunhilde Hendrix, Jutta Heine)
3.	POL	45,0	(Tereza Wieczorek, Barbara Janiszewska, Celina Jesionowska, Halina Richter)

Hochsprung
1.	Iolanda Balaş	RUM	1,85
2.	Jaroslawa Józwiakowska	POL	1,71
3.	Dorothy Shirley	GBR	1,71

Weitsprung
1.	Vyera Krepkina	SOV	6,37
2.	Elzbieta Krzesinska	POL	6,27
3.	Hildrun Claus	D	6,21

Kugelstoßen
1.	Tamara Press	SOV	17,32
2.	Johanna Lüttge	D	16,61
3.	Earlene Brown	USA	16,42

Diskuswerfen
1.	Nina Ponomaryeva	SOV	55,10
2.	Tamara Press	SOV	52,59
3.	Lia Manoliu	RUM	52,36

Speerwerfen
1.	Elvira Ozolina	SOV	55,98
2.	Dana Zátopková	ČSR	53,78
3.	Birute Kalediene	SOV	53,45

Schwimmen Männer

100-m-Kraul
1.	John Devitt	AUS	55,2
2.	Lance Larson	USA	55,2
3.	Manuel Dos Santos	BRA	55,4

400-m-Kraul
1.	Murray Rose	AUS	4:18,3
2.	Tsuyoshi Yamanaka	JAP	4:21,4
3.	John Konrads	AUS	4:21,8

1500-m-Kraul
1.	John Konrads	AUS	17:19,6
2.	Murray Rose	AUS	17:21,7
3.	George Breen	USA	17:30,6

100-m-Rücken
1.	David Theile	AUS	1:01,9
2.	Frank McKinney	USA	1:02,1
3.	Robert Bennett	USA	1:02,3

200-m-Brust
1.	William Mulliken	USA	2:37,4
2.	Yoshihiko Osaki	JAP	2:38,0
3.	Wieger Emile Mensonides	HOL	2:39,7

200-m-Butterfly
1.	Michael Troy	USA	2:12,8
2.	Neville Hayes	AUS	2:14,6
3.	J. David Gillanders	USA	2:15,3

4 × 200-m-Kraulstaffel
1.	USA	8:10,2	(George Harrison, Richard Blick, Michael Troy, F. Jeffrey-Farrell)
2.	JAP	8:13,2	(Makoto Fukui, Hiroshi Ishii, Tsuyoshi Yamanaka, Tatsuo Fujimoto)
3.	AUS	8:13,8	(David Dickson, John Devitt, Murray Rose, John Konrads)

4 × 100-m-Lagenstaffel
1.	USA	4:05,4	(Frank McKinney, Paul Hait, Lance Larson, F. Jeffrey Farrell)
2.	AUS	4:12,0	(David Theile, Terry Gathercole, Neville Hayes, Geoffrey Shipton)
3.	JAP	4:12,2	(Kazuo Tomita, Koichi Hirakida, Yoshihiko Osaki, Keigo Shimizu)

Kunstspringen
1.	Gary Tobian	USA	170,00
2.	Samuel Hall	USA	167,08
3.	Juan Botella	MEX	162,30

Turmspringen
1.	Robert Webster	USA	165,56
2.	Gary Tobian	USA	165,25
3.	Brian Eric Phelps	GBR	157,13

1960 Rom

Wasserball
1. Italien
2. Sowjetunion
3. Ungarn

Schwimmen Frauen

100-m-Kraul
1. Dawn Fraser AUS 1:01,2
2. Susan Christine Von Saltza USA 1:02,8
3. Natalie Steward GBR 1:03,1

400-m-Kraul
1. Susan Christine Von Saltza USA 4:50,6
2. Jane Cederqvist SWE 4:53,9
3. Catharina Lagerberg HOL 4:56,9

200-m-Brust
1. Anita Lonsbrough GBR 2:49,5
2. Wiltrud Urselmann D 2:50,0
3. Barbara Göbel D 2:53,6

100-m-Rücken
1. Lynn Burke USA 1:09,3
2. Natalie Steward GBR 1:10,8
3. Satoko Tanaka JAP 1:11,4

100-m-Butterfly
1. Carolyn Schuler USA 1:09,5
2. Marianne Heemskerk HOL 1:10,4
3. Janice Andrew AUS 1:12,2

4 × 100-m-Kraulstaffel
1. USA 4:08,9 (Joan Spillane, Shirley Stobs, Carolyn Wood, Susan Christine Von Saltza)
2. AUS 4:11,3 (Dawn Fraser, Ilsa Konrads, Lorraine Crapp, Alva Colqhoun)
3. D 4:19,7 (Christel Steffin, Heidi Pechstein, Gisela Weiß, Ursula Brunner)

4 × 100-m-Lagenstaffel
1. USA 4:41,1 (Lynn Burke, Patty Kempner, Carolyn Schuler, Susan Christine Von Saltza)
2. AUS 4:45,9 (Marilyn Wilson, Rosemary Lassig, Janice Andrew, Dawn Fraser)
3. D 4:47,6 (Ingrid Schmidt, Ursula Küper, Bärbel Fuhrmann, Ursel Brunner)

Kunstspringen
1. Ingrid Krämer D 155,81
2. Paula Jean Pope-Myers USA 141,24
3. Elizabeth Ferris GBR 139,09

Turmspringen
1. Ingrid Krämer D 91,28
2. Paula Jean Pope-Myers USA 88,94
3. Ninel Krutova SOV 86,99

Boxen

Fliegengewicht
1. Gyula Török UNG
2. Sergey Sivko SOV
3. Kiyoshi Tanabe JAP
3. Abdelmoneim Elguindi VAR

Bantamgewicht
1. Oleg Grigoryev SOV
2. Primo Zamparini ITA
3. Oliver Taylor AUS
3. Brunon Bendig POL

Federgewicht
1. Francesco Musso ITA
2. Jerzy Adamski POL
3. Jorma Limmonen FIN
3. William Meyers SAF

Leichtgewicht
1. Kazimierz Pazdzior POL
2. Sandro Lopopolo ITA
3. Richard McTaggart GBR
3. Abel Laudonio ARG

Halbweltergewicht
1. Bohumil Nemeček ČSR
2. Clement Quartey GHA
3. Quincey Daniels USA
3. Marian Kasprzyk POL

Weltergewicht
1. Giovanni Benvenuti ITA
2. Yury Radonyak SOV
3. Leszek Drogosz POL
3. James Lloyd GBR

Halbmittelgewicht
1. Wilbert McClure USA
2. Carmelo Bossi ITA
3. Boris Lagutin SOV
3. William Fisher GBR

Mittelgewicht
1. Edward Crook USA
2. Tadeusz Walasek POL
3. Ion Monea RUM
3. Yevgeny Feofanov SOV

Halbschwergewicht
1. Cassius Clay USA
2. Zbigniew Pietrzykowski POL
3. Giulio Saraudi ITA
3. Antony Madigan AUS

Schwergewicht
1. Franco De Piccoli ITA
2. Daniel Bekker SAF
3. Günter Siegmund GER
3. Josef Nemec ČSR

Abkürzungsschlüssel siehe Register

Gewichtheben

		Beidarmiges Drücken	Beidarmiges Reißen	Beidarmiges Stoßen	Total
Bantamgewicht					
1. Charles Vinci	USA	105,0	107,5	132,5	345,0
2. Yoshinobu Miyake	JAP	97,5	105,0	135,0	337,5
3. Esmail Elm Khah	IRA	97,5	100,0	132,5	330,0
Federgewicht					
1. Yevgeny Minayev	SOV	120,0	110,0	142,5	372,5
2. Isaac Berger	USA	117,5	105,0	140,0	362,5
3. Sebastiano Mannironi	ITA	107,5	110,0	135,0	352,5
Leichtgewicht					
1. Viktor Buschuyev	SOV	125,0	122,5	150,0	397,5
2. Howe-Liang Tan	SIN	115,0	110,0	155,0	380,0
3. Abdul Wahid Aziz	IRK	117,5	115,0	147,5	380,0
Mittelgewicht					
1. Aleksandr Kurynov	SOV	135,0	132,5	170,0	437,5
2. Thomas Kono	USA	140,0	127,5	160,0	427,5
3. Gyözö Veres	UNG	130,0	120,0	155,0	405,0
Leichtschwergewicht					
1. Ireneusz Palinski	POL	130,0	132,5	180,0	442,5
2. James George	USA	132,5	132,5	165,0	430,0
3. Jan Bochenek	POL	130,0	120,0	170,0	420,0
Mittelschwergewicht					
1. Arkady Vorobyov	SOV	152,5	142,5	177,5	472,5
2. Trofim Lomakin	SOV	157,5	130,0	170,0	457,5
3. Louis Martin	GBR	137,5	137,5	170,0	445,0
Schwergewicht					
1. Yury Vlassov	SOV	180,0	155,0	202,5	537,5
2. James Bradford	USA	180,0	150,0	182,5	512,5
3. Norbert Schemansky	USA	170,0	150,0	180,0	500,0

Ringen, griechisch-römischer Stil

Fliegengewicht
1. Dumitru Pirvulescu RUM
2. Osman Sayed VAR
3. Mohamed Paziraye IRA

Bantamgewicht
1. Oleg Karavayev SOV
2. Ion Cernea RUM
3. Petrov Dinko BUL

Federgewicht
1. Müzahir Sille TUR
2. Imre Polyák UNG
3. Konstantin Vyrupayev SOV

Leichtgewicht
1. Avtandil Koridze SOV
2. Branislav Martinovič YUG
3. Gustaf Freij SWE

Weltergewicht
1. Mithat Bayrak TUR
2. Günter Maritschnigg D
3. René Schiermeyer FRA

Mittelgewicht
1. Dimiter Dobrev BUL
2. Lothar Metz D
3. Ion Taranu RUM

Halbschwergewicht
1. Tevfik Kiş TUR
2. Krali Bimbalov BUL
3. Givy Kartoziya SOV

Schwergewicht
1. Ivan Bogdan SOV
2. Wilfried Dietrich D
3. Bohumil Kubat ČSR

Freistilringen

Fliegengewicht
1. Ahmet Bilek TUR
2. Masayuki Matsubara JAP
3. Mohamad Saifpour Saidabadi IRA

Bantamgewicht
1. Terrence McCann USA
2. Nedschet Zalev BUL
3. Tadeusz Trojanowski POL

Federgewicht
1. Mustafa Dagistanli TUR
2. Stantscho Ivanov BUL
3. Vladimir Rubaschvili SOV

Leichtgewicht
1. Shelby Wilson USA
2. Vladimir Sinyavsky SOV
3. Enyu Dimov BUL

Weltergewicht
1. Douglas Blubaugh USA
2. Ismail Ogan TUR
3. Muhammed Bashir PAK

Mittelgewicht
1. Hasan Güngör TUR
2. Georgy Skhirtladze SOV
3. Hans Yngve Antonsson SWE

Halbschwergewicht
1. Ismet Atli TUR
2. Gholam-Reza Takhti IRA
3. Anatoly Albul SOV

Schwergewicht
1. Wilfried Dietrich D
2. Hamit Kaplan TUR
3. Savkus Dzarassov SOV

Fechten Männer

Florett Einzel
1. Viktor Schdanovitsch SOV
2. Yury Sissikin SOV
3. Albert Axelrod USA

Florett Mannschaft
1. Sowjetunion
2. Italien
3. Deutschland

Degen Einzel
1. Giuseppe Delfino ITA
2. Allan Jay GBR
3. Bruno Khabarov SOV

Degen Mannschaft
1. Italien
2. Großbritannien
3. Sowjetunion

Säbel Einzel
1. Rudolf Kárpáti UNG
2. Zoltán Horváth UNG
3. Wladimiro Calarese ITA

Säbel Mannschaft
1. Ungarn
2. Polen
3. Italien

Fechten Frauen

Florett Einzel
1. Heidi Schmid D
2. Valentina Rastvorova SOV
3. Maria Vicol RUM

Florett Mannschaft
1. Sowjetunion
2. Ungarn
3. Italien

Moderner Fünfkampf

Einzel
1. Ferenc Németh UNG
2. Imre Nagy UNG
3. Robert L. Beck USA

Mannschaft
1. Ungarn Ferenc Németh, Imre Nagy, András Balczó
2. Sowjetunion Igor Novikov, Nikolay Tatarinov, Hanno Selg
3. USA Robert L. Beck, Jack Daniels, Goerge Lambert

Kanu Männer

1000 m Kajak-Einer (K 1)
1. Erik Hansen DAN 3:53,00
2. Imre Szöllösi UNG 3:54,02
3. Gert Fredriksson SWE 3:55,89

1000 m Kajak-Zweier (K 2)
1. Schweden 3:34,73
2. Ungarn 3:34,91
3. Polen 3:37,34

1000 m Canadier-Einer (C 1)
1. János Parti UNG 4:33,93
2. Aleksandr Silayev SOV 4:34,41
3. Leon Rotman RUM 4:35,87

1000 m Canadier-Zweier (C 2)
1. Sowjetunion 4:17,94
2. Italien 4:20,77
3. Ungarn 4:20,89

4 × 500-m-Kajak-Einer-Staffel (nur 1960 durchgeführt)
1. D 7:39,43 (Paul Lange, Günter Perleberg, Friedhelm Wentzke, Dieter Krause)
2. UNG 7:44,02 (Imre Szöllösi, Imre Kemecsey, András Szente, György Mészáros)
3. DAN 7:46,09 (Helmuth Sörensen, Arne Höyer, Erling Jessen, Erik Hansen)

Kanu Frauen

500 m Kajak-Einer (K 1)
1. Antonina Seredina SOV 2:08,08
2. Therese Zenz D 2:08,22
3. Daniela Walkowiak POL 2:10,46

500 m Kajak-Zweier (K 2)
1. Sowjetunion 1:54,76
2. Deutschland 1:56,66
3. Ungarn 1:58,22

Rudern

Einer
1. Vyatscheslav Ivanov SOV 7:13,96
2. Achim Hill D 7:20,21
3. Teodor Kocerka POL 7:21,26

Doppelzweier
1. Tschechoslowakei 6:47,50
2. Sowjetunion 6:50,49
3. Schweiz 6:50,59

Zweier ohne Steuermann
1. Sowjetunion 7:02,01
2. Österreich 7:03,69
3. Finnland 7:03,80

Zweier mit Steuermann
1. Deutschland 7:29,14
2. Sowjetunion 7:30,17
3. USA 7:34,58

Vierer ohne Steuermann
1. USA 6:26,26
2. Italien 6:28,78
3. Sowjetunion 6:29,62

Vierer mit Steuermann
1. Deutschland 6:39,12
2. Frankreich 6:41,62
3. Italien 6:43,72

Achter
1. Deutschland 5:57,18
2. Kanada 6:01,52
3. Tschechoslowakei 6:04,84

Segeln

Ein-Mann-Boot
1. Paul Elvström DAN 8171
2. Aleksandr Tschutschelov SOV 6520
3. André Nelis BEL 5934

Star
1. Sowjetunion 7619
2. Portugal 6665
3. USA 6269

Flying Dutchman
1. Norwegen 6774
2. Dänemark 5991
3. Deutschland 5882

Drachen
1. Griechenland 6733
2. Argentinien 5715
3. Italien 5704

5,5 m (nur 1952, 1956, 1960, 1964, 1968 durchgeführt)
1. USA 6900
2. Dänemark 5678
3. Sowjetunion 5122

Radsport

Straßenrennen Einzel
1. Viktor Kapitonov SOV 4:20:37,0
2. Livio Trapè ITA 4:20:37,0
3. Willy van den Berghen BEL 4:20:57,0

100-km-Mannschafts-Zeitfahren
1. Italien 2:14:33,53
2. Deutschland 2:16:56,31
3. Sowjetunion 2:18:41,67

1000-m-Zeitfahren
1. Sante Gaiardoni ITA 1:07,27
2. Dieter Gieseler D 1:08,75
3. Rostislav Vargaschkin SOV 1:08,86

1000-m-Sprint
1. Sante Gaiardoni ITA 11,1
2. Leo Sterckx BEL
3. Valentino Gasparella ITA

2000-m-Tandemfahren
1. Italien 10,7
2. Deutschland
3. Sowjetunion

4000-m-Mannschafts-Verfolgungsrennen
1. Italien 4:30,90
2. Deutschland 4:35,78
3. Sowjetunion 4:34,05 (Im Kampf um den 3. Platz erzielten die Sowjets schnellere Zeiten als die deutsche Mannschaft)

Reitsport

Military Einzel
1. Lawrence Morgan AUS
2. Neale Lavis AUS
3. Anton Bühler SUI

Military Mannschaft
1. Australien −128,18
2. Sowjetunion −386,02
3. Frankreich −515,71

Dressur Einzel
1. Sergey Filatov SOV 2144,0
2. Gustav Fischer SUI 2087,0
3. Josef Neckermann D 2082,0

Jagdspringen Einzel
1. Raimondo D'Inzeo ITA −12
2. Piero D'Inzeo ITA −16
3. David Broome GBR −23

Jagdspringen
1. Deutschland −46,50
2. USA −66,00
3. Italien −80,50

Schießen

Freies Gewehr
1. Hubert Hammerer AUT
2. Hans Spillmann SUI
3. Vassily Borissov SOV

Kleinkaliber (KK)
1. Peter Kohnke D 590
2. James Hill USA 589
3. Enrico Forcella Pelliccioni VEN 587

Kleinkaliber (KK)
1. Viktor Schamburkin SOV 1149
2. Marat Niyasov SOV 1145
3. Klaus Zähringer D 1139

Schnellfeuerpistole oder Revolver
1. William McMillan USA 587/147
2. Pentti Linnosvuo FIN 587/139
3. Aleksandr Zabelin SOV 587/135

Beliebige Scheibenpistole, 50 m
1. Aleksey Guschtschin SOV 560
2. Makhmud Umarov SOV 552/26
3. Yoshihisa Yoshikawa JAP 552/20

Tontaubenschießen
1. Ion Dumitrescu RUM 192
2. Galliano Rossini ITA 191
3. Sergey Kalinin SOV 190

Turnen Männer

Mehrkampf Einzel
1. Boris Schakhlin SOV 115,95
2. Takashi Ono JAP 115,90
3. Yury Titov SOV 115,60

Mehrkampf Mannschaft
1. Japan 575,20
2. Sowjetunion 572,70
3. Italien 559,05

Barren Einzel
1. Boris Schakhlin SOV 19,400
2. Giovanni Carminucci ITA 19,375
3. Takashi Ono JAP 19,350

Bodenübung Einzel
1. Nobuyuki Aihara JAP 19,450
2. Yury Titov SOV 19,325
3. Franco Menichelli ITA 19,275

Pferdsprung Einzel
1. Boris Schakhlin SOV 19,350
2. Takashi Ono JAP 19,350
3. Vladimir Portnoi SOV 19,225

Seitpferd Einzel
1. Boris Schakhlin SOV 19,375
2. Eugen Ekman FIN 19,375
3. Shuji Tsurumi JAP 19,150

Reck Einzel
1. Takashi Ono JAP 19,600
2. Masao Takemoto JAP 19,525
3. Boris Schakhlin SOV 19,475

Ringe Einzel
1. Albert Azaryan SOV 19,725
2. Boris Schakhlin SOV 19,500
3. Takashi Ono JAP 19,425
3. Velik Kapsazov BUL 19,425

Turnen Frauen

Achtkampf Einzel
1. Larissa Latynina SOV 77,031
2. Sofia Muratova SOV 76,696
3. Polina Astakhova SOV 76,164

Mehrkampf Mannschaft
1. Sowjetunion 382,320
2. Tschechoslowakei 373,323
3. Rumänien 372,053

Stufenbarren
1. Polina Astakhova SOV 19,616
2. Larissa Latynina SOV 19,416
3. Tamara Lyukhina SOV 19,399

Bodenübung
1. Larissa Latynina SOV 19,583
2. Polina Astakhova SOV 19,532
3. Tamara Lyukhina SOV 19,449

Pferdsprung
1. Margarita Nikolayeva SOV 19,316
2. Sofia Muratova SOV 19,049
3. Larissa Latynina SOV 19,016

Schwebebalken
1. Eva Bosáková ČSR 19,283
2. Larissa Latynina SOV 19,233
3. Sofia Muratova SOV 19,232

Basketball

1. USA
2. Sowjetunion
3. Brasilien

Fußball

1. Jugoslawien
2. Dänemark
3. Ungarn

Landhockey

1. Pakistan
2. Indien
3. Spanien

Mo	Di	Mi	Do	Fr	Sa	So
					1	2
3	4	5	6	7	8	9
10	11	12	13	14	15	16
17	18	19	20	21	22	23
24	25	26	27	28	29	30
31						

1. Das bisherige britische Kolonialgebiet Nigeria (878 500 km², 34 Millionen Einwohner) wird unabhängig.

3. Janio Quadros überlegener Sieger der brasilianischen Präsidentschaftswahlen.

7. Kurt Holzamer, Professor an der Universität Mainz, erklärt sich zur Übernahme des Intendantenpostens der »Deutschland Fernsehen GmbH« bereit (→ Juli 1960).

11. Wirbelsturm und anschließende Flutwelle fordern an der ostpakistanischen Küste über 6000 Todesopfer.

13. US-amerikanisches Weltraumexperiment geglückt: Drei Mäuse werden im Südatlantik aus einer Kapsel geborgen, die von einer Atlasrakete 1130 km in den Weltraum geschossen wurde und am Fallschirm landete.

16. Die früheren SS-Führer August Höhn und Otto Böhm werden vom Düsseldorfer Schwurgericht wegen Judenerschießung während der NS-Herrschaft zu lebenslangem Zuchthaus verurteilt.

17. Sondergericht auf einer Insel im Marmarameer beginnt mit Prozeß gegen gestürzte türkische Regierung Menderes.

21. Stapellauf des ersten atomgetriebenen Unterseebootes der britischen Marine.

22. Mehrfachmörder Heinrich Pommerenke zu sechsmal lebenslangem Zuchthaus verurteilt.

22. Cassius Clay bestreitet in Louisville (Kentucky) seinen ersten Kampf als Boxprofi und gewinnt nach sechs Runden nach Punkten.

25. Kubanische Regierung gibt Verstaatlichung von 167 auf der Insel ansässigen Gesellschaften mit Gesamtwert von 200 Millionen Dollar bekannt.

26. Deutschland gewinnt ein Fußballänderspiel gegen Nordirland in Belfast mit 4 : 3.

29. Bundestagsabgeordneter Alfred Frenzel wegen Spionage für tschechoslowakischen Geheimdienst verhaftet.

31. Farah Diba, dritte Frau des Schahs von Persien, schenkt mit Sohn Reza dem Land einen Thronfolger.

GESTORBEN:

15. Henny Porten (* 7. 1. 1890), deutsche Filmschauspielerin.

Chruschtschows Auftritt vor UN

Die im Vormonat eröffnete UN-Vollversammlung in New York schleppt sich auch im Oktober weiter hin, ohne daß eines der andiskutierten Probleme gelöst werden kann. Diese Sitzungsperiode wäre vermutlich vollkommen in Routine erstarrt, wenn nicht Nikita Chruschtschow mit einigen spektakulären Auftritten für Aufsehen gesorgt hätte.

Er trommelt mehrfach mit den Fäusten auf Tisch und Rednerpult, unterbricht Redner mit wüsten Schimpfworten und hat einen wenig belachten Höhepunkt am 13. Oktober, als der Hammer des Versammlungspräsidenten bei heftigem Klopfen auf dem Tisch abbricht und der sowjetische Regierungschef daraufhin seinen Schuh auszieht und damit mehrmals auf sein Pult klopft.

In der Sache haben die Ostblockdelegierten unter Führung Chruschtschows wenig zu sagen. Ihre alten Forderungen auf totale Abrüstung werden ebenso abgelehnt wie die nach Behandlung des U-2-Zwischenfalls (→ Mai 1960) vor der Vollversammlung. Diese beschließt am 11. Oktober, die Abrüstungsfrage nicht mehr im Plenum, sondern in der UN-Abrüstungskommission zu diskutieren. Auch Chruschtschows Angriffe gegen die In-

Das berühmteste Foto Chruschtschows: Er klopft mit seinem Schuh.

stitution des Generalsekretärs werden mehrheitlich abgelehnt, so daß die New Yorker Reise für Chruschtschow keine Erfolge bringt. Chruschtschows Pläne liefen darauf hinaus, die Ein-Mann-Institution des UN-Generalsekretärs Hammarskjöld abzuschaffen und durch ein dreiköpfiges Komitee ersetzen zu lassen.

Boom trägt Früchte

26. Oktober. Das nahezu explosive Wirtschaftswachstum läßt auch die Arbeitnehmer in der Bundesrepublik am Aufschwung teilhaben. So erreicht die ÖTV in ihren Tarifverhandlungen mit den öffentlichen Arbeitgebern eine Erhöhung der Weihnachtszuwendungen für dieses Jahr von bisher 50 oder 60 auf 100 DM für Verheiratete, und auf 80 statt bisher 30 oder 40 DM für Ledige.

Am 26. Oktober stimmt die Bundesregierung einem Gesetzentwurf zu, der die Vermögensbildung bei Arbeitnehmern fördern soll. Danach sollen Arbeitnehmer durch Jahresbeiträge von 312 DM an Gewinnen von Unternehmen beteiligt werden und bei Festlegung des Geldes auf fünf Jahre eine Sparprämie erhalten.

Der Finanzausschuß des Bundestages beschließt am 27. Oktober einen steuerlichen Freibetrag für jeden Arbeitnehmer in Höhe von 100 DM im Dezember, wobei dieser nicht an den Empfang einer Weihnachtsgratifikation geknüpft ist. Eine weitere gute Nachricht kommt am anderen Tag aus dem Bundesarbeitsministerium, wo die Einführung von Kindergeld für das zweite Kind in Aussicht gestellt wird.

Das Verkaufspersonal kommt durch ein Bundestagsgesetz noch in diesem Jahr zu mehr Freizeit. Die bisherigen »silbernen« und »goldenen« Verkaufssonntage vor Weihnachten werden abgeschafft. Statt dessen sollen an den vier Samstagen vor Weihnachten die Geschäfte bis 18 Uhr geöffnet bleiben für die Einkäufe.

Außerdem . . .

Ein siebzehnjähriger Student ersticht den Führer der japanischen Sozialisten, Inajiro Asanuma, in einer Halle von Tokio.

Die 35. Passionsspiele in Oberammergau können nach der 93. und letzten Vorstellung auf 518 000 Besucher während der diesjährigen Saison verweisen.

Mauretanien, bisher französisches Kolonialgebiet, erlangt seine Selbständigkeit. In dem 1 085 300 Quadratkilometer großen Land leben 650 000 Einwohner.

Vielbeachtete Romane deutscher Autoren sind 1960 unter anderem »Die Rote« von Alfred Andersch, »Halbzeit« von Martin Walser und »Die Abenteuer des Werner Holt« von Dieter Noll. Gemeinsames Merkmal dieser Bücher ist die Auseinandersetzung mit der bundesrepublikanischen Gegenwart.

1960
NOVEMBER

Mo	Di	Mi	Do	Fr	Sa	So
	1	2	3	4	5	6
7	8	9	10	11	12	13
14	15	16	17	18	19	20
21	22	23	24	25	26	27
28	29	30				

2. Bundesregierung setzt Ausgabekurs für die VW-Aktien auf 350 Prozent fest.

3. Ankunft von 1200 Fallschirmjägern der Bundeswehr in französischen Ausbildungslagern.

6. Die Führer von 81 kommunistischen Parteien beraten auf einer Tagung anläßlich der Feier des 43. Jahrestages der Oktoberrevolution in Moskau den sowjetisch-chinesischen Gegensatz in der Ideologiefrage.

9. John F. Kennedy zum amerikanischen Präsidenten gewählt. →

9. Eine Düsenmaschine der Lufthansa erreicht auf der Strecke New York–Frankfurt (7500 km) neue Rekordzeit von sechs Stunden und sieben Minuten.

11. Das Sonnenobservatorium auf dem Wendelstein registriert Sonneneruptionen mit einem Umfang von etwa 50 Erdkugeln.

15. Beim bisher schwersten Zugunglück in der Tschechoslowakei kommen bei Pardubitz in Ostböhmen 110 Menschen ums Leben.

17. Der 85jährige Winston Churchill zieht sich bei einem Sturz in seiner Londoner Wohnung den Bruch eines Rückenwirbelknochens zu.

17. Heidelberger Professor Ernst Forsthoff als erster Präsident des Obersten Verfassungsgerichts der Republik Zypern vereidigt.

20. Deutschland gewinnt ein Fußballänderspiel gegen Griechenland in Athen mit 3 : 0.

22. 21 Dichter und Schriftsteller geben eine Boykotterklärung gegen die von Adenauer geplante »Deutschland Fernsehen GmbH« ab (→ Juli 1960).

23. Deutschland verliert ein Fußballänderspiel gegen Bulgarien in Sofia mit 1 : 2.

23. Abschaffung der allgemeinen Wehrpflicht in England verkündet.

25. Willy Brandt vom SPD-Parteitag in Hannover zum Kanzlerkandidaten für die Bundestagswahl im nächsten Jahr proklamiert.

29. Fritz Freitag, Chefkonstrukteur der DDR-Luftfahrtindustrie, in die Bundesrepublik geflüchtet.

GESTORBEN:

6. Erich Raeder (* 24. 4. 1876), deutscher Großadmiral.

17. Clark Gable (* 1. 2. 1901), amerikanischer Filmschauspieler.

John F. Kennedy wird Präsident

9. November. Der Nachfolger des nach zwei Amtszeiten gemäß der amerikanischen Verfassung aus der Staatsführung ausscheidenden Dwight D. Eisenhower auf dem Präsidentenstuhl der Vereinigten Staaten heißt John F. Kennedy. Mit dem knappsten Stimmenvorsprung, der seit 1884 ausgezählt wurde, kann der Spitzenkandidat der Demokratischen Partei den Republikaner Richard M. Nixon auf den zweiten Platz verweisen.

John Fitzgerald Kennedy erhält 34 221 355 Wählerstimmen, das sind 49,7 Prozent, Richard Nixon kommt auf 34 109 398 Stimmen, was sich in Prozenten nur hinter dem Komma, nämlich mit 49,6 Prozent, niederschlägt. Bedingt durch das amerikanische Wahlsystem, in dem die Mehrheit der Stimmen der Wahlmänner für die Nominierung des Präsidenten entscheidend ist, fallen nach dem Wahlergebnis in den 50 US-Bundesstaaten von 537 Wahlmännerstimmen 300 auf Kennedy, 219 auf Nixon, der Rest auf Splitterkandidaten.

Kennedy ist der erste katholische Präsident der USA. Sein Vater, der Bankier Joseph P. Kennedy, und seine Mutter, eine geborene Fitzgerald, sind irischer Abstammung. In der Demokratischen Partei spielt Joseph Kennedy seit der Roosevelt-Präsidentschaft in den 30er Jahren eine Rolle. Der Millionär erhält von Roosevelt zum Dank für seine Wahlkampfunterstützung verschiedene Ämter, u. a. das des US-Botschafters in London (1937–1940). Sein Sohn John F. wird von ihm zielstrebig auf eine politische Karriere vorbereitet. Den Krieg übersteht er als Kommandant eines Zerstörers im Stillen Ozean. Schon 1946 wird er in das Repräsentantenhaus gewählt, 1952 wird er Senator des Staates Massachusetts. Im Senat beschäftigt er sich mit Fragen der Außenpolitik und der Arbeitsgesetzgebung. Er schreibt Artikel und politische Bücher, von denen eines 1954 mit dem Pulitzerpreis ausgezeichnet wird. Beim Nominierungsparteikonvent ist schon alles klar: John F. Kennedy erhält 806 Stimmen, Lyndon B. Johnson 406. Nach dem Kennedy-Wahlsieg ist Johnson damit designierter US-Vizepräsident.

John F. Kennedy beim Wahlkampf.

Jacqueline Kennedy ist meistens dabei.

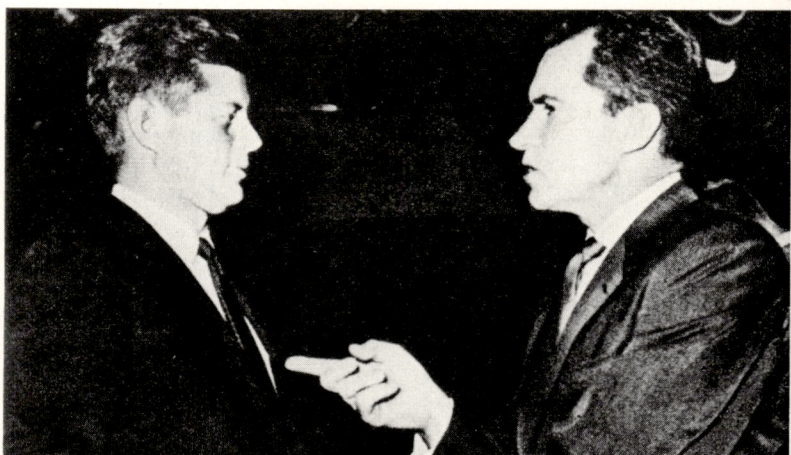
John F. Kennedy im Gespräch mit Richard Nixon (rechts).

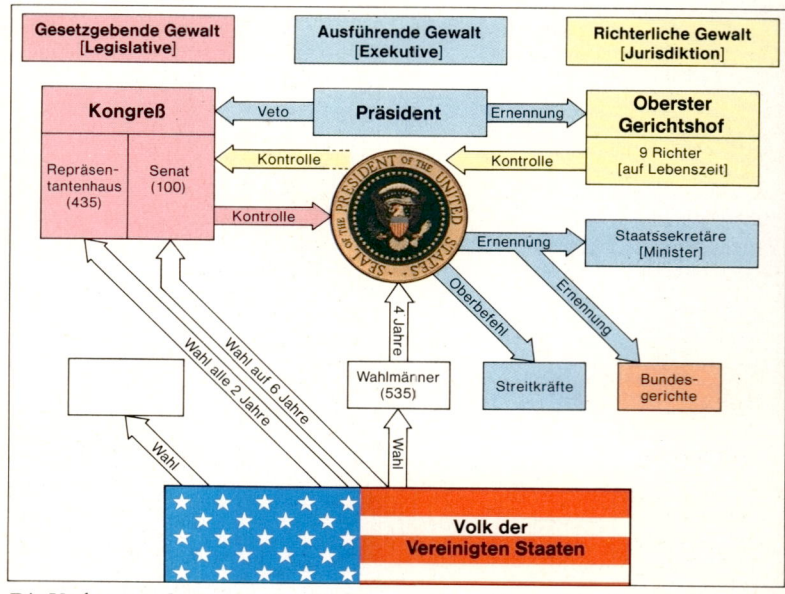
Die Verfassung der Vereinigten Staaten von Amerika und das System der Präsidentenwahl über Wahlmänner.

1960

DEZEMBER

Mo	Di	Mi	Do	Fr	Sa	So
			1	2	3	4
5	6	7	8	9	10	11
12	13	14	15	16	17	18
19	20	21	22	23	24	25
26	27	28	29	30	31	

1. Sowjetunion startet ihr drittes Raumschiff mit zwei Hunden an Bord, das nach 20 Stunden in der Atmosphäre verglüht.

2. Soldaten von Oberst Mobutu nehmen den ins Land zurückgekehrten Ex-Ministerpräsidenten Patrice Lumumba in der Kasai-Provinz des Kongo gefangen.

5. Die Synode der »Evangelischen Kirche der Union« (EKU) in Deutschland fordert die mitteldeutschen Christen zum Bleiben in der DDR auf.

8. Schweizer Nationalrat stimmt Einführung der Genehmigungspflicht für Landkäufe durch Ausländer zu.

10. Pierre Lagaillarde, Hauptangeklagter im Pariser Algerien-Prozeß, trifft sich nach der geglückten Flucht in Spanien mit dem dort im Exil lebenden De-Gaulle-Gegner General Raoul Salan.

13. Kältewelle und Schneestürme in den USA fordern über 200 Todesopfer und legen Verkehr zeitweise lahm.

15. König Baudouin von Belgien wird in Brüssel mit Prinzessin Fabiola kirchlich getraut.

16. Deutsche Erstaufführung des Spielfilms »Spartacus« von Stanley Kubrick mit Peter Ustinov, der einen »Oscar« als bester Chargen-Darsteller erhält.

17. »Deutsche Friedens-Union« (DFU) durch mehrere politische Gruppen in Stuttgart gegründet.

19. Brandunglück an Bord des auf der New Yorker Marinewerft liegenden US-Flugzeugträgers »Constellation«. 46 Todesopfer und 150 Verletzte.

20. Paul Nevermann (SPD) tritt als Nachfolger des nach 10jähriger Tätigkeit als Regierungschef von Hamburg aus dem Amt scheidenden Max Brauer (ebenfalls Sozialdemokrat) auf den Posten des Ersten Bürgermeisters der Hansestadt.

29. Deutsche Erstaufführung des Spielfilms »Telefon Butterfield 8« mit Liz Taylor, die dafür den »Oscar« als beste Hauptdarstellerin erhält.

GESTORBEN:

2. Ernst Rowohlt (* 23. 6. 1887), deutscher Verleger.

14. Hermine Körner (* 30. 5. 1882), deutsche Schauspielerin.

Kennedys Mannschaft

Bis Weihnachten hat der neue US-Präsident, dem nach der Wahl eine Welle von Sympathiekundgebungen aus der ganzen Welt entgegenschlägt, selbst Chruschtschow schickt ein Glückwunschtelegamm, seine Regierungsmannschaft zusammen. Kennedy achtet dabei streng darauf, daß die aus dem knappen Wahlausgang resultierende Polarisierung der Kräfte in den USA nicht weiter fortschreitet.

Zum Außenminister macht er den Präsidenten der Rockefeller-Stiftung, Dean Rusk, einen 52jährigen Fachmann in außenpolitischen Fragen. Auf Empfehlung seines künftig engsten Beraters, Sargent Shriver, nimmt er den 44jährigen Robert McNamara zum Verteidigungsminister. Sein 35jähriger Bruder Robert F. Kennedy bekommt das Justizministerium übertragen, der 52jährige Gouverneur von Minnesota, Arthur J. Goldberg, wird Arbeitsminister. Der Republikaner Clarence D. Dillon kommt in die Kennedymannschaft als anerkannter Experte für Wirtschaft und Finanzen und übernimmt das Finanzressort. Zwei außenpolitische Schlüsselstellungen werden mit altgedienten demokratischen Politikern besetzt. Der 60jährige Chester Bowles rückt als Unterstaatssekretär ins Auswärtige Amt, der 61jährige Adlai Stevenson wird die Vereinigten Staaten künftig bei der UNO vertreten. Dieses Kabinett genießt durch die geschickte Mischung in der amerikanischen Öffentlichkeit sofort Vertrauen. Sowohl die oppositionellen Republikaner als auch alle Konfessionen sind darin vertreten. Ein Charakteristikum ist die akademische Herkunft der meisten Amtsträger, die sich zur Universitätselite rechnen und auf die der Spitzname »Eierköpfe«, wie man in den USA die Intellektuellen liebevoll-spöttisch nennt, besonders zutrifft.

Flugzeug stürzt in City

17. Dezember. Eine Woche vor Weihnachten wird die Welt von zwei schweren Flugzeugkatastrophen erschüttert. Einen Tag, nachdem über New York zwei Passagierflugzeuge zusammenstoßen und brennend abstürzen, wobei 128 Insassen den Tod finden, kommt es mitten in München zu einem ähnlich folgenschweren Unglück. Eine US-Militärmaschine mit 20 Insassen verliert bei schlechter Sicht die Orientierung, prallt gegen einen Kirchturm und stürzt auf einen belebten Platz der Innenstadt. In den Trümmern einer Straßenbahn und mehrerer Personenwagen, die von der Maschine getroffen werden, sterben insgesamt 53 Menschen, Hunderte müssen mit schweren Verbrennungen in Krankenhäuser eingeliefert werden. Es ist das schwerste Flugzeugunglück in Deutschland seit Kriegsende.

53 Menschen sterben beim Absturz einer US-Maschine in München.

Nobelkomitee vergibt keinen Friedenspreis

10. Dezember. Das Nobelkomitee vergibt in diesem Jahr keinen Friedenspreis (→ Dezember 1961). Den Preis für Medizin und Physiologie teilen sich der britische Biochemiker Peter B. Medawar und der Australier Sir Frank MacFarlane Burnet, die erfolgreich Phänomene der Gewebeübertragungen und die Behandlung von Strahlenkrankheiten erforscht haben. Der Chemiepreis geht an den Amerikaner Villard F. Libby für die Erfindung der Kohlenstoffuhr, die mit radioaktivem Kohlenstoff arbeitet. Den Physikpreis erhält der Amerikaner Donald A. Glaser für die Erfindung der sogenannten Blasenkammern zum Nachweis kernphysikalischer Reaktionen bei Teilchenbeschleunigern. Der französische Lyriker Saint-John Perse (»Exil«, 1942) erhält den Literaturnobelpreis.

Außerdem . . .

Das zweite Moskauer Konzil der 81 kommunistischen Parteien bringt in der »Moskauer Erklärung« Anerkennung gegenüber der KPdSU als »Vorhut der kommunistischen Weltbewegung« zum Ausdruck, läßt daneben aber alle anderen marxistisch-leninistischen Parteien als »unabhängig und gleichberechtigt« gelten.

Einen neuen Rekord für Atlantiküberquerungen stellt eine Düsenmaschine mit 44 Passagieren an Bord auf der Strecke Shannon/Irland–New York mit 4 Stunden und 18 Minuten auf.

Abkommen über die Gründung der OECD wird in Paris von den 18 Staaten der bisherigen OEEC sowie den USA und Kanada unterzeichnet.

In Vietnam wird eine »Nationale Befreiungsfront von Südvietnam« (FNL) gegründet. Die aus Kommunisten, bürgerlichen und nationalen Gruppen bestehende Vereinigung, die zu einem Guerillakampf entschlossen ist, wird von ihren Gegnern »Vietcong« genannt und hat sich den Sturz des südvietnamesischen Regimes unter Ministerpräsident Ngo Dinh Diem zum Ziele gesetzt.

1961
JANUAR

Mo	Di	Mi	Do	Fr	Sa	So
						1
2	3	4	5	6	7	8
9	10	11	12	13	14	15
16	17	18	19	20	21	22
23	24	25	26	27	28	29
30	31					

2. Nach einer Bilanz der Westberliner Behörden sind in der Woche zwischen Weihnachten und Neujahr 2820 Menschen aus der DDR geflüchtet.

4. USA brechen diplomatische Beziehungen zu Kuba ab.

8. Bei den Volksabstimmungen in Frankreich und Algerien erhält der Regierungschef de Gaulle Mehrheit für seine Algerienpolitik. →

11. DDR-Regierung verbietet den für Juli in Gesamtberlin vorgesehenen 10. Deutschen Evangelischen Kirchentag.

11. Amerikanische Polarexpedition erreicht erstmals auf dem Landwege den Südpol. →

12. DDR-Volkskammer-Präsident Johannes Diekmann wird bei einer Ansprache vor Studenten der Universität Marburg empfindlich gestört und reist daraufhin nach Ost-Berlin zurück.

15. Heinrich Hellwege, Ex-Ministerpräsident von Niedersachsen, als Vorsitzender der Deutschen Partei (DP) zurückgetreten.

16. Britische Spionageabwehr enttarnt in London den größten seit Beendigung des Krieges entdeckten sowjetischen Spionagering.

18. Patrice Lumumba, abgesetzter Kongo-Ministerpräsident, wird in ein Gefängnis der Hauptstadt der abtrünnigen Provinz Katanga eingeliefert.

21. Triumphaler Empfang für Königin Elizabeth II. von England und Prinz Philip auf der ersten Station ihres Indien-Staatsbesuchs in Neu Delhi.

22. Kältewelle mit Minustemperaturen bis 35 Grad Celsius fordert in den USA bisher über 70 Tote.

26. Zwei im Vorjahr über der Barentssee abgeschossene und aus sowjetischer Haft entlassene US-Bomberpiloten wieder in den USA eingetroffen.

29. Deutsche Erstaufführung des 1960 mit einem Oscar für den besten Ton ausgezeichneten amerikanischen Spielfilms »Alamo« von John Wayne.

GESTORBEN:

4. Erwin Schrödinger (* 12. 8. 1887), österreichischer Physiker.

13. Henry Morton Robinson (* 7. 9. 1898), amerikanischer Schriftsteller.

Neuer Krisenherd Laos

Für die USA entsteht nach ungeschickten außenpolitischen Schritten im Königreich Laos mit Beginn des Jahres 1961 ein neuer Krisenherd, der ein militärisches Eingreifen notwendig zu machen droht.

Der amerikanischen Politik ist die Haltung des regierenden neutralistischen Prinzen Souvana Phouma gegenüber der kommunistischen Gefahr, die dem Land durch seinen Halbbruder Prinz Souphanouvong und seiner Pathet-Lao-Bewegung droht, nicht hart genug, und sie versucht im Süden unter dem Prinzen Boun Oum eine Gegenregierung zu installieren. Eine Offensive der Kommunisten erfordert jedoch bereits Anfang Januar andere Maßnahmen. Von Nordlaos aus marschieren ihre Verbände, unterstützt von Kräften aus Nordvietnam, auf die Königsstadt Luang Prabang zu. Die USA senden daraufhin demonstrativ einen Teil ihrer Pazifikflotte in südostasiatische Gewässer. Die Länder des von den USA initiierten Südostasiatischen Verteidigungspaktes (SEATO) warnen die Kommunisten und erklären sich zum Schutz des Staates Laos durch militärisches Eingreifen bereit.

Am 4. Januar können die USA immerhin einen Erfolg verbuchen, als in der laotischen Hauptstadt Vientiane eine klare Mehrheit der Parlamentsabgeordneten die Regierung des Prinzen Boun Oum als nunmehr offizielle laotische Führung anerkennt.

20. Januar. John F. Kennedy, 35. US-Präsident, und die neue »First Lady« des Staates, Jacqueline Kennedy, nach der Amtseinführung in Washington.

Algerienvotum

8. Januar. Eine in Frankreich und Algerien durchgeführte Volksabstimmung bringt der Algerienpolitik General Charles de Gaulles durch ihr klares Ergebnis moralische Rückendeckung. Auf die Frage: »Stimmen Sie dem Gesetzesvorschlag zu, der die Selbstverwaltung der algerischen Bevölkerungsgruppen und die Organisation der öffentlichen Gewalten in Algerien bis zur Selbstbestimmung betrifft?« erhält er in Algerien bei einer Beteiligung von 60 Prozent 1 747 529 Ja-Stimmen und 782 056 Nein-Stimmen, in Frankreich bei einer Beteiligung von 75,25 Prozent rund 15,2 Millionen Ja-Stimmen und etwa 4,9 Millionen Nein-Stimmen.

Außerdem . . .

Eine elfköpfige amerikanische Polarexpedition ist am 11. Januar am Ziel ihrer Wünsche: Nach 34 Tagen durch die unerforschte Eiswelt der Antarktis erreicht sie erstmals auf dem Landweg vom Marie-Byrd-Land aus den Südpol und bringt der dortigen Station Spezialfahrzeuge.

Arthur Michael Ramsey, 56jähriger Erzbischof von York, wird von Königin Elizabeth II. zum neuen Erzbischof von Canterbury und damit Oberhaupt der anglikanischen Kirche ernannt.

Der eisige Winter hält in Deutschland an. Nordbayern meldet Minustemperaturen von über 20 Grad, selbst in List auf der Insel Sylt werden minus 11 Grad gemessen.

1961
FEBRUAR

Mo	Di	Mi	Do	Fr	Sa	So
		1	2	3	4	5
6	7	8	9	10	11	12
13	14	15	16	17	18	19
20	21	22	23	24	25	26
27	28					

1. Bestimmung zur Einschränkung der Sonntagsarbeit tritt in der Bundesrepublik in Kraft. →

1. Das Land Bremen bewilligt zur Sicherung von 20 000 Arbeitsplätzen bei den in Finanzschwierigkeiten geratenen Borgward-Autowerken 50-Millionen-DM-Kredit.

3. Volksrepublik China kauft zur Abwendung einer drohenden Hungersnot in Kanada Weizen und Gerste für 60 Millionen Dollar.

7. Nach Mitteilung der Zentralstelle der Landesjustizverwaltungen in Ludwigshafen sind im Bundesgebiet in 700 Fällen Ermittlungen wegen Teilnahme an NS-Gewalttaten eingeleitet. →

8. US-Raketenflugzeug X-15 erreicht bei Testflug mit 3380 km/h dreifache Schallgeschwindigkeit.

9. Kongo-Staatspräsident Kasawubu ernennt Joseph Iléo zum neuen Ministerpräsidenten. →

10. Zehn Schüler einer Sekundarschule werden bei Lawinenunglück im Schweizer Wintersportort Lenzerheide getötet.

15. Gesamte amerikanische Eislaufelite bei Absturz einer Sabena-Maschine bei Brüssel ums Leben gekommen.

16. Ministerrat der EFTA-Länder beschließt in Genf zehnprozentige Zollsenkung zum 1. Juli 1961.

17. Deutsche Erstaufführung des US-Spielfilms »Elmer Gantry« mit Burt Lancaster, der für die Rolle den Oscar 1960 als bester Hauptdarsteller erhielt.

21. Die USA geben die Namen der für Weltraumflug vorgesehenen Astronauten mit Oberleutnant John Glenn, Hauptmann Virgil Grissom und Kommandant Alan B. Shepard bekannt.

26. Hassan II., nach Tod seines Vaters Mohammed Ben Yussuf V., zum neuen König von Marokko proklamiert.

28. Bundesverfassungsgericht erklärt Gründung der »Deutschland Fernsehen GmbH« durch Konrad Adenauer als Verstoß gegen das Grundgesetz.

28. US-Präsident John F. Kennedy ernennt den Harvard-Professor Henry Kissinger zum Sonderberater für Fragen der nationalen Sicherheit.

GESTORBEN:

~ Patrice Lumumba (* 2. 7. 1925), kongolesischer Politiker. →

Lumumba ermordet

Patrice Lumumba kurz nach seiner Festnahme durch Mobutus Soldaten.

9. Februar. Das Durcheinander in der politischen Szene des Kongo hält auch in diesem Monat weiter an, erreicht aber mit dem Mord am ersten Ministerpräsidenten des Landes einen traurigen Höhepunkt. Einen Tag nachdem Staatspräsident Kasawubu eine neue Regierung unter Ministerpräsident Joseph Iléo bildet und damit die von General Mobutu eingesetzte provisorische Regierung ablöst, gelingt Patrice Lumumba am 10. Februar die Flucht aus dem Gefängnis von Elisabethville, wo ihn sein ärgster Widersacher, Moise Tschombé, gefangenhält. Doch offensichtlich ist das nur ein Vorwand, um ihn aus dem Weg zu schaffen. Der Innenminister der Katangaprovinz läßt am 13. Februar eine Erklärung verbreiten, in der lakonisch mitgeteilt wird, Lumumba und zwei Begleiter seien erschlagen und im Busch verscharrt worden.

Die Nachricht vom Mord an Patrice Lumumba löst in zahlreichen Ländern der Welt Proteste und Demonstrationen gegen das vermeintlich schuldige Belgien aus. In Kairo wird die belgische Botschaft sogar angesteckt, worauf Belgien umgehend die diplomatischen Beziehungen zur Vereinigten Arabischen Republik abbricht.

Im Kongo wird nach Lumumbas Tod die im Dezember 1960 in Stanleyville von Lumumbas Stellvertreter Antoine Gizenga etablierte Gegenregierung zu einer echten politischen Kraft, als zehn Staaten, darunter die ČSSR, Rumänien und Jugoslawien, sie als rechtmäßige Kongo-Regierung anerkennen.

40-Stunden-Woche wird angestrebt

1. Februar. In der Eisen- und Stahlindustrie der Bundesrepublik tritt an diesem Tag eine Bestimmung in Kraft, durch die die Sonntagsarbeit allmählich eingeschränkt wird. Um Verkürzung der Arbeitszeit geht es auch in den Tarifverhandlungen der IG Bau, Steine, Erden, die am 23. Februar folgenden Kompromiß aushandelt: Ab 1. Oktober 1962 soll die wöchentliche Arbeitszeit im Jahresrhythmus um eine Stunde verkürzt werden, so daß am 1. Oktober 1965 die 40-Stunden-Woche erreicht wird.

Zuchthaus für SS-Generale

7. Februar. Mit dem Urteil gegen den früheren SS-Obergruppenführer und General der Waffen-SS, von dem Bach-Zalewski, geht am 10. Februar ein weiterer Prozeß gegen NS-Gewalttäter zu Ende. Der General a. D. wird zu viereinhalb Jahren Zuchthaus verurteilt, weil er während der Zeit der Röhm-Affäre (→ Juli 1934) einen ostpreußischen Rittergutsbesitzer erschossen haben soll. Seine Tätigkeit als deutscher Oberbefehlshaber im besetzten Warschau steht im Prozeß nicht zur Debatte.

1961
MÄRZ

Mo	Di	Mi	Do	Fr	Sa	So
		1	2	3	4	5
6	7	8	9	10	11	12
13	14	15	16	17	18	19
20	21	22	23	24	25	26
27	28	29	30	31		

1. Uraufführung des Schauspiels »König Kurzrock« von Christopher Fry in Tilburg (Holland).

2. Der 79jährige Pablo Picasso heiratet seine Lebensgefährtin und sein Modell, die 38jährige Jacqueline Roque.

3. Schweizer Bevölkerung lehnt in Volksabstimmung Erhöhung des Benzinpreises um 7 Rappen zur Finanzierung von Straßenbauprojekten ab.

3. Floyd Patterson verteidigt seinen WM-Titel im Schwergewicht durch K.-o.-Sieg in der achten Runde gegen Ingemar Johannson in Miami Beach.

4. Nach Aufwertung der DM beträgt die Parität zum Dollar jetzt 4 : 1.

8. Fußballänderspiel in Frankfurt: Deutschland–Belgien 1 : 0.

12. Eiger-Nordwand im Winter durch deutsch-österreichische Seilschaft unter Führung von Toni Hiebeler erstmalig bestiegen.

13. Nach Dammbruch des Dnjepr kommen in Kiew 145 Menschen in den Fluten um, 143 werden verletzt.

17. Eine Konferenz der Innenminister der Bundesländer beschließt die Gründung einer zweiten Fernsehanstalt. →

19. Franz Josef Strauß von außerordentlichem CSU-Parteitag mit 546 von 576 abgegebenen Stimmen zum neuen Landesvorsitzenden gewählt.

23. Konferenz der Intendanten der Landesrundfunkanstalten beschließt Einführung eines zweiten Fernsehprogramms in der Bundesrepublik als Kontrastprogramm. →

26. Deutschland verliert ein Fußballänderspiel gegen Chile in Santiago mit 1 : 3.

28. Beim Absturz einer tschechoslowakischen Passagiermaschine 25 km nördlich von Nürnberg werden 51 Menschen getötet.

28. Ministerpräsident Nehru eröffnet in Rourkela ein mit deutscher und österreichischer Hilfe gebautes Stahlwerk. →

GESTORBEN:

7. Sir Thomas Beecham (* 29. 4. 1879), englischer Dirigent. →

13. Ruth Fischer (* 11. 12. 1895), deutsche Politikerin und Publizistin.

Sowjetunion startet zwei neue Raumschiffe

9. März. Die Sowjetunion startet innerhalb von 14 Tagen zwei Raumschiffe zu Flügen in den Weltraum und beweist damit ihren Vorsprung vor den Amerikanern. Am 9. März wird mit dem Raumschiff IV ein Hund ins All geschossen, der am selben Tag wohlbehalten in der gelandeten Kapsel geborgen wird. Am 25. März wiederholt Raumschiff V das Experiment und bringt einen Hund für 88 Minuten in eine Erdumlaufbahn, der ebenfalls wieder glücklich landet.

Hohe Haftstrafen gegen sowjetische Spione verhängt

22. März. Die englische Justiz verurteilt die Mitglieder des im Januar aufgedeckten sowjetischen Spionageringes in England schon im März zu hohen Zuchthausstrafen. Der Chef, der als Gordon Lonsdale in London gelebt hat, erhält 25 Jahre, das Ehepaar Peter und Helen Kroger je 20 Jahre und weitere Angeklagte 15 Jahre Zuchthaus.

Komponist und Dirigent Beecham stirbt in London

7. März. Im Alter von 81 Jahren stirbt in London Englands berühmter Dirigent und Komponist Sir Thomas Beecham, dessen phänomenales Partiturgedächtnis schon zu Lebzeiten zur Legende wurde. Beecham, der 1916 geadelt wurde, dirigierte sämtliche etwa hundert Opern und Symphonien seines Repertoires auswendig. Ihm verdankt die englische Musikszene die Kenntnis der Werke von Modest Mussorgski und Igor Strawinski. Seine Premieren aller Opern von Richard Strauss haben die Kritiker begeistert, ohne ihn wären Enrico Caruso, Fjodor Schaljapin und Scotti in England nicht derart bekannt geworden. 1946 gründete er das Royal Philharmonic Orchestra. ▷

Stahlwerk für Indien

28. März. Indiens Ministerpräsident Jawaharlal Nehru eröffnet an diesem Tag das Stahlwerk in Rourkela, ein von deutschen und österreichischen Ingenieuren, Technikern und Arbeitern gebautes Entwicklungsprojekt, das 30 Monate bis zur Vollendung gebraucht hat. Zeitweise sind in Rourkela 2000 deutsche Arbeitskräfte tätig gewesen, um das modernste Eisen- und Stahlwerk Indiens aufzubauen. Die jährliche Kapazität beträgt 1,8 Millionen Tonnen.

Das von Deutschen und Österreichern errichtete Stahlwerk in Rourkela.

VW-Aktien in der Bundesrepublik heiß begehrt

21. März. Der Run auf die Aktien der zur AG umgewandelten Volkswagen-GmbH ist so groß, daß bei Zeichnungsschluß eine Überzeichnung von 85,4 Prozent registriert wird. Da nur ein Aktienkapital von 360 Millionen DM zur Verfügung steht, aber Kapital für 667 472 000 DM angelegt werden soll, müssen die Zeichner mit einer entsprechenden Zuteilung rechnen.

Die Attraktivität der Aktien wird durch die Meldung vom 1. März noch erhöht, in der das Werk die Produktion eines völlig neuen Wagentyps ankündigt.

Zum Preis von 6400 DM soll ein VW 1500 auf den Markt kommen, der für fünf Personen zugelassen ist und 130 Stundenkilometer Spitze erreicht. Der Wagen wird mit großer Spannung erwartet.

Zweites Programm im Fernsehen nimmt Gestalt an

17. März. Eine Konferenz der Innenminister der Bundesländer setzt an diesem Tag ein entscheidendes Signal in Richtung zweites Fernsehprogramm in der Bundesrepublik. Von den Ländern soll eine neue Sendeanstalt gegründet werden, die von Mitte 1962 an ein eigenes Programm ausstrahlen und von der öffentlichen Hand mitfinanziert werden soll.

Entführer gefaßt

7. März. Nur ein knappes Jahr können sich die Entführer des Peugeot-Enkels über die 500 000 neuen Franc der Lösegeldsumme freuen. Die französische Polizei nimmt die beiden in der Pariser Unterwelt bekannten Täter fest.

1961

APRIL

Mo	Di	Mi	Do	Fr	Sa	So
					1	2
3	4	5	6	7	8	9
10	11	12	13	14	15	16
17	18	19	20	21	22	23
24	25	26	27	28	29	30

3. Westberliner Behörden melden 5200 DDR-Flüchtlinge zwischen Gründonnerstag und Ostermontag.

5. Mehrere Mineralölgesellschaften in der Bundesrepublik kündigen Erhöhung der Preise für Normalbenzin auf 58 und Superbenzin auf 65 Pfennig an.

6. Im Südwesten der Bundesrepublik werden April-Rekordtemperaturen von 27,5 Grad gemessen.

9. Brandkatastrophe auf britischem Passagierschiff »Dara« im persischen Golf fordert über 100 Todesopfer.

11. Beginn des Prozesses gegen Adolf Eichmann in Jerusalem. →

12. Der 27jährige sowjetische Luftwaffenmajor Jurij Gagarin umkreist als erster Mensch im Weltall mit dem Raumschiff »Wostok I« die Erde.

16. Deutsche Partei (DP) und Gesamtdeutscher Block (BHE) schließen sich auf dem Parteitag in Bonn zur Gesamtdeutschen Partei (GP) zusammen.

20. Kubas Regierungschef Fidel Castro gibt Sieg über die auf der Insel gelandeten gegenrevolutionären Truppen bekannt. →

22. Ausbruch eines von drei oppositionellen Generalen angeführten Putsches gegen de Gaulle in Algerien.

24. Frankreich trifft Sicherheitsmaßnahmen an den Grenzen und Küsten wegen befürchteter Invasion der aufständischen Truppen aus Algerien.

25. Bundeskanzler Konrad Adenauer lehnt auf Kölner CDU-Parteitag jede nur denkbare Zusammenarbeit mit der SPD ab.

25. Putsch der Generale in Algerien zusammengebrochen, Anführer Maurice Challe stellt sich französischen Behörden.

26. Katanga-Ministerpräsident Moise Tschombé wird bei einer Konferenz führender Kongo-Politiker in der Äquatorialprovinz von Soldaten der Zentralregierung verhaftet.

28. Bundesgerichtshof verurteilt ehemaligen Bundestagsabgeordneten Alfred Frenzel wegen Landesverrats zu 15 Jahren Zuchthaus.

GESTORBEN:

9. Ex-König Zogu I. von Albanien (* 8. 10. 1895).

Prozeß gegen Eichmann beginnt in Jerusalem

11. April. In Jerusalem beginnt der wohl spektakulärste Prozeß wegen Gewalttaten während der NS-Herrschaft. Angeklagt ist der ehemalige SS-Obersturmbannführer Adolf Eichmann, Verantwortlicher für die »Endlösung« der Judenfrage im Dritten Reich (→ Mai 1960, Mai 1962).

Die 15 Punkte umfassende Anklageschrift beginnt mit Eichmanns Wirken bei der Judenvernichtung. Er wird der Verbrechen gegen das jüdische Volk in den Jahren 1939 bis 1945 mit der Folge der Ermordung von Millionen Juden beschuldigt, bei der er der Verantwortliche für die Ausführung des Planes zur physischen Vernichtung gewesen sei. Gleich vom ersten Prozeßtag an kommt es zu einer spektakulären Konfrontation zwischen dem Anklagevertreter Gideon Hausner und Eichmanns Verteidiger, dem deutschen Rechtsanwalt Robert Servatius. Servatius lehnt zu Beginn des Prozesses das Gericht wegen Befangenheit und Nichtzuständigkeit ab, weil das israelische Gesetz zur Bestrafung von Nationalsozialisten aus dem Jahre 1950 rückwirkende Kraft habe und weil Eichmann entgegen dem Völkerrecht aus Argentinien entführt worden sei.

Eichmann hört in seinem zum Schutz gegen etwaige Attentate im Gerichtssaal aufgebauten Glaskasten in den ersten Prozeßwochen der Verlesung umfangreichen dokumentarischen Materials zu, das die Greueltaten des Nationalsozialismus an den Juden beweisen soll und ihn aufs schwerste belastet.

Adolf Eichmann im Glaskasten.

Der erste Mensch im Weltraum

Die Titelseite des SED-Organs »Neues Deutschland« vom 12. April.

Major Jurij Gagarin ist zur Zeit des »Wostok«-Fluges 27 Jahre alt.

12. April. Der Fliegermajor Jurij Gagarin startet um 9.07 Uhr Moskauer Zeit von Baikonur aus mit dem Raumschiff »Wostok I« (Gesamtgewicht 4725 kg) zum ersten bemannten Flug um die Erde mit einem Weltraumgefährt im erdnahen Weltraum. Gagarin umrundet den Planeten in einer Entfernung zwischen 175 und 327 Kilometern auf einer elliptischen Bahn und landet um 10.55 Uhr Moskauer Zeit bei Smelowka im Raum von Saratow. Er befindet sich während des Fluges 70 Minuten im Zustand der Schwerelosigkeit.

Der Flug des 1934 geborenen Kosmonauten wird in Ost und West einhellig als Pioniertat gewürdigt. Gagarin, so wird bekannt, ist von Beruf Eisengießer und -former.

Gagarin an Bord der »Wostok«.

Der Kosmonaut vor dem Aufzug an der Startrampe in Baikonur.

Kubanische Invasion in der Schweinebucht

10. April. Der prosowjetische Kurs des kubanischen Ministerpräsidenten Fidel Castro und die von den Sicherheitsexperten der USA daraus abgeleitete Bedrohung der amerikanischen Sicherheitsinteressen in der Karibik verführen die Vereinigten Staaten im April 1961 zu einem Abenteuer, das der jungen Regierung Kennedy schweren außenpolitischen Schaden zufügt.

Unter Führung des von Exilkubanern in den USA gebildeten Revolutionsrates landet am 10. des Monats in der »Bay of Pigs« (Schweinebucht) eine kubanische Invasionstruppe, die aus in den USA trainierten Exilkubanern besteht und mit ausgedienten US-Kampfflugzeugen des Typs B-26 ausgerüstet ist. In völliger Verkennung der Lage auf Kuba hat der US-Geheimdienst CIA eine Erhe-

bung castrofeindlicher Gruppen und Anschluß von Teilen der kubanischen Streitkräfte an die Rebellenarmee nach deren Landung vorausgesagt. Da genau das Gegenteil, nämlich erbitterter Widerstand der Kubaner, eintritt, ist das Unternehmen schon nach zehn Tagen völlig gescheitert. Die Invasoren, die nicht im Kampf fallen, geraten in die Hände der Castro-Truppen und bilden ein politisches Faustpfand.

Die von den USA unterstützte Aktion fordert schärfste Proteste aus dem Ostblock, vor allem aus Moskau, heraus. Nikita Chruschtschow kann John F. Kennedy vor aller Welt als Aggressor brandmarken und droht mit einer sowjetischen Intervention auf Kuba. Auch im Westen sind die Regierungen über das amerikanische Vorgehen nicht glücklich.

Der Einfluß Kubas im karibischen Raum.

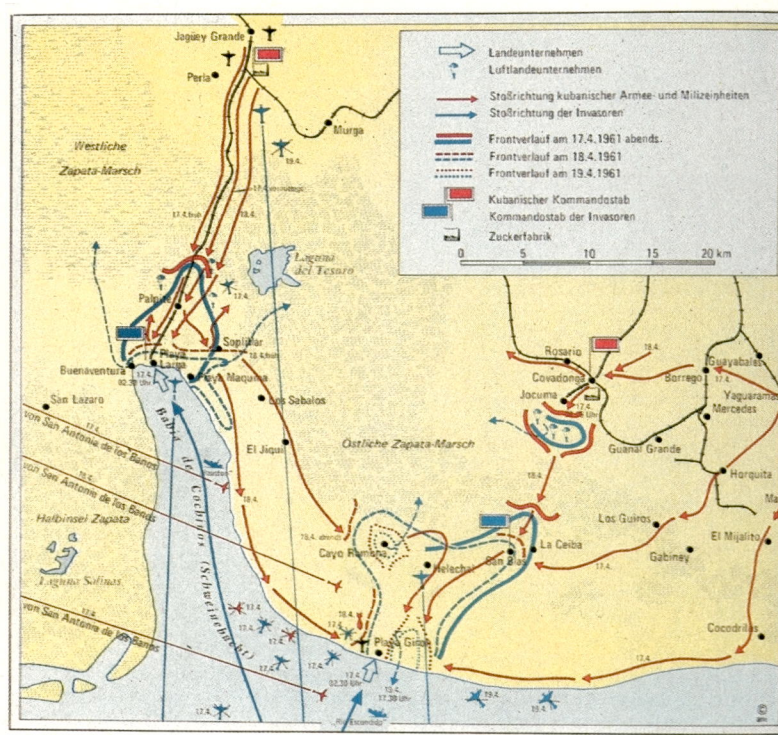

Die Karte zeigt die Schweinebucht auf Kuba und den Verlauf der Kämpfe zwischen dem 10. und 20. April.

Der kubanische Ministerpräsident Fidel Castro während einer Ansprache.

Eine Karikatur im Berliner »Tagesspiegel« vom 18. April.

Das Wrack eines abgeschossenen B-26-Bombers auf Kuba.

892

1961

MAI

Mo	Di	Mi	Do	Fr	Sa	So
1	2	3	4	5	6	7
8	9	10	11	12	13	14
15	16	17	18	19	20	21
22	23	24	25	26	27	28
29	30	31				

2. Fidel Castro erklärt Kuba zum sozialistischen Staat. Von diesem Zeitpunkt an finden in Kuba keine Wahlen mehr statt.

3. George Blake, Beamter der britischen Regierung, wird in London wegen Spionage für die Sowjetunion zu 22 Jahren Gefängnis verurteilt.

5. Alan B. Shepard fliegt als erster Amerikaner in einer ballistischen Kurve in den Weltraum.

8. Bei schweren Wirbelstürmen im Mittleren Westen der USA sterben 22 Menschen. Der Sachschaden beträgt 10 Millionen Dollar.

9. Der 7498 m hohe Annapurna III im nepalesischen Himalaja-Massiv wird von indischer Seilschaft erstmals bezwungen.

10. Deutschland gewinnt ein Fußballländerspiel gegen Nordirland in Berlin mit 2 : 1.

11. Der 66jährige Generalgouverneur Charles R. Swart wird zum ersten Präsidenten der Republik Südafrika ernannt.

15. Militärrat unter Führung des Heeres-Stabschefs der südkoreanischen Armee, Do jung Tschang, übernimmt in Südkorea die Macht.

18. Das größte Fahrgastschiff auf europäischen Binnengewässern, das Motorschiff »Deutschland«, wird auf der Rheinstrecke in Dienst gestellt. Es kann 3200 Passagiere befördern.

19. Uraufführung des Schauspiels »Wände überall« von Jean Genet in einer Inszenierung von Hans Lietzau am Schloßpark Theater Berlin.

27. Ralph Boston (USA) verbessert in Modesto (Kalifornien) seinen Weitsprung-Weltrekord auf 8,24 Meter.

31. Algerische Putschgenerale Maurice Challe und André Zeller von französischem Gericht zu 15 Jahren Haft verurteilt.

31. Benfica Lissabon gewinnt den Europapokal der Meister durch 3 : 2-Sieg gegen FC Barcelona in Bern.

GESTORBEN:

6. Lucian Blaga (* 9. 5. 1895), rumänischer Dichter.

7. Jakob Kaiser (* 8. 2. 1888), deutscher Politiker.

13. Gary Cooper (* 7. 5. 1901), amerikanischer Filmschauspieler.

Rassenunruhen in USA

23. Mai. Einen Tag nach schweren Rassenkrawallen in der Hauptstadt Montgomery verhängt der Gouverneur des US-Bundesstaates Alabama das Kriegsrecht. Die Auseinandersetzungen, in die Bundestruppen und Bundespolizei eingreifen müssen, werden ausgelöst, als weiße Rassenfanatiker eine Kirche zu stürmen versuchen, in der Pfarrer Martin Luther King, Kämpfer für Gleichberechtigung der Farbigen in den USA, predigen will. Zahlreiche Farbige werden dabei verletzt.

Polizei im Einsatz bei den Rassenkrawallen in New York City.

UEFA schafft Pokalwettbewerb

17. Mai. Die Europäische Fußball-Union (UEFA) bereichert die Palette der internationalen Fußballkonkurrenzen durch den Europapokal der Pokalsieger, der im Mai 1961 in zwei Endspielen erstmals vergeben wird. Zehn Pokalsieger aus ebensovielen Ländern beteiligen sich, von denen die Glasgow Rangers und der AC Florenz das Finale bestreiten. Die Italiener siegen in Glasgow mit 2 : 1 und in Florenz mit 2 : 0 und werden erster Gewinner des Cups.

Maria Rohrbach freigesprochen

31. Mai. In einem Sensationsprozeß vor dem Schwurgericht Münster wird die Angeklagte Maria Rohrbach aus Mangel an Beweisen freigesprochen. In der ersten Auflage des Prozesses ist sie 1958 von einer Strafkammer in Münster wegen heimtückischen Giftmordes an ihrem Ehemann zu lebenslänglichem Zuchthaus verurteilt worden. Das Gericht hat sich dabei auf scheinbar unanfechtbare Gutachteraussagen gestützt.

Krebsarzt Issels in München vor Gericht

16. Mai. Vor dem Landgericht München beginnt ein spektakulärer Prozeß. Angeklagt ist der ehemalige Chefarzt der Ringbergklinik in Rottach-Egern, Dr. Joseph Issels, dem vorgeworfen wird, bei Behandlung von krebserkrankten Patienten der Schulmedizin widersprechende Therapien angewandt und dadurch fahrlässig den Tod von vier Patienten verursacht zu haben.

Kältewelle zum Pfingstfest

22. Mai. Das Wetter schlägt im Frühjahr 1961 weiter Kapriolen. Nach einer Hitzewelle im April folgt zu Pfingsten eine Kältewelle in Mitteleuropa. Österreich, Süd- und Südwestdeutschland sind besonders betroffen, bis in Lagen von 1000 Metern fällt in den Bergen Schnee. Der Kälteeinbruch verstärkt sich in den folgenden Tagen noch, so daß in den Alpen die Schneefallgrenze bis in die Täler sinkt. Auch im Schwarzwald fällt Schnee. In Paris werden Nachttemperaturen von minus 4 Grad (29. Mai) gemessen.

Außerdem . . .

Der achte Jahrestag der Thronbesteigung durch König Hussein II. wird in Jordanien am 2. Mai gefeiert. Der 35jährige Monarch gibt bei dieser Gelegenheit bekannt, daß er sich mit der 20jährigen Tochter des britischen Pioniermajors Gardiner verlobt habe. Die junge Engländerin ist zum Islam übergetreten und hat den Namen Mona al Hussein angenommen.

Der kubanische Ministerpräsident Fidel Castro bietet den Vereinigten Staaten von Amerika ein ungewöhnliches Tauschgeschäft an. Er will die bei der Invasion auf Kuba gefangenen Anti-Castro-Kämpfer in die USA entlassen, wenn diese ihm dafür 500 amerikanische Traktoren überlassen.

Das achte Opfer der Kinderlähmung seit dem 1. Januar wird in Nordrhein-Westfalen registriert.

Mo	Di	Mi	Do	Fr	Sa	So
			1	2	3	4
5	6	7	8	9	10	11
12	13	14	15	16	17	18
19	20	21	22	23	24	25
26	27	28	29	30		

1. Zweites Fernsehprogramm in der Bundesrepublik mit Aufführung der Operette »Paganini« von Franz Lehár in Betrieb genommen.

3. Erstes Treffen der Regierungschefs der USA und der UdSSR bei Konferenz in Wien. →

6. Staatsvertrag über die Errichtung der künftigen Länderanstalt »Zweites Deutsches Fernsehen (ZDF)« von Regierungschefs der deutschen Bundesländer in Stuttgart unterzeichnet.

8. US-Präsident John F. Kennedy muß nach Rückgratverletzung vorübergehend an Krücken gehen. →

11. Der Giro d'Italia endet mit dem Sieg des Einheimischen A. Pambianco.

13. Ein Zusammenstoß zweier Vorortzüge bei Eßlingen-Wettingen nahe Stuttgart fordert 35 Tote und 36 Schwerverletzte.

15. Hans Kapfinger, Verleger der »Passauer Neuen Presse«, von Staatsanwaltschaft Passau wegen Kuppelei angeklagt.

17. Nach Entgleisung des Schnellzuges von Paris nach Straßburg kommen bei Ventry-le-François 24 Menschen ums Leben, 109 werden verletzt.

20. Bundespräsident Heinrich Lübke hält sich anläßlich eines Staatsbesuchs in Paris auf.

22. Katanga-Ministerpräsident Tschombé nach zweimonatiger Haft von kongolesischer Zentralregierung freigelassen, da Schuldnachweis am Lumumba-Mord nicht zu führen ist.

24. 1. FC Nürnberg Deutscher Fußballmeister mit 3 : 0 gegen Borussia Dortmund.

25. US-Fliegermajor Robert White stellt mit Raketenflugzeug X-15 neuen Geschwindigkeitsrekord mit 5398 km/h auf.

28. Die Kühlschrankhersteller Robert-Bosch-GmbH und Linde-Eismaschinen-AG heben Preisbindung für diese Erzeugnisse auf.

GESTORBEN:

6. Carl Gustav Jung (* 26. 7. 1875), Schweizer Psychologe und Nervenarzt. →

22. Werner Gilles (* 29. 8. 1894), deutscher Maler.

25. George Washington Vanderbilt (* 1914), amerikanischer Industrieller.

Gipfeltreffen in Wien

Die mächtigsten Männer der Erde: Nikita Chruschtschow (links) und John F. Kennedy beim Eintreffen vor der amerikanischen Botschaft in Wien.

3. Juni. Unmittelbar nach seinem Staatsbesuch bei General Charles de Gaulle in Paris, der durch die Reaktion des französischen Staatspräsidenten als großer Erfolg für John F. Kennedy gewertet wird, trifft der US-Präsident in Wien mit dem mächtigsten Mann des Ostblocks, UdSSR-Ministerpräsident Nikita Chruschtschow, zusammen. Die Wiener Begegnung geht für die Öffentlichkeit als Zusammenkunft zweier fröhlicher Menschen in die Geschichte ein. Beide Staatsmänner zeigen sich bei den offiziellen Anlässen während der beiden Wiener Tage stets locker und zu Scherzen aufgelegt, sie posieren mit ihren Gattinnen für die Fotografen und überhäufen sich mit Komplimenten. Hinter den Kulissen wird aber hart um unterschiedliche Positionen in der Weltpolitik gerungen, wobei Kennedy nach dem gescheiterten Kuba-Abenteuer im April besonders schlechte Karten hat. Von der Öffentlichkeit fast unbemerkt bleibt seine gerade in diesen Tagen wieder aufgebrochene Einschränkung der Gehfähigkeit infolge eines Rückenleidens, das auf eine Kriegsverletzung zurückzuführen ist. Er übersteht die anstrengenden Tage des Europabesuchs in guter Haltung, muß sich aber unmittelbar nach der Rückkehr in ärztliche Behandlung begeben und einige Zeit an Krücken gehen.

Vanderbilt tot

25. Juni. George Vanderbilt, berühmter amerikanischer Industrieller und Multimillionär, wird vor einem Wolkenkratzer in San Francisco tot aufgefunden. Der rätselhafte Todesfall beschäftigt die Öffentlichkeit. Es besteht für die ermittelnden Beamten Grund zur Annahme, daß sich der Millionär aus dem 101. Stock, wo er ein Appartement bewohnt, in selbstmörderischer Absicht hinabgestürzt hat. Untersuchungen ergeben einen hohen Blutalkoholgehalt.

Carl Gustav Jung †

6. Juni. In Küsnacht stirbt im Alter von 85 Jahren der schweizerische Psychoanalytiker Carl Gustav Jung. Zunächst ein Anhänger Sigmund Freuds, entwickelte Jung 1912 eine eigene tiefenpsychologische Theorie. Er spricht von einer generellen Triebdynamik des Menschen und unterscheidet zwischen dem persönlichen und dem kollektiven Unbewußten. Wichtige Werke: »Gestaltungen des Unbewußten« (1950) und »Von den Wurzeln des Bewußtseins« (1954).

Mo	Di	Mi	Do	Fr	Sa	So
					1	2
3	4	5	6	7	8	9
10	11	12	13	14	15	16
17	18	19	20	21	22	23
24	25	26	27	28	29	30
31						

1. Im Bankengewerbe der Bundesrepublik beginnt die Fünf-Tage-Woche. Die Schalter bleiben jetzt samstags geschlossen.

1. Zur ersten Hauptversammlung der Volkswagen-AG kommen in Wolfsburg 7000 Kleinaktionäre.

5. Erstaufführung des Spielfilms »Das Wunder des Malachias« von Bernhard Wicki, der dafür bei den XI. Berliner Filmfestspielen mit dem Prädikat »Bester Regisseur« ausgezeichnet wird.

6. Bei der Explosion des portugiesischen Passagier- und Frachtdampfers »Save« vor der Küste von Mozambique (Ostafrika) kommen fast 300 Menschen ums Leben.

7. Rod Laver (Australien) gewinnt das Wimbledonfinale gegen Charles McKinley (USA) 6 : 3, 6 : 1, 6 : 4.

8. Angela Mortimer gewinnt das Wimbledon-Damenfinale gegen ihre englische Landsmännin Christine Truman in drei Sätzen mit 4 : 6, 6 : 4, 7 : 5.

8. Grubenexplosion auf der Dukla-Zeche bei Mährisch-Ostrau (ČSSR) fordert 108 Todesopfer.

14. Die Sozial-Enzyklika »Mater et Magistra« von Papst Johannes XXIII. wird in Rom veröffentlicht. →

16. Die 24jährige Stuttgarterin Marlene Schmidt wird in Miami Beach (Florida) zur »Miß Universum 1961« gewählt.

16. Jacques Anquetil (Frankreich) gewinnt zum zweitenmal (nach 1957) in seiner Laufbahn die Tour de France.

19. X. Deutscher Evangelischer Kirchentag vor 20 000 Teilnehmern aus beiden Teilen Deutschlands im Westteil Berlins eröffnet. →

21. Dem US-Fliegerhauptmann Virgil I. Grissom gelingt an Bord des Raumschiffes »Liberty Bell« die Wiederholung des Fluges von Alan Shepard vom 5. Mai dieses Jahres.

27. Die Bremer Borgward-Werke kündigen 12 600 Beschäftigten (von 70 000) und beantragen Vergleichsverfahren.

GESTORBEN:

2. Ernest Hemingway (* 21. 7. 1899), amerikanischer Schriftsteller, Nobelpreis 1954. →

Freitod Hemingways

Der amerikanische Schriftsteller Ernest Hemingway auf der Jagd.

2. Juli. In Ketchum (Idaho) stirbt der 62jährige Ernest Hemingway an den Folgen eines Selbstmordversuchs. Seine Familie läßt mitteilen, er habe sich beim Gewehrreinigen unabsichtlich erschossen. Der amerikanische Schriftsteller und Dichter hat ein wechselvolles und abenteuerliches Leben hinter sich. 1918 ging er als Kriegsfreiwilliger an die italienische Front und in den 30er Jahren war er Berichterstatter auf der Seite der Republikaner im spanischen Bürgerkrieg. In seinen Erzählungen stehen Abenteuer und Mutproben des Mannes häufig im Mittelpunkt. Zu seinen bekannten Werken gehören die Romane »In einem anderen Land« (1929), »Fiesta« (1926), »Haben und Nichthaben« (1937), »Wem die Stunde schlägt« (1940), »Der alte Mann und das Meer« (1952). 1954 hat Ernest Hemingway den Nobelpreis für Literatur erhalten.

Höchstleistungen beim Länderkampf USA — UdSSR der Leichtathleten

Der Leichtathletik-Länderkampf zwischen der UdSSR und den USA bringt die erwarteten Höchstleistungen. Die 4 × 100-Meter-Staffel der US-Männer läuft am 15. Juli in Moskau mit 39,1 Sekunden neuen Weltrekord. Ralph Boston verbessert am anderen Tag seine Weitsprung-Bestmarke auf 8,28 Meter, Valeri Brumel schraubt seinen gerade vier Wochen alten Rekord im Hochsprung auf 2,24 Meter. Auch die Frauen erreichen neue Rekordmarken. Wilma Rudolph kommt bei einem Sportfest in Stuttgart über 100 Meter auf 11,2 Sekunden und die rumänische Hochspringerin Jolanda Balas überquert in Budapest am 8. Juli zunächst die Rekordhöhe von 1,90 Metern und schafft acht Tage später in Sofia sogar 1,91 Meter.

Ralph Boston.

Wilma Rudolph.

Viele junge Menschen sind beim Evangelischen Kirchentag in Berlin dabei.

Kirchentag in Berlin

19. Juli. Bevor an diesem Tag der X. Deutsche Evangelische Kirchentag eröffnet werden kann, müssen die Veranstalter sich mit Störversuchen der DDR-Behörden auseinandersetzen. Ursprünglich sollte die Veranstaltung in ganz Berlin durchgeführt werden, am 8. Juli erlassen die DDR-Behörden aber ein Verbot gegen Veranstaltungen des Kirchentages in Ost-Berlin.

Das Kirchentags-Präsidium entschließt sich am 12. Juli, alle Veranstaltungen im Westteil der Stadt durchzuführen, mit Ausnahme der vorgesehenen Gottesdienste. Gegen das Kirchentags-Verbot des Ostberliner Polizeipräsidenten erhebt die evangelische Kirchenleitung Berlin-Brandenburg als Ausrichter einen Tag später offiziellen Protest bei DDR-Ministerpräsident Otto Grotewohl. Trotz versuchter Behinderungen kommen zahlreiche Besucher aus Ost-Berlin und der DDR zu den Kirchentagsveranstaltungen. Dem Bischof von Greifswald, Krummacher, wird die Ausreise allerdings verweigert. Auf der von 100 000 Christen besuchten Schlußveranstaltung im Berliner Olympiastadion bezeichnet der Ratsvorsitzende der Evangelischen Kirche in Deutschland, Präses Kurt Scharf, den X. Kirchentag als einen gesamtdeutschen, von dem ein Missionsbefehl für die Christen in Deutschland ausgehe, der sie an ihren Arbeitsplätzen in der Heimat als Christen tätig sein läßt.

Sozial-Enzyklika

14. Juli. Im »Osservatore Romano« wird an diesem Tag, dem 77. Jahrestag der ersten Sozial-Enzyklika »Rerum Novarum«, eine Sozial-Enzyklika von Papst Johannes XXIII. veröffentlicht. Unter dem Titel »Mater et Magistra« wendet sich der Papst gegen den hemmungslosen Luxus weniger Privilegierter, dem in einigen Ländern großes Elend gegenüberstehe. Er befürwortet gerechten Lohn, möglichst viele Arbeitsplätze, das Recht auf privates Eigentum und Produktionsmittel, Mitbestimmung der Arbeiter in ihren Betrieben und Hilfen für die Entwicklungsländer.

Außerdem . . .

Der 48jährige Julius Kardinal Döpfner, Bischof von Berlin, wird am 6. Juli zum Erzbischof von München-Freising und damit Nachfolger des verstorbenen Kardinals Joseph Wendel ernannt. Döpfner, der seit 1957 in Berlin amtiert, hat den Kardinalspurpur bereits 1958 erhalten.

Der als »Krebsarzt« bekanntgewordene Dr. Joseph Issels, Chefarzt der Ringbergklinik in Rottach-Egern, wird wegen fahrlässiger Tötung in drei Fällen von einem Münchner Gericht zu einem Jahr Gefängnis verurteilt. Issels legt Berufung ein (→ Mai 1961).

1961

AUGUST

Mo	Di	Mi	Do	Fr	Sa	So
	1	2	3	4	5	6
7	8	9	10	11	12	13
14	15	16	17	18	19	20
21	22	23	24	25	26	27
28	29	30	31			

1. Regierung der DDR kündigt Beschränkungen im innerdeutschen Reiseverkehr an.

3. Sowjet-Memorandum an Bundesregierung und Westmächte enthält Forderungen nach Friedensvertrag mit Deutschland. →

4. Oberhaus und Unterhaus stimmen dem Regierungsbeschluß zum Beitritt Großbritanniens in die EWG zu.

6. Außenministerkonferenz der Westmächte in Paris bekräftigt Berlin-Garantien. →

6. Sowjetunion startet zweites bemanntes Raumschiff. »Wostok II« bringt Major German Titow in eine Erdumlaufbahn.

9. Mit 1926 geflohenen DDR-Bürgern wird die höchste Flüchtlingszahl für einen Tag erreicht. →

9. Ost-Berlin beginnt mit der Registrierung der Grenzgänger (im Ostteil der Stadt wohnende, im Westteil arbeitende Personen). →

11. Die Volkskammer erteilt der Regierung in Ost-Berlin Blankovollmacht für Abschluß eines Friedensvertrages und »Maßnahmen zum Schutz der DDR«. →

13. Der Ostsektor von Berlin wird mit Stacheldraht, Sperrzäunen und einem großen Aufgebot von Volkspolizei abgeriegelt. →

15. Die westalliierten Stadtkommandanten von Berlin übergeben dem sowjetischen Kollegen eine Protestnote wegen Verletzung des Viermächtestatus der Stadt. →

18. Sondersitzung des Bundestages wegen der Berlinkrise.

19. US-Vizepräsident Johnson trifft in Berlin ein. →

22. Bundeskanzler Adenauer besucht für acht Stunden Berlin. →

23. Die Truppen der westalliierten Streitkräfte übernehmen Schutz der Sektorengrenze. →

28. US-General Lucius D. Clay wird von Präsident Kennedy als dessen persönlicher Vertreter im Botschafterrang nach West-Berlin entsandt. →

GESTORBEN:

5. Hanns Seidel (* 12. 10. 1901), Ex-Ministerpräsident von Bayern.

10. Géza von Bolváry (* 26. 12. 1897), ungarischer Filmregisseur.

18. Leonhard Frank (* 4. 9. 1882), deutscher Schriftsteller.

DDR-Regierung baut in Ber

Die Krise um Berlin spitzt sich im August dramatisch zu und läßt die Welt an den Rand einer möglichen bewaffneten Auseinandersetzung zwischen Ost und West rücken. Zum erstenmal stehen sich in der geteilten Stadt Armee- bzw. Polizeieinheiten direkt gegenüber.

Der ständig anschwellende Strom der Flüchtlinge aus der DDR und die Drohung der Sowjetunion mit einem Separatfrieden lassen Zwangsmaßnahmen gegenüber der Freizügigkeit in der geteilten Stadt als naheliegend erscheinen. Allein am 1. August werden in Westberliner Aufnahmelagern 1322 Flüchtlinge registriert, der Strom steigert sich ständig und erreicht am 9. des Monats mit 1926 amtlich erfaßten Personen den höchsten jemals an einem Tag erreichten Stand. Die Ostberliner Behörden richten ihre Aktivitäten zunächst gegen die 53 000 Grenzgänger – Bewohner Ost-Berlins –, die ihren Arbeitsplatz im Westsektor haben. Die drei Westmächte protestieren Anfang des Monats offiziell in Ost-Berlin gegen die Behinderungen, denen diese Pendler ausgesetzt sind.

Die ersten Augustwochen sind von fieberhaften diplomatischen Aktivitäten des Westens gekennzeichnet, während man sich in Moskau und Ost-Berlin bereits intensiv auf die Absicherung der Zonengrenze vorbereitet.

Das von der Sowjetregierung am 3. August an die Bundesrepublik gerichtete Memorandum, in dem betont wird, daß noch im Laufe des Jahres ein Friedensvertrag mit Deutschland abgeschlossen werden müsse, bewirkt noch keine Änderung der westlichen Taktik. Die Pariser Außenministerkonferenz schlägt weitere Verhandlungen mit der Sowjetunion vor; eine gemeinsame Linie des Westens soll auf einer Gipfelkonferenz in der Bundesrepublik nach der bevorstehenden Bundestagswahl festgelegt werden. Während Bundeskanzler Konrad Adenauer in seinem italienischen Urlaubsort Cadenabbia mit US-Außenminister Dean Rusk konferiert, erteilt die Volkskammer in Ost-Berlin der Regierung eine Blankovollmacht für Maßnahmen zum Schutz der DDR.

(Weiter auf Seite 898)

Zwei Volkspolizisten ziehen an der neuerrichteten Mauer durch Berlin noch zusätzlich Stacheldraht.

Mit Straßensperren und Befestigungen beginnt die Abriegelung Ost-Berlins. Wenige Tage später werden Betonteile angeliefert und hochgemauert.

die Mauer – Proteste des Westens

Ein Volkspolizist ergreift in letzter Minute die Gelegenheit zur Flucht.

Der Flüchtlingsstrom

Jahr	Maßnahmen/Ereignisse	Flüchtlinge
(ab Sept.) 1949	Gründung der DDR; Bekämpfung der nichtkommunistischen Parteien	59 245
1950	Eingliederung der DDR in das System des Sowjetblocks. Bestätigung der Oder-Neiße-Grenze	197 788
1951	Hochschulreform (gesellschaftswiss. Grundstudium); Russisch wird Pflichtfach. 1. Fünfjahresplan	165 648
1952	Militarisierung der FDJ; Gründung der vormilitärischen Gesellschaft für Sport und Technik; Abriegelung der Grenze (Sperrzone), Kollektivierung der Landwirtschaft (LPG)	182 393
1953	Kirchenverfolgung, Druck auf Bauern, Volksaufstand vom 17. Juni	331 390
1954	Wahlen nach Einheitslisten des »Zentralen Blocks der antifaschistisch-demokratischen Parteien und Massenorganisationen«	184 198
1955	Vorrang der Schwerindustrie vor Konsumindustrie; Bevorzugung von Kindern der Arbeiter u. Bauern auf Oberschulen	252 870
1956	Einführung des polytechnischen Unterrichts für weiterführende Schulen. Gründung der Nationalen Volksarmee (NVA)	279 189
1957	Truppenvertrag zwischen DDR und UdSSR; Umtausch aller Banknoten; Steuernachzahlungen für Bauern, Einzelhändler und Handwerker. Paßgesetz gegen Republikflucht	261 622
1958	Sozialistische Umgestaltung der Universitäten nach Unruhen; Prinzipien für die Erziehung des »neuen sozialistischen Menschen«	204 092
1959	Gesetz zur Änderung der Staatsflagge (Zwei-Staaten-Theorie)	143 917
1960	Kollektivierungskampagnen, Zwangskollektivierung der selbständigen Bauern; Bildung des Staatsrates	199 188
1961	Repressalien gegen Ost-West-Pendler; 13.8. Mauerbau; Errichtung von Schutzhaftlagern	207 026
1962	Gesetz über allgemeine Wehrpflicht	21 356

Gesamtbevölkerung: 17,2 Mill. (1960)   **2 689 922 Flüchtlinge insgesamt**

Der Flüchtlingsstrom aus der DDR von 1949 bis 1962.

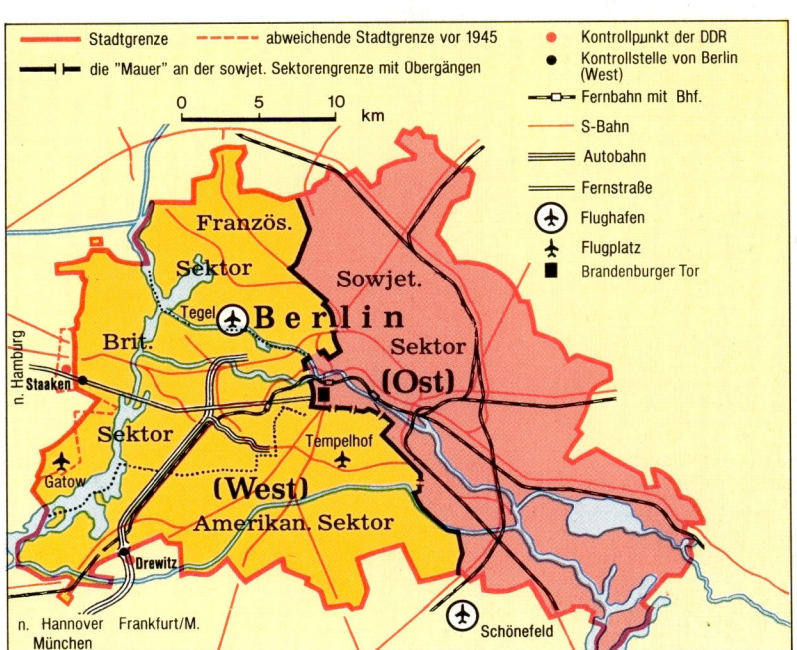

Stadtgrenze — abweichende Stadtgrenze vor 1945
die "Mauer" an der sowjet. Sektorengrenze mit Übergängen
● Kontrollpunkt der DDR
● Kontrollstelle von Berlin (West)
Fernbahn mit Bhf.
S-Bahn
Autobahn
Fernstraße
✈ Flughafen
✈ Flugplatz
■ Brandenburger Tor

0   5   10 km

Franzöz. Sektor
Brit. Sektor
Sektor (West)
Amerikan. Sektor
Sowjet. Sektor (Ost)
Berlin
Tegel
n. Hamburg
Staaken
Gatow
Drewitz
Tempelhof
n. Hannover Frankfurt/M. München
Schönefeld

Die Teilung Berlins vom Kriegsende 1945 bis zum Bau der Mauer 1961.

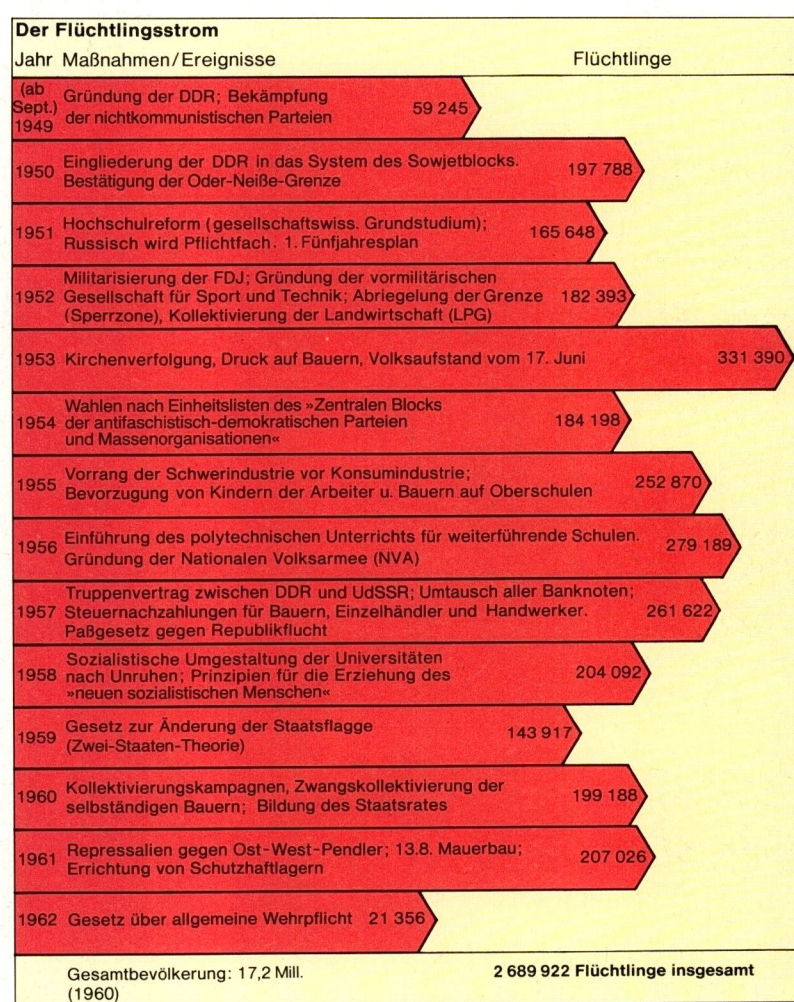

Die aus Betonteilen errichtete Mauer am Brandenburger Tor in Berlin.

Westen wird überrascht: Im Westen erwartet man, daß diese Maßnahmen in Reisebeschränkungen bestehen und ist völlig überrascht, als in der Nacht zum 13. August Truppeneinheiten der Volksarmee und Volkspolizei den Sowjetsektor Berlins besetzen und beginnen, mit Hilfe von Straßensperren und Befestigungen diesen abzuriegeln. Ostberliner und Bewohner der DDR dürfen nur noch mit ausdrücklicher Genehmigung der Behörden in Ost-Berlin den westlichen Teil der Stadt besuchen, Westberliner nur mit Genehmigung den Ostsektor betreten. Von den fast 80 Sektorenübergängen bleiben nur zwölf geöffnet.

Völlig überraschend ist die Abriegelung allerdings nicht gekommen. Schon zehn Tage vor den eigentlichen Maßnahmen meldet der Berliner Sender RIAS: »Es ist in Kürze mit drakonischen Maßnahmen zu rechnen.« Viele Ostberliner wechseln noch am 12. August in den Westen über.

Der Westen steht den Maßnahmen Ost-Berlins zunächst hilflos gegenüber. Bundesregierung und Berliner Senat appellieren einen Tag nach Beginn der Sperrmaßnahmen an die Bevölkerung in Ost-Berlin und der DDR, Ruhe zu bewahren. Als auf einer Großkundgebung in West-Berlin am 16. August 500 000

Teilnehmer nach Taten rufen, bekundet Bundeskanzler Konrad Adenauer in einem Telegramm seine Solidarität.

Bei den Sperrmaßnahmen an der Berliner Sektorengrenze werden bereits am 15. August erstmals Betonteile statt Stacheldraht verwendet, es ist der Anfang des Mauerbaus. Gleichzeitig wird Westberliner Autos die Einreise nach Ost-Berlin verwehrt, nur noch Fahrzeuge mit bundesrepublikanischen bzw. ausländischen Kennzeichen dürfen die Sperren an den Übergängen passieren.

Vier Tage nach dem Beginn der Sperrmaßnahmen erheben die

Westmächte in einer Note an die Sowjetregierung »feierlichen Protest«, bezeichnen die Eingriffe als Verletzung des Viermächtestatus der Stadt und fordern Aufhebung der Maßnahmen. Berlins Regierender Bürgermeister Willy Brandt begrüßt die Note als »endlich die richtige Sprache« gegenüber Ost-Berlin. Die Protestnote der Westmächte wird 24 Stunden später ebenso förmlich von Moskau zurückgewiesen, worauf England und Frankreich die Verstärkung ihrer Truppen in der Bundesrepublik ankündigen. Die USA entsenden Vizepräsident Lyndon B. Johnson und General Lucius D. Clay nach

Die Teilung Deutschlands nach dem Zweiten Weltkrieg und die Verkehrsverbindungen zwischen Berlin und der Bundesrepublik.

Bonn und anschließend nach Berlin und setzen außerdem eine Kampftruppe von 1500 Mann nach West-Berlin in Marsch, die, ebenso wie Johnson und Clay, einen triumphalen Empfang erleben. Während Präsident John F. Kennedy am 21. August in Washington die Entschlossenheit seiner Regierung bekräftigt, sich um eine friedliche Lösung des Berlin-Problems zu bemühen, und sein Außenminister Dean Rusk in einem Interview auch künftig reibungslosen Berlin-Verkehr garantiert, beziehen britische Soldaten mit Panzerunterstützung Posten nördlich des S-Bahnhofs Staaken, um die Berliner Stadtgrenze gegen Übergriffe abzusichern. Neun Tage nach Beginn des Mauerbaus, am 22. August, kommt Bundeskanzler Konrad Adenauer nach Berlin, um sich über die Lage zu orientieren. Er bleibt acht Stunden in der Stadt. 24 Stunden nach seinem Besuch ergehen neue Maßnahmen der Ostberliner Behörden: Westberliner dürfen den Ostsektor der Stadt nur noch mit einer gebührenpflichtigen Aufenthaltsgenehmigung betreten, die Zahl der Sektorenübergänge wird von zwölf auf sieben reduziert. Daraufhin marschieren britische und amerikanische Truppen an der Sektorengrenze auf.

Der amerikanische Vizepräsident Johnson nach dem Mauerbau in Berlin.

Am Brandenburger Tor informiert sich Bundeskanzler Konrad Adenauer am 22. August über die neue Situation. Volkspolizisten beobachten den Besuch des Bonner Regierungschefs an der Mauer.

Flucht in ein Feuerwehr-Sprungtuch.

Vier amerikanische Panzer auf dem Weg zum Übergang an der Friedrichstraße, wo sie passierende Ausländer schützen sollen.

Terroranschläge in Algerien und Tunesien

Angesichts der dramatischen Ereignisse in und um Berlin treten die anderen Krisenherde der Weltpolitik (Algerien, Tunesien, Kongo) im Monat August in den Hintergrund. In Algerien und Frankreich halten die Auseinandersetzungen zwischen Anhängern und Gegnern der Unabhängigkeit des nordafrikanischen Landes mit unverminderter Heftigkeit an. So verüben Gegner eines französischen Algerien in der Nacht zum 23. August 33 Bombenattentate, davon 14 in Paris. 24 Stunden später sterben 17 Menschen durch Terroranschläge in Algerien. Die algerische Exilregierung erhält mit dem radikaleren Youssef Ben Khedda anstelle von Ferhat Abbas einen neuen Ministerpräsidenten.

Frankreichs anderes Problemgebiet in Nordafrika, der Marinestützpunkt Bizerta in Tunesien, erlebt 48 Stunden vor der UNO-Debatte am 21. August – 25 Mitglieder der Weltorganisation hatten französisch-tunesische Verhandlungen gefordert – noch einmal eine dramatische Zuspitzung: Als die Tunesier versuchen, die Straßensperren der Franzosen zu durchbrechen, kommt es zu Straßenschlachten zwischen tunesischen Demonstranten und französischen Sicherheitskräften. Vor der UNO erleidet Frankreich eine diplomatische Schlappe, als die Vollversammlung mit 68 Ja-Stimmen bei 33 Enthaltungen einer Entschließung zustimmt, die folgende Forderungen enthält: Rücknahme aller französischen und tunesischen Truppen hinter die vor Ausbruch der Feindseligkeiten bestehenden Linien, volle Souveränität Tunesiens über Bizerta und schließlich den Abzug aller französischen Truppen aus Tunesien.

Außerdem . . .

Als erster Mensch übertrifft der amerikanische Diskuswerfer Jay Silvester in Frankfurt mit einem Wurf von 60,65 Metern die 60-m-Grenze. Diesen Weltrekord verbessert er neun Tage später in Brüssel auf 60,72 Meter.

1961
SEPTEMBER

Mo	Di	Mi	Do	Fr	Sa	So
				1	2	3
4	5	6	7	8	9	10
11	12	13	14	15	16	17
18	19	20	21	22	23	24
25	26	27	28	29	30	

1. Präses Scharf, Ratsvorsitzender der Evangelischen Kirche, wird aus Ost-Berlin ausgewiesen.

1. In Belgrad beginnt eine Konferenz von 24 blockfreien Staaten. →

9. Sowjetunion lehnt Einstellung der Kernwaffenversuche in der Erdatmosphäre ab.

10. Schwere Flugzeugkatastrophe bei Shannon (Irland) fordert 83 Todesopfer, darunter befinden sich 65 deutsche Landwirte, die zu einer Tagung in die USA fliegen wollten.

10. Graf Berghe von Trips verunglückt nach einer Kollision mit dem Engländer Ashmore beim Großen Preis von Italien in Monza tödlich. Bei dem Unglück sterben auch 16 Zuschauer.

10. Der amerikanische Rennfahrer Phil Hill (Ferrari) steht nach dem Großen Preis von Italien in Monza bereits als Automobilweltmeister 1961 fest.

13. Das amerikanische Raketenflugzeug X-15 stößt in immer neue Grenzbereiche vor. Testpilot John Walker erreicht mit dem fliegenden Rakete einen neuen Geschwindigkeitsrekord von 5832 km/h.

13. UN-Truppen marschieren in Katanga ein und stürzen das Regime Tschombé. →

17. Die CDU verliert bei den Bundestagswahlen die absolute Mehrheit. →

17. Uraufführung des Schauspiels »Glückliche Tage« von Samuel Beckett in New York.

18. UN-Generalsekretär Dag Hammarskjöld verunglückt bei einem Flug von Leopoldville (Kongo) nach Ndola (Nordrhodesien) tödlich. Der Absturz fordert insgesamt zwölf Menschenleben. →

20. Deutschland gewinnt ein Fußballländerspiel gegen Dänemark in Düsseldorf mit 5 : 1.

24. Die Deutsche Oper in Berlin wird als Höhepunkt der Berliner Festwochen feierlich eröffnet.

26. Der sowjetische Außenminister Gromyko, fordert vor der UN-Vollversammlung Anerkennung der DDR und Aufnahme in die UNO.

GESTORBEN:

18. Dag Hammarskjöld (* 29. 7. 1905), schwedischer Politiker. →

CDU verliert Mehrheit

17. September. Die Bevölkerung der Bundesrepublik Deutschland wählt einen neuen Bundestag. Die Berlinkrise, die bereits im August den Bundestagswahlkampf ins Stocken gebracht hat, überschattet auch im Wahlmonat September das Auftreten der Parteien. Bundeskanzler Adenauer leitet aus Chruschtschow-Äußerungen während einer Wahlkampfveranstaltung am 11. September in Minden einen sicheren Sieg der CDU/CSU ab, doch eine Emnid-Umfrage, die einen Tag später durchgeführt wird, zeigt, daß noch 29 Prozent der Wahlberechtigten unentschlossen sind, welche Partei sie wählen werden. Das Ergebnis der Wahl am 17. September überrascht die regierenden Unionsparteien. Sie kommen nur noch auf 45,3 Prozent gegenüber 50,2 vier Jahre zuvor und können damit nicht mehr allein regieren. Die SPD holt 36,3 Prozent, die FDP 12,7, die GDP 2,8, die DFU 1,9 und die DRP 0,8 Prozent. Das Ergebnis ruft scharfe Reaktionen bei Konrad Adenauer und Franz Josef Strauß hervor, der dem Kanzler Versäumnisse im Wahlkampf vorhält. Adenauer macht dagegen für die Niederlage das Votum von Strauß verantwortlich, der sich vor der Wahl für ein zwölfmonatiges Übergangskabinett Adenauer ausgesprochen hat.

In der letzten Septemberwoche macht die Union der FDP ein Gesprächsangebot, das Parteivorstand und Bundestagsfraktion der FDP am 29. September annehmen. Adenauer hat zuvor in einem Interview mit einer Londoner Zeitung (am 25. 9.) erstmals erklärt, daß er möglicherweise nicht mehr für eine volle, vierjährige Amtszeit zur Verfügung stände.

Attentat auf de Gaulle mißglückt

9. September. Im Verlauf der erbitterten Auseinandersetzungen zwischen Freunden und Gegnern der algerischen Unabhängigkeit wird ein Attentat auf den französischen Staatspräsidenten Charles de Gaulle verübt, das jedoch fehlschlägt. Dafür gelingt es der OAS später (21. 9.), durch einen technischen Trick über das französische Fernsehen zum Kampf gegen de Gaulle aufzurufen.

Während die Algerienkrise eskaliert, tritt im September der Konflikt Tunesiens mit dem französischen Mutterland in eine Phase der Beruhigung. Tunesiens Staatschef Habib Bourgiba signalisiert nach der Rückkehr von der Belgrader Konferenz seine Bereitschaft, mit Frankreich über Bizerta zu verhandeln und einen vom Roten Kreuz durchzuführenden Gefangenenaustausch einzuleiten.

14. September. Prinzessin Sophia von Griechenland (2. v. r.) und Prinz Juan Carlos von Spanien (3. v. r.) verloben sich. Ganz links Königin Friederike von Griechenland, daneben deren Mutter Herzogin Viktoria Luise.

Blockfreie tagen

1.–5. September. In Belgrad findet eine Konferenz von 24 blockfreien Staaten statt. Sie setzt neue Akzente in der Deutschlandpolitik. Erstmals wird von der Tatsache des Bestehens zweier deutscher Staaten gesprochen, und Ghanas Ministerpräsident Kwame Nkrumah geht noch weiter als der indische Premier Jawaharlal Nehru und fordert den Abschluß eines Friedensvertrages und Anerkennung der Oder-Neiße-Linie. Nehru verhindert in der Schlußerklärung die Empfehlung zur Aufnahme diplomatischer Beziehungen mit der DDR.

Die blockfreien Staaten richten einen Appell an John F. Kennedy und Nikita Chruschtschow, im Interesse des Friedens und des Ausgleichs möglichst bald zusammenzutreffen.

Die beiden Sprecher der Blockfreien, Nehru und Nkrumah, erläutern nach Abschluß der Belgrader Konferenz bei ihrem Besuch in Moskau am 6. September der Sowjetregierung ihre Vorstellungen und bekommen von Chruschtschow die Zusage, daß die UdSSR niemals zuerst zu den Waffen greifen werde, um Konflikte zu lösen.

Um den freien Flugverkehr von und nach Berlin kommt es im September zwischen den vier Siegermächten zu einem lebhaften Austausch von Noten, die weitere Sicherheitsgarantien (West) und Drohungen (Ost) enthalten, ohne daß sich in der Praxis etwas ändert.

UN-Angriff auf Provinz Katanga

13. September. Mit einer umfangreichen Militäraktion will die UNO die abtrünnige Provinz Katanga in den kongolesischen Staat zurückführen. Bei dem Angriff auf Elisabethville gibt es Verluste auf beiden Seiten. Moise Tschombé, der Ministerpräsident Katangas, kann entkommen und organisiert den Widerstand der Katanga-Armee gegen die UN-Soldaten. Erst am 20. September wird das Feuer zwischen der UNO und Katanga eingestellt.

Am selben Tag wählt die UN-Vollversammlung den Tunesier Slim zu ihrem Präsidenten. Im Mittelpunkt der Debatten steht die Deutschlandfrage.

Regierung der Türkei verurteilt

14. September. Mit der Urteilsverkündung geht auf der Insel Yassi im Marmarameer der Prozeß gegen die ehemalige türkische Staatsführung, die am 22. Mai 1960 durch einen Militärputsch gestürzt wurde, zu Ende. Das Sondergericht verkündet 15 Todesurteile, unter anderem gegen den früheren Staatspräsidenten Mahmud Bayar und Ex-Ministerpräsident Adnan Menderes. Von 595 Angeklagten werden nur 56 freigesprochen.

18. September. UN-Generalsekretär Dag Hammarskjöld stirbt 56jährig durch einen ungeklärten Flugzeugabsturz in Nordrhodesien bei einem Einsatz in Afrika.

Ausländische Filme in Deutschland

Drei bei Internationalen Filmfestivals prämiierte bzw. mit dem »Oscar« ausgezeichnete Filme kommen nach Deutschland. Am 15. September hat der französische Streifen »Eine Frau ist eine Frau« von Jean-Luc Godard Deutschland-Premiere. Am 20. September folgt der amerikanische Spielfilm »Die Kanonen von Navarrone« der einen »Oscar« für Spezialeffekte erhalten hat, am 22. schließlich hat »Lieben Sie Brahms?« Premiere.

1961 OKTOBER

Mo	Di	Mi	Do	Fr	Sa	So
						1
2	3	4	5	6	7	8
9	10	11	12	13	14	15
16	17	18	19	20	21	22
23	24	25	26	27	28	29
30	31					

1. Syrien erklärt Austritt aus der Vereinigten Arabischen Republik und Gründung der Arabischen Republik Syrien.

5. Beim Zusammenstoß zweier S-Bahn-Züge in Hamburg gibt es 33 Todesopfer.

8. Fußballländerspiel zwischen Polen und der Bundesrepublik Deutschland endet in Warschau mit einem 2 : 0-Sieg für die Deutschen.

10. Während der Pariser Konferenz der EWG-Außenminister unterbreitet Edward Heath, stellvertretender englischer Außenminister, die Vorstellungen seiner Regierung zum EWG-Beitritt.

13. Der Dortmunder Journalist Kurt Liechtenstein wird in Berlin von Volkspolizisten erschossen.

16. Im Volkswagen-Sparer-Prozeß kommt ein Vergleich zustande. →

17. Der vierte deutsche Bundestag konstituiert sich und wählt Eugen Gerstenmaier mit 463 von 504 Stimmen zum neuen Bundestagspräsidenten.

17. XXII. Parteitag der KPdSU eröffnet. →

22. Friedenspreis des Deutschen Buchhandels für den indischen Vizepräsidenten und Religionswissenschaftler Sarvapalli Radhakrishnan.

22. Im letzten WM-Qualifikationsspiel besiegt die deutsche Fußballnationalmannschaft Griechenland in Augsburg mit 2 : 1.

23. Die Sowjetunion bringt die angekündigte 50-Megatonnen-Bombe zur Explosion.

24. Der Bundesgesundheitsrat erklärt den Schluckimpfstoff gegen Kinderlähmung in der Bundesrepublik für zulässig.

27. Waffenstillstand in der Kongo-Provinz Katanga tritt in Kraft.

30. Auf dem XXII. Parteitag der KPdSU wird beschlossen, den Leichnam Stalins aus dem Mausoleum am Roten Platz zu entfernen.

30. Nach einem Flugzeugabsturz bei Recife (Brasilien) erhöht sich die Zahl der Todesopfer bei Flugzeugkatastrophen im Jahre 1961 auf über 1200.

GESTORBEN:

30. Luigi Einaudi (* 24. 3. 1874), italienischer Politiker.

Zähe Gespräche über Koalition mit der FDP

Der Ausgang der Bundestagswahlen vom September und seine Interpretation durch die Parteien führen am 2. Oktober zu ersten Koalitionsgesprächen zwischen CDU/CSU und FDP. Deren Wahlkampfaussage – keine Beteiligung an einer von Adenauer geführten Regierung – erweist sich zunächst als Ballast. Die Gespräche kommen nur schleppend voran. Als der Bundestag am 17. Oktober zu seiner konstituierenden Sitzung zusammentritt, ist nur eine Vorentscheidung gefallen. Die FDP läßt erkennen, daß sie einer Adenauer-Regierung beitritt, wenn dessen Kanzlerschaft begrenzt werden kann. Der neue Bundestag wählt Eugen Gerstenmaier mit 463 von 504 Stimmen zum Präsidenten.

In den folgenden Tagen scheinen die Koalitionsverhandlungen zu einem erfolgreichen Abschluß zu kommen, den der Bundesparteiausschuß der FDP am 21. Oktober absegnen soll. Dessen Beschluß bringt aber neue Probleme: Man stimmt einer Koalition mit der CDU auch unter Adenauer zu, akzeptiert aber nicht den bisherigen Außenminister Heinrich von Brentano.

Nach einigen Tagen gespannter Verhandlungstätigkeit um Sachfragen löst sich das Personalproblem von selbst. Bundesaußenminister Heinrich von Brentano reicht am 30. Oktober seinen Rücktritt ein. Die CDU besteht aber weiter auf diesem Ressort und einigt sich mit der FDP auf den neuen Außenminister Gerhard Schröder.

Eugen Gerstenmaier (links) wird zum Bundestagspräsidenten gewählt.

Verurteilung Stalins

17. Oktober. In Moskau beginnt der XXII. Parteitag der KPdSU. Die Eröffnungsrede von Nikita Chruschtschow zeichnet sich, soweit sie den Westen betrifft, durch **auffällige Zurückhaltung** aus. Chruschtschow schlägt zur Normalisierung für Berlin den Status einer freien, entmilitarisierten Stadt vor und verzichtet auf den Abschluß eines Friedensvertrages bis zum Jahresende. Im Verlauf seiner Rede kritisiert Chruschtschow dann Albanien und indirekt auch China; Tschu En-lai sieht sich in seiner Rede an den Parteitag am 21. Oktober zu einer scharfen Reaktion veranlaßt und verläßt Moskau schließlich vorzeitig am 23. des Monats. Der Bruch mit China ist damit eingeleitet.

Der sowjetische Ministerpräsident und Parteichef verblüfft vor allem die sowjetische Öffentlichkeit mit einer harten Abrechnung mit Stalin (→ März 1953) und dessen Gefolgsleuten. Zu der bereits früher verurteilten parteifeindlichen Gruppe um Malenkow und Molotow rechnet er nun auch den auf dem Parteitag anwesenden 80jährigen Marschall Kliment Woroschilow.

Borgward-Konkurs

13. Oktober. Die Namen VW und Borgward beherrschen im Oktober die Szene innerhalb der Automobilwirtschaft. Am 13. des Monats beginnen die Vergleichsverhandlungen im Uralt-Prozeß der VW-Sparer gegen das Werk. Ihre Forderung: Anrechnung ihrer seinerzeit voll angesparten 999 Reichsmark in Form eines Nachlasses von jetzt 1300 DM beim Kauf eines Wagens der Klasse Standard.

Ein Vergleich kommt am 16. Oktober zustande, der den 130 000 VW-Sparern einen Nachlaß von immerhin 600 DM beim Kauf eines Wagens der Firma zusichert, ausgenommen ist der neue VW 1500. Wer sich nicht zum Kauf entschließen kann, wird nach dem Vergleich eine Barabfindung in Höhe von 100 DM erhalten.

In der Bremer Bürgerschaft wird am 18. Oktober das Schicksal der Borgward-Werke endgültig besiegelt. Der Senat lehnt jede weitere Kreditzusage an die Firma ab, da man bis Ende des Jahres mit Verlusten bis zu 100 Millionen DM für den Bremer Stadtstaat rechnen müsse. Für Borgward bleibt danach nur der Weg des außergerichtlichen Konkurses.

Die Fa. Lloyd-Motorenwerke, eine Borgward-Tochter, kann dagegen einen ordentlichen Vergleich durchführen. Den 1200 Gläubigern wird am 23. Oktober zugesichert, daß aus dem vorhandenen Bestand die notwendige Mindestvergleichsquote von 35 Prozent erreicht wird. Einer der Schlager der Lloyd-Werke war in den fünfziger Jahren der Lloyd LP 300.

Der einstige Schlager der Lloyd-Werke: Der »Leukoplastbomber« Lloyd LP 300.

Deutscher Film steckt tief in der Krise

Jeanne Moreau und Marcello Mastroianni in Antonionis »Die Nacht«.

Der Reigen der Deutschland-Premieren preisgekrönter Filme wird im Oktober fortgesetzt. Am 4. Oktober ist der italienisch-französische Streifen »Die Nacht« von Michelangelo Antonioni mit Jeanne Moreau und Marcello Mastroianni zu sehen, der in Berlin mit dem »Goldenen Bären« ausgezeichnet worden ist. Einen Tag später läuft »Exodus« von Otto Preminger an. Am 26. Oktober kommt »Und dennoch leben sie« von Vittorio de Sica in die deutschen Kinos. Sophia Loren erhielt für ihre Darstellung in Cannes und von der Amerikanischen Filmakademie das Prädikat »Beste Hauptdarstellerin«.

Der deutsche Film steckt hingegen in einer tiefen Krise. Zwar werden 1961 wiederum 79 Streifen produziert, jedoch überwiegend Schlagerfilme, Krimis, Heimat- und Sexfilme. Heraus ragen Kurt Hoffmanns »Das Spukschloß im Spessart« als geschäftlich und Bernhard Wickis »Das Wunder des Malachias« als künstlerisch erfolgreichster Film.

Außerdem . . .

Der ehemalige Hoffotograf Anthony Armstrong-Jones, Gatte der englischen Prinzessin Margaret, wird in den Adelsstand erhoben. Von der Königin erhält er am 3. Oktober den Titel »Viscount Linley and Earl of Snowdon«. Das Ehepaar erwartet in Kürze die Geburt seines ersten Kindes.

1961

NOVEMBER

Mo	Di	Mi	Do	Fr	Sa	So
		1	2	3	4	5
6	7	8	9	10	11	12
13	14	15	16	17	18	19
20	21	22	23	24	25	26
27	28	29	30			

1. Parteitag der KPdSU mit der Wiederwahl Chruschtschows zum 1. Sekretär des Zentralkomitees beendet.

2. Truppen der kongolesischen Zentralregierung unter Oberbefehl von General Mobutu marschieren in Katanga ein.

2. Uraufführung des Schauspiels »Andorra« von Max Frisch am Schauspielhaus Zürich.

3. Zum neuen Generalsekretär der UNO wird der Botschafter von Burma bei der Weltorganisation, U Thant, gewählt.

3. Prinzessin Margaret, Schwester Königin Elizabeth' II. von England und Ehefrau von Lord Snowdon, wird von einem Sohn entbunden.

7. Konrad Adenauer wird vom deutschen Bundestag mit 258 gegen 206 Stimmen wieder zum Bundeskanzler gewählt.

9. Staatsbesuch: Königin Elizabeth und Prinz Philipp in Ghana.

11. Frühere Spitzenfunktionäre Malenkow und Kaganowitsch werden aus der KPdSU ausgeschlossen.

12. Bei Wahlen zur Hamburger Bürgerschaft erhält die SPD 57,4 Prozent der Stimmen, die CDU kommt auf 29,1 und die FDP auf 9,6 Prozent.

12. Die Stadt Stalingrad wird in Wolgograd umbenannt.

14. In der DDR werden Stalindenkmäler entfernt und Stalin-Straßen umbenannt.

16. Dreizehn italienische Piloten der UNO werden in der kongolesischen Provinz Kiwu von Soldaten der Zentralregierung ermordet.

28. Die seit dem 9. September unterbrochene Konferenz zur Einstellung der Kernwaffenversuche tritt in Genf mit den Delegierten der USA, Großbritanniens und der Sowjetunion wieder zusammen.

29. Vizekanzler Ludwig Erhard verliest im Bundestag für den erkrankten Konrad Adenauer die Regierungserklärung.

29. Start einer »Mercury«-Weltraumkapsel der USA, die einen Schimpansen an Bord hat. Die Kapsel wird später im Ozean geborgen.

GESTORBEN:

2. James Thurber (* 8. 12. 1894), amerikanischer Schriftsteller.

Fünf FDP-Minister

2. November. Die Koalitionsverhandlungen zwischen der Union und der FDP geraten noch einmal in eine Krise (→ Oktober 1961). Die Parteigremien der FDP stimmen am 2. des Monats Zusatzpapieren zu den Verhandlungsergebnissen nicht zu. Die CDU/CSU verkündet daraufhin am 4. des Monats, daß nur der Koalitionsvertrag Grundlage für die neue Regierungskoalition sein werde. Damit ist der Weg frei zur Wahl des Bundeskanzlers (7. 11.). Konrad Adenauer erhält 258 Stimmen; zum Wahlsieg hätten ihm bereits 250 Stimmen genügt. Eine Woche später kann auch das neue Bundeskabinett vereidigt werden. 20 Minister stellen

sich den Fotografen: elf kommen aus der CDU, fünf aus der FDP und vier aus der CSU. Mit Elisabeth Schwarzhaupt (CDU) wird erstmals eine Frau in ein Bundeskabinett aufgenommen. Gegenüber dem alten Kabinett gibt es folgende Änderungen: Außenminister: Gerhard Schröder (CDU), Innenminister: Hermann Höcherl (CSU), Finanzen: Heinz Starke (FDP), Justiz: Wolfgang Stammberger (FDP), Vertriebene: Wolfgang Mischnick (FDP), Schatzminister: Heinz Lenz (FDP), Wirtschaftliche Zusammenarbeit: Walter Scheel (FDP), Gesundheit: Elisabeth Schwarzhaupt (CDU), Sonderaufgaben: Heinrich Krone (CDU).

Das neue Kabinett stellt sich mit dem Bundespräsidenten vor der Villa Hammerschmidt den Fotografen: 1. Reihe (v. l.): Wirtschaftsminister Erhard, Bundespräsident Lübke, Bundeskanzler Adenauer. 2. Reihe: von Meerkatz (Bundesrat), Seebohm (Verkehr), Frau Schwarzhaupt (Gesundheit), Lücke (Wohnungsbau), Schröder (Außen), Strauß (Verteidigung). 3. Reihe: Lenz (Schatz), Schwarz (Ernährung), Stücklen (Post), Höcherl (Innen), Stammberger (Justiz). 4. Reihe: Starke (Finanz), Krone (besondere Aufgaben), Blank (Arbeit), Lemmer (gesamtdeutsche Fragen), Würmeling (Familie), Mischnick (Vertriebene), Scheel (wirtschaftliche Zusammenarbeit), Balke (Atom).

Spionageprozesse in Ost und West

Der November geht als ein Monat der Spionagefälle in das Bewußtsein der deutschen Öffentlichkeit ein. Der Oberst im Bundeswehrführungsstab, Karl Otto von Hinckeldey, gibt bekannt, daß ein kommunistischer Verbindungsmann Kontakte zu ihm aufgenommen hat. Am 17. des Monats stellt sich der

sowjetische Bürger Staschinsky den Bundesbehörden und gibt zwei Mordanschläge auf Exil-Ukrainer zu. In Kiew werden die deutschen Eheleute Adolf und Hermine Werner zu Freiheitsstrafen von 15 beziehungsweise sieben Jahren verurteilt. Begründung: Spionage für den Geheimdienst der USA.

1961
DEZEMBER

Mo	Di	Mi	Do	Fr	Sa	So
				1	2	3
4	5	6	7	8	9	10
11	12	13	14	15	16	17
18	19	20	21	22	23	24
25	26	27	28	29	30	31

3. Die Annahme eines Briefes der DDR-Regierung mit Vorschlägen zu Besprechungen zwischen »beiden deutschen Staaten« im Bundeskanzleramt in Bonn wird verweigert.

4. Floyd Patterson verteidigt seinen Weltmeistertitel im Schwergewicht durch K.-o.-Sieg gegen Tom McNeely in der vierten Runde in Toronto.

7. Der Schweizer Nationalrat beschließt Erhöhung der Verteidigungsausgaben zur Verstärkung der Luftwaffe um 450 Millionen Franken.

10. Die Sowjetunion bricht ihre diplomatischen Beziehungen zu Albanien ab.

11. Schuldspruch gegen Adolf Eichmann durch das israelische Sondergericht in Jerusalem verkündet.

14. Deutsche Erstaufführung des US-Spielfilms »Das Urteil von Nürnberg« von Stanley Kubrick mit Maximilian Schell, der für seine Rolle den Oscar 1961 als bester Hauptdarsteller erhalten hat.

15. Adolf Eichmann wird von israelischem Sondergericht zum Tode verurteilt.

17. Einweihung der neuen Kaiser-Wilhelm-Gedächtniskirche in Berlin durch Bischof Otto Dibelius in Anwesenheit von 1200 Ehrengästen.

17. Indische Truppen besetzen das portugiesische Kolonialgebiet Goa.

21. Katanga-Ministerpräsident Moise Tschombé vereinbart mit dem neuen Kongo-Ministerpräsidenten Cyrille Adoula Anerkennung der Kongo-Verfassung durch Katanga.

23. Beim Sturz eines Eisenbahnwagens in eine Schlucht bei Catanzaro (Süditalien) sterben mehr als 70 Menschen.

25. Päpstliche Bulle über Einberufung eines Vatikanischen Konzils in Vatikanstadt.

26. Durch Attentate algerischer Extremisten kommen über Weihnachten im Lande 44 Menschen ums Leben.

26. Westeuropa erlebt eines der kältesten Weihnachtsfeste des Jahrhunderts. In Paris werden die tiefsten Temperaturen seit 1879 gemessen. In England sterben 91 Menschen bei Verkehrsunfällen auf vereisten Straßen.

Amerikaner und Deutscher teilen sich Physikpreis

10. Dezember. Bei der Nobelpreisverleihung kann wieder einmal ein deutscher Forscher die begehrte Auszeichnung entgegennehmen. Rudolf Mößbauer aus München erhält zu gleichem Teil den Physikpreis mit dem Amerikaner Robert Hofstadter. Mößbauer hat die Resonanzabsorption der Gammastrahlen untersucht und damit der Physik einen neuen Zeitmaßstab gegeben. Hofstadter erforschte die Elektronenausbreitung bei Atomkernen. Der Chemiepreis geht an den US-Professor Melvin Calvin für Erforschungen der Kohlensäure-Assimilation in Pflanzen. Den Medizinpreis erhält der in Ungarn geborene, in den USA arbeitende Georg von Békésy für seine Arbeiten über das Problem des Hörens. Der Friedensnobelpreis wird posthum an Dag Hammarskjöld, den tödlich verunglückten UN-Generalsekretär (→ September 1961), vergeben. Nachträglich für 1960 erhält der Südafrikaner Albert Luthuli den Friedenspreis.

Spionagefälle beunruhigen NATO

12. Dezember. Im letzten Monat des alten Jahres beunruhigen einige Spionagefälle die Sicherheitsexperten der NATO. In Hannover wird am 12. Dezember ein 46jähriger Oberregierungsrat verhaftet, der vom sowjetischen Nachrichtendienst in die Zentrale des bundesdeutschen militärischen Abschirmdienstes (MAD) eingeschleust worden war. In Bonn wird am gleichen Tag ein 49jähriger Oberst verhaftet, der fahrlässig militärische Geheimnisse ausgeplaudert haben soll. Schwerwiegend ist der Fall des 43jährigen Regierungsrats Heinz Felfe, Hilfsreferent des Nachrichtendienstes Gehlen in München. Als Verbindungsmann zu NATO-Nachrichtendiensten hat er dem sowjetischen Geheimdienst wertvolle Informationen liefern können. Außerdem wird entdeckt, daß sich ein Spionagering um den ehemaligen Wehrmachtsgeneral Edgar Feuchtinger gebildet hat.

1962

JANUAR

Mo	Di	Mi	Do	Fr	Sa	So
1	2	3	4	5	6	7
8	9	10	11	12	13	14
15	16	17	18	19	20	21
22	23	24	25	26	27	28
29	30	31				

1. Die neue bundesrechtliche Sendeanstalt »Deutschlandfunk« beginnt mit Ansprache von Bundespräsident Heinrich Lübke ihr Programm. →

3. Kubas Ministerpräsident Fidel Castro wegen Übergriffen gegen kirchliche Amtsträger und Einrichtungen vom Vatikan exkommuniziert.

5. DDR-Staatsratsvorsitzender Walter Ulbricht kündigt Einführung eines Visumzwangs für Ausländer bei Besuchen Ost-Berlins an.

10. Lawinenkatastrophe (Bergrutsch) im Tal des Rio Santa in Peru zerstört sieben Dörfer und fordert 3800 Todesopfer.

12. Deutsche Erstaufführung des US-Spielfilms »Frühstück bei Tiffany« von Blake Edwards, Audrey Hepburn spielt die Hauptrolle.

13. Albanien und China unterzeichnen in Peking Abkommen über wirtschaftliche und technische Zusammenarbeit.

18. Valéry Giscard d'Estaing von Staatspräsident Charles de Gaulle zum neuen französischen Finanz- und Wirtschaftsminister berufen.

19. Genfer Abkommen der drei laotischen Prinzen über Bildung einer Dreiparteien-Regierung in Laos unterzeichnet.

21. Bundespräsident Heinrich Lübke beendet Afrikareise. →

21. Erste feierliche Konsekration von sieben Bischöfen in Peking durch die nationale chinesische katholische Kirche seit Gründung der Volksrepublik China.

24. DDR-Volkskammer verabschiedet Gesetz zur Einführung der allgemeinen Wehrpflicht.

25. Erzbischof Iakaros, Metropolit der griechisch-orthodoxen Kirche, tritt unter Druck der griechischen Regierung zurück.

26. US-Instrumentenkapsel vom Typ »Ranger« verfehlt geplante Kreisbahn um den Mond und schlägt Bahn um die Sonne ein.

29. Mit dem 50. (erfolgreichen) Abschuß einer Interkontinentalrakete vom Typ »Titan« beenden die USA gut verlaufene Versuchsreihe.

GESTORBEN:

16. Emanuel Stickelberger (* 13. 3. 1884), Schweizer Schriftsteller.

Staatsbesuch Lübkes in Afrika

21. Januar. Mit einer Pressekonferenz in Dakar, der Hauptstadt des Senegal, beendet Bundespräsident Heinrich Lübke einen elftägigen Staatsbesuch, der ihn zusammen mit Außenminister Gerhard Schröder nach Liberia (11. bis 14. Januar), Guinea (15. bis 18. Januar) und Senegal geführt hat. Lübke erwidert mit seiner Afrikareise die Besuche der Präsidenten der drei Länder in Bonn. Begleitet wird Lübke auf der Reise auch von seiner Ehefrau Wilhelmine.

Das Ehepaar Lübke (links) in der liberianischen Hauptstadt Monrovia.

Beatles abgelehnt

Die Beatles werden zur besten Band in Liverpool gewählt.

1. Januar. In den Studios der Schallplattenfirma Decca in London werden an diesem Tag Band-Probeaufnahmen von vier Musikern gemacht, die unter dem Namen Beatles bei öffentlichen Auftritten – vor allem in Liverpool – im Laufe des Jahres 1961 große Publikumsresonanz verzeichnen konnten.

Ihr Manager Brian Epstein hat für John Lennon, George Harrison, Paul McCartney und den für Pete Best eingestiegenen Ringo Starr mit viel Mühe diesen Termin bei der Plattenfirma arrangieren können und hofft auf ein positives Echo. Doch der erste Auftritt der Beatles in einem Plattenstudio geht völlig daneben. Trotz großer Anstrengungen können sie den Decca-Produzenten nicht überzeugen.

Beim Anhören der Bandaufnahmen fällt er ein negatives Urteil und lehnt Plattenaufnahmen mit der Gruppe ab, die seiner Meinung nach keine Chancen im Popgeschäft habe. Nach seinen Marktkenntnissen gibt es keine Aussichten für Gitarrengruppen und Quartettbesetzungen mit einem Sound, wie ihn die Beatles eben vorgetragen haben. Epstein und seine Schützlinge entscheiden sich danach für Eigenproduktion einer ersten Platte.

Deutschlandfunk nimmt seinen Sendebetrieb auf

1. Januar. Nach Überwindung aller parlamentarischer Hürden beginnt die Rundfunkanstalt des Bundesrechts, der Deutschlandfunk, den Sendebetrieb. Hörer der neuen Station können von 16 Uhr bis 1 Uhr nachts ein Programm empfangen, das vor allem Wortbeiträge mit hohem Informationscharakter enthält.

Die Bundesregierung als Initiator der neuen Rundfunkanstalt will mit dem Programm vor allem die Bevölkerung in der DDR erreichen. Nachdem Berlin als Standort durch Proteste der Sowjetunion verhindert worden ist, wird das Programm vom bundeseigenen Sender Mainflingen ausgestrahlt.

Elvis Presley wird von jungen Damen umschwärmt. Auf dem Bild aus dem Elvis-Film »Girls! Girls! Girls!« sind es Laurel Goodwin (r.) und Stella Stevens (l.).

1962

FEBRUAR

Mo	Di	Mi	Do	Fr	Sa	So
			1	2	3	4
5	6	7	8	9	10	11
12	13	14	15	16	17	18
19	20	21	22	23	24	25
26	27	28				

2. Papst Johannes XXIII. setzt die Eröffnung des zweiten Ökumenischen Vatikan-Konzils auf den 11. Oktober fest.

3. Peter Snell (Neuseeland) stellt in Christchurch mit 1:44,3 Min. einen neuen Weltrekord im 800-m-Lauf auf.

7. Schlagwetterexplosion auf der vierten Sohle der Grube Luisenthal bei Völklingen überrascht in 600 m Tiefe 400 Bergleute, von denen 299 nur noch tot geborgen werden können.

9. Die Vereinigten Staaten schaffen ein »US-Militärhilfe-Kommando Vietnam« zur besseren Durchführung ihres erweiterten Hilfs- und Unterstützungsprogramms in Südvietnam.

10. Austausch von Spionen zwischen der USA und der Sowjetunion in Berlin. Zu den Ausgetauschten gehören der U-2-Pilot Francis Powers (→ Mai 1960) und der Atomspion Rudolf Abel.

15. Urho Kekkonen für weitere sechs Jahre zum finnischen Staatspräsidenten gewählt.

17. »Jahrhundertflut« an der Nordseeküste fordert Hunderte von Menschenleben und richtet riesige Sachschäden an. →

20. Oberstleutnant John H. Glenn schafft die erste erfolgreiche Erdumkreisung mit einem US-Raumschiff. →

21. Uraufführung des Schauspiels »Die Physiker« von Friedrich Dürrenmatt im Zürcher Schauspielhaus.

22. Erster Teil der COMECON-Erdölfernleitung nach Fertigstellung des Abschnitts ČSSR/UdSSR-Grenze bis Bratislava von Tartarien aus in Betrieb genommen.

23. Delegierte aus zwölf europäischen Ländern billigen in Paris Gründung einer Europäischen Weltraumforschungsorganisation (ESRO).

26. Oberster Gerichtshof der USA erklärt Rassentrennung auf allen öffentlichen Verkehrsmitteln für verfassungswidrig.

27. Kongreßpartei von Ministerpräsident Jawaharlal Nehru erringt bei Unterhauswahlen in Indien 354 der 494 Sitze.

27. Palast des südvietnamesischen Präsidenten Ngo Dinh Diem in Saigon von Kampffliegern rebellischer Offiziere bombardiert.

US-Astronaut umkreist die Erde

20. Februar. Mit der erfolgreichen Erdumkreisung des amerikanischen Astronauten Oberstleutnant John H. Glenn können die USA in diesem Bereich der Weltraumforschung – zumindest für kurze Zeit – mit der Sowjetunion gleichziehen. Glenn landet nach drei Umrundungen des Planeten Erde mit der »Mercury«-Kapsel im vorgesehenen Zielgebiet im Atlantik östlich der Bahamas und kann wohlbehalten aus der Kapsel »Friendship 7« geborgen werden. Sein Weltraumflug hat exakt vier Stunden, 56 Minuten und 26 Sekunden gedauert. Er legt bei einer Geschwindigkeit von 28 000 Stundenkilometern in dieser Zeit 129 000 Kilometer zurück und erreicht auf der elliptischen Flugbahn mit etwa 260 Kilometern die größte Erdferne. Der 40jährige Astronaut kann während des Flugs die Kapsel mit der Handsteuerung bedienen und hat während der gesamten Zeit im Weltall keinerlei Probleme.

Die US-Astronauten Carpenter, Cooper, Glenn, Grissom, Schirra, Shepard und Slayton (v. l.). Auch Shepard und Grissom waren schon im Weltraum.

Nach der Landung im Atlantischen Ozean etwa 64,5 Kilometer vor dem berechneten Auftreffpunkt wartet der US-Astronaut geduldig in seiner Kapsel, bis das Bergungsschiff eintrifft und die Kapsel vorsichtig an Bord genommen wird. Für die Bergung sind 24 Schiffe, 126 Flugzeuge und 26 000 Menschen aufgeboten worden.

Der Start des Raumfahrzeugs »Mercury-Atlas 6« von Kap Canaveral aus mit dem Astronauten John Glenn an Bord.

Nach der Erdumkreisung wird Glenn überall begeistert empfangen, wie hier in Kanada mit einer Konfettiparade.

Flutkatastrophe fordert mehr als 300 Tote

17. Februar. Die Bewohner an der Nordseeküste der vier Bundesländer Schleswig-Holstein, Hamburg, Bremen und Niedersachsen ziehen an diesem Morgen die Bilanz der schlimmsten Sturmnacht des Jahrhunderts. An der gesamten deutschen Nordseeküste sind nach der Jahrhundertflut der vergangenen Nacht, mit einem Wasserstand von 3,77 Metern über dem normalen Hochwasser, schwerste Zerstörungen festzustellen und Hunderte von Menschenleben zu beklagen.

Ein orkanartiger Nordweststurm, der stundenlang über dem Meer tobt, hat das Wasser der Nordsee derart gegen die Küsten gedrückt, daß alle Sicherungen durch Deiche nicht standhalten. Während jedoch an der schleswig-holsteinischen Westküste alle Bewohner durch rechtzeitigen Alarm – wenn auch unter dramatischen Umständen – gerettet werden können, reißen die Wassermassen allein im Hamburger Elbegebiet 312 Menschen in den Tod. Der Hamburger Hafen wird völlig überschwemmt, besonders betroffen ist der Stadtteil Wilhelmsburg, wo 75 000 Bewohner obdachlos werden und auch die meisten Opfer zu beklagen sind. 12 000 Hektar Land stehen unter Wasser, 4000 Stück Vieh ertrinken. 100 000 Menschen sind von den Wassermassen eingeschlossen. Die Innenstadt ist am Morgen bis zum Rathaus hin überflutet, der Sachschaden allein im Hafengebiet wird auf 873 Millionen DM beziffert.

Im niedersächsischen Küstenbereich kommen 19 Menschen ums Leben, sechs Todesopfer gibt es in Bremen, so daß sich die Gesamtbilanz der Flutkatastrophe auf 337 Tote beläuft. Der Gesamtschaden wird später mit 2,89 Milliarden DM angegeben.

Bei den Rettungsmaßnahmen in der Sturmnacht sind auch 40 000 Soldaten der Bundeswehr im Einsatz, darunter zwölf Pionierbataillone. Sie retten mit 200 Sturm- und 140 Schlauchbooten unzählige Menschenleben. In Wilhelmsburg werden 1500 Bewohner von 71 Bundeswehr- und 25 US-Hubschraubern geborgen. Die Bundeswehr verliert bei ihren Hilfsmaßnahmen sechs Soldaten, auch ein Polizeibeamter kommt bei den Rettungsarbeiten ums Leben.

Soldaten der Bundeswehr bringen die von der Flut in Schleswig-Holstein betroffenen Menschen in Sicherheit.

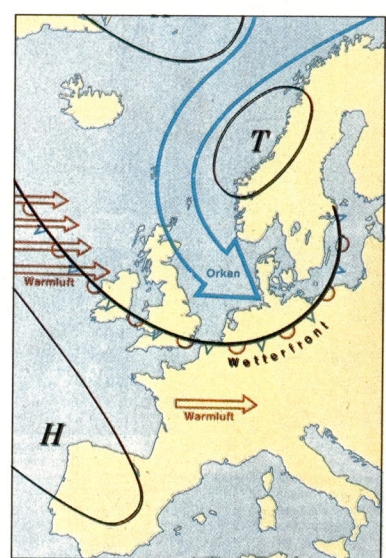

Die Wetterlage am 17. Februar: Die Windstärke liegt bei 10 bis 11. Der Sturm erreicht über der Deutschen Bucht Geschwindigkeiten bis 160 km/h. Das auflaufende Wasser der Flut wird in Trichtermündungen von Elbe, Weser und Ems getrieben. Der Wasserstand an den Deichen steigt.

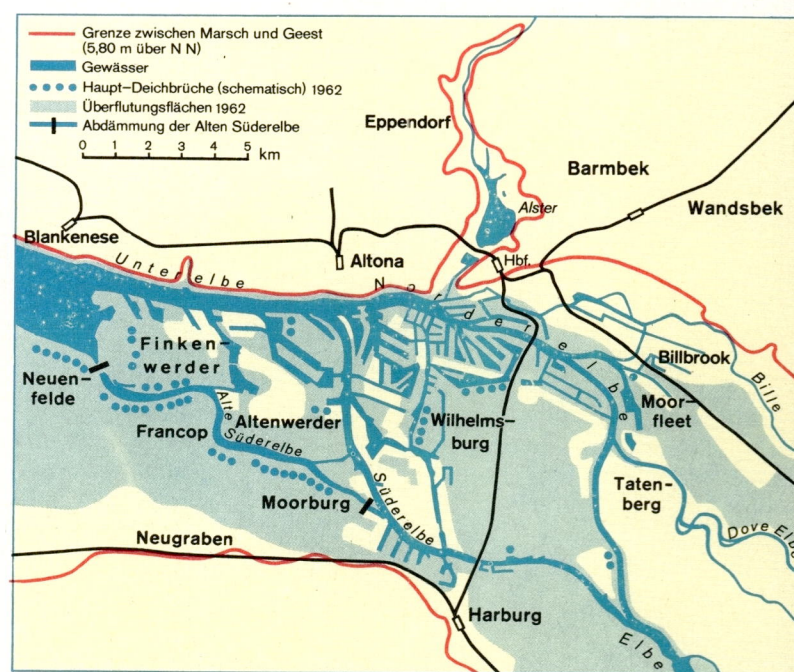

Grenze zwischen Marsch und Geest (5,80 m über N N)
Gewässer
Haupt–Deichbrüche (schematisch) 1962
Überflutungsflächen 1962
Abdämmung der Alten Süderelbe

0 1 2 3 4 5 km

Eppendorf · Barmbek · Wandsbek · Alster · Blankenese · Unterelbe · Altona · Hbf · Billbrook · Finkenwerder · Neuenfelde · Alte Süderelbe · Moorfleet · Francop · Altenwerder · Wilhelmsburg · Tatenberg · Dove Elbe · Moorburg · Süderelbe · Bille · Neugraben · Harburg · Elbe

Das Ausmaß der Flutkatastrophe in Hamburg: Die Flut setzt 12 000 Hektar unter Wasser. 312 Tote sind zu beklagen, 4000 Stück Vieh ertrinken. 100 000 Menschen sind von der Umwelt abgeschnitten, über 20 000 Menschen werden wegen unmittelbarer Bedrohung evakuiert. 40 000 Soldaten sind im Einsatz.

1962
MÄRZ

Mo	Di	Mi	Do	Fr	Sa	So
			1	2	3	4
5	6	7	8	9	10	11
12	13	14	15	16	17	18
19	20	21	22	23	24	25
26	27	28	29	30	31	

1. Die USA und England unternehmen in der Wüste von Nevada gemeinsam einen unterirdischen Kernwaffenversuch.

3. Erstes amerikanisches Atomkraftwerk in der Antarktis auf US-Stützpunkt McMurdo in Betrieb genommen.

7. USA geben Start eines fliegenden Sonnen- und Sternenobservatoriums »OSO« bekannt.

8. Beginn offizieller Verhandlungen zwischen Frankreich und der algerischen Unabhängigkeitsbewegung FLN in Evian (Schweiz). →

12. Synode der Evangelischen Kirche Berlin-Brandenburg muß wegen der Berliner Mauer erstmals in ihrer Geschichte getrennt in Ost- und West-Berlin tagen.

14. Eröffnung der ständigen 18-Mächte-Abrüstungskonferenz in Genf. →

15. Katanga-Ministerpräsident Moise Tschombé zu Wiedervereinigungsverhandlungen mit kongolesischer Zentralregierung in Leopoldville eingetroffen.

16. Start der ersten Satelliten der »Kosmos«-Reihe durch die Sowjetunion.

18. Abschluß eines Waffenstillstandsabkommens zwischen Frankreich und der algerischen Exilregierung in Evian. →

20. Erstes nach dem Zweiten Weltkrieg von einer deutschen Werft (Kieler Howaldts-Werke AG) gebautes U-Boot (»U 1«) wird in Dienst gestellt.

23. Bundeswirtschaftsminister Ludwig Erhard richtet Maßhalteappell an Interessengruppen und Gewerkschaften wegen weiterer Forderungen an den Staat.

26. Frankreich gibt schrittweise Verkürzung der Wehrdienstzeit bekannt.

27. Bundespräsident Heinrich Lübke tritt viertägigen Staatsbesuch in Österreich an.

31. John Uelses (USA) verbessert den Stabhochsprung-Weltrekord in Santa Barbara (Kalifornien) auf 4,89 m.

GESTORBEN:

15. Arthur H. Compton (* 10. 9. 1892), amerikanischer Physiker, Nobelpreis 1927.

25. Auguste Piccard (* 28. 1. 1884), Schweizer Stratosphären- und Tiefseeforscher.

Abrüstungskonferenz in Genf

14. März. Nach langen Verhandlungen zwischen den USA und der UdSSR nimmt in Genf ein neuer Abrüstungsausschuß seine Beratungen auf. Er besteht aus 18 Teilnehmerländern, von denen je fünf aus dem Ostblock beziehungsweise NATO-Bereich kommen, acht Länder werden zu den bündnisfreien Staaten gerechnet. Als Ziel dieser Konferenz formuliert UdSSR-Außenminister Andrej Gromyko schon in seiner Eröffnungsrede einen Vertrag über allgemeine und vollständige Abrüstung unter strenger internationaler Kontrolle. Vertreter der Westmächte legen ihrerseits Vorschläge auf den Verhandlungstisch, und es kommt wie bei vorausgegangenen Ost-West-Verhandlungen zu einem zähen Ringen um Verfahrens- und Themenfragen, die von beiden Seiten so geführt werden, daß einer Fortsetzung der Gespräche nichts im Wege steht.

Letzte Vorbesprechung der Außenminister der Atommächte: (von links) Lord Home (Großbritannien), Andrej Gromyko (Sowjetunion), Dean Rusk (USA).

Vor Algerienlösung

18. März. Mit dem Abschluß eines Abkommens über die Feuereinstellung sowie Vereinbarungen über die Selbstbestimmung Algeriens und sein künftiges Verhältnis zu Frankreich gehen in Evian am Genfer See die Verhandlungen zwischen der französischen Regierung und Vertretern der Unabhängigkeitsbewegung FLN sowie der algerischen Exilregierung (GPRA) erfolgreich zu Ende. Ein jahrelanger blutiger Krieg scheint dadurch vor seinem Abschluß zu stehen, der auf beiden Seiten bis Ende 1961 nach offiziellen französischen Angaben folgende Verluste gebracht hat: Die französische Armee meldet 12 000 Tote und weitere 2600 Tote bei den Hilfstruppen. Bei Unglücksfällen sind weitere 6000 Armeeangehörige oder Mitglieder der Hilfstruppen ums Leben gekommen. Die Verluste der Rebellen werden auf 141 000 Tote geschätzt.

Der Kernpunkt der Abmachungen von Evian ist die Gewährung der völligen Unabhängigkeit für Algerien durch das Mutterland Frankreich, die nach einer Übergangsfrist in Kraft treten soll. Danach ist eine enge Zusammenarbeit auf politischem und wirtschaftlichem Gebiet zwischen beiden Ländern vorgesehen. In einer Volksabstimmung in Frankreich und Algerien sollen die Abmachungen von der Bevölkerung gebilligt werden.

Ein entscheidendes Hindernis für die Einigung zwischen Frankreich und Algerien ist die nach dem gescheiterten Generalsputsch im April 1961 gebildete Geheimorganisation OAS, die mit Terroranschlägen eine Versöhnung verhindern will. Ihr Führer ist der vor französischen Behörden geflohene ehemalige Oberbefehlshaber in Algerien, Raoul Salan.

General Raoul Salan.

Außerdem . . .

Gamal Abd el Nasser, Präsident der Vereinigten Arabischen Republik, erläßt ein Dekret, durch das das Gebiet von Gaza zu einem untrennbaren Bestandteil des palästinensischen Territoriums erklärt wird, dessen Volk der arabischen Nation angehöre.

Bei schweren Zusammenstößen zwischen israelischen und syrischen Truppen am See Genezareth beim Vorrücken israelischer Einheiten gegen den südlichsten syrischen Stützpunkt gibt es mindestens 250 Tote und Verletzte.

Der argentinische Staatspräsident Arturo Frondizi wird von der Armee abgesetzt und auf eine Insel im Mündungstrichter des Rio de la Plata deportiert.

Die Regierung des Iran verabschiedet ein Gesetz zur Bodenreform, das Landeigentümern verbieten will, künftig mehr als ein Dorf zu besitzen. Im Land herrscht praktisch noch Leibeigenschaft. Manche Großgrundbesitzer beanspruchen bis zu 1000 Dörfer als Eigentum.

Zwanzig katholische Geistliche und ein Ordensbruder werden in der Provinz Katanga von Soldaten des abtrünnigen Kongo-Politikers Antoine Gizenga ermordet.

1962
APRIL

Mo	Di	Mi	Do	Fr	Sa	So
						1
2	3	4	5	6	7	8
9	10	11	12	13	14	15
16	17	18	19	20	21	22
23	24	25	26	27	28	29
30						

3. Jawaharlal Nehru für weitere fünf Jahre zum Führer der Parlamentsfraktion der Kongreßpartei und damit zum designierten Ministerpräsidenten gewählt.

5. Durchstich des Straßentunnels am Großen St. Bernhard.

6. Die Londoner Verfassungskonferenz über die Zukunft Kenias erzielt Kompromiß mit den rivalisierenden afrikanischen Parteien unter Jomo Kenyatta und Ronald Ngala.

6. Belgien nimmt wieder diplomatische Beziehungen mit dem Kongo auf.

7. Frischauf Göppingen gewinnt den Europapokal im Hallenhandball durch 13 : 11-Finalsieg gegen Partizan Bjelovar in Paris.

8. Präsident de Gaulles Vorschläge über die Zukunft Algeriens erhalten eine große Mehrheit. →

9. Frühere Ärztin Mahatma Gandhis, Dr. Sushila Nayyar, von Ministerpräsident Nehru als erste Frau Indiens auf einen Kabinettsposten (Gesundheit) berufen.

11. Deutschland gewinnt ein Fußballänderspiel gegen Uruguay in Hamburg mit 3 : 0.

11. Der Schah von Persien und Kaiserin Farah Diba statten den Vereinigten Staaten einen Besuch ab. →

12. Uraufführung des Einakters »Ein leichter Schmerz« von Harold Pinter in London.

13. US-Stahlfirmen nehmen nach Intervention von Präsident John F. Kennedy Erhöhung der Stahlpreise zurück.

15. Georges Pompidou bildet nach Rücktritt von Ministerpräsident Michel Debré neues Kabinett in Frankreich.

20. Britische Regierung verfügt nach Friedensangebot der IRA Freilassung aller wegen Mitwirkung an Terrorakten der IRA verurteilten Gefangenen.

23. US-Instrumentenkapsel »Ranger IV« zum Mond gestartet; die vorgesehene weiche Landung auf dem Erdtrabanten schlägt fehl.

25. USA starten Versuchsreihe von Kernwaffenexplosionen in der Atmosphäre und lösen bei den Weihnachtsinseln im Pazifik Atomexplosion aus.

28. Dave Tork (USA) verbessert den Stabhochsprung-Weltrekord in Walnut auf 4,93 m.

Algerien-Beschlüsse

8. April. Die Volksabstimmung in Frankreich über das künftige Schicksal Algeriens bringt den Vorschlägen von Staatspräsident Charles de Gaulle eine große Mehrheit. Über 17 Millionen Franzosen, das sind 90,7 Prozent der zu den Urnen gegangenen Wähler, sprechen sich für die Unabhängigkeit Algeriens aus, etwa 1,8 Millionen (9,3 Prozent) sind dagegen. Dessen ungeachtet verstärkt die »Organisation armée secrète« (Geheimarmee = OAS), eine Organisation des Widerstands gegen de Gaulles Politik, in Algerien ihre Terroranschlä-ge, denen bis Ende des Monats wiederum zahlreiche Menschen zum Opfer fallen. Aber auch die französische Regierung geht hart gegen die Organisation vor. Einer ihrer Führer, Ex-General Edmond Jouhaud, wird am 13. April von einem Militärgericht in Paris zum Tode verurteilt. Ex-General Raoul Salan wird bei einer Razzia in Algier am 20. April verhaftet und sofort nach Paris in ein Gefängnis überführt. Erstmals gehen auch die neu gebildeten lokalen Ordnungsstreitmächte in den Städten Algeriens gegen die OAS vor.

Dollars statt Haft

11. April. Nachdem ein Militärgericht in Havanna 1179 Kubaner, die an der gescheiterten Invasion von 1961 mitgewirkt haben, zu Gefängnisstrafen verurteilt hat, kommt es zu Verhandlungen mit einem von den Angehörigen der Gefangenen gebildeten Komitee, als deren Ergebnis zunächst die Freilassung von 60 der Verurteilten, die krank oder verwundet sind, steht. Das Komitee zahlt dafür eine Geldbuße in Höhe von 2,5 Millionen Dollar auf ein Konto bei einer kanadischen Bank ein. Fidel Castro bietet an, die Gefängnisstrafen durch Geldbußen in einer Gesamthöhe von 62 Millionen Dollar abzulösen.

11. April. Mit einem Bankett im Weißen Haus in Washington, das als politisch-gesellschaftliches Ereignis ersten Ranges gilt, wird der Staatsbesuch des Schahs von Persien in den USA gewürdigt: (von links) Jacqueline Kennedy, Schah Resa Pahlawi, Kaiserin Farah und US-Präsident John F. Kennedy.

1962
MAI

Mo	Di	Mi	Do	Fr	Sa	So
	1	2	3	4	5	6
7	8	9	10	11	12	13
14	15	16	17	18	19	20
21	22	23	24	25	26	27
28	29	30	31			

1. Frankreich unternimmt ersten unterirdischen Kernwaffenversuch im Hoggar-Gebirge in der Südsahara.

2. Bei Attentaten der OAS werden in Algerien 110 Personen getötet und 147 verletzt. →

2. Benfica Lissabon gewinnt im Fußball den Europacup der Landesmeister durch 5 : 3-Sieg gegen Real Madrid in Amsterdam.

5. Flucht von 12 DDR-Bewohnern durch 32 m langen Tunnel unter der Berliner Mauer.

6. Außenminister Antonio Segni zum neuen italienischen Staatspräsidenten nach Ende der Amtszeit von Giovanni Gronchi gewählt.

8. US-Präsident Kennedy fordert Gewerkschaft der Automobilarbeiter zu Mäßigung in ihrer Lohnpolitik auf.

12. Der 1. FC Köln wird im Endspiel durch ein 4 : 0 gegen den 1. FC Nürnberg im Berliner Olympiastadion Deutscher Fußballmeister.

14. Hochzeit von Prinz Don Juan Carlos, seit 29. März 1960 erster Thronanwärter Spaniens, mit Prinzessin Sophia von Griechenland in Athen.

19. Erstes Endspiel um den Europacup der Pokalsieger zwischen Atletico Madrid und AC Florenz endet in Glasgow 1 : 1.

23. Ex-General Raoul Salan wegen Beteiligung am sogenannten Generalsputsch in Algerien von Militärgericht in Paris zu lebenslanger Haft verurteilt. →

24. Zweite erfolgreiche Erdumkreisung eines bemannten US-Raumschiffes. Astronaut Scott Carpenter schafft mit »Aurora VII« drei Umrundungen.

28. Kurssturz an der Wallstreet-Börse in New York verursacht schwerste Verluste bei Industrieaktien seit dem Schwarzen Freitag vom Oktober 1929.

31. Deutschland trennt sich im ersten Spiel der Fußball-WM 1962 in Santiago 1 : 1 von Italien.

GESTORBEN:

11. Hans Luther (* 10. 3. 1879), ehemaliger deutscher Reichskanzler.

31. Adolf Eichmann (* 19. 3. 1906), ehemaliger deutscher SS-Obersturmbannführer. →

Terror in Algerien

Mit einem Tankwagen setzen OAS-Terroristen in Algier Häuser in Brand.

8. Mai. Algerien wird zu Beginn des Monats von einer neuen Terrorwelle der OAS erschüttert, der bis zum 8. Mai 200 Menschen zum Opfer fallen. Der französische Hochkommissar für Algerien ordnet daraufhin verschärfte Abwehrmaßnahmen gegen die OAS an. Am 12. Mai werden 15 000 Mann der lokalen muselmanischen Ordnungsstreitkräfte zur Verstärkung nach Algier entsandt. Der zweite Brennpunkt des Terrors, die Stadt Oran, erhält Verstärkung durch 15 Bataillone algerischer Schützen, die der französischen Armee angehören und unter Befehl algerischer Offiziere stehen. Die provisorische algerische Exekutive beschließt unterdessen, die Volksabstimmung in Algerien am 1. Juli durchzuführen und die Wahl einer algerischen Nationalversammlung für den 23. Juli anzusetzen. Die französischen Behörden machen dem im Vormonat festgenommenen Ex-General Raoul

Salan vom 15. bis 23. Mai den Prozeß. Obwohl Salan bereits in Abwesenheit zum Tode verurteilt worden ist, wird er diesmal unter Berücksichtigung mildernder Umstände nur zu lebenslanger Haft verurteilt.

Viele Franzosen beginnen jetzt mit der Abreise aus Algerien ins Mutterland. Die französische Regierung hat eine Luft- und Schiffsbrücke zwischen Algerien und dem Mutterland eingerichtet, die rückkehrwillige Franzosen kostenfrei ins Heimatland zurückbringt. Weil die FLN, die nationale Befreiungsfront in Algerien, Ende des Monats erstmals seit der Einigung mit Frankreich, Terroranschläge auf Europäer in Algerien verübt, schwillt dieser Strom an. Am 29. Mai führen überraschende Geheimverhandlungen zwischen den Terrororganisationen OAS und FLN ohne Beteiligung französischer Stellen zur Feuereinstellung.

Eichmann gehängt

29. Mai. Vor dem Obersten Gerichtshof in Jerusalem wird im Prozeß um den zum Tode verurteilten ehemaligen SS-Obersturmbannführer Adolf Eichmann der Berufungsantrag der Verteidigung zurückgewiesen. Eichmann führte die sog. Endlösung der Judenfrage (→ Januar 1942) durch. Nach dem Krieg gelang ihm die Flucht nach Lateinamerika, 1960 wurde er von

den Israelis in Argentinien aufgespürt. Staatspräsident Itzhak Ben-Zvi lehnt ab, von seinem Gnadenrecht Gebrauch zu machen, so daß in der Nacht des 31. Mai das Todesurteil an Adolf Eichmann durch Erhängen vollstreckt wird. Die Leiche wird auf ein Polizeiboot gebracht und dort eingeäschert, die Asche im Mittelmeer verstreut (→ Mai 1960, April 1961).

(→ Mai 1960, April 1961).

1962
JUNI

Mo	Di	Mi	Do	Fr	Sa	So
				1	2	3
4	5	6	7	8	9	10
11	12	13	14	15	16	17
18	19	20	21	22	23	24
25	26	27	28	29	30	

1. Sowjetregierung gibt Erhöhung der Einzelhandelspreise für Fleisch und Fleischwaren um 30 und für Butter um 25 Prozent bekannt.

3. Deutschland gewinnt das zweite Spiel bei der Fußball-WM gegen die Schweiz in Santiago mit 2 : 1.

4. Vera Brühne wird in München zu einer lebenslangen Zuchthausstrafe verurteilt. →

6. Deutschland gewinnt das dritte WM-Gruppenspiel gegen Chile in Santiago mit 2 : 0.

7. Premiere des deutschen Films »Lulu« von Rolf Thiele mit Nadja Tiller, O. E. Hasse und Hildegard Knef.

8. In Genf vereinbaren die USA und die UdSSR die gemeinsame friedliche Erforschung des Weltraums auf dem Gebiet der Meteorologie.

10. Deutschland verliert bei der Fußball-WM im Viertelfinale gegen Jugoslawien in Santiago mit 0 : 1. →

12. Verhandlungen zwischen den rivalisierenden laotischen Prinzen auf der Hochebene der Tonkrüge führen zur Bildung einer Koalitionsregierung der »Nationalen Einheit« in Laos.

17. Brasilien wird durch einen 3 : 1-Sieg gegen die ČSSR in Santiago Fußballweltmeister 1962. →

18. Uraufführung des Einakters »Die Kollektion« von Harold Pinter in London.

21. Deutsche Erstaufführung des US-Spielfilms »Lolita« von Stanley Kubrick mit Sue Lyon, Shelly Winters und James Mason.

23. Proklamation der laotischen Koalitionsregierung unter Ministerpräsident Suvanna Phuma durch König Savang Vatthana.

28. Deutsche Erstaufführung des 1961 mit dem Oscar als bester Auslandsfilm ausgezeichneten schwedischen Spielfilms »Wie in einem Spiegel« von Ingmar Bergman.

30. Verlegung der französischen Fremdenlegion aus Algerien abgeschlossen.

GESTORBEN:

12. John Ireland (* 13. 8. 1879), englischer Komponist.

20. Kurt Magnus (* 28. 3. 1887), deutscher Rundfunkpionier.

Leichtathleten der Sowjetunion auf Rekordjagd

4. Juni. Sowjetische Leichtathleten gehen in diesem Monat auf Weltrekordjagd und erzielen einige bemerkenswerte Bestleistungen. Am 4. kommt Wladimir Trussenew in Leningrad mit dem Diskus auf die neue Rekordweite von 61,64 m. Am 10. werden drei neue Leichtathletik-Weltrekorde aufgestellt. Tamara Press stößt in Leipzig die Kugel 18,55 m weit, Tatjana Tschelkanowa erreicht in Moskau im Weitsprung 6,53 m und Igor Ter-Owanesian kommt in Eriwan in der gleichen Disziplin bei den Männern auf 8,31 m. Den Schlußpunkt setzt am 22. ein Finne. Pentti Nikola entreißt den Amerikanern den Stabhochsprung-Weltrekord und schafft in Kauhara 4,94 m.

Lebenslang für Vera Brühne

Vera Brühne und Johannes Fehrbach.

4. Juni. Mit der Urteilsverkündung geht vor einem Münchner Schwurgericht einer der spektakulärsten Indizienprozesse der Nachkriegszeit in Deutschland zu Ende. Das Gericht befindet die 52jährige Vera Brühne für schuldig des Doppelmordes an ihrem Geliebten, dem Münchner Arzt Dr. Otto Praun und seiner Haushälterin Elfriede Kloo. Als Motiv wird von den Geschworenen Habgier unterstellt. Die Angeklagte hat bis zuletzt jede Tatbeteiligung bestritten, ist aber nach Meinung des Gerichts überführt und wird so zu lebenslanger Zuchthausstrafe verurteilt.

Brasilien Weltmeister

Brasilien verteidigt seinen Weltmeistertitel gegen die ČSSR. Das Bild zeigt einen brasilianischen Angriff auf das tschechische Tor.

17. Juni. Die dritte Fußball-Weltmeisterschaft auf südamerikanischem Boden endet mit einem 3 : 1-Endspielsieg des Titelverteidigers Brasilien gegen die ČSSR in Chiles Hauptstadt Santiago. Obwohl Brasiliens »Wunderstürmer« Pelé wegen Verletzung am Finale nicht teilnehmen kann, sind die Südamerikaner den überraschend ins Endspiel vorgestoßenen Tschechen überlegen und siegen ohne große Mühe.

Dem wegen seiner technischen Feinheiten gerühmten Endspiel geht bei den Gruppenspielen in Santiago ein unrühmlicher Höhepunkt dieser WM voraus, als in der Begegnung Italiens mit Chile ein

durch Presseberichte aufgeputschtes chilenisches Team und fanatische Zuschauer für einen Skandal sorgen. Die 22 Akteure bekämpfen sich mehr durch Fouls, Spucken und Beschimpfen, denn mit fußballerischen Mitteln. Bei Platzverweisen der Italiener muß die Polizei das Spielfeld zweimal von Zuschauern räumen, die Italiener können nach der Begegnung nur unter starkem Polizeischutz in Sicherheit gebracht werden. Für die deutsche Mannschaft kommt im Viertelfinale das Aus durch eine Niederlage gegen Jugoslawien, nachdem sie gegen starke Gegner den Gruppensieg errungen hatte und sich mehr ausrechnen konnte.

CHILE 1962
WM vom 30. Mai bis 17. Juni

16 Teilnehmer: Argentinien, Brasilien, Bulgarien, Chile, Deutschland, England, Italien, Jugoslawien, Kolumbien, Mexiko, Paraguay, Schweiz, Spanien, Tschechoslowakei, UdSSR und Ungarn.

1. Brasilien
Spiele gegen Mexiko 2:0, Tschechoslowakei 0:0 (Gruppenspiel) und 3:1 (Endspiel), Spanien 2:1, England 3:1 und Chile 4:2.

2. Tschechoslowakei
Spiele gegen Spanien 1:0, Brasilien 0:0 (Gruppenspiel) und 1:3 (Endspiel), Mexiko 1:3, Ungarn 1:0 und Jugoslawien 3:1.

3. Chile
Spiele gegen Schweiz 3:1, Italien 2:0, Deutschland 0:2, UdSSR 2:1, Brasilien 2:4 und Jugoslawien 1:0.

4. Jugoslawien
Spiele gegen UdSSR 0:2, Uruguay 3:1, Kolumbien 5:0, Deutschland 1:0, Tschechoslowakei 1:3 und Chile 0:1.

Deutschland spielte gegen Italien 0:0, Schweiz 2:1, Chile 2:0 und schied im Viertelfinale mit 0:1 gegen Jugoslawien aus.

1962
JULI

Mo	Di	Mi	Do	Fr	Sa	So
						1
2	3	4	5	6	7	8
9	10	11	12	13	14	15
16	17	18	19	20	21	22
23	24	25	26	27	28	29
30	31					

1. Volksabstimmung in Algerien ergibt 99,97 Prozent Ja-Stimmen für Unabhängigkeit und Zusammenarbeit mit Frankreich. →

1. Proklamierung der Unabhängigkeit der Republik Ruanda (23 338 km² und 2,6 Millionen Einwohner).

1. Al Oerter (USA) stellt in Chicago mit 62,45 m neuen Weltrekord im Diskuswerfen auf.

2. China und Südafrika unterzeichnen Abkommen über Lieferung von 650 000 Tonnen Mais bis Ende des Jahres.

6. Rod Laver schlägt Martin Mulligan (beide Australien) im Wimbledonfinale 6 : 2, 6 : 2, 6 : 1.

6. USA geben Aufhebung der Reisebeschränkungen für Sowjet-Touristen bekannt.

7. Karen Susman (USA) gewinnt das Wimbledon-Damenfinale gegen Vera Suskova (ČSSR) 6 : 4, 6 : 4.

8. Bundeskanzler Adenauer beendet fünftägigen Besuch in Frankreich zur Festigung der deutsch-französischen Freundschaft.

10. USA starten erfolgreich den Fernseh- und Nachrichtensatelliten »Telstar«.

15. Jacques Anquetil gewinnt zum zweitenmal (nach 1961) die Tour de France.

20. Frankreich und Tunesien nehmen die im Vorjahr wegen des Bizerta-Konflikts abgebrochenen diplomatischen Beziehungen wieder auf.

21. Harold Conolly (USA) verbessert den Weltrekord im Hammerwurf in Palo Alto (Kalifornien) auf 70,67 m.

21. Schwere Auseinandersetzung zwischen krawallierenden Jugendlichen und der Polizei im Münchener Stadtteil Schwabing.

22. Valery Brumel (UdSSR) verbessert in Palo Alto den Weltrekord im Hochsprung auf 2,26 m.

23. Gustav »Bubi« Scholz verliert den ersten auf deutschem Boden ausgetragenen Weltmeisterschafts-Boxkampf.

30. Gemeinsame Agrarpolitik der EWG für bestimmte Produkte in Kraft.

GESTORBEN:

6. William Faulkner (* 25. 9. 1897), amerikanischer Schriftsteller, Nobelpreis 1949.

Unabhängigkeit Algeriens proklamiert

3. Juli. Zwei Tage nach der Volksabstimmung in Algerien, in der die Bevölkerung mit der überwältigenden Mehrheit von 99,97 Prozent die Unabhängigkeit und weitere Zusammenarbeit mit Frankreich gewählt hat, proklamiert General Charles de Gaulle in Paris feierlich die Unabhängigkeit des Landes. Am gleichen Tag siedelt die Provisorische Algerische Regierung aus dem tunesischen Exil nach Algier über, auch die ersten Einheiten der Befreiungsarmee ALN treffen in Algerien ein. Es kommt sofort zu Differenzen zwischen den Führern der verschiedenen Unabhängigkeitsinstitutionen. Der stellvertretende Präsident der bisherigen Exilregierung, Ahmed Ben Bella, und ihr Ministerpräsident Youssef Ben Khedda treten dabei als Kontrahenten auf, wobei sogar bewaffnete Auseinandersetzungen innerhalb der Befreiungsarmee stattfinden.

Bubi Scholz verliert WM-Fight nach Punkten

23. Juni. Gustav »Bubi« Scholz verliert im Berliner Olympiastadion den Weltmeisterschaftskampf im Halbschwergewichtsboxen gegen den Titelinhaber, den farbigen Amerikaner Harold Johnson, knapp nach Punkten. Am Ring sitzt bundesdeutsche Prominenz aus Politik, Industrie, Film- und Showgeschäft. Bubi Scholz, der in einer 14jährigen Boxkarriere nur einen Kampf verlor (gegen Charles Humez, 1958), der in zweijähriger Pause eine offene Tuberkulose auskurierte und ein glänzendes Comeback erlebte, ungeschlagener Europa- und Deutscher Meister im Mittelgewicht, gilt als Publikumsliebling. Durch Persönlichkeit und Kampfstil ist es ihm gelungen, an die große Zeit des Boxsports anzuknüpfen, die speziell Berlin während der Ära Max Schmelings erlebte. Die Kämpfe des Boxers Scholz werden regelmäßig zu gesellschaftlichen Ereignissen.

Konferenz um Laos

Im Genfer Völkerbundpalast wird der Laos-Vertrag unterschrieben: (von links) der sowjetische Außenminister Gromyko, der laotische Ministerpräsident Suvanna Phuma und der britische Außenminister Lord Home.

23. Juli. Mit dem erfolgreichen Abschluß der Genfer Laos-Konferenz kann ein Krisenherd in Ostasien vorerst entschärft werden. Die Konferenz nimmt die Koalitionsregierung von Laos als Gesprächspartner an und billigt deren Neutralitätserklärung vom 9. Juli, in der für das Königreich Laos Bündnisfreiheit gefordert wird. Am 23. Juli wird die Deklaration über die Neutralität unterzeichnet.

Bubi Scholz (rechts) verliert den ersten Weltmeisterschafts-Boxkampf auf deutschem Boden in Berlin gegen den Amerikaner Harold Johnson.

Peter Fechter stirbt bei Fluchtversuch

17. August. Trotz der Behinderungen durch die Berliner Mauer und die Volkspolizei gelingt es immer wieder Bürgern der DDR, in den Westen zu entkommen. Zum Jahrestag des Mauerbaus legt das Bundesministerium für Vertriebene und Flüchtlinge eine Bilanz vor, aus der hervorgeht, daß seit dem 13. August 1961 noch 12 316 Personen trotz der Sperrmaßnahmen aus der DDR flüchten konnten. Am 17. August wird der junge Ostberliner Peter Fechter bei einem Fluchtversuch über die Mauer von Volkspolizisten erschossen. Dieser erste Tote an der Mauer erregt die Öffentlichkeit in der westlichen Welt.

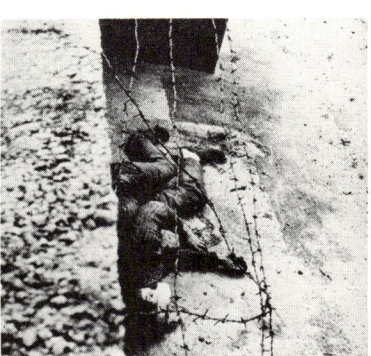

Peter Fechter verblutet an der Mauer.

Hermann Hesse †

9. August. Im Alter von 85 Jahren stirbt der Dichter Hermann Hesse in Montagnola (Tessin). Hesse war zunächst Buchhändler und Antiquar in Basel und zog sich nach langen Europa- und Indienreisen an den Bodensee und später in die Schweiz zurück, deren Staatsbürgerschaft er 1923 annahm. Geprägt von Goethe und Keller, beschreibt Hesse in seinem Werk den Gegensatz von Geist und Natur (»Peter Camenzind«, 1904, »Unterm Rad«, 1906). Unter dem Einfluß der Psychoanalyse und der indischen Philosophie sucht er nach einer Synthese von östlichem und westlichem Denken und wird damit posthum zu einem der Lieblingsautoren der nach neuen Wegen suchenden Jugend (»Siddharta«, 1922, »Der Steppenwolf«, 1927, »Das Glasperlenspiel«, 1943).

Russen im Weltall

Das sowjetische »Wostok«-Raumfahrzeug. Es ist mit der obersten Stufe der Trägerrakete sieben Meter lang, die Kugel hat einen Durchmesser von 2,3 Metern.

11. August. Die Sowjetunion überrascht die Welt mit dem bisher aufwendigsten Raumfahrtexperiment. Innerhalb von 24 Stunden starten die Raumschiffe »Wostok III« mit Major Andrian Nikolajew und »Wostok IV« mit Oberstleutnant Pawel Popowitsch in den Weltraum.

Beide Piloten bleiben erstmals längere Zeit im All und stehen während ihres Fluges in ständiger Funkverbindung. »Wostok III« landet am 15. August um 7.55 Uhr weich im Zielgebiet Karaganda in Kasachstan. Das Raumschiff hat auf seinem Flug von 95 Stunden und 25 Minuten Dauer 2,6 Millionen Kilometer zurückgelegt. »Wostok IV« folgt nur 7 Minuten später und kann auf eine Flugdauer von 71 Stunden und 1 Minute verweisen, in der die Erde 48mal umkreist worden ist und fast 2 Millionen Kilometer zurückgelegt worden sind. Für diese Leistung gibt es weltweite Anerkennung, auch ein Glückwunschtelegramm von US-Präsident John F. Kennedy.

Algerische Führer einigen sich

3. August. Unter dem Eindruck einer drohenden Spaltung der Bewegung einigen sich die Führer der algerischen Befreiungsfront Anfang August doch noch auf eine gemeinsame Linie. Das Politische Büro kann gebildet werden und steht gleichberechtigt neben der früheren Exilregierung GPRA und der politischen Exekutive als neuer Machtfaktor im Lande. Man einigt sich auf schnelle Durchführung von Wahlen für eine verfassunggebende Versammlung, nach deren Konstituierung eine offizielle Regierung gebildet werden soll. Im August kehren weitere 80 000 Franzosen aus Algerien ins Mutterland zurück und erhöhen die Gesamtzahl der Rückwanderer auf 578 000. Nach Algerien kehren dafür etwa 50 000 Repatriierte und einige Tausend im Exil lebende Bewohner zurück.

5. August. In Hollywood nimmt sich die amerikanische Filmschauspielerin Marilyn Monroe (eigentlich Norma Jean Mortensen) im Alter von 36 Jahren mit Tabletten das Leben. Die Monroe ist vor allem durch Lustspiele wie »Blondinen bevorzugt«, »Manche mögen's heiß«, »Wie angelt man sich einen Millionär« bekanntgeworden, drehte jedoch auch ernste Stücke wie »Nicht gesellschaftsfähig«.

1962
SEPTEMBER

Mo	Di	Mi	Do	Fr	Sa	So
					1	2
3	4	5	6	7	8	9
10	11	12	13	14	15	16
17	18	19	20	21	22	23
24	25	26	27	28	29	30

1. Erdbeben im Iran südlich von Teheran zerstört 160 Orte und fordert 12 000 Todesopfer.

2. UdSSR gibt in Moskau Waffenlieferungen an Kuba bekannt. Grund: angebliche Bedrohung durch US-Aggression.

4. US-Präsident Kennedy reagiert scharf auf sowjetische Waffenlieferungen nach Kuba. →

5. Atletico Madrid wird durch 3 : 0-Sieg im Wiederholungsspiel in Stuttgart Europacupsieger der Pokalgewinner gegen AC Florenz.

11. Sowjetunion droht den USA mit einem allgemeinen Krieg bei Vorgehen gegen Kuba. →

13. Deutsche Erstaufführung des 1961 mit acht Oscars ausgezeichneten US-Spielfilms »West Side Story« von Robert Wise / Jerome Robbins mit Nathalie Wood und Rita Moreno.

15. Flucht von 29 Ostberlinern durch Tunnel unter der Mauer in den französischen Sektor von Berlin.

20. Volksrepublik China fordert die Sowjetunion zur Schließung ihrer drei noch bestehenden Konsulate im Land auf.

23. Uraufführung des Dramas »Eiche und Angora« von Martin Walser im Berliner Schiller-Theater.

25. Sonny Liston (USA) wird Boxweltmeister im Schwergewicht durch K.-o.-Sieg in der ersten Runde gegen Floyd Patterson in Chicago.

26. Militärputsch im Jemen unter General as-Sallal, aus dem ein Bürgerkrieg entsteht.

28. Ahmed Ben Bella bildet als erster Ministerpräsident der Republik Algerien eine Regierung. →

29. Valery Brumel (UdSSR) verbessert den Hochsprung-Weltrekord in Moskau auf 2,27 m.

30. Deutschland gewinnt ein Fußballländerspiel gegen Jugoslawien in Zagreb mit 3 : 2.

GESTORBEN:

3. Edward E. Cummings (* 4. 10. 1894), US-Schriftsteller.

6. Hanns Eisler (* 6. 7. 1898), deutscher Komponist.

18. Therese Neumann (* 9. 4. 1898), die »Stigmatisierte von Konnersreuth«.

29. Robert Pferdmenges (* 27. 3. 1880), deutscher Bankier.

Scharfe Erklärung der USA zu Kuba-Ereignissen

4. September. Das Thema Kuba erhält für die Vereinigten Staaten in diesem Monat eine neue Dimension. In Washington werden mit wachsender Sorge die zunehmenden Waffenlieferungen der Sowjetunion an den Inselstaat registriert, was schließlich zu einer scharfen Erklärung von US-Präsident John F. Kennedy am 4. September führt. Darin läßt Kennedy anklingen, daß die USA mit allen Mitteln gewaltsame Aktionen Kubas in der westlichen Hemisphäre verhindern werden. Die Sowjetunion kontert mit einer Stellungnahme, in der die USA vor einer Aggression gegen Kuba gewarnt werden, da das für die Sowjetunion die Auslösung eines allgemeinen Krieges bedeute. Die Lage spitzt sich über die verbalen gegenseitigen Warnungen am 25. September zu, als Fidel Castro der Sowjetunion erlaubt, auf Kuba einen Hafen als Basis für ihre atlantische Fischfangflotte zu errichten. Die USA sehen darin eine direkte Bedrohung der westlichen Hemisphäre durch eine fremde Macht und unterstellen, daß der Stützpunkt zu anderen als Fischereizwecken dienen soll. In einer Resolution von Senat und Repräsentantenhaus beschwören die Amerikaner die 1823 vom damaligen US-Präsidenten James Monroe verkündete »Monroe-Doktrin«, in der die Unverletzlichkeit der amerikanischen Interessensphäre festgeschrieben ist, und erklären, Aktionen Kubas gegen Amerika zu verhindern.

Ben Bella wird Regierungschef

26. September. Nachdem sich über 80 Prozent der algerischen Bevölkerung an der Wahl zur algerischen Nationalversammlung am 20. September beteiligt haben, kann dieses Gremium an die Arbeit gehen und eine Staatsführung für Algerien bestimmen. Zunächst wird der frühere Ministerpräsident Ferhat Abbas zum Präsidenten gewählt, dann Ahmed Ben Bella am 26. zum Ministerpräsidenten designiert.

1962
OKTOBER

Mo	Di	Mi	Do	Fr	Sa	So
1	2	3	4	5	6	7
8	9	10	11	12	13	14
15	16	17	18	19	20	21
22	23	24	25	26	27	28
29	30	31				

3. US-Astronaut Walter Schirra umkreist in 9 Stunden und 14 Minuten mit der Raumkapsel »Sigma 7« sechsmal die Erde und landet sicher im Zielgebiet im Pazifik.

6. Der Beirat des Deutschen Fußball-Bundes (DFB) beschließt die Bildung einer aus 16 Vereinen bestehenden Fußball-Bundesliga, die 1963/64 den Betrieb aufnehmen soll.

9. Premierminister Milton Obote proklamiert die Unabhängigkeit Ugandas als konstitutionelle Monarchie unter britischer Krone.

11. Papst Johannes XXIII. eröffnet in Rom mit feierlicher Messe das Zweite Ökumenische Vatikanische Konzil. →

19. Mondflug der US-Instrumentenkapsel »Ranger V« mit Ziel der weichen Landung auf dem Erdtrabanten gescheitert.

22. Deutsche Erstaufführung des US-Spielfilms »Tunnel 28« von Robert Siodmak mit Christine Kaufmann.

22. US-Präsident Kennedy gibt in Fernsehansprache Maßnahmen gegen die sowjetischen Waffenlieferungen nach Kuba bekannt. →

22. Sim Kim Dan aus Nordkorea stellt mit 51,9 Sek. einen phantastischen Weltrekord im 400-m-Lauf der Frauen in Pjöngjang auf.

24. Deutschland und Frankreich trennen sich in einem Fußballänderspiel in Stuttgart 2 : 2.

25. Deutsche Erstaufführung des US-Spielfilms »Der längste Tag« von Ken Annakin / Bernhard Wicki / Andrew Marton, der 1961 den Oscar für die beste Kameraführung erhalten hat.

27. Alfred Rosenberg vom sechsten Ordentlichen Kongreß des DGB in Hannover zum neuen Vorsitzenden des DGB-Gesamtvorstands gewählt.

27. Stellvertretender Chefredakteur des »Spiegel«, Conrad Ahlers, auf Weisung deutscher Behörden im spanischen Ferienort verhaftet. →

28. Volksabstimmung in Frankreich billigt nach Rücktrittsdrohung General de Gaulles Verfassungsänderung über Direktwahl des Staatsoberhauptes. →

GESTORBEN:

10. Trygve Gulbranssen (* 15. 6. 1894), norwegischer Schriftsteller.

Kuba-Krise auf dem Höhepunkt

Der kubanische Ministerpräsident Fidel Castro (links) und seine Begleitung im Gespräch mit dem sowjetischen Regierungschef Nikita Chruschtschow.

Der sowjetische Frachter »Krasnograd« in der Karibischen See, aufgenommen von einem US-Aufklärungsflugzeug. An Deck sind Düsenjäger zu erkennen.

Eine amerikanische Luftaufnahme mit Raketenabschußbasen auf Kuba.

22. Oktober. Die US-Regierung sieht sich Mitte des Monats genötigt, gegen die nicht abreißenden sowjetischen Waffenlieferungen nach Kuba eine teilweise Blockade der Insel zu verhängen. Präsident John F. Kennedy gibt der Weltöffentlichkeit bekannt, daß die USA jetzt die Existenz von sowjetischen Mittelstreckenraketen und Abschußrampen auf der Insel beweisen können. Als erste Abwehrmaßnahme will die US-Kriegsmarine alle nach Kuba fahrenden Schiffe kontrollieren.

Als Beweise für die Anschuldigungen werden Fotografien von Rüstungsarsenalen auf Kuba veröffentlicht, die von der US-Luftaufklärung gemacht worden sind, und eine Vielzahl sowjetischer Angriffswaffen zeigen. Die Sowjetunion und Kuba reagieren mit Anträgen auf Einberufung des UN-Sicherheitsrates und Erhöhung der Kampfbereitschaft der Truppen (UdSSR) beziehungsweise Mobilisierung der Streitkräfte (Kuba). Doch zunächst haben die Diplomaten das Wort. UN-Generalsekretär U Thant übermittelt auf Wunsch von 45 blockfreien Staaten den drei Regierungschefs in Washington, Moskau und Havanna einen Vermittlungsvorschlag, Papst Johannes XXIII. richtet am 25. an sie und die übrige Welt einen Friedensappell. Die Lage entschärft sich, als Nikita Chruschtschow den Vermittlungsvorschlag des UN-Generalsekretärs annimmt und sowjetische Schiffe, die Kuba anlaufen wollen, ihren Kurs noch vor der amerikanischen Blockade-Sperre ändern. Nachdem so eine Konfrontation durch Schiffe der beiden Großmächte in der Karibik vermieden worden ist, bestehen die USA auf Demontage der Raketenbasen. Hierüber gibt es einen erst später voll veröffentlichten Briefwechsel zwischen Chruschtschow und Kennedy, der als Resultat Chruschtschows Bereitschaft zum Abbau der Raketen unter UN-Kontrolle erbringt, nachdem Kennedy seinerseits eine Garantie abgibt, daß die USA keine Invasion gegen Kuba unternehmen werden. Am 28. Oktober gibt Chruschtschow den Befehl zum Abbau der Raketenbasen bekannt, den Kennedy als wichtigen Beitrag zum Frieden begrüßt. ▷

Votum für de Gaulle

28. Oktober. Die Absicht des französischen Staatspräsidenten Charles de Gaulle, das Staatsoberhaupt künftig nicht mehr durch Wahlmänner, sondern direkt vom Volk wählen zu lassen, stürzt Frankreich in diesem Monat in eine schwere innenpolitische Krise. De Gaulles Absicht wird von den Parteien glatt abgelehnt, über den Streit stürzt sogar die Regierung Pompidou. Doch der General setzt sich durch und läßt für den 28. Oktober eine Volksabstimmung über seine Absicht der Direktwahl ansetzen, er kann sogar die Regierung Pompidou überreden, bis auf weiteres im Amt zu bleiben.

Zwei Tage vor der Abstimmung droht de Gaulle in einer Rundfunk- und Fernsehansprache an das Volk mit seinem Rücktritt und kann dann am 28. als strahlender Sieger die Verfassungsänderung als vom Volk beschlossen verkünden, nach der der Staatspräsident künftig durch allgemeine Wahlen bestimmt wird. Das Ende der IV. Republik in Frankreich ist damit in Reichweite gerückt.

»Spiegel«-Redakteur Conrad Ahlers wird im Urlaub in Spanien festgenommen.

»Spiegel«-Affäre

27. Oktober. Eine Polizeiaktion gegen das Nachrichtenmagazin »Der Spiegel« löst in der Bundesrepublik erhebliche Zweifel darüber aus, ob der Grundsatz der Verhältnismäßigkeit der Mittel nicht überschritten worden ist. Im Zusammenhang mit einem Artikel im »Spiegel« über das NATO-Manöver »Fallex 62«, der angeblich den Tatbestand des Verrats von Staatsgeheimnissen erfüllt, werden auf Anordnung des Ermittlungsrichters beim Bundesgerichtshof die Geschäftsräume des Nachrichtenmagazins in Bonn und Hamburg durchsucht, die Chefredakteure Claus Jacobi und Johannes K. Engel (26.) und Herausgeber Rudolf Augstein (27.) verhaftet. Der stellvertretende Chefredakteur, Conrad Ahlers, der sich auf Spanienurlaub befindet, wird auf Ersuchen deutscher Behörden dort nachts in seinem Hotel festgenommen, am 28. nach Deutschland geflogen und in Frankfurt der deutschen Polizei übergeben. Die Aktion löst in der deutschen Öffentlichkeit heftige Proteste aus, zumal Zweifel an der Rechtmäßigkeit des Vorgehens nicht ausgeräumt werden können.

11. Oktober. Im Petersdom im Vatikan eröffnet Papst Johannes XXIII. mit einer feierlichen Messe das Zweite Ökumenische Vatikanische Konzil, das Richtlinien für eine innerkirchliche Selbstbesinnung erarbeiten soll. Das Bild zeigt den Papst auf dem Stuhl Petri unter dem 29 Meter hohen bronzenen Altartabernakel von dem Barockbildhauer und -maler Giovanni Bernini.

Ihre Sorgen um die Pressefreiheit in der Bundesrepublik nach der »Spiegel«-Affäre bringen Demonstranten in vielen deutschen Städten zum Ausdruck.

1962

NOVEMBER

Mo	Di	Mi	Do	Fr	Sa	So
			1	2	3	4
5	6	7	8	9	10	11
12	13	14	15	16	17	18
19	20	21	22	23	24	25
26	27	28	29	30		

1. Sowjetunion startet erstmals Weltraumflugkörper mit Zielrichtung Mars.

2. Nikita Chruschtschow fordert China und Indien zur Feuereinstellung und Beendigung ihres Grenzkonfliktes auf.

4. US-Präsident Kennedy gibt die Einstellung der Kernwaffenversuche der USA im Pazifik bekannt.

7. Beginn einer dreitägigen Bundestagsdebatte (Fragestunde) über die »Spiegel«-Affäre. →

11. Landtagswahl in Hessen. →

11. USA geben von ihnen kontrollierten Abzug von 42 sowjetischen Raketen aus Kuba bekannt.

13. Chruschtschow unterrichtet Öffentlichkeit in der Sowjetunion vom besten Ernteergebnis seit 1958.

19. Kubas Ministerpräsident Fidel Castro stimmt dem Abzug der sowjetischen Iljuschin-IL-28-Bomber aus Kuba zu.

20. US-Präsident Kennedy verfügt die Aufhebung der Blockade gegen Kuba.

21. China verkündet Feuereinstellung und Rückzug seiner Truppen um 20 km von der Kontrolllinie des Jahres 1959 in Indien. →

22. Premiere des Spielfilms »Das schwarzweißrote Himmelbett« von Rolf Thiele mit Daliah Lavi, Martin Held und Thomas Fritsch.

24. Landtagswahl in Schleswig-Holstein. →

25. Landtagswahl in Bayern. →

25. Wahlen zur französischen Nationalversammlung enden mit Sieg für gaullistische Parteien.

27. Staatspräsident de Gaulle beauftragt Georges Pompidou mit der Bildung einer neuen französischen Regierung.

30. UN-Vollversammlung bestätigt den Burmesen U Thant für weitere vier Jahre als Generalsekretär.

GESTORBEN:

8. Eleanor Roosevelt (* 11. 10. 1884), amerikanische Journalistin und Politikerin.

18. Niels Bohr (* 7. 10. 1885), dänischer Physiker, Nobelpreis 1922.

22. René Coty (* 20. 3. 1882), französischer Staatspräsident a. D.

28. Prinzessin Wilhelmina der Niederlande (* 31. 8. 1880), Ex-Königin.

Koalition zerbricht am »Spiegel«

Die fünf FDP-Minister treten nach der »Spiegel«-Affäre zurück: (von links) Mischnick (Vertriebene), Stammberger (Justiz), FDP-Vorsitzender Mende, Lenz (Schatz), Scheel (wirtschaftliche Zusammenarbeit), Starke (Finanzen).

7. November. Die Folgen der Staatsaktion gegen das Nachrichtenmagazin »Der Spiegel« beherrschen in diesem Monat die innenpolitische Szene in Bonn und führen zum Bruch der CDU/FDP-Koalitionsregierung.

Zunächst werden in einer emotional aufgeladenen dreitägigen Bundestagsdebatte 18 Fragen der FDP zur »Spiegel«-Affäre diskutiert, wobei die Vorgänge um die Verhaftung des stellvertretenden Chefredakteurs Conrad Ahlers in Spanien zu einem Politikum ersten Ranges werden. Im Mittelpunkt aller Erörterungen steht dabei die Rolle von Verteidigungsminister Franz Josef Strauß in dieser Angelegenheit. Die Opposition wirft ihm unzulässige Eingriffe in deutsche und spanische Polizeihoheit vor, kann das jedoch nie beweisen. Die Bundesregierung bescheinigt der spanischen Regierung am 11. November korrektes Verhalten bei der Verhaftung von Ahlers, ein Antrag der SPD auf Entlassung von Strauß aus seinem Amt wird von der CDU/CSU-Fraktion im Bundestag einmütig abgelehnt.

Daß die Vorgänge um den »Spiegel« dennoch Folgen haben, geht auf eine Initiative des FDP-Vorsitzenden Erich Mende zurück, der sich für den Rücktritt der fünf FDP-Minister im Adenauer-Kabinett ausspricht, um nach einer Regierungsumbildung ein neues Kabinett präsentieren zu können, das unbelastet von den Vorgängen an die Arbeit gehen kann. Der Rücktritt der FDP-Minister erfolgt am 19. November, ihnen folgt die Demission der CDU/CSU-Amtsträger einen Tag später. Die FDP erklärt sich zu Koalitionsgesprächen mit dem bisherigen Partner bereit, läßt aber durchblicken, daß im künftigen Kabinett kein Platz für die Bayern Strauß und Höcherl sei. Am 23. wird ein Untersuchungsausschuß gebildet, um die Vorgänge um die Verhaftung von Conrad Ahlers aufzuklären, am 29. gibt die CDU/CSU-Fraktion eine Stellungnahme ab, in der Adenauer korrektes Verhalten bescheinigt wird und Strauß eventuell begangene Fehler bedauert. Wegen der Haltung der FDP verzichtet Strauß am anderen Tag auf ein Ministeramt in der künftigen Koalitionsregierung.

Grenzstreit in Fernost

Eine indische Infanterie-Patrouille.

21. November. Der zum Schluß in offene Kämpfe ausgeartete Grenzkonflikt zwischen China und Indien erfährt eine überraschende Wende, nachdem sich China zu Verhandlungen bereit erklärt. Die beiden asiatischen Flächenstaaten streiten um Gebiete an der Nordgrenze Indiens, deren Verlauf nie korrekt markiert worden ist. Die 1914 zwischen Anglo-Indien und Tibet festgelegte sogenannte Mac-Mahon-Linie wird von China nicht akzeptiert, und es besetzt durch seine Truppen bis Anfang November ein Gebiet von etwa 2000 Quadratkilometern. Indien wird britische und amerikanische Hilfe zugesichert. Da überrascht die chinesische Regierung am 21. November mit der Feuereinstellung.

Landtagswahlen

In Hessen enden die Landtagswahlen am 11. November mit einem großen Erfolg für die SPD, die mit 50,9 Prozent erstmals die absolute Mehrheit in diesem Bundesland erobern kann. Die CDU kommt auf 28,8, die FDP auf 11,4 Prozent.

In Schleswig-Holstein bildet die CDU am 24. November unter Ministerpräsident Kai-Uwe von Hassel eine Alleinregierung, nachdem die Verhandlungen mit der FDP zur Bildung einer Koalitionsregierung gescheitert sind.

In Bayern bringen die Landtagswahlen am 25. November der CSU einen deutlichen Sieg mit 47,5 Prozent der Stimmen. Die SPD erreicht mit 35,3 Prozent ihr bestes Ergebnis in Bayern seit 1950, die FDP kommt auf 5,9, die Bayernpartei auf 4,8 Prozent.

1962

DEZEMBER

Mo	Di	Mi	Do	Fr	Sa	So
					1	2
3	4	5	6	7	8	9
10	11	12	13	14	15	16
17	18	19	20	21	22	23
24	25	26	27	28	29	30
31						

4. Rechtsanwalt Josef Augstein wegen Verdachts der Beihilfe zum Landesverrat festgenommen. →

6. Abzug der sowjetischen IL-28-Bomber aus Kuba vom US-Verteidigungsministerium bestätigt.

6. Georges Pompidou stellt als Premierminister neue französische Regierung vor.

9. Proklamierung der Republik Tanganjika und Vereidigung von Dr. Julius Nyerere als Staatspräsident.

11. Alfons Goppel vom bayrischen Landtag zum neuen Ministerpräsidenten des Landes gewählt.

11. Neubildung der CDU/CSU/FDP-Koalitionsregierung in Bonn unter Bundeskanzler Konrad Adenauer. →

12. Erfolgreicher Stapellauf des ersten atomgetriebenen U-Bootes (»Dreadnaught«) der britischen Kriegsmarine in der Morecambe Bay.

13. Erfolgreicher Start des US-Nachrichten- und Fernsehsatelliten »Relay I«.

15. Uraufführung des Schauspiels »Fußgänger der Luft« von Eugene Ionesco in Düsseldorf.

19. Bundesanwaltschaft beantragt richterliche Voruntersuchung gegen Rudolf Augstein, Conrad Ahlers u. a. wegen Landesverrats. →

21. Uraufführung des Schauspiels »Ein König stirbt«, von Eugene Ionesco, in Paris.

23. Deutschland gewinnt Fußballländerspiel gegen die Schweiz in Karlsruhe mit 5 : 1.

24. Kuba entläßt 1113 Gefangene des Invasionsversuchs von 1961 gegen Lieferung von Lebensmitteln im Wert von 53 Millionen Dollar durch das »Komitee der Familien«.

29. Graham Hill (Großbritannien) steht mit BRM nach dem Grand Prix von Südafrika in East London als Automobilweltmeister 1962 fest.

GESTORBEN:

16. Charles Laughton (* 1. 7. 1899), englischer Schauspieler.

17. Carl Diem (* 24. 6. 1882), deutscher Sportpädagoge (→ Juli 1936).

24. George Saiko (* 5. 2. 1892), österreichischer Schriftsteller.

Neues Bonner Kabinett

Acht Minister sind neu im Kabinett: (von links) Ewald Bucher (Justiz), Werner Dollinger (Schatz), Rainer Barzel (Gesamtdeutsch), Bundespräsident Lübke, Rolf Dahlgrün (Finanzen), Bundeskanzler Adenauer, Alois Niederalt (Bundesrat), Hans Lenz (Wissenschaft und Forschung), Bruno Heck (Familie). Der neue Bundesverteidigungsminister Kai-Uwe von Hassel ist nicht auf dem Bild.

4. Dezember. Mit der Verhaftung des Rechtsanwaltes und Bruders des »Spiegel«-Herausgebers Josef Augstein erreicht die »Spiegel«-Affäre am 4. Dezember einen weiteren Höhepunkt. Ihm wird im Detail vorgeworfen, zusammen mit dem bereits verhafteten Präsidenten des Bonner Wirtschaftspolitischen Clubs, Paul Conrad, den ebenfalls festgenommenen Oberst im Verteidigungsministerium Alfred Martin dem »Spiegel« als Geheimnisträger zugeführt zu haben. Er wird am 10. Dezember wieder entlassen, da laut Angaben der Bundesanwaltschaft keine Verdunklungsgefahr mehr besteht. Der Haftbefehl gegen Paul Conrad wird am 14. Dezember außer Vollzug gesetzt, dafür beantragt die Bundesanwaltschaft am 19. die gesetzliche Voruntersuchung gegen »Spiegel«-Herausgeber Rudolf Augstein, Conrad Ahlers und Alfred Martin. Sie wirft ihnen Landesverrat im Sinne der §§ 99 und 100 des Strafgesetzbuches vor.

Conrad Ahlers wird am 22. haftentlassen, Oberst Martin am 29., Rudolf Augstein verbleibt in Haft.

Ungeachtet des juristischen Verlaufs der Affäre kommt es in Bonn zu Koalitionsverhandlungen zwischen allen Parteien, die sich schnell auf Gespräche der früheren Partner CDU/CSU und FDP konzentrieren. Am 11. Dezember wird bereits eine Einigung erreicht, und Bundeskanzler Adenauer kann ein neues Kabinett vorstellen. Neu ins Kabinett kommen dabei: Kai-Uwe von Hassel (CDU) als Verteidigungsminister, Ewald Bucher (FDP) als Justizminister, Rolf Dahlgrün (FDP) als Finanzminister, Hans Lenz (FDP) als Wissenschaftsminister, Alois Niederalt (CSU) Bundesratsminister, Werner Dollinger (CDU) als Schatzminister, Bruno Heck (CDU) als Familienminister, Rainer Barzel (CDU) als Minister für gesamtdeutsche Fragen. Die anderen Positionen bleiben unverändert.

Sonde passiert Venus

14. Dezember. Die am 27. August gestartete amerikanische Venus-Sonde »Mariner II« passiert nach 110tägigem Flug, auf dem sie fast 300 Millionen Kilometer durch das Weltall zurückgelegt hat, in einer Entfernung von nur 33 000 Kilometern die Venus und kann wichtige Daten zur Bodenstation funken. Am 28. Dezember passiert der Flugkörper in 104,8 Millionen Kilometern Entfernung die Sonne.

Drei Mediziner teilen sich den Nobelpreis

12. Dezember. Drei Forscher teilen sich in diesem Jahr den Nobelpreis für Medizin. Für ihre »Entdeckungen auf dem Gebiet der Molekularstruktur« nehmen die Briten Francis H. Compton Crick und Maurice H. F. Wilkins sowie der Amerikaner James D. Watson die Auszeichnung entgegen. Der Chemiepreis geht an die Cambridge-Wissenschaftler John C. Kendrew und den aus Österreich stammenden Max Ferdinand Perutz für ihre Forschungen über die Struktur der Globularproteine. Der Physikpreis wird dem sowjetischen Forscher Lew D. Landau für seine bahnbrechenden Arbeiten auf dem Gebiet Materieverdichtung und Verflüssigung von Edelgasen verliehen. Den Literaturpreis erhält der US-Schriftsteller John Steinbeck, Verfasser der Romane »Jenseits von Eden«, »Die Straße der Ölsardinen«, »Die Früchte des Zorns«. Ein Friedenspreis wird nicht vergeben.

Lew D. Landau.

König Gustav VI. Adolf gratuliert dem Nobelpreisträger John Steinbeck (r.).

1963

JANUAR

Mo	Di	Mi	Do	Fr	Sa	So
	1	2	3	4	5	6
7	8	9	10	11	12	13
14	15	16	17	18	19	20
21	22	23	24	25	26	27
28	29	30	31			

1. Für die französische Währung tritt wieder die Bezeichnung Franc in Kraft anstelle des vorübergehend eingeführten Namens »Neuer Franc«.

3. Katanga-Ministerpräsident Moise Tschombé kehrt vom Fluchtort Salisbury (Rhodesien) wieder in den Kongo zurück. →

7. Helmut Lemke als Nachfolger des in die Bundespolitik wechselnden Kai-Uwe von Hassel zum Ministerpräsident von Schleswig-Holstein gewählt.

9. UN-Truppen stellen Tschombé in Elisabethville unter Hausarrest. →

11. Deutsche Erstaufführung des 165 Minuten langen US-Spielfilms »Sodom und Gomorrha« von Robert Aldrich / Sergio Leone mit Stanley Baker, Stewart Granger.

14. Frankreichs Staatspräsident Charles de Gaulle gibt in Pressekonferenz Bedenken gegen britischen EWG-Beitritt bekannt.

17. Nikita Chruschtschow besichtigt bei DDR-Besuch anläßlich des VI. SED-Parteitages die Berliner Mauer.

21. Uraufführung des Schauspiels »Ein Eremit wird entdeckt« von James Saunders im New Arts Theatre in London.

22. Vertrag über die deutsch-französische Zusammenarbeit von Staatspräsident de Gaulle und Bundeskanzler Adenauer in Paris unterzeichnet.

23. Kronprinz Konstantin von Griechenland verlobt sich mit dänischer Prinzessin Anne-Marie.

24. Britisches Arbeitsministerium gibt Rekordzahl von 814 632 Arbeitslosen bekannt; das ist Höchststand seit Krisenwinter 1946/47.

29. Verhandlungen zwischen EWG-Ministerrat und Großbritannien wegen dessen EWG-Beitritt an Frankreichs Einspruch gescheitert.

30. Neue hessische Landesregierung unter Ministerpräsident Georg Zinn vereidigt.

GESTORBEN:

5. Adolf Weber (* 29. 12. 1876), deutscher Nationalökonom.

28. Jean Piccard (* 28. 1. 1884), Schweizer Physiker.

30. Francis Poulenc (* 7. 1. 1899), französischer Komponist.

Moise Tschombés Herrschaft in Katanga beendet

Das seit der Unabhängigkeit des Kongo schwelende Problem der Abspaltung der Provinz Katanga unter Ministerpräsident Moise Tschombé kann im Januar 1963 endlich beseitigt werden. Nachdem UN-Truppen schon Ende des Jahres 1962 die Macht in Katanga übernommen haben und Tschombé ins benachbarte Rhodesien geflohen ist, können auf dem Verhandlungswege in diesem Monat erste Übereinkünfte – wenn auch unter dem Druck der UNO – erzielt werden. Die Einheit des Kongo soll erzwungen werden, um den Staat mit Hilfe der intakten Wirtschaft Katangas lebensfähig zu halten.

Die Vereinten Nationen sichern dem abtrünnigen Ministerpräsidenten Katangas freies Geleit zu, wenn er in den Kongo zurückkehrt und zu Gesprächen bereit ist. Tschombé akzeptiert, muß aber bei seiner Rückkehr erleben, daß er faktisch schon entmachtet ist. Ministerpräsident Cyrille Adoula von der kongolesischen Zentralregierung übernimmt am 7. Januar provisorisch die Verwaltung Katangas, Tschombé selbst wird von UN-Truppen am 9. Januar vorübergehend unter Hausarrest gestellt, da er mit der Taktik der verbrannten Erde droht und Sabotageakte durch die Katangaarmee anordnet.

24 Stunden später ist sein Widerstand gebrochen. Wie wenig Rückhalt seine Politik in Afrika gefunden hat, beweist eine Resolution von 31 unabhängigen afrikanischen Staaten am 11. Januar, die die UN-Politik gegenüber dem Kongo ausdrücklich billigen.

Am 15. Januar erklärt sich Tschombé gegenüber UN-Generalsekretär U Thant und Ministerpräsident Adoula bereit, die Sezession Katangas zu beenden. Adoula ernennt daraufhin den ehemaligen Ministerpräsidenten Joseph Ileo zum Präsidierenden Minister in Elisabethville mit dem Rang eines Staatsministers. Seine Hauptaufgabe sei die Herstellung von Voraussetzungen zur raschen Rückgliederung Katangas in den Kongo. Die katangesische Gendarmerie muß bis spätestens 15. Februar ihre Waffen abgeben.

1963

FEBRUAR

Mo	Di	Mi	Do	Fr	Sa	So
				1	2	3
4	5	6	7	8	9	10
11	12	13	14	15	16	17
18	19	20	21	22	23	24
25	26	27	28			

1. Deutsche Erstaufführung des US-Spielfilms »Das war der wilde Westen« von Henry Hathaway / John Ford / George Marshall mit Caroll Baker, Henry Fonda, James Stewart u. a., der 1962 einen Oscar für das beste Drehbuch erhalten hat.

5. Abkommen über Finanzierung der ersten Baustufe des Euphrat-Staudammes in Syrien von der Bundesrepublik und Syrien unterzeichnet.

7. »Spiegel«-Herausgeber Rudolf Augstein aus der seit 27. Oktober 1961 andauernden Haft entlassen. →

8. Erstaufführung des deutschen Spielfilms »Die Dreigroschenoper« von Wolfgang Staudte mit Curd Jürgens, Sammy Davis, Hildegard Knef u. a.

14. Harold Wilson von den Abgeordneten der Labour Party im englischen Unterhaus zum Nachfolger des verstorbenen Hugh Gaitskell als Oppositionsführer und Führer der Labour Party gewählt.

15. Deutsche Erstaufführung des US-Spielfilms »Licht im Dunkel« von Arthur Penn mit Anne Bancroft, die für ihre Rolle mit dem Oscar 1962 als beste Hauptdarstellerin ausgezeichnet worden ist.

15. Durch eine rechtzeitige Verhaftung von verdächtigen Offizieren wird ein gegen General de Gaulle geplantes Attentat verhindert. →

16. Der seit 1945 in Sibirien inhaftierte Metropolit der Ukrainischen Katholischen Kirche nach seiner Entlassung in Rom eingetroffen.

20. Uraufführung des Schauspiels »Der Stellvertreter« von Rolf Hochhuth in der Inszenierung von Erwin Piscator im Theater am Kurfürstendamm in Berlin. →

21. Erdbebenunglück in Libyen vernichtet 3000-Einwohner-Ort Barce und fordert über 500 Todesopfer.

GESTORBEN:

16. Friedrich Dessauer (* 19. 7. 1881), deutscher Biophysiker und Philosoph.

20. Ferenc Fricsay (* 9. 8. 1914), ungarischer Dirigent.

27. Rajendra Prasad (* 3. 10. 1884), erster indischer Staatspräsident.

Staatsanwalt ermittelt in der »Spiegel«-Affäre

8. Februar. Einen Tag nach der Haftentlassung von »Spiegel«-Herausgeber Rudolf Augstein leitet die Bonner Staatsanwaltschaft ein strafrechtliches Ermittlungsverfahren gegen »Unbekannt« ein. Es richtet sich auch gegen den Staatssekretär im Verteidigungsministerium, Volkmar Hopf, den deutschen Militärattaché in Madrid, Oberst Achim Oster, und den ehemaligen Verteidigungsminister, Franz Josef Strauß, die dringend verdächtig sind, sich durch ihre Mitwirkung bei der Verhaftung von Conrad Ahlers der Amtsanmaßung und der Freiheitsberaubung schuldig gemacht zu haben. Gegen »Unbekannt« wird deshalb ermittelt, weil Strauß vor einer direkten Ermittlung durch seine Abgeordnetenimmunität geschützt ist. Die Staatsanwaltschaft kann jedoch die Aufhebung der Immunität beantragen (→ Oktober 1962).

Laotischer König in den USA

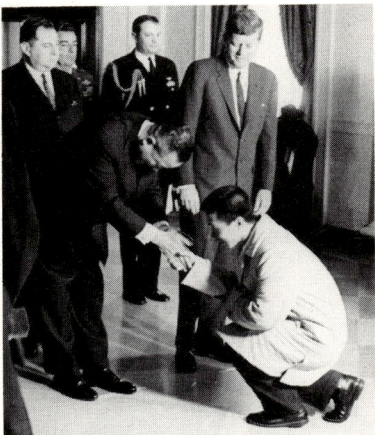

Der laotische König Savang Vatthana (links, sich verneigend) bei Kennedy.

19. Februar. Der laotische König Savang Vatthana und Ministerpräsident Suvanna Phuma beenden einen einwöchigen Staatsbesuch in der UdSSR mit der Erklärung, das Genfer Laosabkommen von 1962 einhalten bzw. durchführen zu wollen. Die laotischen Führer reisen am 25. Februar auch zu Präsident Kennedy in die Vereinigten Staaten.

1963

MÄRZ

Mo	Di	Mi	Do	Fr	Sa	So
				1	2	3
4	5	6	7	8	9	10
11	12	13	14	15	16	17
18	19	20	21	22	23	24
25	26	27	28	29	30	31

2. China und Pakistan schließen provisorisches Grenzabkommen und vereinbaren neue Kaschmir-Verhandlungen.

2. China gibt Abzug aller Truppen aus umstrittenem indisch-chinesischen Grenzgebiet bekannt.

7. Papst Johannes XXIII. nimmt den Balzanpreis für Frieden und Humanität entgegen.

8. Der achte Staatsstreich in Syrien seit 1945 bringt »Nationalrat« aus Generalen an die Macht.

8. Oberkommandierender der Nationalen Volksarmee der DDR wird wegen »Verschweigens der Vergangenheit« (Teilnahme am spanischen Bürgerkrieg auf seiten der Faschisten) abgelöst.

11. Neuer Senat in Berlin als SPD/FDP-Koalition unter dem Regierenden Bürgermeister Willy Brandt gebildet.

15. Deutsche Erstaufführung des englischen Spielfilms »Lawrence von Arabien« von David Lean, der 1962 sieben Oscars erhalten hat.

16. Der seit 11. Dezember 1941 bestehende Kriegszustand zwischen Guatemala und Deutschland wird durch Regierungsdekret in Guatemala für beendet erklärt.

17. Ausbruch eines Vulkans im Nordteil der Insel Bali fordert 1900 Tote und 2800 Verletzte.

18. Bundesregierung verordnet Embargo für Lieferung von Großstahlröhren an die Sowjetunion.

23. Henry Carr (USA) stellt in Tempe (Arizona) mit 20,3 s neuen Weltrekord im 200-m-Lauf auf.

28. Marika Kilius und Hans Jürgen Bäumler erringen in Cortina d'Ampezzo die Weltmeisterschaft im Eiskunstlauf der Paare. →

28. Die amerikanische Weltraumbehörde erprobt erfolgreich eine C-1-Rakete, mit der 1965 ein Raumschiff in die Erdumlaufbahn gebracht werden soll.

31. CDU verliert bei den Landtagswahlen in Rheinland-Pfalz ihre absolute Regierungsmehrheit. →

GESTORBEN:

4. William C. Williams (* 17. 9. 1883), amerikanischer Lyriker.

27. Harry Piel (* 12. 7. 1892), deutscher Filmschauspieler und Regisseur.

Zehntes Attentat auf de Gaulle wird verhindert

15. Februar. Durch Verhaftung dreier hoher Offiziere der École Militaire in Paris kann das zehnte auf Staatspräsident Charles de Gaulle geplante Attentat verhindert werden. In Paris wird dazu folgende Liste der Attentate veröffentlicht: Im Dezember 1960 und im Januar 1961 sollte ein OAS-Pilot den Landsitz de Gaulles in Colombey-les-deux-Églises bombardieren. Am 21. April 1961 war ein Bombenanschlag auf de Gaulle und seinen Staatsgast Léopold Senghor in der Comédie Française vorgesehen. Am 8. September 1961 versagte eine Sprengladung bei Pont-sur-Seine. Vier Mordkommandos der OAS reisten im Mai 1962 de Gaulle nach, der sich in Mittelfrankreich aufhielt, konnten ihn aber nicht treffen. Am 23. Juni sollte der Staatspräsident auf der Hochzeitsfeier einer Nichte seiner Frau erschossen werden. Ein desertierter Leutnant plante, de Gaulle am 14. Juli während der Parade anläßlich des Staatsfeiertages zu töten. Attentat Nummer acht scheiterte im August 1962 in Petit-Clamart, Nummer neun im darauffolgenden Oktober, als ein Eisenbahnzug, den der Präsident benutzen wollte, gesprengt werden sollte, de Gaulle aber mit dem Flugzeug reiste. Andere Versuche scheiterten an den Abschirmmaßnahmen.

20. Februar. Im Theater am Kurfürstendamm in Berlin wird Rolf Hochhuths Stück »Der Stellvertreter« uraufgeführt. Das Bild zeigt Siegfried Wischnewski als Gerstein (rechts) und Hans Albert Martens.

Ein Superkraftwerk

Das Kraftwerk bei Krasnojarsk in Sibirien, das den Jenissei staut.

25. März. Eines der gewaltigsten Bauprojekte der Geschichte rückt an diesem Tag seiner Vollendung wieder ein Stück näher. Der viertgrößte Fluß der Welt, der Jenissei, wird im Rahmen der Bauarbeiten am bisher größten Kraftwerk der Welt bei Krasnojarsk in Sibirien in der Enge von Schumicha abgeriegelt. Den Fluß stoppt an dieser natürlichen Verengung eine 130 Meter hohe Staumauer. Auf der gewaltigen Baustelle sind mehr als 12 000 Arbeitskräfte – vorwiegend Angehörige der Jugendorganisation Komsomol – beschäftigt, die in einer extra errichteten Arbeiterstadt wohnen.

Sieg Kilius-Bäumler

28. März. Bei den Eiskunstlauf-Weltmeisterschaften im italienischen Cortina d'Ampezzo erringen Marika Kilius und Hans-Jürgen Bäumler zum erstenmal die Weltmeisterschaft im Paarlauf.

Für die als Traumpaar umschwärmten jungen Deutschen, die platinblonde Marika aus Frankfurt und den dunkelhaarigen hochgewachsenen Hans-Jürgen aus Bayern, haben sich damit ehrgeizige Wünsche erfüllt. 1958/59 sind die beiden erstmals Deutsche Meister geworden.

1959 haben sie die Europameisterschaft gewonnen. Im Jahr 1963 richten sich alle Hoffnungen auf die Winterolympiade 1964 in Innsbruck.

CDU verliert in Rheinland-Pfalz absolute Mehrheit

31. März. Mit einer Enttäuschung für die CDU enden die Landtagswahlen von Rheinland-Pfalz. Die Partei verliert ihre absolute Mehrheit und kommt nur noch auf 44,4 Prozent der abgegebenen Stimmen. Einen großen Gewinn erzielt die SPD, die mit 40,7 Prozent erstmals die 40-Prozent-Hürde überspringt. Auch die FDP erreicht mit 10,1 Prozent ein gutes Ergebnis.

Kronprinz von Sikkim heiratet Amerikanerin

20. März. Die Bewohner des Königreichs Sikkim im Himalaya müssen mit dem Bruch einer uralten Tradition fertig werden: Ihr Kronprinz, die Reinkarnation eines buddhistischen Lama, heiratet im Alter von 39 Jahren die 22jährige US-Amerikanerin Hope Cooke aus einer Mayflower-Familie in Seal Harbor (Maine), die zum buddhistischen Glauben übertritt.

APRIL

Mo	Di	Mi	Do	Fr	Sa	So
1	2	3	4	5	6	7
8	9	10	11	12	13	14
15	16	17	18	19	20	21
22	23	24	25	26	27	28
29	30					

1. Das Zweite Deutsche Fernsehen nimmt mit einer Ansprache von Intendant Karl Holzamer den Sendebetrieb auf.→

2. Deutsche Erstaufführung des US-Spielfilms »Der Prozeß« von Orson Welles mit Anthony Perkins, Jeanne Moreau, Orson Welles u. ä.

2. Start der sowjetischen Mondsonde »Luna IV«, die vier Tage später die Mondoberfläche überfliegt und viele Daten zur Erde sendet.

6. Protestnote der Sowjetunion an die Bundesregierung wegen des Stahlröhrenembargos vom 18. März bezeichnet Bonner Vorgehen als Bruch des Völkerrechts.

9. Präsident John F. Kennedy proklamiert Sir Winston Churchill zum Ehrenbürger der Vereinigten Staaten. →

10. US-Atom-U-Boot »Thresher« bei Tauchmanövern vor der amerikanischen Ostküste mit 129köpfiger Besatzung gesunken.

11. Päpstliche Friedens-Enzyklika »Pacem in Terra« in Rom veröffentlicht.

17. Schaffung einer neuen Vereinigten Arabischen Republik (VAR) aus Ägypten (bisherige VAR), Syrien und dem Irak in Kairo proklamiert.

23. CDU/CSU-Bundestagsfraktion nominiert Ludwig Erhard zum Kanzlerkandidaten als Nachfolger von Konrad Adenauer. →

27. Deutsche Erstaufführung des spanischen Spielfilms »Viridiana« von Luis Buñuel.

27. Brian Sternberg (USA) überquert als erster Mensch in Philadelphia im Stabhochsprung die 5 Meter und stellt einen neuen Weltrekord auf.

28. Der Taiwan-Chinese Yang Chuan-Kwang erreicht in Walnut (Kalifornien) mit 8089 Punkten neuen Weltrekord im Zehnkampf.

28. Adolf Schärf, Kandidat der SPÖ, erneut zum österreichischen Bundespräsidenten gewählt.

30. Verkehrsübergabe der 963,40 m langen Hochbrücke von der Ostseeinsel Fehmarn über den Fehmarnsund zum holsteinischen Festland. →

GESTORBEN:

23. Itzhak Ben Zvi (* 6. 12. 1884), israelischer Staatspräsident.

Adenauers Nachfolger

23. April. Nachdem Bundeskanzler Konrad Adenauer angekündigt hat, nach den Parlamentsferien im Herbst nicht mehr im Amt bleiben zu wollen, setzt in der CDU/CSU ein zähes Ringen um die Nachfolge im Kanzleramt ein.

Die Parteien bilden ein gemeinsames dreiköpfiges Gremium, das einen entsprechenden Kandidaten finden soll. Beauftragt werden der CDU-Fraktionsführer Heinrich von Brentano, der geschäftsführende CDU-Vorsitzende Hermann Josef Dufhues und CSU-Vorsitzender Franz Josef Strauß. Vor allem Brentano führt mit Adenauer in dessen italienischem Urlaubsort Cadenabbia Gespräche über die Nachfolge und nimmt zur Kenntnis, daß Adenauer als Nachfolger ihn selbst, Heinrich Krone oder Gerhard Schröder favorisiert.

Die CDU/CSU-Fraktion beschließt jedoch am 22. April mit 56 gegen 4 Stimmen die Nominierung von Ludwig Erhard. Dagegen wendet sich Adenauer sehr offen, weil er die wirtschaftspolitischen Leistungen Erhards nicht unbedingt als Qualifikation für eine Kanzlerschaft ansieht. Nachdem aber die von ihm bevorzugten Kandidaten angesichts der Mehrheitsverhältnisse in der Fraktion verzichten, willigt Adenauer in die Wahl Erhards ein und erklärt sich danach bereit, mit ihm zusammenzuarbeiten und ihm die Erfahrungen aus seiner 14jährigen Amtszeit mitzugeben.

1. April. Mit einer Ansprache des Intendanten Professor Karl Holzamer (Bild) beginnt das neugegründete Zweite Deutsche Fernsehen (ZDF) seine Sendungen.

Fehmarnbrücke fertig

Die Fehmarnsundbrücke wird für den Verkehr freigegeben. Das Betonbauwerk, das den 1000 Meter breiten Sund überspannt, holt Skandinavien ein Stück näher.

30. April. Mit der Verkehrsfreigabe der Fehmarnsundbrücke ist Skandinavien ein Stück näher an Mitteleuropa herangerückt. Die Brücke bildet das Herzstück der sogenannten Vogelfluglinie, einer Auto- und Eisenbahnverbindung zwischen Europa und Skandinavien. Die Fehmarnsundbrücke ruht auf sieben Betonpfeilern und überspannt in einer Höhe zwischen 23 und 59 Metern den Sund, der jährlich von etwa 11 000 Schiffen gekreuzt wird. Auf der Brücke haben eine eingleisige Bahnstrecke, eine zweispurige Straße, zwei Mopedstreifen, ein Gehweg und außerdem noch ein Dienstweg Platz.

Kennedy ernennt Churchill zum US-Ehrenbürger

9. April. In einer Feierstunde in Washington wird der frühere englische Premierminister, Sir Winston Churchill, Ehrenbürger der Vereinigten Staaten. Mit der Proklamation durch Präsident John F. Kennedy wird erstmals in der Geschichte der USA die Ehrenbürgerschaft des Staates verliehen. Anstelle des Geehrten nimmt sein Sohn Randolph die Urkunde entgegen und verliest die Dankadresse des 88 Jahre alten Politikers.

Außerdem . . .

Der erste Gemeinsame Markt der arabischen Welt entsteht am 1. April durch das Wegfallen der Zollschranken zwischen den zwölf Mitgliedsstaaten der Föderation der Arabischen Emirate. Die Abschaffung der lästigen Binnenzölle soll eine Sanierung der Staatseinnahmen ermöglichen.

Die Volksrepublik China gibt bekannt, daß sie ab 10. April alle 3213 indischen Gefangenen aus dem Grenzkonflikt des Vorjahres freilassen wird, die noch im chinesischen Gewahrsam sind. Auch die Leichname oder die Asche von Verstorbenen sollen rückgeführt werden.

Mo	Di	Mi	Do	Fr	Sa	So
		1	2	3	4	5
6	7	8	9	10	11	12
13	14	15	16	17	18	19
20	21	22	23	24	25	26
27	28	29	30	31		

5. Die Bundesrepublik Deutschland verliert ein Fußballänderspiel gegen Brasilien in Hamburg mit 1 : 2.

7. Start des zweiten US-Fernmeldesatelliten »Telstar II«.

10. Härtester Arbeitskampf in der baden-württembergischen Metallindustrie seit dem Zweiten Weltkrieg beendet. →

11. Offizieller Staatsbesuch von Papst Johannes XXIII. bei Italiens Staatspräsidenten Antonio Segni im Quirinal.

14. Einweihung der Vogelfluglinie (Skandinavien–Kontinentaleuropa), durch Bundespräsident Heinrich Lübke und den König Frederik IX. von Dänemark.

15. US-Major Gordon Cooper umkreist mit dem Raumschiff »Faith VII« 22mal die Erde.

15. Tottenham Hotspurs gewinnen den Europacup der Pokalsieger durch einen 5 : 1-Sieg gegen Atletico Madrid in Rotterdam.

16. Sowjetische Weltraumbehörde gibt Verlust der Kontakte zur Raumsonde »Mars I« bekannt.

18. Peter Altmeier zum Ministerpräsidenten von Rheinland-Pfalz gewählt.

19. Tamara Press (UdSSR) stellt mit 59,29 m neuen Weltrekord im Diskuswerfen auf.

21. Der 72jährige Salman Schasar wird von der Knesseth zum neuen israelischen Staatspräsidenten gewählt.

22. AC Mailand gewinnt den Europacup der Landesmeister durch 2 : 1-Sieg gegen Benfica Lissabon in London.

23. Deutsche Erstaufführung des italienisch-französischen Spielfilms »Achteinhalb« von Federico Fellini mit Marcello Mastroianni und Claudia Cardinale (Oscar als bester Auslandsfilm).

23. Kubas Ministerpräsident Fidel Castro wird anläßlich eines Staatsbesuches in der UdSSR als erster Ausländer mit dem Titel »Held der Sowjetunion« ausgezeichnet.

28. Zyklon und Flutwelle verwüsten Ostpakistan und fordern etwa 30 000 Opfer.

GESTORBEN:

12. Herbert S. Gasser (* 5. 7. 1888), amerikanischer Mediziner und Physiker, Nobelpreis 1944.

Metaller ausgesperrt

10. Mai. Mit einer Urabstimmung wird an diesem Tag der zwischen der Gewerkschaft und den Arbeitgebern ausgehandelte Lohnkompromiß in der Metallindustrie Baden-Württembergs gutgeheißen, was gleichzeitig das Ende des härtesten Arbeitskampfes seit über 40 Jahren in diesem Tarifgebiet bedeutet. Die Arbeitgeber haben auf den Streikbeschluß der IG Metall in den Tarifgebieten des Bundeslandes Baden-Württemberg am 1. Mai mit der Aussperrung für Nordwürttemberg/Nordbaden und am 4. Mai für Südbaden/Hohenzollern reagiert und damit erstmals seit den Arbeitskämpfen 1928/29 für einen Industriezweig in einem geschlossenen Tarifgebiet diese Maßnahme durchgeführt. Es bedarf der Vermittlung von Bundespräsident und Bundeswirtschaftsminister, um diesen Tarifkonflikt beizulegen.

Vogelfluglinie frei

14. Mai. Nachdem Ende April das letzte Brückenbauwerk freigegeben worden ist, können Bundespräsident Heinrich Lübke und Dänenkönig Frederik IX. mit der sogenannten Vogelfluglinie die direkte Straßenverbindung zwischen Skandinavien und Kontinentaleuropa einweihen. Vor genau 100 Jahren hat der dänische Ingenieur Kröhnke aus Glückstadt dieses Projekt erstmals ins Auge gefaßt. Nach der Eröffnung der Vogelfluglinie müssen nur noch 18,5 Kilometer Seestrecke mit Fähren überwunden werden. Die drei Fähren bewältigen täglich 18 Fahrten zwischen Puttgarden und Rødbyhavn.

SPD-Wahlerfolg in Niedersachsen

19. Mai. Die Landtagswahlen in Niedersachsen gehen mit einem Erfolg für die SPD zu Ende. Die Partei erreicht 44,9 Prozent der Stimmen und 73 Sitze im Landtag. Die CDU kommt auf 37,7 Prozent und 62 Sitze, die FDP auf 8,8 Prozent und 14 Sitze. Die anderen Parteien, DP und GDP, fallen der Fünf-Prozent-Klausel zum Opfer.

3. Mai. Die Rassenunruhen in den Vereinigten Staaten verschärfen sich. Immer nachdrücklicher fordern Farbige mit zumeist friedlich geplanten Märschen und Demonstrationen ihre Rechte und protestieren gegen Rassendiskriminierung vor allem im Süden der USA. Die Teilnehmer eines Bürgerrechtsmarschs (Bild) werden von der Polizei des US-Südstaats Alabama über die Staatsgrenze zurückgetragen.

1. Jomo (»Brennender Speer«) Kenyatta vom britischen Gouverneur als erster Premierminister des unabhängigen Kenia vereidigt.

2. Saudi-Arabien gibt endgültigen Beschluß über Aufhebung der Sklaverei bekannt und entschädigt Sklaveneigentümer.

5. Schiitenführer Ruhollah Khomeini auf Anordnung der iranischen Regierung nach Religionsunruhen in Ghom verhaftet. →

9. Endspiel der letzten Feldhandball-Weltmeisterschaft bringt Sieg der DDR gegen die Bundesrepublik Deutschland in Basel (14 : 7).

9. Federico Balmamion (Italien) gewinnt den Giro d'Italia.

14. Uraufführung des Einakters »Spiel« von Samuel Beckett in Ulm.

16. Sowjetkosmonautin Valentina Tereschkowa startet als erste Frau mit dem Raumschiff »Wostok VI« in den Weltraum. →

17. Bundespräsident Heinrich Lübke proklamiert den 17. Juni zum nationalen Gedenktag des deutschen Volkes.

21. Kardinal Giovanni Battista Montini, Erzbischof von Mailand, zum neuen Papst (Paul VI.) gewählt. →

23. Erste pränatale Bluttransfusion durch Professor George Greene am National Womens Hospital in Auckland (Neuseeland) gelungen.

25. Levi Eschkol bildet nach Rücktritt von Ministerpräsident Ben Gurion neues Kabinett in Israel.

26. US-Präsident Kennedy besichtigt am Checkpoint Charly anläßlich seines Deutschlandbesuches die Berliner Mauer. →

28. Deutsche Erstaufführung des US-Spielfilms »Wer die Nachtigall stört« mit Gregory Peck, der für seine Rolle den Oscar 1962 als bester Hauptdarsteller erhalten hat.

29. Im letzten Endspiel um die deutsche Fußballmeisterschaft vor Einführung der Bundesliga siegt Borussia Dortmund in Stuttgart gegen den 1. FC Köln mit 3 : 1.

GESTORBEN:

3. Papst Johannes XXIII. (* 25. 11. 1881). →

23. Gustav Gundlach (* 3. 4. 1892), deutscher Jesuit und Sozialwissenschaftler.

Kennedy an der Mauer: »Ich bin ein Berliner«

Vor dem Schöneberger Rathaus in Berlin hält Präsident John F. Kennedy seine berühmte Rede, die mit dem deutsch gesprochenen Satz endet: »Ich bin ein Berliner.«

26. Juni. Am dritten Tag seines Besuchs in der Bundesrepublik Deutschland trifft US-Präsident John F. Kennedy in Berlin ein und spricht zuerst vor dem VI. ordentlichen Gewerkschaftskongreß der IG Bau, Steine, Erden. Er sichert seinen Zuhörern die unbedingte Treue der USA in politischen Fragen zu und beendet die Ansprache mit dem deutsch gesprochenen Satz: »Ich bin ein Berliner«. Danach besichtigt er am Checkpoint Charly die Berliner Mauer und erklärt anschließend vor Studenten der Freien Universität, daß er nach wie vor an die Wiedervereinigung Deutschlands glaube. Zu den Höhepunkten seines Besuches zählen außerdem eine Ansprache in der Frankfurter Paulskirche und seine Würdigung des Kanzlers Konrad Adenauer, den er auf einem Empfang in Bonn als einen großen europäischen Staatsmann bezeichnet.

Kennedy (links oben) informiert sich am Übergang Friedrichstraße, dem »Checkpoint Charly«, über die Mauer.

Trauer um Papst Johannes XXIII.

Papst Johannes XXIII. †.

3. Juni. Im Alter von 81 Jahren und im fünften Jahr seines Pontifikats stirbt Papst Johannes XXIII. in Rom an Magenkrebs. Bis zuletzt hat er der Krankheit getrotzt, um seine große Aufgabe, das von ihm einberufene II. Vatikanische Konzil, fortführen zu können. Johannes XXIII., der als Angelo Giuseppe Roncalli am 25. November 1881 bei Bergamo geboren wurde, stand seit 1925 im diplomatischen Dienst des Vatikans. Seit 1953 war er Kardinal und Patriarch von Venedig. In seinem kurzen Pontifikat hat er eine Fülle politischer und kirchenhistorischer Entscheidungen in die Tat umgesetzt, die ihm weltweite Achtung und Anerkennung eingetragen haben. Seine historische Bedeutung erhielt er schon zu Lebzeiten, als er in seiner Arbeit die pastorale Aufgabe der Kirche in den Vordergrund stellte, was in seinen beiden großen Enzykliken und den Bemühungen um bessere Beziehungen zu den Kirchen des Ostblocks zum Ausdruck kommt, und die Kirche nach außen öffnet, was durch häufiges Verlassen des Vatikanstaates dokumentiert wird. Als Krönung seines Wirkens sollte das Konzil erstarrte Dogmen abbauen und die Grundlage der Ökumene vertiefen.

Paul VI. nach 43 Stunden gewählt

21. Juni. Nach einer Sitzung von 43 Stunden Dauer wählt das Konklave der 80 Kardinäle den Erzbischof von Mailand, Giovanni Battista Montini, zum neuen Oberhaupt der katholischen Kirche. Montini entscheidet sich für den Namen Paul VI. in Erinnerung an den Apostelfürsten Paulus.

Der neue Papst wurde am 26. September 1897 in der Provinz Brescia geboren und nach Schulbesuch und Theologiestudium 1920 zum Priester geweiht. An der Gregoriana in Rom studierte er Philosophie und Kanonisches Recht und trat 1924 in den Dienst des vatikanischen Staatssekretariats. Er lehrte Geschichte der päpstlichen Diplomatie an der Accademia dei Nobili Ecclesiastici in Rom. Seit 1937 ist er für die diplomatischen Beziehungen des Vatikans zu allen Staaten verantwortlich und wird 1952 einer der engsten Berater von Papst Pius XII. Zwei Jahre darauf wird er Erzbischof von Mailand, und 1958 erhält er von Johannes XXIII. den Kardinalspurpur. Er unternimmt zahlreiche Reisen, unter anderem zur UNO nach New York, nach Südamerika und Asien, und sucht das Gespräch mit den kommunistischen Staaten.

Papst Paul VI.

Profumo-Skandal in England

Minister John Profumo.

Christine Keeler.

Die englische Öffentlichkeit wird in diesem Monat durch eine Affäre des britischen Heeresministers John D. Profumo erschüttert, der schließlich seinen Hut nehmen muß. Geheimnisträger Profumo hat enge Beziehungen zu einem Callgirl namens Christine Keeler unterhalten, das zur gleichen Zeit mit einem sowjetischen Attaché der Londoner Botschaft liiert gewesen sein soll. In dieser Dreiecksverbindung sollen über die Keeler Informationen an den sowjetischen Geheimdienst gelaufen sein. Profumo stolpert unter anderem über die Tatsache, daß er auf erste Anfragen dem Unterhaus nicht die Wahrheit über seine Beziehung gesagt hat.

Sowjetrussin als erste Frau im Weltraum

19. Juni. Als an diesem Tag die sowjetischen Raumschiffe »Wostok V« und »Wostok VI« im Zielgebiet von Karaganda landen, hat die Sowjetunion der Weltöffentlichkeit ein Bravourstück im Weltraum geliefert.

Die Leistung von Oberstleutnant Waleri Bykowski, der vom 14. bis 19. Juni mit »Wostok V« die Erde umkreist hat, erregt kein besonderes Aufsehen, aber die erste Frau im Weltall, Unterleutnant Valentina Tereschkowa, 26 Jahre alt, findet weltweite Anteilnahme. Sie wird am 16. Juni ins All geschossen und beendet ihren Flug während der 48. Erdumkreisung, nach etwa zwei Millionen Flugkilometern und nach 71 Stunden Aufenthalt in der Raumkapsel.

Khomeini festgenommen

5. Juni. Nach blutigen Religionsunruhen, die durch aufrührerische Aktivitäten – so die iranische Regierung – von schiitischen Geistlichen entfacht worden sein sollen, wird an diesem Tag der führende Geistliche der Schia, der Hohe Priester Ruhollah Khomeini in der heiligen Stadt Ghom von der Schah-Polizei verhaftet. Danach gibt es weitere Unruhen, die zahlreiche Opfer kosten. Erst nach der Verhaftung von 30 Mullahs in Teheran ebben die Auseinandersetzungen ab.

Der Widerstand der schiitischen Geistlichen hat sich an den Reformbestrebungen von Schah Resa Pahlawi entzündet, die unter anderem das Frauenwahlrecht, die Abschaffung der Verschleierung der Frauen und die Enteignung der Kirchenländereien zugunsten der Bauern enthalten. Die Schiiten sehen dadurch die Reinheit des Glaubens und der Sitten gefährdet. Der Ayatollah Khomeini hat ein Thesenpapier verbreitet, in dem er zur Opposition gegen den Schah aufruft. Am 8. Juni gibt der Schah bekannt, daß die Lage durch Eingreifen der Armee wieder im Griff der Ordnungskräfte sei und die Rädelsführer streng bestraft würden.

1963

JULI

Mo	Di	Mi	Do	Fr	Sa	So
1	2	3	4	5	6	7
8	9	10	11	12	13	14
15	16	17	18	19	20	21
22	23	24	25	26	27	28
29	30	31				

1. USA führen nach deutschem Vorbild Postleitzahlsystem ein.

3. Deutsche Erstaufführung des US-Spielfilms »Freud« von John Houston mit Montgomery Clift in der Titelrolle.

4. Erstes zerlegbares und transportables Atomkraftwerk von UdSSR-Wissenschaftlern im Gebiet von Ulkanowski in Betrieb genommen.

5. Charles McKinley (USA) gewinnt das Wimbledonfinale gegen Fred Stolle (Australien) 9 : 7, 6 : 1, 6 : 4.

5. Deutsche Erstaufführung des US-Spielfilms »Lilien auf dem Feld« von Ralph Nelson mit Sidney Poitier, der für seine Rolle den Oscar als bester Hauptdarsteller bekommen hat.

8. Margaret Smith (Australien) wird Wimbledonsiegerin durch ein 6 : 3, 6 : 4 gegen Billie Jean Moffit (USA).

14. Der Franzose Jacques Anquetil gewinnt die Tour de France.

15. Zahl der Arbeitslosen in Großbritannien nach Januar-Höchststand von über 800 000 auf unter 500 000 gefallen.

20. Indonesien gibt bekannt, daß es den Indischen Ozean in amtlichen indonesischen Publikationen und Atlanten in Indonesischen Ozean umbenannt hat.

21. Valery Brumel (UdSSR) verbessert den Hochsprungweltrekord in Moskau auf 2,28 m (bisheriger Rekord: 2,27 m).

22. Sonny Liston verteidigt seinen Titel als Weltmeister im Schwergewicht durch K.-o.-Sieg gegen Floyd Patterson in Las Vegas in der ersten Runde.

25. Inbetriebnahme des Kernforschungsreaktors im Forschungszentrum Jülich mit einer Leistung von 5000 kW.

26. Schweres Erdbeben zerstört teilweise die mazedonische Stadt Skopje und fordert 1800 Todesopfer. →

29. Frankreichs Staatspräsident de Gaulle lehnt Beitritt zum bereits paraphierten Atomteststopp-Vertrag ab.

GESTORBEN:

5. Lisa Tetzner (* 10. 11. 1894), deutsche Jugendschriftstellerin.

23. Alexander Gerassimow (* 12. 8. 1881), russischer Maler.

Freiheitsstrafen für Spione im Geheimdienst

23. Juli. Mit der Urteilsverkündung geht an diesem Tag eine der größten Spionageaffären in der Bundesrepublik seit Kriegsende in die Justizgeschichte ein. Der Dritte Strafsenat des Bundesgerichtshofes verurteilt den ehemaligen Regierungsrat auf Probe im Bundesnachrichtendienst (Organisation Gehlen) Heinz Felfe wegen Landesverrats zu 14 Jahren Zuchthaus und den ehemaligen Angestellten des BND, Hans Clemens, zu zehn Jahren Zuchthaus. Der mitangeklagte ehemalige Rechtsanwalt Erwin Triebel erhält eine Zuchthausstrafe von drei Jahren. Die drei ehemaligen Angehörigen des SS-Reichssicherheitshauptamtes sind 1950/51 vom sowjetischen Nachrichtendienst zur Spionage gegen die Bundesrepublik angeworben worden und haben durch ihre Stellung im Geheimdienst der Bundesrepublik seit November 1951 in großem Umfang Geheimnisverrat zugunsten der UdSSR betrieben.

USA: 70 Millionen Beschäftigte

Das Büro für Arbeitsstatistik der USA meldet erstmals in der Geschichte des Landes das Überschreiten der 70-Millionen-Grenze bei der Beschäftigtenzahl. Bei 70,3 Millionen Arbeitskräften gibt es noch 4,8 Millionen Arbeitslose.

26. Juli. Ein schweres Erdbeben in der Stadt Skopje im Süden Jugoslawiens fordert 1800 Todesopfer und zerstört große Teile der Stadt.

1963

AUGUST

Mo	Di	Mi	Do	Fr	Sa	So
			1	2	3	4
5	6	7	8	9	10	11
12	13	14	15	16	17	18
19	20	21	22	23	24	25
26	27	28	29	30	31	

1. Die Deutsche Welle, ein Kurzwellensender der ARD, nimmt mit 45 täglichen Programmen in 18 Sprachen den Sendebetrieb auf.

2. Deutsche Erstaufführung des US-Spielfilms »Der Wildeste unter Tausend« von Martin Ritt mit Patricia Neal, die für ihre Rolle den Oscar als beste Hauptdarstellerin erhalten hat.

5. John Pennel (USA) verbessert den Stabhochsprung-Weltrekord auf 5,13 m.

5. Craig Breedlove (USA) erreicht mit »Spirit of America« auf dem Salzsee bei Bonneville (Utah) neuen absoluten Geschwindigkeits-Weltrekord für Automobile mit 653,709 km/h.

5. Unterzeichnung des Atomteststopp-Vertrages zwischen UdSSR, USA und Großbritannien in Moskau. →

8. Bei einem mit großer Präzision organisierten Überfall auf den Postzug Glasgow–London erbeutet eine Bande Banknoten im Werte von 28,5 Millionen DM. Die Täter können unerkannt entkommen. →

16. UdSSR und USA vereinbaren Zusammenarbeit bei Weltraumprojekten.

19. Bundesrepublik Deutschland tritt dem Moskauer Atomteststopp-Vertrag bei. →

21. Regierungstruppen Südvietnams stürmen die Pagoden in Saigon und verhaften über 110 buddhistische Mönche. →

24. Am ersten Spieltag der neuen Fußballbundesliga kommen 282 000 Zuschauer zu den acht Spielen. →

24. John Pennel (USA) verbessert den Stabhochsprung-Weltrekord in Coral Gables auf 5,20 m.

28. Marsch von 200 000 schwarzen und weißen Bürgerrechtlern nach Washington zur Durchsetzung der Bürgerrechte in den USA. →

31. Inbetriebnahme des sogenannten »heißen Drahtes« zwischen Washington und Moskau.

GESTORBEN:

27. Adolf Grimme (* 31. 10. 1889), deutscher Pädagoge und Politiker.

31. Georges Braques (* 13. 5. 1882), französischer Maler. →

Flammentod aus Protest gegen Diem-Regime

Mit Selbstverbrennungen protestieren in Südvietnam buddhistische Mönche gegen die Verfolgung ihres Glaubens.

Die seit langem andauernden Auseinandersetzungen zwischen dem Regime Ngo Dinh Diem und den Buddhisten eskalieren in diesem Monat in Südvietnam in offenen Feindseligkeiten. Nachdem Anfang August zwei Mönche durch öffentliches Verbrennen Selbstmord begangen haben, läßt die Regierung am 7. des Monats in einer schlagartigen Aktion 365 Buddhisten in Saigon verhaften. Am 21. August werden alle Pagoden der Hauptstadt gestürmt und weitere 110 buddhistische Mönche inhaftiert.

Georges Braque stirbt

31. August. In Paris stirbt der französische Maler Georges Braque im Alter von 81 Jahren. Braque gehört mit Pablo Picasso zu den Schöpfern des Kubismus (→ April 1907). Die Wege der beiden Maler, die zunächst eng zusammenarbeiten, trennten sich jedoch 1917. Braque entwickelt den sogenannten Kubo-Realismus, der verstärkt wieder die objektive Erscheinungsweise der Dinge darstellt.

Test-Stopp perfekt

5. August. Genau 18 Jahre nach dem Abwurf der ersten Atombombe auf Hiroshima unterzeichnen im großen Kremlpalast in Moskau UdSSR-Außenminister Andrej Gromyko, US-Staatssekretär Dean Rusk und Großbritanniens Außenminister Lord Home ein Abkommen über das Verbot der Kernwaffenversuche in der Atmosphäre, im Weltraum und unter Wasser.

Nach jahrelangen Atomversuchen und Protesten in aller Welt kann die Menschheit endlich aufatmen. Die Gefahr eines drohenden Atomkrieges scheint durch den Vertrag vorerst gebannt. UN-Generalsekretär U Thant, der der Unterzeichnung beiwohnt, erklärt dies in einer Ansprache und bringt die Hoffnung zum Ausdruck, daß sich möglichst viele Länder dem Vertrag anschließen. Noch fehlt mit Frankreich eine der vier Atommächte: Die Franzosen fühlen sich im Falle ihres Beitritts in ihrer Souveränität beschränkt.

In den folgenden Tagen treten viele Staaten dem Abkommen bei, darunter die DDR, deren Unterschrift für die Bundesrepublik zum Politikum wird. Erst nach langen Debatten entschließt sich Bonn am 19. August zur Unterzeichnung, läßt aber allen 92 Staaten, mit denen es diplomatische Beziehungen unterhält, eine Erklärung zukommen, in der zum Ausdruck gebracht wird, daß durch die Bonner Unterschrift keineswegs eine Anerkennung der Unterschrift der DDR-Regierung erfolgt sei.

Postzugräuber erbeuten 2,5 Millionen

8. August. Bei einem mit größter Präzision geplanten und vorbereiteten Überfall auf den Postzug Glasgow—London erbeutet eine Bande Geld im Wert von 2,5 Millionen Pfund, das sind umgerechnet mehr als 28,5 Millionen Mark. Dies ist die größte Summe, die je bei einem Raubüberfall erbeutet worden ist. Sie erreicht fast das Dreifache der bislang höchsten Beute: 1950 haben Bankräuber in Boston in den USA umgerechnet 10,8 Millionen Mark an sich gerissen. Die englischen Posträuber verändern zunächst die Signale an der Eisenbahnstrecke Glasgow—London und unterbrechen sämtliche Telefonleitungen. Der Lokomotivführer, der an dem ungewohnten Haltesignal stoppt, wird von den Räubern gezwungen, den Zug bis zu einer bestimmten Brücke zu fahren, wo die Bande die Geldsäcke auf einen bereitgestellten Lastwagen verlädt. Das Bild zeigt eine Karikatur der englischen Tageszeitung »Daily Express« zu dem kühnen Postraub: »Sicherung für künftige Postzüge«.

28. August. In dem berühmten »Marsch auf Washington« gipfeln die Demonstrationen der Kämpfer für die Bürgerrechte und gegen die Rassendiskriminierung der schwarzen Bevölkerung in den USA. Fünfter von links in der ersten Reihe ist der farbige Pastor und Bürgerrechtskämpfer Martin Luther King.

Über 100 000 Bürger versammeln sich am Washington Monument.

24. August. In der Bundesrepublik sind jetzt die Profis am Ball. Am ersten Spieltag der neuen Fußballbundesliga kommen 282 000 Zuschauer zu insgesamt acht Spielen.

Die ersten 16 Bundesligavereine:

Aus dem Norden:
Hamburger SV
SV Werder Bremen
Eintracht Braunschweig

Aus dem Westen:
1. FC Köln
FC Schalke 04
Meidericher SV (Duisburg)
Borussia Dortmund
SC Preußen Münster

Aus dem Süden:
1. FC Nürnberg
TSV 1860 München
VfB Stuttgart
Karlsruher SC
Eintracht Frankfurt

Aus dem Südwesten:
1. FC Kaiserslautern
1. FC Saarbrücken

Aus Berlin:
Hertha BSC

Meister der ersten Saison wird der **1. FC Köln**. Die beiden ersten Absteiger sind der **1. FC Saarbrücken** und **Preußen Münster**.

1963

SEPTEMBER

Mo	Di	Mi	Do	Fr	Sa	So
						1
2	3	4	5	6	7	8
9	10	11	12	13	14	15
16	17	18	19	20	21	22
23	24	25	26	27	28	29
30						

1. In Belgien treten drei Gesetze zur Regelung der zwischen Flamen und Wallonen strittigen Sprachenfrage in der Verwaltung, im Schulbereich und im Alltag in Kraft.

2. Gouverneur George Wallace im US-Bundesstaat Alabama verhindert durch Staatspolizei das Betreten von Integrationsschulen durch Negerkinder.

6. Deutsche Erstaufführung des italienischen Spielfilms »Die Eingeschlossenen« von Vittorio de Sica mit Sophia Loren und Maximilian Schell in Hauptrollen.

8. Volksabstimmung über die erste Verfassung Algeriens bringt 97,84 Prozent Zustimmung für die Vorlage. →

8. Der britische Rennfahrer Jim Clark steht nach dem Großen Preis von Italien in Monza mit Lotus bereits als Automobilweltmeister 1963 fest.

12. Deutsche Erstaufführung des US-Spielfilms »Das Mädchen Irma la Douce« von Billy Wilder mit Jack Lemmon und Shirley MacLaine; der Streifen hat den Oscar für die beste Filmmusik erhalten. →

15. Ahmed Ben Bella wird mit überwältigender Mehrheit von 99 Prozent zum ersten algerischen Staatspräsidenten gewählt. →

18. Deutsche Erstaufführung des englischen Spielfilms »Hotel International« von Anthony Asquith mit Margaret Rutherford, die den Oscar für die beste Nebenrolle erhalten hat.

20. Deutsche Erstaufführung des US-Spielfilms »Die Vögel« von Alfred Hitchcock. →

22. Konrad Adenauer trifft zum Abschiedsbesuch als Bundeskanzler bei Charles de Gaulle auf Schloß Rambouillet ein.

28. Die Bundesrepublik Deutschland gewinnt Fußballländerspiel gegen die Türkei in Frankfurt mit 3 : 0.

29. Papst Paul VI. eröffnet zweite Sitzungsperiode des Vatikanischen Konzils.

GESTORBEN:

4. Robert Schuman (* 29. 6. 1886), französischer Politiker.

17. Eduard Spranger (* 27. 6. 1882), deutscher Kulturphilosoph.

Kennedy greift ein

9. September. Mit der Drohung des Eingreifens durch die Bundesregierung in Washington versucht Präsident John F. Kennedy an diesem Tag den Gouverneur von Alabama, George Wallace, zum Einlenken in der Frage der Schulintegration zu bewegen.

Durch Bundesgesetz ist in 144 Schuldistrikten der Süd- und Grenzstaaten die Rassentrennung an Schulen aufgehoben worden, aber in Alabama verhindert Gouverneur Wallace durch Einsatz der Staatspolizei, daß Negerkinder bisher ausschließlich von weißen Schülern benutzte Schulen betreten. Auch nach Kennedys Warnung bleibt Wallace bei seiner Rassenpolitik und setzt am 10. September sogar die Nationalgarde ein, um die Schulen Alabamas »negerfrei« zu halten. Daraufhin wird die Nationalgarde Alabamas durch Gesetz der Bundesregierung unterstellt, der Verteidigungsminister gleichzeitig ermächtigt, zur Verhinderung weiterer Rechtsbeugungen Einheiten der US-Streitkräfte einzusetzen. Erst danach können Negerkinder die bisher für sie gesperrten Schulen Alabamas besuchen.

Votum für Ben Bella

8. September. Die Volksabstimmung zur ersten Verfassung Algeriens bringt bei über 97 Prozent Zustimmung einen großen Vertrauensbeweis für Ministerpräsident Ahmed Ben Bella, zeigt aber durch Stimmenthaltung von über 1,1 Millionen Algeriern (16,41 Prozent), daß nicht alle Führer der früheren Widerstandsbewegung einig sind. Die Hauptmerkmale der Verfassung sind Stärkung des Präsidialregimes und der FLN. Am 15. September wird ein Staatspräsident gewählt; Ben Bella erhält von 5 570 001 abgegebenen Stimmen 5 548 704.

Außerdem . . .

Ein Waldbrand in dem südbrasilianischen Bundesstaat Parana kann nach sechstägigem Wüten endlich unter Kontrolle gebracht werden. Er fordert weit über 500 Menschenleben und etwa 800 Verletzte. Zahlreiche Städte und Dörfer sind in den Flammen völlig vernichtet worden.

Die größte Autofähre der Welt wird auf dem Großen Belt in Dienst gestellt. Auf dem 130 Meter langen Gefährt finden auf drei Autodecks 400 Kraftfahrzeuge und 1500 Passagiere Platz. Der Verkehr auf den Decks wird durch Ampeln geregelt.

Neueste Bevölkerungszahlen geben die beiden mächtigsten Staaten der Erde innerhalb von zwei Tagen bekannt. Die Bevölkerung der USA überschreitet am 27. September die 190-Millionen-Grenze. Sie nimmt alle elf Sekunden um eine Person zu. Am 28. September erreicht die Bevölkerung der Sowjetunion die 225-Millionen-Grenze. Sie nimmt alle zehn Sekunden um eine Person zu.

Abhör-Affäre bewegt die Bundesrepublik

Ein innenpolitischer Skandal beschäftigt in diesem Monat die Öffentlichkeit in der Bundesrepublik Deutschland. Es geht um Überwachungspraktiken des Bundesamtes für Verfassungsschutz, dem illegales Abhören von Telefongesprächen sowie Postüberwachung bei Mandatsträgern von Parteien und anderen politischen Institutionen vorgeworfen wird. Nach Dementis aus dem Bundesinnenministerium sorgt eine Sendung des Fernsehmagazins »Panorama« am 23. September für neuen Wirbel: Dort werden angebliche Beweise für eine Existenz der Abhöranlage in der Telefonzentrale des Deutschen Bundestags gezeigt. Sogar das Bundeskabinett muß sich mit der Sendung beschäftigen; es können aber bis Ende des Monats keine gegenteiligen Beweise vorgebracht werden, so daß eine Beratung im Bundestag angesetzt werden muß.

12. September. »Irma la Douce«, ein Film von Billy Wilder mit Shirley MacLaine und Jack Lemmon (Bild), begeistert auch deutsche Kinogänger.

20. September. Alfred Hitchcocks (Bildmitte) »Die Vögel« läuft in der Bundesrepublik an. Das Bild zeigt eine Szene von den Dreharbeiten. Die Vögel, teure hochtrainierte Tiere, warten auf das Kommando zu ihrem »Auftritt«.

Mo	Di	Mi	Do	Fr	Sa	So
	1	2	3	4	5	6
7	8	9	10	11	12	13
14	15	16	17	18	19	20
21	22	23	24	25	26	27
28	29	30	31			

2. ČSSR gibt Freilassung des seit 1949 inhaftierten Erzbischofs, Joseph Kardinal Beran, Primas der Tschechoslowakei, und weiterer vier Bischöfe bekannt.

9. Der Taifun »Flora« fordert nach dreitägigem Wüten über Kuba und Haiti über 6000 Todesopfer.

9. Bergrutsch am Monte Toc in Norditalien drückt Flutwelle aus dem Vaiont-Stausee in das Piavetal und fordert etwa 2200 Todesopfer.

12. Deutsche Erstaufführung des US-Spielfilms »Cleopatra« von Joseph L. Mankiewiecz mit Liz Taylor und Rex Harrison. Oscar für die beste Kameraführung.

13. Friedenspreis des deutschen Buchhandels in Frankfurt an den Physiker und Philosophen Carl Friedrich von Weizsäcker verliehen.

15. Eröffnung der Berliner Philharmonie (Konzertsaal mit 2000 Plätzen).

16. Ludwig Erhard vom Bundestag mit 279 gegen 180 Stimmen zum neuen Kanzler der Bundesrepublik gewählt. →

18. Sir Alec Douglas-Home wird von Königin Elizabeth nach krankheitsbedingtem Rücktritt von Harold McMillan zum neuen englischen Premierminister bestimmt.

20. Letztes Teilstück der 1170 km langen Autobahn durch Jugoslawien wird dem Verkehr übergeben.

22. Indiens Ministerpräsident Jawaharlal Nehru weiht 350 km nördlich von Delhi den mit 226 m höchsten Staudamm der Erde, den Bhakradamm, ein.

24. Bei Grubenunglück in Erzgrube bei Lengede werden 50 Bergleute von Geröllmassen verschüttet. →

31. Algerien und Marokko schließen Waffenstillstandsabkommen nach Beendigung von Grenzkonflikten.

GESTORBEN:

8. Gustaf Gründgens (* 22. 12. 1899), deutscher Schauspieler und Regisseur. →

11. Jean Cocteau (* 5. 7. 1889), französischer Dichter und Maler. →

11. Edith Piaf (* 19. 12. 1915), französische Chansonette. →

Konrad Adenauer tritt zurück

Adenauer (r.) verabschiedet sich von Lübke.

Konrad Adenauer verläßt den Bundestag.

15. Oktober. Konrad Adenauer, der die Geschicke der Bundesrepublik Deutschland seit ihrer Gründung als Bundeskanzler geleitet hat, nimmt 87jährig Abschied von der Politik. Am 11. Oktober reicht er dem Bundespräsidenten seinen Rücktritt ein, den Heinrich Lübke am 15. formell bestätigt.

Dazwischen liegt eine Welle von Ehrungen und Abschiedsbesuchen Adenauers, die am 10. Oktober mit der Verleihung der Ehrenbürgerwürde der Stadt Berlin durch den Regierenden Bürgermeister Willy Brandt beginnt. Die Bundeswehr ehrt den scheidenden Kanzler am 12. Oktober durch ihre erste große Feldparade auf dem Wunstorfer Feld in Niedersachsen. Am Abend veranstaltet die CDU in Köln eine große Abschiedskundgebung für Adenauer, auf der er noch einmal seine politischen Grundsätze untermauert.

Der 15. Oktober bringt dann mit der Sitzung des Bundestages zum Abschied des Kanzlers einen Höhepunkt der Feierlichkeiten. Bundestagspräsident Eugen Gerstenmaier würdigt Adenauer in seiner Laudatio als einen Politiker, mit dessen Leistung keiner der zwölf Kanzler der Weimarer Zeit verglichen werden kann. Er erinnert an Adenauers Verdienste bei der Integration der Bundesrepublik in das westliche Bündnis, an die Schaffung des deutsch-französischen Verhältnisses und an viele innenpolitische Leistungen und endet mit dem Satz: »Konrad Adenauer hat sich um das Vaterland verdient gemacht.«

Adenauer setzt auch in seinem letzten Auftritt als Bundeskanzler im Bundestag noch einmal einen besonderen Akzent, als er in seiner Antwortrede vor den Gefahren der gerade in Gang gekommenen Entspannungspolitik zwischen Ost und West warnt.

»Spatz von Paris« gestorben

11. Oktober. In Paris stirbt die französische Chansonsängerin Edith Piaf, die als Edith Giovanna Gassion 1915 in einem Armenviertel der französischen Metropole zur Welt gekommen ist. Ihre kraftvolle, ergreifende Stimme wurde schon um 1930 entdeckt. Ihr erster Impresario gab der schmächtigen Sängerin den Beinamen »piaf« – ein Wort der französischen Umgangssprache für Spatz. Als »Spatz von Paris« wurde sie auf der ganzen Welt mit Liedern wie »La vie en rose« und »Je ne regrette rien« bekannt.

Gustaf Gründgens stirbt in Manila

7. Oktober. In Manila stirbt der Schauspieler, Regisseur und Theaterleiter Gustaf Gründgens, unvergeßlich geworden vor allem durch seine Darstellung des Mephisto und des Hamlet. Nach der Tätigkeit als Schauspieler an mehreren Theatern war er von 1934 bis 1945 Intendant des Staatlichen Schauspielhauses Berlin und 1937 Generalintendant des Preußischen Staatstheaters. Ab 1947 leitete er das Schauspielhaus Düsseldorf und wirkte seit 1955 als Intendant des Deutschen Schauspielhauses in Hamburg.

Jean Cocteau ist tot

11. Oktober. Im Alter von 74 Jahren stirbt in Milly-La-Forêt der französische Künstler Jean Cocteau, der in vielen Kunstgattungen zu Hause war. Er hat Bücher geschrieben, gezeichnet, Filme gedreht, Operntexte und Ballettlibretti geschaffen. Verschiedene Kunstrichtungen – vor allem aber Dadaismus und Surrealismus – haben sein Werk geprägt. Am bekanntesten sind seine Filme »Die Kinder des Olymp«, »La Belle et la Bête« und »Orphée«. Seit 1955 war er Mitglied der Académie française.

Das Kabinett Erhard beim Bundespräsidenten: Erste Reihe (v. l.): Dahlgrün (Finanz), Schröder (Außen), Bundespräsident Lübke, Kanzler Erhard, Schwarzhaupt (Gesundheit), von Hassel (Verteidigung), Vizekanzler Mende. Zweite Reihe: Lücke (Wohnungsbau), Scheel (Entwicklungshilfe), Stücklen (Post), Höcherl (Innen), Dollinger (Schatz), Krüger (Flüchtlinge), Schwarz (Ernährung). Dritte Reihe: Heck (Familie), Niederalt (Bundesrat), Schmücker (Wirtschaft), Seebohm (Verkehr). Vierte Reihe: Blank (Arbeit), Lenz (Forschung), Bucher (Justiz), Krone (Sonder).

Erhard neuer Kanzler

16. Oktober. Einen Tag nach der Verabschiedung Konrad Adenauers wählt der Bundestag den bisherigen Wirtschaftsminister Ludwig Erhard zu seinem Nachfolger als Kanzler der Bundesrepublik Deutschland. Erhard stellt schon am 17. Oktober dem Parlament sein Kabinett vor, das wieder aus CDU/CSU- und FDP-Abgeordneten gebildet ist. Die wichtigste Neuerung gegenüber der alten Regierungsmannschaft ist der neue Vizekanzler. FDP-Chef Erich Mende hat sich nunmehr zur Mitarbeit bereitgefunden und besetzt neben der Vizekanzlerschaft das Ministerium für Gesamtdeutsche Fragen. Neu ins Kabinett kommen auch Kurt Schmücker (CDU) als Nachfolger Erhards im Wirtschaftsministerium und Hans Krüger (CDU) als Nachfolger Wolfgang Mischnicks (FDP) im Vertriebenenministerium.

Der neue Bundeskanzler tritt mit der Abgabe der Regierungserklärung, die mit einer Laudatio auf Konrad Adenauer beginnt, am 18. Oktober vor das deutsche Volk. Neben dem Bekenntnis zur Fortführung aller bisherigen politischen Grundsatzpositionen setzt er einen wirtschaftlichen Schwerpunkt: Er warnt vor dem Hang zur materiellen Grundhaltung als Maxime des Handelns und vor der Konsumerwartung, die auch Staatsgeschenke einschließt.

Diese »Dahlbusch-Bombe« wird durch einen eigens gebohrten Schacht in die Tiefe hinabgelassen und holt die Verunglückten wieder ans Tageslicht.

Unglück in Lengede

24. Oktober. Die letzte Woche des Oktobers steht im Zeichen der Rettungsarbeiten für die bei einem Grubenunglück am 24. Oktober in der Eisenerzgrube »Mathilde« bei Lengede (Niedersachsen) von etwa 500 000 Kubikmeter Schlamm eingeschlossenen Bergleute. 79 der 129 Arbeiter können sich sofort retten, sieben weitere werden am nächsten Tag geborgen. 29 Bergleute kommen bei dem Unglück ums Leben. Für drei weitere, die sich in 79 Meter Tiefe in eine Lufttasche geflüchtet haben, beginnt eine 184stündige Rettungsarbeit, die schließlich von Erfolg gekrönt wird. Die Kumpel kommen nach sieben Tagen, am 31. Oktober, wieder an die Erdoberfläche. Nach elf weiteren Kameraden wird mit Suchbohrungen weitergeforscht. Sie machen sich durch Klopfzeichen bemerkbar. Ein Schacht wird zu ihnen vorgetrieben (→ November 1963).

Rund um die Uhr arbeiten die Rettungsmannschaften in Lengede.

Erhard (l.) übernimmt die Geschäfte im Bundeskanzleramt. Rechts neben dem Kanzler der Ex-Chef des Amtes, der pensionierte Staatssekretär Hans Globke.

Mo	Di	Mi	Do	Fr	Sa	So
				1	2	3
4	5	6	7	8	9	10
11	12	13	14	15	16	17
18	19	20	21	22	23	24
25	26	27	28	29	30	

1. Sturz des Regimes Diem in Südvietnam durch das Militär. →

3. Die Bundesrepublik Deutschland verliert Fußballänderspiel gegen Schweden in Stockholm mit 1 : 2.

7. Letzte elf Überlebende des Grubenunglücks von Lengede geborgen. →

8. Georgios Papandreou, Führer des Vereinigten Zentrums, bildet nach Wahlsieg neues Kabinett in Griechenland.

11. Sir Alec Douglas-Home einstimmig zum Führer der Konservativen Partei in England gewählt.

12. Eine Kohlenstaubexplosion in einer Zeche auf der japanischen Insel Kiuschu fordert mindestens 455 Todesopfer.

12. Zusammenstoß zwischen Personenzügen und entgleistem Güterzug bei Jokohama (Japan) fordert 164 Todesopfer.

14. Durch submarinen Vulkanausbruch entsteht eine neue Insel, die Surtsey getauft wird.

17. Höchste Brücke Europas, die »Europabrücke« (815 m lang, 190 m über dem Silltal), südlich von Innsbruck als Teil der Brennerautobahn freigegeben.

18. Erstes Parlament in der Geschichte des Landes Marokko von König Hassan II. feierlich eröffnet.

22. John F. Kennedy ermordet. Lyndon B. Johnson neuer US-Präsident. →

23. Uraufführung des Schauspiels »Überlebensgroß, Herr Kott« von Martin Walser in Stuttgart.

24. Mutmaßlicher Kennedy-Attentäter Lee Harvey Oswald in Dallas ermordet. →

26. Parlamentswahlen in Südkorea beenden 2½jährige Militärherrschaft und bringen verfassungsmäßige Regierung.

30. Die Beatles belegen zum drittenmal Platz eins in der britischen Hitparade mit dem Titel »She Loves You«.

GESTORBEN:

2. Ngo Dinh Diem (* 1901), südvietnamesischer Politiker (ermordet). →

22. John F. Kennedy (* 29. 5. 1917), amerikanischer Präsident (Opfer eines Attentats). →

22. Aldous Huxley (* 29. 7. 1894), englischer Schriftsteller.

Der Mord von Dallas: Präsi

Präsident John F. Kennedy †.

22. November. Kurz vor dem Ende des dritten Jahres seiner Amtszeit wird John F. Kennedy, Präsident der Vereinigten Staaten von Amerika, Opfer eines Mordanschlags in der texanischen Stadt Dallas.

Der 46jährige Präsident fährt im Rahmen einer Besuchsreihe im offenen Wagen durch die Stadt, begleitet von seiner Frau Jacqueline und dem Texas-Gouverneur John Conally, als aus dem fünften Stockwerk eines Hauses drei Schüsse abgegeben werden. Kennedy und der Gouverneur werden schwer verletzt in das Parkland Memorial Hospital von Dallas gebracht. Dort stirbt Kennedy 30 Minuten nach dem Attentat, ohne das Bewußtsein wiedererlangt zu haben. Das Leben des texanischen Gouverneurs kann gerettet werden.

Als mutmaßlichen Attentäter verhaftet die Polizei unmittelbar nach den Schüssen einen ehemaligen Angehörigen des amerikanischen Marinekorps, Lee Harvey Oswald. Bereits 99 Minuten nach dem Tode Kennedys wird der bisherige Vizepräsident Lyndon B. Johnson als 36. Präsident der Vereinigten Staaten im Flugzeug, das ihn nach Washington bringt, vereidigt.

Vor John F. Kennedy sind bereits drei amtierende US-Präsidenten ermordet worden. Als erster Abraham Lincoln, der Vorkämpfer der Gleichberechtigung der Rassen, am 14. April 1865. Er wurde durch Pistolenschüsse tödlich getroffen. Als zweiter James A. Garfield, der 20. Präsident der USA. Er wurde am

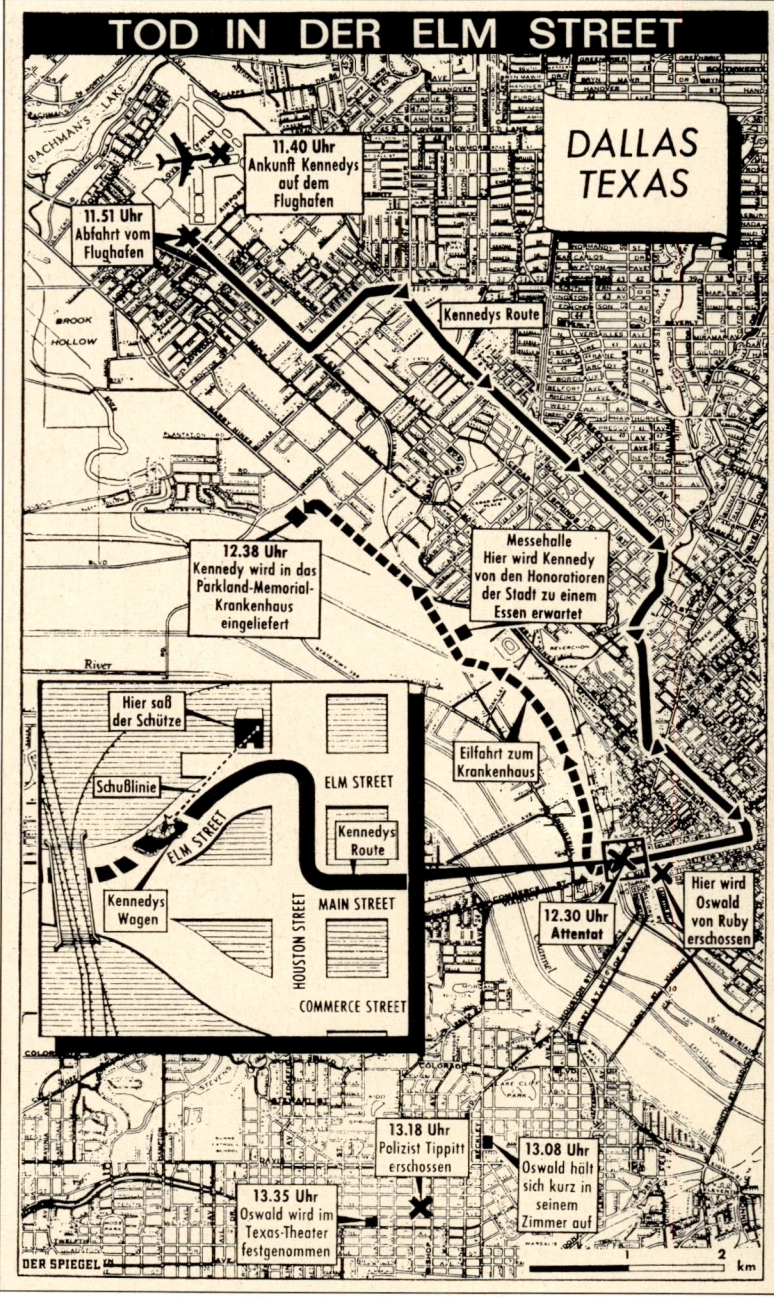

Der Weg der Wagengruppe durch Dallas und die wichtigsten Ereignisse.

2. Juli 1881 in einem Eisenbahnabteil so schwer verletzt, daß er am 19. September an den Folgen starb. Als dritter William McKinley, der 25. US-Präsident. Ihn trafen am 6. September 1901 die Schüsse des Attentäters und er starb am 14. des gleichen Monats (→ September 1901).

John F. Kennedy hat in den knapp drei Jahren seiner Präsidentschaft bemerkenswerte politische Akzente setzen können. Sein Grundkonzept von der Aktivierung aller Kräfte des Westens bei gleichzeitigem Bemühen um friedlichen Ausgleich mit dem Osten hat erste Erfolge gezeigt. Die Gründung des internationalen Friedenskorps und der Allianz für den Fortschritt mit Lateinamerika überdecken als große außenpolitische Leistungen das Scheitern mancher Reformen im Inneren, wo der Konservativismus über den jungen Präsidenten die Oberhand behalten hat.

nt John F. Kennedy erschossen

Ein Amateurfilmer nahm die Sekunden des Schreckens nach den Schüssen von Dallas auf: Die unverletzte Jacqueline Kennedy klettert über den Rücksitz des Wagens.

Ein Sicherheitsbeamter läuft hinzu . . .

. . . springt auf den Wagen auf . . .

. . . der zum Krankenhaus rast.

929

Ruby tötet mutmaßlichen Kennedy-Mörder

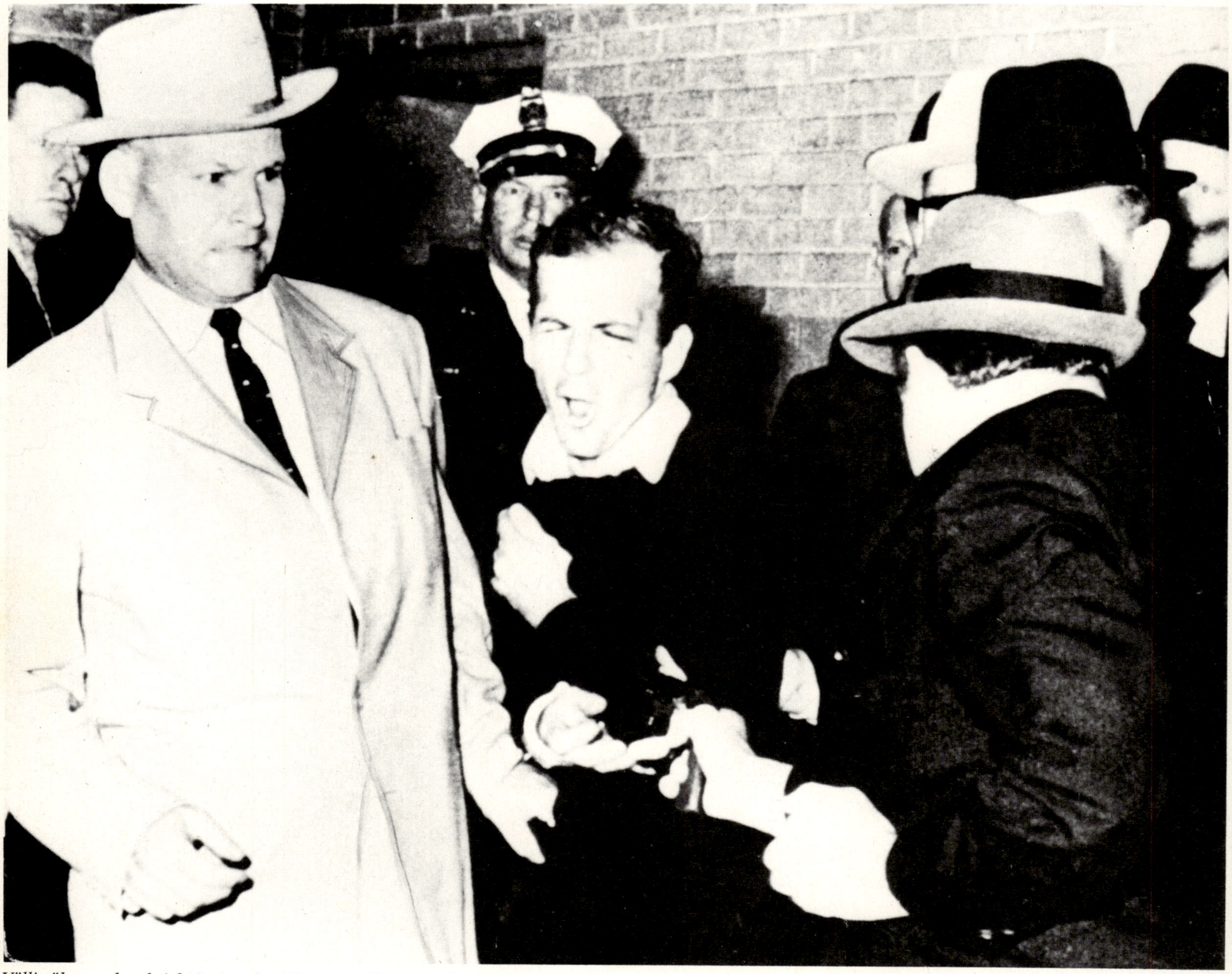

Völlig überraschend zieht im Landgericht von Dallas einer der Zuschauer, der Gastwirt Jack Ruby, einen Revolver und erschießt Lee Harvey Oswald.

24. November. Einen Tag vor der Beisetzung Kennedys wird der mutmaßliche Mörder, Lee Harvey Oswald, bei der Überführung vom Polizeihauptquartier in ein Gefängnis von Dallas von Jack Leon Rubinstein, genannt Jack Ruby, durch einen Pistolenschuß aus nächster Nähe getötet. Ruby ist Inhaber von Striptease-Lokalen in Dallas und somit polizeibekannt. Als Motiv gibt er an, der Witwe Kennedys ersparen zu wollen, einen Prozeß gegen Oswald miterleben zu müssen. Da es kein Geständnis des Kennedy-Attentäters Oswald gibt, tappen die Untersuchungsbehörden über die wahren Hintergründe und Zusammenhänge des Geschehens im dunkeln.

Umfangreiche Recherchen haben lediglich eine Fülle von Theorien und Vermutungen hervorgebracht, die schon Ende November einen ersten Höhepunkt erreichen, als bekannt wird, daß sich Oswald von 1959 bis 1961 in der Sowjetunion aufgehalten hat, eine Russin geheiratet und vergeblich um Einbürgerung nachgesucht hat.

Lee Harvey Oswald.

Jack Ruby.

Kennedy auf dem Heldenfriedhof beigesetzt

Jacqueline Kennedy mit ihren Kindern Caroline und John bei der Trauerfeier.

Der Sarg Kennedys im Kuppelsaal des Capitols in Washington.

In feierlicher Prozession wird der Sarg vom Weißen Haus zum Capitol gebracht.

Die Familie – neben Jaqueline Kennedy-Bruder Robert – folgt dem Sarg.

Viele Menschen säumen die Straßen, durch die sich der Trauerzug bewegt.

25. November. In Washington finden die Beisetzungsfeierlichkeiten für den ermordeten Präsidenten John F. Kennedy statt. Kaiser, Könige, Staatsoberhäupter und Regierungschefs aus der ganzen Welt sind in die amerikanische Hauptstadt gekommen. Der Sarg, der im Weißen Haus und im Capitol aufgebahrt war, wird zunächst zum Trauergottesdienst in die St.-Matthews-Kathedrale gebracht und dann zum Heldenfriedhof in Arlington. Tausende von Menschen säumen die Straßen Washingtons.

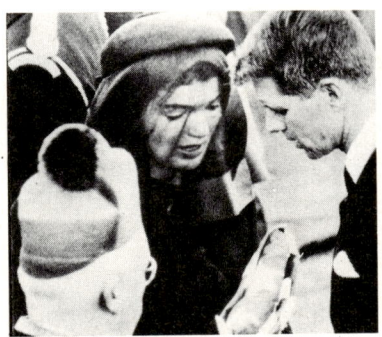

Erzbischof Cushing mit Jaqueline Kennedy und Robert Kennedy am Grab des Ermordeten.

Ein letzter Blumengruß vom neuen US-Präsidenten Lyndon B. Johnson und dessen Ehefrau Lady Bird.

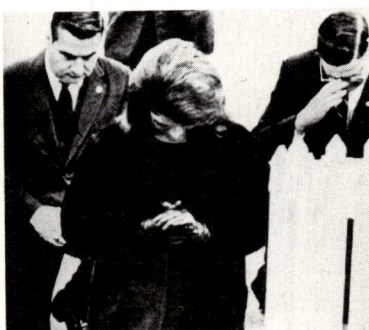

Die Witwe Jacqueline Kennedy kniet vor dem Grab ihres Mannes auf dem Arlington-Heldenfriedhof.

Putsch in Vietnam

2. November. Nach einem zwei Tage andauernden Staatsstreich ist in Südvietnam die Ära des Regimes Ngo Dinh Diem beendet. Der Präsident und sein Bruder fallen dem Umsturz zum Opfer und werden erschossen. Ein Revolutionärer Generalsrat übernimmt die Macht und gibt nach Bildung eines provisorischen Kabinetts den Kampf gegen den Kommunismus als erstes Ziel der südvietnamesischen Politik an. Das neue Regime wird bereits am 7. November von den USA und auch von Großbritannien anerkannt. Die USA sehen in der neuen Regierung einen stärkeren Verbündeten im Kampf gegen den Vietcong, dem seit Anfang 1963 wöchentlich 2500 Menschen zum Opfer fallen.

Die USA kommen in einer Konferenz auf Hawaii am 20. November dennoch zu der Ansicht, daß ihre Militärberater bald aus Südvietnam abrücken können, da die neue Regierung mit den kommunistischen Rebellen allein fertig werden kann.

Wunder von Lengede

7. November. Die Rettung von drei sieben Tage lang in der Erzgrube von Lengede eingeschlossenen Bergleuten (→ Oktober 1963) läßt die Suchmannschaften auch Anfang November weiter hoffen. Am 3. des Monats trifft eine Suchbohrung durch einen glücklichen Zufall auf einen Hohlraum, in dem sich weitere elf Überlebende der Katastrophe vom 24. Oktober aufhalten. Der anschließende Wettlauf mit der Zeit um das Leben dieser Männer hält ganz Deutschland in den nächsten Tagen in Atem. Unter technisch schwierigsten Bedingungen werden die elf Männer am 7. November mit Hilfe der sogenannten Dahlbusch-Bombe, einer etwa 2½ Meter langen Stahlkapsel von 40 Zentimeter Durchmesser, durch ein Bohrloch ans Tageslicht gebracht und von einer ganzen Nation als Helden gefeiert.

Über 500 Menschen sind am 7. November Augenzeugen der letzten Phase der Rettungsaktion in Lengede. Elf Bergleute werden aus der Tiefe geborgen.

Asienreise Lübkes

23. November. Bundespräsident Heinrich Lübke beendet an diesem Tag eine Asienreise, die ihn innerhalb von vier Wochen in fünf Staaten gebracht hat. Das umfangreiche Programm des deutschen Staatsoberhauptes führt ihn vom 23. bis 27. Oktober nach Teheran (Iran), vom 28. Oktober bis 3. November nach Djarkarta (Indonesien), vom 3. bis 6. November in die britische Kronkolonie Hongkong, vom 6. bis 18. November nach Tokio und vom 18. bis 23. auf die Philippinen. Lübke erwidert mit seiner Reise die Besuche von Repräsentanten dieser Länder in der Bundesrepublik Deutschland.

1963
DEZEMBER

Mo	Di	Mi	Do	Fr	Sa	So
						1
2	3	4	5	6	7	8
9	10	11	12	13	14	15
16	17	18	19	20	21	22
23	24	25	26	27	28	29
30	31					

3. Uraufführung des Schauspiels »Das Gartenfest« von Václav Havel in Prag.

4. Christdemokrat Aldo Moro bildet als Ministerpräsident Vier-Parteien-Koalitionskabinett in Italien.

4. In Rom endet die zweite Sitzungsperiode des 2. Vatikanischen Konzils. →

6. DDR-Staatsratsvorsitzender Walter Ulbricht zum Vorsitzenden eines neuen Verteidigungsrates gewählt.

9. Hayato Ikeda wird vom neuen japanischen Parlament im Amt des Ministerpräsidenten bestätigt.

10. Unabhängigkeit von Sansibar proklamiert: Mit 2640 km² und 316 000 Einwohnern kleinstes Land des Commonwealth.

12. Proklamation der Unabhängigkeit Kenyas im Rahmen des Commonwealth.

17. Abschluß eines Passierscheinabkommens zur Regelung von Verwandtenbesuchen Westberliner Einwohner in Ost-Berlin.

18. Der Australier Ron Clarke läuft in Melbourne mit 28:15,6 Minuten neuen Weltrekord über 10 000 m.

20. Beginn des Auschwitz-Prozesses, größter Massenmordprozeß der deutschen Rechtsgeschichte, in Frankfurt. Angeklagt sind 21 ehemalige Angehörige des SS-Bewachungspersonals des KZs Auschwitz. →

22. Auf Zypern brechen blutige Unruhen zwischen türkischen und griechischen Volksgruppen der Insel aus.

23. Griechischer Luxusdampfer »Laconia« nördlich von Madeira ausgebrannt, 128 der 1032 Passagiere kommen ums Leben.

24. Rücktritt der griechischen Regierung Papandreou nach Abstimmungsniederlage im Parlament.

29. Die Bundesrepublik Deutschland gewinnt ein Fußballländerspiel gegen Marokko in Casablanca mit 4:1.

GESTORBEN:

12. Theodor Heuss (* 31. 1. 1884), deutscher Altbundespräsident. →

14. Erich Ollenhauer (* 23. 3. 1901), deutscher Politiker. →

28. Paul Hindemith (* 16. 11. 1895), deutscher Komponist. →

Paul Hindemith stirbt in Frankfurt

Paul Hindemith †.

28. Dezember. In Frankfurt stirbt im Alter von 68 Jahren der Komponist Paul Hindemith, der als Bahnbrecher der Moderne in die Musikgeschichte eingegangen ist. Die entscheidende Leistung des Musiktheoretikers Hindemith ist die Abkehr von der Dur- und Moll-Tonalität sowie die Neuordnung der zwölf chromatischen Töne, deren Wert er nicht relativiert, sondern auf experimentell gefundene Gesetze gründet.

Zu seinen bedeutenden Werken zählen die Opern »Cardillac« (1926, neugefaßt 1952), »Mathis der Maler« (1934/35), »Die Harmonie der Welt« (1956/57), die Ballette »Nobilissima visione« (1938) und »Hérodiade« (1944), die Orchesterwerke »Konzert op. 38« (1925), »Sinfonie in Es« (1940), »Sinfonia Serena« (1946), »Harmonie der Welt« (1951). Dazu kommen Klaviermusiken, Lieder und zahlreiche Instrumentalkonzerte.

Konzil beendet 2. Sitzungsperiode

4. Dezember. Mit der Schlußansprache von Papst Paul VI. endet die zweite Sitzungsperiode des 2. Vatikanischen Konzils in Rom. Unmittelbar zuvor haben die Konzilsväter ein wichtiges Ergebnis des Konzils gebilligt. Kernpunkt ist die Einleitung einer Liturgiereform, die unter anderem stärkere persönliche Anteilnahme am liturgischen Geschehen und zunehmende Verwendung der Landessprache vorsieht.

Trauer um Heuss

12. Dezember. Nach langer Krankheit und der Amputation eines Beines stirbt in seinem Haus in Stuttgart 79jährig Altbundespräsident Theodor Heuss. Der in Schwaben geborene Heuss trat nach erfolgreichem Studium und Promotion bereits 1905 der Freisinnigen Bewegung bei und wurde Redakteur der von Friedrich Naumann gegründeten Zeitschrift »Die Hilfe«. Ab 1912 war er Chefredakteur der »Neckarzeitung« und der Zeitschrift »März« in Heilbronn. 1918 übernahm er in Berlin die Zeitschrift »Deutsche Politik«, 1919 trat er in die Deutsche Demokratische Partei ein und wurde Stadtverordneter von Berlin-Schöneberg. Von 1924 bis 1928 und von 1930 bis 1933 war er Reichstagsabgeordneter. Außer-

dem arbeitete er als Studienleiter und Dozent an der Berliner Hochschule für Politik. Die Nationalsozialisten ließen ihn ab 1936 nicht mehr arbeiten, so daß er sich als privater Schriftsteller nach Heidelberg zurückzog. 1945 gehörte er zu den Gründern der Liberaldemokratischen Partei, der späteren FDP, und wurde später ihr erster Vorsitzender.

In der ersten Nachkriegsregierung Baden-Württembergs war er eine Zeitlang Kultusminister. Am 12. September 1949 wurde er zum ersten Bundespräsidenten der Bundesrepublik Deutschland gewählt, ein Amt, das er bis 1959 innehatte. Nach seiner Amtszeit widmete er sich seinen vielfältigen publizistischen Arbeiten.

Herbert Wehner (Mitte) und Willy Brandt nehmen Abschied vom verstorbenen Vorsitzenden der Sozialdemokratischen Partei, Erich Ollenhauer (kl. Bild).

In der Halle des baden-württembergischen Landtags ziehen die Menschen am Sarg mit den sterblichen Überresten von Theodor Heuss (kl. Bild) vorbei.

Rotes Kreuz geehrt

10. Dezember. Bei der diesjährigen Nobelpreisverleihung stehen wieder deutsche bzw. deutschstämmige Wissenschaftler im Mittelpunkt der Ehrungen. Den Nobelpreis für Chemie erhält Karl Ziegler, Direktor des Max-Planck-Instituts für Kohleforschung in Mülheim/Ruhr, für die Entdeckung besonderer Katalysatoren für die Herstellung von Polyäthylen-Kunststoffen. Die andere Hälfte des Preises geht an den Italiener Giulio Natta für grundlegende Arbeiten auf dem Gebiet der Erforschung von Herstellungsprozessen synthetischer Gummis. Den Medizinpreis bekommen die britischen Professoren Alan L. Hodgkin und Andrew F.

Huxley sowie der Australier Sir John Eccles für ihre Forschungen auf dem Gebiet der Physiologie des Nervensystems. Den Physikpreis teilen sich der deutschstämmige US-Professor Eugene Wigner und die deutschstämmige Professorin Maria Goeppert-Mayer (Universität Kalifornien) sowie der Heidelberger Hans D. Jensen. Den Literaturpreis erhält der griechische Lyriker Giorgios Seferis. Der 1962 nicht vergebene Friedensnobelpreis wird nachträglich dem amerikanischen Kernforscher Linus Pauling verliehen. Für 1963 heißen die Preisträger Internationales Komitee des Roten Kreuzes und Internationale Liga der Rotkreuzgesellschaften.

Ollenhauer gestorben

14. Dezember. Im Alter von 62 Jahren stirbt der Vorsitzende der Sozialdemokratischen Partei Erich Ollenhauer in einer Bonner Klinik an einer Lungenembolie. Ollenhauer war seit dem 15. Lebensjahr aktiver Sozialdemokrat und hat schon als Sekretär der Sozialistischen Arbeiterjugend (seit 1920) und Redakteur der »Magdeburger Volksstimme« für seine Partei gekämpft. Seit 1928 war er Vorsitzender der Sozialistischen Arbeiterjugend und seit April 1933 Mitglied des Parteivorstandes der SPD. Vor

dem NS-Regime emigrierte er nach Prag und Paris, danach entkam er nach London. Nach 13jähriger Emigration kehrte er nach Deutschland zurück und arbeitete als Sekretär im Büro der SPD der Westzonen in Hannover, wo er engster Mitarbeiter von Kurt Schumacher wurde. Nach dem ersten Parteitag der SPD 1946 in Hannover wurde er stellvertretender Vorsitzender, 1949 kam er in den ersten Bundestag, und nach Schumachers Tod berief ihn die Partei im September 1952 zu ihrem Vorsitzenden.

20. Dezember. Bis auf den letzten Platz besetzt ist der Plenarsaal der Frankfurter Stadtverordnetenversammlung bei der Eröffnung des Auschwitzprozesses, des größten Verfahrens wegen Massenmordes in der deutschen Rechtsgeschichte. Vor Gericht stehen 21 ehemalige Bewacher des Konzentrations- und Vernichtungslagers Auschwitz. Das Bild zeigt bei der Eröffnung des Verfahrens Pressefotografen aus dem In- und Ausland vor den Angeklagten.

1964

JANUAR

Mo	Di	Mi	Do	Fr	Sa	So
		1	2	3	4	5
6	7	8	9	10	11	12
13	14	15	16	17	18	19
20	21	22	23	24	25	26
27	28	29	30	31		

1. Gesetz über den gemeinsamen europäischen Markt für Obst und Gemüse tritt in Kraft.

1. Die Bundesrepublik Deutschland verliert Fußballländerspiel gegen Algerien in Algier 0 : 2.

2. Pistolenattentat auf Ghana-Präsident Kwame Nkrumah in Accra gescheitert.

4. Papst Paul VI. wird auf der ersten Station seiner Orientreise in Amman von König Hussein empfangen. →

8./9. Goodwill-Besuch des kongolesischen Ministerpräsidenten Cyrille Adoula in der Bundesrepublik Deutschland.

11. Dritter Staatsbesuch eines Papstes bei der italienischen Regierung im Quirinal seit 1939 durch Paul VI. bei Staatspräsident Antonio Segni.

16. Eine Gipfelkonferenz von 13 arabischen Staaten in Kairo beschließt Maßnahmen gegen israelische Pläne zur Ableitung von Jordanwasser zwecks Bewässerung der Negev-Wüste.

18. Proklamierung der Volksrepublik Sansibar nach dem Sturz des Sultanats durch aufständische Revolutionäre.

22. Kenneth Kaunda als erster Premierminister Nordrhodesiens vom britischen Gouverneur des Landes vereidigt.

24. Deutsche Erstaufführung des schwedischen Spielfilms »Das Schweigen« von Ingmar Bergman mit Ingrid Thulin und Gunnel Lindblom in den Hauptrollen.

25. Der deutsche Bauernverband lehnt den Mansholtplan ab.

27. Frankreich und China nehmen diplomatische Beziehungen auf.

29. Feierliche Eröffnung der IX. Olympischen Winterspiele in Innsbruck. →

29. USA starten mit der Zweistufenrakete »Saturn II« den mit 17,2 Tonnen bisher schwersten Satelliten ins Weltall.

30. Start der US-Mondsonde »Ranger VI« geglückt.

GESTORBEN:

8. Julius Raab (* 29. 11. 1891), österreichischer Politiker.

9. Frederick Madison Allen (* 16. 3. 1879), amerikanischer Arzt und Ernährungswissenschaftler.

Historische Begegnung am Ölberg

Papst Paul VI. mit Athenagoras, dem Patriarchen von Konstantinopel.

4. Januar. Papst Paul VI. setzt seine Ankündigung aus der Schlußansprache bei Beendigung der zweiten Sitzungsperiode (Dezember 1963) des 2. Vatikanischen Konzils in die Tat um und bricht als erster Papst der Geschichte zu einer Reise in das Heilige Land auf. Er fliegt von Rom nach Amman in Jordanien, wo er von König Hussein empfangen wird. Von Amman aus setzt der Papst seine Reise im Auto nach Jerusalem fort, wo er zunächst im jordanischen Teil der Heiligen Stadt alle wichtigen christlichen Gedenkstätten besucht und mit den Patriarchen der griechisch-orthodoxen sowie armenischen Kirche von Jerusalem zusammentrifft.

Die nächste Station des Papstes ist Nazareth. Eigens für diesen Tag wird ein jordanisch-israelischer Grenzübergang geschaffen, den Paul VI. benutzen kann, ohne Umwege in diesem Krisengebiet in Kauf nehmen zu müssen. In Nazareth wird er vom israelischen Staatspräsidenten Salman Schasar empfangen. Danach besucht er die biblischen Stätten Kana, Tiberias am See Genezareth, Tabgha, Kapernaum, den Berg der Seligsprechung und den Berg Tabor.

Von dort aus fährt er in den israelischen Teil von Jerusalem, wo er auch die Gedenkstätte für die in der NS-Zeit ermordeten Juden besucht. Nach der Rückkehr auf jordanisches Gebiet kommt es zur historischen Begegnung mit dem Patriarchen von Konstantinopel, Athenagoras, am Ölberg. Es ist das erste Treffen der Oberhäupter der römisch-katholischen und griechisch-orthodoxen Kirchen seit dem gescheiterten Unionskonzil zu Florenz und Ferrara im Jahre 1493. Am dritten Tag seines Besuches im Heiligen Land besucht Paul VI. dann Bethlehem, wo er in der Grotte der Geburtskirche eine Messe feiert. Von Bethlehem reist der Papst zurück nach Jerusalem und Amman, wo er von König Hussein mit allen Ehren verabschiedet wird und die Rückreise nach Rom antritt. Pauls VI. Reise soll dem Frieden und der Versöhnung in Kirche und Welt dienen. Sie ist Ausdruck der Bereitschaft des Vatikans zur Zusammenarbeit in der ökumenischen Bewegung.

Nur Silber für Kilius/Bäumler

29. Januar. Da es in Innsbruck nicht rechtzeitig geschneit hat, muß aus dem gesamten österreichischen Alpenraum der Schnee für die IX. Olympischen Winterspiele zusammengetragen werden. Danach kann der Bundespräsident Adolf Schärf am 29. Januar in einem winterlich aussehenden Berg-Isel-Stadion die Spiele eröffnen, an denen 1332 Sportler aus 36 Nationen teilnehmen. Zur Eröffnungsfeier mit dem Entzünden des olympischen Feuers, das aus Griechenland gebracht worden ist, haben sich 60 000 Menschen eingefunden.

Für die zahlreichen deutschen Schlachtenbummler bringt der erste Wettkampftag eine herbe Enttäuschung. Sie haben erwartet, daß die Weltmeister im Paarlaufen, Marika Kilius / Hans-Jürgen Bäumler, die Goldmedaille gewinnen werden, doch Sieger in diesem Wettbewerb wird das sowjetische Ehepaar Ludmilla Belousowa / Oleg Protopopow mit einer technisch und künstlerisch vollendeten Kür und mit einem hauchdünnen Vorsprung (104,4 gegen 103,6 Punkte).

60 000 Zuschauer und 4000 offizielle Teilnehmer verfolgen im Innsbrucker Berg-Isel-Stadion die Eröffnung der Winterolympiade.

Mo	Di	Mi	Do	Fr	Sa	So
					1	2
3	4	5	6	7	8	9
10	11	12	13	14	15	16
17	18	19	20	21	22	23
24	25	26	27	28	29	

1. Die Beatles belegen erstmals in der US-Hitparade Platz 1 mit dem Titel »I Want To Hold Your Hand«.

2. US-Mondsonde »Ranger VI« schlägt auf der Mondoberfläche auf, sendet aber nach Ausfall der Kamera keine Bilder.

6. Die Verkehrsminister Englands und Frankreichs vereinbaren den Bau eines Eisenbahntunnels unter dem Ärmelkanal.

8. Das erste deutsche Forschungsschiff der Nachkriegszeit, die »Meteor«, wird in Hamburg getauft.

9. Verlobung von Prinz Carlos Hugo von Bourbon-Parma mit Prinzessin Irene der Niederlande, die dabei ihren Thronverzicht bekanntgibt.

10. Taiwan bricht diplomatische Beziehungen mit Frankreich wegen Anerkennung der Volksrepublik China ab.

13. In Wiesbaden wird der 7jährige Timo Rinnelt entführt und den Eltern für seine Freigabe ein Lösegeld abverlangt. Die Fahndungsmaßnahmen bleiben aber erfolglos.

16. Außerordentlicher Parteitag der SPD in Bad Godesberg wählt Willy Brandt zum neuen Vorsitzenden der SPD. →

19. Neues griechisches Kabinett unter Ministerpräsident Georgios Papandreou von König Paul vereidigt.

20. Erster Spatenstich für das deutsche Krebsforschungszentrum in Heidelberg.

21. Deutsche Erstaufführung des US-Spielfilms und Kassenschlagers »Eine zuviel im Bett« von Michael Gordon mit Doris Day und James Garner in den Hauptrollen.

25. Österreichs Bundeskanzler Alfons Gorbach wegen Meinungsverschiedenheiten mit dem ÖVP-Vorsitzenden Josef Klaus zurückgetreten.

25. Cassius Clay wird durch K.-o.-Sieg in der siebten Runde in Miami Beach gegen Sonny Liston neuer Boxweltmeister im Schwergewicht. →

GESTORBEN:

24. Alexander Archipenko (* 30. 5. 1887), russisch-amerikanischer Bildhauer.

Deutsche Rodler holen Medaillen

9. Februar. Mit einem großen Erfolg der Mannschaft der Sowjetunion, die elf Gold-, acht Silber- und sechs Bronzemedaillen erringt, enden die IX. Olympischen Winterspiele von Innsbruck. Die deutsche Mannschaft kann nicht an die Bilanz von Squaw Valley (1960) anknüpfen und muß sich mit nur drei Goldmedaillen zufriedengeben, wobei zwei in den erstmals bei Olympischen Spielen ausgetragenen Rodelwettbewerben gewonnen werden.

Die gesamtdeutsche Mannschaft der Rodler erringt fünf der sechs im Einsitzer zu vergebenden Medaillen; Österreich gewinnt Gold und Silber im Zweisitzer der Herren.

Die Zuschauer in Innsbruck feiern den Münchner Architekturstudenten Manfred Schnelldorfer, der vor seinen favorisierten Gegnern, dem Franzosen Alain Calmat und dem Amerikaner Scott Allen, die Goldmedaille im Eiskunstlauf der Herren gewinnt. In den alpinen Wettbewerben der Damen gelingt es den französischen Schwestern Marielle und Christine Goitschel, im Slalom und Riesenslalom jeweils eine Gold- und eine Silbermedaille zu

Die deutschen Olympiade-Besucher in Innsbruck feiern den Münchner Manfred Schnelldorfer, der die Goldmedaille im Eiskunstlauf der Herren erringt.

erringen. Die Österreicher triumphieren mit einem dreifachen Sieg im Abfahrtslauf der Damen (Haas) und dem Sieg in der Herrenabfahrt (Zimmermann) sowie im Slalom der Herren (Stiegler). Die Russin Lydia Skoblikowa, eine 24jährige Lehrerin aus dem sibirischen Tscheljabinsk, gewinnt alle vier Wettbewerbe im Eissprint der Damen und holt nach den beiden goldenen Medaillen von Squaw Valley vier weitere Goldmedaillen.

USA stärker in Vietnam engagiert

Für die USA gibt es im Krisengebiet des früheren Indochina in diesem Monat eine neue Entwicklung, die zunächst ohne schwerwiegende Folgen zu verlaufen scheint. Nach einem unblutigen Militärputsch an den beiden letzten Januartagen erkennen die Vereinigten Staaten die neue Junta in Südvietnam an und sagen weitere Unterstützung im Kampf gegen den Vietcong zu.

Brandt SPD-Chef

16. Februar. Die Sozialdemokratische Partei besetzt den durch den Tod Erich Ollenhauers frei gewordenen Stuhl des Parteivorsitzenden neu. Ein außerordentlicher Parteitag in Bad Godesberg wählt Willy Brandt mit 320 von 334 Stimmen zum neuen Parteichef. Stellvertreter werden Fritz Erler (319) und Herbert Wehner (302 Stimmen).

25. Februar. In Miami Beach wird der 22 Jahre alte farbige US-Boxer Cassius Clay (r.) erstmals Boxweltmeister im Schwergewicht. Er besiegt im 109. Kampf um die Weltmeisterschaft Charles »Sonny« Liston in der 7. Runde durch K. o. Clay hat vor dem Kampf durch großspurige und siegessichere Sprüche (»Ich bin der Größte«) selbst für Werbung und Aufsehen gesorgt.

MÄRZ

Mo	Di	Mi	Do	Fr	Sa	So
						1
2	3	4	5	6	7	8
9	10	11	12	13	14	15
16	17	18	19	20	21	22
23	24	25	26	27	28	29
30	31					

5. Polens Ministerpräsident Wladyslaw Gomulka läßt Plan über das Einfrieren von Nuklearwaffen in Zentraleuropa veröffentlichen (sogenannter Gomulka-Plan).

5. Papst Paul VI. empfängt eine Delegation der SPD unter Führung Fritz Erlers in Privataudienz.

6. Kronprinz Konstantin im Alter von 23 Jahren vom Erzbischof Chrysostomos von Athen als neuer König von Griechenland vereidigt. →

10. Sowjetische Abfangjäger schießen US-Aufklärer über dem Thüringer Wald in der DDR ab. →

12. Professor Robert Havemann aus der SED ausgeschlossen. →

14. Jack Ruby, Mörder des mutmaßlichen Kennedy-Mörders Lee Harvey Oswald, von Geschworenengericht in Dallas (Texas) zum Tode durch den elektrischen Stuhl verurteilt.

14. Vorausabteilungen einer UN-Friedenstruppe auf Zypern eingetroffen. →

17. Konrad Adenauer zum Abschluß des XII. CDU-Bundesparteitags in Hannover erneut zum Vorsitzenden des Parteipräsidiums gewählt.

19. Autotunnel (5855 Meter) unter dem St. Bernhard für Verkehr freigegeben.

23. Eröffnung der von der UNO angeregten Welthandelskonferenz in Genf mit 1500 Delegierten aus 122 Nationen.

28. Erdbeben verwüstet Südalaska und fordert 178 Todesopfer und 500 bis 800 Millionen DM Sachschaden.

30. König Saud von Saudi-Arabien tritt sämtliche Exekutivrechte für immer an Kronprinz Feisal ab.

31. Die US-Hitparade meldet ein zuvor noch nie verzeichnetes Phänomen: Fünf Titel der Beatles belegen die ersten fünf Plätze. →

GESTORBEN:

6. Paul I. (* 14. 12. 1901), König von Griechenland. →

9. Paul von Lettow-Vorbeck (* 20. 3. 1870), deutscher General.

19. Norbert Wiener (* 26. 11. 1894), amerikanischer Mathematiker.

22. Brendan Behan (* 9. 2. 1923), irischer Dramatiker.

Konstantin wird König

Die Vereidigung des 23jährigen Königs Konstantin von Griechenland.

6. März. Nur zwei Wochen, nachdem sein Vater ihn zum Regenten ernannt hat, muß Kronprinz Konstantin das Herrscheramt übernehmen und wird neuer König von Griechenland. Paul I. stirbt an den Folgen einer schweren Magenoperation im Alter von nur 63 Jahren und hinterläßt seinem Sohn ein schweres innenpolitisches Erbe, das von zunehmender antimonarchistischer Einstellung der Öffentlichkeit geprägt wird.

Die aus den Februarwahlen als Sieger hervorgegangene Zentrumsunion von Ministerpräsident Georgios Papandreou gilt als Sammelbecken der republikanischen und liberalen Parteien.

UNO-Truppe in Zypern

Die im Dezember des Vorjahres ausgebrochenen bewaffneten Auseinandersetzungen zwischen türkischen und griechischen Bewohnern der Inselrepublik Zypern setzen sich mit Unterbrechungen während der ersten Monate des Jahres 1964 trotz Bemühungen der früheren britischen Kolonialmacht fort, so daß die englische Regierung Hilfe bei der UNO zur Beilegung des Konfliktes sucht. Angesichts eines drohenden Bürgerkrieges zwischen den beiden Volksgruppen stimmt Staatspräsident Erzbischof Makarios der Stationierung einer internationalen Friedenstruppe auf der Insel zu. Mitte des Monats trifft die erste Vorausabteilung aus kanadischen Soldaten auf Zypern ein, bis Ende März ist sie aus kanadischen und britischen Einheiten unter dem Kommando des indischen Generals Gyani endgültig stationiert.

31. März. Die vier Pilzköpfe aus Liverpool haben den Gipfel des Ruhms erklommen. Die US-Hitparade meldet ein bisher noch niemals erreichtes Phänomen: Fünf Titel der Beatles belegen die fünf ersten Plätze auf den Listen in den Vereinigten Staaten. In der Mitte sitzend Paul McCartney, hinten von links: Ringo Starr, John Lennon und George Harrison.

US-Maschine über der DDR abgeschossen

10. März. Die Vereinigten Staaten werden in einen Luftzwischenfall verwickelt, der an die U-2-Affäre (→ Mai 1960) erinnert. Ein sowjetischer Abfangjäger schießt am 10. März über dem Thüringer Wald eine US-Maschine ab, deren drei Insassen sich mit dem Fallschirm retten können, danach aber in Haft genommen werden. Während der Osten von einem Spionagefall spricht, spielen die USA den Vorfall als Irrtum des Navigators herunter und fordern die Freilassung der drei Besatzungsmitglieder. Nach dem üblichen propagandistischen Hin und Her zwischen Ost und West werden die drei US-Soldaten am 21. bzw. 27. März an der Zonengrenze amerikanischen Behörden übergeben. Die Sowjetunion behauptet weiter, daß die Maschine einen Spionageauftrag ausgeführt habe, die USA sprechen hingegen von einem Navigationsfehler. Sie stellen die drei Flieger vor einen Untersuchungsausschuß.

Robert Havemann aus der SED ausgeschlossen

12. März. Robert Havemann, Professor für physikalische Chemie an der Ostberliner Humboldt-Universität, wird von einer außerordentlichen Mitgliederversammlung der SED-Parteiorganisation der Hochschule aus der Partei ausgeschlossen, weil er »unter der Flagge des Kampfes gegen den Dogmatismus von der Linie des Marxismus-Leninismus abgewichen ist«.

Gleichzeitig wird dem Wissenschaftler der Lehrauftrag entzogen. Gegen Havemann, der im Dritten Reich als KPD-Mitglied und Widerstandskämpfer verfolgt wurde, laufen Ermittlungen der SED, seit er in einer Vorlesungsreihe über das Thema »Allgemeine Freiheit, Informationsfreiheit und Dogmatismus« den Zusammenhang von Freiheit und Dialektischem Materialismus in einer Weise interpretierte, die nicht mit der geltenden Ideologie der DDR übereinstimmt.

1964

APRIL

Mo	Di	Mi	Do	Fr	Sa	So
		1	2	3	4	5
6	7	8	9	10	11	12
13	14	15	16	17	18	19
20	21	22	23	24	25	26
27	28	29	30			

2. Neues österreichisches Koalitionskabinett aus ÖVP und SPÖ unter Bundeskanzler Josef Klaus gebildet.

4. Henry Carr (USA) läuft mit 20,2 Sekunden in Tempe im Staat Arizona neuen Weltrekord über 200 Meter.

4. Gustav Scholz wird durch Disqualifikationssieg (Nierenschlag) in der achten Runde gegen Giulio Rinaldi (Italien) neuer Boxeuropameister im Halbschwergewicht.

7. Öltanker rammt größte Spannbetonbrücke der Welt über den Maracaibosee (Venezuela).

12. Internationale Skiasse Barbi Henneberger (Bundesrepublik) und Budd Werner (Kanada) werden bei Lawinenunglück im Oberengadin getötet.

14. General Humberto de Castello Branco nach Staatsstreich gegen das Regime Joao Goulart zum neuen brasilianischen Staatspräsidenten ausgerufen.

15. Die erste Boeing 727 der Deutschen Lufthansa wird in München auf den Namen »Augsburg« getauft. →

15. Deutsche Erstaufführung der Komödie »Der Packesel« von John Arden an der Freien Volksbühne Berlin.

16. Geraldine Mock beendet den ersten Alleinflug einer Frau um die Erde. →

17. Eröffnung des größten Pumpkraftwerks der Welt nach vierjähriger Bauzeit in Vianden (Luxemburg).

22. Die Weltausstellung in New York wird mit dem 42 Meter hohen Riesenglobus »Unisphere« als Wahrzeichen eröffnet. →

29. Hochzeit von Prinzessin Irene der Niederlande mit Prinz Carlos Hugo von Bourbon-Parma in Rom. →

29. Deutschland verliert ein Fußballänderspiel gegen die ČSSR in Ludwigshafen 3:4.

GESTORBEN:

5. Douglas MacArthur (* 26. 1. 1880), amerikanischer General (→ Juni 1950, April 1951).

11. Veit Harlan (* 22. 9. 1899), deutscher Filmregisseur.

24. Gerhard Domagk (* 30. 10. 1895), deutscher Mediziner und Bakteriologe, Nobelpreis 1939.

22. April. In New York wird eine Weltausstellung eröffnet. Sie soll wie alle anderen vorausgegangenen internationalen Ausstellungen dieses Charakters wirtschaftliche Informationen liefern, Trends aufzeigen und die nationalen Spitzenleistungen in Kultur und Technik darstellen. Ihr Wahrzeichen ist der 42 Meter hohe Stahlglobus »Unisphere«, Symbol eines Jahrzehnts im Aufbruch, in dem Satelliten sich von unserem »Raumschiff Erde« lösen und immer weiter in den Weltraum vorstoßen. Weltausstellungen hat es nach dem Zweiten Weltkrieg zuvor in Brüssel (1958) und Seattle (1962) gegeben.

Lufthansa stellt Boeing 727 vor

15. April. Die Deutsche Lufthansa stellt in München ihre erste Boeing-727-Maschine vor, ein neues Mittelstreckenflugzeug, das künftig das europäische Netz der Gesellschaft befliegen soll. Die Lufthansa hat zwölf Maschinen dieser Art bestellt, die eine Geschwindigkeit von 930 Stundenkilometern erreichen und eine Reichweite von 2880 Kilometern haben. 96 Passagiere können den Komfort des neuen Düsenjets genießen.

Alleinflug um den Erdball

16. April. Daß auch im Zeitalter des allgemeinen Luftverkehrs noch fliegerische Pioniertaten vollbracht werden können, beweist die Amerikanerin Geraldine Mock in diesen Tagen. Als erste Frau der Welt beendet sie erfolgreich einen Alleinflug um den Erdball, der sie ab 19. März über die Stationen Ohio, Nordafrika, Vorderasien, Indien, Indonesien am 16. April wieder in die Vereinigten Staaten zurückführt.

4. April. Durch Disqualifikation seines Gegners Giulio Rinaldi wegen Nierenschlags in der achten Runde wird Gustav »Bubi« Scholz (rechts) in Dortmund neuer Europameister im Halbschwergewicht.

Wirbel um die Hochzeit von Prinzessin Irene

29. April. Die Trauung der niederländischen Königstochter Prinzessin Irene mit dem spanischen Prinzen Carlos Hugo von Bourbon-Parma in der Basilika Santa Maria Maggiore in Rom steht für die Braut unter keinem glücklichen Stern. Wegen des voraufgegangenen Wirbels um diese Verbindung findet die Zeremonie ohne die Eltern der Braut und andere offizielle Vertreter des niederländischen Königshauses statt.

Seit in Holland die mögliche Verbindung einer Königstochter des Hauses Oranje mit einem Prinzen aus dem katholischen Spanien bekannt geworden ist, haben heftige Debatten eingesetzt, die sich vorübergehend zu einer schweren Regierungskrise ausweiteten. Laut Verfassung braucht jedes zur Thronfolge berechtigte Mitglied der königlichen Familie die Zustimmung des Kabinetts und einer Zweidrittelmehrheit des Parlaments zur Heirat. Dem Königshaus wird im Verlauf der Debatten um die an zweiter Stelle der Thronfolge stehende Prinzessin Irene vorge-

Prinz Carlos Hugo und Irene.

worfen, seine Pflichten gegenüber der Verfassung vernachlässigt zu haben.

Verschärft wird die Krise, als durch einen Zufall – ein Fotograf bannt Irene beim Empfang der Kommunion in Madrid aufs Bild – die Konversion der Prinzessin bekannt wird. Diese teilt daraufhin ihren Übertritt zum Katholizismus offiziell mit und verzichtet gleichzeitig auf ihre Thronfolgerechte. Damit ist eine Erörterung ihrer Verbindung mit dem Spanier im niederländischen Parlament hinfällig geworden, gleichzeitig kommt es aber zum Bruch mit dem Elternhaus.

MAI

Mo	Di	Mi	Do	Fr	Sa	So
				1	2	3
4	5	6	7	8	9	10
11	12	13	14	15	16	17
18	19	20	21	22	23	24
25	26	27	28	29	30	31

1. Die Bundesregierung übermittelt Polen über die jeweiligen Botschafter in Indien die Ablehnung des Gomulka-Planes.

5. Israel führt die erste versuchsweise Ableitung von Jordanwasser in die Negev-Wüste durch.

9. Der 1. FC Köln wird nach Beendigung der ersten Bundesligasaison Deutscher Fußballmeister 1964.

11. USA stellen Prototyp des Superbombers B-70 mit einer Reichweite von 9600 km und dreifacher Schallgeschwindigkeit vor.

12. Sepp Herberger nimmt anläßlich des Länderspiels gegen Schottland (2 : 2 in Hannover) seinen Abschied von der Nationalmannschaft als Bundestrainer.

13. Sporting Lissabon und MTK Budapest trennen sich im Finale des Europacups der Pokalsieger in Brüssel 3 : 3 nach Verlängerung.

13. Abschluß der ersten Baustufe des Assuanstaudamms am Nil. →

15. Sporting Lissabon gewinnt den Europacup der Pokalsieger im Wiederholungsspiel gegen MTK Budapest in Antwerpen mit 1 : 0.

20. Kommunistische Pathet-Lao-Truppen besetzen nach Offensive die Ebene der Tonkrüge in Laos und zwingen Internationale Kontrollkommission zum Rückzug.

21. Bundesrepublik Deutschland und das Scheichtum Kuwait nehmen diplomatische Beziehungen auf.

25. Nikita Chruschtschow beendet einen 14tägigen Staatsbesuch in der Vereinigten Arabischen Republik (VAR) mit Zusage eines weiteren 252-Millionen-Rubel-Kredits.

26. Großschiffahrtsstraße durch die Mosel feierlich eingeweiht. →

27. Inter Mailand gewinnt den Europacup der Meister mit einem 3 : 1-Sieg gegen Real Madrid.

27. Innenminister Gulzarilal Nanda nach Tod Nehrus zum amtierenden indischen Premierminister ernannt.

28. FDP nominiert Bundesjustizminister Ewald Bucher als Kandidaten für die Wahl des Bundespräsidenten.

GESTORBEN:

27. Jawaharlal Nehru (* 14. 11. 1889), indischer Politiker. →

Erste Stufe des Assuan-Damms

13. Mai. Mit der Sprengung der Sandbarrieren, durch welche die Umleitung des Nils bisher abgeriegelt war, wird die erste Baustufe des Assuanstaudamms abgeschlossen. Der Nil wird nun durch einen 1,6 Kilometer langen Kanal umgeleitet, so daß sein Flußbett zur Errichtung des eigentlichen Hochdamms südlich von Assuan trocken bleibt. Der feierlichen Zeremonie wohnen Staatspräsident Gamal Abd el Nasser, UdSSR-Ministerpräsident Nikita Chruschtschow – die Sowjetunion ist Hauptfinanzier des Projektes – sowie die Staatsoberhäupter des Irak und des Jemen bei. Seit Anfang des Jahres wird am Nilufer auch an der Rettung der Tempel von Abu Simbel gearbeitet, die durch die Aufstauung des Nils nach Beendigung des Dammbaus bedroht sind. Sie werden in 30 Tonnen schwere Blöcke zersägt und 68 Meter höher und 180 Meter landeinwärts wieder aufgebaut.

Parallel zu den Bauarbeiten läuft die Rettung der Tempel von Abu Simbel.

Premier Nehru stirbt

27. Mai. Im Alter von 74 Jahren stirbt in Delhi Indiens Premierminister Jawaharlal Nehru, der das Land seit dem Tag der Unabhängigkeit am 15. August 1947 regiert hat. Nehru stammte aus einer bedeutenden Juristenfamilie Indiens und absolvierte eine erstklassige Ausbildung in England. Nach dem Studium der Rechtswissenschaften (1905–1910) erhielt er eine Zulassung als Anwalt in London (1912). Nach der Rückkehr in die Heimat im Jahre 1916 schloß er sich Mahatma Gandhis Unabhängigkeitsbewegung an und wurde einer der hervorragenden Vertreter der Allindischen Kongreßpartei. Er geriet schon früh mit der britischen Kolonialmacht in Konflikt und brachte insgesamt 14 Jahre seines Lebens hinter Gefängnismauern zu. Nach dem Zweiten Weltkrieg wurde er als Verhandlungspartner von den Briten akzeptiert und erhielt 1946 den Auftrag zur Bildung einer Interimsregierung. Nehru gehörte als Regierungschef des Landes zu den großen Führern der sogenannten Blockfreien und genoß hohes Ansehen in Asien und Afrika. Zu seinen umstrittenen Entscheidungen ge-

Jawaharlal Nehru †.

hörten die Grenzkonflikte mit China und die Eroberung der portugiesischen Kolonie Goa, die seinen Nimbus als Vertreter der gewaltlosen Politik zerstörten.

Ausgebaute Mosel für Schiffe freigegeben

26. Mai. In einer feierlichen Zeremonie weihen Bundespräsident Heinrich Lübke, Frankreichs Staatspräsident Charles de Gaulle und die Großherzogin Charlotte von Luxemburg in Trier die Großschiffahrtsstraße Mosel ein.

Das gewaltige Projekt der Schiffbarmachung der Mosel ist von diesen drei Staaten mit einem Kostenaufwand von rund 780 Millionen DM realisiert worden. Auf der 270 Kilometer langen Moselstrecke von Koblenz bis Diedenhofen (Frankreich) ist dabei ein Höhenunterschied von 90 Metern ausgeglichen worden, was nur durch den Bau von insgesamt 13 Staustufen möglich geworden ist.

Die Fahrrinne des Flusses wurde auf eine Wassertiefe von 2,90 Metern ausgebaggert, wegen der zahlreichen Krümmungen der Mosel ist sie auf 40 Meter Breite vergrößert worden, um gefährliche Begegnungen von Schiffen zu vermeiden. An den Staustufen sollen insgesamt neun Kraftwerke zur Stromerzeugung errichtet werden.

1964

JUNI

Mo	Di	Mi	Do	Fr	Sa	So
1	2	3	4	5	6	7
8	9	10	11	12	13	14
15	16	17	18	19	20	21
22	23	24	25	26	27	28
29	30					

1. Nach Änderung der Straßenverkehrsordnung werden Zebrastreifen von diesem Tag an in der Bundesrepublik Deutschland Gebotszeichen, an denen Fußgänger gegenüber Kraftfahrern Vorrecht genießen.

2. Lal Bahadur Shastri von Parlamentsfraktion der indischen Kongreßpartei einstimmig zum Vorsitzenden und damit auch neuen Premierminister Indiens gewählt.

5. Papst Paul VI. hebt die 1888 erlassenen strengen Kirchenstrafen für Christen, die Feuerbestattung wünschen, auf.

7. Deutschland gewinnt ein Fußballländerspiel gegen Finnland in Helsinki mit 4 : 1. Die Mannschaft wird dabei erstmals vom neuen Bundestrainer und Nachfolger Sepp Herbergers, Helmut Schön, betreut. →

7. Der Franzose Jacques Anquetil gewinnt den Giro d'Italia.

8. Rumänien setzt Einreiseerleichterungen für westliche Touristen in Kraft.

12. DDR und Sowjetunion unterzeichnen in Moskau einen auf 20 Jahre befristeten Beistands- und Freundschaftspakt.

12. Der ehemalige schwedische Luftwaffenoberst Stig Wennerström, der seit fünfzehn Jahren Spionage für die UdSSR betrieben hat, wird zu lebenslanger Haft verurteilt.

13. Stapellauf des ersten europäischen atomgetriebenen Frachtschiffs, der »Otto Hahn« in Kiel.

19. Die indonesische Regierung beschlagnahmt britische Tee- und Kautschukplantagen auf Java und Sumatra.

23. Papst Paul VI. kündigt mögliche Reform der Haltung der Kirche zur Frage der Geburtenkontrolle an. →

24. In Berlin wird das derzeit modernste Krankenhaus Europas, das Klinikum der Freien Universität, auf einem 180 000 Quadratmeter großen Baugelände im Stadtteil Steglitz fertiggestellt.

GESTORBEN:

9. William Maxwell Aitken (Lord Beaverbrook) (* 25. 5. 1871), britischer Politiker und Zeitungsverleger.

19. Hans Moser (* 6. 8. 1880), eigtl. Jean Juliet, österreichischer Schauspieler. →

7. Juni. In Helsinki gewinnt die deutsche Nationalmannschaft ihr erstes Länderspiel unter dem neuen Bundestrainer Helmut Schön gegen Finnland 4 : 1. Das Foto zeigt Schön (rechts) mit seinem Vorgänger Sepp Herberger.

Papst zur Babypille

23. Juni. Einen Monat nach einem entsprechenden Artikel in der vatikanischen Wochenzeitschrift »Osservatore della Domenica« kündigt Papst Paul VI. in einer Ansprache vor 26 Kardinälen eine mögliche Reform der Haltung zur Geburtenkontrolle an. In dem Zeitschriftenartikel war gefordert worden, daß die Forschung betreffend die künstliche Regulierung des Eisprungs bei der Frau intensiv vorangetrieben werden solle und dazu führen könne, daß die Kirche ihre Stellung zur Geburtenkontrolle überprüfe.

Nach wie vor sei die Kirche jedoch gegen jede unnatürliche Geburtenverhinderung durch mechanische oder chemische Empfängnisverhütungsmittel. Das Problem der Empfängnisverhütung hat für die Kirche durch die auch in Europa um sich greifende Verwendung von Ovulationshemmern, im Volksmund als »Antibabypille« geläufig, eine neue Dimension gewonnen.

Papst Paul weist in seiner Ansprache deshalb auch auf umfangreiche Studien und Dokumentationen hin, die zur Zeit in Arbeit sind. Nach Beendigung der Untersuchungen sollen entsprechende Schlußfolgerungen gezogen und der Öffentlichkeit bekanntgegeben werden. Bis dahin bestehe nach seiner Überzeugung aber kein Grund, die von Pius XII. in dieser Frage erlassenen Normen als überholt anzusehen.

27. Juni. Der amerikanische Justizminister Robert Kennedy, Bruder des ermordeten Präsidenten John F. Kennedy (→ November 1963), wird bei einem Deutschlandbesuch in der Universität Heidelberg von Studenten umjubelt.

Moise Tschombé kehrt in den Kongo zurück

26. Juni. Mit der von der Bevölkerung stürmisch gefeierten Rückkehr des früheren Katanga-Ministerpräsidenten Moise Tschombé aus dem spanischen Exil nach Leopoldville beginnt ein neues Kapitel in der unruhigen Geschichte des früheren Belgisch-Kongo. Die Zentralregierung in Leopoldville sieht in Tschombé die letzte Rettung vor aufständischen Rebellen.

Volksschauspieler Hans Moser stirbt

Hans Moser †.

19. Juni. Hans Moser stirbt in Wien im Alter von 83 Jahren. Er kam über Schmiere und Kabarett zum Theater und spielte unter anderem in Budapest, Wien und Berlin, wo ihn Max Reinhardt als Komiker engagierte. Berühmt wurde der Schauspieler durch viele Filme (seit 1931), in denen er in unverwechselbar genuscheltem Wiener Dialekt Originale seiner Vaterstadt verkörperte (»Opernball«, »Wiener Blut«, »Hallo, Dienstmann!«).

Erdgasfund in der Nordsee

21. Juni. Bei Probebohrungen der Bohrinsel »Mr. Louie« wird in der Nordsee westlich von Helgoland in einer Tiefe von 2925 Metern Erdgas entdeckt.

1964

JULI

Mo	Di	Mi	Do	Fr	Sa	So
		1	2	3	4	5
6	7	8	9	10	11	12
13	14	15	16	17	18	19
20	21	22	23	24	25	26
27	28	29	30	31		

1. Heinrich Lübke wird von der Bundesversammlung in Berlin von 710 der 1042 Stimmberechtigten für weitere fünf Jahre zum Bundespräsidenten gewählt.

2. US-Präsident Johnson unterzeichnet Bürgerrechtsgesetz zum Abbau sozialer Ungerechtigkeiten in den USA. →

3. Roy Emerson wird durch ein 6 : 4, 12 : 10, 4 : 6, 6 : 3 über seinen australischen Landsmann Fred Stolle Wimbledonsieger.

3. Premiere des deutschen Spielfilms »Die Zeit der Schuldlosen« von Thomas Fantel, in der Hauptrolle: Erik Schumann, Peter Pasetti und Wolfgang Kieling.

4. Maria Esther Bueno (Brasilien) wird durch ein 6 : 4, 7 : 9, 6 : 3 gegen Margaret Smith (Australien) Wimbledonsiegerin.

6. Uraufführung des ersten Spielfilms der Beatles »A Hard Days Night« in London.

10. Moise Tschombé als neuer Ministerpräsident des Kongo vereidigt. →

14. Der Franzose Jacques Anquetil gewinnt zum fünftenmal die Tour de France.

15. Der bisherige stellvertretende Ministerpräsident Anastas Mikojan wird vom Obersten Sowjet der UdSSR anstelle von Leonid Breschnew zum Vorsitzenden und damit Staatsoberhaupt der UdSSR gewählt.

16. Der Gouverneur von Arizona, Barry Goldwater, von der Republikanischen Partei zum US-amerikanischen Präsidentschaftskandidaten nominiert.

23. US-Senat billigt Programm von Präsident Johnson für einen »Feldzug gegen die Armut«.

27. Bundesbank beginnt mit der Ausgabe neuer Tausendmarkscheine.

30. Beschießung der nordvietnamesischen Inseln Hon Ngu und Hon Mo durch Kriegsschiffe der US-amerikanischen Flotte und Südvietnams.

31. US-Mondsonde »Ranger VI« sendet die ersten Bilder von der Oberfläche des Erdtrabanten. →

GESTORBEN:

12. Maurice Thorez (* 28. 4. 1900), französischer Politiker.

19. Friedrich Sieburg (* 18. 5. 1893), deutscher Publizist.

Erfolg für Tschombé

Moise Tschombé (links) und Antoine Gizenga (Mitte) werden bei einer Fahrt durch Leopoldville von der kongolesischen Bevölkerung begeistert umjubelt.

10. Juli. Der frühere Katanga-Ministerpräsident Moise Tschombé wird von Staatspräsident Joseph Kasawubu am 1. Juli mit der Regierungsbildung beauftragt und schon am 10. Juli als neuer Regierungschef des Landes vereidigt. Zum Mitkämpfer gegen die kommunistischen Rebellen wird der ehemalige Lumumba-Anhänger und Chef einer Gegenregierung in Stanleyville, Antoine Gizenga, der nach zweieinhalbjähriger Haft entlassen wird. Bis Ende des Monats erringen die Rebellen beachtliche militärische Erfolge.

Rassenunruhen in USA

2. Juli. Trotz der Unterzeichnung des amerikanischen Bürgerrechtsgesetzes durch Präsident Johnson, das in den Südstaaten die Rassenschranken endgültig beseitigt, kommt es im Juli zu schweren Rassenunruhen, die zahlreiche Opfer fordern. In New York wütet ein schwarzer Mob vom 19. bis 23. des Monats, verwüstet erst das Negerviertel Harlem, dann andere Stadtteile. In Rochester terrorisieren Tausende von Negern vom 25. bis 27. Juli die Innenstadt, plündern, brandschatzen und töten. Vier Menschen fallen dem Treiben zum Opfer, über 100 werden verletzt. Präsident Johnson garantiert die Aufrechterhaltung der Ordnung durch seine Regierung; Negerführer Martin Luther King äußert dagegen seine tiefe Besorgnis über die Behandlung der Farbigen in den Nordstaaten der USA.

Präsident Johnson und Martin Luther King (r.) bei der Unterzeichnung.

Der Minirock beginnt seinen Siegeszug

Während die Pariser Frühjahrs- und Sommermode einen sehr weiblichen Stil mit schmaler Taille und einem beschwingten Rock kreiert, beschäftigen Mode-Ideen aus den USA und England in diesem Sommer die Öffentlichkeit. Der amerikanische Modeschöpfer Rudi Gernreich schlägt den Damen für die Badesaison einen oberteillosen Badeanzug vor, die 30jährige Engländerin Mary Quant, bisher mehr mit Kindermoden erfolgreich, will mit ihrer Kreation Minirock den Blick auf viel Damenbein lenken. Während die Anhängerinnen von Gernreich wegen Erregung öffentlichen Ärgernisses aus Freibädern gewiesen werden, beginnt der Mini, wie er bald nur noch genannt wird, in diesem Sommer einen ungeahnten Siegeszug und macht seine Schöpferin zur reichen Frau.

Die ersten Miniröcke tauchen auf den Straßen der Großstädte auf.

»Ranger VI« sendet Bilder vom Mond

31. Juli. Die am 28. Juli gestartete und mit 6 Fernsehkameras ausgestattete Mondsonde »Ranger VI« bringt der US-Weltraumbehörde endlich Erfolg. 13 Minuten vor dem Aufprall auf die der Erde zugewandten Seite des Erdtrabanten beginnen die Kameras mit ihrer Arbeit und senden 4316 Bilder der Mondoberfläche zur Erde.

1964

AUGUST

Mo	Di	Mi	Do	Fr	Sa	So
					1	2
3	4	5	6	7	8	9
10	11	12	13	14	15	16
17	18	19	20	21	22	23
24	25	26	27	28	29	30
31						

1. Die Grundgebühr für Telefone steigt in der Bundesrepublik um 50 Prozent, die Gebühren für eine Einheit von 16 auf 20 Pfennig.

2. Angriff nordvietnamesischer Patrouillenboote auf US-Zerstörer im Golf von Tonking provoziert verstärktes militärisches Engagement der USA in Vietnam. →

7. Beginn dreitägiger türkischer Luftangriffe auf Zypern.

10. Die erste Enzyklika von Papst Paul VI. »Ecclesiam susam« über Bereitschaft der Kirche zum Dialog mit der Welt und nichtkatholischen Kirchen sowie Zusammenarbeit mit den großen nichtchristlichen Religionen veröffentlicht.

12. Südafrika wird wegen seiner Rassentrennungspolitik von den Olympischen Sommerspielen 1964 in Tokio ausgeschlossen.

13. Der Irak, Jordanien, Kuwait, Syrien und die VAR (Ägypten) unterzeichnen in Kairo einen Vertrag über die stufenweise Verwirklichung eines Gemeinsamen Marktes in Arabien.

18. UdSSR bringt mit einer einzigen Rakete drei Satelliten der »Kosmos«-Serie in den Weltraum.

19. Deutsche Erstaufführung des italienischen Spielfilms »Gestern, heute, morgen« von Vittorio de Sica mit Marcello Mastroianni und Sophia Loren, die später ein »Bambi« als beliebteste ausländische Darstellerin in der Bundesrepublik erhält.

19. Abflug der ersten 15 Entwicklungshelfer des Deutschen Entwicklungsdienstes (DED) nach Tanganjika.

25. Südvietnams neuer Staatspräsident General Nguyen Khanh wegen dreitägiger Studenten- und Buddhistendemonstrationen neun Tage nach Amtseinführung wieder zurückgetreten. →

26. Demokratische Partei nominiert Lyndon B. Johnson zum Präsidentschaftskandidaten der USA für die anstehenden Wahlen.

28. Südrhodesische Regierung Ian Smith verbietet afrikanische Parteien.

28. Im Kongo bricht Antoine Gizenga mit Tschombé und beschwört damit die Gefahr eines neuen Bürgerkrieges herauf. →

GESTORBEN:

12. Ian Fleming (* 28. 5. 1908), britischer Schriftsteller.

Zwischenfall im Golf von Tonking

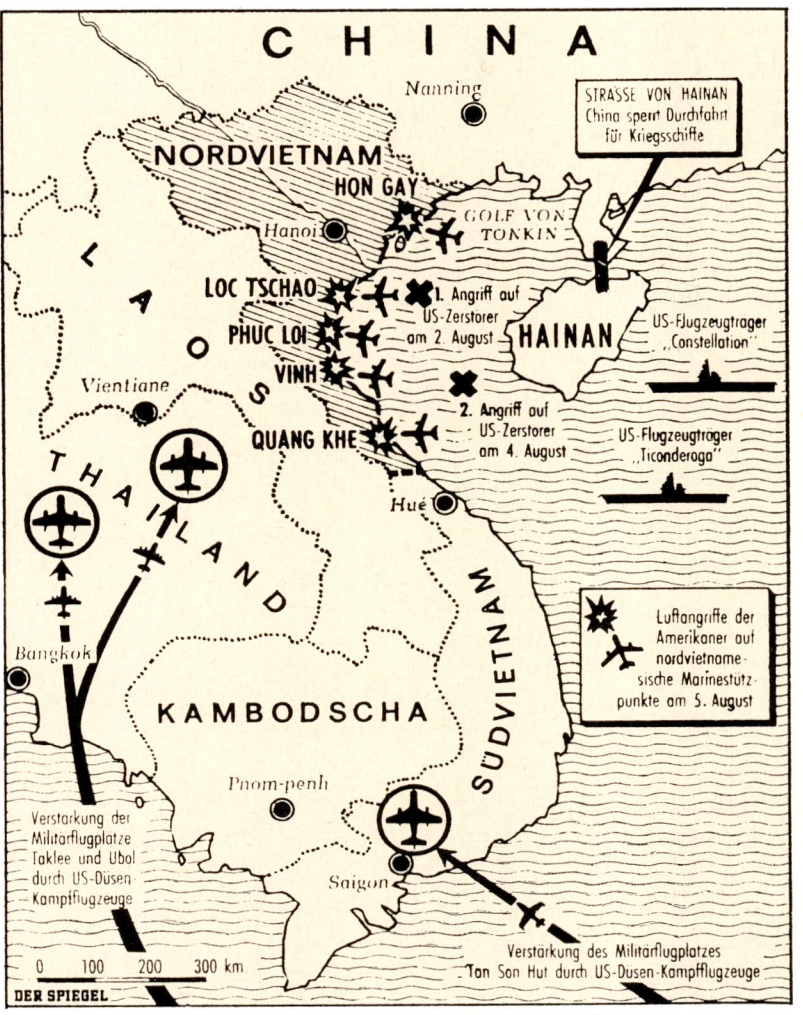

Die Vorfälle im Golf von Tonking, die den Vietnamkrieg auslösen.

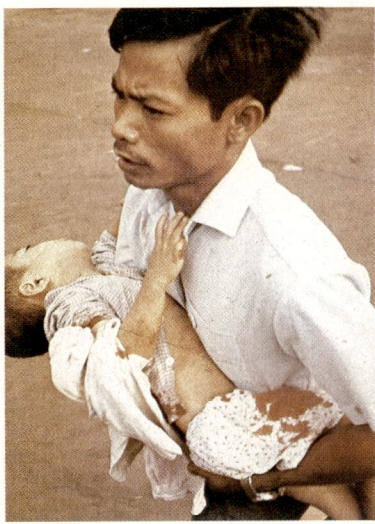

Die Leiden der vietnamesischen Zivilbevölkerung beginnen.

Präsident Johnson und sein Verteidigungsminister Robert McNamara (r.).

2. August. Der in die Geschichte als »Zwischenfall im Golf von Tonking« eingegangene angebliche Angriff dreier nordvietnamesischer Patrouillenboote auf einen US-Zerstörer verschärft die Krise in Vietnam in diesem Monat erheblich.

Es ist die erste offiziell bekannte Kriegshandlung zwischen Nordvietnam und den USA, die bisher immer nur ihre Beratertätigkeit für die südvietnamesischen Streitkräfte herausgestellt haben. Nach dem Angriff sollen die Nordvietnamesen zwei Tage später (4. August) erneut zugeschlagen haben, was massive amerikanische Vergeltungsschläge gegen Stützpunkte an der nordvietnamesischen Küste zur Folge hat. Einer weiteren Eskalation beugen zunächst diplomatische Aktivitäten – beide Seiten rufen die UNO an – vor, jedoch verabschiedet der amerikanische Kongreß am 7. August eine von Präsident Lyndon B. Johnson beantragte Ermächtigungsresolution, die dem Präsidenten freie Hand zum Einsatz der US-Streitkräfte gibt. Der UN-Sicherheitsrat bemüht sich danach um Beilegung der Krise und will beide Seiten an den Verhandlungstisch bringen. In Südvietnam gibt es bis Ende des Monats eine schwere innenpolitische Krise, die die Schwäche der Regierung zeigt.

Tschombé bittet USA um Hilfe

Der neue starke Mann des Kongo, Moise Tschombé, kann gegen die prokommunistischen Rebellen nicht ankommen, so daß er fremde Hilfe in Anspruch nehmen muß. Die USA senden auf entsprechende Bitten Flugzeuge, Jeeps und Lastwagen mit Transportflugzeugen in den Kongo, außerdem werden Aufklärungsflugzeuge zur Verfügung gestellt, die nach Tschombés Angaben von südafrikanischen Piloten geflogen werden, die er ebenso anwirbt wie weiße Söldner aus Südafrika, Südrhodesien und Belgien. Am 28. August bricht dann Antoine Gizenga mit Tschombé und bildet eine neue Partei, die einen Zusammenschluß von sieben linken Splittergruppen darstellt. Die Organisation der Afrikanischen Einheit (OAU) versucht im Kongo zu vermitteln und beruft eine entsprechende Konferenz ein.

1964

SEPTEMBER

Mo	Di	Mi	Do	Fr	Sa	So
	1	2	3	4	5	6
7	8	9	10	11	12	13
14	15	16	17	18	19	20
21	22	23	24	25	26	27
28	29	30				

2. Der norwegische Leichtathlet Terje Peddersen wirft den Speer als erster Mensch über 90 m und stellt mit 91,72 m neuen Speerwurfweltrekord auf.

3. US-Justizminister Robert Kennedy tritt zugunsten einer Senatskandidatur im Bundesstaat New York zurück.

4. Christdemokrat Eduardo Frei nach Wahlsieg neuer chilenischer Staatspräsident.

9. Die Zahl der Arbeitslosen in der Bundesrepublik hat mit 102 800 einen neuen Tiefpunkt erreicht. →

9. DDR-Ministerrat erläßt Bestimmungen für Besuchsreisemöglichkeit von Rentnern in die Bundesrepublik. →

10. Deutsche Erstaufführung des US-Spielfilms »Die Nacht des Leguan« von John Huston, mit Richard Burton, Ava Gardner und Deborah Kerr.

13. Dritte Sitzungsperiode des Vatikanischen Konzils eröffnet. Ihre Themen sind unter anderem die Ostkirche, die Religionsfreiheit und der Ökumenismus.

17. Deutsche Erstaufführung des US-Spielfilms »Marnie« von Alfred Hitchcock, mit Sean Connery in der Hauptrolle.

18. Trauung König Konstantins II. von Griechenland mit der dänischen Königstochter Prinzessin Anne-Marie in der griechischen Hauptstadt Athen.

21. Großbritannien gewährt Malta die Unabhängigkeit.

24. Willi Stoph von der DDR-Volkskammer auf Vorschlag Walter Ulbrichts zum neuen Ministerpräsidenten ernannt.

24. Neues Passierscheinabkommen in Berlin zur Regelung des Besuchsverkehrs über Weihnachten unterzeichnet. →

30. Nach Freigabe des letzten Teilstücks ist die »Autostrada del Sol« in voller Länge von 738 Kilometern von Mailand nach Neapel befahrbar.

GESTORBEN:

4. Werner Bergengruen (* 16. 9. 1892), deutscher Schriftsteller. →

18. Sean O'Casey (* 31. 3. 1880), irischer Schriftsteller.

21. Otto Grotewohl (* 11. 3. 1894), deutscher Politiker.

Reiseerleichterungen für Rentner

Die mit einem Sperrgürtel gesicherte Grenze der DDR wird für Rentner in diesen Tagen ein wenig durchlässiger.

9. September. Für die Bürger im geteilten Deutschland, die Familienangehörige im jeweils anderen deutschen Staat haben, gibt es in diesem Monat zwei erfreuliche Nachrichten. Zunächst wird am 9. September eine Entscheidung des DDR-Ministerrats bekannt, nach der Bürger der DDR im Rentenalter jährlich eine Besuchsreise zu Verwandten in die Bundesrepublik mit einer Aufenthaltsdauer bis zu vier Wochen machen dürfen. Gleiches gilt für DDR-Rentnerbesuche in West-Berlin. Weitere Reisen können bei Todesfall oder lebensgefährlicher Erkrankung eines Angehörigen erfolgen. Für Westberliner, die zum Weihnachtsfest Besuche in Ost-Berlin machen wollen, wird am 24. September von DDR-Staatssekretär Erich Wendt und dem Westberliner Senatsrat Horst Korber ein Passierscheinabkommen unterzeichnet, das eine ähnliche Regelung wie im Vorjahr vorsieht. Die Besuchszeiträume werden ausgeweitet. Danach können Westberliner in den Zeiträumen vom 30. Oktober bis 14. November 1964 und von 19. Dezember 1964 bis 3. Januar 1965 sowie zu Ostern und zu Pfingsten 1965 Verwandte in Ost-Berlin jeweils während eines Zeitraums von 14 Tagen besuchen.

680 000 Stellen offen

9. September. Die Arbeitslosigkeit in der Bundesrepublik Deutschland hat einen neuen Tiefststand erreicht. Der Zahl der offenen Stellen von 680 000 stehen nur noch 102 800 Arbeitslose gegenüber. Zur Behebung des Arbeitskräftemangels ist in diesen Tagen der millionste Gastarbeiter in der Bundesrepublik eingetroffen.

Weiter wird im Ausland um Arbeitskräfte geworben. Die bevorzugten Staaten sind Italien, Spanien, Jugoslawien und die Türkei. Die meisten Gastarbeiter kommen ohne Familien, werden in Firmenwohnheimen oder Notquartieren untergebracht. Ohne die Gastarbeiter müßten viele Industriezweige ihre Arbeit einstellen.

Immer mehr Gastarbeiter kommen.

Zwischenfall an der Berliner Mauer

13. September. An der Berliner Mauer kommt es wieder zu einem blutigen Zwischenfall, der aber dennoch keine schwerwiegenden politischen Folgen hat. DDR-Grenzsoldaten bemerken den Fluchtversuch eines 20jährigen Mannes im Todesstreifen vor der Mauer auf Ostberliner Seite und eröffnen das Feuer; der Mann wird schwer verletzt. Daraufhin wird von Westberliner Polizei zurückgeschossen. Im Laufe des Feuergefechts gelingt es einem US-Soldaten, dem jungen DDR-Flüchtling trotz dessen Schußverletzungen über die Mauer zu helfen.

Bergengruen stirbt 72jährig

4. September. Kurz vor Vollendung seines 72. Lebensjahres stirbt in Baden-Baden der deutsche Schriftsteller Werner Bergengruen, der sich in seinen streng komponierten Romanen und Novellen mit vorwiegend historischer oder religiöser Thematik durch Fabulierfreude und ausgewogene Sprache einen Namen gemacht hat.

Seine bekannten Werke sind der Roman »Das große Alkahest« (1926), der 1938 unter dem Titel »Der Starost« noch einmal erschien, die Novelle »Die Feuerprobe« (1933), der Roman »Der Großtyrann und das Gericht« (1935), die Erzählung »Der Tod von Reval« (1939), die Novelle »Der spanische Rosenstock« (1941), der Roman »Das Feuerzeichen« (1949) sowie die Romantrilogie »Der letzte Rittmeister« (1952), »Die Rittmeisterin« (1954), »Der dritte Kranz« (1962).

Längste Brücke Europas eröffnet

5. September. Königin Elizabeth II. eröffnet eine Straßenbrücke über den Firth of Forth in Schottland, die als längste Spannbetonbrücke der Welt außerhalb der USA gilt und die viertlängste Brücke überhaupt ist. Die Mittelspannweite beträgt 1000 Meter, die Seitenspannweiten je 408,5 Meter.

Staudamm-Pläne

7. September. Die Staatspräsidenten Jugoslawiens, Marschall Josip Broz Tito, und Rumäniens, Gheorge Gheorghiu-Dej, eröffnen die Bauarbeiten am Eisernen Tor, einem Durchbruchstal der Donau in den Südkarpaten an der gemeinsamen Staatsgrenze. An dieser Stelle soll ein gewaltiger Staudamm mit Schleusenkammern für die Schiffahrt entstehen.

Rechtzeitig zur Olympiade wird in Tokio die erste öffentliche Strecke einer Alweg-Bahn, einer Einschienenbahn nach einer Idee des schwedischen Ingenieurs Axel Leonhard Wenner-Gren, in Betrieb genommen. Die 13,2 Kilometer lange Bahnanlage dient als Flughafenzubringer.

1964
OKTOBER

Mo	Di	Mi	Do	Fr	Sa	So
			1	2	3	4
5	6	7	8	9	10	11
12	13	14	15	16	17	18
19	20	21	22	23	24	25
26	27	28	29	30	31	

1. Auf einer 515 km langen neuen Eisenbahnstrecke zwischen Tokio und Osaka verkehren die Züge mit der Durchschnittsgeschwindigkeit von 220 km/h.

2. Deutsche Erstaufführung des Schauspiels »Das Gartenfest« von Vaclav Havel in der Werkstatt des Schiller-Theaters Berlin.

6. Der Bundespräsident Heinrich Lübke stiftet die ersten Truppenfahnen für Bataillone und entsprechende Verbände der Bundeswehr.

10. Eröffnung der XVIII. Olympischen Sommerspiele in Tokio. →

14. Nikita Chruschtschow wird vom Zentralkomitee der KPdSU aller Ämter enthoben. →

16. Uraufführung des Schauspiels »Der schwarze Schwan« von Martin Walser in Stuttgart.

16. Deutsche Erstaufführung des französischen Spielfilms »Der Reigen« nach Arthur Schnitzler von Roger Vadim mit Jean-Claude Brialy, Jane Fonda und Anna Karina.

16. China gibt Zündung seiner ersten Atombombe bekannt.

18. Harold Wilson bildet nach erstem Wahlsieg der Labour Party seit 1951 als neuer Premierminister Regierung in England.

23. Deutsche Erstaufführung des US-Spielfilms »Topkapi« von Jules Dassin mit Melina Mercouri und Peter Ustinov, der dafür den Oscar für die beste Nebenrolle erhalten hat.

24. Proklamation der Republik Sambia (früher Nordrhodesien) als 36. unabhängiger Staat Afrikas.

25. John Surtees (Großbritannien) steht bereits nach dem Grand Prix von Mexiko auf Ferrari als neuer Automobilweltmeister fest.

30. Die erste Unteroffiziersschule der Bundeswehr wird in Sonthofen eröffnet.

31. Fünf Institute des deutschen Krebsforschungszentrums werden in Heidelberg ihrer Bestimmung übergeben.

GESTORBEN:

16. Cole Porter (* 9. 6. 1891), amerikanischer Komponist.

20. Herbert Hoover (* 10. 8. 1874), amerikanischer Politiker.

27. Agnes Miegel (* 9. 3. 1879), deutsche Dichterin.

Chruschtschow wird aus seinen Ämtern entlassen

Nikita Sergejewitsch Chruschtschow.

14. Oktober. Die Öffentlichkeit in Ost und West wird Mitte Oktober von einer totalen Umbildung der sowjetischen Staats- und Parteiführung überrascht. Der amtierende Ministerpräsident Nikita Sergejewitsch Chruschtschow, seit 1952 Mitglied des Präsidiums des Zentralkomitees, seit 1953 erster Sekretär des ZK der KPdSU und seit 1958 Vorsitzender des Ministerrats, wird am 14. Oktober vom Plenum des ZK und am 15. Oktober vom Präsidium des Obersten Sowjet aus seinen Ämtern entlassen.

Nachfolger im Amt des Regierungschefs wird Alexej Nikolajewitsch Kossygin, als erster Sekretär des ZK und damit Parteichef wird Leonid Iljitsch Breschnew berufen, der nach seiner Ablösung durch Anastas Mikojan vom Posten des nominellen Staatsoberhauptes der UdSSR im Juli dieses Jahres seine Parteiämter behalten hat. Eine Begründung für das Revirement wird der sowjetischen Öffentlichkeit in einem Artikel der »Prawda« gegeben, der am 17. Oktober in einem Sammelsurium politischer Allgemeinplätze versteckt Angriffe gegen Nikita Chruschtschow wegen Subjektivismus, Phantasterei, Prahlerei, Personenkult, Hang zum Bürokratismus, von der Realität losgelöste Entscheidungen und ähnliches enthält. Konkret sind damit die falsche Politik gegen China, Fehlverhalten in der Kubakrise und im Suezkonflikt und eigenmächtige Entscheidungen in der Außenpolitik gemeint.

1964 Tokio

25. Oktober. Das Verlöschen des olympischen Feuers nach Beendigung der XVIII. Olympischen Sommerspiele in Tokio bedeutet auch ein Ende der gesamtdeutschen Sportpolitik. In Tokio gab es zum letztenmal eine aus Sportlern der Bundesrepublik und der DDR gebildete Olympiamannschaft, die gemeinsam unter der schwarz-rot-goldenen Fahne mit den fünf olympischen Ringen und der neutralen Hymne (Beethovens »An die Freude«) aufgetreten ist.

Diese Mannschaft erringt seit 1936 mit insgesamt 50 Medaillen den größten Erfolg deutscher Sportler in der Geschichte der Olympischen Spiele. In der inoffiziellen Medaillenwertung belegt das gesamtdeutsche Team den dritten Platz hinter den Athleten aus den USA und der UdSSR. Aus deutscher Sicht wird der Leverkusener Willi Holdorf zum Helden der Spiele, der die Goldmedaille im Zehnkampf gegen seine favorisierten Gegner gewinnt. Überhaupt haben in Tokio Außenseiter eine Chance: Völlig überraschend gehen Goldmedaillen an den Engländer Lynn Davies (Weitsprung) und den Amerikaner William Mills (10 000 m).

Weitere Medaillen in den leichtathletischen Disziplinen erkämpfen für Deutschland Harald Norpoth (Silber über 5000 Meter), die Stabhochspringer Wolfgang Reinhardt und Klaus Lehnertz (Silber und Bronze), Hammerwerfer Uwe Beyer (Bronze), Karin Balzer (Gold über 80-m-Hürden) und Ingrid Lotz (Silber im Diskuswerfen). Medaillen holen auch die Schwimmer Gerhard Hetz, Hans-Joachim Klein, Ernst-Joachim Küppers (West) sowie Egon Henninger, Horst Gregor, Frank Wiegand (Ost).

Wie bei vorausgegangenen Olympischen Spielen sind auch in Tokio die deutschen Reiter sehr erfolgreich. Sowohl in der Dressur wie im Springreiten – hier zum drittenmal hintereinander – gewinnen sie für Deutschland die Mannschaftsgoldmedaillen.

Mit großem Vorsprung und in Weltrekordzeit von 10,0 Sekunden siegt Bob Hayes über 100 m.

Leichtathletik Männer

100 m
1. Robert Hayes USA 10,0
2. Enrique Figuerola CUB 10,2
3. Harry Jerome CAN 10,2

200 m
1. Henry Carr USA 20,3
2. Otis Paul Drayton USA 20,5
3. Edwin Roberts TRI 20,6

400 m
1. Michael Larrabee USA 45,1
2. Wendell Mottley TRI 45,2
3. Andrzej Badenski POL 45,6

800 m
1. Peter Snell NSE 1:45,1
2. William Crothers CAN 1:45,6
3. Wilson Kiprugut KEN 1:45,9

1500 m
1. Peter Snell NSE 3:38,1
2. Josef Odložil ČSR 3:39,6
3. John Davies NSE 3:39,6

5000 m
1. Robert Schul USA 13:48,8
2. Harald Norpoth D 13:49,6
3. William Dellinger USA 13:49,8

10 000 m
1. William Mills USA 28:24,4
2. Mohamed Gammoudi TUN 28:24,8
3. Ronald Clarke AUS 28:25,8

Marathon
1. Abebe Bikila ETH 2:12:11,2
2. Basil Heatley GBR 2:16:19,2
3. Kokichi Tsuburaya JAP 2:16:22,8

110-m-Hürden
1. Hayes Jones USA 13,6
2. Harold Blaine Lindgren USA 13,7
3. Anatoly Mikhailov SOV 13,7

400-m-Hürden
1. »Rex« Warren Cawley USA 49,6
2. John Cooper GBR 50,1
3. Salvatore Morale ITA 50,1

3000-m-Hindernislauf
1. Gaston Roelants BEL 8:30,8
2. Maurice Herriott GBR 8:32,4
3. Yvan Belyayev SOV 8:33,8

4 × 100-m-Staffel
1. USA 39,0 (Otis P. Drayton, Gerald Ashworth, Richard Stebbins, Robert Hayes)
2. POL 39,3 (Andrzej Zielinski, Wieslaw Maniak, Marian Foik, Marian Dudziak)
3. FRA 39,3 (Paul Genevay, Bernard Laidebeur, Claude Piquemal, Jocelyn Delecour)

4 × 400-m-Staffel
1. USA 3:00,7 (Ollan Cassell, Michael Larrabee, Ulis Williams, Henry Carr)
2. GBR 3:01,6 (Timothy Graham, Adrian Metcalfe, John Cooper, Robbie Brightwell)
3. TRI 3:01,7 (Edwin Skinner, Kent Bernard, Edwin Roberts, Wendell Mottley)

20-km-Gehen
1. Kenneth Matthews GBR 1:29:34,0
2. Dieter Lindner D 1:31:13,2
3. Vladimir Golubnitschy SOV 1:31:59,4

50-km-Gehen
1. Abdon Pamich ITA 4:11:12,4
2. Paul Vincent Nihill GBR 4:11:31,2
3. Ingvar Pettersson SWE 4:14:17,4

Hochsprung
1. Valery Brumel SOV 2,18
2. John Thomas USA 2,18
3. John Rambo USA 2,16

Stabhochsprung
1. Fred Hansen USA 5,10
2. Wolfgang Reinhardt D 5,05
3. Klaus Lehnertz D 5,00

Weitsprung
1. Lynn Davies GBR 8,07
2. Ralph Boston USA 8,03
3. Igor Ter-Ovanesyan SOV 7,99

Dreisprung
1. Józef Schmidt POL 16,85
2. Oleg Fedoseyev SOV 16,58
3. Viktor Kravtschenko SOV 16,57

Kugelstoßen
1. Dallas Long USA 20,33
2. Randel »Randy« Matson USA 20,20
3. Vilmos Varju UNG 19,39

Diskuswerfen
1. Alfred Oerter USA 61,00
2. Ludvik Danek ČSR 60,52
3. David Weill USA 59,49

Mit dem Marathon-Sieger Abebe Bikila beginnt der Aufbruch Afrikas nach Olympia.

König der Leichtathleten in Tokio ist der Deutsche Willi Holdorf (links). Hans-Joachim Walde (rechts) gewinnt Bronze.

Hammerwerfen
1. Romuald Klim SOV 69,74
2. Gyula Zsivótzky UNG 69,09
3. Uwe Beyer D 68,09

Speerwerfen
1. Pauli Nevala FIN 82,66
2. Gergely Kulcsár UNG 82,32
3. Janis Lusis SOV 80,57

Zehnkampf
1. Willi Holdorf D 7887
2. Rein Aun SOV 7842
3. Hans-Joachim Walde D 7809

Leichtathletik Frauen

100 m
1. Wyomia Tyus USA 11,4
2. Edith McGuire USA 11,6
3. Ewa Klobukowska POL 11,6

200 m
1. Edith McGuire USA 23,0
2. Irena Kirszenstein POL 23,1
3. Marilyn Black AUS 23,1

400 m
1. Betty Cuthbert AUS 52,0
2. Anne Packer GBR 52,2
3. Judith Amoore AUS 53,4

800 m
1. Ann Packer GBR 2:01,1
2. Maryvonne Dupureur FRA 2:01,9
3. Ann Chamberlain NSE 2:02,8

80-m-Hürden
1. Karin Balzer D 10,5
2. Tereza Ciepla POL 10,5
3. Pamela Kilborn AUS 10,5

4 × 100-m-Staffel
1. POL 43,6 (Tereza Ciepla-Wieczorek, Irena Kirszenstein, Halina Górecka-Richter, Ewa Klobukowska)
2. USA 43,9 (Willye White, Wyomia Tyus, Marilyn White, Edith McGuire)
3. GBR 44,0 (Janet Simpson, Mary Rand, Daphne Arden, Dorothy Hyman)

Hochsprung
1. Iolanda Balaş RUM 1,90
2. Michele Brown-Mason AUS 1,80
3. Taisiya Tschentschik SOV 1,78

Weitsprung
1. Mary Rand GBR 6,76
2. Irena Kirszenstein POL 6,60
3. Tatyana Schtschelkanova SOV 6,42

Kugelstoßen
1. Tamara Press SOV 18,14
2. Renate Garisch D 17,61
3. Galina Zybina SOV 17,45

Diskuswerfen
1. Tamara Press SOV 57,27
2. Ingrid Lotz D 57,21
3. Lia Manoliu RUM 56,97

Speerwerfen
1. Mihaela Peneş RUM 60,54
2. Márta Rudas UNG 58,27
3. Yelena Gortschakova SOV 57,06

Fünfkampf
1. Irina Press SOV
2. Mary Rand GBR
3. Galina Bystrova SOV

Schwimmen Männer

100-m-Kraul
1. Donald Schollander USA 53,4
2. Robert McGregor GBR 53,5
3. Hans-Joachim Klein D 54,0

400-m-Kraul
1. Donald Schollander USA 4:12,2
2. Frank Wiegand D 4:14,9
3. Allan Wood AUS 4:15,1

1500-m-Kraul
1. Robert Windle AUS 17:01,7
2. John Nelson USA 17:03,0
3. Allan Wood AUS 17:07,7

200-m-Rücken
1. Jed Graef USA 2:10,3
2. Gary Dilley USA 2:10,5
3. Robert Bennett USA 2:13,1

200-m-Brust
1. Ian O'Brien AUS 2:27,8
2. Georgy Prokopenko SOV 2:28,2
3. Chester Jastremski USA 2:29,6

200-m-Butterfly
1. Kevin Berry AUS 2:06,6
2. Carl Robie USA 2:07,5
3. Fred Schmidt USA 2:09,3

400-m-Lagen
1. Richard Roth USA 4:45,4
2. Roy Saari USA 4:47,1
3. Gerhard Hetz D 4:51,0

4 × 100-m-Kraulstaffel
1. USA 3:33,2 (Stephen Clark, Michael Austin, Gary Ilman, Donald Schollander)
2. D 3:37,2 (Horst Löffler, Frank Wiegand, Uwe Jacobsen, Hans-Joachim Klein)
3. AUS 3:39,1 (David Dickson, Peter Doak, John Ryan, Robert Windle)

4 × 200-m-Kraulstaffel
1. USA 7:52,1 (Stephen Clark, Roy Saari, Gary Ilman, Donald Schollander)
2. D 7:59,3 (Horst-Günther Gregor, Gerhard Hetz, Frank Wiegand, Hans-Joachim Klein)
3. JAP 8:03,8 (Makoto Fukui, Kunihiro Iwasaki, Toshio Shoii, Yukiaki Okabe)

4 × 100-m-Lagenstaffel
1. USA 3:58,4 (H. Thompson Mann, William Craig, Fred Schmidt, Stephen Clark)
2. D 4:01,6 (Ernst-Joachim Küppers, Egon Henninger, Horst-Günther Gregor, Hans-Joachim Klein)
3. AUS 4:02,3 (Peter Reynolds, Ian O'Brien, Kevin Berry, David Dickson)

Kunstspringen
1. Kenneth Sitzberger USA 159,90
2. Francis Gorman USA 157,63
3. Larry Andreasen USA 143,77

Turmspringen
1. Robert Webster USA 148,58
2. Klaus Dibiasi ITA 147,54
3. Thomas Gompf USA 146,57

Wasserball
1. Ungarn
2. Jugoslawien
3. Sowjetunion

Abkürzungsschlüssel siehe Register

Schwimmen Frauen

100-m-Kraul
1. Dawn Fraser AUS 59,5
2. Sharon Stouder USA 59,9
3. Kathleen Ellis USA 1:00,8

400-m-Kraul
1. Virginia Duenkel USA 4:43,3
2. Marilyn Ramenofsky USA 4:44,6
3. Terri Lee Stickles USA 4:47,2

200-m-Brust
1. Galina Prozumenschtschikova SOV 2:46,4
2. Claudia Kolb USA 2:47,6
3. Svetlana Babanina SOV 2:48,6

100-m-Rücken
1. Cathy Ferguson USA 1:07,7
2. Christine Caron FRA 1:07,9
3. Virginia Duenkel USA 1:08,0

100-m-Butterfly
1. Sharon Stouder USA 1:04,7
2. Ada Kok HOL 1:05,6
3. Kathleen Ellis USA 1:06,0

400-m-Lagen
1. Donna De Varona USA 5:18,7
2. Sharon Finneran USA 5:24,1
3. Martha Randall USA 5:24,2

4 × 100-m-Kraulstaffel
1. USA 4:03,8 (Sharon Stouder, Donna De Varona, Lillian »Pokey« Watson, Kathleen Ellis)
2. AUS 4:06,9 (Robyn Thorn, Janice Murphy, Lynette Bell, Dawn Fraser)
3. HOL 4:12,0 (Paulina van der Wildt, Catharina Beumer, Winnie van Weerdenburg, Erica Terpstra)

4 × 100-m-Lagenstaffel
1. USA 4:33,9 (Cathy Ferguson, Cynthia Goyette, Sharon Stouder, Kathleen Ellis)
2. HOL 4:37,0 (Cornelia Winkel, Klena Bimolt, Ada Kok, Erica Terpstra)
3. SOV 4:39,2 (Tatyana Savelyeva, Svetlana Babanina, Tatyana Devyatova, Natalya Ustinova)

Kunstspringen
1. Ingrid Engel-Krämer D 145,00
2. Jeanne Collier USA 138,36
3. Mary Willard USA 138,18

Turmspringen
1. Lesley Bush USA 99,80
2. Ingrid Engel-Krämer D 98,45
3. Galina Alekseyeva SOV 97,60

Boxen

Fliegengewicht
1. Fernando Atzori ITA
2. Artur Olech POL
3. Stanislav Sorokin SOV
3. Robert Carmody USA

Bantamgewicht
1. Takao Sakurai JAP
2. Shin-Cho Chung KOR
3. Juan Fabila Mendoza MEX
3. Washington Rodriguez URU

Federgewicht
1. Stanislav Stepaschkin SOV
2. Anthony Villanueva PHI
3. Henz Schulz D
3. Charles Brown USA

Leichtgewicht
1. Józef Grudzien POL
2. Velikton Barannikov SOV
3. James McCourt IRL
3. Ronald Harris USA

Halbweltergewicht
1. Jerzy Kulej POL
2. Yevgeny Frolov SOV
3. Eddie Blay GHA
3. Habib Galhia TUN

Weltergewicht
1. Marian Kasprzyk POL
2. Ritschardas Tamulis SOV
3. Pertti Purhonen FIN
3. Silvano Bertini ITA

1964  Tokio

Halbmittelgewicht
1. Boris Lagutin — SOV
2. Joseph Gonzales — FRA
3. Nojim Maiyegun — NGA
3. Józef Grzesiak — POL

Mittelgewicht
1. Valery Popentschenko — SOV
2. Emil Schulz — D
3. Franco Valle — ITA
3. Tadeusz Walasek — POL

Halbschwergewicht
1. Cosimo Pinto — ITA
2. Aleksey Kisselyov — SOV
3. Aleksandar Nikolov — BUL
3. Zbigniew Pietrzykowski — POL

Schwergewicht
1. Joseph Frazier — USA
2. Hans Hubert — D
3. Giuseppe Ros — ITA
3. Vadim Yemelyanov — SOV

Ringen, griechisch-römischer Stil

Fliegengewicht
1. Tsutomu Hanahara — JAP
2. Angel Kerezov — BUL
3. Dumitru Pirvulescu — RUM

Bantamgewicht
1. Masamitsu Ichiguchi — JAP
2. Vladlen Trostyansky — SOV
3. Ion Cernea — RUM

Federgewicht
1. Imre Polyák — UNG
2. Roman Rurua — SOV
3. Branislav Martinović — YUG

Leichtgewicht
1. Kazim Ayvaz — TUR
2. Valeriu Bularca — RUM
3. David Gvantseladze — SOV

Weltergewicht
1. Anatoly Kolesov — SOV
2. Cyril Todorov — BUL
3. Bertil Nyström — SWE

Mittelgewicht
1. Branislav Simič — YUG
2. Jiři Kormanik — ČSR
3. Lothar Metz — D

Halbschwergewicht
1. Boyan Radev — BUL
2. Per Svensson — SWE
3. Heinz Kiehl — D

Schwergewicht
1. István Kozma — UNG
2. Anatoly Roschtschin — SOV
3. Wilfried Dietrich — D

Freistilringen

Fliegengewicht
1. Yoshikatsu Yoshida — JAP
2. Chang-Sun Chang — KOR
3. Said Aliaakbar Haydari — IRA

Bantamgewicht
1. Yojiro Uetake — JAP
2. Hüseyin Akbaş — TUR
3. Aydyn Ibragimov — SOV

Federgewicht
1. Osamu Watanabe — JAP
2. Stantscho Ivanov — BUL
3. Nodar Khokhaschvili — SOV

Leichtgewicht
1. Enyu Valtschev — BUL
2. Klaus-Jürgen Rost — D
3. Iwao Horiuchi — JAP

Weltergewicht
1. Ismail Ogan — TUR
2. Guliko Sagaradze — SOV
3. Mohamad-Ali Sanatkaran — IRA

Mittelgewicht
1. Prodan Gardschev — BUL
2. Hasan Güngör — TUR
3. Daniel Brand — USA

Halbschwergewicht
1. Aleksandr Medved — SOV
2. Ahmet Ayik — TUR
3. Said Mustafov — BUL

Schwergewicht
1. Aleksandr Ivanitsky — SOV
2. Lyutvi Dschiber — BUL
3. Hamit Kaplan — TUR

Judo

Leichtgewicht
1. Takehide Nakatani — JAP
2. Eric Hänni — SUI
3. Oleg Stepanov — SOV
3. Aron Bogolyubov — SOV

Mittelgewicht
1. Isao Okano — JAP
2. Wolfgang Hofmann — D
3. James Bregman — USA
3. Eui-Tae Kim — KOR

Schwergewicht
1. Isao Inokuma — JAP
2. Alfred Harold Rogers — CAN
3. Anzor Kiknadze — SOV
3. Parnaoz Tschikviladze — SOV

Offene Klasse
1. Antonius Geesink — HOL
2. Akio Kaminaga — JAP
3. Klaus Glahn — D
3. Theodore Boronovskis — AUS

Gewichtheben

Bantamgewicht		Beidarmiges Drücken	Beidarmiges Reißen	Beidarmiges Stoßen	Total
1. Aleksey Vakhonin	SOV	110,0	105,0	142,5	357,5
2. Imre Földi	UNG	115,0	102,5	137,5	355,0
3. Shiro Ichinoseki	JAP	100,0	110,0	137,5	347,5
Federgewicht					
1. Yoshinobu Miyake	JAP	122,5	122,5	152,5	397,5
2. Isaac Berger	USA	122,5	107,5	152,5	382,5
3. Mieczyslaw Nowak	POL	112,5	115,0	150,0	377,5
Leichtgewicht					
1. Waldemar Baszanowski	POL	132,5	135,0	165,0	432,5
2. Vladimir Kaplunov	SOV	140,0	127,5	165,0	432,5
3. Marian Zielinski	POL	140,0	120,0	160,0	420,0
Mittelgewicht					
1. Hans Zdražila	ČSR	130,0	137,5	177,5	445,0
2. Viktor Kurentsov	SOV	135,0	130,0	175,0	440,0
3. Masashi Ouchi	JAP	140,0	135,0	162,5	437,5
Leichtschwergewicht					
1. Rudolf Plukfelder	SOV	150,0	142,5	182,5	475,0
2. Géza Tóth	UNG	145,0	137,5	185,0	467,5
3. Győző Veres	UNG	155,0	135,0	177,5	467,5
Mittelschwergewicht					
1. Vladimir Golovanov	SOV	165,0	142,5	180,0	487,5
2. Louis Martin	GBR	155,0	140,0	180,0	475,0
3. Ireneusz Palinski	POL	150,0	135,0	182,5	467,5
Schwergewicht					
1. Leonid Schabotinsky	SOV	187,5	167,5	217,5	572,5
2. Yury Vlassov	SOV	197,5	162,5	210,0	570,0
3. Norbert Schemansky	USA	180,0	165,0	192,5	537,5

Fechten Männer

Florett Einzel
1. Egon Franke — POL — 3
2. Jean-Claude Magnan — FRA — 2
3. Daniel Revenu — FRA — 1

Florett Mannschaft
1. Sowjetunion
2. Polen
3. Frankreich

Degen Einzel
1. Grigory Kriss — SOV — 2 + 1
2. Henry Hoskyns — GBR — 2
3. Guram Kostava — SOV — 1 + 1

Degen Mannschaft
1. Ungarn
2. Italien
3. Frankreich

Säbel Einzel
1. Tibor Pézsa — UNG — 2 + 1
2. Claude Arabo — FRA — 2
3. Umar Mavlikhanov — SOV — 1 + 1

Säbel Mannschaft
1. Sowjetunion
2. Italien
3. Polen

Fechten Frauen

Florett Einzel
1. Ildikó Ujlaki-Rejtö — UNG — 2 + 2
2. Helga Mees — D — 2 + 1
3. Antonella Ragno — ITA — 2

Florett Mannschaft
1. Ungarn
2. Sowjetunion
3. Deutschland

Moderner Fünfkampf Einzel

1. Dr. Ferenc Török — UNG
2. Igor Novikov — SOV
3. Albert Mokeyev — SOV

Moderner Fünfkampf Mannschaft

1. Sowjetunion
2. USA
3. Ungarn

Kanu Männer

100 m Kajak-Einer (K 1)
1. Rolf Peterson — SWE — 3:57,13
2. Mihály Hesz — UNG — 3:57,28
3. Aurel Vernescu — RUM — 4:00,77

1000 m Kajak-Zweier (K 2)
1. Schweden — 3:38,54
2. Holland — 3:39,30
3. Deutschland — 3:40,69

1000 m Kajak-Vierer (K 4)
1. Sowjetunion — 3:14,67
2. Deutschland — 3:15,39
3. Rumänien — 3:15,51

1000 m Canadier-Einer (C 1)
1. Jürgen Eschert — D — 4:35,14
2. Andrei Igorov — RUM — 4:37,89
3. Yevgeny Penyayev — SOV — 4:38,31

1000 m Canadier-Zweier (C 2)
1. Sowjetunion — 4:04,64
2. Frankreich — 4:06,52
3. Dänemark — 4:07,48

Kanu Frauen

500 m Kajak-Einer (K 1)
1. Lyudmila Khvedosyuk — SOV — 2:12,87
2. Hilde Lauer — RUM — 2:15,35
3. Marcia Jones — USA — 2:15,68

500 m Kajak-Zweier (K 2)
1. Deutschland — 1:56,95
2. USA — 1:59,16
3. Rumänien — 2:00,25

Rudern

Einer
1. Vyatscheslav Ivanov — SOV — 8:22,51
2. Achim Hill — D — 8:26,24
3. Gottfried Kottmann — SUI — 8:29,68

Doppelzweier
1. Sowjetunion — 7:10,66
2. USA — 7:13,16
3. Tschechoslowakei — 7:14,23

Zweier ohne Steuermann
1. Kanada — 7:32,94
2. Holland — 7:33,40
3. Deutschland — 7:38,63

Zweier mit Steuermann
1. USA — 8:21,23
2. Frankreich — 8:23,15
3. Holland — 8:23,42

Vierer ohne Steuermann
1. Dänemark — 6:59,30
2. Großbritannien — 7:00,47
3. USA — 7:01,37

Vierer mit Steuermann
1. Deutschland — 7:00,44
2. Italien — 7:02,84
3. Holland — 7:06,46

Achter
1. USA — 6:18,23
2. Deutschland — 6:23,29
3. Tschechoslowakei — 6:25,11

Segeln

Ein-Mann-Boot (Finn-Dinghi)
1. Wilhelm Kuhweide — D — 7638
2. Peter Barrett — USA — 6373
3. Henning Wind — DAN — 6190

Star
1. Bahamas — 5664
2. USA — 5585
3. Schweden — 5527

Flying Dutchman
1. Neuseeland — 6255
2. Großbritannien — 5556
3. USA — 5158

Drachen
1. Dänemark — 5854
2. Deutschland — 5826
3. USA — 5523

5,5 m (nur 1952, 1956, 1960, 1964, 1968 durchgeführt)
1. Australien — 5981
2. Schweden — 5254
3. USA — 5106

Radsport

Straßenrennen Einzel (194,83 km)
1. Mario Zanin — ITA — 4:39:51,63
2. Kjell Åkerström Rodian — DAN — 4:39:51,65
3. Walter Godefroot — BEL — 4:39:51,74

100-km-Mannschafts-Zeitfahren
1. Holland — 2:26:31,19
2. Italien — 2:26:55,39
3. Schweden — 2:27:11,52

1000-m-Zeitfahren
1. Patrick Sercu — BEL — 1:09,59
2. Giovanni Pettenella — ITA — 1:10,09
3. Pierre Trentin — FRA — 1:10,42

1000-m-Sprint
1. Giovanni Pettenella — ITA — 13,69
2. Sergio Bianchetto — ITA
3. Daniel Morelon — FRA

2000-m-Tandemfahren
1. Italien — 10,75
2. Sowjetunion
3. Deutschland

4000-m-Einzel-Verfolgungsrennen
1. Jiři Daler — ČSR — 5:04,75
2. Giorgio Ursi — ITA — 5:05,96
3. Preben Isaksson — DAN — 5:01,90

4000-m-Mannschafts-Verfolgungsrennen
1. Deutschland — 4:35,67
2. Italien — 4:35,74
3. Holland — 4:38,99

Eine Domäne der deutschen Reiter ist der Mannschafts-wettbewerb der Dressur: Siegerehrung der Equipe (v. l.: Josef Neckermann, Harry Boldt und Dr. Reiner Klimke).

Reitsport

Military Einzel
1. Mauro Checcoli — ITA
2. Carlos Moratorio — ARG
3. Fritz Ligges — D

Military Mannschaft
1. Italien — +85,80
2. USA — +65,86
3. Deutschland — +56,73

Dressur Einzel
1. Henri Chammartin — SUI — 1504
2. Harry Boldt — D — 1503
3. Sergey Filatov — SOV — 1486

Dressur Mannschaft
1. Deutschland — 2558,0
2. Schweiz — 2526,0
3. Sowjetunion — 2311,0

Jagdspringen Einzel
1. Pierre Jonquères d'Oriola — FRA — − 9
2. Hermann Schridde — D — −13,75
3. Peter Robeson — GBR — −16/0

Jagdspringen Mannschaft
1. Deutschland — −68,50
2. Frankreich — −77,75
3. Italien — −88,50

Schießen

Freies Gewehr
1. Gary Anderson — USA — 1153
2. Schota Kveliaschvili — SOV — 1144
3. Martin Gunnarsson — USA — 1136

Kleinkaliber (KK) liegende Stellung
1. László Hammerl — UNG — 597
2. Lones Wigger — USA — 597
3. Tommy Pool — USA — 596

Kleinkaliber (KK) Dreistellungskampf
1. Lones Wigger — USA — 1164
2. Velitschko Khristov — BUL — 1152
3. Lázló Hammerl — UNG — 1151

Schnellfeuerpistole oder Revolver
1. Pentti Linnosvuo — FIN — 592
2. Ion Tripsa — RUM — 591
3. Lubomir Nacovsky — ČSR — 590

Beliebige Scheibenpistole, 50 m
1. Väinö Markkanen — FIN — 560
2. Franklin Green — USA — 557
3. Yoshihisa Yoshikawa — JAP — 554/26

Tontaubenschießen
1. Ennio Mattarelli — ITA — 198
2. Pavel Senitschev — SOV — 194/25
3. William Morris — USA — 194/24

Turnen Männer

Mehrkampf Einzel
1. Yukio Endo — JAP — 115,95
2. Shuji Tsurumi — JAP — 115,40
3. Viktor Lisitsky — SOV — 115,40
3. Boris Schachlin — SOV — 115,40

Mehrkampf Mannschaft
1. Japan — 577,95
2. Sowjetunion — 575,45
3. Deutschland — 565,10

Barren Einzel
1. Yukio Endo — JAP — 19,675
2. Shuji Tsurumi — JAP — 19,450
3. Franco Menichelli — ITA — 19,350

Bodenübung Einzel
1. Franco Menichelli — ITA — 19,450
2. Viktor Lisitsky — SOV — 19,350
3. Yukio Endo — JAP — 19,350

Pferdsprung Einzel
1. Haruhiro Yamashita — JAP — 19,600
2. Viktor Lisitsky — SOV — 19,325
3. Hannu Rantakari — FIN — 19,300

Seitpferd Einzel
1. Miroslav Cerar — YUG — 19,525
2. Shuji Tsurumi — JAP — 19,325
3. Yury Tsapenko — SOV — 19,200

Reck Einzel
1. Boris Schachlin — SOV — 19,625
2. Yury Titov — SOV — 19,550
3. Miroslav Cerar — YUG — 19,500

Ringe Einzel
1. Takuji Hayata — JAP — 19,475
2. Franco Menichelli — ITA — 19,425
3. Boris Schachlin — SOV — 19,400

Turnen Frauen

Mehrkampf Einzel
1. Vera Časlavská — ČSR — 77,564
2. Larissa Latynina — SOV — 76,998
3. Polina Astakhova — SOV — 76,965

Mannschaft Mehrkampf
1. Sowjetunion — 380,890
2. Tschechoslowakei — 379,989
3. Japan — 377,889

Stufenbarren
1. Polina Astakhova — SOV — 19,332
2. Katalin Makray — UNG — 19,216
3. Larissa Latynina — SOV — 19,199

Bodenübung
1. Larissa Latynina — SOV — 19,599
2. Polina Astakhova — SOV — 19,500
3. Anikó Jánosi — UNG — 19,300

Pferdsprung
1. Vera Časlavská — ČSR — 19,483
2. Larissa Latynina — SOV — 19,283
3. Birgit Radochla — D — 19,283

Schwebebalken
1. Vera Časlavská — ČSR — 19,449
2. Tamara Manina — SOV — 19,399
3. Larissa Latynina — SOV — 19,382

In allen Turnwettbewerben mit einer Medaille dabei: Die junge Russin Larissa Latynina.

Basketball
1. USA
2. Sowjetunion
3. Brasilien

Fußball
1. Ungarn
2. Tschechoslowakei
3. Deutschland

Landhockey
1. Indien
2. Pakistan
3. Australien

Volleyball Männer
1. Sowjetunion
2. Tschechoslowakei
3. Japan

Volleyball Frauen
1. Japan
2. Sowjetunion
3. Polen

1964
NOVEMBER

Mo	Di	Mi	Do	Fr	Sa	So
						1
2	3	4	5	6	7	8
9	10	11	12	13	14	15
16	17	18	19	20	21	22
23	24	25	26	27	28	29
30						

1. Überfall von Vietcong-Truppen auf den Flughafen Bien Hoa bei Saigon. →

2. Kronprinz Feisal nach Absetzung seines Bruders Saud zum neuen König von Saudi-Arabien proklamiert.

3. Lyndon B. Johnson wird mit noch bei keiner Präsidentschaftswahl in den USA erreichten Stimmenmehrheit zum US-Präsidenten gewählt. →

5. Bundesparteien schließen Abkommen über Begrenzung der Wahlkampfausgaben.

9. Altbundeskanzler Konrad Adenauer als erster Deutscher seit 1865 in die französische Akademie der Wissenschaften aufgenommen.

9. Eisaku Sato wird für den aus Krankheitsgründen zurückgetretenen Hayato Ikeda zum neuen japanischen Ministerpräsidenten gewählt.

12. Großherzogin Charlotte von Luxemburg gibt die Regentschaft zugunsten ihres Sohnes Jean, nun Großherzog des Landes, ab.

13. Papst Paul VI. legt seine Tiara, die dreifache Krone des Papstes, als ein Zeichen seiner weltlichen Macht, nieder und gibt sie zum Verkauf frei.

17. Großbritannien verhängt Waffenembargo gegen Südafrikanische Republik.

21. Die Einweihung der größten Hängebrücke der Welt (Verrazano-Narrows-Bridge) geschieht in New York. →

21. Papst Paul VI. schließt 3. Sitzungsperiode des Vatikanischen Konzils. →

22. Belgische Fallschirmjäger erobern im Handstreich Stanleyville im Kongo und befreien europäische Geiseln. →

27. Willy Brandt vom XI. Ordentlichen Bundesparteitag der SPD in Karlsruhe mit 314 von 329 abgegebenen Stimmen erneut zum Vorsitzenden gewählt.

29. Beginn des Eucharistischen Weltkongresses in Bombay.

30. Sowjetunion startet Flugkörper »Sonde II« zum Mars, der beim Passieren Daten übermitteln soll.

GESTORBEN:

14. Heinrich von Brentano (* 20. 6. 1904), deutscher Politiker.

Überwältigender Sieg Johnsons

3. November. Der amtierende US-Präsident Lyndon Baines Johnson erringt bei den Präsidentschaftswahlen den größten Erfolg in der Geschichte der US-Wahlen, als er 47 374 405 der abgegebenen Stimmen erhält, während auf Barry Goldwater von den Republikanern lediglich 26 731 718 Stimmen entfallen. Einen Vorsprung von etwa 15,5 Millionen Stimmen hat es bei Präsidentenwahlen in den USA noch nie gegeben. Auch bei den Wahlmännern drückt sich der Sieg von Johnson deutlich aus: 486 werden bei der endgültigen Wahl für ihn stimmen, nur 52 für Goldwater. Der Republikaner kann nur in den sechs Südstaaten Alabama, Arizona, Georgia, Louisiana, Mississippi und South-Carolina Wahlmännerstimmen erringen. Auch bei den gleichzeitig stattfindenden Gesamterneuerungswahlen zum Repräsentantenhaus können die Demokraten große Gewinne verbuchen, so daß Johnson eine breite Regierungsbasis erzielt.

Senator Barry Goldwater (Mitte mit Brille), Kandidat des rechten Flügels der Republikaner, verliert die Wahl mit großem Stimmenabstand zu Johnson.

Massaker im Kongo

22. November. Die politischen Wirren im Kongo erfordern ein Eingreifen von Truppen der früheren Kolonialmacht Belgien. Vorausgegangen ist eine dramatische Geiselaffäre, die durch die Haltung der Rebellenregierung in Stanleyville ausgelöst wird. Deren Behörden geben bekannt, daß alle in ihrem Machtbereich lebenden Ausländer als Geiseln betrachtet und getötet werden, falls Belgien und die USA ihre Unterstützung für die Zentralregierung in Leopoldville nicht einstellen.

Beide Mächte treffen jedoch ab Mitte des Monats Vorkehrungen zur Rettung ihrer Staatsangehörigen in dem von Rebellen besetzten Gebiet. Mit US-Maschinen werden belgische Fallschirmjäger zu Einsatzorten nur wenige Flugstunden von Stanleyville gebracht.

Als Ministerpräsident Tschombé am 21. November offiziell um Entsendung belgischer Truppen ins besetzte Stanleyville bittet, starten drei Tage später die Fallschirmjäger eine Blitzaktion gegen Stanleyville und erobern es ohne großen Widerstand. Kurz vor ihrem Eintreffen kommt es jedoch zu einem Massaker an den gefangengehaltenen Europäern.

Am 26. November wird eine ähnliche Aktion der belgischen Fallschirmjäger auf die Stadt Paulis 350 Kilometer nördlich von Stanleyville durchgeführt, wo ebenfalls Geiseln festgehalten worden sind.

Beide Aktionen verlaufen erfolgreich, so daß nach amtlichen Angaben 1650 Ausländer aus Stanleyville, 250 aus Paulis und 149 aus anderen von den Rebellen besetzten Orten evakuiert werden können. Die Gesamtzahl der getöteten Geiseln beläuft sich auf über 80.

Ein noch schlimmeres Blutbad haben die Rebellen aber unter der schwarzen Bevölkerung im besetzten Gebiet angerichtet. Mindestens 8000 Menschen haben sie nach verschiedenen Berichten allein in Stanleyville getötet. Die belgischen Truppen kehren sofort nach ihrer Mission aus dem Kongo zurück. Ende November hat auch der letzte Belgier den Kongo verlassen, doch der Terror geht weiter.

Vatikanisches Konzil schließt Sitzungsperiode

21. November. Nach zweieinhalbmonatiger Arbeit schließt Paul VI. die dritte Sitzungsperiode des Zweiten Vatikanischen Konzils mit der Verkündigung der dogmatischen Konstitutionen über die Kirche, über den Ökumenismus, über die orientalischen Kirchen und mit der Proklamation Marias als »Mutter der Kirche«. Die über 2500 Konzilväter haben allerdings nicht alle vorgesehenen Entscheidungen fällen können, so daß viele Probleme offen bleiben.

Auch sind die Beratungen keineswegs immer in großer Einmütigkeit erfolgt. Besonders bei den Diskussionen über das Schema der Bischöfe, in dem es um die dogmatische und juristische Stellung der Bischöfe zu und neben dem Papst gegangen ist, prallen kontroverse Ansichten aufeinander. Die schließlich gebilligte Fassung betont stark das Primat des Papstes, sichert den Bischöfen aber Mitsprachemöglichkeiten zu.

Der Vietcong greift Flugplatz bei Saigon an

1. November. Mit einem Überfall des Vietcong auf den Flugplatz Bien Hoa 20 Kilometer nordöstlich von Saigon am 1. November beginnt für das leidgeprüfte Südvietnam ein neuer Monat voller Schrecken. Zwar kann mit der Übergabe der Regierungsgeschäfte in zivile Hände am 4. November so etwas wie innerer Frieden demonstriert werden, doch der neue Ministerpräsident Tran Van Huong muß Ende November heftige Demonstrationen gegen seine Regierung erleben, die mit der Proklamierung des Kriegsrechts am 27. November enden. Dazwischen wird das Land von einer Überschwemmungskatastrophe heimgesucht, der bis zum 14. November etwa 10 000 Menschen zum Opfer fallen.

Der Welt größte Hängebrücke

21. November. Ein neues Brückenbauwerk von gewaltigen Dimensionen wird mit der Verrazano-Narrows-Bridge in New York eingeweiht. Diese größte Hängebrücke der Welt überspannt die Meerenge zwischen Brooklyn und Staten Island, der Einfahrt zum Hafen von New York. Die Brücke hat zwischen den Pylonen eine Spannweite von 1295 Metern, zwischen den Ankerböden von 2033 Metern. Allein die vier Tragkabel haben mehr gekostet als die gesamte Golden Gate Bridge in San Francisco 1937.

2. November. Kronprinz Feisal (rechts) wird zum neuen König von Saudi-Arabien proklamiert.

1964
DEZEMBER

Mo	Di	Mi	Do	Fr	Sa	So
	1	2	3	4	5	6
7	8	9	10	11	12	13
14	15	16	17	18	19	20
21	22	23	24	25	26	27
28	29	30	31			

1. Rainer Barzel von CDU/CSU-Bundestagsfraktion als Nachfolger von Heinrich von Brentano zum Vorsitzenden gewählt.

2. Papst Paul VI. besucht den Eucharistischen Weltkongreß in Bombay. →

2. Eine Heimkehr Peróns nach Brasilien wird verhindert. →

6. Antonio Segni legt das Amt des italienischen Staatspräsidenten aus Gesundheitsgründen nieder.

10. Nobelpreise werden verliehen. Der Friedenspreis geht an Martin Luther King. →

11. Großbritannien gibt Burma den seit 1890 in Londoner Museen verwahrten burmesischen Kronschatz zurück.

12. Kenia – bisher konstitutionelle Monarchie – wird zur Republik innerhalb des Commonwealth mit Jomo Kenyatta als erstem Staatspräsidenten.

18. UN-Sicherheitsrat verlängert Mandat der UN-Friedenstruppe auf Zypern um weitere drei Monate.

20. VAR (Ägypten) und Irak bilden unter Präsident Gamal Abd el Nasser Vereinigte Politische Führung.

23. Deutsche Erstaufführung des US-Spielfilms »My Fair Lady« von George Cukor mit Audrey Hepburn und Rex Harrison. Der Film hat 1964 acht Oscars erhalten.

23. Der Primas von Polen, Stefan Kardinal Wyszynski, fordert in einer Predigt in Warschau die Beachtung der Menschenrechtsdeklaration durch den Staat gegenüber den Kirchen.

25. Durch einen Zyklon ausgelöste Springfluten fordern auf Ceylon rund 4000 und im indischen Unionsstaat Madras etwa 3000 Menschenleben. Der Sachschaden wird auf 30 Millionen Dollar in Ceylon geschätzt.

26. Eröffnung der ersten direkten Straßenverbindung zwischen Nepal und Tibet, die aufgrund eines Abkommens von 1961 erbaut worden ist.

30. Uraufführung des Schauspiels »Hunger und Durst« von Eugène Ionesco in Düsseldorf.

31. Pastor Martin Niemöller legt im Alter von 72 Jahren das Amt des Kirchenpräsidenten der Evangelischen Kirchen von Hessen und Nassau nieder.

Sartre lehnt Preis ab

Martin Luther King.

Jean-Paul Sartre.

10. Dezember. Der Nobelpreis für Medizin wird zu gleichen Teilen an den deutschstämmigen US-Professor Konrad Bloch und an Professor Feodor Lynen, Direktor des Biochemischen Instituts der Universität München sowie des Münchner Max-Planck-Instituts, vergeben. Beide arbeiten an der Grundlagenforschung auf dem Gebiet des Cholesterols. Der Physiknobelpreis geht zu gleichen Teilen an den Amerikaner Charles Hard Townes und die Russen Nikolai G. Bassow / Alexander M. Prochorow für ihre Grundlagenforschung zur Lasertechnik. Den Nobelpreis für Chemie bekommt die britische Wissenschaftlerin Dorothy Crowfoot-Hodgkin für ihre bahnbrechenden Arbeiten auf dem Gebiet der Strukturbestimmung wichtiger biochemischer Stoffe mit Hilfe von Röntgenstrahlen.

Der Friedensnobelpreis wird dem Pastor, Bürgerrechtskämpfer und Negerführer Martin Luther King für seine Bemühungen, durch gewaltlose Demonstrationen den Farbigen in den USA die Gleichberechtigung zu erkämpfen, verliehen.

Bei der Nobelpreisübergabe dieses Jahres fehlt der Preisträger für Literatur. Der französische Schriftsteller Jean-Paul Sartre hat es abgelehnt, den ihm verliehenen Preis anzunehmen.

In einem Schreiben an die schwedische Akademie erläutert der französische Autor seine Gründe. Danach richtet sich seine Ablehnung nicht gegen den Nobelpreis an sich. Er nehme keine offizielle Auszeichnung von irgendeiner Institution an. Objektive Gründe der Ablehnung seien, daß der gegenwärtige Kampf, der auf kulturellem Gebiet einzig möglich sei, jener der friedlichen Koexistenz beider Kulturen des Ostens und des Westens sei. Er sei sich bewußt, daß eine Konfrontation der beiden Kulturen notwendigerweise die Form eines Konflikts annehmen müsse. Sie müsse aber zwischen den Menschen und den Kulturen und nicht durch Vermittlung von Institutionen erfolgen. Sartre stellt weiter fest, daß er selbst aus den Widersprüchen der beiden Kulturen bestünde, seine Sympathien seien aber unleugbar auf der Seite des Sozialismus.

Papst Paul VI. reist nach Indien

2. Dezember. Mit dem Besuch des Eucharistischen Weltkongresses in Bombay setzt Papst Paul VI. ein neues Zeichen seiner offenen Amtsausübung. Es ist die erste Reise eines Papstes in ein asiatisches Land. Der Heilige Vater weilt bis zum 5. Dezember in Indien und wird bei der Rückkehr in Rom mit 21 Salutschüssen begrüßt.

Heimkehr Peróns verhindert

2. Dezember. Die brasilianische Regierung verhindert den Weiterflug des früheren argentinischen Diktators Juan Perón in sein Heimatland. Der spanischen Maschine wird bei einer Zwischenlandung der Weiterflug mit Perón an Bord verboten. Perón muß mit derselben Maschine ins spanische Exil zurückfliegen.

1965

JANUAR

Mo	Di	Mi	Do	Fr	Sa	So
				1	2	3
4	5	6	7	8	9	10
11	12	13	14	15	16	17
18	19	20	21	22	23	24
25	26	27	28	29	30	31

1. Zehnprozentige Zollsenkungen im Handelsverkehr bei der EWG bzw. für die Industriegüter bei der EFTA in Kraft.

2. Ayub Khan gewinnt Präsidentschaftswahlen in Pakistan.

3. Im Rahmen der Weihnachtsbesuchsperiode der Berliner Passierscheinvereinbarungen sind nahezu 821 000 Passierscheine ausgegeben worden.

4. Deutsche Erstaufführung des italienisch-französischen Spielfilms »Julia und die Geister« von Federico Fellini mit Giulietta Masina in der Hauptrolle.

9. Die vier Parteien des Deutschen Bundestags unterzeichnen ein Wahlkampfabkommen mit den Inhaltsschwerpunkten faire Wahlkampfführung und Begrenzung der Kosten.

14. Deutsche Erstaufführung des englischen Spielfilms »Goldfinger« von Guy Hamilton mit Sean Connery und Gert Fröbe. Der Film hat einen Oscar 1964 für die besten Toneffekte erhalten.

14. Zum erstenmal seit der Spaltung Irlands in den Freistaat und den britischen Teil Nordirland im Jahre 1921 treffen die Premierminister von Irland und Ulster zusammen.

18. Bundestagspräsident Eugen Gerstenmaier setzt sich in einer Rundfunkansprache für die Wiederherstellung des Deutschen Reiches unter geänderten Vorstellungen über geschichtliche Ziele und Aufgaben Deutschlands ein.

22. Deutsche Erstaufführung des amerikanischen Spielfilms »Cheyenne« von John Ford mit Richard Widmark, Caroll Baker und Karl Malden.

22. Anthony Stewart wird neuer britischer Außenminister.

27. Papst Paul VI. gibt die Ernennung von 27 neuen Kardinälen, darunter Erzbischof Lorenz Jäger von Paderborn, bekannt.

27. Nach Absetzung der Regierung Tran Van Huong übernimmt General Nguyen Khan in Südvietnam erneut die Macht.

GESTORBEN:

4. Thomas Stearns Eliot (* 26. 9. 1888), amerikanischer Dichter, Nobelpreis 1948. →

24. Sir Winston Churchill (* 30. 11. 1874), englischer Politiker, Literaturnobelpreis 1953. →

Trauer um Sir Winston Churchill

»The man of the century« – »Mann des Jahrhunderts« nennt die große amerikanische Zeitschrift »Life« Winston Churchill in einer Geschichte zu seinem Tod.

24. Januar. Im Alter von 90 Jahren stirbt in London an den Folgen eines Schlaganfalls der britische Staatsmann und Historiker Sir Winston Churchill. Der als Sohn von Lord Randolph Churchill und der Amerikanerin Jennie Jerome geborene Winston wurde im Internat Harrow und in der Kadettenanstalt Sandhurst erzogen. Als Kavallerieleutnant diente er in Indien und im Burenkrieg. Seit 1900 war er konservativer Unterhausabgeordneter. Mit dem Übertritt zu den Liberalen 1904 begann sein politischer Aufstieg, der über die Stationen Unterstaatssekretär für die Kolonien (1906), Handels- (1908) und Innenminister (1910) führte und durch den Ersten Weltkrieg unterbrochen wurde. Nach einem Flottenkommando übernahm er die Ressorts Munitions- (1917), Heeres- (1918) und Kolonialminister (1921). Danach Rückkehr zu den Konservativen, Schatzkanzler von 1924–1929. Nach Kriegsausbruch wurde er wieder 1. Lord der Admiralität und am 10. Mai 1940 Premierminister (bis 1945) und Kopf und Herz des britischen Widerstands gegen Hitler. 1951–1955 war er erneut Regierungschef. 1959 wurde er zum 15. Male als Abgeordneter ins Unterhaus gewählt, das ihn am 27. Juli 1964 mit einer einstimmig angenommenen Dankadresse verabschiedete.

Die Trauergäste verlassen die St.-Pauls-Kathedrale, voran die königliche Familie: Königin Elizabeth, Prinz Philip, (dahinter) Königinmutter Elizabeth, Prinzessin Margaret und deren Mann Tony Armstrong.

Der Trauerzug mit dem Sarg auf dem Weg zur Londoner St.-Pauls-Kathedrale.

FEBRUAR

Mo	Di	Mi	Do	Fr	Sa	So
1	2	3	4	5	6	7
8	9	10	11	12	13	14
15	16	17	18	19	20	21
22	23	24	25	26	27	28

1. Königin Elizabeth II. von England trifft zu einem Staatsbesuch in Äthiopien ein. →

1. Der Australier Ron Clarke läuft in Auckland mit 13:33,6 Minuten einen neuen Weltrekord über die 5000 m.

2. Indonesischer Brigadegeneral kündigt Zündung der ersten Atombombe seines Landes noch für dieses Jahr an.

6. Der sowjetische Ministerpräsident Alexej Kossygin in Nordvietnam von Staatspräsident Ho Chi Minh empfangen.

7. Präsident Lyndon B. Johnson kündigt Evakuierung der amerikanischen Familien aus Südvietnam an. →

10. Deutscher Bundestag hält erstmals die neu eingeführte »Aktuelle Stunde« ab.

12. Neues Ausländergesetz mit Garantie der Grundrechte vom Deutschen Bundestag verabschiedet.

18. Proklamierung der Republik Gambia als 20. unabhängiges Mitglied des Britischen Commonwealth.

19. Der Schweizer Bundesrat faßt Beschlüsse zur Begrenzung und der etappenweisen Reduzierung der Zahl ausländischer Arbeitskräfte.

20. Suat Ürgüplü bildet nach Rücktritt von Ministerpräsident Ismet Inönü neue Regierung in der Türkei.

20. US-Mondsonde »Ranger VIII« sendet vor dem Aufprall auf die Mondoberfläche etwa 7000 Aufnahmen.

21. Der Negerführer Malcolm X wird in Harlem (New York) auf offener Straße durch acht Pistolenschüsse ermordet.

26. Die Unterzeichnung eines Konkordats zwischen Niedersachsen und dem Vatikan löst Koalitionskrise im Bundesland aus.

27. Willi Stoph (DDR-Ministerpräsident) eröffnet die 800-Jahr-Jubiläumsmesse in Leipzig.

GESTORBEN:

15. Nat »King« Cole (* 17. 3. 1915), amerikanischer Sänger.

23. Stan Laurel (* 16. 6. 1890), amerikanischer Filmschauspieler.

28. Adolf Schärf (* 20. 4. 1890), österreichischer Politiker.

21. Januar. In Washington wird der amerikanische Präsident Lyndon B. Johnson (links) vereidigt. Rechts neben Johnson seine Frau Lady Bird, Vizepräsident Hubert Humphrey und Verfassungsrichter Earl Warren (→ November 1964).

Verfahren gegen »Spiegel«-Chef Rudolf Augstein

21. Januar. Die »Spiegel«-Affäre (→ Oktober 1962) ist noch nicht vergessen, da muß sich der Herausgeber des Nachrichtenmagazins Rudolf Augstein erneut mit einem von der Bundesanwaltschaft gegen ihn eingeleiteten Ermittlungsverfahren auseinandersetzen.

Es geht um Veröffentlichungen des Spiegels vom 18. November 1964 und 6. Januar 1965, die nach Ansicht der Richter gegen Staatsschutzparagraphen verstoßen haben.

Am gleichen Tag gibt Generalbundesanwalt Ludwig Martin auch bekannt, daß die Ermittlungsverfahren gegen den »Spiegel«-Verlagsdirektor Hans-Detlef Becker und Chefredakteur Johannes K. Engel wegen des Verdachts des Landesverrats im Zusammenhang mit den Veröffentlichungen von 1962 eingestellt werden.

Am 29. Januar werden auch die Beschuldigten Generalkonsul Paul Conrad und Rechtsanwalt Josef Augstein, der Bruder des Herausgebers, außer Verfolgung gesetzt. Bei vier der insgesamt 13 Angeklagten in der »Spiegel«-Affäre wurde auf ein gerichtliches Hauptverfahren verzichtet.

T. S. Eliot stirbt 76jährig in London

4. Januar. In London stirbt im Alter von 76 Jahren der angloamerikanische Dichter Thomas Stearns Eliot, der große Bedeutung für die Entwicklung der Literatur und Lyrik seines Sprachraums erhalten hat. Ausgehend von der Klassik, von Vergil, Dante und Shakespeare, hat er der englischen Sprache neue Impulse gegeben. Seine bekanntesten Werke sind die Dichtung »Das wüste Land« (1922), die Tragödie »Mord im Dom« (1935), die Dichtung »Die vier Quartette« (1936–1942), das Drama »Der Familientag« (1939), »Die Cocktailparty« (1949), »Der Privatsekretär« (1953) und »Ein verdienter Staatsmann« (1959).

US-Verluste bei Vietnam-Kämpfen

Nach Angaben der südvietnamesischen Regierung hat es im Kampf gegen die Vietcong 1964 folgende Verluste gegeben: Regierungstruppen 29 000 Mann, Verluste der USA 1172, davon 136 Tote und 14 Vermißte.

Kriegshandlungen in Vietnam weiten sich aus

7. Februar. Die militärischen Auseinandersetzungen in Vietnam nehmen in diesem Monat zunehmend die Form eines regulären Krieges an. Nach einer Offensive der Vietcong vom 7. bis 10. Februar auf Ziele in Südvietnam, die 7 tote und 109 verwundete US-Soldaten zur Folge haben, vereinbaren Südvietnam und die USA gemeinsame Vergeltungsaktionen, zu denen US-Präsident Lyndon B. Johnson die Zustimmung erteilt.

So kommt es zum ersten großen Angriff der US-Luftwaffe, unterstützt vom Feuer der Kriegsmarine auf Küstengebiete Nordvietnams. Nachdem Präsident Johnson die Evakuierung der amerikanischen Familienangehörigen angeordnet hat, fliegen auf seinen Befehl Maschinen der US-Luftwaffe Angriffe auf Nachschubwege des Vietcong in Laos, was heftige Proteste aus China und der UdSSR zur Folge hat. Indien, Frankreich und UN-Generalsekretär U Thant fordern die Einberufung einer neuen Indochina-Konferenz, die von den USA abgelehnt wird. Sie wollen erst verhandeln, wenn Nordvietnam die Infiltrationen und Aggressionen im Süden des Landes eingestellt hat.

Königin Elizabeth besucht Afrika

1. Februar. Zum ersten offiziellen Staatsbesuch eines britischen Staatsoberhauptes trifft Königin Elizabeth II. in Äthiopien ein. Sie bleibt bis zum 8. Februar und reist dann zu einem offiziellen Besuch in den Sudan weiter, der bis 12. Februar dauert.

Besuchsregelung

5. Februar. Die Verhandlungsführer in der Passierscheinfrage in Berlin, DDR-Staatssekretär Erich Wendt und Senatsrat Horst Korber, einigen sich über die Modalitäten für die Regelung zu Ostern und Pfingsten. Danach werden die Passierscheine bereits ab 8. März ausgegeben und am 3. April ablaufen.

MÄRZ

Mo	Di	Mi	Do	Fr	Sa	So
1	2	3	4	5	6	7
8	9	10	11	12	13	14
15	16	17	18	19	20	21
22	23	24	25	26	27	28
29	30	31				

2. DDR-Staatsratsvorsitzender Walter Ulbricht beendet einen einwöchigen Freundschaftsbesuch in der VAR, der zu schweren Verstimmungen zwischen Bonn und Kairo führt. →

4. Deutsche Erstaufführung des italienischen Spielfilms »Hochzeit auf italienisch« von Vittorio de Sica mit Marcello Mastroianni und Sophia Loren, die in diesem Jahr erneut zur beliebtesten Auslands-Darstellerin in Deutschland gewählt wird.

5. Der italienische Spielfilm »Für eine Handvoll Dollar« von Sergio Leone mit Clint Eastwood in der Hauptrolle wird in Deutschland erstaufgeführt.

5. Abschluß des ersten Tarifvertrages mit vermögensbildenden Leistungen zugunsten der Arbeitnehmer in der Bundesrepublik zwischen der IG Bau, Steine, Erden und dem Arbeitgeberverband Bauindustrie.

7. Mit dem Wahlsieg der von dem Staatspräsidenten Eduardo Frei geführten Christdemokraten erringt erstmals in der Geschichte Chiles eine Partei absolute Parlamentsmehrheit.

13. Deutschland und Italien trennen sich im Fußballländerspiel in Hamburg 1 : 1.

15. Gamal Abd el Nasser ohne Gegenkandidaten mit 99,99 Prozent der Stimmen zum ägyptischen Staatspräsidenten gewählt.

18. UdSSR-Kosmonaut Alexej Leonow verläßt das Raumschiff »Woschod II« und schwebt als erster Mensch 10 Minuten lang im All. →

23. Die Amerikaner starten mit »Gemini III« den Astronauten Virgil Grissom, der damit als erster Mensch zum zweitenmal im Weltraum ist. →

26. Deutsche Erstaufführung des griechischen Spielfilms »Alexis Sorbas« von Michael Cacoyanni mit Anthony Quinn und Lila Kedova.

26. Uraufführung des Schauspiels »Die Heimkehrer« von Harold Pinter in London.

GESTORBEN:

18. Faruk I. (* 11. 2. 1920), Ex-König von Ägypten.

19. Gheorge Gheorgiu-Dej (* 8. 11. 1901), rumänischer Politiker.

Kosmonaut schwebt im Weltraum

18. März. Mit dem Start des Raumschiffes »Woschod II« vom Kosmodrom Baikonur leitet die UdSSR ein neues spektakuläres Weltraumexperiment ein. An Bord befinden sich die Kosmonauten Oberst Pawel Beljajew und Oberstleutnant Alexej Leonow, der 30 Minuten nach dem Start durch eine Luftschleuse das Innere des Raumschiffes verläßt, sich erst zehn Minuten in der zum All hin geöffneten Einstiegsluke aufhält und dann, nur durch eine Leine mit dem Schiff verbunden, zehn Minuten lang frei im Weltall schwebt. Nach seiner Rückkehr in das Raumschiff setzt »Woschod II« den Flug fort und landet nach 26 Stunden und nach 17 Erdumkreisungen wieder in der Gegend von Perm, einer Stadt westlich des Urals.

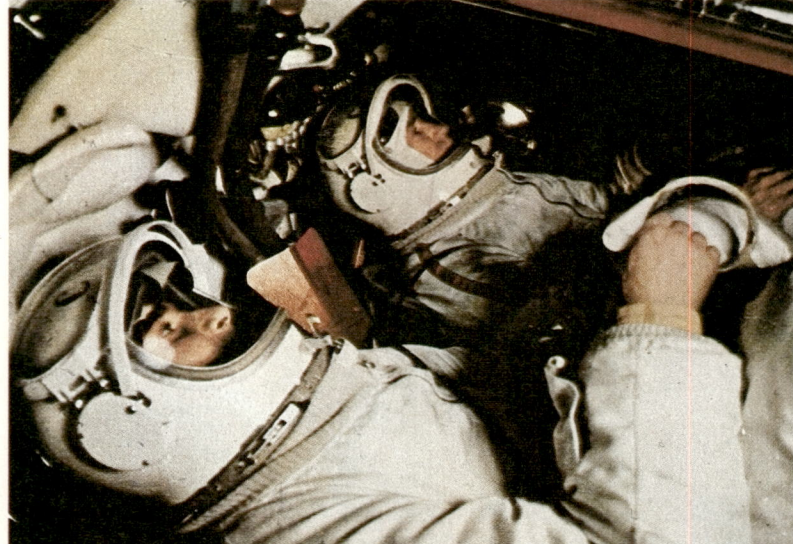

Die Kosmonauten Pawel Beljajew (links) und Alexej Leonow in ihrem Raumschiff »Woschod II«, von dem aus Leonow den ersten Weltraumausflug machte.

USA starten bemannten »Gemini«-Flug

23. März. Die USA starten von Kap Kennedy aus die »Gemini III«-Kapsel mit der Besatzung Major Virgil Grissom und Oberstleutnant John Young. Bei diesem ersten bemannten »Gemini«-Experiment ist Grissom als erster Mensch zum zweitenmal auf Weltraumflug. »Gemini III« umkreist die Erde dreimal und landet dann im Zielgebiet bei den Bahamas. Am 21. März war bereits die letzte Mondsonde des »Ranger«-Programms, »Ranger IX«, gestartet worden, die unmittelbar im Zielpunkt des Mondkraters Alphonsus aufschlägt. Vorher werden von den sechs Fernsehkameras etwa 6000 Mondaufnahmen zur Erde gesendet.

Einberufungsalter herabgesetzt

Der Bundesrat stimmt der Änderung des Wehrpflichtgesetzes zu, das Herabsetzung des Einberufungsalters von 20 auf 18 Jahre vorsieht und statt des Lossystems ein Musterungsauswahlverfahren einführt. Das Gesetz war zunächst vom Bundestag gebilligt worden.

Bundesrepublik bemüht sich um Kontakte zu Israel

2. März. Nachdem die Bundesregierung im Freundschaftsbesuch des DDR-Staatsratsvorsitzenden Walter Ulbricht in der Vereinigten Arabischen Republik noch einen unfreundlichen Akt gesehen hat und deshalb die Wirtschaftshilfe einstellt, reagieren die arabischen Staaten ebenso heftig auf die Annäherung zwischen der Bundesrepublik und Israel. Der CDU-Bundestagsabgeordnete Kurt Birrenbach verhandelt im Auftrage des Bundeskanzlers als Sonderbeauftragter seit dem 6. März mit Mitgliedern der israelischen Regierung über dieses Problem. Das israelische Kabinett faßt am 14. März einen entsprechenden Beschluß, der eine unmittelbar folgende außerordentliche Konferenz der Außenminister der Arabischen Liga in Kairo zur Folge hat. Am 15. März werden Maßnahmen bei Aufnahme diplomatischer Beziehungen zwischen der Bundesrepublik und Israel angekündigt. Bis zum 18. März werden die Botschafter von Jordanien, der Vereinigten Arabischen Republik, Yemen, Irak, Saudi-Arabien, Kuwait, Sudan, Algerien, Syrien und Libanon aus Bonn in ihre Heimatländer zurückbeordert.

USA schicken Marineinfanterie nach Vietnam

2. März. Mit der Verlegung von zwei Bataillonen US-Marineinfanterie, den sogenannten »Ledernacken«, setzt sich das Engagement der USA in Südvietnam fort. Immer häufiger fliegt die US-Luftwaffe auch Einsätze gegen Ziele in Nordvietnam. Am 2. März erfolgt mit 160 Maschinen der bisher größte Angriff. In der letzten Märzwoche wird in Washington erstmals der Einsatz von sogenannten Polizeigasen, die angeblich nicht tödlich wirken, in Nordvietnam zugegeben.

Außerdem . . .

Königin Elizabeth II. trifft am 16. März am Krankenbett des Herzogs von Windsor auch mit dessen Frau zusammen und versöhnt nach 29 Jahren das britische Königshaus mit dem früheren König Edward VIII. und seiner amerikanischen Frau (→ Dezember 1936).

Die Ermittlungen wegen Landesverrat in der »Spiegel«-Affäre gegen Chefredakteur Claus Jakobi und Oberst Adolf Wicht werden eingestellt (→ Oktober 1962), aber Rudolf Augstein droht eine gerichtliche Voruntersuchung.

1965

APRIL

Mo	Di	Mi	Do	Fr	Sa	So
			1	2	3	4
5	6	7	8	9	10	11
12	13	14	15	16	17	18
19	20	21	22	23	24	25
26	27	28	29	30		

1. König Hussein von Jordanien proklamiert seinen 17jährigen Bruder Hassan Ben Talal zum Kronprinzen und Thronfolger.

3. Vereinbarungsgemäße Schließung der 16 Passierscheinstellen der DDR in West-Berlin nach Ausgabe von insgesamt 798 177 Passierscheinen für Verwandtenbesuche zu Ostern und Pfingsten.

7. Der Deutsche Bundestag hält trotz Protesten und Störungen an der DDR-Grenze seine fünfte Sitzung in West-Berlin ab. →

8. Papst Paul VI. gibt die Errichtung eines Sekretariats für die Ungläubigen unter Leitung des Wiener Erzbischofs Franz Kardinal König bekannt.

9. Bundesrat billigt Gesetz über Verlängerung der Verjährungsfrist für NS-Verbrechen.

10. Franz Josef Strauß wird von der Landesversammlung der CSU in München mit 643 von 750 abgegebenen Stimmen für weitere zwei Jahre zum Landesvorsitzenden gewählt.

13. Bundestagsabgeordneter Kurt Birrenbach beendet Verhandlungen mit israelischer Regierung über Aufnahme diplomatischer Beziehungen.

14. Die USA lassen über Nordvietnam Flugblätter mit Erläuterungen wegen der amerikanisch-südvietnamesischen Luftangriffe abwerfen.

16. Der britische Premierminister Harold Wilson stimmt bei seinem Besuch in den USA der US-Vietnampolitik zu.

20. Die Volksrepublik China bietet Nordvietnam militärische Unterstützung im Kampf gegen die »US-Aggression« an. →

24. Deutschland gewinnt ein Fußballänderspiel gegen Zypern in Karlsruhe mit 4 : 1.

25. DDR-Staatsratsvorsitzender Walter Ulbricht legt 7-Punkte-Plan zur Lösung der Deutschlandfrage vor.

29. Invasion amerikanischer Truppen in der Dominikanischen Republik zum Schutz der dort lebenden amerikanischen Bürger nach Militärputsch gegen die Regierung. →

GESTORBEN:

21. Edward Victor Appleton (* 6. 9. 1892), englischer Physiker, Nobelpreis 1947.

Napalmbomben auf Vietnam

14. April. Nachdem seit Ende des Vormonats bei den Bombardements auf Nordvietnam auch Napalmbomben eingesetzt werden, mutet eine Aktion der USA am 14. April makaber an. Sie lassen über den größeren Städten des Landes von Flugzeugen über drei Millionen Flugblätter abwerfen, um die Bevölkerung über Ziele und Gründe der amerikanisch-südvietnamesischen Angriffe zu unterrichten, die mit unverminderter Heftigkeit fortgesetzt werden. Allein vom 7. Februar bis 31. März fliegen die Bomber 15 schwere Angriffe gegen Nordvietnam.

Bemühungen internationaler Gremien um Einstellung der Bombenangriffe werden von US-Außenminister Dean Rusk am 17. April als Ermutigung der nordvietnamesischen Aggressoren abgelehnt, worauf aus der Volksrepublik China die Nachricht kommt, daß man sich auf die Entsendung von Hilfsmannschaften vorbereite.

Der Konflikt in Vietnam weitet sich aus und nimmt an Grausamkeit zu. Das Bild zeigt amerikanische Soldaten, die einen verwundeten Vietnamesen bergen.

Neuer Krisenherd in der Karibik

29. April. Mit dem Aufstand gegen die in Santo Domingo regierende Junta unter Donald Reid Cabral und ihrem Sturz bildet sich in der Karibik für die USA ein neuer Krisenherd. Die Dominikanische Republik wird von den USA als wichtige Interessensphäre betrachtet, die vor kubanischen Verhältnissen geschützt werden soll. Als es nach dem Sturz der Junta zu bürgerkriegsähnlichen Auseinandersetzungen zwischen rivalisierenden Offiziersjunten kommt, intervenieren die USA auf der Insel und greifen mit ihren Truppen ein. Am 30. April wird auf Vermittlung des päpstlichen Nuntius in der Dominikanischen Republik ein Waffenstillstand ausgehandelt.

Die von sozialen, politischen und wirtschaftlichen Krisen erschütterten Staaten der Karibik gelten als wichtiges Interessengebiet der USA.

US-Truppen greifen in die Kämpfe in der Dominikanischen Republik ein.

24. April. Im Preußenstadion in Münster erhalten Abordnungen der Bataillone ihre Truppenfahnen.

Heftige Tornados

Der amerikanische Mittelwesten wird in der ersten April-Hälfte von heftigen Tornados heimgesucht, dadurch tritt der Mississippi über die Ufer, und weite Gebiete werden überflutet. 250 Menschen ertrinken, Tausende werden verletzt und obdachlos.

Secam-Mehrheit

7. April. In Wien endet die internationale Farbfernsehkonferenz mit einem Mehrheitsbeschluß von 21 : 18 Stimmen für das in Frankreich entwickelte Farbfernsehsystem Secam. Damit wird der gesamte Ostblock sowie Griechenland, Luxemburg, Monaco und Spanien dieses System verwenden. Die restlichen Staaten Europas, die USA, Kanada, Japan, Brasilien und Südafrika werden mit dem aus deutschem und amerikanischem (PAL bzw. NTSC) gebildeten QAM-System arbeiten.

6. April. Stau auf der Interzonenautobahn bei Helmstedt. Die schleppende Abfertigung durch DDR-Behörden ist eine Protestmaßnahme gegen die Sitzung des Bundestages in West-Berlin.

1965
MAI

Mo	Di	Mi	Do	Fr	Sa	So
					1	2
3	4	5	6	7	8	9
10	11	12	13	14	15	16
17	18	19	20	21	22	23
24	25	26	27	28	29	30
31						

3. SPD/FDP-Koalition in Niedersachsen wegen Unstimmigkeiten in Fragen des Konkordats mit dem Vatikan gescheitert.

5. Bundestag verabschiedet das Vermögensbildungsgesetz – auch 312-DM-Gesetz genannt.

11. Ein Zyklon verwüstet Ostpakistan. Er fordert 12 722 Todesopfer und 940 Vermißte und richtet für 800 Millionen DM Schaden an.

12. Deutschland verliert ein Fußballänderspiel gegen England in Nürnberg mit 0 : 1.

12. Die Bundesrepublik Deutschland und Israel geben die Aufnahme diplomatischer Beziehungen bekannt.

12. SPD und CDU bilden in Niedersachsen ein Koalitionskabinett nach Bruch der SPD/FDP-Koalition.

13. Der Bundesgerichtshof stellt Hauptverfahren gegen »Spiegel«-Herausgeber Rudolf Augstein und Conrad Ahlers ein. →

14. China gibt Zündung seiner zweiten Atombombe bekannt. →

15. Ein Lawinenunglück auf der Zugspitze fordert zehn Menschenleben und zahlreiche Verletzte.

15. Werder Bremen wird nach Abschluß der zweiten Bundesligasaison Deutscher Fußballmeister 1965.

18. Königin Elizabeth II. beginnt einen Staatsbesuch in der Bundesrepublik. →

19. West Ham United gewinnt den Europacup der Cupsieger durch 2 : 0-Sieg gegen den TSV München 1860 in London.

23. Franz Jonas wird zum neuen österreichischen Bundespräsidenten gewählt.

25. Cassius Clay verteidigt seinen Weltmeistertitel durch K.-o.-Sieg in der ersten Runde gegen Sonny Liston in Lewiston. →

26. Deutschland gewinnt Fußballänderspiel gegen die Schweiz in Basel mit 1 : 0.

27. Inter Mailand wird Europacupsieger durch 1 : 0-Sieg gegen Benfica Lissabon in Mailand.

29. Ein Grubenunglück in einem Kohlenbergwerk bei Dhanbad (Indien) fordert 274 Todesopfer.

GESTORBEN:

9. Leopold Figl (* 2. 10. 1902), österreichischer Politiker.

Queen in Deutschland

Königin Elizabeth II. trägt sich am 27. Mai im Schöneberger Rathaus in Berlin in das Goldene Buch der Stadt ein. Rechts (halbverdeckt) Prinz Philip.

18. Mai. Der offizielle Staatsbesuch von Königin Elizabeth II. von England und Prinz Philip, Herzog von Edinburgh, begeistert die Bundesbürger zwischen dem 18. und 28. Mai. In den Städten, die vom britischen Herrscherpaar in diesen zehn Tagen besucht werden, bemühen sich Politiker und Bevölkerung, den königlichen Gästen den Aufenthalt zu einem echten Erlebnis werden zu lassen. Elizabeth und Prinz Philip absolvieren so in Bonn (18./19. Mai), Wiesbaden (20.), München (21.), Stuttgart (24.), Köln, Düsseldorf und Duisburg (25.), Berlin und Hannover (27.) und Hamburg (28. Mai) ein ebenso anstrengendes wie glanzvolles Besuchsprogramm. Am 22. und 23. Mai halten sie sich privat im Schloß Salem auf und am 26. Mai besuchen sie kanadische und britische Truppen.

Die Königin mit Bundespräsident Heinrich Lübke (links) und dem Bonner Oberbürgermeister Wilhelm Daniels auf dem Balkon des Bonner Rathauses.

Ermittlungen in der Spiegel-Affäre eingestellt

13. Mai. Nachdem der dritte Strafsenat des Bundesgerichtshofes die Eröffnung des Hauptverfahrens gegen Conrad Ahlers und Rudolf Augstein abgelehnt hat, scheint der juristische Teil der »Spiegel«-Affäre beendet zu sein.

In der Begründung des Einstellungsbeschlusses wird zwar für möglich gehalten, daß Ahlers in seinen Artikeln im »Spiegel« 24/62 und 41/62 Tatsachen veröffentlicht hat, die Staatsgeheimnisse darstellten, der Senat hält es jedoch nicht für beweisbar, daß Ahlers und Augstein erkannt oder mindestens billigend damit gerechnet haben, daß die Artikel Staatsgeheimnisse enthalten könnten.

Diplomatische Verstimmung USA – Kambodscha

3. Mai. Nachdem der Korrespondent des US-Nachrichtenmagazins »Newsweek« in einem Artikel behauptet, daß die kambodschanische Königinmutter Sisowath Kossamak aufs Geld versessen sei und eine Anzahl von Bordellen unterhalte, bricht Kambodscha die diplomatischen Beziehungen zu den USA ab.

Ein weiterer wichtiger Aspekt ist die Bombardierung kambodschanischer Grenzdörfer durch US-Flugzeuge. Sie erfolgt – absichtlich oder unabsichtlich – bei den schweren Angriffen, die amerikanische und südvietnamesische Flugzeuge gegen Nordvietnam fliegen, das an Kambodscha grenzt.

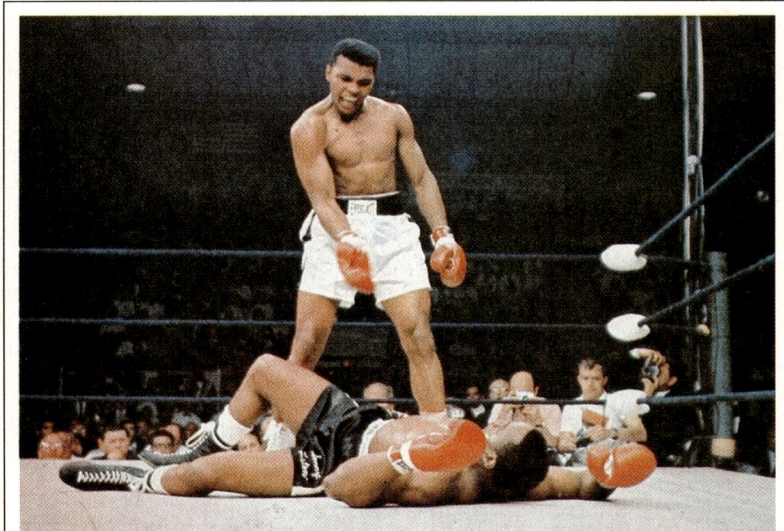

25. Mai. In Lewiston im US-Staat Maine verteidigt Boxweltmeister Cassius Clay seinen Titel gegen den Herausforderer Sonny Liston durch einen K.-o.-Sieg in der ersten Runde.

US-Athlet springt neuen Weltrekord

29. Mai. Der US-Athlet Ralph Boston verbessert seinen Weitsprung-Weltrekord in Modesto (Kalifornien) auf 8,35 Meter (bisher 8,34 Meter). Am 8. Mai hat sein Landsmann Randy Matson bei Wettkämpfen in College Station (Texas) im Kugelstoßen den Weltrekord auf ausgezeichnete 21,52 Meter (bisher 20,68 Meter) verbessern können.

China zündet Atombombe

16. Mai. Nach der Zündung der zweiten chinesischen Atombombe gibt die US-Atomenergiekommission die Anzahl der von den fünf Atommächten durchgeführten Kernversuche bekannt: Von den USA wurden 337, der Sowjetunion 127, Großbritannien 24, Frankreich fünf, der Volksrepublik China zwei Versuche unternommen.

1965
JUNI

Mo	Di	Mi	Do	Fr	Sa	So
	1	2	3	4	5	6
7	8	9	10	11	12	13
14	15	16	17	18	19	20
21	22	23	24	25	26	27
28	29	30				

1. Gasexplosion in Kohlengrube auf Kiuschu (Japan) fordert 231 Todesopfer.

1. Hamburgs Erster Bürgermeister Paul Nevermann tritt aus »persönlichen Gründen« von seinem Amt zurück.

3. Start des US-Raumschiffs »Gemini IV« mit den Astronauten James McDivitt und Edward White, der um 20.45 MEZ als zweiter Mensch für 20 Minuten im Weltall schwebt. →

4. Der Australier Ron Clarke stellt in Los Angeles mit 13:25,8 Minuten einen neuen Weltrekord im 5000-m-Lauf auf.

6. Deutschland verliert ein Fußballänderspiel gegen Brasilien in Rio de Janeiro mit 0 : 2.

6. Vittorio Adorni (Italien) gewinnt den Giro d'Italia.

7. Bergwerksunglück in Kakanj (Bosnien) fordert 128 Todesopfer.

7. Hamburger Senat wählt Herbert Weichmann zum neuen Ersten Bürgermeister.

12. Empfang für Staatsbesucher Charles de Gaulle auf Schloß Ernich bei Bonn. →

19. General Ngyen Cao Ky bildet als Ministerpräsident neues Kabinett in Südvietnam.

19. Algeriens Staatspräsident Achmed Ben Bella von Revolutionsrat unter Führung von Oberst Houari Boumedienne in unblutiger Revolte gestürzt.

21. Regierungen in Hanoi und Peking lehnen Friedensplan der Commonwealthländer zu Vietnam ab.

24. Notstandsverfassung für die Bundesrepublik scheitert am Widerstand der SPD. →

26. Erstmals in der Eisenbahngeschichte erreicht ein fahrplanmäßiger Schnellzug auf der Strecke Augsburg–München eine Geschwindigkeit von über 200 Stundenkilometern.

28. Die Verlobung von Kronprinzessin Beatrix der Niederlande mit dem deutschen Diplomaten Claus von Amsberg wird bekanntgegeben.

GESTORBEN:

7. Richard Billinger (* 20. 7. 1893), österreichischer Schriftsteller.

13. Martin Buber (* 8. 2. 1878), israelischer Religionsphilosoph.

Staatsanwalt bricht Verfahren gegen Strauß ab

3. Juni. Die Staatsanwaltschaft in Bonn stellt ein Ermittlungsverfahren gegen den CSU-Vorsitzenden Franz Josef Strauß im Zusammenhang mit der »Spiegel«-Affäre wegen Freiheitsberaubung und Amtsanmaßung ein. Es geht dabei um die Rolle von Strauß bei der Verhaftung des »Spiegel«-Redakteurs Conrad Ahlers während seines Urlaubs in Spanien (→ Oktober 1962).

Wolkenbrüche und Überschwemmung in Südeuropa

30. Juni. Heftige Regenfälle, die seit Mitte Juni andauern, verursachen in Bayern, Österreich, Ungarn, Jugoslawien, Polen und der ČSSR weiträumige Überschwemmungen, da Flüsse und Bäche über die Ufer treten. Mehrere Orte müssen evakuiert werden, als Dämme brechen. Allein in Bayern wird der Schaden mit mehreren Millionen DM angegeben.

Epidemien in Asien und Afrika fordern zahlreiche Opfer

Aus Asien und Afrika werden in diesem Monat Epidemien gemeldet, die eine noch nicht genau feststehende Zahl von Opfern fordern. Der ostindische Bundesstaat Assam wird von einer Ruhrepidemie heimgesucht, der bis Mitte Juni mindestens 780 Menschen zum Opfer fallen.

Erschwerend für die Bekämpfung der Krankheit erweist sich die Hitzewelle, die seit Wochen über Indien lastet. Diese fordert nach amtlichen Angaben bis Mitte des Monats 235 Menschenleben. Aus dem ehemaligen Belgisch-Kongo wird von einer Pockenepidemie berichtet, die offiziell bis zum 16. Juni 500 Menschen das Leben kostet. In inoffiziellen Berichten wird jedoch von weit über 2000 Toten gesprochen.

20 Minuten im Weltall

In 161 Kilometer Höhe verläßt Astronaut Edward White am 3. Juni für 20 Minuten die Raumkapsel »Gemini IV« zu einem schwerelosen Ausflug in den Weltraum. Er ist nur durch eine Sicherungsleine mit dem Raumschiff verbunden.

3. Juni. Mit dem Start von »Gemini IV« beginnen die USA ihr bislang zeitaufwendigstes Weltraumexperiment. Die Astronauten Major James McDivitt und Major Edward White umkreisen fünf Tage lang die Erde, wobei sie rund 2,7 Millionen Kilometer zurücklegen. Höhepunkt des Experiments ist der Ausstieg von White aus der Raumkapsel am 3. Juni. Er schwebt dabei 20 Minuten lang frei im Weltraum.

Kein Notstandsgesetz

24. Juni. Die durch zahlreiche Protestaktionen und Demonstrationen angeheizte Stimmung wegen der sogenannten Notstandsverfassung entlädt sich bei der zweiten Lesung im Deutschen Bundestag. Die SPD hat sich bereits deutlich gegen die Notstandsgesetze ausgesprochen und ist damit auf scharfen Widerstand der CDU/CSU-Regierung gestoßen. Als am 16. Juni nach einer Rede von Innenminister Hermann Höcherl von der Zuschauertribüne eine Trillerpfeife ertönt, ruft Franz-Josef Würmeling aus: »Das sind Hilfstruppen der SPD.« Danach kommt es zu tumultartigen Szenen im Bundestag. Die Notstandsverfassung scheitert am 24. Juni am Widerstand der SPD. Bei der Abstimmung sind 238 Abgeordnete der Regierungskoalition dafür, 167 SPD-Abgeordnete dagegen. Die erforderliche Zweidrittelmehrheit für eine Verfassungsänderung wird nicht erreicht.

12. Juni. Bei einem Staatsbesuch in der Bundesrepublik wird der französische Staatspräsident Charles de Gaulle auf Schloß Ernich bei Bonn empfangen: (v. l.) Ministerpräsident Georges Pompidou, Bundespräsident Heinrich Lübke, Bundestagsvizepräsident Carlo Schmid, de Gaulle, Bundeskanzler Ludwig Erhard und Altbundeskanzler Konrad Adenauer.

1965

JULI

Mo	Di	Mi	Do	Fr	Sa	So
			1	2	3	4
5	6	7	8	9	10	11
12	13	14	15	16	17	18
19	20	21	22	23	24	25
26	27	28	29	30	31	

1. Deutsche Erstaufführung des amerikanischen Spielfilms »Cat Ballou – hängen sollst du in Wyoming« von Elliot Silverstein mit Jane Fonda und Lee Marvin, der für seine Rolle einen Oscar und einen Silbernen Bären als bester Hauptdarsteller erhält.

2. Roy Emerson wird durch ein 6 : 2, 6 : 4, 6 : 4 gegen Fred Stolle (beide Australien) Wimbledonsieger 1965.

3. Margaret Smith (Australien) gewinnt das Wimbledonfinale der Damen gegen Maria Esther Bueno (Brasilien) 6 : 4, 7 : 5.

7. Deutsche Erstaufführung des englischen Spielfilms »Ekel« von Roman Polanski mit Catherine Deneuve. Der Film erhält einen Silbernen Bären als Sonderpreis der Internationalen Berliner Filmfestspiele.

9. Irena Kirszenstein (Polen) läuft in Prag neuen Weltrekord über die 100 m in 11,1 Sekunden.

14. Felice Gimondi (Italien) gewinnt den Giro d'Italia 1965.

14. Ron Clarke (Australien) läuft in Oslo einen neuen Weltrekord über 10 000 m in 27:29,4 Minuten.

15. Die US-Raumsonde »Mariner IV« (gestartet im November 1964) übermittelt aus über 200 Millionen Kilometer Entfernung 21 Bilder vom Planeten Mars. Die Aufnahmen entstehen beim Vorbeiflug in nur 9000 bis 10 000 km Entfernung zum Mars.

16. Eröffnung des Straßentunnels durch den Montblanc. →

22. Deutsche Erstaufführung des italienisch-französischen Spielfilms »Lemmy Caution gegen Alpha 60« von Jean-Luc Godard, besetzt mit Anna Karina und Eddie Constantin. Der Film erhält den Goldenen Bären auf den Berliner Filmfestspielen.

26. Uraufführung des Schauspiels »Die Benachrichtigung« von Vaclav Havel in Prag.

29. Uraufführung von »Help«, des zweiten Spielfilms der Beatles, in London.

GESTORBEN:

10. Jacques Audiberti (* 25. 3. 1899), französischer Dichter.

14. Adlai Stevenson (* 5. 2. 1900), amerikanischer Politiker.

19. Syngman Rhee (* 26. 4. 1875), Ex-Präsident von Südkorea.

Innenpolitische Krise in Griechenland

15. Juli. Griechenland erlebt eine innenpolitische Krise, die in einer Kraftprobe zwischen König Konstantin und dem Ministerpräsidenten Georgios Papandreou besteht. Nachdem der König die Entlassung des Verteidigungsministers und die Übernahme des Ressorts durch Papandreou ablehnt, tritt dieser zurück, was heftige Straßendemonstrationen gegen Konstantin zur Folge hat.

In Athen kommt es zu Straßenkämpfen zwischen Studenten und Polizei.

Westliche Zeitungen auch in Rumänien

17. Juli. Erstmals seit der Machtübernahme der Kommunisten dürfen in Rumänien westliche Zeitungen verkauft werden. Interessierte Rumänen und natürlich Touristen erhalten die Europa-Ausgaben der »New York Times« und der »New York Herald Tribune«, den »Figaro« und »Le Monde« aus Frankreich sowie die »Neue Zürcher Zeitung«.

Jim Clark auf Lotus Weltmeister

Nach seinem Sieg beim Großen Preis von Deutschland auf dem Nürburgring steht der Engländer Jim Clark mit Lotus bereits vier Rennen vor Abschluß der Saison als neuer Automobilweltmeister für das Jahr 1965 fest.

Alpentunnel eröffnet

Der 11,6 Kilometer lange, ca. 1300 Meter hoch gelegene Montblanc-Tunnel, der Frankreich und Italien verbindet, ist der derzeit längste Straßentunnel der Welt.

16. Juli. Mit der feierlichen Eröffnung durch die Staatspräsidenten Charles de Gaulle (Frankreich) und Giuseppe Saragat (Italien) wird nach sechsjähriger Bauzeit der Straßentunnel durch den Montblanc in Betrieb genommen.

Mit seinen 11,6 Kilometern ist das Bauwerk der längste Straßentunnel der Welt. Er beginnt in Frankreich in der Nähe von Chamonix in 1274 Meter Höhe und in Italien im Tal von Courmayeur in 1381 Meter Höhe. Auf den beiden je 3,5 Meter breiten Fahrbahnen können den Tunnel 660 Autos pro Stunde passieren. Rote Warnlampen regulieren das Tempo der Kraftfahrer, Signaleinrichtungen schalten sich

ein, wenn die Fahrbahnen überfüllt sind. Nach Freigabe des Tunnels sind die Alpen zwischen dem Brenner und der Rivierastraße nun auch im Winter passierbar.

Auf der Strecke Paris–Rom werden im Winter 150 Kilometer gespart, zwischen Genf und Mailand sowie zwischen Genf und Turin im Sommer etwa 50 Kilometer. Gegenüber einer Paßstraßenfahrt kann man eine Stunde und 30 Minuten einsparen. Während des komplizierten Baus mit zahlreichen Sprengungen – allein auf französischer Seite sind 711 Tonnen Sprengstoff verbraucht worden – sind 23 Arbeiter ums Leben gekommen, etwa 800 wurden verletzt.

Krieg jetzt offiziell

13. Juli. Mit der Autorisierung für US-Truppen zu Offensivaktionen in Vietnam durch Präsident Lyndon B. Johnson ist die Rolle der USA nun auch offiziell als »beratende Tätigkeit« in Südvietnam beendet. Am 28. Juli wird die Erhöhung

der US-Truppen in Südvietnam auf 125 000 Mann bekanntgegeben und die monatliche Einberufungsquote in den USA erhöht. Die Vereinigten Staaten befinden sich damit automatisch auch im Kriegszustand mit Nordvietnam.

1965
AUGUST

Mo	Di	Mi	Do	Fr	Sa	So
						1
2	3	4	5	6	7	8
9	10	11	12	13	14	15
16	17	18	19	20	21	22
23	24	25	26	27	28	29
30	31					

2. Ein Weißbuch über Beschränkung der Einwanderung aus Commonwealthländern nach Großbritannien wird in London veröffentlicht.

2. Edward Heath von Außerordentlicher Konvention der konservativen Partei Englands nach dem Rücktritt von Sir Alec Douglas-Home zum neuen Parteiführer gewählt.

4. Präsident Johnson ersucht den US-Kongreß um Bewilligung von 1,7 Milliarden Dollar für den Aufbau der militärischen Stärke der USA in Südvietnam.

4. Flugzeuge der US-Luftwaffe fliegen den 1000. Angriff auf Ziele in Nordvietnam seit der Aufnahme der Bombardements am 7. Februar.

9. Eine Explosion in einem Silo für Langstreckenraketen des Typs »Titan 2« in Arkansas (USA) fordert 53 Todesopfer.

10. Deutsche Erstaufführung des englischen Spielfilms »Der gewisse Kniff« von Richard Lester mit Rita Tushingham und Michael Crawford. Der Film erhält die »Goldene Palme« beim Filmfestival in Cannes.

13. Ein Zugunglück im Bahnhof Lampertheim, wobei der TEE »Helvetia« auf einen abgestellten Güterzug prallt, fordert 4 Todesopfer und 21 Schwerverletzte.

17. Mehrtägige blutige Unruhen im Negerviertel Watts in Los Angeles fordern 33 Tote.

19. Frankfurter Schwurgericht verkündet Urteile im Auschwitz-Prozeß. →

20. Das Bundesschatzministerium gibt den Abschluß der Privatisierung der VEBA (Vereinigte Elektrizitäts- und Bergwerks AG) bekannt.

23. Die Luftwaffenbasis Beja in Portugal wird als erste ständige Basis der Bundeswehr im Ausland errichtet.

30. Ein Gletscherabbruch des Allalin-Gipfels im Saastal (Schweiz) begräbt 88 Arbeiter einer Staudammbaustelle unter sich.

GESTORBEN:

7. Wilhelm Gimmi (* 7. 8. 1886), Schweizer Maler.

13. Hayato Ikeda (* 3. 12. 1899), japanischer Politiker.

27. Le Corbusier (* 6. 10. 1887), französischer Architekt. →

Drei Weltrekorde in der Leichtathletik

In diesem Monat werden drei großartige neue Weltrekorde in der Leichtathletik aufgestellt. Es beginnt mit dem Lauf des Belgiers Gaston Roelants über 3000-m-Hindernis in Brüssel am 7. August, bei dem er den Rekord auf 8:26,4 Minuten verbessert. Einen Tag später sprintet die Polin Irena Kirszenstein in Warschau 22,7 Sekunden über 200 Meter, und am 11. August erreicht Tamara Press in Moskau 59,70 Meter mit dem Diskus.

König Mohammed in der UdSSR

3. August. Der König von Afghanistan, Mohammed Zahir, stattet der Sowjetunion bis 16. August einen freundschaftlichen Staatsbesuch ab. Dabei kommt es zur Unterzeichnung eines Protokolls über die Verlängerung des bereits bestehenden gegenseitigen Nichtangriffspaktes um weitere zehn Jahre.

Unterwasserlabor verankert

26. August. Zur Erforschung der Meereswelt wird das Unterwasserlabor »Sealab 2« etwa 900 Meter vor der kalifornischen Küste bei La Jolla in einer Tiefe von 62 Metern verankert. Je zehn US-Aquanauten bleiben danach dreimal 15 Tage – der Astronaut Scott Carpenter 29 Tage – unter Wasser.

Botschafter in Bonn und Tel Aviv

11. August. Nachdem die Regierungen in Bonn und Tel Aviv im Vormonat das jeweilige Agrément erteilt haben, treten die Botschafter beider Länder ihren diplomatischen Dienst an. Rolf Pauls übergibt in Tel Aviv sein Beglaubigungsschreiben, Asher Ben Natan ist am 16. August in Köln mit diesem Akt erster Botschafter des Staates Israel in der Bundesrepublik.

Le Corbusier stirbt

Ein von Le Corbusier (Bild oben) errichtetes Wohnhaus in Berlin.

27. August. Im Alter von 77 Jahren stirbt in Roquebrunne-Cap-Martin (Alpes-Maritimes) der französisch-schweizerische Architekt, Städteplaner und Maler Le Corbusier, eigentlich Charles-Édouard Jeanneret-Gris, dem man den Titel »Baumeister unseres Jahrhunderts« gegeben hat. Entfaltungsmöglichkeiten des einzelnen wie der Gemeinschaft – das war die Maxime, durch die sich Le Corbusier bei der Konzeption seiner Bauten leiten ließ und die in der ästhetischen Gestalt seiner Bauwerke in funktionellen Strukturformen zum Ausdruck kommen. Der Ausstellungsbau in Paris (1922) war seine erste große Schöpfung. Es folgten ideale Städtebauprojekte mit klarer Trennung der Funktionszonen wie »Ville contemporaine« (1922), »Ville radieuse« (1935). In Deutschland werden seine zwei Häuser für die Weißenhofsiedlung in Stuttgart (1927) bewundert. Le Corbusier wurde in der ganzen Welt mit der Konzeption bedeutender Großbauten beauftragt wie dem Nachtasyl der Heilsarmee in Paris (1929), Schweizer Haus der Cité Universitaire Paris (1930–1932), Erziehungsministerium in Rio de Janeiro (1936), UN-Gebäude in New York (1947). Danach folgt eine Phase skulpturaler Baustile, deren Höhepunkt die Wallfahrtskirche von Ronchamp (1952–1955) darstellt. Es folgen das Museum für Moderne und Kunst in Tokio (1959), das Dominikanerkloster La Tourette in Éveux bei Lyon (1957–1960) und das Carpenter Art Center in Harvard (1963), die als Beispiele genialer Raumlösung in die Baugeschichte eingehen.

Urteile im SS-Prozeß

19. August. Mit der Urteilsverkündung geht der aufwendigste Massenmordprozeß der deutschen Rechtsgeschichte in Frankfurt zu Ende. Von den 22 angeklagten Mitgliedern der SS-Wachmannschaft im Konzentrationslager Auschwitz sind noch 20 anwesend, einer ist seit Prozeßbeginn (Dezember 1963) gestorben, der andere ist wegen Krankheit verhandlungsunfähig.
An den Prozeßtagen sind 359 Zeugen aus 19 Nationen gehört worden, nachdem in der Vorbereitungsphase schon 1300 Zeugen vernommen worden sind. Das Gericht fällt gegen die Angeklagten stark abgestufte Urteile, die zwischen Freispruch (dreimal), 10 Jahren Jugendstrafe (einmal), Zuchthausstrafen zwischen 3 Jahren, 3 Monaten und 14 Jahren, sowie sechsmal lebenslangem Zuchthaus liegen. Unter den »Lebenslänglichen« befinden sich Oswald Kaduk, Emil Bednarek und Stefan Baretzki, denen besondere Grausamkeiten angelastet werden.

1965
SEPTEMBER

Mo	Di	Mi	Do	Fr	Sa	So
			1	2	3	4	5
6	7	8	9	10	11	12
13	14	15	16	17	18	19
20	21	22	23	24	25	26
27	28	29	30			

1. Tibet erhält den Status einer Autonomen Region innerhalb der Volksrepublik China.

2. Pakistanische Truppen rücken in den indischen Teil von Kaschmir ein. →

4. Guyla Zsivotzky (Ungarn) stellt in Debrecen mit 73,74 m einen neuen Weltrekord im Hammerwerfen auf.

6. Indische Truppen überschreiten die pakistanische Grenze und marschieren auf Lahore. →

8. Nach dem Abklingen des Wirbelsturms »Betsy« in Louisiana und dem Mississippidelta werden über 250 Tote geborgen, über 200 000 Menschen sind obdachlos geworden.

11. Die Rolling Stones erreichen mit ihrer Aufnahme »Satisfaction« Platz eins in der britischen Hitparade.

14. Ein Abkommen über den Ausbau der sieben wichtigsten nordwestdeutschen Binnenschiffahrtskanäle wird zwischen dem Bund und den Ländern unterzeichnet.

16. Von elf Staaten der Welt werden Angebote zur Liberalisierung des Handels mit Agrarprodukten im Rahmen des GATT-Abkommens vorgelegt.

19. CDU/CSU erringen bei der 5. Bundestagswahl den Sieg mit 47,6 Prozent der Stimmen. →

19. Tamara Press (UdSSR) stellt in Kassel mit 18,59 m einen neuen Weltrekord im Kugelstoßen auf.

22. Willy Brandt gibt den Verzicht auf eine erneute Kanzlerkandidatur für die SPD bei den nächsten Bundestagswahlen bekannt. →

26. Deutschland gewinnt ein Fußballänderspiel gegen Schweden in Stockholm mit 2 : 1 und qualifiziert sich für die Fußballweltmeisterschaft 1966.

28. Der Ausbruch des Vulkans Taal auf den Philippinen begräbt mehrere Dörfer unter sich und fordert dabei etwa 500 Menschenleben.

GESTORBEN:

4. Albert Schweitzer (* 14. 1. 1875), elsässischer Theologe und Arzt, Friedensnobelpreis 1952 (→ Dezember 1952).

8. Hermann Staudinger (* 23. 3. 1881), deutscher Chemiker, Nobelpreis 1953.

Deutlicher Wahlsieg der CDU/CSU

19. September. Ohne große Überraschungen verläuft die Wahl zum 5. Deutschen Bundestag. Die CDU/CSU kann unter Führung von Bundeskanzler Ludwig Erhard mit 47,6 Prozent der abgegebenen Stimmen einen deutlichen Wahlsieg erringen und das Ergebnis von Konrad Adenauers letzter Wahl 1961 (45,3 Prozent) noch verbessern. Die SPD gewinnt auf Kosten der FDP gegenüber der letzten Wahl hinzu und kommt auf 39,3 (1961: 36,2) Prozent, während die Freien Demokraten Verluste in dieser Größenordnung hinnehmen müssen. Sie erhalten noch 9,5 gegenüber 12,8 Prozent 1961. Von den anderen teilweise nur in einigen Bundesländern angetretenen Parteien erreicht nur die DFU mit 1,3 Prozent ein noch zählbares Ergebnis.
Nach diesem Wahlausgang sind die Weichen für eine erneute Regierungskoalition zwischen CDU/CSU und FDP gestellt, deren Kommissionen auch schnell entsprechende Gespräche aufnehmen. Trotz des guten Abschneidens der SPD erklärt ihr Spitzenkandidat Willy Brandt, nicht noch einmal für eine Kanzlerkandidatur zur Verfügung zu stehen. Er wolle sich auf sein Amt als Regierender Bürgermeister von Berlin konzentrieren, den Parteivorsitz aber behalten.
Brandt äußert sich auch zum Wahlkampfstil seiner Gegner, denen er nachsagt, eine Schmutzkampagne gegen seine Person entfesselt zu haben. Ihr Bundestagsmandat werden aber der Berliner Wirtschaftssenator Karl Schiller und Hamburgs Innensenator Helmut Schmidt ausüben, die damit einem Wunsch Brandts entsprechen.

Neuer Supertanker

In Jokohama findet ein spektakulärer Stapellauf statt, als die Japaner ihr erstes gewaltiges Schiffsprojekt vollenden. Die »Tokyo Maru« ist das derzeit größte Schiff der Welt. Der Supertanker mit 150 000 Tonnen Wasserverdrängung mißt 306 Meter Länge und 47,5 Meter in der Breite.

Grenzkonflikt zwischen Indien und Pakistan

Nach der Feuereinstellung in Pakistan.

6. September. Das seit der Teilung Indiens 1947 schwelende Kaschmirproblem sorgt im Sommer 1965 erneut für kriegsähnliche Konflikte zwischen Indien und Pakistan, die beide das Gebiet für sich beanspruchen. Das führt zu diplomatischen Interventionen der Großmächte und der UNO, die bis Mitte September beide Parteien zu ersten Friedensgesprächen veranlassen können. Nach entsprechendem Druck kommt es Ende September zur Feuereinstellung und zur Entsendung einer militärischen Beobachtergruppe der UNO in das Krisengebiet.

Linker Kandidat

Mitterrand auf einer Pressekonferenz.

Nachdem François Mitterrand seine Kandidatur für die Präsidentschaftswahlen im Dezember angemeldet hat, geben die Sozialistische und die Kommunistische Partei Frankreichs bekannt, daß sie ihn als Kandidaten der Linken unterstützen werden, wenn er gegen Charles de Gaulle antritt.

1965
OKTOBER

Mo	Di	Mi	Do	Fr	Sa	So
				1	2	3
4	5	6	7	8	9	10
11	12	13	14	15	16	17
18	19	20	21	22	23	24
25	26	27	28	29	30	31

4. Papst Paul VI. besucht die Vereinten Nationen in New York und hält vor dem UN-Plenum eine Friedensrede.

5. Uraufführung der Komödie »Moritz Tassow« von Peter Hacks an der Volksbühne in Ost-Berlin.

8. Das Internationale Olympische Komitee beschließt auf seiner Sitzung in Madrid, daß zwei getrennte deutsche Olympiamannschaften an den Spielen 1968 teilnehmen sollen. →

9. Deutschland gewinnt ein Fußballänderspiel gegen Österreich in Stuttgart mit 4 : 1.

11. Deutsche Erstaufführung des Schauspiels »Die Heimkehrer« von Harold Pinter im Schloßpark-Theater Berlin.

12. Der Tscheche Ludwig Danek verbessert den Diskusweltrekord in Stockholm auf 65,22 m.

17. Sozialdemokratische Politiker der EWG-Staaten fordern die Fortsetzung der europäischen Integration notfalls auch ohne Frankreich.

19. Uraufführung des Schauspiels »Die Ermittlung« von Peter Weiss an 16 Bühnen in der Bundesrepublik und der DDR, darunter die Inszenierung von Erwin Piscator an der Freien Volksbühne Berlin.

20. Ludwig Erhard vom Deutschen Bundestag erneut zum Bundeskanzler gewählt. →

22. Deutsche Erstaufführung des US-Filmmusicals »Mary Poppins« von Robert Stevenson mit Julie Andrews, die für ihre Rolle den Oscar 1964 als beste Hauptdarstellerin erhalten hat.

23. Rücktritt der österreichischen Bundesregierung infolge nicht rechtzeitiger Verabschiedung des Etats 1966.

26. Minister des neuen Kabinetts Erhard vereidigt. →

27. Konstituierende Sitzung des neu gebildeten deutschen Bundeskabinetts.

GESTORBEN:

3. Max Picard (* 5. 6. 1888), Schweizer Schriftsteller.

13. Paul H. Müller (* 12. 1. 1899), Schweizer Chemiker, Nobelpreis 1948.

22. Paul Tillich (* 20. 8. 1886), deutscher Theologe.

25. Hans Knappertsbusch (* 12. 3. 1888), deutscher Dirigent.

Das Kabinett Erhard

Das neue Kabinett Erhard stellt sich nach der Vereidigung den Fotografen.
1. Reihe (v. l.): Vizekanzler Mende, Bundespräsident Lübke, Kanzler Erhard, Schröder. 2. Reihe: Schmücker, Höcherl, Stücklen, Dollinger, Scheel, Westrick. 3. Reihe: Gradl, von Hassel, Stoltenberg, Dahlgrün, Niederalt, Heck, Katzer. 4. Reihe: Lücke, Bucher, Krone, Seebohm, Schwarzhaupt, Jäger.

26. Oktober. Mit der Vereidigung der neuen Bundesregierung durch den wiedergewählten Bundestagspräsidenten Eugen Gerstenmaier ist 37 Tage nach der Wahl die Regierungsbildung in der Bundesrepublik abgeschlossen.

Die Koalitionsgespräche zwischen CDU/CSU und FDP sind ohne allzu große Schwierigkeiten verlaufen, wobei FDP-Chef Erich Mende schon frühzeitig auf Ausschluß von Franz Josef Strauß von einem Regierungsamt hingewiesen hat und auch klar zu erkennen ist, daß die FDP das von ihr beanspruchte Gesamtdeutsche Ministerium wieder bekommen wird. Die neue Bundesregierung hat bei ihrer Vereidigung folgendes Aussehen: Kanzler: Ludwig Erhard (CDU), Vizekanzler und gesamtdeutscher Minister: Erich Mende (FDP), Auswärtiges: Gerhard Schröder (CDU), Verteidigung: Kai-Uwe von Hassel (CDU), Inneres: Paul Lücke (CDU), Justiz: Richard Jäger (CSU, neu), Finanzen: Rolf Dahlgrün (FDP), für Wirtschaft: Kurt Schmücker (CDU), Ernährung, Landwirtschaft und Forsten: Hermann Höcherl (CSU), Arbeit und Soziales: Hans Katzer (CDU, neu), Verkehr: Hans-Christoph Seebohm (CDU), Post- und Fernmeldewesen: Richard Stücklen (CSU), Wohnungswesen: Ewald Bucher (FDP), Vertriebene und Flüchtlinge: Johann Baptist Gradl (CDU, neu), Bundesrat: Alois Niederalt (CSU), Familie und Jugend: Bruno Heck (CDU), Wissenschaft und Forschung: Gerhard Stoltenberg (CDU, neu), Schatz: Werner Dollinger (CSU), Wirtschaftliche Zusammenarbeit: Walter Scheel (FDP), Gesundheit: Elisabeth Schwarzhaupt (CDU). Heinrich Krone und Ludger Westrick rücken als Minister ohne Portefeuille in die Regierung ein.

Zwei deutsche Olympia-Mannschaften

Das Internationale Olympische Komitee (IOC) beschließt, bei den Olympischen Spielen 1968 zwei getrennte deutsche Mannschaften teilnehmen zu lassen. In Grenoble und Mexiko sollen die Mannschaften aber noch unter dem gleichen Banner einziehen. Das bedeutet weiter Schwarz-Rot-Gold ohne Hammer und Zirkel.

1965

NOVEMBER

Mo	Di	Mi	Do	Fr	Sa	So
1	2	3	4	5	6	7
8	9	10	11	12	13	14
15	16	17	18	19	20	21
22	23	24	25	26	27	28
29	30					

2. Regierungserklärung des neuen türkischen Ministerpräsidenten Suleyman Demirel verkündet.

2. Uraufführung des Schauspiels »Gerettet« von Edward Bond in einer William-Gaskill-Inszenierung in London.

8. Die VAR beschließt die Umwandlung Port Saids in einen internationalen Freihafen.

9. Ein Stromausfall sorgt in Teilen der USA und Kanadas für ein Chaos. →

9. Der Untergang der »Yarmouth Castle« in der Floridastraße fordert 81 Todesopfer. Das Schiff gerät in Brand und sinkt.

10. Die Zweite Kammer des niederländischen Parlaments stimmt der Heirat der Kronprinzessin Beatrix mit dem deutschen Diplomaten Claus von Amsberg zu.

11. Rhodesien proklamiert als erste britische Kolonie seit dem Abfall der amerikanischen Neuenglandstaaten im Jahre 1776 eigenmächtig seine Unabhängigkeit vom Mutterland.

12. Deutsche Erstaufführung des englischen Spielfilms »Cassidy der Rebell« von John Ford / Jack Cardiff mit Rod Taylor und Michael Redgrave in den Hauptrollen.

14. Deutschland gewinnt ein Fußballänderspiel gegen Zypern in Nikosia mit 6 : 0.

22. Cassius Clay verteidigt seinen Weltmeistertitel durch K.-o.-Sieg in der zwölften Runde gegen Floyd Patterson in Las Vegas. →

25. General Joseph Mobutu, Chef der kongolesischen Nationalarmee, übernimmt in unblutigem Staatsstreich die Macht im Kongo. →

25. DDR-Staatssekretär Michael Kohl und Senatsrat Horst Korber unterzeichnen in Berlin das dritte Passierscheinabkommen seit dem Mauerbau.

26. Frankreich startet vom Versuchsgelände Hammaguir in der Sahara seinen ersten Satelliten (42 kg schwer, 50 cm Durchmesser).

28. Präsident Johnson bestimmt diesen Tag zum »Tag des Nationalen Gebets« im Gedenken an die Opfer des Vietnamkrieges in Südvietnam.

30. Kipchoge Keino (Kenia) verbessert in Auckland (Neuseeland) den 5000-m-Weltrekord auf 13:24,2 Minuten.

Mobutu an der Macht

Joseph Mobutu (rechts) auf einer Pressekonferenz in Leopoldville.

25. November. Nach monatelangen innenpolitischen Wirren, in deren Verlauf das provisorische Kabinett Tschombé von Staatspräsident Joseph Kasawubu abgesetzt und eine neue, vom Parlament jedoch nicht akzeptierte Regierung eingesetzt wird, übernimmt der Oberkommandierende der kongolesischen Nationalarmee Joseph Mobutu in einem unblutigen Staatsstreich die Macht im Kongo. Er beauftragt einen Obersten mit der Regierungsbildung und übernimmt selbst für fünf Jahre die Funktion des Staatspräsidenten. Das Parlament akzeptiert die neuen Machtverhältnisse und spricht am 28. November der Regierung des Obersten Lèonhard Mulamba mit überwältigender Mehrheit das Vertrauen aus. Die abgesetzten Kongo-Politiker Kasawubu und Tschombé werden von den neuen Machthabern nicht mit Repressalien bedroht, sondern stehen ausdrücklich unter dem Schutz der Armee. Mobutu ließ erklären, daß für fünf Jahre im Kongo der Ausnahmezustand herrsche.

22. November. In der Convention Hall in Las Vegas verteidigt der 23jährige Cassius Clay (r.) seinen Weltmeistertitel und siegt in der 12. Runde des Schwergewichtskampfes über seinen Landsmann Floyd Patterson, 30 Jahre, durch technischen K. o. Das Foto zeigt eine Kampfszene aus der 6. Runde.

Großer »Blackout« in den USA und Kanada

9. November. Ein plötzlicher Stromausfall sorgt an diesem Abend in acht Bundesstaaten der USA und Kanadas für ein Chaos. In New York verlöschen um 18.27 Uhr Ortszeit alle Lichter und gehen erst 14 Stunden später wieder an. Auch die Staaten Ontario, Vermont, Connecticut, New Jersey, New Hampshire und Rhode Island mit einer Fläche von 80 000 Quadratkilometern und etwa 30 Millionen Einwohnern sind betroffen. Alle auf elektrischem Strom basierenden Versorgungseinrichtungen stellen ihren Betrieb ein. Allein in New York werden 800 000 Menschen in 630 U-Bahnen eingeschlossen. Verkehrsunfälle werden in der dunklen Zeit praktisch nicht registriert, die Zahl der Diebstähle sinkt auf 25 Prozent des sonst üblichen Niveaus. Als Ursache des »Blackouts« kann das Versagen eines Computers in der Schaltstelle des Verbundsystems ermittelt werden, von wo aus die Stromversorgung im Gebiet der Niagara-Kraftwerke gesteuert wird. Die wirtschaftlichen Schäden dieses Stromausfalls werden auf 100 Millionen Dollar geschätzt.

USA geben Verlust im Vietnamkrieg erstmals bekannt

In Saigon werden Anfang des Monats offiziell Verlustzahlen der bisherigen Kämpfe bekanntgegeben. Danach sind seit Beginn der Offensive am 7. Februar 41 500 Einsätze von amerikanischen und südvietnamesischen Flugzeugen gegen Nordvietnam geflogen worden, wobei 133 US-Maschinen abgeschossen worden sind. 97 amerikanische Flieger sind gefallen oder werden noch vermißt.

Im Dschungelkrieg sind nach Angaben der USA von Januar bis Oktober dieses Jahres etwa 25 000 Vietcong getötet worden. Die Zahl der gefallenen US-Soldaten wird mit 900 seit Beginn des amerikanischen Einsatzes 1961 angegeben. In diesem Zeitraum hat man 4800 Verwundete zu beklagen.

11. November. Umgeben von Mitgliedern seines Kabinetts unterzeichnet Ian Smith, der südrhodesische Premierminister, in Salisbury die Proklamation der Unabhängigkeit der früheren britischen Kolonie. Die einseitig abgegebene Erklärung führt zu schweren Differenzen mit der Londoner Regierung.

Neue Autorekorde

Die günstigen Witterungsbedingungen des Monats werden von rekordbesessenen Rennfahrern wieder zu neuen Versuchen auf dem Lake Bonneville im US-Bundesstaat Utah genutzt. Dabei erreicht Bob Summers mit 658,667 Stundenkilometern einen neuen Weltrekord für Fahrzeuge mit Radantrieb, als er seinen Wagen »Goldenrod«, der von vier Chryslermotoren angetrieben wird, über die vorgeschriebene Meilendistanz auf der Piste halten kann.

Craig Breedlove erreicht danach am 15. November mit seinem »Spirit of America«, einem raketengetriebenen Fahrzeug, die neue absolute Rekordgeschwindigkeit für Landfahrzeuge von 966,570 Stundenkilometern.

1963 hat Breedlove erstmals einen allerdings nur in den USA anerkannten Weltrekord mit einer Geschwindigkeit von 655,709 Stundenkilometern aufgestellt. 1964 erreichte er kurz hintereinander die offiziell anerkannten Weltrekorde von 754,311 und 846,942 Stundenkilometern für dreirädrige Raketenfahrzeuge. Die Räder sind mit Spezialreifen ausgerüstet.

Mit dem raketengetriebenen Fahrzeug »Spirit of America« erreicht der Amerikaner Craig Breedlove eine Geschwindigkeit von 966,57 km/h.

1965
DEZEMBER

Mo	Di	Mi	Do	Fr	Sa	So
		1	2	3	4	5
6	7	8	9	10	11	12
13	14	15	16	17	18	19
20	21	22	23	24	25	26
27	28	29	30	31		

1. Südafrikas Minister P. W. Botha fordert alle weißen Paare des Landes auf, zum fünften Jahrestag der Republik am 31. Mai 1966 ein Kind zu zeugen.

4. Die deutsche Reichspartei beschließt auf einer Tagung in Göttingen ihre Auflösung.

5. General Charles de Gaulle verfehlt bei erstem Wahlgang zur Staatspräsidentschaft knapp die absolute Mehrheit. →

6. Zwei Lastwagen rasen im Dorf Sotoubona (Togo) in eine Menschengruppe und töten mehr als 100 Personen.

8. Papst Paul VI. beendet in Anwesenheit von 2400 Konzilsvätern das II. Vatikanische Konzil. →

9. Nikolai Podgorny wird nach krankheitsbedingtem Rücktritt von Anastas Mikojan vom Obersten Sowjet zum neuen Staatsoberhaupt der UdSSR gewählt.

13. Deutsche Erstaufführung des Schauspiels »Die Benachrichtigung« von Vaclav Havel in der Werkstatt des Berliner Schiller-Theaters.

15. Erstes Rendezvous zweier bemannter Raumkapseln im Weltall. →

17. Großbritannien verhängt ein Ölembargo gegen das abtrünnige Rhodesien.

19. Charles de Gaulle wird im zweiten Wahlgang erneut zum französischen Staatspräsidenten gewählt. →

22. Der Kommandant der US-Truppen in Vietnam, der General William Westmoreland, gibt Waffenstillstand für Weihnachten bekannt.

25. Deutsche Erstaufführung des englischen Spielfilms »Meine Lieder – meine Träume« von Robert Wise mit Julie Andrews und Christopher Plummer. Der Film hat in diesem Jahr fünf Oscars erhalten.

31. Nach Angaben der Bundesbank sind an diesem Tag in der Bundesrepublik 31,453 Milliarden DM Bargeld im Umlauf, davon 29,456 Milliarden in Scheinen und 1,997 Milliarden in Münzen.

GESTORBEN:

6. Walter Muschg (* 21. 5. 1898), Schweizer Schriftsteller.

16. Somerset Maugham (* 25. 1. 1874), britischer Schriftsteller. →

Maugham stirbt im Alter von 91 Jahren

16. Dezember. In seiner Wahlheimat Saint-Jean-Cap-Ferrat bei Nizza stirbt der erfolgreiche englische Schriftsteller William Somerset Maugham im Alter von 91 Jahren. Der französischen Kultur verbunden, schilderte er in Romanen und Bühnenstücken mit Skepsis und Ironie gesellschaftliche Probleme. Zu seinen weltbekannten Werken gehören die Romane »Der Menschen Hörigkeit« (1915) und »Der Besessene« (1919). Weitere Romantitel sind »Der bunte Schleier« (1925), »Catilina« (1948), »Auf Messers Schneide« (1944).

William Somerset Maugham †.

De Gaulle wird wieder Präsident

19. Dezember. In einem zweiten Wahlgang wird Charles de Gaulle zum Präsidenten der fünften Republik gewählt. Bei dem ersten Wahlgang am 5. Dezember verfehlte er die absolute Mehrheit.

Präsident Charles de Gaulle.

959

Rendezvous im Weltraum: »Gemini VII« fotografiert von »Gemini VI«.

Rendezvous im All

15. Dezember. Im Wettlauf um die Eroberung des Weltraums mit den Sowjets können die Amerikaner in diesem Monat endlich einen spektakulären Erfolg melden. Erstmals gelingt ein Rendezvous zweier bemannter Raumkapseln im All.

Das Experiment beginnt am 4. Dezember (Ortszeit) mit dem Start von »Gemini VII« mit den Astronauten Frank Borman und James Lovell an Bord. Sie kreisen mit dem Raumschiff zehn Tage lang um die Erde und bereiten alles auf eine Begegnung mit dem Raumschiff »Gemini VI« vor, das nach einer Startverzögerung endlich am 15. Dezember mit den Astronauten Walter Schirra

und Thomas Stafford von Cape Kennedy abgeschossen wird. Während der zweiten Erdumkreisung dieser Kapsel wird das Rendezvous eingeleitet. Die Distanz zwischen beiden Raumkörpern wird ständig verringert, bis sich um 20.34 Uhr nur noch weniger als ein Meter Raum zwischen beiden befindet. Aus Sicherheitsgründen ist das gegenseitige Berühren der beiden »Gemini«-Flugkörper noch untersagt. Danach gehen die Piloten wieder auf Weltraumkurs und beenden mit der Landung am 16. Dezember – »Gemini VI« – bzw. 17. Dezember – »Gemini VII« – planmäßig das Experiment.

Der amerikanische Astronaut Oberst Frank Borman von »Gemini VII«.

Kapitän James Arthur Lovell, ebenfalls »Gemini VII«.

Scholochow geehrt

10. Dezember. Bei der Nobelpreisverleihung kann der sowjetische Schriftsteller Michail A. Scholochow, Verfasser der Romane »Der stille Don« (1928, auch verfilmt) sowie »Neuland unterm Pflug« (1932), den Literaturpreis entgegennehmen. Der Chemiepreis geht an den amerikanischen Professor Robert B. Woodward für seine Leistungen auf dem Gebiet der synthetischen Herstellung organischer Materien. Den Physikpreis bekommen Julian Schwinger (USA), Richard Feynman (USA) und Shinichiro Tomonaga (Japan) für ihre Arbeiten auf dem Gebiet der Quanten-Elektrodynamik. Der Medizinpreis geht an die französischen Professoren François Jacob, André Lwoff und Jacques Monod für ihre Arbeiten auf dem Gebiet der genetischen Regulation der Synthese von Enzymen und Viren. Der Friedenspreis wird in Oslo dem Weltkinderhilfswerk UNICEF verliehen.

Michail A. Scholochow.

Ende des Konzils

Papst Paul VI. auf dem Petersplatz auf dem Weg zur Konzilsschlußfeier.

8. Dezember. Drei Jahre nach der Eröffnung durch seinen Vorgänger Johannes XXIII. kann Papst Paul VI. das II. Vatikanische Konzil beenden, nachdem in der letzten Sitzungsperiode noch zwei Konstitutionen – »Über die göttliche Offenbarung« (Heilige Schrift und mündliche Tradition als Offenbarungsquellen) und »Die Kirche in der Welt von heute« – sowie sechs Dekrete erarbeitet wurden. Insgesamt hat damit das Zweite Vatikanum vier Konstitutionen, neun Dekrete und drei Erklärungen verabschiedet. Seine Auswirkungen sollen die katholische Kirche der nächsten Generation bestimmen und den Dialog mit den christlichen Kirchen öffnen.

Zwei delikate Themen – Mischehenfrage und Geburtenkontrolle – sind nicht in Beschlußformen festgehalten worden, ihre weitere Behandlung hat sich Papst Paul VI. selbst vorbehalten.

Mo	Di	Mi	Do	Fr	Sa	So
					1	2
3	4	5	6	7	8	9
10	11	12	13	14	15	16
17	18	19	20	21	22	23
24	25	26	27	28	29	30
31						

1. Oberst Jean Bedel Bokassa übernimmt durch Staatsstreich in Zentralafrikanischer Republik die Macht und deklariert sich zum Staatspräsidenten.

2. Im Rahmen des dritten Passierscheinabkommens in Berlin haben 823 904 Westberliner an den Feiertagen Verwandte in Ost-Berlin besucht.

5. Altbundeskanzler Konrad Adenauer in Bonn anläßlich seines 90. Geburtstages geehrt.

9. Das neue Passagierschiff des Norddeutschen Lloyd, die »Europa«, startet in Bremen zur Jungfernfahrt nach New York.

11. Der Regierende Bürgermeister von Berlin, Willy Brandt, wird von Papst Paul VI. in Privataudienz empfangen.

14. Machtübernahme der Regierungsgewalt in Nigeria durch die Armee unter General Johnson Ironsi.

15. Uraufführung des Schauspiels von Günter Grass »Die Plebejer proben den Aufstand« im Schiller-Theater Berlin.

18. Indira Gandhi, Tochter Jawaharlal Nehrus und derzeit Informationsministerin, wird von der Parlamentsfraktion der Kongreßpartei zur Vorsitzenden und damit indischen Premierministerin gewählt. →

20. Uraufführung des Schauspiels »Der Meteor« von Friedrich Dürrenmatt im Zürcher Schauspielhaus.

24. Bisher schwerste Flugzeugkatastrophe in den Alpen fordert 177 Todesopfer. →

27. Die Genfer 18-Mächte-Abrüstungskonferenz tritt wieder zusammen.

29. Indien und Pakistan unterzeichnen das Schlußdokument – »Abkommen von Taschkent« – über Truppenabzug im Kaschmirgebiet. →

30. Flugzeugabsturz in Bremen fordert 46 Todesopfer. →

GESTORBEN:

1. Vincent Auriol (* 27. 8. 1884), ehemaliger französischer Staatspräsident.

11. Lal Bahadur Shastri (* 2. 10. 1904), indischer Premierminister.

27. Ludwig Gies (* 3. 9. 1887), deutscher Bildhauer.

Katastrophenmonat

Rettungsmannschaften an der Absturzstelle der Convair in Bremen.

Im ersten Monat des neuen Jahres treffen aus allen Teilen der Welt Nachrichten von Katastrophen und Unglücksfällen ein, denen zahlreiche Menschen zum Opfer fallen.

Es beginnt mit einer Explosion und anschließendem Großbrand in der französischen Erdölraffinerie bei Lyon, die am 5. Januar 16 Menschen das Leben kostet, 80 werden zum Teil schwer verletzt. Ausströmendes Butangas hat die Explosion ausgelöst, nach der die Raffinerie in ein Flammenmeer verwandelt wird.

Aus Brasilien wird zwei Tage später gemeldet, daß über Rio de Janeiro die schwersten Wolkenbrüche in der 400jährigen Geschichte der Stadt niedergegangen sind. Das Unwetter setzt sich am 9. Januar fort und löst katastrophale Erdrutsche aus. Die Armenviertel an den in Bewegung geratenen Abhängen sind am schlimmsten betroffen. Bis zum 16. Januar werden 227 Opfer in Rio und 200 in anderen Teilen des Bundesstaates geborgen. Die Fluten haben 480 Kilometer des Straßennetzes in und um Rio de Janeiro zerstört.

Auch in der Bundesrepublik ereignet sich in diesem Monat eine Explosion in einer Ölraffinerie. Der drei Jahre alte Betrieb in Raunheim bei Frankfurt explodiert am 18. Januar und brennt dabei völlig aus. Drei Menschen kommen ums Leben, 83 werden verletzt. In Braunschweig fordert ein schweres Brandunglück in der Nacht zum 21. Januar fünf Todesopfer. Ein dreistöckiges Mietshaus brennt nieder.

In der letzten Januarwoche erschüttern außerdem zwei Luftfahrtkatastrophen die Öffentlichkeit. Beim bisher schwersten Flugzeugunglück in den Alpen kommen am 24. Januar sämtliche 177 Insassen einer Boeing 707 der Air India ums Leben, als die Maschine vor einer Zwischenlandung in Genf bei Nebel in etwa 4000 Meter Höhe gegen das Montblanc-Felsmassiv »Rocher de la Tournette« prallt und zerschellt. Schließlich stürzt eine Maschine der Deutschen Lufthansa beim Anflug auf die Landebahn des Bremer Flughafens am 30. Januar ab. Alle 46 Insassen der Convair, darunter sieben Angehörige des italienischen Schwimm-Teams auf der Anreise zum Internationalen Schwimmfest in Bremen und die Filmschauspielerin Ada Tschechowa, kommen dabei ums Leben.

Einigung im Grenzkonflikt Indien — Pakistan

29. Januar. Mit der Unterzeichnung der Schlußdokumente über den Truppenrückzug von der Waffenstillstandslinie durch Militärvertreter Indiens und Pakistans in Lahore ist der Kaschmir-Konflikt zwischen beiden Staaten aus der Welt geschafft. Beide Länder haben sich auf Vermittlung des sowjetischen Ministerpräsidenten Alexej Kossygin in der usbekischen Stadt Taschkent zu Verhandlungen getroffen, die mit der Unterzeichnung der sogenannten »Deklaration von Taschkent« am 10. Januar enden, in der sich beide Seiten zur friedlichen Lösung des Kaschmir-Konfliktes verpflichten. Es wird vereinbart, die Truppen auf die bisherige Grenze zurückzuziehen, die Gefangenen auszutauschen und auf Gewalt zu verzichten. Der indische Verhandlungsführer, Premierminister Shastri, erliegt nur neun Stunden nach der Unterzeichnung der Deklaration einem Herzinfarkt.

Die neunundvierzigjährige Indira Gandhi, Tochter Nehrus, wird als Nachfolgerin Shastris zur indischen Premierministerin gewählt.

1966
FEBRUAR

Mo	Di	Mi	Do	Fr	Sa	So
	1	2	3	4	5	6
7	8	9	10	11	12	13
14	15	16	17	18	19	20
21	22	23	24	25	26	27
28						

1. US-Präsident Johnson fordert vom amerikanischen Kongreß 2,469 Milliarden Dollar für Wirtschaftshilfe und 917 Millionen Dollar für Militärhilfe der USA an Drittländer.

3. UdSSR-Mondsonde »Luna 9« landet weich auf der Mondoberfläche und überträgt Bilder vom Landeplatz »Meer der Stürme«.

4. Sechs tote Kinder bei einem schweren Unfall im Kreis Lindau. →

5. Die USA bestätigen den Verkauf von Panzern des Typs »Patton« an Israel.

7. Bei einer Razzia in Nachtlokal von Johannesburg (Südafrika) werden zehn Afrikaner bei Fluchtversuch zu Tode getrampelt.

8. Amerikanisch-südvietnamesische Konferenz verabschiedet die »Deklaration von Honolulu«. →

11. UN-Generalsekretär U Thant veröffentlicht einen Hilfsappell an die Welt zugunsten der unter anhaltender Hungersnot leidenden indischen Bevölkerung.

14. Eröffnung der aus der Medizinischen Akademie hervorgegangenen Universität Düsseldorf.

16. Schlagwetterexplosion auf Steinkohlenzeche »Rossenray« in Kamp-Lintfort (Niederrhein) fordert 16 Todesopfer.

16. Indien und Pakistan vereinbaren Reduzierung ihrer Streitkräfte auf den Stand von 1949.

20. Der sowjetische Schriftsteller und Übersetzer Waleri J. Tarsis wird während eines Auslandaufenthaltes vom Präsidium des Obersten Sowjets ausgebürgert.

22. Indische Regierung erklärt 7 der 16 Unionsstaaten zu Hungergebieten.

23. Schwere Unwetter richten in weiten Teilen Spaniens und Portugals hohe Schäden an. →

23. Deutschland unterliegt in einem Fußballänderspiel gegen England in London mit 0 : 1.

24. Armee übernimmt in Abwesenheit von Präsident Kwame Nkrumah die Macht in Ghana durch einen Staatsstreich. →

GESTORBEN:

1. Buster Keaton (* 4. 10. 1896), amerikanischer Schauspieler.

5. Ludwig Binswanger (* 13. 4. 1881), schweizerischer Psychiater.

Armeeputsch in Ghana

Kwame Nkrumah.

24. Februar. Drei Tage nachdem Staatspräsident Kwame Nkrumah eine Asienreise angetreten hat, übernimmt die Armee in Ghana in einem Staatsstreich die Macht. Alle Führer der ghanaischen Einheitspartei werden verhaftet und ein Nationaler Befreiungsrat mit General Joseph A. Ankrah an der Spitze als vorläufige Regierung gebildet. Während des Putsches kommt es in der Hauptstadt Accra zu Kämpfen zwischen der revoltierenden Armee und Nkrumahs Leibwache, die von sowjetischen Instrukteuren betreut wird. Dabei werden auch drei sowjetische Staatsangehörige getötet. Der Nationale Befreiungsrat kündigt am 26. Februar eine neue Verfassung für Ghana an.

USA mit Saigon einig

8. Februar. Auf Hawaii beraten drei Tage lang die Führungsspitzen der USA und Südvietnams die Lage im Krieg und verabschieden dann die »Deklaration von Honolulu«, in der das weitere Engagement der USA in Vietnam festgeschrieben wird. An der Konferenz nehmen US-Präsident Lyndon B. Johnson, Außenminister Dean Rusk, Verteidigungsminister McNamara, Sicherheitsberater McGeorge Bundy, die führenden Militärs der USA sowie die südvietnamesischen Politiker Staatspräsident Nguyen Van Thieu und Ministerpräsident Nguyen Cao Ky teil. Alle Beteiligten bekennen sich in der Schlußdokumentation zum weiteren Kampf gegen die sogenannte Aggression aus dem Norden und für die Befreiung Vietnams.

Schwere Unwetter verursachen Schäden in Spanien und Portugal

23. Februar. Nach schweren Unwettern und Wolkenbrüchen sind in Spanien und Portugal durch Überschwemmungen unermeßliche Schäden angerichtet worden. Die Flutwellen haben in zahlreichen Ortschaften Gebäude und Straßen zerstört. Mindestens 50 Menschen sind ums Leben gekommen. An den Küsten sind Hunderte von Fischereifahrzeugen zerstört worden. Im Inneren Spaniens wird in einigen Städten Katastrophenalarm gegeben.

Güterzug rast in vollbesetzten Bus

4. Februar. An einem Bahnübergang auf der Bundesstraße 32 im Kreis Lindau wird ein Omnibus von einem Güterzug erfaßt und 200 Meter weit mitgeschleift. Sechs Kinder werden getötet, 25 Personen verletzt. Unglücksursache waren die nicht geschlossenen Schranken.

Gasunglück mit 17 Todesopfern

16. Februar. Ein rätselhaftes Gasunglück fordert in dem noch im Bau befindlichen Wasserkraftwerk Robiei in der Schweiz 17 Todesopfer. 14 Arbeiter der Spätschicht, zwei Schweizer Feuerwehrmänner und ein Bauführer werden Opfer des Gases.

1966
MÄRZ

Mo	Di	Mi	Do	Fr	Sa	So
	1	2	3	4	5	6
7	8	9	10	11	12	13
14	15	16	17	18	19	20
21	22	23	24	25	26	27
28	29	30	31			

1. UdSSR-Weltraumsonde »Venus 3« erreicht als erster irdischer Flugkörper nach dreimonatigem Flug die Venus. →

4. Deutsche Erstaufführung des englischen Spielfilms »Darling« von John Schlesinger mit Dirk Bogarde und Julie Christie, die für ihre Rolle den Oscar 1965 erhalten hat.

6. Schwere Schneestürme in den USA und Kanada. →

7. Papst Paul VI. ernennt Kardinal Alfredo Ottaviani zum Vorsitzenden der päpstlichen Studienkommission für Fragen der Geburtenkontrolle.

8. ÖVP erringt bei den Nationalratswahlen in Österreich die absolute Mehrheit.

10. Trauung der Kronprinzessin Beatrix der Niederlande mit Claus von Amsberg in Amsterdam. →

17. Premiere des Spielfilms »Es« von Ulrich Schamoni mit Sabine Sinjen in der Hauptrolle.

18. Kongregation für die Glaubenslehre des Vatikans veröffentlicht Neuregelungsbestimmungen in der Mischehenfrage. →

21. Generalissimus Tschiang Kaischek vom nationalchinesischen Parlament zum viertenmal zum Staatspräsidenten gewählt.

23. Ludwig Erhard wird vom XIV. Bundesparteitag der CDU in Bonn zum neuen Parteivorsitzenden gewählt. →

23. Deutschland gewinnt ein Fußballänderspiel gegen Holland in Rotterdam mit 4 : 2.

24. Michael Ramsey, Erzbischof von Canterbury, beendet dreitägigen Besuch bei Papst Paul VI. →

27. Stimmengewinne der SPD bei Hamburger Bürgerschaftswahlen. →

29. Cassius Clay verteidigt seinen WM-Titel im Schwergewicht durch Punktsieg nach 15 Runden gegen George Chuvalo (Kanada) in Toronto.

31. Parlamentswahlen in Großbritannien enden mit deutlichem Sieg der Labour Party (47,9 Prozent) vor den Konservativen (41,9).

GESTORBEN:

5. Anna Achmatowa (* 23. 6. 1889), russische Dichterin.

30. Erwin Piscator (* 17. 12. 1893), deutscher Regisseur.

Kronprinzessin Beatrix heiratet den deutschen Diplomaten Claus von Amsberg.

Beatrix heiratet

10. März. In glanzvollem Rahmen wird die Hochzeit der niederländischen Kronprinzessin Beatrix mit dem früheren deutschen Diplomaten Claus von Amsberg in Amsterdam gefeiert. Vertreter von 48 Staaten, darunter das griechische und belgische Königspaar, Prinz Juan Carlos und Prinzessin Sophie von Bourbon, das Herrscherpaar von Luxemburg, sowie die Prinzen und Prinzessinnen der skandinavischen Königshäuser, nehmen an den Feierlichkeiten teil. Claus von Amsberg wird durch die Heirat als Jonkheer van Amsberg Prinz der Niederlande und Mitglied des Hauses Oranien. Ihm steht die Anrede »Königliche Hoheit« zu. Die Feiern werden etwas getrübt durch die Nichtteilnahme der Kommunisten, Pazifisten und Liberalen des Amsterdamer Stadtrates und einige Mißfallenskundgebungen während der Feierlichkeiten gegen die deutsche Herkunft des Bräutigams.

Nkrumah in Guinea

3. März. Der gestürzte ghanaische Präsident Kwame Nkrumah wird an diesem Tag in seinem Zufluchtsland Guinea zum Präsidenten von Ghana und Guinea proklamiert. Dessen Staatspräsident Sékou Touré erklärt zugunsten Nkrumahs zuvor seinen Rücktritt. Einen Tag später wird der Akt aber dahingehend modifiziert, daß Nkrumah die Führung der Regierung und der demokratischen Partei übernimmt, Sékou Touré jedoch Präsident bleibt.

In Accra demonstrieren Arbeiter gegen den gestürzten Staatschef Nkrumah.

Erhard wird CDU-Chef

23. März. Zum Abschluß des XIV. Bundesparteitags der CDU in Bonn gibt Altbundeskanzler Konrad Adenauer auch den Vorsitz der Parteiführung aus der Hand. Die Partei wählt ihn jedoch zum Ehrenvorsitzenden auf Lebenszeit mit Sitz und Stimme in allen Parteigremien.
Sein Nachfolger als Erster Vorsitzender der CDU wird Bundeskanzler Ludwig Erhard, Stellvertreter Rainer Barzel. Zu weiteren Stellvertretern wählt die Versammlung Paul Lücke und Kai-Uwe von Hassel.

Erhard und Adenauer (rechts).

Sowjetische Weltraumstation zerschellt auf dem Planeten Venus

1. März. Mit dem Erreichen des Planeten Venus durch die automatische Weltraumstation »Venus 3« gelingt der Sowjetunion erneut ein aufsehenerregender Weltraumerfolg. Der am 16. November 1965 gestartete Raumkörper kann aber nicht wie vorgesehen weich landen, sondern zerschellt auf der Oberfläche des Planeten. Vorher werden jedoch noch zahlreiche Daten über die Venus zur Erde gefunkt. Der am 12. November 1965 gestartete Flugkörper »Venus 2« hat die Venus bereits einen Tag früher in 24 000 Kilometer Entfernung passiert und neben physikalischen Messungen auch Fotos angefertigt. An Bord von »Venus 3« hat sich ein Wimpel mit dem Wappen der UdSSR und eine Medaille mit dem Staatswappen befunden.

Flexiblere Haltung des Vatikans in der Mischehen-Frage

18. März. Dieser Monat zeigt erste praktische Auswirkungen der im II. Vatikanischen Konzil beschlossenen Öffnung der katholischen Kirche zu den anderen christlichen Religionen. Zunächst wird die Neuregelung der Mischehenfrage begrüßt, deren wichtigste Bestimmung die Aufhebung der Exkommunikation für Katholiken ist, die nicht die katholische Form der Eheschließung gewählt haben. Auch in der Frage der katholischen Erziehung der Kinder gibt es eine gewisse Lockerung. Ein wesentlicher Punkt des neuen Mischehendekrets ist auch die Zulassung des bekenntnisverschiedenen Geistlichen bei der katholischen Trauung, zwar noch ohne Mitwirkungsrechte, aber mit der Möglichkeit der Ansprache an das Brautpaar nach der Zeremonie.

Blizzard führt zu Schneechaos in Nordamerika

6. März. Von einem der schlimmsten Schneestürme seit Menschengedenken werden die nördlichen Staaten des amerikanischen Mittelwestens und Teile von Kanada heimgesucht. Zahlreiche Gebiete sind durch meterhohe Schneeverwehungen von der Außenwelt völlig abgeschnitten. 400 Menschen werden in dem Chaos noch vermißt, 14 können nur noch tot geborgen werden.

Wahlsieg der SPD

27. März. Bei den Wahlen zur Hamburger Bürgerschaft erringt die SPD 59 Prozent (1961: 57,4) der Stimmen. Die CDU kommt auf 30 Prozent (1961: 29,1). Verlierer ist die FDP, die nur noch 6,8 Prozent (1961: 9,6) erhält.

Anglikaner nehmen Kontakt zu Rom auf

Papst Paul VI. (l.) empfängt in Rom den Erzbischof von Canterbury.

24. März. Zu einem dreitägigen offiziellen Besuch hält sich der Erzbischof von Canterbury, Michael Ramsey, bei Papst Paul VI. vom 22. bis 24. März in Rom auf. Es ist der erste offizielle Kontakt zwischen dem Primas von England und dem Papst seit der Abspaltung der anglikanischen Kirche unter Heinrich VIII. im Jahre 1536 und der erste Besuch eines Erzbischofs von Canterbury in Rom seit 1397. Beide Kirchenfürsten betonen die Notwendigkeit eines Dialogs zur vollen Wiederherstellung im Glauben und in den Sakramenten, was trotz vorhandener Schwierigkeiten angestrebt werden solle.

Amerikanisches Koppelmanöver im Weltraum

16. März. Die USA wagen ein neues Weltraumexperiment und können nach gutem Verlauf höhere Ziele anvisieren. Das Raumschiff »Gemini 8« mit den Astronauten Neil Armstrong und David Scott führt während der fünften Erdumkreisung die erste Ankoppelung eines US-Raumschiffs mit einer Agena-Zielrakete durch, muß dann aber wegen eines Kurzschlusses eine vorzeitige Notlandung nach 6½ Erdumkreisungen durchführen.

1. Professor Robert Havemann wird aus der Akademie der Wissenschaften in Ost-Berlin ausgeschlossen.

2. Die USA geben den Verkauf von Düsenjägern an Jordanien im Rahmen der »Stabilisierungspolitik« bekannt.

5. Premierminister Harold Wilson stellt neues Labour-Kabinett in England vor.

8. Leonid Breschnew zum Abschluß des XXIII. Parteitags der KPdSU in Moskau vom Zentralkomitee einstimmig zum Generalsekretär gewählt.

9. Vatikan gibt die Abschaffung des Index, der Liste der für Katholiken verbotenen Bücher, bekannt. →

12. Osterreisewelle fordert von Gründonnerstag bis Ostermontag in der Bundesrepublik 153 Todesopfer und 5000 Verletzte.

14. Beginn der 1000-Jahr-Feiern der polnischen katholischen Kirche in Gnesen. →

14. Premiere des deutschen Spielfilms »Ganovenehre« von Wolfgang Staudte mit Gert Fröbe und Mario Adorf in den Hauptrollen.

19. Grubengas-Explosion in einer Zeche bei Mährisch-Ostrau fordert 19 Todesopfer.

20. Hamburger Innensenator gibt Bezug von Zeitungen und anderen Publikationen aus der DDR für die Hansestadt frei. →

24. Bei Großbrand in Nervenheilanstalt der finnischen Gemeinde Lapinlathi kommen 30 Geisteskranke in den vergitterten Schlafräumen ums Leben.

25. Lieferwagen rast in Asse bei Brüssel in Schülergruppe und tötet zehn Kinder.

26. IOC vergibt Austragung der Olympischen Sommerspiele 1972 an München.

27. UdSSR-Außenminister Andrej Gromyko als erstes Mitglied einer sowjetischen Regierung von einem Papst (Paul VI.) in Privataudienz empfangen.

GESTORBEN:

6. Emil Brunner (* 23. 12. 1889), schweizerischer Theologe.

13. Carlo Carrà (* 11. 2. 1881), italienischer Maler und Grafiker.

14. Felix Graf Luckner (* 9. 6. 1881), deutscher Seefahrer und Schriftsteller.

1. Deutscher Dialog

Die Kontakte zwischen der Bundesrepublik und der DDR, die mit den Berliner Passierscheinverhandlungen begonnen haben, finden nach zögerndem Beginn im April in konkreten Gesprächen zwischen Parteien aus beiden deutschen Staaten ihre Fortsetzung.

Dabei kommt es nach den Briefwechseln vom März zu ersten konkreten Abmachungen. Die SPD antwortet der SED auf ein entsprechendes Schreiben, daß sie bereit sei, zwischen dem 9. und 13. Mai ihre Vertreter Willy Brandt, Fritz Erler und Herbert Wehner in Chemnitz sprechen zu lassen und lädt die Vertreter der SED zum 16. Mai nach Hannover ein. Die FDP hat bereits am 31. März in Bad Homburg mit drei Vertretern der DDR-Liberalen-Partei LDP Kontakte, lehnt im April aber Parteiverhandlungen mit der LDP ab und schlägt statt dessen öffentliche Redeveranstaltungen vor. Für die CDU lehnt Bundeskanzler Ludwig Erhard Verhandlungen auf Regierungsebene mit den für den Schießbefehl an der Demarkationslinie Verantwortlichen ab, ebenso wie CDU-Sprecher Arthur Radke Gespräche mit »einem einflußlosen Satelliten wie der sogenannten Ost-CDU« für aussichtslos hält.

Am 21. April kommen alle Parteien bei Bundeskanzler Erhard zu einem sogenannten Deutschlandgespräch zusammen, um alle Probleme mit den bevorstehenden DDR-Kontakten auszuloten. In den SPD-regierten Ländern Hamburg und Hessen werden noch im April die Bestimmungen für den Bezug von DDR-Publikationen gelockert. Die SPD beauftragt am 14. April ihre Mitglieder Fritz Stallberg und Hans Striefler zur Führung technischer Gespräche mit SED-Beauftragten, die am 29. und 30. des Monats auch mit zwei SED-Beauftragten in Ost- und West-Berlin zusammenkommen und über den geplanten Redneraustausch konkret verhandeln.

Kanzler Erhard (3. v. r.) lädt Vertreter der Parteien zu einem Deutschlandgespräch ein. V. l.: Mende (FDP), Wehner, Brandt, Erler (SPD), Barzel (CDU).

FDP kündigt Koalition mit SPD

1. April. Die Hamburger FDP-Landesleitung gibt an diesem Tag ihren Beschluß bekannt, nach dem Ausgang der Bürgerschaftswahlen die Koalition mit der SPD aufzukündigen. Nach Ansicht der Freien Demokraten ist die SPD jetzt so übermächtig, daß ein Koalitionspartner FDP praktisch ohne Einfluß auf die Regierungspolitik sei.

Vatikan hebt Index auf

9. April. Kardinal Alfredo Ottaviani gibt in Rom die Abschaffung des Index, einer Liste von Büchern, die Katholiken nicht lesen dürfen, bekannt. Der im Jahre 1557 geschaffene Index ist zuletzt 1948 mit 492 Seiten neu aufgelegt worden. Bereits Papst Johannes XXIII. hat sich gegen Neuaufnahmen ausgesprochen.

Kultusminister für Schuljahranfang im Herbst

1. April. Für alle allgemeinbildenden Schulen in der Bundesrepublik beginnt an diesem Tag zum letztenmal ein neues Schuljahr zur Osterzeit. Nach einem Beschluß der Kultusminister soll der Schuljahranfang künftig auf den 1. August fallen, beginnend mit dem 1. August 1967, an dem erstmals alle Einschulungen und Versetzungen in die nächste Klasse stattfinden werden. Für die 16monatige Übergangszeit vom 1. April 1966 bis 31. Juli 1967 haben die Kultusminister einen Kompromiß gefunden, der diesen Zeitraum in zwei Schuljahre aufteilt, wobei es den Ländern überlassen bleibt, in diesen Zeitraum entweder zwei sogenannte Kurzschuljahre zu legen – das bedeutet Einschulung zum 1. Dezember 1966 – oder ein doppelzähliges Langschuljahr einzuführen. Eine Ausnahme wird es bis 1970 für die Abschlußklassen der Gymnasien geben. Alle Oberprimaner werden bis dahin weiterhin zu Ostern entlassen, damit die Schulzeit bis zur Reifeprüfung bestimmungsgemäß 13 Jahre beträgt.

Hohe Haftstrafen für Separatisten

20. April. Mit der Urteilsverkündung im zweiten Mailänder Sprengstoffprozeß, der erste war bereits 1964, versucht die italienische Justiz einen Schlußstrich unter die Autonomiebestrebungen eines Teils der Bevölkerung von Südtirol zu ziehen, die seit Jahren für Loslösung der Alpenprovinz von Italien kämpfen und dabei zahlreiche Attentate und Sprengstoffanschläge verübt haben. Trotz langwieriger Gespräche auf Regierungsebene zwischen Österreich und Italien ist das Südtirolproblem auch im Jahre 1966 keiner Lösung nähergekommen. Prozeßbeobachter in Mailand gehen nach der Urteilsverkündung, die für einige der Angeklagten 30 Jahre Haft bedeutet, denn auch davon aus, daß mit dem Spruch des Gerichts eher eine neue Attentatswelle denn notwendige Verhandlungen ausgelöst werden dürften.

1000-Jahr-Feier in Gnesen ohne Westbesucher

14. April. Ohne Beteiligung westlicher Laien und Geistlicher, denen die polnische Regierung aufgrund bestehender Spannungen mit dem Episkopat die Einreise verweigert hat, beginnen in der alten polnischen Hauptstadt Gnesen die 1000-Jahr-Feiern der polnischen katholischen Kirche. Auch Papst Paul VI. ist von polnischer Regierungsseite mitgeteilt worden, daß sein Besuch unerwünscht sei.

Kardinal Wyszynski in Gnesen.

Luna 10 umkreist den Erdtrabanten

3. April. Die am 31. März gestartete sowjetische Weltraumstation »Luna 10« tritt am 3. April in eine Kreisbahn um den Mond ein und wird damit zum ersten künstlichen Mondsatelliten. Der geringste Abstand zum Erdtrabanten beträgt 350 Kilometer. Zur Umkreisung benötigt »Luna 10« etwa drei Stunden.

Kunstherz wird in den USA erprobt

Im amerikanischen Herzzentrum Houston (Texas) wagt der Chirurg Michael DeBakey Ende des Monats ein aufsehenerregendes Experiment. Er schließt einen Patienten an ein Kunstherz an, das die Funktion der linken Herzkammer übernehmen soll. Der Patient überlebt den Eingriff vier Tage.

1966

MAI

Mo	Di	Mi	Do	Fr	Sa	So
						1
2	3	4	5	6	7	8
9	10	11	12	13	14	15
16	17	18	19	20	21	22
23	24	25	26	27	28	29
30	31					

2. Staudammbruch nach heftigen Regenfällen in Bulgarien fordert 96 Todesopfer.

3. Die Londoner »Times« beginnt mit dem Abdruck von Nachrichten auf der Titelseite anstelle von Kleinanzeigen.

4. Deutschland gewinnt ein Fußballänderspiel gegen Irland in Dublin mit 4 : 0.

5. Borussia Dortmund gewinnt als erste deutsche Mannschaft einen Europapokal. Durch einen 2 : 1-Sieg nach Verlängerung gegen FC Liverpool in Glasgow holt sie den Cup der Pokalsieger.

5. Altbundeskanzler Konrad Adenauer kehrt von einem Besuch in Israel zurück. →

7. Deutschland gewinnt ein Fußballänderspiel gegen Nordirland in Belfast mit 2 : 0.

9. China gibt Zündung seiner dritten Atombombe bekannt.

11. Real Madrid gewinnt zum sechstenmal den Europacup der Landesmeister durch 2 : 1-Sieg gegen Partizan Belgrad in Brüssel.

14. Bob Seagren (USA) verbessert den Stabhochsprung-Weltrekord in Fresno (Kalifornien) auf 5,32 m.

19. Londons höchstes Gebäude, der 177,5 m hohe Postturm, wird für die Öffentlichkeit freigegeben.

20. Premiere des deutschen Spielfilms »Der junge Törless« von Volker Schlöndorff nach dem Roman von Robert Musil, mit Matthieu Carrière in der Hauptrolle.

21. Cassius Clay verteidigt seinen Box-WM-Titel durch K.-o.-Sieg in der sechsten Runde gegen Henry Cooper (England) in London.

24. Testflug der ersten ELDO-Rakete »Europa I« von Woomera (Australien) aus, ist nur zum Teil geglückt.

26. Grundsteinlegung für die Universität Dortmund.

28. TSV 1860 München ist nach Abschluß der dritten Bundesligasaison Deutscher Fußballmeister 1966.

30. Die UdSSR-Raumstation »Luna 10« beendet nach der 460. Mondumkreisung ihr Programm. Sie legt etwa 7 Millionen Kilometer zurück und übermittelt 219mal Daten zur Erde.

GESTORBEN:

30. Vätinö Aaltonen (* 8. 3. 1894), finnischer Bildhauer.

Konrad Adenauer beendet Israel-Besuch

Bundeskanzler Adenauer in Israel. Hier mit Staatspräsident Schasar (r.).

5. Mai. Altbundeskanzler Konrad Adenauer beendet an diesem Tag einen Besuch Israels, der auf eine Einladung der israelischen Regierung zustande gekommen ist. Adenauer kommt während seines Besuches mit Ex-Ministerpräsident David Ben Gurion und Regierungschef Levi Eshkol zusammen. Gegen Adenauer kommt es zu zahlreichen Demonstrationen durch Studenten, der Judenmord der Nationalsozialisten überschattet alle Auftritte des deutschen Gastes.

Buddhisten gegen Militärregime Ky

Dieser Monat bringt in blutigen Kämpfen einen Höhepunkt der seit dem Amtsantritt von General Nguyen Cao Ky schwelenden Auseinandersetzungen zwischen den Buddhisten und dem Militär in Südvietnam. Die Buddhisten haben unter ihrem Führer Tri Quang bewaffnete Anhänger um sich geschart und die Städte Da Nang und Hué in ihre Hand gebracht. Südvietnamesische Marineinfanterie besetzt Mitte Mai in einer Überraschungsaktion die Städte und verhaftet zahlreiche Buddhisten.
Die Kämpfe mit ihren Anhängern ziehen sich aber noch tagelang hin, in Hué verbarrikadieren sich die Ky-Gegner in einer Pagode. Zwischen dem 29. und 31. Mai verbrennen sich sechs buddhistische Nonnen und Mönche öffentlich aus Protest gegen das Militärregime Nguyen Cao Ky.

Bonn klärt mit Ost-Berlin Detailfragen

Die Verhandlungen zwischen den Parteien des Bundestags und der Volkskammer in Ost-Berlin scheinen in diesem Monat zu einem befriedigenden Abschluß zu kommen. Nachdem sich SPD und SED Anfang Mai auf Grundsätze der geplanten Veranstaltungen und die Berichterstattung darüber einigen, kommt es im Rahmen des zweiten Deutschlandgesprächs der Parteien bei Bundeskanzler Erhard auch zu einer Vereinbarung über einen Gesetzentwurf, mit dem die Sicherheit von SED-Rednern in der Bundesrepublik vor Verhaftungen garantiert werden soll. Darin sieht die DDR wiederum einen Affront, da der Geltungsbereich der Gesetze der Bundesrepublik auf einen anderen Staat ausgedehnt würde. Nach einigen ideologischen Stellungnahmen einigen sich am 26. Mai die Unterhändler von SPD und SED aber auf das Programm des Redneraustausches. Danach sollen auf einer SED-Veranstaltung in Karl-Marx-Stadt – so das offizielle Verhandlungsprotokoll – am 14. Juli Redner der SPD auftreten und auf einer entsprechenden Versammlung der SPD in Hannover am 21. Juli Redner der SED. Auch über die Berichterstattung in den Medien wird in dem Protokoll alles bis ins Detail geregelt.

EWG einig über Finanzierung der Agrarpolitik

11. Mai. Nach hartem Ringen, bei dem die unterschiedlichen Interessen der Mitgliedstaaten deutlich werden, einigt sich der Ministerrat der EWG in einer bis in die Morgenstunden dauernden Sitzung über die lange umstrittene Finanzierung der gemeinsamen Agrarpolitik und beschließt, den freien Warenverkehr für Agrar- und Industrieprodukte bis zum 1. Juli 1968 herzustellen. Mit dieser Einigung entfällt der Vorbehalt Frankreichs, die Gemeinschaft sei noch nicht genügend gefestigt, um neue Mitglieder aufzunehmen.

1966
JUNI

Mo	Di	Mi	Do	Fr	Sa	So
			1	2	3	4	5
6	7	8	9	10	11	12
13	14	15	16	17	18	19
20	21	22	23	24	25	26
27	28	29	30			

1. Deutschland gewinnt ein Fußballänderspiel gegen Rumänien in Ludwigshafen mit 1 : 0.

2. Planmäßige weiche Landung der US-Mondsonde »Surveyor 1« auf dem Erdtrabanten nach dreitägigem Flug. →

5. Willy Brandt wird vom XII. Ordentlichen Parteitag der SPD in Dortmund mit 324 von 326 Stimmen zum SPD-Vorsitzenden gewählt.

5. Das vierte Passierscheinabkommen endet in Berlin. →

6. US-Raumschiff »Gemini 9« beendet Flug nach über 72 Stunden Dauer und 45 Erdumkreisungen. →

7. Erich Mende vom XVII. Bundesparteitag der FDP in Nürnberg mit 222 von 247 Stimmen erneut zum Parteivorsitzenden gewählt.

8. Uraufführung des Theaterstücks »Publikumsbeschimpfung« von Peter Handke im Theater am Turm Frankfurt.

9. Gianni Motta (Italien) gewinnt den diesjährigen Giro d'Italia.

11. Tommie Smith (USA) läuft in Sacramento neuen Weltrekord über 200 m in 20,0 Sekunden.

15. DDR-Ministerpräsident Willi Stoph fordert in einem Brief Bundeskanzler Erhard zur Revision seiner Deutschlandpolitik auf.

21. Eröffnung der Universität Konstanz.

22. Deutsche Beichtväter dürfen mit Erlaubnis des Vatikans erstmals in deutscher Sprache absolvieren.

23. Deutschland gewinnt ein Fußballänderspiel gegen Jugoslawien in Hannover mit 2 : 0.

23. Bundestag verabschiedet das Gesetz über freies Geleit für DDR-Redner. →

26. Schweizer Kanton Basel-Stadt beschließt Einführung des Frauenwahlrechts.

27. Armee in Argentinien übernimmt in einem unblutigen Staatsstreich die Macht.

30. Kongo-Hauptstadt Leopoldville in Kinshasa umbenannt. Die Stadt Elisabethville wird Lumumbashi, Stanleyville heißt jetzt Kisangani.

GESTORBEN:

7. Hans Arp (* 16. 9. 1887), deutsch-französischer Bildhauer und Schriftsteller.

Weiche Mondlandung

Die nicht gelöste Schutzkappe des Zielsatelliten verhindert das Ankoppeln.

2. Juni. Im Wettlauf um die Eroberung des Mondes können die USA in diesem Monat den Vorsprung der Sowjetunion wettmachen. Nach dreitägigem Flug landet am 2. Juni die Mondsonde »Surveyor 1« im vorgesehenen Zielgebiet. Alle technischen Funktionen sind einwandfrei gelaufen, so daß die drei Meter hohe Sonde weich auf ihren gefederten drei Beinen aufsetzen kann und mit der Übertragung von Aufnahmen der Mondoberfläche beginnt. Die ausgezeichnete Bildqualität gibt alle Einzelheiten der Mondoberfläche wieder.

Von Kap Kennedy wird im Juni auch noch ein Gemini-Raumschiff gestartet. Am 6. Juni beendet »Gemini 9« mit den Astronauten Thomas Stafford und Eugene Cernan nach über 72 Stunden Flugdauer eine Mission, die 45 Erdumkreisungen umfaßt hat und bei der Cernan das Raumschiff für 142 Minuten verläßt, nur durch die Versorgungsleine mit dem Raumschiff verbunden. »Gemini 9« kann aber wegen technischer Schwierigkeiten nicht alle Aufgaben erfüllen, so z. B. das vorgesehene Docking (Ankoppeln) an einen ATDA-Zielsatelliten.

Surveyor 1 (hier im Modell) landet weich auf dem Mond.

Redneraustausch scheitert an Haltung der DDR

23. Juni. Obwohl sich die Bonner Parteien bemühen, alle Voraussetzungen für den geplanten Redneraustausch zwischen SPD und SED zu schaffen, scheitern alle Bemühungen letztlich an der starren Haltung der DDR-Regierung, die von der Bundesrepublik nicht zu leistende Garantien bzw. Aufgabe politischer Standpunkte verlangt. Obwohl der Bundestag ein Gesetz über freies Geleit für DDR-Funktionäre erläßt, lehnt Professor Albert Norden am 29. Juni für die SED alle Gespräche ab, wenn Bonn das Alleinvertretungsrecht der Bundesrepublik als legitimer deutscher Staat nicht aufgebe und die DDR nicht als gleichberechtigter Partner und Staat anerkannt würde.

Abkommen über Passierscheine bewährt sich

5. Juni. Mit der Pfingstperiode endet am 5. Juni das vierte Passierscheinabkommen in Berlin. In seinem ersten Zeitraum über Ostern haben 510 433 Westberliner ihre Verwandten im Osten der Stadt besuchen können. Zu Pfingsten werden an den Übergängen 467 885 Besucher aus dem Westen der Stadt gezählt.

Ky entschärft Innenpolitik in Südvietnam

Zur Entschärfung der innenpolitischen Lage nimmt Ministerpräsident Cao Ky in Südvietnam eine Regierungsumbildung vor und besetzt den Posten eines Stellvertreters mit einem Buddhisten. Außerdem werden Zivilisten in das Generaldirektorium berufen. Auf dem Kriegsschauplatz bombardieren die USA Ende des Monats erstmals Treibstofflager in den Vororten der nordvietnamesischen Städte Hanoi und Haiphong in unmittelbarer Nähe bewohnter Gebiete.

1966
JULI

Mo	Di	Mi	Do	Fr	Sa	So
				1	2	3
4	5	6	7	8	9	10
11	12	13	14	15	16	17
18	19	20	21	22	23	24
25	26	27	28	29	30	31

1. Der Spanier Manuel Santana wird durch 6 : 4, 11 : 9, 6 : 4 gegen Denis Ralston (USA) Wimbledonsieger.

1. 47tägiger Streik der britischen Seeleute nach Verhandlungskompromiß ausgesetzt.

2. Billie Jean King (USA) gewinnt das Wimbledonfinale der Damen gegen Maria Esther Bueno (Brasilien) mit 6 : 3, 3 : 6, 6 : 1.

2. Erster französischer Kernwaffenversuch auf dem Mururoa-Atoll.

5. Ron Clarke (Australien) läuft in Stockholm Weltrekord über 5000 m in 13:16,6 Minuten.

6. Das ehemalige britische Protektorat Njassaland proklamiert als Malawi innerhalb des Commonwealth seine Unabhängigkeit.

8. Erstaufführung des deutschen Spielfilms »Schonzeit für Füchse« von Peter Schamoni mit Helmut Förnbacher und Christian Doermer. Der Film erhält den Sonderpreis einen »Silbernen Bären« beim Berliner Filmfestival.

12. Deutschland gewinnt das erste Spiel bei der Fußball-WM gegen die Schweiz in Sheffield mit 5 : 0.

14. Lucien Aimar (Frankreich) gewinnt die Tour de France 1966.

16. Deutschland und Argentinien trennen sich bei der Fußball-WM in Birmingham mit 0 : 0.

17. Nordvietnams Staatspräsident Ho Chi Minh gibt Befehl zur Teilmobilisierung.

20. Deutschland gewinnt bei der Fußball-WM gegen Spanien in Birmingham mit 2 : 1.

21. Amerikanische Weltraumstation »Gemini 10« landet nach erfolgreichem Rendezvous-Manöver und dreitägigem Flug.

23. Deutschland gewinnt bei der Fußball-WM gegen Uruguay in Sheffield mit 4 : 0.

25. Deutschland gewinnt bei der Fußball-WM gegen die Sowjetunion in Liverpool mit 2 : 1.

25. 28 Schulkinder und acht Erwachsene kommen bei Busunfall ums Leben. →

30. England wird durch 4 : 2-Sieg n. V. gegen Deutschland Fußballweltmeister. →

GESTORBEN:

31. Alexander Ernst von Falkenhausen (* 29. 10. 1878), deutscher General.

England Weltmeister

Martin Peters (16) schießt das zweite Tor gegen Deutschland. Stopper Schulz (2) winkt verärgert ab. Am Boden Schnellinger (3) und Torwart Tilkowski.

ENGLAND 1966
WM vom 11. bis 30. Juli

16 Teilnehmer: Argentinien, Brasilien, Bulgarien, Chile, Deutschland, England, Frankreich, Italien, Mexiko, Nordkorea, Portugal, Schweiz, Spanien, UdSSR, Ungarn und Uruguay.

1. England

Spiele gegen Uruguay 0 : 0, Mexiko 2 : 0, Frankreich 2 : 0, Argentinien 1 : 0, Portugal 2 : 1 und Deutschland 4 : 2.

2. Deutschland

Spiele gegen Schweiz 5 : 0, Argentinien 0 : 0, Spanien 2 : 1, Uruguay 4 : 0, UdSSR 2 : 1 und England 2 : 4.

3. Portugal

Spiele gegen Ungarn 3 : 1, Bulgarien 3 : 0, Brasilien 3 : 1, Nordkorea 5 : 3, England 1 : 2 und UdSSR 2 : 1.

4. UdSSR

Spiele gegen Nordkorea 3 : 0, Italien 1 : 0, Chile 2 : 1, Ungarn 2 : 1, Deutschland 1 : 2 und Portugal 1 : 2.

---

30. Juli. Die VIII. Fußballweltmeisterschaft in England (11.–30. Juli) endet mit einem Endspielsieg des Gastgebers England gegen die deutsche Mannschaft, das Zustandekommen dieses Erfolges aber geht als die umstrittenste Entscheidung eines Schiedsrichtergespanns in die Fußballgeschichte ein.

Beim Stand von 2:2 erzielt der englische Stürmer Geoffrey Hurst vom Londoner Klub West Ham United in der 101. Spielminute einen Treffer, von dem niemand mit Sicherheit zu entscheiden wagt, ob es wirklich einer gewesen ist. Der mit ungeheurer Wucht geschossene Ball prallt gegen die Querlatte des deutschen Tores, wird nach unten abgelenkt und soll hinter der deutschen Torlinie gelandet sein.

Der Schweizer Schiedsrichter Gottfried Dienst entscheidet zugunsten Deutschlands auf »kein Tor«, wird aber von seinem Linienrichter, dem Russen Tofik Bachramow, eines anderen belehrt, so daß der Treffer zum 3 : 2 für England anerkannt wird. Diese Entscheidung überschattet – zumindest aus deutscher Sicht – alles bis dahin abgelaufene WM-Geschehen und führt zu einer weltweiten Diskussion über das »Tor des Jahrhunderts«.

36 Todesopfer bei Busunglück

Trümmer des belgischen Busses.

25. Juli. Auf der Autobahn Frankfurt–Köln ereignet sich bei Limburg (Lahn) ein schreckliches Busunglück, als ein belgischer Ausflugsbus von der Fahrbahn abkommt und einen Abhang hinunterstürzt. In den Trümmern finden 28 Schulkinder und acht Erwachsene den Tod.

Massenmord in Chicago

14. Juli. Die Aufdeckung eines entsetzlichen Verbrechens erschüttert die US-Bürger. In einem Schwesternwohnheim im Süden von Chicago werden acht Schwesternschülerinnen auf grauenhafte Weise umgebracht. Die Fahndung der Polizei führt schon am 17. Juli zur Festnahme eines gewissen Richard Speck, der umgehend unter Mordanklage gestellt wird.

Schlappe für CDU

10. Juli. Mit einer herben Niederlage für die CDU endet die Landtagswahl in Nordrhein-Westfalen. Trotz Engagements der katholischen Bischöfe kehren die Wähler selbst in den Hochburgen der CDU der Partei den Rücken. Die CDU fällt von 46,4 Prozent bei der letzten Wahl (1962) auf 42,8 Prozent, während die SPD ihren Stimmenanteil von 43,3 auf 49,5 Prozent steigern kann. Die FDP erhält 7,4 anstatt 6,9 Prozent im Jahre 1962.

1966

AUGUST

Mo	Di	Mi	Do	Fr	Sa	So
1	2	3	4	5	6	7
8	9	10	11	12	13	14
15	16	17	18	19	20	21
22	23	24	25	26	27	28
29	30	31				

1. Oberstleutnant Yakubu Gowon übernimmt nach Militärputsch die Macht in Nigeria.

3. Nikolai Podgorny wird erneut zum Vorsitzenden des Präsidiums des Obersten Sowjets und damit Staatsoberhaupt der UdSSR gewählt.

5. US-Präsident Johnson kündigt bei Anhalten der inflationären Entwicklung in den USA drastische Kürzung der Mittel für Weltraumforschung an.

6. Cassius Clay verteidigt seinen Box-WM-Titel durch K.-o.-Sieg in der dritten Runde gegen Brian London (England) in London.

12. Zentralkomitee der KP Chinas billigt alle Maßnahmen hinsichtlich der »großen proletarischen Kulturrevolution«. →

12. Unbekannte Täter erschießen in London auf offener Straße drei Polizisten in Zivil und entkommen.

15. Zwei syrische MiG-Düsenjäger bei schwerem Luftzwischenfall über dem See Genezareth von den Israelis abgeschossen.

18. Unwetterkatastrophe in Österreich, 24 Menschen sterben. →

19. Schweres Erdbeben in der Osttürkei fordert 2394 Todesopfer und etwa 10 000 Verletzte.

21. In Peking findet die erste große Massendemonstration der »Rote Garde« genannten jugendlichen Chinesen statt. →

25. Generalleutnant Ulrich de Maizière wird zum neuen Generalinspekteur der Bundeswehr ernannt. →

26. Schweizer Gletscherpilot Hermann Geiger bei Flug in der Nähe von Sitten tödlich verunglückt.

27. Sir Francis Chichester startet im englischen Hafen Plymouth mit der Jacht »Gipsy Moth IV« zur Weltumsegelung.

28. Rudi Altig gewinnt auf einem Rundkurs um den Nürburgring den Titel Straßenweltmeister der Radprofis.

29. Letztes gemeinsames Auftreten der Beatles bei einem Konzert in San Francisco.

GESTORBEN:

15. Jan Kiepura (* 16. 5. 1902), amerikanisch-polnischer Sänger.

31. Kasimir Edschmidt (* 5. 10. 1890), deutscher Schriftsteller.

Massendemonstration in China während der Kulturrevolution.

Maos Rote Garden

21. August. In den Straßen Pekings bietet sich im letzten Augustdrittel ein ungewohntes Schauspiel. Tausende junger Chinesen ziehen durch die Viertel der Stadt und propagieren einen neuen Lebensstil. In Restaurants, Geschäften und Friseursalons wird zur Abkehr von der westlichen Linie aufgerufen, Straßennamen werden in proletarische Kampfparolen geändert, an den Häusern tauchen Plakate mit einer »Kriegserklärung an die Welt« auf. Die von der chinesischen Nachrichtenagentur Hsinhua als »Rote Garden« bezeichneten Jugendlichen gehen aber auch gegen christliche Kirchen in Peking vor, Fenster gehen zu Bruch, rote Fahnen und Plakate zieren bald die Mauern der Kathedrale. In gestürmten Häusern werden sogenannte bürgerliche Einrichtungen zerstört und westlich aussehende Kleidung auf der Straße zerschnitten. Offizielle chinesische Stimmen sprechen danach von der »Roten Garde« als den aktivsten, tapfersten und standfestesten Schülern, die dabei seien, Peking in eine wahrhaft proletarische und revolutionäre Stadt umzuwandeln.

Die Kampagne der »Roten Garde« greift schnell auf andere große Städte Chinas über, vor allem nach der Veröffentlichung ihrer 23 Gebote der kulturellen Revolution, in der die Lehre Mao Tse-tungs als Maß aller Dinge apostrophiert wird und alle bequemen – angeblich westlichen – Lebensgewohnheiten verteufelt werden. »Rückkehr zu den Sitten der Volkskommunen im Jahr 1958« lautet ihre Parole.

Die Bewegung hat ihren Auslöser offensichtlich in der elften Plenartagung des achten Zentralkomitees der KP Chinas, auf der vom 1. bis 12. August alle unter dem Vorsitz Mao Tse-tungs getroffenen Entscheidungen der letzten Zeit – so die ideologische Auseinandersetzung mit Moskau und sogenannte kulturelle Säuberung der Partei – gebilligt werden und unter dem Slogan »Der große Sprung nach vorn« positive Veränderungen auf wirtschaftlichem und kulturellem Gebiet erreicht werden sollen. Verteidigungsminister Lin Piao versucht deshalb auch auf einer Massenversammlung der »Roten Garde« am 31. August ihr Treiben auf die Lehren Maos einzuschwören.

Krise um Starfighter

25. August. Wegen der sich häufenden Unglücke mit dem für die Bundesluftwaffe angeschafften Kampfflugzeug vom Typ »Starfighter« – bis Sommer dieses Jahres sind bereits 60 Maschinen während Übungsflügen abgestürzt – kommt es im Bundesverteidigungsministerium zu einer schweren Krise, die mit dem Rücktritt hoher Offiziere endet. Zunächst kritisiert der Inspekteur der Luftwaffe Generalleutnant Werner Panitzki in einem Zeitungsinterview im Zusammenhang mit den »Starfighter«-Unglücken das Bundesverteidigungsministerium und wird daraufhin von Verteidigungsminister Kai-Uwe von Hassel am 12. August vom Dienst suspendiert. Am 23. August wird das Entlassungsgesuch von Generalinspekteur der Bundeswehr, General Heinz Trettner, bekannt, der wegen des sogenannten Gewerkschaftserlasses des Verteidigungsministers, der die gewerkschaftliche Tätigkeit innerhalb der Truppe stark einschränkt – aus dem Amt scheiden will. Verteidigungsminister von Hassel versetzt beide Führungsoffiziere am 25. August in den Ruhestand und ernennt Ulrich de Maizière zum neuen Generalinspekteur der Bundeswehr.

Der umstrittene Superstarfighter der Bundesluftwaffe F-104 G im Flug.

Amerikanischer Mondsatellit auf Umlaufbahn

14. August. Von diesem Tag an haben auch die USA ihren Mondsatelliten. Das am 10. August gestartete Weltraumlaboratorium »Lunar Orbiter 1« erreicht planmäßig seine Umlaufbahn um den Mond und übermittelt am 18. August die ersten Aufnahmen von der Mondoberfläche, die in einer Direktübertragung im amerikanischen Fernsehen gezeigt werden.

Unwetterschäden in weiten Teilen von Österreich

18. August. Weite Teile Österreichs werden von einer schweren Unwetterkatastrophe heimgesucht, die vor allem in den Bundesländern Osttirol, Kärnten und der Steiermark zu verheerenden Überschwemmungen führt. Der Katastrophe fallen 24 Menschen zum Opfer, der Schaden wird nach offiziellen Regierungsangaben auf eine Höhe von 580 Millionen DM beziffert.

1966
SEPTEMBER

Mo	Di	Mi	Do	Fr	Sa	So
				1	2	3	4
5	6	7	8	9	10	11
12	13	14	15	16	17	18
19	20	21	22	23	24	25
26	27	28	29	30		

2. Generalleutnant Johannes Steinhoff zum neuen Luftwaffeninspekteur der Bundeswehr ernannt. →

2. Erdölpipeline des italienischen Konzerns ENI von Genua nach Ingolstadt in Betrieb genommen.

4. Jack Brabham (Australien) steht nach dem Grand Prix von Italien in Monza auf Brabham-Repco bereits drei Rennen vor Saisonschluß als neuer Automobil-Weltmeister fest.

6. Südafrikas Ministerpräsident Hendrik Verwoerd im Parlament von weißem Attentäter durch Messerstiche getötet.

9. Bei einem der größten Waldbrände in der Geschichte Portugals kommen 38 Soldaten bei Löscharbeiten ums Leben.

10. Cassius Clay verteidigt seinen Box-WM-Titel durch K.-o.-Sieg in der zehnten Runde gegen Karl Mildenberger in Frankfurt.

11. Wahlen zur verfassunggebenden Versammlung in Südvietnam werden von den Buddhisten boykottiert.

13. Johannes Vorster zum neuen Ministerpräsidenten von Südafrika gewählt.

15. Untergang des U-Bootes »Hai« der Bundesmarine fordert 20 Todesopfer. →

16. Erstaufführung des deutschen Spielfilms »Grieche sucht Griechin« von Rolf Thiele mit Heinz Rühmann und Charles Regnier.

19. Papst Paul VI. veröffentlicht seine dritte Enzyklika »Christi matri rosarii«, in der er vor der Gefahr eines dritten Weltkriegs warnt.

20. Deutsche Erstaufführung des englischen Spielfilms »Wenn Katelbach kommt« von Roman Polanski, der dafür den »Goldenen Bären« der Berliner Filmfestspiele erhält.

30. Das britische Protektorat Betschuanaland wird als Republik Botswana unabhängiger Staat im Commonwealth.

30. Ausbruch blutiger Stammesunruhen zwischen Ibos und Haussas in Nordnigeria.

GESTORBEN:

17. Fritz Wunderlich (* 26. 9. 1930), deutscher Tenor.

21. Paul Reynaud (* 15. 10. 1878), französischer Politiker.

General Steinhoff neuer Inspekteur der Luftwaffe

Luftwaffeninspekteur Johannes Steinhoff (r.) und General Ulrich de Maizière.

2. September. Die Starfigther-Krise (→ August 1966) im Bundesverteidigungsministerium findet zu Beginn des Monats in einer Sondersitzung des Verteidigungsausschusses des Bundestags ihre parlamentarische Fortsetzung. Hier kommt es zu derart unterschiedlichen Aussagen der abgetretenen Führungsoffiziere und des Verteidigungsministers, daß die SPD-Fraktion im Bundestag die Entlassung Kai-Uwe von Hassels beantragt. Dieser ernennt Generalleutnant Steinhoff, bisher Chef des Stabes der alliierten Luftstreitkräfte Europa-Mitte, noch zum Inspekteur der Luftwaffe und wartet dann die Bundestagsdebatte über sein weiteres Schicksal ab. Der SPD-Antrag auf Amtsentlassung des Ministers wird abgelehnt und der Bundeswehr vom Plenum einstimmig das Vertrauen ausgesprochen. Von Hassel kündigt danach Änderungen in der Führungsspitze der Bundeswehr an.

U-Boot »Hai« sinkt bei Doggerbank

15. September. Von ihrem bisher schwersten Unglück wird die Bundesmarine getroffen. Bei starkem Sturm und schwerem Wellengang sinkt das U-Boot »Hai« in der Nordsee am Ostrand der Doggerbank nach einem Wassereinbruch. Dabei kommen 20 der 21 Besatzungsmitglieder ums Leben.

Erfolg für Gemini 11

Der Golf von Aden, aufgenommen aus 630 Kilometer Höhe von Gemini 11.

12. September. Die Astronauten Charles Conrad und Richard Gordon bilden die Besatzung des US-Raumschiffs »Gemini 11«, das für etwa 72 Stunden die Erde verläßt und einige Experimente erfolgreich durchführt, die Weltraumexperten von einem Rekordflug sprechen lassen. Zunächst kann nur 92 Minuten nach dem Start ein erstes Kopplungsmanöver mit einer Agena-Zielrakete ausgeführt werden, danach erreicht diese Weltraumkombination die zuvor nicht erreichte Höhe von 1376 Kilometer, und Copilot Richard Gordon hält sich auf seinem »Weltraumspaziergang« außerhalb der schützenden Raumkabine länger im All auf als andere Raumfahrer vor ihm. Nach diesem Erfolg schlägt der nächste Versuch mit einer weichen Mondlandung der USA am 22. September fehl. »Surveyor 2« muß wegen Kursabweichung von der Bodenstation aus zerstört werden.

Kompromiß in Sicht

1. September. Die Lösung des Südtirolproblems scheint sich in diesem Monat auf eine diplomatische Ebene zu verlagern, obwohl die Extremisten in der Provinz weiter aktiv sind. Am 1. September stimmt die Südtiroler Volkspartei einem jetzt bekanntgewordenen Südtirol-Paket zu, das in monatelangen Geheimverhandlungen zwischen österreichischen und italienischen Regierungsstellen einerseits sowie Gesprächen zwischen Nord- und Südtirolern mit der österreichischen Regierung andererseits erarbeitet worden ist. Die sich darin abzeichnenden Lösungsmöglichkeiten sind auch Inhalt einer Parlamentsdebatte in Rom, in deren Verlauf Italiens Ministerpräsident Aldo Moro eine Regierungserklärung zur Südtirolfrage abgibt. Darin zeichnet sich ein Kompromiß ab, der weitere Spannungen ausschließen soll. Auch im Deutschen Bundestag wird in diesem Monat eine Regierungserklärung über das Südtirolproblem abgegeben, in der eine europäische Lösung für wünschenswert erachtet wird.

1966 OKTOBER

Mo	Di	Mi	Do	Fr	Sa	So
					1	2
3	4	5	6	7	8	9
10	11	12	13	14	15	16
17	18	19	20	21	22	23
24	25	26	27	28	29	30
31						

1. Früherer Reichsjugendführer Baldur von Schirach und Ex-Rüstungsminister Albert Speer nach Verbüßung 20jähriger Haftstrafe aus dem Kriegsverbrecher-Gefängnis Berlin-Spandau entlassen. →

2. Schwere Wirbelstürme in Ostpakistan und der Karibik. →

4. Britisches Protektorat Basutoland wird als Königreich Lesotho unabhängiges Mitglied des britischen Commonwealth.

5. Deutsche Erstaufführung des amerikanischen Spielfilms »Doktor Schiwago« von David Lean mit Omar Sharif, Geraldine Chaplin und Julie Christie.

9. Demokratischer Senator John Stennis gibt als Ergebnis einer Untersuchung die Kosten des Vietnamkrieges der USA mit monatlich zwei Milliarden Dollar an.

12. Deutschland gewinnt ein Fußballänderspiel gegen die Türkei in Ankara mit 2 : 0.

14. Erstaufführung des deutschen Spielfilms »Abschied von gestern« von Alexander Kluge, der dafür bei der Biennale in Venedig einen Sonderpreis erhält.

17. Der FDP-Finanzminister Rolf Dahlgrün lehnt Steuererhöhungen zur Finanzierung des Bundeshaushalts 1967 ab.

21. Kohlenschutthalde im walisischen Bergwerksgebiet Aberfan verschüttet die Schule und mehrere Häuser des Ortes, 156 Tote werden geborgen.

22. Uraufführung der Einakter »Weissagung« und »Selbstbezichtigung« von Peter Handke in Oberhausen.

23. Ein Schiffszusammenstoß in der Bucht von Manila zwischen philippinischem und amerikanischem Dampfer fordert 75 Todesopfer.

25. Deutsche Erstaufführung des französischen Spielfilms »Ein Mann und eine Frau« von Claude Lelouch mit Anouk Aimée und Jean-Louis Trintignant. Der Film erhält den »Oscar« und die »Goldene Palme« in Cannes.

27. Regierungskoalition in Bonn zerbrochen. →

28. Bundesrat lehnt den Haushaltsentwurf für 1967 ab. →

GESTORBEN:

17. Wieland Wagner (* 5. 1. 1917), deutscher Opernregisseur (Enkel Richard Wagners).

Wirbelstürme verwüsten Karibik und Ostpakistan

2. Oktober. Schwere Stürme richten in Ostpakistan und in der Karibik verheerende Zerstörungen an und fordern Tausende von Opfern. In Ostpakistan fallen zirka 3000 Menschen einem Wirbelsturm mit anschließender Flutwelle zum Opfer, der Sachschaden wird auf 100 Millionen Dollar geschätzt. Der Hurrikan »Inez« verwüstet die Karibik-Inseln Haiti, Guadeloupe und Kuba und kostet etwa 2200 Menschen das Leben. Der Sachschaden wird auf 300 Millionen Dollar geschätzt. Auch die Bahamas und Florida werden vom Sturm betroffen.

Hoffnung auf Passierscheine zu Weihnachten

6. Oktober. Mit der Unterzeichnung eines Protokolls über die Wiedereröffnung der Passierscheinstelle für Härtefälle in Berlin, zwischen Senatsrat Erich Korber und DDR-Staatssekretär Michael Kohl, scheinen die Weichen auch für eine Passierscheinregelung für das anstehende Weihnachtsfest gesichert. Von Westberliner Seite wird dabei allerdings ausdrücklich betont, daß damit unterschiedliche rechtliche und politische Standpunkte weiter bestehen bleiben.

Gericht verlangt neues Verfahren gegen Jack Ruby

5. Oktober. Der Mörder des mutmaßlichen John-F.-Kennedy-Mörders Lee Harvey Oswald, Barbesitzer Jack Ruby, gerät am 5. Oktober noch einmal in die Schlagzeilen. Das Kriminal-Appellationsgericht in Texas hat das Todesurteil gegen Ruby verworfen und ordnet ein neues Verfahren vor einem anderen Gericht an.

Damit muß der gesamte Fall des Kennedy-Mordes noch einmal ausführlich behandelt werden.

Koalition zerbricht

Bundespräsident Heinrich Lübke (Mitte) bei der Verabschiedung der zurückgetretenen FDP-Minister Bucher, Mende, Scheel und Dahlgrün (von links).

27. Oktober. An der Finanzlage des Bundes und den unversöhnlichen Gegensätzen zu ihrer Besserung zerbricht die Bonner Regierungskoalition aus CDU/CSU und FDP. Bundeskanzler Ludwig Erhard, noch Anfang des Monats von Adenauer, Strauß und der SPD wegen der Ergebnisse seiner Amerikareise Ende September, in der die Devisenkosten der in der Bundesrepublik stationierten US-Truppen geregelt werden sollten, heftig kritisiert, kann der Krise nicht Herr werden, die durch seine Wirtschaftspolitik ausgelöst worden ist.

Der Haushaltsentwurf der Regierung für das Jahr 1967 enthält noch beträchtliche Deckungslücken und soll über Steuererhöhungen finanziert werden. Das wird vom Koalitionspartner FDP entschieden abgelehnt, die ihrerseits den Abbau von Subventionen fordert. Die Partei beendet nach einer entscheidenden Sitzung der Bundestagsfraktion am 27. Oktober die Koalition mit der CDU/CSU und läßt ihre vier Bundesminister (Mende, Scheel, Dahlgrün, Bucher) den Rücktritt erklären.

Der Bundeskanzler besetzt ihre Positionen vorübergehend mit anderen amtierenden Ministern und bringt den Haushaltsentwurf im Bundesrat ein, wo Erhard mit der einstimmigen Ablehnung Ende des Monats eine weitere Schlappe erleidet. Er kündigt einen Ergänzungshaushalt an und will weiterregieren.

1. Oktober. Albert Speer (erster Wagen, hinten) und Baldur von Schirach, die beim Nürnberger Kriegsverbrecherprozeß (→ Oktober 1946) zu 20 Jahren Haft verurteilt wurden, verlassen das Spandauer Kriegsverbrecher-Gefängnis.

1966
NOVEMBER

Mo	Di	Mi	Do	Fr	Sa	So
	1	2	3	4	5	6
7	8	9	10	11	12	13
14	15	16	17	18	19	20
21	22	23	24	25	26	27
28	29	30				

2. Deutsche Erstaufführung des Italo-Westerns »Django« von Sergio Corbucci mit Franco Nero in der Hauptrolle.

3. Wirbelstürme im Golf von Bengalen fordern über 1000 Todesopfer.

4. Deutsche Erstaufführung des Schauspiels »Leben und leben lassen« von John Arden in Stuttgart.

4. Überschwemmungskatastrophe in Norditalien und Österreich fordert zahlreiche Menschenleben. →

8. Bei den Gouverneurswahlen in den USA wird der Republikaner Ronald Reagan zum Gouverneur von Kalifornien gewählt.

8. Papst Paul VI. gibt Anweisung für Ausarbeitung einer überkonfessionellen Bibel im Sinne des Konzilsauftrags.

10. CDU-Bundestagsfraktion nominiert Kurt Georg Kiesinger zum Kanzlerkandidaten. →

11. Explosionsunglück in der Pulvertrocknungsanlage einer Munitionsfabrik in Liebenau (Kreis Nienburg) fordert fünf Tote und Schwerverletzte.

12. Ein 18jähriger Oberschüler erschießt in Arizona (USA) fünf Frauen und Mädchen und begründet die Tat nach seiner Festnahme damit, er habe bekannt werden wollen.

14. Cassius Clay verteidigt seinen Box-WM-Titel durch K.o.-Sieg in der dritten Runde gegen Cleveland Williams in Houston (Texas).

15. Die USA beenden mit dem Flug der Kapsel »Gemini 12« ihr Gemini-Programm. →

17. Zugzusammenstoß auf der Taunusstrecke zwischen Frankfurt und Königstein fordert sieben Tote und 60 Verletzte.

19. Deutschland gewinnt ein Fußballänderspiel gegen Norwegen in Köln mit 3 : 0.

20. Der Schweizer Kanton Zürich stimmt in Volksabstimmung gegen das Frauenwahlrecht.

26. Staatspräsident Charles de Gaulle weiht an der Mündung der Rance in der Bretagne das erste Ebbe-Flut-Kraftwerk der Welt ein.

30. Bundeskanzler Ludwig Erhard reicht dem Bundespräsidenten sein Rücktrittsgesuch ein. →

GESTORBEN:

9. Richard Benz (* 12. 6. 1884), deutscher Literaturhistoriker.

Großer Erfolg der NPD bei Landtagswahlen

Neben den Bonner Koalitionsgesprächen ziehen die Landtagswahlen in Hessen (6. November) und Bayern (20. November) in diesem Monat die Aufmerksamkeit auf sich. Dabei kommt es zu überraschenden Wahlerfolgen der NPD, die erstmals in deutsche Länderparlamente einziehen kann; in Bayern sogar auf Kosten der FDP. Die Hessen-Wahl bringt der regierenden SPD mit glatten 51 Prozent einen klaren Sieg vor der CDU (26,4 Prozent) und der FDP (10,4 Prozent). Für die Nationaldemokraten entscheiden sich 7,9 Prozent der Wähler, die somit acht Sitze im hessischen Landtag erhalten. In Bayern bleiben die Machtverhältnisse ebenfalls unangetastet. Die CSU siegt mit 48,2 Prozent vor der SPD (35 Prozent), aber die FDP kommt trotz ihres Landesergebnisses von 5,1 Prozent nicht mehr in den Landtag, weil sie in keinem der Regierungsbezirke entsprechend dem bayrischen Wahlrecht die notwendigen 10 Prozent erreicht.

Der NPD genügen die 12,2 Prozent in Mittelfranken aber zum Einzug in den Landtag, wo sie künftig mit 15 Abgeordneten stärker vertreten ist, als es die FDP jemals war.

Gemini-Programm der USA beendet

Mit dem viertägigen Raumflug der Kapsel »Gemini 12« beenden die USA ihr Gemini-Programm. Die Astronauten James A. Lovell und Edwin Aldrin testen zwischen dem 11. und 15. November die Belastbarkeit des Menschen im All. Aldrin verbringt während des Fluges insgesamt 5 Stunden und 37 Minuten außerhalb der Raumkapsel und stellt damit einen neuen Weltraumrekord auf. Erfolgreich verläuft auch der Start des zweiten US-Mondsatelliten »Lunar Orbiter 2« am 6. November, der von seiner Umlaufbahn aufschlußreiche Mondbilder zur Erde sendet. Die Europäer melden am 14. November den erfolgreichen Start der dreistufigen Rakete »Europa I« der ELDO von Woomera in Australien.

Erhard tritt zurück

Kanzler Ludwig Erhard bei Bekanntgabe seiner Rücktrittsbereitschaft.

30. November. Die Bonner Krise um die Person des Bundeskanzlers und eine regierungsfähige Mehrheit endet mit dem ersten Rücktritt eines Bundeskanzlers während seiner Amtszeit.

Ludwig Erhard hat bereits am 2. November in einer Fraktionssitzung der CDU/CSU zu erkennen gegeben, daß eine parlamentarische Lösung der Krise an seiner Person nicht scheitern solle. Erstmals in der Geschichte der Bundesrepublik spricht daraufhin der Deutsche Bundestag einem Kanzler am 8. November indirekt das Mißtrauen aus, als er ihn auffordert, die Vertrauensfrage zu stellen, was Erhard als verfassungswidrig ablehnt. Von den Bundestagsparteien wird daraufhin in pausenlosen Sitzungen an einer Lösung der Regierungskrise gearbeitet. Die SPD bildet eine Kommission für Koalitionsverhandlungen und erwägt die Übernahme der Regierungsverantwortung in Zusammenarbeit mit der FDP.

Die CDU findet nach einigen Diskussionen die Lösung in einem neuen Kanzlerkandidaten anstelle Erhards und wählt am 10. November den baden-württembergischen Ministerpräsidenten Kurt Georg Kiesinger in diese Position. Ihre ebenfalls gebildete Verhandlungskommission für Koalitionsverhandlungen trifft am 15. November erstmals mit dem SPD-Gremium zusammen, um die Möglichkeiten einer sogenannten »Großen Koalition« beider Parteien auszuloten. Die folgenden zwei Wochen bringen zahlreiche Verhandlungen zwischen allen Parteien und enden mit der Empfehlung der Verhandlungskommissionen von CDU und SPD an ihre Parteien, in einer Großen Koalition die Regierungsverantwortung zu übernehmen. Vor allem in der SPD gibt es großen Widerstand gegen diese Beteiligung an der Macht in Bonn, doch die Parteigremien kommen in tagelangem Ringen bis Ende des Monats zu dem Entschluß, Regierungsverantwortung mit der CDU/CSU als Partner zu übernehmen.

Bundeskanzler Ludwig Erhard macht am 30. November den Weg zur Regierungsneubildung frei und reicht dem Bundespräsidenten sein Rücktrittsgesuch ein.

Vertreter von CDU/CSU und SPD treffen sich zu Koalitionsgesprächen. Von links: Rainer Barzel, Herbert Wehner, Willy Brandt und Kurt Georg Kiesinger.

Schlauchboote bringen gefährdete Einwohner von Florenz in Sicherheit.

Hochwasser in Italien

4. November. Nach dreiwöchigen extremen Regenfällen wird Norditalien und ein Teil Österreichs in ein einziges überschwemmtes Katastrophengebiet verwandelt. Ein Drittel des italienischen Territoriums steht unter Wasser, besonders betroffen sind das Arnotal mit den Städten Pisa und Florenz, das Podelta und Südtirol. Allein in Florenz werden 40 Prozent der Stadt überschwemmt, unersetzbare Kunstschätze der Stadt werden teilweise zerstört. In Venedig erreicht der Wasserstand mit 1,89 Meter über Normal den höchsten seit 1061 gemessenen Stand. Die Etsch steht am 5. November bei Borgosacco 6,33 Meter über Normal.

Nach zwei Wochen lassen sich erste Schadensfeststellungen treffen. Allein in Italien wird der Schaden auf 10 Milliarden DM beziffert. Fast 800 Gemeinden sind von den Fluten betroffen worden, 12 000 Gebäude zum Teil völlig zerstört, 150 000 Tonnen Futter und Saatgut vernichtet, zehntausende Stück Vieh ertrunken.

Von den 120 000 eingesetzten Soldaten der italienischen Streitkräfte werden 45 000 Menschen aus unmittelbarer Gefahr geborgen, trotzdem beträgt die Zahl der Opfer zwischen 115 und 120. In Österreich werden nach Erdrutschen 23 Menschen in den Hochwassergebieten tot geborgen.

Hindus kämpfen um Schlachtverbot für Heilige Kühe

In Indien kommt es zu blutigen Auseinandersetzungen wegen eines Schlachtverbots der »Heiligen Kühe«. Die Hindu-Organisationen wollen ein Verbot des Schlachtens der ihnen heiligen Tiere erreichen, für 50 Millionen Mohammedaner Indiens ist Rindfleisch jedoch die wichtigste Nahrungsquelle.

Johnson wirbt um Zustimmung für Ostasienpolitik

2. November. US-Präsident Johnson beendet eine 17tägige Reise in den pazifischen Raum, die über Hawaii, Neuseeland, Australien, die Philippinen, Thailand, Malaysia und Südkorea führt und auf der er vor allem versucht, Zustimmung für die amerikanische Ostasienpolitik zu gewinnen.

1966
DEZEMBER

Mo	Di	Mi	Do	Fr	Sa	So
			1	2	3	4
5	6	7	8	9	10	11
12	13	14	15	16	17	18
19	20	21	22	23	24	25
26	27	28	29	30	31	

1. Kurt Georg Kiesinger wird als Kanzler der großen Koalition aus CDU/CSU und SPD vom Deutschen Bundestag bestätigt. →

2. Deutsche Erstaufführung des Schauspiels »Die Nacht der Puppe« von Fernando Arrabal in Essen.

2. Der Burmese Sith U Thant von UN-Vollversammlung einstimmig für weitere fünf Jahre zum Generalsekretär gewählt.

8. Der Untergang des griechischen Fährschiffes »Heraklion« auf der Fahrt von Kreta nach Piräus in schwerem Sturm fordert 229 Todesopfer.

8. Großbrand in Militärunterkunft in Erzurum (Türkei) kostet 65 Soldaten der türkischen Armee das Leben.

14. Indische Unionsregierung erläßt nach heftigen Demonstrationen der Hindu-Organisationen Schlachtverbot für Kühe in zwei Bundesstaaten.

14. Heinrich Albertz als Nachfolger Willy Brandts zum Regierenden Bürgermeister von Berlin gewählt. →

16. Deutsche Erstaufführung des US-Spielfilms »Wer hat Angst vor Virginia Woolf?« von Mike Nichols mit Elizabeth Taylor, die für ihre Rolle den Oscar 1966 erhalten hat.

19. Eröffnung des bisher einzigen gesamtdeutschen Bauprojektes seit der Spaltung Deutschlands, der Saalebrücke bei Hof, im Zuge der Autobahn Berlin–München.

23. Der wegen Landesverrats in der Bundesrepublik zu 15 Jahren Zuchthaus verurteilte Alfred Frenzel wird gegen vier in Osten inhaftierte Personen ausgetauscht.

23. Deutsche Erstaufführung des englischen Spielfilms »Fahrenheit 451« von François Truffaut mit Oscar Werner und Julie Christie in den Hauptrollen.

29. Explosionsunglück auf dem Gelände der BASF in Ludwigshafen fordert 63 Verletzte und 5 Millionen DM Sachschaden.

31. Bei Kunstraub aus privater Gemäldesammlung in London werden drei Gemälde von Rembrandt, drei von Rubens, sowie je ein Dou und Elsheimer gestohlen.

GESTORBEN:

15. Walt Disney (* 5. 10. 1901), amerikanischer Filmproduzent.

Große Koalition regiert in Bonn

Kanzler Kiesinger wird vereidigt. Rechts Eugen Gerstenmaier.

Bundeskanzler Kurt Georg Kiesinger stellt Bundespräsident Lübke (vorn Mitte) sein Kabinett der großen Koalition vor: Erste Reihe von links: Paul Lücke (Innen), Hermann Höcherl (Ernährung), Käte Strobel (Gesundheit), Heinrich Lübke, Kurt Georg Kiesinger, Willy Brandt (Vizekanzler und Auswärtiges), Georg Leber (Verkehr). Zweite Reihe von links: Bruno Heck (Familie), Carlo Schmid (Bundesrat), Werner Dollinger (Post), Kurt Schmücker (Schatz), Kai-Uwe von Hassel (Vertriebene), Karl Schiller (Wirtschaft), Hans Katzer (Arbeit), Gerhard Schröder (Verteidigung). Dritte Reihe von links: Herbert Wehner (Gesamtdeutsche Angelegenheiten), Gustav Heinemann (Justiz), Hans Jürgen Wischnewski (Wirtschaftliche Zusammenarbeit), Lauritz Lauritzen (Wohnungsbau), Franz Josef Strauß (Finanzen) und Gerhard Stoltenberg (Wissenschaft und Forschung).

1. Dezember. Nachdem Bundespräsident Heinrich Lübke das Rücktrittsgesuch Ludwig Erhards am 1. Dezember angenommen hat, wird noch am Vormittag Kurt Georg Kiesinger vom Bundestag zum neuen Bundeskanzler gewählt. Er kann sich erstmals in der Geschichte der Bundesrepublik Deutschland auf eine Koalitionsmehrheit der beiden größten Parteien CDU/CSU und SPD stützen, die gemeinsam die wirtschaftlichen Probleme des Landes lösen wollen. Die neue Regierung versucht noch im selben Monat das Problem des Haushalts 1967 zu lösen. Das ist nur mit Steuererhöhungen möglich, der Lösung, an der die alte Koalition zerbrochen ist. Der Bund findet mit den Ländern einen Kompromiß bei der Verteilung der Einkommens- und Körperschaftssteuern und kann dann von der Ländervertretung die beantragten Steuererhöhungen für Mineralöl, Tabak und Weine genehmigen lassen.

Neue Regierungschefs auch in Berlin, Düsseldorf und Stuttgart

Nachdem zwei Länderregierungschefs im Rahmen der Großen Koalition in die Bundesregierung eingerückt sind, werden ihre Positionen neu besetzt.

Dabei folgt das Land Baden-Württemberg am 16. Dezember dem Bonner Beispiel und bildet nach gescheiterten Verhandlungen mit dem alten Koalitionspartner FDP ebenfalls eine »Große Koalition« aus CDU und SPD mit dem bisherigen Innenminister Hans Filbinger als Ministerpräsidenten an der Spitze.

In Berlin bleibt die SPD/FDP-Koalition zusammen und wählt Pastor Heinrich Albertz, bisher Innensenator, zum neuen Regierenden Bürgermeister von Berlin.

Die Regierungsneubildung in Nordrhein-Westfalen ist allerdings keine Folge der Bonner Vorgänge. Hier regiert trotz seiner Wahlniederlage vom Juli Franz Meyers (CDU) mit der FDP weiter, ohne eine klare Mehrheit zu haben. In der Koalition kommt es bald zu Unstimmigkeiten, die im November zu Gesprächen zwischen FDP und SPD über eine Regierungsneubildung führen. Durch ein Mißtrauensvotum, das von der SPD beantragt wird, wählt der Landtag am 8. Dezember Franz Meyers ab und bestimmt den Vorsitzenden der SPD-Fraktion Heinz Kühn zum neuen Ministerpräsidenten. Damit ist zum zweiten Mal in der Geschichte der Bundesrepublik ein Ministerpräsident durch ein konstruktives Mißtrauensvotum gestürzt worden.

Nobelpreis für Literatur geteilt

10. Dezember. Der Friedensnobelpreis wird in diesem Jahr nicht verliehen. Den Nobelpreis für Medizin erhalten die amerikanischen Professoren Peyton Rous und Charles B. Huggins für ihre grundlegenden Arbeiten zur Krebsbekämpfung. Der Literaturnobelpreis geht ebenfalls an zwei Personen. Ihn erhalten die deutsch-schwedische Schriftstellerin Nelly Sachs und der israelische Schriftsteller Samuel Josef Agnon. Der Physikpreis geht an den Franzosen Alfred Kastler für seine Untersuchungen über das »optische Pumpen« zur Klärung des energetischen Aufbaus der Atome. Den Chemiepreis erhält der Amerikaner Robert S. Mulliken für die Erforschung von Elektronenbahnen in Molekülen.

1967

JANUAR

Mo	Di	Mi	Do	Fr	Sa	So
						1
2	3	4	5	6	7	8
9	10	11	12	13	14	15
16	17	18	19	20	21	22
23	24	25	26	27	28	29
30	31					

1. Bei Verkehrsunfällen sterben auf den Straßen der Bundesrepublik an Silvester und Neujahr 94 Menschen.

3. Die USA verhindern durch Verhaftung von 150 Personen in Florida die geplante Invasion von Haiti und Kuba durch Exil-Insulaner.

5. Erstaufführung des deutschen Spielfilms »Mädchen, Mädchen« von Roger Fritz mit Helga Anders und Hellmuth Lange.

6. Papst Paul VI. spricht sich während eines Erinnerungsgottesdienstes an erste chinesische Bischofsweihe für Kontakte des Vatikans zur Volksrepublik China aus.

9. Ehemaliger »Spiegel«-Redakteur Conrad Ahlers zum stellvertretenden Leiter des Bundespresseamtes ernannt.

11. Die USA heben die 1954 angeordnete Erhöhung der Zölle für Schweizer Uhren (damals um 50 Prozent) wieder auf.

15. Übergabe der längsten Hängebrücke Südamerikas bei Ciudad Bolivar (Venezuela) über den Orinoko mit 1678 m Länge.

15. In der Bundesrepublik sind 578 400 Arbeitslose registriert. →

19. Das Bundeskabinett gibt in Bonn den Ausgleich des Bundeshaushalts 1967 durch Schließen einer Deckungslücke von 3,677 Milliarden DM mit Hilfe von Kürzungen bei allen Einzeletats bekannt.

24. US-Präsident Johnson ersucht den Kongreß in seiner Budgetrede um zusätzliche Bewilligung von 12,3 Milliarden Dollar für den Vietnam-Krieg.

27. USA, UdSSR und Großbritannien unterzeichnen in Moskau einen Vertrag über die friedliche Nutzung des Weltraums und gegenseitige Unterstützung bei Weltraumunfällen.

27. Brand bei Test einer Apollo-Kapsel kostet drei US-Astronauten das Leben. →

30. UdSSR-Staatspräsident Nikolai Podgorny als erstes Staatsoberhaupt eines sozialistischen Landes von Papst Paul VI. im Vatikan empfangen. →

GESTORBEN:

7. Carl Schuricht (* 3. 7. 1880), deutscher Dirigent.

31. Otto Dibelius (* 15. 5. 1880), deutscher Theologe. →

Astronauten sterben

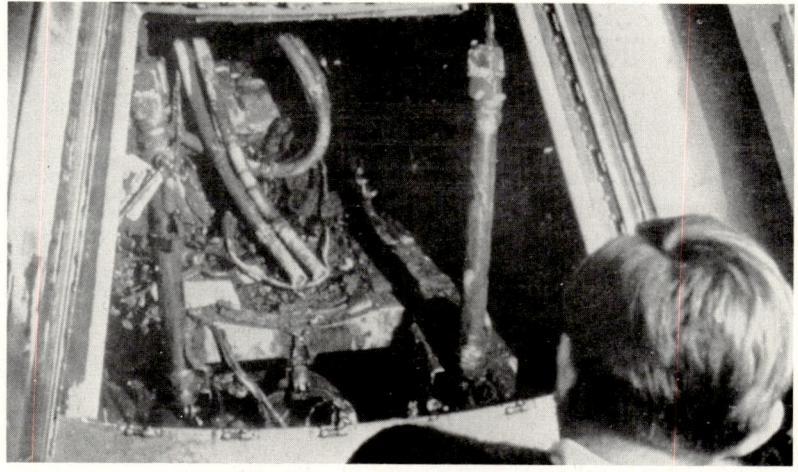

In dieser Kapsel sterben die drei Astronauten Grissom, White und Chaffee.

27. Januar. Ein Unglück stoppt den für Februar vorgesehenen Raumflug des ersten Apollo-Raumschiffes der NASA. Bei einer Probe für dieses Experiment kommen die drei Astronauten Virgil Grissom, Edward White und Roger Chaffee ums Leben, als die Kapsel in Brand gerät. Ein Untersuchungsbericht kommt zum Ergebnis, daß diese Generalprobe unnötig gefährlich gewesen sei und keinerlei Vorsorge gegen etwaige Unglücksfälle getroffen worden sei. Als amtliche Todesursache wird Ersticken durch Einatmen giftiger Gase angegeben, die festgestellten Verbrennungen seien eine zusätzliche Todesursache gewesen. Warum die Kapsel in Brand geraten ist, kann aber auch von der Kommission nicht mit letzter Sicherheit geklärt werden.

Laienrat gegründet

In Ausführung der Beschlüsse des Zweiten Vatikanums setzt die Römische Kurie zu Beginn des neuen Jahres einige bemerkenswerte Akzente. So erläßt Papst Paul VI. Anordnungen zur Errichtung eines Laienrates, der zwischen der Hierarchie und den Laien vermitteln soll, und einer sogenannten Gerechtigkeitskommission, deren Studienergebnisse die soziale Gerechtigkeit zwischen den Nationen kräftigen sollen. Unter den neun Laien im Laienrat sind auch zwei Frauen, die damit als erste Frauen in der Geschichte der katholischen Kirche in eine kuriale Organisation berufen worden sind.

Am 9. Januar beginnen Gespräche zwischen der katholischen Kirche, dem niederländischen Bischof und der anglikanischen Kirche über die Frage der interkonfessionellen Ehe, da die Anglikaner das neue Eherecht des Vatikans nicht voll akzeptiert haben.

Papst Paul VI. empfängt am 30. Januar in Privataudienz den sowjetischen Staatspräsidenten Nikolai Podgorny (rechts) in der päpstlichen Privatbibliothek.

Tod des Berliner Bischofs Otto Dibelius

31. Januar. Im Alter von 86 Jahren stirbt in Berlin-Dahlem der ehemalige Bischof der Berlin-Brandenburgischen Kirche, Otto Dibelius. Er wirkte nach Beendigung seiner Studien von 1907 an als Pfarrer und danach Superintendent in Danzig, Pommern und Berlin. Von den Nationalsozialisten wurde er bald nach der Machtergreifung aus dem Kirchendienst entfernt. Seine Stimme konnte dadurch nicht zum Schweigen gebracht werden, vielmehr trat er als Berater der Bekennenden Kirche ab 1934 in den Vordergrund, wurde mehrmals von den NS-Machthabern verhaftet und erhielt Aufenthalts- und Redeverbot. Nach dem Zweiten Weltkrieg trat er 1945 das Amt des Bischofs der Evangelischen Kirche von Berlin-Brandenburg an. Seit Januar 1949 war er Ratsvorsitzender der Evangelischen Kirche in Deutschland und behielt das Amt bis 1961. Sein Bischofsamt in Berlin-Brandenburg übte er bis 1966 aus.

Oswald-Mörder Jack Ruby tot

3. Januar. In einem Hospital in Dallas (Texas) stirbt der Barbesitzer Jack Ruby an Krebs und nimmt nach Meinung vieler US-Bürger ein Geheimnis mit ins Grab. Ruby hat wenige Tage nach dem Mord an John F. Kennedy im November 1963 den mutmaßlichen Kennedy-Mörder Lee Harvey Oswald erschossen und damit die Aufklärung des Falles verhindert – meinen amerikanische Kolumnisten.

Jack Ruby ist seinerzeit zum Tode verurteilt worden, jedoch sollte das Verfahren noch einmal neu aufgerollt werden.

Arbeitslosigkeit

15. Januar. Die ungünstige Wirtschaftsentwicklung der letzten Monate schlägt sich in der Bundesrepublik erstmals deutlich in der Zahl der Arbeitslosen nieder. Mitte Januar registriert die Bundesanstalt für Arbeit 578 400 Arbeitslose.

1967
FEBRUAR

Mo	Di	Mi	Do	Fr	Sa	So
		1	2	3	4	5
6	7	8	9	10	11	12
13	14	15	16	17	18	19
20	21	22	23	24	25	26
27	28					

1. Bruno Kreisky vom Parteitag der SPÖ in Wien zum neuen Parteivorsitzenden gewählt.

2. USA stellen Indien zur Überwindung der Hungersnot weitere zwei Millionen Tonnen Brotgetreide zur Verfügung.

5. Anastasio Somoza, General der Armee, zum Präsidenten von Nicaragua gewählt.

6. Cassius Clay verteidigt seinen Box-WM-Titel durch Punktsieg nach 15 Runden gegen Ernie Terrell (USA) in Houston (Texas).

6. Der sowjetische Ministerpräsident Alexej Kossygin trifft zu einem offiziellen Besuch in Großbritannien ein. →

7. Buschbrände verwüsten große Teile der australischen Insel Tasmanien, 12 Orte werden vernichtet, 52 Menschen kommen in den Flammen um.

7. Österreich entscheidet sich für Einführung des deutschen PAL-Farbfernsehsystems.

10. Deutsche Erstaufführung des englischen Spielfilms »Die Gräfin von Hongkong« von Charles Chaplin mit Sophia Loren und Marlon Brando in Hauptrollen.

11. Die chinesische Armee übernimmt die Kontrolle in Peking gegen revolutionäre »Rote Garden«.

17. Der Deutsche Bundestag beschließt Erhöhung des Arbeitslosengeldes zum 1. April des Jahres um 15 Prozent.

22. Die Bundesrepublik Deutschland gewinnt ein Fußballländerspiel gegen Marokko in Karlsruhe mit 5 : 1.

23. Deutsche Erstaufführung des sowjetischen Spielfilms »Krieg und Frieden« nach Tolstois Roman, 1. Teil (Petersburg brennt), von Sergej Bondartschuk.

27. Bundesrepublik Deutschland und Jordanien nehmen wieder diplomatische Beziehungen auf.

28. Verminung nordvietnamesischer Flüsse durch US-Flugzeuge beginnt. →

GESTORBEN:

6. Henry Morgenthau (* 11. 5. 1891), amerikanischer Politiker.

18. J. Robert Oppenheimer (* 22. 4. 1904), amerikanischer Physiker. →

22. Fritz Erler (* 14. 7. 1913), deutscher Politiker. →

SPD-Politiker Erler †

22. Februar. Im Alter von 53 Jahren stirbt in Pforzheim der Vorsitzende der SPD-Fraktion im Bundestag und stellvertretende Parteivorsitzende Fritz Erler an Knochenmark-Leukämie. Der aus einer alten Sozialistenfamilie stammende Erler war schon als Schüler in der Sozialistischen Arbeiterjugend aktiv und war seit 1931 Mitglied der SPD. Gegen die NS-Herrschaft kämpfte er in der Widerstandsgruppe »Miles«, wurde 1938 verhaftet und zu zehn Jahren Zuchthaus verurteilt. Im April 1945 konnte er fliehen und arbeitete in der französischen Besatzungszone als Landrat. Seit 1949 war er Mitglied des Bundestages, arbeitete im Europarat mit und profilierte sich als einer der aktiv-

SPD-Fraktionsvorsitzender Erler †.

sten Vertreter des Europagedankens seiner Partei. Nach dem Tod Erich Ollenhauers wurde er Fraktionsvorsitzender.

Kossygin in England

6. Februar. Der sowjetische Ministerpräsident Alexej Kossygin stattet Großbritannien vom 6. bis 13. Februar einen offiziellen Besuch ab und erfährt dabei eine besondere Ehrung: Als erster sowjetischer Regierungschef wird er von Königin Elizabeth zu einem Dinner empfangen, was sonst nur Staatsoberhäuptern vorbehalten ist. Kossygin führt in London politische Gespräche mit Premierminister Harold Wilson und Außenminister George Brown.

Der sowjetische Ministerpräsident Kossygin (links) mit Königin Elizabeth. Rechts neben der Königin Kossygins Tochter Ludmilla Gwischiani und Prinz Philip.

Entlaubung Vietnams

6. Februar. Mit immer größeren Aktionen versuchen die US-Militärs in Vietnam den Vietcong zurückzudrängen und greifen dabei zu Mitteln, die von der Öffentlichkeit in vielen Teilen der Welt kritisiert werden. So beginnen Flugzeuge der US-Luftwaffe am 6. Februar mit der »Entlaubung« des südlichen Teils der entmilitarisierten Zone zwischen Nord- und Südvietnam mit Hilfe von versprühten Pflanzenschutzmitteln. Nordvietnamesische Streitkräfte sollen dadurch am Eindringen in diese Zone und nach Südvietnam gehindert werden.

Weiter folgen in diesem Monat der Beginn des Einsatzes von Artillerie gegen Ziele in und nördlich der entmilitarisierten Zone (24. Februar) und die Verminung nordvietnamesischer Flüsse (28. Februar) durch amerikanische Flugzeuge.

Atomphysiker Oppenheimer stirbt in Princeton

18. Februar. Im Alter von 62 Jahren stirbt in Princeton (New Jersey) der amerikanische Atomphysiker J. Robert Oppenheimer, unter dessen Leitung 1945 die erste Atombombe fertiggestellt wurde. Der in seiner Jugend als mathematisches »Wunderkind« geltende Oppenheimer studierte in Harvard, Cambridge und Göttingen. Das Sprachgenie promovierte mit einer in deutsch verfaßten Dissertation über das Thema »Zur Quantentheorie kontinuierlicher Spektren«.

Bereits 1929 erhielt Oppenheimer eine außerordentliche Professur an der Universität von Berkeley. Vom Frühjahr 1942 an arbeitete er am »Manhattan-Projekt« in Los Alamos, der Entwicklung der Atombombe. Nach dem Krieg geriet er wegen seiner Kontakte zu linken Organisationen während der 30er Jahre in die Hysterie des Anti-Kommunismus-Feldzuges und durfte nicht mehr an Staatsprojekten mitarbeiten. Er war jedoch weiter an der Universität Princeton wissenschaftlich tätig (→ April 1954).

Präsident Sukarno tritt zurück

22. Februar. Indonesien hat von diesem Tag an einen neuen starken Mann. Präsident Achmed Sukarno tritt alle Präsidialvollmachten nach heftigen innenpolitischen Auseinandersetzungen an General Kemusu Suharto ab. Sukarno kommt damit einer Absetzung durch die Opposition zuvor, die seit langem seinen Rücktritt fordert.

Schiffsunglücke

Zwei Schiffsunglücke fordern in diesem Monat zahlreiche Todesopfer. Mitte des Monats kentert im Persischen Golf eine Fähre auf der Fahrt von Bahrain nach Dubai, wobei 250 Menschen ertrinken. Am 28. Februar sinkt der sowjetische Fischerei-Dampfer »Tukan« im Sturm im Skagerrak, wobei über 50 Mann der Besatzung ums Leben kommen.

MÄRZ

Mo	Di	Mi	Do	Fr	Sa	So
		1	2	3	4	5
6	7	8	9	10	11	12
13	14	15	16	17	18	19
20	21	22	23	24	25	26
27	28	29	30	31		

2. Erstaufführung des deutschen Spielfilms »Kopfstand, Madame« von Christian Rischert mit Miriam Spoerri, Herbert Fleischmann und Heinz Bennent in Hauptrollen.

6. Zahl der Arbeitslosen in der Bundesrepublik auf 682 000 gestiegen.

7. Erste große Protestdemonstration der Bauern in der Geschichte der Bundesrepublik: In Dortmund demonstrieren 30 000 Landwirte gegen Bonner Wirtschafts- und EG-Agrarpolitik.

8. Ein Großbrand im Schloßhotel Kronberg im Taunus vernichtet Sachwerte in Höhe von mehreren Millionen DM.

10. Das Bundeskabinett beschließt den Entwurf einer Notstandsverfassung für die Bundesrepublik Deutschland.

12. Swetlana Allilujewa, Tochter J. W. Stalins, im Schweizer Exil eingetroffen. →

14. Helmut Schmidt mit 121 gegen 22 Stimmen zum neuen Vorsitzenden der SPD-Bundestagsfraktion gewählt.

16. Uraufführung des Schauspiels »Die Wiedertäufer« von Friedrich Dürrenmatt in Zürich.

18. Der Supertanker »Torrey Canyon« läuft auf ein Riff und verursacht erste große Ölpest vor einer europäischen Küste. →

21. Erstaufführung des deutschen Spielfilms »Mahlzeiten« von Edgar Reitz mit Heidi Stroh, Georg Hauke und Peter Hohberger. Der Film erhält auf der Biennale in Venedig den Preis als bester Erstlingsfilm.

22. Cassius Clay verteidigt seinen Weltmeistertitel im Schwergewicht durch K.-o.-Sieg in der siebten Runde gegen Zora Volley (USA) in New York.

22. Bundesrepublik Deutschland gewinnt ein Fußballländerspiel gegen Bulgarien in Hamburg mit 1 : 0.

GESTORBEN:

11. Hanns Lothar (* 10. 4. 1929), deutscher Schauspieler.

17. Frank Wisbar (* 9. 12. 1899), deutscher Regisseur.

29. Fritz Schäffer (* 12. 5. 1888), deutscher Politiker.

31. Rodion J. Malinowski (* 23. 11. 1898), UdSSR-Verteidigungsminister.

Stalintochter flieht

Stalintochter Swetlana Allilujewa bei ihrem Eintreffen in New York.

12. März. Die Tochter des früheren Sowjet-Diktators Josef W. Stalin, Swetlana J. Allilujewa, trifft in der Schweiz ein und erhält eine vorübergehende Aufenthaltsgenehmigung, nachdem sie erklärt hat, nicht wieder in ihre Heimat zurückkehren zu wollen.

Frau Allilujewa entstammt der zweiten Ehe Stalins. Ihre Mutter wird am 9. November 1932 morgens tot zu Hause aufgefunden, nachdem es am Vorabend im Hause Kliment Woroschilows während eines Empfangs zu einer heftigen Auseinandersetzung mit Stalin gekommen war. Swetlana ist dreimal verheiratet, zuletzt mit einem indischen Kommunisten, nach dessen Tod sie sich seit Dezember 1966 bei seiner Familie in Indien aufgehalten hat. Von dort aus reist sie im März über Italien in die Schweiz, nachdem die US-Behörden ihr zu verstehen gegeben haben sollen, daß wegen der Beziehungen zwischen den USA und der UdSSR ein Asylantrag von den Vereinigten Staaten nicht gern gesehen würde. Um so überraschender kommt für die Weltöffentlichkeit die Nachricht am 22. März, daß das US-Außenministerium ihr ein Einreisevisum für die USA erteilt habe, welches sie auch annimmt.

Ölpest im Ärmelkanal

Luftaufnahme des vor England zerborstenen Supertankers »Torrey Canyon«.

18. März. Ein folgenschweres Tankerunglück ereignet sich vor der englischen Südwestküste. Der Riesentanker »Torrey Canyon« fährt auf das »Seven-Stones«-Riff und wird leckgeschlagen. Ein großer Teil der Ladung von 118 000 Tonnen Erdöl läuft aus dem Rumpf und verseucht die walisische Küste.

Das Schiff wird zur Verhütung noch größeren Schadens nach vergeblichen Bergungsversuchen von der britischen Luftwaffe bombardiert und versenkt. An den betroffenen Stränden muß die erste große Ölpest in Europa nach Aufnahme der Großtanker-Schiffahrt bekämpft werden.

Bundesrepublik bürgt für Krupp-Konzern

7. März. Mit der Auflage, seine Firma in eine Kapitalgesellschaft umzuwandeln, erhält Alfried Krupp von Bohlen und Halbach, Alleininhaber des Krupp-Konzerns, von der Bundesrepublik eine 300-Millionen-DM-Bürgschaft und von den Banken Kreditverlängerungen sowie neue Millionen-Kredite. Damit ist der Fortbestand des bei der Exportfinanzierung in Schwierigkeiten geratenen Unternehmens gesichert, wenn auch als Aktiengesellschaft mit einem Verwaltungsrat, der am 12. März berufen wird.

Indira Gandhi neuer indischer Premierminister

13. März. Indira Gandhi wird als Premierminister Indiens mit dem neuen Kabinett vereidigt, nachdem die Kongreßpartei bei den Wahlen im Februar erhebliche Stimmenverluste erlitten hat, aber noch eine regierungsfähige Mehrheit erhält. Die Partei entscheidet sich einstimmig für Indira Gandhi, obwohl mit dem früheren Finanzminister Morarji Desai zunächst ein zweiter Kandidat für das Premierministeramt auftritt.

Sozialenzyklika des Papstes veröffentlicht

26. März. Die an diesem Ostermontag veröffentlichte Sozialenzyklika »Populorum Progressio« (Der Fortschritt der Völker) von Papst Paul VI. fordert die Menschheit zur Solidarität mit den Benachteiligten im Kampf gegen Hunger und Unwissenheit auf.

Sie stellt die weltweite soziale Verpflichtung der »reichen Staaten« gegenüber den Entwicklungsländern heraus und fordert die wohlhabenden Nationen zur brüderlichen Zusammenarbeit mit den Notleidenden auf, damit diese Probleme gelöst werden können.

1967

APRIL

Mo	Di	Mi	Do	Fr	Sa	So
					1	2
3	4	5	6	7	8	9
10	11	12	13	14	15	16
17	18	19	20	21	22	23
24	25	26	27	28	29	30

3. Bildung eines Koalitionssenats aus SPD und FDP unter Bürgermeister Heinrich Albertz nach vorausgegangenen Wahlen in Berlin.

6. Münchner Landesbischof Hermann Dietzfelbinger von Synode der EKD zum neuen Ratsvorsitzenden der EKD gewählt.

7. Georges Pompidou bildet trotz Stimmenverlust der Gaullisten bei den Märzwahlen als Ministerpräsident ein neues Kabinett in Frankreich.

8. Bundesrepublik Deutschland gewinnt ein Fußballländerspiel gegen Albanien in Dortmund mit 6 : 0.

10. Die Labour Party verliert bei den Grafschaftswahlen in England erstmals seit 33 Jahren die Mehrheit in Groß-London.

16. Der Iran und die Sowjetunion schließen langfristiges Öllieferungsabkommen.

19. Erstaufführung des deutschen Spielfilms »Mord und Totschlag« von Volker Schlöndorff mit Anita Pallenberg in der Hauptrolle. Der Film erhält ein Filmband in Silber bei der Verleihung des Bundesfilmbandes in Berlin.

20. Bei einem Flugzeugabsturz nahe Nikosia (Zypern) kommen 128 Insassen ums Leben, darunter 71 deutsche Touristen.

21. Die Armee übernimmt durch Staatsstreich in Griechenland die Macht. →

22. Randy Matson (USA) stellt in College Station (Texas) einen neuen Weltrekord im Kugelstoßen mit 21,87 m auf.

23. Sowjet-Kosmonaut Wladimir Komarow bei Landemanöver mit dem Raumschiff »Sojus 1« tödlich verunglückt.

28. Eröffnung der Weltausstellung »Expo 67« in Montreal.

30. Vollendung des 537 m hohen Moskauer Fernsehturms, jetzt höchstes Gebäude der Welt.

GESTORBEN:

15. Toto (eigentlich Fürst Antonio De Curtis) (* 15. 2. 1901), italienischer Schauspieler.

19. Konrad Adenauer (* 5. 1. 1876), deutscher Politiker, ehemaliger Bundeskanzler. →

24. Friedrich Heiler (* 30. 1. 1892), deutscher Religionswissenschaftler.

Trauer um Konrad Adenauer

19. April. In seinem Haus in Rhöndorf stirbt Altbundeskanzler Konrad Adenauer an den Folgen eines grippalen Infektes im Alter von 91 Jahren. Nach rechts- und volkswirtschaftlichem Studium trat Adenauer ab 1906 als Beigeordneter in den Dienst der Stadt Köln, deren Oberbürgermeister er von 1917 bis 1933 war. Zugleich war er Mitglied und dann Präsident des preußischen Staatsrates. Er erwarb sich große Verdienste um die Entwicklung der Stadt Köln mit der Gründung der Universität (1919), Bau des Müngersdorfer Stadions, Gründung der Hochschulen für Sport und Musik, Grundsteinlegung der Kölner Fordwerke, Planung und Bau der ersten Autoschnellstraße in Westdeutschland, der Autobahn Köln–Bonn (Fertigstellung 1932) und Initiierung anderer Großprojekte. Die Nationalsozialisten entfernten ihn durch vorzeitige Pensionierung aus dem Dienst, nach dem 20. Juli 1944 wurde er vorübergehend in Köln und Brauweiler inhaftiert. Nach dem Krieg war er für einige Monate 1945 wieder Oberbürgermeister in Köln, wurde aber wegen Differenzen mit der britischen Besatzungsmacht entlassen. Als frühes CDU-Mitglied übernahm er 1946 den Vorsitz der Partei in der britischen Zone und wurde hiermit Mitglied des ersten nordrhein-westfälischen Landtages. 1948/49 war er Präsident des Parlamentarischen Rates und wurde im September 1949 zum ersten Bundeskanzler der Bundesrepublik Deutschland gewählt, 1963 löste ihn Ludwig Erhard ab. Den CDU-Parteivorsitz hatte er von 1950 bis 1966 inne. Adenauer gilt als einer der entscheidenden Wegbereiter für eine politische Einigung Europas, die über die vollständige und dauerhafte Aussöhnung mit Frankreich erreicht werden konnte. Der Beitritt der Bundesrepublik zu den Europäischen Vereinigungen in den 50er Jahren und der deutschfranzösische Vertrag von 1963 gelten als ein wesentlicher Teil seines politischen Lebenswerkes. An den Trauerfeierlichkeiten seiner Beisetzung am 25. April nehmen Delegationen aus 54 Staaten (→ Februar 1946, August/September 1949, November 1949, September 1953, April 1959, Juni 1959, Oktober 1963).

Im Kölner Dom wird der Sarg mit den sterblichen Überresten Adenauers aufgebahrt.

Putsch der Generale

Ein Mannschaftswagen des Militärs vor dem griechischen Parlamentsgebäude.

21. April. In den Morgenstunden setzt das Militär durch Übernahme der Macht in Griechenland den innenpolitischen Auseinandersetzungen der letzten Wochen ein Ende. Nach der Spaltung der Zentrumsunion durch König Konstantin, der ihre zerstrittenen Führer nacheinander Regierungen ohne parlamentarischen Rückhalt bilden ließ, sind die von Konstantin gefürchteten Neuwahlen letzter Ausweg aus der Krise. Neuwahlen würden einen Sieg für Ex-Ministerpräsident und Zentrumsführer Georgios Papandreou bedeuten, der als erklärter Feind der Monarchie gilt. Dessen Sohn Andreas ist in eine Verschwörung zum Sturz des Königs verwickelt, die mit Freiheitsstrafen gegen beteiligte Militärangehörige erst im Vormonat ein offizielles Ende gefunden hat, obwohl wegen der Immunität beteiligter Politiker zahlreiche Fragen offen geblieben sind.

In dieser krisenhaften Entwicklung ernennt König Konstantin am 3. April den Führer der Rechtsradikalen, Panayotis Kanellopoulos, zum Regierungschef und überträgt ihm die Vollmacht zur Parlamentsauflösung und Ausschreibung von Neuwahlen. Der neue Ministerpräsident macht davon am 14. April Gebrauch, aber der Putsch der Militärs setzt dem demokratischen Leben in Griechenland ein Ende. In den frühen Morgenstunden des 21. April werden alle strategisch wichtigen Punkte des Landes von Panzern und Militäreinheiten besetzt, führende Politiker und Gewerkschaftler verhaftet und eine Art Ausnahmezustand verhängt. Noch am gleichen Tag wird den Griechen ihre neue Regierung vorgestellt. Ministerpräsident wird der Staatsanwalt Konstantin Kollias, Innenminister General Stylianos Pattakos, das Amt eines Informationsministers besetzt der Oberst Georgios Papadopoulos. Nachdem die verhafteten Rechtspolitiker am 23. April freigelassen werden, verkündet die Regierung einen Tag später das Verbot für alle politischen Parteien. Als Begründung für den Staatsstreich wird mitgeteilt, die Armee sei einem Aufstand von links zuvorgekommen, der am 24. April stattfinden sollte.

Clay verweigert Eid

28. April. Vor der Musterungsbehörde in der San Yacinto Street in Houston (Texas) weigert sich der Wehrpflichtige Cassius Clay, einen Schritt vorzutreten und den Eid auf die amerikanische Fahne abzulegen. Der junge Mann, derzeit Boxweltmeister aller Klassen, demonstriert so der amerikanischen Öffentlichkeit seine Mißachtung für eine Gesellschaft, der er bereits vor drei Jahren symbolisch den Rücken gekehrt hat und die dies bisher nicht wahrhaben will. Clay nennt sich seit 1964 Muhammad Ali, nachdem er der Organisation »Black Muslims« beigetreten ist, die wegen ihrer kompromißlosen Rassenpolitik in den USA bekannt und gefürchtet ist. Das offizielle Amerika führt ihn jedoch weiter unter seinem Geburtsnamen Cassius Clay.

1967

MAI

Mo	Di	Mi	Do	Fr	Sa	So
1	2	3	4	5	6	7
8	9	10	11	12	13	14
15	16	17	18	19	20	21
22	23	24	25	26	27	28
29	30	31				

1. Rock-Idol Elvis Presley heiratet seine langjährige Freundin Priscilla Beaulieu in Las Vegas.

3. Bundesrepublik Deutschland verliert Fußballänderspiel gegen Jugoslawien in Belgrad mit 0 : 1.

3. Unbekannte Täter erbeuten bei einem Überfall auf einen Geldtransport 8,4 Millionen DM. →

6. Zakir Husain als erster Moslem zum Staatspräsidenten von Indien gewählt.

9. Amerikas Boxverbände World Boxing Association (WBA) und World Boxing Council (WBC) erkennen Muhammad Ali (Cassius Clay) den Weltmeistertitel wegen der Wehrdienstverweigerung ab (→ April).

11. Deutsche Erstaufführung des englischen Spielfilms »Blow up« von Michelangelo Antonioni mit Vanessa Redgrave und David Hemmings. Der Film erhält die »Goldene Palme« bei den Filmfestspielen in Cannes.

12. Uraufführung des Schauspiels »August, August, August« von Pavel Kohout in Prag.

14. Papst Paul VI. reist zu einem eintägigen Besuch ins portugiesische Estremadura. →

14. Kurt Bendlin (Bayer Leverkusen) stellt in Heidelberg mit 8319 Punkten einen neuen Weltrekord im Zehnkampf auf.

22. Brandkatastrophe in einem großen Brüsseler Warenhaus fordert 322 Todesopfer.

23. Bundeskanzler Kurt Georg Kiesinger vom XV. Bundesparteitag der CDU in Braunschweig mit 423 gegen 16 Stimmen zum neuen CDU-Vorsitzenden gewählt.

25. Celtic Glasgow gewinnt den Europacup der Meister durch ein 2 : 1 gegen Inter Mailand in Lissabon.

28. Sir Francis Chichester nach erfolgreicher Weltumsegelung in Plymouth eingetroffen.

30. Leiche des im Februar 1964 entführten Timo Rinnelt in einem Keller in Wiesbaden gefunden.

31. Bayern München gewinnt durch ein 1 : 0 n. V. in Nürnberg den Europacup der Pokalsieger.

GESTORBEN:

23. Ernst Niekisch (* 23. 5. 1889), deutscher Publizist und Politiker.

27. Paul Henckels (* 9. 10. 1885), deutscher Schauspieler.

Kriegsgefahr in Nahost spitzt sich zu

Im Dauerkrisenherd Naher Osten spitzt sich die Lage in diesem Monat zu einer offenbar unmittelbar bevorstehenden bewaffneten Auseinandersetzung zwischen Israel und seinen arabischen Nachbarn zu. Nachdem beim letzten schweren Luftzwischenfall Anfang April sechs syrische MiG-21-Flugzeuge von israelischen Jägern abgeschossen worden sind, fordert die öffentliche Meinung vor allem in der VAR Gegenmaßnahmen.

Mitte des Monats treffen die Ägypter dann offensichtlich Vorbereitungen zu einem Angriff auf Israel. Am 15. Mai werden starke Truppenkontingente auf die Halbinsel Sinai verlegt, einen Tag später die Armee in Alarmbereitschaft versetzt und der Ausnahmezustand verhängt. Noch am Abend dieses 16. Mai fordert Präsident Gamal Abd el Nasser den unverzüglichen Rückzug der UN-Streitmacht aus dem Gaza-Streifen. Als die Regierung der VAR am 18. Mai den Truppen der UNO offiziell das Stationierungsrecht entzieht, räumen diese auf Geheiß von Generalsekretär U Thant einen Tag später Gazastreifen und Golf von Akaba, den Nasser für Israel sperrt.

US-Offensive in Pufferzone

18. Mai. In Vietnam kommt es zu den schwersten Kämpfen seit Ausbruch der Feindseligkeiten, als die Truppen der südvietnamesischen Armee, unterstützt von amerikanischer Marineinfanterie, in den entmilitarisierten Streifen zwischen Nord- und Südvietnam, die sogenannte »Pufferzone«, eindringen. Der offensive Schritt wird von offiziellen Sprechern der USA nicht als Invasion Nordvietnams deklariert, sondern als defensive Gegenmaßnahme, da die nordvietnamesischen Einheiten ebenfalls in dieser Zone operieren. Die Operation zwischen dem 18. und 30. Mai kostet die USA 103 Gefallene und 700 Verwundete, die Zahl der gefallenen Gegner wird mit über 600 angegeben.

Blitzbesuch Papst Pauls VI. in Portugal

14. Mai. Anläßlich des 50. Jahrestages der Marienerscheinung in Fatima (Portugal) unternimmt Papst Paul VI. eine eintägige Blitzreise ins portugiesische Estremadura, die für einigen Pressewirbel sorgt. Paul VI. apostrophiert seinen Schritt ausdrücklich als den eines büßenden Pilgers. Der Vatikan erklärt zwei Tage später, die Reise habe dazu gedient, die Atmosphäre in Fatima im Zusammenhang mit der Marienverehrung zu reinigen.

Papst Paul begrüßt eines der ehemaligen Hirtenkinder von Fatima, die 60-jährige Karmeliterin Lucia de Jesus.

Koalitionen nach Landtagswahlen

Nach den Ergebnissen der Landtagswahlen des Vormonats werden in den Bundesländern Rheinland-Pfalz und Schleswig-Holstein neue Koalitionsregierungen aus CDU und FDP gebildet. In Mainz bildet der alte und neue Ministerpräsident Peter Altmeier ein entsprechendes Kabinett, in Kiel der ebenfalls weiteramtierende Ministerpräsident Helmut Lemke.

Überfall auf Goldtransport

3. Mai. Die Londoner Unterwelt sorgt mit einem gelungenen Coup, der fast die Größenordnung des legendären Postraubs erreicht, für Aufsehen. Mitten in der Innenstadt wird ein Goldtransport überfallen, die drei Bewacher mit Gas betäubt und die Ladung der Goldbarren im Wert von 8,4 Millionen DM blitzschnell abtransportiert. Die Fahndung bleibt erfolglos.

1967
JUNI

Mo	Di	Mi	Do	Fr	Sa	So
			1	2	3	4
5	6	7	8	9	10	11
12	13	14	15	16	17	18
19	20	21	22	23	24	25
26	27	28	29	30		

1. Der 26jährige Klaus Lehnert gesteht die Entführung und Ermordung des damals siebenjährigen Timo Rinnelt.

1. Moshe Dayan zum israelischen Verteidigungsminister ernannt. →

2. Anti-Schah-Demonstration in Berlin fordert ein Todesopfer. →

3. Eintracht Braunschweig nach Abschluß der vierten Bundesligasaison Deutscher Fußballmeister 1967.

5. Beginn des sogenannten Sechstagekrieges zwischen Israel und den arabischen Staaten. →

9. Deutsche Erstaufführung des französisch-schwedischen Spielfilms »Masculin-Feminin« von Jean Luc Godard mit Marlene Jobert und Jean-Pierre Leaud.

10. Hochzeit der dänischen Prinzessin Margarethe (Thronfolgerin) mit dem französischen Grafen Henri de Laborde de Montpezat.

11. Felice Gimondi (Italien) gewinnt den Giro d'Italia.

17. China gibt erfolgreiche Zündung seiner ersten Wasserstoffbombe bekannt.

17. Die 4 × 100-m-Staffel der Universität California läuft in Provo (Utah) neuen Weltrekord in 38,6 Sekunden und unterbietet als erste Staffel der Welt die 39-Sekunden-Grenze.

18. Ende des dreitägigen Monterey-Pop-Festivals (USA) mit 50 000 Besuchern und 400 000 Dollar Reingewinn für die Veranstalter.

24. Verkehrsfreigabe der Felbertauernstraße mit dem 5,7 km langen Straßentunnel zwischen Mittersill und Matrei in Osttirol.

25. Muhammad Ali (Cassius Clay) von Gericht in Houston (Texas) wegen Wehrdienstverweigerung zu fünf Jahren Gefängnis verurteilt.

26. Papst Paul VI. beruft 27 neue Kardinäle, darunter Karol Wojtyla, den Erzbischof von Krakau, und Alfred Bengsch, Erzbischof von Berlin.

30. Der Kongo-Politiker Moise Tschombé wird mit dem Flugzeug nach Algerien entführt.

GESTORBEN:

21. Paul Sethe (* 12. 12. 1901), deutscher Publizist.

29. Primo Carnera (* 26. 10. 1906), Boxweltmeister im Schwergewicht 1933/34.

Israels Sechstagekrieg

Jeeps mit israelischen Soldaten dringen auf ägyptisches Territorium vor.

5. Juni. Nachdem alle Bemühungen zur Entschärfung des israelisch-arabischen Konflikts in den ersten Junitagen scheitern, beginnt am 5. Juni um 7 Uhr Ortszeit (6 Uhr MEZ) der dritte israelisch-arabische Krieg seit Gründung des Staates Israel, der nach genau 132 Stunden und 30 Minuten am 10. Juni um 17.30 Uhr Ortszeit offiziell beendet wird.

Der Feldzug bringt den Israelis erhebliche territoriale Gewinne, die die politische Landschaft in dieser Region völlig verändern. Als Helden des sogenannten »Sechstagekrieges« feiert Israel den früheren Stabschef der israelischen Armee, Moshe Dayan, der von Ministerpräsident Eshkol am Monatsbeginn im Rahmen einer Kabinettserweiterung durch Mitglieder der oppositionellen Rafi-Partei zum Verteidigungsminister ernannt worden war und dessen Strategien den israelischen Truppen bereits an den ersten Tagen des Feldzuges erhebliche Geländegewinne bringen. So erobern sie am 7. Juni den ägyptischen Militärstützpunkt Scharm el Scheich am Ausgang des Golfs von Akaba und stehen einen Tag später am Sueskanal. Am Abend des 8. Juni befindet sich die gesamte Halbinsel Sinai in israelischer Hand und die Kämpfe werden von israelischer Seite eingestellt.

An der israelisch-syrischen Front wird noch zwei Tage weitergekämpft, bevor auch hier nach erheblichen Geländegewinnen der Israelis die Waffen schweigen. An der Ostfront haben die Kämpfe mit Jordanien nur zwei Tage gedauert, dann muß sich die jordanische Armee schon geschlagen geben. Die Israelis verlieren nach offiziellen Angaben bei den Kämpfen mit den drei arabischen Staaten 679 Soldaten, 2563 werden verwundet. Die Verluste der Gegner sind erheblich höher. Zehntausende von Gefangenen und riesige Mengen an Kriegsmaterial fallen den Israelis in die Hände, darunter Hunderte von sowjetischen Panzern.

Sueskanal dicht

5. Juni. Für Israel ist mit dem wieder erkämpften Zugang zum Roten Meer und der Wiedervereinigung Jerusalems im besetzten Teil Jordaniens der Krieg erfolgreich beendet, für die Westmächte werden dagegen Folgen auf wirtschaftlichem Gebiet spürbar. Bereits am 5. Juni wird der für die internationale Schiffahrt bedeutsame Sueskanal geschlossen und durch Versenkung von Schiffen unpassierbar gemacht. Ägypten erklärt, der Kanal werde erst wieder geöffnet, wenn das Gebiet östlich von Sues von den Israelis geräumt sei. Ein gleichzeitiger Beschluß der arabischen Erdölländer, allen Staaten kein Erdöl mehr zu liefern, die Israel in irgendeiner Form unterstützt haben, trifft die USA und Großbritannien ab 6. Juni. Beim Verlierer Ägypten hat der Feldzug innenpolitische Konsequenzen. Nachdem das Volk den angebotenen Rücktritt Gamal Abd el Nassers ablehnt, macht sich der Staatspräsident auch noch zum Ministerpräsidenten.

Schah besucht Berlin

Eine Plakataktion des sozialistischen Deutschen Studentenbundes gegen Schah Resa Pahlawi (Mitte), den in Vietnam kriegführenden US-Präsidenten Lyndon B. Johnson und den griechischen Militärjuntachef Pattakos (rechts).

2. Juni. Der seit 27. Mai andauernde Staatsbesuch des persischen Herrscherpaares Schah Mohammed Resa Pahlawi und Farah Pahlawi (geb. Diba) endet am 4. Juni in Bonn. Der orientalische Glanz des Auftritts wird von schweren Zwischenfällen an fast allen Stätten des Schahbesuchs überschattet, die ihren Höhepunkt am 2. Juni in Berlin erreichen, als bei Auseinandersetzungen zwischen Polizei und Demonstranten 60 Personen verletzt werden und der Student Benno Ohnesorg von einem Kriminalbeamten – angeblich aus Notwehr – erschossen wird. Das Geschehen führt zu einer Welle von Protestaktionen in allen deutschen Universitätsstädten.

Schon die außergewöhnlichen Sicherheitsmaßnahmen der deutschen Behörden anläßlich des

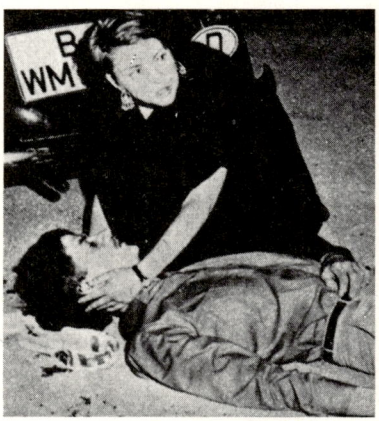

Benno Ohnesorg stirbt auf der Straße.

Staatsbesuchs mit Sperrung von Autobahnen, des Rheins und anderer Verkehrswege sowie der Überwachung aller in der Bundesrepublik ansässigen Iraner hat die öffentliche Meinung aufgebracht.

Landtagswahl in Niedersachsen: NPD im Parlament

4. Juni. Die Landtagswahlen in Niedersachsen enden zwar mit einem Sieg der SPD (43,1 Prozent), bringen aber der CDU erhebliche Stimmengewinne und ein gutes 41,7-Prozent-Ergebnis. Die Überraschung aber ist der Einzug der NPD in das Landesparlament, die auf Kosten der FDP ihren Stimmenanteil erringt. Beide Parteien stellen in Hannover zehn Abgeordnete.

Jayne Mansfield stirbt bei einem Autounfall

29. Juni. Bei einem Autounfall in New Orleans verunglückt die Filmschauspielerin Jayne Mansfield tödlich. Der 35 Jahre alte Star hat die amerikanische Filmszene der letzten Jahre mitgeprägt und in zahlreichen populären Streifen gerade den Typ der im Filmgeschäft gerade aktuellen »Sexbombe« verkörpert. Jayne Mansfield galt in dieser Rolle als Nachfolgerin von Marilyn Monroe.

1967
JULI

Mo	Di	Mi	Do	Fr	Sa	So
					1	2
3	4	5	6	7	8	9
10	11	12	13	14	15	16
17	18	19	20	21	22	23
24	25	26	27	28	29	30
31						

1. Fusion der Europäischen Gemeinschaften EWG, Euratom und Montanunion in einer gemeinsamen Kommission unter Leitung von Jean Rey (Belgien).

5. Erstaufführung des deutschen Spielfilms »Alle Jahre wieder« von Peter Schamoni mit Sabine Sinjen und Hans-Dieter Schwarze. Der Film erhält ein Filmband in Silber bei Verleihung des Bundesfilmpreises 1967.

6. Zugunglück bei Langenweddingen (DDR) fordert 94 Todesopfer.

7. John Newcombe (Australien) wird Wimbledon-Sieger durch ein 6 : 3, 6 : 1, 6 : 1 über Wilhelm Bungert (Düsseldorf). →

8. Jim Ryun (USA) läuft in Los Angeles Weltrekord über 1500 m in 3:33,1 Minuten.

8. Billie Jean King (USA) wird Wimbledon-Siegerin durch ein 6 : 3, 6 : 4 über Ann Jones (England).

11. Einheiten des österreichischen Bundesheeres werden an die italienische Grenze zur Sicherung des Grenzgebietes gegen Terroristen verlegt.

14. Erstaufführung des deutschen Spielfilms »Tätowierung« von Johannes Schaaf mit Helga Anders und Christof Wackernagel.

18. Brasiliens Ex-Präsident Humberto Carlo Branco kommt bei einem Flugzeugunglück bei Fortaleza ums Leben.

23. Roger Pingeon (Frankreich) gewinnt die Tour de France.

26. Charles de Gaulle bricht vorzeitig den Staatsbesuch in Kanada ab. →

28. Papst Paul VI. beendet dreitägige Reise in die Türkei und zum Patriarchen Athenagoras.

29. Eine Explosion an Bord des US-Flugzeugträgers »Forrestal« im Golf von Tonking fordert 131 Todesopfer.

GESTORBEN:

8. Vivien Leigh (* 5. 11. 1913), englische Schauspielerin.

21. Thomas Dehler (* 14. 12. 1897), deutscher Jurist und Politiker.

27. Hans Schomburgk (* 28. 10. 1880), deutscher Afrikaforscher und Reiseschriftsteller.

31. Richard Kuhn (* 3. 12. 1900), deutsch-österreichischer Chemiker.

Rassenkrawalle in USA fordern Todesopfer

13. Juli. Das ungelöste Problem der Armut und sozialen Not unter der schwarzen Bevölkerung der USA ist Ursache für schwere Rassenunruhen in vielen Städten des Landes, die im Juli aus teilweise nichtigen Anlässen ausbrechen. In Newark bei New York gibt es am 13. Juli vier Tage andauernde schwere Krawalle, denen 26 Personen zum Opfer fallen. Über 2000 Menschen werden bei Plünderungen, Brandstiftungen und Gegenmaßnahmen von Polizei und Nationalgarde verwundet. In Detroit müssen wenige Tage danach sogar Fallschirmjäger gegen die Randalierer eingesetzt werden. Hier gibt es 37 Tote und 500 Verletzte. Die Sachschäden belaufen sich auf mehrere hundert Millionen Dollar. Der auch für die US-Regierung entscheidende Aspekt dieser Ausschreitungen ist die Tatsache, daß die gemäßigten Führer der Neger, wie Martin Luther King, keinen Einfluß auf die Massen mehr haben, sondern radikale Elemente an die Stelle der Bürgerrechtler getreten sind, deren Aufruf zur Gewalt von der schwarzen Bevölkerung um so williger befolgt wird, als sie außer Versprechungen von der Washingtoner Administration nichts Positives zur Besserung ihrer Lage spüren.

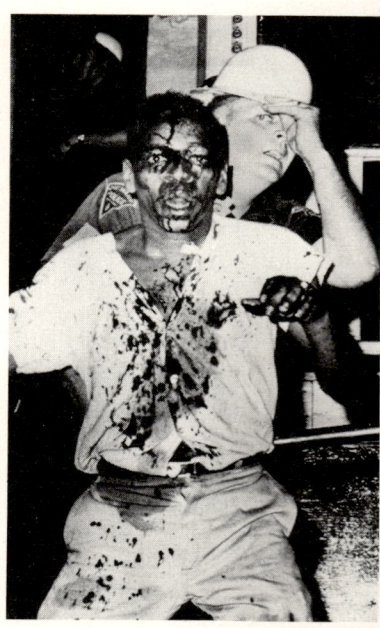

Mit Härte gehen Polizei und Aufständische in den USA gegeneinander vor.

Wilhelm Bungert.

7. Juli. Zum erstenmal seit dreißig Jahren (→ Juli 1937) befindet sich wieder ein deutscher Tennisspieler im Finale der All-England-Meisterschaften in Wimbledon: Der Düsseldorfer Wilhelm Bungert erreichte das Endspiel mit einem Fünfsatzsieg über den Briten Roger Taylor. Im Finale ist Bungert wieder einmal ein Opfer seiner schwachen Nerven. Ihm unterlaufen zahlreiche Doppelfehler. So unterliegt er dem wesentlich routinierteren Australier John Newcombe in drei Sätzen.

Eklat um de Gaulle

26. Juli. Für einen in der internationalen Politik einmaligen Eklat sorgt Frankreichs Staatspräsident Charles de Gaulle anläßlich eines Staatsbesuchs in Kanada. De Gaulle besucht zuerst die französischsprachige Provinz Quebec und hält eine Ansprache, die den Separatisten durch Überbetonung der gallischen Herkunft der Region einen großen Prestigegewinn bringt und eine Brüskierung des Gastlandes Kanada darstellt. Die kanadische Regierung tadelt offen das Eintreten des französischen Staatschefs für eine nach Unabhängigkeit strebende Minderheit, woraufhin de Gaulle den Besuch abbricht, ohne ein Mitglied der kanadischen Regierung in Ottawa gesehen zu haben.

Revolte gegen Mobutu

3. Juli. Drei Tage nach der Entführung des im spanischen Exil angeblich einen Schlag gegen die Regierung in Kinshasa planenden Kongo-Politikers Moise Tschombé nach Algerien beginnt im Kongo eine Revolte der Söldnertruppe, die 1960 nach der Unabhängigkeit des Kongo in den Dienst Tschombés getreten ist, gegen den Ministerpräsidenten Mobutu. Die Söldner unter Führung des gebürtigen Belgiers Jean Schramme erhalten Zulauf aus der ehemaligen Katanga-Gendarmerie Tschombés und von weißen Siedlern, denen die Zentralregierung übel mitgespielt hat. Sie können bis Ende des Monats die Stadt Bukavu erobern, wo sie ihr Hauptquartier aufschlagen.

Krupp-Konzernchef †

31. Juli. Der letzte Alleininhaber des Krupp-Konzerns, Alfried Krupp von Bohlen und Halbach, stirbt in Essen nach einer Herzattacke infolge seiner Krebserkrankung. Er hat das Unternehmen von 1943 bis zu seiner Verurteilung durch die US-Besatzungsmacht 1948 – er wurde anstelle seines Vaters zu zwölf Jahren Haft verurteilt – geleitet und auch nach seiner Rehabilitierung ab 1953 wieder als Firmenchef fungiert. In seinem Testament bestimmt er die Umwandlung seines Vermögens in eine Stiftung (→ November 1947).

Letzter Konzern-Alleininhaber, Alfried Krupp von Bohlen und Halbach.

1967
AUGUST

Mo	Di	Mi	Do	Fr	Sa	So
	1	2	3	4	5	6
7	8	9	10	11	12	13
14	15	16	17	18	19	20
21	22	23	24	25	26	27
28	29	30	31			

1. Übergreifen der Rassenunruhen auf Washington.

3. US-Präsident Johnson kündigt eine Erhöhung der amerikanischen Truppenstärke in Vietnam auf 525 000 Mann an. →

5. Schweiz entscheidet sich für Einführung des deutschen PAL-Farbfernsehsystems.

6. Einweihung der 2278 m langen Salazarbrücke über den Tejo in Lissabon.

11. Stapellauf des ersten in den USA gebauten Lenkwaffenzerstörers der deutschen Bundesmarine »Lütjens« in Bath (Maine).

11. Nigerianische Zentralregierung erklärt den »totalen Krieg« gegen Biafra.

17. Muhammad Ali (Cassius Clay) heiratet in zweiter Ehe eine strenggläubige Mohammedanerin und kündigt Tätigkeit als Muslim-Prediger in den USA an.

19. An den Grenzübergängen Herleshausen und Wartha werden 36 von der Bundesrepublik freigekaufte DDR-Häftlinge, darunter auch Frauen, übergeben.

21. Waffenstillstand im Kongo zwischen Regierung Mobutu und aufständischen Söldnern. →

21. China gibt Abschuß von zwei US-Flugzeugen über seinem Territorium bekannt.

25. Deutsche Erstaufführung des schwedischen Spielfilms »Persona« von Ingmar Bergman mit Bibi Anderson und Liv Ullmann, der von der US-Kritik zum »Film des Jahres« gewählt wird.

25. Das Deutsche Fernsehen beginnt mit der Ausstrahlung von Sendungen in Farbe. →

25. Deutsche Erstaufführung des englischen Spielfilms »Ein Mann zu jeder Jahreszeit« von Fred Zinnemann. Der Film hat 1966 fünf Oscars erhalten.

28. Fünftagewoche für die Werktätigen in der DDR tritt in Kraft. →

31. Israelische Verwaltung Westjordaniens meldet die Rückkehr von 14 056 im »Sechstagekrieg« geflüchteten Jordaniern in ihre Heimatdörfer.

GESTORBEN:

3. Paul Löbe (* 14. 12. 1875), deutscher Politiker. →

31. Ilja Ehrenburg (* 27. 1. 1891), russischer Schriftsteller (»Tauwetter«, 2 Bde. 1954 und 1956).

In Deutschland regelmäßig Farbfernsehen

25. August. Als erstes europäisches Land beginnt die Bundesrepublik Deutschland mit der Ausstrahlung eines regelmäßigen Farbfernsehprogramms. Nach monatelangen Vorbereitungen können die Besitzer der ersten Farbfernsehgeräte die Eröffnungsveranstaltung der Berliner Funkausstellung 1967 in bunten Bildern verfolgen.
ARD und ZDF lassen diese Übertragung über ihre Kanäle laufen, nachdem um 9.30 Uhr Edith Grobleben vom Sender Freies Berlin als erste deutsche Ansagerin farbig vom Bildschirm gelächelt hat.
Am Nachmittag wird ebenfalls von ARD und ZDF der französische Spielfilm »Cartouche der Bandit« ab 14.30 Uhr als Farbtestsendung ausgestrahlt, bevor das ZDF dann am Abend mit der 25. Folge der Reihe »Der Goldene Schuß« mit Vico Torriani den ersten Live-Farbbeitrag ausstrahlt. Die ARD folgt am nächsten Tag, einem Samstag, um 16.30 Uhr und sendet einen Bericht von Gerd Ruge über die »Expo '67« in Farbe und läßt den »Galaabend der Schallplatte« von der Berliner Funkausstellung folgen.

Waffenstillstand im Kongo

21. August. Nach heftigen Kämpfen und vorübergehender Gründung einer Gegenregierung kommt es im Kongo zu einem Waffenstillstand zwischen den aufständischen Söldnern und der Regierung Mobutu, der die Rückkehr der Söldner aus dem Kongo in ihre Heimat oder ein Land ihrer Wahl in Flugzeugen einer neutralen Macht vorsieht.

Fünftagewoche

28. August. Für die Werktätigen in der DDR tritt an diesem Tag die beschlossene Fünf-Tage-Arbeitswoche als gesetzliche Regelung in Kraft. Das bedeutet Verkürzung der wöchentlichen Arbeitszeit von bisher 45 Stunden auf 43³/₄ Stunden. Schichtarbeiter arbeiten 42 Stunden.

USA erhöhen Truppenstärke in Vietnam

3. August. Die Verstrickung der USA in den Vietnamkrieg nimmt immer größere Dimensionen an. Präsident Johnson kündigt am 3. des Monats eine Erhöhung der Truppenstärke auf 525 000 Mann an und kann der Finanzierung dieses US-Engagements sicher sein, nachdem der Senat den Verteidigungshaushalt mit darin vorgesehenen 24 Milliarden Dollar für diesen Krieg Ende des Monats billigt. Auf dem Kriegsschauplatz nehmen die Bombardements der US-Luftwaffe immer härtere Formen an. Erstmals fallen Bomben im Zentrum der nordvietnamesischen Hauptstadt Hanoi. Am 13. August greifen Jagdbomber der USA Ziele nur 16 Kilometer von der chinesischen Grenze an, am 21. August werden sogar zwei US-Trägerflugzeuge über chinesischem Hoheitsgebiet abgeschossen, die sich nach einem Angriff auf Hanoi laut Erklärung des US-Verteidigungsministeriums wegen Navigationsschwierigkeiten verflogen haben.

Sozialdemokrat Paul Löbe stirbt

3. August. Im Alter von 91 Jahren stirbt in einem Bonner Krankenhaus der sozialdemokratische Politiker Paul Löbe. Der Tischlersohn wandte sich nach der Schriftsetzerlehre dem Journalismus zu und arbeitete ab 1899 in Breslau als Redakteur an einer sozialdemokratischen Zeitung. Ab 1904 war er Stadtverordneter in Breslau, 1919 Mitglied der Weimarer Nationalversammlung und ab Juni 1920 Mitglied des deutschen Reichstages, dessen Präsident er von 1925 bis 1932 war. Nach der Machtergreifung blieb er in Berlin und wurde vorübergehend in Schutzhaft genommen. Auch nach dem 20. Juli 1944 wurde er wieder verhaftet. Nach dem Krieg war er 1948/49 Mitglied des Parlamentarischen Rats, anschließend bis 1953 Mitglied des ersten Deutschen Bundestages und sein erster Alterspräsident. Seit 1954 leitete er das Kuratorium »Unteilbares Deutschland«.

1967
SEPTEMBER

Mo	Di	Mi	Do	Fr	Sa	So
				1	2	3
4	5	6	7	8	9	10
11	12	13	14	15	16	17
18	19	20	21	22	23	24
25	26	27	28	29	30	

1. Bundesrat stimmt dem 2. Konjunkturprogramm der Bundesregierung zu.

3. Bei den Präsidentschafts- und Senatswahlen in Südvietnam gewinnt die Liste der Generale. →

3. Einführung des Rechtsverkehrs auf den Straßen Schwedens. →

4. Das chinesische Rote Kreuz bricht Beziehungen zur Liga der Rotkreuzgesellschaften wegen angeblicher Beteiligung des IRK an Vietnamaggression der USA ab.

6. US-Präsident Johnson beruft einen farbigen Anwalt zum Leiter der Verwaltung von Washington.

6. Charles de Gaulle besucht als erstes französisches Staatsoberhaupt in der Geschichte Polen.

8. Walter Scheel (FDP) wird als Nachfolger von Thomas Dehler zum Bundestagsvizepräsidenten gewählt.

12. Uraufführung des Schauspiels »Hilferufe« von Peter Handke durch das Theater Oberhausen in Stockholm.

15. Deutsche Erstaufführung des französischen Spielfilms »Belle de Jour – Schöne des Tages« von Luis Buñuel, Catherine Deneuve in der Hauptrolle. Der Film erhält bei der Biennale in Venedig den »Goldenen Löwen«.

17. Ausschreitungen bei Fußballspiel in türkischer Stadt Kayseri fordern 44 Todesopfer und über 600 Verletzte.

21. Vermählung der Tochter von US-Staatssekretär Dean Rusk, Margaret Elizabeth, mit dem Farbigen Guy Gibson Smith in Kalifornien.

26. Regierender Bürgermeister Heinrich Albertz tritt zurück. →

27. Bundesrepublik Deutschland gewinnt ein Fußballländerspiel gegen Frankreich in Berlin mit 5 : 1.

29. Deutsche Erstaufführung des amerikanischen Spielfilms »Siebenmal lockt das Weib« von Vittorio de Sica mit Shirley MacLaine und Michael Caine.

29. Erste Versammlung der Bischofssynode im Vatikan. →

30. Sprengstoffanschlag auf den Alpenexpreß in Trient fordert zwei Todesopfer.

GESTORBEN:

29. Carson McCullers (* 19. 2. 1917), amerikanische Schriftstellerin.

Albertz tritt zurück

26. September. Berlin erlebt eine Regierungskrise, die mit dem Rücktritt des nicht einmal ein Jahr amtierenden Regierenden Bürgermeisters Heinrich Albertz endet. Vorausgegangen ist bereits der Rücktritt des Innensenators Wolfgang Büsch und des Berliner Polizeipräsidenten Erich Duensing, denen ein Untersuchungsbericht über die Zwischenfälle beim Schahbesuch im Juni schwere Versäumnisse vorwirft. Die daraus entstehenden personalpolitischen Probleme für die SPD-Führung können nicht gemeinsam gelöst werden, vielmehr kommt es zu Flügelkämpfen innerhalb der Partei und im Senat, die dem Regierenden Bürgermeister zeigen, daß er keine Mehrheit für seine Politik findet. Heinrich Albertz stellt sein Amt daraufhin zur Verfügung.

Die Krise in Nigeria

Freiwillige in Biafra.

20. September. Der Zerfall Nigerias setzt sich weiter fort. Am 20. September erklärt sich die Mittelwestregion zur unabhängigen Republik Benin und setzt einen Major als Staatschef ein. Zwar wird dieser Unabhängigkeitserklärung durch Einsatz von Bundestruppen ein schnelles Ende bereitet, für Regierungschef Gowon besteht aber nun neben Biafra ein zweiter Unruheherd in seinem Lande.

Bischofssynode tagt

29. September. Die vom Zweiten Vatikanum angeregte Bischofssynode kommt zu ihrer ersten Versammlung im Vatikan zusammen. Die Bischofskonferenzen von 95 Ländern haben 135 Synodale bestimmt, 25 sind von Papst Paul VI. nominiert worden. An der Synode nehmen auch 13 Vertreter der unierten Kirchen teil.

Papst Paul VI. während einer Sondermesse aus Anlaß der Bischofssynode.

Bundesvorstand der FDP nominiert Walter Scheel als Nachfolger Mendes

14. September. Nachdem FDP-Vorsitzender Erich Mende dem Bundesvorstand der Partei seine Entscheidung mitgeteilt hat, nicht wieder für das Amt zur Verfügung zu stehen, nominiert das höchste Parteiorgan der Freien Demokraten den gerade erst zum Bundestagsvizepräsidenten gewählten Walter Scheel als Nachfolger Mendes. Scheel erklärt sich bereit, für das Amt zu kandidieren.

Schweden stellt vom Links- auf den Rechtsverkehr um. Das Bild zeigt den Wechsel auf die rechte Fahrbahn am Morgen des 3. September.

Sieg der Generale bei Wahlen in Südvietnam

3. September. Aus den Präsidentschafts- und Senatswahlen in Südvietnam geht die Liste der Generale als klarer Sieger hervor. Van Thieu und Cao Ky kommen auf 35 Prozent der abgegebenen Stimmen. Während die zivilen Präsidentschaftskandidaten von Wahlfälschung sprechen, attestieren US-Beobachter einen einwandfreien Wahlverlauf.

Der unterlegene Präsidentschaftskandidat der Zivilisten und Buddhistenführer Tri Quang kündigt sogleich Widerstand gegen die neue Regierung an und organisiert Demonstrationen in Saigon.

Mörder Rasputins stirbt in Paris

27. September. Fast unbemerkt von der Weltöffentlichkeit stirbt in seinem Pariser Exil der ehemalige russische Fürst Felix Felixowitsch Jussupow im Alter von 80 Jahren. Jussupow ist der Mörder des Mönchs Grigorij J. Rasputin, der großen Einfluß auf den letzten russischen Zaren Nikolaus II. hatte, 1916 aber von einer Verschwörung des Zarenhofes aus dem Weg geräumt worden ist.

1967

OKTOBER

Mo	Di	Mi	Do	Fr	Sa	So
						1
2	3	4	5	6	7	8
9	10	11	12	13	14	15
16	17	18	19	20	21	22
23	24	25	26	27	28	29
30	31					

1. SPD erleidet bei Bremer Bürgerschaftswahlen größte Verluste seit 1945.

4. Zusammenstoß von drei Zügen in der Nähe von Lüttich fordert zwölf Todesopfer.

7. Bundesrepublik Deutschland gewinnt Fußballänderspiel gegen Jugoslawien 5 : 1 in Hamburg.

7. Uraufführung des Schauspiels »Die Zimmerschlacht« von Martin Walser in einer Fritz-Kortner-Inszenierung an den Kammerspielen München.

9. Uraufführung des Schauspiels »Soldaten« von Rolf Hochhuth in einer Inszenierung von Hans Schweikart an der Freien Volksbühne Berlin.

13. Deutsche Erstaufführung des belgischen Spielfilms »Der Start« von Jerzy Skolimowski mit Jean-Pierre Léaud. Der Film erhält den »Goldenen Bären« der Berliner Filmfestspiele 1967.

18. Schwerer Herbststurm über Nord- und Nordwesteuropa fordert 18 Todesopfer, darunter sieben in der Bundesrepublik.

18. Sowjetische Raumsonde »Venus 4« (Start: 12. Juni) landet auf dem Planeten.

19. Klaus Schütz als neuer Regierender Bürgermeister von Berlin vereidigt.

22. Denis Hulme (Neuseeland) steht nach dem Grand Prix von Mexiko in Mexiko City mit Brabham-Repco als neuer Automobil-Weltmeister fest.

26. Schah Mohammad Resa Pahlawi krönt sich und seine Frau Farah. →

27. Weltausstellung »Expo '67« in Montreal beendet. Sie ist von ca. 50 Millionen Menschen besucht worden.

29. Bischofssynode im Vatikan geht zu Ende.

GESTORBEN:

8. Clement Attlee (* 3. 1. 1883), englischer Politiker.

9. Ernesto »Che« Guevara Serna (* 14. 6. 1928), marxistischer kubanischer Revolutionär. →

9. André Maurois (* 26. 7. 1895), französischer Schriftsteller. →

17. Hans-Christoph Seebohm (* 4. 8. 1903), deutscher Politiker.

17. Pu-Yi (* 7. 2. 1906), letzter Kaiser von China. →

Schah krönt sich

26. Oktober. Die iranische Hauptstadt Teheran erlebt den ganzen Glanz des persischen Pfauenthrons. 41 Jahre nach der Krönung seines Vaters und 26 Jahre nach der eigenen Thronbesteigung krönt sich Mohammad Resa Pahlawi, Schah-in-Schah (»König der Könige«) und Aryamehr (»Sonne der Arier«) des Iran zum König und setzt anschließend zum erstenmal seit der Unterwerfung Persiens im Jahre 641 durch den Islam einer Schahbanu (»Herrscherin«), seiner Frau Farah Diba, eine Krone auf.

Höhepunkt des Tages ist der Zug von der Residenz im Marmorpalast zum historischen Golestan-Palast. 15 000 Soldaten bilden auf dem 17 Kilometer langen Weg Spalier; allein der Prunkwagen, in dem das Herrscherpaar fährt, hat 300 000 DM gekostet. Im Palast reichen dem Schah Offiziere die Insignien des Nadir-Gürtels, Krönungsmantels und Reichsschwertes, Generale Szepter und Krone. Nach der Krönungszeremonie verliest der Schah vom Pfauenthron eine nur zweiminütige Thronbesteigungsrede und ordnet ein siebentägiges Freudenfest an. Außerdem wird eine umfassende Amnestie erlassen, die auch politische Häftlinge betrifft.

Die Krönung: (von links) Prinzessin Schams, Kaiserin Farah, Kronprinz Cyrus, Prinzessin Faranaz, der Schah, die Schahtochter Schanaz, Prinzessin Aschraf.

Nguyen Van Thieu wird Präsident

11. Oktober. Der Monat beginnt in Südvietnam mit der Proklamierung eines Kundgebungs- und Versammlungsverbotes durch die noch amtierende Militärregierung, anschließend wird die Präsidentschaftswahl von der Gesetzgebenden Versammlung für gültig erklärt und General Nguyen Van Thieu zum Präsidenten und General Nguyen Cao Ky zum Vizepräsidenten ausgerufen. Eine Sonderkommission der Versammlung ist in der Frage der Gültigkeit der Wahlen allerdings zu einem anderen Ergebnis gekommen. Die Regierungserklärung von General Thieu am 11. Oktober findet daher entsprechenden Zweifel in der vietnamesischen und der Weltöffentlichkeit.

Klaus Schütz neuer Regierender

19. Oktober. Die Regierungskrise in Berlin wird mit der Vereidigung des bisherigen Staatssekretärs im Auswärtigen Amt Klaus Schütz als neuen Regierenden Bürgermeister beigelegt. Neu in der Regierungsmannschaft sind Innensenator Kurt Neubauer und Horst Korber.

Eherechts-Reform

29. Oktober. Die Bischofssynode geht in Rom zu Ende. Es kommt eine Reform des Mischehenrechts zustande, nach der künftig vom nichtkatholischen Partner nicht mehr die Zusicherung der katholischen Kindererziehung verlangt werden soll.

Guevara erschossen

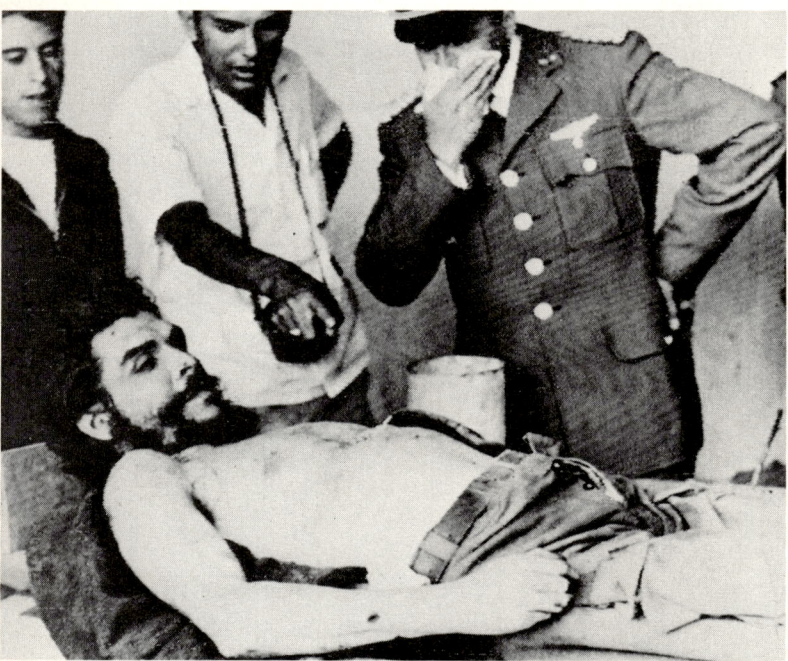

In Vallegrande in Bolivien wird die Leiche Che Guevaras zur Schau gestellt.

9. Oktober. Bei einem Feuergefecht zwischen Guerilleros und einer Regierungstruppe wird der Revolutionär und frühere kubanische Minister Ernesto »Che« Guevara Serna im bolivianischen Dschungelgebiet in der Nähe der Stadt Higueras getötet. Über die Hintergründe des Geschehens und den wahren Ablauf gibt es mehrere Versionen. Die Leiche des Guerilla-Führers wird eingeäschert und die Urne an einem geheimgehaltenen Ort beigesetzt.

Guevara hat eine typische südamerikanische Revolutionärskarriere hinter sich. Er stammt aus gutbürgerlichem Elternhaus, studierte Medizin und promovierte 1953. Aus Opposition zum Perón-Regime in seiner Heimat Argentinien ging er nach Guatemala und war Anhänger des sozialistischen Präsidenten Ja-

cob Arbenz, nach dessen vom US-Geheimdienst CIA inszenierten Sturz er nach Mexiko wechselte. Dort wurde er mit Fidel Castro bekannt und war dabei, als dieser mit wenigen Getreuen zur Machtergreifung in Kuba antrat. Nach dem Sieg der Revolution auf der Insel bekleidete er hohe Ämter innerhalb des Castro-Regimes, zuletzt das eines Industrieministers. Nach einer Reise durch Afrika und Asien im Jahre 1965 verschwand Guevara aus der kubanischen Szene und tauchte unter, um sich – wie von Castro im Herbst dieses Jahres mitgeteilt – einem neuen Gebiet im Kampf gegen den Imperialismus zuzuwenden. Erst im April 1967 gab es ein Lebenszeichen von ihm, als die bolivianische Regierung verlauten ließ, Guevara befinde sich auf ihrem Territorium.

Letzter Kaiser Chinas stirbt

17. Oktober. Im Alter von 61 Jahren stirbt in Peking Pu-Yi, der letzte Kaiser von China. Er war als Kind zweimal Kaiser des Reiches der Mitte, erreichte aber erst 1932 als von den Japanern eingesetzter Regent von Mandschukuo eine gewisse politische Bedeutung.

Schriftsteller André Maurois †

9. Oktober. Im Alter von 82 Jahren stirbt in Neuilly-sur-Seine der französische Schriftsteller André Maurois. Er schildert in seinen Romanen mit psychologischem Gespür das französische Großbürgertum und begründet die Gattung der »biographies romancées«.

1967
NOVEMBER

Mo	Di	Mi	Do	Fr	Sa	So
		1	2	3	4	5
6	7	8	9	10	11	12
13	14	15	16	17	18	19
20	21	22	23	24	25	26
27	28	29	30			

4. Kongolesische Nationalarmee erobert Söldner-Stützpunkt Bukavu zurück und vertreibt die Truppe von Oberst Jean Schramme nach Ruanda.

5. Uraufführung des Schauspiels »General Francos Leidensweg« von Armand Gatti in Kassel.

5. Liesel Westermann (TuS 04 Leverkusen) wirft als erste Frau der Welt den Diskus über die 60 m, sie stellt bei den Wettkämpfen in São Paulo (Brasilien) einen neuen Weltrekord mit 61,26 m auf.

6. Rhodesisches Parlament verabschiedet Gesetz zur Förderung der Rassentrennung.

7. Erstaufführung des deutschen Spielfilms »Kuckucksjahre« von George Moorse mit Francisca Oehme und Rolf Zacher.

9. Erstaufführung des deutschen Spielfilms »Paarungen« von Michael Verhoeven mit Lili Palmer, Paul Verhoeven und Karl Michael Vogler.

9. Deutsche Erstaufführung des englischen Spielfilms »Das dreckige Dutzend« von Robert Aldrich mit Lee Marvin, Ernest Borgnine und Charles Bronson. Der Film hat einen »Oscar« für beste Toneffekte erhalten.

10. Erstaufführung des Spielfilms »Der Lügner und die Nonne« von Rolf Thiele mit Heidelinde Weiß und Elisabeth Flickenschildt.

18. Britische Regierung muß zum drittenmal seit dem Ersten Weltkrieg das Pfund abwerten, diesmal um 18,3 Prozent.

20. Bundeskanzler Kiesinger trifft in Indien ein. Es ist der erste Besuch eines Regierungschefs der Bundesrepublik in diesem Land.→

20. US-Bevölkerung überschreitet die 200-Millionen-Grenze.

22. Bundesrepublik Deutschland verliert ein Fußballänderspiel gegen Rumänien in Bukarest mit 0 : 1.

29. US-Verteidigungsminister Robert McNamara zum neuen Präsidenten der Weltbank gewählt.

30. Erstaufführung des deutschen Spielfilms »48 Stunden bis Acapulco« von Klaus Lemke mit Christiane Krüger und Monika Zinnenberg.

GESTORBEN:

25. Heinz Hilpert (* 1. 3. 1890), deutscher Regisseur.

Katastrophen und Unglücke fordern viele Todesopfer

In diesem Monat jagen sich die Meldungen aus aller Welt von Naturkatastrophen und Unglükken, denen Hunderte von Menschen zum Opfer fallen.

Es beginnt am 5. November in London, wo ein Schnellzug unmittelbar vor Einfahrt in einen Vorortbahnhof bei einer Geschwindigkeit von 100 Stundenkilometern entgleist. 53 Menschen sterben in den Trümmern, weitere 137 werden zum Teil lebensgefährlich verletzt.

Ein Flugzeugunglück in der Nähe von Cincinnati (Ohio) kostet am 20. November 64 Insassen das Leben, als die Maschine gegen einen Berg prallt. 18 Fluggäste überleben wie durch ein Wunder das Unglück. In Kolumbien fallen bis Ende des Monats mindestens 75 Menschen einer rätselhaften Giftkatastrophe zum Opfer. In der Stadt Chiquinquira hat die Bevölkerung vergiftetes Brot gegessen, dessen Herkunft nicht geklärt werden kann. Hunderte von Einwohnern der Stadt erkranken lebensgefährlich, sie müssen wegen Überfüllung der Hospitäler in Schulen und Turnhallen behandelt werden.

In der Nacht vom 25. zum 26. November fordert eine Überschwemmungskatastrophe in der Umgebung von Lissabon 316 Todesopfer. Nach anhaltenden Regenfällen ist ein 15 Kilometer breiter und 60 Kilometer langer Gebietsstreifen völlig unter Wasser gesetzt worden. Die Ortschaft Quintas 30 Kilometer nördlich der portugiesischen Hauptstadt verschwindet vom Erdboden, 80 Prozent ihrer Einwohner kommen dabei um.

Kiesinger in Asien

20. November. Als erster Regierungschef der Bundesrepublik Deutschland stattet Bundeskanzler Kiesinger zwischen dem 20. und 28. November den Staaten Indien, Burma, Ceylon und Pakistan offizielle Besuche ab. Kiesinger versucht dabei, die Bundesrepublik neben der in diesen Ländern um Aktivitäten bemühten DDR zu profilieren, was nach Meinung politischer Beobachter gelungen ist.

1967

DEZEMBER

Mo	Di	Mi	Do	Fr	Sa	So
				1	2	3
4	5	6	7	8	9	10
11	12	13	14	15	16	17
18	19	20	21	22	23	24
25	26	27	28	29	30	31

1. Straßentunnel durch den San Bernardino auf der Strecke Splügen–Mesocco im Kanton Graubünden (Schweiz) für den Verkehr freigegeben. Der Tunnel ist 6,6 km lang.

3. Professor Christiaan Barnard führt in Kapstadt (Südafrika) die erste gelungene Herzverpflanzung durch. →

5. Deutsche Erstaufführung des US-Spielfilms »Doctor Doolittle« von Richard Fleischer und Rex Harrison. Der Filmschlager »Talk to the Animals« hat den »Oscar« erhalten.

8. Der Deutsche Bundestag beschließt Aufhebung der Versicherungspflichtgrenze bei Arbeitnehmern.

9. Generalsekretär Nicolae Ceauşescu von Großer Nationalversammlung auch zum Vorsitzenden des rumänischen Staatsrates gewählt.

10. In Oslo und Stockholm werden die Nobelpreise verliehen.

11. Frankreich legt Veto gegen Aufnahme der Verhandlungen über EWG-Beitritt Großbritanniens und anderer Länder ein.

14. König Konstantin von Griechenland nach gescheitertem Gegenputsch aus dem Land geflüchtet. →

17. Deutschland spielt in einem Fußballländerspiel gegen Albanien in Tirana nur 0 : 0 und scheidet aus dem weiteren Wettbewerb um die Europameisterschaft aus.

19. Deutsche Erstaufführung des US-Spielfilms »Bonnie und Clyde« von Arthur Penn mit Warren Beatty, Faye Dunaway und Gene Hackman.

21. Erstaufführung des deutschen Spielfilms »Rheinsberg« von Kurt Hoffmann nach dem Roman von Kurt Tucholsky mit Cornelia Froboess, Christian Wolff und Werner Hinz.

23. US-Präsident Johnson wird auf seiner Weltreise von Papst Paul VI. in Rom empfangen.

31. Kämpfende Parteien in Vietnam vereinbaren eine 36stündige Feuerpause zum Jahreswechsel.

GESTORBEN:

2. Francis Kardinal Spellman (* 4. 5. 1889), amerikanischer Theologe, Erzbischof von New York.

3. Annette Kolb (* 3. 2. 1870), deutsche Schriftstellerin.

Herzverpflanzung durch Barnard

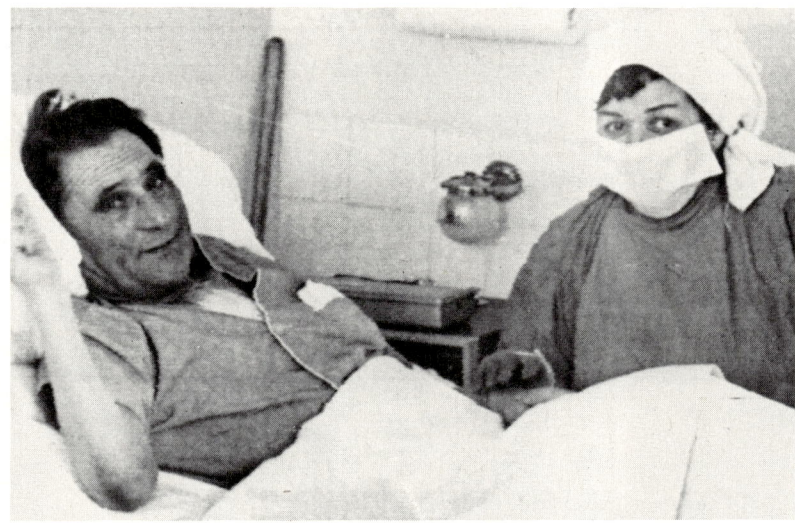

Professor Barnards erster Herzpatient, der 55jährige Louis Washkansky.

Professor Christiaan Barnard.

3. Dezember. Der 55jährige Südafrikaner Louis Washkansky wird in diesem Monat zum berühmtesten Patienten der Welt. Ein Operationsteam unter Leitung von Professor Christiaan Barnard hat ihm im Groote-Schur-Hospital in Kapstadt in einer fünfstündigen Operation als erstem Menschen in der Geschichte der Medizin ein fremdes Herz eingesetzt.

Washkansky ist hoffnungslos herzkrank, so daß sich der bekannte Herzchirurg schon seit einiger Zeit zu der Operation entschlossen hat. Als am 3. Dezember das Herz einer tödlich verunglückten 25jährigen Frau als Spenderherz zur Verfügung steht, schreitet das Operationsteam zur Tat. Der Eingriff verläuft ohne Komplikationen und der Patient erholt sich augenscheinlich schnell. Die Weltöffentlichkeit verfolgt voller Spannung den weiteren Kampf der Ärzte in Kapstadt, deren Hauptsorge nach der geglückten Herztransplantation Abwehrreaktionen des Körpers gegen das eingepflanzte Organ gelten. Die Hoffnungen auf ein glückliches Ende des gewagten Eingriffs zerbrechen, als sich Washkansky eine Lungenentzündung zuzieht und der Körper nicht genügend Abwehrkräfte mobilisieren kann. Washkansky stirbt 18 Tage nach der Operation am 21. Dezember. Barnard bereitet aber dennoch den zweiten Eingriff dieser Art vor.

Konstantin flieht

14. Dezember. Der Versuch König Konstantins, in Griechenland wieder demokratische Verhältnisse herzustellen, scheitert schon im Ansatz. Der König verliest am 13. 12. in einem lokalen Rundfunksender eine Proklamation, in der er die Bevölkerung bittet, ihm bei der Wiederherstellung geordneter Verhältnisse zu helfen. Doch die Griechen nehmen von dem Appell kaum Notiz, die meisten haben ihn wegen der geringen Reichweite des Senders gar nicht gehört. Auch von seiten des Militärs schlagen sich nur wenige Truppenführer auf Konstantins Seite, sie werden häufig von eigenen Untergebenen sofort festgenommen. Die Junta der Generale hat die Lage fest im Griff, so daß der König mit seiner Familie am Tag nach dem Aufstandsversuch in bereitgehaltenen Flugzeugen nach Rom flieht (→ April 1967).

Die königliche Familie in Rom: (v. l.) König Konstantin, Königin Annemarie, Prinzessin Irene, Prinzessin Alexia und Königinmutter Friederike.

Wieder kein Friedensnobelpreis verliehen

10. Dezember. Wie im Vorjahr wird bei der Nobelpreisverleihung kein Friedenspreis vergeben. Der Physikpreis geht an den in Deutschland geborenen US-Wissenschaftler Hans A. Bethe für Aufklärung der Energieproduktion der Sonne. Der Chemiepreis geht an den deutschen Professor Manfred Eigen (Göttingen) und die Briten Ronald Norrish und George Porter für ihre Untersuchungen schnell ablaufender chemischer Reaktionen. Den Medizinpreis bekommen drei Wissenschaftler: der Schwede Ragnar Granit und die Amerikaner George Wald und Haldan K. Hartline für Erforschung der Sehvorgänge. Als zweiter Lateinamerikaner erhält der Guatemalteke Miguel Angel Asturias den Literaturnobelpreis.

985

1968
JANUAR

Mo	Di	Mi	Do	Fr	Sa	So
1	2	3	4	5	6	7
8	9	10	11	12	13	14
15	16	17	18	19	20	21
22	23	24	25	26	27	28
29	30	31				

1. Einführung einer elfprozentigen Mehrwertsteuer anstelle der Umsatzsteuer in der Bundesrepublik Deutschland.

2. Zweite erfolgreiche Herztransplantation durch Christiaan Barnard in Kapstadt. →

4. Erstaufführung des deutschen Spielfilms »Zur Sache, Schätzchen« von May Spils mit Uschi Glas in der Hauptrolle.

5. Alexander Dubček wird zum neuen Ersten Sekretär des Zentralkomitees der KP der ČSSR gewählt. →

10. Letzte Sonde des US-Surveyor-Programms ist weich auf dem Mond gelandet.

11. Bei einer Kältewelle in den Vereinigten Staaten kommen 76 Menschen ums Leben. →

15. Ein Erdbeben auf Sizilien fordert 231 Todesopfer und 263 Verletzte. →

15. Ein Orkan über Nordwesteuropa fordert mindestens 16 Menschenleben. →

19. Clark McAdams Clifford wird als Nachfolger für Robert McNamara zum neuen amerikanischen Verteidigungsminister berufen.

21. Über Grönland abgestürzter US-Bomber vom Typ B-52 verliert vier Wasserstoffbomben. →

22. Nordkoreanische Patrouillenboote kapern das US-Spionageschiff »Pueblo« vor der nordkoreanischen Küste.

25. Israelisches U-Boot »Dakar« mit 69 Mann Besatzung im Mittelmeer untergegangen.

26. Explosion in der Grube »Mathilde« in Lengede fordert zwölf Todesopfer.

27. Französisches U-Boot »Minerve« mit 52 Seeleuten im Mittelmeer untergegangen.

30. Walter Scheel vom XIX. Bundesparteitag der FDP in Freiburg mit 248 Ja- und 8 Nein-Stimmen zum neuen Parteivorsitzenden gewählt.

31. Die USA melden mit 3,1 Millionen Arbeitslosen die niedrigste Arbeitslosenquote (3,5 Prozent) seit 14 Jahren.

GESTORBEN:

15. Leopold Infeld (* 20. 8. 1898), polnischer Physiker.

17. Julius Deutsch (* 2. 2. 1884), österreichischer Politiker.

Flugzeug mit H-Bomben stürzt ab

21. Januar. Eine erhebliche Verstimmung zwischen Dänemark und den USA bringt der Absturz eines amerikanischen B-52-Bombers über Grönland, nur elf Kilometer von der Stadt Thule entfernt, der bei dem Unglück seine aus vier Wasserstoffbomben bestehende Ladung verliert. Die Bomben werden nach längerer Suche gefunden, jedoch nur noch in Form von Bruchstükken, die bis zu zwei Meter ins Eis eingeschmolzen sind. US-Behörden erklären, größere Strahlengefahr bestehe nicht.

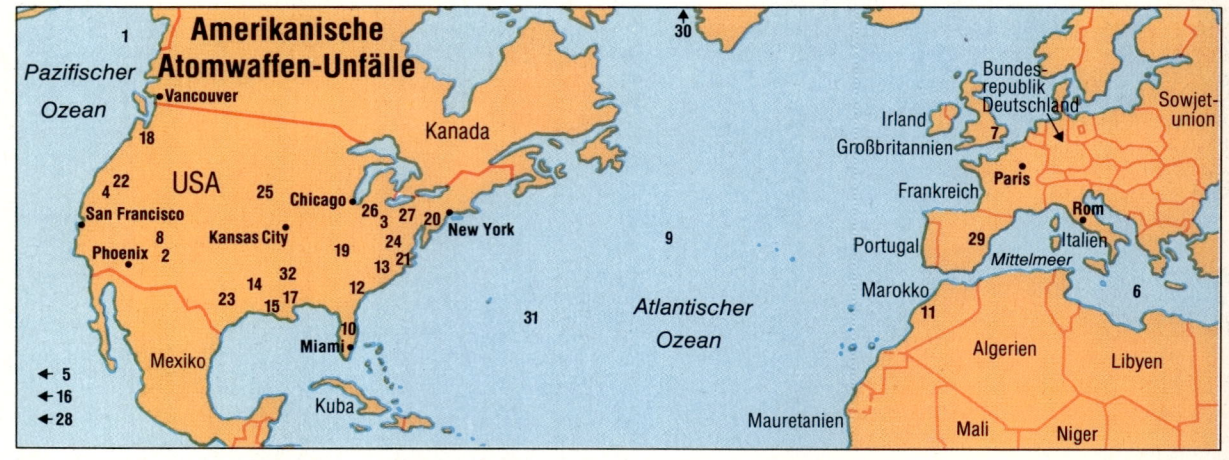

Seit 1950 wurden 32 Unfälle mit amerikanischen Atomwaffen registriert. Zwar ist es dabei in keinem Fall zu einer nuklearen Explosion (Detonation der »Nuklearkapsel« der Bombe oder Rakete) gekommen, aber häufig zu radioaktiver Verseuchung nach der Explosion der »konventionellen« Sprengladung der Kernwaffen.

1 13. Februar 1950: Notabwurf einer Atombombe von einem B-36-Bomber ins Meer.

2 11. April 1950: Ein B-29-Bomber mit einer Atombombe zerschellt an einem Berg und brennt aus. Keine Explosion.

3 13. Juli 1950: Ein B-50-Bomber stürzt mit einer Bombe ab, die hochexplosive Sprengladung detoniert.

4 5. August 1950: Eine B-29 stürzt kurz nach dem Start in der Nähe eines Campingplatzes ab. Explosion der Sprengladung. 19 Tote.

5 10. November 1950: Notabwurf einer Bombe über See.

6 10. März 1956: Nach einem mißglückten Auftankmanöver über dem Mittelmeer verschwindet eine B-47 mit Kernwaffenmaterial spurlos in den Wolken.

7 27. Juli 1956: Eine B-47 rast bei der Landung in England in einen Atomwaffen-Bunker. Die Bomben werden beschädigt, detonieren aber nicht.

8 22. Mai 1957: Eine B-36 verliert eine Bombe. Bei der Explosion der Sprengladung entsteht ein großer Krater.

9 28. Juli 1957: Notabwurf von zwei Kernwaffen über dem Atlantik. Sie werden nicht wiedergefunden.

10 11. Oktober 1957: Eine B-47 stürzt mit einer Bombe und einer nicht eingebauten Nuklearkapsel ab und brennt aus. Explosion der Sprengladung, jedoch keine Nukleardetonation.

11 31. Januar 1958: Eine B-47 mit einer Atombombe an Bord verunglückt beim Start und gerät in Brand. Keine Explosion, jedoch Verseuchung mit Alpha-Strahlen. Die Bevölkerung der Umgebung wird evakuiert.

12 5. Februar 1958: Notabwurf einer Bombe nach der Kollision einer B-47 mit einem F-86-Jäger vor der Küste von Georgia.

13 11. März 1958: Eine Kernwaffe wird versehentlich von einer B-47 abgeworfen und landet in einem Vorgarten. Ein Haus wird zerstört, Bewohner werden verletzt.

14 4. November 1958: Absturz einer B-47 kurz nach dem Start. Das Kernmaterial kann geborgen werden.

15 26. November 1958: Eine B-47 mit Kernwaffenladung gerät am Boden in Brand. Geringe Verseuchung.

16 18. Januar 1959: Ein F-100-Jagdbomber mit einer Atomrakete fängt am Boden Feuer.

17 6. Juli 1959: Absturz einer C-124, die eine Kernwaffe transportiert. Keine Explosion, geringe Verseuchung.

18 25. September 1959: Notwasserung eines P-5M-Marineflugzeuges. Eine Kernwaffe geht dabei verloren.

19 15. Oktober 1959: Kollision eines B-52-Bombers bei einem Auftankmanöver. Nach dem Absturz können eine intakte und eine teilweise verbrannte Atombombe geborgen werden.

20 7. Juni 1960: Explosion und Feuer zerstören eine »Bomarc«-Luftabwehrrakete in einer Bereitschaftsstellung. Geringe Strahlenverseuchung bei der Zerstörung des atomaren Gefechtskopfes.

21 24. Januar 1961: Eine auseinanderbrechende B-52 verliert zwei Atombomben, von denen eine in einem Sumpfgelände unauffindbar versinkt.

22 14. März 1961: Beim Aufprall einer abgestürzten B-52 reißen beide Atombomben ab, explodieren jedoch nicht.

23 13. November 1963: In einem Vorratsbunker in Texas explodieren 60 Tonnen hochexplosive Bestandteile von Atomwaffen.

24 13. Januar 1964: Absturz einer B-52 mit zwei Nuklearbomben.

25 5. Dezember 1964: Versehentlich wird der Countdown einer Minuteman-Langstrecken-Rakete ausge-löst, der Start kann aber vor dem Schärfen des atomaren Sprengkopfes noch gestoppt werden.

26 8. Dezember 1964: Ein B-58-Bomber mit fünf Kernwaffen an Bord gerät am Boden in Brand.

27 11. Oktober 1965: Ein C-124-Transportflugzeug gerät beim Tanken in Brand. Teile der Kernwaffen verbrennen. Geringe Verseuchung.

28 5. Dezember 1965: Ein A-4-Bomber mit einer Kernwaffe stürzt von einem Flugzeugträger ins Meer. Er kann nicht geborgen werden.

29 17. Januar 1966: Bei Palomares in Spanien stürzt eine B-52 mit vier Wasserstoffbomben ab. Da die Sprengladung von zwei Bomben explodiert, wird radioaktives Material (Plutonium) freigesetzt. 1750 Tonnen verseuchtes Erdreich werden nach USA abtransportiert.

30 21. Januar 1968: Eine B-52 stürzt bei Thule (Grönland) ab. Alle vier Wasserstoffbomben werden durch Feuer zerstört, leichte radioaktive Verseuchung.

31 Frühling 1968: Ein Scorpion-U-Boot versinkt mit 99 Mann Besatzung und Atomraketen im Atlantik.

32 19. September 1980: Bei Damascus (Arkansas) explodiert der Brennstoff einer Titan-Langstrecken-Rakete. Der Atomsprengkopf wird aus dem Silo 200 Meter weit herausgeschleudert.

Quelle: Stern

Philip Blaiberg (ganz links und ganz rechts) ist der zweite Herzpatient Barnards.

Zweiter Herzpatient

2. Januar. Im Kapstadter Grote-Schuur-Hospital erhält der 58jährige Zahnarzt Philip Blaiberg vom Operationsteam unter Leitung von Professor Christiaan Barnard als zweiter Mensch ein fremdes Herz eingesetzt. Es ist das Herz eines tödlich verunglückten Farbigen, das nach der Übertragung laut Krankenhausbulletin ausgezeichnet arbeitet. Blaiberg erholt sich bis Ende des Monats so gut vom Eingriff, daß Aussichten bestehen, er könne den Eingriff als erster Mensch überleben.

Dubček Parteichef

5. Januar. In der Tschechoslowakei gibt es nach einem bereits seit Monaten andauernden ideologischen Streit innerhalb der Kommunistischen Partei eine Umbesetzung in der Führungsspitze, deren weitreichende Folgen noch nicht abgesehen werden können. Das Zentralkomitee beschließt am 5. Januar, die Funktion des Staatspräsidenten von der Funktion des Ersten Sekretärs des ZK der KPČSSR zu trennen und entbindet ihren Amtsinhaber Antonin Novotny von der Funktion des Parteichefs. Sein Nachfolger wird der Erste Sekretär der KP der Slowakei, Alexander Dubček. Er fährt am 29./30. Januar nach Moskau, um die Kremlführung vom Ausmaß vorzunehmender wirtschaftlicher und sonstiger Reformen zu unterrichten und erzielt laut Schlußkommuniqué volle Übereinstimmung.

Orkane, Erdbeben und Kälte in USA und Europa fordern zahlreiche Todesopfer

15. Januar. Das neue Jahr bringt in den USA und in Europa gleich mehrere Naturkatastrophen, denen zahlreiche Menschen zum Opfer fallen. In den USA werden bis 11. Januar 76 Opfer einer ungewöhnlichen Kältewelle gemeldet. Ein eisiger Sturm fegt über große Gebiete des amerikanischen Südostens. In Massena im Bundesstaat New York werden minus 33 Grad Celsius gemessen.

Am 15. Januar tobt ein heftiger Orkan über Nordwesteuropa. In Glasgow (Schottland) stürzen zahlreiche Häuser ein. Auf den Britischen Inseln kommen 16 Menschen ums Leben, mehrere hundert werden verletzt.

Am gleichen Tag wird Sizilien von einem Erdbeben betroffen, das mehrere Ortschaften in den Provinzen Trapani, Agrigento und Palermo zerstört. Neben den Opfern gelten noch Tage nach der Katastrophe 600 Personen als vermißt. Die Zahl der Obdachlosen wird mit 100 000 bis 150 000 angegeben.

1968
FEBRUAR

Mo	Di	Mi	Do	Fr	Sa	So
			1	2	3	4
5	6	7	8	9	10	11
12	13	14	15	16	17	18
19	20	21	22	23	24	25
26	27	28	29			

3. Bundeskanzler Kurt Georg Kiesinger wird während eines offiziellen Besuchs bei der italienischen Regierung von Papst Paul VI. in Privataudienz empfangen.

5. Der 500. Soldat der Volksarmee der DDR ist seit Errichtung der Berliner Mauer in den Westen geflüchtet.

6. Eröffnung der X. Olympischen Winterspiele in Grenoble (Frankreich). →

6. Deutsche Bundesbahn nimmt Verkehr mit Container-Schnellgüterzügen zwischen den Häfen Hamburg und Bremen und dem Binnenland auf.

7. Österreichischer Nationalrat verabschiedet ein Gesetz über die endgültige Abschaffung der Todesstrafe.

8. Erstes Treffen der spanischen Königsfamilie auf spanischem Boden seit dem Sturz der Monarchie im Jahre 1931. Anlaß ist die Taufe des Prinzen Felipe. →

10. Die New Yorker Müllabfuhr beendet zehntägigen Streik, der zu chaotischen Verhältnissen in der Millionenstadt führte.

13. Amerikanische B-52-Bomber greifen Vietcong-Verbände in den Außenbezirken der südvietnamesischen Hauptstadt Saigon an. →

17. Uraufführung der Komödie »Amphytrion« von Peter Hacks in Göttingen.

17. Erstmals in der Geschichte predigt ein katholischer Geistlicher in Moçambique in einer mohammedanischen Moschee. →

18. Deutsche Erstaufführung des Schauspiels »Der Architekt und der Kaiser von Syrien« von Fernando Arrabal in einer Niels-Peter-Rudolph-Inszenierung in Bochum.

18. Einführung der Mitteleuropäischen Zeit (MEZ) in Großbritannien.

24. Südvietnamesische und US-Verbände greifen Huê an. →

25. Erzbischof Makarios wird für fünf Jahre zum Staatspräsidenten von Zypern gewählt.

26. Großbrand in 100 Jahre alter Nervenheilanstalt bei Shrewsbury in England kostet 24 älteren Frauen das Leben.

26. Das amerikanische Verteidigungsministerium verfügt die Einstellung der ständigen Bereitschaftsflüge von B-52-Bombern mit Kernwaffen an Bord.

Offensive der Vietcong in Südvietnam

13. Februar. Ungeachtet einer 18tägigen Bombardierungspause der US-Luftwaffe gehen die Vietcong-Streitkräfte in diesem Monat zu einer großen Offensive in Südvietnam über und dringen bis in die Außenbezirke der Hauptstadt Saigon vor. Die Verbündeten Armeen der USA und Südvietnams beginnen den Angriff auf die Kaiserstadt Huê, die seit langem von Vietcong besetzt ist und stürmen am 24. Februar den Kaiserpalast und die Zitadelle, die letzten Vietcong-Stützpunkte in der Stadt.

Treffen der spanischen Königsfamilie

8. Februar. Zu einem mit großer Aufmerksamkeit registrierten Treffen der spanischen Königsfamilie kommt es anläßlich der Taufe von Prinz Felipe in Madrid. Erstmals seit dem 15. April 1931, als die Monarchie in Spanien gestürzt worden ist, kommen alle Mitglieder der Familie auf spanischem Boden zusammen.

Prinz Juan Carlos, der Vater des Täuflings, hat seinen ständigen Wohnsitz in Spanien. Sein Vater wiederum, der offiziell als Thronprätendent gilt, Don Juan de Borbon y Battenberg, ist zum zweitenmal seit der Vertreibung in Spanien, die 81jährige Königinwitwe Victoria Eugenia zum erstenmal.

Erste Predigt eines Katholiken in einer Moschee

17. Februar. Erstmals in der Geschichte predigt ein katholischer Geistlicher in einer mohammedanischen Moschee. In Villa Cabral in Moçambique ist ein Abgesandter der römischen Kurie der Einladung der örtlichen geistlichen Führer gefolgt. Der Geistliche predigt über die Gebetsmeinung des Papstes zum Weltfrieden.

Gold für Deutsche

Strahlende Sieger in Grenoble: Erhard Keller (l.) und Franz Keller.

18. Februar. Die X. Olympischen Winterspiele in Grenoble enden mit einem unerwarteten Ergebnis. Norwegen erkämpft sechs Goldmedaillen und damit eine mehr als die hochfavorisierte Sowjetunion, die bei den drei vorangegangenen Winterolympiaden in Cortina, Squaw Valley und Innsbruck im Medaillenspiegel den ersten Platz behauptet hat.

Erstmals gehen bei Olympischen Spielen zwei deutsche Mannschaften an den Start. Die Bundesrepublik stellt zwei Olympiasieger: Franz Keller aus Nesselwang holt die Goldmedaille in der Nordischen Kombination und der Münchner Medizinstudent Erhard Keller gewinnt die Goldmedaille im Eisschnellauf über 500 Meter. Der DDR bleibt ein ähnlicher Erfolg versagt, denn nach ihrer Goldmedaille im Doppelsitzer der Rennrod-

ler werden den siegreichen DDR-Mädchen Gold und Silber wieder aberkannt, nachdem sich herausgestellt hat, daß sie ihre Kufen unerlaubterweise vor dem Start angewärmt haben, um im Eiskanal schneller als die Konkurrenz zu sein. Zum überragenden Star dieser Winterspiele wird der Franzose Jean-Claude Killy, der erstmals seit dem Kitzbüheler Toni Sailer alle drei Goldmedaillen in den Alpinen Wettbewerben gewinnt und die Österreicher und Schweizer auf die Plätze verweist.

Für eine der größten olympischen Sensationen sorgt der Italiener Franco Nones, der als erster Südeuropäer den 30-km-Skilanglauf gewinnt. Ebenso enttäuschend für die Nordländer ist der Ausgang des Skisprunglaufs, den der Tscheche Jiri Raska und der Russe Wladimir Belousow gewinnen.

Star der Winterspiele ist der Franzose Jean-Claude Killy.

Die Schwedin Toini Gustafsson gewinnt zweimal Gold im Langlauf.

1968
MÄRZ

Mo	Di	Mi	Do	Fr	Sa	So
				1	2	3
4	5	6	7	8	9	10
11	12	13	14	15	16	17
18	19	20	21	22	23	24
25	26	27	28	29	30	31

1. Rumänische Delegation verläßt wegen Meinungsverschiedenheiten mit der Sowjetunion die Konsultativkonferenz der kommunistischen Parteien zur Vorbereitung eines KP-Gipfeltreffens in Budapest.

2. USA stellen auf Air-Force-Basis in Puerto Rico größtes Flugzeug der Welt vor.

4. Joe Frazier (USA) wird durch K.-o.-Sieg in der elften Runde gegen Buster Mathis (USA) in New York Boxweltmeister aller Klassen nach WBC-Version.

6. Die Bauarbeiten am Euphrat-Staudamm beginnen mit einem Festakt. →

6. Deutschland gewinnt ein Fußballänderspiel gegen Belgien in Brüssel mit 3 : 1.

8. Polizei und Miliz geht gegen Demonstration mehrerer tausend Studenten in Warschau vor. →

12. Insel Mauritius im Indischen Ozean wird unabhängige Republik und 27. Mitglied des Britischen Commonwealth.

12. Deutsche Erstaufführung des US-Spielfilms »Kaltblütig« von Richard Brooks nach dem Roman von Truman Capote.

13. Ehemaliger oberster Polizeichef der ČSSR Miroslav Mamula verhaftet. →

16. Herzpatient Philip Blaiberg wird aus dem Grote-Schuur-Hospital in Kapstadt entlassen (→ Januar).

16. Senator Robert Kennedy gibt seine Bewerbung um die Nominierung als Präsidentschaftskandidat der Demokratischen Partei bekannt.

19. Kronprinz Harald, einziger Sohn von König Olav V. von Norwegen, verlobt sich mit der Kaufmannstochter Sonja Haraldsen.

22. Antonin Novotny tritt als Staatspräsident der Tschechoslowakei zurück. →

30. Ludvik Svoboda von ČSSR-Nationalversammlung als neuer Staatspräsident gewählt. →

31. Lyndon B. Johnson gibt Verzicht auf eine erneute Präsidentschaftskandidatur in den USA bekannt.

GESTORBEN:

27. Jurij Gagarin (* 9. 3. 1934), UdSSR-Kosmonaut. →

31. Elly Ney (* 27. 9. 1882), deutsche Pianistin.

Jurij Gagarin stirbt bei Flugzeugunglück

27. März. Der erste Mensch im Weltraum, UdSSR-Kosmonaut Jurij Gagarin, kommt bei einem Flugzeugunglück ums Leben. Er ist mit dem Ausbilder Oberst Wladimir Serjogin mit einem zweisitzigen strahlengetriebenen Übungsflugzeug von einem Flugplatz bei Moskau gestartet, um die Technik der Steuerung zu vervollkommnen. Laut offiziellem Bulletin der UdSSR-Behörden ist das Unglück bei der Rückkehr zum Flughafen geschehen, nachdem der Testauftrag erfolgreich beendet war.

Jurij Gagarin †.

Brandt wieder SPD-Vorsitzender

21. März. Die Vorstandswahlen zum Schluß des XII. Ordentlichen Parteitages der SPD in Nürnberg bringen folgendes Ergebnis: Willy Brandt wird mit 325 gegen acht Stimmen als Vorsitzender wiedergewählt. Stellvertreter werden Helmut Schmidt (261 gegen 69 Stimmen) und Herbert Wehner (270 gegen 57 Stimmen).

Baubeginn des Euphratdammes

6. März. Mit einem Festakt beginnen in Tabaka, etwa 160 Kilometer von der Türkei entfernt, die Bauarbeiten am Euphratdamm. Das Riesenprojekt wird von der Sowjetunion finanziert und soll das Nationaleinkommen Syriens um 200 Millionen Dollar pro Jahr steigern.

Studenten und Arbeiter in Polen rebellieren

8. März. Während in der ČSSR ein im Westen mit Verblüffung registrierter Demokratisierungsprozeß abrollt, der durch Rücktritte und Ablösung der langjährigen Spitzenfunktionäre offenkundig wird, kommt es in Polen zu schweren Zusammenstößen zwischen demonstrierenden Studenten und der Polizei. In Warschau und Krakau fordern Tausende von Studenten demokratische Freiheiten für das Land und werden bald von Betriebsversammlungen in den Fabriken mit ähnlichen Forderungen unterstützt. Die Ordnungskräfte gehen hart vor und verhaften nach offiziellen Angaben 1208 Personen, darunter 367 Studenten.

Die polnischen Bischöfe stellen sich in einer Botschaft an die katholischen Gläubigen des Landes am 24. März auf die Seite der Demonstranten und empfehlen der Regierung einen fortschrittlicheren Kurs. Nach andauernden Unruhen wird die Universität Warschau am 30. März zum größten Teil geschlossen.

Preisgekrönte Filme laufen an

7. März. Mit einer ganzen Reihe vielbeachteter Erstaufführungen erleben deutsche Filmfreunde in diesem Monat einen wahren Kinoboom. Endlich bekommen sie die preisgekrönten Leinwandwerke zu sehen. Es beginnt am 7. März mit dem zweiten Teil des sowjetischen Films »Krieg und Frieden« von Sergej Bondartschuk, der dafür einen »Oscar« als bester Auslandsfilm des Jahres erhält. Einen Tag später kommt der Streifen »Engelchen oder Die Jungfrau von Bamberg« von Marian Gosov in die Kinos.

Gila von Weitershausen erhält für ihre Rolle darin ein Filmband in Gold als beste Nachwuchsschauspielerin 1968. Am 21. März folgt der amerikanische Spielfilm »Rate mal, wer zum Essen kommt« von Stanley Kramer mit Sidney Poitier und Katharine Hepburn, die dafür einen »Oscar« 1967 erhalten hat.

1968

APRIL

Mo	Di	Mi	Do	Fr	Sa	So
1	2	3	4	5	6	7
8	9	10	11	12	13	14
15	16	17	18	19	20	21
22	23	24	25	26	27	28
29	30					

2. Ernst Benda (CDU) als neuer Bundesinnenminister und Nachfolger des wegen Verzögerung der Wahlrechtsreform zurückgetretenen Paul Lücke vereidigt.

4. US-Bürgerrechtler Martin Luther King bei Attentat in Memphis (Tennessee) tödlich verletzt. →

4. Mit der Wahl eines neuen ZK-Präsidiums wird in der Tschechoslowakei der Demokratisierungsprozeß fortgesetzt. →

6. Pierre E. Trudeau wird neuer kanadischer Premierminister. →

9. Neue ČSSR-Regierung unter der Leitung von Ministerpräsident Oldrich Černik nimmt die Arbeit auf. →

11. Mordanschlag auf Studentenführer Rudi Dutschke in Berlin. →

17. Deutschland und die Schweiz trennen sich im Fußballänderspiel in Basel 0 : 0.

20. Absturz einer vierstrahligen Düsenmaschine der South Africa Airlines bei Windhuk fordert 123 Todesopfer.

23. Das Internationale Olympische Komitee schließt Südafrika von den Spielen in Mexiko aus. →

26. Uraufführung der Einakter »Der Hundsprozeß« und »Herakles« von Hartmut Lange in einer Inszenierung von Hansgünther Heyme an der Schaubühne am Halleschen Ufer in Berlin.

27. Jimmy Ellis (USA) wird durch Punktsieg gegen Jerry Quarry (USA) in Oakland Boxweltmeister aller Klassen nach WBA-Version.

28. NPD gewinnt bei Landtagswahlen in Baden-Württemberg 12 Mandate. →

30. Sondersitzung des Deutschen Bundestages über die Studentenunruhen. →

GESTORBEN:

1. Lew Landau (* 22. 1. 1909), sowjetischer Physiker.

4. Martin Luther King (*15. 1. 1929), amerikanischer Bürgerrechtler. →

7. Jim Clark (* 4. 3. 1936), englischer Autorennfahrer.

16. Edna Ferber (* 15. 8. 1887), amerikanische Schriftstellerin.

25. Harald Kreutzberg (* 11. 12. 1902), österreichischer Tänzer.

25. Carl Haensel (* 12. 11. 1889), deutscher Schriftsteller.

Martin L. King tot

4. April. Auf dem Balkon eines Hotels in Memphis (Tennessee) wird der Führer der amerikanischen Bürgerrechtsbewegung, Martin Luther King, während einer Ansprache tödlich verletzt. Die Schüsse gibt ein weißer Attentäter vom gegenüberliegenden Fenster eines Hotels mit einem Gewehr ab. Er kann entkommen.

Für die von King gegründete gewaltlose Bewegung zur Besserung der Lage der Farbigen in den USA bedeutet der Mordanschlag einen großen Rückschlag. Zwar wird noch am selben Tag Reverend Ralph W. Abernathy mit der Führung der Bewegung betraut, doch hat die Persönlichkeit Martin Luther Kings bei positiv ausgegangenen Verhandlungen mit den US-Behörden eine entscheidende Rolle gespielt. Er kann die Verabschiedung und Unterzeichnung des von ihm miterkämpften »Bürgerrechtsgesetzes 1968« nicht mehr erleben, das nur wenige Tage nach seinem Tod am 11. April von Präsident

Martin Luther King †.

Lyndon B. Johnson in Kraft gesetzt wird und die Diskriminierung der Farbigen in wesentlichen Punkten beendet.

Die Nachricht von seinem Tod löst in vielen Städten der USA schwere Rassenunruhen aus, denen bis zum 11. April 46 Menschen zum Opfer fallen und die Sachschäden in Höhe von 45 Millionen Dollar zur Folge haben.

Die Witwe Coretta King und Pastor Abernathy führen einen Schweigemarsch an.

Olympia-Sperre

23. April. Das Internationale Olympische Komitee kommt einem drohenden Boykott der Sommerspiele in Mexiko durch die schwarzafrikanischen Staaten zuvor und schließt Südafrika, das seine Rassentrennungspolitik fortsetzt, von der Teilnahme in Mexiko aus.

Trudeau Premier

6. April. Als Nachfolger für den zurückgetretenen Lester B. Pearson wählt der Nationalkonvent der Liberalen Partei Kanadas den bisherigen Justizminister Pierre Elliott Trudeau zum neuen Parteivorsitzenden und neuen Premierminister des Landes.

Attentat auf Dutschke

Der Studentenführer Rudi Dutschke.

11. April. Ein 23jähriger Anstreicher unternimmt am Gründonnerstag auf dem Kurfürstendamm in Berlin ein Revolverattentat auf Rudi Dutschke, den Führer des Sozialistischen Deutschen Studentenbundes (SDS), und verletzt ihn schwer. Der Attentäter wird nach einem Schußwechsel mit der Polizei festgenommen. In ganz Deutschland löst der Mordanschlag Demonstrationen und zum Teil blutige Zusammenstöße mit der Polizei aus. Vor allem die studentische Jugend sieht in dem Anschlag auf den führenden Kopf der sogenannten Außerparlamentarischen Opposition (APO) eine Folge der Haltung der Springerpresse und ihrer Berichterstattung über die unruhige Jugend der letzten Monate. Bei Auseinandersetzungen in München gibt es zwei Todesopfer. Der Deutsche Bundestag hält eine Sondersitzung am 30. April über die Studentenunruhen ab.

Die Schuhe und das Fahrrad Dutschkes kennzeichnen den Ort des Attentats.

NPD im Landtag von Stuttgart

28. April. Mit starken Stimmenverlusten für die in großer Koalition mit der CDU in Stuttgart regierende SPD enden die Landtagswahlen in Baden-Württemberg. Die Sozialdemokraten kommen nur noch auf 29 Prozent. Die CDU erreicht immerhin noch 44,2 Prozent. Die NPD erhält 12 Mandate.

Säuberungen in Polen

8. April. Anders als in der ČSSR hat die Demokratisierungsbewegung in Polen keine Folgen für die dortigen Machthaber. Die Partei reagiert im Gegenteil mit harten Gegenmaßnahmen und nimmt eine umfassende Säuberungsaktion vor, der auch der Vorsitzende des Staatsrates, Edward Ochab, zum Opfer fällt.

Demokratisierung in der ČSSR wird fortgesetzt

9. April. Der als »Prager Frühling« in die Geschichte eingegangene Demokratisierungsprozeß in der ČSSR geht mit unvermindertem Tempo weiter. Für die Öffentlichkeit wird die neue Entwicklung vor allem in der Ablösung von Machtträgern deutlich, die oft seit der Stalinära die Geschicke von Partei und Regierung bestimmt haben.

An ihre Stelle treten Reformpolitiker, die erstmals – wie die Mitglieder des neuen Präsidiums des ZK am 4. April – in geheimer Wahl bestimmt werden. So wird bei der Wahl des neuen Regierungschefs Oldrich Černik und des neuen Parlamentspräsidenten Josef Smrkovský ebenfalls verfahren.

Entscheidender aber als die Personalveränderungen sind die ersten programmatischen Aussagen der neuen Politiker, die für ein kommunistisch regiertes Land absolut neue Vorstellungen und Ziele enthalten.

So enthält das Anfang April veröffentlichte Aktionsprogramm der KP der ČSSR die Forderung des inneren Demokratisierungsprozesses auf allen Gebieten des öffentlichen Lebens. Dazu soll die Nationalversammlung mit allen Vollmachten ausgestattet werden, die »ein Parlament in einer demokratischen Republik« besitzt.

Anhäufung von Machtpositionen wie in der Vergangenheit müsse vermieden, das persönliche Recht des einzelnen und das Recht auf Eigentum müssen geschützt werden. Auf wirtschaftlichem Gebiet spricht das Aktionsprogramm der Partei von Zusammenarbeit mit kapitalistischen Staaten ohne Vorbehalte und der Möglichkeit einer dezentralisierten Verwaltung der Betriebe.

Auch in der Regierungserklärung des neuen Ministerpräsidenten Oldrich Černik am 24. April klingen ähnliche Tendenzen an. Černik spricht von der vordringlichen Aufgabe seines Kabinetts, Maßnahmen zur Demokratisierung des öffentlichen Lebens einzuleiten und sich für die Rehabilitierung von zahlreichen zu Unrecht verurteilten und gemaßregelten Bürgern des Landes einzusetzen.

1968
MAI

Mo	Di	Mi	Do	Fr	Sa	So
		1	2	3	4	5
6	7	8	9	10	11	12
13	14	15	16	17	18	19
20	21	22	23	24	25	26
27	28	29	30	31		

1. Der Präsident des Bundesnachrichtendienstes, Reinhard Gehlen, wird von Gerhard Wessel abgelöst.

2. Tschechoslowakische Bischöfe werden von Papst Paul VI. in Rom empfangen.

7. Die Zahl der offenen Stellen in der Bundesrepublik übersteigt erstmals wieder die Zahl der Arbeitslosen.

7. Deutschland und Wales trennen sich im Fußballländerspiel in Cardiff mit 1 : 1.

11. Uraufführung des Schauspiels »Kaspar« von Peter Handke in einer Claus-Peymann-Inszenierung am Theater am Turm in Frankfurt.

12. Bei einer Brandkatastrophe während einer Hochzeitsfeier in einem indischen Dorf kommen 68 der 300 Gäste ums Leben.

13. Beginn der amerikanisch-nordvietnamesischen Friedensgespräche in Paris.

14. Kaufhausbrandstifter Andreas Baader vom Frankfurter Schwurgericht zu drei Jahren Zuchthaus verurteilt.

20. Filmfestival in Cannes wegen der innenpolitischen Unruhen in Frankreich abgebrochen. →

23. AC Mailand gewinnt den Europacup der Pokalsieger durch 2 : 0-Sieg gegen den Hamburger SV in Rotterdam.

25. Der 1. FC Nürnberg wird nach Abschluß der fünften Bundesligasaison Deutscher Fußballmeister 1968.

28. U-Boot »Scorpion« der US-Kriegsmarine mit 99 Mann Besatzung im östlichen Atlantik untergegangen.

29. Der Belgier Eddy Merckx beendet den Giro d'Italia zum erstenmal als Sieger.

29. Manchester United gewinnt den Europacup der Meister durch 4 : 1-Sieg n. V. gegen Benfica Lissabon in London.

30. Der Staatspräsident Charles de Gaulle löst die französische Nationalversammlung auf. →

30. Deutscher Bundestag verabschiedet eine Notstandsverfassung für die Bundesrepublik Deutschland. →

GESTORBEN:

28. Cornelius Kees van Dongen (* 26. 1. 1877), niederländischer Maler.

Nach einer Demonstration (das Bild zeigt den Zug auf dem Boulevard St-Michel) kommt es im Pariser Universitätsviertel Quartier Latin zu Straßenschlachten.

Chaos in Frankreich

3. Mai. Nach heftigen Studentenunruhen und einer in Fabrikbesetzungen gipfelnden Streikwelle steht Frankreich am Rande eines Chaos, das die Regierung mit polizeistaatlichen Mitteln zu bekämpfen sucht. Anlaß der Unruhen ist die Schließung der Fakultät Nanterre der Pariser Universität durch den Rektor. Gegen die etwa 400 dagegen demonstrierenden Studenten marschiert am 3. Mai Polizei in die Sorbonne ein und drängt die Studenten aus der Hochschule. Das ist das Signal für eine Straßenschlacht im Studentenviertel Quartier Latin, als deren Folge die Sorbonne noch am selben Tag geschlossen wird.

In den folgenden Tagen kommt es in Paris und anderen Universitätsstädten zu schweren Auseinandersetzungen zwischen Demonstranten und Polizei, die zum Teil bürgerkriegsähnliche Ausmaße erreichen. Einer der Führer der Studentenbewegung ist der deutschstämmige Daniel Cohn-Bendit, der seit langem für Reformen an den Universitäten des Landes kämpft. Wegen des brutalen Vorgehens der Polizei rufen die Gewerkschaften für den 13. Mai einen 24stündigen Solidaritätsstreik für die Studenten aus, der in eine allgemeine Streikbewegung ausufert. Es kommt zur Besetzung der Renault-Werke und anderer Fabriken durch Arbeiter. Die Gewerkschaften stellen Forderungen nach Lohnerhöhungen, kürzerer Arbeitszeit und Beteiligung der Arbeitnehmer an den Sozialeinrichtungen. Am 20. Mai streiken bereits fünf Millionen Franzosen.

Die Gewerkschaften führen den Streik bewußt als Arbeitskampf und vermeiden weitgehend Kontakte mit den Studenten. Politische Forderungen werden nur vereinzelt erhoben. In dieser Situation greift Präsident de Gaulle ein und erklärt am Abend des 24. Mai im Fernsehen die Bereitschaft der Regierung zur Durchführung weitgehender sozialer Reformen und einer Neuordnung des Universitätswesens. Es kommt am 27. Mai zur Einigung zwischen Regierung und Gewerkschaften, die Lohnerhöhungen und stufenweise Einführung der 40-Stunden-Woche vorsieht. De Gaulle weist am 30. des Monats alle Rücktrittsforderungen zurück, löst das Parlament auf und schreibt Neuwahlen aus.

Franzosen bekunden mit einer Demonstration ihre Sympathie für de Gaulle.

Notstands-Proteste

13. Mai. Auch in der Bundesrepublik gehen die Studenten auf die Straße, allerdings kommt es nicht zu harten Konfrontationen wie in Frankreich. Die deutschen Studenten protestieren gegen die beabsichtigte Verabschiedung einer Notstandsverfassung, in der viele Gegner eine Bedrohung demokratischer Grundrechte sehen. Höhepunkt der Proteste ist ein Sternmarsch, zu dem am 13. Mai etwa 30 000 Demonstranten in Bonn zusammenkommen. Der Bundestag verabschiedet am 30. Mai die Notstandsverfassung mit 384 gegen 100 Stimmen, wobei etwa 50 Abgeordnete der SPD zusammen mit der FDP dagegen votieren.

Bonner Demonstration gegen die geplante Notstandsverfassung.

Prozeß um Contergan

27. Mai. Das Bergbaustädtchen Alsdorf nahe der belgischen Grenze erlebt die erste Verhandlung eines der aufwendigsten Prozesse der deutschen Rechtsgeschichte. In einem von den Aachener Justizbehörden von einer Bergbaufirma angemieteten Saal – in der gesamten Umgebung hat es keinen genügend großen Raum gegeben, der zwei Jahre lang zur Verfügung stehen könnte – müssen sich sieben leitende Angestellte der Stolberger Chemiewerke Grünenthal wegen der Folgen eines Pharma-Skandals ohnegleichen verantworten.

In der Verhandlung geht es zunächst um die strafrechtliche Seite einer Tragödie, die Menschen in der ganzen westlichen Welt betrifft. Das von der Chemie Grünenthal unter dem Handelsnamen »Contergan« in Umlauf gebrachte Schlafmittel Thalidomid soll für Mißbildungen bei Tausenden von Kindern verantwortlich sein, deren Mütter es während der Schwangerschaft eingenommen haben. In der Bundesrepublik sind bei Prozeßbeginn 2625 Kinder bekannt, die körperliche Schäden infolge Verwendung von Contergan durch die Mutter davongetragen haben sollen. 23 Elternpaare solcher sogenannter Contergan-Kinder treten im Prozeß als Nebenkläger auf und hoffen auf zivilrechtliche Schritte nach Abschluß des Strafprozesses gegen die Firma. Prozeßbeobachter rechnen mit einer mindestens zweijährigen Verhandlungsdauer, zu der ein Massenaufgebot von Richtern, Rechtsanwälten und Gutachtern beitragen wird (→ September 1970).

Kritik am ČSSR-Regime

8. Mai. Aus den Staaten des Warschauer Paktes, vor allem aus der UdSSR, kommen vermehrt kritische Stimmen über die Entwicklung in der ČSSR. Die Sowjetunion läßt sich in einer Kette nicht abreißender Konferenzen von den neuen Führern der ČSSR die Lage laufend erläutern. Nach Besuchen der ČSSR-Führungsspitze in Moskau (4. und 5. Mai) kommt es dort am 8. Mai zum entscheidenden Treffen der anderen Staatsmänner des Ostblocks, auf dem DDR-Staatsratsvorsitzender Walter Ulbricht den Einsatz von Truppen des Warschauer Paktes gefordert haben soll. Nach einem überraschenden – als Kuraufenthalt deklarierten – Besuch von Ministerpräsident Alexej Kossygin in der ČSSR rücken sowjetische Truppeneinheiten am 31. Mai zu Stabsmanövern in das Land ein.

1968

JUNI

Mo	Di	Mi	Do	Fr	Sa	So
					1	2
3	4	5	6	7	8	9
10	11	12	13	14	15	16
17	18	19	20	21	22	23
24	25	26	27	28	29	30

1. Deutschland gewinnt ein Fußballländerspiel gegen England in Hannover mit 1 : 0.

6. Auf Senator Robert Kennedy wird in Los Angeles ein Attentat verübt. Kennedy wird tödlich verletzt. →

9. Jugoslawiens Staatspräsident Josip Broz Tito sagt nach einwöchigen Studentenunruhen in Belgrad politische und soziale Reformen zu.

10. Italien gewinnt durch einen 2 : 0-Sieg gegen Jugoslawien den erstmals vergebenen Titel eines Fußball-Europameisters.

11. Die DDR führt Visumzwang für Berlin-Reisen aus der Bundesrepublik ein.

12. Hans Filbinger bildet neues CDU/SPD-Koalitionskabinett in Baden-Württemberg.

16. Deutschland gewinnt ein Fußballländerspiel gegen Brasilien in Stuttgart mit 2 : 1.

20. Gleich drei US-Athleten stellen an einem Tag mit 9,9 Sekunden einen neuen Weltrekord über 100 m auf. →

23. Panik nach einem Fußballspiel in Buenos Aires: 73 Todesopfer und über 100 Verletzte.

24. Joe Frazier verteidigt seinen Box-WM-Titel nach Version des World Boxing Council durch K.-o.-Sieg in der zweiten Runde gegen Manuel Ramos in New York (→ September).

25. Die Nationalversammlung der ČSSR verabschiedet ein Rehabilitationsgesetz für die Opfer politischer Prozesse seit 1948. →

26. Der Christdemokrat Giovanni Leone bildet nach Rücktritt von Aldo Moro Regierung in Italien.

27. In der Tschechoslowakei wird das Manifest der 2000 Worte veröffentlicht. →

30. Gaullisten erringen bei Wahlen in Frankreich absolute Mehrheit in der Nationalversammlung.

30. Walter Ulbricht zum 75. Geburtstag von UdSSR-Staatsoberhaupt Nikolai Podgorny mit dem »Orden der Oktoberrevolution« ausgezeichnet.

GESTORBEN:

6. Robert Kennedy (* 20. 11. 1925), amerikanischer Politiker. →

14. Salvatore Quasimodo (* 20. 8. 1901), italienischer Dichter, Nobelpreis 1959.

Robert Kennedy tot

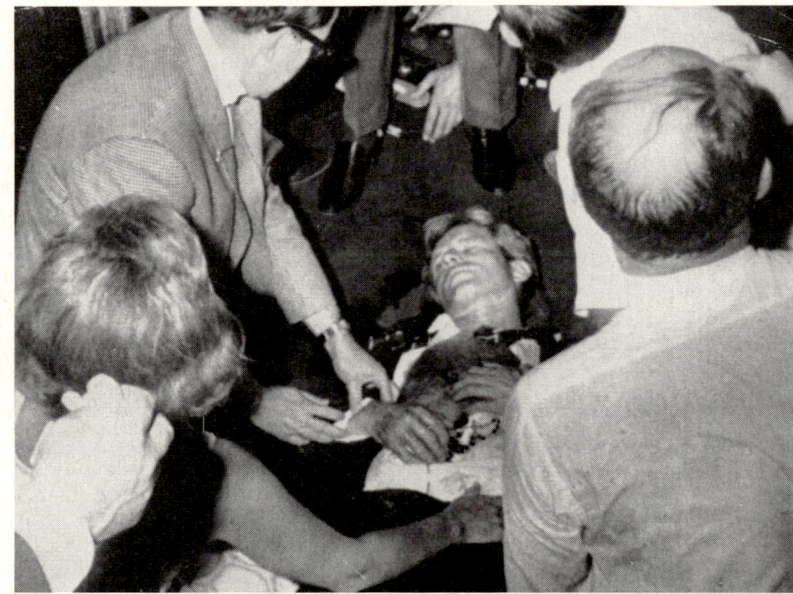

Senator Robert Kennedy, Bruder des ermordeten Präsidenten John F. Kennedy, wird bei einem Attentat in Los Angeles durch Schüsse tödlich verletzt.

6. Juni. Einen Tag nach einem Attentat stirbt Senator Robert Kennedy an den Folgen der Schußverletzungen in einer Klinik in Los Angeles. Als Täter kann der Jordanier Sirhan Bishara Sirhan festgenommen werden, der 1957 in die USA eingewandert ist und zuletzt in Pasadena (Kalifornien) gelebt hat. Bei dem Attentat werden weitere fünf Personen verletzt. Kennedy wird am 7. Juni in der St.-Patricks-Kathedrale aufgebahrt und einen Tag später auf dem Heldenfriedhof Arlington bei Washington an der Seite seines 1963 ermordeten Bruders John F. beigesetzt. Robert Kennedys politische Karriere war nach dem Tod seines Bruders unterbrochen worden, als er wegen Spannungen mit Präsident Lyndon B. Johnson 1964 aus dem Amt des US-Justizministers schied und nur noch im Senat als einer der schärfsten Kritiker der Vietnampolitik Johnsons agierte. Im März hat er seine Kandidatur für das Präsidentenamt der USA angemeldet und sich in der Demokratischen Partei um Zustimmung bemüht.

Weltrekordjagd bei amerikanischen Leichtathletikmeisterschaften

20. Juni. Bei den amerikanischen Leichtathletikmeisterschaften in Sacramento (Kalifornien) kommt es zu einer Weltrekordjagd auf der 100-m-Strecke wie sie die Sportgeschichte nie wieder erlebt hat. Bei den Zwischenläufen unter optimalen äußeren Bedingungen läuft der Farbige Jim Hines als erster Mensch die 100 Meter in 9,9 Sekunden. Der Zweitplacierte Ronnie Ray Smith wird mit der gleichen Zeit gestoppt. Auch der Sieger des nächsten Zwischenlaufs, der Farbige Charlie Greene, wird mit 9,9 Sekunden gestoppt und ist damit innerhalb einer halben Stunde der dritte neue Weltrekordler. Bei den Läufen sind auch die Geschlagenen so schnell, daß man mit der Superzeit von 10,0 Sekunden nicht einmal mehr ins Finale kommt, das am späten Abend noch ausgetragen wird und ein sensationelles Ergebnis bringt: Die ersten sechs erreichen bei allerdings zu hohem Rückenwind 10,0 Sekunden. Als die Sportwelt die Bilanz von Sacramento liest, herrscht fast ungläubiges Staunen: 22mal sind Zeiten von 9,8 bzw. 9,9 und 10,0 Sekunden gelaufen worden, davon je die Hälfte unter regulären Bedingungen bzw. unzulässigem Rückenwind wie bei den 9,8 Sekunden von Jim Hines im Vorlauf.

»Manifest der 2000 Worte« in der ČSSR

25. Juni. Auch in diesem Monat verläuft der Demokratisierungsprozeß in der ČSSR unbeeindruckt von der Bedrohung durch die Warschauer-Pakt-Staaten weiter. So verabschiedet die Nationalversammlung am 25. Juni ein Rehabilitationsgesetz, das allen Opfern politischer Prozesse seit der Machtübernahme durch die Kommunisten 1948 eine finanzielle Entschädigung zusichert.

Großes Aufsehen erregt dann das am 27. des Monats veröffentlichte »Manifest der 2000 Worte«. In dem von 70 Künstlern, Wissenschaftlern und Sportlern – darunter Emil Zatopek, Jiri Raska und Vera Časlavská – unterzeichneten Appell wird eine Fortsetzung des Prozesses der Demokratisierung gefordert. Das Präsidium des ZK der Kommunistischen Partei erkennt die guten Absichten der Verfasser an, warnt aber vor einer Beschleunigung der eingeleiteten Maßnahmen, da sie möglicherweise die neue Politik gefährden können.

Jupp Elze stirbt nach Boxkampf

20. Juni. Der Kölner Berufsboxer Jupp Elze wird ein Opfer seines Sports. Bei einem Kampf in der Dortmunder Westfalenhalle erleidet er eine Kopfverletzung und stirbt trotz sofort vorgenommener Gehirnoperation. Der Obduktionsbefund weist die Einnahme von verbotenen Dopingmitteln bei dem Boxprofi nach.

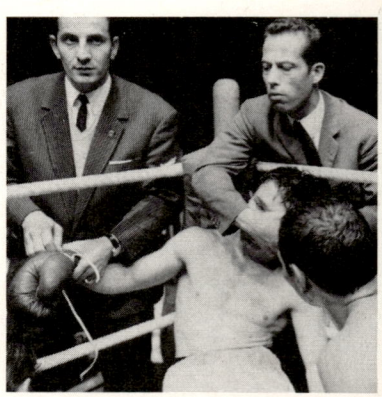

Der tödlich verletzte Jupp Elze.

1968

JULI

Mo	Di	Mi	Do	Fr	Sa	So
1	2	3	4	5	6	7
8	9	10	11	12	13	14
15	16	17	18	19	20	21
22	23	24	25	26	27	28
29	30	31				

3. Warnung des sowjetischen Parteichefs Leonid Breschnew an die tschechoslowakische Führung anläßlich eines sowjetisch-ungarischen Freundschaftstreffens im Kreml. →

3. Protest der drei Westmächte im UdSSR-Außenministerium gegen die neuen Behinderungen im Berlinverkehr.

5. Manifest der 1000 Worte wird in Prag veröffentlicht.

5. Rod Laver (Australien) gewinnt das Wimbledonfinale gegen seinen Landsmann Tony Roche mit 6 : 3, 6 : 4, 6 : 2.

6. Billie Jean King (USA) wird in Wimbledon Siegerin durch ein 9 : 7, 7 : 5 gegen Judy Tegart (Australien).

7. Volksabstimmung in Bayern bringt überwältigende Mehrheit für die einheitliche Volksschule (74,8 Prozent).

11. Die Stadt Pforzheim wird von einem Orkan verwüstet. →

11. Explosionsunglück in Bitterfeld (DDR) fordert 32 Menschenleben und 110 Verletzte.

13. Couve de Murville stellt nach Ernennung zum französischen Ministerpräsidenten nach Rücktritt von Georges Pompidou sein neues Kabinett vor.

15. Aufnahme des Direktflugverkehrs zwischen New York und Moskau.

21. Der Holländer Jan Janssen gewinnt die Tour de France.

24. Liesel Westermann (TuS 04 Leverkusen) holt sich mit einer Weite von 62,54 m in Werdohl (Westfalen) den Diskusweltrekord zurück.

29. Beginn von Verhandlungen zwischen der tschechoslowakischen und sowjetischen Parteispitze über die Lage in der ČSSR. →

GESTORBEN:

19. Käthe Kruse (* 17. 9. 1883), deutsche Kunsthandwerkerin.

20. Joseph Keilberth (* 19. 4. 1908), deutscher Dirigent.

22. Giovanni Guareschi (* 1. 5. 1908), italienischer Schriftsteller.

27. Lilian Harvey (* 19. 1. 1907), englische Filmschauspielerin.

28. Otto Hahn (* 8. 3. 1879), deutscher Chemiker, Nobelpreis 1944. →

Otto Hahn stirbt

28. Juli. Im Alter von 89 Jahren stirbt in Göttingen der deutsche Kernphysiker Otto Hahn an einer Herzschwäche. Der Wissenschaftler widmete sich nach dem Studium im Laboratorium des damals führenden Physikers Ernest Rutherford in Montreal der radiochemischen Forschung und entdeckte 1904 ein neues radioaktives Element, das Radiothorium, danach das Mesothorium und das Protactinium. 1906 ging er nach Berlin und gehörte ab 1912 dem Kaiser-Wilhelm-Institut für Chemie an, dessen Leitung er ab 1928 übernahm.

In Zusammenarbeit mit Lise Meitner löste er dort das Rätsel der Zerfallserscheinungen der radioaktiven Elemente. Es gelang ihm 1938 in Zusammenarbeit mit Fritz Straßmann erstmalig die Spaltung des Urankerns durch Neutronen, die Voraussetzung zur Gewinnung von Atomenergie. Nach dem Krieg baute er als Präsident die Max-Planck-Gesellschaft zur Förderung der Wissenschaft auf (1946 bis 1960). Neben dem Nobelpreis für Chemie (1944) wurden ihm zahlreiche nationale und internationale Ehrungen zuteil.

Orkan in Schwaben

11. Juli. Die schwäbischen Landkreise Calw, Vaihingen und die Stadt Pforzheim werden in der Nacht zum 11. Juli von einem Wirbelsturm heimgesucht, der schwere Verwüstungen anrichtet, zwei Menschenleben und über 300 Verletzte fordert. Allein in Pforzheim werden etwa 1000 Wohnungen zerstört oder beschädigt, zahlreiche Häuser werden abgedeckt, ganze Alleen zerstört, der Stadtgarten dem Erdboden gleichgemacht. Der Sturm tobt so heftig, daß über 150 Jahre alte Eichen wie Streichhölzer umknicken.

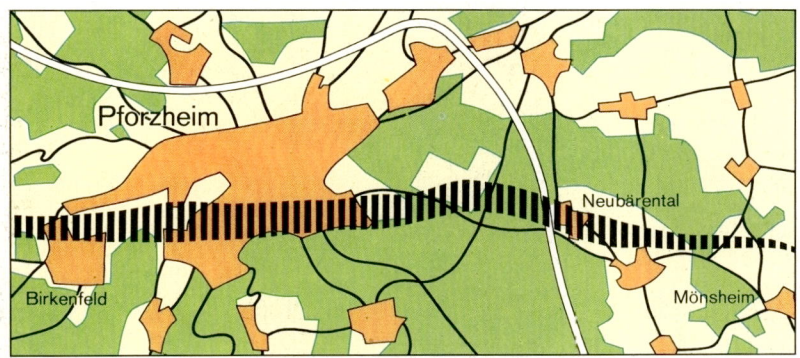

Die Bahn des Orkans durch Teile des Bundeslandes Baden-Württemberg.

Der Orkan zerstört Häuser. Das Bild zeigt ein beschädigtes Haus in Pforzheim.

Verhandlungen über Lage in der Tschechoslowakei

Dieser Monat ist geprägt von Bemühungen der Führung in Prag, den eingeleiteten Demokratisierungsprozeß in geordneten Bahnen verlaufen zu lassen; auf der anderen Seite versuchen die Staaten des Warschauer Paktes mehr und mehr Einfluß auf die innere Entwicklung in der ČSSR zu nehmen.

Die Männer des »Prager Frühlings«, voran Parteichef Alexander Dubček, verstehen den Wink von Generalsekretär Leonid Breschnew, der in einer Rede auf einer sowjetisch-ungarischen Freundschaftskundgebung im Kreml am 3. Juli von der Geschlossenheit und Einheit der sozialistischen Gemeinschaft spricht. Sie versuchen zwei Tage später, das »Manifest der 2000 Worte« abzumildern und stellen ein »Manifest der 1000 Worte« des Parlamentspräsidenten Josef Smrkovský entgegen, in dem der Vorwurf zurückgewiesen wird, der Demokratisierungsprozeß sei zum Stillstand gekommen und ausländische Kräfte hätten sich in die Entwicklung in der ČSSR eingemischt.

Aus fünf Ländern des Warschauer Paktes gehen bei der Kommunistischen Partei der ČSSR Schreiben ein, in denen Sorgen über den gefahrvollen Kurs Prags ausgesprochen werden. Führende Repräsentanten von Partei und Regierungen des Warschauer Paktes treffen sich dann am 14. und 15. Juli in Warschau und beraten über die Lage in der ČSSR und etwaige Gegenmaßnahmen.

Die Teilnehmer aus der UdSSR, der DDR, Ungarn, Polen und Bulgarien richten als Ergebnis eine scharfe Warnung an die Prager Führung, die dort von den Verantwortlichen als Ultimatum mit offen drohender Sprache verstanden wird.

In einer Rundfunkansprache bekräftigt Parteichef Alexander Dubček am 18. Juli seinen Willen, am Reformkurs festzuhalten. Der Reformpolitiker muß aber einige Tage später eine Einladung der sowjetischen kommunistischen Partei zu »freundschaftlichen, bilateralen Gesprächen« über die Lage in der Tschechoslowakei annehmen. Die Verhandlungen beginnen im slowakischen Cierna Ende des Monats.

Mo	Di	Mi	Do	Fr	Sa	So
			1	2	3	4
5	6	7	8	9	10	11
12	13	14	15	16	17	18
19	20	21	22	23	24	25
26	27	28	29	30	31	

1. Gesetz zur begrenzten Einfuhr von DDR-Zeitungen in die Bundesrepublik tritt in Kraft.

2. Ein Erdbeben in der philippinischen Hauptstadt Manila fordert 307 Todesopfer.

5. Wiedereröffnung des 59 Kilometer langen Saimakanals zwischen dem Saimasee und dem Finnischen Meerbusen bis Wyborg (UdSSR).

8. Richard Nixon wird in Miami Beach zum Präsidentschaftskandidaten der Republikanischen Partei gewählt.

9. Jugoslawiens Staatschef Tito zu Besuch in der ČSSR. →

9. Beim Absturz eines britischen Verkehrsflugzeuges auf die Böschung der Autobahn München–Nürnberg bei Langenbruck kommen alle 48 Insassen ums Leben.

11. Internationales Rotes Kreuz stellt wegen Beschießung der Maschinen die Hilfsflüge ins vom nigerianischen Bürgerkrieg betroffene Biafra ein.

15. Ein schweres Erdbeben auf der indonesischen Insel Celebes fordert über 200 Todesopfer.

19. Absturz zweier Reisebusse nach Erdrutsch auf japanischer Insel Hondo kostet 104 Reisenden das Leben.

20. Einmarsch von Truppen der Warschauer-Pakt-Staaten in die Tschechoslowakei. →

22. Außerordentlicher Parteitag der KP der Tschechoslowakei tritt zusammen. →

23. Volksrepublik China verurteilt den Einmarsch der sowjetischen Truppen in die ČSSR als Verbrechen.

24. Frankreich gibt die Zündung seiner ersten Wasserstoffbombe über dem Mururoa-Atoll im Pazifik bekannt.

28. Frankreich entsendet Truppen in den Tschad zur Unterstützung der Regierung gegen Rebellen.

29. US-Vizepräsident Hubert Humphrey in Chicago zum Präsidentschaftskandidaten der Republikanischen Partei nominiert.

29. Trauung des Kronprinzen Harald von Norwegen mit Sonja Haraldsen.

GESTORBEN:

3. Konstantin Rokossowski (* 21. 12. 1896), sowjetischer Marschall.

Sowjetische Truppen in Prag

Brennender sowjetischer Panzer mit aufgemaltem Hakenkreuz in der Prager Innenstadt einen Tag nach der Invasion.

20. August. In der Nacht des 20. August wird die ČSSR schlagartig von Truppen der UdSSR, Polens, Ungarns, Bulgariens und der DDR besetzt. Damit endet das Experiment der neuen Staatsführung des Landes, einen eigenen Weg zum Sozialismus unter demokratischen Voraussetzungen zu finden.

Dem Einmarsch sind noch Verhandlungen zwischen der ČSSR-Staatsführung und Vertretern der anderen Warschauer-Pakt-Staaten vorausgegangen. So werden Jugoslawiens Staatspräsident Tito (9. bis 11. 8.), DDR-Staatsratsvorsitzender Walter Ulbricht (12. 8.) und Rumäniens Parteichef Nicolae Ceauçescu (15. bis 17. 8.) im Lande empfangen, wobei mit letzterem sogar ein neuer Freundschaftsvertrag abgeschlossen wird.

Die Bevölkerung der ČSSR wird durch den Einmarsch der auf 200 000 bis 600 000 Mann geschätzten Invasionsarmee unter Führung des stellvertretenden UdSSR-Verteidigungsministers General Iwan Pawlowski völlig überrascht. Sie verhält sich jedoch mustergültig ruhig, es kommt zu keinerlei Zwischenfällen im Lande, lediglich beim Versuch der Sowjettruppen, die Gebäude von Radio Prag zu besetzen, wird aktiver Widerstand geleistet. Hier gibt es etwa 30 Tote und über 300 Verwundete. Insgesamt fallen der Invasion etwa 50 Einwohner der ČSSR zum Opfer. Informationen über das Geschehen bekommt die Bevölkerung über Geheimsender, die zwischen dem 21. und 28. August von mehreren Stellen des Landes Nachrichten und Aufrufe verbreiten.

Die Kommunistische Partei der ČSSR tritt am 22. August an einem geheimen Ort zu einem außerordentlichen Parteitag zusammen und verlangt den Abzug der Invasoren innerhalb von 24 Stunden. Außerdem wählt der Parteitag ein neues Zentralkomitee, dem alle Reformpolitiker angehören.

Dennoch reisen diese Männer zwischen dem 23. und 26. August zu Verhandlungen mit der Kremlführung nach Moskau, die mit der Zusicherung des Truppenabzuges nach Normalisierung der Lage in der ČSSR beendet werden. Die Geheimsender stellen am 29. August ihre Tätigkeit ein, die Regierung führt am nächsten Tag wieder die Pressezensur ein. Das Zentralkomitee der KPČSSR tritt am 31. August zusammen, um eine neue, allen Beteiligten akzeptable Führungsspitze zu wählen.

Panzer neben überrollten und ausgebrannten Fahrzeugen in Prag.

1968

SEPTEMBER

Mo	Di	Mi	Do	Fr	Sa	So
						1
2	3	4	5	6	7	8
9	10	11	12	13	14	15
16	17	18	19	20	21	22
23	24	25	26	27	28	29
30						

1. Über 10 000 Tote bei Erdbeben im Nordosten des Iran. →

1. Alexander Dubček erneut zum Ersten Sekretär des Zentralkomitees der KP der ČSSR gewählt. →

3. Absturz einer bulgarischen Linienmaschine kurz vor der Landung in Burgas (Schwarzes Meer), es kommen 50 DDR-Touristen ums Leben.

6. Königreich Swaziland wird als 42. afrikanischer Staat unabhängig und 28. Mitglied des Britischen Commonwealth.

6. Deutsche Erstaufführung des US-Spielfilms »Die Reifeprüfung« von Mike Nichols, der dafür den »Oscar« 1967 erhalten hat. Darsteller sind Dustin Hoffmann und Anne Bancroft.

9. Die USA stellen bisher größtes Kriegsschiff der Welt, den Flugzeugträger »John F. Kennedy«, in Dienst. →

12. Albanien gibt formellen Austritt aus dem Warschauer Pakt bekannt.

12. Bob Seagren (USA) verbessert in South Lake Tahoe im Bundesstaat Kalifornien den Weltrekord im Stabhochsprung auf 5,41 m.

14. Jimmy Ellis (USA) verteidigt seinen Box-WM-Titel nach Version der WBA durch Punktsieg nach 15 Runden gegen Floyd Patterson in Stockholm (→ Juni).

15. Eröffnung der Neuen Nationalgalerie in Berlin, des letzten Werks des Architekten Ludwig Mies van der Rohe.

18. Jay Silvester (USA) verbessert in Reno (Nevada) den Diskusweltrekord auf 68,40 m.

21. Erfolgreiche Bergung der am 15. von der UdSSR gestarteten automatischen Raumstation »Sond 5«. →

22. Der Abschluß der Verlagerungsarbeiten des Ramses-Tempels in Abu Simbel (Ägypten) im Zusammenhang mit dem Bau des Assuan-Staudammes wird in Anwesenheit von Vertretern aus 40 Staaten feierlich begangen.

25. Deutschland und Frankreich trennen sich im Fußballländerspiel in Marseille mit 1 : 1.

26. Neukonstituierung einer Deutschen Kommunistischen Partei (DKP) in Frankfurt.

27. Erstaufführung des deutschen Spielfilms »Liebe und so weiter« von Georg Moorse mit Vera Tschechowa und Rolf Zacher.

Völkermord in Biafra

Der seit einem Jahr andauernde Bürgerkrieg in Nigeria hat inzwischen die Dimension der Ausrottung eines Volkes angenommen. Die Kriegshandlungen ohne entscheidenden militärischen Erfolg der Bundestruppen oder der Kämpfer Biafras trifft vor allem die Zivilbevölkerung.

Nach Angaben des Internationalen Roten Kreuzes kommen in Biafra täglich zwischen 8000 und 10 000 Menschen ums Leben. Die meisten sterben in Flüchtlingslagern an Unterernährung. Erschütternde Berichte vor allem über das Leiden der Kinder in Biafra gehen um die Welt. Das Rote Kreuz versucht seit Monaten mit Hilfsflügen Nahrungsmittel und Medikamente ins Land zu bringen, wird durch die Kampfhandlungen aber immer wieder zur Unterbrechung gezwungen.

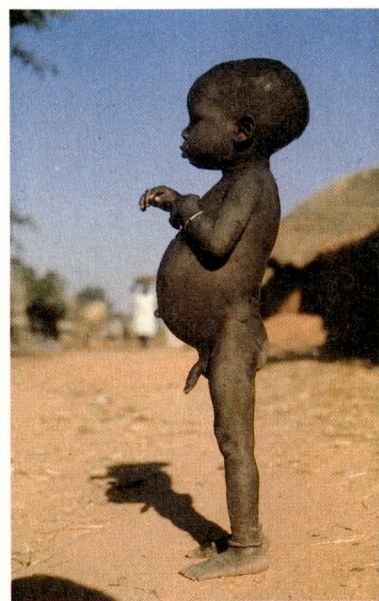

Ein hungerndes Kind in Nigeria.

Lage in der ČSSR weiter unklar: Besatzungstruppen räumen Städte

1. September. Die Lage in der von Truppen des Warschauer Paktes besetzten ČSSR normalisiert sich etwas. Die am 1. beendete Sitzung des Zentralkomitees der KP bringt kein Ergebnis, das die Kremlführung zufrieden stellt. Wieder wird Alexander Dubček als Erster Sekretär bestimmt, auch die anderen Reformer sind in dem auf 21 Mitglieder erweiterten Präsidium zu finden. Lediglich zwei konservative Kommunisten haben den Sprung in das höchste Parteigremium geschafft. Die Besatzungstruppen ziehen sich am 12. September aus den Großstädten Prag, Brünn und Preßburg zurück und lassen nur Nachhuten zurück. Im Chef der slowakischen KP, Gustav Husák, haben die Besatzer inzwischen einen Befürworter ihrer Maßnahmen gefunden, der offen für Maßnahmen gegen antisozialistische Kräfte eintritt. Parlamentspräsident Josef Smrkovský muß am 23. September wieder in Moskau erscheinen, um über die Stationierung von Sowjettruppen in seinem Land zu verhandeln.

Größtes Kriegsschiff der Welt im Dienst

9. September. In Newport (Rhode Island) wird das größte Kriegsschiff der Welt, der Flugzeugträger »John F. Kennedy« in Dienst gestellt. Das Schiff wird mit 5000 Mann Besatzung fahren und kann bis zu 80 Düsenkampfbomber tragen. Es wird von acht Turbinen mit einer Leistung von 28 000 PS angetrieben und erreicht eine Geschwindigkeit von 35 Knoten.

»Sond 5« kehrt nach Flug um den Mond zurück

21. September. Mit der Bergung der automatischen Raumstation »Sond 5« im Indischen Ozean gelingt nach mehreren Monaten Pause wieder ein Weltraumerfolg. Die Raumstation hat nach ihrem Start am 15. September den Mond drei Tage später umkreist und ist der erste Raumkörper, der nach einer Mondumkreisung wieder zur Erde zurückkehrt.

Über 10 000 Tote bei schwerem Erdbeben im Iran

1. September. Der Osten und Nordosten des Iran wird nach dem Erdstoß am 31. August einen Tag später erneut von einem schweren Beben heimgesucht, das katastrophale Folgen hat. Das Beben verwüstet die Provinz Khurasan vom Norden an der sowjetischen Grenze bis in den Osten des Iran nahe der Grenze in Afghanistan. Bis zum 3. September werden nach einem amtlichen Kommuniqué der iranischen Rotkreuzgesellschaft 10 488 Todesopfer und 11 588 Schwerverletzte geborgen. 30 000 bis 35 000 Personen werden leicht verletzt. Die Schäden der Zerstörungen sind kaum abzuschätzen.

Griechen billigen Entwurf einer Verfassung

29. September. In Griechenland findet eine Volksabstimmung über eine Verfassung statt, die vom Militärregime unter Ministerpräsident Georgios Papadopoulos ausgearbeitet worden ist und eine drastische Beschneidung der Machtbefugnisse des Königshauses und des Parlaments vorsieht. Bei einer Wahlbeteiligung von 77,5 Prozent stimmen 91,9 Prozent der Griechen für diese neue Verfassung.

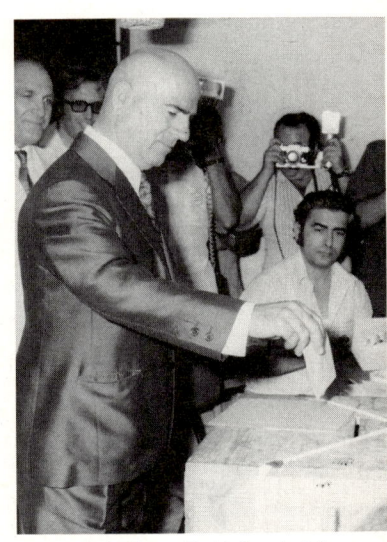

Juntachef Oberst Pattakos bei der Abstimmung über die Verfassung.

1968

OKTOBER

Mo	Di	Mi	Do	Fr	Sa	So
	1	2	3	4	5	6
7	8	9	10	11	12	13
14	15	16	17	18	19	20
21	22	23	24	25	26	27
28	29	30	31			

3. Die tschechoslowakische Führung stimmt einem Vertrag über die Stationierung sowjetischer Truppen zu. →

4. Frankfurt/M. eröffnet als dritte deutsche Stadt eine Untergrundbahn.

4. Grubenunglück auf der Zeche »Minister Achenbach« bei Lünen (Westfalen) fordert 16 Todesopfer.

9. Neues Klinikum Berlin nach fast zehnjähriger Bauzeit der Bestimmung übergeben.

11. Die USA beginnen mit dem Start von »Apollo VII« ihr Programm der Eroberung des Mondes. →

12. Eröffnung der XIX. Olympischen Sommerspiele in Mexiko City. →

13. Deutschland besiegt Österreich in einem Fußballländerspiel in Wien mit 2 : 0.

14. Bundespräsident Heinrich Lübke kündigt seinen Rücktritt vor Ablauf der Amtszeit für Juni 1969 an. →

17. Deutsche Erstaufführung des US-Spielfilms »Rosemarys Baby« von Roman Polanski mit Mia Farrow und John Cassavetes.

18. US-Weitspringer Bob Beamon stellt bei den Olympiawettbewerben in Mexiko City mit 8,90 m einen neuen phantastischen Weltrekord auf. →

24. Verteidigungsausschuß des Bundestages beschließt den Kauf von 88 »Phantom« und 50 zusätzlichen »Starfightern« in den USA.

28. Bundeskanzler Kurt Georg Kiesinger beginnt als erster europäischer Regierungschef nach dem Krieg einen offiziellen Besuch bei der spanischen Regierung.

29. Erstaufführung des deutschen Spielfilms »Die Artisten in der Zirkuskuppel: ratlos« von Alexander Kluge. Der Film hat bei der Biennale in Venedig den »Goldenen Löwen« erhalten.

GESTORBEN:

1. Romano Guardini (* 17. 2. 1885), deutscher Theologe und Philosoph.

2. Marcel Duchamp (* 28. 7. 1887), französischer Maler.

26. Rudolf Forster (* 30. 10. 1884), österreichischer Schauspieler.

27. Lise Meitner (* 7. 11. 1878), österreichisch-schwedische Physikerin.

Truppen bleiben

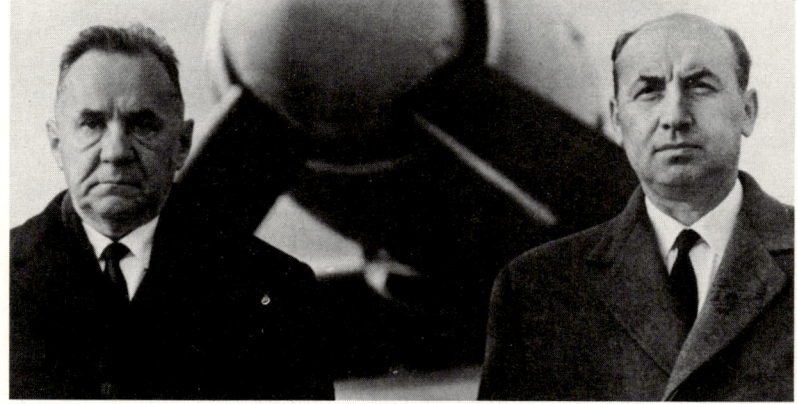

Der sowjetische Ministerpräsident Kossygin (links) und der tschechoslowakische Regierungschef Oldrich Černik auf dem Prager Flughafen.

3. Oktober. Die Warschauer-Pakt-Staaten bekommen unter Federführung der Sowjetunion die Lage in der ČSSR auf dem Verhandlungswege in diesem Monat weiter in den Griff. Parteichef Alexander Dubček und Ministerpräsident Oldrich Černik müssen bei Gesprächen mit der Kreml-Führung am 3./4. Oktober einem Vertrag über die Stationierung von Truppen der UdSSR in ihrem Land zustimmen, in dem ausdrücklich betont wird, daß dadurch die Souveränität der ČSSR nicht verletzt wird. Die Verbände der anderen Staaten ziehen sich allerdings bis Ende des Monats wieder zurück. Dubček erklärt am 25. Oktober vor Arbeitern eines Betriebes in Pardubitz, der Vertrag über die vorübergehende Stationierung der Sowjettruppen sei Voraussetzung für den Abzug des überwiegenden Teils der UdSSR-Invasionsarmee und aller Truppen der vier anderen Länder gewesen, die das Land im August besetzt haben. Die ČSSR-Politiker beherrschen die Lage Ende des Monats aber doch soweit, daß der 50. Jahrestag der Unabhängigkeit des Landes ohne größere Zwischenfälle mit den Sowjetbesatzern verläuft. Als Höhepunkt der Feiern wird ein von der Nationalversammlung angenommenes Föderalisierungsgesetz unterzeichnet, durch das die ČSSR künftig ein Bundesstaat sein wird.

Rhodesiengespräch

Der britische Premier Wilson (links) und Ian Smith (rechts) an Bord der »Fearless«.

13. Oktober. Englands Premierminister Harold Wilson führt vom 9. bis 13. Oktober auf dem britischen Kriegsschiff »Fearless« in Gibraltar Verhandlungen mit der seit der einseitigen Unabhängigkeitserklärung als illegal angesehenen Regierung Rhodesiens. Deren Premierminister Ian Smith lehnt wie schon bei vorherigen Kontakten alle britischen Vorschläge zu einer Lösung des Rhodesienproblems ab.

USA starten Mondunternehmen »Apollo VII«

11. Oktober. Die US-Weltraumbehörde beginnt mit dem Start des Weltraumunternehmens »Apollo VII« die vorgesehene Eroberung des Mondes. »Apollo VII« ist das erste bemannte Raumschiff der Apollo-Serie mit den Astronauten Walter Schirra, Don Eisele, Walter Cunningham, das während seiner 164 Erdumkreisungen bis zum 22. Oktober zahlreiche Versuche erfolgreich durchführt, darunter ein Anlegemanöver mit der zweiten Raketenstufe.

Ministerwechsel

2. Oktober. In Bonn gibt es zwei neue Minister. Aenne Brauksiepe (CDU) tritt die Nachfolge von Bruno Heck als Familienministerin an, und Hans-Jürgen Wischnewski (SPD) wird als Entwicklungsminister von Erhard Eppler abgelöst. Beide müssen wegen Übernahme neuer Aufgaben aus dem Amt scheiden. Heck hat als CDU-Generalsekretär zuviel mit der Vorbereitung des Wahlkampfes zu tun, Wischnewski wird zum Bundesgeschäftsführer seiner Partei berufen.

Rücktritt Lübkes?

14. Oktober. Anläßlich eines Empfangs zu seinem 74. Geburtstag teilt Bundespräsident Heinrich Lübke mit, daß er vor Ablauf seiner Amtszeit am 30. Juni 1969 zurücktreten werde. Lübke will mit diesem Schritt die Möglichkeit einer Nachfolgerwahl zeitlich von der im Herbst anstehenden Bundestagswahl abgesetzt sehen, damit es bei der Bestimmung eines neuen Staatsoberhauptes keine parteipolitischen Streitigkeiten geben kann.

Kulturrevolution

31. Oktober. Die seit dem 12. Oktober andauernde zwölfte Plenartagung des achten ZK der KP Chinas erklärt die erste Phase der »Großen Proletarischen Kulturrevolution« für beendet und schließt Staatspräsident Liu Schao-tschi aus.

1968 Mexiko City

12. Oktober. Die XIX. Olympischen Sommerspiele in Mexiko City gehen in jeder Beziehung als Rekordfestival in die Sportgeschichte ein. In der Höhenlage von 2265 Metern treffen sich fast 7000 Sportler und Sportlerinnen aus 112 Nationen – soviel wie noch nie zuvor bei Olympischen Spielen. Zum erstenmal in der Geschichte Olympischer Spiele betritt eine Frau als Schlußläuferin das Stadion und entzündet die olympische Flamme: Es ist die zwanzigjährige mexikanische Studentin Enriqueta Basilio.

Im Stadion beginnt dann eine von der Höhenlage begünstigte Rekordjagd der Leichtathleten, die ihren Höhepunkt in der Weitsprungleistung des US-Athleten Bob Beamon hat, dessen 8,90-m-Satz als »Sprung in ein anderes Jahrhundert« in die Sportgeschichte eingeht. Mexiko ist aber auch das Festival der farbigen Athleten aus den USA und den neuen Sporthochburgen Afrikas, für die der Kenianer Kipchoge Keino zum neuen Idol wird. Die Dominanz der farbigen Athleten wird besonders im 100-m-Endlauf augenfällig, als erstmals in der Geschichte der Olympischen Spiele kein weißer Teilnehmer qualifiziert ist. Die farbigen Athleten aus den USA und Afrika nutzen ihre Erfolge zu politischen Demonstrationen. Die Amerikaner Tommie Smith und John Carlos stehen mit schwarzen Handschuhen über der erhobenen geballten Faust auf dem Siegespodest und drehen der Landesfahne den Rükken zu. Die Anhänger der Black-Power-Bewegung lassen die Offiziellen des Internationalen Olympischen Komitees wissen, daß ihre Rassengenossen in Zukunft nicht mehr an den Spielen teilnehmen werden.

Auf sportlichem Sektor fällt neben den vielen Leichtathletik-Weltrekorden eine besondere Premiere ins Auge. Der US-Hochspringer Dick Fosbury zeigt einen mit großem Elan durchgeführten Sprungstil, bei dem die Latte mit dem Rücken zuerst überquert wird. Der belächelte US-Athlet gewinnt mit 2,24 Metern die Goldmedaille und hat damit die Welle des Fosbury-Flops in der Leichtathletik eingeläutet.

Die erstmals mit einer eigenen Mannschaft auftretende DDR kann neben überraschenden sportlichen Erfolgen – sie erringt mehr Goldmedaillen als die Bundesrepublik – auch einen politischen Sieg verbuchen. Das IOC beschließt auf seiner Sitzung am 13. Oktober mit 44 gegen 4 Stimmen, daß die DDR künftig mit eigener Hymne und Flagge an den Olympischen Spielen teilnehmen kann. Das NOK der DDR hat damit die Rechte eines souveränen Olympischen Komitees.

Leichtathletik Männer

100 m

1. Jim Hines	USA	9,9
2. Lennox Miller	JAM	10,0
3. Charlie Greene	USA	10,0

200 m

1. Tommie Smith	USA	19,8
2. Peter Norman	AUS	20,0
3. John Carlos	USA	20,0

400 m

1. Lee Evans	USA	43,8
2. Larry James	USA	43,9
3. Ronald Freeman	USA	44,4

800 m

1. Ralph Doubell	AUS	1:44,3
2. Wilson Kiprugut	KEN	1:44,5
3. Thomas Farrell	USA	1:45,4

1500 m

1. Kipchoge Keino	KEN	3:34,9
2. Jim Ryun	USA	3:37,8
3. Bodo Tümmler	D	3:39,0

5000 m

1. Mohamed Gammoudi	TUN	14:05,0
2. Kipchoge Keino	KEN	14:05,2
3. Naftali Temu	KEN	14:06,4

10 000 m

1. Naftali Temu	KEN	29:27,4
2. Mamo Wolde	ETH	29:28,0
3. Mohamed Gammoudi	TUN	29:34,2

Marathon

1. Mamo Wolde	ETH	2:20:26,4
2. Kenji Kimihara	JAP	2:23:31,0
3. Michael Ryan	NSE	2:23:45,0

110-m-Hürden

1. Willie Davenport	USA	13,3
2. Ervin Hall	USA	13,4
3. Eddy Ottoz	ITA	13,4

400-m-Hürden

1. David Hemery	GBR	48,1
2. Gerhard Hennige	D	49,0
3. John Sherwood	GBR	49,0

3000-m-Hindernislauf

1. Amos Biwott	KEN	8:51,0
2. Benjamin Kogo	KEN	8:51,6
3. George Young	USA	8:51,8

4 × 100-m-Staffel

1. USA	38,2	(Charles Greene, Melvin Pender, Ronnie-Ray Smith, Jim Hines)
2. CUB	38,3	(Hermes Ramirez, Juan Morales, Pablo Montes, Enrique Figuerola)
3. FRA	38,4	(Gérard Fenouil, Jocelyn Delecour, Claude Piquemal, Roger Bambuck)

4 × 400-m-Staffel

1. USA	2:56,1	(Vincent Matthews, Ronald Freeman, Larry James, Lee Evans)
2. KEN	2:59,6	(Daniel Rudisha, Munyoro Nyamau, Naftali Bon, Charles Asati)
3. D	3:00,5	(Helmar Müller, Manfred Kinder, Gerhard Hennige, Martin Jellinghaus)

20-km-Gehen

1. Vladimir Golubnitschy	SOV	1:33:58,4
2. José Pedraza	MEX	1:34:00,0
3. Nikolay Smaga	SOV	1:34:03,4

50-km-Gehen

1. Christoph Höhne	DDR	4:20:13,6
2. Antal Kiss	UNG	4:30:17,0
3. Larry Young	USA	4:31:55,4

Hochsprung

1. Dick Fosbury	USA	2,24
2. Ed Caruthers	USA	2,22
3. Valentin Gavrilov	SOV	2,20

Stabhochsprung

1. Bob Seagren	USA	5,40
2. Claus Schiprowski	D	5,40
3. Wolfgang Nordwig	DDR	5,40

Weitsprung

1. Bob Beamon	USA	8,90
2. Klaus Beer	DDR	8,19
3. Ralph Boston	USA	8,16

Für eine Sensation sorgt mit 8,90 Meter der US-Weitspringer Bob Beamon.

Dreisprung

1. Viktor Saneyev	SOV	17,39
2. Nelson Prudencio	BRA	17,27
3. Giuseppe Gentile	ITA	17,22

Kugelstoßen

1. Randy Matson	USA	20,54
2. George Woods	USA	20,12
3. Eduard Guschtschin	SOV	20,09

Diskuswerfen

1. Alfred Oerter	USA	64,78
2. Lothar Milde	DDR	63,08
3. Lázár Lovász	UNG	69,78

Hammerwerfen

1. Gyula Zsivótzky	UNG	73,36
2. Romuald Klim	SOV	73,28
3. Lázár Lovász	UNG	69,78

Speerwerfen

1. Janis Lusis	SOV	90,10
2. Jorma Kinnunen	FIN	88,58
3. Gergely Kulcsár	UNG	87,06

Zehnkampf

1. Bill Toomey	USA	8193
2. Hans-Joachim Walde	D	8111
3. Kurt Bendlin	D	8064

Leichtathletik Frauen

100 m

1. Wyomia Tyus	USA	11,0
2. Barbara Ferrell	USA	11,1
3. Irena Szewinska-Kirszenstein	POL	11,1

200 m

1. Irena Szewinska-Kirszenstein	POL	22,5
2. Raelene Boyle	AUS	22,7
3. Jennifer Lamy	AUS	22,8

400 m

1. Colette Besson	FRA	52,0
2. Lillian Board	GBR	52,1
3. Natalya Petschenkina	SOV	52,2

800 m

1. Madeline Manning	USA	2:00,9
2. Ileana Silai	RUM	2:02,5
3. Maria Gommers	HOL	2:02,6

80-m-Hürden

1. Maureen Caird	AUS	10,3
2. Pam Kilborn	AUS	10,4
3. Chi Cheng	TAI	10,4

4 × 100-m-Staffel

1. USA	42,8	(Barbara Ferrell, Margaret Bailes, Mildrette Netter, Wyomia Tyus)
2. CUB	43,3	(Marlene Elejarde, Fulgencia Romay, Violetta Quesada, Miguelina Cobián)
3. SOV	43,4	(Lyudmila Scharkova, Galina Bukharina, Vyera Popkova, Lyudmila Samotyesova)

Hochsprung

1. Miloslava Rezková	ČSR	1,82
2. Antonina Okorokova	SOV	1,80
3. Valentina Kozyr	SOV	1,80

Weitsprung

1. Viorica Viscopoleanu	RUM	6,82
2. Sheila Sherwood	GBR	6,68
3. Tatyana Talyscheva	SOV	6,66

Kugelstoßen

1. Margitta Gummel-Helmboldt	DDR	19,61
2. Maritta Lange	DDR	18,78
3. Nadyeschda Tschischova	SOV	18,19

Diskuswerfen

1. Lia Manoliu	RUM	58,28
2. Liesel Westermann	D	57,76
3. Jolán Kleiber	UNG	54,90

Speerwerfen

1. Angéla Németh	UNG	60,36
2. Mihaela Peneş	RUM	59,92
3. Eva Janko	AUT	58,04

Fünfkampf

1. Ingrid Becker	D	
2. Liese Prokop	AUT	
3. Annamária Tóth	UNG	

Schwimmen Männer

100-m-Kraul

1. Michael Wenden	AUS	52,2
2. Ken Walsh	USA	52,8
3. Mark Spitz	USA	53,0

200-m-Kraul

1. Michael Wenden	AUS	1:55,2
2. Donald Schollander	USA	1:55,8
3. John Nelson	USA	1:58,1

400-m-Kraul

1. Michael Burton	USA	4:09,0
2. Ralph Hutton	CAN	4:11,7
3. Alain Mosconi	FRA	4:13,3

1500-m-Kraul

1. Michael Burton	USA	16:38,9
2. John Kinsella	USA	16:57,3
3. Gregory Brough	AUS	17:04,7

100-m-Rücken

1. Roland Matthes	DDR	58,7
2. Charles Hickcox	USA	1:00,2
3. Ron Mills	USA	1:00,5

200-m-Rücken

1. Roland Matthes	DDR	2:09,6
2. Mitchel Ivey	USA	2:10,6
3. Jack Horsley	USA	2:10,9

100-m-Brust

1. Donald McKenzie	USA	1:07,7
2. Vladimir Kossinsky	SOV	1:08,0
3. Nikolay Pankin	SOV	1:08,0

200-m-Brust

1. Felipe Muñoz	MEX	2:28,7
2. Vladimir Kossinsky	SOV	2:29,2
3. Brian Job	USA	2:29,9

100-m-Butterfly

1. Douglas Russell	USA	55,9
2. Mark Spitz	USA	56,4
3. Ross Wales	USA	57,2

200-m-Butterfly

1. Carl Robie	USA	2:08,7
2. Martin Woodroffe	GBR	2:09,0
3. John Ferris	USA	2:09,3

400-m-Lagen

1. Charles Hickcox	USA	2:12,0
2. Gregory Buckingham	USA	2:13,0
3. John Ferris	USA	2:13,3

400-m-Lagen

1. Charles Hickcox	USA	4:48,4
2. Gary Hall	USA	4:48,7
3. Michael Holthaus	D	4:51,4

4 × 100-m-Kraulstaffel

1. USA	3:31,7	(Zachary Zorn, Stephen Rerych, Mark Spitz, Kenneth Walsh)
2. SOV	3:34,2	(Semyon Belitz-Geiman, Viktor Mazanov, Georgy Kulikov, Leonid Ilyitschev)
3. AUS	3:34,7	(Gregory Rogers, Robert Windle, Robert Cusack, Michael Wenden)

4 × 200-m-Kraulstaffel

1. USA	7:52,3	(John Nelson, Stephen Rerych, Mark Spitz, Don Schollander)
2. AUS	7:53,7	(Gregory Rogers, Graham White, Robert Windle, Michael Wenden)
3. SOV	8:01,6	(Vladimir Bure, Semyon Belitz-Geiman, Georgy Kulikov, Leonid Ilyitschev)

4 × 100-m-Lagenstaffel

1. USA	3:54,9	(Charles Hickcox, Donald McKenzie, Douglas Russell, Kenneth Walsh)
2. DDR	3:57,5	(Roland Matthes, Egon Henninger, Horst-Günther Gregor, Frank Wiegand)
3. SOV	4:00,7	(Yuri Gromak, Vladimir Kossinsky, Vladimir Nemschilov, Leonid Ilyitschev)

Kunstspringen

1. Bernie Wrightson	USA	170,15
2. Klaus Dibiasi	ITA	159,74
3. James Henry	USA	158,09

Turmspringen

1. Klaus Dibiasi	ITA	164,18
2. Alvaro Gaxiola	MEX	154,49
3. Edwin Young	USA	153,93

Wasserball

1. Jugoslawien
2. Sowjetunion
3. Ungarn

Schwimmen Frauen

100-m-Kraul

1. Jan Henne	USA	1:00,0
2. Susan Pedersen	USA	1:00,3
3. Linda Gustavson	USA	1:00,3

200-m-Kraul

1. Debbie Meyer	USA	2:10,5
2. Jan Henne	USA	2:11,0
3. Jane Barkman	USA	2:11,3

400-m-Kraul

1. Debbie Meyer	USA	4:31,8
2. Linda Gustavson	USA	4:35,5
3. Karen Moras	AUS	4:37,0

Abkürzungsschlüssel siehe Register.

800-m-Kraul

1. Debbie Meyer	USA	9:24,0
2. Pamela Kruse	USA	9:35,7
3. Maria Teresa Ramirez	MEX	9:38,5

100-m-Brust

1. Djurdjica Bjedov	YUG	1:15,8
2. Galina Prozumenschtschikova	SOV	1:15,9
3. Sharon Wichman	USA	1:16,1

200-m-Brust

1. Sharon Wichman	USA	2:44,4
2. Djurdjica Bjedov	YUG	2:46,4
3. Galina Prozumenschtschikova	SOV	2:47,0

100-m-Rücken

1. Kaye Hall	USA	1:06,2
2. Elaine Tanner	CAN	1:06,7
3. Jane Swagerty	USA	1:08,1

200-m-Rücken

1. Pokey Watson	USA	2:24,8
2. Elaine Tanner	CAN	2:27,4
3. Kaye Hall	USA	2:28,9

100-m-Butterfly

1. Lynette McClements	AUS	1:05,5
2. Ellie Daniel	USA	1:05,8
3. Susan Shields	USA	1:06,2

200-m-Butterfly

1. Ada Kok	HOL	2:24,7
2. Helga Lindner	DDR	2:24,8
3. Ellie Daniels	USA	2:25,9

200-m-Lagen

1. Claudia Kolb	USA	2:24,7
2. Susan Pedersen	USA	2:28,8
3. Jan Henne	USA	2:31,4

400-m-Lagen

1. Claudia Kolb	USA	5:08,5
2. Lynn Vidali	USA	5:22,2
3. Sabine Steinbach	DDR	5:25,3

4 × 100-m-Kraulstaffel

1. USA	4:02,5	(Jane Barkman, Linda Gustavson, Susan Pedersen, Jan Henne)
2. DDR	4:05,7	(Gabriele Wetzko, Roswitha Krause, Uta Schmuck, Martina Grunert)
3. CAN	4:07,2	(Angela Coughlaw, Marilyn Corson, Elaine Tanner, Marion Lay)

4 × 100-m-Lagenstaffel

1. USA	4:28,3	(Kaye Hall, Catie Ball, Ellie Daniel, Susan Pedersen)
2. AUS	4:30,0	(Lynette Watson, Lynette McClements, Judy Playfair, Janet Steinbeck)
3. D	4:36,4	(Angelika Kraus, Uta Frommater, Heike Hustede, Heidi Reineck)

Kunstspringen

1. Sue Gossick	USA	150,77
2. Tamara Pogoscheva	SOV	145,30
3. Keala O'Sullivan	USA	145,23

Turmspringen

1. Milena Duchková	ČSR	109,59
2. Natalya Lobanova	SOV	105,14
3. Ann Peterson	USA	101,11

Boxen

Leicht-Fliegengewicht

1. Francisco Rodriguez	VEN
2. Yong-ju Jee	KOR
3. Harlan Marbley	USA
3. Hubert Skrzypczak	POL

Fliegengewicht

1. Ricardo Delgado	MEX
2. Artur Olech	POL
3. Servilio Oliveira	BRA
3. Leo Rwabwogo	UGA

(Fortsetzung S. 998)

(Fortsetzung von S. 997)

Gewichtheben

		Beidarmiges Drücken	Beidarmiges Reißen	Beidarmiges Stoßen	Total
Bantamgewicht					
1. Mohammad Nasiri	IRA	112,5	105,0	150,0	367,5
2. Imre Földi	UNG	122,5	105,0	140,0	367,5
3. Henryk Trebicki	POL	150,0	107,5	135,0	357,5
Federgewicht					
1. Yoshinobu Miyake	JAP	122,5	117,5	152,5	392,5
2. Dito Schanidze	SOV	120,0	117,5	150,0	387,5
3. Yoshiyuki Miyake	JAP	122,5	115,0	147,5	385,0
Leichtgewicht					
1. Waldemar Baszanowski	POL	135,0	135,0	167,5	437,5
2. Parviz Jalayer	IRA	125,0	132,5	165,0	422,5
3. Marian Zielinski	POL	135,0	125,0	160,0	420,0
Mittelgewicht					
1. Viktor Kurentsov	SOV	152,5	135,0	187,5	475,0
2. Masashi Ouchi	JAP	140,0	140,0	175,0	455,0
3. Károly Bakos	UNG	137,5	132,5	170,0	440,0
Leichtschwergewicht					
1. Boris Selitsky	SOV	150,0	147,5	187,5	485,0
2. Viktor Belyayev	SOV	152,5	147,5	185,0	485,0
3. Norbert Ozimek	POL	150,0	140,0	182,5	472,5
Mittelschwergewicht					
1. Kaarlo Kangasniemi	FIN	172,5	157,5	187,5	517,5
2. Jan Talts	SOV	160,0	150,0	197,5	507,5
3. Marek Golab	POL	165,0	145,0	185,0	495,0
Schwergewicht					
1. Leonid Schabotinsky	SOV	200,0	170,0	202,5	572,5
2. Serge Reding	BEL	185,0	147,5	212,5	555,0
3. Joe Dube	USA	200,0	145,0	210,0	555,0

Ringen, griechisch-römischer Stil

Fliegengewicht
1. Petar Kirov — BUL
2. Vladimir Bakulin — SOV
3. Miroslav Zeman — ČSR

Bantamgewicht
1. János Varga — UNG
2. Ion Baciu — RUM
3. Ivan Kotschergin — SOV

Federgewicht
1. Roman Rurua — SOV
2. Hideo Fujimoto — JAP
3. Simeon Popescu — RUM

Leichtgewicht
1. Munji Mumemura — JAP
2. Stevan Horvat — YUG
3. Petros Galaktopoulos — GRE

Weltergewicht
1. Rudolf Vesper — DDR
2. Daniel Robin — FRA
3. Károly Bajkó — UNG

Mittelgewicht
1. Lothar Metz — DDR
2. Valentin Olenik — SOV
3. Branislav Simič — YUG

Halbschwergewicht
1. Boyan Radev — BUL
2. Nikolay Yakovenko — SOV
3. Nicolae Martinescu — RUM

Schwergewicht
1. István Kozma — UNG
2. Anatoly Roschtschin — SOV
3. Petr Kment — ČSR

Freistilringen

Fliegengewicht
1. Shigeo Nakata — JAP
2. Richard Sanders — USA
3. Surenjav Sukhbaatar — MON

Bantamgewicht
1. Yojiro Uetake — JAP
2. Donald Behm — USA
3. Abutaleb Gorgori — IRA

Federgewicht
1. Masaaki Kaneko — JAP
2. Enyu Todorov — BUL
3. Shamseddin Seyed-Abassy — IRA

Leichtgewicht
1. Abdollah Movahed Ardabili — IRA
2. Enyu Valtschev — BUL
3. Sereeter Danzandarjaa — MON

Weltergewicht
1. Mahmut Atalay — TUR
2. Daniel Robin — FRA
3. Dagvasuren Purev — MON

Mittelgewicht
1. Boris Gurevitsch — SOV
2. Munkbat Jiigid — MON
3. Prodan Gardschev — BUL

Halbschwergewicht
1. Ahmet Ayik — TUR
2. Schota Lomidze — SOV
3. József Csatári — UNG

Schwergewicht
1. Aleksandr Medved — SOV
2. Osman Duralyev — BUL
3. Wilfried Dietrich — D

Fechten Männer

Florett Einzel
1. Ion Drimba — RUM — 4
2. Dr. Jenö Kamuti — UNG — 3
3. Daniel Revenu — FRA — 3

Florett Mannschaft
1. Frankreich
2. Sowjetunion
3. Polen

Degen Einzel
1. Györö Kulcsár — UNG — 4 + 2
2. Grigory Kriss — SOV — 4/10/8
3. Gianluigi Saccaro — ITA — 4/10/7

Degen Mannschaft
1. Ungarn
2. Sowjetunion
3. Polen

Säbel Einzel
1. Jerzy Pawlowski — POL — 4+1
2. Mark Rakita — SOV — 4
3. Tibor Pézsa — UNG — 3/16

Säbel Mannschaft
1. Sowjetunion
2. Italien
3. Ungarn

Fechten Frauen

Florett Einzel
1. Yelena Novikova — SOV — 4
2. Pilar Roldan — MEX — 3/14
3. Ildikó Ujlaki-Rejtö — UNG — 3/16

Florett Mannschaft
1. Sowjetunion
2. Ungarn
3. Rumänien

Moderner Fünfkampf Einzel

1. Björn Ferm — SWE
2. András Balczó — UNG
3. Pavel Lednev — SOV

Moderner Fünfkampf Mannschaft

1. Ungarn
2. Sowjetunion
3. Frankreich

Kanu Männer

1000 m Kajak-Einer (K 1)
1. Mihály Hesz — UNG — 4:02,63
2. Aleksandr Schaparenko — SOV — 4:03,58
3. Erik Hansen — DAN — 4:04,39

1000 m Kajak-Zweier (K 2)
1. Sowjetunion — 3:37,54
2. Ungarn — 3:38,44
3. Österreich — 3:40,71

1000 m Kajak-Vierer (K 4)
1. Norwegen — 3:14,38
2. Rumänien — 3:14,81
3. Ungarn — 3:15,10

1000 m Canadier-Einer (C 1)
1. Tibor Tatai — UNG — 4:36,14
2. Detlef Lewe — D — 4:38,31
3. Vitaly Galkov — SOV — 4:40,42

1000 m Canadier-Zweier (C 2)
1. Rumänien — 4:07,18
2. Ungarn — 4:08,77
3. Sowjetunion — 4:11,30

Kanu Frauen

500 m Kajak-Einer (K 1)
1. Lyudmila Pinayeva-Khvedosyuk — SOV — 2:11,09
2. Renate Breuer — D — 2:12,71
3. Viorica Dumitru — RUM — 2:13,22

500 m Kajak-Zweier (K 2)
1. Deutschland — 1:56,44
2. Ungarn — 1:58,60
3. Sowjetunion — 1:58,61

Rudern

Einer
1. Henri Jan Wienese — HOL — 7:47,80
2. Jochen Meissner — D — 7:52,00
3. Alberto Demiddi — ARG — 7:57,19

Doppelzweier
1. Sowjetunion — 6:51,82
2. Holland — 6:52,80
3. USA — 6:54,21

Zweier ohne Steuermann
1. DDR — 7:26,56
2. USA — 7:26,71
3. Dänemark — 7:31,84

Zweier mit Steuermann
1. Italien — 8:04,81
2. Holland — 8:06,80
3. Dänemark — 8:08,07

Vierer ohne Steuermann
1. DDR — 6:39,18
2. Ungarn — 6:41,64
3. Italien — 6:44,01

Vierer mit Steuermann
1. Neuseeland — 6:45,62
2. DDR — 6:48,20
3. Schweiz — 6:49,04

Achter
1. Deutschland — 6:07,00
2. Australien — 6:07,98
3. Sowjetunion — 6:09,11

Segeln

Ein-Mann-Boot
1. Valentin Mankin — SOV — 11,7
2. Hubert Raudaschl — AUT — 53,4
3. Fabio Albarelli — ITA — 55,1

Star
1. USA — 14,4
2. Norwegen — 43,7
3. Italien — 44,7

Flying Dutchman
1. Großbritannien — 3,0
2. Deutschland — 43,7
3. Brasilien — 48,4

Drachen
1. USA — 6,0
2. Dänemark — 26,4
3. DDR — 32,7

5,5 m (nur 1952, 1956, 1960, 1964, 1968 durchgeführt)
1. Schweden — 8,0
2. Schweiz — 32,0
3. Großbritannien — 39,8

Radsport

Straßenrennen Einzel
1. Pierfranco Vianelli — ITA — 4:41:25,24
2. Leif Mortensen — DAN — 4:42:49,71
3. Gösta Pettersson — SWE — 4:43:15,24

100-km-Mannschafts-Zeitfahren
1. Holland — 2:07:49,06
2. Schweden — 2:09:26,60
3. Italien — 2:10:18,74

1000-m-Zeitfahren
1. Pierre Trentin — FRA — 1:03,91
2. Niels-Christian Fredborg — DAN — 1:04,61
3. Janusz Kierzkowski — POL — 1:04,63

1000-m-Sprint
1. Daniel Morelon — FRA — 10,68
2. Giordano Turrini — ITA
3. Pierre Trentin — FRA

2000-m-Tandemfahren
1. Frankreich — 9,83
2. Holland
3. Belgien

4000-m-Einzel-Verfolgungsrennen
1. Daniel Rebillard — FRA — 4:41,71
2. Mogens Frey Jensen — DAN — 4:42,43
3. Xaver Kurmann — SUI — 4:39,42

Das Rennen um den 3. Platz brachte schnellere Zeiten als das Finale

4000-m-Mannschafts-Verfolgungsrennen
1. Dänemark — 4:22,44
2. Deutschland — 4:18,94
3. Italien — 4:18,35

Die siegreiche deutsche Mannschaft wurde wegen unerlaubten Anschiebens zunächst disqualifiziert, dann aber auf den zweiten Platz gesetzt.
Das Rennen um den 3. Platz brachte schnellere Zeiten als das Finale.

Reitsport

Military Einzel
1. Jean-Jacques Guyon — FRA
2. Derek Allhusen — GBR
3. Michael Page — USA

Military Mannschaft
1. Großbritannien — −175,93
2. USA — −245,87
3. Australien — −331,26

Dressur Einzel
1. Ivan Kizimov — SOV — 908+664=1572
2. Josef Neckermann — D — 948+598=1546
3. Dr. Reiner Klimke — D — 896+641=1537

Dressur Mannschaft
1. Deutschland — 2699
2. Sowjetunion — 2657
3. Schweiz — 2547

Jagdspringen Einzel
1. William Steinkraus — USA — − 4
2. Marion Coakes — GBR — − 8
3. David Broome — GBR — −12/0/35,3

Jagdspringen Mannschaft
1. Kanada — −102,75
2. Frankreich — −110,50
3. Deutschland — −117,25

Schießen

Freies Gewehr		Total
1. Gary Anderson	USA	1157
2. Vladimir Kornev	SOV	1151
3. Kurt Müller	SUI	1148

Kleinkaliber (KK) liegende Stellung
1. Jan Kurka — ČSR — 598
2. László Hammerl — UNG — 598
3. Ian Ballinger — NSE — 597

Kleinkaliber (KK) Dreistellungskampf		Total
1. Bernd Klingner	D	1157
2. John Writer	USA	1156
3. Vitaly Parkhimovitsch	SOV	1154

Schnellfeuerpistole oder Revolver
1. Josef Zapedzki — POL — 593
2. Marcel Rosca — RUM — 591/147
3. Renart Suleimanov — SOV — 591/146/148

Beliebige Scheibenpistole, 50 m
1. Grigory Kossykh — SOV — 562/30
2. Heinz Mertel — D — 562/26
3. Harald Vollmar — DDR — 560

Tontaubenschießen (Trap)
1. John Robert Braithwaite — GBR — 198
2. Thomas Garrigus — USA — 196/25/25
3. Kurt Czekalla — DDR — 196/25/23

Tontaubenschießen (Skeet)
1. Yevgeny Petrov — SOV — 198/25
2. Romano Garagnani — ITA — 198/24/25
3. Konrad Wirnhier — D — 198/24/23

Turnen Männer

Mehrkampf Einzel
1. Sawao Kato — JAP — 115,90
2. Mikhail Voronin — SOV — 115,85
3. Akinori Nakayama — JAP — 115,65

Mehrkampf Mannschaft
1. Japan — 575,90
2. Sowjetunion — 571,10
3. DDR — 557,15

Barren Einzel
1. Akinori Nakayama — JAP — 19,475
2. Mikhail Voronin — SOV — 19,425
3. Vladimir Klimenko — SOV — 19,225

Bodenübung Einzel
1. Sawao Kato — JAP — 19,475
2. Akinori Nakayama — JAP — 19,400
3. Takeshi Kato — JAP — 19,275

Pferdsprung Einzel
1. Mikhail Voronin — SOV — 19,000
2. Yukio Endo — JAP — 18,950
3. Sergey Diomidov — SOV — 18,925

Seitpferd Einzel
1. Miroslav Cerar — YUG — 19,325
2. Olli Eino Laiho — FIN — 19,225
3. Mikhail Voronin — SOV — 19,200

Reck Einzel
1. Mikhail Voronin — SOV — 19,550
2. Akinori Nakayama — JAP — 19,550
3. Eizo Kenmotsu — JAP — 19,375

Ringe Einzel
1. Akinori Nakayama — JAP — 19,450
2. Mikhail Voronin — SOV — 19,325
3. Sawao Kato — JAP — 19,225

Turnen Frauen

Mehrkampf Einzel
1. Vera Čáslavská — ČSR — 78,25
2. Zinaida Voronina — SOV — 76,85
3. Natalya Kutschinskaya — SOV — 76,75

Mehrkampf Mannschaft
1. Sowjetunion — 382,85
2. Tschechoslowakei — 382,20
3. DDR — 379,10

Stufenbarren
1. Vera Čáslavská — ČSR — 19,650
2. Karin Janz — DDR — 19,500
3. Zinaida Voronina — SOV — 19,425

Bodenübung
1. Larissa Petrik — SOV — 19,675
2. Vera Čáslavská — ČSR — 19,675
3. Natalya Kutschinskaya — SOV — 19,650

Pferdsprung
1. Vera Čáslavská — ČSR — 19,775
2. Erika Zuchold — DDR — 19,625
3. Zinaida Voronina — SOV — 19,500

Schwebebalken
1. Natalya Kutschinskaya — SOV — 19,650
2. Vera Čáslavská — ČSR — 19,575
3. Larissa Petrik — SOV — 19,250

Basketball
1. USA
2. Jugoslawien
3. Sowjetunion

Fußball
1. Ungarn
2. Bulgarien
3. Japan

Landhockey
1. Pakistan
2. Australien
3. Indien

Volleyball Männer
1. Sowjetunion
2. Japan
3. Tschechoslowakei

Volleyball Frauen
1. Sowjetunion
2. Japan
3. Polen

Die unglücklichste Mannschaft der Olympiade: Wegen eines geringfügigen Verstoßes gegen das Reglement wurden die deutschen Radrennfahrer Link, Henrichs, Kissner und Hempel trotz bester Zeit disqualifiziert.

1968
NOVEMBER

Mo	Di	Mi	Do	Fr	Sa	So
				1	2	3
4	5	6	7	8	9	10
11	12	13	14	15	16	17
18	19	20	21	22	23	24
25	26	27	28	29	30	

1. Generalstreik der arabischen Bevölkerung in Jerusalem gegen israelische Militärverwaltung.

1. US-Präsident Johnson ordnet Einstellung der Bombardierung Nordvietnams an. →

3. Graham Hill (England) nach Grand Prix von Mexiko in Mexiko City Automobilweltmeister 1968 auf Lotus.

3. Schwere Unwetter und sintflutartige Regenfälle in weiten Teilen Europas verursachen enorme Schäden und fordern allein in Italien 72 Menschenleben.

5. Richard Nixon gewinnt Präsidentschaftswahlen in den USA. →

7. Südvietnams Staatspräsident Nguyen Van Thieu unterzeichnet Notstandsgesetze.

7. XVI. Bundesparteitag der CDU in Berlin verabschiedet Programm für die 70er Jahre, sogenanntes »Berliner Programm«.

10. Die Sowjetunion startet ihre Weltraumsonde »Sond 6«, die Aufnahmen von der Mondrückseite liefert. →

10. Joe Frazier verteidigt seinen Box-WM-Titel nach WBC-Version durch Punktsieg nach 15 Runden gegen Oscar Bonavena (Argentinien) in Philadelphia.

15. Deutsche Erstaufführung des sowjetischen Spielfilms »Anna Karenina« von Alexander Sarchi.

20. Die Börsen in Frankreich, England und der Bundesrepublik werden wegen Währungskrise für drei Tage geschlossen.

23. Deutschland gewinnt Fußballländerspiel gegen Zypern 1 : 0.

24. Explosion in Kohlengrube bei Mannington (West Virginia) kostet 78 Bergleuten das Leben.

27. Erste Rede des als Nachfolger für den erkrankten Antonio Salazar zum neuen portugiesischen Ministerpräsidenten gewählten Marcello Gaetano vor der Nationalversammlung.

GESTORBEN:

1. Georgios Papandreou (* 13. 2. 1888), griechischer Politiker.

16. Augustin Bea (* 28. 5. 1881), deutscher Theologe.

25. Upton Sinclair (* 20. 9. 1878), amerikanischer Schriftsteller. →

26. Arnold Zweig (* 10. 11. 1887), deutscher Schriftsteller. →

Der Sieger: Richard Nixon mit Frau Pat (rechts) und seinen Töchtern Tricia und Julie (links) sowie dem Eisenhowerenkel David, dem Verlobten Julies.

Nixon gewinnt Wahlen

5. November. Die Präsidentschaftswahlen in den USA enden mit einem Sieg des Republikaners Richard M. Nixon, der zwar nur unwesentlich mehr Stimmen der Wähler erhält, dafür aber bei der Zahl der Elektoren (Wahlmänner) deutlich dominiert, so daß er als neuer Präsident der USA gilt.

Auf Nixon entfallen 31 770 237 = 43,4 Prozent, auf Hubert Humphrey 31 270 533 = 42,7 Prozent der Stimmen. Der dritte angetretene Kandidat, George Wallace, kommt immerhin auf 9 906 141 = 13,5 Prozent der Stimmen. Bei den gleichzeitig stattfindenden Wahlen zum Repräsentantenhaus gibt es keine starken Veränderungen. Die Demokraten erhalten hier 243 (bisher 245), die Republikaner 192 (bisher 187) Sitze. Nach den Senatsteilwahlen setzt sich dieses Gremium jetzt so zusammen: 58 demokratischen stehen 42 republikanische Senatoren gegenüber.

US-Schriftsteller und Sozialist Upton Sinclair †

25. November. Im Alter von 90 Jahren stirbt in Bound Brook (New Jersey) der amerikanische Sozialist und Schriftsteller Upton Sinclair. Er ist auch in Europa durch seine Romane bekannt geworden, in denen er das kapitalistische System und seine sozialen Mißstände verurteilt. Sein erster Erfolg ist der Roman »Der Sumpf« (1906), in dem das Elend in den Schlachthöfen von Chicago geschildert wird. Es folgen »Metropolis« (1908), »König Kohle« (1912), »Hundert Prozent« (1920) und »Drachenzähne« (1942), ein Teil seiner Lanny-Budd-Serie, in der in elf Bänden das Geschehen in der ersten Hälfte des 20. Jahrhunderts geschildert wird (1940–1949).

Arnold Zweig stirbt 81jährig in Ost-Berlin

26. November. Im Alter von 81 Jahren stirbt in Ost-Berlin der Schriftsteller Arnold Zweig, seit 1967 Präsident des »PEN-Zentrums DDR«. Zweig mußte 1933 emigrieren und kehrte 1948 nach Deutschland zurück, wo er sich in Ost-Berlin niederließ. Er machte sich mit gesellschaftlichen Romanen einen Namen. Sein mehrbändiger Romanzyklus über die Zeit des ersten Weltkrieges »Der große Krieg der weißen Männer« enthält die Werke »Der Streit um den Sergeanten Grischa« (1927), »Junge Frau von 1914« (1931), »Erziehung vor Verdun« (1935), »Einsetzung eines Königs« (1937), »Die Feuerpause« (1954) und »Die Zeit ist reif« (1957).

Neue Phase im Vietnamkrieg nach Bombenstopp

1. November. Mit der vom noch amtierenden Präsidenten Lyndon B. Johnson angeordneten Einstellung der Bombardierung Nordvietnams am 1. November um 21 Uhr Ortszeit tritt der Konflikt in eine neue Phase.

Die nordvietnamesische Regierung erklärt bereits am nächsten Tag ihre Bereitschaft zu weitgehenden Verhandlungen, an der auch die Vertreter der in Südvietnam kämpfenden Befreiungsfront teilnehmen sollen. Die kommunistischen Delegationen treffen bereits am 4. November in Paris ein. Die Vertreter der Befreiungsfront werden jedoch von Südvietnam nicht als Verhandlungspartner akzeptiert. Erst ein bis Ende des Monats andauerndes zähes Ringen bringt die erweiterten Friedensverhandlungen über Vietnam mit allen Beteiligten voran.

Ende November werden auch offizielle Zahlen über den Bombenkrieg vorgelegt. Danach haben die USA in den 3 1/2 Jahren 94 081 Einsätze gegen Nordvietnam geflogen und rund eine Million Tonnen Bomben abgeworfen.

Sie verloren nach eigenen Angaben 911 Kampfflugzeuge – Nordvietnam spricht von 3300 Maschinen. 300 US-Piloten sollen sich nach amerikanischen Angaben in nordvietnamesischer Gefangenschaft befinden.

»Sond 6« liefert Aufnahmen von Mondrückseite

17. November. Mit der planmäßigen Landung in der Sowjetunion nach einem neuen Verfahren geht ein neues Weltraumexperiment der UdSSR erfolgreich zu Ende. »Sond 6« hat nach ihrem Start am 10. November den Mond umkreist und Großaufnahmen von der Rückseite des Erdtrabanten geliefert. Mit »Proton 4« bringen die Sowjets am 16. November die bisher größte automatische Weltraumstation auf eine Umlaufbahn. Der Koloß hat eine Nutzlast von 17 Tonnen.

Mo	Di	Mi	Do	Fr	Sa	So
						1
2	3	4	5	6	7	8
9	10	11	12	13	14	15
16	17	18	19	20	21	22
23	24	25	26	27	28	29
30	31					

2. Bundesverkehrsminister Georg Leber kündigt den Ausbau der Bundesautobahnen um 1000 km bis 1970 an.

3. Der Vertrag über die Rettung von Astronauten bei Weltraumunfällen tritt nach der Ratifizierung in Moskau, Washington und London in Kraft.

7. Konstituierung einer Aktion Demokratischer Fortschritt (ADF) in Frankfurt als Zusammenschluß und Wahlbündnis linker Parteien und Gruppierungen zu einer neuen Partei.

11. Richard Nixon stellt die künftige US-Regierung in Washington vor. →

14. Deutschland und Brasilien trennen sich im Fußballländerspiel in Rio de Janeiro mit 2 : 2.

16. Universität Dortmund eröffnet.

18. Deutschland unterliegt in einem Fußballländerspiel gegen Chile in Santiago mit 1 : 2.

18. Deutsche Erstaufführung des englischen Spielfilms »Oliver« von Carol Reed, der den »Oscar« 1968 für die beste Regie erhalten hat.

19. Königin Juliana der Niederlande und König Baudouin von Belgien weihen eine Seeschleuse in der Nähe der niederländischen Stadt Terneuzen ein, die den Seeweg zur belgischen Stadt Gent erleichtert.

21. Start des US-Weltraumunternehmens Apollo VIII. →

22. Die Nationalmannschaften von Deutschland und Mexiko trennen sich in einem Fußballländerspiel in Mexiko City mit 1 : 1.

23. Nordkorea läßt die 82köpfige Besatzung des US-Spionageschiffs »Pueblo« nach insgesamt 28 Treffen von Unterhändlern beider Nationen frei.

31. Erfolgreicher Erstflug der Tupolew T-144, des ersten Überschall-Passagierflugzeuges der Welt, in der Sowjetunion.

GESTORBEN:

10. Karl Barth (* 10. 5. 1886), Schweizer Theologe.

20. Max Brod (* 27. 5. 1884), deutsch-israelischer Schriftsteller.

20. John Steinbeck (* 27. 2. 1902), amerikanischer Schriftsteller, Nobelpreis 1962. →

30. Trygve Lie (* 16. 7. 1896), norwegischer Politiker.

Apolloflug um Mond

Die Mannschaft der ersten Mondumrundung mit »Apollo VIII«: James A. Lovell, William Anders und Kommandant Frank Borman (von links) vor dem Simulator.

21. Dezember. Mit dem Start des Raumschiffes »Apollo VIII«, das die Astronauten Frank Borman, James A. Lovell und William Anders an Bord hat, beginnt das bisher aufregendste Weltraumexperiment. »Apollo VIII« soll erstmals Menschen in eine Umlaufbahn um den Mond bringen. Das Experiment hat diesen Höhepunkt am 24. Dezember, als nach Stabilisierung des Fluges eine zehnmalige Mondumkreisung gelingt. Rückkurs zur Erde wird am 25. Dezember genommen, wo am nächsten Tag um 16.51 Uhr im Pazifik zwischen Hawaii und Samoa gelandet wird. Damit ist die erste Rückkehr eines bemannten Raumschiffs nach Mondumkreisungen gelungen und ein weiterer Schritt zur Eroberung des Erdtrabanten getan. Die ganze Welt kann durch fünf Live-Übertragungen an diesem Ereignis teilnehmen.

Froschmänner bei der »Apollo VIII« nach ihrer Wasserung im Pazifik.

Präsident Nixon stellt sein Kabinett vor

11. Dezember. Einen Monat nach seiner Wahl stellt der neue US-Präsident Richard Nixon seine künftige Regierungsmannschaft der Öffentlichkeit vor. Schlüsselpositionen nehmen der frühere Justizminister (1957–1961) William P. Rogers als Außenminister und der republikanische Kongreßabgeordnete Melvin Laird als neuer Verteidigungsminister ein. Das Finanzministerium übernimmt der Bankier David M. Kennedy.

Japaner erhält Literaturpreis

10. Dezember. Der Japaner Jasunari Kawabata erhält bei der diesjährigen Nobelpreisübergabe den Literaturpreis. Der Physikpreis geht an den US-Forscher Luis W. Alvarez für die Auswertung der Spuren von Elementarteilchen. Den Chemiepreis erhält der Norweger Lars Onsager für Entwicklung einer »irreversiblen Thermodynamik«. Den Medizinpreis teilen sich drei US-Wissenschaftler für die Entschlüsselung der chemischen Informationen der Erbsubstanz und ihrer Funktion bei der Eiweißsynthese. Es sind Robert W. Holley, Har Gobind Khorana und Marshall W. Nirenberg. Den Friedensnobelpreis erhält René Cassin (Frankreich) Präsident des Europäischen Gerichts für Menschenrechte.

John Steinbeck †

20. Dezember. Im Alter von 66 Jahren stirbt in New York der amerikanische Literatur-Nobelpreisträger des Jahres 1962 John Steinbeck, der zuletzt als Kriegsberichterstatter in Vietnam tätig war. Steinbeck verfaßte zahlreiche sozialkritische Romane. Zu seinen Werken gehören u. a.: »Eine Handvoll Gold« (1929), »Tortilla Flat« (1935), »Stürmische Ernte« (1936), »Von Mäusen und Menschen« (1937), »Früchte des Zorns« (1939), »Die Straße der Ölsardinen« (1945), »Jenseits von Eden« (1952), »Geld bringt Geld« (1961).

1969

JANUAR

Mo	Di	Mi	Do	Fr	Sa	So
		1	2	3	4	5
6	7	8	9	10	11	12
13	14	15	16	17	18	19
20	21	22	23	24	25	26
27	28	29	30	31		

1. Ordnungswidrigkeitengesetz im Straßenverkehr tritt in der Bundesrepublik in Kraft.

4. Spanien gibt die westafrikanische Provinz Ifni an Marokko zurück.

7. US-Repräsentantenhaus stimmt mit Zweidrittelmehrheit Verdoppelung des Präsidentengehaltes auf 200 000 Dollar pro Jahr zu.

10. Schweden erkennt Nordvietnam diplomatisch an.

13. Deutsche Erstaufführung des schwedischen Spielfilms »Raus bist du« von Jan Troell, der bei den Berliner Filmfestspielen 1968 den »Goldenen Bären« erhalten hat.

14. Zuletzt gefaßtes Mitglied der britischen Posträuberbande, der mutmaßliche Chefplaner Bruce Reynolds, wird zu 25 Jahren Gefängnis verurteilt. Damit ist die rechtliche Behandlung dieses größten Geldraubes der Geschichte abgeschlossen (→ August 1963).

15. Mehrere Explosionen auf dem US-Flugzeugträger »Enterprise« fordern 25 Todesopfer und 85 Verletzte.

16. UdSSR gelingt erstes Kopplungsmanöver zweier bemannter Raumschiffe. →

16. Der ČSSR-Student Jan Palach protestiert durch Selbstverbrennung auf dem Prager Wenzelsplatz gegen die sowjetische Besatzungsmacht. →

19. Bei Überfall auf Munitionsdepot des Fallschirmjägerbataillons 261 in Lebach werden drei Soldaten von den Tätern erschossen.

23. Bundestagspräsident Eugen Gerstenmaier kündigt seinen Rücktritt an.

24. In Spanien wird nach Studentenunruhen über das ganze Land der Ausnahmezustand verhängt. →

26. Hochwasserkatastrophe in Kalifornien fordert elf Menschenleben.

31. Uraufführung des Schauspiels »Das Mündel will Vormund sein« von Peter Handke in einer Inszenierung von Claus Peymann am Theater am Turm in Frankfurt.

GESTORBEN:

11. Leopold von Wiese (* 2. 12. 1876), deutscher Soziologe.

29. Allan W. Dulles (* 7. 4. 1893), amerikanischer Diplomat.

Feuertod aus Protest

Prager Bürger an der Gedenkstätte für Palach auf dem Wenzelsplatz.

16. Januar. Die Proteste der ČSSR-Bevölkerung gegen eine Rückkehr zu den Verhältnissen vor dem sogenannten »Prager Frühling« häufen sich. Der Student Jan Palach setzt sich am 16. Januar auf dem Prager Wenzelsplatz selbst in Brand und stirbt drei Tage später an den dabei erlittenen Verletzungen. Weitere Selbstverbrennungen folgen und sorgen für eine Zuspitzung der krisenhaften Entwicklung im Lande, die durch eine Kampagne gegen den führenden Reformer und Parlamentspräsidenten Josef Smrkovský ausgelöst worden ist. Auf Betreiben des linientreuen slowakischen Parteisekretärs Gustav Husák verliert Smrkovský sein Amt und wird mit dem Präsidium einer der beiden neuen Häuser der tschechoslowakischen Föderation abgefunden.

Gerstenmaier geht

31. Januar. Acht Tage nach der Ankündigung tritt der Präsident des Deutschen Bundestages, Eugen Gerstenmaier, von diesem Amt zurück. Er ist in das Kreuzfeuer öffentlicher Kritik geraten, nachdem an ihn geleistete Wiedergutmachungszahlungen als Verfolgter des NS-Regimes aufgrund nicht einwandfrei nachgewiesener Tatbestände erfolgt sind.

Die Affäre reicht bis in das Jahr 1963 zurück, als der ehemalige Fallschirmjägergeneral Bernhard Ramcke dem am 20. Juli 1944 verhafteten und noch 1945 zu sieben Jahren Zuchthaus verurteilten Bundestagspräsidenten vorgeworfen hat, sich zu Unrecht dem Widerstandskreis gegen das Hitlerregime zuzurechnen. In einem Prozeß über diesen Vorwurf ist eine gerichtliche Klärung des Ramcke-Vorwurfs unterblieben, der Ex-General hat lediglich ein Schmerzensgeld an Gerstenmaier zahlen müssen. Dieser hat zur amtlichen Bestätigung des ihm in der NS-Zeit angetanen Unrechts – Verweigerung der »Venia legendi« (Lehrbefugnis) – im April 1964 durch seine Anwälte im Rahmen der gesetzlichen Bestimmungen der Bundesrepublik einen Antrag auf Wiedergutmachung gestellt, der darauf hinausläuft, ihm die Rechtsstellung eines Universitätsprofessors zuzuerkennen. Zur Erfüllung seiner Ansprüche ist allerdings mit Gerstenmaiers Formulierungshilfe eine Novelle zum Wiedergutmachungsgesetz für Angehörige des öffentlichen Dienstes entstanden, die erst seinen Professorenstatus und entsprechende Nachzahlungen in sechsstelliger Höhe möglich gemacht hat. Die darauf beruhende Empörung der Öffentlichkeit gibt den Ausschlag für den Rücktritt des Bundestagspräsidenten.

Bundestagspräsident Eugen Gerstenmaier tritt von seinem Amt zurück.

Ausnahmezustand in Spanien nach Unruhen verhängt

24. Januar. In Spanien wird erstmals nach Beendigung des Bürgerkrieges im Jahre 1939 der Ausnahmezustand für das gesamte Territorium verhängt. In der baskischen Provinz Guipuzcoa ist diese Maßnahme bereits im August des Vorjahres getroffen worden.

Die Regierung will mit dem für drei Monate geltenden Akt die innenpolitische Situation, die durch Studentenunruhen geprägt ist, wieder in den Griff bekommen.

Koppelmanöver im Weltraum

16. Januar. Mit dem ersten Kopplungsmanöver zweier bemannter Raumschiffe kann die Sowjetunion einen neuen Weltraumerfolg feiern. Zunächst wird am 14. Januar »Sojus 4« mit dem Kosmonauten Wladimir Schatalow gestartet. Am nächsten Tag folgt »Sojus 5« in den Weltraum. Hier sind die Kosmonauten Boris Wolynow, Alexej Jelissejow und Jewgenij Chrunow an Bord. Das Kopplungsmanöver beider Raumschiffe gelingt am 16. Januar und Jelissejow und Chrunow steigen in die Kapsel »Sojus 4« um, mit der sie am 17. Januar in Kasachstan landen. »Sojus 5« folgt 24 Stunden später. Außer diesem Experiment bereitet die Sowjetunion einen neuen Schritt zur Erforschung des Alls vor. Sie startet am 5. und 10. Januar die Sonden »Venus 5« und »Venus 6«, die in einigen Monaten auf dem gleichnamigen Planeten landen sollen.

Erste deutsche Botschafterin

20. Januar. Erstmals in der Geschichte der Bundesrepublik wird eine Frau zur Botschafterin ernannt. Das Auswärtige Amt gibt bekannt, daß Frau Ellinor von Puttkamer den Botschafterrang erhalten hat. Die Diplomatin soll die Leitung der Deutschen Vertretung beim Europarat in Straßburg übernehmen.

1969
FEBRUAR

Mo	Di	Mi	Do	Fr	Sa	So
					1	2
3	4	5	6	7	8	9
10	11	12	13	14	15	16
17	18	19	20	21	22	23
24	25	26	27	28		

3. Der Palästinensische Nationalkongreß wählt den Al-Fatah-Führer Jassir Arafat zum Vorsitzenden und Koordinator der Kommandounternehmen gegen Israel. →

3. Deutsche Erstaufführung des spanischen Spielfilms »Die Jagd« von Carlos Saura, der dafür 1966 einen »Silbernen Bären« beim Berliner Filmfestival erhalten hat.

5. Kai-Uwe von Hassel wird vom Deutschen Bundestag zum neuen Präsidenten gewählt. →

5. Bundespräsident Heinrich Lübke tritt eine zweiwöchige Afrikareise an. →

6. DDR verbietet Mitgliedern der Bundesversammlung die Durchreise nach Berlin.

9. Erster Versuchsflug des bisher größten Passagierflugzeugs der Welt, der Boeing 747 (»Jumbo-Jet«) in den USA.

11. Zweitägige Schneestürme im Nordosten der USA fordern 60 Todesopfer.

13. Erste erfolgreiche Herzverpflanzung in der Bundesrepublik durch Professor Zenker an der Chirurgischen Universitätsklinik in München.

14. Uraufführung des Schauspiels »Davor« von Günter Grass am Schiller-Theater in Berlin.

17. DDR-Staatsratsvorsitzender Walter Ulbricht erörtert während seines Urlaubes auf der Krim mit UdSSR-Generalsekretär Leonid Breschnew die politische Lage um Berlin.

23. Kölns Erzbischof Joseph Kardinal Frings (82) legt aus Altersgründen sein Amt nieder.

27. US-Präsident Nixon besucht während seines Deutschlandaufenthaltes West-Berlin.

28. Deutsche Erstaufführung des US-Spielfilms »Funny Girl« von William Wyler mit Barbara Streisand, die für ihre Rolle den Oscar 1968 erhalten hat.

GESTORBEN:

22. Johannes Dieckmann (* 19. 1. 1893), deutscher Politiker.

23. Ibn Abd el Asis Saud (* 15. 1. 1902), Ex-König von Saudi-Arabien. →

26. Karl Jaspers (* 23. 2. 1883), deutscher Philosoph.

26. Levi Eschkol (* 25. 10. 1895), israelischer Politiker.

Jassir Arafat führt PLO

Palästinenserführer Jassir Arafat.

3. Februar. Der Kampf der in verschiedenen Organisationen zusammengeschlossenen Palästinenser gegen den Staat Israel hat auch nach dem Sechstagekrieg vom Juni 1967 nicht aufgehört. Von den Nachbarländern aus haben sie zahlreiche Attentate und Kommandounternehmen durchgeführt, die an der politischen Situation jedoch wenig geändert haben.
Eine Tagung des Palästinensischen Nationalkongresses Anfang Februar 1969 in Kairo soll deshalb Ausgangspunkt für koordiniertes Vorgehen gegen Israel sein. Dabei profiliert sich der Führer der von ihm 1963 gegründeten Widerstandsbewegung »Al Fatah« als neuer Leiter des palästinensischen Kampfes: Jassir Arafat. Er wird vom Kongreß am 3. Februar zum Vorsitzenden gewählt und leitet auch das neue elfköpfige Exekutivkomitee, das die Kommandounternehmen gegen Israel koordinieren soll.
Der Beitritt der von Jordanien und Syrien aus operierenden Al Fatah in die PLO bedeutet, daß diese Gruppierung und Arafat nunmehr die offizielle Leitung der PLO übernommen haben. Eine weitere Widerstandsbewegung, die »Volksfront für die Befreiung Palästinas«, weigert sich, der von Arafat geführten PLO beizutreten, weil sie ihre politischen Aktivitäten nicht aufgeben will. Sie gehört auch dem am 17. Februar gebildeten militärischen Oberkommando nicht an, dem Al Fatah, die Gruppe Saika und die PLO-Streitkräfte unterstellt sind.

Von Hassel folgt Gerstenmaier

5. Februar. Als Nachfolger für den zurückgetretenen Eugen Gerstenmaier (→ Januar) wählt der Deutsche Bundestag den bisherigen Vertriebenenminister Kai-Uwe von Hassel mit 262 von 457 abgegebenen Stimmen zum neuen Bundestagspräsidenten. 123 Abgeordnete stimmen gegen ihn, 29 enthalten sich der Stimme, 43 Stimmen sind ungültig. Von Hassel hat somit nur knapp die erforderliche Mehrheit von 260 Stimmen erreicht.

Bundespräsident Lübke in Afrika

Der noch amtierende Bundespräsident Heinrich Lübke unternimmt mit seiner Ehefrau Wilhelmine eine ausgedehnte Afrikareise und besucht dabei die Staaten Elfenbeinküste (5. bis 10. Februar), Niger (10. bis 14. Februar) und den Tschad (14. bis 18. Februar).

Felfe wird ausgetauscht

14. Februar. Der 1963 wegen Spionage für die Sowjetunion zu 14 Jahren Zuchthaus verurteilte ehemalige Mitarbeiter des Bundesnachrichtendienstes (BND) Heinz Felfe wird gegen drei Heidelberger Studenten ausgetauscht, die in der UdSSR wegen angeblicher Spionage ebenfalls zu hohen Strafen verurteilt worden sind.

Ex-König von Saudi-Arabien †

23. Februar. Im Alter von 67 Jahren erliegt in Athen der ehemalige König von Saudi-Arabien Ibn Abd el Asis Saud einem Herzschlag. Nach seiner Entmachtung durch seinen Bruder Feisal hat Ibn Saud auf Einladung von Staatspräsident Gamal Abd el Nasser in Ägypten gelebt. Er wird am 24. Februar in der Hauptstadt Riad seines Heimatlandes beigesetzt.

1969
MÄRZ

Mo	Di	Mi	Do	Fr	Sa	So
					1	2
3	4	5	6	7	8	9
10	11	12	13	14	15	16
17	18	19	20	21	22	23
24	25	26	27	28	29	30
31						

2. Schwerer Grenzzwischenfall zwischen chinesischen und sowjetischen Truppen am Ussuri. →

2. Jungfernflug des französisch-englischen Überschall-Verkehrsflugzeuges Concorde 001. Dauer: 27 Minuten.

5. Gustav Heinemann in Berlin zum neuen Bundespräsidenten gewählt. →

5. Uraufführung des Schauspiels »Garten der Lüste« von Fernando Arrabal in Amsterdam. Inszenierung: Lodewijk de Boer.

6. Erstaufführung des deutschen Spielfilms »Ich bin ein Elefant, Madame« von Peter Zadek, in den Hauptrollen mit Günther Lüders und Margot Trooger. Zadek erhält dafür einen »Silbernen Bären« 1969.

7. Deutsche Erstaufführung des amerikanischen Spielfilms »Charly« von Ralph Nelson mit Cliff Robertson, der für seine Rolle den »Oscar« 1968 erhalten hat.

10. James E. Ray, Mörder des US-Bürgerrechtlers Martin Luther King, von Gericht in Memphis (Tennessee) zu 99 Jahren Zuchthaus verurteilt.

14. Erstaufführung des deutsch-italienischen Spielfilms »Chronik der Anna Magdalena Bach« von Jean-Marie Straub.

17. Golda Meir vom Parlament zur neuen israelischen Ministerpräsidentin gewählt. →

25. Zugunglück beim südbelgischen Louvière fordert 15 Todesopfer und 80 Verletzte.

26. Deutschland und Wales trennen sich im Fußballländerspiel in Frankfurt 1 : 1.

26. Horst Ehmke (SPD) als Nachfolger von Gustav Heinemann neuer Bundesjustizminister.

28. Nach den Siegen der ČSSR-Eishockeymannschaft über das UdSSR-Team kommt es in der Tschechoslowakei zu Unruhen. →

GESTORBEN:

22. Ernst Deutsch (* 16. 9. 1890), deutscher Schauspieler.

24. Joseph Kasavubu (* 1910), kongolesischer Politiker. →

26. Günther Weisenborn (* 10. 7. 1902), deutscher Schriftsteller.

28. Dwight D. Eisenhower (* 14. 10. 1890), US-General und Politiker. →

Heinemann Präsident

5. März. Trotz Drohungen der DDR-Behörden findet die Bundesversammlung zur Wahl des neuen Bundespräsidenten wie geplant in Berlin statt. Die 1036 Mitglieder der Versammlung müssen zwischen den Kandidaten Gustav Heinemann (SPD), derzeitiger Bundesjustizminister, und Gerhard Schröder (CDU), derzeitiger Bundesverteidigungsminister, entscheiden.

Der neue Bundespräsident steht erst nach drei Wahlgängen fest und heißt Gustav Heinemann. Ihm reichen im dritten Wahlgang sechs Stimmen Vorsprung. Die Ergebnisse der Abstimmung im einzelnen:

	Heinemann	Schröder
1. Wahlgang	514 Stimmen	501 Stimmen
2. Wahlgang	511 Stimmen	507 Stimmen
3. Wahlgang	512 Stimmen	506 Stimmen

Laut Gesetz ist in den beiden ersten Wahlgängen die absolute, danach die einfache Mehrheit erforderlich. Aus dem Ergebnis läßt sich ableiten, daß etwa 90 Prozent der FDP-Delegierten für Heinemann gestimmt haben.

Gustav Heinemann hat nach der Gymnasialzeit Geschichte, Rechts- und Staatswissenschaften studiert. Seit 1928 ist er als Justitiar, dann ab 1938 als Bergwerksdirektor der Rheinischen Stahlwerke in Essen tätig und liest als Dozent über Bergrecht und Wirtschaftsrecht an der Universität Köln (1933–1939). Seine politische Laufbahn beginnt er als Student in der Deutschen Demokratischen Partei, später ist er Mitglied der Christlichen Volkspartei und gehört in der NS-Zeit der »Bekennenden Kirche« an. Nach dem Krieg gründet er in Essen die CDU mit und ist von 1946 bis 1949 Oberbürgermeister der Stadt. Als Innenminister ist er in der ersten Regierung Adenauer zu finden, scheidet aber im Herbst 1950 aus Amt und Bundestag aus. Er wird Mitglied der Gesamtdeutschen Volkspartei, die 1957 zur SPD übertritt. Er rückt als SPD-Abgeordneter 1957 wieder in den Bundestag ein.

Heinemann (vorn) nach der Wahl zum Bundespräsidenten.

Tod Eisenhowers

28. März. Im Washingtoner Walter Reed Krankenhaus, in das er im Mai des Vorjahres nach einer Serie von Herzattacken eingeliefert worden ist, stirbt im Alter von 78 Jahren Dwight D. Eisenhower, Fünf-Sterne-General und ehemaliger US-Präsident. Eisenhower ist nach der Schulzeit in die Militärakademie von West Point (New York) eingetreten. Dort wird er 1915 Leutnant und hat in verschiedenen Ländern Armeeposten inne. Im Dezember 1943 wird er Oberkommandierender in Europa und ist für Landung der Alliierten in der Normandie am 6. Juni 1944 verantwortlich. Er gewinnt 1952 und 1956 die Präsidentschaftswahlen und zieht sich 1961 ins Privatleben zurück.

Die Illustrierte »Paris Match« widmet dem früheren US-Präsidenten und General Eisenhower ein Titelbild.

Sowjetische Wachen am Ussuri, dem Grenzfluß zur Volksrepublik China.

Kämpfe am Ussuri

2. März. Die anhaltenden Spannungen zwischen der Sowjetunion und der Volksrepupublik China erreichen einen Höhepunkt mit einem schweren Zwischenfall am Ussuri, dem Grenzfluß zwischen den beiden Riesenreichen. Auf der im Ussuri gelegenen, von der Sowjetunion und China beanspruchten Damanski-Insel liefern sich sowjetische und chinesische Grenztruppen mehrere Tage lang ein heftiges Feuergefecht, das auch zahlreiche Opfer fordert.

Eishockeysieger ČSSR

28. März. Die Spiele bei der Eishokkey-Weltmeisterschaft 1969 in Stockholm lösen in der ČSSR fast einen Aufstand aus. Die Siege der ČSSR-Mannschaft gegen die Sowjetunion (2 : 0 am 21. März und 4 : 3 am 28. März) erhalten angesichts der Vorgänge in der ČSSR einen politischen Hintergrund und werden im Lande entsprechend gefeiert. Dabei kommt es in manchen Städten, vor allem am 28. März in Prag, zu antisowjetischen Ausschreitungen, die sich gegen Einrichtungen der Besatzungsmacht wenden. Während der Fernsehübertragung der Siegerehrung für den Weltmeister Sowjetunion – die ČSSR hat ihre Chancen durch Niederlagen gegen Schweden verspielt – fällt in der ČSSR beim Abspielen der sowjetischen Nationalhymne der Ton, beim Hissen der Sowjetflagge auch das Bild aus. Die KP der ČSSR leitet daraufhin am 31. März eine offizielle Untersuchung ein. Die sowjetische Presse beschuldigt Josef Smrkovský der Teilnahme an den Ausschreitungen auf dem Wenzelsplatz.

Joseph Kasawubu stirbt 59jährig

24. März. Der erste Staatspräsident des früheren Belgisch-Kongo, Joseph Kasawubu, stirbt in Boma (Zentralkongo) im Alter von 59 Jahren an einer Gehirnblutung. Nach der Unabhängigkeit des Landes ist er ab 1. Juli 1960 Staatspräsident bis zu seiner Absetzung durch General Mobutu 1965 gewesen.

Höffner wird Kölner Erzbischof

28. März. Das Erzbistum Köln erhält wieder einen neuen Oberhirten. Joseph Höffner wird von Papst Paul VI. zum Erzbischof von Köln und Kardinal ernannt und in beiden Ämtern Nachfolger des zurückgetretenen Josef Frings. Außer ihm werden an diesem Tag weitere 34 Kardinäle ernannt.

Golda Meir Regierungschefin in Israel

Regierungschefin Golda Meir.

17. März. Der Staat Israel hat erstmals eine Frau als Regierungschef. Die Knesseth stimmt mit 84 gegen zwölf Stimmen für Golda Meir als Nachfolgerin des verstorbenen Levi Eschkol. Die Abstimmung wird vom früheren Ministerpräsidenten David Ben Gurion boykottiert. Frau Meir hat sich als Außenministerin in einem früheren Kabinett bereits einen Namen gemacht.

US-Mondlandung rückt näher

13. März. Mit dem Erfolg des Weltraumunternehmens »Apollo IX« sind die Vereinigten Staaten einen entscheidenden Schritt für eine Landung mit einer Mondfähre auf dem Erdtrabanten weitergekommen. Die Astronauten James McDivitt, David Scott und Russel Schweikart starten am 3. März mit der mitgeführten Mondlandefähre in eine Erdumlaufbahn. Am dritten Tag der Reise wechseln Schweikart und McDivitt in die Mondfähre, die nach Trennung vom Raumschiff für sechseinhalb Stunden im All schwebt. Danach wird wieder an das Raumschiff angekoppelt und der Rückflug nach dem Umsteigen der beiden Astronauten und dem Abtrennen der Landefähre angetreten. »Apollo IX« erreicht am 13. März den Landeplatz in der Nähe der Bahamas.

1969
APRIL

Mo	Di	Mi	Do	Fr	Sa	So
	1	2	3	4	5	6
7	8	9	10	11	12	13
14	15	16	17	18	19	20
21	22	23	24	25	26	27
28	29	30				

1. Beginn des IX. Parteikongresses der KP Chinas in Peking. Lin Piao wird zum Nachfolger Mao Tse-tungs designiert. →

2. Bisher schwerste Katastrophe der polnischen Zivilluftfahrt fordert bei Krakau 53 Todesopfer.

4. Erstmals Transplantation eines künstlichen Herzens in der St.-Lukas-Klinik in Houston (Texas) in den USA gelungen.

9. Erfolgreicher Jungfernflug der zweiten in England vorbereiteten Version des britisch-französischen Überschall-Verkehrsflugzeuges Concorde 002 vom Flughafen Filton aus. Dauer: 22 Minuten.

14. Erste Herzverpflanzung in der Schweiz im Züricher Kantonshospital durch den schwedischen Arzt Ake Senning geglückt.

15. Wirbelsturm fordert in ostpakistanischer Stadt Dacca 518 Todesopfer.

16. Deutschland und Schottland trennen sich im Fußballländerspiel in Glasgow 1 : 1.

17. Alexander Dubček als Erster Sekretär des ZK der KP der ČSSR abgelöst. →

18. Schneestürme und ein Kälteeinbruch verursachen in Norddeutschland Verkehrschaos und vernichten die Obstblüte.

18. Die katholische Studentin Bernadette Devlin (21) wird durch Nachwahlsieg in Nordirland jüngstes Mitglied des britischen Unterhauses.

18. Straßenschlachten zwischen Katholiken und Protestanten in Londonderry (Nordirland) fordern 170 Verletzte.

22. Joe Frazier verteidigt seinen Box-WM-Titel nach WBC-Version durch einen K.o.-Sieg in der ersten Runde gegen Dave Zyglewicz (USA) in Houston (Texas).

25. Deutsche Erstaufführung des italienisch-französischen Spielfilms »Weekend« von Jean-Luc Godard, in der Hauptrolle Mireille Darc.

28. Staatspräsident Charles de Gaulle nach Ablehnung seiner Neuordnungspläne für französische Provinzen zurückgetreten. →

28. Auf dem Parteikongreß in Peking wird das neue Statut der chinesischen KP veröffentlicht. →

GESTORBEN:

21. Rudolf Amelunxen (* 30. 6. 1888), deutscher Politiker.

Rücktritt de Gaulles

De Gaulle kündigt den Rücktritt an.

28. April. Um 12 Uhr mittags endet an diesem Tag ein wichtiger Abschnitt in der Geschichte Frankreichs. Charles de Gaulle gibt zu diesem Zeitpunkt sein Amt als Präsident der V. französischen Republik zurück, nachdem die Bevölkerung in einem Referendum über seine Regional- und Senatsreform, das Staatspräsident de Gaulle zur persönlichen Vertrauensfrage gemacht hat, mit 52,41 gegen 47,58 Prozent der abgegebenen Stimmen gegen ihn stimmt.

De Gaulle ist damit an der Undurchführbarkeit des von ihm im September des Vorjahres verkündeten Grundsatzes der Mitwirkung (participation) gescheitert, der auf vier Ebenen – Nation, Region, Unternehmen und Universität – verwirklicht werden sollte. Im Bereich Hochschule – durch das Orientierungsgesetz vom 7. November 1968 – und im Bereich der Unternehmen – durch das am 18. Dezember von der Nationalversammlung angenommene Gesetz über die Ausübung der gewerkschaftlichen Rechte – ist die Mitwirkung zum Teil schon verwirklicht. Der nächste Schritt sieht die Bildung von 21 Großregionen in Frankreich vor, mit eigenen Versammlungen aus gewählten Parlamentariern und benannten Vertretern der Berufsstände, mit Finanzhoheit auf lokaler Ebene und der Verwandlung des Senats in ein Oberhaus mit beratender Funktion. Als die Franzosen ihm auf diesem Weg nicht folgen, zieht der Staatspräsident, der alle anderen innenpolitischen Stürme überstanden hat, die Konsequenzen.

Alexander Dubček wird als KP-Chef abgelöst

17. April. In der Auseinandersetzung zwischen dem orthodoxen und Reformflügel der KP der ČSSR gewinnen die Orthodoxen mehr und mehr die Oberhand. Die März-Unruhen haben ihre Position gestärkt. Auf einer Sitzung des Zentralkomitees der KP der ČSSR wird Alexander Dubček als Erster Sekretär abgelöst und durch Gustav Husák ersetzt. Das Parteipräsidium wird erheblich verkleinert, zu den ausgeschlossenen gehört auch Josef Smrkovský, der am 15. April öffentlich Selbstkritik geübt hat. Dubček wird nicht ausgeschlossen, sondern am 18. April zum Parlamentspräsidenten gewählt. Von seiner Funktion im Verteidigungsministerium wird auch Oberst Emil Zatopek entbunden, der als scharfer Kritiker des Einmarsches der Warschauer-Pakt-Truppen hervorgetreten ist. Der dreifache Olympiasieger von 1952 wird außerdem degradiert (→ Januar 1968, Mai 1968, August 1968, Oktober 1968).

Lin Piao zum Nachfolger Maos nominiert

1. April. Höhepunkt des vom 1. bis 24. April dauernden IX. Parteikongresses der KP Chinas ist die offizielle Ernennung von Verteidigungsminister Lin Piao zum Nachfolger und Amtswalter des Parteivorsitzenden Mao Tse-tung am 14. April. Die 1512 stimmberechtigten Delegierten der wirtschaftlichen Produktionseinheiten, Massenorganisationen, Roten Garden und Streitkräfte feiern mit dem Kongreß auch offiziell das »siegreiche Ende der Kulturrevolution«. Der Parteitag gilt als »Parteitag der Jugendfrische, der Einheit und des Sieges« und als Neubeginn. Am 28. April wird bereits das neue Statut der chinesischen KP veröffentlicht, das die Lehre Maos zur alleinigen Grundlage der Partei macht. Darin heißt es u. a. Mao habe die »weltweite Wahrheit des Marxismus-Leninismus mit der konkreten Praxis der Revolution vereinigt, den Marxismus-Leninismus ererbt, verteidigt und entwickelt«.

1969

MAI

Mo	Di	Mi	Do	Fr	Sa	So
			1	2	3	4
5	6	7	8	9	10	11
12	13	14	15	16	17	18
19	20	21	22	23	24	25
26	27	28	29	30	31	

3. Sowjetische Regierung bietet der VR China Gespräche über die strittigen Grenzfragen an.

6. Thüringische Landeskirche beschließt, nicht mehr in der EKD mitzuarbeiten.

8. Kambodscha erkennt DDR an.

10. Königin Elizabeth II. beendet fünftägigen Staatsbesuch in Österreich.

10. Deutschland besiegt Österreich im Fußballländerspiel mit 1 : 0 in Nürnberg.

16. US-Präsident Nixon legt 8-Punkte-Plan zur Einschränkung des Vietnamkrieges vor.

17. Die Sowjetunion meldet den erfolgreichen Abschluß ihrer Venus-Mission mit den Sonden »Venus 5« und »Venus 6«. →

19. Helmut Kohl als Nachfolger des aus dem Amt scheidenden Peter Altmeier neuer Ministerpräsident von Rheinland-Pfalz. →

21. Deutschland gewinnt ein Fußballländerspiel gegen Zypern in Essen mit 12 : 0.

21. Slovan Preßburg (ČSSR) gewinnt den Europacup der Pokalsieger durch 3 : 2-Sieg gegen FC Barcelona in Basel.

21. Heinz Oskar Vetter als Nachfolger Ludwig Rosenbergs zum neuen DGB-Vorsitzenden gewählt. →

21. Mörder des US-Senators Robert Kennedy zum Tode verurteilt. →

21. Das Überschallverkehrsflugzeug TU-144 wird in Moskau erstmals der Öffentlichkeit vorgestellt.

28. AC Mailand gewinnt durch 4 : 1-Sieg gegen Ajax Amsterdam in Mailand den Europacup der Meister.

29. Erstaufführung des deutschen Spielfilms »Jagdszenen aus Niederbayern« von Peter Fleischmann. Der Film erhält bei der Bundesfilmpreisverleihung zwei Filmbänder in Silber.

GESTORBEN:

2. Franz von Papen (* 29. 10. 1879), deutscher Politiker.

17. Josef Kardinal Beran (* 29. 12. 1888), Erzbischof von Prag.

31. Hilde Körber (* 3. 7. 1906), deutsche Schauspielerin.

Der Mond rückt näher

Die Erde geht auf. Eine Aufnahme aus der Kommandokapsel von »Apollo X«.

18. Mai. Mit dem Start des Weltraumunternehmens »Apollo X« bereitet die US-Weltraumbehörde NASA die Landung auf dem Mond endgültig vor. Während »Apollo IX« noch in einer Erdumlaufbahn geblieben ist, starten die Astronauten Thomas Stafford, John Young und Eugene Cernan am 18. Mai in Richtung Mond. Nach dreitägiger Reise tritt »Apollo X« am 21. Mai um 21.35 Uhr MEZ in eine Umlaufbahn um den Trabanten ein. Cernan und Stafford steigen am nächsten Tag in die Landefähre, die von der Kommandokapsel gelöst wird, und nähern sich dem Mond bis auf 15 Kilometer. Die Kapsel wird währenddessen von Young gesteuert. Am 23. Mai treffen sich beide Flugkörper wieder, koppeln an und Cernan und Stafford steigen in die Kommandokapsel um. Nach dem Abtrennen der Landefähre nimmt »Apollo X« am 24. Mai wieder Erdkurs und landet am 26. um 17.54 Uhr MEZ im Pazifik nahe den Samoa-Inseln.

Helmut Kohl wird Ministerpräsident

Helmut Kohl wird vereidigt.

19. Mai. Der in einer Koalitionsvereinbarung festgeschriebene Wechsel im Amt des Ministerpräsidenten von Rheinland-Pfalz wird in Mainz vorgenommen. Peter Altmeier tritt zurück und Helmut Kohl stellt sich dem Parlament zur Abstimmung. Der CDU-Landesvorsitzende erhält von den 100 Abgeordneten des Landtages 57 Ja-Stimmen.

Heinz Oskar Vetter DGB-Vorsitzender

21. Mai. Der achte Ordentliche Kongreß des Deutschen Gewerkschaftsbundes in München wählt Heinz Oskar Vetter als Nachfolger des aus Altersgründen ausscheidenden Ludwig Rosenberg zum neuen DGB-Vorsitzenden. Vetter ist seit 1964 Stellvertretender Vorsitzender der IG Bergbau und Energie.

Heinz Oskar Vetter (links) und sein Vorgänger Ludwig Rosenberg.

Mörder von Robert Kennedy verurteilt

21. Mai. Der Mörder des US-Senators Robert Kennedy, der Jordanier Sirhan Bishara Sirhan, wird von einem Geschworenengericht in Los Angeles wegen vorsätzlichen Mordes zum Tode in der Gaskammer verurteilt. Der Spruch ist bereits am 23. April gefällt worden, jedoch ist der Vorsitzende erst jetzt dem Spruch gefolgt und verkündet nun formell das Urteil.

Sowjetische Venus-Mission

17. Mai. Innerhalb von 24 Stunden kann die Sowjetunion den erfolgreichen Abschluß ihrer Venus-Mission melden. Die beiden im Januar gestarteten Sonden »Venus 5« und »Venus 6« erreichen am 16. und 17. Mai den Planeten und übermitteln während und nach der weichen Landung zahlreiche Daten zur Erde. Beide Sonden haben den 18wöchigen Flug über rund 350 Millionen Kilometer gut überstanden. Mit der Bodenstation hat es regelmäßige Funkkontakte gegeben, so daß schon während dieser Zeit Informationen aus dem Weltraum abgerufen werden können. Die Landung auf dem Planeten erfolgt mit Hilfe eines Fallschirms.

Porst-Prozeß

12. Mai. Nach fast zweijähriger Ermittlung beginnt vor dem Dritten Strafsenat des Bundesgerichtshofes in Karlsruhe ein Spionageprozeß gegen den Nürnberger Großkaufmann Hannsheinz Porst und zwei seiner Mitarbeiter. Ihnen wird vorgeworfen, mehr als zehn Jahre lang landesverräterische Beziehungen zu einer Spionageorganisation des DDR-Ministeriums für Staatssicherheit unterhalten und auf konspirativem Wege vertrauliche politische Informationen aus der Bundesrepublik beschafft zu haben. Für den 19. bis 23. Mai sind die Mitglieder des gesamten FDP-Führungsgremiums als Zeugen geladen. Porst ist zu gleicher Zeit Mitglied der FDP und der SED gewesen.

Mo	Di	Mi	Do	Fr	Sa	So
						1
2	3	4	5	6	7	8
9	10	11	12	13	14	15
16	17	18	19	20	21	22
23	24	25	26	27	28	29
30						

3. Ein Unglück auf einem Bahnübergang bei Krefeld-Forsthaus fordert sieben Todesopfer und elf Schwerverletzte.

3. Schiffsunglück bei SEATO-Flottenmanövern im Südchinesischen Meer kostet 77 US-Matrosen das Leben.

5. Erster Überschallflug des Prototyps der TU-144 in der UdSSR.

7. Bayern München am Ende der sechsten Bundesligasaison Deutscher Fußballmeister 1969.

8. Der Italiener Felice Gimondi gewinnt den Giro d'Italia.

8. US-Präsident Nixon gibt bei den Gesprächen mit Südvietnams Staatschef Nguyen Van Thieu auf der Pazifik-Insel Midway den Abzug von 25 000 US-Soldaten aus Vietnam bekannt.

10. Kambodscha bricht die diplomatischen Beziehungen zur Bundesrepublik ab.

14. Uraufführung des Schauspiels »Anarchie in Bayern« von Rainer Werner Fassbinder im »anti-theater« München.

15. Georges Pompidou als Nachfolger General de Gaulles zum französischen Staatspräsidenten gewählt. →

19. Deutsche Bundesbank erhöht Diskontsatz von 4 auf 5 Prozent.

20. Lombardsatz in der Bundesrepublik steigt von 5 auf 6 Prozent.

22. Explosionsunglück auf Güterbahnhof Hannover-Linden fordert acht Todesopfer.

23. Joe Frazier verteidigt seinen Box-WM-Titel der WBC-Version durch K.-o.-Sieg in der siebenten Runde gegen Jerry Quarry (USA) in New York.

24. Jacques Chaban-Delmas wird zum neuen französischen Ministerpräsidenten ernannt. →

24. Abbruch der Beziehungen zwischen Großbritannien und Rhodesien in Salisbury und London erklärt.

GESTORBEN:

14. Marek Hlasko (* 14. 1. 1934), polnischer Schriftsteller.

22. Judy Garland (* 10. 6. 1922), amerikanische Filmschauspielerin.

24. Oscar Sima (* 31. 7. 1900), deutscher Schauspieler.

30. Moise Tschombé (* 18. 11. 1919), kongolesischer Politiker.

Pompidou gewählt

Georges Pompidou.

15. Juni. Frankreich erhält nach dem Rücktritt de Gaulles eine komplett neue Staatsführung. Zunächst müssen die Franzosen in zwei Wahlgängen am 1. und 15. Juni einen Staatspräsidenten wählen. Der Gaullist Georges Pompidou erhält am 1. Juni mit 44,46 Prozent noch nicht die absolute Mehrheit und muß mit dem Zweitplazierten, dem Liberalen Alain Poher (23,3 Prozent) in die Stichwahl. Die Kandidaten der Linken – Gaston Duclos (KP), Gaston Deferre (Sozialist), Marcel Rocard (Links-Sozialist) und Alain Krivine (Trotzkist) – scheiden nach dem ersten Durchgang aus.

Im zweiten Anlauf am 15. Juni erhält Pompidou dann 58,21 Prozent, während Poher auf 41,78 Prozent kommt. Pompidou wird am 19. Juni um 17 Uhr zum Staatspräsidenten proklamiert und übernimmt am nächsten Tag um 11 Uhr offiziell das Amt. Der amtierende Ministerpräsident Couve de Murville reicht darauf seinen Rücktritt ein. Pompidou beauftragt Jacques Chaban-Delmas als neuen Ministerpräsidenten mit der Regierungsbildung. Dem neuen Kabinett gehören u. a. an: Maurice Schumann als Außenminister, Valéry Giscard d'Estaing als Wirtschaftsminister und Michel Debré als Verteidigungsminister.

Konzertierte Aktion

Die von Bundeswirtschaftsminister Karl Schiller ins Leben gerufene sogenannte »konzertierte Aktion« – ständiger Kontakt der Wirtschafts- und Sozialpartner – zur Belebung der Konjunktur in der Bundesrepublik, ist ein voller Erfolg geworden.

Im Juni 1969 werden Daten zur Arbeitsmarktentwicklung vorgelegt, die Schillers Bemühungen voll unterstreichen. In der Bundesrepublik stehen danach 110 700 Arbeitslosen 848 000 offene Stellen gegenüber – eine Zahl die in der Nachkriegsgeschichte der Bundesrepublik einmalig bleibt.

Die Arbeitslosenquote ist auf 0,5 Prozent gesunken (Rekordtiefststand: 0,4 Prozent im Juni 1964). Die Zahl der Gastarbeiter wird mit 1,37 Millionen angegeben.

Weitere Staaten erkennen die DDR an

10. Juni. Die Außenpolitik der Bundesregierung erhält im Juni einen erneuten Rückschlag. Syrien und Südjemen erkennen nach dem Iran und Kambodscha ebenfalls die DDR an, Kambodscha bricht sogar die diplomatischen Beziehungen zur Bundesrepublik am 10. Juni ab. Gleichzeitig nimmt die Regierung in Pnom Penh wieder Beziehungen zu den USA auf.

Leichtathleten stellen neue Weltrekorde auf

Drei Leichtathletik-Weltrekorde: Der Finne Jorma Kinnunen wirft am 18. Juni in Tampere den Speer auf die Rekordweite von 92,70 Metern. Zuvor hat der Russe Romuald Klim in Budapest am 15. Juni mit 74,92 Metern einen Rekord im Hammerwerfen aufgestellt. Am 21. Juni springt John Pennel (USA) den Stabhochsprungrekord über 5,44 Meter in Sacramento.

Mo	Di	Mi	Do	Fr	Sa	So
	1	2	3	4	5	6
7	8	9	10	11	12	13
14	15	16	17	18	19	20
21	22	23	24	25	26	27
28	29	30	31			

4. Ann Jones (England) gewinnt das Wimbledonfinale gegen Billie Jean King (USA) 3 : 6, 6 : 3, 6 : 3.

5. Rod Laver (Australien) wird Wimbledonsieger durch 6 : 4, 5 : 7, 6 : 4, 6 : 4 gegen John Newcombe (Australien).

7. Stürme mit Spitzengeschwindigkeiten von über 180 km/h über Westfrankreich fordern 16 Todesopfer.

8. Hannsheinz Porst vom Dritten Strafsenat des Bundesgerichtshofes wegen geheimdienstlicher Tätigkeit zu 33 Monaten Gefängnis verurteilt (→ Mai).

10. VAR und DDR nehmen diplomatische Beziehungen auf.

14. Der Ausbruch kriegerischer Auseinandersetzungen zwischen El Salvador und Honduras nach einem Fußballspiel fordert über 1000 Tote.

15. Ein mit 40 holländischen Touristen besetzter Bus stürzt in der belgischen Stadt Dinant in die Maas. 22 Fahrgäste kommen ums Leben.

18. Deutsche Erstaufführung des US-Spielfilms »Asphalt-Cowboy« von John Schlesinger mit Dustin Hoffmann.

20. Der Belgier Eddy Merckx gewinnt erstmals die Radrundfahrt Tour de France.

21. US-Astronaut Neil A. Armstrong betritt um 3.56 Uhr MEZ als erster Mensch den Mond. →

22. Spanische Cortes wählen Juan Carlos auf Vorschlag von General Franco zu seinem Nachfolger als Staatsoberhaupt.

25. US-Politiker Edward Kennedy wegen Unfallflucht zu zwei Monaten Gefängnis mit Bewährung verurteilt. →

31. Papst Paul VI. trifft als erster Papst der Geschichte zu einem Afrika-Besuch in Uganda ein.

GESTORBEN:

5. Walter Gropius (* 18. 5. 1883), deutschamerikanischer Architekt (→ August 1923, Dezember 1926).

15. Peter van Eyck (* 16. 7. 1913), deutschamerikanischer Schauspieler.

25. Otto Dix (* 2. 12. 1891), deutscher Maler und Grafiker. →

25. Witold Gombrowicz (* 4. 8. 1904), polnischer Schriftsteller.

Der erste Mensch betritt den Mond

Die ersten Menschen auf dem Mond: Edwin Aldrin neben wissenschaftlichen Geräten. Im Hintergrund sind Mondlandefähre und Fernsehkamera zu erkennen.

16. Juli. Um 14.32 Uhr MEZ startet das Raumschiff »Apollo XI« an der Spitze einer 111 Meter hohen, 3100 Tonnen schweren und 155 Millionen PS starken Saturn-V-Rakete auf Kap Kennedy. Es soll erstmals in der Geschichte der Menschheit Erdbewohner zum Mond bringen. »Apollo XI« umkreist mit seiner Besatzung Neil Armstrong, Edwin Aldrin und Michael Collins am 19. Juli den Mond. Nach Überprüfung aller technischer Einrichtungen erfolgt am 20. Juli die Trennung der Mondlandefähre »Eagle« mit Armstrong und Aldrin von der Kommandokapsel, die von Collins weiter um den Mond gesteuert wird. In einem präzisen Landemanöver erreichen Armstrong und Aldrin um 21.17 Uhr MEZ die Mondoberfläche. Nach einigen Stunden Aufenthalt beginnt der Ausstieg. Neil

Armstrong betritt am 21. Juli um 3.56 Uhr MEZ als erster Mensch den Mond. Edwin Aldrin folgt nur wenig später. Die beiden Astronauten halten sich 22 Stunden auf dem Mond auf, davon über zwei Stunden außerhalb der Landefähre.

Diese Phase des Experiments wird von einer mitgeführten Fernsehkamera live zur Erde übertragen. Experten schätzen, daß wie bei der Originalübertragung des Starts 500 Millionen Zuschauer in der ganzen Welt dabei gewesen sind.

Während ihres Arbeitsprogramms auf dem Trabanten stellen die Astronauten wissenschaftliche Geräte auf – u. a. zur Messung des Sonnenwindes – und betreiben vor der Kamera Bewegungsübungen. Mit Präsident Nixon wird das erste Telefonat zwischen Mond und Erde geführt. Am Abend des 21. Juli,

exakt um 18.54 MEZ beginnt mit der Zündung der Rückkehrstufe der Abschied vom Mond. Auch dieses Manöver verläuft reibungslos, so daß die Landefähre an das Mutterschiff »Columbia« um 22.35 Uhr wieder ankoppeln und die beiden »Mondmenschen« Armstrong und Aldrin umsteigen können. Die Mondfähre wird am nächsten Tag wieder abgestoßen, damit »Apollo XI« die Rückreise antreten kann. Am 24. Juli um 17.51 MEZ ist mit der Wasserung am vorberechneten Landeplatz im Pazifik das erste Mondlandeunternehmen der USA beendet.

Zur Erinnerung an die erste Mondlandung haben die amerikanischen Astronauten in sicherer Entfernung von der Aufstiegsstufe ein Sternenbanner aus Nylon, das an einem Aluminiumgestell festgemacht ist,

und eine Edelstahlplatte mit folgender Inschrift hinterlassen: »Hier betraten Menschen vom Planeten Erde zum erstenmal den Mond, 1969, A. D. Wir kamen in Frieden für die ganze Menschheit. Neil A. Armstrong, Astronaut, Michael Collins, Astronaut, Edwin E. Aldrin, Astronaut, Richard Nixon, Präsident der Vereinigten Staaten von Amerika«.

Außerdem bleibt eine Siliziumscheibe von der Größe eines Halbdollar-Stücks zurück, auf der Botschaften von 73 Nationen sowie Passagen von Reden von drei US-Präsidenten eingeätzt sind. Weitere Hinterlassenschaften des Menschen auf dem Mond sind das Landegestell der Mondfähre, verschiedene Arbeitsgeräte, die Fernsehkamera und etliche überflüssig gewordene Utensilien.

Kennedy nach Autounfall wegen Flucht verurteilt

25. Juli. Ein gerichtliches Unfallnachspiel, das seiner politischen Karriere alles andere als förderlich ist, bringt Senator Edward Kennedy ins Zwielicht. Kennedy stürzt mit seinem Auto bei der Rückfahrt von einer Wahlparty auf der Insel Chappaquiddick im US-Bundesstaat Massachusetts am 20. Juli von einer Brücke. Während er sich aus dem Wagen retten kann, wird seine Begleiterin, die Sekretärin und Wahlhelferin Mary Jo Kopechne, nur noch tot geborgen. Der Senator hat ihr offensichtlich nicht geholfen. Er wird von einem Einzelrichter in Edgarton (Massachusetts) am 25. Juli wegen Unfallflucht zur gesetzlichen Mindeststrafe von zwei Monaten Gefängnis mit Bewährung verurteilt. Der 37jährige Senator bekennt sich dabei schuldig im Sinne der Anklage.

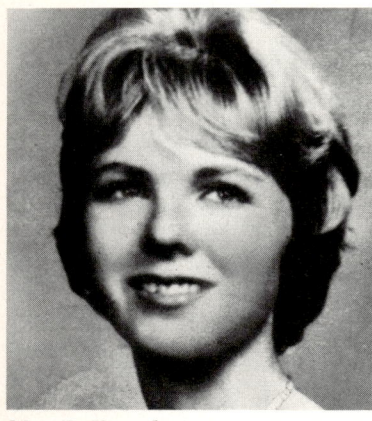

Mary Jo Kopechne.

Maler Otto Dix stirbt in Singen

25. Juli. Im Alter von 77 Jahren stirbt in Singen der deutsche Maler Otto Dix, einer der wichtigsten deutschen Künstler der Moderne. Seine in einem kritischen Realismus gemalten Bilder prangern – nach eigenen Erfahrungen – Kriegsleiden und soziales Elend an, seine Porträts sind von entlarvender Schärfe (→ Abbildungen Seiten 112/113, 256/257). Von 1927 bis 1933 unterrichtete Dix an der Kunstakademie. Von den Nazis wurde er als entartet verfemt.

1969
AUGUST

Mo	Di	Mi	Do	Fr	Sa	So
				1	2	3
4	5	6	7	8	9	10
11	12	13	14	15	16	17
18	19	20	21	22	23	24
25	26	27	28	29	30	31

3. Blutigste Straßenschlachten zwischen Katholiken und Protestanten in Belfast seit dem Zweiten Weltkrieg. →

5. Die US-Sonde »Mariner 7« sendet die bislang klarsten Bilder vom Mars.

5. Ende des dreitägigen Pop-Festivals von Woodstock, das von ca. 400 000 Menschen besucht worden ist.

10. In schweizerischen und französischen Alpen kommen an zwei Tagen 14 Menschen bei Bergunfällen ums Leben.

14. Berufsausbildungsgesetz tritt in der Bundesrepublik in Kraft.

16. Varahagin V. Giri zum neuen indischen Staatspräsidenten gewählt.

17. Philip Blaiberg, der zweite Herzpatient der Welt, stirbt in Kapstadt.

18. Französisches Ausflugsboot »Fraidien« auf Genfer See wegen Überladung gesunken, 30 Passagiere, meist Schüler, kommen ums Leben.

20. Hurrikan »Camille« verwüstet die Golf-Küste der US-Südstaaten, mindestens 196 Todesopfer. →

21. Deutsche Erstaufführung des amerikanischen Spielfilms »Der Marshall« von Henry Hathaway mit John Wayne in der Hauptrolle, der dafür einen Oscar erhält.

21. Der Südflügel der Al-Aksa-Moschee in Jerusalem wird durch Brandstiftung eines Australiers vernichtet.

27. Professor Christiaan Barnard gelingt erstmalig Einpflanzung künstlicher Arterien bei einem achtjährigen Mädchen.

29. Deutsche Erstaufführung des englischen Spielfilms »Isadora« von Karel Reisz mit Vanessa Redgrave, die dafür zur besten Darstellerin beim Filmfestival in Cannes gewählt wird.

29. Erdrutsch in einem Dorf in Guatemala begräbt mindestens 80 Menschen.

GESTORBEN:

6. Theodor W. Adorno (* 11. 9. 1903), deutscher Philosoph. →

17. Ludwig Mies van der Rohe (* 27. 3. 1886), deutschamerikanischer Architekt.

31. Rocky Marciano (* 1. 9. 1923), US-Boxweltmeister. →

Terror in Ulster

3. August. Die zum Königreich Großbritannien gehörende irische Provinz Ulster erlebt die schwersten Unruhen seit Ende des Zweiten Weltkrieges. Die verfeindeten Katholiken und Protestanten liefern sich in Belfast, Londonderry und anderen Orten blutige Straßenschlachten, die bürgerkriegsähnliche Ausmaße annehmen.

Auf Ersuchen der Regierung von Nordirland entsendet die britische Regierung am 14. August britische Truppen zur Aufrechterhaltung der Ordnung auf die Insel. Bisher hat es nur wenige englische Soldaten in Ulster gegeben, die zum Schutz öffentlicher Anlagen und Einrichtungen eingesetzt worden sind. Den britischen Soldaten gelingt es, weitere Ausschreitungen zunächst zu unterbinden, ihre Anwesenheit bedeutet für die Extremisten auf katholischer Seite jedoch eine Provokation, die zu weiteren Aktivitäten in der nächsten Zeit führt.

Die Unruhen haben bis zum 18. August neun Todesopfer, 514 verletzte Zivilisten und 226 verletzte Polizisten gefordert. In Belfast werden fast 400 Häuser durch Brandanschläge zerstört.

Sharon Tate ermordet

9. August. In einer Villa in Los Angeles wird ein Verbrechen verübt, das Entsetzen in aller Welt auslöst. In dem Gebäude, das dem polnischen Filmregisseur Roman Polanski gehört, werden fünf Menschen auf bestialische Weise umgebracht, darunter die schwangere Frau des Regisseurs, die Filmschauspielerin Sharon Tate. Als Täter kann die Polizei einen gewissen Charles Manson und seine Gefolgschaft festnehmen.

Sharon Tate und Roman Polanski.

Theodor Adorno gestorben

6. August. In Visp in der Schweiz stirbt der Philosoph, Soziologe und Musiktheoretiker Theodor W. Adorno. Der Wissenschaftler lehrte von 1949 an in Frankfurt Soziologie und leitete mit Max Horkheimer das Institut für Sozialforschung. Die von Adorno und Horkheimer vertretene kritische Theorie hatte Einfluß auf die Studentenbewegung und die »neue Linke«.

Rocky Marciano †

31. August. Einen Tag vor seinem 46. Geburtstag kommt der frühere Boxweltmeister aller Klassen, Rocky Marciano, bei einem Flugzeugabsturz ums Leben. Er blieb in seinen 49 Profikämpfen ungeschlagen und trat als vierter Champion unbesiegt zurück.

Hurrikan »Camille« verwüstet US-Südstaaten

20. August. Nach dreitägigem Wüten hinterläßt der Hurrikan »Camille« in den US-Bundesstaaten Mississippi, Louisiana, Alabama und Virginia eine breite Spur der Verwüstung.

Der mit Spitzengeschwindigkeiten bis 310 Stundenkilometern tobende Sturm fordert mindestens 196 Menschenleben. 65 000 Familien werden obdachlos, Hunderttausende sind aus dem bedrohten Gebiet nach vorheriger Warnung in andere Gebiete geflüchtet.

Der amerikanische Präsident Richard Nixon erklärt den Küstenstreifen von Mississippi zum Katastrophengebiet. Der Hurrikan gilt als der schwerste seit 1935 und hat Schäden in Höhe von 250 Millionen Dollar verursacht.

1969
SEPTEMBER

Mo	Di	Mi	Do	Fr	Sa	So
1	2	3	4	5	6	7
8	9	10	11	12	13	14
15	16	17	18	19	20	21
22	23	24	25	26	27	28
29	30	31				

1. Oberst Muammar Gaddhafi übernimmt nach dem Militärputsch gegen König Idris in Libyen die Macht.

5. Karin Balzer (DDR) stellt ihren dritten Weltrekord innerhalb von drei Monaten auf der neuen 100-m-Hürdenstrecke mit 12,9 Sekunden in Berlin auf.

7. Jackie Stewart (England) wird auf Matra nach dem Grand Prix von Italien in Monza Automobil-Weltmeister 1969.

10. Evangelische Kirchen in beiden Teilen Deutschlands gespalten. →

11. Uraufführung des Schauspiels »Die Gräfin von Rathenow« von Hartmut Lange in einer Inszenierung von Hansgünther Heyme in Köln.

12. Deutsche Erstaufführung des englischen Spielfilms »If« von Lindsay Anderson, der beim Filmfestival in Cannes die »Goldene Palme« erhält.

14. Frauenstimmrecht in Gemeindeangelegenheiten im Kanton Zürich genehmigt, im Kanton Schaffhausen aber abgelehnt.

21. Deutschland und Österreich trennen sich im Fußballländerspiel in Wien mit 1 : 1.

22. Das zum Eisbrecher umgebaute Tankschiff »S.S. Manhattan« stellt seine Versuche ein, durch das Nordmeereis einen neuen Weg zu den Erdölfeldern Alaskas zu erschließen.

24. Stufenweise Einführung der 40-Stunden-Woche in Österreich zwischen Gewerkschaften und Bundeskammer der Gewerblichen Wirtschaft vereinbart.

24. Deutschland gewinnt ein Fußballländerspiel gegen Bulgarien in Sofia mit 1 : 0.

27. Liesel Westermann stellt zum zweitenmal in diesem Jahr einen neuen Weltrekord im Diskuswerfen mit 63,96 m auf.

28. Alexander Dubček aus dem Parteipräsidium der KP der ČSSR ausgeschlossen. →

28. CDU/CSU erringen bei den Bundestagswahlen die meisten Sitze. →

29. Wechselkurs der DM wird vorübergehend freigegeben. →

GESTORBEN:

3. Ho Chi Minh (* 19. 5. 1890), nordvietnamesischer Präsident. →

Wahlausgang unklar

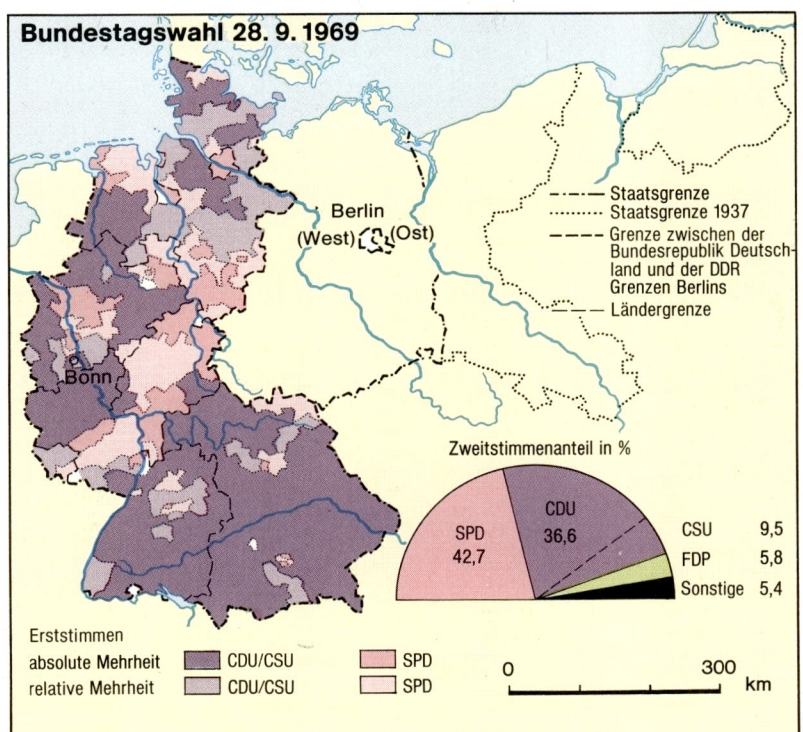

Bundestagswahl 28. 9. 1969

Berlin
(West) (Ost)

Bonn

--- Staatsgrenze
---- Staatsgrenze 1937
--- Grenze zwischen der Bundesrepublik Deutschland und der DDR
Grenzen Berlins
— Ländergrenze

Zweitstimmenanteil in %

SPD 42,7 | CDU 36,6 | CSU 9,5 | FDP 5,8 | Sonstige 5,4

Erststimmen
absolute Mehrheit — CDU/CSU — SPD
relative Mehrheit — CDU/CSU — SPD

0   300 km

Die Stimmenanteile der Bundestagswahl vom 28. September.

28. September. Die Wahlen zum sechsten Deutschen Bundestag bringen keine klare Entscheidung für eine Regierungsbildung. CDU/CSU erreichen zwar mit 46,1 Prozent und 242 Sitzen die Mehrheit, aber die SPD (42,7 Prozent und 224 Sitze) sowie die FDP (5,8 Prozent und 30 Sitze) können rein rechnerisch eine regierungsfähige Mehrheit bilden.

Von den übrigen kandidierenden Parteien erreicht nur noch die NPD mit 4,3 Prozent ein nennenswertes Ergebnis, alle anderen Gruppierungen sind in Prozenten kaum zu erfassen. Diese Wahlen bringen insofern ein Novum, als die SPD erstmals mehr Direktmandate als die CDU/CSU erringt. Dem sechsten Bundestag gehören noch 28 Mitglieder des ersten Bundestages von 1949 an.

Die CDU/CSU sieht in dem Ergebnis einen Vertrauensbeweis für Bundeskanzler Kurt Georg Kiesinger, die SPD dagegen erklärt, es handele sich um zwei Parteien; deshalb sei die SPD stärkste Partei und Wahlsieger. Willy Brandt spricht sich für umgehende Verhandlungen mit der FDP aus und kündigt seine Kandidatur für die Wahl des Kanzlers im Bundestag an.

Spaltung auch in der Kirche

10. September. Die Synode des neuen Bundes Evangelischer Kirchen in der DDR wählt den bisherigen Verwalter des Bischofsamts im Bereich der Regionalsynode Ost der Evangelischen Kirche in Berlin-Brandenburg, Albrecht Schönherr, zum Vorsitzenden. Damit erlöschen alle Funktionen der Evangelischen Kirche in Deutschland (EKD) in der DDR.

Erfolge für DDR-Sportler

Bei den Leichtathletik-Europameisterschaften in Athen erringt die Mannschaft der DDR vor der Sowjetunion die meisten Medaillen. Bemerkenswert die neuen Weltrekorde durch Anatoli Bondartchuk (UdSSR) im Hammerwerfen mit 74,68 Meter und durch die Französinnen Nicole Duclos und Colette Besson im 400-m-Lauf in 51,7 Sekunden am 18. September.

Reformpolitiker der ČSSR verlieren Ämter

28. September. Gut ein Jahr nach der Besetzung der ČSSR durch Truppen des Warschauer Paktes verlieren die Reformpolitiker des »Prager Frühlings« ihre Partei- und Regierungsämter. Am 25. September wird die Vollversammlung des Zentralkomitees der Kommunistischen Partei der ČSSR eröffnet, die nach dreitägiger Diskussion entscheidende neue Personalbeschlüsse faßt.

Alexander Dubček wird als Mitglied des Präsidiums des ZK abberufen, verliert auch seine Funktionen als Abgeordneter und Präsident der Bundesversammlung. Josef Smrkovský und der frühere Außenminister Jiri Hajek werden neben sieben anderen Funktionären aus dem ZK ausgeschlossen. 19 andere Reformer, darunter Staatspräsident Josef Svoboda, erklären freiwillig ihren Rücktritt aus dem ZK. Ministerpräsident Oldrich Černik tritt mit dem gesamten Kabinett zurück, darf jedoch erneut eine Regierung bilden, in der neun Mitglieder der alten nicht mehr auftauchen.

Spekulation um DM abgewehrt

29. September. Die Spekulation um den Wert der DM muß in diesem Monat erneut abgewehrt werden. Der volkswirtschaftliche Sachverständigenrat empfiehlt am 11. September der Bundesregierung eine Wechselkursanpassung, die Bundesbank reagiert jedoch mit restriktiven Maßnahmen und setzt den Diskontsatz um 1 Prozent auf 6 Prozent herauf, der Lombardsatz steigt sogar um 1,5 Prozent auf nunmehr 7,5 Prozent. Am 24. September beantragt das Direktorium der Bundesbank beim Bundeskanzler die Schließung der deutschen Devisenbörsen bis zur Bundestagswahl. Grund ist der Devisenzustrom aus dem Ausland, der die Ausmaße der Spekulationswelle vom Mai erreicht. Einen Tag nach der Wahl beschließt das noch amtierende Kabinett der Großen Koalition für einen begrenzten Zeitraum den Wechselkurs der DM freizugeben.

Unruhen in Indien

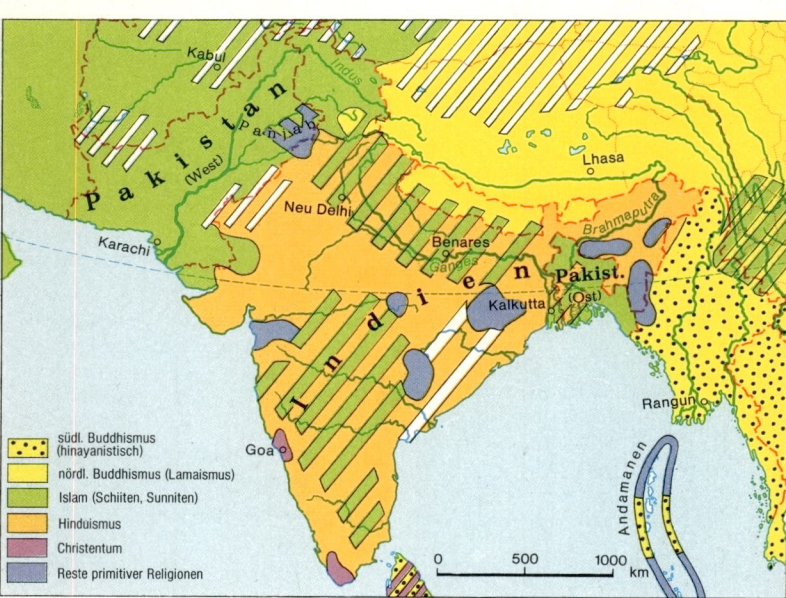

Die Verteilung der Religionen auf dem indischen Subkontinent.

Kartenlegende:
- südl. Buddhismus (hinayanistisch)
- nördl. Buddhismus (Lamaismus)
- Islam (Schiiten, Sunniten)
- Hinduismus
- Christentum
- Reste primitiver Religionen

24. September. Im indischen Bundesstaat Gujarat brechen schwere Religionsunruhen aus, die bis zum 24. September über 600 Todesopfer fordern. Moslems haben einen Hindu-Priesterschüler mit heiligen Kühen belästigt, was bei den Hindus helle Wut auslöst. Es kommt zu blutigen Ausschreitungen zwischen den Vertretern der Religionen, die erst durch Einsatz der Armee beendet werden können.

Tod Ho Chi Minhs

3. September. An den Folgen eines Herzanfalls stirbt im Alter von 79 Jahren in Hanoi der Präsident der Demokratischen Republik Vietnams und Vorsitzende des Zentralkomitees der Partei der Werktätigen Vietnams, Ho Chi Minh. Er soll am 19. Mai 1890 in einem Dorf namens Kim Lien geboren worden sein. Sein Vater stammt aus der Mittelschicht und war nationalistischer Verwaltungsbeamter. Ho Chi Minh hat ein abenteuerliches Leben unter verschiedenen Namen hinter sich, das ihn ab 1912 über Frankreich, Westafrika und die USA 1918 wieder zurück nach Paris führt, wo er 1920 am Gründungskongreß der KPF teilnimmt. Nach seiner Ausweisung geht er nach Moskau, wird als Revolutionär geschult und in Indochina eingesetzt, wo er 1930 die erste KP Indochinas gründet. 1941 ruft er die Unabhängigkeitsbewegung für Vietnam ins Leben und nennt sich seit 1945 Präsident der »Demokratischen Republik Vietnam«. Nach der Teilung des Landes 1954 wird er Staatspräsident von Nordvietnam.

Bewohner eines Dorfes bei Hanoi während einer Trauerfeier für Ho Chi Minh.

1969
OKTOBER

Mo	Di	Mi	Do	Fr	Sa	So
		1	2	3	4	5
6	7	8	9	10	11	12
13	14	15	16	17	18	19
20	21	22	23	24	25	26
27	28	29	30	31		

1. Baubeginn des Cabora-Bassa-Staudamms in Moçambique, der den Sambesi zu einem 2800 km² großen See stauen soll.

3. SPD und FDP beschließen Bildung einer Koalitionsregierung in Bonn. →

5. Liese Prokop (Österreich) stellt in Wien mit 5352 Punkten einen neuen Weltrekord im Leichtathletik-Fünfkampf der Frauen auf.

12. Die südvietnamesischen Regierungstruppen übernehmen die Verteidigung Saigons. →

12. Professor Alexander Mitscherlich, deutscher Mediziner und Psychologe, erhält den Friedenspreis des deutschen Buchhandels.

13. Absturz des 100. Starfighters der Bundeswehr bei Memmingen (Bayern).

14. Amtsantritt des neuen schwedischen Ministerpräsidenten Olof Palme nach Rücktritt von Tage Erlander.

19. Eine Maschine der polnischen Fluggesellschaft LOT wird von zwei jungen Ostberlinern zur Kursänderung und Landung auf dem Westberliner Flughafen Tegel gezwungen. →

21. Willy Brandt vom Deutschen Bundestag zum neuen Kanzler der Bundesrepublik Deutschland gewählt. →

22. Deutschland besiegt Schottland im Fußballänderspiel mit 3 : 2 in Hamburg.

24. Aufwertung der Deutschen Mark um 8,5 Prozent. →

27. Jugoslawische Stadt Banja Luka nach zwei Erdstößen innerhalb 24 Stunden zu 80 Prozent zerstört. →

28. Hochzeit von Aga Khan IV., Imam des Hodschas, mit dem Mannequin Lady Sarah Crichton-Stuart in Paris.

31. Zwanzigjähriger Amerikaner zwingt Maschine der TWA von San Francisco zur Kursänderung nach Rom und erwirkt damit die erste Flugzeugentführung über den Atlantik

GESTORBEN:

4. Felix Moeschlin (* 31. 7. 1882), Schweizer Schriftsteller.

8. Emil Dovifat (* 27. 12. 1890), deutscher Publizistikwissenschaftler.

12. Sonja Henie (* 8. 4. 1912), norwegische Eiskunstläuferin.

Deutsche Mark um 8,5 Prozent aufgewertet

24. Oktober. Der Kurswert der Deutschen Mark an den internationalen Devisenbörsen zwingt die Bundesbank zum Handeln. Nachdem als Ergebnis einer Sondersitzung des Zentralbankrates der Dollarkurs an der Frankfurter Börse am 2. Oktober auf 3,77 DM gedrückt werden kann, folgt die seit langem erwartete Aufwertung der deutschen Währung dann doch noch. Nach einer mehrstündigen Sitzung gibt das Bundeskabinett schließlich am 24. Oktober grünes Licht für eine Aufwertung um 8,5 Prozent. Der Dollar ist damit nicht mehr die lange üblichen 4 DM wert, sondern nur noch 3,66 DM.

Drei Raumschiffe der UdSSR im All

13. Oktober. Die Sowjetunion unternimmt ein neues Weltraumexperiment, das erfolgreich endet. Zwischen dem 11. und 18. Oktober befinden sich drei Raumschiffe der Sojus-Reihe mit den Nummern 6, 7 und 8 mit insgesamt acht Kosmonauten an Bord in einer Erdumlaufbahn. Dabei kommt es am 13. Oktober zum ersten Verbandflug dreier bemannter Raumschiffe im Weltall. Sojus 7 und Sojus 8 nähern sich bis auf 500 Meter, so daß sich die Besatzung mit bloßen Augen beobachten kann. Ziel des Experiments ist der künftige Bau von Orbitalstationen und Laboratorien im All.

Heftiges Erdbeben

27. Oktober. Die jugoslawische Provinz Bosnien wird erneut von einem Erdbeben mit der Stärke acht auf der international gültigen Richter-Skala betroffen. Erst 24 Stunden zuvor haben zwei heftige Erdstöße für Aufregung gesorgt, die sich im Nachhinein als lebensrettend erweisen: Die meisten Bewohner der zweitgrößten Stadt Bosniens, Banja Luka, sowie der umliegenden ländlichen Siedlungen sind bereits evakuiert, als nach dem zweiten Erdstoß fast alle Gebäude in den Straßen zusammenbrechen.

Willy Brandt wird Bundeskanzler

Die neue sozialliberale Bundesregierung nach der Vereidigung mit den Ernennungsurkunden vor der Villa Hammerschmidt (v. l.): Justiz: Gerhard Jahn (SPD), Innerdeutsche Beziehungen: Egon Franke (SPD), Verteidigung: Helmut Schmidt (SPD), Jugend und Familie: Käthe Strobel (SPD), Wohnungsbau: Lauritz Lauritzen (SPD), Finanzen: Alex Möller (SPD), Bundespräsident: Gustav Heinemann (SPD), Bildung und Wissenschaft: Hans Leussink (parteilos), Wirtschaftliche Zusammenarbeit: Erhard Eppler (SPD), Bundeskanzler: Willy Brandt (SPD), Besondere Aufgaben: Horst Ehmke (SPD), Landwirtschaft: Josef Ertl (FDP), Innenminister: Hans-Dietrich Genscher (FDP), Außenminister und Vizekanzler: Walter Scheel (FDP), Arbeit und Soziales: Walter Ahrendt (SPD), Wirtschaft: Karl Schiller (SPD), Verkehr: Georg Leber (SPD).

21. Oktober. Die nach dem Wahltag angekündigten Koalitionsverhandlungen zwischen SPD und FDP führen bereits am 3. Oktober zu einem Ergebnis, das eine gemeinsame Bundesregierung aus beiden Parteien unter Bundeskanzler Willy Brandt vorsieht.

Der Bundestag wählt am 21. Oktober mit dem früheren Regierenden Bürgermeister von Berlin, Willy Brandt, erstmals einen Sozialdemokraten zum Kanzler der Bundesrepublik Deutschland, der am nächsten Tag sein Kabinett vorstellt, das vom Bundespräsidenten vereidigt wird.

Brandt erhält beim Wahlgang 251 von den 495 abgegebenen Stimmen. Gegen ihn stimmen 235 Abgeordnete, vier Stimmen sind ungültig, fünf Abgeordnete haben sich der Stimme enthalten.

Zum Vorsitzenden der Bundestagsfraktion der SPD wird von den sozialdemokratischen Parlamentariern am 22. Oktober Herbert Wehner mit 197 Ja-Stimmen gewählt, die CDU bestimmt ihren Abgeordneten Rainer Barzel für dieses Amt.

US-Rückzug aus Vietnam beginnt

23. Oktober. Der Ankündigung von US-Präsident Nixon, die Truppen der USA in Vietnam schrittweise zurückzuziehen, folgen schnell Taten. Am 23. Oktober befinden sich erstmals seit zweieinhalb Jahren wieder weniger als eine halbe Million US-Soldaten im Land, es sind genau 497 300 Mann. Südvietnamesische Regierungstruppen haben zuvor am 12. Oktober die Verteidigung von Saigon übernommen, nachdem die letzten amerikanischen Verbände die Stadt verlassen haben. Staatspräsident Van Thieu versucht an die USA zu appellieren, mit dem endgültigen Abzug solange zu warten, bis auch die Truppen aus Nordvietnam zurückgezogen sind.

US-Marineinfanterie-Einheiten verlassen vom Hafen Da Nang aus Vietnam.

Albert Oswald zum Nachfolger Zinns gewählt

3. Oktober. Das Land Hessen hat einen neuen Regierungschef. Als Nachfolger des aus Gesundheitsgründen zurückgetretenen Ministerpräsidenten August Zinn wählt der Landtag den bisherigen Finanzminister Albert Oswald. Er erhält 49 von 92 Stimmen, sein Gegenkandidat Alfred Dregger (CDU) erreicht 23 Stimmen.

Überschwemmung in Tunesien

22. Oktober. Nach fast vierwöchigem Dauerregen, der mehrere katastrophenartige Überschwemmungen auslöst, wird in Tunesien der Notstand ausgerufen. Über 100 000 Menschen sind obdachlos, etwa 400 sind in den Fluten umgekommen. Für die tunesische Phosphatindustrie, die das Rückgrat der Wirtschaft bildet, bedeuten die Schäden einen schweren Rückschlag in kaum zu beziffernder Höhe.

Sonja Henie verunglückt

12. Oktober. Bei einem Flugzeugabsturz vor Oslo kommt das Eislaufidol der 30er Jahre, die Norwegerin Sonja Henie, im Alter von 57 Jahren ums Leben. Sie war von 1927 bis 1936 Weltmeisterin im Eiskunstlauf und gewann 1928, 1932 und 1936 die Goldmedaille bei Olympischen Winterspielen in ihrer Disziplin. So erfolgreich ist nach ihr keine Läuferin gewesen.

Flugzeug entführt

19. Oktober. Eine neue Flugzeugentführung – seit Jahresbeginn sind 55 Maschinen entführt worden – wird aus Berlin gemeldet. Erstmals wird eine Maschine der polnischen Luftfahrtgesellschaft LOT zur Flucht in den Westen genutzt. Zwei Ostberliner zwingen den Piloten der Maschine zur Kursänderung und Landung auf dem Westberliner Flughafen Tegel.

1969

NOVEMBER

Mo	Di	Mi	Do	Fr	Sa	So
					1	2
3	4	5	6	7	8	9
10	11	12	13	14	15	16
17	18	19	20	21	22	23
24	25	26	27	28	29	30

2. Habib Bourgiba mit 99,76 Prozent der Stimmen zum drittenmal zum tunesischen Staatspräsidenten gewählt.

4. Gold im Gegenwert von 5,5 Millionen DM bei Überfall auf Goldtransport im New Yorker Stadtteil Brooklyn erbeutet.

8. Erster deutscher Forschungssatellit »Azur« in Vandenberg (Kalifornien) erfolgreich gestartet.

11. Premierminister Harold Wilson kündigt Revision des Budgets für Königin Elizabeth durch die nächste Regierung an.

12. Ministerpräsidentin Indira Gandhi wird aus der Kongreßpartei ausgeschlossen. →

14. Deutsche Erstaufführung des französischen Spielfilms »Z« von Costa-Gravas mit Jean-Louis Trintignant in der Hauptrolle, der dafür beim Filmfestival in Cannes als bester Hauptdarsteller ausgezeichnet wird.

14. Die NASA startet das Raumschiff »Apollo XII« mit den Astronauten Conrad, Gordon und Bean an Bord. →

17. Universität Bielefeld nimmt mit 16 Professoren und 280 Studenten in drei Fachrichtungen die Arbeit auf.

18. Kurt Georg Kiesinger wird auf dem 17. Bundesparteitag der CDU in Mainz mit 356 gegen 51 Stimmen erneut zum Vorsitzenden gewählt.

19. Georg Leber und Herbert Wehner von Papst Paul VI. in Privataudienz empfangen.

20. Offizielle Stellen in Washington und Saigon nehmen Untersuchungen über Massaker von US-Soldaten in südvietnamesischem Dorf auf. →

23. Südtiroler Volkspartei stimmt mit knapper Mehrheit dem Südtirol-Paket der italienischen Regierung zu. →

28. Bundesrepublik Deutschland unterzeichnet durch die Botschafter in Washington, London und Moskau den Atomwaffensperrvertrag.

GESTORBEN:

19. Joachim Teege (* 10. 11. 1925), deutscher Schauspieler.

26. José Maria Arguedas (* 18. 1. 1911), peruanischer Schriftsteller.

Mehr als 250 000 Menschen sind bei der Washingtoner Vietnamdemonstration.

Vietnam-Proteste

20. November. Während sich in der Öffentlichkeit die Proteste gegen den Vietnamkrieg häufen – in Washington kommt es am 13. und 14. November mit etwa 250 000 Teilnehmern zur größten Demonstration, die die Hauptstadt je erlebt hat – geht die Nachricht von einem Massaker um die Welt, das eine US-Einheit verübt haben soll.

Die angesehene »New York Times« berichtet in ihrer Ausgabe vom 17. November erstmals über das Geschehen vom 16. März 1968 im südvietnamesischen Dorf My Lai. Die Zeitung spricht von 109 bis 576 Opfern. In diesem Zusammenhang wird auch bekannt, daß gegen den Oberleutnant William Calley und Stabsfeldwebel David Mitchell seit dem 5. September ein Untersuchungsverfahren läuft. Zwei Tage später berichtet ein ehemaliger Vietnamsoldat der kalifornischen Presse, er habe Präsident Nixon bereits am 2. April 1969 in einem Brief über die Vorfälle informiert. Am 20. November wird bekanntgegeben, daß Regierungsstellen in Washington und Saigon mit Untersuchungen über die Vorwürfe begonnen haben. Das US-Oberkommando und die Botschaft in Saigon verurteilen in einer Erklärung jede Greueltat.

Am 22. November bestätigt das US-Verteidigungsministerium im Pentagon, daß Ermittlungen gegen elf aktive und 15 ehemalige Soldaten laufen, die bereits zwei Tage später in die Anordnung eines Kriegsgerichtsverfahrens gegen Oberleutnant Calley münden. Die Leitung der US-Armee erlegt am 26. November allen Beteiligten ein Redeverbot auf.

2. Mondlandung der Amerikaner erfolgreich

14. November. Die NASA startet in den Mittagsstunden von Kap Kennedy an der Spitze einer Saturn-V-Rakete das Raumschiff »Apollo XII« mit den Astronauten Charles Conrad (Raumschiffkommandant), Richard F. Gordon und Alan L. Bean (Kommandant der Landefähre »Intrepid«).

»Apollo XII« erreicht am 17. November eine Mondumlaufbahn und umkreist den Trabanten noch einen Tag lang. Am 19. November beginnt mit der Abtrennung der Landefähre das zweite Mondlandeunternehmen. Um 7.54 Uhr MEZ erfolgt eine präzise Punktlandung im Meer der Stürme am Rand des Kraters, in dem die Mondsonde »Surveyor 3« 1967 gelandet ist.

Die Landestelle ist 1540 Kilometer vom Landepunkt von »Apollo XI« entfernt. Conrad und Bean halten sich 31½ Stunden auf der Mondoberfläche auf. Gordon umkreist während des Experiments in der Apollo-Kapsel den Mond.

Er erkundet in dieser Zeit neue Landeplätze. Die beiden Mondfahrer unternehmen zwei ausgedehnte Exkursionen ins Meer der Stürme von zusammen sieben Stunden Dauer. Ihr Aufenthalt endet am 20. November, als die Oberstufe von »Intrepid« um 15.36 Uhr MEZ gezündet wird. Das Rendezvousmanöver mit dem Mutterschiff klappt reibungslos, so daß um 18.58 Uhr MEZ das gelungene Kopplungsmanöver an die Bodenstation gemeldet werden kann.

In der Mondfähre haben Conrad und Bean 58,5 Kilogramm Mondgestein mitgebracht, das sie nach genauen Angaben aufgesammelt haben. Auch ein Teil von »Surveyor 3« kehrt wieder zur Erde zurück. Auf der Mondoberfläche haben die Astronauten eine geophysikalische Station aufgebaut, die ein Jahr lang – gespeist von einem Atomgenerator – Daten zur Erde senden soll.

Der Rückflug gestaltet sich so problemlos wie das ganze Unternehmen, so daß »Apollo XII« am 24. November um 21.58 Uhr MEZ an Fallschirmen im vorgesehenen Zielgebiet bei den Samoa-Inseln wieder auf die Erde zurückkehrt und geborgen wird.

Südtirol-Paket mit weitgehenden Zusagen gebilligt

23. November. Mit der Zustimmung der Südtiroler Volkspartei zum Südtirol-Paket und einem sogenannten Operationskalender, der die Durchführung der Maßnahmen der italienischen Regierung exakt auflistet, scheint die jahrelang andauernde Krise um diese italienische Provinz beendet zu sein.

Das Paket enthält eine Reihe weitgehender Autonomiezusagen der italienischen Regierung auf wirtschaftlichem und kulturellem Gebiet und trägt der in der Provinz vorherrschenden deutschen Sprache im Schul- und Verwaltungsbereich Rechnung.

Bei der italienischen Regierung soll, so wird ferner festgelegt, eine ständige Kommission eingerichtet werden, die sich mit den Problemen Südtirols befassen soll.

Indira Gandhi aus der Partei ausgeschlossen

12. November. Die regierende Kongreßpartei Indiens wird von einer schweren Krise geschüttelt, die Ausgangspunkt einer politischen Neuordnung im Lande wird. Die Spannungen zwischen rivalisierenden Gruppen innerhalb der Partei entladen sich zunächst am 12. November, als die amtierende Ministerpräsidentin Indira Gandhi wegen parteischädigenden Verhaltens und Disziplinlosigkeit ausgeschlossen wird.

Die Parlamentsfraktion der Kongreßpartei will sich diesem Schritt nicht beugen und spricht der Ministerpräsidentin mit großer Mehrheit das Vertrauen aus. Daraufhin kommt es zur Spaltung der Partei am 26. November.

Von den 430 Abgeordneten der Partei im Parlament treten etwa 110 zu der gegen Indira Gandhi opponierenden Gruppe über und bilden eine neue Fraktion unter Führung des ehemaligen stellvertretenden Ministerpräsidenten Morarji Desai. Die Kongreßpartei verliert dadurch im indischen Parlament ihre absolute Mehrheit.

1969
DEZEMBER

Mo	Di	Mi	Do	Fr	Sa	So
1	2	3	4	5	6	7
8	9	10	11	12	13	14
15	16	17	18	19	20	21
22	23	24	25	26	27	28
29	30	31				

3. US-Repräsentantenhaus billigt mit 333 gegen 55 Stimmen den Vietnam-Friedensplan von Präsident Nixon. →

6. Untersuchungsbericht über die Vorgänge in My Lai (Südvietnam) werden dem Kongreß in Washington zugänglich gemacht (→ November).

10. Freigabe des 128 km langen Mittelstücks der Transappenin-Autobahn von Avellino nach Canosa in Süditalien.

10. In Stockholm und Oslo werden die Nobelpreise vergeben. →

12. Der US-Leichtathlet Bill Toomey stellt in Los Angeles mit 8417 Punkten einen Zehnkampf-Weltrekord auf.

12. Uraufführung der Oper »Aucassin und Nicolette« von Günter Bialas im Cuvilliés-Theater München.

12. Bombenanschlag auf Mailänder Bank fordert 14 Todesopfer.

16. Österreichisches Parlament stimmt mit knapper Mehrheit dem Südtirol-Paket zu (→ November).

18. Die Abschaffung der Todesstrafe in England ist nach Zustimmung von Unterhaus und Oberhaus beschlossen.

20. Anwar as-Sadat wird vom Staatspräsidenten Nasser zu einem der Vizepräsidenten Ägyptens ernannt.

22. Unterhausabgeordnete Bernadette Devlin in Londonderry (Nordirland) wegen Teilnahme an August-Unruhen zu sechs Monaten Gefängnis verurteilt.

25. Israel entführt fünf der für die israelische Marine bestellten Schnellboote aus dem Hafen von Cherbourg (Frankreich), die wegen des französischen Waffenembargos zurückgehalten worden sind.

31. Kongo (Brazzaville) wird zur Volksrepublik ausgerufen.

GESTORBEN:

3. Mathias Wiemann (* 23. 6. 1902), deutscher Schauspieler.

3. Kliment Woroschilow (* 4. 2. 1881), sowjetischer Marschall.

5. Claudius Dornier (* 14. 5. 1884), deutscher Flugzeugkonstrukteur.

19. Rolf Dahlgrün (* 19. 5. 1908), deutscher Politiker.

Nobelpreis an Beckett

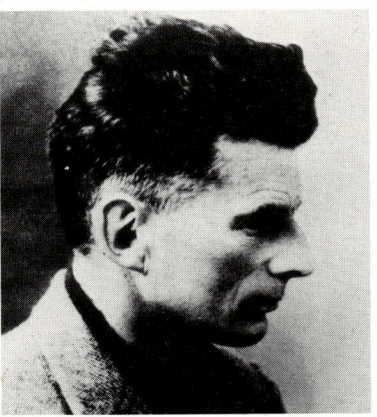

Samuel Beckett.

10. Dezember. Der in Paris lebende irische Dichter Samuel Beckett wird in diesem Jahr mit dem Nobelpreis für Literatur ausgezeichnet. Der Friedensnobelpreis geht an die Internationale Arbeitsorganisation (ILO) in Genf. Den Physiknobelpreis erhält der Amerikaner Murray Gell-Mann für grundlegende Theorien der Elementarteilchen. Der Chemiepreis geht an Odd Hassel (Norwegen) und Derek H. R. Barton (England) für Konformationsanalyse organischer Moleküle, der Medizinpreis an Max Delbrück (in den USA lebender deutscher Forscher), Alfred D. Hershey (USA) und Salvador E. Luria (USA) für Erforschung der Bakteriophagen mit grundlegenden Einsichten in die molekularbiologischen Lebensprozesse. Außer den traditionellen wird erstmals der von der schwedischen Reichsbank gestiftete Nobelpreis für Wirtschaftswissenschaften vergeben. Ihn erhalten Ragnar Frisch (Norwegen) und Jan Tinbergen (Niederlande) für bahnbrechende ökonometrische Arbeiten.

Präsident Nixon kündigt weiteren Truppenabzug aus Vietnam an

3. Dezember. Mit der Ankündigung eines weiteren Abbaus der US-Streitkräfte in Vietnam verbindet Präsident Nixon die Hoffnung auf ein baldiges Ende des Krieges. Er unterstreicht in einer Rede am 8. Dezember, daß bei Anhalten der in diesem Jahr eingeleiteten Entwicklung der Krieg schnell zu einem Ende kommen wird, selbst wenn die Pariser Friedensgespräche keine konkreten Ergebnisse bringen. Angesichts der vom Oberkommando veröffentlichten Verlustzahlen für 1969 hören die Amerikaner seine Botschaft besonders gern. Die USA haben in diesem Jahr 9249 Soldaten im Kampf verloren, 69 043 wurden verwundet, 112 werden vermißt. Nach dieser Statistik sollen auf seiten des Vietcong und Nordvietnams 152 842 Soldaten gefallen sein. Der Vietcong hat 70 US-Flugzeuge und 463 Hubschrauber abgeschossen, 400 Flugzeuge und 567 Hubschrauber sind am Boden zerstört worden. Nach dem Teilabzug der US-Streitkräfte hat Südvietnam seine Truppen verstärkt. Nach Angaben der Regierung in Saigon stehen 1,09 Millionen Südvietnamesen unter Waffen.

Neue Schritte gegen Reformer

5. Dezember. Die in der Tschechoslowakei populärsten Exponenten des »Prager Frühlings« werden von den neuen Machthabern weiter gemaßregelt. Olympiasieger Emil Zatopek wird am 5. Dezember aus der Armee ausgeschlossen und Alexander Dubček Mitte des Monats zum Botschafter in der Türkei ernannt. Die türkische Regierung hat innerhalb von fünf Tagen das Agrément erteilt.

Neue Seilbahn in Garmisch

Rechtzeitig zur anlaufenden Skisaison wird in Garmisch-Partenkirchen die Großkabinen-Seilbahn auf den Hausberg in Betrieb genommen. Die Bahn überwindet auf dem Weg zur 1347 Meter über dem Meeresspiegel liegenden Bergstation einen Höhenunterschied von 602 Metern und ist 1986 Meter lang. Sie kann 70 Personen in einer Kabine befördern und ist in viereinhalb Minuten am Ziel.

Mo	Di	Mi	Do	Fr	Sa	So
			1	2	3	4
5	6	7	8	9	10	11
12	13	14	15	16	17	18
19	20	21	22	23	24	25
26	27	28	29	30	31	

Mo	Di	Mi	Do	Fr	Sa	So
						1
2	3	4	5	6	7	8
9	10	11	12	13	14	15
16	17	18	19	20	21	22
23	24	25	26	27	28	

1. Einführung einheitlicher Personenkennzahlen in der DDR.

6. Deutsche Erstaufführung des schwedischen Spielfilms »Made in Schweden« von Johann Bergenstrahle mit Max von Sydow.

7. Katholische Kirchenkonferenz niederländischer Priester spricht sich für Aufhebung des Zölibats aus.

12. Erste Landung eines aus New York kommenden »Jumbo-Jets«, Typ Boeing 747, in Europa. →

12. Ende des nigerianischen Bürgerkrieges nach bedingungsloser Kapitulation Biafras. →

14. Bundeskanzler Willy Brandt kündigt im Bericht zur Lage der Nation Verhandlungen mit der DDR-Staatsführung an.

16. Erstaufführung des deutschen Spielfilms »Liebe ist kälter als der Tod« von Rainer Werner Fassbinder mit Ulli Lommel und Hanna Schygulla.

20. Uraufführung des Schauspiels »Trotzki im Exil« von Peter Weiss in einer Inszenierung von Harry Buckwitz im Düsseldorfer Schauspielhaus.

21. Papst Paul VI. lehnt jeden Kompromiß in der Frage des Zölibats ab.

22. Rumänischer Dramatiker Eugène Ionesco wird in die Académie française aufgenommen.

25. Dubček tritt Amt als ČSSR-Botschafter in der Türkei an.

25. Uraufführung des Schauspiels »Triumph des Todes« von Eugène Ionesco in einer Inszenierung von Karlheinz Stroux in Düsseldorf.

26. Im Stolberger Contergan-Prozeß bietet die Firma Chemie Grünenthal 100 Millionen DM an. →

28. Lubomir Štrougal wird neuer ČSSR-Ministerpräsident nach dem Rücktritt Oldrich Černiks. →

30. Vatikan protestiert gegen das geplante Ehescheidungsgesetz in Italien.

GESTORBEN:

5. Max Born (* 11. 12. 1882), deutscher Physiker.

11. Eduard von Borsody (* 13. 6. 1898), österreichischer Filmregisseur.

27. Erich Heckel (* 31. 7. 1883), deutscher Maler und Grafiker.

27. Rudolf Felmayer (* 24. 12. 1897), österreichischer Lyriker.

Atlantikflug der 747

Das Großraumverkehrsflugzeug Boeing 747, auch »Jumbo-Jet« genannt.

12. Januar. Ein Jahr nach dem Jungfernflug landet am 12. Januar das erste, im Volksmund »Jumbo-Jet« getaufte Großraumverkehrsflugzeug vom Typ Boeing 747 aus New York kommend auf dem Londoner Flughafen Heathrow. Nach diesem geglückten Versuch erfolgt am 22. Januar die Aufnahme des Linienverkehrs mit den Riesenflugzeugen zwischen New York und London. 332 Passagiere und 20 Besatzungsmitglieder landen nach 6 Stunden und 15 Minuten Flugzeit in London. Die Boeing 747 erreicht eine Reisegeschwindigkeit von 1030 Stundenkilometern und kann maximal 490 Passagiere aufnehmen. Ihr Stückpreis beträgt etwa 80 Millionen DM.

Biafra-Krieg geht zu Ende

12. Januar. Mit dem Angebot der bedingungslosen Kapitulation durch den Generalstabschef der Armee Biafras, Generalmajor Philip Effiong, endet das seit zweieinhalb Jahren andauernde Morden im nigerianischen Bürgerkrieg. Der für die fast völlige Ausrottung eines Volkes verantwortliche Chukwuemeka Odumegwu Ojukwu, durch dessen Unabhängigkeitserklärung der vom Stamm der Ibos bewohnten nigerianischen Ostprovinz zur Republik Biafra der Krieg im Juni 1967 ausgelöst worden ist, hat in einem beschlagnahmten Hilfsflugzeug des Roten Kreuzes in der Nacht zum 11. Januar das Land verlassen. Die Zentralregierung in Lagos stellt nach dem Kapitulationsangebot die Kampfhandlungen ein, die endgültige Unterzeichnung der Kapitulation erfolgt am 15. Januar. Beobachter schätzen, daß von den 14 Millionen Einwohnern Biafras während des Bürgerkriegs etwa zwei Millionen ums Leben gekommen sind, davon 1,5 Millionen durch Hunger.

Parteisäuberung abgeschlossen

28. Januar. In der Tschechoslowakei bemühen sich die orthodoxen Kommunisten in diesem Monat, die letzten Spuren des »Prager Frühlings« zu beseitigen. Ministerpräsident Oldrich Černik tritt zurück und wird durch Lubomir Štrougal ersetzt, der als prosowjetisch gilt. Auf dem Plenarsitzung des Zentralkomitees werden rund 80 Mitglieder aus dem Parteigremium entfernt (→ Dezember 1969).

Contergan-Prozeß

26. Januar. Am 199. Verhandlungstag im Stolberger Contergan-Prozeß bietet die Firma Chemie Grünenthal 100 Millionen DM für mißgebildete Kinder an, wenn mit dieser Zahlung »alle weiteren Risiken für Firma und Angeklagte ausgeschlossen sind«. Die Firma äußert ihr Interesse daran, die sich nach den bisherigen Erfahrungen des gegenwärtigen Verfahrens »wahrscheinlich endlosen Rechtsstreitigkeiten zu vermeiden«.

1. Abkommen über die Lieferung von sowjetischem Erdgas gegen deutsche Großröhren in die Sowjetunion von Firmenkonsortium in Essen unterzeichnet.

2. Erste Nerventransplantation in der Geschichte der Medizin in Münchner Neurochirurgischer Klinik geglückt.

3. Muhammad Ali (Cassius Clay) erklärt nach vergeblichen Versuchen der Wiedererlangung einer Lizenz seinen endgültigen Rücktritt vom Boxsport.

5. Ferdinand Duckwitz, Staatssekretär im Auswärtigen Amt, und Josef Linrewicz, stellvertretender Außenminister, führen erste Gespräche zwischen einer deutschen und polnischen Regierung seit dem Zweiten Weltkrieg über Normalisierung der Beziehungen.

10. Lawinenunglück im französischen Wintersportort Val d'Isère fordert 39 Todesopfer.

11. Deutschland unterliegt im Fußballänderspiel gegen Spanien in Sevilla mit 0 : 2.

13. Großfeuer nach Brandstiftung in einem jüdischen Altersheim in München fordert sieben Todesopfer. →

13. Der Bestsellerautor Erich von Däniken wird wegen Betruges und Urkundenfälschung zu einer Zuchthausstrafe verurteilt. →

16. Joe Frazier verteidigt seinen Box-WM-Titel zum fünftenmal und wird nach K.-o.-Sieg gegen Jimmy Ellis in New York in der vierten Runde nun von allen Boxverbänden als Weltmeister im Schwergewicht anerkannt.

21. Der Absturz einer Swissair-Maschine nahe des Kernkraftwerks Würenlingen (Schweiz) fordert 47 Todesopfer. →

24. Lawinenunglück im Schweizer Kanton Wallis bei Reckingen fordert 30 Todesopfer.

27. Deutsche Erstaufführung des US-Spielfilms »Verschollen im Weltraum« von John Sturgess mit Gregory Peck und David Janssen. Der Film erhält 1969 einen Oscar für beste Spezialeffekte.

GESTORBEN:

2. Bertrand Russell (* 18. 5. 1872), englischer Philosoph und Mathematiker, Nobelpreis 1950. →

17. Samuel Josef Agnon (* 17. 7. 1888), israelischer Schriftsteller.

Terror nimmt zu

13. Februar. In diesem Monat häufen sich Anschläge arabischer bzw. palästinensischer Terroristen auf Flugzeuge in Mitteleuropa. Sie setzen ihren Kampf gegen Israel auf dieser Ebene schon seit einiger Zeit fort und stellen die internationale Zivilluftfahrt vor ernste Probleme. Auf dem Münchner Flughafen Riem verüben Araber am 10. Februar einen Bombenanschlag auf eine israelische Maschine, bei dem es einen Toten und elf Verletzte gibt. Beim Brand eines jüdischen Altersheims in München, dessen Ursache ebenfalls in einem arabischen Anschlag vermutet wird, kommen am 13. Februar sieben Menschen um. Das folgenschwerste Attentat ereignet sich am 21. Februar in der Schweiz. Eine Maschine der Swissair, auf dem Flug von Zürich-Kloten nach Tel Aviv, stürzt nach einer Bombenexplosion in der Nähe des Kernreaktors Würenlingen ab, wobei alle 47 Insassen ums Leben kommen. Zu dem Anschlag bekennt sich eine palästinensische Guerillaorganisation. Am selben Tag ereignet sich an Bord einer österreichischen Maschine bei Frankfurt/Main eine Explosion, bei der niemand Schaden nimmt. Der Schweizer Bundesrat beschließt am 23. Februar die Wiedereinführung der Visumpflicht für sämtliche arabische Staaten und die Verstärkung der Überwachungsmaßnahmen.

Bundespräsident Gustav Heinemann (Mitte, mit Schal) bei der Trauerfeier für die Opfer eines Anschlags auf ein jüdisches Altersheim in München.

Anhaltende Diskussion um das Zölibat

3. Februar. Die von niederländischen Katholiken entfachte Diskussion um das priesterliche Zölibat geht auch im Februar weiter. Papst Paul VI. weist die niederländischen Bischöfe am 3. Februar an, ihre Haltung in dieser Frage einer Revision zu unterziehen. Aus Deutschland erhält er Schützenhilfe durch Julius Kardinal Döpfner, der am 7. Februar die priesterliche Ehelosigkeit als eine biblisch fundierte Lebensform bezeichnet. Die Niederländer hatten die Aufhebung des Zölibats gefordert.

Erich von Däniken wegen Betruges verurteilt

13. Februar. Der 35jährige Bestsellerautor Erich von Däniken (»Erinnerungen an die Zukunft«) wird vom Kantonsgericht Graubünden wegen Betruges und Urkundenfälschung zu einer Zuchthausstrafe von dreieinhalb Jahren verurteilt. Däniken ist beschuldigt worden, sich 400 000 Franken erschwindelt zu haben, mit denen er seine kostspieligen Reisen an berühmte archäologische Stätten finanziert habe. Ihm werden von den 440 Tagen, die er in Untersuchungshaft gesessen hat, 300 angerechnet.

Viele Tote bei Lawinenunglücken in den Alpen

10. Februar. Der schlimmste Lawinenwinter seit 30 Jahren hat in weiten Teilen des Alpengebietes katastrophale Auswirkungen. Frankreich wird am 10. Februar vom schwersten Lawinenunglück seiner Geschichte getroffen, als am Rande des Wintersportorts Val d'Isère morgens eine Pulverschneelawine niedergeht und mit voller Wucht ein dreistöckiges Erholungsheim trifft, in dem sich über 100 junge Menschen zwischen 16 und 30 Jahren, auch aus Belgien und der Bundesrepublik, aufhalten. Die Katastrophe fordert 39 Todesopfer und 34 zum Teil Schwerverletzte. Zwei Tage später verschüttet eine Lawine nahe Val d'Isère eine Bergstraße, nachdem sie vorher über fünf Chalets niedergegangen ist. Diesmal kommen keine Menschen ums Leben. Dies ist aber am 24. Februar der Fall, als eine Lawine bei Reckingen im oberen Rhonetal im Kanton Wallis die Offiziersmesse eines Schießplatzes und drei Skihütten der Schweizer Armee unter sich begräbt. Unter den 30 Toten dieser Katastrophe sind 19 Offiziere und sieben Kinder.
In Lanslevillard im französischen Departement Savoyen werden am 24. Februar neun Menschen durch eine Lawine getötet, die sich auf ein Hotel gewälzt hat. In der Tiroler Bergwelt hat sich die Lage am 25. nach andauernden Schneefällen weiter zugespitzt. Zahlreiche Dörfer sind von der Außenwelt abgeschnitten, Hubschrauber können wegen des schlechten Wetters nicht zur Versorgung eingesetzt werden.

Zugunglück fordert 300 Tote

2. Februar. Die schwerste Eisenbahnkatastrophe, die Argentinien je getroffen hat, fordert über 300 Todesopfer und 500 Verletzte. Der Schnellzug Tucuman–Buenos Aires ist 30 Kilometer von der Hauptstadt entfernt mit einer Geschwindigkeit von 110 Stundenkilometern auf einen Sonderzug gerast, der wegen Maschinenschadens auf der Strecke halten mußte.

Bertrand Russel †.

Philosoph und Mathematiker Bertrand Russell †

2. Februar. Im Alter von 97 Jahren stirbt in Plas Penrhyn (Wales) der britische Philosoph und Mathematiker Bertrand Russell. Einer breiten Öffentlichkeit bekanntgeworden ist er vor allem wegen seines pazifistischen Engagements nach dem Zweiten Weltkrieg, das allerdings sein Leben immer bestimmte. So wurde er 1916 wegen Aufforderung zur Kriegsdienstverweigerung bereits einmal inhaftiert. Mit seiner Erkenntnistheorie prägte er die angloamerikanische Philosophie des 20. Jahrhunderts entscheidend mit. Seine Fähigkeit, sich einem größeren Publikum verständlich zu machen, begründete seine Popularität und seinen Einfluß auf die öffentliche Meinung. Das 1963 gegründete Bertrand-Russell-Friedensinstitut ehrte ihn noch zu Lebzeiten als großen Vertreter der internationalen Friedensbewegung.

Ende der Koalition in Niedersachsen

17. Februar. Die Regierungskoalition aus SPD und CDU in Niedersachsen zerbricht, nachdem die CDU einen fraktionslosen ehemaligen NPD-Abgeordneten aufgenommen hat. Die von der SPD beantragte Auflösung des Landtages wird von einer Mehrheit aus CDU und NPD abgelehnt. Auch die Entlassung der CDU-Minister wird vom Landtag abgelehnt.

MÄRZ

Mo	Di	Mi	Do	Fr	Sa	So
						1
2	3	4	5	6	7	8
9	10	11	12	13	14	15
16	17	18	19	20	21	22
23	24	25	26	27	28	29
30	31					

1. Die Sozialisten in Österreich erringen bei Parlamentswahlen erstmals seit Bestehen der Republik die Mehrheit. →

2. Frühere britische Kronkolonie Rhodesien proklamiert sich zur selbständigen Republik.

4. Französisches U-Boot »Eurydice« ist mit 57 Seeleuten im Mittelmeer gesunken.

5. Mittlerweile von 46 Staaten unterzeichneter Atomwaffensperrvertrag tritt in Kraft.

7. Uraufführung des Schauspiels »Omphale« von Peter Handke an den Städtischen Bühnen in Frankfurt.

8. Uraufführung des nur eine Minute dauernden Stückes »Breath« von Samuel Beckett in Oxford.

14. Grubenexplosion in Brezak (Bosnien) fordert 49 Todesopfer.

14. Kaiser Hirohito von Japan eröffnet in Osaka die Weltausstellung »Expo '70«.

19. Gesamtdeutsches Treffen zwischen Bundeskanzler Willy Brandt und DDR-Ministerpräsident Willi Stoph in Erfurt. →

20. In den USA absolviert ein Raumtransporter einen ersten Probeflug erfolgreich. →

21. Staatssekretär Egon Bahr beendet erste Gesprächsrunde mit UdSSR-Außenminister Andrei Gromyko über einen Gewaltverzichtsvertrag zwischen den beiden Ländern.

21. Josef Smrkovský wird aus der Kommunistischen Partei der ČSSR ausgeschlossen.

22. Hamburger SPD verliert bei den Bürgerschaftswahlen Stimmen, behält jedoch die absolute Mehrheit. →

28. Schweres Erdbeben verwüstet eine türkische Provinz und fordert Tausende von Menschenleben. →

31. Der Botschafter der Bundesrepublik in Guatemala, Karl Maria Graf von Spreti, wird von Guerillas entführt.

GESTORBEN:

13. Sigismund von Radecki (* 19. 11. 1891), deutscher Schriftsteller.

15. Arthur Adamow (* 23. 8. 1908), französisch-russischer Dramatiker.

30. Heinrich Brüning (* 26. 11. 1885), deutscher Politiker.

Das Erfurter Treffen

Erfurter Treffen: (v. l.) DDR-Außenminister Otto Winzer, Ministerpräsident Willi Stoph, Bundeskanzler Willy Brandt, Bundesminister Egon Franke.

19. März. Die seit 1966 andauernden Bemühungen um einen innerdeutschen Dialog haben im ersten gesamtdeutschen Treffen zwischen Bundeskanzler Willy Brandt und dem Vorsitzenden des Ministerrats der DDR, Willi Stoph, in Erfurt ihr erstes augenfälliges Ergebnis. Willy Brandts bereits in der Regierungserklärung vom Herbst 1969 angedeutete Bereitschaft zu Gesprächen findet zu Beginn des Jahres 1970 in ersten Kontakten mit der DDR-Staatsführung einen konkreten Ansatz. Dem Schriftwechsel mit dem DDR-Ministerpräsidenten im Februar folgen bereits Anfang März Vorgespräche von Delegationen aus Bonn und Ost-Berlin über den organisatorischen Ablauf der vorgesehenen Treffen. Trotz scheinbar unüberbrückbarer Ausgangspositionen kommt das gesamtdeutsche Treffen schließlich doch zustande und wird zu einem großen persönlichen Erfolg für den Bundeskanzler, der in Erfurt von einer riesigen Menschenmenge jubelnd begrüßt wird. Der Besuch des Kanzlers umfaßt neben politischen Gesprächen mit der DDR-Staatsführung auch einen Aufenthalt im Konzentrationslager Buchenwald, um den Brandt ausdrücklich gebeten hat.

In einem Schlußkommuniqué vereinbaren beide Seiten einen Gegenbesuch Stophs für Mai in Kassel. In Erklärungen haben beide Seiten ihren Standpunkt bekräftigt, so daß der politische Wert dieser ersten gesamtdeutschen Begegnung über die Tatsache des Kontaktes hinaus umstritten bleibt.

Erdbeben fordert über 2000 Tote

28. März. Die türkische Provinz Kütahya wird in der Nacht zum 29. März von einem schweren Erdbeben betroffen, daß über 2000 Todesopfer und ca. 4000 Verletzte fordert, 90 000 Menschen werden obdachlos. Der erste Erdstoß hat nur 48 Sekunden gedauert und zerstört die Stadt Gediz zu 80 Prozent. In der Nacht zum 31. März werden weitere kleinere Erdstöße registriert.

Erster Flug eines Raumtransporters

20. März. Ein Raumtransporter der USA, der sich noch im Versuchsstadium befindet, absolviert seinen ersten Flug mit Eigenantrieb. Er wird von einem B-52-Bomber in eine Höhe von 13 000 Metern getragen und dann mit Hilfe eines Raketentriebwerkes nach dem Ausklinken fortbewegt. Das tragflächenlose und mit drei Heckflossen versehene Luftfahrzeug landet nach siebenminütigem Flug wohlbehalten.

SPÖ wird bei Nationalratswahl stärkste Partei

1. März. Mit einer Überraschung enden die Nationalratswahlen in Österreich. Erstmals seit Bestehen der Republik wird die Sozialistische Partei unter Führung von Bruno Kreisky stärkste Partei. Die SPÖ erzielt bei einer Wahlbeteiligung von 89,95 Prozent diesmal 48,4 Prozent der Stimmen (1966: 42,56 Prozent), die ÖVP kommt auf 44,7 Prozent gegenüber 48,35 Prozent im Jahre 1966.

Aufgrund dieses Ergebnisses tritt Bundeskanzler Josef Klaus (ÖVP) am 20. März zurück, nachdem er zuvor schon sein Amt als Parteivorsitzender niedergelegt hat. Der Sieger Kreisky tritt aber in Koalitionsverhandlungen mit der ÖVP ein.

Preisgekrönte Filme im Kino

19. März. Dieser Monat bringt dem deutschen Publikum die Erstaufführungen einiger preisgekrönter Filme. Am 19. März hat der englische Spielfilm »Liebende Frauen« von Ken Russel mit Glenda Jackson Deutschlandpremiere. Die Schauspielerin hat 1969 dafür den Oscar als beste Hauptdarstellerin erhalten. Am 25. März folgt der Film »Airport« des US-Regisseurs George Seaton, in dem Burt Lancaster, Dean Martin und Jean Seberg mitwirken. Die Schauspielerin Helen Hayes erhält für ihre Rolle in diesem Streifen den Oscar 1969 als beste Nebendarstellerin.

Einbußen der Hamburger SPD

22. März. Mit Stimmverlusten, aber einer immer noch absoluten Mehrheit für die SPD enden die Hamburger Bürgerschaftswahlen. Die Sozialdemokraten kommen noch auf 55,3 Prozent und verlieren gegenüber 1966 knapp vier Prozent. Die CDU erreicht 32,8 Prozent bei einem Zugewinn von 2,8 Prozent gegenüber der letzten Bürgerschaftswahl, die FDP verbessert sich von 6,8 auf 7,1 Prozent.

1970

APRIL

Mo	Di	Mi	Do	Fr	Sa	So
		1	2	3	4	5
6	7	8	9	10	11	12
13	14	15	16	17	18	19
20	21	22	23	24	25	26
27	28	29	30			

4. Mitglieder einer radikalen japanischen Studentenorganisation entführen japanische Verkehrsmaschine und halten sie fünf Tage in ihrer Gewalt. In Nordkorea werden die Passagiere freigelassen.

5. Die Leiche von Graf Spreti, des deutschen Botschafters in Guatemala, wird aufgefunden. →

8. Deutschland und Rumänien trennen sich im Fußballländerspiel in Stuttgart 1 : 1.

10. Paul McCartney gibt endgültige Trennung von den Beatles bekannt, die damit als Gruppe nicht mehr existieren.

13. Komponist Mikis Theodorakis vom griechischen Militärregime nach zweijähriger Haft krank entlassen.

16. Lawinenunglück auf Plateau d'Assy in den französischen Alpen kostet 37 Insassen eines Sanatoriums das Leben.

18. Heinrich Böll wird zum Präsidenten des PEN-Zentrums in der Bundesrepublik gewählt.

21. Landtag von Niedersachsen beschließt als erstes Parlament in der Geschichte der Bundesrepublik vorzeitige Selbstauflösung.

24. Start des ersten chinesischen Weltraumsatelliten »China 1«. China wird damit die dritte Weltraummacht.

26. Aufnahme des Linienverkehrs zwischen Frankfurt am Main und New York mit der ersten B 747 »Big Monster« der Deutschen Lufthansa.

28. Einbau eines mit Atomenergie betriebenen Herzschrittmachers durch französische Herzchirurgen in Paris geglückt.

29. Manchester City gewinnt den Europacup der Pokalsieger durch 2 : 1-Sieg gegen Gornik Hindenburg in Rom.

30. USA geben Einmarsch von Truppeneinheiten nach Kambodscha bekannt.

GESTORBEN:

1. Konstantin Timoschenko (* 18. 2. 1895), Sowjet-Marschall.

11. John O'Hara (* 31. 1. 1905), US-Schriftsteller.

17. Wilhelm Emanuel Süskind (* 10. 6. 1901), deutscher Schriftsteller und Journalist.

26. John Knittel (* 24. 3. 1891), in Indien geborener, in der Schweiz lebender Schriftsteller.

Botschafter ermordet

5. April. Die Entführung des deutschen Botschafters in Guatemala, Graf Spreti, endet mit der Ermordung des Diplomaten durch guatemaltekische Guerillas, nachdem die Regierung des Landes sich außerstande gesehen hat, die Forderungen der Entführer zu erfüllen. Diese haben die Freilassung mehrerer politischer Häftlinge innerhalb von 72 Stunden verlangt, was von der Regierung abgelehnt wird. Sie verhängt vielmehr den Belagerungszustand über das ganze Land. Die Entführer übermitteln am 5. April eine neue Forderung, die die Freilassung von 22 Häftlingen und ein Lösegeld von 700 000 Dollar vorsieht. Trotz intensiver Bemühungen der Bundesregierung über das Auswärtige Amt und die USA lehnt die Regierung in Guatemala jede Kontaktnahme mit den Entführern des deutschen Diplomaten ab, dessen Leiche am Abend des 5. April dann 16 Kilometer außerhalb der Hauptstadt Guatemala City gefunden wird. Die Bundesregierung mißbilligt das Verhalten und fordert den Botschafter Guatemalas in der Bundesrepublik auf, das Land zu verlassen. Auch das Personal der deutschen Botschaft in Guatemala wird zurückgezogen.

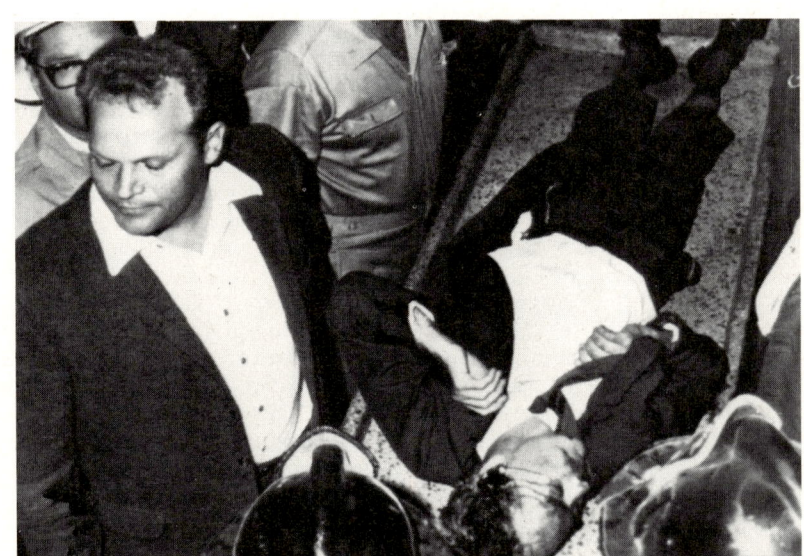

Der deutsche Botschafter in Guatemala, Graf Spreti, wird ermordet aufgefunden.

Grünenthal bietet 110 Millionen DM

21. April. Der Hersteller des Schlafmittels Contergan, die Firma Chemie Grünenthal in Alsdorf, gibt eine sogenannte »kleine Lösung« für die Entschädigung der Contergan-Kinder bekannt. Danach will das Werk einen Gesamtbetrag von 110 Millionen DM bereitstellen, von denen die ersten 50 Millionen im Juni einem Treuhändergremium übergeben und die restlichen 60 Millionen bei einer Verzinsung von 6½ Prozent innerhalb der nächsten drei Jahre ausgezahlt werden sollen. Die Eltern geschädigter Kinder sollen ihre Ansprüche geltend machen, über die ein Expertengremium entscheiden soll (→ 26. Januar).

Apollo XIII bricht Programm ab

17. April. Nur knapp an einer Katastrophe vorbei kommt das am 11. April gestartete Mondlandeunternehmen »Apollo XIII«. Die Astronauten James Lovell, Fred W. Haise und John L. Swigert registrieren am 14. April in einer Erdentfernung von 335 000 Kilometern die Explosion eines Sauerstofftanks und müssen die vorgesehene Mondlandung aufgeben. Sie halten sich vorübergehend in der Landefähre »Aquarius« auf, die ihnen quasi als Rettungsboot dient, und werden in einem Manöver, das in aller Welt mit großer Anteilnahme verfolgt wird, bis zum 17. April unversehrt zur Erde zurückgeholt.

Kreisky erster Regierungschef der SPÖ

Bruno Kreisky.

20. April. Österreich erhält erstmals einen Regierungschef, der von der SPÖ gestellt wird. Wahlsieger Bruno Kreisky hat seit Mitte März intensive Koalitionsverhandlungen mit der ÖVP über eine große Koalition geführt, da keine der beiden Parteien über die absolute Mehrheit im Parlament verfügt. Die ÖVP lehnt aber alle Vorschläge ab, so daß die Verhandlungen am 20. April für gescheitert erklärt werden. Ursachen sind vor allem Differenzen bei der Ressortverteilung sowie in der Steuer- und Wirtschaftspolitik gewesen. Bundespräsident Franz Jonas beauftragt danach Bruno Kreisky mit der Regierungsbildung, der bereits am 21. April eine Regierung vorstellt, die im Parlament über 81 der insgesamt 165 Sitze verfügt und daher ohne Mehrheit arbeiten muß. In seiner Regierungserklärung kündigt der neue Bundeskanzler umfassende Reformen auf nahezu allen Gebieten an.

In Wien beginnen die SALT-Gespräche

16. April. Eine amerikanisch-sowjetische Konferenz über die Begrenzung strategischer Rüstungen (Strategic Arms Limitation Talks = SALT) wird im Schloß Belvedere in Wien feierlich eröffnet. Die erste Runde dieser SALT-Gespräche hat bereits vom 17. November bis 22. Dezember 1969 in Helsinki stattgefunden und soll vereinbarungsgemäß nun fortgeführt werden.

Mo	Di	Mi	Do	Fr	Sa	So
				1	2	3
4	5	6	7	8	9	10
11	12	13	14	15	16	17
18	19	20	21	22	23	24
25	26	27	28	29	30	31

3. Borussia Mönchengladbach wird nach Abschluß der siebenten Bundesligasaison Deutscher Fußballmeister 1970.

6. Feyenoord Rotterdam gewinnt den Europacup der Meister durch 2 : 1 n. V. gegen Celtic Glasgow in Madrid.

9. Deutschland gewinnt ein Fußballänderspiel gegen Irland in Berlin mit 2 : 1.

13. Deutschland gewinnt ein Fußballänderspiel gegen Jugoslawien in Hannover mit 1 : 0.

14. Willy Brandt vom 14. Ordentlichen Parteitag der SPD in Saarbrücken mit 318 der 331 abgegebenen gültigen Stimmen im Amt des Vorsitzenden bestätigt.

14. Kaufhausbrandstifter Andreas Baader wird durch einen Überfall aus dem Zuchthaus Berlin-Tegel befreit. →

15. Uraufführung des Schauspiels »Guerillas« von Rolf Hochhuth im Staatstheater Stuttgart in der Inszenierung von Peter Palizsch.

15. IOC schließt auf einer Tagung in Amsterdam Südafrika wegen seiner Rassentrennungspolitik mit 25 gegen 3 Stimmen aus.

16. US-Spielfilm »M.A.S.H.« von Robert Altmann erhält bei den Filmfestspielen in Cannes die »Goldene Palme«.

17. Präsident Nixon erhebt erstmals in der Geschichte der US-Streitkräfte zwei Frauen in den Generalsrang.

21. DDR-Ministerpräsident Willi Stoph erwidert Brandt-Besuch in Erfurt und trifft mit dem Bundeskanzler in Kassel zusammen. →

24. Wahlalter in Bayern durch eine Volksabstimmung auf 18 Jahre gesenkt.

25. Rumänien leidet unter einer Hochwasserkatastrophe. Mindestens zwei Flutwellen fordern 200 Todesopfer. →

27. Sirimavo Bandaranaike nach Wahlsieg der linksgerichteten Einheitsfront erneut Ministerpräsidentin von Ceylon.

GESTORBEN:

9. Franz Etzel (* 12. 8. 1902), deutscher Politiker.

12. Nelly Sachs (* 10. 12. 1891), deutsch-schwedische Schriftstellerin.

17. Nigel Balchin (* 3. 12. 1908), englischer Schriftsteller.

USA in Kambodscha

Besprechung im Pentagon über Kambodscha. Links Außenminister Melvin Laird.

1. Mai. Das Engagement der USA in Südostasien verstärkt sich mit dem Einmarsch von Truppeneinheiten der US-Streitkräfte nach Kambodscha in der Nacht zum 1. Mai. Laut Erklärungen von Präsident Nixon handelt es sich um eine begrenzte militärische Operation zum Schutze des Lebens amerikanischer und alliierter Soldaten. Hintergrund des Einmarsches ist die Lage auf dem Kriegsschauplatz im ehemaligen Indochina, die durch vermehrte Aktivitäten des Vietcong in den Nachbarländern Laos und Kambodscha bestimmt wird. Vor allem Kambodscha ist mehr und mehr Operationsgebiet des Vietcong und nordvietnamesischer Truppen geworden, die von hier aus gegen Südvietnam vorgehen. Im Mai setzen sie gleichzeitig zur Offensive gegen das nach dem Sturz Prinz Sihanouks installierte Regime von General Lon Nol an. Sihanouk hat in Peking eine Exilregierung gebildet und ruft das Volk Kambodschas zum Kampf gegen die neuen Machthaber auf. Die USA und Südvietnam haben bis Ende des Monats 10 000 bzw. 40 000 Soldaten in Kambodscha und setzen während der Kämpfe massiv Luftwaffe und Flotte ein. Nach US-Angaben fallen im Mai 219 Amerikaner, 833 werden verwundet. Südvietnam verliert 505 Mann durch Tod und 2200 durch Verwundung. Auf kommunistischer Seite fallen nach US-Schätzungen 9300 Soldaten.

Hochwasser im Banat

25. Mai. Von der schlimmsten Hochwasserkatastrophe seit Jahrhunderten wird Rumänien betroffen. Anhaltende wolkenbruchartige Regenfälle lassen die Flüsse über die Ufer treten und sorgen für katastrophale Zustände.
Nach einer ersten Flutwelle am 13. Mai ergießt sich ab 25. Mai eine zweite reißende Flutwelle in Siebenbürgen, im Banat, im Moldau-Gebiet und in der Dobrudscha über Städte und Dörfer. Offizielle Angaben sprechen davon, daß 38 der 39 Bezirke des Landes überschwemmt worden sind. In den Fluten ertrinken 200 Menschen. Die gesamte Ernte wird vernichtet, rund 70 000 Stück Vieh ertrinken. Die Wassermassen zerstören 250 000 Wohnungen, 12 000 der 19 000 öffentlichen Gebäude in den Überflutungsgebieten (Krankenhäuser, Schulen, Kulturhäuser) werden zerstört oder schwer beschädigt, 2500 Brücken sind nicht mehr benutzbar. Das Straßen- und Schienennetz des Landes weist auf über 1000 Kilometern schwere Zerstörungen auf, ebenso die Telefon- und Stromleitungen. Auch im Westen der Ukraine treten Flüsse über die Ufer.

Brandt und Stoph treffen sich in Kassel

21. Mai. Das bereits in Erfurt (→ März 1970) vereinbarte zweite gesamtdeutsche Treffen zwischen Bundeskanzler Willy Brandt und dem DDR-Ministerpräsidenten Willi Stoph findet in Kassel statt. Der Gast ist mit dem Sonderzug angereist. Er erhebt in einer Rede in scharfer Form die Forderung nach Herstellung voller völkerrechtlicher Beziehungen zwischen beiden deutschen Staaten. In seiner Antwort wirft der Bundeskanzler der DDR-Politik einen unnachgiebigen Standpunkt vor, der weitere Verhandlungen durch die immer wieder vorgetragenen Vorbedingungen schwer belaste. Der innerdeutsche Dialog ist durch die Bekräftigung der jeweiligen Standpunkte auch nach den Gesprächen in Erfurt und Kassel nicht entscheidend weitergekommen. Stoph läßt in einem Interview anklingen, daß ohne volle Anerkennung weitere Gespräche als nutzlos angesehen werden.

Andreas Baader wird befreit

14. Mai. Der im Berliner Zuchthaus Tegel inhaftierte Kaufhausbrandstifter Andreas Baader wird durch einen Überfall befreit. Baader ist 1968 wegen seiner Tat zu drei Jahren Zuchthaus verurteilt worden. Baader hat von der Anstaltsleitung die Genehmigung bekommen, im Dahlemer »Zentralinstitut für soziale Fragen« Literaturstudien zu betreiben. Er arbeitet mit der Publizistin Ulrike Meinhof nach seinen Angaben an einer Studie über Jugendkriminalität und benötigt dafür Unterlagen, die nur außerhalb der Gefängnismauern zu bekommen sind. Baaders erster Besuch im Dahlemer Institut am 12. Mai verläuft ohne Zwischenfälle.
Zwei Tage später aber überfallen mehrere maskierte Personen das Begleitpersonal, setzen Tränengas und Schlagwaffen ein und verletzen einen Angestellten des Instituts bei der Flucht durch Pistolenschüsse schwer. Sie können unerkannt mit Baader in bereitstehenden Fahrzeugen entkommen.

Mo	Di	Mi	Do	Fr	Sa	So
1	2	3	4	5	6	7
8	9	10	11	12	13	14
15	16	17	18	19	20	21
22	23	24	25	26	27	28
29	30					

1. Erdbeben in Peru fordert mehrere tausend Tote.

3. Deutschland gewinnt bei der Fußball-WM in Mexiko in Léon 2 : 1 gegen Marokko.

4. Berthold Beitz zum Aufsichtsratsvorsitzenden der Friedrich-Krupp-GmbH gewählt.

5. Ein Zugunglück auf dem Bahnhofsgelände in Celle fordert fünf Todesopfer.

7. Deutschland gewinnt bei der Fußball-WM in Léon gegen Bulgarien 5 : 2.

9. Der Belgier Eddy Merckx gewinnt den Giro d'Italia.

10. Deutschland gewinnt bei der Fußball-WM gegen Peru 3 : 1.

14. Deutschland gewinnt bei der Fußball-WM in Léon gegen England 3 : 2 n. V. →

17. Wolfgang Nordwig (DDR) stellt in Berlin mit 5,45 m einen neuen Weltrekord im Stabhochsprung auf.

17. Deutschland unterliegt bei der Fußball-WM in Mexiko City Italien mit 3 : 4.

19. Edward Heath nach Wahlsieg der Konservativen neuer britischer Premierminister. →

20. Deutschland besiegt bei der Fußball-WM Uruguay in Mexiko City mit 1 : 0.

21. Brasilien wird durch einen 4 : 1-Sieg gegen Italien in Mexiko City neuer Fußballweltmeister. →

26. Alexander Dubček wird aus der ČSSR-KP ausgeschlossen. →

27. Bei Raubüberfall auf Geldtransport in Offenbach erbeuten unbekannte Täter eine Million DM.

27. Die Gebrüder Reinhold und Günter Messner aus Südtirol besteigen erstmals die Rupalflanke des Nanga Parbat.

30. US-Truppen aus Kambodscha wieder abgezogen.

GESTORBEN:

3. Hjalmar Schacht (* 22. 1. 1877), deutscher Politiker. →

7. Edward M. Forster (* 1. 1. 1879), englischer Schriftsteller.

11. Alexander Kerenski (* 22. 4. 1881), russischer Politiker.

21. Achmed Sukarno (* 6. 6. 1901), indonesischer Politiker.

29. Stefan Andres (* 26. 6. 1906), deutscher Erzähler.

Brasilien holt WM-Titel zurück

Der italienische Torwart Albertosi fängt einen Kopfball des zweifachen deutschen Torschützen Gerd Müller (links).

21. Juni. Mit dem Erfolg des brasilianischen Teams endet die Fußballweltmeisterschaft 1970, die vom 31. Mai bis 21. Juni in Mexiko ausgetragen wird. Die deutsche Mannschaft erreicht den dritten Platz und hat im Viertelfinale die Gelegenheit zur Revanche gegen England, das 1966 im Finale mit 4 : 3 siegreich geblieben ist. Diesmal siegt Deutschland, ebenfalls nach Verlängerung, mit 3 : 2 und eliminiert damit den Weltmeister. Die Spiele in Mexiko werden zu einem persönlichen Erfolg für Deutschlands Fußballidol Uwe Seeler, der bei seiner vierten WM-Teilnahme nicht nur einen Rekord aufstellt, sondern durch hervorragende Leistungen jene Kritiker beschämt, die ihn nicht in Mexiko sehen wollten.

MEXIKO 1970
WM vom 31. Mai bis 21. Juni

16 Teilnehmer: Belgien, Brasilien, Bulgarien, Deutschland, England, Israel, Italien, Marokko, Mexiko, Peru, Rumänien, El Salvador, Schweden, Tschechoslowakei, UdSSR und Uruguay.

1. Brasilien
Spiele gegen Tschechoslowakei 4 : 1, England 1 : 0, Rumänien 3 : 2, Peru 4 : 2, Uruguay 3 : 1 und Italien 4 : 1.

2. Italien
Spiele gegen Schweden 1 : 0, Uruguay 0 : 0, Israel 0 : 0, Mexiko 4 : 1, Deutschland 4 : 3 und Brasilien 1 : 4.

3. Deutschland
Spiele gegen Marokko 2 : 1, Bulgarien 5 : 2, Peru 3 : 1, England 3 : 2, Italien 3 : 4 und Uruguay 1 : 0.

4. Uruguay
Spiele gegen Israel 2 : 0, Italien 0 : 0, Schweden 0 : 1, UdSSR 1 : 0, Brasilien 1 : 3 und Deutschland 0 : 1.

Wahlalter neu

19. Juni. Nach Zustimmung des Bundesrates kann in der Bundesrepublik ein Gesetzentwurf in Kraft treten, der eine Herabsetzung des aktiven und passiven Wahlalters vorsieht. Damit können Bundesbürger künftig mit 18 Jahren aktiv wählen und mit 21 Jahren gewählt werden.

»Sojus«-Rekord

1. Juni. Mit dem Start des Raumschiffes »Sojus 9« mit den Kosmonauten Andrijan Nikolajew und Witali Sewastjanow beginnt der 16. bemannte Raumflug der Sowjetunion, der mit einem neuen Rekord für bemannten Dauerflug nach einem Flug von 17 Tagen, 16 Stunden und 59 Minuten endet.

Parteiausschluß

26. Juni. Mit Alexander Dubček wird der letzte Führer der Reformbewegung in der Tschechoslowakei aus der Partei ausgeschlossen. Er wird zunächst von seinem Botschafterposten in Ankara (Türkei) abberufen und nach erneuter Verweigerung einer Selbstkritik aus der KP der ČSSR ausgeschlossen.

Heath wird Premier

Der neue britische Premier Edward Heath vor seinem Amtssitz Downing Street 10.

23. Juni. England hat wieder ein Kabinett, das von der Konservativen Partei gestellt wird. Nach dem Wahlsieg vom 18. Juni, wo die von Edward Heath geführte Partei 46 Prozent der Stimmen gegenüber 43 Prozent der Labour Party erhalten hat, stellt Wahlsieger Heath als neuer Premierminister sein Kabinett vor, in dem mit Sir Alec Douglas-Home als Außenminister ein vertrautes Gesicht auftaucht.

Finanzexperte Hjalmar Schacht stirbt in München

3. Juni. Im Alter von 93 Jahren stirbt in München der frühere Reichsbankpräsident und Reichswirtschaftsminister Hjalmar Schacht. Der Finanzexperte, der in der Weimarer Republik und während der NS-Zeit die Höhepunkte seiner politischen Karriere erlebt hatte, geriet nach dem 20. Juli 1944 in den Verdacht indirekter Teilnahme am Attentat und wurde in das KZ Flossenbürg eingeliefert. Nach der Befreiung durch die Alliierten wurde er im Nürnberger Prozeß angeklagt, aber in allen Punkten freigesprochen. Nach vorübergehender Internierung wurde er 1948 als entlastet eingestuft und konnte wieder als Finanz- und Wirtschaftsberater arbeiten. Er war für verschiedene ausländische Regierungen in Fragen der Stabilisierung ihrer Währung tätig und veröffentlichte bis 1966 Beiträge über internationale Finanz- und Wirtschaftspolitik.

Gericht hebt Urteil gegen Cassius Clay auf

Der Oberste Gerichtshof der USA hebt in letzter Instanz die 1967 gegen den Boxweltmeister Muhammad Ali (Cassius Clay) verhängte Gefängnisstrafe von fünf Jahren wegen Wehrdienstverweigerung auf und erklärt den damals verhängten Lizenzentzug für unwirksam. Der Meisterboxer ist während des langen Weges durch die Instanzen auf freiem Fuß geblieben, weil er eine entsprechende Kaution hinterlegt hat.

Premiere

29. Juni. Die Hamburger Theaterszene erlebt in diesem Monat eine vielbeachtete Uraufführung. Am 29. Juni wird das Schauspiel »Ein Fest für Boris« von Thomas Bernhard am Deutschen Schauspielhaus in einer Inszenierung von Claus Peymann uraufgeführt.

1970
JULI

Mo	Di	Mi	Do	Fr	Sa	So
		1	2	3	4	5
6	7	8	9	10	11	12
13	14	15	16	17	18	19
20	21	22	23	24	25	26
27	28	29	30	31		

2. Bei dem Untergang der französischen Fähre »Christena« nahe der Antillen kommen über 100 der 250 Passagiere ums Leben.

3. Margaret Court-Smith (Australien) wird durch ein 14 : 12, 11 : 9 gegen die Amerikanerin Billie Jean King Wimbledonsieger 1970.

4. John Newcombe (Australien) schlägt seinen Landsmann Ken Rosewall 5 : 7, 6 : 3, 6 : 2, 3 : 6, 6 : 1 und wird Wimbledonsieger.

4. Kerry O'Brien (Australien) läuft in Berlin mit 8 : 22,0 Minuten einen neuen Weltrekord über 3000 m Hindernis.

5. Die 20. Berliner Filmfestspiele enden ohne Preisverteilung. →

11. Verkehrsfreigabe des ersten Tunnels durch die Pyrenäen zwischen Aragnouet (Frankreich) und Bielsa (Spanien).

12. Die Taiwan-Chinesin Chi Cheng läuft zum zweitenmal in diesem Monat Weltrekord über 200 m; sie erreicht in München 22,4 Sekunden.

13. Bundeskanzler Willy Brandt von Papst Paul VI. in Privataudienz empfangen. →

19. Der Belgier Eddy Merckx gewinnt die Tour de France.

20. Deutsche Erstaufführung des englischen Spielfilms »Let it be« von und mit den Beatles. Dieser letzte Film der legendären Popgruppe erhält einen Oscar für die Songreihe.

21. Offizieller Beginn der Beitrittsverhandlungen zwischen Großbritannien und der EWG.

21. Die zwölfte und letzte Turbine am Assuan-Staudamm wird in Betrieb genommen. →

23. Marilyn Neufville (Jamaika) stellt in Edinburgh einen neuen Weltrekord über 400 m in 51 Sekunden auf.

27. Beginn der Verhandlungen über einen Gewaltverzichtsvertrag zwischen der Bundesrepublik und der UdSSR in Moskau.

GESTORBEN:

22. Fritz Kortner (* 12. 5. 1892), österreichischer Regisseur und Schauspieler.

22. Hans Giese (* 26. 6. 1920), deutscher Psychiater und Sexualwissenschaftler.

27. Antonio Salazar (* 28. 4. 1889), portugiesischer Staatsmann.

Opposition in der FDP gegen Walter Scheel

11. Juli. Innerhalb der FDP gibt es eine offizielle Oppositionsgruppe gegen Parteichef Walter Scheel, der auf dem 21. Ordentlichen Parteitag in Bonn (22. bis 24. Juni) mit 398 gegen 64 Stimmen im Amt des Vorsitzenden bestätigt worden ist, obwohl wegen der vorausgegangenen Wahlniederlagen Konsequenzen gefordert worden sind.

Die in Bonn bei der Abstimmung unterlegene Oppositionsgruppe gründet auf der Hohensyburg bei Dortmund eine National-Liberale Aktion, die mit dem bereits im April entstandenen sogenannten »Hohensyburger Kreis« identisch ist, der als Sammelbecken nationalliberaler Politiker aus der FDP gilt. Sprecher der neuen Bewegung ist der Bundestagsabgeordnete Siegfried Zoglmann, der als Ziel der Aktion die Abwahl Scheels und eine Rückkehr zum national-liberalen Kurs der FDP angibt, nachdem die Parteiführung durch einen angeblichen Linkskurs den anhaltenden Wählerschwund nicht hat aufhalten können.

Neue Regierungen in Düsseldorf und Hannover

In den Bundesländern Niedersachsen und Nordrhein-Westfalen werden nach den Wahlentscheidungen des Vormonats die neuen Landesregierungen gebildet.

Der niedersächsische Landtag wählt am 14. Juli den SPD-Abgeordneten Alfred Kubel zum neuen Regierungschef, nachdem sein Amtsvorgänger Georg Diederichs unmittelbar vorher seinen Verzicht aus Krankheitsgründen erklärt hat. Kubel ist nach Hinrich Wilhelm Kopf und Diederichs der dritte sozialdemokratische Ministerpräsident Niedersachsens.

In Düsseldorf erhält der amtierende Ministerpräsident Heinz Kühn am 28. Juli 101 der 200 Abgeordnetenstimmen im nordrhein-westfälischen Landtag und bildet mit den Freien Demokraten erneut eine Koalitionsregierung.

Assuandamm fertig

Bei den Bauarbeiten zum Assuanstaudamm wird der Felsentempel von Abu Simbel mit den vier Ramsesfiguren zerlegt und unter Leitung eines deutschen Unternehmens mit UNESCO-Mitteln 65 Meter höher wiedererrichtet.

21. Juli. Mit der feierlichen Inbetriebnahme der zwölften und letzten Turbine wird der Bau des Assuanstaudamms abgeschlossen. An der Zeremonie nimmt der Sowjetbotschafter in Kairo, Sergej Winogradow, teil. Die UdSSR hat von den auf 400 Millionen Pfund Sterling geschätzten Baukosten ein Drittel finanziert. Am Bau haben 5000 sowjetische Arbeiter und Techniker mitgewirkt (→ März 1948).

Brandt im Vatikan

13. Juli. Bundeskanzler Willy Brandt stattet dem Vatikan vom 12. bis 14. Juli einen offiziellen Besuch ab, in dessen Verlauf er auch von Papst Paul VI. in Privataudienz empfangen wird. Brandt teilt danach mit, daß er mit dem Papst auch die Frage der polnisch besetzten deutschen Ostgebiete und der dortigen Diözesaneinteilung besprochen habe. Zu diesem Komplex wird von Staatssekretär Conrad Ahlers mitgeteilt, der Papst befürworte die Bonner Ostpolitik, werde aber die Oder-Neiße-Linie nicht anerkennen, bevor nicht ein Abkommen zwischen Bonn und Warschau getroffen wird.

Filmfestspiele enden mit Skandal

5. Juli. Die 20. Berliner Filmfestspiele enden ohne Preisverleihung mit einem Skandal. Der Berliner Kultursenator erklärt das Festival für vorzeitig beendet, nachdem sich an der Aufführung des deutschen Wettbewerbsbeitrages »O. K.« von Michael Verhoeven derart heftige politische Diskussionen entzündet haben, daß die Jury nicht mehr entscheiden kann.

Leichtathletinnen laufen Rekorde

12. Juli. Innerhalb von zwei Wochen laufen zwei Leichtathletinnen Weltrekord über 110-m-Hürden. Die Taiwan-Chinesin Chi Cheng stellt am 12. Juli zunächst in München mit 12,8 Sekunden die Marke der Polin Teresa Sukniewicz – erreicht am 20. Juni in Warschau – ein, ehe dann Karin Balzer aus der DDR am 26. Juli in Berlin mit 12,7 Sekunden erneut schneller ist.

1970
AUGUST

Mo	Di	Mi	Do	Fr	Sa	So
					1	2
3	4	5	6	7	8	9
10	11	12	13	14	15	16
17	18	19	20	21	22	23
24	25	26	27	28	29	30
31						

1. Für Steuerzahler in der Bundesrepublik tritt ein sogenannter Konjunkturzuschlag – er ist auf drei Jahre befristet – in Kraft.

2. Erstmalige Entführung eines »Jumbo-Jets« vom Typ Boeing 747. Die mit 378 Personen besetzte Maschine wird auf dem Flug von New York nach Puerto Rico gekidnappt und nach Kuba umdirigiert.

2. Renate Stecher (DDR) erreicht in Berlin als dritte Läuferin die Weltrekordzeit von 11,0 Sekunden über 100 m.

4. Der deutsche Dirigent Otto Klemperer nimmt die israelische Staatsbürgerschaft an.

7. 90tägiger Waffenstillstand am Sueskanal in Kraft. →

9. Zugunglück in Nordspanien fordert über 50 Todesopfer. →

10. Griechischer Ministerpräsident ordnet Freilassung von 500 Häftlingen, darunter 22 Frauen, aus Internierungslagern an.

12. Unterzeichnung des deutsch-sowjetischen Gewaltverzichtsvertrages in Moskau. →

14. Deutsche Erstaufführung des italienisch-algerischen Spielfilms »Schlacht um Algier« mit Dean Martin. Der Film hat bei der Biennale 1966 den »Goldenen Löwen« erhalten.

19. Hurrican in der Provinz Ontario (Kanada) fordert 25 Todesopfer.

21. Taifun »Anita« verwüstet weite Teile Süd- und Westjapans, zerstört 56000 Häuser und fordert 16 Todesopfer und 260 Verletzte und macht Tausende obdachlos.

25. Beginn von Nahost-Friedensgesprächen in New York. Die Beteiligten sind die Vereinigte Arabische Republik, Jordanien und Israel. →

31. Gegner der indonesischen Regierung – eine in den Niederlanden lebende Minderheit aus dem Inselreich – stürmen einen Tag vor dem Staatsbesuch Präsident Suhartos die indonesische Botschaft in Den Haag.

GESTORBEN:

1. Otto Warburg (* 8. 10. 1883), deutscher Physiker.

11. Otto Peltzer (* 8. 3. 1900), deutscher Leichtathlet.

18. Ernst Lemmer (* 28. 4. 1898), deutscher Politiker.

90tägiger Waffenstillstand am Sueskanal

7. August. An der unruhigen Suesfront zwischen der VAR und Israel tritt ein nach intensiven Bemühungen der UNO und der Großmächte zustande gekommener 90tägiger Waffenstillstand in Kraft, der die seit Herbst 1969 wieder verstärkte Kampftätigkeit in diesem Gebiet unter Kontrolle bringen soll. Israel hat mit seinen arabischen Nachbarn seit dem Sechstagekrieg vom Juni 1967 an den Waffenstillstandslinien zahlreiche Grenzzwischenfälle gehabt, bei denen nach offiziellen Angaben bis zum 7. August 642 israelische Soldaten getötet und 2033 verwundet worden sind, davon allein 373 Tote und 1121 Verwundete an der Suesfront.
Nach der Unterzeichnung des Waffenstillstands kommt auch die Vermittlungsmission des von der UNO als Sonderbeauftragten für den Nahostkonflikt bestimmten schwedischen Diplomaten Gunnar Jarring wieder etwas voran. Er kann die kriegführenden Parteien dazu bewegen, noch im August an vorbereitenden Gesprächen in New York teilzunehmen, in denen eine Friedenslösung für den Nahen Osten diskutiert werden soll. Israel schickt seinen Außenminister Abba Eban zu den Friedensgesprächen am 25. August nach New York.

Über 50 Tote bei schweren Zugunglücken

9. August. Innerhalb von zwei Tagen ereignen sich in Europa zwei Zugunglücke, denen zahlreiche Menschen zum Opfer fallen. Der zwischen Stuttgart und Split verkehrende Dalmatienexpreß stößt am 7. August auf der Fahrt nach Laibach in Jugoslawien frontal mit einem Güterzug zusammen, wobei sieben Eisenbahner getötet und 25 Reisende verletzt werden. Am 9. August werden bei einem Zugzusammenstoß in einem Vorortbahnhof von Bilbao (Spanien) mehr als 50 Reisende getötet und etwa 200 verletzt. Einer der beiden Züge hat irrtümlich freie Fahrt bekommen.

Der Moskauer Vertrag

Die Unterzeichnung des Moskauer Vertrages: (v. l.) Außenminister Walter Scheel, Bundeskanzler Willy Brandt, Ministerpräsident Alexej Kossygin.

12. August. Nach langwierigen und teilweise dramatischen Verhandlungen kann der von der Bundesregierung angestrebte Vertrag mit der Sowjetunion unterzeichnet werden. Außenminister Walter Scheel verhandelt vom 27. Juli an zwölf Tage lang mit der UdSSR-Delegation unter Führung von Außenminister Andrei Gromyko über die von Staatssekretär Egon Bahr in zahlreichen Vorgesprächen abgesteckten Sachkomplexe. Dann sind sich beide Seiten soweit näher gekommen, daß ein Vertragswerk am 7. August paraphiert werden kann. Einzelheiten werden bis zur endgültigen Unterzeichnung nicht bekanntgegeben. Der feierliche Unterzeichnungsakt findet am 12. August statt, nachdem Willy Brandt in Moskau eingetroffen ist. Seit dem Besuch Konrad Adenauers im Jahre 1955 ist damit erstmals wieder ein Regierungschef der Bundesrepublik in der sowjetischen Hauptstadt. Willy Brandt und Walter Scheel für die Bundesrepublik sowie Alexej Kossygin und Andrei Gromyko für die UdSSR setzen ihren Namenszug unter den Vertrag, der für die künftigen Beziehungen zwischen beiden Staaten Verbesserungen bringen soll. In seinen Kernsätzen sprechen sich die Partner für Erhaltung des Friedens und Erreichen der Entspannung aus, garantieren die Unverletzlichkeit der bestehenden Grenzen in Europa und verzichten auf Gebietsansprüche. Die Oder-Neiße-Linie wird als polnische Westgrenze anerkannt.

Die Jugend sucht nach neuen Lebensformen. Sie entfernt sich immer mehr vom Aufbaueifer und von der Konsumleidenschaft der Generation der Eltern. Das Bild zeigt Gammler und Hippies in der Leopoldstraße in München.

1970

SEPTEMBER

Mo	Di	Mi	Do	Fr	Sa	So
	1	2	3	4	5	6
7	8	9	10	11	12	13
14	15	16	17	18	19	20
21	22	23	24	25	26	27
28	29	30				

2. Indisches Parlament streicht die Privilegien der 279 Maharadschas und stellt sie Normalbürgern gleich.

3. Wolfgang Nordwig (DDR) stellt in Berlin mit 5,46 m neuen Weltrekord im Stabhochsprung auf.

3. Heide Rosendahl von TuS 04 Leverkusen erreicht in Turin mit 6,84 m neuen Weltrekord im Weitsprung.

6. Burglinde Pollack (DDR) stellt in Erfurt mit 5400 Punkten neuen Weltrekord im Fünfkampf auf.

6. Terroristen der Volksfront für die Befreiung Palästinas kapern bis zum 9. September fünf Passagiermaschinen verschiedener Fluggesellschaften. →

9. Deutschland gewinnt ein Fußballänderspiel gegen Ungarn in Nürnberg mit 3 : 1.

11. Venezianische Adriaküste von Wirbelsturm verwüstet. →

13. Ende der Weltausstellung, die »Expo '70« in Osaka, die von ca. 65 Millionen Menschen besucht worden ist.

18. Contergan-Prozeß nach zweieinhalb Jahren beendet. →

18. Deutsche Erstaufführung des englischen Spielfilms »Cromwell« mit Alec Guinness. Der Film hat einen Oscar für die besten Kostüme erhalten.

18. Erstaufführung des deutschen Spielfilms »Die Feuerzangenbowle« von Helmut Käutner mit Walter Giller, Uschi Glas und Theo Lingen.

21. Die sowjetische Mondsonde »Luna 16« startet vom Mond zur Rückkehr auf die Erde.

23. Uraufführung des Stückes »Eisenwichser« des deutschen Arbeiter-Dichters Heinrich Henkel in Basel.

27. Waffenstillstand zwischen König Hussein von Jordanien und PLO-Chef Arafat geschlossen. →

GESTORBEN:

1. François Mauriac (* 11. 10. 1885), französischer Dichter.

25. Erich Maria Remarque (* 22. 6. 1898), deutschamerikanischer Schriftsteller.

28. Gamal Abd el Nasser (* 15. 1. 1918), ägyptischer Staatsmann. →

28. John Dos Passos (* 14. 1. 1896), amerikanischer Schriftsteller. →

Contergan-Prozeß in Alsdorf endet ohne Urteil

18. September. Das bisher längste Strafverfahren der deutschen Rechtsgeschichte endet ohne Urteil. Nachdem die Große Strafkammer des Landgerichts Aachen 283mal in einem Kasino des Bergarbeiterstädtchens Alsdorf getagt hat, wird das Verfahren eingestellt. Als Begründung gibt das Gericht an: Obwohl die bisherige Beweisaufnahme ergeben habe, daß das von 1957 bis 1961 vertriebene Schlafmittel Contergan generell geeignet gewesen sei, Nervenerkrankungen bei Erwachsenen und Mißbildungen bei Neugeborenen zu bewirken, und obwohl die Verantwortlichen der Herstellerfirma, der Chemie Grünenthal in Stolberg bei Aachen, als Gruppe schuldhaft gehandelt haben, sei indes das persönliche Verschulden der einzelnen Angeklagten noch nicht bewiesen worden. Vom derzeitigen Sachstand ausgehend sei es jedoch als »insgesamt gering« anzusetzen, so daß eine Einstellung des Verfahrens als »zulässig und sachlich gerechtfertigt« erscheine. Im Kern des Einstellungsbeschlusses wird betont, daß zwar eine strafbare fahrlässige Verhaltensweise vorgelegen habe, nicht jedoch eine vorsätzliche Gesetzesverletzung (→ Mai 1968).

Sturm verwüstet Adriaküste

11. September. Ein Wirbelsturm verwüstet das Touristen- und Campingparadies an der Adriaküste zwischen Padua und Venedig und fordert 41 Menschenleben und über 500 Verletzte. Das folgenschwerste Unglück verursacht eine Windhose, als sie ein mit etwa 60 Menschen besetztes Fährboot in der Lagune von Venedig in die Luft hebt. Das Boot sinkt sofort, so daß kaum einer der unter Deck sitzenden Fahrgäste eine Rettungschance hat. Bis zum Nachmittag des 12. September werden 22 Todesopfer geborgen. Insgesamt kommen zwölf deutsche Touristen – sieben Erwachsene und fünf Kinder – bei der Katastrophe ums Leben, 143 müssen verletzt in Krankenhäuser gebracht werden.

Trauer um Nasser

Trauernde bei der Beisetzung Nassers.

28. September. Im Alter von nur 52 Jahren stirbt in Kairo Staatspräsident Gamal Abd el Nasser an einem Herzschlag. Der Sohn eines Postbeamten erhielt eine höhere Schulausbildung und machte 1937 das Abitur, wurde im gleichen Jahr in die Militärakademie aufgenommen und 1940 als Unterleutnant in den aktiven Dienst entlassen. Als Oberst nahm er 1948 am ersten Krieg gegen Israel teil, wurde schwer verwundet und war danach Mitglied des »Komitees der freien Offiziere«, das im Juli 1952 König Faruk stürzte. Im »Rat der Revolutionäre« hatte er führende Positionen inne. Er wurde Oberbefehlshaber der Streitkräfte, stellvertretender Ministerpräsident und schließlich 1954 Staatsoberhaupt.

Bürgerkrieg beendet

27. September. Mit einem von König Hussein von Jordanien und PLO-Chef Jassir Arafat in Kairo unterzeichneten Abkommen endet ein bewaffneter Konflikt zwischen palästinensischen Freischärlern und jordanischen Regierungstruppen, der im Verlauf des Monats die Form eines Bürgerkriegs angenommen hat. Die arabischen Guerillas haben Armeestützpunkte in Jordanien angegriffen und Arafat zum »Generalbefehlshaber aller Streitkräfte der palästinensischen Revolution« ausgerufen, die vornehmlich von Jordanien aus operieren und das Land als Aufmarschbasis mißbrauchen. Während der Septemberkämpfe werden Flugzeuge und Artillerie eingesetzt, sogar eine syrische Brigade rückt zur Unterstützung der Palästinenser ins Land ein. Erst nachdrückliche Bemühungen der arabischen Staatschefs verhindern schließlich ein Massaker unter Arabern und zwingen die Kontrahenten an den Verhandlungstisch.
Der Bürgerkrieg fordert nach Angaben des palästinensischen Roten Halbmonds 3440 Todesopfer und 10 840 Verwundete.

Flugzeuge gesprengt

6. September. Terroristen der Volksfront für die Befreiung Palästinas (PFLP) verüben zwischen dem 6. und 9. September den bisher schwersten Anschlag gegen die internationale Zivilluftfahrt. Sie kapern in diesem Zeitraum fünf Passagiermaschinen verschiedener Fluggesellschaften. Während ein Anschlag mißglückt und die Terroristen überwältigt werden können, müssen drei der entführten Maschinen auf dem jordanischen Wüstenflugplatz Zerqa, eine in Kairo landen. Dieses Flugzeug, eine Boeing 747 (Jumbo-Jet) der Fluggesellschaft PANAM, wird noch am 7. September gesprengt, nachdem die Passagiere vorher aussteigen durften. Um die anderen Flugzeuge und ihre 409 Passagiere beginnt ein über einwöchiges Tauziehen. Es geht um die Freilassung inhaftierter palästinensischer Terroristen. Bis auf 48 Geiseln, in der Mehrzahl Israelis, werden alle anderen am 12. September freigelassen und die Maschinen gesprengt. Bis 30. September treffen alle freigepreßten Terroristen in Kairo ein, zuvor sind die Geiseln von der jordanischen Armee befreit worden.

Der deutsche Rennfahrer Jochen Rindt vor einem Start.

Der amerikanische Pop-Musiker Jimi Hendrix bei einem Interview.

Tod zweier Idole

3. September. Mit dem Tod des deutschen, in Österreich lebenden Rennfahrers Jochen Rindt und des Pop-Musikers Jimi Hendrix aus den USA verliert die Jugend zwei ihrer Idole. Der in der Automobilweltmeisterschaft führende Rindt (* 18. 4. 1942) verunglückt am 3. September beim Training zum Großen Preis von Italien in Monza tödlich, Gitarrist und Sänger Jimi Hendrix (* 27. 11. 1942) kommt auf mysteriöse Weise am 18. September ums Leben. Die These von einer Überdosis Rauschgift als Todesursache kann nicht bestätigt werden.

Remarque stirbt

Erich Maria Remarque †.

25. September. Im Alter von 72 Jahren stirbt in Locarno der Schriftsteller Erich Maria Remarque, der als Erich Paul Remark in Osnabrück geboren wurde. Remarque ist vor allem durch den Welterfolg »Im Westen nichts Neues« (1929) berühmt geworden. Er emigriert schon vor der Machtübernahme durch die Nationalsozialisten 1931 in die Schweiz und 1939 in die USA. Weitere Werke sind die Romane »Der Weg zurück« (1931), »Arc de Triomphe« (1946) und »Der schwarze Obelisk« (1956).

John Dos Passos †

28. September. Im Alter von 74 Jahren stirbt in Baltimore der amerikanische Schriftsteller John Dos Passos, der sich durch gesellschaftskritische Romane einen Namen gemacht hat. Dos Passos hatte sich bis in die 30er Jahre als Kommunist betätigt und wurde durch den Antikriegsroman »Drei Soldaten« (1921) berühmt. Es folgten »Manhattan Transfer« (1925) und die Romantrilogie »USA«, deren einzelne Teile »Der 42. Breitengrad« 1930, »1919« 1932 und »Die letzte Hochfinanz« 1939 erschienen.

John Dos Passos †.

1970
OKTOBER

Mo	Di	Mi	Do	Fr	Sa	So
			1	2	3	4
5	6	7	8	9	10	11
12	13	14	15	16	17	18
19	20	21	22	23	24	25
26	27	28	29	30	31	

2. Uraufführung des Schauspiels »Genosse Veygond« von Joseph Breitbach in Baden-Baden.

4. Jochen Rindt wird posthum zum Automobilweltmeister 1970 erklärt, nachdem der Belgier Jacky Ickx den Großen Preis von Watkins Glenn (USA) nicht gewinnen kann und Rindts Punktzahl nicht mehr zu überbieten ist.

7. Uraufführung des Theaterstücks »Aussatz« von Heinrich Böll in Aachen.

9. Erich Mende gibt Austritt aus der FDP bekannt. →

15. Sowjetische Passagiermaschine wird von zwei Luftpiraten zur Landung in der Türkei gezwungen.

16. Deutsche Erstaufführung des englischen Spielfilms »Der Löwe im Winter« von Anthony Harvey mit Peter O'Toole und Katherine Hepburn, die für ihre Rolle einen Oscar 1968 erhalten hat.

17. Deutschland und die Türkei trennen sich im Fußballänderspiel in Köln 1 : 1.

19. Taifun »Kate« verwüstet südliche Philippinen und fordert über 400 Todesopfer.

21. Verkehrsfreigabe der Brücke über den Kleinen Belt. →

24. Christoph Papanicolaou (Griechenland) stellt in Athen mit 5,49 m einen neuen Weltrekord im Stabhochsprung auf.

24. Salvador Allende vom chilenischen Kongreß mit 135 gegen 35 Stimmen zum neuen Staatspräsidenten gewählt. →

26. Muhammad Ali (Cassius Clay) feiert sein Comeback durch K.-o.-Sieg in der dritten Runde gegen Jerry Quarry (USA) in Atlanta, nachdem Georgia-Gouverneur Lester Maddox die Kampfgenehmigung erteilt hat.

28. Die längste Erdgasleitung der Welt wird durch das UdSSR-Staatsoberhaupt Nikolai Podgorny und den Schah Resa Pahlawi in Astara (Iran) in Betrieb genommen.

GESTORBEN:

2. Grete Weiser (* 27. 2. 1903), deutsche Schauspielerin.

10. Edouard Daladier (* 18. 6. 1884), französischer Staatsmann.

10. Adam Rapacki (* 24. 12. 1909), polnischer Politiker.

Sadat neuer Präsident

Sadat (links) bei der Vereidigung mit Parlamentssprecher Labib Shukair.

15. Oktober. Nachdem der verstorbene Gamal Abd el Nasser am 1. Oktober in der nach ihm benannten Moschee im Kairoer Vorort Kubbeh beigesetzt worden ist, wird die Nachfolge im Amt des Staatspräsidenten schnell geregelt. Sein Stellvertreter Anwar as-Sadat wird von der Nationalversammlung zum Präsidenten nominiert und in einer Volksabstimmung am 15. Oktober mit 90 Prozent der Stimmen bestätigt. Die Beisetzung Nassers hat sich zu einem grandiosen Schauspiel entwickelt. Über vier Millionen Menschen beteiligen sich an dem Trauerzug, 46 kommen in dem Gedränge um, sie werden künftig als »Märtyrer« verehrt. Dem Begräbnis wohnen unter anderem 19 Staatsoberhäupter, neun Ministerpräsidenten, vier stellvertretende Staatschefs und drei persönliche Vertreter von Staatsoberhäuptern bei. Der neue Staatspräsident der VAR ist seit langem ein enger Vertrauter Nassers gewesen und hat ihn auf seinem Weg an die Spitze des Landes begleitet. Auch Sadat gehörte der »Organisation Freier Offiziere« an, die beim Sturz des Königs die Hauptrolle gespielt hat. Sadat galt als »Stimme Nassers« bei allen wichtigen politischen Fragen. In der von ihm gegründeten Zeitung »al-Gumhuria« hat er ein Forum. Sadat war eine Zeitlang Informationsminister, später Generalsekretär der Einheitspartei und ab 1964 Präsident der Nationalversammlung (→ September, Dezember 1978, Oktober 1981).

Allende mit knapper Mehrheit zum Präsidenten Chiles gewählt

Salvador Allende.

24. Oktober. Der chilenische Kongreß bestätigt mit 135 gegen 35 Stimmen die Wahl von Salvador Allende Gossens zum Staatspräsidenten. Allende, Kandidat der FRAP-Unidad Popular, ist zuvor mit knapper Mehrheit als Sieger aus der allgemeinen Präsidentenwahl hervorgegangen. Sein Programm lautet »Sozialismus in Freiheit«, das heißt die Verwirklichung der notwendigen Reformen bei gleichzeitigem Bekenntnis zu Demokratie und Rechtsstaat. Zu den Zielen Allendes gehört die Nationalisierung der Schlüsselindustrien.

Drei Abgeordnete verlassen FDP

9. Oktober. Die Spannungen innerhalb der FDP lösen sich durch den Parteiaustritt der Bundestagsabgeordneten Erich Mende, Siegfried Zoglmann und Heinz Starke, die zur CDU übertreten. Der FDP-Bundesvorstand erklärt seine Bereitschaft zur Fortsetzung der Koalition mit der SPD. Die drei Abweichler haben im Bundestag als einzige Abgeordnete der Koalition einem Mißbilligungsantrag der CDU/CSU gegen Finanzminister Alex Möller zugestimmt, der jedoch mit 260 gegen 251 Stimmen zurückgewiesen wird.

Brücke über den Kleinen Belt

21. Oktober. Nach fünfjähriger Bauzeit wird die Brücke über den Kleinen Belt, die Jütland und Fünen verbindet, dem Verkehr übergeben. Mit einer Spannweite von 600 Metern und 221 Meter hohen Brückentürmen ist sie die größte Hängebrücke Nordeuropas. Die 1935 eröffnete Brücke war dem Verkehr nicht mehr gewachsen.

Neue Bahnlinie in Tansania

26. Oktober. Der Präsident von Sambia, Kenneth Kaunda, legt in Daressalam in Anwesenheit von Julius Nyerere, Präsident von Tansania, sowie einer Delegation aus der Volksrepublik China den Grundstein für eine 1800 Kilometer lange Eisenbahnlinie, die beide Länder verbinden soll.

Kambodscha wird Republik

9. Oktober. Auf einer Massenveranstaltung in der Hauptstadt Kambodschas, Phnom Penh, wird die Abschaffung der Monarchie und die Proklamation einer »Republik des Khmer« verkündet. In Anwesenheit des neuen starken Mannes, General Lon Nol, wird eine neue Nationalflagge gehißt.

1970

NOVEMBER

Mo	Di	Mi	Do	Fr	Sa	So
						1
2	3	4	5	6	7	8
9	10	11	12	13	14	15
16	17	18	19	20	21	22
23	24	25	26	27	28	29
30						

1. Der Hafen Erlangen wird nach Fertigstellung des Rhein-Main-Donau-Kanals bis Erlangen in Betrieb genommen.

1. Brandkatastrophe in Tanzlokal der französischen Ortschaft Saint-Laurent-du-Pont fordert 144 Menschenleben. Die meisten der Opfer sind Jugendliche.

7. Sowjetsoldat vor Ehrenmal in West-Berlin von Krankenpfleger durch Schüsse verletzt.

9. Britischer Flugzeugträger »Ark Royal« kollidiert im Mittelmeer mit sowjetischem Zerstörer. Zwei Seeleute werden danach vermißt.

10. Uraufführung des Schauspiels »Porträt eines Planeten« von Dürrenmatt in Düsseldorf.

13. Deutsche Erstaufführung des italienischen Spielfilms »Ermittlungen gegen einen über jeden Verdacht erhabenen Bürger« von Elio Petri, der den Oscar als bester Auslandsfilm erhalten hat und in Cannes einen Sonderpreis erhält.

13. Bei einem unblutigen Staatsstreich übernimmt in Syrien der bisherige Verteidigungsminister und Oberbefehlshaber der Luftwaffe, General Hafez al-Assad, die Macht.

17. Die unbemannte sowjetische Station »Luna 17« landet auf dem Mond. →

18. Joe Frazier verteidigt seinen Box-WM-Titel durch K.-o.-Sieg in Runde zwei gegen Bob Forster (USA) in Detroit.

18. Deutschland verliert ein Fußballländerspiel gegen Jugoslawien in Zagreb mit 0 : 2.

20. Vertrag über die Normalisierung der Beziehungen zwischen der Bundesrepublik und Polen in Bonn und Warschau veröffentlicht.

22. Deutschland gewinnt ein Fußballländerspiel gegen Griechenland in Athen mit 3 : 1.

27. Attentat auf Papst Paul VI. in Manila gescheitert. →

28. Erich Mende tritt der CDU in Hessen bei.

GESTORBEN:

2. Herta Feiler (* 3. 8. 1912), deutsche Schauspielerin.

9. Charles de Gaulle (* 22. 11. 1890), französischer Staatsmann. →

28. Fritz von Unruh (* 10. 5. 1885), deutscher Schriftsteller.

Charles de Gaulle †

Charles de Gaulle †.

Beisetzung im Heimatort.

9. November. Frankreichs Staatspräsident und Brigadegeneral a. D. Charles de Gaulle erliegt auf seinem Landsitz Colombey-les-deux-Églises im Alter von 80 Jahren einem Herzschlag. Dort wird er auch am 12. November im engsten Kreis beigesetzt, während in Notre Dame in Paris ein feierlicher Gottesdienst unter Beteiligung aller führenden Politiker aus fast allen Ländern der Welt stattfindet. Der weltweiten Trauer schließen sich auch die Vertreter der Volksrepublik China an. Mao Tse-tung, Lin Piao und Tschou En-lai statten der französischen Botschaft Kondolenzbesuche ab. De Gaulle hat die Art seiner Beisetzung bereits 1952 festgeschrieben, eine Abschrift hat sein damaliger Mitarbeiter Georges Pompidou bekommen. Kernpunkt dieses Willens ist der Verzicht auf jedes offizielle Zeremoniell und Ehrungen irgendwelcher Art (→ September 1958, Oktober 1962, April 1969).

Sturmflut in Pakistan

13. November. Eine Sturmflut von gewaltigem Ausmaß, die durch einen Zyklon verursacht worden ist, überschwemmt den tiefgelegenen und dichtbesiedelten Teil Ostpakistans an der Mündung des Ganges und der Küste des Golfs von Bengalen und fordert eine unübersehbare Zahl von Todesopfern. Offizielle Stellen sprechen nach einigen Tagen von 300 000 Toten, andere Schätzungen gehen von mehr als einer Million Opfern aus. Der Zyklon mit einer Spitzengeschwindigkeit von 190 Stundenkilometern drückt eine sechs Meter hohe Flutwelle vor sich her. Den Überlebenden der Katastrophe droht schnell der Tod durch Cholera, Typhus und Wassermangel. Wegen der schlechten Verbindungen können die Hilfsgüter nur schwer zum Unglücksgebiet gebracht werden.

Papst-Reise nach Asien

27. November. Papst Paul VI. startet Ende des Monats zu einer ausgedehnten Asien- und Ozeanienreise, die ihn am 26. November zunächst nach Teheran führt, wo er während einer einstündigen Unterbrechung seines Fluges vom Schah des Iran empfangen wird. Am nächsten Tag trifft er im pakistanischen Dacca ein, hinterläßt einen Scheck in Höhe von 200 000 Dollar für die Opfer eines Zyklons und reist dann in die philippinische Hauptstadt Manila weiter. Dort unternimmt der surrealistische Maler Benjamin Mendoza aus Bolivien am 27. November einen Attentatsversuch, kann aber rechtzeitig festgenommen werden. Der offensichtlich geistesgestörte Mann wird später in psychiatrische Behandlung gebracht. Der Papst feiert nach dem Zwischenfall in der Kathedrale von Manila eine Messe.

Mondfahrzeug »Lunochod 1« im »Meer des Regens«

17. November. Die unbemannte sowjetische Station »Luna 17« landet auf dem Mond (Start: 10. November) und setzt noch am gleichen Tag im Gebiet des Mare Imbrium (Meer des Regens) über eine Rampe ein bewegliches Mondfahrzeug mit dem Namen »Lunochod 1« auf dem Mondboden ab. Das Fahrzeug wird von einer Bodenstation in der UdSSR gesteuert. Es wiegt 765 Kilogramm und hat einen Antriebsteil mit acht von je einem Elektromotor betriebenen Rädern. Ein neuntes Rad dient der Messung von Geschwindigkeit und Erkundung des Mondbodens. Das Laboratorium ist mit Fernsehkameras und Meßinstrumenten ausgerüstet, es erreicht eine Spitzengeschwindigkeit von zehn Stundenkilometern.

Verfahren um My-Lai-Massaker

18. November. Vor einem Militärgericht im Fort Benning (Georgia) beginnt ein Militärgerichtsverfahren gegen den 27jährigen US-Oberleutnant William Calley wegen der Massenmorde im südvietnamesischen Dorf My Lai im März 1967. In Fort Hood steht Stabsfeldwebel David Mitchell unter derselben Anklage. Er wird am 27. November freigesprochen, die Verhandlung gegen Calley geht weiter.

FDP-Erfolge bei Landtagswahlen

8. November. Zwei Landtagswahlen bringen der FDP die Bestätigung ihrer Politik. Bei den Hessen-Wahlen am 8. November kann sie mit 10,1 Prozent einen Erfolg erringen. Hier siegt die SPD trotz Verlust der absoluten Mehrheit mit 45,9 Prozent vor der CDU mit 39,7 Prozent. Die Nationaldemokraten scheiden aus. In Bayern gelangt die FDP wieder in den Landtag, auch hier muß die NPD ausscheiden. Das Ergebnis: CSU 65,4 Prozent, SPD 33,3 Prozent, FDP 5,5 Prozent und NPD 2,9 Prozent.

1970

DEZEMBER

Mo	Di	Mi	Do	Fr	Sa	So
	1	2	3	4	5	6
7	8	9	10	11	12	13
14	15	16	17	18	19	20
21	22	23	24	25	26	27
28	29	30	31			

1. Der hessische Landtag wählt den bisherigen Ministerpräsidenten Albert Oswald erneut in dieses Amt.

1. Papst Paul VI. präsidiert während seiner Fernostreise der Ozeanischen Bischofskonferenz in Sydney (Australien).

2. Erste außenpolitische Konsultationskonferenz zwischen der EWG und den Beitrittskandidaten Großbritannien, Irland, Dänemark und Norwegen.

7. Muhammad Ali (Cassius Clay) besiegt im zweiten Kampf nach seinem Comeback den Argentinier Oscar Bonavena in New York nach Punkten.

7. Unterzeichnung des Grundlagenvertrages zwischen Polen und der Bundesrepublik Deutschland in Warschau. →

10. In Stockholm und Oslo werden die Nobelpreise verliehen. →

12. Uraufführung des Theaterstücks »Titus Andronicus – Eine Komödie nach Shakespeare« von Friedrich Dürrenmatt in Düsseldorf.

14. Ausbruch blutiger Unruhen in den Hafenstädten der polnischen Ostseeküste. →

15. Uraufführung des Schauspiels »Mary Stuart« von Wolfgang Hildesheimer in Düsseldorf.

15. UdSSR-Raumsonde »Venus 7« landet auf dem Planeten und sendet 23 Minuten lang Daten zur Erde.

17. Deutsche Erstaufführung des englischen Spielfilms »Ryan's Tochter« von David Lean mit Sarah Miles, Robert Mitchum und John Mills, der einen Oscar als bester Nebendarsteller erhalten hat.

17. Ausnahmezustand in Polen. →

18. Neues Ehescheidungsrecht in Italien tritt in Kraft.

20. Wladislaw Gomulka als Erster Sekretär des ZK der polnischen Arbeiterpartei zurückgetreten. →

26. Deutscher Wahlkonsul Eugen Beihl-Schaeffer wird 24 Tage nach der Entführung durch baskische Separatisten in San Sebastian wieder freigelassen.

28. Militärgericht in Burgos fällt neun Todesurteile im Prozeß gegen baskische Attentäter.

30. Spaniens Staatschef Franco begnadigt verurteilte Basken zu 30 Jahren Gefängnis.

Brandt in Warschau

Bundeskanzler Willy Brandts Kniefall am Mahnmal im Warschauer Ghetto.

7. Dezember. Bei einem Polenbesuch von Bundeskanzler Willy Brandt wird in Warschau der Vertrag über die Normalisierung der Beziehungen zwischen der Bundesrepublik und der Volksrepublik Polen unterzeichnet. Die Reise Brandts erhält nicht nur durch diese Unterzeichnung historische Bedeutung. Fast noch mehr Aufsehen erregt auf der ganzen Welt eine Geste des Bundeskanzlers bei einem Besuch im ehemaligen Warschauer Ghetto: Brandt kniet am Mahnmal für die Opfer des Nationalsozialismus nieder.

Der Unterzeichnung des Vertrages sind langwierige Verhandlungen vorausgegangen. Die Schlußverhandlungen hat Außenminister Walter Scheel seit dem 2. November geführt, bis sich die Regierungen in der Nacht zum 14. November auf die Grundsätze einigen können. Der Inhalt des Vertragswerks wird am 20. November in den Hauptstädten veröffentlicht. Beide Partner stellen in dem Vertrag fest, daß die Oder-Neiße-Linie die westliche Staatsgrenze Polens ist, deren Unverletzlichkeit sie bekräftigen. Darüber hinaus wird die gegenseitige Verpflichtung zu uneingeschränkter Achtung ihrer territorialen Integrität festgeschrieben sowie auf Gebietsansprüche verzichtet.

Der außenpolitische Erfolg der polnischen Regierung wird von blutigen Unruhen in den Hintergrund gedrängt, die sich an der schlechten Versorgungslage und an drasti-

> **18. 12. 1969**
> W. Ulbricht, Staatsratsvorsitzender der DDR, schickt den Entwurf eines Vertrages zu Beziehungen zwischen »der DDR und BRD« an Bundespräsident Heinemann.
> **März 1970**
> Treffen Brandt–Stoph in Erfurt
> **26. 3. 1970**
> Beginn der Berlin-Verhandlungen
> **Mai 1970**
> Treffen Brandt–Stoph in Kassel
> **12. 8. 1970**
> Moskauer Vertrag
> **7. 12. 1970**
> Warschauer Vertrag
> **3. 9. 1971**
> Abschluß des Berlin-Abkommens
> **17. 12. 1971**
> Innerdeutsches Transitabkommen
> Innerdeutsche Verhandlungen
> **17. 5. 1972**
> Ratifizierung der Ostverträge
> **3. 6. 1972**
> Inkrafttreten des Berlin-Abkommens
> **21. 12. 1972**
> »Grundlagenvertrag« mit der DDR
> **11. 12. 1973**
> Vertrag mit der ČSSR

schen Preiserhöhungen entzünden, die angeordnet worden sind.

Am 14. Dezember beginnt auf der Danziger Lenin-Werft eine Streikbewegung. Polizei und Marineinfanterie gehen mit Waffengewalt gegen einen Demonstrationszug von Arbeitern, Hausfrauen und Studenten vor. Es gibt Tote und Verletzte. Die Unruhen greifen schnell auf andere Städte in Nordpolen über.

Die Unruhen führen schließlich zum Sturz der gesamten Führungsspitze. Parteichef Wladislaw Gomulka wird von Edward Gierek abgelöst, Cyrankiewicz durch Pjotr Jaroszewicz.

Nobelpreis für Literatur an Solschenizyn

10. Dezember. Die Nobelpreise für Physik und Medizin werden in diesem Jahr wieder geteilt vergeben. Den Physikpreis erhalten Hannes Alfvén (Schweden) für Beiträge zur Plasma-Physik, insbesondere der Magnetohydrodynamik, und Louis Néel (Frankreich) für Erforschung des Antiferromagnetismus. Der Medizinpreis geht an die Forscher Ulf Swante Euler-Chelpin (Schweden), Julius Axelrod (USA) und Sir Bernard Katz (England) für Erforschung der Nerven-Muskel-Übertragung. Der Chemiepreis wird dem Argentinier Luis Leloir für die Erforschung von Enzymen der Biosynthese verliehen. Den Wirtschaftspreis erhält der US-Amerikaner Paul Anthony Samuelson, der wichtige Teile der Weltwirtschaftstheorie formuliert hat. Der Agrarwissenschaftler Norman E. Borlaug (USA) erhält den Friedensnobelpreis für seine Züchtung ertragreicher Weizensorten.

Bei der Übergabe der Nobelpreise fehlt in Stockholm der mit dem Literaturpreis ausgezeichnete sowjetische Schriftsteller Alexander Solschenizyn. Er muß befürchten, daß ihn die Sowjetbehörden nach einer Reise nach Stockholm nicht zurückkehren lassen würden.

Der am 11. Dezember 1918 in einem Kaukasus-Ort geborene Solschenizyn war nach dem Studium der Mathematik und Physik als Lehrer tätig. Wegen Kritik an der Kriegsführung Stalins wurde er 1945 zu acht Jahren Lagerhaft verurteilt. Nach Verbüßung dieser Strafe mußte er in »ewige Verbannung« am Balchasch-See in Kasachstan. Er erkrankte dort an Krebs und kam in ein Taschkenter Krebskrankenhaus. Die dortigen Erlebnisse bilden die Grundlage seines Hauptwerkes »Krebsstation«. Nach seiner Rehabilitierung im Jahre 1957 erschien mit Erlaubnis des Parteichefs Nikita Chruschtschow der Kurzroman »Ein Tag im Leben des Iwan Denissowitsch«, der Aufsehen in der Sowjetunion erregte. Danach ließ die Zensurbehörde keine Veröffentlichung mehr zu, das führte zu Solschenizyns Protest beim Schriftstellerverband und später zu seinem Ausschluß.

1971

JANUAR

Mo	Di	Mi	Do	Fr	Sa	So
				1	2	3
4	5	6	7	8	9	10
11	12	13	14	15	16	17
18	19	20	21	22	23	24
25	26	27	28	29	30	31

1. Erdbeben in Zentralasien löst Zugunglück bei Isfahan (Iran) aus, das 70 Tote und 130 Schwerverletzte fordert.

3. Größte Katastrophe in der britischen Sportgeschichte fordert in Glasgow 66 Todesopfer. →

3. Gemeinsame Synode der deutschen Bistümer in Würzburg konstituiert. →

4. Das Stück »Schlamm« von Eugène Ionesco wird in den III. Fernsehprogrammen der ARD uraufgeführt.

8. Der polnische Ministerrat beschließt Preisstopp für Lebensmittel. →

12. Untergang des Hamburger Frachters »Brandenburg« im Kanal vor Dover fordert 21 Todesopfer.

15. Offizielle Einweihung des Assuanstaudamms durch die Staatspräsidenten Anwar as-Sadat und Nikolai Podgorny.

16. Der Schweizer Botschafter in Brasilien, Enrico Bucher, wird 40 Tage nach Entführung durch Stadtguerillas im Austausch gegen 70 politische Gefangene in Rio de Janeiro freigelassen.

23. Schauspiel »Der Ritt über den Bodensee« von Peter Handke in einer Inszenierung von Claus Peymann in der Schaubühne am Halleschen Ufer Berlin uraufgeführt.

24. Erste Aussiedler aus den deutschen Ostgebieten treffen aufgrund der Vereinbarungen im deutsch-polnischen Vertrag in der Bundesrepublik ein. →

25. Idi Amin Dada, Oberbefehlshaber der Streitkräfte, übernimmt in blutigem Militärputsch in Uganda die Macht. →

26. Erstaufführung des deutschen Spielfilms »Der plötzliche Reichtum der armen Leute von Kombach« von Volker Schlöndorff. Der Film erhält ein Filmband in Gold bei der Filmpreisverleihung 1971.

31. Wiederaufnahme des öffentlichen Telefonverkehrs zwischen West- und Ost-Berlin nach 19jähriger Pause.

31. Start des dritten Mondlandeunternehmens der Amerikaner, »Apollo 14«.

GESTORBEN:

10. Gabrielle (»Coco«) Chanel (* 19. 8. 1883), französische Modeschöpferin.

Streiks in Polen

8. Januar. Die polnische Regierung hat nach den Dezemberunruhen die Lage durch Einsatz von Militär augenscheinlich im Griff, in den Hafenstädten an der Ostsee regt sich aber immer noch Widerstand. Die Arbeiter auf den Werften in Danzig und Stettin geben sich mit den Zusagen – Preisstopp für Lebensmittel, Anhebung der Niedrigeinkommen und Renten – nicht zufrieden und fordern in Diskussionen innerhalb ihrer Betriebe eine Arbeiterselbstverwaltung.

Am 18. Januar kommt es zu neuen Streiks in Danzig. Die gleichzeitig erhobenen Forderungen sehen eine Liste der Opfer der Unruhen, Neuwahl der Gewerkschaftsorgane und ein Gespräch mit Parteichef Edward Gierek vor. Die neue polnische Führung empfängt am nächsten Tag eine Arbeiterdelegation, der aber keine Vertreter der Streikenden aus Stettin und Danzig angehören. Erst nach Andauern der Streiks kommen Gierek und Ministerpräsident Jaroszewicz am 24. Januar nach Stettin und diskutieren auf der Warski-Werft neun Stunden mit den Arbeitern und akzeptieren deren Forderungen.

24. Januar. Die ersten Aussiedler aus Polen treffen in der Bundesrepublik ein. Das Bild zeigt Aussiedler am Bahnhof Helmstedt.

Tribüne im Glasgower Stadion stürzt ein

3. Januar. Im Ibrox-Park, dem Stadion des Glasgower Fußballklubs Celtic, ereignet sich kurz vor Abschluß der Partie gegen den Ortsrivalen Rangers die bisher schwerste Katastrophe der britischen Sportgeschichte. Dem Druck der Zuschauer ist ein Tribünengeländer nicht mehr gewachsen und bricht zusammen. Im folgenden Massensturz von Tausenden von Zuschauern kommen 66 Menschen ums Leben, 108 werden zum Teil schwer verletzt.

Neuordnung der katholischen Kirche eingeleitet

3. Januar. In Würzburg konstituiert sich die »Gemeinsame Synode der Bistümer in der Bundesrepublik Deutschland«, die eine Erneuerung des kirchlichen Lebens der katholischen Kirche einleiten soll. Die Synode ist der Zusammenschluß von Bischöfen, Priestern und Laien. Die Synode besteht aus den Organen Präsidium, dem der Vorsitzende der Deutschen Bischofskonferenz Julius Kardinal Döpfner vorsteht, und der Zentralkommission, die aus dem Sekretariat der Synode, zehn aus dem Plenum gewählten Mitgliedern sowie den Vorsitzenden der Sachkommissionen besteht.

General Idi Amin übernimmt Macht in Uganda

25. Januar. Die Streitkräfte Ugandas nutzen in Zusammenarbeit mit der Polizei des Landes die Abwesenheit von Präsident Milton Obote zu einem Staatsstreich, der den Generalmajor Idi Amin Dada an die Spitze des Landes bringt. Idi Amin löst das Parlament auf und verbietet die politischen Parteien des Landes. Er macht sich am 5. Februar selbst zum Staats- und Regierungschef. Die Obote-treuen Sicherheitsverbände werden in kurzen, aber blutigen Kämpfen aufgerieben.

Ex-Boxweltmeister Sonny Liston tot aufgefunden

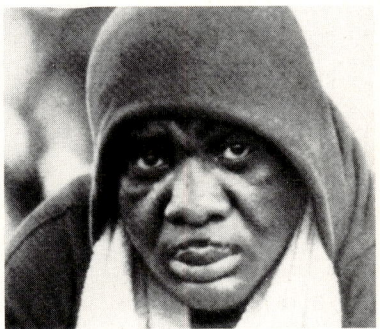

Sonny Liston nach einem Kampf.

Der Grabstein des Boxers.

5. Januar. Der frühere Box-Weltmeister Sonny Liston, der den Titel im Schwergewicht zwischen 1962 und 1964 innehatte, wird von seiner Ehefrau Geraldine tot in seiner Wohnung in Las Vegas aufgefunden. Untersuchungen der Polizei ergeben, daß der frühere Champion schon acht Tage tot gewesen ist, bevor er entdeckt wird (→ September 1962, Juli 1963, Februar 1964).

Papst-Wahlrecht wird neu festgelegt

1. Januar. Mit Beginn des neuen Jahres tritt ein von Papst Paul VI. verfügtes Dekret in Kraft, das neue Regularien zur Papstwahl festlegt. Das Papstwahlrecht bleibt danach auf Kardinäle bis zum 80. Lebensjahr eingeschränkt. Purpurträger jenseits dieser Altersgrenze verlieren mit Wirkung vom 1. Januar auch das Recht, Ämter in den vatikanischen Kongregationen oder anderen Organen des Heiligen Stuhls zu bekleiden. Der Papst bittet darüber hinaus alle Kardinäle, bei Erreichen des 75. Lebensjahres ihre Ämter in der Kurie anzubieten.

1971

FEBRUAR

Mo	Di	Mi	Do	Fr	Sa	So
1	2	3	4	5	6	7
8	9	10	11	12	13	14
15	16	17	18	19	20	21
22	23	24	25	26	27	28

4. Konkurs der Firma Rolls Royce Ltd. bekanntgegeben.

5. Großbrand vernichtet Hauptbahnhof von Luzern.

5. Erstaufführung des deutschen Spielfilms »Warum läuft Herr R. Amok?« von Rainer Werner Fassbinder mit Hanna Schygulla und Kurt Raab in den Hauptrollen.

5. US-Astronauten Alan B. Shepard und Edgar D. Mitchell landen mit Mondfähre »Antares« auf dem Erdtrabanten. →

7. Stadt Tuscania in Mittelitalien wird durch ein Erdbeben weitgehend zerstört.

7. Einführung des Frauenstimmrechts in der Schweiz bei Volksabstimmung mit Zweidrittelmehrheit angenommen.

9. Ein Zugunglück bei Aitrang fordert 29 Todesopfer. →

11. 52 Menschen kommen bei einem Erdbeben in Südkalifornien ums Leben.

15. Einführung der Dezimalwährung in Großbritannien. Kosten der Umstellung werden auf 130 Millionen Pfund geschätzt.

17. Deutschland besiegt Albanien im Fußballländerspiel in Tirana mit 1 : 0.

18. Sondersitzung des Bundeskabinetts endet mit Verzicht auf Steuererhöhungen im laufenden Jahr.

20. Idi Amin Dada wird von der Armee zum Präsidenten der Republik Uganda ausgerufen (→ Januar).

23. Genfer Abrüstungskonferenz tritt wieder zusammen.

27. Flutkatastrophe an brasilianischer Ostküste fordert 50 Todesopfer.

28. Einführung des Frauenwahlrechts in Liechtenstein abgelehnt.

28. Großkundgebung der Bauern in Bonn aus Protest gegen Agrarpolitik der Bundesregierung.

GESTORBEN:

5. Mátyás Rákosi (* 8. 3. 1892), ungarischer Politiker.

9. Leonhard Steckel (* 18. 1. 1901), deutscher Schauspieler.

21. Tilla Durieux (* 18. 8. 1880), deutsche Schauspielerin.

26. Fernandel = Fernand Joseph Désiré Constandin (* 8. 5. 1903), französischer Schauspieler.

TEE entgleist – 29 Tote

9. Februar. Das Geschehen des Monats wird bestimmt von Zugunglücken und Naturkatastrophen. Dabei wird die Deutsche Bundesbahn erneut von einer schweren Eisenbahnkatastrophe betroffen, die sich in den Abendstunden des 9. Februar bei Aitrang (Allgäu) ereignet. Der TEE »Bavaria« entgleist auf der Fahrt von München nach Zürich in der Nähe des Bahnhofs von Aitrang und stürzt um. In die Trümmer fährt kurz danach ein Schienenbus. Das Unglück fordert 29 Menschenleben. Ein zweites schweres Zugunglück ereignet sich am 14. Februar in Mitteljugoslawien in der Nähe von Zenica. Die Lokomotive eines Nahverkehrszuges gerät in Brand und bleibt in einem Tunnel stecken. Das schnell auf die Wagen übergreifende Feuer verwandelt den Tunnel in eine Flammenhölle, in der mindestens 33 Menschen sterben.

Mittelitalien ist am 7. Februar Schauplatz eines Erdbebens, das vor allem die Stadt Tuscania betrifft, deren historische Altstadt zu 70 Prozent in Schutt gelegt wird. In den Trümmern sterben 19 Einwohner, 100 werden verletzt.

Der entgleiste Transeuropa-Expreß »Bavaria« bei Aitrang im Allgäu.

US-Astronauten auf dem Mond

5. Februar. Nach dem Fehlschlag mit dem Unternehmen »Apollo 13« können die USA wieder ein geglücktes Mondlandeunternehmen melden. Das am 31. Januar gestartete Raumschiff »Apollo 14« mit der Besatzung Alan B. Shepard, Edgar D. Mitchell und Stuart A. Roosa erreicht am 4. Februar seine Mondumlaufbahn, aus der Shepard und Mitchell mit der Landefähre »Antares« am nächsten Tag zum Erdtrabanten absteigen und im Gebiet des Fra-Mauro-Kraters landen. Die beiden Astronauten unternehmen zwei ausgedehnte »Mondspaziergänge« von vier Stunden, 34 Minuten und vier Stunden, 48 Minuten. Erstmals steht Astronauten der USA ein kleiner Wagen zur Verfügung, mit dem Arbeitsgeräte und eingesammeltes Mondgestein transportiert werden.

Preiserhöhung zurückgenommen

12. Februar. Auch im Februar halten die Auseinandersetzungen zwischen Arbeitern und Regierung in Polen an.

Am 12. Februar veröffentlicht das Innenministerium die von den Werftarbeitern verlangten Zahlen über Opfer der Dezemberunruhen. Danach sind 45 Menschen getötet und 1165 verwundet worden. In die Phase der amtlichen Beruhigungsversuche platzen Streikmeldungen aus Lódź, wo die Arbeiter von sieben Textilfabriken massive Forderungen auf sozialem und politischem Gebiet stellen. Auch in Lódź werden daraufhin einige Parteifunktionäre abgelöst. Ministerrat und Politbüro der PVAP beschließen angesichts der Unruhe im Land am 17. Februar, die im Dezember verkündeten Preiserhöhungen rückgängig zu machen.

1971

MÄRZ

Mo	Di	Mi	Do	Fr	Sa	So
1	2	3	4	5	6	7
8	9	10	11	12	13	14
15	16	17	18	19	20	21
22	23	24	25	26	27	28
29	30	31				

1. Neue Straßenverkehrsordnung in der Bundesrepublik in Kraft, die eine Angleichung an internationale Bestimmungen bringt. Neugeregelt u. a. das Überholen (Blinker) und die Fahrgeschwindigkeit: 50 km/h innerhalb geschlossener Ortschaften, 100 km/h auf Straßen außer Autobahnen.

2. Ausbruch schwerer Unruhen in Ostpakistan. →

3. Start des zweiten chinesischen Erdsatelliten »China 2«.

8. Joe Frazier verteidigt seinen Box-WM-Titel durch Punktsieg nach 15 Runden gegen Muhammad Ali in New York. →

10. Wahlalter in den USA auf 18 Jahre herabgesetzt.

10. Deutscher Bundestag hebt bisher noch geltende Beschränkungen für Bezug von DDR-Publikationen auf.

12. General Hafez al Assad von der Bevölkerung Syriens wird zum Staatspräsidenten gewählt.

13. Delegation der katholischen Kirche Polens reist nach Rom. →

14. Die SPD verliert bei Wahlen zum Berliner Abgeordnetenhaus 6,5 Prozent an Stimmen. →

21. Bei den Landtagswahlen in Rheinland-Pfalz erhöht die CDU ihren Stimmenanteil auf 50 Prozent. →

23. Protestdemonstration von 100 000 Bauern aus allen EWG-Ländern gegen Agrarpolitik der Gemeinschaft in Brüssel.

24. Deutsche Erstaufführung des deutschen Spielfilms »Lenz« von George Moorse, der dafür ein Filmband in Gold bei der Filmpreisverleihung '71 erhält.

30. Gesetz gegen den Fluglärm in der Bundesrepublik wird erlassen.

31. US-Oberleutnant William Calley von Militärgericht in Fort Benning (Georgia) des Mordes in 22 Fällen für schuldig befunden. Das Urteil ist lebenslange Haft. →

31. Zehntes Deutschlandgespräch der Staatssekretäre Michael Kohl (DDR) und Egon Bahr (Bonn) in Ost-Berlin beendet. →

GESTORBEN:

8. Harold Lloyd (* 20. 4. 1883), US-Filmschauspieler.

26. Josef Hermann Dufhues (* 11. 4. 1908), deutscher Politiker.

Scheich Mujibur Rahman erringt bei den Wahlen in Ostpakistan einen Sieg.

Kämpfe in Pakistan

2. März. Die Ergebnisse der ersten direkten Parlamentswahlen seit der Erlangung der Unabhängigkeit im Jahre 1947 haben für Pakistan katastrophale Folgen. Nachdem die Ergebnisse im Januar endlich komplett vorliegen, ist eine Regierungsbildung aufgrund der Mehrheitsverhältnisse unmöglich.

In Ostpakistan hat die Awami-Liga von Scheich Mujibur Rahman einen klaren Sieg errungen, in Westpakistan die Pakistan Peoples Party von Zulfikar Ali-Khan Bhutto. Beide Parteiführer verfolgen stark unterschiedliche politische Ziele, die von der jeweiligen Gegenseite scharf abgelehnt werden. Während Rahman für eine Autonomie Ostpakistans eintritt, will Bhutto die politische Einheit des Landes auf jeden Fall erhalten. So kommt es schon vor der konstituierenden Sitzung der Nationalversammlung im März zu erheblichen Unruhen in der bengalischen Bevölkerung im Ostteil

des Landes, die den Einsatz von Militär aus Westpakistan provozieren. Der noch amtierende pakistanische Präsident Yahya Khan versucht nach Scheitern von Verhandlungen zwischen dem ostbengalischen Autonomistenführer Mujibur Rahman und seinem westpakistanischen Gegenspieler Ali Bhutto mit Hilfe der Armee die Ordnung aufrechtzuerhalten, was aber zu einer weiteren Eskalation führt. Mujibur Rahman ruft nämlich am 26. März über einen geheimen Rundfunksender eine unabhängige Republik Bangla Desh aus und seine Anhänger zum Widerstand gegen die Truppen der Regierung in Lahore auf. Doch die Regierung Yahya Khan landet in den ostpakistanischen Häfen noch Ende des Monats ca. 70 000 Soldaten. Mujibur Rahman wird verhaftet und ist bei Bildung einer provisorischen Regierung von Bangla Desh am 28. März schon nicht mehr dabei.

Verluste der SPD in Berlin

14. März. Die Wahlen zum Berliner Abgeordnetenhaus enden für die regierende SPD mit hohen Verlusten. Zwar können die Sozialdemokraten mit 50,4 Prozent ihre absolute Mehrheit noch behaupten, gegenüber 1967 verlieren sie aber 6,5 Prozent Wählerstimmen. Die CDU verbessert ihr Ergebnis entsprechend und erreicht 38,2 gegenüber 32,9 Prozent bei der letzten Wahl. Die FDP kommt auf 8,5 gegenüber 7,1 Prozent im Jahre 1967.

CDU siegt in Rheinland-Pfalz

21. März. Mit einem Sieg der CDU und Ministerpräsident Helmut Kohl enden die Landtagswahlen in Rheinland-Pfalz. Die Union verbessert sich auf 50,0 Prozent (1967: 46,7 Prozent), während die SPD trotz Steigerung auf 40,5 Prozent (1967: 36,8 Prozent) zurückbleibt. Verlierer der Wahl sind FDP und NPD, von denen die Freien Demokraten noch in den Landtag kommen (5,9 Prozent), während die NPD (2,7 Prozent) ausscheidet.

Gespräche Bahr – Kohl

31. März. In Ost-Berlin endet die zehnte und vorerst letzte Gesprächsrunde zwischen dem Staatssekretär im Bundeskanzleramt, Egon Bahr, und dem Staatssekretär beim Ministerrat der DDR, Michael Kohl, die gemäß den von beiden Regierungen vereinbarten Kontakten seit November 1970 laufen. Parallel zu diesen Verhandlungen auf Regierungsebene kommt es auch zu Kontakten auf Berliner Verwaltungsebene zwischen dem Senatsdirektor Ulrich Müller und

DDR-Staatssekretär Gunter Kohrt. In allen Treffen geht es um eine Lösung der zwischen beiden deutschen Staaten strittigen Fragen im Zusammenhang mit dem Status von Berlin und dem freien Zugang zur Stadt. Nach der zehnten Unterredung zwischen Bahr und Kohl Ende März betont Bahr ausdrücklich, daß man sich noch im Stadium der Erkundungsphase der gegenseitigen Standpunkte befinde, ein Vertrag zwischen den Verhandlungspartnern sei noch nicht in Sicht.

8. März. In etwa einem Drittel der Haushalte der Bundesrepublik flimmern in der Nacht zum 9. die Fernsehapparate. In der 13. Runde seines 31. Kampfes unterliegt Muhammad Ali (Cassius Clay) dem Boxweltmeister Joe Frazier im »Kampf des Jahrhunderts« im Madison Square Garden in New York.

Kirche und Regierung in Polen nehmen erste Kontakte nach acht Jahren auf

3. März. Nach den Arbeiterunruhen der letzten Monate hat die neue polnische Führung ein anderes Problem zu lösen: Das seit langem gestörte Verhältnis zwischen Kirche und Staat, nicht zuletzt wegen des Einflusses des polnischen Episkopats auf die Bevölkerung. So kommt es am 3. März zu einem Gespräch zwischen Ministerpräsident Jaroszewicz und dem Primas

der katholischen Kirche in Polen, Stefan Kardinal Wyszynski – dem ersten seit acht Jahren, in dem über die Normalisierung der Beziehungen zwischen Kirche und Staat gesprochen wird. Die polnische Kirche nimmt auch Verhandlungen mit dem Vatikan auf und schickt am 13. März eine Abordnung unter Karol Kardinal Wojtyla, Erzbischof von Krakau, nach Rom.

Urteil im Prozeß um My-Lai-Massaker: Lebenslange Haft für William Calley

31. März. Die Militärgerichtsverhandlung gegen US-Oberleutnant William Calley in Fort Benning (Georgia) wegen des Massakers im südvietnamesischen Dorf My Lai im März 1968 endet mit einem Schuldspruch. Das Gericht kommt

zur Ansicht, daß Calley für den Tod von 22 wehr- und waffenlosen Zivilisten die Verantwortung trägt. Calley nimmt den Spruch in strammer Haltung entgegen. Der Richter verkündet dann das Strafmaß: Lebenslange Haft.

1971

1. Die Arbeitslosenzahl in Großbritannien erreicht mit 814 119 April-Höchststand seit 1940.

2. Neues Erdöllieferungsabkommen zwischen Libyen und 22 Erdölgesellschaften abgeschlossen.

5. Beginn einer neuen Serie von Ausbrüchen des Ätna.

6. Urteil im zweiten Prozeß gegen den vierfachen Kindesmörder Jürgen Bartsch. →

8. Uraufführung des Stücks »Die Versicherung« von Peter Weiss an den Essener Bühnen.

10. Griechische Militärregierung schließt letztes Internierungslager für politische Gefangene.

14. US-Tischtennisteam wird auf einer Chinareise von Ministerpräsident Tschou En-lai empfangen.

17. Libyen, Syrien und die VAR beschließen in Bengasi (Libyen) eine künftige »Union der Arabischen Republiken«.

19. Start der sowjetischen Raumstation »Saljut 1«. →

23. Deutsche Erstaufführung des schwedisch-deutschen Spielfilms »First Love« von Maximilian Schell mit John Moulder Brown und Maximilian Schell in den Hauptrollen. Der Film erhält den Deutschen Filmpreis 1971.

24. An bisher größter Anti-Kriegsdemonstration der Vietnamkriegsgegner in Washington nehmen fast 500 000 Menschen teil.

25. FDP scheidet nach der Wahlniederlage aus dem Landtag von Schleswig-Holstein aus.

25. Deutschland besiegt die Türkei im Fußballländerspiel in Istanbul mit 3 : 0.

25. Franz Jonas erneut zum österreichischen Bundespräsidenten gewählt.

27. Park Tschung-Hi wird mit 51,08 Prozent der Stimmen als südkoreanischer Staatspräsident wiedergewählt.

GESTORBEN:

6. Igor Strawinsky (* 18. 6. 1882), amerikanisch-russischer Komponist. →

12. Igor Tamm (* 8. 7. 1895), sowjetischer Atomphysiker.

21. François (»Papa Doc«) Duvalier (* 14. 4. 1907), haitianischer Politiker.

25. Karl Blessing (* 5. 2. 1900), deutscher Bankfachmann.

Flucht aus Bengalen

Hunderttausende von Menschen verlassen Ostpakistan und flüchten nach Indien.

17. April. Nach einer mit Bombardements unterstützten Großoffensive der pakistanischen Armee gegen die bengalische Unabhängigkeitsbewegung in Ostpakistan beginnt der Strom der bengalischen Flüchtlinge ins benachbarte Indien, wo Hindu-gläubige Bengalen im Unionsstaat Westbengalen die Bevölkerungsmehrheit stellen. Zwar wird am 17. April noch die »Demokratische Republik von Bangla Desh« ausgerufen, doch wird der Einfluß westpakistanischer Politiker im Ostteil des Landes wieder stärker. Ihre Truppen gewinnen mehr und mehr die Oberhand. Ostpakistanische Politiker sprechen angesichts der hohen Verluste von Völkermord.

Urteil gegen Bartsch

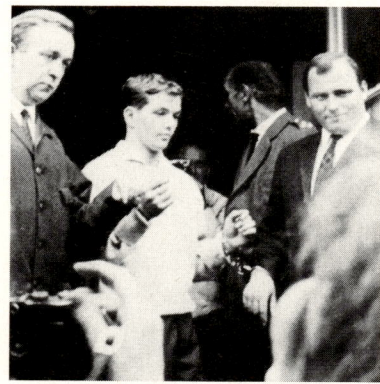

Bartsch auf dem Weg ins Gericht.

6. April. Mit der Urteilsverkündung durch die Jugendkammer des Landgerichts Düsseldorf endet der im März begonnene zweite Prozeß gegen den vierfachen Kindesmörder Jürgen Bartsch. Er ist bereits 1967 in erster Instanz von einem Wuppertaler Gericht zu lebenslanger Haft verurteilt worden, doch hat der Bundesgerichtshof dieses Urteil 1969 aufgehoben und zu einer neuen Verhandlung aufgefordert.

Der jetzt 24jährige Metzgergeselle Jürgen Bartsch hat zwischen 1962 und 1964 vier Jungen im Alter zwischen acht und 13 Jahren in einem alten Luftschutzstollen im Ruhrgebiet auf grausame Weise ermordet. Die Gerichte müssen nach der Aufdeckung der Taten über die Zurechnungsfähigkeit des Angeklagten befinden, was im ersten Prozeß zu einem Gutachterstreit geführt hat.

Die neue Verhandlung erweist nach Ansicht der Richter aber zweifelsfrei, daß Bartsch beim gegenwärtigen Stand der medizinischen Wissenschaft nicht von seiner naturwidrigen geschlechtlichen Triebhaftigkeit als auch von seinen Tötungsphantasien befreit werden könne. Es gibt keine Chance für ihn, ohne Gefährdung in die Gesellschaft zurückzukehren. Das Gericht erkennt deshalb auf zehn Jahre Jugendstrafe und anschließende Einweisung in eine Heil- und Pflegeanstalt als »einzig mögliches und gerechtes Urteil«.

Todesurteile im Prozeß gegen »Satan« Manson

19. April. Mit der formellen Urteilsverkündung werden in Los Angeles die Akten im »Mordfall Sharon Tate« vorerst geschlossen. Die Hippie-Kommune unter Führung des sich selbst als »Satan« einstufenden Charles Manson wird mit der Höchststrafe belegt: sie lautet auf Tod in der Gaskammer. Manson wird sofort in die Todeszelle des Zuchthauses von St. Quentin gebracht, seine drei ihm blind gehorchenden Mädchen Patricia Krenwinkel, Leslie van Houten und Susan Atkins kommen in einen besonders gesicherten Zellentrakt des kalifornischen Frauengefängnisses in Frontera bei Sacramento, wo sie auf die Hinrichtung warten müssen.

Igor Strawinsky stirbt in New York

6. April. In New York stirbt im Alter von 88 Jahren der amerikanische Komponist russischer Herkunft Igor Strawinsky. Die Werke des Musikers, der sich auch als Dirigent und Pianist einen Namen gemacht hat, umfassen alle Gattungen, vor allem aber Ballette. So schrieb er von 1910 an für die »Ballets Russes« von Sergej Diaghilew die Tanzkompositionen »Der Feuervogel« (1910), »Petruschka« (1911), »Le sacre du printemps« (1913) (→ November 1951).

Russen starten Raumstation

19. April. Mit dem Start der orbitalen wissenschaftlichen Raumstation »Saljut 1« beginnt die UdSSR ein neues Weltraumexperiment. Die 17 Tonnen schwere Station wird in eine Umlaufbahn um die Erde gebracht. Am 23. April wird das Raumschiff »Sojus 10« mit drei Kosmonauten gestartet, die einen Tag später handgesteuert an »Saljut 1« ankoppeln, danach über fünf Stunden gemeinsam fliegen, ohne daß ein Umsteigemanöver vorgenommen wird, und dann wieder zur Erde zurückkehren.

1971

MAI

Mo	Di	Mi	Do	Fr	Sa	So
					1	2
3	4	5	6	7	8	9
10	11	12	13	14	15	16
17	18	19	20	21	22	23
24	25	26	27	28	29	30
31						

3. Walter Ulbricht aus Altersgründen als Erster Sekretär des ZK der SED zurückgetreten. Erich Honecker wird zu seinem Nachfolger gewählt. →

5. Wegen starker Dollarzuflüsse bleiben die Devisenbörsen in der Bundesrepublik geschlossen. →

8. Erdrutsch in der kanadischen Gemeinde Saint-Jean-Vianney fordert 31 Todesopfer.

9. Österreich und die Schweiz beschließen Aufwertung ihrer Währungen. →

10. USA beginnen mit der von Präsident Nixon angekündigten Vernichtung von bakteriologischen Kampfstoffen.

12. Das derzeit größte Radioteleskop der Welt in Effelsberg/Bad Münstereifel in Betrieb genommen. Es hat einen Durchmesser von 100 Metern.

13. Bundesfinanzminister Alex Möller zurückgetreten. →

18. Zugunglück auf der Strecke Kempten–Ulm fordert sechs Todesopfer und 27 Verletzte.

21. Urteile im Prozeß wegen der Befreiung von Andreas Baader verkündet. →

23. Erstbesteigung des Westpfeilers des Makalu-Gipfels im Himalaja durch französische Expedition geglückt.

23. Uraufführung der Oper »Besuch der alten Dame« von Gottfried von Einem in Wien.

27. Zugunglück bei Radevormwald fordert 45 Todesopfer, darunter 40 Schüler, die sich auf der Heimreise von einer Schulabschlußfahrt befinden.

28. Chelsea London gewinnt den Europacup der Pokalsieger durch einen 2 : 1-Sieg im Wiederholungsspiel gegen Real Madrid in Athen. Das erste Spiel endete 1 : 1 nach Verlängerung.

28. Österreich und die VR China geben die Aufnahme diplomatischer Beziehungen bekannt.

31. Indiens Ministerpräsidentin Indira Gandhi richtet Hilfsappell an die Welt wegen der pakistanischen Flüchtlinge. →

GESTORBEN:

6. Helene Weigel (* 12. 5. 1900), deutsche Schauspielerin. →

13. Hubert von Meyerinck (* 23. 8. 1896), deutscher Schauspieler.

Cholera in Indien

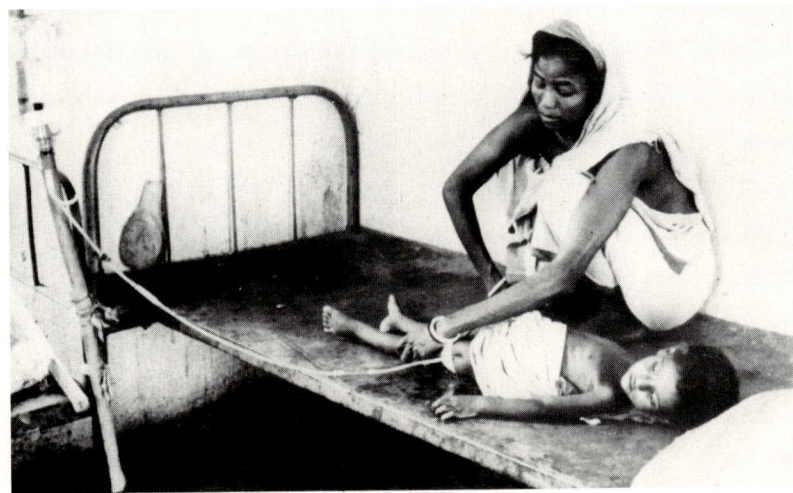

Ein an Cholera erkranktes Kind in einem Flüchtlingslager bei Kalkutta.

31. Mai. Unter den auf über 1,5 Millionen geschätzten ostpakistanischen Flüchtlingen in Indien bricht eine Cholera- und Pockenepidemie aus, die für Indien zu einem nahezu unlösbaren Problem wird. Das Land kann sich dem Flüchtlingsstrom nicht versagen, hat andererseits aber keine wirtschaftlichen Möglichkeiten zur Hilfe. In schwierigen Verhandlungen wird die Frage einer Repatriierung erörtert, die allerdings Millionen an Kosten bedeutet. Ende Mai werden von internationalen Stellen zwei Millionen ostpakistanische Flüchtlinge in Indien für möglich gehalten. Im Lande selbst sollen 500 000 Menschen im Bürgerkrieg ums Leben gekommen sein. Indiens Ministerpräsidentin Indira Gandhi fordert die Welt zur Hilfeleistung auf.

Schiller folgt Möller

Schiller (l.) und Möller.

9. Mai. Außerordentlich starke Dollarzuflüsse lassen das westeuropäische Währungsgefüge unter solchen Druck geraten, daß es zu einer schweren Krise kommt.

In der Bundesrepublik plädieren die wirtschaftswissenschaftlichen Forschungsinstitute für eine Freigabe des Wechselkurses. Am 5. Mai bleiben die Devisenbörsen in der Bundesrepublik geschlossen, nachdem die Bundesbank am Tag zuvor in einer knappen Stunde eine Milliarde Dollar zum Kurs von 3,63 DM aufgekauft hat. In Österreich, der Schweiz und den Niederlanden werden die Devisenbörsen geschlossen. Erst am 10. Mai werden sie wieder geöffnet.

In der Zwischenzeit hat der Rat der Europäischen Gemeinschaft eine gemeinsame Lösung gesucht, die allerdings nicht erreicht wird. Es kommt zum Kompromiß der vorübergehenden Freigabe der Wechselkurse und einem Grenzausgleich für die Landwirte in der Bundesrepublik.

Die Niederlande entscheiden sich ebenfalls zur Wechselkursfreigabe, während Österreich und die Schweiz ihre Währungen am 9. Mai um 5,05 Prozent (Schilling) beziehungsweise 7 Prozent (Schweizer Franken) aufwerten.

Die Maßnahmen gegen den Dollaransturm führen am 13. Mai zum Rücktritt von Bundesfinanzminister Alex Möller. Sein Amt wird von Wirtschaftsminister Karl Schiller mitübernommen.

Erich Honecker zum neuen SED-Chef gewählt

3. Mai. Auf der 17. Tagung des Zentralkomitees der SED in Berlin wird nach dem altersbedingten Rücktritt von Walter Ulbricht mit Erich Honecker ein neuer Erster Sekretär gewählt. Der neue Parteichef ist sei 1922 KP-Mitglied in verschiedenen Organisationen. Er wird von den NS-Machthabern zu zehn Jahren Zuchthaus verurteilt. Nach der Befreiung aus dem Zuchthaus Brandenburg baut er in der sowjetischen Zone die KPD und FDJ auf, deren Leiter er bis 1955 ist. Nach Gründung der DDR hat Erich Honecker in der SED verschiedene Positionen inne.

Urteile im Prozeß um Andreas Baader

21. Mai. Ein Westberliner Schwurgericht verkündet die Urteile im ersten Prozeß wegen der gewaltsamen Befreiung des Kaufhausbrandstifters Andreas Baader im Mai des Vorjahres. Der Mitangeklagte APO-Anwalt Horst Mahler wird freigesprochen, da ihm eine Tatbeteiligung nicht nachzuweisen ist. Die Medizinstudentin Ingrid Schubert wird zu sechs Jahren Haft, die Schülerin Irene Görgens zu vier Jahren Jugendstrafe verurteilt. Von der Verteidigung wird Revision angekündigt.

Tod der Helene Weigel

6. Mai. In Ost-Berlin stirbt die Schauspielerin und Theaterleiterin Helene Weigel eine Woche vor ihrem 71. Geburtstag. Seit 1929 war sie mit dem Schriftsteller und Dramatiker Bert Brecht verheiratet. Sie gilt als bedeutendste Interpretin der Brechtschen Frauenfiguren. Vor allem in der Rolle der »Mutter Courage« wurde sie berühmt. 1933 emigrierte Helene Weigel nach Dänemark, ging später nach Schweden und in die USA. Von 1949 an war sie Intendantin des gemeinsam mit Brecht gegründeten Berliner Ensembles in Ost-Berlin.

1971

JUNI

Mo	Di	Mi	Do	Fr	Sa	So
	1	2	3	4	5	6
7	8	9	10	11	12	13
14	15	16	17	18	19	20
21	22	23	24	25	26	27
28	29	30				

2. Ajax Amsterdam gewinnt den Europacup der Meister durch ein 2 : 0 gegen Panathinaikos Athen in London.

3. Patriarch Pimen der russisch-orthodoxen Kirche in Moskauer Epiphania-Kirche feierlich inthronisiert.

4. Deutsche Erstaufführung des italienischen Spielfilms »Tod in Venedig« von Luchino Visconti mit Dirk Bogarde, Silvana Mangano und Björn Anderson.

5. Borussia Mönchengladbach wird nach Abschluß der achten Bundesligasaison Deutscher Fußballmeister 1971.

10. Der Schwede Gösta Petterson gewinnt den Giro d'Italia.

12. Deutschland gewinnt ein Fußballänderspiel gegen Albanien in Karlsruhe mit 2 : 0.

13. Eine 29jährige Australierin bringt in Sydney Neunlinge zur Welt, von denen zwei gleich, die anderen später sterben.

16. Deutsche Erstaufführung des US-Spielfilms »Taking Off« von Milos Forman.

21. Der chinesische Ministerpräsident Tschou En-lai läßt US-Journalisten gegenüber durchblicken, daß China bereit ist, die Beziehungen zu den USA zu normalisieren.

22. Deutschland gewinnt ein Fußballänderspiel gegen Norwegen in Oslo mit 7 : 0.

23. Im Hafen der portugiesischen Hauptstadt Lissabon wird das bisher größte Trockendock der Welt in Betrieb genommen.

27. Deutschland unterliegt im Fußballänderspiel mit 0 : 1 gegen Schweden in Göteborg.

30. Drei UdSSR-Kosmonauten nach Landung in ihrem Raumschiff tot aufgefunden. →

30. Deutschland gewinnt ein Fußballänderspiel gegen Dänemark in Kopenhagen mit 3 : 1.

GESTORBEN:

4. Georg Lukács (* 13. 4. 1885), ungarischer Philosoph und Literaturwissenschaftler.

15. Wendell M. Stanley (* 16. 8. 1904), amerikanischer Molekularbiologe, Nobelpreis 1946.

18. Paul Karrer (* 21. 4. 1889), Schweizer Biochemiker, Nobelpreis 1937.

Tod im Raumschiff

Trauernde auf dem Roten Platz in Moskau mit Bildern der Kosmonauten.

30. Juni. Das sowjetische Raumfahrtunternehmen »Sojus 11« endet mit einer Katastrophe und dem Tod der dreiköpfigen Besatzung. Das Raumschiff startet am 6. Juni mit der Besatzung Georgi Dobrowolski, Wladislaw Wolkow und Viktor Pazajew und wird am 7. Juni an die Raumstation »Saljut 1« angekoppelt. Anschließend steigt die »Sojus«-Besatzung um, wodurch »Saljut 1« zur ersten bemannten Raumstation in der Geschichte der Raumfahrt wird.

Die Kosmonauten arbeiten in ihrem fliegenden Laboratorium an verschiedenen Aufgaben und übertreffen am 23. Juni den bisherigen Rekord für bemannte kosmische Dauerflüge. Am 29. Juni steigen sie wieder in die Raumkapsel »Sojus 11« um und bereiten die Landung auf der Erde vor. Die Kapsel landet am 30. Juni nach einem Rekordflug von 24 Tagen im vorgesehenen Zielgebiet. Als man die Luken öffnet, findet man die dreiköpfige Besatzung tot in ihren Sitzen. Die Untersuchung ergab, daß der Flug bis zum Niederschweben planmäßig verlaufen ist. In dieser Phase, 30 Minuten vor der Landung, ist es zu einem Druckabfall innerhalb der Kapsel gekommen, der zum augenblicklichen Tod der Kosmonauten geführt hat.

Hilfe für Flüchtlinge

14. Juni. Angesichts des Massensterbens unter den Pakistanflüchtlingen in Indien rollt eine große Hilfswelle aus der ganzen Welt in die betroffenen Gebiete, nachdem sich endlich auch die pakistanischen Behörden über eine koordinierte Hilfe mit der UNO einigen können. In den USA werden bis zum 6. Juni 2,5 Millionen Dollar gespendet, der Kongreß bewilligt weitere 7,5 Millionen Dollar. Namhafte Dollarbeträge kommen aus Japan und vom Kinderhilfswerk UNICEF. Indische Behörden schätzen die Zahl der an Cholera Gestorbenen bis 5. Juni auf 8000. Am 14. Juni wird mitgeteilt, daß sich 5 767 172 Flüchtlinge aus Pakistan in Indien aufhalten.

Okinawa kommt an Japan zurück

27. Juni. Mit der Veröffentlichung eines Textes in der japanischen Zeitung »Maimichi« wird es für die Japaner endgültig: Der Vertrag zwischen den USA und Japan über die Rückgabe von Okinawa an Japan ist gesichert. Japan verpflichtet sich, die Verwaltung und Verantwortung für die Verteidigung Okinawas zu übernehmen.

SED wählt neue Führungsspitze

19. Juni. Zum Abschluß des VIII. Parteitages der SED in Ost-Berlin wählt die Partei ihre Führungsspitze. Erich Honecker wird zum Ersten Sekretär bestimmt, Walter Ulbricht in Ehrung seiner Verdienste zum Vorsitzenden der SED. Er amtiert weiter als Staatsratsvorsitzender. Das Politbüro wird bis auf zwei Ausnahmen bestätigt.

Canellas enthüllt Skandal im deutschen Fußball

6. Juni. Einen Tag nach Beendigung der Fußballsaison 1970/1971, die seinem Verein den Abstieg aus der Bundesliga gebracht hat, bringt der Präsident der Offenbacher Kickers, Horst Gregorio Canellas, den größten Skandal der deutschen Fußballgeschichte ans Tageslicht. Anläßlich seines 50. Geburtstages spielt er den überraschten Gästen, darunter Bundestrainer Helmut Schön, Tonbandaufzeichnungen von Telefongesprächen vor, die beweisen sollen, daß in der Vergangenheit der Ausgang von Punktspielen durch Geldzuwendungen an einzelne Spieler manipuliert worden ist. Konkret kann an diesem Tag verfolgt werden, daß der Torwart des 1. FC Köln, Manfred Manglitz, 100 000 DM dafür verlangt hat, daß Gegner Kickers Offenbach ihr letztes Punktspiel gegen die Kölner durch seine Mitwirkung nicht verlieren. Weiter haben die Spieler von Hertha BSC Berlin, Bernd Patzke und Tasso Wild, 140 000 DM für einen Sieg gegen das gleich Offenbach abstiegsgefährdete Arminia Bielefeld verlangt, mit der Bemerkung, die Bielefelder seien bereit, mehr zu zahlen. Drittens schließlich hat der Spieler Lothar Ulsaß von Eintracht Braunschweig über einen Mittelsmann 20 000 DM für einen Sieg gegen die ebenfalls abstiegsgefährdeten Oberhausener von Offenbach gefordert. Auch er ließ durchblicken, daß bereits mit anderen über den Ausgang des Spieles verhandelt worden ist. Später werden immer neue Spieler und Vereine in den Skandal einbezogen.

SPD/FDP-Koalition in Bremen bricht

1. Juni. In Bremen zerbricht die Regierungskoalition aus SPD und FDP. Die Freien Demokraten ziehen ihre drei Senatoren aus dem Regierungsbündnis nach schweren Auseinandersetzungen über die Hochschulpolitik in Bremen zurück. Die SPD beschließt, bis zur Landtagswahl im Oktober allein weiterzuregieren.

1971

JULI

Mo	Di	Mi	Do	Fr	Sa	So
			1	2	3	4
5	6	7	8	9	10	11
12	13	14	15	16	17	18
19	20	21	22	23	24	25
26	27	28	29	30	31	

1. Uraufführung des Schauspiels »Alte Zeiten« von Harold Pinter in London.

2. Evonne Goolagong (Australien) wird Wimbledonsiegerin durch ein 6 : 4, 6 : 1 gegen ihre Teamkameradin Margaret Court.

3. John Newcombe besiegt im Wimbledonfinale Stan Smith mit 6 : 3, 5 : 7, 2 : 6, 6 : 4, 6 : 4.

3. Der US-Amerikaner Pat Matzdorf verbessert in Berkeley (Kalifornien) den Weltrekord im Hochsprung auf 2,29 m.

7. Walter Scheel als erster deutscher Außenminister zu offiziellem Besuch in Israel eingetroffen.

9. Uwe Beyer stellt in Stuttgart mit 74,70 m einen neuen Weltrekord im Hammerwerfen auf.

11. Hildegard Falck aus Wolfsburg läuft als erste Frau der Welt die 800 m unter zwei Minuten. Mit 1:58,1 min stellt sie somit einen neuen Weltrekord auf.

15. US-Präsident Nixon kündigt den Besuch der VR China für das kommende Jahr an.

16. Der spanische Staatschef Franco ernennt Prinz Juan Carlos zu seinem Stellvertreter. →

18. Der Belgier Eddy Merckx gewinnt zum drittenmal nacheinander die Tour de France.

21. Zugunglück bei Rheinweiler (Baden) fordert 23 Todesopfer. →

22. Sudanesischer Staats- und Regierungschef Jaafar al-Numeiri drei Tage nach Staatsstreich der Armee wieder an die Macht gekommen.

26. Start des vierten Mondlandeunternehmens der USA »Apollo 15«. An Bord sind die Astronauten David R. Scott, Alfred M. Worden und James B. Irwin. Scott und Irwin betreten als siebter und achter Mensch die Mondoberfläche (→ August).

28. Fünf Tote bei Unglück im Simplontunnel. →

31. Karin Balzer (DDR) läuft in Berlin neuen Weltrekord über 110-m-Hürden in 12,6 Sekunden.

GESTORBEN:

2. Waldemar von Knoeringen (* 6. 10. 1906), deutscher Politiker.

6. Louis Armstrong (* 4. 7. 1900), amerikanischer Jazztrompeter. →

27. Bernhard Paumgartner (* 14. 11. 1887), österreichischer Dirigent und Komponist.

Unfallserie bei Bahn

Zwölf Waggons des »Schweiz-Expreß« stürzen in Rheinweiler über eine Böschung.

21. Juli. Die Deutsche Bundesbahn wird in diesem Monat von zwei weiteren Zugunglücken betroffen, die die rätselhafte Unglücksserie im Bahnverkehr seit Beginn des Jahres andauern lassen.

Zunächst entgleist der Schweiz-Expreß D 370 auf der Fahrt von Basel nach Kopenhagen kurz vor der Einfahrt in den Bahnhof Rheinweiler (Baden). Dabei werden 23 Reisende getötet und 120 verletzt. Der aus einer Lokomotive und 14 Waggons bestehende Expreßzug ist nach Mitteilung der Bundesbahn »mit allen Achsen« aus den Schienen gesprungen. Der Zug stürzt darauf eine Böschung hinunter und zerstört ein Wohnhaus. Nach Ermittlungen der Behörden kommt überhöhte Geschwindigkeit als Unglücksursache in Frage.

Eine Woche später entgleist bei einer Geschwindigkeit von 105 Stundenkilometern der »Alpenexpreß« nahe Bad Hersfeld in Hessen. Eine Weiche ist aus ungeklärter Ursache umgesprungen. Bei diesem Unglück werden zwei Reisende schwer und 18 weitere leicht verletzt. Sie hatten Glück im Unglück, weil nur der Packwagen umkippt, Liege- und andere Wagen des Zuges jedoch stehenbleiben.

Ein schreckliches Zugunglück betrifft im Juli auch die italienische Staatsbahn. Ein Zug, der Arbeiter an ihre Arbeitsstelle in die Schweiz bringen soll, entgleist im Simplontunnel. Ein Wagen hat sich losgerissen und ist gegen die Tunnelwand geprallt. Bei dem Unglück kommen fünf Menschen ums Leben, 24 werden verletzt.

Louis Armstrong, der König des Jazz, ist tot

6. Juli. Zwei Tage nach seinem 71. Geburtstag stirbt in New York der »König des Jazz«, der farbige amerikanische Jazztrompeter Louis Armstrong, genannt Satchmo. Im Februar des Jahres hat sich Armstrong einem Luftröhrenschnitt unterziehen müssen. Seitdem hat er nicht mehr gespielt. Für zahllose Menschen ist der aus den Slums von New Orleans im Süden der USA stammende Musiker zum Symbol des Jazz geworden.

Louis »Satchmo« Armstrong †.

Lizenzentzug nach Bestechung bei Bundesliga

30. Juli. Das Sportgericht des Deutschen Fußball-Bundes verurteilt im ersten Verfahren wegen Manipulation von Spielergebnissen gegen Bestechungsgelder die Spieler Manfred Manglitz (1. FC Köln), Lothar Ulsaß (Eintracht Braunschweig), Bernd Patzke und Tasso Wild (Hertha BSC) zu langjährigem Lizenzentzug.

Weitere Ermittlungen in der Affäre stehen an, es wird jedoch beschlossen, die nächste Bundesligasaison mit allen dafür qualifizierten Vereinen wie vorgesehen am 14. August zu starten. (→ Juni)

Landgerichtsdirektor Hans Kindermann, Vorsitzender des Kontrollausschusses im Bundesliga-Skandal.

Nationalrat löst sich auf

14. Juli. Der Österreichische Nationalrat stimmt mit den Stimmen von SPÖ und FPÖ nur eineinhalb Jahre nach den Wahlen einer vorzeitigen Auflösung und Festsetzung von Neuwahlen für den 10. Oktober zu. Die Minderheitsregierung von Bruno Kreisky erhofft sich dadurch eine verbesserte parlamentarische Basis zur Weiterarbeit.

Francos Vertreter

16. Juli. Spaniens Staatschef General Francisco Franco ernennt durch Dekret den Prinzen von Spanien, Don Juan Carlos, zu seinem Stellvertreter im Falle seiner Erkrankung oder Abwesenheit. Die Stellung des designierten Franco-Nachfolgers wird weiter aufgewertet.

AUGUST

Mo	Di	Mi	Do	Fr	Sa	So
						1
2	3	4	5	6	7	8
9	10	11	12	13	14	15
16	17	18	19	20	21	22
23	24	25	26	27	28	29
30	31					

2. Rumänien verzichtet auf Teilnahme am Ostblock-Gipfeltreffen auf der Krim.

3. Der Jamaikaner Don Quarrie läuft in Cali (Kolumbien) als zweiter Läufer die Weltrekordzeit von 19,8 Sekunden über 200 m.

4. Joe Kachingwe, Botschafter Malawis, wird als erster Farbiger in Pretoria von der südafrikanischen Regierung akkreditiert.

5. Bei einem Zugunglück in der Nähe des Bahnhofs von Lipa in Jugoslawien kommen 40 Menschen ums Leben.

9. Beginn neuer schwerer Unruhen in Nordirland. →

12. Der österreichische Diplomat Kurt Waldheim gibt in Wien seine Kandidatur für den Posten des UN-Generalsekretärs bekannt.

13. Faina Melnik aus der UdSSR stellt in Helsinki mit 64,22 m einen neuen Weltrekord im Diskuswurf auf.

14. Das Scheichtum Bahrain mit 200 000 Einwohnern proklamiert seine Unabhängigkeit. →

15. Jackie Stewart (Großbritannien) steht nach dem Großen Preis von Österreich in Zeltweg als neuer Automobilweltmeister auf Tyrrell fest.

16. Schließung sämtlicher europäischer Devisenmärkte nach Bekanntwerden wirtschafts- und währungspolitischer Maßnahmen der USA. →

22. Israel wertet seine Währung gegenüber dem Dollar um 20 Prozent ab.

24. Österreich und die Schweiz gehen zur begrenzten Wechselkursfreigabe über. →

24. Deutsche Erstaufführung des Schauspiels »Pinkville« von Georg Tabori in der Dreieinigkeitskirche Berlin-Buckow.

26. Deutsche Erstaufführung des US-Spielfilms »Love Story« von Artur Hiller mit Ali MacGraw und Ryan O'Neal in den Hauptrollen.

GESTORBEN:

2. Ludwig Marcuse (* 8. 2. 1894), deutscher Literaturkritiker und Philosoph.

14. Georg von Opel (* 18. 5. 1912), deutscher Industrieller und Sportfunktionär.

19. Reinhold Maier (* 16. 10. 1889), deutscher Politiker.

Gewalt in Nordirland

Die Truppen in Nordirland werden verstärkt. Das Bild zeigt Soldaten in Belfast.

9. August. Die unruhige britische Provinz Nordirland erlebt wieder eine Eskalation der Gewalt. Sie wird am 9. August durch die Haltung des nordirischen Premierministers Brian Faulkner ausgelöst, der die Vollmacht zur Einweisung von verdächtigen Personen, insbesondere Angehörigen der IRA, in Internierungslager erteilt.

Allein zwischen dem 9. und 14. August werden bei Auseinandersetzungen der verfeindeten Volksgruppen 26 Personen getötet. Kardinal William Conway, der Primas für ganz Irland, erklärt Internierungslager für verabscheuungswürdig. Bis zum 16. August sind bereits 230 Personen in Internierungslagern eingesperrt, darunter 80 Offiziere der IRA. Auch die Stärke der britischen Truppen im Lande wird auf 12 500 erhöht. Unter der katholischen Bevölkerung Nordirlands setzt eine Fluchtwelle in die Republik Irland ein. Bis Mitte des Monats werden 6000 Flüchtlinge aus Ulster gezählt.

Mondjeep im Einsatz

»Lunar Roving Vehicle« bei einer Geschwindigkeitsfahrt auf dem Mond.

1. August. Die beiden Mondfahrer des Unternehmens »Apollo 15« (→ Juli) führen drei Mondexkursionen durch und verbringen dabei 18 Stunden und 37 Minuten außerhalb der Fähre. Bei ihren Aufgaben hilft erstmals ein »Lunar Roving Vehicle« getaufter Mondjeep, dessen vier Räder von je einem Elektromotor angetrieben werden. Er wird zum ersten bemannten Mondfahrzeug der Weltraumfahrt. Von den Exkursionen werden Farbfernsehübertragungen in guter Qualität geliefert. Auch der Rückstart von Scott und Irwin vom Mond wird von einer Fernsehkamera aufgenommen. Die Landung von »Apollo 15« erfolgt am 7. August im Pazifik bei Hawaii.

Emirat Bahrain proklamiert Unabhängigkeit

14. August. Das Scheichtum Bahrain proklamiert seine Unabhängigkeit, nachdem im Vormonat eine Föderation der neun Emirate am Persischen Golf gescheitert und nur noch eine Föderation von sechs Emiraten vereinbart worden ist. Bahrain hat etwa 200 000 Einwohner, die vorwiegend auf den 30 Inseln leben, die zum Staatsgebiet gehören. Der neue Staat wird bald von den wichtigsten Ländern der Welt anerkannt.

Zivilregierung in Griechenland

26. August. In Griechenland wird auf Anordnung der Militärregierung ein neues Kabinett gebildet, das nach außen hin den Charakter einer Zivilregierung trägt. Die eigentlichen Machthaber, die seit dem Sturz des Königs die Regierungsgewalt in den Händen halten, bleiben aber im Amt. So vereinigt Georgios Papadopoulos im neuen Kabinett die Ämter des Ministerpräsidenten, Außen- und Verteidigungsministers und Ministers für Regierungspolitik auf seine Person. Auch sein Stellvertreter Stylianos Pattakos stammt aus der ersten Militärjunta.

US-Dollar weiter in der Krise

15. August. US-Präsident Richard Nixon verkündet ein wirtschafts- und währungspolitisches Sanierungsprogramm für die USA, dessen einschneidende Maßnahmen zu einer vorübergehenden Störung an den internationalen Devisenbörsen führen. Die Dollar-Parität hat sich in den letzten Tagen weiter abgeschwächt und ist auf 3,32 DM gesunken.

In Europa reagiert man am 16. August mit der Schließung der Devisenmärkte, am freien Goldmarkt in London wird der Handel eingestellt. Mit Ausnahme von Wien und Zürich werden die Devisenmärkte am 23. August wieder geöffnet.

1971

SEPTEMBER

Mo	Di	Mi	Do	Fr	Sa	So
		1	2	3	4	5
6	7	8	9	10	11	12
13	14	15	16	17	18	19
20	21	22	23	24	25	26
27	28	29	30			

1. Eine Volksabstimmung in der VAR befürwortet Namensänderung und Föderation mit Libyen und Syrien.

3. Unterzeichnung des Berlin-Abkommens durch die vier Schutzmächte. →

3. Faina Melnik (UdSSR) stellt in München einen neuen Weltrekord im Diskuswurf mit 64,88 m auf.

4. Walter Schmidt (Darmstadt) erreicht in Lahr (Hessen) einen neuen Weltrekord im Hammerwerfen mit 76,40 m.

4. Die Österreicherin Ilona Gusenbauer verbessert in Wien den zehn Jahre alten Hochsprungweltrekord auf 1,92 m.

6. Flugzeugunglück auf der Autobahn bei Hasloh (Kreis Pinneberg) fordert zahlreiche Todesopfer. Eine vorgesehene Notlandung ist mißglückt.

8. Deutschland gewinnt ein Fußballänderspiel gegen Mexiko in Hannover mit 5 : 0.

10. Bundesregierung beschließt Verkürzung des Grundwehrdienstes für Wehrpflichtige von 18 auf 15 Monate.

15. Erster chinesischer Botschafter in Österreich überreicht dem Bundespräsidenten das Beglaubigungsschreiben.

18. Uraufführung des Schauspiels »Hölderlin« von Peter Weiss im Württembergischen Staatstheater Stuttgart.

26. Deutsche Bundesbahn startet mit Beginn des Winterfahrplans den Intercity-Verkehr zwischen 33 Großstädten.

26. Deutsche Erstaufführung des Schauspiels »Ein Hof voll Sonne« von Christopher Fry im Bochumer Schauspielhaus.

28. Ein Hotelbrand in Eindhoven (Holland) fordert 20 Todesopfer, darunter zwei Fußballer des DDR-Klubs Chemie Halle.

28. Der seit November 1956 in der amerikanischen Botschaft in Budapest lebende Kardinal Mindszenty darf Ungarn verlassen. →

30. Uraufführung des Schauspiels »Lear« von Edward Bond im Royal Court Theatre London.

GESTORBEN:

1. Paul Niehans (* 21. 11. 1882), Schweizer Arzt.

11. Nikita S. Chruschtschow (* 17. 4. 1894), UdSSR-Politiker. →

In Berlin unterzeichnen die Botschafter der ehemaligen Siegermächte einen Teil des Berlin-Abkommens: (v. l.) Jean Sauvagnargues (Frankreich), Sir Roger Jackling (Großbritannien), Pjotr Abrassimow (Sowjetunion) und Kenneth Rush (USA).

Berlin-Abkommen

3. September. Nach über einjährigen Verhandlungen – das erste Treffen hat am 26. März 1970 im ehemaligen Gebäude des Alliierten Kontrollrats in Berlin stattgefunden – können die Botschafter der Westmächte in der Bundesrepublik, Jean Sauvagnargues (Frankreich), Sir Roger Jackling (Großbritannien) und Kenneth Rush (USA) sowie der Botschafter der Sowjetunion in der DDR, Pjotr Abrassimow den ersten Teil eines Berlin-Abkommens unterzeichnen und ein Schlußprotokoll paraphieren.

Die Botschafter haben in 33 Gesprächsrunden Fragen des Rechtsstatus der geteilten Stadt, den freien Zugang und das Verhältnis der Bundesrepublik zu West-Berlin diskutiert. Das nun vorliegende Viermächte-Abkommen bestätigt die Verantwortlichkeit und Rechte der vier Mächte unter Wahrung ihrer unterschiedlichen Rechtspositionen. Die Sowjetunion verpflichtet sich in dem Papier, den Transitverkehr zwischen der Bundesrepublik und West-Berlin zu erleichtern und nicht zu behindern. Einzelheiten sollen die deutschen Behörden unter sich aushandeln. Ausdrücklich weist das Abkommen auf den besonderen Status von Berlin hin, das kein Teil der Bundesrepublik ist und nicht von Bonn aus regiert werden darf. Seine Interessenregelung im Ausland wird im Vertrag in mehreren Punkten festgelegt. Das Abkommen soll Rechtskraft erlangen, wenn die innerdeutschen Verhandlungen zu einem Abschluß gekommen sind, die die Rahmenbedingungen auffüllen sollen.

Brandt auf der Krim

Brandt (r.) und Breschnew.

16. September. Bundeskanzler Willy Brandt trifft überraschend zu Gesprächen mit dem sowjetischen Parteichef Leonid Breschnew in einem Vorort von Jalta auf der Krim ein. Er hat eine kurzfristige Einladung der sowjetischen Führung angenommen und erörtert in entspannter Urlaubsatmosphäre mit Breschnew aktuelle Probleme.

Der Besuch ist nicht diplomatisch vorbereitet, die Alliierten sind nicht konsultiert, so daß es zu einigen Verstimmungen vor allem bei der Opposition des Deutschen Bundestags kommt.

Chruschtschows Tod wird kaum erwähnt

11. September. Der einstige starke Mann im Kreml, Nikita Sergejewitsch Chruschtschow, stirbt im Moskauer Kreml-Krankenhaus an den Folgen eines Herzanfalls im Alter von 77 Jahren. Sein Tod wird den Sowjetbürgern erst 33 Stunden später in einer winzigen Meldung der »Prawda«, ohne Überschrift und Bild, gemeldet.

Er wird am 13. September ohne Staatsehrungen auf dem Moskauer Prominenten-Friedhof beim früheren Nowodjewitschi-Kloster beigesetzt und nicht wie die verdienten Führer des Staates an der Kremlmauer. Unter den 150 Trauergästen ist kein offizieller Vertreter von Partei oder Regierung der Sowjetunion und befreundeter Staaten zu finden.

Chruschtschows Witwe Nina bei der Beisetzung ihres Mannes in Moskau.

Chruschtschow hat eine typische Revolutionärskarriere hinter sich. Er stieß 1918 zu den Bolschewiki. Dort bekleidet er verschiedene Posten als Parteisekretär in regionalen Gliederungen der Partei und wurde 1934 Mitglied des ZK der KPdSU, 1939 auch Mitglied des Politbüros. Als Erster Parteisekretär von Moskau (1935–1938) hatte er schon eine Schlüsselstellung inne. Im Krieg wirkte er zunächst als Politkommissar bei der Armee und wurde 1943 in den Rang eines Generalleutnants erhoben. Als enger Vertrauter Stalins baute er nach dem Krieg wiederum als Erster Sekretär der Hauptstadt das Land mit auf und übernahm nach Stalins Tod 1953 das Amt des Ersten Sekretärs der KPdSU und nach Ausschalten der Gruppe Molotow, Kaganowitsch, Malenkow ab 1958 auch das Amt des Ministerpräsidenten (→ März 1957, Oktober 1964).

Postabkommen zwischen beiden deutschen Staaten

30. September. Die innerdeutschen Verhandlungen über Normalisierung der Verhältnisse führen zur Unterzeichnung eines Abkommens über den Post- und Fernmeldeverkehr zwischen der DDR und der Bundesrepublik, dessen Bestimmungen auch West-Berlin einschließen und eine Erleichterung für den privaten und geschäftlichen Postverkehr zwischen den beiden Staaten bringen sollen.

Königin Juliana in Indonesien

Königin Juliana und Frau Suharto (r.).

5. September. Die holländische Königin Juliana beendet einen seit dem 26. August andauernden offiziellen Besuch in Indonesien. Es ist der erste Besuch eines niederländischen Staatsoberhauptes seit Erlangung der Unabhängigkeit in der ehemaligen niederländischen Kolonie. Sie wird von ihrem Mann Prinz Bernhard begleitet. Der Aufenthalt verläuft ohne Zwischenfälle.

Begnadigung für Mindszenty

28. September. Der seit dem 4. November 1956 in der US-Botschaft in Budapest lebende József Kardinal Mindszenty wird wegen seines schlechten Gesundheitszustandes von den ungarischen Behörden begnadigt und darf das Land verlassen. Seit dem Ende des Ungarn-Aufstandes hat der Kardinal in der Botschaft Asyl erhalten und sie seitdem nie verlassen. Er wird nach Wien geholt und fliegt von dort mit dem Apostolischen Nuntius nach Rom.

1971
OKTOBER

Mo	Di	Mi	Do	Fr	Sa	So
				1	2	3
4	5	6	7	8	9	10
11	12	13	14	15	16	17
18	19	20	21	22	23	24
25	26	27	28	29	30	31

1. Der frühere niederländische Außenminister Joseph Luns wird zum neuen NATO-Generalsekretär bestimmt.

4. Das UdSSR-Mondmobil »Lunochod 1« beendet nach zehn Monaten mit Erlöschen der Energiequellen seine Forschungstätigkeit auf dem Mond.

5. Rainer Barzel wird vom 19. Bundesparteitag der CDU in Saarbrücken zum neuen Parteivorsitzenden gewählt. →

8. Deutsche Erstaufführung des italienischen Spielfilms »Decamerone« von Pier Paolo Pasolini, der dafür einen »Silbernen Bären« bei der Berlinale erhalten hat.

10. Die SPÖ unter Bruno Kreisky erringt bei den Nationalratswahlen in Österreich die absolute Mehrheit. →

10. Deutschland besiegt Polen im Fußballländerspiel in Warschau mit 3 : 1.

11. Japans Kaiser Hirohito auf letzter Station seiner Europareise in der Bundesrepublik eingetroffen. →

18. Uraufführung der Komödie »Requiem für die Kirche« von Joseph Breitbach in Augsburg.

20. Das Nobelpreiskomitee gibt bekannt, daß der Friedensnobelpreis an Bundeskanzler Willy Brandt verliehen wird. →

21. Hohe Tauern werden durch Vereinbarung der Bundesländer Salzburg, Tirol und Kärnten zum ersten österreichischen Nationalpark erklärt.

24. Der Schweizer Rennfahrer Joe Siffert verunglückt beim Formel-I-Rennen in Brands Hatch (England) tödlich.

25. Integrierte Gesamthochschule Kassel nimmt ihren Lehrbetrieb auf.

26. Königin Juliana der Niederlande und Prinz Bernhard treffen zu einem Besuch in der Bundesrepublik ein. →

26. UN-Vollversammlung stimmt für Aufnahme der Volksrepublik China und Ausschluß Taiwans. →

27. Umbenennung der Demokratischen Republik Kongo in Zaire.

GESTORBEN:

12. Dean Acheson (* 11. 4. 1893), amerikanischer Politiker.

16. Willi Eichler (* 7. 1. 1892), deutscher Politiker.

Das japanische Kaiserpaar (Mitte) in Bonn mit Willy und Rut Brandt.

Hirohito in Europa

11. Oktober. Kaiser Hirohito von Japan beendet am 14. Oktober die erste Reise eines japanischen Kaisers ins Ausland, die ihn in Begleitung von Kaiserin Nagako seit dem 27. September nach Alaska und außerdem noch in sieben europäische Länder geführt hat.

Während eines Zwischenaufenthaltes in Anchorage (Alaska) kommt es zu einer historischen Begegnung: Hirohito trifft Richard Nixon und schafft damit die erste Begegnung eines japanischen Kaisers mit einem US-Präsidenten in der Geschichte. Das umfangreiche Reiseprogramm führt das japanische Kaiserpaar dann nach Dänemark, Belgien, Frankreich und Großbritannien, wo die Reise einen glanzvollen Höhepunkt mit dem Empfang durch Königin Elizabeth erlebt. Hirohito wird in London mit dem Hosenbandorden ausgezeichnet und wegen seiner Forschungen auf dem Gebiet der Meeresbiologie in die Royal Society aufgenommen. Von London aus geht es in die Niederlande, die Schweiz, wo man dem Sitz des Internationalen Komitees des Roten Kreuzes einen Besuch abstattet und schließlich in die Bundesrepublik. Hirohito wird vom Präsidenten des Bundesrats, Hans Koschnik, empfangen, weil Bundespräsident Gustav Heinemann wegen Krankheit verhindert ist. Wie in Großbritannien, Dänemark und den Niederlanden kommt es auch in der Bundesrepublik zu Demonstrationen gegen den japanischen Herrscher.

Britisches Unterhaus stimmt EG-Beitritt zu

28. Oktober. Der Erweiterung der Europäischen Gemeinschaft durch Großbritannien steht nichts mehr im Wege. Das britische Unterhaus stimmt nach sechstägiger Debatte mit 356 gegen 244 Stimmen dem Beitritt zu, nachdem kurz zuvor auch das Oberhaus mit 451 gegen 58 Stimmen für einen Beitritt gestimmt hat. Oppositionsführer Harold Wilson macht in einer Erklärung vor dem Parlament eine eventuelle andere Haltung einer künftigen Labour-Regierung in dieser Frage deutlich.

Königin Juliana besucht die Bundesrepublik

26. Oktober. Königin Juliana der Niederlande und Prinz Bernhard statten der Bundesrepublik einen dreitägigen offiziellen Besuch ab. Das umfangreiche Programm führt das Herrscherpaar nach Bonn, Hamburg, Münster, Düsseldorf und in die hessischen Gemeinden Dillenburg, Burg, Herborn und Wetzlar sowie zum Schloß Oranienstein in Diez (Rheinland-Pfalz), dem Ursprungsgebiet des Hauses der Grafen von Nassau, aus dem die niederländische Königsfamilie stammt.

Nobelpreis für Brandt

20. Oktober. Das Nobelpreiskomitee des norwegischen Parlaments gibt bekannt, daß der Friedensnobelpreis 1971 an Bundeskanzler Willy Brandt verliehen wird. Brandt ist nach Gustav Stresemann (1926), Ludwig Quidde (1927) und Carl von Ossietzky (1935) der vierte Deutsche, der so geehrt wird.

In Bonn laufen gerade die Haushaltsberatungen im Bundestag, als die Nachricht eintrifft. Bundestagspräsident Kai-Uwe von Hassel unterbricht die Sitzung, gibt die Ehrung bekannt und beglückwünscht Brandt mit folgenden Worten: »Herr Bundeskanzler, diese Auszeichnung ehrt Ihre aufrichtigen Bemühungen um den Frieden in der Welt und um die Verständigung zwischen den Völkern. Der ganze Deutsche Bundestag gratuliert ohne Unterschied der politischen Standorte Ihnen zu dieser hohen Ehrung.«

Zur Begründung der Verleihung wird vom Komitee in Oslo mitgeteilt, Brandt habe als Kanzler der Bundesrepublik die Hand zur Versöhnung zwischen alten Feindesländern ausgestreckt. Er habe im Geiste guten Willens einen hervorragenden Beitrag geleistet, um die Bedingungen für einen Frieden in Europa zu schaffen. Die Entscheidung für Brandt sei leicht gewesen, man habe ihn mit großer Freude gewählt.

Volksrepublik China wird in UNO aufgenommen

26. Oktober. Die 26. UN-Vollversammlung fällt eine weitreichende Entscheidung. Mit 76 Ja-Stimmen, 35 Nein-Stimmen und 17 Enthaltungen wird eine von Albanien eingebrachte Resolution angenommen, durch die die Volksrepublik China als einzige legale Vertreterin Chinas bei der UNO anerkannt wird und die Regierung Tschiang Kai-scheks alle Befugnisse bei der UNO verliert. Damit endet ein seit 1950 während Streit.

SPÖ erringt bei Neuwahl absolute Mehrheit

10. Oktober. Bei den Nationalratswahlen in Österreich erringt die SPÖ erstmals seit Bestehen der Republik die absolute Mehrheit und kommt auf 50,04 Prozent der Stimmen und 93 Sitze im Wiener Parlament. Die ÖVP erreicht 43,12 Prozent und 80 Sitze, die FPÖ 5,45 Prozent und zehn Sitze.

Nach einem Beschluß des Bundesparteivorstandes der SPÖ vom 12. Oktober bleibt die amtierende Regierung Bruno Kreiskys damit im Amt. Die Wahlen waren vorzeitig ausgeschrieben worden.

Sieg der SPD bei Wahl zur Bremer Bürgerschaft

10. Oktober. Die Wahlen zur Bremer Bürgerschaft enden mit dem erwarteten Sieg der Sozialdemokratischen Partei, die mit 55,3 Prozent der Stimmen die absolute Mehrheit erringt.

Die CDU kommt auf 31,6 Prozent, die FDP auf 7,1 Prozent. Die NPD, die 1967 noch 8,8 Prozent erreichen konnte, scheidet mit 2,8 Prozent aus dem Senat aus. Bürgermeister der Hansestadt und Präsident des Senats bleibt Hans Koschnick.

Rainer Barzel wird neuer CDU-Vorsitzender

5. Oktober. Der 19. Bundesparteitag der CDU in Saarbrücken hat bei der Neuwahl des Parteivorsitzenden seit langem wieder einmal zwischen zwei Kandidaten zu entscheiden. Rainer Barzel, Vorsitzender der Bundestagsfraktion von CDU/CSU, und Helmut Kohl, Ministerpräsident von Rheinland-Pfalz, stellen sich den Delegierten. Der Parteitag wählt schließlich mit 344 von 520 gültigen Stimmen Rainer Barzel zum neuen Vorsitzenden, Helmut Kohl erhält 174 Stimmen. Er wird stellvertretender Vorsitzender.

1971
NOVEMBER

Mo	Di	Mi	Do	Fr	Sa	So
1	2	3	4	5	6	7
8	9	10	11	12	13	14
15	16	17	18	19	20	21
22	23	24	25	26	27	28
29	30					

1. Sturmflutkatastrophe an indischer Ostküste fordert mindestens 6000 Todesopfer. →

4. Der Deutsche Bundestag verabschiedet das Gesetz über die Errichtung einer Stiftung »Hilfswerk für behinderte Kinder«.

5. Wiedereinführung der Todesstrafe für politische Entführung in Bolivien.

6. Die USA unternehmen auf der Aleuten-Insel Amchitka ihren 520. und den zugleich größten unterirdischen Kernwaffenversuch.

9. Uraufführung der zweiaktigen Oper »Ashmedai« von Josef Tal in Hamburg.

10. Indische Ministerpräsidentin Indira Gandhi trifft im Rahmen einer Europareise in der Bundesrepublik ein. →

11. Ein Abkommen über die Aufnahme des Linienflugverkehrs zwischen der Bundesrepublik und der Sowjetunion wird in Bonn unterzeichnet.

12. Deutsche Erstaufführung des US-Spielfilms »Klute« von Alan J. Pakula, mit Jane Fonda in der Hauptrolle, die dafür den Oscar als beste Darstellerin erhalten hat.

13. US-Mars-Forschungssatellit »Mariner 9« erreicht Umlaufbahn um den Planeten. →

16. Kaiser Hirohito hält in Tokio erste Pressekonferenz eines japanischen Kaisers ab.

17. Deutschland und Polen trennen sich im Fußballänderspiel in Hamburg 0 : 0.

20. Adolf von Thadden tritt als Vorsitzender der NPD zurück.

26. Der Zweite Parteitag der DKP in Düsseldorf bietet der SPD eine Aktionsgemeinschaft an.

26. Walter Ulbricht von DDR-Volkskammer als Staatsratsvorsitzender bestätigt.

28. Erstmals in der Geschichte der Anglikanischen Kirche werden zwei Frauen zu Priestern geweiht.

28. Rainer Barzel wird als Kanzlerkandidat der Unionsparteien nominiert. →

30. Die Währungskonferenz des »Zehner-Klubs« berät Weltwirtschaftslage nach der Dollarkrise.

GESTORBEN:

1. Gertrud von le Fort (* 11. 10. 1876), deutsche Schriftstellerin.

Rainer Barzel Kanzlerkandidat der CDU/CSU

28. November. Der Vorsitzende der CDU, Rainer Barzel, wird von einer Kommission aus CDU und CSU als Kanzlerkandidat der Unionsparteien nominiert. Gleichzeitig wird bekannt, daß die Verhandlungspartner beider Parteien sich auf eine gemeinsame politische Linie geeinigt haben, die einer zukünftigen Regierungsmannschaft der CDU/CSU für die nächste Bundestagswahl als programmatische Grundlage dienen soll.

Zyklon fordert 6000 Todesopfer

1. November. Wie schon so oft verwüstet auch in diesem Jahr zum Ende der Monsunzeit ein plötzlicher Wirbelsturm, der sich über der Bucht von Bengalen bildet, das Hinterland. Diesmal ist die indische Provinz Orissa betroffen. Eine vom Zyklon ausgelöste Flutwelle reißt mindestens 6000 Menschen mit in den Tod, fünf Millionen werden obdachlos. Der Sturm erreicht Spitzengeschwindigkeiten von 150 Stundenkilometern. Die schlimmsten Folgen treffen die Landwirtschaft, deren Anbauflächen durch das Salzwasser auf Jahre unfruchtbar bleiben. Der Gesamtschaden der Katastrophe wird auf 150 Millionen Pfund Sterling geschätzt.

Folterungen in Nordirland

29. November. Aus Nordirland kommen im November Schreckensmeldungen von Folterungen. Von den Ordnungskräften festgenommene Personen sind nach Angaben von »amnesty international« und Zeugenaussagen in der Haft von britischem Militär und nordirischer Polizei, der Ulster Constablery, gefoltert worden. Auch das britische Unterhaus muß sich mit diesen Vorwürfen befassen. Nach einem Bericht des Internationalen Komitees vom Roten Kreuz (IKRK) sind die Haftbedingungen der Internierten untragbar.

1039

Mars-Monde im Bild

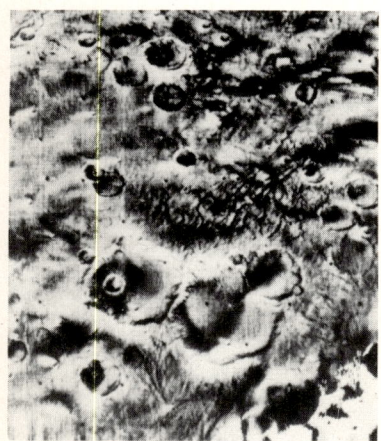

Der Satellit »Mariner 9« sendet ein Bild der kraterreichen Marsoberfläche.

13. November. Die Entschlüsselung der Geheimnisse des Mars macht Fortschritte, denn die USA und die UdSSR können den erfolgreichen Abschluß ihrer Weltraumexperimente zur Erforschung des Planeten melden.

Zunächst erreicht am 13. November der am 30. Mai gestartete Mars-Forschungssatellit »Mariner 9« der USA eine elliptische Marsumlauf-bahn, die ihn innerhalb von zwölf Stunden um den Planeten führt. Der Satellit hat eine rund 400 Millionen Kilometer lange Reise durch das All hinter sich und beginnt mit der Übermittlung von Daten und Aufnahmen zum Kontrollzentrum in Pasadena (Kalifornien) sowie weiterer Empfangsstationen in Spanien, Südafrika und Australien. Am 26. November macht »Mariner 9« Aufnahmen von den beiden Marsmonden Phobos und Deimos, die von der Bodenstation gut empfangen werden. »Mariner 9« geht als erster künstlicher Satellit des Planeten in die Geschichte der Weltraumfahrt ein. Nur einen Tag nach den Aufnahmen von den Marssonden erreicht die interplanetarische Station »Mars 2« der Sowjetunion ebenfalls den Planeten und schlägt eine Umlaufbahn ein. Während der Annäherung an den Mars wird eine Kapsel mit einer Fahne abgeworfen, auf der das Wappen der Sowjetunion zu sehen ist. »Mars 2« hat seine Reise am 19. Mai angetreten und etwa 470 Millionen Kilometer zurückgelegt.

Indien erbittet Hilfe

10. November. Indiens Ministerpräsidentin Indira Gandhi besucht Staatsmänner in aller Welt. Nachdem sie im September in Moskau mit der UdSSR-Führung zusammengetroffen ist, folgen im Oktober und November Besuche in Belgien, Österreich (26.–28. Oktober), Großbritannien, in den USA, Frankreich und der Bundesrepublik (10.–12. November). In allen Gesprächen geht es in erster Linie um wirtschaftliche Hilfe der Industrienationen für Indien.

Indira Gandhi schreitet mit Willy Brandt (l.) in Bonn die Ehrenfront ab.

2. Föderation der Arabischen Emirate von sechs Scheichtümern am Persischen Golf proklamiert.

3. Ausbruch eines indisch-pakistanischen Krieges. →

4. Frankreich verschärft Devisenkontrollen gegen Zufluß von US-Dollars. →

10. Uraufführung des Schauspiels »Bremer Freiheit« von Rainer Werner Fassbinder in einer Inszenierung des Autors in Bremen.

12. Beitrittsverhandlungen zwischen der EWG und Großbritannien, Irland und Dänemark durch Einigung in der Fischereifrage erfolgreich beendet.

14. Bergwerksunglück in Recklinghausen fordert sieben Todesopfer.

16. Deutsche Erstaufführung des US-Spielfilms »Anatevka« von Norman Jewison. Der Film hat einen Oscar für die beste Musikbearbeitung erhalten.

17. Unterzeichnung des Transitabkommens zwischen der Bundesrepublik und der DDR. →

17. Deutsche Erstaufführung des französischen Spielfilms »Trafic« von Jacques Tati.

17. Indien stellt im Krieg gegen Pakistan die Kampfhandlungen ein, nachdem es seine militärische Überlegenheit bewiesen hat. →

18. US-Dollar wird zum zweitenmal in der Geschichte der USA abgewertet. →

18. Das größte Wasserkraftwerk der Welt in Krasnojarsk (Jenissej) durch Inbetriebnahme der letzten Turbine vollendet.

22. Österreichs Chefdelegierter bei der UNO, Kurt Waldheim, wird zum neuen UN-Generalsekretär gewählt.

24. Giovanni Leone im 23. Wahlgang vom Wahlgremium zum neuen italienischen Staatspräsidenten gewählt.

25. Großbrand in Luxushotel in Seoul (Südkorea) fordert über 160 Todesopfer.

31. Zugunglück im Westerwald fordert sieben Todesopfer.

GESTORBEN:

9. Ralph Bunche (* 7. 8. 1904), amerikanischer Politiker.

18. Alexander Twardowski (* 21. 6. 1910), sowjetischer Schriftsteller.

Ost-Berlin und Bonn schließen Transitabkommen

17. Dezember. Nach dem das Rahmenabkommen der vier Mächte über die Berlinfrage den Weg geebnet hat, führen die anschließend wiederaufgenommenen innerdeutschen Verhandlungen im Dezember zur Paraphierung und anschließenden Unterzeichnung eines Transitabkommens zwischen der Bundesrepublik und der DDR und eines Abkommens zwischen dem Berliner Senat und der DDR.

Am 11. Dezember paraphieren im Amtssitz des Senats von Berlin Senatsdirektor Ulrich Müller und DDR-Staatssekretär Günter Kohrt die Abkommen über die Erleichterung und Verbesserung des Besucherverkehrs in der geteilten Stadt und über die Regelung der Frage von Enklaven durch einen Gebietsaustausch zwischen den Partnern. Am gleichen Tag erfolgt die Paraphierung eines »Abkommens zwischen der Regierung der Bundesrepublik Deutschland und der Regierung der DDR über den Transitverkehr von zivilen Personen und Gütern zwischen der Bundesrepublik und Berlin (West)« durch die Staatssekretäre Egon Bahr und Michael Kohl im Haus des Ministerrats der DDR in Ost-Berlin.

Die offizielle Unterzeichnungszeremonie beider Abkommen erfolgt schließlich am 17. Dezember in Bonn für das Transitabkommen und am 20. Dezember in Ost-Berlin für das Reiseverkehrsabkommen innerhalb Berlins. Die vier Mächte haben in Erklärungen den Ergebnissen der innerdeutschen Verhandlungen zugestimmt und wollen die Vereinbarungen in das Viermächteschlußprotokoll aufnehmen, das als Ergebnis der Verhandlungen noch unterzeichnet werden muß (→ September).

Egon Bahr (r.) und Michael Kohl.

Dollar abgewertet

18. Dezember. Die internationale Währungskrise, die wegen der Dollarschwäche seit nunmehr fast zwei Jahren das Wirtschaftsgefüge der westlichen Welt erschüttert, wird durch Verwaltungsakte vorläufig beendet. Der sogenannte »Zehner-Klub«, ein wirtschaftspolitischer Zusammenschluß der zehn wichtigsten Industrieländer des Westens einschließlich Japans, der seit seiner Gründung im Jahre 1962 mit gegenseitigen Krediten über die Währungsstabilitäten wacht, beschließt auf einer Konferenz in Washington am 17. und 18. Dezember eine Abwertung des Dollars und eine Neufestsetzung der Währungsparitäten.

Der Dollar wird durch die Washingtoner Beschlüsse zum zweitenmal seit seiner Einführung im Jahre 1792 gegenüber dem Gold abgewertet (erste Abwertung 1934). Die Quote beträgt diesmal minus 7,89 Prozent. Für die anderen Währungen bedeutet das eine Aufwertung gegenüber der alten Goldparität; die Deutsche Mark erreicht ebenso wie der Schweizer Franken ein Plus von 4,61 Prozent. Gegenüber dem Dollar ergeben sich für viele Währungen sogar zweistellige Aufwertungsquoten.

Krieg Indien – Pakistan

3. Dezember. Die seit der Ausrufung der Republik Bangla Desh zwischen Indien und Pakistan bestehenden Spannungen entladen sich im Dezember in einem neuen indisch-pakistanischen Krieg, der für die von Hunger und Seuchen heimgesuchte Bevölkerung in diesem Gebiet neues Elend bringt.

Die indische Armee ist den pakistanischen Streitkräften klar überlegen, zerstört die pakistanische Luftwaffe fast völlig und verhängt eine totale Seeblockade über Ostpakistan. Am 14. Dezember ist die Hauptstadt Dacca nach einem Fallschirmjägerangriff in indischer Hand, am 17. Dezember stellt Indien von sich aus das Feuer ein. Die Kämpfe zwischen dem 3. und 17. des Monats fordern auf indischer Seite 1021 Gefallene an der Ostfront, 1286 an der Westfront,

über 6000 Verwundete und über 2000 Vermißte. Auf pakistanischer Seite werden keine Zahlen bekanntgegeben.

Im Verlauf der Kampfhandlungen erkennt Indien am 6. Dezember Bangla Desh als unabhängigen Staat an. In Pakistan konstituiert sich zwei Tage später ein neues Kabinett, das aber praktisch handlungsunfähig ist. Nach der Feuereinstellung kommt es zu Demonstrationen gegen den amtierenden Staatschef Yahya Khan, der am 20. Dezember seinen Rücktritt erklärt und den Führer der Pakistan Peoples Party, Ali Bhutto, zum neuen Präsidenten ernennt. Dieser entläßt seinen ostpakistanischen Kontrahenten Scheich Mujibur Rahman am 22. Dezember aus der Haft und bildet einen Tag später eine neue Regierung.

Friedensnobelpreisträger Willy Brandt mit der Verleihungsurkunde.

Willy Brandt geehrt

10. Dezember. Zusammen mit den anderen Ausgezeichneten nimmt Bundeskanzler Willy Brandt den ihm zuerkannten Friedensnobelpreis entgegen. Er wird ihm in Oslo durch die Vorsitzende des Nobelpreiskomitees des norwegischen Parlaments überreicht. Die anderen Nobelpreise übergibt in Stockholm König Gustav VI. Adolf von Schweden.

Den Preis für Medizin erhält der US-Amerikaner Earl W. Sutherland für seine Entdeckungen auf dem Gebiet der Mechanismen der Hormontätigkeit. Der Preis für Wirtschaftswissenschaften geht an den

in Rußland geborenen und jetzt in den USA lebenden Nationalökonomen Simon Kuznets für seine empirisch begründete Erklärung des ökonomischen Zuwachses.

Den Preis für Physik bekommt der in Ungarn geborene und in England lebende Dennis Gabor für die Erfindung und Entwicklung der Holographie. Der Preis für Chemie geht an den in Deutschland geborenen und in Kanada lebenden Gerhard Herzberg für seine Verdienste um die Erforschung des räumlichen Baus von Molekülen. Den Literaturpreis erhält der chilenische Dichter Pablo Neruda.

Ostpakistanische Soldaten bei der Ausbildung in Chudangha.

JANUAR

Mo	Di	Mi	Do	Fr	Sa	So
					1	2
3	4	5	6	7	8	9
10	11	12	13	14	15	16
17	18	19	20	21	22	23
24	25	26	27	28	29	30
31						

2. Die Gebühren für Visa und Straßenbenutzung bei Reisen nach Berlin entfallen.

3. Anwalt Heinz-Joachim Ollenburg gesteht Beteiligung an Entführung des Handelsketteninhabers Albrecht.

4. Neuer UNO-Generalsekretär wird Kurt Waldheim.

5. Nach langem Marsch durch den Urwald Perus wird Juliane Köpcke als einzige Überlebende eines Flugzeugabsturzes gerettet.

9. Das Passagierschiff »Queen Elizabeth« im Hafen von Hongkong ausgebrannt. →

10. Scheich Mujibur Rahman aus Pakistan nach Bangla Desh freigelassen. →

11. Martin Schongauers »Madonna im Rosenhag« (1473) in Colmar gestohlen.

13. Rodnina/Ulanow zum viertenmal Eiskunstlauf-Europameister.

24. Holger Börner neuer Bundesgeschäftsführer der SPD.

27. Klaus von Dohnanyi (SPD) löst parteilosen Leussink als Minister für Bildung und Wissenschaft ab.

27. Nordvietnam und Vietcong lehnen Nixons Acht-Punkte-Plan für Frieden ab.

27. Lebenslänglich für zwei Jugoslawen im »Schneemord-Prozeß«. Sie haben einen Mann überfallen und unbekleidet an einen Baum gefesselt, wo er im Schnee erfroren ist.

28. Gemeinsame Grundsatzerklärung der Ministerpräsidenten und der Bundesregierung über die Beschäftigung von Mitgliedern radikaler Organisationen im öffentlichen Dienst (»Radikalenerlaß«).

30. »Bloody Sunday« (Blutiger Sonntag) in Londonderry: Es gibt 13 Tote, als britische Soldaten auf die Bürgerrechtsdemonstranten feuern.

31. Karl Schranz wird von den Olympischen Winterspielen ausgeschlossen. →

GESTORBEN:

1. Maurice Chevalier (* 12. 9. 1888), französischer Sänger und Schauspieler. →

4. Frans Masereel (* 30. 7. 1889), belgischer Maler und Grafiker.

16. Frederik IX. (* 11. 3. 1899), König von Dänemark.

Bangla Desh souverän

Die Staaten in Asien und die Jahre ihrer Unabhängigkeit.

10. Januar. Nachdem nach erbitterten Kämpfen die pakistanische Armee im Dezember des Vormonats kapituliert hat, erhält der ostbengalische Staat Bangla Desh seine Unabhängigkeit. Bengalenführer Scheich Mujibur Rahman wird aus westpakistanischem Gewahrsam freigelassen und in Bangla Deshs Hauptstadt Dacca triumphal empfangen. Als neuer Ministerpräsident mit selbstaufgestellter provisorischer Verfassung übernimmt er rasch Schlüsselpositionen im Staat und löst alle Bindungen zu Pakistan. Bengalische Gruppen machen zugleich Jagd im eigenen Land auf Kollaborateure der Pakistaner und üben grausame Vergeltung an den aus dem indischen Bundesstaat Bihar stammenden Moslems, die während der pakistanischen Besatzung die bengalische Mehrheit oft unterdrückt hatten.

31. Januar. Der österreichische Skiläufer Karl Schranz wird — als Exempel — von den Olympischen Spielen ausgeschlossen, weil er gegen die Amateurstatuten verstoßen hat. In Wien wird er begeistert empfangen (→ Februar 1972).

Kontroverse um Ostverträge geht weiter

Der Streit um die Verfassungskonformität der Verträge mit Moskau und Warschau bestimmt weiterhin die bundesdeutsche Innenpolitik. Nicht nur zwischen Regierung und Opposition, auch innerhalb der CDU/CSU herrschen unterschiedliche Meinungen. Während der Rechtsausschuß des Bundesrates die Ostverträge als mit dem Grundgesetz übereinstimmend ansieht, ziehen Teile der Union, allen voran die bayerische CSU, eine Verfassungsklage in Betracht. Die Schwesterpartei CDU hat in ihrem Bundesausschuß zwar ein »Nein« zu den Verträgen beschlossen mit der Begründung, die Bundesregierung habe den DDR-Forderungen zu sehr nachgegeben und so Erleichterungen in den Beziehungen verhindert. Jedoch ist die Mehrheit der CDU nicht bereit, bis zum Bundesverfassungsgericht nach Karlsruhe zu gehen.

Autohersteller erhöhen Preise für Neuwagen

20. Januar. Zum viertenmal in nur drei Jahren erhöhen die bundesdeutschen Automobilunternehmen ihre Neuwagenpreise. Steigende Kosten sowohl beim Material- als auch beim Personalaufwand haben zu Gewinneinbruch und Dividendenschwund geführt.

Nachdem ohnehin Experten für 1972 Verkaufsrückgänge zwischen fünf Prozent und 20 Prozent vorausgesagt haben, müssen die Unternehmen durch die Verteuerung gängiger Modelle nun noch schwärzer in die Zukunft sehen. Um nicht auch noch im Ausland Marktanteile zu verlieren, werden dort die Preise deutscher Automobile nicht in dem Maße erhöht, wie der Kurs der D-Mark steigt. Mit über 625 000 Beschäftigten oder 7,5 Prozent der Gesamtbeschäftigtenzahl ist in diesem Jahr die Kraftfahrzeugindustrie nach dem Maschinenbau und der elektrotechnischen Industrie der wichtigste Arbeitgeber in der Bundesrepublik.

Maurice Chevalier tot

Der französische Chansonnier Maurice Chevalier in der klassischen Pose des charmanten Herzensbrechers vor dem Eiffelturm in Paris.

1. Januar. Mit Maurice Chevalier stirbt der bekannteste französische Chansonnier. Chevalier ist 1888 als neuntes Kind eines Anstreichers geboren worden und in einem Pariser Arbeiterviertel aufgewachsen. Schon als Kind trat Maurice Chevalier im Cabaret auf und wurde 1909 Bühnenpartner der legendären Mistinguett. Nach eigenen Aussagen hat er 68 Jahre lang auf der Bühne gestanden. Ebenso bekannt ist Chevalier als Schauspieler gewesen. Schon zur Stummfilmzeit war er in Herzensbrecher-Rollen ein Publikumsidol. In Tonfilmen feierte er seine größten Erfolge mit Regisseuren wie Ernst Lubitsch und René Clair. Chevalier, dessen Strohhut zu seinem Markenzeichen wurde, hatte zum Abschluß seiner Karriere als 80jähriger in einer Einmann-Show wochenlang ein ausverkauftes Haus in Paris.

9. Januar. Auf dem ehemaligen Ozeanriesen »Queen Elizabeth« bricht ein Großfeuer aus. Das auf den Namen »Seawise University« umbenannte Schiff war von dem chinesischen Reeder Tung erworben worden. Das frühere Luxusschiff soll in Hongkong zu einer schwimmenden Universität ausgebaut werden.

1972

FEBRUAR

Mo	Di	Mi	Do	Fr	Sa	So
	1	2	3	4	5	6
7	8	9	10	11	12	13
14	15	16	17	18	19	20
21	22	23	24	25	26	27
28	29					

1. Ollenburgs Beuteanteil an dem Albrecht-Lösegeld (2,8 Millionen DM) wird gefunden.

2. Olympische Winterspiele in Sapporo eröffnet. →

4. Die US-Sonde Mariner 9 sendet Fotos vom Mars.

6. Fünf Jordanier werden in Brühl von Landsleuten erschossen.

6. Gold für Erhard Keller (500-m-Eisschnellauf) und Zimmerer/Utzschneider (Zweierbob). →

6. Erstmalig seit dem Zweiten Weltkrieg landet die Lufthansa in Moskau.

10. Übereinstimmung über Ostpolitik bei Konsultationen Brandt/Pompidou in Paris.

11. Goldmedaille für Monika Pflug im 1000-m-Eisschnellauf. →

13. In Düsseldorf Premiere des »Faust II« von K.-H. Stroux.

15. 17 Arbeiter ertrinken bei einer Schiffskollision in Hamburg.

17. Der VW-Käfer bricht mit über 15 Millionen Exemplaren den Verkaufsrekord des Ford-Erfolgsautos »Tin Lizzie«. →

17. Knappe Unterhaus-Mehrheit in London für EWG-Beitritt.

21. Nixon zu Staatsbesuch in Peking. →

21. Maxim Gorkis »Die falsche Münze« wird in Bochum erstaufgeführt.

22. Die DDR erlaubt überraschend Oster- und Pfingstbesuche aus dem Westen Deutschlands.

22. Eine Lufthansa-Maschine wird nach Aden entführt.

23. Lufthansa-Passagiere gegen 16 Millionen DM Lösegeld freigelassen.

25. Die USA starten Jupiter-Sonde Pioneer 10. →

28. Nach Übertritt Herbert Hupkas von SPD zur CDU liegt Koalition nur noch eine Stimme über der absoluten Mehrheit.

GESTORBEN:

6. Erica Pappritz (* 25. 6. 1893), frühere Vize-Protokollchefin des Auswärtigen Amtes.

15. Edgar Snow (* 19. 7. 1905), amerikanischer Schriftsteller und China-Experte.

21. Eugène Tisserant (* 24. 3. 1884), französischer Kurienkardinal und Mitglied der Académie Française.

Krisen erschüttern die europäische Wirtschaft

Der steigende Konkurrenzdruck zu Beginn des Jahres 1972 zwingt zahlreiche Branchen der Wirtschaft ihre Pläne und Kalkulationen neu zu überdenken. In der Bundesrepublik ist die Deutsche Lufthansa von dieser Entwicklung betroffen. Fünf neue Jumbo-Jets, die die Firma Boeing liefert, wird man zunächst einmal einmotten, denn die Kapazität der Großraum-Flugzeuge ist nicht ausgelastet. Noch vor wenigen Jahren war der einzige Jumbo Europas, der zur Lufthansa gehörte, ein voller Erfolg. Der dann folgende Boom führt vor allem auf der Strecke Europa—USA zu einer Übersetzung, wodurch der Linienverkehr der Lufthansa erstmals seit acht Jahren ins Defizit gerät. Keine einhellige Konjunktur herrscht in der Stahlbranche. Zwar ist die Beschäftigung durch Bestellungen über 1,9 Millionen Tonnen gesichert, doch führt Konkurrenzdruck auf Spezial-Märkten zu Stillegungen bei Mannesmann. 1800 Arbeitsplätze werden verlagert.

In Großbritannien wird eine so unerschütterlich wirkende Firma wie Rolls Royce von der Finanzkrise betroffen. Allerdings ist der Bereich Luft-/Raumfahrt, und nicht etwa der Automobilbau in Gefahr. Wohl kein Industriezweig wird so sehr von einer Firma beherrscht, wie die Computerbranche von IBM. Gegen diesen amerikanischen Riesen formiert sich nun eine europäische Firmenallianz. Die deutsche Siemens AG und die französische CII unterzeichnen ein Abkommen über einen Computer-Verbund, dem auch der holländische Philips-Konzern beitreten soll.

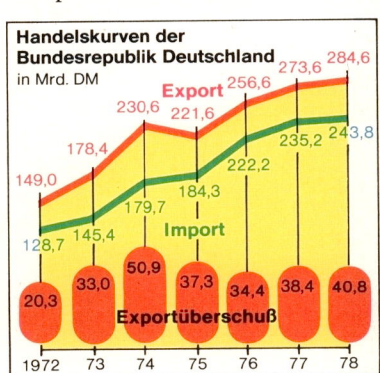

Der Handel in der Bundesrepublik.

Richard Nixon (vorn rechts) und Ministerpräsident Tschou En-lai schreiten bei Ankunft des US-Präsidenten in Peking die Ehrenkompanie ab.

Nixon trifft Mao

21. Februar. Richard Nixons Treffen mit Mao Tse-tung wird der »Gipfel des Jahrhunderts« genannt. Sofort nach seiner Ankunft wird der amerikanische Präsident vom Parteivorsitzenden Mao empfangen. Die China-Reise ist vom Sonderberater des Präsidenten, Henry Kissinger, sorgfältig vorbereitet worden und wird vom amerikanischen Fernsehen stundenlang übertragen. Auf chinesischer Seite gibt es jedoch Gegner dieser neuen Politik des Pragmatikers Tschou En-lai. Widerstand kommt vor allem aus der Armee, deren Verteidigungsminister Lin Piao seit Herbst 1971 verschollen ist.

Skepsis ruft die neue Freundschaft USA/China in vielen Ländern Asiens hervor, offene Gegnerschaft in der Sowjetunion. Ergebnisse der erstmals in der chinesischen Geschichte betriebenen offensiven, nach Westen gerichteten Außenpolitik zeigen sich schon während der Reise Nixons: Dem Angebot Tschou En-lais, normale Beziehungen aufzunehmen, antworten die USA mit der Bereitschaft, Truppen aus Taiwan abzuziehen. Die amerikanische Maxime »Es gibt nur ein China« bezieht sich nun auf die Volksrepublik. Vor der Nixon-Reise hatte China bereits eine innenpolitische Lockerung vorgenommen. Die von der Kulturrevolution verordnete literarische Zwangspause geht zu Ende, es dürfen wieder Romane erscheinen.

Nixon (rechts) beim Parteivorsitzenden Mao Tse-tung in Peking.

Olympia in Sapporo

2. Februar. Die Olympischen Winterspiele in Sapporo werden eröffnet. Ihre Schatten haben sie seit langem vorausgeworfen. Während sich Japan von den bis dahin teuersten Winterspielen mit reger Bautätigkeit eine Förderung der wirtschaftlich unterentwickelten Region um Sapporo erhofft, herrscht im Internationalen Olympischen Komitee Streit um den Amateurstatus. Der im selben Jahr scheidende Präsident Avery Brundage hat zeitlebens gegen die Kommerzialisierung des Sports gekämpft. Er hat jedoch die Entwicklung nicht aufhalten können, die es nötig macht, daß Sportler den Zeitverlust durch Training, der sich auf ihren Beruf auswirkt, mit privaten und staatlichen Subventionen ausgleichen.

Monika Pflug gewinnt im 1000-Meter-Eisschnellauf eine Goldmedaille.

Die Medaillengewinner im 500-Meter-Eisschnellauf: Gold geht an Erhard Keller (Bundesrepublik, Mitte), Silber an Hasse Boerjes (Schweden, rechts) und Bronze an Valerie Muratow (UdSSR, links).

Kurz vor Beginn der Spiele gibt Brundage eine »Schwarze Liste« mit 53 Namen von Sportlern heraus, die gegen den Amateurstatus verstoßen haben. Er fordert ihren Ausschluß, wodurch die Winterspiele mit Sicherheit gesprengt würden. Das IOC ist lediglich bereit, ein Exempel zu statuieren: Es schließt Österreichs Skiläufer Karl Schranz wenige Tage vor ihrem Beginn von den Spielen aus (→ Januar 1972). Mit der Verwendung seines Namens und Bildes zu Werbezwecken wird der Ausschluß begründet. Gold für die Bundesrepublik erringt Erhard Keller im 500-m-Eisschnellauf, der seinen Erfolg von 1968 wiederholt. Doppelerfolg gibt es im

Zweierbob: Zimmerer/Utzschneider erringen die Goldmedaille vor Floth/Bader (Silber). Den überraschendsten Sieg aber verbucht Monika Pflug, mit deren Goldmedaille im 1000-m-Eisschnellauf niemand gerechnet hat.

Der Medaillenspiegel sieht folgendermaßen aus:

	Gold	Silber	Bronze
UdSSR	8	5	3
DDR	4	3	7
Schweiz	4	3	3
.			
Bundesrepublik	3	1	1

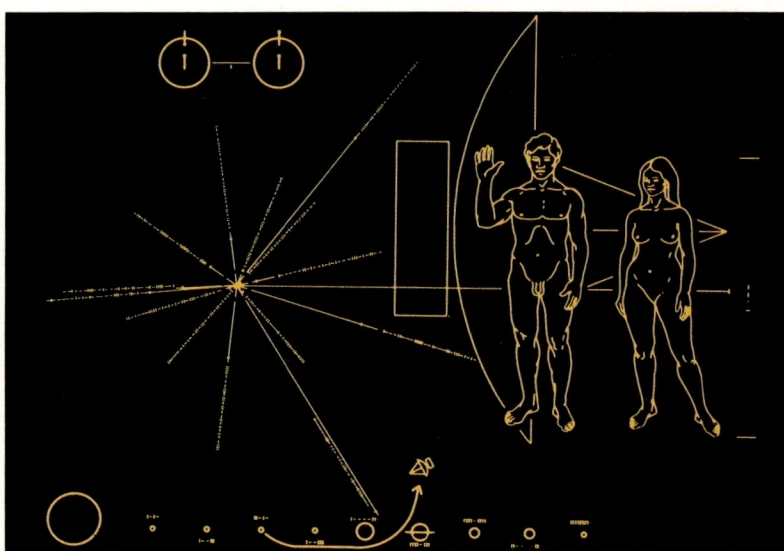

An Bord der US-Raumsonde Pioneer 10 befindet sich eine Tafel mit Symbolen, die außerirdischen intelligenten Lebewesen eine Botschaft übermitteln sollen. Die Tafel zeigt Mann und Frau, eine Darstellung des Wasserstoffatoms, kosmische Radioquellen, die Pioneer-Antenne als Größenmaßstab für die Menschen sowie eine Skizze des Sonnensystems mit der Herkunft der Sonde.

Botschaft ins Weltall

25. Februar. Die USA starten am 25. Februar eine weitere Weltraumsonde im Zusammenhang ihrer unbemannten Raumflüge: Pioneer 10 macht sich auf den Weg zum Jupiter. Nach der 22 Monate dauernden Reise soll die Sonde Fotos dieses Planeten zur Erde übermitteln und anschließend den Weg ins All fortsetzen. Pioneer 10 wird nicht zurückkehren, sondern trägt eine Botschaft, die an mögliche außerirdische Lebewesen gerichtet ist. Mit Hilfe von Zeichnung und Symbolen werden Informationen über das Leben auf der Erde vermittelt, die von intelligenten Wesen entschlüsselt werden können.

17. Februar. Der VW-Käfer wird das erfolgreichste Auto der Welt. Ein in der Sonderfarbe »Metallic Marathon-blau« lackierter Wagen läuft als 15 007 634. Auto vom Band. Damit übertrifft der Käfer an Stückzahl das bisher meistgebaute Auto der Welt, das berühmte Ford-Modell »T«, das ein Arbeiter des Volkswagenwerks anläßlich des Käfer-Rekords zum Vergleich vorführt.

1972

MÄRZ

Mo	Di	Mi	Do	Fr	Sa	So
		1	2	3	4	5
6	7	8	9	10	11	12
13	14	15	16	17	18	19
20	21	22	23	24	25	26
27	28	29	30	31		

1. Der Bund erstattet der Lufthansa 16 Millionen DM Lösegeld für die Entführung im Februar, Fluggesellschaft ist nicht versichert (→ 22. Februar).

5. Bundeskanzler Brandt im Iran.

6. Deutsche Charter-Fluggesellschaft Calair stellt Betrieb ein.

7. Steigende Aufträge in Stahlindustrie beenden Kurzarbeit. Facharbeiter sind knapp.

8. Francos Enkelin Maria del Carmen heiratet Alfonso de Bourbon.

9. Rodnina/Ulanow werden zum viertenmal Eiskunstlauf-Weltmeister. Sie trennen sich anschließend. →

13. 14 000 Anträge für Besuche in die DDR am ersten Annahmetag.

15. Im ersten Verfahren gegen ein Baader-Meinhof-Mitglied erhält Ruhland viereinhalb Jahre Haft.

17. DFB sperrt Schalker Spieler wegen Bestechungsverdacht von Nationalelf aus.

20. Breschnew erkennt in einer Rede vor dem Gewerkschaftskongreß erstmals Existenz der EWG an.

21. Griechischer Ministerpräsident Papadopoulos wird zusätzlich Vizekönig.

24. Rheinfall bei Schaffhausen durch Trockenheit fast völlig versiegt. →

24. EWG-Ministerrat erhöht die Agrarpreise.

24. Regierung Heath übernimmt die Regierungsgewalt in Nordirland. →

27. Ost-Synode beruft eigenen Bischof zur organisatorischen Trennung der Evangelischen Kirche Berlin-Brandenburg in West/Ost.

27. Ödön von Horváths »Sladek« in München uraufgeführt.

28. Pockenquarantäne in Hannover für 400 Kontaktpersonen von erkranktem Jugoslawen.

GESTORBEN:

2. Erna Sack (* 6. 2. 1898), deutsche Kammersängerin und Schauspielerin.

11. Ferdinand Friedensburg (* 17. 11. 1886), Mitbegründer der Berliner CDU und früherer Bürgermeister.

14. Giangiacomo Feltrinelli (*19. 6. 1926), italienischer Verleger. →

Verleger Feltrinelli stirbt bei einem Attentatsversuch

Giangiacomo Feltrinelli †.

14. März. Giangiacomo Feltrinelli, 46, kommt bei einem selbstverschuldeten Attentat ums Leben. Er gilt als das Enfant terrible unter den Großverlegern. Sein erst 1955 gegründeter Mailänder Buchverlag hat mit Giuseppe Tomasi di Lampedusas »Der Leopard« und Boris Pasternaks »Doktor Schiwago« sogleich Erfolg. Seitdem verlegte sich Feltrinelli vorwiegend auf linke Literatur. Er besitzt die Weltrechte an Fidel Castros Büchern und hat selber Che Guevaras Tagebuch ins Italienische übersetzt. Der Verleger wandelt sich vom Kommunisten und späteren Trotzkisten zum Anarchisten. Die Staatsanwaltschaft ermittelt gegen ihn wegen des Verdachts der Beteiligung an Bombenattentaten. Jetzt wird Feltrinelli sein eigenes Opfer. Bei der vorzeitigen Explosion einer Sprengladung, die er bei sich trägt, wird er getötet.

Biographie-Betrug

Den außergewöhnlichsten publizistischen Schwindel der letzten Jahrzehnte gesteht Clifford M. Irving, 41, vor einem Geschworenen-Gericht in New York: Ihm ist es gelungen, renommierte US-Verlage mit einer erfundenen Autobiographie des amerikanischen Milliardärs Howard Hughes zu täuschen. Er hat in Briefen und Ausweisen die Unterschrift von Hughes gefälscht, der seit Jahrzehnten wie ein Einsiedler lebt (→ Januar 1976). Der Verlag McGraw-Hill hat Schecks über mehrere hunderttausend Dollar an den angeblichen Hughes gezahlt, die Irving eingelöst hat.

Mehrheit in Gefahr

Karl Schiller.

Die Bonner SPD/FDP-Koalition muß nicht nur mit einer immer kleiner werdenden Mehrheit regieren, es mehren sich zudem Schwierigkeiten, die um Wirtschaftsminister Karl Schiller (SPD) entstehen. Die Kritik an Schiller aus den eigenen Reihen wird zunehmend heftiger. Ihm wird Verschleppung der Großen Steuerreform, des Kernstücks der Koalitionsabsprachen, vorgeworfen. Ferner trifft Schiller der Vorwurf der Vetternwirtschaft: Er hat seinen Schwager Eberhard Machens, einen Geologen, zum Präsidenten der Bundesanstalt für Bodenforschung machen lassen, ohne das Kabinett über die Verwandtschaft aufzuklären. Nach Protesten des Personals der Bundesanstalt gegen diese Ernennung auf »undemokratischem Wege« wird Machens auf eigenen Wunsch beurlaubt.

Nachdem Ende Februar der Abgeordnete Herbert Hupka die SPD verlassen hat, kommt durch Unsicherheit einiger FDP-Parlamentarier die absolute Mehrheit von einer Stimme in Gefahr. Die Abgeordneten könnten, wenn sie ihr Mandat mitnehmen, die Ostverträge bei der Abstimmung zum Scheitern bringen. Währenddessen droht die UdSSR, sie werde das Viermächte-Abkommen über Berlin erst nach der Ostvertrags-Ratifizierung unterzeichnen. Bereitwilligkeit zur Zusammenarbeit demonstriert Ost-Berlin. Überraschend dürfen erstmals seit sechs Jahren Westberliner die Grenze überschreiten. Zugleich erfahren Bundesbürger bei der Einreise in die DDR Erleichterungen bei der Abfertigung, die eigentlich erst nach Inkrafttreten des Viermächte-Abkommens vorgesehen sind.

Viermal Weltmeister

9. März. Zum viertenmal erringen die sowjetischen Eiskunstläufer Irina Rodnina und Alexej Ulanow in Calgary in Kanada den Weltmeistertitel im Paarlauf. 1969 hatte ihre Erfolgsserie in Colorado Springs begonnen. Irina Rodnina trennt sich jetzt von ihrem Partner.

Irina Rodnina und Alexej Ulanow mit ihrem Trainer Stanislaw Shuk (Mitte).

24. März. Ein Jahrhundertbild: Durch eine anhaltende winterliche Trockenperiode versiegt der Rhein weitgehend. Der berühmte Rheinfall von Schaffhausen, Touristenattraktion zu jeder Jahreszeit, wird dadurch fast völlig trockengelegt. Über die Felsen, über die sich sonst donnernd und gischtsprühend die Wassermassen stürzen, plätschert jetzt nur noch ein recht bescheidenes Flüßchen. Schaulustige können über die Felsbarriere im Strom klettern.

London greift ein

24. März. Die Regierung in London übernimmt die Regierungsgewalt in Nordirland. Die nordirischen Protestanten waren an die Unterstützung durch die Regierung Edward Heath in London gewöhnt. Seit der Eskalation der Gewalt Anfang des Jahres in Nordirland jedoch verlangt der britische Premierminister Konzessionen und legt einen Friedensplan vor. Die Protestanten aber wollen den Forderungen der katholischen Minderheit nach Gleichberechtigung nicht nachgeben und formieren sich ihrerseits zu radikalem Protest. London übernimmt daraufhin die Kontrolle über die nordirischen Sicherheitsorgane und schließlich über ganz Irland für zunächst ein Jahr. Der konservative Abgeordnete William Whitelaw löst Irlands Premier Brian Faulkner ab. Dieser ruft die Nordiren zum »zivilen Ungehorsam« auf und veranlaßt die Protestanten, in einen Generalstreik zu treten. Die Ablehnung des englischen Eingreifens in Irland hat sich in Haß verwandelt, als am 30. Januar bei einer Bürgerrechtsdemonstration in Londonderry britische Soldaten in die Menge feuerten und ein Blutbad anrichteten.

Mandel abgelehnt

Heftige Diskussionen nicht nur in Universitätskreisen löst der Berliner Senat aus: Er entscheidet, ebenso wie das Bundesinnenministerium, dem belgischen Marxisten Ernest Mandel, 46, den Lehrstuhl für Sozialpolitik an der Berliner Freien Universität zu verweigern. Begründung: Mandel bedrohe die öffentliche Sicherheit. Daher wird über Mandel auch ein Einreiseverbot in die Bundesrepublik verhängt, wie es für die USA, die Schweiz und Frankreich bereits besteht. Die wissenschaftliche Qualifikation wird dem Brüsseler Dozenten nicht abgesprochen, doch ist für die Entscheidung ausschlaggebend, daß Mandel Sekretär der Vierten Internationale des Weltbundes der Kommunisten ist, die sich auf Lenin und Trotzki berufen. Dieser Bund ist zum Teil illegal. Doch Mandel ist nicht nur dem Westen suspekt: Für moskautreue DDR-Zeitungen gilt er als »Anti-Kommunist«.

APRIL

Mo	Di	Mi	Do	Fr	Sa	So
					1	2
3	4	5	6	7	8	9
10	11	12	13	14	15	16
17	18	19	20	21	22	23
24	25	26	27	28	29	30

1. Verschiedene arabische Staaten nehmen die seit 1965 unterbrochenen Beziehungen zur Bundesrepublik wieder auf.

1. Helmut Allardt erhält als erster deutscher Botschafter in Moskau einen Abschiedsempfang von Gromyko.

1. Proteste der CDU gegen Stellungnahme evangelischer Bischöfe für die Ostverträge. →

4. Türkei nach Unruhen an der Schwelle zur Militärdiktatur.

6. Als Vergeltung der Invasion in Südvietnam nehmen die USA die seit 1968 unterbrochenen Bombenflüge über Nordvietnam wieder auf.

7. Handelsvertrag mit Moskau wird paraphiert. Sowjetische Unterschrift erst nach Annahme der Ostverträge.

10. 450 000 Westberliner besuchen zu Ostern den östlichen Teil der Stadt.

10. Ulrich Sahm wird neuer Botschafter in Moskau.

13. Dritte Konferenz für Handel und Entwicklung der UNO beginnt in Santiago. →

16. Apollo 16 zum Mond gestartet.

18. ČSSR-Flugzeug wird auf Inlandflug nach Nürnberg entführt. Entführer werden festgenommen.

21. Mit einem 3 : 2-Sieg über die Sowjetunion wird die ČSSR Eishockey-Weltmeister.

24. CDU beschließt Mißtrauensvotum gegen Kanzler Brandt.

27. Mißtrauensvotum im Bundestag abgewiesen. →

30. Erster Sieg der deutschen Fußball-Nationalmannschaft auf britischem Boden: 3 : 1 gegen England im Viertelfinale der Europameisterschaft. →

GESTORBEN:

6. Heinrich Lübke (* 14. 10. 1894), früherer Bundespräsident. →

9. James F. Byrnes (* 2. 5. 1879), früherer Außenminister der USA.

12. C. W. Ceram (* 20. 1. 1915), eigentlich Kurt W. Marek, deutscher Schriftsteller (»Götter, Gräber und Gelehrte«).

16. Otto Brenner (* 8. 11. 1907), deutscher Gewerkschafter.

27. Kwame Nkrumah (* 21. 9. 1909), Präsident von Ghana.

Das Mißtrauensvotum

Willy Brandt (rechts) mit Rainer Barzel nach dem Mißtrauensvotum.

27. April. Erstmals in der Geschichte der Bundesrepublik kommt es zu einem Mißtrauensvotum des Bundestages gegen den Kanzler. Der CDU-Fraktionsvorstand beschließt dieses Votum, nachdem mehrere Koalitionsabgeordnete aus Protest gegen die Ostpolitik zur Unterstützung des Bundeskanzlers Willy Brandt offenbar nicht mehr bereit sind. Am Tag vor der Abstimmung kommt es zu zahlreichen Streiks in der Bundesrepublik, bei denen gefordert wird, Brandt solle Kanzler bleiben. Überraschend wird am 27. April jedoch das von der Union eingebrachte Mißtrauensvotum abgewiesen: Barzel als Fraktionsvorsitzender erhält nur 247 Stimmen, zwei weniger als erforderlich. Da ein Großteil der Koalition an der Abstimmung nicht teilnahm, muß zumindest ein Unionsabgeordneter gegen Rainer Barzel gestimmt haben. Das Patt im Bundestag zeigt erneut seine Auswirkung, als am Tag darauf der Haushalt des Bundeskanzlers keine Mehrheit erhält. Neuwahlen scheinen unvermeidlich.

Protestanten für die Ostverträge

1. April. Eine Stellungnahme von 25 prominenten evangelischen Kirchenvertretern der Bundesrepublik erregt Aufsehen und Widerspruch: »Die Ostverträge leisten einen Beitrag zum Frieden, den nur die Deutschen in der Bundesrepublik leisten können und den unsere Nachbarn in Ost und West von uns erwarten können«, heißt es in der Erklärung, die eine heftige Diskussion über die Berechtigung kirchlicher Stellungnahmen zur Politik hervorruft.
Die Union protestiert gegen diesen »Mißbrauch bischöflicher Autorität« und auch von Teilen der evangelischen Kirche wird die Erklärung der Kirchenvertreter als »private Meinung« abgetan.

Vorwürfe gegen Industrienationen

13. April. Auf der dritten Weltkonferenz für Handel und Entwicklung (UNCTAD) der Vereinten Nationen (UNO) sitzen die Industrienationen auf der Anklagebank. Die fünfwöchige Konferenz in Santiago de Chile mit 2000 Delegierten aus 140 Ländern äußert heftige Kritik am Welthandels- und Währungssystem. Damit wird das bisher immer gültige Selbstverständnis der Industrienationen massiv angegriffen. Zum erstenmal nimmt die Kritik ein solches Ausmaß an, daß auch die Forderung nach einem neuen Weltwirtschaftssystem aufgestellt wird. Das Pro-Kopf-Einkommen der Entwicklungsländer ist in den letzten Jahren kaum gestiegen.

Ehemaliger Bundespräsident Lübke stirbt

6. April. Der nach Theodor Heuss zweite Bundespräsident der Bundesrepublik Deutschland, Heinrich Lübke, stirbt im Alter von 77 Jahren. Der in Enkhausen im Sauerland geborene Politiker hat Landwirtschaft und -vermessung studiert. Nach dem Ersten Weltkrieg, den er als Freiwilliger mitmacht, studiert er außerdem noch Volkswirtschaft und Verwaltungsrecht. Er gründet 1926 den Zusammenschluß »Deutsche Bauernschaft« und wird 1931 Zentrumsabgeordneter im preußischen Landtag. 1933 entlassen ihn die Nationalsozialisten aus allen Ämtern, und Lübke kommt für 20 Monate in Untersuchungshaft. Während des Zweiten Weltkrieges wird er in einem für Speer arbeitenden Ingenieurbüro dienstverpflichtet. In der Staatsgründung nach dem Krieg gehört Lübke bereits 1946 für die CDU dem Landtag in Westfalen an und wird später nordrhein-westfälischer Minister für Ernährung, Landwirtschaft und Forsten. Der

Heinrich Lübke †.

der Landwirtschaft immer eng verbundene Lübke erhält 1953 das gleiche Ministerium in der Bundesregierung. 1959 wird er, nach längerem diplomatischen Tauziehen (→ Juni, Juli 1959), für insgesamt zehn Jahre, zum deutschen Bundespräsidenten gewählt. Seine Amtszeit ist von zahlreichen Auslandsreisen geprägt.

Erster Sieg in England nach 64 Jahren

Die deutsche Mannschaft nach dem 3:1-Sieg über England. Die Spieler umarmen Netzer (mit der Nr. 10).

30. April. Zum erstenmal gelingt es einer deutschen Nationalmannschaft, England auf britischem Boden zu besiegen. In einem der besten Spiele unter Bundestrainer Helmut Schön erreichen die Deutschen ein unerwartetes 3:1.

Zu diesem »Traumspiel« im ausverkauften Londoner Wembley-Stadion sind auch 12 000 deutsche Schlachtenbummler gereist. Sie sehen, wie der erst 20jährige Münchener Uli Hoeneß die Bundesrepublik in der 25. Minute in Führung bringt. Erst in der 77. Minute schafft England den Ausgleich durch Lee. Fünf Minuten vor Schluß dann ein Foul von Bobby Moore an Siegfried Held im Strafraum. Günter Netzer tritt beim Elf-Meter-Schuß gegen Gordon Banks an, der den Ball noch mit den Fingerspitzen berührt. Er lenkt ihn an den Innenpfosten, von wo er ins Netz geht. In der letzten Spielminute verbessert dann Gerd Müller das Ergebnis zu einem 3:1.

Das Spiel, so Uli Hoeneß, wird im Mittelfeld entschieden. Dort verwirrt der überragende Netzer zusammen mit dem technisch faszinierenden Franz Beckenbauer seine Gegenspieler und schafft so Raum für die Angriffe auf das englische Tor. Mit dieser Spielweise lassen die Deutschen den auf traditionelle Weise – über weite Flanken – angreifenden Engländern keine Chance. Daher gilt nach dem Spiel die Pressekritik dem britischen Trainer Sir Alf Ramsey, dem man vorwirft, mit seinem beharrlichen Vertrauen zur alten Spielergarde keine ideenreich spielende Mannschaft konstruiert zu haben.

1972
MAI

Mo	Di	Mi	Do	Fr	Sa	So
1	2	3	4	5	6	7
8	9	10	11	12	13	14
15	16	17	18	19	20	21
22	23	24	25	26	27	28
29	30	31				

4. Der Vietcong ruft im eroberten Quang Tri eine Revolutions-Regierung aus.

8. Staatsbesuch Gustav VI. Adolfs von Schweden. Er überreicht dem Bundespräsidenten Heinemann die Kette des Seraphimsordens, die bisher nur der finnische Staatspräsident hat.

9. US-Präsident Nixon befiehlt Seeblockade gegen Nordvietnam und Verminung der Häfen.

10. Opposition erzwingt im Bundestag die Vertagung der Entscheidung über die Ostverträge.

12. Ein Bombenattentat auf das Hauptquartier des fünften US-Armeekorps in Frankfurt fordert einen Toten. →

17. Die Ostverträge passieren den Bundestag. →

18. Die Air France gibt die Berlin-Flüge ab.

19. Bombenanschläge auf das Hochhaus des Springer-Verlags in Berlin. →

22. Präsident Nixon zu Staatsbesuch in Moskau. →

24. Anschlag auf das US-Hauptquartier in Heidelberg fordert drei Tote. →

26. SALT-Vereinbarung in Moskau von Nixon und Breschnew unterzeichnet.

26. Das Einweihungsspiel im Münchner Olympia-Stadion: Bundesrepublik – UdSSR endet 4:1.

30. NATO-Außenminister treffen sich in Bonn.

31. Drei japanische Attentäter richten im Flughafen Lod in Tel Aviv ein Blutbad an: 26 Tote. Israel macht den Libanon dafür verantwortlich.

31. Nixon besucht als erster US-Präsident Polen. →

GESTORBEN:

2. J. Edgar Hoover (* 1. 1. 1895), amerikanischer Kriminalist, Direktor der Bundespolizei FBI.

14. Theodor Blank (* 19. 9. 1905), früherer deutscher Arbeits- und Verteidigungsminister.

21. Margaret Rutherford (* 11. 5. 1892), britische Filmschauspielerin.

24. Asta Nielsen (* 11. 9. 1881), dänische Filmschauspielerin. →

28. Herzog von Windsor (* 23. 6. 1894). →

Nixon (vorn, Mitte) in Moskau. An der gegenüberliegenden Tischseite (von links) Kossygin, Breschnew, Podgorny und Gromyko.

Nixon besucht Moskau

22. Mai. Richard Nixon besucht als erster Präsident der Vereinigten Staaten von Amerika die Sowjetunion. Zur selben Zeit werden auf seinen Befehl hin die Nachschubwege des auch von Moskau unterstützten Vietcong bombardiert. Diese Eskalation im Vietnamkrieg hat jedoch nicht, wie befürchtet, die Reise in die UdSSR in Schwierigkeiten gebracht.

Beide Seiten halten die Abkommen innerhalb der Entspannungspolitik für wichtiger. So werden Fachabkommen über Umweltschutz und Medizin, über Weltraumforschung und wissenschaftlich-technische Kooperation abgeschlossen. Die wichtigste Unterschrift aber setzen die Vertragspartner unter das erste SALT-Abkommen, das zur Begrenzung der strategischen Atomrüstung dient. Anschließend fährt Nixon, ebenfalls als erster US-Präsident, zu einem Besuch in die Volksrepublik Polen.

Stummfilmstar Asta Nielsen stirbt in Dänemark

24. Mai. Die dänische Bühnen- und Filmschauspielerin Asta Nielsen stirbt 90jährig in Kopenhagen. Berühmt wurde die gebürtige Dänin in Deutschland: Bereits 1910 erhielt Asta Nielsen in »Abgründe« erstmals eine Filmrolle, und in späteren Jahren wurde ihr Pagenkopf eine der meistkopierten Frisuren Anfang der zwanziger Jahre.

Unter den Regisseuren Ernst Lubitsch, Georg Wilhelm Pabst und Leopold Jessner gelangte sie meist in zwiespältig-dämonischen Rollen zu Weltruhm, so in dem Film »Die freudlose Gasse«. Als jedoch Anfang der 30er Jahre der Tonfilm sich mehr und mehr durchsetzte, zog sich Asta Nielsen ans Theater zurück. 1937 verließ sie Deutschland und ging wieder nach Dänemark (→ Februar 1921, Mai 1925).

Asta Nielsen in jungen Jahren.

Die Schauspielerin vor ihrem Tode.

Ostverträge gebilligt

17. Mai. Nach langen und zähen innenpolitischen Verhandlungen werden die Verträge von Moskau und Warschau vom deutschen Bundestag verabschiedet. Zuvor haben die innerparteilichen Streitigkeiten erhebliche Unruhe auch im Ausland verursacht und bis zur letzten Minute ist eine Mehrheit für die Verträge unsicher. Das Patt der Parteien im Bundestag hätte die Verabschiedung verhindert, wenn sich die CDU/CSU nicht der Stimme enthalten hätte. Dies geschieht auf Druck der CSU, denn Fraktionsführer Barzel will die Abstimmung jedem einzelnen Abgeordneten freistellen. Da nun aber auch der Bundesrat keinen Einspruch gegen die Verträge erheben wird, ist der Weg frei für das Inkrafttreten des Viermächte-Abkommens über Berlin, wiederum eine Vorbedingung der NATO für die Konferenz für Sicherheit und Zusammenarbeit in Europa.

Anschläge der RAF

Ein Offizierskasino der US-Armee in Frankfurt nach dem Bombenanschlag.

Eine Serie von Bombenattentaten werden in der Bundesrepublik verübt. Für die Anschläge zeichnet die Rote-Armee-Fraktion (RAF) verantwortlich. Eine Bombe explodiert im Auto des Bundesrichters Wolfgang Buddenberg, einer der Baader-Meinhof-Ermittler. Mehrere Anschläge gegen das Axel-Springer-Hochhaus in Berlin fordern zahlreiche Verletzte, einige Attentate gegen Polizeiwachen und Verwaltungen werden gerade noch rechtzeitig verhindert. Am schlimmsten trifft es die amerikanischen Truppen in der Bundesrepublik. Bei Explosionen in Hessen und Bayern kommt ein Oberstleutnant des fünften Armeekorps in Frankfurt ums Leben. Zwölf Tage später fordert ein Anschlag auf das Hauptquartier der Streitkräfte in Heidelberg drei Tote. Für viele öffentliche Gebäude wird Polizeischutz angeordnet.

Abgedankter englischer König Edward VIII. stirbt in Frankreich

28. Mai. Im französischen Neuilly-sur-Seine stirbt der Herzog von Windsor. Von Januar bis Dezember 1936 war er als Edward VIII. König von Großbritannien und Nordirland. Dann dankte er ab, weil seine bevorstehende Heirat mit der geschiedenen Amerikanerin Wallis Simpson weder vom Parlament noch von der anglikanischen Kirche gebilligt wurde. Nach der Abdankung erhielt er den Titel des Herzogs von Windsor. Bis zu seinem Tode lebte der 1894 geborene Herzog im Ausland. Im Zweiten Weltkrieg jedoch war er für sein Land tätig: Als britischer Verbindungsoffizier bei der französischen Armee, dann von 1940 bis 1945 als Gouverneur der Bahamas. 1951 erschienen seine Memoiren »Eines Königs Geschichte«. Mit der königlichen Familie hatte er kaum Kontakt (→ Dezember 1936).

1. Mai. Der deutsche Rekord-Nationalspieler Uwe Seeler nimmt Abschied von seiner Fußballkarriere. Das Bild zeigt Seeler (Mitte) mit dem Ex-Bundestrainer Sepp Herberger (links) und dessen Nachfolger Helmut Schön.

Attentat auf Wallace

15. Mai. Auf den Gouverneur des US-Staates Alabama, George Wallace, einen Vorkämpfer der Rassentrennung, wird bei einer Wahlveranstaltung ein Attentat verübt, bei dem er schwer verletzt wird. Wallace ist demokratischer Präsidentschaftskandidat. Er setzt anschließend, an beiden Beinen gelähmt, den Wahlkampf im Rollstuhl fort.

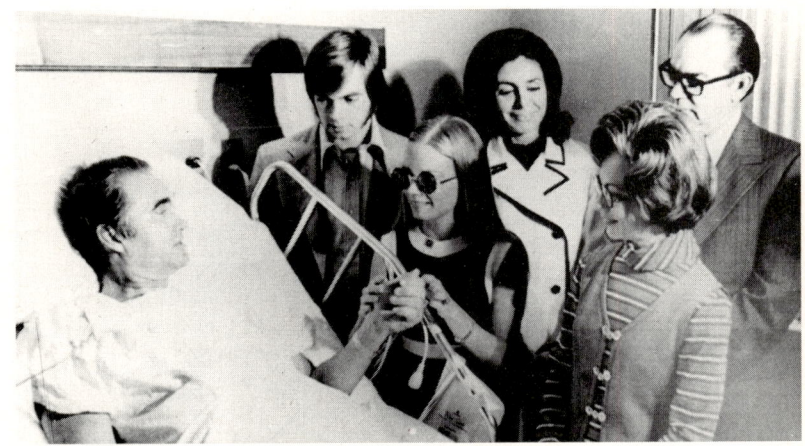

George Wallace mit Mitgliedern seiner Familie im Krankenhaus.

Michelangelos »Pietà« beschädigt

21. Mai. Mit einem Hammer beschädigt der offensichtlich geistesgestörte ungarische Emigrant Laszlo Toth im Petersdom in Rom die Skulptur »Pietà« von Michelangelo. Er stürzt sich mit den Worten »Ich bin Jesus Christus« auf die Madonna und schlägt ihr den Arm ab.

Der Attentäter (rechts, mit Bart) wird im Petersdom überwältigt.

JUNI

Mo	Di	Mi	Do	Fr	Sa	So
			1	2	3	4
5	6	7	8	9	10	11
12	13	14	15	16	17	18
19	20	21	22	23	24	25
26	27	28	29	30		

2. Andreas Baader und andere Baader-Meinhof-Mitglieder werden verhaftet. →

4. Angela Davis von Mordanklage freigesprochen. →

4. Anklage gegen vier Schalker Spieler, das Fußball-Bundesligaspiel gegen Bielefeld im April 1971 »verkauft« zu haben.

4. Unterzeichnung des Viermächte-Abkommens über Berlin.

5. UNO-Umweltkonferenz in Stockholm.

6. 200 Studenten in Südafrika bei Demonstration verhaftet.

8. Bei der Entführung eines tschechischen Flugzeugs in die Bundesrepublik wird der Pilot erschossen.

9. Bundesregierung kürzt Etat um 2,5 Milliarden Mark.

11. Eugen Loderer wird neuer Vorsitzender der IG Metall.

11. Regen und Flutwelle zerstören Rapid City (South Dakota).

13. Schriftsteller solidarisieren sich mit Böll gegen Vorwurf der Baader-Meinhof-Unterstützung.

18. Die bundesdeutsche Fußball-Nationalmannschaft wird Europameister (3 : 0 über UdSSR).

19. Warnstreik der Piloten gegen Luftpiraterie. →

23. Die Wehrdienstzeit wird von 18 auf 15 Monate gekürzt.

23. Kurs des britischen Pfundes wird freigegeben.

25. Orkan »Agnes« fordert in den USA über 100 Tote. Größte Überschwemmung in der Geschichte der USA.

26. Aufgrund des Patts im Bundestag beschließt Kanzler Brandt, im September die Vertrauensfrage zu stellen.

28. Bayern München besiegt den einzigen aussichtsreichen Konkurrenten Schalke 04 hoch mit 5 : 1 und wird neuer Deutscher Fußballmeister.

28. Der Vatikan erkennt die Oder-Neiße-Linie an.

30. Die »Documenta 5« in Kassel eröffnet. →

GESTORBEN:

8. Jimmy Rushing (* 26. 8. 1903), amerikanischer Bluessänger.

8. Rudolf Belling (* 26. 8. 1886), deutscher Bildhauer und Bühnenausstatter.

Terroristen verhaftet

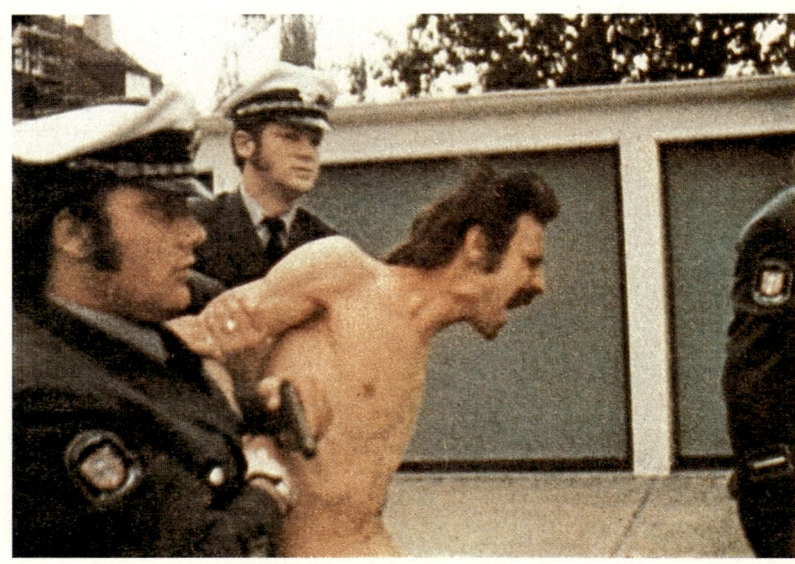

Das Fernsehen ist bei der Verhaftung der mutmaßlichen Terroristen dabei. Das Bild zeigt die Festnahme von Holger Meins in Frankfurt.

2. Juni. Ein entscheidender Schlag gelingt der deutschen Polizei gegen die Terroristen-Szene: Andreas Baader, Holger Meins und Jan-Carl Raspe werden nach einer Schießerei in Frankfurt verhaftet, desgleichen wenige Tage später Gudrun Ensslin in Hamburg. Damit sind die führenden Köpfe der Baader-Meinhof-Gruppe festgenommen. Die Frage nach den Ursachen des Terrors in der Bundesrepublik führt gleichzeitig zu Beschuldigungen an Außenstehende. In einer Bundestagsdebatte hat ein CDU-Abgeordneter »die Bölls und Brückners« der Wegbereitung und geistigen Mittäterschaft bezichtigt. Aus Protest gegen diesen Vorwurf solidarisieren sich vierzehn deutsche Schriftsteller mit Heinrich Böll. Offiziell der Unterstützung einer kriminellen Vereinigung beschuldigt wird ein Anwalt: Die Staatsanwaltschaft schließt Otto Schily von der Verteidigung Gudrun Ensslins aus. Als Anti-Terror-Maßnahme gilt eine Erschwerung des Waffenbesitzes, die 1973 in Kraft tritt. Jeder Waffenbesitz muß künftig angemeldet werden, auch der Kauf von Munition wird erschwert. Ferner wird die bundesdeutsche Polizei um 15 000 Mann verstärkt.

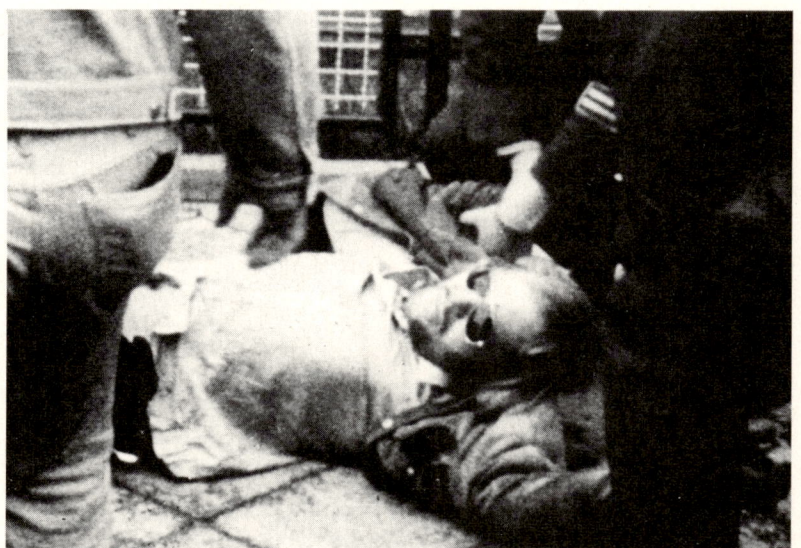

Andreas Baader, einer der führenden Köpfe der Baader-Meinhof-Gruppe, sinkt bei der Schießerei mit der Polizei in Frankfurt von einer Kugel getroffen zu Boden.

Piloten streiken gegen Anschläge auf Flugzeuge

19. Juni. Im Zuge des internationalen Terrors hat die Luftpiraterie in den letzten Jahren erheblich zugenommen. Kaum eine Woche vergeht ohne eine Flugzeugentführung, wobei hinter den meisten eine politische Erpressung steckt. Es nehmen aber auch solche Entführungen zu, nach denen sich die Piraten ergeben und um politisches Asyl bitten. Aus Protest gegen diese zunehmende Gefährdung des Luftverkehrs treten nun Piloten in aller Welt in den Streik: 75 Prozent, das sind etwa 40 000 Piloten, legen für 24 Stunden die Arbeit nieder. In der Bundesrepublik ruht der Flugverkehr fast völlig.

Angela Davis freigesprochen

Angela Davis (vorn Mitte).

4. Juni. Von der Anklage wegen Mordes und Verschwörung wird Angela Davis von einem amerikanischen Gericht freigesprochen. Die schwarze Bürgerrechtlerin hat sich für die Soledad-Brüder eingesetzt, die verdächtigt werden, einen weißen Gefängnisaufseher getötet zu haben. Nachdem sie anonym bedroht wird, hat Davis, wie sie sagt, zu ihrem eigenen Schutz, Waffen gekauft.

Diese sind jedoch beim Versuch einer Gefangenenbefreiung benutzt worden. Die Anklage behauptet, Angela Davis müsse von diesem Vorhaben gewußt haben, aber das Belastungsmaterial ebenso wie die Zeugen der Anklage stehen auf zu schwachen Füßen, um sich vor Gericht behaupten zu können.

Fotorealismus aus Amerika: Das Bild »'61 Pontiac« von Robert Bechtle.

documenta 5 eröffnet

30. Juni. Mit ihrer Eröffnung wird die fünfte documenta in Kassel ihrem Ruf als Weltausstellung moderner Kunst gerecht. Die Vielfalt der Objekte dokumentiert einen tiefen Zwiespalt im »Bilderstreit« zwischen zwei Richtungen: Fotorealismus und Ideenkunst. Die erste Gruppe zeigt ein verstärktes Interesse an der Darstellung des Gegenständlichen: Objekte wie Autowracks oder Grabsteine sind ebenso zu finden wie »hyperrealistische« Bilder, auf denen häufig Freunde der Künstler dargestellt werden. Die Abteilung der Ideenkunst dagegen zeigt Arbeiten von Joseph Beuys und etwa die »Landart« von Richard Long.

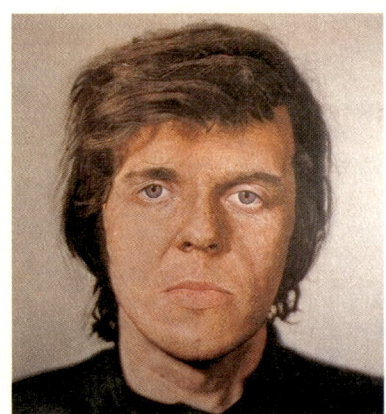

Acrylfarbe ist das bevorzugte Material der Fotorealisten, die Bilder werden oft nach projizierten Dias gemalt. Das Porträt »Kent« von Charles Close.

»Bowery Derelicts« von dem amerikanischen Künstler Duane Hanson.

1972

JULI

Mo	Di	Mi	Do	Fr	Sa	So
					1	2
3	4	5	6	7	8	9
10	11	12	13	14	15	16
17	18	19	20	21	22	23
24	25	26	27	28	29	30
31						

3. Friedensabkommen zwischen Indien und Pakistan. →

3. Neuer Weltrekord im Stabhochsprung: Bob Seagren, USA, mit 5,63 m.

5. Tanaka neuer japanischer Ministerpräsident nach Sakos Rücktritt. Normalisierung in China erwartet.

5. Deutsch-sowjetisches Handelsabkommen in Bonn unterzeichnet, das den vertragslosen Zustand im Warenaustausch beendet. Deutsche Firmen schließen am nächsten Tag mit sowjetischen Gesellschaften Verträge über Erdgas- und Röhrenlieferungen sowie Kreditabkommen.

5. Staatspräsident Georges Pompidou löst den französischen Ministerpräsidenten Chaban-Delmas durch Pierre Messmer ab.

6. Karl Schiller tritt zurück. →

7. Billie Jean King (USA) gewinnt zum viertenmal das Wimbledoneinzel vor der Titelverteidigerin Evonne Goolagong.

11. Beginn der Schachweltmeisterschaft: Boris Spasskij gegen Herausforderer Bobby Fisher.

16. CDU-Politiker Schröder bei Tschou En-lai: China wünscht volle Beziehungen zur Bundesrepublik.

23. Spiro T. Agnew ist Vizepräsidentschaftskandidat für Richard Nixon.

23. Wagner-Festspiele in Bayreuth eröffnet. →

23. Belgier Eddy Merckx gewinnt zum viertenmal hintereinander die Tour de France.

30. Ferrari-Doppelsieg auf dem Nürburgring: Jacky Ickx gewinnt den Großen Preis von Deutschland vor Clay Regazzoni.

GESTORBEN:

7. Athenagoras I. (* 25. 3. 1886), ökumenischer Patriarch von Konstantinopel. →

20. Friedrich Flick (* 10. 7. 1883), deutscher Großindustrieller. →

27. Richard Graf Coudenhove-Kalergi (* 16. 11. 1894), Politiker und Schriftsteller japanisch-griechisch-flämischer Abstammung, Gründer der Paneuropa-Bewegung. →

31. Paul Henri Spaak (* 25. 1. 1899), belgischer Politiker. →

Großindustrieller Friedrich Flick stirbt mit 89

Friedrich Flick †.

20. Juli. Im Alter von 89 Jahren stirbt der Großindustrielle Friedrich Flick, der als reichster Mann Deutschlands gilt. Er war der Gründer einer Unternehmensgruppe der Eisen- und Stahlindustrie mit Sitz in Düsseldorf. Die sechs Milliarden DM Umsatz, die sein Unternehmen pro Jahr erzielt, stammen aus etwa 300 Beteiligungen an verschiedensten Firmen (u. a. Daimler-Benz, Dynamit Nobel) im In- und Ausland. Der Flick-Konzern bleibt auch nach dem Tod des Gründers in Familienbesitz. Bereits Anfang Juli hat Flick einen Teil seiner Macht an seine Enkel, Gert-Rudolf und Friedrich Christian, übertragen (→ Februar, Dezember 1947).

Athenagoras I. stirbt 86jährig

7. Juli. Im Alter von 86 Jahren stirbt der ökumenische Patriarch von Konstantinopel, Athenagoras I. Neben dem Papst repräsentiert der Patriarch das altehrwürdigste Bischofsamt der Christenheit, dem in der ganzen Welt 160 Millionen orthodoxe Christen zugehören. Athenagoras war es gelungen, das tausend Jahre alte Schisma zu Rom zu mildern. So war der von Rom ausgehende Bannfluch aufgehoben worden. Athenagoras' Nachfolger wird der 58jährige Dimitrios Papadopoulos.

Rücktritt Schillers

Karl Schiller verabschiedet sich von Bundespräsident Gustav Heinemann.

6. Juli. Nach längeren Meinungsverschiedenheiten über Steuerreform, Haushalts-, Wirtschafts- und Finanzpolitik nimmt Bundeskanzler Willy Brandt das Rücktrittsgesuch des Bundeswirtschafts- und Finanzministers Karl Schiller an. Dessen Nachfolger wird einen Tag später Helmut Schmidt, der wiederum das bisher von ihm geführte Verteidigungsministerium an Georg Leber abgibt. Obwohl der Rücktritt Schillers seit einiger Zeit im Raume stand, befürchtet die Koalition, der populäre Minister könne die eher konservativen Wähler mit sich nehmen, falls er sich in der Union engagiert.

Buh-Rufe in Bayreuth

Regisseur Götz Friedrich (rechts) mit den Sängern Bernd Weikl und Hugh Beresford (Mitte) bei der Probe für die »Tannhäuser«-Inszenierung in Bayreuth.

23. Juli. Die 22. Wagner-Festspiele in Bayreuth werden mit der Tannhäuser-Inszenierung des DDR-Regisseurs Götz Friedrich eröffnet. Es handelt sich um die einzige Neu-Inszenierung des Jahres. Friedrichs Ziel war es, den »Tannhäuser« unter eher weltlichen und sozialkritischen als religiösen Aspekten einzustudieren. Das Ergebnis wird vom Premierenpublikum jedoch offenbar als überzogen empfunden und mit Buh-Rufen bedacht.

Pakistan und Indien schließen Frieden

3. Juli. Indien und Pakistan vereinbaren in einem Friedensabkommen den beiderseitigen Truppenabzug. Ziel der Absprache zwischen Indira Gandhi und Ali Bhutto ist die friedliche Koexistenz und die Normalisierung des Verhältnisses beider Staaten zueinander. Nur einen Tag später geben Nord- und Südkorea ein gemeinsames Communiqué heraus, das ein Ende der Feindseligkeiten und eine Wiedervereinigung langfristig anstrebt. Nationale Bindungen zwischen den Staaten sollen wiederhergestellt werden. Nur kurze Zeit später jedoch warnt Südkorea bereits vor zu großen Hoffnungen.

Im Nahen Osten erleidet die sowjetische Politik einen schweren Rückschlag. In Übereinstimmung mit dem Zentralkomitee seiner Einheitspartei, der Arabischen Sozialistischen Union, fordert der ägyptische Präsident Anwar el-Sadat am 18. Juli die Sowjetunion auf, alle etwa 20 000 Militärberater zurückzuziehen. Die UdSSR ihrerseits spricht von Meinungsverschiedenheiten in der Frage der Rückgewinnung der von Israel eroberten Gebiete.

Engagierte Europäer gestorben

Durch den Tod von Richard Graf Coudenhove-Kalergi (16. 11. 1894 bis 27. 7. 1972) und Paul Henri Spaak (25. 1. 1899–31. 7. 1972) erleiden die Verfechter der europäischen Einigung einen schweren Verlust. Beide Politiker haben sich zeitlebens für die Europa-Idee eingesetzt.

Kalergi gründete 1923 in Wien die Paneuropa-Bewegung mit dem Ziel eines europäischen Staatenbundes. Er war Ehrenpräsident der Europäischen Bewegung, aus der er jedoch 1965 austrat. Paul Henri Spaak hatte als früherer belgischer Ministerpräsident und Außenminister großen Anteil an der wirtschaftlichen und militärischen Annäherung der Länder Westeuropas.

Das rhodesische Olympiateam beim Eintreffen auf dem Flughafen Frankfurt.

Start ohne Rhodesier

17. August. Zwölf schwarzafrikanische Staaten drohen mit dem Boykott der XX. Olympischen Spiele in München, falls Rhodesien teilnehmen sollte. Die am 9. August getroffene Verabredung, rhodesische Sportler nicht unter ihrer Flagge und dem Namen ihres Landes, sondern als »britische Bürger« starten zu lassen, wird von Rhodesien abgelehnt. Am 11. August ist das rhodesische Olympia-Team mit 52 Sportlern und Sportlerinnen sowie Betreuern in München eingetroffen. In ihre Pässe, in denen die Nationalitätsbezeichnung Rhodesien eingedruckt ist, haben die rhodesischen Sportler selbst die Bezeichnung »Britischer Staatsangehöriger« mit der Hand eingetragen. Unter dem Druck der boykottwilligen Staaten beschließt das Olympische Komitee nur vier Tage vor Beginn der Spiele, die rhodesische Mannschaft von der Teilnahme auszuschließen.

Rückzug aus der SPD

Nachdem Karl Schiller am 6. Juli vom Amt des Bundeswirtschafts- und Finanzministers zurückgetreten ist, entschließt er sich nun, bei der nächsten Bundestagswahl nicht mehr für die SPD zu kandidieren. Dies geschieht jedoch erst nach langen Verhandlungen mit SPD-Führern und großer Unschlüssigkeit auf seiten Schillers, der jetzt von der CDU umworben wird. Am 16. August verlangt er von der CDU als Gegenleistung für sein mögliches Überwechseln in diese Partei das Wirtschaftsministerium im Falle ihres Wahlsieges. Am 21. August legt er seine Ämter im SPD-Präsidium und Parteivorstand nieder.

Tod durch Baby-Puder

In Frankreich stellt sich bei Untersuchungen heraus, daß der qualvolle Tod von bisher zwanzig Säuglingen, die im Laufe der letzten Monate starben, seine Ursache vermutlich im Vorhandensein giftiger Fremdstoffe in einer Babypudersorte hat. In allen Fällen ist vergifteter Puder der Marke »bébé« benutzt worden.

Vietnam-Diskussion

Mit unverminderter Heftigkeit geht in den USA die Diskussion über eine Fortsetzung des seit Jahren zunehmenden Engagements in Vietnam weiter. Der Senat fordert am 3. August die Regierung Nixon auf, die Streitkräfte innerhalb von vier Monaten abzuziehen, falls Nordvietnam die Kriegsgefangenen freiläßt. Der Senat will die Finanzierung des Krieges einstellen. Doch während in Paris schon Friedensverhandlungen geführt werden, lehnt das Repräsentantenhaus es ab, Richard Nixon zum Abzug zu zwingen. Dies bedeutet für die Kriegsgegner in den USA eine Niederlage.

Ölfeld in der Nordsee entdeckt

Ein neues bedeutendes Ölfeld wird in der Nordsee, nahe den Shetland-Inseln, entdeckt. Die dort forschenden Firmen Shell und Esso setzen große Hoffnungen auf Öl und Erdgas aus der Nordsee. Shell läßt inzwischen Tanker mit einem Fassungsvermögen von 540 000 Bruttoregistertonnen bauen. Zugleich beklagt die Mineralölwirtschaft die seit Monaten sinkenden Preise für leichtes Heizöl. Die Preise sollen erhöht werden, um die Finanzierung von Investitionen zu ermöglichen.

Von Salomon †

Ernst von Salomon †.

9. August. Ernst von Salomon stirbt im Alter von 71 Jahren in Winsen/Luhe. Nach dem Ersten Weltkrieg nahm er an den Freikorpskämpfen und am Kapp-Putsch (→ März 1920) teil. Wegen Beihilfe zur Ermordung Walther Rathenaus wurde er zu fünf Jahren Zuchthaus verurteilt. In seinem Roman »Die Geächteten« (1930) zeichnet er das Bild der nationalistischen Jugend nach dem Ersten Weltkrieg. Den Bericht setzt er in dem Roman »Der Fragebogen« (1951) fort.

Jules Romains stirbt in Paris

Jules Romains †.

14. August. In Paris stirbt fast 87jährig Jules Romains. Der französische Schriftsteller war Mitglied der Académie Française. Seine 27 Romane erschienen 1932 bis 1946 und zeichnen die französische Gesellschaft von 1908 bis 1933.

Ernst Fischer †

1. August. Der eng mit der österreichischen Arbeiterbewegung verbundene Schriftsteller und Journalist Ernst Fischer stirbt 73jährig in Deutschfeistritz. Fischer war langjähriges Mitglied der KPÖ, wurde jedoch 1969 ausgeschlossen.

Ernst Fischer †.

Olympische Sommerspiele sind eröffnet

Die Eröffnungsfeier der XX. Olympiade in München beginnt mit einem farbenfrohen und beschwingten Fest der Nationen.

Der Mittelstreckenläufer Günther Zahn entzündet das Feuer.

26. August. Die XX. Olympischen Sommerspiele in München werden eröffnet. Die Eröffnungsfeier führt zu einem internationalen Sympathiegewinn für die Bundesrepublik Deutschland. Der Einzug der Nationen, ansonsten eine eher steife Angelegenheit, wird in München durch die swingende, von Kurt Edelhagen eigens für Olympia komponierte Musik zu einem farbenfrohen Flanieren der Athleten durch den Innenraum des Stadions.

Heide Rosendahl erzielt bei ihrem Siegessprung eine Weite von 6,78 m.

Gold für Heide Rosendahl.

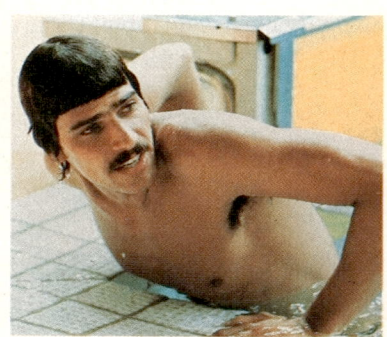

Superathlet Mark Spitz nach dem Gewinn über 200-Meter-Freistil am 29. 8.

DDR-Rückenschwimmer Roland Matthes bei seinem Sieg über 100 m.

1972
SEPTEMBER

Mo	Di	Mi	Do	Fr	Sa	So
				1	2	3
4	5	6	7	8	9	10
11	12	13	14	15	16	17
18	19	20	21	22	23	24
25	26	27	28	29	30	

1. Neuer Fischereistreit: Island beansprucht 50 statt bisher 12 Seemeilen Hoheitsgewässer.

5. Überfall arabischer Freischärler auf die israelische Olympiamannschaft. →

6. Finnland erkennt die DDR an.

7. Bundesrepublik Deutschland ist wichtigster westlicher Handelspartner des Ostblocks (ohne DDR).

10. 400 Jahre Spanische Hofreitschule in Wien. Sie ist die älteste Institution, die noch die klassische Reitkunst pflegt.

11. Schlußfeier der Olympischen Spiele in München. →

11. Elektro-Industrie hat im ersten Halbjahr 1972 eine Umsatzsteigerung von 11,3 Prozent.

13. Konferenz der Innenminister beschließt zur Terrorbekämpfung Aufstellung einer Spezialtruppe des Bundesgrenzschutzes: GSG 9.

14. Bonn und Warschau beschließen Botschafteraustausch. →

15. Bonn spendet 1 Million Dollar für Hinterbliebene des Olympia-Massakers.

17. Uganda meldet tansanische Invasion.

18. Brandt erwartet Grundvertrag nicht mehr 1972.

18. Sowjetischer Außenminister Gromyko schlägt der UNO ein Verbot der Anwendung von Kernwaffen vor.

19. Israelischer Diplomat in London von Briefbombe getötet.

20. Bundeskanzler Brandt stellt im Bundestag die Vertrauensfrage. →

21. Zweiter Brückeneinsturz innerhalb von nur zehn Monaten in Koblenz tötet fünf Arbeiter.

22. Bundestag verabschiedet Verkehrsvertrag mit der DDR.

26. Norwegen lehnt EWG-Beitritt ab. →

27. Bundespräsident Heinemann zu Staatsbesuch in der Schweiz.

29. Bonn und Peking verabreden Botschafteraustausch.

GESTORBEN:

22. Henry de Montherlant (* 21. 4. 1896), französischer Schriftsteller. →

25. Friedrich Schröder (* 6. 8. 1910), Schweizer Operetten- und Schlagerkomponist.

Bundestag aufgelöst

Willy Brandt mit dem SPD-Fraktionsvorsitzenden Herbert Wehner.

Der Oppositionsführer Rainer Barzel bei der Sitzung des Bundestages.

20. September. Nachdem durch Übertritte von SPD- und FDP-Abgeordneten zur Union die Regierung im Laufe des Jahres ihre Bundestagsmehrheit verloren hat, stellt Bundeskanzler Willy Brandt die Vertrauensfrage im Parlament, bei der ihm durch die vorher verab-redete Stimmenthaltung des Kabinetts das Vertrauen verweigert wird. Bundespräsident Gustav Heinemann löst daraufhin am 22. September den sechsten Deutschen Bundestag auf und setzt den 19. November als Termin für die Neuwahlen fest (→ Oktober 1969).

Fisher Weltmeister

2. September. Der amerikanische Schachgroßmeister Bobby Fisher (29) schlägt den bisherigen Weltmeister Boris Spasskij, der die 21. Partie der Weltmeisterschaft aufgibt. Damit stammt zum erstenmal seit 26 Jahren der Weltmeister nicht aus der UdSSR. Das unter weltweiter Publizität stattfindende Turnier trägt entscheidend zu einer größeren Popularität des Schachspiels in breiten Bevölkerungsschichten bei.

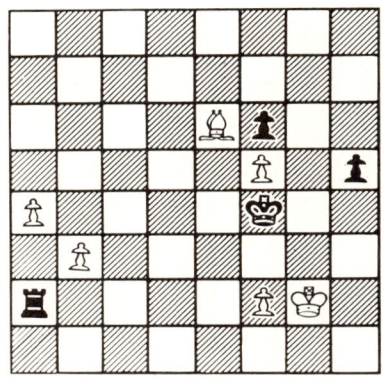

Das Ende der Partie (Fisher: Schwarz).

Der amerikanische Schachgroßmeister Bobby Fisher.

Warschau und Bonn vereinbaren Beziehungen

14. September. Im Rahmen einer veränderten deutschen Ostpolitik beschließen die Bundesrepublik und Polen die Aufnahme diplomatischer Beziehungen. Zu Botschaftern werden der Pole Waclaw Piatkowski und sein deutscher Kollege Gerhard Ritzel ernannt.

Montherlant stirbt durch Freitod

22. September. In Paris begeht der französische Schriftsteller Henry de Montherlant (* 21. 4. 1896) Selbstmord. Das Werk des seit 1960 der Académie Française angehörenden Autors drückt nach seiner Teilnahme am Ersten Weltkrieg einen Antihumanismus aus. Romane wie »Tiermenschen« verherrlichen Gewalt und Krieg. Später befaßt sich Montherlant mehr mit psychologischen Themen (»Die Mädchen«), und nach dem Zweiten Weltkrieg zeigen seine Dramen christliche und historische Aspekte (»Malatesta«). Montherlants Werk zeigt durchaus widersprüchliche Wesenszüge und ist auch in seiner Form sehr vielfältig.

EWG-Gegner

26. September. Die Norweger entscheiden sich in einer Volksabstimmung zu 53,9 Prozent gegen den Beitritt ihres Landes zur EWG, der für den 1. Januar 1973 vorgesehen war. Zwar liegt die endgültige Entscheidung beim Parlament, doch ruft das Ergebnis in der EWG Enttäuschung hervor, zumal befürchtet wird, es könne sich negativ auf den Entscheidungsprozeß in Dänemark auswirken.

Frieden mit China

27 Jahre nach dem Zweiten Weltkrieg beenden Japan und die Volksrepublik China den Kriegszustand, indem sie Botschafter austauschen. Dies bedeutet für Japan den Abbruch der seit 1952 bestehenden Beziehungen zu Taiwan.

1972 München

Leichtathletik Männer

100 m
1. Valeri Borzov SOV 10,14
2. Robert Taylor USA 10,24
3. Lennox Miller JAM 10,33

200 m
1. Valeri Borzov SOV 20,00
2. Lerry Black USA 20,19
3. Pietro Mennea ITA 20,30

400 m
1. Vincent Matthews USA 44,66
2. Wayne Collett USA 44,80
3. Julius Sang KEN 44,92

800 m
1. David Wottle USA 1:45,9
2. Evgeni Arzhanov SOV 1:45,9
3. Mike Boit KEN 1:46,0

1500 m
1. Pekka Vasala FIN 3:36,3
2. Kipchoge Keino KEN 3:36,8
3. Rod Dixon NSE 3:37,5

5000 m
1. Lasse Viren FIN 13:26,4
2. Mohamed Gammoudi TUN 13:27,4
3. Ian Stewart GBR 13:27,6

10 000 m
1. Lasse Viren FIN 27:38,4
2. Emiel Puttemans BEL 27:39,6
3. Merus Yifter ETH 27:41,0

Marathon
1. Frank Shorter USA 2:12:19,8
2. Karel Lismont BEL 2:14:31,8
3. Mamo Wolde ETH 2:15:08,4

110-m-Hürden
1. Rodney Milburn jr. USA 13,24
2. Guy Drut FRA 13,34
3. Thomas Hill USA 13,48

400-m-Hürden
1. John Akii-Bua UGA 47,82
2. Ralph Mann USA 48,51
3. David Hemery GBR 48,52

3000-m-Hindernislauf
1. Kipchoge Keino KEN 8:23,6
2. Benjamin Jipcho KEN 8:24,6
3. Tapio Kantanen FIN 8:24,8

4 × 100-m-Staffel
1. USA 38,19 (Larry Black, Robert Taylor, Gerald Tinker, Eddie Hart)
2. SOV 38,50 (Alexandr Korneliuk, Vladimir Lovetski, Yuri Silov, Valeri Borzov)
3. D 38,79 (Jobst Hirscht, Karlheinz Klotz, Gerhard Wucherer, Klaus Ehl)

4 × 400-m-Staffel
1. KEN 2:59,8 (Charles Asati, Hezahiah Nyamau, Robert Ouko, Julius Sang)
2. GBR 3:00,5 (Martin Reynolds, Alan Pascoe, David Hemery, David Jenkins)
3. FRA 3:00,7 (Gilles Bertould, Daniel Velasques, Francis Kerbiriou, Jacques Carette)

20-km-Gehen
1. Peter Frenkel DDR 1:26:42,4
2. Vladimir Golubnichi SOV 1:26:55,2
3. Hans Reimann DDR 1:27:16,6

50-km-Gehen
1. Bernd Kannenberg D 3:56:11,6
2. Veniamin Soldatenko SOV 3:58:24,0
3. Larry Young USA 4:00:46,0

Hochsprung
1. Yuri Tarmak SOV 2,23
2. Stefan Junge DDR 2,21
3. Dwight Stones USA 2,21

Stabhochsprung
1. Wolfgang Nordwig DDR 5,50
2. Robert Seagren USA 5,40
3. Jan Johnson USA 5,35

Weitsprung
1. Randy Williams USA 8,24
2. Hans Baumgartner D 8,18
3. Arnie Robinson USA 8,03

Dreisprung
1. Victor Saneev SOV 17,35
2. Jörg Drehmel DDR 17,31
3. Nelson Prudencio BRA 17,05

Kugelstoßen
1. Wladyslaw Komar POL 21,18
2. George Woods USA 21,17
3. Hartmut Briesenick DDR 21,14

Diskuswerfen
1. Ludvik Danek ČSR 64,40
2. Jay Silvester USA 63,50
3. Rickard Bruch SWE 63,40

Hammerwerfen
1. Anatoli Bondarchuk SOV 75,50
2. Jochen Sachse DDR 74,96
3. Vasili Khmelevski SOV 74,04

Speerwerfen
1. Klaus Wolfermann D 90,48
2. Ianis Lusis SOV 90,46
3. William Schmidt USA 84,42

Zehnkampf
1. Nikolai Avilov SOV 8454
2. Leonid Litvinenko SOV 8035
3. Ryszard Katus POL 7984

Leichtathletik Frauen

100 m
1. Renate Stecher DDR 11,07
2. Raelene Boyle AUS 11,23
3. Silvia Chivas CUB 11,24

200 m
1. Renate Stecher DDR 22,40
2. Raelene Boyle AUS 22,45
3. Irena Szewinska POL 22,74

400 m
1. Monika Zehrt DDR 51,08
2. Rita Wilden D 51,21
3. Kathy Hammond USA 51,64

800 m
1. Hildegard Falck D 1:58,6
2. Niele Sabaite SOV 1:58,7
3. Gunhild Hoffmeister DDR 1:59,2

1500 m
1. Ludmila Bragina SOV 4:01,4
2. Gunhild Hoffmeister DDR 4:02,8
3. Paola Cacchi ITA 4:02,9

100-m-Hürden
1. Annelie Ehrhardt DDR 12,59
2. Valeria Bufanu RUM 12,84
3. Karin Balzer DDR 12,90

4 × 100-m-Staffel
1. D 42,81 (Christiane Krause, Ingrid Mickler, Annegret Richter, Heide Rosendahl)
2. DDR 42,95 (Evelyn Kaufer, Christina Heinich, Bärbel Struppert, Renate Stecher)
3. CUB 43,36 (Marlene Elejarde, Carmen Valdes, Fulgencia Romay, Silvia Chivas)

4 × 400-m-Staffel
1. DDR 3:23,0 (Dagmar Käsling, Rita Kühne, Helga Seidler, Monika Zehrt)
2. USA 3:25,2 (Mable Fergerson, Madeline Manning, Cheryl Toussaint, Kathy Hammond)
3. D 3:26,5 (Anette Rückes, Inge Bödding, Hildegard Falck, Rita Wilden)

Hochsprung
1. Ulrike Meyfarth D 1,92
2. Yordanka Blagoeva BUL 1,88
3. Ilona Gusenbauer AUT 1,88

Weitsprung
1. Heide Rosendahl D 6,78
2. Diana Yorgova BUL 6,77
3. Eva Suranova ČSR 6,67

Kugelstoßen
1. Nadezhda Chizhova SOV 21,03
2. Margitta Gummel DDR 20,22
3. Ivanka Khristova BUL 19,35

Diskuswerfen
1. Faina Melnik SOV 66,62
2. Argentina Menis RUM 65,06
3. Vassilka Stoeva BUL 64,34

Speerwerfen
1. Ruth Fuchs DDR 63,88
2. Jaqueline Todten DDR 62,54
3. Kathy Schmidt USA 59,94

Fünfkampf
1. Mary Peters GBR 4801
2. Heide Rosendahl D 4791
3. Burglinde Pollak DDR 4768

Schwimmen Männer

100-m-Kraul
1. Mark Spitz USA 51,22
2. Jerry Heidenreich USA 51,65
3. Vladimir Bure SOV 51,77

200-m-Kraul
1. Mark Spitz USA 1:52,78
2. Steven Genter USA 1:53,73
3. Werner Lampe D 1:53,99

400-m-Kraul
1. Bradford Cooper AUS 4:00,27
2. Steven Genter USA 4:01,94
3. Tom McBreen USA 4:02,64

1500-m-Kraul
1. Michael Burton USA 15:52,58
2. Graham Windeatt AUS 15:58,48
3. Douglas Northway USA 16:09,25

100-m-Rücken
1. Roland Matthes DDR 56,58
2. Mike Stamm USA 57,70
3. John Murphy USA 58,35

200-m-Rücken
1. Roland Matthes DDR 2:02,82
2. Mike Stamm USA 2:04,09
3. Mitchell Ivey USA 2:04,33

100-m-Brust
1. Nobutaka Taguchi JAP 1:04,94
2. Tom Bruce USA 1:05,43
3. John Hencken USA 1:05,61

200-m-Brust
1. John Hencken USA 2:21,55
2. David Wilkie GBR 2:23,67
3. Nobutaka Taguchi JAP 2:23,88

100-m-Butterfly
1. Mark Spitz USA 54,27
2. Bruce Robertson CAN 55,66
3. Jerry Heidenreich USA 55,74

200-m-Butterfly
1. Mark Spitz USA 2:00,70
2. Gary Hall USA 2:02,86
3. Robin Backhaus USA 2:03,23

200-m-Lagen
1. Gunnar Larsson SWE 2:07,17
2. Tim McKee USA 2:08,37
3. Steven Furniss USA 2:08,45

400-m-Lagen
1. Gunnar Larsson SWE 4:31,98
2. Tim McKee USA 4:31,98
3. Andras Hargitay UNG 4:32,70

4 × 100-m-Kraulstaffel
1. USA 3:26,42 (Dave Edgar, John Murphy, Jerry Heidenreich, Mark Spitz)
2. SOV 3:29,72 (Vladimir Bure, Viktor Mazanov, Viktor Aboimov, Igor Grivennikov)
3. DDR 3:32,42 (Roland Matthes, Willfried Hartung, Peter Bruch, Lutz Unger)

4 × 200-m-Kraulstaffel
1. USA 7:35,78 (John Kinsella, Frederick Tyler, Steven Genter, Mark Spitz)
2. D 7:41,69 (Klaus Steinbach, Werner Lampe, Hans-Günter Vosseler, Hans Faßnacht)
3. SOV 7:45,76 (Igor Grivennikov, Viktor Mazanov, Georgy Kulikov, Vladimir Bure)

4 × 100-m-Lagenstaffel
1. USA 3:48,16 (Mike Stamm, Tom Bruce, Mark Spitz, Jerry Heidenreich)
2. DDR (Roland Matthes, Klaus Katzur, Hartmut Flöckner, Lutz Unger)
3. CAN (Eric Fish, William Mahony, Bruce Robertson, Bob Kasting)

Kunstspringen
1. Vladimir Vasin SOV 594,09
2. Franco Cagnotto ITA 591,63
3. Craig Lincoln USA 577,29

Turmspringen
1. Klaus Dibiasi ITA 504,12
2. Richard Rydze USA 480,75
3. Franco Cagnotto ITA 475,83

Wasserball
1. Sowjetunion 2. Ungarn 3. USA

Die jüngste deutsche Olympiasiegerin, die erst sechzehn Jahre alte Ulrike Meyfarth, bei ihrem Siegessprung von 1,92 m.

Schwimmen Frauen

100-m-Kraul
1. Sandra Neilson USA 58,59
2. Shirley Babashoff USA 59,02
3. Shane Gould AUS 59,06

200-m-Kraul
1. Shane Gould AUS 2:03,56
2. Shirley Babashoff USA 2:04,33
3. Keena Rothhammer USA 2:04,92

400-m-Kraul
1. Shane Gould AUS 4:19,04
2. Novella Calligaris ITA 4:22,44
3. Gudrun Wegner DDR 4:23,11

800-m-Kraul
1. Keena Rothhammer USA 8:53,68
2. Shane Gould AUS 8:56,39
3. Novella Calligaris ITA 8:57,46

100-m-Brust
1. Catherine Carr USA 1:13,58
2. Galina Stepanova SOV 1:14,99
3. Beverley Whitfield AUS 1:15,73

200-m-Brust
1. Beverley Whitfield AUS 2:41,71
2. Dana Schoenfield USA 2:42,05
3. Galina Stepanova SOV 2:42,36

100-m-Rücken
1. Melissa Belote USA 1:05,78
2. Andrea Gyarmati UNG 1:06,26
3. Susie Atwood USA 1:06,34

200-m-Rücken
1. Melissa Belote USA 2:19,19
2. Susie Atwood USA 2:20,38
3. Donna Marie Gurr CAN 2:23,22

100-m-Butterfly
1. Mayumi Aoki JAP 1:03,34
2. Roswitha Beier DDR 1:03,61
3. Andrea Gyarmati UNG 1:03,73

200-m-Butterfly
1. Karen Moe USA 2:15,57
2. Lynn Colella USA 2:16,34
3. Ellie Daniel USA 2:16,74

200-m-Lagen
1. Shane Gould AUS 2:23,07
2. Kornelia Ender DDR 2:23,59
3. Lynn Vidali USA 2:24,06

400-m-Lagen
1. Gail Neall AUS 5:02,97
2. Leslie Cliff CAN 5:03,57
3. Novella Calligaris ITA 5:03,99

4 × 100-m-Kraulstaffel
1. USA 3:55,19 (Sandra Neilson, Jennifer Kemp, Jane Barkman, Shirley Babashoff)
2. DDR 3:55,55 (Gabriele Wetzko, Andrea Eife, Elke Sehmisch, Kornelia Ender)
3. D 3:57,93 (Jutta Weber, Heidemarie Reineck, Gudrun Beckmann, Angela Steinbach)

4 × 100-m-Lagenstaffel
1. USA 4:20,75 (Melissa Belote, Catherine Carr, Deena Deardurff, Sandra Neilson)
2. DDR 4:24,91 (Christine Herbst, Renate Vogel, Roswitha Beier, Kornelia Ender)
3. D 4:26,46 (Silke Pielen, Verena Eberle, Gudrun Beckmann, Heidi Reineck)

Kunstspringen
1. Micki King USA 450,03
2. Ulrika Knape SWE 434,19
3. Marina Janicke DDR 430,92

Turmspringen
1. Ulrika Knape SWE 390,00
2. Milena Duchkova ČSR 370,92
3. Marina Janicke DDR 360,54

Gewichtheben

		Beidarmiges Drücken	Beidarmiges Reißen	Beidarmiges Stoßen	Total
Fliegengewicht					
1. Zygmunt Smalcerz	POL	112,5	100,0	125,0	337,5
2. Lajos Szuecs	UNG	107,5	95,0	127,5	330,0
3. Sandor Holczreiter	UNG	112,5	92,5	122,5	327,5
Bantamgewicht					
1. Imre Foeldi	UNG	127,5	107,5	142,5	377,5
2. Mohamed Nassiri	IRA	127,5	100,0	142,5	370,0
3. Gennadi Chetin	SOV	120,0	107,5	140,0	367,5
Federgewicht					
1. Norair Nourikian	BUL	127,5	117,5	157,5	402,5
2. Dito Shanidze	SOV	127,5	120,0	152,5	400,0
3. Janos Benedek	UNG	125,0	120,0	145,0	390,0
Leichtgewicht					
1. Mukharbi Kirzhinov	SOV	147,5	135,0	177,5	460,0
2. Mladen Koutchev	BUL	157,5	125,0	167,5	450,0
3. Zbigniew Kaczmarek	POL	145,0	125,0	167,5	437,5
Mittelgewicht					
1. Yordan Bikov	BUL	160,0	140,0	185,0	485,0
2. Mohamed Trabulsi	LIB	160,0	140,0	172,5	472,5
3. Anselmo Silvino	ITA	155,0	140,0	175,0	470,0
Leichtschwergewicht					
1. Leif Jenssen	NOR	172,5	150,0	185,0	507,5
2. Norbert Ozimek	POL	165,0	145,0	187,5	497,5
3. Gyoergy Horvath	UNG	160,0	142,5	192,5	495,0
Mittelschwergewicht					
1. Andon Nikolov	BUL	180,0	155,0	190,0	525,0
2. Atanass Chopov	BUL	180,0	145,0	192,5	517,5
3. Hans Bettembourg	SWE	182,5	145,0	185,0	512,5
Schwergewicht					
1. Yan Talts	SOV	210,0	165,0	205,0	580,0
2. Alexandre Kraitchev	BUL	197,5	162,5	202,5	562,5
3. Stefan Grützner	DDR	185,0	162,5	207,5	555,0
Superschwergewicht					
1. Vassili Alexeev	SOV	235,0	175,0	230,0	640,0
2. Rudolf Mang	D	225,0	170,0	215,0	610,0
3. Gerd Bonk	DDR	200,0	155,0	217,5	572,5

Boxen

Leicht-Fliegengewicht
1. Gyoergy Gedo UNG
2. U Gil Kim NKO
3. Ralph Evans GBR
3. Enrique Rodriguez SPA

Fliegengewicht
1. Gheorgi Kostadinov BUL
2. Leo Rwabwogo UGA
3. Leszek Blazynski POL
3. Douglas Rodriguez CUB

Bantamgewicht
1. Orlando Martinez CUB
2. Alfonso Zamora MEX
3. George Turpin GBR
3. Ricardo Carreras USA

Federgewicht
1. Boris Kousnetsov SOV
2. Philip Waruinge KEN
3. Andras Botos UNG
3. Clemente Rojas COL

Leichtgewicht
1. Jan Szczepanski POL
2. Laszlo Orban UNG
3. Samuel Mbuga KEN
3. Alfonso Perez COL

Halbweltergewicht
1. Ray Seales USA
2. Anghel Anghelov BUL
3. Zvonimir Vujin YUG
3. Issaka Daborg NIG

Weltergewicht
1. Emilio Correa CUB
2. Janes Kajdi UNG
3. Jesse Valdez USA
3. Dick Tiger Murunga KEN

Halbmittelgewicht
1. Dieter Kottysch D
2. Wieslaw Rudkowski POL
3. Alan Minter GBR
3. Peter Tiepold DDR

Mittelgewicht
1. Viatchesiav Lemechev SOV
2. Reima Virtanen FIN
3. Marvin Johnson USA
3. Prince Amarrey GHA

Halbschwergewicht
1. Mate Parlov YUG
2. Gilberto Carrillo CUB
3. Janusz Gortat POL
3. Isaac Ikhouria NGA

Schwergewicht
1. Teof. Stevenson — CUB
2. Ion Alexe — RUM
3. Peter Hussing — D
3. Hasse Thomsen — SWE

Ringen, griechisch-römischer Stil

Papiergewicht
1. Gheorghe Berceanu — RUM
2. Rahim Aliabadi — IRA
3. Stefan Anghelov — BUL

Fliegengewicht
1. Petar Kirov — BUL
2. Koichiro Hirayama — JAP
3. Giuseppe Bognanni — ITA

Bantamgewicht
1. Rustem Kazakov — SOV
2. Hans-Jürgen Veil — D
3. Risto Bjoerlin — FIN

Federgewicht
1. Gheorghi Markov — BUL
2. Heinz-Helmut Wehling — DDR
3. Kazimierz Lipien — POL

Leichtgewicht
1. Shamil Khisamutainov — SOV
2. Stoyan Apostolov — BUL
3. Gian Matteo Ranzi — ITA

Weltergewicht
1. Vitezslav Macha — ČSR
2. Petros Galaktopoulos — GRE
3. Jan Karlsson — SWE

Mittelgewicht
1. Csaba Hegedus — UNG
2. Anatoli Nazarenko — SOV
3. Milan Nenadic — YUG

Halbschwergewicht
1. Valeri Rezantsev — SOV
2. Josip Corak — YUG
3. Czeslaw Kwiecinski — POL

Schwergewicht
1. Nicolae Martinescu — RUM
2. Nikolai Iakovenko — SOV
3. Ferenc Kiss — UNG

Superschwergewicht
1. Anatoly Roshin — SOV
2. Alexandre Tomov — BUL
3. Victor Dolipschi — RUM

Freistilringen

Papiergewicht
1. Roman Dimitriev — SOV
2. Ognian Nikolov — BUL
3. Ebrahim Javadpour — IRA

Fliegengewicht
1. Kiyomi Kato — JAP
2. Arsen Alakhverdiev — SOV
3. Hyong Kim Gwong — NKO

Bantamgewicht
1. Hideaki Yanagida — JAP
2. Richard Sanders — USA
3. Laszlo Klinga — UNG

Federgewicht
1. Zagalav Abdulbekov — SOV
2. Vehbi Akdag — TUR
3. Ivan Krastev — BUL

Leichtgewicht
1. Dan Gable — USA
2. Kikuo Wada — JAP
3. Ruslan Ashuraliev — SOV

Weltergewicht
1. Wayne Wells — USA
2. Jan Karlsson — SWE
3. Adolf Seger — D

Mittelgewicht
1. Levan Tediashvili — SOV
2. John Peterson — USA
3. Vasile Jorga — RUM

Halbschwergewicht
1. Ben Peterson — USA
2. Gennadi Strakhov — SOV
3. Karoly Bajko — UNG

Schwergewicht
1. Ivan Yarygin — SOV
2. Khorloo Baianmunkh — MON
3. Jozsef Csatari — UNG

Superschwergewicht
1. Alexandr Medved — SOV
2. Osman Douraliev — BUL
3. Chris Taylor — USA

Judo

Leichtgewicht
1. Takao Kawaguchi — JAP
2. Bakhaavaa Buidaa* — MON
3. Yong Ik Kim — NKO
3. Jean-Jacques Mounier — FRA
* Buidaa wurde nachträglich wegen positiven Dopingbefundes die Silbermedaille aberkannt.

Weltergewicht
1. Toyokazu Nomura — JAP
2. Anton Zajkowski — POL
3. Dietmar Hötger — DDR
3. Anatoli Novikov — SOV

Mittelgewicht
1. Shinobou Sekine — JAP
2. Seung-Lip Oh — KOR
3. Jean-Paul Coche — FRA
3. Brian Jacks — GBR

Halbschwergewicht
1. Shota Chochoshvili — SOV
2. David Colin Starbrook — GBR
3. Chiaki Ishii — BRA
3. Paul Barth — D

Schwergewicht
1. Wim Ruska — HOL
2. Klaus Glahn — D
3. Motoki Nishimura — JAP
3. Givi Onashvili — SOV

Offene Klasse (Allkategorie)
1. Wim Ruska — HOL
2. Vitali Kusnezov — SOV
3. Jean-Claude Brondani — FRA
3. Angelo Parisi — GBR

Fechten Männer

Florett Einzel
1. Witold Woyda — POL
2. Dr. Jenoe Kamuti — UNG
3. Christian Noel — FRA

Florett Mannschaft
1. Polen
2. Sowjetunion
3. Frankreich

Degen Einzel
1. Dr. Csaba Fenyvesi — UNG
2. Jacques la Degaillerie — FRA
3. Gyoezoe Kulcsar — UNG

Degen Mannschaft
1. Ungarn
2. Schweiz
3. Sowjetunion

Säbel Einzel
1. Viktor Sidiak — SOV
2. Peter Maroth — UNG
3. Vladimir Nazlymov — SOV

Säbel Mannschaft
1. Italien
2. Sowjetunion
3. Ungarn

Fechten Frauen

Florett Einzel
1. Antonella Ragno Lonzi — ITA
2. Ildiko Bobis — UNG
3. Galina Gorokhova — SOV

Florett Mannschaft
1. Sowjetunion
2. Ungarn
3. Rumänien

Moderner Fünfkampf Einzel

1. Andreas Balczo — UNG — 5412
2. Boris Onischenko — SOV — 5335
3. Pavel Lednev — SOV — 5328

Moderner Fünfkampf Mannschaft

1. Sowjetunion — 15 968
2. Ungarn — 15 348
3. Finnland — 14 812

Kanu Männer

1000 m Kajak-Einer (K 1)
1. Aleksandr Shaparenko — SOV — 3:48,06
2. Rolf Peterson — SWE — 3:48,15
3. Geza Csapo — UNG — 3:49,38

1000 m Kajak-Zweier (K 2)
1. Sowjetunion — 3:31,23
2. Ungarn — 3:32,00
3. Polen — 3:33,83

1000 m Kajak-Vierer (K 4)
1. Sowjetunion — 3:14,02
2. Rumänien — 3:15,07
3. Norwegen — 3:15,27

1000 m Canadier-Einer (C 1)
1. Ivan Patzaichin — RUM — 4:08,94
2. Tamas Wichmann — UNG — 4:12,42
3. Detlef Lewe — D — 4:13,63

1000 m Canadier-Zweier (C 2)
1. Sowjetunion — 3:52,60
2. Rumänien — 3:52,63
3. Bulgarien — 3:58.10

Kanuslalom K 1 — 1. Lauf — 2. Lauf
1. Siegbert Horn — DDR — 268,56 — 363,20
2. Norbert Sattler — AUT — 270,76 — 301,31
3. Harald Gimpel — DDR — 277,95 — 298,11

Kanuslalom C 1
1. Reinhard Eiben — DDR — 315,84 — 327,50
2. Reinhold Kauder — D — 327,89 — 350,31
3. Jamie McEwan — USA — 335,95 — 421,52

Kanuslalom C 2
1. DDR — 310,68 — 445,51
2. D — 311,90 — 316,96
3. FRA — 315,10 — 362,05

Kanu Frauen

500 m Kajak-Einer (K 1)
1. Yulia Ryabchinskaya — SOV — 2:03,17
2. Mieke Jaapies — HOL — 2:04,03
3. Anna Pfeffer — UNG — 2:05,50

Abkürzungsschlüssel siehe Register

500 m Kajak-Zweier (K 2)
1. Sowjetunion — 1:53,50
2. DDR — 1:54,30
3. Rumänien — 1:55,01

Kanuslalom K 1 — 1. Lauf — 2. Lauf
1. Angelika Bahmann — DDR — 364,50 — 413,07
2. Gisela Grothaus — D — 398,15 — 521,10
3. Magdal. Wunderlich — D — 400,50 — 515,40

Rudern

Einer
1. Yuri Malishev — SOV — 7:10,12
2. Alberto Demiddi — ARG — 7:11,53
3. Wolfgang Güldenpfennig — DDR — 7:14,45

Doppelzweier
1. Sowjetunion — 7:01,77
2. Norwegen — 7:02,58
3. DDR — 7:05,55

Zweier ohne Steuermann
1. DDR — 6:53,16
2. Schweiz — 6:57,06
3. Holland — 6:58,70

Zweier mit Steuermann
1. DDR — 7:17,25
2. Tschechoslowakei — 7:19,57
3. Rumänien — 7:21,36

Vierer ohne Steuermann
1. DDR — 6:24,17
2. Neuseeland — 6:25,64
3. Deutschland — 6:28,41

Vierer mit Steuermann
1. Deutschland — 6:31,85
2. DDR — 6:33,30
3. Tschechoslowakei — 6:35,64

Achter
1. Neuseeland — 6:08,94
2. USA — 6:11,61
3. DDR — 6:11,67

Reitsport

Military Einzel
1. Richard H. Meade — GBR — 57,73
2. Alessandro Argenton — ITA — 43,33
3. Jan Jonsson — SWE — 39,67

Military Mannschaft
1. Großbritannien — 95,53
2. USA — 10,81
3. Deutschland — −18,00

Dressur Einzel
1. Liselott Linsenhoff — D — 1229,00
2. Elena Petushkova — SOV — 1185,00
3. Josef Neckermann — D — 1177,00

Der sogenannte »Bullenvierer« mit Steuermann vom Bodensee bei seinem eindrucksvollen Goldsieg über das Boot der DDR.

Segeln

Ein-Mann-Boot (Finn-Dinghi)
1. Serge Maury — FRA — 58,0
2. Ilias Hatzipavlis — GRE — 71,0
3. Victor Potapov — SOV — 74,7

Star
1. Australien — 28,1
2. Schweden — 44,0
3. Deutschland — 44,4

Flying Dutchman
1. Großbritannien — 22,7
2. Frankreich — 40,7
3. Deutschland — 51,1

Soling
1. USA — 8,7
2. Schweden — 31,7
3. Kanada — 47,1

Drachen
1. Australien — 13,7
2. DDR — 41,7
3. USA — 47,7

Radsport

Straßenrennen Einzel
1. Hennie Kuiper — HOL — 4:14:37,0
2. Kevin Clyde Sefton — AUS — + 27,0
3. Jaime Huelamo — SPA

100-km-Mannschafts-Zeitfahren
1. Sowjetunion — 2:11:17,8
2. Polen — 2:11:47,5
3. *Holland — 2:12:27,1
* HOL wurde nachträglich wegen positiven Dopingbefundes die Bronzemedaille aberkannt.

1000-m-Zeitfahren
1. Niels Fredborg — DAN — 1:06,44
2. Daniel Clark — AUS — 1:06,87
3. Jürgen Schütze — DDR — 1:07,02

1000-m-Sprint
1. Daniel Morelon — FRA — 11,69/11,25
2. John Michael Nicholson — AUS — —/—
3. Omari Phakadze — SOV — −/12,12/11,34

2000-m-Tandemfahren
1. Sowjetunion — −/10,52/10,60
2. DDR — 10,68/−/−
3. Polen — 10,76/10,67

4000-m-Einzelverfolgungsrennen
1. Knut Knudsen — NOR — 4:45,74
2. Xaver Kurmann — SUI — 4:51,96
3. Hans Lutz — D — 4:50,80

4000-m-Mannschafts-Verfolgungsrennen
1. Deutschland — 4:22,14
2. DDR — 4:25,25
3. Großbritannien — 4:23,78

Schießen

Freies Gewehr
1. Lones Wigger — USA — 1155
2. Boris Melnik — SOV — 1155
3. Lajos Pap — UNG — 1149

Kleinkaliber (KK) liegend
1. Ho Jun Li — NKO — 599
2. Victor Auer — USA — 598
3. Nicolae Rotaru — RUM — 598

Kleinkaliber (KK) Dreistellungskampf
1. John Writer — USA — 1166
2. Lanny Bassham — USA — 1157
3. Werner Lippoldt — DDR — 1153

Dressur Mannschaft
1. Sowjetunion — 5095,0
2. Deutschland — 5083,0
3. Schweden — 4849,0

Jagdspringen Einzel
1. Graziano Mancinelli — ITA
2. Ann Moore — GBR
3. Neal Shapiro — USA

Jagdspringen Mannschaft
1. Deutschland — −32,00
2. USA — −32,25
3. Italien — −48,00

Schießen auf laufenden Keiler
1. Lakov Zhelezniak — SOV — 569
2. Helmut Bellingrodt — COL — 565
3. John Kynoch — GBR — 562

Trap
1. Angelo Scalzone — ITA — 199
2. Michel Carrega — FRA — 198
3. Silvano Basagni — ITA — 195

Skeet
1. Konrad Wirnhier — D — 195
2. Evgeni Petrov — SOV — 195
3. Michael Buchheim — DDR — 195

Schnellfeuerpistole
1. Jozef Zapedzki — POL — 595
2. Ladislav Faita — ČSR — 594
3. Victor Torshin — SOV — 593

Freie Pistole
1. Ragnar Skanaker — SWE — 567
2. Dan Iuga — RUM — 562
3. Rudolf Dollinger — AUT — 560

Bogenschießen Männer
1. John Williams — USA — 2528
2. Gunnar Jarvil — SWE — 2481
3. Kyoesti Laasonen — FIN — 2467

Bogenschießen Frauen
1. Doreen Wilber — USA — 2424
2. Irena Szydlowska — POL — 2407
3. Emma Gaptchenko — SOV — 2403

Turnen Männer

Turner-Mehrkampf Einzel
1. Sawao Kato — JAP — 114,650
2. Eizo Kenmotsu — JAP — 114,575
3. Akinori Nakayama — JAP — 114,325

Turner-Mehrkampf Mannschaft
1. Japan — 571,25
2. Sowjetunion — 564,05
3. DDR — 559,70

Barren Einzel
1. Sawao Kato — JAP — 19,475
2. Shigeru Kasamatsu — JAP — 19,375
3. Eizo Kenmotsu — JAP — 19,250

Bodenübung Einzel
1. Nikolai Andrianov — SOV — 19,175
2. Akinori Nakayama — JAP — 19,125
3. Shigeru Kasamatsu — JAP — 19,025

Pferdsprung Einzel
1. Klaus Köste — DDR — 18,850
2. Viktor Klimenko — SOV — 18,825
3. Nikolai Andrianov — SOV — 18,800

Seitpferd Einzel
1. Viktor Klimenko — SOV — 19,125
2. Sawao Kato — JAP — 19,000
3. Eizo Kenmotsu — JAP — 18,950

Reck Einzel
1. Mitsuo Tsukahara — JAP — 19,725
2. Sawao Kato — JAP — 19,525
3. Shigeru Kasamatsu — JAP — 19,450

Ringe Einzel
1. Akinori Nakayama — JAP — 19,350
2. Mikhail Voronin — SOV — 19,275
3. Mitsuo Tsukahara — JAP — 19,225

Turnen Frauen

Mehrkampf Einzel
1. Liudmila Tourischeva — SOV — 77,025
2. Karin Janz — DDR — 76,875
3. Tamara Lazakovitsch — SOV — 76,850

Mehrkampf Mannschaft
1. Sowjetunion — 380,50
2. DDR — 376,55
3. Ungarn — 368,25

Stufenbarren
1. Karin Janz — DDR — 19,675
2. Olga Korbut — SOV — 19,450
3. Erika Zuchold — DDR — 19,450

Bodenübung
1. Olga Korbut — SOV — 19,575
2. Liudmila Tourischeva — SOV — 19,550
3. Tamara Lazakovitch — SOV — 19,450

Pferdsprung
1. Karin Janz — DDR — 19,525
2. Erika Zuchold — DDR — 19,275
3. Liudmila Tourischeva — SOV — 19,250

Schwebebalken
1. Olga Korbut — SOV — 19,400
2. Tamara Lazakovitch — SOV — 19,375
3. Karin Janz — DDR — 18,975

Basketball
1. Sowjetunion
2. USA
3. Kuba

Fußball
1. Polen
2. Ungarn
3. DDR

Hallenhandball
1. Jugoslawien
2. Tschechoslowakei
3. Rumänien

Landhockey
1. Deutschland
2. Pakistan
3. Indien

Volleyball Männer
1. Japan
2. DDR
3. Sowjetunion

Volleyball Frauen
1. Sowjetunion
2. Japan
3. Nordkorea

Überfall auf olympisches Dorf

Arabischer Terrorist mit Maske.

5. September. Frühmorgens gegen 5 Uhr überfallen arabische Freischärler der Gruppe Schwarzer September das Quartier der israelischen Olympiamannschaft und töten zwei Sportler. Sie verlangen die Freilassung der arabischen Häftlinge aus den israelischen Gefängnissen. Nach der Ablehnung dieser Forderung wird den Terroristen und ihren Geiseln ein Flugzeug auf dem Flughafen Fürstenfeldbruck zur Verfügung gestellt. Dort eröffnen abends Präzisionsschützen der Polizei das Feuer auf die Freischärler. Bei dem Schußwechsel sterben fünf Terroristen, ein Polizist und alle neun Geiseln. Die Olympischen Spiele werden auf IOC-Beschluß nach einer Trauerfeier fortgesetzt.

Polizeibeamte in Trainingsanzügen sichern den Block des olympischen Dorfes, in dem die Terroristen ihre Geiseln festhalten. Die Beamten gehören Spezialeinheiten an. Das Dorf selbst ist von starken Polizeikräften inzwischen hermetisch abgeriegelt.

Ein Freischärler verhandelt auf dem Gelände des olympischen Dorfes mit einer von Bundesinnenminister Hans-Dietrich Genscher (3. von links) geführten Delegation. Sofort nach dem Überfall ist ein Krisenstab gebildet worden.

Die olympische Fahne weht anläßlich der Trauerfeier auf Halbmast.

Die Polizei gibt den ausgebrannten Hubschrauber frei, in dem die israelischen Geiseln bei einem gescheiterten Befreiungsversuch starben.

Olympische Bilanz

11. September. In München findet die Schlußfeier der Olympischen Spiele statt. Im Medaillenspiegel nach den XX. Olympischen Sommerspielen nimmt die UdSSR den ersten Rang ein. Folgendes Bild ergibt sich:

	Gold	Silber	Bronze
UdSSR	50	27	22
USA	33	31	30
DDR	20	23	23
Bundes-republik	13	11	16
Japan	13	8	16

Die Spiele fanden vor großem Publikum statt: Fast alle Veranstaltungen waren ausverkauft. Beliebteste bundesdeutsche Sportlerin war Heide Rosendahl, die auch die erste Goldmedaille für die Bundesrepublik errang, nachdem man sechs Tage lang darauf hatte warten müssen. Sehr populär wurde die erst 16jährige Ulrike Meyfarth, die völlig überraschend im Hochsprung vor der hochfavorisierten Österreicherin siegte. Während des abends stattfindenden Wettkampfes füllt sich das Olympiastadion nochmals bis auf den letzten Platz.

Der unerwartete Sieg der bundesdeutschen Hockeymannschaft über Pakistan verhalf dieser Sportart zu breiterer Popularität. Auch dem Volleyball-Sport brachten die Olympischen Spiele einen starken Auftrieb.

Erfolgreichster Teilnehmer der Spiele war der Schwimmer Mark Spitz (USA) mit sieben Goldmedaillen. Größere Popularität beim deutschen Publikum erreichten jedoch der russische Sprinter Valerie Borsow (100 m, Gold) und vor allem der ugandische Läufer John Akii-Bua, der nach seinem Sieg im 400-m-Hürdenlauf unter den Ovationen der Zuschauer eine Ehrenrunde lief.

In Kiel, dem Austragungsort der Segelwettbewerbe, erregte vor allem die Windjammer-Parade der Segelschulschiffe die Begeisterung der Zuschauer. Die XX. Olympischen Sommerspiele fanden in aller Welt ein positives Echo. Ihr Erfolg ist auch ein Erfolg für Willi Daume, den Präsidenten des NOK und Chef des Organisationskomitees.

1972

1. Posthume Verleihung des Friedenspreises des Deutschen Buchhandels an den im KZ ermordeten Polen Janusz Korczak.

1. Begrenzung der Geschwindigkeit auf Bundes- und Landstraßen auf höchstens 100 km/h.

2. Dänemark stimmt EWG-Beitritt zu. →

3. DDR ermöglicht bei Notfällen Sofortbesuche. →

3. UdSSR-Botschafter Falin verneint Gegnerschaft zu Bonns Chinapolitik.

5. Beim Absturz einer sowjetischen Maschine am Schwarzen Meer sterben alle 100 Insassen.

6. Kultusministerkonferenz verabschiedet den Vertrag über die zentrale Vergabe von Studienplätzen ab Sommersemester 1973.

8. Hanns-Heinz Porst macht aus Firmengruppe ein Mitarbeiterunternehmen. 1400 Angestellte erhalten Verkaufserträge und mehr Selbstbestimmung.

9. Fahrer-Weltmeister 1972 wird Emerson Fittipaldi, Brasilien.

11. US-Angriff zerstört Botschaften in Hanoi. →

14. Sowjetisches Flugzeug explodiert bei Notlandung in der Nähe von Moskau: 150 Tote.

16. Streiks in Chile führen zur Kraftprobe zwischen Regierung und Opposition. Verlängerung des Notstandes über ganze Landesteile.

17. Erster Besuch der britischen Königin Elizabeth II. in einem kommunistischen Land: Jugoslawien.

19. Bekanntgabe der Verleihung des Literaturnobelpreises 1972 an Heinrich Böll.

29. Araber entführen Lufthansa-Maschine nach Libyen. Freilassung der Geiseln, nachdem drei Olympia-Attentäter aus deutscher Haft freigepreßt wurden.

GESTORBEN:

1. Louis S. B. Leakey (* 7. 8. 1903), britischer Anthropologe.

4. Karl-Theodor Freiherr von und zu Guttenberg (* 23. 5. 1921), deutscher Politiker.

7. Erik Eriksen (* 20. 11. 1902), dänischer Politiker.

26. Igor Sikorsky (* 25. 5. 1889), russischer Flugzeugkonstrukteur.

Gipfeltreffen der EWG-Staaten

Die Regierungschefs der EWG-Staaten beim Pariser Gipfeltreffen, bei dem der Beschluß gefaßt wird, einen europäischen Währungsfonds zu schaffen. Außerdem wird die Gründung einer europäischen Union noch vor 1980 gefordert. Von links: Pierre Werner (Luxemburg), Gaston Eyskens (Belgien), Anker Jørgensen (Dänemark), Jack Lynch (Irland), Willy Brandt (Bundesrepublik), Berend Biesheuvel (Niederlande), Georges Pompidou (Frankreich), Edward Heath (Großbritannien), Giulio Andriotti (Italien).

19. Oktober. In Paris beginnt das Treffen der EWG-Staatschefs. Dort wird beschlossen, zum 1. April 1973 einen europäischen Währungsfonds zu schaffen. Neben einem neuen Auftrieb für die Wirtschafts- und Währungsunion wird das Problem einer gemeinsamen Gesellschaftspolitik beraten. Die Schlußerklärung fordert die Schaffung einer europäischen Union noch vor 1980.

24. Oktober. Bundespräsident Gustav Heinemann trifft zu einem Staatsbesuch in London ein: (von links) Prinz Philip, Hilda Heinemann, Königin Elizabeth II. und Bundespräsident Heinemann bei einem Empfang.

Prozeß um Bundesliga

1. Oktober. Im Prozeß um den Bundesligabestechungsskandal erhalten in erster Instanz der Schalker Spieler Klaus Fischer eine zweijährige, sein Mannschaftskamerad Reinhard Libuda lebenslange Sperre. Bereits im August waren drei ehemalige Schalker mit langjährigen Strafen belegt worden. Allen wird vorgeworfen, das Spiel gegen die abstiegsbedrohte Arminia Bielefeld 1971 »verkauft« zu haben.

Dänemark stimmt dem Beitritt zur EWG zu

2. Oktober. Die Dänen wollen in die EWG. Im Gegensatz zu Norwegen, das den EWG-Beitritt ablehnte, ergibt die Volksabstimmung in Dänemark eine Mehrheit von 59 Prozent für den Beitritt des Landes. 32 Prozent der Dänen stimmten dagegen, die Wahlbeteiligung lag bei 89,8 Prozent. Gleich anschließend zieht sich der dänische Ministerpräsident Jens Otto Krag aus dem politischen Leben zurück. Krag, für den die EWG-Abstimmung positiv ausfiel, gibt auch den Parteivorsitz der Sozialdemokraten ab. Nachfolger wird Anker Jørgensen. Bei einer Volksabstimmung in Norwegen haben sich 53,9 Prozent der Befragten gegen den Beitritt ihres Landes zur EWG ausgesprochen (→ September 1972).

DDR lockert Haltung

Außenminister Walter Scheel (l.) besucht China. Ministerpräsident Tschou En-lai befürwortet den Beitritt beider deutscher Staaten in die Vereinten Nationen.

Der Monat Oktober 1972 ist gekennzeichnet von einer ganzen Reihe Verbesserungen im deutsch-deutschen Verhältnis, die vor allem von der DDR selbst ausgehen. So ermöglicht die Regierung in Ost-Berlin ab 3. Oktober Sofortbesuche für Westberliner. Aufgrund der kurzfristig mit dem Berliner Senat ausgehandelten Entscheidung werden Berechtigungsscheine zum mehrmaligen Empfang eines Visums ausgestellt. Am 6. Oktober, zum 23. Jahrestag ihrer Staatsgründung, verkündet die DDR-Regierung dann ihre bisher größte Amnestie für einige tausend – auch politische – Häftlinge.
Am 16. Oktober gibt die DDR ihren Anspruch auf Flüchtlinge auf. Bürger, die bis zum 1. 1. 1972 die DDR verließen, verlieren ihre Staatsbürgerschaft und werden nicht mehr strafrechtlich verfolgt. Nur einen Tag später erhalten DDR-Bürger die Erlaubnis, in dringenden Familienangelegenheiten in die Bundesrepublik Deutschland zu reisen. Parallel zu den Grundvertragsverhandlungen zwischen den beiden deutschen Staaten beginnen die Viermächte-Gespräche über ihre Rechte und Verantwortlichkeiten in Deutschland. Diese sind auch eine Voraussetzung für die Aufnahme der DDR und der Bundesrepublik Deutschland in die Vereinten Nationen.
Von Indien als nunmehr 34. Staat wird in diesem Monat die DDR völkerrechtlich anerkannt, wobei Bonn bedauert, daß dieser Botschafteraustausch noch vor Abschluß des Grundvertrages stattfindet. In Peking befürwortet der chinesische Ministerpräsident Tschou En-lai im Gespräch mit Außenminister Walter Scheel den UN-Beitritt und auch eine zukünftige deutsche Wiedervereinigung. Im Juli bereits hatte der CDU-Politiker Gerhard Schröder auf einer Chinareise diese Politik vertreten und vorbereiten helfen.

Kämpfe in Vietnam

Während schon amerikanische und nordvietnamesische Unterhändler zusammentreffen, gehen die Kämpfe in Vietnam weiter. Am 11. Oktober zerstören US-Streitkräfte bei einem Angriff auf Hanoi die französische Mission und verletzen den Chefdelegierten schwer. Auch die algerische Botschaft wird beschädigt. Beide Regierungen protestieren scharf. Als der südvietnamesische Präsident Nguyen Van Thieu die Vorschläge für einen Waffenstillstand und eine Koalitionsregierung in Saigon ablehnt, geraten die Verhandlungen in eine Sackgasse. Wenig später jedoch erklärt der US-Unterhändler Henry Kissinger nach einer Meldung Hanois über ein vertrauliches Friedensabkommen, zumindest eine Feuereinstellung sei in Reichweite.

1972

NOVEMBER

Mo	Di	Mi	Do	Fr	Sa	So
		1	2	3	4	5
6	7	8	9	10	11	12
13	14	15	16	17	18	19
20	21	22	23	24	25	26
27	28	29	30			

1. Finanzhilfe für Contergankinder tritt erst nach etwa 14 Jahren in Kraft.

5. Indianer-Proteste in Washington. →

6. Lohn- und Preisstopp in Großbritannien. →

6. Premiere des Schauspiels »Prinz von Homburg« von Kleist an der Berliner Schaubühne unter Peter Stein.

13. Orkan über Mitteleuropa fordert 54 Todesopfer, 28 in Deutschland.

14. Argentinischer Diktator Perón kehrt nach über 17 Jahren Exil nach Argentinien zurück, um bei Wahlen eine Partei zu unterstützen (→ Juli 1974).

16. Bonn überweist 100 Mill. DM an Polen für die Opfer von medizinischen Versuchen im Dritten Reich.

17. Abkommen deutscher Firmen über Bau eines Hüttenwerkes in der UdSSR. Sowjetunion bezahlt mit Lieferung von Eisenerzkonzentrat.

17. Studentenunruhen in den USA.

19. Deutsche Bundestagswahl mit Sieg der SPD/FDP-Koalition. →

21. CSU erwägt die Auflösung der Fraktionsgemeinschaft mit der CDU.

23. Belgiens Regierung unter Eyskens tritt wegen Meinungsverschiedenheiten im Sprachenstreit zurück.

25. Theaterstück »Mausefalle« seit 20 Jahren in London.

28. Absturz einer sowjetischen Maschine bei Moskau mit 63 Toten.

29. Streit von CDU/CSU um Ablehnung des Grundvertrages.

29. Linksrutsch bei den niederländischen Parlamentwahlen.

30. Deutschlands bekanntestes politisches Kabarett, die Münchner Lach- und Schießgesellschaft, löst sich auf.

GESTORBEN:

1. Ezra Pound (* 30. 10. 1885), amerikanischer Lyriker und Kritiker. →

25. Hans Scharoun (* 20. 9. 1893), deutscher Architekt. →

27. Willi Richter (* 1. 10. 1894), deutscher Politiker und Gewerkschaftsführer.

EWG-Staaten wollen Inflation bekämpfen

Für 1973 beschließen die Mitgliedstaaten der EWG, den Preisanstieg auf vier Prozent zu drücken. In einem Treffen wird die Notwendigkeit der gemeinsamen Inflationsbekämpfung betont. Noch im selben Monat erläßt die britische Regierung einen Lohn- und Preisstopp für 90 Tage zur unmittelbaren Bekämpfung der Inflation.
Auch nach dem Beitritt Irlands, Dänemarks und Großbritanniens werden die EWG-Agrarüberschüsse weiter wachsen. Der Selbstversorgungsgrad steigt, da die Produktion von Agrargütern in den letzten sieben Jahren um 25 Prozent zugenommen hat.

Ezra Pound stirbt in Venedig

1. November. Ezra Pound, einer der bedeutendsten amerikanischen Lyriker des 20. Jahrhunderts, stirbt im Alter von 87 Jahren in Venedig. Der Dichter und Literaturkritiker war 1908 nach Europa gekommen und hatte lange Zeit als Fürsprecher des Faschismus in Italien gelebt. Nach der Festnahme durch amerikanische Truppen wegen Hochverrats flüchtete Pound ins Irrenhaus, aus dem er 1958 als »harmlos« entlassen wurde. Seine Stiltheorie und Kritiken beeinflußten die moderne Poesie vor allem der englischsprachigen Länder. Pounds bekannte Gedichtfolge »Cantos« ähnelt in ihrer Struktur Dantes »Göttlicher Komödie«.

Ezra Pound †.

Sieg der Koalition

Jubel über den Wahlsieg: (von links) Schriftsteller und Wahlhelfer Günter Grass, Außenminister Walter Scheel (FDP), Juso-Vorsitzender Wolfgang Roth und Bundeskanzler Willy Brandt (SPD).

19. November. Die Bonner SPD/FDP-Koalition unter Willy Brandt und Walter Scheel erreicht bei der Bundestagswahl einen überraschend hohen Wahlsieg. Die einzelnen Ergebnisse lauten: SPD 45,9 Prozent – CDU/CSU 44,8 Prozent – FDP 8,4 Prozent. Zum erstenmal in der Geschichte der Bundesrepublik wird die SPD stärkste Partei im Bundestag. Auch die FDP verzeichnet eine Zunahme, während der CDU-Kanzlerkandidat Barzel das Ergebnis der Union eine Niederlage nennt. Die Wahlbeteiligung liegt bei mehr als 90 Prozent.

Wahlsieger Richard Nixon (rechts) und sein Vizepräsident Spiro Agnew.

Nixon bleibt Präsident

8. November. Der alte und neue Präsident der USA heißt Richard M. Nixon. Am 8. November erringt er einen der größten Wahlsiege in der Geschichte Amerikas. 49 von 50 Bundesstaaten bestätigen ihn im Amt. Nachdem sein Gegenkandidat, der Demokrat George McGovern, lange Zeit vor allem bei Minderheiten aussichtsreich zu sein scheint, steigt Nixons Popularitätsquote zuletzt immer mehr. McGovern erreicht nur im Bundesstaat Massachusetts, wo ihn die Kennedys unterstützen, eine Mehrheit und in der vorwiegend schwarzen Hauptstadt Washington D.C.

Sein Vizekandidat ist Sargant Shriver, nachdem Thomas Eagleton zurücktreten mußte, weil er eine frühere psychiatrische Behandlung verschwiegen hatte. In beiden Häusern des Kongresses muß Nixon jedoch weiterhin gegen demokratische Mehrheiten regieren.
Im Verlauf des Wahlkampfes sind Einbrecher, auf Veranlassung von Nixons Mitarbeitern, ins Hauptquartier der Demokratischen Partei im Watergate-Komplex eingedrungen. Der zunächst kaum beachtete Vorfall bringt die Regierung Nixon in große Bedrängnis (→ August 1974).

Die Staatssekretäre Michael Kohl (DDR) und Egon Bahr (rechts).

Grundvertrag in Kraft

8. November. Nach monatelangen Verhandlungen wird der Vertrag über die grundlegenden Beziehungen zwischen der Bundesrepublik und der DDR unterzeichnet. Die Unterhändler Egon Bahr und Michael Kohl sind zur Paraphierung ermächtigt. Danach tritt ein ganzes Paket von Vereinbarungen in Kraft, so etwa der kleine Grenzverkehr, die Familienzusammenführung, die Akkreditierung westdeutscher Journalisten in der DDR. Bundesbürger können als Touristen einreisen.

Hans Scharoun tot

25. November. Einer der einflußreichsten deutschen Architekten, Hans Scharoun, stirbt im Alter von 79 Jahren in Berlin. Dort stehen auch seine wichtigsten Bauwerke. Noch vor dem Zweiten Weltkrieg entstand die Siemensstadt, ein Wohnviertel. Nach dem Krieg entwickelte Scharoun, Jahrgang 1893, als Stadtrat Pläne zum Wiederaufbau Berlins. Er entwarf das Hansaviertel, die Philharmonie und die noch im Bau befindliche Staatsbibliothek. Scharoun war Präsident der Akademie der Künste.

Hans Scharoun †.

Die vom Architekten Scharoun erbaute Philharmonie in Berlin.

Indianer wollen um ihre Rechte kämpfen

5. November. In Washington besetzen Indianer, die seit Ende Oktober in einem großen »Marsch der gebrochenen Verträge« in die Bundeshauptstadt gezogen waren, das Amt für Indianische Angelegenheiten im US-Innenministerium. Sie protestieren mit dieser Aktion gegen die Nichteinhaltung der gültigen Verträge zwischen Weißen und Indianern sowie gegen die diskriminierende Behandlung der Indianer. Aus dem Amt nehmen sie Akten mit, die nach ihren Angaben Unterschlagungen offenbaren.

Blutige Studentenunruhen entstehen im US-Bundesstaat Louisiana. Auf dem Universitätsgelände von Baton Rouge werden zwei farbige Studenten erschossen. Im Kampf um mehr Mitbestimmungsrechte hatten sie zu den Besetzern der Universitätsverwaltung gehört.

Die beiden Indianerführer Dennis Banks (links) und Russel Means, Leiter des großen Protestmarsches.

DGB beliebter bei Angestellten

Immer mehr Angestellte engagieren sich in den Einzelgewerkschaften des DGB. In den letzten zwölf Monaten waren es etwa 100 000, während die Mitgliederzahl der DAG stagniert. Dennoch bezeichnet der DGB den Organisationsgrad der Angestellten noch als unbefriedigend niedrig.

1972
DEZEMBER

Mo	Di	Mi	Do	Fr	Sa	So
				1	2	3
4	5	6	7	8	9	10
11	12	13	14	15	16	17
18	19	20	21	22	23	24
25	26	27	28	29	30	31

3. Beim Start einer Spantax-Maschine auf Teneriffa kommt es zum Absturz des Flugzeuges. Über 140 deutsche Urlauber werden getötet.

3. Sportler des Jahres gewählt: Mark Spitz und Olga Korbut. →

5. Neues Fraktionsabkommen CDU/CSU nach anfänglichem Streit.

7. »Apollo 17« startet mit drei Astronauten an Bord zum vorläufig letzten bemannten Mondflug.

8. Feuergefecht an Bord einer äthiopischen Maschine, bei dem sieben Luftpiraten getötet werden. Trotz schwerer Schäden landet das Flugzeug sicher.

10. Nobelpreis an Böll. →

13. Annemarie Renger (SPD) wird als erste Frau Präsidentin eines Deutschen Bundestages. →

14. Willy Brandt wird wieder zum Bundeskanzler gewählt. →

18. Beginn neuer Bombenangriffe der USA auf Nordvietnam. →

19. Nach 300 Stunden Mondflug ist »Apollo 17« sicher gelandet.

22. 16 überlebende Insassen eines am 13. Oktober abgestürzten Flugzeuges in chilenischen Anden gefunden. Nur durch das Fleisch der umgekommenen Mitreisenden konnten sie überleben.

25. Schweres Erdbeben verwüstet Nicaragua. Hauptstadt Managua ist völlig zerstört. Tausende von Toten.

27. Belgien erkennt als erstes NATO-Land die DDR an.

28. Bei Berliner Ausschachtungen gefundenes Skelett wird als Hitlers Stellvertreter Martin Bormann identifiziert.

31. Shakespeares »Kaufmann von Venedig« unter der Regie von Peter Zadek im Schauspielhaus Bochum aufgeführt, mit Günter Lüders als Antonio.

GESTORBEN:

1. Erich Apostel (* 22. 1. 1901), österreichischer Komponist.

9. William Dieterle (* 15. 7. 1893), deutschamerikanischer Filmregisseur. →

20. Günter Eich (* 1. 2. 1907), deutscher Lyriker und Hörspielautor. →

26. Harry S. Truman (* 8. 5. 1884), früherer amerikanischer Präsident. →

Bundestag wählt Frau

Annemarie Renger.

13./14. Dezember. Zum erstenmal ist eine Frau Präsident des Deutschen Bundestages: Annemarie Renger (SPD) wird am 13. Dezember gewählt. Einen Tag später wird Willy Brandt wieder zum Bundeskanzler gewählt. Zwei Koalitionsabgeordnete stimmen gegen ihn. Bei einer falschen Auszählung hatte es zuerst so ausgesehen, als hätten 18 Unionsabgeordnete für Brandt gestimmt, so daß der Fraktionsvorsitzende Rainer Barzel bereits seinen Rücktritt erwog. Nach Erwägungen über eine Trennung beschließen CDU und CSU die Fortsetzung der Fraktionsgemeinschaft. In Zukunft soll jedoch der Oppositionskurs im Bundestag gleichberechtigt bestimmt werden.

Das Bundeskabinett: (von links) Josef Ertl (Ernährung), Gerhard Jahn (Justiz), Erhard Eppler (Entwicklung), Georg Leber (Verteidigung), Helmut Schmidt (Finanz), Willy Brandt (Kanzler), Egon Franke (Innerdeutsch), Walter Arendt (Arbeit), Egon Bahr (Sonder), Gustav Heinemann (Bundespräsident), Klaus von Dohnanyi (Bildung und Wissenschaft), Werner Maihofer (Sonder), Katharina Focke (Familie), Walter Scheel (Außen), Hans-Dietrich Genscher (Innen), Horst Ehmke (Post und Forschung), Hans Friderichs (Wirtschaft), Lauritz Lauritzen (Verkehr), Hans Jochen Vogel (Städtebau).

Eskalation in Vietnam

18. Dezember. Nach dem vorläufigen Scheitern der Friedensverhandlungen in Paris beginnen die USA erneut mit Bombenangriffen auf Nordvietnam. Die im Oktober von Präsident Richard Nixon erlassene Bombensperre wird aufgehoben. Der Luftkrieg wird mit den bisher schwersten Angriffen fortgesetzt.

Auch weltweite Kritik hindert Nixon nicht am sogenannten Weihnachts-Bombardement, aufgrund dessen etwa eine halbe Million Einwohner Hanois evakuiert werden müssen. Erst dann werden die Verhandlungen in Paris, deren Ergebnissen sich bisher häufig Südvietnam widersetzte, fortgeführt.

Sportler des Jahres

Von Journalisten aus insgesamt 40 Ländern werden die erfolgreichen Olympiateilnehmer Mark Spitz (USA) und Olga Korbut (UdSSR) zu den internationalen Sportlern des Jahres 1972 gewählt.
Einen großen bundesdeutschen Erfolg gibt es bei der Wahl von Europas Fußballern des Jahres: Den ersten Platz nimmt der Münchener Franz Beckenbauer vor seinem Mannschaftskollegen Gerd Müller und dem Gladbacher Günter Netzer ein.

Der deutsche Schriftsteller Heinrich Böll (rechts) erhält den Nobelpreis für Literatur aus den Händen des schwedischen Kronprinzen Carl Gustaf.

Nobelpreis für Böll

10. Dezember. Dem Kölner Schriftsteller Heinrich Böll wird von der Schwedischen Akademie der Schönen Künste der Literaturnobelpreis des Jahres 1972 verliehen. Der 1917 geborene Autor ist mit Werken wie den Romanen »Ansichten eines Clowns«, »Haus ohne Hüter«, »Das Brot der frühen Jahre« und »Billard um halb zehn« bekanntgeworden. Die Akademie verleiht Böll die Auszeichnung für »Dichtung, die durch ihren zeitgeschichtlichen Weitblick in Verbindung mit ihrer von sensiblem Einfühlungsvermögen geprägten Darstellungskraft erneuernd im Bereich der deutschen Literatur gewirkt hat«. Weitere Nobelpreisträger 1972: Medizin – Gerald M. Edelman (USA) und Rodney R. Porter (Großbritannien) für die Erforschung des chemischen Aufbaus der Immunkörper; Physik – John Bardeen, John Schrieffer, Leon Cooper (USA) für die quantenmechanische Theorie der Supraleitung; Chemie – Christian Anfinsen, Stanford Moore, William Stein (USA) für Arbeiten über die Funktion des Enzyms Ribonuklease; Wirtschaft – John R. Hicks (Großbritannien), Kenneth J. Arrow (USA).

Weitere Zechen im Ruhrgebiet stillgelegt

14. Dezember. Bereits im November hat das Bundeskabinett ein Stabilitätsprogramm zur Unterstützung der Ruhrkohle AG beschlossen. Dennoch wird im Dezember entschieden, daß im Ruhrgebiet weitere drei Zechen stillgelegt werden. 8000 Bergleute sind davon betroffen. Von einem Gesundschrumpfen der Ruhrkohle AG, die 1972 einen Verlust von 178 Millionen DM anmeldet, kann also kaum noch die Rede sein. Insgesamt wird die Kohle immer mehr vom Öl verdrängt. Der Verbrauch an Steinkohle wird bis 1976 um etwa 20 Millionen Tonnen sinken.

Filmregisseur William Dieterle †

9. Dezember. Im Alter von 79 Jahren stirbt der Regisseur William Dieterle. 1918 spielte er bei Max Reinhardt in Berlin, 1923 führte er in »Menschen am Wege« zum erstenmal Regie, 1930 wanderte er nach Hollywood aus. Dort wurde er mit biographischen Filmen bekannt sowie mit »Der Glöckner von Notre Dame«. 1955 kehrte er nach Deutschland zurück.

Ex-US-Präsident Harry S. Truman stirbt 88jährig

Harry S. Truman †.

26. Dezember. 88jährig stirbt in Kansas City der ehemalige demokratische Präsident der USA, Harry S. Truman.
Der frühere Kurzwarenhändler wurde 1945 beim plötzlichen Tod Franklin D. Roosevelts Präsident und blieb es bis 1953. Er gab den Befehl des Atombombenabwurfs auf japanische Städte. Die von ihm 1947 entwickelte sogenannte Trumandoktrin umfaßte zunächst eine Militär- und Wirtschaftshilfe für Griechenland und die Türkei. Später galt sie der allgemeinen Eindämmung kommunistischer Machtexpansion. Truman wollte »freie Völker unterstützen, die versuchen, sich der Unterjochung durch bewaffnete Minderheiten oder auswärtigen Druck zu widersetzen«.

Fußballvereine hochverschuldet

14. Dezember. Vor einer großen finanziellen Krise stehen die deutschen Profifußballclubs. Insgesamt weisen sie 41 Millionen DM Schulden auf. So kann etwa Bundesligist Hertha BSC Berlin, in dessen Kasse 6 Millionen DM fehlen, nur auf Spenden und Darlehen hoffen.

Urabstimmung in der Stahlindustrie

20. Dezember. In einer Urabstimmung entscheiden sich 88 Prozent der Beschäftigten in der Eisen- und Stahlindustrie für einen Streik, um die Tarifforderungen ihrer Gewerkschaft in Nordrhein-Westfalen zu unterstreichen. Von Januar 1973 an wird gestreikt.

Hörspielautor Günter Eich stirbt

20. Dezember. In Salzburg stirbt der 1907 geborene deutsche Lyriker Günter Eich. Der in seinen Gedichten moderne Stilmittel nutzende Autor gilt auch als Begründer des literarischen Hörspiels (z. B. »Die Brandung von Setúbal«, 1957). Eich war Mitglied der Gruppe 47.

Brecht überrundet Shakespeare

Bert Brecht ist in diesem Jahr mit seinen Stücken der an deutschsprachigen Bühnen meistgespielte Autor. Damit überholte er den bisher an der Spitze liegenden William Shakespeare. Der am häufigsten aufgeführte Opernkomponist ist Giuseppe Verdi.

JANUAR

Mo	Di	Mi	Do	Fr	Sa	So
1	2	3	4	5	6	7
8	9	10	11	12	13	14
15	16	17	18	19	20	21
22	23	24	25	26	27	28
29	30	31				

1. Erweiterung der EWG um Großbritannien, Irland und Dänemark tritt in Kraft.

2. Wiederaufnahme der Vietnam-Gespräche in Paris.

2. Peter Zadeks Inszenierung von Shakespeares »Kaufmann von Venedig« mit Günter Lüders als Antonio hat in Bochum Premiere.

7. Bundesrepublik und Finnland nehmen diplomatische Beziehungen auf.

7. Hitlers Paradewagen wird in den USA für 500 000 DM versteigert.

11. Pompidou zu Besuch in Moskau.

15. USA stellen Militäraktionen gegen Nordvietnam ein.

16. Die Sowjetunion landet das unbemannte Mondmobil »Lunochod«.

17. Rudolf Augstein legt sein Bundestagsmandat (FDP) nieder.

18. Regierungserklärung Willy Brandts im Bundestag. →

21. Der Verband Deutscher Schriftsteller beschließt seinen Beitritt zur IG Druck und Papier am 1. 1. 1974.

21. Viscontis Film »Ludwig II.« in Bonn uraufgeführt.

22. 180 Tote beim Absturz einer Boeing 707 in Nigeria.

23. Landgericht Essen verurteilt die Albrecht-Entführer Ollenburg und Kron zu je achteinhalb Jahren Haft.

23. Joe Frazier verliert Weltmeistertitel im Schwergewichtsboxen an George Foreman.

23. Vulkanausbruch auf dem isländischen Heimaey. Der Vulkan galt seit 5000 Jahren als tot. →

24. Vietnam-Abkommen in Paris paraphiert. →

31. MBFR-Vorgespräche über Truppenabbau in Europa beginnen in Wien.

GESTORBEN:

13. Ernst Friedländer (* 4. 2. 1895), deutscher Publizist.

20. Lorenz Böhler (* 15. 1. 1885), österreichischer Chirurg.

23. Lyndon B. Johnson (* 27. 8. 1908), 36. Präsident der USA. →

26. Edward G. Robinson (* 12. 12. 1893), amerikanischer Schauspieler.

Endlich Waffenruhe in Vietnam

Unterzeichnung des Waffenstillstandsabkommens für Vietnam im Hotel Majestic in Paris.

24. Januar. Nach der Einstellung der amerikanischen Kampfhandlungen gegen Nordvietnam unterzeichnen die kriegführenden Parteien am 24. Januar das Waffenstillstandsabkommen in Paris. Nach langen Verhandlungen, geführt vor allem von Le Duc Tho (Nordvietnam) und Henry Kissinger (USA), tritt eine offizielle Waffenruhe in Kraft, die die Welt aufatmen läßt und zumindest die USA aus der weiteren Entwicklung weitgehend ausschließt. Das 23 Artikel umfassende Abkommen sieht den Abzug der US-Soldaten innerhalb von 60 Tagen vor. Dafür läßt Hanoi die amerikanischen Gefangenen frei. Eine internationale Kontrollkommission wird eingesetzt, ein gemeinsamer Rat soll freie Wahlen in Südvietnam vorbereiten.

Die Erleichterung in aller Welt über das Abkommen macht jedoch bald der Erkenntnis Platz, daß damit in Vietnam noch lange kein wirklicher Friede eingetreten ist. Gleich nach Bekanntwerden der Unterzeichnung flammen überall in Vietnam verbissene Kämpfe auf, die bezwecken, bis zum Inkrafttreten des Abkommens am 28. Januar noch möglichst viel Territorium zu gewinnen. Der in vielen Punkten nicht eindeutige Text läßt den verfeindeten Teilen Vietnams unterschiedliche Interpretationen offen. So betont Präsident Thieu, freie Wahlen werde es nicht geben, solange noch ein einziger nordvietnamesischer Soldat in Südvietnam sei. Vom Abzug der Nordvietnamesen ist im Abkommen aber nicht die Rede. So ist die Apathie verständlich, mit der die Friedensnachricht in Südvietnam aufgenommen wird. »Welcher Krieg ist zu Ende?« fragt eine alte Frau ein US-Fernsehteam, »vielleicht der Krieg der Amerikaner – aber unserer?«

Den USA erlaubt das Abkommen immerhin eine Kürzung des Militäretats um 8,1 Milliarden DM. Die Bilanz des Krieges jedoch bedrückt Amerika: 56 000 tote GIs von insgesamt einer halben Million eingesetzter Soldaten, 135 Milliarden Dollar Kosten. Die USA haben eine Vielzahl neuer Waffen erprobt, so Chemikalien zur Entlaubung von Wäldern und das Tränengas CS. Die sich für Amerika aus dem Krieg ergebenden inneren Konflikte sind bisher aber nur zum Teil abzusehen: Kriegsheimkehrer, denen die soziale Wiedereingliederung ungeahnte Schwierigkeiten bereitet, und das Trauma eines verlorenen Krieges. Mit dem Abzug aus Südvietnam, aus dem die Nordvietnamesen und der Vietcong nicht vertrieben werden konnten, gesteht Amerika ein, daß es nicht in der Lage ist, jeden militärischen Konflikt zu gewinnen.

Johnson gestorben

23. Januar. Lyndon Baynes Johnson, am 27. August 1908 als Sohn eines armen Farmers geboren, verstand sein Präsidentenamt wie das eines Familienvaters aller Amerikaner. Sein Ziel war es, die Not zu beseitigen, die er selber in seiner Jugend erlebt hatte, und so war es auch sein größtes Verdienst, den USA ihre bisher umfassendste Sozialgesetzgebung zu verschaffen. Doch die verheißene »Große Gesellschaft« brachte der Texaner Amerika nicht. Statt dessen wurde Johnson in der zweiten Hälfte der 60er Jahre zu einer der meistgehaßten Personen des Landes. Vietnamgegner warfen ihm die Eskalation des Krieges vor, der, wie sich erst nach Jahren zeigte, auch mit Tausenden amerikanischer Soldaten und einem unübersehbaren Waffenarsenal nicht zu gewinnen war. Johnson hatte sich bereits auf ein Verbleiben im Kongreß, bestenfalls als Vizepräsident, eingerichtet, als er nach der Ermordung John F. Kennedys (→ November 1963) plötzlich mit dem Präsidentenamt betraut wurde.

Lyndon B. Johnson †.

Vulkanausbruch auf Insel Heimaey

23. Januar. Ein längst erloschen geglaubter Vulkan, Islands »Heiliger Berg« auf der Westmänner-Insel Heimaey, bricht am 23. Januar plötzlich aus und begräbt die Insel unter Lava und Asche. Vor dem Ausbruch des »Helgafjelud« müssen die etwa 7000 Inselbewohner fliehen, sie werden evakuiert. Jedoch kehren die an brodelnde Erde gewöhnten Isländer – der gesamte elektrische Strom der Insel stammt von unterirdischen heißen Quellen – bereits einige Monate später zu ihren Anwesen zurück, sofern diese nicht völlig unter der Asche begraben sind.

Vulkanausbruch auf Heimaey.

Brandt: Politik wird fortgeführt

18. Januar. Die Regierungserklärung des Bundeskanzlers Willy Brandt betont die Fortsetzung der Außenpolitik, die unter dem Stichwort »gute Nachbarschaft« steht, sowie der inneren Reformen. Brandt will damit die 1969 begonnene Koalitionsarbeit weiterführen und vor allem soziale Versprechen verwirklichen: Mitbestimmung und Vermögensbildung für Arbeitnehmer, Bildungschancen für alle und ein erneuertes Steuer- und Bodenrecht. Die Kritik der CDU/CSU-Opposition wirft dem Kanzler vor, die Regierungserklärung sei unzureichend und dürftig, vor allem angesichts der Deutschlandpolitik, die bereits in der vergangenen Legislaturperiode ihre angestrebten Ziele nicht erreicht habe.

1973

FEBRUAR

Mo	Di	Mi	Do	Fr	Sa	So
			1	2	3	4
5	6	7	8	9	10	11
12	13	14	15	16	17	18
19	20	21	22	23	24	25
26	27	28				

1. Bernhard Grzimek tritt als Naturschutzbeauftragter wegen mangelnder Berücksichtigung seiner Aufgaben zurück.

1. Amerikanische Fluggesellschaften machen Concorde-Bestellungen rückgängig.

2. Bundeskabinett beschließt Maßnahmen zur Eindämmung der Dollarflut.

4. IOC vergibt Winterspiele 1976 an Innsbruck.

6. Europas größter Hochofen in Duisburg nimmt Produktion auf. →

11. Abzug letzter US-Kampfeinheit aus Südvietnam.

13. Laotische Regierung und Pathet Lao unterzeichnen Waffenstillstandsabkommen.

20. Thyssen AG erwirbt Mehrheit der Rheinstahl-Aktien.

21. Wegen Tötung auf Verlangen wird die holländische Ärztin Postma van Boven zu einer Woche Haft mit Bewährung verurteilt. Sie hatte ihrer Mutter nach einem Schlaganfall Morphium verabreicht. →

21. Israel zwingt libysches Verkehrsflugzeug zur Landung. →

22. Nach Protesten der CDU/CSU und des Berliner Senats beschließt Bonn, Visa-Gebühren für DDR-Besucher weiter zu erstatten.

22. USA und China richten Verbindungsbüros ein.

26. Berliner Kammergericht verurteilt Horst Mahler wegen Raubes und Gründung einer kriminellen Vereinigung zu zwölf Jahren Haft.

28. Rodnina/Saizew werden Weltmeister im Eiskunstlauf.

28. Rolf Liebermann wird Intendant der Pariser Oper. →

28. Eintracht Braunschweig beginnt mit der Trikotwerbung im Profifußball. →

GESTORBEN:

2. Max Brauer (* 3. 9. 1887), deutscher Politiker, früherer Bürgermeister Hamburgs.

11. Hans D. Jensen (* 25. 6. 1907), deutscher Physiker und Nobelpreisträger.

13. Hans Globke (* 10. 9. 1898), deutscher Staatssekretär.

22. Elizabeth Bowen (* 7. 6. 1899), englische Schriftstellerin irischer Herkunft.

Abschuß in der Wüste

21. Februar. Zwei israelische Phantom-Piloten zwingen eine libysche Linienmaschine zur Landung in der Sinai-Wüste.

Die israelischen Jäger eröffnen das Feuer auf die Maschine, deren Pilot sich offenbar verflogen hat. Das Flugzeug fängt noch in der Luft Feuer, es explodiert beim Aufsetzen. Über 100 Zivilisten finden den Tod. Nach israelischer Darstellung befand sich der Pilot über Sperrgebiet und beachtete die Aufforderung zur Landung nicht. Die Empörung in aller Welt über diesen, wie der israelische Luftwaffenchef zugibt, »De-facto-Abschuß« führt jedoch im arabischen Lager nicht zu Gegenaktionen. Israel erklärt sich zur Entschädigung bereit.

Euthanasie-Fall in Holland erregt Aufsehen

21. Februar. Eine intensive und emotionale Diskussion entwickelt sich um den Begriff der Euthanasie, der aktiven Sterbehilfe. Die Gemüter erhitzen sich an der Frage, was humaner ist: Das Leben eines todkranken Menschen mit medizinischen Mitteln so lange wie möglich zu erhalten, eventuell sogar künstlich zu verlängern, oder unter bestimmten Bedingungen den Tod herbeizuführen.

Der Streit entzündet sich an einem konkreten Fall. Die 45jährige niederländische Ärztin Geertruida Postma van Boven hat ihre nach einem Schlaganfall gelähmte 78jährige Mutter Margina Grevelink auf deren eigenen Wunsch im römisch-katholischen Pflegeheim in Oosterwolde mit einer Injektion von 200 Milligramm Morphium getötet. Das Gericht, vor dem die Ärztin wegen Tötung auf Verlangen angeklagt ist, bezieht mit seinem milden Urteil eindeutig Stellung: Eine Woche Haft, die zur Bewährung ausgesetzt wird. Die Diskussion um Sterbehilfe im allgemeinen, besonders um ihre rechtliche Freigabe, kommt jedoch zu keinem Ergebnis.

28. Februar. Rolf Liebermann wird nach langen Jahren in Hamburg neuer Intendant der Pariser Oper.

Europas Hochofengigant in Duisburg

6. Februar. Für den Thyssen-Stahlkonzern nimmt Europas größter Hochofen in Duisburg seine Produktion auf. Mit der Erzeugung von 10 000 Tonnen Roheisen täglich erwartet man eine um 10 Prozent billigere Produktion als bei bisherigen Anlagen. Damit erreicht dieser Hochofen die Kapazität der großen japanischen Anlagen. Keine ungeteilte Freude bedeutet der Hochofen allerdings für die umliegenden Bewohner. Bald schon protestieren Bürger gegen die Umweltbelästigung. Nach einer kurzen Stillegung wird im März entschieden, daß der Hochofen weiterarbeiten darf, jedoch erst nach Maßnahmen, die für eine Verringerung der Lärmbelästigung sorgen.

Produktwerbung erstmals auf Fußballtrikots

28. Februar. Der Fußball-Bundesligist Eintracht Braunschweig tauscht sein Emblem: Der Löwe im Vereinswappen auf den Spielertrikots weicht dem Hirschkopf, Markenzeichen eines bekannten Kräuterlikörs. Damit wird in der Bundesliga ein Tabu gebrochen, denn die Trikotwerbung war bisher vom Deutschen Fußballbund untersagt. Doch wirtschaftliche Existenzfragen zwingen die Clubs, zu solchen Einnahmen zu greifen. So erhält Braunschweig für die Werbung – wenn auch nur mit Symbol und ohne Namen – eine halbe Million DM für fünf Jahre. Der DFB protestiert zunächst, macht aber einige Wochen später einen Rückzug: Braunschweig darf sein neues Wappen tragen. Schließlich ist auch der DFB selber solchen Einnahmequellen nicht abgeneigt: Das Bundeskartellamt forderte ihn auf, die Nationalmannschaft nicht ausschließlich mit den Schuhen einer ganz bestimmten Firma auftreten zu lassen.

Werbung auf den Trikots der Eintracht-Braunschweig-Fußballer.

1973
MÄRZ

Mo	Di	Mi	Do	Fr	Sa	So
			1	2	3	4
5	6	7	8	9	10	11
12	13	14	15	16	17	18
19	20	21	22	23	24	25
26	27	28	29	30	31	

1. Bewaffnete Sioux-Indianer besetzen Wounded Knee, Süd-Dakota. →

1. Pachomova/Gorschkow Weltmeister im Eistanz. Silber für die bundesdeutschen Teilnehmer Angelika und Erich Buck.

2. Terroranschlag arabischer Guerillas in der saudi-arabischen Botschaft von Khartum. Die Terroristen ergeben sich nach 60 Stunden.

4. Nach erstem Wahlgang in Frankreich führt die Vereinigte Linke vor den Gaullisten.

5. Die Malteser-Helfer Monika Schwinn und Bernhard Diehl nach vier Jahren Vietcong-Gefangenschaft freigelassen. →

9. Bei Volksabstimmung entscheiden sich 98 Prozent der Nordiren für Verbleib bei Großbritannien.

11. Zweiter Wahlgang in Frankreich bestätigt Gaullisten.

12. DM wird um drei Prozent aufgewertet. »Floating« in Europa. →

18. Ausnahmezustand über Pnom Penh nach Bombenangriff eines von Sihanouk entführten Flugzeuges auf den Präsidentenpalast von Lon Nol.

18. Tankred Dorsts »Eiszeit« unter Peter Zadek mit O. E. Hasse in Bochum aufgeführt.

22. US-Veto im Weltsicherheitsrat verhindert neue Verhandlungen über Panamakanal.

28. Der Schauspieler Marlon Brando lehnt den »Oscar« für seine Rolle des »Paten« aus Protest gegen die Behandlung der Indianer ab.

29. Der letzte amerikanische GI verläßt Vietnam.

30. In Paris findet die erste Opernpremiere unter Rolf Liebermann »Die Hochzeit des Figaro« statt.

GESTORBEN:

6. Pearl S. Buck (* 26. 6. 1892), amerikanische Schriftstellerin.

10. Robert Siodmak (* 8. 8. 1900), deutschamerikanischer Filmregisseur.

15. Heinz Ullstein (*13. 1. 1893), deutscher Verleger.

25. Edward Steichen (*27. 3. 1879), amerikanischer Fotograf.

26. Sir Noel Coward (*16. 12. 1899), englischer Dramatiker und Schauspieler.

Schutz vor Dollarflut

Seit Wochen schwemmen wiederholte Dollarkrisen Devisen in großen Mengen nach Europa und vor allem in die Bundesrepublik. Die weltweite Spekulation gegen den Dollar droht das Weltwährungssystem zu zerstören. Um nicht ständig Dollars, die an vielen Devisenbörsen kein Vertrauen mehr genießen, kaufen zu müssen, ist die Bundesregierung zum Handeln gezwungen. Im Februar bereits beschließt das Kabinett Kapitalkontrollen. Es schafft eine Genehmigungspflicht für den Erwerb bundesdeutscher Aktien und Unternehmen für Ausländer. Ebenso eingeschränkt wird die Aufnahme von Krediten im Ausland durch Deutsche. Da die Dollarflut kaum vermindert anhält, werden die Devisenbörsen der Bundesrepublik Mitte Februar geschlossen. Eine erneute Schließung erfolgt im März, bis sich europäische Regierungen zur Lösung der Währungskrise für gemeinsame Wechselkursfreigabe entscheiden. Vom 12. März an brauchen die Zentralbanken der Bundesrepublik, Frankreichs, Dänemarks und der Benelux-Länder sowie Schwedens und Norwegens Dollars nicht mehr zu Festpreisen zu kaufen. Bei Schwächung ihrer eigenen europäischen Währungen sind die Staaten aber weiterhin zu Stützkäufen verpflichtet. Mit Hilfe der Wechselkursfreigabe können die Banken flexibler reagieren. Da jedoch Italien, Großbritannien und Irland nicht mitziehen, bleibt Europa währungspolitisch geteilt.

Geliebte Sesamstraße

Ernie aus der »Sesamstraße«. Das Fernsehen übernimmt die US-Serie.

Für das deutsche Fernsehen gilt bisher der Grundsatz, daß seine Sendungen nicht für Kleinkinder gemacht werden. Mit der Übernahme der amerikanischen Vorschulserie »Sesame Street« ändert sich das. 260 gekaufte Folgen lang will es Vorschulkinder auf fröhliche Weise unterrichten.

Die Serie hat einen Erfolg, der kaum überboten werden kann. Nicht nur Kinder, auch Erwachsene verfolgen die Sendung, die mit eigens in der Bundesrepublik gedrehten Teilen für den deutschen Sprachraum ergänzt wird. Da die Kinder mit Hilfe der Puppen aus der Sesamstraße auf das schulische Lernen vorbereitet werden, rüsten Städte wie Hamburg und Bremerhaven Kindergärten mit Fernsehgeräten aus. Die süddeutschen Sendebereiche aber melden pädagogische Bedenken an, Kinder in so frühem Alter so häufig vor das Fernsehgerät zu locken. In Süddeutschland wird die Serie vorerst nicht ausgestrahlt.

5. März. Nach vierjähriger Gefangenschaft entläßt der Vietcong die deutschen Malteser-Helfer Monika Schwinn und Bernhard Diehl.

Sioux-Protest in USA

1. März. Einige hundert bewaffnete Sioux-Indianer besetzen den Ort Wounded Knee im amerikanischen Bundesstaat Süd-Dakota. Nicht nur die Weltöffentlichkeit, sondern auch viele Amerikaner werden von der Aktion überrascht. Wo 1890 eines der letzten Massaker an Indianern stattfand, protestieren die Sioux nun gegen die Zustände in ihren Reservaten. In den noch etwa 500 000 Menschen zählenden Indianerstämmen der USA finden sich zahlreiche militante junge Anführer. In dem von Scharfschützen der Bundespolizei umstellten Wounded Knee ist der Sioux Russell Means einer der Wortführer.

Nachdem Verhandlungen mit Regierungsvertretern gescheitert sind, werden die noch im Ort verbliebenen Bewohner evakuiert. Der Belagerungsring von Regierungstruppen, die sogar Panzer einsetzen, bleibt. Es gelingt jedoch nicht, die Indianer auszuhungern.

Im April, nach 37 Tagen, räumen die Indianer Wounded Knee, nachdem die Regierung sich zu Verhandlungen über die Forderungen der Sioux bereit erklärt hat. Die Haftbefehle werden außer Kraft gesetzt (später aber vollstreckt), die Zustände in den Reservaten sollen untersucht und die Rechte der Indianer überwacht werden.

Ende des Streits in Wounded Knee. Russell Means (links) bei der Unterschrift.

US-Skandal um Watergate zieht Kreise

Zum vielleicht größten, jedenfalls aber schmutzigsten politischen Skandal Amerikas entwickelt sich die Watergate-Affäre. Fast ein Jahr nach dem Einbruch (→ Juni 1972) von Nixon-Gefolgsleuten in das Hauptquartier der Demokratischen Partei im Washingtoner Watergate-Komplex steht Präsident Richard Nixon selber mehr und mehr im Zwielicht.

Der Einbruch hatte seinem triumphalen Wahlsieg nicht schaden können, zu verwickelt und zu undurchsichtig erschien damals der Vorgang. Nun aber stellt sich heraus, daß es sich dabei nicht um den Alleingang einiger Mitglieder des Komitees zur Wiederwahl des Präsidenten handelt. Vielmehr sind enge Vertraute Nixons an der Affäre beteiligt. Männer, die bis vor kurzem noch das »volle Vertrauen« des Präsidenten genossen, müssen von ihrem Ämtern zurücktreten: FBI-Chef Gray, der politische Dokumente vernichtet hat, Justizminister Kleindienst, der Stabschef des Weißen Hauses Haldeman, der innenpolitische Berater Ehrlichman – sie alle sind der Mitwisserschaft und Vertuschung des Einbruchs verdächtig.

Mit Haldeman und Ehrlichman gehen zwei der mächtigsten Männer um Nixon. Bei der noch längst nicht abgeschlossenen Aufklärung des Falles war die nichtoffizielle Untersuchung durch die Presse am erfolgreichsten. Vor allem Bob Woodward und Carl Bernstein, Mitarbeiter der »Washington Post«, hatten beharrlich Nachforschungen angestellt.

Unklar ist noch Nixons eigene Rolle in dem Skandal. Der Präsident behauptet, erst am Morgen nach dem Einbruch davon erfahren zu haben. Bis März 1973 habe er nicht geglaubt, seine engsten Mitarbeiter könnten daran beteiligt sein. In Fernsehansprachen an die Nation betont Nixon, die Integrität seines Amtes habe Vorrang vor allen Maßnahmen im Fall Watergate. Die Suche nach den eigentlichen Anstiftern des Einbruchs richtet sich zunächst auf den politischen Gegner, doch sie nähert sich immer mehr dem Präsidenten selber.

Abschied von Pablo Picasso

Pablo Picasso stirbt 91jährig in Mougins. Das Bild zeigt ihn in seiner Villa La Californie bei Cannes.

8. April. Pablo Picasso, am 25. 10. 1881 in Malaga geboren, hat in seiner über 70 Jahre dauernden Laufbahn als Maler, Grafiker und Bildhauer die Kunst des 20. Jahrhunderts bestimmt und verkörpert.

Sein Vater malte und lehrte Kunst, und schon der 16jährige Picasso (eigentlich: Pablo Ruiz) trat in die Madrider Schule von San Fernando ein. Die Ablösung seiner Arbeiten vom traditionellen Kunstverständnis begann wenig später. In den ersten Jahren des Jahrhunderts prägten Elemente des Jugendstils und des Symbolismus die »Blaue Periode« (»Das Leben«). In den Bildern, die das Elend der Menschen zeigen, steht die Farbe Blau für Hoffnungslosigkeit, wirkt aber auch verklärend.

Die anschließende »Rosa Periode« wird bestimmt von Bildern über Akrobaten und Künstler, deren Leben am Rande der bürgerlichen Gesellschaft eher heiter wirkt.

Danach entwickeln sich in Picassos Bildern immer mehr geometrisierende Formen. Die psychologischen Inhalte der Bilder treten etwas in der Bedeutung zurück, die Formfragen überwiegen. Mit den »Demoiselles d'Avignon« begründet er 1907 den Kubismus. In ihm werden Gegenstände und Menschen auf die Struktur ihrer einfachen, plastischen Formen reduziert. Danach zeigen Picassos Zeichnungen zunehmend einen Kontakt zum Surrealismus.

Für den spanischen Pavillon der Weltausstellung 1937 malt er das Bild »Guernica«, das sein Entsetzen über die Zerstörung des baskischen Ortes durch die Legion Condor ausdrückt. Picasso unterstützt die spanische Opposition und tritt 1944 der Kommunistischen Partei bei. Sein späteres Lebenswerk ist von der Arbeit mit neuen Techniken wie Lithographie, Grafik und Keramik bestimmt sowie von einer immensen Produktionssteigerung. Die eigentlichen Höhepunkte seines Schaffens jedoch liegen in der ersten Hälfte des Jahrhunderts. In dieser Zeit ist sein Name stellvertretend für die Malerei mehrerer Jahrzehnte. Picasso stirbt am 8. April 1973 in Südfrankreich, wohin er nach dem Zweiten Weltkrieg gezogen war.

Picassos Gemälde »Katze und Vogel« entstand im April 1939.

1973
MAI

Mo	Di	Mi	Do	Fr	Sa	So
	1	2	3	4	5	6
7	8	9	10	11	12	13
14	15	16	17	18	19	20
21	22	23	24	25	26	27
28	29	30	31			

1. Luis Buñuels Film »Der diskrete Charme der Bourgeoisie« läuft in Deutschland an.

3. England stellt bis Ende 1975 auf metrische Maße und Gewichte um.

9. Rainer Barzel tritt vom Amt des CDU/CSU-Fraktionsvorsitzenden zurück, da seinem Vorschlag, dem UNO-Beitritt zuzustimmen, nicht gefolgt wird.

9. Ulrich Plenzdorfs »Die neuen Leiden des jungen W.« hat in West-Berlin Premiere.

11. Der Bundestag stimmt dem Grundvertrag mit der DDR und dem UNO-Beitritt zu. →

14. Norwegen nimmt als letztes westeuropäisches Land vertragliche Handelsbeziehungen mit der EWG auf.

15. Bundesrepublik Deutschland paraphiert Kulturabkommen mit Moskau.

17. Karl Carstens wird neuer Fraktionsvorsitzender der CDU/CSU.

17. AC Mailand wird Fußball-Europapokalsieger über Leeds United mit 1 : 0.

18. Breschnew trifft zu einem Staatsbesuch in der Bundesrepublik Deutschland ein. →

22. Bayern ruft das Bundesverfassungsgericht an, um das Inkrafttreten des Grundvertrages zu verhindern. →

24. Arwied Imiela wegen Mordes zu viermal lebenslänglich verurteilt. →

25. Start dreier Astronauten zur Raumstation »Skylab«. →

25. Grundvertrag passiert den Bundesrat. →

GESTORBEN:

4. Wilhelm Simpfendörfer (* 25. 5. 1888), deutscher Politiker und früherer Kultusminister von Baden-Württemberg.

7. Heinrich Zinnkann (* 21. 12. 1886), deutscher Politiker und früherer hessischer Innenminister.

16. Albert Paris Gütersloh (* 5. 2. 1887), österreichischer Schriftsteller, Schauspieler und Maler.

28. Hans Schmidt-Isserstedt (* 5. 5. 1900), deutscher Dirigent.

29. Karl Löwith (* 9. 1. 1897), deutscher Philosoph.

Ja zum Grundvertrag

Der am 21. Dezember 1972 von den Unterhändlern Egon Bahr und Michael Kohl (DDR) unterzeichnete »Vertrag über die Grundlagen der Beziehungen zwischen der Bundesrepublik Deutschland und der Deutschen Demokratischen Republik« ist im Mai und auch noch im Juni 1973 das wichtigste innenpolitische Thema. Der Vertrag wird von der CDU/CSU-Opposition weitgehend abgelehnt, da er ihrer Meinung nach die Teilung Deutschlands besiegelt. Zunächst wird der Vertrag am 11. Mai im Bundestag gebilligt, auch vier CDU-Abgeordnete stimmen ihm zu. Am 25. Mai passiert der Vertrag den Bundesrat. Inzwischen hat jedoch das Bundesland Bayern das Bundesverfassungsgericht angerufen, um die Vereinbarkeit des Vertrages mit dem Grundgesetz zu prüfen. Nach Ablehnung einer einstweiligen Verfügung durch das Gericht kann der Vertrag am 21. Juni in Kraft treten. Am 31. Juli entscheidet dann das Bundesverfassungsgericht, daß der Vertrag dem Grundgesetz entspricht und die Teilung Deutschlands nicht besiegelt. Damit gilt für die beiden Staaten die Verpflichtung, »normale gutnachbarliche Beziehungen auf der Grundlage der Gleichberechtigung« einzuhalten. Streitfragen sollen mit friedlichen Mitteln gelöst werden, sowohl der Androhung als auch der Anwendung von Gewalt will man sich enthalten. Beide deutsche Staaten haben Hoheitsgewalt nur über ihr eigenes Staatsgebiet, keiner kann den anderen international vertreten. Die Unverletzlichkeit der Grenze zwischen ihnen wird anerkannt. Am jeweiligen Sitz der Regierung werden »Ständige Vertretungen« eingerichtet.

Der Grundvertrag bringt für die Bürger zahlreiche menschliche Erleichterungen. Vier neue Grenzübergänge werden geschaffen. Im sogenannten Kleinen Grenzverkehr können Bewohner grenznaher Gebiete mehrmals im Jahr die Grenze überschreiten. Die Familienzusammenführung soll gefördert werden. Die genaue Aushandlung der einzelnen Maßnahmen liegt bei den Regierungen.

Breschnew (rechts) und Brandt beim Abschreiten der Ehrenkompanie.

Breschnew in Bonn

18. Mai. Der fünftägige Besuch des sowjetischen Partei- und Regierungschefs Leonid Breschnew in der Bundesrepublik Deutschland gilt als Symbol für die derzeit guten Beziehungen zur UdSSR, die nach Verabschiedung der Ostverträge auch in den Gremien Bundestag und Bundesrat vorherrschen. Bundeskanzler Willy Brandt kann, im Gegensatz zu seinem Besuch in der UdSSR 1971, nun mit einer sicheren parlamentarischen Mehrheit im Rücken verhandeln.

Für Breschnew bilden wirtschaftspolitische Fragen den wichtigsten Aspekt des Besuches. Die Bundesrepublik Deutschland ist in wirtschaftlicher Hinsicht der erste Gesprächspartner der Sowjetunion in Europa. Viel verspricht man sich von einer Verbindung der industriellen Kapazitäten und Rohstoffquellen der UdSSR mit der europäischen Technologie. Ein gemeinsames Kommuniqué kommt aber erst zustande, nachdem Breschnew in der Berlinfrage einlenkt. Die bundesdeutschen Verhandlungspartner bestehen auf der Formulierung, die strikte Einhaltung des Berlinabkommens sei eine wesentliche Voraussetzung für eine dauerhafte Entspannung.

Himmelslabor »Skylab« in Umlaufbahn

25. Mai. Das sogenannte Himmelslabor der USA, »Skylab 1«, wird unbemannt in eine Erdumlaufbahn gestartet. Die 36 Meter lange Raumstation enthält einen Arbeits- und einen Wohnraum für drei Astronauten. Diese sollen dort mindestens 29 Tage verbringen. »Skylab«, das etwa acht Monate lang in der Umlaufbahn gehalten werden kann, soll in dieser Zeit drei Besatzungen aufnehmen, die in einer »Apollo«-Kapsel zum Labor transportiert werden. Die Kapsel wird jeweils an »Skylab« angekoppelt. Die erste Besatzung soll am 15. Mai starten. Wegen technischer Defekte wird der Start auf den 25. Mai verschoben. Am 22. Juni landet die Besatzung im Pazifik.

Das Himmelslabor Skylab kreist mit drei Astronauten um die Erde.

Lebenslang für Arwied Imiela

24. Mai. Von den Schlagzeilen bundesdeutscher Zeitungen ist der 1929 geborene Astrologe Arwied Imiela verurteilt, noch bevor im Oktober 1972 die Hauptverhandlung gegen ihn beginnt: Er wird als Mörder dargestellt, lange bevor er verurteilt ist. Ungeklärte Mordfälle werden ihm angelastet. Als ein Lübecker Schwurgericht Imiela am 24. Mai nach 54 Verhandlungstagen wegen vierfachen Mordes zu lebenslanger Freiheitsstrafe verurteilt, beruht dieses Urteil auf einer Vielzahl von Indizien. Imiela hat bis zuletzt seine Unschuld beteuert. Hinzu kommt: Von zwei der vier Frauen, wegen deren Tod er verurteilt ist, fehlt jede Spur. Imiela befindet sich zunächst wegen Betruges und Urkundenfälschung in Untersuchungshaft. Als dann auf einer von ihm gepachteten Jagd Leichenteile gefunden werden, lautet die Anklage auf Mord.

Das Urteil gegen Imiela ruft heftige Diskussionen über die Behandlung von Verdächtigen in der Boulevard-Presse hervor und erinnert an die Problematik lebenslanger Freiheitsstrafen vor allem in derartigen Indizienprozessen.

Der Angeklagte Arwied Imiela im Gespräch mit seiner Verteidigerin Karin Pohl-Lankamp.

JUNI

Mo	Di	Mi	Do	Fr	Sa	So
				1	2	3
4	5	6	7	8	9	10
11	12	13	14	15	16	17
18	19	20	21	22	23	24
25	26	27	28	29	30	

1. Absetzung König Konstantins und Ausrufung der Republik in Griechenland.

1. CDU-Abgeordneter Steiner erklärt, bei Mißtrauensvotum gegen Barzel gestimmt zu haben. →

3. Bei Pariser Luftfahrtschau stürzt sowjetische TU 144 ab (Überschallflugzeug). →

5. Bundesverfassungsgericht beschließt: Keine einstweilige Anordnung gegen Inkrafttreten des Grundvertrages.

5. Schongauers »Madonna im Rosenhag« in Lyon wiedergefunden.

7. Brandt als erster Bundeskanzler offiziell in Israel. →

7. Der Bundestag liberalisiert das Sexualstrafrecht. →

8. In der Bundesrepublik Deutschland beginnt ein Fluglotsenstreik. →

12. Helmut Kohl, Ministerpräsident von Rheinland-Pfalz, zum Vorsitzenden der CDU gewählt.

17. Breschnew zu Staatsbesuch in den USA. →

21. Bundesrepublik Deutschland und ČSSR paraphieren einen Vertrag, der das Münchener Abkommen für nichtig erklärt.

21. Grundvertrag mit der DDR tritt in Kraft.

22. »Skylab«-Besatzung ist nach 28 Tagen gelandet.

23. Mönchengladbach wird mit 2 : 1 gegen den 1. FC Köln Pokalsieger in Düsseldorf.

25. Breschnew führt politische Gespräche in Paris.

29. DM wird um 5,5 Prozent aufgewertet.

29. In Chile scheitert ein Militärputsch.

30. Zweitlängste totale Sonnenfinsternis unserer Zeitrechnung. Sie ist von Afrika aus zu beobachten. →

GESTORBEN:

3. Walter Bodmer (* 12. 8. 1903), schweizerischer Maler.

7. Christine Lavant (* 4. 7. 1915), österreichische Lyrikerin und Erzählerin.

9. Erich von Manstein (* 24. 11. 1887), früherer deutscher Generalfeldmarschall.

25. John Cranko (* 15. 8. 1927), Choreograph englischer Herkunft, tätig in Stuttgart.

Staatsbesuch Brandts in Israel

7. Juni. Zum ersten offiziellen Besuch eines bundesdeutschen Regierungschefs trifft Willy Brandt in Israel ein. In Gesprächen mit Ministerpräsidentin Golda Meir betont Brandt, daß die Zusammenarbeit beider Staaten immer durch den historischen und moralischen Hintergrund des Nationalsozialismus geprägt sein wird. Golda Meir, die die Einladung zu einem Gegenbesuch annimmt, sagt, Israel wolle die Greueltaten der Väter nicht den Kindern anlasten. Der Besuch des deutschen Bundeskanzlers in Israel verläuft, von einigen kleinen Protestdemonstrationen abgesehen, ohne Störungen. Meir und Brandt, die sich lange aus der sozialistischen Arbeiterbewegung kennen, planen die Ausweitung deutscher Investitionen in Israel. Die Bundesrepublik Deutschland lehnt es ab, im Nahostkonflikt eine einseitige Parteinahme zu äußern. Zum Abschluß des Besuches erhält Brandt die Ehrendoktorwürde des Weizmann-Instituts.

Brandt und Golda Meir bei der Ankunft auf dem Flughafen Lod.

Steiner im Schußfeld

1. Juni. Der ehemalige CDU-Abgeordnete Julius Steiner erklärt, beim Mißtrauensvotum am 27. April 1972 gegen Rainer Barzel und für Willy Brandt gestimmt zu haben. Diese Aussage erinnert noch einmal an die Überraschung, die damals nach dem Abstimmungsergebnis auf beiden Seiten herrschte.

Neue Aktualität und größte Beachtung gewinnt die Affäre, die vorschnell als bundesdeutsches Watergate bezeichnet wird, erst, als sich einige Tage später herausstellt, daß Steiner Doppelagent des Verfassungsschutzes war, und als er im Juli 1973 erklärt, vom SPD-Abgeordneten Wienand 50 000 DM für die Stimme gegen Barzel erhalten zu haben. Wienand und die SPD bestreiten dies. Zur Klärung wird ein parlamentarischer Untersuchungsausschuß eingesetzt. Zahlreiche Zeugenaussagen können Steiners Aussage aber nicht erhärten, sie verwickeln ihn in Widersprüche. Die Steiner-Affäre wird auch während der nächsten Monate in den Untersuchungen des Ausschusses nicht eindeutig geklärt.

Wienand (rechts) und Steiner (links) vor dem Untersuchungsausschuß.

Sieben Minuten Sonnenfinsternis

30. Juni. Erst im Jahre 2150 wird sich eine Sonnenfinsternis ereignen, die länger ist als diejenige, die man Ende Juni am besten von Afrika aus beobachten kann. Sieben Minuten lang wird die Sonne durch den Schatten des vor ihr stehenden Mondes verdeckt. Es ist die zweitlängste totale Sonnenfinsternis unserer Zeitrechnung überhaupt. Mehrere hundert Wissenschaftler reisen nach Afrika, um das Ereignis zu beobachten. Sie registrieren aber auch das Verhalten vieler Eingeborenenstämme. Obwohl zum Beispiel in Kenia die Regierung mit Hilfe einer Aufklärungskampagne erklärt hat, daß es sich nicht um einen Zauber handelt, wenn die Sonne verschwindet, sind zum Teil panische Angst und Angriffe auf die Wissenschaftler zu beobachten.

Die beste Aussicht auf das Naturphänomen haben die Insassen eines Überschallflugzeuges vom Typ Concorde in 18 000 Meter Höhe oberhalb der störenden Erdatmosphäre.

3. Juni. Der Absturz einer sowjetischen Tupolew 144 während der Pariser Luftfahrtschau hinterläßt ein Trümmerfeld und fordert 13 Menschenleben.

Breschnew in USA: Keine Atomkriege

17. Juni. Eine Annäherung zwischen den beiden Großmächten USA und UdSSR bringt der Besuch Leonid Breschnews in Amerika. Sie manifestiert sich in zahlreichen Abkommen, die während des Besuches geschlossen werden. Deren wichtigstes ist eine Absprache zur Verhütung von Atomkriegen. Darin geloben die Staaten, im Falle eines drohenden Atomkrieges unverzüglich Verhandlungen miteinander aufzunehmen und alles zu tun, um die Gefahr abzuwenden. Dies bedeutet einen Gewaltverzicht auch gegenüber Verbündeten des anderen und gegenüber dritten Staaten »in Situationen ... die den internationalen Frieden und die Sicherheit gefährden können« (Artikel II des Abkommens). Ferner schließen die USA und UdSSR Abkommen über gemeinsame Forschungen.

Sexualstrafrecht wird liberalisiert

7. Juni. Nach langen Beratungen liberalisiert der Deutsche Bundestag im Juni 1973 das Sexualstrafrecht in vielen Punkten. Gegen die Stimmen der CDU/CSU-Opposition wird die Neufassung verabschiedet. Zu den wesentlichen Änderungen gehört die großzügigere Haltung des Gesetzgebers zur Homosexualität und Kuppelei, die nur noch in bestimmten Fällen strafbar ist. Dazu gehört die Einbeziehung von Abhängigen, deren sexueller Mißbrauch schärfer bestraft wird als vorher.

Das neue Recht gibt die Verbreitung von Pornographie begrenzt frei, sofern sie sich an Erwachsene richtet und nur für diese erhältlich ist. Verschärft werden dagegen in diesem Zusammenhang die Bestimmungen gegen die Verherrlichung von Gewalt.

8. Juni. Bummelstreik deutscher Fluglotsen, Szene aus Hannover-Langenhagen.

1973
JULI

Mo	Di	Mi	Do	Fr	Sa	So
						1
2	3	4	5	6	7	8
9	10	11	12	13	14	15
16	17	18	19	20	21	22
23	24	25	26	27	28	29
30	31					

1. US-Kongreß zwingt Nixon zum Bombenstopp in Kambodscha am 15. 8.

2. Kun-Baugruppe geht in den Konkurs. →

2. DFB-Bundestag beschließt Einführung der 2. Fußball-Bundesliga ab Saison 1974/75.

3. Konferenz für Sicherheit und Zusammenarbeit in Europa (KSZE) beginnt in Helsinki.

3. Österreichischer Schilling um 4,8 Prozent aufgewertet.

6. Bundesdeutsche Reiter-Equipe gewinnt Preis der Nationen.

8. Sieger in Wimbledon: Jan Kodes (ČSSR) und Billie Jean King (USA). →

11. 124 Tote bei der Notlandung einer Boeing 707 bei Paris.

15. Paul Getty III., Enkel des US-Ölmilliardärs, entführt.

17. Sturz der Monarchie in Afghanistan. Ministerpräsident Daud ruft Republik aus.

22. Der Spanier Luis Ocana gewinnt die Tour de France.

24. Ein entführter japanischer Jumbo-Jet wird in Bengasi nach der Freilassung der Passagiere gesprengt.

27. Getty-Entführer fordern zehn Millionen DM für die Freilassung von Paul Getty III.

28. Die Weltfestspiele der Jugend und Studenten in Ost-Berlin werden eröffnet.

28. Start der zweiten »Skylab«-Besatzung mit drei Astronauten an Bord.

29. Formel-1-Fahrer Roger Williamson verbrennt nach Unfall in Zandvoort.

31. Watergate-Untersuchungsausschuß klagt auf Herausgabe der Tonbänder, mit denen Nixon Gespräche im Weißen Haus aufnahm. Auf den Bändern werden belastende Aussagen vermutet.

GESTORBEN:

2. Betty Grable (* 1917), amerikanische Schauspielerin und Pin-up-Idol.

7. Max Horkheimer (* 12. 2. 1895), deutscher Philosoph und Soziologe. →

7. Otto Klemperer (* 14. 5. 1885), deutscher Dirigent.

13. Willy Fritsch (27. 1. 1901), deutscher Schauspieler. →

Baulöwe Kun meldet Konkurs an

2. Juli. Die größte private Baugesellschaft der Nachkriegszeit in der Bundesrepublik Deutschland, die Kun-Gruppe, meldet ihren Konkurs an. Die dem Bauunternehmer Josef Kun gehörende Gruppe aus Homberg am Niederrhein mit einem Jahresumsatz von 300 Millionen DM geht jetzt in einem 680-Millionen-DM-Konkurs unter. Dadurch gerät auch die Düsseldorfer Baukredit-Bank AG, die mit Kun zusammenarbeitet, in Schwierigkeiten. 3500 Arbeitnehmer werden arbeitslos. Kun hatte für sein Unternehmen, auf das die Zahlungsunfähigkeit zukam, keinen Käufer mehr gefunden. Er hatte sich vor allem auf den Bau von Großprojekten im Rheinland und im Ruhrgebiet spezialisiert. Die großen Wohnblocks, bestehend aus Eigentumswohnungen, stehen jedoch zur Hälfte leer, da hohe Quadratmeterpreise und Hypothekenzinsen die Käufer abschrecken. Auf dem gesamten bundesdeutschen Wohnungsmarkt herrscht ein Überangebot von Komfortwohnungen, während preiswerte Sozialwohnungen knapp sind.

Bummelstreik der Fluglotsen

Seit Mitte Juni streiken die Fluglotsen der Bundesrepublik Deutschland. Der Bummelstreik, oder Dienst nach Vorschrift, legt in der Hauptreisezeit ganze Flughäfen lahm und zwingt Fluggäste, zum Teil tagelang auf den Abflug zu warten. Die Lotsen verlangen von der Bundesregierung, die ihnen vor zehn Jahren den Beamtenstatus gegeben hat, Erschwerniszulagen aufgrund ihrer Arbeitsbedingungen. Ferner klagen sie über ständige Überlastung, die sich auf den Flugverkehr gefährlich auswirke. Da die Bundesregierung nicht bereit ist, den Forderungen zu folgen, zieht sich der Streik über Wochen hin. Auch die Suspendierung vom Dienst für einige Fluglotsen führt nicht zu einem Ende der Behinderungen. Die finanziellen Einbußen der Touristik-Unternehmen belaufen sich bis Ende Juli auf 36 Millionen DM.

In der Sahel-Zone in Westafrika bahnt sich eine Dürrekatastrophe gewaltigen Ausmaßes an, nachdem die Regenfälle dort jahrelang ausgeblieben sind.

Max Horkheimer gestorben

7. Juli. Der am 12. 2. 1895 geborene Max Horkheimer war 1930–1933 Professor für Sozialphilosophie in Frankfurt. Dort leitete er auch das von ihm mitbegründete Institut für Sozialforschung. Nach der Emigration in die USA führte er das in Deutschland von den Nationalsozialisten geschlossene Institut als »Institute of Social Research« in New York fort. Ferner war Horkheimer Herausgeber der Zeitschrift für Sozialforschung, die in Leipzig und Paris erschien. 1940 wurde er amerikanischer Staatsbürger, kehrte jedoch 1949 nach Deutschland zurück und nahm seine Arbeit in Frankfurt wieder auf. Horkheimer ist zusammen mit Theodor W. Adorno einer der Begründer und bedeutendsten Vertreter der Kritischen Theorie der sogenannten Frankfurter Schule. Mit seiner Kritik an spätkapitalistischen Herrschaftsstrukturen gewann er maßgeblichen Einfluß auf die Studentenbewegung der 60er Jahre.

Triumph für Billie Jean King

8. Juli. »Königin von Wimbledon« wird die 29jährige Amerikanerin Billie Jean King genannt, als sie drei Siege in den Tennismeisterschaften von Wimbledon erringt. Sie besiegt im Dameneinzel die elf Jahre jüngere Chris Evert (USA) und gewinnt Damendoppel und Mixed. Damit holte B. J. King bisher 17 Wimbledon-Titel. Den ersten Sieg errang sie 1961 zusammen mit ihrer Landsmännin Karen Hantze. Diese beiden waren die jüngsten Siegerinnen von Wimbledon.
Wenige Wochen später, im September 1973, wird Billie Jean King einen weiteren Sieg verbuchen. In einer zum »Kampf der Geschlechter« hochstilisierten Herausforderung des Frauentennisgegners Robert Riggs besiegt sie den 55jährigen Champion von 1939. Dieser hatte im Frühjahr Margaret Court überlegen geschlagen, findet aber in der harten und erfahrenen Billie Jean King eine von seinen psychologischen Tricks unbeeindruckte Gegnerin. King gewinnt 6 : 4, 6 : 3, 6 : 3 und erhält dafür 200 000 Dollar.

Filmstar Willy Fritsch †

13. Juli. Im Alter von 72 Jahren stirbt Willy Fritsch. Nach der Ausbildung an der Schauspielschule Max Reinhardts und ersten Erfolgen am Theater ging er 1921 zum Film. In den 30er und 40er Jahren war er der populärste Schauspieler des deutschen Films, vor allem in Liebhaberrollen (speziell mit Lilian Harvey) des anspruchsloseren Filmgenres. Seine besten Rollen hatte er in »Die drei von der Tankstelle« (1930), »Der Kongreß tanzt« (1931) und »Wiener Blut« (1942).

Willy Fritsch †.

1973
AUGUST

Mo	Di	Mi	Do	Fr	Sa	So
		1	2	3	4	5
6	7	8	9	10	11	12
13	14	15	16	17	18	19
20	21	22	23	24	25	26
27	28	29	30	31		

1. Bundesverwaltungsgericht Berlin bestätigt Zulässigkeit des Numerus clausus bei Platzmangel an Universitäten.

2. Commonwealth-Konferenz in Ottawa.

3. Günter Netzer als erster Spieler zweimal nacheinander zum Fußballer des Jahres gewählt. →

3. Mozarts »Idomeneo« wird bei den Salzburger Festspielen erstmals vollständig aufgeführt.

6. USA bombardieren versehentlich kambodschanisches Dorf und töten 50 Zivilisten.

9. Chiles Präsident Allende nimmt Militärs in sein Kabinett auf.

13. Seegefechte zwischen israelischen und ägyptischen Schnellbooten.

14. Die von Arbeitern besetzte Uhrenfabrik LIP in Frankreich wird zwangsgeräumt.

15. Düsseldorfer Verbraucherzentrale ruft wegen zu hoher Preise zu Fleischboykott auf.

15. Mit Bombenstopp in Kambodscha geht der militärische Einsatz der USA in Indochina nach 12 Jahren zu Ende.

22. Henry Kissinger wird US-Außenminister nach Rogers' Rücktritt. →

25. Wilde Streiks in rund 20 Betrieben der nordrhein-westfälischen Stahlindustrie.

27. Deutscher Bahnvierer wird Radweltmeister in San Sebastian.

28. Unterzeichnung eines indisch-pakistanischen Abkommens. Indien läßt 90 000 Kriegsgefangene frei.

29. Cholera in Neapel fordert Todesopfer. Infektion durch den Genuß von Muscheln.

29. Fußballprofi Günter Netzer verläßt Borussia Mönchengladbach und wechselt zu Real Madrid. →

GESTORBEN:

1. Walter Ulbricht (* 30. 6. 1893), früherer Staatsratsvorsitzender der DDR. →

1. Gian Francesco Malipiero (* 18. 3. 1882), italienischer Komponist.

25. Karl-Hermann Flach (* 17. 10. 1929), deutscher Politiker, FDP-Generalsekretär.

31. John Ford (* 1. 2. 1895), amerikanischer Regisseur.

Walter Ulbricht tot

Walter Ulbricht †.

1. August. Im Alter von 80 Jahren stirbt der frühere Staatsratsvorsitzende der DDR, Walter Ulbricht. Der 1893 in Leipzig geborene ehemalige Tischler war 1912 der SPD beigetreten, wenig später wechselte er zum Spartakusbund, aus dem die KPD hervorging. 1923 wurde Ulbricht Mitglied ihres Zentralkomitees, 1928–1933 war er Abgeordneter des Reichstages. Nach der Machtergreifung durch die Nationalsozialisten emigrierte er zunächst nach Paris, dem Sitz der KPD-Exilführung, später nach Moskau. Er erwarb sich Stalins Vertrauen und entging so dessen Säuberungsaktionen. 1945 kehrte Ulbricht nach Berlin zurück und übernahm die Leitung der Stadtverwaltung. Im April 1946 führte er in der damaligen sowjetischen Besatzungszone die Vereinigung von KPD und SPD zur SED (Sozialistische Einheitspartei Deutschlands) durch. Bei der Staatsgründung der DDR im Oktober 1949 wurde Ulbricht stellvertretender Minister-

präsident. Schon vorher hatte er Grundbesitz und Unternehmen sozialisiert. Nach dem Tode des Staatspräsidenten Wilhelm Pieck im Jahr 1960 wurde ein Staatsrat geschaffen mit Walter Ulbricht als Vorsitzendem.

Während seiner politischen Laufbahn geriet Ulbricht mehrfach mit der Moskauer Kreml-Führung in Konflikt. In den 50er Jahren weigerte er sich, in der DDR dem Beispiel der sowjetischen Entstalinisierung zu folgen. In den 60er Jahren verhärtete sich seine Position gegenüber den Versuchen seiner Verbündeten, die West-Kontakte zu verbessern. Auch als die SPD/FDP-Koalition sich zu einer verstärkten Anerkennung der DDR bereit zeigte, beharrte Ulbricht auf den DDR-Ansprüchen auf West-Berlin, während der Kreml gesprächsbereit war. Es war dies das letzte Mal, daß er sich Moskau widersetzte. Ab März 1971 begann in der parteiamtlichen Berichterstattung ZK-Mitglied Erich Honecker vor Ulbricht zu rangieren. Im Festartikel zum 25jährigen Bestehen der SED wurde der Parteigründer Ulbricht gar nicht erwähnt. Am 3. Mai erklärte er dann seinen Rücktritt von der Parteiführung. Unter seinem Nachfolger Honecker fielen zahlreiche Befugnisse aus Ulbrichts Kompetenzbereich an den Ministerrat zurück. Nur wenige Tage nach Ulbrichts Rücktritt kam es bei den Berlin-Verhandlungen 1971 zu der Annäherung zwischen West und Ost, gegen die Ulbricht sich so lange gesträubt hatte.

Peter Scholl-Latour und sein Kamerateam in der Gefangenschaft des Vietcong.

In Vietnam gefangen

22. August. Der Sonderkorrespondent des Zweiten Deutschen Fernsehens, Peter Scholl-Latour, wird zusammen mit seinem Kamerateam vom Vietcong gefangengenommen. Angeblich hat die Gruppe an einem Kontrollpunkt nicht gehalten und ist in Sperrgebiet eingedrungen. Als die Fernsehleute nach einer Woche wieder freigelassen werden, erklären sie, korrekt behandelt worden

zu sein. Mitglieder des Vietcong hätten sie bereitwillig herumgeführt und ihnen alles gezeigt, nachdem bewiesen war, daß es sich bei ihnen tatsächlich um Journalisten handelt. Peter Scholl-Latour, 1924 in Bochum geboren, gilt als einer der besten Kenner Indochinas. Er kämpfte selber dort als französischer Fallschirmjäger und berichtet seit vielen Jahren über Vietnam.

29. August. Fußballprofi Günter Netzer wechselt zu Real Madrid.

DKP-Mann abgelehnt

Unterschiedliche Auffassungen um die Auslegung des im Vorjahr erlassenen Ministerpräsidenten-Beschlusses über die Beschäftigung von Radikalen im öffentlichen Dienst offenbaren sich im Fall eines Düsseldorfer DKP-Mitgliedes. Der nordrhein-westfälische Justizminister Diether Posser hat den Juristen Volker Götz zum Richter auf Probe ernannt, da außer seiner DKP-Mitgliedschaft keine Erkenntnisse ge-

gen ihn vorliegen. Dagegen protestieren der Koalitionspartner FDP sowie Richterbund und Anwaltskammer, die »den Anfängen wehren« wollen. Posser dagegen ist überzeugt, es wäre verfassungswidrig, die Bewerbung nur wegen der Parteimitgliedschaft abzulehnen. Im September jedoch gibt der Innenminister nach und zieht die Ernennung zum Richter auf Probe wieder zurück.

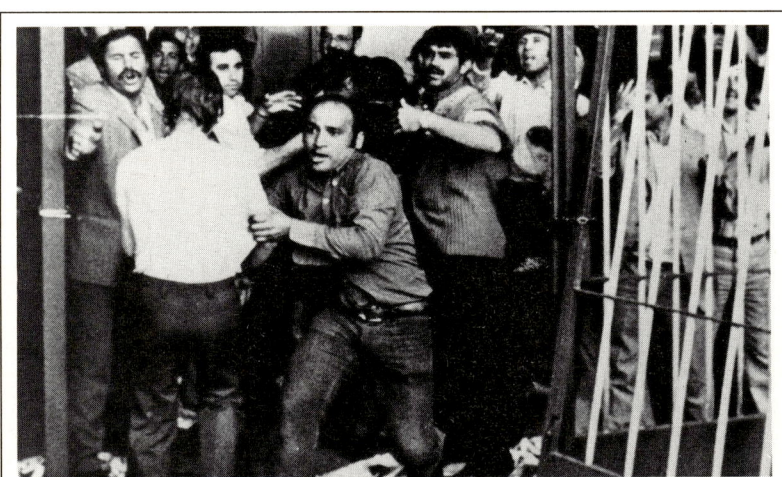

28. August. Rangelei bei einem wilden Streik in den Kölner Ford-Werken.

Henry Kissinger Außenminister der USA

22. August. Henry Kissinger, der schon seit Jahren maßgeblich die amerikanische Außenpolitik beeinflußt und formt, wird nach dem Rücktritt von William Rogers, der sich ins Privatleben zurückziehen will, Außenminister der USA. Geboren 1923 in Fürth bei Nürnberg unter dem Namen Heinz Alfred Kissinger wanderte er 1938 mit seinen Eltern in die USA aus, um den Judenverfolgungen zu entgehen. 1943 wurde er amerikanischer Staatsbürger und kämpfte als Soldat im Zweiten Weltkrieg unter anderem in der Spionageabwehr. Nach seinem Studium in Harvard lehrte er an der Universität als Politikwissenschaftler. Bekannt wurde er mit Forschungen, wie man der militärischen Herausforderung durch die UdSSR begegnen könne.

Als Spezialist für internationale und europäische Politik ist Kissinger Berater mehrerer Präsidenten gewesen. So empfahl er John F. Kennedy beim Bau der Berliner Mauer, von militärischen Gegenmaßnahmen abzusehen. Als Richard Nixons offizieller Berater für Außen- und Sicherheitspolitik schuf er eine neue und erweiterte Form des Sicherheitsrates.

Kissingers Eintritt in die aktive Außenpolitik 1968 geschieht in einer Situation, die für die USA ungünstig ist: ein aussichtsloses Engagement in Vietnam, eine Schwächung in Nahost gegenüber der UdSSR. Unter Kissinger nehmen die USA Abstand von ihrer traditionellen Rolle als »Weltpolizist« und zeigen sich als gesprächsbereite Großmacht.

Henry Kissinger wird Außenminister.

Mo	Di	Mi	Do	Fr	Sa	So
					1	2
3	4	5	6	7	8	9
10	11	12	13	14	15	16
17	18	19	20	21	22	23
24	25	26	27	28	29	30

2. PKW-Bestand in der Bundesrepublik Deutschland: 17 Millionen.

6. Air France eröffnet Linienverkehr Paris–Peking.

9. Jackie Stewart (Großbritannien) wird Weltmeister der Formel-1-Fahrer.

10. Karl Otto Mühls »Rheinpromenade« in Wuppertal uraufgeführt.

11. Militärputsch in Chile. Allende ermordet. →

12. Nach 29 Monaten wird das Kriegsrecht in der Türkei wieder aufgehoben.

17. Sowjetunion hat mit 5,12 Millionen Bruttoregistertonnen größte Fischereiflotte der Welt.

18. DKP-Mitglied für richterlichen Probedienst in Nordrhein-Westfalen nach langem Streit abgelehnt. (→ August 1973)

18. Bundesrepublik Deutschland und DDR per Akklamation in die UNO aufgenommen. →

18. König Hussein von Jordanien kündigt Generalamnestie für politische Gefangene an.

19. Carl XVI. Gustaf neuer schwedischer König. →

23. Juan Perón zum Präsidenten von Argentinien gewählt. Seine Frau Isabel ist Vizepräsidentin. →

27. Sowjetunion startet nach zweijähriger Pause wieder ein Raumschiff mit zwei Kosmonauten.

28. Landung der »Skylab«-Astronauten nach 2 Monaten im Weltraum.

28. Überfall palästinensischer Terroristen auf Eisenbahnzug bei Wien. →

GESTORBEN:

15. Gustaf VI. Adolf (* 11. 11. 1882), schwedischer König. →

19. Mary Wigman (* 13. 11. 1886), deutsche Tänzerin und Choreographin.

23. A. S. Neill (* 17. 10. 1883), schottischer Pädagoge.

24. Pablo Neruda (* 12. 7. 1904), chilenischer Schriftsteller und Nobelpreisträger 1971 (vermutlich Opfer eines Attentats).

26. Anna Magnani (* 7. 3. 1908), italienische Schauspielerin.

28. Wystan Hugh Auden (* 21. 2. 1907), englischer Dichter.

Putsch in Chile

11. September. Eine Militärjunta, bestehend aus den Oberkommandierenden der drei Waffengattungen, stellt Chiles Präsidenten Salvador Allende ein Ultimatum, bis Mittag zurückzutreten. Als dieser sich weigert, bombardieren Düsenjäger den Präsidentenpalast und mehrere Ministerien. Die Militärs besetzen die Radiosender und rufen den Belagerungszustand aus. Salvador Allende wird von in den Präsidentenpalast eindringenden Soldaten der Junta erschossen. Mit dem Tod dieses ersten freigewählten marxistischen Staatschefs der Welt ist auch das chilenische Modell des Sozialismus am Ende.

Salvador Allende, von Beruf Arzt, war nach 30jähriger Arbeit im Parlament 1970 Präsident der Parteienkoalition Unidad Popular geworden. Die Volksfrontregierung übernahm von ihren christdemokratischen Vorgängern ein Land, das unter 35prozentiger Inflation bei zu gering steigendem Bruttosozialprodukt litt. Chiles Wirtschaft wurde in manchen Branchen bis zu 80 Prozent durch ausländisches Kapital kontrolliert.

Nach einer Zeit der wirtschaftlichen Besserung stieß Allendes Politik auf Widerstand. Die Opposition wehrte sich gegen umfassende Verstaatlichungen, Unternehmer investierten aus Unsicherheit nicht mehr, und ausländische Gesellschaften zogen sich zurück. Kredite kamen weder von den USA noch von der Sowjetunion in ausreichender Menge. Allendes Maßnahmen wiederum, die streng an den Gesetzen und der Verfassung orientiert waren, brachten nach Meinung linker Gruppierungen in Chile nicht schnell genug den erhofften Erfolg. Als dann mittelständische Betriebe wie Fuhrunternehmer und Lebensmittelhändler streikten, kam es zu Versorgungsschwierigkeiten. Dennoch erhielt die Volksfront bei den Parlamentswahlen im März 1973 einen Stimmanteil von 43,3 Prozent der acht neue Sitze bedeutete.

Als dann in Chile die Militärs die Macht übernehmen, zerbricht ein Regime, das von vielen als Modell des demokratischen Sozialismus betrachtet wurde, nicht nur für das von Diktaturen geschüttelte Südamerika. Die Militärjunta löst den Kongreß auf, verbietet erst die marxistischen, dann auch alle bürgerlichen Parteien und unterwirft die Presse der Zensur. Danach beginnt eine beispiellose Verfolgung von politischen Gegnern. Die Zahl der Toten durch den Putsch wird auf 5000 geschätzt, die politischen Gefangenen sind ungezählt. Zum größten Gefangenenlager wird das Nationalstadion in Santiago. Die Junta läßt Literatur, die ihr suspekt erscheint, auf den Straßen verbrennen und setzt Kopfgelder auf gesuchte Allende-Anhänger aus. Die Verfolgung und Folter von politisch Andersdenkenden und der Ausnahmezustand nehmen auch lange nach dem eigentlichen Putsch in Chile kein Ende.

Der brennende Präsidentenpalast in Santiago de Chile.

Palästinenser erpressen Kreisky

28. September. Palästinensische Terroristen überfallen in der Nähe von Wien einen Eisenbahnzug und nehmen vier Geiseln: Drei von ihnen sind jüdische Auswanderer aus der Sowjetunion, der vierte ist ein österreichischer Zöllner. Die Auswanderer sind auf dem Weg in das Durchgangslager Schönau bei Wien, und genau gegen dieses Lager richtet sich auch die Palästinenser-Aktion: Die Terroristen fordern seine Schließung. Die Regierung Kreisky ist bemüht, die Geiseln auf keinen Fall zu gefährden. Sie erklärt sich bereit, das Lager Schönau zu schließen. Dafür werden die Geiseln am 30. September freigelassen. Israel nennt die Handlungsweise der österreichischen Regierung eine »Kapitulation vor dem Terror« und beordert seinen Botschafter aus Wien zurück.

Mit der Schließung des Lagers und der Bereitstellung eines Flugzeuges, mit dem die Terroristen nach Libyen ausreisen, sind die Erleichterungen, die Österreich den jüdischen Auswanderern bisher gewährte, aufgehoben. Bruno Kreisky erklärt, man habe unter allen Umständen ein zweites Fürstenfeldbruck (→ September 1972) vermeiden wollen.

18. September. Die Bundesrepublik Deutschland und die DDR werden in die UNO aufgenommen. Bei der Sitzung der Vollversammlung: DDR-Außenminister Otto Winzer (v., 3. v. r.), jenseits des Ganges Außenminister Walter Scheel.

Sieger Perón in Argentinien

23. September. Juan Perón, nach 17 Jahren Exil in Spanien im November 1972 nach Argentinien zurückgekehrt, ist wieder Präsident des Landes. 61 Prozent der abgegebenen Stimmen entfallen auf ihn, seine dritte Frau Isabel wird Vizepräsidentin. Der Diktator hatte 1955 sein im wirtschaftlichen und politischen Chaos liegendes Land verlassen. Danach hatten drei zivile und fünf Militärregierungen keine eigentliche Besserung geschaffen, während Perón in der öffentlichen Meinung immer mehr zu einem Mythos geworden war. So gründeten verschiedene politische Kräfte Argentiniens eine Aktionsgemeinschaft, um Perón wieder an die Macht zu bringen. Der General wird rehabilitiert und gewinnt – 77jährig – die Wahl.

Thronwechsel in Schweden

15. September. Seit 1950 war der 1882 geborene Gustaf VI. Adolf König von Schweden. Der Sohn Gustafs V. heiratete 1905 Margret, die Tochter des Herzogs von Connaught; nach ihrem Tod vermählte er sich mit Lady Louise Mountbatten. Der in Schweden hochgeachtete Monarch hat sich nur selten politisch betätigt. Jedoch gilt er als anerkannter Archäologe, der sich an Ausgrabungen beteiligte. Die Gründung der schwedischen archäologischen Institute in Rom und Athen geht auf seine Initiative zurück. Nach dem Tode seines Sohnes, der 1947 bei einem Flugzeugunglück ums Leben kam, wurde sein Enkel Kronprinz. Nach dem Tode des Königs wird dieser Enkel Carl XVI. Gustaf am 19. September 1973 König von Schweden.

Der schwedische König Carl XVI. Gustaf nach der Inthronisation.

1973

OKTOBER

Mo	Di	Mi	Do	Fr	Sa	So
1	2	3	4	5	6	7
8	9	10	11	12	13	14
15	16	17	18	19	20	21
22	23	24	25	26	27	28
29	30	31				

1. Eine Pipeline, die Erdgas aus der Sowjetunion in die Bundesrepublik Deutschland bringt, wird eröffnet. →

3. DDR besetzt hohe Staatsämter neu: Willi Stoph wird Staatsratsvorsitzender, Horst Sindermann Regierungschef.

5. IOC streicht sechs olympische Disziplinen: 50-km-Gehen, 200-m-Lagenschwimmen, 4 × 100-m-Freistil, Tandem, 300-m-Freigewehr, Kanuslalom.

6. Beginn des Yom-Kippur-Krieges. →

7. Der Schotte Jackie Stewart wird Weltmeister der Formel-1-Fahrer.

10. Der US-Vizepräsident Spiro Agnew tritt zurück. Gegen ihn wird wegen Bestechung und Steuerhinterziehung ermittelt.

12. Hans-Joachim Sewering wird Präsident der Bundesärztekammer.

14. Gerald Ford neuer Vizepräsident der USA. Bisher republikanischer Fraktionsführer im Repräsentantenhaus.

15. Bei Unruhen in Thailand wird Chef der Militärregierung Kittikachon entmachtet.

17. Araber beschließen Drosselung der Rohölproduktion.

19. 1. Bundeskongreß der SPD-Arbeitsgemeinschaft für Arbeitnehmerfragen in Duisburg.

21. Bei Überschwemmungen in Spanien in der Nähe Granadas etwa 500 Tote.

21. Nixon entläßt Watergate-Sonderankläger Archibald Cox, der die Herausgabe der Tonbänder forderte. Daraufhin treten Justizminister Elliot Lee Richardson und sein Stellvertreter aus Protest zurück.

22. Waffenstillstand in Nahost.

GESTORBEN:

2. Paavo Nurmi (* 13. 6. 1897), finnischer Olympiasieger. →

7. François Cevert (* 25. 2. 1944), französischer Rennfahrer.

17. Ingeborg Bachmann (* 25. 6. 1926), österreichische Schriftstellerin (Opfer eines Unfalls). →

22. Pablo Casals (* 29. 12. 1876), spanischer Cellist, Dirigent und Komponist.

Wieder Krieg im Nahen Osten

Israelische Panzer während der Schlacht auf den Golanhöhen im Yom-Kippur-Krieg.

6. Oktober. Sechs Jahre nach dem Sechs-Tage-Krieg (→ Juni 1967) kommt es, nachdem zwischenzeitlich einzelne Kämpfe immer wieder aufgeflammt waren, im Oktober 1973 zu einem neuen israelisch-arabischen Krieg. Am Yom Kippur, dem Versöhnungsfest und höchsten jüdischen Feiertag, erfolgt ein Überraschungsangriff von Ägypten und Syrien auf Israel. Die schweren Kämpfe konzentrieren sich auf die Sinai-Wüste und die Golanhöhen. Bereits nach wenigen Stunden gelingt den Ägyptern die Überschreitung des Suezkanals. 48 Stunden später beginnt die israelische Gegenoffensive, deren Luftangriffe sich bis Kairo, Damaskus und in den Libanon hinein ausdehnen. Auf den Golanhöhen gelingt es den Israelis, die Syrer bis 30 km vor Damaskus zurückzudrängen, also hinter die Waffenstillstandslinie von 1967. Nach Stabilisierung der syrischen Front stoßen die Israelis am Rande des Bittersees zwischen der 2. und 3. ägyptischen Armee hindurch und gelangen hinter die ägyptischen Linien. Trotz einer UNO-Resolution über einen sofortigen Waffenstillstand setzen sie ihren Vormarsch fort.

Der neue Nahost-Konflikt wird begleitet von Vermittlungsversuchen der Amerikaner und Sowjets, zugleich aber auch von Waffenlieferungen: Moskau unterstützt die Araber, die USA helfen Israel mit Waffen.

Der schließlich am 25. Oktober eintretende Waffenstillstand ist auch den Verhandlungen zwischen US-Außenminister Henry Kissinger und dem sowjetischen Ministerpräsidenten Alexej Kossygin zu verdanken. Eine UN-Friedenstruppe aus 600 Soldaten überwacht den Waffenstillstand.

Scharfe Protestreaktionen hat in den USA der Beschluß der Bonner Regierung hervorgerufen, sich im Konflikt neutral zu verhalten und Waffenlieferungen an eine der kriegführenden Parteien oder das Verladen von Waffen auf bundesdeutschem Boden nicht zuzulassen. Washington nennt dies einen »Abgrenzungsversuch« gegenüber Amerika.

Sowjet-Gas gegen deutsche Röhren

1. Oktober. Als Ergebnis der guten Beziehungen in Politik und Wirtschaft werten die Vertragspartner Bundesrepublik Deutschland und Sowjetunion die Eröffnung einer Erdgas-Pipeline. Aus der Ukraine und aus Westsibirien liefert die UdSSR Erdgas in die Bundesrepublik Deutschland, die damit versucht, die Abhängigkeit vom Öl zu reduzieren. Die Lieferungen sollen in einem Zeitraum von 20 Jahren etwa 120 Milliarden Kubikmeter Erdgas umfassen. Im Gegenzug werden Großröhren in die Sowjetunion ausgeführt.

Die Erdgasverdichterstation Waidhaus wird ihrer Bestimmung übergeben.

Weltrekordläufer Paavo Nurmi stirbt in Helsinki

2. Oktober. Der finnische Langstreckenläufer Paavo Nurmi war bereits zu seinen Lebzeiten eine Legende. Der 1897 in Loimaa geborene neunmalige Olympiasieger (6 Einzel- und 3 Mannschaftssiege) errang diese Erfolge zwischen 1920 und 1928. Darüber hinaus blieb er bis zu seinem Tode der erfolgreichste Langstreckenläufer überhaupt (20 offizielle Weltrekorde). Der »fliegende Finne« war kein Spezialist einer bestimmten Laufdisziplin. So hielt er allein 1923 alle Höchstleistungen zwischen einer Meile und 10 000 Meter. Nurmi hatte seine Laufbahn 1932 in Los Angeles krönen wollen, wurde aber vom Internationalen Olympischen Komitee disqualifiziert – wegen überhöhter Spesenforderungen, die man als Verletzung des Amateurstatus ansah. 1952 ließ das IOC seine Rehabilitation zu, und Nurmi trug die Olympische Flamme zur Eröffnung der Spiele in das Stadion von Helsinki.

Schriftstellerin Bachmann †

17. Oktober. Am 2. Oktober ist die österreichische Schriftstellerin Ingeborg Bachmann bei einem Brand in ihrer Wohnung in Rom schwer verletzt worden. Am 17. Oktober stirbt sie an den Brandwunden. Die 1926 in Klagenfurt geborene Schriftstellerin studierte Philosophie und promovierte über Martin Heidegger. Bekannt wurde ihre Lyrik, nachdem sie 1953 für ihren Gedichtband »Die gestundete Zeit« von der Gruppe 47, der sie angehörte, ausgezeichnet worden war. 1959/60 erhielt Ingeborg Bachmann eine Gastdozentur für Poetik an der Universität Frankfurt. Kennzeichnend für ihr Werk ist die gelungene Verbindung von Intellekt und Poesie. Neben ihrer Lyrik, die getragen ist von freien Rhythmen und Bildhaftigkeit, wurde Ingeborg Bachmann mit Hörspielen, Erzählungen (»Das dreißigste Jahr«, 1961), einem Roman (»Malina«, 1971), Essays und Libretti für Hans Werner Henze bekannt.

1973
NOVEMBER

Mo	Di	Mi	Do	Fr	Sa	So
			1	2	3	4
5	6	7	8	9	10	11
12	13	14	15	16	17	18
19	20	21	22	23	24	25
26	27	28	29	30		

3. Die USA starten Raumsonde »Mariner 10«.

4. Blutige Zusammenstöße in Athen zwischen der Polizei und Gegnern des Militärregimes. →

5. DDR verdoppelt den Mindestumtausch: 10 DM pro Tag in Ost-Berlin, 20 DM in der DDR.

6. Sowjetischer Fußballverband verzichtet auf Teilnahme an Weltmeisterschafts-Qualifikation. Das Spiel sollte im Stadion von Santiago de Chile ausgetragen werden.

7. Kämpfe in Chile zwischen Militärs und Volksfrontanhängern.

9. Sowjetunion und DDR protestieren gegen Errichtung des Umwelt-Bundesamtes in Berlin.

11. US-Außenminister Henri Kissinger zu Gesprächen in Peking.

11. Paul Gettys Entführer senden eine Ohrmuschel ihres Opfers an Zeitung.

12. FIFA schließt Sowjetunion von der Weltmeisterschaft 1974 aus.

13. Notstand in Großbritannien wegen Energiekrise.

14. Hochzeit der britischen Prinzessin Anne mit Hauptmann Mark Phillips. →

14. Evelyn Jahn, Tochter des »Wienerwald«-Besitzers, entführt. Für 3 Millionen DM freigelassen.

16. Start der dritten »Skylab«-Mannschaft.

18. Kriegsrecht in Athen verhängt. Panzer kontrollieren Universitätsviertel.

23. Herbert von Karajan, Chefdirigent der Berliner Philharmoniker auf Lebenszeit, wird Ehrenbürger von Berlin.

24. Tempolimits in der Bundesrepublik Deutschland wegen Ölknappheit: 100 km/h auf Autobahnen, 80 km/h auf Landstraßen. →

25. Erster von drei autofreien Sonntagen in der Bundesrepublik Deutschland. →

GESTORBEN:

4. Karl-Heinrich Waggerl (* 10. 12. 1897), österreichischer Schriftsteller.

13. Bruno Maderna (* 21. 4. 1920), deutsch-italienischer Komponist und Dirigent.

13. Elsa Schiaparelli (* 10. 9. 1896), französische Modeschöpferin.

Fahrverbot für Autos

Erstes Sonntagsfahrverbot in der Bundesrepublik am 25. November.

4. November. Die Niederlande sind die erste westliche Industrienation, die auf die Ölknappheit nach dem Nahostkonflikt mit einem Fahrverbot für Automobile am 4. November und an weiteren Sonntagen reagiert. Bereits am 17. Oktober haben die ölfördernden arabischen Staaten beschlossen, die Rohölproduktion so lange um 5 Prozent zu drosseln, bis Israel sich aus den besetzten arabischen Gebieten zurückzieht. Seitdem erhalten Staaten, die eine pro-arabische Position im Konflikt einnehmen, Öllieferungen wie bisher. Staaten jedoch, die auch Israel positiv gegenüberstehen, werden vom Boykott betroffen. Die Auswirkungen dieser Maßnahme sind erheblich, da allein die Bundesrepublik 75 Prozent ihres Rohöls aus arabischen Ländern importiert. Besonders stark vom Boykott betroffen sind die USA und die Niederlande. Sie erhalten zum Teil von arabischen Ländern gar kein Öl mehr. Am 5. November drosseln die arabischen Staaten zunächst einmal ihre Ölförderung um insgesamt 25 Prozent.

Präsident Nixon befürchtet die größte Energieknappheit seit 1945. Das Sparprogramm seiner Regierung umfaßt Geschwindigkeitsbegrenzungen für Autos, Treibstoffrationierung im Flugverkehr und das Verbot an Betriebe, von Kohlefeuerung auf Öl umzustellen. Die Knappheit macht sich bemerkbar: Die Fluggesellschaft PanAm streicht eine Reihe von Charterflügen, die Tankstellen im Ruhrgebiet klagen über Kraftstoffmangel. Die Bundesregierung führt eine Tempobegrenzung von 80 km/h auf Landstraßen und 100 km/h auf Autobahnen ein. Im Monat November wird für drei Sonntage ein Fahrverbot erlassen. Erst im Dezember wird das arabische Ölembargo gelockert, nachdem der Rohölpreis verdoppelt wurde. Auf einer Gipfelkonferenz in Algier kündigen die arabischen Staaten jedoch an, sie würden weiterhin das Öl als Waffe gegen Staaten benutzen, die Israel unterstützen. Infolge der Energiekrise geraten die Automobilfabrikanten und ihre Zulieferfirmen in Absatzschwierigkeiten.

Kämpfe in Athen

Studentenunruhen in Athen: Panzer vor der Technischen Universität.

4. November. Blutige Zusammenstöße zwischen der Polizei und demonstrierenden Regimegegnern ereignen sich in Athen. Die Unruhen konzentrieren sich auf das Universitätsviertel, wo Studenten der Technischen Universität über einen illegalen Sender die Absetzung der regierenden Militärjunta fordern. Mitte des Monats demonstrieren etwa 50 000 Menschen gegen den Ministerpräsidenten Georg Papadopoulos. Bei Straßenschlachten verlieren nach offiziellen Angaben 13 Menschen ihr Leben. Die Regierung läßt Panzer auffahren und verhängt über Athen das Kriegsrecht.

Am 25. November putscht eine Gruppe von Offizieren unter der Leitung des Chefs der Militärpolizei George X. Ioannidis gegen Papadopoulos und stürzt seine Regierung. Die Putschisten werfen ihm vor, er habe die Ziele von 1967 verraten und die Rückkehr zum Parlamentarismus »auf gesunder Grundlage« nicht vorbereitet.

14. November. Prinzessin Anne von England heiratet Hauptmann Mark Phillips.

1973
DEZEMBER

Mo	Di	Mi	Do	Fr	Sa	So
					1	2
3	4	5	6	7	8	9
10	11	12	13	14	15	16
17	18	19	20	21	22	23
24	25	26	27	28	29	30
31						

4. »Pioneer 10« erreicht den Jupiter und sendet Fotos. →

10. Entführungswelle in Italien. Fiat-Personalchef Amerio ist das 6. Opfer in wenigen Wochen.

10. Nobelpreisverleihung in Stockholm.

13. Holland friert Löhne und Gehälter ein.

14. FDP nominiert Walter Scheel als Bundespräsident.

14. Gipfeltreffen der EG-Regierungschefs in Kopenhagen.

16. Paul Getty III. für 6,5 Millionen DM Lösegeld frei.

17. Arabische Terroristen kapern Lufthansa-Maschine in Rom und töten 32 Passagiere einer PanAm-Maschine.

18. Terroristen geben in Kuwait auf.

18. Bemanntes Raumschiff »Sojus 13« gestartet.

20. Attentat auf spanischen Regierungschef Carrero Blanco. →

21. Nahost-Konferenz in Genf eröffnet. →

23. Bei Absturz einer Caravelle in Marokko 106 Tote.

23. Staaten am Persischen Golf beschließen Verdoppelung des Rohölpreises von 5,09 $ auf 11,60 $.

23. Baskische Organisation ETA bekennt sich zu Attentat auf Carrero Blanco. →

28. Thomas Niedermayer, Grundig-Chef in Irland, entführt.

30. Carlos Navarro neuer Regierungschef in Spanien. →

31. Zu Europas Fußballer des Jahres wird der Holländer Johan Cruyff gewählt.

31. Schweizer Tourismus registriert eine halbe Million Übernachtungen weniger als 1972.

GESTORBEN:

1. David Ben Gurion (* 16. 10. 1886), früherer israelischer Staatsmann. →

10. Willy Reichert (* 30. 8. 1896), deutscher Schauspieler.

20. Luis Carrero Blanco (* 3. 3. 1903), spanischer Ministerpräsident. →

28. Rudi Schuricke (* 16. 3. 1913), deutscher Schlagertenor.

29. Willi Birgel (* 19. 9. 1891), deutscher Schauspieler. →

Friedenskonferenz über Nahost beginnt in Genf

21. Dezember. Nach mehreren Terminverschiebungen und Unklarheiten über die Teilnehmer wird die Genfer Nahost-Friedenskonferenz am 21. Dezember eröffnet. Ägypten, Jordanien und Israel nehmen teil, Syrien lehnt die Teilnahme ab. Bereits am 11. Dezember wurde in einem Zelt an der Straße von Kairo nach Suez ein Sechs-Punkte-Abkommen unterzeichnet, das den Gefangenenaustausch regelt und einen Korridor für die Versorgung der eingeschlossenen 3. ägyptischen Armee vorsieht. Auf der Genfer Konferenz bekräftigen die Gegner erneut ihre Positionen: Ägypten und Jordanien fordern den Rückzug der Israelis aus den besetzten Gebieten von 1967 (→ Juni 1967), was Israel ablehnt. Die Araber erklären sich bereit, das Existenzrecht Israels anzuerkennen, wenn umgekehrt Israel die Rechte der Palästinenser anerkennt und den arabischen Teil Jerusalems freigibt. Die vom Generalsekretär Kurt Waldheim eröffnete UNO-Konferenz zeigt bis Ende des Jahres noch keine konkreten Ergebnisse.

Willy Birgel gestorben

Willy Birgel †.

29. Dezember. In Dübendorf bei Zürich stirbt der Schauspieler Willy Birgel. Der gebürtige Kölner spielte von 1924–1934 am Mannheimer Nationaltheater. Danach übernahm er zahlreiche Rollen im Film, unter anderem in seinem wohl bekanntesten ». . . reitet für Deutschland«.

Eklat um Nobelpreis

10. Dezember. In Stockholm werden die Nobelpreise des Jahres 1973 verliehen, aber einer der Preisträger erscheint nicht: Der Friedensnobelpreis wird geteilt zwischen dem US-Außenminister Henry Kissinger und dem Nordvietnamesen Le Duc Tho für ihre Ergebnisse bei den Vietnam-Friedensverhandlungen in Paris. Le Duc Tho lehnt den Preis jedoch ab. Um diese beiden Geehrten hat es schon vorher Streit gegeben, und in vielen Ländern regte sich Widerstand gegen die Verleihung. Man bezeichnete sie als verfrüht, protestierte aber auch grundsätzlich gegen das Verfahren, einen Friedenspreis an zwei vormals kriegführende Parteien zu vergeben. Schon im Oktober waren zwei Mitglieder des Nobelpreiskomitees aus Protest zurückgetreten. Einhelligen Beifall finden aber die übrigen Preisträger. Der Nobelpreis für Medizin geht an drei Verhaltensforscher: Die Österreicher Konrad Lorenz und Karl von Frisch und den Niederländer Nikolas Tinbergen. Sie werden geehrt für die Untersuchung der Organisation und Auslösung individuellen und sozialen Verhaltens.

Konrad Lorenz, 1903 in Wien geboren, leitete die Abteilung für Verhaltensphysiologie im Max-Planck-Institut für Meeresbiologie bei Starnberg. Jetzt arbeitet er am Institut für Vergleichende Verhaltensforschung in Wien. Er erforschte instinktives Verhalten (besonders bei Graugänsen), angeborenes Verhalten und klärte das Phänomen der Prägung. Bekannt als wissenschaftlicher Schriftsteller, schrieb er populäre Bücher über die menschliches Verhalten steuernde Programmierung.

Karl von Frisch, geboren 1886 in Wien, untersuchte die Sinnesphysiologie bei Tieren. Berühmt sind seine Erforschungen des Tanzverhaltens bei Bienen, das der gegenseitigen Verständigung dient.

Der niederländische Zoologe Nikolas Tinbergen klärte bereits in den 30er Jahren in Zusammenarbeit mit Konrad Lorenz zahlreiche Grundbegriffe der Verhaltensforschung.

Der Literatur-Nobelpreis geht an den bedeutendsten zeitgenössischen Erzähler Australiens, Patrick White. Er wurde 1912 geboren, studierte in England und kehrt 1948 nach Australien zurück. Seine umfangreichen Romane, die psychologisch zum Teil schwer zugänglich sind, behandeln Probleme der menschlichen Existenz. Der berühmteste erschien 1955: »Zur Ruhe kam der Baum des Menschen nie«. In epischer Breite schildert White hier die Geschichte einer australischen Familie. Weiterhin schrieb er Dramen und Lyrik.

Der Nobelpreis für Physik wird an Ivar Glaever (Norwegen), Leo Asaki (Japan) und Brian Josephson (Großbritannien) für die Erforschung des Tunneleffektes bei der elektrischen Supraleitung verliehen. Der Nobelpreis für Chemie geht an Ernst Fischer für die Erforschung metallorganischer »Sandwich«-Verbindungen.

4. Dezember. Der Jupiter, aufgenommen von der Sonde »Pioneer 10«.

Attentat in Madrid

20. Dezember. Der spanische Regierungschef Admiral Luis Carrero Blanco fällt einem Attentat zum Opfer. Nach dem Verlassen einer Kirche in Madrid, in der Carrero Blanco dem Gottesdienst beigewohnt hat, wird ein Bombenanschlag auf sein Auto ausgeübt, bei dem auch sein Chauffeur und ein Sicherheitsbeamter umkommen. Der 70jährige Admiral gilt als die rechte Hand Francos, der ihn erst im Juni 1973 zum Regierungschef ernannt hat.

Das Attentat ereignet sich an dem Tag, an dem Führer der illegalen spanischen Arbeiterbewegung vor Gericht erscheinen sollen. Am 23. Dezember übernimmt die baskische Untergrundorganisation ETA die Verantwortung für den Anschlag. Am 30. Dezember ernennt Franco Carlos Navarro zum neuen Ministerpräsidenten.

Ben Gurion ist tot

1. Dezember. Der 1886 in Plonsk (Polen) geborene David Ben Gurion wanderte 1906 nach Palästina aus. Er schloß sich der jüdischen Arbeiterbewegung an. 1915 von den Türken ausgewiesen, kehrte er 1921 zurück und gründete die Gewerkschaft Histradut. 1930 vereinigte Ben Gurion in der Arbeiterpartei Mapai die verschiedenen sozialistischen Richtungen des Zionismus. Bei Beendigung des britischen Mandats proklamierte er am 15. Mai 1948 den selbständigen Staat Israel, dessen erster Ministerpräsident er war (1948–1953). Von 1955 bis 1963 war er Verteidigungsminister. 1965 trat Ben Gurion aus der Mapai aus und gründete die Rafi-Partei.

Ben Gurion †.

Attentat auf Carrero Blanco. Die Bombe hat die Straße aufgerissen.

Mo	Di	Mi	Do	Fr	Sa	So
	1	2	3	4	5	6
7	8	9	10	11	12	13
14	15	16	17	18	19	20
21	22	23	24	25	26	27
28	29	30	31			

3. Israel erklärt sich zum Rückzug seiner Truppen bis 30 km östlich von Suez bereit.

4. Versorgung bei Benzin und leichtem Heizöl nicht so knapp wie befürchtet: 4,3 Prozent bzw. 12,3 Prozent weniger geliefert als 1973.

6. England führt 3-Tage-Woche ein. Energieknappheit durch Bergarbeiterstreik.

7. Bundesrepublik erzielt 1973 Rekord an Exportüberschuß: 21 Prozent mehr als 1972.

9. OPEC will Rohölpreis bis April 1974 stabil halten.

10. Wegen Verkaufsrückgang beschließt BMW 14 Tage Arbeitspause im Februar. Nur Porsche und Daimler-Benz verzeichnen noch keinen Rückgang.

13. Die Staatschefs Bourguiba und Ghaddafi beschließen, aus Tunesien und Libyen einen gemeinsamen Staat zu bilden.

15. Verteidigungsminister Leber legt Weißbuch zur Bundeswehr vor. Dort wird betont, die Bundeswehr brauche kein Feindbild.

17. Einigung zwischen Israel und Ägypten über Auseinanderrücken ihrer Truppen. →

23. Niederlande heben Benzinrationierung auf.

23. Österreichs Parlament verabschiedet neues Strafgesetzbuch, das zum 1. Januar 1975 in Kraft tritt.

25. Das Landgericht Hannover entscheidet, daß die Bundesregierung den Fluglotsen-Verband nicht für durch Streik entstandene Schäden haftbar machen kann.

29. In Vorbereitungskampf zur Weltmeisterschaft im Schwergewicht siegt Muhammad Ali nach Punkten über Joe Frazier.

GESTORBEN:

14. Josef Smrkovsky (* 26. 2. 1911), tschechoslowakischer Politiker. →

19. Franz Nabl (* 16. 7. 1883), österreichischer Schriftsteller.

22. Anton Largiadèr (* 17. 5. 1893), Schweizer Historiker.

29. Klaus-Dieter Arndt (* 9. 3. 1927), deutscher Politiker.

31. Samuel Goldwyn (* 22. 8. 1884), amerikanischer Filmproduzent.

Absprache in Nahost

US-Außenminister Kissinger und der israelische Verteidigungsminister Dajan (l.).

17. Januar. Das Zustandekommen einer Absprache über Truppenentflechtungen im Nahost-Konflikt ist zum größten Teil dem amerikanischen Außenminister Henry Kissinger zu verdanken, der nach Rücksprache mit Moskau die betroffenen Staaten besucht hat. Am Ende seiner dritten Vermittlungsreise wird das Abkommen von Israel und Ägypten unterzeichnet. Es sieht einen Rückzug Israels östlich des Suezkanals vor sowie reduzierte Truppenstärken auf beiden Seiten parallel zum Kanal. Zwischen beide Armeen wird eine UNO-Friedenstruppe geschoben. Bis zum 3. März soll der israelische Rückzug beendet sein. Die Stadt Suez und die eingeschlossene 3. ägyptische Armee sind wieder frei.

Nach wie vor flammen jedoch auf den Golanhöhen Gefechte zwischen Israelis und Syrern auf. Die Verhandlungen erweisen sich als schwierig, da die Golanhöhen eine schmale Zone von großer strategischer Bedeutung darstellen.

»Der Exorzist«: Höhepunkt der Okkultismus-Welle

21. Januar. Bereits kurze Zeit nach seiner Uraufführung in den USA ist der Film »The Exorcist« einer der größten Kinoerfolge der USA. Gedreht nach dem Buch von William P. Blatty, der auch den Film produzierte, beschreibt er, wie die vom Teufel besessene Tochter einer Schauspielerin durch religiöse Exerzitien geheilt wird. Mit der zwölfjährigen Linda Blair in der Hauptrolle ist der Film der bisherige Höhepunkt einer Okkultismuswelle im amerikanischen Film. Der Regisseur William Friedkin zeigt ein solches Ausmaß von Brutalität, daß Psychologen junge Leute vor dem Besuch des Filmes warnen. Doch gerade sie stellen in den Vereinigten Staaten die Mehrheit unter den Zuschauern.

Dubček-Mitstreiter Josef Smrkovsky stirbt in der ČSSR

14. Januar. Josef Smrkovsky stirbt 62jährig in Prag. Der Sohn eines Bauern erlernte das Bäckerhandwerk. Er engagierte sich früh im behördlich verbotenen kommunistischen Jugendverband der ČSSR und war 1935 Delegierter beim Kongreß der Kommunistischen Jugend-Internationale in Moskau. Im Zweiten Weltkrieg übernahm er die Leitung der illegalen Kommunistischen Partei, organisierte den tschechoslowakischen Nationalausschuß und nahm teil am bewaffneten Aufstand in Prag im Mai 1945.

1951 wurde er, als Mitglied des Parteipräsidiums in Prag, verhaftet und zu lebenslangem Zuchthaus verurteilt, nach vier Jahren aber wieder freigelassen. Als er im März 1968 wieder ins Parteipräsidium aufgenommen wurde, forderte Breschnew seinen Rücktritt. Aber Josef Smrkovsky, einer der engsten Mitarbeiter von Alexander Dubček im »Prager Frühling«, blieb. Bei der Besetzung der ČSSR 1968 wurde er jedoch degradiert und war bis zu seinem Tode vom politischen Leben ausgeschlossen.

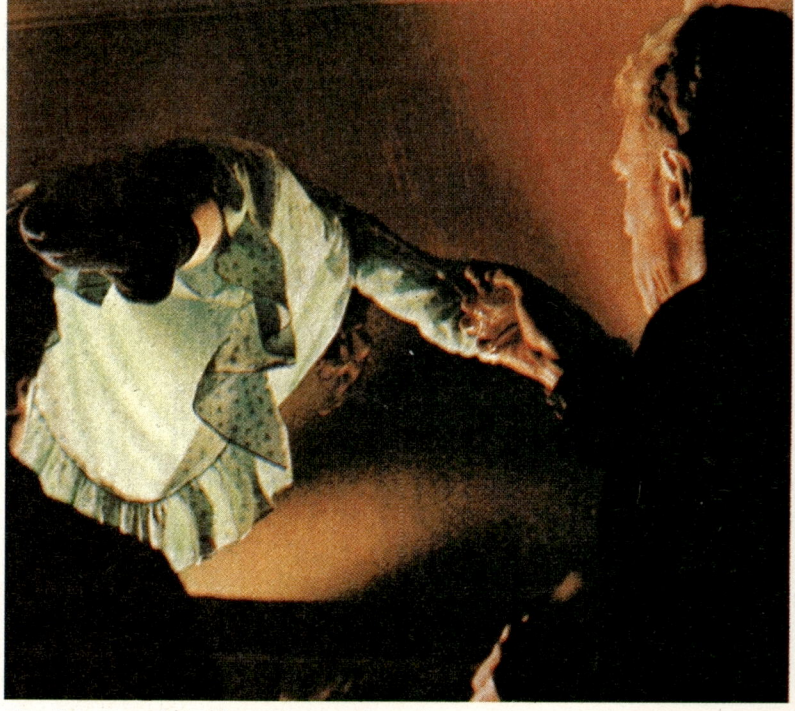

Eine Szene aus dem Film »Der Exorzist«, einem Höhepunkt der mit Brutalitäten und Psychoterror angereicherten Okkultismuswelle in den USA.

1974

FEBRUAR

Mo	Di	Mi	Do	Fr	Sa	So
				1	2	3
4	5	6	7	8	9	10
11	12	13	14	15	16	17
18	19	20	21	22	23	24
25	26	27	28			

1. Bei einem Hochhausbrand in São Paulo gibt es über 200 Tote.

4. Margrit Schiller und andere Mitglieder der Baader-Meinhof-Nachfolgeorganisation festgenommen.

4. Patricia Hearst, Tochter des US-amerikanischen Pressezaren Hearst, entführt. →

7. Englisches Parlament aufgelöst. Die Neuwahlen werden am 28. Februar durchgeführt.

8. Skylab-Besatzung landet nach 84 Tagen Raumflug.

8. Urabstimmung der Angestellten des öffentlichen Dienstes entscheidet für Streik. Mehr als 200 000 Bedienstete streiken.

11. Energiekonferenz westlicher Länder in Washington.

12. Der Schriftsteller Solschenizyn wird in Moskau verhaftet und einen Tag später ausgewiesen. →

13. Volksbegehren in Nordrhein-Westfalen gegen die kommunale Neuordnung. →

13. Im öffentlichen Dienst kommt es nach Lohnerhöhung von elf Prozent zu Streiks.

17. Entführer von P. Hearst, Symbionese Liberation Army, fordern als Gegenleistung für die Freilassung Lebensmittelverteilung an vier Millionen Arme und Alte in Kalifornien.

20. Beschäftigte der Metallindustrie in der Bundesrepublik erhalten elf Prozent Lohnerhöhung.

23. Krawalle in Frankfurt bei Räumung eines besetzten Hauses durch die Polizei.

23. Rolf Hochhuths Werk »Lysistrate« wird in Essen uraufgeführt.

26. Das Volksbegehren in Nordrhein-Westfalen gegen kommunale Neuordnung scheitert, da zuwenig Stimmen. →

28. Wahl in England. Die Konservativen verlieren ihre absolute Mehrheit. Gewinne ergeben sich für die Labour Party. →

GESTORBEN:

13. Adolf Arndt (* 12. 3. 1904), deutscher Jurist und Politiker.

21. Robert Heiß (* 22. 1. 1903), deutscher Psychologe und Philosoph.

25. Walter Wodak (* 22. 11. 1908), österreichischer Diplomat.

Kreml weist Solschenizyn aus

Solschenizyn (l.) und Heinrich Böll bei einem Spaziergang in der Eifel.

Labour Party löst konservative Regierung ab

28. Februar. Um 18 Monate hat der britische Premierminister Edward Heath die Parlamentswahlen vorziehen müssen, da seine konservative Regierung in der Wirtschaftskrise scheiterte. Vor allem der Bergarbeiterstreik ist für den Premier zum Stolperstein geworden.

Die Bergarbeiter fördern keine Kohle mehr und verschlimmern damit die Folgen der Ölkrise, unter der auch Großbritannien leidet. Wegen Energiemangels wird die Dreitagewoche eingeführt, sogar die Zweitagewoche ist im Gespräch.

So verlieren die Konservativen bei den Wahlen am letzten Februartag ihre absolute Mehrheit. Die Labour Party kann zwar erheblichen Stimmenzuwachs verzeichnen und wird stärkste Fraktion, hat aber zunächst auch keine tragfähige Mehrheit im Parlament. Nachdem jedoch die Liberalen eine Koalition mit den Konservativen ablehnen, tritt Heath zurück. Sein Nachfolger wird Harold Wilson. Er stellt ein gemäßigtes Labour-Kabinett auf. Bereits wenige Tage später kann er die Dreitagewoche aufheben, da die Bergarbeiter nach zugesagten Lohnerhöhungen wieder arbeiten. Englands Energievorräte sind aber zunächst auf längere Zeit erschöpft.

13. Februar. Am 12. Februar wird Alexander Solschenizyn, der sowjetische Schriftsteller und Regimekritiker, verhaftet, einen Tag später ausgewiesen. Der Literaturnobelpreisträger trifft in der Eifel seinen Freund und Kollegen Heinrich Böll; dort verbringt er die ersten Tage nach der Ausweisung. Der 55jährige Solschenizyn hält der Sowjetunion seit 16 Jahren seine Kritik entgegen. Mit dem Buch »Ein Tag im Leben des Iwan Denissowitsch« beginnt 1958 die Geschichte der Verbote und Verfolgungen für den Schriftsteller. Weitere Bücher, »Der erste Kreis der Hölle« und »Krebsstation«, bringen ihm 1970 den Nobelpreis ein. In der UdSSR werden sie erst gar nicht veröffentlicht. Sein Ziel, der Wahrheit den Weg zu ebnen, verfolgt Solschenizyn auch mit seinem jüngsten Werk »Archipel GULAG«. Es zeigt die Unmenschlichkeit eines Regimes. Wie Solschenizyn äußern sich immer mehr sowjetische Dissidenten. Indem Moskau sie unterdrückt, setzt es sich der Kritik des Westens aus, dessen Zusammenarbeit es andererseits sucht. Der Kreml sieht die Ausweisung als Möglichkeit, den Dissidenten im eigenen Land die Zuhörer zu nehmen und westliche Kritiker zu beruhigen. Solschenizyn zieht nach kurzem Aufenthalt in der Bundesrepublik in die Schweiz, wohin ihm seine Familie, Frau und vier Söhne, im März folgen.

Das Römisch-Germanische Museum in Köln wird eröffnet. Spektakulärstes Ausstellungsstück ist das Grabmal des Lucius Poblicius, das 1964 von Amateurarchäologen am Kölner Chlodwigplatz ausgegraben worden ist.

4. Februar. Die amerikanische Verlegerstochter Patricia Hearst wird von der sozialutopischen Gruppe SLA (Symbionese Liberation Army) entführt. Die Gruppe will ein Lösegeld erpressen, das zum Ankauf von Lebensmitteln für bedürftige Menschen in Kalifornien genutzt werden soll.

1974

MÄRZ

Mo	Di	Mi	Do	Fr	Sa	So
				1	2	3
4	5	6	7	8	9	10
11	12	13	14	15	16	17
18	19	20	21	22	23	24
25	26	27	28	29	30	31

1. Sieben der engsten Mitarbeiter Nixons werden offiziell im Watergate-Skandal angeklagt.

3. Schwerste Luftfahrtkatastrophe bei Paris. Türkische DC 10 stürzt ab: 344 Tote. →

3. Bei Senatswahl in Hamburg verliert SPD absolute Mehrheit.

4. Britischer Premierminister Heath tritt zurück. Labour-Chef Harold Wilson wird sein Nachfolger.

4. Ponchiellis Oper »La Gioconda« erstmals seit 1902 in Berlin aufgeführt.

7. Einigung zwischen der Bundesrepublik und der DDR: Ständige Vertretung in Ost-Berlin vertritt auch West-Berlin.

8. Bei Paris wird der Großflughafen »Charles de Gaulle« eröffnet.

10. Sieg der Christsozialen bei Wahl in Belgien.

10. Ein japanischer Leutnant wird 29 Jahre nach dem Krieg auf den Philippinen entdeckt.

15. Geschwindigkeitsbegrenzung in der Bundesrepublik beendet. Nur noch Richtgeschwindigkeit 130 km/h auf Autobahnen. →

17. Militärrebellion in Portugal vereitelt.

22. Bundestag setzt Volljährigkeit auf 18 Jahre herab und beschließt Rücktrittsmöglichkeit vom Teilzahlungskauf.

22. Deutsche Firmen bauen Hüttenkombinat bei Kursk (UdSSR). →

26. Bundespräsident Heinemann zu Staatsbesuch in Belgien. →

26. US-Außenminister Kissinger in Moskau. Kein Verhandlungsergebnis über Israel/Syrien.

27. Deutsche Firmen bauen Kaltwalzwerk in China. →

28. Parteichef Ceaușescu zum neugeschaffenen Präsidenten der Republik Rumänien gewählt.

30. Henry Kissinger heiratet Nancy Maginnis.

GESTORBEN:

4. Carl Jakob Burckhardt (* 10.9. 1891), Schweizer Historiker, Schriftsteller und Diplomat. →

9. Earl Sutherland (* 29. 11. 1915), amerikanischer Physiologe, Nobelpreis 1971.

12. Austin Clarke (* 9. 5. 1896), irischer Schriftsteller.

Volksbegehren gegen Neuordnung scheitert

13. Februar. Erstmals kommt es im Bundesland Nordrhein-Westfalen zu der in der Verfassung festgelegten Möglichkeit eines Volksbegehrens. Grund für den Unmut vieler Bürger ist die geplante kommunale Neuordnung im Land. Die in Wattenscheid gegründete Aktion Bürgerwille will die Eingemeindungen und Zusammenschlüsse von Städten, die die Auflösung vieler selbständiger Gemeinden mit sich bringen, verhindern. Ab dem 13. Februar werden Unterschriften gesammelt, die eine Volksabstimmung über die Neuordnung fordern. Doch Ende des Monats ist das Volksbegehren gescheitert: Zu wenige Stimmen wurden abgegeben. So beschließt der Düsseldorfer Landtag nach langen Beratungen in allen Gremien die Neuordnung der Kommunen. Bis auf 30 Abgeordnete stimmen alle im Landtag dafür. Sie soll zum 1. Januar 1975 in Kraft treten.

344 Tote bei Absturz

Die Unglücksstelle im Wald von Ermenonville bei Paris.

3. März. Nur wenige Minuten nach dem Start auf dem Pariser Flughafen Orly stürzt eine Maschine der türkischen Fluggesellschaft THY in ein Waldstück bei Ermenonville. Keiner der 344 Insassen überlebt. Das bisher schwerste Luftfahrtunglück bleibt lange ungeklärt. Die Maschine vom Typ DC 10 gilt bislang als eines der am modernsten und technisch am besten ausgerüsteten Großraumflugzeuge.

Die DC 10 schlägt bei Ermenonville eine kilometerlange Schneise in den Wald und ist, nach Augenzeugenberichten, wie pulverisiert, so daß zunächst eine Explosion vermutet wird. Doch dafür finden sich keine Spuren. 15 Kilometer vom eigentlichen Absturzort entfernt findet man Leichen und die Tür vom hinteren Gepäckraum der DC 10. Nach Untersuchung des Flugschreibers durch Sachverständige zeichnet sich immer mehr die Möglichkeit eines Triebwerkschadens ab.

Tempolimit in der Bundesrepublik wird aufgehoben

15. März. Die Bundesrepublik hat Ende 1973, wie die meisten westlichen Industriestaaten, Geschwindigkeitsbegrenzungen für Automobile eingeführt, um den Ölboykott der arabischen Staaten auszugleichen. Anfang 1974 zeichnet sich jedoch eine Situation ab, die besser ist, als man erwartet hat. Die Öllieferungen steigen wieder, so daß autofreie Sonntage unnötig werden. Während jedoch andere Staaten ein Tempolimit für Autos beibehalten, befürwortet die Bundesregierung eine Erhöhung der zulässigen Höchstgeschwindigkeit auf Autobahnen von jetzt 100 auf 130 Stundenkilometer. Die Mehrheit im Bundesrat spricht sich dagegen aus. So wird am 15. März lediglich eine Richtgeschwindigkeit von 130 Stundenkilometern auf Autobahnen eingeführt, während zum Beispiel in den USA die Beschränkung von 90 Stundenkilometern auf Dauer gilt.

Deutsche Firmen bauen in China und der UdSSR

22. März. Bundesdeutsche Unternehmen schließen im März zwei große Geschäfte mit östlichen Ländern. In der sowjetischen Industriestadt Kursk am oberen Sejm werden die Firmen Krupp, Korf Stahl und die Salzgitter AG ein Hüttenkombinat bauen.

Die UdSSR zahlt in bar dafür. Wenige Tage später melden andere Firmen den Abschluß des bisher größten Einzelgeschäftes mit der Volksrepublik China. Unter der Federführung der DEMAG und Schloemann-Siemag errichten sie ein Kaltwalzwerk in der Nähe der Stadt Wuhan, der Hauptstadt der mittelchinesischen Provinz Hupeh. Diese Abkommen bringen gerade der immer wieder krisenhaften Metall- und Stahlindustrie Sicherheit für ihre Arbeitsplätze. So bedeutet etwa der Auftrag der Sowjetunion für den Konzern Krupp das umfangreichste Projekt seit langem.

C. J. Burckhardt stirbt im Alter von 82 Jahren

4. März. Der Historiker, Diplomat und Schriftsteller C. J. Burckhardt wurde am 10. September 1891 in Basel geboren. Seit 1918 arbeitete er als Attaché in Wien, wo er mit Hugo von Hofmannsthal befreundet war. 1932 wurde er Professor für Geschichte in Genf und 1937 Hoher Kommissar des Völkerbundes in Danzig. In dieser Funktion verhandelte er mit Adolf Hitler über eine Lösung der Danzig-Frage, doch er scheiterte. Als Mitglied des Internationalen Roten Kreuzes (IRK) durfte Burckhardt Konzentrationslager inspizieren und mit Carl von Ossietzky sprechen. Zahlreiche Hilfsaktionen organisierte er als Präsident des IRK. Nach dem Krieg wurde er Gesandter der Schweiz in Paris. Burckhardt verfaßte historische und literarische Essays und wurde bekannt mit der Richelieu-Biographie und seinen Erinnerungen »Meine Danziger Mission«, die die Vorgeschichte des Kriegsausbruchs darstellen. 1954 erhielt Burckhardt den Friedenspreis des Deutschen Buchhandels.

26. März. Bundespräsident Gustav Heinemann beginnt einen dreitägigen Staatsbesuch in Belgien. Mit König Baudouin (rechts) schreitet er eine Ehrenformation des belgischen Militärs ab.

APRIL

Mo	Di	Mi	Do	Fr	Sa	So
1	2	3	4	5	6	7
8	9	10	11	12	13	14
15	16	17	18	19	20	21
22	23	24	25	26	27	28
29	30					

4. Die entführte Patricia Hearst erklärt auf Tonband, daß sie sich den politischen Ansichten ihrer Entführer anschließt (→ Februar 1974).

4. Über 400 Tote bei schwersten Wirbelstürmen seit 1925 in den USA.

10. Heizölpreis fällt wieder unter 20 Pfennig pro Liter. Benzinpreis steigt.

12. Arabischer Terroranschlag auf israelische Grenzstadt Kirjat Schmoneh: 18 Tote.

15. Das Kartellamt verfügt sieben Millionen DM Bußgelder an Dortmunder Brauereien wegen verabredeter Preiserhöhung.

16. Patricia Hearst an Banküberfall beteiligt.

18. 6000 italienische Bauern blockieren Grenzübergang Brenner aus Protest gegen zu hohe Fleisch- und Milchimporte.

19. Brandt zu erstem offiziellen Besuch eines deutschen Regierungschefs in Algerien.

21. Auf Drängen des Kartellamtes nehmen die Ölkonzerne Preiserhöhungen zurück. →

21. Brandt in Kairo.

23. Konkurs des Berliner Bauprojekts Steglitzer Kreisel. Die Kommanditisten verlieren 80 Millionen DM an Einlagen.

25. Günter Guillaume, persönlicher Referent von Willy Brandt, wegen Spionage für die DDR verhaftet. →

25. Militärputsch in Portugal löst Regime Caetano ab. →

26. Die Abstimmung über die Neuregelung des Paragraphen 218 im Bundestag ergibt eine Mehrheit für die Fristenregelung (die Abtreibung in den ersten drei Monaten ist straffrei).

30. Nixon übergibt Watergate-Tonbänder an Untersuchungsausschuß.

GESTORBEN:

2. Georges Pompidou (* 5. 7. 1911), Präsident von Frankreich. →

14. Jacques Esterel (* 5. 6. 1917), französischer Modeschöpfer.

24. Franz Jonas (* 4. 10. 1899), Bundespräsident von Österreich. →

24. Wilhelm Goldmann (* 25. 2. 1897), deutscher Verleger.

Putsch in Portugal

Die Generale Gomez, Spínola, Azevedo und Admiral Coutinho (von links).

25. April. Am Morgen des 25. April beginnt in Portugal ein Militärputsch. Truppen marschieren in die Hauptstadt Lissabon ein und besetzen die Rundfunkstationen. Die Bevölkerung wird aufgefordert, sich der »Bewegung der Streitkräfte« anzuschließen, die ankündigt, »das Land zu befreien«. Im ganzen Land schließt sich die Mehrzahl der Truppen den Putschisten an; nur wenige regierungstreue Einheiten leisten Widerstand. Als bekannt wird, daß Premierminister Marcelo José Caetano kapituliert hat, werden die Soldaten in den Straßen Lissabons von der Bevölkerung jubelnd begrüßt. Nach dem praktisch unblutig verlaufenen Putsch gelobt der Junta-Führer General António de Spínola, die neue Regierung werde »die Freiheit des Denkens, der Rede, der Tat garantieren«. Die Junta will nur bis nach den ersten freien Wahlen regieren. Schon wenige Tage später läßt sie politische Gefangene frei. Erstmals seit Jahren erscheinen die Zeitungen unzensiert. Aus dem Pariser Exil kehrt der Generalsekretär der Sozialistischen Partei, Mario Soares, zurück.

Junta-Chef Spínola ist bereits seit längerer Zeit als Kritiker der Afrikapolitik Caetanos bekannt. Die seit über zehn Jahren stattfindenden Militäraktionen in Portugals afrikanischen Kolonien kosteten das ärmste Land Westeuropas pro Tag zwei Millionen DM und bisher insgesamt über 8000 Tote. Spínola plädiert für eine politische Lösung. Mit dem Sturz Caetanos endet eine über 40 Jahre dauernde Diktatur.

Präsident Georges Pompidou tot

2. April. Der 1911 geborene Pompidou stammte aus der bäuerlichen Auvergne. Der Gymnasiallehrer wurde 1944 von de Gaulle in dessen persönlichen Stab berufen. Von 1956–1962 leitete Pompidou die Rothschild-Bank als Generaldirektor. Nach der Wahl de Gaulles zum Premierminister 1958 war er ein Jahr lang Kabinettschef und gehörte anschließend dem Verfassungsrat an. 1962 wurde Pompidou Premierminister und galt als möglicher Nachfolger de Gaulles im Amt des Staatspräsidenten. Nach dessen Rücktritt wurde er 1969 zum Präsidenten der Republik gewählt. Mit einer Regierungskoalition aus Gaullisten und Unabhängigen Republikanern begann er eine Politik des »modernisierten Gaullismus«.

Präsident Georges Pompidou stirbt im Alter von 63 Jahren.

Heizölpreise sinken — Benzin wird teurer

21. April. Eine widersprüchliche Situation entwickelt sich auf dem Ölmarkt: Obwohl Heizöl- und Benzinlager übervoll sind, kaufen Ölgesellschaften statt in heimischen Raffinerien weiterhin teuer in Rotterdam ein und erhöhen die Benzinpreise. Dies geschieht auch mit der Begründung, die Benzinpreise sollen die Verluste, die durch die sinkenden Heizölpreise entstehen, auffangen. Daraufhin untersagt das Bundeskartellamt in Berlin die Teuerung und setzt eine Frist bis zum 21. April, um die Erhöhung zurückzunehmen. Die Ölkonzerne reagieren mit einer Rücknahme der Preiserhöhung von zwei Pfennig pro Liter. Dies gilt jedoch nur für einige Wochen. Im Mai steigen die Preise schon wieder.

Österreichischer Bundespräsident stirbt in Wien

24. April. Der österreichische Bundespräsident Franz Jonas stirbt 74jährig. Aufgewachsen mit sieben Geschwistern, wurde er Schriftsetzer und trat früh der sozialistischen Jugendbewegung und der SPÖ bei. 1932 wurde er Sekretär der Partei im Wiener Bezirk Floridsdorf.

Nach dem gescheiterten sozialdemokratischen Februaraufstand wurde er verhaftet (1934), ein Jahr später jedoch von der Anklage illegaler politischer Tätigkeit freigesprochen. Gleich nach 1945 erhielt Franz Jonas in der wiedergegründeten SPÖ verschiedene Ämter und wurde 1951 Bürgermeister und Landeshauptmann der österreichischen Hauptstadt Wien.

Er blieb es vierzehn Jahre lang und trug entscheidend zum Wiederaufbau der Stadt bei. 1965 wurde Jonas Bundespräsident von Österreich, 1971 mit großer Mehrheit wiedergewählt.

Sein Nachfolger wird der parteilose Rudolf Kirchschläger, Außenminister in der Regierung Bruno Kreisky, den die SPÖ zur Wahl am 23. Juni aufstellt.

1974
MAI

Mo	Di	Mi	Do	Fr	Sa	So
		1	2	3	4	5
6	7	8	9	10	11	12
13	14	15	16	17	18	19
20	21	22	23	24	25	26
27	28	29	30	31		

2. Ständige Vertretungen in Bonn und Ost-Berlin eröffnet. Bonn verzögert zunächst wegen der Guillaume-Affäre den Austausch der Ständigen Vertreter.

2. Italien beschließt die Importbeschränkungen.

3. Mannesmann kauft Aktien der DEMAG.

5. Erster Wahlgang in Frankreich: Mitterrand 42,0 Prozent, Giscard 32,9 Prozent.

6. Bundeskanzler Brandt tritt zurück. →

8. Dänemark erhöht Importabgaben, um Importe zu beschränken.

9. Kanadas Premierminister Trudeau stürzt bei Mißtrauensantrag.

10. Bundesrat lehnt Fristenregelung des Paragraphen 218 ab.

13. 59,1 Prozent stimmen bei der Volksabstimmung in Italien für Beibehaltung der Ehescheidung.

13. Deutsche Premiere von B. Behans »Borstal Boy« in Bochum.

15. Walter Scheel zum Bundespräsidenten gewählt. →

15. Israelisches Militär stürmt von arabischen Guerillas besetzte Schule in Maalot, 30 Tote.

16. Helmut Schmidt als Bundeskanzler vereidigt. →

17. Bayern München wird Europapokalsieger der Landesmeister gegen Athletico Madrid.

18. Bayern München wird Deutscher Fußballmeister 1973/74.

19. Frankreich wählt im zweiten Wahlgang Giscard zum Präsidenten. →

24. Willi Weyer Präsident des Deutschen Sportbundes.

26. Der Cellist M. Rostropowitsch verläßt die UdSSR.

29. Feyenoord Rotterdam wird UEFA-Cup-Sieger gegen Tottenham Hotspurs (2 : 0).

30. Truppenentflechtungsabkommen zwischen Israel und Syrien.

GESTORBEN:

13. Jaime Torres Bodet (* 17. 4. 1902), mexikanischer Schriftsteller und Diplomat.

20. Jean Daniélou (* 14. 5. 1905), französischer Kardinal.

24. »Duke« Ellington (eig. Edward Kennedy Ellington) (* 29. 4. 1899), amerikanischer Jazzmusiker. →

Brandt tritt zurück

Bundeskanzler Brandt verabschiedet sich von Außenminister Scheel.

6. Mai. Ende April erfährt die Öffentlichkeit, daß einer der beiden persönlichen Referenten des Bundeskanzlers, Günter Guillaume, wegen Spionage für die DDR verhaftet wird, ebenso seine Ehefrau. Die Spionagetätigkeit ist schon vor einem Jahr entdeckt und der Referent seitdem beobachtet worden. Guillaume war 1956 als Flüchtling aus der DDR in die Bundesrepublik Deutschland gekommen.

In einer Stellungnahme vor dem Bundestag äußert Willy Brandt, er sei »menschlich tief enttäuscht über den SED-Staat«. Am 6. Mai tritt der Bundeskanzler zurück. Im Schreiben an den Bundespräsidenten erklärt er: »Ich übernehme die politische Verantwortung für Fahrlässigkeiten im Zusammenhang mit der Agentenaffäre Guillaume.« Als Nachfolger wird Finanzminister Helmut Schmidt genannt.

Am 16. Mai erfolgt im Bundestag die Wahl des neuen Bundeskanzlers. Schmidt erhält 267 Stimmen gegen 255. Sein neues Kabinett umfaßt nur noch 15 Minister, da das Sonderministerium und das Kanzleramtsministerium gestrichen werden. Am 15. Mai wird Außenminister Walter Scheel (FDP) zum Nachfolger für Bundespräsident Gustav Heinemann gewählt. In der Bundesversammlung erhält er 530 Stimmen, sein von der Union aufgestellter Gegenkandidat Richard von Weizsäcker 498 Stimmen. Scheel legt das Amt des Bundesvorsitzenden der FDP nieder. Neuer Außenminister im Kabinett wird der bisherige Innenminister Hans-Dietrich Genscher, Innenminister wird Werner Maihofer, beide FDP. Hans Apel (SPD) übernimmt das Finanzministerium.

Das neue Kabinett bei Bundespräsident Gustav Heinemann: (v. l.) Ravens (Bauwesen), Rohde (Bildung) (verdeckt), Genscher (Außen), Gscheidle (Post), Ertl (Ernährung), Arendt (Arbeit), Bundespräsident Heinemann, Eppler (Entwicklungshilfe), Katharina Focke (Familie), Bundeskanzler Schmidt, Friderichs (Wirtschaft), Leber (Verteidigung), Maihofer (Innen), Franke (innerdeutsche Beziehungen), Vogel (Justiz), Apel (Finanz), Matthöfer (Forschung/Technologie).

Giscard d'Estaing wird zum Präsidenten Frankreichs gewählt.

Giscard gewählt

19. Mai. Nach dem Tod des Staatspräsidenten von Frankreich, Georges Pompidou, im April sind Neuwahlen notwendig geworden. Das Bündnis der Linken einigt sich rasch auf einen gemeinsamen Kandidaten, den Sozialisten François Mitterrand. Die bisherige Regierungskoalition aber verfügt über drei Bewerber: Valéry Giscard d'Estaing, Jacques Chaban-Delmas und Edgar Faure. Im ersten Wahlgang am 5. Mai erreicht keiner die absolute Mehrheit der Stimmen: Mit 42,0 Prozent liegt Mitterrand vorn, es folgt Giscard mit 32,9 Prozent. Nach einem zweiten Wahlgang am 19. Mai siegt Giscard: Mit 50,7 Prozent wird er der dritte Präsident der V. Republik. Der Vorsitzende der Unabhängigen Republikaner und bisherige Wirtschafts- und Finanzminister ernennt den Gaullisten Jacques Chirac zum Premierminister. Das Kabinett tritt Ende Mai zusammen.

Jazzmusiker Duke Ellington †

24. Mai. Edward Kennedy Ellington stirbt in New York. Der amerikanische Jazzmusiker wurde 1899 in Washington, D. C., geboren. Den Spitznamen »Duke« führte er seit seiner Kindheit. Er studierte zunächst Kunstgewerbe und gewann einen Plakatwettbewerb als Zeichner, begann dann aber Musikstudien. Als Pianist spielte er in verschiedenen Bands und ging 1923 nach New York. Seine Band »The Washingtonians« etablierte sich dort rasch. Ellington knüpfte an den späten Ragtime an und schuf Beispiele für die Möglichkeiten der Jazzmusik mit großem Orchester. Hits waren »Mood Indigo« (1930), »Sophisticated Lady« (1933) u. a. In den 30er Jahren leistete Ellington bahnbrechende Arbeit mit langen Musikwerken (z. B. »Creole Rhapsody«). 1955 wurde in der Carnegie

Duke Ellington †.

Hall die sinfonische Jazz-Suite »Harlem« aufgeführt, die Arturo Toscanini bei ihm in Auftrag gegeben hatte. Zu seinem 70. Geburtstag verlieh ihm Präsident Richard Nixon die Presidential Medal of Honor, die höchste zivile Auszeichnung der USA.

1974

JUNI

Mo	Di	Mi	Do	Fr	Sa	So
					1	2
3	4	5	6	7	8	9
10	11	12	13	14	15	16
17	18	19	20	21	22	23
24	25	26	27	28	29	30

3. Rabin wird Ministerpräsident Israels.

7. Verleihung des Friedenspreises des Deutschen Buchhandels an den Prior von Taizé, Roger Schutz.

9. Landtagswahlen in Niedersachsen mit knappem Sieg der SPD/FDP-Koalition.

10. Union beschließt Verfassungsklage gegen Paragraph-218-Reform.

12. US-Präsident Nixon in Österreich.

13. Fußballweltmeisterschaft in Frankfurt eröffnet. →

13. Nixon beginnt Nahostreise.

14. Weltmeisterschaftsspiel Bundesrepublik – Chile 1 : 0.

18. Gaston Thorn wird Premierminister von Luxemburg.

18. Weltmeisterschaftsspiele Bundesrepublik – Australien 3 : 0; Brasilien – Schottland 0 : 0.

19. Weltmeisterschaftsspiele Argentinien – Italien 1 : 1.

20. Ständige Vertreter werden akkreditiert: Günter Gaus in Ost-Berlin, Michael Kohl in Bonn. →

22. Weltmeisterschaftsspiele Bundesrepublik – DDR 0 : 1; Italien – Polen 1 : 2. Vizeweltmeister von 1970 (Italien) scheidet aus.

23. Rudolf Kirchschläger wird Bundespräsident Österreichs.

24. Erster Staatsbesuch Titos in der Bundesrepublik.

26. Weltmeisterschaftsspiele Bundesrepublik – Jugoslawien 2 : 0; Holland – Argentinien 4 : 0.

26. Kölner Herstatt-Bank muß schließen. →

27. Nixon in Moskau.

29. Weltmeisterschaftsspiele Bundesrepublik – Schweden 4 : 2; Holland – DDR 2 : 0.

30. Isabel Perón übernimmt Amtsgeschäfte für erkrankten Präsidenten Argentiniens.

GESTORBEN:

3. Maria Clara Fassbinder (* 15. 2. 1890), deutsche Pädagogin.

5. Bruno Brehm (* 23. 7. 1892), deutsch-österreichischer Schriftsteller.

18. Georgi K. Schukow (* 11. 12. 1896), sowjetischer Marschall.

Herstatt-Bank in Köln bricht zusammen

26. Juni. Das Bundesaufsichtsamt für das Kreditwesen entzieht am 26. Juni dem Kölner Bankhaus Herstatt die Erlaubnis zur Fortführung seines Geschäfts. Damit ist der größte deutsche Bankenkrach seit der Weltwirtschaftskrise perfekt. Als die Nachricht bekannt wird, versammeln sich große Mengen von Kunden und Sparern der Bank vor den geschlossenen Türen der zweitgrößten deutschen Privatbank. In Mitleidenschaft gezogen werden auch andere Banken und die Städte Köln und Bonn, die dort Einlagen haben. An der Bank von Iwan David Herstatt ist der Versicherungskonzern Gerling mit 81,4 Prozent am Kapital beteiligt. Ursache des Zusammenbruches ist ein Defizit von 480 Millionen DM, hervorgerufen durch Spekulationen mit Devisentermingeschäften. Nun betragen allein die Forderungen der Bankkunden über 300 Millionen DM. Die Bundesregierung bemüht sich, zusammen mit anderen Banken wenigstens den kleinen Sparern zu einem Ersatz zu verhelfen.

Gaus und Kohl in Amt eingeführt

20. Juni. Die Ständigen Vertretungen der Bundesrepublik und der DDR, im Grundvertrag so vereinbart, sollten ihre Arbeit ursprünglich schon im Mai aufnehmen. Nach der Affäre um den DDR-Spion Günter Guillaume hat die Bundesregierung den Termin aber zunächst verschoben.

Am 20. Juni übernehmen nun Günter Gaus in Ost-Berlin und Michael Kohl in Bonn ihre Ämter. Kohl ist in der Bundesrepublik bereits aus den Grundvertragsverhandlungen mit Egon Bahr bekannt. Die Aufgaben der Ständigen Vertretungen gleichen im wesentlichen denen von Botschaften. Um jedoch den besonderen Charakter der Beziehungen zwischen beiden Staaten zu betonen, ist die Vertretung der Bundesrepublik nicht dem Außenministerium, sondern dem Kanzleramt zugeordnet.

Fußball-WM eröffnet

Eröffnungszeremonie der Fußballweltmeisterschaft in Frankfurt.

13. Juni. Mit dem Spiel des amtierenden Fußballweltmeisters Brasilien gegen Jugoslawien wird die Weltmeisterschaft in Frankfurt eröffnet – ein Spiel, von dem die Zuschauer allerdings enttäuscht sind, da man sich gerade von der brasilianischen Mannschaft mehr erwartet hat. Die bundesdeutsche Mannschaft siegt zwar über Chile und Australien, verliert aber am 22. Juni gegen die DDR. Nach dem Spiel wird auch innerhalb der Mannschaft harte Kritik geübt. Der mangelnde Teamgeist, die fehlende Geschlossenheit im Spiel sind Vorwürfe, die auch durch hervorragende Einzelleistungen von Franz Beckenbauer als Libero oder Overath nicht ausgeglichen werden

können. Im Spiel gegen die DDR fallen vor allem schlechte Abwehrleistungen und mangelhafte Deckungsarbeit auf, die auch zum Tor durch Jürgen Sparwasser führen. Der DDR-Nationaltrainer Gerhard Buschner erklärt den Sieg seiner Mannschaft so: »Wir haben den Fußball in der Bundesrepublik monatelang genau studiert und uns gründlich auf die Nationalmannschaft vorbereitet.« Eine positive Überraschung bildet die Mannschaft der Niederlande, die einen Offensivfußball spielt, der ihre oft zu Zehntausenden anreisenden Anhänger begeistert. Enttäuschend spielen insgesamt Weltmeister und Vizeweltmeister von 1970, Brasilien und Argentinien.

In der ersten Finalrunde unterliegt die Bundesrepublik Deutschland der DDR.

1974
JULI

Mo	Di	Mi	Do	Fr	Sa	So
1	2	3	4	5	6	7
8	9	10	11	12	13	14
15	16	17	18	19	20	21
22	23	24	25	26	27	28
29	30	31				

1. Walter Scheel tritt sein Amt als Bundespräsident an. →

4. Erhard Eppler, Minister für wirtschaftliche Zusammenarbeit, tritt aus Protest gegen Haushaltskürzungen bei der Entwicklungshilfe zurück. Nachfolger wird Egon Bahr.

4. Zwei Kosmonauten zur Weltraumstation Saljut 3 gestartet.

7. Bundesrepublik Deutschland ist Fußballweltmeister. →

9. In Kanada absolute Mehrheit bei Parlamentswahlen für Pierre Trudeaus liberale Partei.

10. Arabischer Ölboykott gegen Holland nach neun Monaten aufgehoben.

14. Der Staatspräsident Spínola ernennt Oberst Vasco Goncalves zum Ministerpräsidenten von Portugal.

15. Putsch der griechisch-zyprischen Nationalgarde stürzt Erzbischof Makarios. Türkei schickt Truppen nach Zypern. →

17. Iran kauft 25,04 Prozent des Aktienkapitals der Krupp-Hütten-werke. →

21. Der Belgier Eddy Merckx wird zum fünftenmal Sieger der Tour de France. →

21. Hartwig Steenken wird auf »Simona« Weltmeister der Springreiter.

21. Griechenland droht der Türkei mit Krieg, wenn die Kämpfe auf Zypern andauern.

23. Regierungswechsel in Griechenland. General Gisikis ruft Karamanlis aus dem Exil zurück. Ende des Obristenregimes. →

23. Klerides wird Präsident von Zypern.

31. Juli mit Temperaturen um 20 Grad Celsius und Regenfällen, die bis zu 50 Prozent über dem Durchschnitt liegen: Der kälteste Juli seit Jahren.

GESTORBEN:

1. Juan Domingo Perón (* 8. 10. 1895), argentinischer Politiker. →

11. Pär Lagerkvist (* 23. 5. 1891), schwedischer Dichter und Nobelpreisträger.

24. Sir James Chadwick (* 20. 10. 1891), britischer Physiker.

29. Erich Kästner (* 23. 2. 1899), deutscher Schriftsteller.

1. Juli. Der frühere Außenminister Walter Scheel (FDP) wird als Bundespräsident vereidigt.

Juan Perón †

1. Juli. Im Alter von 78 Jahren stirbt in Buenos Aires Juan Domingo Perón. Nach einer schnellen Militärkarriere beteiligte sich Perón mit einer Offiziersjunta an mehreren Staatsstreichen in Argentinien, war Kriegsminister und Vizepräsident. 1946 wurde er mit Hilfe seiner sozialpolitisch engagierten Frau, der Schauspielerin Eva-Maria (Evita) Duarte, und der Gewerkschaften Präsident. 1955 wurde er zum Rücktritt gezwungen, 1973 gelang ihm ein politisches Comeback.

21. Juli. Der Belgier Eddy Merckx gewinnt zum fünftenmal die Tour de France (1969, 1970, 1971, 1972). Dieser Sieg macht ihn zum erfolgreichsten Rennfahrer in der Geschichte des Radsports.

Deutschland Fußballweltmeister

Die bundesdeutsche Nationalmannschaft erringt ihren zweiten Weltmeistertitel. Von links: Beckenbauer, Maier, Schwarzenbeck, Bonhof, Hölzenbein, Grabowski, Müller, Overath, Vogts, Breitner und Hoeneß.

DEUTSCHLAND 1974
Turnier vom 13. Juni bis 7. Juli

16 Teilnehmer: Argentinien, Australien, Brasilien, Bulgarien, Chile, Deutschland, DDR, Haiti, Italien, Jugoslawien, Niederlande, Polen, Schottland, Schweden, Uruguay, Zaire.

1. Deutschland
Spiele gegen Chile 1 : 0, Australien 3 : 0, DDR 0 : 1, Jugoslawien 2 : 0, Schweden 4 : 2, Polen 1 : 0 und Niederlande 2 : 1.

2. Niederlande
Spiele gegen Uruguay 2 : 0, Schweden 0 : 0, Bulgarien 4 : 1, Argentinien 4 : 0, DDR 2 : 0, Brasilien 2 : 0 und Deutschland 1 : 2

3. Polen
Spiele gegen Argentinien 3 : 2, Haiti 7 : 0, Italien 2 : 1, Schweden 1 : 0, Jugoslawien 2 : 1, Deutschland 0 : 1 und Brasilien 1 : 0.

4. Brasilien
Spiele gegen Jugoslawien 0 : 0, Schottland 0 : 0, Zaire 3 : 0, DDR 1 : 0, Argentinien 2 : 1, Niederlande 0 : 2 und Polen 0 : 1.

Mannschaftskapitän Franz Beckenbauer schwenkt den Pokal.

7. Juli. Mit dem heute errungenen zweiten Weltmeisterschaftstitel (→ Juli 1954) zählt die Bundesrepublik Deutschland nun zu den erfolgreichsten Fußballnationen der Welt. Die bundesdeutsche Nationalmannschaft gilt vor Turnierbeginn als einer der Favoriten. Zum Endspiel Bundesrepublik Deutschland – Niederlande werden für Eintrittskarten Schwarzmarktpreise bis zu 2000 DM verlangt – und gezahlt, denn offiziell ist das Finale seit Monaten ausverkauft.

Aufstellung der Mannschaften:
Bundesrepublik: Maier, Vogts, Beckenbauer, Schwarzenbeck, Breitner, Bonhof, Hoeneß, Overath, Grabowski, Müller, Hölzenbein.
Holland: Jongbloed, Suurbier, Rijsbergen / de Jong, Haan, Krol, Jansen, van Hanegem, Neeskens, Rep, Cruyff, Rensenbrink / van de Kerkhoff.

Das Spiel beginnt für die Deutschen mit einem Schock: In der zweiten Minute stürmt Cruyff auf das deutsche Tor und geht an Vogts vorbei. Im Strafraum kann ihn Hoeneß nur durch ein Foul stoppen. Der englische Schiedsrichter John Taylor entscheidet auf Strafstoß, den Neeskens zum 1 : 0 verwandelt. Nachdem Jansen im holländischen Strafraum Hölzenbein gefoult hat, gleicht Paul Breitner in der 26. Minute zum 1 : 1 aus. In der 43. Minute geht die Bundesrepublik durch ein Tor Gerd Müllers in Führung und rettet diesen Vorsprung trotz holländischer Angriffe durch die zweite Halbzeit.

Militärregierung in Griechenland gibt Macht zurück

23. Juli. Ohne zunächst ersichtlichen äußeren Anlaß gibt die griechische Militärregierung unter General Gisikis am 23. Juli die Regierungsgewalt zivilen Politikern zurück. Der aus dem Pariser Exil gerufene frühere Ministerpräsident Karamanlis wird von der Bevölkerung mit Jubel begrüßt. Einen Tag später schon wird er vereidigt.

Mit dem Sturz des zyprischen Erzbischofs Makarios, den die Obristen herbeiführten, um eine Vereinigung der Insel mit Griechenland zu erreichen, fällt nun ihre eigene Herrschaft zusammen. Die Generale hatten offenbar nicht damit gerechnet, daß die Türkei eine oft geäußerte Drohung wahr machen würde: die Invasion Zyperns. Diese Fehlschläge führen zum offenen Widerstand zahlreicher Offiziere, die die Junta schon vorher kritisiert haben. Sie fordern eine »Regierung der nationalen Rettung«.

Zu den ersten Maßnahmen der Regierung Karamanlis gehört eine umfassende Amnestie und die Schließung des Konzentrationslagers auf der Insel Jaros. Politisch Verfolgte, wie die Schauspielerin Melina Mercouri und der Komponist Mikis Theodorakis, kehren nach Griechenland zurück. Die Presse-, Meinungs- und Versammlungsfreiheit wird wiederhergestellt. Nach sieben Jahren ist die griechische Diktatur beendet.

Schah kauft sich bei Krupp ein

17. Juli. Ein für die Öffentlichkeit und auch große Teile der Wirtschaft überraschendes Abkommen wird am 17. Juli bekanntgegeben: Der Iran beteiligt sich an der wichtigsten Krupp-Tochtergesellschaft, der Friedrich-Krupp-Hüttenwerke AG. Für einen nicht genannten Betrag – wahrscheinlich zwischen 200 und 300 Millionen DM – kauft der iranische Wirtschafts- und Finanzminister Ansari im Auftrag des Schahs von Persien 25,04 Prozent des Kapitals der Hüttenwerke. Zugleich gründen beide Partner eine Investitionsgesellschaft.

Mo	Di	Mi	Do	Fr	Sa	So
			1	2	3	4
5	6	7	8	9	10	11
12	13	14	15	16	17	18
19	20	21	22	23	24	25
26	27	28	29	30	31	

4. Wegen Wasserverschmutzung Badeverbot in mehreren Teilen des Gardasees (Italien).

5. Nixon gibt zu, in Watergate-Äußerungen nicht die volle Wahrheit gesagt zu haben. →

6. Republikanische Fraktion des US-Repräsentantenhauses fordert Nixon zum Rücktritt auf. →

8. Rücktritt von Präsident Nixon. Gerald Ford wird Nachfolger. →

13. Größte Hochwasserkatastrophe seit Menschengedenken in Bangla Desh.

14. Abbruch der in Genf stattfindenden Friedensgespräche über Zypern. Griechenland zieht Truppen aus der NATO zurück. →

15. Bei Attentat auf Südkoreas Staatschef Park Tschung-Hi wird dessen Ehefrau getötet.

15. Gerd Müller, Wolfgang Overath und Jürgen Grabowski wollen nicht mehr in der Nationalelf spielen.

16. Paul Breitner wechselt von Bayern München zu Real Madrid.

16. Nördliches Drittel Zyperns unter türkischer Kontrolle. →

16. Bundesbank senkt die Mindestreserve um zehn Prozent.

17. Eintracht Frankfurt Deutscher Pokalsieger nach 3 : 1 über HSV in Düsseldorf.

19. US-Botschafter Davies in Zyperns Hauptstadt Nikosia erschossen.

20. Nelson Rockefeller wird Vizepräsident der USA.

28. Paris hebt das Waffenembargo gegen Nahoststaaten auf.

30. Karl Wienand vom Amt des parlamentarischen Geschäftsführers der SPD-Fraktion wegen Bestechungsverdacht in Steiner-Affäre zurückgetreten.

30. Franz Beckenbauer zum drittenmal Deutschlands Fußballer des Jahres.

GESTORBEN:

1. Alois Hundhammer (* 25. 2. 1900), deutscher Politiker.

8. Baldur von Schirach (* 9. 5. 1907), deutscher Politiker.

13. Ernst Forsthoff (* 13. 8. 1902), deutscher Staats- und Verwaltungsrechtler.

26. Charles Lindbergh (* 4. 2. 1902), amerikanischer Flugpionier. →

Nixon stürzt über Watergate

Richard Nixon muß zurücktreten.

US-Präsident Gerald Ford (links) wird vereidigt. In der Mitte Betty Ford.

8. August. In den USA kommt eine lange politische Agonie zu ihrem vorläufigen Ende: Richard Milhouse Nixon, der 37. Präsident der USA, gibt in einer Fernsehansprache seinen Rücktritt bekannt. Der eigentliche Grund dafür liegt über zwei Jahre zurück. In der Nacht auf den 17. Juni 1972 werden im Washingtoner Watergate-Gebäude fünf Einbrecher überrascht. Mit Kameras, Abhörgeräten und Mikrofonen (»Wanzen«) sind sie in das Hauptquartier der Demokratischen Partei, Nixons Gegenpartei, eingedrungen. Alle sind ehemalige FBI- oder CIA-Agenten und Mitarbeiter des »Komitees zur Wiederwahl des Präsidenten«. Im 1972er Wahlkampf wurde diese Affäre nicht beachtet aber nun bringt sie den Präsidenten zu Fall.

In der Zwischenzeit sind bereits zahlreiche enge Mitarbeiter Nixons wegen Beteiligung und Mitwisserschaft an dem Einbruch überführt worden. Nur der Präsident hat so lange wie möglich geleugnet, davon zu wissen. Nachdem er jedoch zugeben muß, bereits sechs Tage nach dem Einbruch mit seinen Beratern die politischen Konsequenzen überlegt zu haben, empfiehlt der Rechtsausschuß des Repräsentantenhauses, ein Impeachment-Verfahren gegen ihn einzuleiten (Verfahren zur Absetzung des Präsidenten). Um ihm dies zu ersparen, fordert Nixons Republikanische Fraktion ihn am 6. August zum Rücktritt auf. Nixon wehrt sich dagegen, so lange es möglich ist. Erst am 8. August, als er von keiner Seite mehr Unterstützung erwarten kann, tritt er zurück. In einer 16minütigen Fernsehansprache zählt er die politischen Errungenschaften seiner Amtszeit auf: Mit einer für die USA neuen, realistischen Außenpolitik beendete er den Vietnamkrieg und reiste nach Peking und Moskau. In seinem eigenen Land jedoch nahm seine Glaubwürdigkeit aufgrund seines Verhaltens in der Watergate-Affäre ab. Nachfolger Nixons wird der bisherige Vizepräsident Gerald Ford.

Charles Lindberg †

26. August. Im Alter von 72 Jahren stirbt Charles A. Lindbergh auf Hawaii. Nach einem Ingenieurstudium ging er nach Nebraska, um dort von 1920–1922 das Fliegen zu lernen. Ende 1926 wurde ein Preis von 25 000 Dollar ausgesetzt für den ersten Nonstopflug von New York nach Paris. Durch finanzielle Hilfe von Geschäftsleuten aus St. Louis konnte Lindbergh sich ein Flugzeug, die »Spirit of St. Louis«, bauen lassen. Schon die erste Voretappe von der Westküste bis St. Louis flog er in einer neuen Rekordzeit: etwas über 14 Stunden. Am 20. Mai 1927 startete Lindbergh von Long Island aus in Richtung Paris. Er erreichte nach 33,5 Stun-den Le Bourget bei Paris, wo ihn eine jubelnde Menschenmenge erwartete (→ Mai 1927). Lindbergh, der von einem Tag auf den anderen zum Helden eines ganzen Zeitalters wurde, erhielt ungezählte Ehrungen in zahlreichen Ländern und machte Vortragsreisen durch die USA. Nach einem weiteren Nonstopflug Washington–Mexico City lernte er die Tochter des US-Botschafters in Mexiko, Anne Morrow, kennen und heiratete sie.

Im März 1932 wurde ein zweites Mal die ganze Welt auf Lindbergh aufmerksam. Sein kleiner Sohn wurde entführt und trotz Zahlung von 50 000 Dollar Lösegeld später tot aufgefunden (→ Mai 1932).

»Yoga für Yeden«

Yoga, traditionell mit Meditation und »geistigem Durchtasten des Körpers« verbunden, erlangt urplötzlich große Popularität. Eine Deutschkanadierin, Kareen Zebroff, zeigt nach Sendereihen im kanadischen und US-amerikanischen Fernsehen nun auch in der Bundesrepublik Yoga-Übungen, die allerdings eher wie ein Trimmdich-Programm zugeschnitten sind. Wie zahlreiche Sportarten im Zuge der Trimm-dich-Welle der körperlichen Verbesserung breiter Bevölkerungsschichten dienen sollen, propagiert auch Kareen Zebroff in »Yoga für Yeden« Übungen für äußerliche Schönheit und organische Gesundheit. Sie erhält eine regelmäßige Sendezeit im ZDF.

Türkische Truppen landen auf der Insel Zypern

14. August. Anfang Juli hat Erzbischof Makarios von Zypern der griechischen Junta vorgeworfen, sie wolle mit Hilfe der Nationalgarde die Macht auf Zypern an sich reißen. Am 15. Juli versuchen griechische Offiziere tatsächlich, die Wiedervereinigung mit Zypern durch einen Sturz Makarios' herbeizuführen: Die Nationalgarde putscht und proklamiert Nikos Sampson zum Präsidenten. Makarios aber kann nach London entfliehen.

Als Sampsons Truppen die Insel in der Gewalt haben, landen am 20. Juli türkische Truppen auf Zypern – unter Berufung auf das Interventionsrecht zum Schutz der Inseltürken. Einen Tag später kommt es zur Konfrontation zwischen den beiden NATO-Mitgliedern Türkei und Griechenland vor Paphos. Sampson wird gestürzt, am 22. Juli tritt ein Waffenstillstand in Kraft, dem Verhandlungen in Genf – unter Beteiligung Großbritanniens – folgen. Zwischen den türkischen und den griechischen Gebieten auf der Insel wird eine Sicherheitszone geschaffen.

Am 14. August werden die Genfer Verhandlungen abgebrochen, da beide Seiten keine Übereinstimmung erzielen können. Während Griechenland seine Truppen aus der NATO zurückzieht, rückt die Türkei auf Zypern weiter vor und kontrolliert am 16. August 40 Prozent des Inselterritoriums.

Türkische Soldaten auf Zypern in Siegerpose mit einem Panzer.

1974
SEPTEMBER

Mo	Di	Mi	Do	Fr	Sa	So
						1
2	3	4	5	6	7	8
9	10	11	12	13	14	15
16	17	18	19	20	21	22
23	24	25	26	27	28	29
30						

1. Schwerstes europäisches Zugunglück der Nachkriegszeit in Zagreb: 121 Tote.

1. Italien erhält 5-Milliarden-DM-Kredit von der Bundesregierung.

3. Aufnahme der diplomatischen Beziehungen USA/DDR.

8. US-Präsident Ford begnadigt Nixon für die Vergehen, die er während seiner Amtszeit begangen haben könnte.

8. Portugal beschließt Unabhängigkeit Mozambiques für 1975. →

10. Prozeß gegen Ulrike Meinhof und Horst Mahler beginnt.

11. 84. Deutscher Katholikentag wird in Mönchengladbach eröffnet.

12. Haile Selassie gestürzt. →

13. Japaner überfallen französische Botschaft in Den Haag und nehmen elf Geiseln, um Häftlinge freizupressen.

16. US-General Haig wird NATO-Oberbefehlshaber in Europa.

17. Türkischer Ministerpräsident Ecevit tritt zurück.

17. Geiseln in Den Haag frei. Japanische Terroristen erhalten Flugzeug zur Flucht.

18. Größte deutsche Privatbank, Trinkaus & Burckhardt, wird mehrheitlich von First National City Bank (USA) kontrolliert.

19. Parlament in London aufgelöst.

20. FRELIMO-Befreiungsbewegung bildet Übergangsregierung in Mozambique. →

22. 7000 Tote in Honduras durch Hurrikan »Fifi«.

25. Bonn verweigert in Brüssel höhere EG-Agrarpreise.

27. DDR streicht zum 25. Jahrestag Hinweise auf deutsche Einheit aus der Verfassung.

30. Spínola tritt zurück. General Gomez wird Staatspräsident von Portugal.

GESTORBEN:

4. Marcel Achard (* 5. 7. 1899), französischer Dramatiker.

8. Wolfgang Windgassen (* 26. 6. 1914), deutscher Opernsänger und -direktor.

23. Gerhard Nebel (* 26. 9. 1903), deutscher Schriftsteller.

28. Arnold Fanck (* 6. 3. 1889), deutscher Filmpionier.

Sturz Haile Selassies

12. September. Der »Löwe von Juda«, der 255. Nachfolger einer Dynastie, die ihre Ursprünge auf den Sohn des Königs Salomon und der Königin von Saba zurückführt, wird am 12. September von einer provisorischen Militärregierung abgesetzt und praktisch entmachtet. Zu den Forderungen der Soldaten gehören der Kampf gegen Hunger und Elend sowie Reformen.

Obwohl Äthiopien bessere Klima- und Bodenbedingungen aufweisen kann als viele andere afrikanische Länder, beträgt das durchschnittliche Monatseinkommen pro Kopf nur 15 DM, ist die Analphabetenrate hoch und stirbt jedes zweite Kind bevor es fünf Jahre alt ist. Trotzdem zeigte sich Äthiopien gegenüber ausländischer Hilfe oft verschlossen. Eine Dürrekatastrophe im Herbst 1973 wurde lange vertuscht, die gelieferten Hilfsgüter verrotteten oder wurden weiterverkauft.

Auf Veranlassung des »Komitees der Streitkräfte« sind bereits im Juli dieses Jahres korrupte Politiker

Kaiser Haile Selassie wird entmachtet.

inhaftiert und Vorschläge für eine Amnestie der politischen Gefangenen ausgearbeitet worden. Am 22. Juli wird Ministerpräsident Mäkkonen verhaftet. Danach vollzieht sich die Entmachtung des Kaisers schrittweise. Nach der Absetzung Haile Selassies soll der Kronprinz nur noch zeremonielle Aufgaben haben.

Mozambique wird unabhängig

8. September. Die portugiesische Regierung beschließt ihre Kolonie Mozambique bis zum 1. Januar 1975 in die Unabhängigkeit zu entlassen. Dieser Wandel der portugiesischen Politik ist absehbar, seit António de Spínola nach dem Militärputsch im April Staatspräsident wurde. Spínola kritisiert die Kolonialpolitik des Landes seit langem und erklärt, Portugal könne den Kolonialkrieg gegen die Unabhängigkeitsbewegung nicht gewinnen. Ende Juli proklamiert er in einer großen Rede die bedingungslose Freigabe der Kolonien nach einer unterschiedlich langen Übergangszeit. Der sozialistische Außenminister Mario Soares handelt die Modalitäten aus. Bis Juli 1975 sollen Guinea-Bissau, die Kapverden, São Tomé und Príncipe ebenso wie Angola unabhängig werden. Bereits am 20. September übernimmt die Befreiungsbewegung FRELIMO die Übergangsregierung in Mozambique. Portugals neue Politik ruft bei den weißen Siedlern Proteste und Panikreaktionen hervor.

Tourismus geht zurück

1. September. Bereits im Frühjahr zeichnet sich ab, daß die Reiseveranstalter in der Sommersaison 1974 mit geringeren Einnahmen rechnen müssen, als sie es aus den Vorjahren gewöhnt sind. Geschwindigkeitsbeschränkungen auf den Straßen und Treibstoffzuschläge im Flugverkehr führen dazu, daß sowohl Pauschal- als auch Individualreisen nur zögernd gebucht werden. Insgesamt ist die Bundesrepublik unter den vergleichbaren Ländern immer noch am Ende der Tourismus-Skala: Nur 50 Prozent der Bundesbürger verreisen. Dagegen gehen 80 Prozent der Schweden und immerhin 60 Prozent der Engländer regelmäßig auf Reisen.

Kalt und verregnet: Der völlig verregnete Juli hat auch nicht zum Urlaub verlocken können. Der Ferienauftakt in Nordrhein-Westfalen und anderen Bundesländern (26. Juli) führt daher nicht zum befürchteten Verkehrschaos. Noch Anfang August ist der Sommer mit Temperaturen um 19 Grad Celsius der kälteste seit Jahren.

1974

OKTOBER

Mo	Di	Mi	Do	Fr	Sa	So
	1	2	3	4	5	6
7	8	9	10	11	12	13
14	15	16	17	18	19	20
21	22	23	24	25	26	27
28	29	30	31			

1. Hans-Dietrich Genscher wird zum FDP-Vorsitzenden gewählt, Hans Friderichs als Vertreter.

2. Klöckner-Humboldt-Deutz liefert Lastwagen im Wert von über einer Milliarde DM in die Sowjetunion.

2. Bonn zieht Veto gegen fünf Prozent EG-Agrarpreiserhöhung zurück.

2. Berliner Verwaltungsgericht untersagt Rennbetrieb auf der AVUS wegen Lärmbelästigung.

3. Polens Ministerpräsident Jaroszewicz in Wien.

3. Der brasilianische Fußballspieler Pelé, der dreimal der Weltmeisterschaftself seines Landes angehörte (1958, 1962, 1970), beendet seine Karriere in São Paulo.

6. Emerson Fittipaldi (Brasilien) wird Weltmeister der Formel-1-Fahrer.

9. Rassenunruhen in Boston wegen des Transports schwarzer Kinder in »weiße« Schulen.

10. Wahl in Großbritannien ergibt eine Labour-Mehrheit von drei Sitzen. →

20. Eine Volksabstimmung in der Schweiz lehnt Ausweisung ausländischer Arbeitnehmer ab. →

23. IOC vergibt Olympische Spiele 1980 nach Moskau und Lake Placid.

23. Typhuswelle in Baden-Württemberg durch verdorbenen Kartoffelsalat.

24. Bundesbank lockert Kreditbremse: Diskontsatz auf 6,5 Prozent, Lombardsatz auf 8,5 Prozent gesenkt.

27. Landtagswahl in Hessen: CDU wird stärkste Partei. SPD/FDP bilden Koalition. Bayern: 61,7 Prozent für CSU, 30,4 Prozent SPD, 5,2 Prozent FDP.

28. Bundeskanzler Schmidt in Moskau. →

30. Muhammad Ali siegt in der achten Runde durch K. o. über George Foreman. →

GESTORBEN:

2. Ina Seidel (* 15. 9. 1885), deutsche Dichterin.

10. Marie-Luise Kaschnitz (* 31. 1. 1901), deutsche Dichterin.

12. Josef Krips (* 8. 4. 1902), österreichischer Dirigent.

24. David Oistrach (* 30. 9. 1908), sowjetischer Geiger. →

Labour gewinnt Wahl

10. Oktober. Mit einer knappen absoluten Mehrheit von drei Unterhaussitzen geht die Labour Party unter Harold Wilson als Sieger aus den Wahlen hervor. Wilson zieht somit zum vierten Mal in die Downing Street 10 ein.

Die Labour Party erringt 39,3 Prozent der Stimmen, das sind 319 Unterhaussitze. Mit der kleinen Mehrheit muß die Regierung in der nächsten Zeit wichtige Fragen entscheiden: Ein Referendum über Englands Mitgliedschaft in der EG, den Status der Waliser und Schotten – letzteren bot man im Wahlkampf ein eigenes Parlament an – die Nordirland-Frage, die Arbeitslosen (611 000) und die Inflation (18 Prozent).

Volksbegehren gegen Ausländer

20. Oktober. Zwar finden in der Schweiz Volksabstimmungen so häufig statt, daß das Ausland von vielen keine Notiz nimmt, mit dieser aber gerät die Schweiz in die Schlagzeilen der internationalen Presse: Die NA (Nationale Aktion gegen die Überfremdung von Volk und Heimat) hat 62 000 Unterschriften gesammelt, um über die Ausweisung von Ausländern zu entscheiden. Von 6,5 Millionen Bewohnern der Schweiz haben 1,1 Millionen einen ausländischen Paß. Die NA dagegen will in Zukunft den Ausländeranteil auf zwölf Prozent pro Kanton beschränken. Am 20. Oktober entscheiden sich jedoch 1 689 000 Schweizer gegen ein Volksbegehren über Ausländer.

30. Oktober. Bundeskanzler Helmut Schmidt trifft im Moskauer Kreml Parteichef Leonid Breschnew zu einem Gespräch unter vier Augen.

30. Oktober. Muhammad Ali (Cassius Clay) verteidigt in Kinshasa (Zaire) seinen Weltmeistertitel im Schwergewicht gegen George Foreman (links).

Marburg: DKP im Stadtrat

27. Oktober. Die Parteienverteilung im Marburger Stadtparlament weist eine für die Bundesrepublik einmalige Konstellation auf. Bei der Kommunalwahl, die nach der Gebietsreform notwendig wurde, ist die Deutsche Kommunistische Partei (DKP) im Rat der Stadt mit fünf Sitzen vertreten. Dies ist die stärkste DKP-Fraktion in einem Kommunalparlament der Bundesrepublik. Bereits 1972 wurden zwei DKP-Mitglieder in den Rat gewählt. Nun aber stellt die CDU-Opposition 27 Abgeordnete, so viel wie SPD (24) und FDP (3) zusammen. Die Kommunisten haben damit eine Schlüsselstellung bei Abstimmungen.

Der Allgemeine Studentenausschuß (AStA) der Marburger Universität hat rechtzeitig zur Unterstützung der DKP im Wahlkampf aufgerufen. Daraufhin melden über 800 Studenten ihren ersten Wohnsitz nach Marburg um und sind bei der Kommunalwahl stimmberechtigt. In den Marburger Stadtbezirken erreicht die DKP bis zu 23 Prozent der Stimmen, im Durchschnitt kommt sie in Marburg auf neun Prozent.

David Oistrach stirbt in Holland

24. Oktober. In Amsterdam stirbt auf einer Gastspielreise 66jährig der in Odessa geborene David Fjodorowitsch Oistrach. Er lernte schon als Kind, Geige zu spielen. Sein Lehrer war Mitglied des als Talentschule gerühmten Opernhaus-Orchesters in Odessa. 1923 trat Oistrach erstmals öffentlich auf, 1924 hatte er seinen ersten Soloabend. Nach der Ausbildung am Konservatorium wurde Oistrach in der Sowjetunion rasch bekannt. Seit 1934 lehrte er selber am Moskauer Konservatorium. Geigerwettbewerbe, die er in Belgien und Polen gewann, machten ihn auch international bekannt. Als Interpret klassischer Musik errang er ebenso Weltruhm wie mit Interpretationen der Werke von Zeitgenossen (Schostakowitsch, Prokofjew). David Oistrach spielte meist auf einer Stradivari aus dem Jahre 1709. Zu seinen besten Schülern zählt sein Sohn Igor.

1974

NOVEMBER

Mo	Di	Mi	Do	Fr	Sa	So
				1	2	3
4	5	6	7	8	9	10
11	12	13	14	15	16	17
18	19	20	21	22	23	24
25	26	27	28	29	30	

1. Hamburgs Innensenator Hans-Ulrich Klose wird Nachfolger des zurückgetretenen Bürgermeisters Peter Schulz.

10. Berliner Kammergerichtspräsident Günter v. Drenkmann erschossen nach Hungerstreiktod von Holger Meins. →

10. US-Leutnant William Calley, der wegen eines Massakers an vietnamesischen Zivilisten in My Lai verurteilt wurde, wird freigelassen.

13. PLO-Führer Arafat spricht in der UNO-Vollversammlung. →

17. Bei Wahlen in Griechenland Zweidrittelmehrheit für Karamanlis.

20. Erstmals Absturz eines Jumbo-Jet. In der Lufthansa-Maschine sterben bei Nairobi 59 Menschen.

21. Europameisterschafts-Vorentscheidungsspiel: Bundesrepublik – Griechenland 2 : 2.

22. Palästinenser entführen britische Maschine nach Dubai und fordern Freilassung von Häftlingen aus Ägypten.

24. Palästinenser lassen mehrere Geiseln frei; erschießen deutschen Passagier, um Forderungen zu erhärten. Ägypten läßt 7 Häftlinge frei.

24. Treffen Ford/Breschnew in Wladiwostok.

25. Palästinenser geben entführte britische Maschine auf.

25. Der Chirurg Christiaan Barnard pflanzt wiederum Patienten ein Zweit-Herz ein.

26. Japans Premier Tanaka erklärt seinen Rücktritt.

27. »Miß Welt« Helen Morgan tritt vier Tage nach ihrer Wahl zurück, da sie in einen Scheidungsprozeß verwickelt ist.

30. Manfred Rommel, Sohn des Feldmarschalls, wird Oberbürgermeister von Stuttgart.

GESTORBEN:

13. Vittorio de Sica (* 7. 7. 1902), italienischer Schauspieler und Regisseur.

17. Erskine Childers (* 11. 12. 1905), irischer Politiker.

17. Ursula Herking (* 28. 1. 1912), deutsche Kabarettistin.

25. Sithu U Thant (* 22. 1. 1909), birmanischer Diplomat und früherer UNO-Generalsekretär.

220 000 bei Friedrich

Lange Besucherschlangen bilden sich vor der Hamburger Kunsthalle.

Der »Maler der deutschen Innerlichkeit«, Caspar David Friedrich, erfährt zu seinem 200. Geburtstag (5. September 1974) Aufmerksamkeit wie seit langem nicht mehr. Die Hamburger Kunsthalle widmet ihm eine Ausstellung, in der 95 von 140 erhaltenen Gemälden gezeigt werden, sowie 137 Zeichnungen und Grafiken. Die 51 Tage dauernde Ausstellung verzeichnet einen Besucherrekord: Insgesamt 220 000 Menschen stehen auch bei kaltem und regnerischem Wetter Schlange vor dem Eingang der Kunsthalle. Caspar David Friedrich, in Greifswald geboren, studierte in Kopenhagen und war danach Lehrer an der Dresdner Akademie. Er begann sein Schaffen mit Zeichnungen und Radierungen. Eine Reise nach Rügen (1801) war entscheidend für die düster-ernste Stimmung seiner Bilder. Ab 1807 etwa begann Friedrich mit Ölmalerei. Er war vorwiegend ein Maler von Landschaften. Menschen, meist mit dem Rücken zum Betrachter, stehen klein und versunken schauend im Vordergrund.

In den siebziger Jahren dieses Jahrhunderts erfahren die Bilder Caspar David Friedrichs allerorten eine Hochkonjunktur. Auch in London hat eine Ausstellung großen Erfolg. Kunstdruckfirmen führen in ihrem Angebot zahlreiche Nachdrucke von Ölbildern, die zu Bestsellern werden.

Caspar David Friedrich: Ausschnitt aus »Mondaufgang am Meer« (1822).

PLO-Führer Arafat vor der UNO

13. November. Vor der UNO-Vollversammlung in New York spricht Jassir Arafat, der Führer der Palästinensischen Befreiungsorganisation (PLO). Bisher durften – außer Papst Paul VI. im Jahr 1965 – nur Vertreter von Mitgliedstaaten der Vereinten Nationen vor der Versammlung sprechen. Mit der Mehrheit der Länder der Dritten Welt wird nun der Guerilla-Führer eingeladen und behandelt wie ein Staatsoberhaupt, obwohl er in seiner Rede das Gebiet eines UNO-Mitgliedstaates, Israel, beansprucht.

Arafat fordert die Gründung eines neuen Staates im früher britischen Mandatsgebiet Palästina, wo Christen, Moslems und Juden zusammenleben sollen. Den Staat Israel erwähnt der Palästinenserführer in seiner Rede kaum.

Drenkmann in Berlin erschossen

10. November. In der rheinlandpfälzischen Vollzugsanstalt Wittlich stirbt am 10. November der Baader-Meinhof-Untersuchungshäftling Holger Meins im Hunger-Koma. Nur 24 Stunden später wird in seiner Berliner Wohnung der Kammergerichtspräsident Günter von Drenkmann erschossen. Die »Rote-Armee-Fraktion / Aufbauorganisation« übernimmt dafür die Verantwortung. Holger Meins befand sich seit Wochen, wie auch andere Baader-Meinhof-Häftlinge, im Hungerstreik. Er verweigerte die Nahrungsaufnahme, um gegen die Haftbedingungen zu protestieren. Diese werden von den Häftlingen und ihren Anwälten als »Isolationsfolter« bezeichnet. Der Strafvollzug befindet sich in einem Dilemma: Die Baader-Meinhof-Häftlinge, die den Kontakt mit anderen Gefangenen oft meiden, fordern, zu Gruppen zusammengelegt zu werden. Dies wird abgelehnt, um nicht den von Baader propagierten »Volkskrieg« zu ermöglichen.

Günter von Drenkmann ist als Zivilrichter mit dem Baader-Meinhof-Prozeß nie beschäftigt gewesen. Sein Tod macht bewußt, daß die Annahme, die Rote-Armee-Fraktion habe aufgegeben, irrig ist.

1974

DEZEMBER

Mo	Di	Mi	Do	Fr	Sa	So
						1
2	3	4	5	6	7	8
9	10	11	12	13	14	15
16	17	18	19	20	21	22
23	24	25	26	27	28	29
30	31					

2. Österreich weist jugoslawische Vorwürfe über Verletzung der Minderheitenbestimmungen zurück. Kreisky bietet Gespräche über die slowenische Minderheit an.

2. Emirat Kuwait wird Großaktionär bei Daimler-Benz.

2. »Professor Unrat« nach Heinrich Mann unter Peter Zadek in Bochum mit Günter Lüders in der Titelrolle. →

4. Jean-Paul Sartre besucht Andreas Baader im Gefängnis und nennt Haftbedingungen »Folter«.

4. Bundesrat Pierre Grabe wird für 1975 zum Schweizer Bundespräsidenten gewählt.

6. Fast 800 000 Arbeitslose in der Bundesrepublik.

8. Bonn gibt DDR Überziehungskredite bis 1981. DDR befreit Rentner vom Zwangsumtausch.

9. Miki wird neuer Ministerpräsident von Japan.

18. Treffen des CDU-Politikers Gerhard Schröder mit Arafat in Damaskus.

19. Deutsche Sportler des Jahres: Christel Justen und Eberhard Gienger.

19. Schweiz und Nordkorea nehmen diplomatische Beziehungen auf.

19. Österreich/ČSSR unterzeichnen Vertrag über Entschädigung für die Enteignung österreichischer Bürger 1945.

20. Leiding verläßt Generaldirektorposten bei VW. →

22. Europameisterschaftsqualifikationsspiel Malta – Bundesrepublik 0 : 1.

26. Eröffnung des neuen Elbtunnels in Hamburg.

27. Gorkis »Sommergäste« unter Peter Stein in Berlin.

31. Europas Fußballer des Jahres 1974: Johan Cruyff.

GESTORBEN:

2. Max Weber (* 2. 8. 1897), schweizerischer Politiker, Bundesrat.

9. Ludwig Weber (* 29. 7. 1899), österreichischer Sänger.

14. Walter Lippmann (* 23. 9. 1889), amerikanischer Publizist.

19. André Jolivet (* 8. 8. 1905), französischer Komponist.

Rassenunruhen in Boston

17. Dezember. Ausgerechnet im liberalen Boston, der Hauptstadt des US-Bundesstaates Massachusetts, entflammen Rassenunruhen. Boston gehört zu den Städten, in denen die Bürgerrechtsbewegung zuerst Fuß gefaßt hat. Das liberale Image bricht jedoch zusammen, als ein Gerichtsbeschluß feststellt, daß entgegen den Bestimmungen der amerikanischen Verfassung in öffentlichen Schulen noch Rassentrennung herrscht. Um das zu ändern, sollen zukünftig städtische Busse schwarze Kinder zu Schulen transportieren, die bisher durchgehend »weiß« waren und umgekehrt. Diese Maßnahme ruft einen unerwartet heftigen Protest der weißen Eltern hervor. Schwarze, die ihre Kinder von Schulen abholen, werden verprügelt. Es kommt immer häufiger zu gewalttätigen Ausschreitungen gegenüber den Farbigen, die nach anfänglicher Zurückhaltung ihrerseits mit Gewalt antworten.

Offizielle Armutsgrenze und staatliche Sozialpolitik

Vom Bund 1974 festgelegte Armutsgrenze einer vierköpfigen Familie: $ 5 038 Jahreseinkommen.

Staatliche Sozialleistungen und einzelstaatlich festgelegte Armutsgrenze in acht ausgewählten Staaten.

Staat	Armutsgrenze	Jährliche Sozialleistungen	Unter der einzelstaatlichen Armutsgrenze mit
Wisconsin	$ 5422	$ 4836	12%
Michigan	$ 4800	$ 4800	–
Massachusetts	$ 3648	$ 3648	–
Colorado	$ 3144	$ 3144	–
Ohio	$ 4668	$ 2412	48%
Arkansas	$ 3300	$ 1500	55%
South Carolina	$ 2604	$ 1406	46%
Mississippi	$ 3324	$ 720	78%

Nur ein Staat setzt die Armutsgrenze höher an als der Bund, zahlt aber dafür nur 88% des dieser Armutsgrenze entsprechenden Jahreseinkommens. Nur vier Staaten (außer dem hier aufgeführten Michigan, auch Alaska, Hawaii und New York) zahlen 100%. Das von ihnen zugrundegelegte Jahreseinkommen (zw. $ 4670 und $ 4800) erreicht allerdings nicht die vom Bund angegebene Armutsgrenze. Staaten wie Massachusetts und Colorado erreichen mit ihren Sozialleistungen dadurch 100%, daß sie die Armutsgrenze entsprechend niedrig festlegen, und manche Staaten mit einem besonders hohen Bevölkerungsanteil von Armen (Mississippi) zahlen besonders wenig. Bei all diesen Angaben wird jedoch vorausgesetzt, daß die betreffende vierköpfige Familie ausschließlich von staatlichen Wohlfahrtsleistungen lebt.

Unter 100 Armen nach Bundesdefinition waren 1974:

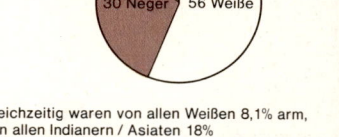

11 spanischer Abstammung, nämlich:
7 Mexikaner
2,5 Puertorikaner
1,5 andere
3 Indianer und Asiaten
30 Neger
56 Weiße

Gleichzeitig waren von allen Weißen 8,1% arm, von allen Indianern / Asiaten 18% (von allen Indianern aber etwa 45–50%), von allen Bürgern spanischer Abstammung 24,1%, von allen Negern 31,4%.

[USA–Ploetz, Würzburg 1976, S. 215]

Ein Überblick über die Armut in den Vereinigten Staaten.

Nobelpreis für Sato

10. Dezember. In Stockholm werden die Nobelpreise verliehen. Friedensnobelpreis an Sean MacBride, Irland, 1961–1974 Präsident von »amnesty international«, und an Eisaku Sato, Japan, 1964–1972 Ministerpräsident Japans.
Nobelpreis für Physik an Martin Ryle, Großbritannien, für die Verbesserung der Radioteleskope und an Antony Hewish, Großbritannien, für die Entdeckung der Pulsare (diese senden Radioimpulse). Nobelpreis für Chemie an Paul L. Flory, USA, für die Erforschung der Chemie der Makromoleküle. Nobelpreis für Medizin an Albert Claude, Luxemburg, George E. Palade, Rumänien, und Christian de Duve, Belgien, für Zellforschung, Anwendung von Elektronenmikroskopen und Ultra-Zentrifuge. Nobelpreis für Wirtschaft an Gunnar Myrdal, Schweden.

Zadek inszeniert »Professor Unrat«

2. Dezember. In Bochum wird mit großem Erfolg Heinrich Manns »Professor Unrat« aufgeführt. Als Peter Zadek daran geht, den »Professor Unrat« zu inszenieren, den er zusammen mit Gottfried Greiffenhagen zur »Komödie mit Musik« dialogisiert hat, befürchtet man, daß dieses Stück vergeblich versuchen wird, sich mit dem Film »Der blaue Engel« von Joseph von Sternberg zu messen. Doch die Inszenierung wird einer der Höhepunkte der Theatersaison.
44 Jahre nach dem »Blauen Engel« mit Marlene Dietrich und Emil Jannings inszeniert Zadek Heinrich Manns Roman »Professor Unrat oder das Ende eines Tyrannen« mit Hannelore Hoger und Günther Lüders.
Dabei hält sich die Bochumer Aufführung genauer an den Roman, eine Satire auf das wilhelminische Deutschland. Die aggressiven Übersteigerungen des Romans – Heinrich Mann war ein Vorbild für viele expressionistische Maler – gehen in das Bühnenbild von Daniel Spoerri ein. Die Leistungen der beiden Hauptdarsteller werden von Kritikern zu dem besten gezählt, was in dieser Saison auf deutschen Bühnen zu sehen ist.

Rücktritt Leidings

VW-Chef Rudolf Leiding tritt zurück.

20. Dezember. Der Mann, der »Westdeutschlands schwierigsten Industriejob« drei Jahre lang gemanagt hat, tritt ab: Rudolf Leiding, Vorstandsvorsitzender bei Volkswagen in Wolfsburg. Der gelernte Mechaniker tritt zurück, obwohl unter seiner Regie VW seine Marktposition ausbauen kann. Erfolglose Modelle wie VW 1600 und 412 setzte Leiding ab und nahm statt dessen Passat, Scirocco, Golf und Audi 50 ins Programm. Diese Wagen wurden Verkaufserfolge. Trotzdem steckt VW, wie die gesamte Automobilbranche, in der Krise: 1974 wird wahrscheinlich Verluste von mindestens 400 Millionen DM bringen.

1975
JANUAR

Mo	Di	Mi	Do	Fr	Sa	So
			1	2	3	4	5
6	7	8	9	10	11	12
13	14	15	16	17	18	19
20	21	22	23	24	25	26
27	28	29	30	31		

1. Papst Paul VI. eröffnet das Heilige Jahr. →

1. Lawine im österreichischen Montafon tötet zwölf deutsche Skifahrer.

1. Erstmals seit 41 Jahren dürfen Amerikaner Gold kaufen und besitzen.

3. Bundesbahn-Preiserhöhung um 8,9 Prozent.

9. Bundespräsident Walter Scheel eröffnet in Bonn Internationales Jahr der Frau für die Bundesrepublik. →

10. Toni Schmücker neuer VW-Vorsitzender.

13. 55 Prozent der Bundesbürger besitzen einen Führerschein.

14. Nach Verkauf durch Flick KG besitzt Deutsche Bank 57,5 Prozent der Daimler Benz AG.

16. CSU-Vorsitzender Strauß als erster deutscher Politiker von Mao Tse-tung empfangen. →

16. Abkommen über Unabhängigkeit Angolas in Lissabon unterzeichnet.

19. Steuerreform des Bundes tritt in Kraft. Sie belastet Doppelverdiener zunächst stärker. Erst Ende des Jahres erfolgt der Ausgleich.

20. Bundesinnenminister Maihofer eröffnet in Bonn das vom Europarat erklärte »Europäische Jahr des Denkmalschutzes«.

20. Oskar Fischer wird neuer DDR-Außenminister als Nachfolger von Otto Winzer.

23. Landtag von Nordrhein-Westfalen beschließt öffentliches Betretungsrecht für alle unverbauten Ufer von Flüssen und Seen.

25. Eröffnung der Deutschen Bauausstellung in Essen mit dem Hauptthema »Altbaumodernisierung«.

26. Diktatorische Vollmachten für Scheich Mujibur Rahman in Bangla Desh.

GESTORBEN:

3. Robert Neumann (* 22. 5. 1897), österreichischer Schriftsteller.

26. Fritz Selbmann (* 20. 9. 1899), DDR-Politiker.

28. Antonin Novotny (* 10. 12. 1904), tschechoslowakischer Politiker.

30. Boris Blacher (* 6. 1. 1903), deutscher Komponist.

UNO proklamiert Jahr der Frau

1. Januar. Im Dezember 1972 nimmt die Vollversammlung der Vereinten Nationen in New York die Resolution 3010 »International Women's Year« an. Damit wird an das Bemühen um volle Gleichberechtigung von Mann und Frau erinnert sowie das Jahr 1975 zum Jahr der Frau proklamiert. Das Jahr soll Aktivitäten gewidmet sein, die sich um die Gleichstellung der Frau bemühen, ihre Rolle und Verantwortung in der wirtschaftlichen, sozialen und kulturellen Entwicklung betonen und die Bedeutung ihres Beitrags in den Beziehungen zwischen Staaten und in der Stärkung des Weltfriedens anerkennen. Alle Mitgliedstaaten der UNO sind aufgefordert, diese Ziele zu unterstützen. In der Bundesrepublik begehen zahlreiche amtliche und private Stellen das Jahr der Frau mit Feiern und Erklärungen. In der Stellungnahme der Bundesregierung Ende Januar weist die Bundesministerin Katharina Focke (SPD, Jugend, Familie und Gesundheit) vor allem auf bisher ungelöste Probleme hin: Auf die Ungleichbehandlung am Arbeitsplatz, auf die mangelnde Vertretung durch Frauen in Organisationen der Gesellschaft und der Politik. Frau Focke vertritt die Bundesrepublik auf der UNO-Frauenkonferenz im Juni in Mexiko. Einen umfangreichen Beitrag liefert das Statistische Bundesamt mit seiner Studie »Die Frau in Familie, Beruf und Gesellschaft 1975«. Darin werden unter anderem folgende Zahlen aufgeführt:

— Ende 1973 waren 52 Prozent der Bundesdeutschen Frauen.

— Im Mai 1973 hatten von den 23,2 Millionen Privathaushalten 5,9 Millionen einen weiblichen Haushaltsvorstand. 74 Prozent lebten allein.

— Von den über 20jährigen lebten 1973 acht Prozent der Männer und 19 Prozent der Frauen allein. Bei den über 65jährigen waren es 13 Prozent der Männer und 46 Prozent der Frauen.

— Im Mai 1973 waren 40 Prozent der Erwerbstätigen Frauen, 30 Prozent von ihnen waren ledig.

— Frauen verdienen im Durchschnitt weniger als Männer. Statistisch nachweisbare Gründe sind geringere Qualifikation, weniger Überstunden und kürzere Berufszugehörigkeit.

— Frauen stellten im Wintersemester 1971/72 etwa 33 Prozent der deutschen Studenten.

CSU-Vorsitzender reist nach China

16. Januar. Ein immer häufigeres Reiseziel deutscher Politiker aller Parteien wird die Volksrepublik China. Vom 12. bis zum 26. Januar besucht der Vorsitzende der CSU, Franz Josef Strauß, das Land. Höhepunkt des Besuches ist ein überraschend angesetztes Zusammentreffen mit dem chinesischen Parteivorsitzenden Mao Tse-tung, von dem Strauß als erster deutscher Politiker empfangen wird. Das Gespräch dauert mehrere Stunden. Während der Reise besucht der CSU-Vorsitzende zusammen mit seiner Frau Marianne die Große Chinesische Mauer ebenso wie eine Aufführung der China-Oper mit anschließendem Treffen mit den Schauspielern.

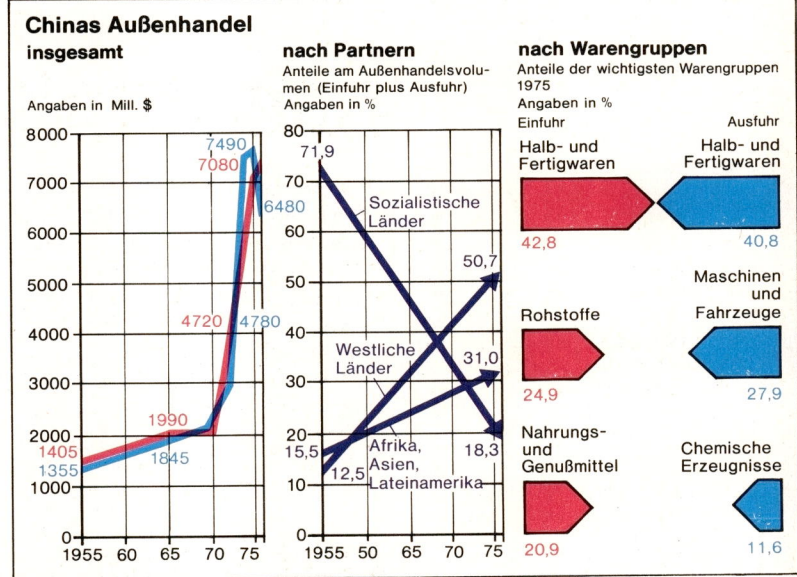

Die Entwicklung des chinesischen Außenhandels: Nach einem allmählichen Anstieg von der Mitte der fünfziger Jahre an beginnt die Volksrepublik China Anfang der siebziger Jahre den Handel mit westlichen Ländern zu forcieren.

Papst eröffnet das Heilige Jahr

1. Januar. Mit der Öffnung der Heiligen Pforte in Sankt Peter hat Papst Paul VI. bereits am Heiligen Abend 1974 das Heilige Jahr eröffnet. Nach Ablauf des Jahres wird das »Jubeltor« am Weihnachtsfest 1975 wieder zugemauert. Das Heilige Jahr oder Jubiläumsjahr der katholischen Kirche soll der inneren Erneuerung der Gläubigen dienen. Es wird seit 1300 in Abständen von 50 oder 33 Jahren begangen, seit 1475 alle 25 Jahre. Das Jahr ist durch einen umfassenden Ablaß ausgezeichnet, der nur in Rom gewonnen werden kann und dessen Einzelheiten die jeweilige Jubiläumsbulle regelt. Der Ablaß wird im folgenden Jahr auf die übrige Kirche ausgedehnt. Das Heilige Jahr entstand aus den großen Ablaßgewährungen zur Zeit der Kreuzzüge.

Papst Paul VI.

1975

FEBRUAR

Mo	Di	Mi	Do	Fr	Sa	So
					1	2
3	4	5	6	7	8	9
10	11	12	13	14	15	16
17	18	19	20	21	22	23
24	25	26	27	28		

1. Bundesrepublik Deutschland führt neues Fünf-DM-Stück ein.

1. Bundestag beschließt neues Namensrecht. Ehepaare können wahlweise Namen des Mannes oder der Frau annehmen.

5. Baader-Meinhof-Häftlinge brechen Hungerstreik ab.

9. 42 Tote bei Flugzeugunglück. Bundeswehrmaschine prallt auf Kreta gegen Berg.

11. Margret Thatcher zur Vorsitzenden der britischen Konservativen gewählt.

11. 112 Fahrzeuge im Nebel auf Autobahn bei Bad Homburg zusammengeprallt. Ein Toter.

12. Bei Aschermittwochsrede in Passau wirft Strauß der Bundesregierung vor, »einen Saustall ohnegleichen« angerichtet zu haben.

13. Anläßlich des Besuches des britischen Premierministers Wilson in Moskau ist Parteichef Breschnew nach 50 Tagen Krankheit erstmals wieder in der Öffentlichkeit.

17. Iran ersetzt PanAm-Verluste der letzten sechs Jahre und darf 13 Prozent der Aktien kaufen.

18. Italiens Verfassungsgerichtshof erlaubt Abtreibung bei Gefahr für die Mutter.

23. Zuckmayers letztes Stück »Der Rattenfänger« in Zürich uraufgeführt.

23. Vatikan ermahnt Tübinger katholischen Theologieprofessor Hans Küng wegen seiner Thesen.

25. Bundesverfassungsgericht lehnt Fristenreform des § 218 ab. →

27. Berliner CDU-Vorsitzender Peter Lorenz von Terroristen entführt. →

28. Über 40 Tote bei U-Bahn-Unglück in London: Zug rast gegen Tunnelwand.

GESTORBEN:

3. William Coolidge (* 23. 10. 1873), amerikanischer Physiker.

8. Raymond Cartier (* 13. 6. 1904), französischer Schriftsteller.

14. Sir Julian Huxley (* 22. 6. 1887), britischer Biologe und Schriftsteller.

24. Nikolai Bulganin (* 11. 6. 1895), sowjetischer Politiker.

Japanischer Soldat 30 Jahre nach Kriegsende zurück

10. Januar. Fast 30 Jahre nach der Kapitulation Japans im Zweiten Weltkrieg kehrt ein japanischer Soldat endlich in seine Heimat zurück. Teruo Nakamura hat sich seitdem im indonesischen Dschungel aufgehalten, und zwar auf der Insel Morotai, da er vom Ende des Krieges nie erfahren hat. Er ist der dritte japanische Soldat, der nach Jahrzehnten im Dschungel entdeckt wird. Man vermutet, daß noch andere sich versteckt halten, um den 1945 ausgegebenen kaiserlichen Befehl zu befolgen, bis zum letzten Atemzug im Einzelkampf gegen den amerikanischen Feind durchzuhalten. Schwere Vorwürfe erhebt Nakamura gegen seine Ehefrau, die inzwischen wieder geheiratet hat. Der zweite Ehemann ist zwar zum Verzicht bereit, doch Nakamura weist seine Frau »wegen Untreue« zurück.

»Sommergäste« von Gorki an der Schaubühne

1. Januar. Einen Triumph feiert Peter Stein an der Berliner Schaubühne am Halleschen Ufer mit der Inszenierung von Maxim Gorkis »Sommergästen«, die bereits im Dezember Premiere hatte. Das 1904 uraufgeführte Stück siedelt Stein zusammen mit dem Dramaturgen Botho Strauß und dem Bühnenbildner Karl-Ernst Herrmann in einer Birkenlandschaft an, in der mit Hilfe einer Überblendungstechnik die einzelnen Szenen sich abspielen. Dabei bleibt das Gesamtbild immer erhalten. Die Vielfalt der Figuren aus einer morbiden bürgerlichen Gesellschaft erlaubt dem Ensemble der Schaubühne brillante Leistungen. Stein und Strauß nehmen jedoch eine Reihe kleiner Veränderungen an dem Stück vor, um die für das Publikum verwirrende Fülle der Personen, die Gorki auftreten läßt, durchschaubar zu machen. Daher lautet der Titel: »Sommergäste nach Gorki.« Die Inszenierung wird 1975 für das Fernsehen aufgezeichnet.

Peter Lorenz entführt

27. Februar. Fünf Tage vor der Senatswahl wird der Spitzenkandidat der Berliner CDU nur 1500 Meter von seinem Haus entfernt von Anhängern der »Bewegung 2. Juni« entführt. Peter Lorenz, Vorsitzender seiner Partei in Berlin, befindet sich auf dem Weg ins Büro, als ein Lastwagen seinen Mercedes blockiert. Ein Fiat rammt ihn, und der Chauffeur von Lorenz' Wagen wird niedergeschlagen. 24 Stunden später erhält die Deutsche Presse Agentur ein Foto, das Lorenz mit einem Plakat zeigt: »Gefangener der Bewegung 2. Juni.« Als Bedingung für seine Freilassung wird die sofortige Haftentlassung von sechs Anarchisten gefordert: Horst Mahler, Verena Becker, Gabriele Kröcher-Tiedemann, Ingrid Siepmann,

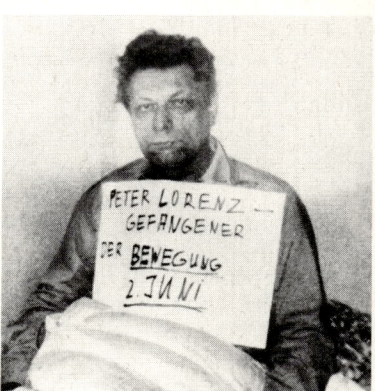

Peter Lorenz in Entführergewalt.

Rolf Heißler und Rolf Pohle. Zum Ausfliegen der Anarchisten fordern die Entführer eine Boeing 707 mit Besatzung sowie offizielle Begleitung bis zum Reiseziel (→ März 1975).

Widerstand in Wyhl

20. Februar. Die Verwirklichung des Kernenergieprogramms stößt in der Bevölkerung auf zum Teil heftigen Widerstand. Das Ziel der Bundesregierung, die Energieerzeugung verstärkt auf Kernenergie zu verlagern, geht nicht zuletzt auf die Erfahrungen aus der 1973er Ölkrise zurück.

Andere Länder forcieren ebenso die Entwicklung der Kernforschung. Der größte Atommeiler der Welt wird in Kürze im bundesdeutschen Biblis in Betrieb genommen. Der Widerstand richtet sich gegen den Bau von Kernkraftwerken und ähnlichen Anlagen wegen der mit ihnen verbundenen Risiken.

Auf den Neubau eines Kraftwerkes bei Wyhl am Oberrhein reagieren badische und elsässische Umweltschützer mit der Besetzung des Baugeländes. Durch eine Konzentration von Kraftwerken am Hoch- und am Oberrhein (Frankreich, Schweiz, Bundesrepublik) befürchten sie Schäden für das Klima und die Landschaft. Am 20. Februar räumt die Polizei das besetzte Gelände. Im März jedoch erläßt das Verwaltungsgericht Freiburg einen Baustopp für das Kraftwerk.

Gemeinden im Kreis Wyhl wehren sich gegen den Bau eines Kernkraftwerkes.

Urteil zum § 218

25. Februar. Mitte 1974 verabschiedete der Deutsche Bundestag die sogenannte Fristenregelung des 5. Strafrechtsreformgesetzes. Danach wird der § 218 StGB insofern reformiert, als der Schwangerschaftsabbruch in den ersten zwölf Wochen nach der Empfängnis straflos bleibt. Zuvor ist Abtreibung grundsätzlich strafbar gewesen, wenn auch die Rechtsprechung etwa seit den 20er Jahren eine Abtreibung für gerechtfertigt hält, wenn sie wegen einer Gefahr für das Leben der Frau mit deren Einwilligung von einem Arzt vollzogen wird. Die Fristenlösung tritt jedoch nicht in Kraft, da das Bundesverfassungsgericht auf Antrag von Unionspolitikern eine einstweilige Verfügung ausspricht. Am 25. Februar ergeht dann in Karlsruhe das Urteil, die Reform sei mit dem Grundgesetz nicht vereinbar. In der Begründung wird gesagt, das Recht auf körperliche Unversehrtheit beziehe sich auch auf das werdende Leben im Mutterleib. Der Schutz dieses werdenden Lebens ergebe sich auch aus dem Artikel 1 des Grundgesetzes, wonach die staatliche Gewalt die Würde des Menschen zu schützen habe. Nach Auffassung der Verfassungsrichter ist der Embryo nicht nur Teil des mütterlichen Organismus, sondern ein selbständiges menschliches Wesen. Dies dominiert über das Recht der Mutter auf freie Entfaltung ihrer Persönlichkeit, außer in Situationen, in denen das Lebensrecht des Ungeborenen zu unzumutbaren Belastungen für die Mütter führt. In diesem Zusatz steckt die Anerkennung der sogenannten Indikationen durch das Gericht, die der Bundestag 1974 beraten hat. In diesem Rahmen muß nun eine neue Regelung gesucht werden, die folgende Indikationen berücksichtigt, die eine Abtreibung erlauben: medizinische Indikation (Gefahr für die Schwangere), eugenische Indikation (Gefahr nichtbehebbarer Schäden des Kindes), ethische Indikation (nach einer Vergewaltigung), soziale Indikation (drohende Notlage).

Zwei der Karlsruher Richter, Wiltraud Rupp von Brünneck und Helmut Simon, begründen ihre abweichende Meinung vom Urteil. Die zitierten Grundgesetz-Artikel könnten nicht als Argumente gegen die freiwillige Abtreibung benutzt werden. Sie seien eine Reaktion auf die Zwangsabtreibung durch die Nationalsozialisten. Die Beratungspflicht der Schwangeren und flankierende soziale Gesetzgebung, die die §-218-Reform vorsieht, solle ja gerade die illegalen Abtreibungen reduzieren. Ferner erklären die beiden Richter, wenn das Verfassungsgericht Entscheidungen des Gesetzgebers annulliere, werde das Gefüge zwischen den Verfassungsorganen verschoben.

Das Urteil stößt in der Öffentlichkeit auf Kritik und Protestdemonstrationen. Noch am gleichen Tag gehen zum Beispiel in Hamburg über 1000 Frauen auf die Straße.

Bunnies gegen Eintritt in die Gewerkschaft

3. Februar. Eine ungewöhnliche Demonstration sieht die Londoner Innenstadt an einem kalten Februartag: die Bunnies (»Häschen«) aus den Playboy-Clubs in ihrer Berufskleidung.

Die jungen Damen versammeln sich, um mit Plakaten und Schildern gegen Pläne zu demonstrieren, die die Einbeziehung der Bunnies in eine Gewerkschaft vorsehen. Die Angestellten des Playboy-Clubs lehnen diesen Gewerkschaftsbeitritt grundsätzlich ab.

Ein deutsches »Bunny« mit dem Kaufhausinhaber Josef Neckermann.

1975
MÄRZ

Mo	Di	Mi	Do	Fr	Sa	So
					1	2
3	4	5	6	7	8	9
10	11	12	13	14	15	16
17	18	19	20	21	22	23
24	25	26	27	28	29	30
31						

2. CDU wird in Berlin erstmals stärkste Partei.

3. Kanadas Premierminister Trudeau in Bonn.

4. Bombenanschlag auf das Bundesverfassungsgericht mit Sachschaden. »Frauen der revolutionären Zelle« übernehmen Verantwortung.

5. Gastarbeiterzahl seit Höchststand im September 1973 um 20 Prozent verringert.

5. Peter Lorenz freigelassen. →

6. Blutbad in Tel Aviv nach Guerilla-Überfall, als israelische Soldaten besetztes Hotel stürmen.

9. Nachrichtenmagazin »Spiegel« veröffentlicht Sonthofener Rede von F. J. Strauß mit Konzept der konsequenten Konfliktstrategie gegenüber der Regierung.

9. Bei Wahl in Rheinland-Pfalz baut CDU absolute Mehrheit aus.

11. EG-Regierungschefs einigen sich in Brüssel auf Ausgleichsbeitrag, um Englands Verbleib in der EG zu sichern.

12. Fußballfreundschaftsspiel Bundesrepublik–England endet in London 0 : 2.

12. Samuel Becketts von ihm selbst inszeniertes Stück »Warten auf Godot« hat Premiere am Berliner Schillertheater.

13. Ingmar Bergmans Film »Szenen einer Ehe« läuft an. →

17. Wintereinbruch führt zu Verkehrschaos in der Bundesrepublik.

21. Verwaltungsgericht Freiburg verfügt Baustopp für Kernkraftwerk Wyhl.

27. Karfreitagsreisewelle bei Schneetreiben: Lange Staus auf Autobahn München–Salzburg.

GESTORBEN:

1. Günther Lüders (* 5. 3. 1905), deutscher Schauspieler.

3. Therese Giehse (* 6. 3. 1898), deutsche Schauspielerin. →

3. Otto Winzer (* 3. 4. 1902), früherer DDR-Außenminister.

15. Aristoteles Onassis (* 15. 1. 1906), griechischer Unternehmer. →

25. Feisal Ibn Abd Al Asis Ibn Saud (* 1906), König von Saudi-Arabien (Opfer eines Attentats). →

30. Peter Bamm (* 20. 10. 1897), deutscher Schriftsteller.

König Feisal fällt Attentat zum Opfer

König Feisal wird ermordet.

25. März. Ein politisches Attentat erschüttert Ende März Saudi-Arabien: In seinem Palast wird König Feisal ermordet. Der Mörder ist einer seiner Neffen, der sofort festgenommen und der Öffentlichkeit gegenüber als geisteskrank bezeichnet wird. Nachfolger im von der Familie des Königs regierten Saudi-Arabien wird Kronprinz Chalid. Der Mörder wird am 18. Juni 1975 von einem islamischen Gericht schuldig gesprochen und in Riad öffentlich enthauptet.

Peter Lorenz wieder frei

5. März. Unter Vorsitz von Bundeskanzler Helmut Schmidt beschließt der Bonner Krisenstab auf die Bedingungen einzugehen, die die Lorenz-Entführer gestellt haben. Horst Mahler lehnt es ab, außer Landes geflogen zu werden. Gabriele Kröcher-Tiedemann, eine der Anarchisten, erklärt sich zum Mitfliegen bereit. Unter Begleitung des Berliner Pfarrers und ehemaligen Bürgermeisters der Stadt, Heinrich Albertz, startet am 3. März von Frankfurt aus eine Boeing 707 mit den Häftlingen. Nach langem Irrflug erklärt sich die Volksrepublik Jemen zur Aufnahme der Terroristen bereit. Am 4. März, zurück in Berlin, verliest Pfarrer Albertz eine Erklärung der Häftlinge. Daraufhin wird einen Tag später Peter Lorenz freigelassen (→ Februar 1975).

Krise in Detroit

1. März. Das Jahr 1975 entwickelt sich in den USA zum Jahr der Krise auf dem Automarkt. Davon betroffen ist vor allem die Stadt Detroit im Mittleren Westen des Landes, in der die größten Autowerke angesiedelt sind. Die Arbeitslosenquote dort ist mit 14 Prozent doppelt so hoch wie im Landesdurchschnitt. Unter den farbigen Bürgern beträgt sie bald 40 Prozent. Zwanzig Betriebe haben inzwischen geschlossen, 280 000 Arbeiter sind entlassen. Auf den Verkaufsplätzen im ganzen Land stehen 1,7 Millionen unverkaufte Autos »auf Halde«. Viele Amerikaner, bei denen ein neues Auto alle paar Jahre bisher üblich war, beginnen an diesem Punkt zu sparen. Ursachen dafür sind die Wirtschaftslage und gestiegene Autopreise. Auch die Ölkrise von 1973 wirkt sich aus. Damit verändert sich auch ein Symbol des »American Way of Life«: das Auto. Der Spruch von Dwight D. Eisenhowers Verteidigungsminister Wilson: »Was gut ist für General Motors, ist auch gut für Amerika«, scheint seine Gültigkeit zu verlieren.

»Szenen einer Ehe« in den Kinos

In »Szenen einer Ehe« erringt Liv Ullmann einen ihrer großen Erfolge.

1. März. Einen seiner größten internationalen Erfolge feiert der schwedische Regisseur Ingmar Bergman mit seinem Film »Szenen einer Ehe«. In dieser Analyse einer Zweierbeziehung spielen Liv Ullmann und Erland Josephson die Hauptrollen. Bergman ist in der Bundesrepublik durch zahlreiche Filme bekannt, etwa »Das siebente Siegel« (1956) und »Das Schweigen« (1963).

Der Film »Szenen einer Ehe« ist für das schwedische Fernsehen gedreht und wird dort in sechs Folgen gezeigt. Die Folgen werden zu einem Spielfilm mit Normallänge zusammengefaßt. Er schildert das allmähliche Scheitern einer Ehe und ist, wie die »Neue Zürcher Zeitung« schreibt, »der wohl ehrlichste Film, in dem je eine Ehe beschrieben worden ist«. Der Film wird 1976 auch im deutschen Fernsehen in mehreren Folgen gesendet. Einen erheblichen Anteil am Erfolg des Filmes haben die beiden Hauptdarsteller Liv Ullmann und Erland Josephson, die mit großer Treffsicherheit und Einfühlsamkeit die komplexen und widersprüchlichen Charaktere der beiden Ehepartner und der Alltagssituationen zeichnen.

Schauspielerin Therese Giehse stirbt in München

Therese Giehse †.

3. März. Wenige Tage vor ihrem 77. Geburtstag stirbt in München die Schauspielerin Therese Giehse. Da sie durch die Schauspielerprüfung fiel, arbeitete sie zunächst in Kabaretts, etwa in der »Pfeffermühle« in Zürich, wohin sie 1933 emigrierte. Später erhielt sie Rollen am Zürcher Schauspielhaus. Nach 1945 spielte Therese Giehse an zahlreichen deutschsprachigen Theatern. Zu ihren größten Rollen zählen Brechts »Mutter Courage«, die Marthe Rull in Heinrich von Kleists »Zerbrochenem Krug« und, auch in einer Fernsehinszenierung, die Mathilde von Zahndt in Dürrenmatts »Die Physiker«.

15. März. Aristoteles Onassis, einer der reichsten Männer der Erde, stirbt mit 69 Jahren in Paris. Zu seinem Wirtschaftsimperium gehörten eine Tankerflotte, eine Luftfahrtgesellschaft, Banken und andere Großunternehmen. Onassis war mit der Sopranistin Maria Callas befreundet und heiratete später die Witwe John F. Kennedys.

1975
APRIL

Mo	Di	Mi	Do	Fr	Sa	So
	1	2	3	4	5	6
7	8	9	10	11	12	13
14	15	16	17	18	19	20
21	22	23	24	25	26	27
28	29	30				

3. Anatoli Karpow (UdSSR) vom Internationalen Schachverband zum Weltmeister erklärt, da Bobby Fisher dessen Herausforderung nicht beantwortet.

4. 140 vietnamesische Waisenkinder sterben bei Flugzeugabsturz nahe Saigon.

6. Schneechaos und Unwetter in den Alpen fordern 40 Tote.

14. Rote Khmer erobern Kambodschas Hauptstadt Pnom Penh.

14. VW kündigt Entlassung von 25 000 Mitarbeitern an.

15. Größtes Kernkraftwerk der Welt bei Biblis in Betrieb.

18. Indochina-Kämpfe dehnen sich nach Laos aus.

20. Holländisches Ausflugsschiff bei Köln ausgebrannt und gesunken: 20 Tote.

20. Gewinne für CDU und FDP bei Kommunalwahl in Baden-Württemberg.

21. Südvietnams Präsident Thieu tritt zurück. →

23. Gericht schließt Rechtsanwalt Croissant auf Antrag des Generalbundesanwalts von Baader-Meinhof-Verteidigung aus.

24. Fünf deutsche Terroristen des »Kommandos Holger Meins« überfallen deutsche Botschaft in Stockholm. →

25. Terroristen werden überwältigt nachdem sie die Botschaft gesprengt haben. →

27. Fünf Tote beim Großen Preis von Spanien der Formel-1-Fahrer in Barcelona. Deutscher Fahrer Rolf Stommelen rast in Tribüne, überlebt aber.

27. Im Vorbereitungsspiel der Fußballeuropameisterschaft spielt die Bundesrepublik in Sofia gegen Bulgarien 1 : 1.

30. Saigon kapituliert. Waffenruhe in Südvietnam. →

GESTORBEN:

1. Lorenz Jaeger (* 23. 9. 1892), Erzbischof von Paderborn und Kardinal.

5. Tschiang Kai-schek (* 31. 10. 1887), chinesischer Staatsmann. →

12. Josephine Baker (* 3. 6. 1906), französisch-amerikanische Tänzerin und Sängerin.

25. Jacques Duclos (* 2. 10. 1896), französischer Politiker.

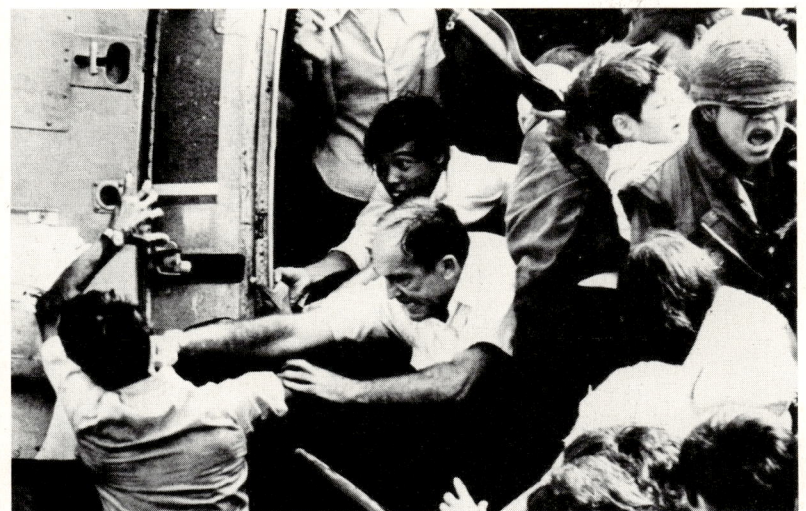

Panikartig fliehen die Amerikaner und auch viele Vietnamesen aus Saigon.

Saigon kapituliert

30. April. Südvietnam erklärt die bedingungslose Kapitulation. Trotz zahlreicher internationaler Absprachen, trotz des Waffenstillstandsabkommens, das im Januar 1973 in Paris unterzeichnet wurde, ist Vietnam bisher nicht zur Ruhe gekommen. Zwar ziehen die USA ihre Truppen aus Vietnam ab, doch die Kämpfe zwischen Südvietnam auf der einen und Nordvietnam und dem Vietkong auf der anderen Seite dauern an und haben 1974 ihre frühere Stärke wieder erreicht. Der Beginn des Jahres 1975 ist gekennzeichnet von Erfolgen der Nordvietnamesen. Sie erobern eine südvietnamesische Provinz nach der anderen. Südvietnams Präsident Thieu ordnet im März die Generalmobilmachung an. Der »strategische Rückzug« aus den Hochlandprovinzen beginnt. Den Anfang vom

Ende bildet nach langen Kämpfen der Fall der wichtigen Hafenstadt Da Nang am 30. März. Am 21. April erklärt Thieu seinen Rücktritt, den die Provisorische Revolutionsregierung Südvietnams als Voraussetzung für Gespräche gefordert hat. Sein Nachfolger, General Van Minh, muß am 30. April nach dem totalen militärischen Sieg der nordvietnamesischen Truppen die bedingungslose Kapitulation Südvietnams erklären. Anfang Mai öffnet die Provisorische Revolutionsregierung die Grenze zwischen beiden Vietnams und kündigt ein Wiederaufbauprogramm an. Die Wiedervereinigung soll sich im Laufe der nächsten fünf Jahre vollziehen. Bis Ende Juni haben 80 Staaten diplomatische Beziehungen mit der Provisorischen Revolutionsregierung aufgenommen.

Treibgas bedroht Ozonmantel

1. April. Nach den Erkenntnissen amerikanischer Forscher geht eine langfristige Umweltgefährdung von einem Produkt aus, das seit Jahrzehnten arglos benutzt wird: mit Treibgas gefüllte Spraydosen. Die anfangs nicht ernst genommenen Untersuchungen führen jetzt in den USA zur Bildung einer Arbeitsgruppe der Regierung. Die Treibgase, die unter Druck Haarspray, Deodorant und ähnliches versprühen, greifen den Ozonmantel der Erde an.

12. April. Im Alter von 68 Jahren stirbt in Paris die farbige Sängerin und Tänzerin Josephine Baker.

Botschaft überfallen

24. April. Fast genau zwei Monate nach der Entführung des Berliner CDU-Politikers Peter Lorenz überfallen sechs Terroristen des »Kommandos Holger Meins« die deutsche Botschaft in Stockholm. Sie mischen sich unauffällig unter die etwa 100 Besucher, dringen so in das Gebäude vor und zwingen einen Angestellten, sie zu Botschafter Stoecker zu bringen. Die Terroristen nehmen einen Teil des Personals als Geiseln und fordern die Freilassung von 26 Baader-Meinhof-Häftlingen aus der Bundesrepublik, darunter Andreas Baader und Ulrike Meinhof. Die Bundesregierung lehnt die Forderung sowie jegliche Verhandlungen ab. Daraufhin erschießen die Terroristen den deutschen Militärattaché von Mirbach und Wirtschaftsattaché Hillegaart. Anschließend zünden sie Sprengsätze im Botschaftsgebäude. Bei der Flucht aus der brennenden Botschaft werden sie von der schwedischen Polizei festgenommen. Es handelt sich um bisher weitgehend unbekannte Anarchisten.

Die deutsche Botschaft in Stockholm nach der Explosion und dem Feuer.

Tschiang Kai-schek stirbt in Taiwan

5. April. In Taiwan stirbt der nationalchinesische Generalissimus und Staatspräsident Tschiang Kai-schek. 1887 in der Provinz Fenghua geboren, erhielt Tschiang Kai-schek eine Ausbildung als Offizier. Beim Ausbruch der Revolution von 1911 schloß er sich Sun Yat-sen und der von diesem gegründeten Kuomintang an. Ab 1920 gehörte er der zusammen mit den Kommunisten in Kanton gebildeten Regierung an. Nach Sun Yat-sens Tod erlangte Tschiang 1925 die Parteiführung. Bis 1928 bekleidete er verschiedene Ämter in China. 1936 zwangen ihn seine Gegner, den Bürgerkrieg gegen die von Mao Tse-tung geführten Kommunisten abzubrechen und sich einer Front gegen Japan anzuschließen. Tschiang wurde Staatspräsident Chinas 1948. Am Ende des wieder aufflammenden

Tschiang Kai-schek †.

Bürgerkriegs mit den Kommunisten mußte er 1949 nach Taiwan fliehen. Dort wurde er fünfmal, zuletzt 1972, zum Staatspräsidenten gewählt.

MAI

Mo	Di	Mi	Do	Fr	Sa	So
			1	2	3	4
5	6	7	8	9	10	11
12	13	14	15	16	17	18
19	20	21	22	23	24	25
26	27	28	29	30	31	

2. Bund und Länder beschließen Sonderprogramm, um 18 000 neue Arbeitsplätze für entlassene VW-Mitarbeiter zu schaffen.

2. Belgischer Mirage-Düsenjäger stürzt im niedersächsischen Vechta auf Wohnsiedlung, sieben Tote.

4. Landtagswahlen in Nordrhein-Westfalen: CDU 47 Prozent, SPD 45,2 Prozent, FDP 6,7 Prozent. Saarland: CDU 49,1 Prozent, SPD 41,8 Prozent, FDP 7,4 Prozent.

8. Nach acht Jahren verlassen zwei deutsche Frachtschiffe den Großen Bittersee, wo sie seit der Blockade des Suezkanals im israelisch-ägyptischen Krieg festlagen.

8. Bundeswaldgesetz in Kraft. Auf eigene Gefahr künftig auch Betreten des Privatforstes (in der Bundesrepublik 40 Prozent) gestattet.

11. Belgien und Frankreich schaffen Gedenktage zum Ende des Zweiten Weltkrieges ab.

13. Englisches Pfund erreicht bisheriges Rekordtief: 5,386 DM. Inflation in Großbritannien bei 21 Prozent.

14. US-Flugzeuge versenken drei kambodschanische Kanonenboote im Golf von Thailand. →

15. Besatzung der »Mayaguez« wieder frei. →

16. Bei Hochwasser in Kärnten stürzt Teil der Tauernautobahn (im Bau) ein: sieben Tote.

19. Erste Frau auf dem Mount Everest: Junko Tabei (Japan) gelingt der Aufstieg mit nur einem Sherpa.

20. Werner Herzogs Film »Jeder für sich und Gott gegen alle« erhält in Cannes Kritikerpreis. →

21. UEFA-Cup-Finale Mönchengladbach – Twente Enschede 5 : 1.

28. Bayern München zum zweitenmal Pokalsieger der Landesmeister: 2 : 0 gegen Leeds United in Paris.

GESTORBEN:

3. Samuel A. Gonard (* 8. 6. 1896), früherer Präsident des Internationalen Rotkreuzkomitees.

6. Josef Mindszenty (* 29. 3. 1892), ungarischer Kardinal.

8. Avery Brundage (* 28. 9. 1887), früherer Vorsitzender des Internationalen Olympischen Komitees.

Baader-Meinhof-Prozeß beginnt

21. Mai. Unter strengen Sicherheitsvorkehrungen, wie sie die Bundesrepublik bisher nicht gekannt hat, beginnt der Prozeß gegen die Baader-Meinhof-Gruppe. In Stuttgart-Stammheim wird dafür eine Strafvollzugsanstalt neu errichtet und ein sogenannter »Hochsicherheitstrakt« festungsmäßig ausgebaut. Schon nach ganz kurzer Verhandlungszeit muß der Prozeß vertagt werden, um zunächst die Stellung der Pflichtverteidiger zu klären. Die Angeklagten protestieren gegen die Pflichtverteidiger, die ihnen gestellt werden, da mehrere ihrer eigenen Anwälte, wie Croissant und Ströbele, von der Verteidigung ausgeschlossen worden sind. Sie stehen unter dem dringenden Verdacht, die Vereinigung unterstützt zu haben sowie Nachrichten aus den Gefängnissen und hinein übermittelt zu haben.

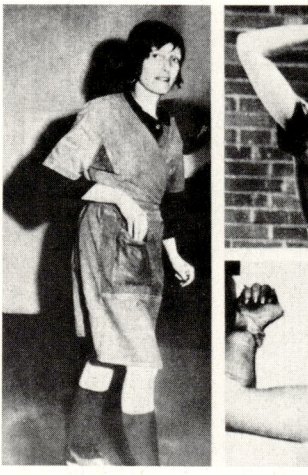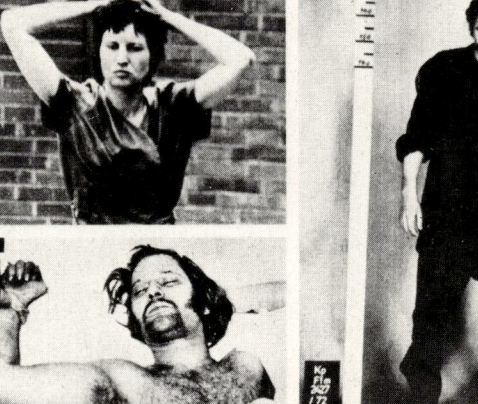

Die Baader-Meinhof-Gruppe: Gudrun Ensslin (l.), Ulrike Meinhof (Mitte o.), Andreas Baader (Mitte u.) und Karl-Heinz Raspe (r.).

Der Verteidigerausschluß wird geregelt durch das Gesetz zur Ergänzung des 1. Strafverfahrensreformgesetzes, das Anfang des Jahres 1975 mit großer Eile verabschiedet worden ist und in Kraft getreten ist. Dieses Gesetz ist auch bei vielen Experten umstritten.

US-Schiff gekapert

12. Mai. Zu einem schweren Zwischenfall zwischen dem von kommunistischen Roten Khmer beherrschten Kambodscha und den USA kommt es, als ein US-Containerschiff, die »Mayaguez«, eine zwischen Vietnam und Kambodscha umstrittene Insel passiert. Das Schiff wird von kambodschanischen Booten aufgebracht. Einen Tag später läßt US-Präsident Gerald Ford 1000 Marineinfanteristen nach Thailand einfliegen. Der thailändische Ministerpräsident erhebt Einspruch.

Am 14. Mai versenken amerikanische Flugzeuge drei kambodschanische Kanonenboote im Golf von Thailand. Am nächsten Tag gelingt nach kurzer Besetzung der Insel Koh Tang, vor der die »Mayaguez« liegt, die Befreiung des Schiffes.

Das Containerschiff »Mayaguez« nach seiner Befreiung in Singapur.

Gastarbeiter in Europa

Arbeitskräfte insgesamt (in Tausend)	davon Gastarbeiter (in Tausend)	Gastarbeiterquote (in Prozent)
Bundesrepublik 26 475	2489	9,4
Frankreich 21 403	1930	9,0
Großbritannien 25 129	1835	7,3
Schweiz 3050	861	28,2
Belgien 3914	265	6,8
Österreich 2950	236	7,9
Schweden 3904	222	5,7
Holland 4681	160	3,4

Westeuropas Industrieländer haben den Zustrom ausländischer Arbeitskräfte seit 1973 gedrosselt. An der Gastarbeiter-Wanderung der letzten zweieinhalb Jahrzehnte nahmen bisher rund 30 Millionen Menschen teil.

Kritikerpreis von Cannes für Herzogs Hauser-Film

20. Mai. Beim Festival im französischen Cannes erhält der Film »Jeder für sich und Gott gegen alle« den Kritikerpreis. Damit wird ein Film des Regisseurs Werner Herzog prämiert, der in der Bundesrepublik eher als Außenseiter gilt. Sein Film »Jeder für sich« ist als einziger bundesdeutscher Beitrag für Cannes ausgewählt worden. Er schildert die Geschichte des Kaspar Hauser, eines außerhalb der bürgerlichen Gesellschaft aufgewachsenen jungen Mannes. Der Darsteller des Kaspar Hauser, dessen Name mit Bruno S. angegeben wird, ist ein Laiendarsteller.

Der Laiendarsteller Bruno S. in Herzogs Kaspar-Hauser-Film.

Stute »Halla« wird 30 Jahre alt

16. Mai. Einen Geburtstag besonderer Art feiert der deutsche Springreiter Hans-Günther Winkler: Seine berühmte Stute »Halla« wird 30 Jahre alt, ein für Pferde außergewöhnliches Alter. Geschichte gemacht hat »Halla« bei den Olympischen Reiterspielen in Stockholm (→ Juni 1956). Beim ersten Durchgang im Springturnier erleidet Winkler einen Bauchmuskelriß. Trotzdem nimmt er am zweiten Durchgang teil. Da er kaum in der Lage ist, das Pferd zu lenken, geht »Halla« alle Hindernisse selbständig an und holt die Goldmedaille.

1975
JUNI

Mo	Di	Mi	Do	Fr	Sa	So
						1
2	3	4	5	6	7	8
9	10	11	12	13	14	15
16	17	18	19	20	21	22
23	24	25	26	27	28	29
30						

1. Eberhard Gienger Europameister am Reck.

1. Heinz Werner Henzes »La Cubana« in München uraufgeführt.

2. Israel reduziert Sinai-Truppen um die Hälfte.

3. Schneefall am Kahlen Asten (840 m) im Sauerland.

5. Durchfahrt durch Suezkanal wieder geöffnet. →

5. Volksabstimmung in Großbritannien ergibt 70 Prozent für Verbleib in der EG. →

6. Kultusminister warnen vor Lehrerstudium: Ab 1976 kann nicht mehr jeder Bewerber eingestellt werden.

8. Zusammenstoß zweier Personenzüge bei Bad Tölz: 38 Tote. Fahrplanfehler lag vor.

8. Belgien kauft amerikanische F 16 als Starfighter-Nachfolger.

11. 16. Evangelischer Kirchentag in Frankfurt eröffnet. Motto: »In Ängsten – und siehe, wir leben«.

12. Telefonat zwischen CDU-Politikern Kohl und Biedenkopf abgehört. Unbekannter Nachrichtendienst wird hinter der Affäre vermutet.

13. Der europäische Fußballverband sperrt Leeds United für zwei UEFA-Wettbewerbe wegen Ausschreitungen seiner Fans in Paris.

14. Borussia Mönchengladbach zum drittenmal Deutscher Fußballmeister.

15. 20 Tote bei Busabsturz in Kärnten.

16. Starke Gewinne der Kommunisten bei Wahlen in Italien.

21. Deutsches Pokalfinale in Hannover: Frankfurt – Duisburg 1 : 0.

27. Kernenergieabkommen mit Brasilien. →

GESTORBEN:

2. Eisaku Sato (* 17. 3. 1901), früherer japanischer Ministerpräsident und Friedensnobelpreisträger 1974.

4. Frida Leider (* 18. 4. 1888), deutsche Kammersängerin.

17. Kurt Barthel (* 17. 11. 1893), deutscher Schriftsteller.

18. Samuel H. Bergman (* 25. 12. 1883), israelischer Philosoph.

27. Robert Stolz (* 25. 8. 1880), deutscher Komponist und Dirigent.

Suezkanal wieder frei

5. Juni. Seit acht Jahren – seit dem israelisch-arabischen Sechstagekrieg im Jahre 1967 – ist der Suezkanal unpassierbar. Nicht nur die Durchfahrt ist gesperrt, auch Schiffe, die sich damals mitten in dem von Ferdinand de Lesseps gebauten und 1871 eröffneten Kanal befanden, durften nicht weiterfahren. Der Kanal wurde 1967 völlig vermint. Nach zahlreichen Verhandlungen zwischen Israel und Ägypten wurde er im Juli 1974 von Minen gesäubert. Erst im Mai 1975 erhalten die den Kanal blockierenden und die miteingesperrten Schiffe die Erlaubnis auszulaufen. Einige sind, nach acht Jahren im Kanal, gar nicht mehr seetüchtig. Am 6. Juni nimmt Ägypten mit einem Festakt und zahlreichen Feiern die Durchfahrt durch den Suezkanal wieder auf. Kurze Zeit später wird die Gebühr für die Durchfahrt je nach Schiffsgröße um bis zu 260 Prozent erhöht.

Nach achtjähriger Blockade wird der Suezkanal wieder geöffnet.

Briten stimmen für EG

5. Juni. Eine seit Monaten in Großbritannien stattfindende öffentliche Auseinandersetzung zwischen Gegnern und Befürwortern der Europäischen Gemeinschaft erreicht mit einer Volksabstimmung einen vorläufigen Abschluß. 67,2 Prozent der an der Wahl Beteiligten stimmen mit Ja (für den Verbleib in der EG), 32,8 Prozent mit Nein. Die Volksabstimmung gilt als erste dieser Art in Großbritannien.

Der Volksabstimmung um den Verbleib Großbritanniens in der EG gehen heftige Kampagnen voraus. Der britische Innenminister Roy Jenkins (links), ein EG-Anhänger, als Besucher einer Pro-EG-Veranstaltung.

Machtkampf in Indien

12. Juni. Das oberste Gericht von Allahabad verurteilt Indiens Premierministerin Indira Gandhi wegen Korruption in ihrem Wahlkreis bei den Wahlen von 1971. Ihr wird ein sechs Jahre langes Verbot auferlegt, öffentliche Ämter zu bekleiden. Daraufhin kommt es im ganzen Land zu Protesten gegen ihre weitere Amtsführung.

Am 26. Juni ruft Indira Gandhi über Indien den Ausnahmezustand aus. Sie läßt zahlreiche politische Gegner verhaften und beschuldigt die Opposition der Verschwörung. Eine totale Pressezensur wird außerdem verhängt.

Indira Gandhi wird verurteilt.

Engländer vor Idi Amin auf den Knien

22. Juni. Ugandas Staatspräsident Idi Amin gerät abermals in den Ruf der politischen Unberechenbarkeit. Seine Außenministerin Elizabeth Bagays entläßt er im November 1974 und übernimmt selber ihr Amt. Daraufhin tritt im Januar 1975 sein Finanzminister zurück und erklärt, unter diesem Präsidenten sei es unmöglich, ein Ministerium zu verwalten. Im April bietet Amin sich zum Oberhaupt des Commonwealth an. Anfang Juni schließlich sichert er sich auf einer Reise nach Libyen die finanzielle Unterstützung Ghaddafis. Bereits vor einigen Jahren hat Amin die Asiaten aus Uganda gewiesen, nun droht er den Briten mit dem gleichen Schicksal.

Anlaß ist ein Buch, in dem der englische Dozent Dennis Hills Amin einen »Dorftyrannen« nennt. Der Autor wird daher wegen Hochverrats zum Tode verurteilt. Als zwei englische Offiziere ein Gnadengesuch der Königin überbringen, läßt Amin die Kuriere auf Knien in das Haus hineinrutschen. Einen Tag später stellt er das Ultimatum, wenn der britische Außenminister Callaghan nicht binnen zehn Tagen zu Gesprächen nach Uganda käme, werde Hills hingerichtet. Ferner droht er den im Lande lebenden Engländern mit »Schwierigkeiten«. Ende des Monats jedoch setzt Amin die Hinrichtung aus.

Chemiker finden DDT in der Muttermilch

1. Juni. Einen alarmierenden Bericht geben bayrische Chemiker in der Deutschen Medizinischen Wochenschrift, durch den die Muttermilch als beste Babynahrung in Mißkredit gerät. In 136 von 137 ausgesuchten Milchproben finden die Chemiker zum Teil erhebliche Restmengen des Schädlingsbekämpfungsmittels DDT und dessen erst im menschlichen Körper entstehenden Metaboliten DDE. Die Muttermilch entspricht vielfach nicht den Reinheitsgeboten, die für Kuhmilch festgelegt sind.

Abkommen über Kernenergie mit Brasilien

27. Juni. In Bonn wird Ende Juni das größte Exportgeschäft der deutschen Industrie seit dem Zweiten Weltkrieg unterzeichnet, das Abkommen über die friedliche Nutzung der Kernenergie zwischen der Bundesrepublik und dem lateinamerikanischen Staat Brasilien. Es umfaßt ein Volumen von zwölf Milliarden DM und sieht die Lieferung von acht Kernkraftwerken und den dazugehörigen Anlagen für den südamerikanischen Staat durch die deutsche Industrie in den kommenden Jahren vor.

1975

JULI

Mo	Di	Mi	Do	Fr	Sa	So
	1	2	3	4	5	6
7	8	9	10	11	12	13
14	15	16	17	18	19	20
21	22	23	24	25	26	27
28	29	30	31			

1. Rowohlt-Rotations-Romane (rororo) haben 25jähriges Jubiläum.

1. Hochwasser in der Steiermark und in Kärnten verursachen schwere Schäden.

1. Untersuchung des Bundesbildungsministeriums ergibt: Verkäuferin und Kfz-Mechaniker sind beliebteste Ausbildungsberufe.

1. Ugandas Staatschef Amin begnadigt britischen Dozenten Hills, der zum Tode verurteilt war.

1. Muhammad Ali gewinnt den Schwergewichtskampf gegen Briten Joe Bugner nach Punkten in Kuala Lumpur.

1. Film »Lina Braake« von Bernhard Sinkel hat Premiere.

4. Das Hamburger Schwurgericht verurteilt Gestapo-Chef von Warschau, Ludwig Hahn, zu lebenslanger Freiheitsstrafe.

8. Rabin als erster israelischer Ministerpräsident offiziell in der Bundesrepublik. →

8. Autobahn 44 Ruhrgebiet – Kassel eröffnet.

17. Amerikanisch-sowjetisches Kopplungsmanöver Apollo/Sojus im Weltraum. →

20. Bernard Thevenet gewinnt Tour de France.

21. Päpstlicher Nuntius Bafile wird nach Rom abberufen. Nachfolger wird Guido del Mestri.

23. UNO-Weltsicherheitsrat verlängert das Mandat der Friedenstruppe auf dem Sinai. →

27. Curd Jürgens und Senta Berger in den Hauptrollen der »Jedermann«-Aufführung in Salzburg.

27. Bundesdeutsche Kraulstaffel (Herren) wird Weltmeister in Cali (Kolumbien) nach Disqualifikation der USA wegen Fehlstarts.

28. Bundesamt für Statistik verzeichnet 1973 mit 90 000 höchste Scheidungsrate nach dem Krieg.

29. Organisation amerikanischer Staaten hebt die 1964 beschlossene Blockade gegen Kuba auf.

30. Auftakt der KSZE-Konferenz in Helsinki.

GESTORBEN:

5. Rudolf Smend (* 15. 1. 1882), deutscher Staats- und Kirchenrechtler.

19. Karl Schleinzer (* 8. 4. 1924), Bundesobmann der Österreichischen Volkspartei.

Erstmals gewinnt ein Farbiger in Wimbledon

4. Juli. Nur 37 Minuten braucht die Amerikanerin Billie Jean King, um im Finale des Dameneinzels die Australierin Evonne Goolagong zu schlagen. Es ist Billie Jean Kings sechster Einzelsieg in ihrer Wimbledon-Karriere und der 19. Sieg insgesamt. Am 6. Juli gewinnt erstmals in der Geschichte des Turniers ein Farbiger, der Amerikaner Arthur Ashe, das Finale im Herreneinzel. Er schlägt seinen Landsmann Jim Connors. Der aus Virginia stammende Ashe lernte auf Hinterhöfen und Parkplätzen Tennis spielen, da die von Weißen dominierten Tennisclubs ihm keinen Zutritt gewährten.

Ashe mit dem Wimbledon-Pokal.

Europa-Jahr für Denkmalschutz

1. Juli. Das für 1975 vom Europarat in Straßburg ausgerufene Jahr des Denkmalschutzes ist ein deutliches Zeichen für das grundsätzlich veränderte Bewußtsein der Bürger gegenüber ihrer städtebaulichen Umwelt.

Der Leitspruch des Jahres: »Eine Zukunft für unsere Vergangenheit« gilt dabei nicht etwa nur für berühmte Bauwerke wie Schlösser und Kirchen, er gilt ebenso für Wohnhäuser, Bauernhöfe oder Industriearchitektur. Das Jahr des Denkmalschutzes wird in 17 Staaten mit Werbe- und Informationskampagnen publik gemacht.

Ytzhak Rabin in Bonn

8. Juli. Zum erstenmal besucht ein israelischer Ministerpräsident offiziell die Bundesrepublik. Ytzhak Rabin, der Nachfolger von Golda Meir und Mitglied der Arbeiterpartei, kommt, wie er selber sagt, als Jude und als Israeli mit gemischten Gefühlen. Der Besuch hat weniger spektakuläre politische Ergebnisse, vielmehr soll er eine Brücke schlagen. So besucht Rabin unter umfangreichen Sicherheitsvorkehrungen das frühere Konzentrationslager Bergen-Belsen bei Celle und legt dort einen Kranz nieder. In Berlin führt er Gespräche mit Bundespräsident Walter Scheel, Bundeskanzler Helmut Schmidt und dem Regierenden Bürgermeister Klaus Schütz. Die von Israel angestrebte engere wirtschaftliche Verbindung

Rabin (r.) mit Bundeskanzler Schmidt.

zur Europäischen Gemeinschaft wird bei diesen Gesprächen mit Vorsicht behandelt, da die deutschen Politiker ebenso Rücksicht auf die arabischen Staaten nehmen wollen.

Treffen im Weltraum

17. Juli. Am 15. Juli startet im russischen Baikonur das Raumfahrzeug Sojus 19. An Bord sind die Kosmonauten Leonow und Kubassow. Sieben Stunden später startet vom amerikanischen Kap Canaveral aus das Raumfahrzeug Apollo. An Bord die Astronauten Stafford, Slayton und Brand. Ziel ist das erste gemeinsame amerikanisch-sowjetische Weltraumunternehmen in der Geschichte der Raumfahrt. Mit Hilfe eines neuentwickelten Verbindungsstückes werden am 17. Juli beide Raumschiffe aneinandergekoppelt. Sie befinden sich gerade über Westeuropa. Eine Schleusenkammer ermöglicht das Überwechseln der Insassen. Fast 48 Stunden lang bleiben beide Raumfahrzeuge gekoppelt. Ein zweites geplantes Kopplungsmanöver gelingt nicht. Sojus landet am 21. Juli wieder in der Sowjetunion. Am 24. Juli landet Apollo im Pazifischen Ozean nahe Hawaii.

Die Apollo-Kapsel (l.) und Sojus 19 unmittelbar vor dem Ankoppeln. Oben: Astronaut Slayton (r.) und Kosmonaut Leonow nach dem Manöver.

1975

AUGUST

Mo	Di	Mi	Do	Fr	Sa	So
				1	2	3
4	5	6	7	8	9	10
11	12	13	14	15	16	17
18	19	20	21	22	23	24
25	26	27	28	29	30	31

1. KSZE-Schlußakte in Helsinki unterzeichnet. →

1. Italien führt deutsches Farbfernsehsystem PAL ein.

3. Absturz einer jordanischen Boeing in Agadir: 188 Tote.

3. Bundeskanzler Schmidt und Polens Parteichef Gierek unterzeichnen in Helsinki Abkommen: Bonn zahlt Pauschale für polnische Ansprüche an Rentenversicherung, Polen läßt in vier Jahren 125 000 Deutschstämmige ausreisen.

5. Arbeitslosenzahl in der Bundesrepublik seit Februar erstmals wieder über einer Million.

7. Bundesforschungsministerium gibt bekannt: Jeder fünfte Deutsche stirbt an Krebs.

9. Flächenbrände in der Lüneburger Heide. →

20. Ergebnis des Großversuchs mit Tempo 130 km/h auf Autobahn Aachen–Köln: 43 Prozent weniger Unfälle.

20. Der Zigarettenkonzern Reemtsma beugt sich als erster der Forderung der Verbraucherverbände: Ab Januar 1976 soll Nikotin- und Teergehalt auf Packung aufgedruckt werden.

24. Athener Gericht verhängt Todesurteile gegen Putschisten von 1967: Papadopoulos, Pattakos, Makaresos. Strafen werden später in Lebenslang umgewandelt.

24. Kommunistische Pathet Lao übernimmt in Kambodscha die Macht.

25. Bundesrepublik in Lüttich Weltmeister im Rad-Bahnvierer.

29. Bundestag erhöht Mehrwert-, Alkohol- und Tabaksteuer.

30. Peter Michael Kolbe wird in Nottingham Weltmeister im Einer-Rudern.

GESTORBEN:

9. Dmitrij Schostakowitsch (* 25. 9. 1906), sowjetischer Komponist. →

15. Scheich Mujibur Rahman (* 22. 3. 1920), Staatschef von Bangla Desh (Opfer eines Attentats). →

27. Haile Selassie I. (* 23. 7. 1892), äthiopischer Kaiser. →

29. Eamon de Valera, (* 14. 10. 1882), irischer Staatsmann.

Mujibur Rahman wird ermordet

15. August. Scheich Mujibur Rahman, der Präsident des Staates Bangla Desh, wird zusammen mit seiner Familie bei einem Putsch hoher Offiziere ermordet. Die Armee verhängt das Kriegsrecht über das Land und ernennt Khondakar Mustafa Ahmed zu seinem Nachfolger. Er wird sofort vereidigt. Noch am Tag des Putsches erkennt Pakistan die »Islamische Republik Bangla Desh« diplomatisch an. Mujibur Rahmans Familie war während seiner Amtszeit zu Macht und Reichtum gekommen. Noch im August werden weitere früher führende Politiker verhaftet. Dies geschieht ebenfalls unter dem Vorwurf, sie hätten sich durch ihr Amt unrechtmäßig bereichert. Am 24. August wird Generalmajor Ziaur Rahman neuer Generalstabschef der Armee von Bangla Desh.

Scheich Mujibur Rahman †.

Äthiopischer Exkaiser stirbt

27. August. Der mit dem Namen Haile Selassie (Macht der Dreifaltigkeit) bedachte ehemalige äthiopische Kaiser stirbt. Nach dem Tode seines Vaters 1906 holte der Großonkel, Kaiser Menilek II., den 1892 geborenen an den Hof in die Hauptstadt Addis Abeba. Er wurde 1916 Regent und Thronfolger. Ihm ist die Aufnahme Äthiopiens in den Völkerbund 1923 zu verdanken. 1930 erfolgte die Kaiserkrönung. In den letzten Jahren zerfiel die Autorität des Kaisers jedoch zunehmend durch innenpolitische Schwierigkeiten. Im September 1974 wurde Haile Selassie vom Militär abgesetzt, blieb aber im Lande.

Die deutsche Delegation auf der KSZE-Konferenz in Helsinki.

Schlußakte der KSZE

1. August. In Helsinki treffen sich die Staats- und Regierungschefs der Länder, die seit 1973 in Genf an der Konferenz über Sicherheit und Zusammenarbeit in Europa teilgenommen haben, um die Schlußakte zu unterzeichnen. 35 Staaten Europas und Nordamerikas stimmen einer Charta zu, die das Zusammenleben von Staaten unterschiedlicher Gesellschaftsordnung regelt. Dazu gehören: Die souveräne Gleichheit aller Staaten, Gewaltverbot, Unverletzlichkeit der Grenzen, territoriale Integrität, friedliche Streitregelung, Nichteinmischung in innere Angelegenheiten, Achtung der Menschenrechte und Grundfreiheiten, Selbstbestimmungsrecht der Völker, Zusammenarbeit, Erfüllung völkerrechtlicher Verpflichtungen.

Die Staaten sagen ferner zu, anderen die Beobachtung von Manövern zu ermöglichen. Familiäre Bindungen sollen durch verbesserte Reisemöglichkeiten gefestigt werden. Austausch und Arbeitsbedingungen von Journalisten werden erleichtert.

Die Teilnehmer verabreden außerdem, 1977 die Außenminister in Belgrad zusammentreffen zu lassen, um erneute Verhandlungen über Sicherheit und Zusammenarbeit zu beginnen, vor allem aber, um die Ausführung der Konferenzergebnisse von Helsinki zu beraten.

Dmitrij Schostakowitsch ist tot

9. August. Mit Dmitrij Schostakowitsch stirbt einer der wichtigsten Komponisten der Neuzeit. Der 1906 in Petersburg geborene Sohn eines Ingenieurs und einer Pianistin hat schon früh Musikunterricht erhalten und das Klavierspiel erlernt. Nach dem Studium am Leningrader Konservatorium wird er 1927 beim Internationalen Chopin-Wettbewerb in Warschau ausgezeichnet. Später lehrt er selber an den Musikhochschulen von Leningrad und Moskau. Einer seiner Schüler ist Aram Chatschaturian. Bekannt wird Schostakowitsch mit seiner Sinfonie Nr. 1 1924/25, wie auch mit Kammermusikwerken. Er knüpft an die russische Tradition von Modest Mussorgski und Sergej Prokofieff, aber auch an Pjotr Tschaikowsky an. Anregungen hat er ebenso von Anton Bruckner und Gustav Mahler übernommen. Vor allem bewundert Schostakowitsch Ludwig van Beethoven und Johann Sebastian Bach. Letzteres drückt sich in seinen 24 Präludien und Fugen aus. 1934 wird Schostakowitschs Oper »Katerina Ismailowa« aufgeführt, die er 1961 überarbeitet. Als Pianist hat er einen ebenso großen Weltruhm wie als Komponist. Schostakowitsch ist außerdem Deputierter des Obersten Sowjets und Sekretär des Sowjetischen Komponisten-Verbandes bis zu seinem Tode.

Feuer in der Heide

9. August. Eine Feuerkatastrophe riesigen Ausmaßes trifft die norddeutsche Heide. Bei Gifhorn breiten sich Flächenbrände aus, bei denen sechs Menschen ihr Leben verlieren. Das zunächst gelöschte Feuer schwelt jedoch weiter, heftiger Wind entfacht es wieder. Wassermangel und schwieriges Gelände machen es den 4000 Helfern unmöglich, den Brand ganz zu löschen. Am 11. August sind bereits 4000 Hektar Wald den Flammen zum Opfer gefallen. Der Einsatz französischer Spezialflugzeuge kommt hinzu. Sie transportieren Tausende Liter Wasser aus dem Steinhuder Meer und schütten es über dem Feuer aus. Fünf Feuerwehrleute kommen beim Einsatz ums Leben. Am 12. wird die Zahl der Helfer auf 7000 erhöht. 30 Orte müssen evakuiert werden, da das Feuer sie zu erreichen droht. Einen Tag später sind bereits 11 000 Helfer aus Bundeswehr, Feuerwehr und Technischem Hilfswerk im Katastrophengebiet. Hohe Flammenwände breiten sich jedoch immer noch bis zur DDR-Grenze aus. Es werden bis zu 200 Meter breite Schneisen in den Wald geschlagen, die ein weiteres Übergreifen des Feuers verhindern. Insgesamt sind jetzt 14 000 Helfer bei der Brandbekämpfung. Am 15. August schließlich besteht endlich keine akute Brandgefahr mehr. 8000 Hektar Wald sind vernichtet, es entsteht ein Schaden von 40 Millionen DM. Auch Kritik an der Organisation bei der Bekämpfung des Feuers wird laut. Der niedersächsische Innenminister Rötger Groß hat dem Brigadegeneral Kühne das Kommando entzogen. Der Katastrophenschutz in der Bundesrepublik soll überdacht werden.

Eine Satellitenaufnahme vom Waldbrand mit deutlicher Rauchfahne.

Fünf Feuerwehrleute sterben in den brennenden Wäldern in Niedersachsen.

1975

SEPTEMBER

Mo	Di	Mi	Do	Fr	Sa	So
1	2	3	4	5	6	7
8	9	10	11	12	13	14
15	16	17	18	19	20	21
22	23	24	25	26	27	28
29	30					

1. 26 Tote beim Absturz einer bundesdeutschen Chartermaschine bei Leipzig.

2. Bürgerkrieg im Libanon greift auf Tripolis und Beirut über. →

3. Im Freundschaftsspiel schlägt die bundesdeutsche Fußballnationalmannschaft Österreich in Wien vor 72 000 Zuschauern mit 2 : 0.

3. Bochumer Kongreß für Industriearchäologie spricht sich für Erhaltung von technischen Denkmälern aus.

5. Kabinett Goncalves in Portugal tritt zurück. Nachfolger wird Admiral Azevedo.

7. Prinzessin Anne, Tochter der englischen Königin, wird zweite bei Europameisterschaft im Military-Reiten.

7. Schweres Erdbeben in der Türkei mit über 3000 Toten.

8. Katalog des Kaufhauses Quelle wird für 13,– DM in Moskau verkauft. Warenbestellungen sollen später aufgenommen werden.

9. Anarchisten Ralf Reinders, Inge Viett und Juliane Plambeck in Berlin festgenommen. Verdacht auf Beteiligung an der Lorenz-Entführung.

14. Lehrer beschädigt Rembrandts »Nachtwache« im Amsterdamer Rijksmuseum schwer.

16. 51 000 Studienplatzbewerber für Numerus-clausus-Fächer werden abgewiesen. 52 000 erhalten einen Platz.

17. Adolf Seger wird Weltmeister im Freistilringen in Minsk.

19. Patricia Hearst festgenommen (→ Februar 1974).

21. Rolf Milser Weltmeister im Gewichtheben (Leichtschwer) in Moskau.

22. Tschad-Rebellen entführen französische Archäologin Françoise Claustre.

24. Premiere von Volker Schlöndorffs und Margarethe von Trottas Böll-Verfilmung »Die verlorene Ehre der Katharina Blum«. →

GESTORBEN:

20. Saint-John Perse (* 31. 5. 1887), französischer Lyriker, Nobelpreisträger und Diplomat (eigentlich: Alexis Leger).

27. Maurice Feltin (* 15. 5. 1883), französischer Kardinal und Theologe.

Kämpfe im Libanon

2. September. Die bürgerkriegsähnlichen Unruhen im Libanon haben bereits Schäden in Höhe von acht Milliarden libanesischen Pfund angerichtet, aber ein Ende ist nicht abzusehen. Die Kämpfe haben in der letzten Zeit immer mehr Gruppen einbezogen. Israelische Angriffe auf den zum Teil von palästinensischen Kommandos kontrollierten Süden des Libanon mehren sich. Um diese Angriffe abzuwehren, kommt es wieder zu Gesprächen mit Syrien.

Innenpolitische Probleme, Unruhen und Streiks weiten sich ebenfalls aus, wobei palästinensische Freischärler auch in diese Auseinandersetzungen eingreifen. Ihnen stellt sich die Miliz der christlich-libanesisch-national orientierten Phalange-Partei entgegen. Auch im Kabinett, das sich aus Gruppen der verschiedenen religiösen und politischen Richtungen zusammensetzt, gibt es Meinungsverschiedenheiten. Blutige Auseinandersetzungen in Zale zwischen Christen und Palästinensern greifen am 2. September auf Tripolis und am 16. September auf Beirut über. In den Städten gehen ganze Straßenzüge in Flammen auf. Die rivalisierenden Gruppen liefern sich schwere Gefechte. Dabei werden Barrikaden errichtet, so daß es kaum noch möglich ist, von einem Stadtviertel ins andere zu wechseln. Ministerpräsident Karami, ein Mohammedaner, will die überwiegend von Christen geführte Armee des Landes noch nicht einsetzen, da er nur eine Verschärfung der Kämpfe befürchtet. Der Bürgerkrieg ist eine Folge der seit langer Zeit schwelenden Interessengegensätze zwischen den einzelnen Gruppen des Landes, die niemals gelöst wurden.

Moslems und Christen liefern sich in Beirut erbitterte Straßenkämpfe.

Kritik an Todesurteil

27. September. Wegen der sich weiter ausbreitenden Terroraktionen der baskischen Separatistenorganisation ETA und anderer spanischer Untergrundkämpfer erläßt die Regierung unter Franco eine Verordnung gegen den Terrorismus. Dieses auch in Spanien vielfach kritisierte Dekret bestimmt Richter dazu, schuldig gesprochene Mörder von Polizisten, Soldaten und Regierungsbeamten unbedingt zum Tode zu verurteilen. Aufgrund dieses Verfahrens werden elf Mitglieder der ETA und anderer Organisationen zum Tode verurteilt. Trotz internationaler Proteste gegen solche Gerichtsverfahren läßt die Regierung fünf der Verurteilten am 27. September am frühen Morgen erschießen.

Der Sturm der Empörung, der daraufhin losbricht, ist nahezu weltweit. Die meisten europäischen Staaten, darunter die Bundesrepublik, beordern ihre Botschafter zur Berichterstattung aus Madrid in die Hauptstädte zurück. Die Europäische Gemeinschaft beschließt, die Verhandlungen über eine Erweiterung des Handelsvertrages mit Spanien abzubrechen.

Zwei Attentate auf US-Präsident Gerald Ford

US-Präsident Gerald Ford nach dem Attentat in Sacramento.

5. September. Seit dem Mord an Präsident John F. Kennedy im Jahre 1963 ist kein Attentatsversuch auf einen amerikanischen Präsidenten mehr bekanntgeworden. Im September 1975 jedoch ist Gerald Ford gleich zweimal in Lebensgefahr. Am 5. September richtet die 26jährige Lynne Fromme eine Pistole auf Ford, als er ein Hotel in Sacramento (Kalifornien) verläßt.

Sicherheitsbeamte werfen sich auf die Attentäterin und überwältigen sie, andere reißen den Präsidenten in Deckung. Später stellt sich heraus, daß Lynne Fromme zu der Gruppe der Charles-Manson-Anhänger gehört, der 1971 wegen Massenmord verurteilt worden ist. Zu den Ermordeten gehört unter anderen die Schauspielerin Sharon Tate.

Am 23. September ereignet sich in San Francisco (Kalifornien) das zweite Attentat auf den amerikanischen Präsidenten Gerald Ford. Eine 45jährige Hausfrau feuert aus nur 13 Metern Entfernung auf den Präsidenten. Die Kugel verfehlt ihr Ziel, da im Moment des Abzugs ein Zuschauer die Waffe sieht und den Arm der Frau nach unten schlägt. Sie wird überwältigt und beklagt später, mit einer besseren Waffe eines anderen Kalibers ausgerüstet, hätte sie ihn getroffen. Beide Attentäterinnen werden zu lebenslanger Haftstrafe verurteilt.

Deutsche Filme international auf Erfolgskurs

Während einigen deutschen Filmen erst nach dem Umweg über das Ausland Erfolg auch in der Bundesrepublik beschieden ist, werden andere Arbeiten deutscher Regisseure gleich zu Kassenschlagern. Die Heinrich-Böll-Verfilmung »Die verlorene Ehre der Katharina Blum« von Volker Schlöndorff und Margarethe von Trotta gehört dazu, ebenso »Berlinger« von Bernhard Sinkel und Alf Brustellin. Beide Filme sind mit Mitteln der Projektförderung der Filmförderungsanstalt entstanden. Die »Katharina Blum« kritisiert die Methoden der Polizei und anderer Staatsorgane der Terroristenverfolgung, vor allem aber die Praktiken eines Teils der bundesdeutschen Presse. »Berlinger« erzählt in vielen Rückblenden die Geschichte eines deutschen Industriellen, der seinen Traum vom Fliegen verwirklicht und sich dabei der Gesellschaft entzieht.

Eine listige Komödie erzielt ebenfalls Publikumserfolge: »Lina Braake – Die Interessen der Bank können nicht die Interessen sein, die Lina Braake hat.« Dieser Film ist mit den Schauspielern Lina Carstens und Fritz Rasp besetzt. Er schildert, wie die Insassin eines Altersheimes, Lina Braake, die sich von einer Bank übervorteilt fühlt, mit Hilfe eines anderen Heiminsassen die Bank hereinlegt.

Quasi als Zusammenarbeit beider deutscher Staaten wird 1974 der DEFA-Film »Lotte in Weimar« nach Thomas Mann gedreht. In der DDR-Produktion spielt erstmals eine bundesdeutsche Schauspielerin: Lilli Palmer. Die aus Anlaß des 100. Geburtstages von Thomas Mann am 6. Juni geplante Premiere findet in der DDR nicht statt.

Neben den Verfilmungen klassischer Stoffe ist aber auch der Heimatfilm wieder begehrt. So wird etwa im Berchtesgadener Land der Ganghofer-Roman »Der Edelweißkönig« neu gedreht.

Der wohl bekannteste Regisseur des »neuen deutschen Films«, Rainer Werner Fassbinder, hat 1975 mit dem Fernsehfilm »Angst vor der Angst« Erfolg, dem sensibel verfilmten Psychogramm einer verhaltensgestörten Frau.

Kanzler bei Mao

Der Bundeskanzler (r.) mit dem chinesischen Parteivorsitzenden Mao Tse-tung.

29. Oktober. Als erster Kanzler der Bundesrepublik Deutschland besucht Helmut Schmidt China. Er trifft zunächst mit dem stellvertretenden Ministerpräsidenten Teng Hsiao-ping zusammen, da Tschou En-lai erkrankt ist. Am 30. Oktober ist der Bundeskanzler zu einem Gespräch beim Parteivorsitzenden Mao Tse-tung. In der fast zweistündigen Unterredung wird zuerst über philosophische Fragen gesprochen (Kant, Clausewitz), dann erst über die internationale Lage.

Insgesamt wird die politische Diskussion zwischen beiden Staaten belastet durch die ablehnende Haltung Chinas gegenüber der Sowjetunion. Alle westlichen Besucher, so auch Helmut Schmidt, werden vor der Entspannungspolitik gewarnt und zu einer härteren Haltung aufgefordert. China bezeichnet die Konferenz für Sicherheit und Zusammenarbeit in Europa in der finnischen Hauptstadt Helsinki wegen der sowjetischen Teilnahme als ein »neues München«.

Muhammad Alis 13. Titelverteidigung

1. Oktober. Zum 13. Male gelingt es Muhammad Ali, alias Cassius Clay, den Titel des Boxweltmeisters aller Klassen erfolgreich zu verteidigen. In Manila, der Hauptstadt der Philippinen, gibt Herausforderer Joe Frazier, ebenfalls USA, nach 14 Runden auf.

Der Kampf verläuft ebenso dramatisch wie brutal. Frazier ist nach dem technischen K. o. wegen der völlig zugeschwollenen Augen fast blind. Sein Trainer gibt das Zeichen zur Aufgabe.

Doch auch Ali gerät während des Boxkampfes zeitweise in Bedrängnis, bevor es ihm gelingt, Frazier zu zermürben. Dieses dritte Zusammentreffen der beiden Gegner stellt einen finanziellen Rekord auf. Ali erhält für den Sieg insgesamt etwa sieben Millionen Dollar, Frazier 3,7 Millionen.

Muhammad Ali (links) verteidigt in Manila den Weltmeistertitel gegen den Herausforderer Joe Frazier. Eine Kampfszene aus der ersten Runde.

1975

NOVEMBER

Mo	Di	Mi	Do	Fr	Sa	So
					1	2
3	4	5	6	7	8	9
10	11	12	13	14	15	16
17	18	19	20	21	22	23
24	25	26	27	28	29	30

SPÖ gewinnt bei Nationalratswahl 50,41 Prozent

5. Oktober. Aus den Nationalratswahlen in Österreich geht die Sozialistische Partei Österreichs als Sieger hervor. Sie erhält 50,41 Prozent der Stimmen, das sind 0,56 Prozent mehr als 1971. Die Österreichische Volkspartei erreicht 42,95 Prozent und verliert damit 0,3 Prozent. Die FPÖ bleibt mit 5,41 Prozent praktisch gleich stark, ebenso wie die Kommunisten mit 1,2 Prozent. Die fünf Millionen österreichischen Wähler geben der SPÖ und ihrem Bundeskanzler Bruno Kreisky damit die Möglichkeit, weiterhin allein zu regieren. Für den Fall des Verlustes der absoluten Mehrheit hat die SPÖ eine Koalition mit der FPÖ, der Freiheitlichen Partei, nach Bonner Muster geplant.

Kulturtheoretiker Toynbee stirbt

22. Oktober. Der britische Historiker, Kulturtheoretiker und Geschichtsphilosoph Arnold Toynbee stirbt. Der Neffe des Sozialreformers Arnold Toynbee wurde 1889 in London geboren. In den Jahren 1925 bis 1956 war er Professor für internationale Geschichte in London und zugleich Direktor des Royal Institute of International Affairs. Jeweils nach beiden Weltkriegen gehörte er den britischen Delegationen bei den Friedenskonferenzen von Paris an. Toynbees Hauptwerk ist »A Study of History« in zwölf Bänden, das 1934 bis 1961 entstand. Es handelt sich um eine Darstellung aller Zivilisationen, die jemals bestanden haben. Sie gliedern sich auf in Primitivgesellschaften, primäre Zivilisationen, sekundäre Zivilisationen und höhere Religionen. Der Sinn der bisherigen Geschichte kulminiert nach Toynbees Auffassung in den höheren Religionen.
Sein Werk hat eine apokalyptisch-spekulative Komponente: Das Endreich der Geschichte bildet eine Einheitsgesellschaft mit einer Universalreligion, wenn es nicht zum Untergang durch den Atomkrieg kommen soll.

1. Schatzkammer im Kölner Dom ausgeraubt.

3. Bundeskanzler Schmidt in Iran.

5. Bundesverfassungsgericht in Karlsruhe entscheidet: Diäten von Bundes- und Landtagsabgeordneten sind steuerpflichtig.

6. In Spanisch-Sahara marschieren 350 000 Marokkaner auf Befehl König Hassans II. ein. →

6. Niederländischer Industrieller Herrema in Irland freigelassen.

10. Scheel als erster Bundespräsident in der Sowjetunion.

11. Mit 72 zu 35 Stimmen verurteilt UN-Vollversammlung den Zionismus als eine Art Rassismus.

16. Chaos bei Nebel auf Autobahnen: vier Tote und 60 Schwerverletzte.

16. Polizei findet Lorenz-Versteck in Berlin-Kreuzberg.

17. Gipfeltreffen westlicher Staatschefs in Rambouillet bei Paris.

20. Zwei Tote und mehrere verletzte Arbeiter bei Unfall im Kernkraftwerk Grundremmingen durch Verbrühungen.

20. Europameisterschafts-Viertelfinalspiel Bundesrepublik Deutschland – Bulgarien endet in Stuttgart vor 73 000 Zuschauern 1 : 0.

21. Bundespost macht erstmals seit fünf Jahren Gewinne.

21. Deutsche Marina Langner wird bei Miß-Welt-Wahl in London zweite.

22. Nach Francos Tod Juan Carlos zum König proklamiert. →

26. Bundeskabinett beschließt Hilfen für Kohleindustrie. Bildung einer nationalen Kohlereserve wird auf 1976 vorgezogen. Importe von 1975 werden nicht erhöht.

28. Kapitalmehrheit von Fichtel & Sachs wird an Guest, Keen & Nettlefolds in Birmingham verkauft.

30. Erdgasgeschäft zwischen Bundesrepublik (Ruhrgas), der UdSSR und Iran abgeschlossen.

GESTORBEN:

1. Pier Paolo Pasolini (* 5. 3. 1922), italienischer Schriftsteller und Regisseur. →

20. Francisco Franco Bahamonde (* 4. 12. 1892), spanischer General und Politiker. →

29. Graham Hill (* 15. 2. 1929), britischer Formel-1-Fahrer.

Juan Carlos ist König

König Juan Carlos I. von Spanien wird vereidigt. Links sitzend Königin Sophia.

20. November. Spanien erlebt am Ende des Jahres eine einschneidende Veränderung: Francisco Franco Bahamonde, der das Land seit 1939 als uneingeschränkter Caudillo geführt hat, stirbt nach wochenlanger Krankheit im Alter von 82 Jahren. Der Sohn eines Marineoffiziers war als Kommandeur der Fremdenlegion 1926 jüngster General. Von einem Posten in Marokko wurde er 1935 ins Amt des Generalstabschefs gerufen. Nach dem Sieg der Volksfront im Frühjahr 1936 wird er auf die Kanarischen Inseln verbannt. Im September 1936 wird er Chef der sogenannten national-spanischen Regierung und Generalissimus. Innenpolitisch kann er sich auf die Einheitspartei Falange stützen. Er wandelt das Regime in eine Monarchie um und ernennt Prinz Juan Carlos von Bourbon 1969 zu seinem Nachfolger. Am 30. Oktober übernimmt der Prinz wegen Francos Krankheit das Amt des Staatschefs, nach dem Tod des Caudillo wird er am 22. November zum König ausgerufen und am 26. inthronisiert. Juan Carlos I. verspricht in seiner Thronrede dem Volk mehr Mitsprachemöglichkeiten in der Politik. Er strebt einen Übergang zur Demokratie an, doch ist er durch verschiedene Institutionen gebunden. Der Kronrat kann ihm bindende Ratschläge erteilen. Dieser Rat besteht, ebenso wie das Parlament, die Cortes, aus Anhängern Francos und des alten Regimes.

Pasolini ermordet

1. November. Einer der bekanntesten italienischen Filmregisseure, Pier Paolo Pasolini, wird in Ostia in der Nähe von Rom ermordet aufgefunden. Wenig später gesteht ein 17jähriger die Tat. Er hat den 53jährigen Regisseur erst erschlagen, dann mit dem Auto überfahren. Pasolini hat in den 50er und 60er Jahren zunächst Gedichte und Essays veröffentlicht. Außerdem arbeitet er als Drehbuchautor für Federico Fellini und andere. 1961 wird er mit seinem ersten eigenen Film berühmt: »Accatone – wer nie sein Brot mit Tränen aß.« Er erregte Aufsehen mit so unterschiedlichen Werken wie »Mamma Roma« (1962), »Das erste Evangelium – Matthäus« (1964) und »Decamerone« (1970). Sein letzter Film, »Die 120 Tage von Sodom«, wird wegen der Darstellung von Perversion und Sadismus im italienischen Faschismus einer der meistdiskutierten Filme. Pasolini wird das Opfer einer Entwicklung der Gewalt, die er selbst beschrieben hat.

Großbritannien fördert Erdöl

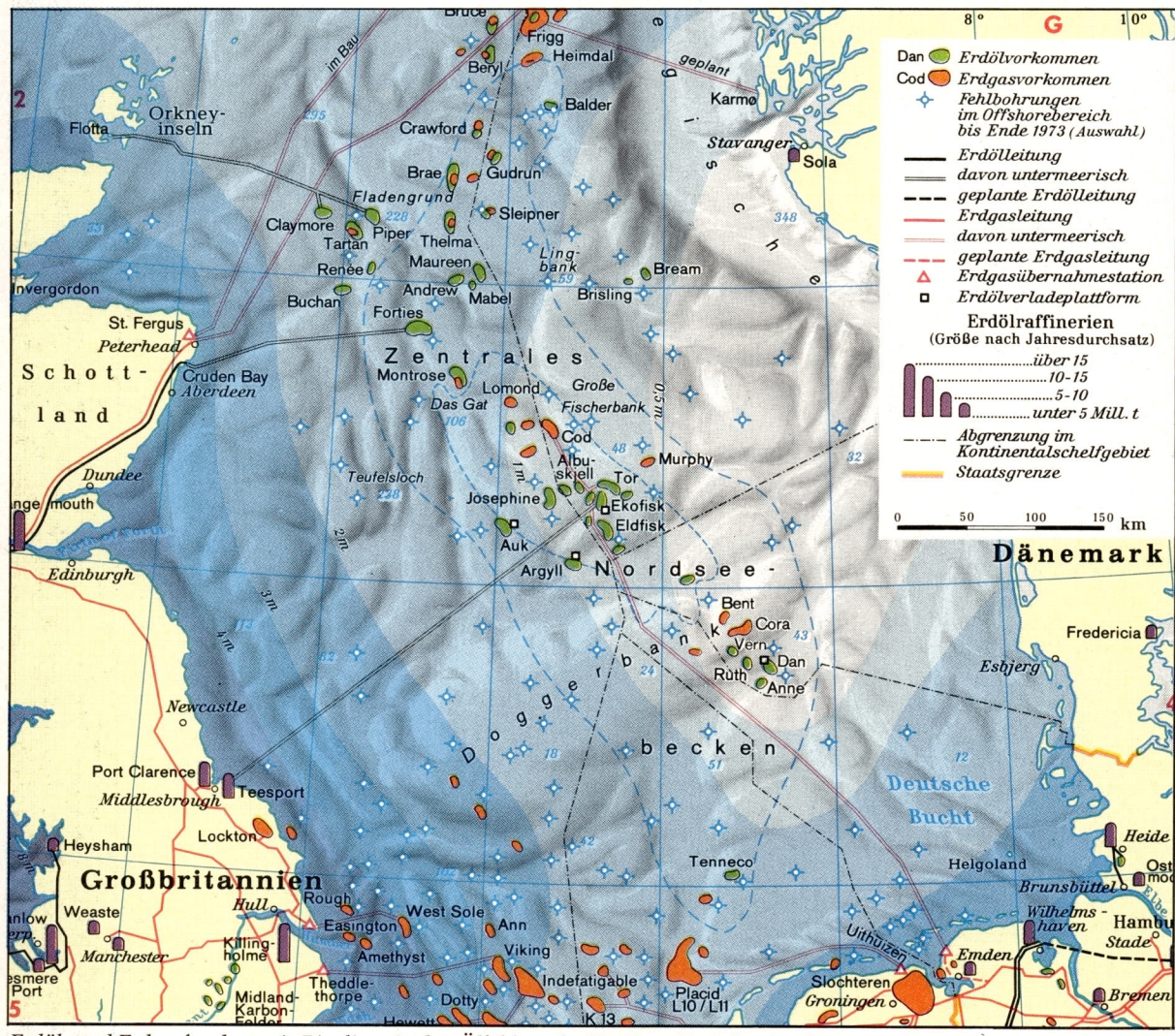

Erdöl- und Erdgasfunde sowie Pipelines in den Ölfeldern der Nordsee vor Schottland.

3. November. Königin Elizabeth II. eröffnet die erste Unterwasser-Pipeline, die Öl von den Ölfeldern in der Nordsee zum schottischen Festland bringt. Diese 160 Kilometer lange Pipeline soll helfen, Großbritannien in den 80er Jahren von Ölimporten unabhängig zu machen. Die Leitung der BP-Raffinerie spricht von einem neuen Zeitalter, da das

Nordsee-Öl noch bis 1973 wegen der aufwendigen Förderung als viel zu teuer erschien. Der Schock des arabischen Ölboykotts führt jedoch zu verstärkter Suche nach weiteren Ölfeldern im Meer. Allein von Mai 1974 bis März 1975 werden 14 neue Felder entdeckt. Ziel ist es, die Jahresproduktion auf über 100 Millionen Tonnen zu steigern. Die

Labour-Partei fordert, eine Staatsgesellschaft solle 51 Prozent der Produktion kontrollieren. Die Absicht Großbritanniens, auf der Konferenz über internationale wirtschaftliche Zusammenarbeit in Paris als zukünftiger größerer Ölproduzent mit einer eigenen Delegation zu erscheinen, wird nach Spannungen in der EG revidiert.

Marsch nach Spanisch-Sahara

6. November. Als Spanien seinen Rückzug aus der Kolonie in der West-Sahara vorbereitet, beginnt ein Streit mehrerer Staaten um Ansprüche auf das an Phosphatvorkommen reiche Gebiet. Nach langer Vorbereitung durch Aufrufe an die Bevölkerung gibt König Has-

san II. von Marokko am 6. November den Befehl zum »Friedensmarsch«. 350 000 Marokkaner marschieren nach Spanisch-Sahara, um ihre Besitzansprüche zu betonen. Am 9. November bereits wird der Marsch vom König wieder für beendet erklärt. Spanien hat auf

den Kanarischen Inseln 3500 Marinesoldaten konzentriert. Die Einheitsfront zwischen Marokko, Mauretanien und Algerien zerbricht, als Spanien einer Verwaltung für die West-Sahara unter der Beteiligung von Marokko und Mauretanien zustimmt.

1975
DEZEMBER

Mo	Di	Mi	Do	Fr	Sa	So
1	2	3	4	5	6	7
8	9	10	11	12	13	14
15	16	17	18	19	20	21
22	23	24	25	26	27	28
29	30	31				

1. US-Präsident Ford in China.

1. Weltsicherheitsrat verlängert UN-Mandat auf Golanhöhen.

4. Weitere Geiselnahme durch Molukker im Amsterdamer Konsulat von Indonesien. →

7. Verfassungsgerichtshof Münster untersagt Zusammenschluß der Städte Bottrop/Gladbeck/Kirchhellen.

7. Indonesien besetzt Portugiesisch-Timor.

9. Verleihung der Nobelpreise 1975 in Stockholm. →

11. Antibabypillen mit Hormon Megestrolazetat werden aus dem Verkehr gezogen.

13. Sieg der konservativen Opposition bei Parlamentswahlen in Australien.

15. Kanzleramtsspion Guillaume zu 13 Jahren Haft verurteilt, seine Ehefrau erhält acht Jahre (→ April 1974).

19. Die Frauenbeauftragte Nordrhein-Westfalens, Brigitte von Sell, tritt zurück, da sie »keine wirklichen Kompetenzen« in ihrem Amt erkennt.

19. Molukker geben Konsulats-Geiseln frei. →

21. Fußballfreundschaftsspiel Türkei – Bundesrepublik endet in Istanbul 0 : 5.

22. Schalker Spieler gestehen Meineide bei Prozeß um Bestechung in der Fußballbundesliga.

23. Wenig Schnee im größten Teil des Bundesgebietes von Deutschland zu Weihnachten. Mildes Wetter, aber Bilderbuchwinter in den Alpen.

24. Am Ende des Heiligen Jahres wird die Heilige Pforte in Rom vermauert (→ Januar 1975).

29. Der sowjetische Außenstürmer Blochin wird Fußballer Europas.

GESTORBEN:

1. Hans Schweikart (* 1. 10. 1895), deutscher Schauspieler und Regisseur.

4. Hannah Arendt (* 14. 10. 1906), amerikanische Politikwissenschaftlerin und Soziologin deutscher Herkunft.

7. Thornton Wilder (* 17. 4. 1897), amerikanischer Schriftsteller. →

25. Gaston Gallimard (* 18. 1. 1908), französischer Verleger.

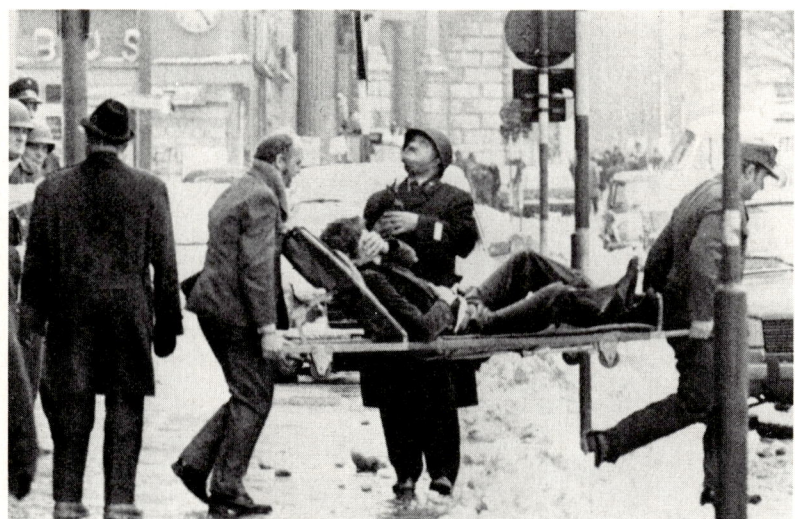

Ein Überfall auf die OPEC-Räume in Wien fordert Tote und Verletzte.

Überfall auf die OPEC

21. Dezember. Arabische Terroristen überfallen arabische Politiker. In Wien nehmen Terroristen, die sich »Arm der arabischen Revolution« nennen, 70 Geiseln im Gebäude der OPEC. Diese Organization of the Petroleum Exporting Countries (Organisation erdölexportierender Länder) verhandelt hier über die zukünftige Preisgestaltung. Bei dem überraschenden Überfall geraten elf Minister beziehungsweise Delegationschefs in die Hände der Terroristen. Drei Menschen werden getötet. Die Terroristen erreichen, daß ihre politischen Forderungen in einer Rundfunksendung übertragen werden. Sie kritisieren die Friedenspolitik einiger arabischer Staaten gegenüber Israel. Den Geiselnehmern wird ein Flugzeug zur Verfügung gestellt, mit dem sie zusammen mit den Geiseln nach Algerien und Libyen ausreisen. Dort lassen sie ihre Gefangenen nach und nach frei. Zurück in Algier ergeben sich die Terroristen am 23. Dezember. Algerien will sie wie politische Flüchtlinge behandeln. Es wird vermutet, daß der Anführer der international gesuchte Terrorist »Carlos« aus Venezuela ist. Bei dem Terroristen, der bei dem Anschlag verletzt wird, handelt es sich um den Deutschen Günter Klein. Auch er wird ausgeflogen.

Volksrepublik Laos ausgerufen

3. Dezember. In der Hauptstadt Vientiane von Laos wird die »Demokratische Volksrepublik« ausgerufen. Laos erklärt eine indochinesische Solidarität mit Vietnam und Kambodscha.
Die Koalitionsregierung unter Prinz Souvana Phouma wird entmachtet. Der kommunistische Pathet Lao bildet eine »Revolutionsregierung«. Die Monarchie wird abgeschafft. Der Prinz erhält einen eher repräsentativen Posten als Berater der Regierung. Wie in Vietnam und Kambodscha beginnt eine »Umerziehung« der Bevölkerung in großen Propagandakampagnen.

Thornton Wilder stirbt in USA

7. Dezember. Der amerikanische Schriftsteller Thornton Wilder stirbt im Alter von 78 Jahren. Der Sohn eines Zeitungsverlegers wurde bekannt durch seinen Roman »Die Brücke von Lan Luis Rey« (1927), für den er den Pulitzerpreis erhielt. Seine Dramen (z. B. »Unsere kleine Stadt«, 1938, und »Wir sind noch einmal davongekommen«, 1942, Pulitzerpreis) kreisen um zeitlose menschliche Probleme und verwenden experimentelle Techniken (Einfügung eines Ansagers, Aufhebung des Zeitablaufs). 1957 erhielt Wilder den Friedenspreis des Deutschen Buchhandels.

Preis für Sacharow

9. Dezember. Den Friedensnobelpreis des Jahres 1975 verleiht die Schwedische Akademie der Wissenschaften dem sowjetischen Physiker und Menschenrechtler Andrej Dmitrijewitsch Sacharow. Der 1921 Geborene entwickelt 1950 zusammen mit seinem Kollegen Igor Jewgenjewitsch Tamm Grundlagen für die Erzielung kontrollierter thermonuklearer Reaktionen (Kernfusionen). Seit 1953 war der Physiker Mitglied der Akademie der Wissenschaften in Moskau. Sacharow ist führend an der Entwicklung der sowjetischen Wasserstoffbombe beteiligt. In den 60er Jahren aber schreibt er ein Memorandum »Gedanken über den Fortschritt, die friedliche Koexistenz und geistige Freiheit«, das 1968 im Westen veröffentlicht wird. Sacharow tritt darin für die Verbindung der geistigen Freiheit mit den Idealen des Sozialismus ein.
Im November 1970 gründet er ein Komitee für die Menschenrechte. 1971 fordert er mehr Demokratie und Gesetzlichkeit in der Sowjetunion. Die Sowjetunion verurteilt die Verleihung des Friedensnobelpreises als »Preis für Antisowjetismus« und erteilt Sacharow kein Visum für die Ausreise zur Entgegennahme des Preises nach Stockholm.
Die weiteren Nobelpreisträger des Jahres 1975 sind:
Physik: James Rainwater (USA), Aage Bohr (Dänemark) und Benjamin Mottelson (Dänemark) für die weitere Erforschung des Atomkernes. Chemie: John Cornforth (Australien/GB) für Arbeiten über die Stereochemie enzymkatalisierter Reaktionen und Vladimir Prelog (Jugoslawien/Schweiz) für Forschungen in der Stereochemie organischer Moleküle und Reaktionen. Medizin: David Baltimore und Howard Temin (USA) und Renato Dulbecco (Italien/England) für Erforschungen der Wechselwirkung zwischen Tumorviren und dem genetischen Material der Zelle. Literatur: Eugenio Montale (Italien). Wirtschaft: Leonid Kantorowitsch (UdSSR) und Tjalling C. Koopmanns (USA) für Beiträge zur Theorie der optimalen Verwendung von verfügbaren Ressourcen in der Wirtschaft.

Der sowjetische Physiker Andrej Sacharow erhält den Friedensnobelpreis, darf aber nicht ausreisen.

Geiselnahme im Zug

2. Dezember. Zwei Überfälle mit Geiselnahmen schockieren im Dezember die Niederlande. Extremistische Mitglieder der etwa 35 000 in den Niederlanden lebenden Ambonesen (Süd-Molukker) überfallen am 2. Dezember einen Zug bei Beilen und nehmen die Fahrgäste als Geiseln. Am 4. überfällt eine andere Gruppe das indonesische Generalkonsulat in Amsterdam. Dort werden 25 Personen als Geiseln festgehalten. Die Ambonesen haben zu Kolonialzeiten den besten Kontakt zur Kolonialmacht Niederlande unterhalten. Viele sind in der Armee oder Verwaltung beschäftigt. Später emigrieren viele in die Niederlande. Im Verlauf der Geiselnahme werden vier Geiseln erschossen. Die Terroristen verlangen die Freilassung von anderen Ambonesen und ein Flugzeug zur Ausreise, aber die niederländische Regierung bleibt hart. Nach langen Verhandlungen, bei denen gemäßigte Ambonesen vermitteln, geben die Geiselnehmer auf.

1976

JANUAR

Mo	Di	Mi	Do	Fr	Sa	So
			1	2	3	4
5	6	7	8	9	10	11
12	13	14	15	16	17	18
19	20	21	22	23	24	25
26	27	28	29	30	31	

1. 82 Tote beim Absturz einer libanesischen Maschine in Saudi-Arabien.

1. Algerien läßt OPEC-Attentäter nach Libyen ausreisen.

1. In Moskau akkreditierte westliche Journalisten erhalten gleiche Reisefreizügigkeit wie Diplomaten.

1. Erzbistum Köln meldet Rückgang der Taufen katholischer Kinder. 1974: 21 000, 1965: 45 000.

1. Das niedrig besteuerte leichte Heizöl wird rot gefärbt, um es bei Kontrollen erkennen zu können, wenn es statt Dieselkraftstoff benutzt wird.

3. Schwere Sturmflut an der deutschen Nordseeküste. →

9. Eine Explosion auf der Hamburger Werft Blohm & Voss fordert 24 Tote. →

12. Palästinensische Befreiungsorganisation PLO erstmals bei UN-Sicherheitsratssitzung.

15. Ernst Albrecht (CDU) wird überraschend zum Ministerpräsidenten Niedersachsens gewählt. →

16. Münchens Haus der Kunst eröffnet »Nofretete – Echnaton«-Ausstellung.

20. Stuttgarter Gericht lehnt den Antrag der Verteidigung, Baader-Meinhof-Häftlinge als Kriegsgefangene zu behandeln, ab.

21. Air France und British Airways eröffnen Überschallinie mit Concorde Paris – Rio und London – Bahrain.

23. Bundestag beschließt verbesserten Arbeitsschutz für Jugendliche. →

26. Die Regierung Kubas bestätigt Einsatz von »Freiwilligen« in Angola.

28. Neue Leitzeichen im Postverkehr mit der DDR: in die Bundesrepublik »D« statt »O« und in die DDR nicht mehr »X«, sondern »DDR«.

GESTORBEN:

8. Tschou En-lai (* 1898), Ministerpräsident Chinas. →

12. Agatha Christie (* 15. 9. 1891), englische Kriminalschriftstellerin. →

18. Friedrich Hollaender (* 18. 10. 1896), deutscher Komponist.

30. Arnold Gehlen (* 29. 1. 1904), deutscher Philosoph und Soziologe.

Ablösung in Hannover

Überraschend wird nach dem Rücktritt Kubels der CDU-Kandidat Ernst Albrecht (links) zum niedersächsischen Ministerpräsidenten gewählt. Wilfried Hasselmann (2. v. r.) und Werner Remmers (ganz rechts) gratulieren.

15. Januar. Nach dem Rücktritt des langjährigen Ministerpräsidenten von Niedersachsen, Alfred Kubel (SPD), wird eine Neuwahl im Landtag notwendig. Die Sozialdemokraten nominieren den bisherigen Finanzminister Helmut Kasimir, die CDU Ernst Albrecht. Überraschend fehlen Kasimir bei der geheimen Abstimmung im Parlament die Stimmen dreier Fraktionsabgeordneter von SPD oder FDP. Ein zweiter Wahlgang findet einen Tag nach dem ersten, am 15. Januar, statt. Die Sensation: Ernst Albrecht erhält noch eine Stimme mehr als am Tag zuvor, nämlich 78. Für Kasimir stimmen 74 Abgeordnete. Inzwischen stellt die SPD für den zweimal gescheiterten Kasimir den Bundesminister Karl Ravens als Kandidaten für den nächsten Wahlgang auf, der am 6. Februar stattfindet. Dieser Tag bringt jedoch Albrechts endgültigen Sieg. Er wird mit 79 von 155 Stimmen gewählt. Ravens erhält 75. Die CDU/CSU hat nunmehr im Bundesrat die Mehrheit.

Ägypten-Ausstellung im Haus der Kunst

16. Januar im Haus der Kunst in München wird die Ausstellung »Nofretete – Echnaton« eröffnet, in deren Mittelpunkt die ägyptische Königin Nofretete steht. Die farbig bemalte Kalksteinbüste, die um 1360 v. Chr. entstand und im Jahr 1912 bei Ausgrabungsarbeiten in Amarna entdeckt wurde, sichert der Ausstellung hohe Besucherzahlen. Nofretete war die Gemahlin des Königs Amenophis' IV. (Echnaton), der die Residenz von Theben nach Amarna verlegte und in einem Bruch mit den religiösen und politischen Traditionen die monotheistische Religion des Sonnengottes Aton einführte.

Explosion auf Hamburger Werft

9. Januar. 24 Tote fordert ein Werftunglück im Hamburger Hafen. Bei Blohm & Voss explodiert in einem Frachter der Maschinenraum. Arbeiter werden mit 300 Grad heißem Dampf verbrüht. Es ist das schwerste Unglück im Hafen seit Kriegsende. Zahlreiche Arbeiter erleiden schwere Brandverletzungen.

Mehr Arbeitsschutz für Jugendliche

23. Januar. Der Bundestag beschließt Verbesserungen des Arbeitsschutzes für Jugendliche. Die Bestimmungen treten am 1. Mai 1976 in Kraft. Danach erhöht sich das Mindestalter für die Zulassung zur Arbeit von 14 auf 15 Jahre. Die wöchentliche Arbeitszeit wird auf 40 Stunden verkürzt, sie muß zwischen 7 und 20 Uhr liegen, Ausnahmen bilden z. B. das Bäckerhandwerk oder der Gaststättenbereich.

Nordsee-Sturmflut fordert 40 Tote

3. Januar. Ein Orkan über Nordwest-Europa fordert im Januar insgesamt 40 Tote. Allein die deutsche Nordseeküste hat seit 1962 keine so schwere Sturmflut erlebt. Das Unwetter richtet Schäden in Milliardenhöhe an. Die in der Bundesrepublik erneuerten und erhöhten Deiche halten der Flut jedoch stand. Ein 600-Tonnen-Frachter der DDR sinkt vor Holland.

Agatha Christie stirbt in Oxford

12. Januar. Mit Agatha Christie stirbt die wohl bekannteste Kriminalschriftstellerin. Sie wurde 1890 in England geboren, studierte Musik und Gesang und reist nach ihrer Heirat mit dem Archäologen Sir Max Mallowan nach Ägypten und in andere Länder. Mit dem Schreiben begann sie zur Zeit des Ersten Weltkrieges. Hauptfigur der Romane ist meist der belgische Detektiv Hercule Poirot.

Autogurt wird Pflicht

1. Januar. »Vorgeschriebene Sicherheitsgurte für die Vordersitze von Kraftfahrzeugen müssen während der Fahrt angelegt sein«, lautet die Verordnung, die ab Januar 1976 auf allen Straßen der Bundesrepublik gilt. Mit dieser Vorschrift berücksichtigt der Gesetzgeber die seit Jahren vorliegenden Testergebnisse, die eine wesentlich höhere Verkehrssicherheit durch Anschnallen von Sicherheitsgurten bestätigen. So besagt eine Studie des Verbandes der Haftpflicht- und Unfallversicherer (HUK), daß sich bei Gurtbenutzung die Zahl der Personenschäden um 50 Prozent verringert. Die Untersuchung der schwedischen Volvo-Werke zeigt, daß angeschnallte Autofahrer selbst Zusammenstöße bei 100 Stundenkilometern noch überleben können. Bisher allerdings ist auch nach der neuen Verordnung das Gurttragen zwar Pflicht, es wird jedoch nicht mit Bußgeld belegt, wenn der Autofahrer sich nicht anschnallt. Die Gerichte betrachten Gurtverweigerung nicht als Schuld. Die Verordnung verpflichtet ferner Motorrad- und Mofafahrer zum Tragen von Schutzhelmen.

Das Tragen von Sicherheitsgurten im Auto wird für die Deutschen Pflicht.

Ministerpräsident Tschou En-lai †

8. Januar. Der chinesische Ministerpräsident Tschou En-lai stirbt. Im Jahre 1898 in der Provinz Kiangsu geboren, entstammt Tschou En-lai einer Mandarin-Familie. Er studiert in Japan, England und Deutschland (Göttingen). Seit 1924 gehört er in China schon der kommunistischen Führung an. Der als Pragmatiker bekannte Tschou übersteht unangefochten alle politischen Säuberungen der Innenpolitik einschließlich der Kulturrevolution. Seine Haltung ergänzt diejenige Maos vor allem in der Außenpolitik. Tschou ist seit 1949 Ministerpräsident der Volksrepublik. Ihm ist die Öffnung Chinas nach Westen zu verdanken.

Streit um die Beuys-Badewanne

14. Januar. Zu den Werken des Düsseldorfer Künstlers Joseph Beuys gehört eine Wanne, die er mit Heftpflaster, Mull und Vaseline zum Objekt ausgestattet hat. Nachdem ein Münchener Kunsthändler sie gekauft hat, wird sie 1973 an ein Wuppertaler Museum ausgeliehen. Mit einer Wanderausstellung wiederum kommt sie nach Leverkusen, wo die Museumsdirektion sie in einem Abstellraum unterbringt. Als nun ein SPD-Ortsverein im Museum eine Feier abhält, wird die Wanne als Bierkühler benutzt. Der Wannenbesitzer klagt. Das Wuppertaler Landgericht verurteilt die Stadtverwaltung zur Zahlung von 180 000 DM Schadenersatz.

1976
FEBRUAR

Mo	Di	Mi	Do	Fr	Sa	So
						1
2	3	4	5	6	7	8
9	10	11	12	13	14	15
16	17	18	19	20	21	22
23	24	25	26	27	28	29

1. Aus dem Papst-Palast in Avignon 119 Picasso-Bilder gestohlen.

2. Super-Benzin kostet erstmals 99,9 Pfennig.

4. Olympische Winterspiele in Innsbruck eröffnet. →

4. Schweres Erdbeben in Guatemala fordert über 20 000 Tote.

6. Ernst Albrecht endgültig zum niedersächsischen Ministerpräsidenten gewählt.

8. Goldmedaille für Rosi Mittermaier im Abfahrtslauf. →

8. Hua Kuo-feng wird Nachfolger Tschou En-lais als Ministerpräsident Chinas.

9. Erstmals wird in den Niederlanden ein Untersuchungsausschuß gegen ein Mitglied des Königshauses eingesetzt: Prinz Bernhards Rolle im Lockheed-Bestechungsskandal wird untersucht.

9. Fünf Patienten sterben in Hannover in Überdruckkammer. →

11. Rosi Mittermaier gewinnt im Slalom Gold. →

12. Bundestag verabschiedet die Reform des § 218 (erweiterte Indikationsregelung).

15. Spitze des Lockheed-Konzernmanagements tritt zurück.

19. Der Bundestag billigt Vereinbarung mit Polen.

19. Bonn erkennt MPLA-Regierung in Angola an. →

22. China erklärt Fortsetzung der »großen proletarischen Kulturrevolution«.

23. Erste Gipfelkonferenz der nichtkommunistischen Staaten Südostasiens in Bali.

24. XXV. Parteitag der KPdSU in Moskau. Die Kommunistischen Parteien Italiens und Frankreichs sprechen sich für einen eigenen Weg zum Sozialismus aus. Breschnew fordert Gewaltverzichtsvertrag. →

24. Pasolinis Film »120 Tage von Sodom« bundesweit beschlagnahmt. →

GESTORBEN:

1. Werner Heisenberg (* 5. 12. 1901), deutscher Physiker und Nobelpreisträger. →

12. Lee J. Cobb (* 9. 12. 1911), amerikanischer Schauspieler.

20. René Cassin (* 5. 10. 1889), französischer Jurist, Friedensnobelpreis 1968.

Aufbegehren der Eurokommunisten in Moskau

24. Februar. Auf dem XXV. Parteitag der Kommunistischen Partei der Sowjetunion, der vom 24. Februar bis zum 5. März in Moskau stattfindet, werden 103 Delegationen aus 96 Ländern begrüßt. Albanien und die Volksrepublik China entsenden keine Delegierten. Aber auch in den Grußworten verschiedener Teilnehmer wird die Distanz zu Moskau deutlich. Nicolae Ceaușescu (Rumänien), Stane Dolanc (Jugoslawien) und Enrico Berlinguer (Italien) betonen die Absage an den Moskauer Führungsanspruch. Diese Länder wollen bei wechselseitiger Nichteinmischung einen eigenen Weg zum Sozialismus gehen, der den Traditionen des jeweiligen Landes entspricht.
Bereits Anfang Februar hat der Parteitag der französischen Kommunisten in Paris die Formel von der »Diktatur des Proletariats« als angestrebte Herrschaftsordnung einstimmig aus den Statuten der KPF gestrichen. Damit nähern sich die kommunistischen Parteien Frankreichs und Italiens. Am 3. Juni in Paris verwendet bei einem Treffen beider Parteien der Generalsekretär der KPI, Enrico Berlinguer, das von einem italienischen Journalisten geprägte Wort »Eurokommunismus«.

Fünf Tote in der Überdruckkammer

9. Februar. In den Räumen der privaten Gesellschaft für regenerative Überdrucktherapie in Hannover ereignet sich ein tragischer Unglücksfall. Vier Patienten sterben in einer sogenannten Überdruckkammer, ein fünfter später im Krankenhaus. Weitere Patienten erkranken bei der therapeutischen Behandlung in der Überdruckkammer schwer. Die Therapie dient der Hilfe bei Herzkrankheiten bzw. nach einem Schlaganfall. Die Methode selbst ist in der Medizin umstritten. Der Tod ist auf einen Fehler bei der Bedienung des Geräts zurückzuführen. Die Staatsanwaltschaft in Hannover ermittelt wegen fahrlässiger Tötung.

»Gold-Rosi« Mittermaier gewinnt in Innsbruck für die Bundesrepublik zwei Gold- und eine Silbermedaille.

Die Amerikanerin Kathy Kreiner erringt im Riesenslalom vor ihrer Rivalin Rosi Mittermaier (vorn) Gold.

Sieg für »Gold-Rosi«

4. Februar. In Innsbruck werden zum zweitenmal nach 1964 (→ Februar 1964) Olympische Winterspiele ausgetragen. An der XII. Winterolympiade beteiligen sich Sportler aus 36 Nationen. Die Publikumsresonanz ist groß, mehr als 60 000 Besucher kommen allein zum Abfahrtslauf der Herren, um den österreichischen Skiheroen Franz Klammer siegen zu sehen. Auffällig ist die Dominanz der Technik; so kommt es neben den Wettbewerben der Athleten zu einer Materialschlacht der Sportgerätehersteller. Kleidung und Gerät haben endlose Erprobungen im Windkanal hinter sich, bevor sie schließlich von den Sportlern benutzt werden können. Die bundesdeutschen Rennrodler versuchen

sogar, mit Hilfe eines eiförmigen Helms Hundertstelsekunden zu gewinnen. Die erfolgreichste bundesdeutsche Sportlerin wird Rosi Mittermaier (25) aus Reit im Winkl. Die Rennläuferin siegt am 8. Februar im Abfahrtslauf und drei Tage später im Spezialslalom. Ihr Triumph wird durch eine Silbermedaille im Riesenslalom hinter der Amerikanerin Kathy Kreiner vollkommen.
Im Eiskunstlauf besiegt der Brite John Curry, ein Balletteleve und Klassiker unter den Eisläufern, den exzentrischen Toller Cranston, Kanada, der nach schwacher Pflicht nur Bronze gewinnt. Für die Bundesrepublik Deutschland zählt zu den größten Überraschungen der Gewinn der Bronzemedaille im Eishockey.

Pasolini-Film wird verboten

24. Februar. Nachdem zunächst in einzelnen Städten der letzte Film des 1975 ermordeten italienischen Regisseurs Pier Paolo Pasolini, »Salò – oder die 120 Tage von Sodom«, nicht aufgeführt werden durfte, beschlagnahmt das Amtsgericht Saarbrücken den Film für das ganze Bundesgebiet wegen der Darstellung sexueller und sadistischer Exzesse. Pasolini verwendet sie zur Abrechnung mit der faschistischen Ideologie.

Gutachten über Image der Polizei

15. Februar. Die Universität Saarbrücken erarbeitet im Auftrag des Innenministeriums ein Gutachten, in dem die Äußerungen von befragten Bürgern ausgewertet werden. Danach betrachten 88 Prozent der Befragten die Polizisten nicht als »Bullen«, sondern als zuverlässige Beamte, die ihre Pflicht erfüllen. Auf der anderen Seite sind jedoch nur 55 Prozent der befragten Polizisten der Meinung, ihre Arbeit würde von der Bevölkerung geschätzt.

Physiker Heisenberg †

1. Februar. Im Alter von 74 Jahren stirbt in München Werner Heisenberg, einer der bedeutendsten Physiker des 20. Jahrhunderts. Heisenberg war von 1941 bis 1945 Direktor des Kaiser-Wilhelm-Instituts für Physik in Berlin und leitete seit 1946 das Max-Planck-Institut für Physik und Astrophysik in Göttingen und später in München. Er leistete fundamentale Beiträge zur Atom- und Kernphysik. Er wandte erstmals das Konzept an, in der Quantentheorie nur mit beobachtbaren Größen zu arbeiten.
Unter der Mitwirkung der Physiker Max Born und Pascual Jordan entstand daraus die sogenannte Göttinger Form der Quantenmechanik. Für seine Arbeiten zur Quantentheorie erhielt Werner Heisenberg 1932 den Nobelpreis.
Nach grundlegenden Arbeiten über den Bau der Atomkerne arbeitete er seit 1953 an einer Theorie der Elementarteilchen.

Der Atomphysiker Werner Heisenberg stirbt in München.

Kubaner in Angola

Mit sowjetischen Raketen ist die Befreiungsfront Angolas ausgerüstet.

19. Februar. Bonn erkennt die Regierung der MPLA – der von Kuba unterstützten Befreiungsfront Angolas – an, andere Staaten folgen oder haben dies bereits früher getan. Die MPLA bleibt Sieger im Bürgerkrieg über die Befreiungsorganisationen FNLA und UNITA, die von Südafrika unterstützt werden. Während Südafrika seine

Truppen zurückzieht, findet der angekündigte Rückzug der kubanischen Soldaten nicht statt. Ihre Stärke wird auf 14 000 Mann geschätzt. Als auch Reste der Guerillastreitmacht FNLA noch aktiv bleiben, teilt Fidel Castro mit, Kubas Streitkräfte würden solange in Angola bleiben, bis die MPLA-Armee ausreichend ausgebildet ist.

MÄRZ

Mo	Di	Mi	Do	Fr	Sa	So
1	2	3	4	5	6	7
8	9	10	11	12	13	14
15	16	17	18	19	20	21
22	23	24	25	26	27	28
29	30	31				

1. Bohrinsel »Deep Sea Driller« kentert vor Norwegen. Dabei kommen sechs Menschen ums Leben.

3. Mozambique schließt Grenze nach Rhodesien.

7. EG-Agrarminister einigen sich in Brüssel auf 4,5 Prozent höhere Erzeugerpreise für 1976/77.

9. 42 Tote beim bisher schwersten europäischen Seilbahnunglück in Südtirol bei Cavalese. Das Tragseil reißt und die Gondel zerschellt.

11. Eine US-Untersuchung über Lockheed-Bestechungen in der Bundesrepublik und den Niederlanden ohne Ergebnis beendet.

12. Schwedens König Karl XVI. Gustav verlobt sich mit der Deutschen Silvia Sommerlath (→ Juni).

12. Nach monatelangen Beratungen stimmt der Bundesrat den Polen-Vereinbarungen zu.

13. Sparprogramm der Labour-Regierung scheitert im Londoner Unterhaus. Premier Wilson tritt zurück.

15. Bundeswirtschaftsminister Friderichs bricht Besuch der Leipziger Messe ab, da drei deutsche Journalisten von der Berichterstattung ausgeschlossen werden.

15. Ägypten kündigt den 1971 für 15 Jahre geschlossenen Freundschaftsvertrag mit der UdSSR.

18. Bundestag verabschiedet Mitbestimmungsgesetz. →

19. Britische Prinzessin Margaret und Lord Snowdon trennen sich.

24. Militärjunta stürzt Isabel Perón und übernimmt die Macht in Argentinien. →

30. Bei bisher schwersten Zusammenstößen zwischen den israelischen Sicherheitskräften und der arabischen Minderheit gibt es sechs Tote.

30. Der amerikanische Film »Einer flog über das Kuckucksnest« erhält fünf Oscars. →

GESTORBEN:

17. Luchino Visconti (* 2. 11. 1906), italienischer Regisseur.

24. Bernard L. Montgomery (* 17. 11. 1887), 1. Viscount of Alamein and Hindhead, britischer Feldmarschall.

27. Georg August Zinn (* 27. 5. 1901), deutscher Politiker, hessischer Ministerpräsident.

Ja zur Mitbestimmung

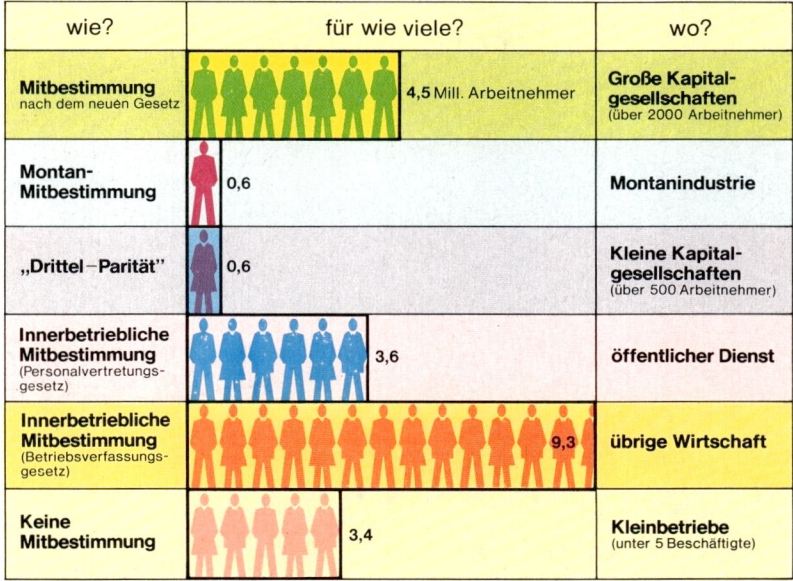

wie?	für wie viele?		wo?
Mitbestimmung nach dem neuen Gesetz		4,5 Mill. Arbeitnehmer	**Große Kapitalgesellschaften** (über 2000 Arbeitnehmer)
Montan-Mitbestimmung	0,6		**Montanindustrie**
„Drittel – Parität"	0,6		**Kleine Kapitalgesellschaften** (über 500 Arbeitnehmer)
Innerbetriebliche Mitbestimmung (Personalvertretungsgesetz)		3,6	**öffentlicher Dienst**
Innerbetriebliche Mitbestimmung (Betriebsverfassungsgesetz)		9,3	**übrige Wirtschaft**
Keine Mitbestimmung	3,4		**Kleinbetriebe** (unter 5 Beschäftigte)

Die Mitbestimmung in den Betrieben der Bundesrepublik.

18. März. Nach Beratungen in den Bundestagsfraktionen, die sich über mehrere Jahre hingezogen haben, verabschiedet der Deutsche Bundestag mit 391 gegen 22 Stimmen das Gesetz über die Mitbestimmung der Arbeitnehmer.

Es geht aus von der Gleichberechtigung und Gleichgewichtigkeit von Arbeitnehmern und Anteilseignern. In Betrieben mit mehr als 2000 Beschäftigten soll das Gesetz die Arbeitnehmer am Entscheidungsprozeß beteiligen. Die Arbeitnehmer werden im Aufsichtsrat und anderen Organen zu 50 Prozent mitbestimmen. Ihre Gruppe setzt sich aus gewählten Arbeitern, Angestellten, leitenden Angestellten und Gewerkschaftsvertretern zusammen.

Die Gewerkschaften dürfen unter bestimmten Voraussetzungen Vertreter entsenden, die nicht dem Unternehmen angehören. Die Wahl der Aufsichtsratsmitglieder erfolgt durch Wahlmänner und nach Angestellten und Arbeitern getrennt.

Film mit fünf Oscars

30. März. Der amerikanische Spielfilm »Einer flog über das Kuckucksnest« erhält fünf Oscars. Im einzelnen prämiert die Jury folgende Leistungen: Oscar für die beste Regie (Milos Forman), Oscar für das beste Drehbuch (Bo Goldman / Lawrence Hauben), Oscars für die besten Darsteller (Jack Nicholson und Louise Fletcher), Oscar für den besten Film insgesamt.

Der nach dem gleichnamigen Roman von Ken Kesey gedrehte Streifen wird zum Kassenschlager in den Vereinigten Staaten und Europa. Der Film handelt von der vergeblichen Auflehnung von Patienten gegen die Bevormundung in psychiatrischen Heilanstalten. Die internationale Filmkritik urteilt eher skeptisch.

Die Filmstars Jack Nicholson und Louise Fletcher mit einem Oscar.

Vereinbarungen mit Polen werden ratifiziert

12. März. Nach monatelangen Verhandlungen werden die Vereinbarungen mit der Volksrepublik Polen ratifiziert. Danach erhält Polen einen Finanzkredit in Höhe von einer Milliarde DM von der Bundesrepublik, dazu 1,3 Milliarden als pauschale Abgeltung von Rentenansprüchen. Im Gegenzug sichert Polen die Ausreise von 125 000 Deutschstämmigen im Laufe von vier Jahren zu. Die CDU/CSU-Mehrheit im Bundesrat verweigert lange ihre Zustimmung. Erst als Polen im Briefwechsel bestätigt, daß auch nach vier Jahren beziehungsweise nach 125 000 Ausreisenden weitere Anträge genehmigt werden sollen, sagt der Bundesrat »Ja« zu den Verträgen. Die Zustimmung Bayerns löst Streit in der CSU aus, da deren Vorsitzender Franz Josef Strauß die Verträge nach wie vor ablehnt. Er beugt sich jedoch schließlich der Fraktion.

Isabel Perón von argentinischer Junta abgesetzt

24. März. Heer, Marine und Luftwaffe übernehmen in Argentinien die Macht. Staatspräsidentin Isabel Perón, die Witwe Juan Peróns, wird verhaftet, in den Südwesten des Landes gebracht und unter Hausarrest gestellt. Der Staatsstreich verläuft unblutig. Heeresgeneral Jorge Rafael Videla wird neuer Präsident. Das Land ist seit dem Amtsantritt Isabel Peróns immer mehr in eine Krise abgesunken. Die Inflation liegt schon 1975 bei 335 Prozent, sie steigt 1976 weiter. Das Defizit im Staatshaushalt nimmt zu. Die Einheit der peronistischen Bewegung existiert nicht mehr, seit Anfang 1976 der linke Flügel verboten worden ist. Gewerkschaften protestieren gegen das Regime, vor allem aber nimmt die Gewalt durch Guerillas zu.

In Argentinien werden ungezählte politische Morde begangen. Die Regierung ruft bereits 1974 den Notstand aus, aber die Situation entschärft sich nicht mehr.

US-Urteil zur Euthanasie

Karen Ann Quinlan.

Seit über einem Jahr ist die jetzt 22jährige Amerikanerin Karen Ann Quinlan nach einem Unfall bewußtlos. Ihr Zustand schließt nach einhelliger Meinung und Erfahrung der Ärzte eine Besserung oder Heilung aus. Die Eltern, die, wie sie sagen, ihrer Tochter »einen würdigen Tod« wünschen, befürworten ein Abschalten des Gerätes, mit dem Karen Quinlan künstlich beatmet wird. Die Ärzte weigern sich jedoch.

Im März entscheidet das oberste Gericht des US-Staates New Jersey über den Fall. Es bestimmt: Der Vater des Mädchens darf das Atemgerät abstellen lassen und so den Tod herbeiführen. Dieses Urteil setzt einen Meilenstein in der amerikanischen Diskussion über die Euthanasie. Es stellt sich jedoch heraus, daß das Atemgerät Karen Ann Quinlans Leben nicht bedingt. Auch nach Abschalten des Gerätes stirbt sie nicht. Sie wird in ein Pflegeheim gebracht.

Schauspieler als Kamikaze

23. März. Ein japanischer Schauspieler, der auch innerhalb seines Landes eher unbekannt ist, tötet sich auf spektakuläre Weise. Mit einem Privatflugzeug stürzt er sich auf das Haus eines Geschäftsmannes, der der Bestechung durch den Lockheed-Konzern verdächtigt wird. Der Geschäftsmann bleibt unverletzt, aber der Schauspieler kommt um. Über Funk hören Piloten ihn rufen: »10 000 Leben für den Kaiser«, dann stürzt er ab.

1976
APRIL

Mo	Di	Mi	Do	Fr	Sa	So
			1	2	3	4
5	6	7	8	9	10	11
12	13	14	15	16	17	18
19	20	21	22	23	24	25
26	27	28	29	30		

4. CDU gewinnt Landtagswahlen in Baden-Württemberg mit 56,7 Prozent, SPD 33,3 Prozent, FDP 7,8 Prozent.

5. James Callaghan wird Nachfolger von Wilson als Großbritanniens Premierminister. →

6. Mit 80,6 Milliarden DM im ersten Quartal 1976 hat Bonn die größte Währungsreserve der Welt.

7. In Düsseldorf wird eine Rheinbrücke ca. 50 m verschoben, um sie an eine Straße anzuschließen. Geschwindigkeit der Verschiebung: 1 mm/Sek.

7. Chinas stellvertretender Ministerpräsident Teng Hsiao-ping aller Ämter enthoben.

9. Bundestag beschließt Wehr- und Zivildienst-Änderungsgesetz, das Gewissensprüfung bei Verweigerung abschafft.

9. Abkommen zwischen USA und UdSSR über unterirdische Atomversuche für friedliche Zwecke.

13. 45 Tote bei Explosion in einer Munitionsfabrik in Helsinki.

21. Weltgrößter Schaufelradbagger von Rheinischen Braunkohlewerken in Betrieb genommen.

22. Regisseur Ingmar Bergman verläßt Schweden wegen Steuerforderungen. →

23. VW-Aufsichtsrat beschließt, Golf in den USA zu bauen.

23. DDR eröffnet in Ost-Berlin den »Palast der Republik«.

25. Viertelfinale der Fußballeuropameisterschaft: Spanien – Bundesrepublik in Madrid 1 : 1.

25. Sozialistische Partei siegt bei Wahlen in Portugal. →

27. Bei der Drucker- und Setzer-Urabstimmung sprechen sich die Mitglieder zu 90 Prozent für Streik aus.

GESTORBEN:

1. Max Ernst (* 2. 4. 1891), deutsch-französischer Maler und Bildhauer. →

6. Howard R. Hughes (* 24. 12. 1905), amerikanischer Unternehmer. →

25. Sir Carol Reed (* 30. 12. 1906), britischer Filmregisseur.

26. Andreij Antonowitsch Gretschko (* 17. 10. 1903), sowjetischer Marschall.

28. Eugen Roth (* 24. 1. 1895), deutscher Schriftsteller.

Wilson tritt zurück

5. April. Mit 176 von 317 Stimmen wird James Callaghan von der Fraktion der Labour Party im Londoner Unterhaus zum neuen Premierminister gewählt. Die Neuwahl wird notwendig, als Harold Wilson sein Amt als Premierminister niederlegt. In einer Erklärung gibt er an, er habe schon im März 1974 den Entschluß gefaßt, in zwei Jahren abzutreten. Aktueller Anlaß ist jedoch die Abstimmung im Unterhaus, bei der Schatzkanzler Denis Healey das Budget vorlegt. Als es um die Reduzierung der Ausgaben geht, enthalten sich 37 Labour-Abgeordnete der Stimme.

James Callaghan wird zum neuen Labour-Premierminister gewählt.

Soares bildet Kabinett

Mario Soares.

25. April. In den zwei Jahren seit Zusammenbruch der Diktatur in Portugal im April 1974 gibt es Machtkämpfe innerhalb der Armee, die die Diktatur gestürzt hat. Oberst Ramalho Eanes gelingt im Frühjahr 1976 eine Neustrukturierung, die die Armee aus politischen Kämpfen heraushält. Dadurch ist der Weg frei für die ersten Parlamentswahlen am 25. April. Die Sozialisten unter Parteiführer Mario Soares erhalten die meisten Stimmen (34,87 Prozent). Soares bildet eine Minderheitsregierung aus Sozialisten, die Kommunisten stimmen im Parlament häufig mit den Sozialisten.

Wirtschaftstycoon Howard Hughes †

6. April. Mit Howard Hughes stirbt nicht nur der vermutlich reichste Mann der Welt, sondern zugleich einer der geheimnisumwittertsten Wirtschaftsgiganten des 20. Jahrhunderts. Der 1905 geborene Unternehmer hinterläßt ein Vermögen von etwa 2,5 Milliarden Dollar. Er wurde mit 19 Jahren Waise und erbte von seinem Vater das Patent auf eine Ölbohrerkonstruktion und einen dazugehörenden Betrieb für eine halbe Million Dollar Wert. Hughes gelingt es, in kurzer Zeit das Vermögen zu vervielfachen. Bei seinem Tod arbeiten etwa 50 000 Beschäftigte in seinen Betrieben und Unternehmungen.

Max Ernst stirbt in Paris

1. April. Einen Tag vor seinem 85. Geburtstag stirbt in Paris der Maler und Plastiker Max Ernst. Er gründete mit Hans Arp 1919 die rheinische Gruppe »Dada W/3«, ging 1921 nach Paris und war Mitbegründer der surrealistischen Bewegung. Als verfemter Künstler mußte er 1941 mit seiner Frau Peggy Guggenheim in die USA emigrieren. 1954 kehrte er nach Frankreich zurück und war bis ins hohe Alter künstlerisch aktiv. Sein vielseitiges Schaffen umfaßt Buchillustrationen, Bühnenentwürfe, Gemälde, Filme und Plastiken. In seinen Werken schildert er die Welt des Traumes und Unbewußten (→ November 1925).

Bagger ersetzt 40 000 Arbeiter

21. April. Nach zwei Jahren Bauzeit nehmen die Rheinischen Braunkohlewerke in Bergheim den größten Schaufelradbagger der Welt in Betrieb. Er fördert im Tagebau 200 000 Kubikmeter Braunkohle jährlich und ersetzt umgerechnet 40 000 Arbeitskräfte. Der Bagger ist 225 Meter lang, 83 Meter hoch und wiegt 13 000 Tonnen.

Ingmar Bergman verläßt Schweden

22. April. Die schwedische Steuerpolitik kommt international in die Diskussion, als der Regisseur Ingmar Bergman Schweden aus Protest gegen diese Politik verläßt. Der Regisseur, dessen Film »Szenen einer Ehe« 1976 in mehreren Folgen vom Zweiten Deutschen Fernsehen (ZDF) gezeigt werden, soll 1,5 Millionen DM Steuern nachzahlen. Daraufhin schreibt er einen offenen Abschiedsbrief, der in Zeitungen veröffentlicht wird, und reist in die Bundesrepublik Deutschland. Sein Vermögen läßt er in Schweden zurück, um, wie er betont, zu zeigen, daß er sich nicht davonstehlen will.
Ingmar Bergman, der die in Schweden regierenden Sozialdemokraten ehemals unterstützte, wirft ihnen jetzt Erpressungsversuche vor. Auch die Schriftstellerin Astrid Lindgren (»Pippi Langstrumpf«) protestiert öffentlich gegen einen Einkommensteuerbescheid, der eine Summe über mehr als 100 Prozent ihres Einkommens einzutreiben versucht.

Hearst-Urteil

13. April. Ein Gericht in San Francisco verurteilt Patricia Hearst zu 35 Jahren Haft. Die Verurteilte ist eine von fünf Töchtern des amerikanischen Zeitungsverlegers Randolph Hearst. Am 4. Februar 1974 war sie von Mitgliedern einer Terroristengruppe mit der Bezeichnung Symbionese Liberation Army entführt worden, hat sich der Bewegung angeschlossen und zwei Monate später an einem Banküberfall teilgenommen (→ Februar 1974).

3. Kindesmörder Jürgen Bartsch stirbt nach Kastration. →

4. Zusammenstoß deutscher und niederländischer Züge bei Rotterdam fordert 23 Tote.

5. Anderlecht wird mit 4:2 über West Ham United Europapokalsieger in Brüssel.

6. Schweres Erdbeben in Italiens Provinz Friaul. →

7. Real Madrid für ein Jahr von europäischen Pokalwettbewerben gesperrt wegen Zuschauerausschreitungen im Spiel gegen Bayern München.

10. Führer der britischen Liberalen, Jeremy Thorpe, legt sein Amt nieder. →

12. In Glasgow wird der FC Bayern München Europacup-Sieger der Landesmeister über St. Etienne mit 1:0.

13. Druckerstreik endet mit der Einigung auf eine sechsprozentige Lohnerhöhung. →

14. Ölpest vor La Coruña in Spanien. Tanker »Urquiola« explodiert.

18. IX. Parteitag in Ost-Berlin. Die SED verabschiedet neues Programm. Parteichef Honecker erhält den Titel »Generalsekretär«.

19. Bundeskabinett löst Radikalenerlaß von 1972 ab. Neue Richtlinie zur Abwehr von Extremisten im Staatsdienst verabschiedet.

23. Bundesrepublik erreicht mit 2:0 über Spanien in München die Runde der letzten vier in der Fußballeuropameisterschaft.

26. Düsseldorfer Oberlandesgericht weist Berufung eines Geflügelhalters zurück. Tierschützer Grzimek darf bei Käfighaltung von Hühnern weiterhin von »KZ-Eiern« reden.

29. Wim Wenders Film »Im Lauf der Zeit« erhält Kritikerpreis in Cannes.

GESTORBEN:

9. Ulrike Meinhof (* 7. 10. 1934), deutsche Journalistin und Mitbegründerin der Baader-Meinhof-Gruppe. →

11. Rudolf Kempe (* 14. 6. 1910), deutscher Dirigent.

11. Alvar Aalto (* 3. 2. 1898), finnischer Architekt.

26. Martin Heidegger (* 26. 8. 1889), deutscher Philosoph. →

Erdbeben in Friaul

Ein Erdbeben in Friaul zerstört viele Ortschaften. Im Bild das Dorf Mariano.

6. Mai. Schwere Erdstöße erschüttern die italienische Provinz Udine, vor allem das Gebiet von Friaul. Die Folgen des Bebens sind auch in Österreichs Bundesland Kärnten noch zu spüren, wenn auch nicht so verheerend wie in Italien. Dort werden 20 Orte ganz oder teilweise zerstört. 80 000 Menschen werden obdachlos. Über 2000 sterben. Das Gebiet ist als erdbebengefährdet bekannt. Von 1896 bis 1963 werden 27 Beben registriert. Trotzdem ist die Versorgungsplanung für eine solche Katastrophe völlig unzureichend. Auch mit 10 000 rasch in Italien mobilisierten Helfern geht die Versorgung nur ungenügend voran. Störend wirken sich die Touristen aus, die schaulustig in die Erdbebengegend kommen und die Straßen verstopfen. Aus der Bundesrepublik und anderen Ländern treffen Hilfsgüter ein.

Bundesrepublik ohne Zeitungen nach Druckerstreik und Aussperrungen

13. Mai. Zwei Wochen lang müssen die Bundesbürger immer wieder auf ihre gewohnte Tageszeitung und auch auf viele Zeitschriften verzichten. Am 28. April ruft die Gewerkschaft Druck und Papier nach einer Urabstimmung zum Streik auf. Die Forderung nach einer neunprozentigen Lohnerhöhung soll so durchgesetzt werden.
Am Tag darauf verfügen die Arbeitgeber als Antwort auf den Streik die Aussperrung. In den folgenden Tagen wird wieder zwischen Arbeitgebern und Gewerkschaft verhandelt. Einige Zeitungen erscheinen als »Notausgabe« von nur wenigen Seiten, an manchen Tagen auch gar nicht.
Erst am 13. Mai nehmen die Drucker die Arbeit wieder auf, nachdem die Verhandlungspartner sich auf eine Lohnerhöhung von 6 Prozent geeinigt haben.

Ein von der Aussperrung betroffenes Gewerkschaftsmitglied bei der Maifeier des DGB in München.

Martin Heidegger †

Der Philosoph Martin Heidegger stirbt im Alter von 86 Jahren.

26. Mai. In Freiburg im Breisgau stirbt Martin Heidegger, einer der bedeutendsten Philosophen des 20. Jahrhunderts. Heidegger, Schüler von Edmund Husserl in Freiburg, war Professor in Marburg und Freiburg. Er entwickelte eine thematisch und methodisch eigenständige Philosophie, die zur Existenzphilosophie gezählt wird. Im ersten Teil seines Hauptwerks »Sein und Zeit« (1927) – die zweite Hälfte ist nie erschienen – setzt er sich auseinander mit der Frage nach der »Seinsart« des Menschen. Die »Existenzialien«, das heißt die Hauptbestimmungen des menschlichen Daseins, sieht der Philosoph darin, daß der Mensch »besorgend« und »fürsorgend« in der Mitwelt lebt.

Freitod der Meinhof

9. Mai. Die Mitbegründerin der Baader-Meinhof-Gruppe und der daraus entstandenen »Roten-Armee-Fraktion«, Ulrike Meinhof, erhängt sich in ihrer Zelle in Stuttgart-Stammheim. Die 1934 in Oldenburg Geborene und früh Verwaiste wird von der Pflegemutter Renate Riemeck in einem betont pazifistischen und religiösen Sinn erzogen. Sie arbeitet als Journalistin bei politisch linksorientierten Zeitschriften wie »konkret«. Wie unzählige andere Bundesdeutsche auch demonstriert Ulrike Meinhof gegen Atomkraft und den Vietnam-Krieg, gegen die Notstandsgesetze und den Springer-Verlag. Nach 1968 gehört sie zu einer Gruppe, die in Berlin verschiedene Anschläge verübt. Nach der Befreiung des Kaufhausbrandstifters Andreas Baader geht sie 1970 in den Untergrund. Zusammen mit anderen nimmt sie im Nahen Osten Unterricht bei Palästinensern im Guerillakampf. 1972 wird sie in Hannover festgenommen und zu acht Jahren Haft verurteilt. Schon vorher wird vermutet, daß nicht mehr Ulrike Meinhof der »ideologische Kopf« der Baader-Meinhof-Gruppe ist, sondern Gudrun Ensslin (→ Juni 1972, Oktober 1977).

Kindesmörder Bartsch stirbt

3. Mai. Der wegen vierfachen Kindesmords verurteilte Jürgen Bartsch stirbt im Landeskrankenheim Eikkelborn bei einer Operation, durch die er kastriert werden soll, an Herzstillstand. Bartsch ist 1967 in Wuppertal zu lebenslänglicher Haft verurteilt worden. 1969 hob der Bundesgerichtshof das Urteil auf. Die neue Verhandlung mit weiteren Sachverständigen ergab 1971 schließlich zehn Jahre Jugendstrafe und anschließende Anstaltseinweisung. Bartsch stellte selbst den Antrag auf Kastration.

Muhammad Ali ohne Publikum

25. Mai. Die Deutschlandreise des Boxweltmeisters aller Klassen, Muhammad Ali (früher Cassius Clay), endet nahezu mit einem finanziellen Desaster. Im Gegensatz zu seinen Kämpfen in Ländern der Dritten Welt ist der Kampf in München gegen Richard Dunn nur schwach besucht. Den Sieg Alis nach Abbruch des Kampfes in der fünften Runde sehen wohl nur deswegen überhaupt einige Besucher, weil Alis Manager Karten im Werte von etwa 100 000 Dollar gekauft und verschenkt haben.

Jeremy Thorpe legt nach Skandal Parteiamt nieder

10. Mai. Der Vorsitzende der Liberalen Partei Englands, Jeremy Thorpe, legt sein Amt nieder. Er erklärt seinen Rücktritt, um »die Partei nicht länger zu belasten«. Anfang des Jahres hat ein früherer Freund Thorpes, Norman Scott, behauptet, mit Thorpe homosexuelle Beziehungen gehabt zu haben. Thorpe dementiert. Als bei den Stadt- und Gemeindewahlen Anfang Mai die Liberalen jedoch über 300 Sitze verlieren, machen Politiker der Partei dafür den Vorsitzenden verantwortlich.

Jeremy Thorpe, Chef der Liberalen.

Umstrittene Inszenierung

16. Mai. Einen Theaterskandal entfacht Peter Zadek mit seiner Hamburger Inszenierung von William Shakespeares »Othello«. Das Stück mit Ulrich Wildgruber in der Titelrolle und Eva Matthes als Desdemona ist eine mit allen Traditionen brechende Shakespeare-Aufführung. Dabei erregt Zadek nicht nur dadurch Ärgernis, daß er die Schauspieler häufig fast unbekleidet auftreten läßt. Ungewohnt ist für das Publikum auch die Sprache: der Aufführungstext entsteht aus eigenen Übersetzungen einzelner Teile sowie den Texten von Erich Fried und Wolf von Baudissin.
Trotz des Skandals sind alle Aufführungen ausverkauft. In einer Podiumsdiskussion im Theater erfährt der Regisseur ebensoviel Unterstützung wie Kritik.

Unruhen in Soweto

16. Juni. Soweto ist eine schwarze Vorstadt, 15 Kilometer von Johannesburg in Südafrika entfernt. In über 100 000 völlig einheitlich gebauten Häusern leben nach offiziellen Angaben 838 000 Schwarze, nach inoffiziellen Schätzungen sind es 1,5 Millionen. Dort bricht der Aufstand von Südafrikas schwarzer Bevölkerung los: Schüler erschlagen einen Weißen. Anlaß für die Unruhen ist der Plan der Regierung, den Unterricht in Afrikaans an schwarzen Schulen zu erweitern. Die »weiße Staatssprache« jedoch ist für die Schwarzen ein Symbol der Rassendiskriminierung. Die Schwarzen befürworten die Ausweitung des Englischunterrichts an ihren Schulen. Die Bürger von Soweto reagieren auf die Regierungsmaßnahmen um so schärfer, als zugleich in Moçambique und Angola die weißen Minderheitsregierungen abgeschafft sind. Dies und die fehlenden Rechte auf Landerwerb und Dauerwohnrecht lassen es in Südafrika zu wochenlangen Unruhen mit zahlreichen Verletzten und Toten kommen.

Schüler bei den Unruhen in der schwarzen Vorstadt Soweto im südafrikanischen Johannesburg. Der Aufstand wird von der Polizei mit Gewalt niedergeschlagen.

Eanes ist Präsident

28. Juni. Die Sozialisten, die Demokratische Volkspartei und das Sozialdemokratische Zentrum bilden die drei größten Parteien Portugals. Sie stellen gemeinsam General Ramalho Eanes als Kandidat für die Präsidentschaftswahlen auf. Er gewinnt überlegen mit 61,5 Prozent aller Stimmen. Der Offizier Otello Saraiva de Carvalho erringt als zweiter 16,5 Prozent. Der bisherige Regierungschef Jose Pinheiro de Azevedo erhält 14,4 Prozent.
Damit ergeben die drei bisherigen Wahlen in Portugal (Verfassunggebende Versammlung, Parlaments- und Präsidialwahl) folgendes Bild: Kommunisten und ultrakommunistische Linke sind in den südlichen Gebieten des Alentejo, im Gebiet des Großgrundbesitzes also, sehr stark. Die Sozialisten haben in allen Landesteilen etwa den gleichen Stimmenanteil.

Ramalho Eanes siegt bei den portugiesischen Präsidentschaftswahlen.

Das königliche Brautpaar auf dem Weg zum Schloß in Stockholm.

Hochzeit in Schweden

19. Juni. Schweden erlebt die »Hochzeit des Jahres«: Der 30jährige König Karl XVI. Gustav heiratet die 32jährige Silvia Sommerlath. Er hat die Deutsche 1972 bei den Olympischen Spielen in München kennengelernt, wo sie als Hostess arbeitete. Die weltweit vom Fernsehen übertragene Trauung erregt vor allem deswegen Aufsehen, weil die Hochzeit eines Königs mit einer Bürgerlichen als »modernes Märchen« gefeiert wird. Die schwedische Verfassung schreibt es dem König nicht vor, ob er eine Adlige oder Bürgerliche zu heiraten hat.

ČSSR Europameister

20. Juni. In Belgrad treffen im Finale der Fußballeuropameisterschaft die Bundesrepublik Deutschland und die ČSSR aufeinander. Bereits in der achten Minute gehen die Tschechen durch Svehlik in Führung. Nach 25 Minuten erhöht Dobias auf 2 : 0, zwei Minuten später schießt Dieter Müller für Deutschland den Anschlußtreffer. Erst Sekunden vor dem Schlußpfiff gelingt Bernd Hölzenbein nach einer Ecke von Rainer Bonhof der Ausgleich. Als die Verlängerung keine Veränderung bringt, kommt es erstmals in einem Europameisterschaftsfinale zum Elfmeterschießen. Die ČSSR gewinnt schließlich 5 : 3. Das Spiel ist entschieden, als der deutsche Stürmer Uli Hoeneß den Elfmeter über das Tor schießt.

Mit einem Kopfballtor erzwingt Hölzenbein (links) die Verlängerung.

1976

JULI

Mo	Di	Mi	Do	Fr	Sa	So
			1	2	3	4
5	6	7	8	9	10	11
12	13	14	15	16	17	18
19	20	21	22	23	24	25
26	27	28	29	30	31	

2.–4. In den Wimbledon-Finalspielen schlägt Chris Evert (USA) die Australierin Evonne Cawley-Goolagong 6 : 3, 4 : 6, 8 : 6. Björn Borg (Schweden) schlägt Ilie Nastase (Rumänien) 6 : 4, 6 : 2, 9 : 7.

4. In den USA beginnen Feiern zum 200. Jahrestag der Unabhängigkeit. →

4. Israelische Einheiten befreien Geiseln in Entebbe. →

4. Erstmals stellt die Kommunistische Partei Italiens den Parlamentspräsidenten (Pietro Ingrao).

7. I. Viett, G. Rollnik, J. Plambeck und M. Berberich fliehen aus Berliner Untersuchungshaft. Gegen sie wird wegen terroristischer Straftaten ermittelt. Justizsenator Oxford (FDP) tritt vier Tage später wegen des Ausbruchs zurück.

7. US-Militärakademie West Point nimmt erstmals weibliche Kadetten auf.

10. Aus Chemiefabrik bei Seveso (Italien) entweicht Giftgaswolke. →

17. XXI. Olympische Sommerspiele in Montreal (Kanada) eröffnet. →

18. Der Belgier Lucien van Impe gewinnt die Tour de France.

18. Bei Ferienbeginn Staus auf den Autobahnen bei Temperaturen bis zu 37 Grad Celsius.

20. US-Sonde Viking I landet auf dem Mars. Sie übermittelt Funksignale mit Forschungsdaten.

21. Londons Botschafter in Dublin, Ewart-Biggs, ermordet.

22. Deutscher Anarchist Ralf Pohle in Athen festgenommen.

28. 71 Tote bei Flugzeugunglück in der Nähe von Preßburg.

28. Erdbeben im Nordwesten Chinas fordert Hunderttausende von Opfern.

GESTORBEN:

3. Alexander Lernet-Holenia (* 21. 10. 1897), österreichischer Schriftsteller.

7. Gustav W. Heinemann (* 23. 7. 1899), früherer Bundespräsident der Bundesrepublik Deutschland. →

23. Paul Morand (* 13. 3. 1888), französischer Schriftsteller.

24. Julius Kardinal Döpfner (* 26. 8. 1913), Erzbischof von München und Vorsitzender der Deutschen Bischofskonferenz. →

Begeistert wird die israelische Kommandoeinheit bei ihrer Rückkehr gefeiert.

Befreiung in Entebbe

4. Juli. Das einwöchige Geiseldrama auf dem ugandischen Flughafen Entebbe geht zu Ende. Zwölf Stunden vor Ablauf des Ultimatums, nach dessen Ende die Geiseln erschossen werden sollen, befreit ein israelisches Kommando Flugzeugbesatzung und Passagiere aus der Hand der Entführer. Die blutige Blitzaktion kostet 30 Menschenleben: drei Geiseln, ein israelischer Major, sieben Entführer und 20 ugandische Soldaten, die sich dem israelischen Kommando in den Weg stellen. Völlig überraschend sind drei israelische Flugzeuge nach Zwischenlandung in Kenia in Entebbe angekommen. Um Mitternacht schießen die etwa 80 Soldaten sich den Weg frei und fliegen anschließend, wiederum nach Landung in Kenia, mit den Geiseln nach Tel Aviv. Es handelt sich ausschließlich um Israelis und Juden anderer Nationalität, alle anderen Geiseln haben die Entführer vorher freigelassen. Unter den Entführern sind zwei Deutsche. Ihrer Forderung nach Freilassung von 53 Terroristen aus Gefängnissen der Bundesrepublik, der Schweiz, Frankreichs, Israels und Kenias steht Israel zunächst verhandlungsbereit gegenüber. Als aber die Bundesregierung gegenüber der Forderung der Entführer hart bleibt, entschließt sich Israel zu dem Befreiungskommando. Dabei werden elf ugandische Jagdbomber und einige Zivilmaschinen zerstört. Israel wirft Uganda vor, erstmals habe ein Staat und sein Präsident mit Terroristen kooperiert. Ugandas Präsident Idi Amin ruft den Weltsicherheitsrat an und nennt Israels Eingreifen eine Invasion.

18. Juli. Nur vier Wochen nach seiner Einweihung muß der durch die Lüneburger Heide führende Elbe-Seitenkanal, als »Jahrhundertbauwerk« gepriesen, wegen eines Deichbruchs wieder geschlossen werden.

Kardinal Döpfner stirbt im Alter von 65 Jahren

24. Juli. In München stirbt Julius Kardinal Döpfner. Er ist 1913 geboren worden. Sein Ziel, Priester zu werden, erreichte er 1939 am Würzburger Seminar. 1948 wurde Döpfner als der bis dahin jüngste Bischof Europas Bischof von Würzburg. 1957 übernahm er das Amt des Bischofs von Berlin. Ein Jahr später, 1958, wurde Döpfner Kardinal, 1961 dann Erzbischof von München und Freising. Er war einer der Befürworter des neuen Liturgieschemas, über das auf dem Konzil entschieden wird. Es geht davon aus, daß die Gemeinde im Gottesdienst nicht passiv, sondern aktiv sein soll, daß sie nicht nur hören, sondern mitvollziehen soll.

Julius Kardinal Döpfner †.

Hitzerekorde in Europa

1. Juli. Der Juni 1976 bringt Hitzerekorde: Eine ganze Woche lang werden in Westeuropa Temperaturen von 30 Grad Celsius und mehr gemessen. Die Bundesrepublik, die Schweiz, England und Frankreich melden Niederschlagsdefizite von 46 Prozent und mehr. Ein bundesdeutscher Rekord: In Mainz-Finthen werden 38 Grad Celsius im Schatten gemessen. Die Landwirtschaft klagt über ausgetrocknete Ackerböden. Zahlreichen Flüssen muß Sauerstoff zugefügt werden, um das Leben in ihnen nicht ganz absterben zu lassen, da weiter die gleiche Menge an Abwässern eingeleitet wird.

Giftgas in Seveso

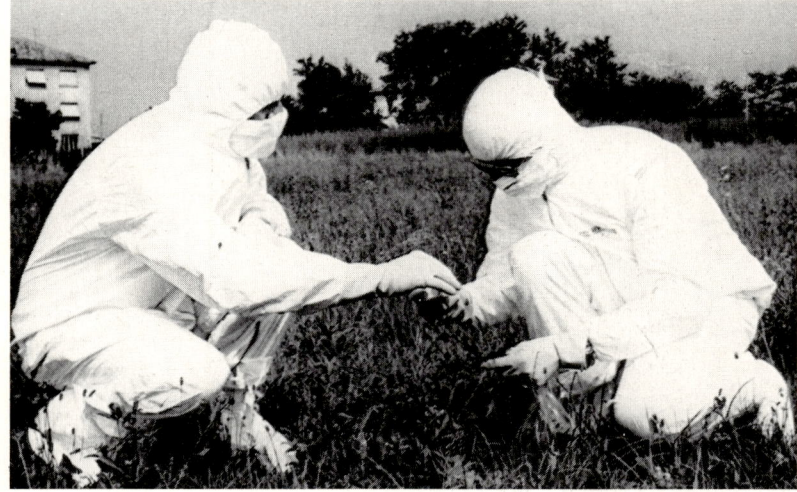

Mit Spezialanzügen bekleidete Techniker nehmen bei Seveso Bodenproben.

10. Juli. Aus dem Schornstein der Icmesa-Chemiefabrik in Meda bei Mailand entweicht eine Wolke aus feinstem Staub. Die Bewohner, die häufig über Umweltverschmutzung klagen, wundern sich zunächst nicht. Erst als mehrere Tage später ihre Haustiere sterben und die Pflanzen verdorren, schöpfen sie Verdacht. Die Behörden der betroffenen Gemeinde Seveso (Lombardei) werden erst nach Tagen von der Firmenleitung informiert, daß sich bei der Herstellung von Trichlorphenol durch Überhitzung eine hochgiftige Substanz gebildet hat, die durch den Schornstein entwichen ist. Die Substanz trägt den Namen Tetrachlordibenzoparadioxin, kurz TCDD. Sie führt in Seveso zur Evakuierung der Bevölkerung aus einer 115 Hektar großen Gefahrenzone, nachdem schwere Hautkrankheiten auftreten. In der insgesamt verseuchten Zone wird Vieh getötet, werden Betriebe geschlossen, empfehlen Ärzte den Frauen, zumindest mehrere Monate lang empfängnisverhütende Mittel zu nehmen.

Aufgrund dieser Giftkatastrophe, die eine der schwersten des Jahrhunderts darstellt, wird gegen den Schweizer Pharma-Konzern Hoffmann-La Roche, deren Tochter das Icmesa-Werk ist, wegen Fahrlässigkeit ermittelt. Die Icmesa-Aktionäre richten einen Fonds über zehn Milliarden Lire ein, der einen Teil des Schadens regeln soll.

Trauer um Heinemann

Gustav Heinemann †.

7. Juli. In Essen stirbt der ehemalige Bundespräsident Gustav Heinemann im Alter von 76 Jahren. In der Zeit des Nationalsozialismus hat der Jurist zu den führenden Männern der Bekennenden Kirche gehört. 1945 trat er der CDU bei. 1949 wurde er zum ersten Bundesinnenminister ernannt, Rücktritt aus Protest gegen die Wiederaufrüstung. 1957 trat er der SPD bei. Als deren Bundestagsabgeordneter und Justizminister (1966 bis 1969) engagierte sich Heinemann für die Strafrechtsreform. Seine Wahl zum Bundespräsidenten bereitete die sozialliberale Koalition vor. Er genoß Ansehen als »Bürgerpräsident«.

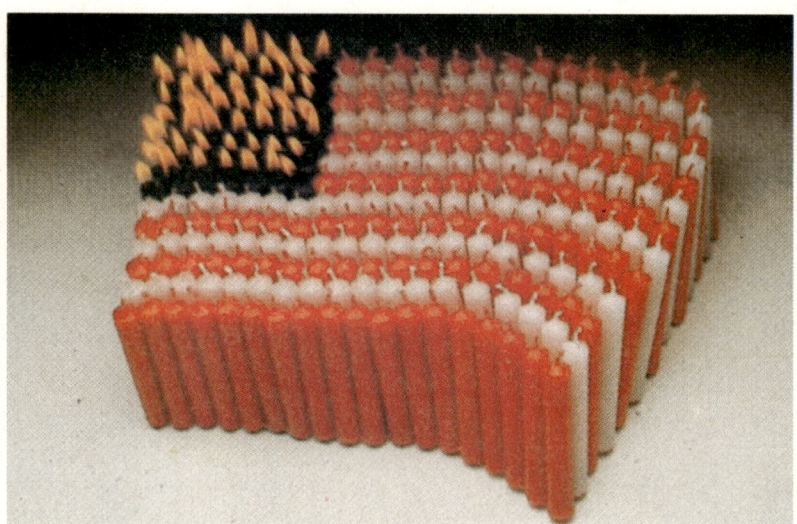

Die Amerikaner feiern den 200. Geburtstag ihrer Unabhängigkeitserklärung.

Vereinigte Staaten von Amerika feiern 200 Jahre Unabhängigkeit

4. Juli. Die Feiern zum 200jährigen Bestehen der Vereinigten Staaten von Amerika bilden eine Attraktion für Amerikaner und ausländische Besucher während des ganzen Sommers 1976. Die Veranstaltungen beginnen am 4. Juli, dem Tag, an dem die Unabhängigkeitserklärung 1776 unterzeichnet wurde. Sie finden an den historischen Orten wie Philadelphia, Boston, Washington und New York statt. Allein in New York sehen Hunderttausende die Segelschiffparade aus Anlaß des 200. Geburtstages. 15 Windjammer, darunter die deutsche »Gorch Fock«, treffen zum Unabhängigkeitstag im Hafen ein.

Insgesamt besuchen 1976 etwa 30 Millionen Gäste die USA. Sie finden das ganze Land geschmückt mit dem Bicentennial-Symbol, dem blau-weiß-roten Wappen auf weißem Grund. An zahlreichen Schauplätzen werden historische Schlachten nachgespielt. Washington arrangiert ein Feuerwerk für 200 000 Dollar.

Eine der eindrucksvollsten Veranstaltungen der 200-Jahr-Feier ist eine Windjammerparade. Hunderttausende sehen das prachtvolle Schauspiel. Das Bild zeigt den niederländischen Toptailschoner »Artemis« vor der New Yorker Skyline.

1976 Montreal

17. Juli. Vom 17. Juli bis zum 1. August finden in Montreal, Kanada, die XXI. Olympischen Sommerspiele statt. Schon vor der Eröffnung kommt es zu einem Eklat. Von den 120 gemeldeten Nationen marschieren am Eröffnungstag nur 94 ins Stadion ein. Zahlreiche schwarzafrikanische Staaten boykottieren die Spiele, um gegen die Teilnahme Neuseelands zu protestieren, dessen Rugby-Team kurz zuvor eine Tournee durch Südafrika unternommen hatte. Die Bundesrepublik Deutschland wird von 250 Athleten vertreten. Mit 10 Goldmedaillen, 12 Silber- und 17 Bronzemedaillen erreicht sie hinter der UdSSR (47, 43, 35), der DDR (40, 25, 25) und den USA (34, 35, 25) den vierten Rang.
Zu den Überraschungssiegern zählen die beiden Schützen Karlheinz Smieszek (27) und Ulrich Lind, die im Kleinkaliber-liegend Gold und Silber gewinnen. Bei den Radfahrern gewinnt Gregor Braun Gold im 4000-m-Verfolgungsfahren. Gold gewinnt unter Trainer Gustav Kilian auch der deutsche Bahnvierer.
Schnellste Frau der Welt wird, wie erhofft, die Deutsche Annegret Richter. Sie gewinnt die 100 m in 11,08 Sek. vor Stecher, DDR, und ihrer Mannschaftskameradin Inge Helten. Zu einer Enttäuschung wird das Ruderfinale im Einer für Peter Michael Kolbe. Er verausgabt sich vorzeitig und unterliegt im Zieleinlauf dem Finnen Pertti Karppinen. Auch Ulrike Meyfarth, die Münchener Hochsprungsiegerin von 1972, enttäuscht. Sie scheitert an der unter normalen Verhältnissen für sie geringen Höhe von 1,80 m. In Erinnerung bleibt der Gewitterritt von Alwin Schockemöhle. Trotz strömenden Regens, bei Donner und Blitz, bewahrt sein Pferd, der zehnjährige Wallach Warwick-Rex, die Ruhe und bleibt in beiden Umläufen fehlerfrei.

Leichtathletik Männer

100 m

1. Hasely Crawford	TRI	10,06
2. Donald Quarrie	JAM	10,08
3. Waleri Borsow	SOV	10,14

200 m

1. Donald Quarrie	JAM	20,23
2. Millard Hampton	USA	20,29
3. Dwayne Ewans	USA	20,43

400 m

1. Alberto Juantorena	CUB	44,26
2. Fred Newhouse	USA	44,40
3. Hermann Frazier	USA	44,95

800 m

1. Alberto Juantorena	CUB	1:43,50
2. Ivo Vandamme	BEL	1:43,86
3. Richard Wohlhuter	USA	1:44,12

1500 m

1. John Walker	NSE	3:39,17
2. Ivo Vandamme	BEL	3:39,27
3. Paul-Heinz Wellmann	D	3:39,33

5000 m

1. Lasse Viren	FIN	13:24,8
2. Dick Quax	NSE	13:25,2
3. Klaus-Peter Hildenbrand	D	13:25,4

10 000 m

1. Lasse Viren	FIN	27:40,4
2. Carlos Lopez	POR	27:45,2
3. Brendan Foster	GBR	27:54,9

Marathon

1. Waldemar Cierpinski	DDR	2:09:55,00
2. Frank Shorter	USA	2:10:46,80
3. Kavel Lismont	BEL	2:11:26,00

110-m-Hürden

1. Guy Drut	FRA	13,30
2. Alejandro Casanas	CUB	13,33
3. Willie Davenport	USA	13,38

400-m-Hürden

1. Edwin Moses	USA	47,64
2. Michael Shine	USA	48,69
3. Jewgenij Gawrilenko	SOV	49,45

3000-m-Hindernislauf

1. Anders Gaerderud	SWE	8:08,02
2. Bronislaus Malinowski	POL	8:09,11
3. Frank Baumgartl	DDR	8:10,36

4 × 100-m-Staffel

1. USA	38,34
2. DDR	38,66
3. Sowjetunion	38,78

4 × 400-m-Staffel

1. USA	2:58,66
2. Polen	3:01,14
3. Deutschland	3:01,98

20-km-Gehen

1. Daniel Batista	MEX	1:24:40,4
2. Hans Reimann	DDR	1:25:13,7
3. Peter Frenkel	DDR	1:25:29,3

Hochsprung

1. Jacek Wszola	POL	2,25
2. Greg Joy	CAN	2,23
3. Dwight Stones	USA	2,21

Stabhochsprung

1. Tadensz Slusarski	POL	5,50
2. Autti Kalliomaki	FIN	5,50
3. David Roberts	USA	5,50

Weitsprung

1. Arnie Robinson	USA	8,35
2. Randy Williams	USA	8,11
3. Frank Wartenberg	DDR	8,02

Dreisprung

1. Viktor Sanejew	SOV	17,29
2. James Butts	USA	17,18
3. Joao de Oliveira	BRA	16,90

Kugelstoßen

1. Udo Beyer	DDR	21,05
2. Jewgeni Mironow	SOV	21,03
3. Alexander Baryschnikow	SOV	21,00

Diskuswerfen

1. Mac Wilkins	USA	67,50
2. Wolfgang Schmidt	DDR	66,22
3. John Powell	USA	65,70

Hammerwerfen

1. Juvi Sedich	SOV	77,52
2. Alexei Spiridonow	SOV	76,08
3. Anatoli Bondartschuk	SOV	75,48

Speerwerfen

1. Miklos Nemeth	UNG	94,58
2. Hanun Siitonen	FIN	87,92
3. Gheorghe Megelea	RUM	87,16

Zehnkampf

1. Bruce Jenner	USA	8618
2. Guido Kratschmer	D	8411
3. Nikolai Anilow	SOV	8369

Moderner Fünfkampf Einzel

1. Janusz Pyciak-Peciak	POL	5520
2. Pawel Lednew	SOV	5485
3. Jan Bartu	ČSR	5466

Moderner Fünfkampf Mannschaft

1. Großbritannien	15 559
2. Tschechoslowakei	15 451
3. Ungarn	15 395

Abkürzungsschlüssel siehe Register

Der amerikanische Zehnkampfsieger Bruce Jenner.

Leichtathletik Frauen

100 m

1. Annegret Richter	D	11,08
2. Renate Stecher	DDR	11,13
3. Inge Helten	D	11,17

200 m

1. Bärbel Eckert	DDR	22,37
2. Annegret Richter	D	22,39
3. Renate Stecher	DDR	22,47

400 m

1. Erena Szewinska	POL	49,29
2. Christina Brehmer	DDR	50,51
3. Ellen Streidt	DDR	50,55

800 m

1. Tatjana Kazankina	SOV	1:54,94
2. Nikolina Schterewa	BUL	1:55,42
3. Elfie Zinn	DDR	1:55,60

1500 m

1. Tatjana Kazankina	SOV	4:05,5
2. Gunhild Hoffmeister	DDR	4:06,0
3. Ulrike Klapezynski	DDR	4:06,1

100-m-Hürden

1. Johanna Schaller	DDR	12,77
2. Tatjana Anisimowa	SOV	12,78
3. Natalia Lebedewa	SOV	12,80

4 × 100-m-Staffel

1. DDR	42,55
2. Deutschland	42,59
3. Sowjetunion	43,09

4 × 400-m-Staffel

1. DDR	3:19,23
2. USA	3:22,81
3. Sowjetunion	3:24,24

Hochsprung

1. Rosemarie Ackermann	DDR	1,93
2. Sara Simeoni	ITA	1,91
3. Jordanka Blagojewa	BUL	1,91

Weitsprung

1. Angela Voigt	DDR	6,72
2. Kathy McMillan	USA	6,66
3. Liaija Alfejewa	SOV	6,60

Kugelstoßen

1. Ivanka Christova	BUL	21,16
2. Nadescha Tschivowa	SOV	20,96
3. Helena Fibingerova	ČSR	20,67

Diskuswerfen

1. Evelyn Schlaak	DDR	69,00
2. Nadescha Tschivowa	SOV	68,60
3. Maria Vergova	BUL	67,30

Speerwerfen

1. Ruth Fuchs	DDR	65,94
2. Marion Becker	D	64,70
3. Kathy Schmidt	USA	63,96

Fünfkampf

1. Sigrun Siegl	DDR	4745
2. Christine Laser	DDR	4745
3. Burglinde Pollack	DDR	4740

Schwimmen Männer

100-m-Kraul

1. Jim Montgomery	USA	49,99
2. Jack Babashoff	USA	50,81
3. Peter Nocke	D	51,31

200-m-Kraul

1. Bruce Furniss	USA	1:50,29
2. John Naber	USA	1:50,50
3. Jim Montgomery	USA	1:50,58

400-m-Kraul

1. Brian Goodell	USA	3:51,93
2. Tim Shaw	USA	3:52,54
3. Wladimir Raskatow	SOV	3:55,76

1500-m-Kraul

1. Brian Goodell	USA	15:02,40
2. Bobby Hackett	USA	15:03,21
3. Stephen Holland	AUS	15:04,66

100-m-Rücken

1. John Naber	USA	55,49
2. Peter Rocca	USA	56,34
3. Roland Matthes	DDR	57,22

200-m-Rücken

1. John Naber	USA	1:59,15
2. Peter Rocca	USA	2:00,55
3. Dan Harrigan	USA	2:01,35

100-m-Brust

1. John Hencken	USA	1:03,11
2. David Wilkie	GBR	1:03,43
3. Arvidas Juzaitis	SOV	1:04,23

200-m-Brust

1. David Wilkie	GBR	2:15,11
2. John Hencken	USA	2:17,26
3. Rick Colella	USA	2:19,20

100-m-Butterfly

1. Matt Vogel	USA	54,35
2. Joe Bottom	USA	54,50
3. Gary Hall	USA	54,65

200-m-Butterfly

1. Mike Bruner	USA	1:59,23
2. Steve Gregg	USA	1:59,54
3. Bill Forester	USA	1:59,96

400-m-Lagen

1. Rod Strachan	USA	4:23,68
2. Tim McKee	USA	4:24,62
3. Andrej Smirnow	SOV	4:26,90

4 × 200-m-Kraulstaffel

1. USA	7:23,22
2. Sowjetunion	7:27,97
3. Großbritannien	7:32,11

4 × 100-m-Lagenstaffel

1. USA	3:42,22
2. Kanada	3:45,94
3. Deutschland	3:47,29

Kunstspringen

1. Phil Boggs	USA	619,05
2. Giorgio Cagnotto	ITA	570,48
3. Alexander Kosenkow	SOV	567,24

Turmspringen

1. Klaus Dibiasi	ITA	600,51
2. Gregory Louganis	USA	576,99
3. Wladimir Alejnik	SOV	548,61

Wasserball

1. Ungarn
2. Italien
3. Holland

Annegret Richter gewinnt Gold über 100 m.

Schwimmen Frauen

100-m-Kraul

1. Kornelia Ender	DDR	55,65
2. Petra Priemer	DDR	56,49
3. Enith Brigitha	HOL	56,65

200-m-Kraul

1. Kornelia Ender	DDR	1:59,26
2. Shirley Babashoff	USA	2:01,22
3. Enith Brigitha	HOL	2:01,40

400-m-Kraul

1. Petra Thümer	DDR	4:09,89
2. Shirley Babashoff	USA	4:10,46
3. Shannon Smith	CAN	4:14,60

800-m-Kraul

1. Petra Thümer	DDR	8:37,14
2. Shirley Babashoff	USA	8:37,59
3. Wendy Weinberg	USA	8:42,60

100-m-Brust

1. Hannelore Anke	DDR	1:11,16
2. Ljubow Rusanowa	SOV	1:13,04
3. Marina Koschewaja	SOV	1:13,30

200-m-Brust

1. Marina Koschewaja	SOV	2:33,35
2. Marina Urchinia	SOV	2:36,08
3. Ljubow Russanowa	SOV	2:36,22

100-m-Rücken

1. Ulrike Richter	DDR	1:01,83
2. Birgit Treiber	DDR	1:03,41
3. Nancy Garapick	CAN	1:03,71

200-m-Rücken

1. Ulrike Richter	DDR	2:13,43
2. Birgit Treiber	DDR	2:14,97
3. Nancy Garapick	CAN	2:15,60

100-m-Butterfly

1. Kornelia Ender	DDR	1:00,13
2. Andrea Pollack	DDR	1:00,98
3. Wendy Boglioli	USA	1:01,17

200-m-Butterfly

1. Andrea Pollack	DDR	2:11,41
2. Ulrike Tauber	DDR	2:12,50
3. Rosemarie Gabriel	DDR	2:12,86

400-m-Lagen

1. Ulrike Tauber	DDR	4:42,77
2. Cheryl Gibson	CAN	4:48,10
3. Becky Smith	CAN	4:50,48

4 × 100-m-Lagenstaffel

1. DDR	4:07,95
2. USA	4:14,55
3. Kanada	4:15,22

4 × 100-m-Kraulstaffel

1. USA	3:44,82
2. DDR	3:45,50
3. Kanada	3:48,81

Kunstspringen

1. Jennifer Chandler	USA	506,19
2. Christa Köhler	DDR	469,41
3. Cynthia McIngvale	USA	466,83

Turmspringen

1. Elena Waitschekowskaja	SOV	406,59
2. Ulrike Knape	SWE	402,60
3. Deborah Wilson	USA	401,07

Boxen

Halbfliegengewicht (bis 48 kg)

1. Jorge Hernandes	CUB
2. Byong Uk Li	NKO
3. Orlando Maldonado	PUR
3. Payao Pooltarat	THA

Fliegengewicht (bis 51 kg)

1. Leo Randolph	USA
2. Ramon Duvalon	CUB
3. David Torosyan	SOV
3. Leszek Lazynski	POL

Bantamgewicht (bis 54 kg)

1. Yong Jo Gu	NKO
2. Charles Mooney	USA
3. Patrick Cowdell	GBR
3. Wiktor Rybakow	SOV

Federgewicht (bis 57 kg)

1. Angel Herrera	CUB
2. Richard Nowakowski	DDR
3. Leszek Kosedowski	POL
3. Juan Paredes	MEX

Leichtgewicht (bis 60 kg)

1. Howard Davis	USA
2. Simon Cutov	RUM
3. Wassili Solomin	SOV
3. Ace Rusevski	YUG

Halbweltergewicht (bis 63,5 kg)

1. Ray Leonard	USA
2. Andres Aldema	CUB
3. Vladimir Kolev	BUL
3. Kazimier Szczerba	POL

Weltergewicht (bis 67 kg)

1. Jochen Bachfeld	DDR
2. Pedro Gamarro	VEN
3. Reinnhard Skricek	D
3. Victor Zilbermann	RUM

Halbmittelgewicht (bis 71 kg)

1. Jerzy Rybicki	POL
2. Tdija Kazar	YUG
3. Victor Sawschenko	SOV
3. Rolando Garbey	CUB

Mittelgewicht (bis 75 kg)

1. Michael Spinks	USA
2. Rufat Riskijew	SOV
3. Alec Nustac	RUM
3. Luis Martinez	CUB

Halbschwergewicht (bis 81 kg)

1. Leon Spinks	USA
2. Sixto Soria	SOV
3. Costica Dafinoui	RUM
3. Janusz Gortat	POL

Schwergewicht (über 81 kg)

1. Teofilo Stevenson	USA
2. Mircea Simon	RUM
3. Johnny Tate	USA
3. Clarence Hill	BER

Gewichtheben

Fliegengewicht (bis 52 kg)

1. Alexander Woronin	SOV	242,5
2. Gyoergy Koszegi	UNG	237,5
3. Mohammed Nassivi	IRA	235,0

Bantamgewicht (bis 56 kg)

1. Nourair Nourikian	BUL	262,5
2. Grzegorz Cziura	POL	252,5
3. Kenkichi Audo	JAP	250,0

Federgewicht (bis 60 kg)

1. Nikolai Kolesnikow	SOV	285,0
2. Georgi Todorow	BUL	280,0
3. Kazamasu Hirai	JAP	275,0

Leichtgewicht (bis 67,5 kg)

1. Zbigniew Kaczmarek	POL	307,5
2. Pjotr Korol	SOV	305,0
3. Daniel Senet	FRA	300,0

Mittelgewicht (bis 75 kg)

1. Yordan Mikoff	BUL	335,0
2. Wartan Militosjan	SOV	330,0
3. Peter Wenzel	DDR	327,5

1976 ⬤⬤⬤ Montreal

Leichtschwergewicht (bis 82,5 kg)
1. Valeri Schari — SOV — 365,0
2. Blagoi Blagieff — BUL — 362,5
3. Trendufil Stoicheff — BUL — 360,0

Mittelschwergewicht (bis 90 kg)
1. David Rigert — SOV — 382,5
2. Lee James — USA — 362,5
3. Atanas Schopoff — BUL — 360,0

Schwergewicht (bis 110 kg)
1. Valentin Christoff — BUL — 400,0
2. Juri Saizew — SOV — 385,0
3. Krastic Semerdjieff — BUL — 385,0

Superschwergewicht (über 110 kg)
1. Wassilij Alexejew — SOV — 440,0
2. Gerd Bonk — DDR — 405,0
3. Helmut Losch — DDR — 387,5

Ringen, griechisch-römischer Stil

Papiergewicht (bis 48 kg)
1. Alexei Schumakow — SOV
2. Georghe Bergeanu — RUM
3. Stefan Angheloff — BUL

Fliegengewicht (bis 52 kg)
1. Vitaly Konstantinow — SOV
2. Nicu Ginga — RUM
3. Kochira Hirayama — JAP

Bantamgewicht (bis 57 kg)
1. Pertti Ukkola — FIN
2. Ivan Freic — YUG
3. Farhat Mustafin — SOV

Federgewicht (bis 62 kg)
1. Kazimier Lipien — POL
2. Nelson Dawidian — SOV
3. Laszlo Reczi — UNG

Leichtgewicht (bis 68 kg)
1. Suren Nalbandjan — SOV
2. Stefan Rusu — RUM
3. Heinz Helmut Wehling — DDR

Weltergewicht (bis 74 kg)
1. Anatoli Bykow — SOV
2. Vitezlav Macha — ČSR
3. Karl-Heinz Helbing — D

Mittelgewicht (bis 82 kg)
1. Momir Petkovic — YUG
2. Vladimir Scheboksarow — SOV
3. Ivan Koleff — BUL

Halbschwergewicht (bis 90 kg)
1. Valeri Rezantsev — SOV
2. Styan Nikoloff — BUL
3. Czeslaw Kwiecinski — POL

Schwergewicht (bis 100 kg)
1. Nikolai Bolboschin — SOV
2. Kamen Goranoff — BUL
3. Andrzey Skrzylewski — POL

Superschwergewicht (über 100 kg)
1. Alexander Kolchinski — SOV
2. Alexander Tomott — BUL
3. Roman Codreanu — RUM

Freistilringen

Papiergewicht (bis 48 kg)
1. Khassan Issaev — BUL
2. Roman Dimitrew — SOV
3. Akiva Kudo — JAP

Fliegengewicht (bis 52 kg)
1. Yuji Takado — JAP
2. Alexander Iwanow — SOV
3. Hae-sup Jeon — KOR

Bantamgewicht (bis 57 kg)
1. Iwan Garigin — SOV
2. Hans-Dieter Bruchert — DDR
3. Masoo Arai — JAP

Federgewicht (bis 62 kg)
1. Jum-mo Jang — KOR
2. Zevgden Ogdov — MON
3. Jean Davis — USA

Leichtgewicht (bis 68 kg)
1. Pavel Pinigin — SOV
2. Lloyd Keasev — USA
3. Yusabavo Sugawara — JAP

Weltergewicht (bis 74 kg)
1. Jiichivo Date — JAP
2. Mansouv Barzegau — IRA
3. Stanley Bziedz — SOV

Mittelgewicht (bis 82 kg)
1. John Peterson — USA
2. Viktor Nowischilow — SOV
3. Adolf Seger — D

Halbschwergewicht (bis 90 kg)
1. Levan Tidiaschwili — SOV
2. Benjamin Peterson — USA
3. Stelica Movcov — RUM

Schwergewicht (bis 100 kg)
1. Ivan Jargin — SOV
2. Russel Hellickson — USA
3. Dimo Kostov — BUL

Superschwergewicht (über 100 kg)
1. Soslan Andiew — SOV
2. Josef Balla — UNG
3. Ladislav Simon — RUM

Judo

Leichtgewicht (bis 63 kg)
1. Hector Rodriguez — CUB
2. Eunk Zunk Chang — KOR
3. Joseph Tuncsik — UNG
3. Felice Mariani — ITA

Weltergewicht (bis 70 kg)
1. Wladimir Newzorow — SOV
2. Koji Kuamoto — JAP
3. Patrick Vial — FRA
3. Marian Talaj — POL

Mittelgewicht (bis 80 kg)
1. Isamu Sonoda — JAP
2. Waleri Dwonikow — SOV
3. Slavko Obadov — YUG
3. Yungchul Park — KOR

Halbschwergewicht (bis 93 kg)
1. Kazuhiro, Ninomiya — JAP
2. Ramaz Harschiladse — SOV
3. David Starbrook — GBR
3. Jörg Röthlisberger — SUI

Schwergewicht (bis 93 kg)
1. Sergej Nowikow — SOV
2. Günther Neureuther — D
3. Allan Coage — USA
3. Sumio Endo — JAP

All-Kategorie
1. Haruki Uemura — JAP
2. Keith Remfri — GBR
3. Shota Tschotschiswili — SOV
3. Jeaki Cho — KOR

Der Deutsche Alexander Pusch (l.), Sieger im Degenfechten.

Fechten Männer

Florett Einzel
1. Fabio dal Zotto — ITA
2. Alexander Romankow — SOV
3. Bernard Talvard — FRA

Florett Mannschaft
1. Deutschland
2. Italien
3. Frankreich

Degen Einzel
1. Alexander Pusch — D
2. Jürgen Hehn — D
3. Gyözö Kulcsar — UNG

Degen Mannschaft
1. Schweden
2. Deutschland
3. Schweiz

Säbel Einzel
1. Viktor Krowopuskow — SOV
2. Wladimir Nazlimow — SOV
3. Viktor Sidiak — SOV

Säbel Mannschaft
1. Sowjetunion
2. Italien
3. Rumänien

Fechten Frauen

Florett Einzel
1. Ildiko Schwarzenberger — UNG
2. Consolata M. Collino — ITA
3. Elena Belowa — SOV

Florett Mannschaft
1. Sowjetunion
2. Frankreich
3. Ungarn

Kanu Männer

500 m Kajak-Einer (K 1)
1. Vasile Diba — RUM — 1:46,41
2. Zoltan Sztanity — UNG — 1:46,95
3. Rüdiger Helm — DDR — 1:48,30

500 m Kajak-Zweier (K 2)
1. DDR — 1:35,87
2. Sowjetunion — 1:36,81
3. Rumänien — 1:37,43

1000 m Kajak-Vierer (K 4)
1. Sowjetunion
2. Spanien
3. DDR

500 m Canadier-Einer (C 1)
1. Alexander Rogow — SOV — 1:59,23
2. John Wood — CAN — 1:59,58
3. Matija Ljubak — YUG — 1:59,60

---

500 m Canadier-Zweier (C 2)
1. Sowjetunion — 1:45,81
2. Polen — 1:47,77
3. Ungarn — 1:48,35

1000 m Canadier-Einer (C 1)
1. Jugoslawien
2. Sowjetunion
3. Ungarn

1000 m Canadier-Zweier (C 2)
1. Sowjetunion
2. Rumänien
3. Ungarn

Kanu Frauen

500 m Kajak-Einer (K 1)
1. Carola Zirzow — DDR — 2:01,05
2. Tatjana Korschunowa — SOV — 2:03,07
3. Klara Rajnai — UNG — 2:05,01

500 m Kajak-Zweier (K 2)
1. Sowjetunion — 1:51,15
2. Ungarn — 1:51,69
3. DDR — 1:51,81

Rudern Männer

Einer
1. Pertti Karppinen — FIN — 7:29,03
2. Peter-Michael Kolbe — D — 7:31,67
3. Joachim Dreifke — DDR — 7:38,03

Doppelzweier
1. Norwegen — 7:13,20
2. Großbritannien — 7:15,26
3. DDR — 7:17,45

Zweier ohne Steuermann
1. DDR — 7:23,31
2. USA — 7:26,73
3. Deutschland — 7:30,03

Zweier mit Steuermann
1. DDR — 7:58,99
2. Sowjetunion — 8:01,82
3. Tschechoslowakei — 8:03,28

Vierer ohne Steuermann
1. DDR — 6:37,42
2. Norwegen — 6:41,22
3. Sowjetunion — 6:42,53

Vierer mit Steuermann
1. Sowjetunion — 6:40,22
2. DDR — 6:42,70
3. Deutschland — 6:46,96

Achter
1. DDR — 5:58,29
2. Großbritannien — 6:00,29
3. Neuseeland — 6:03,51

Rudern Frauen

Einer
1. Christina Scheiblich — DDR — 4:05,56
2. Joan Lind — USA — 4:06,21
3. Elena Antonova — SOV — 4:10,86

Doppelzweier
1. Bulgarien
2. DDR
3. Sowjetunion

Zweier ohne Steuermann
1. Bulgarien
2. DDR
3. Deutschland

Vierer mit Steuermann
1. DDR
2. Bulgarien
3. Sowjetunion

Doppelvierer mit Steuermann
1. DDR
2. Sowjetunion
3. Rumänien

Achter
1. DDR
2. Sowjetunion
3. USA

Segeln

Ein-Mann-Boot (Finn-Dinghi)
1. DDR — 35,4
2. Sowjetunion — 39,7
3. Australien — 46,4

Flying Dutchman
1. Deutschland — 34,7
2. Großbritannien — 51,7
3. Brasilien — 52,1

Soling
1. Dänemark — 46,7
2. USA — 47,4
3. DDR — 47,4

Tempest
1. Schweden — 14,0
2. Sowjetunion — 30,4
3. USA — 32,7

470er Klasse (Jolle)
1. Deutschland — 42,4
2. Spanien — 49,7
3. Australien — 57,0

Tornado
1. Großbritannien — 18,0
2. USA — 36,0
3. Deutschland — 37,7

Radsport

Straßenrennen Einzel
1. Bernt Johannsson — SWE — 4:46,52
2. Giuseppe Martinelli — ITA — 31 Sek.
3. Mieczyl Nowicki — POL — 31 Sek.

100-km-Mannschafts-Zeitfahren
1. Sowjetunion — 2:08:53
2. Polen — 2:09:13
3. Dänemark — 2:12:20

1000-m-Zeitfahren
1. Klaus-Jürgen Grünke — DDR — 1:05,92
2. Michel Vaarten — BEL — 1:07,51
3. Niels Fredborg — DAN — 1:07,61

1000-m-Sprint
1. Anton Tkac — ČSR
2. Daniel Moselon — FRA
3. Hans-Jürgen Geschke — DDR

4000-m-Einzel-Verfolgungsrennen
1. Gregor Braun — D — 4:47,61
2. Herman Ponsteen — HOL — 4:49,72
3. Thomas Huschke — DDR — 4:52,71

4000-m-Mannschafts-Verfolgungsrennen
1. Deutschland — 4:21,06
2. Sowjetunion — 4:27,15
3. Großbritannien — 4:22,41

Reitsport

Military Einzel
1. Edmund Coffin — USA — −114,99
2. John Plumb — USA — −125,65
3. Karl Schultz — D — −129,45

Military Mannschaft
1. USA — −451,00
2. Deutschland — −584,60
3. Australien — −599,54

Dressur Einzel
1. Christine Stückelberger — SUI — 1486
2. Harry Boldt — D — 1435
3. Reiner Klimke — D — 1395

Dressur Mannschaft
1. Deutschland — 5155
2. Schweiz — 4684
3. USA — 4647

Jagdspringen Einzel
1. Alwin Schockemöhle — D — 0
2. Michel Vaillantcourt — CAN — −12
3. François Mathy — BEL — −12

Jagdspringen Mannschaft (Preis der Nationen)
1. Frankreich
2. Deutschland
3. Belgien

Schießen

Kleinkaliber (KK) liegende Stellung, 50 m
1. Karlheinz Smieszek — D — 599
2. Ulrich Lind — D — 597
3. Gennadi Luschchikow — SOV — 595

Kleinkaliber (KK) Dreistellungskampf, 50 m
1. Lanny Bassham — USA — 1162
2. Margaret Murdock — USA — 1162
3. Werner Seibold — D — 1160

Schnellfeuerpistole, 25 m
1. Norbert Klaar — DDR — 597
2. Jürgen Wiefel — DDR — 596
3. Roberto Ferrais — ITA — 595

Beliebige Scheibenpistole, 50 m
1. Uwe Potteck — DDR — 573
2. Harald Vollmar — DDR — 567
3. Rudolf Dollinger — AUT — 562

Tontaubenschießen (Skeet)
1. Josef Panacek — ČSR — 198
2. Eric Swinkels — HOL — 198
3. Weslaw Gawlikowski — POL — 196

Tontaubenschießen (Trap)
1. Donald Haldemann — USA — 190
2. Armando Silva Marques — POR — 189
3. Ubaldesc Baldi — ITA — 189

Laufende(r) Scheibe (Keiler)
1. Alexander Gazow — SOV — 579
2. Alexander Kedyarow — SOV — 576
3. Jerzy Greszkiewicz — POL — 571

Bogenschießen Männer

1. Darrel Pace — USA — 2571
2. Hiroshi Michinaga — JAP — 2502
3. Gian Carlo Ferrari — ITA — 2495

Bogenschießen Frauen

1. Luann Ryon — USA — 2499
2. Valentina Kowpan — SOV — 2460
3. Zebiniso Rustamowa — SOV — 2407

Turnen Männer

Mehrkampf Einzel
1. Nikolai Andrianow — SOV — 116,650
2. Sawao Kato — JAP — 115,650
3. Mitsuo Tsukahara — JAP — 115,575

Mehrkampf Mannschaft
1. Japan — 576,8
2. Sowjetunion — 567,4
3. DDR — 564,6

Barren Einzel
1. Sawao Kato — JAP — 19,675
2. Nikolai Andrianow — SOV — 19,500
3. Mitsuo Tsukahara — JAP — 19,475

Bodenübung Einzel
1. Nikolai Andrianow — SOV — 19,450
2. Wladimir Martschenko — SOV — 19,425
3. Peter Korman — USA — 19,300

Pferdsprung Einzel
1. Nikolai Andrianow — SOV — 19,450
2. Mitsuo Tsukahara — JAP — 19,375
3. Horishi Kajizama — JAP — 19,275

Seitpferd Einzel
1. Zoltan Magyar — UNG — 19,700
2. Eizo Kenmotsu — JAP — 19,575
3. Nikolai Andrianow — SOV — 19,525

Reck Einzel
1. Mitsuo Tsukahara — JAP — 19,675
2. Eizo Kenmotsu — JAP — 19,500
3. Eberhard Gienger — D — 19,475

Ringe Einzel
1. Nikolai Andrianow — SOV — 19,650
2. Alexander Ditjatin — SOV — 19,550
3. Dan Grecu — RUM — 19,500

Turnen Frauen

Mehrkampf Einzel
1. Nadia Comaneci — RUM — 79,275
2. Nelli Kim — SOV — 78,675
3. Ludmilla Turischtschewa — SOV — 78,625

Mehrkampf Mannschaft
1. Sowjetunion — 390,35
2. Rumänien — 387,15
3. DDR — 385,10

Stufenbarren
1. Nadia Comaneci — RUM — 20,000
2. Teodora Ungureanu — RUM — 19,800
3. Marta Egervari — UNG — 19,775

Bodenübung
1. Nelli Kim — SOV — 19,850
2. Ludmilla Turischtschewa — SOV — 19,820
3. Nadia Comaneci — RUM — 19,750

Pferdsprung
1. Nelli Kim — SOV — 19,800
2. Ludmilla Turischtschewa — SOV — 19,650
3. Carola Dombeck — DDR — 19,650

Schwebebalken
1. Nadia Comaneci — RUM — 19,950
2. Olga Korbut — SOV — 19,725
3. Teodora Ungureanu — RUM — 19,700

3mal Gold für die zierliche Nadia Comaneci, Rumänien.

Basketball

Männer	Frauen
1. USA	1. Sowjetunion
2. Jugoslawien	2. USA
3. Sowjetunion	3. Bulgarien

Fußball

1. DDR   2. Polen   3. Sowjetunion

Hallenhandball

Männer	Frauen
1. Sowjetunion	1. Sowjetunion
2. Rumänien	2. DDR
3. Polen	3. Ungarn

Hockey

1. Neuseeland
2. Australien
3. Pakistan

Volleyball

Männer	Frauen
1. Polen	1. Japan
2. Sowjetunion	2. Sowjetunion
3. Kuba	3. Korea

AUGUST

Mo	Di	Mi	Do	Fr	Sa	So
						1
2	3	4	5	6	7	8
9	10	11	12	13	14	15
16	17	18	19	20	21	22
23	24	25	26	27	28	29
30	31					

1. Formel-1-Fahrer Niki Lauda verunglückt auf dem Nürburgring. →

2. Flutwelle in Schluchten der Rocky Mountains (USA) fordert 60 Tote.

5. DDR-Polizisten erschießen italienischen Lastwagenfahrer bei Grenzkontrollen.

12. Christliche Milizen erobern nach zwei Monaten Belagerung palästinensisches Flüchtlingslager Tall Saatar in Beirut.

13. Sternfahrt der Jungen Union nach Berlin von DDR-Grenzern gestoppt.

14. 10 000 Frauen beider Konfessionen demonstrieren in Irland für Frieden. →

19. US-Präsident Ford zum Präsidentschaftskandidaten nominiert. Sein Konkurrent Ronald Reagan unterliegt.

20. Athener Gericht lehnt Auslieferung des deutschen Terroristen Pohle ab, da er wegen »politischer Straftat« verfolgt wird.

23. DDR-Pfarrer Brüsewitz stirbt an Verletzungen, die er sich bei einem Selbstverbrennungsversuch zugefügt hat. →

25. Frankreichs Ministerpräsident Chirac tritt zurück. Nachfolger wird Raymond Barre. Chirac hatte die geforderten größeren Amtsvollmachten nicht erhalten.

26. Prinz Bernhard der Niederlande gibt wegen der Untersuchungen im Lockheed-Skandal alle öffentlichen Ämter ab. →

29. Bischof Lefebvre zelebriert in Lille (Frankreich) eine Messe nach altem Ritus vor 6000 Gläubigen. Er bezichtigt Rom der Irrlehre. →

GESTORBEN:

2. Fritz Lang (* 5. 12. 1890), österreichisch-amerikanischer Regisseur.

10. Paul Lücke (* 13. 11. 1914), deutscher Politiker, früherer Bundesminister.

10. Karl Schmidt-Rottluff (* 1. 12. 1884), deutscher Maler und Grafiker.

24. Hanna Reitsch (* 29. 3. 1912), deutsche Fliegerin.

25. Eyvind Johnson (* 29. 7. 1900), schwedischer Schriftsteller, Nobelpreis 1974.

26. Lotte Lehmann (* 27. 2. 1888), deutschamerikanische Sängerin.

Niki Lauda verletzt

Der brennende Ferrari Niki Laudas nach dem Unfall auf dem Nürburgring.

1. August. Beim Weltmeisterschaftsrennen der Formel 1 verunglückt der Österreicher Niki Lauda auf dem Nürburgring. Er erleidet Knochenbrüche und schwere Verätzungen der Lunge, vor allem aber Verbrennungen im Gesicht. Lauda, der in der WM-Wertung führt, hat oftmals gegen den Nürburgring und seine Tücken protestiert und gefordert, die Rennen um den Preis von Deutschland auf dem Hockenheimring abzuhalten. Die Rennleitung und viele Zuschauer waren damit nicht einverstanden. Beim Rennen sieht man Transparente: »Der Ring ist gut, Lauda, nimm Deinen Hut.« Nach Laudas schwerem Unfall startet die Rennleitung das Rennen abermals. Erst 1978 wird der Nürburgring umgebaut.

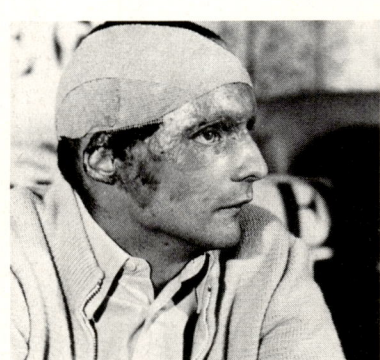

Lauda erleidet Brandverletzungen.

Niki Lauda fährt bereits im September sein nächstes Rennen. Es gelingt ihm aber nicht mehr, James Hunt (England) in der Gesamtwertung einzuholen, der vor Lauda Weltmeister wird.

Brücke stürzt ein

Die Reichsbrücke stürzt ein und reißt vier Menschen in den Tod.

1. August. Völlig überraschend ereignet sich ein schweres Unglück in Wien. Die Reichsbrücke, die über die Donau führt, stürzt ein. Vier Menschen kommen zu Tode, ein Omnibus und mehrere Autos werden zerstört. Als Ursache des Einsturzes wird ein schlecht gegossener Betonpfeiler vermutet. Die Reichsbrücke ist auf ihre Verkehrssicherheit hin in der Vergangenheit nur unzureichend kontrolliert worden.

Demonstration der Mütter für Frieden in Nordirland

14. August. »Mothers for Peace«, Mütter für den Frieden, heißt eine Bewegung, die sich überraschend in Nordirland formiert. Am 14. August ziehen etwa 10 000 Frauen durch Belfast, um für den Frieden zu demonstrieren.

Sie werden angeführt von Betty Williams, einer 32jährigen Katholikin, der sich bald Moiread Corrigan anschließt. Zu den Frauen, die in weiteren Demonstrationen zu Zehntausenden den Frieden in Nordirland fordern, gehören Katholikinnen wie auch Protestantinnen. Anlaß für Betty Williams Protest ist der Tod dreier kleiner Kinder in Belfast, die von flüchtenden IRA-Terroristen mit dem Auto überfahren worden sind. Die Frauen protestieren aber auch insgesamt gegen den nordirischen Bürgerkrieg, in dem bisher 1600 Menschen gestorben sind (→ Oktober 1977).

Prinz Bernhard in Lockheed-Affäre verwickelt

26. August. Die Bestechungsaffären um den amerikanischen Lockheed-Flugzeugkonzern fordern ein prominentes Opfer: Prinz Bernhard der Niederlande, Prinzgemahl von Königin Juliana, legt alle seine öffentlichen Ämter nieder. Anfang des Jahres gerät er in Verdacht, für seine Fürsprache bei der Anschaffung von Starfightern F-104 für die niederländische Luftwaffe vom Lockheed-Konzern Geld erhalten zu haben (Prinz Bernhard ist Generalinspekteur der Streitkräfte). Die Königin selbst billigt daraufhin die Einsetzung einer Untersuchungskommission. Nach sechs Monaten gibt Ministerpräsident Johannes den Uyl das Ergebnis bekannt: der Prinz habe zwar keine Gelder von Lockheed angenommen und auch keinen Einfluß auf Flugzeugkäufe ausgeübt, aber er habe sich bei den Verhandlungen mit Lockheed leichtfertig verhalten und Transaktionen vorgenommen, die den Eindruck erwecken mußten, er sei für Bestechungsgelder empfänglich.

Bischof Lefebvre stellt sich gegen katholische Kirche

Bischof Marcel Lefebvre.

29. August. Die Messe nach altem Ritus, die Bischof Marcel Lefebvre im französischen Lille vor 6000 Gläubigen zelebriert, gewinnt auch in der Bundesrepublik immer mehr Anhänger. Der französische Erzbischof Lefebvre gründet 1970 im Schweizer Ecône ein eigenes Priesterseminar. Dies wird 1975 von Rom verboten. Im Juli 1976 suspendiert der Papst Lefebvre von seinem Priester- und Bischofsamt. Lefebvre zelebriert jedoch weiterhin Messen, die in Frankreich und in der Bundesrepublik Zulauf von Tausenden von Gläubigen finden. Diese Traditionalisten lehnen die neue Messe in leicht veränderter Form und meist nicht mehr in Latein ab.

Pfarrer Brüsewitz verbrennt sich

23. August. Der evangelische Pfarrer Oskar Brüsewitz aus Droßdorf/DDR erliegt den Verbrennungen, die er sich fünf Tage vorher auf dem Marktplatz in Zeitz bei dem Versuch der Selbstverbrennung zugezogen hat. In Abschiedsbriefen schreibt er, er wolle ein Zeichen setzen gegen den Staat, der die Kirchen unterdrücke, wie gegen die Kirchen, die sich arrangieren. Der SED wirft Brüsewitz vor, sie versuche, sich der Jugend zu bemächtigen. Seiner Kirche hält er vor, sie habe ihn im Kampf gegen die Vereinnahmung der Jugend durch die SED im Stich gelassen. Die DDR erklärt die Selbstverbrennung offiziell als »Tat eines Kranken«.

Mao Tse-tung ist tot

Der chinesische Parteivorsitzende Mao Tse-tung.

9. September. In Peking stirbt der chinesische Parteivorsitzende Mao Tse-tung. Als Sohn eines wohlhabenden Bauern, Händlers und Geldverleihers ist Mao Tse-tung 1893 in der chinesischen Provinz Hunan geboren worden. Er besuchte eine konfuzianische Grundschule, ging aber nach einem Konflikt mit seinem Vater auf eine Mittelschule und studierte an einer Lehrerbildungsanstalt. 1921 gehörte er zu den 57 Gründungsmitgliedern der Kommunistischen Partei Chinas. Während der Einheitsfront der Kommunisten mit der Kuomintang leitete er die Ausbildung der Bauernkader. Nach dem Bruch beider Parteien 1927 führte Mao einen Bauernaufstand an, nach dessen Scheitern er in die Berge floh.

Die Parteiführung hob den über ihn verhängten Hausarrest auf, als die Kuomintang-Armee unter Tschiang Kai-schek in China vordrang. Es begann der zunächst ohne sein Zutun geplante »Lange Marsch«. Nach dem Sieg im Bürgerkrieg proklamierte Mao am 1. Oktober 1949 in Peking die Volksrepublik China. Staatsoberhaupt war er von 1954 bis 1959. Dabei kam es zum Zwist mit seinem Stellvertreter Liu Schaotschi. In den innerparteilichen Konflikten der Jahre 1960 bis 1965 vertrat Mao das Konzept der Massenmobilisierung.

Im Winter 1965/1966 leitete der »große Vorsitzende« zusammen mit Marschall Lin Piao und seiner Frau Tschiang Tsching die »Große Proletarische Kulturrevolution« ein. Im April 1969 wurde er als Parteiführer bestätigt. Neue Fraktionskämpfe führten 1971 zum Sturz Lin Piaos. Mao Tse-tung blieb bis zu seinem Tode unangefochtener Führer der Partei.

Wechsel in Schweden

19. September. Ein Machtwechsel vollzieht sich in Schweden. Bei der Wahl wird die seit 44 Jahren regierende Sozialdemokratische Partei von den bürgerlichen Parteien geschlagen. Eine Drei-Parteien-Regierung unter dem Ministerpräsidenten der Zentrumspartei, Thorbjörn Fälldin, löst den Führer der Sozialdemokraten, Olof Palme, ab. Der Stimmenanteil der Sozialdemokraten ist seit 1940 beständig, wenn auch langsam, gesunken. Von 53,8 Prozent fiel er bis schließlich auf 42,9 Prozent 1976. Die bürgerlichen Parteien führen den Wahlkampf mit Parolen gegen eine weitergehende Zentralisierung des Staates und gegen Sozialisierungspläne der Regierung. Sie wollen den Bau von Atomkraftwerken einstellen. Die Wähler protestieren mit ihrer Entscheidung gegen eine hohe Besteuerung der Einkommen und eine immer mehr anschwellende Bürokratie.

1121

Sowjetischer MiG-25-Pilot landet in Japan

6. September. Zu Spannungen zwischen Japan und der UdSSR führt die Landung eines sowjetischen Piloten in einer MiG 25 auf dem japanischen Flughafen Hakodate. Der sowjetische Leutnant Belenko entführt somit den bisher streng geheimen Abfangjäger MiG 25 in den Westen. Der Pilot erhält politisches Asyl in den USA, die Maschine wird von amerikanischen und japanischen Experten zerlegt und untersucht. Danach bringt ein sowjetischer Frachter sie in die UdSSR zurück. Nach der Untersuchung ist die MiG 25 für westliche Militärs keine Legende mehr. Es stellt sich heraus, daß das geheimnisumwitterte Flugzeug, von westlichen Experten immer wieder als Maschine mit neuer Technologie geschildert, die »unsere Kampfflugzeuge vom Himmel fegen kann«, tatsächlich die 15 Jahre alte amerikanische »Phantom« in ihren Leistungen kaum erreicht. Sie ist nicht in der Lage, Flugabwehrsysteme in Bodennähe zu überwinden. Neuere US-Maschinen steigen schneller, beschleunigen schneller und fliegen engere Kurven als die MiG 25.

Spülmaschinen für Maßkrüge

Auf dem Münchener Oktoberfest werden die Bierkrüge erstmals nicht mehr mit der Hand gespült. Große Spülmaschinen ersetzen die Arbeitskräfte, da, so die Begründung der Organisatoren, der Zuschaueransdrang sonst nicht mehr zu bewältigen wäre.
Der Preis für eine Maß Bier nähert sich der 4-DM-Grenze, er liegt 1976 bei 3,95 DM.

Supertanker in Deutschland

Ein Supertanker wird in Bremen auf den Namen »Bonn« getauft. Mit einer Größe von 360 000 Tonnen ist er das größte deutsche Schiff, ferner das größte bisher in der Bundesrepublik gebaute.

1976
OKTOBER

Mo	Di	Mi	Do	Fr	Sa	So
				1	2	3
4	5	6	7	8	9	10
11	12	13	14	15	16	17
18	19	20	21	22	23	24
25	26	27	28	29	30	31

1. Griechenland liefert deutschen Terroristen Ralf Pohle aus.

1. Box-Weltmeister Muhammad Ali erklärt, er wolle mit dem Boxen aufhören.

3. Wahl zum Deutschen Bundestag bringt der SPD 42,6 Prozent, der CDU/CSU 48,6 Prozent und der FDP 7,9 Prozent. →

3. Hessens Ministerpräsident Osswald tritt zurück. Nachfolger wird Holger Börner, beide SPD.

4. Mitglied des spanischen Kronrates in San Sebastian von baskischen Separatisten erschossen.

6. Militär übernimmt Macht in Thailand und ruft Kriegsrecht aus.

6. Fußballänderspiel Bundesrepublik – Wales in Cardiff 2 : 0.

7. Ruhrsiedlungsverband kauft größten Teil des Naturschutzgebiets Haard bei Recklinghausen.

7. Witwe Mao Tse-tungs und drei Spitzenfunktionäre verhaftet. →

15. Nobelkomitee in Stockholm beschließt, 1976 keinen Friedensnobelpreis zu verleihen (→ Oktober 1977).

17. Die Wahlen zur siebten Volkskammer der DDR ergeben 99,86 Prozent der Stimmen für die Einheitsliste.

19. Der Schah von Persien kauft 25,01 Prozent der Essener Krupp-Firmen-Holding. Mit dieser Sperrminorität erhält er ein Vetorecht.

21. UN-Vollversammlung wählt die Bundesrepublik für zwei Jahre in den Sicherheitsrat.

22. Bertoluccis Film »1900« läuft an. →

24. James Hunt wird Weltmeister der Formel-1-Fahrer.

26. Südafrikas »Homeland«, die Transkei, wird unabhängig, aber vom Ausland nicht anerkannt.

28. Genfer Konferenz über Rhodesien wird eröffnet.

29. SED-Generalsekretär Honekker übernimmt auch das Amt des Staatsratsvorsitzenden.

GESTORBEN:

4. Horst Schmidt (* 5. 6. 1925), deutscher Politiker.

10. Reinhold von Thadden-Trieglaff (* 13. 8. 1891), Gründer des Deutschen Evangelischen Kirchentages. →

17. Franz Altheim (* 6. 10. 1898), deutscher Althistoriker.

Wahl sichert Koalition

BUNDESTAGSWAHL 1976

Höhepunkt des Wahlkampfs ist eine vierstündige Fernsehdiskussion der Spitzenkandidaten der Parteien: (von links) Helmut Schmidt (SPD), Hans-Dietrich Genscher (FDP), Helmut Kohl (CDU) und Franz Josef Strauß (CSU).

3. Oktober. Nach der Bundestagswahl regiert die Koalition von SPD und FDP unter Bundeskanzler Helmut Schmidt und Vizekanzler Hans-Dietrich Genscher weiter. Trotzdem ist nicht alles beim alten geblieben. Zwar hat die Regierung eine recht sichere Mehrheit von zehn Sitzen, doch mit 48,6 Prozent der Stimmen ist die Union wieder stärkste Fraktion im Bundestag und stellt dort den Präsidenten. Die SPD erreicht 42,6 Prozent, die FDP 7,9 Prozent der Stimmen. Die Wahlbeteiligung ist mit 91,1 Prozent wiederum hoch. Der Wahlkampf zuvor hat eine starke Polarisierung und Emotionalisierung gezeigt. Die CSU und Teile der CDU stellen die Wahl als Entscheidung über »Freiheit oder Sozialismus« dar. Die CDU benutzt den Slogan: »Aus Liebe zu Deutschland – die Freiheit wählen«. Doch der Begriff »Freiheit« wird von den anderen beiden Parteien ebenso beansprucht. Die SPD wirbt mit »Modell Deutschland – Freiheit, Sicherheit, soziale Demokratie«. Die FDP sagt: »Im Zweifel für die Freiheit.«

Machtkampf in China

Die Verhaftung der sogenannten Viererbande nach dem Tod Maos wird in Kanton und anderen Städten Chinas mit Demonstrationen gefeiert.

7. Oktober. Mit der Verhaftung der Mao-Witwe Tschiang Tsching und dreier Spitzenfunktionäre der Partei findet in der Volksrepublik China ein Machtkampf unter Politikern ein vorläufiges Ende, der bereits wenige Tage nach dem Tod des Parteivorsitzenden Mao Tse-tung begonnen hat (→ September 1976). Seine Witwe meldet ihren Anspruch auf sein Amt an. Sie stößt auf Ablehnung durch das Militär und läßt daraufhin die Miliz in Schanghai bewaffnen. Ihr Hauptgegner ist Hua Kuo-feng. Mit Hilfe des Militärs gelingt es diesem, Tschiang Tsching und ihre Anhänger unter Arrest zu stellen. Hua wird zum neuen Parteivorsitzenden gewählt, während die »Viererbande«, Tschiang Tsching und drei andere Führer des linken Parteiflügels, auf Wandzeitungen als »Verschwörer« und »Staatsfeinde« bezeichnet werden. Hua kündigt den Bau eines Mausoleums für Mao an.

Student entwirft Atombombe

10. Oktober. Mit der Nachricht, er habe selbständig die theoretischen Voraussetzungen für den Bau einer Atombombe entwickelt, erschreckt der Student P. Philipps aus New York die USA. In nur vier Monaten entwirft er eine Atombombe, die etwa ein Drittel der in Hiroshima benutzten Sprengkraft hat. Benutzt hat er dafür nur die in öffentlichen Bibliotheken der Universitätsstadt Princeton zugängliche Literatur, die Kosten betragen etwa 2000 Dollar. Auf 34 Seiten schildert er den Vorgang, dessen praktische Durchführbarkeit von Experten bestätigt wird. Philipps möchte beweisen, »wie leicht dergleichen auch für Terroristen ist«.

Thadden-Trieglaff stirbt 85jährig

10. Oktober. Der Ehrenpräsident des Deutschen Evangelischen Kirchentages Reinhold von Thadden-Trieglaff stirbt 85jährig. Der Jurist wurde 1937 Vizepräsident des Christlichen Studenten-Weltbundes (bis 1946). Schon in den zwanziger Jahren arbeitete er führend in der Evangelischen Studenten- und Akademikerbewegung mit. Während des Dritten Reiches gehörte er zur Bekennenden Kirche. 1949 war Thadden-Trieglaff einer der Wiederbegründer des Deutschen Evangelischen Kirchentages, als dessen Präsident er bis 1964 im Amt blieb.

Bertoluccis Film »1900« läuft an

22. Oktober. Der erste Teil eines zweiteilig geplanten, aufwendig gedrehten Filmwerkes läuft in der Bundesrepublik an. Der Film »1900« von Bernardo Bertolucci schildert die Lebensgeschichte zweier italienischer Jungen, beide zur selben Stunde geboren und miteinander befreundet. Der eine ist Enkel des Gutsherrn, für den der Vater des anderen arbeitet. Die Hauptrollen spielen Robert de Niro und Gérard Dépardieu, die Musik stammt von Ennio Morricone.

1976
NOVEMBER

Mo	Di	Mi	Do	Fr	Sa	So
1	2	3	4	5	6	7
8	9	10	11	12	13	14
15	16	17	18	19	20	21
22	23	24	25	26	27	28
29	30					

1. Verteidigungsminister Leber entläßt 2 Generale wegen Bundeswehrtreffen mit Oberst Rudel. →

2. Jimmy Carter zum Präsidenten der USA gewählt. →

2. Durch Verfassungsänderungen des Abgeordnetenhauses erhält Ministerpräsidentin Indira Gandhi diktatorische Vollmachten.

4. In der Bundesrepublik Deutschland sind 350 000 Reiter in 3500 Vereinen organisiert.

5. Springreiter Hendrik Snoek von Unbekannten entführt. Nach Zahlung von fünf Millionen DM Lösegeld wird er befreit.

5. Hans Maier, Kultusminister von Bayern, wird neuer Vorsitzender des Zentralkomitees der Deutschen Katholiken.

14. 30 000 Menschen demonstrieren gegen Kernkraftwerksbau in Brokdorf.

15. Bundespost stellt Tastentelefon der Öffentlichkeit vor.

16. Sänger Wolf Biermann aus der DDR ausgebürgert. →

16. Bei Parlamentswahlen im kanadischen Quebec erringt die separatistische Partei 69 von 110 Mandaten. →

18. Fußballänderspiel Deutschland – ČSSR endet 2 : 0 in Hannover.

19. CSU-Landesgruppe beschließt in Kreuth, die Fraktionsgemeinschaft mit der CDU nicht fortzusetzen. →

20. Griechenland und Türkei einig über Abgrenzung des Kontinentalsockels in der Ägäis.

26. Willy Brandt, SPD-Vorsitzender, wird Vorsitzender der Sozialistischen Internationale.

GESTORBEN:

9. Gottfried Freiherr von Cramm (* 7. 7. 1909), deutscher Tennisspieler (→ Juli 1933, Juni 1934).

11. Alexander Calder (* 22. 7. 1898), amerikanischer Bildhauer.

15. Jean Gabin (* 17. 5. 1904), französischer Schauspieler. →

23. André Malraux (* 3. 11. 1901), französischer Politiker und Schriftsteller.

30. Fritz Rasp (* 13. 5. 1891), deutscher Schauspieler.

30. Armin Zimmermann (* 23. 12. 1917), Generalinspekteur der Bundeswehr.

Carter wird Präsident

Mit einer knappen Mehrheit wird der Demokrat Jimmy Carter (auf dem Bild mit seiner Frau Rosalyn) zum 39. Präsidenten der Vereinigten Staaten gewählt.

2. November. Während des Wahlkampfes in den USA verringert sich laut Umfragen der anfangs große Vorsprung des Demokraten Jimmy Carter vor dem Republikaner Gerald Ford zusehends, so daß es kurz vor der Wahl völlig ungewiß ist, wer siegen wird. Am 2. November wird Carter dann mit einem knappen Ergebnis zum 39. Präsidenten der USA gewählt. Er erringt 50,1 Prozent der Stimmen, gegenüber 48 Prozent für Ford. Erstmals seit 1932 wird mit Ford ein amtierender Präsident abgewählt. Mit Jimmy Carter gewinnt ein noch vor einem Jahr weitgehend unbekannter Senator aus Georgia. Seit 1849 ist kein Südstaatler mehr Präsident geworden. Sein Wahlsieg ist zu einem großen Teil auf die Stimmen der schwarzen Bürger zurückzuführen, die zu etwa 90 Prozent Carter wählen. Die Demokraten behalten auch ihre Mehrheit im Abgeordnetenhaus und im Senat.

Biermann im Westen

16. November. Die DDR benutzt eine Tournee des Sängers Wolf Biermann durch die Bundesrepublik, um den unbequemen Kritiker auszubürgern. Sie hat ihm bereitwillig ein Ausreisevisum erteilt und ihm nach dem ersten großen Auftritt in Köln, den das Fernsehen überträgt, die Wiedereinreise durch Ausbürgerung unmöglich gemacht. Gleich am nächsten Tag finden sich zahlreiche prominente DDR-Bürger, Künstler und Schriftsteller, die in einer Solidaritätsadresse die Regierung auffordern, die Ausbürgerung zurückzunehmen. Es ist die erste offene Opposition in der DDR seit dem 17. Juni 1953. Das SED-Organ »Neues Deutschland« veröffentlicht als Antwort Stellungnahmen, die Biermanns Ausbürgerung zustimmen.

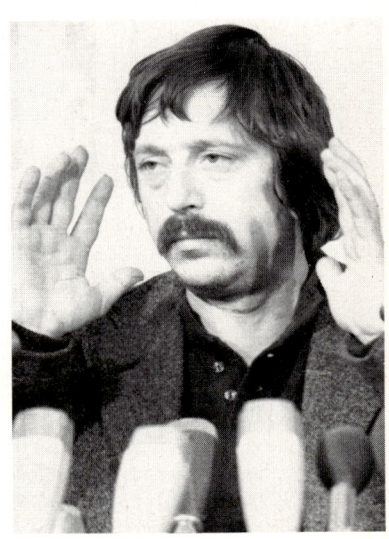

Auf einer Pressekonferenz in Köln kritisiert der Sänger und Dichter Wolf Biermann seine Ausbürgerung.

Generale entlassen

1. November. Zum erstenmal in der Geschichte der Bundeswehr werden zwei führende Generale fristlos entlassen, der Kommandierende General der Luftflotte, Generalleutnant Walter Krupinski und sein Stellvertreter, Generalmajor Karl Heinz Franke. Als in der Öffentlichkeit Kritik laut wird an der Teilnahme des Fliegerobersten des Zweiten Weltkriegs, Hans-Ulrich Rudel, an einer Traditionsveranstaltung des Aufklärungsgeschwaders 51 »Immelmann«, mokieren sich die beiden Generale über die Kritik. Rudel ist nach wie vor in rechtsradikalen politischen Kreisen aktiv und hat sich wiederholt abfällig über die Demokratie in der Bundesrepublik ausgesprochen. Die beiden Generale äußern jedoch, man müsse Rudel ein Recht auf Läuterung zubilligen wie »Linksextremisten und Kommunisten, die früher in Moskau waren wie Herbert Wehner«. Daraufhin entläßt der Bundesverteidigungsminister Georg Leber (SPD) die beiden Generale fristlos.

Union droht Spaltung

19. November. Auf einer Klausurtagung der CSU-Landesgruppe in Wildbad-Kreuth beschließen die Abgeordneten mit 30 : 18 Stimmen, die seit 27 Jahren bestehende Fraktionsgemeinschaft mit der CDU aufzulösen. Dies wird begründet mit dem Wahlergebnis vom 3. Oktober, das der Union keine regierungsfähige Mehrheit brachte. Die Parteienlandschaft der Bundesrepublik soll so wieder offengehalten werden. Die Entscheidung kommt für die Schwesterpartei CDU völlig überraschend, aber auch zahlreiche Untergruppierungen der CSU protestieren gegen die plötzliche Entscheidung. Die CDU fordert in den folgenden Beratungen, die CSU möge die Entscheidung entweder zurücknehmen oder die Gründung eines bayrischen Landesverbandes der CDU hinnehmen. Wochenlange Verhandlungen führen schließlich dazu, daß die Fraktionsgemeinschaft doch erhalten wird.

Separatisten siegen in Quebec

16. November. Der schon seit langem während Streit in Kanada zwischen Anglokanadiern und Frankokanadiern beeinflußt die Wahlen in der Provinz Quebec. Überraschend erringt die Partei Québécois unter der Führung von René Levesque die meisten Stimmen und die absolute Mehrheit der Sitze. Die Nationalisten erreichen ferner, daß 1978 ein Referendum über die Unabhängigkeit Quebecs durchgeführt werden soll.
Die separatistischen Bestrebungen der französischsprachigen Provinz Quebec mit nunmehr veränderter Mehrheit im Provinzparlament belasten die bundesstaatliche Struktur Kanadas. Die separatistische Bewegung in Quebec hat 1967 starken Aufschwung genommen nach einem Besuch des französischen Staatspräsidenten Charles de Gaulle, als dieser die Separatisten ermutigte (→ Juli 1967).

Jean Gabin stirbt in Paris

Der Schauspieler Jean Gabin †.

15. November. In Paris stirbt der französische Filmschauspieler Jean Gabin. Er ist unter dem Namen Jean Alexis Moncorgé 1904 bei Paris geboren worden. Seine Filmkarriere begann mit Filmen wie »Pépé le Moko« (»Pépé, der Bandit«, 1936). Gabin wurde Frankreichs führender Charakterschauspieler.

1. Helmut Kohl zum CDU-Fraktionsvorsitzenden gewählt.

1. Berliner Gericht erlaubt Verkauf von Fichtel & Sachs nach England.

1. Essener Landgericht spricht DDR-Flüchtling Weinhold von Totschlagsanklage frei. Bei seiner Flucht in die Bundesrepublik im Dezember 1975 hatte er zwei DDR-Soldaten erschossen.

1. Bernhard Vogel (CDU) wird zum Ministerpräsidenten des Landes Rheinland-Pfalz gewählt.

3. Schalke 04 und der DFB einigen sich auf fünf Wochen Sperre für bestochene Spieler und beenden damit den Bundesliga-Skandal.

7. Kurt Waldheim für fünf Jahre als UN-Generalsekretär im Amt bestätigt.

12. CDU/CSU einigen sich doch auf gemeinsame Fraktionsbildung (→ November 1976).

14. Karl Carstens zum Bundestagspräsidenten gewählt.

14. Industriellensohn Oetker entführt. Zwei Tage später nach Lösegeldzahlung von 21 Millionen DM frei. →

15. Referendum in Spanien entscheidet sich für ein aus zwei Kammern bestehendes Parlament.

18. Sowjetischer Bürgerrechtler Bukowski aus Haft entlassen und gegen in Chile gefangengehaltenen KP-Chef Corvalan ausgetauscht.

20. 15 Jahre Haft für Honka wegen Mord bzw. Totschlag an vier Frauen in Hamburg. Das Gericht erkennt auf verminderte Zurechnungsfähigkeit.

22. Die DDR entzieht dem ARD-Korrespondenten Lothar Loewe die Akkreditierung und weist ihn aus. →

25. Weiße Weihnachten fast im ganzen Bundesgebiet.

25. Takeo Fukuda neuer Regierungschef Japans. Miki ist zurückgetreten. →

27. Franz Beckenbauer zum Fußballer Europas für das Jahr 1976 gewählt.

GESTORBEN:

4. Benjamin Britten (* 22. 11. 1913), britischer Komponist.

22. Walter Bauer (* 4. 11. 1904), deutscher Schriftsteller.

Komitee vergibt keinen Nobelpreis für Frieden

10. Dezember. Das Nobelkomitee des norwegischen Parlaments vergibt 1976 keinen Preis für die Erhaltung des Friedens (→Oktober 1977). Alle anderen Nobelpreise werden vergeben: Physik – Burton Richter (USA) und Samuel Chao Chung Ting (USA); Chemie – William N. Lipscomb (USA); Medizin – Baruch S. Blumberg (USA) und Daniel C. Gajdusek (USA). Den Nobelpreis für Wirtschaftswissenschaften erhält der Amerikaner Milton Friedman.

Milton Friedman.

Große Bedeutung erlangt seine Darstellung der Komplexität der Stabilisierungspolitik. In seinen Theorien weist er nach, daß große Depressionen und Inflationen durch Fehler der Zentralbanken und Fiskalpolitiker verursacht werden. Daher soll die Geldpolitik weniger vom subjektiven Urteil der Fachleute als von grundsätzlichen Regeln beeinflußt werden.

Verlust für Englands Oper

4. Dezember. Der englische Komponist Benjamin Britten stirbt im Alter von 63 Jahren. In seinen Opern (»Peter Grimes«, 1945, »Ein Sommernachtstraum«, 1960) und den Orchester- und Chorwerken verbindet sich hohes technisches Können mit atmosphärischer Dichte. Britten, der auch als Dirigent und Pianist wirkte, gilt als Begründer der neuen englischen Operntradition.

Oetker-Sohn entführt

Bei seiner Entführung erleidet Richard Oetker schwere Verletzungen.

14. Dezember. Richard Oetker, der Sohn des Chefs des Oetker-Konzerns, wird im oberbayrischen Freising entführt. Wenig später verlangen die Entführer von der Familie ein Lösegeld in Höhe von 21 Millionen DM. Am 16. Dezember wird der Bruder des Entführten, August

Oetker, durch Anweisungen der Entführer über mehrere Stationen in München schließlich in das Untergeschoß des Karlsplatzes, des »Stachus«, bestellt. In dieser größten unterirdischen Ladenstadt Europas wartet er neben einer Apotheke mit dem Rücken zur Wand. Neben ihm steht auf dem Boden ein Metallkoffer, der 21 Millionen DM in Tausendmarkscheinen enthält. Ohne daß Oetker es bemerkt, öffnet sich hinter ihm eine Metalltür, eine Hand zieht den Koffer herein und die Tür schließt sich wieder. Sie ist nur von einer Seite zu öffnen. Die Polizeifahndung läuft zu dieser Zeit zwar schon auf Hochtouren, doch im unterirdischen Labyrinth des Stachus, durch das zur Hauptverkehrszeit Tausende von Menschen eilen, sind die Entführer nicht zu finden. Fünf Stunden später wird die Geisel nach einem Hinweis der Entführer gefunden. Richard Oetker ist in einer nur 60 × 70 × 120 Zentimeter großen Kiste eingesperrt gewesen. Er erleidet beidseitige Oberschenkelhalsfrakturen, Brüche der Brustwirbel, Herzrhythmusstörungen und einen Lungenkollaps nach 47 Stunden gekrümmter Haltung in der Kiste.

Der ARD-Korrespondent Lothar Loewe vor dem Brandenburger Tor.

DDR weist Loewe aus

22. Dezember. Die DDR weist den Korrespondenten der ARD, Lothar Loewe, aus Ost-Berlin aus. Sie entzieht ihm die Akkreditierung als Journalist und fordert ihn auf, binnen 48 Stunden das Land zu verlassen. Loewe ist den DDR-Behörden seit längerer Zeit ein Dorn im Auge. Im Oktober 1976 ist dem Intendanten des Norddeutschen Rundfunks, Martin Neuffer, im Ostberliner Außenministerium eine Liste überreicht worden, die Loewes »Verstöße« gegen DDR-Gesetze aufzählt. Die ARD wird aufgefordert, den Korrespondenten abzuberufen. Dies wird unter Protest abgelehnt. Als Loewe seine unbequeme Berichterstattung fortsetzt – gleich nach der Ausbürgerung Biermanns interviewt er den Regimekritiker Robert Havemann – wird er ununterbrochen von der DDR-Staatssicherheit beobachtet. Als Loewe dies in einem Bericht der Tagesschau erwähnt, erfolgt seine Ausweisung. Am 24. Dezember gegen 16 Uhr verläßt er Ost-Berlin.

Takeo Fukuda neuer Regierungschef nach Unterhauswahlen in Japan

Der japanische Ministerpräsident Takeo Fukuda.

25. Dezember. Bei den Unterhauswahlen am 5. Dezember hat die regierende Liberaldemokratische Partei Japans erstmals ihre absolute Mehrheit verloren. Damit reagiert die Wählerschaft auf die zahlreichen Untersuchungen von Korruption und Bestechung, in die liberale Politiker verwickelt sind und die im Zusammenhang mit dem Lockheed-Skandal stehen.
Wenige Tage nach der Wahl nimmt die Liberale Partei mehrere unabhängige Abgeordnete auf und erhält so wieder die absolute Mehrheit. Ministerpräsident wird am 25. Dezember Takeo Fukuda, da Takeo Miki, der seit 1974 in Japan regierte, nicht mehr kandidiert.
Takeo Fukuda, Wirtschaftsfachmann und konservativer Rivale Takeo Mikis in der eigenen Partei, wird auch zum neuen Parteivorsitzenden gewählt.

Die Pop-Sängerin Nina Hagen wird aus der DDR ausgewiesen. Sie beginnt eine Karriere im Westen, die sie bald zum »Enfant terrible« der Branche macht. Ihr Gesang, ihre Kleidung und ihr Make-up werden in Westeuropa und den Vereinigten Staaten zu Vorbildern einer »Mode der bewußten Häßlichkeit«.

1977

JANUAR

Mo	Di	Mi	Do	Fr	Sa	So
					1	2
3	4	5	6	7	8	9
10	11	12	13	14	15	16
17	18	19	20	21	22	23
24	25	26	27	28	29	30
31						

7. Charta '77 über Menschenrechte in Prag veröffentlicht. →

9. Palästinenserführer Abu Daud – verdächtig, am Olympia-Massaker München 1972 teilgenommen zu haben – in Paris verhaftet. Nach zwei Tagen trotz Auslieferungsanträge Israels und der Bundesrepublik wieder frei.

10. UNESCO ruft zur Rettung der Akropolis auf.

13. Durchgangslager Unna-Massen gibt bekannt: 1976 nach den deutsch-polnischen Vereinbarungen höchste Aussiedlerzahl in 25 Jahren: 26 743. 1965: 2972.

17. Gary Gilmore in USA hingerichtet. →

18. SPD/FDP-Koalition einig über Sanierung der Renten. →

18. 81 Tote bei Zugunglück in Sydney (Australien).

21. Italienisches Gesetz legalisiert den Schwangerschaftsabbruch.

22. Die Ausstellung »boot '77« in Düsseldorf hat Windsurfen als Hauptthema.

22. US-Präsident Carter amnestiert Vietnam-Deserteure.

24. Besuch des US-Vizepräsidenten Walter F. Mondale in Bonn.

27. Erstes Treffen seit 14 Jahren zwischen Erzbischof Makarios und dem Führer der Zyperntürken Denktasch. Sie wollen Gespräche über Lösung der Volksgruppenfrage wiederaufnehmen.

30. Nach 23 Jahren wieder Medaille für eine bundesdeutsche Läuferin. Bei den Eiskunstlauf-Europameisterschaften in Helsinki gewinnt die Dortmunderin Dagmar Lurz die Silbermedaille.

31. Françoise Claustre im Tschad freigelassen. →

GESTORBEN:

2. Errol Garner (* 15. 6. 1923), amerikanischer Jazzmusiker.

6. Hanns Lilje (* 20. 8. 1899), deutscher Theologe.

14. Sir Robert Anthony Eden (* 12. 6. 1897), britischer Politiker. →

14. Anaïs Nin (* Februar 1903), amerikanische Schriftstellerin.

18. Carl Zuckmayer (* 27. 12. 1896), deutscher Schriftsteller und Dramatiker. →

19. Knut Freiherr von Kühlmann-Stumm (* 17. 10. 1916), deutscher Politiker.

Charta '77 erscheint

7. Januar. Am 7. Januar wird in der tschechoslowakischen Hauptstadt Prag die sogenannte Charta '77 veröffentlicht. Es handelt sich um ein Dokument, mit dem versucht werden soll, die Regierenden in der ČSSR auf die Einhaltung der in der von ihnen mitunterzeichneten KSZE-Schlußakte enthaltenen Menschenrechte festzulegen. Zu der Gruppe, die die Charta '77 unterzeichnet, gehören auch Politiker des »Prager Frühlings« von 1968. Unter anderen unterzeichnen folgende prominente Persönlichkeiten das Manifest: der ehemalige Außenminister Hajek, der Dramatiker Havel, der Philosoph Patocka, der Schriftsteller Kohout und noch 253 andere. Nach einer Kampagne gegen die Charta werden zahlreiche Unterzeichner verhaftet.

Rente wird saniert

18. Januar. Am 18. Januar einigen sich die Bundestagsfraktionen von SPD und FDP auf ein Konzept, das die Rentenversicherung sanieren soll. Bereits Ende 1976 ist die Grenze der Belastbarkeit deutlich geworden, an die die Rentenversicherung in der Bundesrepublik geraten ist. Nach langer Diskussion im Bundestag tritt das Gesetz zur Sanierung der Rentenversicherung und zur Kostendämpfung im Gesundheitswesen am 1. Juli 1977 in Kraft. Durch die Verschiebung der Rentenerhöhung um ein halbes Jahr auf Anfang 1979 wird die Rentenversicherung um 60 Milliarden DM entlastet. Zugleich werden deren Zuschüsse für die Krankenversicherung gekürzt. Die daraus entstehende Mehrbelastung der Krankenversicherung soll durch Höchstgrenzen für Arzthonorare und Arzneimittelpreise aufgefangen werden.

Gary Gilmore hingerichtet

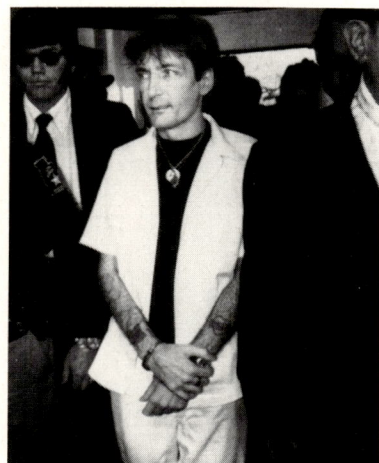

Todeskandidat Gary Gilmore.

17. Januar. Im US-Staat Utah wird der wegen Doppelmordes zum Tode verurteilte Gary Gilmore nach mehrmaligem Aufschub hingerichtet. Es handelt sich um die erste Vollstreckung eines Todesurteils in den USA seit zehn Jahren. Gilmore wird von fünf Bürgern des Staates Utah, die sich freiwillig gemeldet haben, erschossen.

Archäologin freigelassen

31. Januar. Die französische Archäologin Françoise Claustre wird im Januar 1977 nach 1015 Tagen Gefangenschaft im Tschad freigelassen. Am 21. 4. 1974 wurde sie von Rebellen der Frolinat, der Befreiungsbewegung des Tschad, im Tibestigebirge gefangengenommen. Mit ihr, ihrem Kollegen M. Combe und dem deutschen Arzt Dr. Staewen als Geiseln wollen die Tougou-Rebellen Waffenlieferungen erpressen. Da die Bundesregierung bald zwei Millionen DM Lösegeld zahlt, wird Dr. Staewen nach einigen Wochen freigelassen. Paris schickt jedoch erst nach vier Wochen einen Unterhändler und lehnt Waffenlieferungen ab. Im Juni 1975 gelingt es M. Combe zu fliehen. Einen Monat später versucht Ehemann Pierre Claustre mit den Rebellen zu verhandeln. Er wird ebenfalls gefangengenommen. Im September 1975 liefert Paris nichtmilitärische Ausrüstung im Wert von fünf Millionen DM an Rebellenführer Hissen Habre. Darauf werden die Claustres freigelassen.

Britischer Ex-Premier Anthony Eden †

14. Januar. In Alvediston (Wiltshire) stirbt der britische Staatsmann Sir Anthony Eden. Eden wurde 1897 in Durham geboren. 34 Jahre lang war er Abgeordneter der Konservativen Partei im Londoner Unterhaus. 1935 wurde er zum erstenmal Außenminister. Aus Protest gegen die Nachgiebigkeit Chamberlains gegenüber Hitler und Mussolini trat er jedoch 1938 zurück. Bei Kriegseintritt Englands wurde er Kriegsminister und noch 1940 wieder Außenminister bis 1945. Von 1951 bis 1955 übte Eden nochmals das Amt des Außenministers aus. Nach Churchills Rücktritt wurde Eden im April 1955 Premierminister und Parteiführer. Seine Vorschläge, der sogenannte Eden-Plan, scheiterten auf den Konferenzen von Berlin und Genf. Der Plan sah zur Befriedung Europas unter anderem eine entmilitarisierte Zone vor.

Carl Zuckmayer stirbt 81jährig

18. Januar. In Saas Fee in der Schweiz stirbt der deutsche Schriftsteller Carl Zuckmayer. Vor allem als Dramatiker hat Zuckmayer große Erfolge erzielt. Nach expressionistischen Anfängen fand er 1925 mit der Komödie »Der fröhliche Weinberg« einen eigenen Stil. Es folgten u. a. die Bühnenstücke »Schinderhannes« (1927), »Der Hauptmann von Köpenick« (1931), »Des Teufels General« (1946).

Carl Zuckmayer im Jahr 1955.

1977

FEBRUAR

Mo	Di	Mi	Do	Fr	Sa	So
	1	2	3	4	5	6
7	8	9	10	11	12	13
14	15	16	17	18	19	20
21	22	23	24	25	26	27
28						

1. USA ziehen Bodentruppe aus Südkorea stufenweise ab. Luftwaffe bleibt.

2. Indira Gandhis indische Kongreßpartei spaltet sich nach Rücktritt des Landwirtschaftsministers.

3. Äthiopiens Staatschef Täfäri Bänti bei Machtkämpfen getötet. Nachfolger wird Mengistu Mariam.

6. Irischer Staatspräsident Hillery in Bonn.

6. Rhodesische Guerilleros erschießen sieben Missionsangehörige. →

8. Bundesverfassungsgericht entscheidet, daß Numerus clausus für Studienfächer durch gerechteres Auswahlverfahren ersetzt werden muß.

15. Bei vorgezogenen Parlamentswahlen in Dänemark gewinnen die Sozialdemokraten mit Anker Jørgensen.

19. Demonstrationen gegen die Kernkraft in Itzehoe und Brokdorf mit 30 000 Teilnehmern verlaufen friedlich.

23. Fußball-Freundschaftsspiel Frankreich – Bundesrepublik in Paris endet 0 : 1 vor 50 000 Zuschauern (Halbzeitstand 0 : 0).

23. Rhodesiens Ministerpräsident Smith gibt zum Abbau der Rassentrennung Industriegebiete und Geschäftsviertel zum Betreten für alle Rassen frei.

25. Erste Parlamentswahlen in Algerien seit 1962 zum Einparteienparlament der Nationalen Befreiungsfront.

26. Abhörfall Traube wird durch Veröffentlichung im »Spiegel« bekannt. →

26. Jungfernflug der US-Raumfähre »Space Shuttle« auf dem Rükken einer Boeing 747 in Kalifornien.

26. Regierung von El Salvador verhängt Belagerungszustand für 30 Tage nach schweren Unruhen bei Präsidentschaftswahlen.

28. CDU und FDP im Saarland einigen sich über Koalition, die die seit Mai 1975 im Landtag bestehende Patt-Situation aufhebt.

GESTORBEN:

9. Sergei W. Iljuschin (* 30. 3. 1894), sowjetischer Flugzeugkonstrukteur.

19. Anthony Raven Crosland (* 29. 8. 1918), britischer Politiker.

Abhöraffäre um Atomphysiker Klaus Traube

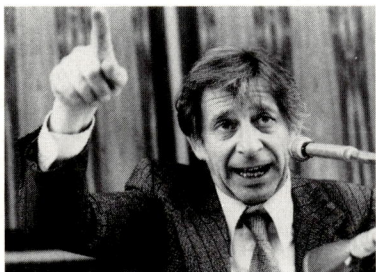

Atomwissenschaftler Klaus Traube.

26. Februar. Durch eine Veröffentlichung des Nachrichtenmagazins »Der Spiegel« wird ein Abhörfall bekannt, bei dem sich der Verfassungsschutz in die Illegalität begeben hat. Im Vorjahr haben Angehörige des Verfassungsschutzes im Haus des Atomphysikers Klaus Traube bei Köln eine Abhöranlage installiert. Grund für die Aktion ist die Vermutung, Traube habe Kontakte zu einer terroristischen Vereinigung. 1976 wird Traube entlassen, nachdem der Verfassungsschutz bei seiner Firma Erkundigungen eingeholt hat. Der Verdacht gegen Traube erhärtet sich jedoch nicht.

Krieg in Rhodesien wird härter

6. Februar. Der Guerillakrieg in Rhodesien nimmt an Härte zu. Er richtet sich hauptsächlich gegen die weißen Siedler, aber auch die Organisationen der schwarzen Führer Robert G. Mugabe und Joshua Nkomo bekämpfen sich gegenseitig. Am 6. Februar kommt es zu einem Massaker in einer 60 Kilometer von der Hauptstadt Salisbury entfernten Missionsstation. Sieben Mitglieder der katholischen Musami-Station werden erschossen, darunter drei deutsche Nonnen.

Ingrid van Bergen erschießt Freund

Die Schauspielerin Ingrid van Bergen erschießt ihren Freund Klaus Knaths. Sie wird später wegen Totschlags zu sieben Jahren Haft verurteilt.

1977

MÄRZ

Mo	Di	Mi	Do	Fr	Sa	So
	1	2	3	4	5	6
7	8	9	10	11	12	13
14	15	16	17	18	19	20
21	22	23	24	25	26	27
28	29	30	31			

1. Die DDR erhebt erstmals Straßenbenutzungsgebühren für Reisen von West-Berlin nach Ost-Berlin und in die DDR in Höhe von 10,– DM.

2. Zum ersten Mal treffen sich die Vorsitzenden der Kommunistischen Parteien Frankreichs, Italiens und Spaniens in Madrid, um gemeinsame Politik abzustimmen.

3. Bei Eiskunstlauf-Weltmeisterschaft in Tokio wird Dagmar Lurz Dritte.

3. Libyscher Volkskongreß ruft »Sozialistische Arabische Volksrepublik« aus.

4. Erdbeben in Rumänien fordert 1500 Tote.

7. Bhutto gewinnt die Parlamentswahlen in Pakistan.

9. Geiselnahme durch Moslems in Washington. →

13. Karl-Günter von Hase als ZDF-Intendant Nachfolger von Karl Holzamer.

14. Verwaltungsgericht Freiburg hebt Baugenehmigung für Kernkraftwerk Wyhl wegen Sicherheitsbedenken auf.

14. Der libanesische Sozialistenführer Dschumblat wird ermordet.

17. Baden-Württembergs Innenminister Schieß und Justizminister Bender geben zu, daß 1975/76 im Gefängnis Stammheim Gespräche zwischen Anwälten und Häftlingen abgehört wurden.

19. Schwere Auseinandersetzungen bei Protesten gegen Kernkraftwerk Grohnde. →

20. Bei Parlamentswahlen in Indien erringt Opposition die absolute Mehrheit. Indira Gandhi tritt zurück, ihr Nachfolger wird Morarji Desai.

20. Hohe CDU-Gewinne bei den Kommunalwahlen in Hessen.

20. Gewinne von Sozialisten und Kommunisten bei Kommunalwahlen in Frankreich.

27. Zusammenstoß zweier Jumbo-Jets auf Teneriffa. →

GESTORBEN:

14. Kamal Dschumblat (* 1919), libanesischer Politiker.

24. Conrad Felixmüller (* 21. 5. 1897), deutscher Maler und Grafiker.

27. Gustav Schickedanz (* 1. 1. 1895), deutscher Unternehmer. →

Islamische Sekte nimmt Geiseln in Washington

9. März. Mitglieder der islamischen Hanafi-Sekte besetzen in der amerikanischen Hauptstadt Washington drei Gebäude: das Haus des jüdischen Ordens B'nai B'rith, das Rathaus der Stadt Washington und die Moschee der islamischen Gemeinde. Sie nehmen über 100 Geiseln. Die Sekte unter dem Anführer Khaalis besteht aus fanatischen Moslems, die mit anderen Moslem-Gruppen rivalisieren.

»Befreiungsfront« überfällt Belgisch-Kongo

10. März. In den ersten Märztagen wird Zaire, der ehemalige Belgisch-Kongo, wiederholt vom angolanischen Territorium aus angegriffen. Die Überfälle zielen vor allem auf die Provinz Shaba, das vormalige Katanga. Die angolanische Regierung bestreitet, den Befehl zur Invasion gegeben zu haben. Anführer der Angreifer ist General M'Bumba. Seine FLNC, die Kongolesische Nationale Befreiungsfront, besteht aus den früheren Katanga-Gendarmen. Ihr Ziel ist der Sturz von Zaires Präsident Mobutu. Die Invasoren werden von der Bevölkerung Shabas unterstützt. Ehemals kämpften die Katanga-Gendarmen für die Abtrennung Katangas von Belgisch-Kongo. Später dienen sie in der portugiesischen Kolonialarmee in Angola.

Unternehmer Schickedanz †

27. März. In Fürth/Bayern stirbt im Alter von 82 Jahren der Unternehmer Gustav Schickedanz, Inhaber des größten Versandhausunternehmens Europas. 1923 gründete der gelernte Kaufmann eine Großhandlung für Kurz-, Weiß- und Wollwaren. 1936 hatte das Unternehmen Quelle schon eine Million Kunden. 1948 begann Schickedanz noch einmal von vorn, gründete neben dem Versand eigene Kaufhäuser.

575 Tote auf Teneriffa

Nur wenige Passagiere entkommen dem Flammeninferno auf dem Flughafen.

27. März. Zum bisher schwersten Unglück in der Geschichte der zivilen Luftfahrt kommt es auf der spanischen Insel Teneriffa. Da auf dem Flughafen der Nachbarinsel Gran Canaria mit einem Bombenanschlag gedroht wird, müssen zahlreiche Flugzeuge nach Los Rodeos auf Teneriffa umgeleitet werden. Dort herrscht Nebel. 575 Menschen finden den Tod, als zwei Jumbos am Boden zusammenstoßen. Eine Boeing 747 der holländischen Gesellschaft KLM, die ohne Erlaubnis startet, rast in einen Jumbo der US-Gesellschaft PanAm.

Erfolg der »Staufer«

Zu einem der größten bundesdeutschen Publikumserfolge wird in Stuttgart die Ausstellung »Die Zeit der Staufer«. Aus Anlaß des 25jährigen Staatsjubiläums des Bundeslandes Baden-Württemberg wird eine glanzvolle Geschichts- und Kunstausstellung arrangiert. Die Schau im Alten Schloß, dem Sitz des Württembergischen Landesmuseums, wird an manchen Tagen von 10 000 Besuchern frequentiert.
Mit einem Etat von etwa 4,3 Millionen DM sind in dreijähriger Vorbereitung rund tausend Dokumente und Kunstwerke zusammengetragen worden. Der Geschichtsabschnitt ist noch nie so ausgiebig behandelt worden.

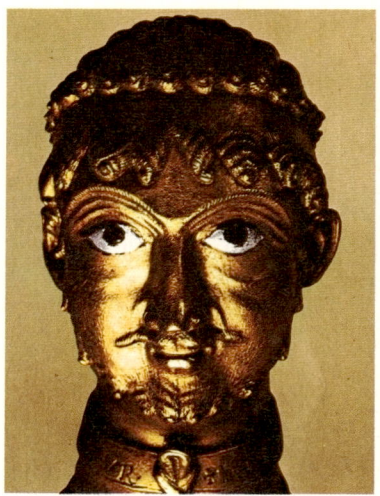

Der Staufer-Kaiser Friedrich I.

Krawalle um Grohnde

19. März. Zu schweren Ausschreitungen kommt es an der Baustelle des niedersächsischen Kernkraftwerkes bei Grohnde, als Demonstranten und die Polizei aneinandergeraten. Den 12 000 Demonstranten stehen 5000 Polizisten gegenüber. Bei Schlägereien werden über 300 Menschen verletzt. Ein Teil der Demonstranten ist geradezu militärisch organisiert. Sie versuchen, auf das abgesperrte Baugelände zu gelangen und können die Polizei zunächst überrumpeln.

1977

APRIL

Mo	Di	Mi	Do	Fr	Sa	So
				1	2	3
4	5	6	7	8	9	10
11	12	13	14	15	16	17
18	19	20	21	22	23	24
25	26	27	28	29	30	

1. Zwei mutmaßliche Terroristen, Kröcher und Adromeit, werden in Schweden festgenommen und an die Bundesrepublik ausgeliefert.

1. Als im Hamburger Volksparkstadion 100 Zuschauer die Tribüne hinabstürzen, wird ein 15jähriger totgetrampelt.

7. Generalbundesanwalt Buback ermordet. →

7. US-Präsident Carter erklärt den Verzicht auf Plutonium als Reaktorbrennstoff.

8. Israels Ministerpräsident Rabin erklärt wegen Devisenvergehens seiner Ehefrau den Rücktritt.

9. In Spanien wird die Kommunistische Partei legalisiert; das Verbot dauerte 40 Jahre. →

17. Aus den belgischen Parlamentswahlen gehen die Christdemokraten als stärkste Partei hervor.

17. Der Fußballspieler Paul Breitner wird von Eintracht Braunschweig für 1,3 Millionen DM gekauft. Er spielte seit einigen Jahren in Madrid.

19. Spaniens König Juan Carlos in Bonn.

19. Der Fußballspieler Franz Beckenbauer wechselt für 1,75 Millionen DM von Bayern München zu Cosmos New York.

21. US-Präsident Carter legt ein Energiesparprogramm vor.

22. In Israel wird Peres Ministerpräsident als Nachfolger des zurückgetretenen Rabin.

23. Aus einem Leck in der Förderleitung der Bohrinsel »Bravo« im norwegischen Ölfeld Ekofisk strömt Öl aus. Am 30. April gelingt es dem texanischen Spezialisten Red Adair, das Leck abzudichten.

28. Stuttgarts Oberlandesgericht verurteilt die Terroristen Andreas Baader, Gudrun Ensslin und Jan-Carl Raspe zu lebenslanger Haft. Die Verhandlungen dauerten zwei Jahre.

GESTORBEN:

7. Siegfried Buback (* 3. 1. 1920), deutscher Jurist, Generalbundesanwalt. →

11. Jacques Prévert (* 4. 2. 1900), französischer Schriftsteller.

28. Sepp Herberger (* 28. 3. 1897), deutscher Fußball-Bundestrainer. →

Ex-Bundestrainer Sepp Herberger stirbt 80jährig

Sepp Herberger †.

28. April. In Mannheim stirbt der frühere Bundestrainer Sepp (Josef) Herberger. Herberger wird 1897 in Mannheim-Waldhof geboren. Der zum Mechaniker ausgebildete Arbeitersohn spielt mit 14 Jahren beim Fußballclub SV Waldhof als Stürmer. Zwischen 1921 und 1925 wird er dreimal in die Nationalmannschaft aufgenommen. 1926 geht Herberger zu Hertha BSC Berlin und läßt sich zugleich an der dortigen Sporthochschule zum Trainer ausbilden. 1930 wechselt er nach Duisburg. Drei Jahre später schlägt unter seiner Leitung die westdeutsche Auswahl die sieggewohnten Belgier mit 8 : 1. Als 1936 nach Mißerfolgen der Olympia-Mannschaft Sepp Herberger den Reichstrainer Otto Nerz ablöst, baut er ein Spielkonzept auf, in dem jede einzelne Spielerpersönlichkeit zur Geltung kommt. Herberger wird Bundestrainer, als 1949 in Stuttgart der DFB wiedergegründet wird. Seinen größten Erfolg feiert er 1954 mit dem Gewinn der Fußballweltmeisterschaft in Bern: Die deutsche Mannschaft schlägt Ungarn mit 3 : 2 in einem schon legendären Endspiel. Bei der Weltmeisterschaft 1958 in Schweden gelangt Deutschland auf den vierten Platz. Aus Altersgründen tritt Herberger 1964 zurück. Zum 80. Geburtstag 1977, wenige Wochen vor seinem Tod, wird Herberger, nach zahlreichen anderen Auszeichnungen, eine Ehrung zuteil, die zu Lebzeiten nur die Bundeskanzler Adenauer und Brandt erhielten: die Post gibt zu Ehren des früheren Trainers einen Sonderstempel heraus.

Mord an Buback

7. April. Am 7. April wird in Karlsruhe, dem Sitz der Bundesanwaltschaft, der Generalbundesanwalt Siegfried Buback auf offener Straße erschossen. Auch zwei seiner Begleiter kommen ums Leben. Als Bubacks Dienstwagen auf dem Weg ins Büro an einer Ampel hält, stoppt ein Motorrad neben ihm. Fahrer und Beifahrer eröffnen das Feuer auf die Insassen des Fahrzeugs. Zu der Tat bekennt sich ein »Kommando Ulrike Meinhof – Rote-Armee-Fraktion«. Es handelt sich vermutlich um Leute aus dem Umkreis des ehemaligen Rechtsanwaltes Siegfried Haag, der seit November 1976 in Haft ist. Nur eine Woche vor dem Mord an Buback werden in Stockholm Norbert Kröcher und Manfred Abromeit festgenommen. Sie gehören beide zu bundesdeutschen terroristischen Gruppen und planen die Entführung einer ehemaligen schwedischen Ministerin. Bezugnehmend auf den Buback-Mord erscheint an der Universität Göttingen in einer Zeitschrift des Allgemeinen Studentenausschusses der sogenannte Mescalero-Nachruf auf Siegfried Buback, in dem von »klammheimlicher Freude« über den Mord die Rede ist. Der Nachruf wird von einigen anderen Studentenzeitschriften nachgedruckt. Der Verfasser des Artikels, ein Göttinger Germanistikstudent, erhält sechs Monate Haft.

Die Leichen von Generalbundesanwalt Siegfried Buback (Hintergrund) und seinem Fahrer Franz Goebel am Tatort in der Innenstadt von Karlsruhe.

Spanische KP legal

Dolores Ibárruri, genannt »la Passionaria«, beim Abflug aus Moskau.

9. April. Bereits im Februar 1977 werden in Spanien sieben politische Parteien zugelassen. Zu ihnen gehören zwei sozialistische Parteien. Diese Legalisierungen stoßen in Spanien auf Widerstand unter den Franco-Anhängern, zumal linke Terrororganisationen wie die »Grapo« Entführungen und Morde begehen. Am schwierigsten gestaltet sich die Wiederzulassung der Kommunistischen Partei. Trotzdem legalisiert Ministerpräsident Suarez die KP. Ihr Generalsekretär ist Santiago Carillo. Im Mai 1977 kehrt die frühere Vorsitzende der Exil-KP, Dolores Ibárruri, genannt »la Passionaria«, aus dem sowjetischen Exil zurück. Die 82jährige Politikerin wird im Juni als Abgeordnete in den Kongreß gewählt.

1977
MAI

Mo	Di	Mi	Do	Fr	Sa	So
						1
2	3	4	5	6	7	8
9	10	11	12	13	14	15
16	17	18	19	20	21	22
23	24	25	26	27	28	29
30	31					

1. Kohlekraftwerksgegner in Bergkamen erhalten 1,5 Millionen DM und erheben keinen Einspruch mehr gegen den Bau der STEAG.

2. Dietrich Stobbe wird als Regierender Bürgermeister Berlins der Nachfolger von Klaus Schütz.

4. Die Zeitung des Allgemeinen Studentenausschusses in Göttingen äußert »klammheimliche Freude« über den Buback-Mord; ein Germanistikstudent wird dafür zu sechs Monaten Haft verurteilt (→ April 1977).

5. Gemeinsames Regierungsprogramm in Italien zwischen Christdemokraten und Kommunisten.

8. In einem Brief an den »Spiegel« sagt sich OPEC-Attentäter Klein vom Terrorismus los. →

11. Der Hamburger Sportverein gewinnt den Fußball-Europapokal der Pokalsieger mit 2 : 0 gegen den SC Anderlecht vor 60 000 Zuschauern in Amsterdam. Halbzeitstand 0 : 0. Torschützen: Volkert und Magath.

17. Menachem Begin wird Sieger der Wahl in Israel. →

22. Borussia Mönchengladbach wird zum drittenmal hintereinander Deutscher Fußballmeister.

23. Im niederländischen Groningen überfallen molukkische Nationalisten eine Schule und einen Zug und nehmen fast 200 Geiseln. Sie fordern die Freilassung von 21 inhaftierten Landsleuten. Am 10. Juni befreien niederländische Einheiten die Geiseln, wobei 8 Menschen ums Leben kommen.

25. In Rom besiegt Liverpool Mönchengladbach mit 3 : 1 und wird Pokalsieger der Fußballandesmeister. Den UEFA-Cup holt schon am 21. Mai der italienische Verein Juventus Turin.

27. Der Bundestag beschließt, die Gewissensprüfung für Wehrdienstverweigerer abzuschaffen.

29. Im deutschen Pokalendspiel besiegt der 1. FC Köln den Hertha BSC Berlin in Hannover mit 1 : 0 vor 40 000 Zuschauern (Halbzeitstand 0 : 0).

29. Beim Feuer in einem Vergnügungsclub in Cincinnati (USA) sterben 400 Menschen.

GESTORBEN:

5. Ludwig Erhard (* 4. 2. 1897), deutscher Politiker. →

10. Joan Crawford (* 23. 3. 1908), amerikanische Schauspielerin.

Ludwig Erhard †.

Tod des früheren Bundeskanzlers Ludwig Erhard

5. Mai. Der deutsche Politiker und frühere Bundeskanzler Ludwig Erhard stirbt in Bonn im Alter von 80 Jahren. Erhard wurde 1897 in Fürth geboren. Sofort nach dem Zweiten Weltkrieg wurde Erhard, als einer der Mitbegründer der CDU, Wirtschaftsminister in Bayern bis 1946. 1947 ging er in den Hochschuldienst. In den beiden folgenden Jahren war Erhard Direktor der Verwaltung für Wirtschaft im Vereinigten Wirtschaftsgebiet. Bei der ersten Bundestagswahl wurde er Abgeordneter der CDU, vom September 1949 bis zum Oktober 1963 war er Bundeswirtschaftsminister, seit Oktober 1957 zugleich Vizekanzler. Zu Erhards großen Verdiensten gehörte die Vorbereitung der Wirtschafts- und Währungsreform in den alliierten Besatzungszonen. In der Bundesrepublik setzte er sein Konzept der »sozialen Marktwirtschaft« durch, was ihm den Ruf »Vater des Wirtschaftswunders« einbrachte. Gegen den Willen von Bundeskanzler Adenauer wählte ihn die CDU/CSU-Fraktion zu dessen Nachfolger. Im Oktober 1963 wurde Erhard Bundeskanzler. Im März 1966 wurde er außerdem Parteivorsitzender der CDU. Nach der verlorenen Landtagswahl in Nordrhein-Westfalen im Juli 1966 und dem vergeblichen Versuch, mit dem Koalitionspartner FDP zu einer Einigung über die Sanierung des Haushalts zu kommen, verließen im Oktober 1966 die FDP-Minister das Kabinett. Im Dezember 1966 trat Kanzler Erhard zurück, sein Nachfolger wurde Kurt-Georg Kiesinger.

Menachem Begin siegt bei Wahlen in Israel

Menachem Begin (sitzend).

17. Mai. Die Arbeiterpartei Israels verliert die Parlamentswahlen und muß die Regierung an den bisher oppositionellen Likud-Block abtreten. Bereits im März ist der Vorsitzende der Arbeiterpartei, Rabin, zurückgetreten. Sein Nachfolger wird Verteidigungsminister Shimon Peres. Er verliert jedoch die Wahl gegen Menachem Begin, den Führer des Likud. Von 22 kandidierenden Parteien erringen 13 genügend Stimmen, um in der Knesset, dem Parlament, Sitze zu erhalten. Der Likud-Block erreicht 43 Mandate. Die Arbeiterpartei gewinnt nur 32. Begin bildet eine Koalition mit der Nationalreligiösen Partei. Moshe Dayan wird Außenminister.

Absage Kleins an Terrorismus

8. Mai. Hans-Joachim Klein ist einer der Terroristen, die am 21. 12. 1975 die OPEC-Konferenz in Wien überfallen. Er wird dabei schwer verletzt und anschließend in ein arabisches Land ausgeflogen. Jetzt sagt Klein sich vom Terrorismus los. Er schickt dem Nachrichtenmagazin »Spiegel« seinen Revolver und einen mit Fingerabdrücken unterzeichneten Brief. Darin warnt er vor geplanten Morden an den Präsidenten der jüdischen Gemeinden in Berlin und Frankfurt. Kleins Ziel ist es, denjenigen, die sich an Guerilla-Aktionen beteiligen wollen, »den Sprung in den Untergrund zu ersparen«.

1977

JUNI

Mo	Di	Mi	Do	Fr	Sa	So
		1	2	3	4	5
6	7	8	9	10	11	12
13	14	15	16	17	18	19
20	21	22	23	24	25	26
27	28	29	30			

2. Der Christdemokrat Leo Tindemanns wird belgischer Ministerpräsident.

2. Die Bundesländer heben die Pockenimpfpflicht auf.

2. Der Vorsitzende der Jungsozialisten, Klaus-Uwe Benneter, wird aus der SPD ausgeschlossen. →

3. USA und Kuba vereinbaren, nach 16jähriger Unterbrechung wieder Diplomaten auszutauschen.

5. Bei Parlamentswahlen in der Türkei siegt Bülent Ecevits Volkspartei.

7. Königin Elizabeth II. von Großbritannien feiert ihr silbernes Kronjubiläum. →

8. In Berlin beginnt der Evangelische Kirchentag unter dem Motto: »Einer trage des anderen Last«.

10. Genfer Kriegsrechtskonferenz nach 3 Jahren beendet. Delegierte aus 130 Ländern unterzeichnen Abkommen, die den Schutz der Zivilbevölkerung ausbauen.

15. Nach 41 Jahren finden in Spanien wieder Parlamentswahlen statt. →

16. Leonid Breschnew, der Generalsekretär der KPdSU, wird als Nachfolger Podgornys Staatsoberhaupt der Sowjetunion.

21. Das Bundesverfassungsgericht entscheidet, daß die lebenslange Haftstrafe mit dem Grundgesetz vereinbar ist. Es legt der Bundesregierung auf, die Gnadenpraxis gesetzlich zu regeln.

23. Die sowjetische Parteizeitung »Prawda« distanziert sich in sehr scharfer Form vom Eurokommunismus.

29. Da Arbeitgeber Verfassungsbeschwerde gegen die Mitbestimmung einlegen, kündigt der Deutsche Gewerkschaftsbund die »Konzertierte Aktion«.

GESTORBEN:

1. Carl-Heinrich Hagenbeck (* 2. 4. 1911), deutscher Zoologe.

2. Stephen Boyd (* 4. 7. 1928), amerikanischer Schauspieler.

3. Roberto Rosselini (* 8. 5. 1906), italienischer Regisseur.

5. Friedrich Bodelschwingh (* 23. 5. 1902), deutscher Theologe.

16. Wernher Freiherr von Braun (* 23. 3. 1912), deutschamerikanischer Physiker und Raketeningenieur. →

Freie Wahl in Spanien

15. Juni. Zum erstenmal seit 41 Jahren finden in Spanien nach Francos Tod freie Wahlen zum Parlament statt. Es kandidieren Parteien des linken und rechten Flügels. Sieger wird die Demokratische Zentrumsunion, die A. Suarez Gonzalez durch Verschmelzung mehrerer christlicher, liberaler und sozialdemokratischer Parteien gebildet hat. Die Union erringt 33,86 Prozent der Stimmen. Die Sozialisten kommen auf 28,73 Prozent, die Kommunisten erhalten 9,2 Prozent der Stimmen. Auf die konservative Volksallianz des früheren Ministers Iribarne entfallen 8 Prozent der Stimmen.

Adolfo Suarez Gonzalez.

Silbernes Kronjubiläum

7. Juni. Großbritannien feiert das Silver Jubilee, das silberne Kronjubiläum, von Königin Elizabeth II. In London werden die größten Feiern seit der Krönung vor 25 Jahren veranstaltet. In einer Prozession fährt Elizabeth II. in einer goldenen Kutsche vom Buckingham-Palast zur St.-Pauls-Kathedrale. Zehntausende säumen die Straßen. Die Feiern zu Ehren der beliebten Königin dauern eine Woche lang an. Dabei wird entlang der gesamten englischen Küste ein Feuerwerk entzündet.

Benneter aus SPD ausgeschlossen

2. Juni. Im März ist der Jurist Klaus-Uwe Benneter zum Bundesvorsitzenden der SPD-Jugendorganisation der Jungsozialisten gewählt worden. Er ist Vertreter des »Stamokap«-Flügels, der in der Theorie vom Staatsmonopolistischen Kapitalismus den Staat nur als ein Instrument des Monopolkapitals sieht, der zu gesellschaftlichen Reformen gar nicht fähig ist. Als Benneter äußert, die Jungsozialisten hätten »keine Berührungsängste mit Kommunisten«, wird er vom SPD-Vorstand wegen parteischädigenden Verhaltens belangt. Der Vorstand schließt ihn am 2. Juni aus der SPD aus.

Raketenforscher von Braun stirbt

16. Juni. Der Raketenforscher Wernher Freiherr von Braun stirbt im Alter von 65 Jahren in Washington. Der Physiker und Raketeningenieur befaßte sich seit 1930 mit der Raketentechnik. 1937 wurde er technischer Direktor des Raketenwaffenprojektes der Heeresversuchsanstalt in Peenemünde. Dort entwickelte er die erste automatisch gesteuerte Flüssigkeitsrakete A 4 (später V 2). Sie wurde bei dem deutschen Angriff auf England eingesetzt. 1945 von den Amerikanern gefangengenommen, ging von Braun in die USA. Der Wissenschaftler wurde amerikanischer Staatsbürger. Seit 1959 arbeitete er für die US-Weltraumbehörde NASA. Er entwickelte große Trägerraketen (»Saturn«) und Satelliten für das Raumfahrtprogramm.

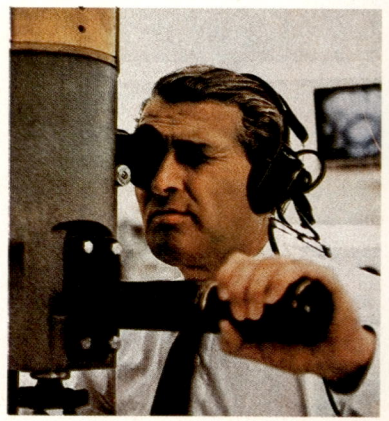

Wernher Freiherr von Braun †.

1977

JULI

Mo	Di	Mi	Do	Fr	Sa	So
				1	2	3
4	5	6	7	8	9	10
11	12	13	14	15	16	17
18	19	20	21	22	23	24
25	26	27	28	29	30	31

1. In Wimbledon schlägt im Dameneinzel die Britin Virginia Wade die Amerikanerin Betty Stove 4 : 6, 6 : 3, 6 : 1.

3. Der Schwede Björn Borg besiegt im Herreneinzel den Amerikaner Jimmy Connors 6 : 3, 6 : 2, 6 : 1, 5 : 7, 6 : 4.

3. Der türkische Ministerpräsident Bülent Ecevit reicht seinen Rücktritt ein, da sein Regierungsprogramm abgelehnt wird. Sein Nachfolger wird Demirel.

5. Mit unblutigem Militärputsch übernimmt Ziaul Haq die Macht in Pakistan. Der Ministerpräsident Bhutto steht unter Hausarrest.

13. USA-Besuch von Bundeskanzler Helmut Schmidt.

14. Stromausfall in New York, es kommt zu schweren Plünderungen. →

14. In Schweden wird Prinzessin Viktoria geboren. →

20. Das Oberlandesgericht Düsseldorf verurteilt vier Terroristen zu lebenslanger Haft, die im April 1975 die deutsche Botschaft in Stockholm überfallen haben.

22. Die Witwe Mao Tse-tungs und drei ihrer Schanghaier Anhänger werden aus der Partei ausgeschlossen. Der 1976 entmachtete stellvertretende Partei- und Regierungschef Teng Hsiao-ping wird rehabilitiert.

24. Bernard Thevenet (Frankreich) gewinnt die Tour de France. Der Deutsche Dietrich Thurau wird fünfter.

27. Schauspielerin Ingrid van Bergen wird wegen Totschlags an ihrem Freund zu sieben Jahren Haft verurteilt (→ Februar 1977).

30. Der Dresdner-Bank-Chef und Vorstandssprecher Jürgen Ponto wird ermordet. →

GEBOREN:

14. Viktoria Ingrid Alice Desirée, Prinzessin von Schweden. →

GESTORBEN:

2. Vladimir Nabokov (* 23. 4. 1899), amerikanischer Schriftsteller.

20. Friedrich Jünger (* 1. 9. 1898), deutscher Schriftsteller.

21. Henry Vahl (* 27. 10. 1897), deutscher Schauspieler.

30. Jürgen Ponto (* 17. 12. 1923), deutscher Bankier. →

Rubensjahr eröffnet

Auf dem »Mantuaner Freundschaftsbild« hat Rubens sich selbst porträtiert (2. v. r.).

2. Juli. Ein ganzes Jahr lang feiert Belgien den 400. Geburtstag von Peter Paul Rubens (* 28. 6. 1577). Wichtigstes Ereignis ist die große Antwerpener Ausstellung, zu der aus 16 Ländern Gemälde ausgeliehen werden, um die ständige Rubens-Sammlung dieser Stadt zu vervollständigen. Rubens, geboren im Siegener Exil seiner Familie, hielt sich mehrere Jahre in Italien auf, verbrachte aber den größten Teil seines Lebens in Antwerpen. 1609 eröffnete er in der Hafenstadt sein Atelier. Von seinen insgesamt etwa 3000 Ölbildern hat er 600 ohne die Assistenz von Gehilfen gemalt. Die Ausstellung zeigt 109 Gemälde und Ölskizzen sowie 64 Zeichnungen des Künstlers, der 1640 starb. Rubens gilt als Hauptmaler des flämischen Barocks. Seine Arbeiten zeigen historische, religiöse und mythologische Themen. Einer seiner Schüler war Anthonis van Dyck. Seine Auftraggeber waren Kirchen und Fürstenhäuser. Für das Palais du Luxembourg in Paris fertigte er im Auftrag der Maria de Medici 25 allegorische Darstellungen an. Auch Spaniens und Englands Könige bestellten Bilder. Für England war Rubens auch im diplomatischen Dienst: 1630 handelte er in London einen Sonderfrieden mit Spanien aus. Zu seinen berühmtesten Bildern zählen die Löwenjagd, die Amazonenschlacht, der Raub der Töchter des Leukippos, alle um 1620. Hauptwerke der Spätzeit sind das Venusfest, die Bildnisse seiner zweiten Frau und Landschaftsgemälde. Die Bundesrepublik und andere Länder begehen mit separaten Ausstellungen ebenfalls das Rubensjahr.

Ägyptische Truppen in Libyen

21. Juli. Die Spannungen zwischen Ägypten und Libyen, begleitet von Propaganda-Kriegen und Grenzzwischenfällen, führen zu Artillerie- und Luftgefechten an der gemeinsamen Grenze. Ägyptische Truppen fallen in Libyen ein und dringen etwa 20 Kilometer weit nach Westen vor. Nach wenigen Tagen ziehen die Ägypter sich allerdings wieder zurück.

Prinzessin in Schweden geboren

14. Juli. In Schweden wird das erste Kind – ein Mädchen – von König Karl XVI. Gustav und Königin Silvia, einer gebürtigen Deutschen, geboren. Dies ist Anlaß für eine Änderung des Thronfolgerechts. In Schweden ist die weibliche Erbfolge abgeschafft. Ein Gesetzentwurf sieht vor, daß das erstgeborene Königskind das Recht der Thronfolge hat, unabhängig vom Geschlecht.

Jürgen Ponto von Terroristen erschossen

30. Juli. In seinem Haus in Oberursel bei Frankfurt wird der Vorstandssprecher der Dresdner Bank, Jürgen Ponto, erschossen. Nach dem Tod von Siegfried Buback (→ April) ist es der zweite Mord, der von Terroristen in der Bundesrepublik verübt wird.

Mit Hilfe von Susanne Albrecht, der Tochter einer mit den Pontos befreundeten Familie, kommen die Täter ins Haus. Ponto wird mit fünf Schüssen getötet. Unklar ist, ob zunächst eine Entführung geplant war. Die Polizei vermutet eine Planung der Tat durch die »Haag-Mayer-Gruppe«, die eine Art Nachfolgeorganisation der »Roten-Armee-Fraktion« ist.

Jürgen Ponto, Vorstandssprecher der Dresdner Bank.

Stromausfall in New York

14. Juli. In New York wiederholt sich ein Ereignis von 1965: ein totaler Stromausfall legt die gesamte Stadt (10 Millionen Einwohner) lahm. Um 21.34 Uhr Ortszeit gehen schlagartig alle Lichter aus, nachdem sich nach Blitzeinschlägen zwei Kraftwerke abgeschaltet haben, von denen New York abhängt. 24 Stunden dauert es, bis der Ausfall behoben ist. In dieser Zeit werden 3300 Menschen wegen Plünderung festgenommen. Bürgermeister Beame nennt es eine »Nacht des Terrors«.

Mo	Di	Mi	Do	Fr	Sa	So
1	2	3	4	5	6	7
8	9	10	11	12	13	14
15	16	17	18	19	20	21
22	23	24	25	26	27	28
29	30	31				

4. Der UN-Generalsekretär Kurt Waldheim ist Gast in Peking.

11. USA und Panama einigen sich darauf, daß der Panamakanal im Jahr 2000 von Panama übernommen werden soll.

12. Raumfähre »Space Shuttle« besteht in Kalifornien ihren ersten freien Testflug.

12. In Bonn beginnt neue Verhandlungsrunde zwischen Bundesrepublik und DDR über Verbesserung der Verkehrswege und Erleichterungen im Reiseverkehr.

14. Bei Straßenschlachten zwischen der rechtsradikalen Nationalen Front und Gegendemonstranten werden 110 Menschen verletzt.

15. Der in Rom zu lebenslanger Haft verurteilte frühere SS-Polizeichef Herbert Kappler wird aus dem Krankenhaus befreit und flieht nach Deutschland.

16. Im niedersächsischen Landesmuseum Hannover werden zwei Lucas-Cranach-Gemälde durch einen Säureanschlag schwer beschädigt.

23. SED-Wirtschaftsfunktionär und Regimekritiker Rudolf Bahro wird in der DDR festgenommen.

24. Bei Säureanschlag in einem Düsseldorfer Museum wird Rubens-Gemälde schwer beschädigt.

25. Ein Anschlag auf den Amtssitz des Generalbundesanwaltes in Karlsruhe wird verhindert, als die Polizei einen Raketenabschußapparat entdeckt.

29. In San Cristobal wird der bundesdeutsche Rad-Vierer Weltmeister.

31. Bei Parlamentswahl in Rhodesien erreicht Ministerpräsident Smith 80 Prozent der Stimmen. Nur 15 000 der 6,2 Millionen Schwarzen nehmen an der Wahl teil.

GESTORBEN:

3. Makarios III. (* 13. 8. 1913), griechisch-orthodoxer Theologe.

4. Ernst Bloch (* 8. 7. 1885), deutscher Philosoph. →

7. Paul Chaudet (* 17. 11. 1904), schweizerischer Politiker.

16. Elvis Presley (* 8. 1. 1935), amerikanischer Rocksänger. →

19. Groucho Marx (* 2. 10. 1895), amerikanischer Filmkomiker.

28. Peter Altmeier (* 12. 8. 1899), deutscher Politiker.

Philosoph Bloch tot

Der Philosoph Ernst Bloch.

4. August. In Tübingen stirbt im Alter von 92 Jahren der Philosoph Ernst Bloch. Nach dem Studium der Philosophie muß der in Ludwigshafen geborene Wissenschaftler 1933 emigrieren und kehrte 1948 nach Deutschland zurück. Er wurde Professor in Leipzig. Wegen politischer Meinungsverschiedenheiten mit der SED wurde seine Publikations- und Lehrtätigkeit beschränkt. Er wurde 1957 zwangsemeritiert. 1961 übersiedelte er in die Bundesrepublik und wurde Gastprofessor in Tübingen.

Bloch erhielt 1967 den Friedenspreis des Deutschen Buchhandels. Das Werk des Philosophen ist gekennzeichnet von Rekonstruktion der philosophischen Tradition unter dem universalen Prinzip der »Hoffnung«. Für ihn ist die Vorwegnahme eines besseren Daseins das Wesen der marxistischen Gesellschaftstheorie. Sein »schöpferischer Marxismus« gründet sich auf das naturrechtliche Erbe der Aufklärung und ihres »Aufstandes des Menschen«.

Trauer um Presley

16. August. Nach einer Herzattacke stirbt im Alter von 42 Jahren das Rock-'n'-Roll-Idol Elvis Presley. Er wurde 1935 in Tupelo im US-Staat Mississippi geboren. Der Arbeitersohn sang früh im Kirchenchor und errang als Volksschüler den fünften Preis beim Wettsingen einer Radiogesellschaft. Elvis Presley erhielt im Alter von zwölf Jahren eine Gitarre geschenkt, die er ohne Anleitung spielen lernte. Zwar lernte er nach dem High-School-Abschluß den Beruf des Elektrikers, nahm jedoch schon 1953 die erste Platte auf: »My Happiness«. Sie war nur als Geburtstagsgeschenk für seine Mutter gedacht. Der Präsident einer Plattenfirma aber, der sie zufällig hörte, nahm ihn unter Vertrag. Als Radio Memphis probeweise seine Aufnahmen »That's allright, Mama« und »Blue Moon of Kentucky« spielt (1954), reagieren die Zuhörer begeistert. Presley reiste als »Hillbilly Cat« durch die USA und entwickelte einen eigenen Rock-'n'-Roll-Stil. Der erste der zahlreichen Presley-Filme wurde 1956 gedreht: »Love me tender«. In seinen letzten Lebensjahren litt Elvis Presley an Fettsucht und wurde immer mehr drogenabhängig. Er wird in Memphis beigesetzt.

Aufgeschwemmt und drogenabhängig: Elvis Presley vor seinem Tod.

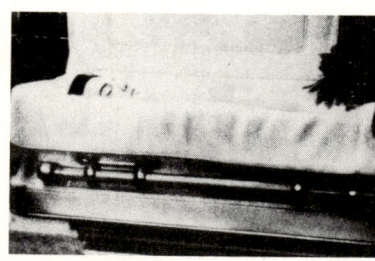

In der Familiengruft wird der Rock-'n'-Roll-Sänger Presley aufgebahrt.

Mo	Di	Mi	Do	Fr	Sa	So
			1	2	3	4
5	6	7	8	9	10	11
12	13	14	15	16	17	18
19	20	21	22	23	24	25
26	27	28	29	30		

1. USA und Kuba nehmen nach 17jähriger Unterbrechung wieder diplomatische Beziehungen auf.

3. Pakistans früherer Ministerpräsident Bhutto wird wegen angeblicher Ermordung von Politikern verhaftet.

5. Arbeitgeberpräsident Schleyer wird in Köln entführt (→ Oktober 1977).

8. Längste Gaspipeline der Welt vom norwegischen Ekofisk-Feld nach Emden wird eröffnet.

9. Bundeswirtschaftsminister Friderichs gibt bekannt, daß er ab Januar 1978 zurücktreten und in den Vorstand der Dresdner Bank wechseln wird.

12. Bei Parlamentswahlen in Norwegen erringen die sozialistischen Parteien 78, die bürgerlichen 77 Mandate.

14. Nach dem Start in Cape Canaveral muß die US-Trägerrakete des europäischen Nachrichtensatelliten wegen eines Defektes gesprengt werden. Der Schaden beträgt 625 Millionen DM.

20. Vietnam wird in die Vereinten Nationen aufgenommen, ebenso Dschibuti.

22. Deutscher Terrorist Folkerts tötet in den Niederlanden einen Polizisten und wird festgenommen.

24. 35 000 Menschen demonstrieren in Kalkar friedlich gegen das Kernkraftwerksprojekt »Schneller Brüter«.

26. Britische Laker Airways nimmt »Skytrain« nach New York auf.

28. Japanisches Flugzeug von Bombay nach Dacca entführt. Japanische Terroristen pressen sechs Gesinnungsgenossen frei und fliegen nach Algerien.

29. Bundesgerichtshof in Karlsruhe erklärt Fluchthelferverträge für DDR-Bürger für rechtsgültig.

30. Der Mitte Juli in Frankreich untergetauchte frühere Baader-Meinhof-Anwalt Croissant wird festgenommen.

30. Französisches Flugzeug wird in Paris zur Landung gezwungen. Polizei stürmt die Maschine und überwältigt den Geiselnehmer.

GESTORBEN:

12. Robert Lowell (* 1. 3. 1917), amerikanischer Lyriker.

16. Maria Callas (* 3. 12. 1923), griechisch-italienische Sängerin. →

Schleyer entführt

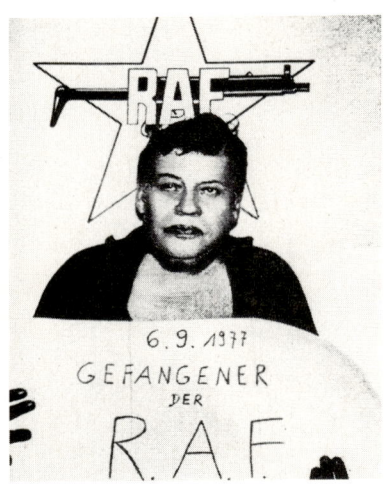

Arbeitgeberpräsident Hanns-Martin Schleyer in der Gewalt der Entführer.

5. September. In Köln wird der Präsident des Bundesverbandes der Deutschen Arbeitgeberverbände, Hanns-Martin Schleyer, entführt. Er wird aus seinem Wagen in ein anderes Fahrzeug gezerrt, seine vier Begleiter werden erschossen. Nur wenige Minuten später löst die Polizei eine Großfahndung aus, die auch über die bundesdeutschen Grenzen hinaus ausgedehnt wird. Die Entführer verlangen die Freilassung verschiedener, wegen terroristischer Straftaten Inhaftierter. Die Bundesregierung lehnt einen Austausch ab. Drei Tage vor der Entführung haben inhaftierte Baader-Meinhof-Mitglieder ihren Hungerstreik abgebrochen, um, so Baader, »das Mordkalkül des Staates nicht zu erleichtern«. Als die Suche nach Schleyer erfolglos bleibt, versucht Schleyers Sohn, die Regierung über eine einstweilige Verfügung des Bundesverfassungsgerichts zu zwingen, auf die Bedingungen der Entführer einzugehen. Das Gericht lehnt es ab, eine solche Anordnung zu treffen. Ende September verabschieden Bundestag und Bundesrat ein Eilgesetz, das eine zeitlich begrenzte Kontaktsperre zwischen inhaftierten Terroristen und ihren Anwälten ermöglicht.

Die Callas stirbt

16. September. Die italienische Sängerin griechischer Abstammung Maria Callas stirbt in Paris. Die Sopranistin wurde 1923 unter dem Namen M. Kalogeropoulos in New York geboren. Die Eltern waren griechischer Abstammung. Sie studierte Gesang am Konservatorium in Athen. Ihr Debüt hatte sie 1938 an der Athener Oper in Mascagnis »Cavalleria rusticana«. Bei einem Auftritt in der Arena von Verona lernte sie den Industriellen Meneghini kennen, den sie 1949 heiratete. Sie wurde italienische Staatsbürgerin. In der Saison 1948/1949 eroberte sie die großen Theater Italiens. Die Mailänder Scala verpflichtete sie 1951 (Debüt in »Die Entführung aus dem Serail«). Zu ihren Interpretationen von historischer Bedeutung gehörten Rollen in Verdis »Macbeth« und Cherubinis »Medea«. Sie arbeitete mit dem Regisseur Luchino Visconti zusammen an der Scala. Nach ihrer Bühnentätigkeit (über 40 Opern) arbeitete Maria Callas für Schallplattenfirmen, trat jedoch nach 1965 kaum noch öffentlich auf. Ein größeres Stimmvolumen als bei leichtem

Maria Callas †.

Sopran üblich, erlaubte es ihr, die Koloraturen der italienischen Oper reich zu charakterisieren. Nach ihrer Scheidung von Meneghini war Maria Callas jahrelang mit dem griechischen Reeder Aristoteles Onassis befreundet.

1977
OKTOBER

Mo	Di	Mi	Do	Fr	Sa	So
					1	2
3	4	5	6	7	8	9
10	11	12	13	14	15	16
17	18	19	20	21	22	23
24	25	26	27	28	29	30
31						

2. Österreicher Niki Lauda wird Weltmeister der Formel-1-Fahrer.

2. Verbot politischer Aktivität in Pakistan.

7. Otto Graf Lambsdorff wird Bundeswirtschaftsminister als Nachfolger von Hans Friderichs, beide FDP.

9. Bei Fußballländerspiel erster bundesdeutscher Sieg über Italien im Freundschaftsspiel in Berlin vor 72 000 Zuschauern mit 2 : 1 (Halbzeitstand 1 : 0).

9. Kölner Journalist Günter Wallraff enthüllt Arbeitspraktiken der BILD-Zeitung, bei der er monatelang unerkannt gearbeitet hat. →

9. Friedensnobelpreis 1976 wird nachträglich an die beiden Nordirinnen Betty Williams und Mairead Corrigan verliehen. →

13. Lufthansa-Maschine wird auf dem Flug Mallorca–Frankfurt entführt. →

18. Grenzschutzeinheit stürmt die am 13. entführte Maschine auf dem Flughafen von Mogadischu (Somalia) und befreit die Geiseln. In Stuttgart begehen die inhaftierten Terroristen Andreas Baader, Gudrun Ensslin und Jan-Carl Raspe Selbstmord. →

19. Arbeitgeberpräsident Schleyer wird in Mülhausen (Frankreich) ermordet aufgefunden. →

23. Bei einem Formel-1-Rennen in Japan gibt es zwei Tote und sieben Verletzte, als ein Wagen in die Zuschauer fliegt.

26. Nordrhein-westfälischer Landtag beschließt die Einführung der Kooperativen Schule zum 1.8.1978.

29. Meinungsaustausch zwischen Polens Parteichef Gierek und Kardinal Wyszinski erstmals seit 20 Jahren.

GESTORBEN:

9. Peter Mosbacher (* 17. 2. 1914), deutscher Schauspieler.

14. Bing Crosby (* 2. 5. 1904), amerikanischer Sänger und Schauspieler.

18. Hanns-Martin Schleyer (* 1. 5. 1915), deutscher Arbeitgeberpräsident. →

23. Ludwig Rosenberg (* 29. 6. 1903), deutscher Gewerkschaftsführer.

26. Elisabeth Flickenschildt (* 16. 3. 1905), deutsche Schauspielerin.

Nobelpreis 1976 für nordirische Friedensfrauen

Die Nobelpreisträgerinnen Betty Williams (l.) und Mairead Corrigan.

9. Oktober. Der Friedensnobelpreis wird im Jahre 1976 nicht vergeben. Im Oktober 1977 entschließt sich das Komitee jedoch, ihn nachträglich den nordirischen Friedenskämpferinnen zuzusprechen. Betty Williams und Mairead Corrigan werden für die zahlreichen »Friedensmärsche gegen Terror und Gewalt« geehrt, die schon im vergangenen Jahr Tausende von nordirischen Frauen zu Demonstrationen auf die Straßen riefen. Drei Kinder, die im August 1976 nach einem Gefecht zwischen britischen Soldaten und der IRA umkommen, sind der Anlaß für die Tante dieser Kinder, Mairead Corrigan, zusammen mit Betty Williams eine Friedensbewegung zu organisieren.

9. Oktober. Der Schriftsteller Günter Wallraff stellt sein Buch »Der Aufmacher« vor, in dem er aus eigener Erfahrung die Praktiken der »Bild«-Zeitung darstellt.

Mogadischu: Geiseln befreit

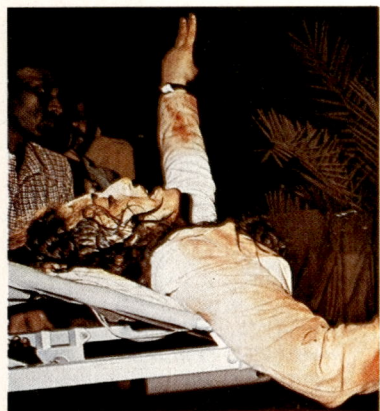

Die 22jährige Terroristin Suhaila Sayeh überlebt den Einsatz.

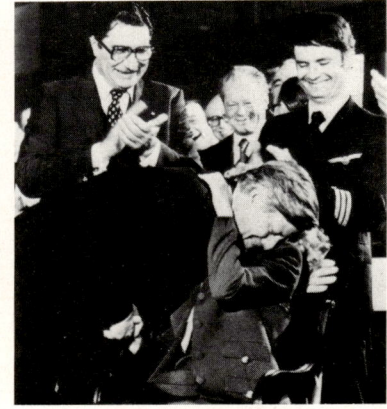

Der Bundeskanzler mit der Stewardeß Dillmann und Kopilot Vietor (r.).

13. Oktober. Auf dem Flug von Mallorca nach Frankfurt entführen zwei Männer und zwei Frauen eine Lufthansa-Maschine mit 86 Passagieren an Bord. Sie verlangen die Freilassung von elf deutschen und zwei türkischen Häftlingen. Nach mehrtägigem Irrflug landet die Maschine schließlich auf dem Flughafen von Mogadischu. Hier gelingt es am 18. Oktober einer Spezialabteilung des Bundesgrenzschutzes, der GSG 9, die Passagiere zu befreien. Dabei kommen drei der Terroristen ums Leben, die am Vortag den Flugkapitän Jürgen Schumann erschossen haben.

Hanns-Martin Schleyer ermordet

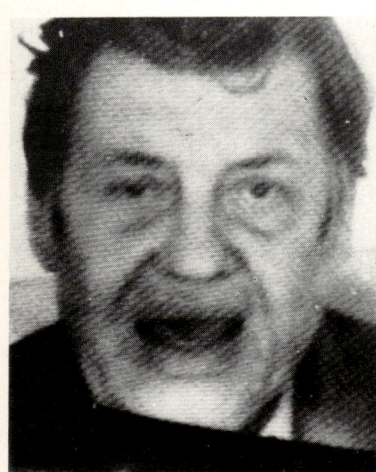

Hanns-Martin Schleyer in einer Videoaufnahme der Entführer.

19. Oktober. Nach wochenlanger vergeblicher Fahndung wird Hanns-Martin Schleyer, der am 5. September von Terroristen entführte Präsident des Bundesverbandes der Deutschen Arbeitgeberverbände, im französischen Mülhausen im Kofferraum eines grünen Audi 100 tot aufgefunden. Immer wieder hat es seit der Entführung Schleyers Kontakte zwischen den Entführern, die sich zunächst mit RAF (Rote-Armee-Fraktion) melden, später als Kommando Siegfried Hausner, gegeben. Die Entführer fordern die Freilassung von elf inhaftierten Terroristen sowie ein Lösegeld von 15 Millionen Dollar bzw. 35 Millionen Mark. Als Vermittler wird von den Entführern der Genfer Rechtsanwalt Payot eingeschaltet.

Die letzte Nachricht der Entführer erreicht das Bundeskriminalamt am 17. Oktober, nachdem verschiedene Versuche, das Lösegeld zu übergeben, gescheitert sind. Als in der Nacht zum 18. Oktober die Bundesgrenzschutzeinheit in Mogadischu die Geiseln befreit, sinken die Hoffnungen, Schleyer lebend wiederzusehen. Am Nachmittag des 19. Oktober ruft eine Frau im Stuttgarter Büro der Deutschen Presseagentur an und gibt den ersten Hinweis auf den Tod Schleyers mit dem genauen Standort des Wagens. Um 21.11 Uhr wird der Wagen mit der Leiche Schleyers gefunden.

Terroristen-Tod in Stammheim

18. Oktober. Nur wenige Stunden nach Bekanntwerden der Geiselbefreiung werden im Sicherheitstrakt der Justizvollzugsanstalt Stuttgart-Stammheim drei Terroristen tot und eine Terroristin schwer verletzt aufgefunden. Andreas Baader und Jan-Carl Raspe weisen tödliche Schußverletzungen auf, Gudrun Ensslin hat sich erhängt, während Irmgard Möller Messerstiche in der Brust hat. Die vier standen auf der Liste derer, die freigepreßt werden sollten. Die Behörden stellen eindeutig Selbstmord fest, während vor allem aus linken Kreisen Mordverdächtigungen geäußert werden. Ermittlungen bringen zutage, daß die in Elektronik bewanderten Häftlinge ein Kommunikationssystem im Gefängnis angelegt haben, über das sie von der Geiselbefreiung gehört und den Freitod vereinbart haben. Als Folge der Vorgänge in Stammheim tritt der baden-württembergische Justizminister Traugott Bender zurück.

Andreas Baader.

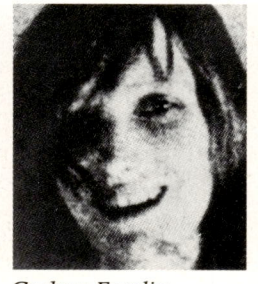

Gudrun Ensslin.

Jan-Carl Raspe.

1977
NOVEMBER

Mo	Di	Mi	Do	Fr	Sa	So
	1	2	3	4	5	6
7	8	9	10	11	12	13
14	15	16	17	18	19	20
21	22	23	24	25	26	27
28	29	30				

2. Größtes Uranlager der Welt im Schwarzen Meer (Türkei) entdeckt.

3. Spanischer Ministerpräsident Suarez in Bonn.

3. 60-Jahr-Feiern zur Oktoberrevolution in Moskau.

4. Die UN-Vollversammlung beschließt Waffenembargo gegen Südafrika als erste bindende Sanktion gegen einen Mitgliedsstaat.

6. US-Präsident Carter untersagt mit seinem ersten Veto den Bau eines Kernkraftwerks vom Typ »Schneller Brüter«.

11. Mutmaßliche deutsche Terroristen Wackernagel und Schneider in Amsterdam gefaßt.

12. Terroristin Ingrid Schubert erhängt sich in der Haftanstalt Stadelheim (München).

16. Früherer Baader-Meinhof-Anwalt Croissant von Frankreich an die Bundesrepublik ausgeliefert.

19. Ägyptens Präsident Sadat reist nach Israel. →

20. Bei den Parlamentswahlen in Griechenland erringt die Konservative Partei des Ministerpräsidenten Karamanlis wieder die absolute Mehrheit.

21. Bundeskanzler Schmidt zu Besuch in Polen.

22. ČSSR-Ministerpräsident Strougal als erster tschechischer Regierungschef nach dem Ersten Weltkrieg zu Gast in Österreich.

24. Thor Heyerdahl startet im Irak mit 18 Begleitern auf dem Schilfboot »Tigris«, um den Beweis zu erbringen, daß Sumerer Indien und Afrika auf Seeweg erreichten. Im Februar 1978 verbrennt der Norweger das Floß aus Protest gegen Kriege.

24. Spanien als 20. Mitglied in den Europarat aufgenommen.

GEBOREN:

15. Peter, Sohn der britischen Prinzessin Anne und ihres Ehemannes Mark Philipps.

GESTORBEN:

2. Hermann Dörries (* 17. 7. 1895), deutscher evangelischer Kirchenhistoriker.

6. Jean Blanzat (* 6. 1. 1908), französischer Schriftsteller.

18. Wilhelm Dröscher (* 7. 10. 1920), deutscher Politiker.

Ägyptischer Präsident Sadat besucht Israel

Der historische Händedruck von Anwar as-Sadat und Menachem Begin.

19. November. Im Bemühen um eine friedliche Regelung der Nahost-Fragen schlägt Ägyptens Präsident Anwar as-Sadat im November eine direkte Kontaktaufnahme der Führungen Israels und Ägyptens vor. Seine Bereitschaft, vor dem israelischen Parlament zu sprechen, wird von Israels Ministerpräsident Menachem Begin am 11. November mit einer Einladung nach Jerusalem beantwortet.

Obwohl er nicht mit der Zustimmung zahlreicher arabischer Staaten rechnen kann, reist Sadat am 19. November nach Israel. In seiner Ansprache an Israels Parlament, die Knesset, nennt er einen Fünf-Punkte-Plan für den Frieden in Nahost: Rückzug Israels aus den 1967 besetzten Gebieten, einen Palästinenserstaat, garantierte Sicherheit der Grenzen aller Länder der Region, Beziehungen auf der Grundlage der Prinzipien der UNO und ein Ende des Kriegszustandes. Begin betont Israels historisches Recht auf das Land und die Bereitschaft, mit jedem Nachbarstaat Frieden zu schließen. Sadat besucht die Al-Aksa-Moschee, die drittheiligste Stätte des Islam, aber auch die Gedenkstätte für die im Nationalsozialismus umgekommenen Juden. Der Besuch hat kein unmittelbares Verhandlungsergebnis zwischen Ägypten und Israel zur Folge außer einer ersten Auflockerung des politischen Klimas. Er spaltet jedoch die arabischen Staaten in zwei Gruppen: Befürworter und Gegner von Sadats Entspannungspolitik in Nahost.

1977
DEZEMBER

Mo	Di	Mi	Do	Fr	Sa	So
			1	2	3	4
5	6	7	8	9	10	11
12	13	14	15	16	17	18
19	20	21	22	23	24	25
26	27	28	29	30	31	

1. Die DDR bestellt 10 000 Volkswagen vom Typ »Golf«.

4. Bokassa I. läßt sich in Bangui zum Kaiser der Zentralafrikanischen Republik krönen. →

5. Ägypten bricht diplomatische Beziehungen zu Syrien, Algerien, Libyen und dem Jemen ab.

7. Portugals sozialistische Minderheitsregierung durch Mißtrauensvotum gegen Ministerpräsident Soares gestürzt.

9. Auf Schloß Gymnich bei Bonn konstituiert sich die Nord-Süd-Kommission unter Vorsitz des SPD-Vorsitzenden Willy Brandt. Sie will Empfehlungen für einen Ausgleich zwischen Industrie- und Entwicklungsländern erarbeiten.

10. In Stockholm werden die Nobelpreise verliehen. →

12. Der Staatspräsident Portugals, Eanes, zu Gast in Bonn.

14. Bei einem Fußball-Freundschaftsspiel in Dortmund spielt die Bundesrepublik gegen Wales 1 : 1 vor 51 000 Zuschauern (Halbzeit 0 : 0).

19. VEBA kauft den Anteil des Bayer-Konzerns an den Chemischen Werken Hüls.

20. Deutscher Terrorist Knut Folkerts in den Niederlanden wegen Polizistenmord zu 20 Jahren Haft verurteilt.

20. Indonesiens Regierung läßt 10 000 seit 1965 inhaftierte politische Gefangene frei.

20. Mutmaßliche deutsche Terroristen Kröcher-Tiedemann und Möller in der Schweiz festgenommen.

23. Wegen Beratervertrags mit anderer Firma tritt der Vorstandsvorsitzende der Westdeutschen Landesbank, Ludwig Poullain, vom Amt zurück.

27. Bundeskanzler Schmidt zu Gast in Kairo.

27. Der Däne Allan Simonsen wird Europas Fußballer des Jahres.

31. Kuwaits Herrscher, Scheich Sabah, erliegt einem Herzinfarkt. Nachfolger ist sein Neffe, Scheich Dschabir.

GESTORBEN:

25. Charlie Chaplin (* 16. 4. 1889), britischer Schauspieler. →

26. Howard Hawks (* 30. 5. 1896), amerikanischer Regisseur.

Bokassa wird Kaiser

Mit großem Pomp läßt Bokassa in Bangui sich und seine Frau krönen.

4. Dezember. Der Herrscher der Zentralafrikanischen Republik, Jean Bedel Bokassa, läßt sich in der Hauptstadt Bangui zum Kaiser krönen. Mit einer prunkvollen Zeremonie wird so das zweitärmste Land Afrikas zum Kaiserreich. Das Spektakel kostet 50 Millionen DM, was ein Drittel des gesamten Haushalts ausmacht. Unterstützung erhält Zentralafrika vor allem aus Frankreich. Bokassa I. regiert nun auf einem Thron aus Bronze, der die Form eines Adlers hat. Seine Krone ist mit etwa 5000 Diamanten besetzt. Zugleich bittet die Welthungerhilfe um Spenden für das afrikanische Land, weil im Landesinnern die Brunnen austrocknen und eine Hungersnot droht.

»ai« erhält Nobelpreis

10. Dezember. In Stockholm werden die Nobelpreise verliehen:
Physik: Philip W. Anderson und John Van Vleck (beide USA) und Sir Nevill F. Mott (GB).
Chemie: Ilya Prigogine (Belgien).
Medizin: Roger Guillemin (USA) und Andrew V. Schally (USA) und Rosalyn Yalow (USA).
Literatur: Vicente Aleixandre (Spanien).
Wirtschaft: Bertil Ohlin (Schweden) und James Meade (Großbritannien).
Der Nobelpreis für den Frieden wird der Organisation amnesty international (ai) verliehen, die politische Gefangene betreut.

Tod Charlie Chaplins

25. Dezember. In Vevey in der Schweiz stirbt der englische Filmschauspieler, Regisseur und Produzent Charles (Charlie) Spencer Chaplin. 1914 begann in Hollywood seine Karriere als Filmkomiker. Er gründete 1919 zusammen mit Mary Pickford, Douglas Fairbanks und D. W. Griffith die United Artists. Chaplins Hauptfigur des kleinen Mannes mit Bärtchen wurde berühmt mit Filmen wie »The Kid« (1921), »Goldrausch« (1925) und »Lichter der Großstadt« (1931), Chaplins erstem Tonfilm.

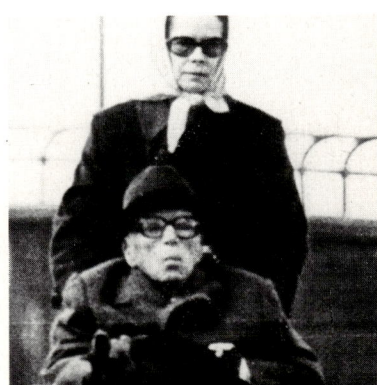

Chaplin mit seiner Frau Oona 1977.

Mo	Di	Mi	Do	Fr	Sa	So
						1
2	3	4	5	6	7	8
9	10	11	12	13	14	15
16	17	18	19	20	21	22
23	24	25	26	27	28	29
30	31					

1. Bei der Explosion eines Jumbo-Jets in der Nähe von Bombay kommen 213 Menschen ums Leben.

4. USA geben Stephanskrone an Ungarn zurück. →

5. Bei einer Volksabstimmung in Chile läßt Staatschef Pinochet seine Politik bestätigen. →

6. Bundeskanzler Helmut Schmidt besucht als erster deutscher Regierungschef seit elf Jahren Rumänien.

6. Bundesregierung teilt mit, daß Untersuchung der Lockheed-Affäre beendet ist. Für Bestechung deutscher Politiker durch den US-Rüstungskonzern habe man keine Beweise gefunden.

8. Bündnis zwischen Frankreichs Kommunisten und Sozialisten zerbricht. Beide ziehen getrennt in den Wahlkampf.

10. Die DDR schließt Ostberliner »Spiegel«-Büro. →

10. Nicaraguas Regimekritiker Chamorro ermordet. Im Lande beginnen schwere Unruhen gegen die Diktatur Somozas.

17. Der nordrhein-westfälische Finanzminister Halstenberg tritt wegen Affäre der Westdeutschen Landesbank um Poullain zurück.

19. Im Volkswagenwerk Emden wird der letzte »Käfer« der Bundesrepublik produziert.

22. Äthiopien weist deutschen Botschafter aus.

22. In New York fällt der meiste Schnee seit zehn Jahren.

23. Der belgische Großindustrielle Empain wird in Paris entführt. Lösegeldforderung: 50 Millionen DM.

24. Sowjetischer Militärsatellit mit nuklearer Versorgung stürzt über Kanada ab und verglüht größtenteils in der Atmosphäre.

25. Größter Hafenarbeiterstreik seit der Jahrhundertwende blockiert sieben deutsche Seehäfen. Ende des Streiks am 29. durch 7 Prozent Lohnerhöhung.

30. 90 Tote in den USA bei schweren Schneestürmen.

GESTORBEN:

8. André François-Poncet (* 13. 6. 1887), französischer Politiker.

13. Hubert Horatio Humphrey (* 27. 5. 1911), früherer Vizepräsident der USA.

Chilenen sprechen sich gegen Wahlen aus

5. Januar. In Chile wird eine Volksbefragung durchgeführt, bei der die Bevölkerung Zustimmung oder Ablehnung zum regierenden Militärregime ausdrücken soll. Die Teilnahme an der kurzfristig angesetzten Befragung ist Pflicht. 75 Prozent sprechen sich für die Regierung des Generals Augusto Pinochet aus, die seit der Ermordung des Präsidenten Salvador Allende 1973 an der Macht ist. Mit dem Abstimmungsergebnis erklärt sich die Bevölkerung einverstanden, in den nächsten zehn Jahren, so der Plan Pinochets, keine Wahlen durchzuführen. Ferner sollen keine UN-Kommissionen mehr in das Land gelassen werden. Solche Kommissionen haben in den letzten Jahren die dortige Verletzung der Menschenrechte angeprangert.

DDR schließt »Spiegel«-Büro

10. Januar. Das DDR-Außenministerium verfügt die Schließung des Ostberliner Büros des Nachrichtenmagazins »Der Spiegel«. Die Begründung: »Fortgesetzte böswillige Verleumdung der DDR und ihrer Bürger.« Ein Protest aus Bonn wird von der DDR zurückgewiesen. Zuvor bereits hat die DDR den Spiegel-Korrespondenten Jörg R. Mettke ausgewiesen. Sein Nachfolger, Karl-Heinz Vater, erhält keine Akkreditierung.

Krone kehrt zurück

4. Januar. Nach 34 Jahren kehrt die Stephanskrone wieder nach Ungarn zurück. Die Königskrone wurde angeblich von Papst Silvester II. um das Jahr 1000 dem ersten christlichen Ungarnkönig Stephan I. verliehen. Sie besteht aus zwei ungarischen Frauenkronen und einigen byzantinischen Bestandteilen aus der Zeit um 1074. Dieses nationale Symbol Ungarns gelangte 1944 mit ungarischen Flüchtlingen in die USA. Die amerikanische Regierung beschließt nun, die Krone an Ungarn zurückzugeben.

Mo	Di	Mi	Do	Fr	Sa	So
		1	2	3	4	5
6	7	8	9	10	11	12
13	14	15	16	17	18	19
20	21	22	23	24	25	26
27	28					

1. Bundesverteidigungsminister Georg Leber tritt wegen MAD-Abhöraffäre zurück. Sein Nachfolger wird Hans Apel. →

2. Nicaragua setzt Nationalgarde gegen Regierungsgegner ein, die Somozas Rücktritt fordern.

5. Bundesrepublik Deutschland wird Hallenhandballweltmeister in Kopenhagen mit 20 : 19 gegen die UdSSR. →

8. Druckerstreik gegen die Einführung neuer Arbeitstechniken.

9. Ägyptens Staatspräsident Sadat in der Bundesrepublik.

11. Somalia ordnet wegen einer drohenden Invasion Äthiopiens Generalmobilmachung an.

11. Untergrundorganisation der Griechen Zyperns, EOKA-B, beschließt Selbstauflösung.

16. Bundestag stimmt mit 245 gegen 244 Stimmen für Gesetze zur Terrorbekämpfung. →

16. Punktsieg von Leon Spinks über Muhammad Ali in Las Vegas.

18. Arabische Terroristen erschießen in Zypern einen Ägypter und bringen ein Flugzeug in ihre Gewalt. Eine ägyptische Einheit wird von Zyperns Nationalgarde am Eingreifen gehindert. 15 Ägypter kommen um. Ägypten bricht Beziehungen zu Zypern ab.

21. Bundeskartellamt in Berlin untersagt Fichtel-&-Sachs-Verkauf an britische Firma.

22. Bei Fußballfreundschaftsspiel besiegt Deutschland England in München vor 78 000 Zuschauern 2 : 1 (Halbzeit 0 : 1).

23. Untersuchungsausschuß des baden-württembergischen Landtags gibt Ergebnis bekannt, nach dem die RAF-Mitglieder Andreas Baader, Gudrun Ensslin und Jan-Carl Raspe im → Oktober 1977 Selbstmord in der Haftanstalt Stammheim begangen haben.

23. Der US-Dollar fällt in seinem Wert erstmals unter die Zwei-DM-Grenze. →

26. Fünfter chinesischer Nationaler Volkskongreß eröffnet.

28. Erneuter Druckerstreik in der Bundesrepublik.

GESTORBEN:

8. Hans Stuck sen. (* 27. 12. 1900), deutscher Automobilrennfahrer.

Bundesrepublik wird Weltmeister im Handball

Deutsche Handballweltmeister.

5. Februar. In Kopenhagen wird die deutsche Handballnationalelf erstmals seit 40 Jahren wieder Weltmeister. Sie schlägt die UdSSR im Finale mit 20 : 19. 8000 Zuschauer in der Halle sehen ein hartes Spiel mit insgesamt 14 Strafwürfen (elf für die UdSSR, davon acht verwandelt), in dem die deutsche Mannschaft beim Stand von 8 : 7 erstmals führt. Mit einem Unentschieden (11 : 11) geht man in die Pause. Danach spielt die Bundesrepublik einen Vorsprung von 20 : 16 heraus, den die UdSSR in einer spannenden Schlußphase auf 20 : 19 verkürzt. Dieses Ergebnis kann gehalten werden und mit dem Abpfiff ist die Mannschaft des jugoslawischen Trainers Vlado Stenzel Weltmeister. Die herausragenden deutschen Spieler sind: Manfred Hofmann (Torwart), Heiner Brand, Arno Ehret, Horst Spengler (Kapitän), Joachim Deckarm, Kurt Klühspieß und Erhard Wunderlich.

Anti-Terror-Gesetz

16. Februar. Mit der knappen Mehrheit von 245 zu 244 Stimmen setzt die SPD/FDP-Koalition im Bundestag ihre Gesetzesvorschläge zur Bekämpfung des Terrorismus durch. Das Bundeskriminalamt führt Fahndungspannen bei den Entführungsfällen des Jahres 1977 (Schleyer u. a.) auch auf mangelnde gesetzliche Möglichkeiten bei der Untersuchung zurück. Daher sehen die neuen Bestimmungen unter anderem vor, daß bei Entführungen ganze Gebäudekomplexe durchsucht werden können, wenn sich der Verdacht nicht gegen eine bestimmte Wohnung richtet.

1978

Minister Leber stolpert über Abhöraffäre

1. Februar. Der Bundesverteidigungsminister Georg Leber (SPD) ist bereits im vergangenen Jahr wegen der Spionageaffäre Lutze (→ Dezember 1977) der Kritik ausgesetzt gewesen. Im Januar 1978 wird ein Abhörskandal bekannt. Leber bestätigt Berichte, wonach der Militärische Abschirmdienst (MAD) 1974 widerrechtlich in der Wohnung einer Sekretärin des Verteidigungsministeriums Abhörgeräte (»Wanzen«) angebracht hat. Der Minister bietet am 1. Februar seinen Rücktritt an, den der Bundeskanzler annimmt. Lebers Nachfolger wird der bisherige Finanzminister des Bundes, Hans Apel.

Minister Georg Leber.

Dollar unter 2 DM

23. Februar. Der US-Dollar sinkt erstmals unter den Wert von 2,– DM ab: Der Mittelkurs beträgt 1,9920 DM. In den folgenden Wochen erholt er sich wieder.

Der Dollarkurs in DM seit 1948

Datum	Kurs	Ereignis
Juni 1948	3,3333 DM	Währungsreform
September 1949	4,2000 DM	DM-Aufwertung
März 1961	4,0000 DM	DM-Aufwertung
Oktober 1969	3,6600 DM	DM-Aufwertung
Dezember 1971	3,2225 DM	DM-Aufwertung
Februar 1973	2,9003 DM	Dollar-Abwertung
März 1973	2,2835 DM	»Schlange« floatet

Seit dem 19. März 1973 schwankt der DM/Dollar-Wechselkurs frei. Die Entwicklung des Mittelkurses im Jahresdurchschnitt war (Kassa-Kurse):

1973	2,6590 DM
1974	2,5897 DM
1975	2,4631 DM
1976	2,5173 DM
1977	2,3217 DM
1978	2,0084 DM
1979	1,8330 DM
1. Januar 1980	1,7062 DM (bish. Tiefstkurs)
1980	1,8158 DM
6. Januar 1981	1,9312 DM (Tiefstkurs '81)
3. August 1981	2,5035 DM

MÄRZ

Mo	Di	Mi	Do	Fr	Sa	So
		1	2	3	4	5
6	7	8	9	10	11	12
13	14	15	16	17	18	19
20	21	22	23	24	25	26
27	28	29	30	31		

1. Nach Erfolg des Volksbegehrens gegen Kooperative Schule ändert Nordrhein-Westfalen das entsprechende Gesetz. →

2. Äthiopien gibt zu, mit kubanischen Truppen im Ogaden gegen Somalia zu kämpfen.

2. Im Druckerstreik kommt es als Antwort des Arbeitgeberverbandes zu Aussperrungen.

5. Bei bayrischen Kommunalwahlen siegt die CSU in München. →

5. Der Staatspräsident Brasiliens, Ernesto Geisel, zu Gast in Bonn.

8. Fußballfreundschaftsspiel Bundesrepublik Deutschland gegen UdSSR endet in Frankfurt vor ca. 55 000 Zuschauern 1 : 0 (Halbzeit 0 : 0).

14. Wegen Druckerstreiks können die meisten deutschen Zeitungen und Zeitschriften tagelang nicht erscheinen. →

16. Aldo Moro, Präsident der italienischen Democrazia Christiana, in Rom entführt (→ Mai 1978).

16. Tanker »Amoco Cadiz« strandet in der Bretagne und löst eine schwere Ölpest aus. →

18. Früherer Ministerpräsident Pakistans, Bhutto, zum Tode verurteilt.

19. Druckerstreik mit neuem Tarifvertrag beendet. →

19. Bei zweitem Wahlgang zu französischen Parlamentswahlen siegen die bürgerlichen Parteien mit 50,5 Prozent.

25. Nach 110 Streiktagen stimmt Mehrheit der 160 000 US-Bergarbeiter für Tarifvertrag und nimmt Arbeit wieder auf.

26. Der belgische Industrielle Edouard-Jean Empain wird von Entführern freigelassen. Er überredete die Entführer zur Aufgabe ohne Lösegeld.

29. In Frankfurt/M. erörtert das sogenannte »Russell-Tribunal« die »Berufsverbote« in der Bundesrepublik.

30. Österreichs Bundeskanzler Bruno Kreisky als erster westlicher Regierungschef zu Besuch in der DDR.

GEBOREN:

3. Otto Steinert (* 12. 7. 1915), deutscher Fotograf.

16. Alfred Müller-Armack (* 28. 6. 1901), deutscher Nationalökonom und Soziologe. →

Ölpest in Frankreich

Das Wrack des Supertankers »Amoco Cadiz« vor der bretonischen Küste.

16. März. Der Großtanker »Amoco Cadiz« (250 000 Bruttoregistertonnen) läuft vor der französischen Atlantikküste in der Nähe von Brest auf Grund. Im Sturm bricht das Schiff auseinander und das Öl läuft aus. Es verursacht die bisher schwerste Ölpest. Der Strand der Bretagne wird auf einer Länge von 200 Kilometern verseucht. Dabei zerstört ein dichter Ölteppich von der Größe des Saarlandes Austern- und Muschelbänke und tötet Seevögel und Fische. Es fehlt an wirksamen Methoden, das Öl rasch zu beseitigen. Ein Absaugen des Öls mit Plastikschläuchen scheitert am hohen Wellengang. Chemikalien, die das Öl auflösen, können nur auf hoher See angewandt werden und sind noch dazu giftig für Fische. So versuchen in den nächsten Wochen etwa 6000 Freiwillige, Soldaten und Einwohner der Bretagne, aber auch Helfer aus anderen Ländern, Öl in Plastiksäcke zu schöpfen und die Felsen abzuschrubben.

Die Ölpest zeigt erneut die Notwendigkeit, Tanker, die unter sogenannten Billigflaggen fahren und meist eine schlecht ausgebildete Besatzung haben, verschärft zu kontrollieren. Die liberianische Flagge, unter der die »Amoco Cadiz« fuhr, ist eine der häufigsten »Billigflaggen« auf See.

Streiks bei Zeitungen

14. März. Als Antwort auf die seit Ende Februar in ganz Deutschland andauernden Schwerpunktstreiks in Zeitungshäusern sperren die Verleger bundesweit die gewerblichen Arbeitnehmer der meisten Zeitungen aus. Von den rund 15 Millionen Zeitungen erscheint nur etwa eine Million. Erstmals richten sich die Forderungen der Gewerkschaft, die den Streik ausruft, gegen die Einführung neuer Techniken in den Betrieben. Die IG Druck und Papier und ihr Vorsitzender Leonhard Mahlein wollen in einem Manteltarifvertrag die soziale Absicherung der Setzer bei der Einführung elektronischer Systeme durchsetzen. Die Arbeitsplätze zahlreicher Setzer und Metteure sind gefährdet, da neue Textverarbeitungssysteme die Steuerung von Produktionsvorgängen beim Zeitungsmachen übernehmen können. Mit Hilfe der Geräte kann die Arbeit der ausgebildeten Setzer von Sekretärinnen oder Redakteuren mitübernommen werden. Am 19. März einigen sich die Tarifpartner der Druckindustrie auf einen Vertrag, der die Weiterbeschäftigung der Setzer sichert. Am 20. März wird die Aussperrung aufgehoben, und die Zeitungen, die tagelang nur Notausgaben gedruckt haben, erscheinen wieder.

CSU zieht ins Münchner Rathaus ein

5. März. Seit drei Jahrzehnten regieren im CSU-bestimmten Bayern die Sozialdemokraten die Landeshauptstadt München. Am 5. März jedoch siegt die CSU in allen Münchner Kommunalwahlkreisen. Der neue Oberbürgermeister heißt Erich Kiesl; er gewinnt gegen Max von Heckel (SPD). Der Wahlsieg der CSU dehnt sich auch auf andere kreisfreie Städte aus. Sie erreicht dort insgesamt einen Stimmenanteil von 53 Prozent.

Volksbegehren gegen Koop-Schule

1. März. Ein Volksbegehren durchkreuzt die Pläne der nordrheinwestfälischen Landesregierung, die Kooperative Schule mit Orientierungsstufe zu ermöglichen. Die geplante Reform sieht vor, die Schüler nach vier Jahren Grundschule eine Orientierungsstufe besuchen zu lassen. Nach dieser zweijährigen Stufe entscheiden Eltern und Lehrer über die weitere Laufbahn der Schüler. Entsprechend sollen in der Sekundarstufe I (Klassen 5–10) die verschiedenen Schulzweige unter einem Dach zusammengefaßt sein, wenn die jeweilige Gemeinde es wünscht.
Bei dem von der CDU-Opposition und einigen Eltern- und Lehrerverbänden initiierten Volksbegehren tragen sich jedoch bis zum 1. März die erforderlichen 2,4 Millionen Bürger in Listen ein.

Müller-Armack stirbt in Köln

16. März. In Köln stirbt Alfred Müller-Armack. Er wurde am 28. Juni 1901 in Essen geboren. Von 1940 bis 1950 war er Professor für Nationalökonomie und Kultursoziologie in Münster, danach Professor für Staatswissenschaft in Köln. Die Arbeiten von Müller-Armack sind prägend für den Begriff der »sozialen Marktwirtschaft«. Er gilt als einer der Väter der bundesdeutschen Wirtschaftsordnung.

1978
APRIL

Mo	Di	Mi	Do	Fr	Sa	So
					1	2
3	4	5	6	7	8	9
10	11	12	13	14	15	16
17	18	19	20	21	22	23
24	25	26	27	28	29	30

3. China unterzeichnet ein Handelsabkommen mit der EG, in dem beide sich die Meistbegünstigung gewähren.

5. Bei Fußballfreundschaftsspiel Bundesrepublik Deutschland gegen Brasilien in Hamburg verliert deutsche Mannschaft 0 : 1 (Halbzeit 0 : 0).

7. Stadt Mainz kauft in New York bei einer Auktion eine Gutenbergbibel für vier Millionen DM.

10. ČSSR-Staatspräsident Husák zu Gast in Bonn.

13. Bundesverfassungsgericht in Karlsruhe nennt Wehrdienstnovelle verfassungswidrig. →

15. 1. FC Köln wird in Gelsenkirchen deutscher Pokalsieger mit 2 : 0 über Fortuna Düsseldorf vor 70 000 Zuschauern (Halbzeit 0 : 0).

16. In Köln demonstrieren 15 000 frühere Widerstandskämpfer gegen den Nationalsozialismus und KZ-Häftlinge für die Unterbindung jeglicher neonazistischer Aktivität in der Bundesrepublik.

19. Yitzhak Navon zum Staatspräsidenten Israels gewählt.

19. US-Senat ratifiziert zweiten Vertrag über Rückgabe des Panamakanals an Panama.

19. Ein Fußballfreundschaftsspiel Bundesrepublik Deutschland gegen Schweden endet in Stockholm 1 : 3 vor 30 000 Zuschauern (Halbzeit 1 : 1).

20. Die USA verkaufen Gold aus staatlichen Reserven zur Stützung des Dollars.

22. Auf erstem Parteitag der spanischen Kommunistischen Partei nach dem Bürgerkrieg wird Santiago Carillo zum Vorsitzenden gewählt.

27. Afghanistans Staatspräsident Daud Khan bei Staatsstreich der Armee erschossen. Ein nationaler Revolutionsrat ernennt Taraki zum Nachfolger. →

29. 1. FC Köln – er wurde am 15. April Pokalsieger – wird nun auch Deutscher Fußballmeister.

GESTORBEN:

8. Peter Igelhoff (* 22. 7. 1904), österreichisch-deutscher Komponist.

16. Lucius D. Clay (* 23. 4. 1897), amerikanischer General. →

17. Ewald Balser (* 5. 10. 1898), deutscher Schauspieler.

Wehrdienstnovelle wird in Karlsruhe verworfen

13. April. Der Zweite Senat des Bundesverfassungsgerichts in Karlsruhe entscheidet, das Gesetz zur Änderung des Wehrpflichtgesetzes und des Zivildienstgesetzes verstoße gegen Artikel des Grundgesetzes. Der Ersatzdienst sei im Grundgesetz nicht als Alternative zur Wehrpflicht gedacht. Er sei nur für jene geschaffen, die den Dienst mit der Waffe aus Gewissensgründen verweigern. Die neue Regelung biete nicht die Gewährleistung, daß nur solche Wehrdienstverweigerer erfaßt werden. Ferner könnten wegen des ungenügenden Ausbaues des Zivildienstes nicht alle Verweigerer herangezogen werden.

Afghanischer Präsident stürzt

27. April. Afghanistans Staatspräsident Daud Khan wird bei einem Putsch der Armee gestürzt und erschossen. Auch seine Familie und mehrere Minister kommen ums Leben. Ein »Nationaler Revolutionsrat« wird gebildet, der Mohammed Taraki zum Präsidenten ernennt. Die neue Regierung besteht größtenteils aus Mitgliedern der bisher verbotenen prokommunistischen Volksdemokratischen Partei (PDP).

Lucius D. Clay stirbt 81jährig

16. April. In Chatham (Massachusetts) stirbt im Alter von 81 Jahren Lucius D. Clay. Nach langer Offizierslaufbahn wurde der amerikanische General 1945 Stellvertreter von Dwight D. Eisenhower und war von 1947–1949 Militärgouverneur in der amerikanischen Besatzungszone Deutschlands. Die Popularität, die er in Deutschland genießt, stammt aus der Zeit der Berliner Blockade (1948/49), als Clay Organisator der Luftbrücke für die Versorgung der Berliner war. 1961/62 wirkte er bei Präsident John F. Kennedy als persönlicher Beauftragter in Berlin-Fragen.

1978
MAI

Mo	Di	Mi	Do	Fr	Sa	So
1	2	3	4	5	6	7
8	9	10	11	12	13	14
15	16	17	18	19	20	21
22	23	24	25	26	27	28
29	30	31				

3. Den Fußballeuropacup der Pokalsieger gewinnt in Paris der SC Anderlecht gegen Wien mit 4 : 0.

3. Tieffliegender Düsenjäger deckt in Rainau am Lech 100 Häuser ab.

4. Sowjetischer Staats- und Parteichef Breschnew zu Staatsbesuch in Bonn. →

9. Italiens Democrazia-Christiana-Vorsitzender Aldo Moro wird tot aufgefunden. →

10. Europapokalsieger der Fußballlandesmeister wird in London vor 92 000 Zuschauern der FC Liverpool gegen Brügge mit 1 : 0 (Halbzeit 0 : 0).

10. Den UEFA-Pokal gewinnt im holländischen Eindhoven der dortige Fußballclub mit 3 : 0 über die französische Mannschaft Bastia.

12. In Braunschweig wird der Jugoslawe Ferenc Sos zu lebenslanger Haft wegen Mordes an einer Braunschweiger Familie im Januar 1977 verurteilt.

14. Belgische und französische Fallschirmjäger fliegen in Zaires Provinz Shaba, um gegen Rebellen zu kämpfen. →

19. NATO-Verteidigungsminister beschließen die Anschaffung des Frühwarnsystems AWACS.

22. Britische Königin Elizabeth II. zu Staatsbesuch in der Bundesrepublik.

28. In einer Volksabstimmung lehnen die Schweizer die Einführung autofreier Sonntage ab.

28. Chinas stellvertretender Ministerpräsident Ku Mu zu Gast in Bonn.

30. Beginn der NATO-Gipfelkonferenz in Washington. US-Präsident Carter fordert auf, der sowjetischen Herausforderung offensiv zu begegnen.

31. Der ehemalige Leiter der Konzentrationslager Sobibor und Treblinka, Wagner, wird in Brasilien verhaftet. Er soll für den Tod von 250 000 Menschen verantwortlich sein. Brasilien liefert ihn nicht aus, da Mord dort eher verjährt.

GESTORBEN:

1. Aram Iljitsch Chatschaturjan (* 6. 6. 1903), sowjetischer Komponist.

9. Aldo Moro (* 23. 9. 1916), italienischer Politiker. →

21. Kurt Halbritter (* 22. 9. 1924), deutscher Karikaturist und Zeichner.

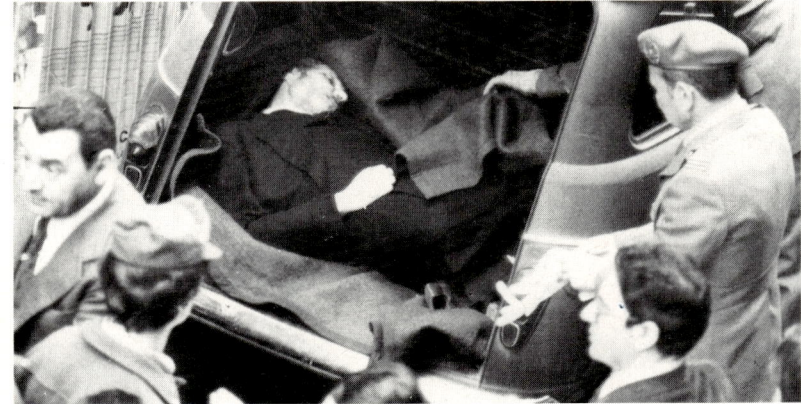
Die Leiche Aldo Moros wird in einem parkenden Auto in Rom entdeckt.

Aldo Moro ermordet

Als Gefangener der Roten Brigaden.

9. Mai. In Italien geht die Tragödie einer langen politischen Entführung zu Ende: Aldo Moro wird in einem französischen Wagen mitten in Rom tot aufgefunden. Der Präsident der Democrazia Christiana, Italiens Regierungspartei, und frühere Ministerpräsident ist am 16. März in Rom entführt worden. Die Täter, die sogenannten Roten Brigaden, haben schon zahlreiche Entführungen und Morde an Politikern und Richtern, aber auch an Industriellen durchgeführt. Wochenlang fahnden 50 000 Polizisten nach Moro, gefunden wird er nicht. Erst nach 35 Tagen stellen die Entführer ein Ultimatum, in dem sie die Freilassung nicht näher genannter »kommunistischer Gefangener« fordern. Schon vorher wird Moro als »zum Tode verurteilt« bezeichnet. Am 18. April heißt es, er »wurde durch Selbstmord hingerichtet«, seine Leiche liege in einem See der Abruzzen. Die Suche bleibt jedoch ergebnislos. Zwei Tage später beweist ein Moro-Foto, daß der Entführte noch lebt. Nun wird die Freilassung von 13 Häftlingen gefordert, darunter der vor Gericht stehende Führer der Roten Brigaden, Curcio. Die Vertreter der Democrazia Christiana sind jedoch nicht bereit, mit den Entführern zu verhandeln. Einen Austausch der Gefangenen lehnen sie ab. Auch die Bitten von Moros Familie und Moros eigene Appelle, die er an die Regierung sendet, fruchten nichts.

Messners Triumph

8. Mai. Zum erstenmal in der Geschichte der Mount-Everest-Besteigungen erreichen zwei Bergsteiger den Gipfel dieses höchsten Berges der Welt (8848 Meter) ohne Sauerstoffgeräte. Reinhold Messner und Peter Habeler aus Süd- bzw. Nordtirol bezwingen den Berg im Himalaja »ohne technische Tricks« – 25 Jahre nach der Erstbesteigung 1953 durch Sir Edmund Hillary aus Großbritannien. In der sogenannten »Todeszone« oberhalb 7500 Meter nimmt die Zahl der roten Blutkörperchen rapide zu, das Blut wird dickflüssiger und der Sauerstofftransport langsamer. Mit speziellem Konditionstraining haben Messner und Habeler sich auf die Besteigung vorbereitet, so daß es ihnen gelingt, die letzten 900 Meter in nur sechs Stunden zu schaffen – niemand vor ihnen hat den Everest-Gipfel so schnell erreicht.

Breschnew in Bonn

4. Mai. Vom 4. bis zum 7. Mai hält sich der sowjetische Staats- und Parteichef Leonid Breschnew in Bonn auf. Der Besuch findet anderthalb Jahre später statt, als ursprünglich geplant. Dies ist auf langwierige Erkrankungen Breschnews zurückzuführen, aber auch auf eine allmähliche Abkühlung der politischen Beziehungen zwischen beiden Staaten. Die Aufbruchstimmung des ersten Breschnew-Besuchs 1973, der Schwung der Entspannungspolitik Anfang der 70er Jahre, ist verflogen. Um zumindest diese Politik aufrechtzuerhalten, unterzeichnen Bundeskanzler Helmut Schmidt und Breschnew eine gemeinsame Deklaration, nach der die Ost-West-Entspannung ausgebaut und das Wettrüsten eingedämmt werden soll. Ferner wird ein Rahmenabkommen über wirtschaftliche Zusammenarbeit unterzeichnet, dessen Laufzeit auf 25 Jahre angesetzt ist.

Gromyko, Breschnew und Schmidt (v. l.) im Bonner Kanzlerbungalow.

Einsatz in Zaire

14. Mai. 600 französische und 1200 belgische Fallschirmjäger werden nach Zaire eingeflogen, um den Präsidenten Joseph-Désiré Mobutu gegen Aufständische zu unterstützen. Die Rebellen der FNLC, der Kongolesischen Nationalen Befreiungsfront, werden von M'Bumba geführt. Es sind vorwiegend Männer vom Stamm der Lunda, die in der Provinz Shaba rebellieren. Auch unter Mobutus Soldaten und der Bevölkerung Zaires findet man Teile des Lunda-Stammes. Mobutu bittet westliche Länder um Unterstützung. Er beschuldigt Kuba und die Sowjetunion, die Invasion zu unterstützen. Die Aufständischen belagern die Stadt Kolwezi. Erst mit Hilfe der Fallschirmjäger kann sie am 20. Mai befreit werden. 200 in der Stadt lebende Weiße werden während der Belagerung auf grausame Weise ermordet.

Französische Fallschirmjäger bei einer Razzia in der Stadt Kolwezi im afrikanischen Staat Zaire.

JUNI

Mo	Di	Mi	Do	Fr	Sa	So
			1	2	3	4
5	6	7	8	9	10	11
12	13	14	15	16	17	18
19	20	21	22	23	24	25
26	27	28	29	30		

1. Die Fußballweltmeisterschaft beginnt in Argentinien.

4. Bei Landtagswahl in Niedersachsen erhält die CDU mit Ministerpräsident Albrecht 48,4 Prozent der Stimmen, die SPD 41,9 Prozent. In Hamburg siegt die SPD mit 51,7 Prozent vor der CDU mit 37,6 Prozent. Die FDP fällt jeweils unter die Fünf-Prozent-Grenze.

6. Bundesinnenminister Werner Maihofer tritt wegen Fahndungspannen im Entführungsfall Schleyer zurück. Sein Nachfolger wird Gerhart Baum, beide FDP. →

8. Bundestag verabschiedet Rentenanpassungsgesetz, das von bruttolohnbezogener Rente abweicht.

8. Erstmals wird in einem Tarifvertrag die verkürzte Arbeitszeit für ältere Arbeitnehmer eingeführt, wodurch Arbeitsplätze geschaffen werden. (Vertragspartner sind die Zigarettenindustrie und Gewerkschaft Nahrung, Genußmittel, Gaststätten.)

9. Der schleswig-holsteinische Ministerpräsident Gerhard Stoltenberg kündigt NDR-Vertrag. →

15. Italiens Staatspräsident Leone tritt wegen Vorwurfs der Steuerhinterziehung zurück.

18. Kernkraftwerk Brunsbüttel nach Defekt für Wochen lahmgelegt. Radioaktiver Dampf strömte aus.

20. Saudi-Arabiens Ministerpräsident, Kronprinz Fahd, in Bonn.

22. Das Berliner Museum zahlt 4,7 Millionen DM in London für ein Medaillon.

23. Tito wird in Jugoslawien zum Staatspräsidenten auf Lebenszeit ernannt.

24. Staatspräsident des Jemen, Ghaschmi, fällt Attentat zum Opfer.

25. Argentinien wird im eigenen Land Fußballweltmeister. →

26. Sprengstoffanschlag bretonischer Nationalisten richtet im Schloß Versailles schwere Zerstörungen an.

30. Deutsche Terroristen Möller und Kröcher-Tiedemann in der Schweiz wegen Mordversuchs an Zöllner zu Zuchthaus verurteilt.

GESTORBEN:

22. Jens Otto Krag (* 15. 9. 1914), dänischer Politiker.

WM für Argentinien

Argentiniens Mannschaftskapitän Passarella schwenkt den Siegespokal.

25. Juni. Die Fußballnationalmannschaft Argentiniens wird im eigenen Land Fußballweltmeister, während der Wettbewerb für die deutsche Mannschaft enttäuschend verläuft. Schon das Eröffnungsspiel am 1. Juni gegen Polen endet 0 : 0 und zeigt weder Spannung noch Glanz. Zwar zeigen die Deutschen in ihrem zweiten Spiel eine ausgezeichnete Verfassung (6 : 0 über Mexiko), doch schon fünf Tage später, am 11. Juni, enttäuschen sie wieder beim 0 : 0 gegen Tunesien.

Torlos bleibt auch das Spiel gegen Italien, in dem die deutsche Nationalmannschaft kein Selbstvertrauen zeigt. Am 18. Juni wird mit viel Glück ein 2 : 2 gegen Holland erreicht, doch der Traum von einer Endspielteilnahme ist aus, als am 21. Juni in Cordoba Österreich die Bundesrepublik mit 3 : 2 schlägt. Im letzten Spiel dieser zweiten Finalrunde zeigt die deutsche Mannschaft eine blamable Leistung und verliert auch die Chance, um den dritten Platz zu kämpfen. Es ist das letzte Spiel von Bundestrainer Helmut Schön und Mannschaftskapitän Berti Vogts, dem ein Eigentor unterläuft. Die anderen bundesdeutschen Spieler sind: Sepp Maier (Tor), Rolf Rüßmann, Manfred Kaltz, Bernhard Dietz, Rainer Bonhof, Erich Beer, Bernd Hölzenbein, Rüdiger Abramczik, Dieter Müller und Karl-Heinz Rummenigge. Die österreichische Mannschaft um Trainer Senekowitsch feiert ihren Sieg über die Deutschen. Im Spiel um den dritten Platz besiegt am 24. Juni Brasilien die italienische Mannschaft 2 : 1. Weltmeister wird am 25. Juni in Buenos Aires Argentinien mit einem 3 : 1 über Holland nach Verlängerung. In einem fast brutalen Spiel erzielt Mario Kempes unter dem frenetischen Jubel der 78 000 Zuschauer zwei Tore für Argentinien.

ARGENTINIEN 1978
WM vom 1. bis 25. Juni

16 Teilnehmer: Argentinien, Brasilien, Deutschland, Frankreich, Iran, Italien, Mexiko, Niederlande, Österreich, Peru, Polen, Schottland, Schweden, Spanien, Tunesien und Ungarn.

1. Argentinien

Spiele gegen Ungarn 2 : 1, Frankreich 2 : 1, Italien 0 : 1, Polen 2 : 0, Brasilien 0 : 0 und Peru 6 : 0.

2. Niederlande

Spiele gegen Iran 3 : 0, Peru 0 : 0, Schottland 3 : 2, Österreich 5 : 1, Deutschland 2 : 2 und Italien 2 : 1.

3. Brasilien

Spiele gegen Schweden 1 : 1, Spanien 0 : 0, Österreich 1 : 0, Peru 3 : 0, Argentinien 0 : 0 und Polen 3 : 1.

4. Italien

Spiele gegen Frankreich 2 : 1, Ungarn 3 : 1, Argentinien 1 : 0, Deutschland 0 : 0, Österreich 1 : 0 und Niederlande 1 : 2.

Innenminister Maihofer nimmt seinen Abschied

6. Juni. Acht Monate nach der Entführung des Arbeitgeberpräsidenten Hanns Martin Schleyer (→ September 1977) und dessen Ermordung muß der Bundesinnenminister Werner Maihofer die Konsequenzen aus den Fahndungspannen in diesem Fall ziehen: Er tritt zurück. In einem von der Regierung angeordneten Untersuchungsbericht stellt der frühere CSU-Abgeordnete Hermann Höcherl fest, die politische Führung habe im Fall Schleyer versäumt, die Zusammenarbeit zwischen Bundeskriminalamt und der übrigen Polizei ausreichend zu organisieren.

Maihofer zieht die gleiche Konsequenz wie sein FDP-Kollege, der Berliner Justizsenator Jürgen Baumann. Dieser tritt vom Amt zurück, da es am 28. Mai zwei Frauen gelungen ist, den mutmaßlichen Terroristen Till Meyer aus der Untersuchungshaft in Berlin-Moabit zu befreien.

Kündigung des NDR-Vertrages

9. Juni. Am 9. Juni überbringt der Kanzleichef des schleswig-holsteinischen Ministerpräsidenten Gerhard Stoltenberg (CDU) den Landesherren von Hamburg und Niedersachsen ein Schreiben, mit dem Schleswig-Holstein den 1955 geschlossenen Staatsvertrag der drei norddeutschen Länder zum Betrieb einer gemeinsamen Rundfunkanstalt (NDR) zum Jahresende 1980 kündigt. Der niedersächsische Ministerpräsident Ernst Albrecht äußert Verständnis, Hamburgs Bürgermeister Hans-Ulrich Klose protestiert gegen das Vorgehen Schleswig-Holsteins. Stoltenberg bezeichnet die Sendungen des NDR seit Jahren als »politisch zu linkslastig«, ihn stört die Macht der »Monopolanstalt im Norden«. Er will den NDR in drei einzelne Landessender zerfallen lassen. Der NDR-Programmanteil an den Sendungen der ARD beträgt 20 Prozent. Er finanziert kleinere Länderanstalten mit, so daß die ARD ohne NDR kaum funktionsfähig wäre.

3. Berlins Justizsenator Jürgen Baumann tritt zurück. Nachfolger wird Gerhard Meyer, beide FDP.

4. LKW-Blockade an Österreichs Grenzen wegen Straßengebühr. →

8. Alessandro Pertini als erster Sozialist zum Staatspräsidenten Italiens gewählt. →

11. Explosion auf spanischem Campingplatz Los Alfaques. →

13. US-Präsident Carter zu Staatsbesuch in Bonn.

13. Der ehemalige CDU-Abgeordnete Herbert Gruhl gründet in Bonn »Grüne Aktion Zukunft«.→

13. Sowjetischer Bürgerrechtler Ginsburg zu acht Jahren Haft verurteilt.

13. Stuttgarter Landgericht weist Klage des baden-württembergischen Ministerpräsidenten Filbinger gegen Schriftsteller Hochhuth ab, der ihn wegen der Ende des Krieges verfügten Todesurteile einen »furchtbaren Juristen« genannt hat.

16. Weltwirtschaftsgipfel in Bonn. Sieben westliche Industrienationen beraten über die Wirtschaftspolitik.

18. Kanadas Premierminister Trudeau zu Gast in Bonn.

19. Giscard d'Estaing als erstes französisches Staatsoberhaupt seit 1905 in Portugal.

25. Termin für erste Direktwahl zum europäischen Parlament wird auf Juni 1979 gelegt.

26. Das erste in einer Retorte gezeugte Kind wird in Großbritannien geboren. →

26. Hamburger Landgericht weist »Sexismus«-Klage mehrerer Frauen, darunter Alice Schwarzer sowie die Schauspielerinnen Inge Meysel und Erika Pluhar, gegen Magazin »Stern« ab. →

27. Israels Militärmission aus Ägypten ausgewiesen. Protest gegen harte Haltung der Regierung in Nahost-Fragen.

31. Neue Kämpfe im Südlibanon zwischen Israelis, Palästinensern und libanesischen Truppen.

GESTORBEN:

30. Umberto Nobile (* 21. 1. 1885), italienischer General und Luftschiffkonstrukteur.

31. Werner Finck (* 2. 5. 1902), deutscher Kabarettist und Schauspieler.

Zeltplatz in Flammen

Der ausgebrannte Campingplatz Los Alfaques nach der Explosionskatastrophe.

11. Juli. »Wie Hiroshima«, so der Präsident der Provinz Katalanien, sieht der Campingplatz Los Alfaques an der spanischen Costa Blanca nach einem Explosionsunglück aus. Ein mit Propylen, das zur Kunststoffherstellung verwandt wird, gefüllter Tankwagen verunglückt auf der Nationalstraße 340, die am Campingplatz vorbeiführt. Nachdem die Stahlwand des Tanks vermutlich beim Aufprall auf die Umzäunungsmauer des Platzes geborsten ist, explodieren 43 Kubikmeter des Flüssiggases. Eine Feuerwand rast über den Campingplatz; viele belgische, französische, holländische und deutsche Camper können ihr nicht mehr entkommen. Das Unglück fordert 180 Tote und 600 Verletzte. Anrainer der Nationalstraße 340 fordern seit Jahren eine Sicherung der Strecke, auf der pro Tag durchschnittlich 4000 Tonnen extrem brennbarer Flüssigkeiten transportiert werden.

Pertini Präsident

8. Juli. Nachdem der italienische Staatspräsident Giovanni Leone im Juni 1978 wegen Korruptionsvorwürfen zurückgetreten ist, einigen sich die Parteien des Landes nach einigen Wochen auf den Sozialisten Alessandro Pertini als Nachfolger Leones. Der 1896 geborene Politiker ist seit 1918 Mitglied der Sozialistischen Partei. Als Gegner des italienischen Faschismus mehrfach inhaftiert, wurde Pertini von 1935 bis 1943 des Landes verbannt. Nach dem Zweiten Weltkrieg wurde er Chefredakteur des Parteiblattes »L'Avanti« und 1948 Mitglied des italienischen Senats. Von 1968 bis 1976 war er Präsident der Abgeordnetenkammer. Pertini erfreut sich in Italien großer Popularität und Achtung auch bei seinen politischen Gegnern.

Umwelt-Partei

13. Juli. Herbert Gruhl, Bundestagsabgeordneter der CDU seit 1969, Umweltexperte und Vorsitzender der CDU/CSU-Arbeitsgruppe für Umweltvorsorge, tritt aus der CDU aus und gründet die »Grüne Aktion Zukunft«, die als Umweltschutzpartei an Wahlen teilnehmen will. Bekanntgeworden ist Gruhl vor allem durch sein 1975 veröffentlichtes Buch »Ein Planet wird geplündert«.

Kein Sexismus

26. Juli. Das Hamburger Landgericht weist die »Sexismus«-Klage von zehn Frauen ab. Die Herausgeberin der Frauenzeitschrift »Emma«, Alice Schwarzer, die Schauspielerin Inge Meysel und andere verklagen das Magazin »Stern« wegen der Diskriminierung eines Geschlechts, da wie die Frauen argumentieren, auf »seinen Titelseiten Frauen als bloßes Sexualobjekt dargestellt werden«.

Retortenbaby in Londoner Klinik geboren

26. Juli. In einer Londoner Klinik wird das erste außerhalb des Körpers gezeugte Baby der Welt geboren: Louise Brown. Da Louises Mutter, Lesley Brown, aufgrund einer Eileiterstörung keine Kinder bekam, entnehmen die britischen Gynäkologen Edwards und Steptoe am 10. November 1977 dem Körper der Frau ein befruchtungsfähiges Ei. Die Eizelle wird in einer Retorte befruchtet und in Lesley Browns Gebärmutter eingepflanzt. Der Zellklumpen entwickelt sich komplikationslos zu einem Baby. Nach rund zwei Jahrzehnten vergeblicher Retortenversuche bietet diese Geburt, die durch Kaiserschnitt geschieht, Hoffnung für bisher unfruchtbare Frauen.

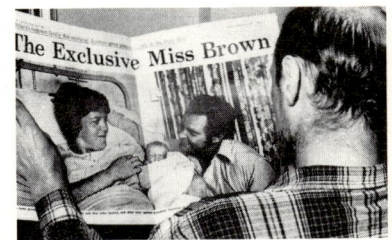

Das englische Retortenbaby Louise ist Star der Illustrierten.

Lastwagen blockieren Grenze

4. Juli. Lastwagenfahrer blockieren mit ihren Zügen die 13 wichtigsten Grenzübergänge Österreichs. Sie protestieren gegen eine für Österreicher um das siebzehnfache erhöhte LKW-Steuer. Ausländische Fahrzeuge müssen eine Transitsteuer zahlen, die pro Lastzug und Monat bis zu 700 DM betragen kann. Während quer gestellte Lastwagen die Grenzübergänge blockieren, stauen sich Touristenströme.

Dritter Sieg Borgs

8. Juli. Herreneinzel in Wimbledon: Björn Borg (Schweden) schlägt Jimmy Connors (USA) in drei Sätzen mit 6 : 2, 6 : 2, 6 : 3 und gewinnt damit zum drittenmal die All-England-Meisterschaft.

1978

AUGUST

Mo	Di	Mi	Do	Fr	Sa	So
	1	2	3	4	5	6
7	8	9	10	11	12	13
14	15	16	17	18	19	20
21	22	23	24	25	26	27
28	29	30	31			

2. Sieben Teilnehmerstaaten des Bonner Weltwirtschaftsgipfels einigen sich auf Verfahren zur Bekämpfung der Luftpiraterie.

3. Chef des Pariser PLO-Büros von palästinensischen Extremisten erschossen.

5. Schah von Persien verspricht nach Unruhen mehr politische Freiheiten.

7. Baden-Württembergs Ministerpräsident Filbinger tritt zurück. →

9. Der parteilose Nobre da Costa wird neuer portugiesischer Ministerpräsident.

13. Bombenattentat auf Hochhaus in Beirut fordert 175 Tote.

14. Zur ersten Europareise eines chinesischen Parteiführers trifft Hua Kuo-feng in Rumänien ein.

17. Drei Amerikaner landen nach erster erfolgreicher Atlantik-Überquerung in ihrem mit Helium gefüllten Ballon in Frankreich. →

18. Gert Wiltfang wird in Aachen Weltmeister im Springreiten auf »Roman«.

19. 430 Tote fordert ein Bombenanschlag auf ein Kino in der iranischen Stadt Abadan.

22. Nach Veröffentlichung des »Stern« gibt Bundeskriminalamt zu, daß drei der meistgesuchten Terroristen der Polizei entkommen sind.

23. In Nicaraguas Nationalpalast nehmen Angehörige der Sandinistischen Befreiungsfront 600 Geiseln. Regierung gibt den Forderungen nach Häftlingsfreilassung und Lösegeld nach.

26. Der Kardinal von Venedig, Albino Luciani, wird zum Papst gewählt. Er nennt sich Johannes Paul I.

30. Lothar Späth (CDU) wird Ministerpräsident Baden-Württembergs nach Rücktritt Filbingers. →

GESTORBEN:

6. Paul VI. (* 26. 9. 1897), Papst. →

6. Victor Hasselblad (* 1906), schwedischer Optiker und Feinmechaniker.

22. Jomo Kenyatta (* 20. 10. 1891), Präsident von Kenia. →

26. Charles Boyer (* 28. 8. 1899), französisch-amerikanischer Schauspieler.

28. Robert Shaw (* 9. 8. 1927), britischer Schauspieler.

Rücktritt Filbingers

Hans Filbinger (links) mit seinem Nachfolger Lothar Späth.

7. August. Hans Filbinger, Ministerpräsident von Baden-Württemberg seit 1966, tritt zurück. Im Laufe der letzten Monate ist bekanntgeworden, daß Filbinger als Marinerichter noch in den letzten Tagen des Zweiten Weltkrieges an Todesurteilen gegen Soldaten mitgewirkt hat. Der Schriftsteller Rolf Hochhuth ist einer der ersten, der in Zeitschriften über die Todesurteile schreibt und Filbinger einen »furchtbaren Richter« nennt, »der auf freiem Fuß ist nur Dank des Schweigens derer, die ihn kennen«. Filbinger sagt zunächst aus, sich an die Todesurteile nicht erinnern zu können. Erst als auch Mitglieder seiner eigenen Partei, der CDU, ihn als Ministerpräsidenten als untragbar empfinden, tritt er widerstrebend vom Amt zurück.

Atlantikflug in Ballon

Der »Double Eagle« über Frankreich.

17. August. Am 11. August starten auf Presque Island im Osten der USA drei Ballonfahrer: Ben Abruzzo, Max Anderson und Larry Newman wollen mit ihrem Ballon »Double Eagle II« den Atlantik überqueren. Bei solchen Unternehmungen gab es bisher etwa ein Dutzend Fehlschläge und fünf Tote. Die drei Amerikaner jedoch schaffen die Atlantiküberquerung in sechs Tagen.

Sie landen am 17. August bei Évreux in Frankreich. Ihr mit Helium gefüllter Ballon mit einem durch Gasbrenner erhitzbaren Heißluftpolster hat einen Durchmesser von 20 Metern.

Terroristen flüchten

8. August. Durch eine Fahndungspanne der Polizei entkommen die als Terroristen gesuchten Christian Klar, Adelheid Schulz und Willy Peter Stoll, die wegen Beteiligung an den Morden an Siegfried Buback (→ April 1977), Hanns Martin Schleyer (→ September 1977) und Jürgen Ponto (→ Juli 1977) gesucht werden. Am 8. August erhält das Bundeskriminalamt in Wiesbaden von einer hessischen Hubschrauber-Vermittlung den Hinweis auf verdächtige Fahrgäste. Da versäumt wird, am Wagen der Verdächtigen einen Peilsender anzubringen, können die drei die verfolgenden Autos abhängen.

Tod Pauls VI. in Castel Gandolfo

6. August. In Castel Gandolfo stirbt 81jährig Papst Paul VI. Er wurde als Giovanni Battista Montini 1897 bei Brescia geboren. Nach Studien in Mailand und Rom kam er 1922 in das päpstliche Staatssekretariat. Er war einer der engsten Mitarbeiter von Papst Pius XII. 1954 wurde er Erzbischof von Mailand und 1958 Kardinal.

Das Pontifikat Pauls VI. begann am 21. Juni 1963. Der Papst führte das 2. Vatikanische Konzil weiter und brachte es zum Abschluß. Diskutiert werden Pauls Rundschreiben über das Zölibat, über die Ehe und die Geburtenregelung sowie seine Sozialenzyklika.

Papst Paul VI. †.

Jomo Kenyatta stirbt in Mombasa

22. August. In Mombasa stirbt der Staatspräsident von Kenia, Jomo Kenyatta. Er gehörte zum Stamm der Kikuju und wurde wahrscheinlich am 20. Oktober 1891 in Ichaweri in Kenia geboren. Von 1929 bis 1946 hielt er sich zum Studium und zur politischen Arbeit zumeist in Großbritannien auf. 1947 wurde er Präsident der Kenya African Union. Als angeblicher Anführer des Mau-Mau-Aufstandes verurteilten ihn die Behörden 1953 zu sieben Jahren Haft. 1960 gründete Kenyatta die KANU (Kenya African National Union), deren Präsident er wurde. Nach der Unabhängigkeit Kenias von Großbritannien (1963) wurde Kenyatta zum Regierungschef gewählt; seit 1964 war er außerdem Staatspräsident.

1978

SEPTEMBER

Mo	Di	Mi	Do	Fr	Sa	So
				1	2	3
4	5	6	7	8	9	10
11	12	13	14	15	16	17
18	19	20	21	22	23	24
25	26	27	28	29	30	

3. Schäden in Millionenhöhe bei Erdbeben in Süddeutschland. →

6. Terrorist Willy Peter Stoll wird in Düsseldorfer Lokal von Polizei erschossen.

7. Nach Anti-Schah-Demonstrationen wird über Teheran und andere iranische Städte das Kriegsrecht verhängt.

11. Syriens Präsident Assad zu Gast in Bonn.

13. Deutscher Katholikentag in Freiburg unter dem Motto »Ich will Euch Zukunft und Hoffnung geben« eröffnet.

14. Portugals Regierung unter Ministerpräsident da Costa nach 17 Tagen gestürzt.

15. Deutsche Terroristin Astrid Pröll in London festgenommen. Hat sich vom Terrorismus distanziert und als Mechanikerin gearbeitet.

16. Muhammad Ali besiegt Leon Spinks (USA) in New Orleans nach Punkten im Boxkampf um Weltmeistertitel im Schwergewicht.

17. Rahmenvereinbarungen zwischen Israel und Ägypten werden im amerikanischen Camp David abgeschlossen. →

19. DDR-Pfarrer Rolf Günther verbrennt sich in einer Kirche in Falkenstein.

20. Johannes Rau wird im nordrhein-westfälischen Landtag als Nachfolger von Heinz Kühn gewählt, beide SPD.

24. Bildung des neuen Schweizer Kantons Jura wird bei der Volksabstimmung mit 82,3 Prozent der Stimmen befürwortet.

25. Bei Absturz einer Boeing 727 im kalifornischen San Diego sterben 250 Menschen.

28. Botha neuer Regierungschef Südafrikas, Vorster Staatschef.

GESTORBEN:

9. Jack Warner (* 27. 3. 1916), amerikanischer Filmproduzent.

12. O. E. (Otto Eduard) Hasse (* 11. 7. 1903), deutscher Schauspieler.

15. Willy Messerschmitt (* 26. 6. 1898), deutscher Flugzeugkonstrukteur. →

22. Lina Carstens (* 6. 12. 1892), deutsche Schauspielerin.

28. Johannes Paul I., vorher Albino Luciani (* 17. 10. 1912), Papst. →

Gipfel in Camp David

Begin, Carter und Sadat (von links) bei ihren Gesprächen in Camp David.

17. September. Camp David ist der Landsitz des amerikanischen Präsidenten im Bundesstaat Maryland. Hier, 80 Kilometer von der Hauptstadt Washington entfernt, unterzeichnen am 17. September der ägyptische Präsident Anwar as-Sadat und Israels Ministerpräsident Menachem Begin zwei Verträge, die den Frieden im Nahen Osten fördern sollen. US-Präsident Jimmy Carter unterschreibt »als Zeuge«. Die nach 13tägigen Verhandlungen fertiggestellten Dokumente umfassen zum einen ein »Rahmenabkommen über den Abschluß eines Friedensvertrages zwischen Ägypten und Israel«. Es sieht einen Friedensschluß innerhalb von drei Monaten vor. In den drei darauffolgenden Monaten soll Israel mit dem Rückzug von der Halbinsel Sinai beginnen, der in drei Jahren vollendet sein soll. Nach dem ersten größeren Rückzug nehmen beide Staaten diplomatische Beziehungen auf.

In einem zweiten Abkommen wird der »Rahmen für einen Frieden im Nahen Osten« behandelt. In einer fünfjährigen Übergangsperiode soll eine autonome Verwaltung für die Bewohner der von Israel besetzten Gebiete in Westjordanien und Gaza geschaffen werden. Die Frist gilt auch für einen Rückzug der dort stationierten israelischen Streitkräfte in bestimmte Garnisonen und für Verhandlungen unter Teilnahme Ägyptens, Israels, Jordaniens und Palästinenservertretern. Während der Verhandlungen, in denen der Status der Gebiete festgelegt werden soll, dürfen keine neuen israelischen Siedlungen dort angelegt werden. Abkommen über Jerusalem werden in Camp David nicht geschlossen.

Die Ergebnisse von Camp David werden in Israel mit Begeisterung aufgenommen, während arabische Staaten wie Jordanien und Saudi-Arabien die Vereinbarungen mißbilligen. Arabische Fanatiker nennen Sadat den »Judas des 20. Jahrhunderts«.

Sadat und Begin kommen für ihre diplomatischen Bemühungen ins Gespräch als Kandidaten für den Friedensnobelpreis.

Tod Messerschmitts

15. September. Willy Messerschmitt stirbt 80jährig in München. Der Flugzeugkonstrukteur entwickelte zuerst Segelflugzeuge. 1925 konstruierte er sein erstes Motorflugzeug, die »M 17«. Das Ganzmetallflugzeug »M 18« wurde ein Jahr später gebaut. Der Standardjäger der deutschen Luftwaffe, die »Me 109«, entwickelte Messerschmitt ab 1934. Daraus entstand die »Me 209«. Messerschmitt konstruierte auch das erste in Serie hergestellte Raketenflugzeug (Me 163) und ab 1944 das erste serienmäßige Düsenflugzeug (Me 262).

Johannes Paul I. stirbt nach 33 Tagen Amtszeit

28. September. Im Alter von 65 Jahren stirbt in Rom Papst Johannes Paul I. Er wurde als Albino Luciani am 17. Oktober 1912 in Forno di Canale in der italienischen Provinz Belluno geboren. Er studierte Theologie und Philosophie und wurde 1935 zum Priester geweiht. Als Kaplan und Religionslehrer arbeitete er von 1937 bis 1947 als Vizerektor und Professor für Dogmatik, Moraltheologie, Kirchenrecht und christliche Kunst am Priesterseminar von Belluno. 1958 wurde er Bischof von Vittorio Veneto, 1969 Patriarch von Venedig und 1973 Kardinal. Nach dem Tod von Papst Paul VI. (→ August 1978) wählte die Kardinalsversammlung Albino Luciani in einem überraschend kurzen Konklave zum Papst.

Seine Amtszeit als Papst Johannes Paul I. dauerte jedoch nur 33 Tage. Zu seinem Nachfolger wird der polnische Kardinal Karol Wojtyla als Johannes Paul II. gewählt.

Papst Johannes Paul I. †.

Erdbeben in Süddeutschland

3. September. In Süddeutschland wird ein Beben registriert. Das Epizentrum liegt auf der Schwäbischen Alb im Zollernalbkreis. Dort wird die Stärke 6,0 auf der nach oben offenen Richterskala registriert. Das Beben bringt die stärksten Erschütterungen in dieser Region seit 35 Jahren. Es fordert einige Verletzte und Millionenschäden.

1978

OKTOBER

Mo	Di	Mi	Do	Fr	Sa	So
						1
2	3	4	5	6	7	8
9	10	11	12	13	14	15
16	17	18	19	20	21	22
23	24	25	26	27	28	29
30	31					

4. Bundeskabinett beschließt, Entwicklungsländern die Schulden in Höhe von 4,3 Milliarden DM zu erlassen.

8. Bei Landtagswahl in Hessen wird die CDU stärkste Partei, die SPD/FDP-Koalition regiert jedoch weiter.

8. Mario Andretti (USA) wird Weltmeister der Formel-1-Fahrer.

11. Ein Fußballfreundschaftsspiel Bundesrepublik – ČSSR in Prag endet 4 : 3 (Halbzeit 4 : 1).

12. Die im Camp-David-Abkommen beschlossenen Friedensverhandlungen zwischen Ägypten und Israel beginnen in Washington.

15. Bei den bayrischen Landtagswahlen erringt die CSU 59,1 Prozent der Stimmen, die SPD 31,4 Prozent, die FDP 6,2 Prozent. Ministerpräsident wird Franz Josef Strauß.

16. Der polnische Kardinal Wojtyla wird zum Papst gewählt. →

18. Im Iran streiken die Ölarbeiter aus Protest gegen das Schah-Regime. Die Exporte kommen zum Erliegen.

18. Anatoli Karpow (UdSSR) verteidigt Titel des Schachweltmeisters gegen Viktor Kortschnoi, der in die USA emigriert ist.

22. Friedenspreis des Deutschen Buchhandels wird an die schwedische Kinderbuchautorin Astrid Lindgren verliehen.

23. China und Japan unterzeichnen Freundschaftsvertrag. →

28. Tschechischer Schriftsteller Pavel Kohut reist mit seiner Frau nach Österreich aus.

29. Bei Weltmeisterschaften im Kunstturnen in Straßburg belegt die UdSSR 7 erste Plätze. Eberhard Gienger (Bundesrepublik) holt am Seitpferd und am Reck die Silbermedaille.

31. Spaniens Parlament verabschiedet neue Verfassung.

GESTORBEN:

9. Jacques Brel (* 8. 4. 1929), belgischer Chansonnier und Schauspieler.

16. Alexander Spoerl (* 3. 1. 1917), deutscher Schriftsteller.

18. Jean Améry, eigentlich Johannes Mayer (* 31. 10. 1912), österreichischer Schriftsteller.

Polnischer Kardinal zum Papst gewählt

Papst Johannes Paul II.

16. Oktober. Nach dem überraschenden Tod von Papst Johannes Paul I. (→ September 1978), dessen Amtszeit nur etwa einen Monat währte, muß ein zweites Konklave einberufen werden. Am 16. Oktober wird Karol Wojtyla, ein polnischer Kardinal, zum neuen Papst gewählt. Er nennt sich Johannes Paul II. und ist der erste nicht-italienische Papst seit Hadrian VI. (gestorben 1523). Der am 18. Mai 1920 bei Krakau geborene Wojtyla tritt nach dem Studium der polnischen Philologie und Philosophie 1942 einem Untergrund-Priesterseminar bei und wird 1946 zum Priester geweiht. 1953 habilitiert er sich in Krakau und lehrt dort und in Lublin Ethik. 1958 wird er Weihbischof, 1963 Erzbischof von Krakau und 1967 Kardinal.

China und Japan unterzeichnen Handelsvertrag

23. Oktober. Mit dem Austausch der Ratifikationsurkunden tritt der im August in Peking unterzeichnete Freundschaftsvertrag zwischen China und Japan in Kraft. Er hat eine Mindestlaufzeit von zehn Jahren und verlängert sich bei Nichtkündigung. Die wirtschaftliche Annäherung zwischen Japan und China wird bereits seit Februar gefördert. Die Länder schließen einen Handelsvertrag mit einem Volumen von 20 Milliarden Dollar.

1978

NOVEMBER

Mo	Di	Mi	Do	Fr	Sa	So
		1	2	3	4	5
6	7	8	9	10	11	12
13	14	15	16	17	18	19
20	21	22	23	24	25	26
27	28	29	30			

1. Boy Gobert, Intendant des Hamburger Thalia-Theaters, übernimmt von der Spielzeit 1980/81 an für fünf Jahre die Leitung der Staatlichen Schauspielbühnen Berlins.

3. Sowjetunion und Vietnam unterzeichnen Freundschaftsvertrag.

5. Österreichische Volksabstimmung lehnt die Inbetriebnahme des Kernkraftwerkes Zwentendorf ab. →

5. Peter Michael Kolbe wird (nach 1975) wieder Ruderweltmeister im Einer in Neuseeland.

6. Der Schah von Persien setzt Militärregierung ein.

6. Jordaniens König Hussein zu Staatsbesuch in Bonn.

10. USA stellen wirtschaftliche, militärische und finanzielle Hilfe an Nicaragua ein.

10. Bundesrat stimmt der Einführung einer Richtgeschwindigkeit 130 km/h auf Autobahnen ab 1. 12. 1979 zu.

15. Fußballbundestrainer Helmut Schön bei Länderspiel gegen Ungarn verabschiedet. Nachfolger wird Jupp Derwall.

16. Chef des Bundesnachrichtendienstes wird Klaus Kinkel als Nachfolger von Gerhard Wessel.

17. Jugoslawien verweigert Auslieferung von vier deutschen Terroristen. →

18. Selbstmord von 900 Anhängern der Sekte »Tempel des Volkes« in Guayana. →

19. Wladimir Semjonow wird sowjetischer Botschafter in Bonn.

20. Putschpläne hoher spanischer Militärs vereitelt.

28. Generalinspekteur der Bundeswehr Harald Wust erklärt seinen Rücktritt wegen mangelnden Vertrauens zwischen ihm und Bundesverteidigungsminister Apel.

30. Die Londoner »Times« und die »Sunday Times« stellen Erscheinen vorläufig ein. →

GESTORBEN:

10. Theo Lingen (* 10. 6. 1903), eigentlich Franz Theodor Schmitz, deutsch-österreichischer Schauspieler.

15. Margaret Mead (* 16. 12. 1901), amerikanische Anthropologin.

20. Giorgio De Chirico (* 10. 7. 1888), italienischer Maler. →

Londoner »Times« stellt ihr Erscheinen ein

30. November. Die Londoner Zeitungen »Times« und »Sunday Times« stellen auf noch unabsehbare Zeit ihr Erscheinen ein. Dies ist die Folge eines Ultimatums, das die Times Newspaper Ltd. den Gewerkschaften bereits vor acht Monaten gestellt hat. Wilde Streiks haben das Erscheinen der »Times« (293 000 Exemplare) und der »Sunday Times« (1,4 Millionen) so oft verhindert, daß das Management keine Grundlage für eine Weiterführung der Arbeit mehr sieht. Das Unternehmen forderte von den Gewerkschaften, bestimmte Verhandlungsprozeduren einzuhalten, bevor ein offizieller Streik ausgerufen werden darf.

Das »Times«-Ende kündigt sich an.

Votum gegen Kernkraftwerk

5. November. Das Kernkraftwerk Zwentendorf bei Wien ist mit einem Kostenaufwand von mehr als einer Milliarde DM errichtet worden und steht vor der Inbetriebnahme. Es ist Österreichs erstes Kernkraftwerk. Es wird eine Volksabstimmung über die Inbetriebnahme angesetzt, die zu einer Niederlage für Bundeskanzler Bruno Kreisky und andere Kernkraftbefürworter wird: Die Österreicher entscheiden mit 50,47 Prozent gegen Zwentendorf und die Kernenergie. Der »Wahlkampf« der Kernkraftgegner hat zahlreiche Wähler umgestimmt.

Massenselbstmord

Massenselbstmord im Dschungel.

18. November. Im Dschungel von Guayana verüben über 900 Mitglieder der amerikanischen Sekte »Tempel des Volkes« Selbstmord, einige werden umgebracht. Vorher hat der Anführer der Sekte, Jim Jones, den demokratischen Kongreßabgeordneten Leo J. Ryan und vier seiner Begleiter erschießen lassen. Diese wollten feststellen, ob Jones US-Bürger gegen ihren Willen bei der Sekte festhält. Da einige

Begleiter des Abgeordneten fliehen können, fürchtet Jones offenbar Konsequenzen für sich und seine Gruppe. Der Massenselbstmord ist mit den oft völlig von Jones abhängigen Sektenmitgliedern vorbereitet worden. Die in ihrer Mehrheit schwarzen Angehörigen des »Tempels des Volkes« wissen, daß sie am 18. November eine tödliche Mischung aus Limonade und Zyankali trinken. Einige versuchen zu fliehen, aber nur etwa 80 überleben oder entkommen.

Im »Tempel des Volkes« finden sich neben jungen auch viele ältere, sozial schwache Menschen, die Jones bereits zu seiner Zeit in Kalifornien um sich gesammelt hat. Seine damaligen Sozialprogramme werden von vielen Politikern gefördert. Verdacht schöpft man erst, als Gerüchte entstehen, Jones zwinge seine Anhänger, ihm ihren Besitz zu überschreiben und verhindere, daß sie die Sekte wieder verlassen. Jones zieht mit der Sekte in den Dschungel von Guayana; die Regierung des Landes vermutet ein Landwirtschaftsprojekt, da die Mitglieder der Gruppe den Dschungel roden und das Dorf »Jonestown« anlegen.

Belgrad läßt Terroristen frei

17. November. Bereits im Mai gelingt es dem Bundeskriminalamt durch eine weiträumige computergesteuerte Zielfahndung, vier der meistgesuchten mutmaßlichen Terroristen in Jugoslawien aufzuspüren. Sie werden festgenommen, und die Bundesrepublik stellt einen Auslieferungsantrag. Dabei handelt es sich um Brigitte Mohnhaupt, Sieglinde Hofmann, Rolf-Clemens Wagner und Peter Jürgen Boock. Sie werden unter anderem im Zusammenhang mit den Morden an Jürgen Ponto und Hanns Martin Schleyer (→ Juli, Oktober 1977) gesucht. Jugoslawien will die vier Verhafteten jedoch nur ausliefern, wenn die Bundesrepublik ihrerseits acht Exiljugoslawen ausliefert. Nachdem Bonn dieses Ansinnen ablehnt, teilt Belgrad am 17. November mit, die vier mutmaßlichen Terroristen seien »in ein Land ihrer Wahl« ausgereist.

Giorgio De Chirico stirbt in Rom

20. November. Im Alter von 89 Jahren stirbt in Rom Giorgio De Chirico. Der Maler wurde am 10. Juli 1888 in Volos in Griechenland als Sohn italienischer Eltern geboren. Er studierte zunächst an der Kunstakademie in Athen, danach in Florenz und München (nach 1907). In Paris lernte er Pablo Picasso kennen.

De Chirico gilt als Begründer der »Pittura Metafisica«, einer surrealistischen Richtung. Hauptbilder dieser frühen Periode sind »Rätsel eines Herbstabends« (1910) oder »Liebessang« (1914). Später mündete die Kunst De Chiricos immer mehr in einen gegenständlichen Realismus, fast Naturalismus: »Selbstbildnis mit der Mutter« (1919) und »Abschied des irrenden Ritters« (1922). Ende der 30er Jahre kehrte De Chirico wieder zum Stil der frühen Jahre zurück: »Stilleben« von 1937.

1. Arlberg-Tunnel zwischen Österreichs Bundesländern Vorarlberg und Tirol wird eröffnet.

1. Jürgen Brandt wird neuer Generalinspekteur der Bundeswehr.

3. Erste Vietnam-Flüchtlinge treffen in Hannover ein. →

7. Ohira wird neuer Ministerpräsident Japans.

8. Bundesverfassungsgericht weist verfassungsrechtliche Bedenken gegen Bau des Kernkraftwerks vom Typ »Schneller Brüter« zurück.

11. Die bisher größte Anti-Schah-Demonstration im Iran: zwei Millionen Menschen.

11. Laut Bericht im Nachrichtenmagazin »Spiegel« hat der Bundesnachrichtendienst zwischen 1966 und 1970 über Privatfirmen Waffen in Spannungsgebiete geliefert.

15. US-Präsident Carter kündigt Aufnahme diplomatischer Beziehungen zu China an. Die Beziehungen zu Taiwan werden abgebrochen.

20. Das Fußballfreundschaftsspiel Bundesrepublik – Holland endet in Düsseldorf 3 : 1.

22. Suche nach Frachter »München«, der zwischen Bremerhaven und Savannah (USA) in Orkan geriet, ergebnislos abgebrochen.

27. Der beim Hamburger Sportverein spielende englische Fußballer Kevin Keegan wird Europas Spieler des Jahres.

27. Iran stellt nach einem Generalstreik den Ölexport völlig ein.

28. Schneekatastrophe in Norddeutschland. →

31. Irans Militärregierung tritt zurück.

GESTORBEN:

4. Albrecht Schoenhals (* 7. 3. 1888), deutscher Schauspieler.

8. Golda Meir (* 3. 3. 1898), frühere israelische Ministerpräsidentin. →

14. Salvador de Madariaga y Rojo (* 23. 7. 1886), spanischer Schriftsteller und Diplomat. →

17. Joseph Frings (* 6. 2. 1887), deutscher katholischer Theologe und Kardinal.

27. Houari Boumedienne (* 16. 8. 1925), Staatspräsident von Algerien. →

»Boat-People« treffen in Niedersachsen ein

3. Dezember. 163 Vietnam-Flüchtlinge treffen in Hannover ein. Es sind die ersten von vielen, die noch folgen. Die Bundesrepublik und andere Länder haben sich bereit erklärt, die Flüchtlinge, die oft eine lange Odyssee auf dem Meer hinter sich haben, aufzunehmen.

Die Vietnamesen in Hannover stammen von dem Schiff »Hai Hong«. Schon vor Wochen hat es mit 2517 Menschen an Bord Kurs auf Indonesien genommen. Die Vietnamesen, oft chinesischer Abstammung, fliehen vor Verfolgung und sozialer Not in ihrem Land. Indonesien verweigert ihnen die Aufnahme, ebenso Malaysia. Die Nachbarstaaten befürchten eine Zunahme des Flüchtlingsstroms, der monatlich schon 10 000 Menschen ins Land bringt. Die Vietnamesen, die auf nicht seetüchtigen Schiffen fliehen, erhalten den Beinamen »Boat-People«.

Flüchtlinge auf der »Hai Hong«.

De Madariaga †

14. Dezember. 92jährig stirbt in Muralto bei Locarno der spanische Schriftsteller und Diplomat Salvador de Madariaga y Rojo. De Madariaga schrieb Romane in spanischer, englischer und französischer Sprache, die teilweise auch ins Deutsche übersetzt wurden: »Das Herz von Jade« (1942), »Krieg im Blut« (1957), »Satanael« (1967). Bekanntgeworden sind seine Biographien über Hernán Cortés und Simón Bolívar.

50 000 Süchtige

Neben dem Alkoholismus als altem Problem muß sich die Gesellschaft in den siebziger Jahren verstärkt mit einem neuen, massenhaft auftretenden Phänomen auseinandersetzen: Drogenabhängigkeit. Die Süchtigen werden immer zahlreicher und vor allem immer jünger. Ende 1978 beleuchtet eine Veröffentlichung des »Stern« eindringlich den Sachverhalt. In der Serie »Christiane F.: Wir Kinder vom Bahnhof Zoo« berichtet eine Minderjährige, wie sie heroinsüchtig wurde.

Vielfach ähneln sich die Wege in die Drogenabhängigkeit. Der Einstieg geschieht über die »weichen« Drogen Marihuana und Haschisch. Über das härtere LSD gelangt man schließlich zum Heroin. Nicht selten endet diese Reise beim »Goldenen Schuß«, der tödlichen Überdosis. Die Statistik zeichnet ein erschreckendes Bild. Die Zahl der Rauschgiftdelikte und Drogentoten nimmt ständig zu.

Schätzungen sprechen mittlerweile von 48 000–50 000 Rauschgiftsüchtigen in der Bundesrepublik. Möglicherweise reicht die Zahl sogar bis in die hunderttausend, da die Dunkelziffer sehr groß ist. Die Behörden versuchen, sich mit Aufklärungskampagnen gegen die wachsende Flut des Drogenkonsums zu stemmen. Im Mai kündigt der nordrhein-westfälische Minister für Arbeit, Gesundheit und Soziales an, daß an den Schulen des Landes Stellen für Drogenbeauftragte geschaffen werden sollen. In der Zwischenzeit steigt der Rauschmittelgenuß weiter.

Die Rehabilitation von Suchtkranken zeitigt nur geringe Erfolge. Die Rückfallquote bleibt nach wie vor hoch. Es gibt noch keine Patentlösung für das Drogenproblem.

Drogentote in der Bundesrepublik

Jahr	1970	1971	1972	1973	1974	1975	1976	1977	1978	1979
Bundesrepublik insgesamt	29	67	104	106	139	194	337	380	430	623

Panzer gegen Schnee

Endstation Schnee. Eine Lok bleibt auf der Strecke Lübeck–Puttgarden stecken.

28. Dezember. Zum Jahreswechsel legen Schneestürme und Schneeverwehungen die nördlichen Bundesländer Niedersachsen und Schleswig-Holstein zum Teil völlig lahm. Es fallen pro Quadratmeter etwa 60 Zentimeter Schnee. Durch Verwehungen werden etwa 150 Orte von ihren Außenverbindungen abgeschnitten, 80 Gemeinden sind ohne Strom. Es ist das erstemal, daß sich in der Bundesrepublik ein Stromausfall von solchem Aus-

maß ereignet. Der örtliche Katastrophenschutz kann die bedrohten Orte und Gehöfte nicht schnell genug erreichen. Panzer der Bundeswehr arbeiten sich zu den im Schnee Eingeschlossenen durch, da Schneefräsen erst aus Bayern beschafft werden müssen. Bergungspanzer werden als Krankentransporter eingesetzt. In Bauernhöfen erfriert das Vieh, Menschen werden mit Unterkühlungen aus eingeschneiten Autos befreit.

Anwar as-Sadat und Menachem Begin (Mitte) sind die Friedensnobelpreisträger. Für Sadat nimmt der Ägypter Sayed Achmed Marei (links) die Urkunde entgegen.

Sadat und Begin erhalten Nobelpreis

10. Dezember. Durch die Nobel-Stiftung in Stockholm werden 1978 folgende Preisträger geehrt: Physik: Pjotr L. Kapiza (UdSSR) sowie Arno A. Penzias und Robert W. Wilson (beide USA); Chemie: Peter Mitchell (Großbritannien); Medizin: Werner Arber (Schweiz) sowie Daniel Nathans und Hamilton W. Smith (beide USA); Literatur: Isaac B. Singer (USA).

Singer wird der Literaturpreis verliehen für seine »leidenschaftliche Erzählkunst, die mit ihren Wurzeln in einer polnisch-jüdischen Kulturtradition universale Bedingungen des Menschseins lebendig werden läßt«, wie es in der Laudatio heißt. Wirtschaft: Herbert A. Simon (USA); Friedensnobelpreis: Ägyptens Präsident Anwar as-Sadat und Israels Ministerpräsident Menachem Begin. Sadat nimmt an der Nobelpreisverleihung nicht teil.

Golda Meir stirbt in Jerusalem

8. Dezember. In Jerusalem stirbt im Alter von 80 Jahren Golda Meir. Sie wurde am 3. Mai 1898 in Kiew (UdSSR) geboren. Ihre Familie wanderte 1906 in die USA aus, wo sie sich der sozialistisch-zionistischen Bewegung anschloß.

1921 übersiedelte Golda Meir nach Palästina. Nach der Mitarbeit im Gewerkschaftsverband Histadrut übernahm sie 1946 die Leitung der politischen Abteilung der Jewish Agency. 1949 wurde sie Abgeordnete der Arbeiterpartei (Mapai) im israelischen Parlament und Arbeits- und Sozialministerin, 1956 Außenministerin. Ihre Wahl zur Ministerpräsidentin, als Nachfolgerin Levi Eschkols, erfolgte 1969.

Innenpolitische Auseinandersetzungen führten nach dem vierten israelisch-arabischen Krieg 1974 zu ihrem Rücktritt.

Staatschef Boumedienne †

27. Dezember. In Algier stirbt Houari Boumedienne. Der algerische Offizier und Politiker wurde am 16. August 1925 in Guelma geboren. Er schloß sich 1954 im Kampf gegen die Franzosen der Nationalen Befreiungsfront an.

1960 wurde er Generalstabschef der Befreiungsarmee und Kommandeur der algerischen Streitkräfte in Tunesien und Marokko. Nach dem Waffenstillstand und dem algerisch-französischen Abkommen unterstützte Boumedienne den Staatspräsidenten Ben Bella gegen die Exilregierung Ben Khedda. Im Kabinett Ben Bella wurde er Verteidigungsminister und 1963 stellvertretender Ministerpräsident. 1965 stellte er sich jedoch an die Spitze eines Revolutionsrates. Nach der Absetzung Ben Bellas wurde Boumedienne Staatschef Algeriens.

1979

JANUAR

Mo	Di	Mi	Do	Fr	Sa	So
1	2	3	4	5	6	7
8	9	10	11	12	13	14
15	16	17	18	19	20	21
22	23	24	25	26	27	28
29	30	31				

1. Das von den Vereinten Nationen proklamierte »Internationale Jahr des Kindes« beginnt. →

1. USA und China nehmen formell diplomatische Beziehungen auf.

4. Schah des Iran ernennt Bachtiar zum Regierungschef.

4. Auf einer Gipfelkonferenz in Guadeloupe treffen sich Bundeskanzler Helmut Schmidt, Präsident Valéry Giscard d'Estaing, Premierminister James Callaghan und US-Präsident Jimmy Carter.

7. Die Hauptstadt Kambodschas, Pnom Penh, wird von den Roten Khmer eingenommen. →

7. Einigung der Tarifparteien nach Stahl-Streik. →

8. 49 Tote bei Explosion eines Öltankers vor Irland.

12. 29 in Gelsenkirchener Fotolabor beschäftigte Frauen klagen vor Gericht um gleichen Lohn für gleiche Arbeit.

17. Erster Smog-Alarm in der Geschichte der Bundesrepublik im Ruhrgebiet und am Niederrhein.

22. Die amerikanische Fernsehserie »Holocaust« läuft im Deutschen Fernsehen an. →

24. In Genf beginnt eine neue Runde der UN-Abrüstungskonferenz, an der nach 16jährigem Boykott auch Frankreich teilnimmt.

25. Richard Donners Film »Superman« läuft in den Kinos an.

26. Zu seinem ersten Auslandsaufenthalt trifft Papst Johannes Paul II. in Mexiko ein.

30. Weiße Rhodesier stimmen mehrheitlich für eine neue Verfassung, die in Kraft tritt, wenn die Übergangsregierung nach allgemeinen Wahlen die Macht abgibt.

31. Italiens Ministerpräsident Giulio Andreotti tritt zurück, nachdem die Kommunisten der christdemokratischen Minderheitsregierung die Unterstützung entziehen.

GESTORBEN:

4. Peter Frankenfeld (* 31. 5. 1913), deutscher Unterhaltungskünstler.

23. Ernst Wolf Mommsen (* 12. 5. 1910), deutscher Industrieller.

26. Nelson A. Rockefeller (* 8. 7. 1908), amerikanischer Politiker.

29. René Deltgen (* 30. 4. 1909), deutscher Schauspieler.

»Holocaust« im TV

22. Januar. Im Januar 1979 zeigen die Dritten Programme des Deutschen Fernsehens in vier Folgen die amerikanische Serie »Holocaust«. Sie schildert am Beispiel einer jüdischen Familie die Verfolgung und Vernichtung der Juden in Deutschland zur Zeit des Nationalsozialismus. Dabei werden Dokumentarszenen mit nachgestelltem Bildmaterial gemischt. Sendungsbeginn ist der 22. Januar; schon drei Tage zuvor werden Bombenanschläge auf zwei Sendemasten in Koblenz und im Münsterland verübt, die schweren Sachschaden anrichten. Nach jeder Sendung können Zuschauer beim Fernsehen anrufen und ihre Meinung äußern. Etwa ein Drittel der bundesdeutschen Fernsehgeräte sind während der vierteiligen Serie eingeschaltet. Die anschließende Expertendiskussion wird von ebenso vielen Zuschauern

Bewegt die Deutschen: Holocaust.

gesehen, wobei die weit überwiegende Mehrheit es begrüßt, daß das Deutsche Fernsehen »Holocaust« ausstrahlt.

Rote Khmer erobern Pnom Penh

7. Januar. Die kambodschanische Hauptstadt Pnom Penh fällt an die vietnamesischen Truppen. Zusammen mit Kambodschanern, die gegen das Regime Pol Pot rebellieren, haben die Vietnamesen am 25. 12. 1978 einen Blitzkrieg gegen Kambodscha eingeleitet. Sie erobern rasch große Teile des Landes. Nach dem Fall der Hauptstadt wird am 10. Januar die »Volksrepublik Kampuchea« proklamiert. Die Rebellen der »Nationalen Einheitsfront« stellen mit Heng Samrin den Revolutionsratsvorsitzenden. Der frühere Regierungschef Pol Pot hat das Land in den ersten Januartagen verlassen, Teile seiner Truppen liefern in den Gebirgsregionen Kambodschas den vietnamesischen Truppen einen anhaltenden Guerillakrieg. Die Regierung Pol Pot hat nach ihrer Machtübernahme 1975 bei grausamen »Umerziehungskampagnen« die Bevölkerung Kambodschas um fast die Hälfte dezimiert: von 8,1 auf 4,3 Millionen. Aufgrund eines Friedens-, Freundschafts- und Beistandsvertrages beläßt Vietnam etwa 100 000 Soldaten in Kambodscha.

Streik in der Stahlindustrie beendet

7. Januar. Mit einem neuen Tarifabschluß geht der Streik der Stahlindustrie zu Ende. Mit einer Dauer von 44 Tagen ist dieser Arbeitskampf einer der längsten der Bundesrepublik. Die seit dem 1. 12. 1978 andauernde Aussperrung wird aufgehoben. Die Mitglieder der IG Metall billigen in einer Urabstimmung das Verhandlungsergebnis und nehmen am 11. Januar die Arbeit wieder auf. In der Stahlindustrie ist dies der erste offizielle Streik seit dem »Ruhreisenstreik« 1928. Die Einigung der Tarifpartner sieht u. a. vor: eine 4prozentige Lohnerhöhung, stufenweise Einführung des sechswöchigen Jahresurlaubs und die Festlegung der 40-Stunden-Woche bis 1983. Das Urabstimmungsergebnis von 49,5 Prozent Ja- und 40,9 Prozent Nein-Stimmen zeigt die Ablehnung durch viele Gewerkschaftsmitglieder. Mit dem Streik sollte die Einführung der 35-Stunden-Woche durchgesetzt werden. Der Abschluß ruft innerhalb der IG Metall Konflikte hervor. Der Streik kostet etwa 150 Millionen DM. 90 000 Stahlarbeiter waren betroffen.

Internationales Jahr des Kindes wird eröffnet

1. Januar. Das Jahr 1979 wird von den Vereinten Nationen zum »Internationalen Jahr des Kindes« proklamiert. Damit soll auf die Verwirklichung der bereits 1959 von der UNESCO verabschiedeten »Rechte des Kindes« gedrungen werden. Ferner gilt es, die Not der Kinder, vor allem in der dritten Welt, zu lindern. Kinder bilden fast die Hälfte der Weltbevölkerung: 1,5 Milliarden. Vier Fünftel dieser Kinder lebt in Entwicklungsländern, 400 Millionen leiden Not und haben keine Chance, diese Not zu überwinden. Die UNO schätzt, daß etwa 50 Millionen Kinder durch Kinderarbeit ausgenutzt werden. Dies alles bedeutet, daß auch im Jahr des Kindes etwa 15 Millionen Kleinkinder verhungern werden. Aber auch in den hochentwickelten und industrialisierten Staaten der Erde leben nicht alle Kinder unbeschwert. In der Bundesrepublik etwa werden jährlich 30 000 Kinder von ihren Eltern körperlich mißhandelt, 600 zu Tode geprügelt.

Bundespräsident Scheel bei der Eröffnungsfeier zum Jahr des Kindes.

Dabei handelt es sich um offizielle Zahlen, die Dunkelziffern liegen wohl noch weit höher. Auf bundesdeutschen Straßen sind allein 1979 fast 67 000 Kinder verunglückt, davon 1245 tödlich. Für ungezählte andere bietet ihre unmittelbare Umgebung keine kindgerechten Entwicklungsmöglichkeiten an. Triste, riesige Wohnblocks in vielen Städten, mangelnde Spielplätze und beengte Wohnungen erzeugen in der hochtechnisierten Bundesrepublik das Wort von der »Kinderfeindlichkeit« der Gesellschaft. In die Pläne für die Alltagswelt dieser Gesellschaft werden Kinder meist nicht mit einbezogen.

1979

FEBRUAR

Mo	Di	Mi	Do	Fr	Sa	So
			1	2	3	4
5	6	7	8	9	10	11
12	13	14	15	16	17	18
19	20	21	22	23	24	25
26	27	28				

1. Der Schiitenführer Ajatollah Khomeini kehrt aus Pariser Exil in den Iran zurück. →

1. Wegen eines Störfalls wird das Kernkraftwerk Isar I bei Ohu zum zweitenmal 1979 abgeschaltet.

8. Oberst Schadli wird zum Staatspräsidenten Algeriens gewählt.

9. Virus-Epidemie in Neapel mit unbekannter Ursache fordert das 60. Todesopfer. Die meisten Toten sind Kinder.

12. Die Oper »Salome« von Richard Strauss in Düsseldorf unter Bohumil Herlischka aufgeführt.

14. Demonstrationen der Stahlarbeiter gegen Massenentlassungen im lothringischen Longwy.

14. Schiitische Moslems erschießen den amerikanischen Botschafter in Afghanistan.

16. Nach Schnellverfahren werden im Iran mehrere Generale, darunter der Chef des Geheimdienstes SAVAK, hingerichtet. →

16. Stuttgarter Landgericht verurteilt Rechtsanwalt Croissant wegen Unterstützung einer kriminellen Vereinigung zu zweieinhalb Jahren Haft. →

17. Chinesische Truppen fallen in Vietnam ein. →

17. Die USA beginnen mit der Evakuierung ihrer Staatsangehörigen aus dem Iran.

18. Bei den Parlamentswahlen in Bangla Desh, den ersten seit dem Putsch 1975, siegt die Nationalpartei von Ziaur Rahman.

20. Filmfestspiele »Berlinale« in Berlin werden mit Rainer Werner Fassbinders Film »Maria Braun« eröffnet.

25. In einem Fußball-EM-Qualifikationsspiel erreicht die Bundesrepublik gegen Malta in La Valetta ein 0 : 0.

26. Ministerpräsident Schahpur Bachtiar flieht aus dem Iran.

GESTORBEN:

1. Luise Albertz (* 22. 6. 1901), deutsche Politikerin, Oberbürgermeister der Stadt Oberhausen.

5. Traugott Bender (* 11. 5. 1927), deutscher Politiker, Ex-Justizminister Baden-Württembergs.

12. Jean Renoir (* 15. 9. 1894), französischer Regisseur und Drehbuchautor.

25. Henrich Focke (* 8. 10. 1890), deutscher Flugzeugkonstrukteur.

Rückkehr Khomeinis

Der Schiitenführer Ajatollah Khomeini im Pariser Exil mit einem Begleiter.

Ein Soldat küßt Schah Resa Pahlawi die Füße, als dieser den Iran verläßt.

1. Februar. Schiitenführer Ajatollah Khomeini kehrt am 1. Februar aus seinem französischen Exil in den Iran zurück. Die Familie des Schahs hat das Land am 16. Januar verlassen und lebt zunächst in Ägypten und Marokko. Dem noch von Schah Resa Pahlawi berufenen Ministerpräsidenten Schahpur Bachtiar verweigert Khomeini jede Zusammenarbeit. Er setzt eine provisorische Regierung unter Ministerpräsident Basargan ein, und Bachtiar tritt am 11. Februar zurück. Das Parlament wird aufgelöst. Die Revolution im Iran verläuft auch weiterhin so blutig, wie sie im Vorjahr begonnen hat. Am 15. Februar beginnen Prozesse »islamischer Volksgerichte« gegen Anhänger des Schahs, die mit unmittelbar folgender Hinrichtung der meist zum Tode Verurteilten enden. Zu den prominentesten Opfern zählen der frühere Ministerpräsident Amir Abbas Howaida sowie zahlreiche Generale und die Leiter der Geheimpolizei des Schahs, SAVAK. In den folgenden Monaten werden Hunderte von Angeklagten hingerichtet, oft aufgrund von Urteilen des Revolutionsrichters Khalkhali. Proteste des Auslandes lehnt Khomeini mit der Begründung ab, man könne die »islamische Gerichtsbarkeit« nicht mit westlichem Justizverständnis messen. Opposition gegen Khomeinis Vorgehen gibt es auch innerhalb des Landes. Linksorientierte iranische Organisationen verbrennen Khomeini-Bilder, Demonstrationen sprechen sich gegen einen Übergang von der Diktatur des Schahs zu einer islamischen Diktatur des Ajatollah Khomeini aus. Im März protestieren Tausende von Frauen gegen die Beschränkung ihrer Rechte durch islamische Gesetze. Zwischen der Regierung Basargan und dem Khomeini direkt unterstehenden Islamischen Revolutionsrat ergeben sich Differenzen über den weiteren Verlauf der Revolution. Ende März entscheidet sich jedoch die Bevölkerung in einer Volksabstimmung über die künftige Staatsform für Khomeinis »Islamische Republik«.

Croissant-Urteil

16. Februar. Der frühere Rechtsanwalt Klaus Croissant wird vom Landgericht in Stuttgart-Stammheim zu zweieinhalb Jahren Haft verurteilt. Er darf vier Jahre lang den Beruf des Rechtsanwaltes nicht ausüben. Das Gericht befindet den 47jährigen für schuldig, eine kriminelle Vereinigung unterstützt zu haben. Croissant habe durch seine Mittlerschaft als Anwalt zur Vorbereitung von Straftaten beigetragen.

Krieg mit China

17. Februar. Nach bereits seit Monaten andauernden Grenzzwischenfällen überschreitet China am 17. Februar die Nordgrenze Vietnams zu einer »Strafaktion«. Die Volksrepublik China hat seit längerer Zeit das kambodschanische Regime Pol Pot unterstützt – als Gegengewicht zum sowjetischen Einfluß in Vietnam. Als Vietnam im Januar 1979 Pol Pot stürzt, werden die Spannungen zu China stärker.

1979

MÄRZ

Mo	Di	Mi	Do	Fr	Sa	So
			1	2	3	4
5	6	7	8	9	10	11
12	13	14	15	16	17	18
19	20	21	22	23	24	25
26	27	28	29	30	31	

1. Das Bundesverfassungsgericht nennt das Mitbestimmungsgesetz verfassungsgemäß. →

5. Iran nimmt nach dreimonatiger Pause den Ölexport wieder auf.

5. Die US-Raumsonde Voyager 1 passiert den Planeten Jupiter. →

8. China zieht seine kämpfenden Truppen aus Vietnam ab.

8. Der deutsche Fußballspieler Gerd Müller wechselt zum US-Club »Fort Lauderdale Strikers«.

9. Das Volkswagenwerk erwirbt die Aktienmehrheit der Firma Triumph/Adler.

10. Hermann Kraft wird in Baden-Baden zu lebenslanger Haft verurteilt, er hat als »Monsieur X« von 1975–1977 mit neun Anschlägen versucht, die Bundesbahn zu erpressen.

12. Österreichs Bundespräsident Rudolf Kirchschläger reist als erstes österreichisches Staatsoberhaupt in die ČSSR.

14. Nürburgring wird für 8,8 Millionen DM modernisiert.

18. Bei Landtagswahlen in Berlin erleidet die regierende SPD/FDP-Koalition leichte Einbußen, in Rheinland-Pfalz gewinnt die SPD gegenüber der regierenden CDU.

20. Schwedens König Carl XVI. Gustav und seine deutsche Frau, Königin Silvia, treffen zu einem Staatsbesuch in Bonn ein.

26. Am Rhein-Main-Donau-Kanal bei Nürnberg bricht ein Damm. In dem Vorort Katzwang werden schwere Schäden angerichtet.

26. In Washington unterzeichnen Israel und Ägypten einen Friedensvertrag.

28. Durch Mißtrauensvotum im Unterhaus mit 311 : 310 Stimmen wird die Labour-Regierung unter Premier Callaghan gestürzt.

28. Bisher schwerster Defekt in US-Kernkraftwerk Harrisburg/Pennsylvania, Evakuierungen. →

30. Der Handballnationalspieler Jo Deckarm verunglückt bei Länderspiel Jugoslawien – Bundesrepublik schwer und muß seine Karriere abbrechen.

30. Volksabstimmung im Iran ergibt Mehrheit für die Staatsform »Islamische Republik«.

GESTORBEN:

16. Jean Monnet (* 9. 1. 1888), französischer Wirtschaftspolitiker.

Unfall in Harrisburg

28. März. Im Kernkraftwerk Three Mile Island bei Harrisburg im US-Bundesstaat Pennsylvania ereignet sich am 28. März der bisher schwerste Störfall in der Geschichte der friedlichen Nutzung der Kernenergie. In der erst drei Monate alten Anlage bricht das Kühlsystem zusammen. Danach schaltet ein Aufseher versehentlich das Ersatzsystem ab, so daß Uranium überhitzt wird und Brennstäbe zerbrechen. Es entsteht die Gefahr einer Explosion, da sich radioaktiver Dampf ansammelt. Im Laufe des nächsten Tages werden Kleinkinder und schwangere Frauen in einem Um-

kreis von 8 Kilometern um das Kraftwerk evakuiert. 1,5 Millionen Liter »leicht verseuchtes« Kühlwasser werden in den Susquehanna-Fluß geleitet. Trotz des Ablassens von radioaktivem Dampf besteht noch tagelang die Gefahr einer Wasserstoffexplosion, da sich eine erst allmählich kleiner werdende Wasserstoffblase gebildet hat. Am 4. April kehren etwa 200 000 Bewohner, die die Gegend vorsorglich verlassen haben, zurück. Der Abbau der Radioaktivität innerhalb des Kraftwerkes sowie die Entfernung der Brennstäbe wird jedoch noch Jahre in Anspruch nehmen.

Das Kernkraftwerk Three Mile Island bei Harrisburg in den USA.

Voyager erreicht Planeten Jupiter

5. März. In einer Entfernung von 278 000 Kilometern passiert die amerikanische Raumsonde Voyager 1 den Planeten Jupiter. Dabei fotografiert die Sonde den Planeten und seine Monde, wobei erstmals die vier großen galileischen Monde, Io, Europa, Ganymed und Kallisto, näher erkundet werden. Die Fotos des Raumflugkörpers werden zur Erde gefunkt und benötigen für die 675 Millionen Kilometer lange Strecke 37 Minuten. Die starken Teleobjektive sorgen dafür, daß Objekte von einer Größe von etwa 5 Kilometern sichtbar werden, während bisher auf Fotos von der Erde aus nur Objekte mit mehr als 3000 Kilometer Ausdehnung wahrgenommen werden konnten.

Mitbestimmung verfassungsgemäß

1. März. In einer Entscheidung nennt das Bundesverfassungsgericht in Karlsruhe das Mitbestimmungsgesetz vom 4. 5. 1976 verfassungsgemäß. Neun Unternehmer und 29 Arbeitgebervereinigungen haben Verfassungsbeschwerde eingelegt. Sie gehen davon aus, daß mit dem Gesetz eine paritätische, z. T. überparitätische Mitbestimmung eingeführt wird, die die Unternehmen in ihren Grundrechten beschränkt. Nach Ansicht des Bundesverfassungsgerichtes ist jedoch die Mitbestimmung der Arbeitnehmer mit den Grundrechten der Gesellschaften, Anteilseigner und Arbeitgeber vereinbar. Das Mitbestimmungsgesetz bestimme Inhalt und Grenzen des Eigentums.

1979
APRIL

Mo	Di	Mi	Do	Fr	Sa	So
						1
2	3	4	5	6	7	8
9	10	11	12	13	14	15
16	17	18	19	20	21	22
23	24	25	26	27	28	29
30						

1. Bundesregierung schafft die Regelanfrage beim Verfassungsschutz für die Einstellung in den öffentlichen Dienst ab.

1. Fußball-EM-Qualifikationsspiel Bundesrepublik gegen Türkei endet in Izmir 0 : 0 vor 80 000 Zuschauern.

2. Israels Ministerpräsident Begin zu Staatsbesuch in Kairo. →

3. Düsseldorfer Firma Beton- und Monierbau meldet Konkurs an.

5. Kambodschanischer Ministerpräsident Pol Pot flieht vor vietnamesischen Truppen ins Ausland.

8. China wird in das Internationale Olympische Komitee aufgenommen.

9. Zwei deutsche und zwei schwedische Journalisten werden von ugandischen Truppen ermordet.

11. Ugandas Staatschef Idi Amin entmachtet. →

14. DDR beschränkt Arbeitsmöglichkeiten westlicher Journalisten. Interviews sind genehmigungspflichtig, Reisen müssen angemeldet werden.

17. Organisation erdölexportierender arabischer Staaten schließt Ägypten aus.

21. Bei Parlamentswahlen in Rhodesien für das erste gemischtrassige Parlament siegt die Partei des Bischofs Abel Muzorewa. →

27. Fünf sowjetische Dissidenten, darunter A. Ginsburg, werden im Austausch für zwei in den USA inhaftierte Spione freigelassen und dürfen ausreisen.

29. Bei den Landtagswahlen in Schleswig-Holstein verteidigt die CDU ihre absolute Mehrheit trotz leichter Stimmenverluste.

29. Krzysztof Pendereckis Oper »Das verlorene Paradies« hat in Stuttgart bundesdeutsche Erstaufführung.

30. Iran bricht, wie zuvor 16 andere arabische Staaten, wegen des Friedensvertrages mit Israel die diplomatischen Beziehungen zu Ägypten ab.

GESTORBEN:

4. Zulfikar Ali-Khan Bhutto (* 5. 1. 1928), pakistanischer Politiker. →

7. Amir Abbas Howaida (* 18. 2. 1919), iranischer Politiker.

15. Harry Meyen (* 31. 8. 1924), deutscher Schauspieler.

Ministerpräsident Menachem Begin besucht Ägypten

2. April. Zum ersten offiziellen Besuch eines israelischen Regierungschefs trifft Menachem Begin, der Führer des Likud-Parteien-Blocks, am 2. April in Ägypten ein. Es ist die Antwort auf den Besuch des ägyptischen Präsidenten Anwar as-Sadat in Israel im Vorjahr. Begin wird von der Bevölkerung Ägyptens begeistert begrüßt. Neben politischen Gesprächen mit Sadat besichtigt Begin die historischen Stätten. Der Besuch trägt zur Distanzierung der übrigen arabischen Staaten von Ägypten bei, die die Annäherung an Israel ablehnen.

Idi Amin in Uganda entmachtet

11. April. Nach monatelangem Konflikt zwischen Uganda und Tansania übernehmen die ugandischen Exilgruppen, die UNLF, zusammen mit tansanischen Truppen im April 1979 die Macht in Uganda. Yusuf Lule wird am 13. April als Präsident vereidigt. Wenige Tage zuvor ist der bisherige Staatschef Ugandas, Idi Amin Dada, nach Libyen geflohen. Damit endet die Macht Idi Amins, die 1971 nach einem Putsch gegen den Staatspräsidenten Milton Obote begonnen hat. Amins Terrorregime fallen in Uganda, nach Angaben der Gefangenenhilfsorganisation »amnesty international«, etwa 300 000 Menschen zum Opfer. Der Widerstand der letzten ugandischen Truppen, die noch zu Idi Amin halten, bricht im Mai nahe der Grenze zum Sudan zusammen.

Präsident Idi Amin.

Zulfikar Bhutto in Pakistan hingerichtet

Zulfikar Ali Bhutto †.

4. April. Am 4. April wird in Pakistan der frühere Ministerpräsident des Landes, Zulfikar Ali-Khan Bhutto, hingerichtet. Das seit 1978 regierende Militärregime unter Ziaul Haq beschuldigt Bhutto »politischer Verfehlungen« während seiner Regierungszeit. In einem Prozeß wird Bhutto zum Tode verurteilt, der Supreme Court verwirft im Februar seinen Revisionsantrag. Am 28. März wird die Todesstrafe rechtskräftig, da Bhutto von der Möglichkeit eines Gnadengesuches keinen Gebrauch macht. Trotz zahlreicher Proteste ausländischer Politiker wird er am 4. April gehängt. Hunderte seiner Anhänger werden verhaftet und die Zeitungen seiner Volkspartei verboten.

Ende der weißen Alleinherrschaft

21. April. Zum erstenmal findet in Rhodesien eine gemischtrassige Parlamentswahl statt. Die neue Verfassung des Landes billigt den Weißen im Parlament künftig 28, den schwarzen Parteien, die die Bevölkerungsmehrheit repräsentieren, 72 Sitze zu. Rhodesien lehnt die Aufforderung ab, Wahlen unter UNO-Aufsicht durchzuführen. Zu den Wahlen im April werden aber internationale Beobachter zugelassen. Unter der Führung von Bischof Abel Muzorewa erringt die UANC mit 67 Prozent der abgegebenen Stimmen einen hohen Sieg innerhalb der schwarzen Bevölkerung.

1979
MAI

Mo	Di	Mi	Do	Fr	Sa	So
	1	2	3	4	5	6
7	8	9	10	11	12	13
14	15	16	17	18	19	20
21	22	23	24	25	26	27
28	29	30	31			

1. Hermann Fredersdorf gründet in Bonn »Bürgerpartei«.

2. Das Fußball-EM-Qualifikationsspiel Wales gegen Bundesrepublik endet in Wrexham vor 26 000 Zuschauern 0 : 2 (Halbzeitstand 0 : 1).

3. Bei Wahlen in Großbritannien siegt die Konservative Partei. Margaret Thatcher wird erster weiblicher Premierminister. →

9. DDR-Regierung hebt den seit November 1976 für den Regimekritiker Robert Havemann bestehenden Hausarrest auf.

10. Der Deutsche Bundestag beschließt Gesetz über 6monatigen Mutterschaftsurlaub. →

13. Der VfL Gummersbach wird in Dortmund mit einem 15 : 11 über Magdeburg Europacupsieger im Hallenhandball.

16. Niedersachsens CDU-Ministerpräsident Ernst Albrecht empfiehlt der Bundesregierung, auf die Atommülldeponie Gorleben zu verzichten. Er hält sie »politisch für nicht durchsetzbar«.

16. In Basel gewinnt FC Barcelona den Europacup der Pokalsieger gegen Fortuna Düsseldorf mit 4 : 3 nach Verlängerung vor 60 000 Zuschauern.

22. Bei Parlamentswahlen in Kanada siegt die Konservative Partei unter Joe Clark.

23. Im Düsseldorfer Rheinstadion wird Borussia Mönchengladbach UEFA-Cup-Sieger über Belgrad mit 1 : 0.

23. Karl Carstens zum Bundespräsidenten gewählt. →

25. In Chicago stürzt eine DC 10 ab. 277 Tote. →

25. Volker Schlöndorffs Film »Die Blechtrommel« nach dem Roman von Günter Grass erhält bei Filmfestspielen in Cannes die »Goldene Palme«.

30. Den Europapokal der Landesmeister gewinnt Nottingham Forest (England) mit 1 : 0 über Malmö (Schweden) im Olympiastadion in München.

31. Richard Stücklen (CSU) wird Bundestagspräsident.

GESTORBEN:

11. Felix von Eckardt (* 18. 6. 1903), deutscher Journalist und Politiker.

29. Mary Pickford (* 9. 4. 1894), amerikanische Schauspielerin.

Frau Thatcher Premier

3. Mai. Bei der Wahl entscheiden sich 43,9 Prozent der britischen Wähler für die Konservative Partei. Deren Vorsitzende Margaret Thatcher wird damit erster weiblicher Premierminister in der Geschichte Großbritanniens. Die Neuwahlen werden notwendig, als der Labour-Regierung unter James Callaghan im März vom Unterhaus mit 311 : 310 Stimmen das Mißtrauen ausgesprochen wird. Die Labour Party erhält bei der Wahl 36,9 Prozent der Stimmen, die Liberalen 13,8 Prozent. Margaret Thatcher stellt am 5. Mai ihr Kabinett vor, zu dem als Außenminister Lord Carrington und als Schatzkanzler Sir Geoffrey Howe gehören. In der Thronrede, die Königin Elizabeth II. am 15. Mai hält, werden als Prioritäten des Regierungsprogramms u. a. genannt: Kampf gegen

Premier Margaret Thatcher.

die Inflation, Reform der Gewerkschaften und Reduzierung der Zahl der staatlichen Unternehmen.

Carstens Präsident

Bundespräsident Karl Carstens.

23. Mai. Zum fünften Bundespräsidenten der Bundesrepublik Deutschland wird am 23. Mai Karl Carstens gewählt. Der CDU-Politiker wird von den beiden Unionsfraktionen nominiert. FDP und SPD versuchen, den bisherigen Bundespräsidenten Walter Scheel zu einer weiteren Kandidatur zu bewegen. Als dieser verzichtet, wird die Bundestagsvizepräsidentin Annemarie Renger (SPD) nominiert, die in der Wahl durch die Bundesversammlung erwartungsgemäß unterliegt. Carstens erhält 528 von 1031 gültigen Stimmen, Annemarie Renger 431 Stimmen bei 72 Enthaltungen. Die FDP-Fraktion enthält sich geschlossen der Stimme.

Mutterschutz

10. Mai. Der Bundestag verabschiedet ein Gesetz, das einen besseren Schutz der berufstätigen Mutter und ihres Kindes vorsieht. Das zum 1. Juli 1979 in Kraft tretende Gesetz sieht einen Mutterschaftsurlaub unter Weiterzahlung des Mutterschaftsgeldes bis zu sechs Monaten nach der Entbindung vor. So lange wird die Mutter von der Beschäftigung freigestellt und erhält bis zu 750 DM netto monatlich.

DC 10 stürzt ab

25. Mai. Das bisher schwerste Unglück in der amerikanischen zivilen Luftfahrt ereignet sich in Chicago. Kurz nach dem Start in Richtung Los Angeles stürzt ein Großraumflugzeug vom Typ DC 10 der American Airlines ab. Alle 277 Insassen kommen ums Leben. Bei den Untersuchungen stellen die Experten fest, daß sich durch das Aufbrechen eines Bolzens ein Flügeltriebwerk der Maschine gelöst hat.

JUNI

Mo	Di	Mi	Do	Fr	Sa	So
				1	2	3
4	5	6	7	8	9	10
11	12	13	14	15	16	17
18	19	20	21	22	23	24
25	26	27	28	29	30	

2. Papst Johannes Paul II. trifft in Polen ein. →

3. Nach Explosion der Bohrinsel Ixtoc 1 im Golf von Mexico dehnt sich ein Ölteppich bis Texas aus.

4. Südafrikas Staatspräsident Vorster tritt vom Amt zurück.

5. Bundeskanzler Schmidt in den USA.

6. Startverbot für DC-10-Maschinen in den USA (→ Mai).

7. Portugals Ministerpräsident Pinto tritt zurück.

9. Der 1975 bei Lorenz-Entführung freigepreßte Terrorist Rolf Heissler in Frankfurt festgenommen.

9. Ausschreitungen bei HSV-Meisterschaftsfeier. HSV ist Deutscher Fußballmeister.

10. Europa-Wahl in der Bundesrepublik. →

13. 18. Evangelischer Kirchentag in Nürnberg unter dem Motto »Zur Hoffnung berufen« eröffnet.

15. US-Präsident Carter und der Staats- und Parteichef Breschnew unterzeichnen SALT-II-Vertrag in Wien. →

23. Astrid Pröll, wegen Terrorismus gesucht, nach Deutschland ausgeliefert.

23. Deutscher Pokalsieger wird in Hannover Fortuna Düsseldorf mit einem 1 : 0 über Hertha BSC.

25. Bundeskanzler Schmidt zu Weltwirtschaftsgipfel in Tokio.

25. Attentat auf den NATO-Oberbefehlshaber General Haig in Belgien bleibt erfolglos.

28. OPEC erhöht Erdölpreis um 24 Prozent.

29. Neuer NATO-Oberbefehlshaber wird Bernard Rogers nach dem Rücktritt von General Haig.

GESTORBEN:

1. Werner Forßmann (* 29. 8. 1904), deutscher Chirurg, Nobelpreisträger.

3. Arno Schmidt (* 18. 1. 1914), deutscher Schriftsteller.

5. Heinz Erhardt (* 20. 2. 1909), deutscher Schauspieler und Humorist.

8. Reinhard Gehlen (* 3. 4. 1902), deutscher General und früherer Präsident des Bundesnachrichtendienstes.

11. John Wayne (* 26. 5. 1907), amerikanischer Schauspieler.

Wahl zum Europa-Parlament

Plakat zu den Europawahlen.

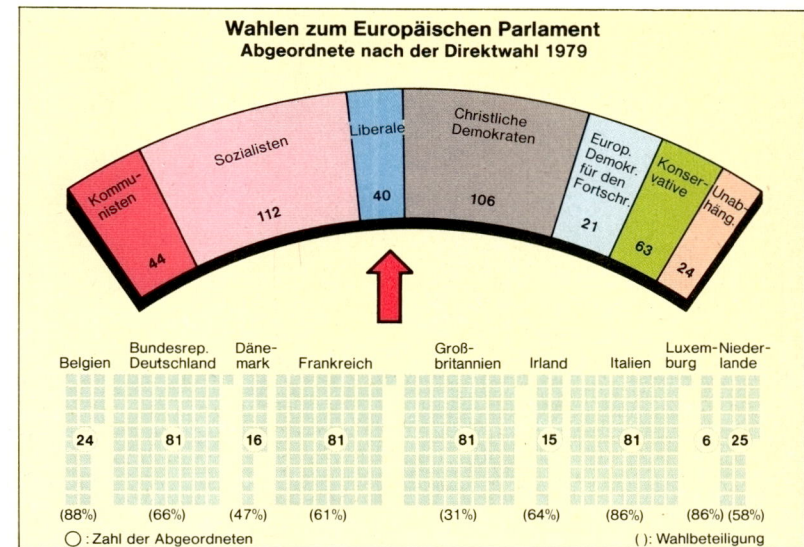

Die Ergebnisse der Direktwahlen zum Europäischen Parlament.

10. Juni. In der Bundesrepublik findet die erste Direktwahl zum Europäischen Parlament statt, nachdem die anderen beteiligten Länder schon vom 7. Juni an gewählt haben. Die Wahlbeteiligung ist geringer als bei anderen Wahlen. Die höchste Wahlbeteiligung erreicht Italien mit 85 Prozent, die niedrigste Großbritannien mit 32 Prozent, in der Bundesrepublik beträgt sie 65 Prozent. Das Europaparlament umfaßt 410 Sitze. Die Sozialisten und Sozialdemokraten werden mit 112 Sitzen stärkste Fraktion, gefolgt von den Christdemokraten mit 106 Sitzen und den Konservativen mit 63 Sitzen. Die Kommunisten erhalten 44 Sitze, die Liberalen 40. Als Präsidentin des Parlaments wird die frühere französische Gesundheitsministerin Simone Veil gewählt. Die Befugnisse des Europaparlaments in der EG und der Einzelstaaten sind gering. Sie umfassen die Mitsprache in Haushaltsfragen, in diesem Rahmen Einfluß auf die EG-Politik und Zusammenarbeit mit dem Europarat bei wichtigen Entscheidungen.

SALT II unterzeichnet

15. Juni. In Wien unterzeichnen der Präsident der USA, Jimmy Carter, und der Generalsekretär der KPdSU, Leonid Breschnew, das SALT-II-Abkommen über die Begrenzung strategischer Waffen. Es ist zugleich die erste persönliche Begegnung der beiden Politiker. Ziel der USA ist es, mit diesem Abkommen ein sowjetisches Übergewicht an strategischen Waffensystemen zu verhindern. Der Vertrag ist in 7jährigen Verhandlungen ausgearbeitet worden. Beide Staaten drücken die Hoffnung auf eine Fortsetzung der Entspannungspolitik aus. Schwierigkeiten entstehen jedoch schon bei der Ratifizierung des Abkommens. Amerikanische Kritiker sprechen von unzureichender Begrenzung der Backfire-Bomber und der SS-18-Raketen. Sie kritisieren die Limitierung der Marschflugkörper Cruise Missiles.

Papst besucht Polen

2. Juni. Ungeheurer Jubel empfängt Papst Johannes Paul II., als er vom 2. bis zum 10. Juni seine polnische Heimat besucht. Hunderttausende versammeln sich an allen Orten, zu denen der Papst reist. Begrüßt wird er bei seiner Ankunft von Parteichef Edward Gierek und der gesamten politischen Führung, die auch zu seinem Abschied wieder erscheint. Der Besuch des Papstes dient, so die Parteiführung, »dem Frieden und der Einheit der Nation«. Johannes Paul II. besucht auf seiner Reise seine Heimatstadt Krakau, das ehemalige Vernichtungslager Auschwitz und den Wallfahrtsort Tschenstochau.

Flugapparat überquert Kanal

Der Amerikaner Bryan Allen überquert in einem nur durch Muskelkraft angetriebenen Flugapparat mit Namen »Albatros« den Ärmelkanal und gewinnt 400 000 DM.

Bryan Allen in seinem »Albatros«.

1979

JULI

Mo	Di	Mi	Do	Fr	Sa	So
						1
2	3	4	5	6	7	8
9	10	11	12	13	14	15
16	17	18	19	20	21	22
23	24	25	26	27	28	29
30	31					

2. Unionsparteien nominieren CSU-Vorsitzenden Franz Josef Strauß zum gemeinsamen Kanzlerkandidaten für die Wahl 1980.

3. Der Deutsche Bundestag schafft die bisherige Verjährungsfrist für Mord ab. →

5. Saarländischer Landtag wählt Werner Zeyer (CDU) zum Nachfolger des zurückgetretenen Franz-Josef Röder (CDU).

6. Bei den Internationalen Tennismeisterschaften in Wimbledon gewinnt der Schwede Björn Borg zum viertenmal hintereinander im Herreneinzel. →

7. In Wien treffen der SPD-Vorsitzende Brandt, Österreichs Bundeskanzler Kreisky und der PLO-Chef Arafat zu Gesprächen über Nahost-Fragen zusammen.

8. Bundeskanzler Schmidt bei Papst Johannes Paul II.

11. US-Raumlabor Skylab stürzt vor Australien ins Meer. →

11. Oberlandesgericht Stuttgart verurteilt Rechtsanwalt Siegfried Haag zu 14 Jahren Haft wegen Rädelsführerschaft in krimineller Vereinigung.

12. Südtiroler Reinhold Messner besteigt ohne Sauerstoffgerät den als schwierigsten Gipfel der Welt bezeichneten K2 im Himalaja.

15. Indiens Ministerpräsident Morarji Desai tritt zurück. Sein Nachfolger wird Charan Singh.

17. Somoza, Nicaraguas Staatspräsident, geht in die USA ins Exil. →

20. Internationale Konferenz über Indochina-Flüchtlinge beginnt in Genf.

22. Der Franzose Bernard Hinault gewinnt die Tour de France.

24. Goldbach-Tankstellen-Konzern meldet Konkurs an. →

25. Israel gibt, wie im Friedensvertrag vereinbart, 6000 Quadratkilometer der Halbinsel Sinai an Ägypten zurück.

25. Maria de Lourdes Pintassilgo stellt in Portugal das neue Kabinett vor.

25. US-Präsident Carter bildet mit sechs neuen Ministern die Regierung um.

GESTORBEN:

29. Herbert Marcuse (* 19. 7. 1898), deutschamerikanischer Philosoph. →

Somoza entmachtet

Anastasio Somoza wird gestürzt und muß Nicaragua verlassen.

Ein grausamer Bürgerkrieg geht mit dem Sturz Somozas zu Ende.

17. Juli. Nach einem anderthalb Jahre dauernden Bürgerkrieg zwischen Somozas Nationalgarde und der Sandinistischen Befreiungsfront verläßt Anastasio Debayle Somoza das Land und geht in den US-Staat Miami ins Exil. Etwa 20 000 Tote hat der Bürgerkrieg gefordert, rund ein Viertel der Einwohner Nicaraguas sind obdachlos, arbeitslos und leiden Hunger. Der Familie Somoza gehört in dem mittelamerikanischen Land etwa 25 Prozent der landwirtschaftlichen Nutzfläche, samt Tabak-, Zucker-, Reis- und Kaffeeplantagen sowie zahlreiche Fabriken. Die provisorische Regierung Nicaraguas, eine Junta aus Vertretern mehrerer Gruppen, die gegen Somoza gekämpft haben, verstaatlicht den Besitz der Familie. Fachleute schätzen die Kriegsschäden auf 800 Millionen Dollar. Bereits 1978 hat die Menschenrechtspolitik der Carter-Regierung in den USA dafür gesorgt, daß der Internationale Währungsfonds dem Regime Somoza keine Kredite mehr gab. Insgesamt beträgt Nicaraguas Auslandsschuld nun 1,8 Milliarden Dollar. Dennoch feiert zunächst der größte Teil der Bevölkerung den Sieg über Somoza und seine gefürchtete Nationalgarde, die für willkürliche Folterungen und Festnahmen bekannt ist. Als im Januar 1978 der oppositionelle Verleger und Politiker Chamorro ermordet wird, nimmt der eigentliche Bürgerkrieg gegen Somoza seinen Anfang. Die nun siegreiche Junta setzt sich aus Anhängern verschiedener politischer Parteien, sozialistischer und kommunistischer ebenso wie bürgerlicher, zusammen.

Skylab stürzt ab

11. Juli. Das amerikanische Raumlabor Skylab stürzt am 11. Juli vor der australischen Küste ins Meer. Die Trümmer des Labors richten dabei keinen Schaden an. Bereits seit Monaten beobachten Stationen rund um den Erdball Skylab auf Radarschirmen, da befürchtet wird, die Station könne beim Absturz schwere Schäden anrichten. Das Raumlabor, in dem amerikanische Astronauten sich während ihrer Raumflüge aufgehalten haben, wiegt 77 Tonnen. Der Stahlzylinder ist 36 Meter lang, hinzu kommen die Sonnenpaddel.

Mit jeder Erdumlaufbahn nähert sich das Raumlabor um etwa 90 Meter mehr der Erde, ohne daß Experten bis zum Schluß voraussagen können, wo es genau aufprallen wird. Die Weltraumbehörde der USA stellt Berechnungen auf, nach denen die Gefahr, von Skylab getroffen zu werden, um 3000mal geringer ist, als vom Blitz erschlagen zu werden. Dennoch berichtet in den letzten Tagen vor dem Absturz jede Nachrichtensendung über die weitere Flugbahn, bis das Raumlabor, ohne die geringste Gefahr auszulösen, ins Meer stürzt.

Herbert Marcuse stirbt 81jährig

29. Juli. Im Alter von 81 Jahren stirbt in Starnberg der Philosoph Herbert Marcuse. Er wurde 1898 in Berlin geboren und arbeitete am Institut für Sozialforschung in Frankfurt, bis er 1933 in die USA emigrieren mußte. Dort ging er zum von Max Horkheimer geleiteten Institute of Social Research. Von 1965 an war er Professor an der Universität von Kalifornien in San Diego. Von Hegel, Freud und Marx beeinflußt, zählt Marcuse zu den wichtigsten Vertretern der Kritischen Theorie. Seine Arbeiten zur Gesellschaft im Spätkapitalismus liefern eine theoretische Basis für die Studentenbewegung der 60er Jahre. Hauptwerke: Triebstruktur und Gesellschaft, 1956; Der eindimensionale Mensch, 1964; Kritik der reinen Toleranz, 1966.

Herbert Marcuse †.

Tankstellenkette Goldin schließt

24. Juli. Wegen Steuerschulden in Höhe von etwa 340 Millionen DM darf die konzernfreie Mineralölgesellschaft Goldbach in Wanne-Eikkel kein Benzin mehr ausliefern. Die etwa 250 der Gesellschaft gehörenden Goldin-Tankstellen müssen schließen. Langjährige Fehlplanungen haben die größte freie Tankstellenkette der Bundesrepublik in Schwierigkeiten gebracht. Liquiditätslücken versuchte Goldbach schon mehrere Jahre dadurch zu stopfen, daß er den Steueranteil verspätet an den Fiskus abgibt.

Björn Borgs vierter Triumph in Wimbledon

Jubel über den Sieg: Björn Borg.

6. Juli. Bei den Tennismeisterschaften in Wimbledon gewinnt der Schwede Björn Borg zum viertenmal hintereinander das Herreneinzel. Er schlägt den Amerikaner Rosco Tanner 6 : 7, 6 : 1, 3 : 6, 6 : 3, 6 : 4. Im Dameneinzel unterliegt Chris Evert-Lloyd gegen Martina Navratilova 4 : 6, 4 : 6.

Bundestag schafft Verjährung für Mord ab

3. Juli. Am 3. Juli entscheidet sich der Deutsche Bundestag mehrheitlich für die Abschaffung der Verjährung für Mord. Die bisherige Verjährungsfrist für Mord beträgt 30 Jahre. Nach Ablauf dieser Frist kann Mord nicht mehr verfolgt werden. Im Jahre 1979 bedeutet dies, daß Gewaltverbrechen aus der Zeit des Nationalsozialismus zu verjähren drohen, nämlich zum 31. Dezember 1979. Es ist ferner absehbar, daß eine restlose Erfassung dieser Gewaltverbrechen bis Ende des Jahres nicht möglich ist. Daher beantragen bereits Anfang des Jahres etwa 200 Bundestagsabgeordnete eine Aufhebung der Verjährungsfrist für Mord. Die sich ergebenden Bundestagsdebatten zu diesem Thema werden äußerst kontrovers geführt, die unterschiedlichen Meinungen gehen durch alle Parteien. Nach der Bundestagsentscheidung vom 3. Juli stimmt der Bundesrat am 6. Juli zu, so daß die Strafrechtsänderung bereits am 16. Juli in Kraft treten kann.

1979
AUGUST

Mo	Di	Mi	Do	Fr	Sa	So
		1	2	3	4	5
6	7	8	9	10	11	12
13	14	15	16	17	18	19
20	21	22	23	24	25	26
27	28	29	30	31		

4. Christdemokrat Cossiga bildet neue italienische Regierung.

5. Unruhen in Afghanistan gegen Präsident Taraki.

6. Mauretanien schließt Friedensvertrag mit Befreiungsfront der West-Sahara und verzichtet dabei auf den ihm 1976 zugesprochenen West-Sahara-Teil.

6. Ein Erdbeben in San Francisco richtet einigen Schaden an.

8. Irak richtet 21 Politiker wegen Verschwörung gegen die Regierung hin.

12. Neues Pressegesetz im Iran schränkt Pressefreiheit ein.

12. Fast 20 000 Tote bei Dammbruch in der Provinz Gujarat (Indien).

13. Das deutsche Hilfsschiff »Cap Anamur« kommt zur Rettung von Flüchtlingen in Vietnam an.

14. Seenot bei »Admiral's Cup«-Regatta. →

16. Nicaraguas neue Regierung stellt Wiederaufbaufonds für durch Bürgerkrieg zerrüttete Wirtschaft.

16. Bundesrepublik und Angola nehmen diplomatische Beziehungen auf.

20. Indiens Ministerpräsident Charan Singh tritt zurück und ordnet Neuwahlen an.

24. In Umgebung von Lengerich im Münsterland wird Verseuchung durch giftiges Thallium festgestellt. →

28. Bundesregierung bewilligt bis 1980 300 Millionen DM für Vietnam-Flüchtlinge.

28. Der Star des Bolschoi-Balletts, Alexander Godunow, bittet nach Auftritt in New York um politisches Asyl.

GESTORBEN:

2. Hermann Schmitt-Vockenhausen (* 31. 1. 1923), deutscher Politiker.

7. Adolph Kummernuss (* 23. 6. 1895), deutscher Gewerkschaftsführer.

24. Hanna Reitsch (* 29. 3. 1912), deutsche Fliegerin.

27. Louis Earl Mountbatten (* 25. 6. 1900), Erster Earl of Burma, britischer Großadmiral und früherer Vizekönig von Indien (Opfer eines Attentats). →

29. Jean Seberg (* 13. 11. 1938), amerikanische Schauspielerin.

17 Tote bei Regatta

14. August. Der »Admiral's Cup« gilt als inoffizielle Weltmeisterschaft der Hochseesegler. Noch in keinem der seit 1925 alle zwei Jahre gestarteten Rennen registrieren die Veranstalter, der britische Royal Ocean Racing Club, den Verlust eines Schiffes oder den Tod eines Teilnehmers. Im August 1979 jedoch geraten in der Irischen See bei bis zu zwölf Windstärken auch die erfahrensten Segler in Seenot. Etwa 300 Boote sind von der englischen Südküste aus in Richtung Wendemarke Fastnet Rock gestartet. An Bord befinden sich insgesamt 2000 Segler. Unter den Booten aus den verschiedenen Kategorien sind 54 Boote des Admiral's Cups, die übrigen kämpfen um verschiedene Pokale. Auch drei deutsche Boote sind dabei. Es kommt zur größten Katastrophe in der Geschichte des Segelsports, als alle Boote gleichzeitig in Seenot geraten, 23 von ihnen aufgegeben werden und 17 Teilnehmer ertrinken. Der frühere britische Premierminister Edward Heath kann mit seiner Jacht »Morning Cloud« noch rechtzeitig geborgen werden. Die Jachten sind z. T. schlecht ausgerüstet, was Funkstationen und Sender betrifft. Manche Teilnehmer sind auch so unerfahren in Seenot-Situationen, daß sie nicht wissen, über welchen Kanal sie Hilfe rufen können. Die Organisatoren werden kritisiert.

Stürme bringen die Teilnehmer der Hochsee-Regatta »Admiral's Cup« in Seenot.

Giftiges Thallium auf den Feldern

24. August. Die Dyckerhoff AG räumt im August 1979 ein, daß ihr Zementwerk bei Lengerich nördlich von Münster hochgiftigen Staub aus dem Schornstein entweichen läßt. Seit Jahren verwendet die Firma Schwefelkies (Pyrit), in dem das Schwermetall Thallium enthalten ist. Da die Filteranlagen des Werkes das Gift nur ungenügend absaugen, rieselt Thallium in gefährlich hoher Konzentration auf die Felder und Gärten der Umgebung. Dies ist die Erklärung für seit Jahren regelmäßig auftretende Erscheinungen: Laub fällt vorzeitig von den Bäumen, Gemüse vergilbt und Tiere verenden.

Attentat auf Lord Mountbatten

27. August. Lord Mountbatten kommt im Alter von 79 Jahren in seinem irischen Feriendomizil bei einem Attentat der IRA ums Leben. Louis Earl Mountbatten war ein Urenkel Queen Victorias und Onkel des Prinzen Philip. Sein Vater, der Prinz von Battenberg, änderte wegen antideutscher Gefühle in Großbritannien den Familiennamen in Mountbatten um. Als Oberbefehlshaber der alliierten Truppen in Südostasien eroberte Lord Mountbatten Burma zurück. 1947 erklärte sich Louis Mountbatten bereit, als Vizekönig von Indien die 190jährige Kolonialherrschaft Englands zu beenden.

1. US-Außenministerium warnt Moskau wegen Stationierung von Einheiten auf Kuba.

3. In Havanna beginnt Gipfeltreffen der blockfreien Staaten. Es endet mit Verurteilung des ägyptisch-israelischen Friedensvertrages und mit Kritik an allen Formen der »Beherrschung durch Hegemonie«.

3. Iranische Armee besetzt Zentrum der kurdischen Rebellen in Malahabad.

4. Als erster bundesdeutscher Regierungschef besucht Helmut Schmidt Ungarn.

6. Giftskandal auf dem Gelände der Hamburger Firma Stoltzenberg. →

12. Bei Fußballfreundschaftsspiel besiegt die Bundesrepublik Argentinien in Berlin vor 55 000 Zuschauern mit 2 : 1 (Halbzeit 0 : 0).

16. Zwei DDR-Familien fliehen mit selbstgebasteltem Ballon. →

16. Neuer afghanischer Staatschef wird Hafizullah Amin.

16. Bei schwedischen Reichstagswahlen erringen bürgerliche Parteien knappe Mehrheit.

21. Der Kaiser des Zentralafrikanischen Kaiserreichs, Bokassa I., wird gestürzt. Nachfolger David Dacko ruft wieder die Republik aus. →

24. Die Deutsche Mark wird um 2 Prozent aufgewertet.

24. Sowjetisches Eiskunstlauf-Paar Protopopow/Beloussowa bittet in der Schweiz um politisches Asyl.

29. Papst Johannes Paul II. ist zu Besuch in Irland.

30. Österreichs Formel-1-Fahrer Niki Lauda gibt Rücktritt vom aktiven Sport bekannt.

30. Bei nordrhein-westfälischen Kommunalwahlen sichert die SPD ihre Mehrheit. Grüne gewinnen nur in Schwerpunkten nennenswerte Stimmenzahlen.

GESTORBEN:

16. Heinrich Tenhumberg (* 4. 6. 1915), Bischof von Münster.

20. Ludvík Svoboda (* 25. 11. 1895), tschechischer Politiker.

29. Hellmut von Cube (* 31. 12. 1907), deutscher Schriftsteller.

Hamburg: Giftskandal

Auf dem Gelände der Hamburger Firma Stoltzenberg werden Giftstoffe gefunden.

6. September. Der achtjährige Oliver Ludwig stirbt, als er mit Chemikalien hantiert, die er sich auf dem Gelände der Hamburger Firma Hugo Stoltzenberg geholt hat. Erst durch den Tod dieses Kindes wird die Nachlässigkeit verschiedener Behörden, wie auch der Firma selber, im Umgang mit Giftmüll deutlich. Die Firma Stoltzenberg stellt seit Jahrzehnten chemische Gifte wie Tränengas, Phosphor und verschiedene Kampfstoffe her. Seit der Firmeninhaber 1974 verstorben ist, wird der Betrieb von Martin Leuschner weitergeführt. Auf dem Stoltzenberg-Gelände in der Nähe des Volksparkstadions üben Einheiten des Katastrophenschutzes Chemiealarm, probieren Bühnenausstatter Theaternebel aus. In den letzten Jahren wird vor allem Chemiemüll dort gelagert und angeblich unschädlich gemacht. Die Gefährlichkeit dieses Platzes wird von den zuständigen Behörden niemals untersucht. Bergungskolonnen in Schutzanzügen finden Zyankali, ferner Tabun-Granaten und dreißig Liter anderes Kampfgas. Die Wohnungen der Umgebung werden für die Zeit der Bergung geräumt, das Volksparkstadion gesperrt. Der Skandal um die stillgelegte Chemie- und Sprengstofffabrik führt am 26. September zum Rücktritt des Hamburger Justizsenators Frank Dahrendorf.

DDR-Flucht im Ballon

16. September. Eine ungewöhnliche Flucht aus der DDR gelingt den Familien Strelzyk und Wetzel nach Bayern. In einem selbstgebastelten Heißluftballon starten die DDR-Bürger in der Nähe der Grenze zur Bundesrepublik und treiben bei stetigem Nordwind nachts in einer halben Stunde etwa 40 Kilometer weit in fast 2500 Metern Höhe. Der Ballon wird von DDR-Grenzern nicht entdeckt. Die acht Personen – zwei Männer, zwei Frauen und vier Kinder – stammen aus Thüringen. Aus Nylonbahnen und Regenmantelstoff haben sie die Ballonhülle selbst zusammengestückelt.

Nach der geglückten Flucht.

Mo	Di	Mi	Do	Fr	Sa	So
1	2	3	4	5	6	7
8	9	10	11	12	13	14
15	16	17	18	19	20	21
22	23	24	25	26	27	28
29	30	31				

1. Papst Johannes Paul II. in den USA.

1. Die USA übergeben ersten Abschnitt der Panamakanalzone an Panama, das die Zone bis zum Jahr 2000 ganz übernehmen wird.

3. Dem ČSSR-Schriftsteller Pavel Kohut wird nach Aufenthalt in Österreich die Wiedereinreise verweigert.

7. Bei den Wahlen zur Bremer Bürgerschaft behauptet die SPD die absolute Mehrheit. Die »Grünen« gewinnen vier Mandate. →

11. Die DDR läßt Regimekritiker Bahro und Wehrdienstverweigerer Hübner frei. →

12. Islands Regierung unter Johannessons tritt zurück und beraumt Neuwahlen an.

14. Etwa 100 000 Menschen demonstrieren in Bonn gegen die Kernenergie. Die bisher größte Kundgebung zu diesem Thema verläuft friedlich.

15. Der Partei- und Regierungschef Chinas, Hua Kuo-feng, beginnt Europareise in Frankreich, die ihn am 21. Oktober in die Bundesrepublik führt.

15. In El Salvador wird der Staatspräsident Romero vom Militär gestürzt. Eine Junta, der auch Zivilisten angehören, übernimmt die Macht.

17. Europameisterschafts-Qualifikationsspiel Bundesrepublik gegen Wales in Köln vor 60 000 Zuschauern 5 : 1, zur Halbzeit stand es 3 : 0.

18. Khomeini ordnet im Iran einen Hinrichtungsstopp an. Seit Februar sind nach offiziellen Angaben 652 Menschen hingerichtet worden.

21. Israels Außenminister Dayan tritt aus Protest gegen starre Haltung der Regierung Begin in Palästinenserfrage zurück.

21. Bei eidgenössischen Wahlen in der Schweiz sinkt Wahlbeteiligung unter 50 Prozent.

22. Hoher Silberpreis stoppt Verkauf der Otto-Hahn-Münze.

GESTORBEN:

19. Richard Friedenthal (* 9. 6. 1896), deutscher Schriftsteller.

26. Park Chung Hee (* 30. 9. 1917), Staatspräsident Südkoreas (Opfer eines Attentats).

DDR läßt Rudolf Bahro und Niko Hübner frei

11. Oktober. Die DDR läßt zum 30. Jahrestag ihres Bestehens zahlreiche Gefangene frei und gewährt auch politische Amnestie. Zwei auch in der Bundesrepublik prominente Häftlinge dürfen ausreisen: Rudolf Bahro und Niko Hübner. Bahro ist ein ehemaliger hoher Wirtschaftsfunktionär der SED, der das Regime zunehmend kritisiert hat. Er wird 1978 zu acht Jahren Haft verurteilt. Niko Hübner war in der DDR inhaftiert, da er den Wehrdienst verweigerte.

Erstmals Grüne im Bremer Senat

7. Oktober. Bei der Bürgerschaftswahl in Bremen gelingt es erstmals einer grünen Partei, in ein Landesparlament einzuziehen. Bisher haben grüne oder bunte Listen die 5-Prozent-Hürde nur bei Kommunalwahlen überwunden. In Bremen aber erhalten sie 5,14 Prozent der Wählerstimmen und damit vier Abgeordnete im neuen Parlament, obwohl außerdem noch eine Alternative Liste zur Wahl antritt, die 1,36 Prozent der Stimmen erringt. Kennzeichen dieser Wahl ist, daß die Grünen meist nicht mehr auf bestimmte Stadtteile begrenzt sind.

Präsident Park erschossen

26. Oktober. Im Alter von 62 Jahren stirbt Park Chung Hee. Seit 18 Jahren regierte er Südkorea als Staatspräsident. Sein autoritäres Regime findet im Oktober 1979 ein jähes Ende, als Park von seinem Geheimdienstchef Kim Jae Kyu erschossen wird. In den vergangenen Wochen hat Südkorea mehrfach Studentenunruhen erlebt. Die regierungsfeindlichen Demonstrationen führen zur vorübergehenden Verhängung des Kriegsrechtes. Als Präsident Park den Chef des Geheimdienstes wegen mangelnden Durchgreifens kritisiert, tötet dieser den Präsidenten durch mehrere Pistolenschüsse.

1979
NOVEMBER

Mo	Di	Mi	Do	Fr	Sa	So
			1	2	3	4
5	6	7	8	9	10	11
12	13	14	15	16	17	18
19	20	21	22	23	24	25
26	27	28	29	30		

1. Frankreichs »Staatsfeind Nr. 1«, Jacques Mesrine, nach 18monatiger Flucht von Polizei erschossen. Mord, Raub und Geiselnahme werden ihm vorgeworfen.

4. US-Botschaft in Teheran wird gestürmt und besetzt. →

6. Irans Ministerpräsident Basargan tritt zurück. →

7. Neues Thronfolgegesetz vom schwedischen Reichstag gebilligt, nach dem das erstgeborene Kind, unabhängig ob Junge oder Mädchen, Anspruch auf den Thron hat.

7. NDR-Verhandlungen in Hamburg scheitern. Niedersachsen und Schleswig-Holstein wollen eigenen Rundfunk betreiben.

11. Amerikanische Autoindustrie entläßt 40 000 Arbeitnehmer wegen schlechter Auftragslage.

12. USA beschließen, wegen Geiselnahme kein iranisches Öl mehr zu kaufen.

13. 15 000 Lehrer streiken für kürzere Arbeitszeit in Niedersachsen, Hessen und Hamburg.

14. 27jähriger Gladbecker stirbt an Kopfverletzungen, die von Zuschauerschlägerei nach Fußballspiel Schalke gegen Düsseldorf stammen.

16. Christina von Opel wird in Frankreich zu zehn Jahren Haft und 215 000 DM Strafe wegen Rauschgiftschmuggels verurteilt. Im Berufungsverfahren wird die Haftstrafe auf fünf Jahre gekürzt.

18. Bayerns Innenminister Tandler bestätigt Abschiebung zweier Tschechen, die 1978 um politisches Asyl gebeten haben. →

21. Moschee in Mekka von schiitischen Extremisten besetzt. →

25. 1. FC Köln kauft Tony Woodcock als bisher teuersten Bundesliga-Fußballspieler für 2,6 Millionen DM.

26. In Venezuela werden Erdölvorkommen von 500 Milliarden Barrel entdeckt, was die bisher bekannten OPEC-Reserven verdoppelt.

28. Papst Johannes Paul II. besucht die Türkei.

28. 257 Tote gibt es beim Absturz einer neuseeländischen DC 10 in der Antarktis.

GESTORBEN:

30. Arno Assmann (* 30. 7. 1908), deutscher Schauspieler, Regisseur und Intendant.

Drama in Teheran

Nach dem Überfall verbrennen Demonstranten die US-Flagge auf der Botschaft.

4. November. Etwa 400 Iraner, vorwiegend Studenten, stürmen am 4. November die amerikanische Botschaft in Teheran und nehmen etwa 70 Geiseln in ihre Gewalt. Für deren Freilassung fordern sie die Auslieferung des früheren Schahs von Persien, Resa Pahlawi, der sich seit einigen Wochen in einer New Yorker Klinik befindet, wo seine Krebskrankheit behandelt wird. Schiitenführer Ajatollah Khomeini billigt die Aktion öffentlich. Daraufhin demonstrieren Tausende von Iranern vor der besetzten Botschaft, schmähen den Schah und die USA, verbrennen die US-Flagge sowie Stoffpuppen, die Präsident Carter darstellen sollen. Am 19. und 20. November werden 13 Geiseln freigelassen, am 22. November weitere fünf, die keine Amerikaner sind. Die übrigen Geiseln bleiben in der Gewalt der Besetzer. Carter warnt den Iran, die USA würden Vergeltung üben, wenn den Geiseln etwas zustoße. Bereits am 5. November hat der Ministerpräsident des Iran, Basargan, seinen Rücktritt erklärt. Nach wiederholter Einmischung verschiedener Revolutionsorgane in die Regierungsgeschäfte sowie Meinungsverschiedenheiten mit Khomeini und Kabinettsmitgliedern sagt Basargan, der Iran sei im Moment nicht regierbar.

Moschee besetzt

21. November. Zum Schock der gesamten muslimischen Welt, vor allem aber Saudi-Arabiens, besetzen im November 1979 etwa 250 schiitische Extremisten die Kaaba und die Große Moschee in der heiligen Stadt Mekka. Sie nehmen über hundert Geiseln. Saudiarabische Truppen umschließen die Moschee, überwältigen einige der Besetzer und befreien mehrere Geiseln. Am 25. November stürmt die Nationalgarde die Moschee, doch erst am 4. Dezember werden die letzten der Geiselnehmer überwältigt. Nach offiziellen Angaben kommen dabei 75 Besetzer, 60 Soldaten und 26 Mekka-Pilger ums Leben. Über die Identität der Geiselnehmer, die mit der Kaaba das zentrale Heiligtum des Islam besetzen, ist keine endgültige Klarheit zu gewinnen. Die Behörden Saudi-Arabiens bezeichnen sie als religiöse Fanatiker. Sie müssen Helfer gehabt haben, da es ihnen gelungen ist, schwere Infanteriewaffen in die Moschee zu bringen.

15 000 Lehrer streiken in der Bundesrepublik

13. November. Zum erstenmal legen Tausende von bundesdeutschen Lehrern für einige Stunden die Arbeit nieder. Sie fordern eine Senkung der wöchentlichen Pflichtstundenzahl, die ihre Unterrichtszeit bestimmt. Zum Streik hat die Gewerkschaft Erziehung und Wissenschaft aufgefordert. Rund 15 000 Lehrer in Hamburg, Hessen und Niedersachsen folgen dem Aufruf. Am 13. November brechen sie nach der dritten Stunde den Unterricht ab und nehmen ihn erst zwei Stunden später wieder auf.
Daraufhin suspendiert der niedersächsische Kultusminister Remmers sieben GEW-Vorstandsmitglieder vorläufig vom Dienst. Er betrachtet schon den Streikaufruf der Gewerkschaft als eine »nicht hinnehmbare Verletzung der Pflicht von Beamten«.

Bayern schiebt Asylbewerber wieder ab

18. November. Durch einen Bericht des Nachrichtenmagazins »Spiegel« wird bekannt, daß der Freistaat Bayern 1978 zwei illegal eingereiste Tschechen wieder in die ČSSR abgeschoben hat. Vratislav Cermak und Juraj Zilka beantragen zwar politisches Asyl, doch werden sie gegen ihren Willen von der Grenzpolizei am Übergang Furth im Wald den ČSSR-Behörden ausgeliefert. Über ihr weiteres Schicksal ist nichts bekannt. In der ČSSR droht wegen Republikflucht eine Strafe von sechs Monaten bis fünf Jahren. Die bayrischen Behörden haben das politische Asyl widerrechtlich verweigert, da laut Bundesverwaltungsgericht schon die drohende Strafe wegen Republikflucht ein hinreichender Grund ist, Asyl zu gewähren. Die beiden Tschechen haben ihr im Grundgesetz verankertes Recht auf ein ordentliches Asylverfahren nicht wahrnehmen können. Bayerns Innenminister Gerold Tandler gibt zu, daß es seit 1977 weitere ähnliche Fälle gegeben hat.

1979
DEZEMBER

Mo	Di	Mi	Do	Fr	Sa	So
					1	2
3	4	5	6	7	8	9
10	11	12	13	14	15	16
17	18	19	20	21	22	23
24	25	26	27	28	29	30
31						

2. US-Botschaft in Libyen von Demonstranten gestürmt und niedergebrannt.

2. Bei Parlamentswahlen in Portugal siegt Demokratische Allianz unter Sa Carneiro.

4. Elf Tote bei Ansturm auf das Konzert der Popgruppe »Who« in Cincinnati (USA).

5. Klaus Croissant, ehemaliger Baader-Meinhof-Anwalt, wird aus der Haft entlassen.

5. Erste Einheiten mit insgesamt 20 000 Soldaten der Sowjetarmee verlassen die DDR.

5. Acht Seilbahnen in Südtirol werden von Terroristen gesprengt. Menschen kommen nicht zu Schaden.

10. In Stockholm Nobelpreisverleihung. →

12. Brüsseler NATO-Doppelbeschluß. →

13. Bundeshaushalt für 1980 über 214,48 Milliarden DM vom Bundestag gebilligt.

14. Vera Brühne, wegen Doppelmordes in Haft, wird begnadigt.

15. Gestürzter Schah von Persien reist aus den USA nach Panama, nachdem Mexiko die Wiedereinreise verweigert.

18. Der Vatikan entzieht Tübinger Theologen Hans Küng die Lehrerlaubnis. →

18. Oberlandesgericht Stuttgart verurteilt früheren Rechtsanwalt Siegfried Haag wegen Überfalls auf Stockholmer Botschaft 1975.

19. Das Bayrische Landesarbeitsgericht verbietet Streik der Angestellten in Rundfunkanstalten, die gegen Auflösung des NDR protestieren.

19. Große Ausstellung der Werke Salvador Dalís beginnt in Paris.

26. Der für den HSV spielende Engländer Kevin Keegan wird Europas Fußballer des Jahres.

26. Russischer Einmarsch in Afghanistan. →

GESTORBEN:

5. Sonia Delaunay (* 14. 11. 1885), französische Malerin.

11. Carlo Schmid (* 3. 12. 1896), deutscher Politiker. →

19. Wilhelm Kaisen (* 22. 5. 1887), deutscher Politiker. →

24. Rudi Dutschke (* 7. 3. 1940), deutscher Studentenführer. →

Sowjetische Soldaten und Panzer vor der Invasion in Afghanistan.

Afghanistan-Invasion

26. Dezember. Nachdem sowjetische Luftlandetruppen an strategisch wichtigen Punkten in Afghanistan gelandet sind, stoßen drei Panzerkolonnen auf die Städte Herat, Mesar-i-Scherif und Kabul vor. Einen Tag später wird die Hauptstadt Kabul besetzt. Ministerpräsident Hafizullah Amin kommt dabei ums Leben. Sein Amt übernimmt Babrak Karmal, der unter Amins Vorgänger Taraki Stellvertretender Ministerpräsident gewesen ist. Karmal erklärt den toten Amin zum amerikanischen Agenten und verkündet, er habe Moskau um »brüderliche Hilfe« gebeten. Trotz erbitterten Widerstands afghanischer Rebellen, der sich zu einem anhaltenden Guerilla-Krieg im Landesinneren entwickelt, bleiben die sowjetischen Truppen weiter im Land.
Der amerikanische Präsident Jimmy Carter streicht daraufhin die zugesagte Lieferung von 17 Millionen Tonnen Weizen an die UdSSR. Ferner stoppt er den Export moderner Technologien für die Erdölförderung. Die USA nehmen Waffenlieferungen an Afghanistans Nachbarstaat Pakistan wieder auf.

Theologieprofessor Küng verliert Lehrauftrag an Tübinger Universität

18. Dezember. Die römische Glaubenskongregation entzieht dem Tübinger Theologen Hans Küng die »Missio canonica«, die kirchliche Lehrerlaubnis. Begründet wird dies mit fehlendem Vertrauen und dem Vorwurf, Küng sei vom rechten Glauben abgewichen.
Seit nahezu zehn Jahren kritisiert der Theologe Küng die katholische Kirche. In seinem Buch »Unfehlbar? Eine Anfrage«, 1970, bezweifelt er den Unfehlbarkeitsanspruch des Papstes. Gegen das Vorgehen der Glaubenskongregation wird von zahlreichen anderen Theologen protestiert. Küng selbst verteidigt sich in Zeitungsartikeln. In einem Interview mit der »Welt« zum Beispiel weist er den Vorwurf zurück, ein Ketzer zu sein.

Der katholische Theologe Hans Küng in seiner Tübinger Wohnung mit einem Zeitungsbericht über seinen Fall.

NATO-Doppelbeschluß in Brüssel

12. Dezember. Die Mitgliedsstaaten der NATO beschließen in Brüssel ein sogenanntes Nachrüstungsprogramm im Bereich der nuklearen Mittelstreckensysteme. Damit soll ein sowjetischer Rüstungsvorsprung, den die NATO sieht, aufgeholt werden. Die Mitgliedsstaaten stimmen der Produktion von 108 amerikanischen Pershing-II-Raketen und 464 Marschflugkörpern (Cruise Missiles) zu sowie der Stationierung in »ausgewählten Ländern«. Jedoch wird Belgien erst noch überprüfen, ob die Stationierung auf seinem Territorium wirklich notwendig ist. Holland wird der Stationierung auf seinem Boden nur zustimmen, wenn bis 1981 die Verhandlungen mit Moskau über eine Begrenzung der Mittelstreckenwaffen in Europa erfolglos geblieben sind. Die Pershing II hat eine Reichweite bis zu 1800 Kilometern und ist, wie die Cruise Missiles, mit einem nuklearen Gefechtskopf ausgerüstet.

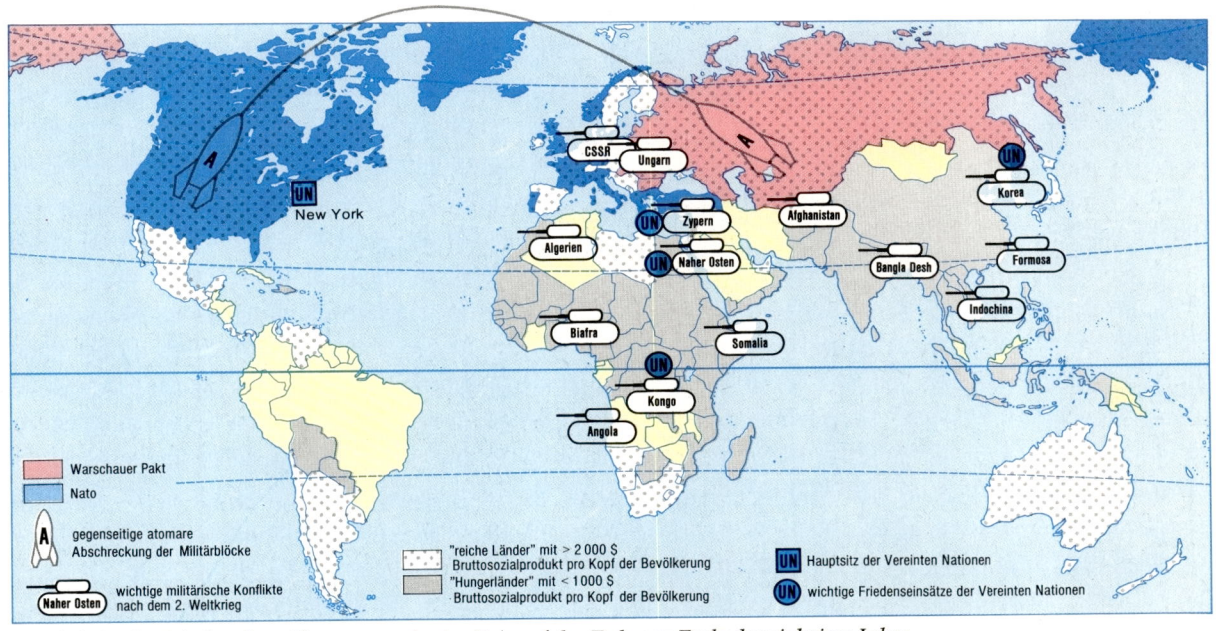

Konfliktherde, Friedensbemühungen und -einsätze auf der Erde am Ende der siebziger Jahre.

Nobelpreis für Mutter Teresa

10. Dezember. Im Jahre 1979 werden die Nobelpreise an folgende Preisträger verliehen:

Physik: Sheldon Lee Glashow und Steven Weinberg (USA) sowie Abdus Salam (Pakistan).

Chemie: Herbert Charles Brown (USA) und Georg Wittig (Bundesrepublik Deutschland).
Medizin: Allan McLeod Cormack (USA) und Godfrey N. Hounsfield (Großbritannien).
Wirtschaft: Sir Arthur Lewis (Großbritannien) und Theodore Schultz (USA).
Literatur: Odisseas Elytis (Griechenland).
Den Friedensnobelpreis verleiht das Nobelkomitee des norwegischen Parlaments an die Ordensgründerin Mutter Teresa, die in den Armenvierteln Indiens wirkt.
Einer der Nobelpreisträger für Chemie, Georg Wittig, stammt aus der Bundesrepublik. Der 1897 geborene Chemiker hat an verschiedenen deutschen Universitäten gelehrt. 1957 entdeckt er das Dehydrobenzol, das er als Zwischenprodukt bei bestimmten chemischen Umsetzungen erkennt.

Die Ordensgründerin Mutter Teresa erhält aus der Hand von John Sanness, dem Vorsitzenden des norwegischen Nobelpreiskomitees, den Friedensnobelpreis.

Carlo Schmid stirbt im Alter von 83 Jahren

11. Dezember. Im Alter von 83 Jahren stirbt in Bad Honnef Carlo Schmid. Er wurde 1896 im französischen Perpignan geboren. Nach einem Jurastudium wurde er Rechtsanwalt, dann Richter. Während des Krieges wurde Schmid Kriegsverwaltungsrat in Lille, nach dem Krieg Professor für Völkerrecht in Tübingen, dann für Politikwissenschaft in Frankfurt. Von 1947 bis 1973 war er Mitglied des Parteivorstandes der SPD und hatte Einfluß auf das Godesberger Programm 1956. 1948/49 war Carlo Schmid im Parlamentarischen Rat Vorsitzender des Hauptausschusses. Zu seinen wichtigsten Ämtern gehörten: Vizepräsident des Bundestages, Bundesratsminister und Vorsitzender des Auswärtigen Ausschusses. 1969 wurde Schmid Koordinator für die deutsch-französische Zusammenarbeit.

Tod Dutschkes in Aarhus

24. Dezember. Unerwartet stirbt Rudi Dutschke in Aarhus. Er wurde 1940 als Sohn eines Postbeamten in der Mark Brandenburg geboren. Da er den Wehrdienst in der Nationalen Volksarmee verweigerte, durfte er in der DDR nicht studieren und lernte daher Industriekaufmann. Ab 1960 fuhr er immer wieder nach West-Berlin, wiederholte dort das Abitur und kehrte nach dem Mauerbau nicht in die DDR zurück. Anläßlich einer Veranstaltung gegen die Große Koalition trat er 1966 erstmals in die Öffentlichkeit. Seit den Demonstrationen gegen den Besuch des Schahs von Persien wurde Dutschke immer mehr der führende Kopf der Studentenbewegung in der Bundesrepublik. Am 11. April 1968 wurde Dutschke auf offener Straße in Berlin von dem 23jährigen Arbeiter J. E. Bachmann niedergeschossen und am Kopf lebensgefährlich verletzt. Dutschke nahm in London sein Soziologiestudium wieder auf, wurde aber 1971 wegen angeblicher »subversiver Tätigkeit« ausgewiesen und ging ins dänische Aarhus.

1980

JANUAR

Mo	Di	Mi	Do	Fr	Sa	So
	1	2	3	4	5	6
7	8	9	10	11	12	13
14	15	16	17	18	19	20
21	22	23	24	25	26	27
28	29	30	31			

1. Afghaner und Iraner stürmen in Teheran die Botschaft der UdSSR aus Protest gegen Besetzung Afghanistans.

2. Auf den Azoren richtet ein Erdbeben Schäden an.

3. Sa Carneiro neuer portugiesischer Ministerpräsident.

3. Bundespost richtet in einigen Städten 8-Minuten-Takt statt Ortsnetze ein.

6. »Revolutionäre Arbeitslosenzelle« verübt Anschlag auf Bundesanstalt für Arbeit in Nürnberg. 1 Million DM Schaden.

7. Indira Gandhis Partei siegt bei den Parlamentswahlen in Indien.

7. USA verkünden Getreideembargo gegen Sowjetunion.

8. Kernkraftwerk Gundremmingen stillgelegt.

13. Grüne Bundespartei in Karlsruhe gegründet. →

20. US-Präsident Carter fordert Absage der Olympischen Spiele in Moskau, wenn UdSSR sich innerhalb von vier Wochen nicht aus Afghanistan zurückzieht.

21. 175 Menschen sterben, als in Bogota/Kolumbien während eines Stierkampfes die Tribüne zusammenbricht.

22. Sowjetischer Regimekritiker Sacharow wird nach Gorki verbannt.

25. Banisadr zum ersten Präsidenten der Islamischen Republik Iran gewählt.

25. Nach 20 Jahren siegen wieder bundesdeutsche Fahrer bei der Rallye Monte Carlo: W. Röhrl und C. Geistdörfer.

29. Mit Hilfe der kanadischen Botschaft entkommen sechs US-Diplomaten, die zum Zeitpunkt der Geiselnahme nicht in Teheran waren.

30. Bundesinnenminister verbietet rechtsextreme »Wehrsportgruppe Hoffmann«. →

GESTORBEN:

4. Joy Adamson (* 20. 1. 1920), amerikanische Naturforscherin und Schriftstellerin.

10. George Meany (* 16. 8. 1894), amerikanischer Gewerkschaftsführer.

18. Sir Cecil Beaton (* 14. 1. 1914), britischer Fotograf.

23. Lil Dagover (* 30. 9. 1887), deutsche Schauspielerin.

Bundeskongreß der Grünen in Karlsruhe

13. Januar. In Karlsruhe wird auf dem Bundeskongreß der Grünen der Beschluß über die Formierung einer Bundespartei gefaßt. Vorangegangen ist eine zweitägige Debatte über die Satzung, zu einer inhaltlichen Programmdiskussion bleibt keine Zeit mehr. Sie soll auf einem späteren Parteitag nachgeholt werden. Damit haben die 1000 Abgeordneten eine Partei gegründet, die zwar den Umweltschutz zum Programm hat, die aber versuchen muß, zahlreiche ganz unterschiedliche Gruppierungen zusammenzuhalten. In der teils chaotischen Diskussion auf dem Karlsruher Kongreß melden sich Grüne, Bunte, Alternative zu Wort, die teils einen eher konservativen, teils einen sozialistischen oder kommunistischen Hintergrund haben. Zu ihnen gehören der DDR-Regimekritiker Rudolf Bahro ebenso wie der frühere CDU-Abgeordnete Herbert Gruhl oder der Öko-Bauer Baldur Springmann.

Wehrsportgruppe verboten

30. Januar. Bundesinnenminister Gerhart Baum verbietet die Wehrsportgruppe Hoffmann als »Verein mit verfassungsfeindlicher Zielsetzung«. Das Ministerium befürchtet von der seit Jahren als »paramilitärisch« eingestuften Gruppe eine »Sogwirkung« und sieht die »latente Bereitschaft zur Gewaltanwendung«. Seit 1974 hat der 47jährige Grafiker und Schildermaler Karl-Heinz Hoffmann einen Kreis meist junger Leute um sich versammelt, der etwa 500 Personen umfaßt. Auf dem fränkischen Schloß Ermreuth treibt die Gruppe »Wehrsport« bei manöverartigem Training. Sie hat ihren Einfluß auf Gruppen im gesamten Bundesgebiet ausgedehnt. Bei Razzien an 23 Orten findet die Polizei Karabiner, Handgranaten und andere Waffen, ferner Hitler-Bilder und Nazi-Symbole. Ziel der als Neo-Nazis eingestuften Gruppe ist, so Hoffmann, die Zerschlagung der »bestehenden Gesellschaftsstrukturen«.

1980

FEBRUAR

Mo	Di	Mi	Do	Fr	Sa	So
				1	2	3
4	5	6	7	8	9	10
11	12	13	14	15	16	17
18	19	20	21	22	23	24
25	26	27	28	29		

1. Nach Sturm auf besetzte Botschaft in Guatemala bricht Spanien die diplomatischen Beziehungen zu diesem Land ab. →

5. Die Ruhrkohle AG verzeichnet erstmals seit ihrer Gründung Profit.

6. Das Bundesverfassungsgericht nennt friedliche Nutzung der Kernenergie mit dem Grundgesetz vereinbar.

7. Ministerpräsidenten Niedersachsens und Schleswig-Holsteins unterzeichnen 2-Länder-Vertrag über NDR, der Ausstrahlung kommerzieller Programme privater Veranstalter vorsieht.

10. Kenias Präsident D. Arab Moi zu Besuch in der Bundesrepublik Deutschland.

13. In Lake Placid (USA) beginnen Olympische Winterspiele. →

18. Bei Parlamentswahlen in Kanada erringt Pierre Trudeaus liberale Partei die Mehrheit.

18. Edward Babiuch wird Ministerpräsident Polens nach Rücktritt von P. Jaroszewicz.

19. Bundeskanzler Schmidt sagt Besuch der DDR wegen des russischen Einmarsches in Afghanistan ab.

20. Die Sowjetunion kauft für 700 Millionen DM Röhren bei Mannesmann und Thyssen.

24. Ägypten und Israel tauschen Botschafter aus.

27. Größtes deutsches Elektrostahlwerk in Oberhausen in Betrieb genommen.

27. In EM-Qualifikationsspiel schlägt die Bundesrepublik Malta in Bremen vor 38 000 Zuschauern mit 8 : 0 (Halbzeit 3 : 0).

27. In Bogota nehmen Guerilleros 57 Geiseln, darunter 16 Botschafter. Nach Lösegeldzahlung fliegen Geiselnehmer nach Kuba aus.

28. Bundesverfassungsgericht erklärt neues Eherecht für verfassungskonform. →

GESTORBEN:

13. David Janssen (* 27. 3. 1930), amerikanischer Schauspieler.

21. Alfred Andersch (* 4. 2. 1914), deutscher Schriftsteller. →

22. Oskar Kokoschka (* 1. 3. 1886), österreichischer Maler. →

29. Yigal Allon (* 10. 10. 1918), israelischer Politiker.

Guatemala läßt Botschaft stürmen

1. Februar. Als »sinnlose Brutalität« bezeichnet der spanische Botschafter den Sturm guatemaltekischer Truppen auf sein von Indio-Bauern friedlich besetztes Gebäude. Am 27. Januar ziehen 22 Bauern, eine Reihe Studenten und eine Nonne in die spanische Botschaft, um mit der Besetzung gegen die Unterdrückung der Indianerbevölkerung zu protestieren. Als Guatemalas Generalsregime das Gebäude stürmen läßt, kommen 39 Menschen ums Leben. Nur der Botschafter und ein Indioführer können sich retten, letzterer wird später ermordet. Spanien bricht die diplomatischen Beziehungen zu Guatemala ab. Die 6,5 Millionen Einwohner Guatemalas zählen zu den ärmsten Lateinamerikas.

Oskar Kokoschka stirbt 93jährig

Oskar Kokoschka in seinem Atelier.

22. Februar. Im Alter von 93 Jahren stirbt in Villeneuve (Schweiz) der österreichische Maler Oskar Kokoschka. Er wurde 1886 in Pöchlarn (Österreich) geboren und studierte an der Wiener Kunstgewerbeschule. 1919 erhielt er eine Professur an der Kunstakademie in Dresden. Nach Aufenthalten in Österreich, England und der ČSSR lebte er bis zu seinem Tode in der Schweiz. Kokoschkas Frühwerk enthält Jugendstilelemente, die in expressionistische Formen und Farben umgesetzt werden.

5mal Gold für Heiden

Der Amerikaner Eric Heiden.

13. Februar. Vom 13. bis zum 23. Februar finden die Olympischen Winterspiele im amerikanischen Lake Placid statt. Der in den Adirondack-Bergen nahe der kanadischen Grenze liegende Ort hat bereits 1932 die Spiele ausgetragen. Vieles in dem 2700 Einwohner zählenden Lake Placid ist improvisiert: Das Stadion ist erst vier Wochen vor den Spielen aufgebaut worden und wird nachher in seine mobilen Teile zerlegt und abgebaut, die Wohnungen für die Sportler werden zu einem Jugendgefängnis. Sportlicher Star der Spiele ist der Amerikaner Eric Heiden. Der Eisschnelläufer gewinnt alle fünf Goldmedaillen in dieser Disziplin, was vor ihm niemandem gelungen ist. Die Bundesrepublik muß sich mit zwei Silber- und drei Bronzemedaillen begnügen. Irene Epple gewinnt eine Silbermedaille im Riesenslalom, Christa Kinshofer im Spezialslalom. Bronze erringt die Biathlonstaffel, Anton Winkler im Einsitzerrodeln und Dagmar Lurz im Eiskunstlauf. Österreich feiert je zwei Silber- und Bronzemedaillen, vor allem aber die Siege von Leonhard Stock im Abfahrtslauf, Annemarie Moser-Pröll in derselben Disziplin und Anton Innauer beim Springen auf der Normalschanze. Die Schweiz gewinnt eine Goldmedaille im Zweierbob mit Erich Schaerer und Josef Benz.

Eherecht bestätigt

28. Februar. Durch das Erste Eherechtsreformgesetz hat der Deutsche Bundestag das Scheidungsrecht und seine Folgen geändert. Das Bundesverfassungsgericht in Karlsruhe entscheidet, daß diese Änderungen verfassungskonform sind. So ist es mit dem Grundgesetz vereinbar, daß eine Ehe ohne Rücksicht auf das Verschulden geschieden werden kann. Das Grundgesetz hindert den Gesetzgeber nicht, vom Schuld- zum Zerrüttungsprinzip überzugehen. Dabei kann man davon ausgehen, daß eine Ehe nach dreijähriger Trennung gescheitert sei. Das neue Eherecht gilt auch für vor seinem Inkrafttreten geschlossene Ehen. Ebenso verfassungsgemäß ist nach dem Gerichtsentscheid der Versorgungsausgleich zwischen Ehepartnern, bei dem der Gesetzgeber die Auflage erhält, Härten auszuschalten.

Alfred Andersch †

21. Februar. Der Schriftsteller Alfred Andersch stirbt im Alter von 66 Jahren. 1933 mußte er für ein halbes Jahr in das Konzentrationslager Dachau, nahm später jedoch am Zweiten Weltkrieg teil und desertierte 1944 zu den Amerikanern. Nach dem Krieg gab er die Zeitschrift »Der Ruf« mit heraus, später »Texte und Zeichen«. Er gehörte zur »Gruppe 47«. Neben Hörspielen und Kritiken für den Rundfunk schrieb Andersch Prosaerzählungen und Romane.

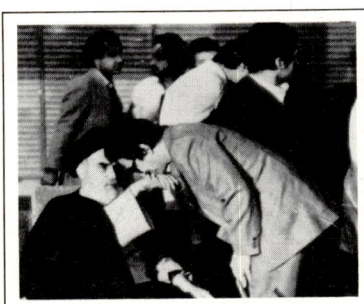

5. Februar. Abol Hassan Banisadr wird als Präsident des Iran vereidigt. Mit einem Handkuß bezeugt er nach der Zeremonie dem religiösen Führer Khomeini seine Achtung.

1980
MÄRZ

Mo	Di	Mi	Do	Fr	Sa	So
					1	2
3	4	5	6	7	8	9
10	11	12	13	14	15	16
17	18	19	20	21	22	23
24	25	26	27	28	29	30
31						

3. Ruhrgas und Thyssen schließen mit Nigeria einen Vertrag über Lieferung von acht Milliarden Kubikmeter Gas pro Jahr ab 1984.

3. In Amsterdam kommt es zu schweren Straßenschlachten zwischen der Polizei und den Hausbesetzern. →

4. Bundeskanzler Helmut Schmidt besucht die USA.

9. Bevölkerung des spanischen Baskenlandes wählt erstmals eigenes Parlament, in dem die Nationalistenpartei die meisten Sitze erhält.

10. Maoistisch orientierte Kommunistische Partei Deutschlands (KPD) gibt Auflösung bekannt.

11. Internationale Juristenkommission reist aus Teheran ab, da Kontaktaufnahme mit US-Geiseln nicht gestattet wurde.

14. 87 Tote beim Absturz einer Iljuschin 62 bei Warschau.

15. Bei Eiskunstlauf-Weltmeisterschaft in Dortmund gewinnt Dagmar Lurz die Silbermedaille und beendet ihre Karriere.

16. Bei Landtagswahlen in Baden-Württemberg erringt die CDU unter Ministerpräsident Späth trotz Verlusten die absolute Mehrheit. Mit sechs Mandaten ziehen Grüne in den Landtag.

20. Die Parteien richten für den Bundestagswahlkampf wieder eine Schiedsstelle ein.

23. Der Schah des Iran verläßt das Exil in Panama und geht nach Ägypten.

23. Die Ölpest vor der Küste Mexikos, die seit Juni 1979 eine Umweltkatastrophe im Golf verursacht, wird gestoppt.

24. Erzbischof von San Salvador, Romero, wird von Unbekannten erschossen. Bei seiner Beisetzung kommt es zu Unruhen.

27. Bohrinsel »Alexander Kielland« kentert vor Norwegen. 123 Menschen sterben. →

GESTORBEN:

5. Wilhelm Hoegner (* 23. 9. 1887), früherer bayrischer Ministerpräsident.

9. Olga Tschechowa (* 26. 4. 1897), deutsche Schauspielerin.

18. Erich Fromm (* 23. 3. 1900), deutsch-amerikanischer Psychoanalytiker. →

Kommission kritisiert reiche Industrieländer

3. März. Zwei Jahre lang hat die Nord-Süd-Kommission unter Vorsitz des früheren Bundeskanzlers Willy Brandt gearbeitet, um nun ihren Bericht vorzulegen. Die »Unabhängige Kommission für internationale Entwicklungsfragen« will die Konflikte zwischen wohlhabenden Industriestaaten des Nordens und armen Entwicklungsländern des Südens beheben helfen. Der 360-Seiten-Bericht, der unter dem Titel »Die Zukunft sichern« als Buch erscheint, stellt als wichtigste Forderungen:
– die Industriestaaten sollen eine internationale Steuer zugunsten der Dritten Welt erheben;
– die Entwicklungshilfe soll auf bis zu ein Prozent des Bruttosozialprodukts der Industrieländer erhöht werden;
– ein internationales Abkommen soll die Energieversorgung sichern;
– Hunger der ärmsten Länder soll mit Nahrungsmittelprogrammen bekämpft werden;
– das Weltwährungssystem soll reformiert, der internationale Handel liberalisiert werden. Die Kommission hat im Auftrag von Weltbankpräsident McNamara gearbeitet und besteht aus 17 Politikern aus nördlichen und südlichen Ländern. Vorwürfe werden nicht nur den Industriestaaten gemacht; die Kommission kritisiert auch, daß Entwicklungsländer trotz ihrer Armut oft 20 Prozent ihres Haushalts für Waffenkäufe verwenden. Willy Brandt drückt die Hoffnung aus, daß alle Staaten den Bericht in den nächsten Jahren doch bei ihrer Politik berücksichtigen werden.

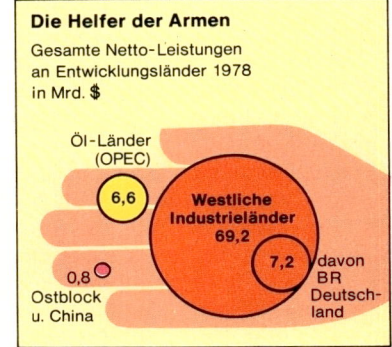

Die Helfer der Armen

Gesamte Netto-Leistungen an Entwicklungsländer 1978 in Mrd. $

Öl-Länder (OPEC) **6,6**

Westliche Industrieländer **69,2**

davon BR Deutschland **7,2**

Ostblock u. China **0,8**

Anteile der helfenden Länder.

1159

Bohrinsel kentert

Das gebrochene Bein der »Alexander Kielland« wird nach Stavanger geschleppt.

27. März. 385 Kilometer vor der norwegischen Küste kentert die Bohrinsel »Alexander Kielland«. Man hat erwartet, die Insel würde jedem Orkan standhalten, doch Windstärke zehn und acht Meter hohe Wellen lassen von einem Loch in einem der Stützpfeiler, das der Sicherheitskontrolle dient, eine

Rißbildung ausgehen. Die 10 000 Tonnen schwere Insel, auf der Ölsucher leben und arbeiten, schlägt um und treibt zum Teil unter Wasser. 123 Arbeiter kommen ums Leben, weitere 37 Tote werden im Aufbau vermutet, der nicht zu bergen ist. Später wird »Alexander Kielland« nach Stavanger geschleppt.

Krawalle der Kraaker

3. März. Einen Straßenkrieg liefern sich in Amsterdam Polizisten und Kraaker (= Besetzer), als es um die Räumung besetzter Häuser geht. In Amsterdam fehlen etwa 53 000 Wohnungen, während ganze Wohnstraßen in Bürohäuser und Luxusappartements verwandelt werden. Dies ist der Hintergrund, nicht unbedingt Grund und Ursache, für die Besetzung leerstehender Wohnungen, die in wachsendem

Maße um sich greift. Nach holländischem Recht ist dann eine Räumung nur über Privatklage möglich. Mehr als 10 000 Häuser sind in Holland zur Zeit besetzt. Als in Amsterdam die Polizei überraschend gegen Kraaker einschreitet, wird sie von diesen vertrieben. Danach liefern sich mehrere hundert Kraaker und Polizisten eine Straßenschlacht, bei der starke Sicherheitskräfte eingesetzt werden.

Psychoanalytiker Erich Fromm †

18. März. Der Psychoanalytiker Erich Fromm stirbt im Alter von 79 Jahren in Locarno. Fromm betonte, daß die Persönlichkeitsentwicklung des Menschen sozial und kulturell überformt ist: »Akkulturation«. Seine Einstellung dem Arzt Sigmund Freud gegenüber war kritisch. Fromm unterscheidet die Formen der Triebbefriedigung stärker nach den verschiedenen Kulturen und Gruppen.

Erich Fromm †.

1980

APRIL

Mo	Di	Mi	Do	Fr	Sa	So
	1	2	3	4	5	6
7	8	9	10	11	12	13
14	15	16	17	18	19	20
21	22	23	24	25	26	27
28	29	30				

2. Im Fußball-Freundschaftsspiel schlägt Bundesrepublik in München die Mannschaft Österreichs mit 1 : 0 vor 78 000 Zuschauern.

2. EG und Jugoslawien schließen Vertrag über wirtschaftliche Zusammenarbeit.

3. Dreimonatiger Stahlstreik in Großbritannien beendet.

4. 10 000 Kubaner demonstrieren in Perus Botschaft für Ausreisegenehmigungen. →

7. In der Bundesrepublik wird bis Ende September erstmals Sommerzeit eingeführt.

7. USA verhängen Handelsbeschränkungen über Iran und brechen diplomatische Beziehungen ab.

13. Portugals Ministerpräsident Sa Carneiro in Bonn.

15. Dem deutschen Spielfilm »Die Blechtrommel« von Volker Schlöndorff, nach dem Roman von Günter Grass, wird in Hollywood ein »Oscar« verliehen. →

18. Rhodesien wird unter dem Namen Zimbabwe von Großbritannien in Unabhängigkeit entlassen. Die Regierung Mugabe übernimmt Amtsgeschäfte.

22. EG-Staaten beschließen in Luxemburg wirtschaftliche Sanktionen gegen Iran ab Mai, wenn bis dahin US-Geiseln nicht frei sind.

25. US-Militäraktion zur Geiselbefreiung im Iran scheitert. →

27. Bei Landtagswahlen im Saarland wird SPD stärkste Fraktion. CDU/FDP-Koalition regiert weiter.

28. US-Außenminister Cyrus Vance tritt aus Protest gegen versuchte Geiselrettung zurück. Nachfolger wird Edmund Muskie. →

30. Königin Juliana der Niederlande dankt ab. Beatrix wird gekrönt. →

GESTORBEN:

15. Jean-Paul Sartre (* 21. 6. 1905), französischer Schriftsteller und Philosoph. →

20. Heinrich Köppler (* 26. 11. 1925), deutscher Politiker.

20. Helmut Käutner (* 25. 8. 1908), deutscher Schauspieler und Regisseur.

29. Sir Alfred Hitchcock (* 13. 8. 1899), britischer Filmregisseur. →

Tausende nehmen Abschied von Jean-Paul Sartre

15. April. In Paris stirbt der 74jährige französische Philosoph und Schriftsteller Jean-Paul Sartre. Zu seiner Beisetzung finden sich Tausende von Trauernden ein. Schon aus der Studienzeit stammte die Freundschaft mit Simone de Beauvoir. Von 1931 bis 1945 war Sartre Gymnasialprofessor in Le Havre, Laon und Paris, unterbrochen 1933/34 durch einen Aufenthalt in Berlin. 1940/41 war Sartre in deutscher Kriegsgefangenschaft, später war er aktiv in der Résistance. Seit 1945 lebte er als Schriftsteller in Paris. Von 1952 bis 1956 war er Mitglied der Kommunistischen Partei Frankreichs. Er kritisierte das sowjetische Vorgehen beim Ungarnaufstand 1956 sowie den Einmarsch in Prag 1968. In Frankreich plädierte Sartre für die Beendigung des Algerienkrieges und übernahm

Jean-Paul Sartre †.

den Vorsitz in dem von Bertrand Russell initiierten Vietnam-Tribunal, das die USA der Aggression beschuldigte wie auch der Verletzung des Völkerrechts. 1964 lehnte Sartre den ihm verliehenen Nobelpreis ab. Der Philosoph war der Hauptvertreter des Existentialismus. Sein erstes philosophisches Hauptwerk »Das Sein und das Nichts« (1943) ist von Hegel und Heidegger beeinflußt. Auch Sartres Romane und Dramen setzen sich mit der Freiheitsproblematik auseinander. In »Marxismus und Existentialismus« räumt Sartre der marxistischen Philosophie gegenüber dem Existentialismus das Primat ein.

Tod Alfred Hitchcocks

29. April. Im Alter von 80 Jahren stirbt Alfred Hitchcock. Er wurde 1899 in London als Sohn eines Händlers geboren. Er besuchte die Jesuitenschule und kam 1920 als Zeichner in ein Filmatelier. Er arbeitete als Dekorateur, Regieassistent und Drehbuchautor. 1925 drehte er in Münchener Studios seinen ersten Spielfilm: »The Pleasure Garden«. Weitere zehn Stumm- und 15 Tonfilme folgten, bevor er 1939 nach Hollywood ging. Es sind vor allem Kriminalfilme, die Hitchcocks Weltruhm begründen: »Die 39 Stufen« (1935), »Sabotage« (1936), »Eine Dame verschwindet« (1938). Er weitete das Genre des Kriminalfilms mit der »Rebecca«-Verfilmung von 1940 aus. In Hitchcocks Werken bricht hinter der Maske bürgerlicher Moral und scheinbar stabiler Ordnung plötzlich das Böse und das Triebhafte im Menschen hervor. Sein letzter Film, voll hintergründigen Humors, ist »Das Familiengrab« (1976).

Hitchcock (oben sein Profil im Schatten), Meister des Kriminalfilms, stirbt.

Iraner inspizieren den Unfallort nach dem mißglückten Befreiungsversuch.

Geiselaktion scheitert

25. April. Der Versuch der USA, die seit November 1979 in der besetzten Botschaft in Teheran gefangenen Geiseln zu befreien, scheitert im April 1980. Ein militärisches Kommando startet mit acht Hubschraubern von einem Flugzeugträger im Persischen Golf. An einem Treffpunkt in der iranischen Wüste sollen sie mit Transportflugzeugen zusammentreffen. Bereits auf dem Weg zum Treffpunkt fallen zwei Hubschrauber wegen technischer Schwierigkeiten aus, ein dritter stellt sich in der Wüste als defekt heraus. Das Unternehmen wird abgebrochen. Nach dem Auftanken in der Wüste stößt ein Hubschrauber mit einem Transportflugzeug zusammen, wobei acht amerikanische Soldaten ums Leben kommen. Die Geiseln werden daraufhin aus Teheran an verschiedene Orte im Iran gebracht, die geheimgehalten werden. US-Außenminister Cyrus Vance, der sich gegen das Unternehmen ausgesprochen hatte, tritt am 28. April zurück.

30. April. Nach der Abdankung von Königin Juliana der Niederlande wird deren Tochter Beatrix Nachfolgerin. In Amsterdam wird Beatrix vereidigt.

15. April. Der deutsche Film »Die Blechtrommel« von Volker Schlöndorff nach dem Roman von Günter Grass wird in Hollywood mit dem amerikanischen Filmpreis »Oscar« als bester ausländischer Film ausgezeichnet. Der zwölfjährige David Bennet (Bild), Schauspielersohn, schreit und trommelt als Oskar Matzerath seinen Protest gegen die Erwachsenenwelt heraus. In weiteren Rollen spielen neben anderen Mario Adorf, Heinz Bennet und Angela Winkler.

Exodus der Kubaner

4. April. Seit Monaten schon sucht etwa ein Dutzend Kubaner Asyl in der peruanischen Botschaft in Havanna. Am 1. April durchbricht ein mit sechs Kubanern besetzter Bus den von Polizisten bewachten Zaun um das Botschaftsgebäude. Beim Feuergefecht kommt ein Polizist ums Leben. Als danach die Botschaft nicht mehr, wie alle anderen, bewacht wird, strömen Tausende von Kubanern auf das Gelände. In wenigen Tagen werden es 10 000. Sie alle sind auf einem Raum versammelt, der kleiner ist als ein Fußballfeld. Sie protestieren gegen die politischen und wirtschaftlichen Bedingungen ihres Landes und fordern Ausreisegenehmigungen. Auch andere Botschaften werden besetzt. Die Regierung Fidel Castros gestattet vielen die Ausreise. Daraufhin beginnt ein Exodus, bei dem sich ein kubanischer Flüchtlingsstrom nach Lateinamerika, vor allem nach Florida, ergießt.

MAI

Mo	Di	Mi	Do	Fr	Sa	So
			1	2	3	4
5	6	7	8	9	10	11
12	13	14	15	16	17	18
19	20	21	22	23	24	25
26	27	28	29	30	31	

2. Papst Johannes Paul II. tritt elftägige Afrika-Reise an.

3. 5000 Atomkraftgegner besetzen bei Gorleben die Tiefbohrstelle für Atommülldeponie.

5. Konstantin Karamanlis wird Staatspräsident Griechenlands. Sein Nachfolger als Ministerpräsident wird Georgios Rallis.

6. Ausschreitungen bei Öffentlichem Gelöbnis in Bremen. →

8. Im US-Staat Florida wird wegen Flüchtlingsstrom aus Kuba der Notstand ausgerufen.

11. Landtagswahl in Nordrhein-Westfalen bringt der SPD absolute Mehrheit der Mandate.

13. Fußballfreundschaftsspiel Bundesrepublik – Polen 3 : 1 in Frankfurt vor 40 000 Zuschauern.

14. In Brüssel wird FC Valencia Europapokalsieger mit 5 : 4 (nach Elfmeterschießen) über Arsenal London.

15. Das Nationale Olympische Komitee der Bundesrepublik beschließt Boykott der Spiele in Moskau. →

16. Feiern zum 25. Jahrestag des österreichischen Staatsvertrages in Wien.

17. Freispruch für 4 Polizisten, die 1979 einen Farbigen totgeprügelt haben, löst in Miami (USA) schwerste Rassenunruhen seit 1967 aus.

21. Teile der Berliner Kongreßhalle (»Schwangere Auster«) stürzen aufgrund von Materialermüdung ein.

21. In Frankfurt wird die dortige Eintracht UEFA-Cup-Sieger gegen Mönchengladbach mit 1 : 0.

27. Aufstände in Südkorea nach Einnahme der Stadt Kwangju durch Regierungstruppen niedergeschlagen. →

28. In Madrid wird Nottingham Forest Europacup-Sieger der Landesmeister mit 1 : 0 über den HSV.

28. Bundesverwaltungsgericht Berlin entscheidet, daß der NDR als Zweiländeranstalt (Niedersachsen und Hamburg) nach Kündigung Schleswig-Holsteins weiterbesteht.

31. FC Bayern München wird Deutscher Fußballmeister.

GESTORBEN:

4. Josip Tito (* 25. 5. 1892), Staatspräsident Jugoslawiens. →

Tito stirbt nach langem Leiden

Josip Tito (eigentlich Josip Broz).

4. Mai. Im Alter von 87 Jahren stirbt Josip Tito, eigentlich Josip Broz. Er wurde 1892 in Kroatien geboren. Der Sohn eines Kleinbauern lernte Schlosser und Mechaniker. Als Soldat der österreichisch-ungarischen Armee kam er im Ersten Weltkrieg in russische Kriegsgefangenschaft und diente nach 1917 in der Roten Armee. 1920 kehrte er nach Jugoslawien zurück und wurde Mitglied der Kommunistischen Partei. Er emigrierte 1934 und kämpfte ab 1936 im spanischen Bürgerkrieg. Ab 1941 organisierte er in Jugoslawien den Partisanenkampf gegen die deutsche und italienische Besatzung. 1945 wurde er Ministerpräsident, 1953 Staatspräsident (seit 1963 auf Lebenszeit). Tito verfolgte in Jugoslawien den eigenständigen Weg zum Sozialismus seit der Abkehr von Stalin 1948. International war er einer der Wortführer der »Blockfreien Staaten«. Als Integrationsfigur symbolisierte er über Jahrzehnte den Vielvölkerstaat Jugoslawien. Titos Tod geht ein langes Leiden voraus. Kurz vor dem Tod wird ihm ein Bein amputiert.

Olympia-Boykott

15. Mai. Das Nationale Olympische Komitee (NOK) beschließt auf seiner Tagung in Düsseldorf, daß bundesdeutsche Sportler an den Spielen der XXII. OLympiade im Juli in Moskau nicht teilnehmen werden. Nach dem sowjetischen Einmarsch in Afghanistan im Dezember 1979 hat US-Präsident Jimmy Carter den Olympia-Boykott durch die USA verkündet. Bonn empfiehlt daraufhin dem NOK, gleichfalls einen Boykott zu beschließen, obwohl man dies nur als Geste der Solidarität gegenüber dem Bündnispartner ansieht. Nach langen Diskussionen vor allem zwischen Sportbundpräsident Willi Weyer, der den Boykott befürwortet, und NOK-Präsident Willi Daume, der ihn ablehnt, beschließt das NOK, nicht nach Moskau zu fahren. Enttäuschung wird vor allem von seiten der Sportler geäußert, die sich jahrelang vorbereitet haben, zumal die NOKs anderer Länder, wie Großbritannien und Frankreich, sich zur Teilnahme entscheiden.

St. Helens bricht aus

19. Mai. Die bisher verheerendste »natürliche Explosion« in den USA ereignet sich im Bundesstaat Washington an der Westküste, als der Mount St. Helens ausbricht. Mit der 500fachen Gewalt der Hiroshima-Bombe sprengt der Vulkan ein Siebtel seiner Gesamthöhe weg. Dabei kommen 22 Menschen ums Leben, zahlreiche andere werden vermißt. Noch in mehreren hundert Kilometern Entfernung leidet das Land unter den Folgen des Vulkanausbruchs: ein Kubikkilometer Asche, Magma und Staub gelangt in die Stratosphäre und verdunkelt den Himmel. In manchen Städten wird mit Schneeräumern gegen den Vulkanstaub gekämpft. In der Landwirtschaft richtet die Druckwelle der Explosion Schäden in Höhe von etwa 500 Millionen Dollar an. Eine Woche später kommt es zu einem zweiten Ausbruch.

Nach über 100jähriger Ruhe bricht der Vulkan Mount St. Helens aus.

Aufstand in Südkorea niedergeschlagen

Gefesselte aufständische Studenten werden in Südkorea vorgeführt.

27. Mai. Seit der Ermordung des südkoreanischen Staatspräsidenten Park Chung-hee vor sieben Monaten hat eine zaghafte Demokratisierung und Liberalisierung des Landes eingesetzt. Einige Generale, die mit der Demokratisierung nicht einverstanden sind, nehmen Studentendemonstrationen am 15. Mai in Seoul zum Anlaß, gewalttätig gegen die Demonstranten vorzugehen und das Kriegsrecht zu verhängen. Oppositionspolitiker wie Kim Dae Jung werden verhaftet. Daraufhin ziehen am 18. Mai in der Provinzstadt Kwangju etwa 200 000 Menschen durch die Straßen, vertreiben die Behördenangestellten und treiben das Militär in die Kasernen, die regelrecht belagert werden. Am 27. Mai jedoch gelingt es Truppen, den von Studenten angeführten Aufstand niederzuschlagen und Kwangju in Besitz zu nehmen. Die Auseinandersetzungen fordern etwa 200 Tote.

1980

Krawalle bei öffentlichem Rekrutengelöbnis

6. Mai. Bei der in der Öffentlichkeit abgehaltenen Vereidigung von Bundeswehrrekruten im Bremer Weser-Stadion kommt es zu schweren Ausschreitungen. Schon in den Tagen vorher haben zahlreiche Gruppen mit Flugblättern gegen das öffentliche Gelöbnis protestiert. Auch Politiker der Hansestadt wenden sich gegen die Feier als eine »überkommene Traditionspflege, die nur noch überflüssiges Säbelrasseln und unzeitgemäßes Brimborium« bedeute. Keiner aber rechnet damit, daß ein Teil der größtenteils friedlichen Demonstranten die Zufahrtstraßen zum Stadion blockiert, Polizisten mit Steinen und Molotow-Cocktails bewirft und Fahrzeuge in Brand setzt. Es gibt Hunderte von Verletzten auf beiden Seiten. Aufgrund der lautstarken Proteste der Demonstranten können die im Stadion anwesenden kaum ein Wort der Feier verstehen. Umfangreiche Proteste gegen öffentliche Gelöbnisse als »Demonstration der militärischen Macht des Staates« finden auch in anderen Städten vor solchen Feiern statt.

Schwere Jugendunruhen in der Schweiz

30. Mai. Ein 60-Millionen-Franken-Kredit für die Renovierung des Zürcher Opernhauses löst in Zürich schwere Krawalle aus. Jugendliche protestieren gegen die Geldausgabe mit dem Argument, daß sie sich schon lange vergeblich um Geld für autonome Jugendzentren bemühen.
Die Serie von Unruhen greift auch auf Bern, Lausanne und Basel über und reißt bis zum Ende des Jahres in der Schweiz nicht mehr ab. Bei Zusammenstößen mit der Polizei gibt es zahlreiche Verletzte, es kommt zu Plünderungen und Zerstörungen in den Städten. In der Bevölkerung der Schweiz wie in den Medien wird eine heftige Diskussion um die Förderungswürdigkeit etablierter und/oder alternativer Kultur geführt.

JUNI

Mo	Di	Mi	Do	Fr	Sa	So
						1
2	3	4	5	6	7	8
9	10	11	12	13	14	15
16	17	18	19	20	21	22
23	24	25	26	27	28	29
30						

3. Langjähriger Nationaltorwart Sepp Maier, dessen Karriere ein Autounfall beendet, macht sein Abschiedsspiel bei Bayern München gegen die Nationalelf.

3. In Gelsenkirchen wird Fortuna Düsseldorf deutscher Pokalsieger mit 2:1 über den 1. FC Köln.

4. Dorf »Freie Republik Wendland« bei Gorleben von Polizei geräumt.

5. 86. Deutscher Katholikentag in Berlin unter dem Motto »Christi Liebe ist stärker« eröffnet.

9. Münchener Landgericht verurteilt Dieter Zlof wegen Beteiligung an Oetker-Entführung 1976 zu 15 Jahren Haft.

10. Bundesarbeitsgericht erklärt Aussperrung für begrenzt zulässig. →

11. In Italien beginnt die Fußballeuropameisterschaft.

13. In Venedig verabschieden die EG-Chefs auf ihrem Treffen eine Nahosterklärung, in der Palästinensern Recht auf Selbstbestimmung eingeräumt wird.

16. König Chalid von Saudi-Arabien zu Staatsbesuch in der Bundesrepublik.

19. Chinas Außenminister Huang Hua besucht Bonn.

20. Erstmals seit 22 Jahren wählt der Irak frei ein Parlament. Die Bath-Staatspartei gewinnt 175 von 250 Abgeordneten.

22. Bundesdeutsche Nationalmannschaft wird in Italien nach 2:1 über Belgien Fußballeuropameister. →

22. UdSSR gibt Teilabzug ihrer Truppen aus Afghanistan bekannt.

25. Landwirt Baldur Springmann erklärt seinen Rücktritt aus der »Grünen«-Partei (→ Januar).

25. Bundestag verabschiedet Chemikaliengesetz zum Schutz von Mensch und Umwelt.

29. In Island wird Vigdis Finnbogadottir zur Staatspräsidentin gewählt.

30. Bundeskanzler Schmidt zu Staatsbesuch in Moskau.

30. Papst Johannes Paul II. reist durch Brasilien.

GESTORBEN:

5. Lauritz Lauritzen (* 20. 1. 1910), deutscher Politiker.

7. Henry Miller (* 26. 12. 1891), amerikanischer Schriftsteller. →

Europameisterschaft

Die Europameisterelf (v. l. stehend): Rummenigge, Schuhmacher, Cullmann, Schuster, Briegel, Hrubesch, Stielike, Bundestrainer Derwall, (kniend): K. Allofs, Kaltz, Mannschaftskapitän Dietz, K. H. Förster, H. Müller.

22. Juni. Die bundesdeutsche Fußballnationalmannschaft besiegt im Olympiastadion von Rom im Endspiel um die Europameisterschaft durch zwei Tore des Hamburger Mittelstürmers Horst Hrubesch das Außenseiterteam aus Belgien mit 2:1. Das Siegestor für die deutsche Mannschaft fällt erst in der 89. Minute. Die belgische Mannschaft zeichnet sich durch eine ausgesprochen flexible Anwendung der Abseitsfalle aus und verfügt mit Pfaff über den besten Torwart des Turniers. Es ist der zweite deutsche Titelgewinn nach 1972 (→ Juni 1972).
Der Verlauf des Turniers ist durch die starke Defensivtaktik nahezu aller teilnehmenden Teams gekennzeichnet. Da auch die Mannschaft des Veranstalterlandes Italien diese unattraktive langweilige Spielweise pflegt, bleiben schließlich die Zuschauer weg und die Mannschaften spielen vor leeren Tribünen. Italien erreicht mit sehr viel Mühe (0:0 gegen Spanien, 1:0 gegen England und 0:0 gegen Belgien) das Spiel um den dritten Platz. Hier unterliegt es der ČSSR mit 8:9 nach Elfmeterschießen, das reguläre Spiel war 1:1 ausgegangen.
Die deutsche Mannschaft erreichte das Finale durch einen 1:0-Sieg über die ČSSR, ein 3:2 über Holland und durch ein torloses Unentschieden gegen Griechenland.

Henry Miller tot

7. Juni. In Pacific Palisades (Kalifornien) stirbt der amerikanische Schriftsteller Henry Miller im Alter von 88 Jahren. Seit Mitte der 20er Jahre arbeitete er als Schriftsteller. Von 1930 bis 1940 hielt er sich in Paris auf. Millers Werk ist eine Spiegelung seiner individuellen Gefühlswelt. Die unverhüllte Darstellung der Sexualität ist Teil seines Protestes gegen Tabus und Konventionen. Er vertritt einen extremen Individualismus. Hauptwerke: »Wendekreis des Krebses«, 1934; »The rosy crucifixion« (Trilogie, 1945–1961); »Stille Tage in Clichy«, 1968.

Zur Aussperrung

10. Juni. Das Bundesarbeitsgericht in Kassel erklärt Aussperrung für bedingt zulässig. Das Urteil stellt keine der streitenden Parteien, Gewerkschaften und Arbeitgeber, zufrieden. Geklagt haben vor allem die Gewerkschaften Metall sowie Druck und Papier, deren begrenzte Streiks 1978 und 1979 von Arbeitgebern mit Aussperrung beantwortet worden sind. Dadurch sind die Gewerkschaften gezwungen, viel mehr Arbeitnehmern Geld aus der Streikkasse zu bezahlen als bei Schwerpunktstreiks. Die Gewerkschaften protestieren, damit würden sie finanziell ausgeblutet.

1980

JULI

Mo	Di	Mi	Do	Fr	Sa	So
	1	2	3	4	5	6
7	8	9	10	11	12	13
14	15	16	17	18	19	20
21	22	23	24	25	26	27
28	29	30	31			

1. Franz Beckenbauer wechselt für 1,5 Millionen DM von Cosmos New York zum Hamburger Sportverein.

7. Frankreichs Staatspräsident Giscard d'Estaing zu Staatsbesuch in Bonn.

9. Iran enteignet Niederlassungen deutscher Pharmakonzerne.

9. Die Landesregierungen von Baden-Württemberg und Hessen beschließen die Einrichtung von Sammellagern für Asylsuchende.

11. Iran läßt eine der US-Geiseln, den erkrankten Vizekonsul Richard Queen, ausreisen.

14. Bundespräsident Carstens besucht als erstes deutsches Staatsoberhaupt Portugal.

15. Früherer kalifornischer Gouverneur Ronald Reagan zum Präsidentschaftskandidaten der Republikaner ernannt.

16. Das Internationale Olympische Komitee wählt in Moskau den Spanier Antonio Samaranch zum Vorsitzenden und Nachfolger Lord Killanins als IOC-Präsident. Willi Daume scheitert mit seiner Kandidatur.

17. Kenzo Suzuki zum neuen Ministerpräsidenten Japans gewählt.

17. Regierungschefs Hamburgs, Niedersachsens und Schleswig-Holsteins unterzeichnen neuen NDR-Staatsvertrag, der Dreiländeranstalt beibehält.

18. Indien befördert als sechstes Land der Erde Satelliten mit Trägerrakete in den Weltraum.

19. Olympische Sommerspiele in Moskau eröffnet. →

20. Joop Zoetemelk (Niederlande) gewinnt die Tour de France.

25. Die mutmaßlichen Terroristen Juliane Plambeck und Wolfgang Beer kommen bei Autounfall nahe Stuttgart ums Leben.

25. Die Kinder des deutschen Korrespondenten (ZDF) Dieter Kronzucker und ihr Cousin werden in der Toskana entführt. →

GESTORBEN:

17. Anastasio Somoza Debayle (* 5. 12. 1925), früherer Staatspräsident von Nicaragua.

24. Peter Sellers (* 8. 9. 1925), britischer Schauspieler.

27. Mohammad Resa Pahlawi (* 26. 10. 1919), gestürzter persischer Schah. →

50 Nationen fehlen

1600 Soldaten bilden im Moskauer Stadion die Insignien Hammer und Sichel.

19. Juli. Die XXII. Olympischen Spiele werden in Moskau eröffnet. Aufgrund des russischen Einmarsches in Afghanistan im Dezember 1979 bleiben 50 Nationen den Spielen fern, darunter die USA und die Bundesrepublik. Über 8000 Sportler sind an den Spielen beteiligt. Die meisten Medaillen gehen an die UdSSR und die DDR, da vor allem die fehlende US-Konkurrenz den Wettbewerb verzerrt. Unter den Leichtathleten liefern sich die Engländer Sebastian Coe und Steve Ovett über 800 und 1500 m aufregende Duelle, wobei Ovett über 800, Coe über 1500 m gewinnt. Österreich feiert seine erste Goldmedaille bei Olympischen Sommerspielen seit vielen Jahren: Elisabeth Theurer siegt im Dressurreiten in der Einzelwertung. Die rumänische Turnerin Nadia Comaneci feiert mit zwei Goldmedaillen ihr Comeback nach Montreal. Im Medaillenspiegel führt die UdSSR mit 80 Goldmedaillen klar vor der DDR mit 47. Weit abgeschlagen die anderen Nationen: auf dem dritten Platz Bulgarien mit acht Goldmedaillen.

Entführung in Italien

25. Juli. Die beiden Töchter des ZDF-Korrespondenten Dieter Kronzucker, Susanne und Sabine, werden zusammen mit ihrem Cousin Martin Wächtler entführt. Die beiden Familien haben in Barberino Val d'Elsa in der Toskana ein Ferienhaus gemietet. Wenige Stunden nach der Entführung startet in Italien die größte Fahndungsaktion der Polizei seit der Entführung des Vorsitzenden der Democrazia Cristiana, Aldo Moro, 1978. Dennoch wird keine Spur entdeckt. Wochen vergehen, in denen sich die Entführer unregelmäßig melden.

Schah Pahlawi stirbt im Kairoer Exil

27. Juli. Im Alter von 60 Jahren stirbt in Kairo der gestürzte Schah des Iran. Mohammad Resa Pahlawi wurde 1919 in Teheran geboren. Nach der Abdankung seines Vaters wurde er 1941 Schah des Iran. Er verteidigt den Thron gegen Angriffe der kommunistischen Tudeh-Partei und mußte 1953 das Land verlassen, vertrieben vom Ministerpräsidenten Mossadegh. Nach Intervention des Militärs wurde er zurückgerufen. Resa Pahlawi schaltete die politische Opposition weitgehend aus. Mit Hilfe der Öleinnahmen seines Landes konnte er eine Industrialisierungs- und Modernisierungspolitik betreiben, die allerdings autoritär durchgesetzt wurde. Gefürchtet war innenpolitisch der Geheimdienst SAVAK, der jede Opposition gegen den Schah unterdrückte.

Der Iran pflegte enge wirtschaftliche Beziehungen zu westlichen Ländern, vor allem zu den USA. Auch aus dieser Diskrepanz zwischen der Modernisierung eines Teils des Landes und der traditionellen und streng islamischen Bevölkerung und der Geistlichen, sowie aus unterdrückter politischer Opposition rebellierte das Volk zunehmend im Laufe des Jahres 1978. Im Januar 1979 mußte die Schah-Familie den Iran verlassen, wo sich die »Islamische Revolution« des Ajatollah Khomeini durchsetzte. Nach Aufenthalten in mehreren Staaten lebt der kranke Schah bis zu seinem Tod in Ägypten, wo er auch bestattet wurde.

Fünfter Wimbledon-Sieg für Borg

5. Juli. Der Schwede Björn Borg wird zum fünftenmal Wimbledon-Sieger. Er schlägt den Amerikaner John McEnroe in fünf Sätzen 1 : 6, 7 : 5, 6 : 3, 6 : 7, 8 : 6. Björn Borg, wegen seiner Verschlossenheit und äußeren Ruhe der »Eisberg« genannt, ist der erste Tennisspieler, der den Pokal fünfmal hintereinander erringt. Im Dameneinzel schlägt die Australierin Evonne Cawley-Goolagong die Amerikanerin Chris Evert-Lloyd mit 6 : 1, 7 : 6.

Zum fünftenmal hält der Schwede Björn Borg den begehrten Pokal in Händen.

1980 Moskau

Leichtathletik Männer

100 m
1. Allan Wells GBR 10,25
2. Silvio Leonard CUB 10,25
3. Petyr Petrov BUL 10,39

200 m
1. Pietro Mennea ITA 20,19
2. Allan Wells GBR 20,21
3. Donald Quarrie JAM 20,29

400 m
1. Wiktor Markin SOV 44,60
2. Rick Mitchell AUS 44,84
3. Frank Schaffer DDR 44,87

800 m
1. Steven Ovett GBR 1:45,4
2. Sebastian Coe GBR 1:45,9
3. Nikolai Kirow SOV 1:46,0

1500 m
1. Sebastian Coe GBR 3:38,4
2. Jürgen Straub DDR 3:38,8
3. Steven Ovett GBR 3:39,0

5000 m
1. Miruts Yifter ETH 13:21,0
2. Suleiman Nyambui TAN 13:21,6
3. Kaarlo Maaninka FIN 13:22,0

10 000 m
1. Miruts Yifter ETH 27:42,7
2. Kaarlo Maaninka FIN 27:44,3
3. Mohammed Kedir ETH 27:44,7

Marathon
1. Waldemar Cierpinski DDR 2:11:03
2. Gerard Nijboer HOL 2:11:20
3. Satymk. Dschumanasarow SOV 2:11:35

110-m-Hürden
1. Thomas Munkelt DDR 13,39
2. Alejandro Casanas CUB 13,40
3. Alexander Putschkow SOV 13,44

400-m-Hürden
1. Volker Beck DDR 48,70
2. Wassili Archipenko SOV 48,86
3. Gary Oakes GBR 49,11

3000-m-Hindernislauf
1. Bronislaw Malinowski POL 8:09,7
2. Filbert Bayi TAS 8:12,5
3. Eshetu Tura ETH 8:13,6

4 × 100-m-Staffel
1. SOV 38,26 (Wladimir Murawjow, Nikolai Sidorow, Alexander Aksinin, Andrej Prokofjew)
2. POL 38,33 (Krzysztof Zwolinski, Zenon Licznerski, Leszek Dunecki, Marian Woronin)
3. FRA 38,53 (Antoine Richard, Pascal Barre, Patrick Barre, Hermann Panzo)

4 × 400-m-Staffel
1. SOV 3:01,1 (Remigius Valiulis, Michail Linge, Nikolai Tschernezky, Wiktor Markin)
2. DDR 3:01,3 (Klaus Thiele, Andreas Knebel, Frank Schaffer, Volker Beck)
3. ITA 3:04,3 (Stefano Malinverni, Mauro Zuliani, Roberto Tozzi, Pietro Mennea)

20-km-Gehen
1. Maurizio Damilano ITA 1:23:35
2. Pjotr Potschentschuk SOV 1:24:45
3. Roland Wieser DDR 1:25:58

50-km-Gehen
1. Hartwig Gauder DDR 3:49:24
2. Jorge Llopart SPA 3:51:25
3. Jewgeni Iwtschenko SOV 3:56:32

Hochsprung
1. Gerd Wessig DDR 2,36
2. Jacek Wszola POL 2,31
3. Jörg Freimuth DDR 2,31

Stabhochsprung
1. Wladyslaw Kozakiewicz POL 5,78
2. Konstantin Wolkow SOV 5,65
3. Tadeusz Slusarski POL 5,65

Weitsprung
1. Lutz Dombrowski DDR 8,54
2. Frank Paschek DDR 8,21
3. Waleri Podluschni SOV 8,18

Dreisprung
1. Jaak Uudmä SOV 17,35
2. Wiktor Sanejew SOV 17,24
3. João Carlos de Oliveira BRA 17,22

Kugelstoßen
1. Wladimir Kisseljow SOV 21,35
2. Alexander Baryschnikow SOV 21,08
3. Udo Beyer DDR 21,06

Diskuswerfen
1. Wiktor Raschtschupkin SOV 66,64
2. Imrich Bugar ČSR 66,38
3. Luis Delis CUB 66,32

Hammerwerfen
1. Juri Sedych SOV 81,80
2. Sergej Litwinow SOV 80,64
3. Juri Tamm SOV 78,96

Speerwerfen
1. Dainis Kula SOV 91,20
2. Alexander Makarow SOV 89,64
3. Wolfgang Hanisch DDR 86,72

Zehnkampf
1. Daley Thompson GBR 8495
2. Juri Kuzenko SOV 8331
3. Sergej Scheljanow SOV 8135

Leichtathletik Frauen

100 m
1. Ljudmila Kondratjewa SOV 11,06
2. Marlies Göhr DDR 11,07
3. Ingrid Auerswald DDR 11,14

200 m
1. Bärbel Wöckel DDR 22,03
2. Natalja Botschina SOV 22,19
3. Merlene Ottey JAM 22,20

400 m
1. Marita Koch DDR 48,88
2. Jarmila Kratochvilova ČSR 49,46
3. Christina Lathan DDR 49,66

800 m
1. Nadeschda Olisarenko SOV 1:53,5
2. Olga Minejewa SOV 1:54,9
3. Tatjana Prowidochina SOV 1:55,5

1500 m
1. Tatjana Kasankina SOV 3:56,6
2. Christiane Wartenberg DDR 3:57,8
3. Nadeschda Olisarenko SOV 3:59,6

100-m-Hürden
1. Wera Komissowa SOV 12,56
2. Johanna Klier DDR 12,63
3. Lucyna Langer POL 12,65

4 × 100-m-Staffel
1. DDR 41,60 (Ingrid Auerswald, Marlies Göhr, Romy Müller, Bärbel Wöckel)
2. SOV 42,10 (Wera Komissowa, Wera Anissimowa, Ljudmila Maslakowa, Natalja Botschina)
3. GBR 42,43 (Heather Hunte, Kathryn Smallwood, Beverley Goddard, Sonia Lannaman)

4 × 400-m-Staffel
1. SOV 3:20,2 (Tatjana Prorotschenko, Tatjana Goistschik, Nina Sjuskowa, Irina Nasarewa)
2. DDR 3:20,4 (Gabriele Löwe, Barbara Krug, Christina Lathan, Marita Koch)
3. GBR 3:27,5 (Linsey MacDonald, Michelle Probert, Joslyn Hoyte-Smith, Janine McGregor)

Das Finale im 800-Meter-Lauf: Steven Ovett (links) aus Großbritannien holt sich vor seinem Landsmann Sebastian Coe (mit der Nummer 254) die Goldmedaille.

Hochsprung
1. Sara Simeoni ITA 1,97
2. Urszula Kielan POL 1,94
3. Jutta Kirst DDR 1,94

Weitsprung
1. Tatjana Kolpakowa SOV 7,06
2. Brigitte Wujak DDR 7,04
3. Tatjana Skatschko SOV 7,01

Kugelstoßen
1. Ilona Slupianek DDR 22,41
2. Swetlana Kratschewskaja SOV 21,42
3. Margitta Pufe DDR 21,20

Diskuswerfen
1. Evelin Jahl DDR 69,96
2. Maria Petkova-Vergova BUL 67,90
3. Tatjana Lessowaja SOV 67,40

Speerwerfen
1. Maria Caridad Colon CUB 68,40
2. Saida Gunba SOV 67,76
3. Ute Hommola DDR 66,65

Fünfkampf
1. Nadeschda Tkatschenko SOV 5083
2. Olga Rukawitschnikowa SOV 4937
3. Olga Kuragina SOV 4875

Schwimmen Männer

100-m-Kraul
1. Jörg Woithe DDR 50,40
2. Per-Alvar Holmertz SWE 50,91
3. Per Johansson SWE 51,29

200-m-Kraul
1. Sergej Kopljakow SOV 1:49,81
2. Andrej Krylow SOV 1:50,76
3. Graeme Brewer AUS 1:51,60

400-m-Kraul
1. Wladimir Salnikow SOV 3:51,31
2. Andrej Krylow SOV 3:53,24
3. Iwar Stukolkin SOV 3:53,95

1500-m-Kraul
1. Wladimir Salnikow SOV 14:58,27
2. Alexander Tschajew SOV 15:14,30
3. Max Metzker AUS 15:14,49

100-m-Rücken
1. Bengt Baron SWE 56,63
2. Wiktor Kusnezow SOV 56,99
3. Wladimir Dolgow SOV 57,63

200-m-Rücken
1. Sandor Wladar UNG 2:01,93
2. Zoltan Verraszto UNG 2:02,40
3. Mark Kerry AUS 2:03,14

100-m-Brust
1. Duncan Goodhew GBR 1:03,34
2. Arsen Miskarow SOV 1:03,82
3. Peter Evans AUS 1:03,96

200-m-Brust
1. Robertas Schulpa SOV 2:15,85
2. Alban Vermes UNG 2:16,93
3. Arsen Miskarow SOV 2:17,28

100-m-Butterfly
1. Pär Arvidsson SWE 54,92
2. Roger Pyttel DDR 54,94
3. David Lopez SPA 55,13

200-m-Butterfly
1. Sergej Fessenko SOV 1:59,76
2. Philip Hubble GBR 2:01,20
3. Roger Pyttel DDR 2:01,39

400-m-Lagen
1. Alexander Sidorenko SOV 4:22,89
2. Sergej Fessenko SOV 4:23,43
3. Zoltan Verraszto UNG 4:24,24

4 × 200-m-Kraulstaffel
1. SOV 7:23,50 (Sergej Kopljakow, Wladimir Salnikow, Iwan Stukolkin, Andrej Krylow)
2. DDR 7:28,60 (Frank Pfütze, Jörg Woithe, Detlev Grabs, Rainer Strohbach)
3. BRA 7:29,30 (Jorge Luiz Fernandes, Marcus Mattioli, Ciro Marques Delgado, Djan Garrido Madruga)

4 × 100-m-Lagenstaffel
1. AUS 3:45,70 (Mark Kerry, Peter Evans, Mark Tonelli, Neil Brooks)
2. SOV 3:45,92 (Wiktor Kusnezow, Arsen Miskarow, Jewgeni Seredin, Sergej Kopljakow)
3. GBR 3:47,71 (Gary Abraham, Duncan Goodhew, David Lowe, Martin Shmith)

Kunstspringen
1. Alexander Portnow SOV 905,025
2. Carlos Giron MEX 892,140
3. Giorgio Cagnotto ITA 871,500

Turmspringen
1. Falk Hoffmann DDR 835,650
2. Wladimir Alejnik SOV 819,705
3. David Ambarzumjan SOV 817,440

Wasserball
1. Sowjetunion
2. Jugoslawien
3. Ungarn

Schwimmen Frauen

100-m-Kraul
1. Barbara Krause DDR 54,79
2. Caren Metschuck DDR 55,16
3. Ines Diers DDR 55,65

200-m-Kraul
1. Barbara Krause DDR 1:58,33
2. Ines Diers DDR 1:59,64
3. Carmela Schmitt DDR 2:01,44

400-m-Kraul
1. Ines Diers DDR 4:08,76
2. Petra Schneider DDR 4:09,16
3. Carmela Schmitt DDR 4:10,86

800-m-Kraul
1. Michelle Ford AUS 8:28,90
2. Ines Diers DDR 8:32,55
3. Heike Dähne DDR 8:33,48

100-m-Brust
1. Ute Geweniger DDR 1:10,22
2. Elwira Wassilkowa SOV 1:10,41
3. Susanne Schultz-Nielsson DAN 1:11,16

200-m-Brust
1. Lina Kaciusyte SOV 2:29,54
2. Swetlana Warganowa SOV 2:29,61
3. Julia Bogdanowa SOV 2:32,39

100-m-Rücken
1. Rica Reinisch DDR 1:00,86
2. Ina Kleber DDR 1:02,07
3. Petra Riedel DDR 1:02,65

200-m-Rücken
1. Rica Reinisch DDR 2:11,77
2. Cornelia Polit DDR 2:13,75
3. Birgit Treiber DDR 2:14,14

100-m-Butterfly
1. Caren Metschuck DDR 1:00,42
2. Andrea Pollack DDR 1:00,90
3. Christiane Knacke DDR 1:01,44

200-m-Butterfly
1. Ines Geißler DDR 2:10,44
2. Sybille Schönrock DDR 2:10,45
3. Michelle Ford AUS 2:11,66

400-m-Lagen
1. Petra Schneider DDR 4:36,29
2. Sharon Davies GBR 4:46,83
3. Agnieszka Czopek POL 4:48,17

4 × 100-m-Kraulstaffel
1. DDR 3:42,71 (Barbara Krause, Caren Metschuck, Ines Diers, Sarina Hülsenbeck)
2. SWE 3:48,93 (Carina Ljungdahl, Tina Gustafsson, Agneta Martensson, Agneta Eriksson)
3. HOL 3:49,51 (Cornelia van Bentum, Wilma van Velsen, Reggie de Jong, Annelies Maas)

4 × 100-m-Lagenstaffel
1. DDR 4:06,67 (Rica Reinisch, Ute Geweniger, Andrea Pollack, Caren Metschuck)
2. GBR 4:12,24 (Helen Jameson, Margaret Kelly, Ann Osgerby, June Croft)
3. SOV 4:13,61 (Jelena Kruglowa, Elwira Wassilkowa, Alla Grischtschenkowa, Natalja Strunnikowa)

Kunstspringen
1. Irina Kalinina SOV 725,910
2. Martina Proeber DDR 698,895
3. Karin Guthke DDR 684,245

Turmspringen
1. Martina Jäschke DDR 595,250
2. Serward Emirsjan SOV 576,465
3. Liana Zotadse SOV 575,925

Boxen

Halbfliegengewicht (bis 48 kg)
1. Schamil Sabirow SOV
2. Hipolito Ramos CUB
3. Ismail Mustafov BUL
3. Byong Uk Li NKO

Fliegengewicht (bis 51 kg)
1. Petyr Lessov BUL
2. Wiktor Miroschnitschenko SOV
3. Janos Varadi UNG
3. Hugh Russell IRL

Bantamgewicht (bis 54 kg)
1. Juan Bernardo Hernandez CUB
2. Bernardo José Pinango VEN
3. Michael Anthony GUY
3. Dumitru Cipere RUM

Federgewicht (bis 57 kg)
1. Rudi Fink DDR
2. Adolfo Horta CUB
3. Krzysztof Kosedowski POL
3. Wiktor Rybakow SOV

Leichtgewicht (bis 60 kg)
1. Angel Herrera CUB
2. Wiktor Demjanenko SOV
3. Richard Nowakowski DDR
3. Kazimierz Adach POL

Halbweltergewicht (bis 63,5 kg)
1. Patrizio Oliva ITA
2. Serik Konakbajew SOV
3. Anthony Willis GBR
3. José Aguilar CUB

Weltergewicht (bis 67 kg)
1. Andres Aldama CUB
2. John Mugabi UGA
3. Karl-Heinz Krüger DDR
3. Kazimierz Szczerba POL

Halbmittelgewicht (bis 71 kg)
1. Armando Martinez CUB
2. Alexander Koschkin SOV
3. Detlef Kästner DDR
3. Jan Franek ČSR

Mittelgewicht (bis 75 kg)
1. José Gomez CUB
2. Wiktor Sawtschenko SOV
3. Valentin Silaghi RUM
3. Jerzy Rybicki POL

Halbschwergewicht (bis 81 kg)
1. Slobodan Kacar YUG
2. Pawel Skrzecz POL
3. Herbert Bauch DDR
3. Ricardo Rojas CUB

Schwergewicht (über 81 kg)
1. Teofilo Stevenson CUB
2. Pjotr Zajew SOV
3. Istvan Levai UNG
3. Jürgen Fanghänel DDR

Gewichtheben

Fliegengewicht (bis 52 kg)
1. Kanybek Osmonalijew SOV 245,0
2. Ho Bong Zol NKO 245,0
3. Han Gyong Si NKO 245,0

Bantamgewicht (bis 56 kg)
1. Daniel Nunez CUB 275,0
2. Jurik Sarkisjan SOV 270,0
3. Tadeusz Dembonczyk POL 265,0

Federgewicht (bis 60 kg)
1. Wiktor Masin SOV 290,0
2. Stefan Dimitrov BUL 287,5
3. Marek Seweryn POL 282,5

Leichtgewicht (bis 67,5 kg)
1. Yanko Rusev BUL 342,5
2. Joachim Kunz DDR 335,0
3. Mintscho Pachov BUL 325,0

Mittelgewicht (bis 75 kg)
1. Assen Zlatev BUL 360,0
2. Alexander Perwi SOV 357,5
3. Nedeltscho Kolev BUL 345,0

Leichtschwergewicht (bis 82,5 kg)
1. Jurik Wardanjan SOV 400,0
2. Blagoi Blagojev BUL 372,5
2. Dusan Poliacik ČSR 367,5

Mittelschwergewicht (bis 90 kg)
1. Peter Baczako UNG 377,5
2. Rumen Alexandrov BUL 375,0
3. Frank Mantek DDR 370,0

1. Schwergewicht (bis 100 kg)
1. Ota Zaremba ČSR 395,0
2. Igor Nikitin SOV 392,5
3. Alberto Blanco CUB 385,0

2. Schwergewicht (bis 110 kg)
1. Leonid Taranenko SOV 422,5
2. Valentin Christov BUL 405,0
3. György Szalai UNG 390,0

Superschwergewicht (über 110 kg)
1. Sultan Rachmanow SOV 440,5
2. Jürgen Heuser DDR 410,0
3. Tadeusz Rutkowski POL 407,5

Ringen, griechisch-römischer Stil

Papiergewicht (bis 48 kg)
1. Saksylik Uschkempirow SOV
2. Constantin Alexandru RUM
3. Ferenc Seres UNG

Fliegengewicht (bis 52 kg)
1. Wachtang Blagidse SOV
2. Lajos Racs UNG
3. Mladen Mladenov BUL

Bantamgewicht (bis 57 kg)
1. Chamil Serikow SOV
2. Jozef Lipien POL
3. Benni Ljungbeck SWE

Federgewicht (bis 62 kg)
1. Stylianous Migiakis GRE
2. Istvan Toth UNG
3. Boris Kramorenko SOV

Leichtgewicht (bis 68 kg)
1. Stefan Rusu RUM
2. Andrzej Supron POL
3. Lars-Erik Skjöld SWE

Weltergewicht (bis 74 kg)
1. Ferenc Kocsis UNG
2. Anatoli Bykow SOV
3. Mikko Huhtala FIN

Mittelgewicht (bis 82 kg)
1. Gennadi Korban SOV
2. Jan Dolgowicz POL
3. Pavel Pavlov BUL

Halbschwergewicht (bis 90 kg)
1. Norbert Nottny UNG
2. Igor Kanygin SOV
3. Petre Dicu RUM

Schwergewicht (bis 100 kg)
1. Georgi Raikov BUL
2. Roman Bierla POL
3. Vasile Andrei RUM

Superschwergewicht (über 110 kg)
1. Alexander Koltschinski SOV
2. Alexander Tomov BUL
3. Hassan Bschara LIB

(Fortsetzung auf Seite 1166)

Abkürzungsschlüssel siehe Register

1980 Moskau

(Fortsetzung von Seite 1165)

Freistilringen

Papiergewicht (bis 48 kg)
1. Claudio Polio — ITA
2. Se Hong Jang — NKO
3. Sergej Kornilajew — SOV

Bantamgewicht (bis 57 kg)
1. Sergej Beloglasow — SOV
2. Ho Hyong Li — NKO
3. Dugassuren Ouinbold — MON

Federgewicht (bis 62 kg)
1. Mahomed Hasan Abuschew — SOV
2. Micho Dukov — BUL
3. Georges Hazionides — GRE

Leichtgewicht (bis 68 kg)
1. Saipullah Absaidow — SOV
2. Ivan Jankov — BUL
3. Saban Sejdi — YUG

Weltergewicht (bis 74 kg)
1. Valentin Raitschev — BUL
2. Jamtsying Dawaajaw — MON
3. Dan Karabin — ČSR

Mittelgewicht (bis 82 kg)
1. Ismail Abilov — BUL
2. Mahomet Arazilow — SOV
3. Istvan Kovacs — UNG

Halbschwergewicht (bis 90 kg)
1. Sanagar Oganesjan — SOV
2. Uwe Neupert — DDR
3. Alexander Cichon — POL

Schwergewicht (bis 100 kg)
1. Ilja Mate — SOV
2. Slavtscho Tschervenkov — BUL
3. Julius Strnisko — ČSR

Superschwergewicht (über 100 kg)
1. Soslan Andijew — SOV
2. Joszef Balla — UNG
3. Adam Sandurski — POL

Judo

Superleichtgewicht (bis 60 kg)
1. Thierry Rey — FRA
2. José Rodriguez — CUB
3. Tibor Kincses — UNG
3. Arambu Emisch — SOV

Halbleichtgewicht (bis 65 kg)
1. Nikola Soloduchin — SOV
2. Zendjing Damdin — MON
3. Ilian Nedkov — BUL
3. Janusz Pawlowski — POL

Leichtgewicht (bis 68 kg)
1. Enzio Gamba — ITA
2. Neil Adams — GBR
3. Karl-Heinz Lehmann — DDR
3. Ravdan Davaadalai — MON

Halbmittelgewicht (bis 78 kg)
1. Shota Chabareli — SOV
2. Juan Ferrer — CUB
3. Bernard Tchoullouyan — FRA
3. Harald Heinke — DDR

Mittelgewicht (bis 86 kg)
1. Jürg Röthlisberger — SUI
2. Isaac Azcuy — CUB
3. Detlev Ultsch — DDR
3. Alexander Jazkewitsch — SOV

Halbschwergewicht (bis 95 kg)
1. Robert van de Walle — BEL
2. Tengis Chubuluri — SOV
3. Dietmar Lorenz — DDR
3. Henk Numan — HOL

Schwergewicht (über 95 kg)
1. Angelo Parisi — FRA
2. Dimitar Zaprianov — BUL
3. Vladimir Kocman — ČSR
3. Radomir Kovacevic — YUG

All-Kategorie (ohne Gewichtslimit)
1. Dietmar Lorenz — DDR
2. Angelo Parisi — FRA
3. Andras Ozsvar — UNG
3. Arthur Mapp — GBR

Fechten Männer

Florett Einzel
1. Wladimir Smirnow — SOV — 4 S. n. Stechen
2. Pascal Jolyot — FRA — 4 S.
3. Alexander Romankow — SOV — 3 S.

Florett Mannschaft
1. Frankreich
2. Sowjetunion
3. Polen

Degen Einzel
1. Johan Harmenberg — SWE — 4 S.
2. Ernö Kolczonay — UNG — 3 S. (19:23)
3. Philippe Riboud — FRA — 3 S. (17:20)

Degen Mannschaft
1. Frankreich
2. Polen
3. Sowjetunion

Säbel Einzel
1. Wiktor Krowopuskow — SOV — 4 S. n. Stechen
2. Michail Burzew — SOV — 4 S.
3. Imre Gedóvari — UNG — 3 S.

Säbel Mannschaft
1. Sowjetunion
2. Italien
3. Ungarn

Fechten Frauen

Florett Einzel
1. Pascale Trinquet — FRA — 4 S.
2. Magda Maros — UNG — 3 S.
3. Barbara Wysoczanska — POL — 3 S.

Florett Mannschaft
1. Frankreich
2. Sowjetunion
3. Ungarn

Moderner Fünfkampf Einzel

1. Anatoli Starostin — SOV — 5568
2. Tamas Szombathelyi — UNG — 5502
3. Pawel Lednew — SOV — 5382

Moderner Fünfkampf Mannschaft

1. Sowjetunion
2. Ungarn
3. Schweden

Kanu Männer

500 m Kajak-Einer (K 1)
1. Wladimir Parfenowitsch — SOV — 1:43,43
2. John Sumegi — AUS — 1:44,12
3. Vasile Diba — RUM — 1:44,90

1000 m Kajak-Einer (K 1)
1. Rüdiger Helm — DDR — 3:48,77
2. Alain Lebas — FRA — 3:50,20
3. Ion Birladeanu — RUM — 3:50,49

500 m Kajak-Zweier (K 2)
1. Sowjetunion — 1:32,38
2. Spanien — 1:33,65
3. DDR — 1:34,00

1000 m Kajak-Zweier (K 2)
1. Sowjetunion — 3:26,72
2. Ungarn — 3:28,49
3. Spanien — 3:28,66

1000 m Kajak-Vierer (K 4)
1. DDR — 3:13,76
2. Rumänien — 3:15,35
3. Bulgarien — 3:15,46

500 m Canadier-Einer (C 1)
1. Sergej Postrechin — SOV — 1:53,37
2. Lubomir Lubenov — BUL — 1:53,49
3. Olaf Heukrodt — DDR — 1:54,38

1000 m Canadier-Einer (C 1)
1. Lubomir Lubenov — BUL — 4:12,38
2. Sergej Postrechin — SOV — 4:13,53
3. Eckhard Leue — DDR — 4:15,02

500 m Canadier-Zweier (C 2)
1. Ungarn — 1:43,39
2. Rumänien — 1:44,12
3. Bulgarien — 1:44,83

1000 m Canadier-Zweier (C 2)
1. Rumänien — 3:47,65
2. DDR — 3:49,93
3. Sowjetunion — 3:51,28

Kanu Frauen

500 m Kajak-Einer (K 1)
1. Birgit Fischer — DDR — 1:57,96
2. Vanja Ghecheva — BUL — 1:59,48
3. Antonina Melnikowa — SOV — 1:59,66

500 m Kajak-Zweier (K 2)
1. DDR — 1:43,88
2. Sowjetunion — 1:46,91
3. Ungarn — 1:47,95

Rudern Männer

Einer
1. Pertti Karppinen — FIN — 7:09,61
2. Wassili Jakuscha — SOV — 7:11,66
3. Peter Kersten — DDR — 7:14,88

Doppelzweier
1. DDR — 6:24,33
2. Jugoslawien — 6:26,34
3. Tschechoslowakei — 6:29,07

Zweier ohne Steuermann
1. DDR — 6:48,01
2. Sowjetunion — 6:50,50
3. Großbritannien — 6:51,47

Zweier mit Steuermann
1. DDR — 7:02,54
2. Sowjetunion — 7:03,35
3. Jugoslawien — 7:04,92

Doppelvierer
1. DDR — 5:49,81
2. Sowjetunion — 5:51,47
3. Bulgarien — 5:52,38

Vierer ohne Steuermann
1. DDR — 6:08,17
2. Sowjetunion — 6:11,81
3. Großbritannien — 6:16,58

Vierer mit Steuermann
1. DDR — 6:14,51
2. Sowjetunion — 6:19,05
3. Polen — 6:22,52

Achter
1. DDR — 5:49,05
2. Großbritannien — 5:51,92
3. Sowjetunion — 5:52,66

Rudern Frauen

Einer
1. Sanda Toma — RUM — 3:40,69
2. Antonina Machina — SOV — 3:41,65
3. Martina Schröter — DDR — 3:43,54

Doppelzweier
1. Sowjetunion — 3:16,27
2. DDR — 3:17,63
3. Rumänien — 3:18,91

Zweier ohne Steuerfrau
1. DDR — 3:30,49
2. Polen — 3:30,95
3. Bulgarien — 3:32,39

Vierer mit Steuerfrau
1. DDR — 3:19,27
2. Bulgarien — 3:20,75
3. Sowjetunion — 3:20,92

Doppelvierer mit Steuerfrau
1. DDR — 3:15,32
2. Sowjetunion — 3:15,73
3. Bulgarien — 3:16,10

Achter
1. DDR — 3:03,32
2. Sowjetunion — 3:04,29
3. Rumänien — 3:05,63

Segeln

Ein-Mann-Boot (Finn-Dinghi)
1. Esko Rechardt — FIN — 36,7
2. Wolfgang Mayrhofer — AUT — 46,7
3. Andrej Balaschow — SOV — 47,4

Flying Dutchman
1. Spanien — 19,0
2. Irland — 30,0
3. Ungarn — 45,7

Soling
1. Dänemark — 23,0
2. Sowjetunion — 30,4
3. Griechenland — 31,1

Star
1. Sowjetunion — 24,7
2. Österreich — 31,7
3. Italien — 36,1

470er Jolle
1. Brasilien — 36,4
2. DDR — 38,7
3. Finnland — 39,7

Tornado
1. Brasilien — 21,4
2. Dänemark — 30,4
3. Schweden — 33,7

Radsport

Straßenrennen Einzel
1. Sergej Suchorutschenkow — SOV — 4:48:28
2. Czeslaw Lang — POL — 4:51:25
3. Juri Barinow — SOV — 4:51:25

Mannschafts-Zeitfahren, 100 km
1. Sowjetunion — 49,438
2. DDR — 48,826
3. Tschechoslowakei — 48,821

Radsprint (Fliegerrennen), 1000 m
1. Lutz Heßlich — DDR
2. Yave Cahard — FRA
3. Sergej Kopylow — SOV

Zeitfahren, 1000 m
1. Lothar Thoms — DDR — 1:02,955
2. Alexander Panfilow — SOV — 1:04,845
3. David Weller — JAM — 1:05,241

4000-m-Einzel-Verfolgungsrennen
1. Robert Dill-Bundi — SUI — 4:35,66
2. Alain Bondue — FRA — 4:42,96
3. Hans-Henrik Oersted — DAN — 4:36,54

4000-m-Mannschafts-Verfolgungsrennen
1. Sowjetunion — 4:15,68
2. DDR — 4:19,68
3. Tschechoslowakei

Reitsport

Military Einzel
1. Federico Roman — ITA — −108,70
2. Alexander Blinow — SOV — −120,80
3. Juri Salnikow — SOV — −151,60

Military Mannschaftswertung
1. Sowjetunion — −457,00
2. Italien — −656,20
3. Mexiko — −1172,85

Dressur Einzel
1. Elisabeth Theurer — AUT — 1370
2. Juri Kowschow — SOV — 1300
3. Wiktor Ugrjumow — SOV — 1234

Dressur Mannschaft
1. Sowjetunion — 4383,0
2. Bulgarien — 3580,0
3. Rumänien — 3346,0

Jagdspringen Einzel
1. Jan Kowalczyk — POL — −8
2. Nikolai Korolkow — SOV — −9,50
3. Joaquin Perez de las Heras — MEX — −12
3. Osvaldo Mendez Herbruger — GUA — −12

Jagdspringen Mannschaften (Preis der Nationen)
1. Sowjetunion — −20,25
2. Polen — −56,00
3. Mexiko — −59,75

Schießen

Kleinkaliber (KK) liegende Stellung
1. Karoly Verga — UNG — 599
2. Hellfried Heilfort — DDR — 599
3. Petyr Saprianov — BUL — 598

Kleinkaliber (KK) Dreistellungskampf
1. Wiktor Wlassow — SOV — 1173
2. Bernd Hartstein — DDR — 1166
3. Sven Johansson — SWE — 1165

Schnellfeuerpistole
1. Corneliu Ion — RUM — 596+443
2. Jürgen Wiefel — DDR — 596+442
3. Gerhard Petritsch — AUT — 596+146

Freie Pistole
1. Alexander Melentjew — SOV — 581
2. Harald Vollmar — DDR — 568
3. Lubtscho Djakov — BUL — 565

Tontaubenschießen (Trap)
1. Luciano Giovanetti — ITA — 198
2. Rustam Jambulatow — SOV — 196
3. Jörg Damme — DDR — 196

Tontaubenschießen (Skeet)
1. Hans-Kjeld Rasmussen — DAN — 196
2. Lars-Göran Carlsson — SWE — 196
3. Roberto Castrillo — CUB — 196

Laufende Scheibe
1. Igor Sokolow — SOV — 589
2. Thomas Pfeffer — DDR — 589
3. Alexander Gasow — SOV — 587

Bogenschießen

Männer, Vierkampf
1. Tomi Poikalainen — FIN — 2455
2. Boris Ischtschenko — SOV — 2452
3. Giancarlo Ferrari — ITA — 2449

Frauen, Vierkampf
1. Keto Losaberidse — SOV — 2491
2. Natalja Butusow — SOV — 2477
3. Paivi Merilouto — FIN — 2449

Turnen Männer

Mehrkampf Einzel
1. Alexander Ditjatin — SOV — 118,650
2. Nikolai Andrianow — SOV — 118,225
3. Stojan Deltschew — BUL — 118,000

Mehrkampf Mannschaft
1. Sowjetunion — 589,60
2. DDR — 581,15
3. Ungarn — 575,00

Barren
1. Alexander Tkatschew — SOV — 19,775
2. Alexander Ditjatin — SOV — 19,750
3. Roland Brückner — DDR — 19,650

Bodenübung
1. Roland Brückner — DDR — 19,750
2. Nikolai Andrianow — SOV — 19,725
3. Alexander Ditjatin — SOV — 19,700

Pferdsprung
1. Nikolai Andrianow — SOV — 19,825
2. Alexander Ditjatin — SOV — 19,800
3. Roland Brückner — DDR — 19,775

Seitpferd
1. Zoltan Magyar — UNG — 19,925
2. Alexander Ditjatin — SOV — 19,800
3. Michael Nikolay — DDR — 19,775

Reck
1. Stojan Deltschew — BUL — 19,825
2. Alexander Ditjatin — SOV — 19,750
3. Nikolai Andrianow — SOV — 19,675

Ringe
1. Alexander Ditjatin — SOV — 19,870
2. Alexander Tkatschew — SOV — 19,725
3. Jiri Tabak — ČSR — 19,600

Turnen Frauen

Mehrkampf Einzel
1. Jelena Dawydowa — SOV — 79,150
2. Nadia Comaneci — RUM — 79,075
3. Maxi Gnauck — DDR — 79,075

Mehrkampf Mannschaft
1. Sowjetunion — 394,90
2. Rumänien — 393,50
3. DDR — 392,55

Stufenbarren
1. Maxi Gnauck — DDR — 19,875
2. Emilia Eberle — RUM — 19,850
3. Maria Filatowa — SOV — 19,775
3. Steffi Kräker — DDR — 19,775
3. Melita Ruhn — RUM — 19,775

Bodenübung
1. Nadia Comaneci — RUM — 19,875
1. Nelli Kim — SOV — 19,875
3. Natalja Schaposchnikowa — SOV — 19,825
3. Maxi Gnauck — DDR — 19,825

Pferdsprung
1. Natalja Schaposchnikowa — SOV — 19,725
2. Steffi Kräker — DDR — 19,675
3. Melita Ruhn — RUM — 19,650

Schwebebalken
1. Nadia Comaneci — RUM — 19,800
2. Jelena Dawydowa — SOV — 19,750
3. Natalja Schaposchnikowa — SOV — 19,725

Basketball Männer

1. Jugoslawien
2. Italien
3. Sowjetunion

Basketball Frauen

1. Sowjetunion
2. Bulgarien
3. Jugoslawien

Fußball

1. Tschechoslowakei
2. DDR
3. Sowjetunion

Hallenhandball Männer

1. DDR
2. Sowjetunion
3. Rumänien

Hallenhandball Frauen

1. Sowjetunion
2. Jugoslawien
3. DDR

Landhockey Männer

1. Indien
2. Spanien
3. Sowjetunion

Landhockey Frauen

1. Zimbabwe
2. Tschechoslowakei
3. Sowjetunion

Volleyball Männer

1. Sowjetunion
2. Bulgarien
3. Rumänien

Volleyball Frauen

1. Sowjetunion
2. DDR
3. Bulgarien

Teofilo Stevenson aus Kuba (rechts) gewinnt gegen den Russen Pjotr Zajew seine dritte Schwergewichts-Goldmedaille.

AUGUST

Mo	Di	Mi	Do	Fr	Sa	So
				1	2	3
4	5	6	7	8	9	10
11	12	13	14	15	16	17
18	19	20	21	22	23	24
25	26	27	28	29	30	31

1. Patrick Depailler, französischer Formel-1-Fahrer, verunglückt bei Testfahrt auf dem Hockenheim-Ring tödlich.

2. Anschlag von Rechtsextremisten auf Bahnhof der Stadt Bologna (Italien) fordert über 80 Tote. →

3. Olympische Spiele in Moskau sind beendet.

7. Wirbelsturm »Allen« fordert 70 Tote in der Karibik.

11. M. Radschai wird Ministerpräsident des Iran.

13. Bundesdeutsches Bankenkonsortium stellt Polen Kredit von 1,2 Milliarden DM bereit.

14. US-Präsident Carter zum Präsidentschaftskandidaten der Demokratischen Partei nominiert, nachdem sein Rivale Edward Kennedy aufgab.

14. Streiks in Polen, die im Juli begannen, greifen auf Danziger Lenin-Werft und andere Betriebe und Städte über.

15. Mit Pontifikalamt und Prozession wird in Köln das Domjubiläum gefeiert. →

18. Bundeswehr führt Orden ein.

20. Bei Flugzeug-Notlandung in Riad (Saudi-Arabien) verbrennen 300 Menschen.

22. Wegen Entwicklung in Polen sagt Bundeskanzler Schmidt sein für den 28. November geplantes Treffen mit Erich Honecker ab.

22. Beim zweiten Anschlag innerhalb einer Woche auf ein Hamburger Ausländerwohnheim kommen zwei Vietnamesen ums Leben. →

23. Polnische Regierungskommission nimmt in Danzig Verhandlungen mit Streikenden auf, die von Lech Walesa angeführt werden.

27. Chun Do Hwan wird zum Präsidenten Südkoreas gewählt. Er folgt dem nach Unruhen in Kwangju zurückgetretenen Choi Kyu Hah.

28. Erstmals seit Militärputsch 1973 erhalten Oppositionelle in Chile Gelegenheit, sich zu treffen. In Santiago spricht der frühere christdemokratische Präsident Frei. 50 000 demonstrieren gegen die Militärjunta.

GESTORBEN:

11. Willi Forst (* 7. 4. 1903), österreichischer Schauspieler und Regisseur.

83 Tote bei Anschlag in Bologna

2. August. Das schlimmste Blutbad der europäischen Nachkriegszeit ereignet sich im Hauptbahnhof der italienischen Stadt Bologna. Im Wartesaal zweiter Klasse detoniert eine Sprengladung, die einen Seitenflügel des Bahnhofs fast völlig zerstört. 83 Menschen sterben, etwa 200 werden verletzt. Die Verantwortung für den Anschlag übernimmt eine rechtsradikale Terrororganisation, die sich »Bewaffnete Revolutionäre Stoßtrupps« nennt. Die seit langem von Kommunisten regierte Stadt Bologna ist den italienischen Neo-Faschisten ein Dorn im Auge. Am Tag des Anschlags wird in Italien gegen mehrere rechtsradikale Attentäter, die in Haft sind, Anklage erhoben. Bolognas Bürgermeister nennt die Bombenexplosion ein schreckliches Attentat gegen die Menschheit.

Der zerstörte Flügel des Bahnhofs in Bologna nach dem Bombenanschlag.

Bombe im Wohnheim

22. August. Zum zweiten Anschlag innerhalb von einer Woche kommt es in einem Hamburger Ausländerwohnheim. Dabei werden zwei Vietnamesen getötet. Auch in anderen bundesdeutschen Städten geschehen Gewalttätigkeiten gegen Ausländer, so daß das Wort von der zunehmenden »Ausländerfeindlichkeit« der Deutschen aufkommt. Politiker befürchten, daß die Anschläge zwar auf Extremisten zurückzuführen sind, daß sie jedoch den Ausdruck einer allgemeinen Stimmung im Lande bilden. Ursache dafür mag die sich verschlechternde wirtschaftliche und soziale Situation sein, in der die etwa vier Millionen Ausländer in der Bundesrepublik als eine Bedrohung für den eigenen Arbeitsplatz angesehen werden. Hinzu kommt ein Ansturm von Asylanten aus Asien und anderen Ländern, die kommen, um politisches Asyl zu erhalten, aber auch Arbeit.

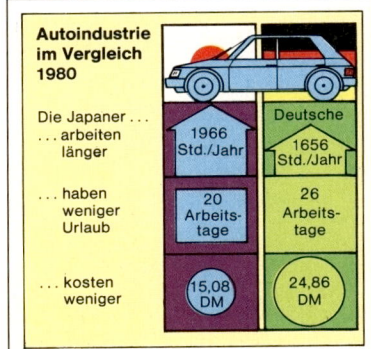

Autoindustrie im Vergleich 1980

	Die Japaner...	Deutsche
...arbeiten länger	1966 Std./Jahr	1656 Std./Jahr
...haben weniger Urlaub	20 Arbeitstage	26 Arbeitstage
...kosten weniger	15,08 DM	24,86 DM

Ein Vergleich der Situation der Beschäftigten in der Autoindustrie Japans und der Bundesrepublik Deutschland im Jahr 1980.

Köln feiert Domjubiläum

15. August. 170 000 Menschen versammeln sich in den Straßen von Köln, als der Tag der Grundsteinlegung für den Dom gefeiert wird: Vor 732 Jahren ist der Bau begonnen worden. Nach einem Pontifikalamt zieht eine Prozession durch die Stadt, der Erzbischof segnet den Rhein und das Land. Zahlreiche Feiern ranken sich um das Domjubiläum. Die offizielle Vollendung des Baus ist am 15. Oktober 1880 begangen worden. Eine umfangreiche Ausstellung erinnert an alle Phasen des Dombaus.

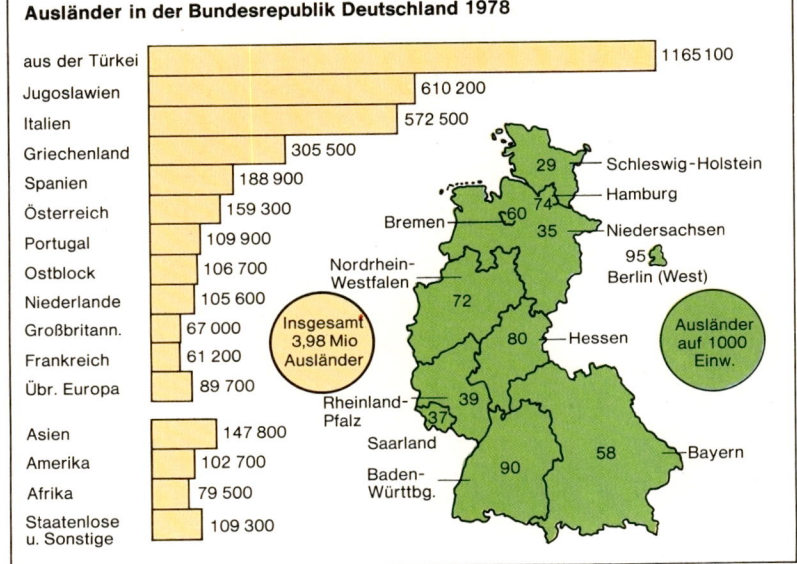

Ausländer in der Bundesrepublik Deutschland 1978

aus der Türkei	1 165 100
Jugoslawien	610 200
Italien	572 500
Griechenland	305 500
Spanien	188 900
Österreich	159 300
Portugal	109 900
Ostblock	106 700
Niederlande	105 600
Großbritann.	67 000
Frankreich	61 200
Übr. Europa	89 700
Asien	147 800
Amerika	102 700
Afrika	79 500
Staatenlose u. Sonstige	109 300

Insgesamt 3,98 Mio Ausländer

Ausländer auf 1000 Einw.

Schleswig-Holstein 29
Hamburg 74
Bremen 60
Niedersachsen 35
Berlin (West) 95
Nordrhein-Westfalen 72
Hessen 80
Rheinland-Pfalz 39
Saarland 37
Baden-Württbg. 90
Bayern 58

Mo	Di	Mi	Do	Fr	Sa	So
1	2	3	4	5	6	7
8	9	10	11	12	13	14
15	16	17	18	19	20	21
22	23	24	25	26	27	28
29	30					

Mo	Di	Mi	Do	Fr	Sa	So
		1	2	3	4	5
6	7	8	9	10	11	12
13	14	15	16	17	18	19
20	21	22	23	24	25	26
27	28	29	30	31		

Iran und Irak im Krieg

Zerstörte Ölleitung in Abadan.

20. September. Die latente Feindseligkeit zwischen den Regimen des Irak und des Iran bricht im September in offene Kämpfe aus. Am 17. September kündigt Iraks Präsident Hussein das Grenzabkommen von 1975. Nach mehreren Grenzzwischenfällen fliegt die irakische Luftwaffe drei Tage später überraschend Angriffe auf Ziele im Iran. Nicht nur militärische Ziele werden in den Krieg einbezogen. Die Ölfelder im persischen Abadan am Schatt el-Arab geraten zum Teil in Brand, die Stadt Täbris im Iran wird ebenso bombardiert wie die Hauptstadt des Irak, Bagdad. Der Irak besetzt einen Teil der iranischen Ölprovinz Khusistan, die Ölversorgung wird unregelmäßiger.

Linke Spalte (September):

3. Bergleute Oberschlesiens beenden Streik nach Einigung mit Regierungskommission.

5. Als längster Straßentunnel der Welt wird in der Schweiz der Gotthard-Tunnel eröffnet.

6. Polens Parteichef Gierek wird von Stanislaw Kania abgelöst.

10. Im Fußballfreundschaftsspiel gegen die Schweiz gewinnt die Bundesrepublik in Basel mit 3 : 2 vor 32 000 Zuschauern (Halbzeit 1 : 0).

11. Bei Volksabstimmung über neue Verfassung stimmen 69,14 Prozent der chilenischen Wähler für den Vorschlag von General Pinochet, der damit weitere acht Jahre im Amt bleibt.

12. In unblutigem Putsch übernimmt das Militär unter General Evren die Macht in der Türkei. Parteien und Gewerkschaften werden verboten, das Kriegsrecht verhängt.

17. Bundesdeutscher UNO-Botschafter Rüdiger von Wechmar wird für ein Jahr zum Präsidenten der Vollversammlung gewählt.

17. Nicaraguas früherer Staatspräsident Somoza wird im Exil in Paraguay ermordet.

17. Südkoreanisches Militärgericht verurteilt Oppositionspolitiker Kim Dae Jung zum Tode.

20. Offener Krieg zwischen Iran und Irak. →

22. Zwischen der Bundesregierung und dem Verband Deutscher Flugleiter kommt es im Streit um Kosten des Fluglotsenstreiks zu einem Vergleich: der Verband zahlt bis Ende 1985 eine Million DM.

26. Schweizer Schwurgericht in Winterthur verurteilt deutschen Terroristen Rolf-Clemens Wagner wegen Bankraub und Mord zu lebenslanger Haft.

26. In Nordrhein-Westfalen wird in der Babynahrung das Hormon Östrogen entdeckt, mit dem Kälber gemästet werden. Die Produkte werden aus dem Verkehr gezogen.

26. Bei Anschlag auf Münchner Oktoberfest kommen 13 Menschen ums Leben. →

29. Formel-1-Weltmeister wird der Australier Alan Jones.

GESTORBEN:

16. Jean Piaget (* 9. 8. 1896), Schweizer Psychologe.

Oktoberfest-Anschlag

26. September. Am Abend des 26. September detoniert auf dem Münchener Oktoberfest eine Bombe, die 13 Menschen tötet und über 200 verletzt. Als Täter kommt nach Meinung der Polizei der 21jährige Geologiestudent, Gundolf Köhler, in Betracht, der bei dem Anschlag getötet wird. Offenbar ist der Sprengkörper vorzeitig detoniert. Köhler ist im nachrichtendienstlichen Computer des Bundesinnenministeriums als Anhänger der »Wehrsportgruppe Hoffmann« erfaßt, einer neo-nazistischen Organisation, die im Januar verboten worden ist. Die Tat ruft in der Bundesrepublik vor allem deshalb Entsetzen hervor, weil erstmals ein Attentat bewußt nicht gezielt gegen eine prominente Einzelperson gerichtet ist, sondern gegen zufällig anwesende Bürger. Das Oktoberfest schließt seine Pforten für 24 Stunden.

Ein Bombenanschlag auf dem Oktoberfest kostet 13 Menschenleben.

Rechte Spalte (Oktober):

1. Die am 25. Juli in der Toskana entführten Kinder des ZDF-Korrespondenten Kronzucker und ihr Cousin Martin Wächtler werden nach Lösegeldzahlung freigelassen.

3. Bei Anschlag auf jüdische Synagoge in Paris werden drei Menschen getötet und mehrere verletzt. Eine rechtsradikale Organisation übernimmt die Verantwortung.

5. Bundestagswahl bestätigt SPD/FDP-Koalition. Union wird stärkste Fraktion. →

8. Syrien und die Sowjetunion unterzeichnen Freundschaftsvertrag.

9. DDR verdoppelt den Zwangsumtausch für Besucher aus der Bundesrepublik. →

10. Erdbeben in Algerien richtet schwere Schäden an.

10. Polen wird der Bundesrepublik von 1986 bis 1992 jährlich 800 000 Tonnen Steinkohle liefern.

13. »Greenpeace« und andere Organisationen protestieren gegen Verschmutzung der Nordsee.

14. Spanischer Fußballclub FC Barcelona kauft Bernd Schuster vom 1. FC Köln für 3,6 Millionen DM.

14. Nordkoreas Kommunistische Partei bestätigt ältesten Sohn des Präsidenten Kim Il Sung als dessen designierten Nachfolger.

17. Königin Elizabeth II. von Großbritannien ist zu Gast im Vatikan.

19. Griechenlands Regierung beschließt Rückkehr in die militärische Struktur der NATO.

23. Sowjetischer Ministerpräsident Kossygin tritt aus gesundheitlichen Gründen zurück. Sein Nachfolger wird Nikolai Tichonow.

23. Bei Explosion in einer Schule in Bilbao (Spanien) kommen 62 Kinder ums Leben.

28. DDR beschränkt Paß- und Visaverkehr mit Polen.

31. Gericht in Warschau registriert Eintragung der Gewerkschaft »Solidarität«. →

GESTORBEN:

26. Marcelo José das Neves Alves Caetano (* 17. 8. 1906), portugiesischer Politiker.

Strauß verliert Wahl

5. Oktober. 43 Millionen wahlberechtigte Bundesbürger entscheiden sich mit einer Wahlbeteiligung von 88,6 Prozent bei der Bundestagswahl 1980 für die bereits im Bundestag etablierten Parteien. Die SPD/FDP-Koalition kann ihre Mehrheit ausbauen, was vor allem auf die Steigerung der FDP auf 10,6 Prozent der Stimmen (ein Plus von 2,7 Prozent) zurückgeführt werden kann. Enttäuscht ist die SPD über einen Zugewinn von nur 0,3 Prozent gegenüber 1976. Da der Wahlkampf zum großen Teil ein Duell der beiden Kanzlerkandidaten der großen Parteien, Helmut Schmidt und Franz Josef Strauß, gewesen ist, hat sich die SPD einen stärkeren »Strauß-Effekt« erhofft, aufgrund dessen schon die Landtagswahl in Nordrhein-Westfalen hoch gewonnen worden ist. CDU und CSU bleiben stärkste Fraktion, verlieren

Helmut Kohl (l.) und Strauß.

zusammen aber 4,1 Prozent. Die Grünen erreichen nur 1,5 Prozent und kommen nicht ins Parlament.

Geburt der Solidarität

Gewerkschaftsführer Lech Walesa.

31. Oktober. Bereits im Juli 1980 kommt es in Polen zu ersten Arbeitsniederlegungen. Lohnforderungen werden erfüllt, die den Streikenden helfen sollen, die miserable Wirtschaftslage der polnischen Bevökerung aufzufangen. Die Lebensmittelknappheit wird dadurch jedoch nicht behoben. Die Streiks weiten sich aus. Ihr Zentrum ist die

Lenin-Werft in Danzig, wo der Arbeiterführer Lech Walesa mit Parteiführern verhandelt. Die Arbeiter gründen freie Gewerkschaften und stellen somit das Organisationsmonopol der Kommunistischen Partei Polens in Frage. Die Bevölkerung unterstützt die Streikenden, die katholische Kirche stellt sich auf ihre Seite, wenn sie auch zu Behutsamkeit mahnt. Nach langen Verhandlungen schließlich nimmt das Woiwodschaftsgericht in Warschau die Registrierung des neuen unabhängigen Gewerkschaftsdachverbandes »Solidarität« vor. Während der Streiks kommt es zu mehreren Regierungsumbildungen, bei denen Parteichef Gierek von Stanislaw Kania abgelöst wird. Andere Länder des Warschauer Paktes attackieren die Gewerkschaftsbewegung in Polen.

DDR erhöht Umtausch

9. Oktober. Eine Abkühlung der Beziehungen zur Bundesrepublik signalisiert die Maßnahme der DDR, den Zwangsumtausch für Reisen in die DDR zu verdoppeln. Bürger, die in die DDR fahren wollen,

müssen pro Tag mindestens 25 DM eintauschen. Als politische Forderungen nennt Erich Honecker: Anerkennung der DDR-Staatsbürgerschaft und Austausch von Botschaftern, statt Ständigen Vertretern.

Erste Papstreise in Deutschland seit 198 Jahren

15. November. Zum erstenmal seit 198 Jahren besucht wieder das Oberhaupt der katholischen Kirche Deutschland: Papst Johannes Paul II. wird auf seinen verschiedenen Stationen der Reise durch die Bundesrepublik von insgesamt etwa 1,5 Millionen Menschen empfangen. Auf dem Butzweiler Hof in Köln etwa, der extra für diesen Besuch hergerichtet worden ist, spricht der Papst vor 380 000 Menschen und fordert die Zuhörer zu christlicher Erneuerung bei der Bewältigung der anstehenden Probleme auf. Dabei sollen die Katholiken auf ihre evangelischen Mitchristen zugehen. Im Kölner Dom spricht der Papst vor Wissenschaftlern und Studenten. Nach einem Besuch in Osnabrück trifft er in Mainz mit Vertretern des Rates der Evangelischen Kirche in Deutschland zusammen. Der Wunsch beider Seiten nach Besinnung auf die

Johannes Paul II. in Deutschland.

gemeinsamen religiösen Grundlagen wird deutlich. Nach einer Ansprache in Fulda vor Laien und Mitgliedern katholischer Verbände, reist Papst Johannes Paul II. zum Marien-Wallfahrtsort Altötting. Die von anhaltendem Regenwetter begleitete Reise absolviert der Papst in einem speziell angefertigten Auto mit einem gläsernen Aufbau. Etwa 30 Millionen DM Spenden kommen für die Notleidenden der Sahel-Zone zusammen.

Reagan US-Präsident

40. US-Präsident Ronald Reagan.

4. November. Als 40. Präsident der Vereinigten Staaten wird der Republikaner Ronald Reagan (69) gewählt. Er schlägt den amtierenden Präsidenten Jimmy Carter, den Kandidaten der Demokraten. Der Sieg wird als »Erdrutsch« bezeichnet: erstmals seit 28 Jahren erringen die Republikaner wieder die Mehrheit im Senat. Carter kann lediglich sechs Bundesstaaten für sich gewinnen. Mit 51 Prozent zu 41 Prozent ist das Ergebnis erheblich eindeutiger als vor der Wahl angenommen. Mit Reagan gewinnt ein langjähriger Gouverneur Kaliforniens die Wahl, der sich gegen den Einfluß des Staates auf das Leben der Bürger stark macht. Reagan verspricht Steuererleichterungen, um die Wirtschaftskrise zu beheben. Themen des Wahlkampfes sind auch die Geiseln in der US-Botschaft in Teheran, deren Befreiung Carter nicht gelungen ist.

Voyager I am Saturn

Höhepunkt der US-Raumfahrt ist der Vorbeiflug der Raumsonde Voyager I am Planeten Saturn. Der Abstand beträgt etwa 124 000 Kilometer. Die Raumsonde funkt, wie schon im Vorjahr vom Jupiter, ausgezeichnete Fotos vom Saturn zur Erde. Dabei werden weitere Kleinmonde des Planeten entdeckt. Die Zahl der Saturn-Teilchenringe ist, wie sich ferner herausstellt, mindestens dreistellig.

Die Voyager-Aufnahme des Saturns.

Erdbeben in Italien

Eine Straße in der vom Erdbeben zerstörten italienischen Stadt Balvano.

23. November. Ein schweres Erdbeben fordert in Italien mehrere tausend Tote. Betroffen sind die Provinzen Neapel, Avellino, Salerno, Potenza und Caserta. Etwa 200 000 Menschen werden obdachlos. Es ist die schwerste derartige Katastrophe in Italien seit 1915, als ein Erdbeben in den Abruzzen 30 000 Tote gefordert hat.

1980
DEZEMBER

Mo	Di	Mi	Do	Fr	Sa	So
1	2	3	4	5	6	7
8	9	10	11	12	13	14
15	16	17	18	19	20	21
22	23	24	25	26	27	28
29	30	31				

3. Bei Fußballweltmeisterschaftsqualifikationsspiel in Sofia schlägt die Vertretung der Bundesrepublik Bulgarien 3 : 1.

4. Pole entführt Verkehrsflugzeug nach West-Berlin und bittet um politisches Asyl.

4. Portugals Ministerpräsident Sa Carneiro kommt bei Flugzeugabsturz ums Leben.

6. In Bonn wird Untersuchung bekannt, die Finanzierungslücke für das Mehrzweckkampfflugzeug »Tornado« in Höhe von 1,33 Milliarden DM aufdeckt.

11. Hans Androsch, österreichischer Finanzminister und Vizekanzler, erklärt nach Kritik wegen privater Geschäfte seinen Rücktritt.

14. Die polnische Gewerkschaft »Land-Solidarität« veranstaltet in Warschau ihren ersten Kongreß.

16. Der erweiterte und vertiefte Sueskanal wird für die Schiffahrt freigegeben. Auch vollbeladene Tanker bis zu 150 000 Tonnen können ihn nun passieren.

16. In Berlin kommt es nach der Räumung besetzter Häuser durch die Polizei zu Krawallen auf dem Kurfürstendamm.

21. Bei massiven Auseinandersetzungen zwischen Kernkraftgegnern und Polizisten in Brokdorf gibt es zahlreiche Verletzte.

21. In Erlangen werden der jüdische Verleger Shlomo Levin und seine Lebensgefährtin von Unbekannten ermordet.

25. In Zürich kommt es bei Demonstrationen Jugendlicher für ein Jugendzentrum zu schweren Ausschreitungen.

29. Karl-Heinz Rummenigge vom FC Bayern München wird Europas »Fußballer des Jahres«.

GESTORBEN:

8. John Lennon (* 9. 10. 1940), britischer Popmusiker, Mitglied der »Beatles«. →

11. Viktoria Luise (* 13. 9. 1892), Herzogin von Braunschweig-Lüneburg, Prinzessin von Preußen.

18. Conrad Ahlers (* 8. 11. 1922), deutscher Journalist und Politiker.

18. Alexej Kossygin (* 21. 2. 1904), sowjetischer Politiker.

24. Karl Dönitz (* 16. 9. 1891), ehemaliger deutscher Großadmiral.

John Lennon in New York erschossen

Ex-Beatle John Lennon †.

8. Dezember. Eine Nachricht erschüttert auf der ganzen Welt so viele Menschen, daß die Telefone der Radiostationen blockiert sind von Anrufern, die um Bestätigung bitten: Der Beatle John Lennon wird in New York auf offener Straße erschossen. Sein Mörder ist der 25jährige Amerikaner Mark Chapman, an sich ein fanatischer Bewunderer Lennons, der ihn Minuten vor der Tat noch um ein Autogramm gebeten hatte. In London und New York gibt es Gedenkfeiern.

Architekt erhält Nobelpreis für den Frieden

10. Dezember. In Stockholm werden 1980 folgende Nobelpreise verliehen: Physik: James W. Cronin und Val L. Fitch, beide USA; Chemie: Paul Berg (USA) sowie Walter Gilbert (USA) und Frederick Sanger (Großbritannien); Medizin: Baruj Benacerraf (USA) und Jean Dausset (Frankreich) sowie George D. Snell (USA); Wirtschaft: Lawrence Robert Klein (USA); Literatur: Czeslaw Milosz (Polen).
Der Friedensnobelpreis wird an den argentinischen Architekten Bildhauer und Bürgerrechtskämpfer Adolfo Perez Esquivel verliehen. Als Leiter der Organisation »Servicio Paz y Justicia en America Latina« hat er sich in allen lateinamerikanischen Ländern für Gewaltlosigkeit und die Respektierung der Menschenrechte eingesetzt.

1981

JANUAR

Mo	Di	Mi	Do	Fr	Sa	So
			1	2	3	4
5	6	7	8	9	10	11
12	13	14	15	16	17	18
19	20	21	22	23	24	25
26	27	28	29	30	31	

1. Griechenland wird das zehnte Vollmitglied der Europäischen Gemeinschaft.

4. Britische Polizei nimmt Peter Sutcliffe unter dem Verdacht fest, als »Yorkshire-Ripper« 13 Morde begangen zu haben.

7. Die Arbeitslosenzahl in der Bundesrepublik übersteigt erstmals seit Januar 1979 wieder die Millionengrenze.

7. Libyen und der Tschad geben Gründung einer gemeinsamen »Volksrepublik« bekannt.

9. Francisco Balsemao wird zum neuen Ministerpräsidenten von Portugal gewählt.

9. Im Schachturnier um die Herausforderung des Weltmeisters Karpow gibt der Deutsche Robert Hübner gegen den Sowjetrussen Viktor Kortschnoi auf.

11. Uruguay siegt mit 2 : 1 über Brasilien und gewinnt Copa d'Oro (»Mini-WM«) in Montevideo.

14. Der Film »Lili Marleen« von Rainer Werner Fassbinder wird aufgeführt.

15. Berliner Senat tritt zurück. →

15. »Rote Brigaden« in Italien lassen entführten Richter Giovanni d'Urso nach 34 Tagen frei.

15. Polens Gewerkschaftsführer Lech Walesa besucht Papst Johannes Paul II.

20. 52 US-Geiseln nach 444 Tagen Gefangenschaft im Iran freigelassen. →

22. Nach Mitteilung des Bundesgesundheitsministeriums stirbt jeder fünfte Bundesbürger an Krebs.

23. Hans-Jochen Vogel in Berlin zum neuen Regierenden Bürgermeister gewählt. →

23. Todesurteil gegen südkoreanischen Oppositionsführer Kim Dae Jung wird nach internationalen Protesten in lebenslange Haft umgewandelt.

25. Im Prozeß gegen »Viererbande« in Peking wird Maos Witwe zum Tode verurteilt. →

25. Eröffnung des »Jahres der Behinderten« für die Bundesrepublik in Dortmund. →

GESTORBEN:

6. Archibald J. Cronin (* 19. 7. 1896), englischer Schriftsteller.

23. Samuel Barber (* 9. 3. 1910), amerikanischer Komponist.

US-Geiseln wieder frei

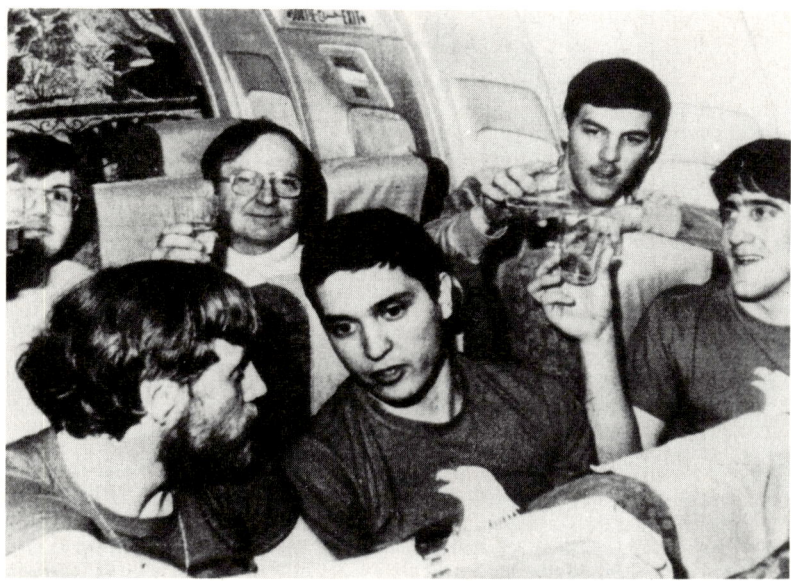

Die US-Geiseln nach ihrer Freilassung auf dem Flug nach Algier.

20. Januar. Die USA feiern die Freilassung der 52 Geiseln, die 444 Tage lang in der besetzten Botschaft im Iran gefangengehalten worden sind. Sie werden zuerst in ein US-Militärhospital in Wiesbaden geflogen, von wo aus sie nach einigen Tagen ärztlicher Kontrolle in die USA zurückkehren. Die amerikanische Bevölkerung empfängt sie jubelnd. Seit Wochen werden im ganzen Land Bäume, Häuser und alle erdenklichen anderen Dinge mit gelben Bändern geschmückt, als Zeichen der Verbundenheit mit den Geiseln. Die Freilassung ist nach langen Verhandlungen erfolgt, in denen Algerien den Mittler zwischen USA und Iran gespielt hat. Die Verhandlungsbereitschaft des Iran steigert sich erst, als für den langwierigen Krieg mit dem Irak Ersatzteile für die noch zu Zeiten des Schahs von den USA gelieferten Waffensysteme des Iran benötigt werden. Die USA erklären sich bereit, die auf amerikanischen Banken eingefrorenen Gelder des Iran auf ein algerisches Treuhandkonto zu überweisen. Über das Schah-Vermögen werden Gerichte entscheiden. Die USA werden in Zukunft sich weder direkt noch indirekt in iranische Angelegenheiten einmischen und schließlich die Wirtschaftssanktionen gegen das Land aufheben. Wegen der Geiselnahme wird keine Klage vor dem Internationalen Gerichtshof in Den Haag erhoben.

Jahr der Behinderten

1. Januar. Die Vereinten Nationen erklären das Jahr 1981 zum »Internationalen Jahr der Behinderten«. Damit soll die Aufmerksamkeit der Öffentlichkeit auf die Tatsache gelenkt werden, daß etwa 500 Millionen geistig bzw. körperlich behinderte Menschen auf der Welt leben. 80 Prozent von ihnen sind Bewohner der dritten Welt, 70 Prozent sind nicht in der Lage, ihren Lebensunterhalt zu verdienen. Für die Bundesrepublik eröffnet Bundespräsident Karl Carstens das »Jahr der Behinderten« in der Dortmunder Westfalenhalle. Dabei zeigt sich, daß durchaus nicht alle Behinderten mit der Organisation dieses Jahres einverstanden sind. Eine Reihe der in Dortmund erschienenen kettet sich in Rollstühlen auf der Bühne aneinander und verhindert, daß die geladenen Festredner ihre Ansprachen halten können. Die offizielle Eröffnung wird in eine Nebenhalle verlegt. Die Behinderten selber (»Wir wollen für uns selber reden!«) fordern vor allem eine bessere Eingliederung ins Arbeits- und Berufsleben.

Mao-Witwe wird in Peking zum Tode verurteilt

25. Januar. In Peking geht der auch im Fernsehen gezeigte Prozeß gegen die sogenannte »Viererbande« zu Ende, der im Vorjahr begonnen hat. Als Viererbande bezeichnet man in China die nach Mao Tse-tungs Tod (→ September 1976) verhafteten Vertreter des ultralinken Parteiflügels. Dazu gehören Maos Witwe Tschiang Tsching, der frühere stellvertretende Ministerpräsident Tscha Tschun-tschiao sowie Wang Hung-wen und Yao Wen-yüan. Ihnen wird vorgeworfen, gegen Maos Lehren verstoßen zu haben, um die Macht im Staat an sich zu reißen. Auch Verbrechen zur Zeit der Kulturrevolution werden ihnen zur Last gelegt. Am 25. Januar werden Maos Witwe und Tschang Tschun-tschiao zum Tode verurteilt, die Vollstreckung des Urteils für zwei Jahre auf Bewährung ausgesetzt. Die anderen Angeklagten erhalten lange Haftstrafen.

Die angeklagte Mao-Witwe Tschiang Tsching (rechts) vor Gericht.

Berliner Senat tritt zurück

15. Januar. Der gesamte Berliner Senat unter dem Regierenden Bürgermeister Dietrich Stobbe (SPD) tritt zurück. Die Politiker sind schon seit Wochen öffentlicher Kritik ausgesetzt, da der Bürgschaftsausschuß 1978 115 Millionen DM für einen Kredit bewilligt hat, den die Berliner Bank der inzwischen konkursreifen Bautechnik KG des Architekten Garski gewährt hat. Der SPD-Politiker Hans-Jochen Vogel, bislang Bundesjustizminister, wird zum neuen Regierenden Bürgermeister gewählt.

1981
FEBRUAR

Mo	Di	Mi	Do	Fr	Sa	So
						1
2	3	4	5	6	7	8
9	10	11	12	13	14	15
16	17	18	19	20	21	22
23	24	25	26	27	28	

1. Frankreich liefert 60 Flugzeuge des Typs Mirage an den Irak.

2. Auf Sonderparteitag spricht sich Hamburgs SPD mit 198 zu 157 Stimmen gegen weitere Beteiligung der Hansestadt am Bau des Kernkraftwerkes Brokdorf aus.

3. Gro Harlem Brundtland wird Ministerpräsidentin Norwegens.

4. Andreas Nischwitz und Tina Riegel erringen Silbermedaille bei der Eiskunstlauf-Europameisterschaft in Innsbruck.

4. Der US-Verteidigungsminister Weinberger plädiert für Stationierung der Neutronenbombe in Europa.

6. Klaus Bölling wird Ständiger Vertreter der Bundesrepublik in Ost-Berlin als Nachfolger von Günter Gaus.

9. Polens Ministerpräsident Pinkowski tritt zurück. Sein Nachfolger ist General Jaruzelski.

10. Ägyptens Präsident Anwar as-Sadat spricht vor EG-Parlament in Luxemburg.

11. Acht Menschen kommen bei einem Großbrand im Hilton-Hotel in Las Vegas ums Leben.

17. Papst Johannes Paul II. trifft in Manila (Philippinen) ein.

17. Österreichs Bundeskanzler Kreisky in Ägypten.

20. Die Konsuln Österreichs, Uruguays und El Salvadors im spanischen Baskenland von der ETA entführt. Am 28. Februar werden sie wieder freigelassen.

22. Libyen schließt Vertrag mit Krupp und anderen Firmen (Bau zweier Elektrostahlwerke).

23. Ein Putschversuch in Spanien durch rechtsgerichtete Militärs. →

25. In Spanien wird L. Calvo Sotelo vom Parlament zum Ministerpräsidenten gewählt.

25. Südkoreas Staatspräsident Chun Do Hwan bei Volksabstimmung mit 90 Prozent der Stimmen für sieben Jahre im Amt bestätigt.

28. Bisher größte Demonstration von Kernkraftgegnern der Bundesrepublik verläuft in Wilstermarsch bei Brokdorf friedlich. →

GESTORBEN:

6. Friederike Luise (* 18. 4. 1917), frühere Königin von Griechenland.

9. Bill Haley (* 6. 7. 1927), amerikanischer Rockmusiker.

Putsch in Spanien

Putschist Oberstleutnant Tejero.

23. Februar. Nach dem Rücktritt von Ministerpräsident Suarez soll am 23. April im Parlament in der spanischen Hauptstadt Madrid sein Nachfolger gewählt werden. Um 18.20 Uhr jedoch dringen etwa 200 Angehörige der paramilitärischen Polizeiorganisation Guardia Civil in den Sitzungssaal ein und nehmen die Abgeordneten als Geiseln. Anführer der Putschisten ist Oberstleutnant Tejero Molina. Zugleich läßt Generalleutnant Jaime del Bosch in Valencia den Ausnahmezustand ausrufen. Die Militärs fordern vom König eine Übergabe der Macht. Da große Teile des übrigen Militärs sich jedoch nicht dem Putsch anschließen, sehen Tejero und del Bosch die Aussichtslosigkeit ihrer Lage ein. Sie ergeben sich. Größten Anteil am unblutigen Ende der Aktion hat die Fernsehansprache von König Juan Carlos I., in der er betont: »Die Krone duldet keine Handlungen, die die demokratische Fortentwicklung der Verfassung stören.« Die Anführer des Putsches werden verhaftet.

Marsch auf Brokdorf

Polizeieinsatz bei der Demonstration gegen das Kernkraftwerk Brokdorf.

28. Februar. Die bisher größte Demonstration gegen Kernkraft in der Bundesrepublik findet Ende Februar in der Wilster Marsch bei Brokdorf statt. Etwa 80 000 Menschen demonstrieren gegen den Bau des dort geplanten Kernkraftwerkes. Heftige Krawalle entstehen zwischen einigen hundert, meist vermummten Demonstranten und der Polizei, bei denen es etwa 200 Verletzte gibt. Größtenteils verläuft die Demonstration jedoch entgegen allen Befürchtungen friedlich. Während eine militante Gruppe versucht, bis unmittelbar an den Bauplatz vorzudrängen, verhalten sich die meisten Demonstranten besonnen, ebenso wie die etwa 10 000 Polizisten.

Schätze aus China

10. Februar. »Kunstschätze aus China, 5000 v. Chr. bis 900 n. Chr.« ist der Titel einer Ausstellung, die in Berlin eröffnet wird. Nach Stationen in Dänemark und der Schweiz wird sie weiter nach Hildesheim, Köln und Brüssel ziehen. Die Ausstellung zeigt Stücke aus der wohl bedeutendsten archäologischen Entdeckung seit in den 20er Jahren das Grab des Pharaos Tutanchamun gefunden worden ist.

1981
MÄRZ

Mo	Di	Mi	Do	Fr	Sa	So
						1
2	3	4	5	6	7	8
9	10	11	12	13	14	15
16	17	18	19	20	21	22
23	24	25	26	27	28	29
30	31					

4. Bundespräsident Carstens zu Staatsbesuch in Indien.

5. Genfer Autosalon wird eröffnet.

5. Andreas Nischwitz / Tina Riegel erringen Bronzemedaille bei Eiskunstlauf-Weltmeisterschaft in Hartford.

6. Untersuchungen ergeben, daß rote Asche auf Sportplätzen zum Teil arsenhaltig und gefährlich bei Verletzungen ist.

8. Nach einer Demonstration in Nürnberg werden 141 Jugendliche festgenommen. →

15. DGB-Bundeskongreß in Düsseldorf beschließt neues Grundsatzprogramm.

15. Pakistanische Flugzeugentführer geben nach 13 Tagen in Syrien auf und lassen Geiseln frei.

16. EG-Außenminister beschließen in Brüssel Einführung eines einheitlichen europäischen Reisepasses spätestens zum 1. Januar 1985.

18. Bundestag beschließt Erhöhung der Branntwein- und Mineralölsteuer, die den Benzinpreis ab April um acht Pfennig/Liter steigen läßt.

19. Im polnischen Bromberg vertreibt Polizei Gewerkschaftsführer gewaltsam vom Sitzstreik im Gemeindegebäude. Daraufhin folgen in verschiedenen Städten Warnstreiks.

20. Frühere argentinische Präsidentin Perón wegen Aneignung öffentlicher Gelder zu acht Jahren Haft verurteilt.

23. EG-Gipfeltreffen in Maastricht erzielt keine Einigung über Fischereipolitik.

26. Vier frühere Labour-Politiker gründen Sozialdemokratische Partei Großbritanniens. →

27. 25 000 Bauern demonstrieren in Bonn für höhere Agrarpreise.

30. Horst Herold, Präsident des Bundeskriminalamtes, tritt zurück. Sein Nachfolger ist Heinrich Boge.

30. US-Präsident Reagan bei Attentat in Washington verletzt. →

GESTORBEN:

5. Paul Hörbiger (* 29. 4. 1894), österreichischer Schauspieler.

15. René Clair (* 11. 11. 1898), französischer Filmregisseur und -autor.

Attentat auf Reagan

Ronald Reagan wird in Washington von einer Revolverkugel getroffen.

Sicherheitsbeamte werfen sich vor dem Hotel über den verletzten Präsidenten.

30. März. Als US-Präsident Ronald Reagan nach einer Ansprache vor Gewerkschaftern ein Washingtoner Hotel verläßt, wird er auf dem Weg zu seinem Wagen von einer Revolverkugel in den linken Lungenflügel getroffen. Der Attentäter ist der 25jährige John Hinckley aus Colorado, der von Sicherheitsbeamten überwältigt wird. Mit insgesamt sechs Schüssen hat er den Pressesprecher des Weißen Hauses, Jim Brady, schwer am Kopf verletzt und zwei Sicherheitsbeamte getroffen.

Reagan, der sofort in einem Krankenhaus operiert wird, erholt sich nach einigen Wochen und nimmt die Amtsgeschäfte wieder auf, die inzwischen Vizepräsident George Bush geführt hat. Der Attentäter Hinckley ist offensichtlich Einzeltäter, die Tat kein organisiertes Verbrechen. Der Anschlag ist der siebte, der in diesem Jahrhundert auf einen Präsidenten der USA verübt wird. Zwei davon, 1901 gegen Präsident McKinley und 1963 gegen John F. Kennedy, endeten tödlich.

141 Jugendliche in Nürnberg in Haft

8. März. Nach einer Hausbesetzer-Demonstration in Nürnberg nimmt die Polizei 172 Demonstranten fest, von denen 141 noch nach Tagen in Haft gehalten werden. Nach der Demonstration, bei der Sachschäden angerichtet worden sind, ziehen sich viele Demonstranten in ein Nürnberger Kommunikationszentrum zurück, wo die Polizei die Festnahmen vornimmt. Die Festgenommenen sind zum großen Teil Jugendliche im Alter von 15 und 16 Jahren. Viele von ihnen sind, nach eigenen Aussagen, gar nicht bei der Demonstration gewesen, sondern haben den Abend im Kommunikationszentrum verbracht. Am Tag nach der Verhaftung beginnen in Bayern heftige Proteste von Eltern und Rechtsanwälten gegen das Vorgehen von Polizei und Staatsanwaltschaft.

Labour-Partei spaltet sich

26. März. Die Gründung einer »Sozialdemokratischen Partei« (SDP) wird am 26. März von vier ehemaligen Labour-Ministern bekanntgegeben: Roy Jenkins, David Wen, William Rodgers und Shirley Williams. Nachdem sich Ende 1980 auf mehreren Labour-Parteitagen der linke Parteiflügel weitgehend durchgesetzt hat, bilden die vier Abgeordneten im Januar 1981 einen »Rat für Sozialdemokratie«. Sie unterstreichen damit den ihrer Meinung nach in Großbritannien vorhandenen Mangel an einer »Partei der Mitte«. Als Parteifarben werden bei der Gründung der SDP rot (Labour) und blau (Konservative) gewählt. 14 Unterhausabgeordnete, davon ein früherer Konservativer, gehören ihr an. Die Liberale Partei erwägt eine mögliche Allianz mit den Sozialdemokraten.

2. Im Libanon beginnen zwischen den syrischen Truppen und den christlichen Milizen die schwersten Kämpfe seit 1978.

8. Bei Bombenanschlag im Kölner U-Bahnhof werden sieben Menschen verletzt. Es entsteht Millionenschaden.

10. EG-Parlament verurteilt türkisches Militärregime wegen Beseitigung demokratischer Gremien.

12. US-Raumfähre »Columbia« startet mit zwei Astronauten an Bord und kehrt am 14. April zurück. →

12. Im Londoner Vorort Brixton gibt es 165 Verletzte bei Straßenschlacht zwischen farbigen Jugendlichen und der Polizei. →

16. Der wegen terroristischer Straftaten verurteilte Sigurd Debus stirbt nach einem Hungerstreik.

17. Auf Flughafen in Ajaccio (Korsika) tötet eine Bombe einen Touristen. Sie explodiert kurz nach Ankunft Präsident Giscard d'Estaings.

20. In Atlanta (Georgia) wird die 24. schwarze Kinderleiche in einer Mordserie, die seit 21 Monaten andauert, gefunden.

22. Fast eine Million bundesdeutscher Metallarbeiter im Warnstreik für Tariferhöhung. Am 29. April wird Erhöhung von 4,9 Prozent akzeptiert.

24. Der amerikanische Präsident Reagan hebt das Getreideembargo gegen die UdSSR auf.

26. TuS Nettelstedt gewinnt gegen Empor Rostock den Hallenhandball-Europapokal mit 17 : 14 in Lübbecke, nachdem das Hinspiel 14 : 16 verloren wurde.

27. Bundeskanzler Schmidt in Riad (Saudi-Arabien). →

29. Im Weltmeisterschafts-Qualifikationsspiel in Hamburg schlägt die Bundesrepublik Deutschland Österreich mit 2 : 0 vor 40 000 Zuschauern.

GESTORBEN:

8. Adrian Hoven (* 18. 5. 1922), österreichischer Schauspieler.

12. Joe Louis (* 13. 5. 1914), amerikanischer Boxer, Weltmeister von 1937–1948 (→ Juni 1938).

20. Hans Söhnker (* 11. 10. 1903), deutscher Schauspieler.

30. Peter Huchel (* 3. 4. 1903), deutscher Schriftsteller.

Gewalttätige Rassenunruhen in London

12. April. Erstmals kommt es am 12. April im Londoner Stadtteil Brixton überraschend zu schweren Unruhen. Der Vorort wird vorwiegend von schwarzen Bürgern bewohnt, die durchschnittliche Arbeitslosenquote ist hoch, das Durchschnittseinkommen niedrig. Trotzdem hat niemand mit einem so heftigen Gewaltausbruch gerechnet. Der Anlaß ist vergleichsweise gering: weiße Polizeibeamte befragen einen schwarzen Jugendlichen nach der Herkunft einer Stichwunde in seinem Rücken. Als andere Farbige sich um die Gruppe versammeln, kommt es zu einer Schlägerei und der Stadtteil explodiert förmlich: Autos werden in Brand gesteckt, Geschäfte geplündert. 165 Polizisten sind verletzt, 100 Jugendliche werden festgenommen. Es ist nicht die letzte derartige Rassenunruhe in Brixton.

Die Position der farbigen Einwohner Großbritanniens wird seit langem diskutiert. Im Juni 1981 billigt das Unterhaus das neue Staatsbürgerschaftsgesetz, das die konservative Regierung als notwendig bezeichnet, von Labour und Liberalen jedoch als Diskriminierung rassischer Minderheiten angesehen wird. Danach gibt es Staatsbürger dreier Kategorien: 1. In Großbritannien geborene Briten, deren Eltern ebenfalls als »normale Einwohner« bezeichnet werden, sowie im Ausland geborene mit einem aus Großbritannien stammenden Elternteil. Ihnen ist das Recht, in Großbritannien zu leben, vorbehalten; 2. Bewohner der Großbritannien verbliebenen Kolonien; 3. Einwohner der ehemaligen Kolonien.

Straßenschlacht in London.

Erster Flug der US-Raumfähre »Columbia«

12. April. Nach mehreren Verzögerungen durch technische Pannen startet die erste wiederverwendbare Raumfähre »Columbia« zu einem bemannten Raumflug und kehrt zwei Tage später gut zurück. Besonderes Aufsehen erregt die weltweit vom Fernsehen übertragene Landung des mit den beiden Astronauten Young und Crippen besetzten »Space Shuttle«. Die Fähre absolviert eine exakt vorberechnete Landung auf einem ausgetrockneten Salzsee in der kalifornischen Mojave-Wüste bei Los Angeles. Sie soll in bis zu 100 Einsätzen wiederverwendbar sein.

Die »Columbia« wird gestartet.

Kein »Leopard II« an Saudi-Arabien

27. April. Beim Besuch von Bundeskanzler Schmidt in Saudi-Arabien bilden mögliche Waffenlieferungen der Bundesrepublik an die Saudis das Hauptgesprächsthema. Das arabische Interesse an dem Kampfpanzer »Leopard II« hat in der Bundesrepublik zu heftigen Diskussionen geführt. Zahlreiche Politiker, vor allem in der SPD, warnen vor dem Verkauf, den sie als Waffenlieferung in ein Spannungsgebiet betrachten. Die Unionsfraktionen sprechen sich für die Panzerlieferung aus. Schmidt betont, daß eine Lieferung zur Zeit auf zu große politische Schwierigkeiten stoße.

1981
MAI

Mo	Di	Mi	Do	Fr	Sa	So
				1	2	3
4	5	6	7	8	9	10
11	12	13	14	15	16	17
18	19	20	21	22	23	24
25	26	27	28	29	30	31

2. Im deutschen Pokalendspiel schlägt Eintracht Frankfurt den 1. FC Kaiserslautern im Stuttgarter Neckarstadion vor 65 000 Zuschauern 3 : 1.

5. Der IRA-Häftling Bobby Sands stirbt in Belfast (Nordirland) nach 66tägigem Hungerstreik.

6. Der Friedenspreis des Deutschen Buchhandels wird 1981 an den aus der UdSSR ausgebürgerten Schriftsteller Lew Kopelew verliehen.

10. Im zweiten Wahlgang der französischen Präsidentschaftswahlen siegt der Sozialist Mitterrand. →

10. Bei Wahlen zum Berliner Abgeordnetenhaus erzielt CDU starke Gewinne.

13. Papst Johannes Paul II. wird bei einem Attentat in Rom von türkischem Attentäter schwer verletzt. →

19. Im Fußballfreundschaftsspiel Bundesrepublik gegen Brasilien unterliegen die Deutschen in Stuttgart 1 : 2 vor 71 000 Zuschauern (Halbzeit 1 : 0).

20. Bundeskanzler Schmidt reist nach Washington.

22. In Großbritannien wird der »Yorkshire«-Ripper wegen 13 Frauenmorden zu lebenslanger Haft verurteilt. →

23. In Barcelona nehmen Bewaffnete 200 Geiseln in Bankgebäude und fordern Freilassung von vier an Putschversuch Beteiligten. Am 24. Mai werden sie überwältigt.

24. Bei Fußballweltmeisterschafts-Qualifikationsspiel schlägt die Bundesrepublik in Lahti die Finnen mit 4 : 0 vor 10 000 Zuschauern (Halbzeit 3 : 0).

25. Der Hamburger Bürgermeister Klose (SPD) tritt zurück. →

26. Bundestag unterstützt mehrheitlich die Bundesregierung bei Einhaltung des NATO-Doppelbeschlusses.

GESTORBEN:

11. Heinz Herbert Karry (* 6. 3. 1920), hessischer Wirtschaftsminister (Opfer eines Attentats).

12. HAP Grieshaber (* 15. 2. 1909), deutscher Maler und Grafiker.

28. Stefan Wyszynski (* 3. 8. 1901), Kardinal und Primas von Polen.

Schüsse auf den Papst

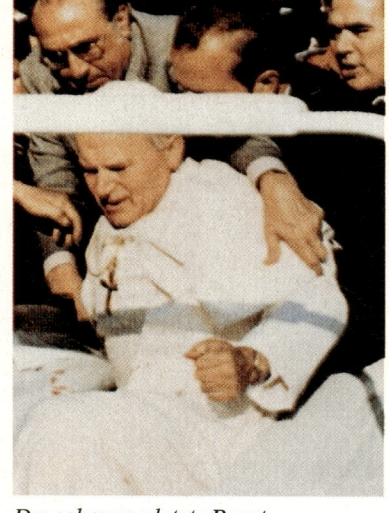

Der schwerverletzte Papst.

13. Mai. Als Papst Johannes Paul II. zu einer Audienz auf dem Petersplatz in Rom eintrifft, wo ihn etwa 20 000 Gläubige erwarten, werden mehrere Schüsse auf ihn abgefeuert, von denen drei ihn treffen. Der Attentäter, der 23jährige Türke Mohammed Agca, wird verhaftet. Papst Johannes Paul II. wird nach dem Attentat sofort operiert und erholt sich in einigen Wochen von den Verletzungen. Unter katholischen Gläubigen in aller Welt werden Bittgottesdienste für die Genesung des Heiligen Vaters abgehalten. Der Attentäter wird der rechtsextremistischen türkischen Terrorszene zugerechnet. Ein römisches Schwurgericht verurteilt ihn zu lebenslanger Haft.

Mitterrand Wahlsieger

10. Mai. Im zweiten Wahlgang wird der Kandidat der Sozialistischen Partei Frankreichs, François Mitterrand, mit 52 Prozent der Wählerstimmen zum Präsidenten gewählt. Der bisherige Präsident Valéry Giscard d'Estaing erringt 48,3 Prozent. Mit 36 Millionen Franzosen sind 86 Prozent der Stimmberechtigten zur Wahl gegangen. Noch im ersten Wahlgang zwei Wochen zuvor hat Mitterrand mit zwei Prozent hinter Giscard zurückgelegen. Für den 1916 geborenen Sozialisten ist es die dritte Kandidatur.

François Mitterrand.

Bürgermeister Klose tritt zurück

25. Mai. Überraschend tritt Hamburgs Erster Bürgermeister, Hans Ulrich Klose (SPD), zurück. Er nimmt sein ruhendes Mandat als Abgeordneter der Bürgerschaft wieder auf. Nach politischen Rückschlägen durch den Giftmüll-Skandal bei der Stoltzenberg-Firma sowie Verlusten der staatseigenen Hamburger Stadtentwicklungsgesellschaft macht Klose vor allem die Politik um den Bau des Kernkraftwerkes Brokdorf für seinen Rücktritt verantwortlich. Kloses Nachfolger wird der SPD-Staatsminister im Auswärtigen Amt, Klaus von Dohnanyi.

Yorkshire-Ripper erhält lebenslang

22. Mai. In London wird der 34jährige Lastwagenfahrer Peter Sutcliffe zu lebenslanger Haft verurteilt. Der Angeklagte hat gestanden, in den vergangenen fünf Jahren 13 Frauen ermordet zu haben. Sutcliffe gibt vor, er sei überzeugt gewesen, im »Auftrag Gottes« mit der Ausrottung aller Prostituierten begonnen zu haben.

Auch nach mehreren Gutachten, die Sutcliffe verminderte Zurechnungsfähigkeit zubilligen, gelangen die zwölf Geschworenen jedoch nicht zu einem einstimmigen Beschluß, sondern verurteilen ihn mit einer Mehrheitsentscheidung.

1981
JUNI

Mo	Di	Mi	Do	Fr	Sa	So
1	2	3	4	5	6	7
8	9	10	11	12	13	14
15	16	17	18	19	20	21
22	23	24	25	26	27	28
29	30					

1. Verkehrsminister des Bundes und der Länder beschließen, vor einer Strafe für Nichtanlegen der Sicherheitsgurte erst Erfahrungen anderer Länder abzuwarten.

1. Düsseldorfer Uraufführung des Stückes von Franz-Xaver-Kroetz »Nicht Fisch, nicht Fleisch«.

3. Bundesdeutsche Junioren-Fußballmannschaft wird mit 1 : 0 über Polen in Düsseldorf Europameister vor 56 000 Zuschauern (Halbzeit 0 : 0).

4. Schwere Überschwemmungen nach Regenfällen in Niedersachsen, Hessen und Baden-Württemberg gefährden die Ernte und bringen der Landwirtschaft schwere Verluste. Zwei Menschen kommen ums Leben.

5. US-Regierung beschließt, mit Bau der Neutronenbombe zu beginnen.

7. Israel zerstört Atomreaktor im Irak. →

11. Berliner Senat unter Richard von Weizsäcker (CDU) gewählt. →

13. Bayern München wird Deutscher Fußballmeister.

17. 19. Evangelischer Kirchentag beginnt in Hamburg unter dem Motto »Fürchte Dich nicht«.

21. Im zweiten Wahlgang zur französischen Nationalversammlung erringen Sozialisten und Linksliberale die absolute Mehrheit.

22. Irans Staatspräsident Banisadr des Amtes enthoben, da ihn das Parlament für »politisch unfähig« erklärt. Banisadr geht in den Untergrund.

23. In die französische Regierung unter Ministerpräsident Mauroy werden vier Kommunisten berufen.

29. Bei Anschlag auf die Zentrale der Islamisch-Republikanischen Partei in Teheran sterben 70 Menschen, darunter der Oberste Richter, Ajatollah Beheschti. →

30. Urteile im Düsseldorfer Maidanek-Prozeß. →

GESTORBEN:

23. Willi Bleicher (* 27. 10. 1907), deutscher Gewerkschaftsführer.

23. Zarah Leander (* 15. 3. 1907), schwedische Schauspielerin und Sängerin.

28. Peter Kreuder (* 18. 8. 1905), deutscher Komponist.

Maidanek-Urteile

Nach Verkündung des Maidanek-Urteils kommt es zu Protestdemonstrationen.

30. Juni. Nach fünfjähriger Verhandlungsdauer spricht das Düsseldorfer Landgericht im Maidanek-Prozeß die Urteile. Damit geht der längste NS-Prozeß der Bundesrepublik zu Ende. Hermine Ryan (61), die in den USA aufgespürt worden ist, wird zu lebenslanger Haft wegen Mordes verurteilt. Die im Konzentrationslager Maidanek als »Blutige Brygida« gefürchtete Hildegard Lächert (61) wird der Beihilfe zum Mord in zwei Fällen für schuldig befunden und zu zwölf Jahren Haft verurteilt. Der stellvertretende Lagerleiter Hermann Hackmann erhält zehn Jahre, weitere fünf Angeklagte mehrjährige Haftstrafen. Heinrich Groffmann wird freigesprochen. Überlebende der Konzentrationslager protestieren nach dem Prozeß gegen die ihrer Meinung nach zu milden Strafen. Auch die Vorsitzenden verschiedener jüdischer Gemeinden in der Bundesrepublik protestieren.
Zu den 474 Verhandlungstagen sind Zeugen und frühere KZ-Insassen aus vielen Ländern geladen worden. In Maidanek sind 250 000 Menschen umgebracht worden. Nur zwei Morde, bzw. Beihilfe zu diesen, sind jedoch den Verurteilten nachzuweisen.

Banisadr flieht

29. Juni. Die Kampagne der Islamisch-Republikanischen Partei im Iran gegen Staatspräsident Abol Hassan Banisadr erreicht im Juni ihren Höhepunkt. Der mühsame Verlauf des Krieges gegen den Irak wird ihm ebenso angelastet wie seine politisch eher liberale Haltung auch gegenüber Gegnern der streng islamischen Politik des Ajatollah Khomeini. Mit dessen Billigung wirft das Parlament am 22. Juni Banisadr »politische Unfähigkeit« vor, enthebt ihn seines Amtes und fordert Haftbefehl, dem sich der Präsident jedoch durch Flucht in den Untergrund entzieht. Im Zusammenhang mit den Auseinandersetzungen zwischen Anhängern und Gegnern Banisadrs steht ein schweres Bombenattentat, bei dem am 29. Juni in der Teheraner Zentrale der Islamisch-Republikanischen Partei 70 Menschen getötet werden, darunter der Oberste Revolutionsrichter Ajatollah Beheschti, vier Minister und sechs stellvertretende Minister. Im Juli entkommt Banisadr nach Frankreich, während im Iran weitere schwere Anschläge verübt werden, denen unter anderen Banisadrs Nachfolger, Präsident Mohammed Ali Rajai, zum Opfer fällt.

Atomreaktor im Irak von Israelis bombardiert

7. Juni. Durch Bomben israelischer Kampfflugzeuge wird der einzige Atomreaktor des Irak in der Nähe der Hauptstadt Bagdad völlig zerstört. Israel begründet den für alle Nationen überraschenden Anschlag mit der Gefahr für das Land; denn der noch im Bau befindliche Reaktor solle zur Herstellung von Atombomben dienen, die sich gegen Israel richten würden. Frankreich, wie auch die meisten anderen westlichen Staaten, verurteilt den Angriff scharf, da ein französischer Techniker dabei ums Leben gekommen ist. Der Reaktor ist unter der Leitung französischer Firmen gebaut worden.

Berlin erhält CDU-Regierung

11. Juni. Mit 69 : 61 Stimmen wählt das Berliner Abgeordnetenhaus den CDU-Politiker Richard von Weizsäcker zum neuen Regierenden Bürgermeister. Damit sind die Koalitionsverhandlungen seit den Wahlen am 10. Mai beendet. Von den sieben FDP-Abgeordneten stimmen vier für Weizsäcker und unterstützen so die Minderheitsregierung. Von den 132 Abgeordneten gehören 65 der CDU und 51 der SPD an. Die Alternative Liste stellt neun Abgeordnete. Berlin hat damit erstmals seit über 30 Jahren eine CDU-Regierung. Der für den zurückgetretenen Regierenden Bürgermeister Dietrich Stobbe eingesprungene Bundesjustizminister Hans-Jochen Vogel bleibt in Berlin und wird Oppositionsführer.

Richard von Weizsäcker.

1981
JULI

Mo	Di	Mi	Do	Fr	Sa	So
		1	2	3	4	5
6	7	8	9	10	11	12
13	14	15	16	17	18	19
20	21	22	23	24	25	26
27	28	29	30	31		

1. EG-Gipfelkonferenz beschließt ein einheitliches Vorgehen bei Abkommen mit Japan.

1. SPD-Vorsitzender Brandt zu Gesprächen mit Breschnew in Moskau.

1. Nach bisher 60 Todesfällen durch vergiftetes Olivenöl fordert die spanische Regierung zum Umtausch des Öles auf.

1. Aus Wahlen in Israel geht die Arbeiterpartei als stärkste Fraktion hervor, doch der Likud-Block stellt mit Begin weiterhin den Ministerpräsidenten.

11. Die Leiche des 8jährigen Alfredo Rampi wird geborgen, der vor vier Wochen in Frascati (Italien) in einen Brunnen gestürzt ist.

16. Indien ordert in der Bundesrepublik zwei U-Boote der Klasse 209.

16. Bundeskanzler Schmidt zu Besuch in Kanada.

17. Israelische Bomber vernichten PLO-Hauptquartier in Beirut.

19. 111 Tote beim Einsturz zweier Besuchergalerien in einem Hotel in Kansas City (USA).

19. Polens Kommunistische Partei wählt Kania erneut zum Generalsekretär.

20. Gipfelkonferenz westlicher Regierungschefs im kanadischen Ottawa.

21. Papst-Attentäter Agca wird von einem römischen Schwurgericht zu lebenslanger Haft verurteilt (→ Mai).

26. Mohammed Ali Rajai zum Präsidenten des Iran gewählt.

28. Bundesrepublik schließt mit Ägypten ein Abkommen über nukleare Zusammenarbeit, das den Bau zweier Kernkraftwerke enthält.

29. Großbritanniens Thronfolger Charles, Prince of Wales, heiratet in London Lady Diana Spencer. →

29. Irans früherer Präsident Banisadr flieht mit gekapertem Jet aus Teheran nach Paris (→ Juni).

31. Start der eingleisigen zweiten Fußball-Bundesliga.

GESTORBEN:

5. Michael Kohl (* 28. 9. 1929), früherer Ständiger Vertreter der DDR in Bonn.

27. William Wyler (* 1. 7. 1903), amerikanischer Regisseur.

Prinz Charles heiratet in London Lady Diana

Prinz Charles und Lady Diana.

29. Juli. Die »Hochzeit des Jahres«, wahrscheinlich sogar des Jahrzehnts, findet am 29. Juli in London statt: der britische Thronfolger Charles, Prince of Wales (32), heiratet Lady Diana Spencer (19). Die Trauung wird vor 2500 Ehrengästen in der St.-Pauls-Kathedrale von Erzbischof Runcie vollzogen. 750 Millionen Menschen in aller Welt können das Ereignis am Fernsehschirm verfolgen, während Hunderttausende in London die Straßen säumen. Viele haben die Nacht auf der Straße kampiert, um einen guten Platz bei der Fahrt des Brautpaares durch London zu erhalten.

3,5 Millionen bei Tutanchamun

19. Juli. In Hamburg endet die Ausstellung der Schätze des ägyptischen Pharaos Tutanchamun, die in zahlreichen Ländern der Welt gezeigt worden ist. Die 55 Kostbarkeiten gehen zurück nach Kairo, nachdem allein in der Bundesrepublik 3,5 Millionen Besucher von ihnen angelockt worden sind. Viele der Originale sollen nach dem Willen der Museumsleitung in Kairo das Land nicht mehr verlassen, da die Risiken zu groß sind. Altägyptische Kunst erregt seit Jahren schon in aller Welt großes Interesse. Vor allem die Grabbeigaben des Tutanchamun bringen Menschenscharen in die Museen. Allein das Metropolitan Museum in New York hat mit Nachbildungen ägyptischer Schmuckstücke und Statuen über acht Millionen Dollar Umsatz erreicht.

1981
AUGUST

Mo	Di	Mi	Do	Fr	Sa	So
					1	2
3	4	5	6	7	8	9
10	11	12	13	14	15	16
17	18	19	20	21	22	23
24	25	26	27	28	29	30
31						

1. Polens stellvertretender Ministerpräsident Jagielski tritt zurück.

3. Italiens Terrororganisation Rote Brigade ermordet Roberto Peci, den im Juni entführten Bruder eines ehemaligen Mitglieds. →

3. Streik der Fluglotsen in den USA beginnt. →

6. Iran hindert Franzosen an Ausreise.

7. Verfassungsschutzbericht sieht gestiegene Bereitschaft zur Gewaltanwendung vor allem bei Rechtsextremisten.

7. Europäische Gemeinschaft vernichtet eine Million Tonnen Obst und Gemüse, um Preise stabil zu halten.

9. US-Präsident Reagan gibt Verbündeten den Bau der Neutronenbombe bekannt.

9. Weltentwicklungsbericht der Weltbank gibt die Zahl von 750 Millionen absolut Armen auf der Welt bekannt und nennt die Bundesrepublik das fünftreichste Land der Erde.

11. Mutmaßliche deutsche Terroristin Inge Viett schießt in Paris einen Polizisten nieder und flieht.

16. Moskau stundet Polen Kredite von vier Milliarden Dollar bis 1985.

16. Iranische Oppositionelle kapern ein Schnellboot, das Frankreich an den Iran liefert, als »Sitz nationaler Regierung«.

19. US-Flugzeuge schießen über dem Mittelmeer zwei libysche Jäger ab. →

21. OPEC-Konferenz in Genf scheitert, da ölfördernde Staaten sich nicht auf einheitliche Preise einigen können.

25. Südafrikanische Truppen greifen Angola an und ziehen sich am 28. August wieder zurück.

28. In Prag wird Ute Enzenauer Weltmeisterin im Rad-Straßenfahren.

28. Bundesluftwaffe verliert den 200. Starfighter durch Absturz.

30. Bombe im Teheraner Regierungssitz tötet Präsident Rajai und Regierungschef Bahonar.

30. Anschlag auf Wiener jüdische Gemeinde durch PLO fordert zwei Tote.

GESTORBEN:

14. Karl Böhm (* 28. 8. 1894), österreichischer Dirigent. →

»Versuch einer Bilanz« in Berlin zum Preußenjahr

16. August. »Preußen – Versuch einer Bilanz« ist der Titel der großen Ausstellung, die vom 16. August bis 15. November im ehemaligen Kunstgewerbemuseum in Berlin stattfindet. In 33 Räumen werden Bilder und Gegenstände aus vier Jahrhunderten preußischer Geschichte gezeigt.

Paradestück ist die große Halle mit einem Standbild Wilhelms II. umgeben von Industriegütern, die Preußen auf der Pariser Weltausstellung gezeigt hat.

Großen Raum nehmen die Ausstellungsstücke zur Geschichte des Preußenkönigs Friedrich II. ein. Leben und Wirken des »Alten Fritz« werden auch in zahlreichen Publikationen gewürdigt.

Für das Preußenjahr wird insgesamt ein Betrag von elf Millionen DM ausgegeben. Zahllose Konzerte und kleinere Ausstellungen werden davon finanziert. Anzeichen einer Preußen-»Nostalgie« sind ebenso zahlreiche Bücher, die unter historischem, politischem oder künstlerischem Aspekt zum Thema Preußen erscheinen.

Plakat der Preußen-Ausstellung.

US-Maschinen schießen libysche Flugzeuge ab

19. August. Der US-Flugzeugträger »Nimitz« nimmt an Manövern der 6. US-Flotte im Golf von Sidra teil. Libyen, das dieses Seegebiet zu seinen Hoheitsgewässern rechnet, bezeichnet die Manöver als Provokation. Die USA erkennen jedoch lediglich eine Dreimeilenzone für Libyen an und betrachten das übrige Gebiet als internationales Gewässer. Als am 19. August zwei US-Maschinen des Typs F-14 vom Flugzeugträger starten, werden sie von libyschen Maschinen angegriffen. Nach amerikanischen Aussagen sind die F-14 beschossen worden und haben sich zur Wehr gesetzt. Die libyschen Maschinen werden abgeschossen, die Piloten retten sich mit dem Schleudersitz.

Fluglotsen in den USA streiken

3. August. Der Streik von 15 000 amerikanischen Fluglotsen legt den Flugverkehr der USA fast völlig lahm. Die Lotsen fordern Gehaltsverbesserung und Arbeitszeitverkürzung. Präsident Ronald Reagan droht jedoch mit Entlassung, wenn die Arbeit nicht binnen 48 Stunden wiederaufgenommen werde. Wenige Tage später werden Mitglieder der Lotsen-Gewerkschaft verhaftet, da sie nach amerikanischem Recht gegen Pflichten verstoßen, auf deren Erfüllung sie einen Eid geschworen haben.

Karl Böhm †

14. August. Karl Böhm stirbt im Alter von 86 Jahren. Er wurde 1894 in Graz geboren, studierte in Wien Musik und wurde 1917 Kapellmeister am Stadttheater Graz. Zehn Jahre später wurde er Generalmusikdirektor in Darmstadt, arbeitete später in Hamburg, Dresden und Wien. Er dirigierte bei den Salzburger ebenso wie bei den Bayreuther Festspielen und wurde 1964 österreichischer Generalmusikdirektor. Böhm trat, außer als Operndirigent, vor allem als Interpret der Werke von Mozart hervor.

Attentat auf General

Der bei dem Attentat beschädigte Wagen von US-General Frederick J. Kroesen.

15. September. Nachdem schon ein Bombenanschlag auf einen US-Militärstützpunkt bei Kaiserslautern Anfang des Monats schweren Sachschaden angerichtet und 18 Menschen verletzt hat, entgeht der amerikanische Oberbefehlshaber der Streitkräfte in Europa, Frederick J. Kroesen, nur knapp einem Attentat. Von einem Waldhang aus wird in Heidelberg ein Panzerfaustgeschoß auf das vorbeifahrende Auto des Generals abgefeuert. Der Offizier und seine Ehefrau werden nur leicht verletzt. Die Täter entkommen; das Bundeskriminalamt vermutet sie im Kreis der Roten-Armee-Fraktion, die schon für den Anschlag in Kaiserslautern die Verantwortung übernommen hat.

Urteil bekräftigt Recht auf gleichen Lohn

9. September. 28 weibliche Angestellte des Gelsenkirchener Fotolabors Heinze feiern ein Urteil des Bundesarbeitsgerichtes in Kassel, mit dem ihnen das Recht auf die gleichen übertariflichen Zulagen zugebilligt wird, wie sie ihre männlichen Kollegen erhalten. Laborhelfer des Unternehmens, die Nachtschicht verrichten, bekommen Lohnzulagen, die allerdings, so das Gericht, laut Arbeitsvertrag nicht ausdrücklich für Nachtarbeit gezahlt werden. Daher haben auch die Frauen, die aufgrund der Arbeitszeitordnung nachts nicht arbeiten, ein Recht auf diese Zulagen. Das Bundesarbeitsgericht, bei dem die klagenden Laborangestellten sich auf den Grundgesetzartikel 3 berufen haben (Gleichbehandlung von Mann und Frau), betont, das Urteil sei nicht als Grundsatzurteil anzusehen.

18jähriger stirbt bei Demonstration um Hausbesetzung

22. September. Wie angekündigt läßt der Berliner Senat acht besetzte Häuser von der Polizei räumen. Als danach Demonstranten Barrikaden errichten, kommt es zu Straßenschlachten mit der Polizei. Dabei gerät der 18jährige Klaus-Jürgen Rattay unter einen Bus und wird getötet. Unterschiedliche Darstellungen gibt es über den Hergang des Unglücks.

Nach Aussagen der Polizei ist Rattay auf die Stoßstange des Busses gesprungen, um die Scheibe einzuschlagen, und herabgestürzt. Andere Augenzeugen berichten, die Polizei habe Demonstranten, die sich hinter einer Absperrung aufhielten, in die Potsdamer Straße getrieben, wo das Unglück geschehen ist. Die SPD-Fraktion im CDU-regierten Berliner Senat verurteilt die Räumung der Häuser zu diesem Zeitpunkt und auf diese Weise.

Sitzplan des Deuts[chen Bundestages]

Die Mitglieder des Deutschen Bundestages in alphabetischer Reihenfolge

Legende:
- ▨ CDU/CSU
- ▨ SPD
- ▨ F.D.P.

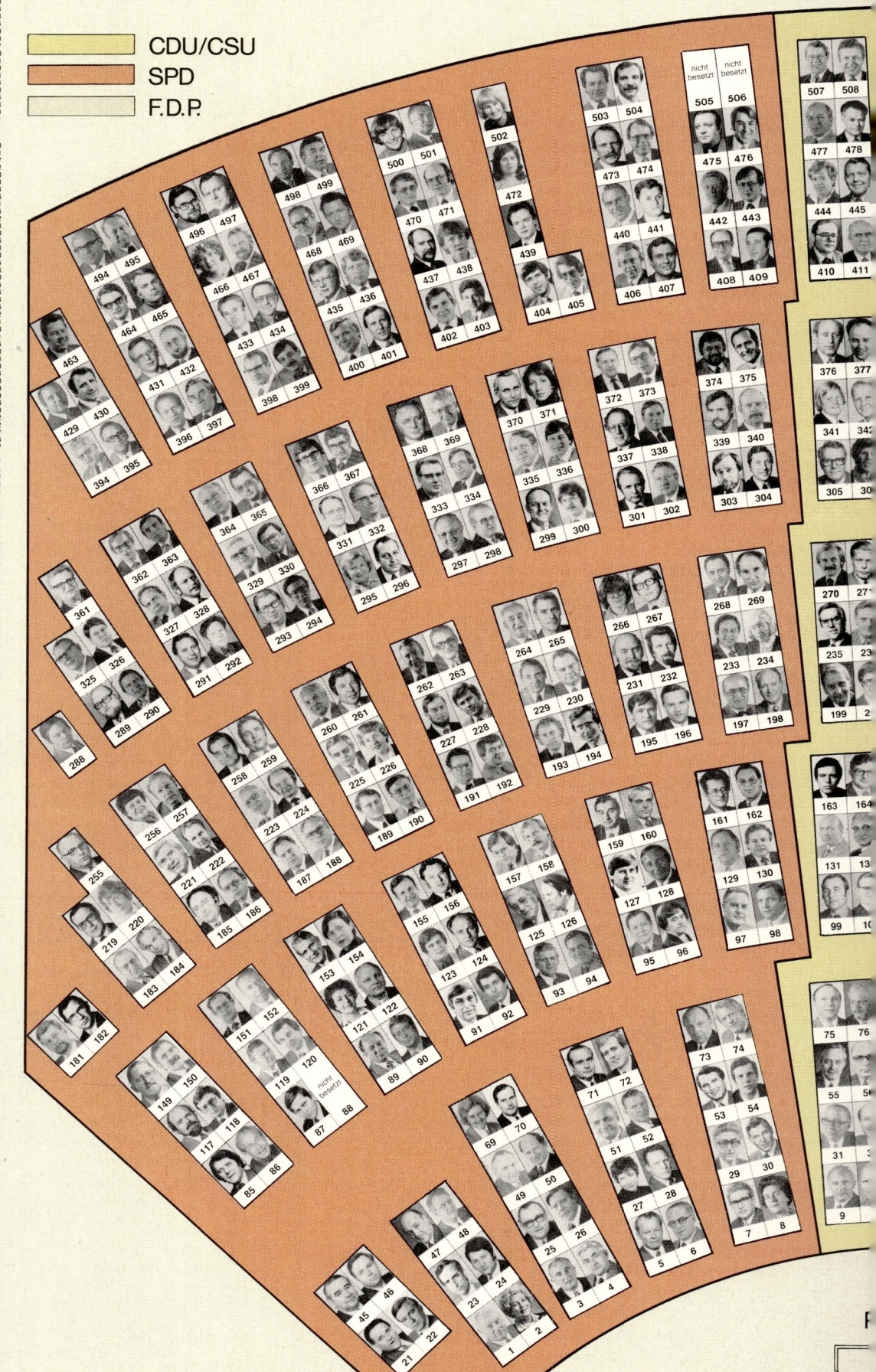

Name	Partei	Platz-Nr.
A		
Prof. Dr. Abelein	CDU	104
Frau Dr. Adam-Schwaetzer	FDP	287
Dr. von Aerssen	CDU	417
Dr. Ahrens	SPD	152
Dr. Althammer	CSU	139
Amling	SPD	156
Amrehn	CDU	132
Antretter	SPD	362
Dr. Apel	SPD	48
Dr. Arnold	CDU	192
Dr. Arndt	SPD	120
B		
Baack	SPD	494
Bahner	CDU	344
Bahr	SPD	49
Bamberg	SPD	269
Dr. Bardens	SPD	442
Dr. Barzel	CDU	9
Baum	FDP	254
Bayha	CDU	457
Becker (Nienberge)	SPD	469
Beckmann	FDP	148
Frau Benedix-Engler	CDU	228
Frau Berger (Berlin)	SPD	79
Berger (Lahnstein)	CDU	371
Bergerowski	FDP/DVP	114
Berkhan	SPD	335
Berschkeit	SPD	68
Dr. Beyer	CDU	414
Biermann	SPD	96
Bindig	SPD	278
Frau Blunck	SPD	470
Böhm (Melsungen)	CDU	140
Dr. Böhme (Freiburg)	SPD	367
Börnsen	SPD	347
Dr. Bötsch	CSU	140
Bohl	CDU	520
Borchert	SPD	5
Brandt	SPD	378
Brandt (Grolsheim)	SPD	204
Braun	CDU	204
Frau von Braun-Stutzer	FDP	67
Bredehorn	FDP	376
Breuer	CDU	396
Bröll	CDU	376
Brück	SPD	81
Buckel	CSU	390
Büchner (Hof)	SPD	94
Büchler (Speyer)	SPD	287
Bühler (Bruchsal)	CDU	349
Bühling	SPD	395
Dr. von Bülow	SPD	367
Dr. Bugl	CDU	454
Burger	CDU	135
Buschbom	CDU	343
Buschfort	SPD	198
C		
Carstens (Emstek)	CDU	272
Catenhusen	SPD	432
Clemens	CDU	479
Collet	SPD	396
Conrad (Riegelsberg)	SPD	301
Conradi	SPD	245
Coppik	SPD	231
Dr. Corterier	SPD	70
Cronenberg	FDP	44
Curdt	SPD	182
Dr. Czaja	CDU	78
D		
Frau Dr. Däubler-Gmelin	SPD	121
Dallmeyer	CDU	507
Dauterstädtauser	SPD	345
Daweke	CDU	387
Deres	CDU	387
Dr. Diederich (Berlin)	SPD	327
Dörflinger	CDU	356
Dr. Dollinger	CSU	413
Doss	CDU	40
Dr. Dregger	CDU	523
Dressler	SPD	157
Dr. Dübber	SPD	128
Duve	SPD	193
E		
Echternach	CDU	199
Egert	SPD	289
Dr. Ehmke	SPD	4
Dr. Ehrenberg	SPD	47
Eickmeyer	SPD	301
Eigen	CDU	411
Eimer (Fürth)	FDP	250
Dr. Emmerlich	SPD	159
Dr. Enders	SPD	159
Frau Dr. Engel	FDP	146
Engelhard	FDP	50
Engelsberger	CSU	212
Engholm	SPD	24
Erhard (Bad Schwalbach)	CDU	55
Erti	SPD	175
Esters	SPD	30
Ewen	SPD	300
Eymer (Lübeck)	CDU	301
F		
Dr. Faltlhauser	CSU	388
Feile	SPD	402
Feinendegen	CDU	214
Dr. Feldmann	FDP	176
Fellner	CSU	385
Fiebig	SPD	288
Frau Fischer	SPD	415
Fischer (Homburg)	CDU	270
Fischer (Hamburg)	SPD	470
Francke (Hamburg)	CDU	293
Franke	CDU	73
Franke (Hannover)	SPD	73
Dr. Friedmann	CDU	350
Frau Fromm	FDP/DVP	215
Frau Fuchs	SPD	336
Funk	CSU	143
G		
Gärtner	FDP	42
Gallus	FDP/DVP	322
Gansel	SPD	476
Ganz (St. Wendel)	CDU	392
Gattermann	FDP	493
Frau Geier	CDU	424
Dr. Geißler	CSU	356
Dr. von Geldern	CDU	377
Genscher	FDP	19
Dr. George	CDU	383
Gerlach (Obernau)	SPD	172
Gerlach (Emsland)	CDU	100
Gerster (Mainz)	CDU	160
Gerstl (Passau)	SPD	279
Dr. Geissner	SPD	279
Gilges	SPD	474
Ginnuitis	SPD	474
Glombig	SPD	21
Glos	CSU	283
Gnädinger	SPD	495
Gobrecht	SPD	219
Dr. Götz	CSU	391
Grobecker	SPD	80
Grüner	FDP/DVP	253
Grunenberg	SPD	258
Gunther	CDU	513
H		
Dr. Haack	SPD	52
Haar	SPD	324
Haase (Fürth)	SPD	463
Haase (Kassel)	CDU	243
Dr. Hackel	CDU	379
Dr. Häfele	CDU	461
Haehser	SPD	197
Frau Dr. Hamm-Brücher	FDP	285
Handlos	CDU	281
Hansen	SPD	431
Hary (Dahlen)	SPD	295
Frau Dr. Hartenstein	SPD	295
Hartmann	CDU	235
Hauck	SPD	54
Dr. Hauff	SPD	54
Hauser (Bonn-Bad Godesberg)	CDU	240
Hauser (Krefeld)	CDU	211
Dr. Haussmann	FDP	255
Heistermann	SPD	150
Frau Dr. Hellwig	CDU	465
Helmrich	CDU	315
Dr. Hennig	CDU	405
Herberholz	SPD	405
Herkenrath	SPD	516
Freiherr von Massenbach	CDU	453
Heyenn	SPD	437
Hinsken	CSU	425
Dr. Hirsch	FDP	147
Höffkes	CDU	315
Hölscher	FDP/DVP	319
Hofinger	CSU	63

Name	Partei	Platz-Nr.
Hoffmann (Saarbrücken)	SPD	496
Frau Hoffmann (Soltau)	SPD	446
Hoffmann (Kronach)	SPD	119
Dr. Holtz	SPD	392
Hoppe	FDP	92
Horn	SPD	89
Dr. Hornhues	CDU	273
Horstmeier	CDU	203
Frau Huber	SPD	69
Dr. Hubrig	CDU	305
Frau Hürland	SPD	381
Dr. Hüsch	CDU	382
Huonker	SPD	74
Dr. Hupka	CDU	205
Graf Huyn	CSU	171
I		
Ibrügger	SPD	127
Immer (Altenkirchen)	SPD	126
J		
Jäger (Wangen)	CDU	277
Jagoda	CDU	521
Jahn (Marburg)	SPD	79
Dr. Jahn (Münster)	CDU	190
Jansen	SPD	364
Dr. Jenninger	CDU	211
Jaunich	SPD	255
Dr. Jentsch (Wiesbaden)	CDU	458
Dr. Jobst	CSU	211
Jung (Kandel)	SPD	358
Jung (Lörrach)	CDU	487
Junghans	SPD	50
Jungmann	SPD	339
K		
Kalisch	CDU	378
Dr.-ing. Kansy	CDU	430
Frau Karwatzki	CDU	419
Keller	CDU	426
Kiechle	CSU	467
Kiehm	SPD	483
Kiep	CDU	12
Kirschner	SPD	232
Klein (Dieburg)	SPD	291
Dr. Klein (Göttingen)	CDU	458
Klein (München)	CSU	318
Kleinert	FDP	183
Dr. Klejdzinski	SPD	155
Dr. Köhler (Duisburg)	CDU	293
Dr. Köhler (Wolfsburg)	CDU	286
Dr. Kohl	CDU	13
Kolb	CDU	526
Kolbow	SPD	326
Kraus	CSU	317
Dr. Kreile	CSU	317
Kretkowski	SPD	401
Dr. Kreutzmann	SPD	347
Krey	CDU	347
Kroll-Schlüter	CDU	81
Frau Krone-Appuhn	CDU	246
Dr. Kübler	SPD	109
Kühbacher	SPD	435
Dr. Kunz (Weiden)	CSU	282
L		
Dr.-ing. Laermann	FDP	68
Lambinus	SPD	194
Dr. Graf Lambsdorff	FDP	176
Lamers	CDU	485
Dr. Lammert	CDU	501
Lampersbach	CDU	166
Landré	CDU	414
Dr. Langner	CDU	490
Dr.-ing. Laufs	CDU	385
Leber	SPD	1
Lemmrich	CSU	83
Lennartz	SPD	137
Dr. Lenz (Bergstraße)	CDU	137
Lenzer	CDU	278
Leonhart	SPD	302
Frau Dr. Lepsius	SPD	372
Leuschner	SPD	372
Liedtke	SPD	7
Dr. Linde	SPD	176
Dr. Link	CDU	386
Dr. Linsmeier	CSU	353
Löffler	SPD	274
Löher	CDU	274
Lorenz	CDU	77
Louven	CDU	109
Lowack	CSU	149
Lutz	SPD	149
Frau Luuk	SPD	167
M		
Maass	CDU	508
Männing	SPD	136
Magin	CDU	522
Mahne	SPD	451
Marschall	SPD	441
Frau Dr. Martiny-Glotz	SPD	32
Dr. Marx	CDU	360
Mattmüller	SPD	365
Meinike (Oberhausen)	SPD	397
Meininghaus	SPD	368
Menzel	SPD	299
Merker	FDP	200
Dr. Mertens (Bottrop)	SPD	436
Dr. Mertens (Gerolstein)	CDU	200
Metz	CDU	200
Dr. Meyer zu Bentrup	CDU	481
Michels	CDU	481
Dr. Mikat	CDU	270
Dr. Miltner	CDU	276
Milz	CDU	276
Mischnick	FDP	369
Dr. Mitzscherling	SPD	369
Möhring	SPD	357
Dr. Möller	CDU	451
Dr. Müller	SPD	85
Müller (Bayreuth)	CSU	20
Müller (Remscheid)	CDU	33
Müller (Schweinfurt)	SPD	441
Müller (Wadern)	CDU	356
Müller (Wesseling)	CDU	513
Dr. Müller-Emmert	SPD	503
N		
Nagel	SPD	124
Nehm	SPD	265
Nelle	CDU	509
Neuhaus	CDU	420
Neuhausen	FDP	213
Neumann (Bramsche)	SPD	334
Neumann (Stelle)	SPD	264
Frau Dr. Neumeister	CSU	280
Niegel	CSU	280
Dr. Nöbel	SPD	228
Frau Noth	FDP	115
O		
Offergeld	SPD	72
Dr.-ing. Oldenstädt	CDU	37
Dr. Olderog	CDU	37
Oostergetelo	SPD	261
Dr. Osswald	SPD	261
P		
Frau Pack	CDU	279
Pfanner	FDP	252
Paterna	SPD	304
Pauli	SPD	338
Dr. Penner	SPD	498
Pensky	SPD	221
Peter (Kassel)	SPD	71
Petersen	CDU	59
Pfeffermann	CDU	351
Pfeifer	CDU	351
Dr. Pinger	CDU	279
Dr. Pohlmeier	CDU	229
Frau Dr. Pollein	SPD	185
Popp	FDP	118
Priss	SPD	262
Prangenberg	SPD	484
Dr. Probst	CSU	168
R		
Rainer	CSU	247
Rapp (Göppingen)	SPD	433
Rappe (Hildesheim)	SPD	433
Rawe	CDU	315
Rayer	SPD	203
Reddemann	CDU	165

Name	Partei	Platz-Nr.
Regensburger	CSU	209
Frau Renger	SPD	2
Rentrop	FDP	218
Repnik	CDU	468
Reschke	SPD	192
Reuschenbach	SPD	90
Reuter	SPD	186
Dr. Riedl (München)	CSU	341
Dr. Riemer	FDP	266
Dr. Riesenhuber	CDU	266
Rohner	CDU	39
Rösch	FDP/DVP	217
Rösch		3
Frau Rietzsch	SPD	444
Ronneburger	FDP	359
Dr. Rose	CSU	394
Rosenthal	SPD	86
Rossmanith	CDU	459
Roth	SPD	85
Ruhe	CDU	163
Ruf	CDU	489
Dr. Rumpf	FDP	321
S		
Sander	SPD	370
Sauer (Salzgitter)	CDU	341
Sauer (Stuttgart)	CDU	120
Sauter (Epfendorf)	CDU	242
Sauter (Ichenhausen)	CSU	460
Prof. Dr. Schachtschabel	SPD	184
Schäfer (Mainz)	FDP	140
Schäfer (Offenburg)	SPD	366
Schatz	CSU	460
Scharz (Trier)	CDU	120
Dr. Scheer	SPD	173
Schierer	SPD	440
Schierholz	SPD	363
Frau Schlei	SPD	8
Schluckebier	SPD	440
Frau Schmedt (Lengerich)	SPD	50
Dr. Schmidt (Gellersen)	SPD	50
Schmidt (Kempten)	CSU	176
Schmidt (München)	SPD	466
Dr. Schmidt (Wattenscheid)	SPD	184
Schmidt (Würgendorf)	SPD	501
Schmidt (Wesloweiler)	SPD	188
Schmitz (Baesweiler)	SPD	241
Schmöle	CDU	16
Dr. Schmude	SPD	293
Dr. Schneider	CSU	84
Dr. Schöfberger	SPD	293
von Schoeler	FDP	510
Freiherr von Schorlemer	CDU	510
Dr. Schöneberg	SPD	313
Schröder (Solingen)	SPD	313
Schreiner	SPD	326
Dr. Schröder (Freiburg)	SPD	518
Dr. Schröder (Hannover)	SPD	290
Schröder (Lüneburg)	CDU	313
Schröder (Wilhelminenhof)	CDU	313
Schröer (Mülheim)	SPD	327
Frau Schuchardt	FDP	284
Dr. Schulte (Schw Gmünd)	CDU	398
Schulte (Unna)	SPD	241
Schulze (Berlin)	CDU	412
Dr. Schwarz	CDU	103
Dr. Schwarz-Schilling	CDU	169
Dr. Schwencke (Nienburg)	SPD	326
Dr. Schwörer	CDU	398
Seehofer	CSU	461
Seiters	CDU	164
Sick	CDU	236
Sieglf	SPD	227
Seiler	SPD	431
Frau Simonis	SPD	256
Frau Dr. Skarpelis-Sperk	SPD	256
Dr. Soell	SPD	189
Dr. Sorms	CDU	189
Dr. Sperling	SPD	189
Dr. Spies von Büllesheim	CDU	311
Spilker	CDU	311
Dr. Spöri	SPD	109
Spranger	CSU	109
Dr. Sprung	CDU	217
Stahl (Kempen)	SPD	222
Dr. Stark (Nürtingen)	CDU	210
Graf von Stauffenberg	CDU	210
Dr. Stavenhagen	CDU	313
Dr. Steger	SPD	313
Steiner	SPD	96
Dr. Stercken	CDU	164
Stiegler	SPD	443
Stockleben	SPD	255
Stockhausen	CDU	255
Strassmeir	CDU	340
Dr. Struck	SPD	340
Stutzer	CDU	171
Sussät	CDU	167
T		
Frau Terborg	SPD	196
Thüsing	SPD	226
Tietjen	SPD	226
Tillmann	CDU	231
Frau Dr. Timm	SPD	27
Dr. Timm	FDP	27
Frau Dr. Tübler	SPD	348
Topmann	SPD	472
Frau Traupe	SPD	472
U		
Ueberschär	SPD	403
Dr. Unland	CDU	239
Urbaniak	SPD	189
V		
Frau Verhülsdonk	CDU	82
Vogel (Ennepetal)	CDU	37
Vogelsang	SPD	434
Vogt (Düren)	CDU	105
Dr. Vohrer	FDP/DVP	180
Voigt (Frankfurt)	SPD	161
Volmer	CDU	219
Vosen	SPD	195
Dr. Voss	CSU	159
W		
Dr. Wallmann	CDU	80
Dr. Wagel	CDU	110
Graf von Waldburg-Zeil	CDU	505
Wallow	SPD	504
Waltemathe	SPD	409
Walther	SPD	450
Dr. Warnke	CSU	64
Wartenberg (Berlin)	SPD	233
Dr. von Wartenberg	CDU	447
Weirich	CDU	133
Weiss	CDU	493
Weisskirchen (Wiesloch)	SPD	493
Dr. Wendig	FDP	177
Dr. Wernitz	SPD	365
Westphal	SPD	16
Frau Dr. Wex	CDU	180
Frau Weyel	SPD	197
Dr. Wieczorek	SPD	471
Wieczorek (Duisburg)	SPD	471
Wiefel	SPD	260
von der Wiesche	SPD	260
Frau Will-Feld	CDU	708
Frau Dr. Wilms	CDU	298
Wimmer (Eggenfelden)	SPD	298
Wimmer (Neuötting)	CSU	160
Wimmer (Neuss)	CDU	486
Windeien	CDU	11
Wischnewski	SPD	99
Wissmann	CDU	245
Witek	SPD	499
Dr. de With	SPD	162
Dr. Wittmann	CDU	162
Dr. Wörner	CSU	76
Wolfgramm (Göttingen)	FDP	41
Wolfram (Recklinghausen)	SPD	268
Baron von Wrangel	CDU	509
Wrede	SPD	225
Wurtz	SPD	225
Worzbach	SPD	105
Dr. Wulff	CDU	99
Wurbs	FDP	115
Wuttke	SPD	264
Z		
Zander	SPD	196
Zeitler	SPD	53
Zierer	CSU	462
Dr. Zimmermann	CSU	12
Dr. Zumpfort	FDP	207
Frau Zutt	SPD	438
Zywietz	FDP	112

chen Bundestages

9. Wahlperiode

Stand: 1. Oktober 1981

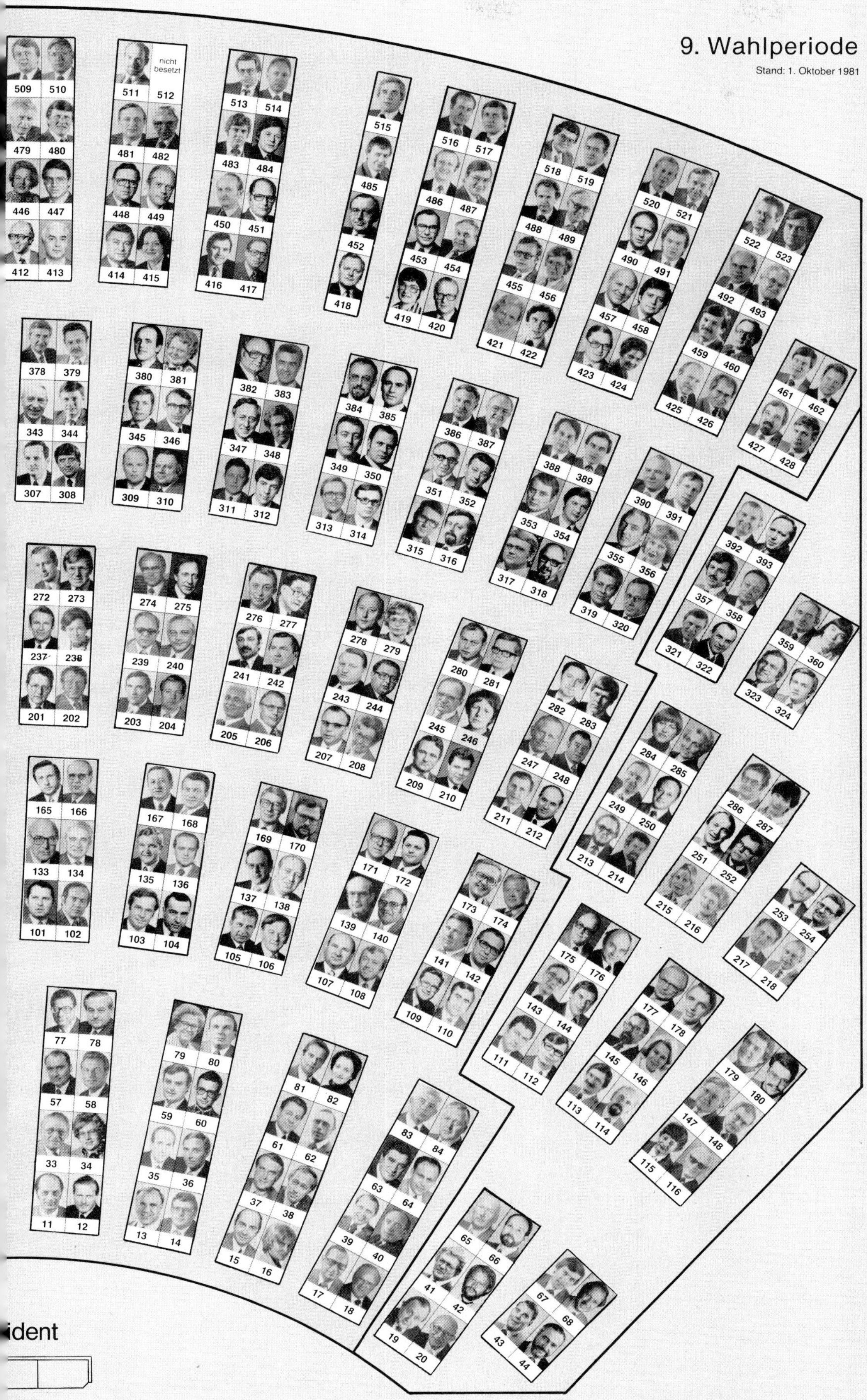

ident

Die Mitglieder des Deutschen Bundestages in der Reihenfolge der Platznummern

Name	Partei	Platz-Nr.	Name	Partei	Platz-Nr.	Name	Partei	Platz-Nr.
Leber	SPD	1	Dr. Graf Lambsdorff	FDP	176	Picard	CDU	351
Frau Renger	SPD	2	Dr. Wendig	FDP	177	Schartz (Trier)	CDU	352
Rohde	SPD	3	Merker	FDP	178	Lintner	CSU	353
Dr. Ehmke	SPD	4	Hölscher	FDP/DVP	179	Dr. Rose	CSU	354
Brandt	SPD	5	Dr. Vohrer	FDP/DVP	180	Dr. Voss	CSU	355
Wehner	SPD	6	Dr. Kübler	SPD	181	Frau Geiger	CSU	356
Liedtke	SPD	7	Curdt	SPD	182	Möllemann	FDP	357
Frau Schlei	SPD	8	Kiehm	SPD	183	Jung (Kandel)	FDP	358
Dr. Barzel	CDU	9	Prof. Dr. Schachtschabel	SPD	184	Ronneburger	FDP	359
Dr. Dregger	CDU	10	Polkehn	SPD	185	Frau Matthäus-Maier	FDP	360
Windelen	CDU	11	Reuter	SPD	186	Walther	SPD	361
Kiep	CDU	12	Witek	SPD	187	Antretter	SPD	362
Dr. Kohl	CDU	13	Schmitt (Wiesbaden)	SPD	188	Schlatter	SPD	363
Dr. Jenninger	CDU	14	Dr. Sperling	SPD	189	Jaunich	SPD	364
Dr. Wörner	CDU	15	Jansen	SPD	190	Dr. Wernitz	SPD	365
Frau Dr. Wex	CDU	16	Schätz	SPD	191	Schäfer (Offenburg)	SPD	366
Dr. Zimmermann	CSU	17	Reschke	SPD	192	Dr. Böhme (Freiburg)	SPD	367
Stücklen	CSU	18	Duve	SPD	193	Meininghaus	SPD	368
Genscher	FDP	19	Lambinus	SPD	194	Dr. Mitzscherling	SPD	369
Mischnick	FDP	20	Vosen	SPD	195	Sander	SPD	370
Glombig	SPD	21	Zander	SPD	196	Frau Simonis	SPD	371
Dr. Haack	SPD	22	Haehser	SPD	197	Leuschner	SPD	372
Dr. Schmude	SPD	23	Buschfort	SPD	198	Dr. Steger	SPD	373
Engholm	SPD	24	Echternach	CDU	199	Peter (Kassel)	SPD	374
Wischnewski	SPD	25	Metz	CDU	200	Topmann	SPD	375
Schmidt (Hamburg)	SPD	26	Pohlmann	CDU	201	Broll	CDU	376
Frau Dr. Timm	SPD	27	Schröder (Wilhelminenhof)	CDU	202	Dr. von Geldern	CDU	377
Dr. Linde	SPD	28	Horstmeier	CDU	203	Kalisch	CDU	378
Jahn (Marburg)	SPD	29	Braun	CDU	204	Dr. Hackel	CDU	379
Ewen	SPD	30	Dr. Hupka	CDU	205	Dr. Meyer zu Bentrup	CDU	380
Dr. Mikat	CDU	31	Petersen	CDU	206	Frau Hürland	CDU	381
Dr. Marx	CDU	32	Zink	CDU	207	Dr. Hüsch	CDU	382
Müller (Remscheid)	CDU	33	Frau Will-Feld	CDU	208	Dr. George	CDU	383
Frau Dr. Wilms	CDU	34	Regenspurger	CSU	209	Kolb	CDU	384
Rawe	CDU	35	Graf von Stauffenberg	CSU	210	Dr.-Ing. Laufs	CDU	385
Dr. Schäuble	CDU	36	Dr. Jobst	CSU	211	Link	CDU	386
Vogel (Ennepetal)	CDU	37	Engelsberger	CSU	212	Deres	CDU	387
Dr. Geissler	CDU	38	Neuhausen	FDP	213	Dr. Faltlhauser	CSU	388
Röhner	CSU	39	Dr. Feldmann	FDP	214	Fellner	CSU	389
Dr. Dollinger	CSU	40	Frau Fromm	FDP/DVP	215	Brunner	CSU	390
Wolfgramm (Göttingen)	FDP	41	Frau von Braun-Stützer	FDP	216	Dr. Götz	CSU	391
Gärtner	FDP	42	Rösch	FDP/DVP	217	Holsteg	FDP	392
Wurbs	FDP	43	Rentrop	FDP	218	Gattermann	FDP	393
Cronenberg	FDP	44	Gobrecht	SPD	219	Wieczorek (Duisburg)	SPD	394
Dr. Kreutzmann	SPD	45	Frau Dr. Lepsius	SPD	220	Bühling	SPD	395
Dr. von Bülow	SPD	46	Pensky	SPD	221	Collet	SPD	396
Dr. Ehrenberg	SPD	47	Stahl (Kempen)	SPD	222	Meinike (Oberhausen)	SPD	397
Dr. Apel	SPD	48	Steiner	SPD	223	Dr. Schwenk (Stade)	SPD	398
Bahr	SPD	49	Hansen	SPD	224	Schreiner	SPD	399
Dr. Schmidt (Gellersen)	SPD	50	Würtz	SPD	225	Mahne	SPD	400
Matthöfer	SPD	51	Frau Terborg	SPD	226	Kretkowski	SPD	401
Junghans	SPD	52	Sielaff	SPD	227	Feile	SPD	402
Zeitler	SPD	53	Dr. Nöbel	SPD	228	Ueberschär	SPD	403
Dr. Hauff	SPD	54	Dr. Gessner	SPD	229	Weisskirchen (Wiesloch)	SPD	404
Erhard (Bad Schwalbach)	CDU	55	Esters	SPD	230	Herberholz	SPD	405
Dr. Mertes (Gerolstein)	CDU	56	Coppik	SPD	231	Dr. Soell	SPD	406
Dr. Schulte			Kirschner	SPD	232	Dr. Spöri	SPD	407
(Schwäbisch Gmünd)	CDU	57	Weinhofer	SPD	233	Herterich	SPD	408
Dr. Häfele	CDU	58	Frau Weyel	SPD	234	Waltemathe	SPD	409
Pfeifer	CDU	59	Francke (Hamburg)	CDU	235	Eymer (Lübeck)	CDU	410
Dr. Riesenhuber	CDU	60	Sick	CDU	236	Eigen	CDU	411
Franke	CDU	61	Dr. Sprung	CDU	237	Schulze (Berlin)	CDU	412
Hauser (Krefeld)	CDU	62	Frau Benedix-Engler	CDU	238	Dolata	CDU	413
Höpfinger	CSU	63	Dr. Unland	CDU	239	Landré	CDU	414
Dr. Warnke	CSU	64	Hauser (Bonn-Bad Godesberg)	CDU	240	Frau Fischer	CDU	415
Hoppe	FDP	65	Schmitz (Baesweiler)	CDU	241	Schmöle	CDU	416
Engelhard	FDP	66	Sauter (Epfendorf)	CDU	242	Dr. van Aerssen	CDU	417
Bredehorn	FDP	67	Haase (Kassel)	CDU	243	Dr. Stercken	CDU	418
Dr.-Ing. Laermann	FDP	68	Müller (Wadern)	CDU	244	Frau Karwatzki	CDU	419
Frau Huber	SPD	69	Dr. Wittmann	CSU	245	Neuhaus	CDU	420
Dr. Corterier	SPD	70	Frau Krone-Appuhn	CSU	246	Frau Dr. Wisniewski	CDU	421
Schulte (Unna)	SPD	71	Rainer	CSU	247	Wissmann	CDU	422
Offergeld	SPD	72	Biehle	CSU	248	Böhm (Melsungen)	CDU	423
Franke (Hannover)	SPD	73	Timm	FDP	249	Frau Geier	CDU	424
Huonker	SPD	74	Eimer (Fürth)	FDP	250	Hinsken	CSU	425
Dr. Jahn (Münster)	CDU	75						
Dr. Köhler (Wolfsburg)	CDU	76	Dr. Zumpfort	FDP	251	Keller	CSU	426
Lorenz	CDU	77	Paintner	FDP	252	Linsmeier	CSU	427
Dr. Czaja	CDU	78	Grüner	FDP/DVP	253	Lowack	CSU	428
Frau Berger (Berlin)	CDU	79	Baum	FDP	254	Wrede	SPD	429
Dr. Waffenschmidt	CDU	80	Stöckl	SPD	255	Wimmer (Neuötting)	SPD	430
Kroll-Schlüter	CDU	81	Frau Schmedt (Lengerich)	SPD	256	Sieler	SPD	431
Frau Verhülsdonk	CDU	82	Gilges	SPD	257	Catenhusen	SPD	432
Lemmrich	CSU	83	Grunenberg	SPD	258	Rappe (Hildesheim)	SPD	433
Dr. Schneider	CSU	84	Stockleben	SPD	259	Vogelsang	SPD	434
Roth	SPD	85	von der Wiesche	SPD	260	Kühbacher	SPD	435
Rosenthal	SPD	86	Oostergetelo	SPD	261	Dr. Mertens (Bottrop)	SPD	436
Grobecker	SPD	87	Purps	SPD	262	Heyenn	SPD	437
Horn	SPD	89	Dr. Müller-Emmert	SPD	263	Frau Zutt	SPD	438
Reuschenbach	SPD	90	Wuttke	SPD	264	Schreiber (Solingen)	SPD	439
Dr. Emmerlich	SPD	91	Nehm	SPD	265	Schirmer	SPD	440
Dr. Holtz	SPD	92	Frau Dr. Skarpelis-Sperk	SPD	266	Müller (Schweinfurt)	SPD	441
Brandt (Grolsheim)	SPD	93	Büchner (Speyer)	SPD	267	Dr. Bardens	SPD	442
Büchler (Hof)	SPD	94	Wolfram (Recklinghausen)	SPD	268	Stiegler	SPD	443
Hauck	SPD	95	Bamberg	SPD	269	Frau Roitzsch	CDU	444
Frau Steinhauer	SPD	96	Fischer (Hamburg)	CDU	270	Helmrich	CDU	445
Westphal	SPD	97	Stutzer	CDU	271	Frau Hoffmann (Soltau)	CDU	446
Biermann	SPD	98	Carstens (Emstek)	CDU	272	Dr. von Wartenberg	CDU	447
Würzbach	CDU	99	Dr. Hornhues	CDU	273	Gerstein	CDU	448
Dr. Klein (Göttingen)	CDU	100	Löher	CDU	274	Dr. Henning	CDU	449
			Dr. Pinger	CDU	275	Borchert	CDU	450
Tillmann	CDU	101	Milz	CDU	276	Dr. Möller	CDU	451
Dr. Arnold	CDU	102	Jäger (Wangen)	CDU	277	Feinendegen	CDU	452
Dr. Schwörer	CDU	103	Lenzer	CDU	278	von der Heydt		
Prof. Dr. Abelein	CDU	104	Frau Pack	CDU	279	Freiherr von Massenbach	CDU	453
Vogt (Düren)	CDU	105	Niegel	CSU	280	Dr. Bugl	CDU	454
Schwarz	CDU	106	Handlos	CSU	281	Dörflinger	CDU	455
Kiechle	CSU	107	Dr. Kunz (Weiden)	CSU	282	Frau Dr. Hellwig	CDU	456
Dr. Probst	CSU	108	Glos	CSU	283	Bayha	CDU	457
Spranger	CSU	109	Frau Schuchardt	FDP	284	Dr. Jentsch (Wiesbaden)	CDU	458
Dr. Waigel	CSU	110	Frau Dr. Hamm-Brücher	FDP	285	Rossmanith	CSU	459
Kleinert	FDP	111	Dr. Riemer	FDP	286	Sauter (Ichenhausen)	CSU	460
Zywietz	FDP	112	Frau Dr. Adam-Schwaetzer	FDP	287	Seehofer	CSU	461
Dr. Solms	FDP	113	Fiebig	SPD	288	Zierer	CSU	462
Bergerowski	FDP/DVP	114	Egert	SPD	289	Haase (Fürth)	SPD	463
Frau Noth	FDP	115	Schröder (Hannover)	SPD	290	Schmidt (München)	SPD	464
Schmidt (Kempten)	FDP	116	Klein (Dieburg)	SPD	291	Dr. Jens	SPD	465
Thüsing	SPD	117	Conradi	SPD	292	Frau Schmidt (Nürnberg)	SPD	466
Poss	SPD	118	Dr. Schöfberger	SPD	293	Börnsen	SPD	467
Hofmann (Kronach)	SPD	119	Dr. Osswald	SPD	294	Berschkeit	SPD	468
Auch	SPD	120	Frau Dr. Hartenstein	SPD	295	Becker (Nienberge)	SPD	469
Frau Dr. Däubler-Gmelin	SPD	121	Haar	SPD	296	Fischer (Homburg)	SPD	470
Schmidt (Wattenscheid)	SPD	122	Löffler	SPD	297	Dr. Wieczorek	SPD	471
Dr. Scheer	SPD	123	Wimmer (Eggenfelden)	SPD	298	Frau Traupe	SPD	472
Nagel	SPD	124	Menzel	SPD	299	Bindig	SPD	473
Schlaga	SPD	125	Wartenberg (Berlin)	SPD	300	Ginnuttis	SPD	474
						Schluckebier	SPD	475
Immer (Altenkirchen)	SPD	126	Eickmeyer	SPD	301	Gansel	SPD	476
Ibrügger	SPD	127	Leonhart	SPD	302	Dr. Olderog	CDU	477
Dr. Dübber	SPD	128	Rayer	SPD	303	Dr.-Ing. Oldenstädt	CDU	478
Urbaniak	SPD	129	Paterna	SPD	304	Clemens	CDU	479
Männing	SPD	130	Dr. Hubrig	CDU	305	Dr.-Ing. Kansy	CDU	480
Baron von Wrangel	CDU	131	Frau Dr. Neumeister	CDU	306	Michels	CDU	481
Amrehn	CDU	132	Strassmeir	CDU	307	Dr. Pohlmeier	CDU	482
Weiskirch (Olpe)	CDU	133	Kittelmann	CDU	308	Breuer	CDU	483
Dr. Köhler (Duisburg)	CDU	134	Dr. Wulff	CDU	309	Prangenberg	CDU	484
Burger	CDU	135	Volmer	CDU	310	Lamers	CDU	485
Dr. Stark (Nürtingen)	CDU	136	Dr. Spies von Büllesheim	CDU	311	Wimmer (Neuss)	CDU	486
Dr. Lenz (Bergstraße)	CDU	137	Berger (Lahnstein)	CDU	312	Jung (Lörrach)	CDU	487
Hanz (Dahlen)	CDU	138	Dr. Stavenhagen	CDU	313	Repnik	CDU	488
Dr. Althammer	CSU	139	Werner	CDU	314	Ruf	CDU	489
Dr. Bötsch	CSU	140	Pfeffermann	CDU	315	Dr. Langner	CDU	490
Spilker	CSU	141	Conrad (Riegelsberg)	CDU	316	Weirich	CDU	491
Dr. Kreile	CSU	142	Kraus	CSU	317	Ganz (St. Wendel)	CDU	492
Funke	FDP	143	Klein (München)	CSU	318	Weiss	CDU	493
Schäfer (Mainz)	FDP	144	Höffkes	CSU	319	Baack	SPD	494
Popp	FDP	145	Dr. Müller	CSU	320	Gnädinger	SPD	495
Frau Dr. Engel	FDP	146	Dr. Rumpf	FDP	321	Hoffmann (Saarbrücken)	SPD	496
Dr. Hirsch	FDP	147	Gallus	FDP/DVP	322	Daubertshäuser	SPD	497
Beckmann	FDP	148	Dr. Haussmann	FDP/DVP	323	Dr. Penner	SPD	498
Lutz	SPD	149	von Schoeler	FDP	324	Fischer (Osthofen)	SPD	499
Heistermann	SPD	150	Möhring	SPD	325	Frau Dr. Martiny-Glotz	SPD	500
Kolbow	SPD	151	Tietjen	SPD	326	Schmidt (Würgendorf)	SPD	501
Dr. Ahrens	SPD	152	Schröer (Mülheim)	SPD	327	Frau Luuk	SPD	502
Wiefel	SPD	153	Kuhlwein	SPD	328	Müntefering	SPD	503
Frau Blunck	SPD	154	Müller (Bayreuth)	SPD	329	Wallow	SPD	504
Dr. Klejdzinski	SPD	155	Brück	SPD	330	Dallmeyer	CDU	507
Amling	SPD	156	Marschall	SPD	331	Maass	CDU	508
Dressler	SPD	157	Rapp (Göppingen)	SPD	332	Nelle	CDU	509
Lennartz	SPD	158	Neumann (Stelle)	SPD	333	Freiherr von Schorlemer	CDU	510
Dr. Enders	SPD	159	Neumann (Bramsche)	SPD	334	Dr. Lammert	CDU	511
Gerstl (Passau)	SPD	160	Bernrath	SPD	335	Günther	CDU	513
Voigt (Frankfurt)	SPD	161	Frau Fuchs	SPD	336	Müller (Wesseling)	CDU	514
Dr. de With	SPD	162	Dr. Diederich (Berlin)	SPD	337	Louven	CDU	515
Rühe	CDU	163	Pauli	SPD	338	Herkenrath	CDU	516
Seiters	CDU	164	Jungmann	SPD	339	Sauer (Stuttgart)	CDU	517
Reddemann	CDU	165	Dr. Struck	SPD	340	Dr. Schroeder (Freiburg)	CDU	518
Lampersbach	CDU	166	Sauer (Salzgitter)	CDU	341	Graf von Waldburg-Zeil	CDU	519
Susset	CDU	167	Schröder (Lüneburg)	CDU	342	Bohl	CDU	520
Dr. Miltner	CDU	168	Buschbom	CDU	343	Jagoda	CDU	521
Dr. Schwarz-Schilling	CDU	169	Bahner	CDU	344	Magin	CDU	522
Gerster (Mainz)	CDU	170	Daweke	CDU	345	Doss	CDU	523
Graf Huyn	CSU	171	Köster	CDU	346			
Gerlach (Obernau)	CSU	172	Krey	CDU	347			
Dr. Riedl (München)	CSU	173	Dr. Todenhöfer	CDU	348			
Hartmann	CSU	174	Bühler (Bruchsal)	CDU	349			
Ertl	FDP	175	Dr. Friedmann	CDU	350			

Herausgeber: Deutscher Bundestag, Presse- und Informationszentrum, Referat Öffentlichkeitsarbeit, 5300 Bonn. Konzeption und Herstellung: Büro für Publizistik, 6951 Neckarzimmern. Druck: Klambt Druck GmbH, 6720 Speyer/Rh. 1981

1981
OKTOBER

Mo	Di	Mi	Do	Fr	Sa	So
			1	2	3	4
5	6	7	8	9	10	11
12	13	14	15	16	17	18
19	20	21	22	23	24	25
26	27	28	29	30	31	

1. Irans Verteidigungsminister und hohe Generale kommen bei einem Flugzeugabsturz ums Leben.

1. Internationales Olympisches Komitee vergibt die Spiele für 1988 an Seoul (Korea) und Calgary (Kanada).

1. DDR-Kanzleramtsspion Guilleaume bei Häftlingsaustausch an DDR übergeben.

2. Lech Walesa wird auf Gewerkschaftskongreß zum Vorsitzenden der »Solidarität« wiedergewählt.

4. Ali Khameini zum Präsidenten des Iran als Nachfolger von Rajai gewählt.

10. Bei einer Friedenskundgebung versammeln sich in Bonn etwa 300 000 Menschen. →

13. Bundeskanzler Schmidt wird ein Herzschrittmacher eingesetzt.

14. Mit einem Sieg über Österreichs Nationalelf beim 3 : 1 in Wien sichert sich die Bundesrepublik Deutschland die Teilnahme an der Fußball-WM 1982 in Spanien.

14. Ägyptische Volksabstimmung wählt mit 98 Prozent Mubarak zum Nachfolger Sadats.

18. Jaruzelski folgt Kania als polnischer Parteichef.

18. Bundesdeutsche Junioren-Fußballnationalelf wird Weltmeister bei Turnier in Australien.

20. Bombenanschlag auf jüdische Diamantenbörse in Antwerpen.

21. Zwei Rechtsextremisten werden in München bei Schießerei mit Polizisten getötet.

23. Nord-Süd-Gipfelkonferenz tagt in Cancun (Mexiko).

29. Sowjetisches U-Boot läuft vor Schwedens Küste auf Grund. →

GESTORBEN:

5. Walter Mehring (* 29. 4. 1896), deutscher Schriftsteller.

6. Anwar as-Sadat (* 25. 12. 1918), Staatspräsident von Ägypten (Opfer eines Attentats). →

16. Moshe Dayan (* 20. 5. 1915), israelischer General und Politiker.

27. Nico Dostal (* 27. 11. 1895), österreichischer Operettenkomponist.

30. Georges Brassens (* 22. 10. 1921), französischer Chansonsänger.

Sadat erschossen

Präsident Sadat (r.) und sein Vize Mubarak (l.) auf der Tribüne.

6. Oktober. Muhammad Anwar as-Sadat, Staatspräsident von Ägypten, fällt einem Attentat zum Opfer, das bei einer Militärparade verübt wird. Eine bisher unbekannte »Organisation zur Befreiung Ägyptens« übernimmt die Verantwortung. Als auf dem Paradeplatz der ägyptischen Hauptstadt eine Eliteeinheit der Armee vorbeimarschiert, springen plötzlich von einem Jeep drei Soldaten und feuern auf die Ehrentribüne. Sadat stirbt wenige Stunden später, ebenso der nordkoreanische Botschafter und zwei weitere Ehrengäste. Zahlreiche Tribünenbesucher werden verletzt. Unter Anwesenheit von vielen in- und ausländischen Staatsgästen – unter ihnen Israels Ministerpräsident Begin – wird Sadat am 12. Oktober beigesetzt.

U-137 auf Grund

29. Oktober. Bei Karlskrona läuft ein sowjetisches Unterseeboot auf Grund. Schwedens Regierung protestiert gegen dieses Eindringen in die Hoheitsgewässer des Landes. Moskau besteht zunächst auf der Bergung des Bootes durch sowjetische Schiffe. Der Kapitän, heißt es, sei durch einen Navigationsfehler in den Fjord vor dem schwedischen Marinestützpunkt bei Karlskrona geraten – eine Erklärung, die Schweden nicht akzeptiert. Untersuchungen ergeben, daß das Boot höchstwahrscheinlich Atomwaffen an Bord hat. Nach offizieller Entschuldigung von seiten der UdSSR und nach Verhören des Kommandanten durch die schwedischen Behörden wird das U-Boot freigeschleppt und kehrt in die UdSSR zurück.

Sozialistensieg bei Wahlen in Griechenland

18. Oktober. Einen überraschend hohen Sieg erringt bei den griechischen Parlamentswahlen die panhellenische sozialistische Bewegung PASOK unter Andreas Papandreou. Sie gewinnt 174 Sitze gegenüber 113 der bisher regierenden »Neuen Demokratie« unter Regierungschef Georgios Rallis. Die Kommunisten erhalten 13 Parlamentssitze. Papandreous Programm sieht die Verstaatlichung von Schlüsselindustrien und den Aufbau von Gewerkschaften vor. Er vertritt eine skeptische Haltung gegenüber Griechenlands Annäherung an EG und NATO. Kultusministerin in Papandreous Regierung wird die Sängerin Melina Mercouri.

300 000 Menschen demonstrieren für den Frieden

10. Oktober. Die bisher größte Demonstration der bundesdeutschen Friedensbewegung findet in Bonn statt: etwa 300 000 Menschen demonstrieren für Frieden und Abrüstung. Sie wird organisiert von der Aktion Sühnezeichen/Friedensdienste und der Aktionsgemeinschaft für den Frieden, die beide der evangelischen Kirche nahestehen. Hunderte anderer Organisationen schließen sich dem Aufruf an. Befürchtungen, die vorher von Politikern und Ordnungskräften geäußert worden sind, bewahrheiten sich nicht: Die Demonstration und anschließende Kundgebung verlaufen ohne Zwischenfälle. Auf der Kundgebung spricht auch Heinrich Böll.

1981
NOVEMBER

Mo	Di	Mi	Do	Fr	Sa	So
						1
2	3	4	5	6	7	8
9	10	11	12	13	14	15
16	17	18	19	20	21	22
23	24	25	26	27	28	29
30						

1. Ein unter dem Verdacht der Beteiligung an rechtsextremistischen Gewalttaten stehender Forstbeamter begeht Selbstmord, nachdem er die Polizei zu 30 Waffenlagern in der Lüneburger Heide geführt hat.

6. Niki Lauda will wieder Formel-1-Rennen fahren.

6. Schweden gibt das im Oktober auf Grund gelaufene sowjetische U-Boot frei.

11. Mit einem 0 : 0 in Bulgarien qualifiziert sich die österreichische Fußball-Nationalmannschaft für die WM in Spanien 1982.

12. US-Raumfähre »Columbia« startet zum zweiten Raumflug.

13. VW-Aufsichtsrat nominiert Carl Hahn zum Nachfolger des Vorstandsvorsitzenden Toni Schmücker.

15. Unruhen bei Protesten gegen Bau der Startbahn West für Frankfurter Flughafen. →

16. Früherer Vorstandsvorsitzender der Westdeutschen Landesbank, Ludwig Poullain, wird vom Vorwurf der Bestechung und des Betruges freigesprochen.

18. Fußballländerspiel Bundesrepublik – Albanien endet in Dortmund 8 : 0 vor 50 000 Zuschauern (Halbzeit 5 : 0).

20. Ruhrgasvertrag mit UdSSR in Essen unterzeichnet: Von 1984 bis zum Jahr 2008 jährlich 10,5 Milliarden Kubikmeter Erdgas als Gegenleistung für die Lieferung von Röhren.

22. Breschnew in Bonn. →

22. Bundesrepublik Deutschland gewinnt im Fußballländerspiel gegen Bulgarien in Düsseldorf mit 4 : 0 (Halbzeit 1 : 0) vor 55 000 Zuschauern.

30. In Genf beginnen Verhandlungen zwischen Warschauer Pakt und NATO über Mittelstreckenraketen.

GESTORBEN:

9. Werner Eisbrenner (* 2. 12. 1908), deutscher Filmmusikkomponist.

13. Gerhard Marcks (* 18. 2. 1889), deutscher Bildhauer.

29. Natalie Wood (* 20. 7. 1938), amerikanische Filmschauspielerin.

29. Lotte Lenya (* 18. 10. 1900), österreichische Schauspielerin und Sängerin.

Leonid Breschnew verhandelt mit Schmidt in Bonn

Breschnew (links) und Schmidt in der Godesberger Redoute.

22. November. Der Besuch des sowjetischen Staats- und Parteichefs Leonid Breschnew in der Bundesrepublik Deutschland kann die Meinungsverschiedenheiten in Ost und West über die Raketenrüstung nicht beenden. Bundeskanzler Helmut Schmidt wertet es jedoch als eine erfreuliche Kompromißbereitschaft, daß die UdSSR sich bemühen will, bei den Ende November in Genf beginnenden Gesprächen mit den USA die Mittelstreckenwaffen nicht nur zu begrenzen, sondern zu verringern. Der sowjetische Vorschlag einer Einfrierung der Mittelstreckenrüstung (Moratorium) auf dem derzeitigen Stand wird von der NATO weitgehend abgelehnt.

Proteste gegen Startbahn West

15. November. Seit langem schon protestieren hessische Bürger gegen den geplanten Bau einer zusätzlichen Startbahn für den Frankfurter Rhein-Main-Flughafen. Sie befürchten eine unerträgliche Zunahme der Lärmbelastung in dem dichtbesiedelten Gebiet und die Zerstörung des letzten großen Waldgebietes der Rhein-Main-Gegend. Nachdem in den vergangenen Tagen die Polizei ein Hüttendorf auf dem Baugelände geräumt hat, kommt es am 14. November in Wiesbaden zur bisher größten Demonstration gegen die Startbahn. Die etwa 100 000 Menschen verhalten sich friedlich. Einen Tag später jedoch besetzen Demonstranten die Autobahnzufahrten zum Flughafen sowie verschiedene Gebäude.

1981
DEZEMBER

Mo	Di	Mi	Do	Fr	Sa	So
	1	2	3	4	5	6
7	8	9	10	11	12	13
14	15	16	17	18	19	20
21	22	23	24	25	26	27
28	29	30	31			

1. 180 Menschen sterben beim Absturz eines jugoslawischen Flugzeuges über Korsika.

2. Bundesregierung beschränkt den Zuzug von Ausländern, die nicht aus EG-Ländern kommen.

4. Oberlandesgericht Düsseldorf verurteilt Stefan Wisniewski zu lebenslanger Haft wegen Ermordung des Arbeitgeberpräsidenten Schleyer (→ Oktober 1977).

7. NATO-Außenminister unterzeichnen Protokoll über Beitritt Spaniens.

8. Bei Wahlen in Dänemark müssen die Sozialdemokraten unter Anker Jørgensen Stimmenverluste hinnehmen. Regierungsbildung ist schwierig.

11. Bundeskanzler Schmidt reist in die DDR. →

13. In Polen übernimmt ein Streitkräfterat die Macht und erklärt das Kriegsrecht. →

13. Auf Einladung des DDR-Schriftstellers Stephan Hermlin diskutieren Literaten aus Ost und West in Ost-Berlin über »Frieden in Europa«.

13. SPD-Abgeordneter Hansen wird wegen Kritik am Bundeskanzler aus seiner Partei ausgeschlossen.

14. Israel annektiert die besetzten Golanhöhen.

15. UNO-Vollversammlung wählt Perez de Cuellar (Peru) zum neuen Generalsekretär.

17. Amerikanischer NATO-General Dozier in Verona entführt.

18. Deutsches Forschungsschiff »Gotland II« sinkt in der Antarktis. Die Besatzung wird gerettet.

19. Der Botschafter Polens in den USA, Spasowski, bittet um politisches Asyl.

28. Karl-Heinz Rummenigge vom FC Bayern München zum zweitenmal hintereinander zu Europas Fußballer des Jahres gewählt.

29. USA verhängen Wirtschaftssanktionen gegen die Sowjetunion.

31. Nach Auskunft der Mineralölgesellschaften haben die Bundesbürger 1981 im Durchschnitt 90 Liter Benzin weniger verbraucht als im Vorjahr.

GESTORBEN:

2. Rudolf Prack (* 2. 8. 1905), österreichischer Schauspieler.

Kriegsrecht in Polen

13. Dezember. Polens Staats- und Parteichef, General Wojciech Jaruzelski, verhängt am frühen Sonntagmorgen das Kriegsrecht über das Land. Ein »Militärrat der nationalen Errettung« übernimmt die Regierungsverantwortung und löst die Gewerkschaft »Solidarität« auf. Führende Gewerkschaftler werden verhaftet, der Vorsitzende Lech Walesa unter Hausarrest gestellt. Trotz des Ausnahmezustandes kommt es zu zahlreichen, meist kurzfristigen Arbeitsniederlegungen. Die Zahl der Menschen, die in Internierungslager gebracht wird, ist unbekannt. Sämtliche Nachrichtenverbindungen mit Polen sind unterbrochen. In den folgenden Tagen kommt eine nicht genau bekannte Zahl von Menschen zu Tode, als Auseinandersetzungen zwischen Streikenden und der Armee entstehen. Ende Dezember macht US-Präsident Ronald Reagan die UdSSR für die Verhängung des Kriegsrechts über Po-

Regierungschef Jaruzelski.

len verantwortlich und beschließt Sanktionen gegen die Sowjetunion. So werden Lizenzen für den Export amerikanischer Maschinen suspendiert und Ausfuhrverbote für fortgeschrittene Technologie, vor allem Computer, verschärft. Russische Schiffe sollen Häfen der USA nicht anlaufen, ähnliche Beschränkungen gelten für Flughäfen. Die Bundesrepublik schließt sich den Sanktionen nicht an.

Schmidt am Werbellinsee

Schmidt und Honecker (links).

11. Dezember. Nachdem der Besuch aus politischen Gründen zweimal verschoben worden ist, trifft Bundeskanzler Helmut Schmidt zu einem dreitägigen Besuch in der DDR ein. Staats- und Parteichef Erich Honecker empfängt ihn zu mehreren Gesprächen. Der zinslose Überziehungskredit im innerdeutschen Handel, »Swing«, wird bis zum 30. Juni 1982 verlängert. Der Bundeskanzler spricht von einem Zusammenhang dieser Maßnahme mit Erleichterungen im Reiseverkehr, den beide Seiten sehen. Der Bundeskanzler wohnt im Schloß Hubertusstock am Werbellinsee.

Canetti erhält Literaturpreis

10. Dezember. In Oslo werden die Nobelpreise an folgende Preisträger verliehen: Physik: Nicollas Bloembergen und Arthur L. Schawlow (beide USA) sowie Kai M. Siegbahn (Schweden). Chemie: Kenechi Fukui (Japan) und Roald Hoffmann (USA). Medizin: Robert Sperry und David Hubel (USA) sowie Torsten Wiesel (Schweden). Wirtschaft: James Tobin (USA). Friedensnobelpreis: Büro des UNO-Hochkommissars für Flüchtlinge, geleitet von Paul Hartling. Den Literaturpreis erhält Elias Canetti. Er ist 1905 in Bulgarien als Sohn spanisch-jüdischer Eltern geboren worden und hat Deutsch erst als vierte Sprache erlernt, dennoch gilt er als einer der wichtigsten deutschsprachigen Schriftsteller. In den 30er Jahren hat er seinen ersten Roman »Die Blendung« veröffentlicht. Erst nach 1960 wird er in der Bundesrepublik bekannt. Canetti, der nach dem Anschluß Österreichs an das Dritte Reich das Land verlassen hat, lebt in London. Zu seinem Werk zählt auch die Autobiographie »Die gerettete Zunge« (1977).

Krisenherde, Flucht und Vertre[ibung]

Legend:

- ★ Krisenherd
- 210 Flüchtlinge 1979 in 1000
- 240 Obdachlose im eigenen Staat
- ●●●● Grenzstreitigkeiten
- Völker, die um einen eigenen Staat oder um ihre nationale Einheit ringen
- Staaten, die ihre Einheit errangen
- Staaten, die ihre Selbständigkeit erlangten
- Mißglückte Vereinigungen

Map labels:

Alaska · Aleuten · Hawaii-Inseln · Kanada · Vereinigte Staaten · Mexiko · Grönland · Island · Großbritannien · Irland · Frankreich · Portugal · Spanien · Tunesien · Kanarische Inseln · Marokko · Algerien · Mauretanien · 1975 Kapverden · Senegal · Gambia · 1968 Guinea-Bissau · Sierra Leone · Liberia · Elfenbeinküste · Obervolta · Togo · Benin · 1975 Sao Tomé u. Pr. · Gabun

Kuba · Dominik. Rep. · Belize · Honduras · Guatemala · El Salvador · Nicaragua · 200 · Costa Rica · Panama · Barbados 1966 · Grenada 1974 · Trinidad u. Tobago · Guyana 1966 · Surinam 1975 · Franz.-Guyana · Venezuela · 1967 · Kolumbien · Ecuador · Peru · Bolivien · Brasilien · Paraguay · Chile · Argentinien · Uruguay · Falkland-inseln

Gesellschaftsinseln · Tuamotu-Archipel

Afghanistan: Sowjetische Soldaten besetzten im Dezember 1979 den Staat, um das schwache prosowjetische Regime zu stützen. Auf dem Bild Panzer bei Kabul.

Iran–Irak: Iranische Flugzeuge bombardieren die irakischen Ölfördergebiete. Im Hintergrund brennende Öltanks der Moftar Petrol Company im irakischen Basra.

Union der Sozialistischen Sowjetrepubliken

Mongolische Volksrep.

V. R. China

Nordkorea

Japan

Südkorea

Türkei

Zypern

Syrien 200

Israel

Irak

Iran 135

Afghanistan 100

Palästinenser nach
Libanon 212
Syrien 198
Jordanien 683
Gaza 354
Westbank 310

Katar 1971

Pakistan 1971

Nepal

Bhutan

Bangladesch 1971

302 Birma

Thailand 161

Vietnam

Kambodscha

Taiwan

Philippinen

Karolinen

Marshallinseln

Agypten

Saudi-Arabien

Oman 1971

Indien

Sri Lanka

Malaysia

Indonesien

Papua-Neuguinea 1975

Nauru 1968

Tuvalu

Tschad

Sudan

Jemen

V. R. Jemen

Djibouti

Äthiopien 350 600

Somalia

Malediven 1965

nach Europa

Salomonen 1978

Westsamoa 1962

Zentralafrika

Uganda

Kenia

Seychellen 1976

Tansania

Tonga 1970

Fiji 1970

Zaire

Ruanda
Burundi 136

162

1975 Komoren

Mauritius 1968

Angola 1975

Sambia 56

Mosambik 1975

Madagaskar

Australien

Rhodesien

Botswana

Namibia

Swasiland 1966

Südafrika

Lesotho 1966

Transkei 1976

Neuseeland

Polen

Finnland

0   1000   2000   3000 km

Falklandinseln: Zwischen Großbritannien und Argentinien entbrennt im April 1982 ein Krieg um die Inselgruppe. Der britische Flugzeugträger »HMS Hermes«.

Libanon: Im Sommer entflammen neue Kämpfe. Israelische Truppen marschieren im Libanon ein. Für die Einwohner Beiruts beginnt ein neues Martyrium.

Personenregister

1191

1194

1201

Sachregister

1204

1205

Bildregister

Abkürzungsverzeichnis

ADAC	Allgemeiner Deutscher Automobil-Club e. V.		rale du Travail
ADF	Aktion Demokratischer Fortschritt	CIA	Central Intelligence Agency
AEG	Allgemeine Elektricitäts-Gesellschaft	C.I.O.	Committee of Industrial Organization
A.F.L.	American Federation of Labor	COMECON	Council for Mutual Economic Assistance = RGW
AFN	American Forces Network	COMISCO	Committee of International Socialist Conferences
ai	amnesty international		
ALN	Armée de Libération Nationale (militärische Organisation des algerischen Unabhängigkeitskampfes)	ČSR	Československá Republika
		CSU	Christlich-Soziale Union
		DAF	Deutsche Arbeitsfront
APO	Außerparlamentarische Opposition	DBP	Deutsche Bauernpartei
ARD	Arbeitsgemeinschaft der öffentlich-rechtlichen Rundfunkanstalten der Bundesrepublik Deutschland	DDP	Deutsche Demokratische Partei
		DDR	Deutsche Demokratische Republik
		DEFA(Defa)	Deutsche Film AG
AWACS	Airborne warning and control system	DFB	Deutscher Fußballbund
BASF	Badische Anilin- und Soda-Fabrik AG	DFU	Deutsche Friedensunion
BBC	British Broadcasting Corporation	DGB	Deutscher Gewerkschaftsbund
BGB	Bürgerliches Gesetzbuch	DNVP	Deutschnationale Volkspartei
BHE	Block der Heimatvertriebenen und Entrechteten	DP	Deutsche Partei
		DP	Displaced persons
BIZ	Bank für Internationalen Zahlungsausgleich	dpa	Deutsche Presseagentur
		DRP	Deutsche Reichspartei
BND	Bundesnachrichtendienst	DSB	Deutscher Sportbund
BVP	Bayerische Volkspartei	DSG	Donau-Dampfschiffahrtsgesellschaft
		DSM	Development of Substitute Material (Manhattan-Projekt)
CAC	Central American Community		
CBS	Columbia Broadcasting System	DVP	Deutsche Volkspartei
		EFTA	European Free Trade Association
CDU	Christlich-Demokratische Union	EG	Europäische Gemeinschaft
CGT	Confédération Géné-		

EKD	Evangelische Kirche in Deutschland	GEW	Gewerkschaft Erziehung und Wissenschaft
EOKA	Ethniki Organosis Kiprion Agoniston	GPU	Gossudarstwennoje politischeskoje uprawlenije (Staatliche politische Verwaltung)
ERP	European Recovery Program (Marshallplanhilfe)		
ESRO	European Space Research Organization	HGB	Handelsgesetzbuch
		HO	Handelsorganisation
ETA	Euzkadi ta Azkatasuna (Baskenland und Freiheit)	HUK	Verband der Haftpflicht- und Unfallversicherten
EURATOM	Europäische Atomgemeinschaft	IAH	Internationale Arbeiterhilfe
EVG	Europäische Verteidigungsgemeinschaft	IBM	International Business Machines Corp.
EWG	Europäische Wirtschaftsgemeinschaft	IKRK	Internationales Komitee vom Roten Kreuz
FAO	Food and Agricultural Organization	IMRO	Innere Mazedonische Revolutionäre Organisation
FBI	Federal Bureau of Investigation		
FDGB	Freier Deutscher Gewerkschaftsbund	IOC	International Olympic Committee (Internationales Olympisches Komitee)
FDJ	Freie Deutsche Jugend		
F.D.P.	Freie Demokratische Partei	IRA	Irish Republican Army
		KANU	Kenya African National Union
FIFA	Fédération Internationale de Football Association	KdF	Kraft durch Freude
		Kominform	Kommunistisches Informationsbüro
FLN	Front de Libération Nationale (politische Organisation des algerischen Unabhängigkeitskampfes)	KPD	Kommunistische Partei Deutschlands
		KPdSU	Kommunistische Partei der Sowjetunion
FNLA	Frente Nacional de Libertaçao de Angola (Gruppe der angolanischen Unabhängigkeitsbewegung)	KPI	Kommunistische Partei Italiens
		KPÖ	Kommunistische Partei Österreichs
		KSZE	Konferenz für Sicherheit und Zusammenarbeit in Europa
FPÖ	Freiheitliche Partei Österreichs		
FRELIMO	Frente de Libertação de Moçambique	LAFTA	Latinamerican Free Trade Association
GATT	General Agreement on Tariffs and Trade	LPG	Landwirtschaftliche Produktionsgenossenschaft
GDP	Gesamtdeutsche Partei		

MAD	Militärischer Abschirmdienst
MBFR	Mutual Balanced Forces Reductions
MPLA	Movimento Popular de Libertação de Angola (Gruppe der angolanischen Unabhängigkeitsbewegung)
NA	Nationale Aktion gegen die Überfremdung von Volk und Heimat
NASA	National Aeronautics and Space Administration
NATO	North Atlantic Treaty Organization
NDA	»Nach der Arbeit«
NDPD	Nationaldemokratische Partei Deutschlands
NDR	Norddeutscher Rundfunk
NEP	Neue ökonomische Politik
NPD	Nationaldemokratische Partei
NSDAP	Nationalsozialistische Deutsche Arbeiterpartei
NSKD	Nationalsozialistische Kampfbewegung Deutschlands
NSKK	Nationalsozialistisches Kraftfahrerkorps
NTSC	National Television System Committee
OAS	Organisation de l'Armée Secrète
OAS	Organization of American States
OAU	Organization of African Unity
OECD	Organization for Economic Cooperation and Development

OEEC	Organization for European Economic Cooperation	RIAS	Rundfunksender im amerikanischen Sektor	SED	Sozialistische Einheitspartei Deutschlands	UCI	Union Cycliste Internationale		and Rehabilitation Administration

OEEC — Organization for European Economic Cooperation
OKW — Oberkommando der Wehrmacht
OPEC — Organization of the Petroleum Exporting Countries
ÖVP — Österreichische Volkspartei
PAL — Phase Alternating Line
PanAm — Pan American World Airways, Inc.
PEN — Poets, Essayists, Novelists
PLO — Palestinian Liberation Organization
PNF — Partito Nazionale Fascista
R.A.F. — Rote-Armee-Fraktion
RAF — Royal Air Force
RGW — Rat für gegenseitige Wirtschaftshilfe = COMECON

RIAS — Rundfunksender im amerikanischen Sektor
SA — Sturmabteilung
SAG — Sowjetische Aktiengesellschaft
SAI — Sozialistische Arbeiter-Internationale
SALT — Strategic Arms Limitation Talks
SAS — Scandinavian Airlines System
SBZ — Sowjetische Besatzungszone
SD — Sicherheitsdienst
SDAP — Sozialdemokratische Arbeiterpartei
SDP — Social Democratic Party
SDS — Sozialistischer Deutscher Studentenbund
SEATO — South East Asia Treaty Organization
SECAM — Séquentiel à mémoire

SED — Sozialistische Einheitspartei Deutschlands
SI — Sozialistische Internationale
SMAD — Sowjetische Militäradministration in Deutschland
SOS — save our souls oder save ve our ship
SPD — Sozialdemokratische Partei Deutschlands
SPÖ — Sozialdemokratische Partei Österreichs
SRP — Sozialistische Reichspartei
SS — Schutzstaffel
SSD — Staatssicherheitsdienst
SSR — Sozialistische Sowjetrepublik
TASS — Telegrafnoje Agentstwo Sowetskowo Sojusa
TNT — Trinitrotuluol

UCI — Union Cycliste Internationale
UEFA — Union Européenne de Football Association
UFA (Ufa) — Universum Film Aktiengesellschaft
UN — United Nations
UNCTAD — United Nations Conference on Trade and Development
UNESCO — United Nations Educational Scientific and Cultural Organization
UNICEF — United Nations International Children's Emergency Fund
UNITA — União Nacional para Independência Total de Angola (Gruppe der angolanischen Unabhängigkeitsbewegung)
UNO — United Nations Organization
UNRRA — United Nations Relief

and Rehabilitation Administration
USPD — Unabhängige Sozialdemokratische Partei Deutschlands
VAR — Vereinigte Arabische Republik
VEB — Volkseigener Betrieb
VVN — Vereinigung der Verfolgten des Naziregimes
WAV — Wirtschaftliche Aufbauvereinigung
WBA — World Boxing Association
WBC — World Boxing Council
WEU — Westeuropäische Union
WSPU — Women's Social and Political Union
ZDF — Zweites Deutsches Fernsehen

Abkürzungen zu den Olympiaseiten

AFG — Afghanistan
ALG — Algerien
ANT — Antillen
ARG — Argentinien
AUS — Australien
AUT — Österreich
BAH — Bahamas
BAR — Barbados
BEL — Belgien
BER — Bermudas
BOH — Böhmen
BOL — Bolivien
BRA — Brasilien
BUL — Bulgarien
BUR — Burma
CAB — Kambodscha
CAF — Zentralafrika
CAM — Kamerun
CAN — Kanada
CEY — Ceylon
CHA — Tschad
CHI — Chile
CHN — China
COB — Kongo-Brazzaville
COK — Kongo-Kinshasa
COL — Kolumbien
COS — Costa Rica
ČSR — Tschechoslowakei

CUB — Kuba
D — Deutschland
DAN — Dänemark
DDR — Deutsche Demokratische Republik
DOM — Dominikanische Republik
ECU — Ekuador
EGY — Ägypten
ELF — Elfenbeinküste
EST — Estland
ETH — Äthiopien
FID — Fidschi Inseln
FIN — Finnland
FRA — Frankreich
GAB — Gabun
GBR — Großbritannien
GHA — Ghana
GRE — Griechenland
GUA — Guatemala
GUI — Guinea
GUY — Guayana
HAI — Haiti
HAN — Holländische Antillen
HBR — Britisch Honduras
HOK — Hongkong
HOL — Holland
HON — Honduras

IND — Indien
INS — Indonesien
IRA — Iran
IRK — Irak
IRL — Irland
ISL — Island
ISR — Israel
ITA — Italien
JAM — Jamaika
JAP — Japan
JUI — Jungfrau-Inseln
KEN — Kenia
KOR — Korea
KUW — Kuweit
LBY — Libyen
LET — Lettland
LIA — Liberia
LIB — Libanon
LIE — Liechtenstein
LIT — Litauen
LUX — Luxemburg
MAD — Madagaskar
MAL — Malaysia
MAR — Marokko
MAY — Malaya
MCO — Monaco
MEX — Mexiko
MLI — Mali

MLT — Malta
MON — Mongolei
NBO — Nord-Borneo
NEP — Nepal
NGA — Nigeria
NIC — Nikaragua
NIG — Niger
NKO — Nord-Korea
NOR — Norwegen
NRH — Nord-Rhodesien
NSE — Neuseeland
ODE — Ostdeutschland
PAK — Pakistan
PAN — Panama
PAR — Paraguay
PER — Peru
PHI — Philippinen
POL — Polen
POR — Portugal
PUR — Puerto Rico
RHO — Rhodesien
RUM — Rumänien
RUS — Rußland
SAA — Saarland
SAF — Südafrika
SAL — El Salvador
SAM — Sambia
SAN — San Marino

SEN — Senegal
SIN — Singapur
SLE — Sierra Leone
SOV — Sowjetunion
SPA — Spanien
SUD — Sudan
SUI — Schweiz
SUR — Surinam
SWE — Schweden
SYR — Syrien
TAI — Taiwan (Formosa)
TAN — Tanganyika
TAS — Tansania
THA — Thailand
TRI — Trinidad/Tobago
TUN — Tunesien
TUR — Türkei
UGA — Uganda
UNG — Ungarn
URU — Uruguay
USA — Vereinigte Staaten von Amerika
VAR — Vereinigte Arabische Republik
VEN — Venezuela
VIE — Vietnam
YUG — Jugoslawien

Bildquellenverzeichnis

Der Bildnachweis gibt die uns bekannten Rechtsinhaber an. Bei der Fülle der Abbildungen schließen wir Irrtümer nicht aus.
In einigen Fällen konnten die Rechtsinhaber leider nicht oder nur ungenau ermittelt werden.
Sollten dadurch Urheberrechte verletzt worden sein, wird der Verlag nach Anmeldung berechtigter Ansprüche diese entgelten.
Schutzumschlag: Archiv für Kunst und Geschichte, Berlin. Associated Press, Frankfurt (Main). Bildarchiv Preußischer Kulturbesitz, Berlin. Blauel, München. Burda Verlag, Offenburg. Camera Press Ltd., London. dpa, Frankfurt (Main). Fackelverlag G. Bowitz, Stuttgart. David Harris/Hieronimi, Bonn. Keystone Pressedienst, Hamburg. Wilfried Koch, Braunschweig. Kübler Verlag, Lampertheim. Landesbildstelle, Berlin. Mauritius, Mittenwald. Staatliche Museen Preußischer Kulturbesitz, Nationalgalerie Berlin. Stern-Bücher im Verlag Gruner und Jahr, Hamburg. Steyl-medien, München. Verlag für geschichtliche Dokumentation, Hamburg. Zeitmagazin im Verlag Gruner und Jahr, Hamburg.

Roberto Ackermann/Transworld: Seite 1135 unten.
Agricola, München: Seite 522.
Akademie der Künste, Berlin: Seite 403 unten.
Julian Allen, »Deutscher Fliegeroffizier«, »Französische Pilotenkleidung«. Rechte: Wilhelm Heyne Verlag, München. Seite 222 unten links und unten mitte.
Altonar Museum, Hamburg: Seite 176 oben.
Erich Andres, Hamburg: Seite 691 oben.
APN: Seite 912 oben, 950.
Arbeiter-Zeitung, Wien: Seite 434.
Archiv für Kunst und Geschichte, Berlin: 12 unten, 13, 15 oben, 16 mitte, 18 unten, 19, 20, 21 unten, 23 oben, 24, 25 oben, 30 mitte, 31 oben, 31 unten rechts, 32 oben, 33, 40 mitte, 41 unten mitte, 42 mitte, 42 unten, 47 oben, 53 rechts, 54 rechts, 55 unten, 56 oben, 56 unten rechts, 57 oben links, 57 unten, 61 links, 62 unten, 64 unten rechts, 72 unten, 78 unten rechts, 89 unten, 90, 96 unten, 101 oben rechts, 102 unten rechts, 104 oben rechts, 111, 120 unten, 125, 128, 129 mitte, 131, 135 oben, 137 oben rechts, 139 unten rechts, 145 mitte, 152 oben rechts, 153 unten, 163 oben, 170 oben rechts, 170 unten, 171 unten, 173, 174 unten links, 177, 178 unten, 179 oben, 182, 190, 191 unten, 197 oben, 198 unten, 201 oben links, 201 oben rechts, 217 mitte, 225 unten, 227 oben, 229 unten, 230 oben, 244 unten, 245 oben links, 254 unten rechts, 262 oben, 263 oben, 265 mitte, 266, 269 rechts, 272 oben, 279, 280 oben, 281 unten rechts, 283 rechts, 286 unten rechts, 288, 308 rechts mitte, 309 oben links, 313 oben rechts, 315 links, 319 oben, 321 oben links, 327 unten, 328 oben, 328 unten, 330 oben, 333 rechts, 335 oben rechts, 345 oben rechts, 346 oben rechts, 355 unten, 356 mitte, 356 unten, 364 oben rechts, 382 oben links, 386 oben, 387 oben, 387 unten rechts, 390 oben rechts, 392 oben, 392 unten rechts, 396 oben links, 402 unten, 403 oben, 406 oben, 407 oben rechts, 409 oben, 409 unten, 410 rechts, 411 oben, 416 oben, 438 unten, 443 unten, 454, 458 oben, 480, 496 unten links, 521 unten, 535 unten, 633, 671 unten, 678 unten, 679, 683, 700 unten, 702 unten links, 734 unten links, 749 mitte, 751 oben, 754 oben, 875 oben links, 883 unten rechts, 922 oben, 922 mitte, 932 oben, 939, 943 oben, 945 oben links, 945 oben rechts, 981 unten, 985 oben rechts, 1013, 1017 rechts, 1019 rechts, 1025 mitte, 1100 oben, 1126 rechts, 1160 mitte.
Archiv für Kunst und Geschichte, Berlin / Heinrich Kley: Seite 37 unten links.
dto. / Gustav Klimt. Standort: Galerie Welz, Salzburg: Seite 41 oben Mitte.
dto. / Puschkin Museum, Moskau: Seite 46 unten.
dto. / Süddeutscher Verlag Bilderdienst, München: Seite 857 oben links, 933 oben, 933 Mitte.
Archiv der Salzburger Festspiele: Seite 433 unten.
Arka Kartographie: Seite 199 oben links.
Karl Arnold, »Frei ist der Bursch«. Karikatur aus dem Simplicissimus. Foto: Verlag Kurt Desch. Seite 356 oben.
Associated Press, Frankfurt/M-./New York: Seite 453, 751 mitte, 928 links, 938 unten, 948 unten links, 951 unten links, 953, 1067 oben, 1143 oben, 1145 oben, 1173 oben links, 1173 oben rechts.
Automobil Museum, Turin: Seite 87 oben.
John Batchelor/W. Heyne Verlag, München: Seite 199 unten links, 222 oben links, 222 oben mitte, 222 oben rechts.
Willi Baumeister, »Laterne auf Gelb«. Rechte und Standort: Privatbesitz. Seite 812 rechts.
Bavaria Verlag, Bildagentur, Gauting: Seite 59 oben, 89 oben, 168 oben, 315 rechts, 677 oben rechts, 855 oben, 1028, 1044 unten, 1088 links.
Robert Bechtle, »61 Pontiac«. Foto: Westermann Verlag/Buresch, Braunschweig. Standort: NYC, Museum of American Art, New York. Seite 1051 oben.
Heinrich v. d. Becke, Berlin: Seite 875 oben mitte.
Max Beckmann, »Selbstbildnis als Krankenpfleger«. Foto: Foto Flasche, Wuppertal. Standort: Museum von der Heydt, Wuppertal. Rechte: VG Bild-Kunst, Bonn. Seite 183 unten.
Max Beckmann, »Abstürzender«. Foto: Eric Pollitzer. Rechte: VG Bild-Kunst, Bonn. Seite 747 unten.
Max Beckmann, »Familienbild«. Foto: Westermann Verlag/Buresch, Braunschweig. Rechte: VG Bild-Kunst, Bonn. Standort: The Museum of Modern Art New York. Seite 341 oben.
Peter Behrens: Seite 41 oben links.
Belser Verlag, Stuttgart: Seite 960 unten links, 960 unten mitte.
Berliner Illustrierte Zeitung/Willi Ruge: Seite 629.
Berliner Lokalanzeiger: Seite 239 oben links, 532 oben, 558 oben, 593 oben links.
Berliner Morgenpost: Seite 807 oben.
Bertelsmann Reinhard Mohn OHG, Gütersloh: Seite 543 oben links, 543 oben rechts, 597 links, 852 unten rechts, 875 oben rechts, 875 mitte, 875 unten rechts, 882 oben, 946, 947, 988 unten links, 988 unten rechts, 998, 1054 Spalte 2, 1054 unten rechts, 1056, 1057, 1110 oben links, 1110 oben mitte, 1118, 1119, 1128 oben rechts, 1130 oben rechts.
Berto Verlag, Bonn: Seite 631, 632 oben links.
Bibliographisches Institut, Mannheim: Seite 11 rechts, 98 unten, 461 oben.
Bildarchiv Preussischer Kulturbesitz, Berlin: Seite 14, 15 unten, 16 oben, 17 rechts, 36 oben, 38 oben links, 40 oben, 49 unten, 57 oben rechts, 58, 59 unten, 60 oben, 63, 64 oben rechts, 65 links, 66 oben links, 66 mitte, 67 unten, 69, 71 links, 73 oben links, 73 oben mitte, 73 oben rechts, 73 mitte links, 73 mitte rechts, 74 oben, 74 unten, 76 oben, 76 unten, 77 unten links, 77 unten rechts, 80, 82, 83 oben rechts, 83 unten links, 84 unten, 85 unten, 87 rechts, 88, 91 unten rechts, 93 oben, 93 unten, 95 oben, 96 oben, 97 oben links, 97 oben rechts, 100 oben, 100 unten, 101 oben links, 101 mitte, 101 unten rechts, 102 mitte rechts, 103 oben rechts, 104 unten links, 105 unten, 106, 108 oben links, 108 mitte links, 108 rechts, 114, 115, 119 oben, 119 rechts, 119 unten, 120 oben, 121 links, 121 rechts, 122 oben, 122 links, 122 rechts, 126 rechts, 127, 129 oben rechts, 130 unten, 131 oben, 136 oben links, 137 unten, 138 unten, 139 oben links, 139 unten links, 140 oben, 141 mitte, 141 oben rechts, 142 oben links, 142 oben rechts, 142 mitte, 143, 144 oben, 145 unten links, 146, 148, 149, 150 oben, 152 oben links, 154, 156 unten, 157 oben, 158, 159, 162 oben, 163 mitte, 164 oben, 164 unten links, 165, 185 unten, 192 unten, 193 oben, 195, 196 oben, 197 unten, 198 mitte, 203 unten rechts, 204 oben, 204 unten rechts, 205 unten links, 211 unten, 212, 214 unten, 215, 217 oben, 221 mitte, 225 oben, 226 oben, 228 oben links, 228 oben rechts, 231, 233, 237 oben links, 238, 239 oben mitte, 239 oben rechts, 239 unten rechts, 240, 242 oben links, 242 unten links, 245 oben rechts, 247 rechts, 248 unten, 249, 250 oben links, 252, 258, 259, 260 rechts, 261 oben links, 261 unten, 262 unten, 263 unten rechts, 264 oben, 265 oben, 268 links, 269 links, 273 oben, 274, 275 oben rechts, 275 mitte rechts, 275 unten rechts, 276 oben, 277 oben links, 277 mitte rechts, 277 unten links, 278 unten, 281 oben links, 281 unten links, 281 unten, 284, 286 oben rechts, 287 oben, 289 oben links, 290 oben links, 291, 292, 293 oben links, 293 oben rechts, 295, 298, 299, 300, 301 oben links, 301 oben rechts, 302 oben, 303, 305, 306, 309 oben rechts, 310 mitte rechts, 310 mitte rechts, 310 unten mitte, 310 unten rechts, 311 unten, 316 unten, 317, 318, 320, 321 unten, 322 oben, 323 unten, 324 oben, 326, 327 oben, 330 unten, 331, 334 oben links, 335 oben links, 335 unten, 336, 337 oben rechts, 337 mitte links, 337 unten links, 337 unten rechts, 339 unten rechts, 343 unten, 345 oben links, 345 unten links, 349 mitte, 351, 353 unten rechts, 354 unten rechts, 357, 358, 359, 360, 361, 363, 365 unten links, 366 oben, 367 links, 368 unten, 370, 371, 372 unten links, 373 unten, 375 oben, 377 oben, 377 unten, 378, 379 links, 381, 382 oben rechts, 382 unten, 383 unten, 384 unten, 385 unten, 387 unten links, 388 unten links, 388 unten rechts, 389 oben links, 389 unten links, 391, 395 mitte links, 396 oben mitte, 396 mitte, 397, 398 oben, 398 mitte, 399, 411, 420 oben, 420 mitte, 422 unten, 424 oben, 427 unten, 433 oben, 436 oben, 443 mitte, 444 oben rechts, 446 mitte, 446 unten, 448 oben, 448 mitte, 450 unten, 457 mitte rechts, 457 mitte links, 459, 460 oben, 461 unten, 462, 463 unten, 464 oben, 464 unten links, 465 links, 466 oben, 467 unten, 468, 470, 472 rechts, 476 oben, 481 oben, 486 oben links, 486 oben rechts, 489 unten links, 493 oben links, 494 oben, 496 oben, 496 unten rechts, 497 oben, 499 oben, 500 mitte links, 500 unten links, 502 oben, 514, 516 oben, 517 oben, 519 links, 520, 521 oben, 521 mitte, 525 unten links, 525 unten rechts, 526 oben rechts, 527, 528 unten, 531, 533 oben, 537 oben links, 537 oben rechts, 537 mitte rechts, 539 oben, 544 unten, 546 oben links, 546 unten, 547 oben, 550, 551 rechts, 552, 553 links, 555 oben rechts, 555 oben links, 556 oben, 558 unten, 559 oben rechts, 560 oben, 561 rechts, 562, 564, 565, 571 links, 572 unten, 573 oben links, 574, 575 rechts, 576, 577 unten links, 577 unten rechts, 578 oben, 578 unten, 579, 580 oben, 581 unten links, 585, 587, 589 unten, 590 unten, 593 oben rechts, 593 mitte, 593 unten, 594 unten, 595 oben, 596 oben links, 596 mitte, 597 rechts, 598 unten, 599 oben, 599 mitte rechts, 599 unten, 600 links, 601, 602, 603, 605 unten, 606 oben links, 606 unten, 607 oben links, 607 mitte, 608 mitte, 608 unten, 610, 614, 616, 618 oben mitte, 621 oben, 621 unten, 624 oben links, 624 unten links, 625, 626, 628, 630 links, 632 oben rechts, 634 oben rechts, 634 mitte, 635 mitte, 635 mitte rechts, 635 unten, 636 rechts, 637 oben, 638, 639, 640 unten, 641 unten links, 642 links, 643 links, 645, 646 unten, 649 unten, 650, 651 oben, 651 unten, 653 oben rechts, 653 mitte, 653 unten, 655 mitte links, 656 rechts, 657 links, 658 oben links, 659 unten, 660 unten links, 660 oben rechts, 663 unten, 675 oben, 692, 696 links, 705 unten, 758 mitte links.
Bildarchiv Preußischer Kulturbesitz, Berlin/Schiller-Nationalmuseum, Deutsches Literaturarchiv, Marbach: Seite 18 oben, 814 unten rechts.
dto./Herbig Verlagsbuchhandlung, München: Seite 571 rechts.
G. Blatt, »Kaiser Franz Josef I.«. Standort: Kunsthistorisches Museum, Wien. Seite 205 oben.
Blauel, München: Seite 35.
Manfred Bluth, »Die Potemkin vor Odessa«. Foto: Bildarchiv Preußischer Kulturbesitz, Berlin. Standort: Privatbesitz. Rechte beim Künstler Seite 67 oben.
BMW, München: Seite 352 unten rechts, 429, 435 unten, 473 oben.
Umberto Boccioni, »Schlägerei in der Galleria«. Standort: Sammlung Emilio Jesi, Mailand. Seite 103 unten.
Börsenblatt des dt. Buchhandels, Frankfurt/M.: Seite 589 oben.
Bork, Braunschweig: Seite 632 unten.
Sammlung Christian Borngräber: Seite 790 links.
Marianne Brand, »Teekännchen mit Sieb«. Württembergischer Kunstverein, Stuttgart. Seite 365 mitte links.
Braunschweiger Zeitung: Seite 440 oben.
F. A. Brockhaus, Wiesbaden: Seite 380 unten, 474 unten, 484 unten links, 497 unten.
Brown Bros., New York: Seite 77 oben.
Archiv Buedeler/NASA: Seite 847, 858 mitte rechts, 905 oben, 905 unten links, 905 unten rechts, 966 oben, 970, 1000, 1036 unten, 1040 oben, 1045 oben links, 1130 unten.
Bundesarchiv, Koblenz: Seite 354 oben, 355 oben, 596 unten, 599 mitte links, 862, 896 unten, 1046 oben links.
Bundesbildstelle, Bonn: Seite 866 oben, 1047 unten, 1086 oben rechts, 1150 unten.
Bunte Illustrierte, Offenburg/Roth: Seite 1025 oben links.
Franz Burda Druck & Verlag Offenburg: Seite 508 oben, 508 oben mitte, 508 mitte rechts, 572 oben rechts, 598 oben mitte, 598 oben rechts, 605 oben, 607 oben rechts, 635 oben, 635 mitte links, 636 links, 641 oben, 886 oben rechts, 886 oben links, 886 mitte, 931 oben links, 931 oben rechts, 931 mitte links, 931 mitte rechts, 931 unten, 1076 oben.
Wilhelm Busch Museum, Hannover: Seite 92.
Daniele Buzzi, »St. Gothard Bahn«. Seite 321 oben rechts.
Camera Press, London: Seite 516 unten, 518 unten rechts, 805, 922 unten rechts, 1162 oben.
Canaletto, »Piazza San Marco verso la Basilica«. Standort: Fogg Art Museum, Cambridge (Mass.). Seite 38 oben rechts.
Carlsen Verlag, Reinbek bei Hamburg: Seite 1029 oben rechts, 1029 unten rechts, 1030, 1031 unten, 1032 unten, 1035 unten, 1037 mitte, 1041 oben, 1052 oben, 1053 mitte, 1053 unten rechts, 1055 oben links, 1055 oben rechts, 1055 unten links, 1064 unten, 1173 unten, 1174

unten rechts, 1175 unten, 1176 oben.
Carlo Carràs, »Methaphysische Muse«. Foto: Westermann Verlag/Buresch, Braunschweig. Standort: Pinacoteca di Brera, Mailand. Rechte: VG Bild-Kunst. Seite 265 unten links.
Cassel and Company, London: Seite 45.
Hendrick Cassiers, »Brüssler Weltausstellung 1910«. Rechte: VG Bildkunst. Seite 124 rechts.
Wilhelm Castelle, Lübeck: Seite 584 oben.
CDU, Bonn: Seite 786 oben links, 843 oben links, 977 oben.
Central Railroad, New York: Seite 156 oben.
Paul Cézanne, »Das Gefängnis von Jourdain«. Foto: Westermann Verlag/Buresch, Braunschweig. Standort: Privatbesitz. Seite 81 oben links.
Chensie Cheng: Seite 66 unten links, 66 unten rechts.
Jules Chèret: Seite 29 links.
Citadell Press, New York: Seite 727 oben links.
Charles Close, »Kent«. Foto: Westermann Verlag/Buresch, Braunschweig. Standort: Art Gallery of Ontario/Toronto. Seite 1051 mitte.
Coll. Cinématique française/Photeb: Seite 340 unten.
Coll. particulière/Photeb: Seite 348 oben links, 902 oben.
Colorific, London: Seite 929 oben.
Conti Press: Seite 850 unten.
Copress Verlag, Hoffmann & Hess, München: Seite 560 unten, 818 oben, 819 oben links, 819 oben rechts, 819 unten, 833 oben links, 833 unten links, 834, 835.
Lovis Corinth, »Selbstbildnis mit Skelett«. Rechte: Thomas Corinth, New York. Standort: Städtische Galerie im Lenbachhaus, München. Seite 342 unten.
Lovis Corinth, »Portrait des Reichspräsidenten Friedrich Ebert«. Rechte: Thomas Corinth, New York. Standort: Kunstmuseum, Basel. Seite 333 links.
Lovis Corinth, »Gerhart Hauptmann«. Foto: Studio Bergerhausen. Standort: Kunsthalle Mannheim. Rechte: Thomas Corinth, New York. Seite 153 oben.
Cornelsen-Velhagen & Klasing, Verlagsgesellschaft, Bielefeld: Seite 55 mitte, 140 unten, 144 mitte, 144 unten links.
Daily Express/Cummings: Seite 924 oben rechts.
Salvador Dali, »Vorahnung des Bürgerkrieges«. Museum of Art, Philadelphia. Seite 489 oben.
Christian Dell, »Tischlampe«. Standort: Württembergischer Kunstverein, Stuttgart. Seite 365 oben rechts.
Delphin Verlag GmbH, München: Seite 449, 624 mitte.
André Derain, »Coffioure, das Dorf und das Meer«. Foto: Westermann Verlag/Buresch, Braunschweig. Standort: Folkwang Museum, Essen. Rechte: VG Bild-Kunst, Bonn. Seite 71 unten rechts.
Verlag Kurt Desch, München: Seite 199 oben rechts, 352 oben links, 352 unten links, 485 mitte links.
Dt. Allgemeine Zeitung, Berlin: Seite 598 oben links.
Dt. Wetterdienst, Hamburg: Seite 425 unten links.
Deutsches Bergbau Museum, Bochum: Seite 65 rechts.
Dt. Institut für Filmkunde, Wiesbaden: Seite 734 unten rechts.
Deutsches Museum, München: Seite 50 oben rechts, 50 unten, 227, 338 oben, 338 mitte rechts, 338 unten links, 338 unten rechts.
Deutsches Plakatmuseum, Essen: Seite 189 oben.
Otto Dix, »Flandern«. Foto: Bildarchiv Preußischer Kulturbesitz. Standort: Staatliche Museen Preußischer Kulturbesitz, Nationalgalerie, Berlin. Rechte: Martha Dix, Hemmenhofen. Seite 4 mitte oben und 112/113.
Otto Dix, »Großstadt« (Ausschnitt). Foto: Bildarchiv Preußischer Kulturbesitz. Standort: Galerie der Stadt Stuttgart. Rechte: Martha Dix, Hemmenhofen. Seite 4 mitte unten und 256/257.
Otto Dix, »Die Tänzerin Anita Berber«. Rechte: Martha Dix, Hemmenhofen am Bodensee. Seite 346 oben links.
Nikolaj Dormidontov, »Eine Baustelle«. Staatliche Tretjakov-Galerie, Moskau. Seite 398 unten.
dpa, Frankfurt und Hamburg: Seite 310 oben rechts, 311 oben rechts, 349 unten rechts, 393, 665 links, 666 unten, 675 unten, 713, 731, 737 oben, 740 unten, 745 unten, 761 oben mitte, 767 oben rechts, 769, 776 unten, 780, 781 oben, 792 unten, 801 mitte links, 801 mitte rechts, 804 oben, 807 unten, 808 unten, 816 oben, 817 mitte, 820 unten, 821 oben, 821 mitte, 824 unten, 827 oben rechts, 828 oben, 830 oben, 830 unten links, 842, 844 oben, 848 unten, 849 unten, 856, 857 oben rechts, 875 unten links, 880 oben, 883 oben rechts, 895 unten links, 895 unten rechts, 896 oben, 899 oben rechts, 899 unten links, 900, 907 unten, 910 oben, 911 unten links, 914 unten links, 914 unten rechts, 916 unten, 918 oben, 921 oben, 925 oben, 925 unten, 926 oben, 932 unten, 935 unten, 943 unten, 945 unten, 948 unten rechts, 952 oben rechts, 952 unten rechts, 954 oben, 959 unten rechts, 962, 963 oben links, 967, 968 rechts, 969 links, 976 oben, 981 oben, 983 rechts, 988 mitte, 989 oben, 992 unten, 994, 1001 unten, 1005 oben, 1005 unten rechts, 1024 unten, 1025 oben rechts, 1025 unten, 1027 links, 1031 oben, 1035 mitte, 1037 unten, 1041 unten, 1044 oben links, 1044 oben rechts, 1044 mitte, 1048 oben rechts, 1048 unten rechts, 1049 mitte rechts, 1049 oben, 1053 oben, 1053 rechts, 1054 oben, 1054 links, 1054 Spalte 3/mitte, 1054 Spalte 2, unten, 1058 oben rechts, 1058 unten rechts, 1058 mitte, 1058 unten links, 1059 oben, 1059 unten, 1060 oben, 1060 unten, 1061 oben rechts, 1061 mitte links, 1061 mitte rechts, 1062 unten rechts, 1063 links, 1069 oben, 1073 unten rechts, 1074 unten links, 1075 oben, 1075 unten, 1078 unten links, 1079 oben rechts, 1083 unten rechts, 1084 oben, 1084 unten, 1086 oben links, 1086 unten links, 1086 unten rechts, 1087 unten, 1091 oben, 1092 unten, 1104, 1107 oben, 1111 unten, 1112 oben links, 1112 oben rechts, 1113 oben, 1113 unten, 1115 oben rechts, 1116, 1120 oben, 1120 mitte, 1121 links, 1123 oben, 1124 oben, 1125 unten links, 1125 unten rechts, 1129 oben, 1135 oben rechts, 1137 links, 1142 oben, 1142 mitte, 1144 unten, 1147 unten, 1148 links, 1154 unten, 1156 oben, 1159 oben, 1160 unten, 1169 oben, 1170 mitte, 1182 unten links, 1183.
D. D. Duncan: Seite 1068 oben.
Collection L. Dunn: Seite 178 oben.
Friedrich Ebert Stiftung, Bonn: Seite 786 oben rechts.
Editions Rencontre, Lausanne: Seite 29 rechts, 348 oben rechts.
EFE: Seite 1172 oben.
Lutz Ehrenberg, »Tanzvergnügen«. Bildarchiv Preußischer Kulturbesitz, Berlin. Seite 350 unten.
Elefanten Press Verlag, Berlin: Seite 309 unten links, 858 oben, 858 mitte links, 858 unten links, 858 unten mitte.
Ellehammer Museum, Kopenhagen: Seite 79.
Max Ernst, »Rendezvous der Freunde«. Standort: Wallraf-Richartz-Museum, Köln, Sammlung Ludwig. Rechte: VG Bild-Kunst, Bonn. Seite 347 oben.
Fritz Eschen: Seite 181 oben.
Eupra: Seite 494 unten.
Mary Evans Picture Library, London: Seite 55 oben.
August-Ludwig Evers, Wilhelmshaven: Seite 135 unten rechts, 643 rechts.
Archivio Fabbri: Seite 210 unten rechts.
Filmkurier: Seite 440 mitte.
Constantini Flavio, »Erschießung des Reformers Ferrer«. Editions Recontre, Lausanne. Seite 110 oben links.
Fogg Art Museum: Seite 491 oben.
Ford-Werke, Köln: Seite 191 mitte.
Fox-Photos, London: Seite 783 unten.
Verlag Dieter Fricke, Frankfurt: Seite 772 unten, 820 oben.
Caspar David Friedrich, »Mondaufgang am Meer«. Staatliche Museen Preußischer Kulturbesitz, Nationalgalerie, Berlin. Seite 1091 unten.
Ron Galella: Seite 1132 mitte.
Emil Gallé, »Vase mit Granatäpfeln«. Privatbesitz München. Seite 41 unten rechts.
Gamma: Seite 1129 oben links, 1134 oben links, 1142 unten, 1174 oben.
Paul Gauguin, »Selbstbildnis mit Heiligenschein«. National Gallery of Art, Chester Dale Collection, Washington. Seite 46 oben links.
Paul Gauguin, »Eh quoi! Serais-tu jalouse?«. Foto: Archiv für Kunst und Geschichte. Standort: Puschkin Museum, Moskau. Seite 46 unten.
Paul Gauguin, »Cautes barbares«. Foto: Westermann Verlag/Buresch, Braunschweig. Standort: Folkwang Museum, Essen. Seite 46 oben rechts.
Karl Geiss, »Wahlplakat der Sozialdemokraten«. Plakatsammlung Münchner Stadtmuseum. Seite 456 oben rechts.
Archiv Gerstenberg, Frankfurt/M.: Seite 313 unten links.
Gesellschaft für deutsche Postgeschichte/E. Müller: Seite 150 unten.
Rudolf Geyer, »Unsere Armee braucht Metalle«. Wiener Stadt- und Landesbibliothek. Seite 187 unten.
J. Giesel, Hannover: Seite 1066 links.
Göttinger Verlagsanstalt, Göttingen: Seite 30 oben.
Vincent van Gogh, »Der Sämann«. Foto: Walter Draeger, Zürich. Stiftung Bührle, Zürich. Seite 25 unten.
Wilhelm Goldmann Verlag, München: Seite 289 oben rechts, 419 unten, 423 oben links, 423 mitte, 428, 431 unten, 490 oben, 492, 841 unten, 853 oben rechts, 853 mitte, 853 unten rechts, 1099 oben links, 1161 oben rechts.
Dina Gottliebova, »Zigeunermischling aus Frankreich«. Deutsch-Polnische Gesellschaft. Seite 637 unten.
El Greco, »Die Entkleidung Christi«. Foto: Westermann Verlag/Buresch, Braunschweig. Standort: Alte Pinakothek, München. Seite 34.
Gerhard Gronefeld, München: Seite 687 unten, 850 oben, 1096 oben.
George Grosz, »Ohne Titel«. Standort: Kunstsammlungen Nordrhein-Westfalen, Schloß Jägerhof, Düsseldorf. Rechte: VG Bild-Kunst, Bonn. Seite 265 unten rechts.
George Grosz, »Professor Freud gewidmet«. Foto: Bildarchiv Preußischer Kulturbesitz, Berlin. Rechte: VG Bild-Kunst, Bonn. Seite 341 unten.
Renato Guttuso, »Wandzeitung Mai 1968«. Standort: Sammlung Ludwig, Neue Galerie Aachen. Seite 5 unten und 1014/1015.
Hannibal: Seite 12 oben.
Harenberg Kommunikation, Dortmund: Seite 368 oben, 441 oben, 534 unten.
Harrah's Automobile Collection, Reno/Nevada: Seite 366 unten.
P. Hartleb, Karlsruhe: Seite 993 unten.
Duane Hauson, »Bowery Derelicts«. Neue Galerie Aachen, Sammlung Ludwig. Seite 1051 unten.
Th. Th. Heine, »Die 11 Scharfrichter, Münchner Künstler«. Standort: Stadtmuseum München. Rechte: VG Bild-Kunst. Seite 41 oben rechts.
Th. Th. Heine, »Preußisch-deutscher Imperialismus ist undenkbar ohne Flotte« (Karikatur). Foto: Westermann Verlag/Buresch, Braunschweig. Rechte: VG Bild-Kunst, Bonn. Seite 11 links.
Paul Hermann, »Umbau der Staatsoper Berlin«. Foto: Jörg P. Anders, Berlin. Standort: Staatliches Museum Preußischer Kulturbesitz, Kupferstichkabinett, Berlin. Seite 380 oben.
Heumann, Ogilvy und Mather, Frankfurt/M.: Seite 1117 oben rechts.
Wilhelm Heyne Verlag, München: Seite 250 unten.
Historia-Photo Ch. Franke, Bad Sachsa: Seite 192 oben, 228 oben links, 724 mitte.
Historisches Museum, Wien: Seite 40 unten.
Hanns Hubmann: Seite 813 oben.
Imperial War Museum, London: Seite 107 oben links, 180 oben, 180 unten, 185 oben, 188 unten, 199 mitte rechts, 203 unten links, 206 oben links, 206 unten links, 213 oben.
Interfoto, München: Seite 43, 286 unten links.
Internationales Radsport Archiv, Binningen: Seite 36 unten, 37 unten rechts.
Jahr Verlag, Hamburg: Seite 543 unten rechts, 563 unten, 578 mitte, 592, 658 unten.
dto./N. Wachsmuth: Seite 572 mitte.
O. Kalbus: Seite 369 mitte.
Wassily Kandinsky, »Improvisation 10«. Standort: Galerie Beyeler, Basel. Rechte: COSMO-PRESS, Genf. Seite 129 unten links.
Filmhistorisches Bildarchiv Dr. Konrad Karkosch, München: Seite 47 unten, 287 unten, 319 unten, 340 oben, 348 unten rechts, 349 oben links, 353 unten links, 362, 435 oben, 518 oben rechts, 547 unten, 581 oben, 581 mitte, 584 unten, 590 oben, 644, 647 unten, 717, 758 mitte rechts, 869 unten links, 904 unten, 1048 mitte rechts.
Karstadt AG, Essen: Seite 54 links, 60 unten, 546 oben rechts.
Keystone, Hamburg: Seite 10, 16 mitte oben, 167 unten, 501 oben, 569 unten, 655 unten links, 674 oben, 676 oben links, 721 oben, 734 mitte, 735 oben rechts, 735 unten rechts, 741 links, 744 oben, 747 oben, 752 oben, 754 mitte, 763 unten rechts, 765 mitte, 765 unten, 778 unten, 783 oben links, 791 oben links, 814 unten links, 821 unten, 822, 824 oben links, 826, 827 oben links, 831 oben links, 831 oben rechts, 831 mitte links, 831 mitte rechts, 840, 844 unten links, 853 oben links, 853 unten links, 863 rechts, 863 unten links, 866 unten, 876 unten links, 877 unten, 879 oben, 913 oben, 919 unten, 927 unten rechts, 938 oben, 975 oben, 975 unten, 982 unten, 1012, 1033 oben, 1045 rechts, 1046 unten, 1046 oben rechts, 1048 links, 1051 rechts, 1063 rechts, 1081 oben, 1085 unten, 1117 unten links, 1153 oben, 1164 unten, 1174 unten links.
Fernand Khnopft, »Die Kunst der Zärtlichkeiten oder die Sphinx«. Foto: d'art Spelt doctn. Standort: Musée des Beaux Arts, Brüssel. Seite 285 mitte.
Fernand Khnopft, »Acrasia«. Foto: Westermann Verlag/Buresch, Braunschweig. Standort: Sammlung Gillion-Crowet, Brüssel. Seite 285 rechts.
Pressebilderdienst Kindermann, Berlin: Seite 897 oben links.
Kindler Verlag, München: Seite 324 mitte, 324 unten.
Ernst Ludwig Kirchner, »KG Brükke«. Standort: Galleria Henze, Campione d'Italia, Schweiz. Seite 68 unten.
Ernst Ludwig Kirchner, »Selbstbildnis mit Modell«. Foto: Westermann Verlag/Buresch, Braunschweig. Rechte: Galeria Henze, Campion d'Italia. Standort: Kunsthalle Hamburg. Seite 529 mitte rechts.
Kladderadatsch, Berlin: Seite 99 mitte.
Paul Klee, »Sechs Arten«, »Der Mann mit dem Mundwerk«, »Barbarenfeldherr«. Foto: Westermann Verlag/Buresch, Braunschweig. Rechte: COSMO-PRESS, Genf. Standort: Sammlung Felix Klee, Bern. Seite 557.
Richard Klein, »Tag der deutschen Kunst«. Münchner Stadtmuseum. Seite 530.
Knoll Associated Inc.: Seite 365 oben links.
Germaine Krull, München: Seite 245 unten.
Krupp-Archiv, Essen: Seite 890 oben.
August Kück, Kiel: Seite 160 oben.
Helmut Kurth: Seite 479 rechts.
Laenderpress, Düsseldorf: Seite 868, 1032 oben, 1065 rechts.
Landesbildstelle, Berlin: Seite 235 unten rechts, 394 oben, 696 rechts, 1176 unten.
Landesgalerie Hannover: Seite 791 unten.
Ernst Maria Lang, »Interview mit Konrad Adenauer«. Seite 750 unten.
Fernand Léger, »Die Landpartie«. Standort: Musée Fernand Léger, BIOT. Rechte: VG Bild-Kunst, Bonn. Seite 5 mitte oben und 732/733.

oben links, 864, 865, 869 oben, 869 mitte, 869 unten rechts, 870, 871 oben, 876 oben, 876 unten rechts, 877 oben, 878, 879 unten, 881, 882 unten links, 882 unten rechts, 883, 885, 887, 888, 889, 890 unten, 891 oben rechts, 891 unten rechts, 892 mitte links, 894, 895 mitte, 899 oben links, 899 unten rechts, 901 unten, 903, 904 oben, 906 oben, 907 oben, 908, 909, 910 unten, 911 oben, 911 unten rechts, 913 mitte, 913 unten, 914 oben, 915, 916 oben, 916 rechts, 917, 918 unten, 919 oben, 920, 921 unten, 922 unten links, 923, 924 oben links, 924 unten links, 926 unten links, 927 oben links, 927 oben rechts, 927 unten links, 930, 931 oben mitte, 933 unten, 934 unten, 935 oben, 936 oben, 937, 939, 940, 941 unten rechts, 942 oben links, 944, 949, 952 unten links, 954 mitte, 954 unten, 955, 956, 957, 958, 959 oben, 959 mitte, 959 links, 960 oben rechts, 960 mitte, 961 unten, 963 oben rechts, 963 unten, 964, 965, 966 unten, 968 links, 969 rechts, 971, 972, 973, 974, 976 unten, 977 unten, 978, 979, 980 unten, 980 unten, 982 oben, 983 links, 984, 985 oben links, 985 unten, 987, 988 oben, 989 unten, 990, 991, 992 oben, 995 unten, 996, 997, 999, 1001 oben, 1002, 1003 mitte, 1004, 1005 unten links, 1006, 1008, 1010 unten, 1011 unten, 1016, 1017 links, 1018, 1019 links, 1020, 1022, 1026, 1029 links, 1033 unten, 1034, 1035 oben, 1036 oben, 1037 oben, 1038, 1040 unten links, 1040 unten rechts, 1042 unten, 1043 oben, 1043 links, 1045 unten, 1047 oben, 1049 mitte links, 1049 unten, 1050 mitte, 1050 unten rechts, 1052 unten, 1055 unten rechts, 1061 oben links, 1062 oben, 1064 oben, 1067 unten, 1069 unten rechts, 1070, 1071, 1072 unten, 1073 oben rechts, 1073 unten links, 1074 unten rechts, 1076 unten, 1077, 1078 oben, 1078 unten links, 1079 unten links, 1079 unten rechts, 1080 oben, 1082, 1083 oben, 1083 unten links, 1085 oben, 1089, 1090, 1093 unten, 1094, 1095 unten, 1096 unten, 1097, 1098, 1099 oben rechts, 1099 unten, 1100, 1101, 1102 oben, 1102 unten links, 1103, 1105, 1107, 1108 unten, 1109, 1110 oben rechts, 1110 unten, 1112 unten, 1114, 1115 oben links, 1115 unten links, 1117 oben links, 1120 unten, 1122, 1123 unten, 1124, 1125 oben links, 1125 oben rechts,

1126 links, 1127, 1129 mitte, 1129 unten, 1130 oben links, 1131 oben, 1132 oben, 1133, 1134 mitte, 1135 oben links, 1136, 1137 rechts, 1139 oben, 1139 mitte links, 1139 unten, 1141, 1149 unten, 1144 oben, 1145 unten, 1146, 1148 rechts, 1149, 1150 oben links, 1150 oben rechts, 1151 oben links, 1152 unten, 1153 unten, 1154 oben, 1155, 1156 unten, 1157 unten, 1158, 1159 unten links, 1160 oben, 1161 oben links, 1161 mitte, 1161 unten, 1162 mitte, 1162 unten, 1163, 1167 oben, 1168, 1169 unten links, 1169 unten rechts, 1170 oben links, 1170 unten.
Süddeutscher Verlag-Bilderdienst, München/Der Spiegel, Hamburg: Seite 800 oben.
dto./dpa, Frankfurt (Main) und Hamburg: Seite 825.
Südwest Verlag, München: Seite 591.
Der Tag, Berlin: Seite 481 unten.
Der Tagesspiegel, Berlin: Seite 892 unten links.
Vladimir Talline, »Monument pour la Troisiéme Internationale«. Standort: Centre Pompidou, Paris. Seite 300 unten rechts.
Technische Hochschule Breslau-/Horst Ziegler: Seite 275 links.
E. Thöny, »Mein Geld ist nicht hier, mein Geld ist im Ausland«. Rechte: Albert Langen Verlag, München. Seite 313 unten rechts.
Time-Life-Films-Inc., New York: Seite 618 unten, 619 oben links, 619 oben rechts, 622 unten.
Time-Life Picture Agency/Ralph Crane: Seite 867.
Titus, Italien: Standort: Staatl. Museen Preußischer Kulturbesitz, Berlin. Seite 1108 unten.
Tobis AG: Seite 524.
Henri de Toulouse-Lautrec, »La Goulue«. Foto: Westermann Verlag/Buresch, Braunschweig. Standort: Hamburger Kunsthalle. Seite 30 unten rechts.
Henri de Toulouse-Lautrec, »La Clownesse«. Foto: Westermann Verlag/Buresch, Braunschweig. Standort: Staatliche Museen Preußischer Kulturbesitz, Kupferstichkabinett, Berlin. Seite 30 unten links.
Georg Tronnier, »August Bebel«. Standort: Helmut Schmidt, Hamburg. Seite 161 unten.
Ufa, Babelsberg: Seite 369 oben.
Ullstein-Bilderdienst, Berlin: Seite 52 unten, 53 unten links, 68 oben, 99 oben, 101 unten links, 104 unten rechts, 105 oben, 107 oben rechts, 123 unten, 129 oben links, 129 unten rechts, 135 mit-

te, 147, 160 unten rechts, 166, 171 oben rechts, 181 unten rechts, 194, 220 oben, 226 mitte, 235 oben, 242 oben rechts, 251 oben, 253, 263 unten links, 283 links, 290 oben rechts, 294, 297 unten rechts, 307 oben, 308 oben links, 308 oben rechts, 308 unten rechts, 308 unten links, 309 unten rechts, 312 mitte rechts, 323 oben, 328 mitte, 332 unten, 349 oben mitte, 372 oben links, 372 oben rechts, 379 rechts, 383 oben, 390 oben links, 410 links, 415 mitte, 415 Spalte unten, 424 unten rechts, 426 oben, 430 oben, 436 unten, 437, 438 oben, 440 unten, 442, 444 unten links, 446 unten links, 446 oben rechts, 447 oben, 450 unten, 455, 457 oben rechts, 458 unten, 461 mitte, 469 links, 471, 473 unten links, 474 oben, 475 mitte, 476 unten, 482 unten, 484 oben, 486 unten, 488 oben, 489 unten rechts, 490 unten, 495 unten, 500 oben links, 500 oben rechts, 500 rechts, 501 oben links, 502 unten, 503 unten rechts, 504 oben, 505 mitte, 506 oben, 506 unten, 508 unten rechts, 509, 512, 513 oben rechts, 525 oben links, 525 mitte rechts, 528 oben, 529 unten, 532 unten, 535 unten, 536, 538, 539 mitte, 540 oben, 541 unten, 542, 551 links, 559 oben links, 561 links, 563 oben, 567 oben, 568 unten, 606 oben rechts, 630 rechts, 634 unten, 640 oben, 656 links, 675 mitte links, 675 mitte rechts, 727 oben rechts, 736 links, 742, 782 oben, 814 oben links, 1003 oben, 1042 oben.
United Artists: Seite 430 unten.
United States Navy: Seite 66 oben rechts.
Herbert Urban, Wien: Seite 75 oben.
Less Ury, »Mädchen im Romanischen Café«. Foto: Bildarchiv Preußischer Kulturbesitz, Berlin. Standort: Staatliche Museen Preußischer Kulturbesitz, Nationalgalerie Berlin. Seite 141 oben links.
U.S. Air Force Art Collection, West Point: Seite 711 unten rechts.
USIS, Bonn: Seite 5 mitte unten, 664 oben links, 872/873, 1007, 1069 unten links, 1088 rechts.
H. L. Uthoff: Seite 193 unten.
Verlag für geschichtliche Dokumentation, Hamburg: Seite 818 unten, 892 mitte rechts, 892 unten rechts, 941 oben rechts.
Verlagsgesellschaft Schulfernsehen, Köln: Seite 1066 rechts.
Victoria and Albert Museum, London: Seite 53 oben links, 53 mitte links.

Hans Vitus Vierthaler, »Entartete Kunst«. Seite 499 unten.
Völkischer Beobachter: Seite 463 oben, 543 mitte rechts, 596 oben rechts.
Volkswagen AG, Wolfsburg: Seite 282 oben.
»Vorwärts«, Berlin: Seite 204 unten links, 239 unten links, 314 oben rechts.
Vox, Berlin: Seite 339 oben links.
R. u. O. Wagner: Seite 41 unten links.
Westermann Verlag, Braunschweig: Seite 16 unten links, 23 unten, 49 oben, 64 oben links, 75 unten, 81 rechts, 84 oben, 102 oben, 102 unten links, 116, 130 oben, 133, 134 oben, 142 unten links, 142 unten rechts, 144 unten rechts, 151 unten, 152 unten rechts, 152 unten links, 157 unten, 163 unten, 164 unten rechts, 179 unten, 184 oben, 184 unten, 202 unten, 208, 209, 216, 218, 219, 220 unten, 224 oben, 226 unten, 236 rechts, 237 unten rechts, 243, 248 oben, 250 oben rechts, 251 unten, 268 unten, 271, 272 unten, 276 unten, 277 mitte, rechts oben links, 281 oben links, 286 oben links, 289 unten links, 296, 301 unten links, 302 unten, 307 unten, 337 mitte rechts, 342 oben, 365 oben mitte, 373 unten, 377 mitte, 384 oben links, 388 oben, 389 oben rechts, 389 unten rechts, 395 mitte rechts, 396 unten rechts, 417, 418 oben, 422 mitte, 439 oben links, 439 oben rechts, 439 unten, 444 oben links, 444 unten mitte, 444 unten rechts, 445 oben, 456 oben links, 456/457, 457 oben links, 460 unten, 464 mitte, 465 rechts, 466 mitte, 467 oben, 493 unten rechts, 494 mitte, 503 oben rechts, 507 oben, 533 unten, 537 unten, 541 oben, 543 unten links, 544 oben, 554, 577 oben, 580 unten, 588, 594 oben, 595 unten, 604 oben links, 618 oben, 620, 621, 648 unten, 661, 664 unten, 667, 719 oben, 720 unten links, 720 unten rechts, 726 oben, 726 mitte, 734 oben, 735 oben links, 735 unten links, 738 unten, 741 mitte, 759, 782 mitte links, 784 unten, 808 oben links, 838, 874, 880 unten, 886 unten, 897 oben rechts, 897 unten links, 898, 951 unten links, 993 oben, 1009, 1042 oben, 1043 unten rechts, 1058 oben links, 1092 oben, 1093 oben, 1096 mitte, 1102 mitte, 1106, 1111 oben, 1128 unten, 1151 unten rechts, 1159 unten rechts, 1167 mitte, 1167 unten, 1182/1183 oben.
Westermann Verlag/Buresch, Braunschweig: Seite 385 oben,

479 links, 507 unten, 519 rechts, 688 oben, 695, 799 unten.
dto./Fritz Carl, Berlin: Seite 491 unten.
dto./Karl Dankert: Seite 337 oben links.
dto./Wilhelm Eigner: Seite 871 unten.
dto./Martin Frost: Seite 137 mitte.
dto./Paul Gerhardt: Seite 340 mitte.
dto./Joachim Grieben: Seite 346 unten links und unten rechts.
dto./Kurt Grimm: Seite 493 unten rechts.
dto./Kitty Hoffmann, Wien: Seite 273 unten links und unten rechts.
dto./Berta Martin: Seite 255 rechts.
dto./Erich Retzlaff: Seite 473 unten rechts.
dto./Schlobach: Seite 482 oben.
dto./Carl Schulze, Hamburg: Seite 493 unten links.
dto./Zwick, Gießen: Seite 228 unten, 234, 235 unten links, 237 oben rechts, 464 unten rechts, 607 unten, 647 oben, 668 oben, 676, 677, 708 oben links, 708 oben links, 739, 782 mitte rechts, 794 oben, 839 unten, 892 oben, 906 unten rechts, 906 unten links, 1010 unten, 1157 oben.
Wide World Photos: Seite 642 rechts.
Wiener Stadt- und Landesbibliothek: Seite 206 oben rechts, 206 unten rechts, 217 unten, 255 links, 526 oben links.
H. Worch, Hamburg: Seite 1065 links.
Württembergischer Kunstverein, Stuttgart/T. Schlemmer: Seite 365 mitte rechts.
W. G. Wyllie, »Panorama an der Westfront«. Standort: RAF Staff College, London. Seite 230 unten.
Zefa, Düsseldorf: Seite 6, 995 oben, 1117 unten rechts.
Zeitmagazin, Hamburg/Horst Munzig: Seite 1072 oben.
dto./Stefan Sammers: Seite 1073 oben links.
Zentralbild, Berlin: Seite 1062 unten links.
Heinrich Zille, »Frohe Arbeit – ernster Wille«, »Im Frühling unter Bäumen«, »Halt stille Steppke«. Rechte: Fackelträger-Verlag Schmidt-Küster, Hannover. Seite 407 mitte, unten links, unten mitte.
Zwick, Gießen: Seite 172 oben.

Ohne Angaben: Seite 184 mitte rechts, 472 links, 555 unten, 573 unten, 611 unten, 612 oben, 622 oben, 669 oben, 942.

CIP-Kurztitelaufnahme der Deutschen Bibliothek
Chronik des 20. Jahrhunderts
Braunschweig: Westermann, 1982.

ISBN 3-14-**50 9077**-1

Abbildungen des Schutzumschlags

Vordere Seite:

oben (von links nach rechts): Nationale Volksarmee der DDR bei einer 1.-Mai-Parade, Transparent mit Che Guevaras Bild bei einem Sportfest in Kuba, US-Präsident John F. Kennedy in Berlin.

unten (von oben links nach unten rechts): Präsident de Gaulle und Bundeskanzler Adenauer, Start der »Columbia«-Raumfähre von Cape Canaveral, Churchill, Roosevelt und Stalin (von links) bei der Konferenz von Jalta, Deutsche Truppen beim Rußlandfeldzug im Zweiten Weltkrieg, Mode der zwanziger Jahre, Ayatollah Khomeini, Königin Elizabeth II. bei einem Besuch in Tonga mit König Taufa' Ahau Tupuo IV., Erdölraffinerie, Die Beatles.

Klappe vorn: Blick aus dem Reichstagsgebäude in Berlin auf das Brandenburger Tor.

Rückseite:

oben (von links): Heilige Kühe in Indien, Offizielles Bild Adolf Hitlers, Kernkraftgegner in Gorleben, Israelischer Wachposten im arabischen Teil Jerusalems, US-Astronaut Neil Armstrong als erster Mensch auf dem Mond.

unten (von oben links nach unten rechts): Brandenburger Tor mit Hakenkreuzfahnen, Jazzplatte aus den zwanziger Jahren, Cassius Clay in seinem Kampf gegen Charles »Sonny« Liston, Mao Tse-tung spricht zu den Massen (Gemälde), Deutsche Soldaten im Ersten Weltkrieg (Zeichnung), Plakat zur Ruhrbesetzung, Kaiser Wilhelm II. (Gemälde), Lenin, Deutscher Panzer in Rußland, Karikatur von George Grosz zur Weimarer Republik »Stützen der Gesellschaft« (Ausschnitt), Hungerndes Kind in Uganda, Begin, Carter und Sadat in Camp David, Ostpreußische Landbevölkerung auf der Flucht.

Klappe hinten: SA auf dem Nürnberger Parteitag.

Idee und Konzeption: Bodo Harenberg

© Georg Westermann Verlag,
Druckerei und Kartographische Anstalt GmbH & Co., Braunschweig 1982

Redaktionsleitung: Dr. Frank-Lothar Hinz
Bildredaktion: Günther Bouché
Lektorat und Redaktion: Hiltrud Anlauf M. A. und Dr. Nina Börnsen
Schutzumschlag/Layout: Gerd Gücker
Kartographie: Kartographische Anstalt Georg Westermann, Braunschweig, und J. Zwick, Gießen
Graphiken: Technisch-Graphische Abteilung Westermann

Eine Hermes-Sonderausgabe der Harenberg-Kommunikation

Gesamtherstellung: westermann druck, Braunschweig

ISBN 3-14-**50 9077**-1

Die Welt um 1900

Maßstab 1 : 60 000 000

(Bras.) = Brasilianisch   (Jap.) = Japanisch
(Brit.) = Britisch   (Niederl.) = Niederländisch
(Dän.) = Dänisch   (Port.) = Portugiesisch
(Deut.) = Deutsch   (Russ.) = Russisch
(Franz.) = Französisch   (Sp.) = Spanisch